사도신경
The Apostles' Creed

전능하사 천지를 만드신 하나님 아버지를 내가 믿사오며,
그 외아들 우리 주 예수 그리스도를 믿사오니,
이는 성령으로 잉태하사 동정녀 마리아에게 나시고,
'본디오 빌라도'에게 고난을 받으사,
십자가에 못박혀 죽으시고,
장사한 지 사흘 만에 죽은 자 가운데서 다시 살아나시며,
하늘에 오르사, 전능하신 하나님 우편에 앉아 계시다가,
저리로서 산 자와 죽은 자를 심판하러 오시리라.
성령을 믿사오며, 거룩한 공회와,
성도가 서로 교통하는 것과,
죄를 사하여 주시는 것과, 몸이 다시 사는 것과,
영원히 사는 것을 믿사옵나이다. 아멘.

새번역
사도신경[1]

나는 전능하신 아버지 하나님, 천지의 창조주를 믿습니다.
나는 그의 유일하신 아들, 우리 주 예수 그리스도를 믿습니다.
그는 성령으로 잉태되어 동정녀 마리아에게서 나시고,
본디오 빌라도에게 고난을 받아 십자가에 못 박혀 죽으시고,
장사된 지[2] 사흘 만에 죽은 자 가운데서 다시 살아나셨으며,
하늘에 오르시어 전능하신 아버지 하나님 우편에 앉아 계시다가,
거기로부터 살아 있는 자와 죽은 자를 심판하러 오십니다.
나는 성령을 믿으며, 거룩한 공교회와 성도의 교제와
죄를 용서받는 것과 몸의 부활과 영생을 믿습니다. 아멘.

---

1) '사도신조'로도 번역할 수 있다.
2) '장사되시어 지옥에 내려가신 지'가 공인된 원문 《Forma Recepta》에는 있으나,
대다수의 본문에는 없다.

새우리 성경

님께

드림

년   월   일

가족 신앙기록

Family Faith History

우리가 다 하나님의 아들을 믿는 것과
아는 일에 하나가 되어
온전한 사람을 이루어 그리스도의
장성한 분량이 충만한 데까지 이르리니
(에베소서 4:13)

이 름	관 계	생년월일	세례일	출석교회	집례목사

성경읽기표

〈구약〉

모세오경	창세기	1	2	3	4	5	6	7	8	9	10	11	12	13	14	15	16	17	18	19	20	21	22	23	24	25
		26	27	28	29	30	31	32	33	34	35	36	37	38	39	40	41	42	43	44	45	46	47	48	49	50
	출애굽기	1	2	3	4	5	6	7	8	9	10	11	12	13	14	15	16	17	18	19	20	21	22	23	24	25
		26	27	28	29	30	31	32	33	34	35	36	37	38	39	40										
	레위기	1	2	3	4	5	6	7	8	9	10	11	12	13	14	15	16	17	18	19	20	21	22	23	24	25
		26	27																							
	민수기	1	2	3	4	5	6	7	8	9	10	11	12	13	14	15	16	17	18	19	20	21	22	23	24	25
		26	27	28	29	30	31	32	33	34	35	36														
	신명기	1	2	3	4	5	6	7	8	9	10	11	12	13	14	15	16	17	18	19	20	21	22	23	24	25
		26	27	28	29	30	31	32	33	34																
역사서	여호수아	1	2	3	4	5	6	7	8	9	10	11	12	13	14	15	16	17	18	19	20	21	22	23	24	
	사사기	1	2	3	4	5	6	7	8	9	10	11	12	13	14	15	16	17	18	19	20	21				
	룻기	1	2	3	4																					
	사무엘상	1	2	3	4	5	6	7	8	9	10	11	12	13	14	15	16	17	18	19	20	21	22	23	24	25
		26	27	28	29	30	31																			
	사무엘하	1	2	3	4	5	6	7	8	9	10	11	12	13	14	15	16	17	18	19	20	21	22	23	24	
	열왕기상	1	2	3	4	5	6	7	8	9	10	11	12	13	14	15	16	17	18	19	20	21	22			
	열왕기하	1	2	3	4	5	6	7	8	9	10	11	12	13	14	15	16	17	18	19	20	21	22	23	24	25
	역대상	1	2	3	4	5	6	7	8	9	10	11	12	13	14	15	16	17	18	19	20	21	22	23	24	25
		26	27	28	29																					
	역대하	1	2	3	4	5	6	7	8	9	10	11	12	13	14	15	16	17	18	19	20	21	22	23	24	25
		26	27	28	29	30	31	32	33	34	35	36														
	에스라	1	2	3	4	5	6	7	8	9	10															
	느헤미야	1	2	3	4	5	6	7	8	9	10	11	12	13												
	에스더	1	2	3	4	5	6	7	8	9	10															
시가서	욥기	1	2	3	4	5	6	7	8	9	10	11	12	13	14	15	16	17	18	19	20	21	22	23	24	25
		24	25	26	27	28	29	30	31	32	33	34	35	36	37	38	39	40	41	42						
	시편	1	2	3	4	5	6	7	8	9	10	11	12	13	14	15	16	17	18	19	20	21	22	23	24	25
		26	27	28	29	30	31	32	33	34	35	36	37	38	39	40	41	42	43	44	45	46	47	48	49	50
		51	52	53	54	55	56	57	58	59	60	61	62	63	64	65	66	67	68	69	70	71	72	73	74	75
		76	77	78	79	80	81	82	83	84	85	86	87	88	89	90	91	92	93	94	95	96	97	98	99	100
		101	102	103	104	105	106	107	108	109	110	111	112	113	114	115	116	117	118	119	120	121	122	123	124	125
		126	127	128	129	130	131	132	133	134	135	136	137	138	139	140	141	142	143	144	145	146	147	148	149	150
	잠언	1	2	3	4	5	6	7	8	9	10	11	12	13	14	15	16	17	18	19	20	21	22	23	24	25
		26	27	28	29	30	31																			
	전도서	1	2	3	4	5	6	7	8	9	10	11	12													
	아가	1	2	3	4	5	6	7	8																	
선지서	이사야	1	2	3	4	5	6	7	8	9	10	11	12	13	14	15	16	17	18	19	20	21	22	23	24	25
		26	27	28	29	30	31	32	33	34	35	36	37	38	39	40	41	42	43	44	45	46	47	48	49	50
		51	52	53	54	55	56	57	58	59	60	61	62	63	64	65	66									
	예레미야	1	2	3	4	5	6	7	8	9	10	11	12	13	14	15	16	17	18	19	20	21	22	23	24	25
		26	27	28	29	30	31	32	33	34	35	36	37	38	39	40	41	42	43	44	45	46	47	48	49	50
		51	52																							
	예레미야애가	1	2	3	4	5																				

새우리 성경

Joy House

편 찬 사

빠르게 변화하는 현대 사회에서 변하지 않는 것은 오직 세상을 창조하신 창조주 하나님의 말씀뿐입니다. 그 말씀은 세상이 창조되기 전에 이미 있었습니다(요 1:1). 그 말씀으로 천지 만물이 창조되었고, 인간은 존재하게 되었습니다. 그러므로 말씀은 곧 생명입니다. 그러나 하나님에 대한 불순종으로 땅은 인간에게 더는 생명을 주지 못하고 가시와 엉겅퀴를 내었습니다. 이에 하나님께서는 이 땅에 말씀이 육신이 되신 예수를 보내심으로써 구원의 역사를 베푸셨습니다. 그런 구원의 복음이 오늘 우리 손에 성경으로 전해졌습니다.

성경은 발생한 사건과 그것을 기록한 연대 사이에 시간 차이가 있어 말씀을 읽는 독자들이 성경을 온전히 이해하는 데 어려움을 겪게 됩니다. 또한, 기록 당시의 지리적 여건과 문화와 우리가 살아가는 삶의 현장과 문화 사이에 존재하는 차이는 말씀의 본질을 이해하는 데 큰 장벽이 됩니다.

이런 문제를 해결하기 위해 만들어진 **[새 우리 성경]**은 누구나 쉽게 스스로 이해할 수 있도록 해설 형식으로 번역하였습니다. 돌아보면, 30년의 자료 수집, 5년간의 번역, 5년간의 교정 작업 등 모든 출판 과정은 하나님의 크신 은혜와 축복의 시간이었습니다. 아무쪼록 이 성경을 통해 놀라운 생명의 역사가 일어나기를 소망합니다.

하나님, 홀로 영광 받으소서!

2024년 1월
편찬인 이 원 희

구약 감수 배 정 훈 교수 (장로회신학대학교 교수, 구약학)

한평생 성경을 향한 뜨거운 열정으로 살아오신 존경하는 이원희 목사님은 한국 교회 성도들이 성경의 지리적 여건과 문화적 요소를 바탕으로 말씀을 이해하도록 돕는 일들을 해 오셨다. 이 번에 출간하는 [새 우리 성경]은 오랫동안 연구하고 수집한 자료를 집약해 성경을 더 쉽게 이해하고 자신의 삶 속에 적용할 수 있도록 했다. 지리와 역사, 풍습과 문화적 요소와 영감 있는 메시지가 있는 책을 감수 할 수 있어 기뻤다. 말씀을 사모하는 모든 성도가 이 성경을 통해 신비스러운 하나님의 말씀 세계로 들어가기를 소망한다.

신약 감수 조 광 호 교수 (서울장신대 교수, 신약학)

이원희 목사님은 20여 권 정도의 성경과 성지에 관련된 책을 출판한 우리나라에서 몇 손가락 안에 드는 성경와 성지 전문가이다. 이번에 출간된 [새 우리 성경]은 성경의 말씀을 젊은층과 청소년들에게 쉽게 은혜롭게 접근하도록 번역하였다. 또한 도표와 인물과 고고학적 지식과 상식을 추가해 보충 설명하고 있을 뿐 아니라 지리적 고찰을 위해 거리, 무게, 길이, 부피 등과 화폐 단위, 시간과 요일을 현시대의 한국어 사용자가 쉽게 이해할 수 있는 익숙한 것으로 바꾸어 실었고 성경시대의 문화와 풍습을 이해하기 쉽도록 풍성한 해설과 자료 등을 담았다. 한마디로 많은 장점을 가진 우리 시대의 새로운 번역성경이다.

구성과 사용법

· 본문은 뜻이 크게 벗어나지 않는 객관적인 범위 안에서 한글 번역 성경과 주석을
  참조하여 단어와 뜻풀이 형식으로 번역했다.

· 가독성을 위해 필요한 것은 아라비아숫자로 표기했다.

· 중복되는 말과 생략해도 의미가 전달되는 경우 생략했다.

· 전문 지식이 필요한 내용은 박스로 처리했다.

· 반복이나 중복되는 내용은 해당 구절의 표시로 대신했다.

· 관주 부분과 인용, 관련 성경은 하단 관주로 처리했다.

· '하나님'과 '여호와', '주님'과 '주'는 구분 없이 사용했다.

· 원어에는 존댓말이 없지만, 하나님과 예수(주)에 대해서 존대어를 사용했다.
  (단 구분이 어려운 경우도 있음)

· 이해를 위해 본문 외에 추가, 보충 설명한 부분이 있다

· 지리적인 거리는 현지 지도와 구글 지도를 기준으로 했다.

· 도량형은 이해하기 쉽게 미터법도 함께 표기했다.

· 이미 언급된 내용의 해당 성경 구절은 관주 외에 참조하도록 삽입했다.

성경책명 약자표

구약전서

창	창세기	대하	역대하	단	다니엘
출	출애굽기	스	에스라	호	호세아
레	레위기	느	느헤미야	욜	요엘
민	민수기	에	에스더	암	아모스
신	신명기	욥	욥기	옵	오바댜
수	여호수아	시	시편	욘	요나
삿	사사기	잠	잠언	미	미가
룻	룻기	전	전도서	나	나훔
삼상	사무엘상	아	아가	합	하박국
삼하	사무엘하	사	이사야	습	스바냐
왕상	열왕기상	렘	예레미야	학	학개
왕하	열왕기하	애	예레미야애가	슥	스가랴
대상	역대상	겔	에스겔	말	말라기

신약전서

마	마태복음	엡	에베소서	히	히브리서
막	마가복음	빌	빌립보서	약	야고보서
눅	누가복음	골	골로새서	벧전	베드로전서
요	요한복음	살전	데살로니가전서	벧후	베드로후서
행	사도행전	살후	데살로니가후서	요일	요한일서
롬	로마서	딤전	디모데전서	요이	요한이서
고전	고린도전서	딤후	디모데후서	요삼	요한삼서
고후	고린도후서	딛	디도서	유	유다서
갈	갈라디아서	몬	빌레몬서	계	요한계시록

구약전서

구약전서 **목차**

창세기   Genesis

제목 히브리어 성경은 브레쉬트('태초에'라는 뜻), 70인역은 '기원', '원천'을 뜻하는 게네시스

기록연대 기원전 1446~1406년경 게네시스   **저자** 모세   **중심주제** 시작에 대한 책이다.

내용소개   * 원시 역사(인류의 시작) 동편 지역(에덴~우르)
1. 창조(인류의 시작) 1~2장   2. 타락(죄의 시작) 3~5장   3. 홍수 6~9장   4. 여러 민족들 바벨탑 10~11장
* 족장시대 역사(히브리 민족 시작) 서편 지역(가나안~애굽)
5. 아브라함(하나님의 친구) 12~24장   6. 이삭 25~26장   7. 야곱(이스라엘) 27~36장
8. 요셉(애굽 총리) 37~50장

하나님의 천지 창조

1 ● 태초에[1] 하나님께서 하늘과 땅과 만물[2]을 창조하셨다.

2 땅은 형체가 없었고,[3] 텅 비었으며, 어둠은 깊은 바다를 덮었고, 하나님의 영은 물 위에 활동하고 계셨다.

3 하나님께서 "빛이 있으라"고 말씀하시자 빛이 생겨났고,

4 그 빛은 하나님께서 보시기에 좋았다. 하나님께서 빛과 어둠을 분리하신 후

5 빛을 '낮'이라, 어둠을 '밤'이라고 부르셨다. 저녁이 지나고 아침이 오니, 이는 첫째 날이었다.

6 하나님께서 물과 물 사이에 둥근 공간인 궁창을 두어 물이 둘로 분리되도록 하셨다.

7 곧 하나님께서 둥근 공간을 만들어 공간 아래의 물과 위의 물로 분리하셨다.

8 하나님은 둥근 공간을 '하늘'이라 부르셨다. 저녁이 지나고 아침이 오니, 이는 둘째 날이었다.

9 하나님께서 "모든 물이 한 곳으로 모이고 흙이 드러나라"고 말씀하시자 그대로 되었다.

10 하나님께서 흙을 '땅'이라 부르시고, 모인 물을 '바다'라고 부르셨다. 그것은 하나님께서 보시기에 좋았다.

11 하나님께서 "땅에서 풀과 씨를 맺는 채소와 각기 여러 종류의 씨가 있는 열매 맺는 나무를 내라"고 말씀하시자 그대로 되었다.

12 땅에 풀과 각기 종류대로 씨를 맺는 채소와 각기 여러 종류의 씨가 있는 열매 맺는 나무가 생기게 하시니 하나님께서 보시기에 좋았다.

13 저녁이 지나고 아침이 오니, 이는 셋째 날이었다.

14 하나님께서 하늘의 둥근 공간인 궁창에 발광체들을 만드사 낮과 밤을 구별하시고, 그것들로 징조와 계절과 날과 해를 이루도록 하셨다.

15 또 발광체들이 하늘의 둥근 공간에 있어 땅을 비추라 말씀하시니 그대로 되었다.

16 하나님께서 두 개의 큰 발광체를 만드셨다. 그리고 큰 발광체로 낮을 주관하게 하시고 작은 발광체로 밤을 주관하게 하셨다. 또 별들을 만드신 후

17 그것들을 하늘의 둥근 공간에 두어 땅을 비추게 하셨고,

18 낮과 밤을 주관하도록 하셨다. 빛과 어둠을 구별하니 하나님께서 보시기에 좋았다.

19 저녁이 지나고 아침이 오니, 이는

1) In the beginning   2) 우주   3) 혼돈하고

넷째 날이었다.

20 하나님께서 "물에서는 생물을 번성하게 하라. 땅 위 하늘의 둥근 공간에는 새들이 날아라"고 말씀하셨다.

21 그러자 큰 바다 생물4)들과 물에서 번성하여 움직이는 모든 생물이 그 종류대로, 날개가 있는 새들이 그 종류대로 창조되었다. 그것들은 하나님께서 보시기에 좋았다.

22 하나님께서 그들에게 복을 주시며 말씀하셨다. "생육하고 번성하여 바닷물에 가득 채워라. 새들도 땅에서 번성하라."

23 저녁이 지나고 아침이 오니, 이는 다섯째 날이었다.

24 하나님께서 "땅은 생물을 그 종류대로 내되 가축과 기는 것과 땅의 짐승을 종류대로 내라"고 말씀하시자 그대로 되었다.

25 하나님께서 흙2)으로 땅의 짐승을 그 종류대로, 가축을 그 종류대로, 땅에 기는 모든 것을 그 종류대로 만드셨다. 그것들은 하나님께서 보시기에 좋았다.

하나님의 인간 창조

26 ● 하나님께서 말씀하셨다. "우리의 형상3)을 따라 우리의 모양4)대로 우리가 사람을 만들자. 그리고 그들로 바다 속에 사는 물고기와 하늘의 새와 땅에 있는 가축과 땅을 기어다니는 모든 것을 다스리게 하자."

27 그리고 하나님께서 자기의 형상을 따라 사람, 곧 남자와 여자를 창조하셨다.

28 하나님께서 아담과 그의 아내 된 여자를 축복하셨다. "생육하고 번성하여 땅에 가득하라. 땅을 잘 관리5)하라. 바다의 물고기와 하늘의 새와 땅에 움직이는 모든 생물을 다스리라."

29 그리고 그들에게 "내가 모든 지면에 있는 씨 맺는 모든 채소와 씨 가진 열매 맺는 모든 나무를 너희에게 주노니 그것이 너희의 먹을거리가 될 것이다"라고 말씀하셨다.

30 또 땅에 있는 모든 짐승과 하늘에 나는 모든 새와 땅에 기는 모든 생명체에게는 "모든 푸른 풀을 먹을거리로 주노라"고 말씀하시자 그대로 되었다.

31 하나님께서는 창조한 모든 것을 보시기에 심히 좋았다. 저녁이 지나고 아침이 오니, 이는 여섯째 날이었다.

2 1-2 하나님께서 여섯째 날에 천지와 만물을 모두 창조하신 후 일곱째 날에 쉬셨다.

3 그리고 휴식한 그 일곱째 날을 복되게 하사 거룩하게 하셨다. 이는 창조하시고 만드시던 모든 일을 마치고 그날에 쉬셨기 때문이다.

4 이상은 천지가 창조될 때 하늘과 땅의 내력이다. 하나님께서 땅과 하늘을 창조하시던 때

Q&A **형상과 모양은 어떻게 다른가?**
(창 1:26~27)

형상은 보이지 않는 내적인 것으로 하나님의 선한 성품을 뜻한다. 반면 모양은 외적인 모습이나 형태(form)를 가리킨다. 하나님의 형상에 대한 해석은 끊임없이 논쟁의 초점이 되어 왔는데, 초기 개혁주의자들 가운데 형상(히, 첼렘)과 모양(히, 데무트)을 구분하지 않은 이들도 있었다. 그래서 처음 창조된 사람은 하나님의 형상과 모양을 다 갖추었으나 범죄로 말미암아 모양은 상실하고 형상만 남았다고 주장한다. 칼뱅은 형상도 씨앗과 같은 정도만 남고 대부분은 상실되었다고 보았다. 그러나 성서 기자들은 하나님의 형상을 신이 인간에게 부여한 하나의 신적 과제(神的課題)로 보았다.

---

1) 물고기　2) 창 2:19　3) Image　4) form　5) 정복

5 땅에는 비가 내리지 않았고, 땅을 경작할 사람도 없었다. 들에는 아직 초목이 형성되지 않았고, 밭에는 채소가 나지 않았으며,

6 단지 안개만 땅에서 올라와 온 땅을 적셨다.

7 하나님께서 흙으로 사람을 만드신 후 생명의 호흡인 생기를 코에 불어넣자 사람이 살아있는 생명체인 생령이 되었다.

에덴동산 창설

8 ● 하나님께서 동쪽 지역에 있는 에덴에 동산을 만든 다음 그 지으신 사람을 그곳으로 데려다가 살도록 하셨다.

9 하나님께서 그 땅에서 보기에 아름답고, 먹기에도 좋은 나무를 자라게 하셨다. 특별히 동산 중앙에는 생명나무와 선악을 분별하게¹⁾ 하는 나무도 두었다.

10 강물의 근원이 에덴 지역에서 흘러 나와 동산을 적시고 그곳에서 네 곳으로 갈라져 네 근원을 이루었다.

11 네 근원 중 첫째 강의 이름은 '비손'으로 금이 있는 하윌라 온 땅을 두르며 흘렀다.

12 이곳의 금은 순도가 높은 것이었고, 진주인 베델리엄과 호마노 같은 보석도 있었다.

13 둘째 강의 이름은 '기혼'으로 구스 온 땅을 흘렀다.

14 셋째 강의 이름은 '힛데겔'로 앗수르 동쪽으로 흘렀다. 넷째 강의 이름은 '유프라테스'였다.

15 하나님께서 창조한 첫 사람 아담을 에덴동산으로 이끌어 그 동산에서 땅을 일구며 동산을 지키게 하셨다.

16 그리고 그 사람에게 말씀하셨다.

"동산에 있는 여러 나무의 열매는 네가 마음대로 먹을 수 있으나

17 선악을 분별¹⁾하게 하는 나무의 열매는 먹지 말라. 네가 그것을 먹는 날에는 반드시 죽을 것이다."

18 하나님께서 말씀하셨다. "사람이 홀로 사는 것이 좋지 않으니 내가 그를 위하여 돕는 배우자²⁾를 지을 것이다."

19 하나님께서 흙으로 여러 종류의 들짐승과 공중을 나는 여러 종류의 새를 만드신 후 아담이 무엇이라고 부르는지 보시기 위해 그것들을 그에게로 이끌어 가셨다. 아담이 각각의 생물을 부르는 것이 곧 그것들의 이름이 되었다.

20 아담이 모든 가축과 공중의 새와 들짐승에게 이름을 붙였다. 그러나 아담에게는 아직 돕는 배우자가 없었다.

21 이에 하나님께서 아담을 깊이 잠들게 한 후 그의 갈비뼈 하나를 취하여 그 부분을 살로 대신 채우셨다.

22 그리고 아담에게서 취한 그 갈비뼈로 여자³⁾를 만드시고, 그를 아담에게로 이끌고 오셨다.

23 이를 본 아담이 말했다. "이는 내 뼈 중의 뼈요 살 중의 살이다. 이것을 남자에게서 취했으니 '여자라고 부를 것이다."

24 그러므로 남자가 부모를 떠나 아내와 합하여 둘이 한 몸을 이룰 것이다.⁴⁾

25 아담과 그의 아내는 벌거벗은 채로 지냈으나 부끄러움을 느끼지 못했다.

인간의 첫 번째 범죄

3 ● 하나님께서 지으신 들짐승 중에 뱀이 가장 간교했다. 뱀이

---

1) 알게   2) 배필   3) 창 1:27, 남자와 여자   4) 엡 5:31

여자에게 물었다. "하나님께서 너희에게 동산에 있는 모든 나무의 열매를 먹지 말라고 한 것이 확실하냐?"

2 이에 여자가 뱀에게 말했다. "동산에 있는 나무의 열매는 먹을 수 있지만

3 오직 동산 중앙에 있는 나무의 열매는 먹지도 말고 만지지도 말라. 그것을 먹는 날에는 너희가 죽게 되리라고 하셨다."

4 그러자 뱀이 여자에게 말했다. "너희가 절대로 죽지 않을 것이다.

5 오히려 그것을 먹게 되면 너희 눈이 밝아져 하나님처럼 되어 선악을 분별하게 될 줄을 하나님께서 알고 계시기 때문이다."

6 그 말을 들은 여자가 그 나무를 보자 먹음직스럽고, 보기에도 좋았으며, 선악을 분별하게[1] 할 만큼 탐스럽게도 보였다. 결국 여자는 그 열매를 따 먹고 자기와 함께 있는 남편에게도 주니 그 남편도 먹었다.

7 이에 두 사람의 눈이 밝아져 자기들이 벌거벗은 것이 부끄러운 줄을 깨닫고 무화과나무 잎을 사용하여 벗은 몸을 가렸다.

8 바로 그날 바람이 불 때 아담과 그의 아내는 동산을 거니시는 하나님의 소리를 듣고 하나님의 낯을 피해 동산에 있는 나무 사이에 숨었다.

9 그때 하나님께서 "네가 어디 있느냐?"라고 아담을 부르셨다.

10 아담은 "내가 동산에서 하나님의 소리를 듣고 벗었기 때문에 두려워 숨었습니다"라고 대답했다.

11 그러자 하나님께서 다시 물으셨다. "네가 벗었다는 것을 알게 한 자가 누구냐? 왜 내가 네게 먹지 말라고 한 그 나무의 열매를 먹었느냐?"

12 이에 아담이 대답했다. "하나님께서 내게 주셔서 나와 함께 살도록 한 그 여자가 그 나무의 열매를 주기에 내가 먹었습니다."

하나님의 심판 선언과 에덴동산 추방

13 ● 하나님께서 여자에게 말씀하셨다. "너는 내가 먹지 말라고 금한 열매를 왜 따 먹었느냐?" 여자가 대답했다. "뱀의 속임수에 넘어가 먹었습니다."

14 하나님께서 뱀에게 말씀하셨다. "네가 이들에게 내가 금한 열매를 따 먹도록 했으니 너는 모든 가축과 들짐승보다 더 저주를 받아 배로 기어다니게 되며, 살아있는 동안 흙 가운데로 기어다니게 될 것이다.[2]

15 또한 내가 너로 여자와 원수 관계가 되게 하고, 네 후손도 여자의 후손과 원수 관계가 되게 할 것이다. 그래서 여자의 후손은 네 머리를 상하게 하고, 너는 그의 발꿈치를 상하게 할 것이다."

16 또 여자에게 다시 말씀하셨다. "내가 네게 임신하는 고통을 크게 할 것이다. 그래서 너는 수고해야 자식을 낳을 뿐 아니라 남편을 사모하게 되지만 남편에게 복종하게 될 것이다."

17-18 아담에게도 말씀하셨다. "네가 네 아내의 말을 듣고 내가 네게 먹지 말라고 금한 나무의 열매를 먹었기 때문에 땅은 너로 인해 저주를 받아 가시덤불과 엉겅퀴를 낼 것이다. 그래서 너는 평생 수고해야 땅에서 나는 것을 먹게 될 것이다. 너의 먹거리는 밭의 채소이므로

1) 지혜롭게 2) 흙을 먹을지니라

19 너는 흙으로 돌아갈 때까지 얼굴에 땀을 흘려야만 먹을 것을 구하게 될 것이다. 그것은 네가 흙으로 만들어졌기 때문이다. 너는 흙에서 왔으니 흙으로 돌아가게 될 것이다."

20 아담은 그의 아내 이름을 '생명'이라는 뜻의 '하와'라고 불렀다. 이는 그가 모든 살아있는 사람의 어머니가 되기 때문이다.

21 하나님께서 아담과 그 아내를 위해 가죽옷을 만들어 입히셨다.

22 하나님께서 말씀하셨다. "보라, 사람이 선악을 분별하는1) 일에 우리 중 하나처럼 되었으니 그가 생명 나무의 열매를 따 먹고 죽지 않는 존재가 될까 한다."

23 이에 하나님께서 에덴동산에서 그들을 쫓아내신 후 그의 생활 바탕이 된 땅을 경작하게 하셨다.

24 이같이 하나님께서 그 사람들을 동산에서 쫓아내고 동산 동편에 그룹들과 두루도는 불칼처럼 타오르는 불꽃을 두어 생명나무로 가는 길을 지키게 하셨다.

가인과 아벨

4 ● 아담이 그의 아내 된 하와와 동침하므로2) 하와가 임신하여 가인을 낳은 뒤 말했다. "내가 여호와로 말미암아 아들을 얻었다."

2 그가 또 가인의 동생 아벨을 낳았다. 아벨은 양을 치는 목동이었고, 가인은 농사를 짓는 농부였다.

3 세월이 지나 가인은 여호와께 땅의 소출로 제물을 드렸고,

4 아벨은 양의 첫 새끼와 그 기름으로 여호와께 제물을 드렸다. 여호와께서는 아벨 자신과 그의 제물은 받으셨지만

5 가인 자신과 그의 제물은 거절하셨다. 이에 가인이 몹시 화가 나서 얼굴색이 변하자

6 여호와께서 가인에게 말씀하셨다. "네가 무엇 때문에 화가 났으며, 왜 얼굴색이 변했느냐?

7 네가 선을 행하면 어찌 낯을 들지 못하겠느냐? 선을 행하지 않으면 죄가 너를 주관하려고 할 것이다.3) 그러나 너는 오히려 죄를 다스려야 할 것이다."

8 하루는 가인이 그의 동생 아벨에게 "들로 나가자"라고 말한 후 들에 있을 때 그의 동생 아벨을 쳐 죽였다.

9 그러자 여호와께서 가인에게 말씀하셨다. "네 동생 아벨이 어디 있느냐?" 가인이 대답했다. "내가 알지 못합니다. 내가 내 동생을 지키는 사람입니까?"

10 하나님께서 다시 말씀하셨다. "네가 무엇을 했느냐? 네 동생의 원한의 핏소리가 땅에서 내게 호소하고 있다.

11 땅이 그 입을 벌려 네 손에서 네 동생의 피를 받았으니 네가 땅에서 벌4)을 받을 것이다.

Q&A 아벨의 제사만 받으신 이유는?
(창 4:3-5)

가인이 땅의 소산으로, 아벨이 양의 첫 새끼로 제물을 드렸을 때 하나님은 아벨의 제물만 받으셨다. 이에 대해 여러 견해가 있다. ①아벨의 제사는 피의 제물이었기 때문이다. ②아벨의 제물이 가인의 제물보다 더 가치가 있었기 때문이다. ③가인은 단순히 감사의 제물이었으나, 아벨은 자신의 속죄를 위해 드렸기 때문이다. 그러나 히 11:4에는 믿음으로 드렸기 때문에 열납되었다고 말한다. 본문 4:7에는 악을 행했기 때문임을 암시하고 있다. 결국 열납되는 제사(예배)는 믿음과 행함이 따르는 제사이다.

---

1) 아는　2) 알게 되므로　3) 죄가 문에 엎드려 있느니라
4) 저주

창

12 네가 밭을 경작해도 땅이 다시는 그 소산물의 효력을 네게 주지 않으며, 너는 땅에서 정착하지 못하고 방랑하는 자가 될 것이다."

13 가인이 여호와께 말했다. "나에게 주어진 이 벌은 내가 받기에 너무 무겁습니다.

14 오늘 주 하나님께서 나를 이 땅에서 쫓아내시면 내가 주의 얼굴을 보지 못하게 될 것입니다. 그렇게 되면 내가 땅에서 방랑하는 자가 되고, 무릇 나를 만나는 자마다 나를 죽일 것입니다."

15 여호와께서 가인에게 말씀하셨다. "그렇지 않다. 너를 죽이는 자는 벌을 7배나 받을 것이다." 그리고 가인에게 징표를 주어 누구를 만나도 그들이 가인을 죽이지 못하게 하셨다.

가인의 후손과 셋과 에노스

16 ● 가인은 여호와 앞을 떠나서 에덴의 동쪽에 위치한 '유리함'이라는 뜻의 놋 땅에 가서 살았다.

17 그는 그곳에 살면서 아내를 얻고 그 아내가 임신하여 에녹을 낳았다. 가인이 성을 쌓았는데, 아들의 이름을 따라 '에녹성'이라고 불렀다.

18 이후 에녹은 이랏을 낳았고, 이랏은 므후야엘을 낳고, 므후야엘은 므드사엘을 낳고, 므드사엘은 라멕을 낳았다.

19 라멕에게는 아다와 씰라 두 아내가 있었다.

20 그중 아다는 야발을 낳았는데, 그는 장막에서 생활했으며 후에 가축을 치는 자의 조상이 되었다.

21 야발의 동생 이름은 유발로 그는 수금과 통소를 잡고 연주하는 악사의 조상이 되었다.

22 라멕의 또 다른 아내 씰라는 두발가인을 낳았는데, 그는 구리와 철을 사용하여 여러 가지 기구를 만드는 자가 되었다. 그의 누이는 나아마였다.

23 라멕이 두 아내에게 말했다. "아다와 씰라여, 내가 하는 말을 들으라. 나를 해롭게 한 상처로 말미암아 내가 사람을 죽였고, 나를 상하게 한 소년을 죽였다.

24 가인을 죽인 사람은 벌을 7배나 받을 것이다. 그러나 라멕을 죽인 사람은 그 벌의 77배를 받게 될 것이다."

25 아담이 아내와 동침하므로 다시 아들을 낳은 후 "하나님께서 가인이 죽인 아벨 대신에 다른 아들[1]을 주셨다"라고 하여 그 이름을 '셋'이라고 했다.

26 셋도 아들을 낳고 그 이름을 '에노스'라고 했다. 이때 비로소 사람들이 여호와의 이름을 불렀다.

아담에서 노아까지의 계보

5 ● 이것은 아담의 후손, 곧 계보에 대해 적은 것이다. 하나님께서 사람을 창조하실 때 하나님의 모양대로 짓되

2 남자와 여자로 창조하셨다. 그리고 그날에 하나님께서 그들에게 복을 주셨고, 그들의 이름을 '사람'[2]이라고 부르셨다.

3 아담은 130세에 자기 모양[3]을 따라 자기 형상[4]대로 아들을 낳은 후 '셋'이라고 이름을 지었다.

4-5 아담은 셋을 낳은 후 800년을 살면서 자녀들을 낳았다. 그는 930세에 죽었다.

6-8 셋은 105세에 에노스를 낳고, 에노스를 낳은 후 807년을 살며 자녀

---

1) 씨　2) 히, 아담　3) NIV, likeness　4) NIV, image

들을 낳았다. 그는 912세에 죽었다.

9-11 에노스는 90세에 게난을 낳았고, 게난을 낳은 후 815년을 살며 자녀들을 낳았다. 그는 905세에 죽었다.

12-14 게난은 70세에 마할랄렐을 낳고, 마할랄렐을 낳은 후 840년을 살면서 자녀들을 낳았다. 그는 910세에 죽었다.

15-17 마할랄렐은 65세에 야렛을 낳고, 야렛을 낳은 후 830년을 살면서 자녀들을 낳았다. 그는 895세에 죽었다.

18-20 야렛은 162세에 에녹을 낳고, 에녹을 낳은 후 800년을 살면서 자녀들을 낳았다. 그는 962세에 죽었다.

21-22 에녹은 65세에 므두셀라를 낳고, 므두셀라를 낳은 후 300년 동안 하나님과 동행하며 자녀들을 낳았다.

23 그는 365세까지 세상에 살았는데

24 하나님과 동행하며 지내다가 하나님께서 그를 데려가시므로 세상에 없었다.

25-27 므두셀라는 187세에 라멕을 낳고, 라멕을 낳은 후 782년을 살면서 자녀들을 낳았다. 그는 969세에 죽었다.

28 라멕은 182세에 아들을 낳고,

29 '노아'라고 이름을 지었다. 이는 "여호와께서 땅을 저주했기 때문에 힘들게 일하는 우리를 이 아들이 위로할 것이다"라고 기대했기 때문이다.

30-31 라멕은 노아를 낳은 후 595년을 살면서 자녀들을 낳았다. 그는 777세에 죽었다.

32 노아는 500세를 넘기고 나서 셈과 함과 야벳을 낳았다.

사람의 죄악이 세상에 가득함

6 ● 사람들이 땅 위에서 번성하기 시작할 때 그들에게서 딸들이 출생했다.

2 셋의 후손인 하나님의 아들들이 가인의 후손인 사람의 딸들의 아름다움을 보고 자기들이 좋아하는 여자를 아내로 삼았다.

3 그때 여호와께서 말씀하셨다. "내 영이 영원히 사람과 함께하지 않을 것이다. 이는 그들이 죄로 인해 죽을 수밖에 없는 오염된 육체가 되었기 때문이다. 그리고 그들이 살 날은 120년이 될 것이다."

4 그때 땅에는 타락한 거인 네피림들이 있었고, 그후에도 하나님을 믿는 하나님의 아들들이 하나님을 믿지 않는 사람의 딸들과 결혼하여 자식을 낳았다. 그들은 고대에 널리 알려진 용사였다.

5 여호와께서 사람의 죄악이 세상에 만연하고, 마음에 생각하는 모든 계획이 언제나 악한 것뿐임을 보셨다.

6 그래서 마음에 근심하시며, 땅 위에 사람 창조한 것을 탄식1)하면서

7 이렇게 말씀하셨다. "내가 창조한 사람들을 땅 위에서 진멸시키되 사람으로부터 가축과 기는 것과

? 난제　하나님의 아들들은 누구인가?
(창 6:2)

● 하나님의 아들들(6:2)은 일반적으로 하나님을 경외하는 셋의 자손을 가리킨다. 성경에는 때로 천사들을 뜻하기도 한다. 신약에서는 대개 성도를 가리킬 때 이 말이 사용되었다(갈3:16).

● 사람의 딸들(6:2)은 일반적으로 하나님을 불신하는 가인의 자손을 가리킨다. 곧 정욕대로 사는 사람을 가리킨다.

---

1) 한탄

공중의 새까지 모두 그렇게 할 것이다. 이것은 내가 그것들을 지었음을 탄식하기 때문이다."

8 그러나 노아는 그렇게 되지 않고 여호와께 은혜를 입었다.

노아 때 세상과 노아의 방주 건조

9 ● 이것은 노아 자손의 족보이다. 노아는 의로운 사람으로, 그 당시 기준으로 하나님께서 보실 때 완전한 자였다. 그는 하나님과 동행했으며,

10 셈과 함과 야벳 세 아들을 두었다.

11 당시 땅에 사는 모든 사람이 하나님 앞에 부패하여 타락함이 땅에 가득했다.

12 곧 하나님께서 보실 때 땅이 부패했다. 땅에 사는 모든 자의 행위가 부패해 있었다.

13 하나님께서 노아에게 말씀하셨다. "모든 살아있는 자의 타락이 땅에 널리 퍼졌으므로 그 마지막 날이 내 앞에 이르렀다. 이제 내가 그들을 땅과 함께 진멸할 것이다.

14 그러므로 너는 이태리편백나무1)를 사용하여 너를 위해 배2)를 만들어라. 배 내부는 칸막이 방들을 만들고 물이 들어오지 못하도록 그 안팎에 역청을 칠하라.

15 배의 길이는 약 135m 되는 300규빗, 너비는 50규빗, 높이는 30규빗으로 하라.

16 그 배에 밖으로 창을 만들되 맨 위에서부터 1규빗 아래로 하고, 그 문은 옆으로 내고 상중하 3층으로 만들라.

17 내가 땅에 홍수를 내려 살아서 호흡하는 모든 육체와 생물을 천하에서 멸망시킬 것이다.

18 그러나 너와는 내가 언약을 세울 것이다. 그러므로 너는 네 아내와 아들들과 며느리들과 그 배로 들어가도록 하라.

19 그때 너는 살아있는 모든 생물을 각각 암수 한 쌍씩 배로 들어가게 하여 너와 함께 생명을 보존하도록 하라.

20 곧 새, 가축, 땅에서 기어다니는 모든 것을 각각 그 종류대로 2마리씩 너에게 나아오게 하리니 그것들의 생명을 보존하라.

21 또한 너와 짐승들을 위해 먹을 것을 준비하라."

22 이에 노아는 하나님께서 자기에게 명령하신 대로 모든 일을 이행했다.

노아 때 홍수 심판

7 ● 여호와께서 노아에게 말씀하셨다. "너와 네 모든 가족은 배 안으로 들어가라.3) 나는 이 세대에서 너의 의로움을 보았다.

2 너는 모든 정결한 짐승은 암수 7마리씩, 그렇지 않은 것은 암수 2마리씩 배 안으로 들어오게 하라.

3 공중의 새도 암수 7마리씩 들어오게 하여 그 종족을 온 지면에 살아남게 하라.

4 지금부터 7일 후 내가 40일 동안 땅에 비를 내려 내가 지은 모든 생물을 지면에서 멸절시킬 것이다."

5 노아는 여호와께서 자기에게 명령하신 대로 모두 이행했다.

6 홍수가 땅에 내리기 시작했을 때 노아는 600세였다.

7 노아는 아들들과 아내와 며느리들과 홍수를 피해 배 안으로 들어갔고,

8 깨끗한 짐승과 그렇지 못한 짐승과 새와 땅에 기어다니는 모든 것도

---

1) 고페르나무, 개역에는 전나무 2) 방주 3) NIV, Go into

9 하나님께서 노아에게 명령하신 대로 암수 2마리씩 노아에게 나아와 배로 들어갔다.

10 7일이 지나자 홍수로 인해 땅이 물로 덮였다.

11 노아가 600세 되던 해 둘째 달인 5월 17일이었다. 그날 땅속 깊은 곳에 있는 큰 샘물이 솟아나고, 하늘의 둥근 공간인 창문들이 열려

12 40일 동안 비가 땅에 내렸다.

13 홍수가 내리던 날 노아와 그의 아내와 노아의 아들 셈, 함, 야벳과 세 며느리 모두 배로 들어갔다.

14 또한 모든 들짐승과 가축과 땅에 기어다니는 모든 것이 그 종류대로 배 안으로 들어갔고, 모든 새가 그 종류대로,

15 살아서 호흡하는 생물이 2마리씩 배 안으로 들어갔다.

16 하나님께서 노아에게 명령하신 대로 배 안으로 들어간 것들은 모든 종류의 암수였다. 여호와께서 그것들을 들여보내고 배의 문을 닫으셨다.

17 홍수는 40일 동안 계속되었다. 물은 점점 불어나 배가 물 위로 떠 올랐고,

18 물이 계속 불어나 땅에 넘쳤다. 배는 물 위에 떠다녔다.

19-20 물이 땅에 넘쳐 675㎝ 되는 15규빗이나 되자 모든 높은 산까지도 물에 잠겼다.

21 땅 위에 움직이는 새와 가축과 들짐승과 땅에 기는 모든 것과 모든 사람이 죽었다.

22 곧 육지에서 코로 숨을 쉬는 것은 모두 죽었다.

23 오직 노아와 배 안에 있던 자들과 짐승들만 살아남았다.

24 물은 150일 동안 땅에 넘쳤다.

홍수의 그침과 홍수 후 제사

8 1-2 ● 하나님께서 노아와 그와 함께 배에 있는 모든 들짐승과 가축을 기억하셨다. 그래서 땅 위로 바람을 불게 하여 물이 줄어들게 하셨고, 땅속에서 솟는 깊은 샘과 하늘의 둥근 공간인 창문을 닫아 비를 그치게 하셨다.

3 150일이 지난 후 물이 땅에서 물러가 점점 줄어들었다.

4 그해 일곱째 달인 10월 17일에 배가 아라랏산에 머물렀고

5 물이 계속 줄어들어 열째 달인 1월 1일에는 산들의 봉우리가 보였다.

6 배가 멈춘 지 40일이 지난 후 노아는 배의 창문을 열고

7 까마귀를 내보냈다. 까마귀는 땅에서 물이 마르기까지 배 주위를 날아다녔다.

8 노아가 지면에서 물이 얼마나 더 줄어들었는지 알기 위해 이번에는 비둘기를 내보냈다.

9 그러나 그때까지 온 지면에 물이 있어 비둘기가 머물 곳을 찾지 못하고 배로 돌아오자 그가 손을 내밀어 비둘기를 배 안으로 들어오게 했다.

10 7일이 지난 후 다시 비둘기를 배에서 내보냈다.

11 저녁 때 돌아온 비둘기는 올리브나무 새 잎사귀를 물고 왔다. 이를 본 노아는 땅에 물이 줄어든 것을 알았다.

12 다시 7일을 기다려 비둘기를 내보내자 그 비둘기는 배로 돌아오지 않았다.

13 노아가 601세 되던 해의 첫째 달인 4월 1일에 노아가 배의 뚜껑을 열어 보니 지면에서 물이 걷힌 것이 보였다.

14 그해 둘째 달인 5월 27일에 땅이 말랐다.

15 그때 하나님께서 노아에게 말씀하셨다.

16 "너는 네 아내와 아들들과 며느리들과 함께 배에서 나오라.

17 또 너와 함께한 새와 가축과 땅에 기어다니는 모든 살아있는 생물도 배에서 나오게 하라. 이것들은 땅에서 자라고 번식할 것이다."

18 노아가 하나님의 말씀대로 아들들과 그의 아내와 며느리들과 함께 배에서 나왔고,

19 땅 위에 있는 모든 짐승과 기어다니는 것과 새도 그 종류대로 배에서 나왔다.

20 배에서 나온 노아는 여호와께 제단을 쌓고 모든 정결한 가축과 새 가운데 제물을 취하여 번제물로 드렸다.

21 여호와께서 그 제물의 향기를 받으시고 말씀하셨다. "내가 다시는 사람으로 인해 땅을 저주하지 않을 것이다. 사람은 마음으로 계획하는 것들이 어려서부터 악하기 때문이다. 그러므로 내가 이전에 행한 것처럼 모든 생물을 다시 물로 멸망시키지 않을 것이다.

22 앞으로 땅이 있을 동안에는 심고 거두는 것, 춥고 더운 것, 여름과 겨울, 밤과 낮이 멈추지 않을 것이다."

하나님의 재차 축복과 무지개 약속

9 ● 하나님께서 노아와 그 아들들에게 축복하셨다. "생육하고 번성하여 땅 위에 가득하라.

2 땅의 모든 짐승과 공중에 나는 모든 새와 땅에서 기어다니는 모든 것과 바다에 사는 모든 어류가 너희를 두려워할 것이다. 이것들을 너희의 소유물로 주었기 때문이다.

3 따라서 모든 살아있는 동물은 너희의 먹거리가 될 것이다. 곧 채소처럼 내가 이것을 다 너희에게 식물로 주었다.

4 그러나 고기는 피와 함께 먹어서는 안 된다. 생명은 피에 있기 때문이다.

5 너희가 살인하면 반드시 보응을 받을 것이다. 짐승이 사람의 피를 흘리게 하면 그 짐승에게서 피를 찾고, 사람이나 사람의 형제가 살인하면 그가 보응을 받을 것이다.

6 다른 사람을 죽이면 그 사람도 죽임을 당할 것이다. 이는 하나님께서 자기 형상대로 사람을 지으셨기 때문이다.

7 너희는 생육하고 번성하여 땅에 가득하라."

8 하나님께서 노아와 그와 함께한 아들들에게 말씀하셨다.

9 "내가 내 언약을 너희와 너희 후손과

10 배에서 나온 너희와 함께한 새와 가축과 모든 짐승과 세울 것이다.

11 곧 다시는 모든 생물을 홍수로 멸절하지 않을 것이며, 땅을 멸망시키는 홍수가 다시는 없을 것이다."

12-13 하나님께서 말씀하셨다. "내가 나와 너희 사이, 너희와 함께하는 모든 생물 사이에 영원히 세우는 언약의 증거는 내가 구름 속에 내 무지개를 두는 것이다.

14 내가 구름으로 땅을 덮을 때 무지개가 구름 속에 나타나면

15 내가 너희와 육체를 가진 모든 생물 사이에 세운 내 언약을 기억하라. 다시는 물이 모든 육체를 멸망시키는 홍수가 일어나지 않을 것

이다.

16 나는 구름 사이에 무지개가 있는 것을 보고 육체를 가진 땅의 모든 생물 사이에 맺은 영원한 언약을 기억할 것이다."

17 하나님께서 노아에게 말씀하셨다. "내가 나와 땅에 있는 모든 생물 사이에 세운 언약의 증거가 이것이다."

홍수 이후 노아

18 ● 배[1]에서 나온 노아의 아들들은 셈과 가나안의 아버지 함과 야벳이었다.

19 이 노아의 세 아들로 인해 사람들이 온 땅으로 퍼져 나갔다.

20 노아가 농사를 시작하여 포도나무를 심었다.

21 세월이 지난 후 노아는 포도주를 마시고 취해 자기 장막 안에서 벌거벗고 자고 있었다.

22 가나안의 아버지요, 노아의 둘째 아들인 함이 벌거벗은 채 자고 있는 아버지의 하체를 보고 밖으로 나가서 그의 두 형제에게 알렸다.

23 이에 셈과 야벳은 옷을 가져다가 자기들의 어깨에 메고 뒷걸음으로 들어가서 벌거벗은 아버지의 하체를 덮었다. 그러고는 아버지의 하체를 보지 않기 위해 그들이 아버지에게서 얼굴을 돌려 장막에서 나왔다.

24 술이 깬 후 노아가 그의 둘째 아들이 자기에게 행한 일을 알고 나서

25 이렇게 말했다. "함의 아들 가나안은 저주를 받아 형제들을 섬기는 종들의 종이 될 것이다."

26 노아는 계속해서 말했다. "셈의 하나님이 된 여호와를 찬양하라. 가나안은 셈의 종이 되며,

27 하나님께서 야벳을 광대하게 하여 셈의 장막에서 거주하게 하시고, 가나안은 그의 종이 될 것이다."

28-29 노아는 홍수 이후 350년을 더 살다가 950세 나이에 죽었다.

노아의 세 아들의 계보

10 1-2 ● 노아의 세 아들인 셈과 함과 야벳의 계보이다. 홍수 후 그들이 아들들을 낳았다. 노아의 셋째 아들인 야벳의 아들은 고멜, 마곡, 마대, 야완, 두발, 메섹, 디라스이다.

3 고멜의 아들은 아스그나스와 리밧과 도갈마이며,[2]

4 야완의 아들[3]은 엘리사, 달시스, 깃딤, 도다님이다.

5 이들에게서 여러 나라와 백성으로 나뉘어 각자의 언어와 종족대로 바닷가 지역에서 살았다.

6 노아의 둘째 아들인 함의 아들은 구스, 미스라임, 붓, 가나안이다.

7 구스의 아들은 스바, 하윌라, 삽다, 라아마, 삽드가이다. 라아마의 아들은 스바와 드단이다.[4]

8 구스가 또 니므롯을 낳았는데, 그는 세상에 첫 용사였다.[5]

9 그가 여호와 앞에서 용감한 사냥꾼이 되었기 때문에 "누구는 여호와 앞에 니므롯같이 용감한 사냥꾼이다"라는 속담이 생겼다.

10 니므롯이 다스리던 지역[6]은 메소포타미아 남부 지역인 시날 땅의 바벨과 에렉과 악갓과 갈레에서 시작되어

11 앗수르로 북진하여 니느웨와 르호보딜과 갈라까지 이르렀다.

12 그리고 니느웨와 갈라 사이의 레센도 있었는데, 그곳은 큰 성읍이었다.

1) 방주   2) 대상 1:4-6   3) 대상 1:7. 자손   4) 대상 1:8-9   5) 대상 1:10   6) 나라

13-14 미스라임은 루딤, 아나밈, 르하빔, 납두힘, 바드루심, 가슬루힘, 갑도림을 낳았다. 이 가슬루힘에게서 블레셋 족속이 나왔다.

15 가나안은 장자인 시돈과 헷을 낳았다.

16-18 이후 여부스 족속, 아모리 족속, 기르가스 족속, 히위 족속, 알가 족속, 신 족속, 아르왓 족속, 스말 족속, 하맛 족속의 조상이 된 아들들을 낳았다. 이후 가나안 자손의 족속이 사방으로 흩어져 살았다.[1]

19 가나안의 경계는 시돈에서 그랄을 지나 가사까지와 소돔, 고모라, 아드마, 스보임을 지나 라사까지였다.

20 이들은 모두 함의 자손으로 각자의 언어와 종족대로 살았다.[2]

21 노아의 첫째 아들 셈은 에벨 모든 자손의 조상이 되었는데, 그의 계보는 이렇다. 그에게도 자녀가 출생했다.

22 셈은 100세, 곧 홍수 후 2년 만에 아르박삿을 낳았다. 그리고 아르박삿을 낳은 후 500년을 살면서 엘람과 앗수르와 룻과 아람을 낳았다.[3]

23-24 아람[4]의 아들은 우스, 훌, 게델, 마스[5]이며, 아르박삿은 35세에 셀라를 낳았고, 셀라를 낳은 후 403년을 살면서 자녀들을 낳았다. 셀라는 30세에 에벨을 낳았고, 에벨을 낳은 후 403년을 살면서 자녀를 낳았다.[6]

25 에벨은 34세에 아들을 낳고 "그때 세상이 나뉘어졌다"라고 하여 '벨렉'이라고 했다. 벨렉을 낳은 후 430년을 살며 욕단 등 자녀를 낳았다.[7]

26-29 벨렉의 동생인 욕단은 알모닷, 셀렙, 하살마웻, 예라, 하도람, 우살, 디글라, 오발, 아비마엘, 스바, 오빌, 하윌라, 요밥을 낳았다.[8]

30 이들은 메사에서 스발로 가는 길의 동쪽 산 지역에 걸쳐 살았다.

31 이상은 모두 셈의 자손이니 각자의 언어와 종족과 지방과 나라대로 살았다.

32 그 백성들의 계보에 따르면 이들은 노아 자손의 족속들이요, 홍수 후에 이들에게서 그 땅의 백성들로 나뉘었다.

바벨탑 건설

11 모든 지역에서 사용하는 언어와 말은 하나였다.

2 이에 그들이 거주지를 동쪽으로 옮겨 가다가 메소포타미아 남부 지역인 시날 평지에 이르러 그곳에서 정착해 살았다.

3 그때 그들은 이렇게 말했다. "이제 벽돌을 구워 견고히 만들자. 벽돌로 돌을 대신하고 역청으로 진흙을 대신하자."

4 그들은 계속해서 말했다. "성읍을 건설하고 탑을 하늘에 닿을 만큼 높이 세우자. 그래서 우리의 이름을 알리고, 사방으로 흩어지지 않도록 하자."

5 이에 여호와께서 사람들이 건설하는 성읍과 쌓는 탑을 보기 위해 내려오셨다.

6 그리고 말씀하셨다. "이 무리가 한 족속이요, 한 언어를 사용하기 때문에 이 일을 시작했으니 이후로는 그들이 하고자 한다면 그 일을 막을 수 없을 것이다.

---

1) 대상 1:11-16　2) 이상 민 34:1-15 참조　3) 창 11:10-11 참조　4) 대상 1:17, 셈　5) 대상 1:17, 메섹　6) 창 11:12-15 참조　7) 창 11:16-19 참조　8) 대상 1:20-23

7 그러므로 우리가 내려가서 그들의 언어를 혼란하게 하여 그들이 서로 말이 통하지 못하게 하자."

8 여호와께서 그곳에서 그들의 언어를 혼란하게 하여 그들을 사방으로 흩으셨고, 그들은 그 성읍 건설을 중단했다.

9 그러므로 그곳의 이름을 '바벨'이라고 했다. 이는 여호와께서 그곳에서 온 땅의 언어를 혼란하게 하셨기 때문이다. 여호와께서는 그곳에서 그들을 사방으로 흩으셨다.

셈의 계보

10 ● 셈의 계보이다. 셈은 100세, 곧 홍수 후 2년 만에 아르박삿을 낳았다.

11 그리고 아르박삿을 낳은 후 500년을 살면서 엘람과 앗수르와 룻과 아람 등 자녀를 낳았다.

12-13 아르박삿은 35세에 셀라를 낳았고, 셀라를 낳은 후 403년을 살면서 자녀들을 낳았다.

14-15 셀라는 30세에 에벨을 낳았고, 에벨을 낳은 후 403년을 살면서 자녀를 낳았다.

16-17 에벨은 34세에 아들을 낳고 "그때 세상이 나뉘어졌다"라고 하여 '벨렉'이라고 했다. 벨렉을 낳은 후 430년을 살며 욕단 등 자녀를 낳았다.

18-19 벨렉은 30세에 르우를 낳았고, 르우를 낳은 후 209년을 살며 자녀를 낳았다.[1]

20-21 셈의 계보 중 르우의 후손은 이렇다. 르우는 32세에 스룩을 낳았으며, 스룩을 낳은 후 207년을 살며 자녀를 낳았다.

22-23 스룩은 30세에 나홀을 낳았으며, 나홀을 낳은 후 200년을 살며 자녀를 낳았다.[2]

24-25 나홀은 29세에 데라를 낳았으며, 데라를 낳은 후 119년을 살며 자녀를 낳았다.

26 데라는 70세에 아브람과 나홀과 하란을 낳았다.[3]

데라의 계보

27 ● 데라의 계보는 이렇다. 스룩은 나홀을 낳았고, 나홀은 데라를 낳았다. 데라는 아브람과 나홀과 하란을 낳았다. 하란은 롯을 낳았고,

28 그 아버지 데라보다 먼저 자기가 출생한 갈대아인 지역의 우르에서 죽었다.

29 아브람과 나홀이 장가갔는데 아브람의 아내의 이름은 사래였고, 나홀의 아내의 이름은 하란의 딸 밀가였다. 하란은 밀가와 이스가의 아버지이기도 했다.

30 그러나 사래는 임신하지 못했다.

31 이에 아브라함의 아내 사래와 아버지 데라와 동생인 하란의 아들 조카 롯도 아브라함과 함께 갈대아인 지역의 우르를 떠났다.[4] 그리고 가나안 땅으로 가던 중 북서쪽으로 1,135km를 여행한 후 하란에 도착하여 그곳에서 오랫동안 머물렀다.

바벨탑에 대하여 (창 10:10, 11:9)

바벨탑이 세워진 위치에 대해서는 학자들 간에 의견 차이가 크다. 유대인과 아랍인들의 전승에는 이라크의 보르십파, 오늘날 비르스 니므롯(니므롯의 탑-tower of Nimro-이 와전된 것으로 추정됨)이라 불리는 성읍의 나부(nabu, -Nebo-) 대신전과 바벨론 성읍 안의 남동쪽 지역의 함몰된 곳(바이스바하, Weissbach) 등이 주장되어 왔다. 이곳들은 모두 대체로 고대 바벨론의 도시와 가까운 거리에 있다.

---

1) 대상 1:19 참조   2) 대상 1:25-26상 참조   3) 대상 1:26하-27상 참조   4) 개역개정에는 데라가 데리고 우르를 떠난 것으로 나옴, 창 11:31

32 데라는 205세 때 하란에서 죽었다.

고향을 떠나 하란에 도착한 아브람

12 ● 여호와께서 아브람에게 말씀하셨다. "너는 너의 출생지인 고향과 친척과 아버지의 집을 떠나 내가 네게 장차 보여줄 땅으로 가라[1]

2 그러면 내가 너를 통해 큰 민족을 이루게 하며, 네게 복을 주어 네 이름을 널리 빛나게 하리니 너는 복의 근원이 될 것이다.

3 내가 너를 축복하는 자에게는 복을 내리고, 너를 저주하는 자에게는 저주할 것이다. 그런즉 땅의 모든 족속이 너로 인해 복을 받을 것이다."

4 이에 아브라함이 여호와의 말씀을 따라 갔고 조카 롯도 아브라함과 함께 갈대아인 지역의 우르를 떠났다. 아브라함이 하란을 떠날 때는 75세였다.

5 아브람이 그의 아내 사래와 조카 롯과 함께 하란에서 얻은 모든 소유물과 사람들을 이끌고 가나안 땅을 향해 출발하여 남쪽으로 650km 이상을 여행한 후에 마침내 가나안 땅에 도착했다.

6 아브람은 그 땅을 통과하여 세겜에 있는 모레 상수리나무에 도착했다. 그때 그곳에는 가나안 사람들이 살고 있었다.

7 이때 여호와께서 아브람에게 나타나 말씀하셨다. "내가 네 자손에게 이 땅을 주리라." 이에 아브람은 자기에게 나타나신 여호와를 위해 그곳에 제단을 쌓았다.

8 그리고 그곳을 떠나 남쪽으로 47km 떨어진 벧엘 동쪽에 있는 산으로 옮겨 장막을 쳤다. 장막을 친 곳의 서쪽은 벧엘이요, 3km 떨어진 동쪽

에는 아이성이 있었다. 그가 그곳에서 여호와께 제단을 쌓고 여호와의 이름을 불렀다.

9 아브람은 그곳에서 정착하지 않고 점점 더 남쪽 지역으로 내려갔다.

아브람의 애굽 이주

10 ● 가나안 땅에 기근이 심해지자 아브람은 애굽에 거주하기 위해 그곳으로 내려갔다.

11 그는 애굽 가까이 왔을 때 그의 아내 사래에게 말했다. "내가 보기에 당신은 심히 아름다운 여인이다.

12 그래서 애굽 사람이 당신을 보고 이 여자는 그의 아내라는 사실을 알면 나는 죽이고 그대는 살릴 것이다.

13 그때 당신이 내 누이라고 말한다면 내가 안전하고 내 목숨이 살아남을 것이다."

14 아브람이 애굽에 도착했을 때 애굽 사람들이 심히 아름다운 아브람의 아내[2]를 보았다.

15 바로의 고위층들이 그 여인의 아름다움을 바로 앞에서 칭찬하자 바로가 그 여인을 궁전으로 데려오도록 했다.

16 이에 바로가 그 여인으로 인해 아브람을 후하게 대접하고 아브람에게 양과 소와 노비와 암수 나귀와 낙타를 주었다.

17 여호와께서 아브람의 아내 사래 사건으로 바로와 그의 집에 큰 재앙을 내렸다.

18 이에 바로가 아브람을 불러 말했다. "네가 무슨 이유로 그를 네 아내라고 말하지 않았느냐?

19 왜 아내를 누이라고 하여 내가 그를 데려다가 아내로 삼게 했느냐?

1) 문맥 흐름상 아브라함이 우르를 떠나 하란에 사는 동안 부름을 받을 수도 있음   2) 여인

네 아내가 여기 있으니 이제 데려가라."

20 바로가 애굽 사람들에게 자신이 당한 일을 알리며 명령했다. 이에 그들이 아브람과 그의 아내와 그의 모든 소유를 가지고 애굽을 떠나도록 했다.

아브람과 롯의 헤어짐과 재차 축복

13 ●아브람이 애굽에서 그의 아내와 모든 소유를 가지고 롯과 함께 가나안 남쪽 지역으로 올라왔다.

2 아브람은 가축과 은금이 풍부했다.

3 그가 가나안 남쪽 지역에서 출발하여 벧엘과 아이 사이, 곧 지난번에 장막을 치고 처음으로 제단을 쌓은 곳에 도착했다.

4 그리고 아브람은 그곳에서 여호와의 이름을 불렀다.

5-6 아브람과 함께한 롯 일행도 양과 소 등 소유가 많고 장막이 있어 그 지역에서 함께 살기에 어려움이 있었다.

7 결국 아브람과 롯의 가축을 돌보는 목자가 서로 다투는 일이 벌어졌다. 또한 가나안 사람과 브리스 사람도 그 지역에 거주하고 있었다.

8 이에 아브람이 롯에게 말했다. "우리는 친척이니 너와 내가 다투지 말고, 네 목자나 내 목자가 서로 다투게 하지도 말자." 그리고 다시 말했다.

9 "네 앞에 거주할 땅이 있으니 나를 떠나라. 네가 왼쪽으로 가면 나는 오른쪽으로 가고, 네가 오른쪽으로 가면 나는 왼쪽으로 갈 것이다."

10 이에 롯이 요단 계곡 지역을 바라보니 여호와께서 소돔과 고모라를 멸망시키기 전이라서 남쪽의 소알 들판까지 온 땅에 물이 풍부했다. 그곳은 마치 여호와의 동산 같았고, 애굽의 고센 땅과도 같았다.

11-12 그래서 롯은 요단 온 지역을 택하여 동쪽으로 옮겨 가서 살았고, 아브람은 요단강 서쪽 지역인 가나안 땅에 거주했다. 두 사람이 서로 헤어진 후 롯은 그 지역의 도시들을 다니다가 그 장막을 옮겨 소돔까지 내려가서 살았다.

13 그러나 소돔 사람들은 여호와 앞에 악하여 항상 죄를 지으며 살았다.

14 롯이 아브람을 떠난 후 여호와께서 아브람에게 말씀하셨다. "너는 네가 있는 곳에서 동서남북을 바라보라.

15 네가 보는 지역을 내가 너와 네 자손에게 영원히 줄 것이다.

16 내가 네 자손을 땅의 티끌처럼 번성하게 할 것이다. 사람이 땅의 티끌을 능히 셀 수 없는 것처럼 네 자손이 그처럼 크게 번성할 것이다.

17 너는 일어나 그 땅을 동서남북¹⁾으로 두루 다녀보라. 내가 그것을 네게 줄 것이다."

18 이 말씀을 들은 아브람은 장막을 옮겨 헤브론에 있는 마므레 상수리나무 수풀에 머물렀으며, 그곳에서 여호와를 위하여 제단을 쌓았다.

세계 전쟁과 아브람의 롯 구출

14 ●아브람 당시 메소포타미아 지역의 시날 왕 아므라벨, 엘라살 왕 아리옥, 엘람 왕 그돌라오멜, 고임 왕 디달이 연합군을 형성하여

1) 종과 횡

2 사해 남쪽 지역에 있는 소돔 왕 베라, 고모라 왕 비르사, 아드마 왕 시납, 스보임 왕 세메벨, 소알 왕 벨라의 연합군과 싸웠다.

3 이들은 모두 지금의 사해, 곧 염해에 있는 싯딤 골짜기에 진을 쳤다.

4 염해 지역에 있는 이들 성읍은 12년 동안 그돌라오멜을 섬겼으나 13년째에 배반했다.

5 이에 그돌라오멜과 그와 함께 연합한 왕들은 이듬해인 14년째에 이들을 치기 위해 내려오던 중 아스드롯 가르나임에서 르바 족속을, 함에서 수스 족속을, 사웨 기랴다임에서 엠 족속을 물리쳤다. 그리고

6 세일산 지역에 사는 호리 족속을 물리친 후 광야 근방 엘바란까지 남진했다. 이들 그돌라오멜의 연합군은

7 계속해서 엔 미스밧, 곧 남쪽에 있는 가데스까지 진군하여 아말렉 족속의 온 땅과 하사손다말에 사는 아모리 족속까지 공격했다.

8-9 이에 소돔 왕, 고모라 왕, 아드마 왕, 스보임 왕, 벨라 곧 소알 왕이 연합군을 형성하여 싯딤 골짜기에서 엘람 왕 그돌라오멜, 고임 왕 디달, 시날 왕 아므라벨, 엘라살 왕 아리옥 등 4명의 왕과 싸우기 위해 진을 쳤다.

10 싯딤 골짜기에는 역청 구덩이가

Q&A 히브리인의 기원(창 14:13)

아브라함에게 최초로 붙여진(14:13) 히브리인이란 말은 '건너온 자'라는 뜻의 '에벨'에서 유래했다(10:21). 이방인들은 이스라엘 민족을 멸시할 때 곧잘 이렇게 불렀다(삼상 4:9). 성경 이외에서는 가난하고, 억압받으며, 유랑 생활을 하던 소외층을 이렇게 불렀다.

많았는데 소돔 왕과 고모라 왕이 패하여 도망갈 때 그 역청 구덩이에 빠지고 그 나머지는 산으로 도망했다.

11 그돌라오멜과 연합한 4명의 왕이 소돔과 고모라에 있는 모든 재물과 양식을 빼앗아 갔는데,

12 소돔에 거주하던 아브람의 조카 롯을 사로잡고 재물도 빼앗아 갔다.

13 이 전쟁에서 도망나온 자가 히브리 사람 아브람에게 와서 그 사실을 알렸다. 그때 아브람은 아모리 족속이 살던 마므레의 상수리나무 수풀 근처에서 살고 있었다. 마므레는 에스골의 형제요, 또 아넬의 형제이다. 이들은 아브람과 동맹한 사람들이었다.

14 아브람이 자기 조카가 잡혀갔다는 소식을 듣고 집에서 훈련시킨 사람 318명을 데리고 헤브론에서 직선 거리로 200km 정도 떨어진 가나안 최북단 도시인 레센1)까지 쫓아갔다.

15 아브람은 자기 집에서 데리고 간 집안의 사병들을 둘로 나눠 밤에 그들을 공격하여 다메섹 왼쪽에 있는 호바까지 추격했다.

16 그리고 빼앗겼던 모든 재물을 다시 찾았고, 조카 롯과 부녀와 친척을 모두 구출했다.

아브람을 축복한 멜기세덱

17 ● 아브람이 그돌라오멜의 연합군을 물리치고 남쪽으로 내려오는 도중 소돔 왕이 '사웨 골짜기'로 불리는 왕의 골짜기2)에서 그를 영접했다.

18 또한 살렘 왕인 멜기세덱은 가장 높으신 하나님의 제사장으로 빵과 포도주를 가지고 아브람 일행을

1) 단   2) 예루살렘 기드론 골짜기

영접했다.

19 그가 아브람에게 축복하여 말했다. "천지의 주관자요, 가장 높은 곳에 계신 하나님이여, 아브람을 축복하십시오.

20 너희의 원수를 네 손에 붙이신 가장 높은 곳에 계신 하나님을 찬양하라." 이에 아브람은 자신이 얻은 전리품에서 10분의 1을 멜기세덱에게 주었다.

21 소돔 왕이 아브람에게 말했다. "붙잡혀 갔던 사람만 나에게 보내고 전리품¹⁾은 네가 빼앗았으니 네가 취하라."

22 아브람이 소돔 왕에게 대답했다. "천지의 주관자이시요, 가장 높은 곳에 계신 하나님께 내가 손을 들어 맹세한다.

23 당신으로 인해 내가 부자가 되었다는 말을 듣기 원하지 않는다. 그래서 당신에게 속한 것은 실 한 오라기나 신발끈 한 가닥도 내가 취하지 않겠다.

24 다만 싸움에 나갔던 자들이 먹은 것과 나와 함께한 아넬과 에스골과 마므레의 몫만은 가질 것이다."

여호와께서 아브람과 언약을 세우심

15 ●아브람이 롯을 구출한 이후 여호와의 말씀이 환상 중에 아브람에게 임했다. "아브람아, 두려워하지 말라. 나는 네 방패가 되는 보호자요, 네게 가장 큰 상이 된다."

2 이 말을 들은 아브람은 "여호와여, 무엇을 내게 주시려고 하십니까? 나에게는 자식이 없으니 나의 상속자는 다메섹 출신의 엘리에셀이 될 것입니다"라고 대답했다.

3 아브람이 계속해서 말했다. "주께서 내게 후손을 주지 않으셨으니 내 집에서 자란 자가 나의 상속자가 될 것입니다."

4 그러자 여호와께서 말씀하셨다. "엘리에셀이 네 상속자가 아니라 장차 네 몸에서 날 자가 네 상속자가 될 것이다."

5 그리고 아브람을 장막 밖으로 나오게 하고 계속 말씀하셨다. "네가 하늘에 있는 별을 셀 수 있느냐? 네 자손이 하늘의 별처럼 많을 것이다."

6 이에 아브람이 여호와의 말씀을 믿었고, 여호와께서 그것을 그의 의로움으로 인정해 주셨다.

7 또 여호와께서 아브람에게 말씀하셨다. "나는 이 땅을 네 소유물로 삼게 하기 위해 너를 갈대아인이 사는 우르에서 나오게 한 여호와이다."

8 이에 아브람이 "나의 주인 되신 여호와여, 내가 이 땅을 내 소유물로 얻으리라는 것을 어떻게 알 수 있습니까?"라고 물었다.

9 여호와께서 그에게 말씀하셨다. "나를 위해 각기 3년 된 암소와 3년 된 암염소와 3년 된 숫양, 산 비둘기와 집비둘기 새끼를 가져오라."

10 이에 아브람이 이 모든 것을 가져다가 가운데를 쪼개고 그 쪼갠 것을 서로 마주 대해 놓았다. 그러나 새는 중간을 가르지 않았다.

11 아브람은 솔개가 그 사체 위에 내릴 때 내어 쫓았다.

12 해가 질 무렵 아브람은 깊은 잠에 빠졌고, 짙은 어둠과 두려움이 그를 찾아왔다.

13 여호와께서 아브람에게 나타나 말씀하셨다. "너는 분명히 알아야 한

1) 물품

다. 네 자손이 이방에서 나그네가 되어 그들을 섬기며, 그들에게 400년 동안 괴롭힘을 당할 것이다.

14 그러나 괴롭히는 그 나라를 내가 징벌한 후 네 자손이 많은 재물을 가지고 그곳에서 나오며,[1]

15 너는 장수하다가 평안히 죽을 것이다.

16 네 자손은 4대 만에 지금 네가 있는 이 땅으로 돌아올 것이다. 이는 이곳에 있는 아모리 족속의 죄악이 아직 진멸당할 만큼 크지 않기 때문이다.”

17 해가 지고 어둠이 깊어졌을 때 연기 나는 화로가 보이며, 불타는 횃불이 쪼갠 고기 사이로 지나갔다.

18 그날 여호와께서 아브람과 언약을 세워 말씀하셨다. “내가 애굽 시내[2]에서 큰 강 유프라테스까지 네 후손에게 줄 것이다.

19 그 지역은 겐 족속, 그니스 족속, 갓몬 족속,

20 헷 족속, 브리스 족속, 르바 족속,

21 아모리 족속, 가나안 족속, 기르가스 족속, 여부스 족속이 사는 땅이다.”

하갈의 도피와 이스마엘의 출생

16

● 아브람의 아내 사래는 자식을 갖지 못했다. 그에게는 하갈이라는 애굽의 한 여종이 있었다.

2 사래가 남편에게 말했다. “여호와께서 내게 자식을 주지 않으셨으니 내 여종과 동침하라. 내가 그로 인해 자식을 얻기 원한다.” 이에 아브람이 사래의 말을 듣고 그대로 행했다.

3 사래가 그 여종 애굽인 하갈을 자기의 남편인 아브람에게 첩으로 준 때는 아브람이 가나안 땅에 들어온 지 10년이 지난 85세 때였다.

4 아브람이 하갈과 잠자리를 같이한 후 그가 임신했다. 그러자 하갈은 자신이 임신한 것을 알고 여주인인 사래를 무시했다.

5 사래가 아브람에게 말했다. “내가 받는 멸시는 당신이 받아야 마땅하다. 내가 나의 여종을 당신에게 준 것인데 자신의 임신함을 알고 나를 멸시하기 때문이다. 이제 당신과 나 사이를 여호와께서 판단하시기를 원한다.”

6 아브람이 사래에게 말했다. “당신의 여종은 당신의 수하에 있으니 당신이 원하는 대로 행하라.” 그런 남편의 허락을 받은 사래가 하갈을 학대하자 하갈이 사래 앞에서 도망했다.

7 여호와의 사자인 천사가 광야의 술 길에 있는 샘물 옆에서 하갈을 만나 말했다.

8 “사래의 여종 하갈아, 너는 어디서 와서 어디로 가고 있느냐?” 하갈이 대답했다. “나는 내 여주인인 사래를 피해 도망하고 있습니다.”

9 여호와의 천사가 다시 말했다. “네 여주인에게로 돌아가라. 그리고 그의 수하에 복종하라.”

10 여호와의 사자가 계속해서 말했다. “내가 네 후손을 셀 수 없을 정도로 크게 번성하게 할 것이다.”

11 또 말했다. “네가 지금 임신했으니 아들을 낳으면 그 이름을 '이스마엘'이라고 부르라. 이는 여호와께서 네 고통을 들으셨기 때문이다.

12 태어날 아이는 사람 중에 들나귀처럼 되고, 그의 손이 모든 사람을 공격하며, 모든 사람도 그를 대적할 것이다. 그는 모든 형제와 적대

1) 출 7-12장 2) 강

관계를 이루며 살 것이다."

13 하갈은 자기에게 말한 여호와의 이름을 '나를 살피시는 하나님'이라고 했다. 그것은 "내가 어떻게 여기서 나를 보살피는 하나님을 뵐 수 있었는가'라고 했기 때문이다.

14 그래서 그곳 샘의 이름을 '브엘라해로이'라고 불렀다. 그 샘은 가데스와 베렛 사이에 있었다.

15-16 하갈은 사래에게로 돌아와 아브람이 86세 되던 해 아들을 낳았다. 아브람은 하갈이 낳은 아들을 천사가 말한 대로 '이스마엘'이라고 불렀다.

언약의 표징으로 할례를 행함

17 ● 아브람이 99세 때 여호와께서 아브람에게 나타나 말씀하셨다. "나는 전능한 하나님이다. 그러므로 너는 내 앞에서 흠 없이 행동해야 한다.

2 내가 너와 언약을 세워 너를 크게 번성하게 할 것이다."

3 이에 아브람이 엎드리자 하나님께서 다시 말씀하셨다.

4 "보라, 내 언약이 너와 함께 있으니 너는 많은 민족의 아버지가 될 것이다.

5 그러므로 이후로 네 이름을 아브람 대신에 '열국의 아버지'라는 뜻의 '아브라함'이라고 부를 것이다. 이는 내가 너로 많은 민족의 아버지가 되게 할 것이기 때문이다.

6 곧 내가 너로 크게 번성하게 하며, 너로 말미암아 수많은 민족이 일어날 것이다. 더 나아가 왕들이 너에게서 나올 것이다.

7 이를 위해 내가 내 언약을 나와 네 대대 후손 사이에 맺어 영원한 언약을 삼으며, 나는 너와 너의 후손의 하나님이 될 것이다.

8 내가 너와 네 후손에게 영원한 기업으로 이 가나안 모든 지역을 주고, 나는 그들의 하나님이 될 것이다."

9 하나님께서 아브라함에게 계속해서 말씀하셨다. "그러므로 너와 네 후손은 나와 맺은 언약을 대대에 걸쳐 지켜야 할 것이다.

10 나와 너희와 너희 후손 사이에 지킬 내 언약은 모든 남자가 할례를 받는 것이다.

11 너는 나와 너희 사이 언약에 대한 표징으로 남자의 포피를 잘라라.

12 너희가 대대에 걸쳐 할례를 행할 남자들은 집에서 출생한 자나 돈으로 산 이방인들을 막론하고 출생한 지 8일 만에 할례를 받아야 한다.

13 이는 내 언약이 너희 몸에 있어 영원한 언약이 되고,

14 할례를 받지 않은 남자, 곧 그 포피를 자르지 않는 자는 백성 가운데서 끊어질 것이다. 그것은 내 언약을 이행하지 않았기 때문이다."

15 하나님께서 또 아브라함에게 말씀하셨다. "이제부터 네 아내를 사래라고 하지 말고 '사라'라고 부르라.

16 내가 그에게 복을 내려 그가 네게 아들을 낳아 주며, 그를 많은 민족의 어머니가 되게 할 것이다. 그리고 그 후손에게서 민족의 여러 왕이 나올 것이다."

17 아브라함이 땅에 엎드려 웃으며 속으로 말했다. "내 나이 100세나 되었고, 사라는 90세인데 어떻게 자식을 낳을 수 있는가?"

18 이에 아브라함이 하나님께 말했다. "이스마엘이나 하나님 앞에 살기를 원합니다."

19 그러자 하나님께서 말씀하셨다. "그렇지 않다. 네 아내 사라가 너를 통해 아들을 낳을 것이며, 너는 그 이름을 '이삭'이라고 부르라. 내가 그와 내 언약을 세울 것이다. 그리고 그 언약은 그의 후손에게 영원한 언약이 될 것이다."

20 하나님께서 계속해서 말씀하셨다. "이스마엘에 대하여는 내가 네 말을 들었다. 내가 그에게도 복을 주어 그의 자손을 생육하고 크게 번성하게 할 것이다. 그는 12명의 지도자를 낳을 것이며, 내가 그들로 큰 나라를 이루게 할 것이다.

21 내 언약은 내년 이맘때 사라가 네게 낳을 이삭과 세울 것이다."

22 하나님께서 아브라함과 말씀을 마친 후 그를 떠나가셨다.

23 그날 아브라함은 하나님께서 자기에게 말씀하신 대로 그 아들 이스마엘과 집에서 태어난 모든 남자와 돈을 주고 산 모든 남자에게 할례를 행했다.

24-26 아브라함은 99세에 포피를 베었고, 그의 아들인 이스마엘이 할례, 곧 포피를 벤 때는 13세였다.

27 그 집에서 태어난 남자와 이방인에게 돈으로 산 남자는 모두 할례를 받았다.

아들을 약속 받은 아브라함

18 ●매우 더울 때 아브라함이 장막 앞에 앉아 있었다. 여호와께서 헤브론의 마므레 상수리나무 숲이 있는 곳에서 아브라함에게 나타나셨다.

2 그때 아브라함은 세 사람이 맞은편에 서 있는 것을 보고 곧바로 장막 문에서 달려 나가 그들을 영접하며 몸을 땅에 굽힌 채

3 말했다. "내 주여, 내가 주께 은혜를 입었다고 생각하시면 원하건대 종을 그냥 지나가지 마십시오.

4 나로 물을 조금 가져다가 당신들의 발을 씻게 하고 나무 아래서 쉬도록 허락해 주십시오.

5 그리고 내가 빵을 조금 준비할 것이니 당신들의 마음을 기분 좋게 하고 나서 떠나기를 바랍니다. 이는 당신들이 종의 집에 왔기 때문입니다." 그러자 그들이 "네 말대로 하겠다"라고 말했다.

6 이에 아브라함이 서둘러 장막으로 들어가 사라에게 "급히 고운 가루 21.9리터 되는 3스아를 가져다가 반죽하여 빵을 만들라"고 했다.

7 아브라함이 또 가축 떼 있는 곳으로 가서 살찌고 좋은 송아지를 잡아 하인에게 급히 음식을 준비하도록 했다.

8 그런 후 아브라함이 엉긴 젖인 버터와 우유와 하인이 요리한 송아지를 가져다가 자기를 찾아온 사람들 앞에 차려 놓고 상수리나무 아래로 모셔 오자 그들이 아브라함이 차린 음식을 먹었다.

9 음식을 먹은 후 그들이 아브라함에게 말했다. "네 아내 사라가 어디 있느냐?" 아브라함이 대답했다. "장막에 있습니다."

10 그가 다시 말했다. "내년 이맘때

풍습 나그네의 대접(창 18:8)

아브라함은 나그네로 찾아온 세 사람에게 친히 대접했다. 당시 남자 나그네가 찾아오면 남자가 대접을 했고 여자는 안에 들어가 있었다. 이들은 자신들이 나그네 생활을 하고 있기 때문에 나그네에게 대접하는 것을 당연하게 생각했다. 그래서 천사가 아브라함에게 아내가 잉태하게 될 것이라는 말을 들었을 때 사라는 장막 뒤에 있다가 그 말을 듣고 웃었던 것이다(18:10~12).

내가 반드시 다시 네게로 돌아올 것인데, 네 아내 사라에게 아들이 있을 것이다." 사라가 그 하는 말을 장막 문에서 들었다.

11 그는 남편이 나이가 많아 늙었고, 자신도 늙어 여성의 생리가 끊어졌다.

12 그래서 사라는 속으로 웃으며 말했다. "내가 많이 늙었고 내 남편[1]도 늙었는데 내게 자식을 얻는 즐거움이 있겠는가?"

13 여호와께서 아브라함에게 말씀하셨다. "사라가 왜 내가 늙었거늘 어떻게 아들을 낳을 수 있느냐고 웃으며 말하느냐?

14 여호와께서 하지 못하실 일이 있겠느냐? 때가 되면 내가 네게로 다시 올 것이며, 그때 사라에게 아들이 있을 것이다."

15 그 말을 들은 사라가 두려워서 부인했다. "내가 웃지 않았습니다." 그러자 여호와께서 말씀하셨다. "아니다. 네가 웃었다."

소돔을 위한 아브라함의 간구

16 ● 그 사람들이 아브라함 장막을 떠나 소돔으로 향해 갔고, 아브라함은 밖에까지 나가 그들을 전송했다.

17 이때 여호와께서 말씀하셨다. "내가 하고자 하는 것을 아브라함에게 숨기지 않겠다.

18 이는 아브라함이 강하고 큰 나라가 되며, 천하 만민은 그로 말미암아 복을 받게 되기 때문이다.

19 내가 그로 그 자식과 속해 있는 모든 가족에게 명령하여 여호와의 말씀을 지켜 의와 바른 도리를 행하게 하려고 그를 선택한 것은 나 여호와가 아브라함에 대해 말한 일들을 이루고자 하기 때문이다."

20 여호와께서 다시 말씀하셨다. "소돔과 고모라에 대한 울부짖음이 크고 그 죄악이 심히 크다.

21 그들의 악행이 내게 들린 울부짖음과 같은지 내가 내려가서 알아볼 것이다."

22 그 사람들이 아브라함의 장막에서 떠나 소돔으로 향해 가고 아브라함은 하나님 앞에 그대로 서 있었다.

23 아브라함이 하나님께 가까이 나아가서 말했다. "하나님께서 의인을 악인과 함께 멸망시키려고 하십니까?

24 그 성 안에 50명의 믿는 사람, 곧 의인이 있어도 그 50명의 의인을 위하여 용서하지 않고 그 성을 멸망시키겠습니까?

25 주께서 의인을 악인과 함께 죽이시는 것은 옳지 않으며, 의인과 악인을 함께 멸망시키는 것도 옳지 않습니다. 세상을 심판하시는 분은 공의로 행해야 하지 않겠습니까?"

26 여호와께서 말씀하셨다. "내가 만일 소돔성 안에 50명의 의인이 있다면 그들을 위해 그 성을 심판하지 않을 것이다."

27 아브라함이 대답했다. "티끌과 재 같은 내가 감히 주께 간청합니다.

28 50명의 의인 중에 5명이 부족하다면 그래도 그 성읍들을 멸망시키겠습니까?" 여호와께서 말씀하셨다. "내가 그 성에 의인 45명만 있어도 멸망시키지 않을 것이다."

29 아브라함이 또 간구했다. "그 성에서 의인 40명을 찾으면 어떻게 하시겠습니까?" 여호와께서 대답하셨다. "의인 40명이 있어도 멸망시키지 않을 것이다."

1) 주인

30 아브라함이 다시 간구했다. "내 주
하나님이여, 화내지 마시고 내가
말하도록 허락해 주십시오. 그 성
에 의인 30명이 있다면 어떻게 하
시겠습니까?" 여호와께서 말씀하
셨다. "내가 그 성에 의인 30명이
있다면 그들로 인해 멸망시키지
않을 것이다."

31 아브라함이 계속해서 간구했다.
"내가 두려운 마음으로 내 주께 간
구합니다. 그 성에 의인 20명이 있
으면 어떻게 하시겠습니까?" 이에
여호와께서 말씀하셨다. "내가 의
인 20명으로 인해 그 성을 멸망시
키지 않을 것이다."

32 아브라함이 마지막으로 말했다.
"하나님은 화내지 마십시오. 내가
한 번만 더 간구합니다. 그곳에서
의인 10명을 찾으면 그래도 멸망시
키겠습니까?" 여호와께서 말씀하
셨다. "내가 의인 10명이 있다면 그
성을 멸망시키지 않을 것이다."

33 여호와께서 아브라함과 말씀을 마
친 후 떠나가시고 아브라함도 자
기 장막으로 돌아갔다.

소돔 사람들의 횡포

19 ● 저녁 해질 무렵 그 2명의 천
사가 헤브론에서 150km, 직선거
리로 30km 정도 떨어진 소돔에 도착
했다. 그때 마침 롯이 소돔 성문에
앉아 있다가 그들이 오는 것을 보
고 일어나 영접하고 땅에 엎드려
절하며

2 말했다. "내 주1)여, 종의 집으로 들
어와 발을 씻고 주무신 후 아침 일
찍 일어나 갈 길을 가십시오." 그
들이 말했다. "아닙니다. 우리는
그냥 거리에서 밤을 새울 것입니
다."

3 그러나 롯이 더욱 간청하므로 그

들이 돌이켜 롯의 집으로 들어왔
다. 이에 롯이 그들을 위해 누룩을
넣지 않은 빵인 무교병을 구워 식
탁에 차리자 그들이 그 음식을 먹
었다.

4 식사 후 그들이 잠자리에 들기 전
소돔 백성들이 늙은이나 젊은이를
막론하고 사방에서 몰려와 롯의
집을 에워싸고

5 롯을 불러내어 말했다. "오늘 밤
너를 찾아온 사람들이 어디 있느
냐? 우리에게로 데려오라. 우리가
그들과 관계2)해야겠다."

6 이에 롯이 문 밖에 있는 무리에게
나가서 뒤로 문을 닫고

7 말했다. "내가 간절히 부탁합니다.
소돔의 형제들이여, 이런 악행을
저지르지 말라.

8 내게 결혼하지 않은 두 딸이 있어
너희에게로 데려올 것이니 너희
좋을 대로 그들에게 행하라. 그러
나 내 집에 들어온 이 사람들에게
는 어떤 악한 일도 저지르지 말
라."

9 이에 그들이 말했다. "너는 뒤로
물러나라. 너는 이 성에 들어와 살
면서 우리에게 훈계를 하려고 하
지 말라. 그렇지 않으면 우리가 그
들보다 너를 더 해칠 것이다." 그
러고는 롯을 밀치며 문 가까이 가
서 그 문을 부수려 했다.

10 그러자 롯을 찾아온 천사3)가 손을
잡아 롯을 집으로 끌어들이고 문
을 닫은 후

11 문 밖에 소란을 피우는 무리를 앞
을 보지 못하게 했다. 그러자 그들
은 문을 찾기 위해 더듬거렸다.

소돔과 고모라의 멸망

12 ● 롯을 이끈 천사가 롯에게 말했다.

---

1) lord　2) 상관, withsex　3) 사람

"이 집에 있는 사람 외에 네게 속한 자가 또 있느냐? 네 사위나 자녀, 성 안에 네게 속한 자들을 모두 성 밖으로 나오도록 하라.

13 그들의 악행에 대한 울부짖음이 여호와 앞에 너무 크기 때문에 여호와께서 이 성을 멸망시키기 위해 우리를 이곳에 보냈으니 우리가 멸망시킬 것이다."

14 롯이 집에서 나가 딸들과 결혼할 사위들에게 말했다. "여호와께서 이 성을 멸망시킬 것이니 너희는 일어나 이곳을 떠나라." 그러나 그의 사위가 될 자들은[1] 그 말을 농담으로 여겼다.

15 해가 떠오를 무렵 천사가 롯을 재촉하며 말했다. "일어나 네 아내와 두 딸과 함께 성 밖으로 나가라. 죄악 중에 있는 이 성과 함께 멸망당할까 염려가 된다."

16 그러나 롯이 머뭇거리자 그 사람들이 롯과 그 아내와 두 딸의 손을 잡고 성 밖으로 이끌어냈다. 이는 여호와께서 그들을 살리기 위해 그들에게 큰 자비를 베푸신 것이었다.

17 그 사람[2]들이 롯의 가족들을 성 밖으로 이끌어낸 후 말했다. "생명을 잃지 않도록 도망하라. 도망할 때 뒤를 돌아보거나 들에 멈추지 말고 산으로 피하여 멸망당하지 않도록 하라."

18 롯이 그들에게 말했다. "내 주여, 그렇게 하지 마십시오.

19 내가 주님께 은혜와 자비를 입어 내 생명을 구원받았으나 내가 산까지 갈 수 없습니다. 재앙을 만나 죽을까 두렵습니다.

20 그러니 피하기에 가깝고 작기도 한 저 성읍으로 피하게 허락하십

시오. 그 성읍은 작아서 내 생명을 보존할 수 있습니다."

21 그가 롯에게 말했다. "내가 그 말에도 네 소원을 들어주겠으니 네가 말한 그 작은 성읍은 멸망시키지 않겠다.

22 그러므로 너는 그 성읍으로 속히 피하라. 네가 그곳에 가기까지는 아무 일도 일어나지 않도록 하겠다." 그래서 그 성읍 이름을 '작음'이라는 뜻의 '소알'이라고 불렀다.

23 롯이 소돔에서 40㎞ 정도 떨어진 사해 남쪽 끝에 있는 소알에 도착했을 때 해가 떠올랐다.

24 여호와께서 하늘로부터 유황과 불을 소돔과 고모라에 비같이 내려

25 그 성들과 온 들과 성에 사는 모든 백성과 땅에서 자란 것을 모두 진멸시켰다.

26 그러나 롯의 아내는 피하는 도중에 뒤를 돌아봄으로 소금 기둥이 되었다.

27 그날 아침 아브라함은 일찍 일어나 여호와 앞에 서 있던 곳에 이르러

28 소돔과 고모라와 그 주변 지역에서 연기가 옹기 가마에서 나오는 것처럼 솟아오르는 것을 보았다.

29 하나님은 롯이 살고 있던 소돔과 그 주변 지역에 있는 성읍들을 멸망시킬 때 아브라함을 생각하여 롯을 그 가운데서 구원하셨다.

모압과 암몬 자손의 조상

30 ● 롯이 사해 남쪽 소알로 피했으나 그곳에 거주하기를 두려워하여 두 딸과 함께 그곳에서 나와 북쪽으로 15㎞ 정도 떨어진 산으로 올라가 한 굴에 거주했다.

31 그때 큰딸이 작은딸에게 말했다.

1) 사위들은　2) 천사

"우리 아버지는 늙으셨고 세상의 관습을 따라 우리의 남편 될 사람이 이 지역에는 없으니

32 우리가 아버지에게 술을 마시게 하고 동침하여 아버지로 인해 후손이 끊어지지 않게 하자."

33 그날 밤 그들이 아버지에게 술을 마시게 하고 큰딸이 들어가서 아버지와 잠자리를 같이했다. 그러나 아버지는 딸과 잠자리를 함께 한 것을 깨닫지 못했다.

34 이튿날 큰딸이 작은딸에게 말했다. "어젯밤에는 내가 아버지와 잠자리를 했으니 오늘 밤에도 아버지에게 술을 마시게 하고 네가 잠자리에 들어가 아버지로 인해 후손이 끊어지지 않게 하자."

35 그날 밤에도 그들이 아버지에게 술을 마시게 하고 작은딸이 일어나 아버지와 잠자리를 같이했으나 아버지는 그 딸과 잠자리를 함께 한 것을 깨닫지 못했다.

36 롯의 두 딸이 아버지로 인해 임신했고,

37 큰딸은 아들을 낳은 후 그 이름을 '모압'이라고 했다. 그는 훗날 모압 자손의 조상이 되었다.

38 작은딸도 아들을 낳은 후 그 이름을 '벤암미'라고 했다. 그는 훗날 암몬 자손의 조상이 되었다.

아브라함과 그랄 왕 아비멜렉

20 소돔 멸망 후 아브라함은 거주지를 헤브론 남쪽 지역으로 옮겨 가데스와 술 사이에 있는 그랄에 거주했다.

2 그는 그곳 사람들에게 아내인 사라를 자기 누이라고 말했다. 이 말을 들은 그랄 왕 아비멜렉은 사람을 보내 사라를 자기에게 데려오도록 했다.

3 그날 밤 하나님께서 꿈에 아비멜렉에게 나타나 말씀하셨다. "네가 데려온 이 여인으로 인해 네가 죽을 것이다. 그는 남편이 있는 여자이기 때문이다."

4 그 말을 들은 아비멜렉은 아직 그 여인과 동침하지 않았으므로 이렇게 대답했다. "주님께서 죄 없는 백성도 멸망시키십니까?

5 그가 내게 이는 내 누이라고 말하지 않았습니까? 그 여인도 그는 내 오빠라고 했습니다. 나는 온전한 마음과 잘못한 것 없이 이렇게 했습니다."

6 그러자 하나님께서 꿈에 그에게 다시 말씀하셨다. "네가 온전한 마음으로 이렇게 한 줄을 나도 알았기 때문에 너를 막아 내게 범죄하지 않도록 하기 위해 여인에게 가까이하지 못하게 한 것이다.

7 이제 그 여자를 돌려보내라. 그는 선지자이니 그가 너를 위해 기도하면 네가 죽지 않을 것이다. 만일 돌려보내지 않으면 너뿐 아니라 네게 속한 자도 모두 죽을 것이다."

8 그날 아침 아비멜렉이 일찍 잠에서 깨어나 모든 종을 모아 놓고 그동안 일어난 일을 말하자 그들이 크게 두려워했다.

9 아비멜렉이 아브라함을 불러 말했다. "너는 왜 우리에게 네 아내를 누이라고 했느냐? 내가 네게 무슨 잘못을 행했기에 너는 나와 내 나라를 큰 죄에 빠지게 하려고 했느냐? 너는 우리에게 옳지 않은 일을 행했다."

10 아비멜렉이 다시 아브라함에게 말했다. "너는 무슨 생각으로 이렇게 했느냐?"

11 이에 아브라함이 대답했다. "이곳에서는 하나님을 두려워하지 않기 때문에 사람들이 내 아내의 아름다움을 보고 나를 죽일 것이라고 생각했기 때문입니다.

12 실제로 그는 나의 이복 누이로 내 아내가 되었습니다.

13 또한 내가 믿는 하나님께서 나를 내 아버지의 집을 떠나 떠돌아다니게 하실 때 내가 아내에게 '이후로 우리가 다니는 곳마다 그대는 나를 그대의 오빠라고 하라'고 말했기 때문입니다."

14 아브라함의 대답을 들은 아비멜렉은 양과 소와 종들을 아브라함에게 주고 그의 아내 사라도 그에게 돌려보냈다.

15 그리고 아브라함에게 말했다. "내 땅이 네 앞에 있으니 네가 원하는 지역에 거주하라."

16 또 사라에게도 말했다. "내가 은 1,000개를 네 남편[1])에게 주어 그것으로 너와 함께한 여러 사람 앞에서 너의 수치를 가리게 했으니 모든 일이 잘 해결되었다."

17 이에 아브라함이 하나님께 기도했고, 기도를 들으신 하나님께서 아비멜렉과 그의 아내와 여종을 치료하심으로 출산하게 하셨다.

18 이는 여호와께서 이전에 아브라함의 아내 사라의 일로 아비멜렉 집의 모든 태를 닫으셨기 때문이다.

이삭의 출생과 하갈이 추방당함

21
1-5 ● 여호와께서 이전에 말씀하신 대로[2]) 사라가 임신하여 아브라함이 100세 때 아들을 낳았다. 아브라함은 아내 사라가 자기에게서 낳은 아들을 '이삭'이라고 했다. 그리고 하나님께서 자기에게 명령하신 대로 이삭이 태어난 지 8일 만에 할례를 행했다.

6 이삭을 출산한 사라가 말했다. "하나님께서 나를 웃게 하시니 듣는 자가 모두 나와 함께 웃을 것이다."

7 또 말했다. "누가 사라가 아이에게 젖을 먹일것이라고 아브라함에게 말할 수 있었겠는가? 그러나 내가 아브라함의 노년에 아들을 낳았다."

8 이삭이 자라서 젖을 떼는 날 아브라함은 큰 잔치를 베풀었다.

9 세월이 지난 후 사라가 아브라함에게 첩으로 준 애굽 여인 하갈이 낳은 아들 이스마엘이 이삭을 놀리는 것을 보았다. 이에

10 사라가 아브라함에게 말했다. "이 여종과 그 아들을 집에서 쫓아내라. 이 종의 아들은 내 아들 이삭과 함께 상속을 받지 못할 것이다."

11 사라의 말을 들은 아브라함이 그의 아들로 인해 크게 근심했다.

12 그때 하나님께서 아브라함에게 말씀하셨다. "네 아이와 네 여종 때문에 근심하지 말라. 사라가 한 말을 모두 들어주라. 이삭에게서 낳은 자라야 네 씨, 곧 네 후손이라고 불릴 것이기 때문이다.

13 그러나 여종의 아들도 네 후손이니 내가 그에게도 한 민족을 이루게 할 것이다."

(?)! 【난제】 왜 아내를 누이라고?(창 20:13)

아브라함은 아내를 누이라고 말함으로 인해 애굽의 바로와 그랄 왕 아비멜렉이 죄를 범할 뻔하게 되었다. 왜 아브라함은 아내를 누이라고 했을까? 첫째 아내의 미모로 자신이 죽을 것을 두려워했기 때문이다. 또다른 하나는 여러 지역으로 이주하며 다닐 때 아내를 이복 누이로 부르기로 약조했기 때문이다.

1) 오라비   2) 창 18:10

14 이에 아브라함이 아침에 일찍 일어나 빵과 가죽 부대에 물을 담아 하갈의 어깨에 메워 주고 아들인 이스마엘을 데리고 집을 나가도록 했다. 이에 하갈이 집을 떠나 브엘세바광야에서 방황하다가

15 가죽 부대의 물이 떨어졌다. 하갈은 자식을 관목 덤불 밑에 두고

16 "아이가 죽는 것을 차마 볼 수가 없다"라고 말한 후 화살이 날아가는 거리쯤 떨어져 아들과 마주 앉아 바라보며 통곡했다.

17 하나님께서 그 아이의 통곡 소리를 들으시고 사자를 통해 하늘에서 하갈을 불러 말했다. "하갈아, 무슨 일로 통곡하느냐? 두려워 말라. 하나님께서 아이의 통곡 소리를 들으셨다.

18 일어나 네 손으로 아이를 붙잡아 일으키라. 내가 그를 통해 큰 민족을 이루게 할 것이다."

19 하나님께서 하갈의 눈을 열어 샘물을 보게 하셨고, 하갈이 그 물을 가죽 부대에 담아 아이에게 마시도록 했다.

20 하나님께서 그 아이와 함께하시니 그가 성장하여 광야에서 생활하며 활 쏘는 자가 되었다.

21 그가 바란광야에서 지낼 때 어머니가 애굽 땅에서 아내를 얻어 주었다.

아브라함과 아비멜렉의 언약

22 ● 그때쯤 아비멜렉과 그의 군대장관 비골이 아브라함을 찾아와 말했다. "네가 어떤 일을 하든지 하나님께서 너와 함께하시는 것을 우리가 보았다.

23 이제 너는 나와 내 아들과 내 손자에게 거짓된 일을 하지 않겠다고 하나님의 이름으로 내게 약속하라. 내가 너를 후하게 한 대로 너도 나와 네가 거주하는 이 땅에서 그대로 행해야 한다."

24 이에 아브라함은 "내가 맹세하겠다"라고 말한 뒤

25 아비멜렉의 종들이 자신의 우물을 빼앗은 일에 대해 아비멜렉을 책망했다.

26 그러자 아비멜렉이 말했다. "나는 누가 그런 일을 했는지 알지 못했다. 너도 나에게 알리지 않았고, 나도 이제야 들었다."

27 이에 아브라함이 양과 소를 가져다가 아비멜렉에게 주고 서로 언약을 맺었다.

28 아브라함이 암양 새끼 7마리를 따로 놓자

29 아비멜렉이 아브라함에게 물었다. "암양 새끼 7마리를 따로 놓음은 무슨 이유냐?"

30 그러자 아브라함은 "너는 내가 이 우물을 팠다는 증거물로 내 손에서 이 암양 새끼 7마리를 받으라"고 대답했다.

31 이에 두 사람이 그곳에서 서로 맹세했다. 그래서 그곳 이름을 '7개의 우물'이란 뜻의 '브엘세바'라고 불렀다.

32 두 사람이 브엘세바에서 언약을 세운 후 아비멜렉과 그의 군대장관 비골은 그곳을 떠나 블레셋 사람의 땅으로 돌아갔다.

33 아브라함은 브엘세바에서 에셀나무를 심고 영원하신 여호와의 이름을 불렀다.

34 아브라함은 블레셋 사람이 사는 지역에서 많은 날을 지냈다.

이삭의 희생 번제

22 ● 아비멜렉과의 언약을 맺은 후 하나님께서 아브라함의

신앙을 시험¹⁾하기 위해 부르시자 그가 대답했다. "내가 여기 있습니다."

2 하나님께서 말씀하셨다. "너는 사랑하는 독자 이삭을 데리고 모리아 땅으로 가서 내가 네게 정해 준 한 산에서 그를 번제로 드리라."

3 이에 아브라함이 아침 일찍 일어나 나귀에 안장을 지우고 번제에 사용할 쪼갠 나무를 준비했다. 그리고 2명의 종과 함께 이삭을 데리고 떠나 하나님께서 자기에게 정해 주신 곳을 향해 출발했다.

4 떠난 지 3일 만에 아브라함은 하나님께서 정해 주신 모리아 땅을 멀리서 바라보았다.

5 이에 아브라함이 2명의 종에게 말했다. "너희는 나귀와 함께 이곳에서 기다리고 있으라. 내가 아이와 함께 가서 예배하고 우리가 너희에게로 돌아올 것이다."

6 그리고 아들 이삭에게 번제에 쓸 나무를 지게 하고 자기는 불을 피울 도구와 칼을 손에 들고 두 사람은 산으로 올라갔다.

7 가는 도중 이삭이 "아버지여"라고 말하자 아브라함이 대답했다. "내 아들아, 내가 여기 있다." 그러자 이삭이 물었다. "불과 나무는 있는데 번제로 드릴 어린 양은 어디에 있습니까?"

8 이에 아브라함이 대답했다. "내 아들아, 번제로 드릴 어린 양은 하나님께서 손수 준비하셨다." 그리고 두 사람이 함께 올라가

9 하나님께서 그에게 정해 주신 곳에 이르렀다. 이에 아브라함이 그곳에 돌로 제단을 쌓고 그 위에 나무를 올려놓았다. 그리고 그의 아들 이삭을 묶어 제단 나무 위에 올려놓

은 후

10 손에 칼을 잡고 그 아들을 번제물로 잡으려고 했다.

11 바로 그때 여호와의 사자가 하늘에서 "아브라함아, 아브라함아"라고 그를 급하게 불렀다. 아브라함이 "내가 여기 있습니다"라고 대답하자

12 여호와의 사자가 말했다. "그 아이에게 네 손을 대지 말고 아무 일도 하지 말라. 네가 독자까지도 내게 드리는 것을 아끼지 않았으니 이제야 네가 나를 경외하는 줄을 알았다."

13 그때 아브라함이 눈을 들어 보니 뒤에 뿔이 수풀에 걸려 있는 한 숫양이 보였다. 이에 아브라함이 그 숫양을 가져다가 아들을 대신하여 번제물로 드렸다.

14 그리고 그 땅 이름을 '여호와 이레'라고 불렀다. 그래서 오늘까지 사람들이 "여호와의 산에서 준비되리라"고 말한다.

15 여호와의 사자가 하늘에서 다시 아브라함을 불러

16 말했다. "내가 맹세컨대 네가 네 독자까지도 아끼지 않았으니

17 내가 네게 큰 복을 주고, 네 씨, 곧 네 후손이 하늘의 별과 같고 바닷가의 모래와 같이 크게 번성하게 할 것이다. 네 후손은 그 대적의 성읍들을 정복할 것이다.

18 또 네 씨, 곧 네 후손으로 인해 천하 만민이 복을 받을 것인데, 그것은 네가 나의 명령을 이행했기 때문이다."

19 이에 아브라함이 그의 두 종에게로 가서 그들과 함께 그곳을 떠나 남쪽으로 65km 떨어진 브엘세바로 내려

1) test

가서 거주했다.

나홀의 후손

20 ● 얼마 후 어떤 사람이 아브라함에게 와서 "하란에 있는 당신의 동생[1]나홀이 밀가를 통해 자녀를 낳았다"라고 소식을 알렸다.

21 나홀의 맏아들은 우스요, 그 형제들은 부스와 아람의 아버지 그므엘이다.

22 이후에도 게셋, 하소, 빌다스, 이들랍, 브두엘을 낳았다.

23 이들 8명은 아브라함의 형제 나홀의 아내 밀가가 낳은 자식들이다. 브두엘은 리브가를 낳았고,

24 나홀의 첩인 르우마도 데바, 가함, 다하스, 마아가를 낳았다.

아브라함이 막벨라 굴을 구입함

23 1-2 ● 사라가 127세를 살다가 가나안 땅 헤브론, 곧 기럇아르바에서 죽었다. 이에 아브라함이 사라를 위해 애곡한 후

3 그 시신 앞에서 일어나 나가서 헷 족속에게 매장지 구입에 대해 말했다.

4 "나는 당신들 중에 사는 나그네이니 당신들 가운데 내게 매장지를 주어 나의 죽은 아내를 장사하게 해주기 바랍니다."

5 헷 족속이 아브라함에게 대답했다.

6 "내 주여, 당신은 우리 가운데 있는 하나님께서 세우신 지도자입니다. 우리 매장지 중에서 좋은 것을 택하여 당신의 죽은 자를 장사하기 바랍니다. 우리 중에서 자기 매장지에 당신의 아내를 장사하는 것을 반대할 자가 없을 것입니다."

7 아브라함이 그 땅의 주민인 헷 족속을 향해 절한 후

8 그들에게 말했다. "나의 죽은 아내를 장사하도록 나를 위해 소할의 아들 에브론이 소유한

9 그의 밭 끝에 있는 막벨라 굴을 내게 주기 바랍니다. 내가 그에 상응하는 값을 충분히 줄 것입니다. 그러니 그 굴을 내게 주어 당신들 중에서 매장할 소유지가 되게 하기를 원합니다."

10 그때 에브론이 헷 족속 중에 앉아 있다가 성문에 들어온 헷 족속이 듣는 데서 아브라함에게 대답했다.

11 "내 주여, 그렇게 하지 말고 내 말을 들으십시오. 내가 그 밭을 드리고 밭에 딸린 굴도 내가 내 동족 앞에서 당신에게 드립니다. 당신의 죽은 아내를 장사하십시오."

12 이에 아브라함이 그 땅의 백성 앞에서 절했다.

13 그리고 그 땅의 주민들이 듣는 데서 에브론에게 말했다. "당신이 좋게 생각한다면 내 말을 들으시오. 내가 그 밭의 값을 당신에게 줄 것이니 당신은 그 값을 받으시오. 내가 나의 죽은 자를 그곳에 장사하겠습니다."

14 에브론이 아브라함에게 대답했다.

15 "밭 값은 약 4.57kg에 해당하는 은 400세겔이지만 그것은 중요하지 않습니다. 당신의 죽은 자를 그곳에 장사하기 바랍니다."

16 아브라함은 에브론이 헷 족속이 듣는 데서 말한 대로 당시 상인의 통상 가격대로 은 400세겔을 에브론에게 주었다.

17 그리하여 마므레 앞 막벨라에 있는 에브론의 밭과 그에 딸린 굴과 그 밭 주위에 있는 모든 나무가

18 성문에 들어온 모든 헷 족속이 보는

1) 형제

앞에서 아브라함의 소유로 확정되었다.

19 이에 아브라함이 그 아내 사라를 가나안 땅 마므레 앞에 있는 막벨라 밭에 딸린 굴에 장사했다. 마므레는 헤브론이다.

20 이같이 그 밭과 그에 딸린 굴이 헷 족속에게서 아브라함의 매장 소유지로 확정되었다.

이삭과 리브가의 결혼

24 ●아브라함은 나이가 많아 늙었고 여호와께서는 그가 하는 모든 일에 복을 주셨다.

2 하루는 아브라함이 자기 집의 모든 소유를 관리하는 늙은 종에게 말했다. "너는 내 허벅지 밑 생식기[1]에 네 손을 넣고

3 하늘과 땅의 하나님이신 여호와를 가리켜 내게 맹세하라. 너는 내가 거주하는 이 지방에 사는 가나안 족속의 딸 중에서 내 아들 이삭을 위해 아내를 택하지 말고

4 내 고향, 내 친족이 있는 곳인 하란으로 가서 아내를 택하라.

5 종이 물었다. "만일 그 여자가 나를 따라 이 땅으로 오지 않겠다고 하면 내가 주인의 아들을 주인의 고향 땅으로 데려가리이까?"

6 아브라함이 그에게 말했다 "내 아들을 그곳으로 데리고 가지 말라.

7 하늘의 하나님께서 나를 내 아버지의 집과 내 고향 땅에서 떠나게 하고 내게 맹세하기를 '이 땅을 네 씨, 곧 네 후손에게 줄 것이다'라고 말씀하셨다. 하나님께서 너보다 앞서 그 사자를 보내고, 너는 그곳에서 내 아들을 위해 아내를 택할 것이다.[2]

8 만일 여자가 너를 따라오지 않으면 나의 이 맹세에 대해 너는 아무런

책임[3]이 없다. 그러므로 너는 내 아들을 데리고 절대 그곳으로 올라가지 말라."

9 이에 그 종이 그의 주인 아브라함의 허벅지 밑 생식기에 손을 넣고 이 일에 대해 맹세했다.

10 이에 아브라함의 종이 낙타 10마리와 주인의 좋은 것을 가지고 떠나 헤브론에서 800km 정도 떨어진 메소포타미아 북부 지역에 있는 하란, 곧 나홀성에 도착했다.

11 저녁 때가 되어 낙타를 성 밖 우물 곁에 앉혔다. 이때는 여인들이 물을 긷기 위해 나올 때였다.

12 그가 하나님께 간구했다. "우리 주인 아브라함의 하나님께 구합니다. 오늘 주인의 며느리감을 순조롭게 만나도록 내 주인 아브라함에게 은혜를 베푸십시오.

13 성읍 사람의 딸들이 물을 긷기 위해 나올 때 내가 우물 곁에 있다가

14 한 소녀에게 이렇게 말할 것입니다. '원컨대 너는 물동이를 기울여 내가 마실 수 있게 하라.' 그때 그가 '내가 당신뿐 아니라 당신의 낙타에게도 마시게 할 것입니다'라고 대답하면 그는 주님께서 주님의 종 이삭을 위해 정한 아내로 알겠습니다. 또한 주님께서 내 주인 아브라함에게 은혜를 베푸셨음을 내가 알게 될 것입니다."

막벨라굴(창 23:19)

막벨라(Machpelah)굴은 아브라함이 사라가 죽었을 때 헷 족속 에브론에게 은 400세겔을 주고 산 가족 묘지이다. 현재 헤브론 중심에 있는 이곳에는 사라가 가장 먼저 매장되었고, 아브라함과 이삭과 그 아내인 사라, 그리고 야곱 등이 매장되었다.

1) 개역, 환도뼈　2) 창 17:8　3) 상관

15 기도하기를 마치기도 전 리브가가 물동이를 어깨에 메고 우물로 오고 있었다. 그는 아브라함의 동생 나홀이 아내 밀가를 통해 낳은 아들 브두엘의 딸이었다. 곧 나홀의 손녀이다.

16 그 소녀는 심히 아름다웠고 아직까지 남자를 알지 못하는 처녀였다. 그가 우물로 내려가서 항아리 물동이에 물을 채우고 올라왔다.

17 아브라함의 종이 그를 보고 달려가 말했다. "원하건대 네 물동이의 물을 내가 마실 수 있겠느냐?"

18 그가 "내 주여, 드십시오"라고 하며 서둘러 물동이를 내려 마시게 했다.

19 아브라함의 종이 물을 다 마시자 그 소녀는 "물을 더 길어 당신의 낙타에게도 충분히 마시게 하겠습니다"라고 말했다.

20 그리고 서둘러 물동이의 물을 구유에 붓고 물을 다시 긷기 위해 우물로 달려가 낙타가 마실 물을 길었다.

21 아브라함의 종은 여호와께서 진정 평탄한 길을 주신 것인지 여부를 알기 위해 그 소녀의 행동을 주의 깊게 바라보았다.

22 낙타가 물을 다 마시자 아브라함의 종이 반 세겔 되는 금 코걸이 1개와 10세겔 되는 금 손 목고리 한 쌍을 그에게 주며

23 말했다. "원하건대 네가 누구의 딸인지 내게 알려 달라. 네 아버지의 집에 우리가 묵을 곳이 있느냐?"

24 그 여자가 그에게 말했다. "저는 나홀과 밀가 사이에 태어난 아들 브두엘의 딸입니다."

25 또 말했다. "저희 집에는 짚과 사료가 넉넉하며 묵을 곳도 있습니다."

26 이에 그 사람이 머리 숙여 여호와께 경배하고

27 말했다. "나의 주인 아브라함의 하나님을 찬양합니다. 내 주인에게 주님의 사랑과 성실을 계속 베푸셔서 여호와께서 나를 인도하시고 내 주인의 동생 집에 평안히 이르게 해주셨습니다."

28 소녀가 달려가 그동안 일어났던 일을 어머니 집 식구들에게 알렸다.

29 리브가에게는 라반이라는 오빠가 있었다. 그가 우물가에 있는 아브라함의 종에게로 향했다.

30 라반이 자기의 여동생 리브가가 받은 코걸이와 손목고리를 보았다. 또 그 사람이 리브가에게 말한 내용을 여동생에게 듣고 아브라함의 종에게 갔다. 그때 아브라함의 종은 우물가 낙타 곁에 서 있었다.

31 라반이 그에게 말했다. "여호와께 복을 받은 자여, 우리 집에 들어오십시오. 어찌하여 밖에 서 계십니까? 내가 묵을 방과 낙타가 머물 곳을 준비했습니다."

32 아브라함의 종이 그 집으로 들어가자 라반이 낙타의 짐을 내리고 낙타에게 짚과 사료를 주었다. 또 그 사람과 그 동행자들의 발 씻을 물도 주었다.

33 그리고 그들 앞에 음식도 베풀었다. 이에 그 사람이 말했다. "내가 음식을 먹기 전에 내 일을 말하겠습니다." 라반이 대답했다. "말하십시오."

34 그가 라반에게 말했다. "나는 아브라함의 종입니다.

35 여호와께서 내 주인에게 큰 복을 주어 크게 번성하게 하셨는데, 수많은 소와 양과 은금과 종과 낙타와 나귀를

그에게 주셨습니다.

36 내 주인의 아내인 사라가 노년에 아들을 낳았고, 이제 주인이 그의 모든 소유를 그 아들에게 물려주었습니다.

37 내 주인이 내게 맹세하며 말하되 '너는 내 아들의 아내를 내가 사는 땅, 가나안 족속의 딸들 중에서 선택하지 말고

38 내 아버지의 집, 내 친족에게로 가서 내 아들의 아내를 선택하라.'

39 이에 내가 내 주인에게 묻기를 '만일 여자가 나를 따라오지 않으면 어떻게 해야 합니까?'라고 하자

40 주인이 내게 말했습니다. '내가 섬기는 여호와께서 그의 사자를 너와 함께 보내 네게 평탄한 길을 주시리니 너는 내 친족 중 내 아버지 집에서 내 아들의 아내를 선택할 것이다.

41 네가 내 친족에게 이른다면 네가 내 맹세에 대해 책임을 다한 것이다. 만일 그들이 네게 딸을 주지 않아도 너는 네 책임을 다한 것이다'라고 했습니다."

42-48 그리고 리브가를 만나 그동안 되어진 일¹)을 라반에게 설명했다. 그리고 그들에게 말했다.

49 "이제 당신들이 너그러움과 진실함으로 내 주인을 대접할 생각이 있는지 그렇지 않은지 알려주어 내가 우로든 좌로든 결정할 수 있도록 해주기를 바랍니다."

50 라반과 그의 아버지 브두엘이 대답했다. "이 일이 여호와께로 말미암았으니 우리는 가부를 결정할 수 없습니다.

51 리브가가 당신 앞에 있으니 그를 데리고 가서 여호와의 말씀에 따라 당신 주인의 아들의 아내가 되게 하십시오."

52 그 말을 들은 아브라함의 종이 땅에 엎드려 여호와께 경배했다. 그리고

53 은금 패물과 의복을 꺼내 리브가에게 주었고, 그의 오빠와 어머니에게도 귀한 예물을 주었다.

54 이에 아브라함의 종과 동행자들이 먹고 마신 후 그날 밤 그곳에서 하루를 묵었다. 아침에 일어나 그가 말했다. "나를 보내어 내 주인에게로 돌아가게 해주시기를 바랍니다."

55 리브가의 오빠와 그의 어머니가 말했다. "이 아이가 며칠이나 10일 동안이라도 더 우리와 함께 머물도록 하십시오. 그후 그가 떠날 것입니다."

56 아브라함의 종이 그들에게 말했다. "나를 붙잡지 마십시오. 여호와께서 나에게 형통한 길을 주셨으니 하루라도 빨리 내 주인에게로 돌아가기를 원합니다."

57 그들이 말했다. "우리가 소녀를 불러 그에게 물어보리라."

58 리브가를 불러 그에게 물었다. "네가 이 사람과 함께 지금 가겠느냐?" 그가 대답했다. "가겠습니다."

59 이에 그들이 아브라함의 종과 동행한 사람들을 보내며

60 리브가에게 축복했다. "우리 누이여, 너는 천만인의 어머니가 되며, 네 후손들이 그 대적들을 정복할 것이다."

61 리브가가 여종들과 낙타를 타고 그 사람을 따라갔다.

62 그때 이삭은 남방 지역에 있는 브엘라해로이에 있었다.

63 해가 질 무렵 이삭이 들에서 산책

1) 창 24:12~27

하다가 낙타들이 오는 것을 보았다.

64 리브가가 눈을 들어 이삭을 발견하고 낙타에서 내려

65 종에게 물었다. "들에서 돌아다니다가 우리에게로 다가오는 자가 누구냐?" 종이 말했다. "저 사람은 나의 주인의 아들입니다." 이에 리브가가 베일을 가지고 자기의 얼굴을 가렸다.

66 종이 그동안 일어난 일을 모두 이삭에게 말했다.

67 그러자 이삭이 리브가를 이끌어 그의 어머니 사라의 장막으로 들여 그를 아내로 삼고 사랑했다. 이로 인해 이삭이 어머니 사후 위로를 얻었다.

아브라함의 죽음

25 ● 아브라함이 후처[1]를 두었는데 그의 이름은 그두라였다.

2 그는 아브라함에게서 시므란, 욕산, 므단, 미디안, 이스박, 수아를 낳았다.

3 욕산은 스바와 드단을 낳았는데 드단의 자손은 앗수르 족속과 르두시 족속과 르움미 족속이 되었다.

4 미디안의 아들은 에바, 에벨, 하녹, 아비다, 엘다아였으며 이들은 모두 그두라의 자손[2]이었다.

5 아브라함은 이삭에게 재산을 물려주었고,

6 서자들에게도 재산을 주어 자기 생전에 상속자인 이삭을 떠나 동쪽 지역으로 가서 살게 했다.

7 아브라함이 175세 때

8 나이가 많아 늙어 죽어 자기의 조상에게로 돌아갔다.

9 이에 그 아들들인 이삭과 이스마엘이 그를 마므레 앞 헷 족속 소할의 아들 에브론의 밭에 있는 막벨라 굴에 장사했다.

10 이 장지는 아브라함이 생전에 헷 족속에게서 산 밭이었다. 이전에 아브라함의 아내 사라가 이곳에 장사되었다.

11 아브라함이 죽은 후 하나님께서 그의 아들 이삭에게 복을 주셨고, 이삭은 브엘라해로이 근처에서 살았다.

이스마엘의 후손

12 ● 사라의 여종 애굽인 하갈이 아브라함을 통해 낳은 아들 이스마엘의 족보이다.

13-15 이스마엘의 아들들의 이름과 태어난 순서는 장자는 느바욧이요, 그다음으로 게달, 앗브엘, 밉삼, 미스마, 두마, 맛사, 하닷, 데마, 여둘, 나비스, 게드마였다.

16 이들 모두 이스마엘의 아들들이며 이름은 그 마을 명칭에 따라 붙여졌다. 그리고 그 족속대로는 12명의 지도자였다.[3]

17 이스마엘은 137세에 죽어 장사되었다.[4]

18 그 자손들은 하윌라에서 앗수르로 통하는 애굽 앞 술까지의 지역에 걸쳐 살았으며, 그 형제의 맞은편에 거주했다.

에서와 야곱의 출생

19 ● 아브라함의 아들 이삭의 족보이다. 아브라함은 이삭을 낳았고,

20 이삭은 40세에 리브가와 결혼했다. 리브가는 밧단 아람의 아람 족속 중 브두엘의 딸이요, 라반의 여동생이었다.

21 이삭의 아내는 임신하지 못했다. 이에 이삭이 아내를 위해 여호와께

1) 대상 1:32, 소실 2) 손자 3) 대상 1:28-31 4) 자기 백성에게로 돌아갔고

간구했고, 여호와께서 그의 간구를 들어주셔서 리브가가 임신했다.

22 그런데 아기들이 리브가의 태 속에서 서로 싸웠다. 리브가는 "이럴 때 내가 어떻게 해야 하는가?'라고 하며 여호와께 어찌해야 할지 물었다.

23 이에 여호와께서 그에게 말씀하셨다. "두 국민이 네 태 속에 있구나. 두 민족이 네 태 속에서부터 나뉠 것이다. 이 족속이 저 족속보다 강하겠고, 큰 자가 어린 자를 섬기게 될 것이다."

24 해산 기한이 되자

25 먼저 나온 자는 몸이 붉고 온몸이 털옷과 같아서 이름을 '에서'라고 했다.

26 나중에 나온 동생은 손으로 에서의 발꿈치를 잡았기 때문에 이름을 '야곱'이라고 했다. 리브가가 아들 쌍둥이를 낳을 때 남편 이삭의 나이는 60세였다.

에서가 장자의 권리를 팜

27 ● 리브가의 두 아이가 장성하여 에서는 사냥을 잘하고 들판을 좋아하여 들사람이 되었고, 야곱은 조용하게 지내는 것을 좋아하여 장막에 거주했다.

28 이삭은 에서가 사냥으로 잡은 고기를 좋아했기 때문에 그를 더 사랑했고, 리브가는 조용하여 장막에서 자기와 함께 하는 야곱을 더 사랑했다.

29 하루는 야곱이 붉은 죽을 끓였다. 마침 에서가 들에서 돌아와 매우 피곤하여

30 야곱에게 말했다. "내가 심히 피곤하니 그 붉은 죽을 내게 좀 달라." 이 말 때문에 에서의 별명은 에돔이 되었다.

31 야곱이 형에게 말했다. "장자의 권리를 내게 파세요."

32 에서가 대답했다. "내가 배고파 죽을 지경인데 장자의 권리가 내게 무슨 필요가 있겠는가?"

33 야곱이 다시 말했다. "오늘 내게 맹세하세요." 에서가 맹세하고 장자의 권리를 야곱에게 팔았다.

34 이에 야곱이 에서에게 빵과 렌틸콩으로 만든 붉은 죽을 주었고, 형 에서는 죽을 먹은 후 일어나 자기 장막으로 갔다. 이처럼 에서는 장자의 권리를 가볍게 여겼다.

이삭이 그랄에 거주함

26 ● 아브라함 때 처음 흉년이 든 후 가나안 지역에 다시 흉년이 들자 이삭은 애굽으로 내려가기 위해 먼저 블레셋 지역에 속한 그랄로 내려가 그곳 왕인 아비멜렉에게 이르렀다.

2 그때 여호와께서 이삭에게 나타나 말씀하셨다. "너는 애굽으로 내려가지 말고 내가 네게 지정하는 땅에 거주하라.

3 네가 이 땅에 거주하면 내가 너와 함께 있어 네게 복을 주고, 내가 이 모든 땅을 너와 네 후손에게 줄 것이다. 내가 네 아버지 아브라함에게

📍 성경지리 이삭이 흉년 때 거주했던 그랄(창 26:1)

그랄(Gerar)에 대한 장소는 텔 예메(Tell Jemmeh)와 텔 아부 후레이라(Tell Abu Hureira) 두 곳이 주장되고 있다. 전자는 가사 남쪽 13km 지점의 지중해안에서 가까운 곳에 있으며, 후자는 가사 남동쪽 17.6km 지점에 있는 작은 언덕으로 일반적으로는 이곳을 그랄로 보고 있다. 아브라함과 그 아들 이삭은 가뭄으로 인해 블레셋 지역에 있는 이 그랄로 옮겨가 살았으며(창 20:1-2), 당시 블레셋 왕이었던 아비멜렉과 언약을 맺었다.

맹세한 것을 이루어

4 네 자손을 하늘의 별과 같이 많게 할 것이다. 또한 이 지역의 땅을 네 자손에게 주고 네 자손으로 인해 천하 만민이 복을 받게 될 것이다.

5 이는 네 아버지 아브라함이 내 말에 순종하고 내 명령과 계명을 지켰기 때문이다."

6 이에 이삭이 애굽으로 내려가지 않고 그랄에 그대로 거주했다.

7 그때 그곳 사람들이 이삭의 아내에 대해 누구냐고 묻자 이삭은 아내 리브가가 보기에 아름다워 그곳 백성이 리브가로 인해 자기를 죽일까 두려워하여 "그는 내 누이다"라고 대답했다.

8 이삭은 블레셋 지역에서 오랫동안 거주했다. 하루는 이삭이 그 아내 리브가를 껴안은 것을 블레셋 왕 아비멜렉이 창으로 내다보았다.

9 이에 아비멜렉이 이삭을 불러 말했다. "그가 분명히 네 아내인데 왜 네 누이라고 했느냐?" 이삭이 대답했다. "내 생각에 그로 인해 내가 죽게 될까 두려웠기 때문입니다."

10 아비멜렉이 말했다. "네가 어찌하여 우리에게 이렇게 행했느냐? 백성 중 하나가 네 아내와 잠자리를 같이하여 네가 그 죄를 우리에게 입힐 뻔했다."

11 이에 아비멜렉이 온 백성에게 "이 사람이나 그의 아내를 범하는 자는 죽게 될 것이다"라고 경고했다.

12 여호와께서 이삭에게 복을 주시므로 그가 그 땅에서 농사를 지어 그 해 백 배의 수확을 얻었다.

13 이로 인해 이삭은 큰 부자가 되었다.

14 이삭은 양과 소가 떼를 이루었고 종도 심히 많아졌다. 그러자 블레셋 사람들이 그를 시기하여

15 그 아버지 아브라함 때 판 모든 우물을 흙으로 메웠다.

16 그때 아비멜렉이 이삭에게 말했다. "네가 우리보다 강하고 크게 번성했으니 이제 우리 지역을 떠나라."

17 이에 이삭이 그곳을 떠나 그랄 골짜기에 장막을 치고 그곳에 거주했다.

18 그리고 아버지 사후 블레셋 사람이 그곳의 우물들을 메웠기 때문에 우물들을 다시 팠다. 이삭이 그 우물들의 이름을 그의 아버지가 불렀던 그대로 불렀다.

19 이삭의 종들이 그랄 골짜기의 땅을 파서 샘 근원을 얻었으나

20 우물의 소유권을 두고 그랄 목자들과 이삭의 목자들이 서로 다투었다. 이삭이 그 다툼으로 인해 그 우물 이름을 '에섹'이라고 했다.

21 이삭의 종들이 또 다른 우물을 팠으나 그들과 다시 다투자 그 이름을 '싯나'라고 했다.

22 그러자 이삭이 그곳에서 옮겨 다른 우물을 팠다. 이번에는 그들과 다투지 않자 그 이름을 '르호봇'이라고 했다. 그리고 "이제 여호와께서 우리의 처소를 넓게 하셨으니 우리가 이 땅에서 크게 번창할 것이다"라고 했다.

23 이삭이 블레셋 지역의 그랄에서 동남쪽으로 35km 떨어진 브엘세바로 올라갔다.

24 그날 밤 여호와께서 그에게 나타나 말씀하셨다. "나는 네 아버지 아브라함의 하나님이니 두려워하지 말라. 내 종 아브라함을 위해 내가 너와 함께하고, 네게 복을 주어 네 자손을 번성하게 할 것이다."

25 이에 이삭이 그 말씀하신 곳에 제
단을 쌓았으며, 여호와의 이름을
부르며 그곳에 장막을 쳤다. 이삭
의 종들이 브엘세바에서도 우물을
팠다.

이삭과 아비멜렉의 계약 체결과 에서의 아내

26 ●아비멜렉이 친구 아훗삿과 군대
장관 비골과 함께 이전에 이삭이
거주했던 그랄에서 브엘세바에 있
는 이삭을 찾아왔다.

27 이삭이 그들에게 말했다 "너희가
나를 시기하여 너희에게서 떠나도
록 해놓고 왜 나를 찾아왔느냐?"

28 그들이 말했다. "여호와께서 너와
함께하시는 것을 우리가 확실히
보았다. 그러므로 우리와 너 사이
에 계약 맺기를 원한다.

29 곧 너는 우리를 해치지 말라. 이는
우리가 너를 해하지 않았고 좋은
일만 네게 행하여 너를 평안히 떠
나게 했기 때문이다. 이제 너는 여
호와께 복을 받은 자가 되었다."

30 이에 이삭은 그들을 위해 잔치를
베풀었다. 그들이 먹고 마시고

31 아침 일찍 일어나 서로 해치지 않
기로 맹세한 후 그들을 평안히 돌
려보냈다.

32 그날 이삭의 종들이 자기들이 판
우물에 대해 이삭에게 알리며 말
했다. "우리가 물을 얻었습니다."

33 그러자 이삭이 그 이름을 '일곱'이
라는 뜻의 '세바'라고 불렀다. 그리
하여 그 성읍 이름이 오늘까지 '브
엘세바'라고 불리고 있다.[1)]

34 에서는 40세에 브에리의 딸 유딧
과 엘론의 딸 바스맛을 아내로 맞
이했는데, 그들은 헷 족속이었다.

35 그러나 그들은 오히려 이삭과 리
브가의 근심거리가 되었다.

이삭이 야곱을 축복함

27 ●이삭은 나이가 들어 눈이
어두워져 잘 보지 못하자 장
자인 에서를 불러

2 말했다. "내가 이제 늙어 언제 죽
을지 알 수 없다.

3 그러니 너는 화살통과 활을 가지
고 들에 가서 나를 위해 사냥하여

4 내가 좋아하는 특별한 음식을 만
들어 내가 먹은 후 죽기 전 마음껏
너를 축복하도록 하라."

5 이삭이 장남인 에서에게 말하는
것을 아내인 리브가가 들었고, 에
서는 아버지의 말을 듣고 사냥하
기 위해 들로 나갔다.

6 리브가가 차남인 야곱에게 말했
다. "네 아버지가 네 형 에서에게
말하는 것을 내가 들었다, 네 아버
지가 네 형에게 말했다.

7 '내가 좋아하는 특별한 음식을 만
들어 내가 먹은 후 내가 죽기 전 여
호와 앞에서 마음껏 너를 축복하
도록 하라.'

8 그러니 내 아들아, 내 말을 들어라.

9 너는 염소 떼로 가서 좋은 염소 새
끼 2마리를 내게로 가져오라. 내가
그것으로 네 아버지를 위해 그가
좋아하는 특별한 음식을 만들 것
이다.

10 그러면 너는 그것을 가지고 네 아
버지께 드려 아버지가 죽기 전 너
를 축복하도록 하라."

11 야곱이 어머니 리브가에게 말했
다. "내 형 에서는 털이 많은 사람
이지만 나는 매끄러운 사람입니
다.

12 아버지께서 나를 만지실 것인데,
그때 나를 속인 자로 알 것입니다.
그러면 복은 고사하고 저주를 받을

것입니다."

13 어머니가 그에게 말했다. "내 아들아, 너의 저주는 내게로 돌릴 것이니 너는 내 말만 듣고 가서 염소 새끼를 가져오라."

14 이에 야곱이 염소 새끼를 끌어다 어머니에게 가져오자 리브가가 남편이 좋아하는 특별한 음식을 만들었다.

15 그리고 리브가가 맏아들 에서가 입는 질 좋은 옷을 가져다가 작은아들인 야곱에게 입히고

16 염소 새끼 가죽으로 그의 손과 목의 매끈한 곳을 덮었다.

17 그런 다음 자기가 손수 만든 특별한 음식과 빵을 야곱에게 주었다.

18 이에 야곱이 어머니가 만든 음식을 가지고 아버지에게로 갔다. 야곱이 "아버지여" 하고 부르자 이삭이 "내가 여기 있다. 내 아들아, 너는 누구냐?"라고 말했다.

19 야곱이 아버지에게 대답했다. "저는 아버지의 장자 에서입니다. 아버지께서 제게 말씀하신 대로 내가 특별한 음식을 가져왔습니다. 이제 일어나 앉으셔서 제가 사냥한 고기를 잡수시고 마음껏 저를 축복해 주세요."

20 이삭이 그의 둘째 아들에게 말했다. "내 아들아, 네가 어떻게 이같이 빨리 잡을 수 있었느냐?" 야곱이 대답했다. "아버지의 하나님께서 순조롭게 사냥감을 만나게 하셨습니다."

21 이삭이 말했다. "내 아들아, 가까이 오라. 네가 진짜 장남 에서인지 너를 만져 봐야 하겠다."

22 야곱이 아버지 이삭에게 가까이 가자 이삭이 그를 만지며 말했다. "목소리는 야곱의 음성인 것 같은데 손은 에서의 손이로다."

23 이삭은 야곱의 손이 형 에서의 손처럼 털이 있자 동생을 장남 에서인지 분별하지 못하고 야곱에게 축복했다.

24 이삭이 야곱에게 말했다. "네가 진정 내 아들 에서가 맞느냐?" 그가 대답했다. "그렇습니다."

25 이삭이 말했다. "내 아들이 사냥한 고기를 먹은 후 내가 마음껏 너를 축복하겠다." 야곱이 사냥한 고기를 아버지에게 가져가매 그가 먹고, 또 포도주를 가져가자 그가 마셨다.

26 이삭이 아들에게 말했다. "내 아들아, 이리 가까이 와서 내게 입을 맞추라."

27 그가 아버지에게 입을 맞추니 아버지가 그의 옷의 향기를 맡고 그에게 축복했다. "내 아들의 향기는 여호와께서 복을 준 밭의 향기로다.

28 하나님은 하늘에서 내리는 이슬과 기름진 좋은 땅을 주시고, 넉넉한 곡식과 포도주를 네게 주시기를 원한다.

29 모든 사람이 너를 섬기고, 모든 나라가 네게 굴복할 것이다. 너는 형제들의 으뜸이 되고, 네 어머니의 아들들이 네게 굴복할 것이다. 너를 저주하는 자는 저주를 받게 되고, 너를 축복하는 자는 복을 받게 되기를 원한다."

30 야곱이 아버지에게 축복을 받고 이삭 앞에서 나가자 곧 그의 형 에서가 사냥을 마치고 돌아왔다.

31 에서가 특별한 음식을 만들어 아버지에게 가지고 가서 말했다. "아버지여, 아들이 사냥한 고기를 잡수시고 마음껏 축복해 주세요."

32 아버지 이삭이 그에게 말했다. "너는 누구냐?" 그가 대답하되 "나는 아버지의 장남인 에서입니다."

33 이삭이 크게 떨며 말했다. "그러면 조금 전에 사냥한 고기를 내게 가져온 사람은 누구냐? 네가 오기 전 그가 가지고 온 음식을 다 먹고 그를 위하여 축복했기 때문에 복은 그가 받을 것이다."

34 에서가 그의 아버지의 말을 듣고 통곡하며 아버지에게 말했다. "아버지, 내게도 그처럼 축복해 주세요."

35 이삭이 말했다. "네 동생이 나를 속여 네 복을 빼앗았구나."

36 에서가 말했다. "그의 이름을 야곱이라고 한 것이 맞습니다. 동생이 나를 두 번이나 속였습니다. 전에는 내 장자의 권리를 빼앗고, 이제는 내 복까지 빼앗았습니다." 에서가 계속해서 말했다. "아버지께서 내가 받을 복을 남겨 두지 않았습니까?"

37 이삭이 에서에게 대답했다. "내가 동생을 네 주인으로 세우고, 그에게 그의 모든 형제를 섬길 자, 종으로 주었다. 또한 양식과 포도주를 그에게 주었는데 내가 네게 무슨 복을 빌 수 있겠느냐?"

38 에서가 아버지에게 간청하며 말했다. "아버지가 빌 복이 어찌 하나뿐입니까? 아버지, 내게도 축복해 주세요. 내게도 그렇게 해주세요" 라고 하면서 큰 소리로 울었다.

39 이에 아버지가 첫째 아들에게 말했다. "네 거주지는 기름진 땅과 거리가 멀고, 하늘에서 내리는 이슬에서도 멀 것이다.

40 너는 칼을 의지해 생활하고, 네 동생을 섬길 것이다. 네가 그 매인 것을 벗어버리려고 노력하면 그 매임에서 놓임을 받아 자유로워질 수 있을 것이다."

41 에서는 아버지가 동생 야곱에게 축복한 것으로 인해 야곱을 미워하여 마음속으로 말했다. '아버지가 죽을 날이 가까웠으니 아버지가 죽으면 내가 동생 야곱을 죽일 것이다.'

42 장자인 에서가 야곱을 죽이려고 한다는 말이 리브가에게도 들렸다. 이에 리브가가 사람을 보내 작은아들 야곱을 불러 말했다. "네 형 에서가 너를 죽여 축복을 빼앗긴 원한을 갚으려고 하고 있다.

43-45 그러니 내 아들아, 너는 내 오빠 라반이 있는 하란으로 가서 네 형의 분노가 풀리기까지 몇 날 동안 그와 함께 머물러 있으라. 네 형의 분노가 풀려 네가 형에게 행한 것을 잊어버리면 내가 사람을 보내 너를 그곳에서 불러올 것이다. 어찌 한번에 너희 둘을 모두 잃겠느냐?"

야곱의 도피

46 ● 리브가가 남편인 이삭에게 말했다. "내가 헷 사람의 딸들을 싫어하는데 야곱이 이 땅에 있는 헷 사람의 딸들 중에서 아내를 맞이하게

⁇! 난제　왜 하나님은 에서가 아니고 야곱을 선택하셨는가?(창 27:30)

하나님은 왜 교활하고 눈먼 아버지까지 속이는 야곱에게 축복하시고 에서를 물리치셨는가? 야곱은 장자를 통해 주시는 하나님의 축복이 얼마나 귀한 것인지를 알았다. 그러나 에서는 장자의 명분을 경홀히 여겼다고 성경은 기록하고 있다. 비록 인격적인 면이 부족하고 때로는 교활하기까지한 야곱이었지만 귀한 것을 귀하게 여길 줄 아는 사람, 하나님은 그런 야곱을 선택하셨다. 그러나 방법이 잘못되었을 때는 반드시 대가를 치루어야 하는 것을 잊지 말아야 한다.

된다면 내 삶에 무슨 즐거움이 있
겠습니까?'

28 이에 이삭이 야곱을 불러 축
복한 후 당부했다. "너는 가나
안 사람의 딸들 중에서 아내를 얻
지 말고

2 메소포타미아 북쪽의 밧단 아람
지역으로 가서 네 외조부 브두엘
의 집에 있는 외삼촌 라반의 딸 중
에서 아내를 맞이 하라."

3 또 말하기를 "전능하신 하나님께서
네가 생육하고 번성하여 여러 민족
을 이루게 하시기를 축복한다.

4 아브라함에게 약속한 복을 너에게
주시되 너와 네 자손에게도 내리
사 하나님께서 아브라함에게 주신
땅을 네가 차지하게 하기를 원한
다"라고 축복했다.

5 이에 이삭이 야곱을 집에서 떠나
보냈다. 라반은 아람 사람 브두엘
의 아들이요, 야곱과 에서의 어머
니 리브가의 오빠였다.

또 다른 아내를 얻은 에서

6 ● 에서는 아버지가 야곱을 축복하
고 그를 밧단 아람으로 보내어 그
곳에서 아내를 맞이하게 했고, 또
그에게 "너는 가나안 사람의 딸들
중에서 아내를 얻지 말라"고 한 말
을 들었다.

7 그리고 야곱이 부모의 말을 따라
밧단 아람으로 간 것을 알았다.

8 또한 가나안 사람의 딸들이 그의
아버지 이삭을 잘 봉양하지 못하
는 것도 보았다.

9 그래서 에서는 본처들 외에 아브
라함의 서자[1] 이스마엘의 딸이요,
느바욧의 누이인 마할랏을 아내로
맞이했다.

벧엘에서 꿈을 꾼 야곱

10 ● 한편 야곱은 브엘세바에서 떠나

밧단 아람의 하란으로 향해 가다
가

11 해가 지자 한 곳에 이르러 돌 한 개
를 가져다가 베개로 삼고 잠을 잤
다.

12 야곱은 꿈속에서 사닥다리 꼭대기
가 하늘에 닿은 것과 하나님의 사
자들이 그 위에서 오르락내리락
하는 것을 보았다.

13 그때 하나님께서 그 위에 서서 말
씀하셨다. "나는 여호와니 너의 조
부 아브라함과 아버지 이삭의 하
나님이다. 네가 누워 있는 이 땅을
내가 너와 네 후손에게 줄 것이다.

14 네 후손은 땅의 티끌처럼 많게 되
며, 그들이 동서남북으로 퍼져 나
갈 것이다. 땅의 모든 족속이 너와
네 후손으로 인해 복을 받을 것이
다.

15 내가 너와 함께하고, 네가 어디로
가든지 너를 지키며, 너를 다시 이
땅으로 돌아오게 할 것이다. 그리
고 내가 너를 통해 이루고자 하는
것을 모두 이룰 때까지 너를 결코
떠나지 않을 것이다."

16 야곱이 잠에서 깨어나 말했다. "여
호와께서 과연 이곳에도 계셨으나
이제까지 내가 알지 못했다."

17 이에 두려운 마음으로 말했다. "두
렵도다. 이곳이여, 이곳은 바로 하
나님의 집이요, 하늘의 문이다."

18 야곱이 아침 일찍 일어나 베개로
사용했던 돌을 가져다가 기초를
삼고 그 위에 기름을 부었다.

19 그리고 그곳 이름을 '하나님의 집'
이라는 뜻의 '벧엘'이라고 불렀다.
본래 이 성의 이름은 '루스'였다.

20 야곱이 서원하여 말했다. "하나님
께서 나와 함께하심으로 나의 가는

[1] 아들

이 길에서 나를 지키시고, 먹을 빵과 입을 옷을 주시며,

21 나를 안전하게 고향으로 돌아오도록 하시면 여호와께서 내 하나님이 될 것입니다. 그리고

22 내가 기초로 세운 이 돌이 하나님의 집이 될 것입니다. 또한 하나님께서 내게 주신 모든 소유물에서 10분의 1을 내가 반드시 하나님께 드리겠습니다."

야곱이 하란에 도착함

29 ●야곱이 벧엘에서 길을 떠나 북쪽으로 850㎞ 정도 가서 마침내 동방 사람의 땅인 밧단 아람 지역에 도착했다.

2 그는 들에 있는 우물 곁에 양 세 무리가 누워 있는 것을 보았다. 그것은 목자들이 그 우물에서 양 무리에게 물을 먹이기 위한 것이었다. 목자들은 큰 돌로 우물 입구를 덮었다가

3 양 무리가 다 모이면 우물 위에 있는 돌을 옮기고 그 양 떼에게 물을 먹였다. 그리고 나서 돌로 우물 입구를 다시 덮었다.

4 야곱이 그들에게 "내 형제여, 어디서 왔느냐?"라고 물었다. 그들이 대답했다. "하란에서 왔다."

5 야곱이 그들에게 다시 물었다. "너희가 나홀의 손자 라반을 아느냐?" 그들이 말했다. "우리가 그를 안다."

6 야곱이 그들에게 "그가 잘 지내고 있느냐?"라고 다시 묻자 그들이 말하기를 "그렇다"라고 했다. 그때 라반의 딸 라헬이 양 떼를 몰고 오고 있었다.

7 야곱이 그들에게 말했다. "해가 아직 중천에 있어 가축을 한 곳으로 모을 때가 아니니 양 떼에게 물을 먹이고 풀을 뜯게 해야 한다."

8 그들이 말하되 "우리는 그렇게 할 수가 없다. 양 떼가 모두 모이고 목자들이 우물 위에 있는 돌을 옮겨 줄 때까지 우리가 양에게 물을 먹일 수 없다."

9 야곱이 그들과 말하는 동안 라헬이 그의 아버지의 양 떼를 몰고 왔다. 그녀는 양을 치는 여자였다.

10 야곱이 그의 외삼촌 라반의 딸 라헬과 외삼촌의 양을 보고 나아가 우물을 덮은 돌을 옮기고 라반의 양 떼에게 물을 먹였다.

11 그리고 라헬에게 입맞추고 소리 높여 울며

12 자기가 그의 아버지의 조카요, 리브가의 아들인 것을 말했다. 이에 라헬이 달려가 아버지에게 그 소식을 알렸다.

13 라반이 조카인 야곱이 왔다는 소식을 듣고 달려와서 그를 안고 입맞추며 영접한 후 자기 집으로 인도했다. 그러자 야곱은 라반에게 이제까지 자기에 대해 일어난 모든 일을 말했다.

14 이에 라반이 "너는 내 혈육이 맞다"라고 말했다. 야곱이 한 달 동안 라반의 집에서 그와 함께 지냈다.

15 라반이 야곱에게 말했다. "비록 네가 내 조카이지만 어찌 아무런 대가 없이 내 일을 하겠느냐? 네 품삯을 정하라."

16 라반에게 두 딸이 있으니 언니의 이름은 레아요, 동생은 라헬이었다.

17 레아는 눈에 총기가 약하고, 라헬은 곱고 아름다웠다.

18 이에 야곱이 레아보다 동생인 라헬을 더 사랑했다. 그래서 그는 외삼촌에게 "외삼촌의 작은딸 라헬을 아내로 주시면 내가 7년 동안 외삼촌의 일을 하겠습니다"라고

제안했다.

19 이에 라반이 야곱에게 대답했다. "내 딸을 다른 사람에게 주는 것보다 네게 주는 것이 좋으니 그렇게 하라."

20 그리하여 야곱이 라헬을 위해 7년 동안 라반의 일을 했다. 그러나 라헬을 사랑하기 때문에 7년을 수일처럼 느꼈다.

야곱이 두 아내를 얻음

21 ●7년이 지난 후 야곱이 47세쯤 되었을 때 라반에게 말했다. "약속한 기간이 되었으니 라헬을 아내로 주십시오. 내가 그를 아내로 맞이하겠습니다."[1]

22 이에 라반이 그 지역의 사람들을 모두 모아 잔치를 베풀었다.

23 그러나 저녁 때 라반은 라헬 대신에 레아를 야곱의 잠자리로 데려갔고, 야곱은 레아와 첫날밤을 함께했다.

24 결혼 때 라반은 그의 여종인 실바를 그의 딸 레아에게 시녀로 주었다.

25 야곱이 아침에 일어나 보니 레아였다. 이에 라반에게 말했다. "내가 라헬을 아내로 얻기 위해 외삼촌을 7년 동안이나 섬기지 않았습니까? 그런데 어찌하여 외삼촌은 나를 속였습니까?"

26 라반이 대답했다. "우리 지방에서는 언니보다 동생을 먼저 결혼시키지 않기 때문에 그렇게 했다.

27 그러나 라헬을 위해 7일을 기다리라. 우리가 그도 네 아내로 줄 것인데, 너는 다시 나를 7년 동안 섬기면 된다."

28 7일이 지나자 라반은 둘째 딸 라헬도 야곱에게 미리 아내로 주었다.

29 라반이 첫째 딸인 레아처럼 그의 딸 라헬에게 그의 여종 빌하를 시녀로 주었다.

30 야곱이 라헬과 잠자리를 함께했으며, 그가 레아보다 라헬을 더 사랑하여 다시 7년 동안 라반을 섬겼다.

야곱의 자식들이 출생함[2]

31 ● 여호와께서는 레아가 남편에게 사랑받지 못함을 보시고 그에게 자식을 주셨으나 라헬에게는 자식을 주지 않으셨다.

32 레아가 첫 아들을 낳은 뒤 '르우벤'이라고 불렀다. 이는 '여호와께서 나의 괴로움을 돌아보셨으니 이제는 내 남편이 나를 사랑하게 될 것이다'라는 뜻으로 이름을 지은 것이었다.

33 그가 다시 아들을 낳고 말했다. "여호와께서 내가 남편에게 사랑받지 못함을 들으셨기 때문에 내게 이 아들도 주셨다"라고 하며 그 이름을 '시므온'이라고 지었다.

34 그가 세 번째 아들을 낳고 말했다. "내가 남편에게서 세 아들을 낳았으니 내 남편이 이제는 나와 연합할 것이다"라고 하며 그의 이름을 '레위'라고 지었다.

35 그가 다시 아들을 낳고 말했다. "내가 이제는 여호와를 찬양하리라." 그래서 아들의 이름을 '유다'라고 지었다. 이후로 그의 출산이 멈추었다.

30 라헬이 야곱에게서 아들을 낳지 못하자 함께 아내 된 그의 언니를 시기하여 야곱에게 말했다. "당신이 내게 자식을 낳게 하지 않으면 내가 죽어버리겠다."

2 야곱이 라헬에게 화를 내며 말했다. "당신을 임신하지 못하게 하는 이는 하나님이신데 내가 어찌 하나님을 대신하겠느냐?"

1) 창 26:34 2) 창 29:31-30:24

3 그러자 라헬이 말했다. "그렇다면 내 시녀인 빌하와 잠자리를 같이 하라. 그로 인해 나도 아들을 얻고자 한다."

4 그가 자기의 시녀 빌하를 남편에게 첩1)으로 주자 야곱이 그와 잠자리를 같이 했다. 이로 인해

5 빌하가 임신하여 야곱에게서 아들을 낳자

6 라헬이 말하기를 "하나님께서 내 억울함을 풀어 주시려고 내 간구를 들어주사 내게 아들을 주셨다"라고 하며 그 이름을 '단'이라고 지었다.

7 라헬의 시녀 빌하가 다시 둘째 아들을 낳자

8 라헬이 말하기를 "내가 언니와 경쟁하여 이겼다"라고 하며 그 이름을 '납달리'라고 지었다.

9 레아가 자기의 출산이 멈춘 것을 알고 그도 동생 라헬처럼 자신의 시녀 실바를 야곱에게 첩으로 주었다.

10 이로 인해 레아의 시녀 실바가 아들을 낳았다.

11 그러자 레아가 말하기를 "복되다"라고 하며 이름을 '갓'이라고 지었다.

12 실바가 다시 둘째 아들을 야곱에게서 낳았다.

13 레아가 말하기를 "기쁘다. 모든 딸들이 나를 기쁜 자라고 할 것이다"라고 하며 그 이름을 '아셀'이라고 지었다.

14 밀을 수확하는 4월경 레아의 장남인 르우벤이 들에 나갔다가 합환채를 발견하고 그의 어머니 레아에게 드렸다. 그것을 본 라헬이 언니인 레아에게 말했다. "언니의 아들이 얻은 합환채를 내게 달라."

15 그러자 레아가 말했다. "네가 내 남편의 사랑을 독차지한 것이 작은 일이냐? 이제는 네가 내 아들의 합환채도 빼앗으려고 하느냐?" 그러자 라헬이 말했다. "그러면 합환채를 내게 주는 대신에 언니가 오늘 밤 내 남편과 잠자리를 가지도록 양보하겠습니다."

16 해가 질 무렵 야곱이 들에서 돌아오자 레아가 나와 남편인 야곱을 영접하며 말했다. "오늘 밤은 나와 잠자리를 함께하자. 내가 내 아들의 합환채로 당신과의 잠자리를 라헬에게서 얻었다.2)" 그날 밤 야곱이 그와 잠자리를 함께했다.

17 하나님께서 레아의 소원을 들어주셨다. 그래서 그가 다시 임신하여 다섯 번째 아들을 낳았다.

18 이에 레아가 말했다. "내가 내 시녀를 내 남편에게 주자 하나님께서 내게 그 대가를 주셨다." 그리고 그의 이름을 '잇사갈'이라고 지었다.

19 레아가 다시 임신하여 여섯 번째 아들을 낳았다.

20 이어서 레아가 말했다. "하나님께서 내게 넘치는 선물을 주셨다. 내가 남편에게서 여섯 아들을 낳았으니 이제부터는 그가 나와 함께할 것이다." 그리고 '스불론'이라고 이름을 지었다.

21 그후 그는 딸을 한 명 더 낳고 그의 이름을 '디나'라고 했다.

22 하나님께서 라헬을 불쌍히 여기사 그의 간절한 소원을 들으시고 그의 태를 열어 주셨다.

23 그가 아들을 낳고 말했다. "하나님께서 내 수치를 벗겨 주셨다."

24 라헬은 그 이름을 '요셉'이라고 불렀다. 그리고 여호와께서 아들을

1) 아내 2) 샀도다

더 주시기를 소원했다.

야곱이 라반과 품삯을 정함

25-26 ● 라헬이 요셉을 낳았을 때 야곱이 라반에게 말했다. "내가 일하고 외삼촌에게 얻은 처자를 주어 내 고향 땅으로 가게 해주세요. 내가 어떻게 외삼촌을 위해 일을 했는지 외삼촌이 잘 아십니다."

27 라반이 그에게 말했다. "여호와께서 너로 인해 내게 복 주신 줄을 내가 잘 알고 있다. 네가 나를 좋게 생각하면 여기에 그대로 머무르라.

28 그리고 네 품삯을 정하면 내가 그것을 주겠다."

29 야곱이 그에게 대답했다. "내가 어떻게 외삼촌의 가축을 쳤는지 외삼촌이 잘 알고 있습니다.

30 내가 오기 전에는 외삼촌의 소유가 적었지만 지금은 큰 무리를 이루었습니다. 내가 수고하는 곳마다 여호와께서 외삼촌에게 복을 주셨습니다. 그러나 나는 언제 그처럼 내 집을 세울 수 있습니까?"

31 라반이 말했다. "내가 무엇을 네게 해주면 되겠느냐?" 야곱이 대답했다. "외삼촌이 내게 무엇을 주는 대신 나를 위해 이렇게 해주시면 내가 계속해서 외삼촌의 양 떼를 먹이고 돌보겠습니다.

32 오늘 내가 외삼촌의 양 떼 중에 얼룩진 것과 점 있는 것과 검은 것을 가려내고, 염소 떼 중에 점 있는 것과 얼룩진 것을 가려낼 것입니다. 그것이 내 품삯이 될 것입니다.

33 훗날 외삼촌이 양과 염소 떼를 확인하실 때 제가 가려내지 않은 것이 있으면 모두 도둑질한 것으로 여기면 됩니다. 이것이 내 품삯을 확인할 때 내가 정직한지 그렇지 않은지에 대한 제 대답이 될 것입니다."

34 라반이 말했다. "내가 네 말대로 할 것이다."

35 그날 라반은 숫염소와 암염소 중 얼룩 무늬 있는 것과 점 있는 것을 따로 떼어 놓고 어린 양들 가운데서도 검은 것을 따로 떼어 자기 아들들의 손에 맡겼다.

36 그리고 자기와 야곱의 사이를 3일 길을 가야 하는 거리만큼 떨어뜨려 양과 염소를 치게 했다. 이에 야곱은 라반의 남은 양 떼를 쳤다.

37 야곱이 버드나무와 아몬드나무[1]와 플라타너스나무[2]의 푸른 가지를 가져다 껍질을 벗겨 흰 무늬를 내었다.

38 그리고 껍질을 벗긴 가지를 양 떼가 와서 먹는 시냇가의 물 구유에 양 떼를 향해 세워 두어 물을 먹으러 올 때 가지 앞에서 새끼를 배도록 했다.

39 이에 가지 앞에서 새끼를 가져서 얼룩 무늬 있는 것과 점이 있고 얼룩진 것을 낳았다.

40 그리고 얼룩 무늬와 검은 빛 있는 새끼 양을 구분하여 라반의 양과 서로 마주보게 했으며, 자기 양을 따로 두어 라반의 양과 섞이지 않도록 했다.

41 튼튼한 양이 새끼를 가질 때는 야곱이 시냇가에다가 양 떼의 눈 앞에 그 가지를 세워 두어 양이 그 푸른 가지 곁에서 새끼를 배도록 했고,

42 약한 양이면 그 푸른 가지를 세우지 않았다. 그러므로 약한 것은 라반의 소유가 되고, 튼튼한 것은 야곱의 것이 되었다.

43 이에 야곱이 심히 번성하여 양 떼와 노비와 낙타와 나귀가 많아졌다.

1) 살구나무 2) 신풍나무

야곱이 밧단 아람을 떠남

31 ● 야곱이 "우리 아버지의 소유를 다 빼앗고 우리 아버지의 소유로 인해 부자가 되었다"라고 하는 라반의 아들들이 하는 말을 들었다.

2 또 라반이 자신을 대하는 태도가 이전과 같지 않음도 보았다.

3 그때 여호와께서 야곱에게 말씀하셨다. "네 조상의 땅, 네 족속에게로 돌아가라. 내가 너와 함께할 것이다."

4 이에 야곱이 라헬과 레아에게 사람을 보내 자기가 양 떼를 치고 있는 들판으로 오게 했다.

5 그리고 그들에게 말했다. "내가 그대들의 아버지를 보니 나를 대하는 태도가 이전과 같지 않다. 그럼에도 내 아버지의 하나님께서 나와 함께 계셨다.

6 당신들이 아는 것처럼 내가 정성을 다해 당신들 아버지의 짐승 무리를 쳤다.

7 그러나 당신들의 아버지는 나를 속이고 품삯을 10번이나 변경했다. 그럼에도 하나님께서는 나를 해치지 못하도록 하셨다.

8 라반이 말하기를 '점 있는 것이 네 품삯이 될 것이다'라고 하면 온 양 떼가 낳은 새끼가 점 있는 것이 되었고, 또 '얼룩 무늬 있는 것이 네 품삯이 될 것이다'라고 하면 온 양 떼가 낳은 새끼가 얼룩 무늬 있는 것이 되었다.

9 이같이 하나님께서는 당신들 아버지가 소유한 가축을 내게 주셨다.

10 그 양 떼가 새끼 밸 때 내가 꿈에 보니 양 떼를 탄 숫양은 모두 얼룩 무늬 있는 것과 점 있는 것과 얼룩진 것이었다."

11 꿈에 하나님의 사자가 내게 "야곱아"라고 부르기에 내가 대답하기를 "내가 여기 있습니다"라고 하자

12 그가 말씀하셨다. "네 눈을 들어 보라. 양 떼를 탄 숫양은 모두 얼룩 무늬와 점 있는 것과 얼룩진 것이다. 라반이 네게 행한 모든 것을 내가 보았다.

13 나는 너를 처음 만난 곳에 나타난 벧엘의 하나님이다. 네가 거기서 기초 돌에 기름을 붓고 내게 서원한 대로 이제 이곳을 떠나 네 고향으로 돌아가라."[1]

14 그러자 라헬과 레아가 야곱에게 대답했다. "우리가 아버지 집에서 물려받을 재산이 남아 있겠습니까?

15 아버지가 우리를 팔고 그때 받았던 우리의 돈을 다 써버렸으니 아버지가 우리를 외국인처럼 여기고 있지 않겠습니까.

16 하나님께서 우리 아버지에게서 취하신 재물은 이제 우리와 우리 자식의 것입니다. 그러니 이제 하나님께서 당신에게 말씀하신 대로 하세요."

17-20 이에 야곱은 라반이 양털을 깎으러 갔을 때를 이용하여 외삼촌 라반에게 말하지 않고 일어나 아람에서 출생한 자식들과 아내들을 낙타에 태우고 밧단 아람에서 모은

풍습 양털 깎기 축제 (창 31:19)

양을 기르는 유목민에게 양털을 깎는 것은 일년 중 가장 큰 행사에 속했다. 이는 양의 수에 따라 몇일씩 걸렸는데 이 때는 친구를 초청하여 잔치를 베풀었고 축제로 즐겼다(창 38:12, 삼상 25:4, 삼하 13:23). 야곱은 이런 축제 기간을 노려 도망 나오듯 하란에 있는 외삼촌의 집을 나왔다.

1) 창 28:18-22

모든 가축과 소유물을 이끌고 가나안 땅에 있는 그의 아버지 이삭에게로 몰래 떠나려고 했다. 이때 라헬이 아버지 집에 있는 드라빔을 훔쳐 가지고 나왔다.

21 야곱이 짐승의 떼와 모든 소유를 이끌고 하란을 출발하여 발리크강을 따라 105㎞ 정도 남하한 후 유프라테스강을 건너 길르앗산을 향해 라반 몰래 떠난 지

22 3일 만에 야곱이 도망한 것을 라반이 알았다.

23 이에 라반이 그의 형제들을 데리고 7일 길을 쫓아와 요단강 동편의 길르앗산에서 야곱이 있는 근처까지 다다랐다.

24 그날 밤 하나님은 라반에게 꿈속에서 나타나 말씀하셨다. "너는 삼가 야곱에게 선악간에 위협하는 말을 하지 말라."

25 라반이 야곱을 뒤쫓아 야곱이 장막을 친 산에 이르렀다. 라반이 그 형제와 더불어 길르앗산에 장막을 치고

26 야곱에게 말했다. "너는 왜 나를 속이고 내 딸들을 칼로 사로잡은 자처럼 끌고 갔느냐?

27 내가 노래와 북과 수금으로 너를 즐겁게 보냈을 텐데 왜 너는 나를 속이고 내게 알리지 않은 채 몰래 도망했느냐?

28 내가 내 손자들과 딸들에게 입맞추지도 못하게 했으니 네 행위가 참으로 어리석구나.

29 너를 해칠 만할 능력이 있지만 너희 아버지의 하나님께서 어젯밤 꿈에 내게 말씀하시기를 '너는 절대로 야곱을 위협하지 말라'고 하셨다.

30 이제 네가 아버지 집을 그리워 하여 돌아가려는 것은 당연하지만 내 드라빔은 왜 훔쳤느냐?"

31 야곱이 라반에게 대답했다. "내가 몰래 떠난 것은 외삼촌이 외삼촌의 딸들을 내게서 억지로 빼앗으려고 하지 않을까 두려웠기 때문입니다.

32 그리고 외삼촌의 드라빔은 누구에게서 찾든지 그는 죽임을 당할 것입니다. 우리 가족[1]들 앞에서 무엇이든 외삼촌의 것이 발견되면 외삼촌에게로 가져가십시오." 야곱이 이같이 말한 것은 라헬이 드라빔을 훔친 줄을 알지 못했기 때문이었다.

33 라반이 야곱의 장막과 레아의 장막과 두 여종의 장막에 들어가 드라빔을 찾았으나 발견하지 못해 라헬의 장막에 들어갔다.

34 그때 라헬은 드라빔을 낙타 안장 아래에 넣고 그 위에 앉아 있었다. 라반은 그 장막에서도 찾아내지 못했다.

35 이때 라헬이 그의 아버지에게 말했다. "마침 생리가 있어 일어나서 영접할 수 없으니 내 주 아버지는 화내지 마세요." 결국 라반은 그 드라빔을 찾지 못했다.

36 이에 야곱이 라반에게 화를 내며 말했다. "내가 무슨 잘못을 했습니까? 무슨 죄가 있기에 외삼촌은 내 뒤를 급히 쫓아왔습니까?

37 외삼촌이 내 물건을 모두 뒤져 보았지만 외삼촌의 물건은 어떤 것도 찾지 못했습니다. 이제 여기 있는 내 가족과 외삼촌의 형제 앞에 이 사실을 두고 우리 둘 사이에 판단하도록 하기 바랍니다.

38 내가 외삼촌과 함께했던 20년 동안

1) 형제

외삼촌의 암양들과 암염소들이 낙태하지 않았고, 외삼촌의 양 떼를 내가 훔치지 않았으며,

39 물려 찢긴 것은 내가 외삼촌에게로 가져가지 않았고 대신 물어 주었습니다. 낮이나 밤에 도둑을 맞은 것은 외삼촌이 그것을 갚도록 했기에 내가 스스로 그것을 갚았습니다.

40 내가 낮에는 더위를 견디고, 밤에는 추위를 무릅쓰고 잠잘 틈도 없이 지냈습니다.

41 내가 외삼촌의 집에서 지낸 20년 동안 외삼촌의 두 딸을 아내로 얻기 위해 14년, 외삼촌의 양 떼를 위해 6년간 외삼촌에게 봉사했습니다. 그러나 외삼촌은 내 품삯을 10번이나 변경했습니다.

42 우리 아버지 이삭이 경외하는 하나님, 조부 아브라함의 하나님께서 나와 함께하시지 않았다면 외삼촌은 나를 빈손으로 돌려보냈을 것입니다. 그러나 하나님께서 내 고난과 수고를 아시고 어젯밤에 외삼촌을 책망하신 것입니다."

야곱과 라반이 언약을 맺음

43 ● 라반이 야곱에게 대답했다. "이들은 내 딸이요, 내 자식이요, 내 양 떼요, 네가 보는 것은 다 나로 인해 얻은 내 것이다. 그러나 내가 오늘 내 딸들과 그들이 낳은 자식들에게 무슨 일을 할 수 있겠느냐?

44 그러므로 이제 나와 언약을 맺고 그것으로 너와 나 사이에 증거를 삼도록 하자."

45 그러자 야곱이 돌을 가져다가 기초로 삼고,

46 또 그 형제들에게 돌을 모으도록 하여 그 돌을 가져다가 무더기를 이루었다. 무리가 그 돌무더기 옆에서 음식을 먹고

47 라반은 그것을 아람 방언으로 '증거의 무덤'이라는 뜻의 '여갈사하두다'라고 불렀고, 야곱은 '갈르엣'이라고 불렀다.

48 또 라반이 "오늘 이 돌무더기가 너와 나 사이에 증거가 된다"고 했기 때문에 그 이름을 야곱이 말한 대로 '갈르엣'이라고 불렀다.

49 또한 라반이 "우리가 서로 떠나 있을 때 여호와께서 나와 너 사이를 살펴 주시길 바란다"라고 말했기에 '미스바'라고 했다.

50 라반이 야곱에게 말했다. "만일 네가 내 딸들을 구박하거나 내 딸들 외에 다른 아내들을 더 맞이하면 우리와 함께할 사람은 없어도 하나님께서 나와 너 사이에 증인이 되실 것이다."

51 라반이 계속해서 야곱에게 말했다. "나와 너 사이에 쌓은 이 돌무더기와 기초 돌 기둥을 보라.

52 이 돌무더기와 기초 돌이 증거가 될 것이다. 내가 이 돌무더기를 넘어 네게로 가서 해치지 않으며, 너도 이 돌무더기와 이 기초 돌을 넘어 내게로 와서 해치지 않아야 할 것이다.

53 아브라함의 하나님, 나홀의 하나님, 그들의 조상의 하나님께서 우리 사이에 판단하시기 바랍니다." 이에 야곱도 아버지 이삭이 경외하는 하나님을 가리켜 맹세했다.

54 또 야곱이 산에서 제사를 드리고, 형제들을 불러 빵을 주었고, 그들은 빵을 먹으며 산에서 밤을 지냈다.

55 라반이 아침 일찍 일어나 손자들과 딸들에게 입맞추며 그들을 축복하고 자기의 고향 밧단 아람으로 돌아갔다.

야곱이 형 만날 준비를 함

32 ● 야곱이 고향으로 내려가는 길에 하나님의 사자들을 만나

2 그들을 보고 말했다. "이는 하나님의 군대다." 그리고 그 지역 이름을 '마하나임'이라고 불렀다.

3 야곱이 세일 땅 에돔 들에 살고 있는 형 에서에게 자기보다 앞서 심부름꾼인 사자들을 보내며

4 그들에게 이렇게 명령했다. "너희는 내 형1) 에서에게 가서 당신의 종 야곱이 말하기를 '내가 라반과 함께 거주하며 지금까지 그곳에서 머물러 있었습니다.

5 내게 많은 소와 나귀와 양 떼와 노비가 있습니다. 이제 사람을 보내 내 주2)와 같은 형에게 소식을 전하고 눈에 들기를 구합니다'라고 하라."

6 이에 야곱의 심부름꾼들이 야곱에게 돌아와 이렇게 보고했다. "우리가 주인의 형 에서에게 가보니 그가 주인을 만나기 위해 400명을 거느리고 이곳으로 오고 있습니다."

7 보고를 들은 야곱이 두렵고 크게 낙심하여 자기와 함께한 동행자와 양과 소와 낙타를 두 떼로 나눈 후

8 말했다. "형 에서가 와서 한 무리를 치면 남은 한 무리는 피하리라."

9 그리고 야곱이 하나님께 간구했다. "내 조부 아브라함의 하나님, 내 아버지 이삭의 하나님이여, 주께서는 이전에 내게 '네 고향, 네 친족에게로 돌아가라. 내가 네게 은혜를 베풀 것이다3)라고 말씀하셨습니다.

10 주4)께서 당신의 종에게 베푼 모든 은혜와 사랑은 감당할 수 없을 정도로 컸습니다. 내가 지팡이만 가지고 이 요단강을 건넜지만 지금은 두 무리나 이루었습니다.

11 이제 내가 주께 간구합니다. 내 형 에서의 보복에서 나를 건져 주시기 바랍니다. 나는 형이 나와 내 처자들을 죽일까 두렵습니다.

12 주5)께서는 '내가 반드시 네게 은혜를 베풀어 네 후손을 바다의 모래처럼 많게 하겠다6)라고 말씀하셨습니다."

야곱의 씨름

12 ● 야곱이 얍복 강가에서 밤을 지내고 자기의 소유 중에서 형 에서를 위하여

13 암염소 200마리와 숫염소 20마리, 암양 200마리와 숫양 20마리,

14 젖 나는 낙타 30마리와 그 새끼, 암소 40마리와 황소 10마리, 암나귀 20마리와 그 새끼 나귀 10마리 등을 택했다.

15 야곱이 그것들을 각각의 무리로 나누어 종들에게 맡긴 후 말했다. "너희는 나보다 먼저 강을 건너가서 각 무리의 사이에는 거리를 두라."

16 그리고 앞장 선 자에게 말했다. "내 형 에서가 너를 만나 '네가 누구에게 속한 사람이며, 어디로 가느냐? 네

1) 주, master 2) lord 3) 창 31:3 4) Lord 5) You
6) 창 28:14

앞에 있는 것은 누구의 것이냐?'라고 물으면

17 '주의 종 야곱의 것이요, 자기의 주인 되는 에서에게 보내는 예물입니다. 야곱도 우리 뒤에 있습니다'라고 하라."

19-20 또 두 번째와 세 번째 무리를 따라가는 자에게도 에서를 만나거든 첫 번째 무리와 함께한 사람들에게 말하도록 한 대로 똑같이 그에게 말하라고 명령했다. 이는 야곱이 자기 앞에 보내는 예물로 형의 감정을 풀고 나서 만나면 형이 자신을 용서해 줄 것이라고 생각했기 때문이다.

21 야곱은 미리 준비한 예물을 자기 앞에 먼저 보내고 자신은 무리 가운데서 밤을 지내고 있다가

22 밤에 일어나 두 아내와 두 여종과 11명의 아들을 이끌고 얍복강 나루를 건너기로 했다.

23 야곱은 그 소유와 함께 사람들에게 얍복강1)을 건너가게 한 후

24 자신은 혼자 남아 있다가 어떤 사람2)과 날이 새도록 씨름했다.

25 그 사람은 자기가 야곱을 이기지 못하자 야곱의 엉덩이 뼈, 곧 허벅지 관절을 쳤다. 이로 인해 야곱의 엉덩이 뼈는 그 사람과 씨름할 때 어긋났다.

26 그 천사가 말했다. "날이 밝으려고 하니 내가 가도록 놓아주라." 야곱이 말했다. "당신이 나를 축복해 주지 않으면 결단코 놓지 않겠습니다."

27 그 사람이 물었다. "네 이름이 무엇이냐?" 야곱이 대답했다. "야곱입니다."

28 그러자 그가 이렇게 말했다. "이제부터는 네 이름을 '야곱'이라 하지

말고 '이스라엘'이라고 부를 것이다. 그것은 네가 하나님과 및 사람들과의 씨름에서 이겼기 때문이다."

29 야곱이 "당신의 이름을 알려주십시오"라고 묻자 그 사람이 말하기를 "왜 내 이름을 묻느냐?"라고 하더니 그곳에서 야곱에게 축복했다.

30 야곱은 그곳 이름을 '브니엘'이라고 불렀다. 이는 야곱이 하나님과 대면했지만 죽지 않았기 때문이다.

31-32 야곱이 브니엘을 지날 때 해가 떠올랐고, 그는 자기와 씨름한 사람이 엉덩이 뼈에 있는 힘줄을 쳤기 때문에 엉덩이 뼈, 곧 허벅지 관절로 인해 다리를 절었다. 그래서 이스라엘 사람들은 지금까지 짐승의 엉덩이 뼈에 있는 그 부분의 힘줄을 먹지 않는다.

야곱과 에서의 만남

33

● 야곱은 에서가 400명의 장정을 거느리고 올라오는 것을 보고 그의 자식들을 나누어 레아와 라헬과 두 여종3)에게 각각 맡겼다.

2 맨 앞에는 여종들과 그들의 자식들을 서게 하고, 그 다음에는 레아와

Q&A

야곱이 두 떼로 나눈 이유는?(창 33:1-2)

야곱은 에서가 올라온다는 소식을 들은 후 에서를 만날 때는 그 자식을 나누어 여종과 그들 자식은 앞에 두고 레아와 라헬과 그 자식들은 뒤에 두어 에서가 복수할 것에 대비하였다. 이런 상황에 우리는 야곱이 에서가 얍복강을 넘어 오는 사이에 도망하도록 했다고 생각하기 쉽다. 그러나 얍복강은 우기에도 우리나라 개울물 정도 밖에 흐르지 않는다. 야곱이 건넌 지점인 브니엘 앞의 얍복강도 마찬가지이다. 그러므로 에서가 얍복강을 넘어오는 사이에 도망하도록 야곱이 생각했다고 이해하는 것은 잘못된 것이다. 오히려 험한 지형을 넘어오는 사이로 이해하는 것이 더 옳다.

1) 시내 2) 천사 3) 첩

그의 자식들을 두고, 맨 뒤에는 라헬과 요셉을 두었다.

3 그리고 자신은 7번 땅에 엎드려 절하면서 그의 형 에서에게 가까이 갔다.

4 이에 에서가 달려와서 그를 껴안고 목을 어긋맞추어 그와 입맞추고 서로 울었다.

5 에서가 여인들과 자식들을 보고 야곱에게 물었다. "너와 함께한 이들은 누구냐?" 야곱이 대답했다. "하나님께서 은혜를 베풀어 주의¹⁾ 종에게 주신 자식들입니다."

6 그때 여종들이 그의 자식들과 함께 에서 앞에 나아와 절하고,

7 레아도 그의 자식들과 함께 나아와 절했으며, 마지막으로 요셉이 라헬과 함께 나아와 절했다.

8 에서가 다시 물었다. "내게 가져온 이 모든 짐승 떼는 무엇이냐?" 야곱이 대답했다. "내 형님²⁾의 눈에 들기 위해³⁾ 드리는 예물입니다."

9 그러자 에서가 말했다. "내 동생아, 내 것으로도 충분하니 네 소유는 네가 도로 가져가라."

10 야곱이 말했다. "그렇지 않습니다. 내가 형님께 눈에 들었다면 이 예물을 받아 주세요. 내가 형님의 얼굴을 보니 하나님의 얼굴을 보는 것 같습니다. 또한 형님도 나를 기뻐하고 계십니다.

11 하나님께서 내게 은혜를 베푸셨고 내 소유도 충분하니 내가 형님께 드리는 예물을 받아 주세요." 그리고 형에게 간청하니 예물을 받았다.

12 에서가 말했다. "내가 너와 동행할 것이니 우리가 함께 떠나자."

13 이에 야곱이 대답했다. "내 주 형도 아시는 것처럼 내 자식들은 연약하고 내게 있는 양과 소 떼도 새끼가 있기 때문에 하루만 빨리 몰아도 모든 짐승 떼가 죽을 것입니다.

14 그러니 주가 되는 형이 먼저 가세요. 나는 가축과 자식들의 걸음에 맞춰 천천히 이끌고 세일로 가서 내 주 형을 뵙겠습니다."

15 그러자 에서가 말했다. "그렇다면 내 종 몇 사람을 너의 곁에 머물게 하겠다." 야곱이 말했다. "어찌하여 그렇게까지 하십니까? 나는 형님의 그런 마음만으로 충분합니다."

16 이날 에서는 세일로 돌아갔다.

17 야곱은 브니엘에서 13km 정도 떨어진 숙곳에 도착하여 거주할 집과 우릿간을 지었다. 그래서 그곳 이름을 '숙곳'이라고 불렀다.

18 야곱이 밧단 아람에서 약 600km를 여행한 후 숙곳을 떠나 요단강을 건너 평안히 가나안 땅에 있는 세겜성에 도착하여 그 성읍 앞에 장막을 쳤다.

19 그가 장막을 친 밭은 하몰의 아들들에게 은 100개, 곧 100크시타를 주고 산 곳이다.

20 야곱은 그곳에 제단을 쌓고 '엘 엘로헤 이스라엘'이라고 불렀다.

디나가 더럽힘을 당함

34 ● 레아가 야곱을 통해 낳은 딸 디나가 세겜 지역의 여자들을 보기 위해 나갔다.

2 그때 히위 족속 중 하몰의 아들인 세겜성의 추장 세겜에게 강제로 욕보임을 당했다.

3 추장 세겜은 그녀에게 마음을 빼앗겼기 때문에 그의 마음을 말로 위로하고,

4 자기 아버지 하몰에게 이 여자를 아내로 얻게 해달라고 요청했다.

1) your   2) my lord   3) 은혜를 입으려

5 야곱이 자기 딸 디나가 세겜에게 욕보임을 당했다는 소식을 들었으나 들에서 아들들이 돌아오기까지 조용히 있었다.

6 그때 세겜의 아버지 하몰이 야곱을 찾아왔다.

7 한편 야곱의 아들들은 들에서 디나가 세겜에게 욕보임을 당했다는 소식을 듣고 집으로 돌아왔고, 모두가 근심하며 크게 분노했다. 이는 세겜이 야곱의 딸을 욕보임으로 해서는 안 되는 일을 행했기 때문이다.

8 하몰이 야곱의 가족들에게 말했다. "내 아들 세겜이 마음으로 너희 딸을 사모하니 그녀를 내 아들 세겜에게 주어 아내로 삼게 하기를 원한다.

9 너희가 우리와 통혼하여 너희 딸과 우리 딸들을 서로 데려가자.

10 거주할 땅이 너희 앞에 있지 않느냐? 너희가 우리와 함께 거주하되 이곳에 머물면서 서로 매매하며 산업을 얻을 수 있을 것이다."

11 세겜도 디나의 아버지 야곱과 그의 남자 형제들에게 말했다. "나로 너희에게 내가 원하는 것을 얻게 하라. 그러면 나도 너희가 원하는 것은 다 들어줄 것이다.

12 아무튼 이 여자만 내게 주어 아내가 되게 하기를 원한다. 그러면 아무리 많은 결혼 예물을 요구할지라도 내가 모두 들어줄 것이다."

13 세겜의 말을 들은 야곱의 아들들이 세겜과 그의 아버지 하몰에게 거짓으로 좋다고 대답했다. 그것은 세겜이 그 누이동생 디나를 강제로 욕보였기 때문이다.

14 야곱의 아들들이 그들에게 말했다. "우리는 당신들의 요구대로 하지 못하겠다. 할례를 받지 않은 사람에게는 우리 누이를 줄 수 없기 때문이다. 만일 그렇게 하면 그것은 우리에게 수치가 되는 일이다.

15 그러므로 너희 중 남자가 모두 할례를 받고 우리처럼 되면 너희가 원하는 대로 허락할 것이다.

16 곧 우리 딸을 너희에게 줄 것이며, 너희 딸도 우리가 데려올 것이다. 또한 너희와 함께 거주하여 한 민족이 될 것이다.

17 그러나 너희가 우리 말을 거절하고 할례를 받지 않으면 우리 딸을 데려가겠다."

18 그들의 말을 하몰과 그의 아들 세겜이 좋게 받아들이고

19 아버지 하몰의 아들 중에 가장 귀하게 여김을 받는 세겜 또한 야곱의 딸을 연모하는 까닭에 야곱의 아들들이 원하는 대로 서둘러 할례를 행하기로 했다.

20 이에 하몰과 그의 아들 세겜이 성문에서 성읍 사람들에게 말했다.

21 "우리 땅은 넓고 이 사람들은 우리와 화목하니 그들이 이 지역에서 거주하며 상거래를 하도록 하자. 그리고 우리가 그들의 딸들을 데려오고 우리의 딸들도 그들에게 주자.

22 다만 모든 남자가 그들처럼 할례를 받아야 우리와 함께 거주하며 한 민족이 되기를 그 사람들이 허락할 것이다.

23 그렇게 되면 그들의 가축과 재산이 우리의 소유가 되지 않겠느냐? 그러니 그들이 요구한 대로 할례를 행하자. 그렇게 하면 그들이 우리와 함께 거주할 것이다."

야곱 아들들의 복수 살인

24 ● 성문으로 출입하는 모든 남자는

하몰과 그의 아들 세겜 추장의 말에 따라 할례를 받았다.

25 할례받은 3일째에 아직 그들이 고통 가운데 있을 때 야곱의 두 아들이요, 디나의 친오빠인 시므온과 레위가 몰래 그 성읍을 기습하여 칼로 모든 남자를 죽이고

26 하몰과 그의 아들 세겜을 죽인 후 디나를 세겜의 집에서 데려왔다.

27-29 야곱의 다른 아들들도 그 시체가 있는 성읍으로 들어가 양과 소와 나귀 등을 노략질하고 들에 있는 것과 그들의 재물도 빼앗았다. 또 그들의 자녀와 아내들을 사로잡고 집안에 있는 물건도 노략질했다. 이는 세겜이 그들의 누이를 욕보였기 때문이었다.

30 야곱이 시므온과 레위에게 말했다. "너희가 내게 화를 미치게 하여 나로 이 땅에 사는 가나안 족속과 브리스 족속에게 나를 향해 악한 감정[1]을 품게 했다. 그들이 힘을 합하여 나를 공격하면 나는 사람 수가 적어 죽임을 당할 것이다. 결국 나와 내 집이 멸망하게 될 것이다."

31 그러자 아들들이 말했다. "그들이 우리 누이동생을 창녀처럼 취급함이 옳은 일입니까?"

벧엘로 올라간 야곱

35 ● 하나님께서 두려움에 있는 야곱에게 말씀하셨다. "일어나 벧엘로 올라가서 거주하라. 그곳에서 너는 네 형 에서를 피해 도망할 때 네게 나타났던 나를 위해 제단을 쌓으라."[2]

2 이에 야곱이 자기 집안에 있는 모든 자에게 말했다. "너희가 갖고 있는 모든 이방 신상을 버리고, 너희의 옷을 바꾸어 입고, 자신을 정결케 하라.

3 우리가 일어나 벧엘로 올라가자. 그곳에서 내가 환난을 당하던 날에 내게 응답하시고 내가 가는 길에 나와 함께하신 하나님께 제단을 쌓을 것이다."

4 이에 집안 사람들이 자기들이 갖고 있던 모든 이방 신상과 귀고리를 야곱에게 주었다. 야곱은 그것들을 세겜 근처 상수리나무의 일종인 테레빈나무 아래에 묻은 후

5 세겜을 떠났다. 이때 하나님께서 세겜성 주위에 있는 마을들로 큰 두려움을 갖게 만들었기 때문에 야곱과 그 아들들을 추격하는 자가 없었다.

6 야곱과 그 집안 사람들이 48km를 여행하여 '루스'라고 불렸던 가나안 땅 벧엘에 도착했다.

7 야곱은 그곳에서 제단을 쌓은 후 '엘 벧엘'이라고 불렀다. 이는 그가 형을 피해 도망할 때 하나님께서 그곳에 나타나셨기 때문이다.

8 한편 리브가의 유모인 드보라가 죽자 그를 벧엘에 있는 상수리나무의 일종인 테레빈나무 밑에 장사를 지냈다. 그리고 그 나무 이름을 '알론바굿'이라고 불렀다.

9 야곱이 밧단 아람에서 고향으로 돌아온 후 하나님께서 다시 야곱에게 나타나 그에게 축복의 말씀을 하셨다.

10 "앞으로는 네 이름을 다시는 '야곱'이라고 부르지 않을 것이다. 네 이름은 '이스라엘'이 될 것이다." 그리고 하나님께서 그의 이름을 이스라엘이라고 부르셨다.

11 또 하나님께서 그에게 말씀하셨다. "나는 전능한 하나님이다. 너는

---

1) 악취 2) 창 28:10

수많은 자녀를 낳고 크게 번성할 것이다. 한 백성과 백성들의 나라[1]가 너에게서 나오며, 너는 왕들의 조상이 될 것이다.[2]

12 내가 아브라함과 이삭에게 준 땅을 너와 네 후손에게도 줄 것이다."

13 하나님께서 야곱과 말씀하시던 곳에서 그를 떠나 올라가셨다.

14 이에 야곱이 하나님께서 자기와 말씀하시던 곳에 돌기둥을 세우고 그 위 제물에 포도주를 부어 드리는 전제물을 붓고, 또 그 위에 기름을 부었다.

15 그리고 하나님께서 자기와 말씀하시던 그 장소를 '벧엘'이라고 불렀다.

베냐민의 출생과 라헬의 죽음, 야곱의 아들들

16 ● 야곱과 그 집의 사람들이 벧엘에서 출발하여 남쪽으로 35km 떨어진 베들레헴 외곽의 에브랏 근처까지 갔을 때 라헬이 해산하게 되었다. 그가 큰 산고를 겪었고

17 난산할 때 산파가 그에게 말했다. "두려워하지 마세요. 이번에도 아들입니다."

18 라헬이 아들을 낳고 죽기 직전에 아들의 이름을 '슬픔의 아들'이라는 뜻의 '베노니'라고 불렀다. 그러나 야곱은 그를 '오른손의 아들'이라는 뜻의 '베냐민'으로 바꾸어 불렀다.

19 라헬이 죽자 에브랏이라고도 하는 베들레헴 길에 장사를 지냈다.

20 야곱은 라헬의 묘비를 세웠는데 오늘까지 '라헬의 묘비'라고 불리고 있다.

21 야곱[3]이 계속 길을 떠나 에델 망대를 지나 장막을 쳤다.

22 이스라엘이 그 땅에 거주할 때 장자인 르우벤이 아버지의 첩 빌하와 잠자리를 함께한 것을 아버지 이스라엘이 들었다. 이스라엘의 아들은 12명이었다.

23 레아가 야곱에게 낳은 아들들은 장자 르우벤과 그다음 시므온, 레위, 유다, 잇사갈, 스불론이었다.

24 라헬이 야곱에게 낳은 아들들은 요셉과 베냐민이었다.

25 라헬의 여종 빌하가 야곱에게서 낳은 아들들은 단과 납달리였다.

26 레아의 여종 실바가 야곱에게서 낳은 아들들은 갓과 아셀이었다. 이들은 모두 밧단 아람에서 야곱이 낳은 아들들이었다.

이삭의 죽음과 에서의 후손

27 ● 야곱이 기럇아르바에 있는 마므레로 가서 그의 아버지 이삭을 뵈었다. 기럇아르바는 아브라함과 이삭이 거주했던 헤브론이다.

28 이삭이 180세가 되었다.

29 이삭이 나이가 많아 죽어 자기 조상에게로 돌아가자 그의 아들 에서와 야곱이 그를 조상의 묘인 막벨라 굴에 장사했다.

36 이삭의 아들은 에서와 야곱이다. 에서의 후손인 에돔의 계보는 이렇다.

2 에서가 가나안 지역의 헷 족속인 엘론의 딸 아다[4]와 히위 족속인 시브온의 손녀[5] 아나의 딸 오홀리바마를 아내로 맞았다.

3 또 에서는 이스마엘의 딸이요 느바욧의 누이인 바스맛을 아내로 맞았는데

4 아다는 에서에게서 엘리바스를 낳았고, 바스맛은 르우엘을 낳았으며

---

1) 총회   2) 네 허리에서 나오리라   3) 이스라엘   4) 창 26:34, 바스맛   5) 딸인

5 오홀리바마는 에서를 통해 여우스와 알람과 고라를 낳았다. 이들은 모두 가나안 땅에서 태어난 에서의 아들들이다.

6 에서가 자기 아내들과 자녀들과 집안의 모든 사람과 가축과 모든 짐승과 가나안 땅에서 얻은 모든 재물을 가지고 동생 야곱을 떠나 다른 곳으로 갔다.

7 이는 함께 거주하지 못할 만큼 두 사람의 소유가 너무 많았기 때문이다.

8 그래서 에서의 후손, 곧 에돔은 세일산에 거주했다.

9 세일산에 있는 에돔 족속의 조상 에서의 계보는 이렇다.

10 그 자손은 이렇다. 아다는 에서를 통해 엘리바스를 낳았고, 바스맛은 에서를 통해 르우엘을 낳았다.

11 에서의 손자 엘리바스의 아들들은 데만, 오말, 스보, 가담, 그나스이다.

12 엘리바스의 첩 딤나는 아말렉을 낳았다. 이들은 에서의 아내 아다의 자손들이다.

13 르우엘의 아들들은 나핫, 세라, 삼마, 미사이니 이들은 에서의 아내 바스맛의 자손들이다.

14 시브온의 손녀 아나의 딸 오홀리바마는 에서의 아내로 에서를 통해 여우스와 알람과 고라를 낳았다.

15 에서 자손 가운데 족장 된 자들은 이렇다. 에서의 장자 엘리바스의 자손으로는 데만 족장, 오말 족장, 스보 족장, 그나스 족장,

16 고라 족장, 가담 족장, 아말렉 족장이다. 이들은 모두 에돔 땅에 있는 아다가 에서에게서 낳은 아들로 엘리바스의 족장들이다.

17 에서의 아내 바스맛이 낳은 아들 르우엘의 자손으로는 나핫 족장, 세라 족장, 삼마 족장, 미사 족장이 있으니 이들은 에돔 땅에 있는 르우엘의 족장들이다.

18 에서의 아내인 아나의 딸 오홀리바마가 낳은 아들들은 여우스 족장, 알람 족장, 고라 족장이다.

19 이들은 에서의 자손으로서 족장이 된 자들이었다.

세일의 자손과 에돔 지역의 왕들

20-21 ●그 땅의 주민 호리 족속, 세일의 자손으로 족장이 된 자들은 로단, 소발, 시브온, 아나, 디손, 에셀, 디산 등이다.

22 로단의 아들[1]은 호리와 헤맘이요, 로단의 누이는 딤나이다.

23 소발의 자식은 알완, 마나핫, 에발, 스보, 오남 등이다.

24 시브온의 자식은 아야와 아나이다. 이 아나는 아버지 시브온의 나귀를 칠 때 광야에서 온천을 발견하였다.

25 아나의 자식은 디손과 오홀리바마이며, 오홀리바마는 아나의 딸이다.

26 디손의 자식은 헴단, 에스반, 이드란, 그란이다.

27 에셀의 자식은 빌한과 사아완과 아간이다.

28 디산의 자식은 우스와 아란이다.

29-30 이들 세일 땅에 사는 호리 족속의 족장들은 로단 족장, 소발 족장, 시브온 족장, 아나 족장, 디손 족장, 에셀 족장, 디산 족장이다.

31 이스라엘 백성에게 아직 왕이 있기 전 에돔 지역에 왕이 있었는데, 그들은 이렇다.

32 브올의 아들 벨라가 딘하바에서

1) 자녀

에돔의 왕이 되었다.

33 벨라 사후 보스라 사람 세라의 아들 요밥이 왕이 되었다.

34 요밥 사후 데만 족속의 땅에 거한 후삼이 그를 이어 왕이 되었다.

35 후삼 사후 모압 들에서 미디안 족속을 친 브닷의 아들 하닷이 아윗에서 그를 이어 왕이 되었다. 그의 도성은 아윗이다.

36 하닷 사후 마스레가의 삼라¹⁾가 그를 이어 왕이 되었다.

37 삼라 사후 유프라테스 강변에 살던 르호봇의 사울이 그를 이어 왕이 되었다.

38 사울 사후 악볼의 아들 바알하난이 그를 이어 왕이 되었다.

39 악볼의 아들 바알하난 사후 그를 이어 하달이 바우에서 왕이 되었다. 그의 아내는 메사합의 손녀요, 마드렛의 딸인 므헤다벨이었다.

40 에서에게서 나온 종족과 지역에 따른 족장들은 이렇다. 딤나 족장, 알와 족장, 여뎃 족장,

41 오홀리바마 족장, 엘라 족장, 비논 족장,

42 그나스 족장, 데만 족장, 밉살 족장,

43 막디엘 족장, 이람 족장이다. 에돔 족속의 조상은 에서이다.

요셉의 꿈

37 ●야곱은 그의 아버지가 주로 살았던 가나안 땅 남쪽 지역에 거주했다.

2 야곱의 계보는 이렇다. 요셉이 17세 소년 때 형들과 양을 칠 때 아버지의 두 아내인 빌하와 실바의 아들들과 함께 지냈는데, 그들의 잘못을 아버지에게 고자질했다.

3 야곱²⁾은 어떤 아들들보다 노년에 얻은 아들 요셉을 더 사랑하여 그를 위해 소매가 긴 옷³⁾을 지었다.

4 요셉의 형들은 아버지가 자기들보다 요셉을 더 사랑하는 것을 보고 그를 미워하여 거칠게 말했다.

5-7 하루는 요셉이 꿈을 꾸고 자기 형들에게 말했다. "형들은 내가 꾼 꿈을 들어 보세요. 우리가 밭에서 곡식 단을 묶고 있는데 내 단은 일어서고 형들의 단은 내 단을 둘러서서 절하고 있었습니다."

8 그 말을 들은 형들이 요셉에게 말했다. "네가 정말 우리의 왕이 되겠느냐? 진정 우리를 다스리게 되겠느냐?" 이로 인해 형들은 요셉을 더욱 미워하게 되었다.

9 요셉이 또다시 꿈을 꾸고 그의 형들에게 말했다. "내가 또 꿈을 꾸었는데 해와 달과 11개의 별이 내게 절했습니다."

10 요셉이 자기가 꾼 꿈을 아버지와 형들에게 말하자 아버지가 그를 꾸짖고 그에게 말했다. "네가 꾼 꿈이 어떻게 된 것이냐? 나와 네 어머니와 네 형들이 정말 너에게 절하게 되겠느냐?"

11 그 꿈으로 형들은 동생을 시기했지만

Q&A 요셉이 입은 채색옷(소매가 긴 옷)은 어떤 옷인가?(창 37:3)

채색옷(richly ornament robe)의 문자적인 의미는 여러 가지 색깔이 있는 옷을 말한다. 그러나 당시 물감의 종류는 매우 한정되어 있었으며 그 생산도 적었다. 특히 고대의 자주색 물감은 베니게(오늘날 레바논 지역) 지역의 해안가에서 잡히는 뼈고동에서 추출했는데 값이 매우 비싸 금과 같은 가격으로 애굽에 수출되기도 했다. 그러므로 야곱이 요셉에게 입힌 채색옷은 극히 한정된 색을 띤 옷이거나, 소매가 긴 옷을 가리킨다. 그리고 이 채색옷은 가장과 상속자만이 입을 수 있었다. 참고로 신약시대도 마찬가지로 물감이 귀했기 때문에 자주물감 장사 루디아는 부자임을 알 수 있다.

---

1) 대상. 사므라   2) 이스라엘   3) 채색옷

아버지는 그 말을 마음속에 담아 두었다.

요셉이 애굽으로 팔려감

12 ● 요셉의 형들이 세겜으로 가서 아버지의 양 떼를 치고 있었다.

13-14 하루는 야곱¹⁾이 요셉에게 "세겜에서 양을 치고 있는 형들과 양 떼가 다 잘 있는지 보고 돌아오라"고 심부름을 시켰다. 이에 요셉이 아버지의 말에 따라 헤브론 골짜기에서 북쪽으로 115㎞ 정도 떨어진 세겜으로 갔다.

15 그러나 요셉은 세겜에서 길을 잃고 헤매게 되었다. 그때 어떤 사람이 들에서 그를 보고 "네가 무엇을 찾느냐?"라고 물었다.

16 요셉이 대답했다. "내 형들을 찾고 있습니다. 혹시 그들이 어디서 양을 치고 있는지 알고 있다면 내게 가르쳐 주세요."

17 그 사람은 "그들은 여기서 떠났다. 그들이 '도단으로 가자'라고 말하는 것을 들었다"라고 말해 주었다. 그 말을 들은 요셉은 형들이 간 곳을 쫓아 세겜에서 북쪽으로 35㎞ 정도 떨어진 도단으로 향했다.

18 요셉의 형들은 도단에 있는 자기들에게 가까이 오는 요셉을 보고 그를 죽이려고 모의를 꾸몄다.

19 그들은 서로 말했다. "꿈꾸는 자가 오고 있다.

20 우리가 그를 죽여 한 구덩이에 던지고 아버지에게는 사나운 짐승이 그를 잡아먹었다고 말하자. 그래서 그의 꿈이 정말 이루어지는지 우리가 두고 보자."

21 르우벤이 그 말을 듣고 요셉을 그들의 손에서 살리기 위해 말했다. "우리가 그의 생명은 해치지 말자."

22 르우벤이 또 말했다. "그의 피를 흘리지 말자. 대신 그를 평원²⁾에 있는 구덩이에 던지고 우리 손으로는 그를 죽이지 말자." 르우벤이 이렇게 말한 것은 그가 요셉을 그들의 손에서 구하여 아버지에게로 돌려보내기 위함이었다.

23 요셉이 형들에게 오자 형들은 그가 입고 있는 소매가 긴 옷³⁾을 벗겼다.

24 그리고 요셉을 잡아 물이 없는 구덩이에 던져 넣었다.

25 요셉의 형들이 음식을 먹다가 요단강 동쪽 길르앗 지역에서 오는 이스마엘 사람들을 보았다. 그들은 낙타에 향품과 유향과 몰약을 싣고 애굽으로 내려가는 무역상들이었다.

26 그때 유다가 자기 형제들에게 말했다. "우리가 우리 동생을 죽이고 그의 죽음을 감춘다고 무슨 유익이 있겠는가?

27 그렇게 하지 말고 그를 이스마엘 사람들에게 팔고 우리가 그를 죽게 하지는 말자. 그는 우리의 동생이요, 우리의 혈육이 아니냐?" 그의 형제들이 유다의 말을 들었다.

28 마침 그때 미디안 사람 상인들이 지나가고 있었다. 이에 그들이 요셉을 구덩이에서 끌어올리고 은 20개를 받고 요셉을 이스마엘 사람들에게 팔았다. 그리고 그 상인들은 요셉을 데리고 애굽으로 내려갔다.

29 르우벤이 들에 나갔다가 돌아와 구덩이에 이르러 그곳에 요셉이 없는 것을 보고 옷을 찢고

30 동생들에게로 돌아와서 말했다. "요셉이 없다. 나는 어떻게 해야 할까?"

1) 이스라엘 2) 광야 3) 채색옷

31 그들이 숫염소를 죽여 그 피를 요셉의 옷에 묻혔다.

32 그리고 그 소매가 긴 옷을 아버지에게 가지고 가서 말했다. "우리가 이것을 발견했습니다. 요셉의 옷인지 확인해 보세요."

33 아버지가 그것이 요셉의 옷인 줄을 알아보고 말했다. "내 아들의 옷이 틀림없다. 사나운 짐승이 그를 잡아먹었도다. 요셉이 틀림없이 짐승에게 찢겼도다." 그러고는

34 자기 옷을 찢고, 굵은 베로 허리를 묶고, 오랫동안 아들을 생각하며 통곡했다.

35 그의 자녀들이 위로했으나 야곱은 그 위로를 받지 않고 말했다. "내가 슬퍼하며 지하 세계인 스올로 내려가 아들에게로 갈 것이다."

36 한편 요셉을 산 미디안 사람들은 애굽으로 내려가 요셉을 바로의 신하인 경호대장 보디발에게 팔았다.

유다와 다말 사건

38 ● 그후 야곱의 아들 유다가 자기 형제들을 떠나 아둘람 출신의 히라와 가깝게 지냈다.

2 유다가 그곳에서 가나안 사람 수아의 딸과 잠자리를 같이했다.

3 그가 임신하여 아들을 낳자 유다가 그 이름을 '엘'이라고 했다.

4 그가 또 임신하여 아들을 낳자 그 이름을 '오난'이라고 했다.

5 유다가 거십에 있을 때 그가 또다시 아들을 낳자 이번에는 그 이름을 '셀라'라고 했다.

6 세월이 흐른 후 유다는 장자 엘의 아내로 다말을 데려왔다.

7 그러나 유다의 장자 엘은 하나님이 보시기에 악하여 하나님께서 그를 죽이셨다.

8 이에 유다가 엘의 동생인 오난에게 말했다. "네 형수와 잠자리를 같이하여 남편의 아우 된 의무를 행하여 네 형을 위해 후손이 있게 하라."

9 그러나 오난은 그 자식이 자신의 후손이 되지 않는다는 것을 알았기 때문에 형수와 잠자리를 할 때 그의 죽은 형에게 후손을 주지 않기 위해 사정할 때 땅에 설정했다.

10 하나님께서 그 일을 악하게 보시고 그도 죽이셨다.

11 이에 유다가 그의 며느리 다말에게 말했다. "너는 재혼하지 말고 내 세 번째 아들 셀라가 장성하기까지 네 아버지 집에서 기다리라." 이는 셀라도 그 형들처럼 죽임을 당할까 염려했기 때문이다. 이에 다말이 친정 아버지 집에 가서 지냈다.

12 얼마 후 유다의 아내 가나안 사람 수아의 딸이 죽었다. 유다가 애도 기간이 지난 후 그의 친구 아둘람 출신의 히라와 함께 소렉 골짜기의 딤나로 가서 자기의 양털을 깎는 자에게 이르렀다.

13 그때 어떤 사람이 다말에게 말했다. "네 시아버지가 자기의 양털을 깎기 위해 딤나로 왔다."

14 이 소식을 들은 그의 며느리 다말은 과부의 옷을 벗고 베일로 얼굴을 가리고 몸을 감쌌다. 그리고 딤나로 가는 길 옆의 에나임 문에 앉았다. 그가 이렇게 한 것은 셀라가 장성했어도 자기를 그의 아내로 주지 않았기 때문이다.

15 그가 얼굴을 가렸기 때문에 유다가 그를 창녀로 알고

16 길 곁에 있는 그에게 가서 말했다. "원하건대 나와 잠자리를 같이하자." 유다는 그녀가 자기의 며느리

인 줄을 알지 못했다. 그녀가 말했다. "당신이 무엇을 주고 나와 잠자리를 하겠느냐?"

17 유다가 대답했다. "내가 염소 새끼를 주겠다." 그가 다시 말했다. "당신이 그것을 줄 때까지 어떤 담보물을 줄 수 있겠느냐?"

18 유다가 말했다. "어떤 담보물을 원하느냐?" 그가 대답했다. "당신의 도장과 그 끈과 당신의 손에 있는 지팡이로 하라." 유다가 그것들을 그에게 주고 그와 잠자리를 함께했다. 이로 인해 다말이 임신했다.

19 다말이 유다와 잠자리를 한 후 그 베일을 벗고 과부의 옷을 다시 입었다.

20 유다가 그 친구 아둘람 사람에게 염소 새끼를 보내 잠자리를 한 여인에게 맡긴 담보물을 찾아 달라고 부탁했다. 그러나 아둘람 사람 히라는 그 여인을 찾지 못했다.

21 그가 그 지역 사람에게 물었다. "길 곁의 에나임에 있던 가나안 이방 성소의 창녀가 있는 곳을 아느냐?" 그들이 말했다. "이곳에는 창녀가 없다."

22 그가 유다에게로 돌아와 말했다. "내가 그를 찾지 못했다. 그 지역 사람들도 그곳에는 창녀가 없다고 말하더라."

23 이에 유다가 말했다. "그 여자가 그것을 가지도록 그냥 두라. 혹시 그것으로 우리가 수치를 당할까 한다. 내가 염소 새끼를 보냈으나 그대가 그 여자를 찾지 못했다."

24 3개월 정도 지난 어느 날 어떤 사람이 유다를 찾아와 말했다. "당신의 며느리 다말이 음행하여 임신했다." 그러자 유다가 "그를 끌어내어 불사르라"고 말했다.

25 여인이 끌려 나갈 때 사람을 보내 시아버지에게 말했다. "이 물건의 주인으로 인해 내가 임신했습니다. 보십시오. 이 도장과 그 끈과 지팡이가 누구의 것입니까?"

26 유다가 그것이 자기의 것인 줄 알아보고 말했다. "그는 나보다 옳다. 내가 내 아들 셀라를 그의 남편으로 주지 않았기 때문이다." 그리고 이후로는 그를 가까이하지 않았다.

27 다말이 해산할 때 보니 쌍태였다.

28 다말이 해산할 때 손이 나오자 산파가 먼저 나오는 자를 구별하기 위해 홍색 실을 그 손에 묶었다.

29 그런데 그 손이 다시 들어갔다. 그리고 다른 아이가 먼저 나왔다. 이에 산파가 말했다. "네가 어찌하여 양수를 터뜨리고 나오느냐?" 그래서 그 아이의 그 이름을 '베레스'라고 불렀다.

30 이어 손에 홍색 실을 묶은 형이 뒤에 나오자 그의 이름을 '세라'라고 불렀다.

보디발 집에서의 요셉

39 ● 한편 이스마엘 사람 또는 므단의 후손에게 팔린 요셉은 애굽으로 내려갔다. 바로의 경호대장 애굽인 보디발은 이스마엘 상인들에게 요셉을 샀다.

2 그래서 요셉은 새로 주인이 된 애굽 사람의 집에서 지냈다. 그러나 여호와께서 요셉과 함께하시므로 그가 형통했다.

3 그의 주인 보디발은 여호와께서 요셉과 함께하시고, 그가 하는 모든 일에 형통하게 하시는 것을 보았다.

4 그리하여 요셉은 주인의 호의 가운데 그를 섬겼으며, 그의 주인 보

디발은 요셉을 가정 총무로 삼아 자기의 모든 재산을 요셉에게 관리하게 했다.

5 그때부터 여호와께서 요셉을 위하여 보디발의 집과 밭에 있는 모든 소유에 복을 내리셨다.

6 이에 주인은 자기가 먹는 음식 외에는 간섭하지 않고 그의 모든 소유를 요셉에게 맡겼다. 요셉은 외모가 빼어나고 잘생긴 자였다.

7 그후 그의 주인 보디발의 아내가 요셉을 유혹하다가 동침하기를 청했다.

8 그러자 요셉이 거절하며 말했다. "내 주인이 집안의 소유를 간섭하지 않고 모두 내 손에 맡겼습니다.

9 그러므로 이 집에는 나보다 높은 사람이 없습니다. 주인이 아무것도 내게 금하지 않았으나 금한 것은 오직 당신뿐입니다. 당신은 그의 아내이기 때문입니다. 그러니 내가 어떻게 큰 부정¹⁾을 행하여 하나님께 죄를 지을 수 있겠습니까?"

10 그러나 여인은 매일같이 요셉에게 잠자리를 요구했고, 그때마다 요셉은 거절할 뿐 아니라 함께 있지도 않았다.

11 그러던 중 하루는 요셉이 자신의 일을 하기 위해 그 집에 들어갔는데, 그 집에는 보디발의 처 외에 아무도 없었다.

12 그때 보디발의 아내는 요셉의 옷자락을 붙잡고 말했다. "나와 잠자리를 같이하자." 그러자 요셉이 자기의 옷을 벗어버리고 밖으로 뛰쳐나갔다.

13 여인은 요셉이 그의 옷을 자기 앞에 버려두고 나간 것을 보고

14 사람들을 불러 말했다. "보라, 주인이 히브리 사람을 우리에게 데려왔으나 그가 우리를 희롱하고 있다. 그가 나와 강제로 동침하려고 내게 왔을 때 내가 큰 소리를 질렀더니

15 그의 옷을 내 앞에 벗어 버리고 뛰쳐나갔다."

16 그 여인은 요셉의 옷을 곁에 두고 남편이 집으로 돌아오기를 기다렸다.

17 남편이 돌아오자 그에게 말했다. "당신이 우리에게 데려온 히브리 종이 나를 겁탈하려고 내게로 들어왔을 때

18 내가 소리를 지르자 그가 자기의 옷을 내게 버려두고 밖으로 뛰쳐나갔습니다."

19 아내의 말을 들은 보디발은 심히 분노했다.

20-21 이에 요셉의 주인 보디발이 요셉을 잡아 왕의 죄수를 가두는 감옥에 가두었다. 그러나 여호와께서는 감옥에서도 요셉과 함께하셨고 그에게 사랑을 베풀어 주셨다. 또한 간수장에게도 은혜를 받게 하셨다.

22 그래서 간수장은 감옥에 있는 모든 죄수를 요셉의 손에 맡겨 그 모든 업무를 처리하도록 했다.

히브리 사람(창 39:14)

본래 히브리 사람이라는 말은 '건너온 자'란 뜻의 에벨에서 유래되었는데 이는 메소포타미아(두 강 사이란 뜻)에서 가나안으로 건너 온 아브라함에게 처음 붙여진 이름이다(창 14:13). 이방인들은 이스라엘 민족을 멸시할 때 히브리 사람이라고 불렀다(삼상 4:6). 성경 이외에서는 억압을 받으며 떠돌이 생활을 하던 소외 계층을 가리킨다. 요셉 당시 애굽 사람들도 히브리인들과 함께 식사를 하면 부정하다고 생각했다(창 43:32).

1) 악

23 간수장은 요셉에게 모든 것을 전적으로 위임하고 자신은 신경 쓰지 않았다. 이는 여호와께서 요셉과 함께하셨기 때문이다. 여호와께서 모든 일에 요셉을 형통하게 하셨다.

관원장의 꿈을 해석한 요셉

40 ● 그후 애굽 왕의 술 맡은 관원장과 빵 굽는 관원장이 애굽 왕에게 죄를 지었다.

2 이에 바로가 그 두 관원장에게 분노하여

3 그들을 경호대장의 집안에 있는 감옥에 가두었다. 그곳은 바로 요셉이 갇힌 곳이었다.

4 경호대장은 요셉에게 그들의 시중을 들게 했다. 그들이 감옥에 갇힌 지 여러 날이 지난 어느 날이었다.

5 감옥에 갇힌 애굽 왕의 술 맡은 관원장과 빵 굽는 관원장 두 사람이 하룻밤에 각기 다른 꿈을 꾸었다.

6 아침에 요셉이 관원장이 갇힌 감방에 들어가 보니 그 두 관원장에게 근심의 빛이 있는 것을 보았다.

7 요셉이 자기와 함께 갇힌 바로의 두 관원장에게 물었다. "왜 오늘 당신들의 얼굴에 근심의 빛이 있습니까?"

8 그들이 말했다. "우리가 꿈을 꾸었으나 그 내용을 해석해 줄 자가 없다." 요셉이 그들에게 말했다. "꿈 해석은 하나님께 있는 것입니다. 그 꿈을 내게 말해 주십시오."

9 그러자 술 맡은 관원장이 자기가 꾼 꿈을 요셉에게 말했다. "꿈에 보니 내 앞에 포도나무가 있는데

10 그 나무에 3개 가지가 있고, 싹이 나서 꽃이 피고, 포도가 익었다.

11 내 손에 바로의 잔이 있어 내가 포도를 따서 즙을 만들어 바로의 잔에 담아 바로에게 드렸다."

12 요셉이 그에게 말했다. "그 해석은 이렇습니다. 포도나무의 3가지는 3일입니다.

13 지금부터 3일 안에 바로가 당신의 전직을 회복시킬 것입니다. 당신이 이전에 술 맡은 자가 되었을 때처럼 바로의 잔을 그의 손에 드리게 될 것입니다.

14 그러니 당신이 복직되면 나를 기억하고 내게 자비를 베풀어 내 억울한 사정을 바로에게 아뢰어 이 감옥 집에서 나를 꺼내 주기를 바랍니다.

15 나는 가나안[1] 땅에서 끌려온 자요, 이곳에서도 감옥에 갇힐 만한 잘못을 저지르지 않았습니다."

16 빵 굽는 관원장이 그 해석이 좋게 된 것을 보고 요셉에게 말했다. "나도 꿈에 보니 흰 빵이 담겨 있는 3개의 광주리가 내 머리에 있었다.

17 맨 윗광주리에는 바로를 위해 만든 여러 종류의 구운 음식이 있었는데 새들이 그 광주리에 있는 것들을 먹었다."

18 요셉이 대답했다. "그 해석은 이렇습니다. 음식이 담긴 3개의 광주리는 3일입니다.

19 지금부터 3일 안에 바로가 당신을 나무에 달아 죽일 것입니다. 그리고 새들이 당신의 시체를 뜯어 먹을 것입니다."

20 이 말을 한 후 3일이 지났는데 그 날은 바로의 생일이었다. 바로가 그의 모든 신하를 위한 잔치 자리에 감옥에 있는 술 맡은 관원장과 빵 굽는 관원장을 불렀다.

21 그리고 술 맡은 관원장은 전직을 회복시켰으나

1) 히브리

22 빵 굽는 관원장은 목 매달아 죽였다. 결국 두 관원장은 요셉이 그들에게 꿈을 해석해 준 것처럼 되었다.

23 그러나 술 맡은 관원장은 요셉이 부탁한 말을 잊었다.

바로의 꿈을 해석한 요셉

41 ● 술 맡은 관원장이 복직된 지 만 2년 후, 곧 요셉이 애굽에 팔려온 지 13년째[1]에 바로가 꿈을 꾸었다. 그가 나일 강가에 서 있는데

2 살진 좋은 7마리 암소가 강가에서 올라와 갈대밭에서 뜯어 먹고 있었다.

3 그 뒤에 마르고 좋지 않은 다른 7마리 암소가 나일 강가에서 올라와 살지고 좋은 암소와 함께 나일 강가에 서 있었다.

4 그때 마르고 좋지 않은 소가 살진 좋은 7마리 소를 잡아먹는 것을 보았다. 바로가 잠에서 깨었다가

5 다시 잠이 들어 꿈을 꾸었는데, 한 줄기에서 무성하고 견실한 7개의 이삭이 나왔다.

6 그후 가늘고 동풍에 마른 7개의 이삭이 나왔다.

7 그 가늘고 마른 7개의 이삭이 무성하고 견실한 7개의 이삭을 삼켰다. 바로가 잠에서 깨어나 보니 꿈이었다.

8 아침에 꿈으로 인해 바로의 마음이 번민에 빠졌다. 이에 바로가 사람을 보내 애굽에 있는 모든 점쟁이와 지혜자를 불러 그들에게 자신이 꾼 꿈을 말했으나 해석하는 자가 없었다.

9 그때 술 맡은 관원장이 바로에게 말했다. "내가 오늘 내 허물을 기억합니다.

10 바로께서 종들에게 분노하여 나와

빵 굽는 관원장을 경호대장의 집에 가두셨을 때

11 나와 그가 하룻밤에 각기 의미 있는 꿈을 꾸었습니다.

12 그때 그곳에 경호대장의 종으로 있던 히브리 청년이 우리와 함께 있었는데 우리가 그에게 꿈 내용을 말했습니다. 그러자 그가 우리의 꿈을 풀어 해석해 주었습니다.

13 그가 해석한 대로 성취되어 나는 복직되고 그는 목이 매달려 죽었습니다."

14 술 맡은 관원장의 말을 들은 바로는 사람을 보내 요셉을 불렀다. 이에 신하들이 서둘러 요셉을 감옥에서 내놓았고, 요셉의 수염을 깎고, 새 옷으로 갈아입히고, 바로 앞에 세웠다.

15 그러자 바로가 요셉에게 말했다. "내가 한 꿈을 꾸었으나 그것을 해석하는 사람이 없었다. 내가 들으니 너는 꿈을 들으면 모두 해석한다고 하더라."

16 요셉이 바로에게 대답했다. "꿈 해석은 내가 아니라 하나님께서 바로에게 확실한 대답을 주실 것입니다."

17-24 바로가 요셉에게 자기의 꿈 내용[2]을 말했다. 그리고 계속해서 말했다. "내가 그 꿈을 점쟁이에게 말했으나 그것을 해석하는 사람이 없었다."

25 요셉이 바로에게 말했다. "바로의 꿈은 하나입니다. 하나님께서 그가 하실 일을 바로에게 보이신 것입니다.

26 7마리의 좋은 암소는 7년을 가리키고 7개의 좋은 이삭도 7년을 가리키니 그 꿈은 같은 것입니다.

---

1) 창 37:2   2) 창 41:1-7

27 이어 올라온 마르고 좋지 않은 7마리의 소는 7년이고, 동풍에 말라 속이 빈 7개의 이삭 역시 7년의 흉년을 가리킵니다.

28 제가 바로에게 말하기를 하나님께서 그가 하실 일을 바로에게 보이신 거라고 말한 것이 바로 이것입니다.

29 앞으로 애굽의 온 땅에 7년 동안 큰 풍년이 있을 것입니다.

30 풍년 후에는 7년 동안 흉년이 들어 애굽 땅에 있던 큰 풍년으로도 흉년이 든 가뭄에 살 수 없을 정도가 되어 이 땅이 그 기근으로 망할 것입니다.

31 곧 풍년 후에 온 흉년이 너무 심해 이전 풍년도 소용없게 될 것입니다.

32 바로께서 꿈을 계속해서 2번 꾸신 것은 하나님께서 이 일을 확실히 행하기로 결정하신 것을 말합니다. 하나님께서 이 일을 속히 행하실 것입니다.

33 이제 바로께서는 총명하고 지혜로운 사람을 선택하여 애굽 지역을 다스리도록 하시기 바랍니다.

34 바로께서는 나라 안에 감독관들을 세워 7년 동안의 풍년에 거둬들인 수확물의 5분의 1을 창고에 쌓아 두도록 하십시오.

35 그리하여 그들에게 풍년 때 모든 곡물을 거두고 그 곡물을 국가에서 구입하여[1] 각 성에 쌓아 두도록 하시기 바랍니다.

36 그래서 애굽 땅에 임할 7년 동안의 흉년에 대비한다면 애굽 땅이 이 흉년으로 멸망당하지 않을 것입니다."

애굽의 총리가 된 요셉

37 ● 바로와 그의 모든 신하가 요셉이 제안한 일을 좋게 생각했다.

38 이에 바로가 그의 신하들에게 말했다. "우리가 어찌 이같이 하나님의 신[2]에 감동된 사람을 찾을 수 있겠는가?" 그리고

39 요셉에게 말했다. "하나님께서 이 모든 것을 네게 알게 하셨으니 너와 같이 총명하고 지혜로운 자가 없다.

40 이제 너는 내 국가[3]를 치리하라. 내 모든 백성이 네 명령에 복종할 것이다. 내가 너보다 높은 것은 내 보좌뿐이다."

41 바로가 계속해서 요셉에게 명령했다. "내가 너를 애굽의 온 땅을 다스리는 총리로 임명한다."

42 그리고 자기의 인장 반지를 빼어 요셉의 손가락에 끼우고 그에게 좋은 아마 섬유인 세마포로 짠 옷을 입혔다. 또 금 사슬을 목에 걸고

43 자기가 타는 버금 수레에 그를 태웠다. 그러자 무리가 그 앞에서 엎드리라고 외쳤다.

44 바로가 요셉에게 말했다. "나는 바로이다. 애굽 온 땅에서 너의 허락 없이는 함부로 손발을 놀릴 자가 없을 것이다."

45 그리고 그가 요셉의 이름을 바꿔 '사브낫바네아'라고 불렀다. 또 고센 지역 외곽에 위치한 온[4] 지역의

인장 반지(창 41:42)

오늘날의 도장을 가리키는데 고대 이집트에서는 주로 갑충석을 이용해 인장을 만들어 사용했고 페르시아 등지에서는 원통형 인장을 사용했다. 왕들은 인장 반지를 사용했는데 성경 시대의 왕의 도장인 어인은 주로 손에 끼는 반지로 되어 있었다. 요셉은 애굽 총리가 되었을 때 반지로 된 바로의 어인을 받았다(창 41:42). 당시 왕의 인장 반지는 오늘날 국새와 같이 왕의 조서에 인쳐 사용했다.

1) 바로의 손에 돌려　2) 영　3) 집　4) On

제사장인 보디베라의 딸 아스낫을 그에게 주어 아내로 삼게 했다. 그때부터 요셉은 총리가 되어 애굽 온 땅을 다스렸다.

46 요셉이 애굽 왕 앞에 설 때 나이는 30세였다. 그는 바로 앞을 떠나 애굽 온 땅을 순회하며 다스렸다.

47 7년 동안의 풍년으로 애굽에는 토지 소산물이 대단히 많았다.

48 이에 요셉이 7년 풍년이 든 동안 애굽 땅에 있는 곡물을 거두어 각 성읍 주위에 있는 밭의 곡물을 그 성읍에 비축했다.

49 창고에 쌓아 둔 곡식이 바다의 모래처럼 셀 수 없이 많았다.

50 흉년이 오기 전에 보디베라의 딸 아스낫이 두 아들을 낳았다.

51 요셉이 장남의 이름을 '므낫세'라고 했다. 이는 '하나님께서 내 모든 고난과 내 아버지의 온 집안 일을 잊어버리게 하셨다'라는 뜻으로 지은 것이다.

52 둘째 아들의 이름을 '에브라임'이라고 했다. 이는 '하나님께서 나를 내가 수고한 땅에서 번성하게 하셨다'라는 뜻으로 지은 것이다.

53 애굽 땅에 7년간의 풍년이 끝나고

54 요셉의 해석과 같이 7년의 흉년이 들기 시작했다. 주위에 있는 다른 나라에도 기근이 있었으나 애굽 온 땅에는 곡식이 있었다.

55 흉년이 계속되자 애굽 백성들이 굶주렸다. 이에 백성들이 바로에게 부르짖어 곡식을 구했다. 바로가 애굽의 모든 백성에게 말했다. "요셉에게 가서 그가 너희에게 시키는대로 하라."

56 애굽의 모든 지역에 기근이 있자 요셉은 모든 곡식 창고를 열어 애굽 백성에게 곡식을 팔았다.

57 주위에 있는 타국 백성도 곡식을 사기 위해 애굽으로 들어와 요셉에게 이르렀다. 이는 기근이 애굽뿐 아니라 온 세상에 심했기 때문이다.

애굽에 온 요셉의 형들

42 ●그때 가나안 지역에 살던 야곱이 애굽에 곡식이 있다는 소식을 듣고 아들들에게 말했다. "너희는 왜 서로 눈치만 보고 있느냐?

2 내가 들으니 애굽에는 곡식이 있다고 하니 너희는 그곳으로 가서 곡식을 사 와라. 그러면 우리가 굶주려 죽지 않을 것이다."

3 이에 야곱의 아들 10명이 곡식을 사기 위해 애굽으로 내려갔다.

4 그러나 야곱은 요셉의 동생 베냐민은 보내지 않았는데, 이는 베냐민에게 화가 미칠까 염려했기 때문이다.

5 곡식을 사러 애굽에 온 사람들 중에는 야곱의 아들들도 있었다. 이는 가나안 땅에도 기근이 있었기 때문이다.

6 애굽에서는 요셉이 총리로서 모든 백성에게 곡식을 팔고 있었다. 그때 요셉의 형들이 와서 요셉 앞에서 땅에 엎드려 절했다.

7-8 요셉은 그들을 보고 형들인 줄을 알았지만 형들은 요셉을 알아보지 못했다. 이에 요셉은 모르는 체하고 엄한 소리로 그들에게 말했다. "너희가 어디서 왔느냐?" 그들이 말했다. "곡물을 사기 위해 가나안에서 왔습니다."

9 요셉이 형들에 대해 꾼 꿈[1]을 기억하고 그들에게 말했다. "너희는 이 나라를 엿보려고 온 정탐꾼들이다."

10 그들이 총리인 요셉에게 말했다.

1) 창 37:5-8

"내 주인이여, 우리는 정탐꾼이 아니라 곡물을 사러 왔습니다.

11 우리는 모두 한 아버지의 아들들로서 신분이 확실한 자들입니다."

12 요셉이 그들에게 다시 말했다. "그것은 거짓말이다. 너희는 이 나라를 정탐하러 온 자들이다."

13 그들이 말했다. "당신의 종인 우리는 12형제로서 가나안 땅에 사는 한 아버지의 아들들입니다. 막내아들은 지금 아버지와 함께 있고 다른 한 명은 없어졌습니다."

14 요셉이 그들에게 말했다. "내가 너희에게 정탐꾼들이라고 한 것은 바로 이것을 두고 한 말이다.

15 그러므로 너희는 이렇게 하여 너희가 정탐꾼이 아닌 것을 증명해야 할 것이다. 살아있는 바로의 이름으로 맹세컨대 너희 막냇동생이 이곳에 오지 않으면 너희가 이곳에서 나가지 못할 것이다.

16 너희 중 1명을 가나안으로 보내 너희 막냇동생을 데려오게 하고 그 동안 너희는 이곳에 갇혀 있으라. 이렇게 하여 너희의 말이 거짓이 아닌지를 시험할 것이다. 살아있는 바로의 이름으로 맹세컨대 그렇지 않으면 너희는 정탐꾼이 틀림없다."

17 이에 요셉이 그들을 모두 3일 동안 가두었다.

18 3일 만에 요셉이 그들에게 말했다. "나는 하나님을 경배하는 자이니 너희는 이같이 하여 생명을 유지하라.

19 너희가 신분이 확실한 자들이면 너희 형제 중 한 사람만 볼모로 잡혀 있게 하고, 나머지는 곡물을 가지고 가서 너희 집안의 굶주림에서 구하라.

20 그리고 너희 막냇동생을 내게로 데려오라. 그러면 너희 말이 거짓말이 아님이 증명되고 너희가 죽지 않을 것이다." 이에 그들이 그대로 했다.

21 그들이 서로 말했다. "우리가 동생의 일로 인해 죄를 지었다. 그가 우리에게 살려달라고 애걸할 때 그 괴로워하는 마음을 돌아보지 않았기 때문에 이 괴로움이 우리에게 임했다."

22 르우벤이 그 동생들에게 대답했다. "내가 너희에게 동생[1]에 대해 피 흘리는 죄를 짓지 말라고 하지 않았느냐? 그래도 너희가 내 말을 듣지 않았기 때문에 그 피의 대가를 치르게 되었다."[2]

23 그들이 말할 때 요셉이 애굽의 통역자를 세웠기 때문에 요셉의 형들은 자기들이 사용하는 말을 요셉이 알아듣는 줄 몰랐다.

24 요셉이 감정을 억누르지 못하고 형들을 떠나가서 울고 다시 돌아왔다. 그리고 그들 중 시므온을 그들이 보는 앞에서 결박하고

25 곡물을 형들의 자루[3]에 채우게 하고, 각 사람의 돈은 그의 자루에 도로 넣게 했다. 또 돌아가는 길에서 먹을 양식도 그들에게 주도록 명령했고, 신하들은 그대로 시행했다.

요셉의 형들의 가나안 귀향

26 ● 요셉의 형들이 곡식을 나귀에 싣고 애굽을 떠났다.

27 길을 가던 중 한 숙박소에서 머물게 될 때 형제 중 한 명이 나귀에게 먹이를 주려고 자루를 풀어 보니 곡식을 사고 지불한 돈이 곡식 자루 입구에 있는 것을 발견했다.

28 그가 형제에게 외쳤다. "내 돈이

1) 아이 2) 창 37:21 3) 그릇

그대로 자루 속에 들어 있다." 이에 그들이 심히 떨며 서로 말했다. "하나님께서 어찌하여 우리에게 이런 일을 행하셨는가?"

29-35 야곱의 아들들이 가나안 땅에 돌아와 아버지에게 그동안 애굽에서의 일과 돌아오던 중에 당한 일을 자세히 말씀드렸다.[1) 창 42:7-28] 이에 그들과 그들의 아버지가 돈뭉치를 보고 모두 두려워했다.

36 아들들의 말을 들은 야곱이 아들들에게 말했다. "너희가 내 자식들을 잃게 하는구나. 요셉도 없어졌고, 시므온도 없어졌다. 그런데 베냐민까지 또 빼앗아 가고자 하니 이 모든 것이 나를 해롭게 한다."

37 르우벤이 아버지에게 말했다. "내가 베냐민을 아버지께로 데려오지 못한다면 대신에 내 두 아들을 죽여도 좋습니다. 베냐민을 내게 맡기세요. 내가 그를 반드시 아버지께로 돌아오게 할 것입니다."

38 야곱이 말했다. "내 아들 베냐민은 너희와 함께 애굽으로 내려가지 않을 것이다. 이는 그의 동복형은 죽고 그만 남았기 때문이다. 만일 너희가 가는 길에 베냐민에게 재난이 일어나면 그것은 내 백발을 슬퍼하며 지하 세계인 스올로 내려가게 만드는 것이다."

요셉의 형들과 베냐민의 애굽행

43 ●가나안 땅에 기근이 계속되고,

2 야곱의 아들들은 애굽에서 사온 곡식을 모두 먹었다. 그때 야곱이 아들들에게 말했다. "애굽으로 다시 가서 우리를 위해 곡식을 조금 사 오도록 하라."

3 유다가 아버지에게 대답했다. "그 사람이 우리에게 엄히 경고했습니다. '너희 막냇동생이 너희와 함께 오지 않으면 너희는 나를 만나지 못할 것이다.'

4 아버지께서 막냇동생을 우리와 함께 보내시면 우리가 애굽으로 가서 곡식을 사 가지고 올 수 있습니다.

5 그러나 아버지께서 그를 보내시지 않으면 우리는 내려가지 않을 것입니다. 애굽의 총리가 우리에게 '막냇동생이 너희와 함께 오지 않으면 너희가 나를 만나지 못할 것이다'라고 엄히 말했기 때문입니다."

6 야곱[2) 이스라엘]이 말했다. "왜 너희에게 또 다른 동생이 있다고 그 사람에게 말하여 나를 괴롭게 했느냐?"

7 그들이 아버지에게 말했다. "애굽의 총리인 그 사람이 우리와 우리 친척에 대해 자세히 질문하기를 '너희 아버지가 아직 살아계시느냐? 너희에게 동생이 있느냐?'라고 물었습니다. 우리는 그 묻는 말에 따라 그에게 대답한 것입니다. 그가 우리의 막냇동생을 데려오라고 할 줄을 우리가 어떻게 알았겠습니까?"

8 유다가 그의 아버지 이스라엘에게 말했다. "막냇동생을 나와 함께 보내시면 우리가 바로 떠날 것입니다. 그러면 우리와 아버지와 우리 자식들이 굶어 죽지 않고 모두 살 수 있습니다.

9 내가 막냇동생을 위해 담보가 되겠습니다. 아버지께서 내게 막냇동생 베냐민을 책임지도록 하세요. 만일 그를 아버지께 데려오지 못하면 내가 영원히 죄를 짓는 자가 될 것입니다.

10 우리가 지체하지 않았으면 벌써 2번은 애굽에 다녀왔을 것입니다."

1) 창 42:7-28 2) 이스라엘

11 이스라엘이 아들들에게 말했다. "그렇다면 너희는 이렇게 하라. 너희는 이 땅의 질 좋은 유향과 꿀 조금씩과 향품과 몰약과 피스타치오[1] 열매와 아몬드[2] 등 소산물을 그릇에 담아 애굽으로 가져가라. 그래서 애굽 총리에게 그것을 예물로 드리도록 하라.

12 그리고 너희는 곡식 값의 두 배를 가지고 가라. 또한 너희 자루에 도로 넣어져 있던 그 돈을 다시 가져가도록 하라. 혹시 착오가 있었을까 두렵다.

13 막냇동생 베냐민도 함께 떠나 다시 애굽의 총리에게로 가라.

14 전능하신 하나님께서 그 사람 앞에서 너희에게 은혜를 베풀어 그 사람으로 너희 다른 형제와 베냐민을 돌려보내게 하기를 원한다. 내가 자식을 잃게 되어도 어쩔 수 없다."

15 그 형제들이 예물과 갑절의 돈을 준비한 후 베냐민을 데리고 애굽으로 내려가서 애굽의 총리가 된 요셉 앞에 나아갔다.

16 요셉은 베냐민이 그 형들과 함께 있는 것을 보고 자기의 관리인 청지기에게 말했다. "이 사람들을 집으로 들어오게 하고 짐승을 잡아 음식을 준비하라. 내가 정오에 이 사람들과 함께 식사할 것이다."

17 관리인이 요셉의 명령대로 그 사람들을 요셉의 집으로 인도했다.

18 요셉의 형제들은 요셉의 집으로 인도되자 두려워하여 말했다. "지난번에 우리 자루에 들어 있던 돈의 일로 우리가 끌려가게 되는구나. 이는 우리를 잡아 종으로 삼고 우리의 나귀를 빼앗으려고 하는 것이다."

19 그들이 요셉의 집 관리인에게 가까이 가서 그 집 문 앞에서 그에게 말했다.

20 "내 주여, 우리가 지난번에 곡식을 구입하여 가지고 가다가

21 숙박소에 머물 때 자루를 풀어 보니 각 사람의 돈이 모두 그대로 자루에 있어 우리가 다시 가져왔습니다.

22 또한 곡식을 구입할 다른 돈도 가지고 왔습니다. 누가 그 돈을 우리 자루에 넣었는지 우리는 알지 못합니다."

23 그가 말하되 "너희는 두려워하지 말고 안심하라. 너희와 너희 아버지의 하나님께서 재물을 너희 자루에 넣어 너희에게 주신 것이다. 너희 돈은 내가 이미 받았다." 그리고 잡혀 있던 시므온을 그들에게로 이끌어냈다.

24 요셉의 관리인이 야곱의 아들들을 요셉의 집으로 인도하고 물을 주어 발을 씻게 했으며, 그들의 나귀에게도 먹이를 주었다.

25 그들은 그곳에서 애굽의 총리가 된 요셉과 함께 음식을 먹을 것이라는 소식을 들었다. 그래서 요셉의 형들은 예물을 정돈하고 요셉이 정오에 오기를 기다렸다.

26 요셉이 집으로 오자 준비한 예물을 그에게 드리고 땅에 엎드려 절했다.

27 그러자 요셉이 그들의 안부를 물으며 말했다. "너희가 말하던 그 노인이 평안하냐? 아직도 살아계시느냐?"

28 그들이 대답하기를 "주[3]의 종 우리 아버지가 평안하고 지금까지 생존해 계십니다"라고 하며 머리 숙여

1) 유향나무 열매   2) 감복숭아   3) You

절했다.

29 요셉이 자기 어머니 라헬의 아들, 곧 자기 친동생인 베냐민을 보고 말하되 "너희가 내게 말한 너희 막냇동생이 이 소년이냐?" 또 말하기를 "소년아, 하나님께서 네게 은혜 베풀기를 원한다"라고 했다.

30 요셉이 친동생 사랑하는 마음을 억제하지 못하고 급히 울 곳을 찾아 안방으로 들어가서 울었다.

31 그러고는 눈물을 닦고 나와서 그정을 억제하고 음식을 차리라고 명령했다.

32 음식을 준비하는 자들이 요셉과 그 형제들과 그와 함께 먹는 애굽 사람들에게 음식을 각각 따로 차렸다. 이는 애굽 사람은 히브리 사람과 함께 먹으면 부정을 입는다고 여겼기 때문이다.

33 요셉의 형제들은 자기들을 나이에 따라 요셉 앞에 앉도록 하자 서로 이상하게 생각했다.

34 요셉이 자기가 평소 먹는 음식을 그들에게 주되 베냐민에게는 다른 형제들보다 다섯 배나 더 주었다. 그들이 마시며 요셉과 함께 기뻐했다.

요셉의 은잔 시험

44 ● 요셉이 자기 집을 관리하는 청지기에게 곡식을 각자의 자루에 운반할 수 있을 만큼 채우고 각자의 돈도 그 자루 속에 넣도록 은밀히 명령했다.

2 또 자신의 은잔과 곡식 값의 돈을 베냐민의 자루에 넣으라고 명령했다. 이에 관리인이 요셉의 명령대로 시행했다.

3 아침 동틀 때 그 사람들과 그들의 나귀들을 내보냈다.

4 그들이 성읍에서 출발하여 멀리 가기 전에 요셉이 관리인에게 말했다. "그 사람들의 뒤를 따라가서 그들에게 이렇게 말하라. '너희가 어찌하여 선을 악으로 갚느냐?

5 이 은잔은 내 주인이 마시며 점치는 데 사용하는 것이 아니냐? 너희의 행위가 참으로 악하다'라고 하라."

6 이에 요셉 집을 관리하는 청지기가 그들을 쫓아가 주인이 시킨 그대로 말했다.

7 이에 그들이 대답했다. "내 주여, 어찌 그런 말씀을 하십니까? 당신의 종들은 결코 그런 일을 하지 않습니다.

8 지난번 우리 자루에 있던 돈도 우리가 가나안 땅에서 다시 당신에게로 가져왔지 않습니까? 하물며 어찌 당신의 주인 집에서 은금을 도둑질하겠습니까?

9 누구에게서든 그 은잔이 발견되면 그 자는 죽을 것입니다. 그리고 우리는 총리1)의 종들이 되겠습니다."

10 그가 말하되 "좋다. 그러면 너희가 말한 대로 하겠다. 그것이 발견되는 자는 종이 될 것이요, 너희는 죄가 없을 것이다."

11 그들이 각각 자루를 땅에 내려놓고 서둘러 자루를 풀었다.

12 이에 관리인 청지기가 나이가 많은 자에서 시작하여 나이가 적은 자까지 조사하자 요셉의 잔이 베냐민의 자루에서 발견되었다.

13 이에 그들이 옷을 찢고 자기의 짐을 나귀에 싣고 성으로 다시 돌아왔다.

베냐민 대신 인질을 청한 유다

14 ● 유다와 그의 형제들이 요셉의 집에 도착하자 요셉은 아직 그곳에

1)주

있었고, 그들은 요셉 앞에서 땅에 엎드렸다.

15 이에 요셉이 그들에게 말했다. "너희가 왜 이런 일을 저질렀느냐? 내가 점을 잘치는 줄 알지 못했느냐?"

16 유다가 대답했다. "우리가 내 주¹⁾께 무슨 변명이나 설명을 할 수 있겠습니까? 우리가 어떻게 해야 우리의 정직함을 보여줄 수 있겠습니까? 하나님께서 종들의 죄악을 밝혀 내었으니 우리와 이 잔이 발견된 자 모두 당신의 종이 되겠습니다."

17 요셉이 말했다. "내가 결코 그렇게 하지 않겠다. 내 잔이 발견된 자만 내 종이 되고, 나머지는 평안히 너희 아버지께로 돌아갈 것이다."

18 유다가 총리가 된 요셉에게 가까이 다가가 다시 말했다. "주는 바로와 같습니다. 내 주여, 원컨대 분노하지 마시고 당신의 종들이 한 말씀을 하도록 허락해 주십시오.

19 이전에 종들에게 '너희는 아버지가 있느냐? 동생이 있느냐?'라고 묻기에

20 우리가 '우리에게 아버지가 있으니 노인이며, 또 그가 노년에 얻은 아들이 있습니다. 그러나 그의 형은 죽고 그의 어머니가 남긴 것은 그 아들뿐이어서 아버지가 그를 다른 아들들보다 더 사랑합니다'라고 대답했습니다.

21 주께서 또 종들에게 말씀하시기를 '그를 내게로 데려와서 내가 그를 보도록 하라'고 하셨기에

22 우리가 '그 아이는 아버지 곁을 떠나지 못합니다. 그렇게 되면 아버지는 죽을 것입니다'라고 대답했습니다.

23 그러자 주께서 다시 말씀하셨습니다. '너희 막냇동생이 너희와 함께 오지 않으면 다시는 나를 만나지 못할 것이다.'

24 이에 우리가 아버지에게로 돌아가 내 주의 말씀을 그대로 전했습니다.

25 그후 우리 아버지께서 애굽으로 다시 내려가서 곡물을 조금 사 오라고 말씀하셨습니다. 그때

26 우리가 아버지께 말했습니다. '우리가 내려갈 수 없습니다. 우리 막냇동생이 함께 가면 갈 수 있지만 그렇지 않으면 그 사람을 만날 수 없습니다.'

27 우리 아버지께서 우리에게 다시 말씀하시기를 '너희도 알듯이 내 아내가 내게 두 아들을 낳았으나

28 하나는 나를 떠나가 틀림없이 짐승에게 찢겨 죽었다 하고 나는 지금까지 그를 보지 못했다.

29 이제는 너희가 이 아이도 내게서 데려가려고 하니 만일 불행한 일이 그에게 생기면 나는 죽을 때까지 슬퍼하게²⁾ 될 것이다.'

30 이같이 아버지와 그 막냇동생의 생명이 서로 하나로 묶여 있습니다. 만일 내가 아버지에게 막냇동생을 데려 가지 못하면

31 아버지는 그가 없음을 보고 죽을 것입니다. 그렇게 되면 종들이 우리 아버지를 죽게 하는 것입니다.

32 그래서 내가 내 아버지에게 이렇게 말했습니다. '내가 이 아이를 책임지고 아버지께 데리고 돌아오지 못하면 평생 아버지께 죄를 짓는 것입니다.'

33 그러니 이제 주의 종으로 그 아이 대신 이곳에서 당신의 종이 되게 하십시오. 그리고 그 아이는 그의

1) lord 2) 흰 머리를 슬퍼하게

형제들과 함께 올려 보내기를 간청합니다.

34 그 아이가 나와 함께 가지 못하면 내가 어떻게 아버지께로 올라갈 수 있겠습니까? 그렇게 되면 내 아버지가 돌아가실까 두렵습니다."

요셉이 자기 정체를 밝힘

45 ● 요셉이 자기를 시종 드는 사람들 앞에서 감정을 억누르지 못하고 큰 소리로 모든 사람을 자기에게서 물러가도록 했다. 그리고 그와 함께한 다른 사람이 없을 때 그 형제들에게 자기가 동생임을 밝혔다.

2 요셉이 큰 소리로 우는 것이 애굽 사람에게 들렸으며 바로의 왕궁에까지 전해졌다.

3 요셉이 그 형들에게 말했다. "나는 요셉입니다. 내 아버지께서 아직 살아계십니까?" 그 말을 들은 형들이 너무 놀라 감히 대답하지 못했다.

4 요셉이 형들에게 말했다. "이리로 가까이 오십시오." 그들이 가까이 오자 다시 말했다. "나는 형들이 애굽에 판 동생 요셉입니다.

5 형들이 나를 이곳에 팔았다고 두려워하거나 마음 아파하지 마십시오. 하나님께서 생명을 구원하시기 위해 나를 형들보다 먼저 이곳으로 보내신 것입니다.

6 이 땅에 2년 동안 흉년이 들었지만 아직 5년은 밭도 갈지 못하고 추수도 못할 정도로 흉년이 더 있을 것입니다.

7 하나님께서 형들보다 나를 이곳으로 먼저 보내신 것은 형들과 그 후손들의 생명을 보존하려고 하신 것입니다.

8 그러므로 나를 이곳으로 보낸 것은 형들이 아니라 바로 하나님이십니다. 하나님께서 나를 바로 다음 가는 높은 자리에 앉게 하셨습니다[1].

9 이제 형들은 서둘러 아버지께로 올라가서 이렇게 전하세요. '아버지의 아들 요셉의 말에 하나님께서 나를 애굽의 통치자로 세우셨으니 서둘러 내게로 내려오시기 바랍니다.

10 그래서 아버지의 아들들과 손자들과 아버지의 양과 소와 모든 소유가 고센 땅에 머물며 나와 가깝게 지내시기 바랍니다.

11 흉년이 아직 5년이나 남아 있으니 내가 나일강 삼각주의 고센 땅에서 아버지와 아버지의 가족과 아버지께 속한 모든 사람에게 부족함이 없도록 봉양하겠습니다.'

12 형들과 내 동생 베냐민이 보는 것처럼 형들에게 이 말을 하는 것은 애굽의 총리가 된 동생의 말임을 형들은 알고 있습니다.

13 형들은 내가 애굽에서 누리는 영화와 형들이 본 모든 것을 내 아버지께 말씀드리고 서둘러 이곳으로 모셔 오기 바랍니다." 말을 마친 후

◉ 성경지리　고센 지역(창 45:10)

고센(Goshen)은 나일강 하류 삼각주의 비옥한 동쪽 지역으로 이집트 최대의 곡창 지대이다. 이곳은 요셉이 애굽의 총리로 있을 때 야곱 가족이 가뭄을 피해 와서 그와 그 후손이 400년 동안 거주했던 곳이다. 이 고센 지역에 있는 라암셋(타니스)은 야곱(이스라엘) 자손이 400년 만에 200만 명 이상 되는 거대한 이스라엘 민족으로 형성된 곳이며, 바로의 압박을 피해 애굽을 탈출했던 출발지인 라암셋이 있던 지역이었다.

[1] 바로에게 아버지로 삼으시고 그 온 집의 주로 삼으시며 애굽 온 땅의 통치자로 삼으셨나이다

14 요셉이 친동생인 베냐민의 목을 안고 울자 베냐민도 요셉의 목을 안고 울었다.

15 또 요셉이 형들과 입맞추며 껴안고 울자 형들이 그제야 요셉과 말했다.

16 요셉의 형들이 애굽에 왔다는 소문이 바로의 궁전에도 들리자 바로와 그의 신하들도 기뻐했다.

17 바로가 요셉에게 말했다. "네 형들이 곡물을 싣고 가서 가나안 땅에 도착하면

18 너희 아버지와 가족을 이끌고 내게로 오도록 하라. 내가 너희에게 애굽의 좋은 땅을 주어 이 나라의 기름진 것을 먹게 할 것이다.

19 이제 내 명령대로 네 형들은 애굽의 수레를 끌고 가서 형들의 자녀와 아내를 태우고 아버지를 이곳으로 모셔 오라.

20 그리고 너희의 살림살이 기구를 아끼지 말고 필요 없는 것들은 버리라고 하라. 애굽 땅의 모든 좋은 것이 너희를 위해 준비되어 있다."

21 요셉이 바로의 명령대로 야곱[1]의 아들들에게 수레들을 주고 가는 도중에 먹을 양식도 주었다.

22 또 그들에게 각기 옷 1벌씩을 주었고, 베냐민에게는 특별히 은 300개와 옷 5벌을 주었다.

23 요셉이 또 아버지에게 줄 수나귀 10마리에는 애굽의 아름다운 물품을 보내고 암나귀 10마리에는 아버지가 길에서 잡수실 곡물과 빵과 양식을 실려 보냈다.

24 이에 요셉이 형들을 돌려보내며 "형들은 길에서 서로 다투지 말라"고 당부했다.

25 그들이 애굽에서 떠나 가나안 땅으로 올라가 아버지 야곱에게 이르러

26 말했다. "요셉이 지금까지 살아있습니다. 더구나 애굽 땅의 총리가 되었습니다." 그 말을 들은 야곱은 믿지 못하여 어리둥절했다.

27 그러자 그들이 요셉이 자기들에게 부탁한 모든 말을 아버지에게 전했다. 야곱은 요셉이 자기를 태우기 위해 보낸 애굽의 수레들을 본 후에야 그 말을 믿고 힘을 얻었다.

28 이에 야곱[1]이 말했다. "내 마음이 기쁘다. 내 아들 요셉이 지금까지 살아있다니 내가 애굽으로 내려가 생전에 그를 만날 것이다."

야곱 가족의 애굽 이주

46 야곱이 모든 소유를 이끌고 가나안을 떠나 브엘세바에 도착하여 그곳에서 그의 아버지 이삭의 하나님께 희생 제물로 제사를 드렸다.

2 그날 밤 하나님께서 환상 중에 야곱[1]에게 나타나 그를 부르신 후

3 그에게 말씀하셨다. "나는 네 아버지의 하나님이니 너는 두려워하지 말고 애굽으로 내려가라. 내가 그곳에서 너를 통해 큰 민족을 이룰 것이다.

4 내가 너와 함께 애굽으로 내려가며, 반드시 인도하여 다시 올라올 것이다. 그리고 요셉은 너의 임종을 보고 장례를 치를 것이다."

5 야곱이 브엘세바를 떠날 때 그 아들들은 바로가 그를 태우려고 보낸 수레들에 아버지 야곱과 자기들의 처자들을 태우고

6-7 그 아들들과 손자들과 딸들과 손녀[2]들과 또 그들의 가축과 가나안 땅에서 얻은 재물을 싣고 브엘세바를 떠나 약 300km를 여행하여 애굽의

1) 이스라엘   2) 자손

고센 지역으로 내려갔다.

8 애굽으로 내려간 이스라엘[1] 가족의 이름은 이렇다. 야곱과 그의 아들들 중 야곱의 장자인 르우벤을 비롯해 시므온, 레위, 유다, 잇사갈, 베냐민, 단, 납달리, 갓, 아셀이다.[2]

9 르우벤의 아들들은 하녹, 발루, 헤스론, 갈미였다.

10 시므온의 아들은 여무엘, 야민, 오핫, 야긴, 스할, 가나안 여인을 통해 출생한 사울이었다.

11 레위의 아들은 게르손과 그핫과 므라리였다.

12 유다의 아들은 엘, 오난, 셀라, 베레스, 세라였는데 엘과 오난은 가나안 땅에서 죽었으며[3], 베레스의 아들은 헤스론과 하물이었다.

13 잇사갈의 아들은 돌라, 부와, 욥, 시므론이었다.

14 스불론의 아들은 세렛, 엘론, 얄르엘이었다.

15 이들은 모두 레아가 밧단 아람에서 야곱을 통해 낳은 자식들이다. 딸 디나를 합하여 남녀 모두 33명이었다.

16 갓의 아들은 시본, 학기, 수니, 에스본, 에리, 아로디, 아렐리였다.

17 아셀의 아들은 임나, 이스와, 이스위, 브리아와 그들의 누이 세라였다. 또 브리아의 아들은 헤벨과 말기엘이니

18 이들은 라반이 그의 딸 레아에게 시녀로 준 실바가 야곱을 통해 낳은 자식들로 모두 16명이었다.

19 야곱의 아내 라헬의 아들은 요셉과 베냐민이었다.

20 애굽 땅에서 온[4] 지역의 제사장 보디베라의 딸 아스낫이 요셉을 통해 낳은 아들은 므낫세와 에브라임이었다.

21 베냐민의 아들들은 벨라, 베겔, 아스벨, 게라, 나아만, 에히, 로스, 뭅빔과 훕빔, 아릇이다.

22 이들은 라헬이 야곱을 통해 낳은 자식들로 모두 14명이었다.

23 단의 아들은 후심이었다.

24 납달리의 아들들은 야스엘, 구니, 예셀, 실렘이었다.

25 이들은 라반이 그의 딸 라헬에게 시녀로 준 빌하가 야곱을 통해 낳은 자식들로 모두 7명이었다.

26 야곱과 함께 애굽으로 들어간 자는 야곱의 며느리들 외에 66명이니 모두 야곱의 몸에서 태어난 자들이다.

27 요셉이 애굽에서 낳은 아들은 2명이고, 야곱 가족으로 애굽에 들어와 산 자는 모두 70명이요 요셉은 애굽에 있었다.[5]

야곱 일행의 애굽 도착

28 ● 야곱은 애굽에 도착하기 전 유다를 요셉에게 앞서 보내 자기를 고센 땅으로 인도하게 했다.

29 요셉이 자기 수레를 타고 고센 땅으로 올라가 아버지 야곱을 영접하고 그의 목을 어긋맞춰 안고 한참 동안 울었다.

30 야곱[6]이 요셉에게 말했다. "네가 지금까지 살아 있어 너를 보았으니 이제 죽어도 한이 없다."

31 요셉이 형들과 아버지의 가족에게 말했다. "내가 바로에게 올라가 가나안 땅에 살던 내 형들과 내 아버지의 가족이 내게로 왔습니다.

32 그들은 목축을 하는 사람들로 그들의 양과 소와 모든 소유를 이끌고 왔습니다'라고 말할 것입니다.

33 그러니 바로가 당신들을 불러 너희

---

1) 야곱   2) 출 1:1-4   3) 창 38:7-10   4) On   5) 출 1:5
6) 이스라엘

의 생업이 무엇이냐고 물으면

34 당신들은 '주의 종들은 어릴 때부터 지금까지 목축하는 자들입니다. 우리와 우리 선조가 모두 그렇게 살아왔습니다'라고 대답하기 바랍니다. 애굽 사람은 목축을 가증스럽게 생각하기 때문에 당신들은 고센 땅에서 살게 될 것입니다."

47 요셉이 바로에게 가서 말했다. "내 아버지와 형들과 그들의 짐승과 모든 소유가 가나안 땅에서 이곳 고센 땅으로 왔습니다."

2 요셉이 그의 형들 중 5명을 선택하여 바로 앞에 서게 했다.

3 그러자 바로가 요셉의 형들에게 "너희 생업이 무엇이냐?"라고 물었다. 그들이 바로에게 대답했다. "종들은 우리 선조 때부터 목자로 살아왔습니다." 그리고

4 계속해서 바로에게 말했다. "가나안 땅에 기근이 심하여 양 떼를 칠 곳이 없어 이곳에 거주하고자 왔습니다. 바라기는 종들로 고센 땅에서 살도록 허락해 주십시오."

5 이에 바로가 요셉에게 명령했다. "네 아버지와 형들이 네게로 왔고,

6 애굽 땅이 네 관리 아래 있으니 고센의 좋은 땅에서 네 아버지와 네 형들이 거주하도록 하라. 그리고

그들 중에 가축을 잘 기르는 자가 있으면 내 가축을 관리하게 하라."

7 요셉이 아버지 야곱을 바로와 만나도록 주선하자 야곱이 바로에게 축복했다.

8 바로가 야곱을 보고 "네 나이가 얼마나 되느냐?"라고 묻자

9 야곱이 대답했다. "내 나그네의 세월이 130년입니다. 내 나이가 얼마 되지 않기 때문에 우리 조상의 나그네 길의 세월에 비해서는 긴 기간은 아니지만 험난한 세월을 보냈습니다."

10 야곱이 바로에게 축복하고 그 앞에서 나왔다.

11 요셉은 바로의 명령에 따라 아버지와 형들에게 애굽의 비옥한 땅 라암셋을 그들에게 주어 그곳에서 거주하며 그들의 소유로 삼게 했다.

12 그리고 아버지와 형들과 아버지의 집에 딸린 식구들에게 먹을 것을 주며 봉양했다.

기근이 점점 심해짐

13 ● 계속된 흉년으로 기근이 더욱 심하여 어느 곳에도 먹을 것이 없었고, 애굽은 물론 가나안 땅도 기근으로 황폐화되었다.

14 이에 요셉이 풍년 때 저장해 놓은 곡물을 팔아 애굽 땅과 가나안 땅에 있는 돈을 수없이 거둬들여 바로의 왕궁으로 가져왔다.

15 애굽과 가나안 땅에 돈이 떨어지자 애굽 백성이 요셉에게 와서 말했다. "우리는 돈이 다 떨어졌습니다. 우리가 어찌 주 앞에서 죽을 수 있겠습니까? 우리에게 곡물을 주십시오."

16 요셉이 그들에게 말했다. "돈이 없으면 너희의 가축을 가져오라. 내가 너희의 가축을 곡물과 바꾸어

17 그들이 말과 양 떼와 소 떼와 나귀 등 가축을 가져오자 요셉이 그 가축을 받고 그들에게 그해 동안 먹을 곡물을 주었다.

18 한 해가 지나고 새 해가 되었다. 무리가 요셉에게 다시 와서 말했다. "우리가 주인께 숨길 것이 없습니다. 우리 돈이 다 떨어졌고 가축도 주인께로 돌아갔기 때문에 곡물을 살 돈이 없습니다. 우리에게는 오로지 우리의 몸과 토지밖에 없습니다."

19 우리가 어찌 우리의 토지가 남아 있는데 주인 앞에서 죽겠습니까? 우리 몸과 토지를 받고 곡물을 파십시오. 우리가 토지와 함께 바로의 종이 되겠습니다. 우리에게 곡식 종자를 주시면 우리가 죽지 않고 살 수 있습니다. 또한 토지도 황폐화되지 않을 것입니다."

20 이에 요셉이 애굽의 모든 토지를 기근에 시달린 백성들에게 곡물을 주고 사서 바로에게 바쳤다. 그리하여 토지가 바로의 소유가 되었다.

21 요셉이 애굽 땅의 모든 백성을 노예 상태로 만들었다.[1]

22 그러나 제사장들의 토지는 사지 않았다. 제사장들은 바로가 주는 것으로 살고 있었으며, 토지를 팔 만큼 돈이 모자라지도 않았기 때문이다.

23 요셉이 백성들에게 말했다. "오늘 내가 바로를 위해 너희 몸과 토지를 샀다. 여기 씨 뿌릴 종자가 있으니 너희는 그 땅에 뿌리라.

24 그리고 대신 수확물의 5분의 1을 바로에게 바치고, 5분의 4는 너희의 소유로 삼아 토지의 종자와 너희 가족과 어린 아이의 양식으로

삼으라."

25 이에 그들이 말했다. "주인께서 우리를 살리셨습니다. 우리가 주께 은혜를 입었으니 바로의 종으로 살겠습니다."

26 요셉이 애굽의 토지법을 세웠다. 곧 수확물 가운데 5분의 1을 바로에게 세금으로 상납하도록 했다. 그러나 제사장의 토지는 이 글을 기록한 오늘까지 바로의 소유가 되지 않았다.

야곱[2]의 마지막 부탁

27 ● 이스라엘 자손은 애굽의 고센 땅에 거주하며 생육하고 번성했다.

28 야곱이 애굽 땅에서 17년을 살았고, 그의 나이는 147세가 되었다.

29 야곱은 임종할 날이 가까이 오자 아들 요셉을 불러 그에게 부탁했다. "이제 너는 네 손을 내 허벅지 아래에 넣고 나를 애굽에 장사하지 않겠다고 성실하게 맹세하라.

30 내가 죽어 조상들과 함께 눕거든 나를 애굽에 장사하지 말고 나를 메다가 가나안 땅 조상의 묘지인 헤브론에 있는 막벨라 굴에 장사하라." 이에 요셉이 대답했다. "내가 아버지의 말씀대로 반드시 이행하겠습니다."

31 야곱이 재차 맹세시키자 요셉이 다시 맹세했다. 야곱[2]이 침대 윗부분에서 하나님께 경배했다.

야곱이 요셉의 아들에게 축복함

48 ● 얼마 후 요셉이 아버지 야곱이 병들었다는 소식을 듣고 므낫세와 에브라임 두 아들을 아버지에게 데려 갔다.

2 야곱이 아들 요셉이 찾아왔다는 말을

---

1) 이 끝에서 저 끝까지의 백성을 성읍들에 옮겼으나
2) 이스라엘

듣고 힘을 내어 침상에 앉았다.

3 야곱이 요셉에게 말했다. "이전에 가나안 땅 루스였던 벧엘에서 전능하신 하나님께서 나타나 복을 주시며

4 내게 말씀하셨다. '내가 너로 생육하고 번성하게 하여 너로 인해 많은 백성이 나오게 하고, 내가 이 땅을 네 후손에게 주어 영원한 소유가 되게 하겠다.'

5 그러므로 내가 애굽으로 오기 전에 애굽에서 네가 낳은 두 아들 에브라임과 므낫세는 내 아들과 마찬가지다. 르우벤과 시므온처럼 내 아들이 될 것이다.

6 이들 후의 소생은 네 자식이 될 것이며, 그들의 유산은 그들의 형의 이름으로 함께 받을 것이다.

7 내가 이전에 밧단 아람에서 고향으로 돌아올 때 라헬이 도중에 가나안 땅에서 죽었는데 그곳은 에브랏, 곧 베들레헴까지 길이 아직도 많이 남아 있는 먼 곳이었다. 그래서 내가 그곳에서 아내 라헬을 에브랏 길에 장사했다."[1]

8 야곱[2]이 요셉의 아들들을 보고 "이들은 누구냐?"라고 묻자

9 요셉이 아버지에게 대답했다. "이는 하나님께서 이곳에서 내게 주신 두 아들입니다." 아버지가 말했다. "그들을 내 앞으로 가까이 오게 하라. 내가 그들에게 축복할 것이다."

10 야곱은 나이가 많아 눈이 어두워 잘 보지 못했다. 그래서 요셉이 두 아들을 아버지 앞으로 데려가자 야곱이 그들을 안고 입을 맞추었다.

11 그리고 요셉에게 말했다. "나는 네 얼굴을 볼 수 없을 것으로 생각했으나 하나님은 내게 네 자식까지 보게 하셨다."

12 요셉이 두 아들을 아버지의 무릎 사이에서 떨어지게 하고 땅에 엎드려 절했다.

13 아버지로부터 말을 들은 요셉은 오른손에는 둘째 아들 에브라임을 아버지의 왼손을 향하게 하고, 왼손에는 장자 므낫세를 아버지의 오른손을 향하게 하여 아버지 야곱에게 가까이 데려갔다.

14 그러나 야곱이 팔을 어긋나게 하여 오른손은 요셉의 둘째 아들 에브라임의 머리에 얹고, 므낫세는 장자라도 왼손을 그 머리에 얹었다.

15 그러자 야곱은 요셉을 위해 축복했다. "내 조부 아브라함과 아버지 이삭이 섬기던 하나님, 내가 출생한 때부터 오늘까지 나를 보살펴 주신 하나님,

16 나를 모든 환난 가운데서 건져주신 여호와[3]께서 이 아이들에게 복 주시기를 원합니다. 이들로 인해 내 이름과 내 조상 아브라함과 이삭의 이름으로 알려지게 하시기를 원합니다. 이들의 후손들이 세상에서 많아지기를 원합니다."

17 요셉은 아버지가 오른손을 둘째 아들인 에브라임의 머리에 얹은 것을 보고 기뻐하지 않았다. 그래서 아버지의 오른손을 에브라임의 머리에서 므낫세의 머리로 옮기도록

18 아버지에게 말했다. "아버지여, 그렇게 하지 마세요. 므낫세는 장자이니 오른손을 그의 머리에 얹으세요."

19 그러나 아버지가 허락하지 않고 말했다. "아들아, 나도 알고 있다. 내 아들아, 네 장자도 한 족속이 되며 크게 될 것이다. 그러나 그의 동생이

1) 창 35:19-20　2) 이스라엘　3) 여호와 사자

그보다 더 큰 자가 되며 그의 자손이 여러 민족을 이룰 것이다."

20 이같이 그날 에브라임을 므낫세보다 우선적으로 축복했다.

21 야곱이 요셉에게 말했다. "나는 이곳에서 죽지만 하나님께서 너희와 함께하시므로 너희를 이끌어내어 너희 조상의 땅으로 돌아가게 하실 것이다.

22 내가 네게 네 형제들보다 한 몫인 세겜 땅을 더 주었다. 그것은 내가 내 칼과 활로 아모리 족속의 손에서 빼앗은 것이다.[1]

야곱의 유언과 아들에 대한 예언

49 ● 야곱이 그 아들들을 한곳에 불러 놓고 장차 일어날 일에 대해 말했다.

2 "야곱의 아들들아, 너희 아버지 이스라엘[2]의 말을 들으라.

3 르우벤아, 너는 내 장자이다. 너는 내 힘이요, 기력의 첫 번째 열매이다. 그 위세가 뛰어나고 능력이 크다. 그러나

4 물이 제멋대로 끓는 것처럼 너는 뛰어나지 못할 것이다. 이는 네가 나의 침대에 올라 그것을 더럽혔기 때문이다.[3]

5 시므온과 레위는 형제다. 그들은 칼을 폭력의 도구로 사용했다.[4]

6 내 영혼아, 그들의 모의에 참여하지 말라. 내 영광아, 그들의 모임에 참여하지 말라. 그들은 자신들의 분노대로 사람을 죽이고, 그들의 혈기대로 소의 발목 힘줄을 끊었기 때문이다.

7 그 노여움과 잔인함이 커서 저주를 받을 것이다. 내가 그들을 야곱 중에서 나눌 것이며, 이스라엘 중에서 흩어 버릴 것이다.

8 유다는 네 형제들로부터 찬양을 받을 것이다. 너는 네 원수의 목을 잡을 것이요, 네 아버지의 아들들이 네 앞에 절할 것이다.

9 유다는 사자 새끼와 같아서 먹잇감을 갖고 올 것이다. 그가 엎드리고 웅크리는 것이 사자와 같으니 누가 그를 해칠 수 있겠느냐?

10 통치자의 지팡이인 규가 유다에게 계속 나오기를 영원한 왕인 실로가 오시기까지 하리니 그에게 모든 백성이 복종할 것이다.

11 그의 나귀와 암나귀 새끼는 아름다운 포도나무에 맬 것이다. 또 그의 풍성함은 그 옷을 포도주에 빨고, 그의 복장을 포도즙에 빠는 것 같을 것이다.

12 그의 눈은 풍성한 포도주로 인해 붉어지고, 그의 이는 많은 우유로 인해 희게 될 것이다.

13 스불론은 배를 묶는 해변을 향해 거주하고, 그의 경계가 시돈까지 이를 것이다.

14 잇사갈은 양의 우리 사이에 꿇어앉은 힘이 센 나귀와 같다.

15 그는 쉴 곳을 보면 좋게 여기며, 토지를 보면 아름답게 여길 것이다. 그는 어깨에 짐을 메고 압제 가운데 섬기게 될 것이다.

16 단은 이스라엘의 한 지파같이 그의 백성을 심판할 것이다.

17 단은 길가에 있는 뱀과 같으며, 샛길의 독사와 같을 것이다. 그 뱀과 독사가 말굽을 물어 그 탄 자를 떨어지게 할 것이다.

18 나는 여호와의 구원을 기다릴 것이다.

19 갓은 군대의 추격을 받지만 오히려 쫓는 자의 뒤를 추격할 것이다.

20 아셀에게서는 기름진 것들이 나리니

---

1) 창 33:19 비교 2) 야곱 3) 창 35:22 4) 창34:25~26

그가 왕에게 드릴 음식을 차릴 것이다.

21 납달리는 아름다운 소리를 발하며, 뛰는 암사슴과 같을 것이다.

22 요셉은 샘 곁에 있는 무성한 가지와 같으며 그 가지는 담을 넘을 만큼 무성할 것이다.

23 활 쏘는 자가 그를 학대하며 분노심을 가지고 그를 쏘겠지만

24 오히려 요셉의 활은 강하며, 그의 팔은 힘이 있을 것이다. 그것은 야곱의 전능자, 이스라엘의 반석인 목자에게서 힘을 입었기 때문이다.

25 그 힘은 네 아버지의 하나님에게서 오며, 그가 너를 도우실 것이다. 전능자는 네게 위로 하늘의 복과 아래로 깊은 샘의 복과 젖먹이는 복과 태의 복을 주실 것이다.

26 네 아버지의 축복이 내 조상의 축복보다 더 큰 것처럼 그런 축복이 요셉의 머리로 내려오며, 그 형제 중 뛰어난 자의 머리 위로 내릴 것이다.

27 베냐민은 물어뜯는 이리와 같다. 그래서 아침에는 빼앗은 것을 먹고, 저녁에는 움킨 것을 나눌 것이다."

28 이상은 이스라엘의 12지파에 대한 야곱의 예언이다. 이와 같이 그들의 아버지가 그들에게 각 사람의 분량대로 축복했다.

29 축복을 마친 후 야곱이 아들들에게 말했다. "내가 죽어 내 조상들에게로 돌아가면 나를 가나안에 있는 헷 사람 에브론의 밭에 있는 조상들이 묻힌 굴에 장사하라.

30 그 굴은 가나안 땅 마므레 앞 막벨라 밭에 있는 것이다. 곧 나의 조부 아브라함이 헷 사람 에브론에게서 밭과 함께 사서 매장지로 삼은 곳이다.

31 아브라함과 그의 아내 사라 그리고 이삭과 그의 아내 리브가가 그곳에 매장되었으며 나도 레아를 그곳에 장사했다."

32 그 밭과 그에 딸린 굴은 나의 조부 아브라함이 헷 사람 에브론에게서 사서 매장지로 삼은 곳이다.

33 야곱이 아들에게 말을 마친 후 그 발을 침상에 모으고 숨을 거두니 그의 조상, 백성에게로 돌아갔다.

야곱의 장례

50 ● 요셉이 아버지의 얼굴에 울며 입을 맞추고

2 자기를 수종 드는 의원에게 아버지의 시신을 향으로 처리하도록 명령했고 의원이 그대로 행했다.

3 야곱의 시신을 향으로 처리하는데 40일이 걸렸으며, 애굽 사람들은 70일 동안 그를 위해 애곡했다.

4 애곡하는 기간이 지나자 요셉이 바로의 신하들[1]에게 말했다. "내가 너희에게 은혜를 입었으면 바라건대 바로에게 이렇게 전해 주기를 바란다.

5 곧 내 아버지가 내게 '내가 죽거든 가나안 땅에 준비한 장지에 나를 장사하라'고 맹세시켰으므로 이제 내가 가나안으로 올라가 아버지를 장사하도록 하시오. 그러면 내가 갔다가 다시 오겠소."

6 바로가 그 말을 듣고 요셉에게 말했다. "부친이 네게 맹세시킨 대로 올라가서 네 아버지를 장사하라."

7 이에 요셉이 아버지를 장사 지내기 위해 바로의 신하와 바로 궁과 애굽 땅의 원로들과

8-9 자신의 온 집과 그의 형제들과 그의 아버지의 집에 속해 있는 자들과 함께 가나안으로 올라갔다. 또

1) 궁

병거와 기병도 함께 요셉을 따라 올라가니 그 무리가 대단히 많았다. 다만 그들의 어린 아이들과 양 떼와 소 떼는 고센 땅에 남았다.

10 장례 행렬이 고센 땅을 출발하여 가나안의 요단강 건너편 아닷 타작마당에 이르러 그곳에서 크게 울고 애통해하며 요셉이 아버지를 위해 7일 동안 애곡했다.

11 이를 본 그 땅 거민 가나안 백성들이 말하기를 "이는 애굽 사람의 큰 애통이라"고 하여 아닷의 타작마당이 있는 땅 이름을 '아벨미스라임'이라고 불렀다. 이곳은 요단강 건너편에 있었다.

12 야곱의 아들들이 아버지가 명령한 대로

13 시신을 가나안 땅으로 메어다가 마므레 앞 막벨라 밭에 있는 굴에 장사했다. 이곳은 아브라함이 헷 족속 에브론에게 밭과 함께 사서 가족의 매장지로 삼은 곳이었다.[1]

14 요셉이 아버지의 장례를 마친 후 자기 형제와 함께한 호상꾼과 함께 애굽으로 돌아왔다.

요셉이 형들을 위로함

15 ● 요셉의 형제들이 아버지의 장례를 치르고 나서 서로 말했다. "혹시 요셉이 우리를 미워하여 우리가 자기를 팔아 버린 일에 대해 앙갚음을 하지 않을까?"

16-17 이에 그들이 요셉에게 사람을 보내 그의 아버지의 말을 전했다. "당신의 아버지가 임종하시기 전 '형들이 동생에게 악을 행했을지라도 요셉이 형들의 죄를 용서하라'고 한 말대로 자신들의 죄를 용서하라." 요셉이 그 말을 듣고 가슴 아파서 울었다.

18 또 그의 형들이 친히 찾아와서 요셉 앞에 엎드려 말했다. "우리는 당신의 형들이기 전에 당신의 종들입니다."

19 요셉이 형들에게 말했다. "형들이 나를 판 일에 대해 두려워하지 마십시오. 내가 하나님을 대신할 수 있겠습니까?

20 형들은 나를 해치려고 했지만 하나님께서 그것을 선으로 바꾸어 오늘과 같이 많은 백성의 생명을 살리게 하셨습니다.

21 그 일로 형들은 내가 보복할까 봐 두려워하지 마세요. 내가 형들과 형들의 자녀를 보살피겠습니다." 그리고 그들을 간곡한 말로 위로했다.

요셉의 죽음과 장례

22 ● 요셉은 아버지의 가족과 함께 애굽에 거주하며 110세를 살았다.

23 그는 애굽에서 에브라임의 자손 3대를 보았으며, 므낫세의 아들 마길의 아들들도 요셉 밑에서 양육되었다.

24 요셉이 그의 형제들에게 말했다. "나는 이제 죽을 것입니다. 그러나 하나님께서 당신들을 돌보고 마침내 이 땅에서 이끌어내어 아브라함과 이삭과 야곱에게 맹세한 가나안 땅으로 인도하실 것입니다."

25 요셉이 다시 이스라엘 백성에게 맹세시켰다. "하나님께서 반드시

요셉 장례(창 50:22-26)

요셉은 110세 죽었다. 그는 애굽의 총리로서 당시 미라를 만드는 방법에 의해 장례가 진행되었다. 향재료는 시체가 부패하지 않도록 넣은 방부제이며, 미라를 만드는 기간은 40일이 소요되었다. 곡은 야곱처럼 70일간 이루어졌을 것이며(50:3), 곡하는 기간이 끝난 후에 애굽에 입관했다.

1) 창 23:16-20

당신들을 돌아보고 이곳에서 이끌어 내실 것이다. 그때 당신들은 여기서 내 해골을 메고 올라 가겠다고 맹세하라."

26 그리고 요셉은 110세에 죽었으며, 그의 시신에 향 재료를 넣고 애굽에서 장례를 치렀다.

출애굽기　　　　Exodus

제목　히브리어 성경은 베엘레쉐모트(그리고 '그 이름들' 이라는 뜻), 70인역은 Exodus

기록연대　기원전 1446–1406년경　**저자** 모세　**중심주제** 이스라엘 국가 탄생과 출애굽

내용소개　* 구속의 준비:애굽 400년　1. 이스라엘의 고통과 몃 1–2장　2. 모세의 소명 3–6장
* 구속의 준비: 애굽 400년　3. 애굽에 내린 10가지 재앙 7–10장　4. 출애굽(유월절) 11–12장
5. 홍해에서 시내산까지 13~18장
* 구속 후의 교훈(언약):시내산 10개월　5. 시내산 언약(십계명) 19–24장　6. 성막모형 계시 25–31장
7. 범죄(금송아지 숭배) 32–34장　8. 여호와의 영광 35–40장

학대 받는 이스라엘

1 1·4 ●애굽으로 내려간 이스라엘[1] 가족의 이름은 이렇다. 야곱과 그의 아들들 중 야곱의 장자인 르우벤을 비롯해 시므온, 레위, 유다, 잇사갈, 스불론, 베냐민, 단, 납달리, 갓, 아셀이다.

5 야곱으로 인한[2] 사람은 모두 70명이요 요셉은 애굽에 있었다.

6 요셉과 그의 모든 형제와 그 시대에 살던 사람들은 모두 죽었다. 그러나

7 이스라엘 백성은 많은 출산으로 그 수가 셀 수 없을 만큼 늘어나 매우 강한 족속이 되어 애굽의 온 땅에 가득하게 되었다.

8 그때 요셉이 어떤 사람인지 알지 못하는 새 왕조가 일어나 애굽을 다스리게 되었다.

9 새 왕조를 일으킨 바로가 자기 백성에게 말했다. "이스라엘 백성이 우리보다 수가 많고 강하다.

10 이제 우리가 그들에게 대해 잘 대처하자. 그들의 수가 더욱 많게 되면 전쟁이 일어났을 때 우리의 대적과 연합하여 우리와 싸우고, 이 땅에서 떠날까 두렵다."

11 이에 애굽 왕은 이스라엘 백성 위에 감독들을 세우고 그들에게 무거운 짐을 지게 하여 바로를 위해 비돔과 라암셋의 국고성을 건축하게 했다.

12 그러나 그들은 학대를 받을수록 그 수가 더욱 증가했다. 이에 애굽 사람이 이스라엘 백성으로 인해 근심이 더욱 커졌고

13 이스라엘 백성에게 이전보다 일을 더 엄하고 혹독하게 시켰다.

14 흙 이기기와 벽돌 굽기와 농사의 여러 가지 일을 엄하게 시켜 그들의 생활을 괴롭게 했다.

15 애굽 왕이 히브리 조산사 십브라와 부아에게 명령했다.

16 "너희는 히브리 여인을 위해 해산을 도울 때 아들이면 죽이고 딸이면

1) 야곱　2) 허리에서 나온

살려 두라."

17 그러나 조산사들이 하나님을 두려워하여 바로의 명령을 어기고 남자 아기들을 살려 두었다.

18 바로가 조산사를 불러 말했다. "너희가 왜 이같이 남자 아이들을 살려 두었느냐?"

19 조산사가 바로에게 대답했다. "히브리 여인은 애굽 여인과 달리 건강하여 조산사가 이르기 전에 해산했기 때문입니다."

20 이와 같이 하나님께서 그 조산사들에게 은혜를 베푸시니 이스라엘 백성은 여전히 번성하고 강해졌다.

21 또한 조산사들이 하나님을 경외하므로 하나님께서 그들의 집안을 번영케 하셨다.

22 그러자 바로가 그의 모든 백성에게 다시 명령했다. "아들이 태어나면 너희는 그 아기를 나일강에 던져 죽게 하고 딸이면 그냥 살려 두라."

모세의 출생

2 ● 레위 지파 가족에 속한 아므람이 레위 지파에 속한 여자인 요게벳과 결혼하여

2 그 여자가 임신하여 아들을 낳았다. 요게벳은 아기가 잘생긴 것을 보고 3개월 동안 숨겨 키웠다.

3 그러나 더 이상 숨겨 키울 수 없게 되자 아기를 파피루스¹⁾로 만든 상자에 물이 스며들지 않도록 역청과 나무 진을 칠하고 그곳에 아기를 담아 나일 강가 갈대 사이에 두었다.

4 그리고 그의 누이가 어떻게 되는지 알아보기 위해 멀리서 보고 있었다.

5 그때 마침 바로의 공주가 목욕하기 위해 나일강으로 내려오고 있었으며, 그의 시녀들은 나일 강가를 거닐고 있었다. 핫셉슈트로 알려진 바로의 공주가 갈대 사이에 있는 상자를 보고 시녀에게 가져오도록 했다.

6 그 상자 속에는 아기가 울고 있었다. 이에 그가 아기를 보고 불쌍히 여겨 말했다. "이는 히브리 사람의 아기로다."

7 그의 누이가 바로의 공주에게 말했다. "내가 가서 당신을 위해 히브리 여인 중에서 유모를 불러다가 이 아기에게 젖을 먹이게 하면 어떻겠습니까?"

8 바로의 공주가 그에게 "그렇게 하라"고 이르자 그 소녀가 가서 그 아기의 친어머니를 유모로 불러왔다.

9 바로의 공주가 그에게 말했다. "이 아기를 데려다가 나를 위해 젖을 먹이라. 내가 그 삯을 줄 것이다." 이에 그 여인이 아기를 데려다가 젖을 먹였다.

10 그 아기가 자란 후 바로의 공주에게로 데려가자 아기는 그의 아들이 되었다. 바로의 공주는 '물에서 건졌다' 하여 '모세'라고 이름을 지었다.

모세의 미디안 도피

11 ● 모세가 장성하여 40세가 되던 어느 날 자기 동족, 형제들이 힘들게 일하는 것을 보았다. 그리고 한 애굽 사람이 자기 동족인 히브리 사람을 때리는 것을 보았다.

12 이에 주위에 사람이 없는 것을 보고 그 애굽 사람을 쳐 죽인 후 모래 속에 감추었다.

13 이튿날 다시 나가 보니 이번에는 같은 히브리 사람끼리 서로 싸우고 있었다. 그때 모세는 그 잘못한

1) 갈대

출

사람에게 "네가 왜 동족을 치느
냐?"라고 말하자

14 그가 말했다. "누가 너를 우리를 다
스리는 자와 재판관으로 삼았느
냐? 네가 애굽 사람을 쳐 죽인 것처
럼 나도 죽이려고 하느냐?" 이에
모세가 자기가 애굽 사람을 죽인
것이 탄로났음을 알고 두려워했다.

15 애굽 왕이 이 일을 듣고 모세를 죽
이고자 하여 찾았다. 이에 모세가
바로를 피해 미디안 땅으로 도망
하여 그곳에 머물렀다. 하루는 모
세가 우물 곁에 앉아 있을 때

16 미디안 제사장 딸 7명이 그 우물물
을 길어 구유에 채우고 아버지의
양 떼에게 물을 먹이려고 했다.

17 그때 다른 목자들이 와서 그녀들을
쫓아내려고 하자 모세가 그들을 물
리치고 미디안 제사장의 딸들을 도
와 그 양 떼에게 물을 먹였다.

18 미디안 제사장의 딸들이 아버지
이드로¹)에게 왔을 때 아버지가 말
했다. "너희가 오늘은 어찌하여 빨
리 돌아왔느냐?"

19 딸들이 대답했다. "한 애굽 사람이
우리를 우물에서 쫓아내는 목자들
을 물리치고 우리가 치는 양 떼에
게 물을 먹였습니다."

20 아버지가 딸들에게 말했다. "그 사
람이 지금 어디 있느냐? 너희는 왜
그 사람을 그대로 두고 왔느냐? 그
를 데리고 와서 음식을 대접하라."

21 이에 모세가 그들과 지내기를 좋아
했고, 미디안 제사장은 그의 딸 십

보라를 모세에게 아내로 주었다.

22 얼마 후 십보라가 아들을 낳았다.
그러자 모세가 자신이 타국에서
나그네가 되었다는 의미로 그의
이름을 '게르솜'이라고 했다.

23 몇 년이 지난 후 모세 당시 모세를
죽이려던 애굽 왕²)이 죽었다. 그러
나 고된 노동으로 인해 이스라엘
백성의 탄식 소리가 커졌고 마침
내 하나님께서 그 탄식 소리를 들
으셨다.

24 이에 하나님께서 아브라함, 이삭,
야곱과 맺은 그의 언약을 기억하사

25 이스라엘 백성을 돌보셨다.

모세의 소명

3 ●하루는 모세가 그의 장인 이드
로의 양 떼를 이끌고 미디안광야
서쪽에 있는 하나님의 산이라 불
리는 호렙산까지 갔다.

2 그때 여호와의 사자가 떨기나무
불꽃 가운데서 그에게 나타나셨
다. 모세가 보니 떨기나무에 불이
붙었으나 그 떨기나무가 타서 없
어지지 않았다.

3 이에 모세가 스스로에게 말했다.
"내가 가서 왜 불에 타는데 사라지
지 않는지 이 신비로운 모습을 보
아야 하겠다."

4 그때 여호와께서 그가 오는 것을
보고 떨기나무 가운데서 그를 향
해 "모세야, 모세야"라고 부르셨
다. 모세가 대답했다. "내가 여기
있습니다."

5 하나님께서 다시 말씀하셨다. "이
곳으로 가까이 오지 말라. 네가 서
있는 곳은 거룩한 장소이니 네 발
에서 신을 벗으라."

6 여호와께서 계속해서 말씀하셨다.
"나는 네 조상의 하나님이다. 곧

1) 르우엘   2) 투트모세 3세?

아브라함과 이삭과 야곱의 하나님이다." 모세가 하나님 보기를 두려워하여 얼굴을 가렸다.

7 그러자 여호와께서 말씀하셨다. "내가 애굽에서 고통을 당하고 있는 내 백성을 확실히 보았다. 그들에 대한 애굽 감독자들의 학대로 인한 탄식 소리를 들었고 그 근심을 알았다.

8 이제 내가 내려가서 그들을 애굽인의 탄압¹⁾에서 건져내고, 그들을 그 땅에서 이끌어낼 것이다. 그리고 가나안 족속, 헷 족속, 아모리 족속, 브리스 족속, 히위 족속, 여부스 족속 등이 살고 있는 아름답고 좋은 땅, 젖과 꿀이 흐르는 땅으로 인도할 것이다.

9 그러므로 너는 애굽으로 가라. 이스라엘의 탄식 소리가 나에게 이르렀고 애굽 사람이 학대하는 것도 내가 보았다.

10 이제 내가 너를 아멘호텝 2세로 여겨지는 애굽 왕²⁾에게 보내 내 백성 이스라엘 자손을 애굽에서 이끌어낼 것이다."

11 모세가 하나님께 대답했다. "내가 누구이기에 바로에게 갑니까? 그리고 어떻게 이스라엘 백성을 애굽에서 이끌어낼 수 있겠습니까?"

12 하나님께서 말씀하셨다. "내가 반드시 너와 함께하겠다. 그리고 네가 이스라엘 백성을 애굽에서 이끌어낸 후 그들은 이 산에서 나를 섬길 것이다. 이것이 내가 너를 보낸 증거가 될 것이다."

13 모세가 하나님께 말했다. "내가 이스라엘 백성에게 가서 말하기를 너희 조상의 하나님께서 나를 너희에게 보냈다고 말하면 그들이 너를 우리에게 보낸 이의 이름이

무엇이냐고 물을 것입니다. 그러면 내가 무엇이라고 대답해야 합니까?"

14 하나님께서 모세에게 말씀하셨다. "나는 스스로 존재하는 자이다.³⁾ 너는 이스라엘 백성에게 스스로 존재하는 자가 나를 너희에게 보냈다고 말하라."

15 하나님께서 다시 모세에게 말씀하셨다. "너는 이스라엘 백성에게 아브라함과 이삭과 야곱의 하나님 여호와, 곧 너희 조상의 하나님께서 나를 너희에게 보냈다고 하라. 이것은 나의 영원한 이름이요, 대대에 걸쳐 기억할 내 호칭이다.

16 너는 애굽으로 가서 이스라엘의 장로들을 소집한 후 그들에게 이렇게 말하라. '아브라함과 이삭과 야곱의 하나님 여호와, 곧 너희 조상의 하나님께서 나에게 나타나 너희가 애굽에서 당한 고난을 확실히 보았다라고 말씀하셨다. 또

17 '내가 이미 말한 것처럼 내가 애굽의 고난 중에서 너희를 이끌어내어 가나안 족속, 헷 족속, 아모리 족속, 브리스 족속, 히위 족속, 여부스 족속이 살고 있는 젖과 꿀이 흐르는 땅으로 올라가라고 말씀하셨다라고 하면

18 그들은 네 말을 들을 것이다. 그러니 너는 이스라엘의 장로들과 함께 애굽 왕에게 말하기를 '히브리 사람의 하나님께서 우리에게 나타나셨으니 우리가 그 하나님께 제사를 드리려고 합니다. 그러니 3일 길쯤 광야로 가도록 허락하소서'라고 하라.

19 그러나 내가 큰 능력으로 벌을 내리기 전에는 애굽 왕이 너희를 보

---

1) 손　2) 바로　3) 나는다다

출

내지 않을 것을 나는 알고 있다. 그러다가

20 내가 큰 능력으로 애굽 중에 여러 가지 이적으로 그 나라를 징벌한 후에야 너희를 보낼 것이다.

21 그때 내가 애굽 사람으로 이스라엘 백성에게 은혜를 입히게 할 것이다. 그래서 너희가 나갈 때 빈손으로 가지 않을 것이다.

22 여인들은 그 이웃과 자기 집에 거주하던 여인에게 은금 패물과 의복을 구하여 너희의 자녀를 꾸며 주어라. 너희는 애굽 사람들이 준 물품을 가지고 애굽을 떠날 것이다."

모세 앞에 능력을 베푸는 여호와

4 ● 모세가 여호와께 대답했다. "그러나 이스라엘 백성이 내 말을 믿지 않고 '여호와께서 네게 나타난 증거가 무엇이냐?'라고 물을 것입니다."

2 여호와께서 모세에게 말씀하셨다. "네 손에 들고 있는 것이 무엇이냐?" 모세가 대답했다. "지팡이입니다."

3 여호와께서 말씀하셨다. "그것을 땅에 던지라." 모세가 땅에 던지니 그것이 뱀이 되었다. 모세가 뱀 앞에서 피하자

4 여호와께서 모세에게 말씀하셨다. "네 손을 내밀어 그 꼬리를 잡으라." 모세가 뱀의 꼬리를 잡자 그의 손에서 다시 지팡이가 되었다.

5 여호와께서 "이것을 보여준 것은 그들에게 아브라함과 이삭과 야곱의 하나님, 곧 그들의 조상의 하나님께서 네게 나타났다는 것을 믿게 하기 위해서이다"라고 말씀하셨다.

6 여호와께서 또 모세에게 말씀하셨다. "네 손을 가슴에 넣으라." 모세가

손을 가슴에 넣었다가 빼 보니 그의 손에 나병이 생겨 눈처럼 희게 되었다.

7 여호와께서 다시 말씀하셨다. "네 손을 다시 가슴에 넣으라." 그러자 모세가 다시 손을 가슴에 넣었다가 빼 보니 그의 손이 본래대로 회복되었다.

8 여호와께서 말씀하셨다. "만일 그래도 그들이 너를 믿지 못하면, 그 처음 기적의 표징은 믿지 못해도 두 번째 기적은 믿을 것이다.

9 만약 그들이 이 두 기적을 모두 믿지 않고 네 말을 따르지 않으면 너는 나일 강물을 조금 떠다가 땅에 쏟으라. 그 나일 강물이 땅에서 피가 될 것이다."

10 모세가 여호와께 말했다. "나는 본래 입이 뻣뻣하고 혀가 둔하여 말을 잘하지 못합니다. 주께서 주의 종에게 명령하신 후에도 여전합니다."

11 여호와께서 모세에게 대답하셨다. "누가 사람의 입을 지었느냐? 누가 말 못하는 자나 듣지 못하는 자나 보는 자나 보지 못하는 자가 되게 했느냐? 나 여호와가 아니냐?

12 그러므로 이제 가라. 내가 네 입으로 할말을 알려줄 것이다."

13 그러나 모세는 또다시 말했다. "주여, 보낼 만한 사람을 보내십시오."

14 이에 여호와께서 모세를 향해 화를 내며 말씀하셨다. "말을 잘하는 레위 지파에 속한 네 형 아론이 있지 않느냐? 그가 너를 만나러 나오리니 그가 너를 볼 때 그의 마음에 기쁨이 있을 것이다.

15 너는 그에게 말하고 그가 네 말을 하도록 하라. 내가 너와 그의 입에

너희가 행할 일을 알려줄 것이다.

16 그가 네 말을 대신하여 백성에게 말하며, 너는 그에게 하나님 같은 존재가 될 것이다.

17 너는 이 지팡이를 손에 잡고 이것으로 기적을 행하라."

모세가 애굽으로 돌아감

18 ● 모세가 장인 이드로에게로 돌아가서 말했다. "내가 애굽에 있는 내 형제에게로 돌아가서 그들이 아직 살아있는지 알아보려고 합니다. 그러니 나로 가게 해주십시오." 이드로가 모세에게 말하기를 "잘 다녀오라"고 했다.

19 여호와께서 미디안광야에서 모세에게 말씀하셨다. "애굽으로 돌아가라. 너를 죽이려고 하던 자들이 모두 죽었다."

20 이에 모세가 그의 아내와 아들들을 나귀에 태우고 애굽으로 돌아갈 때 모세는 하나님의 지팡이를 손에 잡았다.

21 여호와께서 모세에게 말씀하셨다. "네가 애굽으로 돌아가면 내가 네게 준 기적을 일으키는 능력을 모두 바로 앞에서 행하라. 그러나 내가 그의 완고한 마음을 그대로 두리니 그가 이스라엘 백성을 보내지 않을 것이다.

22 그때 너는 바로에게 이렇게 말하라. 여호와께서 말씀하시기를 '이스라엘은 내 아들이요, 내 장자이다.

23 내 아들을 보내 나를 섬기게 하라고 말해도 네가 보내주지 않으니 네 장자를 죽일 것이다'라고 하라."

24 모세가 애굽으로 향해 길을 가다가 한 숙소에 있을 때 여호와께서 모세를 죽이려고 하셨다.

25 이때 십보라가 돌로 만든 칼로 아들의 포피를 잘라 모세의 발에 대며

말했다. "당신은 참으로 내게 피 남편이다."

26 그제야 여호와께서 모세를 살려주셨다. 십보라가 피 남편이라고 한 것은 할례 때문이었다.

27 여호와께서 아론에게 말씀하셨다. "광야에 나가 모세를 맞이하라." 이에 아론이 시내산, 곧 하나님의 산에 가서 모세를 만나 그에게 입을 맞추었다.

28 이에 모세가 아론에게 여호와께서 자기에게 명령한 모든 말씀과 행한 모든 기적을 알려주었다.

29 모세와 아론이 애굽에 도착하여 이스라엘 백성의 모든 장로를 모아 놓고

30 여호와께서 모세에게 하신 모든 말씀을 아론이 전하고 백성 앞에서 기적을 행했다.

31 그 말을 듣고 기적을 본 백성이 그의 말을 믿었으며, 여호와께서 이스라엘 백성의 고난을 보고 그들을 돌보셨다는 말을 듣고 머리를 숙여 경배했다.

바로 앞에 선 모세와 아론

5 ● 그후 모세와 아론은 아멘호텝 2세로 여겨지는 애굽 왕에게 가서 말했다. "이스라엘의 하나님께서 '내 백성을 보내라. 그래서 그들이 광야에서 내 절기를 지키도록 하라'고 말씀하셨습니다."

2 그러자 바로가 대답했다. "도대체 여호와가 누구이기에 내가 그의 말을 듣고 이스라엘을 보내겠느냐? 나는 그가 누군지 모르기 때문에 이스라엘을 보내줄 수 없다."

3 모세와 아론이 바로에게 말했다. "히브리인의 하나님께서 우리에게 나타나셨기 때문에 우리가 3일 길쯤 광야로 들어가서 그분께 제사를

드리려고 하니 허락하시기 바랍니다. 그렇지 않으면 여호와께서 전염병이나 칼로 우리를 죽이실지 모릅니다."

4 바로가 그들에게 말했다. "모세와 아론아, 너희가 왜 그런 말로 백성의 노역을 멈추게 하려고 하느냐? 너희는 가서 너희에게 주어진 노역이나 담당하라.

5 이제 이 땅에 너희의 백성이 많아졌는데, 너희는 그들이 노역을 쉬게 하지 마라."

6 그날 바로가 이스라엘 백성의 감독자들과 기록원들에게 명령했다.

7 "너희는 이스라엘 백성에게 벽돌 제조에 사용되는 짚을 이전처럼 주지 말고 그들이 가서 스스로 짚을 구하게 하라.

8 그리고 그들이 이전에 만든 벽돌 개수를 감해 주지 말고 동일한 개수대로 만들게 하라. 그들이 게을러서 '우리가 광야로 가서 우리 하나님께 제사를 드리겠다'라고 말하고 있으니

9 그 사람들의 노역을 더욱 힘들게 하여 그들이 모세와 아론의 거짓말을 듣지 않도록 하라."

10 이스라엘 백성의 감독들과 기록원들이 나아가 백성들에게 말했다. "바로의 명령대로 내가 너희에게 짚을 주지 않을 것이다.

11 너희는 스스로 짚을 구하라. 그러나 벽돌 제조의 개수는 이전과 동일해야 한다."

12 이에 이스라엘 백성이 애굽의 전 지역에 흩어져 곡초 그루터기를 거두어 짚을 대신했다.

13 감독들이 그들을 독촉하며 말했다. "너희는 짚을 제공할 때와 마찬가지로 당일의 일을 모두 마치라."

14 바로의 감독들이 자기들이 세운 이스라엘 백성의 기록원들을 때리며 말했다. "너희가 어찌하여 하루 동안 만들어야 하는 벽돌의 숫자가 모자라느냐?"

15 이스라엘 백성의 기록원들이 바로에게 가서 호소했다. "왕은 무엇 때문에 당신의 종들을 이같이 더욱 힘들게 하십니까?

16 당신의 종들에게 짚을 주지 않고 감독자들이 우리에게 이전과 같은 수의 벽돌을 만들라고 명령합니다. 이로 인해 당신의 종들이 매를 맞는 것은 왕이 임명한 감독자[1]의 잘못 때문입니다."

17 바로가 그들에게 대답했다. "너희가 게으르기 때문에 '우리가 광야로 가서 여호와께 제사를 드려야 한다'라고 말하는 것이 아니냐?

18 그러니 가서 일하라. 너희는 짚을 주지 않아도 벽돌을 이전과 같은 수량대로 만들어야 할 것이다."

19 이스라엘 백성의 기록원들이 매일 만드는 벽돌의 개수를 조금도 줄이지 못할 것이라는 말을 듣고 화가 자기들에게 미친 줄 알았다.

20 그들이 바로에게서 나올 때 모세와 아론이 길에 서 있는 것을 보고

21 그들에게 말했다. "너희가 바로와 그의 신하들을 화나게 하여 우리를 죽게 만들고 있다. 여호와께서 너희가 옳은지 판단해 주시기를 바란다."

모세의 간구와 하나님의 부르심

22 ●백성들의 원망을 들은 모세가 여호와께 간구했다. "주여, 무엇 때문에 이 백성이 더 큰 학대를 당하게 하셨습니까? 왜 나를 이곳으로 보내셨습니까?

1) 백성

23 내가 바로에게 주의 이름으로 말한 후부터는 오히려 그가 이 백성을 더욱 학대하고 있습니다. 그럼에도 주께서는 이 백성을 구원하지 않고 계십니다."

6 여호와께서 모세에게 말씀하셨다. "이제부터 내가 바로에게 행하는 일을 네가 볼 것이다. 내 강한 능력으로 인해 바로가 너희 백성을 그들의 땅에서 쫓아낼 것이다."

2 하나님께서 모세에게 말씀하셨다. "나는 여호와이다.

3 내가 전능한 하나님으로 아브라함과 이삭과 야곱에게 나타났으나 내 이름을 여호와로는 그들에게 알리지 않았다.

4 나는 그들이 거주하던 가나안 땅을 그들에게 주기로 언약했다.

5 이제 내가 애굽 사람이 종으로 삼은 이스라엘 백성의 탄식 소리를 듣고 내가 한 언약을 기억했다.

6 그러므로 너는 이스라엘 백성에게 나는 여호와이다. 내가 애굽 사람의 극심한 학대와 노역에서 너희를 건져낼 것이다. 애굽 사람들에게 큰 능력1)과 여러 가지 큰 재앙을 내려 너희를 해방시킬 것이니

7 너희는 내 백성이 되고, 나는 너희의 하나님이 될 것이다. 너희는 내가 애굽 사람의 극심한 학대에서 너희를 건져낸 너희의 하나님인 줄을 알게 될 것이다.

8 나는 너희를 아브라함과 이삭과 야곱에게 주기로 약속한 땅으로 인도하고 그 땅을 너희에게 주어 삶의 터전으로 삼게 할 것이다'라고 말하라."

9 이에 모세가 하나님의 말씀을 이스라엘 백성에게 전했다. 그러나 그들은 가혹한 노역과 상한 마음 때문에 모세가 전하는 말을 듣지 않았다.

여호와께서 모세와 아론에게 명령하심

10 ● 여호와께서 모세에게 말씀하셨다.

11·12 "너는 바로에게 가서 이스라엘 백성을 그 땅에서 내보내도록 말하라." 그러자 모세가 여호와께 말했다. "이스라엘 백성도 내 말을 듣지 않았는데 하물며 바로가 어찌 내 말을 듣겠습니까? 나는 말주변이 없는 사람입니다."

13 이와 같이 여호와께서 모세와 아론에게 말씀하신 대로 되었다. 곧 모세와 아론이 이스라엘 백성과 애굽 왕에게 하나님의 명령을 전하고 이스라엘 백성을 애굽 땅에서 이끌어내게 하셨다.

모세와 아론의 조상

14 ● 히브리인들의 조상을 따른 집의 어른은 다음과 같다. 야곱2)의 장자인 르우벤의 아들들은 하녹, 발루, 헤스론, 갈미이다.

15 시므온의 아들들은 여무엘, 야민, 오핫, 야긴, 소할, 가나안 여인의 아들 사울이다.

16 레위의 아들들은 그들의 계보대로 게르손과 고핫과 므라리요, 레위는 137세를 살았다.

17 게르손의 아들들은 그들의 계보대로 립니와 시므이이다.

> **Q A** 가나안 땅의 범위는 어디까지인가?(출 6:4)
>
> 가나안 땅은 하나님이 아브라함에게 약속으로 준 땅이다. 이곳은 출애굽 당시 이스라엘에게 허락된 젖과 꿀이 흐르는 땅이다. 이 가나안 지역의 범위는 좁게는 '시돈에서 가사까지'(창 10:19)이고, 넓은 의미로는 애굽강에서 유브라데까지(창 15:18)이다. 그러나 더욱 좁은 의미로는 오늘날 이스라엘과 대체적으로 일치한다.

1) 편팔   2) 이스라엘

18 고핫의 아들들은 아므람, 이스할, 헤브론, 웃시엘 등이요, 고핫은 133세를 살았다.

19 므라리의 아들들은 마흘리와 무시니 이들은 그들의 계보대로 레위의 족장이다.

20 아므람은 아버지 고핫의 누이 요게벳을 아내로 맞이하여 아론과 모세를 낳았다. 아므람은 137세를 살았다.

21 이스할의 아들들은 고라와 네벡과 시그리이다.

22 웃시엘의 아들들은 미사엘과 엘사반과 시드리이다.

23 아론은 암미나답의 딸 나손의 누이 엘리세바를 아내로 맞이하여 나답, 아비후, 엘르아살, 이다말 등을 낳았다.

24 고라의 아들들은 앗실과 엘가나와 아비아삽이다.

25 아론의 아들 엘르아살은 부디엘의 딸 중에서 아내를 맞이하여 비느하스를 낳았다. 이들은 모두 레위 사람의 계보를 따라 족장이 된 자들이다.

26-27 아론과 모세는 이스라엘 백성을 그들의 대열¹⁾대로 애굽 땅에서 이끌어내라고 하신 여호와의 명령을 받은 자였고, 또한 애굽 왕에게 그렇게 말한 자였다.

28-29 여호와께서 모세에게 말씀하셨다. "나는 여호와이다. 너는 바로에게 가서 이스라엘 백성을 그 땅에서 내보내도록²⁾ 말하라."

30 그러자 모세가 여호와께 말했다. "나는 입이 둔하여 이스라엘 백성도 내 말을 듣지 않았는데 하물며 바로가 어찌 내 말을 듣겠습니까?"³⁾

7 여호와께서 모세에게 말씀하셨다. "보라, 내가 너를 바로에게 신과

같은 존재가 되게 하리니 네 형 아론은 네 대언자가 될 것이다.

2 내가 네게 명령한 것을 너는 네 형 아론에게 말하고, 그는 바로에게 말하게 하라. 그가 이스라엘 백성을 그 땅에서 내보내게 하라.

3 내가 바로의 마음을 완악한 채로 내버려 두고 내 기적을 애굽 땅에서 많이 행하겠지만

4 바로는 너희의 말을 듣지 않을 것이다. 그때 내가 내 능력⁴⁾으로 애굽에 여러 큰 재앙⁵⁾을 내릴 것이다. 그렇게 하여 내 군대, 내 백성 이스라엘을 그 땅에서 이끌어낼 것이다.

5 그제야 비로소 애굽 사람이 내가 여호와인 줄을 알게 될 것이다."

6 모세와 아론이 여호와께서 자기들에게 명령하신 대로 행하여

7 바로에게 말할 때 모세는 80세였고, 아론은 83세였다.

뱀으로 변한 아론의 지팡이

8 ● 여호와께서 모세와 아론에게 말씀하셨다.

9 "바로가 너희에게 말하기를 징표를 보이라고 하면 너는 아론에게 너의 지팡이를 잡고 바로 앞에 던지라고 말하라. 그러면 그것이 뱀이 될 것이다."

10 이에 모세와 아론이 여호와의 명령에 따라 바로에게 가서 바로와 그의 신하 앞에 지팡이를 던져 뱀이 되게 했다.

11 바로도 지혜자와 마술사들을 부르자 그 애굽 마술사들도 그들의 마술로

12 각 사람의 지팡이를 던져 그것이 뱀이 되게 했다. 그러나 뱀이 된 아론의 지팡이가 그들의 지팡이를

1) 군대 2) 네게 이르는 바를 3) 출 6:12 4) 손 5) 심판

삼켜 버렸다.

13 그럼에도 바로의 마음이 완악하여 그들의 말을 듣지 않았다. 이는 여호와의 말씀과 같았다.

첫 번째 피 재앙

14 ● 여호와께서 모세에게 말씀하셨다. "바로의 마음이 완고하여 내 백성을 보내지 않고 있다.

15 그러니 너는 아침에 바로가 나일 강가로 나올 때 그 강가에서 바로를 만나 뱀으로 변했던 지팡이를 손에 잡으라. 그리고

16 바로에게 말하라. 히브리 사람의 하나님께서 나를 왕에게 보내 말씀하시기를 '내 백성 이스라엘을 애굽에서 내보내라. 그러면 그들이 광야에서 나를 섬길 것이다'라고 말했으나 네가 이제까지 듣지 않았다.

17-18 그래서 여호와께서 이같이 말씀하셨다. '내가 내 손에 있는 지팡이로 나일강을 치면 그것이 피로 변하고 강의 고기가 죽게 되고, 그 물에서는 악취가 나서 애굽 사람들이 그 강물을 마시지 못할 것이다. 네가 이로 인해 내가 여호와인 줄을 알 것이다.'"

19 여호와께서 또 모세에게 말씀하셨다. "아론에게 명령하여 네 지팡이를 잡고 애굽의 물들과 강들과 운하와 못과 모든 호수로 향하게 하라. 그러면 그것들이 피가 되며, 애굽 온 땅과 나무 그릇과 돌그릇 안에 있는 물도 모두 피로 변할것이다."

20 모세와 아론이 여호와께서 말씀하신 대로 행하여 바로와 그의 신하 앞에서 지팡이를 들어 나일강을 쳤다. 그러자 그 물이 모두 피로 변했고,

21 나일강의 고기가 죽었으며, 그 물에서는 악취가 났다. 애굽 온 땅에는 피가 있었고, 애굽 사람들은 나일 강물을 마시지 못했다. 그러나

22 애굽 마술사들이 자기들의 마술로 똑같이 행하자 바로의 마음이 완고하여 여호와의 말씀대로 그들이 모세와 아론의 말을 듣지 않았다.

23 이에 바로가 자기 궁으로 들어가고 물이 피가 된 일에는 관심도 갖지 않았다.

24 애굽 사람들이 강물을 마실 수 없게 되자 나일 강가를 파서 마실 물을 구했다.

25 여호와께서 나일강을 쳐서 피가 되게 하신 후 7일이 지났다.

두 번째 개구리 재앙

8 ● 여호와께서 모세에게 말씀하셨다. "너는 바로에게 가서 '여호와가 말씀하시기를 내 백성을 보내라. 그들이 나를 섬길 것이다.

2 만일 네가 보내지 않으면 내가 개구리로 네 온 땅에 재앙을 내릴 것이다.

3 개구리가 나일강에서 수없이 생기고, 그것들이 땅으로 올라와 네 궁과 침대 위와 네 신하의 집과 네 백성과 네 화덕과 네 빵 반죽 그릇으로 들어갈 것이다.

4 또한 개구리가 너와 네 백성과 모든 신하의 몸에도 기어오를 것이다'라고 말하라."

5 또 여호와께서 모세에게 말씀하셨다. "너는 아론에게 명령하여 네 지팡이를 잡고 네 손[1]을 강들과 운하들과 못 위를 향하게 하여 개구리들이 애굽 땅에 올라오게 하라."

6 이에 아론이 지팡이로 애굽 물들을 향해 가리키자 개구리들이 올라와서 애굽 땅을 덮었다.

1) 팔

7 애굽의 마술사들도 자기 마술로 똑같이 행하여 개구리가 애굽 땅으로 올라오게 했다.

8 이에 바로가 모세와 아론을 불러 말했다. "여호와께 나와 내 백성에게서 개구리를 떠나가게 하라. 내가 이스라엘 백성이 여호와께 제사를 드릴 수 있도록 그들을 이 땅에서 내보낼 것이다."

9 그러자 모세가 바로에게 말했다. "내가 왕과 왕의 신하와 백성을 위해 이 개구리가 왕과 왕궁에서 죽게 하고 나일강에만 있도록 언제 간구하는 것이 좋을지 내게 말씀하시기 바랍니다."

10 바로가 '내일이다'라고 말하자 모세가 대답했다. "내가 왕의 말씀대로 여호와께 간구하여 왕이 볼 때 우리 하나님과 같은 이가 없는 줄을 알게 할 것입니다.

11 개구리가 왕과 왕궁과 왕의 신하와 백성에게서 죽고 나일강에만 있을 것입니다."

12 모세와 아론이 바로를 떠나 바로에게 내린 개구리가 떠나기를 여호와께 간구했다.

13 여호와께서 모세의 간구대로 하시니 개구리가 집과 마당과 밭에서 나와 죽었다.

14 이에 사람들이 죽은 개구리를 모아 무더기로 쌓아 놓자 땅에서 악취가 났다.

15 그러나 개구리가 죽고 바로에게 여유가 생기자 그의 마음이 다시 완고해져 여호와께서 말씀하신 대로 이스라엘 백성을 보내라는 말을 듣지 않았다.

세 번째 티끌1) 재앙

16 ● 여호와께서 모세에게 말씀하셨다. "아론에게 명령하여 네 지팡이로 땅의 티끌을 치게 하라. 그러면 그것이 애굽 온 땅에서 각다귀 종류인 이가 될 것이다."

17 이에 아론이 손에 잡은 지팡이를 들어 땅의 티끌을 치자 애굽 온 땅의 티끌이 모두 이가 되어 사람과 가축에게 붙었다.

18 애굽의 마술사들도 자기 마술로 똑같이 하려고 했으나 하지 못했다.

19 이에 마술사가 바로에게 말했다. "이것은 확실히 하나님의 능력입니다." 그러나 바로는 마음이 완고하여 여호와의 말씀대로 그들의 말을 듣지 않았다.

네 번째 파리 재앙

20 ● 여호와께서 모세에게 말씀하셨다. "너는 아침 일찍 일어나 바로가 물 있는 곳으로 나올 때 그를 만나 그에게 여호와께서 '내 백성을 보내 나를 섬기게 하라.

21 만일 네가 그렇게 하지 않으면 내가 너와 네 신하와 네 백성과 네 집들에 파리 떼를 보낼 것이다. 그리하여 애굽 사람의 각 집과 그들이 사는 땅에도 파리 떼가 가득할 것이다.

22 그러나 그날 내 백성이 살고 있는 고센 땅은 구별하여 그곳에는 파리 떼가 없게 할 것이다. 그것을 통해 이 땅에서 내가 여호와인 줄을 너로 알게 할 것이다.

23 또 내가 내일 이 징표를 통해 내 백성과 애굽 백성 사이를 구별함을 알게 할 것이다'라고 말하라."

24 여호와께서 모세에게 말씀하신 대로 수많은 파리 떼가 바로 궁과 그의 신하의 집과 애굽 온 땅에 임했고 이 파리 떼로 인해 그 땅이 황폐화되었다.

1) 이

25 파리 떼로 인해 바로가 모세와 아론을 불러 말했다. "너희는 광야로 나가지 말고 이 땅에서 너희 하나님께 제사를 드리도록 하라."

26 모세가 대답했다. "그것은 합당하지 않습니다. 우리가 우리 하나님께 제사를 드리는 것을 애굽 사람이 싫어하기 때문에 애굽 사람 앞에서 제사를 드리면 그들이 우리를 돌로 칠 것입니다.

27 그러므로 우리가 3일 길쯤 광야[1]로 들어가서 우리 하나님께서 명령하신 대로 제사를 드리겠습니다."

28 바로가 다시 말했다. "내가 너희 하나님께 광야에서 제사를 드릴 수 있도록 허락하지만 단지 너무 멀리 가지는 말라. 그러니 너희는 파리 떼가 떠나가도록 나를 위해 너희 하나님께 간구하라."

29 모세가 대답했다. "내가 왕을 떠나가 여호와께 간구하리니 내일이면 파리 떼가 바로와 바로의 신하와 백성에게서 떠날 것입니다. 그때는 바로께서 이 백성이 이곳을 떠나 여호와께 제사를 드리는 일에 대해 또다시 거짓말을 하지 마십시오." 그리고

30 모세는 바로를 떠나서 여호와께 간구했다.

31 이에 여호와께서 모세의 간구를 들어주사 그 파리 떼가 한 마리도 남지 않고 바로와 그의 신하와 백성에게서 떠나갔다.

32 그러나 파리 떼가 떠나자 바로가 다시 그의 마음을 완고하게 하여 이스라엘 백성을 보내지 않았다.

다섯 번째 가축 재앙

9 ● 여호와께서 모세에게 말씀하셨다. "바로에게 가서 '히브리 사람의 하나님께서 말씀하시기를 내 백성을 보내 그들이 나를 섬기게 하라.

2 그렇지 않고 억지로 잡아 두면

3 여호와의 능력[2]으로 들에 있는 말과 나귀와 낙타와 소와 양 네 가축에게 심한 유행병이 생길 것이다.

4 그러나 여호와께서는 이스라엘의 가축과 애굽의 가축을 구별하여 이스라엘 백성에게 속한 가축들은 한 마리도 죽지 않게 할 것이다'라고 말하라."

5 여호와께서는 기한을 정해 "내가 내일 이 땅에서 이 일을 행할 것이다"라고 말씀하셨다.

6 이튿날 여호와께서 가축에 유행병이 생기게 하시니 애굽의 모든 가축이 죽었다. 그러나 여호와의 말씀대로 이스라엘 백성의 가축은 한 마리도 죽지 않았다.

7 바로가 사람을 보내 알아보니 이스라엘의 가축은 한 마리도 죽지 않았다. 그러나 바로의 마음이 완고하여 이스라엘 백성을 보내지 않았다.

여섯 번째 악성 종기 재앙

8 ● 여호와께서 모세와 아론에게 말씀하셨다. "너희는 아궁이에 있는 재 두 움큼을 가지고 모세가 바로가 보는 앞에서 공중을 향해 날리라.

9 그러면 그 재가 티끌로 변해 애굽 온 땅에 있는 사람과 짐승에게 붙어

📍성경지리　에담(수르) 광야(창 8:27)

성경에는 수르광야와 에담광야가 혼용되어 사용되고 있는데 에담광야(Desert of Etham, 민 33:8)의 히브리어 이름은 수르광야(Desert of Shur, 출 15:22)이다. 이 광야는 출애굽한 이스라엘이 처음 만난 광야로 신광야 북쪽에 위치한다. 비교적 규모가 적은 광야인 이곳은 이스라엘 백성이 홍해를 건넌 후 3일을 걸었다.

1) 에담광야를 가리킨다　2) 손

악성 종기가 생길 것이다."

10 그들이 아궁이에서 취한 재를 가지고 바로 앞에서 여호와의 말씀대로 모세가 공중을 향해 날리자 그것이 사람과 짐승에게 붙어 악성 종기를 생기게 했다.

11 애굽의 마술사들도 악성 종기로 인해 모세 앞에 서지 못했다. 이는 악성 종기가 애굽의 모든 사람뿐 아니라 마술사에게도 생겼기 때문이다.

12 그러나 여호와께서 바로의 마음을 완고한 채로 내버려 두셨기 때문에 여호와께서 모세에게 말씀하신 대로 그들의 말을 듣지 않았다.

일곱 번째 우박 재앙

13 ● 여호와께서 모세에게 말씀하셨다. "아침 일찍 일어나 바로 앞에 서서 그에게 '히브리 사람의 하나님의 말씀에 내 백성을 애굽 땅에서 내보내라. 그들이 나를 섬길 것이다.

14 만일 보내지 않으면 내가 이번에는 모든 재앙을 너와 네 신하와 네 백성에게 내려 온 천하에서 나와 같은 신이 없음을 네가 알도록 할 것이다.

15 내가 무서운 유행병으로 너와 네 백성을 쳤다면 너는 벌써 죽었을 것이다.

16 그러나 내가 너를 바로로 세운 것은 내 능력을 네게 보이고 내 이름을 온 천하에 알리려고 한 것이다.

17 그럼에도 네가 여전히 내 백성 앞에 교만하여 그들을 보내지 않고 있다.

18 그러므로 내일 이때쯤 내가 애굽 나라가 건국된 후부터 지금까지 없었던 큰 우박을 내릴 것이다.

19 이제 사람을 보내 네 가축과 들에 있는 것을 모두 집에 들이라. 사람이나 짐승은 물론 들에서 집에 돌아오지 않는 것들은 무엇이든 우박에 맞아 죽으리라고 하셨다'라고 말하라."

20 바로의 신하 중에서 여호와의 말씀을 두려워하는 자들은 그 말씀을 듣고 자기들의 종과 가축을 집으로 들였으나

21 여호와의 말씀을 무시한 사람들은 자기의 종들과 가축을 집으로 들이지 않았다.

22 여호와께서 모세에게 말씀하셨다. "너는 하늘을 향해 손을 들어 애굽 온 땅에 있는 사람과 짐승과 밭의 모든 채소에 우박이 내리게 하라."

23 모세가 하늘을 향해 지팡이를 들자 여호와께서 애굽 땅에 천둥소리와 함께 우박을 보내고 불을 내리셨다.

24 불덩이가 우박과 함께 내리는 정도가 심히 맹렬하여 애굽 나라가 생긴 이래로 지금까지 그 땅에는 그와 같은 일이 없었다.

25 우박이 애굽 온 땅에서 사람과 짐승과 밭에 있는 모든 것에 내려 밭의 모든 채소를 치고, 들의 모든 나무를 부러뜨렸다.

26 이스라엘 백성이 살고 있는 고센 땅에는 우박이 내리지 않았다.

27 바로가 사람을 보내 모세와 아론을 불러 그들에게 말했다. "이번에는 내가 잘못했다. 여호와는 의롭고 나와 내 백성은 악하다.

28 여호와께 간구하여 이 천둥소리와 우박을 그치게 하라. 내가 너희를 보내리니 너희가 다시는 이 땅에 머물지 않을 것이다."

29 모세가 바로에게 대답했다. "내가 성에서 나가서 내 손을 여호와를

향해 펼 것입니다. 그러면 천둥소리가 그치고 우박도 내리지 않을 것입니다. 이로 인해 세상이 여호와께 속한 것인 줄을 왕이 알게 될 것입니다.

30 그러나 왕과 왕의 신하들이 아직도 하나님을 두려워하지 않을 줄을 내가 알고 있습니다."

31 그때 보리는 이삭이 나왔고 베1)는 꽃이 피었기 때문에 베와 보리는 우박으로 인해 상했으나

32 밀과 쌀보리는 아직 자라지 않아서 상하지 않았다.

33 모세가 바로를 떠나 성에서 나간 후 여호와를 향해 손을 펴자 천둥소리와 우박과 비가 그쳤다.

34 그러자 바로가 다시 마음을 완고하게 했고, 그의 신하 역시 마찬가지였다.

35 그래서 여호와께서 모세에게 말씀하신 대로 이스라엘 백성을 애굽에서 내보내지 않았다.

여덟 번째 메뚜기 재앙

10 ● 여호와께서 모세에게 말씀하셨다. "너는 바로에게로 가라. 내가 그와 그 신하들의 마음을 완고한 채로 그냥둔 것은 나의 징표를 그들에게 보이기 위함이다.

2 내가 너를 통해 애굽에서 행한 일2)들을 네 아들과 네 자손의 귀에 전하기 위함이다. 이로 인해 너희는 내가 여호와인 줄을 알게 될 것이다."

3 모세와 아론이 바로에게 들어가서 그에게 말했다. "히브리 사람의 하나님께서 '네가 어느 때까지 내 앞에서 교만하겠느냐? 그들이 나를 섬기도록 내 백성을 내보내라.

4 만일 네가 그렇게 하지 않으면 내일 내가 메뚜기를 네 경내에 들어

가게 할 것이다.

5 그 메뚜기 떼는 사람이 땅을 볼 수 없을 만큼 많을 것이다. 그리고 그 메뚜기가 우박 재앙을 면하고 남은 것, 밀과 쌀보리와 너희를 위해 들에서 자라는 모든 나무의 열매를 먹어 치울 것이다.

6 또 너와 네 모든 신하의 집과 모든 애굽 사람의 집에는 메뚜기로 가득할 것이다. 이는 네 아버지와 네 조상이 이 땅에 있었던 그날로부터 오늘까지 보지 못했던 것이다'라고 말씀하셨다." 그리고 바로에게서 나왔다.

7 바로의 신하들이 바로에게 말했다. "어느 때까지 이 사람이 우리에게 고통을 주는 자가 되겠습니까? 그 사람들을 이 땅에서 내보내 그들의 하나님을 섬기게 하기 바랍니다. 왕은 아직까지도 애굽이 망한 줄을 모르십니까?"

8 이에 모세와 아론을 바로에게로 다시 데려오니 바로가 그들에게 물었다. "너희 중 누가 너희 하나님을 섬기러 갈 것이냐?"

9 모세가 대답했다. "우리가 여호와 앞에 절기를 지킬 것이므로 우리가 남녀노소와 양과 소를 데려가겠습니다."

10-11 바로가 그들에게 말했다. "그렇게 하지 말고 너희 장정만 가서 여호와를 섬기라. 그렇게 해도 너희의 어린 아이들을 보낸 것과 마찬가지로 하나님께서 너희와 함께한 것이 될 것이다. 어린 아이들이 함께 가면 오히려 그것이 너희에게는 좋지 않을 것이다. 그것이 너희가 구하는 것이 아니냐?" 이에 그들이 바로 앞에서 쫓겨났다.

---

1) 삼 2) 표징

12 여호와께서 모세에게 말씀하셨다. "애굽 땅에 네 손을 내밀어 메뚜기를 애굽 땅에 올라오게 하라. 그래서 우박으로 피해를 입지 않은 밭에 있는 모든 채소를 갉아 먹게 하라."

13 모세가 애굽 땅을 향해 지팡이를 들자 여호와께서 동풍을 일으켜 온 낮과 밤에 불게 했다. 아침이 되자 동풍이 메뚜기를 몰고 왔다.

14 메뚜기가 애굽 온 땅에 덮여 채소의 피해가 심했다. 이런 메뚜기 떼는 전에도 없었고 후에도 없었다.

15 메뚜기가 온 땅이 어둡게 될 정도로 덮였고, 우박에 피해를 입지 않은 밭의 채소와 나무 열매를 메뚜기가 모두 먹어 치웠다. 이에 애굽 온 땅에서 나무나 밭의 채소뿐 아니라 푸른 것은 하나도 남지 않았다.

16 그러자 바로가 모세와 아론을 급하게 불러 말했다. "내가 너희의 하나님과 너희에게 죄를 지었다.

17 원컨대 이번만 내 잘못을 용서하고 너희의 하나님께 간구하여 이 죽음만은 내게서 물러가게 하라."

18 이에 모세가 바로를 떠나 여호와께 간구했다. 그러자

19 여호와께서 강한 서풍인 바닷바람을 불게 하여 메뚜기 떼를 홍해로 몰아넣었다. 그리하여 애굽 온 땅에 메뚜기가 한 마리도 남지 않았다.

20 그러나 여호와께서 바로의 마음을 완고한 채로 내버려 두셨기 때문에 이스라엘 백성을 애굽에서 보내지 않았다.

아홉 번째 흑암 재앙

21 ● 여호와께서 모세에게 말씀하셨다. "너는 하늘을 향해 네 손을 내밀어 애굽 땅 위에 더듬을 만한 큰 어둠이 있게 하라."

22 이에 모세가 하늘을 향해 손을 내밀자 애굽 온 땅에 짙은 어둠이 3일 동안 임했다.

23 어둠이 있는 동안 사람들이 서로를 볼 수 없었고, 자기 거처에서 일어나는 자가 없었다. 그러나 이스라엘 백성이 사는 고센 지역에는 빛이 있었다.

24 바로가 모세를 불러 말했다. "너희는 이곳을 떠나가서 여호와를 섬기되 너희의 양과 소는 이곳에 두고 너희 어린 자녀들은 함께 가도 좋다."

25 모세가 대답했다. "그것은 불가합니다. 왕이라 할지라도 우리 하나님께 드릴 제사의 번제물을 우리에게 주어야 합니다.

26 그러므로 우리의 가축은 한 마리도 남김 없이 우리와 함께 가야 합니다. 이는 우리가 그중에서 선택하여 우리 하나님을 섬겨야 하기 때문입니다. 또한 우리가 제사 장소에 도착하기까지는 어떤 것으로 여호와를 섬겨야 할지 모르기 때문입니다." 그러나

27 여호와께서 여전히 바로의 마음을 완고한 채로 내버려 두셨기 때문에 그가 이스라엘 백성을 보내지 않았다.

28 그때 바로가 모세에게 말했다. "너는 나를 떠나가라. 그리고 다시는 나를 찾아오지 말라. 네가 내 얼굴을 보는 날에는 살아남지 못할 것이다."

29 모세가 말했다. "당신이 말씀하신 대로 내가 다시는 당신의 얼굴을 보지 않을 것입니다."

첫 것에 대한 죽음 예고

11 ● 여호와께서 모세에게 말씀하셨다. "이제 내가 마지막 재앙을

바로와 애굽에 내리면 그가 너희를 이곳에서 모두 쫓아낼 것이다.

2 그러므로 백성에게 이 사실을 알려 각자 이웃에게 은금 패물을 구하도록 하라."

3 여호와께서는 이스라엘 백성이 애굽 사람들에게 은혜를 받도록 하셨다. 또한 모세는 애굽 땅에 있는 바로의 신하와 백성들의 눈에 신과 같이 보였다.

4 모세가 바로에게 말했다. "여호와께서 '밤중에 내가 애굽 가운데로 들어가

5 애굽 땅에 있는 모든 처음 출생한 것은 위로 바로의 장자에서 아래로 맷돌질을 하는 노예의 장자와 모든 가축의 첫 번째 태어난 것까지 죽일 것이다'라고 말씀하셨습니다.

6 이로 인해 애굽 온 땅에 전무후무한 큰 통곡이 있을 것입니다.

7 그러나 이스라엘 백성에게는 사람은 물론 짐승에게나 개 한 마리도 짖지 않을 것입니다. 이를 통해 여호와께서 애굽 사람과 이스라엘 백성 사이를 구별하는 줄을 너희로 알게 하실 것입니다.

8 그렇게 된 후에는 왕의 모든 신하가 내게 내려와 절하며 '너와 너를 따르는 모든 백성은 애굽에서 떠나가라'고 말할 것입니다. 그런 후에 내가 나갈 것입니다." 그리고 모세는 크게 화를 내며 바로를 떠나갔다.

9 여호와께서 모세에게 말씀하셨다. "바로는 너희 말을 듣지 않을 것이다. 그러므로 내가 애굽 땅에서 나의 기적을 더할 것이다."

10 모세와 아론이 이제까지 모든 기적을 바로 앞에서 행했으나 여호와께서 바로의 마음을 완고한 채로 내

버려 두셨기 때문에 그가 이스라엘 백성을 그 땅에서 내보내지 않았다.

유월절 규례를 제정함

12 ● 여호와께서 애굽 땅에서 모세와 아론에게 말씀하셨다.

2 "너희는 애굽에서 떠나는 그 달을 그 해의 첫 달이 되게 하라.

3 너희는 이스라엘 온 백성에게 이르기를 이 달 10일에 너희 각자가 자기 식구를 위해 가족대로 어린 양을 잡으라.

4 1마리를 잡기에 식구가 너무 적으면 이웃과 함께 사람 수에 맞게 1마리를 잡고 각 사람이 먹을 수 있는 분량에 따라 너희 어린 양을 계산하여 잡으라.

5 어린 양이나 염소 가운데 흠이 없고 1년 된 수컷으로 잡으라.

6 그리고 잡을 양이나 염소는 이 달 14일까지 간직했다가 해질 때 이스라엘 백성이 그 양을 잡을 것이다.

7 또한 그 피는 양을 먹게 될 집의 좌우 문설주와 인방에 바르라.

8 그날 밤 그 고기를 불에 구워 누룩 없는 빵인 무교병과 쓴 나물과 함께 먹으라.

9 먹을 때는 날것으로나 물에 삶아 먹지 말고, 머리와 다리와 내장은 모두 불에 구워 먹으라.

10 먹고 남은 것은 아침까지 남겨두지 말고, 아침까지 남은 것은 불살라

해의 첫 달, 니산월(출 12:2)

니산월은 히브리 달력의 첫달로 포로기 이전 시대에는 아빕월로 불렸으며 태양력으로 3~4월에 해당된다. 이스라엘은 출애굽한 달을 첫달로 지키도록 하나님으로부터 명령을 받았다. 이 달에는 늦은비가 내리며 유월절, 무교절, 첫이삭 등의 축제일이 있다.

버리라.

11 그것을 먹을 때는 허리에 띠를 띠고, 발에 신발을 신고, 손에 지팡이를 잡고 급히 먹으라. 이것은 여호와의 유월절로 이스라엘 백성은 모두 이것을 지켜야 한다.

12 그날 밤 내가 애굽 땅을 두루 다니며 사람이나 짐승을 막론하고 애굽 땅에 있는 모든 첫 번째 태어난 것을 죽일 것이다. 나는 여호와이다. 애굽의 모든 신을 내가 심판할 것이다.

13 내가 애굽 땅에 죽음의 재앙을 내릴 때 유월절 양의 피가 묻어 있는 집은 너희를 위한 표식이 될 것이다. 그래서 내가 그 피를 보면 죽음이 너희를 넘어가 재앙이 너희에게 내려 죽임을 당하지 않게 할 것이다.

14 이날을 기념하여 해마다 여호와의 절기로 삼아 영원한 규례로 대대에 걸쳐 지키라."

무교절 규례

15 ●"너희는 7일 동안 누룩 없는 빵인 무교병을 먹을 것인데, 그 첫째 날에 너희 집에서 누룩을 없애라. 무릇 첫날부터 일곱째 날까지 누룩 있는 빵인 유교병을 먹는 자는 이스라엘에서 끊어질 것이다.

16 너희에게는 첫째 날과 마지막 일곱째 날이 거룩한 모임이 될 것이다. 이 두 날에는 아무 노동도 하지 말고 각자의 먹을 것만 준비하라.

17 너희는 유교병을 먹지 말고 무교절을 지키라. 아빕월인 3~4월 이날에 내가 너희 군대 된 백성을 종되었던 애굽 땅에서 이끌어내었기 때문이다. 그러므로 너희는 이 무교절을 영원한 규례로 삼아 대대에 걸쳐 이날을 지키라.

18 너희는 무교병을 첫째 달인 4월 14일

저녁부터 21일 저녁까지 7일 동안 먹으라.

19 이 7일 동안 너희 집에 있는 누룩을 없애도록 하라. 무릇 누룩이 들어 있는 음식을 먹는 자는 외국인이든지 본국에서 출생한 자든지 모두 이스라엘 회중에서 끊어질 것이다.

20 너희는 누룩이 들어간 음식은 무엇이든지 먹지 말고, 너희가 거하는 곳에서는 무교병을 먹어야 한다."

21 모세가 모든 이스라엘 장로를 불러 그들에게 말했다. "너희는 너희의 가족대로 어린 양을 골라 유월절에 사용할 양으로 잡고,

22 우슬초 묶음을 사용하여 그릇에 담은 유월절 양의 피를 적셔 그 피를 문 인방과 좌우 문설주에 뿌리라. 그리고 그날 아침까지 한 사람도 자기 집 문 밖으로 나가지 말라.

23 여호와께서 애굽 사람들에게 재앙을 내리기 위해 지나가실 때 문 인방과 좌우 문설주의 피를 보면 그 문을 넘어가시고 멸망케 하는 자들로 너희 집에 들어가서 너희를 죽이지 못하게 하실 것이다.

24 너희는 이 일을 규례로 정해 너희와 너희 자손이 영원히 지키라.

25 너희는 여호와께서 약속한 대로 너희에게 주시는 땅에 정착한 때부터 이 유월절 규례를 지켜야 한다.

26 훗날 너희의 자녀가 이 '예식의 의미가 무엇이냐?'라고 물으면

27 너희는 이렇게 말하라. '이것은 여호와의 유월절 제사이다. 여호와께서 애굽 사람에게 죽음의 재앙을 내리실 때 애굽의 고센 지역에 살던 이스라엘 백성의 집은 재앙이

넘어가 죽음에서 건져주셨다." 그러자 백성이 머리 숙여 경배했다.

28 모든 이스라엘 백성이 집으로 돌아가 여호와께서 모세와 아론에게 명령하신 대로 행했다.

열 번째 첫 것의 죽음 재앙

29 ● 드디어 밤중에 여호와[1]께서 애굽 땅에 있는 왕위에 앉은 바로의 장자로부터 감옥에 갇혀 있는 사람의 장자까지, 가축의 처음 태어난 것까지 모두 죽이셨다.

30 그날 밤에 바로와 그 모든 신하와 애굽 사람에게 큰 울부짖음이 있었다.

31 그 밤에 바로가 모세와 아론을 불러서 말했다. "너희 이스라엘 백성은 너희의 말대로 광야로 가서 여호와를 섬기라.

32 또 너희가 요구한 대로 너희의 양과 소도 가져가고 나를 위해 간구[2]하라."

33 애굽 사람들도 말했다. "우리 모두 죽은 자가 되었다." 이에 이스라엘 백성을 재촉하여 그 땅에서 속히 쫓아내려고 했다.

34 이에 이스라엘 백성이 발효되지 못한 반죽을 담은 그릇을 옷으로 싸서 어깨에 메었다.

35 그리고 모세의 말대로 애굽 사람에게 은금 패물과 의복을 구하자

36 여호와께서 애굽 사람들이 이스라엘 백성에게 은혜를 베풀도록 하셨다. 그래서 이스라엘 백성이 애굽 사람의 물품을 원하는 대로 취할 수 있었다.

37 마침내 이스라엘 백성이 고센 지역에 있는 라암셋을 출발하여 숙곳에 도착했다. 이때 유아 외에 남자 성인만 60만 명 정도였다.

38 그중에는 이스라엘 백성이 아닌 다른 종족들과 양과 소와 수많은 가축이 그들과 함께 애굽에서 나왔다.

39 그들은 애굽에서 갖고 나온 발효되지 않은 반죽으로 누룩 없는 빵인 무교병을 구웠다. 애굽에서 급히 쫓겨 나와서 아무 양식도 준비하지 못했기 때문이다.

40 이스라엘 백성이 애굽[3] 땅에 거주한 지 430년[4]이 흘렀다.

41 그 430년이 끝나는 날, 곧 애굽에 장자의 죽음 재앙이 있던 그날 여호와의 군대 된 이스라엘이 애굽 땅에서 나왔다.

42 그날 밤은 여호와의 밤으로 그들을 애굽 땅에서 이끌어내심으로 인해 여호와 앞에 유월절 절기로 이스라엘 백성이 대대에 걸쳐 지켜야 했다.

43 여호와께서 애굽 땅에서 모세와 아론에게 말씀하셨다. 이방 사람은 유월절 음식을 먹지 못하지만

44 돈으로 산 종은 할례를 받고 나서는 먹을 수 있다.

45 거주민과 타국 품꾼도 먹지 못한다.

46 뼈는 꺾지 말라. 먹을 때는 한 집에서 먹고, 그 고기를 집 밖으로 조금도 가지고 나가지 말라.

47 그것을 먹을 때는 허리에 띠를 띠고, 발에 신발을 신고, 손에 지팡이를 잡고 급히 먹으라. 이것은 여호와의 유월절로 이스라엘 백성은 모두 이것을 지켜야 한다.[5]

48 만일 너희와 함께 거주하는 외국인이 여호와의 유월절을 지키기 원하면 그 모든 남자는 할례를 받고 나서 본토인과 같이 유월절을

---

1) 죽음의 사자 2) 축복 3) MT, 애굽과 가나안 4) 창 15:13과 행 7:6, 400년 5) 출 12:11

지킬 수 있다. 그러나 할례를 받지 못한 자는 유월절 음식을 먹지 못한다.

49 이 법은 본토인이나 너희와 함께 거주하는 이방인에게 동일하게 적용될 것이다.

50 모든 이스라엘 백성이 집으로 돌아가 여호와께서 모세와 아론에게 명령하신 대로 행했다.

51 그 430년이 끝나는 그 날에 여호와께서 이스라엘 백성을 애굽 땅에서 이끌어내셨다.

처음 난 것에 대한 규례

13 ● 여호와께서 모세에게 말씀하셨다.

2 "너는 이스라엘 자손 중에서 태에서 처음 태어난 것은 사람이든 네 소유의 가축이든 모두 거룩히 구별하여 내게 바치라. 이 수컷은 모두 내 것이다.

3-4 3~4월에 해당하는 아빕월인 이 날에 내가 너희를 종 되었던 애굽 땅에서 내 손의 권능으로 이끌어내었다. 그러므로 너희는 그 날을 기념하여 누룩을 넣은 빵인 유교병을 먹지 말라.

5 여호와께서 너를 인도하여 가나안 사람, 헷 사람, 아모리 사람, 히위 사람, 여부스 사람 등이 살고 있는 네 조상들에게 맹세한 젖과 꿀이 흐르는 땅에 들어가게 하거든 너는 애굽에서 나온 그 달에

6 무교병을 첫째 달 14일 저녁부터 21일 저녁까지 7일 동안 먹고 7일째는 여호와께 절기로 지키라.

7 이 7일 동안 무교병을 먹고 네 땅, 네 집에 있는 누룩을 없애도록 하라. 무릇 누룩이 들어 있는 음식을 먹는 자는 외국인이든지 본국에서 출생한 자든지 모두 이스라엘에서

끊어질 것이다.[1]

8 너희는 그날에 네 아들에게 이렇게 보여 말하라. '이 유월절 예식은 여호와께서 우리[2]를 위해 애굽 사람에게 죽음의 재앙을 내리실 때 애굽의 고센 지역에 살던 이스라엘 백성의 집은 재앙이 넘어가 죽음에서 건져주신 일로 인해 지키는 것이다.[3]

9 이것으로 네 손에 맨 표가 되고, 네 이마의 상징으로 삼고 그 율법을 네 입에 두라. 이는 여호와께서 강한 능력[4]으로 너희를 애굽에서 인도하여 내셨기 때문이다.

10 이날을 기념하여 해마다 여호와의 절기로 삼아 영원한 규례로 대대에 걸쳐 지키라.[5]

11 내가 너와 네 조상에게 맹세한 대로 너를 가나안 사람이 사는 땅으로 인도하고 그 땅을 네게 주거든

12 너는 태에서 처음 태어난 것은 사람이든 네 소유의 가축이든 모두 거룩히 구별하여 내게 바치라. 수컷은 모두 내 것이다.

13 나귀의 첫 새끼는 모두 어린 양으로 대신 바칠 수 있다. 그렇게 하지 않으려면 그 목을 꺾어야 한다. 네 아들 중 장자 역시 짐승으로 대신 바쳐야 할 것이다.

14 훗날 네 아들이 '왜 이렇게 하십니까?'라고 물으면 너는 이렇게 말해 주라. '여호와께서 그 강한 능력[4]으로 우리를 종살이하던 애굽의 집에서 이끌어내실

15 그때 바로가 완고하여 우리를 보내지 않았기 때문에 여호와께서 애굽에 있는 사람의 장자이든 가축의 처음 태어난 것이든 처음 태어난 것은 모두 죽이셨다. 그래서

---

1) 출 12:19　2) 나　3) 출 12:27　4) 손　5) 출 12:14

태에서 처음 태어난 모든 수컷으로 내가 여호와께 제사를 드리는 것이다. 그리하여 그 짐승은 내 아들 중에 처음 난 자를 위해 대신 죽는 것이다.

16 이것이 네 손에 맨 표가 되고, 네 이마의 상징이 될 것이다. 이는 여호와께서 강한 능력으로 우리를 애굽에서 인도하여 내셨기 때문이다."

구름 기둥과 불 기둥으로 인도

17 ●바로가 이스라엘 백성을 애굽에서 보낸 후 블레셋 사람이 사는 땅으로 가는 길은 가까웠지만 하나님은 그들을 그 길로 인도하지 않았다. 이스라엘 백성이 전쟁을 하게 되면 애굽으로 돌아가려고 하는 마음을 가질 것이기 때문이었다.

18 그래서 하나님은 홍해 가로 난 광야로 길을 돌려 백성을 인도하셨다. 이스라엘 백성이 애굽 땅에서 대열을 지어 나올 때

19 모세가 요셉의 유골을 가지고 나왔다. 그것은 요셉이 죽기 전에 "하나님께서 반드시 너희를 찾아오시리니 너희는 내 유골을 여기서 가지고 나가라"고 이스라엘 백성에게 단단히 맹세시켰기 때문이다.[1]

20 그들은 숙곳을 출발하여 수르광야 끝에 있는 에담에 장막을 쳤다.

21·22 여호와께서 그들 앞에서 가시며 낮에는 구름 기둥으로, 밤에는 불 기둥을 그들에게 비추어 이스라엘 백성이 밤낮으로 진행하도록 했다.

홍해를 육지처럼 건넘

14 ●여호와께서 모세에게 말씀하셨다.

2 "이스라엘 백성을 바다와 믹돌 사이의 바알스본 맞은편에 있는 비하히롯 앞 바닷가에 장막을 치도록 하라.

3 바로는 이스라엘 백성이 멀리 떠나 길을 잃어 광야에 갇히게 되었다고 생각할 것이다.

4 내가 바로의 마음을 완악하도록 내버려두리니 바로가 너희를 뒤쫓을 것이다. 그러나 내가 그와 그의 모든 군대로 인해 영광을 얻어 애굽 사람들이 내가 여호와인 줄을 알게 할 것이다." 이에 무리가 여호와의 말씀대로 진행하여 비하히롯 곁 바닷가에 장막을 쳤다.

5 이스라엘 백성이 애굽에서 떠난[2] 사실이 애굽 왕에게 전해지자 바로와 그의 신하들이 마음이 변해 말했다. "우리가 왜 우리를 섬기던 이스라엘을 놓아 보냈는가?" 이에

6 바로가 급히 서둘러 그의 병거를 갖추고 그의 군대[3]를 데리고 이스라엘을 추격했다.

7 이때 징별된 병거가 600대였고 애굽의 다른 병거를 모두 동원했으며 지휘관들이 다 몰았다.

8 여호와께서는 애굽 왕의 마음을 완악하도록 내버려 두셨다. 그가 이스라엘 백성의 뒤를 추격한 것은 이스라엘 백성이 당당하게[4] 나갔기 때문이다.

9 애굽 사람들과 바로의 말들과 병거와 그 마병과 군대가 이스라엘의 뒤를 추격하여 그들이 장막을 친 바알스본 맞은편에 있는 비하히롯 곁 바닷가에 이르렀다.

10 이스라엘 백성은 바로의 군대[5]가 자기들을 뒤쫓아 온 것을 보았다. 이에 이스라엘 백성이 크게 두려워하여 여호와께 부르짖었다.

---

1) 창 50:25　2) 도망한　3) 백성　4) 높은 손으로
5) 애굽 사람

11 그들이 또 모세에게 원망하며 말했다. "애굽에 매장지가 없어 당신이 우리를 이끌어내어 이 광야에서 죽게 하느냐?

12 우리가 애굽에서 당신에게 이렇게 될 것이라고 말하지 않았느냐? 애굽 사람을 섬기는 것이 광야에서 죽는 것보다 나으니 이제 우리를 내버려 두라. 우리가 애굽 사람을 섬길 것이다."

13 모세가 백성들에게 말했다. "너희는 두려워하지 말고 서서 가만히 있기만 하라. 여호와께서 행하시는 구원을 볼 것이다. 너희는 오늘 본 애굽 사람을 다시는 보지 않게 될 것이다.

14 여호와께서 너희를 대신하여 싸우실 것이니 너희는 단지 가만히 있으면 된다."

15 여호와께서 모세에게 말씀하셨다. "너는 왜 내게 부르짖느냐? 이스라엘 백성에게 앞으로 나아가게 하고,

16 지팡이를 바다 위로 가리켜 바다가 갈라지게 하라. 이스라엘 백성은 바다 가운데를 마른 땅처럼 건너갈 것이다.

17 내가 애굽 사람들의 마음을 완악하도록 내버려 두며, 그들이 너희의 뒤를 따라 들어갈 것이다.

18 내가 바로와 그의 모든 군대와 병거와 마병으로 인해 영광을 받을

것이다. 그제야 애굽 사람들이 내가 여호와인 줄을 알게 될 것이다."

19 하나님의 말씀이 끝나자 이스라엘 진 앞에 가던 하나님의 사자가 그들의 뒤로 가자 구름 기둥도 함께 그 뒤로 옮겨 갔다.

20 그래서 구름 기둥이 애굽 진과 이스라엘 진 사이에 머무르자 바로의 군대 쪽에는 구름과 흑암이 있고, 이스라엘 쪽에는 밤이지만 밝으므로 밤새도록 애굽 쪽이 이스라엘 쪽으로 접근하지 못했다.

21 모세가 바다를 향해 손을 내밀자 여호와께서 강한 동풍을 불게 하여 밤새도록 바닷물을 좌우로 물러가게 하셨고, 물이 갈라져 바다가 마른 땅이 되었다.

22 이에 이스라엘 백성이 바다 가운데를 육지로 걸어가고 바닷물은 좌우에 벽을 이루었다.

23 애굽 사람들과 바로의 말들과 병거들과 그 마병들도 이스라엘의 뒤를 따라 바다 가운데로 들어왔다.

24 새벽이 되자 여호와께서 불과 구름 기둥 가운데서 애굽 군대를 보시고 애굽 군대를 혼란스럽게 하셨다.

25 그들의 병거 바퀴를 빠지게 하여 달리기 어렵게 하시자 애굽 사람들이 말했다. "이스라엘 앞에서 우리가 도망하자. 여호와께서 그들을 위하여 싸워 애굽 사람들을 공격하고 있다."

26 그때 여호와께서 모세에게 말씀하셨다. "네 손을 바다로 향하게 하여 물이 애굽 사람들과 그들의 병거들과 마병들 위에 다시 흐르게 하라."

27 모세가 곧바로 손을 바다로 향해 가리키자 새벽에 바닷물이 이스라엘

정경지리 홍해(출 14, 출 15:22)

고대의 홍해는 인도양과 페르시아만까지 포함되었으나 오늘날의 홍해는 아프리카와 아라비아를 분리시켜 내포로만 한정되었다. 오늘날 홍해는 길이가 2400km가 되며 아프리카와 아라비아 반도를 나누고 있다. 이 중에 시나이반도를 중간에 두고 북쪽으로 뻗은 두 개의 입강이 있다. 하나는 약 208km인 시나이반도 서쪽의 수에즈만이고, 다른 하나는 길이 약 144km인 시나이반도 동쪽이다.

뒤쪽에서부터 합쳐졌다. 이에 애굽 사람들이 물을 피해 반대쪽으로 도망하지만 여호와께서 애굽 사람들을 바닷물로 덮으셨다.

28 바닷물이 다시 합쳐져 병거들과 기병들과 바다에 들어간 바로의 군대를 모두 덮어 한 사람도 남지 않고 모두 죽었다.

29 그러나 이스라엘 백성은 바다 가운데를 육지로 걸어 갔다.

30 이같이 여호와께서 이스라엘을 애굽 사람의 추격¹⁾에서 건져 주셨고, 홍해를 건넌 이스라엘은 바닷가에서 애굽 사람들이 죽어 있는 것을 보았다.

31 이스라엘이 여호와께서 애굽 사람들에게 행하신 큰 능력을 보자 그들이 여호와를 경외하며 여호와와 그의 종 모세를 믿게 되었다.

모세와 이스라엘 백성, 미리암의 노래

15 ● 이스라엘이 홍해를 육지처럼 건너고 애굽 사람이 죽었을 때 모세와 이스라엘 백성이 여호와께 이렇게 노래했다. "내가 여호와를 찬양합니다. 그분은 높고 영화로우시며, 애굽의 말 탄 자를 바다에 던지셨도다.

2 여호와는 나의 힘이 되시고, 노래가 되시며, 구원이 되십니다. 그분은 나의 하나님이 되시니 내가 그분을 찬양합니다. 그분은 내 아버지의 하나님이 되시니 내가 그분을 높입니다.

3 여호와는 그의 이름이 되시니 그분은 용사이십니다.

4 그가 바로의 병거와 군대를 바닷물에 덮으시니 그들의 지휘관들이 홍해에 잠겼도다.

5 깊은 바닷물이 그들을 덮치자 그들이 돌처럼 바닷물 속으로 가라 앉았도다.

6 주 여호와의 오른손이 권능으로 영광을 나타내시고, 원수들을 부수셨도다.

7 주께서 크신 위엄으로 주를 거역하는 자를 엎으셨도다. 주께서 진노를 발하시자 그 진노가 그들을 지푸라기처럼 불살랐도다.

8 주의 숨결에 바닷물이 쌓이고 파도가 언덕같이 일어나 큰 물이 바다 가운데 굳어졌도다.

9 원수가 말하기를 '내가 그들을 쫓아가 빼앗은 탈취물을 나누고, 내가 그들로 인해 내 욕망을 채우며, 내가 내 칼을 빼 그들을 멸할 것이다'라고 했도다.

10 그러나 주께서 바람을 일으켜 바닷물로 그들을 덮치게 하셨고, 그들은 거센 물에 납처럼 잠겼도다.

11 여호와여, 신들 중에 주와 같은 자가 누구입니까? 누가 주와 같이 거룩하고, 영광스러우며, 찬양받을 만한 위엄이 있으며, 놀라운 일을 행하는 자가 있습니까?

12 주께서 오른손을 드시자 땅이 그들을 삼켰도다.

13 주의 자비하심으로 주께서 구원하신 백성을 인도하셨도다. 그리고 주의 능력으로 그들을 주의 거룩한 땅으로 들어가게 하셨도다.

14 그러므로 나라들이 듣고 떨었도다. 블레셋 주민이 두려워했고,

15 에돔의 우두머리들이 놀랐으며, 모압의 영웅이 떨었도다. 가나안 주민은 모두 낙담했도다.

16 놀람과 두려움이 그들에게 임했으며, 주의 크신 능력²⁾에 그들이 돌처럼 침묵했도다. 그것은 주께서 사신 백성이 지나가기까지였도다.

1) 손　2) 팔

17 주께서는 그의 백성을 인도하사 그들을 주께서 약속하신 기업의 산에 심으실 것입니다. 그곳은 여호와께서 거하실 곳으로 삼기 위해 예비한 곳입니다. 여호와여, 이것이 주의 손으로 지으신 성소입니다.

18 여호와께서 영원히 다스리십니다."

19 바로의 말과 병거와 마병이 바다에 들어가자 여호와께서 바닷물을 그들 위에 다시 흐르게 하셨다. 그러나 이스라엘 백성은 바다 가운데를 마른 땅으로 지나갔다.

20 아론의 누이이자 선지자인 미리암이 작은 북인 소고를 잡자 모든 여인이 그를 따르며 작은 북을 잡고 춤을 추었다.

21 이에 미리암이 그들에게 화답했다. "너희는 여호와를 찬양하라. 그분은 높고 영화로우시며, 말 탄 자를 바다에 던지셨도다."

쓴 물이 단물로 변한 마라

22 ● 모세가 홍해를 건넌 후 이스라엘을 인도하여 수르광야로 들어갔다. 그곳에서 3일 길을 걸었으나 물을 얻지 못하고

23 마라에 도착했다. 그러나 그곳의 물이 써서 마시지 못하자 그 이름을 '쓰다'라는 뜻의 '마라'라고 불렀다.

24 그때 이스라엘 백성이 모세에게 원망하며 말했다. "우리에게 마실 물이 없다."

25 모세가 여호와께 부르짖었다. 그때 여호와께서 가리키신 한 나뭇가지를 물에 던지자 물이 달게 되었다. 여호와께서는 그곳에서 그들을 위하여 규례를 정하시고 그들을 시험하셨다.

26 여호와께서 말씀하셨다. "너희가 내 말에 순종하고, 내가 보기에 옳은 일을 행하며, 내 계명과 모든 규례를 지키면 내가 애굽 사람에게 내린 어떤 질병도 너희에게 내리지 않을 것이다. 나는 너희를 치료하는 여호와가 되기 때문이다."

27 그들이 마라를 떠나 70㎞ 정도 떨어진 엘림에 도착하자 그곳에는 샘 12개와 종려나무 70그루가 있었다. 이스라엘은 그 샘 곁에 장막을 쳤다.

만나와 메추라기가 내림

16 ● 이스라엘 백성이 엘림을 출발하여 엘림과 시내산 사이에 있는 신광야에 도착한 때는 애굽에서 나온 지 둘째 달인 4~5월 15일이었다.

2 이스라엘 백성이 그 광야에서 모세와 아론을 원망하며

3 그들에게 말했다. "우리가 애굽 땅에서 고기 가마 곁에 앉아 있던 때와 배부르게 빵을 먹던 때 여호와의 손에 죽었으면 좋았을 뻔했다. 그런데 너희가 이 광야로 이끌어내어 백성을 굶어 죽게 하고 있다."

4 그때 여호와께서 모세에게 말씀하셨다. "보라, 내가 너희를 위해 먹을 양식을 하늘에서 비처럼 내릴 것이다. 백성들은 매일같이 먹을 양식을 거둘 것이다. 이같이 행하여 그들이 내 율례를 지키는지 시험할 것이다.

5 여섯째 날에는 다음 날의 양식까지 준비하며, 매일 거두던 것의 두 배를 거둘 것이다."

6 모세와 아론이 온 이스라엘 백성에게 말했다. "저녁이 되면 너희가 여호와께서 너희를 애굽 땅에서 이끌어내신 것을 알게 되리라.

7 아침에는 너희가 여호와께서 베푸시는 영광을 볼 것이다. 이는 여호와께서 너희의 원망함을 들어주셨기

때문이다. 우리가 어떤 사람이기에 우리를 향해 원망하느냐?"

8 모세가 계속해서 말했다. "여호와께서 저녁에는 고기를 주어 먹게 하고, 아침에는 빵으로 배부르게 먹게 하실 것이다. 너희의 원망은 우리를 향하여 하는 것이 아니라 실상은 여호와를 향하여 하는 것이다."

9 모세가 아론에게 말했다. "이스라엘 백성에게 '여호와께 가까이 나아오라. 여호와께서 너희의 원망함을 들으셨다'라고 말하라."

10 이에 아론이 이스라엘 백성에게 가서 말하자 그들이 광야를 바라볼 때 구름 속에 여호와의 영광이 나타났다.

11 그때 여호와께서 모세에게 말씀하셨다.

12 "내가 이스라엘 백성이 원망하는 것을 들었다. 이제 그들에게 말하라. 너희는 해가 질 때는 고기를 먹고, 아침에는 빵으로 배부르게 먹을 것이다. 이로 인해 내가 너희의 하나님인 줄을 알게 될 것이다."

13 여호와의 말씀대로 저녁에는 메추라기가 날아와서 진에 쌓였고, 아침에는

14 이슬이 마른 후 광야에 작고 둥글며 서리처럼 가는 것이 있었다.

15 이스라엘 백성이 그것을 보고 무엇인지 알지 못해 "이것이 무엇인가?"라고 물었다. 이에 모세가 그들에게 대답했다. "이것은 여호와께서 너희에게 주시는 양식이다.

16 여호와께서는 각 사람은 사람 수대로 한 사람에 2리터 되는 1오멜씩 그의 장막에 있는 사람의 것까지 먹을 만큼만 거두라"고 명령하셨다.

17 이스라엘 백성이 하나님의 말씀대로 하여

18 많이 거둔 자도 남음이 없고, 적게 거둔 자도 부족함 없이 각 사람은 먹을 만큼만 거두었다.

19 모세가 그들에게 말했다. "누구든지 아침까지 그것을 남겨 두지 말라."

20 그러나 그 말을 믿지 못한 자들은 모세에게 순종하지 않고 더러는 아침까지 두었더니 벌레가 생기고 냄새가 났다. 이를 본 모세가 그들에게 화를 냈다.

21 백성들은 아침마다 각 사람이 먹을 만큼만 거두었으며 햇볕이 강하게 쬐면 그것이 사그라졌다.

22 여섯 번째 날에는 각 사람이 2오멜씩 갑절의 양식을 거두었고 이스라엘 백성의 모든 지도자가 와서 그 사실을 모세에게 알렸다.

23 그러자 모세가 그들에게 말했다. "여호와께서 이같이 말씀하셨다. 내일은 여호와께 거룩한 안식일이므로 만나를 너희가 굽던지 삶던지 하고 그 나머지는 이튿날 너희를 위해 아침까지 보관하라."

24 그들이 모세의 명령대로 아침까지 보관했으나 이날은 냄새도 나지 않고 벌레도 생기지 않았다.

25 모세가 말하되 "오늘은 어제 거둔 것을 먹으라. 오늘은 여호와의 안식일이므로 너희가 들에서 양식을 얻지 못할 것이다.

26 6일 동안은 너희가 만나를 거두되 제7일째는 안식일이니 그날에는 만나가 내리지 않을 것이다."

27 제7일째에 어떤 사람들이 여호와의 말을 믿지 못하고 양식을 거두러 나갔다가 얻지 못했다.

28 이에 여호와께서 모세에게 말씀하셨다. "너희가 어느 때까지 내 계명과 규례를 지키지 않겠느냐?

29 내가 너희에게 안식일을 줌으로써 제6일째는 2일간의 양식을 너희에게 줄 것이니 너희는 각자 자기 거주지에 있고, 제7일째는 아무도 자기의 거주지를 벗어나지 말라고 했다."

30 그러므로 백성이 제7일째는 쉬었다.

31 이스라엘 족속이 그 양식을 '만나'라고 불렀는데 그것은 식물의 일종인 깟의 씨와 같이 희고, 맛은 꿀을 섞은 과자와 같았다.

32 모세가 말했다. "여호와께서 명령하시기를 '이것을 2리터 되는 1오멜만큼 채워서 너희의 후손을 위해 대대에 걸쳐 보관하라. 이는 내가 너희를 애굽 땅에서 이끌어낼 때 광야에서 너희에게 먹인 양식을 그들에게 보여주기 위함이다'라고 하셨다."

33 모세가 아론에게 말했다. "항아리를 가져다가 그 속에 만나 1오멜을 담아 여호와 앞에 두어 너희 대대에 걸쳐 보관하라."

34 아론이 여호와께서 모세에게 명령하신 대로 그것을 증거판 앞에 두어 보관하게 했다.

35 이스라엘 백성은 사람이 사는 가나안 땅에 이르기까지 40년 동안 이 만나를 먹었다.[1]

36 1오멜은 10분의 1에바이다.

?! 난제 　광야생활에서의 소금 섭취는?

출애굽한 이스라엘 백성들은 장정만 60만 명이니 한 가족당 4명을 기준으로 하면 240만 명이나 된다. 이 많은 사람들이 광야에서 40년 동안 소금을 섭취한다는 것은 불가능하다. 그러나 하나님은 만나 속에 따로 소금을 섭취하지 않아도 될 만큼 함께 내려주셨다. 이는 만나가 꿀섞은 과자같이 맛이 있다고 한 말에서도 증명된다.(출 16:31) 소금이 없으면 맛을 낼 수 없다.

므리바의 물 사건

17 ● 이스라엘 백성이 여호와의 명령대로 신광야에서 출발하여 돕가에 진을 쳤다. 이후 돕가를 떠나 알루스에 진을 쳤다. 그리고 노정대로 계속 진행하여 르비딤에 장막을 쳤다. 그러나 그곳에 마실 물이 없자

2 백성들이 모세와 다투어 말했다. "우리에게 물을 주어 마시게 하라." 모세가 그들에게 말했다. "너희가 왜 나와 다투느냐? 너희가 어찌하여 여호와께서 물을 줄 능력이 있으신지 없으신지를 시험하느냐?"

3 그곳에서 백성들이 모세에게 원망하며 말했다. "당신이 왜 우리를 애굽에서 이끌어내어 우리와 우리 자녀와 가축을 이곳에서 목말라 죽게 하느냐?"

4 이에 모세가 여호와께 부르짖어 간구했다. "내가 이 백성에게 어떻게 할 수 있겠습니까? 그들이 곧 내게 돌을 던질 것입니다."

5 여호와께서 모세에게 말씀하셨다. "너는 백성 앞을 지나 이스라엘 장로들을 데리고 나일 강물을 치던 네 지팡이를 손에 잡고 가라.

6 내가 시내산, 곧 호렙산에 있는 그 반석 위에서 네 앞에 설 것이니 너는 그 반석을 치라. 그러면 그곳에서 물이 나오고 백성이 마시게 될 것이다." 모세가 이스라엘 장로들 앞에서 그대로 행했다.

7 그리고 모세는 그곳 이름을 '맛사' 또는 '므리바'라고 불렀다. 이는 이스라엘 백성이 다투고 여호와를 시험하여 "여호와께서 우리 중에 정말 계신가?"라고 말하며 의심했기 때문이다.

1) 수 5:12 참조

르비딤에서 아말렉과의 싸움

8 ● 그때 아말렉과 이스라엘이 르비딤 골짜기에서 싸웠다.

9 모세가 여호수아에게 말했다. "너는 우리를 위해 싸울 수 있는 사람들을 선발하여 나가 아말렉과 싸우라. 나는 내일 하나님의 지팡이를 손에 잡고 산 위에 설 것이다."

10 여호수아가 모세의 말대로 군사를 소집하여 아말렉과 싸우고, 모세와 아론과 훌은 산 위에 올라가서 손을 들고 기도했다.

11 그러자 모세가 손을 들면 이스라엘이 이기고, 손을 내리면 아말렉이 이기기를 반복했다.

12 싸움이 길어지자 모세의 팔이 피곤하여 내려 왔다. 그러자 아론과 훌이 돌을 가져다가 모세를 그 위에 앉게 하고 그들이 양쪽에서 모세의 손이 내려오지 않도록 붙들었다. 이에 모세의 손이 해가 지도록 내려오지 않았다.

13 여호수아는 칼날로 아말렉과 그 백성을 쳐서 무찔렀다.

14 그때 여호와께서 모세에게 말씀하셨다. "이번 싸움에 대한 사건을 책에 기록하여 기념하라. 또한 여호수아가 잊지 말고 기억하도록 하라. 내가 아말렉을 멸절하여 천하에서 기억하지 않게 할 것이다."

15 모세가 그곳에 제단을 쌓고 그 이름을 '나의 깃발'이라는 뜻의 '여호와 닛시'라고 불렀다. 그런 후

16 "여호와께서 여호와의 보좌를 향해 손을 들었으니 아말렉과 더불어 대대에 걸쳐 싸울 것이라고 말씀하셨다"라고 외쳤다.

이드로의 모세 방문

18 ● 모세의 장인이자 미디안 제사장인 이드로는 하나님께서 모세와 자기 백성 이스라엘을 애굽에서 이끌어내신 모든 일에 대해 들었다.

2 그는 모세가 돌려보냈던 그의 아내 십보라와

3 그의 두 아들 게르솜과 엘리에셀을 데려왔다. 게르솜은 모세가 '이방에서 나그네가 되었다'하여 붙인 이름이고,¹⁾

4 엘리에셀은 '내 아버지의 하나님께서 나를 도우사 바로의 칼에서 구원하셨다'라고 하여 붙인 이름이다.

5 모세의 장인 이드로가 모세의 아들들과 그의 아내와 함께 시내산, 곧 하나님의 산 앞에 진을 친 광야로 왔다.

6 한 사람이 모세에게 장인 이드로가 모세의 아내와 그의 두 아들을 데려왔다고 전했다. 이에

7 모세가 나가서 장인에게 입을 맞추며 절하고 서로 문안 인사를 건넨 후 함께 장막으로 들어갔다.

8 모세는 장인에게 여호와께서 이스라엘을 위해 바로와 애굽 사람에게 행하신 모든 일과 길에서 그들이 당한 고난과 여호와께서 이스라엘 백성을 구원하신 일을 모두 말했다.

9 모세의 말을 들은 이드로는 여호와께서 이스라엘에게 큰 은총을 베풀어 애굽 사람의 손에서 건져냄을 인해 기뻐했다.

10 이드로가 말했다. "여호와를 찬양하라. 너희를 애굽 사람의 핍박²⁾과 바로의 압제에서 건져내셨다.

11 이제 여호와는 어떤 신보다 위대하시므로 이스라엘에게 교만하게 행하던 애굽의 바로와 그 사람들을 이기신 것을 내가 확실히 알았다."

---

1) 출 2:22   2) 손

12 이드로가 번제물과 희생제물들을 하나님께 가져오자 아론과 이스라엘의 모든 장로가 와서 모세의 장인 이드로와 함께 하나님 앞에서 그 음식을 먹었다.

재판제도를 둠

13 ● 이튿날 모세는 백성들의 문제를 재판하기 위해 자리에 앉았고, 백성은 온종일 모세 곁에 서서 재판을 받고 있었다.

14 모세의 장인이 그 모습을 보고 말했다. "너는 왜 혼자 재판하고 백성들은 온종일 네 곁에 서 있는가?"

15 모세가 장인에게 대답했다. "백성이 하나님의 판단을 묻기 위해 내게로 오기 때문입니다.

16 그들이 분쟁이나 문제가 생겨 오면 내가 그 양쪽 사람을 재판하여 하나님의 규례를 알게 합니다."

17 모세의 장인이 그에게 말했다. "네가 하는 것이 바람직하지 못하다.

18 그렇게 하면 너는 물론 너와 함께한 이 백성이 결국 기력이 약해질 것이다. 이 일은 너 혼자서 하기에 너무 힘들기 때문이다.

19 이제 내 제안을 들어 보라. 내가 방법을 알려주리니 하나님께서 너와 함께하실 것이다. 너는 하나님 앞에서 백성이 가져온 문제들을 하나님께 가져가고,

20 그들에게 규례와 법도를 가르치고, 마땅히 갈 길과 할 일을 알려주라.

21 또한 백성들 가운데서 능력있는 자, 곧 하나님을 두려워하며, 정직하며, 불의한 이익을 탐하지 않는 자를 뽑아 백성 위에 재판관으로 세워 천부장과 백부장과 오십부장과 십부장을 삼으라.

22 그래서 그들에게 언제든지 백성을 재판하도록 하라. 중요한 문제는 네가 담당하고 작은 문제는 그 경량에 맞는 부장들이 재판하게 하라. 그러면 그들이 너와 함께 재판을 분담하여 담당하기에 그 재판하는 일이 네게 쉬워질 것이다.

23 만일 내가 제안한 이 일을 하나님께서도 네게 허락하시면 그렇게 하도록 하면 된다. 그러면 모든 백성도 자기 장막으로 평안히 갈 것이다."

24 이에 모세가 장인의 말을 듣고 그가 제안한 대로 시행하여

25 이스라엘 백성 가운데서 재판할 수 있는 능력 있는 사람들을 선택하여 천부장과 백부장과 오십부장과 십부장으로 세웠다.

26 그리하여 그들은 상시로 백성을 재판했는데, 중요한 문제는 모세에게 가져오고, 작은 문제는 스스로 재판했다.

27 모세의 장인은 자기가 살던 곳으로 돌아갔다.

이스라엘 백성이 시내산에 도착함

19 1-2 ● 이스라엘 백성은 애굽 땅에서 나온 지 3개월이 되던 날 르비딤 골짜기를 떠나 56㎞를 진행하여 시내산 앞 시내광야에 도착해 그곳 산 앞에 장막을 쳤다.

3 모세가 시내산 하나님 앞에 오르자 하나님께서 그를 불러 말씀하셨다. "너는 이같이 이스라엘 백성1)에게 말하라.

4 내가 애굽 사람에게 행한 기적들과 독수리 날개로 업은 것처럼 너희를 인도했음을 너희가 보았다.

5 모든 나라가 내게 속했으니 너희가 내 말을 경청하고 내 언약을 지키면

너희는 모든 백성[1] 중에서 보배 같은 존재[2]가 될 것이다.

6 또한 너희가 나에 대해 제사장 나라가 되며, 거룩한 백성이 될 것이다. 너는 이 말을 이스라엘 백성에게 전하라."

7 산에서 내려온 모세는 백성의 장로들을 소집한 후 여호와께서 자기에게 명령하신 모든 말씀을 그들에게 전했다.

8 이에 모든 백성이 일제히 응답했다. "여호와께서 말씀하신 대로 우리가 모두 이행할 것입니다." 모세가 여호와께 백성의 다짐을 전하자

9 여호와께서 모세에게 말씀하셨다. "내가 빽빽한 구름 가운데서 네게 임하는 이유는 내가 너와 말하는 것을 백성들이 들을 수 있게 하여 너를 끝까지 믿게 하기 위함이다." 이에 모세가 백성의 말을 여호와께 전한 것으로 인해

10 여호와께서 모세에게 말씀하셨다. "너는 백성들에게 가서 오늘과 내일 이틀 동안 옷을 빨고 깨끗하게 하라.

11 그리고 셋째 날을 준비하며 기다리게 하라. 그 셋째 날에 나 여호와가 모든 백성이 보는 앞에서 시내산에 내려올 것이기 때문이다.

12 너는 백성을 위해 사방으로 경계를 정하고 말하라. 너희는 경계 지점을 넘어 산에 오르지 말라. 경계 지점을 넘어 산으로 오는 자는 반드시 죽을 것이다.

13 그런 자가 있다면 그를 직접 손으로 죽이지 말고 돌로 치거나 화살로 쏘아 죽이되, 사람은 물론 짐승까지도 죽이라. 그러나 나팔을 길게 불면 산 앞에 올라와도 죽임을 당하지 않을 것이다."

14 모세가 산에서 내려와 백성을 성결하게 하자 그들이 자기의 옷을 빨았다.

15 모세가 백성에게 말했다. "셋째 날을 기다리고 여인을 가까이 하지 말라."

16 셋째 날 아침이 되자 천둥과 번개가 일어나고, 산 위에 구름이 빽빽하게 덮였으며, 나팔 소리가 매우 크게 들리니 장막 중에 있는 모든 백성이 두려움 가운데 떨었다.

17 모세가 하나님을 뵙기 위해 백성을 거느리고 진을 친 장막에서 나오자 그들이 산 중턱에 서 있었다.

18 연기가 자욱한 시내산에 여호와께서 불 가운데서 내려오셨다. 연기가 옹기 가마의 연기처럼 떠올랐으며 산이 크게 진동했다.

19 나팔 소리가 점점 커질 때 모세가 말하면 하나님은 음성으로 대답하셨다.

20 여호와께서 시내산 꼭대기에 내려오시고 그곳으로 모세를 부르셨다. 이에 모세가 산꼭대기로 올라가자

21 여호와께서 모세에게 말씀하셨다. "너는 내려가서 백성들에게 경계를 넘어 나 여호와를 보려고 하지 말라고 경고하라. 그렇게 하면 죽임을 당할까 염려스럽다.

22 또 나를 가까이 하는 제사장들의 몸을 성결케 하라. 그렇지 않으면 나 여호와가 그들을 죽일까 염려한다."

23 모세가 여호와께 말했다. "주께서 우리에게 명령하시기를 산 주위에 경계를 세워 산을 거룩하게 하라고 하셨기에 백성이 시내산에 오르지 않을 것입니다."

---

1) 민족   2) 내 소유

24 여호와께서 그에게 말씀하셨다. "너는 내려가서 아론과 함께 올라오고 제사장들과 백성들에게는 정한 경계 지점을 넘어 나 여호와에게 올라오지 않게 하라. 내가 그들을 죽일까 염려스럽다."

25 이에 모세가 백성에게 내려가 하나님의 말씀을 그들에게 알렸다.

십계명을 주심[1]

20 ● 하나님께서 시내산에서 모세에게 말씀하셨다.

2 "나는 너를 종살이하던 애굽 땅[2]에서 이끌어낸 네 하나님이다.

3 그러므로 너희는 나 외에[3] 다른 신들을 두지 말라.

4 자신을 위해 하늘과 땅과 땅 아래 물속에 있는 것의 어떤 새긴 우상이나 형상도 만들지 말라.

5 그 우상들에게 절하거나 경배하지도 말라. 나는 질투하는 하나님이므로 나를 미워하는 자의 죄는 삼사 대까지 갚을 것이다. 그러나

6 나를 사랑하고 내 계명을 지키는 자에게는 천 대까지 은혜를 베풀 것이다.

7 너희는 네 하나님 여호와의 이름을 함부로 부르지 말라. 여호와는 그의 이름을 함부로 부르는 자를 죄가 없다고 하지 않을 것이다.

8 안식일을 잊지 말고 거룩한 날로 지키라.

9 6일 동안은 힘써 네 일을 행하라.

10 제7일째는 네 하나님 여호와의 안식일이다. 그러므로 너나 네 아들딸, 네 남녀종, 네 가축, 네 집에 머무는 손님까지 어떤 일도 하지 말라.

11 6일 동안 나 여호와가 천지 만물을 창조하고 제7일째는 쉬었기 때문이다. 그래서 나 여호와가 안식일을 복되게 하여 그날을 거룩하게 한 것이다.

12 네 부모를 공경하라. 그러면 네 하나님께서 네게 준 땅에서 네가 장수할 것이다.

13 살인하지 말라.

14 간음하지 말라.

15 도둑질하지 말라.

16 네 이웃에 대해 거짓 증거를 하지 말라.

17 네 이웃의 아내나 그의 남녀 종, 그의 소나 나귀, 무릇 네 이웃의 집에 있는 소유를 탐내지 말라."

하나님의 강림하심

18 ● 이스라엘 백성이 천둥 번개와 나팔 소리와 산에 있는 연기를 보고 크게 두려워했다.

19 그리고 백성들은 모세에게 말했다. "하나님께서 우리에게 직접 말씀하시지 않고 대신 당신이 우리에게 말씀하시면 우리가 들을 것입니다. 혹시 그렇게 하지 않으면 우리가 죽을까 두렵습니다."

20 모세가 백성에게 말했다. "두려워하지 말라. 하나님께서 너희에게 강림하시는 것은 너희를 시험하고, 너희가 하나님을 두려워하므로 범죄하지 않게 하기 위함이다."

21 백성은 멀리 떨어져 있고, 모세는 하나님께서 강림하신 캄캄한 곳으로 가까이 갔다.

제단과 우상에 대한 법

22 ● 여호와께서 모세에게 말씀하셨다. "너는 이스라엘 백성에게 이렇게 말하라. 내가 하늘에서 말하는 것을 너희가 직접 보았다. 그러므로

23 너희는 너희를 위해 은이나 금이든 내 신상을 만들지 말라.

24 내게 흙으로 제단을 쌓고 그 위에

---

1) 신 5:1-21 2) 종 되었던 집 3) 내 앞에

네 양과 소로 번제와 화목제를 드리라. 나는 내 이름을 기념하게 하는 모든 곳에서 네게 복을 줄 것이다.

25 만일 돌로 제단을 쌓으려면 다듬지 않은 돌로 쌓으라. 네가 정으로 그것을 쪼면 부정한 것이 되리라.

26 너는 층계로 내 제단에 오르지 말라. 네 하체가 그 위에서 드러나기 때문이다.

종에 대한 법[1]

21 ● 네가 백성 앞에 세울 종에 대한 규례는 이렇다.

2 네가 히브리인의 종을 사면 그는 6년 동안 섬기고, 7년째에는 몸값을 지불하지 않고 나가 자유인이 될 것이다.

3 그가 혼자 왔으면 혼자 나가고, 결혼했으면 그의 아내도 함께 나갈 것이다.

4 만일 상전이 종살이하는 중에 그에게 아내를 주어 그의 아내가 아들이나 딸을 낳았으면 그의 아내와 그의 자식들은 상전에 속해 있으므로 그는 혼자 나갈 것이다.

5 이때 종이 "내가 상전과 내 처자를 사랑하기 때문에 자유인이 되지 않겠다"라고 하면

6 상전은 그를 데리고 재판장에게로 갈 것이다. 그리고 그를 문이나 문설주 앞으로 데리고 가서 송곳으로 그의 귀를 뚫고 종신토록 그 상전을 섬기게 할 것이다.

7 사람이 자기 딸을 여종으로 판 경우에는 남종처럼 자유롭게 나오지 못할 것이다.

8 만일 잠자리를 같이한 상전이 그를 기뻐하지 않아 더 이상 잠자리를 하지[2] 않으면 그를 자유롭게 놓아 줄 것이다. 그것은 상전이 그 여자를 속인 것이니 외국인에게는

팔지 못한다.

9 만일 그를 자기 아들에게 주기로 했으면 그를 딸처럼 대우하라.

10 그렇지 않고 상전이 다른 여자에게 장가를 들지라도 이전 여자의 음식과 의복과 동침하는 것을 끊지 말아야 한다.

11 그가 이 세 가지를 이행하지 않으면 여자는 몸값을 치르지 않고 나가 자유인이 될 것이다.

살인과 사형에 대한 법

12 ● 사람을 쳐 죽인 자는 반드시 죽이라.

13 그러나 고의적인 살인이 아닌 경우에는 나 하나님의 뜻에 따라 일어난 일이므로 내가 그를 위해 정해 둔 장소로 도망할 것이다.

14 반면 사람이 그의 이웃을 고의로 죽인 경우에는 그를 내 제단에서라도 끌어내어 죽이라.

15 자기 부모를 때리는 자는 반드시 죽이라.

16 사람을 납치한 자는 그 사람을 팔았든지 자기 밑에 두었든지 어떤 경우에도 그를 반드시 죽이라.

17 자기의 부모를 저주하는 자는 반드시 죽이라. 이는 그가 자기의 부모를 저주했기 때문에 부모의 피가 자기에게로 돌아갈 것이다."[3]

18 사람이 서로 싸우다가 한 명이 돌

풍습

종된 표시의 풍습(출 21:6)

율법에서는 평생 종이 되는 표식으로 재판장이 보는 앞에서 문설주나 문 앞에서 송곳으로 귀를 뚫었다. 이는 고대 풍습이기도 하다. 반면 카르타고인들은 귀걸이를 달았으며(Lange), 고대 바빌로니아인들은 이마에 불로 지져서 표식을 삼았다. 이로 보면 고대 히브리인들의 방법은 훨씬 간단했다.

1) 신 15:12-18　2) 상관하지　3) 레 20:9

이나 주먹으로 상대방을 쳤을 경우 그가 죽지 않고 자리에 누웠다가

19 지팡이를 짚고 일어나 걸으면 친 사람은 형벌을 면할 수 있다. 그러나 그것에 대한 손해를 배상하고 그가 완치될 때까지 책임을 져야 한다.

20 사람이 막대기로 그 남녀 종을 쳐서 그 자리에서 죽으면 반드시 형벌을 받을 것이다. 그러나

21 그가 하루나 이틀을 연명하면 형벌을 면할 것이다. 그는 상전의 재산이 되기 때문이다.

사람에 대한 배상법

22 ● 사람이 서로 싸우다가 임신한 여인을 쳐서 낙태시킨 경우 그녀에게 다른 해가 없으면 그 남편이 청구하는 대로 재판장의 판결에 따라 반드시 배상하라.

23 그러나 낙태 외에 다른 피해가 있으면 갚아야 한다. 생명은 생명으로,

24 눈은 눈으로, 이는 이로, 손은 손으로, 발은 발로,

25 덴 것은 덴 것으로, 상하게 한 것은 상함으로, 때린 것은 때림으로 갚으라. 이와 같이 사람이 그의 이웃에게 상해를 입혔으면 그가 행한 대로 그에게 똑같이 행할 것이다.[1)]

26 사람이 그 남녀 종의 한 눈을 쳐서 상하게 하면 그 눈에 대한 보상으로 그를 풀어 주라.

27 남종이나 여종의 이를 부러뜨리면 그에 대한 보상으로 그를 풀어 주라.

임자에 대한 책임

28 ● 소가 사람을 받아 사람이 죽으면 그 소는 반드시 돌로 쳐서 죽이고 그 고기는 먹지 말라. 이때 소 주인은 형벌을 받지 않는다. 그러나

29 소가 본래 받는 버릇이 있는 것을 알고도 단속하지 않음으로 사람이 죽으면 그 소는 돌로 쳐 죽이고 그 소 주인도 죽이라.

30 그러나 그 소 주인을 죽이는 대신에 돈으로 대금을 부과하면 생명의 대가로 지불하라. 그 지불은

31 아들이든 딸이든 대신 받든지 이 법규대로 그 주인에게 행하라.

32 소가 남녀 종을 받아 죽이면 소 주인이 은 30세겔을 그의 상전에게 주고 소는 돌로 쳐서 죽이라.

33 사람이 구덩이를 파고 덮지 않아서 소나 나귀가 그곳에 빠지면

34 그 구덩이를 판 주인이 짐승의 주인에게 적당한 금액을 지불하고, 죽은 짐승은 배상한 자가 차지하라.

35 소가 서로 받아 죽이면 살아있는 소와 죽은 소를 팔아 그 값을 반으로 나누라.

36 그러나 그 소가 본래 받는 버릇이 있는 줄을 알고도 그 주인이 단속하지 않았다면 살아있는 소 주인은 소로 갚고, 죽은 소는 그가 가지라.

배상에 관한 법

22 ● 사람이 소나 양을 도둑질하여 잡거나 팔면 그는 소 1마리에 소 5마리로 갚고, 양 1마리에 양 4마리로 갚으라.

2 도둑을 보고 그를 쳐 죽이면 살인죄가 없으나

3 해가 뜬 후에 일어난 일이면 살인죄가 있다. 도둑은 반드시 배상해야 하며, 배상할 것이 없으면 몸을 팔아 그 도둑질한 것을 배상하라.

4 단 도둑질한 것이 그의 손에 있으면 소나 나귀나 양을 막론하고 2배로 배상하라.

1) 레 24:19-20

5 사람이 밭이나 포도밭에서 짐승에게 꼴을 먹이다가 자기의 짐승이 남의 밭에서 먹게 되면 자기 밭의 가장 좋은 것과 자기 포도밭의 가장 좋은 것으로 배상하라.

6 불을 놓다가 불이 가시덤불로 옮겨붙어서 곡식 더미나 아직 추수하지 못한 곡식이나 밭을 태우면 불 놓은 자가 반드시 배상하라.

7 "사람이 돈이나 물품을 이웃에게 맡겨 지키게 했다가 그 이웃 집에서 도둑을 맞았는데 그 도둑이 잡히면 2배로 배상하라.

8 도둑이 잡히지 않으면 그 집주인은 재판장에게 가서 자기가 그 이웃의 물품에 손을 댔는지 여부를 조사 받게 될 것이다.

9 어떤 사람이 소, 나귀, 양, 의복 등을 분실했거나 다른 잃어버린 물건이 발생한 경우 서로 자기 것이라 주장하면 당사자는 함께 재판장에게 나아가라. 그리고 재판장이 잘못했다고 판정하는 자가 그 상대편에게 2배로 배상해야 한다.

10 사람이 나귀나 소나 양이나 다른 짐승을 이웃에게 맡겼다가 죽거나 다치거나 다른 사람에게 몰래 끌려갔을 경우 본 사람이 없으면

11 두 사람 사이에 맡은 자가 이웃의 것에 손을 대지 않았다고 여호와께 맹세하라. 그러면 그 짐승 주인은 그 사실을 믿을 것이며, 맡았던 사람은 배상하지 않아도 된다.

12 그러나 자기가 맡고 있는 중에 도둑을 맞았다면 그 짐승 주인에게 배상해야 한다.

13 만일 그 짐승이 다른 짐승에게 찢겨 죽었으면 그 증거물을 가져다가 증언하고, 그 찢긴 것에 대해서는 배상하지 않아도 된다.

14 만일 이웃에게 빌려 온 것이 주인이 없을 때 다치거나 죽으면 반드시 배상할 것이다.

15 그러나 그 주인이 그것과 함께 있었으면 배상하지 않아도 된다. 만일 세를 내어 빌려 온 것이면 주인은 세를 낸 돈만 받을 것이다.

16 사람이 처녀를 꾀어 동침했으면 몸값¹⁾을 주고 아내로 삼으라.

17 만일 처녀의 아버지가 딸을 그에게 주기를 거절하면 그는 처녀에게 몸값으로 돈을 주라.

18 너는 무당을 살려두지 말라.

19 짐승과 행음하는 자는 반드시 죽이라.

20 나 외에 다른 신에게 제사를 드리는 자는 죽일 것이다.

21 너는 이방인 나그네를 억누르거나 학대하지 말라. 너희도 애굽 땅에서 나그네였으니 그들의 사정을 잘 알 것이다.

22 너는 과부나 고아를 괴롭히지 말라.

23 네가 그들을 괴롭게 하므로 그들이 내게 부르짖으면 내가 반드시 그 부르짖음을 들을 것이다.

24 그때는 내 분노로 너희를 칼로 죽일 것이다. 너희 아내는 과부가 되고, 너희 자녀는 고아가 될 것이다.

25 너는 내 백성 가운데서 가난한 자에게 돈을 빌려주었을 때 그를 채무자처럼 취급하지 말고, 이자를 받지 말라.

26 만일 네가 이웃의 옷을 전당 잡았으면 해가 지기 전에 그것을 돌려주라.

27 그것은 그에게 유일한 옷인데 그것을 전당 잡으면 그가 무엇을 입고 자겠느냐? 그가 내게 부르짖으면

1) 납폐금

내가 듣고 네게 책임을 물을 것이다. 나는 자비로운 자이기 때문이다.

28 너는 재판장을 모독하지 말라. "너희는 백성의 지도자를 저주하지 말라.

29 너는 네가 추수한 것과 짜낸 즙을 속히 바치고, 너의 처음 난 장자를 내게 드리라.

30 네 소와 양도 태어난 지 7일 동안 어미와 함께 있게 하다가 8일째에는 내게 바치라.

31 또한 너희는 내게 거룩한 백성이 되라. 그러므로 들에서 짐승에게 찢긴 동물의 고기를 먹지 말고 그것을 개에게 던져 주라.

공평에 관한 법

23 ● 너는 거짓된 소문을 퍼뜨리지 말며, 악인과 공모하여 위증하지 말라.

2 다수를 따라 악을 행하지 말며, 송사에 있어 다수를 따라 편파적인 증언을 하지 말라.

3 "너희는 재판할 때 불의를 행하지 말라. 가난한 자의 송사라고 해서 편들지 말라.

4 네 원수의 소나 나귀가 길을 잃은 것을 보면 모르는 체하지 말고 반드시 그 주인을 찾아주라.

5 또 너를 미워하는 자의 나귀가 짐을 싣고 엎드러진 것을 보면 모르는 체하지 말고 그것을 도와 그 짐을 다시 지도록 하라.

6 너희는 재판할 때 불의를 행하지 말라. 가난한 자의 송사라고 해서 그에게 불리한 재판도 하지 말라.

7 거짓된 일을 멀리하며, 무죄한 자와 정직한 자를 죽이지 말라. 나는 악인을 의롭다고 하지 않을 것이다.

8 너는 뇌물을 받지 말라. 뇌물은 의로운 자의 눈을 어둡게 하고, 정직한 자로 거짓말을 하도록 만든다.

9 너는 이방인 나그네를 억누르거나 학대하지 말라. 너희도 애굽 땅에서 나그네였으니 그들의 사정을 잘 알 것이다.

10 너는 6년 동안 밭에 파종하며 그 소산을 거두라.

11 그러나 7년째에는 그 땅을 경작하지 말고 묵혀 쉬게 하라. 그해에는 포도밭과 올리브밭도 가꾸지 말라. 그래서 네 백성 중 가난한 자들이 먹게 하고 그 남은 것은 들짐승이 먹을 것이다.

12 너희는 6일 동안 자신을 위한 일을 하고, 7일째 되는 날에는 휴식을 취하라. 네 소와 나귀를 쉬게 하고, 여종의 자식과 나그네가 휴식을 취할 것이다.

13 다른 신들의 이름은 부르지 말며, 네 입 밖에도 내지 말라.

세가지 절기[1]

14 ● 너는 매년 3번 내게 절기를 지킬 것이다.

15 너는 누룩 없는 빵인 무교병의 절기를 지키라. 내가 네게 명령한 대로 아빕월인 3~4월의 정한 때 7일 동안 누룩 없는 빵을 먹을 것이다. 그달에 네가 애굽에서 나왔기 때문이다. 너는 그때 빈손으로 내 앞에 나오지 말라.

16 이스라엘 백성에게 말하라. 너희는 맥추절, 곧 초실절을 지키라. 이 절기는 네가 수고하여 밭에 뿌린 보리나 밀을 수확할 때의 첫 열매를 거둔 것을 기념하여 지키는 것이다. 또 수장절을 키라. 이 절기는 네가 수고한 것을 연말에 밭에서 거두어 저장한 것을 기념하는 것

1) 출 34:18~26, 신 16:1~17

이다.

17 너희 모든 남자는 매년 3번씩 절기 때 여호와께 나올 것이다.

18 너는 네 제물의 피를 누룩 있는 빵 인 유교병과 함께 드리지 말고, 내 절기 제물의 기름을 아침까지 남 겨 두지 말라.

19 네 토지에서 처음 거둔 열매 중 가 장 좋은 것으로 네 하나님의 전에 드리라. 너는 염소 새끼 고기를 그 어미의 젖으로 삶지 말라.[1]

명령과 약속

20 ● 내가 사자를 너보다 앞에 보내 네 가 가는 길에서 너를 보호하여 내가 준비한 곳에 이르게 할 것이다.

21 너희는 여호와의 말씀을 경청하 고, 그를 분노케 하지 말라. 그렇게 하지 않으면 너희 허물을 용서하 지 않을 것이다. 내 이름이 그곳에 있기 때문이다.

22 네가 여호와의 말씀을 잘 경청하 고 내 모든 말대로 행하면 네 원수 와 대적이 내 원수와 대적이 될 것 이다.

23 내 사자가 너보다 앞에 가서 너희 를 아모리 사람, 헷 사람, 브리스 사람, 가나안 사람, 히위 사람, 여 부스 사람이 살고 있는 곳으로 인 도하고 나는 그곳에 사는 사람들 을 진멸시킬 것이다.

24 너는 그들의 신을 숭배하지 말며, 그들의 행위를 본받지 말라. 오히 려 그들의 신상을 부수고

25 오직 네 하나님만을 섬기라. 그러 면 그가 너희 양식과 물에 복을 내 리고 너희 중에서 질병이 없도록 할 것이다.

26 네 나라에는 낙태하는 자가 없으 며, 임신하지 못하는 자가 없을 것 이다. 내가 너의 수명대로 살게 할

것이다.

27 내가 내 두려움을 그들로 미리 듣 게 하여 내가 약속한 땅에 살고 있 는 모든 백성과 네 모든 원수를 도 망가게 할 것이다.

28 내가 왕벌 같은 재앙을 네 앞에 보 내 그 재앙[2]이 히위 족속과 가나안 족속과 헷 족속을 네 앞에서 몰아 낼 것이다.

29-30 그러나 그 땅이 갑작스럽게 황 폐하게 되어 들짐승이 번성하여 너희를 해칠 수 있기에 네가 번성 하여 그 땅을 기업으로 얻을 때까 지 1년 내에는 그들을 네 앞에서 쫓아내지 않을 것이다. 내가 그들 을 서서히 쫓아낼 것이다.

31 내가 네 지경을 홍해에서 지중해인 블레셋 바다까지, 아라비아광야에 서 유프라테스강까지 정하고 그 땅 의 주민을 물리칠 힘을 네게 주리 니 네가 그들을 쫓아낼 것이다.

32 너는 가나안 지역의 주민들과 그 들의 신들과 언약을 맺지 말라.

33 그들이 네가 거할 땅에 살지 못할 것은 그들이 너희를 내게 범죄하 게 만들까 염려스럽기 때문이다. 너희가 그들의 신들을 섬기면 그 것이 너희를 넘어지게 할 것이다.[3]

시내산 언약

24

● 하나님께서 또 모세에게 말 씀하셨다. "너는 아론과 나답 과 아비후와 이스라엘 장로 70명 과 함께 내게 올라와 멀리서 경배 하고

2 너 혼자만 내게 가까이 나아오라. 일반 백성은 너와 함께 올라오지 않도록 하라."

3 모세가 백성들에게 와서 여호와의 모든 말씀과 규례를 전했다. 그러

1) 출 34:26 2) 벌 3) 올무가 되리라

자 그들이 한 목소리로 응답했다. "여호와께서 말씀하신 모든 것을 우리가 이행할 것입니다."

4 모세가 여호와의 모든 말씀을 기록한 후 아침 일찍 일어나 산 아래에 제단을 쌓고 이스라엘 12지파대로 12개의 기둥을 세웠다.

5 그리고 이스라엘의 청년들을 보내 여호와께 소를 제물로 삼아 번제와 화목제를 드리게 했다.

6 모세가 제물의 피 가운데 절반은 여러 그릇에 담고, 절반은 제단에 뿌렸다. 또

7 언약을 기록한 책을 가져다가 백성에게 낭독했다. 이에 그들이 말했다. "여호와께서 명령하신 모든 말씀을 우리가 이행할 것입니다."

8 모세가 그 제물의 피를 가지고 백성들에게 뿌리며 말했다. "이 피는 여호와께서 이 모든 말씀에 대해 너희와 세우신 언약의 피다."

9 모세와 아론과 나답과 아비후와 이스라엘 장로 70인이 산 위로 올라가

10 이스라엘의 하나님을 보았다. 그의 발아래에는 청옥을 편듯하고 하늘처럼 맑았다.

11 하나님은 자신을 본 이스라엘 백성의 지도자들을 죽이지 않으셨고, 그들은 하나님 앞에서 먹고 마셨다.

모세가 시내산에서 40일을 지냄

12 ● 여호와께서 모세에게 말씀하셨다. "너는 산에 올라 내게 오라. 네가 백성들을 가르치도록 내가 직접 율법과 계명을 새긴 돌판을 줄 것이다."

13 모세가 그의 수종자 여호수아와 함께 시내산, 곧 하나님의 산으로 올라가며

14 장로들에게 말했다. "너희는 우리가 너희에게로 돌아오기까지 이곳에서 기다리라. 아론과 훌이 너희와 함께 있으니 무슨 일이 있는 자는 그들에게 나오면 될 것이다."

15 모세가 시내산에 오르자 구름이 산을 덮었고,

16 여호와의 영광이 시내산 위에 머물렀으며, 구름이 6일 동안 산을 가리다가 일곱째 날에 여호와께서 구름 가운데서 모세를 부르셨다.

17 산 위에 나타난 여호와의 영광이 이스라엘 백성의 눈에는 맹렬한 불처럼 보였다.

18 모세는 구름 덮인 산 위에 올라가 40일을 그곳에 머물렀다.

성막 제조를 위한 예물

25 ● 여호와께서 모세에게 말씀하셨다.

2 "이스라엘 백성에게 명령하여 내게 예물을 가져오도록 하라. 무릇 즐거운 마음으로 드리는 자의 예물을 너희가 받을 것이다.

3 너희가 그들에게서 받을 예물은 이렇다. 금과 은과 놋,

4 청색 실과 자색 실과 홍색 실과 좋은 아마 섬유로 짠 가는 베 실, 염소 털과

5 붉게 물들인 숫양의 가죽과 돌고래[1] 가죽, 싯딤나무[2]

6 등유와 분향에 사용하는 향료와 분향할 향을 만들 향품,

7 호마노와 에봇과 흉패에 물릴 보석 등이다.

8 내가 그들 중에 거할 성막을 그들이 나를 위하여

9 내가 알려주는 모양대로 짓고, 기구들도 그 모양을 따라 만들라."

증거궤 제조 명령[3]

10 ● 그들은 증거궤를 싯딤나무로 만

들되 길이가 112㎝ 되는 2규빗 반, 너비와 높이는 각각 67.5㎝ 되는 1규빗 반이 되도록 하라.

11 그리고 순금으로 그 안팎을 입히고 위쪽 가장자리로 돌아가며 금테를 두르라.

12 증거궤[1] 네 발에는 금고리 4개를 만들어 달되 이쪽과 저쪽에 각기 2개 고리를 달라.

13 또 막대[2]를 싯딤나무로 만들어 금으로 입히고

14 그 막대를 증거궤 양쪽 고리에 끼워서 궤를 메게 하라.

15 막대는 궤의 고리에 낀 상태로 빼내지 말고 그대로 두라.

16 그리고 내가 네게 줄 십계명이 새겨진 2개의 증거판을 증거궤 속에 보관하라.

17 순금으로 길이 2규빗 반, 너비 1규빗 반이 되도록 증거궤 뚜껑인 속죄소[3]를 만들라.

18 금으로 그룹 2개를 속죄소 양쪽 끝에 쳐서 만들라.

19 그룹 2개를 속죄소 이 끝과 다른 끝에 속죄소와 하나로 연결하라.

20 그룹들의 모양은 그 날개를 높이 펴게 하고, 그 날개로 속죄소를 덮도록 하라. 그룹의 얼굴은 서로 마주 대해 속죄소를 향하게 하라.

21 그리고 속죄소를 증거궤 위에 뚜껑으로 덮으라. 그리고 내가 네게 줄 십계명이 새겨진 2개의 증거판을 증거궤 속에 보관하라.

22 그곳에서 내가 너와 만나며, 증거궤 위에 있는 그룹 2개 사이의 속죄소가 있는 곳에서 내가 이스라엘 백성을 위해 네게 명령할 모든 일을 말할 것이다.

진설병을 올려놓는 상 제조 명령[4]

23 ● 너는 진열한 빵을 놓을 상을 싯딤나무[5]로 만들되 길이가 90㎝ 되는 2규빗, 너비 1규빗, 높이 1규빗 반이 되도록 하라.

24 그 상은 순금으로 입히고 주위에는 금테를 두르라.

25 사각 모퉁이에는 손바닥 넓이만 한 턱을 만들되 그 턱 주위는 금테를 두르라.

26 상을 운반할 수 있도록 금고리 4개를 만들어 그 네 발 위 네 모퉁이에 달되

27 턱 곁에 붙이라. 그것은 상을 멜 막대[2]를 끼우는 곳이다.

28 또 상을 멜 막대를 싯딤나무로 만들고 금으로 입히라.

29 너는 대접과 숟가락과 병과 붓는 잔을 순금으로 만들라.

30 그리고 상 위에 진열된 빵인 진설병을 두어 항상 내 앞에 있게 할 것이다.

등잔대와 기구들 제조 명령[6]

31 ● 너는 등잔대를 순금을 두들겨 펴서 만들라. 그 밑판과 줄기와 잔과 꽃받침과 꽃은 하나로 연결되도록 하라.

32 가지는 6개로 하고 등잔대 곁에 붙이도록 하되 이쪽과 저쪽에 각각 3개씩 붙이라.

속죄소(출 25:17~22)

속죄소(Atonement cover)는 언약궤 뚜껑으로 그룹(천사의 일종)의 날개 모양을 하고 있다. 크기는 길이 2규빗 반, 너비 1규빗 반으로 정금으로 만들었다. 이스라엘 백성들에게 속죄소는 하나님이 가장 가깝게 임재하는 장소이다. 이 속죄소는 지성소에 놓여 있었다. 지성소에는 증거궤와 속죄소가 있는데 일년에 한번 대속죄일에 대제사장만이 들어갈 수 있었다.

33 한쪽 가지에 아몬드[1]나무꽃 형상의 잔 3개와 꽃받침과 꽃이 있게 하고, 다른 한쪽에도 똑같이 하여 등잔대에서 나온 6개 가지와 같게 하라.

34 등잔대 줄기에는 아몬드꽃 모양의 잔 4개와 꽃받침과 꽃이 있도록 하라.

35 등잔대에서 나온 6개 가지를 위해 꽃받침을 만들라. 2개 가지 아래에는 1개의 꽃 받침이 있어 줄기와 연결되도록 하라. 다른 한쪽도 똑같이 하라.

36 그 꽃받침과 가지를 줄기와 연결되도록 하고 모두 순금을 두들겨 펴서 만들라.

37 등잔은 7개를 만들어 그 위에 두어 앞을 비추게 하고,

38 그 불 집게와 불 똥 그릇도 순금으로 만들라.

39 등잔대와 그에 따른 모든 기구를 순금 34kg 되는 1달란트로 만들라.

40 너는 시내산에서 네게 보인 양식대로 이 모든 것을 만들라.

성막의 휘장 제조 명령[2]

26 ●너는 성막을 만들되 10폭의 커튼[3]을 좋은 아마 섬유로 짠 가늘게 꼰 베 실과 청색과 자색과 홍색 실로 그룹을 정교하게 수를 놓아 만들라.

2 매 폭은 길이 12.6m 되는 28규빗, 너비 4규빗으로 각 폭의 길이를 같게 하라.

3 그 휘장 5폭을 서로 연결하고 다른 5폭도 서로 연결하라.

4 그 휘장을 이을 아랫부분 폭 가장자리에 청색 고리를 만들고 이어질 다른 아랫부분의 가장자리에도 똑같이 하라.

5 휘장 끝 폭 가장자리에 50개 고리를 달고 다른 휘장 끝 폭 가장 자리에도 똑같이 하되 그 고리들이 마주 보게 하라.

6 금 갈고리 50개를 만들어 그 갈고리로 휘장을 서로 연결하여 성막을 이룰 것이다.

7 성막을 덮는 휘장을 염소 털로 11폭을 만들라

8 각 폭의 길이는 3.5m 되는 30규빗, 너비는 4규빗으로 11폭의 길이를 모두 똑같게 하라.

9 11폭의 휘장 중 5폭을 서로 연결하며, 나머지 6폭도 서로 연결되도록 하고, 그 여섯 번째 폭의 절반은 성막 앞면에 접어 올리라.

10 휘장을 이을 아랫부분의 가장자리에 50개 고리를 달고 다른 아랫부분 폭에도 그와 같이 하라.

11 놋 갈고리 50개를 만들되 그 갈고리로 그 고리를 끼워 연결하여 한 막이 되게 하라.

12 휘장의 나머지 반 폭은 성막 뒤에 늘어뜨리라.

13 휘장의 길이에서 남은 것은 이쪽과 저쪽에 각각 1규빗씩 성막 좌우에 덮어 늘어뜨리라. 그리고

14 성막의 덮개를 붉게 물들인 숫양의 가죽으로 만들고 돌고래[4] 가죽으로 그 윗덮개를 만들라.

널빤지 제조 명령[5]

15 ● 너는 성막을 위해 널빤지를 싯딤나무[6]로 만들어 세우라.

16 각 판은 길이 4.5m 되는 10규빗, 너비 1규빗 반으로 하고

17 각 널빤지에 2개의 촉을 세워 서로 연결하되 각 성막 널빤지를 모두 그와 같이 하라.

18 널빤지는 남쪽에 세울 성막을 위

---

1) 살구 2) 출 36:8–19 3) 휘장 4) 해달 5) 출 36:20–34 6) 조각목, 아카시아

해 20개를 만들라.

19 20개 널빤지 아래에 은 받침 40개를 만들되 이쪽과 저쪽 각 널빤지 아래에 2개 촉을 위해 2개 받침을 만들라.

20 성막 북쪽에 세울 널빤지 20개를 만들되

21 은 받침 40개를 이쪽과 저쪽 각 널빤지 아래에 2개 촉을 위해 2개 받침으로 하며

22 성막 뒤의 서쪽에도 세울 널빤지 6개를 만들라.

23 성막 뒤 두 모퉁이 쪽을 위해서는 널빤지 2개를 만들되

24 아래에서 위까지 각각 두 겹으로 하여 위쪽 고리에 이르게 하고 두 모퉁이 쪽을 모두 그와 같이 하라.

25 그 8개 널빤지에는 은 받침이 16개이다. 이쪽과 다른쪽 널빤지 아래에도 각각 2개 받침이다.

26-27 너는 빗장¹⁾을 싯딤나무로 만들라. 성막 이쪽과 다른 쪽과 성막 뒤의 서쪽 널빤지를 위해 각각 5개이다.

28 널빤지 중앙에 있는 중간 빗장은 이 끝에서 저 끝에 닿게 하라.

29 그 널빤지를 금으로 입히고, 그 널빤지들의 빗장을 끼울 금 고리를 만들되 그 빗장을 금으로 입히라.

30 너는 내가 보여준 양식대로 성막을 세우라.

휘장과 증거궤와 등잔대 위치²⁾

31 ● 너는 커튼³⁾을 청색 실, 자색 실, 홍색 실과 좋은 아마 섬유로 짠 가늘게 꼰 베 실로 만들고 그 위에 그룹들을 정교하게 수놓으라.

32 그리고 금 갈고리를 4개 기둥 위에 늘어뜨리라. 그 4개 기둥은 싯딤나무로 만들어 금을 입힌 후 4개는 받침 위에 두라.

33 그 휘장을 갈고리 아래에 늘어뜨린 후 증거궤를 그 휘장 안에 들여 놓으라. 휘장은 성소와 지성소를 구분할 것이다.

34 너는 지성소에 있는 증거궤 위를 속죄소⁴⁾로 덮고,

35 그 휘장 바깥 북쪽에 진열된 빵을 놓는 상을 놓고, 남쪽에는 등잔대를 상과 마주하도록 놓으라.

36 성막 문 커튼은 청색 실, 자색 실, 홍색 실과 좋은 아마 섬유로 짠 실로 수를 놓아 짜서 만들라.

37 그 커튼 문을 위해 5개 기둥을 싯딤나무로 만들어 금으로 입히라. 그 갈고리도 금으로 만들고 그 기둥을 위해 5개 받침을 놋으로 만들라.

번제단 제조 명령⁵⁾

27

● 너는 번제단을 싯딤나무로 만들라. 크기는 길이와 너비를 각각 2.25m 되는 5규빗, 높이는 3규빗으로 네모반듯하게 하라.

2 그 4개 모서리 위에는 제물이 떨어지지 않도록 턱, 곧 뿔을 만들고 번제단을 놋으로 입히라.

3 재를 담는 통과 부삽과 대야와 고기 갈고리와 불 옮기는 그릇은 모두 놋으로 만들라.

4 번제단에 걸칠 그물을 놋으로 만들고 그 위 4개 모서리에는 놋 고리 4개를 만들라.

5 그물은 번제단 주위 가장자리 절반 아래에 놓으라.

6 또 번제단을 들기 위해 막대⁶⁾를 싯딤나무로 만들고 놋으로 입히라.

7 번제단 양쪽 고리에 그 막대를 끼워 번제단을 옮길 수 있도록 하라.

8 번제단은 산에서 네게 보여준 양

1) 띠 2) 출 36:35-38 3) 휘장 4) 시은좌, 곧 은혜의 자리 5) 출 38:1-7 6) 채

식에 따라 널빤지로 속이 비도록 만들라.

성막 뜰 제조 명령1)

9 ● 너는 성막의 뜰을 만들라. 뜰 남쪽에 울타리를 너비 45m 되는 100 규빗의 좋은 아마 섬유로 짠 세마포 포장을 둘러서 만들라.

10 그 울타리의 기둥과 받침 20개는 각각 놋으로 만들고 그 기둥의 갈고리와 가름대는 은으로 만들라.

11 그 북쪽에도 남쪽과 같이 하라.

12 뜰의 옆 서쪽에는 너비 50규빗의 포장을 치되 그 기둥과 받침은 각각 10개로 하라.

13 동쪽에도 그 포장의 너비가 50규빗이 되게 하라.

14 문 한쪽을 위해 포장이 15규빗이며, 그 기둥과 받침은 각각 3개이다.

15 문 다른 쪽도 동일하게 만들라.

16 뜰 문을 위해 청색 실, 자색 실, 홍색 실과 좋은 아마 섬유로 짠 가늘게 꼰 베 실로 수를 놓아 짠 20규빗의 포장이 있게 할 것이며, 그 기둥과 받침은 각각 4개이다.

17 뜰 주위 모든 기둥의 가름대와 갈고리는 은으로 만들고, 그 받침은 놋으로 만들라.

18 뜰의 길이는 100규빗이요, 너비는 50규빗이요, 좋은 아마 섬유로 짠 세마포 커튼의 높이는 5규빗이고,

그 받침은 놋으로 만들라.

19 성막에서 사용하는 모든 기구와 그 말뚝과 뜰의 포장 말뚝을 모두 놋으로 만들라.

등잔불 관리2)

20 ● 너는 이스라엘 백성에게 명령하여 올리브 열매로 짠 순수한 기름을 등잔불을 위해 네게로 가져오게 하라. 그리고 그 불이 꺼지지 않고 계속해서 등잔불을 밝히도록 하라.

21 아론과 그의 아들들에게 증거궤 앞의 휘장 밖에서 저녁부터 아침까지 여호와 앞에 항상 그 등잔불을 관리하도록 하라. 이는 이스라엘 백성이 대대에 걸쳐 지킬 규례이다.

제사장이 입는 옷 제조 명령3)

28 ● 너는 네 형 아론과 그의 아들인 나답, 아비후, 엘르아살, 이다말을 네게로 나아오게 하여 나를 섬기는 제사장 직분을 행하게 하라.

2 네 형 아론에게는 영화롭고 아름답게 보이는 거룩한 옷을 만들어 입히라.

3-4 그 옷은 내가 지혜로운 영을 주어 특별한 솜씨를 가진 자들에게 만들도록 하라. 그래서 아론과 그 아들들을 거룩하게 하여 내게 제사장 직분을 행하게 하라. 그들이 만들 옷은 흉패와 에봇과 겉옷과 반포 속옷과 관과 띠이다.

5 그들이 사용할 재료는 금 실과 청색 실, 자색 실, 홍색 실과 좋은 아마 섬유로 짠 가늘게 꼰 베 실이다.

6 그들에게 그 실로 정교하게 짜서 에봇을 만들되

7 그것에 어깨받이 2개를 달아 그 두 끝을 연결되게 하라.

8 에봇 위에 매는 띠는 에봇을 짜는

Q&A 에봇은 어떻게 만들었는가?
(출 28:6-7)

에봇(Ephod)은 제사장들이 입는 의복의 일종이다(삼상 22:18). 특히 대제사장이 입는 에봇은 금 실, 청색 실, 자색 실, 홍색 실과 가늘게 꼰 베 실로 교묘하게 붙여 짠 어깨에 걸치는 의복이다. 이 옷에는 우림과 둠밈이 들어 있는 가슴 주머니가 부착된 것이었다(출 28:28-29). 사무엘은 세마포로 짠 에봇을 입었고(삼상 2:18), 다윗은 제사장이 아니었으나 에봇을 입었다(삼하 6:14).

---

1) 출 38:9-20   2) 레 24:1-4   3) 출 39:1-7

방식으로 하되 정해진 실로 에봇에 정교하게 붙여 짜라.

9-10 호마노 2개를 가져다가 그 에봇 위에 이스라엘 아들들의 이름을 나이 순서에 따라 새기되 2개 보석에 각각 6명의 이름을 새기라.

11 이름은 도장에 새기는 것처럼 그 2개의 보석에 새기게 하고 금테에 달라.

12 그리고 그 2개 보석을 에봇의 두 어깨받이에 달아 이스라엘 아들들의 기념 보석으로 삼되 아론이 여호와 앞에서 그들의 이름을 그 두 어깨에 메워서 기념이 되게 하라.

13 너는 테를 금으로 만들고,

14 순금으로 노끈처럼 두 사슬을 꼰 다음 그 꼰 사슬을 그 테에 달도록 하라.

판결 흉패 제작 명령[1]

15 ● 너는 재판할 때 사용하도록 가슴덮개인 판결 흉패를 에봇을 짜는 방법으로 금 실과 청색 실, 자색 실, 홍색 실과 좋은 아마 섬유로 짠 가늘게 꼰 베 실로 정교하게 짜서 만들라.

16 길이와 너비는 각각 한 뼘 정도로 하고 두 겹으로 네모반듯하게 만들라.

17 그리고 그것에 4개 줄로 보석을 달되 첫 줄에는 홍보석, 황옥, 녹주옥을 달고,

18 둘째 줄에는 석류석, 청보석, 금강석[2]을 달고,

19 셋째 줄에는 호박, 백마노, 자수정을 달고,

20 넷째 줄에는 녹보석, 호마노, 벽옥을 달되 모두 금테에 달도록 하라.

21 이 12개 보석은 야곱[3]이 낳은 12명 아들의 이름에 따른 것이다. 그러므로 각 보석마다 도장을 새기는 방법

으로 12지파를 한 이름씩 새기라.

22 순금으로 노끈처럼 꼬아 만든 사슬은 흉패 위에 붙이고,

23 금고리 2개를 만들어 흉패 두 끝에 달도록 하라.

24 꼬아 만든 2개 금 사슬로 흉패 두 끝에 있는 2개 고리에 꿰어 달아라.

25 꼬아 만든 2개 사슬의 다른 두 끝을 에봇 앞 두 어깨받이의 금테에 달도록 하라.

26 또 금고리 2개를 만들어 흉패 아래 양쪽 가장자리 안쪽의 에봇에 달아라.

27 또 다른 금고리 2개는 에봇 앞 두 어깨받이 아래의 매는 자리 가까운 쪽, 곧 띠 위쪽에 달아라.

28 청색 끈으로 흉패와 에봇 고리에 꿰어 흉패로 정교하게 짠 에봇 띠 위에 붙여라.

29 아론이 성소에 들어갈 때는 이스라엘 아들들의 이름을 새긴, 재판할 때 사용하도록 한 판결 흉패를 가슴에 붙여 여호와 앞에 영원한 기념으로 삼을 것이다.

30 너는 하나님의 뜻을 물을 때 사용하는 우림과 둠밈을 판결 흉패 속에 넣어 아론이 여호와 앞에 들어갈 때 이스라엘 백성의 흉패를 항상 가슴에 붙이게 하라.

제사장의 옷과 부착물 제조 명령[4]

31 ● 너는 에봇에 받쳐 입는 겉옷을 모두 청색만 사용하여 만들라.

32 두 어깨 사이에는 아론의 머리가 들어갈 수 있는 구멍을 내고, 그 둘레는 갑옷에 다는 깃처럼 깃을 짜서 찢어지지 않게 하라.

33 그 옷 가장자리로 돌아가며 청색 실, 자색 실, 홍색 실로 석류 모양의 수를 놓고 일정한 간격을 두고

---

1) 출 39:8-21 2) 홍마노 3) 이스라엘 4) 출 39:22-31

금 방울을 달되

34 그 옷 가장자리로 돌아가며 금 방울과 석류가 엇갈리면서 서로 이어지게 하라.

35 이것은 아론이 입고 여호와를 섬기러 성소를 출입할 때 그 소리가 들릴 것이다. 그러면 그가 죽지 않을 것이다.

36 너는 순금으로 패를 만들고 그 위에 도장을 새기는 방법으로 '여호와께 성결'이라고 새기라.

37 패는 청색 끈으로 머리에 쓰는 관 앞면에 매게 하라.

38 이 패를 아론의 이마에 매어 그에게 이스라엘 백성이 거룩하게 드리는 성물과 관련되어 지은 죄를 담당하게 하라. 그 패가 항상 아론의 이마에 있으므로 그 성물을 여호와께서 받으시게 될 것이다.

39 너는 좋은 아마 섬유로 짠 가는 베실로 줄무늬가 있는 반포 속옷을 만들고, 머리에 쓰는 관을 만들며, 수를 놓아 띠를 만들라.

40 너는 아론의 아들들을 위해서도 속옷과 띠와 머리에 쓰는 관을 만들어 영화롭고 아름답게 보이도록 하라.

41 너는 그것들을 네 형 아론과 그 아들들에게 입혀라. 그리고 그들의 머리에 기름을 부어 거룩하게 하여 제사장으로 삼아 그 직분을 담당하도록 하라.

42 또 그들을 위해 속바지를 아마1)로 허리에서 넓적다리까지 내려오게 만들어 하체를 가리게 하라.

43 아론과 그 아들들이 성막에 들어갈 때나 제단에 가까이 하여 거룩한 곳인 성막 뜰에서 섬길 때 그 옷을 입어야 죽지 않을 것이다. 이는 그와 그의 후손이 대대에 걸쳐 지킬 규례이다.

아론과 그 아들들의 제사장 위임식 제정2)

29 ● 너는 아론과 그 아들들에게 제사장 직분을 위임하여 그들을 거룩하게 할 절차를 이렇게 시행하라. 어린 수소 1마리와 흠 없는 숫양 2마리를 선택하고

2 고운 밀가루를 사용하여 누룩 없는 빵인 무교병과 기름 섞인 누룩 없는 무교 과자와 기름 바른 누룩 없는 얇은 과자인 무교전병을 만들라.

3 그리고 그것들을 한 광주리에 담은 채 그 송아지와 2마리 양과 함께 가져오라.

4 너는 아론과 그 아들들을 성막 문으로 데려다가 물로 씻기고,

5 아론에게 속옷과 에봇을 받쳐 입는 겉옷과 에봇을 입히고, 에봇 위에 흉패를 달고, 에봇에 정교하게 짠 띠를 띠게 하라.

6 머리에는 두건을 씌우고 그 위에 거룩한 패를 달도록 하라.

7 그리고 거룩한 기름인 관유를 가져다가 그의 머리에 부으라.

8 아론의 아들들에게도 속옷을 입히고,

9 띠를 띠우며, 머리에 두건을 씌우라. 그리고 그들에게 제사장의 직분을 맡겨 대대에 걸쳐 지킬 규례가 되게 하라. 너는 이같이 아론과 그의 아들들에게 제사장직을 위임하여 거룩하게 하라.

10 너는 수송아지를 성막 앞으로 끌고 와서 아론과 그 아들들이 그 송아지 머리에 안수하게 하라.

11 그런 다음 너는 성막 문 여호와 앞에서 그 송아지를 잡고

12 손가락에 그 피를 묻혀 제단의 모서리 4개 턱, 곧 뿔에 바르고 그 피 전부를 제단 밑에 쏟으라.

1) 베 2) 레 8:1-36

13 내장과 간과 두 콩팥에 붙어 있는 기름을 떼고 나서 번제단 위에서 불사르라.

14 그 수소의 고기와 가죽과 똥은 진 밖에서 불사르라. 이것은 속죄제이다.

15 또 너는 숫양 1마리를 끌고 와서 아론과 그 아들들이 그 숫양의 머리 위에 안수하게 하라.

16 그런 다음 너는 그 숫양을 잡고, 그 피를 번제단 위의 주위에 뿌리고,

17 그 숫양의 고기를 여러 조각으로 잘라 그 내장과 다리는 씻어 조각을 낸 고기와 그 머리를 함께 두라.

18 그리고 그 숫양 전부를 번제단 위에서 불사르라. 이는 여호와께 향기로운 냄새로 드리는 번제¹⁾이다.

19 너는 또 다른 숫양을 선택하고 아론과 그 아들들이 그 숫양의 머리 위에 안수하게 하라.

20 그런 다음 너는 그 숫양을 잡고 그 피를 아론과 그 아들들의 오른쪽 귓부리와 오른손 엄지와 오른발 엄지에 바르고 그 피를 제단 주위에 뿌리라.

21 번제단 위의 피와 거룩한 기름을 아론과 그 아들들의 옷에 뿌리라. 그러면 그와 그 아들들의 옷이 거룩하게 될 것이다.

22 또 너는 그 숫양의 기름과 기름진 꼬리 부분과 내장과 간과 두 콩팥과 그곳에 붙어 있는 기름과 오른쪽 넓적다리를 가지라. 이는 제사장 위임식 때 사용되는 숫양이다.

23 또 여호와 앞에 있는 누룩 없는 빵인 무교병 광주리에서 빵 1개와 기름 바른 과자 1개와 얇은 과자인 전병 1개를 가져다가

24 그것을 아론과 그 아들들의 손에 주어 그것을 흔들어 여호와 앞에 제물을 흔들어 드리는 제사인 요제를 삼도록 하라.

25 그리고 그것을 그들의 손에서 가져다가 제단 위에서 번제물을 취하여 불사르라. 이는 여호와 앞에 향기로운 냄새로 드리는 화제이다.

26 너는 아론의 위임식에 사용될 숫양의 가슴을 가져다가 여호와 앞에 흔들어 요제를 삼으라. 이것이 네가 차지할 몫이다.

27 너는 아론과 그의 아들들의 위임식에 사용된 숫양의 가슴과 넓적다리의 요제물을 거룩하게 하라.

28 이는 이스라엘 백성이 아론과 그의 자손에게 돌릴 영원히 차지할 몫이다.

29 아론의 거룩한 옷은 아론이 죽은 후에는 그 아들들이 이어받을 것이다. 그들은 그 옷을 입고 기름 붓는 의식을 통해 제사장직을 위임받을 것이다.

30 아론에 이어 제사장이 되는 아들이 성소에서 섬길 때는 7일 동안 그 옷을 입으라.

31 너는 제사장직을 받는 위임식에 사용될 숫양을 가져다가 거룩한 곳인 성막 뜰에서 그 고기를 삶을 것이다.

32 그리고 아론과 그의 아들들은 성막 문에서 그 숫양의 고기와 광주리에 있는 빵을 먹으라.

33 그들은 자신에게 제사장직을 임명하고 거룩하게 하는 데 사용된 속죄물을 먹을 수 있다. 그러나 그것은 거룩하기 때문에 다른 사람은 먹지 못할 것이다.

34 제사장 위임식용 고기나 빵이 아침까지 남아 있으면 그것은 거룩하므로 먹지 말고 불사르라.

1) 화제

35 너는 내가 네게 한 모든 명령을 아론과 그의 아들들에게 시행하여 7일 동안 위임식을 거행하라.

36 매일 수송아지 1마리로 속죄제를 드려 죄를 깨끗하게 하고, 제단 역시 속죄하여 그것을 깨끗하게 하며, 기름을 부어 거룩하게 하라.

37 7일간 그렇게 하면 지극히 거룩한 번제단이 되어 번제단에 접촉하는 모든 것이 거룩하게 될 것이다.

매일 드리는 번제[1]

38 ● 네가 제단 위에 매일 드려야 할 것은 1년 된 흠 없는 어린 양[2] 2마리이다.

39-41 어린 양 1마리는 아침에 드리고, 다른 1마리는 저녁 때 드리라. 그리고 포도주를 부어 드리는 전제는 어린 양 1마리에 고운 밀가루 10분의 1에바와 찧어 짠 기름 4분의 1힌을 더하고, 포도주 4분의 1힌을 더하여 거룩한 곳인 성막 뜰에서 포도주를 부어 전제로 드리라. 저녁 때 드리는 어린 양 1마리는 아침에 드린 것처럼 소제와 전제를 그것과 함께 여호와께 향기로운 냄새로 드리는 화제로 삼으라.

42-43 이는 너희가 대대에 걸쳐 여호와께 성막 문에서 매일 드려야 할 상번제이다. 내가 그곳에서 너희와 이스라엘 백성을 만나리니 내 영광으로 성막이 거룩하게 될 것이다.

44 나는 성막과 번제단과 아론과 그의 아들들을 거룩하게 하여 내게 제사장 직분을 행하게 할 것이다.

45 나는 이스라엘 백성 가운데 거하여 그들의 하나님이 될 것이다.

46 그들은 내가 그들의 하나님으로서 그들 가운데 거하기 위해 애굽 땅에서 이끌어낸 줄을 알게 될 것이다. 나는 그들의 하나님이다.

분향단 제조 명령[3]

30 ● 너는 분향할 제단을 싯딤나무[4]로 만들라.

2 크기는 길이와 너비가 각각 45㎝ 되는 1규빗, 높이는 2규빗으로 네모가 반듯한 정사각형으로 만들라. 제단 모서리의 턱, 곧 뿔을 분향할 제단과 연결하고,

3 제단 위쪽 면과 전후 좌우면과 턱을 순금으로 입히고, 주위에는 금테를 두르라.

4 금테 아래 양쪽에는 금고리 2개를 양쪽으로 만들어 제단을 메는 막대를 끼우도록 하라.

5 그 막대를 싯딤나무로 만든 다음 금으로 입히고,

6 그 제단은 법궤, 곧 증거궤를 덮고 있는 속죄소[5] 맞은편의 휘장 밖에 두라. 그 속죄소에서 내가 너와 만날 것이다.

7 아론은 매일 아침마다 분향단 위에 향기로운 향으로 등잔불을 손질할 때 피우도록 하라.

8 또 저녁 등잔불을 켤 때 피울 것이니, 이 향은 너희가 대대에 걸쳐 여호와 앞에 끊어지지 않게 하라.

9 너희는 분향단 위에 다른 향을 피우지 말고, 번제나 소제를 드리지 말며, 전제의 술도 붓지 말라.

분향단(출 30:1-10)

분향단(altar for incense, 금향단)은 성막의 분향을 위해 금으로 입혀 만든 것으로 여기서는 오직 향기로운 향만이 피워진다. 이는 성도의 기도가 향기롭게 열납되는 것을 상징한다. 출 30:1 이하에 보면 휴대할 수 있도록 만든 분향단은 그 크기가 장광이 각 1규빗, 2규빗이고, 고(높이)가 2규빗으로 뿔을 가진 단 주위에 금테를 둘렀다.

---

1) 민 28:1-8   2) 민 28:3, 숫양   3) 출 37:25-28   4) 조각목, 아카시아   5) 시은좌, 곧 은혜의 자리

10 아론은 1년에 한 차례씩 이 분향단 모서리에 있는 턱을 위해 속죄제물의 피로 대대에 걸쳐 속죄할 것이다. 이 제단은 여호와께 지극히 거룩한 것이다.

속막1) 봉사를 위해 사용되는 속전

11 ● 여호와께서 모세에게 말씀하셨다.

12 "네가 이스라엘 백성의 인구를 조사할 때 조사된 각 사람은 자기의 생명을 구원받은 대가인 속전을 여호와께 드리라. 이는 그들을 조사할 때 그들 중에 질병이 없도록 하기 위함이다.

13-14 무릇 20세 이상 인구 조사에 해당되는 자는 성소의 세겔로 은 약 6g정도 되는 반 세겔을 여호와께 드리라. 1세겔은 20게라이다.

15 너희가 생명에 대한 대가를 대신 치르기 위해 부자라고 반 세겔에서 더 많이 내지 말고 가난한 자라고 모자라게 내지 말라. 그것은 생명은 부자나 가난한 자나 차이가 없기 때문이다.

16 너는 이스라엘 백성에게 받은 생명의 속전을 성막 봉사를 위해 사용하라. 이것이 여호와 앞에서 이스라엘 백성에게 기념이 되며, 너희의 생명을 대신할 것이다."

물두멍 제작 명령

17 ● 여호와께서 모세에게 말씀하셨다.

18 "너는 물두멍과 그 받침을 놋으로 만들어 그것을 성막과 번제단 사이에 두고 그 속에 물을 담아 놓으라.

19 그래서 그곳에서 아론과 그의 아들들이 손발을 씻도록 하라.

20 그들이 성막1)에 들어갈 때 물로 씻게 되면 죽음을 당하지 않게 될 것이며, 번제단 가까이서 여호와

앞에 화제로 불사르는 직분을 행할 때도 그렇게 하라.

21 이처럼 그들이 그 손발을 씻어 죽음을 당하지 않도록 하라. 이는 그와 그의 백성이 대대에 걸쳐 지켜야 할 규례이다."

질 좋은 향품 기름 제조 명령

22 ● 여호와께서 모세에게 또 말씀하셨다.

23 "너는 질 좋은 향품을 가져오라. 곧 액체 몰약 500세겔, 향기로운 육계는 몰약의 절반인 250세겔, 향기로운 창포 250세겔,

24 계피 500세겔을 성소의 세겔로 달아서 가져오라. 또 올리브 기름 1힌도 가져오라.

25 그것으로 거룩한 기름을 만들되 향을 제조하는 방법대로 만들라.

26 너는 그 기름을 성막과 증거궤,

27 진열할 빵을 놓을 상과 그 모든 기구, 등잔대와 그 기구, 분향단,

28 번제단과 그 모든 기구, 물두멍과 그 받침에 발라

29 그것들을 구별하여 지극히 거룩하게 하라. 이것에 접촉하는 것은 모두 거룩하게 될 것이다.

30 너는 아론과 그의 아들들에게 이 향기름을 발라 그들을 거룩하게 하여 그들이 내게 제사장 직분을 행하게 하라.

31 이스라엘 백성에게 이렇게 말하라. 이것은 너희 대대에 걸쳐 나에 대해 거룩한 기름이다.

32 그러므로 이 기름을 사람의 몸에는 붓지 말며, 이 기름의 제조 방법대로 다른 기름을 만들지 말라. 이기름은 거룩하니 너희는 이것을 거룩히 여기라.

33 만일 이 같은 기름을 만드는 자와

1) 회막

이것을 타인에게 붓는 자는 이스라엘 백성 중에서 끊어질 것이다."

거룩한 향 제조 명령

34 ● 여호와께서 모세에게 말씀하셨다. "너는 소합향과 나감향과 풍자향의 향품을 같은 분량으로 유향에 섞어

35 그것으로 향을 만드는 방법대로 만들라. 그리고 그것에 소금을 쳐서 성결하게 하라.

36 그 향의 얼마를 곱게 찧어 내가 너와 만나는 성막 안에 있는 증거궤 앞에 두라. 이 향은 너희에게 지극히 거룩한 것이다.

37 네가 나를 위해 만들 향은 거룩한 것이니 너희를 위해서는 같은 방법대로 만들지 말라.

38 냄새를 맡기 위해 여호와를 위한 향 제조법으로 향을 만드는 자는 그 백성 중에서 끊어질 것이다."

성막 기구 제조 명령[1]

31 ● 여호와께서 모세에게 말씀하셨다.

2 "내가 유다 지파에 속한 훌의 손자이며 우리[2]의 아들인 브살렐을 지명해 불러

3 그에게 내 영을 충만하게 할 것이다. 그래서 그는 지혜와 총명과 지식과 여러 가지 재주로

4 금과 은과 놋으로 정교한 것을 만들 것이다.

5 곧 보석을 깎아 물리며, 여러 가지 기술로 나무를 새겨 만들 것이다.

6 내가 또 단 지파에 속한 아히사막의 아들 오홀리압을 브살렐과 함께하게 하며 내 지혜를 내가 선택한 모든 자에게 주어 그들로 내가 네게 명령한 모든 것을 만들게 할 것이다.

7 그들은 성막과 증거궤와 그 뚜껑인

속죄소[3], 성막의 모든 기구,

8 진열할 빵을 놓는 상과 그 기구, 순금 등잔대와 그 모든 기구, 분향단,

9 번제단과 그 모든 기구, 물두멍과 그 받침을 만들 것이다. 또한

10 제사장직을 행할 때 입는 정교하게 짠 제사장 아론과 그의 아들들이 입을 거룩한 옷과

11 거룩한 기름과 성소의 향기로운 향을 내가 네게 명령한 대로 만들라."

12 여호와께서 모세에게 말씀하셨다.

13 "안식일을 지키는 것은 나와 너희 사이에 영원한 표징이다. 이는 내가 너희를 거룩하게 하는 여호와인 줄을 너희로 알게 하기 위함이다.

14-15 6일 동안은 일할 것이나 제7일에는 큰안식일이니 이날은 너희를 위한 거룩한 날이며 여호와께 거룩한 안식일이다. 너희는 이 안식일을 지키라. 누구든지 이날을 더럽히는 자는 죽일 것이며, 이날에 일하는 자도 죽일 것이며 그 백성 중에서 끊어질 것이다.

16 이같이 이스라엘 백성이 안식일을 지켜서 그것으로 대대에 걸쳐 영원한 언약을 삼을 것이다.

17 이는 나와 이스라엘 백성 사이에 영원한 표징이다. 또한 나 여호와가 6일 동안 천지를 창조하고 7일에 일을 마치고 쉬었기 때문이다."

18 여호와께서 시내산 위에서 모세에게 말씀하시기를 마친 때 하나님께서 친히 돌판에 새긴 증거판 2개를 모세에게 주셨다.

증거판과 금 송아지 숭배[4]

32 ● 한편 모세가 산에서 오랫동안 내려오지 않자 백성들이 아론에게 말했다. "우리를 애굽 땅

---

1) 출 35:30–36:1 2) Uri 3) 시은좌, 곧 은혜의 자리
4) 신 9:6–29

에서 이끌어낸 모세는 어떻게 되었는지 알지 못하니 우리를 인도해 줄 신을 만들어라."

2 아론이 그들에게 대답했다. "너희 아내와 자녀의 귀에서 금고리를 빼어 내게 가져오라."

3 이에 모든 백성이 그들의 귀에서 금고리를 빼어 아론에게 가져왔다.

4 아론은 그 금고리를 녹여 송아지 형상을 만들었다. 이것을 본 백성들이 말했다. "이스라엘아, 이것은 바로 너희를 애굽 땅에서 이끌어 낸 너희 신이다."

5 아론이 그 앞에 제단을 쌓고 공포하기를 "내일은 여호와의 절기이다"라고 했다.

6 이튿날 그들이 아침 일찍 일어나 번제와 화목제를 드리고 먹고 마시며 뛰놀았다.

7 여호와께서 모세에게 말씀하셨다. "너는 내려가라. 네가 애굽 땅에서 이끌어낸 네 백성이 타락했다.

8 그들이 내가 명령한 길에서 속히 떠나 자기를 위해 송아지 형상을 만들어 그것에 제물을 드리고 경배하며 말하기를 '이스라엘아, 이 것들은 너희를 애굽 땅에서 이끌어낸 너희 신들이다'라고 했다."

9 여호와께서 또 모세에게 말씀하셨다. "내가 이 백성을 보니 완고한[1] 백성이다.

10 이제 내가 그들을 진멸하고 너를 통해 큰 나라를 이룰 것이다."

11 그러자 모세가 그의 하나님 여호와께 간절한 마음으로 구했다. "여호와여, 어찌하여 그 크신 권능과 강한 능력으로 애굽 땅에서 이끌어내신 주의 백성에게 이토록 진노하십니까?

12 어찌하여 애굽 사람들이 '여호와가

자기 백성을 산에서 죽이고 지면에서 진멸하려고 애굽에서 이끌어 내었다'라고 말하게 하십니까? 주의 크신 분노를 그치시고 마음을 돌이켜 주의 백성에게 자비를 베풀어 주십시오.

13 주의 종 아브라함과 이삭과 야곱[2]을 기억해 주십시오. 주께서는 그들에게 맹세하기를 '내가 너희 백성을 하늘의 별처럼 많게 하고, 내가 약속한 온 땅을 너희 백성에게 영원한 터전이 되게 할 것이다'라고 말씀하셨습니다."

14 이에 여호와께서 마음을 돌이켜 말씀하신 진노를 그 백성에게 내리지 않으셨다.

15·16 모세가 산에서 내려올 때 2개 증거판이 손에 들려 있었다. 그 증거 돌판은 하나님께서 직접 만드신 것으로 그 양면에 글자도 친히 새긴 것이었다.

17 여호수아가 백성들의 떠드는 소리를 듣고 모세에게 말했다. "백성들이 진을 친 장막에서 싸우는 소리가 납니다."

18 모세가 말했다. "이 소리는 승전가도 아니고, 패하여 부르짖는 소리도 아니다. 내가 듣기에는 노래하는 소리이다."

19 모세가 백성들이 장막을 친 곳에 가까이 가서 만든 송아지 형상과 그 주위에서 춤추는 모습을 보고 크게 분노하여 손에서 두 돌판을 산 아래로 던져 깨뜨렸다.

20 그리고 그들이 만든 송아지 형상을 불살라 부수어 가루로 만들어 물에 뿌린 후 그것을 이스라엘 백성에게 마시도록 했다.

21 그런 후에 모세가 아론에게 말했다.

1) 목이 뻣뻣한   2) 이스라엘

"이 백성이 형에게 어떻게 했기에 형이 그들을 큰 죄에 빠지게 했습니까?"

22 아론이 말했다. "내 주여, 분노하지 마십시오. 이 백성이 자신들의 죄악 가운데 빠져 있기 때문임을 당신이 알고 있습니다.

23 그들이 내게 말하기를 '우리를 애굽 땅에서 이끌어낸 모세가 어떻게 되었는지 알 수 없으니 우리를 인도할 신을 만들라'고 요구했습니다.

24 그래서 내가 그들에게 '금이 있는 자는 가져오라'고 하자 그들이 그것을 내게로 가져왔기에 내가 그 금으로 송아지 형상을 만들었습니다.¹⁾"

25 모세는 백성이 제멋대로 행하는 모습을 보았다. 그것은 아론이 그들을 그렇게 만들어 원수에게 조롱거리가 되게 했기 때문이다.

26 이에 모세가 백성들이 진을 친 곳 앞에서 말했다. "누구든지 여호와를 믿고 따르는 자는 내게로 나아오라." 그때 레위 백성이 모두 모세에게로 갔다.

27 모세가 그들에게 말했다. "이스라엘의 하나님께서 말씀하시기를 '너희는 칼을 차고 진의 이 문, 저 문을 다니며 각 사람이 그 형제와 친구와 자기 이웃을 죽이라'고 하셨다."

28 레위 자손이 모세의 말대로 하여 그들 중 3,000명 가량을 죽였다.

29 그때 모세가 말했다. "여호와를 섬기기 위해 각 사람이 자기의 아들과 형제를 희생시켰으니²⁾ 하나님께서 오늘 너희에게 복을 내리실 것이다."

30 이튿날 모세가 백성에게 말했다. "너희가 큰 죄를 범했기에 내가 다시 여호와께로 올라간다. 그러므로 너희 죄가 용서받을 수 있기를

바란다."

31 모세가 여호와께로 다시 나아가 말했다. "내가 애통 가운데 있습니다. 이 백성이 자기들을 위해 금 신상을 만드는 큰 죄를 범했습니다.

32 그러나 이제 그들의 죄를 용서해 주시기 바랍니다. 그렇지 않으면 주께서 자기 백성을 기록하신 책에서 내 이름을 지워 주십시오."

33 여호와께서 모세에게 말씀하셨다. "누구든지 내게 죄를 지으면 내가 내 백성을 기록한 책에서 그의 이름을 지워 버릴 것이다.

34 이제 너는 내려가서 내가 약속한 땅으로 백성을 인도하라. 내 사자인 천사가 앞서갈 것이다. 그러나 때가 되면 그들의 죄에 대해 벌을 내릴 것이다."

35 여호와께서 백성에게 벌을 내리셨는데, 이는 그들이 아론이 만든 그 송아지 형상으로 죄를 지었기 때문이다.

시내산 출발 명령과 성막

33 ●여호와께서 모세에게 말씀하셨다. "너는 네가 애굽 땅에서 이끌어낸 백성과 함께 이곳을 떠나 내가 아브라함과 이삭과 야곱에게 주기로 약속한 땅으로 올라가라.

2 내가 천사를 너보다 앞서 보내 가나안 사람, 아모리 사람, 헷 사람, 브리스 사람, 히위 사람, 여부스 사람을 쫓아내고,

3 너희를 젖과 꿀이 흐르는 땅으로 들어가게 하겠다. 그러나 나는 너희와 함께 올라가지 않을 것이다. 너희는 목이 곧은 완고한 백성이라 내가 길 도중에 너희를 진멸할

1) 내가 불에 던졌더니 이 송아지가 나왔나이다 2) 헌신하게 되었느니라

까 염려되기 때문이다."

4 백성들은 여호와의 이 준엄한 말씀을 듣고 큰 소리로 울었으며, 자기 몸을 꾸미는 사람이 한 사람도 없었다.

5 이를 본 여호와께서 모세에게 말씀하셨다. "너는 이스라엘 백성에게 말하기를 '너희는 완고한 백성이기 때문에 내가 한순간이라도 너희와 함께 올라갔다가는, 그래서 분노하게 되면 너희를 진멸하게 될 것이다. 그런즉 너희는 몸에서 장신구를 떼어 내라. 그리하면 내가 너희에게 어떻게 행할 것인지 결정할 것이다.'"

6 이에 이스라엘 백성이 시내산, 곧 호렙산에서 그들의 장신구를 떼어 내었다.

7 모세는 항상 이스라엘 백성이 진을 친 곳에서 장막을 멀리 떨어진 곳에 치게 하고 그것을 '회막'이라고 불렀다. 여호와를 찾는자는 이 회막으로 나아갔다.

8 모세가 회막으로 나아갈 때는 백성이 자기의 장막 문에 서서 모세가 회막에 들어갈 때까지 바라보았다.

9 모세가 회막에 들어갈 때는 구름 기둥이 회막 문에 내려왔으며 여호와께서 모세와 말씀하셨다.

10 그리고 백성들은 회막 문에 구름 기둥이 머물러 있는 것을 보면 각자 자기 장막 문에 서서 하나님을 경배했다.

11 여호와께서는 친구와 이야기하는 것처럼 모세와 대면하여 말씀하셨다. 그리고 모세가 회막에서 나와 백성의 진으로 돌아올 때까지 그의 수종자인 눈[1]의 아들 여호수아는 회막을 떠나지 않았다.

여호와께서 함께 가시겠다고 함

12 ● 모세가 여호와께 간구했다. "주께서 저에게 이 백성을 이끌고 올라가라고 하셨으나 나와 함께 갈 자를 내게 말씀하시지 않았습니다. 주께서 이전에 말씀하시기를 '나는 네 이름을 알고, 너도 내 앞에 은총을 입었다'라고 하셨습니다.

13 그 말씀과 같이 내가 참으로 주 앞에 은총을 입었다면 원컨대 주의 길을 내게 알려 주시고 내가 주 앞에서 은총을 입게 하십시오. 그리고 이 무리가 하나님의 백성이라는 것을 기억해 주십시오."

14 여호와께서 말씀하셨다. "내가 친히 함께하여 네가 가는 길을 안전하게 해주겠다."

15 모세가 여호와께 말했다. "주께서 함께 가시지 않으면 차라리 우리를 이곳에서 올려 보내지 마십시오.

16 나와 주의 백성이 주 앞에서 은총을 입었다는 것을 무엇으로 알 수 있겠습니까? 그것은 주께서 우리와 함께 행하심으로써 나와 주의 백성을 천하만민 중에서 구별하신 것이 아닙니까?"

17 여호와께서 모세에게 말씀하셨다. "네가 원하는 대로 그 말도 내가 들을 것이다. 너는 내 앞에서 은총을 입었고, 내가 이름으로도 너를 알

회막 또는 성막(출 33:7)

회막(성막)은 이동할 수 있는 성소로 시내산에서 모세가 하나님의 명령과 설계에 따라 만들었다. 회막은 회막 외에 성막, 장막, 증거막 등의 명칭이 있다. 성막에 사용된 재료로는 금과 은과 놋, 청색실과 자색실과 홍색실과 가는 베실과 염소털과 붉게 물들인 수양의 가죽과 해달의 가죽, 조각목 등이다.

1) 인명, Nun

고 있다."

18 모세가 대답했다. "그러면 원컨대 주의 영광을 내게 보여주십시오."

19 여호와께서 말씀하셨다. "내가 나의 모든 영광을 네 앞으로 지나가게 하고, 여호와의 이름을 네 앞에 선포할 것이다. 나는 은혜를 베풀 만한 자에게 은혜를 베풀고, 긍휼히 여길 만한 자에게 긍휼을 베풀 것이다."

20 여호와께서 계속해서 말씀하셨다. "그러나 너는 내 얼굴을 보지 못할 것이다. 나를 보고 살 자가 없기 때문이다.

21 그러므로 너는 내 곁에 있는 한 반석 위에 서라.

22 내 영광이 지나갈 때 내가 너를 반석 사이에 두고 내가 지나도록 내 손으로 너를 가렸다가

23 손을 거두리니 너는 내 등을 보겠지만 얼굴은 보지 못할 것이다."

다시 만든 돌판[1]

34 ● 여호와께서 모세에게 말씀하셨다. "너는 돌판 2개를 처음 것과 같이 깎아 만들라. 네가 깨뜨린 돌판에 새겼던 말을 내가 그 판에 다시 쓸 것이다.

2 너는 돌판을 준비하고 있다가 아침에 시내산 꼭대기에 올라와 내 앞에 서라.

3 누구도 너와 함께 산에 오르거나 나타나지도 못하게 하고 양과 소 등 짐승까지도 산 앞에서 먹지 않도록 하라."

4 모세가 돌판 2개를 처음 돌판과 똑같이 깎았다. 그리고 여호와께서 명령하신 대로 그 돌판을 들고 아침 일찍 시내산으로 올라갔다.

5-6 여호와께서 구름 가운데 나타나 모세와 함께 그의 앞으로 지나가며 말씀을 선포하셨다. "나는 자비와 은혜가 많으며, 쉽게 화를 내지 않으며, 사랑과 신실이 많은 여호와 하나님이다.

7 사랑을 수천 대까지 베풀며 악과 허물과 죄를 용서할 것이다. 그러나 죄를 그대로 넘어가지 않겠다. 아버지가 죄를 지으면 삼사 대까지 벌을 내릴 것이다."

8 모세가 급히 땅에 엎드려

9 말했다. "내가 주께 은총을 입었다면 주는 우리와 함께 올라가십시오. 이 백성은 목이 뻣뻣한 완고한 백성입니다. 우리의 악과 허물을 용서하시고, 우리를 주의 기업, 곧 언약의 백성으로 삼아 주십시오."

언약을 다시 세움

10 ● 여호와께서 말씀하셨다. "내가 언약을 세워 아직 어떤 백성에게도 행하지 않은 기적을 너희 모든 백성 앞에 행할 것이다. 너희와 함께 거하는 백성이 내가 행하는 그 기적을 볼 것이다. 내가 너를 위해 행하는 일이 얼마나 두려운 일인지 보게 될 것이다.

11 너는 내가 오늘 네게 명령하는 것을 조심해 지키라. 내가 네 앞에서 아모리 사람, 가나안 사람, 헷 사람, 브리스 사람, 히위 사람, 여부스 사람을 쫓아낼 것이다.

12 너는 스스로 조심하여 그들과 언약을 세우지 말라. 그것이 너희를 넘어뜨릴 올무가 될 것이다.[2]

13 너희는 오히려 그들의 제단들을 헐고, 그들의 주상과 아세라상을 깨뜨리라.

14 너는 다른 신에게 절하지 말라. 나 여호와는 질투하는 하나님이기 때문이다.

---

1) 신 10:1-5 참조   2) 출 23:32-33

15 너는 스스로 조심하여 그 땅의 주민과 언약을 세우지 말라. 그들은 음란하게 자기들의 신을 섬기며, 그 신들에게 제물을 드리고, 너를 초청하게 될 때 네가 그 제물을 먹을까 염려되기 때문이다.

16 또한 네가 그들의 딸들을 네 아들들의 아내로 삼으므로 그들의 딸들이 네 아들에게 자기들이 음란하게 섬기는 신들을 음란하게 섬기게 할까 염려되기 때문이다.

17 너희는 신상들을 부어 만들지 말라.

18 너는 누룩 없는 빵인 무교병의 절기를 지키라. 내가 네게 명령한 대로 아빕월인 3~4월의 정한 그 절기에 7일 동안 누룩 없는 빵인 무교병을 먹을 것이다. 그달에 네가 애굽에서 나왔기 때문이다."

19 여호와께서 말씀하셨다. "첫 번째 태어난 것은 모두 내 것이며, 네 가축의 모든 처음 태어난 수컷인 소와 양도 다 그렇다.

20 나귀의 첫 새끼는 어린 양으로 대신 바치라. 그렇게 하지 않으려면 그 나귀의 목을 꺾어 버리라. 네 아들 중 장자는 모두 다른 것으로 대신 바치며, 빈 손으로 내게 나오지 말라.

21 너희는 6일 동안 자신을 위한 일을 하고, 7일째 되는 날에는 휴식을 취하라. 밭을 갈거나 거둘 때도 쉬라.

22 너희는 맥추절, 곧 초실절을 지키라. 이 절기는 네가 수고하여 밭에 뿌린 보리나 밀을 수확할 때의 첫 열매를 거둔 것을 기념하여 지키는 것이다. 가을[1]에는 수장절을 지키라. 이것은 네가 수고하여 연말에 밭에서 거두어 저장한 것을 기념하여 지키는 것이다.[2]

23 너희 모든 남자는 매년 3번씩 절기 때 여호와께 나와 보일 것이다.

유월절과 무교절 규례

24 ● 내가 이방 나라들을 네 앞에서 쫓아내고 네 지역을 넓히리니 네가 매년 3번씩 여호와 앞으로 나올 때 아무도 네 땅을 탐내지 못할 것이다.

25 너는 네 제물의 피를 누룩 있는 빵인 유교병과 함께 드리지 말고, 유월절 절기 제물을 아침까지 남겨 두지 말라.

26 너는 네 밭에서 처음 익은 것을 하나님의 전에 드리라. 염소 새끼 고기를 그 어미의 젖으로 삶지 말라.[3]"

27 여호와께서 계속해서 모세에게 말씀하셨다. "내가 너와 이스라엘과 언약을 세운 이 말들을 기록해 두라."

28 모세가 여호와와 함께 40일을 시내산에 있으면서 빵도 먹지 않았고, 물도 마시지 않았으며, 여호와께서는 언약의 말씀인 십계명을 2개 돌판에 기록하셨다.

모세가 시내산에서 내려옴

29 ● 모세가 십계명이 새겨진 2개 돌판을 들고 시내산에서 내려올 때 여호와와 말한 것으로 인해 그의 얼굴에 광채가 났지만 자신은 그것을 알지 못했다.

30 아론과 온 이스라엘 백성이 모세의 얼굴에 광채가 나는 것을 보고 그에게 가까이 가기를 두려워했다.

31 모세가 그들을 부르자 아론과 회중의 모든 어른이 모세에게로 왔으며 모세는 그들과 이야기했다.

32 그제야 온 이스라엘 백성이 모세에게 가까이 왔다. 그러자 모세는

1) 세말, 추수 끝날   2) 출 23:16   3) 출 23:19

여호와께서 시내산에서 자기에게 하신 말씀을 전부 그들에게 전했다.

33 모세가 그들에게 말을 마친 후에는 수건으로 자기 얼굴을 가렸다.

34-35 그러나 여호와 앞에 들어가 말할 때는 수건을 벗었다. 그리고 그 명령하신 말을 이스라엘 백성에게 전할 때는 광채로 인해 다시 자기 얼굴을 수건으로 가렸다.

35

이에 모세가 온 이스라엘 백성을 모으고 그들에게 말했다. "여호와께서 너희에게 명령하신 말씀은 이렇다.

2 6일 동안은 너희가 일하고 제7일은 너희를 위한 거룩한 날이니 여호와께 거룩한 안식일이다. 그러므로 누구든지 이날에 일하는 자는 죽일 것이다.

3 안식일에는 너희의 모든 처소에서 불도 피우지 말라."

성막을 위해 여호와께 드릴 것들

4 ● 모세가 이스라엘 백성에게 말했다. "여호와께서 이같이 명령하셨다.

5 너희의 소유 중에서 성막 제조를 위해 여호와께 드릴 것을 선택하라. 마음에 원하는 자는 누구든지 그것을 가져다가 여호와께 드리라. 곧 금은과 놋,

6 청색 실과 자색 실과 홍색 실과 좋은 아마 섬유로 짠 가는 베 실, 염소 털과

7 붉게 물들인 숫양의 가죽과 돌고래[1] 가죽, 조각목,

8 등유, 거룩한 기름에 들어가는 향품과 분향할 향을 만드는 향품,

9 호마노와 에봇과 흉패에 물릴 보석 등을 바치라.

10 너희 중 내 영으로 충만하게 하여 마음이 지혜로운 자는 와서 여호와께서 명령하신 것을 만들라.

11 그것들은 성막과 천막과 덮개와 윗덮개와 그 갈고리, 널빤지, 빗장[2], 기둥과 그 받침.

12 증거궤[3]와 그 막대[4]와 속죄소[5]와 그것을 가리는 휘장,

13 진열한 빵을 놓는 상과 그 막대와 그 모든 기구와 진열할 빵인 진설병이다.

14 불을 켜는 등잔대와 그 기구와 그 등잔과 등유,

15 분향단과 그 막대와 거룩한 기름, 분향할 향품, 성막 문의 휘장,

16 번제단과 놋으로 만든 그물과 그 막대와 그 모든 기구, 물두멍과 그 받침,

17 뜰의 포장과 그 기둥과 그 받침과 뜰 문의 휘장,

18 장막과 뜰의 말뚝과 그 줄,

19 성소에서 섬기기 위해 정교하게 만든 제사장 아론의 거룩한 옷과 그의 아들들이 입을 옷들이다."

성막을 위해 자원하여 드린 예물

20 ● 이스라엘의 온 회중이 모세의 말을 듣고 그 앞에서 물러갔고,

21 마음이 감동된 모든 자와 자원하는 모든 자가 회막과 그 속에서 쓸 기구들을 만드는 데 들어가는 재료들을 가지고 왔다. 거룩한 옷을 만들기 위해 예물을 여호와께 드렸다.

22 곧 자원하여 예물을 드리는 남녀가 와서 팔찌, 팔고리[6], 가락지, 목걸이와 여러 가지 금품을 예물로 드렸다.

23 또한 청색 실, 자색 실, 홍색 실, 가는 베 실, 염소 털, 붉게 물들인 숫양의 가죽, 돌고래[1] 가죽을 드렸다.

24 은과 놋으로 예물을 드렸으며, 섬기

1) 해달   2) 띠   3) 법궤   4) 채   5) 시은좌, 곧 은혜의 자리   6) 귀고리

는 일에 사용되는 싯딤 나무[1]를 드렸다.

25 마음이 슬기로운 여인들은 손수 뺀 청색 실, 자색 실, 홍색 실과 좋은 아마 베 섬유로 짠 실을 가져왔다.

26 여인들은 염소 털로 실을 뽑았다.

27 모든 족장은 호마노와 에봇과 흉패에 물릴 보석,

28 등잔불, 거룩한 기름, 분향할 향에 소용되는 기름과 향품을 드렸다.

29 마음에 자원하는 마음을 가진 남녀는 누구나 여호와께서 모세에게 명령하신 모든 것을 만들기 위해 회막과 그 기구를 만들 물품을 자원하여 드렸다.

30-35 모세가 이스라엘 백성에게 말했다. "여호와께서 이미 유다 지파 훌의 손자요 우리[2]의 아들인 브살렐과 단 지파 오홀리압과 마음이 지혜로운 사람에게 성소에 쓸 모든 것을 만들게 명령하신 말대로[3] 만들 줄 알게 하셨다".

성막 제조의 일꾼과 드린 예물,
성막 제조[4]

36 ●곧 여호와께서 지혜와 총명을 준 브사렐과 오홀리압과 지혜로운 마음을 가진 사람들은 여호와께서 명령하신 말대로[3] 만들도록 했다."

2 모세가 브살렐과 오홀리압과 그 마음이 여호와께로부터 지혜를 얻은 사람과 그 일에 자원하는 모든 사람을 불렀다.

3 그들은 이스라엘 백성이 성소와 그 기구 제조를 위해 드린 예물을 모세에게서 받았다. 그러나 백성이 매일 아침마다 자원하는 예물을 계속해서 가져왔으므로

4 성소의 모든 일을 하는 자들이 하던 일을 멈추고

5 모세에게 와서 말했다. "백성이 예물을 너무 많이 가져와서 여호와께서 명령하신 일에 쓰기에 넉넉합니다."

6 이에 모세가 백성들에게 남녀를 막론하고 성소에 드릴 예물을 다시 가져오지 말라고[5] 명령하자 백성이 예물 가져오기를 그쳤고

7 드린 재료가 오히려 남았다.

8-38 일하는 사람들 중에 마음이 지혜로운 모든 사람이 10폭 휘장으로 성막과 성막을 덮는 휘장, 널빤지, 빗장[6]등을 하나님께서 명령하신 대로[4] 만들었다.

언약궤 제조[7]

37 1-9 ●브살렐이 언약궤를 싯딤나무를 사용하여 하나님께서 명령하신 대로[7] 만들었다.

상 제조[8]

10-16 ●또 브살렐이 진열한 빵을 놓는 상을 싯딤나무를 사용하여 하나님께서 명령하신 대로[8] 만들었다.

등잔대 제조[9]

17-24 ●브살렐이 순금 등잔대를 하나님께서 명령하신 대로[9] 만들었다.

성경인물 **브살렐과 오홀리압**(출 36:1)

브살렐(Bezalel)은 유다 지파 우리의 아들이다(출 31:2). 성막의 수석 장인인 그는 조각목으로 궤와 번제단과 성막의 뜰, 놋단을 만들었다(출 37:1, 38:1, 대하1:5).
오홀리압(Oholiab)은 단 지파에 속한 아히사막의 아들이다. 그는 브살렐과 함께 성막과 그에 따른 기구들을 제작하는 일에 참여했다(출 31:6).
위 두사람은 하나님이 그들에게 지혜와 총명을 부여주심으로 성소에서 쓸 모든 일을 하게 하신 자들이다. 하나님은 성전 기구를 만드는 성스러운 일에 먼저 두 사람을 부르시고 그다음 그들에게 지혜와 총명을 주어 일을 하게 하셨다.

1) 조각목 2) Uri 3) 출 31:1-11 4) 출 26:1-37 5) 만들지 말라 6) 띠 7) 출 25:10-22 8) 출 25:23-30 9) 출 25:31-40

분향단 제조[1]

25-29 ● 브살렐이 분향할 제단을 싯딤나무를 사용하여 하나님께서 명령하신 대로[1] 만들었다.

번제단 제조[2]

38 1-7 ● 브살렐이 번제단을 싯딤나무를 사용하여 하나님께서 명령하신 대로[2] 만들었다.

물두멍 제조

8 ● 브살렐이 물두멍과 그 받침을 성막 문에서 수종 드는 여인들의 놋 거울을 녹여 만들었다.

성막 울타리 제조[3]

9-20 ● 브살렐이 성막 뜰과 뜰의 휘장과 기둥과 그 받침들을 하나님께서 명령하신 대로[3] 만들었다.

성막 재료 목록

21 ● 성막을 위해 레위 사람이 쓴 재료의 목록은 제사장 아론의 아들 이다말이 모세의 명령대로 계산했다.

22 유다 지파 훌의 손자 우라[4]의 아들인 브살렐은 여호와께서 모세에게 명령하신 모든 것을 만들었다.

23 그와 함께한 단 지파 아히사막의 아들 오홀리압은 기술이 있어서 조각하며, 또 청색 실, 자색 실, 홍색 실과 좋은 아마 섬유로 짠 가는 베 실로 수를 놓았다.

24 성소 건축 비용으로 사용된 금은 성소의 세겔로 29달란트 730세겔이었다.

25 인구 조사에 든 사람이 드린 은은 성소의 세겔로 100달란트 1,775세겔이었다.

26 20세 이상으로 조사에 해당된 자가 60만 3,550명으로 성소의 세겔로 각 사람에게 은 반 세겔인 1베가씩이었다.

27 은 100달란트로 성소의 받침과 커튼[5] 문의 기둥 받침 100개를 만들었다.

28 1,775세겔로 기둥 갈고리를 만들고 기둥 머리를 싸고 기둥 가름대를 만들었다.

29 드린 놋은 70달란트 2,400세겔이었다.

30 이 놋으로 성막 문 기둥 받침과 놋 제단과 놋 그물과 제단의 모든 기구를 만들었다.

31 성막 뜰 주위와 그 휘장 문의 기둥 받침을 만들고, 성막과 뜰 주위의 모든 말뚝을 만들었다.

제사장의 옷과 흉패 제조[6]

39 1-7 ● 그들은 하나님께서 명령하신 대로[7] 성소에서 섬길 때 입을 정교한 옷과 아론의 거룩한 옷을 만들었다.

8-21 그가 또 하나님께서 명령하신 대로[8] 흉패를 정교하게 만들었다.

22-31 그리고 그가 하나님께서 명령하신 대로[9] 에봇 받침 긴 옷과 아론과 그의 아들들이 입을 속옷과 패를 만들었다.

성막 제조와 성막 봉헌[10]

32-43 ● 이스라엘 백성이 이와 같이 하나님의 명령대로[10] 성막 제조를 마치되 여호와께서 모세에게 명령하신 대로 다 행했다.

40 여호와께서 모세에게 말씀하셨다.

2 "너는 첫째 달인 3~4월 첫날에 성막을 세우고

3 증거궤를 들여놓은 후 휘장으로 그 법궤를 덮으라.

4 또 진열한 빵을 놓는 상을 들여 놓고, 그 위에 물품을 진열하고 등잔대를 들여놓아 불을 켜 놓아라.

---

1) 출 25:10~22   2) 출 27:1~8   3) 출 27:9~19   4) 인명, Uri   5) 휘장   6) 출 28:1~43   7) 출 28:1~14   8) 출 28:15~30   9) 출 28:31~43   10) 출 35:10~19

5 금 분향단은 증거궤 앞에 두고, 성막 문에는 휘장을 달라.

6 성막의 문 앞에 번제단을 놓고,

7 물두멍은 성막과 번제단 사이에 놓은 후 그 속에 물을 채우라.

8 성막 뜰 주위에는 포장을 치고, 뜰 문에는 휘장을 달아라.

9-11 거룩한 기름으로 성막과 그 안에 있는 그 모든 기구와 번제단과 그 모든 기구와 물두멍과 그 받침에 발라 거룩하게 하라. 그것들이 거룩하게 될 것이다.

12 너는 또 아론과 그 아들들을 성막 문 앞에서 물로 씻기고,

13 아론에게 거룩한 옷을 입히고, 그에게 기름을 부어 거룩하게 하여 제사장 직분을 행하도록 하라.

14 또한 아론의 아들들에게도 겉옷을 입히고,

15 그 아버지에게 기름을 부은 것처럼 그들에게도 부어 제사장 직분을 행하도록 하라. 그들이 기름 부음을 받았으므로 대대에 걸쳐 제사장이 될 것이다."

16 모세가 여호와의 명령대로 모두 시행했다.

17 출애굽 후 2년이 되던 해 첫째 달 첫날에 성막을 세웠다.

18 모세는 먼저 성막 받침들을 놓은 다음 그 널빤지들을 맞추었으며, 그 널빤지 고리에 빗장을 끼우고 기둥들을 세웠다.

19 그다음 성막 위에 다른 장막을 펴고 그 위에 덮개를 덮었다.

20 십계명이 새겨진 증거판을 증거궤 속에 넣고 막대를 궤에 끼우고, 속죄소를 궤 위에 두었다.

21 그런 다음 증거궤를 성막 안에 안치한 후 가리개 휘장을 늘어뜨려 그 증거궤를 가렸다.

22 진열한 빵을 놓는 상은 성막 북쪽의 안 증거궤가 있는 휘장 밖에 놓았다.

23 그리고 그 상 위에 빵을 진열했다.

24 등잔대는 성막 남쪽의 안에 놓아 상과 마주하도록 놓았다.

25 그리고 여호와 앞에 등잔대의 불을 밝혔다.

26 금 분향단은 성막 안 휘장 앞에 두었고,

27 그 위에 향기로운 향을 피웠다.

28 성막 문에는 휘장을 달았다.

29 번제단은 회막의 성막 문 앞에 놓았고, 번제물과 소제물을 그 위에서 드렸다.

30 물두멍은 성막1)과 번제단 사이에 두고 직무를 담당하는 자가 손발을 씻도록 물을 담았다.

31-32 그래서 그곳에서 모세와 아론과 그의 아들들이 성막에 들어갈 때와 제단에 가까이 갈 때 손발을 씻도록 했다.

33 성막과 제단 주위 뜰에 포장을 치고 뜰 문에 휘장을 달았다. 이에 여호와께서 모세에게 명령하신 대로 되었다.

34 모든 것이 이루어졌을 때 구름이 성막에 덮이고, 여호와의 영광이 성막에 충만했기 때문에

35 모세는 성막에 들어갈 수 없었다.

36-37 구름이 성막에서 떠오르는 때는 이스라엘 백성이 출발했고, 구름이 머물면 그곳에 진을 쳤다.

38 여호와의 구름이 낮에는 성막 위에 머물렀고, 여호와의 불이 그 구름 가운데 있었다. 이스라엘 백성은 행진하는 길에서 그것들을 눈으로 보았다.

1) 회막

제목 히브리어 성경은 봐이크라('그리고 그가 불렀다'라는 뜻), 70인역은 레위티콘

기록연대 기원전 446~1406년경   **저자** 모세   **중심주제** 다섯가지 대표적인 제사

내용소개 * 제사의식(거룩한 하나님께 나가는 방법, 제사(예배)
1. 자원적 제사 1~3장   2. 의무적 제사 4~7장   3. 제사장 직무 8~10장
* 정결의식(거룩한 하나님과 함께 하는 방법), 성결(행위)
4. 개인적인 성결 11~15장   5. 사회적인 정결 16~20장   6. 제사장과 절기의 정결 21~24장
7. 장래에 관한 정결 25~27장

번제에 대한 규례

1 1 ● 여호와께서 성막에서 모세를 불러 말씀하셨다.

2 "이스라엘 백성에게 말하라. 너희 가운데 여호와께 예물을 드리려면 가축 가운데서 소나 양으로 예물을 드리라.

3 그 예물이 소로 드리는 번제이면 흠 없는 수컷으로 성막 문에서 여호와께서 기쁘게 받으시도록 드리라.

4 제사장은 번제물의 머리에 안수하라. 하나님께서 기쁘게 받으사 그를 위해 죄가 깨끗하게 될 것이다.

5 제사장은 여호와 앞에서 그 수송아지를 잡고, 아론 자손의 제사장들은 그 피를 성막 문 앞에 있는 번제단 주위에 뿌리라.

6 또 그는 그 번제물의 가죽을 벗기고 조각을 낼 것이다.

7 그런 다음 제사장 아론의 자손들은 번제단에 불을 붙이고 불 위에 나무를 가지런히 놓은 후

8 아론의 자손 제사장들은 그 조각을 낸 고기와 머리와 기름을 번제단 위의 나무에 놓고

9 그 내장과 정강이는 물로 씻은 다음 제사장은 그 전부를 제단 위에서 불살라 번제로 드리라. 이것은 여호와께 향기로운 냄새로 드리는 화제이다.

10-13 만일 번제제물이 양이나 염소이면 흠 없는 수컷으로 드리라. 그러면 제사장은 번제단 북쪽에서 그것을 잡고 피를 번제단 사방에 뿌리라. 이후에는 수송아지를 번제로 드리는 방법[1]과 똑같이 여호와께 드리라.

14 만일 번제제물이 새이면 산비둘기나 집비둘기 새끼로 드리라.

15 제사장은 그 제물을 제단으로 가져다가 제물의 머리를 비틀어 끊고, 번제단 위에서 불사르고, 그 피는 번제단 옆에 쏟으라.

16 제물의 모이주머니와 그 더러운 것[2]은 제거하여 제단의 동쪽 재를 버리는 곳에 버리라.

17 또 그 날개 자리에서 그 몸을 적당히 찢고, 제사장이 그것을 번제단 위의 불붙은 나무 위에서 불살라 번제로 드리라. 이것은 여호와께 향기로운 냄새로 드리는 화제이다.

소제에 대한 규례

2 1 ● 누구든지 곡식으로 드리는 소제의 제물을 여호와께 드리려면 고운 가루에 올리브 기름을 얹은 다음 유향을 놓아

2 아론의 자손 제사장들에게로 가져가라. 그러면 제사장들은 그것을 기념물로 삼아 번제단 위에서 불사르라. 이는 여호와께 향기로운

1) 레1:6~9   2) 깃털

냄새로 드리는 화제이다.

3 그 곡식제물의 남은 것은 아론과 그 자손의 몫이다. 그것은 여호와께 불로 태워 드리는 제물 가운데서 지극히 거룩한 것이다.

4 네가 아궁이에 구운 것으로 소제의 예물을 드리려면 고운 가루에 올리브 기름을 섞어 만든 누룩 없는 빵인 무교병이나 기름을 바른 누룩 없는 얇은 과자인 무교전병을 드리라.

5 철판에 굽거나 부친 것으로 소제의 예물을 드리려면 기름을 섞은 고운 가루에 누룩을 넣지 말고

6 조각으로 나눈 다음 그 위에 기름을 부으라. 이것이 소제이다.

7 네가 냄비에 요리한 것으로 소제를 드리려면 고운 가루와 기름을 섞어 만들어라.

8 너는 그렇게 만든 곡식제물인 소제물을 여호와께로 가져다가 제사장에게 주라. 그러면 제사장은 그것을 번제단으로 가져가서

9 그중에 전부를 드렸다는 표시로 기념할 것을 선택하여 번제단 위에서 불사르라. 이것은 여호와께 향기로운 냄새로 드리는 화제이다.

10 곡식제물 가운데서 남은 것은 아론과 그의 아들들의 몫이다. 그것은 여호와의 화제물 가운데서 지극히 거룩한 것이다.

11 여호와께 드리는 모든 곡식제물에는 누룩을 넣지 말라. 누룩과 꿀은 어떤것도 여호와께 불살라 화제로 드리지 말라.

12 처음 익은 것으로는 여호와께 드릴 수 있으나 향기로운 냄새를 위해 제단에는 올리지 말라.

13 네 모든 곡식제물에는 소금을 치라. 소금은 하나님과 맺은 변하지

않는 언약을 나타낸다. 그러므로 네 모든 예물에 소금을 드리라.

14 너희가 첫 이삭을 소제물로 여호와께 드리려면 첫 이삭을 볶아 찧어 드리라. 그리고

15 그 위에 기름과 유향을 얹으라. 이것은 소제이다.

16 제사장은 찧은 곡식과 기름을 모든 유향과 함께 기념물로 불사를 것이니 이는 여호와께 드리는 화제이다.

화목제에 대한 규례

3 ● 사람이 여호와께 화목제[1]의 제물을 드리되 소로 드리려면 암수 구별 없이 흠 없는 것으로 드리라.

2 제사장은 제물의 머리에 안수한 후 성막 문에서 잡으라. 그리고 아론의 자손 제사장들은 그 피를 번제단 사방에 뿌리라.

3 그런 다음 그 화목제의 제물 가운데서 내장에 붙은 기름과

4 두 콩팥 위의 기름과 허리쪽에 있는 것과 간에 덮인 꺼풀을 콩팥과 함께 떼어내라. 그리고

5 아론의 자손은 그것을 번제단 위에 있는 번제물 위에서 나무로 불살라 드리라. 이는 여호와께 향기로운 냄새로 드리는 화제이다.

6-11 만일 여호와께 예물로 드리는 화목제의 제물이 양이면 암수 구별 없이 흠 없는 것으로 드리되 소로 드리는 것과 똑같은 방법[2]으로 드리라.

12-16 만일 화목제의 예물이 염소면 그것도 소나 양을 드리는 것과 똑같은 방법[2]으로 드리라.

17 너희는 기름과 피를 먹지 말라. 이는 너희가 거주하는 모든 곳에서 대대에 걸쳐 지켜야 할 규례이다.

1) 감사제 2) 레 3:1-5

속죄제에 대한 규례

4 ● 여호와께서 모세에게 말씀하셨다.

2 "누구든지 여호와의 계명 중 하나라도 잘못하여 어겼으면 속죄제를 드리라.

3 만일 기름 부음을 받아 제사장이 된 자가 죄를 지어 백성에게 잘못이 되면 그 지은 죄로 인해 여호와께 흠 없는 수송아지를 속죄제물로 드리라.

4 그 제물될 수송아지는 성막 문 앞으로 끌어다가 그 머리에 안수하고, 그것을 여호와 앞에서 잡으라.

5 그리고 기름 부음을 받아 제사장이 된 자는 그 제물의 피를 가지고 성막¹⁾에 들어가

6 손가락에 그 피를 찍어 여호와가 임재하시는 성소의 휘장 앞에 7번 뿌리고,

7 성막 안 분향단 뿔, 곧 뿔들에 바르라. 그리고 남은 수송아지의 피는 전부 성막 문 앞에 있는 번제단 밑에 쏟으라.

8 또 그 내장 기름과 두 콩팥에 붙어 있는 모든 기름을 떼어 내고

9 간에 덮인 꺼풀을 콩팥과 함께 떼어 내라. 그것들을

10 화목제 제물의 소에게서 떼어 낸 것처럼 떼어내고, 제사장은 그것을 번제단 위에서 불사르라.

속죄제와 제물 (레 4:1-35)

죄를 속(용서, 깨끗함)하기 위해 드리는 희생 제사로 송아지나 염소를 암소 구별없이 드렸다. 이 제사의 특징은 신분과 죄의 비중에 따라 제물이 달랐다. 곧 제사장이나 모든 백성들이 범죄했을 경우에는 수송아지를, 족장인 경우에는 숫염소를, 평민인 경우에는 암소 또는 어린 암양을 제물로 드렸다.

11 그 수송아지의 가죽과 그 모든 고기와 머리와 정강이와 내장과

12 똥 등 그 송아지 전체를 진영 밖에 있는 재 버리는 곳인 정결한 곳으로 가져다가 불사르라.

13-20 만일 이스라엘 모든 백성이 여호와의 계명 가운데 하나라도 실수로 죄를 범하여 그것이 죄인 줄 알지 못하다가 그 지은 죄를 깨달으면 백성들은 수송아지를 제사장이 죄를 지었을 때 드리는 속죄제와 같은 방법으로²⁾ 제사를 드리라. 제사장이 그것으로 백성들을 위해 속죄한즉 그들이 용서를 받을 것이다. 이는 그가 실수로 죄를 범하고, 그로 인해 화제와 속죄제를 여호와께 드렸기 때문이다.

21 제사장은 그 수송아지를 진영 밖으로 가져다가 첫 번째 수송아지처럼 불사르라. 이는 모든 백성이 드려야 할 속죄제이다.

22-26 만일 족장이 여호와의 계명 중 하나라도 실수로 죄를 지었으나 그것이 죄인줄 알지 못하다가 누가 그에게 그 죄를 깨우쳐 주면 그는 흠 없는 숫염소를 제물로 드릴 것이다. 그 속죄제물은 제사장이나 백성이 드리는 속죄제의 방법대로²⁾ 제사장이 드리라. 이같이 제사장이 그 지은 죄에 대해 그를 위해 속죄하면 그가 용서를 받을 것이다.

27-35 만일 백성 중 한 사람이 여호와의 계명 가운데 하나라도 실수로 죄를 범하여 그것이 죄인 줄 알지 못하다가 누가 그에게 죄를 깨우쳐 주면 그는 그 지은죄로 인해 흠 없는 암소를 제물로 드리라. 그 속죄제물은 제사장이나 백성이 드리는 속죄제의 방법대로²⁾ 제사장이

1) 회막　　2) 레 4:4-7

드리라. 만일 그가 암염소 대신 어린 양을 속죄제물로 가져오려면 흠 없는 암컷을 끌어다가 속죄제의 제사 방법대로[1] 제사장이 드리라. 제사장이 그가 지은 죄에 대해 속죄한즉 그가 용서를 받을 것이다.

5 만일 누구든지 저주하는 말을 듣고도 자신이 본 것이나 알고 있는 것을 증인이 되어 알리지 않으면 그에 대한 죄를 져야 할 것이다. 저주한 사람의 죄가 증언하지 않는 그에게 돌아갈 것이다.

2 만일 누구든지 부정한 들짐승이나 가축이나 곤충의 사체를 모르고 만졌어도 그 몸이 더러워졌기 때문에 범죄한 것이다.

3 만일 사람의 부정함, 곧 모르고 부정한 어떤 것과 접촉했다가 그것이 부정한 것인 줄을 알게 되었을 때는 죄가 있는 것이다.

4 만일 누구든지 선한 일이든 악한 일이든 행할 것이라고 경솔히 맹세하면 그 사람이 경솔히 맹세한 것이 무엇인지 알게 되었을 때는 그에게 죄가 있는 것이다.

5 이런 것들 중 하나라도 죄가 있을 때는 그 지은 죄에 대해 자복하고,

6 그 잘못으로 인해 여호와께 속죄제[2]를 드리라. 그 속죄제물은 암컷 어린 양이나 염소로 드리라. 제사장은 그의 허물을 위해 속죄할 것이다.

7 만일 그가 어린 양을 바칠 형편이 안 되면 산 비둘기 2마리나 집비둘기 새끼 2마리를 하나는 속죄제물로, 다른 하나는 번제물로

8 제사장에게로 가져가 여호와께 드리라. 그러면 제사장은 먼저 속죄제물이 된 비둘기의 머리를 목에서 비틀어 끊고 몸은 적당히 쪼갤 것이다.

9 그리고 속죄제물의 피를 제단 곁에 뿌리고 그 남은 피는 제단 밑에 쏟으라. 이것은 속죄제이다.

10 나머지 번제물은 규례에 따라 드리라. 제사장이 그의 잘못을 위해 속죄하면 그가 용서를 받게 된다.

11 그러나 산비둘기나 집비둘기 2마리조차 드릴 형편이 안 되면 그는 범죄로 인해 고운 가루 2.2리터 되는 10분의 1에바를 속죄 제물로 드리라. 이 제물 위에는 기름을 붓지 말며 유향도 얹지 말고

12 그것을 제사장에게로 가져가면 제사장은 그 전체 가운데서 한 움큼을 기념물로 가져다가 번제단 위 여호와의 화제물 위에서 불사르라. 이것은 속죄제이다.

13 제사장이 그가 행한 그 죄를 속죄하면 그가 용서를 받을 것이다. 나머지는 소제물같이 제사장의 소득으로 돌아갈 것이다."

속건제에 대한 규례

14 ● 여호와께서 모세에게 말씀하셨다.

15 "누구든지 여호와의 성물에 대해 실수로 죄를 지었으면 여호와께 속건제를 드리라. 곧 흠 없는 숫양의 가치는 성소의 세겔[3]을 은으로 계산하여 몇 세겔 되도록 자신이 결정하여 속건제로 드리라.

16 성물에 대한 잘못을 보상하되 원래 가격에서 5분의 1을 추가하여 제사장에게 주어야 한다. 그러면 제사장이 그 속건제의 숫양으로 그를 위해 속죄하면 그가 용서를 받을 것이다.

17 만일 누구든지 여호와의 계명 가운데 하나라도 실수로 죄를 지었어도 허물이 되리니 그는 벌을 받을

1) 레 4:4-7   2) 벌금   3) 1세겔은 11.42그램

18 그는 자신이 결정한 가치대로 양 떼 가운데서 흠 없는 숫양을 속건 제물로 제사장에게로 가져가야 한 다. 그러면 제사장이 그가 실수로 범한 죄를 위해 속죄하면 그가 용 서를 받을 것이다.

19 이는 그가 여호와 앞에 잘못을 저 지른 것에 대해 드리는 속건제 제 사이다."

6 여호와께서 모세에게 말씀하셨 다.

2 "누구든지 여호와께 신실하지 못 해서 이웃이 맡긴 물건이나 전당 물을 속이거나 도둑질하거나 착취 하고도 그 사실을 부인하거나

3 다른 사람의 잃어버린 물건을 습 득하고도 모른 체하여 거짓으로 맹세하는 등과 같은 일이 하나라 도 있다면

4 그것은 죄를 범한 것이다. 그러므 로 그는 훔친 것이나 착취한 것이 나 맡은 것이나 잃은 물건을 주운 것이나

5 거짓 맹세한 모든 물건을 그 원래 물건의 가치에 5분의 1을 추가하여 그 죄가 밝혀지는 날에 그 임자에 게 주어야 한다.

6 아울러 그는 자신이 결정한 가치 대로 흠 없는 숫양을 속건제물로 제사장에게로 끌고 갈 것이다.

7 그러면 제사장이 여호와 앞에서 그를 위해 속죄하면 그는 어떤 허 물이든 용서를 받을 것이다."

번제를 드리는 규례

8 ● 또 여호와께서 모세에게 말씀하 셨다.

9 "아론과 그의 자손에게 번제의 규례 에 대해 말하라. 번제물은 아침까 지 번제단 위에 있는 쇠 그물 위에

두고 번제단의 불이 그 위에서 꺼 지지 않게 하라.

10 제사장은 좋은 아마 섬유로 짠 세 마포 긴 옷을 입고, 좋은 아마 섬유 로 짠 속바지로 하체를 가리고, 번 제단 위에서 불로 태운 번제물의 재를 가져다가 제단 옆에 두라.

11 그리고 그 옷을 벗고 평상복으로 갈아 입은 다음 장막을 친 지역 밖 정결한 곳으로 그 재를 가져가야 할 것이다.

12-13 번제단 위의 불은 항상 꺼지지 않게 하고, 제사장은 아침마다 나 무 위에 번제물을 벌여 놓고 화목 제의 기름을 그 위에서 불사르라."

소제를 드리는 규례

14 ● 다음은 곡식으로 드리는 소제의 규례이다. 아론의 자손은 소제 예 물을 제단 앞에서 여호와께 드리 라.

15 제사장은 그 소제의 고운 가루 한 움큼에 기름을 섞고, 그 위에 유향 을 얹어 기념물로 번제단 위에서 불살라 드리라. 그것은 여호와 앞 에 향기로운 냄새가 된다.

16 그리고 남은 것은 아론과 그의 자 손이 누룩을 넣지 말고 거룩한 곳 인 성막 뜰에서 먹으라.

17 곡식제물인 소제물에 누룩을 넣지 않고 구운 것은 내 화제물 가운데 서 내가 아론과 그 자손에게 주어 그들의 몫이 되게 할 것이다. 곡식 으로 드리는 소제도 속죄제와 속 건제와 같이 지극히 거룩한 것이 다.

18 아론 자손의 남자는 모두 그것을 먹을 수 있다. 이는 여호와의 화제 물 가운데서 대대에 걸쳐 그들의 몫이다. 이를 접하는 자마다 거룩 할 것이다."

19 여호와께서 모세에게 말씀하셨다.

20 "아론과 그의 자손이 제사장으로 임명 받은 날에 여호와께 드릴 예물은 이렇다. 곧 고운 가루 10분의 1에바를 매일같이 곡식제물로 드리라. 그중 절반은 아침에 드리고, 나머지 절반은 저녁에 드리라.

21 그것을 드릴 때는 기름으로 반죽하여 철판에 구우라. 그런 다음 그것을 기름에 적신 후 썰어서 소제로 여호와께 드려 향기로운 냄새가 되게 하라.

22 이 소제는 아론의 자손 중 그를 이어 제사장으로 기름 부음[1]을 받은 자가 드리는 것이다. 이는 영원한 규례로 여호와께 온전히 불사르라.

23 제사장이 바치는 모든 곡식제물은 온전히 불사르고 먹지 말라."

속죄제를 드리는 규례

24 ● 여호와께서 모세에게 말씀하셨다.

25 "아론과 그의 아들들에게 말하라. 속죄제의 규례는 이렇다. 속죄제물은 지극히 거룩하기 때문에 번제물을 잡는 곳에서 그 제물을 잡으라.

26 죄를 깨끗하게 하기 위해 제사를 드리는 제사장은 그것을 거룩한 곳인 성막뜰에서 먹으라.

27 그 고기에 접촉하는 모든 자는 거룩하며, 그 피가 옷에 묻었으면 거룩한 곳에서 빨라.

28 그 고기를 질그릇에 삶았으면 그 그릇을 깨뜨리고, 놋그릇에 삶았으면 그 그릇을 닦고 물에 씻을 것이다.

29 그것은 지극히 거룩한 것으로 제사장은 그것을 먹을 수 있다.

30 그러나 속죄하기 위해 피를 가지고 성막에 들어갔다면 그 속죄제물의 고기는 먹지 말고 불사르라."

속건제를 드리는 규례

7 ● 속건제의 규례는 이렇다. 속건제물은 지극히 거룩한 것이다. 그러므로

2 속건제의 번제물은 번제물을 잡는 곳에서 잡으며, 제사장은 그 피를 번제단 사방에 뿌리라.

3 제물의 기름은 기름진 꼬리와 내장에 덮인 기름과

4 두 콩팥과 그 위의 기름, 곧 허리쪽에 있는 것과 간에 덮인 꺼풀을 콩팥과 함께 떼어내고

5 제사장은 그것을 모두 번제단 위에서 불살라 여호와께 화제로 드리라. 이것은 속건제이다.

6 제사장인 남자는 속건제물을 먹을 수 있으나 그것은 지극히 거룩하기 때문에 거룩한 곳인 성막 뜰에서 먹어야 한다.

7 속죄제와 속건제의 규례는 동일하여 그 드려진 제물은 속죄 의식을 행하는 제사장의 소득이 된다.

8 사람을 위해 번제를 드리는 제사장은 그 드린 번제물의 가죽을 취하며,

9 아궁이에 구운 소제물과 냄비나 철판에서 만든 소제물은 모두 그 드린 제사장이 자기의 소득으로 취할 것이다.

10 소제물은 기름 섞은 것이나 마른 것 모두 아론의 모든 자손이 균등하게 나누어 가질 것이다.

화목제물을 드리는 규례

11 ● 여호와께 드릴 화목제물의 규례는 이렇다.

12 화목제물을 감사함으로 드리려면 기름 섞은 누룩 없는 빵인 무교병과

---

1) 임명

기름 바른 누룩 없는 얇은 과자인 무교전병과 고운 가루에 기름을 섞어 구운 과자를 그 감사제물과 함께 드리라.

13 또 누룩 있는 빵인 유교병을 화목제의 감사제물과 함께 그 예물로 드리되

14 그 모든 예물 가운데서 하나씩 여호와께 거제로 드리고 그것을 화목제의 피를 뿌린 제사장들의 몫으로 돌리라.

15 감사로 드리는 화목제물의 고기는 드리는 당일에 먹되 이튿날 아침까지는 조금도 남겨 두지 말라.

16 다만 서원이나 자원으로 드리는 예물의 제물이면 그 제물을 드린 날과 이튿날까지 먹을 수 있다.

17 제물의 고기가 셋째 날까지 남았으면 그것은 불사를 것이다.

18 만일 그 화목제물의 고기를 셋째 날까지 조금이라도 먹으면 그 제사는 받아들여지지 않을 것이다. 그렇게 되면 드린 자에게도 예물답지 못하고 오히려 가증한 것이 될 것이다. 그것을 먹는 자는 성물을 더럽힘으로 인해 그 죄의 대가를 받으며, 자기 백성 가운데서 끊어질 것이다.[1]

19 화목제물의 고기가 부정한 물건에 접촉되었으면 먹지 말고 불사를 것이다. 부정한 것에 접촉되지 않은 고기는 깨끗한 자만 먹을 수 있다.

20 만일 몸이 부정한 자가 화목제물의 고기를 먹으면 그 사람은 자기 백성 가운데서 끊어질 것이다.

21 또한 누구든지 사람에게서 나오는 부정한 것이나 부정한 짐승이나 가증한 무슨 물건에 접촉한 사람은 부정해진다. 만일 그런 사람이 여호와께 속한 화목제물의 고기를 먹으면 그런 자도 자기 백성 가운데서 끊어질 것이다.

피와 기름은 먹지 말라

22 ● 여호와께서 모세에게 말씀하셨다.

23 "이스라엘 백성에게 말하라. 너희는 소나 양이나 염소의 기름을 먹지 말라.

24 스스로 죽은 것이나 들짐승에게 찢긴 것의 기름은 다른 용도로는 사용할 수 있지만 먹지는 말라.

25 사람이 여호와께 화제로 드리는 제물의 기름을 먹으면 그는 자기 백성 가운데서 끊어질 것이다.

26 너희는 어느 곳에서 살든지 새나 짐승 등 어떤 생물의 피든지 먹지 말라.

27 어떤 피든지 먹는 사람이 있으면 그 사람은 자기 백성 가운데서 끊어질 것이다."

화목제물 중 제사장의 몫

28 ● 여호와께서 모세에게 말씀하셨다.

29 "이스라엘 백성에게 말하라. 화목제물을 여호와께 드리려면

30 자기 손으로 그 제물의 기름과 가슴 부위를 가져올 것이다. 그리고 제사장은 그 가슴 부위를 여호와 앞에 흔들어 요제를 삼고,

31 그 기름은 번제단 위에서 불사르라. 그리고 가슴 부위는 아론과 그의 자손에게 그들의 몫이 될 것이다.

32 또한 그 화목제물의 오른쪽 뒷다리는 제사장이 들어 올려 거제로 드리라.

33 아론의 자손 가운데서 화목제물의 피와 기름을 드리는 자는 그 제물의

1) 레 19:7-8

오른쪽 뒷다리를 자기의 소득으로 삼을 것이다.

34 나는 이스라엘 백성의 화목제물 가운데서 그 흔든 가슴 부위와 들어 올려 드린 뒷다리를 제사장 아론과 그의 자손에게 그들의 소득으로 주었다. 이는 이스라엘 백성에게서 받을 영원한 소득이다."

맺는 말

35 ● 이상은 여호와의 화제물 가운데서 아론과 그의 아들들에게 돌릴 몫에 대한 것이다. 곧 그들에게 기름을 부어 여호와의 제사장 직분을 행하게 한 날에

36 여호와께서 명령하신 것이다. 그것은 그들이 대대에 걸쳐 받을 소득이다.

37 이상은 번제와 소제와 속죄제와 속건제와 위임식과 화목제의 규례이다.

38 여호와께서 시내광야에서 이스라엘 백성에게 그 예물을 여호와께 드리라고 명령하신 날에 시내산에서 모세에게 명령하신 것이다.

제사장 위임식 거행

8 ● 여호와께서 모세에게 말씀하셨다.

2 "너는 아론과 그의 아들들과 함께 그 의복과 거룩한 기름과 속죄제로 드릴 수송아지와 숫양 2마리와 누룩 없는 빵인 무교병 한 광주리를 가지고 온 후

3 온 백성을 성막 문 앞에 모이도록 하라."

4 모세가 여호와께서 명령하신 대로 시행하자 온 백성이 성막 문 앞으로 모였다.

5 이에 모세가 백성들에게 말했다. "여호와께서 이렇게 명령하셨다." 그리고

6 모세가 아론과 그의 아들들을 물로 씻겼다.

7 이어 아론에게 속옷과 겉옷을 입히며, 띠를 띠고, 에봇을 걸쳐 입히고, 에봇의 장식 띠를 띠워서 에봇을 몸에 매었다. 에봇에

8 흉패를 붙이고, 그 속에 우림과 둠밈을 넣었다.

9 아론의 머리에는 관을 씌우고, 그 관 위 앞면에 금패를 붙였다. 이 모든 것이 여호와께서 모세에게 명령하신 것과 같았다.

10 모세가 거룩한 기름을 가져다가 성막과 그 안에 있는 모든 기구에 발라 거룩하게 했다.

11 또 그것을 제단에 7번 뿌리고 제단과 그 모든 기구와 물두멍과 그 받침에 발라 거룩하게 했다.

12 또 아론의 머리에 기름을 부어 거룩하게 했다.

13 아론의 아들들에게는 속옷을 입히고, 띠를 띠우며, 머리에 관을 씌웠다. 이 모든 것이 여호와께서 모세에게 명령하신 것과 같았다.

14 모세가 속죄제에 사용될 수송아지를 끌고 왔고, 아론과 그의 아들들은 그 속죄제의 수송아지 머리에 안수했다.

15 이어 모세가 다시 속죄제의 수송아지 피를 손가락에 묻혀 그 피를 번제단의 네 귀퉁이 뿔[1]에 발라 번제단을 깨끗하게 했고, 나머지 피는 번제단 밑에 쏟아 번제단을 거룩하게 했다.

16 또한 제물의 내장과 간 꺼풀과 두 콩팥에 있는 모든 기름을 가져다가 번제단 위에서 불살랐다.

17 그 제물에 사용된 수송아지의 가죽과 고기와 똥은 진영 밖에서 불

---

1) 뿔

살랐다. 이 모든 것이 여호와께서 모세에게 명령하신 것과 같았다.

18 수송아지에 이어 번제에 사용될 숫양도 아론과 그의 아들들이 그 숫양의 머리에 안수했다.

19 모세는 그 숫양의 피를 번제단 사방에 뿌렸다.

20 그런 다음 그 숫양을 여러 조각으로 자르고, 모세가 그 머리와 그 조각낸 것과 기름을 불살랐다.

21 모세는 내장과 정강이들을 물로 씻고 그 숫양의 전부를 번제단 위에서 불살랐다. 이것은 향기로운 냄새로 여호와께 불로 태워 드리는 화제이다. 이 모든 것이 여호와께서 모세에게 명령하신 것과 같았다.

22 제사장 위임식에 사용되는 또 다른 숫양의 머리에 아론과 그의 아들들이 안수했다.

23 이 숫양 역시 모세가 잡고 그 피를 아론의 오른쪽 귓부리와 오른쪽 엄지손가락과 오른쪽 엄지발가락에 발랐다.

24 모세는 아론의 아들들에게도 아론과 같이 피를 바른 후 나머지 피를 번제단 사방에 뿌렸다.

25 모세가 또 그 숫양의 기름진 꼬리와 내장과 간 꺼풀과 두 콩팥에 있는 모든 기름과 오른쪽 뒷다리를 떼어 내었다.

26 빵 광주리에 있는 누룩 없는 빵과 기름 섞은 빵과 얇은 과자인 전병 각각 1개를 그 기름 위와 오른쪽 뒷다리 위에 올려놓고

27 그 전부를 아론과 그의 아들들의 손에 두어 여호와 앞에 흔들어 드리는 제사인 요제를 삼게 했다.

28 그리고 나서 모세가 그것을 그들의 손에서 가져다가 제단 위에 있는 번제물 위에서 불살랐다. 이것은 향기로운 냄새로 드리는 제사장 위임식 제사로 여호와께 드리는 화제이다.

29 이에 모세가 그 제물의 가슴을 가져다가 여호와 앞에 흔들어 드리는 제사인 요제를 삼았다. 이것은 위임식에서 잡은 숫양 중 모세에게 주어진 몫이 되었다. 이 모든 것이 여호와께서 모세에게 명령하신 것과 같았다.

30 모세가 거룩한 기름과 번제단 위에 있는 피를 가져다가 아론과 그의 아들들이 입을 옷에 뿌려서 그 옷을 거룩하게 했다.

31 그리고 모세가 아론과 그의 아들들에게 말했다. "하나님께서 아론과 그의 아들들은 그 고기를 먹으라고 말씀하셨으니 너희는 성막 문 앞에서 그 고기를 삶아 임명식 광주리 안에 있는 빵과 함께 그곳에서 먹으라.

32 그리고 남은 고기와 빵은 불사르라.

33 제사장 임명식은 7일 동안 거행되며 임명식이 끝나는 날까지는 성막 문을 나가지 말라.

34 오늘 행한 이 임명식은 여호와께서 너희를 위해 속죄하게 하려고 명령하신 것이다.

35 그러므로 너희는 7일 밤낮으로 성막 문에 머물면서 여호와께서 명령하신 것을 지키라. 그러면 죽음을 당하지 않을 것이다. 내가 이같이 여호와로부터 명령을 받았다."

36 아론과 그의 아들들이 여호와께서 명령하신 모든 일을 그대로 이행했다.

아론이 드린 첫 제사

9 ●제사장 임명식 8일째에 모세가 아론과 그의 아들들과 이스라엘 장로들을 부른 후

2 아론에게 말했다. "속죄제물로 흠 없는 송아지를, 번제제물로 흠 없는 숫양을 여호와 앞에 드리라."

3 또 이스라엘 백성에게 말했다. "너희는 속죄제물로 숫염소를 가져오고, 번제 제물로 1년 된 흠 없는 송아지와 어린 양을 가져오라.

4 또 화목제물로 수소와 숫양을 가져오고 기름 섞은 곡식제물을 가져오게 하라. 오늘 여호와께서 너희에게 나타나실 것이다."

5 그들이 모세가 명령한 모든 것을 성막 앞으로 가져오고, 온 백성이 여호와 앞에 섰다.

6 이에 모세가 말했다. "이는 여호와께서 너희에게 명령하신 것이니 여호와의 영광이 너희에게 나타날 것이다."

7 모세가 또 아론에게 말했다. "너는 여호와의 명령대로 번제단에 나아가 너를 위해 속죄제와 번제를 드려서 너와 백성을 위해 속죄하고, 백성의 예물을 드려 그들을 위해 속죄하라."

8 이에 아론이 번제단으로 가서 자기를 위해 송아지를 속죄제물로 잡았다.

9 이때 아론의 아들들은 그 피를 아론에게 가져왔으며, 아론이 손가락으로 그 피를 찍어 번제단의 4개 뿔1)에 바르고 나머지 피는 번제단 밑에 쏟았다.

10 속죄제물의 기름과 콩팥과 간 꺼풀은 여호와의 명령에 따라 제단 위에서 불살랐고

11 고기와 가죽은 진영 밖에서 불살랐다.

12 아론이 또 다른 번제물을 잡았다. 아론의 아들들이 그 피를 아론에게로 가져왔으며 그가 그 피를 번제단

사방에 뿌렸다.

13 그들이 또 조각을 낸 고기와 그 머리를 번제의 제물로 가져오자 아론이 번제단 위에서 불살랐다.

14 또 내장과 정강이는 물로 씻어 번제단 위에 있는 번제물 위에서 불살랐다.

15 또 그가 백성의 죄를 속죄하기 위해 염소를 속죄제물로 잡아 드렸다.

16 또 번제물을 규례대로 드렸으며,

17 손에 밀가루 한 움큼을 채워 곡식제물로 아침 번제물에 추가하여 번제단 위에서 불살랐다.

18 또 백성을 위한 화목제물로 수소와 숫양을 잡았으며, 아론의 아들들이 그 피를 아론에게로 가져오니 그가 번제단 사방에 뿌렸다.

19 그리고 아론의 아들들이 수소와 숫양의 기름과 기름진 꼬리와 내장에 덮인 것과 콩팥과 간 꺼풀의

20 기름을 가슴 부위 위에 놓자 아론이 그 기름을 번제단 위에서 불살랐다.

21 또 가슴 부위와 오른쪽 뒷다리를 그가 여호와 앞에서 흔들어 요제로 드렸다.

22 아론이 백성을 향해 손을 들어 축복하고, 속죄제와 번제와 화목제를 드렸다.

23 모세와 아론이 성막에 들어갔다가 나와서 백성에게 축복하자 여호와의 영광이 온 백성에게 나타났다.

24 그리고 여호와 앞에서 불이 나와 번제단 위의 번제물과 기름을 사르자 모든 백성이 그것을 보고 소리 지르며 엎드렸다.

나답과 아비후의 죽음과 성막 출입 규례

10 ●아론의 아들 나답과 아비후가 각자 향로를 가져다가 여호와

1) 뿔

께서 명령하지 않은 다른 불로 분
향하므로

2 불이 여호와 앞에서 나와 그들을
죽였다.

3 이에 모세가 아론에게 말했다. "여
호와는 '나를 가까이 하는 자에게
거룩함을 나타내시며, 모든 백성
앞에서 자기의 영광을 나타낼 것
이다'라고 하셨다." 그러자 아론이
아들의 죽음에 대해 잠잠했다.

4 모세가 아론의 삼촌 웃시엘의 아
들 미사엘과 엘사반을 불러 그들
에게 말했다. "죽은 너희의 형제들
을 성소 앞에서 진영 밖으로 메고
나가라."

5 그들이 모세의 말대로 그들을 옷
입은 채 진영 밖으로 메고 나갔다.

6 모세가 또 아론과 그의 또 다른 아
들 엘르아살과 이다말에게 말했
다. "너희는 머리를 풀거나 옷을
찢는 슬픈 표현을 하지 말라. 그리
하여 죽음을 면하라. 그러면 여호
와의 진노가 모든 백성에게 미치
지 않을 것이다. 단지 이스라엘 모
든 족속은 여호와께서 치신 불로
인해 슬퍼할 것이다.

7 여호와의 거룩한 기름이 너희에게
있으니 너희가 성막 문에서 나가
면 죽음을 당할 것이다." 그들은
모세의 말대로 성막 문에서 나가
지 않았다.

다른 불이란?(레 10:1)

다른 불이란 직역하면 '이상한 불'로 이 불이 어
떤 불인지에 대해서는 두 가지 견해가 있다. 하
나는 분향을 위해 마련된 향(출 30:9)이 아닌 다
른 향이 사용된 불을 가리킨다는 견해이다(Keil).
다른 하나는 번제단에서 취하지 않은 출처가 분
명한 불이라는 견해이다. 그러나 후자의 견해
가 더 설득력이 있다.

8 여호와께서 아론에게 말씀하셨다.

9 "너와 네 자손들이 성막에 들어갈
때는 포도주나 독주를 마시지 않
도록 하라. 그래야 죽음을 당하지
않을 것이다. 이는 너희가 대대에
걸쳐 지켜야 할 규례이다.

10 너희는 거룩하고 부정한 것을 분
별하라.

11 그리고 모세를 통해 준 모든 규례
를 이스라엘 백성에게 가르치라."

제사장이 먹을 제물과
성물을 먹는 규례

12 ● 모세가 아론과 그의 죽지 않은
두 아들 엘르아살과 이다말에게
말했다. "여호와께 드린 화제물 가
운데 가루로 드리는 소제의 남은
것은 지극히 거룩한 것이므로 너
희는 그것을 취해 누룩을 넣지 말
고 번제단 옆에서 먹으라.

13 그것은 여호와의 화제물 가운데
너와 네 아들들에게 돌아갈 몫이
다. 이는 내가 명령을 받은 것이다.

14 흔든 제물의 가슴과 들어올린 뒷
다리는 너와 네 자녀가 함께 정결
한 곳에서 먹어야 한다. 이것은 이
스라엘 백성의 화목제물 가운데
너와 네 아들들의 소득으로 주신
것이다.

15 들어올린 제물 뒷다리와 흔든 가
슴을 불로 태워 드리는 제물의 기
름과 함께 가져다가 여호와 앞에
서 흔들어 요제로 삼아라. 이 제물
은 너와 네 자손의 영원한 소득이
다."

16 모세가 속죄제로 드린 염소를 찾
았으나 이미 불살라진 상태였다.
이에 그가 아론의 남은 두 아들 엘
르아살과 이다말에게 분노하여 말
했다.

17 "이 지극히 거룩한 속죄제물을 너

희는 왜 거룩한 곳인 성막 뜰에서 먹지 않았느냐? 이는 너희로 백성의 죄를 담당하여 그들을 위해 여호와 앞에 속죄하게 하려고 너희에게 준 것이었다.

18 그러나 너희는 그 피를 성소에 들여오지 않았다. 그리고 그 제물은 내가 너희에게 명령한 대로 거룩한 곳에서 먹었어야 했다.”

19 아론이 모세에게 말했다. “오늘 그들이 그 속죄제와 번제를 여호와께 드렸지만 이런 일이 발생했다. 오늘 내가 그 속죄제물을 먹었다면 여호와께서 어찌 좋게 여기셨겠는가?”

20 모세가 그의 말을 듣고 좋게 여겼다.

먹을 수 있는 동물과 먹을 수 없는 동물

11 ● 여호와께서 모세와 아론에게 말씀하셨다.

2 “이스라엘 백성에게 말하라. 육지의 모든 짐승 가운데서 너희가 먹을 만한 생물은 다음과 같다.

3 모든 짐승 가운데 굽이 갈라져 쪽발이 되고 새김질하는 것은 먹을 수 있다.

4-7 그러나 그런 짐승이라도 낙타, 사반, 토끼, 돼지 등은 먹지 말라.

8 그런 고기를 먹거나 그 주검도 만지지 말라. 그것들은 너희에게 부정하다.

9 물속에 있는 모든 것 가운데서 너희가 먹을 만한 것은 지느러미와 비늘 있는 것들이다.

10 그러나 강과 바다에 사는 지느러미와 비늘 없는 모든 것은 너희에게 가증한 것이다.

11-12 그러므로 물속에 사는 그런 가증한 생물의 고기를 먹지 말고 그 주검도 부정하게[1] 여기라.

13-19 새 중에 너희가 가증히 여겨 먹지 말아야 할 것은 다음과 같다. 독수리, 솔개, 물수리, 말똥가리와 그 종류, 까마귀 종류, 타조, 올빼미 종류인 타흐마스, 갈매기, 새매 종류, 부엉이[2], 펠리칸의 일종인 가마우지[3], 부엉이, 올빼미의 일종인 따오기[4], 당아[5], 올응[6], 도요새의 일종인 학[7], 백로 종류, 대응[8], 박쥐 등이다.

20-23 날개가 있고 네 발로 기어 다니는 곤충은 가증한 것이니 먹지 말라. 그러나 날개가 있고 네 발로 기어 다니는 모든 곤충 가운데서 뛰는 다리가 있어 땅에서 뛰는 것, 곧 메뚜기 종류, 베짱이 종류, 귀뚜라미 종류, 팥중이 종류는 너희가 먹을 수 있다.”

부정한 생물에 접촉하면 부정하게 됨

24 ● 부정한 곤충의 주검을 만지는 자는 저녁까지 부정하다.

25 그러므로 그런 곤충의 주검을 옮기는 자는 그 옷을 빨라. 그는 저녁까지 부정할 것이다. 또한

26-27 굽이 갈라진 모든 짐승 가운데 쪽발이 아닌 것이나 새김질을 하지 않는 것의 주검과 네 발로 다니는 모든 짐승 가운데 발바닥으로 다니는 것의 주검을 만지는 자는 저녁까지 부정할 것이다. 그러므로

28 그 주검을 옮기는 자는 그 옷을 빨라. 그는 저녁까지 부정할 것이다.

29 땅에 기는 길짐승 가운데 너희에게 부정한 것은 두더지, 쥐, 큰 도마뱀 종류,

30 도마뱀붙이, 육지 악어, 도마뱀과

1) 가증히   2) 올빼미   3) 노자   4) 흰 올빼미   5) 사다새   6) 너새   7) 황새   8) 오디새

31 모든 기는 것 가운데 이런 것들은 부정하니 그 주검을 만지는 자는 저녁까지 부정할 것이다.

32 이런 것들의 주검이 나무 그릇, 의복, 가죽, 자루 등 사용하는 그릇에 어떤 것이든 떨어지면 부정하게 된 것이니 물에 담그라. 그것은 저녁까지 부정하다가 깨끗해질 것이다.

33 그것들 중 어떤 것이 질그릇에 떨어지면 그 속에 있는 것이 모두 부정해진 것이니 그 그릇을 깨뜨리라.

34 먹을 만한 물기 있는 식물이 그 그릇에 담겼으면 부정한 것이고, 그같은 그릇에 담긴 마실 것도 부정하다.

35 이런 것들의 주검이 물건 위에 떨어지면 그것이 모두 부정해진다. 그러므로 아궁이이든 화로이든 다 깨뜨리라. 이것이 부정해졌기 때문에 너희에게도 부정한 것이 되기 때문이다.

36 샘물이나 고인 물이 있는 웅덩이는 부정해지지 않지만 그 주검에 닿는 것은 모두 부정해질 것이다.

37 부정한 짐승들의 주검이 종자씨에 떨어지면 그것은 깨끗하다. 그러나

38 물이 묻어 있는 종자씨에 떨어지면 너희에게 부정할 것이다.

39 너희가 먹을 만한 짐승이 죽었을 때 그 주검을 만진 자는 저녁까지 부정할 것이다.

40 그것을 먹는 자와 그 주검을 옮기는 자는 그 옷을 빨라. 그는 저녁까지 부정할 것이다."

41 땅에 기어 다니는 모든 길짐승은 가증하니 먹지 말라.

42 그것들은 배로 밀어 다니거나 네 발로 걷는 것이나 여러 개의 발을 가진 것들이다.

43 너희는 기어 다니는 것을 먹음으로써 자기를 가증하게 하지 말고, 그것 때문에 스스로를 더럽혀 부정하게 되지 말라.

44-45 나는 너희의 하나님이다. 땅에 기는 길짐승의 고기를 먹음으로 스스로 더럽히지 말라. 나는 너희의 하나님이 되려고 너희를 애굽 땅에서 이끌어낸 여호와이다. 내가 거룩하니 너희도 몸을 구별하여 거룩하게 하라.

46-47 이상은 짐승과 새와 물에서 움직이는 모든 생물과 땅에 기는 모든 길짐승 가운데서 부정하고 깨끗한 것과 먹을 생물과 먹지 못할 생물에 대한 규례이다.

출산에 대한 규례

12 여호와께서 모세에게 말씀하셨다.

2 "이스라엘 백성에게 말하라. 여인이 남자를 낳으면 그는 월경할 때와 같이 7일 동안 부정하다.

3 8일째에는 그 아이의 포피를 베라.

4 그 여인은 33일이 지나야 출산할 때 흘린 피가 깨끗할 것이다. 깨끗하게 되는 기한이 되기 전에는 성물을 만지지 말며, 성소에 들어가지도 말라.

5 딸을 낳으면 그는 14일 동안 부정하다. 출산 때 흘린 피가 깨끗하게 되는 것은 66일이 지나야 한다.

6 아들이나 딸이나 출산할 때 흘린 피가 깨끗하게 되는 기한이 되면 그 여인은 1년 된 어린 양을 번제물로, 집비둘기 새끼나 산비둘기를 속죄제물로 성막 문의 제사장에게로 가져가라.

7 그러면 제사장은 그것을 여호와 앞에 드려 그 여인을 위해 대가를

치를 것이다. 그러면 출산할 때 흘린 피는 깨끗할 것이다. 이것은 아들이나 딸을 출산한 여인에 대한 규례이다.

8 출산한 여인이 어린 양을 바칠 형편이 못 되면 산비둘기 2마리 또는 집비둘기 새끼 2마리를 가져다가 하나는 번제물로, 하나는 속죄제물로 삼으라. 그러면 제사장은 그를 위해 속죄하리니 그가 깨끗하게 될 것이다.”

피부가 벗겨지는 나병에 대한 진찰

13 ● 여호와께서 모세와 아론에게 말씀하셨다.

2 “만일 사람이 피부에 무엇이 나거나 반점[1]이 생겨서 그의 피부가 벗겨지는 악성 피부병인 나병 같은 것이 생기면 그를 곧장 제사장 아론이나 그의 아들들 중 한 제사장에게 데려가라.

3 제사장은 그 피부병을 진찰하여 환부의 털이 희어졌고 환부가 피부보다 우묵해졌으면 그것은 피부가 벗겨지는 나병이다. 제사장이 그를 부정하다고 판단할 것이다.

4 그러나 피부에 반점은 희지만 우묵하지 않고 그 털이 희지 않으면 제사장은 그 환자를 7일 동안 격리시키고

5 7일 후 다시 그를 진찰하여 그 환부가 피부에 번지지 않았으면 제사장이 그를 다시 7일 동안 격리시키라.

6 또다시 7일 만에 제사장이 진찰하여 그 환부가 엷어졌고 증상이 피부에 번지지 않았으면 그것은 나병이 아니라 일반적인 피부병이다. 제사장이 그를 깨끗하다고 판정하고, 그의 옷을 빨도록 하면 깨끗하게 될 것이다.

7 그러나 깨끗한 상태인지를 제사장에게 보인 후에도 병이 피부에 번지면 그는 그 피부를 제사장에게 다시 보이라.

8 제사장은 그를 다시 진찰하여 그 병이 피부에 번졌으면 그를 부정하다고 하고 나병으로 진단하라.

9 사람이 피부가 벗겨지는 나병에 걸렸으면 그를 제사장에게 데려가라.

10 제사장은 그를 진찰하여 피부에 흰 점이 돋고, 털이 희어지고, 그 부위에 생살이 생겼으면

11 그것은 오래된 나병이므로 부정하다고 진단하되, 그가 이미 부정했기 때문에 격리시키지는 말라.

12 제사장이 볼 때 나병이 그 피부에 크게 발생하여 몸 전체에 번졌으면

13 그 환자를 깨끗하다고 진단하라. 온몸이 희어졌으면 이미 나은 자이기 때문이다.

14 그러나 아무 때든지 그에게 생살이 생기면 그는 부정한 것이니

15 제사장은 그의 생살을 진찰하여 그를 부정하다고 진단하라. 그것은 나병이다.

16 그러다가 생살이 다시 희어지면 그를 제사장에게 데려가라. 그러면

17 제사장은 그를 진찰하여 그 환부가 희어졌으면 나병에서 나았다고 진단하라.

18 피부에 종기가 생겼다가 나은 후

19 그곳에 흰 점이 돋거나 희고 불그스름한 반점이 생기면 제사장에게 보이라.

20 제사장은 그를 진찰하여 피부보다 얕고 그 털이 희면 그를 부정하다고 진단하라. 그것은 종기로 생긴 피부가 벗겨지는 나병의 환부이다.

21 그러나 제사장이 진찰하여 그곳에

1) 색점

흰 털이 없고, 피부보다 얕지도 않고, 피부빛이 엷으면 제사장은 그를 7일 동안 격리시킨 후

22 그 병이 피부에 더 번졌으면 그를 부정하다고 진단하라. 이는 나병의 환부이다.

23 그러나 그 반점이 번지지 않았다면 그것은 종기의 흔적이니 제사장은 그를 깨끗하다고 진단하라

24 불에 데었는데 그 피부에 불그스름하고 희거나 흰 반점이 생기면

25 제사장은 진찰해서 그 반점의 털이 희고 그 환부가 피부보다 우묵하면 화상으로 인해 생긴 피부가 벗겨지는 나병이다. 이때 제사장은 나병의 환부로 진단하여 그를 부정하다고 하라.

26 그러나 그 반점에 흰 털이 없고, 환부가 피부보다 얕지 않고, 피부빛이 엷으면 그를 7일 동안 격리시키라.

27 7일 후 제사장이 다시 진찰하여 병이 피부에 더 번졌으면 나병으로 진단하여 그를 부정하다고 하라.

28 그러나 반점이 피부에 번지지 않고 피부빛이 엷으면 피부가 벗겨지는 나병이 아니라 화상 때문에 부은 것이니 제사장이 그를 깨끗하다고 진단하라.

29 사람의 머리나 수염에 환부가 있으면

30 제사장은 진찰하라. 그래서 환부가 피부보다 우묵하고 그곳에 누르스름하고 가는 털이 있으면 그것은 백선[1]이다.

31 만일 제사장이 볼 때 그 백선의 환부가 피부보다 우묵하지 않고 그곳에 검은 털이 없으면 제사장은 그 환자를 7일 동안 격리시키라.

32 7일 후 제사장은 그 환부를 다시 진찰하여 그 백선이 번지지 않고

그곳에 누르스름한 털이 없고 피부보다 우묵하지 않으면

33 털을 밀되 환부는 밀지 말고 백선 환자를 다시 7일 동안 격리시키라

34 7일 후 제사장은 다시 진찰하여 그 백선이 피부에 번지지 않고 피부보다 우묵하지 않으면 그를 깨끗하다고 진단하라. 그가 자기의 옷을 빨면 깨끗하게 될 것이다.

35 깨끗하게 된 후라도 백선이 피부에 더 번지면

36 제사장은 누런 털을 찾을 것도 없이 그가 부정하다고 진단하라.

37 그러나 제사장이 볼 때 백선이 번지지 않고 그 자리에 검은 털이 났으면 그 백선은 치료된 것이므로 제사장은 그를 깨끗하다고 진단하라.

38 남자나 여자의 피부에 흰 반점이 있으면

39 제사장은 진찰하여 그곳이 엷은 흰 반점이면 이는 피부에 발생한 어루러기이니 그는 깨끗하다.

40 누구든지 머리털이 빠지거나

41 앞머리가 빠져도 그는 이마 대머리니 깨끗하다.

42 그러나 벗겨진 머리나 이마에 희고 불그스름한 반점이 있으면 그것은 벗겨진 머리와 이마에 피부가 벗겨지는 나병이 발생한 것이다.

43 제사장은 그를 진찰하여 그 벗겨진 머리와 이마에 돋은 반점이 희고 불그스름하여 피부에 발생한 나병과 같으면

44 이는 나병환자로 부정하니 제사장이 그를 부정하다고 진단하라. 그의 머리에 환부가 있다.

45 피부가 벗겨지는 나병환자는 옷을 찢고, 머리를 풀며, 윗입술을 가리고 '부정하다 부정하다'라고 외칠

[1] 옴

것이다.

46 그는 병이 있는 날 동안은 항상 부정한 것이다. 그는 부정하기 때문에 장막을 친 진영 밖에서 혼자 살아야 한다."

의복이나 가죽에 생기는 나병[1] 규례

47-48 ● "만일 털옷과 베옷, 아마 섬유인 베나 털의 직조물[2]이나 편물[3], 가죽이나 가죽으로 만든 모든 것에 나병 반점이 발생하여

49 그 모든 의복들에 색이 푸르거나 붉으면 이는 나병의 반점이니 제사장에게 보이라.

50 그러면 제사장은 그 반점을 진찰하고 그것을 7일 동안 보관하라.

51-52 7일 후 다시 그 반점을 살펴서 그 반점이 그 의복의 직조물이나 편물, 가죽이나 가죽으로 만든 것에 번졌으면 그것은 악성 나병으로 부정하다. 제사장은 악성 나병이 생긴 의복이나 직조물과 편물을 불사르라.

53 그러나 제사장이 볼 때 그 반점이 의복의 직조물이나 편물이나 모든 가죽으로 만든 것에 번지지 않았으면

54 제사장은 그 반점 있는 옷을 빨게 하라. 그리고 다시 7일 동안 간직한 후

55 그 빤 곳을 살펴보고 그 반점의 빛이 변하지 않고 반점이 여전하면 부정하니 너는 그것을 불사르라. 이는 의복의 밖에 있든 속에 있든 악성 나병이다.

56 그러나 의복을 빨고 나서 제사장이 보기에 반점이 옅어졌으면 그 의복에서나 가죽에서나 그 직조물이나 편물에서나 그 반점을 찢어 버리라.

57 그 옷에 여전히 반점이 보이면 재발하는 것이니 너는 그 반점 있는

것을 불사르라.

58 또 그 세탁한 옷에 반점이 벗겨졌으면 그것을 다시 빨아야 깨끗하게 될 것이다."

59 이상은 털옷에나 아마 섬유로 짠 베옷에나 그 직조물이나 편물이나 가죽으로 만든 모든 것에 발생한 나병 반점의 깨끗하고 부정한 것을 진단하는 규례이다.

피부가 벗겨지는
나병환자의 정결 규례

14 ● 여호와께서 모세에게 말씀하셨다.

2 "피부가 벗겨지는 나병환자가 깨끗하게 되는 날의 규례는 다음과 같다. 나병에 걸린 사람을 제사장에게로 데려가라.

3 그러면 제사장은 진영 밖에서 그를 진찰하여 나병에 걸린 부위가 치료되었으면

4 그를 위해 살아있는 정결한 새 2마리와 백향목과 홍색 실과 우슬초를 가져오게 하라.

5 그리고 제사장은 가져온 새 1마리를 생수 담은[4] 질그릇 안에서 잡게 하고,

6 다른 1마리는 산 채로 백향목과 홍색 실과 우슬초와 함께 가져다가

풍습
나병 환자가 외치는 이유는(레 13:45)

율법에는 나병 환자로 진단이 되면 그로 하여금 입술을 가리고 부정하다고 외치게 하였다(13:45). 그 이유는 자신의 부정한 모습에 증오를 표시하고 외인의 접근을 막기 위해서이다. 왜냐하면 위생상 감염을 방지하고 접촉을 피해 종교 의식법상 부정을 방지하기 위함이다. 실제로 유대 랍비들은 나병 환자가 집에 들어가기만 해도 그 집안의 모든 물건들은 오염되었다고 가르쳤다.

---

1) 옴곰팡이　　2) 날실, 세로줄 실　　3) 씨실, 가로줄 실
4) 흐르는 물 위

잡은 새의 피를 찍어

7 나병에서 깨끗함을 받을 자에게 7 번 뿌리며 '깨끗하다'라고 말하고 그 살아있는 새는 들에 풀어 주라.

8 깨끗함을 받는 자는 그의 옷을 빨고, 모든 털을 밀고, 물로 몸을 씻으라. 그러면 깨끗하게 될 것이다. 그런 뒤 장막을 친 진영에는 들어올 수 있으나 자기 장막 밖에서 7일 동안 머무르라.

9 7일째에는 머리털과 수염과 눈썹을 모두 밀고, 그의 옷을 빨고, 물에 몸을 씻으라. 그러면 깨끗하게 될 것이다.

10 8일째에는 흠 없는 어린 숫양 2마리와 1년 된 흠 없는 어린 암양 1마리와 고운 가루 10분의 3에바에 기름 섞은 소제물과 기름 0.3리터 되는 1록[1]을 취하라.

11 깨끗하게 하는 제사장은 깨끗함 받을 자와 그 물건들을 성막 문 앞에 두라. 또

12 어린 숫양 1마리를 가져다가 기름 1록과 함께 속건제로 드리되 여호와 앞에 흔들어 요제를 삼으라.

13 그 어린 숫양은 속죄제와 번제물을 잡는 거룩한 곳인 성막 뜰에서 잡고, 속건제물은 제사장의 몫으로 돌리라. 그것은 지극히 거룩한 것이다.

14 제사장은 그 속건제물의 피를 취해 깨끗함 받을 자의 오른쪽 귓불과 오른쪽 엄지손가락과 오른쪽 엄지발가락에 바르라.

15 또 제사장은 그 1록의 올리브 기름을 취해 왼쪽 손바닥에 따른 다음

16 오른쪽 손가락으로 왼쪽 손에 있는 기름을 찍어 여호와 앞에 7번 뿌리라.

17 손에 남아 있는 기름은 제사장이 깨끗함 받을 자의 오른쪽 귓불과 오른쪽 엄지손가락과 오른쪽 엄지발가락, 곧 속건제물의 피가 이미 묻어 있는 위에 바르라.

18 그래도 손에 남아 있는 올리브 기름은 제사장이 그 깨끗함 받는 자의 머리에 바르고, 여호와 앞에서 그를 위해 죄를 깨끗하게 하라.

19 또 제사장은 속죄제를 드려 그 부정하게 되었다가 깨끗함을 받으려고 하는 자를 위해 속죄하고 그후 번제물을 잡으라.

20 제사장이 그 번제와 소제를 제단에 드려 그를 위해 속죄하면 그가 깨끗하게 될 것이다.

21 만일 나병에서 치료된 자가 가난하면 자기를 속죄할 속건제를 위하여 어린 숫양 1마리와 소제를 위해 고운 가루 10분의 1에바에 기름 섞은 것과 기름 1록[1]을 취하라.

22 그리고 형편이 되는 대로 산비둘기 2마리나 집비둘기 새끼 2마리를 가져다가 1마리는 속죄제물로, 다른 1마리는 번제물로 드리라.

23 · 29 8일째 정결 예식은 가난하지 않는 자가 드리는 정결 예식에 따라[2] 행할 것이다.

30 그는 형편이 되는 대로 산비둘기 1마리나 집비둘기 새끼 1마리를 드리되

31 1마리는 속죄제로, 다른 1마리는 소제와 함께 번제로 드리라. 제사장은 깨끗함 받을 자를 위해 여호와 앞에 속죄하라.

32 이것은 피부가 벗겨지는 나병환자로서 그 정결 예식에 있어 형편이 어려운 자에 대한 규례이다."

집에 생기는 나병 규례

33 ● 여호와께서 모세와 아론에게 말씀

1) log 2) 레 14:15-20

하셨다.

34 "내가 너희에게 산업으로 주는 가나안 땅에 들어가서 살 때 어떤 집에 나병 반점¹⁾이 발생하면

35 그 집주인은 제사장에게 가서 집에 반점이 생긴 것을 알리라.

36 그러면 제사장은 그 반점을 살피기 전 그 집안의 모든 것이 부정하게 되는 것을 면하도록 그 집을 비우도록 명령하고 들어가서 그 집을 관찰하라.

37 그 반점이 그 집 벽에 푸르거나 붉은 무늬의 반점이 있어 벽보다 들어갔으면

38 제사장은 7일 동안 그 집을 잠가 두라.

39 그리고 7일째 되는 날에 다시 살피라. 그때 그 반점이 벽에 번졌으면

40 제사장은 반점 있는 돌을 빼내 성밖의 부정한 곳에 버리게 하고

41 집안의 모든 벽을 긁은 다음 그 흙을 성 밖 부정한 곳에 버리게 하라.

42 그리고 집 주인은 빼낸 돌 자리에 다른 새 돌을 넣고, 긁은 곳은 다른 새 흙으로 바르라.

43 집을 고친 후에도 집에 반점이 다시 발생하면

44 제사장은 가서 살펴보라. 만일 그 반점이 집에 번졌으면 이는 집에 생기는 악성 나병으로 그 집은 부정하다.

45 집주인은 그 집을 헐고 돌과 재목과 모든 흙을 성 밖의 부정한 곳에 버리라.

46 그 집이 폐쇄된 동안 들어가는 자는 저녁까지 부정할 것이다.

47 그 집에서 자는 자와 먹는 자는 그의 옷을 빨아야 한다.

48 그러나 그 집을 고쳐 바른 후 제사장이 살펴 반점이 집에 번지지 않았으면 이는 반점이 나은 것이니 제사장은 그 집을 깨끗하다고 판정하라.

49 집주인은 그 집을 깨끗하게 하기 위해 새 2마리와 백향목과 홍색 실과 우슬초를 가져다가

50 그중 1마리는 생수 담은²⁾ 질그릇 안에서 잡으라. 그리고

51 백향목과 우슬초와 홍색 실과 살아있는 새를 가져다가 잡은 새의 피와 생수를 찍어 그 집에 7번 뿌리라.

52 그는 그것으로 집을 깨끗하게 하고

53 그 살아있는 새는 성 밖의 들에 풀어 주라. 그리고 그 집을 위해 속죄하면 깨끗해질 것이다.

54 이상은 여러 종류의 나병에 대한 규례이다. 곧 백선³⁾과

55 의복과 집에 생기는 나병과

56 돋는 것과 뾰루지와 반점이

57 언제 부정하고 깨끗하게 되는지에 대한 것이다."

성병과 몽정에 대한 규례

15 ● 여호와께서 모세와 아론에게 말씀하셨다.

2 "이스라엘 백성에게 말하라. 누구든지 그의 성기⁴⁾에 고름이 흘리면 그 고름으로 인해 부정한 자이다.

3 고름이 흘러 나옴으로 부정한 것은 다음과 같다. 곧 고름이 계속 흘러나오든, 몸속에 그대로 막혀 있든 모두 부정하다.

4 그런 사람이 누운 잠자리와 앉았던 자리도 모두 부정하다.

5-8 고름이 흘러 나오는 환자의 잠자리나 그가 앉았던 자리에 앉는 자, 그의 몸에 접촉하는 자, 그가 뱉은 침이 묻은 자 등은 그의 옷을 빨고,

---

1) 색점　2) 흐르는 물 위　3) 옴　4) 몸

물로 몸을 씻으라. 그는 저녁까지 부정할 것이다.

9 또한 그 환자가 탔던 안장은 다 부정하며,

10 그가 앉았던 곳에 접촉한 자도 모두 저녁까지 부정하다. 그러므로 그런 것을 옮긴 자는 자기 옷을 빨고, 물로 몸을 씻으라.

11 고름이 나오는 사람이 씻지 않은 손으로 만진 사람마다 자기 옷을 빨고, 물로 몸을 씻으라.

12 그런 환자가 만진 그릇 가운데서 질그릇은 깨뜨리고, 나무 그릇은 물로 씻으라.

13 "성기에서 고름이 흐르는 남자가 그의 고름이 멈추고 치료되었으면 정결을 위해 7일이 지난 후 옷을 빨고, 흐르는 물에 자기 몸을 씻으면 그가 깨끗하게 될 것이다.

14 8일째에는 산비둘기 2마리나 집비둘기 새끼 2마리를 자기를 위해 가져다가 성막 문 앞으로 가서 제사장에게 주라.

15 그러면 제사장은 각각 속죄제와 번제로 1마리씩 드려 그의 고름이 나오는 유출병의 일종인 성병으로 인해 여호와 앞에서 속죄하라.

16 정액을 흘린 설정한 자는 온몸을 물로 씻으라. 그는 저녁까지 부정할 것이다.

17 정액이 묻은 모든 옷과 가죽은 물에 빨고, 저녁까지 부정할 것이다.

18 남녀가 잠자리를 하여 정액을 흘렸으면 둘 다 물로 몸을 씻으라. 그들은 저녁까지 부정할 것이다.

월경[1]에 대한 규례

19 ● 여인이 흘리는 피가 월경이면 7일 동안 불결하다. 그를 만지는 자마다 저녁까지 부정할 것이다.

20 그가 월경할 동안에는 그의 잠자리와 앉았던 자리는 모두 부정하다.

21-23 그의 잠자리를 만지는 자, 그가 앉은 자리를 만지는 자, 그의 잠자리와 앉은 자리 위에 있는 것을 만진 사람은 옷을 빨고, 물로 몸을 씻으라. 그는 저녁까지 부정할 것이다.

24 누구든지 월경에 있는 여인과 동침하여 그의 불결함에 전염되면 7일 동안 부정하다. 그와 함께한 잠자리는 부정한 것이기 때문이다.

25 만일 여인의 피의 유출이 그의 월경 기간이 아님에도 계속되거나, 월경 기간이 지나도 계속되면 그 기간 동안은 월경할 때와 같이 부정하다.

26 그의 유출이 있는 모든 날 동안에는 그가 눕는 잠자리와 앉는 자리는 모두 월경할 때 부정한 것과 같다.

27 그것들을 만지는 자는 모두 부정하기 때문에 그는 옷을 빨고, 물로 몸을 씻으라. 그는 저녁까지 부정할 것이다.

28-30 유출하는 여자가 피가 멈추면 앞에서 말한 남자의 정결 규례[2]와 같이 하라.

31 너희는 이상과 같이 이스라엘 백성이 그들의 부정에서 떠나게 하라. 그래서 그들 가운데 있는 내 성막을 더럽힘으로써 그들이 부정한 가운데서 죽는 것을 면하게 하라.

32 이상은 고름이 나오는 성병인 유출병이 있는 자와 정액을 흘림으로 부정하게 된 자와

33 월경기에 있는 여인과 유출병이 있는 남녀와 월경 중에 있는 여인과 동침한 자에 대한 규례이다.

속죄일

16 ● 아론의 두 아들이 다른 불로 분향하다가 죽은 후 여호와께서

모세에게 말씀하셨다.[1]

2 "네 형 아론에게 말하라. 성소의 커튼[2] 안 증거궤, 곧 법궤 위의 속죄소 앞에는 아무 때나 들어옴으로써 죽임을 당하지 않도록 하라. 이는 내가 구름 가운데서 속죄소 위에 나타나기 때문이다.

3 아론이 성소에 들어오려면 수송아지를 속죄제물로, 숫양을 번제물로 드린 후

4 거룩한 좋은 아마 섬유로 짠 세마포 속옷과 속바지를 입고, 좋은 아마 섬유로 짠 세마포 띠를 띠며, 좋은 아마 섬유로 짠 세마포 관을 머리에 쓸 것이다. 이것들은 거룩한 옷이니 물로 몸을 씻은 후 입을 것이다.

5 또 속죄제물로 숫염소 2마리와 번제물로 숫양 1마리를 이스라엘 백성에게서 가져오라.

6 아론은 자기를 위한 속죄제의 수송아지를 드리되 자기와 집안 제사장들을 위해 속죄하라.

7 또 그 2마리 염소를 가지고 성막 문 여호와 앞에 둔 후

8 2마리 염소를 위해 제비를 뽑되 한 제비는 여호와께 바칠 염소를 위해서, 다른 한 제비는 광야로 보내는 염소인 아사셀에게 바칠 염소를 위해 뽑으라.

9 아론은 여호와를 위해 제비 뽑은 염소를 속죄제로 드리고,

10 아사셀을 위해 제비 뽑은 염소는 산 채로 여호와 앞에 두었다가 아사셀을 위해 광야로 내보내라.

11 또한 아론은 자기와 자기 집안 제사장들을 위해 속죄하고 속죄제의 수송아지를 잡으라. 그런 다음

12 여호와 앞 제단 위에서 피운 불을 향로에 채우고 곱게 빻은 향기로운 향 가루 두 움큼을 가지고 휘장

안의 지성소로 들어가라.

13 여호와 앞에서 분향하여 향 연기로 증거궤 위 뚜껑인 속죄소를 가리게 하라. 그러면 그가 죽지 않을 것이다.

14 또 그는 수송아지의 피를 가져다가 손가락으로 속죄소 동쪽에 뿌리고 속죄소 앞에 7번 뿌리라.

15 또 백성을 위한 속죄제 염소를 잡아 그 피를 가지고 수송아지 피로 한 것처럼 그대로 할 것이다.

16 곧 이스라엘 백성의 부정과 그들의 죄로 인해 지성소와 성막을 위해 속죄할 것이다.

17 아론이 지성소에 들어가서 자기와 그의 집안 제사장들과 온 이스라엘 백성을 위해 속죄하고 나오기까지 누구든 성막에 들어올 수 없다.

18 아론은 여호와 앞 분향단으로 나와서 그 수송아지와 염소의 피를 분향단 귀퉁이 네 턱, 곧 뿔에 바르고,

19 손가락으로 그 피를 분향단 턱 위에 7번 뿌려 이스라엘 백성의 부정에서 분향단을 성결하게 하라.

20 지성소와 성막과 분향단을 위해

속죄일(레 16장)

속죄일(Day of Atonement)의 히브리어는 '욤 키푸림'으로 일년에 한 번 종교력으로 칠월 10일에 금식하며 지키는 절기이다. 이 날에 대한 규정은 레 16장에 기록되어 있는데 예루살렘 성전이 파괴된 이후에 이 절기는 지켜졌으며 2~3세기경에 절기의 역할은 두드러졌다. 그리고 지금까지 유대인들에게 큰 절기로 지켜져 오고 있다. 이 날은 단식과 속죄의 제사 및 예식을 거행해야 하는 날로 규정되어 있다. 성전파괴 이전까지 대제사장은 여호와께 두 마리의 염소를 바치는데, 제비를 뽑아 하나는 여호와를 위해서, 다른 하나는 아사셀이라 하여 염소를 광야로 내보낸다. 대제사장의 안수를 받고 광야로 나가는 염소가 백성들의 모든 죄를 짊어졌다.

1) 레 10:1-2   2) 휘장

속죄하기를 마친 후 살아있는 염
소를 드리라.

21 아론은 두 손으로 염소의 머리에 안
수하고, 이스라엘 백성의 모든 불의
와 죄를 고백하고, 그 죄를 염소의
머리에 두어 미리 정해 놓은 사람의
손에 맡겨 광야로 보내게 하라.

22 염소가 그들의 모든 불의와 죄를
담당하고 다시 돌아올 수 없는 땅
에 이르거든 그는 그 염소를 광야
에 놓아 주라.

23 아론은 성막 안 지성소에 들어갈
때 입었던 좋은 아마 섬유로 짠 세
마포 옷을 벗어 그곳에 보관하고,

24 거룩한 곳인 성막 뜰에서 물로 그의
몸을 씻은 후 자기 옷을 입고 나와
자기와 백성의 번제를 드림으로써
자기와 백성을 위해 속죄하라.

25 속죄제물의 기름은 번제단에서 불
사르며,

26 염소를 아사셀에게 보낸 자는 그의
옷을 빨고, 물로 몸을 씻은 후 자기
장막의 진영에 들어갈 것이다.

27 속죄제로 드려진 수송아지와 염소
의 피를 성소로 가져다가 속죄했
기 때문에 그 수송아지와 염소의
가죽과 고기와 똥을 밖으로 내다
가 불사르라.

28 그리고 그것을 불사른 자는 그의
옷을 빨고 물로 몸을 씻은 후 자기
장막의 진영에 들어갈 것이다.

29 일곱째 달인 10월 10일은 속죄일이
다. 너희는 이 날의 규례를 영원히
지키라. 이 날에 스스로 괴롭게 하
며, 아무 일도 하지 말되 본토민과
너희와 함께 거주하는 자에게도
그렇게 하라.

30 이 날에 너희를 위하여 속죄하여
너희를 정결하게 할것이니 너희의
모든 죄가 여호와 앞에서 정결하게

되리라.

31 이날은 너희에게 안식일 중의 안
식일이다. 그러므로 너희는 스스
로 괴롭게 하라. 이는 영원히 지킬
규례이다.

32 기름 부음을 받고 아버지를 대신하
여 제사장의 직분을 받은 자는 죄를
씻는 의식을 행하되 좋은 아마 섬유
로 짠 거룩한 세마포 옷을 입고,

33 지성소와 성막과 제단을 정결하게
하고, 제사장들과 백성을 위해 죄를
깨끗하게 하는 속죄 의식을 행하라.

34 죄를 깨끗하게 하는 속죄일은 너희
가 거주하는 곳에서 지켜야 할 영
원한 규례이다. 이스라엘 백성은
모든 죄를 위하여 1년에 한 번 죄를
깨끗하게 하라." 여호와께서 모세
에게 명령한 대로 아론이 행했다.

제물을 드리는 장소

17 ● 여호와께서 모세에게 말씀
하셨다.

2 "아론과 그의 아들들과 이스라엘
의 모든 백성에게 여호와의 명령
을 말하라.

3 누구든지 소나 어린 양, 염소를 진
영 안이나 밖에서 잡으려면

4 먼저 성막 문 앞으로 끌고 가 여호
와께 예물로 드리라. 그렇게 하지
않으면 피 흘린 자로 여길 것이다.
그가 피를 흘렸기 때문에 자기 백
성 가운데서 끊어질 것이다.

5 이는 이스라엘 백성이 들에서 잡
아 드리려고 하던 제물을 성막 문
여호와께로 끌고 가서 제사장에게
주어 화목제로 여호와께 바치게
하기 위함이다.

6 제사장은 제물의 피를 성막 문 안
에 있는 번제단에 뿌리고 그 기름
을 불살라 여호와께 향기로운 냄
새가 되게 하라.

7 너희는 이전에 음란하게 섬기던 숫염소에게 다시 제사하지 말라. 이것은 그들이 대대에 걸쳐 지켜야 할 규례이다.

8 또 너는 그들에게 이르라. 이스라엘 백성이나 그들 가운데 거주하는 외국인이 번제나 어떤 제물을 드릴 때는

9 제물을 성막 문으로 가져다가 여호와께 드리라. 그렇지 않으면 그는 내 백성 가운데서 끊어질 것이다."

피와 죽은 고기의 식용 금지

10 ●이스라엘 집 사람이나 함께 사는 외국인 가운데 어떤 피든지 먹는 자가 있으면 내가 그 피를 먹는 그 사람에게서 내 얼굴을 돌려 그를 백성 가운데서 끊어 버릴 것이다.

11 그 이유는 육체의 생명이 피에 있기 때문이다. 내가 이 피를 너희에게 주어 제단에 뿌려 너희의 생명을 위하여 대신 깨끗하게 했으니 생명이 피에 있다. 그러므로 피가 죄를 깨끗하게 한다.

12 그래서 내가 이스라엘 백성에게 말하기를 '너희 가운데 아무도 피를 먹지 말며, 너희와 함께 사는 외국인이라도 피를 먹지 말라'고 한 것이다.

13 모든 이스라엘 백성이나 그들과 함께 사는 외국인이 먹을 만한 짐승이나 새를 사냥하여 잡거든 그것의 피는 흙으로 덮으라.

14 모든 육체의 생명은 피에 있기 때문에 어떤 육체의 피든 그 피를 먹는 자는 자기 백성 가운데서 끊어질 것이다. 그러므로 너희는 어느 곳에서 살든지 새나 짐승 등 어떤 생물의 피든지 먹지 말라.[1)]

15 또한 스스로 죽은 것이나 들에서 짐승에게 찢긴 동물의 고기를 먹지 말라. 만일 그 고기를 먹는 자는 본토인이거나 외국인[2)]이거나 그의 옷을 빨고, 물로 몸을 씻으라. 그는 저녁까지 부정하고 그후에야 깨끗해질 것이다.

16 그렇지 않으면 그는 죄의 대가를 치러야 할 것이다."

이방인의 가증한 풍속 경계

18

1 ●여호와께서 모세에게 말씀하셨다.

2 "너는 이스라엘 백성에게 말하라. 나는 여호와 너희의 하나님이다.

3 너희는 종살이하던 애굽 땅의 풍속과 내가 너희 앞에서 쫓아내는[3)] 가나안 족속[4)]의 풍속과 규례를 따르지 말라.[5)]

4·5 너희는 내 법도를 따르며, 내 명령을 지켜 행하라. 그러면 내가 너희를 인도하여 거주하게 하는 땅에서 살것이다. 나는 너희의 하나님 여호와이다."

간음과 행음에 대해

6 ●각 사람은 자기의 친척[6)]을 가까이하여 그와 성관계를 갖지 말라. 나는 여호와이다.

7·8 네 어머니의 하체는 네 아버지의 하체와 같으니 너는 그를 범하지 말라. 그는 네 어머니인즉 너는 그와 성관계를 갖지 말라.

9 너는 동복자매나 이복자매를 막론하고 그와 성관계를 갖지 말라.[7)]

10·11 너는 손녀나 네 외손녀, 누이의 하체를 범하지 말라.

12·14 너는 고모, 이모, 아버지 형제의 아내 등과 성관계를 갖지 말라.

15 또 너는 며느리와 성관계를 갖지 말라.

16 또 네 형제의 아내를 데리고 살지 말라.

---

1) 레 7:26, 19:26상 참조　2) 거류민　3) 인도할
4) 땅　5) 레 20:23　6) 살붙이　7) 레 20:17 참조

17 너는 여인과 그 여인의 딸과 성관계를 함께하지 말며, 그 여인의 손녀나 외손녀를 함께 데려다가 그와 성관계를 갖지 말라. 그들은 그의 친척이니 그것은 악행이다.

18 너는 아내가 살아있는 동안 아내의 자매를 데려다가 그와 성관계를 가짐으로써 그로 질투하게 하지 말라.

19 너는 월경 기간에 있는 여인에게 가까이하여 성관계를 갖지 말라.

20 너는 네 이웃의 아내와 동침하여 그 여자와 함께 자신을 더럽히지 말라.

21 너는 절대로 몰렉에게 자식을 주어 불로 지나가게 하므로 네 하나님의 이름을 욕되게 하지 말라. 나는 여호와이다."

22 너는 여자와 동침하는 것처럼 남자와 동침하지 말라. 이는 가증한 일이다.

23 너는 짐승과 행음[1]하여 자기를 더럽히지 말며, 여자는 짐승 앞에 서서 그것과 행음하지 말라. 이는 문란한 일이다.

24 너희는 이 모든 일로 자신을 더럽히지 말라. 내가 너희 앞에서 쫓아내려고 하는[2] 족속들은 이 모든 일로 인해 더러워졌고,

25 그 땅도 더러워졌기 때문이다. 내가 그 악으로 인해 그들을 벌하고 그 땅에 벌을 내려 그 주민을 쫓아내려는 것이다.

26 그러므로 너희의 동족이나 너희와 함께 사는 외국인이나 내 율법과 법도를 지켜 이런 가증스러운 일을 하나라도 행하지 말라.

27 너희 전에 있던 그 땅 주민이 이 모든 가증한 일을 행하므로 그 땅이 더러워졌다.

28 만일 너희도 더럽히면 이전의 주민을 쫓아낸 것처럼 너희도 쫓아낼 것이다.

29 이런 가증한 모든 일을 행하는 자는 자기 백성 가운데서 끊어질 것이다.

30 그러므로 너희는 내 명령을 지키고 너희가 약속의 땅에 들어가기 전 그곳에 살던 자들이 행하던 가증한 풍속을 조금이라도 따름으로써 자기를 더럽히지 말라. 나는 너희의 하나님이다."

너희는 거룩하라

19 ● 여호와께서 모세에게 말씀하셨다.

2 "너는 이스라엘 백성에게 말하라. 나 여호와가 거룩하니 너희도 거룩하라.

3 너희는 부모를 공경하고 안식일을 지키라. 나는 너희의 하나님 여호와이다.

4 너희는 존재하지도 않는 것, 곧 헛된 것들에게 향하지 말며, 너희를 위해 신상들을 부어 만들지 말라. 나는 너희 하나님이기 때문이다.

5 너희는 화목제물을 여호와께서 기쁘게 받으시도록 드리라.

6 그 제물을 드린 날과 이튿날까지 먹을 수 있다. 제물의 고기가 셋째 날까지 남았으면 그것은 불사를 것이다.

7 만일 그 화목제물의 고기를 셋째 날까지 먹으면 그 제사는 받아들여지지 않을 것이다. 그렇게 되면 드린 자에게도 예물답지 못하고 오히려 가증한 것이 될 것이다.

8 그것을 먹는 자는 성물을 더럽힘으로 인해 그 죄의 대가를 받으며, 자기 백성 가운데서 끊어질 것이다.[3]

1) 수간 2) 쫓아내는 3) 레 7:18 참조

9 너는 너희의 땅에서 추수할 때 밭 모퉁이까지 전부 거두지 말고, 떨어진 이삭도 줍지 말라.

10 너는 가난한 사람과 외국인을 위해 네 포도밭의 열매를 전부 따지 말고, 네 포도밭에 떨어진 열매도 줍지 말고 남겨 두라. 나는 너희의 하나님이다.

11 너희는 도둑질하지 말고, 속이지 말며, 서로 거짓말을 하지 말라.

12 너희는 내 이름으로 거짓 맹세함으로 네 하나님의 이름을 욕되게 하지 말라. 나는 여호와이다.

13 너는 네 이웃을 억압하거나 착취하지 말며, 아침이 되기 전에 품삯을 지불하라.

14 너는 귀먹은 자를 저주하지 말며, 앞 못 보는 자 앞에 장애물을 놓지 말라. 네 하나님을 경외하라. 나는 여호와이다.

15 너희는 재판할 때 불의를 행하지 말라. 가난한 자의 송사라고 해서 편들지 말며, 그에게 불리한 재판도 하지 말라. 또 세력 있는 자라고 두둔하지 말고 공평하게 사람을 재판하라.[1]

16 사람을 비방하지 말며, 자신의 이익을 위해 이웃의 목숨을 위험하게 하지 말라.

17 너는 네 형제를 마음으로 미워하지 말며, 네 이웃이 잘못하거든 타이르라. 그러면 네가 그의 잘못을 뒤집어쓰지 않을 것이다.

18 원수를 갚지 말고, 동족을 원망하지 말며, 네 이웃을 자신과 같이 사랑하라. 나는 여호와이다.

19 너희는 내 규례를 지키라. 네 가축을 다른 종류와 교미시키지 말며, 네 밭에 두 종자를 섞어 뿌리지 말고, 서로 다른 두 재료로 짠 옷을 입지 말라.

20 만일 어떤 사람이 다른 사람과 정혼한 여종, 곧 아직 대가를 지불하지 않았거나 자유하지 못한 여인과 동침하여 설정하는 것은 책망받을 일이다. 그러나 그들은 죽임을 당하지는 않을 것이다. 그 여인이 아직 자유인이 되지 못했기 때문이다.

21 그 남자는 속건제물로 숫양을 성막 문으로 끌고 오라.

22 그러면 제사장은 그가 범한 죄를 위해 그 속건제의 숫양으로 여호와 앞에 속죄하면 그가 범한 죄를 용서받을 것이다.

23 너희가 내가 약속한 땅에 들어가 각종 과실수를 심거든 그 열매는 3년 동안 할례 받지 못한 것으로 여겨 먹지 말라.

24 4년째에는 그 과실이 거룩하리니 여호와께 드리라.

25 5년째에는 그 열매를 먹으리니 그렇게 하면 너희에게 그 소산이 풍성할 것이다. 나는 너희의 하나님이다.

26 너희는 새나 짐승 등 어떤 생물의 피든지 먹지 말라. 점을 치지 말고, 마법을 행하지 말며,

풍습　가난한 자를 위한 법 (레 19:9-10)

율법에는 가난한 자들을 위한 규정이 있다. 곧 곡식을 거둘 때 밭 모퉁이까지 다 거두지 말고 떨어진 이삭을 가난한 자들을 위해 남겨 두는 것과 포도원의 열매를 조금 남겨두며, 떨어진 열매도 가난한 자들이 먹도록 줍지 말며, 올리브 열매는 꼭대기까지 떨지 말라는 것이다. 이는 최소한의 생계유지를 위한 있는 자의 따뜻한 배려이다. 우리나라에도 이와 비슷한 뜻의 까치밥이라는 것이 있다.

1) 출 23:3, 6 참조

27 머리 가장자리의 관자놀이 머리카락을 둥글게 깎지 말며, 수염 끝도 자르지 말라.

28 죽은 자를 애도하기 위해 몸에 문신이나 무늬를 새기지 말라.

29 네 딸을 창녀가 되게 하지 말라. 음행이 전국으로 펴져 죄악이 가득하게 될 것이다.

30 내 안식일을 지키고 내 성소를 소중히 여기라. 나는 여호와이다.

31 신접한 자인 무당이나 점쟁이 박수의 말을 믿지 말며, 그들을 찾아가 스스로 더럽히지 말라.

32 너는 백발이 된 노인을 공경하고, 네 하나님을 경외하라. 나는 여호와이다.

33 외국인1)이 너희 땅에 함께 살게 되거든 그들을 학대하지 말고,

34 너희의 자녀처럼 여기며 자신처럼 사랑하라. 너희도 애굽 땅에서 외국인이 되었다. 나는 너희의 하나님이다.

35 너희는 재판할 때나 길이나 무게나 양을 측량할 때 불의를 행하지 말고,

36 공평한 저울과 추와 에바와 힌을 사용하라. 나는 너희를 애굽 땅에서 이끌어낸 너희의 하나님이다.

37 너희는 내 규례와 모든 계명을 지켜 행하라. 나는 여호와이다."

반드시 죽여야 하는 죄

20 ● 여호와께서 모세에게 말씀하셨다.

2 "너는 이스라엘 백성이든지 함께 사는 외국인1)이든지 자기 자식을 몰렉에게 바치면 반드시 그 지방 사람이 그를 돌로 쳐 죽이라.

3 나도 그 사람에게 진노하여 그를 그의 백성 중에서 끊을 것이다. 이는 그가 자식을 몰렉에게 바치므로

내 성소를 더럽히고 내 이름을 욕되게 했기 때문이다.

4 만일 자기 자식을 몰렉에게 바치는 것을 그 지방 사람이 모르는 체하고 그를 죽이지 않으면

5 내가 그 사람과 그 집에 속한 자들에게 진노하여 그와 몰렉을 음란하게 섬기는 모든 사람을 그들의 백성 중에서 끊을 것이다.

6 무당과 점쟁이 무당인 박수무당을 음란하게 따르는 자는 내가 진노하여 그를 그의 백성 가운데서 끊어 버릴 것이다.

7 그러므로 너희는 스스로 깨끗하게 하여 거룩하라.

8 너희는 내 계명을 지켜 행하라. 나는 너희를 거룩하게 하는 여호와이다.

9 자기 부모를 저주하는 자는 반드시 죽이라. 이는 그가 자기의 부모를 저주했기 때문에 부모의 피가 자기에게로 돌아갈 것이다.

10 그리고 간통한 두 사람 모두 죽이라.

11 누구든지 그의 어머니와 동침하는 자는 그의 아버지의 하체를 범한 것이므로 둘 다 반드시 죽이라. 그들의 피가 자기들에게로 돌아갈 것이다.

12 또 너는 며느리와 동침했다면 둘 다 반드시 죽이라. 이는 가증한 일을 행했기 때문에 그들이 죄의 값을 치를 것이다.2)

13 또한 여인과 동침하는 것처럼 남자와 동침하면 둘 다 가증한 일을 행한 것이니 반드시 죽이라. 그는 자기 죗값으로 죽는 것이다.

14 누구든지 아내와 자기의 장모와 더불어 성관계를 하며 함께 데리고

1) 거류민 2) 레 18:15 참조

살면 그것은 악행인즉 그와 그들을 함께 불사르라. 그래서 너희 가운데 이런 악행이 없도록 하라.

15-16 남자나 여자를 막론하고 짐승과 교합하면 반드시 죽이고 그 짐승도 죽이라.

17 너는 이복자매[1]나 동복자매[2]를 막론하고 그와 성관계를 갖지 말라. 그렇게 하면 자기 민족 앞에서 끊어질 것이요 그 죄의 대가를 치를 것이다.

18 누구든지 월경 중에 있는 여인과 동침하여 성관계를 가지면 남자는 그 여인의 근원을 드러냈고 여인은 자기의 피 근원을 드러낸 것이니 둘 다 백성 가운데서 끊어질 것이다.

19-20 고모, 이모, 아버지 형제의 아내 등과 성관계를 갖지 말라. 숙모와 성관계를 가지면 그의 숙부의 하체를 범한 것이니 그들이 죄의 대가를 치를 것이며 그들은 자식 없이 죽을 것이다.[3]

21 또 네 형제의 아내를 데리고 살면 그것은 더러운 일이다. 그가 그의 형제와 성관계를 갖는 것이니 그들에게 자식이 없을 것이다.[4]

22 너희는 내 법도와 내 명령을 지켜 행하라. 그러면 내가 너희를 인도하여 거주하게 하는 땅이 너희를 쫓아내지 않을 것이다.[5]

23 너희는 내가 너희 앞에서 쫓아내는 가나안 족속의 풍속을 따르지 말라. 그들은 이 모든 일을 행했으므로 내가 그들을 가증히 여겼다.[6]

24 내가 이전에 '너희는 가나안 땅을 산업으로 받을 것이다. 내가 그 젖과 꿀이 흐르는 땅을 너희에게 주어 살게 할 것이다'라고 말했다. 나는 너희를 세상 모든 민족 가운데서 구별한 너희의 하나님이다.

25 너희는 짐승과 새를 정결하고 부정한 것을 구별하고, 내가 너희를 위해 부정한 것으로 구별한 짐승이나 새나 땅에 기는 것들로 너희의 몸을 더럽히지 말라.

26 너희는 내 앞에서 거룩하라. 이는 나 여호와가 거룩하고 내가 또 너희를 내 소유로 삼기 위해 너희를 세상 모든 민족 가운데서 구별했기 때문이다.

27 남자나 여자가 다른 신과 접속하거나 점쟁이 무당이 되거든 반드시 돌로 쳐서 죽이라. 그들은 자기 죄로 인해 죽을 것이다."

제사장이 지켜야 할 정결 규례

21 ● 여호와께서 모세에게 말씀하셨다. "아론 자손인 제사장들에게 말하라. 그의 백성 가운데서 죽은 자를 만짐으로써 스스로를 더럽히지 말라.

2 그러나 부모나 자녀나 형제나

3 결혼하지 않은 처녀인 그의 자매로 인해서는 몸을 더럽힐 수 있다.

4 제사장은 백성의 어른이니 자신을 더럽혀 부정하게 하지 말라.

5 제사장들은 머리털을 깎아 대머리처럼 만들지 말며, 수염 양쪽을 깎지 말고, 살에 칼 자국도 내지 말라.

6 그들의 하나님께 대해 거룩하고, 그분의 이름을 욕되게 하지 말라. 그들은 여호와께 화제를 드리는 자이니 거룩해야 한다.

7 또한 제사장들은 부정한 창녀나 이혼한 여인을 아내로 삼지 말라. 이는 그가 하나님 앞에 거룩하기 때문이다.

8 너희는 제사장을 거룩히 여기라. 그는 네 하나님께 제물 음식을 드리는

---

1) 아버지의 딸 2) 어머니의 딸 3) 레 18:12-14 참조
4) 레 18:16 참조 5) 레 18:4-5 참조 6) 레 18:3 참조

자이기 때문이다. 나는 너희를 거룩하게 하는 거룩한 여호와이다.

9 어떤 제사장의 딸이든지 음행으로 자신을 욕되게 하면 그의 아버지를 욕되게 하는 것이니 그를 불사르라.

10 자기의 형제 중 거룩한 기름으로 부음을 받고 제사장으로 임명되어 그 예복을 입은 자는 그의 머리를 풀지 말고, 그의 옷을 찢지 말라.

11 또 어떤 시체든지 가까이하지 말며, 일반 평민과 달리 그의 부모의 시신을 만짐으로써 더러워지게 하지 말라.

12 그는 하나님의 성소에서 나오지 말며, 그의 성소를 욕되게 하지 말라. 이는 하나님께서 구별한 거룩한 기름 부음을 받아 제사장으로 임명되었기 때문이다. 나는 여호와이다.

13 제사장은 처녀로 아내를 삼을 것이다.

14 과부나 이혼한 여자나 창녀 같은 더러운 여인을 아내로 취하지 말고, 자기 백성 가운데서 처녀를 취하여 아내를 삼으라.

15 제사장의 자손도 그의 백성 가운데서 욕되게 하지 말라. 나는 그들을 거룩하게 하는 여호와이다."

16 여호와께서 모세에게 말씀하셨다.

17 "아론에게 이르라. 제사장의 자손 중 대대로 육체에 흠 있는 자는 하나님께 화제제물[1]을 드리기 위해 가까이 오지 못할 것이다.

18 곧 보지 못하는 자, 다리 저는 자, 코가 불완전한 자, 지체가 온전하지 못한 자,

19 발이나 손이 부러진 자,

20 등이 굽은 자, 키가 작은 자, 눈에 백막이 있는 자, 습진이나 버짐이 있는 자, 고환이 상한 자 등이다.

21 아론 제사장의 자손 중 육체에 흠 있는 자는 대대에 걸쳐 하나님께 화제제물을 드리기 위해 가까이 오지 못할 것이다. 그는 육체에 흠이 있기 때문에 하나님께 제물 음식을 드리지 못할 것이다.[2]

22 그들은 그의 하나님께 드려진 음식이 지성물이든지 성물이든지 먹을 수 있으나

23 휘장 안에는 들어가지 못하며, 분향단에 가까이 하지 못할 것이다. 그들은 육체에 흠이 있기 때문이다. 그가 내 성소를 더럽히지 못할 것은 나는 그들을 거룩하게 하는 여호와이기 때문이다."

24 이상과 같이 모세가 아론과 그의 아들들과 온 이스라엘 백성에게 말했다.

성물을 먹는 규례

22 ● 여호와께서 모세에게 말씀하셨다.

2 "아론과 그의 아들들에게 말하라. 그들로 이스라엘 백성이 내게 드리는 성물에 대해 스스로 구별하여 내 이름을 욕되지 않도록 하라. 나는 여호와이다.

3 누구든지 네 자손 중에 대대에 걸쳐 그의 몸이 부정하면서도 이스라엘 백성이 구별하여 드리는 성물에 가까이 하는 자는 내 앞에서 끊어질 것이다. 나는 여호와이다.

4 아론의 자손 중 나병환자나 유출병자는 정결하기 전에는 그 성물을 먹지 말라. 그리고 시체를 접촉한 자나 정액을 설정한 자나

5 사람을 부정하게 하는 벌레나 더럽힐 만한 것을 접촉한 자는

6 저녁까지 부정하리니 물로 몸을 씻기 전에는 그 성물을 먹지 못할

것이다.

7 그는 해가 질 때에야 정결케 되리니 그후에 그 성물을 먹을 수 있다. 이는 자기의 몫이 되기 때문이다.

8 시체나 찢겨 죽은 짐승의 고기를 먹음으로써 자기를 더럽히지 말라. 나는 여호와이다.

9 이 계명을 어기면 그로 인해 죄를 짓고 그 가운데서 죽을 것이다. 나는 그들을 거룩하게 하는 여호와이니 내 명령을 지키라.

10 일반인은 제사장의 음식인 성물을 먹지 못하며, 제사장의 나그네나 품꾼도 성물을 먹지 못할 것이다.

11 그러나 제사장이 돈으로 산 사람과 그의 집에서 출생한 자는 먹을 수 있다.

12 제사장의 딸이 일반인과 결혼했으면 거제제물의 성물을 먹지 못한다.

13 그러나 그가 과부가 됐거나 이혼을 당해 자식 없이 그의 친정으로 돌아와서 젊었을 때와 같으면 그는 제사장인 그의 아버지 몫의 음식을 먹을 수 있다.

14 만일 누가 실수로 제사장 음식을 먹으면 그 성물에 5분의 1을 추가하여 제사장에게 주어야 한다.

15 일반인은 이스라엘 백성이 여호와께 드리는 성물을 먹음으로써 욕되게 하지 말라.

16 그들이 성물을 먹으면 그 죄로 인해 형벌을 받게 될 것이다. 나는 그 제사장 음식을 거룩하게 하는 여호와이다."

여호와께서 기쁘게 받으시는 제물

17 ● 여호와께서 모세에게 말씀하셨다.

18 "아론과 그의 아들들과 이스라엘 모든 백성에게 말하라. 이스라엘 백성이나 그들과 함께 거주하는 자가 서원제물 또는 자원제물로 번제와 함께 여호와께 예물로 드리려면

19 소나 양이나 염소의 흠 없는 수컷으로 드리라. 그래야 하나님께서 기쁘게 받으시는 제물이 된다.

20 흠 있는 제물은 여호와께서 받지 않으실 것이다.

21 누구든지 서원한 것을 갚으려고 하거나 자진해서 소나 양을 화목제물로 여호와께 드리려면 아무 흠 없는 온전한 것으로 드려야 한다. 그래야 여호와께서 기쁘게 받으시는 제물이 될 것이다. 그러므로 너희는

22 눈먼 것, 상한 것, 몸에 베임을 당한 것, 종기나 습진이 있는 것, 피부병이 있는 것[1]은 제단 위에 화목제물로 여호와께 드리지 말라.

23 소나 양의 지체가 온전하지 못한 것은 자원제물로 드릴 수 있지만 서원제물로는 드리지 말라. 그것은 여호와께서 기쁘게 받으시지 않는 예물이다.

24 고환이 온전하지 못한 것도 여호와께 드리지 말고, 너희 땅에서는 이런 일을 행하지도 말라.

25 너희는 외국인에게서도 이런 것을 받아 하나님께 드리지 말라. 이는 결점과 흠이 있는 것으로 하나님께서 기쁘게 받으시는 예물이 되지 못한다."

26 여호와께서 모세에게 말씀하셨다.

27 "수소나 양이나 염소가 태어나거든 7일 동안 어미와 같이 있게 하라. 8일 이후 여호와께 화제로 예물을 드리면 기쁘게 받으시는 제물이 될 것이다.

28 암소나 암양을 막론하고 어미와

1) 비루먹은 것

새끼를 같은 날에 잡지 말라.

29 너희가 여호와께 감사제물을 드리려면 기쁘게 받으시도록 드리라.

30 그 제물은 당일에 먹고, 이튿날까지 남겨두지 말라. 나는 여호와이다.

31 너희는 내 규례와 모든 계명을 지켜 행하라. 나는 여호와이다.

32 너희는 내 이름으로 거짓 맹세함으로 네 하나님의 이름을 욕되게 하지 말라. 나는 이스라엘 백성 가운데서 거룩하게 함을 받을 것이다. 나는 너희를 거룩하게 하는 여호와이다.[1)]

33 나는 너희의 하나님이 되려고 너희를 애굽 땅에서 이끌어낸 여호와이다."

성회를 삼을 여호와의 절기

23 ● 여호와께서 모세에게 말씀하셨다.

2 "이스라엘 백성에게 말하기를 이것은 나의 절기들이니, 곧 너희가 거룩한 집회로 공포할 여호와의 절기들이다.

3 6일 동안은 일하고 제7일에는 쉴 안식일이요 거룩한 모임의 날이다. 너희가 거주하는 곳에서 지킬 여호와의 안식일이다. 그러므로 누구든지 이날에 일하지 말라.

4 이것은 너희가 정한 때 거룩한 집회로 공포하여 지켜야 할 여호와의 유월절 절기이다.

5 첫째 달인 3~4월 14일 저녁은 여호와의 유월절이다.

6 그달 15일은 여호와의 무교절이니 7일 동안 누룩 없는 빵인 무교병을 먹을 것이다.

7 그 첫날에는 너희가 성회로 모이고 어떤 일도 하지 말라.[2)]

8 이 7일 동안 여호와께 화제를 드리라. 7일에는 성회로 모이고 아무 일도 하지 말라."

9 여호와께서 모세에게 말씀하셨다.

10 "너희는 내가 주는 땅에 들어간 후 추수하는 곡물 가운데 첫 이삭 한 단을 제사장에게로 가져가야 한다.

11 그러면 제사장은 너희를 위하여 그 단을 여호와가 기쁘게 받으시도록 안식일 이튿날에 흔들어 바칠 것이다.

12 너희는 그 단을 흔드는 날에 1년 된 흠 없는 숫양을 여호와께 번제로 드리라.

13 또한 곡식으로 드리는 소제로는 기름 섞은 고운 가루 4.4리터 되는 10분의 2에바를 여호와께 드려 향기로운 냄새로 드리는 화제로 삼으라. 부어 드리는 제사인 전제로는 포도주 4분의 1힌을 사용할 것이다.

14 너희는 추수한 후 하나님께 예물을 가져오는 날까지 빵이나 볶은 곡식이나 생 이삭이든지 먹지 말라. 이는 너희가 거주하는 곳에서 지킬 영원한 규례이다."

초실절[3)] 다음에 드리는 절기

15 ● 너희가 흔들어 드리는 제사인 요제로 곡식단을 가져온 날부터 세어 7번의 안식일을 헤아리고

16 안식일을 7번 지난 이튿날까지 포함하여 50일째 되는 날을 헤아려 새로운 소제로 여호와께 드리라.

17 너희의 거처에서 10분의 2에바로 만든 빵 2개를 가져다가 흔들어 여호와께 드리라. 이는 고운 가루에 누룩을 넣어 구운 것으로 첫 요제로 드리는 것이다.

18 또 너희는 이 빵과 함께 1년 된 흠 없는 어린 양 7마리와 어린 수소 1마리와 숫양 2마리[4)]를 드리되 이것

---

1) 레 19:1 참조   2) 민 28:16-18   3) 칠칠절   4) 민 28:27, 수송아지 2마리와 숫양 1마리와 1년 된 숫양 7마리

들을 그 소제와 그 전제제물과 함께 여호와께 번제로 드리라. 이는 여호와께 향기로운 냄새로 드리는 화제이다.

19 또 너희를 속죄하기 위해 숫염소 하나로 속죄제를 드리며, 1년 된 어린 숫양 2마리를 화목제물로 드리고, 상번제와 그 소제와 전제 외에 그것들을 추가로 드리라.[1]

20 제사장은 그 첫 이삭으로 만든 빵과 함께 그 2마리 어린 양을 여호와 앞에 흔들어서 요제를 삼으라. 이것들은 여호와께 드리는 성물이니 제사장의 몫으로 돌릴 것이다.

21 이날을 너희 가운데 성회로 공포하고 어떤 일도 하지 말라. 이것은 너희가 그 거주하는 곳에서 영원히 지켜야 할 규례이다.

22 너는 너희의 땅에서 추수할 때 밭 모퉁이까지 전부 거두지 말고, 떨어진 이삭도 줍지 말라.[2]

23 여호와께서 모세에게 말씀하셨다.

24 "이스라엘 백성에게 말하라. 일곱째 달인 10월의 첫날은 너희에게 휴식의 날이다. 이날은 나팔을 불어 기념할 날이며 성회로 모이는 날이다.[3]

25 그러므로 아무 일도 하지 말고 여호와께 화제를 드리라."

26 여호와께서 모세에게 말씀하셨다.

27-28 "일곱째 달인 10월 10일은 너희를 위해 여호와 앞에 죄를 깨끗하게 하는 속죄일이다. 너희는 이날에 성회를 열고, 아무 일도 하지 말라. 본토민과 함께 거주하는 자에게도 그렇게 하라. 너희가 스스로 괴롭게 하며, 화제를 드리라.

29 이 날에 스스로 괴롭게 하지 않는 자는 그 백성 가운데서 끊어질 것이다.

30 또한 이날에 어떤 일이라도 하는 자는 내가 그의 백성 가운데서 멸절시킬 것이다.

31 죄를 깨끗하게 하는 속죄일은 너희가 거주하는 곳에서 대대에 걸쳐 지켜야 할 영원한 규례이다.

32 이날은 너희에게 쉴 안식일이다. 그러므로 너희는 스스로 괴롭게 하고 일곱째 달인 10월 9일 저녁부터 이튿날 저녁까지 안식을 지키라."

33 여호와께서 모세에게 말씀하셨다.

34 "이스라엘 백성에게 말하기를 너희가 토지의 수확을 마치면 일곱째 달인 10월 15일은 초막절이니 여호와를 위하여 7일 동안 절기로 지키라.[4]

35 첫날에는 성회로 모이고, 아무 일도 하지 말라.

36 너희는 7일 동안 여호와께 화제를 드리며, 마지막 8일째에도 성회로 모여서 여호와께 화제를 드리라. 이는 거룩한 모임이니 너희는 어떤 일도 하지 말라.

37 이상은 여호와의 절기이다. 너희는 이 절기를 공포하여 거룩한 집회를 열고 여호와께 화제를 드리되 번제와 소제와 희생제물과 전제를 각각 그날에 드리라.

38 이는 절기를 당했을 때 여호와의 안식일과 예물과 모든 서원제물과 자원제물[5] 외에 너희가 여호와께 드리는 것이다.

39 너희가 토지의 수확을 마치면 일곱째 달인 10월 15일부터 7일 동안 절기를 지키되 첫날과 8일째 날에는 안식하라.[6]

40 첫날에는 아름다운 나무 실과와 종려나무 가지와 무성한 나무 가지와

1) 민 28:30–31 2) 레 19:9 3) 민 29:1 4) 레 23:39상, 민 29:12 참조 5) 민 29:39, 낙헌제 6) 레 23:25–26 참조

버드나무를 취해 너희의 하나님 앞에서 7일 동안 즐거워하라.

41 너희는 해마다 일곱째 달에 7일 동안 여호와 앞에 이 절기를 대대에 걸쳐 지킬 것이다.

42 이스라엘에서 태어난 자는 7일 동안 초막에 거주하라.

43 이는 내가 이스라엘 백성을 애굽 땅에서 이끌어내던 때 초막에 거주하게 한 사실을 너희 대대에 걸쳐 알게 하기 위해서이다. 나는 너희의 하나님이다.”

44 모세는 이스라엘 백성에게 이상과 같이 여호와의 절기를 공포했다.

계속해서 밝힐 등잔불

24 ● 여호와께서 모세에게 말씀하셨다.

2 “이스라엘 백성에게 명령하여 불을 켜기 위해 올리브 열매에서 짠 순수한 기름을 네게로 가져오게 하여 그것으로 등잔불이 꺼지지 않게 계속 켜 두도록 하라.

3 아론은 성막 안 증거궤가 있는 휘장 밖에서 저녁부터 아침까지 여호와 앞에서 등잔불을 항상 관리할 것이다. 이는 너희 대대에 걸쳐 지켜야 할 규례이다.

4 그는 여호와 앞에서 순금등잔대 위의 등잔들을 항상 정리하도록 하라.”

상에 차려 놓을 빵

5 ● 여호와께서 말씀하셨다. “너는 고운 가루로 각각의 가루 덩이를 10분의 2에바로 하여 12개 빵을 구우라.

6 그리고 그것을 여호와 앞 순결한 상 위에 1줄에 6개씩 2줄로 차려 놓으라.

7 또 정결한 유향을 각 줄 위에 두어 기념물로 여호와께 화제로 삼으라.

8 이 빵은 안식일마다 여호와 앞에 교환하여 차려 놓으라. 이는 이스라엘 백성을 위해 영원히 이행해야 하는 약속이다.

9 이 빵은 아론과 그의 자손에게 돌아갈 몫이니 그들은 그 빵을 거룩한 곳인 성막 뜰에서 먹어야 한다. 이는 여호와의 화제 가운데서 그들에게 주어진 소득으로 지극히 거룩한 것이다. 이것은 영원히 지켜야 할 규례이다.”

여호와의 이름을 저주한 자

10-11 ● 이스라엘 백성 중에 어머니가 이스라엘 단 지파 디브리의 딸인 슬로밋이고, 아버지는 애굽 사람인 한 사람이 있었다. 그 사이에서 태어난 아들이 이스라엘 사람과 장막 가운데서 싸우다가 여호와의 이름을 모독하고 저주하자 무리가 끌고 모세에게로 갔다.

12 그들이 그를 격리시킨 후 여호와께서 어떻게 처리할지를 기다렸다.

13 이에 여호와께서 모세에게 말씀하셨다.

14 “그 저주한 사람을 장막을 친 진영 밖으로 끌어내어 그 말을 들은 모든 사람이 그들의 손을 그의 머리에 얹게 한 후 모인 사람들이 돌로 쳐 죽이라.

15 너는 이스라엘 백성에게 말하기를 누구든지 그의 하나님을 저주하면 그 죄의 대가를 치러야 할 것이다.

16 여호와의 이름을 모독하면 온 회중이 돌로 쳐 반드시 죽일 것이다. 외국인1)이든지 본토인이든지 여호와의 이름을 모독하는 자는 죽일 것이다.

17 사람을 쳐 죽인 자는 반드시 죽이라.

1) 거류민

18 짐승을 쳐 죽인 자는 그 짐승으로 갚으라.

19-20 눈은 눈으로, 이는 이로, 손은 손으로, 발은 발로, 덴 것은 덴 것으로, 상하게 한 것은 상함으로, 때린 것은 때림으로 갚으라. 이와 같이 사람이 그의 이웃에게 상해를 입힌 그대로 그에게 똑같이 행할 것이다.[1]

21 짐승을 쳐 죽인 자는 그 짐승으로 갚고, 사람을 죽인 자는 죽이라.

22 외국인[2]에게든지 본토인에게든지 그 법을 동일하게 적용할 것은 나는 너희의 하나님이기 때문이다."

23 모세가 하나님의 말씀을 이스라엘 백성에게 말하자 무리가 여호와의 이름을 저주한 자를 진영 밖으로 끌어내어 돌로 쳐 죽였다. 이같이 이스라엘 백성이 여호와께서 명령하신 대로 이행했다.

안식년

25
● 여호와께서 시내산에서 모세에게 말씀하셨다.

2 "이스라엘 백성에게 말하라. 너희는 내가 주는 땅에 들어간 후 그 땅으로 여호와 앞에 휴경하도록 하라.

3 너는 6년 동안 밭에 파종하며 포도밭을 가꾸어 그 소산을 거두라.

4 그러나 7년째에는 그 땅을 경작하지 말고 묵혀 쉬게 하라. 이는 여호와께 대한 안식이다. 그해에는 그 밭에 씨를 뿌리지 말고 포도밭을 가꾸지도 말라.

5 또한 네가 거둔 후 스스로 자라난 것도 거두지 말고, 가꾸지 않은 포도나무가 맺은 열매도 따지 말라. 이는 땅의 안식년이 되기 때문이다.[3]

6 심지 않고 가꾸지 않은 안식년의 소출을 네 백성 중 가난한 자들이 먹게 하라. 너와 네 남녀 종과 품꾼

과 너와 함께 거류하는 자들과

7 네 가축과 들짐승들에게 다 그 소출을 먹게 하라."

희년

8 ● 너는 7번의 안식년을 계산하라. 이는 7년이 7번 지난 날, 곧 49년이 된다.

9 일곱 번째 달인 10월 10일은 속죄일이다. 이날에 너는 전국에서 뿔나팔을 크게 불라.

10 그리고 50년째 되는 해를 거룩하게 하여 그 땅에 사는 주민을 위해 자유를 선포하라. 이 해는 너희에게 희년이니 너희는 각각 자기의 소유지인 분배 받은 토지와 자기의 가족에게로 돌아갈 것이다.

11 그 희년에는 너희가 파종하지 말며, 스스로 난 것도 거두지 말며, 가꾸지 않은 포도도 거두지 말라.

12 이는 희년이니 너희에게 거룩한 것이다. 희년 이듬해 너희는 밭의 소출을 먹을 것이다.

부당한 이익에 대하여

13 ● 매 50년째 되는 희년에 너희 각 사람은 자기의 소유지로 돌아갈

희년에 대하여 (레 25:8-55)

희년(consecrate the fiftieth year)은 한글개역성경(레 25:10)에는 면제년으로도 번역되었다. 희년 제도는 성결법전에 속한 레위기 25장에 나타난다. 희년은 안식년이 일곱 번 지난 다음 해, 곧 50년째 되는 해의 속죄일(종교력 7월 10일)에서 시작되어 다음해 속죄일까지 1년간 지키는 절기이다. 희년이 갖는 가장 중요한 의미는 자유의 선포이다. 그래서 희년이 되면 노예가 해방되고, 잃었던 땅과 기업이 회복되고, 노동으로부터 안식과 빚이 탕감된다. 이같은 희년 제도는 이스라엘 백성 모두가 평등하고 자유롭게 살도록 하기 위하여, 특별히 경제적인 측면에서 분배의 정의를 실현시키는 제도적인 장치였다.

1) 출 21:24-25 참조　2) 거류민　3) 출 23:10-11

것이다.

14 네 이웃에게 사든지 팔든지 할 때 너희 각 사람은 그의 형제를 속이지 말라.

15 희년 후의 연수를 따라서 너는 이웃에게서 사고, 그도 소출을 얻을 연수를 따라서 네게 팔 것이다.

16 희년까지 남은 연수가 많으면 그 값을 많이 매기고, 남은 연수가 적으면 그 값을 적게 매기라. 즉 그가 소출의 많고 적음을 따라서 팔 것이다.

17 너희는 이웃을 속이지 말고 네 하나님을 경외하라. 나는 너희의 하나님이다.

18 너희는 내 규례와 계명을 지켜 행하라. 그러면 너희가 그 땅에서 평안히 거주할 것이다.

19 땅은 그 열매를 맺고, 너희가 배불리 먹고 그곳에서 평안히 거주할 것이다.

20 너희는 '만일 우리가 7년째에도 심지 못하고 수확도 하지 못하면 무엇을 먹을 수 있겠는가?'라고 말할 수 있다. 그러나

21 내가 6년째에 너희가 3년 동안 먹을 수 있는 풍성한 수확을 줄 것이다.

22 너희가 8년째에는 파종할 수 있지만 묵은 소출을 먹을 것이다. 9년째의 소출이 있기까지 너희는 묵은 것을 먹어야 한다.

23 토지는 모두 내 것이므로 토지를 영원히 팔지 말라. 너희는 이 땅에서 잠시 머무는 나그네요, 거류민으로서 나와 함께 있는 것이다.

24 너희는 약속으로 받은 땅의 기업을 팔 수 있으며 다시 사는 것을 허락해야 한다.

25 만일 네 형제가 가난하여 그의 땅 가운데서 얼마를 팔았으면 그와

가장 가까운 친척이 와서 그의 형제가 판 것을 다시 살 것이다.

26 만일 그 땅을 다시 살 사람이 없고 자기가 부유하게 되어 다시 살 수 있으면

27 그 판 기간을 계산하여 그 남은 값을 산 자에게 주고 자기의 소유지로 다시 살 수 있도록 하라.

28 그러나 자기가 다시 살 능력이 없으면 그 판 것이 희년까지 산 자의 소유로 있다가 희년에 돌려받을 수 있다. 그때는 그 땅이 본래 소유자의 소유로 돌아갈 수 있다.

29 성벽이 있는 성 안의 집을 팔았으면 판 지 1년 안에는 다시 살 수 있다.

30 만일 1년 안에 다시 사지 못하면 그 성 안의 집은 산 자의 소유로 확정되어 영구히 그의 소유가 되고, 매 50년이 되는 희년에 돌려보내지 않아도 된다.

31 그러나 성벽이 없는 마을의 집은 나라의 토지와 같이 다시 팔기도 하고, 희년에 돌려보내기도 할 것이다.

32 그러나 레위 족속 성읍의 집은 레위 사람이 언제든지 다시 살 수 있다.

33 만일 레위 사람이 판 후 다시 사지 않으면 그가 판 집은 희년에 돌려보낼 것이다. 이는 레위 사람 성읍의 집은 이스라엘 백성 가운데서 받은 그들의 소득이기 때문이다.

34 그러나 그들의 성읍 주위에 있는 들판은 그들의 영원한 소유지이기에 팔지 못할 것이다.

가난한 자를 위한 배려

35 ● 네 형제가 가난하여 빈손으로 네 곁에 있게 되면 너는 그를 돕고 외국인이나 동거인처럼 너와 함께 생활하도록 하라.

36-37 너는 가난한 자에게 이자를 받기

위해 돈을 빌려주지 말고, 이익을 위해 네 양식을 꾸어 주지 말라.

38 나는 너희의 하나님이 되며, 또 가나안 땅을 너희에게 주기 위해 애굽 땅에서 너희를 이끌어낸 너희의 하나님이다.

39 네 형제가 가난하게 되어 종으로 팔리거든 너는 그를 종과 같이 부리지 말고

40 품꾼이나 동거인처럼 있게 하여 희년까지 너를 섬기게 하라.

41 매 50년이 되는 희년에는 그와 그의 자녀가 함께 네게서 떠나 그의 가족과 그의 조상의 집으로 돌아가게 하라.

42 그들은 내가 애굽 땅에서 이끌어낸 내 종들이니 종으로 팔지 말라.

43 너는 하나님을 두려워하는 마음을 가지고 그를 너무 힘들게 부리지 말라.

44 네가 종을 사려면 남녀를 막론하고 네 사방에 있는 이방인 가운데서 사야 한다.

45 너희와 함께 거주하는 동거인들의 자녀 가운데서 살 수 있고, 이방인 중에 너희 땅에서 가정을 이룬 자들 가운데서도 살 수 있다.

46 너희는 그들을 너희 후손에게 상속으로 주어 소유가 되게 하라. 이방인 가운데서는 너희가 영원한 종을 삼을 수 있지만 너희 동족 이스라엘 백성은 너희가 고되게 부리지 말라.

47 만일 너와 함께 있는 나그네나 동거인은 부유하게 되고, 그와 함께 있는 네 형제는 가난하게 되어 그가 너와 함께 있는 나그네나 동거인이나 그 가족의 후손에게 팔리게 되면

48-49 그가 팔린 후 그의 형제 중 하나

또는 그의 삼촌이나 삼촌의 아들이 그에게 몸값을 지불하면 그는 다시 자유할 수 있다. 또는 그가 부유하게 되어 스스로 자신의 몸값을 지불하면 자유하게 될 것이다.

50 그 몸값은 자기 몸이 팔린 해에서 희년까지 그 산 자와 계산하여 결정하라. 자기를 산 사람을 섬긴 날을 그 사람에게 고용된 날로 계산하라.

51 희년까지 남아 있는 해가 많으면 그 기간만큼 팔린 값에서 그 사람에게 값을 더 치러야 하고,

52 희년까지 남은 기간이 적으면 그 사람과 계산하여 그 기간만큼 값을 지불하면 된다.

53 주인은 그를 삯꾼처럼 여겨 고되게 부리지 말라.

54 그러나 그가 몸값을 치르지 못하면 희년이 되어야 그와 그의 자녀가 자유하게 될 것이다.

55 이스라엘 백성은 나의 종들이 되었다. 그들은 내가 애굽 땅에서 이끌어낸 내 종이요, 나는 너희 하나님이다.

26 너희는 너희를 위해 우상들을 부어 만들지 말라. 조각한 것이나 주상을 세우지 말며, 너희 땅에 조각한 석상을 세워 그에게 경배하지도 말라. 나는 너희의 하나님 여호와이기 때문이다.

2 내 안식일을 지키고 내 성소를 소중히 여기라. 나는 여호와이다.

순종하는 자가 받는 복

3 ● 너희가 내 규례와 계명대로 순종하면

4 내가 너희에게 때를 따라 비를 내리리니 땅은 그 소산물을 내고, 밭의 나무는 열매를 맺을 것이다.

5 너희의 타작은 넘쳐서 포도를 딸

때까지 하며, 타작이 끝나면 포도를 파종할 때까지 거둘 것이다. 그래서 너희는 음식을 마음껏 먹고, 너희 땅에서 평안을 누리며 살 것이다.

6 내가 그 땅에 평화를 주리니 너희를 두렵게 할 자가 없어 평안히 잘 것이다. 또 내가 맹수를 그 땅에서 몰아내고 전쟁도 일어나지 않게 할 것이다.

7 너희는 원수들을 물리치며, 그들은 너희 칼에 죽임을 당할 것이다.

8 너희 5명이 100명을 쫓으며, 너희 100명이 1만 명을 쫓으리니 너희 대적들이 너희 칼에 죽임을 당할 것이다.

9 내가 너를 돌보고 번성하게 하여 창대케 할 것이다.

10 너희는 묵은 곡식을 다 먹기도 전에 새 곡식을 먹게 될 것이다.

11 내가 내 성막을 너희 가운데 두고 내 마음이 너희를 기뻐할 것이다.

12 나는 너희와 동행하리니 나는 너희의 하나님이 되고, 너희는 내 백성이 될 것이다.

13 나는 너희를 종살이하던 애굽 땅에서 이끌어낸 너희의 하나님이다. 나는 너희 멍에의 빗장을 부수고 너희를 자유하게 했다.

불순종하는 자가 받는 저주

14 ● 그럼에도 너희가 내 말 듣기를 싫어하여 내 명령을 지키지 않고,

15 내 계명과 규례를 싫어하여 행하지 않고, 내 언약을 배반하면

16 내가 이같이 너희에게 행할 것이다. 곧 나는 너희가 생각지도 못한 폐병과 열병 같은 큰 재앙을 내릴 것이다. 그로 인해 눈이 어둡고, 생명이 약하게 되며, 너희가 파종한 것은 거두지 못하고 오히려 네

대적이 그것을 먹을 것이다.

17 내가 너희를 징계하리니 너희가 대적에게 패하고, 너희를 미워하는 자가 너희를 다스릴 것이다. 너희는 쫓는 자가 없어도 도망하게 될 것이다.

18 만일 너희가 그렇게까지 되어도 내 말 듣기를 거절하면 너희 죄에 대해 내가 벌을 7배나 더 내릴 것이다.

19-20 내가 너의 교만을 꺾고, 너희가 사는 하늘에서 비를 내리지 않아 너희 땅은 철과 놋처럼 단단하게 되어 작물이 자라지 못하며, 땅의 나무는 그 열매를 맺지 않을 것이다.

21 너희가 나를 거역하여 내 말을 경청하지 않으면 내가 너희에게 7배나 더 큰 재앙을 내릴 것이다.

22 내가 들짐승을 너희 가운데 보내어 너희 자녀를 삼키고, 가축을 죽이며, 너희의 수가 줄어들 것이다. 또한 너희가 다니는 길에 사람이 없어서 텅 비게 될 것이다.

23 이런 일을 당해도 너희는 깨닫지 못하고 나를 대적할 것이다.

24 그러면 나도 너희에게 대항하여 7배나 더하는 징벌을 내릴 것이다.

25 내가 대적을 통해 내 언약을 어긴 원수를 네게 갚을 것이다. 그때 너희가 도망하여 성읍으로 피해도 너희 중에 염병을 퍼지게 하여 결국은 대적의 손에 패하게 할 것이다.

26 나는 너희가 의지하는 양식을 없애 버려서 한 아궁이에서 10명의 여인이 너희 빵을 구워 저울에 달아 줄 정도로 양식이 모자랄 것이다. 너희가 먹어도 배부르지 않을 것이다.

27 너희가 그렇게까지 되어도 내 말에 귀를 기울이지 않고 내게 대항할 것이다.

28 그때 너희 죄로 인해 내가 큰 진노로

7배나 더 징벌을 내릴 것이다.

29 그리하여 너희가 지독한 굶주림으로 아들과 딸의 살을 먹을 것이다.[1]

30 내가 너희 산당들과 분향단들을 부수고, 너희 시체들을 그 부서진 우상들 위에 던질 것이다. 그런 징계를 내렸어도 내 마음이 너희를 기뻐하지 않을 것이다.

31 내가 너희 성읍과 성소들을 폐허가 되게 하리니 너희 제사를 내가 받지 않을 것이다.

32 너희가 거주하는 땅을 황폐하게 하리니 그곳에 거주하는 너희 원수들이 그것으로 인해 놀랄 것이다.

33 내가 너희를 여러 민족 가운데서 흩을 것이다. 내가 대적으로 너희를 쫓게 하리니 너희 땅과 성읍이 황폐하게 될 것이다.

34-35 너희 대적이 사라지기 전까지 너희 본토가 황폐화되어 이제까지 너희가 거주하는 동안 쉬지 못한 땅이 경작되지 못하고 쉬게 될 것이다.

36-37 원수에게서 살아남은 자에게는 그 대적들의 땅에서 내가 너희 마음을 약하게 하여 바람에 흔들리는 잎사귀 소리에도 대적을 피해 도망하듯 놀라 도망하게 하고, 쫓는 자가 없어도 칼 앞에 있음같이 서로 짓밟혀 넘어지게 하리니 대적들과 싸울 힘이 없을 것이다.

38 결국 너희 대적들의 땅이 너희를 삼키리니 너희가 여러 민족 가운데서 망할 것이다.

39 그때 살아남은 자가 자기와 조상의 죄로 인해 쇠약해질 것이다.

40-41 그러나 그들이 나를 거역한 자기와 조상의 죄악을 고백하고 내게 대항하는 것으로 인해 그들의 대적들의 땅으로 끌려갔음을 깨닫고, 겸손하여 자신들의 죄악에 대한 형벌을 기쁘게 받아들이면

42 내가 야곱과 이삭과 아브라함과 맺은 내 언약을 기억하고 그 땅을 기억할 것이다.

43 그들이 내 계명을 싫어하며 무시하므로 내가 약속한 땅을 떠나 대적의 땅으로 사로잡혀 가 사람이 없을 때 그들이 살던 땅은 황폐화되어 쉬게 될 것이다. 그들은 자기 죄악의 형벌을 기쁘게 받을 것이다.

44 그러므로 그들이 대적들의 땅에 있을 때 내가 그들을 버리거나 미워하거나 아주 멸하지 않고 그들과 맺은 내 언약을 폐하지도 않을 것이다. 나는 그들의 하나님이 될 것이다.

45 나는 그들의 하나님이 되기 위해 여러 민족이 보는 앞에서 애굽 땅에서 그들을 이끌어낸 그들의 조상과의 언약을 그들을 위해 잊지 않을 것이다. 나는 여호와이다.

46 이상은 여호와께서 시내산에서 자기와 이스라엘 백성 사이에 모세를 통하여 세우신 규례와 계명이다.

서원한 예물의 값

27 ● 여호와께서 모세에게 말씀하셨다.

2 "이스라엘 백성에게 말하라. 만일 어떤 사람이 여호와께 자신을 섬기는 자로 드리기로 분명히 서원했으면 너는 그 값을 정하라.

3 20세부터 60세까지의 남자면 성소 세겔로는 은 50세겔로 하고

4 여자면 30세겔로 하라.

5 5세부터 20세까지의 남자는 20세겔로 하고 여자면 남자의 절반인 10세겔로 하라.

1) 애 4:10, 왕하 6:28-29

6 네가 정한 값은 1개월부터 5세까지의 남자는 그 값을 은 5세겔로 하고 여자면 그 값을 은 3세겔로 하라.

7 60세 이상은 남자면 그 값을 15세겔로 하고 여자는 10세겔로 하라.

8 그러나 서원한 자가 가난하여 정해진 값을 부담하지 못하면 그를 제사장 앞으로 데려가라. 그러면 제사장은 그 서원자의 형편에 따라 값을 정할 것이다.

9 사람이 서원예물로 여호와께 드리는 것이 돈 대신에 가축이면 모두 거룩한 것이다. 그러므로

10 그것을 가격 차이가 난 것끼리 바꾸지 말라. 동일한 가축끼리 바꾸면 둘 다 거룩하다.

11 그 가축이 부정하여 여호와께 예물로 합당하지 못하면 그 가축을 제사장 앞으로 끌고 가라.

12 제사장이 좋고 나쁜지를 판정하여 그 값을 정할 것이다.

13 만일 그가 그것을 다시 사려면 이미 정한 값에 5분의 1을 추가해서 살 수 있다.

14 만일 어떤 사람이 자기 집을 거룩히 구별하여 여호와께 드리려면 제사장이 그 좋은 정도에 따라 값을 정할 것이다.

15 만일 그 사람이 여호와께 드린 자기 집을 다시 사려면 이미 정한 돈에 5분의 1을 추가해서 살 수 있다.

16 만일 어떤 사람이 자기 밭 얼마를 구별하여 여호와께 드리려면 마지기 수대로 자신이 값을 정하되 보리 1호멜지기에는 은 50세겔로 계산하면 된다.

17 만일 그가 그 밭을 매 50년째마다 지키는 희년부터 구별하여 드렸다면 그 값을 자신이 정한 대로 하라.

18 만일 그 밭을 50년째마다 지키는

희년이 지난 후 구별하여 드렸다면 제사장이 다음 희년까지 남은 기간에 따라 그 값을 계산하라. 이때는 그 정한 값에서 희년까지의 연수가 차지 않은 기간을 감하여 상당한 값을 지불하라.

19 만일 밭을 구별하여 드린 자가 그것을 다시 사려면 이미 정한 돈에 5분의 1을 추가하여 지불하라. 그러면 그것이 자기 소유가 될 것이다.

20 만일 그가 그 밭을 다시 사지 않거나 타인에게 팔았으면 다시는 그 밭을 사지 못할 것이다.

21 다만 50년째마다 지키는 희년이 되어 그 밭이 돌아오게 될 때는 여호와께 바친 성물이 되어 영원히 드린 땅과 같이 제사장의 산업이 될 것이다.

22 만일 사람에게 샀고, 자기 것이 아닌 밭을 사서 여호와께 구별하여 드렸으면

23 너는 값을 정하고 제사장은 그를 위해 희년까지 계산하라. 그는 네가 정한 값의 돈을 그날에 여호와께 성물로 드리라.

24 그가 판 밭은 희년에 그 땅을 판 본래 주인에게로 되돌아갈 것이다.

25 이 모든 일에 있어 정하는 값은 성소의 세겔로 하되 20게라를 1세겔로 계산하라.”

처음 태어난 가축

26 ● 오직 가축 가운데서 처음 태어난 것은 여호와께 드릴 첫 것이 된다. 소나 양은 여호와의 것이니 누구든지 그것으로는 처음 태어난 것이 아닌 것으로 구별하여 드리지 못한다.

27 만일 처음 태어난 것이 부정한 짐승이면 네가 정한 값에 5분의 1을 더하여 다시 사고 그렇지 않으면

네가 정한 값대로 팔 수 있다.

여호와께 온전히 바친 것과 십일조

28 ● 어떤 사람이 자기 소유 가운데서 사람이나 가축이나 밭이나 어떤 것이든 오직 여호와께 온전히 바친 것은 팔거나 다시 사지 못할 것이다. 이는 이미 바친 것은 모두 여호와께 지극히 거룩한 것이기 때문이다.

29 온전히 바쳐진 사람은 다시 사지 못하니 다시 사는 경우에는 그를 반드시 죽이라.

30 그 땅의 곡식이나 나무 열매의 10분의 1은 성물로 여호와의 것이다.

31 또 어떤 사람이 그가 여호와께 드린 십일조를 다시 되찾으려면 그것에 5분의 1을 추가하여 살 수 있다.

32 모든 소나 양의 십일조는 목자의 지팡이 아래로 통과하는 것의 10번째에 해당되는 것마다 여호와의 성물이 될 것이다.

33 그 10번째의 것에서 좋은 것과 나쁜 것을 가리거나 바꾸거나 하지 말라. 바꾸면 본래의 것과 바꾼 것 2마리 모두 거룩하니 다시 무르지 못할 것이다."

34 이상은 여호와께서 시내산에서 이스라엘 백성을 위하여 모세에게 명령하신 것이다.

민수기 Numbers

제목	히브리어 성경은 베미드바르('광야에서'라는 뜻), 70인역은 '아리쓰모이'('숫자들')
기록연대	기원전 1446-1406년경 **저자** 모세 **중심주제** 시내산에서 모압까지 광야 여정

내용소개 * 출애굽 세대(준비): 2개월-진군(가데스로)
1. 행진을 위한 인구조사 1-4장 2. 정결케 함 5-8장 3. 불평과 욕심 9-12장
* 죽음(연기): 38년-방황(모압으로) 4. 정탐 ➞ 불신 13-16장 5. 정결 17-19장
* 신세대(약속): 수개월-기다림 6. 전진과 방해 20-27장 7. 제사와 훈계 28-36장

출애굽 후 첫 번째 인구 조사

1 ● 이스라엘 백성이 애굽 땅에서 나온 제2년 둘째 달인 5월 1일에 여호와께서 시내광야의 성막에서 모세에게 말씀하셨다.

2-3 "너와 아론은 이스라엘의 모든 백성 가운데서 20세 이상으로 싸울 수 있는 모든 자를 그들의 족속과 조상의 가문에 따라 남자의 수를 그 진영별로 조사하라.

4 그리고 각 지파에서 우두머리 한 사람씩 너희와 함께 있게 하라.

5 너희와 함께할 사람들의 이름은 이렇다. 르우벤 지파에서는 스데울의 아들 엘리술,

6 시므온 지파에서는 수리삿대의 아들 슬루미엘,

7 유다 지파에서는 암미나답의 아들 나손,

8 잇사갈 지파에서는 수알의 아들 느다넬,

9 스불론 지파에서는 헬론의 아들 엘리압,

10 요셉의 백성들 가운데 에브라임 지파에서는 암미훗의 아들 엘리사마, 므낫세 지파에서는 브다술의 아들 가말리엘,

11 베냐민 지파에서는 기드오니의 아들 아비단,

12 단 지파에서는 암미삿대의 아들 아

히에셀,

13 아셀 지파에서는 오그란의 아들 바기엘,

14 갓 지파에서는 드우엘[1]의 아들 엘리아삽,

15 납달리 지파에서는 에난의 아들 아히라이다."

16 이상의 사람들은 백성들 가운데서 부름을 받은 자이며, 그 조상 지파의 지도자들로 이스라엘 지파의 우두머리이다.

17-18 출애굽 후 이듬해, 곧 둘째 달인 5월 1일에 모세와 아론은 온 백성을 모아 놓고 각 지파에서 지도자로 지명된 사람들을 세운 후 부름받은 지도자들이 각 족속과 조상의 가문에 따라 20세 이상 된 남자의 이름을 자기 지파별로 신고했다.

19 이와 같이 모세가 여호와께서 명령하신 대로 시내광야에서 그들을 조사했다.

20-21 20세 이상 된 남자로 싸울 수 있는 자들을 조사하니 다음과 같았다. 르우벤 지파가 4만 6,500명,

22-23 시므온 지파가 5만 9,300명,

24-25 갓 지파가 4만 5,650명,

26-27 유다 지파가 7만 4,600명,

28-29 잇사갈 지파가 5만 4,400명,

30-31 스불론 지파가 5만 7,400명,

32-33 요셉의 아들 에브라임 지파가 4만 500명,

34-35 므낫세 지파가 3만 2,200명,

36-37 베냐민 지파가 3만 5,400명,

38-39 단 지파가 6만 2,700명,

40-41 아셀 지파가 4만 1,500명,

42-43 납달리 지파가 5만 3,400명이었다.

44 이상과 같이 인구 조사를 받은 자들을 조사한 사람은 모세와 아론과 각기 이스라엘 조상의 가문을 대표한 12명의 지도자였다.

45 이스라엘 백성이 그 조상의 가문을 따라 20세 이상으로 싸울 수 있는 남자들을 모두 조사하니

46 조사된 자의 합계가 60만 3,550명이었다.

47 레위인은 그 인구 조사에 포함시키지 않았다.

48 그것은 여호와께서 모세에게

49 "네가 레위 지파를 조사하지 않을 것은

50 그들은 증거막과 그 모든 기구와 부속품을 관리하고, 그 성막과 그 모든 기구를 운반하며, 그곳에서 봉사하며, 성막 주위에 진을 치며,

51 성막을 운반할 때나 멈출 때 레위인이 그것을 걷고 세우는 일을 하게 하라. 다른 사람이 그것을 가까이하면 죽임을 당할 것이다"라고 하셨기 때문이다. 하나님께서 계속 말씀하셨다.

52 "이스라엘 백성은 지파별로 각각 그 진영과 군기 곁에 장막을 칠 것이다.

53 레위인은 증거막 사방에 진을 쳐서 백성에게 진노가 임하지 않도록 하라. 그들은 증거막에 대한 책임을 다해야 할 것이다."

54 이에 이스라엘 백성이 여호와께서 모세에게 명령하신 대로 이행했다.

지파별 진 편성과 행진 순서

2 ● 여호와께서 모세와 아론에게 말씀하셨다.

2 "이스라엘 백성은 각각 자기 지파의 군기와 자기 조상의 가문의 기호 곁에 성막을 중심으로 해서 사방으로 진을 치라.

3 동쪽에는 유다 지파가 진을 치라.

1) 르우엘

그 지도자는 암미나답의 아들 나손이다.

4 그의 군대로 조사된 자가 7만 4,600명이었다.

5 유다 지파 옆에는 잇사갈 지파가 진을 치라. 그 지도자는 수알의 아들 느다넬이다.

6 그의 군대로 조사된 자가 5만 4,400명이었다.

7 그다음으로 스불론 지파가 진을 치라. 그 지도자는 헬론의 아들 엘리압이다.

8 그의 군대로 조사된 자가 5만 7,400명이었다.

9 유다 지파의 진영에 속한 군대로 조사된 동쪽 진영 군인의 합계는 18만 6,400명이었다. 그들은 맨 앞에서 행진하라.

10 남쪽에는 르우벤 지파의 군기가 있을 것이다. 지도자는 스데울의 아들 엘리술이다.

11 그의 군대로 조사된 자가 4만 6,500명이었다.

12 르우벤 지파 옆에는 시므온 지파가 진을 치라. 지도자는 수리삿대의 아들 슬루미엘이다.

13 그의 군대로 조사된 자가 5만 9,300명이었다.

14 그다음으로 갓 지파가 진을 치라. 지도자는 르우엘의 아들 엘리아삽이다.

15 그의 군대로 조사된 자가 4만 5,650명이었다.

16 르우벤 지파의 진영에 속하여 조사된 남쪽 진영 군인의 합계는 15만 1,450명이었다. 그들은 두 번째로 행진하라.

17 그다음 성막은 레위인의 진영과 함께 모든 지파의 진영 중앙에서 행진하되 그들의 진 친 순서대로

각 사람은 자기의 위치에서 자기들의 기를 따라 앞으로 행진하라.

18 서쪽에는 에브라임 지파의 군기가 있을 것이다. 그 지도자는 암미훗의 아들 엘리사마이다.

19 그의 군대로 조사된 자가 4만 500명이었다.

20 에브라임 지파 옆에는 므낫세 지파가 진을 치라. 그 지도자는 브다술의 아들 가말리엘이다.

21 그의 군대로 조사된 자가 3만 2,200명이었다.

22 그다음으로 베냐민 지파가 진을 치라. 그 지도자는 기드오니의 아들 아비단이다.

23 그의 군대로 조사된 자가 3만 5,400명이었다.

24 에브라임 지파의 진영에 속하여 조사된 서쪽 진영 군인의 합계는 10만 8,100명이었다. 그들은 세 번째로 행진하라.

25 북쪽에는 단 지파의 군기가 있을 것이다. 그 지도자는 암미삿대의 아들 아히에셀이다.

26 그의 군대로 조사된 자가 6만 2,700명이었다.

27 단 지파 옆에는 아셀 지파가 진을 치라. 그 지도자는 오그란의 아들 바기엘이다.

28 그의 군대로 조사된 자가 4만 1,500명이었다.

29 그다음으로 납달리 지파가 진을 치라. 그 지도자는 에난의 아들 아히라이다.

30 그의 군대로 조사된 자가 5만 3,400명이었다.

31 단 지파의 진영에 속하여 조사된 북쪽 진영 군인의 합계는 15만 7,600명이었다. 그들은 기를 따라 맨 뒤에서 행진하라."

32 이상은 이스라엘 백성이 그들의 조상의 가문을 따라 조사된 자로 모든 지파 진영의 군인, 곧 조사된 자의 총합계는 60만 3,550명이었다.

33 그중 레위인은 여호와께서 명령하신 대로 조사에 포함시키지 않았다.

34 이스라엘 백성이 여호와께서 모세에게 명령하신 대로 다 이행하여 자기들의 기를 따라 진을 치기도 하고 행진하기도 했다.

아론의 아들들

3 ● 여호와께서 시내산에서 모세와 말씀하실 당시 아론과 모세가 낳은 자는 이러했다.[1)]

2 아론의 아들들의 이름은 장자인 나답과 그 동생 아비후, 엘르아살, 이다말 등 모두 4명이다.

3 이들은 기름 부음을 받고 거룩하게 구별되어 제사장 직분을 임명받은 제사장이다.

4 이들 중 나답과 아비후는 시내산 앞 시내광야에서 여호와 앞에 다른 불로 분향하다가 그 앞에서 자식 없이 죽임을 당했다.[2)] 그래서 나머지 엘르아살과 이다말 두 아들이 아버지 아론 앞에서 제사장의 직분을 담당했다.

제사장을 돕는 레위인

5 ● 여호와께서 또 모세에게 말씀하셨다.

6 "레위 지파는 제사장 아론의 제사장직을 돕게 하라.

7-9 레위인을 아론과 그의 아들들의 수하에 두라. 그들은 이스라엘 백성 중에서 아론에게 온전히 맡겨진 자들이다. 그래서 그들이 아론과 온 백성의 직무를 위해 성막의 모든 기구를 맡아 지키며, 이스라엘 백성의 직무를 위해 성막에서 봉사하도록 하라.

10 너는 아론과 그의 아들들로 제사장의 직무를 행하게 하라. 다른 사람이 성막에 가까이 가면 죽임을 당할 것이다."

11 여호와께서 모세에게 계속해서 말씀하셨다.

12 "내가 이스라엘 백성 가운데서 레위인을 선택하여 이스라엘 모든 장자[3)] 대신했기 때문에 레위인은 내 것이다.

13 처음 태어난 자는 모두 내 것이다. 내가 애굽 땅에서 그 처음 태어난 자를 다 죽일 때 이스라엘의 처음 태어난 것은 사람이나 짐승을 모두 거룩하게 구별하여 죽임을 당하지 않게 했기 때문이다. 나는 여호와이다."

레위 자손의 인구 조사

14 ● 여호와께서 시내산 앞에 있는 시내광야에서 모세에게 말씀하셨다.

15 "레위 지파를 그들의 조상의 가문과 족속을 따라 조사하되 1개월 이상 된 남자는 모두 조사하라."

16 모세가 여호와께서 명령하신 대로 조사하니 다음과 같았다.

17 레위의 아들들은 게르손과 고핫과 므라리이다.

18 게르손의 아들들의 이름은 립니와 시므이이고,

19 고핫의 아들들은 아므람, 이스할, 헤브론, 웃시엘이며,

20 므라리의 아들들은 말리와 무시이다. 이들은 그의 족속대로 된 레위인 조상의 가문들이다.

21 게르손에게서는 립니와 시므이 족속이 나왔으니 이들은 게르손 조상의 가문들이다.

22 출생 후 1개월 이상 된 남자의 합계는

---

1) 그러나 모세의 아들에 대한 언급은 없다   2) 레 10:1-2
3) 태어난 자

7,500명이었다.

23 게르손 족속들은 성막 뒤 서쪽에 진을 치라.

24 라엘의 아들 엘리아삽은 게르손 조상의 가문의 지도자가 될 것이다.

25-26 게르손 자손은 성막과 장막과 그 덮개와 성막 휘장 문과 뜰의 휘장, 제단 사방에 있는 뜰의 휘장문, 그 모든 것에 사용되는 줄들을 맡아 관리할 것이다.

27 고핫에게서는 아므람 족속, 이스할 족속, 헤브론 족속, 웃시엘 족속 등이 나왔으니 이들은 고핫 족속의 가문들이다.

28 출생 후 1개월 이상 된 남자의 합계는 8,600명이었다. 고핫 자손은 성소를 맡을 것이다.

29 고핫 자손의 족속들은 성막 남쪽에 진을 치라.

30 웃시엘의 아들 엘리사반은 고핫 사람의 족속과 조상의 가문의 지도자가 될 것이다.

31 그 자손들은 증거궤와 진열한 빵을 놓는 상과 등잔대와 제단들과 성소에서 봉사하는 데 쓰는 기구들과 휘장과 그것에 사용되는 모든 것을 맡아 관리할 것이다.

32 제사장 아론의 아들 엘르아살은 레위인 지도자들의 어른이 되어 성소를 맡아 관리하는 자를 지도할 것이다.

33 므라리에게서는 말리와 무시 족속이 나왔으니 이들은 므라리 족속들이다.

34 출생 후 1개월 이상 된 남자의 합계가 6,200명이었다.

35 아비하일의 아들 수리엘은 므라리 족속과 그 조상의 가문의 지도자가 될 것이다. 이 족속은 성막 북쪽에 진을 치라.

36 므라리 자손은 성막의 널빤지와 띠와 기둥과 그 받침과 그 모든 기구와 그것에 사용되는 모든 것과

37 뜰 사방 기둥과 그 받침과 그 말뚝과 그 줄들을 맡아 관리할 것이다.

38 성막 동쪽에는 모세와 아론 그리고 아론의 아들들이 진을 치라. 이스라엘 백성의 직무를 위해 성소의 직무를 수행할 것이다. 다른 사람들은 가까이하면 죽임을 당할 것이다.

39 모세와 아론이 여호와의 명령에 따라 레위인을 각 족속대로 조사하니 출생 후 1개월 이상 된 남자의 합계가 2만 2,000명이었다.

레위 사람의 장자 역할

40 ● 여호와께서 또 모세에게 말씀하셨다. "이스라엘 백성 가운데서 처음 태어난 장자 중 1개월 이상 된 자는 모두 조사하여 그 숫자를 기록하라.

41 나는 여호와이다. 이스라엘 백성 가운데 장자 대신에 레위인을 내게 바치라. 짐승도 가축 가운데 모든 처음 태어난 첫 것 대신에 레위인의 가축을 내게 바치라. 그것들도 내 것이다."[1]

42 모세가 여호와의 명령대로 이스라엘 백성 가운데 모든 처음 태어난 자를 조사하니

43 1개월 이상 된 장자의 합계가 2만 2,273명이었다.

44 여호와께서 또 모세에게 말씀하셨다.

45 "이스라엘 백성 가운데서 처음 태어난 장자 대신에 레위인을 내게 바치라. 이스라엘 백성의 가축 가운데 모든 처음 태어난 첫 것 대신에 레위인의 가축을 내게 바치라.

1) 민 3:45

레위인은 내 것이다. 나는 여호와 이다."

46 전체 이스라엘 백성의 처음 태어 난 자가 레위인보다 273명이 더 많 았다. 이에 하나님께서 모세에게 말씀하셨다.

47 "한 사람당 5세겔씩 성소의 세겔로 대신 물어내도록 하는 속전을 받 도록 하라. 1세겔은 20게라이다.

48 이들이 드린 대신 물어 내는 돈인 속전은 아론과 그의 아들들에게 줄 것이다."

49-50 모세가 레위인을 뺀 이스라엘 백성의 처음 태어난 사람에게 물 어 내는 돈을 받은 것은 성소의 세 겔로 1,365세겔이었다.

51 모세가 이 속전을 여호와의 말씀대 로 아론과 그의 아들들에게 주었다.

고핫 자손의 직무

4 ● 여호와께서 모세와 아론에게 말씀하셨다.

2-3 "레위 자손 가운데서 고핫 자손 을 그들의 족속과 조상의 가문에 따라 30세에서 50세까지 성막 봉 사의 일에 참여할 만한 모든 자를 조사하라.

4 고핫 자손이 성막 안의 지성물에 대해 할 일은 이렇다.

5 진영이 행진할 때 아론과 그의 아 들들이 성막으로 들어가서 칸 막 는 휘장을 걷어 증거궤를 덮고,

6 그 위를 해달[1] 가죽으로 덮고, 그 위에 청색 보자기를 덮은 후 그 막

대[2]를 끼우는 일,

7 진열해 놓은 빵을 놓는 진설병의 상에 청색 보자기를 펴서 대접들 과 숟가락들과 주발들과 붓는 잔 들을 그 위에 두는 일, 매일 빵을 차려 놓는 일 등과

8 홍색 보자기를 그 위에 깔고 그것 을 돌고래 가죽 덮개로 덮은 후 그 채를 꿰는 일,

9 청색 보자기로 등잔대와 등잔들과 불 집게들과 불똥 그릇들과 그 쓰 는 바 모든 기름 그릇을 덮는 일,

10 등잔대와 그 모든 기구를 돌고래 가죽 덮개 안에 넣어 메는 틀 위에 두는 일,

11 금 제단 위에 청색 보자기를 깔고 돌고래의 가죽 덮개로 덮고 그 막 대를 끼우는 일,

12 성소에서 봉사하는 데 사용하는 모든 기구를 청색 보자기에 싸서 돌고래의 가죽 덮개로 덮은 후 메 는 틀 위에 두는 일,

13 번제단의 재를 버리고 그 번제단 위에 자색 보자기를 펴는 일,

14 봉사하는 데 사용되는 불 옮기는 그릇들과 고기 갈고리들과 부삽들 과 대야들과 제단의 모든 기구를 두고 돌고래 가죽 덮개를 그 위에 덮고 그 막대를 끼우는 일 등이다.

15 그리고 진영이 떠날 때 아론과 그 의 아들들이 성소와 성소의 모든 기구를 덮는 일을 끝마치면 고핫 자손들이 와서 그것들을 멜 것이 다. 그러나 성물은 만져서는 안 된 다. 그것을 만지면 죽을 것이다.

16 제사장 아론의 아들 엘르아살은 등유와 태우는 향과 매일 곡식으 로 드리는 소제물과 거룩한 기름 인 관유와 성막 전부와 그중에 있

고핫, 고핫 자손(민 4:2)

고핫은 대상6:11에서 그핫으로 나온다. 이 사람은 아므람과 이스할과 헤브론과 웃시엘의 아들들을 두 었다(출 6:18). 이들의 자손들 중 30세 이상에서 50 세까지 남자들은 성막의 거룩한 기물들을 보호하 고 성막의 이동시 성물을 옮기는 일을 맡았다.

---

1) 돌고래   2) 채

는 모든 것과 성소와 그 모든 기구를 관리하도록 하라."

17 여호와께서 또 모세와 아론에게 말씀하셨다.

18 "너희는 고핫 족속을 레위인 가운데서 그 대가 끊어지지 않게 하라.

19 그들이 지극히 거룩한 물건인 지성물에 접근할 때는 먼저 아론과 그의 아들들이 들어가서 각 사람에게 그가 할 일과 그가 멜 것을 지휘하여 그들이 성소를 봄으로 죽임을 당하지 않도록 하라.

20 만일 그들이 잠깐이라도 들어가서 성소를 보게 되면 죽을 것이다."

게르손 자손과 므라리 자손의 직무

21 ● 여호와께서 또 모세에게 말씀하셨다.

22 "게르손 자손도 그 조상의 가문과 종족에 따라

23 30세에서 50세까지 성막 봉사의 일에 참가할 만한 모든 사람을 조사하라.

24 게르손 족속의 할 일과 멜 것은 이렇다.

25 성막의 커튼1)들과 성막과 그 덮개와 그 위의 돌고래 가죽 덮개와 성막 휘장 문을 메는 일,

26 뜰의 휘장과 성막과 번제단 사방에 있는 뜰의 휘장 문과 그 줄들과 그것에 사용하는 모든 기구를 메는 일이다. 이 일에

27 게르손 자손은 아론과 그의 아들들이 지시하는 대로 하라. 그러므로 너희는 그들이 멜 짐을 그들에게 맡길 것이다.

28 이와 같이 게르손 자손의 족속들은 성막에서 일하며, 그들의 직무는 제사장 아론의 아들 이다말이 지휘할 것이다.

29 너는 므라리 자손도 그 조상의 가문과 종족에 따라

30 30세에서 50세까지 성막 봉사의 일에 참가할 만한 모든 자를 조사하라.

31 그들이 직무를 따라 성막에서 멜 것은 이렇다. 장막의 널빤지들과 그 띠들과 그 기둥들과 그 받침들과

32 뜰 둘레의 기둥들과 그 받침들과 그 말뚝들과 그 줄들과 그 모든 기구와 그것에 쓰는 모든 것이다. 너희는 그들이 멜 모든 기구의 품목을 정해 주라.

33 이는 제사장 아론의 아들 이다말의 지휘하에서 므라리 자손의 족속들이 그 모든 직무대로 성막에서 행할 일이다."

성막 봉사를 위한 레위인의 인구 조사

34 ● 모세와 아론과 백성의 지도자들이 고핫 자손들을 그 족속과 조상의 가문에 따라

35 30세부터 50세까지 성막에서 봉사할 자를 조사하니

36 그 족속대로 조사된 자는 2,750명이었다.

37 이들은 모세와 아론이 여호와께서 모세에게 명령하신 대로 성막에서 종사하는 고핫인의 모든 족속 중 조사된 자들이다.

38-41 게르손 자손 중에서 조사된 자는 2,630명이었다.

42-45 므라리 자손의 족속 중에서 조사된 자는 3,200명이었다.

46 모세와 아론과 이스라엘 지휘관들이 레위인을 그 족속과 조상의 가문에 따라

47-49 여호와의 명령대로 30세부터 50세까지 성막 봉사와 짐을 메는 일에 참여하여 일할 만한 자는 모두 8,580명이었다.

1) 휘장

부정한 사람의 처리

5 ● 여호와께서 모세에게 말씀하셨다.

2-3 "이스라엘 백성에게 명령하여 피부가 벗겨지는 모든 나병환자와 유출 증상이 있는 자와 주검으로 부정하게 된 자들은 남녀를 막론하고 모두 장막을 친 지역 밖으로 내 보내라. 그래서 그들이 진영을 더럽히지 않도록 하라. 이는 내가 그 진영 가운데에 거하기 때문이다."

4 이스라엘 백성이 그 말대로 행하여 부정하게 된 자들을 진영 밖으로 내보냈다.

죄에 대한 배상법

5 ● 여호와께서 모세에게 말씀하셨다.

6 "이스라엘 백성에게 말하라. 남녀를 막론하고 사람들에게 손해를 입혀1) 여호와의 규례를 거역하는 죄를 지으면

7 그 죄를 자복하고 본래의 죄 값에 5분의 1을 추가하여 그가 손해를 입혔던 사람에게 돌려주라.

8 만일 그 죄 값을 받을 만한 친척이 없으면 그 배상액을 여호와께 드려 제사장의 몫으로 돌리라. 이때는 그를 위해 속죄할 숫양과 함께 돌리라.

9 이스라엘 백성이 제물을 들어 올려 드리는 거제로 제사장에게 가져오는 모든 성물은 제사장의 몫이 될 것이다.

10 각 사람이 구별한 물건은 다 각자의 것이지만 제사장에게 주는 것은 모두 제사장의 몫이 될 것이다."

아내의 간통을 밝히는 의심의 소제

11 ● 여호와께서 모세에게 말씀하셨다.

12-13 "이스라엘 백성에게 말하라. 만일 어떤 사람의 아내가 남편 몰래 다른 남자와 동침했으나 그 여자의 탈선에 증인이 없고, 그 동침 현장에서 잡히지도 않았으나

14 그 남편이 아내를 의심할 때는 이렇게 하라. 그의 아내가 다른 남자와 간통을 했거나 그렇지 않았거나

15 자기 아내를 데리고 제사장에게로 가서 그를 위해 보리 가루 4.4리터 되는 10분의 1에바를 예물로 드리라. 그 예물에는 기름도 붓지 말고 유향도 얹지 말라. 이는 의심이 있을 때 드리는 의심의 소제요, 죄를 기억나게 하는 기억의 소제이다.

16 그러면 제사장은 그 여인을 가까이 오게 하여

17 질그릇에 거룩한 물을 담아 성막 바닥의 먼지를 취하여 그 물에 넣으라. 그리고 나서

18 여인을 여호와 앞에 세우고, 그의 머리를 풀게 하고, 기억나게 하는 의심의 곡식제물인 소제물을 그의 두 손에 잡게 하라. 그런 다음 제사장은 저주가 되게 할 쓴 물을 자기 손에 들고,

19 여인에게 맹세하게 하여 그에게 이렇게 말하라. 네가 남편 몰래 다른 남자와 동침하여 더럽힌 일이 없으면 저주가 되게 하는 이 쓴 물의 해독을 당하지 않을 것이다.

20 그러나 다른 사람과 동침하여 몸을 더럽혔다면

21 제사장은 그 여인에게 저주의 맹세를 하게 하고 그 여인에게 말할지니라. 여호와께서 네 생식기2)가 마르고 네 배가 부어서 네가 네 백성 가운데서 저주 받은 본보기가 되게 하실 것이다.

---

1) 죄를 범하여 2) 넓적다리

22 저주가 되게 하는 이 물이 네 창자로 들어가 네 배를 붓게 하고, 네 허벅지를 마르게 할 것이다.' 그러면 여인은 '그렇다'라고 응답할 것이다."

23 제사장은 저주의 말을 두루마리 책에 기록하여 그 글자를 저주의 물인 쓴 물에 담가 씻으라.

24 그런 후 여인에게 그 저주가 되게 하는 쓴 물을 마시게 하라. 그러면 그 물이 그의 뱃속에 들어가서 쓰게 될 것이다.

25 제사장이 먼저 그 여인의 손에서 질투 때문에 바치는 곡식제물인 의심의 소제물을 취해 그 곡식제물을 여호와 앞에 흔들고 제단으로 가져가서

26 그 소제물 가운데서 한 움큼을 취해 그 여자에게 기억나게 하는 소제물을 제단 위에서 불사르고 그 후 여인에게 그 물을 마시게 하라.

27 그 물을 마시게 한 후 여인이 다른 남자와 동침해서 몸을 더럽혀 남편에게 죄를 지었으면 그 저주가 되게 하는 물이 그의 뱃속에 들어가서 쓰게 되어 그의 배가 부으며 허벅지가 마르리니 그 여인이 그 백성 가운데서 저주받은 본보기가 될 것이다.

28 그러나 여인이 외도한 일이 없고 깨끗하면 아무 해를 받지 않고 임신할 것이다.

29 이상은 의심을 해결하는 것에 대한 법이다. 남편 있는 아내가 간통한 때나

30 남편이 아내를 의심할 때 아내를 여호와 앞에 두고 제사장이 이 법대로 행할 것이다.

31 남편은 의심에 대해 아무 죄가 없으나 여인은 죄가 있으면 벌을 받을 것이다."

서원한 나실인의 법

6 여호와께서 모세에게 말씀하셨다.

2 "이스라엘 백성에게 말하라. 남자나 여자가 '구별'이라는 뜻의 나실인의 서원을 하고 자기 몸을 구별하여 여호와께 드리려고 하면

3 포도주와 독주를 가까이하지 말고, 그것으로 만든 초도 마시지 말라. 포도즙은 물론 생포도나 건포도도 먹지 말라.

4 자기 몸을 구별하여 나실인으로 살 동안에는 포도나무의 소산은 씨나 껍질이라도 먹지 말라.

5 또한 털을 깎는 칼로 그의 머리를 밀지 말고, 서원을 마치는 날까지 그는 거룩해야 하니 그의 머리털을 길게 자라도록 하라.

6 또 시체를 가까이하지 말라.

7 설령 그의 부모와 형제자매가 죽은 때라도 그로 인해 몸을 더럽히지 말라. 자기의 몸을 구별하여 하나님께 드리는 표가 그의 머리 위에 있기 때문이다.

8 그는 자기의 몸을 구별하는 모든 날 동안에는 여호와께 거룩한 자이다.

9 어떤 사람이 갑자기 자기 옆에서 죽어 부득이 여호와께 구별한 그의 머리를 더럽혔다면 그의 몸을 깨끗하게 하는 일곱째 날에 머리를 깎으라.

10 여덟째 날에는 산비둘기 2마리 또는 집비둘기 새끼 2마리를 가지고 성막 문에 와서 제사장에게 주라.

11 그러면 제사장은 속죄제물과 번제물로 각각 1마리씩 드려 시체로 말미암은 그의 죄를 깨끗하게 하라.

1) 아멘

당일에 그의 머리를 성결하게 하라.

12 자기의 몸을 구별한 때에 그의 몸을 더럽혔기 때문에 지나간 기간은 무효가 될 것이다. 그러므로 자기 몸을 구별하여 나실인으로 여호와께 드릴 날을 새로 정하고 1년 된 숫양을 가져다가 속건제물로 드리라.

13 나실인의 법은 이렇다. 자기의 몸을 구별한 날을 마치면 그 사람을 성막 문으로 데려가라.

14 그는 여호와께 1년 된 흠 없는 숫양 1마리를 번제물로, 1년 된 흠 없는 어린 암양 1마리를 속죄제물로 드리라. 이때 흠 없는 숫양 1마리와

15 누룩 없는 빵인 무교병 한 광주리와 고운 가루에 기름 섞은 과자들과 기름 바른 누룩 없는 얇은 과자인 무교전병들과 그 소제물과 전제물을 화목제물로 드리라.

16 제사장은 그것들을 여호와 앞에 가져다가 속죄제와 번제를 드리고

17 화목제물로 숫양에 누룩 없는 빵 한 광주리를 추가로 여호와께 드리고 그 소제와 전제를 드리라.

18 자기의 몸을 구별한 나실인은 성막 문에서 그동안 자란 자기의 머리털을 밀고, 그것을 화목제물 밑에 있는 불에 두라.

19 자기의 몸을 구별한 나실인이 그의 머리털을 깎은 후 제사장은 삶은 숫양의 어깨 고기와 광주리에서 누룩 없는 빵과 누룩 없는 얇은 과자인 무교전병을 각각 1개씩 취해 나실인의 두 손에 들고 있도록 하라.

20 그리고 여호와 앞에 제물을 흔들어 요제로 드리라. 그리고 흔들어 바친 제물의 가슴 고기와 높이 들어 올린 거제물의 넓적다리는 성물이니 모두 제사장의 몫으로 돌

리라. 그후에는 나실인이 포도주를 마실 수 있다.

21 이는 서원한 나실인이 자기의 몸을 구별한 일로 여호와께 드리는 예물과 행할 법이다. 이 외에도 형편이 되는 대로 하되 자기의 몸을 구별하는 법에 따라 행하라.”

제사장의 축복권

22 ● 여호와께서 모세에게 말씀하셨다.

23 “아론과 그의 아들들에게 말하라. 너희는 이스라엘 백성을 위해 이렇게 축복하라.

24 ‘여호와는 네게 복을 주시고, 너를 지키기를 원하신다.

25 여호와는 그의 얼굴을 네게 비추사 은혜 베풀기를 원하신다.

26 여호와는 그 얼굴을 네게로 향해 드사 평안 주시기를 원하노라.’

27 그들은 이같이 내 이름으로 이스라엘 백성을 축복하라. 그러면 내가 그들에게 복을 줄 것이다.”

지도자로 임명된 자들의 예물

7 ● 모세가 성막1) 세우기를 마친 후 성막과 그 모든 기구와 번제단과 그 모든 기물에 기름을 발라 거룩히 구별한 날에

2 이스라엘 지도자들로 선택 받은 자들이

3 덮개 있는 수레 6대와 소 12마리를 여호와 앞에 예물로 드렸다. 이것은 지도자 2명에 수레 1대씩에 해당되며, 지도자 한 사람에 소가 1마리씩에 해당되는 것이었다.

4 여호와께서 모세에게 말씀하셨다.

5 “지도자들이 바친 예물을 레위인에게 주어 각자 맡은 직임대로 성막 봉사에 사용하도록 하라.”

6 모세가 수레와 소를 받아 레위인

1) 장막

에게 준 것은 이랬다.

7 게르손 자손들에게는 그들의 직임에 따라 수레 2대와 소 4마리를 주었고,

8 므라리 자손들에게는 수레 4대와 소 8마리를 주었으며, 제사장 아론의 아들 이다말이 그들을 감독하게 했다.

9 그러나 고핫 자손에게는 주지 않았다. 그들은 직임상 어깨로 메는 일을 했기 때문이다.

10 제단에 기름을 바르던 날 지도자들이 제단 봉헌을 위해 예물을 제단 앞에 드렸다.

11 여호와께서 모세에게 말씀하셨다. "지도자들은 하루에 한 사람씩 제단의 봉헌물을 드리라."

12 첫째 날에는 유다 백성의 지도자인 암미나답의 아들 나손이 예물을 드렸다.

13 그의 예물은 성소의 세겔을 기준으로 130세겔 되는 은반 1개와 70세겔 되는 은 쟁반¹⁾ 1개로 이 2개의 그릇에는 소제물로 기름 섞은 고운 가루를 채워 드렸다.

14 또 10세겔 되는 향을 채운 금 그릇 하나도 드렸다.

15 그 외에 번제물로 수송아지와 숫양과 1년 된 어린 숫양 각각 1마리를 드렸으며,

16 속죄제물로 숫염소 1마리,

17 화목제물로 소 2마리와 숫양과 숫염소 각각 5마리와 1년 된 어린 숫양 5마리였다.

18-23 둘째 날에는 잇사갈 백성의 지도자인 수알의 아들 느다넬이 똑같은 예물을 드렸다.

24-29 셋째 날에는 스불론 백성의 지도자인 헬론의 아들 엘리압이 똑같은 예물을 드렸다.

30-35 넷째 날에는 르우벤 백성의 지도자인 스데울의 아들 엘리술이 똑같은 예물을 드렸다.

36-41 다섯째 날에는 시므온 백성의 지도자인 수리삿대의 아들 슬루미엘이 똑같은 예물을 드렸다.

42-47 여섯째 날에는 갓 백성의 지도자인 드우엘의 아들 엘리아삽이 똑같은 예물을 드렸다.

48-53 일곱째 날에는 에브라임 백성의 지도자인 암미훗의 아들 엘리사마가 똑같은 예물을 드렸다.

54-59 여덟째 날에는 므낫세 백성의 지도자인 브다술의 아들 가말리엘이 똑같은 예물을 드렸다.

60-65 아홉째 날에는 베냐민 백성의 지도자인 기드오니의 아들 아비단이 똑같은 예물을 드렸다.

66-71 열째 날에는 단 백성의 지도자인 암미삿대의 아들 아히에셀이 똑같은 예물을 드렸다.

72-77 열한째 날에는 아셀 백성의 지도자인 오그란의 아들 바기엘이 똑같은 예물을 드렸다.

78-83 열두째 날에는 납달리 백성의 지도자인 에난의 아들 아히라가 똑같은 예물을 드렸다.

84 이상은 번제단에 기름을 바르던 날에 이스라엘 지도자들이 드린 제단의 봉헌물이다. 은 쟁반과 은 바리와 금 그릇이 각각 12개였다.

85 곧 은 쟁반은 각각 130세겔이었고, 은 바리는 각각 70세겔이었다. 성소의 세겔로 모든 기구의 은의 합계가 2,400세겔이었다.

86 또 향을 채운 금 그릇이 모두 12개이니 성소의 세겔로 각각 10세겔이었고, 그 그릇의 금의 합계가 120세겔이었다.

1) 바리

87 또한 번제물로 수송아지와 숫양과 1년 된 어린 숫양이 각각 12마리였다. 그 소제물이며 속죄제물로 숫염소가 12마리이며,

88 화목제물로 수소가 24마리이며, 숫양과 숫염소와 1년 된 어린 숫양이 각각 60마리였다. 이는 번제단에 기름을 바른 후 드린 번제단의 봉헌물이었다.

89 모세가 성막에 들어가 여호와께서 말씀하시는 것을 증거궤 덮개인 속죄소[1] 위의 두 그룹 사이에서 들었다.

등잔대와 계속해서 밝힐 등잔불

8 ● 여호와께서 모세에게 말씀하셨다.

2 "아론에게 말하라. 등잔불을 켤 때는 7개 등잔을 등잔대 앞으로 비추게 하라."

3 이에 아론이 모세의 말대로 등잔불을 등잔대 앞으로 비추도록 켰다.

4 이 등잔대는 모세가 여호와께서 자기에게 보이신 양식에 따라 밑판에서 그 꽃까지 금을 펴서 만든 것이다.

5 여호와께서 모세에게 말씀하셨다.

6 "이스라엘 백성 가운데서 레위인을

요제에 대하여(민 8:13)

요제(wave offering)는 제사 방법에 의해 붙여진 것으로 제물을 흔들며 드리는 제사이다. 요제에 해당하는 히브리어 테누파 역시 앞뒤로 흔들다라는 뜻의 히브리어 누프에서 유래되었다. 요제에 드려지는 제물로는 짐승의 가슴 부분(레 7:30), 오른쪽 넓적다리와 기름 그리고 빵 등(출 29:22-26), 어린 숫양과 감람유(레 14:12,24), 곡물의 첫이삭(레 23:11-12), 누룩을 넣어 만든 빵(레 23:17), 숫양의 삶은 어깨와 무교병과 무교전병(민 6:19), 소제물(민 5:25) 등이다. 요제는 제단 앞에서 성소의식을 통해 행해진다. 이와 비슷한 제사로 제물을 들어올려 드리는 거제가 있다.

깨끗하게 하라.

7 곧 정결하게 하는 속죄의 물을 그들에게 뿌리고, 그들의 온몸에 있는 털을 칼로 밀게 하고, 그 의복을 빨게 하여 몸을 정결하게 하라.

8 또 그들에게 수송아지 1마리를 번제물로 가져오게 하고, 기름 섞은 고운 가루를 그 소제물로 가져오게 하라. 그리고 너는 따로 수송아지 1마리를 속죄제물로 가져오라.

9 그리고 레위인을 성막 앞에 나오도록 하고 나서 이스라엘의 온 백성을 집합시켜라.

10 그런 다음 여호와 앞에서 이스라엘 백성이 그들에게 안수하도록 하라.

11 또한 아론은 레위인이 여호와께 봉사하게 하기 위해 레위인을 흔들어 바치는 제물로 여겨 여호와 앞에 드리라.

12 또한 레위인이 수송아지들의 머리에 안수하도록 하라. 그리고 네가 그중 1마리는 속죄제물로, 다른 1마리는 번제물로 여호와께 드려 레위인의 죄를 깨끗하게 하라.

13 레위인을 아론과 그의 아들들 앞에 세워 여호와께 요제로 여겨 드리라.

14 "너는 레위인을 구별하라. 내가 이스라엘 백성 가운데서 레위인을 선택하여 이스라엘 모든 장자를 대신했기 때문에 레위인은 내 것이다.

15 네가 그들을 정결하게 하고, 요제로 드린 후 그들이 성막에 들어가 봉사할 것이다.

16 레위인은 이스라엘 백성 가운데서 온전히 드려진 자들이다. 이스라엘 모든 장자를 대신해 내가 그들을

[1] 시은좌, 곧 은혜의 자리

선택했다.

17 이스라엘 백성 중에서 짐승이든 사람이든지 처음 태어난 자는 모두 내 것이다. 내가 애굽 땅에서 그 처음 태어난 자를 다 죽일 때 그들을 구별하여 죽임을 당하지 않게 했기 때문이다.

18 그래서 이스라엘 백성 중에서 처음 태어난 자 대신에 레위인을 선택했다.

19 너는 그 레위인을 아론과 그의 아들들에게 맡겨라. 그래서 그들이 이스라엘 백성의 직무를 대신하여 성막에서 봉사하도록 하라. 또 이스라엘 자손을 위해 속죄하게 하라. 이는 그들이 성소에 가까이하므로 재앙을 당하지 않게 하려는 것이다."

20 모세와 아론과 이스라엘의 온 백성이 여호와께서 모세에게 명령하신 대로 레위인에게 정결 의식을 행했다.

21 이에 레위인을 죄에서 깨끗하게 하고, 그들의 옷을 빨았으며, 아론은 그들을 여호와 앞에 제물을 흔들어 요제로 여겨 드리고, 그들을 위하여 속죄하여 깨끗하게 했다.

22 그런 뒤 레위인이 성막에서 아론과 그의 아들들 앞에서 그들을 도왔다.

23 여호와께서 또 모세에게 말씀하셨다.

24 "25세 이상 되는 레위인은 성막에 들어가 봉사하게 하고

25 50세가 되면 그 일을 쉬도록 할 것이다.

26 그후에는 그의 형제와 함께 성막에서 돕도록 하고 일하지 않도록 하라. 너는 레위인의 직무에 대해 이같이 하라."

출애굽 후 두 번째 유월절을 지킴

9 ● 이스라엘이 애굽 땅에서 나오고 난 이듬해 첫째 달인 4월에 여호와께서 시내산 앞 시내광야에서 모세에게 말씀하셨다.

2-3 "이스라엘 백성에게 이 달 14일 해가 질 때 유월절을 그 모든 규례대로 지키도록 하라."

4 이에 모세가 이스라엘 백성에게 유월절을 지키라고 명령했다.

5 그들이 출애굽한 다음 해 첫째 달인 4월 14일에 해가 질 때 시내광야에서 여호와께서 모세에게 명령하신 규례에 따라 유월절을 지켰다.

6 그때 사람의 시체로 부정하게 되어 유월절을 지킬 수 없는 사람들이 모세와 아론에게 나와

7 물었다. "우리가 사람의 시체로 부정하게 되었다고 해도 어찌 이스라엘 백성과 함께 정한 기일에 여호와께 예물을 드리지 못하게 하십니까?"

8 모세가 그들에게 대답하기를 "너희는 여호와께서 어떻게 말씀하실지 내가 들을 때까지 기다리라."

9 여호와께서 모세에게 말씀하셨다.

10 "이스라엘 백성에게 전하라. 너희나 너희 후손 가운데 시체로 부정하게 되거나 여행으로 다른 지역에 있어도 모두 여호와 앞에 마땅히 유월절을 지키라.

11 출애굽한 둘째 달인 5월 14일 해가 질 때 어린 양에 누룩 없는 빵인 무교병을 쓴 나물과 함께 먹으며,

12 그것을 아침까지 조금도 남겨 두지 말라. 또한 그 뼈를 하나도 꺾지 말고 유월절 규례대로 지키라.

13 그러나 여행 중도 아니고 부정하지도 않으면서 유월절을 지키지

않는 자는 그 백성 가운데서 끊어
질 것이다. 그 사람은 정해진 날에
여호와께 예물을 드리지 않았기
때문에 그 죄를 짓는 것이니 그 대
가를 치러야 한다.

14 만일 외국인이 너희 가운데 함께
살면서 여호와 앞에 유월절을 지
키기 원하면 규례를 따라 지키도
록 하라. 외국인에게나 본토인에
게나 그 규례는 똑같이 적용될 것
이다."

구름에 따라 출발하고 머묾

15 ● 성막을 세운 날에 구름이 성막,
곧 증거의 성막을 덮었고, 저녁때
가 되면 구름이 성막 위에 불 모양
같이 나타나서 해가 뜰 때까지 머
물렀다.

16 이런 일은 매일 일어나 낮에는 구
름이 성막을 덮었고, 밤이면 불 모
양으로 있었다.

17 구름이 성막에서 떠오르는 때는
이스라엘 백성이 출발했고, 구름
이 머물면 그곳에 진을 쳤다.[1]

18 이와 같이 이스라엘 백성은 여호
와의 명령을 따라 출발하기도 하
고, 진을 치기도 했다. 구름이 성막
위에 있는 동안 그들은 언제까지
나 진영에 머물렀다.

19 그래서 구름이 성막 위에 오랫동
안 머물면 이스라엘 백성도 여호
와의 명령에 따라 그곳에서 오랫
동안 머무르고 출발하지 않았다.

20 구름이 성막 위에 짧게 머물 때도
여호와의 명령에 따라 진영에 머
물고, 명령에 따라 출발했다.

21 구름이 저녁부터 아침까지 머물다
가 떠오를 때는 그들이 출발했고
밤낮 그에 따라 출발했다.

22 곧 이틀이든지, 1달이든지, 1년이
든지 구름이 성막 위에 머물러 있

는 동안 이스라엘 백성도 진영에
머문 채 떠나지 않았으며, 구름이
떠오르면 바로 출발했다.

23 이같이 그들이 여호와의 명령을
따라 진을 치고, 여호와의 명령을
따라 출발했다. 또 모세를 통해 하
신 여호와의 명령을 따라 여호와
의 직임을 담당했다.

은 나팔 규례

10 ● 여호와께서 모세에게 말씀
하셨다.

2 "은을 두들겨 나팔 2개를 만들라.
그래서 그것으로 백성을 소집하며
진영을 출발하게 하라.

3 2개 나팔을 동시에 불 때는 온 백
성이 성막 문 앞에 모여 네게로 나
오라.

4 은 나팔을 1개만 불 때는 이스라엘
의 천부장 지휘관들을 네게로 나
오게 하라.

5 은 나팔을 크게 불 때는 동쪽 진영
들이 행진하라.

6 두 번째로 크게 나팔을 불 때는 남
쪽 진영들이 행진하라.

7 백성을 모을 때는 나팔 소리를 작
게 불라.

8 그 은 나팔은 아론의 자손인 제사장
들이 불 것이며, 이는 너희 대대에
걸쳐 지켜야 할 영원한 규례이다.

9 또 너희 땅에서 대적을 공격하러
나갈 때는 나팔을 크게 불라. 그러
면 너희 하나님께서 너희를 기억
하고 너희를 대적에게서 구해 주
실 것이다.

10 또 너희의 기쁨의 날과 너희가 정
한 절기와 매월 첫날에는 번제물
과 화목제물을 드리며, 은 나팔을
불어라. 그로 인해 너희 하나님께
서 너희를 기억하실 것이다. 나는

[1] 출 12:1-28 참조

너희 하나님 여호와이다."

시내광야에서 출발함

11 ● 출애굽한 2년째 둘째 달인 5월 20일에 구름이 증거의 성막에서 떠올랐다. 이에

12 이스라엘 백성이 시내광야에서 출발하여 행진하여 가다가 바란광야에서 구름이 멈추었다.

13 이같이 시내산 이후 이스라엘 백성은 여호와께서 모세에게 명령하신 규칙대로 행진하기를 시작했다.

14 선두에는 암미나답의 아들 나손의 지도 아래 유다 지파 진영의 군기에 속한 자들이 그들의 진영별로 출발했다.

15 잇사갈 지파의 군대는 수알의 아들 느다넬이 이끌었다.

16 스불론 지파의 군대는 헬론의 아들 엘리압이 이끌었다.

17 성막이 거둬지고 레위 지파의 게르손과 므라리 자손이 메고 출발했다.

18 두 번째로 스데울의 아들 엘리술의 지도 아래 르우벤 지파의 군기에 속한 자들이 그들의 진영별로 출발했다.

19 시므온 지파의 군대는 수리삿대의 아들 슬루미엘이 이끌었고,

20 갓 지파의 군대는 드우엘의 아들 엘리아삽이 이끌었다.

21 레위 지파 고핫인은 성물을 멘 채 행진했고, 그들이 도착하기 전에 성막을 세웠다.

22 세 번째로 에브라임 지파 진영의 군기에 속한 자들이 그들의 진영별로 행진했으니 그 군대는 암미훗의 아들 엘리사마가 이끌었다.

23 므낫세 지파 군대는 브다술의 아들 가말리엘이 이끌었고,

24 베냐민 지파 군대는 기드오니의 아들 아비단이 이끌었다.

25 마지막으로 암미삿대의 아들 아히에셀의 지도 아래 단 지파 진영의 군기에 속한 자들이 그들의 진영별로 행진했다.

26 아셀 지파의 군대는 오그란의 아들 바기엘이 이끌었고,

27 납달리 지파의 군대는 에난의 아들 아히라가 이끌었다.

28 이와 같이 이스라엘 백성이 행진할 때는 그들의 군대를 따라 나아갔다.

29 모세가 자기의 장인 미디안 사람 이드로[1]의 아들 호밥에게 말했다. "여호와께서 약속하신 땅으로 우리가 행진하니 우리와 함께 갑시다. 그러면 우리가 잘 대우해 주고, 여호와께서도 이스라엘에게 복을 내리실 것입니다."

30 그러나 이드로는 "나는 함께 가지 않고 내 고향, 내 친족에게로 갈 것이다"라고 거절했다.

31 그러자 모세가 다시 간청하며 말했다. "우리를 떠나지 말기 바랍니다. 당신은 우리가 광야에서 어디에 진을 쳐야 할지 잘 알고 있기 때문에 우리의 길눈이 될 것입니다.

32 우리와 함께하면 여호와께서 우리에게 복을 내리시는 대로 우리가 당신에게 그대로 갚을 것입니다."

33 이스라엘 백성이 시내산, 곧 여호와의 산을 출발할 때 여호와의 증거궤가 3일 길을 앞서가며 그들의 쉴 곳을 찾았다.

34 그들이 떠날 때 낮에는 여호와의 구름이 그 진영 위를 덮었다.

35 증거궤가 떠날 때는 모세가 "여호와여, 일어나사 주의 대적들을 흩으시고, 주를 미워하는 자가 주 앞에서 도망하게 하소서"라고 말했다.

1) 르우엘

36 증거궤가 멈출 때마다 "여호와여, 이스라엘 족속들에게로 돌아오소서"라고 했다.

진 끝에 불이 붙은 다베라

11 ● 이스라엘 백성이 시내광야를 떠나 가다가 백성이 악한 말로 불평하자 여호와께서 그 말을 듣고 크게 진노하사 백성들 가운데 불을 내려 진영 끝을 사르게 하셨다.

2 백성이 모세에게 부르짖자 모세가 여호와께 기도하니 불이 꺼졌다.

3 그래서 '여호와의 불이 그들 중에 붙었다'라고 하여 그곳을 '다베라' 라고 불렀다.

장로 70인을 뽑음

4 ● 이스라엘 백성 가운데 섞여 사는 다른 종족들이 탐욕을 품고 불평했다. 이로 인해 이스라엘 백성도 다시 울며 말했다. "누가 우리에게 고기를 먹게 할 수 있겠느냐?

5 우리가 애굽에 있을 때는 공짜로 생선과 오이와 참외와 파1)와 양파와 마늘들을 먹은 것이 생각난다.

6 그러나 이제는 우리의 기력이 다해 이 만나 외에는 아무것도 먹을 것이 없다."

7 만나는 식물의 일종인 깟의 씨와 같고, 모양은 진주와 같았다.

8-9 만나는 밤에 이슬이 진영에 내릴 때 함께 내렸다. 백성이 매일 아침 그것을 거두어 맷돌에 갈기도 하고 절구에 찧기도 하며 가마에 삶기도 하여 과자를 만들어 먹었는데, 그것은 기름으로 튀긴 과자 맛과 같았다.

10 이스라엘의 온 백성이 각자 자기 장막 문에서 고기 때문에 우는 것을 모세가 들었다. 이 모습을 본 여호와께서 크게 진노하셨고, 모세도 그것을 기뻐하지 않았다.

11 이에 모세가 여호와께 물었다. "어찌하여 주께서 종을 괴롭게 하십니까? 왜 내게 주 앞에서 은혜를 입게 아니하고 이 모든 백성에 대한 짐을 지게 하십니까?

12 이 모든 백성을 내가 잉태하여 내가 그들을 낳았습니까? 어찌하여 주께서는 내게 양육하는 아버지가 젖 먹는 아이를 품듯 그렇게 그들을 하나님께서 우리 조상에게 약속한 땅으로 인도하라고 하십니까?

13 이 많은 백성에게 줄 고기를 내가 어디서 가져올 수 있습니까? 그들이 나를 향해 고기를 주어 먹게 하라고 울며 말합니다.

14 이 책임이 내게 너무 무거워 나 혼자는 이 모든 백성을 감당할 수가 없습니다.

15 주께서 내게 이같이 행하시니 내가 이제 간청합니다. 내게 은혜를 베풀어 이런 고난을 당하지 않도록 즉시 죽여 주십시오."

16 여호와께서 모세에게 말씀하셨다. "네가 볼 때 이스라엘 노인 백성 가운데서 지도자가 될 만한 자 70명을 뽑아 성막에서 너와 함께 서라.

17 내가 강림하여 거기서 너와 말하고, 네게 임한 영을 그들에게도 임하게 하여 그들이 너와 함께 백성의 짐을 나누어 지게 하겠다."

18 이에 모세가 이스라엘 백성에게 하나님의 말씀을 전했다. "너희 몸을 거룩하게 하여 내일 고기 먹기를 기다리라. 너희가 울면서 '누가 우리에게 고기를 먹게 할 수 있겠느냐? 애굽에 있을 때가 좋았다'라고 하는 말을 여호와께서 들으셨다. 그래서 여호와께서 너희에게 고기를 먹게 할 것이다.

1) 부추

19 하루나 이틀, 5일이나 10일, 20일 동안만이 아니라

20 고기 냄새가 싫어지기까지 1개월 동안 먹게 하실 것이다. 이는 너희 가 여호와를 멸시하고 울면서 '우 리가 왜 애굽에서 나왔는가?'하며 원망했기 때문이다."

21 모세가 여호와께 물었다. "나와 함 께 있는 이 백성이 장정만도 60만 명이나 되는데 주께서는 1개월 동 안 고기를 먹게 하겠다고 하십니다.

22 그들을 위해 양 떼와 소 떼를 잡은 들 충분하겠습니까? 바다의 모든 고기를 잡는다고 충분하겠습니까?"

23 여호와께서 모세에게 대답하셨다. "내 능력1)이 약해졌느냐? 너는 내 말이 네 앞에서 이루어짐을 볼 것 이다."

24 모세가 성막에서 나가 여호와의 말씀을 백성에게 전하고 선택한 장로 70인을 소집하여 성막2)에 둘 러 세웠다.

25 이때 여호와께서 구름 가운데 강림 하사 모세에게 말씀하신 후 그에게 임한 영을 70명의 장로에게도 임하 게 하셨다. 그러자 하나님의 영이 임한 때 장로들이 한동안 예언하다 가 이후에는 하지 않았다.

26 장로로 뽑힌 사람 가운데 엘닷 과 메닷이라 하는 자는 성막에 나 아가지 않고 자기 장막 집에 머물 러 있었다. 그러나 그들에게도 하 나님의 영이 임하여 자기 장막 집 에서 예언했다.

27 이를 본 한 소년이 모세에게 달려 와 "엘닷과 메닷이 집에서 예언합 니다"라고 알렸다.

28 그 말을 들은 선택 받은 장로 70명 중 한 사람 곧 모세를 섬기는 눈의 아들 여호수아가 모세에게 말했

다. "내 주인 모세여, 그들이 예언 하지 않도록 금하십시오."

29 모세가 그에게 말했다. "네가 나를 두고 시기하고 있느냐? 여호와께 서 그의 영을 그의 모든 백성에게 주심으로 다 선지자가 되게 하기 를 내가 원한다."

30 모세와 이스라엘 장로들이 자기 장막 집으로 돌아갔다.

기브롯 핫다아와에서 탐욕자들이 죽임을 당함

31 ● 여호와로부터 나온 바람이 바다 에서 메추라기를 몰고 와서 이스 라엘 진영의 사방으로 하룻길인 20∼40km 지면 위에 90cm 되는 2규 빗쯤 내리게 했다.

32 이에 백성이 그 이튿 날까지 종일 토록 메추라기를 모았다. 이때 적 게 모은 자도 10호멜을 모았으며, 그들은 자기 장막 집 사방에 널어 두었다.

33 그러나 그들이 고기가 아직 이 사 이에 있어 씹히기도 전에 여호와 께서 진노하사 큰 재앙으로 치자 탐욕을 가진 자들이 죽었다.

34 그래서 그곳 이름을 '기브롯 핫다아 와'라고 불렀다. 탐욕을 낸 백성들 이 그곳에 장사되었기 때문이다.

35 백성이 기브롯 핫다아와에서 출발 하여 하세롯에 진을 쳤다.

하세롯에서 미리암이 나병에 걸림

12 ● 모세가 애굽의 구스 여인을 아내로 맞이했다. 이에 미리암 과 아론이 모세를 비방하며

2 말했다. "여호와께서 모세뿐 아니 라 우리에게도 말씀하시지 않았느 냐?" 이 말을 여호와께서 들으셨다.

3 모세는 세상3)의 누구보다도 온유 함이 큰 사람이다.

1) 손 2) 장막 3) 지면

4 여호와께서 급히 모세와 아론과 미리암을 불러 말씀하셨다. "너희 세 사람은 성막으로 나아오라." 그들이 성막으로 나아가자

5 여호와께서 구름 기둥 가운데로 임하여 성막 문에 서시고 아론과 미리암을 부르셨다. 그 두 사람이 앞으로 나아가자

6 그들에게 말씀하셨다. "내 말을 들으라. 너희 중에 선지자가 있으면 내가 그에게 환상으로 알리기도 하고, 꿈으로도 말했다.

7·8 그러나 내 종 모세와는 그렇게 하지 않고 내가 대면하여 분명하게 말하고 은밀한 말로 하지 않았다. 이는 그가 내 온 집에 충성했기 때문이다. 그가 내 형상을 보았음에도 너희는 왜 내 종 모세를 비방하는 것을 두려워하지 않느냐?"

9 여호와께서 아론과 미리암을 향해 화를 내시고 떠나자

10 구름도 성막 위에서 떠나갔고, 미리암은 피부가 벗겨지는 나병에 걸려 그 몸이 눈과 같이 희어졌다. 아론은 미리암이 나병에 걸린 것을 보고

11 모세에게 말했다. "슬프다. 내 주인이여, 우리가 어리석음으로 죄를 지었습니다. 그러나 우리를 벌하지 마십시오.

12 당신의 누이가 살이 반이나 썩어 모태에서 죽어 나온 자처럼 되지 않게 하십시오."

13 이에 모세가 여호와께 부르짖으며

간구했다. "하나님이여, 원컨대 그를 고쳐 주십시오."

14 그러자 여호와께서 모세에게 말씀하셨다. "그의 아버지가 자신의 얼굴에 침을 뱉었다고 해도 그가 7일 동안 수치스럽게 여기지 않겠느냐? 그러므로 그를 장막을 친 진영 밖에 7일 동안 격리한 후 진으로 들어오게 하라."

15 이에 미리암은 진영 밖에서 7일 동안 격리되어 있었고, 백성은 그가 다시 진영으로 들어오기까지 하세롯에 머물러 있었다.

16 백성이 하세롯을 출발하여 바란광야에 진을 쳤다.

가나안 땅에 정탐꾼을 보냄[1]

13

● 이때 여호와께서 모세에게 말씀하셨다.

2 "이스라엘 백성에게 약속한 가나안 땅으로 이스라엘 12지파 가운데서 지도자가 된 자 1명씩을 정탐꾼으로 보내라."

3 이에 모세가 여호와의 명령에 따라 바란광야의 가데스에서 이스라엘 지파 가운데서 지도자가 된 자들을 정탐꾼으로 보냈다.

4 그들의 이름은 다음과 같다. 르우벤 지파에서는 삭굴의 아들 삼무아,

5 시므온 지파는 호리의 아들 사밧,

6 유다 지파는 여분네의 아들 갈렙,

7 잇사갈 지파는 요셉의 아들 이갈,

8 요셉 지파 곧 에브라임 지파는 눈의 아들 호세아[2],

9 베냐민 지파는 라부의 아들 발디,

10 스불론 지파는 소디의 아들 갓디엘,

11 요셉 지파 곧 므낫세 지파는 수시의 아들 갓디,

12 단 지파는 그말리의 아들 암미엘,

13 아셀 지파는 미가엘의 아들 스둘,

14 납달리 지파는 웝시의 아들 나비,

15 갓 지파는 마기의 아들 그우엘이
었다.

16 이들은 모세가 가나안 땅을 정탐
하러 보낸 자들의 이름이다. 모세
는 눈[1]의 아들 호세아를 여호수아
라고 불렀다.

17 모세가 가나안 땅에 정탐꾼을 보
내며 그들에게 말했다. "너희는 남
방 길로 행하여 산지로 올라가고

18 그 땅 거민의 강약과 인구가 얼마
나 되는지를 정탐하라. 또

19 그들이 사는 땅이 좋은지 나쁜지
와 그들의 성읍이 성벽이 있는지
평지인지[2]를 살피고,

20 토지의 비옥한 정도와 나무가 얼
마나 있는지를 살피라. 정탐할 때
두려워하지 말고 담대한 마음을
가지라. 그리고 그 땅의 실과도 가
져오라." 이때는 포도가 처음 익을
계절인 7월경이었다.

21 이에 그 땅을 정탐하기 위해 정탐
꾼들이 올라가서 진[3]광야에서 북
쪽으로 650㎞ 정도 떨어진 하맛 입
구에 있는 르홉에 이르렀다.

22 다른 한편으로는 남방으로 올라가
서 헤브론에 이르렀다. 당시 헤브
론은 애굽 라암셋, 곧 소안보다 7년
이나 먼저 건설된 곳이었다. 그곳
에는 거인 혈통을 가진 아낙 자손
아히만과 세새와 달매가 있었다.

23 또 헤브론 근처에 있는 에스골 골
짜기에서 포도 한 송이가 달린 가
지를 베어 2명이 막대기에 꿰어 메
었으며, 석류와 무화과도 땄다.

24 이스라엘 백성이 그곳에서 포도
가지를 베었다고 하여 그곳을 '에
스골 골짜기'라고 불렀다.

25 정탐꾼들이 40일 동안 가나안 땅
의 정탐을 마치고

26 바란광야의 가데스로 돌아 왔다. 그
들이 모세와 아론과 이스라엘 백성
에게 나아와 그 땅의 과일을 보이고

27 모세에게 말했다. "당신이 우리에
게 정탐하라고 보낸 땅을 살펴보니
젖과 꿀이 흐르는 땅이 틀림없었습
니다. 이것은 그 땅의 과일입니다.

28 그러나 그곳의 원주민은 강하고,
성읍은 견고하고 매우 컸으며, 키
가 큰 아낙 자손도 보았습니다.

29 아말렉족은 남방에 거주하고, 헷
사람과 여부스 사람과 아모리 사
람들은 산지에 거주하고 있었으
며, 가나안 사람은 해변과 요단 강
가에 거주하고 있었습니다."

30 이때 갈렙이 모세 앞에서 웅성거
리는 백성을 조용히 시킨 후 말했
다. "우리가 바로 올라가서 그 땅
을 차지하자. 우리는 능히 그들을
이길 수 있다."

31 그러나 그와 함께 올라갔던 다른
정탐꾼들은 "그들은 우리보다 강
하기 때문에 우리는 그 백성을 공
격하지 못할 것이다"라고 말했다.
또 다른 정탐꾼들은

32 이스라엘 백성 앞에서 정탐한 땅
을 악평하여 말했다. "우리가 두루
다니며 정탐한 땅은 그 원주민을
삼키는 땅이고, 거기서 본 모든 백
성은 키가 큰 자들이었다.

33 그곳에서 네피림 후손인 거인 혈
통을 가진 아낙 자손의 거인들을
보았는데, 그들과 비교할 때 우리
는 메뚜기와 같았다. 그들이 보기
에도 우리가 그와 같았을 것이다."

정탐 보고를 듣고 백성들이 원망함

14 ● 정탐 보고를 들은 모든 백성
이 큰 소리로 부르짖으며 밤새
도록 통곡했다.

1) Nun 2) 진영인지 산성인지 3) 신(Zin)

2 그리고 이스라엘 백성이 모세와 아론을 원망하며 말했다. "우리가 애굽 땅이나 이 광야에서 죽었다면 좋았을 것이다.

3 여호와께서는 왜 우리를 그 땅으로 인도하여 칼에 죽게 만들려고 하는가? 결국에는 우리 처자가 사로잡힐 것이니 애굽으로 돌아가는 것이 좋겠다."

4 이에 서로 말하기를 "우리가 다른 한 지도자를 세워 애굽으로 돌아가자"라고 했다.

5 모세와 아론이 이스라엘 백성 앞에서 엎드렸다.

6 이를 본 정탐자들 가운데 눈의 아들 여호수아와 여분네의 아들 갈렙이 자기 옷을 찢고

7 이스라엘 백성에게 말했다. "우리가 정탐한 땅은 참으로 아름다운 땅이다.

8 여호와께서 우리를 기뻐하시면 우리를 그 땅으로 인도하시고, 그 땅을 우리에게 주실 것이다. 그곳은 젖과 꿀이 흐르는 땅이 확실하다.

9 그러므로 여호와의 약속을 거역하지 말라. 그 땅의 백성을 두려워하지도 말라. 그들을 지키는 자는 그들에게서 떠났고, 여호와는 우리와 함께하시니 그들은 우리의 먹잇감과 같다. 그러므로 그들을 두려워하지 말라."

10 그 말을 들은 온 백성이 두 사람을 돌로 치려고 했다. 그때 여호와의 영광이 성막에서 이스라엘의 모든 백성에게 나타났다.

백성을 위한 모세의 기도

11 ● 여호와께서 모세에게 말씀하셨다. "내가 그들에게 많은 기적을 행했으나 이 백성이 언제까지 나를 믿지 못하고 멸시하겠느냐?

12 내가 전염병으로 그들을 진멸시키고 너를 통해 그들보다 크고 강한 나라를 이루게 할 것이다."[1]

13 그러자 모세가 여호와께 간구했다. "주께서 큰 능력으로 애굽에서 이 백성을 이끌어내셨습니다. 그런데 이들을 진멸시키면 그들이 듣고

14 이 땅의 원주민에게 전할 것입니다. 곧 여호와께서 직접 대면하여 보이시며, 주의 구름이 그들 위에 섰으며, 낮에는 구름 기둥으로 밤에는 불 기둥 가운데서 그들 앞에 행하심으로 주께서 이 백성 가운데 계심을 그들도 들었기 때문입니다.

15-16 이제 주께서 이 백성을 진멸하시면 주의 명성을 들은 여러 나라가 '여호와가 이 백성에게 주기로 약속한 땅으로 인도할 능력이 없기 때문에 이 광야에서 죽였다'라고 말할 것입니다.

17 그러므로 이제 간구합니다. 이전에 말씀하신 대로 주의 크신 권능을 나타내십시오. 주께서 말씀하시기를

18 '나 여호와는 화를 더디 내고, 사랑이 많으며, 죄악과 허물을 용서할 것이다. 그러나 형벌 받을 자는 결코 용서하지 않으며, 아버지의 죄를 자식의 삼사대까지 갚으리라'고 하셨습니다.

19 이제 다시 간구합니다. 주의 크신 사랑을 따라 이 백성의 죄를 용서하시되 애굽에서 나온 때부터 지금까지 이 백성을 용서하신 것처럼 용서하십시오."

20 여호와께서 말씀하셨다. "내가 네 말대로 이 백성을 용서하겠다.

---

1) 출 32:10

21 그러나 내가 살아있는 것과 내 영광이 온 세계에 충만할 것을 두고 맹세한다.

22 내 영광과 애굽과 광야에서 행한 내 기적을 보았음에도 이같이 나를 10번이나 시험하고 내 말을 귀담아 듣지 않고 거역한 그 사람들과

23 나를 멸시한 자들은 내가 그들의 조상들에게 약속한 땅을 결코 보지 못할 것이다.

24 그러나 내 종 갈렙은 그들과 달라 나를 온전히 따랐기 때문에 그가 정탐했던 땅으로 그를 들어가게 하고, 그의 자손이 그 땅을 차지할 것이다.

25 그곳은 아말렉 사람과 가나안인이 골짜기에 거주하고 있으니 내일 너희는 왔던 길로 돌아가 홍해 길을 따라 광야로 들어가라.”

원망하는 백성을 징벌함

26 ● 여호와께서 모세와 아론에게 말씀하셨다.

27 “나를 원망하는 이 악한 백성에게 내가 언제까지 참겠느냐? 이스라엘 백성이 나를 향해 원망하는 말을 내가 들었다.

28 이제 그들에게 말하기를 여호와의 말씀에 내 삶을 두고 맹세한다. 너희가 말한 대로 너희에게 그대로 행할 것이다.

29 너희가 죽어 그 시체가 이 광야에 엎드러질 것이다. 너희 가운데 20세 이상 된 자 가운데서 나를 원망한 자는

30 내가 너희에게 약속한 땅에 결코 들어가지 못할 것이다. 그러나 여분네의 아들 갈렙과 눈의 아들 여호수아는 그 땅에 들어갈 것이다.

31 너희가 사로잡히겠다고 말하던 너희 아이들은 내가 인도하여 너희가 싫어하던 그 땅을 볼 것이다.

32 반면 너희는 이 광야에서 죽을 것이다.

33 너희 자녀들은 너희가 반역한 죄로 광야에서 죽기까지 40년을 광야에서 방랑하는 자[1]가 될 것이다.

34 여분네의 아들 갈렙과 눈의 아들 여호수아 외에, 곧 너희는 그 땅을 정탐한 40일에서 하루를 1년으로 환산하여 40년간 너희의 죄악을 광야에서 방랑하는 것으로 담당할 것이다. 그제야 너희는 내가 기뻐하지 않으면 어떻게 되는지 그 결과를 보고 깨닫게 될 것이다.

35 나 여호와가 이미 말한 것처럼 나를 거역하는 이 악한 백성에게 내가 반드시 이같이 행함으로 그들이 이 광야에서 죽어 사라질 것이다.”

36-37 모세의 명령을 받아 땅을 정탐하고 돌아와서 그 땅을 악평해 백성들로 모세를 원망하게 한 10명의 정탐꾼은 여호와 앞에서 재앙으로 죽었다. 그러나

38 눈의 아들 여호수아와 여분네의 아들 갈렙은 죽지 않았다.

첫 번째 점령 시도가 실패함[2]

39 ● 모세가 여호와께서 하신 말을 이스라엘의 모든 백성에게 전하자 그들이 크게 슬퍼했다.

40 그리고 아침 일찍 일어나 산악 지대로 올라가며 말했다. “보십시오. 우리가 여기 있습니다. 우리가 범죄하여 그 땅으로 인도되지 못하니 우리가 여호와께서 허락하신 곳으로 올라갈 것입니다.”

41 모세가 말했다. “너희가 또 여호와의 명령을 어기려고 하느냐? 이 일은 성공하지 못할 것이다.

1) 목자 2) 신 1:41-46

42 여호와께서 너희와 함께하지 않을 것이니 올라가지 말라. 너희가 대적에게 패할까 염려된다.

43 아말렉 사람과 가나안인이 너희 앞에 있으니 너희가 그 칼에 죽을 것이다. 너희가 여호와를 믿지 못하고 배반했기 때문에 여호와께서 너희와 함께하시지 않을 것이다."

44 그럼에도 그들이 산악 지대로 올라갔으나 여호와의 언약궤와 모세는 이스라엘 진영을 떠나지 않았다.

45 아말렉 사람과 산악 지대에 거주하는 가나안인이 내려와 그들을 무찌르고 가데스 바네아에서 75km 정도 떨어진 호르마까지 추격했다.

여러 제사에서 드리는 제물

15 ● 여호와께서 모세에게 말씀하셨다.

2 "이스라엘 백성에게 말하라. 너희는 내가 약속한 땅에 들어가서 사는 가운데

3 화제나 번제나 특별히 서원한 것을 갚는 제사나 낙헌제나 정한 절기제에 소나 양을 여호와께 향기롭게 드릴 때는 이렇게 하라.

4 그런 예물을 드리는 자는 고운 가루 10분의 1에바에 올리브 기름 4분의 1힌을 섞어 여호와께 소제로 드리라.

5 번제나 다른 제사로 드리는 제물이 어린 양이면 전제로 포도주 4분

의 1힌을 추가해 준비하라.

6 숫양이면 소제로 고운 가루 10의 2에 기름 3분의 1힌을 섞어 준비하고,

7 부어 드리는 제사인 전제로는 포도주 3분의 1힌을 드려 여호와 앞에 향기롭게 하라.

8 번제나 서원을 갚는 제사나 화목제를 수송아지로 여호와께 드리려면

9 소제로 6.6리터 되는 고운 가루 10분의 3에바에 기름 반 힌을 섞어 그 수송아지와 함께 드리고,

10 전제로는 포도주 반 힌을 드려 여호와 앞에 향기로운 화제를 삼으라.

11 수송아지, 숫양, 어린 숫양, 어린 염소에는 그 마리 수마다 위와 같은 방법으로 드리라.

12 너희가 여러 마리를 바칠 때도 1마리마다 똑같은 방법으로 드리라.

13 어떤 사람이든지 본토에서 태어난 자가 여호와께 향기로운 화제를 드릴 때는 이상과 같은 방법대로 드리라.

14 너희와 함께 거주하는 외국인이나 너희 가운데 대대에 걸쳐 살고 있는 자나 누구든지 여호와께 향기로운 화제를 드리려면 너희가 하는 방법대로 그들도 같은 방법으로 드리도록 하라.

15-16 이것은 너희에게나 너희와 함께 지내는 외국인에게나 동일한 규례이니 너희가 대대에 걸쳐 지킬 영원한 규례이다."

17 여호와께서 모세에게 말씀하셨다.

18 "이스라엘 백성에게 말하라. 너희는 내가 약속[1]한 땅에 들어가

19 그 땅에서 생산되는 양식을 먹을 때 여호와께 거제를 드리라.

20 너희의 처음 익은 곡식 가루로 만

1) 인도

든 빵을 거제로 타작 마당에서 타작한 곡식같이 곡식을 들어 올려 드리라.

21 너희의 처음 익은 곡식 가루로 만든 빵을 대대에 걸쳐 여호와께 거제로 드리라.

22-24 만일 이스라엘 모든 백성이 여호와의 계명 가운데 하나라도 지키지 못하여 실수로 죄를 범하면 백성들은 수 송아지 한 마리를 제사장이 죄를 지었을 때 드리는 같은 방법으로 화제를 드리고, 숫염소 한 마리를 속죄제로 드리라.[1]

25 제사장이 그것으로 온 백성들을 위해 속죄한즉 그들이 용서를 받을 것이다. 이는 그가 실수로 죄를 범하고, 그로 인해 화제 헌물과 속죄제를 여호와께 드렸기 때문이다.

26 이스라엘 백성과 그들 가운데 거류하는 외국인도 용서를 받을 것은 온 백성이 실수로 죄를 범했기 때문이다.

27 만일 백성 중 한 사람이 여호와의 계명 가운데 하나라도 실수로 죄를 범하면 그는 1년 된 암염소로 속죄제를 드리라.[2]

28 그러면 제사장이 그가 지은 죄에 대해 속죄한즉 그가 용서를 받을 것이다.[3]

29 이스라엘 백성 중 본토에서 난 자나 그들과 함께 사는 외국인이나 누구든지 실수로 죄를 범한 자에 대한 법은 동일하게 적용된다.

30 본토인이든 외국인이든 고의로 죄를 범하면 그것은 여호와를 비방하는 자와 같으므로 그는 자기 백성 가운데서 끊어질 것이다.

31 그런 사람은 여호와의 말씀을 멸시하고 그의 명령을 어겼기 때문에 죄의 대가를 받게 되며, 자기 백성 가운데서 온전히 끊어질 것이다."

안식일에 일을 한 사람

32 ●이스라엘 백성이 광야에 머무를 때 안식일에 어떤 사람이 나무를 준비하는 것을 보았다.

33 그 나무하는 자를 본 자들이 그를 모세와 아론과 온 회중 앞으로 끌고 왔으나

34 그 사람을 어떻게 처리해야 할지 몰라 격리시켰다.

35 그때 여호와께서 모세에게 말씀하셨다. "모인 모든 무리가 그 사람을 장막을 친 지역 밖으로 끌고 가서 돌로 쳐 죽일 것이다."

36 이에 온 회중이 여호와의 명령대로 그를 진영 밖으로 끌어내어 돌로 쳐 죽였다.

옷단 끝에 다는 술

37 ●여호와께서 모세에게 말씀하셨다.

38 "이스라엘 백성에게 말하라. 대대에 걸쳐 그들의 옷 끝단에 긴 끈, 곧 술을 만들어 그 술에 청색 끈을 달라.

39 너희는 이 긴 끈, 곧 술을 보면서 여호와의 모든 계명을 기억하여 이행하라. 또한 너희를 방종하게 하는 자신의 마음과 눈의 욕심을 따라 음행에 빠지지 않도록 하라.

40 그렇게 하여 너희가 내 모든 계명을 기억하고 행하면 하나님 앞에 거룩할 것이다.

41 나는 너희의 하나님이 되려고 너희를 애굽 땅에서 이끌어낸 너희의 하나님이다."

고라와 다단과 아비람의 반역

16
●레위의 증손, 고핫의 손자, 이스할의 아들, 고라와 르우벤

---

[1] 레 4:4-7　　[2] 레 4:27-28 참조　　[3] 레 4:31하

지파 엘리압의 아들 다단과 아비람과 벨렛의 아들 온이

2 이스라엘 백성의 총회에서 선출한 250명 지도자와 함께 일어나서 무리를 짓고 모세의 지도력에 대항했다.

3 그들이 모여 모세와 아론에 대항하며 말했다. "너희가 분수에 지나치다. 백성이 모두 거룩하고 여호와께서도 그들 가운데 계시는데 너희가 왜 여호와의 총회 위에 스스로를 높이느냐?"

4 모세가 그 말을 듣고 엎드린 후

5 고라와 그 일당에게 대답했다. "아침에 여호와께 나아오라. 여호와께서는 누가 자기에게 속한 자인지, 누가 여호와 앞에 거룩한 자인지 보이실 것이다. 그분은 선택한 자를 자기에게 가까이 나아오게 하실 것이다.

6-7 그러므로 너 고라와 네 모든 무리는 내일 여호와 앞에서 너희가 가져온 향로에 불을 담고 그 위에 향을 얹으라. 그때 여호와께서 선택하신 자는 거룩하게 될 것이다. 레위 자손들아, 오히려 너희가 분수에 지나치다."

8 또 모세가 고라와 그 일당에게 말했다. "너희 레위 자손들아, 내 말을 들어 보라.

9 이스라엘의 하나님께서 이스라엘 백성 가운데서 너희를 구별하여 자기에게 가까이 오게 하고 성막에서 봉사하게 하셨다. 이처럼 백성 앞에서 그들을 대신하여 섬기게 하신 것이 얼마나 큰일이냐?

10 하나님께서 너와 레위 자손인 네 형제들을 너와 함께 가까이 오게 하셨다. 그럼에도 너희가 그 직분에 만족하지 못하고 분수를 넘어 제사장의 직분을 구하고 있다.

11 이를 위해 너와 네 무리가 모여서 여호와를 거스르고 있다. 아론이 어떤 사람이냐? 너희가 왜 그를 원망하느냐?"

12 모세가 엘리압의 아들 다단과 아비람을 부르러 사람을 보냈다. 그러나 그들이 말했다. "우리는 가지 않겠다.

13 모세가 우리를 젖과 꿀이 흐르는 땅에서 이끌어내어 이 광야에서 죽게 만드는 것이 어찌 작은 일이냐? 그럼에도 자기를 높여 스스로 우리 위에 왕이 되려고 한다.

14 모세는 우리를 젖과 꿀이 흐르는 땅으로 인도하지 못했고, 우리에게 밭과 포도밭도 주지 않았으니 그가 이 사람들의 눈을 뽑아 장님으로 만들려고 한다. 그러므로 우리는 그 땅으로 올라가지 않겠다."

15 모세가 그 소리를 듣고 매우 분노하여 여호와께 구했다. "주는 그들의 예물을 받지 마십시오. 나는 그들의 나귀 1마리도 빼앗지 않았고, 그들 중 어떤 사람도 해치지 않았습니다."

16-17 이에 모세가 고라에게 말했다. "너와 너의 모든 무리는 아론과 함께 내일 여호와 앞에 각자 자기의 향로를 들고 그 위에 향을 얹고 각자 그 향로를 가져오라. 향로는 모두 250개다. 너와 아론도 각각 향로를 가져 오라."

18 그들이 그대로 하여 이튿날 모세와 아론과 함께 성막 문에 섰다.

19 고라가 온 백성을 성막 문 앞으로 불러 모세와 아론에 대적하려고 할 때 여호와의 영광이 온 백성에게 나타났다.

20 여호와께서 모세와 아론에게 말씀

하셨다.

21 "너희는 무리에서 떠나라. 내가 순식간에 그들을 멸망시키겠다."

22 모세와 아론이 엎드려 간구했다. "하나님이여, 한 사람이 범죄했는데 어찌하여 온 백성에게 진노하십니까?"

23 그러자 여호와께서 모세에게 말씀하셨다.

24 "백성에게 명령하여 저들과 함께 하지 않는 자들은 고라와 다단과 아비람의 장막 사방에서 떠나도록 하라."

25 모세가 여호와 앞에서 일어나 다단과 아비람에게로 가자 이스라엘 장로들도 함께 갔다.

26 모세가 백성들에게 말했다. "이 악한 사람들의 장막 집에서 떠나고, 그들의 물건은 하나도 만지지 말라. 그들의 죄 가운데서 너희도 함께 멸망할까 두렵다."

27 이에 백성의 무리가 고라와 다단과 아비람의 장막 집 사방에서 벗어나고 다단과 아비람은 그들의 처자와 아이들과 함께 자기 장막 문에 섰다.

28 모세가 말하기를 "여호와께서 이 모든 일을 행하게 하신 것은 내가 내 마음대로 한 것이 아니라 여호와께서 나를 통해 하게 하신 줄을 알게 될 것이다.

29 곧 이 사람들의 죽음과 벌이 모든 사람의 죽음과 당하는 벌과 특별한 차이가 없다면 여호와께서 나를 보내신 것이 아니다.

30 그러나 여호와께서 땅이 갈라지는 특별한 일을 행하여 이 사람들과 그들의 모든 소유물을 삼켜 산 채로 땅속의 스올로 빠지게 하시면 이 사람들이 여호와를 멸시한 것

인 줄을 너희가 알게 될 것이다."

31 모세의 말이 끝나자 고라와 다단과 아비람이 섰던 땅이 갈라져

32 그들과 고라에 속한 모든 사람과 그들의 재물을 삼켜 버렸다.

33 그들이 산 채로 그의 모든 재물과 함께 땅속의 스올로 빠졌고, 땅이 그 위에 덮여 백성 가운데서 멸망당했다.

34 그 주위에 있는 온 이스라엘이 그들의 부르짖음을 듣고 도망하며 말했다. "땅이 우리도 삼킬까 두렵도다."

35 그리고 여호와에게서 나온 불이 분향하는 250명을 불살랐다.

250명을 죽게 한 향로

36 ● 여호와께서 모세에게 말씀하셨다.

37 "너는 제사장 아론의 아들 엘르아살에게 명령하여 불붙는 가운데서 향로를 가져다가 그 불을 다른 곳에 쏟으라. 그 향로는 거룩한 것이다.

38 사람들은 범죄하여 그들 스스로를 죽게 했으나 그들이 향로를 여호와 앞에 드렸으므로 그 향로는 거룩하게 되었다. 그러므로 그 향로를 두들겨 펴서 번제단을 입히는 놋판[1]을 만들라. 그것은 이스라엘 백성에게 징표가 될 것이다."

39 이에 엘르아살 제사장이 불탄 자들이 드렸던 놋 향로를 가져다가 넓게 펴서 번제단을 입혀

40 이스라엘 백성의 징표가 되게 했다. 이것은 아론 자손이 아닌 사람들이 여호와 앞에 분향하러 가까이 오지 못하게 하기 위함이었다. 또한 고라와 그의 무리와 같이 멸망 당하지 않게 하기 위함이었다.

1) 철판

여호와께서 모세를 통해 엘리아살에게 명령하신 대로 그들이 이행했다.

염병으로 죽음

41 ● 고라와 그 일당이 죽은 이튿날 이스라엘의 온 백성이 모세와 아론을 원망하며 말하기를 "너희가 여호와의 백성을 죽였도다"라고 했다.

42 백성이 모여 모세와 아론을 치려고 할 때 구름이 성막을 덮었고 여호와의 영광이 나타났다.

43 모세와 아론이 성막 앞에 이르자

44 여호와께서 모세에게 말씀하셨다.

45 "너희는 이 백성에게서 떠나라. 내가 순식간에 그들을 진멸시킬 것이다."

46 이에 모세가 아론에게 말했다. "너는 향로를 가져다가 제단의 불을 담고 그 위에 향을 피워 가지고 급히 백성에게로 가서 그들을 위해 용서를 구하라. 여호와께서 진노하사 염병이 시작되었다."

47 아론이 모세의 말대로 향로를 가지고 백성에게로 달려가 보니 이미 백성에게 염병이 시작되었다. 이에 백성을 위해 속죄하고,

48 이미 죽은 자와 살아있는 자 사이에 아론이 섰을 때 염병이 그쳤다.

49 고라의 사건으로 죽은 자 외에 염병으로 죽은 자가 1만 4,700명이었다.

50 염병이 그치자 아론이 성막 문에 있는 모세에게로 돌아왔다.

아론의 싹 난 지팡이

17

1 ● 여호와께서 모세에게 말씀하셨다.

2 "너는 이스라엘 백성에게 말하여 그들 가운데서 각 조상의 가문을 따라 그 가문의 지도자에게서 지팡이 12개를 취해 그 사람들의 이름을 각각 그 지팡이에 쓰고,

3 레위 지파의 지팡이에는 아론의 이름을 쓰라.

4 그리고 그 지팡이를 성막 안에서 내가 너희와 만나는 장소인 증거궤 앞에 두라.

5 내가 선택한 자의 지팡이에 싹이 날 것인데 이것으로 이스라엘 백성이 너희를 향해 원망하는 말을 멈추게 할 것이다."

6 모세가 이스라엘 백성에게 말하자 그들의 지도자들이 각 지파대로 지팡이 하나씩 모두 12개를 모세에게 가져왔다. 그중에는 아론의 지팡이도 있었다.

7 모세가 그 지팡이들을 성막 안에 있는 증거궤 앞에 두었다.

8 이튿날 모세가 성막에 들어가 보니 레위 지파를 위해 가져온 아론의 지팡이에 움이 돋고, 순이 나고, 꽃이 피어 아몬드[1] 열매가 열려 있었다.

9 모세가 그 지팡이 전부를 이스라엘의 모든 자손에게 보였고, 각 지파의 지도자들은 각기 자기 지팡이를 잡았다.

10 여호와께서 또 모세에게 말씀하셨다. "아론의 지팡이는 증거궤 앞으로 다시 가져다가 그곳에 간직하여 반역한 자에 대한 징표로 삼게 하여 그들이 나에 대한 원망을 그치고 죽지 않게 하라."

11 이에 모세가 여호와께서 자기에게 명령하신 대로 했다.

12 이스라엘 백성이 모세에게 말했다. "보십시오. 우리가 죽게 되었습니다. 모두 망하게 되었습니다.

13 여호와의 성막에 가까이 나아가는 자마다 모두 죽음을 당하니 우리가

---

1) 살구

다 망해야 합니까?"

제사장과 레위인의 직무

18 ● 여호와께서 아론에게 말씀하셨다. "너와 네 아들들과 네 조상의 가문은 성소에 대한 죄를 함께 담당할 것이다. 또한 너와 네 아들들은 제사장 직분에 대한 죄를 함께 담당할 것이다.

2 너는 네 형제 레위 지파를 데려다가 너와 함께 있게 하여 너와 네 아들들이 증거의 장막 앞에 있을 때 그들이 너를 돕게 하라.

3 레위인은 네 직무와 장막의 모든 직무를 지켜야 하지만 성소의 기구와 제단에는 가까이 가지 못할 것이다. 만일 그곳에 가까이 가면 죽임을 당할 것이다.

4 레위인은 너와 협력하여 장막과 성막의 직무를 다하고, 다른 사람은 너희에게 가까이 가지 못할 것이다.

5 이같이 너희는 성소와 제단에 대한 직무를 다하라. 그러면 여호와의 진노가 다시는 이스라엘 백성에게 없을 것이다.

6 보라, 내가 레위인을 내게 바쳐진 사람으로 선택하여 너희에게 선물로 주어 성막1)의 일을 하게 했다.

7 너와 네 아들들은 제단과 휘장 안의 모든 일에 대해 제사장의 직분을 행하라. 내가 제사장의 직분을 너희에게 선물로 주었기 때문에 다른 사람이 그곳에 가까이 가면 죽임을 당할 것이다."

제사장과 레위인에게 주어진 몫

8 ● 여호와께서 또 아론에게 말씀하셨다. "내가 이스라엘 백성이 거룩하게 한 모든 제물을 네가 주관하도록 너는 기름 부음을 받았다. 따라서 그 제물은 너와 네 아들들에게 주어지는 영원한 소득이다.

9 지성물 가운데 불사르지 않은 것은 네 것이다. 그들이 내게 드리는 모든 소제와 속죄제와 속건제물은 지극히 거룩하며, 그것을 너와 네 아들들의 소득으로 주겠다.

10 너는 그것을 지극히 거룩하게 생각하고 먹으라. 이는 네게 거룩한 것으로 남자들은 모두 먹을 수 있다."

11 여호와께서 계속해서 아론에게 말씀하셨다. "네게 주어지는 소득은 다음과 같다. 이스라엘 백성이 드리는 거제물과 모든 요제물,

12 여호와께 드리는 첫 소산의 가장 좋은 기름과 가장 좋은 포도주와 곡식,

13 여호와께 드리는 그 땅의 처음 익은 모든 열매,

14 이스라엘 가운데서 특별히 드린 모든 것,

15 사람이나 짐승이나 어떤 것이든 여호와께 드리는 모든 생물의 처음 나는 것은 모두 네 소득이다. 다만 처음 태어난 사람과 처음 태어난 부정한 짐승은 대신 돈으로 계산할 것이다.

16 그 사람을 대신 계산할 때는 태어난 지 한 달 이후 네가 정한 대로 성소의 세겔을 기준으로 은 5세겔로 대신 받으라. 1세겔은 20게라이다.

17 그러나 처음 태어난 소나 양이나 염소는 대신 돈으로 받지 말라. 그것들은 거룩하기 때문에 그 피는 제단에 뿌리고 그 기름은 불살라 여호와께 향기로운 화제로 드리라.

18 다만 그 고기는 흔든 가슴과 오른쪽 넓적다리처럼 네가 받을 것이다.

19 이스라엘 백성이 여호와께 제물을 들어 올려 드리는 거제의 모든 성물

1) 회막

은 내가 영원한 소득으로 너와 네
자녀에게 음식으로 주겠다. 이것은
여호와 앞에 너와 네 후손에게 변
하지 않는 소금과 같은 언약이다."

20 여호와께서 또 아론에게 말씀하셨
다. "너는 이스라엘 백성의 땅은
물론 그들 가운데 아무 몫도 없을
것이다. 그러나 내가 이스라엘 백
성 가운데 네 분깃이고, 네 기업이
될 것이다.

21 내가 이스라엘 백성이 드리는 십
일조를 레위 자손에게 성막에서
하는 일의 보수로 주겠다.

22 그러므로 이후로 이스라엘 백성은
성막에 가까이 가지 말라. 아니면
죗값으로 죽을 것이다.

23 그러나 레위인은 성막에서 봉사하
며 자기들의 죄를 스스로 담당할
것이다. 그들은 이스라엘 백성 가
운데서 기업이 없으리니 이는 너
희에게 대대에 걸쳐 영원한 율례
가 될 것이다.

24 이스라엘 백성이 여호와께 거제로
드리는 십일조를 레위인에게 기업
으로 주었기 때문에 내가 그들에
대해 '이스라엘 백성 중에 기업이
없을 것이다'라고 말한 것이다."

레위인이 드리는 십일조

25 ● 여호와께서 모세에게 말씀하셨
다.

26 "너는 레위인에게 말하라. 내가 이
스라엘 백성에게 받아 너희에게
기업으로 준 십일조를 받으면 그
십일조의 십일조를 거제로 여호와
께 드려야 할 것이다.

27 내가 제물을 들어 올려 드리는 너
희의 거제물을 타작 마당에서 드리
는 곡식과 포도즙 틀에서 드리는
즙처럼 귀한 것으로 여길 것이다.

28 그러므로 너희는 이스라엘 백성에

게서 받는 십일조 가운데서 그것
의 십일조를 여호와께 거제로 드
리고 여호와께 드린 그 거제물은
제사장 아론에게로 돌리라.

29 너희가 받은 모든 제물 가운데서
너희는 거룩하게 한 부분을 가져
다가 여호와께 거제로 드리라.

30 그러므로 너는 그들에게 말하라.
너희가 그중에서 거룩한 것을 드
린 후 남은 것은 너희 레위인에게
는 타작 마당의 소출과 포도즙 틀
의 소출처럼 귀한 것이 된다.

31 너희와 너희 가족들이 어디서든 이
것을 먹을 수 있는 것은 성막에서
일한 너희 보수가 되기 때문이다.

32 그중 너희가 거룩한 것을 드림으
로써 죄를 담당하지 않을 것이다.
너희는 이스라엘 백성의 거룩한
제물을 더럽히지 말라. 그래야 죽
지 않을 것이다."

붉은 암송아지의 재

19 ● 여호와께서 모세와 아론에
게 말씀하셨다.

2 "내가 명령하는 율법의 규례를
이제 이스라엘 백성에게 말하라.
그들에게 일러 아직 멍에를 메지
않은 흠 없는 붉은 암송아지를 네
게로 끌고 오게 하라.

3 그리고 너는 그것을 엘르아살 제
사장에게 주어 그가 그것을 진영
밖으로 끌어내어 자기 앞에서 잡
도록 하라. 그러면

4 엘르아살 제사장은 손가락에 그
붉은 암송아지의 피를 찍어 성막
앞을 향해 7번 뿌리라. 그런 다음

5 그 암소를 자기 앞에서 그 가죽과
고기와 피와 똥을 불사르게 하라.

6 그때 제사장은 백향목과 우슬초와
홍색 실을 가져다가 암송아지를
불사르는 가운데에 던질 것이다.

7 그러고 나서 제사장은 자기 옷을 빨고, 물로 몸을 씻은 후 진영에 들어가도록 하라. 그는 저녁까지 부정할 것이다.

8 송아지를 불사른 자도 자기 옷을 빨고, 물로 그 몸을 씻으라. 그도 저녁까지 부정할 것이다.

9 이에 깨끗한 자가 암송아지의 재를 거두어 진영 밖 깨끗한 곳에 두라. 그리고 그것을 이스라엘 백성을 위해 부정을 씻는 물로 쓰도록 간직하라. 그것은 속죄제이다.

10 암송아지의 재를 치운 자도 자기 옷을 빨라. 그는 저녁까지 부정할 것이다. 이것은 이스라엘 백성과 그들 가운데 거주하는 타인에게도 대대에 걸쳐 지켜야 할 규례이다."

시체를 만진 자의 정결 규례

11 ●사람의 시체를 만진 자는 7일 동안 부정하다.1)

12 그는 만진 날로부터 셋째 날과 일곱째 날에 잿물로 자신을 깨끗케 하라. 그렇지 않으면 여전히 부정하다.

13 누구든지 죽은 사람의 시체를 만지고도 자신을 깨끗하게 하지 않는 자는 여호와의 성막을 더럽히는 것이다. 그는 깨끗하게 하는 물을 자신에게 뿌리지 않아서 그 부정함이 그대로 있기 때문에 이스라엘에서 끊어질 것이다.

14 장막에서 사람이 죽을 때의 처리법은 이렇다. 누구든지 그 장막에 들어가는 자나 그 장막 안에 있는 자 모두 7일 동안 부정하다.

15 이때 뚜껑을 열어 놓은 그릇은 모두 부정하다.

16 누구든지 들에서 칼에 죽은 사람의 시체나 그의 뼈나 무덤을 만졌으면 7일 동안 부정하다.

17 그 부정한 자의 죄를 깨끗하게 하기 위해 불에 탄 재를 가져다가 생수2)가 담긴 그릇에 담고

18 깨끗한 자가 우슬초로 그 물을 찍어 장막과 그 모든 기구와 그곳에 있는 사람들과 뼈나 죽임을 당한 자나 시체나 무덤을 만진 자에게도 뿌리라.

19 그 깨끗하게 된 자가 셋째 날과 일곱째 날에 그 부정한 자에게 뿌려 7일째에는 그를 깨끗하게 하라. 그러면 그는 자기 옷을 빨고, 물로 몸을 씻을 것이다. 그는 저녁이 되면 정결하게 된 것이다.

20 사람이 부정하고도 자신을 깨끗하게 하지 않으면 여호와의 성소를 더럽히는 것이므로 백성 가운데서 끊어질 것이다. 그는 깨끗하게 하는 물로 뿌림을 받지 않았기 때문에 부정하다.

21 이것은 그들이 지켜야 할 영원한 규례이다. 깨끗하게 하는 물을 뿌린 자는 자기 옷을 빨고, 깨끗하게 하는 물을 만지는 자는 저녁까지 부정할 것이다.

22 부정한 자가 만진 것은 부정하고

풍습

정결케 하는 물(민 19:1-10)

● 먼저 온전하여 흠없는 멍에 메지 않은 붉은 암송아지를 진 밖에서 잡음

● 제사장이 손가락에 그 피를 찍어 회막 앞을 향하여 7번 뿌린 후 그 송아지와 함께 백향목과 우슬초와 홍색실을 섞어 불사름

● 정한 자로 하여금 암송아지의 재를 취하여 보관한 후 부정을 씻는 물을 제조하는 데 사용한다. 이런 정결 예식은 죄와 사망의 부정으로부터 정결케 하신 그리스도의 희생과 사역을 예표하고 있다.

1) 제삼일에 이 물로 정결하게 하면 제칠일에 정하려니와 제삼일에 스스로 정결하게 하지 않으면 제칠일에 정결하지 못하며　2) 흐르는 물

그것을 만지는 자도 저녁까지 부정할 것이다.

미리암의 죽음과 므리바 물 사건

20 ● 출애굽한 첫째 달인 4월에 온 이스라엘 백성이 진[1]광야에 있는 가데스에 머물렀을 때 미리암이 죽어 그곳에서 장사되었다.

2 그때 마실 물이 없자 백성들이 모세와 아론에게 몰려들었다.

3 그들이 모세와 다투며 말했다. "우리 형제들이 이전에 여호와 앞에서 죽을 때 우리도 함께 죽었다면 좋을 뻔했다.

4 너희가 무슨 이유로 여호와의 백성을 이 광야로 인도하여 우리와 우리 짐승들을 이곳에서 죽게 만드느냐?

5 너희는 왜 우리를 애굽에서 나오게 하여 이토록 좋지 못한 이곳으로 인도했느냐? 이곳에는 파종할 곳이 없고, 무화과와 포도와 석류도 없으며, 마실 물도 없다."

6 그 말을 들은 모세와 아론이 백성 앞을 떠나 성막 문에 이르러 엎드리자 여호와의 영광이 그들에게 나타났다.

7 여호와께서 모세에게 말씀하셨다.

8 "지팡이를 가지고 아론과 함께 백성을 소집하라. 그들 앞에서 너희는 반석을 향해 명령하여 물을 내라. 그래서 백성과 그들의 짐승이 마시도록 하라."

9 이에 모세가 여호와 앞에서 그 지팡이를 잡았다.

10 그리고 백성을 그 반석 앞에 소집한 후 그들에게 말했다. "하나님을 거역한 너희는 들으라. 우리가 너희를 위해 이 반석에서 물을 내야 하느냐?"

11 그리고 모세가 그의 손을 들어 지팡이로 반석을 2번 치자 많은 물이 솟아 나왔고 백성과 그들의 짐승이 그 물을 마셨다.

12 여호와께서 모세와 아론에게 말씀하셨다. "너희가 나를 믿지 못하고 이스라엘 백성 앞에서 내 거룩함을 나타내지 않았기 때문에 너희는 이 백성을 내가 그들에게 주겠다고 맹세한 땅으로 인도하지 못할 것이다."

13 이스라엘 백성이 여호와와 다투었기 때문에 그곳을 '므리바 물'이라고 불렀다. 여호와께서 백성들에게 그 거룩함을 나타내셨다.

에돔이 길 통과를 거절함

14 ● 모세가 가데스 바네아에서 에돔 왕에게 사신을 보내 길 통과를 요청했다. "왕의 형제 이스라엘의 말에 우리가 당한 모든 고난을 당신도 알고 있습니다.

15 우리 조상들이 기근으로 애굽으로 내려가 그곳에서 오래 거주하게 되었더니 애굽인이 우리 조상들과 우리를 학대했습니다.[2]

16 그때 우리가 여호와께 부르짖었고 하나님은 그 소리를 들으시고 우리를 애굽에서 이끌어내셨습니다. 지금은 우리가 왕의 변방에 있는 한 성읍 가데스 바네아에 머물고 있습니다.

17 원컨대 우리가 당신의 땅을 통과하도록 허락해 주기를 바랍니다. 우리는 밭이나 포도밭으로 지나가지 않으며, 우물물도 마시지 않고, 왕의 대로로만 지나갈 것입니다. 당신의 지역을 벗어나기까지 왼쪽이든 오른쪽이든 벗어나지 않을 것입니다."

---

1) Zin, 신 2) 창 46:5-7, 26, 출 1:11-22

18 이에 에돔 왕이 대답했다. '너희는 우리 지역으로 통과하지 못할 것이다. 만일 지나가게 되면 내가 칼을 들고 너희를 공격할 것이다."

19 이스라엘 백성이 다시 사신을 보내 응답했다. "우리가 왕의 대로로만 지나가며, 사람이나 짐승이 당신의 물을 마신다면 그 값을 치를 것입니다. 우리가 길로만 지나가므로 왕에게는 아무 피해도 없을 것입니다."

20 그러나 에돔 왕이 대답하기를 "그래도 너희는 내 지역으로 지나가지 못할 것이다"라고 말한 후 많은 군사를 거느리고 나와 강력하게 막아섰다.

21 이와 같이 에돔 왕은 이스라엘 백성이 자신의 영토로 통과하는 것을 허락하지 않았다. 그래서 이스라엘은 할 수 없이 에돔 지역에서 돌이켜 남쪽으로 내려갔다.

아론의 죽음

22 ● 이스라엘 백성이 가데스 바네아를 출발하여 에돔 땅의 변경에 있는 호르산에 도착했다.

23 그곳에서 여호와께서 모세와 아론에게 말씀하셨다.

24 "아론은 죽어 조상들에게로 돌아가고 내가 이스라엘 백성에게 맹세한 땅에는 들어가지 못할 것이다. 이는 너희가 므리바 물에서 내 말을 거역했기 때문이다.

25 너는 아론과 그의 아들 엘르아살을 데리고 호르산으로 올라오라.

26 그리고 아론의 옷을 벗겨 그의 아들 엘르아살에게 입히라. 아론은 그곳에서 죽을 것이다."

27 모세가 여호와의 명령에 따라 그들과 함께 백성 앞에서 호르산으로 올라갔다.

28 그리고 모세가 아론의 옷을 벗겨 그의 아들 엘르아살에게 입히자 아론이 그 산 꼭대기에서 죽었다. 모세와 엘르아살이 산에서 내려오자

29 이스라엘의 온 백성이 아론의 죽음으로 인해 30일 동안 애곡했다.

호르마를 점령함

21 ● 남방 지역에 있는 가나안 사람, 아랏의 왕은 이스라엘이 '정탐'이라는 뜻의 아다림 길로 올라온다는 소식을 듣고 이스라엘을 공격하여 몇 사람을 사로잡았다.

2 이에 이스라엘이 여호와께 서원하여 말했다. "만일 주께서 이 아랏 성의 백성을 물리치게 해주시면 우리가 그들의 성읍을 모두 멸망시킬 것입니다."

3 여호와께서 이스라엘의 간구를 들으사 가나안의 아랏 사람을 이기게 해주셨고, 이스라엘은 아랏 사람들과 그들의 성읍을 멸망시켰다. 그래서 그곳의 이름을 '완전히 멸함'이라는 뜻의 '호르마'라고 바꾸어 불렀다.

놋뱀을 만듦

4 ● 이스라엘 백성은 호르산에서 출발하여 홍해 길을 따라 에돔 땅을 피해 돌아가려고 했다. 이로 인해 백성의 마음이 상하여

5 하나님과 모세를 향해 원망하며 말했다. "왜 우리를 애굽에서 이끌어 내어 이 광야에서 죽게 만드느냐? 이 광야에는 먹을 것도 없고 마실 물도 없다. 우리는 매일 먹는 이 하찮은 음식, 만나에 싫증이 난다."

6 그러자 여호와께서 이스라엘 백성에게 불뱀을 보내 그들을 물게 하셨고, 그로 인해 죽은 자가 많았다.

1) 백성

7 백성이 모세에게 말했다. "우리가 여호와와 당신을 향해 원망함으로 죄를 지었으니 여호와께 기도하여 이 뱀들이 떠나가게 해주십시오." 이에 모세가 백성을 위해 기도하자

8 여호와께서 모세에게 말씀하셨다. "불뱀을 만들어 장대 위에 매달라. 물린 자가 그것을 보면 살 것이다."

9 모세가 놋으로 뱀을 만들어 장대 위에 매달았고, 불뱀에 물린 자가 그것을 쳐다보자 죽지 않고 모두 살았다.

호르산에서 세렛시내까지

10 ●이스라엘 백성이 그곳을 출발하여 살모나에 도착한 후 진을 쳤다. 그리고 다시 출발하여 부논에 진을 쳤으며, 다음으로 오봇에 진을 쳤다.[1]

11 오봇을 출발하여 모압 국경에 위치한 해 뜨는 쪽의 이예아바림에 진을 쳤다.

12 이예아바림을 출발하여 세렛 골짜기[2]에 진을 쳤다.

세렛시내를 출발함

13 ● 세렛시내를 출발하여 아르논강 건너편에 진을 쳤다. 그곳은 아모리 사람의 영토에서 흘러나와 광야에 이른 모압과 아모리 사이에서 모압의 경계가 되는 골짜기이다.

14 그래서 여호와의 전쟁기에 이런 말이 기록되었다. "'폭풍우'라는 뜻의 수바의 와헙과 아르논강[3]과

15 모든 골짜기의 비탈은 아르 고을을 향해 뻗어 있고, 모압의 경계에 놓여 있다."

16 그러나 이스라엘은 시혼왕의 통과 거절에도 아르논강에서 출발하여 디본 갓에 진을 쳤다. 이어 그곳을 출발하여 여호와께서 모세에게 "백성을 모으라. 내가 그들에게 물을

주리라"고 명령하던 우물이 있는 브엘에 도착했다.

17 그때 이스라엘이 노래했다. "우물아, 솟아나라. 너희는 그것을 노래하라.

18 이 우물은 지도자들이 팠고, 백성의 귀족들이 왕권을 상징하는 규와 지팡이로 판 것이다."

19 맛다나에서 출발하여 나할리엘을 거쳐 바못에 도착했다.

20 바못에서 모압 들에 있는 골짜기에 이르러 광야가 보이는 비스가산 꼭대기에 도착했다.

요단 동쪽 지역을 점령함

21 ● 이때 이스라엘은 아르논 골짜기 북쪽을 점령하고 있던 아모리 왕 시혼에게 사신을 보내어 길 통과를 요구했다.

22 "우리가 당신의 지역을 통과하도록 허락해 주기를 바랍니다. 우리가 밭이나 포도밭에는 들어가지 않으며, 우물물도 마시지 않고, 당신의 지역을 통과하기까지 왕의 대로로만 지나갈 것입니다."

23 그러나 시혼왕이 이스라엘의 통과를 허락하지 않고 그의 군대를 모아 이스라엘을 공격하기 위해 광야로 나와서 야하스에 이르렀다. 아모리 왕 시혼은 아르논 골짜기를 지나 북쪽으로 향하는 이스라엘을 야하스에서 공격했다.

24 그러나 이스라엘이 칼로 쳐서 그들을 물리치고, 아르논에서 얍복강까지 그 땅을 점령하여 암몬 국경까지 이르렀다. 그러나 암몬 자손의 국경은 견고했다.

25 그리고 이스라엘은 아모리인의 모든 성읍을 점령한 후 그들의 성읍이었던 헤스본과 그 모든 아모리인의

마을에 거주했다.

26 당시 헤스본은 아모리 왕 시혼의 수도였다. 시혼은 이스라엘이 이 지역으로 오기 전에 이미 모압 왕을 치고 아르논까지 그의 모든 지역을 점령하고 있었다.

27 그래서 시인은 이렇게 노래했다. "너희는 헤스본으로 올라오라. 시혼의 성을 견고히 세우라.

28 헤스본과 시혼의 성에서 불과 화염이 나와 모압의 아르 성읍을 삼키며, 아르논 골짜기 높은 곳의 주인을 멸망시켰다.

29 모압아, 네가 화를 당했다. 모압인이 섬기는 그모스 신의 백성아, 네가 멸망당했다. 너희 신이 그의 아들들을 도망하게 했고, 그의 딸들을 아모리 왕 시혼의 포로가 되게 했다.

30 우리가 그들을 공격하여 헤스본에서 디본 지역까지 멸망시켰고, 메드바 근처의 노바까지 황폐하게 만들었다."

31 그리고 아모리인의 땅에 있는 마을에 거주했다.

32 모세가 다시 정탐꾼을 헤스본 북쪽 25㎞ 지점에 있는 야셀을 정탐하게 한 후 그 지역의 마을들을 빼앗았고, 그곳에 있던 아모리 사람을 몰아냈다.

33 이스라엘이 길을 돌려 골란고원 지역인 바산 길로 올라가자 바산 왕 옥[1]이 군사를 거느리고 나와 바산 산지의 경계에 있는 에드레이에서 싸우기 위해 준비했다.

34 그때 여호와께서 모세에게 말씀하셨다. "그들을 두려워하지 말라. 내가 그와 그의 백성을 물리치고 그의 땅을 차지하도록 할 것이다. 너는 헤스본에 거주하던 아모리인의

왕 시혼을 물리친 것처럼 그들도 똑같이 물리칠 것이다."

35 여호와의 말씀처럼 모세가 바산 왕 옥의 백성을 모두 죽이고, 그의 땅을 점령했다.

22

이스라엘 백성이 호르산을 출발하여 살모나, 부논, 오봇, 모압 변경의 이예아바림, 디본 갓, 알몬 디블라다임, 느보 앞 아바림 산, 여리고 맞은편 요단 강가 모압 평지에 진을 쳤다.[2]

모압 왕 발락이 발람을 초청함

2 ● 아르논 골짜기 남쪽에 있는 모압 왕 십볼의 아들 발락은 이스라엘이 아모리 사람들의 성읍들을 빼앗고 그들을 몰아낸 모든 일을 보고

3 크게 두려워했다. 이는 이스라엘 백성의 수가 많았기 때문이다.

4 그래서 미디안 원로[3]들에게 말했다. "이제 이 무리가 소가 밭에 있는 풀을 뜯어먹는 것처럼 우리를 삼킬 것이다."

5 모압 왕 발락이 브올의 아들 발람의 고향인 유프라테스 강가에 위치한 브돌로 사신을 보내 발람에게 말했다. "보라, 한 민족이 애굽에서 나왔는데 그들의 수가 심히 많아 지면을 덮었고, 우리 북쪽의

성경지리 유프라테스강이 보이는 브돌 (민 22:5)

브돌(Pethor)은 상부 메소포타미아 지역의 시리아 비레직(Birejik) 아래 유프라테스강과 합류하는 사주르(Sajur)강이 있는 고대의 성읍이다. 이곳은 이스라엘을 저주하게 하기 위해 발락이 사람을 부른 발람의 고향이다(민 22:5). 또한 사주르강과 합류하는 유프라테스강 건너편에 있는 살만에셀 3세의 비명에 언급되어 있다. 브돌은 오늘날 유프라테스강에 건설된 댐으로 유적지 바로 밑까지 강물이 차 있으며 일부는 발굴이 되었다.

---

1) Ok 2) 민 33:41-42, 46 비교 3) 장로

맞은편에 진을 치고 있다.

6 그들은 우리보다 강하니 청컨대 너는 와서 나를 위해 이 백성을 저주하라. 나는 당신이 복을 비는 자는 복을 받고, 저주하는 자는 저주 받을 줄을 알고 있다. 그러므로 이 백성을 저주하면 내가 그들을 물리쳐 이 땅에서 몰아낼 수 있을 것이다."

7 모압과 미디안 원로들이 손에 점괘 복채 예물을 가지고 출발하여 아르논 골짜기에서 780㎞ 정도 떨어진 유프라테스 강변의 브돌에 있는 발람에게 가서 발락의 말을 전했다.

8 이에 발람이 말했다. "오늘은 이곳에서 밤을 지내라. 여호와께서 나에게 말씀하시는 대로 대답할 것이다." 이에 모압 귀족들이 발람의 집에서 유숙했다.

9 밤에 하나님께서 발람에게 찾아와 물으셨다. "너와 함께 있는 이 사람들은 누구냐?"

10 발람이 대답했다. "모압 왕 십볼의 아들 발락이 내게 보낸 자들입니다. 이들이 말하기를

11 '애굽에서 나온 민족이 수없이 많아 지면을 덮었으니 이제 와서 나를 위해 그들을 저주하라. 그러면 내가 그들을 물리칠 수 있을 것이다'라고 했습니다."

12 하나님께서 발람에게 다시 말씀하셨다. "너는 그들과 함께 가지 말고, 이스라엘 백성을 저주하지도 말라. 그들은 복을 받은 자들이기 때문이다."

13 발람이 아침에 일어나 발락의 귀족들에게 말했다. "너희는 너희 땅으로 돌아가라. 여호와께서 내가 너희와 함께 가는 것을 원치 않으신다."

14 모압 귀족들이 일어나 발락에게로 가서 발람이 자신들과 함께 오는

것을 거절했다는 소식을 전했다.

15 이에 발락이 처음 사신보다 더 높은 귀족을 더 많이 보냈다.

16 그들이 발람에게로 가서 말했다. "십볼의 아들 발락이 이렇게 말했습니다. '당신은 내 초청에 아무 부담도 갖지 말고 내게로 오라.

17 내가 당신을 높이고 매우 존귀하게 할 것이다. 뿐만 아니라 당신이 내게 요구하는 것은 무엇이든지 들어주겠다. 그러니 나를 위해 와서 이 백성을 저주하라.'"

18 발람이 발락의 신하들에게 대답했다. "발락이 많은 은금을 준다고 해도 나는 감히 내 하나님의 말씀을 거역하여 모자라게 하거나 더하지 못하겠다.

19 그러므로 이제 너희도 오늘 밤에 이곳에서 투숙하라. 여호와께서 나에게 어떤 말씀을 하실지 알아볼 것이다."

20 그날 밤 하나님께서 발람에게 찾아와 말씀하셨다. "그 사람들과 함께 가라. 그러나 너는 내가 하라는 말만 해야 한다."

발람과 나귀

21 ● 발람이 아침에 자기 나귀에 안장을 지우고 모압 귀족인 고관들을 따라갔다.

22 발람이 그들을 따라간 일로 하나님께서 진노하시자 여호와의 사자가 발람을 막으려고 길에 섰다. 이때 발람은 나귀를 타고 있었고 그의 두 종은 그와 함께 있었다.

23 나귀는 여호와의 사자가 칼을 빼들고 길에 서 있는 것을 보자 길을 피해 밭으로 들어갔다. 이에 발람이 나귀를 돌이키려고 채찍질했다.

24 여호와의 사자는 포도밭 사이 좁은 길에 섰고, 좌우에는 담이 있었다.

25 이번에도 나귀가 여호와의 사자를 보고 담 쪽으로 몸을 바짝 붙이자 발람의 발이 그 담에 짓눌렸다. 그러자 발람이 다시 나귀를 채찍질했다.

26 여호와의 사자가 더 앞으로 가서 나귀가 좌우로 피할 수 없는 좁은 곳에 섰다.

27 이에 나귀는 더 이상 피할 수 없어 여호와의 사자를 보고 발람 밑에 엎드렸다. 그러자 발람이 화를 내며 지팡이로 나귀를 때렸다.

28 여호와께서 나귀의 입을 열어 발람에게 말하게 하셨다. "내가 당신에게 무슨 잘못을 했기에 나를 이같이 3번이나 때리느냐?"

29 발람이 나귀에게 말했다. "네가 나를 거역하기 때문이다. 내 손에 칼이 있었다면 너를 죽였을 것이다."

30 나귀가 발람에게 말했다. "나는 당신이 일생 동안 타고 다닌 나귀가 아니냐? 내가 언제 당신에게 오늘과 같이 하는 버릇이 있었느냐?" 그가 대답하기를 "없었다"라고 했다.

31 그때 여호와께서 발람의 눈을 밝혀 주시자 그가 여호와의 사자가 손에 칼을 들고 길에 선 것을 보았다. 그래서 그 앞에 머리를 숙이고 엎드렸다.

32 여호와의 사자가 발람에게 말했다. "너는 왜 네 나귀를 이같이 3번이나 때렸느냐? 네가 가는 길이 악하기 때문에 내가 너를 막기 위해 나온 것이다.

33 나귀가 나를 보고 이같이 3번 내 앞에서 피했다. 그렇게 하지 않았다면 내가 벌써 너를 죽이고 나귀는 살렸을 것이다."

34 발람이 여호와의 사자에게 말했다. "내가 죄를 지었습니다. 당신이 나를 막으려고 길에 선 줄을 내가 알지 못했습니다. 당신이 이를 기뻐하지 않으시면 나는 돌아가겠습니다."

35 여호와의 사자가 발람에게 말했다. "그 사람들과 함께 가라. 그러나 내가 하라는 말만 하라." 이에 발람이 발락의 귀족들과 함께 갔다.

발락이 발람을 영접함

36 ● 발락은 발람이 자기에게 온다는 소식을 듣고 모압 국경의 끝 아르논 골짜기 옆에 있는 성읍까지 가서 그를 영접했다.

37 발락은 발람에게 말했다. "내가 귀족들을 당신에게 보내어 그대를 초청하지 않았느냐? 그대가 어찌 첫 번째 초청에 오지 않았느냐? 나는 능히 그대를 높여 존귀하게 할 수 있다."

38 발람이 발락에게 말했다. "내가 오기는 했지만 어떤 말을 할 수 있겠습니까? 단지 하나님께서 주시는 말씀만 말할 뿐입니다."

39 발람이 발락과 함께 기럇후솟으로 갔다.

40 그곳에서 발락이 소와 양을 잡아 발람과 그와 함께한 귀족들을 대접했다.

발람의 첫 번째 예언

41 ● 아침에 발락이 발람을 데리고 바알의 산당에 올랐다. 발람은 그곳에서 이스라엘 백성이 진을 친 끝까지 보았다.

23 발람이 발락에게 말했다. "나를 위해 이곳에 7개 제단을 쌓고, 수송아지와 숫양을 각각 7마리 준비하기 바랍니다."

2 발락이 발람의 말대로 준비한 후 발락과 발람이 제단에 수송아지와 숫양을 제물로 드렸다.

3 이어 발람이 발락에게 말했다. "당신은 번제물 곁에 서고, 나는 다른 곳으로 갈 것입니다. 여호와께서 혹시 나를 찾아와 내게 말씀하시면 그것을 모두 당신에게 알려줄 것입니다." 그리고 발람이 언덕길로 가니

4 하나님께서 발람을 찾아오시자 그가 말했다. "내가 7개 제단을 쌓고 각 제단에 수송아지와 숫양을 드렸습니다."

5 여호와께서 발람에게 말씀하셨다. "발락에게 돌아가서 이렇게 말하라."

6 이에 발람이 발락과 모압의 모든 귀족이 번제물 곁에 함께 서 있는 곳으로 갔다.

7 발람이 하나님의 말씀인 예언을 이렇게 전했다. "발락이 나를 아람에서, 모압 왕이 동쪽 산지에서 데려다가 자기를 위해 야곱을 저주하고 이스라엘을 꾸짖어 달라고 말하고 있다.

8 그러나 하나님께서 저주하지 않으시는 자를 내가 어찌 저주할 수 있으며, 하나님께서 꾸짖지 않으시는 자를 내가 어떻게 꾸짖을 수 있겠는가?

9 내가 바위 위와 낮은 산지에서 그들을 보니 그들은 홀로 사는 백성들이다. 그들은 다른 나라 백성들과 다르다고 생각하며 사는 자들이다.

10 야곱 자손의 수를 누가 셀 수 있겠으며, 이스라엘 4분의 1이라도 그 수를 누가 셀 수 있겠는가? 나는 의인처럼 죽기를 원하며, 내 마지막이 그들과 같기를 원한다."

11 발락이 발람에게 말했다. "당신은 어찌하여 내게 이같이 말하느냐?

내 대적을 저주하라고 데려왔는데 오히려 그들을 축복했다."

12 발람이 대답하기를 "나는 여호와께서 나에게 주신 말씀만을 말할 뿐입니다"라고 했다.

발람의 두 번째 예언

13 ● 발락이 말했다. "나와 함께 이스라엘 백성을 볼 수 있는 다른 곳으로 가자. 그곳에서는 그들을 전부 보지 못하고 그 끝부분만 보리니 그곳에서 나를 위해 그들을 저주하라."

14 그리고 발람을 소빔 들로 인도하여 비스가산 꼭대기로 갔다. 그곳에서 첫 번째와 마찬가지로 7개 제단을 쌓고 각 제단에 수송아지와 숫양을 제물로 드렸다.

15 그런 후 발람이 발락에게 말했다. "내가 지난번처럼 좀 떨어진 곳에서 여호와를 만날 동안 당신은 번제물 곁에 서 있기를 바랍니다."

16 여호와께서 발람에게 "너는 발락에게로 돌아가 이렇게 말하라"고 말씀하셨다.

17 발람이 가서 보니 발락이 모압 귀족들과 함께 번제물 곁에 있었다. 발락이 발람에게 말했다. "여호와께서 무슨 말씀을 하셨느냐?"

18 발람이 예언하여 그 말씀을 이렇게 전했다. "십볼의 아들 발락이여, 내 말을 귀담아 들으라.

19 하나님은 사람이 아니므로 거짓말을 하지 않으신다. 그분은 인생이 아니므로 후회도 없으시다. 그러므로 어찌 그 말씀한 바를 이행하지 않으시겠느냐?

20 내가 축복할 것을 받았으니 그가 주신 복을 내가 돌이킬 수 없도다.

21 하나님은 야곱의 허물과 이스라엘의 거역함을 보지 않으신다. 하나님

께서 그들과 함께하시니 그들이 자기들의 왕을 찬양할 것이다.

22 하나님께서 그들을 애굽에서 이끌어내셨으니 그 힘이 들소와 같이 강하다.

23 야곱을 해할 점괘가 통하지 않으며, 이스라엘을 해칠 주술도 소용이 없다. 그때는 '야곱과 이스라엘에 대해 하나님께서 행하신 일이 어찌 그렇게 크냐'라고 할 것이다.

24 이 백성이 암사자와 수사자처럼 몸을 일으켜 움킨 것을 먹고, 사냥한 먹잇감의 피를 마시기 전에는 눕지 않을 것이다."

25 그러자 발락이 발람에게 말했다. "그들을 저주하지도, 축복하지도 말라."

26 발람이 발락에게 대답했다. "내가 이미 당신에게 말하기를 '여호와께서 말씀하신 것은 내가 그대로 말하지 않을 수 없다'라고 하지 않았습니까?"

발람의 세 번째 예언

27 ● 발락이 발람에게 말했다. "오라, 내가 너를 또 다른 곳으로 데려가도록 하겠다. 그곳에서 나를 위해 그들을 저주하는 것을 하나님께서 혹시 기뻐하실지도 모르겠다."

28 이에 발락이 발람을 인도하여 광야가 보이는 브올산 꼭대기로 갔다.

29 그곳에서 발람이 발락에게 말했다. "나를 위해 지난번처럼 이곳에 7개 제단을 쌓고, 수송아지와 숫양을 각각 7마리 준비하기를 바랍니다."

30 발락이 발람의 말대로 준비하여 제물을 드렸다.

24

발람은 자신이 이스라엘을 축복하는 것을 여호와께서 좋게 여기심을 보았다. 그래서 이전처럼 점괘를 쓰지 않았다. 그리고 그의

얼굴을 광야로 향해

2 이스라엘이 그 지파대로 장막 친 것을 보았다. 그때 하나님의 영이 그 위에 임하셨다.

3 이에 발람이 예언을 전하여 말했다. "브올의 아들 발람의 말이다. 눈을 감았던 자[1]가 하는 말이다.

4 하나님의 말씀을 경청하고 전능자의 환상을 보는 자, 그분 앞에 엎드릴 때 눈이 열린 자가 하는 말이다.

5 야곱의 장막들과 이스라엘이 거하는 곳들이 참으로 아름답도다.

6 그 펼쳐짐이 골짜기와 같고, 강가의 동산과 같도다. 그것은 여호와께서 심으신 침향목 같고, 물가의 백향목과 같도다.

7 그 물통에는 항상 물이 가득하겠고, 이스라엘의 씨는 물을 흠뻑 먹는구나. 그의 왕은 하나님의 백성을 대적하는 아각을 누르고, 그의 나라는 크게 번영할 것이다.[2]

8 하나님께서 그들을 애굽에서 이끌어내셨으니 그 힘이 들소와 같았다. 그의 대적을 멸망시키고, 그들의 뼈를 꺾으시며, 화살로 쏘아 그 몸을 꿰뚫으실 것이다.

9 앉고 눕는 것이 수사자와 암사자 같으니 누가 그를 깨울 수 있겠는가. 이스라엘을 축복하는 자는 축복을 받고, 저주하는 자는 저주를 받을

성경인물 발람(민 23~24장)

모압 왕 발락에 의해 이스라엘을 저주하도록 부탁을 받은 점술가이다. 그는 부탁을 받고 이스라엘을 저주하기 위해 나귀를 타고 가다가 길을 막는 천사를 만났으나 보지 못하고 오히려 자기가 탄 나귀를 죽이려 했다. 그러나 눈이 밝아 천사를 보고 계속해서 길을 진행하여 발락을 만났으나 오히려 이스라엘의 하나님을 찬양했다.

---

1) 뜻자   2) 삼상 15:7~8

것이다."

발람의 마지막 예언

10 ● 발락이 발람에게 분노하여 손뼉을 치며 말했다. "내가 당신을 부른 것은 내 대적을 저주하라는 것이었다. 그런데 오히려 이같이 3번이나 그들을 축복했다.

11 그러므로 그대는 이제 돌아가라. 내가 그대를 높여주고 심히 존귀케 하려고 했지만 여호와께서 당신을 막아 그렇게 하지 못하게 하셨다."

12 발람이 발락에게 말했다. "당신이 내게 보낸 사신들에게 내가 이미 말하지 않았습니까?

13 당신이 아무리 많은 은금을 내게 준다고 해도 나는 여호와의 말씀을 어기고 내 마음대로 선악 간에 행하지 못하고, 여호와께서 말씀하신 대로만 말할 것이라고 하지 않았습니까?

14 이제 나는 내 백성에게로 돌아가지만 내가 이 이스라엘 백성이 훗날 당신의 백성을 어떻게 할지 당신에게 말할 것입니다."

15-16 발람이 발락에 대해 예언하여 말했다. "브올의 아들 발람의 말이다. 눈을 감았던 자[1]가 하는 말이다. 하나님의 말씀을 경청하는 자, 전능자의 환상을 보고 그분의 지식을 아는 자, 그분 앞에 엎드릴 때 눈이 열린 자의 말이다.

17 내가 언젠가는 오실 분을 본다. 그러나 지금 오실 분은 아니다. 한 별이 야곱에게서 나오며, 왕권을 상징하는 지팡이인 한 규가 이스라엘에서 나와 모압의 사방을 칠 것이다. 셋의 자식들을 모두 멸절시킬 것이다.

18 그의 대적 에돔과 세일을 그들이 차지하며, 그와 동시에 이스라엘은 용감히 싸울 것이다.

19 이스라엘을 다스리는 주권자가 야곱에게서 나와 남은 자들을 그 성읍에서 멸절시킬 것이다."

20 또 발람이 아말렉과 겐 족속에 대해 예언하여 말했다. "아말렉은 족속들 가운데서 가장 뛰어나지만 그들도 결국 멸망할 것이다.

21 겐 족속의 거처가 견고하고, 그 터전[2]이 바위에 있다.

22 그러나 너희 가인 족속은 쇠약하며, 결국에는 앗수르의 포로가 될 것이다."

23 발람이 계속 예언하여 말했다. "애통한 일이다. 하나님께서 이 일을 행하시리니 그때는 살아남을 자가 아무도 없을 것이다.

24 키프로스섬인 깃딤 해변에서 배들이 와서 앗수르를 학대하며 에벨을 괴롭히겠지만 그들도 마침내 멸망할 것이다."

25 예언을 마친 발람은 자기 고향으로 돌아갔으며, 발락도 자기 나라로 돌아갔다.

이스라엘의 음행

25 ● 가나안 입성을 눈앞에 둔 이스라엘이 여리고 건너편 요단강 근처의 아벨 싯딤에 머물고 있을 때 백성들이 모압 여자들과 음행을 저지르기 시작했다.

2 그 여자들이 자기 신들에게 제사할 때 초청 받은 이스라엘 백성이 그들과 함께 먹고 모압의 신들에게도 절했다.

3 이처럼 이스라엘이 바알 브올에 빠져 그 신에게 예배했다. 이에 여호와께서 이스라엘을 향해 진노하사

4 모세에게 말씀하셨다. "백성의 우두

1) 뜬 자 2) 보금자리

머리들을 잡아 태양을 향해 여호와 앞에 목을 매달라. 그렇게 해야 여호와의 진노가 이스라엘에서 떠날 것이다."

5 이에 모세가 이스라엘 재판관들에게 "너희는 각각 바알 브올에게 빠져 예배한 사람들을 죽이라"고 명령했다.

6 이스라엘 백성이 성막 문에서 울 때 이스라엘 백성 가운데 한 사람이 모세와 온 백성 앞에 미디안 족속의 한 여인을 데리고 그의 형제에게로 왔다.

7 그때 아론의 손자 엘르아살 제사장의 아들 비느하스가 그것을 보고 일어나 손에 창을 들고

8 그 이스라엘 남자를 따라가 그의 장막 집에 들어가 그 남자와 미디안 여인의 배를 찔러 죽이자 음행에서 비롯된 염병이 이스라엘 백성에게서 그쳤다.

9 그때 2만 4,000명이 죽었다.

10 여호와께서 모세에게 말씀하셨다.

11 "비느하스 제사장이 나의 질투하는 심정으로 질투하여 이스라엘 백성 가운데서 내 분노를 가라앉혀 그들을 진멸하지 않게 했다.

12 그러므로 내가 비느하스에게 내 평화의 언약을 줄 것이다.

13 그것은 그와 그의 후손에게 영원히 제사장 직분을 갖게 하는 언약을 가리킨다. 그가 그의 하나님을 위해 질투하여 이스라엘 백성의 죄를 담당했기 때문이다."

14 미디안 여인과 함께 죽임을 당한 이스라엘 남자는 살루의 아들이요, 시므온인의 조상의 가문 가운데 지도자인 시므리였다.

15 죽임을 당한 미디안 여인은 미디안 백성의 한 조상의 가문에 속한 우두머리 수르의 딸인 고스비였다.

16 여호와께서 모세에게 말씀하셨다.

17 "미디안 사람들을 공격하여 그들을 죽이라.

18 그 이유는 그들이 속임수로 너희를 유혹하여 브올의 일과 미디안 우두머리의 딸인 고스비 사건으로 너희가 염병에 걸려 죽임을 당했기 때문이다."

출애굽 후 두 번째 인구 조사

26 ● 싯딤에서 모압 여인과 음행으로 인해 염병이 발생한 후 여호와께서 모세와 아론 제사장의 아들 엘르아살에게 명령하셨다.

2 "이스라엘 백성 가운데 20세 이상 되어 능히 전쟁에 나갈 수 있는 자들을 그들의 조상의 가문을 따라 조사하라."

3 이에 모세와 엘르아살 제사장이 여리고 맞은편 요단 강가 모압평지에서 그들에게 말했다.

4 "여호와께서 애굽 땅에서 나온 이스라엘 백성 중 20세 이상 된 자를 조사하라고 하셨다."

5 이에 조사하니 야곱[1]의 장자 르우벤의 자손에는 하녹 족속, 발루 족속,

6 헤스론 족속, 갈미 족속이니

7 이는 르우벤 족속들이다. 조사된 자가 4만 3,730명이었다.

8 발루의 아들은 엘리압이고,

9 엘리압의 아들은 느무엘과 다단과 아비람이었다. 이중에 다단과 아비람은 백성 가운데서 부름을 받은 자들이었으나 고라의 무리에 들어가 모세와 아론을 거역하고 여호와께 반역할 때

10 땅이 갈라져 그 무리와 함께 죽었다. 이때 불이 250명을 삼켜 징표로 삼게 했다.[2]

1) 이스라엘 2) 민 16:1-33

11 그러나 이때 고라의 아들들은 죽지 않았다.

12 시므온 자손의 족속들은 느무엘[1) 족속, 야민 족속과 야긴[2) 족속,

13 세라[3) 족속, 사울 족속이니

14 조사된 자가 2만 2,200명이었다.

15 갓 자손의 족속들은 스본[4) 족속, 학기 족속, 수니 족속,

16 오스니[5) 족속, 에리 족속,

17 아롯[6) 족속, 아렐리 족속이니

18 조사된 자가 4만 500명이었다.

19 유다의 아들들은 에르[7)와 오난으로 이들은 가나안 땅에서 죽었다.

20 유다 자손의 족속들은 셀라 족속, 베레스 족속, 세라 족속이다.

21 베레스 자손은 헤스론과 하물 족속이었다.

22 조사된 자가 7만 6,500명이었다.

23 잇사갈 자손의 족속들은 돌라 족속, 부니 족속,

24 야숩[8) 족속, 시므론 족속이니

25 모두 6만 4,300명이었다.

26 스불론 자손의 족속들은 세렛 족속, 엘론 족속, 얄르엘 족속이니

27 조사된 자가 6만 500명이었다.

28 요셉의 아들들의 족속들은 므낫세와 에브라임이다.

29 므낫세 자손의 족속들은 마길에게서 난 마길 족속과 마길의 아들인 길르앗에게서 난 길르앗 족속이 있다.

30 길르앗 자손은 이에셀 족속, 헬렉 족속,

31 아스리엘 족속, 세겜 족속,

32 스미다 족속, 헤벨 족속이다.

33 헤벨의 아들 슬로브핫은 아들이 없고 딸뿐이었다. 그 딸의 이름은 말라, 노아, 호글라, 밀가, 디르사였다.

34 조사된 자가 5만 2,700명이었다.

35 에브라임 자손의 족속들은 수델라 족속, 베겔[9) 족속, 다한 족속이다.

36 수델라 자손은 에란에게서 난 에란 족속이다.

37 조사된 자가 3만 2,500명이었다. 이상은 요셉 자손이었다.

38 베냐민 자손의 족속들은 벨라 족속, 아스벨 족속과 아히람[10) 족속,

39 스부밤[11) 족속과 후밤에게서 난 후밤 족속이다.

40 벨라의 아들들은 아릇과 나아만으로 이들에게서 아릇[12) 족속과 나아만 족속이 나왔다.

41 조사된 자가 4만 5,600명이었다.

42 단 자손의 족속[13)들은 수함[14) 족속이다.

43 수함 족속으로 조사된 자가 6만 4,400명이었다.

44 아셀 자손의 족속들은 임나 족속, 이스위 족속, 브리아 족속이다.

45 브리아의 자손 가운데서 헤벨 족속과 말기엘 족속이 나왔다.

46 아셀의 딸의 이름은 세라이다.

47 조사된 자가 5만 3,400명이었다.

48 납달리 자손의 족속들은 야셀 족속, 구니 족속,

49 예셀 족속, 실렘 족속이다.

50 조사된 자가 4만 5,400명이었다.

51 조사된 이스라엘 백성은 모두 60만 1,730명이었다.

52 여호와께서 모세에게 말씀하셨다.

53 "조사한 인구 수대로 제비를 뽑아 땅을 분배하여 삶의 터전으로 삼게 하라.

54 인구수가 많은 자에게는 많은 땅을

---

1) 창 46:10, 출 6:15, 여므엘 2) 대상 4:24, 야립 3) 창 46:10, 소할 4) 창 46:16, 시본 5) 창 46:16, 에스본 6) 창 46:16, 아로디 7) 엘 8) 창 46:13, 욥 9) 대상 7:20, 베렛 10) 대상 8:1에는 아하라, 창 46:21에는 에히 11) 창 46:21, 뭅빔과 훕빔 12) 대상 8:3, 앗달 13) 종족 14) 창 46:23, 후심

주고, 인구가 적은 자에게는 적게
주라.

55 그리고 지역은 제비를 뽑아 결정
하되 그들의 조상 지파의 이름을
따라 얻게 할 것이다.

56 그 많고 적음을 따지지 말고 그들
의 땅을 제비 뽑아 나누라."

57 레위인으로 조사된 자들의 족속들
은 게르손 족속, 고핫 족속, 므라리
족속이다.

58 또 레위 족속들은 이러하니 립니
족속, 헤브론 족속, 말리 족속, 무
시 족속, 고라 족속이다. 고핫은 아
므람을 낳았다.

59 아므람의 아내 이름은 요게벳이다.
그는 애굽에서 레위에게서 난 딸로
그가 아므람에게서 아론과 모세와
그의 누이 미리암을 낳았다.

60 아론에게서는 나답과 아비후와 엘
르아살과 이다말이 나왔다.

61 나답과 아비후는 다른 불을 여호
와 앞에 드리다가 죽었다.1)

62 1개월 이상으로 조사된 레위인의
남자는 합계가 2만 3,000명이었
다. 그들은 이스라엘 백성의 인구
조사에 계산되지 않았다. 그들은
이스라엘 백성 가운데서 받을 땅
이 없었기 때문이다.

63 이는 모세와 엘르아살 제사장이
조사한 자들이다. 그들이 여리고
건너편 요단 강가 모압평지에서
이스라엘 백성에 대한 인구 조사
를 하던 중에는

64 모세와 제사장이 시내광야에서 조
사한 20세 이상의 이스라엘 백성
은 여호수아와 갈렙 외에 한 사람
도 없었다.

65 그 이유는 여호와께서 그들에게
말씀하신 대로 그들이 가데스 바
네아에서 정탐꾼의 보고를 듣고

원망하므로 광야에서 죽었기 때문
이다. 그러므로 이때까지 20세 이
상 된 자 가운데 여분네의 아들 갈
렙과 눈의 아들 여호수아 외에는
한 사람도 남지 않고 모두 죽었다.

슬로브핫의 딸들과 상속권

27 ● 요셉의 아들 므낫세 지파
종족에서 므낫세의 5대 손,
마길의 증손, 길르앗의 손자, 헤벨
의 아들, 슬로브핫의 딸들인 말라,
노아, 호글라, 밀가, 디르사가 모
세를 찾아왔다.

2 그들이 성막 문에서 모세와 엘르
아살 제사장과 지도자들과 온 무
리 앞에서 말했다.

3 "우리 아버지가 광야에서 죽었으
나 여호와를 반역한 고라의 무리
에 들지 않고 자기 죄로 죽었는데
아들이 없습니다.

4 그런데 아들이 없다고 우리 아버
지의 이름이 그의 종족 가운데서
삭제되어야 합니까? 우리 아버지
의 형제 가운데 우리에게도 재산
을 상속해 주기 바랍니다."

5 이에 모세가 그 사연을 여호와께
아뢰었다.

🔺풍습
아들이 없을 때 재산 상속권(민 27:1-11)

고대 이스라엘 사회에서 여자는 인구조사에서 빠
졌으며, 특별한 경우를 제외하고는 딸은 족보에도
오를 수 없었다. 본문(민 27:1-11)에서는 슬로브핫
에게 아들이 없었으므로 그 기업에 대한 문제가
발생하지 않도록 하기 위한 내용이 기록되었다.
곧 고대 근동의 다른 나라에서 보통 여자들은 상
속권이 없었으나 이스라엘에서는 아들이 없는 집
의 딸들은 상속권을 갖는다는 규례가 제정되었다.
다만 이 경우 자기 지파의 남자에게 시집을 갈 경
우라는 단서가 붙는다(36:5-9). 이처럼 슬로브핫
의 딸들에 대한 기업(상속권)을 인정한 것은(27:1-
11) 여권에 대한 신장이 있음을 보여주는 것이다.

---

1) 레 10:1-2

6 그러자 여호와께서 모세에게 말씀하셨다.

7 "슬로브핫 딸들의 말이 맞다. 그러므로 너는 그들의 아버지의 형제 가운데 그들에게 돌아올 아버지의 상속을 받도록 하라.

8 너는 이스라엘 백성에게 말하라. 사람이 죽고 아들이 없으면 그의 재산을 그의 딸에게 상속해 주라.

9 만일 딸도 없으면 그의 재산을 그의 형제에게 주고,

10 형제도 없으면 그의 재산을 그의 아버지의 형제에게 줄 것이다.

11 그의 아버지의 형제도 없으면 그의 재산을 가장 가까운 친족이 받도록 하라. 나 여호와가 모세에게 명령한 대로 이스라엘 백성에게 판례가 되게 하라."

모세의 후계자 여호수아

12 ● 그날 여호와께서 모세에게 말씀하셨다. "너는 여리고 건너편 아모리족의 시혼왕이 점령하고 있던 아바림산맥에 있는 느보산에 올라가 내가 이스라엘 백성에게 준 가나안 땅을 바라보라.[1]

13 그곳을 본 후에는 네 형 아론이 호르산에서 죽어 그의 조상에게로 돌아간 것처럼 너도 올라가는 이 산에서 죽어 네 조상에게로 돌아갈 것이다.[2]

14 이는 너희가 진[3]광야에 있는 가데스의 므리바 샘물가에서 이스라엘이 물 때문에 다툴 때 내 명령을 어기고 이스라엘 백성 앞에서 내 거룩함을 나타내지 않았기 때문이다."[4]

15 모세가 여호와께 간구했다.

16 "모든 육체의 생명이 되시는 하나님이여, 한 사람을 이 백성 위에 지도자로 세워

17 그로 백성들 앞에 출입하며, 그들을 인도하여 여호와의 백성이 목자 없는 양과 같이 되지 않게 하십시오."

18 여호와께서 모세에게 말씀하셨다. "눈의 아들 여호수아는 나의 영이 임한 자니 너는 그를 데려다가 안수하라.

19 그리고 그를 엘르아살 제사장과 모든 백성 앞에 세우고 그들 앞에서

20 네 권위를 그에게 주어 이스라엘 백성이 그에게 복종하게 하라.

21 그는 엘르아살 제사장 앞에 서고, 엘르아살은 그를 위해 주사위 일종인 우림을 사용하여 여호와의 뜻이 무엇인지 판결받을 것이다. 그와 이스라엘의 모든 백성은 엘르아살의 말을 따라 나가기도 하며 들어오기도 할 것이다."

22 모세가 여호와의 명령대로 여호수아를 데려다가 엘르아살 제사장과 온 백성 앞에 세웠다. 그리고

23 그에게 안수하여 이스라엘 백성의 지도자로 삼았다.

매일 드리는 상번제[5]

28 ● 여호와께서 모세에게 말씀하셨다.

2 "이스라엘 백성에게 명령하라. 내 예물과 화제물[6]과 향기로운 것은 너희가 그 정해진 시기에 내게 바치라.

3 네가 제단 위에 상번제로 드려야 할 화제는 매일 1년 된 흠 없는 숫양[7] 2마리이다.

4 어린 양 1마리는 아침에 드리고, 다른 1마리는 저녁 해 질 때 드리라.

5 그리고 어린 양 1마리에 고운 밀가루 10분의 1에바와 찧어 짠 기름 4분의 1힌을 더하여 소제로 드리라.[8]

---

1) 신 32:48-49　2) 신 32:50　3) Zin, 신　4) 신 32:51
5) 출 29:38-46　6) 내 음식　7) 출 29:38, 어린 양
8) 출 29:39-40

6 이는 시내산에서 정한 상번제로 여호와께 드리는 향기로운 화제이다.

7 그리고 부어 드리는 전제는 어린 양 1마리에 찧어 짠 기름 4분의 1힌을 더하여 거룩한 곳인 성막 뜰에서 독주인 포도주를 부어 전제로 드리라.

8 저녁 때 드리는 또다른 어린 양 1마리는 아침에 드린 것처럼 소제와 전제와 같이 여호와께 향기로운 냄새로 드리는 화제로 삼으라."[1]

안식일과 매월 첫날에 드리는 번제

9 ● 안식일마다 1년 된 흠 없는 숫양 2마리와 4.4리터 되는 고운 가루 10분의 2에바에 올리브 기름 섞은 소제와 그 전제를 드리라.

10 이는 일상적으로 드리는 상번제와 그 부어 드리는 전제 외에 안식일마다 드리는 상번제이다.

11 매월 첫날에는 여호와께 번제를 드리라. 제물로는 수송아지 2마리와 숫양 1마리, 1년 된 흠 없는 숫양 7마리이다.

12 ● 수송아지 각각에는 고운 가루 10분의 3에바에 기름 섞은 소제, 숫양 1마리에는 고운 가루 10분의 2에 기름 섞은 소제,

13 어린 양은 1마리당 고운 가루 10분의 1에 기름 섞은 소제를 향기로운 번제로 여호와께 화제로 드리라.

14 포도주를 부어 드리는 전제는 수송아지 1마리에 포도주 반 힌, 숫양 1마리에 3분의 1힌, 어린 양 1마리에 4분의 1힌을 부어 드리라. 이것은 1년 중 매월 첫날에 드리는 상번제이다.

15 또 상번제와 그 전제 외에 숫염소 1마리를 추가하여 속죄제로 여호와께 드리라.

16 ● 첫째 달인 3~4월 14일 저녁은 여호와의 유월절이다.

17 그달 15일부터는 여호와의 무교절 명절이니 7일 동안 누룩 없는 빵인 무교병을 먹을 것이다.

18 그 첫날에는 너희가 성회로 모이고 어떤 일도 하지 말라.[4]

19 화제로 드릴 제물은 수송아지 2마리와 숫양 1마리와 1년 된 숫양 7마리로 모두 흠 없는 것으로 여호와께 드려 번제가 되게 하라.

20 소제로는 고운 가루에 기름을 섞어서 사용하되 수송아지 1마리에는 10분의 3에바, 숫양 1마리에는 10분의 2를 드리라.

21 그리고 어린 양 7마리에는 1마리당 10분의 1을 드리라.

22 또 너희의 죄를 대신하기 위해 숫염소 1마리를 속죄제로 드리되

23 아침의 번제인 상번제 외에 그것들을 따로 더 드리라.

24 너희는 이 순서대로 7일 동안 매일같이 여호와께 향기로운 화제의 제물을 드리되 상번제와 그 부어 드리는 제사인 전제 외에 따로 추가해 드리라.

25 7일에는 성회로 모이고 아무 일도 하지 말라.

26 ● 안식일을 7번 지난 이튿날까지 포함하여 50일째 되는 날, 처음 익은 열매를 드리는 칠칠절에 새로운 소제로 여호와께 드리라. 이날에는 성회로 모일 것이며, 아무 일도 하지 말라.[5]

27 또 너희는 수송아지 2마리와 숫양 1마리와 1년 된 숫양 7마리를 여호

1) 출 29:41 2) 레 23:5~14 3) 레 23:5 4) 레 23:6~7
5) 레 23:16

와께 향기로운 번제로 드리라.[1]

28 그 소제로는 고운 가루에 기름을 섞어 사용하되 수송아지 1마리마다 10분의 3에바이고, 숫양 1마리에는 10분의 2,

29 어린 양 7마리에는 어린 양 1마리당 10분의 1을 드리라.

30 또 너희를 속죄하기 위해 숫염소 하나로 속죄제를 드리되,

31 흠 없는 것으로 일상적으로 드리는 제사인 상번제와 그 소제와 전제 외에 그것들을 추가로 드리라.[2]

나팔절과 속죄일[3]

29 ● 여호와께서 모세에게 말씀하셨다. "일곱째 달인 10월의 첫날은 나팔을 불어 기념할 날이니 성회로 모이고 아무 일도 하지 말라.[4]

2 화제의 제물은 수송아지 1마리와 숫양 1마리와 1년 된 흠 없는 숫양 7마리로 여호와께 향기로운 번제로 드리라.

3 소제로는 고운 가루에 기름을 섞어서 사용하되 수송아지에는 10분의 3에바, 숫양에는 10분의 2,

4 어린 양 7마리에는 1마리당 10분의 1을 사용하여 드리라.

5 또 너희의 죄를 대신 담당하기 위해 숫염소 1마리로 속죄제를 드리되

6 그달의 번제와 소제와 상번제와 전제 외에 추가로 규례를 따라 향기로운 냄새로 여호와께 화제로 드리라.

7 일곱째 달인 10월 10일은 너희를 위해 여호와 앞에 죄를 깨끗하게 하는 속죄일이다. 이날에는 성회로 모이고, 스스로 심령을 괴롭게 하며, 어떤 일도 하지 말라.[5]

8 속죄일에 번제로 드릴 제물은 모두 흠 없는 수송아지 1마리와 숫양 1

마리와 1년 된 숫양 7마리이다.

9 소제로는 고운 가루에 기름을 섞어서 사용하되 수송아지 1마리에는 10분의 3에바, 숫양 1마리에는 10분의 2,

10 어린 양 7마리에는 1마리당 10분의 1을 사용하여 드리라.

11 속죄제와 매일 드리는 상번제와 곡식으로 드리는 소제와 부어 드리는 제사인 전제 외에 추가로 숫염소 1마리를 속죄제로 드리라."

초막절(장막절) 규례[6]

12 ● 너희가 토지의 수확을 마치는 일곱째 달인 10월 15일은 초막절이니 여호와를 위하여 7일 동안 절기로 지키라. 이 날은 성회로 모이고 어떤 일도 하지 말라.[7]

13 여호와께 향기로운 화제로 드릴 번제물은 수송아지 13마리와 숫양 2마리와 1년 된 숫양 14마리를 모두 흠 없는 온전한 것으로 드리라.

14 소제로는 고운 가루에 기름을 섞어서 수송아지 13마리에는 각각 10분의 3에바, 숫양 2마리에는 각각 10분의 2,

15 어린 양 14마리에는 각각 10분의 1을 사용하여 드리라.

16 매일 드리는 상번제와 곡식으로 드리는 소제와 부어 드리는 전제 외에 숫염소 1마리를 속죄제로 추가하여 드리라.

17 둘째 날에는 수송아지 12마리와 숫양 2마리와 1년 된 흠 없는 숫양 14마리를 드리라.

18 소제와 전제는 수송아지와 숫양과 어린 양의 수에 따라서 규례대로

---

1) 레 23:18, 이 떡과 함께 1년 된 흠 없는 어린 양 7마리와 어린 수소 1마리와 숫양 2마리   2) 레 23:19   3) 레 23:23-32   4) 레 23:23-25   5) 레 23:24-25 참조   6) 레 23:33-44   7) 레 23:34-35 참조

드리라.

19 상번제와 소제와 그 전제 외에 숫염소 1마리를 추가해서 속죄제로 드리라.

20-34 셋째 날부터 일곱째 날까지 매일 같은 제물로 드리라. 다만 수송아지는 셋째 날에는 11마리를 드리고, 하루마다 1마리씩 적게 하여 일곱째 날에는 7마리를 드리라.

35 8일째에는 엄숙한 대회로 모이며 아무 일도 하지 말라.

36 이날도 번제로 여호와께 향기로운 화제를 드리되 수송아지와 숫양 각각 1마리와 1년 된 흠 없는 숫양 7마리를 드리라.

37 소제와 전제는 수송아지와 숫양과 어린 양의 수에 따라 규례대로 드리라.

38 상번제와 소제와 전제 외에 추가로 숫염소 1마리를 속죄제로 드리라.

39 이는 절기를 당했을 때 서원제이나 낙헌제로 드리는 번제, 소제, 부어 드리는 제사인 전제, 화목제 외에 너희가 여호와께 드리는 것이다.[1]

40 모세는 이스라엘 백성에게 이상과 같이 여호와의 절기[2]를 공포했다.

여호와께 한 서원에 대해

30 ● 모세가 이스라엘 지파의 지도자들에게 말한 여호와의 명령이다.

2 사람이 여호와께 서원했으면 그가 입으로 말한 대로 모두 이행할 것이다.

3 어떤 여자가 어려서 아버지 집에 있을 때 여호와께 서원한 일이나 스스로 결심하려고 한 일이 있다면

4 아버지가 그의 서원이나 결심한 서약을 듣고도 그에게 아무 말이 없으면 그는 모든 서원과 결심한 서약을 반드시 지켜야 한다.

5 그러나 그의 아버지가 그것을 들은 날에 허락하지 않았으면 그의 서원과 결심한 서약을 이행하지 못할 것이다. 아버지가 허락하지 않았기 때문에 여호와께서 용서하실 것이다.

6 결혼한 여자가 경솔하게 서원이나 결심한 것을

7 그의 남편이 들은 날에 그에게 아무 말이 없으면 그 서원이나 결심한 서약을 지키라.

8 그러나 그의 남편이 그것을 들은 날에 허락하지 않으면 그 서원과 경솔하게 한 서약은 무효가 된다. 여호와께서 그 여자를 용서하실 것이다.

9 과부나 이혼당한 여자의 서원이나 결심한 모든 서약은 지켜야 한다.

10 부녀가 그의 남편 집에서 함께 살면서 서원이나 서약을 할 때

11 그의 남편이 그것을 듣고도 아무 말이 없고 금하지 않으면 그 서원과 결심한 서약은 모두 지켜야 한다.

Q&A 성경에서의 서원의 뜻은?
(민 30장)

이스라엘에게 있어 서원(vow)은 일상적인 특색을 이루고 있었다. 레 27장에는 서원 때 드리는 제물과 헌물에 대해 규정하고 있으며, 민 6장에는 나실인의 서원에 대해, 민 30장에는 과부나 이혼녀가 그 마음을 제어하려는 서원에 대해, 신 12장에는 서원제를 드릴 장소에 대해 언급하고 있다. 야곱은 하란으로 도피하던 중 벧엘에서 하나님께 십일조 서원을 했고(창 28:20~22), 입다는 서원대로 딸을 하나님께 바쳤으며(삿 11:30~31), 한나는 서원으로 사무엘을 낳았다. 그리고 압살롬은 아버지의 총애를 다시 받는 조건으로 희생적인 예배를 드리겠다고 서원했다(삼하 15:7~12). 바울은 서원한대로 겐그레아에서 머리를 깎았다(행 18:18).

1) 레 23:38　 2) 모든 일

12 그러나 그의 남편이 그것을 들은 날에 무효로 하면 그 서원과 결심한 일을 이행하지 못할 것이다. 이는 그의 남편이 그것을 무효로 했기 때문에 여호와께서 그 부녀를 용서하실 것이다.

13 아내가 한 서원과 마음을 자제하기로 한 서약은 그의 남편이 그것을 지키게도 할 수 있고, 무효로도 할 수 있다.

14 그의 남편이 며칠이 지나도록 아무 말이 없으면 아내의 서원과 스스로 결심한 일을 지키게 하는 것과 같다. 이는 그가 그것을 들을 때 아내에게 아무 말도 하지 않았기 때문에 지켜야 하는 것이다.

15 그러나 남편이 듣고 얼마 후 그것을 무효로 하면 남편은 아내가 서원을 이행하지 못한 죄를 담당할 것이다.

16 이상은 여호와께서 모세에게 남편이 아내에게, 아버지가 자기 집에 있는 어린 딸에 대해 명령하신 규례이다.

미디안에게 원수를 갚음

31 여호와께서 모세에게 말씀하셨다.

2 "미디안에게 이스라엘 백성이 죽임을 당한 원수를 갚으라. 그러고 나서 너는 죽어 네 조상 백성에게로 돌아갈 것이다."[1]

3 모세가 백성들에게 말했다. "전쟁에 나갈 수 있는 사람들을 무장시키고 나가 미디안과 싸워 여호와의 원수를 갚으라.

4 이스라엘의 각 지파에서 1,000명씩을 뽑아 전쟁에 내보낼 것이다."

5 이에 각 지파에서 1,000명씩 이스라엘 100만 명 중에서 1만 2,000명을 뽑아 무장을 시켰다.

6 모세가 각 지파에서 뽑힌 1,000명씩 모두 1만 2,000명을 엘르아살 제사장의 아들 비느하스에게 성소의 기구와 신호 나팔을 들게 하여 그들과 함께 전쟁에 보냈다.

7 그들이 여호와께서 모세에게 명령하신 대로 미디안을 공격하여 모든 남자를 죽였다.

8 그 외에도 미디안의 다섯 왕인 에위, 레겜, 수르, 후르, 레바와 브올의 아들 발람도 칼로 죽였다.

9 또한 미디안의 부녀들과 아이들을 사로잡고, 그들의 가축과 양 떼와 재물을 모두 빼앗았다.

10 또 그들의 성읍과 마을을 모두 불살랐다.

11 이렇게 사람과 짐승과 재물을 모두 빼앗았다.

12 그들은 사로잡은 자와 빼앗은 것들을 가지고 여리고 건너편 요단 강가 모압평지에 있는 이스라엘 진영으로 돌아왔다. 그리고 모세와 엘르아살 제사장과 이스라엘 백성에게로 나왔다.

13 모세와 엘르아살 제사장과 백성의 지도자들이 장막을 친 진영 밖으로 나가 싸움에서 돌아오는 군대를 맞이했다.

14 이때 모세가 싸움에서 돌아온 군대의 지휘관인 천부장들과 백부장들에게 화를 내며 말했다.

15 "너희가 왜 여자들을 모두 살려 두었느냐?

16 이들은 발람의 말을 따라 이스라엘 백성을 유혹하여 브올의 사건에서 여호와 앞에 범죄하게 하여 여호와의 백성 가운데 염병이 일어나게 한 자들이다.[2]

17 그러므로 남자 아이와 남자와 동침

---

1) 민 25장 2) 민 25:1-9

한 여자도 모두 죽이라.

18 그러나 남자와 동침하지 않고 사내를 알지 못하는 여자들은 너희를 위해 살려 두라.”

살인자와 전리품에 대해

19 ● 이어 모세가 계속해서 말했다. “싸움에 나갔다가 돌아왔으니 너희는 7일 동안 진영 밖에 머무르라. 누구든지 살인한 자나 사체를 만진 자는 셋째 날과 일곱째 날에 몸을 깨끗하게 하고 너희의 포로도 깨끗하게 하라.

20 모든 의복과 가죽과 염소 털로 만든 것, 나무로 만든 모든 것은 모두 깨끗하게 하라.”

21 이에 엘르아살 제사장이 모세의 말에 따라 싸움에 나갔던 군인들에게 말했다. “이는 여호와께서 모세에게 명령하신 율법이니

22 너희는 금, 은, 동, 철, 주석, 납 등

23 불에 견딜 만한 모든 전리품은 불을 지나게 하여 깨끗하게 하라. 그리고 불에 타거나 변형되는 것들은 물로 씻어 깨끗하게 하라.

24 너희는 일곱째 날에 옷을 빨아 깨끗하게 한 후 진영 안으로 들어오도록 하라.”

25 여호와께서 모세에게 말씀하셨다.

26 “너는 엘르아살 제사장과 백성의 우두머리들과 함께 포로들과 짐승들을 조사하고

27 그 전리품 중 절반은 싸움에 참여한 군인들에게 주고, 절반은 백성들에게 주라.

28 싸움에 나간 군인들은 받은 전리품의 몫 가운데서 사람이나 소나 나귀나 양 떼에서 500의 1을 여호와께 드리라.

29 그리고 그 500분의 1 가운데서 절반을 떼어 여호와께 제물을 들어

올리는 거제물로 드린 후 그 제물을 엘르아살 제사장의 몫으로 주라.

30 이스라엘 백성이 받은 절반에서는 사람이나 소나 나귀나 양 떼나 각종 짐승 가운데서 50분의 1을 따로 떼어 성막을 맡아 봉사하는 레위인에게 주라.”

31 모세와 엘르아살 제사장이 여호와께서 모세에게 명령하신 대로 이행했다.

32 군인들이 탈취해 온 것 중에는 양이 67만 5,000마리,

33 소가 7만 2,000마리,

34 나귀가 6만 1,000마리,

35 남자와 동침하지 않은 여자가 3만 2,000명이었다.

36 싸움에 나갔던 군인들의 소유는 그중 절반인 양 33만 7,500마리이다.

37 그중에서 따로 여호와께 공물로 드린 양이 675마리였다.

38 소는 3만 6,000마리였으며, 그중 여호와께 공물로 드린 것이 72마리였다.

39 나귀는 3만 500마리였으며, 그중에 따로 여호와께 공물로 드린 것이 61마리였다.

40 포로로 잡은 사람은 1만 6,000명이고, 그중에 여호와께 일할 자로 드린 자가 32명이었다.

41 여호와께 거제물로 드린 것은 모세가 여호와께서 명령하신 대로 엘르아살 제사장에게 주었다.

42 모세가 싸움에 참여했던 군인들의 전리품에서 절반을 나누어 이스라엘 백성에게 준 것은

43 양이 33만 7,500마리,

44 소가 3만 6,000마리,

45 나귀가 3만 500마리,

46 사람이 1만 6,000명이었다.

47 모세가 여호와의 명령대로 이스라엘 백성이 받은 전리품의 절반에서 50분의 1을 따로 떼어 성막을 맡아 봉사하는 레위인에게 주었다.

48 군대의 지휘관들인 천부장과 백부장들이 모세를 찾아와

49 말했다. "당신의 종들이 이끈 군인을 조사해 보니 우리 중 한 명도 전사한 사람이 없습니다.

50 그래서 우리 각 사람이 받은 발목 고리, 손목 고리, 인장 반지, 귀고리, 목걸이 등 금 패물을 우리의 생명을 위해, 여호와 앞에 속죄하기 위해 여호와께 헌물로 가져왔습니다."

51 모세와 엘르아살 제사장이 그들에게서 그 금 패물을 받았는데

52 그들이 여호와께 거제로 드린 금의 합계가 191kg나 되는 1만 6,750세겔이었다.

53 이것들은 모두 군인들이 각기 자기를 위해 탈취한 것이었다.

54 모세와 엘르아살 제사장은 천부장과 백부장들에게서 받은 금을 성막에 바쳐 여호와 앞에서 이스라엘 백성의 기념으로 놓아 두었다.

요단강 동쪽 지역의 지파들[1]

32 ● 르우벤과 갓 지파는 수많은 가축 떼를 소유했다. 그들이 요단강 동쪽의 야셀과 길르앗 땅을 보니 그곳은 목축하기에 좋은 장소였다.

2 이에 르우벤과 갓 지파 자손이 모세와 엘르아살 제사장과 백성의 지도자들에게 와서 말했다.

3 "아다롯, 디본, 야셀, 니므라, 헤스본, 엘르알레, 스밤, 느보, 브온은

4 여호와께서 이스라엘 백성 앞에서 멸망시킨 지역으로 목축하기에 좋은 장소이며, 우리에게는 많은 가축이 있습니다.

5 만일 우리가 당신들에게 은혜를 입었다면 이 땅을 우리에게 주어 우리로 요단강을 건너가지 않도록 해주기 바랍니다."

6 모세가 르우벤과 갓 자손에게 말했다. "너희 형제들은 싸우러 가는데 너희는 이곳에서 편히 있고자 하느냐?

7 너희는 어찌하여 이스라엘 백성을 낙심케 하여 여호와께서 약속하신 땅으로 건너갈 수 없도록 하려고 하느냐?"

8-13 이에 모세는 이전에 가데스 바네아에서 정탐꾼의 보고를 듣고 원망한 조상들이 결국 약속한 땅에 들어가지 못하고 여호수아와 갈렙을 제외한 20세 이상 된 모든 사람이 광야에서 죽은 사건[2]에 대해 말했다.

14 이어 모세가 계속해서 말했다. "이제 너희도 너희의 조상 때 일어난 죄인의 무리처럼 이스라엘을 향한 여호와의 분노를 더욱 크게 일으키고 있다.

15 만일 너희가 여호와를 떠나면 여호와께서 다시 이 백성을 광야에 버리실 것이다. 그렇게 되면 너희는 이 모든 백성을 멸망시키는 자가 될 것이다."

16-17 그들이 모세에게 가까이 나아와 말했다. "우리가 이곳에 가축을 위해 우릿간을 짓고, 이 땅의 본토민에게서 우리 어린 아이들을 보호하기 위해 견고한 성읍을 건축하여 그곳에 거주할 것입니다. 그런 후에는 우리가 무장하고 이스라엘 백성을 여호와께서 약속하신 땅으로 인도하기까지 앞장서서 갈 것입니다.

1) 신 3:12-22 2) 민 14:1-38

18 그리고 이스라엘 백성이 각기 땅을 기업으로 받기까지 우리는 집으로 돌아오지 않을 것입니다.

19 또한 우리는 요단강 동쪽 땅을 산업으로 받게 되면 다른 지파들과 함께 요단강 서쪽 지역에서는 땅을 할당 받지 않을 것입니다."

20·21 모세가 르우벤과 갓 자손에게 대답했다. "만일 너희가 너희 말대로 이행하여 무장하고 요단강을 건너가서 여호와께서 그의 대적들을 자기 앞에서 쫓아내시고,

22 그 땅이 여호와 앞에 굴복할 때까지 싸우면 여호와 앞에서나 이스라엘 앞에서나 죄없이 떳떳하게 돌아올 것이다. 그리고 요단강 동쪽에 있는 이 땅은 여호와 앞에서 너희의 소유가 될 것이다.

23 그러나 너희가 그렇게 하지 않으면 여호와께 범죄하는 것이 되어 너희는 그 죄의 대가를 반드시 치르게 될 것이다.

24 그러므로 이제 너희는 너희 말대로 어린 아이들을 위해 성읍을 건축하고, 양을 위해 우릿간을 지으라."

25 갓 자손과 르우벤 자손이 모세에게 대답했다. "우리는 주인 되는 당신의 명령대로 행할 것입니다.

26 우리의 어린 아이들과 아내와 양떼와 모든 가축은 이곳 길르앗 지역에 있는 성읍들에 남겨 두고,

27 종들은 주인 되는 당신의 말씀대로 무장하고 여호와 앞에서 모두 요단강을 건너가서 싸울 것입니다."

28 이에 모세가 그들에 대해 엘르아살 제사장과 눈의 아들 여호수아와 이스라엘 백성의 각 지파 우두머리들에게 명령했다.

29 "갓 지파와 르우벤 지파 자손이 무장하고 너희와 함께 요단강을 건너

가서 여호와 앞에서 그 땅의 대적이 너희 앞에 굴복하기까지 싸우면 요단강 동쪽에 있는 길르앗 땅을 그들의 소유로 줄 것이다.

30 그러나 그들이 그렇게 하지 않으면 그들은 가나안 땅에서 너희와 함께 땅을 소유할 것이다."

31 이에 르우벤과 갓 지파 자손이 대답했다. "여호와께서 당신의 종들에게 명령하신 대로 우리가 이행할 것입니다.

32 그래서 우리가 무장하고 여호와 앞에서 가나안 땅으로 건너가 싸운 후 요단강 동쪽 땅을 우리가 소유하게 될 것입니다."

33 이에 모세가 갓 지파 자손과 르우벤 지파 자손과 요셉의 아들 므낫세 반 지파에게 아모리 사람 시혼 왕과 바산 왕 옥의 나라였던 지역과 그 지역 내에 있는 성읍들과 주위의 땅을 그들에게 주었다.

34 갓 지파 자손은 디본, 아다롯, 아로엘,

35 아다롯소반, 야셀, 욕브하,

36 벧니므라, 벧하란의 견고한 성읍을 건축하고 양을 위한 우리를 지었다.

37 르우벤 지파 자손은 헤스본, 엘르알레, 기라다임,

38 느보, 바알므온을 건축하고 그 성읍 이름을 바꾸었으며, 또 십마를 건축한 후 건축한 성읍들을 새로운 이름으로 불렀다.

39 므낫세의 아들 마길의 자손은 길르앗으로 올라가 그곳을 공격하여 빼앗았고, 그곳에 살고 있는 아모리 사람을 쫓아냈다.

40 이에 모세가 길르앗을 므낫세의 아들 마길에게 주었고, 그는 그곳에 거주하며 살았다.

41 므낫세의 또 다른 아들 야일은 북쪽으로 가서 마을들을 빼앗고, 그 지역을 '야일의 촌락'이라는 뜻의 하봇야일이라고 불렀다.

42 노바는 그낫과 그 마을들을 빼앗고, 자기 이름을 따라서 노바라고 불렀다.

출애굽 여정을 기록함

33 1-2 ● 모세가 애굽을 떠난 이스라엘 백성들의 여정을 여호와의 명령대로 기록했으니 그들이 행진한 여정은 이러했다.

3 이스라엘 백성이 첫해 첫째 달인 4월 유월절 다음 날인 15일에 라암셋을 출발했다. 그때 이스라엘 백성은 애굽의 모든 사람 앞에서 큰 권능1)으로 나왔다.

4 그것은 여호와께서 애굽 사람들의 모든 장자를 죽게 하여 장사하는 때였다. 여호와께서는 애굽의 신들에게도 벌을 내렸다.

5 이스라엘 백성이 라암셋을 출발하여 숙곳에 진을 쳤다.

6-10 광야 끝 에담, 바알스본 앞 비하히롯으로 돌아가서 믹돌 앞, 하히롯2) 앞을 떠나 광야를 바라보고 바다 가운데를 지나 에담광야로 3일 길을 가서 마라에 도착한 후 출발하여 샘물 12곳과 종려나무 70그루가 있는 엘림, 홍해 가에 진을 쳤다.

11-14 홍해 가를 출발하여 신광야, 돕가, 알루스를 지나 르비딤에 진을 쳤지만 그곳에는 마실 물이 없었다.

15-19 르비딤을 출발하여 시내광야, 기브롯 핫다아와, 하세롯, 릿마, 림몬베레스,

20-35 립나, 릿사, 그헬라다, 세벨산, 하라다, 막헬롯, 다핫, 데라, 밋가, 하스모나, 모세롯, 브네야아간, 홀하깃갓, 욧바다, 아브로나, 에시온

게벨에 진을 쳤다.

36 엘랏과 에시온게벨을 출발하여 진3)광야에 있는 가데스 바네아에 진을 쳤다.4)

37 진광야에 있는 가데스 바네아를 떠나 에돔 땅 변경의 호르산에 차례로 진을 쳤다.

38-39 이스라엘 백성이 애굽 땅에서 나온 지 40년째 다섯째 달5)인 8월 1일에 제사장 아론이 여호와의 명령으로 호르산에 올라가 그곳에서 123세에 죽었다.

40 가나안 땅 남방에 살고 있는 가나안 사람 아랏 왕은 이스라엘 백성이 온다는 소식을 들었다.

41-48 그들이 호르산을 출발하여 살모나, 부논, 오봇, 모압 변경의 이예아바림6), 디본 갓, 알몬 디블라다임, 느보 앞 아바림산, 여리고 맞은편 요단 강가 모압평지에 진을 쳤다.

49 요단 강가 모압평지의 진영은 벧여시못에서 아벨싯딤까지 10㎞ 정도 이르렀다.

50 여호와께서 여리고 건너편 요단 강가 모압평지에서 모세에게 말씀하셨다.

51 "이스라엘 백성에게 말하라. 너희가 요단강을 건너 가나안 땅에 들어가면

52 그 땅에 사는 본토민을 너희 앞에서 모두 쫓아내고, 그들이 새긴 석상과 부어 만든 우상을 모두 깨뜨리며, 산당을 모두 헐어 버리라.

53 그리고 그 땅을 점령하여 그곳에 삶의 터전을 마련하라. 내가 그 땅을 너희 소유로 주었다.

54 너희가 조사한 인구 종족 수대로 제비를 뽑아 그 땅을 분배하라. 인구

1) 기적 2) 비하히롯 3) 신 Zin 4) 신 2:8 5) 오월
6) 이임

가 많으면 많은 유업을 주고 적으면 적은 유업을 주라. 이로 너희 조상의 지파에 따라 유업을 받을 것이다.

55 그러나 너희가 그 땅의 본토민을 너희 앞에서 쫓아내지 않고 남겨 두면 그들이 너희의 눈에 가시가 되고 옆구리를 찌르는 것이 되어 너희가 사는 땅에서 너희를 괴롭힐 것이다.

56 그러면 나는 그들에게 벌을 내리기로 계획한 것을 너희에게 그대로 행할 것이다.”

가나안 땅의 경계

34 ● 여호와께서 모세에게 말씀하셨다.

2 “너는 이스라엘 백성에게 명령하기를 너희가 들어가는 가나안 땅의 사방 지역은 너희가 삶의 터전으로 받을 산업이 될 것이다.

3 너희 남쪽 경계는 에돔 곁에 근접한 진[1]광야이다. 남쪽 경계는 동쪽으로 사해, 곧 염해 끝에서 시작하여

4 돌아서 아그랍빔 언덕 남쪽까지 이른다. 그리고 계속하여 진[1]광야를 지나 가데스 바네아 남쪽으로 이어진다. 또 하살아달을 지나 아스몬에 이르고,

5 그곳에서 돌아서 애굽 시내를 지나 지중해 바다에 이른다.

6 서쪽 경계는 지중해 바다이다.

7 북쪽 경계는 지중해인 대해에서 호르산까지 직선으로 그은 다음,

8 호르산에서 북쪽으로 하맛 입구를 거쳐 스닷,

9 시브론을 지나 하살에난에 이른다.

10 동쪽 경계는 하살에난에서 직선으로 스밤까지 이른다.

11 그리고 스밤에서 리블라로 내려가서 아인 동쪽에 이르고 그곳에서 갈릴리의 긴네렛 동쪽 해변까지 내려간다.

12 그 동쪽 경계가 요단강을 따라 남쪽으로 내려가 사해, 곧 염해까지 도달한다. 너희 땅의 사방 경계가 이렇다.”

13 모세가 이스라엘 백성에게 명령했다. “이는 너희가 제비를 뽑아 분배 받게 될 땅이다. 여호와께서 이 모든 지역을 아홉 지파와 반 지파에게 주라고 명령하셨다.

14 르우벤과 갓 지파가 함께 그들 조상의 가문에 따라 그들의 땅을 산업으로 받으며, 므낫세 반 지파도 땅을 분배 받을 것이다.

15 르우벤과 갓 지파와 므낫세 반 지파는 여리고 건너편, 요단강 건너 해 뜨는 동쪽에서 땅을 산업으로 받을 것이다.”

땅 분배를 담당할 각 지파의 책임자

16 ● 여호와께서 또 모세에게 말씀하셨다.

17 “너희에게 땅을 산업으로 분배할 책임자는 엘르아살 제사장과 눈[2]의 아들 여호수아이다.

18 이제 너희는 산업으로 받을 땅을 분배하기 위해 각 지파에서 1명의 지도자를 선택하라.

19 그 사람들의 이름은 이렇다. 유다 지파에서는 여분네의 아들 갈렙이다.

20 시므온 지파에서는 암미훗의 아들 스므엘이다.

21 베냐민 지파에서는 기슬론의 아들 엘리닷이다.

22 단 지파에서는 요글리의 아들 북기이다.

23 요셉 자손 중 므낫세 지파에서는 에봇의 아들 한니엘이고,

24 에브라임 지파에서는 십단의 아들

1) Zin, 신 2) Nun

그므엘이다.

25 스불론 지파에서는 바르낙의 아들 엘리사반이다.

26 잇사갈 지파에서는 앗산의 아들 발디엘이다.

27 아셀 지파에서는 슬로미의 아들 아히훗이다.

28 납달리 지파에서는 암미훗의 아들 브다헬이다."

29 이들은 가나안 땅을 분배하도록 여호와께 명령을 받은 지도자들이다.

레위인에게 줄 성읍

35 ● 여호와께서 여리고 건너편 요단 강가 모압평지에서 모세에게 말씀하셨다.

2 "너는 이스라엘 백성에게 명령하여 그들이 분배 받은 땅에서 레위인이 거주할 성읍들과 그 성읍들에 딸린 초장을 주도록 하라.

3 성읍은 그들의 거주지가 되게 하고, 초장은 그들의 재산이 되는 가축과 짐승들을 칠 곳이 되게 하라.

4 너희가 레위인에게 줄 들판은 성벽에서 밖으로 사방 450m 되는 1,000규빗 거리이다.

5 성을 중앙에 두고 성 밖 동서남북으로 각 2,000규빗을 측량하여 레위인의 성읍의 들이 되게 하라.

6 너희가 레위인에게 줄 성읍은 고의성 없이 실수로 살인한 자들이 피하게 될 6개 도피성과 그 외에 42개 성읍으로

7 모두 48개 성읍과 그에 딸린 초장도 함께 주라.

8 너희가 이스라엘 백성의 소유에서 레위인에게 성읍을 줄 때 각기 받은 산업을 따라 성읍을 많이 분배받은 자는 많이 떼어 주고, 적게 분배 받은 자는 적게 떼어 주라."

도피성[1]

9 ● 여호와께서 또 모세에게 말씀하셨다.

10-11 "너는 이스라엘 백성에게 말하라. 너희가 요단강을 건너 가나안 땅에 들어가 그들의 성읍과 집에 거주할 때 너희 성읍 가운데 구별하여 도피성으로 정해 실수로 살인한 자가 피하도록 하라.

12 이는 살인자가 회중 앞에 서서 판결을 받기까지 보복하는 자에게서 피해 죽임을 당하지 않도록 하기 위함이다.

13 너희가 도피성으로 줄 성읍은 6곳이다.

14 도피성은 요단강 동쪽과 요단강 서쪽인 가나안 땅에 각각 3개씩 모두 6곳을 두라.

15 이 6개 성읍은 이스라엘 백성과 외국인과 이스라엘과 함께 거주하는 자의 도피성이 될 것이다. 실수로 살인한 모든 자는 그곳으로 도피할 수 있다.

16-18 만일 철 연장이나 죽일 만한 돌이나 나무 연장을 손에 들고 사람을 쳐 죽이면 그는 살인한 자니 그 살인자는 반드시 죽이라.

19 보복하는 자는 그 살인한 자를 만나면 죽일 수 있다.

살인에 대해

20 ● 만일 사람을 미워하여 밀쳐 죽이거나, 기회를 엿보다가 물건을 던져 죽이거나,

21 악의를 품고 손으로 쳐 죽이면 그는 살인한 자니 그를 반드시 죽이라. 보복하는 자는 살인자를 만나면 죽일 수 있다.

22 그러나 악의 없이 우연히 사람을 밀치거나, 실수로 무엇을 던지거나

23 무심코 사람을 죽일 만한 돌을 던져

1) 신 19:1-13

사람이 죽었을 때는 악의도 없고 해치려고 한 것도 아니기 때문에

24 이스라엘의 무리는 살인자와 죽은 자를 보복하는 자 사이에 이 규례대로 판결하라.

25 그래서 살인자를 보복하는 자에게서 건져내어 그를 도피성으로 돌려보내라. 도피자는 거룩한 기름 부음을 받은 대제사장이 죽기까지 그곳에서 거주해야 한다.

26 그러나 살인자가 어느 때든지 그 피했던 도피성 지역을 벗어나면

27 보복하는 자가 도피성 지역 밖에서 그 살인자를 죽일지라도 보복 살인한 죄가 없다.

28 그러므로 살인자는 그곳의 대제사장이 죽기까지 그 도피성에 머물러야 한다. 그곳의 대제사장이 죽은 후에는 그 살인자가 자기 소유지로 돌아갈 수 있다.

29 이상은 너희가 대를 이어 거주하는 곳에서 판결하는 규례이다.

30 살인한 자는 1명의 증인의 증거만으로 죽이지 말고,

31 고의로 살인한 자는 돈을 받고 살려 두지 말고 반드시 죽일 것이다.

32 그리고 대제사장이 죽기 전에 도피성으로 피한 자에게 돈을 받고 그의 소유지 고향으로 돌아가게 하지 말라.

33-34 너희는 너희가 거주하는 땅을 더럽히지 말라. 피는 땅을 더럽게 한다. 그러므로 피 흘린 땅은 그 피를 흘리게 한 살인자를 죽이는 것[1] 외에는 그 죄를 씻을 수 없다. 나 여호와는 이스라엘 백성 가운데 있느니라.

시집간 여자의 유산에 대하여

36 ● 요셉 지파 중 므낫세의 손자, 마길의 아들, 길르앗 자손

의 우두머리들이 나아와 모세와 이스라엘 백성의 우두머리가 된 지도자들 앞에서 말했다.

2 "여호와께서 우리 주에게 명령하사 이스라엘 백성에게 제비 뽑아 그 산업의 땅을 주도록 하셨고, 우리 형제 슬로브핫의 땅의 산업을 그의 딸들에게 주도록 했습니다.

3 그러나 그들이 이스라엘 백성의 다른 지파에게 시집을 가면 그들의 재산은 우리 지파의 땅의 산업에서 떨어져 나가 그들이 시집간 다른 지파의 땅의 산업에 추가될 것입니다. 그러면 그 땅은 우리 지파가 제비 뽑은 땅의 산업에서 떨어져 나갈 것입니다.

4 이스라엘 백성의 50년째마다 지키는 희년이 되면 그 땅은 그가 속한 지파에 추가될 것입니다. 그렇게 되면 그들의 땅은 우리 조상 지파의 산업에서 아주 없어질 것입니다."

5 모세가 여호와의 말씀으로 이스라엘 백성에게 명령했다. "요셉 자손 지파의 말이 맞다.

6 슬로브핫의 딸들에게 대한 여호와의 명령은 이렇다. 슬로브핫의 딸들은 마음대로 시집갈 수 있으나 오직 자기가 속한 지파의 종족에게만 시집갈 것이다.

7-9 그러면 이스라엘 백성이 각기

고의로 살인한 자(민 35:31)

속전은 하나님께서 이스라엘 백성을 출애굽시켜서 그 생명을 보존케 한 데 따른 일종의 몸값이다 (출 13:13,15). 특히 마지막 장자 재앙 때 이스라엘의 장자는 생명을 보존할 수 있었다. 고살자에게서 이런 속전을 받지 않은 것은 그가 반드시 자신의 죗값대로 죽임을 당해야 했기 때문이다.

1) 피를 흘리게 한 자의 피

조상의 산업을 보전하게 되고, 이스라엘 백성의 땅의 산업이 이 지파에서 다른 지파로 옮겨지지 않고 각기 자기 지파의 땅의 산업을 지킬 수 있다."

10-11 슬로브핫의 딸들인 말라, 디르사, 호글라, 밀가, 노아가 여호와께서 모세에게 명령하신 대로 행하여 그들 숙부의 아들들의 아내

가 되었다.

12 그들이 요셉의 아들, ᵐ닷세 자손의 아내가 되었기 때문에 자신들의 종족 지파에 그들에게 속한 땅의 산업이 그대로 남게 되었다.

13 이는 여리고 건너편 요단 강가 모압평지에서 여호와께서 모세를 통해 이스라엘 백성에게 명령하신 규례와 법이다.

신명기 Deuteronomy

제목 히브리어 성경은 하데바림 ('그 말씀들'이란 뜻), 70인역은 '듀테로로미온' ('율법의 복사')
기록연대 기원전 1406년경 **저자** 모세 **중심주제** 가나안 입주 직전 모세의 세 편의 설교

내용소개 * 첫 교육(과거) 1. 과거의 실패 1–4장
* 두 번째 교육(현재):정결 2. 십계명 강론 율법 성찰 5–7장 3. 순종과 축복, 불신과 저주 8–11장
4. 종교법 12–18장 5. 사회법 19–26장
* 세 번째 교육(미래):유산 6. 언약 27–30장 7. 모세의 고별사, 모세의 죽음 31–34장

모세의 설교 서론

1 ● 다음은 모세가 요단강 동쪽 숩 맞은편의 바란과 도벨과 라반과 하세롯과 디사합 사이 아라바광야에서 이스라엘 백성에게 선포한 말씀이다.

2 시내산, 곧 호렙산에서 세일산을 거쳐 가데스 바네아까지는 개인이 가면 11일이 걸리는 길이다.

3 출애굽한 지 40년째 열한 번째 달인 2월 1일 모세는 이스라엘 백성에게 여호와께서 그들을 위해 자기에게 준 명령을 모두 선포했다.

4 그때는 모세가 헤스본을 수도로 삼고 거주하는 아모리 왕 시혼을 죽이고, 그 북쪽의 에드레이에서 아스다롯에 거주하는 바산 왕 옥¹⁾을 쳐 죽인 후였다.

5 모세가 요단강 동쪽 모압 땅에서 율법을 설명하기 시작했다.

6 "우리 하나님께서 시내산에서 우리에게 말씀하셨다. '너희가 이 산에 오랫동안 머물렀으니

7 길을 돌려 행진하여 아모리 족속의 산지와 그 근처로 가고, 아라바와 산지와 평지와 남방과 지중해변과 가나안 족속의 땅과 북쪽으로 레바논과 큰 강 유프라테스강까지 올라가라.

8 내가 너희의 조상 아브라함과 이삭과 야곱에게 맹세하여 그들과 그들의 후손에게 주겠다고 약속한 땅이 너희 앞에 있으니 이제 그곳으로 들어가 그 땅을 차지하라.'"

모세가 부장제도를 설명함²⁾

9 ● 그때 내가 너희에게 말했다. "나 혼자서는 너희 짐을 질 수 없다.

10 오늘 하나님께서 너희를 하늘의 별처럼 많이 번성하게 하셨으나

1) Ok 2) 출 18:13–17

11 너희 조상의 하나님께서 너희를 지금보다 1천 배나 많게 하시고, 너희에게 약속하신 대로 복 주기를 원하신다.

12 그러므로 나 혼자 어떻게 너희의 괴롭고 힘든 일과 투쟁하는 그 많은 일을 담당할 수 있겠느냐?

13 너희는 각 지파에서 지혜와 지식이 있어 인정받는 자들을 선택하라. 내가 그들을 너희의 재판관으로 세울 것이다.”

14 그때 너희가 내게 대답했다. “당신의 말씀대로 하는 것이 좋습니다.” 그래서

15 내가 지혜가 있고 인정받는 자들을 선택하여 각 지파를 따라 천부장과 백부장과 오십부장과 십부장과 조장을 재판장으로 삼아 재판을 하도록 했다.[1]

16 그리고 그들 재판장에게 말했다. “너희가 너희의 형제뿐 아니라 외국인 가운데서도 그들을 재판할 때 공정하게 판결하라.

17 재판은 하나님께 속한 것이니 재판할 때는 겉 모습만 보지 말고, 귀하든 천하든 사람을 두려워하지 말고 차별 없이 판결하라. 그리고 스스로 판결하기 어려운 문제를 가져오면 내가 판결할 것이다.”

18 그때 나는 너희가 행할 모든 일을 너희에게 명령했다.

정탐꾼 파송에 대한 설명과 원망[2]

19 ● 하나님께서 우리에게 명령하신 대로 우리가 시내산, 곧 호렙산을 떠나 너희가 보았던 크고 두려운 바란광야를 지나 아모리 족속의 산지 길로 가서 가데스 바네아에 도착했다. 모세는 그때

20-33 각 지파 대표로 12명의 정탐꾼을 보낸 일과 그들이 돌아와 보고한 일, 그 보고를 듣고 원망한 일[3] 등에 대해 설명했다.

34-40 이어 모세는 정탐 보고를 듣고 하나님을 믿지 못하고 원망하며 하나님을 거역한, 여호수아와 갈렙을 제외한 20세 이상 된 자들이 약속한 가나안 땅에 들어가지 못하고 광야에서 죽게 될 것에 대해 설명했다.[4]

41-46 그리고 그들이 하나님의 명령을 거역하고 아모리 족속을 공격하다가 패한 사건[5]에 대해서도 설명했다.

이스라엘의 광야 생활을 설명함

2 ● 우리가 방향을 돌려 여호와께서 나에게 명령하신 대로 홍해광야 길로 들어가 여러 날 동안 세일산을 두루 다닐 때

2 여호와께서 나에게 말씀하셨다.

3 “너희가 이 산을 오랫동안 떠돌았으니 이제는 그곳을 돌아 북쪽으로 올라가라.”

4 또 백성에게 명령하기를 “너희는 세일 땅에 거주하는 너희 동족에서의 자손이 사는 지역으로 통과해야 하는데 그들이 너희를 두려워할 것이니 너희는 스스로 조심하라.

5 그들의 땅은 한 발자국도 너희에게 주지 않을 것이니 그들과 싸우지 말라. 이미 내가 세일산을 에서에게 삶의 터전[6]으로 주었기 때문이다.

6 너희는 그들에게서 양식을 사서 먹고, 물도 사서 마시라”고 이르셨다.

7 네 하나님께서는 네가 하는 모든 일에 복을 주시고, 이 큰 바란광야에서 두루 다님을 알고 계셨다.

---

1) 출 18:25~26   2) 민 13:1~33, 14:20~45   3) 민 13:1~33   4) 민 14:4 이하 참조   5) 민 14:20~45   6) 기업

그래서 네 하나님께서 이 40년 동안을 너희와 함께하셨기에 너희에게 부족함이 없었다.

8 우리가 세일산에 거주하는 우리 동족 에서의 자손을 떠난 후 아라바를 지나 엘랏과 에시온 게벨 옆으로 지나 행진하고 길을 돌아 모압광야 길로 지나가게 되었을 때

9 여호와께서 나에게 말씀하셨다. "모압을 괴롭히지 말고, 그와 싸우지도 말라. 아르성이 있는 그 땅을 내가 롯 자손에게 삶의 터전으로 이미 주었기 때문에 너희에게는 주지 않을 것이다."

10 그 지역은 이전에 에밈 사람이 살았는데, 그들은 아낙 족속처럼 강하고, 그 수가 많았으며, 키가 장대했다.

11 또한 그들을 아낙 족속처럼 '르바임'이라 불렀으나 모압 사람은 그들을 '에밈'이라고 불렀다.

12 호리 사람도 세일에 살고 있었으나 에서의 자손이 그들을 멸망시키고 그 땅에 거주했다. 그것은 이스라엘이 여호와께서 주신 산업의 땅에서 행한 것과 같았다.

13 그리고 하나님께서 말씀하신 대로 우리가 세렛시내를 건너갔다.

세렛시내의 출발을 설명함

14-15 ● 가데스 바네아를 출발하여 세렛시내를 건너기까지 38년이 걸렸다. 그때 가데스 바네아에서 원망했던 20세 이상 된 군인들은 여호와께서 손으로 치셔서 마침내 광야에서 모두 죽었다.

16 원망했던 모든 군인이 백성 가운데서 죽은 후

17 여호와께서 나 모세에게 말씀하셨다.

18 "네가 오늘 모압 국경에 있는 아르를 통과하리니

19 암몬 족속의 국경에 이르면 그들을 괴롭게 하거나 싸우지 말라. 암몬 족속의 땅은 내가 롯 자손에게 삶의 터전으로 주었기 때문에 너희에게는 산업으로 주지 않을 것이다."

20 이전에 이곳에는 르바임 사람들이 살고 있어서 이 지역을 '르바임의 땅'이라고 불렀다. 그러나 암몬 족속은 그들을 '삼숨밈'이라고 불렀다.

21 르바임 사람은 아낙 족속처럼 강하고, 그 수가 많았으며, 키가 장대했다. 그러나 여호와께서 암몬 족속으로 그들을 멸망하게 하셨기 때문에 암몬 족속이 그 땅에 거주했다.

22 이는 세일에 거주한 에서 자손이 호리 사람을 멸하고 대신 그곳에 오늘까지 거주한 것과 같았다.

23 또 지중해에 있는 그레데섬인 갑돌에서 나온 갑돌 사람은 가사까지 각 마을에 거주하는 아위 사람을 멸망시키고 그들이 그곳에 거주했다.

24 하나님께서 말씀하셨다. "너희는 일어나 아르논 골짜기를 건너가라. 내가 헤스본에 수도를 둔 아모리 사람 시혼왕과 그의 지역을 너희에게 주었으니 이제 그들과 싸워 그 땅을 차지하라.

25 오늘부터 내가 천하 만민이 너희를 두려워하게 만들 것이다. 그들은 네 명성을 듣고 떨며, 너희로 인해 근심할 것이다." 이상의 내용을 설명했다.

헤스본 왕 시혼을 물리친 것을 설명함[1]

26-37 ● 모세는 그데못광야에서 헤스본 왕 시혼에게 사자를 보내어 좋은 말로 그 길 통과를 요구한 일과 거절당하여 그들과 싸워 그 지역과

1) 민 21:21-30

그에 속한 성읍들을 점령한 일[1]에 대해 설명했다.

바산 왕 옥을 물리친 것을 설명함[1]

3 1-7 ● 모세는 계속해서 골란고원 지역의 바산으로 올라가 바산 왕 옥[2]과 에드레이에서 싸워 그들의 성읍 60곳을 빼앗은 일[1]에 대해 설명했다.

8 "그때 우리가 요단강 동쪽 땅을 아르논 골짜기에서부터 헤르몬산까지를 아모리 족속의 두 왕에게서 빼앗았다.

9 당시 시돈 사람은 헤르몬산을 '시룐'이라고 부르고, 아모리 족속은 '스닐'이라고 불렀다.

10 우리가 빼앗은 것은 평원에 있는 모든 성읍과 길르앗의 모든 지역과 바산의 성읍 살르가와 에드레이까지였다.

11 그때 르바임 족속의 남은 자는 바산 왕 옥뿐이었다. 그의 침대는 철로 만들어졌는데, 오늘까지 암몬 족속의 랍바에 남아 있다. 그것을 사람의 보통 규빗으로 재면 길이가 4.05m 되는 9규빗이요, 너비가 4규빗이나 된다."

요단강 동쪽에 거주한 지파에 대해 설명함

12-22 ● 또 모세는 아르논 골짜기 곁의 아로엘에서부터 길르앗 산지 절반과 그 성읍들을 르우벤과 갓 지파 자손에게 가나안 점령 때까지 싸우는 조건으로 줄 것을 약속한 일[3]에 대해 설명했다.

모세가 가나안에 들어가지 못함

23 ● 그때 내가 여호와께 간청했다.

24 "여호와여, 주께서는 주의 위대하심과 권능을 주의 종에게 나타내기를 시작하셨습니다. 천하에 그 어떤 신이 주께서 큰 능력으로 행하

신 일을 능히 행할 수 있겠습니까?

25 그러니 간절히 소원합니다. 나로 요단강을 건너가게 하사 요단강 서쪽에 있는 아름다운 산과 레바논을 볼 수 있게 해주십시오."

26 그러나 여호와께서 너희 때문에 내게 진노하여 허락하지 않으시고 내게 이르시기를 "그것으로 족하니 이 일로 다시는 내게 말하지 말라"고 하셨다. 그리고

27 "너는 비스가산 꼭대기에 올라가 눈을 들어 그 땅을 동서남북으로 바라볼 수 있지만 들어가지는 못할 것이다.

28 그러므로 너는 여호수아에게 명령하여 그를 담대하고, 강하게 하라. 그는 이 백성을 이끌고 요단강을 건너가서 네가 본[4] 땅을 그들이 삶의 터전으로 얻게 할 것이다."

29 그때 우리는 요단강 동쪽 벳브올 맞은편 골짜기에 거주하고 있었다.

지켜야 할 규례들

4 ● 이스라엘아, 이제는 내가 너희에게 가르치는 규례와 법도를 듣고 그대로 행하라. 그러면 너희가 살 수 있고, 너희 조상의 하나님께서 너희에게 주시는 땅에 들어가서

📍성경지리 **아라바 바다, 염해(신 3:17)**

염해(사해, 동해)는 히브리로 '얌하 멜락'이라 하는데 이는 소금 바다라는 뜻이다. 또 지중해를 서해로 부르는데 반해 사해는 동해라고도 부르며, 아라바 바다라고도 불렀다(신 3:17). 염해(수 15:2)는 유입되는 물은 있으나 자연적인 배수로가 없어 증발만 하여 많은 양의 염분이 있기 때문에 붙여진 이름이다. 사해는 중앙 약간 아래에 있는 돌출 부분인 리산(Lisan)반도에 의해 남북으로 나뉘어지는데 북쪽은 길이 48km, 남쪽은 길이가 24km 된다. 수면은 바다 중 세계에서 가장 낮은 해저 약 430m이다(2016년도).

1) 민 21:31-35   2) Ok   3) 민 32:1-42   4) 볼

그것을 차지하게 될 것이다.

2 내가 너희에게 명령하는 말을 너희는 추가하거나 빼지 말고 내가 너희에게 내리는 명령을 지키라.

3 너희는 여호와께서 바알 브올의 일로 염병을 내리고 그들을 죽이는 것을 직접 눈으로 보았다.[1]

4 그러나 오직 너희 하나님을 떠나지 않은 너희는 오늘까지 모두 살아있다.

5 나는 하나님께서 명령하신 대로 너희가 들어가서 산업으로 차지할 땅에서 지켜야 할 규례와 법도를 가르쳤다.

6 너희는 이 규례와 법도를 지켜 행하라. 이것이 이방 민족 앞에서 너희의 지혜와 지식이 될 것이다. 그러면 그들이 이 모든 것을 듣고 말하기를 "이 큰 나라 사람은 진정 지혜와 지식이 있는 백성이다"라고 할 것이다.

7 우리가 하나님께 기도할 때마다 우리에게 가까이함을 얻은 큰 나라가 어디 있느냐?

8 오늘 내가 너희에게 선포하는 이 율법과 같이 그런 좋은 가르침을 가진 공의로운 큰 나라가 어디 있느냐?

9 오직 너는 자신을 살펴 네 마음을 힘써 지키라. 네가 목도한 일을 잊어버리지 말라. 네가 사는 날 동안 그 일들이 네 마음에서 떠나지 않도록 힘쓰라. 너는 그 일들을 네 아들들과 자손들에게 알리라.

십계명과 율법 수여를 설명함

10-14 ● 이어 모세는 시내산, 곧 호렙산에서 불 가운데 임한 여호와께서 언약을 반포하고 십계명과 율법을 준 배경[2]에 대해 설명했다.

우상 숭배를 경계함

15-24 ● 모세는 비록 자신은 가나안

땅에 들어가지 못하지만 너희가 그 땅에 들어가게 되면 어떤 형상이든지 우상을 만들어 섬기지 말라고 가르쳤다. 하나님께서는 오직 자신만을 사랑하기 원하는 질투의 하나님이시기 때문이다.

25 만일 자손을 낳고 오래 살 때 스스로 부패하여 어떤 우상의 형상이든지 조각하여 네 하나님 앞에 악을 행함으로써 그의 분노를 일으키면

26 내가 오늘 하늘과 땅을 두고 증거로 삼아 말하는데 너희가 요단강을 건너가 얻은 땅에서 너희의 날이 길지 못하고 그곳에서 급속히 멸망할 것이다.

27 여호와께서 너희를 여러 민족 가운데서 흩으시며, 쫓겨난 곳에서 너희의 남은 수가 적을 것이다.

28 너희는 그곳에서 사람의 손으로 만든 보지도 듣지도 먹지도 못하며, 냄새도 맡지 못하는 아무 힘이 없는 나무로 만든 목석 신들을 섬기게 될 것이다.

29 그러나 네가 그곳에서 네 하나님을 찾게 될 텐데 마음과 뜻을 다하여 힘써 그를 찾으면 만날 것이다.

30 이 모든 일이 너희에게 임하여 환난을 당한 후, 마지막 날에 네가 네 하나님께로 돌아와 그의 말씀을 경청하게 될 것이다.

31 네 하나님께서는 자비한 하나님이시기에 그가 너를 영원히 버리지 않으시며, 너를 진멸시키지 않고, 네 조상들에게 약속한 언약을 잊지 않으실 것이다.

32 네가 존재하기 이전 하나님께서 사람을 세상에 창조하신 날부터 지금까지 지나간 날을 기억해 보라. 하늘 끝까지 이런 큰일이 있었느냐?

1) 민 25:1-8 2) 출 20:1-26

그런 일을 들은 적이 있었느냐?

33 어떤 백성이 불 가운데서 말씀하시는 하나님의 음성을 너처럼 분명하게 듣고 생존한 백성이 있었느냐?

34 어떤 신[1]이 직접 찾아와서 기적과 전쟁과 강한 능력과 크고 두려운 일을 베풀어 한 민족을 다른 민족에게서 이끌어내신 일이 있었느냐? 이 모든 것은 모두 너희 하나님께서 애굽에서 너희를 위해 너희 앞에서 행하신 일이다.

35 이것을 네게 나타내신 것은 여호와는 하나님이 되시며, 그 외에 다른 신이 없음을 네게 알게 하기 위한 것이다.

36 여호와께서는 너희를 교훈하시기 위해 너희가 하늘에서부터 그의 음성을 듣게 하셨고, 땅에서는 불 가운데서 나오는 그의 말씀을 듣게 하셨다.

37 또한 그가 네 조상들을 사랑하셨기에 후손인 너를 선택하셨고, 큰 권능으로 애굽에서 이끌어내셨다.

38 너희보다 강한 민족들을 네 앞에서 쫓아내셨고, 너희를 강한 민족이 살던 땅으로 이끌어 그곳을 너희에게 삶의 터전으로 주시려고 한 것이 오늘과 같다.

39 그러므로 너희는 하늘과 땅에서 오직 여호와는 하나님이 되시며, 다른 신이 없는 줄을 명심하라.

40 그리고 오늘 내가 너희에게 명령하는 여호와의 규례와 명령을 지키면 너희와 너희 후손이 복을 받아 여호와께서 주시는 땅에서 오랫동안 살 것이다."

요단강 동쪽의 도피성

41 ● 그때 모세가 해 뜨는 요단강 동쪽에 3개 성읍을 선택하여

42 원한이나 고의성 없이 실수로 살인한 자가 보복을 당하지 않고 도피하도록 했다. 그래서 실수로 살인한 자가 그 성읍으로 도피하여 그의 생명을 보존하도록 했다.

43 그 도피성 중 한 곳은 광야 평원에 있는 베셀로 르우벤 지파를 위한 것이다. 다른 한 곳은 길르앗 라못으로 갓 지파를 위한 것이다. 마지막 한 곳은 바산 골란으로 므낫세 지파를 위한 것이다.

모세가 선포한 율법

44-45 ● 모세가 요단강 동쪽 벳브올 맞은편 골짜기에서 이스라엘 백성에게 계속해서 선포한 훈계와 규례와 법도는 이렇다.

46 모세와 이스라엘 백성은 요단강 동쪽의 땅을 차지하고 있던 헤스본에 수도를 둔 아모리 족속의 왕 시혼을 멸망시킨 후

47 그 땅을 차지했다. 그때 바산 지역의 왕 옥의 땅을 차지했고 시혼과 이 옥 왕 두 사람은 아모리 족속의 왕으로 요단강 동쪽 해 뜨는 곳에 살았다.

48 그 차지한 땅은 아르논 골짜기 끝에 있는 아로엘에서부터 헤르몬산까지이다.[2]

49 그 지경은 요단강 동쪽의 비스가산 기슭 아래 사해, 곧 아라바의 바다까지였다.

십계명과 율법을 준 배경 설명[3]

5 1-5 ● 이어 모세는 시내산, 곧 호렙산에서 불 가운데 임한 여호와께서 언약을 반포하고 십계명과 율법을 준 배경[3]에 대해 설명했다. 여호와께서 말씀하셨다.

6 "나는 너를 종살이하던 애굽 땅에서 이끌어낸 네 하나님이다.

---

1) 하나님 2) 신 3:8 3) 출 20:1-26

7 나 외에는 다른 신들을 네게 두지 말라.

8 너는 자신을 위해 하늘과 땅과 물 속에 있는 어떤 형상도 만들지 말며, 새긴 우상도 만들지 말라.

9 그것들에게 절하거나 섬기지도 말라. 네 하나님은 질투하시는 하나님이다. 나를 미워하는 자의 죄를 삼사 대까지 갚을 것이다.

10 그러나 나를 사랑하고, 내 계명을 지키는 자에게는 천 대까지 은혜를 베풀 것이다.

11 너는 네 하나님 여호와의 이름을 망령되이 부르지 말라. 나 여호와는 내 이름을 망령되이 부르는 자에 대해 죄가 없다고 하지 않을 것이다.

12 네 하나님께서 너희에게 명령하신 대로 안식일을 거룩하게 지키라.

13 6일 동안은 네 모든 일을 힘써 행하고,

14 일곱째 날은 네 하나님의 안식일이다. 그러므로 너나 네 아들과 딸, 네 남녀 종, 네 소나 나귀나 네 모든 가축, 네 문 안에 거하는 나그네에게 아무 일도 하지 못하게 하고, 네 남녀 종에게도 너처럼 안식하게 하라.

15 너는 종살이하던 애굽 땅에서 네 하나님께서 크신 능력으로 그곳에서 너를 이끌어내신 것을 기억하라. 그래서 네 하나님께서는 네게 안식일을 지키라고 명령하셨다.

16 너는 네 하나님의 명령대로 네 부모를 공경하라. 그러면 네 하나님께서 네게 주신 땅에서 장수하고 복을 누릴 것이다.[1]

17 살인하지 말라.[2]

18 간음하지 말라.[3]

19 도둑질하지 말라.[4]

20 네 이웃에 대해 거짓 증거를 하지 말라.[5]

21 네 이웃의 아내를 탐내지 말라. 네 이웃의 집이나 밭이나 남녀 종이나 소나 나귀나 네 이웃의 소유도 탐내지 말라."[6]

22 여호와께서 이 모든 말씀을 시내 산 위 불과 구름과 흑암 가운데서 큰 음성으로 너희 모든 사람에게 명령하신 후 더 이상 말씀하지 않으시고 그것을 두 돌판에 새겨 내게 주셨다.

23 호렙산이 불에 타며, 캄캄한 가운데서 나오는 그 소리를 너희가 듣고 너희 지파의 우두머리들과 장로들이 내게 나아와서

24 말했었다. "우리 하나님께서 그의 영광과 위엄을 우리에게 보이시매 불 가운데서 나오는 음성을 우리가 들었고, 하나님께서 사람과 말씀하시되 그 사람이 생존하는 것을 오늘 우리가 보았으니

25 이제 우리가 죽게 되었습니다. 이 큰 불이 우리를 삼키려고 합니다. 만일 또다시 우리가 여호와의 음성을 들으면 죽을 것입니다.

26 육신을 가진 자 중에는 우리처럼 살아계시는 하나님의 음성을 불 가운데서 듣고 생존한 자가 없었습니다.

27 그러니 당신은 하나님께 가까이 나아가 그분이 하시는 말씀을 듣고 그 말씀을 전부 우리에게 전해주기 바랍니다. 그러면 우리가 그의 말을 듣고 그 말씀대로 행할 것입니다."

28 이에 여호와께서 너희가 내게 말하는 소리를 들으시고 이렇게 말씀하셨다. "이 백성이 네게 말하는

---

1) 출 20:12 2) 출 20:13 3) 출 20:14 4) 출 20:15
5) 출 20:16 6) 출 20:17

것이 모두 옳다.

29 다만 그들이 지금과 같은 마음을 항상 품어 나를 경외하고, 내 모든 명령을 지키므로 그들과 그 자손이 대대에 걸쳐 복 받기를 원한다.

30 너는 가서 그들에게 각자 자기 장막으로 돌아가도록 하고,

31 너는 내 곁에 계속 남아 있으라. 내가 모든 명령과 규례와 법도를 네게 말할 것이다. 그러면 너는 그것을 백성들에게 가르치고, 내가 그들에게 삶의 터전으로 주는 땅에서 그들이 그 규례를 지키도록 하라."

32 그런즉 너희는 하나님께서 너희에게 명령하신 대로 자신을 살펴 조심하여 행하고, 좌우로 치우치지 말라.

33 너희 하나님께서 너희에게 명령하신 모든 말씀을 지키라. 그러면 너희가 복을 누리며 살고, 너희가 차지한 땅에서 오래 살 것이다.

여호와의 명령과 규례

6 ● 곧 너희 하나님께서 너희에게 가르치라고 명령하신 규례와 법도를 너희가 건너가서 차지할 땅에서 행할 것이다.

2 이는 너와 네 자손들이 평생 네 하나님을 섬기며, 내가 명령한 모든 규례와 법도를 지키게 하기 위한 것이다. 또한 그것을 지킴으로써 네 생명이 오래가도록 하기 위한 것이다.

3 그러므로 이스라엘아, 내 말을 듣고 스스로 살펴 그것을 행하라. 그러면 네가 복을 받고 네 조상들의 하나님께서 너희에게 허락하신 것처럼 젖과 꿀이 흐르는 땅에서 네가 크게 번성할 것이다.

4 이스라엘아 들으라, 우리 하나님께서는 오직 한 분인 여호와이시다.

5 너는 마음과 뜻과 힘을 다해 네 하나님을 사랑하라.

6 오늘 내가 네게 명하는 이 말씀을 너는 항상 마음에 담아 두라.

7 또 네 자녀에게 부지런히 가르치라. 집에 앉았을 때나, 길을 갈 때나, 눕고 일어날 때도 이 말씀을 가르치라.

8 너는 또 그것을 네 손목에 매어 기호로 삼고, 네 이마에 붙여 표로 삼으라.

9 네 집 문설주와 바깥 문에도 써서 붙이라.

가나안 땅에서의 불순종에 대한 경고[1]

10 ● 네 하나님께서 네 조상 아브라함과 이삭과 야곱을 향해 약속하신 땅으로 너를 들어 가게 하실 때가 되었다. 그곳은 네가 건축하지 않은 크고 아름다운 성읍이 있고,

11 아름다운 물건이 가득한 집이 있으며, 네가 파지 않은 우물과 네가 심지 않은 포도밭과 올리브 밭이 있다. 너희는 그것을 배부르게 먹게 될 것이다. 그때

12 너희는 스스로를 살펴 너를 애굽 땅 종살이하던 집에서 이끌어내신 여호와를 잊지 말라.

13 네 하나님을 경외하므로 섬기겠다고 그의 이름으로 맹세하라.

14 너희는 네 사면에 있는 백성이 섬기는 다른 신들을 섬기지 말라.

15 너희 하나님께서는 질투하시는 하나님이기 때문에 너희 하나님께서 네게 진노하사 너를 지면에서 진멸시키실까 두렵다.

16 너희가 므리바[2]에서와 같이 너희 하나님을 시험하지 말라.

17 오히려 여호와께서 너희에게 명령

1) 출 17:1~7 2) 맛사

하신 것과 그의 훈계와 규례를 지키라.

18-19 여호와께서 보시기에 정직하고 선한 일을 행하라. 그러면 네가 복을 받고 그 땅에 들어가서 여호와께서 네 조상들에게 약속하신 아름다운 땅을 차지하게 될 것이다.

20 훗날 네 아들이 네게 "우리 하나님께서 명령하신 훈계와 규례와 법도가 무슨 뜻이냐?"라고 물으면

21-23 너는 네 아들에게 이렇게 가르쳐 주라. "여호와께서 우리 조상들에게 약속한 땅으로 우리를 이끄시기 위해 우리 앞에서 큰 기적과 권능으로 우리를 종살이하던 애굽에서 이끌어내셨다.

24 여호와께서 우리에게 이 모든 규례와 법도를 지키라고 하신 것은 우리가 하나님을 경외함으로 항상 복을 누리고, 여호와께서 우리를 오늘과 같이 살게 하시기 위함이다."

25 우리가 여호와께서 명령하신 대로 지켜 행하면 그것이 곧 우리의 의로움이다.

여호와께서 택하신 백성[1]

7 **1-4** ● 모세는 가나안 입성을 앞두고 있는 이스라엘 백성에게 그곳에 살고 있는 7개 족속을 쫓아낼 때 그들과 언약을 맺지 말고 진멸할 것, 자녀들을 가나안 족속들의 자녀들과 혼인시키지 말 것[2]을 교훈했다.

5 오히려 그들에게 행할 것을 가르쳐 주었다. 곧 너희는 그들의 제단을 헐며, 주상을 깨뜨리며, 아세라 목상을 찍으며, 조각한 우상들을 불사르라.

6 너희는 네 하나님께서 천하 만민 가운데서 자기 산업의 백성으로 선택한 거룩한 백성들이다.

7 여호와께서 너희를 기뻐하사 너희를 선택하신 것은 너희가 다른 민족보다 수효가 많기 때문이 아니다.

8 그것은 오직 너희를 사랑하시기 때문이다. 하나님께서는 너희의 조상들에게 하신 약속을 지키시기 위해 자기의 능력으로 너희를 애굽에서 이끌어내셨으며, 너희를 그 종살이하던 애굽 왕의 압제에서 건져내 주셨다.

9 그런즉 너는 여호와가 신실한 하나님이심을 분명히 알라. 그를 사랑하고 그의 계명을 지키는 자에게는 천 대까지 그의 언약을 이행하시며 사랑을 베푸실 것이다.

10 그러나 그를 미워하는 자에게는 지체하지 않고 즉시 벌하여 멸망시키실 것이다.

11 그러므로 너는 오늘 내가 너희에게 명령하는 규례와 법도를 지켜 행하라.

12 너희가 모든 명령을 듣고 지켜 행하면 여호와께서 네 조상들에게 약속하신 언약을 지켜 너에게 사랑을 베풀 것이다.

13-14 곧 네게 사랑을 베풀어 네 조상에게 약속하신 땅에서 네가 복을 받음이 다른 민족보다 훨씬 많아서 네 몸의 소생을 번성하게 하시고 창대케 하시며, 소와 양을 번식하게 하시고, 토지의 소산과 곡식과 포도주와 올리브 기름을 풍성하게 하실 것이다.

15 또 여호와께서 모든 질병을 네게서 떠나게 하시고, 너희가 아는 애굽의 악질에 걸리지 않게 하시며, 오히려 너를 미워하는 모든 자에게 걸리게 하실 것이다.

1) 출 34:11-16, 신 28:1-14   2) 출 34:11-16

16 네 하나님께서 네게 넘겨주신 모든 민족을 불쌍히 여기지 말고 진멸하며, 그들의 신을 섬기지 말라. 그렇지 않으면 그것이 네게 올무가 될 것이다.

17 혹시 네가 마음으로 생각하기를 "이 민족들이 나보다 많으니 내가 어떻게 그들을 쫓아낼 수 있을까?"라고 하여

18 그들을 두려워하지 말라. 오히려 네 하나님께서 큰 능력으로 바로와 온 애굽에 행하신 것을 잘 기억하라.

19 네 하나님께서 너를 애굽에서 이끌어내실 때 네가 본 큰 기적과 능력을 기억하라. 네 하나님께서 네가 두려워하는 모든 민족에게 그같이 행하실 것이다.

20 또 네 하나님은 왕벌[1]을 그들 가운데 보내어 그들의 남은 자와 너를 피해 숨은 자까지도 진멸시키실 것이다.

21 크고 두려운 하나님께서 너와 함께 계시니 너는 그들을 두려워하지 말라.

22 그리고 네 하나님께서 이들 민족을 네 앞에서 서서히 쫓아내실 것이니 너는 그들을 급하게 멸절시키지 말라. 그렇게 하면 들짐승이 번성하여 너를 해칠 것이다.

23 여호와께서 그들을 이기게 하시고, 그들을 크게 혼란하게 하여 마침내 진멸하신 후

24 그들의 왕들을 네 손으로 죽이게 하실 것이다. 그때 너는 그들의 이름을 천하에서 없애버리리라. 너를 당할 자가 없으며, 네가 그들을 진멸할 것이다.

25 너희는 그들이 조각한 신상들을 불사르고, 그것에 입힌 은금을 탐하여 취하지 말라. 네가 그것으로 올무에 걸릴까 염려된다. 이는 네 하나님께서 가증히 여기시는 것이다.

26 그러므로 너희는 그 가증한 것을 네 집에 들임으로써 그것과 함께 진멸당하지 않도록 하라. 너희는 그것을 멀리하고 심히 미워하라. 그것은 결국 진멸당할 것이다.

이스라엘이 받을 약속의 땅

8 ● 내가 오늘 너희에게 하는 모든 명령을 지켜 행하라. 그러면 너희가 번성하고 여호와께서 너희의 조상에게 약속하신 땅에 들어가서 그것을 차지할 것이다.

2 네 하나님께서 너로 40년 동안 광야 길을 걷게 하신 것을 기억하라. 그것은 바로 너를 낮추고, 시험하며, 네 마음이 내 명령을 지키는지 지키지 않는지를 알려고 하신 것이다.

3 너를 낮추고, 굶주리게 하시며, 너와 네 조상들도 알지 못하던 만나를 너희에게 주신 것은 사람이 빵으로만 사는 것이 아니라 여호와의 입에서 나오는 모든 말씀으로 사는 것인 줄을 너로 알게 하시기 위함이었다.[2]

4 이 광야 40년 동안 네 옷이 해어지지 않았고, 네 발도 부르트지 않았다.

Q&A 주상은 무엇인가?(신 7:5)

주상(image, 柱像)의 원뜻은 '기념하기 위해 세운 비석'을 말하는 것으로 이는 나무나 돌을 깎거나 조각하여 만든 우상들을 가리킨다. 가나안 족속들은 바알, 아세라 등 자기들의 우상을 주상으로 만들어 세웠다. 하지만 하나님은 어떤 형상이든 주상으로 만드는 행위를 우상 숭배로 간주하고 엄격하게 금지시켰다.

---

5 너는 아버지가 그 아들을 징계하는 것처럼 네 하나님께서 그렇게 너를 징계하시는 줄을 마음에 두라.

6 네 하나님의 명령을 지켜 그의 길을 따라가며 그를 경외하라.

7 그러면 네 하나님께서 너를 아름다운 약속의 땅으로 들어가게 하실 것이다. 그곳은 골짜기와 산지에 시내와 샘이 솟아나 흐르며,

8 밀과 보리가 나며, 포도와 무화과와 석류와 올리브나무와 꿀이 생산된다.

9 그곳에는 먹을 것이 풍성하며, 네게 부족함이 없을 것이다. 그 땅에서는 철과 구리를 캘 것이다.

10 네가 배부르게 먹으며, 네 하나님께서 네게 비옥한 땅을 주심으로 인해 그를 찬양하게 될 것이다.

여호와를 잊지 말 것을 교훈함

11 ● 너희는 내가 오늘 너희에게 교훈하는 여호와의 규례와 법도를 어기고 네 하나님을 잊어버리지 않도록 경계하라.

12 네가 배부르고 좋은 집에 거주하며,

13 네 소와 양이 번성하며, 은금이 많아서 네 소유가 풍부하게 될 때

14 네가 교만하여 네 하나님을 잊어버릴까 염려된다. 여호와는 너를 애굽 땅 종살이하던 집에서 이끌어내시고,

15 너를 인도하여 불뱀과 전갈이 있는 위험한 땅, 물이 없는 메마른 광야를 지나게 하셨다. 뿐만 아니라 너를 위해 바위를 깨뜨려 물을 나오게 하셨다.

16 네 조상들도 모르던 만나를 광야에서 네게 먹이신 것은 모두 너를 낮추고, 너를 시험하여, 마침내 너희에게 복을 주시려고 한 것이다.

17 그럼에도 네가 스스로 생각하기를 "내 능력으로 이 재물을 얻었다"고 말할 것이다.

18 그때 네게 재물 얻을 능력을 주신 네 하나님을 잊지 말라. 이같이 하는 것은 네 조상들에게 약속한 언약을 오늘과 같이 이루려고 하신 것이다.

19 그러나 네가 여호와를 잊어버리고 다른 신들을 섬기면 너희에게 분명히 말한다. 너희가 반드시 멸망할 것이다.

20 여호와께서 너희 앞에서 멸망시킨 민족들처럼 너희도 멸망당할 것이다. 그렇게 되면 그것은 너희가 너희 하나님의 말씀을 듣지 않았기 때문이다.

교만에 대한 경계와 불순종

9 ● 이스라엘아 들으라, 너는 오늘 요단강을 건너가서 너보다 강한 나라들이 사는 성벽이 높고 큰 성읍으로 들어가서 그것을 차지할 것이다.

2 그들은 네가 알고 있는 것처럼 키가 크고 그 수가 많은 아낙 자손들이다. 너희가 그들에 대한 소문을 듣고 말하기를 "누가 거인 아낙 자손을 당할 수 있을 것인가?"라고 했다. 그러나

3 오늘 너는 네 하나님께서 맹렬한 불과 같이 네 앞에 나아가 그들을 멸망시키시고 네 앞에 엎드러지게 하실 것을 분명히 알라. 여호와께서 말씀하신 것처럼 너는 그들을 쫓아내며 속히 멸망시킬 것이다.

4-5 네 하나님께서 그들을 네 앞에서 쫓아내신 후 네가 스스로 말하기를 "내 의로움으로 인해 여호와께서 나를 이 땅으로 인도하여 그것을 차지하게 하셨다"라고 하지 말라.

너희의 의로움과 마음의 정직함 때문이 아니라 이들 민족의 악함으로 인해 여호와께서 그들을 네 앞에서 쫓아내시는 것이다. 여호와께서 이같이 하신 것은 네 조상 아브라함과 이삭과 야곱에게 하신 약속을 이루시기 위함이다.

6 그러므로 네 하나님께서 너희에게 이 좋은 땅을 산업으로 주신 것이 네 의로움 때문이 아님을 알라. 너희는 마음이 완고한 백성이다.

7-21 이에 모세는 광야에서 하나님을 분노하게 했던 사건, 시내산, 곧 호렙산에서의 황금 송아지 숭배로 십계명의 두 돌판을 깨뜨린 일과 그로 인해 죽은 사건과[1]

22 다베라와 맛사와 기브롯 핫다아와에서도 여호와를 분노하게 한 일[2]을 상기시켰다.

23 또 가데스 바네아에서 가나안으로 올라가지 말라는 하나님의 명령을 거역하여 믿지 않고 북쪽으로 올라갔다가 죽임을 당한 일[3]도 상기시켰다.

24 그리고 쉽게 여호와를 거역하는

25-29 그들을 여호와께서 진멸시키겠다고 하실 때 여호와 앞에 엎드려 40일을 간구하여 하나님의 진노에서 이스라엘을 구한 일[4] 등을 상기시켰다.

모세가 다시 받은 십계명을 설명

10 1-5 ● 모세는 계속해서 십계명을 다시 받기 위해 준비하고 다시 받은 일과 이후의 여정[5]에 대해 이스라엘 백성에게 설명했다.

6 또 이스라엘 백성이 브에롯 브네야아간에서 출발하여 모세라에 도착하고, 그곳에서 아론이 죽어 장사되었고, 그의 아들 엘르아살이 그의 뒤를 계승하여 제사장 직임을 행했으며,

7 또 브네야아간을 출발하여 굿고다를 거쳐 아카바만 홍해 북쪽의 욧바다에 도착했는데, 그곳에는 시내가 많았음을 말했다. 그리고 계속해서 지난 일에 대해 말했다.

8 여호와께서 레위 지파를 구별하여 여호와의 언약궤를 메게 하고, 여호와 앞에 서서 그를 섬기며 여호와의 이름으로 축복하게 하셨는데, 그 일은 오늘까지 행해지고 있다.

9 그러므로 레위는 그의 형제 가운데 분배 받을 몫이 없으며, 여호와께서 그에게 말씀하신 것처럼 여호와가 그의 산업이 되었다.

10 내가 처음과 같이 40일을 시내산에 머물렀고 그때도 여호와께서 내 간구를 들으사 너희의 패역에 대해 참으시고 멸망시키지 않으셨다.

11 그때 여호와께서 나에게 말씀하셨다. "백성을 인도하라. 내가 그들과 그들의 조상들에게 약속한 땅으로 그들을 인도하여 그 땅을 차지하도록 하라."

여호와께서 기뻐하시는 것

12 ● 이스라엘아, 너희 하나님께서 네게 바라시는 것이 무엇이냐? 바로 너희 하나님을 경외하여 그의 모든 규례를 지켜 행하고, 그를 사랑하며, 마음과 뜻을 다해 너희 하나님을 섬기는 것이 아니냐?

13 내가 오늘날 네 행복을 위해 너희에게 명령하는 것은 여호와의 규례와 법도를 지키라는 것이다.

14 하늘과 하늘의 가장 높은 곳과 땅과 그 위의 만물은 본래 네 하나님께 속한 것이다.

15 여호와께서 오직 너희 조상들을

1) 출 32:1-35　2) 민 11:1-23, 31-34　3) 민 14:39-45　4) 출 32-33장　5) 출 34:1-10

기뻐하시고 그들을 사랑했기 때문에 그들의 후손인 너희를 세상의 모든 민족 가운데서 선택하신 것이다.

16 그러므로 너희는 마음을 바르게[1] 하고, 다시는 마음을 완고하게 하지 말라.

17 너희 하나님은 신 중의 신이시며, 주 가운데 주가 되시는 크고 능력이 많으신 두려운 하나님이시다. 그분은 사람을 겉모습으로 보지 않으시며, 뇌물을 받지 않으신다.

18 그분은 고아와 과부를 돌보시며, 나그네를 사랑하여 빵과 옷을 주시는 분이다.

19 너희는 나그네를 잘 대접하라. 이전에 너희도 애굽 땅에서 나그네가 되었다.

20 네 하나님을 경외하여 그를 섬기며, 그를 의지하고, 그의 이름으로 맹세하라.

21 그는 네 찬양이 되시는 네 하나님이시다. 네 눈으로 목도한 크고 두려운 일들은 너를 위해 행하신 것이다.

22 네 조상들이 애굽에 내려갈 때는 70명밖에 안 되었으나[2] 지금은 네 하나님께서 너희를 하늘의 별처럼 많게 하셨다.

여호와께서 행한 큰일과 약속의 땅

11 항상 네 하나님을 사랑하며, 그의 규례와 법을 지키라.

2 너희의 자녀는 알지도 보지도 못했으나 너희는 너희 하나님의 교훈과 그의 위엄과 능력과

3 애굽 왕과 애굽에 행한 기적과[3]

4 여호와께서 애굽 군대와 그 말과 병거가 너희를 뒤쫓을 때 홍해 바다에 덮어 멸망시킨 일과[4]

5 너희가 이곳에 오기까지 광야에서

너희에게 행하신 일과

6 르우벤 자손 엘리압의 아들 다단과 아비람을 땅을 갈라 그들과 그들의 가족과 장막과 그들을 따르는 자들을 삼키게 하신 일[5]을 기억하라.

7 너희는 여호와께서 행하신 이 모든 큰일을 눈으로 보았다.

8 그러므로 너희는 내가 오늘 너희에게 명하는 모든 명령을 지키라. 그러면 너희가 강성하고, 너희가 요단강을 건너가서 그 땅을 차지할 것이다.

9 또 여호와께서 너희 조상과 그들의 후손에게 주리라고 약속한 젖과 꿀이 흐르는 땅에서 너희가 오랫동안 살 것이다.

10 너희가 정복하려고 하는 땅은 애굽 땅과 같지 않다. 애굽에서는 너희가 채소밭에 씨를 뿌린 후 발로 물대기를 했지만

11 그 땅은 산과 골짜기가 있어 하늘에서 내리는 빗물로 물을 대는 땅이다.

12 또한 일 년 내내 네 하나님께서 관심을 갖고 보살펴 주시는 땅이다.

13 너희가 여호와의 명령을 경청하고, 그분을 사랑하여 마음과 뜻을 다해 섬기면

14 여호와께서 너희 땅에 이른 비와 늦은 비를 적당한 때 내려 주시고, 너희는 곡식과 포도주와 기름을 얻을 것이다.

15 또 가축이 먹을 풀을 들에 나게 하사 네가 먹고 배부를 것이다.

16 그러므로 너희는 스스로 조심하여 마음에 유혹을 받아 다른 신들을 섬기거나 그것들에게 절하지 말라.

17 그렇게 하면 여호와께서 진노하여

1) 할례를 2) 창 46:27 3) 출 7-12장 4) 출 14장
5) 민 16:31-33

하늘에서 비가 내리지 않게 하시며, 땅이 생산물을 내지 않게 하실 것이다. 그러면 너희가 여호와께서 주신 젖과 꿀이 흐르는 땅에서 급속히 멸망할 것이다.

18 너희는 나의 이 말을 너희의 마음에 간직하고, 그것을 너희의 손목에 매어 기호로 삼고, 너희 이마에 붙여 항상 기억하라.

19 또한 그 말을 너희의 자녀에게 집에서나 길에서나, 눕고 일어날 때 이 말씀을 가르치라.

20 집 문설주와 바깥 문에도 써서 붙이라.1)

21 그러면 여호와께서 너희 조상들에게 약속하신 땅에서 너희와 너희의 자녀들이 장수할 것이다.

22 너희가 여호와의 모든 명령을 잘 지켜 행하며 그를 사랑하고 그분만 의지하면,

23 여호와께서 주위의 모든 나라와 그 백성을 너희 앞에서 모두 쫓아내실 것이다. 또 너희보다 강한 나라들을 차지하게 하실 것이다.

24 너희가 밟는 곳마다 모두 너희의 소유가 되리니 너희의 경계는 남쪽의 광야에서 북쪽의 레바논까지, 유프라테스강에서 지중해, 곧 서해까지가 될 것이다.

25 너희 하나님께서 너희에게 말씀하신 대로 너희가 밟는 모든 땅에 사는 사람들이 너희를 두려워 떨게 하시리니 너희를 능히 당할 사람이 없을 것이다.

26 내가 오늘 복과 저주를 너희 앞에 둘 것이다.

27 만일 너희가 여호와의 명령을 듣고 행하면 복이 되지만

28 그 명령을 듣지 않고 너희가 알지 못하던 다른 신들을 섬기면 저주를 받을 것이다.

29 네 하나님께서 네가 차지할 땅으로 인도하실 때 너희는 그리심산에서 축복을 선포하고, 에발산에서 저주를 선포하라.2)

30 이 두 산은 요단강 서쪽으로 가는 길 뒤, 길갈 맞은편 모레 상수리나무 곁의 아라바에 거주하는 가나안 족속의 땅에 있다.

31 너희는 요단강을 건너 하나님께서 약속하신 그 땅을 반드시 정복하여 그곳에 거주할 것이다.

32 그러므로 오늘 내가 너희 앞에 베푸는 모든 규례와 법도를 지켜 행하라.

택하신 예배 장소

12 ● 네 조상의 하나님께서 네게 약속하신 땅에서 너희가 평생에 걸쳐 행할 규례와 법도는 이렇다.

2 너희가 쫓아낼 민족들이 신을 섬기던 장소는 높은 산이든, 야산이든, 푸른나무 아래든 어떤 곳이든 그 모든 곳을 파괴시키라.

3 그들의 제단을 헐어 버리고, 돌로 만든 주상을 깨뜨리며, 아세라 여신상을 불사르며, 그 조각한 신상들을 찍어 버리라.

4 너희 하나님께서는 너희가 이방인과 같은 방식으로 신을 섬기는 것을

풍습　　　발로 물대기(신 11:10)

전체적으로 볼 때 중근동 지방은 물이 부족한 강우량으로 인해, 팔레스틴 지역은 북쪽에서 흘러 내려오는 요단강과 그외 물 근원지에서 나오는 물을 다른 곳으로 옮기는 것이 필요했다. 물을 끌어오는 방식 가운데 하나는 움직이는 수레바퀴를 사용했는데, 이는 보통 수평면에 앉은 사람이 굴레의 윗부분을 자기 쪽으로 감아올리는 동시에 아랫부분을 발로 미는 방식이었다.

1) 신 6:5-9 　2) 수 8:33

원하지 않으신다.

5 오직 너희는 여호와께서 자기의 이름을 두시려고 너희 모든 지파를 위해 선택한 장소에서

6 불로 태워 드리는 번제와 그 외 다른 제물과 십일조와 제물을 들어 올려 드리는 거제와 서원제와 자원해 드리는 낙헌 예물과 소와 양의 처음 태어난 것들을 드리라.

7 바로 그 장소에서 너희 하나님 앞에서 먹고, 그가 너희의 손으로 수고한 일에 복을 주심으로 인해 너희와 너희의 가족이 즐거워하라.

8 우리가 오늘 이곳에서는 각자 자신의 생각대로 예배했지만 너희가 정복하게 될 땅에서는 그렇게 하지 말라.

9 너희가 아직은 너희 하나님께서 주시는 땅에 들어가지 못했지만

10-14 너희가 요단강을 건너 그 땅에 들어가 너희 주위의 모든 대적을 이기게 하신 후 그곳에서 평안히 거주하게 될 때는 내가 말한 대로 지정한 장소에서 제사를 드리고 그곳에서 즐거워하라.[1]

고기를 먹는 장소에 대해

15 ● 너희는 네 하나님께서 너희에게 주신 복을 따라 각 성에서는 노루나 사슴 고기를 먹는 것처럼 깨끗한 자나 부정한 자를 막론하고 마음에 원하는 대로 가축을 잡아 그 고기를 먹을 수 있다.

16 단지 그 피를 고기와 함께 먹지 말고 물같이 땅에 쏟으라.

17 그러나 곡식과 포도주와 기름의 십일조와 소와 양의 첫 새끼와 서원을 갚는 예물과 자원해 드리는 낙헌 예물과 제물을 들어 올려 드리는 거제물은 네가 사는 성에서 먹지 말라.

18 오직 네 하나님께서 지정한 장소에서 네 자녀와 종과 성 안에 거주하는 레위인과 함께 그것을 먹으라. 그리고 네가 수고한 모든 일로 네 하나님 앞에서 즐거워하되

19 네 땅에 거주하는 동안에 레위인 보살피는 것을 잊지 말라.

20 네 하나님께서 네가 사는 지역을 확장시킨 후 네가 고기를 먹기 원하면 언제든지 마음에 원하는 만큼 고기를 먹을 수 있다.

21 그런데 네 하나님께서 자기 이름을 위해 선택한 예배처가 멀리 떨어져 있는 경우에는 내가 네게 명령한 대로 너는 여호와께서 주신 소와 양을 잡아 네가 사는 성에서

22 깨끗한 자나 부정한 자를 막론하고 노루나 사슴 고기를 먹는 것처럼 먹을 수 있다.

23 오직 피는 생명이니 그 생명을 고기와 함께 먹지 못할 것이니

24 너는 그 피를 먹지 말고 물같이 땅에 쏟으라.

25 너는 피를 먹지 말라. 그렇게 하여 여호와께서 의롭게 여기시는 일을 행하면 너와 네 후손이 복을 누릴 것이다.

26 그러나 네 성물과 서원물은 여호와께서 선택한 예배처로 가지고 가야 한다.

27 네가 불로 태워 드리는 번제를 드릴 때는 그 고기와 피를 네 하나님의 번제단에 드리라. 그 제물의 피는 번제단 위에 붓고, 그 고기는 먹을 수 있다.

28 내가 명령하는 이 모든 말을 네가 지키고, 여호와 앞에서 선과 의를 행하면 너와 네 후손이 영원토록 복을 받을 것이다.

1) 신 12:5-7

29 네 하나님께서 약속한 땅에 있는 민족들을 네 앞에서 멸망시키시고 너로 그 땅에 거주하게 하실 때

30 너는 스스로 조심하여 네 앞에서 멸망한 그들의 행위를 따름으로써 함정에 빠지지 말라. 또 그들의 신을 살펴서 이들 민족이 그 신들을 어떻게 섬겼는지 나도 그와 같이 여호와를 섬기겠다고 하지 말라.

31 네 하나님께서는 네가 그들이 이방 신들을 섬기는 방식대로 섬기는 것을 싫어 하신다. 그들은 여호와께서 싫어하시며 가증히 여기는 일을 그들의 신들에게 행했는데, 심지어 자신들의 자녀를 불살라 그들이 모시는 신들에게 드리기까지 했다.

32 내가 너희에게 명령하는 이 모든 말을 너희는 지켜 행하고, 그것에 덧붙이거나 축소하지 말라.

거짓 선지자와 무당 등에 대해

13 ● 너희 가운데 선지자나 꿈꾸는 자가 나타나 기적을 네게 보이며

2 너희가 알지 못하던 다른 신들을 '우리가 따라 섬기자'라고 하며 그 기적이 이루어졌다고 해도

3 너는 그들의 말을 듣지 말라. 이는 너희 하나님께서 너희가 마음과 뜻을 다해 너희 하나님을 사랑하는지 알기 위해 너희를 시험하시는 것이다.

4 오히려 너희는 너희 하나님을 경외하며, 그의 목소리를 경청하여 그의 명령을 지키고, 그를 섬기며, 그만을 의지하라.

5 그리고 다른 신을 섬기게 하는 그런 선지자나 꿈꾸는 자는 죽이라. 이는 그들이 너희를 애굽 땅에서 이끌어내어 종살이하던 집에서 구출하신 너희 하나님을 배반하도록 너를 유혹했기 때문이다. 너는 그들을 죽임으로 너희 가운데 악을 제거하라.

6 네 형제나 자녀나 아내나 너와 생명을 함께하는 절친한 친구가 가만히 너를 유혹하여 말하기를 "너와 네 조상들이 알지 못하던 다른 신들,

7 곧 원근을 막론하고 네 사방에 살고 있는 민족의 신들을 우리가 가서 섬기자"라고 해도

8 너는 그의 말을 따르지 말며 듣지도 말고 그를 불쌍히 여기거나 애석하게 여기지도 말라. 그리고 덮어 숨겨 주지도 말라.

9 너는 가차 없이 그를 죽이되 죽일 때 네가 먼저 손을 댄 후 온 백성이 손을 대라.

10 그들은 너를 유혹하여 종살이하던 너희를 애굽에서 너를 이끌어내신 네 하나님에게서 떠나게 하려고 한 자이니 그를 돌로 쳐 죽이라.

11 그러면 온 이스라엘이 듣고 두려워하여 그 같은 악을 너희 가운데서 다시는 행하지 못할 것이다.

12-13 네가 차지하게 된 한 성읍에 대해 어떤 좋지 못한 한 사람이 그 성읍 주민을 유혹하여 너희가 알지 못하던 다른 신들을 "우리가 가서 섬기자"라고 한다는 소문이 들리면

14 너는 그 소문을 자세히 알아보라. 만일 그런 가증한 일이 너희 가운데 있다는 것이 확실하면

15 너는 그 성읍 주민을 칼로 죽이고, 그 성읍과 그곳에 거주하는 모든 것과 그 가축을 진멸시키라.

16 또 그 성읍에서 빼앗은 물건을 모두 거리에 모아 놓고 그 성읍과 탈취물

전부를 불살라 네 하나님께 드리라. 그 성읍은 영원히 폐허로 남아 다시는 건축되지 못하게 하라.

17 너는 그 진멸할 물건을 조금도 취하지 말라. 그러면 여호와께서 그의 분노를 그치고 너를 불쌍히 여기사 네 조상들에게 약속하신 것처럼 너를 번성하게 하실 것이다.

18 네가 하나님의 말씀을 듣고 오늘 내 명령을 지켜 정직하게 행하면 이같이 될 것이다.

금지된 애도법

14 1·2 ● 너희는 여호와께서 세상의 모든 민족 가운데서 선택하여 자기 산업의 백성으로 삼은 여호와의 거룩한 백성이다. 그러므로 죽은 자를 애도하기 위해 자기 몸을 베거나 눈썹 사이 이마 위의 털을 밀지 말라.

먹을 수 있는 동물과 먹을 수 없는 동물에 대해[1)

3·20 ● 모세는 모압평지에서 이스라엘 백성에게 이미 하나님께서 시내산에서 말씀하신 대로 먹을 수 있는 동물과 먹을 수 없는 동물[1)에 대해 교훈했다.

21 너희는 너희 하나님의 거룩한 백성이다. 그러므로 스스로 죽은 것은 어떤 것이든지 먹지 말라. 그러나 그것을 성 가운데 함께 사는 나

그네에게 주어 먹게 하거나 이방인에게 팔 수는 있다. 너는 염소 새끼 고기를 그 어미의 젖으로 삶지 말라.

십일조에 대해

22 ● 너는 해마다 토지 생산물 가운데 10분의 1인 십일조을 하나님께 드리라.

23 여호와께서 그의 이름을 위해 선택하신 예배처에서 네 곡식과 포도주와 기름의 십일조와 네 소와 양의 처음 태어난 것을 먹으며, 네 하나님 경외하는 것을 항상 배우라.

24 그러나 선택한 예배처가 멀어 여호와께서 풍성히 주신 것을 가지고 갈 수 없으면

25 그것을 돈으로 바꾼 다음 하나님께서 선택하신 곳으로 가라. 그리고

26 그곳에서 소나 양이나 포도주나 독주 등 네 마음에 원하는 것을 사서 네 하나님 앞에서 너와 네 가족과 함께 먹고 즐거워하라.

27 네가 사는 성읍에 거주하는 레위인은 너희 가운데 소득이나 유업이 없는 자들이니 그들을 기억하여 함께 나누라.

28 3년마다 연말에 그해 생산물의 10분의 1을 네 성읍에 저장하여

29 너희 가운데 소득이나 유업이 없는 레위인과 네 성 안에 거류하는 나그네와 고아와 과부들이 와서 먹도록 하라. 그러면 네 하나님께서 네 손으로 수고하는 모든 일에 복을 주실 것이다.

빚을 면제해 주는 해[2)

15 ● 매 7년 말에는 면제해 주라. 2 면제의 규례는 이렇다. 이웃에게 빌려준 모든 채권자는 빌려준 것을 면제하고 이웃이나 그 형제에게

Q&A 왜 염소 새끼를 어미의 젖에 삶지 말라고 했는가?(신 14:21)

중동 지역의 이교도들 관습에는 염소 새끼를 그 어미의 젖에 삶으로 풍작을 기원하는 풍습이 있었다. 이런 풍습은 새끼 고기를 생명의 공급원인 어미의 젖에 삶으로 생명을 경멸하는 야만적인 것이기에 율법에서는 이를 금하고 있다. 오늘날에도 이스라엘 유대인이 경영하는 호텔이나 식당에서는 이 규정에 따라 고기와 우유가 함께 나오지 않는다. 뿐만 아니라 고기와 우유를 담는 그릇도 같이 사용하지 않는다.

---

1) 레 11:1-47   2) 레 25:1-7

독촉하지 말라. 이는 여호와를 위해 면제를 선포했기 때문이다.

3 그러나 이방인에게는 네가 독촉할 수 있다.

4·5 네가 여호와의 말씀을 듣고 모두 지켜 행하면 하나님께서 네게 유업으로 주신 땅에서 네게 허락한 복을 반드시 받으며 너희 가운데 가난한 자가 없을 것이다.

6 또한 네가 여러 나라에 꾸어 줄지라도 너는 꾸지 않으며, 여러 나라를 통치할지라도 너는 정복당하지 않을 것이다.

7 네 하나님께서 네게 주신 땅의 어떤 성읍에서든지 가난한 형제가 너와 함께 살고 있거든 그에게 완악하게 대하지 말며, 그에게 인색하지 말라.

8 반드시 네 손으로 그에게 긍휼을 베풀어 그가 필요한 것을 넉넉히 빌려주라.

9 너는 매 7년째에 지키는 면제년이 얼마 남지 않았다고 생각하여 가난한 형제를 냉대해 아무것도 빌려주지 않으려고 하지 말라. 그렇게 하여 그가 너를 여호와께 호소하게 되면 그것이 네게 죄가 될 것이다.

10 너는 반드시 그에게 아끼는 마음을 갖지 말고 빌려주라. 그렇게 하면 네 하나님께서 네가 하는 모든 일에 복을 줄 것이다.

11 땅에는 언제나 가난한 자가 계속 있을 것이다.[1] 그러므로 내가 네게 명령하니 너는 반드시 네 땅에 있는 네 형제 중 곤란한 자와 가난한 자를 도와주라.

종을 대우하는 법[2]

12 ● 만일 네 동족이 네게 팔려서 6년 동안 섬겼다면 7년째에는 그를 자유롭게 놓아주라.

13 그를 놓아 줄 때는 빈손으로 가게 하지 말고

14 하나님께서 네게 복을 주신 대로 네 양 무리와 타작 마당과 포도즙 틀에서 취해 그에게 후히 주라.

15 너는 종살이하던 애굽 땅에서 네 하나님께서 너를 이끌어내신 것을 기억하라. 그것으로 인해 내가 오늘 너희에게 이렇게 명령한다.

16 만일 종이 너와 네 집을 사랑하여 너와 함께 살기를 좋게 여겨 "내가 주인을 떠나지 않겠습니다"라고 하면

17 송곳을 가져다가 그의 귀를 문에 대고 뚫으라. 그러면 그가 죽을 때까지 네 종이 될 것이다. 네 여종에게도 똑같이 하라.

18 그가 6년 동안 일한 것을 품꾼의 삯으로 계산하면 배나 받을 만큼 너를 섬긴 것이다. 그러므로 너는 그를 놓아주는 데 인색하게 굴지 말라. 그렇게 하면 네 하나님께서 네가 하는 모든 일에 복을 주실 것이다.

처음 태어난 소와 양의 새끼

19 ● 네 소와 양의 처음 태어난 수컷은 구별하여 네 하나님께 드리라. 네 소의 첫 새끼는 부리지 말고, 네 양의 첫 새끼의 털은 깎지 말라.

20 너와 네 가족은 해마다 여호와께서 정한 장소에서 네 하나님 앞에서 먹을 수 있다.

21 그러나 다리를 절거나, 눈이 멀었거나, 어떤 흠이 있는 짐승은 네 하나님께 제물로 드리지 말라.

22 그런 짐승의 고기는 네가 사는 성 안에서는 노루와 사슴 고기를 먹는 것처럼 부정한 자나 깨끗한 자가 다 같이 먹을 수 있다.

23 다만 피는 먹지 말고 땅에 쏟으라.

1) 마 26:11상 2) 출 21:1~11

세 가지1)절기2)

16 1-8 ● 모세는 아빕월인 3~4월에 네 하나님께서 밤에 이스라엘을 애굽에서 이끌어내신 것을 기억하여 출애굽 직전 말씀하신 것과 시내산에서 선포하신 대로 유월절을 지킬 것3)을 교훈했다.

9-12 모세는 곡식에 낫을 대는 첫날부터 7번의 안식일이 지난 이튿날에 시내산에서 선포하신 대로 하나님 앞에 애굽에서 종살이하던 것을 기억하고 칠칠절을 지킬 것4)을 선포했다.

13-15 모세는 타작 마당과 포도즙 틀의 소출을 거둔 후 7일 동안 시내산에서 선포하신 대로 초막절을 지킬 것5)을 교훈했다.

16-17 너희 가운데 모든 남자는 1년에 3번, 곧 무교절과 칠칠절과 초막절에 네 하나님께서 정하신 예배처에서 각 사람이 네 하나님께서 주신 복을 따라 그 힘대로 여호와를 찾고 예물을 드리라.

재판에 대해

18 ●너희는 네 하나님께서 네게 주신 각 성읍에서 각 지파를 따라 재판장들과 지도자들을 세우라. 그들은 공의로 백성을 재판할 것이다.

19 너는 재판을 불공평하게 하지 말며, 겉모습만 보고 사람을 판결하지 말라. 또 뇌물을 받지 말라. 뇌물은 지혜자의 판단을 흐리게 하고, 죄 없는 사람의 말을 굽게 한다.

20 너는 마땅히 공의만을 따르라. 그러면 네가 살고, 네 하나님께서 네게 주시는 땅에서 계속 거주할 것이다.

21 네 하나님을 위해 쌓은 제단 곁에는 어떤 나무로든지 아세라 여신상을 세우지 말며,

22 자기를 위해 주상도 세우지 말라.

이것은 네 하나님께서 미워하시는 것이다.

17 흠이 있거나 나쁜 결점이 있는 소나 양을 하나님께 제물로 드리지 말라. 그것은 하나님께 가증한 것이기 때문이다.

2 네가 차지하게 된 어느 성읍이든지 너희 가운데 어떤 남녀를 막론하고 네 하나님 앞에서 악을 행하여 그 언약을 어기고,

3 다른 신들을 섬기고, 일월성신에게 절한다는

4 말을 듣거든 자세히 조사하여 그것이 사실로 확인되면

5 너는 그 악을 행한 남자나 여자를 성문으로 끌어내어 돌로 쳐 죽이라. 다만

6 2~3명의 증언으로 죽이고, 한 사람의 증언으로는 죽이지 말라.

7 이런 자를 죽일 때 증인이 먼저 돌로 그를 친 후 백성이 돌로 칠 것이다. 너는 이와 같이 하여 너희 가운데 우상을 숭배하는 악을 없애라.

8 네 성읍에서 살인 사건이나 폭력 사건이 일어나 서로 간에 고소하여 네가 판결하기 어려운 일이 발생하면 너는 여호와께서 선택한 곳으로 가서

9-11 레위 사람 제사장과 재판장에게 소송 사건을 제출하라. 그러면 그들이 판결을 내릴 것이다. 너는 그 재판관이 판결하는 대로 받아들이라. 그리고 판결을 굽게 하여 좌우로 치우치지 말라.

12 만일 사람이 법을 어기고 네 하나님 앞에 서서 섬기는 제사장이나

1) 유월절, 칠칠절, 초막절   2) 출 12:1-20, 레 23:4-7, 15-21, 33-43, 민 9:13-14, 28:16-24   3) 출 12:1-20, 레 23:4-7, 민 9:13-14, 28:16-24   4) 레 23:15-21   5) 레 23:33-43

재판장의 말을 듣지 않거든 그를 죽여 이스라엘 가운데서 악을 없애 버리라.

13 그러면 백성들이 듣고 두려워하여 다시는 법을 어기는 행동을 하지 않을 것이다.

왕의 선택 기준

14 ● 네가 네 하나님께서 주신 땅을 차지하고 그곳에 거주하게 될 때 우리도 주위의 모든 민족처럼 왕을 세워야겠다는 생각이 들면[1]

15 반드시 네 하나님께서 선택하신 자를 왕으로 세우라. 그 왕은 네 형제 가운데서 세우되, 외국인을 네 위에 왕으로 세우지 말라.

16 왕으로 선택된 자는 병마를 많이 두지 말고, 병마를 많이 얻기 위해 그 백성을 애굽으로 돌아가게 하지 말라. 여호와께서 너희가 이후에는 애굽으로 다시는 돌아가지 말라고 말씀하셨기 때문이다.

17 선택된 왕은 아내를 많이 두어 그의 마음이 미혹되게 하지 말고, 자기를 위해 은금을 많이 쌓지 말라.

18 왕위에 오른 자는 이 율법서의 복사본을 레위 사람 제사장 앞에서 책에 기록하게 하라. 그리고 그것을

19 평생에 자기 옆에 두고 읽음으로써 하나님 경외하기를 배우며, 이 율법의 모든 말과 이 계명을 지켜 행하라.

20 그러면 왕이 교만하지 않고, 이 명령에서 떠나 좌우로 치우치지 않을 것이다. 이스라엘 가운데서 그와 그의 자손이 오랫동안 왕위를 계승할 것이다.

제사장과 레위 사람의 소득[2]

18 ● 레위 지파와 레위 사람 제사장은 이스라엘 가운데 받을 몫이나 땅의 산업도 없을 것이다. 대

신 그들은 여호와께 불로 태워 드린 제물을 그들의 몫으로 먹을 것이다.

2 그들이 땅을 산업으로 분배 받지 않을 것은 여호와 자신이 그들의 유산이 되기 때문이다.

3 레위인 제사장이 백성에게서 받을 몫은 백성들이 드리는 제물의 소나 양 가운데서 그 앞다리와 두 볼과 위 부위이다.

4 또 일반 백성은 처음 추수한 곡식과 포도주와 기름과 처음 깎은 양털을 제사장들에게 주라.

5 이는 네 하나님께서 네 모든 지파 가운데서 그와 그의 자손을 선택하여 항상 여호와의 이름으로 섬기게 하셨기 때문이다.

6 이스라엘의 어떤 성읍이든지 그곳에 거주하는 레위인이 그가 사는 곳을 떠나 여호와께서 정하신 또 다른 곳으로 이주했을 경우

7 그곳에서 섬기는 모든 레위인 동족과 같이 그의 하나님의 이름으로 섬길 수 있다. 그때

8 그 레위인의 몫은 이미 그곳에서 섬기던 레위인과 같을 것이고, 그가 조상의 것을 판 것은 레위인의 별도의 소유가 된다.

9 너는 하나님께서 네게 주시는 땅에 들어가게 되면 그곳 족속들의 가증한 행위를 본받지 말라.

10 그의 자녀를 불 가운데로 지나게 하는 자, 점쟁이, 길흉을 말하는 자, 요술하는 자, 무당,

11 진언자, 신접자, 마술사[3], 혼을 불러내는 초혼자 등을 받아들이지 말라.

12 하나님께서는 이런 자들을 가증히 여기시기 때문에 그들을 네 앞에서

1) 삼상 8:5   2) 몫   3) 박수

쫓아내신 것이다. 오히려

13 너는 네 하나님 앞에서 온전하라.

14 네가 쫓아낼 민족들은 길흉을 말하는 자나 점쟁이의 말을 듣지만 하나님께서는 네게 그런 일을 용납하지 않으신다.

선지자 한 명을 보내시겠다는 약속

15 ● 네 하나님께서는 네 형제 가운데서 너를 위해 나와 같은 선지자 한 명을 보내실 것이니 너희는 그의 말을 들으라.

16 그것은 시내산, 곧 호렙산에 있을 때 네 하나님께 너희가 말하기를 '내가 다시는 내 하나님의 음성을 듣지 않게 하시고, 다시는 이 큰 불을 보지 않게 하십시오. 우리가 죽을까 두렵습니다'라고 했기 때문이다. 그때[1]

17 여호와께서 나에게 말씀하셨다. "그들의 말이 맞다.

18 내가 그들의 형제 가운데서 너와 같은 선지자 한 명을 그들을 위해 보내고 내가 한 말을 그를 통해 무리에게 말하게 할 것이다.

19 누구든지 내 이름으로 전하는 내 말을 듣지 않는 자는 벌을 받을 것이다.

20 만일 어떤 선지자가 내 이름을 빙자하여 내가 명령하지 않는 말을 자기 마음대로 전하거나 다른 신들의 이름으로 말하면 그 선지자는 죽임을 당할 것이다."

21 그때 너희가 마음속으로 이렇게 말할 것이다. "그 말이 여호와께서 이르신 말씀인지 우리가 어떻게 알 수 있단 말인가?"

22 그러나 만일 어떤 선지자가 여호와의 이름으로 말한 일에 맞지도 않고 이루어지지도 않으면 그것은 여호와께서 말씀하신 것이 아니라

그 선지자가 자기 임의대로 한 말이니 너는 그를 두려워하지 말라.

도피성[2]

19 1-2 ● 너희가 요단강을 건너 가나안 땅에 들어가 네 하나님께서 이 여러 민족을 멸절하시고 그 땅을 네게 주어 너희가 그들의 성읍과 집에 거주할 때 너희 성읍 가운데 3개 성읍을 구별하여

3 거주하게 된 요단강 서쪽 땅 전체를 3구역으로 나누어 길을 닦고 모든 살인자를 그 성읍으로 도피하게 하라.

4 살인자가 도피성으로 도피하여 생명을 보존할 만한 경우는 이렇다. 원한 없이 실수로 그의 이웃을 죽였을 경우,

5 예컨대 이웃과 함께 벌목할 때 도끼가 자루에서 빠져 그 이웃을 쳐죽게 하는 경우이다. 이런 사람은 그 도피성 중 한 곳으로 도피하여 목숨을 건지도록 하라.

6 살인한 사람이 그에게 본래 원한이 없으니 그를 죽게 내버려 두는 것은 합당하지 않다. 그 피하는 길이 멀면 보복하는 자의 마음이 복수심으로 불타서 살인자를 뒤쫓을 때 그를 따라 잡아 죽일까 염려된다.

7-8 그러므로 내가 너에게 명령한다. "너희를 위해 너희 성읍 가운데 3개 성읍을 구별하도록 하게 하라. 네 하나님께서 네 조상들에게 주리라고 약속하신 대로 모두 네게 주어 그곳에 거주할 때

9 또 오늘 내가 명령하는 것을 모두 지켜 행하여 네 하나님 여호와를 사랑하고 언제나 그의 길로 행할 때는 3개의 도피성 외에 3개를

1) 출 20:18-19   2) 민 35:9-28

더하여 도피성을 두라.

10 이와 같이 네 하나님께서 너희에게 산업으로 준 땅에서 죄 없는 사람이 보복 살인을 당하지 않게 하라. 이같이 하면 그의 피가 네게로 돌아가지 않을 것이다. 그 피하는 길이 멀면 보복하는 자의 마음이 복수심으로 불타서 살인자를 뒤쫓을 때 그를 따라 잡아 죽일까 염려된다.

11 실수가 아닌 그의 이웃을 미워하여 그에게 상처를 입혀 죽게 한 후 도피성으로 도피하면

12 그 지역의 성읍 장로들은 사람을 보내 도피성이라도 그를 잡아다가 보복자의 손에 넘겨 죽이게 하라.

13 그런 경우에는 그를 불쌍히 여기지 말고 죽임으로 이스라엘에서 살인 죄를 없애라. 그러면 네게 복이 있을 것이다.

경계표와 두세 증인으로 하라

14 ● 네 하나님께서 네게 주어 네 소유가 된 산업의 땅에서 조상이 정한 네 이웃의 지계석[1]을 옮기지 말라.

15 사람의 모든 악과 죄에 대해서는 1명의 증인으로만 판단하지 말고 2~3명 증인의 입으로 그 사건을 판결하라.

16 만일 어떤 사람이 악을 행했다고 거짓으로 증언하면

17 그 논쟁하는 당사자 모두가 하나님 앞에 나아가 제사장과 재판장 앞에 서라.

18 그리고 재판장은 자세히 조사하여 그 증인이 그 형제를 거짓 증언으로 모함한 것이 판명되면

19 그가 그의 형제에게 행하려고 계획한 그대로 그에게 행하여 너희 가운데 악을 없애라.

20-21 너는 그런 자들을 불쌍히 여기지 말라. 생명에는 생명으로, 눈에는 눈으로, 이에는 이로, 손에는 손으로, 발에는 발로 응징하라. 그렇게 하면 그 남은 자들이 듣고 두려워하여 다시는 그런 악을 행하지 않을 것이다.

대적과 싸우려고 할 때의 규례

20 ● "너희가 원수와 싸우러 나갈 때 그들의 말과 병거와 백성이 너보다 많은 것을 보아도 그들을 두려워하지 말라. 애굽 땅에서 너를 이끌어내신 네 하나님께서 너와 함께 하시기 때문이다.

2 너희가 전쟁터에 가까이 가면 제사장은 백성에게 나아가 그들에게

3 말하라. '이스라엘은 들으라. 너희가 오늘 너희의 원수와 싸우려고 나아왔으니 두려워하지 말며, 놀라지 말라.

4 너희 하나님께서는 너희와 함께하시며, 너희 대적과 싸우시고, 너희를 구원하실 것이다.'

5 책임자인 장교들은 군인들 가운데서 새 집을 건축하고 낙성식을 행하지 못한 자,

6 포도밭을 만들고 그 과실을 먹지 못한 자,

7 여자와 약혼하고 결혼하지 못한 자,

8 두려움 때문에 마음이 약해진 자 등을 집으로 돌아가도록 할 것이다.[2] 그리고

9 백성에게 이르기를 마친 후 군대의 지휘관들을 세워 군대를 거느리게 하라.

10 네가 어떤 성읍을 공격하려고 할 때는 먼저 그 성읍에 화평을 제안하라.

1) 경계표　2) 삿 7:3

11 만일 그 성읍이 화평하기로 회답
하고 성문을 열면 그 모든 주민에
게 조공을 바치게 하고 너를 섬기
게 하라.

12 그러나 네 제안을 거부하고 싸우려
고 하면 너는 그 성읍을 포위하라.

13 네 하나님께서 그 성읍을 네게 넘
겨주시거든 그 성읍 안의 남자는
모두 죽이고,

14 오직 여자들과 유아들과 가축들과
재물들은 너를 위해 탈취물로 삼
으라. 너는 네 하나님께서 네게 주
신 대적에게서 빼앗은 것을 먹을
것이다.

15 너희는 네게서 멀리 떨어져 있는
성읍들에게는 이같이 조공을 바치
도록 하고

16 오직 네 하나님께서 네게 산업으
로 주시는 지역 내에 있는 민족들
의 성읍에서는 숨을 쉬는 자는 모
두 죽이라.

17 곧 헷 족속, 아모리 족속, 가나안
족속, 브리스 족속, 히위 족속, 여
부스 족속은 네 하나님께서 네게
명령하신 대로 모두 진멸시키라.

18 그 이유는 그들을 살려주면 그들
이 섬기는 신들에게 행하는 모든
가증한 일을 너희에게 가르쳐 줌
으로써 너희가 그들의 신을 숭배

조공에 대하여(신 20:11)

조공(tribute)은 군주나 상위에 있는 자 또는 종주
국에게 종속국이 강제적 억압에 의해 바치는 공
물을 말한다. 조공은 유다의 히스기야 왕이 병들
어 죽게 되었을 때 그의 종주국인 바벨론 왕 므로
닥발라단이 그에게 예물을 드린 것과 같은 것도
있으나(왕하 20:12), 대부분 계약이나 언약 관계
에 있어 약한 자가 강한 세력을 지닌 편에 바쳤
다. 그래서 이스라엘은 그들이 약해질 때 조공을
드려야만 했다(왕하 12:18).

하여 너희 하나님께 범죄하게 되
기 때문이다.

19 너희가 어떤 성읍을 장기간 포위
하고 있을 때 그 성읍을 점령하기
위해 도끼로 그곳의 나무를 찍어
내지 말라. 그것은 너희의 양식이
될 것이기 때문이다. 들의 수목이
대적이 아닌데 어찌 그것들과 싸
우겠느냐?

20 다만 열매를 맺지 않는 수목은 베
어 너희와 싸우는 그 성읍을 치는
도구로 만들어 그 성읍을 함락시
킬 때까지 사용하라.

살인한 자를 모를 때

21 네 하나님께서 네게 준 땅에
서 살인한 자를 알 수 없는 피
살된 시체가 발견되면

2 너희의 장로들과 재판장들은 그
피살된 곳을 기준으로 사방에 있
는 성읍까지의 거리를 재라.

3 그리고 피살된 곳에서 가장 가까
운 성읍의 장로들이 그 성읍에서
아직 일한 적이 없고 멍에를 맨 적
도 없는 암송아지를 취하여

4 항상 물이 흐르고, 갈거나 씨를 뿌
린 일이 없는 골짜기로 그 암송아
지를 끌고 가서 그곳에서 그 암송
아지의 목을 꺾으라.

5 이때 레위 자손 제사장들은 그 장
소로 가서 그 일을 처리하도록 하
라. 그 레위인들은 하나님께서 선
택하사 자기를 섬기게 하고, 여호
와의 이름으로 축복하게 한 직책
을 맡은 자이며, 모든 소송과 폭행
사건을 판결하는 자들이다.

6 그 피살된 곳에서 가장 가까운 성
읍의 모든 장로는 그 골짜기에서
목을 꺾은 암송아지 위에 손을 씻
으며,

7 이렇게 말하라. "우리가 살인하지

않았고, 우리는 살인 장면도 보지 못했습니다

8 여호와여, 주의 백성 이스라엘을 용서하시고, 죄 없는 자의 피를 이스라엘 가운데 있지 않게 하십시오.' 그러면 그 피 흘린 죄가 용서를 받을 것이다.

9 너는 이같이 여호와께서 보시기에 옳은 일을 행하여 죄 없는 사람을 죽인 죄를 씻으라.

포로 된 여자를 아내로 삼는 규례

10 ● 네가 나가서 적과 싸울 때 네 하나님께서 이기게 하셔서 그들을 사로잡은 후

11 그 포로 가운데 아름다운 여자를 보고 그를 연모하여 아내를 삼고자 한다면 이렇게 하라.

12 그를 네 집으로 데려가 그의 머리를 밀고, 손톱을 깎고,

13 포로된 옷을 벗기고, 네 집에 살며, 그 부모를 위해 한 달 동안 애곡한 후 네가 그에게로 들어가 그의 남편이 될 것이다.

14 그러나 이후 네가 그를 좋아하지 않게 되거든 그를 자유롭게 돌아가게 하고 결코 돈을 받고 팔지 말라. 네가 그 여자를 욕보였으므로 그를 종으로 여기지 말라.

장자 상속권

15 ● 한 사람이 두 아내를 두었을 경우 하나는 사랑을 받고, 하나는 미움을 받다가 두 아내가 모두 아들을 낳았을 때 미움을 받는 아내가 낳은 아들이 장자이면

16 자기의 소유를 그의 아들들에게 유업으로 나누는 날에 사랑을 받는 아내의 아들을 장자로 삼아 두 배의 재산을 나누어 주지 말라.

17 반드시 그 미움을 받는 아내의 아들을 장자로 인정하여 그에게 두 배의 유산을 주라. 그는 자기 기력의 시작이니 장자의 권리가 그에게 있는 것이다.

패역한 아들에게 내리는 벌과 기타 규례

18 ● 부모의 말을 거역하고 부모가 징계해도 순종하지 않는 완악하고 패역한 아들이 있다면

19 그의 부모가 그를 성문으로 끌고 가 그곳에서

20 그 성읍 장로들에게 "우리의 이 자식은 완악하고 패역하여 우리 말을 거역하고 방탕하며 술에 취한 자다"라고 말하면

21 그 성읍의 모든 사람이 그를 돌로 쳐 죽일 것이다. 너는 이같이 하여 너희 가운데서 악을 없애라. 그러면 온 이스라엘이 듣고 두려워할 것이다.

22 만일 사람이 죽을 죄를 범하여 그를 죽여 나무 위에 매달게 되면

23 그 시체를 밤새도록 나무 위에 두지 말고 당일에 장사하라. 그래서 네 하나님께서 주시는 땅을 더럽히지 말라. 나무에 달린 자는 하나님께 저주를 받은 것이다.

잃어버린 것을 찾아주는 것에 대해

22 ● 너는 네 형제의 소나 양이 길 잃은 것을 보거든 모르는 체하지 말고 반드시 그것들을 끌어다가 네 형제에게 돌려주라.

2 그러나 네 형제가 너와 멀리 떨어져 있거나, 네가 그 주인을 알지 못하면 그 짐승을 네 집으로 끌고 가서 네 형제가 찾을 때까지 네가 돌보다가 그에게 돌려주라.

3 이것은 나귀든 의복이든 형제가 잃어버린 어떤 것이든 모두 그렇게 하고 모르는 체하지 말라.

4 네 형제의 나귀나 소가 길에서 넘어

진 것을 보면 모르는 체하지 말고 너는 반드시 형제를 도와 그 짐승을 일으켜 주라.

기타 규례와 규정을 설명함

5 ● 여자는 남자의 옷을 입지 말고, 남자는 여자의 옷을 입지 말라. 이같이 하는 자를 네 하나님은 가증하게 여기신다.

6 길을 가다가 나무 위에나 땅에 있는 새의 보금자리에 어미 새가 그의 새끼나 알을 품은 것을 보면 그 어미새와 새끼를 모두 취하지 말고

7 어미는 반드시 놓아 주고, 새끼는 취해도 된다. 그렇게 하면 네가 복을 누리고 오래 살 것이다.

8 집을 지을 때는 지붕에 난간을 만들어 사람이 떨어지지 않게 하라. 그로 인해 사람이 죽어 책임이 네게 돌아갈까 한다.

9 네 포도밭에 두 종류의 씨앗을 함께 뿌리지 말라. 그러면 네가 뿌린 씨의 열매와 포도밭의 소산을 모두 수확하지 못할 것이다.

10 너는 소와 나귀를 함께 한 조를 이루어 갈지 말며,

11 양털과 아마1) 실을 혼합해 짠 것을 입지 말라.

12 너희는 겉옷의 네 귀퉁이에 긴 끈인 술을 만들어 입으라.

순결에 대한 의심이 있을 때

13 ● 누구든지 아내를 맞이한 후 그를 미워하여

14 비방 거리를 만들어 그에게 누명을 씌워 첫날밤 그가 처녀인 증거를 보지 못했다고 거짓 증언을 하면

15 그 처녀의 부모가 처녀인 증거물2)을 얻어 가지고 그 성문 장로들에게로 가라. 그리고

16 그녀의 아버지가 장로들에게 말하기를 "내 딸을 이 사람에게 아내로

주었더니 그가 미워하여

17 비방 거리를 만들어 내 딸에게서 처녀인 증거를 보지 못했다고 말했다. 그러나 보라, 내 딸의 처녀의 증거물이 이것이다'라고 말하고 그 부모가 첫날밤 처녀의 흔적인 자리옷을 그 성읍 장로들 앞에 펼쳐 보이라.

18 그러면 그 성읍의 장로들은 아내를 의심한 그 남편을 잡아 때리리라. 그리고

19 이스라엘 처녀에게 누명을 씌움으로 인해 그에게 은 100세겔을 벌금으로 받아 여자의 아버지에게 물어 주도록 하라. 또한 그 남자는 일평생 그녀를 데리고 살게 하라.

20 반면 처녀가 아닌 것이 사실이고, 그 처녀에게 처녀의 증거물도 없으면

21 그 여자를 그의 아버지 집 문에서 끌어낸 후 그 성읍 사람들이 그를 돌로 쳐 죽이라. 이는 그가 그의 아버지 집에서 창기의 행동을 하여 이스라엘 가운데서 간음하는 악을 행했기 때문이다. 너는 이같이 하여 너희 가운데서 악을 없애라.

22 어떤 남자가 유부녀와 동침한 것이 발각되면 그 동침한 남자와 그 여자를 모두 죽이라.

23 처녀가 남자와 약혼한 후 다른 남자가 그를 성읍 안에서 만나 동침하면

24 그 남녀를 모두 성문으로 끌어내 돌로 쳐 죽이라. 그 처녀는 성 안에 있으면서도 소리를 지르지 않았기 때문이고, 그 남자는 그 이웃의 아내를 욕보였기 때문이다. 너는 이같이 하여 너희 가운데서 악을 없애라.

25 만일 남자가 약혼한 처녀를 들에서

---

1) 베 2) 표

만나 성폭행을 했으면 그 남자만 죽이고

26-27 처녀는 처벌하지 말라. 남자가 처녀를 들에서 만났기 때문에 그 약혼한 처녀가 소리를 질러도 구해 줄 자가 없기 때문이다. 이 일은 사람이 이웃을 죽인 것과 같은 죄에 해당된다.

28 만일 남자가 약혼하지 않은 처녀를 만나 그를 붙들고 동침하는 가운데 그 두 사람이 발견되면

29 동침한 남자는 처녀의 아버지에게 은 50세겔을 주고 그 처녀를 아내로 삼을 것이다. 그가 그 처녀를 욕보였기 때문에 평생 그를 버려서는 안된다.

30 너희는 아버지의 아내와 동침하므로 아버지의 수치를 드러내지 말라.

여호와의 집회에 들어오지 못하는 자

23

● 남자의 생식기[1]가 상하거나 잘린 자는 여호와의 집회에 들어오지 못한다.

2 사생자는 10대에 이르기까지도 여호와의 집회에 들어오지 못할 것이다.

3 암몬과 모압 사람과 그들에게 속한 자는 10대뿐 아니라 영원히 여호와의 집회에 들어오지 못한다.

4 그들은 너희가 애굽에서 나올 때 빵과 물로 너희를 길에서 영접하지 않았고, 메소포타미아 유프라테스 강변에 있는 브돌 출신 브올의 아들 발람에게 뇌물을 주어 너희를 저주하게 하려고 했기 때문이다.

5 그때 네 하나님께서는 너를 사랑하시기 때문에 발람의 말을 듣지 않으시고, 그 저주를 바꾸어 복이 되게 하셨다.[2]

6 그러므로 네 평생에 그들의 평안함과 형통함을 구하지 말라.

7 너는 에돔 사람을 미워하지 말라. 그는 네 형제가 된다. 애굽 사람을 미워하지 말라. 네가 그 땅에서 나그네가 되었기 때문이다.

8 그들의 3대 이후 자손은 여호와의 집회에 들어올 수 있다.

군대 진영의 정결법과 기타 규정

9 ● 네가 대적을 치러 출정할 때 모든 악한 일을 행하지 않도록 스스로 조심하라.

10 너희 가운데 누가 밤에 몽정함으로 부정하거든 진영 밖으로 나가 있다가

11 해가 질 때 목욕하고 해가 진 후 진영 안으로 들어오라.

12 네 진영 밖에 화장실을 만들고 그곳으로 나갈 때는

13 작은 삽을 가지고 가서 그것으로 땅을 파고 대소변을 본 후 그 배설물을 덮으라.

14 이는 네 하나님께서 너를 구원하시고 대적을 물리치도록 네 진영 가운데 행하도록 하시기 때문이다. 그러므로 네 진영을 거룩하게 하라. 그러면 하나님께서 네게서 불결한 것을 보시지 않으므로 너를 떠나지 않으실 것이다.

15 어떤 종이 그의 주인을 피해 네게 도망 왔거든 너는 그의 주인에게 돌려보내지 말고,

16 그가 네 성읍 중 원하는 곳에서 너와 함께 거주하게 하며, 그를 학대하지 말라.

17 이스라엘 여자 가운데 성소에서 몸을 파는 창기가 있지 못하게 하고, 이스라엘 남자 가운데 성소에서 몸을 파는 남창이 있지 못하게 하라.

18 그런 여자 창기가 번 돈과 남자가 몸을 팔아 받은 개 같은 자의 소득은

1) 고환과 음경 2) 민 23-24장

어떤 서원하는 일로든지 네 하나님의 전에 헌금으로 바치지 말라. 이렇게 번 돈은 모두 네 하나님 앞에 가증한 것이다.

19-20 네가 형제에게 빌려주거든 돈이나 식물이나 그 외의 이자를 낼 만한 모든 것의 이자를 받지 말라. 그러면 네 하나님께서 네게 주신 땅에서 네 손으로 하는 모든 일에 복을 내리실 것이다. 그러나 외국인에게 네가 빌려주는 경우에는 이자를 받아도 된다.

21 네 하나님께 서원하면 그것을 속히 이행하라. 네 하나님께서는 반드시 그 서원 같은 것을 네게 요구하리니 그것이 지체되면 오히려 네게 죄가 될 것이다.

22 네가 서원하지 않았다면 죄가 없겠지만

23 네 입으로 말한 것은 그대로 이행하라. 서원한 것이 자원한 예물이면 네 하나님께 네가 서원하여 입으로 언약한 대로 드리라.

24 너는 네 이웃의 포도밭에 들어갈 때는 포도를 배불리 먹어도 되지만, 그릇에는 담지 말라.

25 네 이웃의 곡식 밭에 들어갈 때는 이삭은 따도 되지만, 곡식 밭에 낫은 대지 말라.

Q&A 서원했으면 갚기를 더디하지 말라(신 23:21-23)

서원은 사람이 무엇을 드리거나 어떤 일을 하겠다고 자발적으로 약속하는 것이다. 그러므로 우리가 하나님께 서원한 바가 있으면 비록 자신에게 해로운 것 같아도 그것이 잘못된 서원이 아니면 반드시 이행해야 한다(시 15:4). 서원하는 자체가 신앙이 있는 것이므로 좋은 서원을 하고 꼭 실천할 수 있는 것이어야 한다. 그러나 서원하고 이행하지 못하면 하지 않는 것만 못함을 기억하라. 여호와께 서원했으면 갚기를 더디하지 말라고 했다(신 23:21).

이혼과 재혼에 대해

24 ● 사람이 아내를 맞이한 후 그에게 수치스러운 일이 있어 남편이 그를 미워하면 이혼증서를 써서 그에게 주고 그를 자기 집에서 내보낼 것이다.[1]

2 이 경우 그 여자는 다른 사람의 아내가 될 수 있다. 그러나

3 그의 두 번째 남편도 그를 미워하여 이혼증서를 써서 그에게 주고 자기 집에서 내보냈거나 그의 두 번째 남편이 죽었을 경우

4 그 여자는 이미 몸을 더럽힌 것이 되었기 때문에 그를 내보낸 첫 번째 남편은 그를 다시 아내로 맞이하지 말라. 이 일은 여호와 앞에 가증한 것이다. 너는 네 하나님께서 네게 준 땅에서 이런 죄를 범하지 말라.

5 사람이 새로 아내를 맞았으면 그를 군대로 보내지 말고 어떤 직무도 그에게 맡기지 말라. 그는 1년 동안 집에 있으면서 아내를 행복하게 하도록 하라.

기타 규정

6 ● 맷돌은 물론 그 위짝도 전당물로 잡지 말라. 그것은 곡식을 빻는 것이므로 생명을 전당 잡는 것과 같기 때문이다.

7 사람이 자기 형제를 유인하여 종으로 삼거나 판 것이 발각되면 그 유인한 자를 죽여 너희 가운데 악을 없앨 것이다.

8 너는 피부가 벗겨지는 나병에 대해 레위 사람 제사장들이 명령한 대로 지키라.

9 너희는 애굽에서 나와 광야 길에서 네 하나님께서 미리암에게 피부가 벗겨지는 나병을 걸리게 하신 일[2]을 기억하라.

---

1) 출 19:7   2) 민 12:10

10 너는 네 이웃에게 무엇을 빌려줄 때 그의 전당물을 잡기 위해 그의 집에 들어가지 말고

11 네게 꾸는 자가 전당물을 밖으로 가지고 나오기까지 밖에서 기다리라.

12 가난한 자의 전당물로 잡은 옷을 가지고 하루를 넘기지 말고

13 해질 때 그 전당물을 반드시 그에게 돌려주라. 그러면 그가 그 옷을 입고 자며 너를 위해 복을 빌 것이다. 그 일이 네 하나님 앞에서 네 의로움이 될 것이다.

가난한 자와 약자를 위한 규례

14 ● 네가 고용한 가난한 일꾼은 너희 형제든지 나그네든지 그를 학대하지 말고,

15 그의 품삯을 해가 진 후까지 미루지 말라. 그는 가난하여 그 품삯을 해가 지기 전에 받고자 하기 때문이다. 그가 품삯으로 인해 여호와께 호소하면 그것이 네게 죄가 될 것이다.

16 아버지는 자식들의 죄 때문에 죽임을 당하지 않으며, 자식도 아버지 죄 때문에 죽임을 당하지 않을 것이다. 오직 각 사람은 자기 죄로 죽임을 당할 것이다.

17 너는 나그네나 고아의 송사를 불공평하게 판결하지 말고, 과부의 옷을 전당 잡지 말라.

18 너는 종살이하던 애굽에서의 일과 여호와께서 너를 그곳에서 이끌어 내신 것을 기억하라. 네가 그런 일을 당했으니 이렇게 행하라고 명령하는 것이다.

19 밭에서 곡식을 벨 때 그 한 단1)을 밭에 놓고 왔다면 다시 가서 그것을 가져오지 말고 나그네와 고아와 과부를 위하여 그대로 두라. 그러면 네 하나님께서 네가 하는 모든 일에 복을 내리실 것이다.

20 네 올리브나무 열매를 떤 후 남은 열매가 있는지 그 가지를 다시 살피지 말고 그 남은 것은 나그네와 고아와 과부를 위해 그대로 두라.

21 너는 포도밭의 포도를 딴 후 그 남은 것을 다시 따지 말고 나그네와 고아와 과부를 위해 그대로 두라.

22 너는 애굽 땅에서 종살이하던 때를 기억하라. 그래서 내가 네게 이렇게 행하라고 명령하는 것이다.

태형과 동물 보호법

25 ● 사람들 사이에서 다툼이 생겨 재판을 요청하면 재판장은 의인은 의롭다 하고, 악인은 죄가 있다고 판결하라.

2 재판장이 판단할 때 악인에게 태형이 합당하면 그를 엎드리게 한 다음 죄의 경량에 따라 매의 수를 정하여 때리게 하라.

3 매는 40대까지 때릴 수 있지만 그 이상은 때리지 말라. 만일 40대를 넘어 매를 과중하게 때리면 네가 네 형제를 가볍게 여기는 것이 된다.

4 곡식을 떠는 소의 입에 망을 씌우지 말라.

계대 결혼법2)

5 ● 형제들이 함께 살다가 그중 하나가 아들 없이 죽었다면 그 죽은 자의 아내는 다른 사람에게 시집을 가지 말고 그 죽은 남편의 형제가 그를 맞이하여 아내로 삼아 그의 남편의 형제 된 의무를 그에게 행하도록 하라.

6 그래서 그 여인이 낳은 첫 아들로 그 죽은 형제의 이름이 이스라엘 가운데 끊어지지 않게 하라.

7 그러나 그 사람이 그 형제의 아내를 맞이하기 원하지 않으면 그 형제의

1) 뭇   2) 수혼제

아내는 장로들을 찾아가 성문에서 "내 남편의 형제가 그 형제의 이름을 잇기를 싫어하여 남편의 형제된 의무를 내게 행하지 않는다"라고 말하라.

8 그러면 그 성읍 장로들은 그를 불러다가 물어볼 때 그가 이미 마음에 정한 대로 내가 그 여자 맞이하기를 원하지 않는다고 말하면

9 그의 형제의 아내가 장로들 앞에서 그에게 나아가 그의 발에서 신을 벗기고, 그의 얼굴에 침을 뱉으며 "그의 형제의 집을 세우기를 기뻐하지 않는 자에게는 이같이 할 것이다" 라고 말하라.

10 그리고 이스라엘 가운데서 그의 이름을 '신 벗김 받은 자의 집'이라고 부를 것이다.

기타 다른 법

11 ● 두 사람이 서로 싸울 때 한 사람의 아내가 그 치는 자의 손에서 그의 남편을 구하기 위해 그 사람의 음낭을 잡으면

12 너는 그 여인을 불쌍히 여기지 말고 그의 손을 찍어 버리라.

13 너는 네 주머니에 큰 것과 작은 것 두 종류의 저울추를 넣지 말라.

14 네 집에 큰 것과 작은 것 두 종류의 되를 두지 말라.

15 오직 무게가 정확하고 공정한 저울추와 되만 두라. 그러면 네 하나님께서 네게 준 땅에서 네가 오래 살 것이다.

16 만일 이를 어기거나 악을 행하는 모든 자는 네 하나님께 가증한 자이다.

아말렉의 도말 명령

17 ● 여호와께서 계속 말씀하셨다. "너희는 애굽에서 나와 행진하는 가운데 아말렉이 너희에게 행한

일을 기억하라.

18 그들은 르비딤에서 네가 피곤할 때 네 뒤에 떨어진 약한 자들을 공격했고, 하나님를 두려워하지 않았다.[1]

19 그러므로 네 하나님께서 네게 삶의 터전으로 주어 차지하게 한 땅에서 네 하나님께서 사방에 있는 모든 적을 물리치고 네게 평안을 주실 때 너는 아말렉을 멸망시켜 천하에서 그들을 기억조차 하지 못하도록 진멸시켜라."[2]

토지 소산의 첫 수확물을 드림

26 ● 너는 네 하나님께서 네게 유업으로 주신 땅에 들어가 그곳에서 거주할 때

2 그 토지의 모든 생산물의 처음 거둔 것을 가져다가 광주리에 담아 그것을 네 하나님께서 그의 이름을 위해 선택하신 곳으로 가지고 가라. 그리고 그곳에 있는

3 당시의 제사장에게 나아가 그에게 이렇게 말하라. "내가 오늘 당신의 하나님께 우리에게 주시겠다고 우리 조상들에게 약속하신 땅에 거주하게 되었습니다."

4 그러면 제사장은 네가 가져온 광주리를 받아 네 하나님의 제단 앞에 놓을 것이다.

5 또 너는 네 하나님 앞에 이렇게 아뢰어라. "내 조상은 방랑하는 아람 사람으로서 적은 수가 애굽으로 내려가 거류했으나 그곳에서 강하고 번성한 민족이 되었습니다.

6 그러자 애굽 사람이 우리를 학대해 우리에게 힘든 일을 시켰습니다. 그때

7 우리 조상의 하나님께 부르짖었더니 하나님께서 우리의 신음을 들으

1) 출 17:8   2) 삼상 15:1-3

8 하나님께서 크신 능력과 기적으로 우리를 애굽에서 이끌어내어
9 젖과 꿀이 흐르는 이 땅을 주셨습니다.
10 이제 내가 주께서 주신 토지의 첫 수확물을 가져왔습니다." 그리고 그것을 네 하나님 앞에 두고 그 앞에 경배할 것이다.
11 네 하나님께서 너와 네 집에 주신 모든 복으로 인해 너는 레위인과 너희와 함께 거하는 나그네와 함께 기쁨을 나눌 것이다.
12 십일조를 드리는 셋째 해에 네 모든 소산의 십일조 드리기를 마친 후 그것을 레위인과 나그네와 고아와 과부에게 주어 네 성읍 안에서 먹고 배부르게 하라.
13 그리고 네 하나님 앞에 이렇게 아뢰어라. "내가 주께서 내게 명령하신 대로 성물로 레위인과 나그네와 고아와 과부에게 주었습니다. 나는 주의 명령을 어기지 않았고 잊지도 않았습니다.
14 내가 애곡하는 날에는 하나님께 바친 성물을 먹지 않았고, 부정할 때 이를 떼어 놓지도 않았으며, 죽은 자에게 바치지도 않았습니다. 오직 하나님의 말씀을 경청하여 주께서 내게 명령하신 대로 모두 행했습니다.
15 그러니 주의 거룩한 하늘의 처소에서 살피시고, 주의 백성 이스라엘에게 복을 주십시오. 우리 조상들에게 약속하여 우리에게 주신 젖과 꿀이 흐르는 땅에 복을 내리십시오."

여호와의 백성

16 ● 오늘 네 하나님께서 이 규례와 법을 지키라고 명령하셨으니 너는 마음과 뜻을 다해 지키라.
17 네가 오늘 여호와를 네 하나님으로 인정하고, 그 말씀을 행하고, 그의 규례와 법을 지키며, 그의 음성을 들을 것이라고 확실히 말했다.
18 여호와께서도 네게 말씀하신 대로 오늘 너를 그의 보배로운 백성이 되게 하시고, 그의 모든 명령을 지키라고 확실히 말씀하셨다.
19 여호와께서는 너를 모든 민족 위에 뛰어나게 하여 칭찬과 명예와 영광을 주시며, 그가 말씀하신 대로 너를 하나님의 거룩한 백성이 되게 하실 것이다.

돌판에 율법을 기록하라

27 ● 모세와 이스라엘 장로들이 백성에게 명령했다. "너희는 내가 오늘 너희에게 명령하는 것을 모두 지키라.
2 너희가 요단강을 건너 네 하나님께서 너희에게 준 땅에 들어가는 날에 큰 돌들을 세우고 그곳에 석회를 바르라.
3 그리고 이 율법의 모든 말씀을 그 돌 위에 새기라. 그러면 네 하나님께서 네게 주시는 젖과 꿀이 흐르는 땅에서 네 조상들의 하나님께서 네게 말씀하신 대로 그곳을 차지하며 살 것이다.[1]
4 너희가 요단강을 건너가면 내가 오늘 너희에게 명령하는 이 돌들을 에발산에 세우고 그 위에 석회를 바르라.
5 또 그곳에서 네 하나님을 위해 쇠 연장으로 다듬지 않은 돌을 사용하여 제단을 쌓으라.
6 그리고 그 제단 위에 네 하나님께 번제와

1) 수 24:26-27

7 화목제를 드리고, 그곳에서 먹으며 네 하나님 앞에서 즐거워하라.

8 너는 이 율법의 모든 말씀을 그 돌들에 분명하고 정확하게 새기라."

9 모세와 레위 제사장들이 온 이스라엘에게 말했다. "이스라엘아, 조용히 들으라. 오늘 네가 네 하나님의 백성이 되었다. 그러므로

10 네 하나님의 말씀을 경청하여 내가 오늘 너희에게 명령하는 규례와 법을 지켜 행하라."

축복과 저주를 선포할 산

11 ●그날 모세가 백성에게 말했다.

12 "너희가 요단강을 건넌 후 시므온과 레위와 유다와 잇사갈과 요셉과 베냐민 지파 자손들은 백성을 축복하기 위해 그리심산에 서고,

13 르우벤과 갓과 아셀과 스불론과 단과 납달리 지파 자손들은 저주하기 위해 에발산에 서라.[1)]

14 그리고 레위 사람은 큰 소리로 이스라엘 모든 사람에게 말하라.

15 대장장이가 조각했거나 부어 만든 우상은 여호와께 혐오스러운 것으로 그것을 만들어 은밀히 세우는 자는 저주를 받으리라고 말하면 모든 백성은 '아멘'이라고 대답할 것이다.

16 자기 부모를 업신여기는 자는 저주를 받으리라고 말하면 모든 백성은 '아멘'이라고 대답할 것이다.

17 이웃의 땅의 경계를 표시하는 경계석을 옮기는 자는 저주를 받으리라고 말하면 모든 백성은 '아멘'이라고 대답할 것이다.

18 앞을 못 보는 자를 엉뚱한 길로 이끄는 자는 저주를 받으리라고 말하면 모든 백성은 '아멘'이라고 대답할 것이다.

19 나그네나 고아나 과부의 송사를 억울하게 하는 자는 저주를 받으리라고 말하면 모든 백성은 '아멘'이라고 대답할 것이다.

20 아버지의 첩[2)]과 동침하는 자는 그의 아버지의 수치를 드러낸 것이니 저주를 받으리라고 말하면 모든 백성은 '아멘'이라고 대답할 것이다.

21 짐승과 수간하는 자는 저주를 받으리라고 말하면 모든 백성은 '아멘'이라고 대답할 것이다.

22-23 자매인 그의 부모의 딸과 장모와 동침하는 자는 저주를 받으리라고 말하면 모든 백성은 '아멘'이라고 대답할 것이다.

24 이웃을 몰래 죽이는 자는 저주를 받으리라고 말하면 모든 백성은 '아멘'이라고 대답할 것이다.

25 죄 없는 자를 죽이기 위해 뇌물을 받는 자는 저주를 받으리라고 말하면 모든 백성은 '아멘'이라고 대답할 것이다.

26 이 율법의 말씀을 실행하지 않는 자는 저주를 받으리라고 말하면 모든 백성은 '아멘'이라고 대답할 것이다."

순종하는 자가 받는 복[3)]

28

1-2 ●"네가 네 하나님의 말씀을 잘 듣고 경청하여 내가 오늘 너희에게 명령하는 그의 모든 명령을 지켜 행하면 여호와께서 너를 세계의 모든 민족 위에 뛰어나게 하실 것이다. 이런 복이 너에게 임하며 네게 이렇게 이를 것이다.

3 너는 성읍과 들에서 복을 받고,

4 네 몸의 자녀와 토지의 생산물과 짐승의 새끼가 복을 받으며,

5 네 광주리와 빵 반죽 그릇이 복을 받을 것이다.

6 너는 들어오거나 나가거나 복을

1) 수 8:33   2) 아내   3) 레 26:3-13, 신 7:12-24

받을 것이다.

7 여호와께서 너를 치기 위해 일어난 대적을 네 앞에서 패하게 하실 것이다. 그들은 한 길로 너를 치러 왔다가 오히려 일곱 길로 도망갈 것이다.

8 여호와께서 네 창고와 네가 하는 모든 일에 복을 내리시고, 네 하나님께서 네게 준 땅에서 복을 주실 것이다.

9 여호와께서 네게 약속하신 대로 너를 자기의 거룩한 백성이 되게 하실 것이다. 그러므로

10 땅의 모든 백성이 네가 하나님의 백성으로 불리는 것만으로도 너를 두려워할 것이다.

11 여호와께서 네게 주리라고 네 조상들에게 약속하신 땅에서 이 모든 복을 주심으로 네 몸의 소생과 가축의 새끼를 번식하게 하시고, 토지의 소산을 풍성하게 하실 것이다.

12 여호와께서 너를 위해 하늘의 아름다운 보물 창고를 열으시어 네 땅에 때를 따라 비를 내리시고, 네 손으로 하는 모든 일에 복을 주실 것이다. 그래서 네가 여러 민족에게 꾸어 줄지라도 너는 꾸지 않을 것이다.

13 여호와께서 너를 꼬리가 아니라 머리가 되게 하시며, 바닥이 아니라 꼭대기에 있게 하실 것이다. 그러니 너는 오직 내가 오늘 너희에게 명령하는 네 하나님의 명령을 듣고 지켜 행하라.

14 그 명령과 말씀을 떠나 좌우로 치우치지 말고, 다른 신을 따라 섬기지 않으면 이같이 복을 받을 것이다.

불순종하는 자가 받는 저주

15 ● 만일 네가 네 하나님의 말씀을 거역하여 내가 오늘 네게 명령하는 그의 모든 규례와 법을 지키지 않으면 이 모든 저주가 네게 임할 것이다.

16 네가 성읍에서나 들에서 저주를 받으며,

17 네 광주리와 빵 반죽 그릇이 저주를 받을 것이다.

18 네 몸의 소생과 토지의 생산물과 소와 양의 새끼가 저주를 받을 것이다.

19 너는 들어오나 나가나 저주를 받을 것이다.

20 네가 악을 행하여 그[1]를 잊어버리면 여호와께서는 네 손으로 하는 모든 일에 저주와 혼란과 책망을 내려 속히 망하게 하실 것이다.

21-22 또 여호와께서 네게 염병, 폐병, 열병, 염증, 학질, 한재, 풍재, 썩는 재앙으로 너를 치사 네가 들어가 거주하게 될 땅에서 마침내 너를 멸망시키실 것이다.

23 네가 있는 하늘에서는 비가 내리지 않아 놋처럼 되고, 네가 있는 땅은 철과 같이 굳어질 것이다.

24 그래서 하늘에서는 비 대신에 먼지와 모래를 네 땅에 내리게 하여 마침내 너를 멸망시킬 것이다.

25 여호와께서 네 대적 앞에서 너를 패하게 하실 것이다. 그래서 네가 그들을 공격하러 한 길로 갔다가 일곱 길로 도망하며, 너는 땅의 모든 나라 가운데 흩어지게 될 것이다.

26 네 시체가 공중의 모든 새와 땅의 짐승들의 먹이가 될 것이다. 그러나 그것들을 쫓아 낼 사람조차 없을 만큼 사람이 적을 것이다.

27 여호와께서 애굽의 종기와 치질과 옴[2]과 피부병인 습진으로 너를 치셔도 네가 치료를 받지 못할 것이다.

1) 나 2) 괴혈병

28 또 너를 미치게 하고, 눈멀게 하고, 정신병이 들게 하시리니

29 네가 앞을 못 보는 자가 캄캄한 데서 더듬는 것과 같이 대낮에도 더듬을 것이다. 너는 네 길이 형통하지 못하여 항상 압제와 노략을 당하지만 너를 구해 줄 자가 없을 것이다.

30 네가 여자와 약혼했으나 그 약혼자가 다른 남자와 동침하고, 집을 건축했으나 그곳에 살지 못하며, 포도밭을 가꾸었으나 그 열매를 먹지 못할 것이다.

31 너는 네 소를 잡았으나 그 고기를 먹지 못하고, 네 나귀를 빼앗겨도 찾지 못하며, 네 양을 원수에게 빼앗길지라도 너를 도와줄 자가 없을 것이다.

32 네 자녀를 다른 민족에게 빼앗겨 눈이 피곤할 정도로 온종일 찾지만 네 손에 힘이 없을 것이다.

33 네 토지 생산물과 네 수고로 얻은 것을 네가 알지 못하는 다른 민족이 먹으며, 너는 항상 억압과 학대를 받을 것이다.

34 그리하여 네 앞에 일어나는 일로 인해 네가 미치게 될 것이다.

35 여호와께서 네 무릎과 다리에 고치지 못할 심한 종기를 나게 하여 발바닥에서부터 정수리까지 번지게 하실 것이다.

36 여호와께서 네 왕을 너와 네 조상들이 알지 못하던 나라로 끌고 가시리니 네가 그곳에서 나무로 만든 다른 신들을 섬길 것이다.

37 그로 인해 너는 모든 민족 가운데서 속담과 비방 거리가 될 것이다.

38 네가 들에 많은 씨를 뿌려도 메뚜기가 먹으므로 거둘 것이 적을 것이다.

39 네가 포도나무를 심고 포도밭을 가꿀지라도 벌레가 먹으므로 포도를 따지 못하고, 포도주를 마시지 못할 것이다.

40 네 모든 지역에 올리브나무가 있어도 그 열매가 떨어져 그 기름을 짜지 못할 것이다.

41 네가 자녀를 낳아도 그들이 포로가 되어 너와 함께 있지 못할 것이다.

42 네 모든 나무와 토지 생산물은 메뚜기가 먹을 것이다.

43 너희와 함께 사는 이방인이 점점 높아져 너보다 뛰어나고, 너는 점점 낮아질 것이다.

44 너는 그들에게 꾸어도 그들에게 꾸어주지는 못할 것이다. 그는 머리가 되고, 너는 꼬리가 될 것이다.

45 네가 네 하나님의 말씀을 경청하지 않고 네게 명령하신 계명과 법을 어기므로 이 모든 저주가 너와 네 자손에게 미쳐 마침내 너와 네 자손을 멸망시키실 것이다.

46 그리하여 이것이 영원히 표징과 교훈이 될 것이다.

47 네가 모든 것이 풍족함에도 기쁨과 즐거운 마음으로 네 하나님을 섬기지 않음으로써

48-49 오히려 네가 주리고 목마르고 헐벗고, 모든 것이 부족하게 될 것이다. 그리하여 여호와께서 땅끝에서 네가 그 언어를 알지도 못한 민족을 독수리가 날아오는 것처럼 너를 치러 오게 한 대적을 섬기게 되리니 그가 철 멍에를 네 목에 메우며, 마침내 너를 멸망시킬 것이다.

50 그들은 용모가 흉악한 민족으로 노인과 어린 아이를 돌보거나 불쌍히 여기지 않을 것이다.

51 네 소나 양, 가축의 새끼와 곡식이나 포도주나 올리브 기름을 너를 위해 남기지 않고 빼앗아 마침내 너를 멸망시킬 것이다.

52 그들이 여호와께서 네게 준 땅의 모든 성읍을 에워싸고, 네가 믿는 높고 견고한 성벽을 모두 헐 것이다.

53 이로 인해 너는 굶주려 곤란을 당하므로 네 자식의 살을 먹을 것이다.

54 너희 가운데 온유하고 연약한 남자조차 자기 아내와 그의 형제와 그의 남은 자녀를 외면할 것이다.

55 자기가 먹는 그 자식의 살을 자기만 먹으리니 그것은 네 대적이 네 모든 성읍을 에워싸고, 먹을 것을 아무것도 남겨 놓지 않았기 때문이다.[1]

56 또 너희 가운데 온유하고 점잖아서 자기 발바닥으로 흙을 묻히지도 않고 살던 부녀라도 자기 품의 남편과 자기 자녀를 외면하는 잔인한 여자로 변할 것이다. 그녀는

57 자기가 낳은 어린 자식과 나온 태를 몰래 먹을 것이다. 그렇게까지 된 것은 네 대적이 네 모든 성읍을 포위하고 맹렬히 너를 쳐서 먹을 것을 아무것도 남겨 놓지 않았기 때문이다.

58 만일 네가 이 책에 기록한 율법의 모든 말씀을 지켜 행하지 않고, 네 하나님의 영화롭고 두려운 이름을 경외하지 않으면

59 여호와께서 너와 네 자손에게 극렬한 재앙을 내리실 것이다. 그 재앙이 크고 오래가며, 질병도 심하고 오래갈 것이다.

60 여호와께서는 네가 두려워하던 애굽의 모든 질병을 네게 임하게 하실 것이다.

61 또 이 율법책에 기록하지 않은 질병과 재앙을 네가 멸망하기까지 내리실 것이다.

62 너희가 하늘의 별처럼 많아도 네 하나님의 말씀을 경청하지 않은 까닭에 남는 자가 아주 적을 것이다.

63 여호와께서 너희에게 선을 행하시고 번성하게 하시기를 기뻐하시던 것처럼 이제는 너희를 멸망시키기를 기뻐하실 것이다. 너희가 들어가 차지할 땅에서 쫓겨날 것이다.

64 여호와께서 너를 이 땅끝에서 저 끝까지 세상의 모든 민족 가운데서 흩으실 것이다. 네가 그곳에서 너와 네 조상들이 알지 못하던 나무로 만든 우상을 섬길 것이다.

65 그 여러 민족 가운데 네가 평안을 누리지 못하며, 네 발바닥이 쉴 곳을 찾지 못할 것이다. 여호와께서 그곳에서 네 마음을 두렵게 하시고, 눈을 쇠하게 하시며, 정신을 혼란하게 하실 것이다.

66 네 생명이 위험 가운데 처하고, 밤낮으로 두려워하며, 네 생명을 보장 받을 수 없을 것이다.

67 그로 인해 아침에는 저녁이 되었으면 좋겠다고 하고, 저녁에는 아침이 되었으면 좋겠다고 할 것이다.

68 여호와께서 너를 배에 싣고 "네가 다시는 그 길을 가지 않을 것이다"라고 이전에 말씀하신 그 길을 통해 너를 다시 애굽으로 끌고 가실 것이다. 그곳에서는 너희가 심히

성경에서의 독수리(신 28:49)

독수리는 율법에서 부정한 새로 규정되며(레 11:13), 팔레스틴의 새 중에서 가장 큰 새이다. 성경에서는 힘차고 빠르게 날아오르는 모습을 직유법으로 사용하였다(신 28:49). 독수리는 먹이를 움킬 때 빠르게 내려오며(욥 9:26), 공중 높은 곳에 보금자리를 틀고(욥 39:27), 자기 새끼를 혼신을 다해 강하게 기른다. 그래서 성경은 이스라엘 백성들을 광야에서 독수리가 자기 새끼를 훈련시키고 보호함같이 하나님이 이스라엘을 인도하였다고 말하고 있다(신 32:11–12).

1) 왕하 6:24-33

궁핍하여 너희 몸을 대적에게 남녀 종으로 팔려고 하지만 너희를 살 자가 없을 것이다.

모압 땅에서 세운 언약

29 1 ● 시내산, 곧 호렙산에서 이스라엘 백성과 세운 언약 외에 모압 땅에서 여호와께서 모세에게 명령하여 그들과 세운 언약의 말씀은 이렇다.

2 모세가 모든 이스라엘 백성을 소집하고 그들에게 말했다. "여호와께서 애굽 땅에서 너희가 보는 가운데 바로와 그의 모든 신하와 그의 온 땅에 행하신 모든 일을 너희가 보았다.

3 곧 너희 눈으로 큰 능력과 기적을 보았다.

4 그러나 오늘 여호와께서는 그런 일에 대해 깨닫는 마음과 보는 눈과 듣는 귀를 너희에게 주지 않으셨다.

5 여호와께서 40년 동안 너희를 광야에서 인도하시는 동안 너희 옷이 낡아지지 않았고, 너희 신이 해어지지 않았다.

6 너희에게 세상의 빵을 먹지 못하게 하고, 포도주나 독주를 마시지 않고도 살 수 있게 한 것은 여호와께서 너희 하나님 되심을 알게 하려고 하신 것이다.

7 너희가 이곳까지 오는 동안 요단 강 동쪽을 차지한 헤스본 왕 시혼과 바산 왕 옥[1]이 우리와 싸우러 나왔으나 우리가 그들을 물리치고

8 그 땅을 차지하여 르우벤과 갓과 므낫세 반 지파에게 삶의 터전으로 주었다.

9 그러므로 너희는 이 언약의 말씀을 지켜 행하라. 그러면 너희가 하는 모든 일이 형통할 것이다.

10 오늘 너희의 우두머리와 지파와 장로들과 지도자와 이스라엘 모든 남자와

11 유아들과 아내와 네 장막을 친 지역에 있는 나그네와 너를 위해 나무를 패는 자에서 물을 긷는 자까지 모두 너희 하나님 앞에 서 있다. 이는

12 네 하나님과 언약을 맺고 그 언약을 지켜야 하는 사이가 된 것이다.[2]

13 여호와께서는 너와 네 조상 아브라함과 이삭과 야곱에게 약속하신 대로 오늘 너를 세워 자기 백성으로 삼으셨다. 이는 친히 네 하나님이 되시기 위함이다.

14 내가 이 언약을 맺는 것은 이곳에 있는 너희뿐 아니라

15 오늘 우리와 함께 이곳에 있지 않은 자까지 해당되는 것이다.

16 너희가 애굽 땅에서 살았던 것과 여러 나라를 통과한 것을 알고 있었으며,

17 그들의 혐오스러운 것과 나무로 만든 목석 우상과 은금의 우상도 보았다.

18 그러므로 너희 가운데 남자나 여자나 가족이나 지파나 오늘 그 마음이 여호와를 떠나 다른 민족의 신들을 섬기지 않을까 염려된다. 또한 너희 가운데 독초와 쑥의 뿌리가 생기게 해서는 안 된다.

19 이 저주의 말을 들었음에도 마음에 이르기를 "나는 평안할 것이다"라고 말하며, 마음을 완고하게 하는 사람이 있다면 그는 모두 멸망할 것이다.

20 여호와는 그런 자를 용서하지 않으실 뿐 아니라 여호와의 분노와 질투의 불이 그에게 미치고, 이 책에 기록된 모든 저주를 그에게

---

1) Ok 2) 하나님께서 오늘 네게 하시는 맹세에 참여하여

임하게 하실 것이다. 여호와께서 그런 자의 이름을 천하에서 지워 버릴 것이다.

21 여호와께서는 이스라엘 모든 지파 가운데 그런 자를 구별하여 이 율 법책에 기록된 모든 언약의 저주대 로 그에게 임하도록 하실 것이다.

22 너희 세대 이후 너희 자손과 멀리 서 오는 나그네가 여호와께서 내 리시는 재앙과 유행병을 보고 이 렇게 말할 것이다.

23 "그 온 땅이 유황과 소금이 되고, 불에 타서 심지도 못하고, 결실함 도 없으며, 아무 풀도 나지 않는 것 이 마치 옛적에 여호와께서 진노 와 격분으로 멸망시킨 소돔과 고 모라와 아드마와 스보임과 같을 것이다."

24 이를 본 여러 나라 사람도 이렇게 물을 것이다. "여호와께서 왜 이 땅에 이같이 크고 맹렬하게 노하 여 멸망시키신 것은 무슨 뜻이냐?"

25 그때 사람들이 대답하기를 "그 무 리는 하나님께서 그들의 조상을 애굽에서 이끌어내실 때 세운 언 약을 버리고

26 자신들이 알지도 못하고 여호와 께서 그들에게 허락하지도 않은 다른 신들을 섬기고 경배했기 때 문이다'라고 할 것이다.

27·28 그래서 여호와께서 이 땅에 진 노하여 이 율법책에 기록된 모든 저주대로 재앙을 내리시고, 그들 을 이 땅에서 쫓아내어 다른 나라 로 잡혀 가게 하신 것이 오늘과 같 다고 할 것이다.

29 숨겨진 일은 우리 하나님께서 아 신다. 반면 드러난 일은 영원히 우 리와 우리 자손이 해야 할 일이다. 그러므로 우리는 이 율법의 모든

말씀대로 실천할 뿐이다.

회복의 길

30 ● 내가 네게 말한 모든 복과 저주가 네게 임하여 네 하나 님께 쫓겨 간 모든 나라에서 이 일 이 기억나면

2 너와 네 자손은 네 하나님께로 돌 아와 내가 오늘 너희에게 명령한 것을 마음과 뜻을 다해 여호와의 말씀을 경청하라. 그러면

3 네 하나님께서 마음을 돌이키시고 너를 긍휼히 여겨 포로 된 곳에서 돌아오게 하시고, 흩은 모든 백성 가운데서 너를 다시 모으실 것이다.

4 쫓겨 간 자들이 하늘처럼 멀리 있 다고 해도 네 하나님께서 그곳에서 도 너를 모아 이끌어 오실 것이다.

5 네 하나님께서 너를 네 조상들이 살던 땅으로 돌아오게 하여 네가 다시 그곳을 소유하게 하실 것이 다. 또한 네게 선을 베풀어 네 조상 들보다 더 번성하게 하실 것이다.

6 네 하나님께서 너와 네 자손의 마음 에 할례를 베풀어 너로 마음과 뜻을 다해 네 하나님을 사랑하게 하고, 너로 생명을 얻게 하실 것이다.

7 그때 네 하나님께서 네 대적과 너 를 핍박하던 자에게 이 모든 저주 를 내리게 하실 것이다.

8 그러므로 너는 여호와께 돌아와 그의 말씀을 다시 경청하고, 내가 오늘 너희에게 명령하는 것을 행 하라.

9·10 그렇게 하면 네 하나님께서 네 가 하는 모든 일과 네 몸에서 태어 난 자식들과 가축의 새끼와 토지 의 생산물을 풍성하게 하시고, 여 호와께서 네 조상들을 기뻐하신 것처럼 너를 다시 기뻐하여 네게 복을 주실 것이다.

11 내가 오늘 네게 명령한 것은 네가 지키기에 어려운 것이 아니며, 너와 상관이 없는 것도 아니다.

12 그것은 너희가 지킬 수 없는 하늘에 있는 것이 아니다. 네가 말하기를 "누가 우리를 위해 하늘에 올라가 그의 명령을 우리에게 알려주어 우리로 행하게 할 수 있겠느냐?"라고 할 만큼 어려운 것이 아니다.

13 그 명령은 지키지 못할 정도로 바다 밖에 있는 것이 아니다. 네가 말하기를 "누가 우리를 위해 바다를 건너가서 그의 명령을 우리에게 알려주어 우리로 그 명령을 행하게 할 수 있겠느냐?"라고 할 만큼 힘든 것도 아니다.

14 오직 그 말씀은 너희에게 아주 가까워 네 입과 마음에 있으니 네가 그 명령을 행할 수 있다.

15 내가 오늘 생명과 복과 사망과 화를 네 앞에 놓았다.

16 내가 오늘 네게 명령하여 네 하나님을 사랑하고, 그 모든 길로 행하며, 그의 규례와 법을 지키면, 네 하나님께서 네게 주신 땅에서 복을 주사 네가 죽지 않고 번성하게 하실 것이다.

17 그러나 네가 내 말을 듣지 않고 유혹을 받아 다른 신들을 섬기면

18 내가 오늘 너희에게 분명히 말한다. 너희가 반드시 망할 것이다. 너희가

시혼(신 31:4)

시혼(Sihon)은 여호수아 당시 요단 동편 북쪽에서 아르논까지에 있는 광범위한 지역의 아모리 왕국의 통치자였다(삿 11:22). 그는 미디안 방백과 동맹관계를 유지했으나(수 13:21) 이스라엘이 자신의 지역을 통과하도록 요청할 때 거절하므로 오히려 이스라엘에게 멸망당했다(민 21:21-31).

요단강을 건너가 차지한 땅에서 너희가 얼마 살지 못할 것이다.

19 내가 오늘 하늘과 땅을 너희에게 증거로 삼아 말한다. 내가 생명과 사망과 복과 저주를 네 앞에 두었다. 그러므로 너와 네 자손은 살기 위해 생명을 택하고,

20 네 하나님을 사랑하고, 그의 말씀을 경청하며, 그만을 의지하라. 그는[1] 네 생명이고, 오래 사는 비결이다. 여호와께서 네 조상 아브라함과 이삭과 야곱에게 주시겠다고 약속한 땅에서 네가 살 것이다.

모세의 후계자가 된 여호수아

31 1-2 ● 모세가 온 이스라엘 백성에게 말했다. "이제 내 나이 120세다. 나는 더 이상 활동하지 못하겠고, 여호와께서도 내게 이 요단강을 건너지 못할 것이라고 말씀하셨다.

3 이제 여호와께서 이전에 말씀하신 것처럼 네 하나님께서 너보다 앞장서서 건너가사 이 요단강 서쪽에 있는 민족들을 너희 앞에서 멸하시고 너희가 그 땅을 차지하게 하실 것이다. 그리고 여호수아는 백성들보다 앞장서서 건너갈 것이다.

4 또한 여호와께서 이미 멸하신 요단강 동쪽의 아모리 왕 시혼과 바산 왕 옥과 그 땅에 행하신 것처럼 요단강 서쪽에 있는 민족들에게도 그대로 행하실 것이다.

5 뿐만 아니라 여호와께서 너희가 그들을 이길 수 있도록 하실 것이니 너희는 내가 너희에게 명령한 대로 그들에게 행하라.

6 그러므로 너희는 강하고 담대하라. 그들을 두려워하지 말라. 네 하나님께서는 너희와 동행하시며,

1) 그것이

결코 너희를 떠나거나 버리지 않으실 것이다."

7 모세가 여호수아를 불러 온 이스라엘이 보는 앞에서 그에게 말했다. "너는 강하고 담대하라. 너는 이 백성을 이끌고 여호와께서 그들의 조상에게 주시겠다고 맹세한 땅에 들어가서 그들에게 그 땅을 차지하게 하라.

8 그러면 여호와께서 네 앞에서 가시며, 너와 함께하사, 너를 떠나거나 버리지 않으실 것이니 너는 두려워하거나 놀라지 말라.

율법을 가르쳐 지키게 하라

9 ● 모세가 이 율법을 기록하여 여호와의 증거궤를 메는 레위 자손 제사장들과 이스라엘의 모든 장로에게 주었다. 그리고

10 모세가 그들에게 명령했다. "매 7년마다 지키는 면제년의 초막절에

11-12 온 이스라엘 백성이 네 하나님이 선택하신 곳에 모일 때 이 율법을 낭독하라. 이 때는 백성의 모든 남녀와 어린이뿐 아니라 네 성읍 안에 함께 사는 외국인도 모이도록 하고, 그들에게 이 율법을 듣고 배우고, 네 하나님을 경외하며, 그 율법에 기록된 모든 말씀을 지켜 행하게 하라.

13 또 너희가 요단강을 건너가서 차지할 땅에서 사는 동안 이 말씀을 알지 못하는 그들의 자녀들도 듣고 네 하나님 경외하기를 배우게 하라."

여호와의 마지막 지시

14 ● 여호와께서 모세에게 말씀하셨다. "네가 죽을 때가 가까웠으니 여호수아를 불러서 함께 성막으로 나아오라. 내가 그에게 명령을 내릴 것이다." 이에 모세와 여호수아가 함께 성막에 섰다.

15 여호와께서 구름 기둥 가운데서 성막에 나타나시고, 구름 기둥은 성막 문 위에 머물러 있었다.

16 이어 여호와께서 모세에게 말씀하셨다. "너는 죽어 네 조상에게로 돌아갈 것이다. 그러나 이 백성은 약속한 땅으로 들어간 후 그 땅의 이방 신들을 음란히 따르며, 나를 버리고 내가 그들과 맺은 언약을 어길 것이다.

17 그때 내가 그들에게 진노하여 그들을 버리며, 그들이 나를 찾지 못하게 할 것이다. 그리하여 그들은 삼킴을 당하고, 수많은 재앙과 환난이 그들에게 임할 것이다. 그때 그들은 이렇게 말할 것이다. '이 재앙이 우리에게 임한 것은 우리 하나님께서 우리와 함께 계시지 않기 때문이다.'

18 그런 후에도 그들이 또다시 나를 떠나 다른 신들을 따르는 모든 악행을 저지를 것이다. 그때 반드시 내 얼굴을 숨기리니 그들은 나를 찾아도 찾지 못할 것이다.

19 이제 너는 이 노래를 써서 이스라엘 백성에게 가르쳐 그들의 입으로 부르게 하라. 그래서 이 노래로 나를 위해 이스라엘 백성에게 내가 한 말에 대해 증거가 되게 하라.

20 내가 그들의 조상들에게 약속한 젖과 꿀이 흐르는 땅으로 그들을 인도하여 들인 후 그들이 배부르게 먹고 살찌면 나를 떠나 다른 신들을 섬기며, 나를 멸시하여 내 언약을 어길 것이다.

21 그들이 수많은 재앙과 환난을 당할 때 그들의 자손이 잊어버리지 않고 부른 이 노래가 그들 앞에 증인처럼 될 것이다. 나는 내가 약속한 땅으로 그들을 인도하기 전, 오늘

이미 그들이 무엇을 생각하는지를 알고 있다."

22 그러므로 모세가 그날 이 노래를 기록하여 이스라엘 백성에게 가르쳤다.

23 또 여호와께서 눈의 아들 여호수아에게 명령하셨다. "내가 너로 이스라엘 자손들을 내가 맹세한 땅으로 인도하여 들어가게 하리니 너는 강하고 담대하라. 내가 너와 함께할 것이다."

24 모세가 이 율법의 말씀을 모두 책에 기록한 후

25 여호와의 증거궤를 메는 레위 사람에게 말했다.

26 "이 율법책을 가져다가 너희 하나님의 증거궤 곁에 두어 너희에게 증거로 삼으라.

27 나는 너희의 반역과 너희가 얼마나 완고한지를 잘 알고 있다. 오늘 내가 살아있을 때도 너희가 여호와를 거역했는데, 하물며 내가 죽은 후에야 더욱 거역하지 않겠느냐?

28 이제 너희 각 지파의 장로들과 관리자들을 내 앞으로 모으라. 내가 이 말씀을 그들의 귀에 들려주고, 그들에게 하늘과 땅을 증거로 삼을 것이다.

29 나는 알고 있다. 내가 죽은 후에는 너희가 부패하여 내가 너희에게 명령한 길을 떠나 여호와 앞에 악을 행하여 그를 분노케 하므로 너희가 후일 재앙을 당할 것이다."

모세의 노래

30 ● 그날 모세가 이스라엘의 모인 무리에게 이 노래의 말씀을 끝까지 읽었다.

32

"하늘이여, 내가 하는 말을 들으라. 땅도 내 말을 들으라.

2 내 교훈은 내리는 비와 같고, 내 말은 이슬처럼 맺혀 연한 풀 위에 내리는 가는 비와 같으며, 채소 위의 내리는 단비와 같다.

3 내가 여호와의 이름을 선포할 것이니 너희는 우리 하나님께 위엄을 돌리라.

4 여호와는 반석과 같으시니 그가 하신 일이 완전하고, 그의 길은 정의롭다. 그는 진실하고 거짓이 없으신 하나님이시니 그분은 공의롭고 올바르시다.

5 그들이 여호와를 향해 악행을 저지르니 하나님의 자녀가 아니며, 뒤틀리고 삐뚤어진 백성이다.

6 어리석고 미련한 백성들아, 여호와는 너를 만드시고 너를 세우신 네 아버지가 되신다. 그런데 이렇게 행하느냐?

7 너희는 옛적 일을 기억하고, 지나간 해를 생각하라. 네 아버지와 네 어른들에게 물어 보라. 그들이 네게 설명해 줄 것이다.

8 지극히 높으신 자가 민족들에게 산업을 주시고, 인종을 나누실 때 이스라엘 백성의 인구 수대로 백성들의 경계를 설정해 주셨다.

9 여호와께서 자기 백성을 몫으로 삼으셨으니 야곱은 그가 선택하신 산업이다.

10 여호와께서 그를 황무지와 짐승이 부르짖는 광야에서 만나시고, 보호하시며, 눈동자처럼 지키셨도다.

11 독수리가 자기의 보금자리를 흔들고, 자기의 새끼 위에서 퍼덕이며, 날개를 펴서 자기 새끼를 받아 업어 나르는 것처럼

12 여호와께서 홀로 그들을 인도하셨고, 그 외에 그와 함께한 다른 신은 그들의 곁에 없었다.

13 여호와께서는 그들로 고원지대를

차지하게 하셨고, 밭의 생산물을 먹게 하시며, 반석에서 흘러내리는 꿀을 주시고, 단단한 바위에서 흘러내리는 기름을 먹게 하셨다.

14 소와 양의 엉긴 젖인 치즈와 어린 양의 기름과 바산 지역에서 나는 숫양과 염소와 지극히 아름다운 밀을 먹게 하시며, 포도즙의 붉은 술을 마시게 하셨도다.

15 그러나 그들 여수룬, 곧 이스라엘이 풍요롭고 잘 먹어 살찌고 윤택하게 되자 자기를 지으신 하나님을 배반하고, 자기를 구원하신 반석 같은 하나님을 저버렸다.

16 그들이 다른 신을 섬김으로 여호와의 질투를 일으키며, 가증한 것으로 그의 진노를 일으켰다.

17 그들은 하나님께 제사하지 않고 그들이 알지 못하던 신들과 새로운 신인 귀신들에게 했으니 이는 너희의 조상들이 섬기지1) 않았던 신들이다.

18 너를 낳은 아버지 되신 반석을 네가 무시하고, 너를 낳은 하나님을 잊었다.

19 그러므로 여호와께서 너를 미워하셨으니, 이는 그 자녀가 그를 지은 하나님을 분노케 했기 때문이다.

20 하나님께서 말씀하셨다. "내가 그들을 버려 그들의 마지막이 어떠한지를 볼 것이니 그들은 심히 패역한 백성이요, 진실2)이 없는 자녀가 되었다.

21 그들은 하나님이 아닌 것으로 나로 질투하게 만들었고, 헛된 것으로 내 분노를 일으켰다. 그래서 나도 내 백성이 아닌 자로 그들에게 시기심을 갖게 하며, 어리석은 민족으로 그들의 분노를 일으킬 것이다.

22 그러므로 내 분노의 불이 일어나 죽은 자들이 있는 곳인 스올의 깊은 곳까지 불사를 것이다. 또 땅과 그 생산물과 산들도 불태울 것이다.

23 내가 그들에게 재앙이 임하게 하며, 그들에게 내 화살을 모두 쏠 것이다.

24 그들이 굶주림으로 쇠약해지고, 불같은 더위와 독한 질병인 열병으로 죽임을 당할 것이다. 내가 들짐승의 이로 그들을 물어뜯게 하며, 먼지에 기어다니는 독사의 독을 그들에게 보낼 것이다.

25 집 밖에서는 칼에 죽고, 방 안에서는 놀라서 죽을 것이다. 젊은 남자와 처녀와 백발 노인과 젖 먹는 아이까지 그렇게 될 것이다.

26 나는 그들을 흩음으로써 아무도 그들을 기억하지 못하게 하려고 했다. 그러나

27 원수들이 이는 여호와께서 하신 일이 아니라 자기들의 수단이 높아서 그렇게 된 것이라고 오해할까 봐 염려된다.

28 왜냐하면 그들은 생각이 없는 민족이니 그들 가운데 옳고 그른 것을 분별할 능력이 없기 때문이다.

29 만일 그들이 이것을 깨달을 수 있는 지혜가 있다면 자기들의 마지막이 어떠함을 알았을 것이다.

30 그들이 믿는 반석이 그들을 버리지 않고, 여호와께서 그들을 넘겨주지 않았다면 어찌 1명이 1,000명을 쫓으며, 2명이 1만 명을 추격할 수 있겠는가?

31 참으로 그들이 믿는 반석은 우리가 믿는 반석보다 약하다. 우리의 원수들도 그 같은 사실을 알고 있다.

32 그들의 포도나무는 멸망한 소돔에서 온 것이며, 멸망한 고모라 밭에

1) 두려워하지 2) 믿음

서 생산된 것과 같다. 그들의 포도
는 독이 있는 포도여서 그 포도송
이는 쓰며,

33 그들의 포도주는 뱀의 독과 독사
의 맹독으로 담근 술이다.

34 이것은 내가 보관해 두었고, 후에
사용하려고 내 창고에 숨겨 둔 것
이다.

35 원수 갚는 것은 내게 속했으니 그
들이 실족하여 넘어질 때 내가 보
복할 것이다. 그들의 환난 날이 가
까우니 그들에게 닥칠 재앙이 속
히 올 것이다.

36 진실로 여호와께서 그들의 무력함
과 간힌 자나 놓인 자가 없음을 보
시는 때 자기 백성을 판단하시고,
그 종들을 불쌍히 여기실 것이다."

37 여호와께서 말씀하셨다. "너희가
섬기던 신들이 어디 있으며, 그들
이 숨었던 반석은 어디 있느냐?

38 그들이 바친 제물의 기름을 먹고,
그들의 전제 제사 때 드리는 제물
인 포도주를 마시던 자들이 일어
나 너희를 도와 달라고 해 보라. 또
너희의 피난처가 되게 해 달라고
해 보라.

39 이제는 나 여호와만이 그렇게 할
수 있음을 알라. 나 외에 다른 신은
없다. 나는 죽이기도 하고 살리기
도 하며, 상하게도 하고 낫게도 한
다. 그러므로 내 능력[1]을 능히 빼
앗을 자가 없다.

40 이는 내가 하늘을 향해 내 손을 들
고 맹세한다. 내가 영원히 살아있
으니

41 내가 내 칼을 갈아 내 손에 잡고 심
판할 것이다. 나를 대적하는 자들
에게 복수하며, 나를 미워하는 자
들에게 그대로 갚을 것이다.

42 내 화살에는 대적자들의 피가 가

득하겠고, 내 칼은 그들의 살을 벨
것이다. 그것은 피살자와 포로 된
자의 피요, 대적하는 자들의 지도
자의 머리이다.

43 너희 민족들아, 주의 백성과 함께
기뻐하라. 주께서 그 종들이 흘린
피를 갚아 주고, 그 대적들에게 복
수하시고, 자기 땅과 백성들이 지
은 죄를 씻어 주실 것이다."

44 모세와 눈의 아들 여호수아[2]가 와
서 이 노래를 백성에게 들려주었다.

45 모세가 이 모든 말씀을 온 이스라
엘 백성에게 전한 후

46 그들에게 말했다. "내가 오늘 너희
에게 증언한 모든 말을 너희는 마
음에 새기고, 너희의 자녀에게 이
모든 율법을 지켜 행하게 하라.

47 이는 너희에게 꼭 필요한 너희의
생명과 같은 것이다. 이 일을 행함
으로 너희가 요단강을 건너가 차지
할 땅에서 너희의 날이 길 것이다."

느보산의 등정 명령

48 ● 그날 여호와께서 모세에게 말씀
하셨다.

49 "너는 여리고 건너편 아모리족의
시혼왕이 점령하고 있던 모압[3] 땅
의 아바림산맥에 있는 느보산에
올라가 내가 이스라엘 백성에게
준 가나안 땅을 바라보라.[4]

50 그곳을 본 후에는 네 형 아론이 호
르산에서 죽어 그의 조상에게로
돌아간 것처럼 너도 올라가는 이
산에서 죽어 네 조상에게로 돌아
갈 것이다.[5]

51 이는 너희가 진[6]광야에 있는 가데
스의 므리바 샘물가에서 이스라엘
이 물 때문에 다툴 때 내 명령을
어기고 이스라엘 백성 앞에서 내 거

---

1) 손   2) 호세아   3) 실제로는 암몬   4) 민 27:12
5) 민 27:13   6) Zin, 신

록함을 나타내지 않았기 때문이다.[1]

52 너는 내가 이스라엘 백성에게 주는 땅을 맞은편에서 바라보기는 하지만 그곳에 들어가지는 못할 것이다."

모세의 마지막 축복

33 ● 하나님의 사람 모세는 죽기 전 이스라엘 백성을 위해 이렇게 축복했다.

2 "여호와께서 시내산에 강림하시고, 세일산에서 해처럼 떠오르셨으며, 바란산에서 강한 빛을 비추셨다. 거룩한 자, 성도 1만 명 가운데 강림하셨고, 그의 오른손에는 그들을 위해 번쩍이는 불이 있도다.

3 여호와께서 자기 백성을 사랑하시니 모든 거룩한 자가 그에게 속해 있도다. 주의 발아래 앉아 주의 가르침을 받는다.

4 모세가 우리에게 율법을 명령했으니 이스라엘[2] 백성의 산업이다.

5 여수룬 이스라엘에 왕이 있었으니, 곧 백성의 지도자들이 모이고 이스라엘 모든 지파가 함께한 때이다.

6 르우벤 지파 자손에게는 이렇게 축복했다. '그는 죽지 않고 살기를 원하며, 그 사람 수가 많아지기를 원한다.'

7 유다 지파 자손에게는 이렇게 축복했다. '여호와여, 유다의 음성을 들으시고 그의 동족 백성에게로 인도하소서. 홀로 자기를 위해 싸우는 그들의 손을 주께서 도우사 그의 대적을 물리치게 하소서.'

8 레위 지파 자손에게는 이렇게 축복했다. '제사장들이 주의 뜻을 알기 위해 사용하는 주사위같이 생긴 주의 둠밈과 우림이 경건한 자에게 있도다. 주께서 그를 맛사에서 시험해 보셨고, 므리바 샘물가

에서 그와 시비를 가려 보셨다.

9 그는 자기의 부모에게 내가 그들을 알지 못한다고 말했고, 그의 형제들을 보고 모르는 체했으며, 그의 자식을 자식으로 여기지 않았다. 이는 그가 주의 말씀을 따르고 주의 언약을 지키기 위해서였다.

10 그는 여호와의 계명을 야곱에게, 주의 율법을 이스라엘에게 가르치며, 그 앞에 분향하고, 온전한 번제를 그 제단 위에 드리는 자이다.

11 여호와여, 그의 재산을 넘치게 하시고, 그가 하는 일을 기쁘게 받으소서. 그를 대적하는 자와 미워하는 자를 물리치사 다시 일어나지 못하게 하십시오.'

12 베냐민 지파 자손에게는 이렇게 축복했다. '여호와의 사랑을 입은 자는 그 곁에서 안전히 살 것이다. 여호와께서는 그를 온종일 보호하시고, 그를 주의 등에 업혀 살게 하실 것이다.'

13 요셉 지파 자손에게는 이렇게 축복했다. '원컨대 요셉이 거하는 땅이 여호와께 복을 받아 하늘의 보물과 같은 이슬이 내리고, 땅 아래에 저장한 물과

14 태양과 달이 결실하게 하는 곳이 되리라.

📍성경지리   **모세가 죽은 산은 느보산인가 비스가산인가?**(신 32:49-50)

성경에 보면 같은 사건에서 다른 지명으로 나오는 경우가 있다. 하나님의 산, 호렙산, 시내산이 그렇고 모세가 죽은 산에 대해 나오는 아바림산과 느보산 그리고 비스가산이 그렇다. 일반적으로 아바림산은 느보산과 비스가산을 포함한 산맥이다. 또는 한 산 혹은 산맥에 속해 있는 각각의 봉우리로 보는 경우도 있으며, 같은 산을 각기 다른 이름으로 보기도 한다.

15 옛 산의 좋은 산물과 영원한 작은 언덕의 열매들과

16 땅의 상품1)들과 그곳에서 나는 좋은 것들이 가시 떨기나무 가운데 임하던 주의 은혜가 되어 복이 요셉의 머리에 임하고, 그의 형제의 지도자인2) 그의 이마에 임하기를 원한다.

17 그의 위엄은 첫 수송아지 같으며, 그 뿔은 들소의 뿔과 같다. 그 뿔로 민족들을 들이받을 것이다. 에브라임의 자손은 만만이요, 므낫세의 자손은 천천이 될 것이다.'

18 스불론과 잇사갈 지파 자손에게는 이렇게 축복했다. '스불론이여, 너는 밖으로 나갈 때 기뻐하라. 잇사갈이여, 너는 네 장막에 있는 것을 즐거워하라.

19 그들이 백성들을 산으로 부르고, 그곳에서 의로운 제사를 드리며, 바다의 풍부한 것과 바닷가의 모래에 숨겨진 보물을 차지할 것이다.'

20 갓 지파 자손에게는 이렇게 축복했다. '갓의 지경을 넓게 하시는 이를 찬양하라. 갓은 그 땅에서 암사자처럼 살며, 사로잡은 먹잇감의 팔과 이마를 찢을 것이다.

21 그가 자기를 위해 먼저 요단강 동쪽 땅을 산업으로 선택했으니, 이는 지도자3)들의 몫으로 준비된 것이다. 그가 백성의 지도자들과 함께 있을 때 여호와 앞에서 옳은 일을 하고, 이스라엘과 세운 약속을 이행했도다.'

22 단 지파 자손에게는 이렇게 축복했다. '단은 헤르몬산 남쪽의 골란 고원 지역의 바산에서 뛰어 나오는 사자 새끼와 같다.'

23 납달리 지파 자손에게는 이렇게 축복했다. '너는 은혜가 풍성하고,

여호와의 복이 가득한 자이다. 너는 서쪽, 곧 바다 쪽과 남쪽 지역을 차지하고 살 것이다.'

24 아셀 지파 자손에게는 이렇게 축복했다. '아셀은 아들들 가운데 더 많은 복을 받고, 그 형제들의 사랑을 받으며, 그의 발이 기름에 잠길 것이다.

25 너는 철과 놋으로 만든 문빗장으로 문을 잠그리니, 네가 사는 날 동안 네게 능력이 있을 것이다.'

26 여수룬 이스라엘과 같은 하나님이 없다. 그가 너를 돕기 위해 하늘을 타고 구름4)에서 위엄을 나타내 보이실 것이다.

27 태초부터 계신 영원하신 하나님께서 네 거처가 되시며, 그의 영원하신 능력5)이 네 아래에 있다. 그가 네 앞에서 대적을 쫓아 내시며 진멸하실 것이다.

28 이스라엘은 평안히 누우며, 야곱의 우물은 하늘의 이슬이 내리는 곡식과 새 포도주의 땅을 차지하게 될 것이다.

29 이스라엘이여, 너는 행복한 백성이다. 여호와의 구원을 너처럼 얻은 백성이 누구냐? 여호와는 너를 돕는 방패이시며, 네 영광스러운 칼이 되신다. 네 대적이 네게 복종하리니 네가 그들의 높은 곳에 있는 신전을 짓밟을 것이다.''

모세의 죽음

34 ●모세가 여리고 건너편 모압 평지에서 느보산에 올라가 비스가산맥 꼭대기에 올랐다. 이에 여호와께서 모세에게 길르앗 지역의 땅을 헤르몬산 아래 단까지 보이셨다.

2 또 온 납달리 지파와 에브라임 지

---

1) 선물 2) 귀한 3) 입법자 4) 궁창 5) 팔

파와 므낫세 지파의 땅과 지중해
인 서해까지 유다 온 땅과

3 남방과 종려나무의 성읍인 여리고
와 요단 골짜기 평지를 사해 남쪽
의 소알까지 보이셨다.

4 그런 후 여호와께서 모세에게 말
씀하셨다. "네가 본 것은 내가 아
브라함과 이삭과 야곱에게 맹세하
여 그의 후손에게 주리라고 약속
한 땅이다. 내가 네게 보도록 했지
만 너는 그곳으로 들어가지는 못
할 것이다."[1)

5 이에 여호와의 종 모세가 여호와
의 말씀대로 모압 땅에서 죽어

6 느보산 북쪽 아래, 벳브올 맞은편
에 있는 한 골짜기에 장사되었다.
그러나 오늘까지 그의 묻힌 곳을
아는 자가 없다.

7 모세가 120세에 죽었으나 그때까

지 그의 눈이 어둡지 않았고, 기력
이 약해지지 않았다.

8 이스라엘 백성이 모압평지에서 모
세를 위해 30일 동안 애곡했다.

9 모세가 이미 눈의 아들 여호수아에
게 후계자로 안수했으니 그에게 지
혜의 영이 충만했고, 이스라엘 백성
이 여호와께서 모세에게 명령하신
대로 여호수아의 말에 순종했다.

10 이후에는 이스라엘에 모세와 같은
선지자가 나오지 않았다. 모세는
여호와께서 직접 대면하여 말하던
자였으며,

11 여호와께서 그를 애굽 땅에 보내
바로와 그의 모든 신하와 애굽 온
땅에 기적과

12 큰 능력과 위엄을 온 이스라엘 앞
에서 행한 자였다.

1) 신 32:52

여호수아

Joshua

제목 히브리어 성경이나 한글 개역개정 성경은 본서의 주인공인 여호수아 이름을 따름

기록연대 기원전 1406~1330년경　　**저자** 여호수아　　**중심주제** 가나안 정복과 땅분배

내용소개 * 가나안 정복(약 7년간): 정복 위한 지파간 연합

1. 가나안에 들어감 1~5장　　2. 가나안의 정복 활동 6~12장

* 분배와 정착(약 18년): 거주를 위해 지파별로 흩어짐

3. 가나안의 땅 분배 13~22장　　4. 여호수아의 마지막 권고 23~24장

여호와께서 여호수아에게 말씀하심

1 ● 여호와의 종 모세가 죽은 후 여
호와께서 모세의 수종자였던 눈[1)
의 아들 여호수아에게 말씀하셨
다.

2 "내 종 모세가 죽었다. 그러니 이제
너는 이 모든 백성들을 이끌고 요
단강을 건너가 내가 이스라엘 자손
에게 약속한 땅으로 들어가라.

3 내가 이 땅을 모세에게 주겠다고
이미 약속한 것처럼 너희가 발바
닥으로 밟는 곳마다 그곳을 너희
에게 주겠다.

4 그곳은 남쪽의 광야에서 북쪽의
레바논까지, 동북쪽의 큰 강 유프
라테스강에서 헷 족속의 모든 땅
과 해지는 서쪽의 지중해, 곧 대해

1) Nun

까지 너희의 영토가 될 것이다.

5 네 평생에는 너를 대적할 자가 결코 없을 것이다. 이는 내가 모세와 함께 있었던 것처럼 너와 함께 있어 내가 너를 떠나거나 버리지 않을 것이기 때문이다.

6 그러므로 너는 강하라. 용기를 내라. 너는 내가 그들의 조상에게 약속한 땅을 이 백성들이 차지하게 하라.

7 오직 너는 마음을 강하게 하여 내 종 모세가 네게 명령한 그 율법을 다 지켜 행하고, 좌우로 치우쳐 행하지 말라. 그러면 네가 어디로 가든지 형통하게 될 것이다.

8 너는 이 율법책을 네 입에서 떠나지 않게 하며, 밤낮으로 그것을 묵상하여 그 안에 기록된 대로 다 지켜 행하라. 그러면 네가 가는 길이 평탄하고 형통케 될 것이다.

9 내가 네게 명령한 것을 기억하라. 강하여 용기를 잃지 말라. 두려워하거나 놀라지 말라. 네가 어디로 가든지 네 하나님께서 너와 함께하실 것이다.”

여호수아의 요단강 도하 준비 명령

10 ● 이에 여호수아가 백성의 관리인 그 군대 장관들에게 명령했다.

11 “너희는 진지를 다니며 백성들에게 3일 안에 너희가 이 요단강을 건너 너희 하나님께서 너희에게 허락한 땅을 차지하기 위해 그 땅으로 들어갈 것이니 양식을 준비하도록 하라.”

12 또 여호수아가 르우벤 지파와 갓 지파와 므낫세 반 지파에게 말했다.

13 “여호와의 종 모세가 너희에게 명령하여 말하기를 ‘너희 하나님께서 너희에게 안식을 주시며, 이 땅을

너희에게 주실 것이다’라고 했다. 이제 너희는 그 말을 기억하라.[1)]

14 너희의 처자와 가축은 모세가 너희에게 준 요단강 동쪽 땅에 머무르라. 그러나 너희 모든 용사는 무장하고 앞장서서 요단강을 건너서 그들을 도우라.

15 여호와께서 너희를 평안히 정착하도록 하신 것처럼 너희의 형제도 그 땅에서 평안히 정착하고, 그들도 너희 하나님께서 주시는 그 땅을 차지하기까지 그렇게 하라. 그런 후 너희는 여호와의 종 모세가 너희에게 준 요단강 동쪽 해 뜨는 곳으로 돌아가서 그것을 너희의 소유지로 삼고 살라.”

16 그들이 여호수아에게 대답했다. “당신이 우리에게 명령하신 것은 우리가 모두 이행할 것입니다. 당신이 우리를 보내시는 곳이라면 우리가 어떤 곳이든 가겠습니다.

17 우리는 모든 일에서 모세에게 순종한 것처럼 당신에게 순종할 것입니다. 그러니 오직 당신의 하나님께서 모세와 함께하시던 것처럼 당신과 함께하시기를 원합니다.

18 누구든지 당신의 명령을 거역하여 순종하지 않는 자는 죽임을 당하리니 오직 당신은 강하고 용기를 잃지 마십시오.”

여리고에 정탐꾼을 보냄

2 ● 눈의 아들 여호수아가 싯딤에서 정탐꾼 2명을 보내며 말했다. “너희는 가서 그 땅과 여리고를 정탐하고 오라.” 이에 그들이 요단강을 건너가서 라합이라고 하는 기생의 집에 들어가 그곳에서 숙박했다.

2 이때 어떤 사람이 여리고 왕에게 말했다. “보십시오. 오늘 밤에 이스

---

1) 민 32:22

라엘 백성 가운데 몇 명이 이 땅을 정탐하기 위해 성으로 들어왔습니다."

3 이에 여리고 왕이 라합에게 사람을 보내 말했다. "네 집에 들어간 사람들을 끌어내라. 그들은 이 땅을 정탐하러 온 자들이다."

4 그러나 이때는 여인이 그 두 사람을 숨긴 후였다. 그래서 그 여인은 왕이 보낸 사람들에게 말했다. "너희 말이 맞다. 그 사람들이 내게 왔다. 그러나 나는 그들이 어디서 왔는지 알지 못한다. 더구나

5 그 사람들은 어두워져 성문을 닫을 때쯤 이미 나가 버렸기 때문에 나는 그들이 어디로 갔는지 알지 못한다. 그러나 서둘러 따라가면 그들을 따라잡을 수 있을 것이다."

6 그러나 사실 여인은 이미 그들을 이끌고 지붕에 올라가서 그 지붕에 쌓아 놓은 삼대 밑에 숨긴 상태였다.

7 라합을 찾아온 사람들은 9km 떨어진 요단강 나루터까지 쫓아갔고, 그들이 나가자 성문은 곧 닫혔다.

8 그리고 정탐하러 온 자들이 잠자리에 들기 전 라합이 지붕 위로 올라가서 그들에게

9 말했다. "여호와께서 이 땅을 너희에게 주신 줄을 이미 알고 있다. 그래서 우리가 너희를 심히 두려워하고, 이 땅의 주민들이 모두 너희 때문에 간담이 녹았다.

10 그 이유는 너희가 애굽에서 나올 때 여호와께서 너희 앞에서 홍해 물을 가르고, 너희가 요단강 동쪽에 있는 아모리 사람의 두 왕 시혼과 옥을 전멸시킨 일을 들었기 때문이다.

11 우리가 그 소문을 듣자 곧 마음이

녹아내렸고, 너희로 인해 사람이 정신을 잃을 정도가 되었다. 과연 너희 하나님은 하늘과 땅을 다스리는 하나님이시다.

12-13 그러므로 이제 부탁한다. 내가 너희를 잘 대해 준 것처럼 너희도 내 아버지의 집을 선대하여 내 부모와 남녀 형제와 그들에게 속한 모든 사람을 죽이지 않겠다고 여호와의 이름으로 내게 맹세하라. 그리고 그렇게 하겠다는 증표를 달라."

14 그 정탐꾼들이 라합에게 맹세했다. "네가 우리가 정탐한 일을 발설하지 않으면 우리가 목숨을 걸고 너희에게 맹세한 것을 지키고, 여호와께서 우리에게 이 땅을 주실 때 너그럽게 너희를 대우할 것이다."

15 라합은 그들을 창문에서 줄로 달아 내렸는데, 그것은 그의 집이 성벽 위에 있었기에 가능했다.

16 라합이 그들에게 말했다. "뒤쫓는 사람들이 너희를 발견할까 두렵다. 그러므로 너희는 뒤에 있는 유대광야의 산으로 가서 그곳에서 3일 동안 숨어 지내다 뒤쫓는 자들이 돌아간 후 너희의 길을 가라."

17 그 사람들이 라합에게 대답했다. "네가 우리에게 맹세한 것에 대해 우리가 실수하지 않도록 이렇게 하라.

18 너는 우리가 이 땅의 성을 공격할 때 우리를 달아 내린 창문에 이 붉은 줄을 매고 네 부모와 형제와 네 아버지의 가족을 모두 네 집으로 모이도록 하라.

19 만일 누구든지 네 집 문을 나와 거리로 가서 죽임을 당하면 그것은 우리의 잘못이 아니다. 그러나

누구든지 너와 함께 집에 있는 자를 죽이면 그것은 우리의 잘못이니 그 살인의 대가는 우리에게 돌아올 것이다.

20 반면 우리가 정탐한 사실을 네가 발설하면 네가 우리에게 서약하게 한 맹세에 대해 우리에게는 잘못이 없다.”

21 라합이 대답했다. “우리가 너희의 말대로 할 것이다.” 그리고 그들을 자기 집에서 내보낸 후 붉은 줄을 창문에 묶었다.

22 이스라엘 정탐꾼은 뒤에 있는 유대광야의 산으로 가서 자기들을 뒤쫓는 자들이 돌아가기까지 3일을 그곳에서 머물렀다. 그동안 뒤쫓는 자들은 그들을 길에서 두루 찾다가 찾지 못하고 성 안으로 돌아왔다.

23 이에 이스라엘 정탐꾼 두 사람이 산에서 내려와 요단강을 건너 여호수아에게 나아가서 그들이 겪은 모든 일을 보고했다.

24 또 “그 땅의 모든 주민이 우리 앞에서 간담이 녹았음을 보니 진실로 여호와께서 그 온 땅을 우리에게 주셨음이 확실합니다”라고 했다.

이스라엘 백성이 요단강을 건넘

3 ● 이에 여호수아가 아침에 일찍이 일어나 그와 모든 이스라엘 백성과 함께 아벨 싯딤을 떠나 요단강에 이르러 강을 건너가기 전 그곳에서 진을 쳤다.

2 여리고를 정탐한 지 3일 후 관리들이 진지를 다니며

3 백성에게 명령했다. “너희는 레위 자손의 제사장들이 너희 하나님의 증거궤, 곧 언약궤를 메는 것을 보면 너희의 장막을 떠나 그의 뒤를 따르라.

4 그러나 너희와 그 언약궤 사이를 900m 되는 2,000규빗쯤 떨어져서 행진하고 증거궤에는 가까이 가지 말라. 그러면 처음 가는 이 길을 너희가 어떻게 행할지를 알 것이다.”

5 또 여호수아가 백성에게 말했다. “너희는 자신을 깨끗하게 하라. 여호와께서 내일 너희 가운데에 놀라운 일들을 행하실 것이다.”

6 이어 여호수아가 제사장들에게 말했다. “너희는 언약궤를 메고 백성들 맨 앞에서 요단강을 건너가라.” 이에 그들이 언약궤를 메고 앞장서서 나아갔다.

7 여호와께서 여호수아에게 말씀하셨다. “내가 오늘부터 시작하여 너를 온 이스라엘 앞에서 크게 높여 내가 모세와 함께 있었던 것처럼 너와 함께 있는 것을 백성들이 알게 될 것이다.

8 너는 언약궤를 멘 제사장들에게 요단 강가[1]에 이르면 강에 서 있으라고 명령하라.”

9 여호수아가 이스라엘 백성에게 말했다. “너희는 이리 와서 하나님의 말씀을 들으라.”

10 그는 계속해서 말했다. “살아계신 하나님께서 너희 가운데 계시니 가나안 족속, 헷 족속, 히위 족속, 브리스 족속, 기르가스 족속, 아모리 족속, 여부스 족속 등을 너희 앞에서 반드시 쫓아내신다는 사실을 이 요단강을 건너는 것으로 인해 너희가 알게 될 것이다.

11 보라, 온 땅의 주인이신 그분의 언약궤가 맨 앞에서 요단강을 건너갈 것이다.

12 이제 너희는 각 지파에서 한 사람씩 대표자 12명을 선발하라.

1) 물가

13 온 땅의 주 되시는 여호와의 궤를 멘 제사장들의 발바닥이 요단 강물을 밟고 멈추게 되면 위에서부터 흘러내리던 요단 강물이 끊어지고, 한 곳에 쌓이게 될 것이다.”

14 백성이 요단강을 건너기 위해 자기들의 장막을 떠날 때 제사장들은 언약궤를 메고 앞장서서 나아갔다.

15 이때는 곡식 거두는 시기인 4~5월로 요단강이 항상 언덕까지 넘쳤다. 언약궤를 멘 자들이 여리고 앞의 요단강에 이르러 그들의 발이 요단 강물에 잠기자

16 곧 위에서부터 흘러내리던 물이 끊어져 사르단에서 남쪽으로 20km 떨어져1) 있는 아담 성읍 변두리까지 쌓이고, 사해, 곧 아라바의 바다 또는 염해로 향해 흘러가던 물이 완전히 끊어졌다. 이에 이스라엘 백성은 여리고를 향해 곧바로 건너갔다.

17 여호와의 언약궤를 멘 제사장들은 요단 강물 가운데 마른 땅에 굳게 섰고, 모든 백성이 요단강을 다 건널 때까지 모든 이스라엘은 그 마른 땅으로 건너갔다.

길갈에 12개 돌로 기념을 삼음

4 ● 모든 이스라엘 백성이 요단강 건너가기를 마치자 여호와께서 여호수아에게 말씀하셨다.

2 “백성의 각 지파에서 한 사람씩 12명을 선택하고

3 그들에게 명령하여 요단강 가운데 제사장들이 멈춘 곳에서 돌 12개를 취하여 그것을 가져다가 오늘밤 너희가 유숙할 그곳에 두게 하라.”

4 이에 여호수아가 선택한 12명을 불러

5 그들에게 말했다. “요단강 가운데로 들어가 너희 하나님의 언약궤 앞으로 가서 이스라엘 백성의 지파 수대로 각자 돌 1개를 가져다가 어깨에 메라.

6 이것이 너희 가운데 증표가 될 것이다. 후일 너희의 자손들이 ‘이 돌들은 무슨 뜻이냐?’라고 물으면

7 그들에게 이렇게 대답하라. ‘여호와의 언약궤가 요단강을 건널 때 요단 강물이 끊어졌으므로 이 돌들이 이스라엘 백성에게 영원히 기념이 되리라.”

8 이스라엘 백성은 여호수아의 명령대로 각 지파에서 1개씩 모두 12개 돌을 취하여 자기들이 진을 친 곳으로 가져다가 두었다.

9 또 여호수아가 요단강 가운데 언약궤를 멘 제사장들의 발이 선 곳에 12개 돌을 세웠는데 오늘까지 그곳에 있다.

10 여호와께서 모세를 통해 여호수아에게 명령하사 백성에게 말하게 하신 일을 다 마치기까지 궤를 멘 제사장들은 요단강 가운데 서 있었고 백성은 신속하게 건넜으며,

11 모든 백성이 요단강을 건너기를 마친 후 이어 여호와의 언약궤와 제사장들이 백성이 보는 앞에서 마지막으로 요단강을 건넜다.

12 이때 르우벤 지파와 갓 지파와 므낫세 반 지파는 모세가 그들에게

곡식 거두는 시기(수 3:15)

여기서 곡식을 거두는 시기는 4~5월경을 가리킨다. 팔레스틴 지역의 보리 파종은 10~11월경에 시작되며 추수기인 4~5월경에는 북쪽 레바논산의 적설이 녹고 봄비가 내리기 시작하여 사행천인 요단강에 가장 많은 물이 흐르는 때이다. 이스라엘의 요단강 도하는 바로 요단강의 물이 가장 많이 붙었을 때였다.

1) 가까운 매우 멀리

이른 것처럼 무장하고 이스라엘 백성의 다른 지파보다 먼저 건너갔다.

13 그들 세 지파의 무장한 군인은 4만 명 정도였고, 여호와 앞에서 싸우기 위해 여리고 평지에 먼저 도착했다.

14 그날 여호와께서 모든 이스라엘 백성 앞에서 여호수아를 크게 높여 주시니 그가 사는 날 동안 백성이 그를 두려워하기를 모세를 두려워하던 것처럼 따랐다.

15 백성들이 요단강을 건넌 후 여호와께서 여호수아에게 말씀하셨다.

16 "언약궤를 멘 제사장들을 요단강에서 올라오게 하라."

17 이에 여호수아가 제사장들에게 명령했다. "이제는 요단강에서 올라오라." 그러자

18 여호와의 언약궤를 멘 제사장들이 요단강 가운데서 나와 육지에 발을 내디디는 순간 멈추었던 요단 강물이 다시 흘러 전과 같이 언덕에 넘쳤다.

19 첫째 달인 3~4월 10일 백성이 요단강에서 올라와 여리고 동쪽 경계에 있는 길갈에 진을 쳤다.

20 그리고 여호수아가 요단강에서 가져온 그 12개 돌을 길갈에 세웠다.

21 여호수아가 이스라엘 백성에게 말했다. "훗날 너희 자손들이 그들의 아버지에게 '이 돌들을 왜 세웠습니까?'라고 물으면

22 너희는 너희 자손들에게 이렇게 가르쳐 주라. '너희 선조들이 이 요단강을 마른 땅같이 밟고 건넜기 때문에 그것을 기억하기 위해 세운 것이다.

23 너희 하나님께서 요단 강물을 너희 앞에서 마르게 하여 너희를 건너게 하신 것은 너희 하나님께서 우리 앞에서 홍해를 갈라 우리를 건너게 하신 것과 같았다.

24 이는 땅의 모든 백성에게 여호와의 능력[1]이 강하신 것을 알게 하고, 너희가 너희 하나님을 항상 경외하도록 하기 위함이다.'"

5 요단강 서쪽과 동쪽의 아모리 사람의 모든 왕과 해변 지역에 있는 가나안 사람의 모든 왕이 여호와께서 요단 강물을 이스라엘 백성 앞에서 말리시고 우리를 건너게 하셨음을 듣고 간담이 서늘했고, 이스라엘 백성 때문에 정신을 잃었다.

길갈에서 할례를 행함

2 ● 그때 여호와께서 여호수아에게 말씀하셨다. "너는 부싯돌로 칼을 만들어 이스라엘 백성에게 다시 할례를 행하라."

3 이에 여호수아가 부싯돌로 칼을 만들어 할례산에서 이스라엘 백성에게 할례를 행했다.

4 여호수아가 할례를 행한 이유는 이것이다. 애굽에서 나온 모든 남자 군사는 애굽에서 나온 후 광야 길에서 할례를 받고 죽었으나

5 애굽에서 나온 후 광야 길에서 태어난 자는 할례를 받지 못했기 때문이다.

6 이스라엘 백성이 여호와의 음성을 듣지 않으므로 여호와께서 그들에 대해 그들의 조상들에게 약속하셔서 우리에게 주리라고 하신 젖과 꿀이 흐르는 땅을 그들이 보지 못할 것이라고 맹세하셨다. 그 말씀대로 애굽에서 나온 족속, 곧 군사들이 다 죽기까지 40년 동안을 광야에서 방랑 생활을 했다.

[1] 손

7 이제 그들의 대를 잇게 하신 이 자
손에게 여호수아가 할례를 행했
다. 길에서는 그들에게 할례를 행
하지 못하여 그들이 할례 없는 자
가 되었기 때문이다.

8 그 모든 백성에게 할례를 마치고
백성이 각자 자기 장막에서 머물
며 상처가 낫기를 기다릴 때

9 여호와께서 여호수아에게 말씀하
셨다. "내가 오늘 애굽의 수치를
너희에게서 떠나가게 했다." 그래
서 그곳의 이름을 오늘까지 '길갈'
이라고 부른다.

10 이스라엘 백성이 길갈에 진을 친
후 그달, 곧 3~4월 14일 저녁에는
여리고 평지에서 유월절을 지켰다.

11 그리고 유월절 이튿날에 그 땅의
곡물로 만든 누룩을 넣지 않은 빵
인 무교병과 볶은 곡식을 먹었다.

12 이제까지 먹었던 만나는 그 땅의
생산물을 먹은 다음 날에 그쳤다.
이후로 이스라엘 사람들이 다시는
만나를 얻지 못했고, 그해 가나안
땅의 생산물을 먹었다.

칼을 든 여호와의 군대 대장

13 ● 여호수아가 여리고에 가까이 접
근했을 때 한 사람이 칼을 빼어 손
에 들고 자기와 마주 서 있는 것을
보았다. 이에 여호수아가 그에게
나아가 물었다. "너는 우리 편이
냐, 우리 적들의 편이냐?"

14 그가 대답했다. "나는 너희 적들의
편이 아니다. 나는 여호와의 군대
대장으로 지금 네게 왔다." 그러자
여호수아가 얼굴을 땅에 대고 엎
드려 절한 후 그에게 말했다. "내
주여, 종에게 무슨 말씀을 하려고
하십니까?"

15 여호와의 군대 대장이 여호수아에게
말하기를 "네가 선 곳은 거룩하니

네 발에서 신을 벗으라"고 하자 여
호수아가 신을 벗었다.

여리고 함락

6 ● 이스라엘 백성이 요단강을 건
넘으로 여리고의 성문은 굳게 닫
혔고 출입하는 자가 없었다.

2 여호와께서 여호수아에게 말씀하
셨다. "보라, 내가 여리고와 그 왕
과 용사들을 네 손에 넘겨주었다.
그러므로

3 너희 모든 군사 60만 1,730명[1]은
성 주위를 매일 한 바퀴씩 6일 동
안 돌라.

4 제사장 7명은 양 뿔로 만든 7개 양
각 나팔을 잡고 언약궤 앞에서 나
아가라. 그리고 일곱째 날에는 그
성을 7바퀴 돌고, 그 제사장들은
나팔을 불라.

5 제사장들이 양각 나팔을 길게 불
고, 그 나팔 소리가 들릴 때 모든
백성은 큰 소리로 외치라. 그러면
그 성벽이 무너질 것이니 백성은
각기 성 앞으로 올라가라."

6 이에 눈의 아들 여호수아가 제사
장들을 불러 그들에게 명령했다.
"너희는 언약궤를 메고 제사장 7명
은 양각 나팔 7개를 잡고 여호와의
언약궤 앞에서 나아가라."

7 또 백성에게 말했다. "너희는 나아
가서 그 성을 돌되, 무장한 자들이
언약궤 앞에서 먼저 나아가라."

8 이에 제사장 7명은 여호수아의 명
령에 따라 양각 나팔 7개를 잡고
여호와 앞에서 나아가며 나팔을
불었고, 여호와의 언약궤는 그 뒤
를 따랐다.

9 그 무장한 자들 가운데 일부는 나팔
부는 제사장들 앞에서 행진하고,
일부 후군은 언약궤의 뒤를 따랐

1) 민 26:51

으며, 제사장들은 나팔을 불며 행진했다.

10 여호수아가 백성에게 다시 명령했다. "너희는 외치거나 작은 소리도 내지 말라. 그러다가 내가 너희에게 '외치라'고 하는 날에 외치라." 그리고 먼저

11 여호와의 언약궤가 여리고성을 한 번 돌게 했고, 진영으로 돌아온 그들은 막사에서 잤다.

12 또 여호수아가 아침에 일찍 일어나자 제사장들이 여호와의 언약궤를 메고

13 제사장 7명은 양 뿔로 만든 양각 나팔 7개를 잡고 여호와의 언약궤 앞에서 계속 행진하며 나팔을 불었다. 무장한 자들의 일부는 언약궤 앞에서 행진하고, 일부 후군은 여호와의 언약궤 뒤를 따랐으며, 제사장들은 나팔을 불며 행진했다.

14 그 둘째 날에도 그 성을 한 번 돌고 진영으로 돌아왔다. 이같이 6일 동안 여리고성을 돌았다.

15 여리고성을 돈 지 7일째 새벽에 그들이 일찍 일어나서 이전과 같이 그 성을 돌되 이날은 7바퀴를 돌았다.

16 마지막 날 7바퀴를 돌 때 제사장들이 나팔을 길게 불자 여호수아가 백성에게 명령했다. "이제는 외치라. 여호와께서 너희에게 이 성을 주셨다.

17 이 성과 성 안에 있는 모든 것을 여호와께 바치라. 다만 기생 라합과 그 집에 동거하는 자는 모두 살려 주라. 그들은 우리가 보낸 정탐꾼들을 숨겨 주었기 때문이다.[1)

18 너희는 탈취물들을 모두 바치고 그 바친 것은 어떤 것이든지 취하지 말라. 너희가 그 바친 제물을 취함으로써 이스라엘 진영이 스스로 파멸하지 않도록 주의하라.

19 은금과 동철 기구들은 모두 여호와께 구별하여 여호와의 창고에 들이라."

20 이에 백성은 여호수아의 명령에 따라 제사장들이 나팔을 불자, 나팔 소리를 들을 때 크게 소리 질러 외쳤다. 그러자 여리고 성벽이 무너졌다. 이에 백성이 여리고성으로 들어가 그 성을 점령하고,

21 그 성 안에 있는 모든 것을 완전히 하나님께 바쳤으며 남녀노소와 소와 양과 나귀는 칼날로 진멸했다.

22 여호수아가 그 땅을 정탐한 두 사람에게 말했다. "너희는 너희를 숨겨 준 그 기생의 집에 들어가서 너희가 그 여인에게 맹세한 대로 그와 그에게 속한 모든 것을 이끌어 내라."

23 이에 정탐한 두 젊은이가 그 집에 들어가서 라합과 그의 부모 형제와 그에게 속한 모든 사람[2)과 친족까지 이끌어내어 그들을 이스라엘의 진영 밖에 두었다.

24 무리가 여리고성과 성 안에 있는 모든 것을 불살랐고, 은금과 동철 기구는 여호와의 집 창고에 두었다.

25 여호수아가 기생 라합과 그 아버지의 가족과 그에게 속한 모든 사람을 살려 주었다. 이로 인해 그들이 오늘까지 이스라엘 가운데 거주했다. 이는 여호수아가 여리고를 정탐하려고 보낸 자들을 숨겨 주었기 때문이다.

26 그때 여호수아가 맹세하게 하여 말했다. "누구든지 이 멸망한 여리고성을 재건하는 자는 여호와 앞에서 저주를 받을 것이다. 그 성의 기초를 쌓을 때 그의 장자를 잃게

1) 수 2:4 2) 것

되고, 그 문을 세울 때 그의 막냇아들을 잃을 것이다.'"[1]

27 여호와께서 여호수아와 함께하시므로 여호수아의 소문이 그 온 땅에 퍼졌다.

아간의 범죄와 아이성 1차 공격 실패

7 이스라엘 백성이 여리고성에서 탈취하여 바친 물건으로 인해 죄를 지었다. 그것은 유다 지파 세라의 증손이며, 삽디의 손자이며, 갈미의 아들 아간이 온전히 바쳐야 할[2] 물건을 개인이 훔쳤기 때문이다. 이로 여호와께서 이스라엘 백성에게 진노하셨다.

2 여호수아가 여리고에서 벧엘 동쪽 벧아웬 근처에 있는 아이성에 정탐꾼을 보내며 말했다. "아이로 올라가서 그 땅을 정탐하라." 이에 그들이 올라가서 아이성을 정탐한 후

3 여호수아에게 돌아와 보고했다. "군사를 다 올려보낼 필요가 없습니다. 그들은 적은 수이니 2,000~3,000명만 올라가서 아이성을 공격하게 하십시오." 이에

4 3,000명쯤이 아이로 올라가 공격했다. 그러나 아이성 사람 앞에서 패해 도망했다.

5 아이성 사람이 이스라엘 군사 36명쯤 죽이고, 성문에서 스바림까지 추격하여 내려가는 비탈길에서 쳤다. 이로 인해 이스라엘 백성의 마음이 실망하여 물처럼 녹았다.

6 그러자 여호수아가 슬퍼하며 옷을 찢었다. 그는 이스라엘 장로들과 함께 여호와의 언약궤 앞에서 해가 지도록 머리에 티끌을 뒤집어쓰고 땅에 엎드린 채 있었다. 그리고

7 하나님께 부르짖었다. "슬프도소이다. 주께서 왜 이 백성을 인도하여 요단강을 건너게 하시고, 우리를 아모리 사람의 손에 넘겨 멸망시키려고 하십니까? 우리가 요단강 동쪽만을 만족스럽게 여겨 그곳에 거주했다면 좋을 뻔했습니다.

8 주여, 이스라엘이 그의 원수들 앞에서 패했으니 내가 무슨 말을 할 수 있겠습니까?

9 가나안 사람과 이 땅의 모든 사람이 우리가 아이성 사람들에게 패한 소식을 듣고 우리를 포위하여 없앨 것입니다. 그러면 주의 크신 이름이 어떻게 되겠습니까?"

10 여호와께서 여호수아에게 말씀하셨다. "일어나라. 왜 이렇게 엎드려 있느냐?

11 이스라엘이 내가 명령한 언약을 어겼다. 그들이 진멸시켜야 할[3] 물건을 훔치고 그것을 자기 장막에 숨겨 두었다.

12 그로 인해 이스라엘 백성이 원수 앞에 패해 도망한 것이다. 이는 그들도 진멸의 대상[4]이 되었기 때문이다. 진멸시켜야 할 물건을 너희 가운데서 없애지 않으면 내가 너희와 함께하지 않을 것이다.

13 너는 일어나 백성을 깨끗하게 하기 위해 이렇게 말하라. '너희는 내일을 위해 스스로 깨끗하게 하라. 이스라엘의 하나님의 말씀에 너희 가운데 진멸시켜야 할 물건이 있다. 너희가 진멸시켜야 할 물건을 너희 가운데서 없애기까지는 네 원수들과 싸워 능히 이기지 못할 것이다.

14 내일 아침 너희는 너희의 지파대로 앞으로 나오라. 그리고 여호와께 뽑히는 그 지파는 그 족속대로 앞으로 나아오라. 또 여호와께 뽑히는

---

1) 왕상 16:34　2) 바친　3) 나에게 바친　4) 온전히 바친 것

족속은 그 가족대로 앞으로 나아오라. 여호와께 뽑히는 그 가족은 그 남자들이 앞으로 나아오라.

15 내게 진멸시켜야 할 물건을 훔쳐 간 자로 뽑힌 자와 그의 모든 소유는 불사르라. 이는 여호와의 언약을 어기고 이스라엘 가운데서 해서는 안 될 망령된 일을 저질렀기 때문이다.”

16 이에 여호수아가 아침 일찍 일어나 이스라엘을 그의 지파대로 앞으로 나아오게 하자 유다 지파가 뽑혔다.

17 유다 족속을 앞으로 나아오게 하자 세라 족속이 뽑혔다. 세라 족속의 각 남자를 앞으로 나아오게 하자 삽디가 뽑혔다.

18 삽디의 가족 가운데 남자를 앞으로 나아오게 하자 유다 지파 세라의 증손, 삽디의 손자, 갈미의 아들인 아간이 뽑혔다.

19 이에 여호수아가 아간에게 물었다. “내 아들아, 이스라엘의 하나님께 영광을 더럽히지 말고 그 앞에 네가 한 일을 자복하고 그 일을 내게 숨기지 말고 말하라.”

20 아간이 여호수아에게 대답했다. “나는 이스라엘의 하나님의 명령을 어기고 범죄하여 노략물 중 일부를 숨겼습니다.

21 내가 노략한 물건 중 메소포타미아 남부 지역의 시날에서 생산된 아름다운 외투 한 벌과 2.3kg 되는 은 200세겔과 50세겔 되는 금덩이 1개를 보고 욕심이 생겨 훔쳤습니다. 그것들은 내 장막의 땅속에 감추었는데, 은도 그 밑에 있습니다.”

22 달려가 보니 아간이 말한 대로 훔친 물건이 그의 장막 안에 감추어져 있었고 은은 그 밑에 있었다.

23 그들이 그것을 가지고 여호수아와 이스라엘 모든 자손에게 가져오자 그들이 그것을 여호와 앞에 쏟아 놓았다.

24 이에 여호수아가 이스라엘의 모든 사람과 함께 세라의 아들 아간을 붙잡았다. 그리고 훔친 은과 외투와 금덩이와 함께 그의 자식들과 그의 소, 나귀, 양들[1]과 그의 장막과 그에게 속한 모든 것을 이끌고 아골 골짜기로 끌고 갔다.

25 그곳에서 여호수아가 아간에게 말했다. “네가 왜 우리로 적군에게 패하게 하여 우리를 괴롭게 했느냐? 여호와께서 오늘 너를 괴롭게 하실 것이다.” 그러자 온 이스라엘이 그와 그의 물건들을 돌로 치고 불살랐다.

26 그리고 그 위에 돌무더기를 크게 쌓았더니 오늘까지 남아 있다. 그제야 여호와께서 이스라엘을 향한 맹렬한 분노를 그치셨다. 그래서 그곳의 이름을 오늘까지 '아골 골짜기'라고 불렀다.

이스라엘이 아이성을 점령함

8 ● 아간이 죽은 후 여호와께서 여호수아에게 말씀하셨다. “두려워하거나 놀라지 말라. 군사를 모두

성경지리 아골 골짜기의 지형은 어떤 곳인가? (수 7:25-26)

아골 골짜기로 주장되는 곳은 지형이 아주 험한 협곡으로 된 예루살렘에서 여리고로 내려가는 오늘날 와디 켈트와 여리고 남쪽의 부케아 지역 두 곳이다. 그러나 모든 백성들이 아간을 돌로 쳐 죽였다는 것을 보면 비교적 평평한 지역인 부케아 지역이 더 설득력이 있다. 그러므로 아골 골짜기는 지형적으로 험하고 울산한 것을 떠올리는 것보다 하나님의 말씀에 불순종한 자의 말로가 얼마나 비참한지를 보여주는 영적 의미로 생각해야 한다.

1) 양과 염소의 떼

거느리고 일어나 북서쪽으로 26km 떨어진 아이성으로 올라가라. 보라, 내가 아이 왕과 그의 백성과 성읍과 그 땅을 다 네 손에 넘겨주겠다.

2 그러므로 너는 여리고성과 그 왕에게 행한 것처럼 아이성과 그 왕에게 행하라. 그곳에서 탈취할 물건과 가축은 스스로 취하라. 너는 아이성 뒤에 군사를 매복시키라."

3 이에 여호수아가 용사 3만 명을 뽑아 밤에 아이로 올려 보내며

4 그들에게 명령했다. "너희는 성읍 뒤편으로 가서 성읍에서 멀리 떨어지지 않는 곳에 매복한 후 공격할 준비를 하라.

5 나를 따르는 모든 백성, 곧 군사는 다 성읍으로 가까이 갈 것이다. 그러면 그들은 처음 공격 때와 같이 우리를 치러 올라올 것이다. 그때 우리가 그들 앞에서 도망하는 척하면

6 그들이 성에서 나와 우리를 추격하며 말하기를 '그들이 처음과 같이 우리 앞에서 도망한다'라고 외치며 우리의 유인을 받아 그 성읍에서 나와 멀리까지 우리를 추격할 것이다. 우리가 그들 앞에서 도망하면

7 매복한 군사들은 나와서 그 성읍을 점령하라. 너희 하나님께서 그 성읍을 너희가 점령하도록 하실 것이다.

8 너희가 그 성읍을 정복한 후에는 그것을 불살라 여호와의 말씀대로 행하라. 내가 너희에게 확실하게 명령했다."

9 그리고 그들을 보내니 그들이 아이 서쪽에 있는 벧엘과 아이 사이에 매복했고, 그날 밤 여호수아는 백성 가운데서 잤다.

10 이튿날 여호수아가 아침에 일찍 일어나 군사를 점호하고 이스라엘 장로들과 더불어 백성들 앞에서 아이로 올라갔다.

11 여호수아와 함께한 군사가 모두 올라가서 아이성 앞까지 이르러 성 북쪽에 진을 쳤는데, 그와 아이 사이에는 골짜기가 있었다.

12 여호수아가 약 5,000명을 선발하여 그들을 아이성 서쪽의 벧엘과 아이 사이에 매복시켰다.

13 이와 같이 아이성 북쪽에는 본진이 있고, 서쪽에는 매복 군사가 있었다. 그날 밤 여호수아가 골짜기 깊은 곳까지 들어가자

14 아이 왕이 보고 자기 성 안에 있는 백성과 함께 일찍 일어나 급히 성에서 나와 아라바, 곧 요단 골짜기 앞에 이르러 공격 시간을 정해 놓고 이스라엘과 싸우려고 했다. 그들은 성읍 뒤에 복병이 있는 줄을 눈치 채지 못했다.

15 여호수아와 온 이스라엘이 그들 앞에서 거짓으로 패한 척하며 유대광야 길로 도망했다.

16 그러자 아이성에 있는 모든 백성이 유인을 받아 자기들의 성에서 멀리까지 여호수아 군대를 추격했다.

17 이때 아이와 벧엘에서 이스라엘을 따라가지 않은 자가 한 사람도 없었으며, 성문을 열어 놓고 이스라엘을 추격했다.

18 그때 여호와께서 여호수아에게 명령했다. "네 손에 있는 단창을 들어 아이성을 가리키라. 내가 이 성을 네 손에 넘겨줄 것이다." 여호수아가 단창을 들어 아이성을 가리키자

19 매복했던 군사들이 신속히 일어나 성으로 달려 들어가 점령하고 곧바

로 성에 불을 질렀다.

20 추격하던 아이 사람이 뒤를 돌아 보니 자기들의 성에 연기가 하늘 높이 솟아 오르고 있었다. 그러나 어느 길로도 도망할 수 없게 되었고, 유대광야로 도망하던 이스라엘 군사[1]는 자기들을 추격하던 자들을 향해 돌아섰다.

21 여호수아와 온 이스라엘은 복병이 아이성을 점령하고 연기가 아이성에서 올라오는 모습을 보고 도망하던 길을 돌이켜 추격하던 아이 사람들을 쳐 죽였고,

22 매복했던 군사들도 성에서 나와 추격하던 아이성 군사들을 공격하니 아이성 사람들은 이스라엘 군대 사이에 갇히게 되었다. 결국 아이성 사람들은 앞쪽과 뒤쪽에서 살해 당해 한 사람도 도망하지 못하게 되었다.

23 그리고 아이 왕은 사로잡혀 여호수아 앞으로 끌려왔다.

24 이스라엘의 군대는 자기들을 추격하던 모든 아이 군사[2]를 들에서 칼로 죽였다. 그러고 나서 아이성으로 돌아와 그 성 안에 있던 사람들을 칼날로 죽였다.

25 그날 죽은 아이성 사람은 남녀 모두 1만 2,000명이었다.

26 아이성 주민들을 진멸하기까지 여호수아는 단창을 잡은 손을 내리지 않았다.

27 이때 그 성 안의 가축과 노략물은 여호와께서 여호수아에게 명령하신 대로 진멸하지 않고 이스라엘이 탈취했다.

28 여호수아가 아이성을 불살라 영원한 무더기를 만들었는데, 오늘까지 황폐한 채 남아 있다.

29 여호수아가 아이성의 왕을 저녁 때까지 나무에 매달았다가 해질 때 명령하여 그의 시체를 나무에서 내려 그 성문 입구에 던졌다. 그리고 그 위에 돌로 큰 무더기를 쌓았는데, 그것이 오늘까지 남아 있다.

에발산에서 율법을 낭독함

30 ● 이후[3] 여호수아가 이스라엘의 하나님을 위해 여리고에서 70km 정도 떨어진 에발산에 한 제단을 쌓았다.

31 그것은 쇠 연장으로 다듬지 않은 새 돌로 만든 제단이다. 이는 여호와의 종 모세가 이스라엘 백성에게 명령한 대로[4] 한 것이다. 무리는 그 제단 위에 여호와께 번제물과 화목제물을 드렸다.

32 여호수아는 이스라엘 백성이 보는 앞에서 모세가 기록한 율법을 그 돌에 새겼다.

33 온 이스라엘과 그 장로들과 관리들과 재판장들과 본토민은 물론 이방인까지 여호와의 언약궤를 멘 레위 사람 제사장들 앞에서 언약궤를 중심으로 좌우에 섰다. 그중 절반은 그리심산 앞에, 절반은 에발산 앞에 섰다. 이는 이전에 여호와의 종 모세가 이스라엘 백성에게 축복하라고 명령한 대로[5] 한 것이다.

34 그러고 나서 여호수아가 율법책에 기록된 대로 축복과 저주에 대한 율법의 모든 말씀을 낭독했다.

35 여호수아는 모세가 명령한 모든 것을 이스라엘 온 회중과 여자와 아이와 그들 가운데 동행하는 거류민들 앞에서 빠짐없이 낭독했다.

기브온 주민들의 속임수

9 ● 이 일 후 요단강 서쪽에 있는 산지와 평지와 북쪽의 레바논 앞 지중해, 곧 대해 연안에 살고 있는

---

1) 백성 2) 주민 3) 그때 4) 신 27:5 5) 신 11:29

헷 사람, 아모리 사람, 가나안 사람, 브리스 사람, 히위 사람, 여부스 사람의 모든 왕이 여호수아가 여리고와 아이성을 진멸시킨 일을 듣고

2 연합하여 한마음으로 여호수아와 이스라엘에 맞서 싸우기 위해 준비했다.

3 한편 기브온 주민들은 여호수아가 여리고와 아이성을 진멸시킨 일을 듣고

4 살아남을 꾀를 내었다. 그래서 사신의 모양을 해어진 전대와 해어지고 찢어져 기운 짐승 가죽으로 만든 포도주 부대로 꾸미고, 그것을 나귀에 싣고,

5 낡아서 기운 신을 신고, 낡은 옷을 입고, 마르고 곰팡이 난 빵을 준비했다.

6 그런 후 40㎞ 정도 떨어진 이스라엘이 진을 치고 있는 요단 강가의 길갈로 가서 여호수아에게 이르러 그와 이스라엘 사람들에게 말했다. "우리는 먼 나라에서 왔습니다. 이제 우리와 서로 해치지 않겠다는 조약을 맺읍시다."

7 이스라엘 사람들이 기브온 거민에 속한 히위 사람에게 말했다. "너희가 우리와 가까운¹⁾ 곳에 거주하는 것 같은데 어찌 우리가 너희와 조약을 맺을 수 있겠느냐?" 그러자

8 그들이 여호수아에게 말했다. "우리는 당신의 종들입니다." 이에 여호수아가 다시 그들에게 물었다. "너희는 누구며, 어디서 왔느냐?"

9 기브온 사절단이 여호수아에게 대답했다. "종들은 당신의 하나님의 명성을 듣고²⁾ 아주 먼 나라에서 왔습니다. 그 이유는 우리가 하나님의 소문과 그가 애굽에서 행하신

모든 일을 들었으며,

10 그가 요단강 동쪽에 있는 아모리 사람의 두 왕인 헤스본 왕 시혼과 아스다롯에 있는 바산 왕 옥을 멸망시킨 일을 들었기 때문입니다.

11 그래서 우리 나라의 모든 주민과 지도자인 장로가 우리에게 이르되 '너희는 여행할 양식을 준비해 가지고 가서 그들을 만나 그들에게 이르기를 우리는 당신들의 종이니 이제 우리와 평화조약을 맺읍시다'라고 했습니다.

12 우리가 가지고 온 이 빵은 우리가 당신들에게 오려고 떠나던 날 우리 집에서 막 구워낸 뜨거운 것이었으나 보시는 것처럼 이제 오래되어 말라 버렸고 곰팡이가 났습니다.

13 또 우리가 포도주를 담은 이 가죽 부대도 새 것이었으나 찢어질 정도가 되었습니다. 우리의 옷과 신발도 오랜 여행으로 낡아졌습니다."

14 그 말을 들은 이스라엘 지도자 무리들은 기브온 사자들의 양식을 받은 후 어떻게 해야 할지를 여호와께 묻지 않고

15 여호수아가 그들을 죽이지 않겠다는 화친조약을 맺었다. 그리고 백성들의 지도자인 족장들도 그렇게 하겠다고 그들에게 맹세했다.

16 이스라엘이 기브온 거민과 조약을 맺은 지 3일 후에야 그들이 자기들이 점령할 지역에 거주하는 자들이라는 소식을 들었다.

17 이스라엘 백성은 행군한 셋째 날에 그들이 사는 여러 성읍에 이르렀다. 그들의 지역에 있는 성읍은 기브온, 그비라, 브에롯, 기럇여아림이었다.

1) 가운데 2) 이름으로 인해

18 그러나 백성의 족장들은 이스라엘의 하나님 여호와의 이름으로 그들에게 맹세했기 때문에 그들을 죽이지 못했다. 이로 인해 모든 이스라엘 백성이 지도자들을 원망했다.

19 이에 모든 지도자가 온 백성에게 말했다. "우리가 이스라엘의 하나님 여호와의 이름으로 그들에게 맹세했기 때문에 이제 그들을 죽일 수 없다.

20 만일 그 맹세를 어기고 그들을 죽이면 우리가 그들에게 맹세한 약속으로 인해 그 진노가 우리에게 닥칠까 한다. 그러니 이렇게 행하여 그들을 살리자."

21 이어 지도자인 족장들이 다시 무리에게 "그들을 죽이지 말라"고 했다. 그래서 지도자인 족장들이 백성들에게 말한 대로 행하여 기브온 주민들은 이스라엘 백성을 위해 하나님의 집에서 나무를 패며, 물을 긷는 자가 되었다.

22 여호수아가 그들을 불러다가 말했다. "너희가 우리 가운데 거주하면서 왜 아주 멀리 떨어진 곳에서 왔다고 우리를 속였느냐?

23 이로 인해 너희가 저주를 받게 될 것이다. 너희는 후손 대대로 종이 되어 내 하나님의 집에서 나무를 패고, 물을 긷는 자가 될 것이다."

24 그들이 여호수아에게 대답했다. "당신의 하나님께서 그의 종 모세에게 이 땅을 전부 당신들에게 주고, 이 땅에 사는 모든 주민을 당신들 앞에서 멸하라고 하신 것이 당신의 종들인 우리에게 확실히 들렸기 때문에 당신들이 우리를 죽일까 심히 두려워 이같이 행했습니다.

25 이제 우리는 당신의 손 안에 있으니 당신이 원하는 대로 우리에게 행하십시오."

26 여호수아가 그대로 그들에게 행하여 백성들이 그들을 죽이지 못하게 했다.

27 그날 여호수아가 기브온 주민을 여호와께서 선택하신 곳에서 백성을 위하며, 여호와의 제단을 위해 나무를 패고 물을 긷는 자들이 되게 했는데, 오늘까지 행해지고 있다.

여호수아가 기브온을 구함

10 ● 그때 여호수아가 아이성과 여리고를 진멸한 것과 기브온 주민이 이스라엘과 화친하여 같이 어울려 살고 있다는 소식을 예루살렘 왕 아도니세덱이 듣고

2 겁에 질렸다. 기브온은 아이성보다 크고 왕도와 같은 큰 성이며, 그 사람들은 다 강했음에도 항복했기 때문이다.

3 이에 예루살렘 왕 아도니세덱이 헤브론 왕 호함, 야르뭇 왕 비람, 라기스 왕 야비아, 에글론 왕 드빌에게 사신을 보내어 말했다.

4 "내게로 올라와 나를 도와 기브온을 치자. 기브온은 우리를 배신하고 이스라엘 백성과 더불어 화친을 맺었다."

5 그러자 아모리 족속의 5명 왕인 예루살렘 왕, 헤브론 왕, 야르뭇 왕, 라기스 왕, 에글론 왕이 연합군을 형성하여 올라와 기브온과 싸우기 위해 진을 쳤다.

6 그러자 기브온 사람들이 동쪽으로 40km 정도 떨어진 길갈 진영으로 사람을 보내어 여호수아에게 도움을 요청했다. "당신의 종들을 속히 도와 우리를 구해 주십시오. 산지에 거주하는 아모리 사람의 왕들이 연합하여 우리를 공격하고 있습니다."

7 이에 여호수아는 모든 군사를 이끌고 길갈에서 기브온을 돕기 위해 올라갔다.

8 그때 여호와께서 여호수아에게 말씀하셨다. "그들을 두려워하지 말라. 내가 그들을 네 손에 넘겨주었으니 그들은 그 누구도 너를 당할 자가 없을 것이다."

9 여호수아가 길갈에서 밤새도록 기브온으로 올라가 예상보다 빠르게 기브온에 도착했다.

10 여호와께서 아모리 연합군을 이스라엘 앞에서 패하게 하셨으니 여호수아가 그들을 기브온에서 크게 살륙하고 벧호론으로 올라가는 비탈에서 추격하여 아세가와 막게다까지 쫓아갔다.

11 아모리 연합군들이 이스라엘 앞에서 도망하여 벧호론의 비탈길을 내려갈 때 여호와께서 하늘에서 큰 우박 덩이를 아세가까지 내리셔서 그들을 죽이셨다. 이때 이스라엘 백성의 칼에 죽은 자보다 우박에 죽은 자가 더 많았다.

12 여호와께서 아모리 사람을 이스라엘 백성에게 패하게 하시던 날 이스라엘 앞에서 여호수아가 여호와께 아뢰어 말했다. "태양아, 너는 기브온 위에 멈추어라. 달아, 너도 아얄론 골짜기에 멈추어라." 그러자

13 태양과 달이 이스라엘 백성이 그 대적에게 원수를 갚기까지 멈췄다. 이 같은 사실이 야살의 책에 "태양이 중천에 머물러서 거의 종일토록 속히 내려가지 않았다"라고 기록되어 있다.

14 여호와께서 이같이 사람의 목소리를 들어주신 날은 이전에도 없었고 후에도 없었다. 이는 여호와께서 이스라엘을 위해 싸우셨기 때문이다.

15 싸움에서 승리한 여호수아가 온 이스라엘과 함께 요단 강가에 있는 길갈 진영으로 돌아 왔다.

아모리의 왕들과 그 땅을 정복함

16 ● 한편 도망하던 아모리 연합군의 5명 왕은 막게다의 굴에 숨었다.

17 어떤 사람이 여호수아에게 연합국 왕들이 막게다의 굴에 숨어 있는 사실을 알려 주었다.

18 이에 여호수아가 명령했다. "굴 입구를 큰 돌로 막고 그 곁에 군사를 두어 지키게 하라. 그리고

19 너희는 즉시 너희 대적의 뒤를 추격하여 패잔병[1]들을 쳐서 그들이 자기들의 성 안으로 들어가지 못하게 하라. 너희 하나님께서 그들을 너희 손에 넘겨주셨다."

20 이에 여호수아와 이스라엘 백성이 패잔병들을 거의 진멸했고, 소수만이 자기들의 견고한 성 안으로 들어갔다.

21 추격을 마친 군사들은 안전히 막게다 진영에 있는 여호수아에게 돌아왔다. 이 전쟁 이후 감히 혀를 놀려 이스라엘 백성을 대적하는 자가 없었다.

22 추격을 마친 때 여호수아가 5명 왕이 숨은 막게다 굴 입구를 열고 그 5명 왕을 끌어내라고 명령하자

23 그들이 그대로 하여 예루살렘 왕, 헤브론 왕, 야르뭇 왕, 라기스 왕, 에글론 왕을 굴에서 끌어내어 여호수아 앞에 세웠다.

24 이에 여호수아는 이스라엘의 모든 사람을 부르고, 자기와 함께 참전한 지휘관들에게 말했다. "가까이 와서 발로 왕들의 목을 밟으라."

1) 후군

이에 그들이 왕들의 목을 밟았다.

25 여호수아가 그들에게 다시 말했다. "두려워하거나 놀라지 말라. 용기를 가지라. 너희가 맞서서 싸우는 모든 대적에게는 여호와께서 이같이 하실 것이다."

26 여호수아가 그 왕들을 쳐 죽인 후 5개 나무에 매달았는데

27 해 질 때 여호수아의 명령에 따라 그들의 시체를 나무에서 내려 그들이 숨었던 굴 안에 던지고 굴 입구를 큰 돌로 막았더니 오늘까지 그대로 남아 있다.

28 그날에 여호수아가 막게다를 점령하고 칼로 그 성과 왕을 쳐서 그 성과 그 가운데 있는 사람들을 모두 진멸했다. 이는 막게다 왕에게 행한 것이 여리고 왕에게 행한 것과 같았다.

29 여호수아가 이끄는 군대는 막게다에서 립나로 나아가서 싸웠다. 이때

30 여호와께서 립나성과 그 왕을 이스라엘의 손에 넘기셨다. 그리하여 이스라엘이 칼로 그 성 안의 사람을 모두 진멸시켰다.

31 여호수아가 이끄는 군대가 계속 진군하여 립나에서 라기스로 나아가서 싸웠다. 이때도

32 여호와께서 라기스를 이스라엘의 손에 넘겨주셨다. 그래서 이튿날 라기스성을 점령하고 칼로 그 성 안에 있는 사람을 모두 진멸시켰다.

33 그때 게셀 왕 호람이 라기스를 돕기 위해 올라오자 여호수아가 게셀과 그의 백성을 쳐서 한 사람도 남기지 않고 모두 죽였다.

34 여호수아 군대가 라기스에서 진군하여 에글론으로 나아가서 대진하고 싸웠다.

35 그날 여호수아 군대는 라기스성을 점령하고 칼로 그것을 쳐서 그 가운데 있는 모든 사람을 당일에 진멸시켰다.

36 여호수아 군대가 계속 진군하여 에글론에서 헤브론으로 올라가서 싸워

37 그 성을 점령했다. 그리고 그곳의 왕과 헤브론에 속한 성들과 그 가운데 모든 사람을 칼날로 쳐서 하나도 남기지 않고 진멸시켰다.

38 여호수아 군대가 드빌로 가서 그들과 싸워

39 그 성과 그 왕과 드빌에 속한 성들을 점령하고 칼로 그 성읍들을 쳐서 그 안에 있는 사람들을 모두 진멸시켰다.

40 이와 같이 여호수아가 남쪽 지역의 산지와 남방 지역과 평지와 경사지인 세펠라 지역과 그곳에 있던 모든 왕을 쳐서 숨을 쉬는 자 모두 진멸시켰다. 이는 이스라엘의 하나님께서 명령하신 것과 같았다.

41 또 여호수아가 가데스 바네아에서 가사에 이르기까지 헤브론 남쪽에 있는 고센의 모든 지역에서 기브온에 이르기까지 쳤다.

42 하나님께서 이스라엘을 위해 싸우셨기 때문에 여호수아가 이 모든 왕과 그들의 땅을 한번의 공격으로 점령했다.

📍 성경지리   **라기스**(수 10:31~33)

라기스는 마레사 서남쪽 6㎞, 예루살렘 서남 48㎞ 지점에 있는 구릉 지역으로 된 팔레스틴에서 애굽으로 가는 길목에 위치해 있다. 이곳은 여호수아에게 점령 당했으며, 이후 르호보암은 이곳을 요새화했고 유다 왕 아마샤는 모반자를 피해 이곳으로 왔으나 이곳에서 죽었다(대하 25장). 성경의 기록과 같이 이중으로 된 성벽이 언덕 전체에 걸쳐 발굴되었다. 그러나 사면이 골짜기로 되어 있는 이곳도 BC 701년 히스기야왕 때 앗수르의 왕 산헤립에 의해 멸망당했다.

43 여호수아가 온 이스라엘과 함께 본 진이 있는 길갈로 돌아왔다.

가나안 북부 지역을 점령함

11 ● 갈릴리바다 북쪽에 있는 하솔 왕 야빈이 남쪽 지역의 성들을 여호수아가 점령했다는 소식을 듣고 북쪽 지역에 있는 마돈 왕 요밥, 시므론 왕, 악삽 왕,

2 북쪽 산지와 긴네렛, 곧 긴네롯 남쪽 아라바와 평지와 서쪽 돌의 높은 곳에 있는 왕들과

3 동쪽과 서쪽의 가나안 족속과 아모리 족속과 헷 족속과 브리스 족속과 산지의 여부스 족속과 미스바 땅 헤르몬산 아래 히위 족속에게 사람을 보내어 이스라엘과 싸울 것을 전했다.

4 이에 그들이 자기의 모든 군대를 거느리고 나왔는데, 그 백성의 수가 해변의 모래처럼 많고 말과 병거도 심히 많았다.

5 이 북쪽의 왕들이 모두 모여 이스라엘과 싸우기 위해 메롬 물가에 진을 쳤다.

6 이때 여호와께서 여호수아에게 말씀하셨다. "그들 때문에 두려워하지 말라. 내일 이때쯤에 내가 그들을 이스라엘에게 넘겨주어 진멸시킬 것이다. 그러므로 너는 그들이 소유한 말 뒷발의 힘줄을 끊고, 그들의 병거를 불사르라."

7 이에 여호수아가 모든 군사와 함께 갈릴리바다 북쪽에 있는 메롬 물가로 가서 하솔 연합군을 급습했다.

8 여호와께서 그들을 이스라엘의 손에 넘겨주셨기 때문에 이스라엘이 그들을 패퇴시키고 큰 도시 시돈과 미스르봇 마임까지 추격했다. 동쪽으로는 헤르몬산 남쪽의 미스

바 골짜기까지 추격하여 한 사람도 남기지 않고 전멸시켰다.

9 이같이 여호수아는 여호와께서 명령하신 대로 그들이 소유한 말 뒷발의 힘줄을 끊고, 그들의 병거를 불살랐다.

10·11 하솔은 본래 주위에 있던 모든 나라의 우두머리였으나 추격에서 돌아온 여호수아에게 점령당했다. 그 왕과 그 가운데 모든 사람을 칼날로 쳐서 한 명도 남기지 않고 진멸시키고 성을 불살랐다.

12 여호수아는 여호와의 종 모세가 명령한 대로 북쪽 지역의 왕들을 진멸하고 그들의 모든 성을 여호와께 바쳤다.

13 그러나 하솔만 불살랐고, 나머지 산 위에 세운 성읍들은 불사르지 않았다.

14 이들 성읍의 모든 재물과 가축은 이스라엘 백성이 탈취하고, 사람들은 칼로 쳐 죽여 한 명도 남기지 않고 진멸시켰다.

15 여호와께서 그의 종 모세에게 명령하신 것을 모세는 여호수아에게 명령했고, 여호수아는 그대로 행하여 여호와께서 모세에게 명령하신 것[1]을 모두 이행했다.

여호수아가 정복한 지역과 그 지역의 왕들

16 ● 여호수아가 이와 같이 산지와 온 남방과 헤브론 남서쪽의 고센 온 땅과 평지와 아라바, 곧 요단 계곡 지역을 점령했다.

17 곧 세일로 올라가는 할락산에서부터 헤르몬산 아래 레바논 골짜기의 바알갓까지 왕들을 모두 죽였다.

18 여호수아는 오랫동안 그 모든 왕과 싸웠다.

---

1) 민 33:50-53

19 히위 족속인 기브온 주민 외에는 이스라엘 백성과 화친한 성읍이 하나도 없었고, 나머지는 이스라엘 백성이 싸워서 모두 점령했다.

20 가나안 족속들의 마음이 완악하여 이스라엘에 대적하여 싸운 것은 하나님께서 그렇게 하신 것이다. 하나님께서는 그들을 진멸하여 은혜를 입지 못하게 하시고, 여호와께서 모세에게 명령하신 대로 그들을 멸하려고 하신 것이었다.

21 그때 여호수아가 나아가 산지와 헤브론과 드빌과 아납과 유다와 이스라엘의 산지에서 거인족인 아낙 사람들을 진멸했다. 또 그가 그들의 성들을 점령하여 하나님께 바쳤다.

22 이로 인해 이스라엘 백성의 땅에는 아낙 사람이 한 명도 남지 않았고, 블레셋 지역에 있는 가사와 가드와 아스돗에만 남아 있었다.

23 이와 같이 여호수아가 여호와께서 모세에게 말씀하신 대로 그 모든 지역을 점령하여 이스라엘 지파의 구분에 따라 유업으로 주자 그 땅에서 전쟁이 그쳤다.

모세가 정복한 요단 동쪽의 왕들

12 ● 이스라엘 백성이 요단강 동쪽 지역의 남쪽 아르논 골짜기에서 북쪽 헤르몬산까지 요단, 곧 아라바 계곡을 차지하고 그 땅에서 쳐 죽인 왕들은 다음과 같다.

2 시혼은 헤스본에 수도를 두었던 아모리 족속의 왕이다. 그는 아르논 골짜기 북쪽에 있는 아로엘에서부터 골짜기 가운데 성읍과 길르앗 절반 지역, 곧 당시 암몬 자손의 경계인 얍복강까지 다스렸다.

3 또 요단 계곡 동쪽 지역 중 북쪽의 긴네롯, 곧 갈릴리바다에서부터 남쪽의 사해인 아라바의 바다, 곧 염해 북쪽 근처에 있는 벧여시못으로 통한 길까지와 비스가산 기슭까지이다.

4 옥¹⁾은 르바의 남은 족속으로 아스다롯과 에드레이에 거주하던 바산 지역의 왕이다.

5 그가 통치하던 땅은 헤르몬산과 살르가와 바산의 모든 지역과 그술 사람과 마아가 사람의 경계까지로 길르앗 절반 지역이다. 이곳은 헤스본 왕 시혼의 경계와 접한 곳이다.

6 여호와의 종 모세와 이스라엘 백성이 그들을 점령한 후 모세는 그 땅을 르우벤 지파와 갓 지파와 므낫세 반 지파에게 거주지로 주었다.

7 여호수아와 이스라엘 백성이 요단강 서쪽 지역 중 북쪽의 레바논 골짜기에 있는 바알갓에서부터 남쪽의 세일로 올라가는 곳인 할락산까지 쳐서 멸한 그 땅의 왕들은 이렇다. 여호수아가 점령한 땅을 이스라엘의 지파들에게 구분에 따라 삶의 터전으로 주었다.

8 곧 산지와 평지와 아라바, 곧 요단 계곡과 경사지 세펠라 지역과 광야와 남방, 곧 헷 족속과 아모리 족속과 가나안 족속과 브리스 족속과 히위 족속과 여부스 족속의 땅이다.

9 이들은 여리고 왕, 벧엘 곁 동쪽의 아이 왕,

10 예루살렘 왕, 헤브론 왕, 야르뭇 왕,

11 라기스 왕,

12 에글론 왕, 게셀 왕,

13 드빌 왕, 게델 왕,

14 호르마 왕, 아랏 왕,

15 립나 왕, 아둘람 왕,

1) Ok

16 막게다 왕, 벧엘 왕,
17 답부아 왕, 헤벨 왕,
18 아벡 왕, 랏사론 왕,
19 마돈 왕, 하솔 왕,
20 시므론므론 왕, 악삽 왕,
21 다아낙 왕, 므깃도 왕,
22 게데스 왕, 갈멜의 욕느암 왕,
23 돌의 높은 곳의 돌 왕, 길갈의 고임 왕,
24 디르사 왕 등 31명이었다.

여호수아가 정복하지 못한 지역

13 ● 여호수아가 나이가 많아 늙었을 때 여호와께서 그에게 말씀하셨다. "너는 늙었는데, 차지할 땅이 아직 많이 남아 있다.
2 그 남은 땅은 이렇다. 곧 블레셋 사람의 모든 지역, 그술 족속의 모든 지역,
3 애굽 앞 나일강, 곧 시홀 시내에서 가나안 사람에게 속한 북쪽 에그론 경계까지의 지역, 블레셋 사람의 5개 도시 통치자들의 땅인 가사 족속과 아스돗 족속과 아스글론 족속과 가드 족속과 에그론 족속의 지역, 남쪽 아위 족속의 지역,
4 가나안 족속의 모든 땅, 시돈 사람에게 속한 므아라와 아모리 족속의 경계인 아벡까지의 지역,
5 그발 족속의 땅, 해 뜨는 곳의 레바논 전 지역인 헤르몬산 아래 바알 갓에서 오론테스 강변의 하맛에 들어가는 곳까지,
6-7 레바논에서 미스르봇 마임까지 산지의 주민이 사는 모든 시돈 사람의 땅 등이다. 내가 그들을 이스라엘 백성 앞에서 쫓아낼 것이니 너는 내가 명령한 대로 그 땅을 이스라엘에게 미리 분배하여 9개 지파와 므낫세 반 지파에게 나누어 삶의 터전이 되게 하라."

요단강 동쪽 지역에 대한 분배

8 ● 므낫세 반 지파와 함께 르우벤 지파 족속과 갓 지파 족속은 요단 동쪽에서 그들의 유업을 모세에게 받았다.1) 여호와의 종 모세가 그들에게 준 것은 이렇다.
9 곧 남쪽의 아르논 골짜기 바로 북쪽 옆에 있는 아로엘에서부터 골짜기 가운데 있는 성읍과 디본까지 이르는 메드바 온 평지,
10 헤스본에서 다스리던 아모리 족속의 왕 시혼의 모든 성읍인 암몬 자손의 경계까지의 지역이다.
11 또 요단강 동쪽 길르앗 지역과 갈릴리바다 동쪽 지역에 있던 그술 족속과 마아갓 족속의 지역, 온 헤르몬산과 살르가까지 바산의 모든 지역인
12 르바의 남은 족속으로서 아스다롯과 에드레이에서 다스리던 바산 왕 옥의 통치 아래 있던 지역이다.
13 갈릴리바다 동북쪽에 있는 그술 족속과 마아갓 족속은 이스라엘 백성이 쫓아내지 않았기 때문에 그들이 오늘까지 이스라엘 가운데서 거주하고 있다.
14 오직 레위 지파에게는 여호수아가 일정한 지역을 유업으로 준 것이 없었다. 그것은 하나님께서 모세에게 말씀하신 것과 같이 이스라엘의 하나님께 드리는 화제물이 그들의 유업이 되기 때문이었다.2)
15 모세는 르우벤 지파에게 그들의 가족을 따라서 유업을 주었다.
16 그들의 지역은 아르논 골짜기 가에 있는 아로엘에서부터 골짜기 가운데 있는 성읍, 메드바 주위에 있는 평지,
17 헤스본과 그 주위의 평지에 있는

1) 민 32:33–42 2) 신 18:1–2

모든 성읍, 곧 디본과 바못 바알과 벧 바알므온과

18 야하스와 그데못과 메바앗과

19 기랴다임과 십마 그리고 골짜기의 언덕에 있는 세렛사할,

20 벧브올, 비스가산 기슭, 벧여시못과 주위의

21 평지와 모든 성읍, 헤스본에서 다스리던 아모리 족속의 왕 시혼이 다스리던 지역 등이다. 모세는 시혼왕을 그 땅에 거주하는 시혼의 군주들, 곧 미디안의 귀족 에위와 레겜과 술과 훌과 레바와 함께 죽였다.

22 이스라엘 백성이 그들을 살륙하는 중에 브올의 아들 점술가 발람도 칼로 죽였다.

23 르우벤 자손의 서쪽 경계는 요단강과 그 강가이다. 이상은 르우벤 지파의 유업으로 그 가족에 따라 받은 성읍들과 주변 마을들이다.

24 모세는 갓 지파 자손에게도 그들의 가족을 따라서 유업을 주었다.

25 그들의 지역은 야셀과 길르앗 모든 성읍과 암몬 자손의 땅 절반, 곧 랍바 앞의 아로엘까지

26 헤스본에서 라맛 미스베와 브도님까지, 마하나임에서 드빌 지역까지,

27 골짜기에 있는 벧 하람과 벧니므라와 숙곳과 사본, 곧 헤스본 왕 시혼이 다스리던 나라의 남은 땅인 요단강과 그 강가에서 요단강 동쪽 긴네렛, 곧 갈릴리바다의 끝까

📍 성경지리　　라맛 미스베 (수 13:26)

라맛 미스베(Ramath-mizpeh)는 갓 지파에게 분배된 요단강 동편의 성읍이다. 이곳의 정확한 위치는 알 수 없으나 대체로 요단강 서쪽의 여리고와 동쪽의 랍바(암만) 중간 지점에 있는 오늘날 이라끄 엘 아미르(Iraq el Emir)로 보고 있다. 이곳은 여리고에서 요단강 동쪽으로 29㎞, 암만 서쪽 17㎞ 지점에 있다.

지이다.

28 이는 갓 지파의 유업으로 그들의 가족에 따라 받은 성읍들과 주변 마을들이다.

29 모세는 므낫세 자손의 반 지파에게 그들의 가족에 따라 유업을 주었다.

30-31 그 지역은 마하나임에서 온 바산, 곧 바산 왕 옥이 다스리던 온 나라와 그의 성읍 아스다롯과 에드레이 그리고 바산에 있는 야일의 모든 60개 성읍, 길르앗 절반 등이다. 이는 므낫세의 아들 마길의 자손에게 돌린 것이다. 곧 마길 자손의 절반이 그들의 가족에 따라 받았다.

32 여리고 건너편 요단강 동쪽의 모압평지에서 모세가 분배한 유업이 이러했다.

33 그러나 레위 지파에게는 모세가 유업을 주지 않았다. 그 이유는 여호와께서 그들에게 말씀하신 것과 같이 이스라엘의 하나님 자신이 그들의 유업이 되었기 때문이다.

요단 서쪽 지역에 대한 분배

14 ● 이것은 이스라엘 백성이 가나안 땅에서 받은 유업으로 엘르아살 제사장과 눈의 아들 여호수아와 이스라엘 백성 지파의 족장들이 분배한 것이다.

2 여호와께서 모세에게 명령하신 대로[1] 그들의 유업을 제비 뽑아 9개 지파와 반 지파에게 주었다.

3 이는 2개 지파와 반 지파의 유업은 모세가 요단강 동쪽에서 먼저 주었기 때문이다. 레위 지파 자손에게는 그들 가운데서 유업을 주지 않았다.

4 레위 지파가 제외된 대신 요셉의

1) 민 33:54

자손은 므낫세와 에브라임의 2개 지파가 되었다. 이 땅에서 레위 지파 사람에게는 아무 몫도 분배하지 않고 다만 거주할 성읍들과 가축과 재산을 위한 목초지만 주었다.

5 이스라엘 백성은 여호와께서 모세에게 명령하신 원칙대로 그 땅을 분배했다.

6 그때 유다 자손이 길갈에 있는 여호수아에게 나왔고, 그니스 사람 여분네의 아들 갈렙이 여호수아에게 말했다. "여호와께서 가데스 바네아에서 나와 당신에게 대해 하나님의 사람 모세에게 이르신 일을 당신이 알고 있습니다.

7 내 나이 40세에 여호와의 종 모세가 가데스 바네아에서 이 땅을 정탐하도록 했을 때 나는 성실한 마음으로 그에게 보고했습니다.[1]

8 나와 함께 갔던 내 형제들은 불신앙적 보고로 백성의 간담을 녹게 만들었으나 나는 내 하나님께 충성했습니다.

9 그래서 그날에 모세가 맹세하기를 '네가 내 하나님께 충성했으니 네 발로 밟는 땅은 영원히 너와 네 자손의 유업이 되리라'[2]고 했습니다.

10 여호와께서 이 말씀을 모세에게 하신 때로부터 이스라엘이 광야에서 45년 동안 방황한 이후 지금까지 여호와께서는 나를 생존하게 하셨습니다. 당신이 보는 것처럼 오늘 내가 85세이지만

11 모세가 가데스에서 나를 정탐꾼으로 보내던 날과 같이 지금도 여전히 건강합니다. 지금도 나는 싸움에 나갈 수 있습니다.

12 그러니 여호와께서 그때 말씀하신 이 헤브론 산지를 지금 내게 주십시오. 당신도 그날에 들으셨습니다.

다. 그곳에는 거인족 아낙 사람이 있고, 그 성읍들은 크고 견고하지만 여호와께서 나와 함께 하시면 내가 여호와께서 말씀하신 대로 그들을 쫓아낼 것입니다."

13 이에 여호수아가 여분네의 아들 갈렙을 위해 축복하고, 모세가 명령한 대로 헤브론을 그에게 삶의 터전으로 주었다.

14 이로써 헤브론은 그니스 사람 여분네의 아들 갈렙의 소유가 되어 오늘까지 이르렀다. 이는 그가 이스라엘의 하나님께 온전히 충성했기 때문이다.

15 헤브론의 이전 이름은 '기럇 아르바'였다. 여기서 아르바는 사람 이름에서 비롯된 것으로 아르바는 아낙 사람 가운데서 가장 큰 사람이었다. 그 땅에서 전쟁이 그쳤다

유다 자손의 땅

15 ●또 유다 자손의 지파가 그들의 가족에 따라 제비 뽑은 땅은 이러했다. 남쪽으로는 에돔 경계까지 이르고 그보다 더 남쪽 끝은 진[3] 광야까지이다.

2 또 그들의 남쪽 경계에서 동쪽 끝은 사해, 곧 염해의 끝에서

3 아그랍빔 비탈 남쪽을 지나 진광야에 이르고, 가데스 바네아 남쪽으로 올라간다. 그곳에서 헤스론을 거쳐 아달로 올라가다가 돌이켜 갈가로 꺾어진다.

4 거기서 아스몬을 지나 가사 남쪽 90km 지점의 애굽 시내로 나아가 지중해 바다에 이르러 경계의 끝이 되니 이것이 너희 남쪽 경계가 된다.

5 그 동쪽 경계는 사해, 곧 염해이니 요단강이 끝나는 지점이다. 그 북쪽 경계는 요단강이 염해로 흘러들어

1) 민 14:6-10 2) 민 14:24, 신 1:36 3) Zin, 신

가는 지점¹⁾에서부터

6 벧호글라로 올라가서 벧 아라바
북쪽을 지난다. 그 경계는 르우벤
자손 보한의 돌까지 올라간다.

7 또 아골 골짜기에서부터 드빌을
지나 북쪽으로 올라가서 그 시내²⁾
남쪽에 있는 아둠밈 비탈 맞은편
길갈을 향하고, 더 나아가 엔세메
스 물들을 지나 엔로겔에 이른다.

8 또 힌놈의 아들의 골짜기를 끼고
여부스인의 산 중턱인 예루살렘
남쪽에 이르며, 서쪽으로 가다가
힌놈의 골짜기 앞에 있는 산꼭대
기까지 올라가 르바임 골짜기 북
쪽에 이른다.

9 또 이 산꼭대기에서 넵도아 샘물
까지 이르러 에브론산 성읍들로
빠졌다가 바알라, 곧 기럇여아림
으로 접어든다.

10 또 바알라에서부터 서쪽으로 세일
산을 돌아서 여아림산³⁾ 곁 북쪽을
지난다. 그곳에서 벧세메스로 내
려가서 딤나를 거쳐

11 에그론 북쪽 비탈로 빠진다. 식그론
으로 돌아 바알라산을 지나고 얍느
엘에 이르나니 그 끝은 바다이다.

12 서쪽 경계는 지중해, 곧 대해와 그
해안이니 유다 자손이 그들의 가족
에 따라 받은 사방 경계가 이러했
다.

갈렙이 헤브론과 드빌을 정복함

13 ● 여호수아는 여호와께서 명령하
신 대로 기럇 아르바, 곧 헤브론를
유다 지파 자손 가운데서 여분네의
아들 갈렙에게 그들의 몫으로 주었
다. 아르바는 아낙의 아버지였다.

14 갈렙이 그곳에서 아낙의 세 아들
인 세새와 아히만과 달매를 내쫓
았다.

15 한편 기럇 아르바, 곧 헤브론를 점

령한 갈렙은 헤브론에서 남쪽으로
내려가⁴⁾ 드빌의 주민들을 공격했
는데, 드빌의 본래 이름은 기럇세
벨이었다.

16 그때 갈렙이 기럇세벨을 점령하는
자에게 자기 딸 악사를 아내로
주겠다고 말했다.⁵⁾

17 이에 갈렙의 동생 그나스의 아들
인 옷니엘이 기럇세벨을 점령했
고, 갈렙은 약속대로 그의 딸 악사
를 옷니엘에게 아내로 주었다.

18 악사가 출가할 때 남편 된 옷니엘
에게 요청하여 자기 아버지에게
밭을 얻자고 말한 후 나귀에서 내
렸다. 그러자 갈렙이 딸에게 물었
다. "너는 무엇을 원하느냐?"

19 악사가 대답했다. "내게 복을 주세
요. 아버지께서 나를 남쪽 지역으
로 시집을 보내니 샘물도 내게 주
세요." 이에 갈렙이 윗샘과 아랫샘
을 시집가는 딸에게 주었다.⁶⁾

유다 지파의 기업

20 ● 유다 지파의 자손이 그들의 가
족에 따라 받은 성읍의 유업은 이
렇다.

21 유다 지파 자손의 남쪽 끝, 곧 에돔
경계에 접근한 성읍들은 갑스엘,
에델, 야굴,

22 기나, 디모나, 아다다,

23 게데스, 하솔, 잇난,

24 십, 델렘, 브알롯,

25 하솔 하닷다, 그리욧 헤스론⁷⁾,

26 아맘, 세마, 몰라다,

27 하살갓다, 헤스몬, 벧 벨렛,

28 하살수알, 브엘세바, 비스요댜,

29 바알라, 이임, 에셈,

30 엘돌랏, 그실, 홀마,

31 시글락, 맛만나, 산산나,

---

1) 해만 2) 강 3) 그살론 4) 거기서 올라가서 5) 삿
1:11~12 6) 삿 1:14~15 7) 하솔

32 르바옷, 실험, 아인, 림몬이니 모두 29개 성읍과 그 변두리 마을들이었다.

33 평지에 있는 성읍으로는 에스다올, 소라, 아스나,

34 사노아, 엔간님, 답부아, 에남,

35 야르뭇, 아둘람, 소고, 아세가,

36 사아라임, 아디다임, 그데라, 그데로다임이니 14개 성읍과 그 변두리 마을들이었다.

37 또 스난, 하다사, 믹달갓,

38 딜르안, 미스베, 욕드엘,

39 라기스, 보스갓, 에글론,

40 갑본, 라맘, 기들리스,

41 그데롯, 벧다곤, 나아마, 막게다이니 16개 성읍과 그 변두리 마을들이었다.

42 또 립나, 에델, 아산,

43 입다, 아스나, 느십,

44 그일라, 악십, 마레사니 9개 성읍과 그 변두리 마을들이었다.

45 에그론과 그 작은 마을들과 그 변두리 마을들과

46 에그론에서 지중해, 곧 대해까지 아스돗 곁에 있는 모든 성읍과 그 변두리 마을들이었다.

47 아스돗과 그 작은 마을들과 그 변두리 마을들과 가사와 그 성읍들과 그 변두리 마을들이니 애굽 시내와 지중해, 곧 대해의 경계까지 이르렀다.

48 산지에 있는 성읍으로는 사밀, 얏딜, 소고,

49 단나, 기럇 산나1)

50 아납, 에스드모아, 아님,

51 고센, 홀론, 길로이니 11개 성읍과 그 변두리 마을들이었다.

52 또 아랍, 두마, 에산,

53 야님, 벧 답부아, 아베가,

54 훔다와 기럇 아르바, 곧 헤브론, 시

55 올이니 9개 성읍과 그 변두리 마을들이다.

55 마온, 갈멜, 십, 윳다,

56 이스르엘, 욕드암, 사노아,

57 가인, 기브아, 딤나니 10개 성읍과 그 변두리 마을들이었으며,

58 할훌, 벧술, 그돌,

59 마아랏, 벧 아놋, 엘드곤이니 6개 성읍과 그 변두리 마을들이다.

60 또 기럇 바알, 곧 기럇 여아림, 랍바이니 2개 성읍과 그 변두리 마을들이다.

61 유대광야에 있는 성읍으로는 벧 아라바, 밋딘, 스가가,

62 닙산, 소금 성읍, 엔게디로 6개 성읍과 그 변두리 마을들이다.

63 유다 자손2)은 예루살렘에 거주하는 여부스 족속을 쫓아내지 못했기 때문에 여부스 족속이 유다 자손2)과 함께 오늘까지 예루살렘에 거주하고 있다.

에브라임과 서쪽 므낫세 지파의 기업

16 ● 요셉 지파의 자손이 제비를 뽑은 땅은 여리고 샘 동쪽 요단강에서 시작된다. 유대광야로 들어가 여리고로부터 벧엘 산지로 올라가고,

2 벧엘, 곧 루스에서 아렉 족속의 경계를 지나 아다롯에 이르렀다.

3 그곳에서 다시 서쪽으로 내려가서 야블렛 족속의 경계와 아래 벧호론과 게셀을 지나 마지막은 지중해 바다에서 끝난다.

4 요셉의 자손 므낫세 지파와 에브라임 지파가 그들의 유업을 받았다.

5 에브라임 지파의 자손이 그들의 가족에 따라 받은 지역은 이렇다. 동쪽 지역으로는 아다롯 앗달에서 시작하여 윗 벧호론까지 이른다.

1) 드빌　2) 삿 1:21, 베냐민 자손

6 또 서쪽으로 나아가 북쪽 믹므다에 이르고, 동쪽으로 돌아 다아낫 실로에 이르러 야노아 동쪽을 지난다.

7 야노아에서는 아다롯과 나아라로 내려가 여리고를 만나서 요단강으로 나아갔다.

8 또 답부아에서 서쪽으로 지나 가나 시내에 이르렀는데 그 끝은 지중해 바다이다. 에브라임 지파의 자손이 그들의 가족에 따라 받은 유업이 이러했다.

9 그 외에 므낫세 지파 자손의 유업 가운데서 에브라임 지파 자손을 위해 구분한 모든 성읍과 그 변두리 마을들도 있었다.

10 요셉 지파 에브라임 자손이 욥바와 예루살렘 사이에 있는 게셀에 거주하는 가나안 족속을 쫓아내지 않았기 때문에 그들이 오늘까지 에브라임 지파가 분배 받은 지역에 거주하며 노역하는 종이 되었다.

17

므낫세 지파를 위해 제비 뽑은 땅 가운데 요단강 동쪽 지역은 이렇다. 요셉의 장자는 므낫세였고, 므낫세의 장자 마길은 길르앗의 아버지로 그는 용사였기 때문에 길르앗과 바산 지역을 분배 받았다. 그래서

2 므낫세의 남은 자손을 위해 그들의 가족에 따라 제비를 뽑았다. 그들은 아비에셀의 자손, 헬렉의 자손, 아스리엘의 자손, 세겜의 자손, 헤벨의 자손, 스미다의 자손이니 그들의 가족에 따라 요셉의 아들 므낫세의 남자 자손들을 그 가문별로 나눈 것이다.

3 므낫세의 4대손, 마길의 증손, 길르앗의 손자, 헤벨의 아들인 슬로브핫은 아들이 없고 딸만 있었는데 그 딸들의 이름은 말라, 노아,

호글라, 밀가, 디르사 5명이었다.

4 전에 그들이 엘르아살 제사장과 눈의 아들 여호수아와 지도자들 앞에 나아와서 이렇게 말했다. "여호와께서 모세에게 명령하사 우리 형제 가운데 우리에게 유업을 주라고 하셨습니다." 그래서 여호와의 명령을 따라 그들에게 그들의 아버지 형제들 가운데서 유업을 주므로

5 요단 동쪽 길르앗과 바산 지역 외에 므낫세에게 10개 몫이 더 돌아갔다.

6 이는 므낫세의 여자 자손들이 그의 남자 자손들 가운데서 유업을 받았기 때문이다. 이로써 길르앗 땅은 므낫세의 남은 자손들에게 속했다.

7 므낫세 반 지파가 요단강 서쪽 지역에 분배 받은 땅의 경계는 이러했다. 아셀에서 세겜 앞 믹므닷까지이며, 그 오른쪽으로 가서 엔 답부아 주민의 경계에 이르렀다.

8 답부아 땅은 므낫세에게 속했으나 므낫세 경계에 있는 답부아는 에브라임 반 지파 자손에게 속했다.

9 또 그 경계는 가나 시내를 끼고 남쪽으로 내려가고 그 시내 남쪽에 있는 므낫세 지파의 성읍 가운데는 에브라임 지파에게 속한 성읍도 있었다. 므낫세 지파의 경계는 그 시내 북쪽이요, 그 끝은 지중해 바다이다.

10 남쪽으로는 에브라임에 속했고, 북쪽으로는 므낫세 지파에 속했으며, 바다가 그 경계가 되었다. 그들 땅의 북쪽은 아셀에 이르고, 동쪽은 잇사갈 지파와 경계를 이루었다.

11 잇사갈 지파 자손과 아셀 지파 자손에도 므낫세 지파 자손의 소유가 있었다. 그들의 지역은 벧산, 곧

벧 스안, 이블르암, 돌, 엔돌, 다아낙, 므깃도에 있는 주민과 그에 딸린 작은 마을들과 3개 언덕 지역이다.

12 그러나 므낫세 자손이 그 성읍들의 주민을 전부 쫓아내지 못했기 때문에 가나안 족속이 강하게 반발하여 그 땅에 거주했다.

13 이스라엘 백성이 강성한 후에야 가나안 족속에게 노역을 시켰다.[1)]

14 요셉 자손이 여호수아에게 말했다. "여호와께서 지금까지 내게 복을 주시므로 내가 큰 민족이 되었습니다. 그런데 당신은 우리에게 한 몫만 준 것은 어찌된 일입니까?"

15 여호수아가 그들에게 말했다. "네가 큰 민족이 되었기 때문에 에브라임 산지가 네게 너무 좁을 것이다. 그러니 브리스 족속과 르바임 족속이 사는 삼림이 있는 곳으로 올라가서 너희 힘으로 그곳을 정복하라."

16 요셉 자손이 대답했다. "그 산지는 우리에게 부족합니다. 더구나 골짜기 땅에 거주하는 모든 가나안 족속에게는 벧산, 곧 벧 스안과 그 변두리 마을들과 이스르엘 골짜기에 거주하는 자들 모두 철 병거가 있습니다."

17 여호수아가 다시 요셉의 족속에서 나온 에브라임 지파 자손과 므낫세 지파 자손에게 말했다. "너희는 큰 민족이요, 큰 세력이 있으니 한 몫만 가질 것이 아니다.

18 그 산지도 네가 차지하라. 비록 그곳이 삼림 지역이라도 네가 정복하라. 그 끝 지역까지 네 몫이 될 것이다. 가나안의 브리스와 르바임 족속이 철 병거를 가진 강한 족속이라도 너희는 충분히 그들을 쫓아낼 수 있을 것이다."

나머지 지역에 대한 분배

18 ● 이스라엘 백성의 온 회중이 정복한 실로에 모여 그곳에 성막을 세웠다.

2 그러나 이스라엘 백성 가운데는 그 유업의 분배를 받지 못한 지파가 아직도 7개 지파나 남았다.

3 이에 여호수아가 이스라엘 백성에게 말했다. "너희가 너희 조상의 하나님께서 너희에게 약속하신 땅을 정복하러 가기를 언제까지 미루려고 하느냐?

4 너희는 각 지파에서 3명씩 선정하라. 내가 그들을 정복할 곳으로 보낼 것이다. 그들로 아직 정복하지 않은 땅을 정탐하여 자신들의 유업에 따라 그 땅을 그려서 내게로 돌아오게 하겠다.

5 그리고 그들은 그 땅을 7개 지역으로 나눌 것이다. 그러나 유다 지파는 남쪽, 요셉 지파는 북쪽에 있는 자기 지역에 그대로 거주할 것이다.

6 그 땅을 7개 지역으로 나누어 그려서 이곳 실로에 있는 내게로 가져오라. 그러면 내가 이곳에서 너희를 위해 우리 하나님 앞에서 제비를 뽑아 분배할 것이다.

7 다만 레위 사람은 너희 가운데 돌아갈 몫이 없으니 그것은 여호와의 제사장 직분이 그들의 유업이

(?) 난제 성경에서 말하는 골짜기는?(수 17:16)

성경에서 골짜기로 번역된 히브리어 '에메크'는 깊고 좁은 계곡을 의미하는 것만은 아니다. 그것은 산과 산 사이를 뜻하며 그 지역이 아무리 넓어도 골짜기로 부른다. 이는 수 17:16에서 골짜기 땅에 거주하는 가나안 족속이 철병거를 가졌다는 말에서도 확인된다. 철병거는 평지에서만 사용할 수 있기 때문이다.

1) 삿 1:27-28

되기 때문이다. 갓 지파와 르우벤 지파와 므낫세 반 지파는 요단강 동쪽에서 이미 유업을 받았다. 그것은 이미 여호와의 종 모세가 그들에게 준 것이다."

8 여호수아가 정복할 땅을 그리러 가는 사람들에게 명령했다. "너희는 그 땅을 사방으로 다니며 그 땅을 그려서 내게로 가져오라. 내가 이곳 실로의 여호와 앞에서 너희를 위해 제비를 뽑을 것이다."

9 그 사람들이 가서 그 땅을 사방으로 다니며 성읍들을 따라 7개 지역으로 나누어 책에 그린 뒤 실로에 있는 여호수아에게 나아왔다.

10 여호수아가 그들을 위해 실로의 여호와 앞에서 그들의 몫을 위해 제비를 뽑아 이스라엘 백성의 지파대로 그 땅을 분배했다.

베냐민 지파의 기업

11 ● 베냐민 지파의 자손을 위해 그들의 가족에 따라 제비를 뽑았다. 그 제비 뽑은 땅의 경계는 유다 지파 자손과 요셉 지파 자손의 사이에 있다.

12 그들의 북방 경계는 요단 계곡에서 시작하여 여리고 북쪽에서 서쪽 중앙 산지를 넘어 벧아웬 황무지까지 이른다.

13 또 그 경계는 그곳에서 루스라 불렸던 벧엘로 나아가 그곳의 남쪽에 이른다. 그 경계는 아다롯 앗달로 내려가서 아래 벧호론 남쪽 산곁으로 지나고,

14 벧호론 앞 남쪽 산에서 서쪽으로 돌아 남쪽으로 향하여 유다 지파 자손의 성읍인 기럇 바알, 곧 기럇 여아림에 이르러 끝이 된다. 이는 서쪽 경계이다.

15 남쪽 경계는 기럇 여아림 끝에서 시작하여 넵도아 물근원에 이르고,

16 르바임 골짜기 북쪽에 있는 힌놈의 아들 골짜기 앞에 있는 산 끝으로 내려간다. 또 힌놈의 아들 골짜기로 내려가서 여부스 남쪽에 이르러 엔 로겔로 내려간다.

17 또 북쪽으로 접어들어 엔 세메스로 나아가고 계속해서 아둠밈 비탈 맞은편 글릴롯으로 나아가서 르우벤 자손 보한의 돌까지 내려간다. 계속해서

18 북쪽으로 사해, 곧 아라바 맞은편을 지나 아라바로 향해 가고,

19 그곳에서 북쪽으로 벧 호글라 옆을 지나 요단강 남쪽 끝에 있는 사해, 곧 염해의 최북단이 그 경계의 끝이 된다. 이는 남쪽 경계이다.

20 동쪽 경계는 요단강이다. 이상은 베냐민 지파의 자손이 그들의 가족에 따라 받은 유업의 사방 경계이다.

21 베냐민 지파의 자손이 그들의 가족에 따라 받은 성읍은 여리고, 벧 호글라, 에멕그시스,

22 벧 아라바, 스마라임, 벧엘,

23 아윔, 바라, 오브라,

24 그발 암모니, 오브니, 게바이니 12개 성읍과 그 변두리 마을들이다.

25 또 기브온, 라마, 브에롯,

26 미스베, 그비라, 모사,

27 레겜, 이르브엘, 다랄라,

28 셀라, 엘렙, 여부스, 곧 예루살렘, 기브아¹⁾와 기럇이니 14개 성읍과 그 변두리 마을들이다. 이상은 베냐민 지파의 자손이 그들의 가족에 따라 받은 유업이었다.

시므온 지파의 기업

19 ● 둘째로 시므온 지파의 자손이 그들의 가족에 따라 제비를

1) 기부앗

뽑았다. 그들은 유다 지파 자손이 받은 유업 가운데서 유업을 받았다.

2 그들이 받은 유업은 브엘세바 곧 세바, 몰라다,

3 하살 수알, 발라, 에셈,

4 엘돌랏, 브둘, 호르마,

5 시글락, 벧 말가봇, 하살수사,

6 벧 르바옷, 사루헨이니 13개 성읍과 그 변두리 마을들이다.

7 또 아인, 림몬, 에델, 아산이니 4개 성읍과 그 변두리 마을들이다.

8 또 남방의 라마, 곧 바알랏 브엘까지와 이들 성읍을 둘러싼 모든 변두리 마을이다. 이는 시므온 지파의 자손이 가족에 따라 받은 유업이다.

9 시므온 지파 자손의 유업은 유다 지파 자손의 유업 가운데서 받았다. 이는 유다 지파 자손의 몫이 너무 많기 때문에 시므온 지파 자손이 자기의 유업을 그들의 유업 가운데서 받은 것이다.

스불론 지파의 기업

10 ● 셋째로 스불론 지파의 자손을 위해 그들의 가족에 따라 제비를 뽑았다. 그들의 유업의 경계는 남쪽의 사릿까지이며,

11 그곳에서 서쪽으로 마랄라로 올라가서 답베셋을 만나 욕느암 앞 시내에 이른다.

12 다시 남쪽의 사릿에서 해 뜨는 동쪽으로 가다가 기슬롯 다볼의 경계에 이른다. 그곳에서 다브랏으로 가다가 야비아로 올라간다.

13 또 그곳에서 동쪽으로 가드 헤벨과 엣 가신에 이르고, 림몬으로 나아갔다가 다시 네아 쪽으로 굽어진다.

14 북쪽으로 돌아 한나돈으로 향하다가 입다엘 골짜기에 이르러 끝이 된다.

15 이 외에도 갓닷, 나할랄, 시므론, 이달라, 갈릴리 지역의 베들레헴으로 모두 12개 성읍과 그 변두리 마을들이 스불론 지파에 속했다.

16 스불론 지파 자손이 그들의 가족에 따라 받은 유업은 이상의 성읍들과 그 변두리 마을들이었다.

잇사갈 지파의 기업

17 ● 넷째로 잇사갈 지파의 자손을 위해 그들의 가족에 따라 제비를 뽑았다.

18 그들의 지역은 이스르엘, 그술롯, 수넴,

19 하바라임, 시온, 아나하랏,

20 랍빗, 기시온, 에베스,

21 레멧, 엔 간님, 엔핫다, 벧 바세스이다.

22 그 경계는 다볼, 사하수마, 갈릴리 지역의 벧세메스를 지나 요단강에서 끝나니 모두 16개 성읍과 그 변두리 마을들이다.

23 잇사갈 지파 자손이 그 가족에 따라 받은 유업은 이상의 성읍들과 그 변두리 마을들이었다.

아셀 지파의 기업

24 ● 다섯째로 아셀 지파 자손이 그 가족에 따라 제비를 뽑았다.

25 그들의 지역은 헬갓, 할리, 베덴, 악삽,

26 알람멜렉, 아맛, 미살이다. 그 경계의 서쪽은 갈멜을 만나 시홀 림낫을 거쳐

27 해 뜨는 동쪽으로 방향을 바꿔 벧다곤에 이른 다음 북쪽으로 스불론 지파 지역과 입다엘 골짜기와 만난다. 그리고 벧에멕과 느이엘을 지나 가불 왼쪽으로 빠진다. 그리고

28 다시 북쪽으로 에브론, 르홉, 함몬, 가나를 지나 큰 시돈까지 이른다.

29 또 그 경계는 방향을 바꿔 라마와 견고한 성읍 두로에 이르고, 방향을 바꿔 호사 쪽으로 가서 악십 지방 곁 지중해 바다가 끝이 된다.

30 또 움마, 아벡, 르홉이니 모두 22개 성읍과 그 변두리 마을들이다.

31 아셀 지파의 자손이 그 가족에 따라 받은 유업은 이상의 성읍들과 그 변두리 마을들이었다.

납달리 지파의 기업

32 ● 여섯째로 납달리 지파의 자손을 위해 그 가족에 따라 제비를 뽑았다.

33 그들의 지역은 헬렙과 사아난님의 상수리나무에서 시작하여 아다미 네게브와 얍느엘을 지나 락굼까지 이른 후 요단강에서 끝난다.

34 또 그곳에서 서쪽으로 방향을 바꿔 아스놋 다볼에 이르고 그곳에서 훅곡으로 빠진다. 남쪽은 스불론 지파와 경계를 이루고, 서쪽은 아셀 지파와 경계를 이룬다. 해 뜨는 동쪽은 요단강이 경계가 된다.

35 이 지역에 속한 견고한 성읍은 싯딤, 세르, 함맛, 락갓, 긴네렛,

36 아다마, 라마, 하솔,

37 게데스, 에드레이, 엔 하솔,

38 이론, 믹다렐, 호렘, 벧 아낫, 벧세메스이니 모두 19개 성읍과 그 변두리 마을들이다.

39 납달리 지파 자손이 그 가족에 따라 받은 유업은 이상의 성읍들과 그 변두리 마을들이었다.

단 지파의 기업

40 ● 일곱째로 단 지파 자손이 그들의 가족에 따라 제비를 뽑았다.

41 그들의 지역은 소라, 에스다올, 이르세메스,

42 사알랍빈, 아얄론, 이들라,

43 엘론, 딤나, 에그론,

44 엘드게, 깁브돈, 바알랏,

45 여훗, 브네브락, 가드림몬,

46 메얄곤, 락곤, 욥바의 맞은편 지역까지이다.

47 그런데 이후 단 지파 자손의 지역은 더욱 확장되었다. 단 지파 자손이 북쪽으로 올라가서 헤르몬산 아래에 있는 레셈과 싸워 그곳 주민들을 칼로 치고 점령한 후 그곳에 거주했기 때문이다. 그들은 자신들의 조상인 단의 이름을 따라서 레셈을 '단'이라고 했다.[1)]

48 단 지파 자손이 그 가족에 따라 받은 유업은 이상의 성읍들과 그들의 변두리 마을들이었다.

지파별로 땅 분배를 마침

49 ● 이스라엘 백성이 지파의 경계에 따라 유업의 땅 분배를 마치고 자기들이 받은 유업 가운데서 눈의 아들 여호수아에게도 유업을 주었다.

50 곧 여호와의 명령대로 여호수아가 요구한 에브라임 산지의 딤낫 세라를 주었고, 여호수아는 그곳에 성읍을 건설하고 그곳에 거주했다.

51 엘르아살 제사장과 눈의 아들 여호수아와 이스라엘 백성의 지파의 족장들이 실로에 있는 성막 문 여호와 앞에서 제비를 뽑아 나눈 유업은 이상과 같았다. 이로써 땅 분배를 모두 마쳤다.

도피성을 지정함

20 ● 여호와께서 여호수아에게 말씀하셨다.

2 "이스라엘 백성에게 말하기를 '내가 전에 모세를 통해 너희에게 말한 도피성들을 너희를 위해 정하여

3 알지 못하고 실수로 사람을 죽인 자

1) 삿 18:27-29

를 그곳으로 도망하도록 하라. 이는 너희를 위해 피의 보복자에게서 생명을 부지하기 위해 피할 곳이다.

4 누구든지 이들 성읍 중 어느 한 곳이든 도피하는 자는 그 성읍에 들어가는 문 입구에 서서 그 성읍의 장로들에게 자기의 사전을 말할 것이다. 그러면 그들은 그를 성읍에 들어오도록 하고 거주할 곳을 주어 자기들 가운데서 살게 하라.

5 설사 피의 보복자가 그의 뒤를 따라와도 보복자에게 그 살인자를 넘겨주지 말라. 그는 미워해서 죽인 것이 아니라 알지 못하고 실수로 그의 이웃을 죽였기 때문이다.

6 그 살인자는 회중 앞에 서서 재판을 받기까지 또는 그 당시 대제사장이 죽기까지 그 성읍에 거주하다가 그후에는 자기 집으로 돌아갈 수 있다라고 하라.”

7 이에 그들이 납달리 지파가 분배받은 갈릴리 산지에 속한 게데스와 에브라임 지파가 분배 받은 산지에 있는 세겜과 유다 산지에 속한 헤브론[1]을 도피성으로 지정했다.

8 여리고 건너편에 있는 요단강 동쪽에는 르우벤 지파 가운데 평지로 된 광야의 베셀과 갓 지파 가운데 길르앗 라못과 므낫세 지파 가운데 바산 골란을 구별하여 지정했다.

9 이는 이스라엘 백성과 그들과 함께 거주하는 이방인[2]을 위해 선정된 도피성이다. 곧 누구든지 알지 못하고 실수로 살인한 자가 그곳으로 도망하여 그가 회중 앞에 설 때까지 피의 보복자의 손에 죽지 않도록 하기 위해 제정된 것이다.

레위 사람의 성읍

21 1·2 ● 그때 레위 사람의 족장들이 실로에서 엘르아살 제사장과 눈의 아들 여호수아와 이스라엘 백성의 지파 족장들에게 말했다. “여호와께서 모세에게 명령하셔서 우리가 거주할 성읍들과 우리 가축을 위해 그 목초지들을 우리에게 주라고 하셨습니다.”[3]

3 이에 이스라엘 백성이 여호와의 명령을 따라 자기들이 받은 유업에서 성읍들과 그에 딸린 목초지들을 레위 사람에게 떼어 주었다.

4 레위 지파 가운데 그핫 가족을 위해 제비를 뽑았다. 제사장 아론의 자손들은 제비를 뽑은 대로 유다 지파와 시므온 지파와 베냐민 지파 가운데 13개 성읍을 받았다.

5 그핫 자손들 가운데 남은 자는 제비를 뽑은 대로 에브라임 지파와 단 지파와 므낫세 반 지파 가운데 10개 성읍을 받았다.

6 게르손 사람이 그 가족에 따라 받은 성읍은 잇사갈 지파와 아셀 지파와 납달리 지파와 바산에 있는 므낫세 반 지파에 있는 것으로 총 13개 성읍과 그에 딸린 목초지들이었다.[4]

7 그 남은 레위 사람 므라리 자손이 가족에 따라 받은 성읍은 르우벤 지파와 갓 지파와 스불론 지파 가운데

📍성경지리   단 지역의 샘물(수 19:47)

단(Dan)은 티베리아 북쪽 65km 지점으로 헤르몬 산 아래에 있다. 이곳에서는 헤르몬 산의 눈 녹은 물이 지하로 스며들어 많은 물이 솟아나와 요단강 물의 근원이 되고 있다. 원래의 이름은 라이스였으나(삿 18:29), 단 족속이 점령한 후 그 조상의 이름을 따라 단이라 개명하였다. 훗날 여로보암은 이곳에 금송아지를 만들어 놓고 숭배했다.

1) 기럇 아르바   2) 거류민   3) 민 35:8   4) 수 21:33

서 12개의 성읍이다.[1]

8 여호와께서 모세에게 명령하신 대로 이스라엘 백성이 레위 사람에게 제비를 뽑아준 성읍들과 그에 딸린 목초지들은 이러했다.

9 유다 지파의 자손과 시므온 지파의 자손에서는 아래에 기록한 대로 레위 자손들에게 성읍들을 주었다.

10 그핫 가족들에 속한 아론 자손이 첫 번째로 제비를 뽑았다.

11 아낙의 아버지 아르바의 성읍이었던 유다 산지에 있는 기랏 아르바, 곧 헤브론과 그 주위의 목초지를 그들에게 주었다. 그리고

12 그 성읍의 밭과 그 작은 마을들은 여분네의 아들 갈렙에게 주어 소유가 되게 했다.

13 제사장 아론의 자손에게 준 것은[2] 살인자의 도피성 헤브론과 그에 딸린 목초지를 비롯해 립나,

14 얏딜, 에스드모아,

15 홀론, 드빌,

16 아인, 웃다, 벤세메스 등과 그에 딸린 목초지들이니 유다와 시므온 두 지파에서 9개 성읍을 주었다.

17 또 베냐민 지파 가운데는 기브온, 게바,

18 아나돗, 알몬과 그에 딸린 목초지로 4개 성읍이다.

19 제사장 아론 자손의 성읍은 총 13개 성읍과 그에 딸린 목초지들이었다.

20 레위 사람인 그핫 자손 가운데 남은 자들의 가족들에게 제비를 뽑아 에브라임 지파 가운데 그 성읍들을 주었다.[3]

21 곧 살인자의 도피성 에브라임 산지에 있는 세겜과 그에 딸린 목초지요, 또 게셀,

22 깁사임, 벧호론과 그에 딸린 목초

지들이니 4개 성읍이다.

23 또 단 지파 가운데서 준 것은 엘드게, 깁브돈,

24 아얄론, 가드 림몬 등과 그에 딸린 목초지들이니 4개 성읍이다.

25 또한 므낫세 반 지파 가운데서 준 것은 다아낙, 가드림몬과 그에 딸린 목초지들이니 2개 성읍이다.

26 그핫 자손의 남은 가족들을 위한 성읍은 총 10개 성읍과 그에 딸린 목초지들이었다.

27 게르손 자손들은 제비를 뽑은 대로 므낫세 반 지파 가운데 살인자의 도피성 바산 골란과 그에 딸린 목초지와 브에스드라와 그에 딸린 목초지를 주었으니 2개 성읍이다.

28 잇사갈 지파 가운데는 기시온, 다브랏,

29 야르묫, 엔 간님과 그에 딸린 목초지들을 주었으니 4개 성읍이다.

30 아셀 지파 가운데는 미살, 압돈,

31 헬갓, 르홉과 그에 딸린 목초지들을 주었으니 4개 성읍이다.

32 납달리 지파 가운데는 살인자의 도피성인 갈릴리 산지에 있는 게데스와 그에 딸린 목초지와 함못 돌, 가르단과 그에 딸린 목초지들을 주었으니 3개 성읍이다.

33 게르손 사람이 그 가족에 따라 받은 성읍은 잇사갈 지파와 아셀 지파와 납달리 지파와 바산에 있는 므낫세 반 지파에 있는 것으로 총 13개 성읍과 그에 딸린 목초지들이었다.[4]

34 그 남은 레위 사람 므라리 자손의 가족들에게 제비를 뽑아 준 것은 스불론 지파 가운데 욕느암, 가르다,

35 딤나, 나할랄과 그에 딸린 목초지들

---

[1] 수 21:34 참조 [2] 수 21:4 [3] 수 21:5 [4] 수 21:6

이니 4개 성읍이다.

36 르우벤 지파 가운데 준 것은 베셀, 야하스,

37 그데못, 므바앗과 그에 딸린 목초지들이니 4개 성읍이다.

38 갓 지파 가운데 준 것은 살인자의 도피성 길르앗 라못과 그에 딸린 목초지와 마하나임,

39 헤스본, 야셀과 그에 딸린 목초지들이니 모두 4개 성읍이다.

40 이는 레위 가족의 남은 자인 므라리 자손이 그들의 가족에 따라 제비를 뽑아 받은 성읍은 총 12개이다.[1]

41 레위 사람들이 이스라엘 백성의 유업 가운데서 받은 성읍은 총 48개와 그에 딸린 목초지들이다.

42 이들 각 성읍의 주위에는 목초지가 있었는데, 모든 성읍이 다 그러했다.

약속의 땅을 차지함

43 여호와께서 이스라엘의 조상들에게 약속하여 주겠다고 한 온 땅을 이와 같이 이스라엘에게 다 주셨고, 그들은 그것을 정복한 후 그곳에 거주했다.

44 여호와께서 그들의 사방에 그 조상에게 약속하신 대로 평안을 주셨기 때문에 그들을 대적하는 원수가 하나도 없었다. 이는 여호와께서 그들의 모든 원수를 이스라엘에게 넘겨주셨기 때문이다.

45 여호와께서 이스라엘 족속에게 말씀하신 선한 말씀이 하나도 남김없이 모두 이루어졌다.

여호수아가 동쪽 지파를 돌려보냄

22 ● 요단강 서쪽 땅의 정복을 마친 때 여호수아가 요단강 동쪽에 거주하기로 한 르우벤 지파 사람과 갓 지파 사람과 므낫세

반 지파를 부른 후

2 그들에게 말했다. "여호와의 종 모세가 너희에게 명령한 것을 너희가 다 이행했다. 또 내가 너희에게 명령한 모든 일에 순종하여[2]

3 오늘까지 오랜 기간 너희 형제를 떠나지 않고 오직 너희 하나님께서 명령하신 것을 모두 이행했다.

4 그러므로 이제는 너희 하나님께서 전에 말씀하신 대로 너희 형제에게 삶의 터전[3]을 주셨다. 그런즉 이제 너희는 모세가 너희에게 준 요단강 동쪽의 소유지로 돌아가라.

5 오직 그 땅에서도 여호와의 종 모세가 너희에게 명령한 것과 율법을 반드시 행하라. 너희 하나님을 사랑하고, 그의 모든 길로 행하며, 그와 가까이하고, 너희의 마음과 성품을 다해 그를 섬기라."

6 여호수아가 축복한 후 그들을 보내자 그들이 자기의 장막으로 돌아갔다.

7 므낫세 반 지파에게는 모세가 바산 지역을 유업으로 주었고, 그 남은 반 지파에게는 여호수아가 요단강 서쪽에서 그들의 형제들과 함께 유업을 주었다. 여호수아가 그들을 그들의 거주지 장막으로 돌려보낼 때 그들에게 축복한 후

8 말했다. "너희는 심히 많은 재산과 가축과 은금과 구리와 쇠와 의복을 가지고 너희의 거주지로 돌아가서 너희 원수들에게서 탈취한 것을 너희 형제와 나누라."

9 르우벤 지파 자손과 갓 지파 자손과 므낫세 반 지파는 가나안 땅 실로에서 이스라엘 백성을 떠나 그들의 소유지인 요단강 동쪽의 길르앗

1) 수 21:7　2) 민 32:20-22　3) 안식

지역으로 갔다.

요단 강가에 쌓은 제단

10 ● 르우벤 지파 자손와 갓 지파와 므낫세 반 지파가 가나안 쪽의 요단강 경계에 이르러 그곳에 큰 제단을 쌓았다.

11 그 소식을 이스라엘 백성이 듣고 말했다. "르우벤 지파 자손과 갓 지파 자손과 므낫세 반 지파가 이스라엘 백성에게 속한 가나안 땅의 맨 앞쪽의 요단강 경계에 제단을 쌓았다."

12 이 소식을 들은 이스라엘 백성이 그들과 싸우기 위해 실로에 모였다.

13 이스라엘 백성이 엘르아살 제사장의 아들 비느하스를 길르앗 땅으로 보내어 르우벤 지파 자손과 갓 지파 자손과 므낫세 반 지파를 만나도록 했다.

14 이스라엘 각 지파에서 1명씩 모두 10명의 지도자를 선택하여 비느하스와 함께 가게 했다. 그들은 천부장으로 각기 그들 조상들의 가문 가운데 우두머리였다.

15 그들이 길르앗 땅에 도착하여 르우벤 지파 자손과 갓 지파 자손과 므낫세 반 지파에게 나아가

16 온 이스라엘의 회중이 말한 것을 전했다. "너희가 어찌하여 오늘 여호와를 따르는 데서 벗어나 너희를 위해 제단을 쌓아 오늘 여호와

께 거역하느냐?

17 브올의 죄악[1]으로 인해 여호와의 회중에 재앙이 내렸으나 오늘까지 우리가 그 죄에서 깨끗함을 받지 못했다. 그런데 그 죄악도 모자라서

18 오늘 너희가 여호와를 따르지 않으려고 하느냐? 너희가 오늘 여호와를 배반하면 내일은 하나님께서 이스라엘에게 진노하실 것이다.

19 만일 요단강 동쪽 지역에 있는 너희의 소유지가 깨끗하지 않다면 여호와의 성막이 있는 여호와의 소유지로 건너와 우리 가운데 소유지를 나누어 가지라. 오직 너희는 우리 하나님의 제단 외에 다른 제단을 쌓음으로써 여호와를 대항하여 거역하지 말라. 그것은 우리를 거역하는 것이기도 하다.

20 세라의 아들 아간이 하나님께 바친 물건을 훔친 것으로 인해[2] 온 이스라엘에게 진노가 임하지 않았느냐? 그의 범죄 때문에 멸망한 자가 자기 혼자만이 아니었다."

21 르우벤 지파 자손과 갓 지파 자손과 므낫세 반 지파가 이스라엘의 수많은 지도자들에게 대답했다.

22 "전능하신 자 하나님께서 아시며 이스라엘도 결국에는 알게 될 것이다. 만일 이 일이 하나님을 거역하거나 죄를 짓는 것이라면 주께서는 오늘 우리를 구원하지 마십시오.

23 우리가 제단을 쌓은 것이 여호와께 등을 돌리려고 한 것이거나 실로 외에 이곳에 있는 제단 위에 번제나 소제나 화목제물을 드리려고 한 것이라면 여호와는 친히 우리에게 책임을 물으십시오.

24 그러나 우리가 그렇게 한 것은 목적이 있어서 주의하고 그같이 한 것이다. 곧 훗날 요단강 서쪽에 있는 너희의 자손이 우리 자손에게 '너희가 이스라엘 하나님과 무슨 상관이 있느냐?

25 너희 르우벤 지파 자손과 갓 지파 자손아, 여호와께서 우리와 너희 사이에 요단강으로 경계를 삼으셨으니 너희는 여호와께 받을 몫이 없다'라고 말함으로 너희의 자손이 우리 자손에게 여호와 경외하는 것을 하지 못하게 할까 염려했다.

26 그래서 우리가 말하기를 '우리가 이제 한 제단 쌓기를 준비하자'라고 한 것이다. 이는 번제를 위한 것이 아니요, 하나님과 상관없는 다른 제사를 드리기 위한 것도 아니다.

27 그것은 단지 우리가 여호와 앞에서 우리의 번제와 다른 제사와 화목제로 섬기는 것을 우리와 너희 사이와 우리의 후대 사이에 증거가 되게 할 목적뿐이었다. 훗날 너희 자손들이 우리 자손들에게 '너희는 여호와께 받을 몫이 없다'라고 말하지 못하게 하려고 제단을 쌓은 것이다.

28 우리가 말한 것처럼 그들이 훗날 우리에게나 우리 후대에게 이같이 말하면 우리는 이렇게 말할 것이다. '우리 조상이 세운 여호와의 제단 모형을 보라. 이는 번제나 다른 제사를 드리려고 한 것이 아니라 오직 우리와 너희 사이에 증거만 되게 할 뿐이었다.'

29 우리가 번제나 소제나 다른 제사를 위해 우리 하나님의 성막 앞에 있는 제단 외에 이 제단을 쌓음으로써 여호와를 거역하고 그에게서 돌이키려는 것은 결코 아니다."

30 비느하스 제사장과 그와 함께한 이스라엘의 수많은 지도자가 르우벤 지파 자손과 갓 지파 자손과 므낫세 반 지파 자손의 말을 듣고 좋게 여겼다.

31 엘르아살 제사장의 아들 비느하스가 이들 요단강 동쪽의 세 지파 자손에게 대답했다. "우리는 오늘 여호와께서 우리 가운데 계신 줄을 안다. 그 이유는 너희가 이 제단을 쌓은 일로 인해 여호와께 범죄하지 않았기 때문이다. 너희가 이제 이스라엘 백성을 여호와의 손에서 건져내었다."

32 이에 엘르아살 제사장의 아들 비느하스와 지도자들이 요단강 동쪽 길르앗 땅에서 르우벤 지파 자손과 갓 지파 자손을 떠나 요단강 서쪽 가나안 땅 이스라엘 백성에게 돌아와서 그동안의 일을 사실대로 보고하자

33 그 일이 오히려 이스라엘 백성을 기쁘게 했다. 이에 이스라엘 백성이 하나님을 찬양하고 르우벤 지파 자손과 갓 지파 자손과 싸우자는 말을 다시는 하지 않았다.

34 르우벤 지파 자손과 갓 지파 자손이 요단 강가에 세운 제단을 '엣'이라고 불렀다. 그것은 '우리 사이에 이 제단은 여호와께서 하나님이 되시는 증거가 될 것이다'라는 뜻이다.

여호수아의 마지막 부탁

23 ● 여호와께서 사방에 있는 모든 대적을 물리치시고 이스라엘에게 평화를 주신 지 오랜 기간이 지났고, 여호수아도 늙었다.

2 이에 여호수아가 온 이스라엘의 장로와 지도자와 재판장과 관리를 부른 후 그들에게 말했다. "나는 이제 나이가 많고 늙었다.

3 너희 하나님께서 너희를 위해 이 땅에 있는 모든 나라에 행하신 일을 너희가 다 본 것처럼 너희 하나님께서는 너희를 위해 싸우신 분이다.

4 보라, 내가 요단강에서 해지는 쪽의 지중해, 곧 대해까지에 남아 있는 나라들과 이미 진멸한 모든 나라를 제비를 뽑아 너희의 각 지파에게 유업으로 주었다.

5 너희 하나님께서 너희가 아직 몰아내지 못한 나라들도 너희 앞에서 그들을 쫓아내시리니 너희 하나님께서 너희에게 말씀하신 대로 너희가 그 땅을 차지할 것이다.

6 그러므로 너희는 힘을 다해 모세의 율법책에 기록된 것을 다 지켜 행하라. 그것을 떠나 좌우로 치우치지 말라.

7 너희 가운데 남아 있는 다른 민족들이 섬기는 신을 섬기지 말고, 그들이 섬기는 신들의 이름도 부르지 말라. 또 그 신들을 가리켜 맹세하거나 절하지 말라.

8 오직 너희는 오늘까지 행한 것처럼 하나님을 가까이하라.

9 이는 여호와께서 강대한 나라들을 너희 앞에서 쫓아내셨기 때문에 오늘까지 너희를 대적한 자가 하나도 없었다.

10 하나님께서 말씀하신 것처럼 너희를 위해 싸우시기 때문에 너희는 한 사람이 1,000명을 쫓을 것이다.

11 그러므로 자신을 살펴 조심하여 너희 하나님을 사랑하라.

12 만일 너희가 하나님에게서 돌아서서 너희 가운데 남아 있는 다른 민족들을 가까이하여 그들과 혼인하며 서로 왕래하면

13 너희 하나님께서 다른 민족들을 너희 앞에서 다시는 쫓아내지 않으실 것이다. 그러면 그들이 너희에게 올무와 덫이 되고, 너희의 옆구리에 채찍이 되며, 너희 눈에 가시가 되어 결국 너희 하나님께서 너희에게 주신 이 아름다운 땅에서 멸망당할 것이다. 이를 분명히 알라.

14 이제 나는 오늘 온 세상 사람이 가는 길로 가겠지만 너희 하나님께서 너희에게 대해 말씀하신 모든 것을 다 이루어주셨음을 너희 모두는 마음속 깊이 알고 있다.

15 너희 하나님께서 너희에게 말씀하신 모든 선한 말씀이 이루어진 것처럼 여호와께서 모든 불길한 말씀도 너희에게 임하기를 너희가 멸절하기까지 하실 것이다.

16 만일 너희 하나님께서 너희에게 명령하신 언약을 어기고 가서 다른 신들을 섬기면 여호와의 진노가 너희에게 미치리니 아름다운 이 땅에서 너희가 속히 멸망할 것이다."

여호수아가 세겜에서 백성에게 권면함

24 그후 여호수아가 이스라엘 모든 지파를 세겜에 소집시켰다. 그리고 이스라엘 장로들과 그들의 지도자들과 재판장들과 관리들을 불렀고, 그들은 하나님 앞에 나와 섰다.

2 그러고 나서 여호수아가 모든 백성에게 말했다. "이스라엘의 하나님께서 이같이 말씀하시기를 '옛적에 너희의 조상들은 유프라테스강 건너편에 살 때 다른 신들을 섬겼다. 아브라함과 나홀의 아버지 데라도 다른 신을 섬겼다.

3 내가 너희의 조상 아브라함을 유프라테스강 저쪽에서 이끌어내어

가나안 온 땅을 사방으로 행하게 하고, 그의 후손을 번성케 하려고 그에게 이삭을 주었다.

4 이삭에게는 쌍둥이 야곱과 에서를 주었고, 에서에게는 세일산을 소유로 주었다. 그러나 야곱과 그의 자손들은 애굽으로 내려갔다.

5 그후 내가 모세와 아론을 애굽으로 보냈고, 애굽에 재앙을 내린 후 너희를 애굽에서 이끌어냈다.

6 내가 너희의 조상들을 애굽에서 이끌어낸 후 홍해 바다에 도착했을 때 애굽 사람들이 병거와 마병을 거느리고 너희의 조상들을 홍해까지 쫓아왔다.

7 그때 너희의 조상들이 나 여호와께 부르짖었고 내가 너희와 애굽 사람들 사이에 흑암을 두고 그들을 물로 덮었다. 내가 애굽에서 행한 이 모든 일을 너희가 보았으며, 너희가 많은 날을 광야에서 보냈다.

8 또 내가 너희를 인도하여 요단강 동쪽에 거주하는 아모리 족속의 땅으로 들어가게 했을 때 그들의 땅을 점령하게 했고, 그들을 너희 앞에서 멸절시켰다.

9 또한 모압 왕 십볼의 아들 발락이 이스라엘과 대적하여 사람을 보내 브올의 아들 발람을 불러다가 너희를 저주하게 하려고 했다.

10 그러나 내가 오히려 너희를 축복하게 했고, 나는 너희를 그의 손에서 건져내었다.

11 너희가 요단강을 건너 여리고에 다다랐을 때 여리고 주민들은 너희와 싸웠다. 또한 아모리 족속, 브리스 족속, 가나안 족속, 헷 족속, 기르가스 족속, 히위 족속, 여부스 족속이 너희와 싸웠지만 내가 그들을 진멸시키도록 했다.

12 내가 너희 앞에 왕벌, 곧 재앙을 보내어 그 아모리 족속의 두 왕 헤스본 왕 시혼과 바산 왕 옥을 너희 앞에서 쫓아내게 했다. 이는 너희의 칼이나 활로 한 것이 아니다.

13 또 내가 너희가 수고하지 않은 땅과 건설하지 않은 성읍들을 너희에게 주었다. 그러므로 너희가 그 가운데에 살며, 너희가 심지 않은 포도밭과 올리브밭의 열매를 먹게 되었다.'

14 그러므로 이제는 여호와를 경외하며, 한마음¹⁾으로 그분을 섬기라. 너희의 조상들이 유프라테스강 건너편과 애굽에서 섬기던 신들을 없애고 오직 여호와만 섬기라.

15 만일 여호와를 섬기고 싶지 않다면 너희 조상들이 유프라테스강 건너편에서 섬기던 신들이든지, 아니면 너희가 거주하는 이 땅에 있는 아모리 족속의 신들이든지 너희는 섬길 자를 오늘 택하라. 오직 나와 내 집은 여호와를 섬길 것이다."

16 여호수아의 말을 들은 백성이 대답했다. "우리가 결코 여호와를 버리고 다른 신들을 섬기지 않을 것입니다.

17 이는 우리 하나님께서 친히 우리와 우리 조상들을 애굽 땅 종살이하던 집에서 이끌어내시어 이곳으로 올라오게 하셨기 때문입니다. 그리고 우리의 눈 앞에서 그 큰 기적들을 행하시고, 우리가 이곳으로 오는 동안 모든 대적하는 백성에게서 우리를 보호하셨기 때문입니다.

18 여호와께서는 모든 백성과 이 땅에

1) 온전함과 진실함

거주하던 아모리 족속을 우리 앞에서 쫓아내셨습니다. 그러므로 우리도 여호와를 섬길 것이니 그는 우리의 하나님이십니다."

19 여호수아가 백성들에게 다시 말했다. "너희가 여호와를 잘 섬긴다고 하지만 그렇지 못할 수도 있다. 그는 거룩하신 하나님이시며, 질투하는 하나님이시기 때문이다. 그분은 너희가 죄를 짓는다면 용서하지 않으실 것이다.

20 만일 너희가 여호와를 배반하고 이방 신들을 섬기면 너희에게 복을 내린 후에라도 재앙을 내려 진멸하실 것이다."

21 이에 백성이 여호수아에게 대답했다. "그렇지 않습니다. 우리가 여호와를 섬기겠습니다."

22 여호수아가 백성에게 또다시 말했다. "너희가 여호와를 선택하고 그를 섬기겠다고 했으니 너희 스스로가 증인이 되었다." 이에 그들이 "우리가 스스로 증인이 되었습니다"라고 대답했다.

23 여호수아가 이르기를 "그렇다면 이제 너희 가운데 있는 이방 신들을 없애고 너희 마음을 이스라엘의 하나님께 드리라"고 하니

24 백성이 여호수아에게 대답했다. "우리가 우리 하나님을 섬기고 그의 목소리를 경청할 것입니다."

25 그날 여호수아가 세겜에서 백성과 함께 언약을 맺고, 그들을 위해 규례와 법을 제정했다.

26 여호수아가 그 모든 말씀을 하나님의 율법책에 기록한 후 큰 돌을 가져다가 여호와의 성소 곁에 있는 상수리나무 아래에 세웠다. 그런 후

27 모든 백성에게 말했다. "보라, 이 돌이 우리에게 증거가 될 것이다. 여호와께서 우리에게 하신 모든 말씀을 이 돌이 들었다. 그러므로 너희가 너희 하나님을 속이지 못하도록 이 돌이 증거가 될 것이다."

28 여호수아가 백성들에게 말하기를 마치고 이스라엘 백성을 각자 자기들이 분배 받은 지역으로[1] 가서 땅을 차지하도록 돌려보냈다.

여호수아와 엘르아살의 죽음[2]

29 ● 이 일 후 여호와의 종 눈의 아들 여호수아가 110세에 죽었다.

30 무리는 그를 그가 분배 받은 유업의 지역 내에 있는 딤낫 세라[3]에 장사했다. 딤낫 세라는 에브라임 산지 가아스산 북쪽에 있다.

31 이스라엘 백성은 여호수아가 사는 날 동안 그리고 그의 사후 생존한 장로들, 곧 여호와께서 이스라엘을 위해 행하신 모든 큰 기적[4]을 본 자들이 사는 날 동안에는 여호와를 섬겼다.

32 또 이스라엘 백성이 애굽에서 가져온 요셉의 뼈를 세겜에 장사했는데, 이곳은 이전에 야곱이 100크시타를 주고 세겜의 아버지 하몰의 자손들에게서 산 밭이다. 그곳은 요셉 자손의 유업이 되었다.[5]

33 아론의 아들 엘르아살도 죽자 무리가 그를 그의 아들 비느하스가 분배 받은 에브라임 산지에 속한 산에 장사했다.

---

1) 삿 2:6 2) 삿 2:7 3) 삿 2:9, 딤낫 헤레스 4) 일
5) 창 33:19

제목 히브리어 성경에는 쇼페팀('지도자들', '재판관들'), 70인역에는 크리타이('재판관들')

기록연대 기원전 1050~1010년경 **저자** 사무엘(바벨론 탈무드) **중심주제** 사사들의 활동

내용소개 * 정치적, 영적 1. 사사시대 배경 1~2장 * 제 1, 2변절 2. 옷니엘, 에훗, 삼갈 3장
* 제 3변절 3. 드보라 4~5장 * 제 4변절 4. 기드온 6~8장 * 제 5변절 5. 아비멜렉, 돌라, 야일 8~10장
* 제 6변절 6. 입다, 입산, 엘론 10~12장 * 제 7변절 7. 압돈, 삼손 13~16장 * 부도덕 4. 우상숭배 17~21장

여호수아 사후의 정복[1]

1 ● 여호수아가 죽은 후 이스라엘 백성이 여호와께 물었다. "우리 가운데 누가 가장 먼저 올라가서 가나안 족속과 싸워야 하겠습니까?"

2 여호와께서 말씀하셨다. "유다 지파가 먼저 올라가라. 보라, 내가 이 땅을 너희에게 주었다."

3 유다 지파 자손이 그의 형제 시므온 지파 자손에게 말했다. "내가 제비를 뽑아 분배 받은 땅으로 함께 올라가서 가나안 족속과 싸우자. 그러면 나도 너희가 제비를 뽑아 분배 받은 땅으로 함께 가 싸우겠다." 이에 시므온 지파 자손이 유다 지파 자손과 함께 싸우러 갔다.

4 유다 지파 자손이 먼저 올라가자 여호와께서 가나안 족속과 브리스 족속을 그들에게 넘겨주셨고, 유다 지파 자손이 베섹에서 가나안 족속 1만 명을 죽였다.

5 또 베섹에서 아도니베섹을 만나 그와 싸워서 그에게 속한 족속들을 죽이자

6 아도니베섹이 도망했고, 유다 지파 자손은 그를 쫓아가서 잡아 그의 엄지손가락과 엄지발가락을 잘랐다.

7 그때 아도니베섹이 말했다. "이전에 내가 70명 왕의 엄지손가락과 엄지발가락을 자르고 내 상 아래서 떨어지는 것을 주워 먹도록 했

더니 이제 하나님께서 내가 행한 대로 내게 갚으신다." 유다 지파 자손의 무리가 그를 끌고 예루살렘으로 데려가니 그가 그곳에서 죽었다.

8 유다 지파 자손이 예루살렘을 쳐서 칼로 치고 그 성을 불살랐다.

9 그후 유다 지파 자손이 남쪽으로 내려가서 그곳의 산지와 평지에 거주하는 가나안 족속과 싸웠다.

10 또 헤브론에 거주하는 가나안 족속을 공격하여 세새와 아히만과 달매를 죽였다. 헤브론의 본래 이름은 기럇 아르바였다.

11 한편 헤브론을 점령한 갈렙은 그곳에서 남쪽으로 내려가 드빌의 주민들을 공격했는데, 드빌의 본래 이름은 기럇세벨이었다.[2]

12 그때 갈렙이 기럇세벨을 점령하는 자에게 자기 딸 악사를 아내로 주겠다고 말했다.

13 이에 갈렙의 동생 그나스의 아들인 옷니엘이 기럇세벨을 점령했고, 갈렙은 약속대로 그의 딸 악사를 그에게 아내로 주었다.

14 악사가 출가할 때 남편 된 옷니엘에게 요청하여 자기 아버지에게 밭을 얻자고 말한 후 나귀에서 내렸다. 그러자 갈렙이 딸에게 물었다. "너는 무엇을 원하느냐?"

15 악사가 대답했다. "내게 복을 주세요.

1) 수 15:13~19 2) 수 15:15~16

아버지께서 나를 남쪽으로 시집을 보내니 샘물도 내게 주세요." 이에 갈렙이 윗샘과 아랫샘을 시집가는 딸에게 주었다.[1]

16 모세의 장인 이드로는 겐 사람이었는데 그의 자손은 유다의 자손과 함께 종려나무 성읍인 여리고에서 내려가서[2] 아랏 남방의 유다 황무지에 이르러 그 백성 가운데 거주했다.

17 유다 지파 자손이 그의 형제 시므온 지파 자손과 함께 가서 브엘세바 동쪽에 위치한 스밧에 거주하는 가나안 족속을 쳐서 그곳을 진멸한 후 그 성읍의 이름을 '호르마'라고 했다.

18 또 유다 지파 자손이 가사, 아스글론, 에그론 지역을 점령했다.

19 여호와께서 유다 자손을 도우셨기 때문에 그들이 산지에 사는 주민을 쫓아내었다. 그러나 골짜기에 사는 주민들은 철 병거가 있어서 쫓아내지 못했다.

20 이에 그들이 모세가 명령한 대로 헤브론을 갈렙에게 삶의 터전으로 주었고, 갈렙은 헤브론에서 아낙의 3명의 아들을 쫓아냈다.

21 베냐민 자손[3]은 예루살렘에 거주하는 여부스 족속을 쫓아내지 못했기 때문에 여부스 족속이 베냐민 자손[3]과 함께 오늘까지 예루살렘에 거주하고 있다.

22 요셉 자손의 가문도 벧엘을 공격하기 위해 올라가자 여호와께서 그를 도우셨다.

23 요셉 자손이 먼저 벧엘을 정탐하게 했는데 그 성읍의 본래 이름은 '루스'였다.

24 정탐꾼들이 벧엘로 가자 그 성에서 한 사람이 나오는 것을 보고 그에게 말했다. "부탁하니 이 성의 입구가 어디인지 우리에게 알려주면 우리가 이 성을 점령할 때 너를 살려줄 것이다."

25 그러자 그 사람이 성의 입구를 알려주었다. 이에 요셉 자손이 칼로 그 벧엘을 점령했으나 오직 성 입구를 알려준 사람과 그의 가족은 죽이지 않고 성에서 살려 보냈다.

26 그들이 벧엘 지역 경내에 있는 헷 사람들의 땅에 가서 성읍을 건축하고 살았는데, 그곳의 이름을 '루스'라고 했다. 그 이름은 오늘까지 불리고 있다.

쫓아내지 못한 가나안 족속

27 ● 므낫세 지파 자손의 소유가 잇사갈 지파 자손과 아셀 지파 자손의 지역에도 있었다. 그들의 지역은 벧산, 곧 벧 스안, 다아낙, 돌, 이블르암, 엔돌, 므깃도 등에 있는 주민과 그에 딸린 작은 마을들과 3개 언덕 지역이다. 그러나 므낫세 자손이 그 성읍들의 주민을 전부 쫓아내지 못했기 때문에 가나안 족속이 강하게 반발하여 그 땅에 거주했다.

28 이스라엘 백성이 강성한 후에야 가나안 족속에게 노역을 시켰다.[4]

29 요셉 지파 에브라임 자손이 욥바와 예루살렘 사이에 있는 게셀에 거주하는 가나안 족속을 쫓아내지 않았기 때문에 그들이 오늘까지 에브라임 지파가 분배 받은 지역에 거주하며 노역하는 종이 되었다.[5]

30 스불론 지파 자손은 기드론 주민과 나할롤 주민을 쫓아내지 못했기 때문에 가나안 족속이 그들 가운데 거주했으며, 스불론 지파 자손들은

---

1) 수 15:17-19　2) 올라가서　3) 수 15:63, 유다 자손
4) 수 17:11-3　5) 수 16:10

그들에게 노역을 시켰다.

31 아셀 지파 자손은 악고, 시돈, 알랍, 악십, 헬바, 아빅, 르홉에 사는 주민 등을 쫓아내지 못했다.

32 그래서 그 땅의 주민인 가나안 족속은 아셀 지파 자손 가운데 거주했다.

33 납달리 지파 자손은 갈릴리의 벧세메스와 벧아낫 주민을 쫓아내지 못했기 때문에 그 땅의 주민이 납달리 지파 자손과 함께 거주했으며, 납달리 지파 자손은 그들에게 노역을 시켰다.

34 가나안 지역에 사는 아모리 족속이 욥바를 기준으로 동쪽 지역에 살던 단 지파 자손을 산지로 몰아내고 평지[1])에 내려오지 못하게 했다. 그리고

35 자기들은 굳게 결심하고 헤레스산과 아얄론과 사알빔에 거주했다. 그래서 요셉 자손의 가문은 이후 힘이 강성한 후에야 아모리 족속에게 노역을 시켰다.

36 아모리 족속의 경계는 사해 서남쪽에 위치한 아그랍빔 비탈의 바위부터 그 위쪽이었다.

보김과 가나안 정복 세대

2 ● 여호와의 사자가 길갈에서부터 보김으로 올라와 말했다. "내가 너희를 애굽에서 이끌어내어 너희 조상들에게 약속한 땅으로 들어가게 했다. 또 내가 이르기를 내가 너희와 함께한 언약을 영원히 지킬 것이니

2 너희는 이 땅의 주민과 언약을 맺지 말며, 그들의 제단들을 헐라고 했지만 너희는 내 목소리를 듣지 않았다.

3 그래서 나는 그들을 너희 앞에서 쫓아내지 않을 것이며, 그들은 너희

옆구리에 가시가 되고, 그들의 신들이 너희에게 올무가 될 것이다."

4 여호와의 사자가 이스라엘 모든 자손에게 이 말씀을 하자 백성이 소리 높여 울었다.

5 그래서 그곳을 '우는 자'라는 뜻의 '보김'이라고 불렀다. 그들이 그곳에서 여호와께 제사를 드렸다.

6 이전에 여호수아가 이스라엘 백성을 각자 자기들이 분배 받은 지역의 기업으로 가서 땅을 차지하도록 돌려보냈다.[2)]

7 이스라엘 백성은 여호수아가 사는 날 동안 그리고 그의 사후 생존한 장로들, 곧 여호와께서 이스라엘을 위해 행하신 모든 큰 기적[3)]을 본 자들이 사는 날 동안에는 여호와를 섬겼다.[4)]

여호수아와 그 세대의 사람들이 죽음

8 ● 이 일 후 여호와의 종 눈의 아들 여호수아가 110세에 죽었다.[5)]

9 무리는 그를 그가 분배 받은 유업의 지역 내에 있는 딤낫 헤레스[6)]에 장사했다. 딤낫 헤레스는 에브라임 산지 가아스산 북쪽에 있다.

10 출애굽과 가나안 정복 세대의 사람도 모두 죽어 그 조상들에게로 돌아갔다. 그후 일어난 다른 세대는 여호와를 알지 못했고, 여호와께서 이스라엘을 위해 행하신 크신 일도 알지 못했다.

이스라엘의 타락

11-13 ● 그리하여 이스라엘 백성은 바알과 아스다롯의 신들을 섬기며, 애굽 땅에서 그들을 이끌어낸 조상들의 하나님을 버리고 그들의 주위에 있는 백성들이 섬기는 다른 신들을 섬기는 악을 행하므로

---

1) 골짜기   2) 수 24:28   3) 일   4) 수 24:31   5) 수 24:29   6) 수 24:30, 딤낫 세라

여호와를 분노케 했다.

14 이에 여호와께서 분노하사 이스라엘을 노략하는 자에게 노략을 당하게 하셨다. 또 주위에 있는 모든 대적에게도 넘겨 이스라엘이 그들에게 패하도록 하셨다.

15 그것은 여호와께서 이미 말씀하신 대로 그들이 어디로 가든지 여호와께서 재앙을 내리게 하셨기 때문이다. 그로 인해 이스라엘은 괴로움이 심했다.

16 여호와께서는 사사들을 세우셔서 이스라엘을 노략자의 손에서 구원하게 하셨다.

17 그러나 이스라엘은 사사들에게도 순종하지 않고 오히려 다른 신들에게 절하고, 그런 신들을 따라가 음행하며, 여호와의 명령에 순종하던 그들의 조상들이 행하던 길을 따르지 않았다.

18 여호와께서 그들을 위해 사사들을 세우시고 그 사사와 함께하셨다. 그리하여 그 사사가 사는 날 동안에는 여호와께서 이스라엘을 대적의 손에서 구원하셨다. 이는 그들이 대적에게 억압을 받아 부르짖는 소리를 들으시고 여호와께서 그들을 불쌍히 여기셨기 때문이다.

19 그러나 사사가 죽은 후에는 그들의 조상들보다 더욱 타락하여 다른 신들을 섬기며, 그들의 행위와 패역한 길을 계속 따라갔다.

20 그러자 여호와께서 이스라엘에게 분노하여 말씀하셨다. "이 백성이 내가 그들의 조상들에게 명령한 언약을 어기고 내 말을 순종하지 않으니

21 나도 여호수아가 죽을 때까지 몰아내지 않고 남겨 둔 이방 민족들을 다시는 그들 앞에서 쫓아내지 않을 것이다.

22 그렇게 하는 이유는 그들의 조상들이 규례를 지킨 것처럼 나 여호와의 규례를 지켜 행하는지 아닌지 그들을 시험하려는 것이다."

23 그래서 여호와께서는 그 이방 민족들을 곧바로 쫓아내지 않으셨으며, 여호수아가 멸망시키도록 넘겨주지 않으셨다.

가나안 땅에 남겨 둔 민족

3 ● 여호와께서 가나안을 정복하기 위해 치렀던 전쟁들을 알지 못한 이스라엘 세대들을 시험[1]하시려고 하셨다.

2 이를 위해 남겨 둔 이방 민족들은

3 블레셋의 5명의 왕[2]과 모든 가나안 족속과 시돈 족속과 바알 헤르몬산에서 북쪽의 하맛 입구까지 레바논산에 거주하는 히위 족속이다.

4 여호와께서는 남겨 둔 이 이방 민족들을 통해 이스라엘이 모세를 통해 그들의 조상들에게 말씀하신 명령들을 순종하는지 알기 위해 시험하셨다.

5 그래서 이스라엘 백성이 가나안 족속과 헷 족속과 아모리 족속과 브리스 족속과 히위 족속과 여부스 족속 가운데 살도록 그 이방 민족을 쫓아내지 않으셨다.

6 그런데 이스라엘은 그들과 서로 결혼하면서 그들의 신들을 섬겼다.

옷니엘 사사

7 ● 이스라엘 백성이 여호와 앞에 악을 행하여 자기들의 하나님을 배반하고 바알 신들과 아세라 신들을 섬겼다.

8 이에 여호와께서 이스라엘에게 분노하사 그들을 메소포타미아[3] 왕 구산 리사다임의 손에 넘기셨고,

---

1) test 2) 군주 3) 아람 나하라임

이스라엘 백성은 구산 리사다임을 8년 동안 섬겼다.

9 이 지경에 이르자 이스라엘 백성은 여호와께 부르짖었고, 여호와께서는 이스라엘 백성을 위해 갈렙의 아우 그나스의 아들 옷니엘을 구원자로 세워 그들을 구원하셨다.

10 여호와의 영이 옷니엘에게 임하니 그가 이스라엘의 첫 사사가 되었다. 그가 메소포타미아 왕 구산 리사다임과 싸울 때 여호와께서 그를 도우심으로 옷니엘이 구산 리사다임을 몰아냈다.

11 그 땅에 40년 동안 평온이 유지되다가 그나스의 아들 옷니엘이 죽었다.

에훗 사사

12 ● 옷니엘이 죽은 후 이스라엘 백성이 또 여호와 보시기에 악을 행했다. 이에 여호와께서 모압 왕 에글론을 강하게 하여 이스라엘을 대적하게 하셨다.

13 에글론이 암몬과 아말렉 자손들과 연합하여 이스라엘을 공격하여 종려나무 성읍인 여리고를 점령했다.

14 이에 이스라엘 백성이 모압 왕 에글론을 18년 동안 섬겼다.

15 그러자 이스라엘 백성이 여호와께 부르짖었고, 여호와께서 그들을 위해 베냐민 지파 사람 게라의 아들 왼손잡이 에훗을 구원자로 세우셨다. 이스라엘 백성은 에훗을 통해 모압 왕 에글론에게 공물을 바치게 했다. 이에

16 에훗이 길이가 45cm 되는 1규빗의 좌우에 날선 칼을 만들어 그의 오른쪽 허벅지 옷 속에 차고,

17 모압 왕 에글론에게 공물을 바치러 갔다. 에글론은 몸이 매우 뚱뚱한 자였다.

18 에훗은 공물을 바친 후 공물을 메고 온 자들을 보냈다. 그리고

19 자기는 길갈 근처 돌을 떠서 우상을 만드는 곳에서 다시 돌아와 에글론왕에게 말했다. "내가 은밀한 일을 왕에게 말하고자 합니다." 그러자 에글론왕이 "조용히 하라"고 말한 후 자기를 모시는 자들을 모두 물러가도록 했다.

20 이에 에훗이 에글론왕에게로 들어가니 왕은 시원한 이층 다락방에 혼자 앉아 있었다. 에훗이 말하기를 "내가 하나님의 전갈을 가지고 왔습니다"라고 하자 왕이 자리에서 일어났다.

21 그 순간 에훗이 왼손으로 그의 오른쪽 허벅지 위에서 칼을 빼 왕을 찔렀다.

22 그러자 칼자루까지 몸에 박혔고 칼 끝은 등 뒤까지 나갔다. 그가 칼을 그의 몸에서 뽑지 않으므로 몸에서 나온 기름이 칼날에 엉겨 붙었다.

23 에훗은 밖으로 나와 이층 다락문을 뒤에서 닫고 잠갔다.

24 에훗이 나간 후 왕의 신하들이 와서 이층 방문이 잠겼음을 보고 말하기를 "왕이 분명히 시원한 방에서 용변을 보신다.[1]"라고 말하더니 문 밖에서 기다렸다.

25 그러나 오랫동안[2] 기다려도 왕이

?! 난제   하나님은 시험하시는가?(삿 3:1)

본절에 보면 하나님은 이스라엘을 시험하신다고 말씀하신다. 그러나 하나님의 시험(test)은 마귀가 주는 시험(temptation)과는 다르다. 마귀는 유혹하고 넘어뜨려 패망으로 몰고가기 위해 시험하지만, 하나님은 믿음을 확증하고, 상급을 주기 위해 시험하신다. 그래서 아브라함을 시험하사 그의 경외함을 인정하시고 상급을 주셨다.

---

1) 발을 가리우신다   2) 부끄러울 때까지

이층 방문들을 열지 않자 열쇠를 가지고 열어 보니 그들의 왕1)이 이미 죽어 있었다.

26 그 사이 에훗은 피하여 돌을 떠서 우상을 만드는 곳을 지나 스이라로 도망했다.

27 에훗이 스이라에 도착하여 에브라임 산지에서 소집 나팔을 불자 이스라엘 백성이 산지에서 그를 따라 내려왔다. 이에 에훗이 앞장서서 가며

28 그들에게 말했다. "나를 따르라. 여호와께서 너희의 원수 모압을 너희에게 넘겨주셨다." 그러자 무리가 에훗을 따라 요단 계곡으로 내려가 모압 서쪽 요단강 나루터를 장악하여 한 사람도 도망하지 못하게 하고

29 모압 사람 약 1만 명을 죽였는데, 그들은 모두 힘센 용사들이었다.

30 그날 모압이 이스라엘에게 굴복했고, 이스라엘은 80년 동안 평안을 누렸다.

삼갈 사사

31 ● 에훗 사사 이후에는 아낫의 아들 삼갈이 사사가 되었다. 그는 소를 모는 막대기로 블레셋 사람 600명을 죽였고, 이스라엘을 블레셋 사람에게서 건져냈다.

드보라 사사

4 ● 에훗 사사가 죽자 이스라엘 백성이 또다시 여호와 보시기에 악을 행했다.

2 이에 여호와께서 하솔을 수도로 삼고 통치하는 가나안 왕 야빈의 손에 그들을 넘기셨다. 야빈의 지휘관인 군대장관은 하로셋 학고임에 거주하는 시스라이다.

3 당시 야빈왕은 철 병거 900대가 있어 20년 동안 이스라엘 백성을 강하게 억압했고, 그로 인해 이스라엘 백성은 여호와께 부르짖었다.

4 그때 랍비돗의 아내 드보라 여선지자가 이스라엘의 사사가 되었다.

5 그는 에브라임 산지 라마와 벧엘 사이에 거주하면서 드보라의 종려나무 아래서 백성들을 재판했다.

6 드보라가 사람을 보내어 북쪽으로 175km 떨어진 납달리 지역의 게데스에 있는 아비노암의 아들 바락을 불러다가 그에게 말했다. "이스라엘의 하나님께서 이와 같이 명령하셨다. 너는 납달리와 스불론 자손 1만 명을 소집하여 이스르엘평야 북쪽 언저리에 있는 다볼산으로 이끌고 가라.

7 내가 야빈의 지휘관인 군대장관 시스라와 그의 병거들과 군사 무리들을 기손강으로 유인하여 네가 있는 곳으로 오게 하여 네가 그를 죽이도록 하겠다."

8 이에 바락이 드보라에게 대답했다. "만일 당신이 나와 함께 가면 내가 가겠지만 그렇지 않으면 나도 가지 않겠다."

9 드보라가 말했다. "내가 반드시 너와 함께 가겠다. 그러나 이번에 가는 길에서는 네가 승리의 영광을 차지하지 못할 것이다. 여호와께서 시스라의 목숨을 한 여인의 손에 넘길 것이기 때문이다." 이에 드보라가 일어나 바락과 함께 갈릴리 북쪽의 게데스로 갔다.

10 바락이 스불론 자손과 납달리 자손 가운데서 싸움에 나갈 자들을 게데스로 부르니 1만 명이 그를 따랐고, 드보라도 그와 함께 다볼산으로 올라갔다.

11 당시 모세의 장인2) 이드로3)의 자손

1) 군주 2) '처남'이라는 뜻도 있음 3) 호밥

중 겐 족속 헤벨이 남쪽에 살고 있는 자기 족속을 떠나 이곳 게데스에 가까운 사아난님 상수리나무 곁에 이르러 장막을 치고 살고 있었다.

12 아비노암의 아들 바락이 군사를 이끌고 다볼산에 올라간 것을 사람들이 시스라에게 알렸다. 이를 눈치 챈

13 시스라가 철 병거 900대와 자기와 함께 있는 모든 군사를 하로셋 학고임에서 기손강으로 출동시켰다.

14 그러자 드보라가 바락에게 말했다. "일어나라. 이날은 여호와께서 시스라를 네 손에 넘겨주신 날이다. 여호와께서 네 앞에 나가신다." 이에 바락이 1만 명의 군사를 거느리고 다볼산에서 이스르엘평야로 내려왔다.

15 여호와께서 바락 앞에서 시스라와 그의 모든 병거와 그의 온 군대를 칼날과 비를 내리게 하여1) 혼란에 빠뜨리자 시스라는 걸어서 도망했다.

16 이에 바락이 하로셋 학고임까지 시스라의 병거들과 군대를 추격하여 시스라의 온 군대를 칼로 전멸시켰다.

17 오직 시스라만 걸어서 겐 족속 사람 헤벨의 아내 야엘의 장막으로 도망했다. 그가 이곳으로 피한 이유는 하솔 왕 야빈과 겐 족속 헤벨의 집이 두터운 친분을 갖고 있었기 때문이다.

18 야엘이 나가 시스라를 영접하며 그에게 말했다. "나의 주인이여, 두려워하지 말고 내게 들어오십시오." 그가 그 장막에 들어가니 야엘이 이불을 덮어 주었다.

19 시스라가 그에게 말했다. "내게 물을 조금 달라. 내가 목이 마르다." 그러자 그녀가 우유가 담긴 가죽

부대를 열어 그에게 마시게 하고, 다시 이불로 덮어 주었다.

20 그러자 시스라가 말했다. "장막 문에 서 있다가 사람이 와서 '여기 어떤 사람이 왔느냐?'라고 물으면 너는 없다고 하라."

21 그리고 그가 깊이 잠들자 헤벨의 아내 야엘이 손에 장막 말뚝과 방망이를 들고 그에게로 조용히 가서 그의 관자놀이에 말뚝을 박자 말뚝이 시스라를 꿰뚫고 땅에 박히니 그가 기절하여 죽었다.

22 바락이 시스라를 추격하여 야엘의 집에 왔을 때 야엘이 나가서 그를 맞으며 말했다. "나를 따라오라. 네가 찾는 그 사람을 내가 보여주겠다." 이에 바락이 그를 따라 들어가 보니 시스라가 그의 관자놀이에 말뚝이 박혀 죽어 있었다.

23 이같이 그날에 하나님께서 가나안 왕 야빈을 이스라엘 백성 앞에 굴복시키셨다.

24 야빈왕의 지휘관 시스라가 죽은 후 이스라엘 백성이 가나안 왕 야빈을 점점 더 눌러서 마침내 야빈왕과 그의 군대를 진멸시켰다.

드보라와 바락의 노래

5 ● 이스라엘이 야빈왕과 그 군대를 진멸한 날에 드보라와 아비노암의 아들 바락이 이렇게 노래했다.

2 "이스라엘의 지도자들이 이스라엘을 이끌었네. 백성이 자원하여 전쟁에 나가 싸웠으니2) 여호와를 찬양하라.

3 너희 왕과 통치자들아, 내 말에 귀를 기울이라. 내가 여호와를 노래하며 그를 찬양하리라.

4 여호와여, 주께서 세일에서 나오시고 에돔 들에서 출동하실 때 땅이

1) 삿 5:21 2) 헌신하였으니

흔들리고, 하늘은 물을 쏟아내고, 구름도 비를 내렸도다.

5 산들과 저 시내산도 이스라엘의 하나님 앞에서 크게 흔들렸도다.

6 아낫의 아들 삼갈의 때와 야엘이 시스라를 죽인 날에는 큰 도로에 다니는 사람이 없고, 행인들은 뒷길로 다녔도다.

7 이스라엘 마을에는 나 드보라[1]가 일어나 이스라엘의 어머니가 되기까지 싸울 용사가 없었도다.

8 그때 이스라엘 사람들은 다른 새로운 신들을 따랐고 성문까지 전쟁이 다가왔으나 4만 명의 이스라엘 백성 가운데는 방패와 창을 든 자가 없었다.

9 내 마음이 이스라엘의 용사, 방백들을 기다린 것은 그들이 백성 가운데서 자원해 전쟁에 나왔기 때문이니[2] 여호와를 찬양하라.

10 흰 나귀를 탄 자들, 양탄자를 깔고 사는 자들, 길을 걸어가는 자들아, 전하라.

11 활 쏘는 자들의 소리가 있는 전쟁 터에서 멀리 떨어진 곳에 있는 물 긷는 곳까지도 여호와의 의로우신 업적을 전하라. 마을 사람들을 위한 이스라엘 용사들의 의로운 업적을 노래하라. 그때 여호와의 백성이 성문에 내려갔도다.

12 일어나라, 깰지어다. 드보라여, 너는 일어나서 노래하라. 아비노암의 아들 바락이여, 너는 사로잡은 자를 끌고 가라.

13 그때 살아남은 백성의 지도자인 귀인과 백성들이 내려왔다. 여호와께서 나를 돕기 위해 용사들 가운데 내려오셨도다.

14 에브라임 자손 가운데 싸우러 나온 자들은 아말렉 족속에 뿌리를 내린 자들이고, 베냐민 자손은 백성들 가운데 너를 따르는 자들이며, 마길 자손 가운데는 지휘관들이 내려왔고, 스불론 자손 가운데는 대장군의 지팡이를 잡은 자들이 내려왔도다.

15 잇사갈 자손의 용사, 방백들이 드보라와 합세하자 바락도 그와 합세하여 이스르엘 골짜기로 달려 내려갔도다. 그러나 르우벤 지파에서는 시냇가에서 큰 뉘우침이 있었도다. 르우벤 사람들은 어찌할 바를 몰라 망설이고 있었다네.

16 너는 어찌하여 싸우러 오지 않고 양의 우리 가운데 앉아서 목자의 피리 부는 소리나 듣고 있느냐? 르우벤 지파에서는 시냇가에서 큰 뉘우침이 있었도다.

17 길르앗 백성은 요단강 동쪽에 거주하며, 단 자손은 어찌하여 싸우러 오지 않고 배 안에만 머무르고 있느냐? 아셀 자손 역시 해변에 앉으며 자기 항만에만 쉬고 있도다.

18 그러나 스불론 자손은 죽음을 각오하고 싸운 백성이며, 납달리 자손도 들판 위에서 그렇게 싸웠도다.

19 왕들이 와서 싸움을 부추겼으니 가나안 왕들이 므깃도 물가에 있는 다아낙에서 싸웠으나 은을 탈취물로 가져가지 못했도다.

20 별들이 하늘에서부터 시스라와 그들이 다니는 길에서 싸웠도다.

21 기손강은 그 무리를 쓸어 버렸으니 이 기손강은 옛부터 흐르던 강이다. 내 영혼아, 네가 힘 있게 진군했다.

22 그때 군마가 질주하니 말굽 소리가 요란했다.

23 여호와의 사자가 말씀했다. '메로스를 저주하라. 너희가 거듭해서

1) 사람   2) 헌신하였음이니

그 주민들을 저주해야 하는 것은 그들은 전쟁에 참여하여 여호와를 도와 대적의 용사를 공격하지 않았기 때문이다.'

24 겐 족속 헤벨의 아내 야엘은 장막에 거한 어떤 여인들보다 더 많은 복을 받을 것이다.

25 왜냐하면 그녀는 시스라가 자기에게 물을 구할 때 엉긴 우유를 귀한 그릇에 담아 주었고,

26 왼손으로 장막 말뚝을 잡고 오른손에는 장인 일꾼들이 사용하는 방망이를 들고 시스라의 머리를 뚫되, 곧 그의 관자놀이[1]를 꿰뚫었기 때문이다.

27 시스라가 그의 발 앞에 엎드러져 죽었도다.

28 시스라의 모친이 창문으로 바라보며 이렇게 부르짖었다. '그의 병거가 왜 이렇게 늦게 오는가? 그의 천리마 병거들이 왜 이렇게 늦는가?' 그러자

29 시스라의 지혜로운 시녀들이 대답했고, 시스라의 모친 역시 혼잣말로 중얼거렸다.

30 '시스라의 군사들이 전리품을 서로 차지하려고 아직 오지 못한 것일테지. 군사들마다 한두 처녀를 차지하고 있을거야. 시스라는 양쪽에 수를 놓은 채색옷을 노략하여 승리자들의 목에 걸어 주고 있을 거야.'

31 여호와여, 주께 대항하는 원수들은 모두 이와 같이 망하게 하시고, 주를 사랑하는 자들은 해가 힘차게 솟아오름 같게 하십시오." 야빈과 시스라가 죽은 후 그 땅은 40년 동안 평안을 누렸다.

기드온 사사

6 ● 시스라가 죽은 후 이스라엘 백성이 또 여호와 보시기에 악을

행했다. 이에 여호와께서 7년 동안 그들을 미디안 족속에게 고통을 당하도록 하셨다.

2 이에 미디안이 이스라엘을 굴복시켰고, 이스라엘 백성은 미디안 사람들을 피해 산으로 올라가 웅덩이와 굴을 파고 산성을 만들어 살았다.

3 이스라엘이 씨를 뿌릴 때가 되면 미디안과 아말렉과 동방 사람들이 치러 올라왔다. 그리고는

4 진을 치고 가사에 이르기까지 토지생산물을 망쳐 놓아 이스라엘에 먹거리를 남겨 두지 않았으며, 양이나 소나 나귀도 남겨 놓지 않았다.

5 이는 그들이 메뚜기 떼처럼 그들의 짐승과 장막을 가지고 이스라엘 땅으로 들어와 그 땅을 멸망시키려고 했기 때문이다.

6 이스라엘이 미디안으로 인해 심히 궁핍하여 여호와께 부르짖었다.

7 이스라엘 백성이 미디안으로 인해 여호와께 부르짖자

8 여호와께서 이스라엘 백성에게 한 선지자를 보내셨다. 그가 이스라엘에게 말했다. "여호와께서 이같이 말씀하셨다. '내가 너희를 종살이하던 애굽의 집에서 이끌어내어

9 애굽인의 학대에서 너희를 건져내었다. 그리고 그들을 너희 앞에서 쫓아내고, 그 땅을 너희에게 주었다.'

10 내가 또 너희에게 말하기를 '나는 너희 하나님이니 너희가 거주하는 아모리 사람의 땅의 신들을 두려워하지 말라'고 했다. 그러나 너희는 내 목소리를 듣지 않았다."

11 이 일 후 여호와의 사자가 아비에셀 사람 요아스에게 속한 오브라에

[1] 살

이르러 상수리나무 일종인 테레빈나무 아래에 앉아 있었다. 그때 마침 요아스의 아들 기드온은 미디안 사람 몰래 밀을 포도즙 틀에서 타작하고 있었다.

12 여호와의 사자가 기드온에게 나타나 말했다. "큰 용사여, 여호와께서 너와 함께 계신다." 그러자

13 기드온이 그에게 대답했다. "오 내 주여, 여호와께서 우리와 함께 계시면 왜 이런 어려운 일이 일어났습니까? 우리 조상들이 여호와께서 우리를 애굽에서 올라오게 하실 때 기적을 행했다고 한 우리 조상들의 말은 어떻게 된 것입니까? 지금은 여호와께서 우리를 버리시고 미디안의 손에 우리를 넘겨주셨습니다."

14 여호와께서 기드온을 향해 말했다. "내가 너를 보내니 너는 가서 네 힘으로 이스라엘을 미디안의 손에서 건져 내라."

15 그러자 기드온이 대답했다. "오 주여, 내가 어떻게 이스라엘을 구원할 수 있습니까? 내 집은 므낫세 지파 가운데서 매우 약하고, 나는 내 아버지 집에서조차 지극히 작은 자입니다."

16 여호와께서 그에게 말씀하셨다.

"내가 반드시 너와 함께하리니 네가 미디안 사람을 해치우기를 한 사람을 치듯 할 것이다."

17 기드온이 대답했다. "만일 그런 은혜를 받았다면 나와 말씀하신 이가 주가 되신다는 징표를 내게 보여주십시오.

18 내가 예물을 가지고 다시 주께로 와서 그것을 주 앞에 드리기까지 이곳을 떠나지 마시기를 바랍니다." 그가 말했다. "나는 네가 돌아올 때까지 이곳을 떠나지 않을 것이다."

19 이에 기드온이 가서 염소 새끼 1마리를 준비하고 가루 1에바로 누룩 없는 빵인 무교병을 만들었다. 그리고 염소 새끼 고기를 바구니에 담고, 국을 양푼 그릇에 담아 상수리나무 일종인 테레빈나무 아래에 있는 하나님의 사자에게 가져다가 드렸다.

20 그러자 하나님의 사자가 기드온에게 말했다. "고기와 누룩 없는 빵인 무교병을 이 바위 위에 놓고 국을 부으라." 이에 기드온이 그대로 했다.

21 그러자 여호와의 사자가 잡고 있던 지팡이 끝을 고기와 무교병에 대니 불이 바위에서 나와 고기와 누룩 없는 빵인 무교병을 불살랐다. 그 순간 여호와의 사자는 그곳을 떠나 보이지 않았다.

22 기드온이 그가 여호와의 사자인 줄을 알고 말했다. "여호와여, 내가 여호와의 사자를 대면하여 보았습니다."

23 그때 여호와께서 그에게 다시 말씀하셨다. "너는 두려워하지 말라. 결코 죽지 않을 것이다."

24 이에 기드온이 여호와를 위해 그곳

에 제단을 쌓고 '여호와는 평강'이라는 뜻의 '여호와 살롬'이라고 했다. 그것이 오늘까지 아비에셀 후손[1]의 소유로 되어 있는 오브라성에 남아 있다.

25 그날 밤 여호와께서 기드온에게 말씀하셨다. "네 아버지에게 있는 수소와 7년 된 대신 죽어야 할 둘째 수소를 끌고 오라. 그리고 네 아버지에게 있는 바알의 제단을 헐며, 그 옆에 있는 아세라 상을 찍어 버려라.

26 또 이 바위 끝[2]에 네 하나님을 위해 규례대로 한 제단을 쌓고, 그 둘째 수소를 잡아 네가 찍은 나무로 만든 아세라 우상으로 태워서 번제로 드리라."

27 이에 기드온이 종 10명을 데리고 밤에 몰래 가서 여호와께서 말씀하신 대로 행했다. 그가 밤에 행한 것은 그의 아버지 가족[3]과 그 성읍 사람들을 두려워했기 때문이다.

28 아침 일찍 성읍 사람들이 바알의 제단이 파괴되고, 그 옆의 아세라 상이 찍힌 것과 새로 쌓은 제단 위에 대신 죽어야 할 둘째 수소가 제물로 드려진 것을 보았다.

29 이에 그들이 "누가 이런 짓을 저질렀느냐?"라고 하며 캐어 물었다. 결국 요아스의 아들 기드온이 한 것임을 알아냈다.

30 그러자 성읍 사람들이 기드온의 아버지인 요아스에게 말했다. "네 아들을 끌어내라. 그는 죽는 것이 마땅하다. 그가 바알의 제단을 파괴하고, 아세라 상을 찍었다."

31 요아스가 자기 주위에 있는 자들에게 말했다. "너희가 바알을 섬기는 것 때문에 이러느냐?[4] 너희가 파괴된 바알을 구원할 수 있겠느냐?

바알을 위해 그렇게 하는 자[5]는 아침까지 모두 죽을 것이다. 바알이 신이라면 그의 제단을 파괴했으니 바알 스스로가 자기를 파괴시킨 자와 싸우도록 하라."

32 그날 기드온을 '여룹바알'이라고 불렀다. 그것은 그가 바알의 제단을 파괴했기 때문에 '바알이 그와 더불어 싸울 것'이라는 뜻으로 그렇게 불렀다.

33 그때 미디안과 아말렉과 동방 사람들이 연합군을 형성하여 요단강을 건너와 요단강 서쪽 이스르엘 골짜기에 진을 쳤다.

34 그때 여호와의 영이 기드온에게 임하시자 그가 나팔을 불었고, 아비에셀이 그의 뒤를 따랐다.

35 기드온이 사자를 므낫세 지역 사방으로 보내자 그들도 모여서 그를 따랐다. 또 사자들을 아셀과 스불론과 납달리 지파 지역에 보내자 그 무리도 올라와 기드온을 따랐다.

36 기드온이 하나님께 물었다. "주께서 이미 말씀하신 것처럼 나를 통해 이스라엘을 구원하시려면

37 이런 표징을 내게 보여주십시오. 내가 양털 한 뭉치를 타작 마당에 둘 것입니다. 만일 이슬이 양털에만 있고 주변의 땅이 마르면 주께서 이미 내게 말씀하신 것처럼 내 손으로 이스라엘을 구원하실 줄을 내가 알겠습니다." 그러자

38 그대로 되었다. 이튿날 기드온이 일찍 일어나서 양털에서 이슬을 짜내자 물이 그릇에 가득 찼다.

39 기드온이 다시 하나님께 물었다. "주여, 내게 화내지 마시기 바랍니다. 내가 한번 더 구하겠습니다.

---

1) 사람   2) 산성 꼭대기   3) 가문   4) 다투느냐
5) 다투는 자

내게 이번만 양털로 시험하게 허락해 주십시오. 원컨대 양털만 마르고 그 주변의 모든 땅에 이슬이 있게 하십시오.”

40 그날 밤 하나님께서 그대로 행하시자 양털만 마르고 그 주변의 모든 땅에는 이슬이 있었다.

7 여룹바알이라 하는 기드온과 그를 따르는 모든 백성이 아침 일찍 일어나 길보아산 아래에 있는 하롯샘 곁에 진을 쳤고, 미디안의 진영은 기드온 진의 북쪽에 위치한 모레산 앞 골짜기에 있었다.

2 이때 여호와께서 기드온에게 명령하셨다. “너를 따르는 군사가 너무 많기 때문에 내가 미디안 사람을 그들에게 넘기지 않겠다. 만일 그렇게 해서 이스라엘이 싸워 승리하면 자기들 힘으로 싸워 이겼다고 자랑할 것이다.

3 그러니 이제 너는 백성에게 ‘누구든지 두려운 자는 길르앗산을 떠나 집으로 돌아가라’고 하라.” 이에 2만 2,000명이 돌아가고 1만 명이 남았다.

4 여호와께서 또 기드온에게 말씀하셨다. “그래도 군사가 많으니 그들을 물가로 데려가라. 그곳에서 내가 그들을 시험할 것이다. 너는 내가 말한 사람들만 데려갈 것이니 그렇지 않은 사람은 집으로 돌려보내라.”

5 이에 기드온이 군사를 이끌고 하롯샘 물가로 데려가자 여호와께서 기드온에게 말씀하셨다. “개가 핥는 것처럼 혀로 물을 핥아 마시는 자들과 무릎을 꿇고 마시는 자들을 구별하여 따로 세우라.”

6 그때 손으로 움켜 입에 대고 핥은 자의 수는 300명이고, 나머지 군사는 모두 무릎을 꿇고 물을 마셨다.

7 그러자 여호와께서 기드온에게 말씀하셨다. “내가 이 물을 핥아 마신 300명을 통해 미디안을 물리치게 할 것이다. 그러니 남은 백성은 각각 자기 집으로 돌아가게 하라.”

8 기드온이 그 300명만 머물게 하고 나머지는 모두 그들의 집으로 돌려보냈다. 그리고 300명의 군사에게 양식과 나팔을 손에 들게 했다. 이때까지도 미디안은 모레산 앞 이스르엘 골짜기 가운데 진을 치고 있었다.

9 그날 밤 여호와께서 기드온에게 말씀하셨다. “일어나 미디안 진영으로 내려가라. 내가 그들을 네 손에 넘길 것이다.

10 만일 내려가기가 두려우면 네 부하 부라를 데리고 적군 진영으로 내려가라.

11 그들이 하는 말을 들으면 네가 용기를 얻어 군사를 이끌고 미디안 진영을 공격할 수 있을 것이다.” 이에 기드온이 그의 부하인 부라를 데리고 미디안 군대가 있는 진영 근처로 접근했다.

12 이때는 미디안과 아말렉과 동방의 모든 사람이 이스르엘 골짜기에 진을 치고 누웠는데, 그 수가 메뚜기 떼처럼 많았고 그들의 낙타의 수가 해변의 모래처럼 많았다.

13 기드온이 미디안 진영에 이르자 어떤 사람이 그의 친구에게 꿈 이야기를 하고 있었다. “보라, 내가 꿈에 보니 보리로 만든 빵 한 덩어리가 미디안 진영으로 굴러 들어와 한 장막을 쳐서 장막 위쪽을 덮치자 그 장막이 쓰러지더라.”

14 그의 친구가 대답했다. “이는 바로

1) 백성

이스라엘 사람 요아스의 아들 기드온의 칼이다. 하나님께서 미디안과 그 모든 진영을 그의 손에 넘겨주신 것이 틀림없다."

15 기드온이 그 꿈과 해몽하는 말을 듣고 하나님께 경배하며, 이스라엘 진영으로 돌아와 외쳤다. "군사들이여, 일어나라. 여호와께서 미디안과 그 모든 진영을 너희에게 넘겨주셨다."

16 그리고 300명을 3대로 나누어 군사마다 나팔과 햇불을 감춘 항아리를 들게 한 후

17 그들에게 명령했다. "너희는 나를 주시하고 있다가 내가 미디안 진영에 가까이 가서 내가 하는 대로 너희도 똑같이 하라.

18 나를 따르는 자가 다 나팔을 불면 너희도 모든 미디안 진영 주위에서 나팔을 불며 '여호와를 위하라, 기드온을 위하라'고 외치라."

19 기드온과 그와 함께한 100명이 밤 10시경인 이경 초에 미디안 진영 근처에 이르렀는데, 그때는 보초들이 교대하는 시간이었다. 그때 기드온 군사들이 나팔을 불며, 손에 들고 있던 항아리를 깨뜨렸다.

20 3대로 나뉜 모든 군사가 동시에 나팔을 불며 항아리를 깨뜨리고, 왼손에 햇불을 들고 오른손에 나팔을 들고 불며 "여호와와 기드온의 칼이다"라고 외쳤다.

21 기드온 군사는 각자 제자리에 서서 미디안 진영을 에워쌌는데, 미디안 군사들은 놀라서 뛰고 부르짖으며 도망했다.

22-23 300명이 나팔을 불 때 여호와께서 미디안 진영에서 서로 칼로 치게 하셨다. 이에 이스라엘 사람들은 납달리 지파와 아셀 지파와 므낫세 지파 지역에서 소집을 받고 온 군사들이 미디안을 추격했다. 미디안 군사들은 스레라의 벤싯다까지 도망했고, 그곳에서 답밧에 가까운 아벨므홀라의 경계까지 도망했다.

24 이때 기드온이 에브라임 산지 사방으로 사자를 보내 '내려와서 미디안을 공격하고 그들보다 먼저 벤 바라와 요단강으로 통하는 수로를 점령하라'고 전갈을 보냈다. 이에 에브라임 사람들이 다 모여 벤 바라와 요단강으로 통하는 수로를 점령했다.

25 이때 에브라임 사람들이 미디안의 두 우두머리인 오렙과 스엡을 생포한 후 오렙은 오렙 바위에서 죽이고, 스엡은 스엡 포도즙 틀에서 죽였다. 그리고 계속해서 미디안을 추격했다. 오렙과 스엡의 머리를 요단강 동쪽에서 기드온에게 가져왔다.

8 한편 에브라임 사람들이 기드온에게 말했다. "네가 미디안과 싸우러 갈 때 왜 처음부터 우리를 부르지 않았느냐? 우리를 이같이 무시하느냐?"라고 엄하게 항의했다.

2 그러자 기드온이 그들에게 대답했다. "내가 지금까지 한 일이 너희가 미디안의 두 우두머리를 죽인 것에 비교가 되겠느냐? 에브라임의 마지막에 추수한 끝물 포도가 아비에셀의 처음 수확한 만물 포도보다 낫지 않느냐?

3 하나님께서 미디안의 우두머리인 오렙과 스엡을 너희 손에 넘겨주셨다. 그 일은 내가 한 일보다 얼마나 큰일이냐?" 기드온이 이 말을 하자 에브라임 사람들의 오해¹⁾가

1) 노여움

풀렸다.

4 기드온과 그와 함께한 자 300명이 비록 피곤했지만 요단강을 건넌 후 계속 미디안을 추격했다.

5 그때 기드온이 요단강 동쪽의 숙곳 사람들에게 부탁했다. "나를 따르는 군사⁴⁾가 지쳤으니 청컨대 그들에게 빵을 주라. 나는 지금 미디안의 왕들인 세바와 살문나의 뒤를 추격하고 있다."

6 그러나 숙곳의 지도자인 방백들이 말했다. "지금 세바와 살문나를 사로잡은 것도 아닌데 왜 우리가 네 군대에게 빵을 주겠느냐?"

7 그 말을 들은 기드온이 말했다. "그렇다면 여호와께서 세바와 살문나를 잡게 해주신 후에는 내가 들가시와 찔레로 너희 살을 찢을 것이다."

8 기드온이 그곳에서 16㎞ 떨어진 브니엘²⁾로 가서 그들에게도 숙곳 사람들에게 구한 것처럼 부탁했으나 브누엘 사람들의 대답도 숙곳 사람들과 같았다.

9 그러자 기드온이 브누엘 사람들에게 말했다. "내가 미디안 추격을 마치고 평안히 돌아올 때 이 망대를 헐어 버릴 것이다."

10 이때 세바와 살문나는 갈골에 있었는데 지금까지 싸움에서 동방 지역에서 온 모든 군대 가운데 칼을 든 자 12만 명이 살해되었고 1만 5,000명 가량만 남아 동방 사람들을 따라와 갈골에 있었다.

11 기드온은 적군이 안심하고 있을 때 노바와 욕브하 동쪽 장막에 거주하는 자가 다니는 길로 올라가서 그 적진을 공격했고,

12 세바와 살문나는 다시 도망했다. 기드온은 계속해서 그들의 뒤를

추격하여 미디안의 두 왕 세바와 살문나를 사로잡았고, 그의 진영을 완전히 파괴했다.

13 요아스의 아들 기드온이 헤레스 비탈 전장에서 돌아오던 중

14 숙곳에서 나온 한 소년을 잡아 그를 심문하여 숙곳의 지도자인 방백들과 장로 77명의 명단을 알아냈다.

15 그리고 숙곳에 도착하여 그들에게 말했다. "너희가 전에 나를 희롱하여 말하기를 '세바와 살문나를 사로잡은 것도 아닌데 왜 우리가 지친 너희 군사들에게 빵을 주겠느냐?'라고 말한 그 세바와 살문나를 이제 보라"고 했다. 그런 후

16 그 성읍의 장로들을 붙잡아 들가시와 찔레로 찢어 죽이고³⁾

17 브니엘²⁾성의 망대를 헐며, 그곳 사람들을 죽였다.

18 이에 기드온이 세바와 살문나에게 물었다. "너희가 다볼에서 죽인 자들은 어떻게 생긴 사람들이었느냐?" 그들이 대답했다. "그들은 너처럼 한결같이 왕자들의 모습과 같았다."

19 기드온이 말했다. "그들은 내 형제들이다. 만일 너희가 그들을 살려 주었다면 나도 너희를 죽이지 않았을 것이다." 이에

20 기드온은 자기의 맏아들 여델에게 그들을 죽이라고 했다. 그러나 그가 아직 나이가 어리기 때문에 두려워 그의 칼을 빼지도 못했다.

21 이를 본 세바와 살문나가 말했다. "네가 우리를 죽이라. 사내⁴⁾가 할 일을 어린애에게 시키지 마라." 이에 기드온이 일어나 세바와 살문나를 죽이고, 그들의 낙타 목에 걸었던 초승달 모양의 장식들을 떼어

1) 백성　2) 브누엘　3) 징벌하⁸고　4) 사람

가지고 돌아갔다.

22 미디안과의 싸움이 끝난 후 이스라엘 사람들이 기드온에게 말했다. "당신이 우리를 미디안의 압제 1)에서 건져냈으니 당신과 당신의 아들과 당신의 손자에 이르기까지 우리를 다스리기 바랍니다."

23 기드온이 그들에게 대답했다. "나는 물론 내 아들도 너희를 다스리지 않고, 오직 여호와께서 너희를 다스릴 것이다"라고 했다.

24 기드온이 또 그들에게 말했다. "단지 내가 너희에게 청구할 일이 있으니 너희는 각자 탈취한 전리품 가운데서 귀고리 1개씩을 내게 주라." 그가 이렇게 말한 것은 적들인 이스마엘 사람들은 금 귀고리를 갖고 있었기 때문이었다.

25 기드온의 요청에 무리가 대답했다. "우리가 즐거운 마음으로 드리겠습니다." 그리고 겉옷을 펴서 그 위에 각자 탈취한 것 가운데서 귀고리 1개씩을 기드온 앞에 던졌다.

26 기드온이 보니 금 귀고리의 무게가 19.38kg 되는 금 1,700세겔이고, 그 외에도 초승달 모양의 장식들과 패물과 미디안 왕들이 입었던 자색 옷과 그들의 낙타 목에 걸었던 사슬도 있었다.

27 기드온은 그 금을 가지고 에봇 한 벌을 만들어 자기의 성읍인 오브라에 두었다. 그러나 온 이스라엘이 그것을 섬기며 음란을 行했다. 결국 그 에봇이 기드온과 그의 집에 올무가 되었다.

28 이후 미디안이 이스라엘 백성 앞에 굴복하여 다시는 이스라엘을 괴롭히지 못했기 때문에 기드온이 사는 40년 동안 이스라엘 땅은 평안을 누렸다.

29 싸움이 끝난 후 요아스의 아들 여룹바알이라 하는 기드온은 자기 집으로 돌아가 거주했다.

30 그에게는 아내가 많아 그의 몸에서 낳은 아들이 70명이나 되었고,

31 오브라에서 59km 떨어진 세겜에 있는 그의 첩도 아들을 낳았는데 그 이름은 아비멜렉이었다.

32 요아스의 아들 기드온이 나이가 많아 죽자 오브라에 있는 그의 아버지 요아스의 묘실에 장사되었다.

33 기드온이 죽자 이스라엘 백성이 또다시 하나님을 배반하고 바알들을 따라가 음행했으며, 또 바알브릿을 자기들의 신으로 삼고,

34 주위의 모든 대적에게서 건져주신 자기들의 하나님을 잊어버렸다.

35 또 기드온이 이스라엘에 베푼 은혜를 저버리고 그의 집을 후대하지도 않았다.

왕이 된 아비멜렉

9 ● 기드온이 첩을 통해 낳은 아들 아비멜렉이 어머니의 고향인 세겜에 있는 그의 어머니의 형제들과 그의 외조부 집의 온 가족에게 말했다.

2 "내가 청하니 너희는 세겜의 모든 사람에게 말하라. 기드온의 아들 70명이 다 너희를 다스리는 것과 한 사람이 너희를 다스리는 것 중

성경인물　**아비멜렉**(삿 9:1)

여룹바알이라 불리는 기드온이 세겜에 있는 첩을 통해 난 아들이다. 그는 기드온 사후 어머니의 고향 세겜에 있는 친척들의 도움을 받아 오브라의 70형제 중 요담을 제외한 모든 형제들을 죽이고 왕이 되었다. 이에 요담은 부당함을 외쳤고 아비멜렉은 데베스 공격 중 한 여인이 던진 맷돌에 맞고 죽었다.

1) 손

어느 것이 너희에게 더 좋으냐? 그리고 나는 너희와 가까운 친척인 것을 기억하라."

3 이에 그의 어머니의 형제들이 그를 위해 이 말을 세겜의 모든 사람에게 말하자 그들의 마음이 아비멜렉에게로 향해 말했다. "그는 우리 형제다."

4 이에 세겜 사람들이 바알브릿 신전에서 은 70개를 꺼내 아비멜렉에게 주었고, 아비멜렉은 그것으로 건달과 불량배1)들을 사서 자기의 졸개로 삼았다.

5 그리고 다시 북쪽으로 59㎞ 떨어진 오브라로 올라가 그의 아버지의 집으로 가서 자기 이복형제 70명을 한 바위 위에서 죽였다. 이때 기드온의 막내아들 요담은 숨어 있었기 때문에 살아남았다.

6 세겜 사람과 밀로의 모든 집안 족속이 모여 세겜에 있는 석상 기둥의 상수리나무 옆에서 아비멜렉을 왕으로 추대했다.

7 사람들이 요담에게 그 사실을 알리자 요담이 그 소식을 듣고 그리심산 꼭대기로 올라가 서서 큰 소리로 그들에게 외쳤다. "세겜 사람들아, 내 말을 들으라. 그래야 하나님께서 너희의 말을 들으실 것이다.

8 하루는 나무들이 나가서 기름을 부어 자신들의 왕으로 삼기 위해 올리브나무에게 말했다. '너는 우리의 왕이 되라.'

9 올리브나무가 그들에게 대답했다. '내게 있는 내 기름은 하나님과 사람을 영화롭게 하니 내가 무엇 때문에 그것을 버리고 가서 나무들 위에 군림하겠느냐?'

10 그러자 나무들이 또 무화과나무에게 말했다. '너는 와서 우리의 왕이 되라.'

11 무화과나무가 그들에게 대답했다. '내가 왜 내 단 것과 내 아름다운 열매를 버리고 가서 나무들 위에 군림하겠느냐?'

12 그러자 다시 나무들이 포도나무에게 말했다. '너는 와서 우리의 왕이 되라.'

13 포도나무가 그들에게 대답했다. '내가 왜 하나님과 사람을 즐겁게 하는 내 포도주를 버리고 가서 나무들 위에 군림하겠느냐?'

14 이에 모든 나무가 가시나무에게 말했다. '너는 와서 우리의 왕이 되라.'

15 가시나무가 나무들에게 대답했다. '만일 너희가 정녕 내게 기름을 부어 너희 왕으로 삼으려고 하느냐? 그렇다면 내게 와서 내 그늘 밑에 피하라. 그렇게 하지 않으면 불이 가시나무에서 나와서 레바논의 백향목까지 사를 것이다.'

16 그러니 너희가 아비멜렉을 왕으로 세운 것이 떳떳한 일이냐? 이것이 이스라엘을 미디안에게서 구한 여룹바알이라 하는 기드온과 그의 집에 대해 보답하는 것이냐?

17 이전에 우리 아버지가 죽음을 각오하고 너희를 위해 싸워 미디안의 손에서 건져내었다.2) 그런데

18 너희는 오늘 우리 아버지의 집을 뒤엎어 그의 아들 70명을 한 바위 위에서 죽이고, 그의 첩3)이 낳은 아들 아비멜렉이 너희 친척이 된다고 해서 너희 왕으로 세웠다.

19 만일 너희가 오늘 기드온과 그의 집을 대접한 것이 겉으로만 한 것이 아니라면4) 너희가 아비멜렉과 함께 잘해 보라.

20 그러나 그렇지 않고 거짓으로 그렇

1) 경박한 사람 2) 삿 7장 3) 여종 4) 의로운 일이면

게 했다면 아비멜렉에게서 불이 나와 세겜 사람들과 밀로의 집안을 사를 것이요, 세겜 사람들과 밀로의 집안에서도 불이 나와 아비멜렉을 사를 것이다."

21 이 말을 외친 후 요담은 그의 이복형제 아비멜렉에게서 도망하여 브엘로 가서 거주했다.

22 아비멜렉이 이스라엘을 다스린 지 3년 만에

23 하나님께서 아비멜렉과 세겜 사람들 사이에 악한 영을 보내시자 세겜 사람들이 아비멜렉을 배반했다.

24 이는 기드온의 아들 70명을 죽인 악행을 아비멜렉에게 갚으려고 하신 것이다. 또 아비멜렉을 도와 그의 이복형제들을 죽이게 한 세겜 사람들에게도 갚으려고 하신 것이었다.

25 세겜 사람들이 언덕1)에 사람을 매복시켜 놓고 아비멜렉을 난처하게 하기 위해 엿보게 하고 그 길로 지나는 모든 자의 물건을 빼앗았다. 이 일이 아비멜렉에게 알려졌다.

26 에벳의 아들 가알이 그의 형제와 더불어 세겜으로 이사했는데, 세겜 사람들은 그를 믿고 의지했다.

27 이때 세겜 사람들이 밭에 가서 포도를 따서 즙을 짰다. 그리고 연회를 베풀고, 그들의 신전에 들어가서 먹고 마시며 아비멜렉을 저주했다.

28 그때 가알이 말했다. "아비멜렉은 누구며, 세겜은 누구기에 우리가 아비멜렉을 섬겨야 하느냐? 그는 기드온의 아들이고, 그의 신복은 스불이 아니냐? 차라리 세겜의 조상2)인 하몰의 집안을 섬기는 것이 마땅하다. 우리가 아비멜렉을 섬길 이유가 없다.

29 이 세겜 백성이 내 수하에 있었다면 내가 아비멜렉을 없앴을 것이다." 그러고는 아비멜렉에게 "네 군대를 증원해서 나오라"고 하며 싸움을 걸었다.

30 그 성읍의 지도자 스불이 에벳의 아들 가알의 말을 듣고 크게 화가 나서

31 사자들을 남쪽으로 11km 떨어진 아루마에 있는 아비멜렉에게 은밀히 전갈을 보냈다. "가알과 그의 형제들이 세겜으로 이주해 살면서 그 성읍 사람들을 충동하여 역모를 꾸미고 있습니다.

32 그러니 당신은 당신과 함께 있는 백성과 함께 밤에 일어나 밭에 매복하고 있다가

33 아침 해뜰 때 당신이 일찍 일어나 이 세겜 성읍을 기습하십시오. 그러면 가알과 그와 함께 있는 백성이 나와서 당신을 죽이려고 할 것이니 당신은 기회를 틈타 그들을 죽이기 바랍니다."

34 이에 아비멜렉은 자기와 함께한 백성과 밤에 일어나 세겜으로 가서 네 무리로 나누어 세겜 맞은편에 매복했다.

35 얼마 후 에벳의 아들 가알이 성문 입구에 서 있을 때 아비멜렉과 그와 함께 있는 백성이 매복했던 곳에서 일어났다.

36 이를 본 가알이 세겜성 지도자인 스불에게 외쳤다. "보라, 사람들이 산꼭대기에서 내려오고 있다." 그 소리를 들은 스불이 가알에게 말했다. "당신은 산 그림자를 사람으로 착각한 것입니다."

37 가알이 다시 말했다. "보라, 사람들이 밭 가운데를 따라 내려오고, 또 한 무리는 므오느님 상수리나무

1) 산들의 꼭대기 2) 아버지

길을 따라오고 있다." 그러자

38 스불이 가알에게 말했다. "전에 '아
비멜렉이 어떤 자이기에 우리가
그를 섬겨야 하느냐?'라고 당당하
게 말하던 그 용기가 어디로 갔습
니까? 이들은 당신이 업신여기던
그 백성이 아닙니까? 이제 나가서
그들과 싸우십시오."

39 이에 가알이 세겜 사람들보다 앞에
서서 나가 아비멜렉과 싸웠으나

40 오히려 아비멜렉의 추격을 받았
고, 가알은 그 앞에서 도망했다. 이
때 부상하여 엎드러진 자가 많아
성문 입구까지 널려 있었다.

41 가알을 물리친 아비멜렉은 세겜과
실로 사이의 아루마에 거주하고,
세겜성 지도자인 스불은 가알과
그의 형제들을 쫓아내어 세겜에
거주하지 못하게 했다.

42 이튿날 세겜의 백성들이 밭으로
나오자 사람들이 그 사실을 아비
멜렉에게 알렸다.

43 이에 아비멜렉은 자기에게 속한
백성을 세 무리로 나누어 밭에 매
복시켰다. 그리고 세겜 백성이 성
에서 나오는 것을 보고 일어나 그
들을 공격했다.

44 아비멜렉과 함께한 한 무리는 바로
성으로 진격하여 성문 입구에 섰
고, 나머지 두 무리는 밭에 있는 자
들에게 돌진하여 그들을 죽였다.

 풍습 소금을 땅에 뿌림(삿 9:45)

소금은 땅을 황폐케 하고 식물을 파괴한다. 이런
소금을 정복한 성이나 밭에 뿌린다는 것은 다시
는 사람이 살지 못하는 저주를 내리는 고대의 행
위였다(시 107:34, 행 17:6). 아비멜렉이 정복한
지역에 소금을 뿌린 것은 반역을 일으킨 세겜 사
람들을 철저하게 응징하고 더 나아가 제례적인
의식으로 그들을 저주한 것이다.

45 아비멜렉은 그날 온종일 세겜성을
공격하여 점령하고, 그곳에 있는
백성을 죽인 후 그 성을 헐고 그곳
에 소금을 뿌렸다.

46 한편 세겜의 망대에 살고 있던 모
든 사람이 이 소식을 듣고 엘브릿
신전 안쪽에 있는 은신처로 들어
가 숨었다.

47 그들이 은신처에 모여 있는 것을
안 아비멜렉은

48 자기와 함께 있는 모든 백성을 이
끌고 세겜 근처 살몬산으로 올라
갔다. 이때 아비멜렉은 도끼로 나
뭇가지를 찍어 그것을 자기 어깨
에 멘 후 자기와 함께한 백성에게
말했다. "너희는 내가 행하는 것처
럼 속히 똑같이 행하라."

49 이에 모든 백성도 각각 나뭇가지
를 찍어서 아비멜렉을 따라 은신
처 위에 놓고 그 나뭇가지에 불을
놓자 세겜 망대에 살던 사람들이
다 죽었는데 그 남녀의 수가 약
1,000명이나 되었다.

50 이어 아비멜렉은 세겜을 떠나 북쪽
으로 22㎞ 떨어져 있는 데베스로 가
서 데베스 맞은 편에 진을 친 후 그
곳을 점령했다.

51 그때 데베스에는 견고한 망대가
있었는데, 그 성읍 백성의 남녀가
모두 그곳으로 도망하여 들어간
후 문을 잠그고 망대 꼭대기로 올
라갔다.

52 아비멜렉이 망대 앞에 이르러 공
격하며 망대를 불사르기 위해 망
대의 문 가까이 갔다.

53 그때 망대에 있던 한 여인이 맷돌
위짝을 던져 아비멜렉의 머리를
상하게 했다.

54 그러자 아비멜렉이 자기의 무기를
든 청년을 급히 불러 그에게 말했다.

"너는 칼로 나를 죽이라. 사람들이 '여자가 나를 죽였다'라고 말하지 않게 하라." 이에 그 청년이 아비멜렉을 찌르자 그가 죽었다.

55 이스라엘 사람들은 아비멜렉이 죽은 것을 보고 데베스를 떠나 자기 집으로 돌아갔다.

56 하나님께서는 아비멜렉이 그의 이복형제 70명을 죽인 악행을 이같이 갚으셨다.

57 동시에 세겜 사람들의 모든 악행도 여룹바알의 아들 요담의 저주[1]가 그들에게 그대로 이루어지게 하셨다.

돌라와 야일 사사

10 ● 아비멜렉이 죽은 후 잇사갈 지파 사람 도도의 손자, 부아의 아들 돌라가 일어나 이스라엘의 사사가 되어 에브라임 산지에 있는 사마리아 근교의 사밀에 거주하면서 이스라엘을 다스렸다.

2 그는 사사가 된 후 23년 만에 죽어 사밀에 장사되었다.

3 돌라 사사가 죽은 후 길르앗 출신 야일이 일어나서 22년 동안 사사가 되어 이스라엘을 다스렸다.

4 그에게 아들 30명이 있었는데 그들은 각자 어린 나귀를 탔고, 각자 개인 소유의 성읍을 가졌다. 그 성읍들은 요단강 동쪽의 길르앗 땅에 있고 오늘까지 '야일의 동네'라는 뜻의 하봇야일이라고 불렀다.

5 야일은 죽어 길르앗 북쪽의 가몬에 장사되었다.

입다 사사

6 ● 야일 사사가 죽은 후 이스라엘 백성이 또다시 여호와를 버리고 여호와 보시기에 악을 행하여 바알 신들과 아스다롯 신, 아람과 시돈과 모압의 신, 암몬 자손들과 블레셋 사람들의 신 등을 섬겼다.

7 이에 여호와께서 이스라엘에게 진노하사 블레셋 사람과 암몬 자손의 손에 그들을 넘기셨다.

8 그해 그들이 요단강 동쪽의 길르앗 지역에 있는 아모리 족속의 땅에 사는 모든 이스라엘 백성을 공격하며 18년 동안 이스라엘을 괴롭혔다.

9 뿐만 아니라 암몬 자손은 요단강을 건너서 요단강 서쪽에 자리 잡은 유다 자손과 베냐민 자손과 에브라임 족속과도 싸웠다. 이로 인해 이스라엘은 요단강 서쪽 지역까지 큰 고통을 당했다.

10 이에 이스라엘 백성이 여호와께 부르짖었다. "우리가 하나님을 배반하고 바알들을 섬김으로 주께 범죄했습니다." 그러자

11 여호와께서 이스라엘 백성에게 말씀하셨다. "내가 이전에는 애굽 사람과 아모리 사람과 암몬 자손과 블레셋 사람에게서 너희를 건져내었다.

12 또 시돈 사람과 아말렉 사람과 마온 사람이 너희를 억압할 때도 너희가 내게 부르짖음으로 내가 너희를 그들의 압제에서 건져내었다.

13 그럼에도 너희가 나를 배반하고 다른 신들을 섬기니 이제는 결단코 너희를 건져내지 않을 것이다.

14 그러니 너희가 선택한 신들에게 가서 그에게 구원해 달라고 부르짖으라."

15 이스라엘 백성이 여호와께 말했다. "우리가 범죄했으니 주께서 원하시는 대로 우리에게 행하십시오. 그래도 우리는 오직 주께 간구할 것입니다. 오늘 우리를 건져 주십시오." 그리고

[1] 삿 9:20

16 이방 신상들을 제거하고 여호와를 섬기자 여호와께서 고통당하는 이스라엘로 인해 근심하셨다.

17 그때 암몬 자손이 요단강 동쪽의 길르앗 지역에 진을 쳤고, 이에 맞서 이스라엘 백성도 모여서 요단강 동쪽의 미스바에 진을 쳤다.

18 이때 길르앗 백성과 지도자인 방백들이 서로 말했다. "누가 가장 먼저 나가 암몬 자손과 싸울 것이냐? 그렇게 하는 자는 길르앗의 모든 주민을 통치하는 우두머리가 될 것이다."

11 당시 길르앗 출신 입다는 기생이 길르앗에게서 낳은 아들이었고, 큰 용사였다.

2 길르앗의 아내도 그의 아들들을 낳았다. 본처에게서 난 아들들이 성장하자 이복 형제인 입다를 쫓아내며 말했다. "너는 다른 여인, 기생의 자식이니 우리 아버지의 집에서 유업을 받지 못할 것이다."

3 이에 입다가 그의 형제들을 떠나 길르앗 북쪽 지역에 있는 돕 땅에 가서 거주했고, 부랑자들이 그에게로 와서 그와 함께 어울렸다.

4 어느 정도 세월이 지난 후 암몬 자손이 이스라엘을 침략하려고

5 하자 길르앗 지역의 장로들이 입다를 데려오기 위해 길르앗 북동쪽 지역의 돕 땅으로 가서

6 입다에게 말했다. "우리가 암몬 자손과 싸우려고 하는데 당신은 우리에게 와서 우리의 지휘관이 되라."

7 입다가 길르앗 장로들에게 대답했다. "너희가 이전에 나를 미워하여 내 아버지 집에서 쫓아내지 않았느냐? 이제와서 너희가 위기에 처했다고 나를 찾아왔느냐?"

8 그러자 길르앗 장로들이 입다에게 이렇게 제안했다. "우리가 당신을 찾아온 이유는 우리와 함께 나가 암몬 자손과 싸우기 위함이다. 그렇게만 해준다면 우리는 당신을 우리 길르앗의 모든 주민을 통치하는 우두머리로 삼을 것이다."

9 입다가 길르앗 장로들에게 말했다. "내가 고향으로 가서 암몬 자손과 싸울 때 여호와께서 내가 그들을 이기도록 해주시면 너희의 통치자가 되는 것이 확실하냐?"

10 길르앗 장로들이 입다에게 말했다. "여호와는 우리와 당신 사이에 증인이 되시니 당신의 말대로 우리가 그렇게 이행할 것이다."

11 그러자 입다가 길르앗 장로들과 함께 고향으로 내려갔고, 길르앗 백성들이 그를 자기들의 통치자와 장관으로 삼았다. 입다가 요단강 동쪽에 있는 미스바에서 자기의 말을 모두 여호와 앞에 아뢰었다.

12 입다가 암몬 자손의 왕에게 사자들을 보내 말했다. "너희가 나와 무슨 상관이 있기에 내 땅을 빼앗으려고 내게로 왔느냐?" 이에

13 암몬 자손의 왕이 입다의 사자들에게 대답했다. "이스라엘이 애굽에서 올라올 때 아르논에서 얍복강과 요단강까지 내 땅을 점령했기 때문이다. 이제 그것을 평화롭게 돌려주라고 전하라."

14 암몬 왕의 말을 들은 입다가 암몬 자손의 왕에게 다시 사자들을 보내

15 말했다. "입다가 암몬 자손에게 이같이 말한다. 이스라엘은 모압 땅과 암몬 자손의 땅을 강제로 빼앗지 않았다.

16 이스라엘이 애굽에서 올라올 때 광야로 행하여 홍해에 이른 후 계속

행진하여 진1)광야의 가데스에 도착했다. 그때

17 사자들을 에돔 왕에게 보내 '청컨대 우리가 네 땅 가운데로 지나가게 하라'고 요청했으나 에돔 왕이 이를 거절했다. 또 모압 왕에게 같은 내용으로 길 통과를 요청했다. 그러나 그도 허락하지 않았기 때문에 이스라엘이 진광야의 가데스에 머물렀다.2)

18 그 후 광야를 지나 에돔과 모압 땅을 피해 모압 땅의 해 뜨는 동쪽으로 멀리 돌아서 들어가 아르논 골짜기 동쪽에 진을 쳤다. 그때 아르논 골짜기는 모압의 경계였기 때문에 그 이남인 모압 지역 안으로는 들어가지 않았다.

19 이스라엘이 헤스본을 수도로 삼은 아모리 족속의 왕 시혼에게 사자들을 보내 그에게 '우리가 당신의 땅으로 통과하도록 허락하라'고 부탁했다. 그러나

20 시혼왕이 이스라엘을 믿지 못하고 자기의 지역으로 통과하지 못하도록 그의 모든 군사3)를 소집하여 아르논 골짜기 북쪽의 야하스에 진을 치고 이스라엘을 공격했다.

21 이스라엘의 하나님께서 시혼왕과 그의 모든 군사를 이스라엘의 손에 넘겨주시므로 이스라엘이 그들을 공격하여 그 땅에 사는 아모리 족속의 모든 지역을 점령했다.

22 그 지역은 남쪽의 아르논 골짜기에서 북쪽의 얍복강까지와 동쪽의 광야에서 서쪽으로 요단강까지 아모리 족속의 온 지역을 점령했다.4)

23 이스라엘의 하나님께서 이같이 아모리 족속을 자기 백성 이스라엘 앞에서 쫓아내셨다. 그런데 네가 그 땅을 빼앗으려고 하는 것이 옳은 일

이냐?

24 만일 너희의 신인 그모스가 너희에게 주어 차지하게 한 것을 너희도 차지하지 않겠느냐? 마찬가지로 우리 하나님께서 우리 앞에서 어떤 사람이든지 쫓아내시면 그것을 우리가 차지하는 것은 당연하다.

25 지금 네가 모압 왕 십볼의 아들 발락보다 더 뛰어난 것이 있느냐? 그가 이스라엘과 더불어 다투거나 싸운 일이 있었느냐?

26 이스라엘이 헤스본과 주위 마을들과 아로엘과 주위 마을들과 아르논 강가에 있는 모든 성읍에 거주한 지 300년이나 지났다. 그런데 그동안 너희가 왜 그것들을 도로 찾아가지 않았느냐?

27 내가 네게 죄를 짓지 않았는데 네가 나를 공격하여 내게 악을 행하려고 한다. 심판하시는 여호와께서 오늘 이스라엘 백성과 암몬 자손 사이에 판결하시기를 바란다."

28 그러나 암몬 자손의 왕이 입다의 요청을 거절했다.

29 그때 여호와의 영이 입다에게 임하셨다. 입다가 요단강 동쪽 길르앗과 므낫세 지역을 지나서 길르앗의 미스베, 곧 미스바에 이르고 그곳에서 암몬 자손에게로 나아갈 때

30 그가 여호와께 서원했다. "주께서 암몬 자손을 내 손에 넘겨주신다면

31 내가 암몬 자손을 물리치고 평안히 돌아올 때 누구든지 내 집 문에서 나와서 나를 처음 영접하는 그를 여호와께 번제물로 드리겠습니다."

32 이에 입다가 암몬 자손에게 가서 그들과 싸웠다. 여호와께서 입다로 암몬 자손을 이기게 하시자

33 입다가 남쪽의 아르논 골짜기 옆의

1) Zin 2) 민 20:18-21, 신 2:8-9 3) 백성 4) 신 2:26-37

아로엘에서 북쪽의 헤스본 옆에 있는 민닛에 이르기까지 20개 성읍을 치고, 민닛 근처의 아벨그라밈까지 대승을 거두었다. 그러자 암몬 자손이 이스라엘 백성 앞에 항복했다.

34 입다가 승리한 후 길르앗의 미스바에 있는 자기 집에 도착했을 때 무남독녀인 그의 딸이 작은 북을 잡고 춤추며 나와서 영접했다.

35 입다가 자기 딸을 보고 옷을 찢으며 말했다. "내 딸아, 내가 이 일을 어떻게 해야 하느냐? 너는 나를 참으로 슬프게 하는구나. 너는 나를 괴롭게 하는 자 가운데 하나가 되었다. 내가 여호와를 향해 서원했으니 능히 돌이키지 못할 것이다."

36 딸이 아버지에게 말했다. "아버지여, 아버지께서 여호와께 서원했으니 아버지의 서원대로 내게 행하세요. 그 때문에 여호와께서 아버지를 위해 아버지의 대적 암몬 자손에게 원수를 갚으셨습니다."

37 또 아버지께 다시 말했다. "다만 한 가지만 내게 허락해 주세요. 2개월 동안 내 여자 친구들과 산 위로 올라가서 내가 평생 여호와께 바쳐져 처녀로 죽는 것을 애곡하도록 해주세요."

38 그가 말하기를 "가라" 하고 2개월의 기한을 정하고 자기 딸을 보냈다. 이에 딸이 그 여자 친구들과 함께 산 위에서 처녀로 죽는 것에 대해 애곡했다.

39 2개월의 기한이 되자 그가 아버지에게로 돌아왔다. 입다는 자기가 서원한 대로 딸에게 행하니 딸이 남자를 알지 못했다. 이것이 이스라엘에서 관습이 되어

40 이스라엘의 딸들이 해마다 정해진 때가 되면 입다의 집으로 가서 길르앗 출신 입다의 딸을 위해 4일 동안 애곡했다.

12 한편 싸움이 끝난 후 에브라임 사람들이 모여 북쪽으로 가서 입다에게 말했다. "네가 암몬 자손과 싸우러 건너갈 때 왜 우리를 불러 너와 함께 싸우러 가도록 하지 않았느냐? 그러니 우리가 반드시 너와 네 집을 불살라 버릴 것이다."

2 입다가 그들에게 말했다. "나와 내 백성이 암몬 자손과 격렬하게 싸울 때 내가 너희에게 도움을 요청했으나 너희는 나를 돕지 않았다.

3 그래서 나는 목숨을 아끼지 않고 건너가서 암몬 자손과 싸웠다. 그때 여호와께서 그들을 물리치게 하셨는데, 너희가 무슨 이유로 오늘 내게 올라와서 나와 싸우려고 하느냐?"

4 이에 입다가 요단강 동쪽의 길르앗 사람을 모두 소집하고 요단강 서쪽의 에브라임 자손과 싸워 그들을 무찔렀다. 그가 이렇게 한 것은 에브라임 자손들이 "너희 길르앗 사람들은 본래 에브라임에서 도망하여 에브라임과 므낫세 가운데 섞여 살고 있는 자들이다"라고 멸시해서 말했기 때문이다.

5 이때 길르앗 사람은 에브라임 사람보다 먼저 요단강 나루턱을 장악했다. 그러고는 도망하는 에브라임 사람이 요단강 나루턱을 건너가려고 하면 길르앗 사람이 에브라임 사람에게 "너는 에브라임 사람이냐?"라고 물었다. 그래서 그가 "아니다"라고 대답하면

6 '쉽볼렛'이라고 발음하게 하여 바로 말하지 못하고 '십볼렛'이라고 발음하면 그가 에브라임 사람인

줄을 알고 그를 잡아서 요단강 나루턱에서 죽였다. 그때 에브라임 사람 중 죽은 자가 4만 2,000명이나 되었다.

7 입다가 이스라엘의 사사가 된 지 6년이 되었다. 그해 길르앗 사람 입다가 죽어 길르앗에 있는 그의 성읍 미스바에 장사되었다.

입산과 엘론과 압돈 사사

8 ● 입다 사사가 죽은 후 스불론 지역의 베들레헴 출신 입산이 이스라엘의 사사가 되었다.

9 그는 아들과 딸을 각각 30명씩이나 두었다. 그가 딸들을 다른 지방으로 시집을 보냈고, 아들들을 위해서 다른 지방에서 아내가 될 여자 30명을 데려왔다. 입산은 이스라엘의 사사가 된 지 7년 만에

10 죽어 스불론 지역에 있는 베들레헴에 장사되었다.

11 입산이 죽은 후에는 그의 뒤를 이어 스불론 지파 사람 엘론이 사사가 되어 10년 동안 이스라엘을 다스렸다.

12 스불론 지파 엘론은 죽어 스불론 땅 아얄론에 장사되었다.

13 엘론 사사가 죽은 후 비라돈 출신 힐렐의 아들 압돈이 이스라엘의 사사가 되었다.

14 그에게는 아들 40명과 손자 30명이 있었는데, 그들은 각각 어린 나귀를 탔다. 압돈은 8년 동안 이스라엘의 사사가 되어 이스라엘을 다스렸다.

15 비라돈 출신 힐렐의 아들 압돈은 죽어 에브라임 땅 아말렉 사람의 산지인 비라돈에 장사되었다.

삼손 사사의 생애

13 ●압돈 사사 이후 이스라엘 자손이 또다시 여호와 앞에 악을

행하자 여호와께서는 그들을 40년 동안 블레셋 사람의 손에 넘겨 고통을 받게 하셨다.

2 그때 소라 땅에 사는 단 지파의 가족 가운데 '마노아'라는 자가 있었는데 그의 아내는 임신하지 못했다.

3 하루는 여호와의 사자가 그 여인에게 나타나 말했다. "보라, 네가 본래 임신하지 못해 출산하지 못했으나 이제는 임신하여 아들을 낳을 것이다.

4 그러므로 너는 포도주와 독주를 마시지 말고, 어떤 부정한 음식도 먹지 않도록 조심하라.

5 그리고 임신하여 아들을 낳을 것이니 그의 머리 카락을 삭도로 깎지 말라. 그 아이는 태에서 나올 때부터 하나님께 바쳐진 나실인이 될 것이기 때문이다. 그는 장차 블레셋 사람의 압제[1]에서 이스라엘을 구원하는 일을 시작할 것이다."

6 이에 그 여인이 남편에게 가서 말했다. "하나님의 사람이 나를 찾아오셨는데 그 모습이 하나님의 사자의 용모 같아서 너무 두려워 어디서 왔는지를 내가 감히 물어보지 못했습니다. 그 사람[2]도 자기의 이름을 내게 말하지 않았습니다.

7 그가 내게 이렇게 말했습니다. '이제 네가 임신하여 아들을 낳을 것이다.

나실인 규례(삿 13:4-5)

나실인이란 태어날 때부터 혹은 일정 기간, 세상과 구별되게 하나님께 바쳐진 사람으로 금해야 할 사항은 다음과 같다.
● 포도주와 독주를 금해야 한다.
● 어떤 부정한 음식도 먹어서는 안 된다.
● 머리 위에 삭도를 대지 말아야 한다.
● 시체를 접촉하거나 가까이 해서는 안된다.

1) 손　2) 하나님의 사자

그러니 이제부터는 포도주와 술을 마시지 말고, 어떤 부정한 음식도 먹지 말라. 그 아이는 태에서부터 그가 죽을 때까지 하나님께 바쳐진 나실인이 되기 때문이다'라고 했습니다."

8 아내의 말을 들은 마노아가 여호와께 기도했다. "내가 주께 구합니다. 주께서 보내셨던 하나님의 사람을 다시 우리에게 보내셔서 우리가 낳을 아이를 어떻게 길러야 할지를 가르쳐 주십시오."

9 하나님께서는 마노아의 기도를 들으셨다. 어느 날 마노아의 아내가 밭에 앉았을 때 하나님의 사자가 다시 그에게 찾아왔으나 그의 남편은 그 자리에 없었다.

10 그래서 그 여인은 그의 남편에게 뛰어가서 말했다. "어서 와서 보세요. 지난번 내게 찾아왔던 그 사람이 다시 찾아왔어요." 이에

11 마노아가 일어나 아내를 따라가서 그 사람을 보고 물었다. "당신이 이 여인에게 아들을 낳을 것이라고 말씀하신 사람이 맞습니까?" 그가 대답했다. "바로 내가 그 사람이다."

12 마노아가 말했다. "이제는 당신의 말씀대로 이루어지기를 바랍니다. 그러니 이제 우리가 태어날 아이를 어떻게 길러야 하며, 그에게 어떻게 행해야 합니까?"

13 여호와의 사자가 마노아에게 대답했다. "내가 여인에게 말한 대로[1)]

14 포도나무의 소산을 먹지 않도록 하고, 포도주와 독주를 마시지 않도록 하며, 어떤 부정한 것도 먹지 않도록 하여 내가 그에게 명령한 것을 모두 지키도록 하라."

15 마노아가 여호와의 사자에게 말했

다. "당신은 우리가 당신을 위해 염소 새끼 한 마리를 준비할 동안 우리에게 머물러 계십시오."

16 여호와의 사자가 마노아에게 대답했다. "네가 나를 머물게 하지만, 내가 네 음식은 먹지 않을 것이다. 번제제물을 준비하는 것이라면 마땅히 여호와께 드리라." 마노아가 그렇게 말한 것은 자기를 찾아온 자가 여호와의 사자인 줄을 알지 못했기 때문이다.

17 마노아가 또 여호와의 사자에게 말했다. "당신의 이름이 무엇입니까? 당신의 말씀이 이루어질 때 우리가 당신을 존귀하게 여길 것입니다."

18 그러자 여호와의 사자가 그에게 말했다. "왜 내 이름을 묻느냐? 내 이름은 비밀[2)]이다."

19 이에 마노아가 염소 새끼와 소제물을 가져다가 바위 위에서 여호와께 드리자 기적이 일어났다. 마노아와 그의 아내가 보니

20 불꽃이 제단에서 하늘로 올라가는데, 여호와의 사자가 그 제단 불꽃에 휩싸여 올라갔다. 마노아와 그의 아내가 그 광경을 보고 자신의 얼굴을 땅에 대고 엎드렸다.

21 여호와의 사자가 마노아와 그의 아내에게 다시 나타나지 않자 마노아가 그때서야 그가 여호와의 사자인 줄 알고

22 그의 아내에게 말했다. "우리가 하나님을 보았으니 반드시 죽을 것이다."

23 그의 아내가 그에게 말했다. "여호와께서 우리를 죽이려고 하셨다면 우리가 드리는 번제와 소제 제사를 받지 않으셨을 것입니다. 그리

1) 삿 13:4-5 2) 기묘자

고 이런 일을 보이지도 않으셨을 것입니다. 지금 우리에게 이런 말씀도 하지 않으셨을 것입니다."

24 세월이 흘러 그 여인이 하나님의 사자가 말한 대로 아들을 낳고 그의 이름을 '삼손'이라고 했다. 그 아이는 자라면서 여호와께서 그에게 복을 주셨고,

25 소라와 에스다올 사이 마하네단에서 여호와의 영이 그를 감동시키기 시작했다.

14 삼손이 블레셋 지역의 딤나로 내려가서 블레셋 족속의 한 여자를 보고

2 집으로 올라와 부모에게 말했다. "내가 딤나에서 블레셋 여자를 보았는데 그를 내 아내로 삼도록 허락해 주세요."

3 그의 부모가 그에게 말했다. "네 형제나 내 백성 가운데 아내 될 여자가 없느냐? 왜 너는 할례 받지 않은 블레셋 사람에게 가서 아내를 얻고자 하느냐?" 삼손이 그의 아버지에게 말했다. "내가 그 여자를 좋아합니다. 나를 위해 그 여자를 데려오세요."

4 그때는 블레셋이 이스라엘을 다스렸기 때문에 삼손이 기회를 틈타서 블레셋 사람을 공격하려고 한 것이었다. 그러나 그의 부모는 그 일이 여호와께서 하시는 일인 줄을 몰랐다.

5 삼손이 부모와 함께 소라 서쪽 8km 지점의 딤나로 내려가 그곳의 포도밭에 이르렀을 때 젊은 사자가 그를 보고 울부짖었다.

6 그때 여호와의 영이 삼손에게 강하게 임하여 그가 염소 새끼를 찢는 것처럼 맨손으로 사자를 찢었다. 그러나 그는 그 사실을 부모에게 숨겼다.

7 그가 딤나로 내려가 자기가 좋아하는 여자와 이야기해 본 후 더욱 그 여자를 좋아하게 되었다.

8 얼마 후 삼손이 그 여자를 아내로 맞기 위해 다시 딤나로 가다가 이전에 죽인 그 사자의 사체를 보았는데, 죽은 사자의 몸에 벌 떼와 꿀이 있었다.

9 그래서 손으로 그 꿀을 뜬 후 걸어가면서 먹고 그의 부모에게도 주어 먹게 했다. 그러나 그 꿀이 사자의 몸에서 떠 왔다고는 말하지 않았다.

10 삼손의 아버지가 며느리 될 여자에게로 내려가니 삼손이 그곳에서 잔치를 베풀고 있었다. 당시 신랑되는 청년들은 이렇게 처녀의 집에서 잔치를 행하는 풍속이 있었다.

11 그러나 모인 무리는 삼손을 무서워하여 30명을 데려와서 들러리친구로 삼아 그와 함께 잔치에 참여하게 했다.

12 삼손이 그들에게 한 가지 제안을 했다. "이제 내가 너희에게 수수께끼를 내리니 잔치하는 7일 동안 그것을 풀면 내가 베옷과 겉옷 각각 30벌을 너희에게 주겠다.

13 그러나 그것을 풀지 못하면 너희가 그만큼 내게 주기로 하자." 그러자 그들이 말했다. "우리가 그렇게 할 것이니 네가 수수께끼를 내라." 이에

14 삼손이 그들에게 수수께끼를 냈다. "먹는 자에게서 먹는 것이 나오고, 강한 자에게서 단 것이 나왔는데 그것이 무엇이냐?" 그들은 3일이 되도록 수수께끼를 풀지 못했다.

15 일곱째 날이 되자 그들이 삼손의

아내에게 위협하며 말했다. "너는 네 남편을 꾀어 그 수수께끼의 답을 알아내어 우리에게 알려 달라. 그렇지 않으면 너와 네 아버지의 집을 불살라 버릴 것이다. 너희가 우리의 소유를 빼앗기 위해 우리를 잔치에 초청한 것이 아니냐? 그렇지 않느냐?"

16 삼손의 아내가 그의 앞에서 울며 말했다. "당신은 우리 민족에게 수수께끼를 말하고 그 해답을 내게 알려주지 않는 것을 보니 나를 사랑하지 않는군요." 삼손이 그에게 말했다. "여보, 내 부모에게도 알려주지 않았는데 어찌 그대에게 그것을 알려줄 수 있겠소."

17 그러나 7일 동안 잔치할 때, 일곱째 날에 그의 아내가 삼손 앞에서 울며 계속 졸라 대자 결국 일곱째 날에 삼손이 그의 아내에게 수수께끼의 답을 알려주었다. 이에 그의 아내는 그것을 자기 백성들에게 알려주었다.

18 일곱째 날 해가 지기 전에 성읍 사람들이 삼손에게 말했다. "무엇이 꿀보다 달겠으며, 무엇이 사자보다 강하겠느냐!" 답을 들은 삼손이 그들에게 말했다. "너희가 내 암송아지[1] 밭을 갈아서[2] 내가 낸 수수께끼의 답을 알아내었구나."

19 그때 여호와의 영이 삼손에게 갑자기 임하니 삼손이 45km 떨어진 아스글론으로 내려가 그곳에 있는 30명을 쳐 죽이고 그들의 옷을 노략하여 수수께끼 푼 자들에게 주고, 크게 화가 나서 딤나의 잔칫집에 있지 않고 소라 땅 마하네단에 있는 아버지의 집으로 올라갔다.

20 삼손의 아내는 그의 부모가 삼손의 친구에게 아내로 주었다.

15 얼마 후 밀을 수확하는 4~5월에 삼손이 염소 새끼를 가지고 그의 아내를 찾아가 말했다. "내가 내 아내를 보기 위해 왔다." 그러자 장인이 방으로 들어오지 못하게 하며

2 말했다. "네가 잔치하는 날에 떠나는 것을 보고 그를 심히 미워하는 줄 알았다. 그래서 그녀를 네 친구에게 아내로 주었다. 그의 동생이 그보다 더 아름다우니 너는 그를 대신하여 그 동생을 아내로 맞이하라."

3 삼손이 그들에게 말했다. "이번은 내가 블레셋 사람들을 해친다고 해도 그들에 대해 나는 아무런 잘못이 없을 것이다."

4 이에 삼손이 나가 여우 300마리를 붙잡아 그 꼬리끼리 묶었다. 그리고 막대[3]를 그 두 꼬리 사이에 달고 나서

5 홰에 불을 붙이고 그것을 블레셋 사람들의 곡식 밭으로 몰아 여우들로 인해 곡식단과 아직 추수하지 않은 곡식과 포도밭과 올리브 나무들을 불살랐다.

6 블레셋 사람들이 이를 보고 "누가 이 일을 저질렀느냐?"라고 말하자 사람들이 대답했다. "딤나 사람의 사위인 삼손이다. 그것은 장인이 삼손의 아내를 빼앗아 그의 친구에게 주었기 때문이다." 이에 블레셋 사람들이 딤나로 올라가서 그 여인과 그의 아버지를 불살라 버렸다.

7 그러자 삼손이 그들에게 말했다. "너희가 이같이 내 아내의 집에 행했으니 내가 너희에게 반드시 원수를 갚을 것이다."

8 이에 블레셋 사람들을 공격하여

1) 아내 2) 추궁하여 3) 홰

많은 자를[1] 죽이고 에담 바위 동굴 틈으로 내려가 머물렀다.

9 이 일로 인해 블레셋 사람들이 유다로 올라와 진을 쳤는데, 그 수가 레히에 가득했다.

10 그러자 유다 사람들이 말했다. "너희가 무슨 이유로 우리를 치려고 하느냐?" 그들이 대답했다. "우리가 올라온 것은 삼손을 결박하여 그가 우리에게 행한 대로 똑같이 그에게 행하기 위해서이다."

11 그러자 유다 사람 3,000명이 에담 바위 동굴 틈에 숨어 있는 삼손에게 가서 말했다. "너는 블레셋 사람이 우리를 다스리는 줄을 알지 못하느냐? 너는 왜 우리를 곤경에 처하게 했느냐?" 삼손이 그들에게 대답했다. "그들이 내게 행한 대로 나도 그들에게 행한 것뿐이다."

12 그러자 유다 사람들이 삼손에게 말했다. "우리가 너를 결박하여 블레셋 사람에게 넘겨주기 위해 내려왔다." 삼손이 그들에게 말했다. "너희가 나를 죽이지 않겠다고 내게 맹세하라."

13 그들이 삼손에게 "너를 결코 죽이지 않을 것이다. 우리는 단지 너만 묶어 그들의 손에 넘겨줄 뿐이다"라고 말한 후 새 밧줄 둘로 묶어 에담 바위 동굴에서 그를 끌어내었다.

14 삼손이 유다 사람들에게 묶여 레히에 이르자 블레셋 사람들이 소리를 지르며 삼손에게 다가갔다. 그때 여호와의 영이 삼손에게 급하게 임하니 그의 팔을 묶었던 밧줄이 불에 탄 삼 오라기처럼 그의 결박되었던 손에서 떨어져 나갔다.

15 그때 삼손은 죽은 지 얼마 안 된 나귀의 턱뼈를 보고 그것으로 블레셋 사람 1,000명을 죽인 후

16 말했다. "나귀의 턱뼈로 1,000명이나 죽여 한 더미, 두 더미를 쌓았도다."

17 삼손이 말을 마치고 나귀의 턱뼈를 던져 버리고 그곳을 '턱뼈의 산'이라는 뜻의 '라맛 레히'라고 불렀다.

18 그때 삼손은 갈증이 심해 여호와께 부르짖었다. "주께서는 종의 손을 통해 이 큰 구원을 베푸셨습니다. 그러나 나는 이제 목말라 죽게 되어 할례 받지 못한 블레셋 사람들의 손에 넘어갈 것입니다." 그러자

19 하나님께서 레히에서 한 움푹 패인 곳을 터뜨려 물이 솟아나게 하셨다. 이에 삼손이 그 물을 마시고 정신이 돌아와 기운을 얻었는데, 그 샘의 이름을 '엔학고레'라고 불렀다. 그 샘이 오늘까지 레히에 남아 있다.

20 삼손은 블레셋 사람이 이스라엘을 통치하던 때 이스라엘의 사사로 20년을 지냈다.

16 세월이 지난 어느 날 삼손이 블레셋 지역의 가사로 내려가서 그곳에서 한 기생을 보고 그에게로 들어갔다.

2 이런 사실이 가사 사람들에게 알려지자 그들이 곧바로 삼손을 에워싸고 밤새도록 성문에 조용히 매복하면서 말했다. "날이 밝으면 그를 죽이자."

📍성경지리   엔학고레(삿 15:19)

엔학고레(En-hakkore)의 지명의 뜻은 부르짖는 자의 샘이다. 이곳은 삼손이 블레셋의 라맛 레히 지방에서 나귀의 새 턱뼈로 블레셋 사람 천 명을 죽인 후 목이 말라 죽게 되었을 때 하나님께 부르짖음으로 하나님이 물을 솟아나게 하여 마셨던 샘이다(삿 15:14–9).

[1] 정강이와 넓적다리를 크게 쳐서

3 그러나 삼손은 밤중까지 기생과 함께 누워 있다가 그 밤중에 일어나 성 문짝들과 두 문설주와 문빗장을 빼서 그것을 모두 어깨에 메고 80㎞ 정도 떨어진 헤브론 앞산 꼭대기로 가져갔다.

4 이후 삼손이 소렉 골짜기에 사는 들릴라라고 하는 한 여인을 사랑하게 되었다.

5 이를 안 블레셋 사람의 지도자인 방백들이 그 여인에게로 올라가서 그에게 말했다. "삼손을 꾀어 어디서 그런 큰 힘이 생기고, 우리가 어떻게 하면 능히 그를 결박시킬 수 있는지를 알아 보라. 그러면 우리가 네게 각각 은 1,100개를 주겠다."

6 이에 들릴라가 삼손에게 가서 말했다. "청컨대 내게 당신의 큰 힘이 어디서 생기고, 어떻게 하면 능히 당신을 결박할 수 있는지 말해 주세요."

7 삼손이 그에게 대답했다. "시들지 않은 이트란[1] 줄기 7개로 나를 묶으면 내가 힘이 약해져 보통 사람과 같이 될 것이다."

8-9 이 말을 전해들은 블레셋 사람의 지도자들이 시들지 않은 이트란 7개 줄기를 들릴라에게로 가져오자 그가 미리 사람을 방 안에 매복시킨 후 그것으로 삼손을 묶었다. 그리고 삼손에게 말했다. "삼손이여, 블레셋 사람들이 당신을 잡으러 왔습니다." 이에 삼손이 묶은 줄들을 불에 탄 삼실을 끊음같이 끊어 버렸다. 결국 그들은 삼손의 힘이 어디서 나왔는지 알아내지 못했다.

10 그러자 들릴라가 삼손에게 말했다. "보세요. 당신은 나를 속이고 나를 희롱했어요. 이제는 무엇으로 당신을 결박할 수 있는지 내게 말해 주세요."

11 삼손이 그에게 대답했다. "한 번도 사용하지 않은 새 밧줄들로 나를 묶으면 내가 힘이 약해져 보통 사람과 같이 될 것이다."

12 이에 들릴라가 새 밧줄들을 가져다가 삼손을 묶은 후 그에게 말했다. "삼손이여, 블레셋 사람이 당신을 잡으려고 왔습니다." 그러자 삼손이 팔을 묶은 줄을 실을 끊는 것처럼 끊어 버렸다. 그때도 블레셋 사람이 방 안에 매복하고 있었다.

13 들릴라가 삼손에게 말했다. "당신이 또 나를 속이고 희롱했어요. 내가 무엇으로 당신을 결박할 수 있는지 내게 말해 주세요." 그러자 삼손이 그에게 대답했다. "그대가 내 머리털 7가닥을 가지고 베틀의 세로로 된 날실에 섞어 짜면 될 것이다."

14 들릴라가 실을 천으로 짜는 도구인 바디로 삼손의 머리털을 단단히 짜고 그에게 말했다. "삼손이여, 블레셋 사람들이 당신을 잡으러 왔습니다." 이에 삼손이 잠에서 깨어나 베틀의 바디와 세로로 된 날실을 다 뽑아냈다.

15 들릴라가 삼손에게 다시 말했다. "당신의 마음이 내게 없으면서 어찌 나를 사랑한다고 말할 수 있습니까? 당신은 3번이나 나를 속이고 희롱하여 당신의 큰 힘이 어디서 생기는지를 내게 말해 주지 않았습니다."

16 들릴라가 매일같이 똑같은 말로 그를 조르자 삼손의 마음은 심히 괴로워 죽을 지경이었다.

17 결국 삼손이 진실을 토로했다. "나는 이제까지 머리를 깎지 않았다.

---

1) ytran, 새 활줄

그 이유는 내가 모태에서부터 하나님의 나실인이 되었기 때문이다. 만일 내 머리털을 깎으면 내 힘이 내게서 떠나고 나는 약해져 보통 사람과 같이 될 것이다."

18 들릴라가 삼손이 진심을 말한 것을 알고 사람을 보내 블레셋 사람들의 지도자인 방백들을 올라오도록 했다. "삼손이 내게 사실대로 말했으니 이제 마지막으로 한 번만 올라오라." 이에 블레셋 지도자들이 은을 준비해서 그 여인에게로 올라왔다.

19 들릴라는 삼손을 자기 무릎을 베고 자도록 한 후 사람을 불러 일곱 가닥으로 땋은 그의 머리털을 밀었다. 그러고 나서 그를 흔들어 보니 그의 힘이 없어진 것을 알았다.

20 이에 들릴라가 삼손을 깨우며 말했다. "삼손이여, 블레셋 사람이 당신을 잡으러 왔습니다." 이에 삼손이 잠에서 깨어난 후 말했다. "내가 전과 같이 나가서 힘을 써야겠다." 그러나 삼손은 여호와의 신이 이미 자기를 떠난 줄을 깨닫지 못했다.

21 결국 삼손은 블레셋 사람들에게 붙잡혔다. 그리고 블레셋 사람들은 그의 눈을 뺀 후 그를 끌고 가사로 내려가 놋줄로 매고 감옥에서 맷돌을 돌리게 했다.

22 그의 머리털은 밀린 후 다시 자라기 시작했다.

23 삼손을 잡은 블레셋 사람의 지도자들이 외쳤다. "우리의 다곤 신이 원수인 삼손을 우리 손에 넘겨주었다." 그리고 모두 다곤 신전에 모여 그들의 신 다곤에게 거창한 제사를 드리고 즐거워했다.

24 백성들도 삼손의 모습을 보고 "우리 땅을 망치고 많은 동족을 죽인 원수를 우리의 다곤 신이 우리 손에 넘겨주었다"라고 외치며 자기들의 신을 찬양했다.

25 그들은 한창 즐거울 때 "삼손을 데려다가 재주를 부리게 하자"라고 하더니 감옥에서 삼손을 끌어내어 재주를 부리게 했다. 그리고 삼손을 신전의 두 기둥 사이에 세워 놓았다.

26 삼손이 자기 손을 붙든 소년에게 말했다. "내게 이 신전 집을 떠받치는 중심 기둥을 찾아 그것에 기대도록 하라."

27 그 집에는 남녀가 가득 찼는데, 블레셋의 모든 지도자인 방백들도 그곳에 있었고 지붕에 있는 남녀도 3,000명쯤 되었다. 그들은 모두 삼손이 재주 부리는 것을 보고 있었다.

28 그때 삼손이 여호와께 부르짖었다. "여호와여, 구하오니 나를 생각하십시오. 하나님이여, 이번만 내게 힘을 주어 내 두 눈을 뺀 블레셋 사람의 원수를 갚게 하십시오."

29 그러고는 신전 집을 떠받치는 두 기둥 가운데 서서 양손으로 두 기둥을 껴안은 후

30 말했다. "블레셋 사람과 함께 죽기를 원한다." 그리고 두 기둥을 껴안은 채 힘을 다해 몸을 굽히자 그 집1)이 곧바로 무너져 그 안에 있는 모든 지도자와 온 백성을 덮쳤고 모두 건물에 깔려 죽었다. 이때 죽은 자가 삼손이 살았을 때 죽인 자보다 더 많았다.

31 삼손의 형제와 아버지의 집에 있는 사람들이 가사로 가서 삼손의 시체를 가지고 76㎞ 정도 떨어진 소

1) 신전

라와 에스다올 사이에 있는 그의 아버지 마노아의 장지에 장사했다. 삼손은 이스라엘의 사사로 20년을 지냈다.

미가 집의 제사장과 단 지파

17 이스라엘 중심부에 위치한 에브라임 산지에 미가라는 사람이 살고 있었다.

2 어느 날 그가 어머니에게 말했다. "어머니께서 은 1,100개를 잃어버린 것 때문에 저주하신 말을 나도 들었습니다. 보세요, 그 은이 내게 있습니다. 내가 그것을 훔쳤습니다." 그의 어머니가 말했다. "내 아들아, 여호와께서 네게 저주를 복으로 바꾸어 주시기를 바란다."

3 미가가 은 1,100개를 그의 어머니에게 도로 주자 그의 어머니가 말했다. "내가 모르게 저주한 내 아들을 위해 이 은을 여호와께 거룩하게 드려 은을 녹여 한 신상을 새겨 만들겠다. 그래서 그것들을 네가 다시 차지하도록 하겠다."

4 이에 그의 어머니가 은 1,100개를 가져다가 은세공업자에게 주어 한 신상을 부어 만들고 신상을 새겼는데 그 신상을 자기 집에 놓았다.

5 미가에게는 신당이 있었기 때문에 그가 에봇과 드라빔을 만들고, 한 아들을 세워 집안의 제사장으로 삼았다.

6 사사들이 통치하던 당시에는 아직 이스라엘에 왕이 없었기 때문에 사람들은 자기 생각대로 행동했다.

7 유다 지파 가족에 속한 유다 베들레헴에 한 청년이 있었다. 그는 레위인으로서 그곳에 살고 있었다.

8 그 청년이 새 정착지를 찾기 위해 유다 베들레헴을 떠나 북쪽을 향해 가다가 에브라임 산지에 있는 미가의 집에 이르렀다.

9 그때 미가가 그에게 물었다. "너는 어디서 왔느냐?" 그가 대답했다. "나는 유다 베들레헴에 살던 레위인으로서 새롭게 정착할 곳을 찾으러 가고 있다."

10 미가가 그에게 말했다. "그렇다면 나와 함께 살며 나를 위해 우리 아버지 집의 제사장이 되라. 그러면 내가 해마다 은 10개와 의복 한 벌과 먹을 것을 주겠다." 이에 그 레위인이 미가의 집에 들어갔다.

11 그 레위인 청년은 미가와 함께 거주하는 것을 만족스러워했다. 그 청년은 미가의 아들 중 하나같이 지냈다.

12 미가가 그 레위 청년을 거룩하게 구별하여 그의 집에서 제사장으로 삼았고, 그는 미가의 집에서 살았다.

13 이에 미가가 말했다. "레위인이 내 집의 제사장이 되었으니 이제는 여호와께서 나에게 복을 주실 줄을 안다."

18 아직 이스라엘에 왕이 없었을 때 단 지파는 그때까지도 거주할 유업의 땅을 구하는 중이었다. 그들이 이스라엘 지파 가운데서 그때까지 유업을 분배받지 못했기 때문이다.

2 그래서 단 지파 자손은 소라와 에스다올에서 그들의 가족 가운데 용맹스러운 5명을 선택하여 정착할 땅을 정탐하고 오도록 했다. 그들이 떠날 때 단 지파 사람들이 그들에게 말했다. "너희는 두루 다니며 우리가 살 땅을 살펴보라." 이에 그들이 가는 도중 에브라임 산지에 가서 미가의 집에 이르러 그곳에서 숙박했다.

3 그들이 미가의 집에 머물고 있을 때

그 레위 청년의 목소리를 듣고 그에게 가서 물었다. "누가 너를 이곳으로 인도했으며, 네가 여기서 어떤 일을 하며, 그 대가로 무엇을 받느냐?"

4 그가 그들에게 대답했다. "미가가 해마다 은과 옷과 음식을 제공하는 조건으로[1] 나를 고용하여 자기의 제사장으로 삼았다."

5 그러자 그들이 레위인 청년 제사장에게 말했다. "그렇다면 우리를 위해 우리가 가는 길이 형통할지 하나님께 물어보고 우리에게 알려 주라."

6 이에 그 제사장이 그들에게 대답했다. "평안히 가라. 여호와께서는 너희가 가는 길을 지켜 주실 것이다."

7 이에 5명이 그곳을 떠나 북쪽에 있는 라이스에 이르러 그곳 주민들이 시돈 사람들이 사는 것처럼 태평스럽게 지내고 있는 것을 보았다. 그 땅에는 부족한 것이 없었다. 더구나 북서쪽으로 75km 떨어진 시돈 사람들과 거리가 멀었고, 어떤 아람 사람들과도 관계를 맺지 않고 살고 있었다.

8 이에 그들이 소라와 에스다올로 돌아가서 보고했다. 그러자 형제들이 그들에게 물었다. "너희가 살펴본 땅이 너희 보기에는 어떠하더냐?" 이에

9 그들이 대답했다. "일어나 그들을 정복하러 가자. 우리가 그 땅을 보니 살기에 매우 좋았다. 그러니 가만히 있지 말고 속히 그 땅을 취하자.

10 우리가 그곳에 가면 평화롭게 사는 그곳의 백성을 만나고, 그 땅은 넓고 세상에서 필요로 하는 것을 모두 갖추고 있다. 하나님은 그 땅을 우리에게 넘겨주셨다."

11 이에 단 지파의 가족 중 600명이 무기를 갖고 소라와 에스다올에서 출발하여

12 35km 정도 가서 유다 지파에 속한 기럇여아림에 진을 쳤다. 그곳의 이름을 오늘까지 '단의 진지'라는 뜻의 '마하네단'이라고 부르는데, 그곳은 기럇여아림 서쪽에 있다.

13 무리가 그곳을 떠나 에브라임 산지에 있는 미가의 집에 도착했다.

14 지난번에 라이스 땅을 정탐하러 갔던 5명이 그 형제들에게 말했다. "우리는 이 집에 에봇과 드라빔과 새긴 신상과 부어 만든 신상이 있는 것을 알고 있다. 이제 너희는 그것에 대해 어떻게 해야 할지를 생각하라."

15 그리고 5명이 레위 청년이 살고 있는 미가의 집에 이르러 그에게 문안했고,

16 단 자손 600명은 무기를 지닌 채 문 입구에 서 있었다.

17 앞서 그 땅을 정탐하러 갔던 5명이 미가의 집으로 들어가서 새긴 신상과 에봇과 드라빔과 부어 만든 신상을 가져가려고 할 때 그 청년 제사장은 무기를 지닌 600명과 함께 문 입구에 서 있었다.

18 이에 그 5명이 미가의 집에 들어가서 그 새긴 신상과 에봇과 드라빔과 부어 만든 신상을 가지고 나오자 그 제사장이 그들에게 물었다. "너희가 무슨 짓을 했느냐?"

19 그들이 청년 제사장에게 말했다. "조용히 하고 아무 말도 하지 마라.[2] 너는 우리와 함께 가서 우리 지파 아버지의 제사장이 되라. 네가 한 개인의 제사장이 되는 것과

1) 이러이러 하게   2) 네 손을 입에 대라

이스라엘의 한 지파, 한 족속의 제사장이 되는 것 가운데서 어느 것이 낫겠느냐?"

20 그 말을 들은 제사장이 흡족하게 여겨 에봇과 드라빔과 새긴 우상을 받아 가지고 단 자손의 백성에게로 갔다.

21 단 자손들은 어린 아이들과 가축과 값진 물건들을 앞에 세우고 길을 떠났다.

22 그들이 미가의 집을 떠나 멀리 갔을 때 미가의 집에 속해 있던 이웃집 사람들이 모여서 단 자손을 추격하여 따라 붙은 후

23 단 자손을 불렀다. 그러자 단 자손들이 뒤돌아 보며 미가에게 말했다. "네가 무슨 일로 이같이 사람을 모아 가지고 쫓아왔느냐?"

24 미가가 대답했다. "내가 만든 신들과 제사장과 내 것을 모조리 빼앗아 갔으면서 오히려 내게 무슨 일이냐고 묻느냐?"

25 단 자손이 그에게 말했다. "너는 우리에게 아무 소리도 하지 말라. 우리 가운데 성격이 급한 자[1]들이 너희를 쳐서 너와 네 가족을 죽일까 염려스럽다." 그러고는

📍성경지리   단(삿 18:29)

단(Dan)은 티베리아 북쪽 65km 지점으로 두로에서 다메섹까지 동서의 간선 도로와 남북 도로가 교차되는 지점에 있는 이스라엘의 북쪽 국경 도시였다. 지명의 뜻은 재판장이다. 원래의 이름은 라이스였으나(삿 18:29), 남쪽에 있던 단 족속이 점령한 후 그 조상의 이름을 따라 단이 개명하였다. 훗날 여로보암은 이곳에 금송아지를 만들어 놓고 숭배하게 함으로써 남유다의 르호보암에게 향하는 백성들의 인심을 돌리고자 했다. 여로보암의 이 조치는 결국 이스라엘을 멸망으로 이끌게 하는 원인이 되었다(왕상 12:25-30). 이스라엘은 자기들의 지역을 '단에서 브엘세바까지'로 말하고 있다(삼상 3:20). 현재도 이곳은 이스라엘과 레바논과의 국경지대에 있다.

---

26 단 자손이 자기 길을 갔다. 그러나 미가는 단 자손이 자기보다 강한 것을 보고 감히 대항하지 못하고 어쩔 수 없이 집으로 돌아갔다.

27 단 자손은 미가가 만든 것과 그 집의 제사장을 데리고 라이스에 도착했다. 그리고 그곳에서 아무 근심 없이 한가롭게 사는 백성들을 칼날로 쳐서 진멸하고 그 성읍을 불살랐으나

28 그들을 구해 줄 자가 없었다. 그 성읍은 베드르홉 가까운 골짜기에 있고, 시돈과 75km 멀리 떨어져 있어 왕래하는 사람도 없었기 때문이다. 단 자손이 그곳에 성읍을 세우고 거주하면서

29 이스라엘 12지파 중 한 사람에게서 태어난 그들의 조상 이름인 단을 따라 그 성읍을 '단'이라고 했다. 그 성읍의 본래 이름은 라이스였다.

30 단 자손은 자기들을 위해 미가에게서 빼앗은 새긴 신상을 세웠다. 그리고 모세[2]의 손자이며 게르솜의 아들인 요나단과 그의 자손은 단 지파의 제사장이 되어 그 땅 백성이 사로잡혀 가는 날까지 그 직무를 담당했다.

31 하나님의 성막 집이 실로에 있을 동안 미가가 만든 새긴 신상이 단 자손에게 있었다.

레위인 첩 사건과
베냐민 지파와의 전쟁

19 ●이스라엘에 아직 왕이 없을 때 에브라임 산지 산골에 사는 한 레위 사람이 있었다. 그는 유다 베들레헴의 여인을 첩으로 맞이했다.

2 그런데 그 첩이 크게 화가 나서[3] 남편을 떠나 유다 베들레헴에 있는

1) 노한자   2) 므낫세   3) 행음하고

그의 아버지의 집으로 가서 4개월 동안을 지냈다.

3 그러자 그의 남편이 그 여자를 좋게 타일러서 데려오기 위해 하인 한 사람과 나귀 2마리를 데리고 베들레헴에 있는 그에게로 갔다. 그러자 첩이 된 여자가 그를 인도하여 자기 친정인 아버지의 집에 들어가니 장인이 그를 보고 기쁘게 맞았다.

4 레위인의 장인인 그 여자의 아버지가 자기 집에 머물게 하자 그가 3일 동안 장인과 함께 먹고 마시며 지냈다.

5 그러다가 4일째 되던 날 아침 일찍 일어나 떠나려고 하자 장인이 그의 사위에게 말했다. "빵을 조금 먹고 기운을 차린 후 그때 떠나라."

6 이에 두 사람이 앉아서 함께 먹고 마실 때 장인이 사위에게 말했다. "하룻밤을 더 묵으며 즐겁게 보내다가 떠나라." 그러나

7 사위는 일어나 떠나려고 했다. 그때 그의 장인이 더 머물기를 간청하자 사위는 다시 그곳에서 하루를 더 머물렀다.

8 다섯째 날에 그가 아침 일찍 일어나 떠나려고 하자 그 장인이 또다시 말했다. "그대의 체력을 돋운 후 해가 기울 때 떠나라." 그래서 두 사람이 함께 먹은 후

9 그는 첩과 하인과 더불어 일어나 떠나고자 했다. 그의 장인이 사위에게 말했다. "지금은 날이 저물어 가니 이 밤도 머무르라. 오늘 밤 묵으면서 즐겁게 지내고 내일 아침 일찍 그대의 집으로 돌아가라."

10 그러나 이번에는 사위 된 레위 사람이 다시 밤 지내기를 거절하고 안장지운 나귀 2마리와 첩을 데리고 베들레헴을 떠나 13㎞ 떨어진 여부스 맞은편에 이르렀다. 여부스는 곧 예루살렘이다.

11 그들이 여부스 가까이 갔을 때는 해가 지고 있었다. 그때 종이 주인에게 말했다. "청컨대 우리가 돌이켜 여부스 사람의 성읍에 들어가서 숙박하시죠."

12-13 주인이 그에게 말했다. "이스라엘 백성에게 속하지 않은 이방 사람의 성읍으로 들어가지 말고 북쪽으로 6㎞쯤 떨어진 기브아나 라마 중 한 곳에 가서 숙박하자."

14 이에 일행이 계속 길을 가다가 베냐민 지파에 속한 기브아 가까이 이르러 해가 졌다.

15 그래서 기브아에서 숙박하기 위해 성 안으로 들어가서 성읍 장터 넓은 거리에 앉아 있었다. 그러나 그들을 집으로 영접하여 숙박하게 하는 자가 없었다.

16 어두워져 갈 저녁 때 밭에서 일을 마치고 돌아오는 한 노인이 있었다. 그는 본래 자기와 고향이 같은 에브라임 산지 사람으로 베냐민 자손의 지역인 기브아에 살고 있는 자였다.

17 노인이 눈을 들어 성읍 장터 넓은 거리에 나그네가 있는 것을 보고 그들에게 물었다. "당신들은 어디로 가며, 어디서 왔느냐?"

18 그가 대답했다. "우리는 유다 베들레헴에서 에브라임 산지 산골 마을로 가고 있습니다. 나는 에브라임 산지의 사람으로 유다 베들레헴에 갔다가 이제 실로에 있는 여호와의 집으로 가던 중인데, 나를 자기 집으로 영접하는 사람이 없어 거리에 있습니다.

19 우리에게는 나귀들에게 먹일 짚과

여물이 있고, 나와 아내와 종¹⁾이 먹을 양식과 포도주도 충분히 있습니다."

20 그 노인이 말했다. "그대가 필요한 것을 내가 돌볼 것이니 이런 길거리에서 자지 말라." 그리고

21 그들을 데리고 자기 집으로 영접하여 나귀에게 꼴을 먹이고, 그들에게 발 씻을 물과 음식을 주어 먹게 했다.

22 그들이 평안히 쉬고 먹으며 마음을 즐겁게 하고 있을 때 그 성읍의 불량배들이 몰려와 그 노인 집을 에워싸고 문을 두드리며 집주인인 노인에게 외쳤다. "네 집에 들어온 사람을 끌어내라. 우리가 그와 관계²⁾를 해야겠다."

23 집주인이 그들에게로 나와서 말했다. "내 형제들아, 그렇게 하지 마라. 부탁하니 그런 악행을 저지르지 말라. 이 사람이 내 집에 들어왔으니 이런 못된 짓을 하지 말라.

24 내게 시집가지 않은 딸과 이 사람의 첩이 있으니 내가 그들을 너희에게 줄 것이다. 너희가 그들을 욕보이든지 너희 눈에 좋은 대로 하되 오직 내 집에 온 이 사람에게는 이런 못된 짓을 하지 말라." 그러나

25 무리가 그 노인의 말을 듣지 않자 노인 집에 온 레위 사람이 자기 첩을 붙잡아 그들이 있는 집 밖으로 끌어내었다. 그러자 그들이 밤새도록 그 여자를 욕보이다가 새벽 동틀 때 놓아 주었다.

26 여인은 동틀 때부터 날이 밝을 때까지 남편이 묵고 있는 노인 집 문 앞에서 엎드러져 있었다.

27 그 첩의 남편³⁾이 일찍 떠나기 위해 문을 열자 자기 첩이 집 문에 엎드러져 있고, 그의 두 손이 문지방에

있는 것을 보고

28 그에게 말했다 "일어나라. 우리가 떠나가자." 그러나 아무 대답이 없었다. 이에 죽은 줄 알고 그의 시체를 나귀에 싣고 자기 집으로 돌아간 후

29 칼을 가지고 자기 첩의 시체를 거두어 그 마디를 찍어서 12토막으로 나누더니 그것을 이스라엘 사방으로 보냈다.

30 그것을 본 자가 다 이렇게 말했다. "이스라엘 백성이 애굽 땅에서 올라온 날부터 오늘까지 이런 끔직한 일은 일어나지도 않았고 보지도 못했다. 이 일에 대해 어떻게 할지 상의한 후 결정하자."

20 이 사건으로 인해 모든 이스라엘 백성이 단에서 브엘세바까지와 요단강 동쪽에 있는 길르앗 땅에서 나와 미스바에서 여호와 앞에 모였다.

2 이스라엘 모든 지파의 지휘관 어른들은 하나님의 백성의 총회 앞에 섰고, 칼을 빼는 보병은 40만 명이었다.

3 이스라엘 백성이 미스바에 모인 것을 베냐민 자손이 들었다. 이스라엘 백성이 물었다. "이 악한 일이 일어난 경위를 우리에게 말하라."

4 죽임을 당한 여인의 레위인 남편이 대답했다. "내가 내 첩과 함께 베냐민 자손에 속한 기브아에 하룻밤을 묵기 위해 갔다.

5 그런데 기브아 사람들이 나를 해치기 위해 밤에 내가 묵고 있던 노인 집을 에워싸고 나를 죽이려고 했다. 그러고는 내 첩을 욕보여 그를 죽게 했다.

---

1) 당신의 종인 우리와 함께한 청년   2) NIV, sex with   3) 주인

6 그래서 내가 내 첩의 시체를 집으로 가지고 온 후 토막을 내어 이스라엘이 분배받은 온 땅에 보냈다. 이렇게 한 것은 그들이 이스라엘 가운데서 음행과 해서는 안 될 못된 짓을 저질렀기 때문에 그것을 알리려고 한 것이다.

7 이스라엘 백성아, 너희가 다 이곳에 모였으니 이 일에 대해 어떻게 할지를 결정하라."

8 모든 백성이 일제히 일어나 말했다. "우리 중 한 사람도 자기 장막 집으로 돌아가지 말고

9 이제 기브아 사람에게 이렇게 행할 것이다. 곧 제비를 뽑되

10 우리가 이스라엘 모든 지파 가운데서 100명에 10명, 1,000명에 100명, 1만 명에 1,000명을 선발하자. 그리고 그들을 위해 양식을 준비하고, 그들에게 베냐민 자손에 속한 기브아로 가서 그 불량배 무리가 이스라엘 가운데서 해서는 안 될 못된 짓을 행한 대로 징계하게 할 것이다."

11 이같이 이스라엘 모든 지파 사람이 합심하여 기브아 성읍을 치기 위해 모였다.

12 모든 이스라엘 지파가 베냐민 지파에 사람들을 사방으로 보내 말했다. "너희 가운데 일어난 이 악행이 어찌 된 일이냐?

13 그러니 이제 기브아의 불량배들을 우리에게 넘기라. 우리가 그들을 죽임으로 이스라엘 가운데서 그런 끔찍한 악을 제거하게 하라." 그러나 베냐민 자손이 그들의 형제 지파인 이스라엘 자손의 말을 듣지 않았다.

14 오히려 각 지역 성읍들에 통지하여 사람들을 기브아에 모이게 하고 나가서 이스라엘 백성과 싸우고자 했다.

15 그때 베냐민 지역의 성읍들에서 나와 기브아에 모인 베냐민 자손의 수는 싸울 수 있는 자가 모두 2만 6,000명이었고, 그 외에 기브아 주민 가운데는 700명이었다.

16 소집된 자들 가운데서 왼손잡이가 700명이었는데, 그들 모두 물매로 돌을 머리카락을 향해 던지면 정확히 맞추는 자들이었다.

17 베냐민 자손을 치기 위해 소집된 이스라엘 사람으로 싸울 수 있는 자의 수는 40만 명이니 모두 용사였다.

18 이스라엘 백성이 일어나 미스바에서 벧엘로 올라가서 하나님께 물었다. "우리 가운데 누가 먼저 올라가서 베냐민 자손과 싸워야 하겠습니까?" 여호와께서 말씀하셨다. "유다가 먼저 올라가 싸우라."

19 이스라엘 백성이 아침에 일어나 19km 떨어진 기브아를 마주한 곳에 진을 쳤다.

20 이스라엘 사람이 베냐민 자손과 싸우기 위해 전열을 갖추고 기브아에서 싸우려고 하자

21 베냐민 자손이 기브아에서 나와 그날에 이스라엘 사람 2만 2,000명을 죽였다.

22 그러나 이스라엘 사람들이 스스로 용기를 내어 첫날과 같은 장소에서

📍성경지리   **기브아**(삿 20:4-14)

기브아(Gibeah, 삿 20:4)는 예루살렘 북쪽 약 6km 지점의 높은 곳에 있는 오늘날의 텔 엘 풀(Tell el-Ful, 콩의 언덕이란 뜻)로 지금은 짓다만 요르단 국왕의 별장이 있다. 사울의 고향이기도 해서 '사울의 기브아'(삼상 11:4, 15:34)라고 불리고, 베냐민 지파에 속했기 때문에 '베냐민에 속한 기브아'라고 불리기도 한다.

다시 전열을 갖추었다.

23 그리고 이스라엘 백성이 다시 벧엘로 올라가 여호와 앞에서 해질 때까지 울며 여호와께 물었다. "우리가 다시 나아가 내 형제 지파인 베냐민 자손과 싸워야 하겠습니까?" 여호와께서 말씀하시기를 "올라가서 싸우라"고 하셨다.

24 그 이튿날 이스라엘 백성이 베냐민 자손을 공격하러 가자

25 베냐민 자손도 기브아에서 이스라엘 자손을 치러 나와 다시 이스라엘 자손의 용사 1만 8,000명을 죽였다.

26 이에 온 이스라엘 자손이 벧엘로 올라가 울며 다시 여호와 앞에 앉아서 해가 질 때까지 금식하며, 번제와 화목제를 여호와 앞에 드렸다.

27 그때는 하나님의 언약궤가 그곳에 있었고,

28 아론의 손자인 엘르아살의 아들 비느하스가 언약궤를 모시는 제사장으로 있었다. 그때 이스라엘 백성이 여호와께 물었다. "우리가 또다시 나아가 내 형제 지파인 베냐민 자손과 싸워야 하겠습니까? 하지 말아야 하겠습니까?" 여호와께서 말씀하셨다. "올라가서 싸우라. 내일은 내가 그들을 너희 손에 넘겨주겠다."

29 이에 이스라엘이 다시 기브아로 가서 주위에 군사를 매복시켰다.

30 매복 셋째 날에 이스라엘 자손이 베냐민 자손을 공격하기 위해 올라가 전과 같이 기브아를 마주한 곳에서 전열을 갖추었다.

31 이때 베냐민 자손이 나와서 이스라엘 백성을 보았다. 이스라엘은 매복을 시켜 놓고 싸우다가 패한 척 물러갔다. 이에 베냐민 자손이 꾐에 빠져 성읍에서 나왔다. 그들이

한쪽은 벧엘로 올라가는 길이요, 다른 한쪽은 기브아의 들로 가는 길에서 이스라엘 자손을 쳐서 이전처럼 30명 가량을 죽이기 시작했다.

32 이에 베냐민 자손이 스스로 말했다. "이들이 틀림없이 처음과 같이 우리 앞에서 패해 도망한다." 그러자 이스라엘 백성이 말했다. "우리가 도망하는 척하며 그들을 성읍에서 큰길로 꾀어 이끌어내자." 그리고

33 이스라엘 사람이 모두 그들의 처소에서 일어나서 바알다말에서 전열을 갖추었다. 그 순간 이스라엘의 복병이 매복해 있던 기브아 주변 초장에서 뛰쳐나왔다.

34 이스라엘 사람 가운데서 선택한 1만 명이 기브아에 이르러 그들을 공격하니 싸움이 치열했다. 그러나 베냐민 사람은 화가 자기들에게 미친 줄을 알지 못했다.

35 여호와께서 이스라엘 앞에서 베냐민을 치셨고, 그날 이스라엘 자손은 베냐민 자손의 용사 2만 5,100명을 죽였다.

36 이렇게 추격하던 베냐민 자손은 자기들이 패한 것을 깨달았다. 그것은 이스라엘 사람이 기브아에 매복한 군사를 믿고 잠깐 베냐민 사람 앞에서 도망하는 척하는 사이에

37 복병이 급히 나와 기브아 성읍으로 돌진하여 칼로 온 성읍을 쳤기 때문이다.

38 싸움 전에 이스라엘 사람과 복병은 성읍에서 큰 연기가 치솟는 것으로 공격 신호를 삼자고 약속했다.

39 이때 이스라엘은 매복을 시켜 놓고 싸우다가 패한 척 물러갔다. 이에 베냐민 자손 사람이 꾐에 빠져

성읍에서 나와 이스라엘 사람 30명 가량을 죽이기 시작했다. 그러자 베냐민 자손이 말했다. "이들이 틀림없이 처음과 같이 우리 앞에서 패해 도망한다."

40 결국 기브아성이 불타 연기 구름이 기둥처럼 성읍 가운데서 치솟을 때 이스라엘 자손을 추격하던 베냐민 사람이 뒤를 돌아보아 온 성읍에 연기가 하늘에 닿은 것을 보았다.

41 이를 계기로 이스라엘 사람은 도망하다 돌아섰고, 추격하던 베냐민 사람들은 화가 자기들에게 미친 것을 보고 크게 놀라

42 추격하던 길에서 돌아서 유대광야 길로 도망했다. 그러나 이스라엘 군사가 급히 추격하며 각 성읍에서 나온 자를 진멸시켰다.

43 또 그들이 베냐민 사람을 포위하고 기브아 동쪽 앞까지 추격하며 잠시 쉬고 있는 그들을 짓밟자

44 베냐민 가운데서 죽은 용사가 1만 8,000명이나 되었다.

45 남은 자가 방향을 바꿔 유대광야로 도망했으나 이스라엘 자손이 림몬 바위가 있는 큰길에서 다시 5,000명을 이삭 줍듯 죽이고, 계속 추격하여 그 뒤를 따라 기돔에서 다시 2,000명을 죽였다.

46 이날 베냐민 용사 2만 5,000명이 죽었다.

47 베냐민 사람의 패잔병 600명은 유대광야로 도망하여 림몬 바위가 있는 곳에서 4개월 동안 숨어 지냈다.

48 이스라엘 사람이 추격을 멈추고 돌아와서 베냐민 자손의 지역에 있는 온 성읍과 가축과 만나는 자를 모두 칼로 치고 성읍은 점령하는 대로 모두 불살랐다.

21 베냐민 자손을 징벌한 후 이스라엘 사람들이 미스바에 모여 맹세했다. "우리의 딸은 결코 베냐민 사람에게 시집보내지 않을 것이다."

2 그리고 이스라엘 백성이 벧엘에 도착하여 그곳에서 저녁까지 하나님 앞에 앉아서 큰 소리로 울며

3 말했다. "이스라엘의 하나님이여, 왜 이스라엘에 이런 일이 일어나 오늘 이스라엘 가운데 한 지파가 없어지게 하십니까?"

4 이튿날 백성이 일찍 일어나 그곳에 제단을 쌓고 번제와 화목제를 드렸다.

5 그때 이스라엘 백성이 말했다. "이스라엘 온 지파 가운데 이번 모임에 참여하지 않고 여호와 앞에 올라오지 않은 자가 누구냐?" 그들이 "미스바에 와서 여호와 앞에 나오지 않은 자는 반드시 죽일 것이다"라고 단단히 맹세했다.

6 이스라엘 자손이 그들의 형제 지파인 베냐민 자손을 위해 이렇게 뉘우쳤다. "오늘 이스라엘 가운데 한 지파가 끊어졌도다.

7 그 남은 자들을 위해 우리가 어떻게 하면 아내를 얻게 할 수 있겠는가? 우리가 우리의 딸을 그들 베냐민 지파에게 시집보내지 않겠다고 맹세했다."

8 이어 "이스라엘 지파 가운데 미스바로 와서 여호와께 나오지 않은 자가 누구냐?" 그때 요단강 동쪽의 길르앗 야베스에서는 한 사람도 진영에 이르러 모임에 참여하지 않았다.

9 그래서 싸우러 나간 자들을 점검해 보니 길르앗 야베스 주민은 한 명도 없는 것이 드러났다.

10 이에 이스라엘의 모인 무리 가운데 용감한 1만 2,000명의 용사를 길르앗 야베스로 보내며 그들에게 명령했다. "너희는 가서 길르앗 야베스 주민과 부녀와 어린 아이를 칼로 쳐 죽이라.

11 너희는 모든 남자와 남자와 잠자리를 한 여자를 진멸하라."

12 이에 그들이 요단강 동쪽에 있는 길르앗 야베스로 가서 그곳 주민 가운데서 남자를 알지 못한 젊은 처녀 400명을 잡아 왔다. 그들을 115km 정도 떨어진 실로 진영으로 데려오니 실로는 가나안 땅에 있다.

13 이스라엘의 모인 무리가 림몬 바위에 숨어 있는 베냐민 자손에게 사람을 보내 죽이지 않겠다고 화해를 선포하자

14 그때 숨어 있던 베냐민 자손들이 돌아왔다. 이에 이스라엘 사람이 길르앗 야베스 여자 가운데서 살려 둔 남자를 알지 못한 여자들을 베냐민 자손의 남자들에게 아내로 주었으나 그래도 여자가 부족했다.

15 이에 이스라엘 자손들이 베냐민 자손을 위해 뉘우쳤으니 이는 여호와께서 이스라엘 지파들 가운데 한 지파를 갈라놓으셨기 때문이다.

16 이스라엘 자손의 모임에 있는 장로들이 말했다. "베냐민 자손의 여인이 모두 진멸되었으니 이제 그 아내를 얻지 못한 남은 자들에게 어떻게 해야 아내를 얻게 할 수 있을까?"

17 또 말했다. "베냐민 자손 중 도망하여 살아남은 자에게 마땅히 유업이 있어야 할 것이다. 그러면 이스라엘 가운데 한 지파가 사라지는 것을 막을 수 있다.

18 그러나 우리는 '우리의 딸을 베냐민 자손에게 아내로 주는 자는 저주 받을 것이다'라고 맹세했기 때문에 딸을 그들의 아내로 주지 못할 것이다."

19-20 그들이 계속해서 베냐민 자손에게 말했다. "보라, 벧엘 북쪽 18km 지점에 있는 르보나 남쪽에서 세겜으로 올라가는 큰길 동쪽에 있는 실로에서 해마다 여호와의 명절인 초막절이 있다. 그러니 너희는 가서 포도밭에 숨어 있다가

21 실로의 여자들이 춤을 추러 나오는 것을 보면 포도밭에서 나와 실로의 딸들 가운데서 각자 한 명씩 붙잡아 베냐민 땅으로 돌아가서 아내로 삼으라.

22 만일 그의 아버지나 형제가 와서 왜 이렇게 했느냐고 따지면 우리가 그들에게 이렇게 말할 것이다. '너희는 우리에게 은혜를 베풀어 그들을 우리에게 주기를 원한다. 우리가 전쟁할 때 각 사람을 위해 그의 아내를 얻어 주지 못했고, 너희가 자청해서 너희 딸을 그들에게 준 것이 아니기 때문에 너희에게는 죄가 없을 것이다.'"

23 그러자 베냐민 자손이 이스라엘 자손의 말대로 행하여 실로에서 춤추는 여자들 가운데서 각자 한 명씩 붙잡아 아내로 삼아 자기 유업으로 받은 땅으로 돌아갔다. 그리고 그곳에서 성읍들을 건축하고 거주했다.

24 그때 이스라엘 백성이 그곳에서 자기 유업이 있는 자기의 지파, 자기의 가족에게로 돌아갔다.

25 그때까지 이스라엘에 왕이 없었기 때문에 사람들은 각자 자기의 생각대로 행했다.[1]

1) 삿 17:6

제목 히브리어 성경에는 룻의 이름을 따라 루트 , 70인역에도 같은 맥락으로 류트라고 했다.

기록연대 기원전 11세기말경 **저자** 미상, 사무엘, 히스기야 등 주장 **중심주제** 룻의 이야기

내용소개 * 룻의 결심(안식을 잃음) 1. 모압으로 떠남, 베들레헴으로 귀향 1장
* 룻의 헌신(안식 구함) 2. 보아스와 대면, 시모를 봉양 2장
* 룻의 구속자(안식 구함) 3. 나오미의 계획, 기업무를 자 3장
* 룻의 기쁨(안식을 얻음) 4. 보아스와 결혼, 다윗의 계보 4장

엘리멜렉과 그 가족의 모압 이주

1 ● 사사들이 이스라엘을 다스리던 때 그 땅에 흉년이 들었다. 이에 유다 지역의 베들레헴에 살던 한 사람이 그의 아내와 두 아들을 데리고 요단강 동쪽의 모압 지방에 가서 살았다.

2 그는 바로 엘리멜렉이요, 그의 아내는 나오미요, 그의 두 아들은 말론과 기룐이었다. 그들 온 가족이 모압 지방으로 이주하여 그곳에서 사는 도중

3 엘리멜렉은 죽고 아내인 나오미와 그의 두 아들이 남았다.

4 남편인 엘리멜렉이 죽은 후 그 두 아들은 모압 여자 가운데서 아내를 맞이했는데 하나의 이름은 오르바요, 하나의 이름은 룻이었다. 그들이 모압 땅에 거주한 지 10년쯤 되었을 때

5 말론과 기룐 두 아들마저 죽고 나오미는 홀로 남았다.

나오미와 룻이 베들레헴으로 옴

6 ● 그러던 어느 날 나오미는 여호와께서 자기 백성을 돌보셔서 그들에게 가뭄이 끝나고 풍년[1]을 주셨다는 소식을 들었다. 이에 두 며느리와 함께 일어나 모압 지방에서 고향으로 돌아가기 위해 살던 곳을 떠나

7 두 며느리와 함께 유다 땅으로 돌아가다가

8 나오미가 두 며느리에게 말했다. "너희는 친정으로 돌아가라. 너희가 죽은 남편들과 시어미 된 나를 잘 대해 준 것처럼 여호와께서 너희에게 호의를 베푸시기 원한다.

9 또 여호와께서 너희에게 각기 남편의 집에서 위로 받게 하시기를 바란다." 그리고 두 며느리에게 입을 맞추니 그들이 큰 소리로 울며

10 나오미에게 말했다. "아닙니다. 우리는 어머니의 백성에게로 같이 돌아가겠습니다."

11 그러자 나오미가 다시 말했다. "내 딸들아, 돌아가라. 너희가 왜 나와 함께 가려고 하느냐? 내 태중에 너희의 남편 될 아들들이 없지 않느냐?

12 그러니 네 친정으로 돌아가라. 나는 늙었기 때문에 남편을 두지 못한다. 설사 내가 아들을 낳을 소망이 있다든지, 오늘 밤에 남편을 두어 아들들을 낳는다고 해도

13 너희가 어찌 그들이 자라기를 기다릴 수 있겠느냐? 어찌 남편 없이 그 긴 기간을 지낼 수 있겠느냐? 내 딸들아, 그렇지 않다. 여호와의 손이 나를 치셨기에 나는 너희로 인해 더욱 마음이 아프다."

14 그들이 그 소리를 듣고 큰 소리로

1) 양식

다시 울었다. 그리고 오르바는 그의 시어머니에게 입을 맞추고 떠났으나, 룻은 그에게 매달리며 떠나지 않았다.

15 오르바가 떠난 후 나오미가 룻에게 말했다. "보라, 네 동서는 자기 백성과 그의 신들에게로 돌아가니 너도 네 동서를 따라 친정으로 돌아가라."

16 룻이 대답했다. "내게 어머니를 떠나 돌아가라고 강권하지 마세요. 어머니께서 가시는 곳에 나도 가고, 어머니께서 머무시는 곳에 나도 머물 것입니다. 어머니의 백성이 내 백성이 되고, 어머니의 하나님께서 내 하나님이 되십니다.

17 어머니께서 죽으시는 곳에서 나도 죽어 그 곁에 묻힐 것입니다. 만일 내가 죽는 경우 외에 어머니를 떠나면 여호와께서 나에게 벌을 내리셔도 좋습니다."

18 나오미는 룻이 자기와 함께 가기로 굳게 결심한 것을 보고 그에게 떠나라고 하는 말을 더 이상 하지 않았다.

19 이에 그 두 사람이 유다 지역에 있는 베들레헴으로 향했다. 이들이 베들레헴 가까이에 왔을 때 온 성읍 사람들이 그들로 인해 떠들며 말했다. "저 여인은 '희락'이라는 뜻의 나오미가 아니냐?"

20 그러자 나오미가 그들에게 말했다. "나를 더 이상 나오미라고 부르지 말고 나를 '괴로움'이라는 뜻의 마라라고 부르라. 이는 전능하신 자가 내게 큰 고통을 주셨기 때문이다.

21 내가 많은 재물을 갖고 베들레헴을 떠나갔으나 여호와께서는 나를 빈 손으로 돌아오게 하셨다. 여호와께서 나에게 벌을 내리셨고 전능하신 자가 내게 고통을 주셨는데, 너희가 왜 나를 나오미라고 부르느냐?"

22 나오미가 모압 지방에서 며느리인 모압 여인 룻과 함께 베들레헴에 돌아왔을 때는 보리 추수를 시작할 시기인 4~5월경이었다.

룻이 보아스를 만남

2 ● 나오미의 남편이었던 엘리멜렉의 친족 가운데 부요한 자가 있었는데, 그의 이름은 보아스이다.

2 하루는 모압 여인 룻이 나오미에게 물었다. "내가 누구의 밭으로 가야 친절한 사람을 만나 그에게 허락을 받아1) 그의 밭에서 이삭을 주울 수 있겠습니까?" 나오미가 그에게 말했다. "내 딸아, 가라." 이에

3 룻이 가서 추수하는 자의 뒤를 따라가며 밭에서 이삭을 줍다가 우연히 엘리멜렉의 친족인 보아스의 밭에까지 가게 되었다.

4 마침 보아스가 베들레헴에서 나와 추수하는 자들에게 말했다. "여호

1) 은혜를 입어

와께서 너희와 함께하시기를 바란다." 그들이 대답했다. "여호와께서 당신에게도 복 주시기를 원합니다."

5 보아스가 추수하는 자들을 관리하는 종에게 묻기를 "저 젊은 여자는 누구냐?"라고 하니

6 추수하는 자를 관리하는 종이 대답했다. "이는 나오미와 함께 모압 지방에서 돌아온 모압 여자[1]입니다.

7 그가 추수하는 자의 뒤를 따라다니며 단 사이에서 이삭을 줍게 해 달라고 부탁했습니다. 그러고는 아침부터 와서 잠시 쉰 것 외에는 지금까지 계속해서 이삭을 줍고 있습니다."

8 보아스가 룻에게 말했다. "내 딸아, 너는 이삭을 주우러 다른 사람의 밭으로 가지 말고 내 밭에서 내 집 여종 소녀들과 함께 있으라.

9 그러면서 그들이 곡식 베는 밭을 보고 그들의 뒤를 따라가며 이삭을 주우라. 내가 그 일꾼 소년들에게 너를 건드리지 말라고 단단히 일러 두었다. 네가 목이 마르면 물통 그릇이 있는 곳으로 가서 일꾼들이 길어 온 물을 마시라."

10 룻이 그 앞에 엎드려 얼굴을 땅에 대고 절하며 말했다. "이방 여인인 내게 어찌 이런 은혜를 베풀며 나를 돌보십니까?"

11 보아스가 그에게 대답했다. "나는 네 남편이 죽은 이후부터 네가 시어머니를 극진히 봉양한 것과 네 고국과 부모를 떠나 낯선 백성에게로 온 것을 분명히 들었다.

12 그러니 여호와께서 네가 행한 일에 보답해 주시기를 원하며, 이스라엘의 하나님께서 그의 날개 아래에 보호를 받으러 온 네게 그에 상응하는 상을 주시기 원하노라."

13 룻이 보아스에게 말했다. "내 주여, 내가 당신께 은혜를 받기 원합니다. 나는 당신의 여종만도 못하지만 당신이 이 여종의 마음을 기쁘게 하는 말씀으로 위로해 주셨습니다."

14 식사 시간이 되자 보아스가 룻에게 말했다. "이리 와서 빵을 먹으며 네 빵 조각도 소스[2]에 찍어 먹으라." 이에 룻이 추수하는 자 곁에 앉자 보아스가 볶은 곡식을 룻에게 주었고 그가 배불리 먹고 남았다.

15 룻이 이삭을 줍기 위해 일어날 때 보아스가 자기 일꾼 소년들에게 "그녀에게 곡식단 사이에서 줍게 하고 나무라지 말며,

16 그가 쉽게 이삭을 줍도록 곡식 다발에서 조금씩 흘려 버리라"고 일렀다.

17 룻이 보아스의 밭에서 저녁까지 이삭을 주운 후 그 이삭을 떨어보니 보리가 22리터 되는 1에바쯤 되었다.

18 그것을 가지고 성 안으로 들어가서 시어머니에게 그 주운 것을 보이고, 그가 보아스 밭에서 배불리 먹고 남긴 것을 건네 시어머니에게 드렸다.

19 시어머니가 그에게 말했다. "오늘은 누구 밭에서 이삭을 주웠느냐? 어디서 일했느냐? 너를 너그럽게 대해 준 자에게 복이 임하기를 원한다." 룻이 시어머니에게 말했다. "오늘 이삭을 줍게 해준[3] 사람의 이름은 보아스입니다."

20 나오미가 자기 며느리에게 말했다.

---

1) 소녀   2) 초   3) 일하게 한

"그가 여호와께 복 받기를 원한다. 그가 산 사람이나 죽은 자에게 계속 은혜를 베풀고 있다." 나오미가 또 룻에게 말했다. "그 사람은 우리와 가까운 친척이니 그는 우리가 판 땅을 다시 사서 되돌려줄 자 가운데 한 사람이다."

21 모압 여인 룻이 말했다. "그가 나에게 '내 밭의 추수가 끝날 때까지 너는 내 일꾼 소년들에게 가까이 있으라'고 말했습니다." 그러자

22 나오미가 룻에게 말했다. "내 딸아, 너는 그의 여종 소녀들과 함께 나가고 다른 사람의 밭에서 사람을 만나지 않는 것이 좋겠다."

23 이에 룻이 보아스의 소녀 일꾼들에게 가까이하며, 보리와 밀 추수가 끝날 때까지 이삭을 주우면서 그의 시어머니를 봉양하며 함께 살았다.

룻과 보아스가 가까워짐

3 ● 하루는 나오미가 며느리인 룻에게 말했다. "내 딸아, 내가 너를 위해 안식할 가정을 마련하여 네가 행복하게 살도록 해야 하지 않겠느냐?

2 네가 함께 하던 하녀 일꾼들을 거느린 보아스는 우리의 친족이다. 이제 그가 오늘 밤에 타작 마당에서 보리를 타작할 것이다.

3 그러니 너는 목욕을 하고, 기름을 바르고, 의복을 갈아입고, 타작 마당으로 가서 그가 식사를 마칠 때까지 그에게 나타나지 말라. 그리고

4 그가 누울 때 너는 그가 자는 곳을 알아 두었다가 살며시 들어가서 그의 발쪽 이불을 들고 그곳에 누우라. 그러면 그가 네가 어떻게 해야 할지 알려줄 것이다."

5 룻이 시어머니에게 대답했다. "내가 어머니의 말씀대로 행하겠습니다."

6 룻이 보아스의 타작 마당으로 가서 시어머니가 시키는 대로 행했다.

7 보아스가 먹고 마신 후 마음이 즐거워 곡식단 더미의 끝에 가서 누웠다. 이에 룻이 조용히 들어가 그의 발끝에 있는 이불을 들고 그곳에 누웠다.

8 밤중에 보아스가 놀라 몸을 돌이켜 보니 한 여인이 자기 발끝에 누워 있었다.

9 그가 "너는 누구냐?"라고 하자 룻이 대답했다. "나는 당신의 여종 룻입니다. 당신의 옷자락을 펴서 당신의 여종을 덮으십시오. 제가 이렇게 한 것은 당신이 저를 맡아야 할 친척[1]이기 때문입니다."

10 보아스가 말했다. "내 딸아, 여호와께서 네게 복 주시기를 원한다. 네가 가난하거나 부하거나 젊은 자를 따를만하지만 그렇게 하지 않고 이렇게 효성을 베푸니 네가 베푼 사랑이 처음보다 나중이 더 크구나.

11 내 딸아, 이제는 두려워하지 말라. 내가 네 말대로 네게 다 행할 것이다. 네가 현숙한 여자라는 것을 이 성에 사는 사람들은 다 알고 있다.

12 나는 기업 무를 자가 틀림 없지만 그런 책임을 나보다 더 우선적으로 가진 사람이 있다.

13 그러니 오늘 밤은 이곳에서 머물러 있으라. 아침에 나보다 먼저 기업 무를 자가 네게 이행하면 좋겠지만 그렇게 하지 않고 그 책임을 포기하면 여호와께서 살아계심을 두고 맹세한다. 내가 그 기업 무를

---

1) 기업 무를 자

사무엘상

1 Samuel

제목 히브리어 성경에는 상하 구분이 없었다가 70인역에서 상하로 구분했다.

기록연대 기원전 930~900년경   **저자** 사무엘(탈무드)   **중심주제** 사사와 왕정시대의 과정

한나의 기도와 사무엘의 출생

1 ● 에브라임 산지의 라마다임소빔에 에브라임 사람 '엘가나'가 있었다. 그는 숩의 4대 손이며, 도후의 증손이며, 엘리후의 손자이며, 여로함의 아들이다.

2 그에게는 한나와 브닌나라는 두 아내가 있었다. 브닌나에게는 자식이 있었으나 한나에게는 자식이 없었다.

3 엘가나는 해마다 자기 성읍 라마다임소빔에서 나와서 동쪽으로 37km 떨어져 있는 실로로 올라가서 만군의 여호와께 예배하며 제사를 드렸다. 그 당시 엘리의 두 아들 홉니와 비느하스가 실로에서 여호와의 제사장으로 있었다.

4·5 엘가나는 제사를 드리는 날에 제물의 몫을 한나에게 그의 또 다른 아내인 브닌나와 그의 모든 자녀보다 두 배를 더 주었다. 그 이유는 그만큼 그를 향한 사랑이 컸기 때문이다. 그러나 여호와께서는 한나에게 임신을 허락하지 않으셨다.

6 이에 브닌나가 한나의 감정을 크게 상하게 하여 괴롭게 했다.

7 해마다 한나가 실로에 있는 여호와의 장막 집에 올라갈 때마다 남편이 그같이 한나에게 두 배의 몫을 주자 브닌나가 한나의 감정을 더욱 상하게 하니 그가 울고 먹지 않았다.

8 그러자 그의 남편 엘가나가 그에게 말했다. "한나여, 왜 울며 먹지 않느냐? 왜 그대는 슬퍼하느냐? 내가 그대를 10명의 아들보다 더 사랑하지 않느냐?"

9 엘가나의 가족들이 실로에서 먹고 마신 후 한나가 자리에서 일어나자 그때 엘리 제사장은 여호와의 장막 문설주 곁에 있는 의자에 앉아 있었다.

10 한나가 마음이 심히 괴로워서 여호와께 울며 기도했다. 그리고

11 이렇게 서원했다. "만군의 여호와여, 주의 여종의 고통을 살펴보십시오. 주께서 계집종의 소원을 저버리지 않으시고 주의 여종에게 아들을 주시면 내가 그의 생애를 여호와께 드리고 그의 머리도 깎지 않겠습니다."

12 한나가 여호와 앞에서 오랫동안 기도하는 중에 엘리가 그의 입을 주목해 보았다.

13 그때 한나가 속으로 말하고 입술만 움직이고 소리는 들리지 않으므로 엘리 제사장은 그가 술에 취한 줄로 생각하고

14 그를 꾸짖었다. "네가 언제까지 술에 취해 있겠느냐? 포도주를 끊으라."

15 한나가 제사장에게 대답했다. "내

주여, 내가 취한 것이 아닙니다. 내 마음이 심히 슬픈 가운데 있습니다. 나는 포도주나 독주를 마신 것이 아니라 단지 여호와 앞에 내 심정을 토로한 것뿐입니다.

16 당신의 여종을 술 취한[a] 여자로 보지 마시기 바랍니다. 내가 지금까지 말한 것은 원통하고 너무 괴롭고 슬프기 때문입니다."

17 그러자 엘리 제사장이 대답했다. "평안히 가라. 이스라엘의 하나님께서 네가 간구한 것을 이루어 주시기를 원한다."

18 그러자 한나가 말했다. "당신의 여종이 당신께 은혜를 입기 원합니다." 그리고 가서 먹은 뒤 얼굴에서 근심이 사라졌다.

19 엘가나 가족들이 아침 일찍 일어나 여호와 앞에 경배하고, 라마다 임소빔에 있는 자기 집으로 돌아갔다. 이후 엘가나가 그의 아내 한나와 동침하니 여호와께서 한나를 생각하시므로

20 한나가 임신했다. 때가 되자 아들을 낳고 '사무엘'이라고 이름을 지었다. 그렇게 이름을 지은 것은 '내가 여호와께 아들을 구하여 얻었다'라고 했기 때문이다.

21 이후 엘가나와 그의 온 집이 여호와께 매년 드리는 제사와 서원제를 드리기 위해 실로에 있는 하나님 장막으로 올라갈 때

22 한나는 집에 그대로 머물며 그의 남편에게 말했다. "내가 올라가지 않고 아이 젖을 뗀 후 내가 그를 데려가서 여호와 앞에 뵙게 하고 그곳에 영원히 있도록 할 것입니다."

23 그의 남편 엘가나가 그에게 말했다. "당신 좋은 대로 하여 그를 젖 떼기까지 집에서 기다리라. 오직

여호와께서 그의 말씀대로 이루시기를 원한다." 이에 한나가 실로로 올라가지 않고 그의 아들을 양육하며 젖을 뗄 때까지 기다렸다.

24 그리고 한나는 젖을 뗀 후 아이와 함께 수소 3마리와 22리터 되는 밀가루 1에바와 포도주 한 가죽 부대를 가지고 실로에 있는 여호와의 장막 집으로 올라갔다.

25 한나와 어린 사무엘이 실로에 도착하여 수소를 잡고 아이를 데리고 엘리 대제사장에게로 가서

26 한나가 말했다. "주여, 당신께 굳게 맹세합니다. 나는 이전에 여기서 내 주 당신 곁에 서서 여호와께 기도했던 여자입니다.

27 내가 아이를 위해 기도했더니 그 기도한 대로 여호와께서 나에게 아들을 주셨습니다.

28 그러므로 내가 서원한 대로 그 아들의 생애를 여호와께 드립니다." 그리고 그가 그곳에서 여호와께 경배했다.

2 한나는 이렇게 기도했다. "주께서는 내 마음에 즐거움을 주셨습니다. 그래서 내가 얼굴을 들 수 있게 되었습니다.[b] 내 원수들에게 승리를 얻게 하시니, 이는 주께서 나를 구원하신 기쁨이 크기 때문입니다.

2 여호와와 같이 거룩하신 분은 없습니다. 주밖에 다른 이가 없고, 우리 하나님 같은 반석도 없습니다.

3 너희는 심히 교만한 말을 다시는 하지 말고, 오만한 말도 너희 입에서 내지 말라. 여호와는 지식의 하나님이시니 사람의 행동을 심판하신다.

4 용사의 활은 꺾이지만 약해 넘어진

---

1) 악한   2) 내 뿔이 여호와로 말미암아 높아졌으며

자는 힘을 다시 얻었도다.

5 한때 풍족하던 자들은 양식을 위해 품을 팔지만, 굶주리던 자들은 다시 굶주리지 않는다. 전에 임신하지 못하던 자는 자식 7명을 낳지만, 많은 자녀를 둔 자는 홀로 남는다.

6 여호와께서는 죽이기도 하시고 살리기도 하시며, 죽은 자가 있는 곳인 스올로 내리기도 하시고 그곳에서 올리기도 하신다.

7 여호와께서는 가난하게도 하시고 부하게도 하시며, 낮추기도 하시고 높이기도 하신다.

8 여호와는 가난한 자를 흙 먼지에서 일으키시며, 궁핍한 자를 거름더미에서 끌어올려 귀족들과 함께 앉게 하시며, 영광스러운 자리를 차지하게 하신다. 땅의 기초들은 여호와의 것이다. 여호와께서는 그 기초 위에 세계를 세우셨다.

9 여호와는 거룩한 자, 성도들의 발걸음을 지키시며, 악인들을 흑암 가운데서 멸망시키실 것이니 사람의 힘으로는 이길 수 없다.

10 여호와를 대적하는 자는 산산이 깨어지리니 하늘에서 벼락으로 그들을 치실 것이다. 여호와께서는 땅끝까지 심판을 내리시고, 자기가 기름 부어 세운 왕에게 힘을 주시며, 승리하게 하실[1] 것이다."

11 엘가나는 라마다임소빔에 있는 자기 집으로 돌아가고, 그 아들 사무엘은 엘리 제사장 앞에서 여호와를 섬겼다.

엘리의 아들들이 저지른 악행과 사무엘의 성장

12 ● 엘리 대제사장의 아들들은 여호와를 두려워할 줄 몰랐고 그 행실이 나빴다.

13 그의 두 아들 역시 제사장으로 그들이

백성들에게 제사장으로서 지켜야 할 규정을 무시하는 행동은 이러했다. 곧 어떤 사람이 제사를 드리고 그 고기를 삶을 때 제사장의 수종자는 손에 3개 살이 있는 갈고리를 가지고 와서

14 그것으로 냄비에나 솥에나 큰 솥에나 가마에 갈고리를 찔러 넣어 걸려 나오는 고기는 제사장이 자기 것으로 가졌다. 이 엘리의 두 아들 제사장들은 실로에 찾아와 제사를 드리는 모든 이스라엘 사람을 이같이 괴롭혔다.

15 뿐만 아니라 기름을 태우기 전에 제사장의 수종자를 보내 제사 드리는 사람에게 "제사장에게 구워 드릴 고기를 내놓으라. 그분이 네게 삶은 고기를 원하지 않고 날것을 원하신다"라고 시키면

16 제사를 드리는 사람이 말하기를 "반드시 먼저 제물로 드리는 고기의 기름을 태운 후 네가 원하는 대로 가져가라"고 했다. 그가 말하기를 "아니다. 태우기 전에 지금 고기

역사 & 배경   사무엘서의 역사적 배경과 내용

사무엘상은 사사 시대 말기부터 다윗왕의 통치가 끝나는 때까지 약 125년 동안(BC 1140-1015년)의 이스라엘 역사가 어떻게 신정에서 왕정으로 발전해가는가를 기술하고 있다. 첫째, 사무엘이 사사 직분에 이르기까지의 기간이다(1-7장). 이때는 이스라엘의 영적 암흑기로서 사무엘에 의해 신정 왕국으로서의 이스라엘이 하나님 안에서 일신하는 역사가 소개되고 있다. 둘째, 초대 왕 사울의 선택에서 폐위 때까지의 기간이다(8-15장). 이스라엘은 결코 인본주의적 지상 왕국을 꿈꾸어서는 안되며, 오직 신본주의적 하나님 나라를 지향해야 함을 일깨워주고 있다. 셋째, 사울 대신에 하나님께서 선택하신 다윗의 등장과 두 세력 간의 긴 대결 기간이다(16-31장). 이때까지도 블레셋의 세력은 여전히 위협적이었다.

[1] 뿔을 높이실

를 가져오라. 그렇지 않으면 내가 강제로 빼앗을 것이다"라고 했다.

17 이 엘리의 두 아들 소년 제사장들의 죄가 여호와 앞에 심히 컸다. 그것은 그들이 여호와의 제사를 멸시했기 때문이다.

18 사무엘은 어렸을 때부터 세마포 에봇을 입고 여호와 앞에서 섬겼다.

19 그의 어머니는 해마다 드리는 제사를 위해 남편과 함께 37㎞ 떨어진 실로에 있는 하나님의 장막으로 올라갈 때마다 겉옷을 지어다가 아들 사무엘에게 주었다.

20 엘리 대제사장이 엘가나와 그의 아내를 축복했다. "여호와께서 이 여인으로 인해 네게 다른 자식을 주어 그가 여호와께 간구하여 얻은 아들을 하나님께 바친 것을 대신하게 하시기를 원한다." 축복을 받은 엘가나와 그 아내가 자기 집으로 돌아가니

21 여호와께서 한나를 돌아보셔서 한나가 아들 3명과 딸 2명을 더 낳았다. 아이 사무엘은 여호와 앞에서 성장했다.

22 엘리가 나이 많아 늙었다. 그는 자기 아들들이 온 이스라엘에게 행한 악행과 성막 문에서 수종 드는 여인들과 동침했다는 소식을 듣고

23 아들들에게 말했다. "너희가 어찌 이런 악한 일을 하느냐? 내가 너희의 악행을 이 모든 백성에게서 듣고 있다.

24 내 아들들아, 그런 악행을 저지르지 말라. 내게 좋지 않은 소문이 들리니 너희가 여호와의 백성에게 죄를 짓도록 만들고 있다.

25 사람이 사람에게 죄를 지으면 하나님[1]이 심판하시지만, 사람이 여호와께 죄를 지으면 누가 그를 위해 용서의 기도를 올리겠느냐?" 그러나 그들은 아버지의 말을 듣지 않았다. 이는 여호와께서 그들을 죽이기로 작정하셨기 때문이다.

26 아이 사무엘은 자라면서 여호와와 사람들에게 더욱 사랑을 받았다.

27 하나님의 사람이 엘리 대제사장에게 와서 말했다. "여호와께서 이렇게 말씀하셨다. '너희 조상의 집이 애굽에서 바로의 노예로 있을 때 내가 그들에게 나타나 주지 않았느냐?

28 이스라엘 모든 지파 가운데서 내가 레위 지파 아론을 선택하여 내 제사장으로 삼아 그가 내 제단에 올라 분향하며 내 앞에서 대제사장만 입는 에봇을 입게 하지 않았느냐? 이스라엘 백성이 드리는 모든 화제제물을 내가 네 조상 레위의 자손의 집에게 몫으로 주지 않았느냐?

29 그런데 너희는 어찌하여 내가 내 처소에서 명령한 내 제물과 예물을 멸시하느냐? 너는 나보다 네 아들들을 더 소중하게 여겨 내 백성 이스라엘이 드리는 가장 좋은 것으로 너희 배를 채우느냐?'

30 그러므로 이스라엘의 하나님께서 말씀하신다. '내가 이전에 네 집과 네 조상의 집이 내 앞에 영원히 제사장으로 행하리라고 했다. 그러나 이제는 더 이상 그렇게 하지 않을 것이다. 나는 나를 존중히 여기는 자를 존중히 여기고, 나를 멸시하는 자는 수치를 당하게 할 것이다.

31 보라, 내가 너와 네 조상의 자손[2]의 팔[3]을 끊어 네 집에 젊어 죽음으로써 노인이 하나도 없게 되는 날이 올 것이다.

1) 법관 2) 집 3) 대

32 이스라엘에게 모든 복을 내리는 중에도 너는 도리어 내 집에서 환난을 보고, 네 가문은 영원토록 장수하는 자가 없을 것이다.

33 단지 네 자손 중 한 사람은 끊어지지 않게 하여 내 제단에서 섬기게 할 것이다. 그러나 그는 앞을 보지 못하고, 희망을 잃을 것이다.[1) 네 집에서 태어나는 자는 모두 젊어 죽을 것이다.

34 네 두 아들 홉니와 비느하스가 한 날에 죽으리니 그 둘이 당할 일이 내가 네게 말한 것이 반드시 이루어진다는 표징이 될 것이다.

35 네 자손 대신에 내가 나를 위해 내 마음과 내 뜻대로 행할 충실한 제사장을 세울 것이다. 또 내가 그를 위해 견고한 집을 세워 그가 나의 왕으로 기름 부음을 받은 자 앞에서 영원히 제사장으로 행할 것이다.

36 그때 네 집에 남은 사람들은 그에게 찾아와 은 한 조각과 빵 한 덩이를 얻어 먹으려고 그에게 엎드려 제사장 자리 하나를 맡겨 주어 굶어 죽지 않게 해달라고 부탁할 것이다.”

여호와께서 사무엘을 부르심

3 ● 아이 사무엘이 엘리 대제사장 앞에서 여호와를 섬길 때는 여호와의 말씀이 사람들에게 직접 말씀하시는 경우가 거의 없었고, 환상도 거의 없었다.

2 엘리의 눈이 점점 어두워져 잘 보지 못하는 때 그가 자기 침대에 누웠다.

3 하나님의 등불이 아직 꺼지지 않은 새벽에 사무엘은 하나님의 궤가 있는 여호와의 장막[2) 안 잠자리에 누워 있었다.

4 이때 여호와께서 사무엘을 부르셨고 그가 “내가 여기 있습니다”라고 대답했다.

5 그러고는 엘리 제사장이 부른 줄 알고 그에게로 달려가서 말했다. “나를 부르셨습니까? 내가 여기 있습니다.” 그가 대답했다. “나는 부르지 않았으니 다시 잠자리로 가서 누우라.” 사무엘이 가서 잠자리에 누웠다.

6 여호와께서 다시 사무엘을 부르셨다. 이에 사무엘이 일어나 엘리 제사장에게로 가서 말했다. “나를 부르셨습니까?” 그가 대답했다. “내 아들아, 내가 부르지 않았으니 다시 잠자리로 가서 누우라.”

7 아직까지 사무엘이 여호와를 알지 못하고, 여호와의 말씀도 그에게 나타나지 않았다.

8 여호와께서 세 번째 사무엘을 부르셨다. 그가 다시 일어나 엘리 제사장에게로 가서 말했다. “나를 부르셨습니까?” 그제야 엘리 제사장은 여호와께서 어린 사무엘을 부르신 줄 깨닫고

9 사무엘에게 말했다. “너는 가서 누웠다가 그가 너를 부르시면 ‘여호와여, 말씀하십시오. 주의 종이 듣겠습니다’라고 하라.” 이에 사무엘이 가서 자기 잠자리에 누웠다.

10 여호와께서 전과 같이 사무엘에게 임하여 “사무엘아, 사무엘아”라고 부르셨다. 그러자 사무엘이 엘리 제사장이 시킨대로 “말씀하십시오. 주의 종이 듣겠습니다”라고 하자

11 여호와께서 사무엘에게 말씀하셨다. “보라, 내가 이스라엘 가운데 한 일을 행하리니 그것을 듣는 자마다 놀라게 될 것이다.

12 내가 엘리의 집에 대해 말한 것[3)을

처음부터 끝까지 그날에 그에게 그대로 이룰 것이다.

13 내가 엘리의 집을 영원토록 심판하겠다고 그에게 말한 것은 자신도 알고 있는 죄악 때문이다. 그것은 그가 자기의 아들들이 저주를 자청하는 행동을 했으나 적극적으로 금하지 않았기 때문이다.

14 그러므로 내가 엘리의 집에 대해 '엘리 집의 죄악은 제물로나 예물로나 그 어떤 것으로도 영원히 용서를 받지 못할 것이다'라고 맹세했다.”

15 사무엘이 아침까지 누워 있다가 여호와의 장막 집의 문을 열었으나 자기가 본 환상을 엘리 제사장에게 알리기를 두려워했다.

16 엘리 제사장이 사무엘을 부른 후 말했다. “내 아들 사무엘아.” 그가 대답했다. “내가 여기 있습니다.” 엘리 제사장이

17 물었다. “하나님께서 네게 어떤 말씀을 하셨느냐? 내게 아무것도 숨기지 말라. 말씀하신 것 중 하나라도 숨기면 하나님께서 네게 큰 벌을 내리시기를 원한다.”

18 그러자 사무엘이 조금도 숨기지 않고 사실대로 말했다. 사무엘의 말을 들은 엘리 제사장이 말했다. “말씀한 분은 여호와이시니 그분

> **Q&A** 아벡의 위치는?(삼상 4:1)
>
> 아벡은 팔레스틴에만 여러 군데 있다. 곧 갈릴리 바다 동쪽의 아래 아벡과 윗 아벡, 갈멜산 북쪽 지중해변에서 가까운 곳, 그리고 본절에 나오는 욥바 북동쪽의 사론 평야에 위치한 성읍 등 세 곳이다. 본절의 아벡은 여호수아에 의해 정복 당한 성읍이다. 아벡은 '힘', '견고함'이란 뜻으로 이 이름은 어떤 요새와 성채 등에 붙일 수 있는 일반적인 이름이다. 그래서 아벡으로 이름 붙여진 성읍이 여러 군데 있는 것이다.

의 선하신 뜻대로 하실 것이다.”

19 세월이 흘러 사무엘이 성장하자 여호와께서 그와 함께하심으로 그의 말이 모두 이루어졌다.

20 단에서부터 브엘세바까지 온 이스라엘은 여호와께서 사무엘을 선지자로 세우신 것을 알았다.

21 여호와께서는 실로에서 다시 한 번 말씀으로 사무엘에게 자기를 나타내셨다.

4
사무엘의 말이 온 이스라엘 지역으로 퍼져 나갔다.

블레셋에게 언약궤를 빼앗김

● 한편 이스라엘은 블레셋 사람들과 싸우기 위해 에벤에셀 곁에 진을 쳤고 블레셋 사람들은 그곳에서 남서쪽으로 3.5㎞ 떨어진 아벡에 진을 쳤다.

2 블레셋 사람들이 이스라엘에 대해 전투 대형을 갖춘 후 이스라엘과 싸웠다. 이스라엘은 블레셋 사람들 앞에서 패하여 4,000명의 군사가 죽임을 당했다.

3 패한 이스라엘 군사된 백성들이 에벤에셀 진영으로 돌아오자 이스라엘 장로들이 말했다. “여호와께서 왜 우리를 블레셋 사람들 앞에서 패하게 하셨는가? 이제 여호와의 언약궤를 실로에서 이곳으로 가져다가 그것으로 인해 원수의 손에서 구해내게 하자.”

4 이에 백성이 실로로 사람을 보내 그룹 사이에 계신 만군의 여호와의 언약궤를 38㎞ 떨어진 에벤에셀 진영으로 가져오도록 했고, 엘리의 두 아들 홉니와 비느하스가 언약궤와 함께 왔다.

5 여호와의 언약궤가 에벤에셀의 이스라엘 진영으로 들어올 때 온 이스라엘이 큰 소리로 외치니 땅이

울릴 정도였다.

6 블레셋 사람이 이스라엘 진영에서 외치는 소리를 듣고 "히브리 진영에서 큰 소리가 나는 것이 어찌 된 일이냐?"라고 말하다가 여호와의 언약궤가 이스라엘 진영으로 들어온 줄을 알았다.

7 이에 블레셋 사람이 두려워하여 외쳤다. "이스라엘의 신이 그들의 진영에 왔다. 이는 우리에게 화로다. 이전까지는 이런 일이 없었다.

8 누가 우리를 이 능력이 큰 신들의 손에서 건져낼 수 있겠는가? 그들의 신은 광야에서 여러 가지 재앙으로 애굽인을 쳤다.

9 그러므로 너희 블레셋 사람들아, 대장부답게 강하라. 히브리 사람이 우리의 종이 된 것처럼 우리가 히브리 사람의 종이 되지 말고 대장부처럼 싸우라."

10 이에 블레셋 사람들이 먼저 공격하자 이스라엘은 패하여 이스라엘 보병으로 죽은 자가 3만 명이나 되었고, 남은 자는 자기 집으로 도망했다.

11 하나님의 언약궤는 빼앗겼고, 엘리의 두 아들 홉니와 비느하스도 죽임을 당했다.

엘리와 비느하스 아내의 죽음

12 ● 그날 어떤 베냐민 사람이 에벤에셀 전쟁터에서 빠져나와 자기 옷을 찢고, 머리에 티끌을 뒤집어쓰고 실로로 왔다.

13 그가 실로에 도착했을 때 엘리 제사장은 길 옆에 놓여 있는 자기의 의자에서 앉아 기다리고 있었다. 그의 마음은 전쟁터로 나간 하나님의 언약궤로 인해 떨리는 가운데 있었다. 그 사람이 성읍으로 들어오며 전쟁 소식을 알리자 온 성

읍이 슬퍼하며 울부짖었다.

14 엘리 제사장이 그 울부짖는 소리를 듣고 말했다. "왜 울부짖는 소리가 들리느냐?" 그 사람이 달려가 엘리 제사장에게 말할

15 그때 엘리 제사장은 98세로 눈이 어두워서 잘 보지 못했다.

16 그 사람이 엘리 제사장에게 말했다. "나는 오늘 전쟁터에서 도망나왔습니다." 엘리 제사장이 말하기를 "젊은이1), 전쟁의 결과가 어떻게 되었느냐?"

17 그가 대답했다. "이스라엘이 블레셋 사람들 앞에서 패해 도망했고, 수많은 백성이 죽임을 당했습니다. 당신의 두 아들 홉니와 비느하스도 죽임을 당했고, 하나님의 언약궤도 빼앗겼습니다."

18 하나님의 언약궤에 대해 말할 때 엘리 제사장은 자기 의자에서 뒤로 넘어져 문 곁에서 목이 부러져 죽었다. 이는 나이가 많고 뚱뚱했기 때문이다. 그는 40년 동안 이스라엘의 사사이자 제사장으로 있었다.

19 엘리 제사장의 며느리인 비느하스의 아내가 만삭이 되어 해산할 때가 되었다. 그녀는 하나님의 언약궤를 빼앗긴 것과 그의 시아버지와 남편의 죽은 소식을 듣고 갑자기 진통이 와서 몸을 구부리고 앉은 채 해산했다.

20 그가 거의 죽게 되었을 때 곁에 서 있던 여인들이 그에게 말했다. "두려워 말라. 네가 아들을 낳았다." 그러나 그가 대답하지도 않고 관심을 갖지도 않고 말하기를

21 "영광이 이스라엘에서 떠났다"라고 하며 아이 이름을 '이가봇'이라고 했다. 그렇게 이름을 지은 것은

1) 내 아들아

하나님의 언약궤를 빼앗기고, 그의 시아버지와 남편이 죽었기 때문이다.

22 또 말하기를 "하나님의 언약궤를 빼앗겼으니 하나님의 영광이 이스라엘에서 떠났다"라고 했다.

블레셋 지역에서의 언약궤

5 ● 블레셋 사람들이 하나님의 언약궤를 빼앗아 가지고 에벤에셀에서부터 50㎞ 정도 떨어진 지중해 해안의 아스돗으로 가져갔다.

2 그리고 하나님의 언약궤를 그들이 섬기는 다곤 신전 안에 있는 다곤 신상 곁에 두었다.

3 이튿날 아스돗 사람들이 일찍 일어나 보니 다곤 신상이 여호와의 궤 앞에서 엎드러져 그 얼굴이 땅에 떨어져 있었다. 그들이 다곤 신상을 일으켜 다시 제자리에 세웠다.

4 그러나 다음 날 아침 그들이 일찍 일어나 보니 다곤 신상이 여호와의 언약궤 앞에서 또다시 엎드러져 얼굴이 땅에 떨어져 있었고, 그 머리와 두 손목은 끊어져 문지방에 걸쳐 있었으며, 다곤 신상의 몸뚱이만 남아 있었다.

5 그래서 다곤 신의 제사장들은 물론 다곤의 신전에 들어가는 자는 오늘까지 아스돗에 있는 다곤 신전의 문지방을 밟지 않는다.

6 언약궤로 인해 여호와께서 아스돗 사람에게 피부가 곪는 심한 종기가 나게 하여 아스돗과 그 지역이 망하게 되었다.

7 이를 본 아스돗 사람들이 말했다. "이스라엘 신의 궤를 이곳에 두어서는 안 되겠다. 그의 신[1]이 우리와 우리 다곤 신을 공격한다."

8 이에 아스돗 주민들이 블레셋 지역으로 사람을 보내 모든 지도자인 방백을 모이도록 한 후 그들에게 말했다. "궤로 인해 재앙이 생겼으니 우리가 이스라엘 신의 궤를 어떻게 해야 하겠느냐?" 그들이 대답했다. "이스라엘 신의 궤를 가드로 옮겨 가자." 이에 이스라엘 신의 궤를 26㎞ 떨어진 가드로 옮겼다.

9 언약궤를 가드로 옮겨 간 후 여호와께서 그 성읍에 큰 환난을 내려 어린 아이나 노인을 막론하고 그 성읍 사람들에게 피부에 독한 종기가 나도록 하셨다.

10 그러자 그들이 하나님의 궤를 북쪽으로 11㎞ 떨어진 에그론으로 보냈다. 하나님의 언약궤가 에그론에 가까이 오자 에그론 사람이 울부짖었다. "그들이 이스라엘 신의 궤를 우리에게로 가져와서 우리와 우리 백성을 죽이고자 한다."

11 이에 에그론 주민들이 블레셋 지역에 사람을 보내 모든 지도자인 방백을 모이게 한 후 말했다. "이스라엘 신의 궤를 본래 있던 곳으로 돌려보내고 우리와 우리 백성이 죽임당하지 않도록 해주십시오." 이렇게 말한 것은 온 성읍이 언약궤로 인해 죽을 지경에 이르렀기 때문이다. 에그론에서 하나님의 진노가 심히 커서

12 많은 사람이 죽었고 죽지 않은 사람들은 피부가 곪는 심한 종기로 인해 그 비명이 하늘에까지 사무쳤다.

언약궤가 이스라엘로 돌아옴

6 ● 여호와의 언약궤가 블레셋 사람들의 지역[2]에 있은 지 7개월이 되었다.

2 블레셋 사람들이 제사장들과 점쟁이들을 부른 후 말했다. "우리가

1) 손 2) 들

여호와의 언약궤를 어떻게 해야 하는지, 그것을 어떻게 본래 있던 곳으로 돌려보낼 것인지 우리에게 알려주라."

3 그들이 대답했다. "이스라엘 신의 궤를 돌려보내려면 그냥 보내지 말고 그 신에게 정결케 하는 속건 제물을 드려야 할 것이다. 그러면 병도 낫고, 그 신이 너희에게서 징벌[1]을 멈추지 않는 이유도 알게 될 것이다."

4 그들이 물었다. "무엇으로 그 신에게 드릴 속건제물을 삼아야 하는가?" 그들이 대답했다. "블레셋 사람을 다스리는 지도자의 명수대로 금으로 만든 종기[2] 모양 5개와 금으로 만든 쥐 모양 5마리가 있어야 한다. 그것은 너희와 너희 통치자에게 똑같이 재앙을 내렸기 때문이다.

5 그러므로 너희는 종기의 모양과 땅을 해롭게 하는 쥐 모양을 만들어 이스라엘 신께 예의를 갖추라. 그러면 혹시 그가 그의 징벌을 너희와 너희 신들과 너희 땅에서 가볍게 하실지 모른다.

6 이스라엘의 조상이 애굽에서 나올 때 애굽인과 바로가 그들의 마음을 완고하게 한 것처럼 너희도 고집을 부리려고 하느냐? 애굽 사람들은 하나님이 애굽 사람에게 재앙을 내린 후에야 이스라엘 백성을 애굽에서 떠나게 하지 않았느냐?

7 그러므로 이제 수레를 새로 하나 만들고, 멍에를 맨 적 없는 젖이 나는 소 2마리를 끌어다가 수레에 매라. 그리고 그 새끼들은 어미에게서 떼어 집으로 돌려보내라.

8 그런 후 여호와의 언약궤를 가져다가 수레에 싣고 속건제물로 드릴 금으로 만든 종기 모양과 쥐 모

양의 물건들을 상자에 담아 궤 곁에 두고 언약궤를 이스라엘로 보내라.

9 그리고 싣고 가는 언약궤를 보고 있다가 궤가 본래 있던 길을 따라 벧세메스까지 가면 우리에게 내린 이 큰 재앙은 그들의 신이 우리에게 내린 것이다. 그러나 그렇지 않으면 그 재앙은 그들의 신[1]이 아니라 우연히 내린 것임을 알 수 있을 것이다."

10 이에 에그론 사람들이 제사장과 점쟁이들이 시키는 대로 하여 아직 젖이 나는 소 2마리를 끌어다가 수레에 매고 그 새끼들은 집에 가두었다.

11 그리고 여호와의 언약궤와 금으로 만든 쥐 모양과 종기 모양의 물건을 담은 상자를 수레 위에 실었다.

12 이에 암소가 본래 있던 큰길을 따라 13㎞ 정도 떨어진 벧세메스로 바로 가는데 갈 때 울거나 길을 벗어나 좌우로 치우치지 않았다. 블레셋 지도자인 방백들은 벧세메스 경계선까지 따라갔다.

13 벧세메스 사람들이 소렉 골짜기에서 밀을 베다가 눈을 들어 언약궤를 보고 기뻐했다.

14 수레는 벧세메스 사람 여호수아의 밭에서 멈췄다. 그곳에는 큰 돌이 있었다. 이에 블레셋 사람들이 수레를 장작으로 삼아 그 암소들을 여호와께 번제물로 드렸다.

15 이스라엘의 레위인은 여호와의 언약궤와 그 궤와 함께 있는 금으로 만든 쥐 모양과 종기 모양의 물건이 담긴 상자를 내려다가 큰 돌 위에 두었다. 그날 벧세메스 사람들이 블레셋 사람들과 별도로 여호와께

1) 손   2) 독종

번제와 다른 제사를 드렸다.

16 블레셋 지도자 5명이 이것을 보고 그날 에그론으로 돌아갔다.

17 이때 블레셋 사람이 여호와께 드린 금으로 만든 종기 모양의 속건 제물은 아스돗과 가사와 아스글론과 가드와 에그론을 위해 각각 1개씩 모두 5개였다.

18 금으로 만든 쥐 모양의 속건제물은 견고한 성읍에서 시골 마을까지, 5명의 지도자인 방백에게 속한 블레셋 사람들의 모든 성읍의 수대로였다. 여호와의 언약궤를 놓은 큰 돌은 오늘까지 벧세메스 사람 여호수아의 밭에 그대로 남아 있다.

언약궤를 기럇여아림으로 보냄

19 ● 이때 벧세메스 사람들이 여호와의 언약궤를 들여다봄으로 하나님께서 그들을 쳐 70명[1]을 죽이셨다. 이 일로 인해 백성들이 크게 슬퍼하며 울었다.

20 그리고 이를 본 벧세메스 사람들이 말했다. "이런 거룩하신 하나님 앞에 누가 능히 설 수 있겠는가? 그러니 이 언약궤를 이곳에서 어디로 보내야 하겠느냐?"

21 그래서 사람[2]을 북쪽으로 22㎞ 정도 떨어진 기럇여아림 주민에게 보내며 말했다. "블레셋 사람들이 여호와의 언약궤를 우리에게 도로 가져왔으니 너희는 내려와서 그것을

난제 법궤는 어디 있는가?(삼상 4-6장)

시내산에서 만들어진 법궤는 솔로몬 때 예루살렘 성전에 안치되었다. 그러나 이후 이스라엘이 멸망한 후 법궤가 어디로 갔는지에 대해서는 기록이 남아 있지 않다. 다만 이집트 침공시 빼앗겨 소안으로 갔다는 일설이 있을 뿐이다. 오늘날 유대인들은 성전에 있던 현재 황금돔사원 지하 어딘가에 있다고 믿고 있다.

너희에게로 가져가라."

7

이에 기럇여아림 사람들이 벧세메스로 내려와서 여호와의 언약궤를 옮겨 산 언덕에 사는 아비나답의 집으로 옮겨 놓았다. 그리고 그의 아들 엘리아살을 거룩하게 구별하여 여호와의 언약궤를 지키도록 했다.

2 언약궤가 기럇여아림의 아비나답의 집에 안치된 지 20년이 흘렀다. 이스라엘의 모든 족속이 여호와께로 마음을 향했다.

사무엘의 이스라엘 통치

3 ● 사무엘이 이스라엘 온 족속에게 외쳤다. "만일 너희가 마음을 다해 여호와께 돌아오려면 이방 신들과 아스다롯 신상을 너희 가운데서 없애고, 너희 마음을 온전히 여호와께로 향하고, 오직 그분만을 섬기라. 그러면 여호와께서는 너희를 블레셋의 억압[3]에서 건져 주실 것이다."

4 이에 이스라엘 백성이 바알들과 아스다롯 신상을 없애고 여호와만을 섬겼다.

5 사무엘이 외쳤다. "이스라엘의 온 족속은 미스바로 모이라. 내가 너희를 위해 여호와께 기도하리라."

6 이에 그들이 미스바에 모여 물을 길어다가 여호와 앞에 붓고, 그날 온종일 그곳에서 금식하며 말했다. "우리가 여호와께 범죄했습니다." 사무엘이 미스바에서 이스라엘 백성을 다스렸다.

7 이스라엘 백성이 미스바에 모인 것을 블레셋 사람들이 알고 그들의 지도자들이 이스라엘을 치러 올라왔다. 이를 안 이스라엘 백성이 블레셋 사람들을 두려워 하여

1) 또는 5만명 2) 전령 3) 손

8 사무엘에게 말했다. "당신은 우리를 위해 우리 하나님께 쉬지 말고 부르짖어 기도하시오. 그래서 하나님께서 우리를 블레셋 사람들의 손에서 구원하게 하십시오."

9 이에 사무엘이 젖 먹는 어린 양 1마리를 잡아 여호와께 온전한 번제로 드렸다. 그리고 이스라엘을 위해 여호와께 부르짖자 여호와께서 그의 기도에 응답하셨다.

10 사무엘이 번제를 드릴 때 블레셋 사람이 이스라엘과 싸우기 위해 가까이 접근해 왔다. 그날 여호와께서 블레셋 사람에게 큰 천둥소리로 어지럽게 하자 그들이 이스라엘 앞에서 패해 도망했다.

11 이에 이스라엘 사람들이 미스바에서 벧갈까지 블레셋 사람들을 추격하여 그들을 쳤다.

12 그리고 나서 사무엘이 돌을 가져다가 미스바와 센 사이에 세운 후 말했다. "여호와께서 여기까지 우리를 도우셨다." 그리고 그곳 이름을 '에벤에셀[1]'이라고 불렀다.

13 이후 블레셋 사람들이 감히 이스라엘 지역 안으로 들어오지 못했다. 여호와께서는 사무엘이 사는 날 동안 블레셋 사람을 막아 주셨다.

14 이스라엘은 블레셋 사람들이 이스라엘에게서 빼앗았던 에그론에서 가드까지의 성읍을 다시 되찾았다. 곧 이스라엘이 그 사방 지역을 블레셋 사람들에게서 다시 찾았다. 또 이스라엘과 아모리 사람 사이에도 평화가 유지되었다.

15-16 사무엘은 죽는 날까지 해마다 벧엘과 길갈과 미스바 등을 순회하면서 이스라엘을 다스렸다.

17 그리고 자기 집이 있는 라마다임소빔으로 돌아왔는데, 그곳에서도 이스라엘을 다스렸다. 또 그곳에서 여호와를 위해 제단을 쌓았다.

이스라엘이 왕을 요구함

8 1-2 ● 사무엘이 나이 많아 늙자 그의 아들들인 장자 요엘과 차자 아비야가 브엘세바에서 이스라엘의 사사가 되었다.

3 그러나 사무엘의 아들들은 자기 아버지의 행위를 따르지 않고 이익을 위해 뇌물을 받고 편파적으로 판결했다.

4 이에 이스라엘 모든 장로가 모여 라마다임소빔에 있는 사무엘을 찾아가

5 말했다. "보십시오. 당신은 늙고 당신의 아들들은 당신의 선한 행위를 따르지 않습니다. 그러니 주변의 다른 나라처럼 왕을 세워 우리를 다스리게 하십시오."

6 이 말을 할 때 사무엘이 그것을 기뻐하지 않으므로 여호와께 기도했다.

7 그러자 여호와께서 사무엘에게 말씀하셨다. "이 백성이 네게 한 말을 모두 들어주라. 그것은 그들이 너를 버리는 것이 아니라 나를 버려 내가 자기들의 왕이 되지 못하게 하는 것이다.

8 내가 그들을 애굽에서 이끌어낸 때부터 지금까지 그들이 행한 모든 행동에서 나를 배신하고 다른 신들을 섬긴 것처럼 네게도 그렇게 하고 있다.

9 그러므로 그들의 요구를 들어주라. 다만 그들에게 엄히 깨닫게 하고, 그들을 다스릴 왕의 제도에 대해 가르치라."

10 이에 여호와의 말씀을 백성에게 전했다.

11 "너희를 다스릴 왕의 권한은 이렇다.

1) '도움의 돌'이란 뜻

곧 왕은 너희 아들들을 징집하여 그의 병거와 말을 몰게 하리니 그들이 그 병거 앞에서 달릴 것이다.

12 왕은 너희의 아들들을 징집하여 천부장과 오십부장으로 삼으며, 자신의 밭을 갈게 하고, 자신의 추수를 하게 하며, 자기의 무기와 병거의 장비도 만들게 할 것이다.

13 또 왕은 너희의 딸들을 강제로 데려다가 향료를 만들고, 요리를 하게 하고, 빵을 굽게 할 것이다.

14 너희의 밭과 포도밭과 올리브밭에서 가장 좋은 것을 빼앗아 자기의 신하들에게 줄 것이다.

15 또 너희의 소유 가운데 곡식과 포도밭 소산의 십일조를 거두어 자기의 관리와 신하에게 줄 것이다.

16 또 그가 너희의 종과 좋은 청년[1]과 나귀들을 끌어다가 자기 일을 시키며,

17 너희의 양 떼 가운데 10분의 1을 빼앗아 가리니 결국 너희는 왕의 종이 될 것이다.

18 그렇게 되는 날에 너희는 너희가 선택한 왕으로 인해 부르짖게 되겠지만 그때는 여호와께서 너희에게 응답하시지 않을 것이다.”

19 그러나 백성들은 사무엘의 권고를 듣지 않고 말했다. “아닙니다. 우리도 우리 왕이 있어야 합니다.

20 우리도 다른 나라들처럼 왕이 우리를 다스리며, 우리를 위해 싸워야 할 것입니다.”

21 사무엘이 백성의 말을 들은 후 아뢰자

22 여호와께서 사무엘에게 말씀하셨다. “너는 그들의 요구을 받아들여 왕을 세우라.” 이에 사무엘이 이스라엘 사람들에게 말하기를 “너희는 각기 성읍으로 돌아가라”고 했다.

사울과 사무엘의 만남

9 ● 베냐민 지파에 기스라고 부르는 힘이 센[2] 사람이 있었다. 그는 아비아의 4대손이며, 베고랏의 증손이며, 스롤의 손자이며, 아비엘의 아들이다.

2 기스에게 아들이 있어 이름은 사울인데, 그는 잘생긴 청년[3]이다. 그는 이스라엘 백성 중에 가장 잘생겼고, 키는 모든 백성보다 어깨 위만큼 더 컸다.

3 그의 아버지 기스는 암나귀들을 잃자 그의 아들 사울에게 “종 1명을 데리고 가서 암나귀들을 찾으라”고 했다.

4 이에 사울이 에브라임 산지와 살리사 땅과 사알림 땅과 베냐민 사람의 땅으로 두루다녀 보았지만 암나귀들을 찾지 못했다.

5 그러던 중 사울이 숩 땅에 이르렀을 때 함께한 종에게 말했다. “그만 돌아가자. 내 아버지께서 잃은 암나귀 생각보다 우리를 더 걱정하실까 염려된다.”

6 그러자 종이 대답했다. “보십시오. 이곳 성읍에 존경받는 하나님의 사람이 있는데 그가 말한 것은 반드시 이루어지니 그리로 가 보시죠. 어쩌면 그가 어디로 가야 할지를 우리에게 가르쳐 줄지도 모르겠습니다.”

7 사울이 그의 종에게 말했다. “우리가 그를 찾아갈 때 그 사람에게 드릴 것이 있느냐? 우리 주머니에 먹을 것이 떨어져서 하나님의 사람에게 드릴 예물이 없다.”

8 종이 사울에게 다시 대답했다. “보십시오. 내게 4분의 1 세겔의 돈이 있습니다. 이것을 하나님의 사람

1) 아름다운 소년 2) 유력한 3) 소년

에게 드려 우리가 어디로 가야 할지를 가르쳐 달라고 하겠습니다.”

9 옛날에 이스라엘 사람이 하나님께 가서 묻게 될 때는 선견자에게로 가자고 했는데, 지금의 선지자를 전에는 ‘선견자’라고 불렀다.

10 사울이 그의 종에게 이르기를 “네 말이 맞다. 이제 가자”라고 한 후 그들은 하나님의 사람이 있는 숨 지역의 성읍으로 갔다.

11 그들이 성읍으로 가는 언덕길로 올라가다가 물을 긷기 위해 나오는 소녀들을 만나 “선견자가 이곳에 있느냐?”라고 묻자

12 그들이 대답했다. “예, 있습니다. 보십시오. 그가 당신보다 앞에 갔으니 빨리 따라 가십시오. 그는 백성들의 산당 제사에 참석하기 위해 오늘 성에 들어왔습니다.

13 당신들이 지금 성 안으로 들어가면 그가 제사드린 제물을 먹으러 산당에 올라가기 전에 하나님의 사람을 만날 수 있습니다. 백성들은 하나님의 사람이 오기 전에는 제물을 먹지 않습니다. 하나님의 사람이 산당으로 와서 제물에 축복한 후에야 청함을 받은 자가 먹기 때문입니다. 그러므로 지금 산당으로 올라가면 그를 만날 수 있습니다.”

14 이에 사울과 그 종이 성으로 올라가서 성 안으로 들어갈 때 사무엘이 마침 산당으로 올라가려고 성 앞에서 나왔다.

15 한편 사울이 사무엘에게 오기 전날 여호와께서 사무엘에게 미리 알게 하려고 말씀하셨다.

16 “내일 이맘때 내가 베냐민 땅에 사는 한 사람을 네게 보낼 것이니 너는 그에게 내 백성 이스라엘의 지도자로 기름을 부으라. 그는 내 백성

을 블레셋 사람들의 억압[1]에서 건져낼 것이다. 이제 내 백성의 부르짖는 소리를 들었으니 내가 그들을 불쌍히 여겼다.”

17 사무엘이 사울을 보자 여호와께서 그에게 말씀하셨다. “보라, 이는 내가 네게 말한 바로 그 사람이다. 그가 내 백성을 다스릴 것이다.”

18 사울이 성문 안에 있는 사무엘에게 다가와 말했다. “선지자의 집이 어디인지 내게 알려주십시오.”

19 사무엘이 사울에게 대답했다. “내가 바로 선지자이다. 너는 나보다 먼저 산당으로 올라가라. 너희가 오늘 나와 함께 먹고, 내가 너를 아침에 보낼 것이니 네 마음에 있는 궁금한 것을 모두 네게 말해 주겠다.

20 3일 전 잃은 네 아버지의 암나귀들은 걱정하지 말라. 이미 찾았다. 온 이스라엘이 보배처럼 여기는 자가 누구냐? 바로 너와 네 아버지의 온 집이 아니냐?”

21 사울이 대답했다. “나는 이스라엘 지파 가운데 가장 작은 지파인 베냐민 사람이 아닙니까? 또 내 가족은 베냐민 지파 모든 가족 가운데서도 가장 약한 가족입니다. 그런데 당신은 어찌하여 내게 이같이 말씀하십니까?”

22 사무엘은 사울과 그의 종을 객실로 인도하여 초청한 자들 가운데 상석에 앉게 했는데, 손님이 30여 명 되었다.

23 사무엘이 요리사에게 “내가 네게 맡겨 둔 그 부분의 고기를 가져오라”고 했다.

24 요리사가 넓적다리와 그것에 붙어 있는 것을 가져다가 사울 앞에 놓자 사무엘이 말했다. “보라, 이는

1) 손

내가 미리 준비해 두었던 것이니 네 앞에 놓고 먹으라. 내가 백성을 초청할 때부터 너를 위해 이것을 준비해 두고 이때를 기다리도록 했다." 그날 사울이 사무엘과 함께 고기를 먹었다.

사무엘이 사울에게 기름을 부음

25 ● 사무엘과 사울이 산당에서 내려와 성읍으로 돌아와서는 함께 지붕으로 올라가 이야기를 나누었다.

26 그리고 잠자리에 든 후 동이 틀 때 일찍 일어났다. 사무엘이 지붕에서 사울을 불러 이르기를 "일어나라. 내가 너를 보내리라"고 하니 사울이 일어나 사무엘과 함께 밖으로 나갔다.

27 그들이 성읍 외곽에 이르렀을 때 사무엘이 사울에게 말했다. "네 종을 우리보다 앞서가게 하라." 사울의 종이 앞에 가자 사무엘이 말했다. "너는 잠깐 이곳에 서 있으라. 내가 하나님께서 하신 말씀을 네게 들려줄 것이다."

10 이에 사무엘이 기름을 담은 병을 가져다가 사울의 머리 위에 붓고 입맞추며 말했다. "여호와께서 네게 기름을 부어 그의 유업의 지도자로 삼으셨다.

2 오늘 네가 나를 떠나 베냐민 지역의

라헬의 무덤(삼상 10:2)

야곱의 두 번째 아내인 라헬은 벧엘에서 에브랏으로 가는 도중 야곱의 마지막 12번째 아들인 베냐민을 난산 중에 출산하고 죽어 베들레헴 길에 장사되었다(창 35:16-20). 이 라헬의 무덤은 사무엘 때까지만 해도 현존해 있었다. 오늘날에는 예루살렘에서 베들레헴으로 가는 길에 라헬의 묘가 있으나 처음 장소와 일치하는 곳인지는 확인할 수 없다. 다만 이곳은 통곡의 벽과 함께 유대인들의 성스러운 장소 가운데 하나로 유대인들은 이곳에서 토라를 읽으며 소리내어 기도한다.

경계에 위치한 셀사에 있는 라헬의 묘실 곁에 이르면 두 사람을 만날 것이다. 그때 그들이 네게 이렇게 말할 것이다. '네 아버지는 네가 찾고 있던 암나귀들을 찾았다. 이제는 암나귀들이 아니라 너희로 인해 격정하여 이르기를 '내 아들을 위해 어찌하리요'라고 할 것이다.

3 네가 그곳을 지나 다볼 상수리나무에 이르면 하나님께 예배하기 위해 벧엘로 올라가는 세 사람을 만날 것이다. 한 사람은 염소 새끼 3마리를 이끌었고, 다른 한 사람은 빵 3덩이를 가졌고, 다른 한 사람은 포도주 한 가죽 부대를 가진 자일 것이다.

4 그들은 네게 인사하며 빵 2덩이를 줄 것이니 너는 그것을 받으라.

5 그런 후 당신은 하나님의 언덕[1]이라 불리는 곳으로 가라. 그곳에는 블레셋 주둔병들이 있을 것이다. 당신이 그곳 성으로 들어갈 때 선지자의 무리가 산당에서 비파와 작은 북과 피리[2]와 수금을 앞세우고 예언하며 내려오는 무리를 만날 것이다.

6 그때 네게는 여호와의 영이 강하게 임하리니 너도 그들과 함께 예언하고 새 사람으로 변할 것이다.

7 이런 표징이 네게 나타나면 하나님께서 너와 함께하실 것이니 너는 상황에 따라 행동하라.

8 그리고 너는 나보다 앞서 길갈로 내려가라. 내가 네게 내려가서 번제와 화목제를 드릴 것이니 그때 네가 어떻게 행할지 알려줄 때까지 7일을 기다리라."

9 사울이 사무엘에게서 떠나려고 등을 돌렸을 때 하나님께서 그에게

1) 산 2) 저

새로운 마음을 주셨고, 그날에 사무엘이 말한 표징도 다 이루어졌다.

10 사울과 그 종이 기브아¹⁾에 이를 때 선지자의 무리가 그를 맞이하고 하나님의 영이 사울에게 강하게 임하자 그가 예언을 했다.

11 그전부터 사울을 알고 있던 사람들은 그가 선지자들과 함께 예언하는 것을 보고 서로 말했다. "기스의 아들이 어떻게 된 일이냐? 사울도 선지자들 가운데 있느냐?"

12 그곳에 있던 한 사람이 "그의 아버지가 누구냐?"라고 말하기도 했다. 이 일이 속담이 되어 이르기를 "사울도 선지자들 가운데 한 사람이냐?"라고 했다.

13 예언을 마친 사울은 산당으로 갔다.

14 사울의 삼촌이 사울과 그의 종에게 물었다. "너희가 어디에 갔다 왔느냐?" 사울이 대답했다. "암나귀들을 찾으러 갔다가 찾지 못하고 사무엘에게로 갔습니다."

15 사울의 삼촌이 말했다. "사무엘이 너희에게 이른 말을 내게 말해 보거라."

16 사울이 대답했다. "그가 우리에게 암나귀들을 찾았다고 확실하게 말해 주었습니다." 그러나 자신이 왕으로 기름 부음을 받았다는 사실은 말하지 않았다.

사울이 왕으로 선출됨

17 ● 사무엘이 백성을 미스바로 불러 여호와 앞에 소집하고

18 백성에게 말했다. "이스라엘 하나님께서 이같이 말씀하셨다. '내가 이스라엘을 애굽에서 이끌어내어 애굽 사람과 너희를 억압하는 모든 나라의 손에서 건져내었다.' 그러나

19 오늘 너희는 모든 재난과 고통에서 너희를 구원하신 하나님을

버리고 왕을 세워 달라고 하고 있다. 그러니 이제 각 지파마다 1,000명씩 여호와 앞으로 나아오라."

20 사무엘이 이스라엘의 모든 지파를 나오게 하여 제비를 뽑았더니 베냐민 지파가 뽑혔고,

21 베냐민 지파를 그들의 가족 단위로 나오게 했더니 마드리의 가족이 제비 뽑혔고, 마드리 가족 가운데 기스의 아들 사울이 뽑혔으나 그가 그 자리에 없었다.

22 그러자 그들이 여호와께 물었다. "그 사람이 여기에 왔습니까?" 여호와께서 대답하셨다. "그가 짐을 쌓아 둔 더미 사이에 숨었느니라."

23 그들이 거기서 사울을 데려오니 그는 다른 사람보다 어깨 위만큼이나 더 컸다.

24 사무엘이 백성에게 말했다. "너희는 여호와께서 선택하신 자를 보고 있느냐? 모든 백성 가운데 이만한 자가 없다." 이에 모든 백성이 소리를 질러 "왕 만세"라고 외쳤다.

25 사무엘이 왕의 통치²⁾에 대해 백성에게 말하고 그것을 책에 기록하여 여호와 앞에 두고 백성들을 자기 집으로 돌려보냈다.

26 사울도 자기 집이 있는 기브아로 갈 때 하나님께 감동된 용사³⁾들도 사울과 함께 갔다.

27 그러나 어떤 불량배가 말하기를 "이 사람이 어떻게 우리를 다스리겠느냐?"라고 멸시하며 예물을 바치지 않았다. 그러나 사울은 아무런 반응도 하지 않고 가만히 있었다.

사울이 길르앗 야베스를 구함

11

● 이때쯤 암몬 사람 나하스가 요단강 동쪽의 길르앗 지역에 있는 야베스를 공격하기 위해 올라와

---

1) 산 2) 나라의 제도 3) 유력한 자

진을 치고 있었다. 이에 야베스의 모든 사람이 나하스에게 말했다. "우리를 공격하지 않기로 조약을 맺자. 그러면 우리가 당신들을 섬길 것이다." 그때

2 암몬 사람 나하스가 그들에게 대답했다. "내가 너희의 오른쪽 눈을 다 빼는 조건을 받아들이면 너희와 조약을 맺을 것이다. 내가 이같이 이스라엘을 모욕할 것이다."

3 그러자 길르앗 야베스 장로들이 그에게 간청했다. "그러면 우리가 이스라엘의 모든 지역에 사자들을 보낼 수 있게 7일 동안만 시간을 달라. 만일 우리를 구해 줄 자가 없으면 그때 항복할 것이다."

4 이에 야베스의 사자들이 100㎞ 정도 떨어진 기브아에 사는 사울에게 이르러 이 말을 백성에게 전하자 모든 백성이 큰 소리로 통곡했다.

5 그때 마침 사울이 밭에서 소를 몰고 오다가 통곡 소리를 듣고 "백성이 무슨 일로 우느냐?"라고 묻자 백성들이 야베스의 사자가 한 말을 전했다.

6 사울이 그 말을 들을 때 하나님의 영이 강하게 임했고, 그가 크게 분노하여

7 한 겨리인 2마리의 소를 잡아 조각을 내고 사자들을 통해 그것을 이스라엘 모든 지역으로 보내며 말했다. "누구든지 사울과 사무엘을 따라나서지 않으면 그의 소들도 이처럼 조각이 날 것이다." 그러자 여호와의 두려움이 백성에게 임했고, 하나같이 사울에게로 나왔다.

8 사울이 베섹에 모인 자들의 수를 보니 이스라엘 백성이 30만 명이요, 유다 사람이 3만 명이나 되었다.

9 무리가 자기들을 찾아온 야베스의 사자들에게 말했다. "너희는 길르앗 야베스 사람에게 '내일 해가 중천에 떠 있을 때 구원받을 것이다'라고 말하라." 이 말을 들은 사자들이 야베스로 돌아가서 성 사람들에게 사울의 소식을 전하자 그들이 크게 기뻐했다.

10 이에 야베스 사람들이 암몬 사람 나하스에게 말했다 "우리가 내일 너희에게 나아갈 것이니 너희 마음대로 우리에게 다 행하라."

11 이튿날 사울이 소집된 백성을 3대로 나누고 새벽에 암몬의 적진 한가운데로 들어가서 해가 중천에 떠 있는 날이 더울 때까지 암몬 사람들을 기습하자 암몬의 남은 자들은 둘이 함께한 자가 없을 정도로 모두 흩어졌다.

사울이 길갈에서 왕으로 대관식을 치름

12 ● 사울이 암몬과의 싸움에서 승리한 후 백성들이 사무엘에게 말했다. "사울이 우리를 어떻게 다스리겠느냐고 무시한 자들이 누구입니까? 그들을 끌어내십시오. 우리가 죽일 것입니다."

13 그러나 사울은 "이날에는 어떤 사람이든 죽지 않을 것이다. 오늘은 여호와께서 이스라엘 가운데 구원을 베푼 기쁜 날이기 때문이다"라고 하며 자기를 반대하던 자들을 죽이지 못하게 했다.

14 사무엘이 백성에게 말했다. "오라, 길갈로 가서 왕을 세워 나라를 새롭게 하자."

15 이에 모든 백성이 여리고 근처의 길갈로 가서 여호와 앞에서 사울을 왕으로 삼고 여호와 앞에 화목제를 드렸다. 그러자 사울과 이스라엘 모든 사람이 크게 기뻐했다.

사무엘의 마지막 말

12 사무엘이 이스라엘의 모든 백성에게 말했다. "보라, 내가 너희 요구대로 왕을 세웠다.

2 이제 너희 앞에는 너희를 통치할 왕이 있다. 이제 나는 나이 들어 백발이 되었고 내 아들들은 너희 앞에 있다. 나는 어려서부터 지금까지 너희와 함께했다. 그러나

3 이제는 내가 기름 부음을 받은 왕 앞에 서 있다. 혹시라도 내가 무슨 일이든 잘못한 것이 있다면 여호와 앞과 그의 기름 부음을 받은 자 앞에서 내게 대답하라. 내가 누구의 소나 나귀를 빼앗았느냐? 누구를 속였거나 누구를 학대했느냐? 내 판단¹⁾을 흐리게 하는 뇌물을 받았느냐? 그렇게 했다면 내가 그것을 너희에게 갚을 것이다."

4 그들이 대답했다. "당신은 우리를 속이거나 학대하거나 누구에게서 빼앗은 것이 하나도 없습니다."

5 그러자 사무엘이 백성에게 말했다. "너희가 내 손에서 아무 잘못도 찾아낸 것이 없다는 것을 여호와와 그가 택한 왕, 곧 기름 부음을 받은 자가 오늘 증인이 될 것이다." 그들이 말하기를 "왕이 우리의 증인입니다"라고 대답했다.

6 사무엘이 백성에게 다시 말했다. "하나님께서는 모세와 아론을 통해 너희 조상들을 애굽 땅에서 이끌어내셨다.

7 그러므로 너희는 그대로 서 있으라. 나는 여호와께서 너희와 너희 조상들을 위해 선한 일을 행하신 모든 것에 대해 내가 여호와 앞에서 서로 이야기할 것이다.

8 야곱과 그 가족이 애굽으로 내려간 후²⁾ 너희 조상들이 여호와께 부르짖었다. 그러자 여호와께서는 모세와 아론으로 하여금 너희 조상들을 애굽에서 이끌어내어 하나님께서 약속하신 이곳 가나안 땅에 와서 살도록 하셨다.

9 그러나 그들은 그런 하나님을 잊어버렸다. 이에 여호와께서 그들을 하솔의 군사령관 시스라, 블레셋 사람, 모압 왕의 수중에 넘겨 그들을 괴롭히게 하셨다.³⁾

10 그러자 백성들이 '우리가 죄를 지었습니다. 여호와를 버리고 바알과 아스다롯을 섬겼습니다. 그러나 이제 우리를 원수들의 수중에서 건져내어 주십시오. 그러면 우리가 주를 섬기겠습니다'라고 하며 여호와께 부르짖었다.

11 이에 여호와께서 그들의 부르짖음을 들으시고 여룹바알과 베단⁴⁾과 입다와 나 사무엘을 보내 너희를 너희 주위에 있는 대적들의 수중에서 건져내셨고, 너희가 안전하게 살도록 하셨다.

12 그러나 너희는 암몬 자손의 나하스 왕이 치러 오는 것을 보자 너희 하나님께서 너희의 왕이 되심에도 불구하고 내게 말하기를 '그렇지 않습니다. 우리에게는 우리를 통치할 왕이 있어야 합니다⁵⁾'라고 했다.

13 그러니 이제 너희가 구하고 너희가 선택한 왕을 보라. 여호와께서는 너희의 요구대로 왕을 세우셨다.

14 만일 너희가 여호와를 두려워하므로 그를 섬기고, 그의 음성을 듣고 그의 명령에 순종하며, 너희의 왕이 하나님을 따르면 좋을 것이다.

15 그렇지 않고 여호와의 음성을 듣지 않고 여호와의 명령을 따르지

---

1) 눈 2) 창 46:6-27 3) 삿 4:1-3, 10:7-8, 3:15-14 4) 70인역, 바락 5) 삼상 8:19

않으면, 여호와께서 너희 조상들을 징벌하신 것처럼 너희를 징벌하실 것이다.

16 너희는 그 자리에 서서 지금도 여호와께서 너희 앞에서 행하시는 이 놀라운 일을 보라.

17 오늘은 밀을 추수하는 때인 4~5월이 아니냐? 내가 여호와를 부르리니 그러면 여호와께서는 천둥과 비를 내림으로써 너희가 왕을 구한 일이 여호와 앞에서 얼마나 큰 죄악인지를 너희에게 확실히 알도록 하실 것이다.”

18 이에 사무엘이 여호와를 부르자 그날에 여호와께서 천둥과 비를 내렸고, 온 백성이 여호와와 사무엘을 크게 두려워했다.

19 이 큰 징표를 본 온 백성이 사무엘에게 간청했다. “당신의 종들을 생각하사 우리가 죽지 않도록 당신의 하나님께 기도하여 주십시오. 우리는 우리가 행한 모든 죄에 왕을 구하는 악을 더 저질렀습니다.”

20 사무엘이 백성에게 말했다. “두려워하지 말라. 비록 너희가 이 모든 죄악을 행했으나 이제부터라도 여호와에게서 돌이키지 말고 오직

21 전심으로 여호와만을 섬기라.

21 여호와에게서 돌이켜 유익하지 않고 구해주지도 못하는 헛된 것을 따르지 말라. 그것들은 모두 헛된 것이다.

22 여호와께서는 자신의 크신 이름을 위해서라도 너희를 자기 백성으로 삼은 것을 기뻐하셨기에 너희를 버리지 않으실 것이다.

23 나 역시 여호와 앞에서 너희를 위해 기도하는 것을 쉬는 죄를 결코 범하지 않을 것이다. 또한 선하고 올바른 길을 너희에게 가르칠 것이다.

24 너희는 너희를 위해 크신 일을 행하신 여호와를 잊지 말고 오직 그를 경외하며 전심으로 그분만을 섬기라.

25 그렇지 않고 계속해서 악을 행하면 너희와 너희 왕이 함께 멸망할 것이다.”

사울과 블레셋의 싸움

13 ● 사울은 40세에 왕이 되었다. 그의 통치 2년에

2 이스라엘 사람 3,000명을 소집한 후 그중 2,000명은 자기와 함께 믹마스와 벧엘 산에 주둔시키고, 1,000명은 요나단의 지휘 아래 베냐민 지역에 있는 예루살렘 북쪽 6㎞에 위치한 기브아에 주둔시켰다. 남은 백성은 자기 장막 집으로 돌려보냈다.

3 그러던 어느 날 요나단이 기브아에서 4.8㎞ 떨어진 게바에 주둔하고 있는 블레셋 군대를 급습했고, 그 소식을 블레셋 사람이 들었다. 그러자 사울이 전국에 나팔을 불어 온 이스라엘에게 블레셋을 급습한 것을 들으라고 외쳤다.

4 이에 이스라엘 백성은 사울이 블레셋 사람들의 수비대를 공격한

성경인물 요나단에 대하여(삼상 13:2)

요나단은 성경에서 여러 명이 나오는데 그 중에 사울의 아들인 요나단은 부친과 원수간이었던 다윗과는 절친한 친구 사이였다. 그는 암몬족에게서 길르앗야베스를 탈환하는 데 큰 공력을 했으며(삼상 11장), 블레셋의 원정 때에는 1000명의 군대를 지휘하며 블레셋의 수비대를 급습하여 크게 물리쳤다. 이후 요나단은 골리앗을 물리친 다윗을 자기의 생명처럼 사랑하게 되었다. 그래서 아버지인 사울이 다윗을 죽이려고 할 때 그를 도와 생명을 구했다. 그러나 블레셋과의 길보아산 전투에서 사울과 함께 전사했다. 다윗은 요나단의 사후에도 그의 아들 므비보셋을 왕자들처럼 보살펴 주었다.

것과 그로 인해 이스라엘이 블레
셋 사람들의 미움을 받게 되었다
는 것을 듣고 사울을 따르기 위해
사울왕의 대관식을 행했던 길갈에
모였다.

5 급습을 당한 블레셋 사람들은 이
스라엘과 싸우기 위해 3만의 병거
와 6,000명의 마병과 해변의 모래
처럼 많은 병력을 가지고 올라와
벧아웬 남동쪽, 예루살렘 북동쪽 13㎞
지점에 위치한 믹마스에 진을 쳤다.

6 이를 본 이스라엘은 심히 두려워
하며 굴과 수풀과 바위틈과 은밀
한 곳과 웅덩이에 숨었다.

7 일부 히브리 사람은 요단강을 건
너 갓 지파 지역과 길르앗 땅으로
도망갔으나 사울은 아직 길갈에
있었고, 그를 따르는 백성들은 두
려움에 떨고 있었다.

8 엎친 데 덮친 격으로 사울은 사무
엘이 약속한 기한까지 7일을 기다
렸으나 그가 길갈로 오지 않았다.
백성들은 사울에게서 흩어지고 있
었다.

9 그러자 사울이 번제와 화목제물을
가져오도록 하고 자신이 번제를
드렸다.

10 사울이 번제를 마치자마자 사무엘
이 왔다. 사울이 사무엘을 영접하
고 문안하자

11 사무엘이 물었다. "왕이 무엇을 행
하셨습니까?" 사울이 대답했다.
"백성이 내게서 흩어지고, 당신은
약속한 날에 오지 않고, 블레셋은
길갈서 27㎞ 떨어진 믹마스에 집결
해 있는 것을 내가 보았습니다. 그
래서

12 블레셋 사람들이 나를 치기 위해
길갈로 내려올 텐데 내가 여호와께
은혜를 구하지 않았다는 생각이 들

어 부득이 번제를 드렸습니다."

13 사무엘이 사울에게 말했다. "왕이
어리석게 행하여 왕의 하나님께서
왕에게 내리신 명령을 지키지 않았
습니다. 만일 그 명령에 순종했다
면 여호와께서는 이스라엘에 왕의
나라를 견고히 하셨을 것입니다.

14 그러나 이제는 왕의 나라가 얼마
가지 못할 것입니다. 여호와께서는
왕에게 명령하신 것을 왕이 지키지
않았기 때문에 자신의 마음과 같은
사람을 그의 백성의 지도자로 명
하실 것입니다."

15 그리고 사무엘은 길갈을 떠나 베
냐민 지역의 기브아로 올라가 버
렸다. 사울이 남은 백성을 점검해
보니 600명밖에 되지 않았다.

16 자신과 그의 아들 요나단과 그들
과 함께한 남은 병력은 베냐민 지
역의 게바에 주둔해 있었고, 블레
셋 사람들은 7㎞ 떨어진 믹마스에
진을 치고 있었다.

17 그때 블레셋의 특공대¹⁾ 3대가 본
진에서 나와 한 대는 오브라 길을
통해 수알 지역으로 갔고,

18 또 한 대는 벧호론 길로 향했으며,
나머지 한 대는 광야 부근의 스보
임 골짜기가 보이는 길로 향했다.

19 당시 이스라엘에는 철공 대장장이
가 없었다. 이는 블레셋 사람들이
"히브리 사람이 칼이나 창을 만들
면 우리에게 위협이 될 것이다"라
고 말했기 때문이다.

20 그래서 이스라엘 사람들이 각기
쟁기나 삽이나 도끼나 괭이의 날
을 갈려면 블레셋 사람들에게로
내려갔다.

21 곧 그들은 괭이, 삽, 쇠스랑, 도끼,
쇠채찍 등이 무뎌지면 블레셋 사

1) 노략군

람에게 가서 갈았다.

22 이런 상황이었기에 이스라엘이 싸우게 되면 백성에게는 칼이나 창이 없고 오로지 사울과 그의 아들 요나단에게만 있었다.

23 블레셋 부대는 믹마스에서 나와 그 입구에 이르렀다.

요나단이 블레셋을 습격함

14 ● 하루는 사울의 아들 요나단이 자기의 무기를 든 소년 호위병에게 말했다. "우리가 건너편에 있는 블레셋 부대로 가자." 그러나 그의 아버지에게는 비밀로 했다.

2 그때 사울은 기브아 변두리, 믹마스와는 불과 1~2㎞ 밖에 떨어지지 않은 미그론에 있는 석류나무 아래에 머물렀다. 이때 그의 군사¹⁾는 600명 가량이었다.

3 그곳에는 엘리의 증손이며, 비느하스의 손자이며, 이가봇의 형제 아히둡의 아들이며, 실로에서 여호와의 제사장이 되었던 아히야가 에봇을 입고 있었다. 백성들은 요나단이 블레셋 진영으로 간 줄을 모르고 있었다.

4 요나단이 가려고 한 블레셋의 진 입구 양쪽에는 '보세스'와 '세네'라는 험한 두 바위가 있었다.

5 북쪽에 있는 바위는 믹마스를 향해 있었고, 남쪽에 있는 바위는 게바를 향해 솟아 있었다.

6 요나단이 자기 호위병에게 말했다. "우리가 이 할례 받지 않은 자들의 부대로 가자. 여호와께서 우리를 위해 승리를 주실 것이다. 여호와의 구원은 사람의 많고 적음에 있지 않다."

7 호위병이 요나단에게 말했다. "당신의 원하는 바대로 다 행하여 앞

서 가십시오. 내가 당신의 생각대로 따르겠습니다."

8 요나단이 말하기를 "좋다. 그러면 블레셋 부대로 가서 그들에게 우리의 모습을 드러내자.

9 만일 그때 그들이 우리에게 말하기를 '우리가 너희에게 갈 때까지 기다리라'고 하면 우리는 그 자리에 그대로 서서 그들이 우리에게 올 때까지 기다리자.

10 그렇지 않고 그들이 '너희가 우리에게로 올라오라'고 하면 우리가 올라가자. 그것은 여호와께서 그들을 우리 손에 넘기신 표징이 될 것이다."

11 요나단과 그의 호위병이 블레셋 사람들에게 모습을 드러내자 블레셋 사람이 외쳤다. "히브리 사람이 숨었던 구멍에서 나오는 것을 보라."

12 그리고 블레셋 군사들이 요나단과 그 호위병을 보고 소리쳤다. "우리에게로 올라오라. 너희에게 보여 줄 것이 있다." 그러자 요나단이 호위병에게 말했다. "너는 나를 따라오라. 여호와께서 그들을 이스라엘의 손에 넘기셨다."

13 그리고 요나단은 기어서 올라갔고, 호위병도 그 뒤를 따라 올라갔다. 이어 요나단은 블레셋 군사들을 쓰러뜨리며 나갔고, 호위병도 그 뒤를 따라가며 그들을 죽였다.

14 요나단과 그 호위병이 소 2마리가 반나절 갈 수 있는 땅 안에서 쳐 죽인 블레셋 군사가 20명 정도되었다.

15 이로 인해 들에 있는 블레셋 진영과 그 군사들은 두려움에 빠졌고, 부대와 특공대²⁾들도 두려워 떨었다. 땅도 진동했으니 이는 하나님께서 그렇게 하신 것이었다.

---

1) 백성 2) 노략군

16 베냐민 지역의 기브아에 있는 사울의 파수병이 많은 블레셋 사람이 큰 혼란 가운데 흩어지는 것을 보았다.

17 이에 사울이 군사에게 말했다. "우리 진영에서 누가 빠져나갔는지 점호해 보라." 점호해 보니 요나단과 그의 호위병이 보이지 않았다.

18 이에 사울이 제사장 아히야에게 "하나님의 언약궤를 가져오라"고 했는데, 그때 언약궤가 이스라엘 군사와 함께 있었다.

19 사울이 제사장 아히야에게 말할 때 블레셋 사람들의 진영에서는 혼란이 더욱 커졌다. 사울이 말했다. "주의 뜻을 묻는 것을 그만두라.[1] 지금은 그럴 시간이 없다."

20 사울과 그와 함께한 모든 군사가 모여 싸움터에 가 보니 블레셋 사람들이 자기들끼리 서로 칼로 치고 있었다.

21 이전에 블레셋 사람들과 함께 출전했던 히브리 사람이 있었는데, 지금은 그들이 마음을 바꿔 사울과 요나단과 함께 한 이스라엘 사람들과 합세했다.

22 이런 상황이 되자 블레셋 사람들이 도망한다는 소식을 들은 에브라임 산지에 숨었던 이스라엘의 모든 군사가 나와서 그들을 추격했다.

23 그날 여호와께서 이스라엘이 블레셋을 이기게 하셔서 싸움이 벧엘 동쪽에 있는 벧아웬까지 번졌다.

사울의 맹세와 요나단의 위기

24 ●블레셋과의 격렬한 싸움이 있던 이날 이스라엘 군사들은 피곤에 지쳐 있었다. 사울이 군사들에게 "내가 내 원수에게 보복하는 저녁때까지 어떤 음식이든지 먹는 사람은 저주를 받을 것이다"라고 한 명령으로 모든 군사가 음식을 먹지 못했기 때문이다.

25 이런 가운데 군사들이 모두 수풀로 들어갔는데, 그곳에 꿀이 있었다.

26 그러나 군사들이 꿀이 있는 것을 보고도 사울의 명령 때문에 꿀을 먹는 자가 없었다.

27 그러나 아버지의 명령을 듣지 못한 아들 요나단은 지팡이 끝으로 벌집의 꿀을 찍어 먹음으로써 기력이 회복되었다.

28 그때 한 사람이 요나단에게 말했다. "당신의 부친이 군사들에게 '오늘 음식을 먹는 사람은 저주를 받을 것이다'라고 엄히 명령했습니다. 그 명령으로 군사들이 피곤한 가운데 있습니다."

29 그러자 요나단이 말했다. "내 아버지께서 이 나라[2]를 어렵게 하셨다. 생각해 보라. 내가 이 꿀을 조금만 먹었어도 이렇게 기력이 회복되었는데,

30 하물며 군사들이 오늘 그 대적에게서 탈취하여 얻은 것을 마음대로 먹었다면 블레셋 사람을 더 많이 죽였을 것이다."

31 그날 군사들은 블레셋 군사들을 믹마스에서 30㎞이상 떨어진 아얄론까지 추격하여 쳤기 때문에 심히 지친 가운데 있었다.

32 그래서 군사들은 빼앗은 물건이 있는 곳으로 달려가 양과 소와 송아지들을 잡아서 피 있는 채로 먹었다.

33 이를 본 어떤 자들이 사울에게 그 사실을 전했다. "보십시오, 백성이 고기를 피 있는 채로 먹어 여호와께 죄를 지었습니다." 사울이 말했다.

1) 네 손을 거두라 2) 땅

"너희가 하나님을 배신하는 행동을 했다.[1] 이제 큰 돌을 굴려 내게로 가져오라."

34 사울이 계속해서 명령했다. "너희는 군사 가운데 두루 다니며 그들에게 '소와 양을 이리로 끌어다가 가져온 큰 돌 위에서 잡아 먹되 지금부터는 피 있는 채로 먹어 여호와께 죄를 짓지 말라'고 알려라." 그 밤에 모든 군사가 각각 소를 끌어다가 큰 돌 위에서 잡았다.

35 그리고 사울이 여호와를 위해 처음 제단을 쌓았다.

36 사울이 말했다. "우리가 밤에 블레셋 사람들을 추격하여 해가 뜰 때까지 그들의 것을 빼앗고 모두 진멸시키자." 그러자 군사들이 "왕의 생각대로 행하십시오"라고 대답할 때 제사장 아히야가 말했다. "우리가 먼저 하나님께 물어봐야 합니다."

37 이에 사울이 하나님께 물었다. "내가 블레셋 사람들을 쫓아가도 됩니까? 주께서 그들을 이스라엘의 수하에 넘겨주시겠습니까?" 그러나 그날에는 응답하지 않으셨다.

38 그러자 사울이 말했다. "너희 지휘관들은 다 내게 오라. 오늘 하나님께서 응답하시지 않는 죄가 누구에게 있는지 알아보자.

39 이스라엘을 구원하신 여호와의 이름[2]을 두고 맹세하는데 설사 그가 내 아들 요나단이라도 반드시 죽게 될 것이다." 그러나 한 사람도 대답하지 않았다.

40 그러자 사울이 온 이스라엘에게 말했다. "너희는 저쪽에 있으라. 나와 내 아들 요나단은 이쪽에 있을 것이다." 백성이 사울에게 말했다. "왕이 좋으실 대로 하십시오."

41 이에 사울이 하나님께 기도했다.

"원컨대 응답하지 않은 죄가 누구에게 있습니까? 실상을 보이소서?" 그러자 요나단과 사울이 뽑히고 군사[3]들은 죄가 없는 것으로 판명되었다.

42 이에 사울이 "나와 내 아들 요나단 사이에 뽑으라"고 말하자 요나단이 뽑혔다.

43 사울이 요나단에게 말했다. "네가 무슨 짓을 했는지 내게 고하라." 요나단이 대답했다. "나는 단지 내 지팡이 끝으로 꿀을 조금 먹었을 뿐이지만 내가 죽게 되었습니다."

44 사울이 말하기를 "요나단아, 너는 반드시 죽어야 한다. 그렇지 않으면 하나님께서 나를 쳐서 죽이시기를 원한다"라고 했다.

45 그 말을 들은 백성들이 사울에게 말했다. "그가 이스라엘에 이런 큰 구원을 행했는데 왜 죽어야 합니까? 절대 그럴 수는 없습니다. 여호와께서 살아계시는 한 그의 머리털 하나라도 땅에 떨어뜨리면 안됩니다. 그것은 그가 오늘 하나님의 도우심으로 블레셋을 물리쳤기 때문입니다." 그리하여 요나단은 백성들로 인해 죽음을 모면했다.

46 사울은 그곳에서 블레셋 사람들을 추격하는 것을 멈췄고, 블레셋 사람들도 자기 지역으로 돌아갔다.

사울의 업적

47 ● 사울은 이스라엘의 왕이 된 후 모압 자손, 암몬 자손, 에돔 왕, 다메섹 북쪽에 위치한 소바 지역의 왕들, 블레셋 등 사방의 모든 대적과 싸워 가는 곳마다 승리했다.

48 또 그는 군대를 조직하여 용감하게 아말렉 사람들을 치고 약탈하는 자들의 손에서 이스라엘을 구했다.

1) 믿음 없이 행하였도다 2) 살아계심 3) 백성

49 사울의 아들들은 요나단, 이스위, 말기수아이며, 두 딸 중 맏딸은 메랍이고 작은딸은 미갈이다.

50 사울의 아내는 아히마아스의 딸인 아히노암이다. 사울의 군사령관은 삼촌인 넬의 아들인 아브넬이다.

사울의 족보

51 ● 사울의 아버지는 기스이고, 아브넬의 아버지는 넬이다. 넬은 아비엘의 아들이다.[1]

52 사울이 통치하는 동안 블레셋 사람과 격렬한 싸움이 계속되었다. 그는 건장하거나 용감한 사람을 보면 그들을 불러 모았다.

사울의 아말렉 공격과 하나님께 버림 받음

15 ● 하루는 사무엘이 사울에게 말했다. "여호와께서 나를 당신에게 보내 기름을 부어 이스라엘 위에 왕으로 삼으셨습니다. 그러니 이제 왕은 여호와의 말씀을 경청하기 바랍니다.

2 만군의 여호와께서 이렇게 말씀하십니다. '이스라엘이 애굽에서 나와 르비딤 길에 이르렀을 때 아말렉이 공격한 일로 내가 그들을 징벌하리니[2]

3 너는 지금 나아가 아말렉을 쳐서 그들의 소유를 남기지 말고 진멸함은 물론 남녀와 소아와 젖 먹는 아이와 우양과 낙타와 나귀를 모두 죽이라.'"

4 이에 사울이 군사[3]를 소집하여 유다 남부 광야 지역의 들라임에서 그 수를 세어 보니 이스라엘의 보병이 20만 명이고, 유다 사람이 1만 명이었다.

5 사울이 아말렉성으로 군사들을 이동시켜 한 골짜기에 매복시켰다.

6 그리고 모세의 장인 이드로의 후손인 겐 사람에게 명령했다. "너희는 아말렉 사람에게서 떠나라. 우리가 그들을 죽일 때 너희도 죽이게 될까 염려된다. 이렇게 말하는 것은 너희가 그 옛날 이스라엘이 애굽에서 나와 올라올 때 그들을 잘 대해 주었기 때문이다." 그러자 겐 사람이 아말렉에게서 떠났다.

7 마침내 사울이 하윌라에서 애굽 동쪽 수르 지역까지 아말렉 사람을 공격하여

8 아말렉의 아각왕을 사로잡고 칼날로 그의 백성을 모두 진멸시켰다.

9 그러나 사울과 그 백성들은 아각을 비롯해 그의 양과 소 가운데서 가장 좋은 것과 기름진 것과 어린 양과 모든 좋은 것을 없애지 않고 가치 없는 것만 죽였다.

10 이에 여호와의 말씀이 사무엘에게 임했다.

11 "내가 사울을 왕으로 세운 것을 후회한다. 그것은 그가 내게서 돌이켜 내 명령을 따르지 않았기 때문이다." 그 말을 들은 사무엘이 분노로 속이 타서 밤새워 여호와께 부르짖었다.

12 사무엘이 사울을 만나기 위해 아침 일찍 일어났는데 어떤 사람이 사무

(?)! 난제 하나님이 후회했다는 말은?
(삼상 15:11)

하나님이 사울을 왕으로 세운 것을 후회했다는 말은(15:11) 하나님의 계획에도 시행착오가 있다는 말이 아니다. 그것은 계획을 이루어 나가는 과정에서는 때로 후회함이 있다는 뜻이지 그 계획을 이루시는 궁극적인 목표에는 결코 후회함이 없다. 그러므로 본문에 나오는 후회라는 말은 '달갑지 않게 여기다'라는 의미로 해석해야 한다. 곧 아말렉을 진멸하라고 명령을 거역한 사울에 대해 슬퍼한다는 인간적인 표현인 것이다.

1) 그러나 대상 8:33에는 기스가 넬의 아들로 나옴 2) 출 17:8 3) 백성

엘에게 말했다. "사울이 헤브론에서 11km에 있는 갈멜로 가서 자기를 위해 기념비를 세우고 100km 떨어진 길갈로 내려갔습니다."

13 사무엘이 길갈로 가서 사울에게 이르자 사울이 그에게 말했다. "원컨대 여호와께 복을 받으십시오. 내가 여호와께서 명령하신 대로 행했습니다.

14 그러자 사무엘이 물었다. "그런데 양과 소의 소리는 어디서 나는 것입니까?"

15 사울이 대답했다. "그것은 백성들이 당신의 하나님께 제사하기 위해 양들과 소들 가운데서 가장 좋은 것으로 아말렉 사람에게서 끌고 온 것입니다. 그 외에 가치 없는 것은 우리가 모두 진멸했습니다."

16 사무엘이 사울에게 말했다. "잠깐만 말을 멈추십시오. 지난 밤에 여호와께서 나에게 하신 말씀을 이르겠습니다." 사울이 말했다. "말씀하십시오."

17 사무엘이 사울왕에게 말했다. "왕이 자신을 보잘것없는 자라고 여길 때 이스라엘 지파의 머리가 되지 않았습니까? 여호와께서 당신에게 기름을 부어 이스라엘 왕으로 삼으셨습니다.[1]

18 그리고 여호와께서 왕을 전쟁터[2]로 보내며 명령하시기를 '가서 죄인 아말렉 사람을 하나도 남김없이 다 죽이라'고 하셨습니다. 그런데

19 왕은 어찌하여 약탈에만 정신이 팔려 여호와의 목소리를 어기고 여호와께서 악하게 여기시는 일을 행했습니까?"

20 사울이 사무엘에게 대답했다. "그것은 오해입니다. 나는 참으로 여호와의 목소리를 경청하여 여호와께서 보내신 전쟁터로 가서 아말렉의 아각왕을 사로잡아 왔고, 아말렉 사람들을 모두 죽였습니다.

21 단지 백성이 길갈에서 당신의 하나님께 제사드리기 위해 진멸할 것 가운데서 가장 좋은 양과 소만 골라 끌고 온 것뿐입니다."

22 사무엘이 사울에게 말했다. "여호와께서 번제와 다른 제사들을 그분의 목소리를 경청하는 것보다 더 기뻐하시겠습니까? 아닙니다. 여호와의 말씀을 듣는 것[3]이 제사를 드리는 것보다 낫고, 그의 말씀 듣는 것을 숫양의 기름보다 더 기뻐하십니다.

23 하나님의 말씀을 거역하는 것은 마치 점을 치는 죄와 같고, 교만한 고집은 우상에게 절하는 죄와 같기 때문입니다. 왕이 여호와의 말씀을 버렸기 때문에 여호와께서도 왕을 버려 왕의 날을 길게 하지 않으실[4] 것입니다."

24 사울이 사무엘에게 간청했다. "내가 죄를 지었습니다. 내가 여호와의 명령과 당신의 말씀을 어긴 것은 백성을 두려워하여 좋은 것은 죽이지 말고 가져가자는 그들의 말[5]을 들었기 때문입니다.

25 바라건대 이제는 내 죄를 용서하시고 나와 함께 가서 나로 여호와께 경배하게 해주십시오."

26 사무엘이 사울에게 말했다. "나는 왕과 함께 가지 않을 것입니다. 왕이 여호와의 말씀을 버린 것처럼 여호와께서도 왕을 버려 왕의 날을 길지 않게 하셨기 때문입니다."

27 사무엘이 떠나려고 돌아설 때 사울이 그의 겉옷 자락을 붙잡자 옷

1) 삼상 10:22　2) 길　3) 순종　4) 왕이 되지 못하게 하심　5) 삼상 15:9

이 찢어졌다.

28 이에 사무엘이 사울에게 말했다. "여호와께서 오늘 이스라엘 나라를 이 찢어진 옷자락처럼 왕보다 나은 이웃에게 주시기로 작정하셨습니다.

29 이스라엘의 영원하신 지존자는 사람이 아니시기 때문에 거짓이나 마음을 바꾸지 않습니다."

30 사울이 다시 간청했다. "내가 죄를 지었더라도 이제 부탁합니다. 나와 함께 돌아가 내 백성의 장로들과 이스라엘 앞에서 이전처럼 나를 높여 주십시오. 그래서 나로 당신의 하나님께 경배하게 해주십시오."

사무엘이 아각을 처형함

31 ● 이에 사무엘이 마음을 바꿔 사울을 따라갔고, 사울은 여호와께 경배했다.

32 사울이 여호와께 경배한 후 사무엘이 말했다. "너희는 아말렉의 아각왕을 내게 끌고 오라." 아각이 기쁘게 끌려와서 말했다. "참으로 이제는 죽음의 괴로움이 끝났다."

33 그때 사무엘은 그에게 말했다. "네가 칼로 여인들을 죽여 그들에게 자식이 없게 한 것처럼 네 어미에게도 자식이 없을 것이다." 그리고 사무엘은 길갈의 여호와 앞에서 아각을 난도질해 죽였다.

사무엘이 다윗에게 기름을 부음

34 ● 아각을 죽인 후 사무엘은 고향인 라마로 가고 사울도 자기 집이 있는 기브아로 올라갔다.

35 이후 사무엘은 죽는 날까지 사울을 다시 만나지 않았는데, 그것은 그가 사울의 범죄 때문에 그를 생각하며 슬퍼했기 때문이다. 여호와께서는 사울을 왕으로 삼으신

것에 대해 후회하셨다.[1]

16 여호와께서 사무엘에게 말씀하셨다. "내가 이미 사울을 버려 이스라엘 왕이 되지 못하게 했는데, 너는 언제까지 그를 위해 슬퍼하고 있겠느냐? 이제 너는 짐승의 뿔로 만든 것에 올리브 기름을 채워서 가라. 내가 너를 베들레헴 출신인 이새에게로 보낼 것이다. 그의 아들들 가운데서 왕이 될 사람을 내가 보았기 때문이다."

2 그 말을 들은 사무엘이 말했다. "사울이 이 사실을 알면 나를 죽일 것인데 내가 어떻게 가겠습니까?" 여호와께서 말씀하셨다. "너는 암송아지를 끌고 가서 '내가 여호와께 제사를 드리러 왔다'고 말한 뒤

3 이새를 제사에 초청하라. 그때 내가 네게 어떻게 행할지를 가르쳐 줄 것이다. 그러면 그때 내가 알려준 자에게 나를 위해 왕으로 기름을 부으라."

4 사무엘이 여호와의 말씀에 따라 라마에서 60㎞ 정도 떨어진 베들레헴으로 가자 성읍 장로들이 두려워하면서 그를 영접하며 말했다. "무슨 좋지 않은 일이 있습니까[2]

5 그가 대답했다. "아닙니다. 내가 온 것은 여호와께 제사를 드리기 위해서입니다. 그러니 스스로 성결하게 하고 와서 나와 함께 제사를 드립시다." 그리고 이새와 그의 아들들을 정결하게 하고 그들도 제사에 초청했다.

6 이새와 그 아들들이 오자 사무엘이 이새의 장자인 엘리압을 보고 마음속으로 '진정 여호와께서 기름을 부어 왕으로 세울 자가 주 앞에 있도다'라고 생각했다.

1) 삼상 15:11   2) 평강을 위하여 오시나이까

7 여호와께서 사무엘에게 말씀하셨다. "그의 겉모습과 큰 키를 보지 말라. 이미 내가 그런 자를 버렸기 때문이다. 사람이 보는 것은 내가 보는 것과 다르다. 사람은 겉모습을 보지만 나 여호와는 마음 중심을 보느니라."

8 이어 이새가 아비나답을 불러 사무엘 앞을 지나가게 하자 사무엘이 말했다. "이 사람도 여호와께서 선택하지 않으셨다."

9-10 이새는 셋째 아들 삼마를 비롯해 다윗을 뺀 7명의 아들 모두 사무엘 앞으로 지나가게 했다. 그러나 사무엘이 이새에게 말했다. "여호와께서는 이들 모두를 왕으로 택하지 않으셨다."

11 사무엘이 이새에게 말했다. "이들이 한 명도 빠지지 않고 모두 여기 있느냐?" 이새가 대답했다. "아직 양을 지키고 있는 막내가 있습니다." 사무엘이 이새에게 말했다. "그를 데려오라. 그가 이곳에 오기까지 우리는 제사를 드리지[1] 않을 것이다."

12 이에 이새가 사람을 보내 다윗을 데려오니 그는 눈과 얼굴이 아름다웠다. 여호와께서 사무엘에게 말씀하셨다. "바로 이 사람이다. 일어나 그에게 기름을 부으라."

13 이에 사무엘이 기름을 담은 뿔병을 가져다가 다윗에게 부었다. 이날 이후 여호와의 영이 다윗을 크게 감동시켰다. 사무엘은 베들레헴을 떠나서 60㎞ 떨어진 라마에 있는 자기 집으로 갔다.

악령이 든 사울과 다윗의 수금 연주

14 ● 여호와의 영이 사울에게서 떠나고 하나님께서 주장하시는 악한 영이 그를 두렵게 했다.

15 이를 본 사울의 신하들이 말했다. "왕이시여, 하나님께서 주장하시는 악한 영이 왕을 두렵게 하니

16 원컨대 우리 주 왕께서는 수금을 잘 연주하는 사람을 구하도록 신하들에게 명령하십시오. 그러면 하나님께서 주장하시는 악한 영이 왕을 두렵게 할 때 그가 수금을 연주하면 왕이 평안해질 것입니다."

17 사울이 신하에게 명령했다. "나를 위해 수금을 잘 연주하는 사람을 택하여 내게 데려오라."

18 젊은 청년[2] 중 한 사람이 대답했다. "내가 베들레헴 출신 이새의 아들들 가운데서 그런 자를 보았습니다. 그는 수금을 잘 연주하고 용기와 무용과 말주변이 있는 외모가 준수한 자였습니다. 또 여호와께서 그와 함께 계십니다."

19 이에 사울이 이새에게 전령들을 보내 일렀다. "양을 치고 있는 네 아들 다윗을 내게로 보내라."

20 그러자 이새가 그의 아들 다윗과 함께 빵과 가죽 부대 1개와 포도주와 염소 새끼를 나귀에 실려 사울에게 보냈다.

21 다윗이 집을 떠나 사울에게 가서 그 앞에 섰고, 사울은 그에게 큰 사랑을 베풀어 자기의 무기를 드는 자, 호위병으로 삼았다.

22 또 사람을 그의 아버지 이새에게 보내 "당신의 아들이 내게 은총을 얻었으니 그에게 나를 섬기도록 하라"고 했다.

23 하나님께서 주장하시는 악한 영이 사울을 두렵게 할 때 다윗은 사울 앞에서 수금을 연주했고, 그때마다 사울에게서 악한 영이 떠나갔으며, 그는 마음이 편안해졌다.

1) 식사 자리에 앉지 2) 소년

골리앗이 이스라엘 군대를 모욕함

17 ● 블레셋 사람들이 이스라엘과 싸우기 위해 군대를 소집하여 유다 지역에 있는 소고에 모인 후 소고와 그곳에서 엘라 골짜기를 따라 5km 정도 떨어진 아세가 사이에 있는 에베스담밈에 진을 쳤다.

2 이에 사울과 이스라엘 군사들이[1] 모여 전열을 갖춰 블레셋 사람들을 마주 볼 수 있는 엘라 골짜기에 진을 쳤다.

3 곧 엘라 골짜기를 사이에 두고 블레셋 사람들은 서쪽 지역의 산에 진을 쳤고, 이스라엘은 동쪽 지역의 산에 진을 쳤다.

4 그때 블레셋 사람들의 진영에서 싸움을 부추기는 자가 나왔는데, 그는 가드 출신의 골리앗이었다. 그의 키는 무려 2.7m 되는 6규빗하고도 한 뼘이나 되었다.

5 머리에는 놋 투구를 썼고, 몸에는 비늘 갑옷을 입었는데 무게가 57kg 되는 놋 5,000세겔이나 되었다.

6-7 그의 다리에는 놋 보호대를 찼고, 어깨 사이의 창 자루는 베틀 채와 같았으며, 창 날은 6.8kg 되는 철 600세겔이 나가는 놋 단창을 메었는데 그를 보호하기 위해 방패 든 자가 그보다 앞서 걸어 나왔다.

8 골리앗이 이스라엘 군대를 향해 소리쳤다. "너희는 왜 싸우려고 전열을 갖추었느냐? 나는 블레셋 사람이고 너희는 사울의 신복이니 한 사람을 뽑아 내게로 내려 보내라.

9 그가 나를 죽이면 우리는 너희의 종이 되겠고, 내가 그를 죽이면 너희가 우리의 종이 되어 우리를 섬겨야 할 것이다."

10 블레셋 사람 골리앗이 다시 소리쳤다. "오늘 내가 이스라엘의 군대를 모욕했으니 내게 한 사람을 보내어 나와 싸우게 하라."

11 그 소리를 들은 사울과 온 이스라엘이 크게 두려워했다.

사울과 블레셋의 싸움터에 나타난 다윗

12 ● 당시 유다 땅 베들레헴에 사는 에브랏 사람 이새에게는 아들이 8명 있었는데, 다윗이 막내였다.

13 그중 장성한 세 아들, 곧 장자 엘리압과 둘째 아비나답과 셋째 삼마는 사울을 따라 싸움에 출전하고 있었다.

14 이 세 사람은 사울을 따랐고, 다윗은 막내로

15 베들레헴에서 사울에게로 왕래했다. 그가 베들레헴에서 아버지의 양을 칠 때

16 블레셋 사람 골리앗이 40일 동안 아침저녁으로 이스라엘 군대 앞으로 나와 자신을 나타냈다.

17 하루는 이새가 그의 막내아들 다윗에게 심부름을 시키며 말했다. "지금 서둘러 싸움 중에 있는 네 형들에게 22리터 되는 이 볶은 곡식 1에바와 빵 10덩이를 가져다 주라.

18 그리고 이 치즈 10덩이는 형들이

투구(삼상 17:5)

투구는 군인이 무장하는 갑옷에서 머리를 보호하기 위해 쓰는 것이다. 사울왕의 갑옷에는 놋으로 만든 투구가 달려 있었으며(삼상 17:38), 골리앗의 갑주도 마찬가지였다(삼상 17:5). 앗수르와 바벨론 군인들이 썼던 투구는 끝이 뾰족하였고 로마 군인들은 앞쪽에 장식이 있는 투구를 썼다. 투구는 보통 가죽으로 만들었으나 구리로 만든 투구도 있었다. 사 59:17에는 여호와께서 구원의 투구를 쓰셨다고 표현하고 있으며, 바울은 기독교인은 영적인 전쟁을 위해 구원의 투구로 무장해야 함을 상징적으로 말하고 있다(엡 6:17).

1) 사람

소속된 천부장에게 주고 네 형들의 안부를 살핀 후 평안히 있다는 표시물을 가지고 오라.”

19 그때 사울과 이스라엘 모든 군사는 엘라 골짜기에서 블레셋 사람들과 전쟁 중이었다.

20 심부름을 하게 된 다윗은 아침 일찍 일어나서 양 지키는 자에게 양 떼를 맡기고 아버지가 시킨 대로 음식을 가지고 30㎞ 떨어진 진영에 도착했다. 그때 마침 이스라엘 군대가 나가 블레셋과 싸우기 위해 큰 소리로 외쳤고,

21 이스라엘과 블레셋 군사들은 전열을 갖춘 채 서로 대치하고 있었다.

22 다윗이 자기의 짐을 짐 지키는 자에게 맡긴 후 전쟁터¹⁾로 달려가서 형들의 안부를 묻고

23 형들과 함께 말할 때 때마침 싸움을 부추기는 가드 출신 골리앗이 그 대형에서 나와 이전처럼 이스라엘 군대를 모욕했고 다윗이 그 말을 들었다.²⁾

24 이스라엘 모든 군사는 골리앗을 보고 크게 두려워하여 그 앞에서 도망하며

25 말했다. “저기 올라오는 사람을 보았느냐? 그가 이스라엘을 모욕하러 나왔다. 왕은 그를 죽이는 사람에게 많은 재물을 주고, 왕의 사위로 삼을 뿐 아니라 그의 집안³⁾에게는 세금을 면제해 줄 것이다.”

26 다윗이 옆에 있는 사람들에게 물었다. “이 블레셋 사람 골리앗을 죽여 이스라엘의 치욕을 없애는 사람에게는 어떤 것이 주어집니까? 도대체 이 할례 받지 않은 블레셋 사람이 어떤 자이기에 살아계시는 하나님의 군대를 모욕합니까?”

27 옆에 있던 군사가 전과 같은 말로

“그를 죽이는 사람에게는 이렇게 행해질 것이다”라고 알려주었다.

28 다윗의 큰형 엘리압이 다윗이 사람들에게 하는 말을 듣고 화를 내며 다윗에게 말했다. “너는 들에 있는 양 떼를 누구에게 맡기고 전쟁터로 내려왔느냐? 나는 교만하고 고집스러운 네 마음을 알고 있는데, 네가 전쟁을 구경하러 왔구나.”

29 다윗이 대답했다. “내가 무엇을 했다고 그러십니까? 이유가 왜 없겠습니까⁴⁾?”

30 뒤돌아서서 다른 사람을 향해 전처럼 말하자 백성이 똑같은 대답을 했다.

31 다윗의 말을 들은 한 사람이 그 말을 사울에게 전하자 사울이 다윗을 불렀다.

32 사울왕 앞에 선 다윗이 말했다. “왕이여, 골리앗 때문에 우리가 절망할 이유가 없습니다. 당신⁵⁾의 종이 나가서 저 블레셋 사람 골리앗과 싸우겠습니다.”

33 사울이 다윗에게 말했다. “너는 저 블레셋 사람과 상대가 되지 않는다. 너는 아직 소년이고 저 블레셋 사람은 어려서부터 용사였다.”

34 그러자 다윗이 사울에게 대답했다. “당신의 종은 아버지의 양을 칠 때 사자나 곰이 와서 양 떼에서 새끼를 물어 가면

35 쫓아가 사자나 곰을 죽이고 그 입에서 새끼를 건져 내었습니다. 그리고 그것들이 나를 해치고자 하면 그 수염을 잡고 짐승을 쳐 죽였습니다.

36 당신의 종이 사자와 곰도 죽였는데 하물며 살아계신 하나님의 군대를 모욕하는 이 할례 받지 않은 블레셋

---

1) 군대　2) 삼상 17:9-10　3) 아버지의 집　4) 말 한마디뿐이 아니니이까　5) 주

사람인들 죽이지 못하겠습니까? 그
가 그 짐승처럼 될 것입니다."

37 다윗이 계속해서 왕에게 말했다.
"여호와께서 나를 사자와 곰의 발
톱에서 건져 내셨으니 나를 이 블
레셋 사람의 손에서도 건져내실
것입니다." 사울이 다윗에게 말했
다. "그러면 가라. 여호와께서 너
와 함께하시기를 바란다."

38 이에 사울이 다윗에게 자기의 군복
을 입히고, 그의 머리에 놋 투구를
씌우고, 그에게 갑옷을 입혔다.

39 다윗이 군복 위에 칼을 차고 몇 발
자국 걸어 보았으나 입어 본 적이
없어서 익숙하지 못하자 사울에게
말했다. "입어 본 적이 없기 때문
에 이것을 입고 갈 수 없습니다."

40 이에 갑옷을 벗고 대신 손에 막대
기를 잡고, 엘라 골짜기[1]에서 매끄
러운 5개 돌을 주워 자기가 가지고
다니던 목자의 주머니에 넣고, 손
에 물매를 들고 블레셋 사람 골리
앗 앞으로 나아갔다.

골리앗을 죽인 다윗

41 ● 블레셋 사람 골리앗이 방패 든
호위병[2]을 앞세우고 다윗에게로
점점 다가왔다.

42 골리앗이 다윗을 보더니 그를 멸
시했다. 그가 싸우기에는 어리고
용모가 아름답고 붉은 얼굴이었기
때문이다.

43 그가 그의 신들의 이름으로 다윗
을 저주하며 말했다. "내가 개냐?
막대기는 왜 가지고 나왔느냐?"

44 골리앗이 다시 말했다. "내게로 오
라. 내가 너를 죽여 네 살을 공중의
새들과 들짐승들에게 줄 것이다."

45 이에 다윗이 골리앗에게 응답했
다. "너는 칼과 창과 단창으로 내
게 나아오지만 나는 네가 모욕하

는 이스라엘 군대의 하나님의 이
름으로 네게 나아간다. 그것은 만
군의 여호와의 이름이다.

46 오늘 여호와께서 너를 내 손에 넘
겨주시리니 내가 네 목을 벨 뿐 아
니라 블레셋 군사들의 시체를 공
중의 새와 땅의 들짐승의 밥이 되
게 할 것이다. 그래서 온 세상을 향
해 이스라엘에 하나님께서 계신다
는 사실을 알게 할 것이다.

47 또한 여호와께서는 구원이 칼과 창
에 있는 것이 아님을 이 무리에게
알게 하실 것이다. 전쟁에서의 승
패는 여호와께 달렸기에 그분이 너
희를 우리 손에 넘겨주실 것이다."

48 골리앗이 다윗에게 가까이 다가오
자 다윗도 그를 향해 빠른 속도로
달려갔다.

49 그리고 목자의 주머니에서 돌을
꺼내 물매를 이용하여 그 돌을 던
져 골리앗의 이마를 맞추자 돌이
그의 이마에 박혔고 골리앗은 땅
에 엎드러졌다.

50 이렇게 다윗은 물매와 돌로 골리
앗을 죽였는데, 그 손에는 칼이 없
었다.

51 이에 다윗이 달려가 골리앗을 밟
고, 그의 칼 집에서 칼을 뽑아 그것
으로 그를 죽이고, 그의 머리를 잘
랐다. 그러자 블레셋 사람들이 자
기들의 용사가 죽은 것을 보고 도
망하기 시작했다.

52 이 모습을 본 이스라엘과 유다 군
사들이 함성을 지르며 블레셋 군
사들을 추격하여 골리앗의 고향인
가드로 추정되는 가이를 지나 남쪽
으로 10km 떨어진 에그론 성문까지
좇아갔다. 이로 인해 부상당한 블
레셋 군사들은 소렉 골짜기 바로

1) 시내 2) 사람

북쪽의 사아라임으로 가는 길에서 가드와 에그론까지 죽임을 당했다.

53 이스라엘 군사들이 블레셋 사람들을 추격한 후 다시 돌아와서 소고와 아세가 사이의 에베스담밈에 있던 블레셋 진영을 약탈했다.

54 다윗은 골리앗의 머리를 취하여 예루살렘으로 가져가고, 그의 무기는 자기 천막에 보관했다.

55 사울은 다윗이 블레셋 사람과 싸우러 나아가는 것을 보고 아브넬 군사령관에게 물었다. "아브넬아, 이 소년은 누구의 아들이냐?" 아브넬이 대답하기를 "왕이여, 왕이 살아있는 한 맹세코 저는 알지 못합니다."

56 그러자 왕이 말하기를 "너는 이 청년이 누구의 아들인지 물어보라"고 했다.

다윗을 죽이려는 사울

57 ● 다윗이 골리앗을 죽이고 돌아오자 사울왕의 삼촌 아들인 아브넬은 골리앗의 머리를 들고 있는 다윗을 사울 앞으로 인도했다.

58 이를 본 사울이 다윗에게 "소년이여, 너는 누구의 아들이냐?"라고 묻자 다윗이 대답했다. "나는 당신 1)의 종 베들레헴 출신 이새의 아들입니다."

18 다윗의 말이 끝나자 요나단의 마음이 다윗의 마음과 연결되

경쇠 또는 꽹과리(삼상 18:6)

경쇠는 히브리어 '샬리심'으로 악기 중 하나이다. 그러나 구체적으로 어떤 악기인지는 알려지지 않았다. 다만 단어 구성상 세 부분의 구조로 되어 있는 것은 분명하기 때문에 삼현금이나 삼각형 모양의 수금으로 생각한다. 그러나 대부분의 학자들은 오늘날 트라이앵글과 비슷한 악기로 보고 있다.

었고, 다윗을 자기 생명처럼 사랑하게 되었다.

2 이날에 사울은 다윗을 자기와 함께 있도록 하고, 그를 아버지의 집으로 돌려보내지 않았다.

3 한편 요나단은 다윗을 자신처럼 사랑하여 서로 언약을 맺은 후

4 자기의 겉옷과 군복과 칼과 활과 허리띠를 다윗에게 주었다.

5 이후 다윗이 사울이 보내는 싸움터마다 나가 승리하자2) 사울이 그를 군대의 우두머리로 삼았다. 그 일을 온 백성과 사울의 신하들도 좋게 여겼다.

6 다윗이 블레셋 사람을 죽이고 무리와 함께 돌아 올 때 이스라엘의 성읍들에서 나온 여인들이 노래하며 춤추며 작은 북과 꽹과리3)를 손에 들고 사울왕과 다윗을 이렇게 환영했다.

7 "사울이 죽인 자는 수천 명이고, 다윗이 죽인 자는 수만 명이로다."

8 그 노래를 들은 사울은 크게 화가 나서 말했다. "다윗에게는 수만을 돌리고 내게는 수천을 돌리니 그에게 돌아갈 것은 왕의 자리4) 외에 무엇이 있겠느냐?"

9 그날 이후로 사울은 다윗을 주목하기 시작했다.

10 이튿날 하나님께서 주장하시는 악한 영이 사울을 더욱 괴롭게 했다. 그리하여 그는 집 안에서 정신 없이 소리를 질렀고, 다윗은 평상시처럼 수금을 연주하고 있었다. 그 때 사울의 손에 창이 있었다.

11 그는 마음속으로 '내가 창으로 다윗을 벽에 박으리라'고 결심한 뒤 그 창을 다윗을 향해 던졌으나 다윗이 이를 두 번이나 피했다.

1) 주   2) 지혜롭게 행하매   3) 경쇠   4) 나라

12 사울이 다윗을 두려워한 것은 여호와께서 자기를 떠나 다윗과 함께하시는 것을 보았기 때문이다.

13 그래서 사울은 다윗을 자기에게서 떠나게 하여 그를 천부장으로 삼아 군사들과 함께 전쟁터로 나가도록 했다.

14 그럼에도 다윗은 하나님께서 함께하심으로 그의 모든 길1)에서 승리했다.2)

15 사울은 다윗이 싸울 때마다 크게 이기는 것을 보고 그를 두려워했다. 그러나

16 모든 이스라엘과 유다 사람은 자기들 앞에서 전쟁할 때마다 승리하는3) 다윗을 사랑했다.

다윗이 사울의 사위가 됨

17 ● 이런 상황 속에서 사울이 다윗에게 말했다. "내 장녀 메랍을 네게 아내로 줄 것이니 너는 오로지 나를 생각하여 힘을 다해 여호와를 위해 싸우라." 그가 이렇게 말한 것은 자기 손으로 다윗을 죽이지 않고 블레셋 사람들의 손에 죽게 하려고 생각했기 때문이었다.

18 이에 다윗이 사울에게 말했다. "나는 하찮은 자입니다. 또한 내 집안이나 친족 역시 이스라엘 가운데서 크지 않은데 내가 어찌 왕의 사위가 될 수 있겠습니까?"

19 그러나 사울은 자기의 딸 메랍을 다윗에게 주어야 할 2년 만인 그때 그 딸 메랍을 므홀랏 출신 아드리엘에게 아내로 주었다.

20 한편 사울의 또 다른 딸 미갈이 다윗을 사랑한다는 것을 알고 있던 한 사람이 사울에게 그 사실을 알리자 사울이 그 일을 좋게 생각했다.

21 그래서 속으로 생각했다. '내 딸 미갈을 주어 다윗에게 올무가 되게 하여 블레셋 사람들이 그를 죽이게 하자.' 그래서 사울이 다윗에게 말했다. "너는 오늘 다시 내 사위가 되라."

22 그리고 사울이 신하들에게 명령했다. "너희는 다윗에게 은밀히 '보라, 왕이 너를 좋아하고 모든 신하도 너를 사랑하니 너는 왕의 사위가 되는 것이 좋다'라고 말하라."

23 사울의 신하들이 왕의 말을 다윗에게 전하자 다윗이 말했다. "나는 가난하고 천한 사람인데, 어찌 왕의 사위가 되는 것을 너희는 작은 일로 여기느냐?"

24 사울의 신하들이 다윗의 말을 사울에게 전하자

25 사울이 다시 명령했다. "너희는 다윗에게 말하라. '왕이 원하는 조건은 오직 왕의 원수에게 보복하는 것이다. 왕은 블레셋 사람들의 포피 100개를 원하신다.'" 사울이 이렇게 말한 것은 다윗을 블레셋 사람들의 손에 죽게 만들려는 것이었다.

26 사울의 신하들이 이 말을 다윗에게 알려주었다. 이에 다윗이 왕의 사위가 되는 것을 좋게 여겼다. 그래서 결혼 전에

27 그의 부하들과 함께 가서 블레셋 사람 200명을 죽였다. 그리고 왕의 사위가 되려고 그들의 생식기의 표피4)를 가져와 왕이 요구한 수를 채웠다. 이에 사울은 그의 딸 미갈을 다윗의 아내로 주었다.

28 이를 통해 사울은 여호와께서 다윗과 함께하심을 알았고, 자신의 딸 미갈이 다윗을 사랑하는 것을 보자

29 더욱 다윗을 두려워했다. 이후로 사울은 평생 다윗의 대적이 되었다.

1) 일　2) 지혜롭게 행하니라　3) 출입하는　4) 포피

30 블레셋의 지도자인 방백들이 싸우러 나올 때마다 다윗은 사울의 어떤 신하보다 크게 승리하여[1] 다윗의 이름이 매우 존귀하게 되었다.

다윗을 죽이려고 하는 사울

19 ● 이렇게 되자 사울은 아들 요나단과 모든 신하에게 다윗을 죽이도록 명령했다. 그러나 사울의 아들 요나단은 다윗을 심히 좋아하는 까닭에

2 다윗에게 말했다. "내 아버지가 너를 죽이려고 찾을테니 너는 아침 되면 조심하여 은밀한 곳에 숨어 있으라.

3 그러면 내가 아버지와 함께 나가 네가 숨어 있는 들에서 너에 대한 일을 내 아버지와 말하다가 무슨 일이 생기면 네게 알려주겠다."

4 이튿날 아침 요나단이 아버지 사울 왕에게 다윗에 대해 좋게 말했다. "왕이여, 신하인 다윗을 죽이지 마십시오. 그는 왕에게 죄를 짓지 않았고, 오히려 그가 행한 일은 왕에게 참으로 선하기 때문입니다.

5 그는 자기 생명을 아끼지 않고 싸워 블레셋 사람을 죽이므로 여호와께서 온 이스라엘에게 대승을 거두게 하신 것을 보고 왕도 기뻐하셨습니다. 그런데 아무 이유 없이 다윗을 죽여 죄 없는 자의 피를 흘리는 죄를 지으려고 하십니까?"

6 사울이 요나단의 말을 듣고 맹세했다. "여호와께서 살아계시는 한 결코 그는 죽임을 당하지 않을 것이다."

7 그 말을 들은 요나단이 다윗을 불러 왕의 말을 알리고 그를 사울 앞으로 데려오니 그가 이전처럼 사울 앞에서 그를 섬겼다.

8 이후 전쟁이 다시 일어났다. 다윗이 출전하여 블레셋과 싸워 수많은 자를 죽였고 그들이 다윗 앞에서 도망했다.

9 하루는 사울이 단창을 들고 그의 집에 앉았을 때 여호와께서 주장하시는 악한 영이 사울에게로 들어갔다. 그때 사울이 손으로 수금을 연주하고 있는 다윗을

10 단창으로 벽에 박아 죽이려고 했다. 그러나 다윗이 창을 피했고, 사울의 창은 벽에 박혔다. 그날 밤 다윗은 사울에게서 도피했다.

11 그러자 사울은 전령들을 다윗의 집으로 보내 그를 지키다가 아침에 죽이도록 지시했다. 그 사실을 안 다윗의 아내 미갈이 그에게 말했다. "당신이 이 밤에 피하지 않으면 내일은 죽임을 당할 것입니다."

12 미갈이 다윗을 창에서 달아 내리자 그가 도망했다.

13 그리고 미갈은 드라빔 우상을 침대 위에 올려놓고 염소 털로 만든 덮개를 드라빔의 머리에 씌우고 그것을 옷으로 덮었다.

14 사울이 다윗을 잡기 위해 사자들을 보냈고, 사자들이 다윗의 집으로 들이닥치자 미갈이 그들에게 말했다. "그가 지금 병들었다."

15 사자들이 사울에게 그대로 보고하자 사울이 사자들을 다시 보내 "그를 침대째 내게로 들고 오라. 내가 그를 죽일 것이다"라고 엄히 명령했다.

16 사자들이 다시 가서 들어가 보니 침대 위에는 드라빔이 있고 염소 털로 만든 덮개가 그 드라빔의 머리에 있었다.

17 사울이 미갈에게 말했다. "너는 왜 이처럼 나를 속여 내 원수를 피하게

1) 지혜롭게 행하매

하여 그의 목숨을 건지게 했느냐?" 미갈이 사울에게 대답했다. "그가 내게 '나를 놓아 가게 하라. 왜 나로 너를 죽이게 하느냐?'라고 위협했습니다."

18 한편 다윗이 사울을 피해 예루살렘에서 52km 정도 떨어진 라마로 가서 사무엘을 찾아가 사울이 자기를 죽이려고 한 일을 알렸다. 그리고는 사무엘과 함께 라마 근교의 나욧으로 가서 살았다.[1]

19 어떤 사람이 사울에게 와서 "다윗이 라마 나욧에 있습니다"라고 고자질했다.

20 그러자 사울이 다윗을 잡기 위해 전령들을 보냈다. 그들이 라마 나욧에 도착하여 선지자 무리가 예언하는 것과 사무엘이 그들의 우두머리로 선 것을 보는 순간 하나님의 영이 사울의 사자들에게도 임했고, 그들도 예언했다.

21 한 사람이 그 사실을 사울에게 알리자 사울은 다른 사자들을 보냈다. 그러나 그들 역시 예언했고, 세 번째 보낸 사자들도 예언했다.

22 그러자 사울이 사무엘의 고향인 라마로 직접 가서 망대가 있는 큰 우물에 도착해 "사무엘과 다윗이 어디 있느냐?"라고 묻자 어떤 사람이 대답했다. "그가 라마 나욧에 있습니다."

23 이에 사울이 라마에서 떠나 가까이에 있는 라마 지역의 나욧으로 갔다. 그러자 하나님의 영이 사울에게도 임하여 그가 라마 지역의 나욧 입구까지 걸어가며 예언했다.

24 그리고 사무엘을 만난 후에도 그 앞에서 옷을 벗어던지고 예언하며 하루 밤낮을 벌거벗은 채로 쓰러져 있었다. 그래서 사람들은 속담에

이르기를 "사울도 선지자 가운데 있느냐?"라고 말했다.

요나단과 다윗의 맹세

20 ● 사울이 온다는 소식에 다윗이 라마 나욧에서 도망하여 요나단을 찾아가 말했다. "내가 네 아버지 앞에서 무슨 죽을 죄를 지었기에 네 아버지가 나를 죽이려고 하느냐?"

2 요나단이 다윗에게 대답했다. "결코 그렇지 않다. 네가 죽지 않을 것이다. 내 아버지께서 모든 일을 내게 말하기 때문에 이번 일을 내게 숨길 이유가 없다. 아버지는 결코 너를 죽이지 않을 것이다."

3 다윗이 다시 맹세하여 말했다. "네 아버지는 너와 나 사이의 우정에 대해 잘 알고 있기 때문에 네가 슬퍼할까 봐 나를 죽이려고 한 사실을 네게 알리지 않으려고 생각했을 것이다. 그러나 내가 참으로 여호와의 살아계심과 네 생명을 두고 맹세하는데, 나와 죽음 사이는 한 걸음 차이뿐이다."

4 요나단이 다윗에게 말했다. "어떤 소원이든지 내게 말하라. 내가 너를 위해 그것을 들어줄 것이다."

5 다윗이 요나단에게 대답했다. "내일은 축제가 있는 매월 첫날이니 내가 마땅히 왕을 모시고 앉아 식사를 해야 하지만 나를 그 식사 자리에서 내보내어 셋째 날 저녁까지 들에 숨어 있도록 조치하라.

6 그리고 만일 네 아버지가 내가 없는 것에 대해 자세히 물으면 그때 너는 이렇게 말하라. '다윗이 온 가족이 자기의 성읍인 베들레헴에서 해마다 드리는 제사인 매년제를 드릴 때가 되어 베들레헴으로 급히

1) 다윗은 이때를 기억하며 시편 59편을 기록했다

가기를 간청하므로 내가 허락했습니다.'

7 그때 네 아버지가 좋다고 하면 나는 안전하겠지만 그렇지 않고 '아니다'라고 하면 나를 죽이려고 작정한 줄로 알면 된다.

8 그런즉 너는 종인 나에게 자비 베풀기를 원한다. 너는 나와 여호와 앞에서 굳은 약속을 한 사이이다. 그러나 내게 죄악이 있으면 네가 친히 나를 죽이라. 구태여 나를 네 아버지에게 데려갈 필요가 있느냐?"

9 그 말을 들은 요나단이 말했다. "그런 일은 절대로 네게 일어나지 않을 것이다. 내 아버지께서 너를 죽이려고 작심한 줄을 알게 되면 내가 반드시 네게로 와서 그 사실을 알려주지 않겠느냐?"

10 이에 다윗이 요나단에게 말했다. "그러면 네 아버지가 나를 죽일 것이라고 대답하면 그 사실을 누가 내게 알려줄 수 있겠느냐?"

11 요나단이 다윗에게 대답했다. "가자, 우리가 들로 나가자." 그리고 두 사람이 들로 나갔다.

12 요나단이 다윗에게 말했다. "이스라엘의 하나님께서 우리의 증인이 되신다. 그러므로 내가 내일이나 모레 이맘때 내 아버지를 살펴보다가 너를 죽일 생각이 없다는 것을 확인하면 사람을 보내 네게 알려주겠다.

13 그러나 만일 내 아버지가 너를 죽이려고 하는데도 그 사실을 네게 알려주지 않아 네가 죽게 되면 여호와께서 나에게 벌을 내리사 나를 죽이시기를 원한다. 여호와께서 내 아버지와 함께하셨던 것처럼 너와 함께하시기를 원한다.

14 너는 내가 사는 날까지 여호와의 자비하심을 내게 베풀어서 나를 죽지 않게 할 뿐 아니라

15 네 자비를 내 집에서 영원히 지속되게 하라. 여호와께서 네 대적들을 이 땅에서 한 사람도 남김없이 멸절시킬 때까지 그렇게 하라."

16 이날 요나단은 다윗의 집과 언약을 맺은 후 "여호와께서는 다윗의 대적들을 치실지어다"라고 했다.

17 요나단이 다윗을 자기 생명같이 사랑했기 때문에 거듭 맹세하여

18 말했다. "내일은 축제가 있는 매월 첫날인즉 식사에 네 자리가 비게 되면 아버지께서 그 이유를 자세히 물으실 것이다.

19 너는 3일 동안 있다가 빨리 내려가서 지난번 숨어 있던 에셀 바위 곁에 있으라.

20 그러면 내가 과녁을 쏘는 것처럼 하여 화살 3개를 그 바위 곁에 쏜 후

21 아이를 보내 '가서 화살을 찾으라'고 할 것이다. 그리고 그 아이에게 '보라, 화살이 네 옆[1]에 있으니 가져오라'고 말하면 너는 돌아오라. 여호와께서 살아계심으로 맹세하는데 네가 무사할 것이다.

22 그러나 아이에게 '화살이 네 앞에 있다'라고 말하면 너는 네 길을 가라. 그것은 여호와께서 너를 보내신 것이다.

23 우리가 말한 이 일에 대해서는 여호와께서 우리 둘 사이에 영원토록 증인이 되신다."

24-25 이에 다윗이 지난번 들로 가서 숨었다. 그달 1일이 되어 왕이 평상시와 같이 벽 쪽 자기 자리에서 음식을 먹을 때 왕은 앉아 있었고, 요나단은 서 있었으며, 군대장관 아브넬은 사울 옆에 앉아 있었으나

1) 이쪽

다윗의 자리는 비어 있었다.

26 그러나 첫날에는 다윗이 참석하지 못한 것에 대해 사울은 아무 말도 하지 않았다. 그것은 사울이 '그에게 무슨 부정한 일이 생겨 나오지 못했을 것이다'라고 생각했기 때문이다.

27 이튿날인 그달의 둘째 날에도 다윗의 자리는 여전히 비어 있었다. 이에 사울이 그의 아들 요나단에게 물었다. "이새의 아들 다윗이 왜 어제와 오늘 식사에 나오지 않았느냐?"

28 요나단이 사울에게 대답했다. "다윗이 내게 베들레헴으로 가기를 이렇게 간청했습니다.

29 원컨대 내가 베들레헴에 있는 내 아버지 집으로 가도록 허락하라. 내 형들이 우리 가족이 그 성읍에서 제사 드리는 일에 참석하도록 명령했다. 그러니 내가 네게 사랑을 받았다면 내가 내 형들에게 가는 것을 허락하라'고 했기 때문에 그가 왕의 식사 자리에 나오지 못했습니다."[1]

30 그러자 사울이 크게 화를 내며 요나단에게 말했다. "이 굽고 패역한 계집의 소생아, 네가 네 수치와 네 어미의 벌거벗음의 수치도 모르고 천한 이새의 아들을 선택했다는 것을 내가 모를 줄 아느냐?

31 다윗이 살아있는 한 너는 왕이 되지 못할 것이다. 그러니 너는 즉시 사람을 보내 다윗을 내게로 데려오라. 그는 죽어야 할 자이다."

32 요나단이 아버지 사울에게 물었다. "그가 무슨 죽을 일을 했습니까?"

33 그 말을 들은 사울은 단창을 던져 요나단을 죽이려고 했다. 이에 아버지가 다윗을 죽이기로 결정한

줄 알고

34 매우 화가 나 그 식탁에서 일어났다. 요나단은 그달의 둘째 날에는 아버지와 함께 먹지 않았다. 아버지가 다윗을 죽이려고 작정했기 때문에 다윗을 위해 슬퍼했고, 아버지로 인해 자기를 수치스럽게 여겼기 때문이다.

35 이튿날 아침 요나단이 자기 수하에 있는 소년을 데리고 다윗과 정한 시간에 들로 나갔다.

36 그런 후 소년에게 말했다. "달려가서 내가 쏘는 화살을 찾아오라." 그리고 소년이 달려갈 때 요나단이 그 소년을 넘어가게 화살을 쏘았다.

37 소년이 요나단이 쏜 화살이 있는 곳에 다다랐을 때쯤 요나단이 아이 뒤에서 "화살이 네 앞에 있지 않느냐?"라고 소리쳤다.

38 요나단이 아이 뒤에서 다시 소리쳤다. "머뭇거리지 말고 빨리 달려오라." 그러자 소년이 화살을 주워 주인에게로 돌아왔다.

39 왜 그렇게 하는지 그 소년은 아무것도 알지 못했고, 오직 요나단과 다윗만이 그 일을 알았다.

40 요나단이 주워 온 화살을 소년에게 주며 그것을 성읍으로 가져가도록 했다.

41 소년이 성읍으로 가자 다윗이 자기가 있는 에셀 바위 남쪽에서 일어나서 땅에 엎드려 3번 절했다. 그런 후 서로 입을 맞추고 함께 울되 다윗의 울음소리가 더 컸다.

42 요나단이 다윗에게 말했다. "평안히 네 길을 가라. 우리가 여호와의 이름으로 맹세했다. 여호와께서는 나와 너 사이에 그리고 내 자손과

1) 삼상 20:6

네 자손 사이에 영원히 계실 것이다." 이에 다윗은 자기의 길로 떠나고, 요나단은 성읍으로 들어갔다.

사울을 피해 도망하는 다윗

21 요나단과 헤어진 후 다윗은 사울을 피해 예루살렘 북쪽 4km 지점에 있는 놉으로 가서 제사장 아히멜렉을 만났다. 아히멜렉은 다윗을 보자 두려워 떨면서 말했다. "어찌 함께하는 자없이 혼자 있습니까?"

2 다윗이 아히멜렉 제사장에게 말했다. "왕이 내게 어떤 일을 명령하면서 이르기를 '내가 너를 보내는 것과 명령한 일은 누구에게도 알지 못하게 하라'고 했기 때문입니다. 그래서 내 부하 소년들에게 나중에 만날 곳만을 말해주고 헤어졌습니다.

3 그러니 지금 무엇이든 먹을 것이 있습니까? 빵 5덩이든 다른 먹을 것이 있으면 주십시오."

4 아히멜렉 제사장이 대답했다. "일반인이 먹는 빵은 없지만 제사장만 먹을 수 있는 거룩한 빵은 있습니다. 그러나 당신의 부하들이 근래에 여자를 가까이하지 않았다면 그 빵을 줄 수 있습니다."

5 다윗이 제사장에게 말했다. "우리는 3일 동안 여자를 가까이하지 않았습니다. 내가 일반적인 임무를 수행할 때도 나와 함께한 부하들은 거룩하게 지켰습니다. 하물며

특별한 임무를 수행하는 오늘은 더욱 성결하지 않겠습니까?"

6 이에 제사장이 제사장만 먹을 수 있는 거룩한 빵을 주었다. 실제로 그곳에는 따뜻한 빵을 올려놓으면서 여호와 앞에서 물려 낸 진열된 빵밖에 없었다.

7 공교롭게도 그날 그곳에는 에돔인으로 사울의 목자장인 '도엑'이라는 신하가 있었다.

8 다윗이 아히멜렉에게 말했다. "혹시 당신의 수중에 창이나 칼이 있습니까? 왕의 명령[1]이 너무 급하여 내가 미처 칼과 무기를 챙기지 못했습니다."

9 제사장이 대답했다. "당신이 엘라 골짜기에서 죽인 블레셋인 골리앗의 칼을 보자기에 싸서 제사장이 입는 에봇 뒤에 두었습니다. 그것을 가지려면 가지십시오. 여기에는 그 칼밖에 없습니다." 그러자 다윗이 말했다. " 그 칼밖에 없으니 그것을 내게 주시오."

10 그날 다윗은 사울을 두려워하여 블레셋 지역의 가드 왕 아기스에게로 피했다.

11 다윗을 본 아기스의 신하들이 아기스왕에게 말했다. "이 자는 이스라엘 땅의 왕 같은 다윗이 아닙니까? 무리가 그의 승리에 대해 춤을 추며 '사울이 죽인 자는 수천이요, 다윗이 죽인 자는 수만이로다'라고 노래하지 않았습니까?"

12 그 말을 들은 다윗은 가드 왕 아기스를 크게 두려워했다.

13 다윗이 블레셋의 아기스왕과 그 신하들 앞에서 미친 척 성문[2]을 긁으며, 수염에 침을 흘렸다.

14 그러자 아기스가 신하에게 말했다.

1) 일　2) 대문짝

"너희가 보는 것처럼 이 사람은 미친 자이다. 왜 이런 자를 내게로 데려왔느냐?

15 내게 미친 사람은 이곳에도 얼마든지 있는데 무엇이 부족해서 너희가 이런 자를 내 앞에 끌고 와서 미친 짓을 하게 하느냐? 이런 미친 자가 어찌 내 집에 들어올 수 있겠느냐?"

사울이 놉의 제사장을 죽임

22 아기스 앞에서 미친 척한 후 다윗은 가드를 떠나 동남쪽으로 17㎞ 정도 떨어진 아둘람 굴로 도망했다. 그때 그 사실을 안 다윗의 형제와 친척들이 듣고 베들레헴에서 서쪽으로 15㎞ 떨어진 아둘람으로 내려가서 그와 함께했다.

2 또 억눌려 사는 자, 빚을 지고 사는 자, 마음에 불평을 품은 자 등이 모두 아둘람에 있는 다윗에게로 모여들었다. 그리고 다윗은 그들의 우두머리가 되었는데, 그 수가 400명 정도되었다.[1]

3 다윗이 광야의 요새에서 요단강 동쪽에 있는 모압 땅 미스베로 가서 모압 왕에게 "내가 무엇을 해야 할지 하나님께서 내게 알려주실 때까지 내 부모가 와서 당신들과 함께 머물도록 해주십시오"라고 부탁한 후

4 부모를 모압 왕 앞으로 인도했다. 이후 다윗의 부모는 다윗이 광야의 요새에 있을 때까지 모압 왕과 함께 있었다.

5 하루는 갓 선지자가 다윗에게 말했다. "당신은 이 광야의 요새를 떠나 유다 땅으로 들어가라." 이에 다윗은 그곳을 떠나 아둘람에서 5㎞ 정도 떨어진 헤렛 수풀로 갔다.

6 사울이 다윗과 그와 함께 있는 사람들이 헤렛 수풀에 나타났다는 소식을 들었다. 그때 사울은 높은 곳에 위치한 기브아의 에셀나무 아래서 손에 창을 든 채 앉아 있었고, 그의 신하들은 그의 곁에 서 있었다.

7 사울이 신하들에게 명령했다. "너희 베냐민 사람들은 들으라. 이새의 아들이 너희에게 밭과 포도밭을 주며, 너희를 천부장과 백부장으로 삼을 줄 아느냐?

8 어찌하여 너희가 공모하여 내게 반역하느냐? 내 아들 요나단이 이새의 아들과 언약을 맺었으니[2] 내게 알려준 자가 아무도 없었다. 참으로 나를 위해 염려하는 자도 없고, 내 아들이 내 신하 다윗을 선동하여 오늘이라도 그가 매복하고 있다가 나를 죽일 기회만 노리고 있음에도 내게 알려주는 자가 아무도 없다."

9 그때 에돔인 도엑이 사울의 신하 옆에 있다가 그에게 대답했다. "내가 전에 이새의 아들 다윗이 놉에 와서 아히둡의 아들 아히멜렉을 만난 것을 보았습니다.[3]

10 그때 아히멜렉이 다윗을 위해 어떻게 해야 할지를 여호와께 물은 후 그에게 음식을 주고 블레셋 사람 골리앗의 칼도 주었습니다."

11 도엑의 말을 들은 사울은 사람을 예루살렘 북쪽 4㎞ 떨어진 놉으로 보내어 아히둡의 아들 아히멜렉 제사장과 놉에 있는 그의 집안 출신 제사장들을 소환했고, 그들이 모두 왕 앞에 섰다.

12 이에 사울이 그들에게 말했다. "너 아히둡의 아들은 들으라." 그들이

대답했다. "내 주 왕이여, 내가 여기 있습니다."

13 사울이 그에게 물었다. "너는 왜 이새의 아들 다윗과 공모하여 나를 대적하여 그에게 빵과 칼을 주고 그를 위해 하나님께 물어서 그가 오늘이라도 매복하여 나를 죽이게 하려고 했느냐?"

14 아히멜렉이 왕에게 대답했다. "왕의 신하 가운데서 다윗처럼 충성되고 신실한 자가 누구입니까? 그는 왕의 사위이고, 호위대장이며, 왕실에서 존경 받는 자가 아닙니까?

15 내가 그를 위해 하나님께 물은 것이 절대로 오늘이 처음은 아닙니다. 원컨대 왕은 이 일로 종과 종의 집안을 문책하지 마십시오. 왕의 종은 크든 작든 이 일에 관하여 아무것도 모릅니다."

16 그 말을 들은 왕이 말했다. "아히멜렉아, 너와 네 집안 사람은 반드시 죽어야 한다."

17 왕이 옆에 있던 호위병에게 명령했다. "너희는 놉으로 가서 여호와의 제사장들을 죽여라. 그들도 다윗과 합력했고, 다윗이 도망한 사실을 알고도 내게 알리지 않았다." 그러나 왕의 신하들은 여호와의 제사장들 죽이기를 원하지 않았다.

18 그러자 왕이 도엑에게 명령했다. "너는 놉으로 가서 제사장들을 죽이라." 이에 에돔인 도엑이 놉으로 가서 제사장들을 쳐서 그날 세마포 에봇을 입은 자 85명을 죽였다. 뿐만 아니라

19 제사장들의 성읍인 놉에 거주하는 남녀와 아이들과 젖 먹는 자들과 소와 나귀와 양까지 칼로 쳐 죽였다.

20 그러나 아히둡의 손자이며 아히멜렉 제사장의 아들인 아비아달은

그 자리에서 피해 다윗에게로 도망갔다.

21 그리고 사울이 행한 일을 다윗에게 고했다.

22 그러자 다윗이 아비아달에게 말했다. "내가 네 아버지를 놉에서 만나던 날[1] 에돔인 도엑이 그곳에 있는 것을 보고 그가 사울에게 고자질할 줄을 분명히 알았다. 네 아버지 집안 사람들이 죽은 것은 내 잘못이다.

23 그러나 이제는 두려워하지 말고 내 곁에 함께 있으라. 내 생명과 네 생명을 찾는 자가 같으니 네가 나와 함께 있는 한 안전할 것이다."[2]

다윗이 그일라를 구함

23 ● 사람들이 다윗에게 소식을 전했다. "보십시오, 블레셋 사람이 헤렛 수풀에서 북쪽으로 9km 떨어진 그일라를 공격하여 타작한 곡식[3]을 약탈하고 있습니다."

2 이에 다윗이 여호와께 물었다. "내가 올라가서 이 블레셋 사람들을 쳐도 되겠습니까?" 여호와께서 다윗에게 말씀하셨다. "너는 가서 블레셋 사람들을 치고 그일라를 구하라."

3 그때 다윗과 함께한 사람들이 말했다. "보십시오, 우리가 이곳 유다 지역에 있는 것도 두렵습니다. 하물며 그일라까지 가서 블레셋 군대를 치는 일은 얼마나 두렵겠습니까!"

4 다윗이 다시 여호와께 묻자 여호와께서 다시 말씀하셨다. "일어나 그일라로 가라. 내가 블레셋 사람들을 네 손에 넘겨줄 것이다."

---

1) 삼상 21:7   2) 다윗은 도엑이 사울에게 자기가 놉에 간 것을 고자질할 때를 생각하여 시편 52편을 기록했다
3) 타작 마당

5 이에 다윗과 그와 함께한 사람들이 그일라에 가서 수많은 블레셋 사람을 쳐서 죽이고 가축을 끌고 왔다. 이렇게 다윗은 그일라 주민들을 구해 냈다.

6 전에 아히멜렉의 아들 아비아달은 사울의 학살을 피해 그일라에 있는 다윗에게로 도망올 때 제사장이 입는 에봇을 가지고 내려왔다.

7 다윗이 그일라에 왔다는 사실을 사울에게 고자질한 사람이 있었다. 이에 사울이 외쳤다. "하나님께서 다윗을 내 손아귀에 넘기셨도다. 그가 문들과 빗장이 있는 성읍에 들어갔으니 꼼짝없이 갇혔다."

8 이에 사울이 군사를 소집하여 기브아에서 직선거리로 32km 떨어진 그일라로 내려가 다윗과 그와 함께한 사람들을 포위하려고 했다.

9 한편 다윗은 자기를 잡으려는 사울의 음모를 눈치챘다. 그래서 제사장 아비아달에게 말했다. "제사장이 입는 에봇을 이리로 가져오라." 그리고

10 여호와께 물었다. "이스라엘 하나님이여, 사울이 나를 죽이려고1) 그일라로 내려온다는 소식을 당신의 종이 확실하게 들었습니다.

11 그일라 사람들이 나를 사울에게 넘겨주겠습니까? 당신의 종이 들은 대로 사울이 내려오겠습니까? 이스라엘의 하나님이여, 원컨대 당신의 종에게 알려주십시오." 여호와께서 대답하셨다. "그가 내려올 것이다."

12 다윗이 다시 물었다. "그러면 그일라 사람들은 나와 함께한 사람들을 사울에게 넘겨 주겠습니까?" 그러자 여호와께서 다시 대답하셨다. "그들이 너를 사울에게 넘겨줄

것이다."

13 이에 다윗과 그와 함께한 600명 정도가 그일라를 떠나서 도망갈 수 있는 곳으로 갔다. 한 사람이 이 사실을 사울에게 알려주자 사울이 다윗 쫓는 것을 중단했다.

14 다윗이 광야의 요새에도 있었고, 헤브론 남동쪽 7.4km 떨어진 십광야 산골에도 머물렀다. 사울은 그런 다윗을 매일같이 찾았지만 하나님께서는 다윗을 사울의 손에 내어주지 않으셨다.

다윗이 엔게디로 피함

15 ● 다윗은 사울이 자기를 죽이기 위해 오는 모습을 보고 십광야 호레스2)에 숨어 있었다.

16 이때 사울의 아들 요나단이 일어나 호레스에 있는 다윗에게 가서 하나님을 굳게 의지하도록 용기를 주었다.

17 곧 요나단이 다윗에게 말했다. "두려워하지 말라. 내 아버지 사울의 손이 네게 미치지 못하며, 너는 이스라엘의 왕이 되고 나는 네 다음이 될 것을 내 아버지 사울도 알고 있다."

18 두 사람이 여호와 앞에서 언약하고 다윗은 호레스에 머물고 요나단은 자기 집으로 돌아갔다.

19 그때 십 사람들이 기브아에 이르러 사울에게 나아와서 말했다. "다윗이 우리와 함께 광야3) 남쪽 하길라 산 호레스 요새에 숨어 있습니다.

20 그러니 왕은 원하는 때 언제든지 내려오십시오. 그를 왕의 손에 넘기는 것은 우리가 마땅히 해야 할 일입니다."

21 사울이 대답했다. "너희가 나를 도와주었으니 여호와께 복 받기를

1) 이 성읍을 멸하려고 2) 수풀 3) 여시몬

원한다.

22 어떤 사람이 내게 말하기를 '그는 심히 지혜롭게 행동한다'라고 하니 너희는 가서 더 자세히 살펴서 그가 어디에 숨었으며, 누가 그곳에서 그를 보았는지 알아보라.

23 그가 숨어 있는 모든 곳을 정탐하고 실제 상황을 내게 보고하라. 내가 너희와 함께 가리니 그가 이 땅에 있으면 유다 몇천 명 가운데서라도 그를 찾아낼 것이다."

24 그들이 일어나 사울보다 먼저 십으로 갔다. 다윗과 그의 사람들이 광야 남쪽 마온광야 아라바에 있는데,

25 사울과 그의 사람들이 자기를 찾으러 온 것을 어떤 사람이 다윗에게 알려주었다. 이에 다윗이 바위로 내려가 갈멜 남쪽 2㎞, 십에서 9㎞ 떨어진 마온 황무지로 가니 사울이 듣고 마온 황무지로 다윗을 추격했다.[1]

26 사울이 다윗을 추적하여 마온 황무지에 이르러 산 이쪽으로 가자 다윗과 그의 사람들은 산 반대편으로 도망갔다. 다윗이 사울을 두려워하여 급히 피하려고 한 것은 사울과 그의 부하들이 다윗과 그와 함께한 사람들을 포위하여 잡으려고 했기 때문이다.

27 이때 전령이 사울에게 와서 "서둘러 오십시오. 블레셋 사람이 우리 땅을 침략하고 있습니다"라고 보고했다.

28 이에 사울이 다윗을 추격하는 것을 멈추고 블레셋 사람을 막으러 갔다. 사울이 돌아간 곳을 '분리하는 바위'라는 뜻의 '셀라하마느곳'이라고 불렀다.

29 다윗은 그곳에서 올라가 사해에

접한 엔게디의 험준한 요새에 머물렀다.

다윗이 사울을 살려줌

24 ● 사울이 블레셋 사람을 쫓은 후 궁전에 있을 때 어떤 사람이 다윗의 거처에 대해 고자질했다. "보십시오. 다윗이 엔게디광야에 있습니다."

2 이에 사울이 이스라엘에서 선발한 3,000명을 데리고 다시 다윗과 그와 함께한 사람들을 찾기 위해 엔게디의 들염소 바위로 가는 도중

3 길 옆 양의 우리가 있는 곳에 이르렀을 때 굴이 하나 있었다. 사울이 용변을 보러[2] 그 동굴로 들어갔는데, 다윗과 그와 함께한 사람들이 그 동굴 깊숙한 곳에 있었다.

4 사울이 동굴로 들어오자 다윗과 함께 숨어 있던 사람들이 말했다. "보십시오. 여호와께서 당신에게 '내가 원수를 네 손에 넘겨줄 것이니 네가 좋을 대로 하라'고 하신 때가 바로 지금입니다." 그러나 다윗은 조심해서 사울에게 다가가 그의 겉옷 자락만 몰래 잘랐다.

5 그리고 나서 다윗은 사울의 옷자락을 벤 것조차 마음에 찔려

6 자기와 함께한 사람들에게 말했다. "여호와의 기름 부음 받은 왕[3]을 내가 해친다면 여호와께서 나에게 저주를 내리실 것이다. 그것은 여호와께서 금하는 것이니 그는 여호와의 기름 부음을 받은 자이기 때문이다."

7 다윗은 이 말로 자기와 함께한 사람들을 설득하여 사울을 죽이지 못하게 했다. 그사이 사울이 일어나 동굴에서 나갔다.

---

1) 다윗은 십 사람들이 자기가 있는 곳을 사울에게 알려줄 때 시편 54편대로 기도했다.   2) 발을 가리러   3) 주

8 사울이 동굴에서 나간 후 다윗도 일어나 동굴에서 나와 사울의 뒤에서 "내 주 왕이시여"라고 외쳤다. 이에 사울이 돌아보았고 다윗은 땅에 엎드려 절한 후

9 사울에게 말했다. "보십시오, 왕은 어찌하여 내가 왕을 죽이고자 한다는 사람들의 말을 들으십니까?

10 왕은 이날 여호와께서 동굴에서 왕을 내 손에 넘기신 것을 보십시오. 내 부하 중 어떤 사람은 왕을 죽이라고 내게 권했지만 나는 '여호와의 기름 부음을 받은 내 주인을 죽이지 않을 것이다'라고 왕을 아껴 죽이지 못하도록 했습니다.

11 내 아버지여, 내 손에 있는 왕의 옷자락을 보십시오, 내가 왕을 죽이지 않고 겉옷 자락만 베었습니다. 이것으로 내 손에 악이나 범죄함이 없는 줄을 이제는 아실 줄 압니다. 왕은 나를 찾아 죽이려고 했지만 나는 왕에게 죄를 지은 일이 없습니다. 그럼에도 왕은 나를 죽이려고 쫓아 다니십니다.

12 여호와께서 우리 사이에 누가 잘못되었는지 결정해 주시기를 바랍니다. 왕이 나를 해치려고 하는 것 때문에 여호와께서는 나를 위해 왕에게 복수하실 것입니다. 그러므로 내 손으로는 왕을 죽이지 않겠습니다.

13 옛날 속담에 '악은 악인에게서 난다'라고 했습니다. 그래서 나는 왕을 죽이지 않을 것입니다.

14 이스라엘 왕이 잡으려고 하는 자가 누구입니까? 어찌하여 왕께서는 죽은 개나 한 마리의 벼룩 같은 자를 쫓고 계십니까?

15 그런즉 여호와께서 재판장이 되어 나와 왕 사이에 누가 잘못되었는지 가려내사 내 송사를 살펴 억울함을 풀어 주시고 왕의 손에서 건져 내실 것입니다."

16 다윗이 말하기를 마치자 사울이 말했다. "내 아들 다윗아, 이것이 네 목소리냐?" 그리고 소리 높여 울면서

17 다윗에게 다시 말했다. "나는 너를 죽이려고 했는데[1), 너는 나를 살려 주니[2) 너는 나보다 의롭다.

18 네가 나를 살려 준 것을 오늘 보여 주었다. 곧 여호와께서 나를 네 손에 넘기셨으나 너는 나를 죽이지 않았다.

19 어떤 사람이 원수를 만났다면 그를 그대로 보내겠느냐? 그런데 너는 오늘 나를 죽이지 않은 일로 인해 여호와께서는 네게 선히 갚으실 것이다.

20 보라, 이제 나는 네가 정녕 왕이 될 것을 알고 이스라엘 나라가 너를 통해 일어날 것을 알고 있다.

21 그러니 너는 내 후손을 끊지 않고, 내 아버지의 집에서 내 이름을 없애버리지 않겠다고 여호와의 이름으로 내게 맹세하라."

22 이에 다윗이 사울에게 맹세하자 사울은 집으로 돌아가고, 다윗과 그와 함께한 사람들은 광야에 있는 요새로 올라갔다.[3)

사무엘의 죽음

25 ● 한편 사무엘이 죽자 온 이스라엘 백성이 모여 그의 죽음을 애도하며 라마에 있는 그의 집에 장사했다. 이때 다윗은 바란 광야로 내려갔다.

다윗과 아비가일

2 ● 마온에 한 사람이 살고 있었다.

---

1) 학대하되 2) 선대하니 3) 다윗은 이때를 생각하여 시편 57편, 108:1-5대로 기도했다.

그는 자기 집이 있는 마온에서 2㎞ 떨어진 갈멜에서 생업인 목축을 하고 있었다. 그는 양이 3,000마리, 염소가 1,000마리나 되는 큰 부자였다. 그가 갈멜에서 자기의 양털을 깎고 있었다.

3 그의 이름은 나발이요, 아내는 아비가일이었다. 아비가일은 총명하고 용모가 아름다웠으나 그의 남편은 속이 좁고, 고집이 세며, 행실이 악한 갈렙 족속이었다.

4 다윗은 광야에 있을 때 나발이 자기의 양털을 깎는다는 소식을 들었다.

5 이에 다윗이 부하 소년 10명을 나발에게 보내며 말했다. "너희는 갈멜에 있는 나발에게 가서 자기 이름으로 대신 문안하고

6 부자인 그에게 이렇게 말하라. '당신의 집과 모든 소유가 평안하기를 빕니다.

7 당신이 지금 양털을 깎는다는 소식을 내가 들었습니다. 당신의 목자들이 이곳에서 우리와 함께 있지만 우리는 그들을 해롭게 하지 않았고, 그들이 갈멜에 있는 동안 어떤 것도 잃어 버리지 않았습니다.

8 당신의 소년 일꾼들에게 물어보면 잘 알 것입니다. 우리가 이 좋은 날에 왔으니 내가 보낸 부하들에게 은혜를 베풀어 당신의 형편대로 당신의 종들과 당신의 아들 같은 다윗에게 먹을 것을 주기를 원합니다'라고 하라."

9 이에 다윗의 부하들이 나발에게 가서 다윗의 이름으로 이 모든 말을 전했고 그 말을 마치자

10 나발이 다윗의 부하들에게 대답했다. "다윗은 누구이며, 이새의 아들은 누구냐? 요즘 자기 주인에게서 도망 나온 종이 많은데

11 내가 다윗이 주인에게서 도망 나왔는지 어찌 믿고 내 빵과 물과 내 양털 깎는 자를 위해 잡은 고기를 어디서 왔는지도 모르는 자들에게 주겠느냐?"

12 이에 다윗의 부하들이 돌아와서 그 모든 말을 다윗에게 전했다.

13 그러자 다윗이 자기와 함께한 사람들에게 명령했다. "너희는 자기 칼을 차라." 그들이 명령에 따라 각자 자기 칼을 찼고, 다윗도 자기 칼을 차고 400명 가량을 데리고 나발에게로 올라갔다. 나머지 200명은 남겨 두어 소유물을 지키게 했다.

14 다윗과 함께 있던 나발의 하인 중 1명이 주인의 아내인 아비가일에게 와서 말했다. "다윗이 우리 주인을 축복[1]하러 광야에서 전령들을 보냈지만 주인이 그들을 호통하고 쫓아냈습니다.

15 우리가 그들과 함께 들에 있는 동안 그 사람들은 우리를 잘 대해 주었으므로 우리가 어떤 것도 해를 당하거나 잃어버린 것이 없었습니다.

16 우리가 그들 옆에서 양을 치는 동안 밤낮으로 우리를 지켜 주었습니다.

17 그러니 이런 사실을 알게 된 당신은 다윗과 그 무리에게 어떻게 해야 할지 빨리 결정하여 행동하기를 바랍니다. 다윗이 우리 주인과 주인의 온 가족[2]을 해하기로 작정했기 때문입니다. 주인은 불량한 사람이기에 내가 이 같은 말을 할 수 없습니다."

18 하인의 말을 들은 아비가일은 급히 빵 200덩이와 포도주가 담긴 가죽 부대 2자루, 요리한 양 5마리, 볶은 곡식 36.5리터 되는 5세아, 건포도 100송이, 무화과 뭉치 200개

1) 문안 2) 집

를 나귀들에게 싣게 하고

19 젊은이¹⁾들에게 말했다. "너희는 나보다 앞서가라. 나는 너희 뒤를 따라갈 것이다." 그러나 자기의 남편 나발에게는 알리지 않았다.

20 아비가일이 나귀를 타고 산 한적한 곳을 따라 내려가다가 다윗과 그의 사람들이 마주 내려오는 것을 보게 되었다.

21 그때 다윗이 혼자 이렇게 중얼거렸다. "내가 광야에서 나발의 소유물을 지켜주어 그 어떤 것도 손실이 없게 한 것이 진실로 헛된 일이 되었다. 그는 내게 선을 악으로 대신했다.

22 이제 내가 그에게 속한 벽에 소변 누는 남자 한 사람이라도 아침까지 남겨 둔다면 하나님께서 다윗의 원수들에게 똑같이 행하시고 오히려 더하시기를 원한다."

23 아비가일이 다윗을 보고 서둘러 나귀에서 내려 자신의 얼굴을 땅에 대고 다윗 앞에 절했다.

24 그리고 엎드린 채 말했다. "내 주여, 원컨대 이 죄악은 내게 있습니다. 여종으로 당신에게 말하도록 허락하고 제 말을 들어주십시오.

25 간절히 바랍니다. 내 주 다윗은 불량한 사람 나발에게 마음을 두지 마십시오. 그는 나발인데, 이름 그대로 성질이 못된 자입니다. 여종은 내 주께서 보내신 사신들을 보지 못했습니다.

26 내 주여, 여호와께서 살아계시고 내 주 다윗께서 살아계십니다. 여호와께서는 당신의 손으로 피를 흘려 친히 보복하는 일을 막으셨습니다. 당신을 해치려는 원수들은 나발과 같이 되기를 원합니다.

27 여종이 가져온 이 예물을 당신과 함께한 사람들에게 주고

28 여종의 허물을 용서해 주십시오. 여호와께서는 내 주를 위해 영원한 왕국²⁾을 세우실 것입니다. 내 주께서는 여호와의 싸움을 싸우시는 것이니, 어떤 악한 것도 내 주의 생애에서 발견할 수 없기 때문입니다.

29 어떤 사람이 당신을 쫓으려고 일어나 당신의 목숨을 노린다고 해도 당신의 목숨은 당신의 하나님과 함께 생명의 주머니 속에 안전히 지켜질 것입니다. 그러나 당신의 대적들의 목숨은 여호와께서 물매로 던지듯 던져 버리실 것입니다.

30 여호와께서 내 주 다윗에게 선하게 말씀하신 대로 당신을 이스라엘의 왕³⁾으로 세우시는 그때

31 내 주께서 죄 없는 사람을 죽였다거나 직접 당신의 손으로 보복하셨다거나 함으로 슬퍼할 것도 없고, 후회하거나 양심에 가책을 받으실 것도 없을 것입니다. 다만 여호와께서 당신에게 그런 큰일을 하실 때 당신의 여종을 기억해 주십시오."

32 다윗이 아비가일에게 대답했다. "오늘 너를 맞이하게 하신 이스라

나발(삼상 25:3, 19)

나발(Nabal)은 헤브론 남동쪽 마온에 살던 갈렙 족속의 자손으로(삼상 25:2) 큰 부자였다. 그러나 군사들에게 음식을 대접해 달라는 다윗의 요청을 거부함으로 지난 날 약탈자로부터 보호해 준 다윗의 은혜를 저버렸다. 이에 다윗은 400명을 이끌고 나발을 치기 위해 진군했으나 그의 아내 아비가일의 지혜로 위기를 모면했다. 그러나 술에 취해 있다가 자신이 다윗에게 한 일에 대해 전해 들은 후 전신이 마비되어 죽었고, 그의 아내되었던 아비가일은 다윗의 아내가 되었다.

1) 소년　2) 집　3) 지도자

엘의 하나님을 칭송한다.

33 그리고 오늘 내가 피를 흘려 직접 복수하는 것을 막은 네 지혜에 복이 있으며, 네게 하나님의 복이 있을 것이다.

34 나발을 해치지 않도록 너를 통해 나를 막게 하신 이스라엘 하나님께서 사시는 한 맹세한다. 네가 서둘러 와서 나를 맞이하지 않았다면 아침 해가 뜰 때까지 나발과 그에게 속한 벽에 소변 누는 남자까지 한 명도 남기지 않고 죽였을 것이다."

35 이어 다윗은 아비가일이 가져온 것을 취하고 그에게 말했다. "염려하지 말고 네 집으로 올라가라. 내가 네 말을 듣고 네 부탁을 들어주겠다."

36 아비가일이 나발에게로 돌아와 보니 그가 왕의 잔치와 같은 큰 잔치를 차려 놓고 크게 취하여 마음에 흥겨워하고 있기에 아비가일은 다음 날 아침이 밝기까지 어떤 말도 하지 않았다.

37 아침에 나발이 포도주에서 깬 후에야 비로소 자신이 다윗을 만난 일을 말하자 그가 낙담하여 몸이 돌처럼 굳어졌다.

38 그리고 나서 10일 후 여호와께서 나발을 치자 그가 죽었다.

39 다윗이 나발의 사망 소식을 듣고 말했다. "나발에게 당한 내 모욕[1]을 여호와께서 대신 갚아 주사 종으로 악한 일을 하지 않도록 하신 여호와를 찬양합니다. 여호와께서는 나발의 악함을 그의 머리에 돌리셨도다." 그리고 다윗은 사람을 보내 아비가일을 자기 아내로 삼겠다는 뜻을 전하도록 했다.

40 다윗의 사자들이 갈멜로 가서 아비가일에게 다윗의 말을 전했다. "

41 그 말을 들은 아비가일이 얼굴을 땅에 대고 절하며 대답했다. "내 주 다윗의 여종은 내 주의 종들의 발을 씻기는 하찮은 여종에 불과합니다."

42 그리고 서둘러 일어나 나귀를 타고 자기에게 속한 처녀 하녀 5명과 함께 다윗의 사자들을 따라가서 다윗의 아내가 되었다.

43 또 다윗이 헤브론 남서쪽의 이스르엘 출신 아히노암을 아내로 맞았다. 이로써 아비가일과 아히노암 두 사람은 다윗의 아내가 되었다.

44 한편 사울은 다윗의 아내인 그의 딸 미갈을 기브아 근처에 위치한 갈림에 사는 라이스의 아들 발디[2]에게 주었다.

다윗이 다시 사울을 살려줌

26 십 사람이 62㎞ 정도 떨어진 기브아에 와서 사울에게 고자질했다. "다윗이 확실히 광야 앞 하길라산에 숨어 있습니다." 그러자

2 사울이 이스라엘에서 선발한 3,000명과 함께 십광야로 내려가 다윗을 찾기 위해

3 광야 앞 하길라산 길가에 진을 쳤다. 이때 다윗은 광야에 있었는데 사울이 자기를 쫓아 광야로 들어오는 것을 보았다.

4 이에 정탐꾼을 보내어 사울이 자기에게 오는 것을 확인했다.

5 그리고 사울이 진을 친 곳에 접근하여 사울과 넬의 아들 군사령관 아브넬이 머무는 곳을 살펴보니 사울은 백성들이 둘러 진을 친 진영 한가운데 누워 있었다.

6 이를 본 다윗이 부하 중 헷 사람

1) 삼상 25:10~11 2) 삼하 3:15, 발디엘

아히멜렉과 요압의 동생 아비새에게 물었다. "누가 나와 함께 우리 진영에서 내려가 사울에게 숨어들어 가겠느냐?" 아비새가 대답하기를 "내가 함께 가겠습니다."

7 그날 밤 다윗과 아비새가 사울이 진을 친 곳으로 가 보니 사울이 진영 한가운데서 잠을 자고 있었는데, 그의 창은 머리 곁 땅에 꽂혀 있었고 아브넬과 백성들은 그 주위를 에워싼 채 잠자고 있었다.

8 그 모습을 본 아비새가 다윗에게 말했다. "하나님께서 오늘 당신의 원수를 당신에게 넘기셨습니다. 그러므로 제가 창으로 그를 찔러 땅에 박게 하십시오. 두 번 찌를 것도 없이 한번에 꽂아 버리겠습니다."

9 그러나 다윗이 아비새에게 말했다. "그를 죽이지 말라. 여호와께 기름 부음 받은 자를 죽이는 자가 어찌 죄가 없겠느냐?"

10 다윗이 다시 말했다. "여호와께서 살아계시는 한 맹세한다. 그런 자는 여호와께서 그를 치시리니 그가 죽을 날이 이르거나 전쟁터에서 죽게 하실 것이다.

11 내가 여호와께 기름 부음 받은 자를 죽이면 내게 저주를 내리실 것이다.[1] 그러니 너는 그의 머리 곁에 있는 창과 물병만 가져오라."

12 다윗은 사울의 창과 물병만 취해 갔는데, 누구도 알지 못하고 깨어 있는 사람도 없었다. 이렇게 된 것은 여호와께서 그들을 깊은 잠에 빠지게 하셨기 때문이다.

13 그리고 다윗이 건너편으로 가서 멀리 떨어진 산꼭대기에 섰다.

14 그곳에서 다윗이 이스라엘 백성과 넬의 아들 아브넬을 향해 소리쳤다. "아브넬아, 너는 대답하라." 그러자 아브넬이 "왕을 부르는 너는 누구냐?"라고 대답했다.

15 다윗이 아브넬에게 호통치며 말했다. "너는 대장부 용사가 아니냐? 이스라엘 가운데 너만한 자가 어디 있느냐? 그런데 너는 어찌하여 너희 왕을 지키지 않았느냐? 백성 가운데 한 사람이 네 주인 되는 왕을 죽이려고 들어갔다.

16 너는 네가 해야 할 경호 임무에 충실하지 못했다. 여호와께서 살아계시는 한 맹세하는데 여호와께 기름 부음을 받은 너희 주 왕을 경호하지 못했으니 너희는 마땅히 죽어야 한다. 이제 너는 왕의 창과 왕의 머리 옆에 있던 물병이 어디 있는지 살펴보라."

17 사울이 다윗의 외치는 소리를 알아듣고 말했다. "내 아들 다윗아, 이것이 네 목소리냐?" 다윗이 "내 주 되신 왕이여, 그렇습니다"라고 대답하고

18 다시 말했다. "왜 이렇게도 주의 종을 쫓으십니까? 내가 무엇을 행했으며, 무슨 악을 저질렀습니까?

19 원컨대 왕은 종의 말을 들어 보십시오. 만일 여호와께서 왕의 마음을 충동시켜 나를 해치시려는 것이라면 여호와께 내 생명을 제물로 드리겠습니다. 그러나 만일 사람들이라면 그들이 여호와 앞에 저주를 받을 것입니다. 그들은 '너는 다른 곳으로 가서 다른 신들을 섬기라'고 말하며, 나로 여호와의 산업에 참여하지 못하게 쫓아냈기 때문입니다.

20 그러니 여호와 앞을 벗어난 이 땅에서 내 피가 흐르지 않도록 하기를 바랍니다. 사냥꾼이 산에서 자고새[2]를

1) 금하시는 것이니 2) 메추라기. 공동번역에는 꿩

사냥하는 자처럼 이스라엘 왕이 벼룩 한 마리와 같은 내 생명을 찾아 나오셨기 때문입니다."

21 그러자 사울이 말했다. "내가 죄를 지었다. 내 아들 다윗아, 내게 돌아오라. 네가 오늘 내 목숨을 소중히 여겼으니 내가 앞으로는 너를 죽이려고 하지 않을 것이다. 내가 어리석었고, 크게 잘못했다."

22 다윗이 대답했다. "왕은 이 창을 보십시오. 부하 소년 중 한 사람을 보내어 가져가도록 하십시오.

23 여호와께서는 사람에게 그의 의로움과 신실함에 따라 갚으실 것입니다. 그 같은 사실은 여호와께서 오늘 왕의 목숨을 내게 넘기셨지만 내가 여호와의 기름 부음을 받은 자 죽이는 것을 원하지 않은 것에서 알 수 있습니다.

24 오늘 왕의 목숨을 내가 소중히 여겨 죽이지 않은 것처럼 내 목숨을 여호와께서 소중하게 여겨 모든 환난에서 나를 구해 내실 것입니다."

25 사울이 다윗에게 말했다. "내 아들 다윗아, 너는 복을 받을 것이다. 너는 큰일을 행하고, 반드시 이길 것이다." 그러고 나서 다윗은 자기 길로 가고, 사울도 그의 장소로 돌아갔다.

다윗이 블레셋 지역으로 피함

27 이후 다윗이 마음속으로 생각했다. '내가 언젠가는 사울의 손에 붙잡힐 것이다. 그러니 블레셋 지역으로 피하는 것이 좋겠다. 사울이 이스라엘 영토 안에서 계속해서 나를 찾다가 단념하리니 그러면 내가 안전할 것이다.'

2 이에 다윗이 일어나 600명과 함께 블레셋 도시 중 한 곳인 가드에 있는 마옥의 아들 아기스왕에게로 넘어갔다.

3 그리하여 다윗과 그와 함께한 사람들은 각기 자기 가족을 거느리고 가드에서 아기스와 함께 한 지역에 거주했다. 이때 다윗의 두 아내 이스르엘 출신 아히노암과 나발의 아내였던 갈멜 출신 아비가일도 함께 거주했다.

4 어떤 사람이 다윗이 가드로 도망한 것을 사울에게 고자질했으나 이후 사울은 다윗을 쫓지 않았다.

5 다윗이 아기스에게 말했다. "내가 당신 눈에 좋게 보여 은혜를 입었다면 들에 있는 성읍 가운데서 한 곳을 내게 주어 나와 함께한 사람들이 살도록 해주십시오. 당신의 종이 감히 당신과 함께 왕도에서 살 수 있겠습니까?"

6 그날 아기스가 시글락을 그에게 주었고, 시글락은 이 글을 쓰는 오늘까지 유다 왕들에게 속했다.

7 다윗은 블레셋 사람들의 지역에서 1년 4개월을 살았다.

8 다윗이 시글락에 있는 동안 부하들과 함께 올라가서 그술인과 기르스인과 아말렉인을 침략했다. 그들은 옛날부터 시나이반도 북쪽 지역의 술과 애굽 지역에 걸쳐 살던 주민이었다.

9 다윗이 그 땅을 침략해 남녀를 모두 죽이고, 양과 소와 나귀와 낙타와 옷들을 빼앗은 후 블레셋의 가드에 있는 아기스에게 왔다.

10 그러자 아기스가 말했다. "오늘은 너희가 누구를 공격했느냐?" 다윗이 대답했다. "유다 남방 지역과 여라무엘 사람과 겐 사람의 남방 지역입니다."

11 다윗이 사람들을 포로로 잡아 가드로 데려가지 않은 이유는 그들이

자기와 부하들이 실제로 행한 일을 고해바치지 못하도록 하기 위해서였다. 또 다윗은 블레셋 사람들의 지역에 거주하는 동안 줄곧 이같이 행했는데, 고해바치지 않을까 두려웠기 때문이다.

12 아기스는 다윗을 믿고 '이제는 이일로 다윗이 자기 백성 이스라엘에게 미움을 받게 되었으니 영원히 내 종 부하가 될 것이다'라고 생각했다.

28 얼마 후 블레셋 사람들이 이스라엘과 전쟁을 하기 위해 군사들을 소집했다. 아기스가 다윗에게 말했다. "너와 네 부하들은 내 편에서 싸워야 함을 분명히 알아야 할 것이다."

2 다윗이 아기스에게 대답했다. "물론입니다. 우리는 왕의 종입니다. 왕은 우리가 왕에게 얼마나 도움이 되는지를 알게 될 것입니다." 아기스가 다윗에게 말했다. "그렇다면 내가 너를 평생토록 내 머리 지키는 자, 호위병으로 삼을 것이다."

3 한편 사무엘이 죽자 온 이스라엘 백성이 그의 죽음을 애도하며 그의 고향인 라마에 장사했다. 사울은 신접한 자와 마술사인 박수를 그 땅에서 쫓아냈다. 이때 다윗은 바란광야로 내려갔다.[1]

사울이 사무엘의 혼령을 만남

4 ● 한편 이스라엘을 공격하기 위해 사론 지역의 아벡에서 바닷길을 따라 85 km 정도 북진한 블레셋 사람들은 이스르엘평야 북쪽의 수넴에 진을 쳤고, 사울의 모든 이스라엘 군대는 길보아산에 진을 쳤다.

5 사울이 블레셋 군대를 보고 두려움에 떨었다.

6 이에 사울이 여호와께 기도했지만 여호와께서는 꿈이나 우림으로나 선지자를 통해서도 응답이 없었다.

7 그러자 사울이 신하들에게 명령했다. "나를 위해 죽은 영혼을 불러오는 신접한 여인인 영매를 찾으라. 내가 그곳으로 가서 그에게 물을 것이다." 그러자 신하들이 말했다. "보십시오. 이곳 길보아에서 15 km 떨어진 엔돌에 신접한 여인이 있습니다."

8 신하의 말을 들은 사울은 왕복을 벗고 변장한 후 두 사람을 데리고 그날 밤 신접한 여인을 만나 그에게 부탁했다. "나를 위해 신을 만날 수있게 하는 신접한 술법으로 내가 말하는 사람의 영을 불러 올리라."

9 여인이 그에게 대답했다. "당신은 사울이 영매와 무당[2]을 이 땅에서 멸절시켰다는 것을 알고 있을 텐데 왜 내게 신접한 술법을 사용하라고 올무를 놓아 나를 죽게 만드려고 합니까?"

10 사울이 여호와의 이름으로 그녀에게 맹세했다. "여호와께서 살아계시는 한 당신은 결코 이 일로 어떤 형벌도 받지 않을 것이다."

11 그러자 여인이 말했다. "그러면 내가 누구를 당신에게 불러 올릴까요?" 사울이 대답했다. "사무엘을 불러 올리라."

난제 사무엘의 혼령은?(삼상 28:8-19)

성경에는 죽은 자의 영혼은 두 번 다시 세상에 돌아올 수 없다고 가르치고 있다. 그렇다면 신접한 여인에게 나타난 사무엘의 혼령에 대해 꼭 문자적으로 이해할 필요는 없다. 왜냐하면 영적 존재인 마귀도 얼마든지 사무엘로 가장할 수 있고, 또 하나님은 그러한 사탄을 도구로 삼아 사용할 수 있는 전능하신 분이기 때문이다.

1) 삼상 25:1 2) 박수

12 이에 여인이 사무엘의 혼을 보고 큰 소리로 외치며 사울에게 말했다. "당신은 왜 나를 속이셨습니까? 당신은 사울이 아닙니까?"

13 왕이 그에게 말했다. "두려워하지 말라. 네가 무엇을 보았느냐?" 여인이 대답했다. "내가 땅에서 올라오는 영을 보았습니다."

14 사울이 그에게 다시 물었다. "그가 어떤 모습을 했느냐?" 그가 대답했다. "겉옷을 두른 한 노인이 올라왔습니다." 사울이 그가 사무엘인 줄 알고 땅에 얼굴을 대고 절했다.

15 그러자 사무엘이 사울에게 말하기를 "당신은 왜 나를 불러 올려 귀찮게 하느냐?"라고 하자 사울이 대답했다. "나는 매우 고통스럽습니다.[1] 블레셋 사람들은 나와 싸우기 위해 올라왔고, 하나님은 내게서 떠나 꿈이나 선지자를 통해서도 응답하시지 않기에 내가 어떻게 해야 할지를 알아보기 위해 당신을 불렀습니다."

16 이에 사무엘이 말했다. "여호와께서 너를 떠나 네 대적이 되셨다. 그런데 너는 어찌하여 내게 묻느냐?

17 이전에 여호와께서 나를 통해 말씀하신 대로 네게 행하여 나라를 네 손에서 떼어 네 이웃 다윗에게 주셨다.[2]

18 그것은 네가 여호와의 음성을 듣지 않고 아말렉에게 여호와의 진노를 완전히 쏟아 그들을 진멸하지 않으므로 여호와께서 오늘 이 날의 일을 네게 행하신 것이다.[3]

19 여호와께서는 당신과 함께 이스라엘과 그의 군대도 블레셋에게 넘기실 것이다. 그래서 내일에는 너와 네 아들들이 나와 함께 있을 것이다."

20 사울은 사무엘의 말을 듣고 크게 두려운 나머지 갑자기 땅에 쓰러졌다. 또한 그가 하루 종일 음식을 먹지 못해 그의 기력이 다했기 때문이다.

21 몹시 괴로워하는 사울을 본 여인이 말했다. "여종이 목숨을 아끼지 않고 왕의 말씀에 순종했으니

22 이제는 왕께서도 여종의 말을 들으십시오. 나로 왕에게 빵 한 조각을 드리게 하고, 그것을 잡수시고 돌아가는 길에 기력을 얻게 하십시오."

23 그러나 사울은 거절하며 말했다. "내가 먹지 않겠다." 그의 신하들과 여인이 간청하자 그들의 말을 듣고 땅에서 일어나 침대에 앉았다.

24 이에 여인이 집에 있는 살진 송아지를 급히 잡았고, 밀가루를 뭉쳐 누룩 없는 빵인 무교병을 구워

25 사울과 그의 신하들 앞에 내놓자 그들이 먹고 일어나 그 밤에 길보아산에 있는 이스라엘 진영으로 돌아갔다.

블레셋 사람들이 다윗을 의심함

29 ●마침내 블레셋은 그들의 모든 군대를 사론평야의 아벡에 집결시켰고, 이스라엘은 82㎞ 떨어진 이스르엘에 있는 샘 옆에 진을 쳤다.

2 블레셋 사람들의 수령들은 수백 명, 수천 명 단위로 인솔하여 진군했고, 다윗과 그의 사람들은 아기스의 뒤를 따랐다.

3 그때 블레셋의 다른 4명의 왕[4]이 말했다. "히브리 놈들이 왜 이곳에 왔느냐?" 가드 왕 아기스가 블레셋의 다른 왕들에게 말했다. "이자는 이스라엘 왕 사울의 신하였던 다윗이 아니냐? 이 사람이 나와 함께 여

1) 다급하니이다 2) 삼상 15:27-28 3) 삼상 15:21 4) 방백

러 해 있었지만 망명해 온 날부터 이날까지 내가 그에게서 배신할 것이라는 어떤 의심[1]도 보지 못했다."

4 블레셋의 다른 왕들이 가드 왕 아기스에게 화를 내며 말했다. "이자를 돌려보내 왕이 지정한 장소로 가게 하시오. 그는 우리와 함께 싸움터에 가지 못할 것이오. 그래야 그가 싸움 도중에 우리의 대적이 될 수 없을 것이오. 그가 무엇으로 그 주인 된 사울과 다시 화해할 수 있겠소? 바로 우리를 대적하여 죽이는 것이 아니겠소?

5 이전에 그들이 춤추며 노래하기를 '사울이 죽인 자는 수천 명이고, 다윗은 수만 명이로다'라고 했던 그 다윗이 아닙니까?"

6 그러자 아기스가 다윗을 불러 그에게 말했다. "여호와께서 살아계시는 한 맹세하는데 너는 정직하여 망명한 날부터 지금까지 네게서 내가 의심할 만한 악이 있는 것을 보지 못했다. 나와 함께 싸움터에 나가는 것이 내가 생각하기에는 좋으나 다른 왕[2]들은 너를 좋아하지 않으니

7 너는 블레셋 사람들의 왕들의 비위를 거스르지 말고 조용히 돌아가라."

8 다윗이 아기스에게 물었다. "내가 무엇을 했기에 이런 취급을 받습니까? 이제까지 왕과 함께하는 동안 왕께서는 종에게서 무엇을 보셨기에 왕의 원수와 싸우지 못하게 합니까?"

9 아기스가 다윗에게 대답했다. "내가 볼 때 너는 하나님의 천사[3]와도 같았다. 그러나 블레셋의 다른 왕[4]들은 우리와 함께 싸움터에 나가는 것을 달갑게 여기지 않고 있다.

10 그러니 너는 날이 밝자마자 너와 함께한 부하들과 떠나라."

11 이에 다윗이 자기와 함께한 사람들을 데리고 아침 일찍 떠나 블레셋 사람의 땅 시글락으로 출발했고, 블레셋 사람들은 이스라엘과 싸우기 위해 북쪽 길보아산 언저리에 있는 이스르엘로 올라갔다.

다윗이 아말렉을 공격함

30 ● 다윗과 그의 부하들은 3일 만에 시글락에 도착했다.[5] 그러나 그때 이미 아말렉 사람들이 남방 지역과 시글락을 침략하여 그곳을 쳐서 불사르고

2 그곳에 있는 사람은 죽이지 않고 모두 포로로 잡아간 뒤였다.

3 다윗과 그의 부하들이 성읍에 도착하자 성읍은 불탔고, 그들의 아내와 자녀들이 포로로 잡혀간 것을 보고

4 다윗과 그와 함께한 백성은 울 힘이 없을 때까지 큰 소리로 통곡했다.

5 이때 다윗의 두 아내 이스르엘 출신 아히노암과 갈멜 출신으로 나발의 아내였던 아비가일도 사로잡혀 갔다.

6 다윗은 백성들이 자녀들 때문에 큰 슬픔에 빠져 자신을 돌로 치자고 말한 것 때문에 크게 고통스러워했다. 그러나 하나님으로 인해 용기를 얻었다.

7 다윗이 아히멜렉의 아들 아비아달 제사장에게 말했다. "원컨대 제사장이 입는 에봇을 내게 가져오라." 이에 에봇을 다윗에게로 가져오자

8 다윗이 여호와께 물었다. "내가 이 아말렉 군대를 추격하면 따라잡을 수 있겠습니까?" 여호와께서 응답

1) 허물 2) 수령 3) 전령 4) 방백 5) 이스르엘에서는 173km, 사론평야의 아벡에서는 84km 거리이다.

하셨다. "그들을 추격하라. 너는 반드시 따라잡고 탈취당한 것을 도로 찾을 것이다."

9 이에 다윗은 부하 600명을 데리고 시글락을 떠나 남서쪽으로 34㎞ 정도 떨어진 브솔시내에 이르렀다. 그곳에서 뒤떨어진 자

10 곧 피곤하여 브솔시내를 건너지 못하는 200명을 머물게 한 후 400명만으로 아말렉을 뒤쫓았다.

11-12 다윗의 부하[1]들이 아말렉을 추격하는 도중 들에서 애굽 사람 한 명을 만나 그를 다윗에게로 데리고 왔다. 그는 밤낮 3일 동안을 빵도 먹지 못하고 물도 마시지 못해 기진맥진한 상태였다. 그에게 빵과 물을 주었고, 무화과 1덩이와 건포도 2송이를 주어 먹게 하자 그가 먹고 힘을 얻어 제정신을 차렸다.

13 그러자 다윗이 그에게 물었다. "너는 누구에게 속했으며, 어디서 왔느냐?" 그가 대답했다. "나는 애굽 청년[2]으로 아말렉 사람의 종이었는데 3일 전에 병이 들자 주인이 나를 버렸습니다.

14 내가 종으로 있던 아말렉이 그렛 사람과 갈렙 사람의 남쪽 지역과 유다 지역을 침략하고 블레셋의 시글락도 불살랐습니다."

15 다윗이 그에게 물었다. "너는 나를 그 군대가 있는 곳으로 안내할 수 있겠느냐?" 그가 대답했다. "당신이 나를 죽이지 않고, 내 주인에게 넘겨주지 않겠다고 하나님의 이름으로 약속하면 내가 당신을 그 군대가 있는 곳으로 안내하겠습니다."

16 다윗이 약속하자 그가 다윗을 아말렉 군대가 있는 곳으로 안내했다. 그때 아말렉 사람들은 사방으로 흩어져 있었다. 그리고 약탈한 많

은 것으로 먹고 마시며 춤을 추며 잔치를 벌이고 있었다.

17 이에 다음 날 다윗은 새벽부터 저녁때까지 그들을 치자 낙타를 타고 400명의 청년만 도망하고 나머지 사람들은 모두 도망하지 못했다.

18-19 결국 다윗은 아말렉 사람들이 탈취한 모든 것과 무리의 자녀들과 자기의 두 아내를 도로 찾았다.

20 그리고 양 떼와 소 떼도 모두 다시 찾았더니 무리가 다시 찾은 가축들을 앞에 몰고 가며 "이는 다윗의 전리품이다"라고 외쳤다.

21 다윗이 전에 탈취물을 찾아 아말렉을 추격할 때 지쳐서 브솔시내에 머물게 한 200명이 있는 곳으로 오자 그들이 다윗과 그의 부하들을 반갑게 맞이했다. 다윗은 그들에게 잘 있었는지 물었다.

22 그때 다윗과 함께 끝까지 추격했던 자들 가운데 악한 불량배들이 말했다. "그들은 우리와 함께 가지 못하고 도중에 머무른 자들이니 우리가 빼앗은 전리품은 어떤 것이든 주지 말고 다시 찾은 그들의 아내와 자녀만 데려가게 해야 합니다."

23 그러자 다윗이 말했다. "내 형제들아, 그것은 옳지 않다. 여호와께서 우리를 보호하시고, 우리를 치러 온 그 군대를 이기게 하심으로 전리품을 얻게 되었다. 그러므로 전리품은 여호와께서 우리에게 주신 것이니 너희 말대로 하는 것은 옳지 않다.

24 누가 너희 말에 동의하겠느냐? 그러므로 싸움에 직접 나간 자나 이곳에 남아 우리의 소유물을 지킨 자나 그 몫을 똑같이 나누어 줄 것이다."

25 그날부터 다윗은 이것을 이스라엘의 법으로 정했고, 그것은 관례가

1) 무리 2) 소년

26 다윗이 시글락으로 돌아와 전리품 중 일부를 그의 이웃 친구인 유다 지역의 장로들에게 보내며 말했다. "보라, 여호와의 원수에게서 탈취한 전리품 가운데 일부를 너희에게 선물로 준다."

27 그리고 벧엘, 남방의 라못, 얏딜,

28 아로엘, 십못, 에스드모아,

29 라갈, 여라므엘 사람의 성읍들에 있는 자와 겐 사람,

30 홀마, 고라산, 아닥,

31 헤브론에 있는 자들과 다윗과 그의 사람들이 통행하던 모든 지역에 있는 사람에게 보냈다.

사울과 요나단의 죽음

31

● 마침내 이스라엘과 블레셋과의 싸움이 시작되었고, 이스라엘 사람들이 패하여 도망하다가 길보아산에서 수없이 죽임을 당했다.

2 사울과 그의 아들들인 요나단과 아비나답과 말기수아 역시 블레셋 사람의 추격을 받아 죽임을 당했으며,

3 사울도 패전하여 도망하다가 궁수에게 화살을 맞아 중상을 입었다.[1]

4 이에 사울이 무기를 든 자, 호위병에게 말했다. "네 칼로 나를 찔러 할례 받지 못한 자들이 나를 찔러 모욕적인 죽음을 당하지 않게 하라." 그러나 호위병이 크게 두려워하여 감히 찌르지 못했다. 그러자 사울은 자기 칼에 스스로 엎드러지자 죽었다.

5 사울이 스스로 죽는 것을 본 호위병도 자기 칼로 자결했다.[2]

6 이와 같이 사울과 그의 아들 3명과 그의 호위병과 그의 모든 집안 사람이 그날에 함께 죽었다.

7 이스르엘 골짜기 저편에 있는 이스라엘 사람과 요단강 건너편에 있는 자들이 이스라엘 사람들이 도망한 것과 사울과 그의 아들들이 다 죽었음을 보고 자기의 성읍들을 버린 채 도망했고, 그 자리는 블레셋 사람들이 와서 살았다.

8 다음 날 블레셋 사람들이 죽은 자들의 옷을 약탈하러[3] 왔다가 사울과 그의 세 아들이 길보아산에서 죽어 쓰러져 있는 것을 보았다.[4]

9 그들은 사울의 갑옷을 벗기고 머리를 잘랐다. 그리고 블레셋 사람들의 땅 사방으로 보내 그들의 신당[5]과 백성들에게 승리의 기쁜 소식을 전했다.

10 사울의 갑옷은 아스다롯의 집[6]에 두고 그의 시신[7]은 벧산 성벽[8]에 못을 박았다.

11 길르앗 지역의 야베스 주민[9]들이 블레셋 사람들이 사울에게 행한 모든 일을 들었다. 이에

12 모든 용사가 밤새도록 달려가 30km 정도 떨어진 벧산 성벽에 걸려 있는 사울과 그의 세 아들의 시신을 성벽에서 내려 가지고 길르앗 지역의 야베스로 돌아와 그곳에서 불 사르고,

13 그의 뼈는 야베스의 에셀나무[10] 아래에 장사 지낸 후 7일 동안 금식하며 애도했다.

📍 성경지리　　**길르앗 지역(삼상 31:12)**

길르앗 지역은 요단강 동쪽의 얍복강을 중심으로 남북으로 걸쳐 있다. 출애굽 당시에는 아모리 족속의 땅으로 불리운 이 지역은 유향으로 유명했다. 이 지역에 속한 성읍으로는 브누엘, 길르앗 라못, 길르앗 야베스, 디셉,, 아벨 므홀라 등이 있다.

---

1) 대상 10:1-3　2) 대상 10:4-5　3) 벗기려　4) 대상 10:6-8　5) 대상, 이방 신전　6) 대상 10:10, 신전　7) 대상 10:10, 머리　8) 대상 10:10, 다곤 신전　9) 모든 사람 10) 대상 10:12, 상수리나무

제목 히브리어 성경에는 상하 구분이 없었다가 70인역에서 상하로 구분했다.

기록연대 기원전 930~900년경   **저자** 나단과 갓으로 추정   **중심주제** 다윗의 통치 역사

사울과 그 아들의 죽음에 대한 다윗의 애가

1 ● 사울이 죽은 후 다윗이 아말렉 사람을 쳐 죽이고 돌아와 시글락에서 2일을 지냈다.

2 그리고 3일째 되던 날에 사울의 전쟁터[1)]에서 한 사람이 빠져나왔다. 그의 옷은 찢어졌고, 머리에는 흙이 묻어 있었다. 그가 와서 땅에 엎드려 절하자

3 다윗이 그에게 물었다. "너는 어디서 왔느냐?" 그가 대답했다. "이스라엘 싸움터에서 도망 나왔습니다."

4 다윗이 그에게 다시 물었다. "싸움의 결과가 어떻게 되었느냐? 내게 말하라." 그가 대답했다. "사울의 군사가 전쟁 중에 도망가기도 했고, 많은 자가 죽었습니다. 사울과 그의 아들 요나단도 죽었습니다."

5 다윗이 그 청년에게 계속 물었다. "사울과 그의 아들 요나단이 죽은 사실을 너는 어떻게 알았느냐?"

6 그 청년이 대답했다. "내가 우연히 길보아산에 올라가 보니 사울이 부상을 당해 자기 창에 의지한 채 있었고, 병거와 기병은 급히 그를 따르고 있었습니다.

7 그때 사울이 뒤돌아보면서 나를 부르기에 '내가 여기 있습니다'라고 대답했습니다.

8 그러자 왕이 내게 '누구냐?'라고 묻기에 '나는 아말렉 사람입니다'라고 대답했습니다.

9 그러자 다시 내게 말했습니다. '내가 아직 살아있어서 고통 가운데 있으니 너는 나를 죽이라.'

10 그래서 나는 왕께서 부상당한 후 살 수 없는 줄 알고 왕을 죽이고[2)] 그의 왕관과 팔에 있는 고리를 벗겨서 당신께로 가져왔습니다."

11 그 말을 듣자 다윗은 자기 옷을 찢었고 함께 있던 자들도 같이 따라 옷을 찢었다.

12 그리고 사울과 그의 아들 요나단과 여호와의 백성과 이스라엘 족속의 죽음을 위해 저녁때까지 애곡하며 금식했다.

13 다윗이 사망 소식을 전한 청년에게 물었다. "너는 어디 사람이냐?" 그가 대답했다. "나는 이 지역으로 이주해 온 아말렉 사람입니다."

14 다윗이 그에게 말했다. "너는 어찌 여호와의 기름 부음 받은 자 죽이는 것을 두려워하지 않았느냐?" 그런 후

15 부하 청년 한 사람을 불러 그를 죽이라고 명하자 그가 사망 소식을 전한 자를 죽였다.

16 다윗이 죽은 그를 보고 말했다. "너는 네 죗값으로 죽었다. 그것은 네가 '내가 여호와의 기름 부음 받은 자를 죽였다'라고 스스로 고백했기 때문이다."

1) 진영   2) 삼상 31:4에는 자결

17 이날 다윗은 슬픈 노래를 지어 사울과 그의 아들 요나단을 애도했다.

18 그리고 이 애가를 유다 자손에게 가르치도록 명령했는데, 그 노래는 활 노래로 야살의 책에 기록되었다. 그 내용은 다음과 같다.

19 "이스라엘아, 네 아름다운 영광이 높은 곳에서 사라졌구나.1) 어떻게 해서 두 용사가 쓰러졌느냐.

20 이 일을 블레셋 사람들의 딸들이 즐거워하고, 할례 받지 못한 자의 딸들이 개가를 부르지 못하도록 가드나 아스글론 거리에도 알리지 말라.

21 길보아 산들아, 너희 위에는 비와 이슬도 내리지 않으며, 헌납할 제물을 드릴 밭도 없을 만큼 황무지가 될 것이다. 그곳에서 두 용사의 방패가 더럽혀져 더 이상 기름 부음 받은 자 사울의 방패에 기름칠을 할 수 없게 되었기 때문이다.

22 요나단의 활은 반드시 적의 피와 기름을 적셨고, 사울의 칼은 헛되이 돌아오는 법이 없었다.2)

23 살아있는 동안에도 사울과 요나단은 사랑스럽고 다정했는데, 죽을 때도 서로 함께 있었도다. 그들은 독수리보다 빠르고, 사자보다 강했도다.

24 이스라엘 딸들아, 사울의 죽음을 위해 울어라. 그는 너희에게 장식이 달린 화려한 진홍색 옷을 입혔고, 너희 옷에 금 장식품을 달아 주었다.

25 어떻게 두 용사가 그 전쟁 가운데 쓰러졌는가, 어떻게 해서 요나단이 네 높은 산에서 죽은 채로 있는가.

26 내 형 요나단이여, 내가 그대의 죽음에 참으로 슬퍼하노니 그대는 내게 참으로 사랑스러웠기 때문이다.

나에 대한 그대의 사랑이 여인의 사랑보다 더 컸도다.

27 어떻게 해서 두 용사가 쓰러졌으며, 그들의 전쟁 무기들이 쓸모없게 되었는가."

유다의 왕이 된 다윗

2 ● 사울이 죽은 후 다윗이 여호와께 "내가 유다의 한 성읍으로 올라가리이까?"라고 묻자 여호와께서 말씀하셨다. "올라가라." 다윗이 다시 묻기를 "어느 성읍으로 가야 합니까?" 그러자 여호와께서 말씀하셨다. "헤브론으로 가라."

2 이에 다윗이 이스르엘 출신 아히노암과 나발의 아내였던 갈멜 출신 아비가일 두 아내를 데리고 헤브론으로 올라갔다. 이때

3 다윗은 자기를 따르던 자들과 그들의 가족 모두 데리고 올라가서 헤브론 지역의 여러 성읍에 살도록 했다.

4 얼마 후 유다 지파 사람들이 헤브론으로 와서 다윗에게 기름을 부어 유다 지파 족속의 왕으로 삼았다. 이때쯤 어떤 사람이 다윗에게 말했다. "사울을 장사해 준 사람은 길르앗 지역의 야베스 사람들입니다." 그러자

5 다윗이 사신을 길르앗 야베스 사람들에게 보내 자신의 말을 전했다. "너희가 너희 주가 되는 사울의 은혜를 잊지 않고 그의 장례를 치러 주었으니 여호와께 복을 받기 원한다.

6 이 일을 너희가 했으니 이제 여호와께서 은혜와 진리로 너희에게 갚아 주시기를 원하고, 나도 이 좋은 일에 대해 너희에게 갚아 줄 것이다.

7 그러므로 너희는 낙심하지 말고

1) 칼에 죽은 자가 있도다　2) 현대인의 성경

삼하

힘을 내라.[1] 너희 주가 되는 사울이 죽었고, 유다 지파 족속이 내게 기름을 부어 유다 족속의 왕으로 삼았다."

이스라엘의 왕이 된 이스보셋

8 ● 사울의 군대 사령관 아브넬은 사울의 삼촌 넬의 아들로 그는 이미 사울의 아들 이스보셋을 데리고 요단강 동쪽 마하나임으로 건너가

9 길르앗과 아술과 이스르엘평야와 에브라임 산지와 베냐민 지역을 관할하는 이스라엘의 왕으로 삼았다.

10 사울의 아들 이스보셋은 40세에 이스라엘의 왕이 되었으며, 2년 동안 나라를 다스렸다. 그러나 유다 지파의 족속은 다윗을 왕으로 삼고 그를 따랐다.

11 다윗은 30세에 유다 족속의 왕이 되어 헤브론에서 7년 6개월[2] 동안 유다를 다스렸다.

이스라엘과 유다의 전쟁

12 ● 넬의 아들 군대 사령관 아브넬과 사울의 아들 이스보셋의 신복들은 마하나임을 떠나 140㎞ 정도 떨어진 요단 서쪽, 예루살렘 북서쪽에 있는 기브온으로 왔다.

13 그러자 다윗의 신복인 스루야의 아들 요압도 헤브론을 떠나 북쪽으로 50㎞ 정도 떨어진 기브온 못가에 이르러 이스보셋의 신복과 마주쳤는데 한쪽은 못 이쪽에, 다른 한쪽은 못 저쪽에 자리 잡았다.

14 아브넬이 먼저 요압에게 말했다. "젊은 부하 청년들을 뽑아 우리가 보는 앞에서 겨루어 승패를 가르자." 그러자 요압이 "좋다"라고 응수했다.

15 이에 이스보셋 신복과 다윗의 신복 가운데 각각 12명씩 뽑아 싸웠다.

16 각 사람이 상대편의 머리를 잡고 자기 칼로 상대편의 옆구리를 찌르니 함께 쓰러졌다. 그래서 그곳을 '날카로운 칼의 밭'이라는 뜻의 '헬갓 핫수림'이라고 불렀다. 그곳은 기브온 경내에 있다.

17 그날의 싸움은 매우 치열했다. 결국 아브넬과 이스라엘 사람들이 요압과 다윗의 신복 앞에서 패했다.

18 이 싸움에 스루야의 세 아들 요압과 아비새와 아사헬이 있었는데 아사헬은 그의 발이 들노루처럼 빨랐다.

19 그런 아사헬이 다른 군사는 쫓지 않고 오직 아브넬만 뒤쫓자

20 아브넬이 뒤를 돌아보며 말했다. "네가 바로 아사헬이냐?" 그가 "그렇다"라고 대답하자

21 아브넬이 그에게 다시 말했다. "너는 다른 사람을 쫓아 그중 1명을 잡아 그의 군복을 뺏으라." 그러나 아사헬은 계속 아브넬을 쫓았다.

22 아브넬이 다시 아사헬에게 말했다. "너는 더 이상 나를 쫓지 말라. 내가 너를 죽이면 내가 어떻게 네 형 요압의 얼굴을 보겠느냐?"

23 그래도 아사헬이 멈추지 않고 계속 쫓아오자 아브넬이 창 뒤쪽 끝으로 그의 배를 찔렀다. 그러자 창이

1) 손을 강하게 하고 담대히 하라   2) 왕상 2:11, 7년

그의 등을 뚫고 나와서 아사헬은 엎드러져 죽었다. 뒤따르던 군사들은 아사헬이 엎드러져 죽은 곳에 이르자 그곳에 머물러 섰다.

24 요압과 아비새가 이스보셋을 왕으로 옹립한 아브넬의 뒤를 쫓아 기브온 거친 땅의 길가에 있는 기아 맞은쪽 암마 언덕까지 왔을 때 해가 졌다.

25 이때 베냐민 족속은 아브넬을 따라 한 무리를 이루어 언덕 꼭대기에 섰다.

26 그러자 아브넬이 요압에게 외쳤다. "언제까지 우리가 칼로 싸워야 하느냐? 그러면 참혹한 결과만 있게 될 줄 너도 알지 않느냐? 그러니 너는 언제 그의 형제 쫓기를 멈추라고 명령하겠느냐?"

27 요압이 대답했다. "하나님께서 살아계시는 한 맹세하는데 네가 싸움을 멈추자는 말을 하지 않았다면 군사들이 아침까지 너희를 계속해서 쫓았을 것이다."

28 이에 요압이 나팔을 불어 그의 군사들이 이스라엘을 쫓아가지 않도록 했다.

29 서로 헤어진 후 아브넬과 그의 부하들은 밤새도록 걸어서 요단 계곡, 곧 아라바를 건너 비드론 골짜기 온 땅을 통과하여 마하나임에 도착했다. 한편

30 요압도 아브넬 쫓기를 멈추고 돌아와 군사들을 점검해 보니 희생된 사람은 아사헬과 19명이었다.

31 반면 다윗의 신복이 베냐민 사람과 아브넬에게 속한 자들을 쳐서 360명을 죽였다.

32 군사들이 아사헬의 시신을 가져다가 베들레헴에 있는 그의 조상 묘에 장사한 후 밤새도록 걸어 30km

떨어진 헤브론에 도착했을 때 날이 밝기 시작했다.

3 사울의 집과 다윗의 집 사이에 오랫동안 전쟁이 일어났다. 이에 다윗은 점점 강해지고, 사울의 집은 점점 약해져 가고 있었다.

헤브론에서 낳은 다윗의 아들들[1]

2 ● 다윗이 헤브론에서 낳은 아들들은 이러했다. 곧 첫째 아들은 이스르엘 여인 아히노암의 소생인 암논,

3 둘째 아들은 나발의 아내였던 갈멜 사람 아비가일의 소생인 길르압[2], 셋째 아들은 그술 왕 달매의 딸 마아가의 소생인 압살롬,

4·5 넷째 아들은 학깃 소생인 아도니야, 다섯째 아들은 아비달 소생인 스바댜, 여섯째 아들은 다윗의 아내 에글라 소생인 이드르암이다.

이스보셋과 아브넬의 갈등과 배반

6 ● 사울의 집과 다윗의 집 사이에 전쟁이 계속되는 동안 아브넬은 사울의 집안에서 자기의 세력을 점점 확장시켰다.

7 그러던 중 아브넬은 아야의 딸이며, 사울의 첩이었던 리스바와 통간했다. 그러자 이스보셋이 아브넬에게 항의했다. "너는 어찌하여 내 아버지의 첩과 통간했느냐?"

8 아브넬이 이스보셋의 말에 기분이 상해 그에게 대꾸하여 말했다. "나는 사울과 그 집안에 충성을 다했다.[3] 내가 오늘 당신의 아버지 사울의 집과 그의 형제와 친구들을 다윗에게 넘겨주지 않는 호의를 베풀었다. 그런 내게 당신이 오늘 이 여인에게 대한 허물로 나를 책망할 수 있느냐?

9 그렇다면 여호와께서 다윗에게 맹세

---

1) 대상 1:1-4 2) 대상, 다니엘 3) 내가 유다의 개 머리냐

하신 대로 나 아브넬이 그대로 행하리니[1]

10 그 맹세는 그 왕국을 사울의 집에서 다윗에게 옮겨 그의 왕위를 단에서 브엘세바까지 이스라엘과 유다 위에 다윗의 보좌를 세우리라고 하신 것이다."

11 이 말을 들은 이스보셋은 아브넬을 크게 두려워 하여 한 마디도 대꾸하지 못했다.

12 아브넬이 다윗에게 사신들을 보내 말했다. "이 땅이 누구의 것입니까? 바로 당신의 것이 아닙니까? 그러니 당신은 나와 조약을 맺읍시다. 내가 당신을 도와 온 이스라엘을 당신에게 돌아가도록 할 것입니다. 대신 나를 2인자로 삼아 주시오."

13 다윗이 응답하기를 "좋다. 내가 너와 조약을 맺을 것이다. 그러나 한 가지 요구 사항이 있다. 조약을 맺으러 올 때 먼저 사울의 딸 미갈을 데려오라. 그렇지 않으면 나를 만나지 못할 것이다."

14 그리고 나서 다윗은 사울의 아들 이스보셋에게 사신들을 보내 말했다. "내 처 미갈을 내게 보내 달라. 그녀는 이전에 블레셋 사람을 죽이고 그들의 포피 100개로 나와 결혼한 여자다."[2] 이에

15 이스보셋이 미갈의 남편이 된 라이스의 아들 발디엘에게 사람을 보내 그녀를 빼앗아 왔다.

16 그러자 그녀의 남편이 마하나임에서 약 120㎞나 떨어진 예루살렘 근처인 바후림까지 울면서 따라왔다. 이에 아브넬이 그에게 말하기를 "이제는 돌아가라" 하니 그가 그제야 돌아갔다.

17 아브넬이 다윗과 조약을 맺은 후 이스라엘 장로들에게 말했다. "너희가 다윗을 너희의 왕으로 세우기를 원했으니

18 이제 때가 되었다. 여호와께서 이미 다윗에게 말씀하셨다. '내가 나의 종 다윗을 통해 블레셋 사람과 모든 대적에게서 이스라엘을 구원할 것이다.' 이제 그 말씀대로 행하라." 그리고 나서

19 아브넬이 또 베냐민 사람들에게 같은 말을 했다. 그리고 그 말을 좋게 여긴 이스라엘과 베냐민 사람들의 생각을 다윗에게 말하기 위해 헤브론으로 내려갔다.

20 아브넬이 20명의 부하와 헤브론에 도착하여 다윗에게 나아가자 다윗이 아브넬과 그와 함께한 사람을 위해 잔치를 베풀었다.

21 아브넬이 다윗에게 말했다. "내가 돌아가면 이스라엘 모든 백성이 당신을 왕으로 받아들이도록 하겠습니다. 그러면 왕께서는 마음에 원하시는 대로 온 나라를 다스리게 될 것입니다." 이에 다윗이 아브넬을 안전하게 돌아가도록 했다.

아브넬의 죽음과 장사

22 ● 그러는 사이 요압과 다윗의 신복은 적군을 치고 많은 전리품을 가지고 돌아왔다. 이때는 아브넬이 이미 헤브론에 있는 다윗을 떠나 안전하게 돌아가는 중이었다.

23 요압과 그와 함께한 모든 군사가 헤브론으로 돌아오자 어떤 사람이 요압에게 말했다. "넬의 아들 아브넬이 왕에게 왔는데, 왕이 그를 안전하게 보내주었습니다."

24 이에 요압이 왕에게 나아가 물었다. "왕께서는 어찌하여 왕에게 나온 아브넬을 그대로 보내주었습니까?

25 왕도 아시는 것처럼 넬의 아들 아

브넬이 온 것은 왕을 속여 왕이 하는 모든 일을 정탐하러 온 것입니다." 그러고는

26 요압이 다윗에게서 나와 전령들을 보내 아브넬을 뒤쫓게 했다. 그리고 헤브론 북서쪽 2㎞ 떨어진 시라 우물가에서 그를 붙잡아 왔으나 다윗은 눈치 채지 못했다.

27 아브넬이 붙잡혀 헤브론으로 돌아오자 요압은 그와 은밀히 말하려는 것처럼 하여 그를 데리고 성문 안으로 들어가 그곳에서 배를 찔러 죽였다. 그렇게 한 것은 기브온 싸움에서 자기 동생 아사헬을 죽였기 때문이다.[1]

28 그후 다윗은 아브넬이 죽은 소식을 듣고 요압에게 말했다. "여호와께서는 넬의 아들 아브넬을 죽인 피에 대해 나와 내 백성[2]은 조금도 죄가 없다는 것을 아신다.

29 아브넬을 죽인 대가는 요압과 그의 모든 가족에게 돌아갈 것이다. 또 요압 자손 집에서는 유출병자[3], 나병환자, 지팡이를 짚고 다니는 불구자, 칼에 죽는 자, 굶어 죽는 자 등이 계속 생길 것이다."

30 요압과 그의 동생 아비새가 아브넬을 죽인 것은 그가 기브온 싸움에서 자기 동생 아사헬을 죽였기 때문이다.

31 아브넬의 살해된 사건에 대해 다윗이 요압과 자기와 함께 있는 모든 백성에게 명령했다. "너희는 옷을 찢고, 굵은 베를 띠고, 아브넬의 죽음을 애도하라." 그러고는 아브넬의 상여를 따라가서

32 친히 아브넬을 헤브론에 장사 지낸 후 그 무덤에서 큰 소리로 울었고, 백성도 같이 울었다.

33 왕은 아브넬을 위해 애가를 지어 불렀다. "아브넬의 죽음이 어찌 미련한 자의 죽음과 같은가.

34 네 손이 묶이지 않았고, 네 발이 놋사슬[4]에 채워지지도 않았는데 불의한 자식 앞에 쓰러지는 것처럼 쓰러졌도다." 그러자 온 백성이 다시 그의 죽음을 슬퍼하며 울었다.

35 아브넬을 장사하는 하루 종일 다윗이 아무 음식도 먹지 않자 석양에 모든 백성들이 나아와서 다윗에게 음식을 권했다. 그러나 다윗은 "만일 내가 해지기 전 빵이나 어떤 음식이든 먹으면 하나님께서 내게 큰 벌을 내리시는 것이 마땅하다"라고 하며 거절했다.

36 이를 본 백성들이 기뻐하며 왕이 하는 일은 모두 좋게 여겼다.

37 그제야 모든 유다 백성과 이스라엘 사람이 다윗왕이 아브넬을 죽이지 않았다는 사실을 알았다.

38 다윗왕이 신하들에게 말했다. "너희는 이스라엘의 큰 지도자가 죽은 것을 알지 못하느냐?

39 비록 내가 하나님께서 기름 부음으로 세운 왕이 되었지만 아직은 내 세력이 약해 스루야의 아들들인 요압, 아비새를 어떻게 처벌할 수가 없다. 그러므로 여호와께서 악행한 자에게 그 악한 행위대로 갚아 주시기를 바랄 뿐이다."

Q&A 요압을 처벌하지 않은 이유는?
(삼하 3:39)

사울의 아들 이스보셋을 이스라엘의 왕으로 옹립한 아브넬을 죽인 요압을 다윗이 처벌하지 않은 이유는? 첫째, 아직은 통일 왕국을 이루지 못했기 때문에 자신의 군대장관인 요압을 죽이는 것은 인적 손실이기 때문이고, 둘째, 요압의 지지 세력으로 인해 자칫 내부 분열이 일어날 것을 염려했기 때문일 것이다.

1) 삼하 2:23 2) 나라 3) 백탁병자 4) 차꼬

이스보셋이 살해됨

4 ● 헤브론에서 아브넬이 죽었다는 소식을 들은 사울의 아들 이스보셋은 맥이 빠졌으며, 모든 이스라엘 백성은 두려움에 휩싸였다.

2 사울의 아들 이스보셋에게 바아나와 레갑 두 군대 지휘관이 있었다. 이들은 베냐민 족속 브에롯 출신인 림몬의 아들들이었다. 브에롯도 베냐민 지파에 속했다. 그런데

3 오래전부터 브에롯 사람들은 브에롯에서 30㎞ 정도 떨어진 게셀 근처의 깃다임으로 도망하여 오늘까지 그곳에서 살고 있었다.

4 사울의 아들 요나단에게 두 다리를 저는 므비보셋이라는 아들 하나가 있었다. 그는 이스르엘에서 사울과 요나단의 전사 소식이 전해졌을 당시 5세였다. 그가 다리를 절게 된 것은 그때 유모가 안고 급히 도망하다가 아이를 떨어뜨렸기 때문이다.

5 브에롯 출신 림몬의 아들 레갑과 바아나가 깃다임에서 출발하여 정오 때쯤 마하나임에 있는 이스보셋의 집에 도착했다. 그때 이스보셋은 침대에서 낮잠을 자고 있었다.

6-7 이에 레갑과 그의 형제 바아나는 밀을 가지러 온 것처럼 하고 집으로 들어가 침대 위에 자고 있는 이스보셋의 배를 찔러 죽였다. 그러고는 그의 목을 벤 후 그의 머리를 가지고 밤새도록 요단 계곡의 아라바 길로 도망했다.

8 그들은 마하나임에서 142㎞ 정도 떨어진 헤브론에 있는 다윗왕을 찾아와 사울의 아들 이스보셋의 머리를 드리며 말했다. "왕의 목숨을 찾던 원수인 사울의 아들 이스보셋의 머리를 가져왔습니다. 여호

와께서는 오늘 우리의 주인이 되신 왕의 원수를 사울과 그의 자손에게 갚으셨습니다." 그러자

9 다윗이 브에롯 출신 림몬의 아들 레갑과 바아나를 향해 말했다. "내 목숨을 모든 고통 가운데서 구해 내신 여호와께서 살아계시는 한 맹세한다.

10 전에 한 사람이 사울이 죽은 것이 좋은 소식인 줄 알고 내게 전했지만 오히려 나는 그를 시글락에서 죽여 그것이 좋은 소식이라고 전한 것에 대해 죽음으로 갚아 주었다.[1]

11 더욱이 악인들이 죄 없는 사람을 그의 침대 위에서 죽인 것은 더욱 죽어 마땅한 일이다. 그런즉 내가 억울하게 피 흘린 이스보셋의 피를 너희에게 갚아 이 땅에서 너희를 없애야 하지 않겠느냐?"

12 이에 부하 청년들에게 명령하여 그들을 죽이라고 하자 부하들이 그들을 죽여 팔과 다리를 잘라 헤브론 못가에 매달았다. 그리고 이스보셋의 머리는 헤브론에 있는 아브넬 무덤에 함께 매장했다.

다윗이 이스라엘과 유다의 왕이 됨[2]

5 ● 이스라엘의 모든 지파가 헤브론에 모여 다윗에게 나아와 말했다. "우리는 왕의 가까운 혈족입니다.

2 지난날 사울이 왕이 되었을 때도 이스라엘 군대를 통솔한 사람은 왕이었습니다. 또한 여호와께서도 왕에게 이렇게 말씀하셨습니다. '너는 내 백성 이스라엘의 목자와 통치자가 될 것이다.'"

3 이에 이스라엘의 모든 장로가 헤브론에 있는 왕에게로 나아와 여호와 앞에서 다윗과 언약을 맺었다. 그리고 그들은 다윗을 이스라엘의

1) 삼하 1:13-16 2) 대상 11:1-3

왕으로 기름을 부었다.[1)]

4 이새의 아들 다윗은 30세에 왕위에 올라 40년을 다스렸다.

5 곧 헤브론에서 7년 6개월[2)] 동안 유다를 다스렸고, 예루살렘에서 33년 동안 이스라엘과 유다를 다스렸다.

다윗이 시온 산성을 빼앗아 성을 쌓음[3)]

6 ● 다윗왕과 그의 부하들이 예루살렘, 곧 여부스로 가서 그곳에 살고 있는 여부스 원주민을 치려고 하자 그 사람들이 다윗에게 말했다. "너는 결코 이리로 들어오지 못할 것이다. 앞 못 보는 자와 다리 저는 자라도 너를 물리칠 것이다." 이렇게 말한 것은 다윗이 절대로 자기들의 성 안으로 쳐들어오지 못할 것이라고 확신했기 때문이다.[4)]

7 마침내 다윗이 시온 산성을 점령했다. 그곳은 오늘의 다윗성이다.

8 그날 다윗이 "누구든지 여부스 사람을 치려면 물 긷는 곳의 수로를 타고 올라가 다윗이 싫어하는 절뚝발이와 앞 못 보는 자를 치라"고 한 말로 인해 "절뚝발이와 앞 못 보는 자는 여호와의 집에 들어오지 못한다"라는 속담이 생겼다.

9 다윗이 점령한 산성에 살았기 때문에 무리는 '다윗성'이라고 불렀다. 다윗은 밀로부터 이 성 안으로 돌아가며 성을 쌓았고, 그 성의 나머지는 요압이 쌓았다.

10 여호와께서 함께하시므로 다윗은 갈수록 강성하여 갔다.[5)]

두로 왕이 다윗의 궁전 건축을 후원함[6)]

11 ● 두로 왕 히람이 다윗의 궁전 집 건축을 위해 그에게 사신들과 백향목과 목수와 석수를 보냈다.

12 이로 인해 다윗은 여호와께서 자신을 이스라엘 왕으로 삼으신 것과 이스라엘 백성을 위해 그의 나라를 높이신 것을 깨달았다.

다윗의 자녀들[7)]

13 ● 다윗은 헤브론에서 예루살렘으로 올라온 후 아내와 첩들을 더 맞아들여 그들로 인해 아들과 딸이 태어났으니

14 예루살렘에서 태어난 다윗의 아들은 이러했다. 암미엘의 딸 밧세바의 소생으로 삼무아[8)], 소밥, 나단, 솔로몬 4명이다.

15 이들 외의 아들로는 입할, 엘리수아[9)], 노가, 네벡, 야비아,

16 엘리사마, 엘라다[10)], 엘리벨렉 9명이다. 그리고 그들의 누이는 다말이며, 이 외에 소실의 아들들이 또 있었다.

다윗이 블레셋을 물리침[11)]

17 ● 이스라엘이 다윗에게 왕으로 기름을 부어 통일된 이스라엘의 왕으로 삼은 소식을 블레셋 사람들이 듣고 다윗을 공격하기[12)] 위해 올라왔다. 이에 다윗은 듣고 산성으로 나갔다.

18 그러나 블레셋 사람들이 그 사실을 눈치 채고 르바임 골짜기로 먼저 쳐들어왔다.

📍성경지리 **다윗성 지역(삼하 5:9)**

다윗성(City of David, 삼하 5:7, 느 3:15, 사 22:9)은 다윗이 여부스 족속의 도시였던 예루살렘을 정복한 후 시온산성이라고 불렸던 것을 다윗성이라고 이름했다(삼하 5:6-8). 이곳은 남, 동, 서쪽이 30~40m의 깊은 골짜기로 둘러싸여 있다. 다윗은 이곳을 점령한 후 수도를 헤브론에서 예루살렘으로 옮겼고 이후 정치와 종교의 중심지가 되었다.

---

1) 삼상 16:12-13   2) 왕상 2:11, 7년   3) 대상 11:4-9
4) 대상 11:4-5   5) 대상 11:7-9   6) 대상 14:1-2   7) 대상 3:5-9, 14:3-7   8) 대상 3:5, 시므아   9) 대상 3:6, 엘리사마   10) 대상 14:7, 브엘랴다   11) 대상 14:8-16   12) 찾기

19 이에 다윗이 여호와께 물었다. "내가 블레셋 사람을 치러 올라갈까요? 그들을 내 손에 넘겨 주시겠습니까?" 그러자 여호와께서 다윗에게 말씀하셨다. "올라가라. 내가 그들을 반드시 네 손에 넘겨주겠다."

20 이에 다윗이 군사들과 함께 바알브라심으로 올라가 블레셋을 격퇴한 후 말했다. "여호와께서 물을 흩으시듯 내 대적을 흩으셨도다." 그래서 그곳을 '바알브라심'이라고 불렀다.

21 그곳에서 블레셋 사람들은 자신들의 우상을 버렸고, 다윗과 그의 부하들이 그 우상들을 치웠다.

22 그러나 블레셋 사람들이 다시 르바임 골짜기로 올라와 골짜기를 가득 채웠다.

23 다윗이 여호와께 묻자 하나님께서 말씀하셨다. "이번에는 정면 대결하지 말고 적의 뒤로 돌아가서 향나무[1] 수풀 맞은편에서 기습할 태세를 갖추고 있다가

24 향나무 꼭대기에서 행군하는 발자국 소리가 들리면 공격하라. 그때 내가 너보다 앞에 나아가 블레셋 군대를 칠 것이다."

25 다윗이 여호와의 명령에 따라 블레셋을 공격하여 그들을 게바[2]에서 게셀까지 쳤다.

하나님의 궤가 오벧에돔 집에 머묾[3]

6 ● 다윗은 이스라엘 백성 가운데서 3만 명을 다시 선발했다.

2 그것은 두 그룹 위에 계시며, 만군의 여호와로 일컬어지는 하나님의 언약궤를 가져오기 위해서였다. 그리고 그들과 함께 예루살렘에서 15km 떨어진 유다에 속한 바알레유다[4]로 갔다.

3-4 그들이 하나님의 언약궤를 새 수레에 싣고 산에 있는 아비나답의 집에서 나오는데 아비나답의 아들 웃사와 아효[5]가 새 수레를 몰았다.

5 다윗과 이스라엘 온 무리[6]는 하나님 앞에서 힘을 다해 노래하며, 잣나무로 만든 여러 가지 악기와 수금과 비파와 작은 북과 제금과 양금 나팔로 연주했다.

6 그들이 나곤[7]의 타작 마당에 이르렀을 때 소들이 뛰었다. 그러자 웃사가 손을 내밀어 언약궤를 붙잡음으로[8] 인해

7 하나님께서 진노하여 그를 그곳에서 치셨고, 그는 언약궤 곁에서 죽었다.

8 이에 화가 난 다윗은 그곳을 '웃사를 침'이라는 뜻의 '베레스 웃사'라고 불렀는데, 그 이름이 오늘까지 불리고 있다.

9 그날 다윗이 여호와 하나님을 두려워하여 말했다. "여호와의 언약궤를 어찌 내 집으로 가져오겠느냐?"

10 그래서 다윗은 언약궤를 자기가 있는 다윗성으로 가져오지 않고 대신 가드 출신 오벧에돔의 집으로 메고 갔다.

11 언약궤가 가드 출신 오벧에돔의 집에서 3개월 있는 동안 여호와께서는 오벧에돔과 그의 온 가족에게 복을 주셨다.

예루살렘으로 하나님의 궤를 옮김[9]

12 ● 어떤 사람이 다윗왕에게 말했다. "여호와께서 언약궤로 인해 오벧에돔의 집과 그의 모든 소유물에 복을 주셨습니다." 이에 다윗과

---

1) 뽕나무 2) 대상 14:16, 기브온 3) 대상 13:1-14 4) 대상 13:6, 기럇여아림 5) 대상 13:7, 아히오 6) 족속 7) 대상 13:9, 기돈 8) 잘못함으로 9) 대상 15:25-29, 16:1-3

이스라엘 장로들과 천부장들이 예루살렘 서쪽 15㎞ 지점의 오벧에돔 집으로 가서 기쁨으로 언약궤를 메고 다윗성으로 올라가는데

13 언약궤를 멘 사람들이 여섯 걸음을 간 곳에서 다윗은[1] 소와 살진 송아지[2]로 제사를 드렸다.

14 다윗이 아마 섬유인 베로 만든 에봇을 입고 여호와 앞에서 힘을 다해 춤을 추었다.

15 다윗과 온 이스라엘 백성은 크게 환호하며 나팔을 불고, 심벌즈를 치며, 비파와 수금을 힘 있게 타면서 언약궤를 메고 갔다.

16 여호와의 언약궤가 다윗성으로 들어올 때 다윗의 아내이자 사울의 딸인 미갈이 창문을 통해 내려다보다가 다윗왕이 여호와 앞에서 뛰며 춤추는 것을 보고 마음 속으로 비웃었다.

17 언약궤가 예루살렘 다윗성으로 메고 들어가자 다윗은 미리 준비한 천막 가운데 그것을 안치한 후 여호와 앞에 번제와 화목제물을 드렸다.

18 그러고 나서 만군의 여호와의 이름으로 백성들을 축복하고,

19 남녀 각 사람에게 빵 1개와 고기 한 조각과 건포도로 만든 빵 한 덩이씩과 야자 열매를 나누어 주니 모든 백성이 자기 집으로 돌아갔다.

20 다윗이 자기 가족을 축복하기 위해 집으로 돌아오자 아내이자 사울의 딸인 미갈이 나와 다윗을 맞이하며 말했다. "오늘은 이스라엘 왕이 체면을 차리지 못한 채 방탕한 자가 부끄러움도 모르고 자기 몸을 드러내는 것처럼 그의 신하의 하녀인 계집종들이 보는 앞에서 몸을 드러내셨습니다."

21 다윗이 미갈에게 응답했다. "내 행동은 여호와 앞에서 한 것이다. 여호와께서는 당신의 아버지와 그의 온 집안을 버리시고 나를 선택하사 자기의 백성 이스라엘의 통치자로 삼으셨소. 그래서 나는 여호와를 기쁘게 하는 일이라면 그분 앞에서 계속 춤을 출 것이다.

22 내가 이보다 더 천하게 보이고 낮아진다고 해도 당신이 말한 그 하녀에게는 내가 존경을 받을 것이다."

23 그러므로 사울의 딸 미갈에게는 죽는 날까지 다윗이 그와 동침하지 않았고 그녀는 자식이 없었다.

나단이 다윗에게
여호와의 말씀을 전함[3]

7 여호와께서 다윗으로 주위의 모든 원수를 무찌르게 하시므로 그가 자기 궁전에서 태평하게 지내게 하신 때

2 다윗이 나단 선지자에게 말했다. "나는 백향목 궁전에 살고 있는데

(?)(!) 난제　넘어지는 법궤를 잡은 웃사는 왜 죽었는가?(삼하 6:6-8)

아비나답에 있는 법궤를 예루살렘으로 옮길 때 법궤를 끌고가던 소가 나곤의 타작마당 앞에서 뛰자 웃사가 법궤를 손으로 붙잡으므로 하나님께서는 그를 죽이셨다. 법궤가 떨어지지 않도록 손으로 붙잡은 것이 죽을 만큼 큰 잘못인가? 아니면 법궤가 수레에서 떨어지도록 그대로 내버려 두는 것이 옳은가? 6:7절에는 웃사가 잘못함으로 하나님이 그를 죽이셨다고 기록하고 있다. 분명한 것은 법궤는 수레에 싣고 간 것이 근본적인 잘못이었다. 본래 법궤는 사람이 메도록 되어 있다. 이후 다시 법궤를 예루살렘으로 옮길 때에는 손으로 메어 옮겼다(6:15절). 참고로 블레셋 지역에 있던 법궤가 벧세메스로 옮겨질 때는 소가 수레를 끌었으나 아무런 일이 일어나지 않았다.

---

1) 대상 15:26, 무리가　2) 대상, 수송아지 7마리와 숫양 7마리　3) 대상 17:1-15

여호와의 언약궤는 천막[1] 아래에 있소.”

3 그러자 나단이 대답했다. “여호와께서 왕과 함께 계시니 왕은 마음에 좋은 대로 모두 행하십시오.”

4 그날 밤 나단 선지자에게 하나님께서 말씀하셨다.

5 “너는 내 종 다윗에게 가서 이렇게 말하라. ‘여호와의 말씀에 너는 내가 거할 집을 건축하지 말라.

6 내가 이스라엘 백성을 애굽에서 나오게 한 날부터 지금까지 집에 있지 않고 오직 이 천막과 성막을 내 거처로 삼아 왔다.

7 내가 이스라엘 백성과 함께 어느 곳을 가든지 내 백성 이스라엘의 지도자들[2]에게 ‘왜 나를 위해 백향목으로 만든 집, 곧 성전을 건축하지 않느냐고 말한 적이 없었다’라고 하라.

8 계속하여 내 종 다윗에게 이같이 말하라. ‘만군의 여호와께서 말씀하셨다. ‘내가 너를 양치던 목장에서 취하여 내 백성 이스라엘의 주권자로 삼았다.[3]

9 그리고 네가 어느 곳을 가든지 너와 함께 있어 네 모든 대적을 네 앞에서 진멸했다. 이제 네 이름을 세상에서 존귀한 자들의 이름같이 할 것이다.

10-11 나는 내 백성 이스라엘을 위해 정착지를 주었으므로 그들이 다시는 다른 곳으로 옮겨가지 않도록 할 것이다. 이전처럼 사사들이 이스라엘을 다스리던 때부터 악한 족속에게 고통을 당했으나 이제는 그 악한 자들이 해치지 못하게 할 것이다. 네 모든 대적에게서 벗어나 너를 편히 쉬게 할 것이다. 또 여호와가 너를 위해 집을 짓고 나

여호와가 너를 위해 집[4]를 세울 것이다.

12 네 수명이 다하여 네가 조상들에게로 돌아가면 내가 네 몸에서 낳은 아들 중 하나를 세워 그 나라를 굳건하게 할 것이다.

13 그는 내 이름[5]을 위해 집, 곧 성전을 건축하고, 나는 그의 나라 왕위를 영원토록 굳건하게 할 것이다.

14 나는 그의 아버지가 되고, 그는 내 아들이 될 것이다. 만일 그가 죄를 범한다고 해도 내가 사람의 매와 인생의 채찍으로 징계는 하겠지만

15 내가 네 앞에서 물러나도록 한 사울에게서 내 은총을 빼앗은 것과 같이 그에게는 빼앗지 않을 것이다.

16-17 내가 그를 내 집과 왕국에 영원히 세우리니 네 왕위가 영원히 굳건할 것이다.’” 나단 선지자가 이 모든 말씀과 계시대로 다윗에게 전했다.

다윗의 감사 기도[6]

18 ● 다윗왕이 성막, 여호와 앞으로 들어가 꿇어 앉아 이렇게 기도했다. “하나님이여, 내가 누구이며, 내 집안이 무엇이기에 나를 이런 자리에까지 오르게 하셨습니까? 그럼에도

19 주께서는 이것도 부족하게 여기시고, 종의 집안에 대해 미래의 일까지 말씀해 주셨습니다. 이것이 사람의 법입니다.

20 여호와께서는 당신의 종을 아십니다. 그러니 당신의 종을 높이신 것에 대해 이 다윗이 무슨 말을 더 드릴 수 있겠습니까?

21 주의 말씀을 위해 당신의 종에게

1) 휘장　2) 대상 17:6, 사사　3) 시 78:71　4) 대하 17:10, 한 왕조　5) 대하 17:12, 나　6) 삼하 7:8-17, 대상 17:16-27

세우신 뜻대로 이 모든 큰일을 행하시고, 그것을 당신의 종에게 알려주셨습니다.

22 그런즉 여호와여, 당신은 위대하십니다. 이는 우리가 귀로 들은 대로 주와 같은 이가 없고, 주 외에는 다른 신이 없기 때문입니다.

23 땅의 어느 나라가 당신의 백성 이스라엘과 같을 수 있겠습니까? 하나님께서는 구원하사 자기의 백성으로 삼아 큰일을, 주의 땅을 위해 두려운 일을 애굽과 이방 나라들과 그들의 신들에게서 구원한 백성 앞에서 행하시고, 모든 민족을 좇아내어 당신의 이름을 드러내셨습니다.

24 주께서는 당신의 백성 이스라엘을 영원히 당신의 백성으로 삼으셨으니 여호와께서는 그들의 하나님이 되셨습니다.

25 하나님이여, 이제 당신의 종과 종의 집안에 대해 말씀하신 것을 영원히 변하지 않게 하셨으니 이제는 말씀하신 대로 행하십시오.

26 그래서 사람으로 영원히 주의 이름을 크게 높여 '만군의 여호와는 이스라엘의 하나님이시다'라고 말하게 하시고, 당신의 종 다윗의 집1)이 당신 앞에서 견고히 서게 하십시오.

27 만군의 여호와 이스라엘2)의 하나님이여, 당신의 종으로 왕조3)를 세울 것을 듣게 하셨으니 당신의 종이 이 기도로 주께 간구할 용기가 생겼습니다.

28 여호와여, 오직 당신은 하나님이시며, 당신의 말씀은 진실합니다. 주께서 이 좋은 것을 당신의 종에게 약속하시고,

29 이제 종의 집에 복을 주사 주 앞에 영원히 계속되게 하십시오. 여호와께서 축복하셨으니 주의 종의 왕조가 영원히 누릴 축복입니다."

다윗이 어디로 가든지 승리함4)

8 ●그후 다윗은 블레셋 사람들에게 항복을 받아 냈고, 그들의 손에서 '모성의 굴레'라는 뜻의 메덱암마5)를 빼앗았다.

2 이후 다윗은 암몬 남쪽, 곧 아르논 골짜기와 세렛시내 사이에 있는 모압을 쳐서 포로된 자들을 땅에 누이고 줄로 잰 다음 그중 두 줄 길이, 곧 3분의 2는 죽이고, 한 줄 길이, 곧 3분의 1은 살려 주었다. 모압 사람들은 다윗의 종이 되어 조공을 드렸다.

3 한편 르홉의 아들 소바 왕 하닷에셀이 자기 세력을 되찾기 위해 유프라테스강으로 진군할 때 다윗이 그들을 쳐서 오론테스 강변의 하맛까지 공격했다.

4 이 싸움으로 다윗은 하닷에셀로부터 마병 1,700명6)과 보병 2만 명을 포로로 잡은 후 100대의 병거와 그에 딸린 말만 남기고 나머지 병거의 말은 그 발의 힘줄을 끊었다.

5 이때 다메섹의 아람 사람들이 소바 왕 하닷에셀을 지원하기 위해 왔으나 오히려 다윗이 아람 사람 2만 2,000명을 죽였다.

6 그리고 다메섹 아람 지역에 수비대를 주둔시켰다. 이후 아람 사람은 다윗의 종이 되어 조공을 바쳤다. 여호와께서는 다윗이 가는 곳마다 이기게 하셨다.

7 다윗왕은 하닷에셀의 신하들에게 있던 금 방패를 빼앗아 예루살렘

1) 대상 17:24, 왕조 2) 대상 17:25, 나 3) 집 4) 대상 18:1-17 5) 대상, 가드와 그 동네 6) 대상 18:4, 병거 1,000대와 기병 7,000명

으로 가져왔고,

8 또 하닷에셀의 고을인 베다와 베로대1)에서 수많은 놋을 빼앗았다.

9 하맛 왕 도이2)가 다윗이 하닷에셀의 모든 군대를 쳐서 무찔렀다는 소식을 듣고

10 자기 아들 요람3)을 다윗왕에게 보내 문안하고 하닷에셀에게 승리한 것에 대해 축복하도록 했다. 그가 이렇게 한 것은 하닷에셀이 도이와 싸울 때 다윗이 하닷에셀을 쳐서 무찔렀기 때문이다. 요람이 금은놋 그릇을 예물로 가지고 왔다.

11-12 다윗왕이 요람이 갖고 온 예물을 그동안 에돔과 모압과 암몬 자손과 블레셋 사람들과 아말렉과 소바 왕 르홉의 아들 하닷에셀과 아람에게서 빼앗은 전리품과 모든 이방 민족에게서 빼앗아 온 은금과 함께 여호와께 드렸다.

13 다윗4)이 소금 골짜기에서 에돔5)인 1만 8,000명을 죽이고 돌아오자 더욱 명성을 떨쳤다.

14 다윗은 에돔의 모든 지역에 수비대를 두었고, 모든 에돔인은 다윗의 종이 되었다. 여호와께서는 다윗이 가는 곳마다 이기게 하셨다.

15 다윗은 통일된 이스라엘을 다스리되 모든 백성에게 정의와 공의를 행했다.

16 군대 사령관에는 스루야의 아들 요압, 사관6)에는 아힐룻의 아들 여호사밧,

17 제사장에는 아히둡의 아들 사독과 아비아달의 아들 아히멜렉, 서기관에는 스라야가 임명되었다.

18 또한 여호야다의 아들 브나야는 그렛 사람과 블렛 사람을 관할했으며, 다윗의 아들들은 왕을 모시는 사람들의 우두머리인 대신이 되었다.

므비보셋에게 호의를 베푼 다윗

9 ● 다윗이 말했다. "사울의 집안에 아직 살아있는 자가 있느냐? 내가 요나단을 생각하여 그 사람에게 은혜를 베풀 것이다."

2 사울의 집안에는 시바라는 시종 한 사람이 있었다. 그가 부름을 받고 다윗왕 앞에 오자 왕이 그에게 물었다. "네가 시바냐?" 그가 대답하기를 "당신의 종입니다"라고 했다.

3 왕이 그에게 "사울의 집안에 아직 살아있는 자가 있느냐? 내가 그 사람에게 하나님의 은혜를 베풀고자 한다"라고 하자 시바가 왕께 대답했다. "요나단에게 다리를 저는 아들 1명이 있습니다."

4 왕이 그에게 말하기를 "그가 어디 있느냐?"라고 하니 시바가 왕께 대답했다. "요단강 동쪽 로드발에 있는 암미엘의 아들 마길의 집에 있습니다."

5-6 이에 다윗왕이 로드발로 사람을 보내 암미엘의 아들 마길의 집에서 사울의 손자, 요나단의 아들 므비보셋을 데려왔다. 므비보셋이 다윗에게 나아와 땅에 엎드려 절했다. 이에 다윗이 "므비보셋이여"라고 부르자 그가 대답했다. "보십시오. 나는 당신의 종일 뿐입니다."

7 다윗이 그에게 말했다. "두려워하지 말라. 내가 네 부친 요나단을 생각하여 네게 은혜를 베풀 것이다. 내가 네 조부 사울의 모든 밭을 네게 다시 주겠고, 너는 항상 내 식탁에서 음식을 먹을 것이다."

1) 대상 18:8, 디브핫과 군　2) 대상 18:9, 도우　3) 대상 18:10, 하도람　4) 대상 18:12, 아비새　5) 아람　6) 대상 18:15, 행정장관

8 그가 다시 절하며 말했다. "이 종이 무엇이기에 왕께서는 죽은 개 같은 제게 그런 호의를 베푸십니까?"

9 왕이 사울의 시종이었던 시바를 불러 그에게 명령했다. "사울과 그의 온 집안에 속해 있던 모든 것을 네 주인의 아들에게 주었다.

10 그러므로 이제부터 너와 네 아들들과 네 종들은 그를 위해 농사를 지어 네 주인의 아들에게 양식을 공급하라. 네 주인의 아들 므비보셋은 항상 내 식탁에서 음식을 먹을 것이다." 시바에게는 아들 15명과 종 20명이 있었다.

11 시바가 왕께 아뢰었다. "왕께서 명령하신 대로 종이 모두 이행하겠나이다." 이후로 므비보셋은 왕자들 가운데 한 명처럼 왕의 식탁에서 먹었다.

12 므비보셋에게는 미가라는 어린 아들 하나가 있었다. 이때부터 시바의 집에 속한 자는 모두 므비보셋의 종이 되었다.

13 므비보셋이 항상 왕의 상에서 먹으므로 예루살렘에 살았다. 그는 양쪽 다리를 다 절었다.

다윗이 암몬과 아람을 공격함[1]

10 ●그후 암몬 자손의 왕 나하스가 죽고 그의 아들 하눈이 왕위를 이어 받았다.

2 이에 다윗이 말했다. "하눈의 아버지 나하스가 전에 내게 호의를 베풀었으니 나도 그의 아들 하눈에게 호의를 베풀 것이다." 그래서 다윗은 조문 사절단을 보내 하눈의 아버지 나하스의 죽음을 문상하게 했다. 다윗의 조문 사절단이 암몬 자손의 땅으로 가서

3 하눈에게 나아가 문상했다. 이를

본 암몬 자손의 관리[2]들이 그들의 주인인 하눈에게 말했다. "왕께서는 다윗이 조문 사절단을 보낸 것이 왕의 부친을 존경하기 때문이라고 생각하십니까? 아닙니다. 그것은 이 땅의 성을 정탐하여 함락시키기 위함입니다."

4 그 말을 믿은 하눈은 다윗의 조문 사절단을 잡아 그들의 수염 절반을 깎고, 그들의 엉덩이 부분인 볼기 중간까지 옷을 자르고 돌려보냈다.

5 조문 사절단이 당한 일을 알고 있는 사람들[3]이 다윗에게 가서 보고했다. 다윗왕은 조문 사절단들이 크게 부끄러워하자 사람을 보내어 "너희는 여리고에서 수염이 자라기까지 머물러 있다가 돌아오라"는 왕의 말을 전하도록 했다.

6 한편 암몬 자손들은 자기들이 한 행동 때문에 다윗이 화가 난 줄 알았다. 그래서 보복을 두려워한 하눈과 암몬 자손들은 은 34,000㎏ 되는 1,000달란트를 보내 벤르홉과 소바의 아람 사람 보병 2만 명과 마아가 왕과 그의 사람 1,000명과 돕 사람 1만 2,000명[4]을 용병으로 고용했다.

7 이 소식을 들은 다윗은 요압과 많은 용사를 요단강 동쪽 암몬 자손의

풍습   의복을 자르는 행위(삼하 10:4)

본절에서 사용된 의복은 히브리어 '마두'로 발목까지 길게 내려진 원피스 형식의 옷을 가리킨다. 따라서 아람 사람들이 다윗이 암몬 자손 나하스의 죽음에 대해 조문객으로 보낸 신하들의 긴 옷을 중동볼기(엉덩이)까지 자른 행위는 내의를 입지 않았던 이스라엘 사람들에게는 큰 모욕적인 행위였다.

1) 대상 19:1-19   2) 대상 19:3, 방백   3) 대상 19:5, 한 사람   4) 대상 19:7, 병거 3만 2,000대

지역으로 보냈다.

8 이에 암몬 자손은 성문 앞에 진을 쳤고, 그들을 도우러 온 소바와 벧르홉 아람 사람과 돕과 마아가 사람들은 따로 들에서 진을 치고 있었다.

9 요압은 자기와 맞서 앞뒤에 진을 친 적진을 보고 이스라엘에서 선발한 자들 가운데서도 다시 엄선하여 아람 사람과 마주보고 진을 쳤다.

10·11 그리고 남은 자들은 자기 동생 아비새의 수하에 맡겨 암몬 자손과 마주 대해 진을 치게 한 후 말했다. "만일 아람 사람이 나보다 강하면 너는 내 편이 되어 나를 돕고, 암몬 자손이 너보다 강하면 내가 가서 너를 도울 것이다.

12 그러므로 너는 용기를 내라. 우리 백성과 우리 하나님의 성들을 위해 용감히 싸우자. 여호와께서 자신의 선한 뜻대로 행하실 것이다."

13 요압과 그와 함께한 부하[1]들이 아람 사람과 싸우기 위해 앞으로 돌진했다. 그러자 아람 군대는 이스라엘 앞에서 도망했다.

14 이를 본 암몬 자손도 이스라엘의 아비새 앞에서 도망하여 성 안으로 들어갔다. 그러자 요압은 암몬 자손을 떠나 예루살렘으로 돌아왔다.

15·16 아람 사람이 이스라엘에게 패한 후 하닷에셀이 강 건너편으로 사신을 보내 그 지역에 있는 아람 사람을 오도록 하자 하닷에셀의 군대 사령관 소박이 군사를 거느리고 헬람에 이르렀다.

17 어떤 사람이 이 소식을 다윗에게 알리자 다윗은 온 이스라엘 군사를 소집하여 요단강을 건너 헬람으로 진격했다. 마침내 아람 사람들이 다윗의 군사들과 진을 치고 싸웠으나

18 이스라엘에게 패해 도망했다. 다윗의 군대는 아람 병거 700대[2]의 군사와 마병[3] 4만 명과 아람군 사령관 소박을 죽였다.

19 하닷에셀에게 속한 왕들은 이스라엘에게 패한 것을 보고 이스라엘의 다윗과 화친하고 섬겼다. 이후로 아람 사람들이 이스라엘을 두려워하여 다시는 암몬 자손을 돕지 않았다.[4]

암몬과의 전쟁, 다윗이 밧세바와 동침함

11 ● 해가 바뀌는 때인 3~4월은 왕들이 전쟁을 하기에 좋은 출전할 때이다. 이때 다윗은 요압과 그에게 소속된 부하들과 온 이스라엘 군대를 요단강 동쪽 암몬 자손 지역으로 보냈다. 이에 요압 군대는 암몬 자손을 멸하고 랍바성까지 포위했다. 그러나 다윗은 이 싸움에 출정하지 않고 예루살렘에 그대로 남아 있었다.[5]

2 그러던 어느 날 저녁 다윗은 잠깐 눈을 붙인 후 침대에서 일어나 왕궁 옥상에서 내려보다가 목욕하는 한 여인의 모습을 보았는데, 그 외모가 심히 아름다웠다.

3 다윗이 사람을 보내 그 여인이 누구인지 알아보게 했더니 그가 보고하기를 "그녀는 엘리암의 딸, 헷 사람 우리아의 아내 밧세바입니다"라고 하자

4 다윗이 신하를 보내 그 여자를 자기

---

1) 대상 19:14, 추종자   2) 대상 19:18, 7,000대   3) 대상 19:18, 보병   4) 이후 다윗은 아람 사람과 싸우는 가운데 요압이 돌아와 소금 골짜기에서 에돔인 1만 2,000명을 죽일 때 시편 60편, 시편 108:5~13대로 기도했다   5) 대상 20:1

에게로 데려오게 했다. 그녀는 몸을 깨끗하게 한 상태였다. 다윗이 그녀와 동침한 후 그 여자는 자기 집으로 돌아갔다.

5 얼마 지난 후 그 여인이 임신하자 다윗에게 사람을 보내 그 사실을 알렸다.

6 이에 다윗은 밧세바와의 동침을 은폐하기 위해 다윗성에서 95km 정도 떨어진 요단강 동쪽 랍바성의 싸움터에 있는 요압에게 전령을 보내어 "헷 사람 우리아를 내게 보내라"고 명령했다. 요압은 왕의 명령대로 우리아를 다윗에게 보냈다.

7 우리아가 오자 다윗은 요압과 군사의 안부와 전황에 대해 물었다.

8 그리고 우리아에게 말했다. "너는 집으로 내려가서 휴식을 취하라1)." 우리아가 왕궁에서 나갈 때 왕의 선물2)도 함께 보냈다.

9 그러나 우리아는 집으로 가지 않고 왕궁 문에서 왕의 부하들과 함께 잤다.

10 다윗이 "우리아가 그의 집으로 가지 않았습니다"라는 보고를 받고 우리아에게 물었다. "네가 먼 길을 오지 않았느냐? 그런데 어찌 네 집으로 가서 쉬지 않았느냐?"

11 우리아가 대답했다. "언약궤와 이스라엘과 유다가 밖의 천막에 있고 제 상관인 요압 장군과 왕의 부하들이 들에서 진을 치고 있는데, 내가 어떻게 내 집으로 가서 먹고 마시고 내 아내와 잠자리를 같이 할 수 있겠습니까? 왕께서 목숨이 붙어 있는 한 나만의 안락을 취하지 않기로 맹세합니다."

12 다윗이 우리아에게 말했다. "그렇다면 오늘은 이곳에 있으라. 내일은 내가 너를 보낼 것이다." 그날

우리아는 예루살렘에 머물렀다. 이튿날이 되자

13 다윗이 우리아를 불러 자기 앞에서 먹고 마시고 취하게 했다. 그러나 그날도 저녁 때가 되었지만 집으로 가지 않고 왕의 부하들과 함께 성문 근처에서 잤다.

14 아침이 되자 동침 비밀 유지에 실패한 다윗은 밀서 편지를 써서 우리아의 손에 들려 요압에게 보냈다.

15 편지에는 이렇게 써 있었다. '우리아를 가장 치열한 싸움터 맨 앞에 세우고 싸움이 극렬할 때 너희는 그의 뒤로 물러가 그로 하여금 죽게 하라.'

16 밀서를 받은 요압은 요단강 동쪽의 그 랍바성을 살핀 후 적군의 용사들이 가장 강하게 방어하고 있는 곳에 우리아를 배치했다.

17 결국 랍바성 사람들이 나와서 요압과 더불어 싸울 때 다윗의 부하들 가운데 몇 사람이 죽고, 헷 사람 우리아도 죽었다.

❓❗난제 밧세바는 다윗을 유혹했는가? (삼하 11:1-2)

우리아의 집은 다윗의 왕궁 옥상에서 내려다 볼 수 있었다. 이런 지리적 위치에 있는 것을 밧세바도 알고 있었을 것인데 어떻게 자신의 목욕하는 모습을 왕궁에서 볼 수도 있다는 생각을 하지 못했을까? 이런 이유로 인해 일부 학자들은 밧세바가 다윗을 유혹하기 위해서라는 견해를 말하기도 한다. 그러나 삼하 11:1에 보면 밧세바가 목욕하던 때는 왕들이 출전할 때이다. 이때는 다윗이 왕궁 침상에 있을 때가 아니며, 더구나 2절에 보면 오히려 잠을 잘 때인 저녁 때에 침상에서 일어나(낮잠을 자고 일어날 수도 있지만) 옥상을 거닐었다고 기록하고 있다. 이런 이유로 밧세바는 설마 다윗이 왕궁에 있을 것이라고는 생각하지 못했던 것이다. 따라서 밧세바는 다윗을 유혹한 것이 아니다.

---

1) 발을 씻으라　2) 음식물

18 이에 요압이 다윗에게 전령을 보내 그 전쟁의 모든 일을 보고하도록 했다.

19 요압은 그 전령에게 이렇게 명령했다. "너는 전쟁의 모든 일을 왕께 보고한 후

20 혹시 왕이 분노하여 네게 '너희가 왜 그처럼 성에 가까이 가서 싸웠느냐? 그들이 성 위에서 화살을 쏠 줄 몰랐느냐?

21 여룹베셋의 아들 아비멜렉을 쳐 죽인 자가 누구냐? 그가 성 가까이에 갔기 때문에 한 여인이 성에서 맷돌 위짝을 그 위에 던져 그가 세겜 북동쪽 20㎞ 지점의 데벳스[1]에서 죽지 않았느냐? 그런데 어찌하여 성에 가까이 가서 싸웠느냐?'라고 물으시면 너는 '왕의 종 헷 사람 우리아도 죽었습니다'라고 대답하라."

22 전령이 다윗왕에게 가서 요압이 지시한 대로 보고했다.

23 "적들이 우리보다 우세하여 성문을 나와 우리가 있는 들로 나오기에 우리가 그들과 맞서 싸워 성문 입구까지 밀어붙였습니다.

24 그때 궁수들이 성 위에서 왕의 부하들을 향해 쏘았고, 왕의 부하들 가운데 몇 사람이 죽고 왕의 부하인 헷 사람 우리아도 죽었습니다."

25 그러자 다윗이 전령에게 말했다. "너는 요압에게 이같이 말해 용기를 주라. '이 일로 걱정하지 말라. 칼이라는 것은 아군이나 적군이나 모두 죽이게 한다. 그러니 더욱 힘써 싸워 성을 함락시키라.'"

26 우리아의 아내는 남편이 죽었다는 소식을 듣고 큰 소리로 애곡했다.

27 밧세바가 남편의 장례를 마치자 다윗은 사람을 보내어 그를 왕궁으로 데려와 아내로 삼았고, 그녀는 다윗으로 인해 아들을 낳았다. 다윗의 이런 행위가 여호와께서 보시기에 악했다.

나단의 책망과 다윗의 참회 기도

12 여호와께서 나단 선지자를 보내 다윗에게 이르도록 하셨다. 나단이 말했다 "어떤 성읍에 두 사람이 살고 있었습니다. 한 사람은 부자였고, 다른 한 사람은 가난했습니다.

2 그 부자는 양과 소가 아주 많았으나

3 가난한 사람은 단지 자기가 사서 기르는 애완용의 작은 암양 새끼 1마리밖에 없었습니다. 그는 암양 새끼를 자기 집에서 길렀기 때문에 그와 그의 자식과 함께 자라면서 주인이 먹는 것을 먹고, 주인의 잔으로 마시며, 주인의 품에 안겨 자는 등 그에게 암양 새끼는 딸과 같았습니다.

4 그러던 어느 날 한 나그네가 그 부자를 찾아왔습니다. 그때 부자는 자기에게 온 나그네를 위해 자기의 양 떼와 소 떼는 아까워 잡지 않고 가난한 사람의 양 새끼를 강탈하여 자기에게 온 사람을 대접하기 위해 잡았습니다."

5 다윗이 그 부자로 인해 매우 화가 나서 나단 선지자에게 말했다. "여호와께서 살아계시는 한 맹세하는데, 이 일을 행한 그 부자는 반드시 죽어야 마땅하다.

6 그는 가난한 자를 불쌍히 여기는 마음이 없고 이런 일을 행했으니 잡은 어린 양의 4배를 갚아 주어야 한다."

7 그러자 나단 선지자가 다윗에게 말했다. "그 부자가 바로 왕이십니다.

1) 삿 9:50, 데베스

이스라엘의 하나님께서 이렇게 말씀하셨습니다. '나는 너를 기름 부어 이스라엘 왕으로 삼기 위해 사울의 손에서 구해 내었다.

8 또한 네 상전의 왕궁 집을 네게 넘겨주고, 네 상전의 아내들도 네 품 안에 안겨주었으며, 이스라엘과 유다 나라 족속을 네게 맡겼다. 만일 그것으로 부족했다면 나는 네게 무엇이든 더 주었을 것이다.

9 그런데 너는 왜 내 말을 경홀히 여겨 내가 악하게 여기는 것을 행했느냐? 너는 헷 사람 우리아를 암몬 자손의 칼에 죽게 만들고, 그의 아내마저 빼앗아 네 아내로 삼았다.

10 이로 인해 네 집에서 칼부림이 계속 일어날 것이다.'

11 여호와께서 또 이렇게 말씀하셨습니다. '이제 내가 너와 네 집에 재앙을 일으키고, 네가 보는 앞에서 네 아내를 빼앗아 너와 가까운 자, 이웃들에게 주어 그들이 대낮에 네 아내들을 욕보일 것이다.

12 너는 비밀리에 행했지만 나는 온 이스라엘이 보는 앞에서 대낮에 네게 이런 일을 행할 것이다.'"[1]

13 그 말을 들은 다윗이 나단에게 말했다. "내가 여호와께 죄를 지었습니다."[2] 그런 후 나단 선지자가 다윗을 찾아와 말했다. "여호와께서 당신의 죄를 용서하셨으니 당신은 죽지 않을 것입니다.

14 그러나 이 일로 인해 여호와의 원수가 크게 비방하리니 당신이 낳은 아이가 반드시 죽을 것입니다."

15 그런 후 나단 선지자는 자기 집으로 돌아갔다. 우리아의 아내가 다윗을 통해 낳은 아이를 여호와께서 치시자 죽을 지경에 이르렀다.

16 다윗은 금식하며 밤새도록 땅에 엎드려 하나님께 그 아이를 위해 간구했다.

17 그 집의 늙은 신하들이 다윗을 땅에서 일으키려고 했지만 왕은 거부하고 그들과 함께 먹지도 않았다.

18 결국 7일 만에 그 아이가 죽었다. 그러나 다윗의 신하들은 아이가 죽은 사실을 왕에게 알리기를 두려워하며 말했다. "아이가 살아있을 때 우리가 말해도 왕께서 우리의 말을 듣지 않았는데 어떻게 그 아이가 죽은 것을 왕에게 알릴 수 있겠느냐? 왕이 크게 상심할 것이다."

19 다윗은 신하들이 서로 수군거리는 것을 보고 그 아이가 죽은 줄을 눈치챘다. 그래서 신하들에게 물었다. "아이가 죽었느냐?" 그들이 대답했다. "예 그렇습니다."

20 그러자 다윗이 땅에서 일어나 몸을 씻은 후 기름을 바르고, 옷을 갈아입고, 성전에 들어가 여호와께 경배하고 왕궁으로 돌아왔다. 그리고 음식을 차리게 하여 먹었다.

21 그 모습을 본 신하들이 왕에게 물었다. "아이가 살아있을 때는 아이를 위해 금식하고 우시더니 오히려 죽은 후에는 일어나서 음식을 잡수시니 그 이유가 무엇입니까?"

22 왕이 말했다. "아이가 살아있을 때는 혹시 여호와께서 나를 불쌍히 여겨 아이를 살려주실까 생각하여 내가 금식하고 울었지만

23 지금은 아이가 죽었으니 내가 금식한다고 죽은 아이를 다시 돌아오게 할 수 있겠느냐? 나는 그에게로 갈 수 있지만 그 아이는 나에게로 돌아오지 못한다."

---

1) 삼하 16:21~22　　2) 다윗은 나단에게 밧세바의 일로 책망을 들은 후 시편 51편대로 참회의 기도를 올렸다.

솔로몬의 출생

24 ● 다윗이 첫 번째 아들의 죽음을 슬퍼하는 그의 아내 밧세바를 위로하고 그에게 들어가 동침했더니 그가 다시 아들을 낳고 그 이름을 '솔로몬'이라고 불렀다. 여호와께서 그를 사랑하시므로

25 나단 선지자를 보내 그의 이름을 '여호와께 사랑을 입음'이라는 뜻의 '여디디야'라고 하셨다. 이는 여호와께서 그를 사랑하셨기 때문이다.

랍바성을 점령

26 ● 요압이 암몬 자손의 왕성인 랍바성을 점령했는데 다윗은 예루살렘에 그대로 남아 있었다.[1]

27 요압이 다윗에게 전령을 보내며 말했다. "내가 물들의 성인 랍바성을 쳐서 포위[2]했습니다.

28 그러니 왕께서는 남아 있는 군사를 모아 이곳으로 와서 랍바성에 마주 대해 진을 치고 이 성을 점령하시기 바랍니다. 만일 내가 이 성읍을 점령하면 이 성읍이 내 이름으로 일컬음을 받을까 두렵습니다."

29 이에 다윗이 모든 군사를 모아 95km 떨어진 요단강 동쪽의 랍바로 가서 그곳을 쳐 점령했다.

30 랍바성을 정복한 다윗은 그 성의 왕의 머리에서 보석이 박힌 왕관을 가져와 자기 머리에 썼는데, 그 무게가 약 34kg 되는 금 1달란트나 되었다. 또 그 성에서 많은 전리품을 가져왔다.[3] 그리고

31 그곳에 있던 백성들은 끌어다가 톱질, 써래질, 철도끼질, 벽돌 굽는 일[4]을 시켰다. 암몬 자손의 다른 모든 성읍도 이같이 한 후 모든 군사와 함께 예루살렘으로 돌아왔다.[5]

암논과 다말

13 ● 이후 이런 일이 있었다. 다윗의 아들 압살롬에게 미모가 뛰어난 다말이라는 누이가 있었다. 압살롬의 이복형제인 암논이 그를 사랑했다. 그러나

2 그녀가 처녀이므로 그를 사랑한다는 것은 자신이 생각하기에 어렵게 여겨졌고 그의 이복 누이동생 다말로 인해 상사병에 걸렸다.

3 암논에게 요나답이라는 교활한 친구가 있었는데, 그는 다윗의 형 시므아의 아들이다.

4 그가 암논에게 말했다. "왕자여, 갈수록 힘이 없어 보이는 이유가 무엇이냐?" 암논이 말했다. "내가 내 동생 압살롬의 누이동생 다말을 사랑하기 때문이다."

5 요나답이 그에게 말했다. "그러면 침대에 누워 병든 척하고 있다가 네 아버지가 너를 보러 오면 그때 너는 이렇게 말하라. '내 누이 다말이 와서 내가 보는 곳에서 음식[6]을 차려 그 손으로 내게 먹여 주도록 해주십시오.'"

6 암논이 곧바로 누워 아픈 척하다가 왕이 왔을 때 암논이 왕께 부탁했다. "내 누이동생 다말이 와서 내 앞에서 몇 개의 과자를 만들어 그 손으로 내게 먹여 주게 하십시오."

7 그러자 다윗이 다말에게 사람을 보내 일렀다. "너는 이복 오빠 암논의 집으로 가서 그를 위해 음식을 차려 그로 먹게 하라."

8 다말이 이복 오빠 암논의 집에 이르자 그가 누워 있었다. 다말이 밀가루

1) 대상 20:1상, 에워싸고   2) 대상 20:1하, 함락   3) 대상 20:2   4) 톱으로 켜고, 써레로 썰고, 도끼로 찍고, 벽돌 가마로 지나게 하고   5) 대상 20:3   6) 떡

를 반죽하여 오빠가 보는 앞에서 빵을 굽고

9 철판 냄비 위에 차려 놓았다. 그러나 암논이 먹기를 거절했다. 그때 암논이 모든 사람을 자기에게서 나가게 한 후

10 이복 여동생 다말에게 말했다. "음식을 가지고 침실로 들어오라. 내가 네가 주는 것은 먹을 것이다." 다말이 자기가 만든 빵을 갖고 침실에 들어가 그의 이복 오빠 암논에게

11 음식을 먹여 주기 위해 가까이 갔다. 그러자 암논이 그를 붙잡고 말했다. "나의 누이동생아, 이리 와서 나와 동침하자."

12 다말이 그에게 대답했다. "안됩니다. 오빠, 나를 욕보이지 마세요. 이스라엘에서 이런 법은 없습니다. 이런 어리석은 일을 하지 마세요.

13 내가 그런 모욕을 당하고 어디로 가겠습니까? 오빠도 이스라엘에서 어리석은 자가 될 것입니다. 이제 왕에게 나를 달라고 요청하세요. 그러면 나를 오빠에게 주는 것을 거절하지 않으실 것입니다."

14 그러나 암논이 그 말을 듣지 않고 강제로 다말과 동침했다.

15 동침한 후 암논은 그를 미워하는 마음으로 변했다. 그 미워하는 마음이 동침 전에 사랑하던 마음보다 더 컸다. 암논이 그녀에게 말했다. "일어나 이곳에서 나가라."

16 다말이 그에게 대답했다. "나를 쫓아 보내는 이 악은 내게 강제로 동침하게 한 그 악보다 더 큽니다." 그러나 암논은 그의 말을 듣지 않고

17 자기의 종을 불러 "이 계집을 내보내고 바로 문을 잠그라"고 지시했다.

18 그러자 암논의 종은 다말을 끌어내고 곧 문을 잠갔다. 다말은 소매가 긴 옷¹⁾을 입었는데 당시에는 결혼하지 않은 공주는 이런 옷으로 단장을 했다.

19 그러나 다말은 자기의 머리에 재를 뒤집어쓰고, 소매가 긴 옷을 찢고, 손을 머리 위에 얹고 가서 크게 통곡했다.

20 그녀의 친오빠인 압살롬이 여동생에게 말했다. "너를 강제로 동침하게 한 암논은 네 이복 오빠가 아니냐? 그러니 지금은 가만히 있고 이 일을 마음에 두지 말라." 이에 다말이 그의 친오빠 압살롬의 집에서 처량하게 지냈다.

21 이 모든 일을 들은 다윗왕은 크게 분노했다.

22 압살롬은 암논이 그의 누이동생 다말을 욕보인 것으로 인해 그를 미워했으나 압살롬은 암논에 대해 옳고 그름을 말하지 않았다.

압살롬의 복수와 도피

23 ● 이런 일이 발생한 지 만 2년이 지났다. 압살롬은 예루살렘에서 25㎞ 떨어진 에브라임 접경에 위치한 바알하솔에서 양털 깎을 일이 있었다. 압살롬은 먼저 왕의 모든 아들을 초청한 후

24 왕께 나아가 말했다. "이제 종에게

써레(삼하 12:31)

써레(pick)는 철로 만든 날카로운 농기구 중의 하나이다. 써레를 이용한 써레질은 단단해진 흙덩어리를 농토에 물을 채워 잘게 부수어 농사를 지을 수 있도록 하는 것을 말한다. 다윗은 암몬 족속을 정벌한 후 그들로 하여금 써레질의 일을 하게 했다(대상 20:3). 이 써레질은 이미 이집트에서도 행해졌다.

1) 채색옷

양털 깎는 일이 있으니 왕께서는 신하들을 데리고 종과 함께 가시기 바랍니다."

25 왕이 압살롬에게 대답했다. "아니다, 아들아. 우리가 모두 가게 되면 오히려 네게 짐이 될 것이다." 압살롬이 다시 왕에게 간청했으나 그래도 왕은 가지 않고 대신 그에게 축복을 빌어 주었다.

26 그러자 다시 압살롬이 말했다. "그러시면 내 형 암논이 우리와 함께 가도록 해주십시오." 왕이 그에게 말했다. "그가 꼭 너와 같이 갈 이유가 있느냐?"

27 압살롬이 거듭해서 간청하자 왕이 암논과 왕의 모든 아들을 그와 함께 가도록 했다.

28 압살롬이 잔치가 있기 전에 미리 그의 종들에게 이렇게 명령했다. "너희는 암논이 술에 취할 때까지 기다렸다가 내가 너희에게 '암논을 치라'고 신호를 보내면 그를 죽이라. 이 일은 내가 명령한 것이니 너희는 두려워하지 말고 그대로 행하라."

29 압살롬의 종들이 명령대로 암논을 죽이자 왕의 모든 아들이 각자 자기의 노새를 타고 도망했다.

30 왕자들이 도망하여 예루살렘으로 가는 길에 있을 때 압살롬이 왕의 모든 아들을 한 명도 남기지 않고 죽였다는 소문이 다윗의 귀에 들렸다.

31 이에 왕이 즉시 일어나 자기의 옷을 찢고 땅에 엎드리자 신하들도 하나같이 옷을 찢고 왕 곁에 있었다.

32 그때 다윗의 형 시므아의 아들 요나답이 왕에게 말했다. "내 주여, 왕자들이 전부 죽임을 당했다고 생각하지 마십시오. 오직 암논만 죽었을 것입니다. 암논의 살해 계획은 암논이 압살롬의 누이동생 다말을 욕보인 날부터 작정한 것입니다.

33 그러니 왕이여, 왕자들이 전부 죽은 줄로 생각하여 너무 크게 상심하지 마십시오. 암논만 죽었을 것입니다."

34 암논을 살해한 압살롬은 도망했다. 한 파수하는 청년이 눈을 들어 보니 예루살렘 뒷산 언덕길로 여러 명 오는 것이 보였다.

35 요나답이 왕께 말했다. "보십시오. 당신의 종이 말한 대로 왕자들이 오고 있습니다."

36 말을 마치자 왕자들이 와서 큰 소리로 통곡하자 왕과 그의 모든 신하도 함께 통곡했다.

37 한편 압살롬은 바알하솔에서 도망하여 요단강 동쪽의 그술 왕 암미훌의 아들 달매에게로 갔고, 다윗은 그 아들로 인해 매일같이 슬픈 날을 보냈다.

38 압살롬이 도망하여 그술 땅에서 지낸 지 3년이 지났다.

39 그동안 압살롬을 향한 다윗왕의 슬픈 마음도 수그러져 압살롬을 그리워하는 마음이 간절했다. 암논은 이미 죽고, 시간이 지나면서 왕이 위로를 받았기 때문이다.

압살롬의 예루살렘 귀환

14 ● 이런 다윗왕의 마음을 안 스루야의 아들 요압이

2 예루살렘에서 남쪽으로 16㎞ 떨어진 드고아로 사람을 보내 그곳에 사는 지혜로운 여인 한 명을 데려다가 그에게 말했다. "너는 초상을 당한 상주처럼 상복을 입고, 기름을 바르지 말고, 죽은 사람을 위해 오랫

동안 슬퍼하는 여인같이 한 후

3 왕에게로 들어가서 그에게 내가 시킨대로 말하라." 그리고 그 여자에게 어떻게 말할지를 알려주었다.

4 드고아에 살던 여인이 다윗왕을 찾아가 얼굴을 땅에 대고 엎드려 왕에게 아뢰었다. "왕이여, 나를 도와주십시오."

5 왕이 "무슨 일이냐?"라고 묻자 그녀가 대답했다. "나는 진정한 과부입니다. 남편은 죽고

6 이 여종에게 아들 2명이 있었는데, 그들이 들에서 서로 싸웠지만 말리는 사람이 한 사람도 없어 한 아들이 다른 아들을 죽였습니다.

7 이 일로 모든 친척¹⁾이 한가지로 일어나 당신의 여종을 핍박하여 이렇게 말했습니다. '자기 동생을 쳐죽인 자를 우리 앞에 데려오라. 우리가 그의 동생을 죽인 죄에 대해 그를 죽여 갚고, 상속자가 되는 것까지도 끊어 버리겠다.' 그렇게 되면 종에게 살아남아 있는 아들²⁾마저 사라져 남편의 대를 이을 후손³⁾이 세상에서 사라질 것입니다."

8 왕이 여인에게 말했다. "네 집으로 가라. 내가 네 아들을 죽이지 못하도록 동네 사람들에게 명령을 내릴 것이다."

9 이에 드고아 여인이 왕에게 말했다. "내 주 왕이여, 이 일로 인해 왕께서 비난을 받는다면 그 죄는 나와 내 아버지의 집에 있고 왕에게는 아무 잘못이 없을 것입니다."

10 왕이 이르되 "누구든지 너를 위협하는 자가 있다면 그들을 내게 데려오라. 그들이 더 이상 너를 괴롭히지 못하게 할 것이다."

11 여인이 말했다. "그렇다면 왕께서는 하나님께 간구하여 아들을 죽이려는 친척들이 아들을 죽이지 못하게 하십시오." 왕이 말했다. "여호와께서 살아계시는 한 맹세하니 네 아들의 머리카락 하나도 땅에 떨어지지 않게 할 것이다."

12 왕의 말을 들은 여인이 왕께 말했다. "청컨대 당신의 여종이 왕께 감히 한 말씀 더 여쭙게 하십시오." 왕이 이르되 "말하라"고 했다.

13 그러자 여인이 이렇게 말했다. "그러면 어찌하여 왕께서는 하나님의 백성에게 대해 그와 똑같은 생각을 하셨습니까? 왕께서는 그같이 말씀하면서 쫓겨난 아들 압살롬을 그의 집으로 돌아오게 하지 않으셨습니까? 그것은 잘못된 것입니다.

14 사람은 언젠가는 죽게 될 것이니, 그것은 땅에 쏟아진 물을 다시 담지 못하는 것과 같습니다. 그러나 하나님께서는 목숨을 빼앗지 않으시고, 쫓겨난 자를 방치하지 않도록 그 대책을 강구하십니다.

15 제가 와서 친척⁴⁾들의 위협을 받으면서까지 이 문제를 왕께 드리는 것은 당신의 여종이 간청하는 것을 들어주실 줄 확신했기 때문입니다.

16 곧 왕께서는 나와 내 아들을 죽여 하나님의 유업으로부터 아주 없애 버리려는 자들에게서 여종을 구해주실 수 있다고 생각했기 때문입니다.

17 또 당신의 여종이 내 자신에게 '내 주 왕께서 내게 평안을 줄 것이다'라고 말했습니다. 이렇게 생각한 것은 왕께서 하나님의 사자인 천사처럼 선악을 분별할 수 있는 분이기

1) 족속 2) 숯불 3) 이름과 씨 4) 백성

때문입니다. 아무쪼록 하나님께서 왕과 함께하시기를 바랍니다."

18 그러자 왕이 그 여인에게 말했다. "너는 내가 묻는 말에 어떤 것도 숨기지 말라." 여인이 대답했다. "왕께서는 말씀하십시오."

19 왕이 묻기를 "이 모든 일을 요압이 시켰느냐?"라고 하니 여인이 대답했다. "왕께서 살아계시는 한 맹세합니다. 왕의 말씀대로 왕의 종 요압이 내게 명령했습니다. 그분이 왕의 여종으로 이 모든 말을 전하도록 했습니다.

20 요압이 이렇게 한 것은 왕의 마음을 돌아서게 하기 위한 것입니다. 왕의 지혜는 하나님의 천사의 지혜와 같아 땅에서 일어나는 모든 일을 아십니다."

21 드고아 여인의 말을 들은 왕은 요압을 불러 명령했다. "내가 이미 압살롬 귀환을 결정했으니 너는 가서 압살롬을 데려오라."

22 요압이 땅에 엎드려 절하고 왕을 축복한 후 말했다. "내 주 왕이여, 종이 구한 것을 왕께서 허락하시는 것을 보니 왕께서 종을 총애하는 것을 오늘에야 알았습니다."

23 그리고 요압이 일어나 요단 동쪽의 골란고원 지역인 그술 땅으로 가서 압살롬을 예루살렘으로 데려왔다.

24 그러나 다윗왕은 압살롬을 그의 집으로 보내고 자신의 얼굴을 보지 못하도록 했다. 이에 압살롬이 자기 집으로 돌아갔으나 왕은 만나지 못했다.

다윗과 아들 압살롬과의 화해함

25 ● 온 이스라엘 가운데서 압살롬만큼 준수하고 칭찬을 받는 자가 없었다. 그는 발바닥부터 머리까지

흠잡을 데가 없었다.

26 그의 머리털은 숱이 많아 무거웠기 때문에 해마다 연말이면 머리카락을 깎았는데, 깎은 머리카락을 왕의 저울로 달아 보니 4.56kg 되는 200세겔이나 되었다.

27 압살롬은 아들 3명과 딸 1명을 낳았는데 딸의 이름이 다말이다. 그녀는 대단한 미인이었다.[1]

28 압살롬이 왕을 만나지 못하고 2년 동안 예루살렘에 있었다.

29 그래서 압살롬은 왕인 아버지를 만나게 해 달라고 부탁하기 위해 요압에게 사람을 보냈으나 요압은 3번이나 압살롬의 요청을 거절하고 그에게 오지 않았다.

30 그러자 압살롬이 자기 종들에게 지시했다. "보라, 요압과 내 밭이 가까이에 있고 지금은 보리가 자랐으니 그 보리밭에 불을 지르라." 압살롬의 종들이 요압의 밭에 불을 지르자

31 요압이 곧바로 압살롬의 집으로 와서 그에게 말했다. "왜 네 종들이 내 밭에 불을 질렀느냐?"

32 압살롬이 요압에게 대답했다. "내가 3번이나 당신께 사람을 보내어 오라고 했는데, 그것은 당신을 왕께 보내 이런 부탁을 하려고 했기 때문입니다. '왕은 왜 나를 그술 지역에서 돌아오게 하셨습니까? 아버지를 뵙지 못할 바에야 차라리 그곳에서 있는 것이 더 나았습니다.' 그러니 이제는 내가 왕의 얼굴을 볼 수 있도록 하십시오. 만일 내게 죄가 있다면 왕이 나를 죽이셔도 좋습니다."

33 이에 요압이 왕께 나아가서 압살롬의 말을 전하자 왕이 압살롬을

1) 삼하 18:18 참조

불렀다. 왕 앞에 선 압살롬이 그 앞에서 얼굴을 땅에 대고 절하자 왕이 그와 입맞춤을 했다.

압살롬의 반역과 다윗의 도피

15 그후 압살롬은 병거와 말들을 준비하고, 자기를 위해 호위병 50명을 고용했다.

2 이때부터 압살롬은 이른 아침에 일어나 성문 길 곁에 서서 왕에게 재판을 요청하러 오는 사람은 누구이든 그 사람을 불러 말했다. "너는 어느 성읍 출신이냐?" 그리고는 그 사람이 "종은 이스라엘 아무 지파에 속합니다"라고 하면

3 압살롬은 그에게 이렇게 말했다. "보라, 네 일이 옳지만 왕은 네 문제를 변호해 줄 사람을 세우지 않았다."

4 더 나아가 "만일 내가 재판관이 되어 송사나 재판할 일이 있어 내게로 오는 자는 공정하게 판결해 줄 것이다"라고 했다.

5 그리고 자기에게 절하려고 하면 손을 내밀어 그 사람을 붙잡고 그에게 입맞춤을 했다.

6 이같이 이스라엘 무리 가운데 왕에게 재판을 요청하러 오는 자들의 마음을 압살롬이 자기에게 향하도록 그들의 마음을 사로잡았다.[1]

7 이렇게 4년이 지난 어느 날 압살롬이 왕께 말했다. "내가 여호와께 서원한 것이 있으니 헤브론으로 가서 그 서원을 이루게 해주십시오.

8 당신의 종이 아람 지역의 그술에 있을 때 '만일 여호와께서 나를 예루살렘으로 돌아오게 하면 제가 여호와를 섬기겠습니다'라고 서원했습니다."

9 왕이 그에게 '잘 다녀오라'고 하자 그가 예루살렘에서 남쪽으로 40㎞ 떨어진 헤브론으로 내려갔다.

10 이에 압살롬이 이스라엘 모든 지파 사방으로 정탐꾼을 보내 알렸다. "너희는 뿔 나팔 소리가 들리면 '압살롬이 헤브론에서 왕이 되었다'라고 외치라."

11 그때 압살롬에게 초청 받은 200명이 압살롬과 함께 예루살렘에서 헤브론으로 내려갔는데, 그들은 압살롬이 꾸민 반역을 눈치 채지 못하고 단지 따라가기만 했다.

12 압살롬이 헤브론에서 제사를 드릴 때 다윗의 자문 역할을 하던 모사인 길로 출신 아히도벨에게 사람을 보내 그가 살던 가까운 곳에 있는 길로에서 초청해 왔다. 반역 세력이 점점 커져 압살롬을 지지하는 자가 많아졌다.

13 이런 가운데 어떤 사람[2]이 다윗에게 와서 고했다. "이스라엘의 인심이 압살롬에게 쏠리고 있습니다."

14 그 소리를 들은 다윗은 예루살렘에 함께 있는 모든 신하에게 말했다. "속히 도망하자. 그렇지 않으

📖 **모사(삼하 15:12)**

일반적으로 왕의 측근에서 국가 경영이나 왕의 역할에 대해 조언하는 일종의 고문관을 말한다. 모사는 일차적으로는 국가의 중대사나 법에 관한 조언 또는 전시에 전략을 세우는 왕의 보좌관 역할로서의(왕상 12:6-14) 일을 했다. 일반적인 의미로는 부모(잠 1:8), 장로들(겔 7:26), 선지자들(대하 25:16), 현인들(렘 18:18) 등을 가리키기도 한다. 아히도벨은 다윗의 모사였으나 압살롬의 반역에 가담하였다. 그러나 자신의 책략이 채택되지 않자 고향에 돌아가 목매 자살했다. 아히도벨 외에 여호야다, 아비아달 등도 다윗의 모사였다(삼하 16:23). 때로 선지자들도 왕의 모사 역할을 했다(대하 25:16). 이사야 선지자는 메시아의 이름이 모사로 불릴 것이라고 예언했다(사 9:6).

---

1) 훔치니라 2) 전령

면 압살롬에게서 한 사람도 살아 남지 못할 것이다. 그가 우리를 급습하여 죽이고 칼날로 성의 주민들을 다 죽일까 두렵다."

15 왕의 신하들이 왕께 말했다. "우리는 왕이 하시는 대로 다 행하겠습니다. 우리는 당신의 종들입니다."

16 다윗왕이 궁전에서 빠져나갈 때 후궁 10명만 남겨 왕궁을 지키도록 하고 가족들은 모두 자기를 따르도록 했다.

17 왕이 나가자 모든 백성이 따라오다가 맨 끝에 있는 궁4)에 이르러 잠시 멈췄다.

18 그리고 그곳에서 다윗왕은 모든 그렛 사람과 블렛 사람과 왕을 따라 가드에서 온 600명 모두를 자기 앞으로 가게 했다.

19 그때 왕이 가드 출신 잇대를 보고 말했다. "너는 왜 우리와 함께 가느냐? 너는 망명해 온 나그네이니 돌아가서 새 왕 압살롬과 함께 있으라.

20 너는 나와 함께한 시간도 짧았고2), 나는 어디로 가야 할지도 모르는데 너는 왜 우리와 함께 떠돌아다니려고 하느냐? 그러니 너뿐 아니라 네 동족들도 데리고 돌아가라. 여호와의 은혜가 너와 함께하기를 바란다."

21 그러자 잇대가 왕께 대답했다. "여호와께서 살아계시는 한 내 주 되신 왕께 맹세합니다. 참으로 왕께서 어디를 가시든지 사나 죽으나 종도 그곳에 함께 있겠습니다."

22 다윗이 잇대에게 말했다. "그러면 앞서 건너가라." 그러자 가드 출신 잇대와 그의 동족 수행자들과 함께한 아이들이 모두 기드론 골짜기를 건너갔다.

23 이날 예루살렘 주민3)들이 큰 소리로 울었다. 모든 백성이 앞서 기드론 골짜기를 건너가자 왕도 뒤따라 기드론 골짜기를 건너갔고, 앞서 건너간 모든 백성은 유대광야 길로 향했다.

24 사독 제사장과 그와 함께한 모든 레위인은 하나님의 언약궤를 메고 다윗 일행이 잠깐 머문 기드론 골짜기까지 와서 그곳에 언약궤를 내려놓았다. 아비아달도 올라와서 다윗의 부하가4) 성에서 나와 왕 앞을 지나갈 때까지 그곳에 있었다.

25 왕이 사독 제사장에게 말했다. "언약궤를 다시 예루살렘성으로 메어 가라. 만일 내가 여호와 앞에서 은혜를 입어 언젠가 다시 이 성으로 오게 하시면 그때 하나님께서는 내게 언약궤와 그의 처소를 보이실 것이다.

26 그러나 여호와께서 '나를 기쁘게 대하지 않는다'라고 말씀하시면 나는 "여호와께서 좋으실 대로 내게 행하십시오'라고 말할 것이다."

27 왕이 계속해서 사독 제사장에게 말했다. "너는 선지자가 아니냐? 너는 네 아들인 아히마아스와 아비아달 제사장의 아들 요나단을 데리고 평안히 예루살렘성으로 돌아가라.

28 그러면 나는 너희에게서 예루살렘에서 일어나는 소식이 올 때까지 요단강5) 나루터에서 기다리고 있겠다."

29 이에 사독 제사장과 아비아달 제사장이 하나님의 언약궤를 다시 예루살렘으로 메어다 놓고 그곳에 머물러 있었다.

---

1) 벧메르학   2) 어제 왔고   3) 온 땅 사람   4) 모든 백성이   5) 광야

30 다윗이 올리브산 오르막길로 올라갈 때 그의 머리를 가리고 맨발로 걸어가며 울었다. 그러자 함께 도망가는 모든 백성도 다윗왕을 따라 자기의 머리를 가리고 울면서 갔다.

31 그때 한 사람이 다윗에게 "아히도벨이 압살롬과 함께 반역한 자들 가운데 있습니다"라고 알리자 다윗이 말했다. "여호와여, 원하오니 아히도벨의 모략을 어리석게 만드시옵소서."

32 다윗이 하나님을 경배하는 올리브산 꼭대기인 마루턱에 이르자 아렉 출신 후새가 옷을 찢고, 머리에 흙을 뿌리고, 다윗을 맞으러 나왔다.

33 다윗이 그에게 말했다. "네가 나와 함께 가면 내게 짐이 될 것이다.

34 그러나 네가 예루살렘성으로 돌아가서 압살롬에게 말하기를 '왕이여, 나는 왕의 종입니다. 이전에는 내가 왕의 아버지의 종이었지만 이제는 내가 왕의 종이 되겠습니다'라고 하면 그것은 나를 위해 아히도벨의 계략을 실패하게 만드는 것이다.

35 아직 사독 제사장과 아비아달 제사장이 너와 함께 예루살렘성에 있으니 너는 왕의 궁중에서 듣는 모든 말을 사독과 아비아달 두 제사장에게 알려주라.

36 그러면 그들의 두 아들인 사독의 아들 아히마아스와 아비아달의 아들 요나단이 두 아버지 제사장과 함께 있으니 들은 모든 말을 그들 편에 내게 알릴 것이다."

37 그리하여 다윗의 친구 후새가 곧바로 예루살렘성으로 들어갔고, 그 시각 압살롬도 예루살렘에 입성했다.

다윗과 시바

16 ● 다윗이 올리브산 꼭대기인 마루턱을 막 지났을 때 므비보셋의 종 시바가 안장을 지은 두 나귀에 빵 200개와 건포도 100송이와 여름 과일 100개와 포도주 한 가죽 부대를 싣고 다윗을 찾아왔다.

2 왕이 시바에게 말했다. "네가 무슨 이유로 이것을 가져왔느냐?" 시바가 대답했다. "나귀는 왕의 가족들이 타고, 빵과 과일은 젊은이들이 먹고, 포도주는 들에서 피곤한 사람들에게 마시도록 하려고 가져왔습니다."

3 왕이 말했다. "네 주인의 아들[1] 므비보셋이 어디 있느냐?" 시바가 왕께 대답했다. "므비보셋은 예루살렘에 있습니다. 그러고는 이렇게 말했습니다. '이스라엘 집 족속이 오늘 아버지의 나라를 내게 돌려줄 것이다.'"

4 화가 난 왕이 시바에게 말했다. "이제는 므비보셋의 모든 소유를 네게 줄 것이다." 시바가 말했다. "내가 내 주 왕께 절을 올립니다. 내가 왕에게 은혜를 입게 하십시오."

다윗을 저주하는 시므이

5 ● 다윗왕이 올리브산에서 동북쪽으로 4.2km 떨어진 바후림에 도착하자 그곳에서 사울의 가문[2] 중 한 사람인 게라의 아들 시므이가 다윗 앞에 나타났다. 그는 다윗을 향해 계속 저주를 퍼부었다.

6-8 "피를 흘린 사악한 자야, 영영 떠나가라. 사울의 집안 족속에 흘린 모든 피를 여호와께서 네게로 돌리셨다. 네가 왕이 되었지만 그의 뒤를 이어 여호와께서는 네 아들 압살롬에게 넘기셨다. 보라, 너는

1) 손자 2) 친족

피를 흘린 자이기 때문에 이런 형벌을 당한 것이다." 그러면서 다윗과 그의 모든 신하를 향해 돌을 던졌다. 그때 모든 백성과 용사는 왕을 양쪽에서 호위하고 있었다.

9 스루야의 아들이요, 요압의 동생인 아비새가 왕께 말했다. "저 죽은 개 같은 자가 어찌 왕을 저주할 수 있습니까? 나로 건너가 그의 머리를 베게 하십시오."

10 왕이 말했다. "스루야의 아들들아, 내가 당한 이런 일에 너희가 왜 나서려고 하느냐?[1] 그가 저주하는 것이 여호와께서 그를 통해 나를 저주하라고 하신 것이라면 그가 나를 저주한다고 해서 누가 그에게 저주하느냐고 말할 수 있겠느냐?"

11 또 다윗이 아비새와 모든 신하에게 말했다. "내 몸에서 태어난 아들도 내 목숨을 취하려고 하는데 하물며 이 베냐민 사람인들 두말할 필요가 있겠느냐? 여호와께서 그에게 그렇게 하시도록 하신 것이니 그가 저주하도록 그냥 두라.

12 혹시 이 일로 여호와께서 내 괴로움을 보시고 오늘 당한 이 저주를 선으로 내게 돌리실지도 모르는 일이다."

13 다윗과 그를 따르는 자들이 길을 갈 때 시므이가 산비탈로 따라가면서 계속 저주하고, 다윗을 향해 돌을 던지며 흙 먼지을 뿌렸다.

14 왕과 그의 일행이 모두 바후림에서 여리고로 내려 가는 곳에 있는 이예빔[2]에 이르러 잠시 휴식을 취했다.[3]

압살롬의 예루살렘 입성과 후새의 위장 전향

15 ● 압살롬과 모든 이스라엘 백성이 헤브론에서 예루살렘으로 올라왔고, 반역에 가담했던 다윗의 모사 아히도벨도 그들과 함께 올라왔다.

16 다윗의 친구 아렉 출신 후새가 다윗의 권고에 따라 압살롬에게 나갈 때 그에게 말했다. '압살롬왕, 만만세!'

17 그러자 압살롬이 후새에게 말했다. "이것이 네 친구 다윗에 대한 우정이냐? 너는 왜 네 친구 다윗을 따라가지 않았느냐?"

18 후새가 압살롬에게 대답했다. "그렇지 않습니다. 나는 주께서 선택하시고, 모든 이스라엘의 백성이 선택한 자의 편에서 새로운 왕과 함께 있을 것입니다.

19 이제 내가 누구를 섬겨야 하겠습니까? 바로 그의 아들이 아닙니까? 내가 이전에 왕의 아버지를 섬긴 것처럼 이제는 왕을 섬기겠습니다."

20 압살롬이 후새의 말을 들은 후 아히도벨에게 물었다. "너는 이제 다윗에 대해 어떤 일부터 행해야 할지 그 계책을 우리에게 말해 보라."

21 아히도벨이 압살롬에게 대답했다. "왕의 아버지가 왕궁을 지키도록 남겨 둔 후궁들과 동침하십시오. 그러면 왕께서 왕의 아버지를 원수로 여기고 있다는 것을 모든 이스라엘이 알게 될 것입니다. 그렇게 되면 왕과 함께 있는 모든 사람이 왕을 더욱 적극적으로 도와줄 것입니다."

22 이에 사람들이 옥상에 천막을 쳤고, 압살롬은 모든 이스라엘 무리가 보는 앞에서 아버지의 후궁들과 동침했다.

23 그때 사람들은 아히도벨의 계략이

---

1) 무슨 상관이 있느냐 2) 피곤하여 한 곳 3) 다윗이 이때를 생각하여 시편 3편대로 하나님께 기도했다

하나님께 물어서 받은 말씀만큼이나 믿을 만하다고 생각했다. 그래서 다윗은 물론 압살롬도 다 아히도벨의 말을 믿고 따랐다.

아히도벨과 후새의 계략

17 ● 아히도벨이 또 압살롬에게 말했다. "이제 내게 1만 2,000명을 선택하도록 해주십시오. 그러면 지체하지 않고 오늘 밤에 내가 다윗의 뒤를 추적하여

2 그가 피곤하고 힘이 빠져 있을 때 기습하여 그를 두렵게 하면 그와 함께 있는 백성들이 모두 도망갈 것입니다. 그러면 내가 다윗왕만 죽이고

3 나머지 모든 백성은 당신께로 돌아오도록 하겠습니다. 왕이 찾아 죽이려는 다윗만 죽으면 다른 사람들은 모두 순순히 돌아올 것입니다."

4 압살롬과 이스라엘 장로들은 모두 아히도벨의 계략이 맞다고 생각했다.

5 압살롬이 말했다. "아렉 출신 후새도 부르라. 우리가 그의 말도 들어 보자."

6 후새가 앞에 오자 압살롬이 그에게 물었다. "아히도벨은 오늘 밤 다윗을 치러가자는 계략을 내놓았는데 우리가 그의 말대로 해야 하겠느냐, 하지 말아야 하겠느냐? 너는 네 의견을 말해 보라."

7 이에 후새가 압살롬에게 대답했다. "아히도벨이 세운 계략은 이번 경우에는 좋지 않습니다."

8 후새가 계속해서 그 이유를 설명했다. "왕의 아버지와 그의 추종자들은 모두 싸움에 능한 용사들입니다. 더구나 그들은 들에 있는 곰이 자기 새끼를 빼앗긴 것처럼 대

단히 화가 나 있을 것입니다. 또한 왕의 부친은 전쟁에 노련한 군인 출신이기에 백성과 함께 잠도 자지 않을 것입니다.

9 아마 틀림없이 어느 동굴이나 다른 어떤 곳에 숨어 있을 것입니다. 혹시 우리가 지금 쫓아가 공격하다가 군사 가운데 몇 명이 먼저 죽으면 그 소문을 듣는 군사들이 이렇게 말할 것입니다. '압살롬을 따르는 자가 죽임을 당했다.'

10 그렇게 되면 비록 우리의 군사들이 사자 같은 큰 담력을 가진 용사의 아들일지라도 낙심할 것입니다. 이스라엘 무리는 왕의 아버지를 영웅이며, 그를 따르는 군사들도 용사인 줄을 알기 때문입니다.

11 그래서 내 계획은 이렇습니다. 우선 모든 이스라엘 군사를 최북단단부터 최남단 브엘세바까지 바닷가의 수많은 모래같이 당신께로 모으십시오. 그리고 사기 진작을 위해 친히 싸움터에 나가

12 다윗을 잡을 수 있을 만한 곳에서 이슬이 땅에 내림같이 그를 기습하여 다윗과 그와 함께 있는 모든 군사를 죽이는 것입니다.

13 만일 그가 어느 성 안으로 피했다면 밧줄을 가져다가 그 성을 동여매 모든 이스라엘 사람이 마른시내 1)로 끌고 가서 그곳을 작은 돌하나도 발견되지 않게 철저히 파괴하는 것입니다."

14 후새의 의견을 들은 압살롬과 모든 이스라엘 사람이 말했다. "아렉 출신 후새의 의견이 아히도벨의 계략보다 더 좋다." 이렇게 아히도벨의 좋은 계략을 무효화시킨 것은 여호와께서 압살롬에게 재앙을

───────────

1) 와디, 건천

내리기 위함이었다.

아히도벨의 죽음

15 ● 이에 후새가 사독 제사장과 아비아달 제사장에게 말했다. "아히도벨이 압살롬과 이스라엘 장로들에게 오늘 밤 다윗을 기습하자는 계략을 세운 것을 말했고, 나는 차후에 대규모로 공격하자는 의견을 냈으니

16 이제 너희는 지체하지 말고 사람을 다윗에게 보내 '오늘 밤에 요단강1) 나루터에서 숙박하지 말고 서둘러 요단강을 건너가라'고 내 말을 전하라. 혹시라도 왕과 그를 따르는 백성이 모두 죽을지도 모른다."

17 이때 아비아달 제사장의 아들 요나단과 사독 제사장의 아들 아히마아스는 사람이 볼까 두려워 예루살렘성에 들어가지 못하고 '로겔의 샘'이라는 뜻의 에느로겔 가에 숨어 있었다. 이때 한 여종이 사독과 아비아달 두 제사장이 말한 것을 제사장의 두 아들2)에게 알렸다. 그러면 그들은 38㎞ 정도 떨어진 여리고 앞 요단강 나루터에 있는 다윗왕에게 가서 알려주도록 되어 있었다.

18 그러나 불행하게도 한 젊은이가 에느로겔에 숨어 있는 요나단과 아히마아스를 보고 800m 떨어진 다윗성에 있는 압살롬에게 가서 고자질했다. 이를 눈치 챈 두 사람은 그 젊은이보다 에느로겔에서 빨리 달려가 4㎞ 정도 떨어진 바후림에 있는 한 사람의 집으로 들어가서 그의 뜰에 있는 우물 속으로 내려가 숨었다.

19 그러자 그 집의 여인이 덮을 것을 가지고 가서 우물 입구를 덮고, 찧은 곡식을 그 위에 펼쳐서 숨겨 주었다. 결국 사람들은 우물 속에 사람이 있다는 것을 눈치 채지 못했다.

20 그러자 압살롬의 부하들이 그 집의 여인에게 "아히마아스와 요나단이 어디있느냐?"라고 물었다. 여인이 그들에게 대답했다. "그들이 기드론 시내를 건너갔습니다." 이에 그들이 두 사람을 찾지 못하고 예루살렘성으로 돌아갔다.

21 그들이 떠난 후 요나단과 아히마아스가 우물에서 올라와 38㎞ 정도 떨어진 여리고 앞의 요단강 나루터에 있는 다윗왕에게 가서 후새의 말을 전했다. "당신들은 서둘러 요단 강물을 건너가십시오. 아히도벨이 당신들을 죽이려고 오늘 밤 기습하려는 계략을 세웠습니다."3)

22 이에 다윗이 모든 백성과 함께 요단강을 새벽까지 건넜다.

23 한편 아히도벨은 자기의 계략이 성사되지 못하자 나귀를 타고 고향인 길로의 자기 집으로 돌아가 집을 정리하고 목매어 자살했다. 시신은 그의 조상의 묘에 장사되었다.

24 이후 다윗은 요단강 동쪽, 얍복강 북쪽 14.4㎞에 있는 마하나임에 도착했다. 그러자 압살롬도 모든 이스라엘 군사와 함께 요단강을 건넜다.

📍 성경지리   바후림(삼하 16:18)

바후림(Bahurim)은 오늘날의 라스 엣 트밈(Raset-Tmim)이다. 아브넬에 의해 사울의 딸인 미갈을 다윗에게 아내로 다시 되돌려 주었을 때 발디엘이 그의 처 미갈과 헤어진 곳이다(삼하 3:16). 그리고 다윗이 압살롬을 피해 도망할 때 지나간 마을로(삼하 16:5), 시므이는 이곳에서 도망하는 다윗을 저주했다. 오늘날 이곳은 아랍인 마을로 검문소가 옆에 있다.

1) 광야 2) 그들 3) 삼하 17:1-2

25 이때 압살롬이 다윗의 군대장관 요압을 대신하여 이스라엘[1] 출신 이드라의 아들 아마사를 군대장관으로 삼았다. 아마사는 이드라가 나하스의 딸 아비갈을 통해 낳은 아들이다. 동시에 아비갈은 요압의 어머니 스루야의 동생이기도 하다.

26 요단강을 건넌 이스라엘 무리와 압살롬은 요단강 동쪽 길르앗 땅에 진을 쳤다.

27 다윗이 마하나임에 도착했을 때 암몬 족속 중 랍바 출신 나하스의 아들 소비, 로데발 출신 암미엘의 아들 마길, 로글림 출신 길르앗 사람 바르실래 3명이

28 침대, 접시[2], 질그릇과 밀, 보리, 밀가루, 볶은 곡식, 콩, 팥, 볶은 씨[3],

29 꿀, 버터, 양고기, 치즈 등 음식물을 가져와 다윗과 그와 함께한 백성들이 먹도록 했다. 이는 백성이 광야[4]에서 허기지고 피곤하고 목말라 있다고 생각했기 때문이다.

압살롬의 패배

18 ● 이에 다윗이 그들과 함께한 백성을 찾아가서 점검한 후 천부장과 백부장을 그들 위에 세웠다.

2 다윗은 자기 군사를 싸움터로 내보낼 때 3대로 나누었다. 곧 요압과 그의 동생 아비새와 가드 출신 잇대의 휘하에 각각 3분의 1씩 소속되게 했다. 그러고 나서 왕이 사기 진작을 위해 군사들에게 말했다. "나도 너희와 함께 싸우러 나갈 것이다."

3 그러자 백성들이 말리며 말했다. "왕은 나가시면 안 됩니다. 설사 우리가 패해 도망친다고 해도 그들은 우리를 추격하지 않을 뿐 아니라 우리의 절반이 죽는다고 해도 우리에게 마음을 두지 않을

것입니다. 왕은 우리의 1만 명보다 귀하십니다. 그러니 왕은 성 안에 계시면서 우리를 도우시는 것이 더 좋습니다."

4 왕이 그들에게 말하기를 "너희가 좋게 여기는 대로 내가 행할 것이다"라고 한 후 성문 옆에 서자 모든 백성이 100명씩, 1,000명씩 대열을 지어 싸움터로 나갔다.

5 다윗왕이 요압과 아비새와 잇대에게 명령했다. "나를 생각하여 젊은 압살롬을 죽이지 말고 너그럽게 대우하라." 이 말을 백성들이 들었다.

6 마침내 다윗의 군사가 이스라엘의 압살롬 군사를 공격하기 위해 들로 나갔다. 그리고 싸움은 요단강 동편 에브라임 수풀에서 시작되었다.

7 이 싸움에서 압살롬의 이스라엘 군사가 다윗의 부하들에게 패했는데 이날의 전사자가 2만 명이나 되었다.

8 그것은 싸움이 사방으로 퍼져 일어나서 그날 칼에 죽은 자보다 수풀에서 죽은 자가 더 많았기 때문이다.

9 싸움이 치열한 가운데 압살롬이 다윗의 부하들과 마주쳤다. 그러자 압살롬은 노새를 타고 도망했고, 그 노새가 가지가 번성한 큰 상수리나무 아래로 지나갈 때 압살롬의 머리채가 그 가지에 걸리자 압살롬은 공중에 달렸고, 그가 탔던 노새는 그 아래로 빠져 나갔다.

10 한 사람이 그 모습을 보고 요압에게 알렸다. "압살롬이 상수리나무에 달려 있는 것을 보았습니다."

11 요압이 그에게 말했다. "네가 그를 보고도 왜 즉시 쳐 죽이지 않았느냐? 그렇게 했다면 내가 네게 은

---

1) 대상 2:17 이스마엘   2) 대야   3) 녹두   4) 들

10개와 허리띠 1개를 주었을 것이다.”

12 그 사람이 요압에게 대답했다. “내가 은 1,000개를 받는다고 해도 나는 왕의 아들을 죽이지 않겠습니다. 우리가 들은 것처럼 왕께서는 장군과 아비새와 잇대에게 ‘누구든지 젊은 압살롬을 죽이지 말라’고 명령하셨기 때문입니다.[1]

13 그 어떤 일도 제가 왕을 속일 수 없고, 왕의 말씀을 거역하여 그를 죽였다면 장군도 나를 모른 체 대적했을 것입니다.”

14 요압이 말했다. “그러나 나는 너처럼 그가 죽을 때까지 기다릴 수 없다.” 그러고는 창 3개를 들고 가서 상수리나무 가지에 매달려 아직 숨이 붙어 있는 압살롬의 심장을 찔렀다.

15 이어서 요압의 무기를 든 호위병 청년 10명이 압살롬을 에워싸고 쳐 죽였다.

16 요압이 싸움을 멈추는 나팔을 불자 군사들이 압살롬의 남은 이스라엘 군사 추격하기를 멈추고 돌아왔다.

17 압살롬의 시체는 옮겨다가 수풀 가운데 있는 매우 큰 구덩이에 던진 후 그 위에 큰 돌무더기로 쌓았고, 이스라엘 군사들은 각자 자기 천막으로 도망갔다.

18 생전에 압살롬은 자기 이름을 전할 아들이 없다고 말했다.[2] 그래서 그는 생전에 자기를 위해 비석을 세웠다. 그리고 자기 이름을 기념하여 그 비석에 이름을 붙였는데, 오늘까지도 ‘압살롬의 기념비’라고 불리며 기드론[3] 골짜기에 남아 있다.

압살롬의 사망소식과 다윗의 통곡

19 ● 사독 제사장의 아들 아히마아스가 말했다. “바라건대 내가 속히 왕에게 달려가 여호와께서 왕의 원수를 갚아 주신 기쁜 소식을 전하게 해주십시오.”

20 요압이 그를 생각하여 그에게 말했다. “왕의 아들이 죽은 것이니 너는 오늘 이 소식을 전하지 말고 다른 날에 전하라.”

21 그리고 대신 요압이 에티오피아인, 곧 구스인에게 말하기를 “너는 왕께 가서 네가 본 것을 보고하라”고 명령했다. 이에 구스인이 요압에게 절한 후 다윗왕에게로 달려갔다.

22 그러자 사독 제사장의 아들 아히마아스가 다시 요압에게 요청했다. “제발 나로 에티오피아인의 뒤를 따라 달려가 압살롬의 죽은 소식을 전하게 하십시오.” 요압이 거듭 말했다. “내 아들아, 너는 왜 자꾸 이 소식을 급히 전하려고 하느냐? 이 소식을 전한다고 해도 너는 보상을 받지 못할 것이다.”

23 그러나 그가 달려가서 소식을 전하겠다고 하자 요압이 마지못해 허락했다. 이에 아히마아스가 평지 길로 달려가 에티오피아인, 곧 구스인보다 앞질러 갔다.

24 그때 다윗은 마하나임성의 안쪽 문과 바깥쪽 문, 두 문 사이에 앉아 있었는데, 파수꾼이 성문 위로 올라가서 보니 어떤 사람이 혼자 달려오고 있었다.

25 파수꾼이 소리쳐 왕께 보고하자 왕이 말했다. “만일 그가 혼자이면 그의 입에 좋은 소식이 있을 것이다.” 그 사이 그가 점점 가까이 왔다.

26 파수꾼이 보니 그 뒤로 또 한 사람이 달려오고 있었다. 파수꾼이 다

---

1) 삼하 18:5 2) 삼하 14:27에는 아들 3명과 딸 1명 3) 왕의

시 문지기에게 소리쳤다. "보라, 한 사람이 오고 그 뒤로 또 한 사람이 달려오고 있다." 왕이 또 말했다. "그도 좋은 소식을 가져오고 있다."

27 파수꾼이 말했다. "내가 보기에는 앞에 달려오는 사람이 사독 제사장의 아들 아히마아스 같습니다." 왕이 말했다. "그는 좋은 사람이니 좋은 소식을 가져오고 있다."

28 아히마아스가 구스인보다 먼저 왕 앞에 도착하여 "왕이여, 평안하옵소서"라고 큰 소리로 문안한 후 왕 앞에서 얼굴을 땅에 대고 절하며 말했다. "하나님께서 왕의 손을 들어 내 주 왕을 대적하는 자들을 왕에게 넘겨주신 당신의 하나님을 찬양합니다."

29 그러자 왕은 "젊은 압살롬은 잘 있느냐?"라고 물었다. 아히마아스가 대답했다. "요압이 왕의 종인 나를 보낼 때 큰 소동이 있는 것을 보았지만 그 영문은 알지 못합니다."

30 왕이 "곁에서 물러나 서 있으라"고 하자 그가 곁으로 물러나 서 있었다.

31 곧이어 에티오피아인, 곧 구스인이 도착하여 말했다. "내 주 왕께 보고할 소식이 있습니다. 오늘 여호와께서 왕의 대적들을 모두 없애고 왕에게 승리를 주셨습니다."

32 왕이 구스인에게 "젊은 압살롬은 잘 있느냐?"라고 물었다. 구스인이 대답했다. "왕의 원수와 대적하는 자들은 다 그 압살롬 청년과 같이 되기를 원합니다."

33 그 보고를 들은 왕은 그 마음이 찢어질 듯 아파 성문 위 다락방으로 올라가면서 통곡했다. "내 아들 압살롬아, 내 아들 압살롬아, 차라리 너 대신에 내가 죽었다면 좋았을 것을! 압살롬, 내 아들아."

요압이 다윗에게 항의함

19 ●한 사람이 요압에게 왕이 압살롬의 죽음 때문에 크게 울며 슬퍼한다는 소식을 전했다.

2 또한 그 소식이 군사[1]들에게 퍼지자 그날의 승리가 모든 군사에게 오히려 슬픔으로 바뀌었다.

3 그래서 그날 군사들은 마치 싸움에서 도망쳐 나올 때 부끄러워하는 것같이 조용히 성 안으로 들어갔다.

4 왕은 자기의 얼굴을 가리고 큰 소리로 "내 아들 압살롬아, 내 아들아"라고 불렀다.

5 요압이 다윗의 집에 들어가서 왕께 말했다. "왕께서는 오늘 왕의 목숨을 구하고, 왕의 자녀와 아내와 첩과 후궁들의 목숨을 구한 모든 부하를 부끄럽게 하십니다.

6 그것은 왕께서 반역자[2]는 사랑하고, 대신 왕께 충성을 다한 사랑하는 자는 미워하시기 때문입니다. 오늘 싸움에서 승리하고 돌아온 지휘관들과 부하들을 있으나마나 한 자들로 멸시하셨습니다. 오늘 나는 차라리 압살롬이 살고 우리 모두가 죽는 것을 왕께서는 마땅히 여기실 뻔했다는 것을 알았습니다.

7 그러니 이제라도 곧바로 일어나나가서 왕의 부하들의 마음을 격려 하십시오. 내가 여호와의 이름을 걸고 맹세합니다. 만일 왕께서 나가지 않으신다면 오늘 밤에 왕과 함께 있을 자가 한 사람도 있지 않을 것입니다. 그렇게 되면 그것은 왕께서 젊었을 때부터 지금까지 당하신 모든 환난보다 더 클 것입니다."

1) 백성　2) 미워하는 자인 반역자

다윗의 예루살렘 귀환과 남북 분쟁

8 ● 그러자 왕이 일어나 성문에 앉았다. 왕이 성문에 앉았다는 사실이 모든 백성에게 전해졌다. 그래서 백성들은 "왕이 성문 위에 앉아 계신다"라고 외쳤고, 모든 백성은 왕 앞으로 나아왔다. 압살롬을 따르던 이스라엘 군사¹⁾들은 이미 각자 집으로 도망했다.

9 다윗왕의 차후 일에 대해 이스라엘 모든 지파에 속한 백성의 의견이 서로 달랐다. 사람들은 "다윗왕은 우리를 원수들과 블레셋 사람들의 손에서 구원하셨다. 그러나 압살롬을 피하여 그 땅에서 떠나셨다.

10 그러나 우리가 기름을 부어 왕으로 삼은 압살롬은 싸움에서 죽었는데 너희는 왜 왕을 다시 모셔오는 일에 가만히 있느냐?"라고 말했다.

11 다윗왕이 두 제사장 사독과 아비아달에게 자기에 대해 들려오는 소문을 전하며 말했다. "너희는 유다 장로들에게 이렇게 말하라. '온 이스라엘이 왕을 왕궁으로 다시 모셔오자'고 하는 말이 왕에게 들렸는데 너희는 왜 왕을 왕궁으로 모시는 일을 서두르지 않느냐?

12 너희는 내 형제이며 내 골육 친척이면서 왜 왕을 다시 모셔 오는 일에 나중이 되려고 하느냐?'라고 하라. 그리고

요단강을 건널 수 있는 곳은?
Q&A (삼하 19:15)

성서 시대의 요단강은 쉽게 건널 수 있는 요단 나루터가 몇 군데 있었다. 성경의 사건을 참고하여 살펴보면 벧산 동쪽, 압복강 하류 근처 아담읍 앞, 여리고 앞 등이 대표적인 장소였다. 벧산 동쪽은 길르앗 야베스 사람들이 사울의 시체를 가져올 때 이용했고, 아담읍 근처는 야곱과 아브라함 등이 이용했고, 여리고 앞은 출애굽한 이스라엘 백성들과 다윗이 망명할 때 이용했다.

13 너희는 압살롬의 군대장관이었던 아마사에게 이렇게 말하라. '너는 내 골육 친척이 아니냐? 너는 요압의 뒤를 이어 내 앞에서 지휘관인 군대장관이 될 것이다. 만일 그렇게 되지 않으면 하나님은 내게 벌 위에 벌을 내리시기를 바라노라.'"

14 그리하여 다윗왕을 다시 모셔오는 일에 모든 유다 사람의 마음이 하나가 되었다. 이에 온 유다 사람이 다윗왕에게 전갈을 보냈다. "왕은 모든 부하와 함께 다시 돌아오십시오."

15 이에 왕이 돌아오는 길에 요단강에서 잠시 머물렀다. 그러자 유다 족속이 요단강을 건너도록 왕을 맞이하기 위해 길갈로 내려왔다.

귀환하는 다윗과 시므이

16 ● 이때 바후림에 있는 베냐민 지파 사람 게라의 아들 시므이가 서둘러 유다 사람과 함께 다윗왕을 맞으러 자기 집에서 32㎞ 정도 떨어진 길갈로 내려왔다.

17 이때 그는 베냐민 지파 사람 1,000명과 사울 집안의 종 시바와 그의 아들 15명과 종 20명과 함께 요단강을 돌진하듯 건너 왕 앞으로 나아왔다.

18 그는 왕이 원하는 대로 쓸 수 있도록 나룻배를 준비했고, 다윗왕의 가족이 요단강을 건너가게 한 후 왕도 나룻배로 요단강을 건너려고 할 때 시므이가 왕 앞에 엎드려

19 왕께 말했다. "내 주여, 이전에 왕을 저주했던²⁾ 내 죄를 용서하십시오, 왕께서 예루살렘에서 도망나오시던 날에 행한 종의 패역을 기억하지 말고 마음에도 두지 마십시오.

20 왕의 종인 내 자신이 범죄한 줄 알고 있습니다. 그래서 오늘 요셉의

1) 백성 2) 삼하 16:5-8

모든 족속 중 내가 가장 먼저 내려와 내 주 왕을 영접합니다."

21 시므이의 말을 들은 스루야의 아들 아비새가 말했다. "시므이가 여호와께서 기름을 부어 세운 자를 저주했으니 그로 인해 죽는 것이 마땅합니다."

22 그러자 다윗이 말했다. "스루야의 아들들은 들으라. 이 일이 너희와 무슨 상관이 있기에 너희가 나서서 오늘 내 대적이 되려고 하느냐? 내가 이스라엘의 왕이 된 좋은 날에 어찌 이스라엘 가운데서 사람을 죽이겠느냐?"

23 그러고는 시므이에게 말했다. "내가 맹세컨대 결코 너를 죽이지 않겠다."

다윗과 므비보셋

24 ● 사울의 손자 므비보셋이 왕을 맞으러 내려왔다. 그는 왕이 도피한 날부터 평안히 돌아오는 날까지 그의 발을 씻지 않았고, 수염을 깎지 않았으며, 옷도 빨지 않았다.

25 왕이 예루살렘에 도착하여 므비보셋이 왕을 맞을 때 왕이 그에게 물었다. "므비보셋아, 너는 왜 내가 도피할 때 나와 함께 가지 않았느냐?"

26 그가 대답했다. "내 주 왕이여, 나는 다리를 절기 때문에 나귀를 타고 왕과 함께 가려고 했습니다. 그런데 내 종 시바가 나를 속이고

27 나를 왕께 모함하여 왕에게 가지 못하게 했습니다. 왕께서는 하나님의 사자인 천사와 같으신 분입니다. 그러니 왕은 좋으실 대로 하십시오.

28 내 할아버지인 사울의 온 집이 왕 앞에서는 죽어 마땅한 사람들입니다. 그럼에도 종을 왕의 식탁에서 음식 먹는 자들과 함께 먹도록 하셨으니 내게 무슨 염치[1]가 남아 있

어 다시 왕께 무슨 부탁을 할 수 있겠습니까?"

29 왕이 그에게 말했다. "너는 왜 또 그 일을 꺼내느냐? 너는 내가 시바에게 준 밭을 나누어 가지라."

30 므비보셋이 대답했다. "왕께서 무사히 왕궁에 돌아오셨으니 시바로 그 땅 전부를 갖게 하십시오."

다윗과 바르실래

31 ● 왕이 요단강을 건너가려고 할 때 길르앗 사람 바르실래가 로글림에서 105km 정도 떨어진 여리고 앞의 다윗이 머문 요단 강가로 내려왔다.

32 이때 바르실래는 80세의 늙은 나이였다. 그는 큰 부자였기 때문에 왕이 마하나임에서 망명 생활을 할 때 왕에게 음식과 거처를 제공했다.

33 왕이 바르실래에게 말했다. "나와 함께 건너가자. 내가 예루살렘에서 너를 보살필 것이다."

34 바르실래가 왕께 대답했다. "내가 살면 얼마나 살겠다고 왕과 함께 예루살렘으로 올라가겠습니까?

35 내 나이가 지금 80세입니다. 어떻게 좋고 나쁜 것을 가릴 수 있으며, 먹고 마시는 음식의 맛을 느낄 수 있겠습니까? 종이 어떻게 다시 남녀의 노랫소리를 알아듣겠습니까? 종이 어찌 내 주 왕께 짐을 지우겠습니까?

36 제가 이곳에 온 것은 단지 왕을 모시고 요단강을 건너려는 것뿐입니다. 그런데 왕께서 어찌하여 그 같은 상으로 내게 갚으려고 하십니까?

37 바라건대 이대로 당신의 종을 돌려보내 주십시오. 나는 내 고향에 있는 부모의 묘지 곁에 묻히기를 바랄

1) 공의

뿐입니다. 그러나 왕의 종 김함이 이곳에 있으니 원컨대 그가 왕과 함께 이 요단강을 건너가게 하고, 왕께서 원하는 대로 그에게 베푸십시오."

38 왕이 대답했다. "김함은 나와 함께 이 요단강을 건너가리니 나는 네가 원하는 대로 그에게 베풀고, 네가 내게 구하는 것은 모두 너를 생각하여 행할 것이다."

39 백성이 모두 요단강을 건너자 왕도 건너가서 바르실래와 입맞춤을 한 후 그에게 축복했다. 그리고 바르실래는 자기 집으로 돌아갔다.

남북의 분쟁

40 ● 왕이 길갈로 건너갈 때 김함도 함께 따라갔고, 모든 유다와 이스라엘 백성의 절반이나 왕과 함께 요단강을 건넜다.

41 이때 북쪽에 있는 이스라엘 사람들이 왕께 나아와 말했다. "우리 형제인 남쪽에 있는 유다 사람들이 우리 북쪽 이스라엘과 의논도 없이 어찌 왕을 도둑질하여 왕과 왕의 집안과 왕을 따르는 모든 사람을 우리 모르게 인도하여 요단강을 건너가게 했느냐?"

42 그러자 남쪽 유다 사람이 북쪽 이스라엘 사람에게 대답했다. "그것은 왕이 우리와 더 가까운 종친이기 때문이다. 너희가 이런 일로 왜 화를 내느냐? 우리가 왕에게서 조금이라도 공짜로 얻어 먹은 것이 있었느냐? 왕께서 우리에게 거져 주신 것이 있었느냐?"

43 이스라엘 사람이 유다 사람에게 대답했다. "우리는 왕에게 요구할 권리가 10개 지파의 몫[1]이 있으니 왕과의 관계가 너희보다 더욱 깊다. 그런데 너희가 우리를 하찮게

여기고 우리의 왕을 모셔 오는 일에 왜 우리와 먼저 의논하지 않았느냐?" 그러나 유다 사람의 말이 이스라엘 사람의 말보다 더 강경했다.

세바의 반역과 므비보셋의 다윗 영접

20 ● 이런 상황에서 무리 가운데 세바라는 베냐민 사람 비그리의 아들이 있었는데 그는 불량배였다. 그가 나팔을 불며 말했다. "우리에게는 다윗에게 얻을 몫이 없고, 이새의 아들에게서 물려받을 유산도 없다. 그러니 이스라엘아, 다윗을 따르지 말고 자기 장막 집으로 돌아가라."

2 이 말을 들은 북쪽에서 온 이스라엘 사람들이 더 이상 다윗을 따르지 않고 비그리의 아들 세바를 따랐다. 그러나 유다 사람들은 그들의 왕과 함께 요단강 근처 길갈에서 38㎞ 정도 떨어진 예루살렘까지 왕을 따랐다.

3 다윗이 예루살렘 다윗성의 본궁에 이르러 도피 때 다윗성에 머물러 왕궁을 지키게 한[2] 후궁 10명을 잡아 감시병을 둔 별실에 가두고 먹을 것만 주고 그들과는 잠자리를 하지 않았다. 그러므로 그들은 죽는 날까지 갇힌 채 생과부로 지냈다.

4 왕이 아마사에게 명령했다. "너는 세바 반란을 진압하기 위해 나를 위하여 적극적으로 유다 사람을 불러 모으되 3일 내로 그리하라. 그리고 너도 여기 있으라."

5 그러나 아마사는 왕이 정한 기일까지 모으지 못하고 그 일이 지체되었다.

6 이에 다윗이 아마사를 기대하지 않고 아비새에게 명령했다. "이제

---

1) 10지파 2) 삼하 15:16

비그리의 아들 세바는 압살롬보다 우리에게 더 큰 해가 될 것이다. 그러니 너는 그가 견고한 성읍에 들어가 우리의 공격을 피하기 전 네 주위에 있는 부하들을 데리고 세바의 뒤를 쫓아가라."

7 이에 요압을 따르는 자들과 그렛과 블렛 사람들과 그 모든 용사가 아비새를 따라 비그리의 아들 세바를 뒤쫓기 위해 예루살렘을 출발했다. 그들이

8 기브온에 있는 큰 바위 옆에 왔을 때 아마사가 요압을 맞으러 왔다. 그때 요압은 군복을 입고 칼집에 칼이 있는 띠를 허리에 맸는데, 그가 나아갈 때 칼이 칼집에서 빠져나갔다.

9 요압이 자기를 찾아온 아마사에게 말했다. "내 형제여, 평안하냐?" 그러고는 그를 죽이기 위해 오른손으로 아마사의 수염을 잡고 그와 입맞춤을 하려는 척했으나

10 아마사는 요압이 왼손에 잡고 있는 칼을 보지 못했다. 이에 요압이 칼로 아마사의 배를 찌르자 그의 창자가 땅바닥에 쏟아지니 다시 찌르지 않아도 그가 죽었다. 그런 다음 요압과 그의 동생 아비새는 비그리의 아들 세바를 뒤쫓았다.

11 요압에 소속된 젊은이들 가운데 한 명이 죽은 아마사 옆에 서서 외쳤다. "요압을 지지하는 자와 다윗의 편에 서는 자는 요압을 따르라."

12 그리고 피 범벅이가 된 채 길 한가운데 놓여 있는 아마사의 시체 앞에 모든 백성이 서 있는 것을 보고 그의 시체를 큰길에서 밭으로 옮겨 놓았다. 그럼에도 시체 곁으로 지나가는 군사들이 멈추어 서 있는 것을 보고 아마사의 시체를 옷으로 덮었다.

13 그제야 아마사를 따르던 사람들이 모두 요압을 따라 비그리의 아들 세바를 뒤쫓았다.

14 세바가 이스라엘 모든 지파 사방으로 다니며 아벨 벧마아가[1]와 베림의 온 지역까지 자기를 따르는 무리와 함께 다녔다.

15 이에 요압 일행이 세바가 있는 아벨 벧마아가로 올라가서 그곳을 포위한 후 그 성읍 밖의 언덕 위에 토담을 쌓았다. 그리고 나서 요압과 함께한 모든 백성이 성벽을 무너뜨리려고 했다.

16 그때 그 성읍에 지혜로운 한 여인이 소리쳤다. "들으라. 너희는 요압에게 '이리로 가까이 오라. 내가 말할 것이 있다'라고 하라."

17 이에 요압이 그 여인에게 가까이 가자 여인이 물었다. "당신이 요압입니까?" 요압이 "그렇다"라고 대답하자 여인이 그에게 말했다. "여종의 말을 들으십시오." 그가 대답했다. "내가 듣겠다."

18 여인이 다시 말하기를 "옛 속담에 사람들이 말하기를 '물을 것이 있으면 아벨로 가서 물으라'고 한 후 그 일을 해결했습니다.

📍성경지리   아벨 벧마아가(삼하 20:15)

아벨 벧마아가는 팔레스틴 최북단에 있는 가나안의 성읍이다(삼하 20:14). 이스라엘의 최북단 성읍인 단에서 서북쪽 7㎞, 오늘날 레바논에 있는 이욘(Ijon) 남쪽 13㎞ 지점에 있다. 현재 훌레 계곡에 있는 아빌 엘 캄(Abil el-Qamb, Tell Avel Beth Maakha)과 동일시 되고 있다. 삼하 20:14에 아벨과 벧마아가로 나누어 나오는 아벨은 아벨 벧마아가의 단축형이며 대하16:4에는 아벨마임으로 나온다. 이곳은 다윗을 피해 도망한 세바가 죽은 곳이다(삼하 20:14이하).

---

1) 또는 아벨과 벧마아가

19 나는 이스라엘의 평안을 바라는 충성된 자 중 한 명입니다. 그런데 당신은 이스라엘에서 어머니 같은 이 성읍을 멸망시켜 여호와의 유업을 삼키려고 하십니까?"

20 요압이 대답했다. "결단코 그렇지 않다. 삼키거나 멸망시키려는 것이 아니다. 그것은

21 다윗을 대적하여 반역한 에브라임 산지 사람 비그리의 아들 세바라 하는 자만 내주면 내가 이 성에서 떠날 것이다." 여인이 요압에게 대답했다. "그렇다면 그의 머리를 성벽에서 당신에게 던지겠습니다."

22 이에 여인이 모든 백성에게 나아가 지혜롭게 말하자 그 성의 백성들이 비그리의 아들 세바의 머리를 베어 요압에게 던졌다. 그러자 요압이 군사들로 성읍에서 물러나도록 나팔을 불었고, 군사들은 각자 자기 장막 집으로 돌아갔으며, 요압도 예루살렘으로 돌아와 왕에게 나아갔다.

다윗의 관리들

23 ●당시 온 이스라엘 군대의 지휘관은 요압, 그렛 사람과 블렛 사람의 지휘관은 여호야다의 아들 브나야,

24 감역관은 아도람¹⁾, 사관은 아힐룻의 아들 여호사밧,

25 서기관은 스와, 제사장은 사독과 아비아달,

26 야일 출신 이라²⁾는 다윗의 대신이 되었다.

다윗이 기브온 거민의 요청을 들어줌

21 ●다윗 시대에 기근이 3년 동안 계속되었다. 이에 다윗이 여호와 앞에 간구하자 여호와께서 그에게 말씀하셨다. "이는 사울과 그의 집이 기브온 사람을 죽여 피를 흘린 것 때문이다."

2 기브온 사람은 이스라엘 족속은 아니지만 여호수아의 가나안 정복 당시 아모리 사람 가운데서 살아남은 자들이다. 전에 이스라엘 족속들은 그들을 죽이지 않겠다고 맹세했다.³⁾ 그런데 사울이 이스라엘과 유다 족속을 도우려는 열심이 지나쳐 선조들이 한 맹세를 어기고 그들을 죽이고자 했다. 기근의 원인을 들은 다윗왕은 기브온 사람을 불러 그들에게 물었다.

3 "내가 너희에게 무엇으로 보상해야 너희가 여호와의 유업을 축복하겠느냐?"

4 기브온 사람이 대답했다. "우리와 사울과 그의 집안과의 문제는 은금으로 해결될 일이 아닙니다. 그것은 오직 사람의 목숨으로만 해결될 일입니다. 그러나 우리에게는 이스라엘에서 사람을 죽일 권한이나 힘이 없습니다." 그러자 왕이 말했다. "그렇다면 내가 너희가 요구하는 것을 말하면 그대로 행할 것이다."

5 그들이 왕께 말했다. "우리를 이스라엘 영토 내에서 살지 못하게 하기 위해 우리를 학살하였고, 진멸하려고 계획한 사울의

6 자손 7명을 우리에게 넘겨주십시오. 여호와께서 사울을 택한 그의 고향 기브아에서 우리가 여호와 앞에서 목을 매달겠습니다." 이에 다윗왕이 그들을 넘겨줄 것을 약속했다.

7 그러나 다윗은 사울의 아들 요나단과 여호와 앞에서 맹세한 것⁴⁾ 때문에 요나단의 아들 므비보셋은 넘기지 않고

8 사울왕이 아야의 딸 리스바를 아내로

1) 왕상 4:6, 아도니람 2) Ira 3) 수 9:15 4) 삼상 20:14-15,42

맞아 낳은 두 아들 알모니와 므비보셋과 사울의 딸 메랍이 므홀랏 출신 바르실래의 아들 아드리엘에게서 낳은 아들 5명을 붙잡아[1]

9 그들을 기브온 사람들에게 넘겨주었다. 이에 기브온 사람이 그들 7명을 산 위에서 여호와 앞에 목을 매달자 그들 7명이 한날한시에 죽었다. 이때는 보리를 베기 시작하는 때인 4월경이었다.

10 사울의 아내였던 아야의 딸 리스바가 굵은 베로 짠 천을 바위 위에 펼치고 곡식 베기를 시작할 때부터 하나님의 징계가 풀려 하늘에서 비가 시체에 쏟아지기까지 낮에는 시체에 공중의 새가 앉지 못하게 하고, 밤에는 들짐승이 가까이 못하도록 시체를 지켰다.

11 그런 사실이 다윗에게 알려지자

12 다윗은 요단강 동쪽의 길르앗 야베스로 가서 사울과 그의 아들 요나단의 뼈를 가져와 장례를 치르기로 마음먹었다. 이는 전에 블레셋 사람들이 사울을 길보아에서 죽여 벧산 거리에 그 시체를 매단 것을 길르앗 야베스 주민들이 몰래 가져온 것이었다.[2]

13 다윗이 길르앗 야베스에서 사울과 그의 아들 요나단의 뼈를 가지고 올라오자 사람들은 기브아에서 목이 달려 죽은 자들의 뼈를 거두어

14 왕의 명령에 따라 사울과 그의 아들 요나단의 뼈와 함께 베냐민 땅 셀라에 있는 사울의 아버지 기스의 묘지에 장사지냈다. 그런 후에야 하나님께서 그 땅을 위한 기도를 들어주셨다.

블레셋의 거인들을 죽인 다윗의 용사들

15 ● 이후 블레셋 사람이 이스라엘을 공격하여 전쟁할 때 다윗이 부하들과 출정하여 블레셋과 싸웠다. 다윗이 피곤한 상태에 있었을 때

16 거인족의 아들 중 이스비브놉이라는 자가 무게가 3.4kg 되는 300세겔의 놋 창을 들고, 새 칼을 차고 다윗을 죽이려고 했다.

17 그러자 스루야의 아들 아비새가 그 블레셋인을 쳐 죽이고 다윗을 보호했다. 이 일로 다윗의 부하들이 "왕께서는 우리와 함께 다시는 싸움터에 나가지 마십시오. 이스라엘의 등불이 꺼지면 안 됩니다"라고 강하게 말했다.

18 그후 다시 블레셋 사람과 예루살렘 서쪽 약 30km 지점의 곱[3]에서 싸울 때 후사 출신 십브개는 거인족의 아들 중 한 명인 삽[4]을 죽이자 그들이 항복했다.

19 또다시 블레셋과 곱[3]에서 싸울 때 베들레헴 출신 야레오르김의 아들 엘하난[5]은 가드 출신 골리앗의 아우 라흐미를 죽였는데, 그의 창 자루는 베틀 채처럼 굵었다.

20 또 벧세메스 서남쪽 23km 지점의 가드에서 싸울 때 그곳에 손가락과 발가락이 각기 6개씩 모두 24개가 있는 거인족 소생 1명이 있었다.

21 그가 이스라엘 사람을 모욕하자 다윗의 형 삼마[6]의 아들 요나단이 그를 죽였다.

22 이 4명은 가드 출신의 거인족 소생이라도 다윗과 그 부하들의 손에 다 죽었다.[7]

다윗의 승전가[8]

22 ● 여호와께서 다윗을 모든 원수와 사울의 손에서 구원하신

1) 삼상 18:19   2) 삼상 31:8-13   3) 대상 20:4, 게셀   4) 대상 20:4, 십배   5) 대상 20:5, 야일   6) 대상 20:7, 시므아   7) 대상 20:8   8) 시 18편

그날에 다윗은 이 노래로 여호와께 찬양을 올렸다.

2 "여호와는 나의 반석이시요, 요새시요, 나를 위해 나를 건지시는 자시요,

3 내가 피할 반석의 하나님이시요, 방패시요, 구원의 뿔이시요, 높은 망대[1]시요, 내가 피할 피난처시요, 나의 구원자이십니다. 그분은 나를 포악한 자에게서 구원하셨도다.

4 내가 찬양 받으실 여호와께 부르짖으니 그가 내 원수들에게서 나를 구원하실 것이다.

5 사망의 물결[2]이 나를 에워싸고, 불의의 창수가 나를 덮쳤으며,

6 사망의 줄, 곧 스올의 줄[3]이 나를 두르고, 사망의 덫이 내 앞에 놓였도다.

7 내가 고통당할 때 여호와께 부르짖었더니 내 부르짖는 간구를 그의 성전에서 들으셨도다.

8 그때 그분의 진노로 인하여 땅이 떨고 진동하며, 하늘의 기초[4]가 요동치듯 흔들렸도다.

9 그의 코에서 연기가 올라가고, 입에서는 불이 나와 삼키니 그 불에 숯불이 피었도다.

10 그가 또 하늘을 가르고 내려오시니 그의 발아래는 검은 구름이 있도다.

11 그가 날개 달린 생물인 그룹을 타고 날으시니 날개를 타고 높이 솟아오르셨도다.

12 그가 흑암과 모인 물과 공중의 빽빽한 구름으로 장막을 삼으셨도다.[5]

13 그 앞에 있는 광채로 인해 우박과 숯불이 피었도다.

14 여호와께서 하늘에서 천둥소리를 내시고, 지극히 높은 자가 음성을 높이시며,

15 화살을 쏘아 그들을 흩으시고, 번개로 그들을 혼란케 하셨도다.

16 그럴 때 여호와의 꾸지람과 콧김으로 인해 바다 물 밑에 길이 드러나고 세상의 기초가 나타났도다.[6]

17 그가 높은 곳에서 손을 펴서 나를 붙드사 많은 물에서 나를 건지셨도다.

18 나를 강한 원수와 미워하는 자들로부터 구하셨으니 그들이 나보다 강했기 때문이로다.

19 그들은 내가 곤경에 있을 재앙의 날에 나를 공격했으나 여호와께서는 내 보호자[7]가 되셨도다.

20 또한 나를 넓은 곳으로 나오도록 구원하셨으니, 이는 나를 기뻐하셨기 때문이로다.

21 여호와께서는 내 의로움을 갚아 주시며, 내 삶[8]의 깨끗함을 따라 갚아 주셨도다.

22-23 이는 내가 여호와의 도를 지킴으로 악을 행하여 내 하나님을 떠나지 않고, 그의 모든 법도가 내 앞에 있어 그의 규례를 버리지 않았기 때문이로다.

24 그래서 내가 그분 앞에서 완전하여 흠 없이 살고, 자신을 지켜 죄를 짓지 않았도다.

25 그러므로 여호와께서는 의롭고 깨끗한 삶을 산 대로 내게 갚아 주셨도다.

26 여호와께서는 자비를 베푼 자에게는 당신의 자비하심을 나타내시고, 흠이 없는 완전한 자에게는 당신의 완전하심을 보이시며,

27 깨끗한 자에게는 당신의 깨끗하심을

---

1) 시 18:2, 산성   2) 시 18:4, 사망의 줄   3) 시 18:5
4) 시 18:7, 산들의 터   5) 시 18:11, 그가 흑암을 그의 숨는 곳으로 삼으사 장막같이 자기를 두르게 하심이여, 곧 물의 흑암과 공중의 빽빽한 구름으로 그리하시도다   6) 출 15:8   7) 의지   8) 시 18:20, 손

보이시며, 악한 자에게는 악한 대
로 갚으시리로다.

28 주께서는 고통 당하는 백성은 구원
하시고, 교만한 자는 낮추시도다.

29 나의 등불이신 여호와여, 당신께
서는 내 어둠을 밝히십니다.

30 내가 당신의 도우심으로[1] 적진을
향해 돌진하고, 내 하나님을 의지
하므로 적의 방어벽을 뛰어넘었도
다.

31 하나님의 법도는 완전하고, 여호
와의 말씀은 순수하니 그분은 자
기에게 피하는 모든 자에게 방패
가 되신다.

32 여호와 외에 누가 하나님이며, 우리
하나님 외에 반석이 어디에 있느냐?

33 하나님은 나의 견고한 요새가 되사
나를 안전한 곳으로 인도하신다.

34 하나님께서는 내 발을 암사슴 발
처럼 빠르게 하시고, 나를 높은 곳
에 세우시며,

35 내 손을 훈련시키사 싸우게 하시
니 내 팔이 놋 활을 당기는도다.

36 주께서는 당신의 구원의 방패를
주셨고, 당신의 오른손으로 나를
붙들어 주셨으며[2], 당신의 온유함
으로 나를 크게 하셨습니다.

37 주는 내 길을 넓게 하여 내 발이 넘
어지지 않게 하셨습니다.

38 내가 내 원수를 추격하여 적들을
무찌르기 전에는 돌아서지 않았습
니다.

39 내가 적들을 치자 그들이 다시 일
어나지 못하고 내 발아래에 쓰러
졌도다.

40 이는 주께서 나에게 전쟁에서 승
리하도록 능력으로 내 허리를 동
여매 대적자들을 내게 굴복시키셨
기 때문이다.

41 또한 주께서는 원수들이 내게 등을

보이며 도망하게 하시고, 나를 미
워하는 자를 모두 없애버리셨도다.

42 그들은 도움을 청했지만 구해 줄
사람이 없었고, 여호와께 부르짖
어도 대답하지 않으셨도다.

43 나는 그들을 바람[3] 앞에 재처럼 빻
았고, 거리에 있는 진흙처럼 밟아
쏟아 버렸도다.

44 주께서는 백성들의 반역에서 나를
구해내셨고, 모든 민족의 머리를
삼으셨으니 내가 알지 못하는 백
성까지도 나를 섬길 것입니다.

45 이방인들이 내 소문을 듣고 내 앞
에서 굽신거리고 복종할 것입니다.

46 이방인 자손들은 용기를 잃고 쇠
약하여 그들이 숨어 있던 곳에서
떨며 나옵니다.

47 살아계신 여호와여, 나의 구원의
반석되신 당신을 찬양하며 높여
드립니다.

48 그런 하나님은 내 원수를 갚아 주시
고, 민족들을 내게 복종시키시며,

49 나를 원수들에게서 구하셨으며,
대적자보다 더 높이시고, 포악한
자로부터 건지셨습니다.

50 여호와여, 내가 모든 이방 민족 가
운데서 당신께 감사드리며, 당신
의 이름을 찬양합니다.

51 여호와께서 자기의 왕에게 큰 승
리[4]를 주시고, 자신이 기름을 부어

Q&A 뿔의 의미는?(삼하 22:3)

뿔은 히브리어 '케렌'(힘)으로 본절에서 뿔은 공
격용 무기로 무한한 능력을 가진 하나님의 속성
을 나타낸 말이다. 하나님을 구원의 뿔이라 한것
은 하나님이 큰 능력으로 원수로부터 보호해 주
시고, 적을 물리치게 해주시며, 마침내 승리(구
원)케 하심을 뜻한다(신 33: 29).

1) 시 18:29, 의지하고 2) 시 18:35 3) 시 18:42, 땅
4) 시 18:50, 구원

세운 자에게 자비를 베푸시니, 나 다윗과 내 후손에게 하셨습니다."

다윗의 마지막 말

23 ● 이는 높이 세워진 자, 야곱의 하나님에게서 기름 부음 받은 자, 이스라엘의 노래를 잘하는 자인 이새의 아들 다윗이 남긴 마지막 말이다.

2 "여호와의 영이 내 안에서 하신 그 말씀이 내 혀에 있다.

3 이스라엘의 반석되신 하나님께서 내게 말씀하셨다. '사람을 공의로 다스리시며, 하나님을 두려움으로 섬기며 다스리는 자는

4 솟아오르는 아침 햇빛과 같고, 구름 없는 아침과 같으며, 햇빛과 비로 인해 땅에서 파랗게 돋는 새싹과도 같다.'

5 바로 내 집이 하나님 앞에 이같지 않느냐? 하나님께서 나와 더불어 영원한 언약을 세우셔서 모든 일에서 올바르고 굳건한 약속을 하셨다. 이 약속은 내 모든 구원과 소원이니 그 약속을 반드시 이루어 주실 것이다.

6 그러나 모든 악한 자들은 버려지는 가시나무 같아서 아무도 맨손으로는 잡을 수가 없다.

7 그것들을 잘라 불에 태우려는[1] 자는 철과 창자루를 사용해야 하니 그들은 불에 반드시 살려져야 한다."

다윗의 용사들[2]

8 ● 다윗에게 있는 첫 번째 3명 용사들의 우두머리 이름은 이렇다. 첫째는 다그몬 출신의 아들 요셉밧세벳[3]으로 30명의 군대 지휘관의 두목이다. 그는 에센 출신 '아디노'라고도 부르는데, 그가 창을 들어 한꺼번에 800명[4]을 죽였다.

9 둘째는 아호아 출신 도대의 아들 엘르아살이다. 그는 다윗과 함께한 3명의 용사 중 한명이다. 블레셋 사람들은 이스라엘과 싸우기 위해 보리가 많이 자란 밭에 모여 있었다. 그때 이스라엘 사람들이 도망했으나

10 엘르아살은 그 밭 한가운데로 나가 손이 피곤하여 그의 손으로 칼을 잡을 수 있는 힘이 없을 때까지 블레셋 사람을 쳐 죽였다. 그가 승리할 수 있었던 것은 여호와께서 이기게 하셨기 때문이다. 그러자 백성들은 도망가던 길을 멈추고 다시 돌아와 엘르아살의 뒤를 따라가며 노략만 할 뿐이었다.[5]

11 셋째는 하랄 출신 아게의 아들 삼마이다. 블레셋 사람들이 기세가 등등하여 팥[6]이 촘촘히 심겨진 밭 한쪽에 모이고 이스라엘 백성은 블레셋 사람들 앞에서 도망할 때

12 그는 그 밭 가운데서 블레셋 사람들을 막고 공격했는데, 여호와께서는 그에게 큰 승리를 얻게 하셨다.

13 또 야소브암과 엘르아살과 삼마 외에 두 번째 30명의 우두머리가 된 3명이 있었다. 그들은 곡식 베는 때인 4~5월에 바위로 내려가서 아둘람 동굴에 있는 다윗에게 나아왔다. 그때 블레셋 사람의 한 무리[7]가 르바임 골짜기에 진을 치고 있었으며,

14 다윗은 산성에 있었다. 당시 블레셋 사람의 요새는 베들레헴에 있었다.

15 그때 다윗이 고향의 물을 그리워하며 말했다. "누가 내게 베들레헴 성문 곁 우물물을 떠다가 마시게

---

1) 만지려면 2) 대상 11:10~47 3) 대상 11:1, 학몬 사람의 아들 야소브암 4) 대상 11:11, 300명 5) 대상 11:13~14 6) 녹두나무 7) 대상 11:15, 군

할 수 있을까?"[1]

16 그 말을 들은 3명의 용사가 블레셋 사람의 군대를 몰래 뚫고 지나가 베들레헴 성문 곁에 있는 우물물을 떠 가지고 다윗에게로 왔다. 그러나 죽음을 무릅쓰고 물을 떠 온 것을 안 다윗은 양심에 가책을 받아 마시지 않고 그 물을 여호와께 부어 드리며

17 말했다. "하나님이여, 앞으로는 내가 나를 위해 결코 이런 일을 하지 않을 것입니다. 어찌 목숨을 걸고 갔던 이 사람들의 피를 마시겠습니까?" 3명의 용사가 이런 일을 하였다.

18 또 두 번째 3명의 용사는 스루야의 아들 요압의 동생 아비새로 3명의 우두머리이다. 그는 창으로 300명을 죽이고 3명의 용사 중 한 사람으로 이름을 얻었다.

19 그는 두 번째 3명의 용사 가운데 뛰어나 그들의 우두머리가 되었다. 그러나 첫 번째 3명의 용사인 야소브암과 엘르아살과 삼마에게는 미치지 못했다.[2]

20 두 번째 3명의 용사 중 한 사람은 갑스엘 용사의 손자 여호야다의 아들 브나야이다. 그는 용맹스러운 사람으로 일찍이 모압 아리엘의 아들 2명을 죽였고, 눈이 오는 겨울에 웅덩이[3]에 내려가서 사자 1마리를 죽였다.

21-22 또한 2m 20cm 되는 5규빗의 장대한 애굽인을 죽였는데 그의 손에는 베틀채 같은 굵은 창이 있었다. 그럼에도 브나야는 막대기를 가지고 내려가 그 애굽인의 손에서 창을 빼앗아 그 창으로 그를 죽였다. 이런 일로 브나야는 3명의 용사 중 하나가 되었다.

23 그는 30명 용사보다는 뛰어났지만

첫 번째 3명의 용사인 야소브암과 엘르아살과 삼마에는 미치지 못했다. 다윗은 브나야를 시위대 대장으로 임명했다.

24-25 3명 용사 외에 30명에 든 군사 가운데 큰 용사는 요압의 동생 아사헬이다. 그 외 30명 용사로는 베들레헴 출신 도도의 아들 엘하난, 하롯[4] 출신 삼훗과 엘리가,

26-27 발디[5] 출신 헬레스, 드고아 출신 익게스의 아들 이라, 아나돗 출신 아비에셀, 후사 출신 므분내[6],

28-29 아호아 출신 살몬[7], 느도바 출신 마하래와 바아나의 아들 헬렙[8], 베냐민 자손에 속한 기브아 출신 리배의 아들 잇대[9],

30-31 비라돈 출신 브나야, 가아스 시냇가에 사는 힛대[10], 아르바 출신 아비알본[11], 바르훔 출신 아스마웻,

32-33 사알본 출신 엘리아바, 기손 출신 야셴[12]의 아들 요나단, 하랄 출신 사게의 아들 삼마[13], 아랄[14] 출신 사랄[15]의 아들 아히암, 울의 아들 엘리발,

34 마아가 출신의 손자 아하스배의 아들 엘리벨렛, 길로 출신 아히도벨의 아들 엘리암,

35 갈멜 출신 헤스래[16], 아랍 출신 바아래[17],

36 소바 출신 나단의 아들[18] 이갈[19], 갓 출신 하그리의 아들 바니[20],

37 암몬 사람 셀렉, 스루야의 아들 요압의 무기를 잡은 자 브에롯[21] 출신

1) 대상 11:16-17   2) 대상 11:18-21   3) 대상 11:22, 함정   4) 대상 11:27, 하롤   5) 대상 11:27, 블론   6) 십브개   7) 대상 11:29, 일래   8) 대상 11:30, 헬렛   9) 대상 11:31, 이대   10) 후래   11) 대상 11:32, 아비엘   12) 대상 11:34, 하셈   13) 대상 11:34, 요나단   14) 대상 11:34, 하랄   15) 대상 11:35, 사갈   16) 대상 11:37, 헤스로   17) 대상 11:37, 나아래   18) 대상 11:38, 아우   19) 대상 11:38, 요엘   20) 대상 11:38, 밉할   21) 대상 11:39, 베롯

나하래.

38 · 39 **이델 출신**[1] **이라와 가렙, 헷 출신 우리아이다. 이상 합계가 37명이었다.**[2]

다윗의 인구 조사[3]

24 ● 이후 여호와께서 다시 이스라엘을 향해 진노하사 그 백성들을 치기 위해 다윗이 죄를 짓도록 방치[4]하셨다. 이에 사탄이 일어나 이스라엘을 대적하고, 다윗을 충동하여[5] 이스라엘과 유다의 인구를 조사하게 했다.

2 이에 다윗은 곁에 있는 군대 사령관 요압과 백성의 지도자들에게 말했다. "너희는 가서 단에서 브엘세바까지 이스라엘 모든 지파 가운데로 다니며 인구를 조사하여 백성의 수를 보고하라."

3 그러자 요압이 왕께 말했다. "군사수가 적으면 여호와께서 그 백성을 지금보다 100배나 많게 하사 내주 왕으로 보게하시기를 원합니다. 그런데 어찌하여 왕께서는 사람 수에 의지하려는 이런 일을 기뻐하여 이스라엘로 죄를 짓게 하십니까?"[6]

4 그러나 왕의 명령이 강력하여 요압과 군대 사령관들은 이스라엘 인구를 조사하기 위해 왕 앞에서 물러났다.[7]

5 그리고 인구 조사를 위해 요단강을 건너 갓 골짜기 가운데 위치한 아로엘 성읍 오른쪽, 곧 야셀 맞은쪽에 이르러 천막을 쳤다.

6 그곳에서 출발하여 길르앗 지역과 그 북쪽의 닷딤홋시 땅과 다나안에 이르렀다. 그곳에서 시돈으로 돌아

7 남하하여 견고한 두로성에 도착했다. 그리고 계속 남하하면서 히위와 가나안 사람의 모든 성읍에

이르렀고, 유다 남쪽으로 내려가 브엘세바에 이르러 인구 조사를 마쳤다.

8 그들은 9개월 20일 만에 온 이스라엘 경내의 인구 조사를 마치고 예루살렘으로 돌아왔다.[8]

9 요압이 백성의 수를 왕께 보고하니 칼을 다루는 군사가 북쪽 이스라엘에서 80만 명[9], 유다에서 50만 명[10]이었다.

10 다윗이 인구[11] 조사를 마친 후 양심의 가책을 받아 여호와께 기도했다. "내가 이 일로 큰 죄를 범했습니다. 여호와여, 이제 간구하오니 종의 죄를 용서해 주십시오. 내가 심히 어리석은 일을 행했습니다."

11 · 12 다윗이 아침에 일어났을 때 다윗의 선지자가 된 갓에게 여호와께서 말씀하셨다. "너는 다윗에게 가서 이렇게 말하라. '내가 네게 3가지를 보일 것이니 너는 그중 하나를 택하라. 내가 그것을 네게 행할 것이다'라고 하라."[12]

13 이에 갓 선지자가 다윗에게 나아가 말했다. "여호와께서 말씀하시기를 왕의 땅에 7년[13] 기근이 들든지, 네가 3개월 동안 적군에게 쫓겨 도망할 일이 있든지, 전염병이 3일 동안 왕의 땅에 유행하여 여호와의 천사가 이스라엘 온 지경을 멸하든지 이 중에서 택하라고 하셨습니다. 내가 나를 보내신 여호와께 어떻게 아뢰야 할지 왕은 생각하여 결정하십시오."

14 다윗이 갓 선지자에게 대답했다. "내가 고통 가운데 있도다. 여호와

---

1) 대상 11:40, 사람 2) 대상 11:40~41 3) 대상 21:1~27
4) 격동 5) 대상 21:1상 6) 대상 21:3 7) 대상 21:4상
8) 대상 21:4하 9) 대상 21:5, 110만 명 10) 대상 21:5, 50만 명 11) 백성 12) 대상 21:8~41 13) 대상 21:12, 3년

께서는 자비가 많으시니 우리가[1] 여호와께 벌을 받고 내가 사람들로부터는 벌을 받지 않기를 원합니다."

15 이에 여호와께서는 그날 아침부터 정하신 때까지 단에서 브엘세바까지 모든 이스라엘에게 전염병을 내리셨다. 이로 인해 7만 명이나 죽었다.[2]

16 천사가 예루살렘을 향해 손을 들어 멸하려고 할 때 여호와께서 재앙 내리신 것을 돌이키시고 백성을 멸하는 천사에게 "그만하면 되었다. 이제는 멸하려는 네 손을 거두라"고 하셨다. 그때 여호와의 사자인 천사가 여부스 사람 아라우나[3]의 타작 마당 옆에 서 있었다.

17 다윗이 눈을 들어 백성을 치는 천사가 하늘과 땅 사이에 서서, 칼을 빼어 손에 들고 예루살렘 하늘을 향해 편 것을 보았다. 이에 장로들과 함께 굵은 베를 입고 얼굴을 땅에 대고 엎드려 하나님께 간구했다. "범죄와 악을 행한 자는 나입니다. 이 백성, 양 떼가 무슨 잘못을 행했습니까? 간구하오니 당신의 손으로 나와 내 아버지의 집을 징계하시고 주의 백성에게는 재앙을 내리지 마십시오."

18 이날 여호와의 천사가 갓 선지자에게 명령했다. "너는 다윗에게 이렇게 말하라. '너는 여부스 사람 아라우나[4]의 타작 마당에서 여호와를 위해 제단을 쌓으라.'" 이에 갓 선지자가 여호와께서 이른 말씀대로 다윗에게 올라가 전했다. "아라우나의 타작 마당에서 여호와를 위해 제단을 쌓으라.'"

19 그러자 다윗은 갓 선지자를 통해 주신 여호와의 명령에 따라 아라우나의 타작 마당으로 올라갔다.[5]

20·21 그때 아라우나가 다윗왕과 그의 부하들이 자기를 향해 건너오는 것을 내다보다가 타작 마당에서 나와 얼굴을 땅에 대고 다윗에게 절하며 말했다. "무슨 일로 내 주 왕께서 비천한 종에게 오셨습니까?" 다윗이 그에게 말했다. "이 타작 마당을 상당한 값으로 내게 팔라. 이곳에 여호와를 위해 제단을 쌓으므로 백성에게 내리는 전염병 재앙을 그치게 하려고 한다."

22 아라우나가 다윗에게 대답했다. "바라건대 값은 필요 없습니다. 왕께서 원하는 대로 이곳을 취하여 사용하시기를 바랍니다. 이곳뿐 아니라 번제에 필요한 소와 땔 나무는 마당질하는 도구[6]와 소의 멍에를 사용하십시오.

23 이것들을 내가 모두 왕에게 바치겠습니다. 그리고 왕의 하나님께서 왕의 제물을 기쁘게 받으시기를 원합니다.

24 그러나 다윗왕은 아라우나에게 말했다. "그렇지 않다. 내가 반드시 상당한 값을 주고 네게서 살 것이다. 내가 네 물건을 거저 받아[7] 여호와께 드리지 않고, 값 없이 내 하나님께 번제를 드리지 않을 것이다." 그래서 다윗은 은 50세겔[8]을 저울에 달아 아라우나에게 주고 타작 마당과 소를 샀다. 그리고

25 그곳에 여호와를 위해 제단을 쌓고 번제와 화목제를 드렸다. 그러자 여호와께서 하늘에서 번제단 위에 불을 내려 응답하시고, 그 땅을 위한 기도를 들으시사 이스라엘에게 내리는 재앙을 그치게 하셨다.[9]

1) 내가 2) 대상 21:13-14 3) 대상 21:15, 오르난 4) 오르난 5) 대상 21:16-19 6) 대상, 곡식 떠는 기계 7) 빼앗지 8) 대상 21:25, 금 600세겔 9) 대상 21:20-26

제목 히브리어 성경에는 상하 구분이 없었으며 원래 제목은 멜라킴('왕들'), 70인역에서 왕국기 3,4로 구분

기록연대 기원전 561-537년경   **저자** 예레미야   **중심주제** 솔로몬 이후의 역사

내용소개 * 통일 왕국(약 40년): 확장과 번영 = 예루살렘   1. 다윗의 죽음 1장   2. 솔로몬 통치 (성전 건축) 2-11장 * 분열 왕국(약 90년): 혼란과 쇠퇴 = 유다, 이스라엘 12-22장   3. 왕국 분열 12장 4. 분열 왕국의 초기 역사 13-22장

다윗의 노년과 정권 말기

1 1 ● 다윗왕이 나이가 많아 늙으니 이불을 덮어도 따뜻한 것을 느끼지 못했다.

2 이에 그의 신하들이 왕께 건의했다. "우리 주인되는 왕을 위해 젊은 처녀 한명을 구해 그에게 왕을 모시라고 하십시오. 그녀가 왕의 품에 누워 왕을 따뜻하게 할 것입니다." 이에

3 이스라엘 지역에 있는 아름다운 처녀를 찾던 중 이스르엘평야 북쪽 언저리에 위치한 수넴에서 아비삭 여자를 구해 왕께 데려왔다.

4 이 처녀는 심히 아름다웠다. 그녀가 왕을 시중 들었으나 왕이 잠자리는 같이하지 않았다.

5 이런 상황에서 다윗의 아내들 가운데 학깃에게서 출생한 아들 아도니야가 스스로 높여 "내가 왕이 될 것이다"라고 말하면서 자기를 위해 병거와 기병과 호위병 50명을 준비했다.

6 그는 압살롬 바로 다음 동생으로 아주 잘생긴 자였다. 아버지 다윗은 한 번도 "네가 왜 그렇게 했느냐?"라는 말로 그를 섭섭하게 한 일이 없었다.

7 아도니야가 군사령관 요압과 아비아달 제사장과 반역을 공모했다. 그러나

8 사독 제사장과 여호야다의 아들 브나야와 나단 선지자와 시므이와 레이와 다윗의 용사들은 아도니야의 반역에 동참하지 않았다.

9 아도니야가 힌놈 골짜기와 기드론 골짜기가 만나는 곳의 에느로겔 근방의 소헬렛 바위 곁에서 양과 소와 살진 송아지를 잡고 왕자와 유다 출신의 왕의 신하들을 모두 초청했다.

10 그러나 나단 선지자와 브나야와 군대 지휘관들과 이복동생인 솔로몬은 초청하지 않았다.

아도니야의 반역과 솔로몬이 왕위에 오름

11 ● 그러자 나단 선지자가 솔로몬의 어머니 밧세바에게 말했다. "학깃의 아들 아도니야가 왕이 되었다는 사실을 다윗왕은 아직 알지 못하십니까?

12 이제 내가 세운 계획을 다윗왕에게 말하여 당신과 당신의 아들 솔로몬의 목숨을 구하시기 바랍니다.

13 당신은 다윗왕에게 가서 이렇게 말하십시오. '내 주 왕이여, 이전에 왕께서 여종에게 맹세하기를 네 아들 솔로몬이 반드시 나를 이어 왕이 되리라고 하지 않았습니까? 그런데 어찌하여 아도니야가 왕이 되었습니까?'

14 그러면 당신이 왕과 말씀하실 때를 맞춰 나도 들어가 당신의 말씀이

사실임을 말하겠습니다."

15 이에 밧세바가 다윗왕의 침실로 들어가 왕에게 가까이 갔다. 왕은 심히 늙었으므로 수넴 출신 여자 아비삭이 시중들고 있었다.

16 밧세바가 몸을 굽혀 왕에게 절하자 왕이 물었다. "어찌 된 일로 내게 왔느냐?" 하니

17 그가 왕께 대답했다. "내 주여, 왕께서 이전에 왕의 하나님을 가리켜 여종에게 '네 아들 솔로몬이 반드시 나를 이어 왕이 될 것'이라고 맹세하셨습니다. 1)

18 그런데 아도니야가 왕이 되었는데도 왕은 알지 못하십니다.

19 그가 왕이 되려고 많은 수소와 살진 송아지와 양을 잡고 왕자들과 아비아달 제사장과 군사령관 요압을 초청했지만 왕의 종인 솔로몬은 초청하지 않았습니다.

20 이제 온 이스라엘이 왕의 뒤를 이어 누가 왕이 될 것인지 왕께서 공포하시기를 주시하며 기다리고 있습니다.

21 그렇게 하시지 않으면 내 주 왕께서 죽어 그의 조상들과 함께 묻힐 때 나와 내 아들 솔로몬은 아도니야에게 죄인이 되어 죽을 것입니다."

22 밧세바가 다윗왕과 말할 때 나단 선지자가 궁 안으로 들어왔다.

23 이에 신하가 2) 왕에게 말했다. "나단 선지자가 왔습니다." 그러자 그가 왕 앞에서 얼굴을 땅에 대고 왕께 절하며 말했다.

24 "왕께서는 아도니야에게 왕의 뒤를 이어 왕이 되리라고 말씀하셨습니까?

25 그가 오늘 에느로겔로 내려가서 많은 수소와 살진 송아지와 양을 잡고 왕자들과 군사령관들과 아비아달 제사장을 초청했는데, 그들이 아도니야 앞에서 먹고 마시며 '아도니야 왕 만세'라고 외쳤습니다.

26 그러나 그 자리에 왕의 종인 저와 사독 제사장과 여호야다의 아들 브나야와 솔로몬은 초청하지 않았으니

27 이것이 왕께서 결정하신 일입니까? 그렇다면 왕께서는 왕을 이어 누가 왕이 될 자인지 종에게 알려 주지 않으셨습니다."

28 이에 다윗왕이 "밧세바를 내 앞으로 부르라"고 명령하자 그녀가 왕 앞에 섰다.

29 그때 왕이 말했다. "내 목숨을 모든 환난에서 구하신 여호와께서 살아계시는 한 맹세한다.

30 나는 전에 '네 아들 솔로몬이 반드시 나를 이어서 왕이 되게 할 것이다'라고 이스라엘의 하나님을 가리켜 네게 맹세했으니 오늘 내가 그대로 시행할 것이다."

31 밧세바가 허리를 굽혀 절하며 "내 주 다윗왕은 만수무강하십시오"라고 했다.

32 이에 다윗왕이 명령했다. "사독 제사장과 나단 선지자와 여호야다의 아들 브나야를 내 앞으로 부르라." 그들이 왕 앞에 서자

33 왕이 그들에게 명령했다. "너희는 내 신하들을 데리고 내 아들 솔로몬을 내가 타는 노새에 태워 기드론 골짜기에 있는 기혼샘으로 내려가서

34 그곳에서 사독 제사장과 나단 선지자가 솔로몬에게 왕으로 기름을 부으라. 그리고 너희는 뿔 나팔을

1) 대상 28:6 참조 2) 어떤 사람

불며 '솔로몬왕은 만수무강하십시오'라고 외치라. 그러고 나서

35 솔로몬을 내게 데려오라. 그가 내 보좌에 앉아 나를 대신하여 왕이 될 것이다. 내가 그를 이스라엘과 유다의 통치자로 지명했다."

36 브나야가 왕께 대답했다. "아멘, 왕의 하나님께서도 내 주 왕이 이렇게 말씀하신 것을 기뻐하실 것입니다.

37 또 여호와께서 내 주 왕처럼 솔로몬과도 함께 계셔서 내 주 다윗왕보다 더 위대한 통치자가 되게 하시기를 원합니다."

38 사독 제사장과 나단 선지자와 여호야다의 아들 브나야와 그렛 사람과 블렛 사람이 솔로몬을 다윗왕이 타는 노새에 태워 기혼샘으로 데려갔다.

39 그리고 사독 제사장이 성막에서 뿔에 기름을 담아 가져다가 솔로몬에게 기름을 부었고, 뿔 나팔을 불며 모든 백성이 "솔로몬왕 만세"를 외쳤다.

40 그리고 계속해서 모든 백성이 그를 따라 올라와서 피리를 불며 땅이 갈라질 듯 기뻐하며 크게 외쳤다.

41 한편 아도니야와 그와 함께한 손님들이 잔치를 마치고 일어날 때 무리가 궁으로 올라가면서 나는 외침을 들었다. 요압이 뿔 나팔 소리를 듣고 말했다. "성읍에서 나는 이 요란한 소리는 무엇이냐?"

42 이렇게 말할 때 아비아달 제사장의 아들 요나단이 오자 아도니야가 그에게 말했다. "용사여, 들어오라. 너는 좋은 소식을 가져온 줄 믿는다."

43 요나단이 아도니야에게 대답했다.

"아닙니다. 다윗왕은 솔로몬을 왕으로 삼으셨습니다."

44 왕께서 사독 제사장과 나단 선지자와 브나야와 그렛 사람과 블렛 사람을 솔로몬과 함께 보내셨는데, 그들 무리가 왕이 타는 노새에 솔로몬을 태워

45 기혼샘으로 데려가 사독 제사장과 나단 선지자가 기혼샘에서 기름을 부어 왕으로 삼았습니다. 백성들은 그곳에서 성으로 올라오며 땅이 진동할 정도로 크게 외치며 기뻐했습니다. 당신들에게 들린 소리가 바로 그 소리입니다."

46 마침내 솔로몬이 왕좌에 앉자

47 왕의 신하들도 와서 다윗왕에게 축복하여 이렇게 말했다. "왕의 하나님께서 솔로몬의 이름을 왕의 이름보다 더 유명하게 하시고, 다윗왕보다 더 위대한 왕이 되게 하시기를 원합니다." 그러자 다윗왕이 침대에서 몸을 굽히고

48 말했다. "이스라엘의 하나님을 찬양합니다. 여호와께서 오늘 내 생전에 내 뒤를 이어 왕위에 앉을 자를 보게 하셨도다."

49 아도니야의 초청을 받아 잔치에 참석한 손님들이 요나단의 말을 듣고 모두 놀라 뿔뿔이 흩어져 각기 제 길로 갔고,

50 아도니야도 솔로몬을 두려워하여 살기 위해 성막으로 가서 번제단 뿔을 잡았다.

51 어떤 사람이 솔로몬왕에게 고했다. "아도니야가 왕을 두려워하여 지금 번제단의 뿔을 잡고 '오늘 솔로몬왕이 칼로 죽이지 않겠다고 내게 맹세해 주시기를 원한다'라고 말하고 있습니다."

52 솔로몬이 말했다. "만일 그가 앞으로

올바르게 살아간다면 그의 머리털 하나도 건드리지 않을 것이다. 그러나 그가 악한 행동을 한다면 죽을 것이다." 그리고

53 사람을 보내 그를 번제단에서 끌어냈다. 이에 아도니야가 솔로몬 왕 앞에 와서 절하자 솔로몬이 그에게 말했다. "네 집으로 가라."

다윗이 솔로몬에게 한 마지막 당부와 죽음

2 ●다윗이 죽을 날이 가까이 오자 그의 아들 솔로몬에게 유언했다.

2 "나는 이제 세상 모든 사람이 가는 길로 가게 되었다. 너는 강한 대장부가 되어

3 네 하나님께서 명령하신 길로 행하여 그 법규와 명령과 규례와 증거를 모세의 율법에 기록된 대로 지켜 행하라. 그러면 네가 어떤 것을 하든지, 어디로 향하든지 형통할 것이다.

4 여호와께서 나에게 '만일 네 자손들이 모든 일에 조심하여 마음과 성품을 다해 진실되게 내 앞에서 행하면 이스라엘 왕위에 오를 사람이 네게서 끊어지지 않을 것이다'1)라고 하신 말씀을 확실히 이루게 하실 것이다.

5 스루야의 아들 군사령관 요압이 평화로운 때 이스라엘 군대의 두 사령관인 넬의 아들 아브넬을 죽인 일과 예델의 아들 아마사를 기브온에서 죽인 일을 너는 알고 있다. 그가 전쟁의 피를 자기의 허리띠와 발에 신은 신에 묻혔으니2)

6 너는 그를 지혜롭게 처리하여 그가 늙어 평안히 죽지 못하도록 하라.

7 그러나 길르앗 출신 바르실래의 아들들에게는 마땅히 은총을 베풀어라. 그들을 네가 먹는 식탁에서 함께 먹도록 하라. 내가 네 형 압살롬의 반역3)을 피해 도망할 때 그들이 마하나임에서 나를 영접하여 공궤했다.4)

8 바후림 출신 베냐민 지파 사람 게라의 아들 시므이가 너와 함께 있으니 그는 내가 마하나임으로 도망할 때 흉악한 말로 나를 저주했다. 그러나 그가 요단강에 내려와서 나를 영접하기에 '내가 칼로 너를 죽이지 않겠다'라고 여호와의 이름으로 맹세했다.5)

9 그렇다고 그를 죄 없는 자로 여기지는 말고 그를 지혜롭게 처리하여 그로 백발이 피에 젖어 죽게 하라."

10 그리고 다윗이 죽어 그의 조상들과 함께 눕자 다윗성에 장사되었다.

솔로몬 통치 초기의 정적 처형

11 ● 다윗은 30세에 왕위에 올라 40년간 나라를 다스렸다. 곧 헤브론에서 7년6) 동안 유다를 다스렸고, 예루살렘에서 33년 동안 이스라엘과 유다를 다스렸다.7)

12 솔로몬이 그의 아버지 다윗을 이어

번제단(왕상 1:53)

제단(altar, 창 8:20, 왕상)은 출애굽 당시 시내산에서 제작된 성막에 있는 번제단을 제외하고는 일반적으로 고대에는 돌을 사용하여 제단을 쌓았다. 특히 솔로몬 당시 번제단 네 모퉁이는 제물이 떨어지지 않도록 뿔 모양의 턱을 만들었는데 이것을 잡은 사람은 죽음을 모면하게 되었다. 그래서 아도니야는 반역을 한 후 목숨을 부지하기 위해 성막에 들어가 번제단 뿔을 잡았다(왕상 1:50-51).

1) 삼하 7:13   2) 삼하 3:26-30, 20:8-10   3) 낮   4) 삼하 17:27-29   5) 삼하 16:5-8, 19:21-23   6) 삼하 5:4, 7년 6개월   7) 삼상 5:4-5, 대상 29:26-27

왕위에 앉으니 그의 나라가 심히 견고하고 형통했다.

13 학깃이 다윗왕을 통해 낳은 아들 아도니야가 솔로몬의 어머니 밧세바를 찾아오자 밧세바는 "네가 좋은 목적으로 왔느냐?"라고 물었다. 그러자 그가 대답했다. "그렇습니다.

14 내가 부탁할 일이 있습니다." 밧세바가 말하기를 허락하자

15 아도니야가 말했다. "당신도 아는 것처럼 이 왕위는 장자인 내가 당연히 차지해야 했습니다. 온 이스라엘도 모두 그렇게 생각하고 있었습니다. 그러나 그 왕권이 내 동생의 것이 된 것은 여호와로 말미암은 것입니다.

16 이제 내가 한 가지 소원을 당신에게 구합니다. 내 부탁을 거절하지 마십시오." 밧세바가 말해 보라고 하자

17 그가 말했다. "부디 솔로몬왕에게 말씀하셔서 그가 수넴 출신 아비삭 여인을 내 아내로 주게 하십시오. 왕이 당신의 요청을 거절하지 않을 것입니다."

18 밧세바가 대답했다. "좋다. 내가 너를 대신하여 왕에게 말할 것이다."

19 밧세바가 아도니야의 부탁을 받고 솔로몬왕을 찾아가자 왕이 일어나 영접하여 절한 후 다시 왕좌에 앉고 어머니에게 자리를 마련하니 밧세바는 왕의 오른쪽에 앉았다.

20 밧세바가 왕에게 말했다. "내가 작은 부탁 하나를 왕께 구하니 내 부탁을 거절하지 마십시오." 왕이 대답했다. "내 어머니여, 말씀해 보세요. 내가 어머니의 부탁을 들어드리겠습니다."

21 이에 밧세바가 부탁했다. "수넴 출신 아비삭 여인을 아도니야에게 주어 아내로 삼게 하십시오." 그러자

22 솔로몬왕이 그의 어머니에게 말했다. "무슨 까닭으로 아도니야를 위해 아비삭을 구하십니까? 그는 내 이복형이니 그를 위해 왕의 자리도 내어주라고 하시지요. 그뿐 아니라 아비아달 제사장과 스루야의 아들 요압을 위해서도 그들이 원하는 것을 부탁하시지요.

23 이제 내가 여호와의 이름으로 맹세합니다. 아도니야가 아비삭을 아내로 구했으니 그를 죽이지 않으면 하나님은 나를 죽이시는 것이 마땅합니다.

24 그러므로 이제 나에 대해 약속하신 대로 내 아버지 다윗을 이어 왕위에 오르게 하시고, 나를 위해 집을 세우신 여호와께서 살아계시는 한 맹세합니다. 아도니야는 오늘 죽을 것입니다." 그리고

25 여호야다의 아들 브나야를 보내어 아도니야를 죽이게 했다.

26 이어 솔로몬이 아비아달 제사장에게 명령했다. "너는 예루살렘 북쪽 8km 지점에 위치한 네 고향 아나돗으로 돌아가라. 너는 아도니야의 반역에 가담했기 때문에 마땅히 죽어야 하지만 네가 내 아버지 다윗 앞에서 여호와의 언약궤를 메었고, 내 아버지께서 당한 환난을 너도 같이 받았으니 오늘 내가 너를 죽이지는 않겠다." 그리고

27 아비아달의 제사장 직분을 파면했다. 이렇게 된 것은 여호와께서 실로에서 엘리의 집에 대해 하신 말씀[1]을 이루는 것이었다.

---

1) 삼상 2:27-36

28 아도니야와 아비아달에 대한 소문이 요압에게 들리자 그는 죽음을 모면하기 위해 여호와의 성막으로 도망하여 제단 뿔을 잡았다. 그는 다윗을 배반하지 않고 반역자인 압살롬을 따르지 않았지만 나중에 반역자인 아도니야를 따랐기 때문이다.

29 한 신하가 솔로몬왕에게 보고했다. "요압이 여호와의 성막으로 도망하여 제단 곁에 있습니다." 이에 솔로몬이 여호야다의 아들 브나야를 보내며 명령했다. "너는 가서 요압을 죽이라."

30 브나야가 여호와의 성막에 이르러 그에게 말했다. "왕께서 그곳에서 나오라고 하신다." 그가 대답했다. "아니다. 나는 여기서 죽겠다." 이에 브나야가 돌아가서 왕께 아뢰었다. "요압이 그곳에서 죽겠다고 했습니다."

31 솔로몬왕이 다시 명령했다. "그의 말대로 그를 죽여 묻으라. 그러면 요압이 죄 없는 사람을 죽인 그의 죄에 대해[1] 나와 내 아버지의 집은 책임이 없을 것이다.

32 여호와께서 요압이 흘린 피를 그의 머리로 돌리시는 것은 이스라엘 군사령관 넬의 아들 아브넬과 유다 군사령관 예델의 아들 아마사를 칼로 죽인[2] 것 때문이다. 그들은 자기보다 의롭고 선한 자들이었다. 이 일을 내 아버지 다윗은 알지 못하셨다.

33 이제 그들이 죄 없는 사람을 죽인 피는 영원히 요압과 그의 자손의 머리로 돌아갈 것이다. 그러나 다윗과 그의 자손과 그의 왕실과 그의 왕위에는 영원히 여호와의 평안이 있을 것이다."

34 이에 여호야다의 아들 브나야가 즉시 성막으로 올라가 요압을 쳐 죽이자 그가 빈들[3]에 있는 자기의 집에 매장되었다.

35 이에 왕이 요압 대신 여호야다의 아들 브나야를 군사령관으로 삼았고, 아비아달 대신 사독으로 제사장직을 행하게 했다.

36 이어 솔로몬왕이 사람을 보내 시므이를 불러서 말했다. "너는 예루살렘에서 집을 짓고 그곳에서 살라. 그러나 예루살렘 지역을 떠나지 말라.

37 만일 네가 예루살렘성을 떠나 기드론 시내를 건너는 날에는 반드시 죽임을 당할 것이니 네가 내 부친 다윗왕을 저주한 대가로 죽을 것임을 분명히 알라."

38 시므이가 왕께 대답했다. "지당한 말씀입니다. 내 주 왕의 말씀대로 종이 그렇게 하겠습니다." 이후 그는 3년 동안 예루살렘에 머물렀다.

39 3년이 지난 어느 날 시므이의 두 종이 예루살렘성에서 56km 떨어진 블레셋 지역의 가드 왕인 마아가의 아들 아기스에게로 도망했다. 어떤 사람이 시므이에게 말했다. "당신의 종이 블레셋 지역의 가드로 도망했습니다."

40 그러자 시므이가 그 종을 잡기 위해 일어나 그의 나귀를 타고 가드로 가서 아기스왕에게서 그의 종을 데려왔다.

41 이 일을 한 신하가 솔로몬에게 말했다.

42 이에 왕이 사람을 보내 시므이를 불러서 말했다. "내가 네게 여호와의 이름으로 '네가 예루살렘성 밖으로 나가는 날에는 죽을 것이다'라고

맹세시키지 않았느냐? 너도 나에게 '좋습니다'라고 대답했다.

43 그런데 너는 왜 그 맹세를 어겼느냐?"

44 왕이 또 시므이에게 말했다. "네가 내 아버지를 저주한 것[1]을 너도 스스로 알고 있으니 여호와께서 네 악에 대한 대가를 치르게 하실 것이다.

45 그러나 솔로몬왕은 복을 받고, 다윗의 왕위는 여호와 앞에서 영원히 지속될 것이다."

46 이에 왕이 여호야다의 아들 브나야에게 시므이를 죽이라고 명령하자 그가 나가서 시므이를 쳐 죽였다. 이에 나라가 솔로몬의 통치 아래에 견고해져 갔다.

지혜를 구한 솔로몬

3 ● 솔로몬이 애굽의 왕과 우호적인 관계를 위해 혼인관계를 맺고 바로의 딸을 아내로 맞이 했다. 그리고 자기의 왕궁과 여호와의 성전과 예루살렘 주위의 성의 공사가 완공되기까지 다윗성에서 지내도록 했다.

2 이때는 여호와의 성전이 아직 건축되지 않았기 때문에 백성들은 산당[2]에서 제사를 드렸다. 그래서

3 솔로몬도 여호와를 사랑하고 그의 아버지 다윗의 법도를 따랐지만 산당에서 제사하며 분향했다.

4 그리고 제사하기 위해 예루살렘에서 서북쪽으로 9㎞ 떨어진 기브온 산당으로 갔는데 그 산당은 규모가 컸다. 솔로몬이 성막 앞에 있는 놋제단 위에 1,000마리의 짐승을 번제로 드렸다.[3]

5 그날 밤 기브온에서 하나님께서 솔로몬에게 꿈에 나타나 말씀하셨다. "내가 네게 무엇을 주면 좋을지

너는 구하라?"

6 솔로몬이 하나님께 대답했다. "주의 종 내 아버지 다윗이 성실과 공의와 바른 마음으로 주 앞에서 행했기 때문에 주께서는 그에게 큰 은혜를 베푸셨습니다. 또한 오늘과 같이 내가 부친 다윗왕을 이어 왕이 되게 하셨습니다.[4]

7 하나님이여, 주께서는 나를 내 부친 다윗을 이어 왕으로 삼으셨습니다. 그러나 종은 아직 작은 아이이기 때문에 무슨 일을 어떻게 해야 할지 알지 못하며,

8 여전히 주께서 선택하신 백성 가운데 있습니다. 그들은 큰 백성이니 수효가 많아서 셀 수도 없고 기록할 수도 없습니다.[5]

9 누가 이 많은 백성을 재판할 수 있겠습니까? 그러므로 주는 이제 지혜와 지식을 주셔서[6] 주의 백성을 재판하여 선악을 분별하게 해주십시오."

10 솔로몬이 이렇게 구한 것이 하나님의 마음에 들었다.

11 이에 하나님께서 그에게 말씀하셨다. "네가 자신을 위해 장수하기를 구하지 않고, 부나 재물이나 영광도 구하지 않고, 자기 원수의 목숨을 멸하기도 구하지 않고, 오직 다스리게 한 내 백성을 재판하기 위해 분별하는 지혜와 지식을 구했으니[7]

12 내가 네 말대로 하여 네게 지혜와 총명한 마음을 줄 것인데 네 이전에도 이후에도 너와 같은 자가 일어나지 않을 것이다.

13 또 네가 구하지 않은 부와 재물과

영광도 줄 것이다. 네 평생에 왕들 가운데 너와 같은 자가 없을 것이다.[1]

14 만일 네가 아버지 다윗이 행한 것처럼 내 길로 행하며, 내 법도와 명령을 지키면 내가 너를 장수하게 할 것이다."

15 솔로몬이 깨어 보니 꿈이었다. 이에 기브온 산당에서 9㎞ 떨어진 예루살렘으로 돌아와 여호와의 언약궤 앞에 서서 번제와 감사의 제물을 드리고 모든 신하를 위해 잔치를 베풀었다.[2]

솔로몬의 지혜로운 재판

16 ● 하루는 2명의 창녀가 솔로몬왕에게 와서 그 앞에 서더니

17 한 여자가 말했다. "내 주 왕이여, 나와 이 여자가 한집에서 사는데 내가 해산할 때 저 여자도 함께 있었습니다.

18 그리고 내가 해산한 지 3일 만에 이 여자도 해산했는데 우리 둘 외에는 집에 아무도 없었습니다.

19 그런데 저 여자가 밤에 잠을 자다가 실수로 자기 아들을 덮치므로 그의 아들이 죽었습니다.

20 그러자 그가 자다가 일어나 내가 잠든 사이에 내 아들과 몰래 바꾸었습니다.

21 아침에 내 아들에게 젖을 먹이려고 일어나 보니 죽어 있었습니다. 자세히 보니 그 아이는 내가 낳은 아들이 아니었습니다."

22 옆에 있던 다른 여자는 말했다. "아니다. 살아있는 것은 내 아들이고, 죽은 아이가 네 아들이다." 그러자 처음 말했던 여자가 말했다. "아니다. 죽은 자가 네 아들이고, 살아있는 것이 내 아들이다." 이같이 왕 앞에서 서로 다투었다.

23 이를 본 솔로몬왕이 말했다. "서로 살아있는 아들이 자기 아들이라고 하는도다." 그리고

24 신하에게 명령했다. "내게로 칼을 가져오라." 신하가 칼을 왕 앞으로 가져오자

25 왕이 신하에게 다시 명령했다. "살아 있는 아이를 둘로 나누어 각각 반씩 두 여자에게 나누어 주라."

26 그러자 살아있는 아들의 어머니 되는 여자가 그 아들을 위해 마음이 찢어질 듯하여 왕께 간청했다. "내 주 왕이여, 살아있는 아이를 저 여자에게 주고 죽이지는 마십시오." 그러나 다른 아이의 여자는 말했다. "서로 자기 아들이 되게 하지 말고 나누게 하라."

27 두 여자의 말을 들은 왕이 판단을 내렸다. "아이를 죽이지 말라고 한 저 여자에게 살아있는 아이를 주라. 그가 진짜 그의 어머니이다."

28 솔로몬왕이 이렇듯 지혜롭게 심리하고 판결한 것에 대해 소문을 들은 온 이스라엘이 왕을 두려워했다. 그것은 하나님께서 솔로몬에게 주신 그 지혜로 판결하는 것을 보았기 때문이었다.

솔로몬의 신하들과 통치 지역

4 ● 솔로몬이 온 이스라엘의 왕이 되었고

> **?!난제** 솔로몬의 일천 번제는?(왕상 3:4)
>
> 기브온에서 솔로몬이 드린 일천 번제는 제사를 일천 번 드린 것인가? 아니면 한 번의 제사에 한꺼번에 일천 마리의 제물을 드린 것인가? 일반적으로 일천 번의 번제 회수가 아니라 일천마리의 제물을 번제로 드린 것으로 본다. 그러나 어느 것이든 일천 번제를 드리기 위해서는 적어도 7~8일 정도 걸린다고 학자들은 주장한다.

1) 대하 1:11~12   2) 대하 1:13

2 그의 신하들은 다음과 같았다. 제사장에 사독의 아들 아사리아,

3 서기관에 시사의 아들 엘리호렙과 아히야, 역사를 기록하는 사관에 아힐룻의 아들 여호사밧,

4 군사령관에 여호야다의 아들 브나야, 제사장에 사독과 아비아달,

5-6 지방 장관인 관장의 우두머리에 나단의 아들 아사리아, 궁내대신에 아히살, 노역 감독관에 압다의 아들 아도니람이었다. 나단의 아들 사붓은 임명되지는 않았지만 또 다른 제사장이자 왕의 친구였다.

7 솔로몬이 왕과 왕실의 양식을 공급하기 위해 12지방장관을 두었다. 그들은 각기 1년에 1개월씩 왕과 왕실의 양식을 공급하는 일을 맡았다.

8 그들의 이름은 다음과 같다. 에브라임 산지 지역은 벤훌,

9 마가스와 사알빔과 벧세메스와 엘론벧하난 지역에는 벤데겔,

10 아룹봇과 소고와 헤벨 온 지역에는 벤헤셋,

11 높은 땅인 나밧 돌[1]의 지역에는 벤아비나답으로 그는 솔로몬의 딸 다밧을 아내로 삼았다.

12 다아낙과 므깃도와 이스르엘 아래 사르단 옆에 있는 벧산, 곧 벧스안에서 아벨므홀라와 욕느암 외곽 온 지역은 아힐룻의 아들 바아나가 맡았다.

13 요단강 동쪽 길르앗 라못과 길르앗 지역에 있는 므낫세의 아들 야일의 모든 마을과 바산 아르곱 땅의 성벽과 놋빗장이 있는 60개 큰 성읍은 벤게벨,

14 마하나임에는 잇도의 아들 아히나답이 맡았다.

15 그리고 갈릴리의 납달리 지역은 아히마아스가 맡았는데, 그는 솔로몬의 딸 바스맛을 아내로 삼았다.

16 갈릴리의 아셀과 아롯 지역은 후새의 아들 바아나,

17 잇사갈 지역에는 바루아의 아들 여호사밧,

18 베냐민 지역은 엘라의 아들 시므이가 맡았다.

19 아모리 사람의 시혼왕과 바산 왕 옥[2]의 길르앗 지역에는 우리[3]의 아들 게벨 한 사람만 지방장관이 되었다.

20 유다와 이스라엘의 인구가 바닷가의 모래처럼 많아졌고, 백성들은 풍족하게 먹고 마시며 복을 누렸다.

21 솔로몬이 유프라테스강 서쪽을 딥사에서 블레셋 땅의 가사와 애굽 국경까지, 그 강 서쪽 나라를 모두 다스리므로 솔로몬이 통치하는 동안 그 속국들이 조공을 바치며 섬겼다.[4]

솔로몬의 영화

22 ● 솔로몬왕에게 바치는 하루의 음식물은 가는 밀가루가 6,600리터 정도 되는 30고르, 굵은 밀가루가 60고르,

23 살진 소가 10마리, 초장의 소가 20마리, 양이 100마리이다. 그 외에 수사슴과 노루와 암사슴과 살진 새[5]들이었다.

24 솔로몬이 유프라테스강 서쪽을 딥사에서 블레셋 땅의 가사와 애굽 국경까지, 그 강 서쪽 나라[6]를 모두 다스리므로 솔로몬이 사방에 있는 민족과 평화롭게 지냈다.[7]

25 솔로몬의 통치 기간에 유다와 이스라엘은 단에서 브엘세바에 이르기까지 각기 자기 정원[8]에서 태평성대를 누리며 살았다.

---

1) Dor 2) Og 3) Uri 4) 대하 9:26 5) 거위, 또는 빼꾸기
6) 왕 7) 대하 9:20 8) 포도나무 아래와 무화과나무 아래

26 솔로몬의 병거의 말 외양간이 4만[1]이요, 마병이 1만 2,000명이었다. 이를 병거성에 두고 예루살렘에 있는 왕 옆에도 두었다.

27 각 지방의 관장들은 각자 자기에게 정해진 달에 솔로몬왕과 왕의 식탁에 참여하는 모든 자를 위해 먹을 것을 충분히 공급했다.

28 게다가 각기 부여된 책임에 따라 말들에게 먹일 보리와 짚[2]을 그 말들이 있는 곳으로 가져왔다.

29 하나님께서 솔로몬에게 지혜와 명철을 많이 주시고 바닷가의 모래처럼 넓은 마음을 주시니

30 그의 지혜가 동쪽 지역과 애굽의 모든 지혜보다 뛰어났다.

31 그의 지혜는 예스라 사람 에단과 마홀의 아들 헤만과 갈골과 다르다보다 더 뛰어나 솔로몬의 이름이 주변 모든 나라에 널리 퍼졌다.

32 솔로몬은 잠언 3,000편을 말했고, 그의 노래는 1,005편이나 되었다.

33 그가 초목에 대해서는 레바논의 웅장한 백향목에서 담에 나는 보잘것없는 우슬초까지 가르칠 수 있었고, 짐승과 새와 기어다니는 것과 물고기에 대해 가르칠 수 있었다.

34 이런 솔로몬의 지혜를 듣기 위해 많은 사람이 찾아왔는데, 그들은 그의 지혜의 소문을 들은 천하 모든 왕에게 솔로몬의 지혜에 대해 전해들었기 때문이다.

솔로몬의 성전 건축 준비[3]

5 ●평생 솔로몬의 아버지 다윗과 친분이 있던 두로 왕 히람이기에 솔로몬이 기름 부음을 받고 그의 아버지를 이어 왕이 되었다는 소식을 듣고 자기의 신하들을 솔로몬에게 보냈다.

2 이에 두로의 사절단을 맞은 솔로몬이 자기의 사절단을 두로 왕 히람[4]에게 보내 부탁했다.

3 당신도 아는 것처럼 내 아버지 다윗이 여호와께서 그의 원수들을 그의 발바닥 밑에 두시기까지 계속해서 전쟁했기 때문에 그의 하나님 여호와의 이름을 위해 성전을 건축하지 못했습니다.

4 그러나 이제는 내 하나님께서 내게 사방에 평화를 주시고, 대적이나 재앙의 위험도 없게 해주셨습니다.

5 이전에 여호와께서 내 아버지 다윗에게 이렇게 말씀하셨습니다. '너를 이어 왕이 될 네 아들이 내 이름을 위해 성전을 건축할 것이다.' 이제 그 말씀대로 내가 여호와의 성전을 건축하려고 합니다.

6 그러니 당신은 나를 위해 레바논에서 백향목과 잣나무와 백단목을 베어 내게로 보내도록 명령을 내려주기 바랍니다. 내가 알기로는 당신의 종은 레바논에서 벌목을 잘하니 내 종들이 당신의 종들을 도울 것입니다. 당신도 아는 것처럼 우리 가운데는 시돈 사람처럼 벌목을 잘하는 자가 없습니다. 또 내가 당신의 요구대로 당신의 종의 품삯을 당신에게 드리겠습니다.

7 두로의 히람왕이 솔로몬의 말을 듣고 크게 기뻐하여 말했다[5] "오늘 여호와께서 다윗에게 지혜로운 아들을 주어 그 많은 백성을 다스리게 하심을 찬양합니다."

8 이에 솔로몬에게 사람을 보내 말했다. "당신의 답신을 잘 받았습니다. 그리고 당신이 말한 대로 내 백향목과

---

1) 대하 9:25, 4,000　2) 꼴　3) 대하 2:1-3, 8, 16, 18　4) 대하 2:3, 후람　5) 대하 2:11, 솔로몬에게 답장하여 이르되

왕상

잣나무 재목에 대한 것은 당신이 원하는 대로 보내겠습니다.

9 내 종이1) 레바논에서 당신이 건축에 필요한 만큼 벌목하여 뗏목을 엮어 바다에 띄워 당신이 지정하는 곳2)으로 보내며 그곳에서 뗏목을 풀 것이니 당신은 그것들을 예루살렘으로 올려가기 바랍니다. 그리고 그 대가로 내 궁정을 위해 음식물3)를 내 종들을 통해 보내기 바랍니다."

10 히람왕이 솔로몬이 원하는 모든 백향목 재목과 잣나무 재목을 주자

11 솔로몬은 히람에게 해마다 그의 궁정의 음식물로 밀 2만 고르와 처음 짠 맑은 올리브 기름 20고르를 주었다.

12 여호와께서 약속하신 말씀대로 솔로몬에게 지혜를 주셨기에 그는 히람과 좋은 관계 속에 우호조약을 맺을 수 있었다.

13 이에 솔로몬왕이 온 이스라엘에서 일꾼 3만 명을 동원했다.

14 그리고 그들을 한 달에 1만 명씩 교대로 레바논으로 보냈는데, 그들이 한 달은 레바논에서 일하고 두 달은 집에 있으며 일했다. 이 모든 일의 총감독은 아도니람이 맡았다.

15 이들 외에 짐꾼 7만 명과 산에서 돌을 캐는 일꾼이 8만 명이었고,

16 그 사역을 감독하는 관리자가 3,300명이었다.

17 이에 솔로몬왕이 명령하여 크고 귀한 돌을 캐다가 다듬어서 성전의 기초석으로 사용하도록 했다.

18 그러자 솔로몬의 건축자와 히람의 건축자와 그발 사람들이 그 돌을 다듬어 성전 건축을 위해 재목과 함께 석재들을 준비했다.

솔로몬의 성전 건축

6 ● 이스라엘 백성이 애굽에서 나온 지 480년이 되고, 솔로몬의 즉위 4년 시브월인 4~5월, 곧 둘째 달 2일에 솔로몬이 예루살렘 모리아산에 여호와를 위해 성전 건축을 시작했다.

2 솔로몬왕이 여호와의 성전 건축을 위해 놓은 지대는 옛날에 쓰던 자로 길이가 60규빗이요, 너비가 20규빗이며, 높이가 30규빗이다.

3 그 성전의 성소 앞에 있는 현관의 길이는 성전의 너비와 같은 9m 되는 20규빗이고, 그 너비는 성전 앞에서부터 10규빗이며, 높이가 120규빗이니 안에는 순금으로 입혔다.

4 성전 벽에는 창틀이 있는 붙박이 창문을 냈다.

5 또 성전의 성소와 지성소의 벽은 연결되도록 하고 사면으로 돌아가면서 다락방들을 건축했는데, 백향목 들보로 3층으로 만들었다.

6 맨 밑 1층 다락방의 너비는 5규빗, 가운데 2층의 다락방의 너비는 6규빗, 3층 다락방의 너비는 7규빗이다. 성전의 벽 바깥으로 돌아가면서 턱을 내어 다락방 들보들이 성전의 벽에 박히지 않도록 했다.

7 이 성전은 건축할 때 돌을 그 뜨는 곳인 채석장에서 다듬은 후 가져다가 건축했기 때문에 건축하는 동안 성전 안에서는 방망이나 도끼나 철 연장 소리가 들리지 않았다.

8 가운데 층 다락방의 문은 성전 오른쪽에 위치했고, 나사형 층계로 인해 맨 밑 층에서 가운데 2층으로 오르고, 가운데 2층에서 마지막 3층으로 오르도록 했다.

---

1) 대하 2:16 우리가　2) 대하 2:16 욥바　3) 대하 2:15 밀과 보리와 기름과 포도주

9 솔로몬이 성전 건축을 마쳤다. 성전은 백향목 서까래와 널판으로 덮었다.

10 또 성전 사면으로 돌아가면서 다락방들을 건축했는데, 백향목 들보로 3층으로 성전에 연결되도록 만들었다.

11 여호와의 말씀이 솔로몬에게 내려졌다.

12 "네가 마침내 이 성전을 건축하는구나. 만일 네가 내 규례와 율례를 행하며, 내 모든 명령을 지켜 행하면 네 아버지 다윗에게 한 말을 네게 반드시 이룰 것이다.

13 또한 내가 이스라엘 백성 가운데 거하며, 그들을 버리지 않을 것이다."

14 솔로몬이 성전 건축을 마치고

15 백향목 널판으로 성전의 안쪽 벽인 성전 마루에서 천장까지의 벽에 붙이고, 성전 마루는 잣나무 널판으로 깔았다.

16 또 성전 뒤쪽에서 20규빗 되는 곳에 마루에서 천장까지 백향목 널판으로 가로막아 성전의 내소인 지성소를 만들었다.

17 지성소 앞에 있는 외소인 성소의 길이는 40규빗이며,

18 성전 내부는 모두 백향목을 사용하고 돌은 사용하지 않았는데 백향목에는 조롱박 모양과 꽃이 핀 모양을 새겼다.

19 또 여호와의 언약궤를 두기 위해 성전 안에는 성전 뒤쪽에서 20규빗 되는 곳에 마루에서 천장까지 백향목 널판으로 가로막아 내소인 지성소를 만들었다.

20 지성소 내부는 성전 넓이대로 길이와 너비와 높이가 각각 9m 되는 20규빗으로, 그것을 순금 600달란트로 입혔으며, 백향목으로 만든 제단에도 입혔다.

21 솔로몬이 정금으로 성소 안에 입히고, 지성소 앞에는 금사슬을 쳐 놓았다. 지성소를 금으로 입혔다.

22 성전을 금으로 입히고 나서 지성소에 속한 제단의 전부를 금으로 입혔다.

23 내소인 지성소 내부는 올리브나무[1]로 두 날개 달린 짐승인 그룹의 형상을 새긴 후 금으로 입혔는데, 그 높이가 각각 10규빗이다.

24 왼쪽 그룹의 양쪽 두 날개 중 한 날개는 5규빗으로 성전 벽에 닿았고, 그 다른 날개도 5규빗이니 오른쪽 그룹의 날개에 닿았다. 이쪽 날개 끝에서 저쪽 날개 끝까지 모두 10규빗이다.

25 다른 그룹도 10규빗으로 그 두 그룹은 같은 크기와 같은 모양이다.

26 이 그룹과 저 그룹 모두 그 높이가 각각 10규빗이다.

27 솔로몬이 날개 달린 짐승인 그룹을 지성소 가운데 두었으니 그룹들의 날개가 펼쳐 있는데 왼쪽 그룹의 오른쪽 날개와 오른쪽 그룹의 왼쪽 날개는 각각 양쪽의 벽에 닿았으며 다른 쪽의 두 날개는 성전의 중앙에서 서로 닿았다.

28 그가 그룹에도 금으로 입혔다.

29 그리고 성소 사면 벽에는 모두 날개 달린 짐승인 그룹들과 종려나무 모양과 꽃이 핀 모양으로 새겼다.

30 지성소와 성소의 마루에는 금으로 입혔다.

31 내소인 지성소로 들어가는 곳에는 올리브나무로 문을 만들었는데, 그 문인방과 문설주는 성소 전체 벽의 5분의 1 크기이다.

1) 소나무

32 올리브나무로 만든 그 두 문짝에 날개 달린 짐승인 그룹과 종려나무 모양과 꽃이 핀 모양으로 새기고, 금으로 입혔다.

33 또 외소인 성소의 입구에도 올리브나무로 문설주들을 사면체로 만들었다. 이는 지성소 전체 벽의 4분의 1 크기이다.

34 그러나 그 두 문짝은 잣나무로 만들었다. 두 문짝은 각기 한 문짝 가운데가 접히게 했다.

35 그 양쪽 문짝에 그룹들과 종려나무 모양과 꽃이 핀 모양으로 새기고, 금으로 입히되 그 새긴 곳을 골고루 입혔다.

36 솔로몬이 다듬은 돌 3줄¹⁾과 백향목 두꺼운 판자 1줄로 쌓아 성전 안뜰을 만들었다.

37 솔로몬 즉위 4년 시브월인 4~5월에 여호와의 성전 기초를 쌓았고,

38 즉위 11년째 불월, 곧 여덟째 달인 11월에 그 설계와 양식대로 성전 건축이 완공되었으니 솔로몬은 7년이 걸려 성전 건축을 완공한 셈이다.

솔로몬의 궁전 건축

7 ● 솔로몬이 자기의 왕궁을 13년 만에 완공했다.

2·3 그는 레바논 나무로 왕궁을 지었는데 길이가 45m 되는 100규빗이고, 너비가 50규빗이며, 높이가 30규빗이다. 백향목 기둥들은 4줄로 세우고, 기둥 위에는 백향목 들보를 1줄에 15개씩 모두 45개를 세웠다.

4 또 창틀은 3줄로 창과 창이 3단²⁾으로 서로 마주 대하도록 했다.

5 모든 문과 문설주를 큰 나무로 네모난 틀에 3단 창으로 서로 마주 대하도록 했다.

6 또 기둥이 있는 현관을 길이가 50 규빗, 너비가 30규빗이 되도록 만들었다. 그리고 기둥 앞에 현관이 있고, 현관 앞의 기둥과 처마 끝에는 햇빛을 가리기 위해 덧붙인 차양³⁾이 있었다.

7 또 재판하는 법정, 곧 현관을 만든 뒤에 왕좌를 놓고 재판을 했으며, 그 모든 마루를 백향목으로 덮었다.

8 솔로몬이 거처할 왕궁은 그 법정의 현관 뒤에 있는 뜰에 있었다. 왕궁은 법정과 같은 양식으로 지어졌다. 또 솔로몬이 아내로 삼은 바로의 딸을 위해 집을 지었는데, 역시 같은 양식으로 지었다.

9 이 모든 건물의 안팎은 모두 톱으로 자른 돌을 다듬어 지었다. 그 기초석에서 처마까지, 또 밖에 있는 큰 뜰에 이르기까지 모두 그렇게 했다.

10 그 기초석은 10규빗 되는 값진 큰 돌과 8규빗 되는 돌이다.

11 그 위에는 치수대로 다듬은 값진 돌과 백향목이 있었다.

12 또한 큰 뜰 사방에는 다듬은 돌 3줄¹⁾과 두꺼운 백향목 판자 1줄을 놓았는데, 그것은 여호와의 성전 안뜰과 현관에 놓은 것과 같았다.

2개의 놋기둥 제작⁴⁾

13 ● 솔로몬왕이 사람을 보내 히람왕이 아닌 히람을 히람왕의 통치 지역인 두로에서 데려왔다.

14 그의 어머니는 이스라엘 납달리 지파 출신 과부였고, 그의 아버지는 죽기 전 두로 출신으로 놋쇠 대장장이였다. 그는 놋으로 만드는 모든 일에 뛰어난 지혜와 총명과 재능을 가진 자로서 솔로몬왕에게 와서 놋으로 만드는 모든 공사를 해 냈다.

1) 켜　2) 층　3) 섬돌　4) 대하 3:15–17

15 그가 성전 앞에 높이가 각각 18규빗[1]되는 놋기둥 2개를 만들었고 그 둘레는 12규빗이었다.

16 또 놋을 녹여 그 놋기둥의 머리를 만들어 놋기둥 꼭대기에 두었으니 양쪽 기둥의 기둥머리 높이가 각각 5규빗이다.

17 기둥 꼭대기에 있는 기둥머리 부분에는 사슬 모양으로 땋아 바둑판 형태로 만든 것을 얹었는데 그 2개의 머리에 각각 7개를 만들어 얹었다.

18 히람왕이 아닌 히람이 2개의 놋기둥을 이렇게 만들었고, 놋으로 만든 두 줄로 된 100개의 석류 모양을 그물 위에 둘러 만들어[2] 기둥 꼭대기에 있는 머리 부분을 둘렀다. 다른 기둥머리에도 똑같이 했다.

19 놋기둥의 그 머리 윗부분은 4규빗 크기의 백합화 모양으로 만들었다.

20 이것을 공처럼 둥글게 만든 그물 둘레에 달았다. 기둥머리에는 각각 놋으로 만든 석류 모양 200개가 줄을 지어 있었다.

21 이 두 기둥을 성전의 현관 앞에 왼쪽과 오른쪽에 각각 하나씩 세웠다. 오른쪽 기둥의 이름을 '저가 세우리라'는 뜻의 '야긴'이라고 불렀으며, 왼쪽 기둥의 이름을 '그에게 능력이 있다'라는 뜻의 '보아스'라고 불렀다.

22 그 두 기둥 꼭대기에는 백합화 형상이 있었다. 이로써 두 기둥의 공사가 끝났다.

놋바다[3] 제작[4]

23 ● 솔로몬이 물통인 바다를 놋을 녹여 부어 둥글게 만들었으니 그 지름이 10규빗이고, 높이는 5규빗이며, 둘레가 30규빗이다.

24 그 가장자리 아래에는 1규빗 간격으로 조롱박[5] 모양으로 만든 10개씩을 돌아가며 물통 주위에 둘렀다. 그 조롱박 모양은 물통을 놋을 녹여 부어 만들 때 두 줄로 부어 만들었다.

25 그 물통은 놋쇠로 만든 소[6] 12마리가 받쳤는데, 동서남북으로 각각 3마리씩 향했고 황소 엉덩이 쪽 뒤는 모두 물통 안쪽을 향했다.

26 물통인 놋바다의 두께는 손바닥만 하고, 그 둘레는 백합화의 모양으로 잔 둘레처럼 만들었다. 그 물통에는 4만 4,000리터 되는 2,000밧[7]의 물을 담을 만했다.

물두멍을 받치는 놋받침 수레 제작

27 ● 또 놋으로 물두멍을 받치는 수레 10개를 만들었다. 각각의 받침 수레[8]는 길이와 너비가 각각 1.8m 되는 4규빗이고, 높이가 3규빗이다.

28 그 받침 수레의 구조는 이렇다. 받침 수레의 사각 옆 판자에는 테두리가 있었고 그 테두리는 틀 사이에 끼어 있었다.

29 판자 테두리 위에는 사자와 소와 그룹들을 새겨 놓았고, 그 사자와 소 아래에는 꽃을 둥글게 엮은 화환 모양을 새겨 놓았다.

30 그 받침 수레에는 놋으로 만든 4개 바퀴와 축이 있고 받침 수레 네 모

대장장이(왕상 7:14)

대장장이(artisan, 왕하 24:14, 사 44:11, 슥 1:21)는 대장간에서 놋이나 쇠를 녹여 각종 연장 따위를 만드는 일을 전문적으로 하는 사람을 말한다. 그러나 이스라엘은 솔로몬 때까지는 유다에는 철이나 놋을 다루는 기술자가 없어 두로의 대장장이가 성전과 궁전 건축에 동원되었다.

1) 대하 3:15, 35규빗 2) 대하 3:16, 성소처럼 사슬을 만들어 3) 물통 4) 대하 4:25 5) 대하4:3, 소 6) 대하4:4, 황소 7) 대하 4:5, 3,000밧 8) 받침대

통이에는 물두멍을 얹을 수 있는 4개 다리가 있는데, 그것은 화환으로 장식되었다.

31 그 받침 수레 위로 높이가 1규빗 되게 테두리가 있었다. 그 면은 직경 1규빗 반이 되게 반원형으로 우묵하며 그 나머지 면에는 무늬를 새겨 놓았는데, 그 테두리[1] 판자들은 네모지게 만들었다.

32 4개 바퀴는 옆판 밑에 있고 바퀴축은 받침 수레에 연결되었는데, 바퀴의 높이는 각각 1규빗 반이다.

33 그 바퀴는 병거 바퀴의 구조와 같게 만들었는데, 그 축과 테와 살과 바퀴통은 모두 놋을 부어 만들었다.

34 받침 수레 네 모퉁이에는 4개 버팀대가 하나로 연결되었다.

35 받침 수레 위에는 높이가 반 규빗인 둥근 테두리가 있고, 버팀대와 옆판들이 받침 수레와 연결되었다.

36 버팀대 판자와 옆판에는 각각 빈 공간을 따라 날개 달린 짐승인 그룹들과 사자와 종려나무 모양을 새겼고, 그 둘레에는 화환 모양을 새겼다.

37 이렇게 받침 수레 10개를 만들었는데, 그 크기와 모양이 모두 같았다.

38 히람이 또 놋으로 10개의 물두멍을 만들었다. 각각의 물두멍은 880리터 되는 40밧을 담는 크기로 만들었는데, 매 물두멍의 직경은 1.8m 되는 4규빗이다. 10개 받침 수레 위에 각각 물두멍이 1개씩 있었다. 이 물두멍에서 번제에 속한 물건을 씻게 했다.

39 물두멍 받침 수레 5개는 성전 남쪽인 오른쪽에 두고, 나머지 5개는 성전 북쪽인 왼쪽에 두었다. 그 물통은 성전 오른쪽 동남쪽에 두었다.[2]

물두멍과 부삽과 대접 제작[3]

40 ● 히람[4]이 또 놋으로 물두멍[5]과 부삽과 대접들을 만들었다. 이와 같이 히람이 솔로몬왕을 위해 여호와의 성전의 모든 일을 마쳤다.[6]

41 곧 히람은 여호와의 성전 앞에 있는 기둥 2개와 그 기둥 꼭대기에 둥근 공 모양의 머리 2개, 기둥 꼭대기의 둥근 공 모양의 머리를 가리는 그물 2개와

42 각각 그물에 2줄씩으로 기둥 위의 둥근 공 모양의 두 머리를 가리게 한 석류 400개와

43 10개의 받침 수레와 받침 수레 위의 10개의 물두멍과

44 놋물통, 곧 바다와 그 놋물통 아래의 소 12마리와

45 솥과 부삽과 대접과 고기 갈고리와 여호와 성전의 모든 그릇이었다. 이와 같이 히람[7]이 솔로몬왕을 위해 여호와의 성전에 필요한 모든 그릇을 광택나는 놋으로 만들었다.

46 솔로몬왕이 요단 평지의 숙곳과 사르단[8] 사이의 차진 흙으로 성전의 기구들을 부어 내었다.

47 이처럼 솔로몬이 이 기구를 심히 많이 만들었으니 그 놋 무게를 능히 측량할 수 없어 솔로몬이 다 달아 보지 않고 두었다.

성전 기구를 만듦[9]

48 ● 또 여호와의 성전에 둘 기구를 만들었는데, 그것들은 금 제단과 금으로 된 진열된 빵인 진설병을 놓은 금 상과[10]

49 내소인 지성소 앞 좌우에 각각 5개씩 둘 순금 등잔대와 금 꽃과 등잔과 불집게와

1) 내민 2) 대하 4:10 3) 대하 4:11-8 4) 대하 4:11, 후람
5) 대하 4:11, 솥 6) 대하 4:11 7) 대하 4:16, 후람의 아버지
8) 대하 4:17, 스레다 9) 대하 4:19-5:1 10) 대하 4:19

50 정금 대접과 불집게와 주발과 숟
가락과 불을 옮기는 그릇이며, 내
소인 지성소 문의 금 돌쩌귀와 성
전 곧 외소 문의 금 돌쩌귀도 하나
님께서 지시하신 대로 만들었다.

51 마침내 솔로몬왕이 여호와의 성전
을 위해 만드는 모든 일을 마쳤다.
이에 솔로몬이 그의 아버지 다윗
이 드린 은금과 모든 기구를 가져
다가 여호와의 성전 창고에 두었
다.

언약궤를 성전으로 옮김[1]

8 ● 성전 건축을 마친 후 솔로몬은
여호와의 언약궤를 다윗성, 곧
시온에서 성전으로 메어 옮기기
위해 이스라엘 장로와 각 지파의
우두머리인 이스라엘 백성의 족장
들을 자기가 있는 예루살렘으로
소집했다.

2 이들이 왕 앞에 모인 때는 일곱째
달, 곧 에다님월인 9~10월 초막
절기였다.

3-4 이스라엘 장로들이 다 모이자 레
위인과 제사장[2]들이 언약궤와 회
막과 그 안의 모든 거룩한 기구를
메고 성전으로 올라갔다.

5 그리고 솔로몬왕과 그 앞에 모인
이스라엘 회중이 언약궤 앞에서
기록하거나 셀 수 없을 만큼 많은
양과 소로 제사를 지냈다.

6 레위인 제사장들이 여호와의 언약
궤를 성전의 내소인 지성소 그룹들
의 날개 아래로 메어 들여놓았다.

7 날개 달린 짐승인 그룹들이 그 언
약궤가 놓인 자리 위에서 날개를
펼쳐서 언약궤와 언약궤 운반을
위한 긴 막대인 운반 채를 덮었다.

8 그러나 운반 채가 길어 언약궤에서
튀어나왔기 때문에 운반 채 끝이
지성소 앞 성소에서는 보였지만

밖에서는 보이지 않았다. 그 채는
오늘까지 그 자리에 있으며,

9 그 언약궤 안에는 십계명이 새겨
진 두 돌판 외에 아무것도 없었다.
그 두 돌판은 이스라엘 백성이 애
굽 땅에서 나온 후 여호와께서 그
들과 언약을 맺으실 때 모세가 시
내산 곧 호렙산에서 그 안에 넣은
것이다.

10-11 제사장들이 성소에서 나올 때
여호와의 성전에 구름이 가득했기
에 제사장들이 능히 서서 섬기지
못했다. 여호와의 영광이 성전에
가득했다.

성전 건축 후 솔로몬의 축복 연설[3]

12 ● 그때 솔로몬이 말했다. "여호와
께서는 캄캄한 데 계시겠다고 말
씀하셨습니다.

13 그러나 나는 주를 위해 성전을 건
축했습니다. 바로 주께서 영원히
거하실 처소입니다."

14 그리고 얼굴을 돌이켜 이스라엘의
온 회중을 위해 축복하니 그때 이
스라엘의 온 회중이 그곳에 서 있
었다.

15 왕이 말했다. "이스라엘의 하나님
을 찬양하라. 여호와께서 그의 입
으로 내 아버지 다윗에게 말씀하
신 것을 이제 그의 손으로 이루셨
다. 그가 이렇게 말씀하셨다.

16 '내가 내 백성 이스라엘을 애굽 땅
에서 이끌어낸 그날부터 내 이름
이 있을 만한 집을 건축하기 위해
이스라엘의 모든 지파 중에서 어
떤 성도 선택하지 않았다. 다만 예
루살렘을 선택하여 내 이름을 그
곳에 두고, 다윗을 선택하여 내 백
성 이스라엘을 다스리게 했다.'

17 그래서 내 아버지 다윗이 이스라엘의

---

1) 대하 5:2-14　2) 대하 5:4, 레위 사람들　3) 대하 6:1-11

하나님 여호와의 이름을 위해 성전을 건축할 마음이 있었다.

18 그러나 여호와께서 내 아버지 다윗에게 말씀하셨다. '네가 내 이름을 위해 성전을 건축할 마음이 있는 것이 좋다.

19 그러나 너는 성전을 건축하지는 못할 것이며, 네 몸에서 낳을 네 아들이 내 이름을 위해 성전을 건축하리라.'

20 이제 여호와께서 말씀하신 대로 내가 모두 이루었다. 그리고 나는 여호와께서 말씀하신 대로 내 아버지 다윗을 이어 이스라엘의 왕위에 앉고, 이스라엘의 하나님 여호와의 이름을 위해 성전을 건축했다.

21 또 내가 그곳에 우리 조상들을 애굽 땅에서 이끌어낸 때 그들과 세우신 여호와의 언약을 넣은 언약궤를 둘 장소를 마련했다.”

성전 건축 후 솔로몬의 기도[1]

22 ● 솔로몬이 이전에 놋으로 단을 만들었는데, 길이와 너비가 각각 2.25m 되는 5규빗이고, 높이가 3규빗이다. 그것을 뜰 가운데 두었는데 솔로몬이 그 제단 앞에서 이스라엘의 모든 회중이 보는 가운데 무릎을 꿇고 하늘을 향해 손을 펴고

23 기도했다. “이스라엘의 하나님이여, 위로 하늘과 아래로 땅에 주와 같은 신이 없습니다. 주께서는 마음을 다해 주 앞에서 행하는 당신의 종들에게 언약을 지키시고 은혜를 베푸십니다.

24 주께서는 당신의 종 내 아버지 다윗에게 약속한 말씀을 지키셔서 그 모든 것을 이루심이 오늘과 같습니다.

25-26 이스라엘의 하나님이여, 주께서 주의 종 내 아버지 다윗에게 이렇게 말씀하셨습니다. '네 자손이 그들의 행위를 조심하여 너를 본받아 내 앞에서 내 율법대로 행하기만 하면 이스라엘의 왕위에 앉을 사람이 내 앞에서 계속 이어질 것이다.' 이제 다윗을 위해 하신 그 말씀이 이루어지게 하십시오.

27 하나님께서 참으로 사람과 함께 땅에 거하시겠습니까? 보십시오. 지극히 높은 하늘이라도 주를 모실 곳이 못 되는데 어떻게 내가 건축한 이 성전에 모실 수 있겠습니까?

28 그러나 내 하나님이여, 당신의 종의 기도와 간구를 돌아보시며, 주의 종이 오늘 주 앞에서 부르짖는 기도를 들어주십시오.

29 주께서 전에 말씀하시기를 '내 이름을 그곳에 두리라'고 하신 곳이 성전을 향해 주의 눈이 밤낮으로 바라보시고, 주의 종이 이곳을 향해 간구하는 기도를 들어 주십시오.

30 주의 종과 주의 백성 이스라엘이 이곳을 향해 기도할 때도 그 간구하는 소리를 주께서 계신 하늘에서 들으시고 용서하여 주십시오.

31 만일 어떤 사람이 그의 이웃에게 범죄한 것 때문에 맹세해야 할 때 강요를 받고 그가 이 성전으로 와서 주의 제단 앞에서 맹세하면

32 주는 하늘에서 들으시고 주의 종들을 판단해 주십시오. 그래서 악행을 저지른 자는 죄가 있음을 판결하사 그 행한 대로 갚아 주시고, 의롭게 행한 자는 의롭다고 인정하여 그가 의롭게 행한 대로 갚아 주십시오.

33 만일 주의 백성이 주께 범죄하므로 적국에게 패했을 때 뉘우치고

주께로 돌아와 주의 이름을 인정하고 이 성전에서 주께 간구하면

34 주는 하늘에서 들으시고 주의 백성의 죄를 용서하십시오. 그래서 그들과 그들의 조상들에게 주신 땅으로 돌아오게 하십시오.

35 만일 그들이 주께 범죄한 것 때문에 하늘이 닫혀 비가 내리지 않는 징계를 받을 때 그들이 죄에서 떠나 이 성전을 향해 기도하며, 주의 이름 앞에 찬양하면

36 주께서는 하늘에서 들으시고 주의 종들과 주의 백성인 이스라엘의 죄를 용서하십시오. 그리고 그들이 마땅히 걸어가야 할 선한 길을 가르쳐 주시고, 주의 백성에게 유업으로 주신 주의 땅에 비를 내리십시오.

37 만일 이 땅에 기근이 들거나, 전염병이 돌거나, 곡식에 메마른 병이나 깜부기가 생기거나, 메뚜기나 황충이 나서 곡식을 갉아먹거나, 적들이 쳐들어와 성읍을 포위하거나, 어떤 재앙이나 질병이 있을 때를 막론하고

38 한 사람 또는 이스라엘의 온 백성이 저마다 각각 재앙과 고통을 깨닫고 이 성전을 향해 손을 펴고 기도하면

39 주께서 계신 하늘에서 듣고 용서하십시오. 그러나 주께서는 각 사람의 마음을 아시니 그들의 모든 행위대로 갚으십시오. 주만이 사람의 마음을 아십니다.

40 그러면 그들이 주께서 우리 조상들에게 주신 땅에서 사는 동안 항상 주를 두려움으로 섬기며 주의 길로 걸어갈 것입니다.

41-42 또 이스라엘에 속하지 않은 먼 곳에 사는 이방인들이 주의 크신 이름과 주께서 행하신 놀라운 일

에 대한 소문을 듣고 이곳에 와서 성전을 향해 기도하면

43 주께서 계신 하늘에서 들으시고 이방인이 주께 간구하는 대로 이루어 주십시오. 그래서 땅에 사는 모든 사람이 주의 이름을 알고 주의 백성인 이스라엘처럼 주를 경외하게 하십시오. 또 내가 지은 이 성전이 주의 이름으로 부르는 곳임을 알게 하십시오.

44 주의 백성이 그들의 원수¹⁾와 싸우기 위해 주께서 보내시는 길로 갈 때 주께서 택하신 성읍과 내가 주의 이름을 위해 세운 성전을 향해 여호와께 기도하면

45 주는 하늘에서 그들의 기도와 간구를 들으시고, 그들의 죄를 사하시며 형편을 살펴주십시오.

46 주 앞에 죄를 짓지 않는 사람은 없습니다. 그러니 주의 백성이 주께 범죄한 것 때문에 주께서 진노하사 그들을 원수에게 넘김으로 원수의 땅으로 사로잡혀 갈 것입니다. 그때

47 그들이 사로잡혀 간 땅에서 마음을 돌이켜 주께 간구하기를 '우리가 범죄하여 반역²⁾을 행하며 악을 행했습니다'라고 하며

48 자기를 포로로 잡아간 원수의 땅에서 마음과 목숨을 다해 주께 돌아와서 주께서 그들의 조상들에게 주신 땅과 주께서 택하신 성읍과 내가 주의 이름을 위하여 지은 성전이 있는 곳을 향해 기도하면

49 주께서는 계신 하늘에서 그들의 기도와 간구를 들으시고, 그들의 형편을 살펴주십시오.

50 그래서 주께 죄를 지은 백성을 용서하시고, 주께 범죄한 모든 허물을

1) 적국 2) 패역

용서하십시오. 그리고 그들을 포로로 잡아간 자들 앞에서 자비를 베풀어 주사 그 사람들이 이스라엘 백성을 불쌍히 여기게 하십시오.

51 그들은 주께서 철 풀무와 같은 애굽에서 이끌어내신 주의 백성이며, 주의 소유가 되기 때문입니다.

52 원컨대 나의 하나님이여, 성전에서 종과 주의 백성 이스라엘이 간구하는 기도에 주께서 눈을 떠 살피시고, 귀를 기울여 부르짖는 대로 들어주십시오.

53 하나님 여호와여, 주께서 우리 조상을 애굽에서 이끌어내실 때 주의 종 모세를 통해 말씀하신 것처럼 주께서는 세상의 모든 사람 가운데서 그들을 구별하여 주의 유업으로 삼으셨습니다."

솔로몬의 축복

54 ● 이와 같이 솔로몬왕이 무릎을 꿇고 손을 펴서 하늘을 향해 기도와 간구로 여호와께 아뢰기를 마쳤다. 그런 후 여호와의 제단 앞에서 일어나

55 모여 있는 이스라엘의 온 백성을 위해 서서 큰 소리로 축복했다.

56 "여호와를 찬양하라. 그가 말씀하신 대로 그의 백성 이스라엘에게 안식[1]를 주셨다. 이는 그 종 모세를 통해 말씀하셨던 모든 좋은 것이 다 이루어졌도다.

57 우리 하나님께서 우리 조상들과 함께 계셨던 것처럼 우리와 함께하사 우리를 떠나시거나 버리지 마십시오.

58 우리로 마음을 주께로 향하게 하여 주의 모든 길로 행하게 하시며, 우리 조상들에게 명령하신 명령과 규례와 법도를 지키게 하십시오.

59 또한 여호와 앞에서 내가 간구한 이 말씀이 밤낮으로 우리 하나님께 가까이 있게 하시고, 주의 종과 주의 백성 이스라엘의 일을 날마다 필요한 대로 행하십시오.

60 그러면 세상 모든 사람이 여호와만이 하나님이시고, 그 외에 다른 어떤 신도 없는 줄을 알게 될 것입니다.

61 그러므로 너희는 마음을 우리 하나님께 온전히 바쳐 오늘과 같이 그의 법도를 행하며, 그의 계명을 지키기를 바란다."

성전 봉헌식[2]

62 ● 이에 왕과 온 이스라엘 백성이 모두 여호와 앞에 희생제물을 드렸다.

63 솔로몬왕이 화목제로 드린 희생제물은 소가 2만 2,000마리이고, 양이 12만 마리이다. 이와 같이 왕과 온 이스라엘 백성이 여호와의 성전 봉헌식을 거행했다.

64 그날 솔로몬왕이 또 여호와의 성전 앞뜰 가운데를 거룩히 구별했다. 그리고 그곳에서 번제물과 소제와 감사제물[3]의 기름을 드렸다. 그렇게 한 것은 솔로몬이 만든 여호와 앞 놋제단이 작아 번제물과 소제물과 화목제의 기름을 모두 처리[4]할 수 없었기 때문이다.

65 그때 솔로몬이 14일[5] 동안을 우리 하나님 앞에서 절기로 지켰는데, 하맛 입구에서 가사 남쪽에 있는 애굽강까지 온 이스라엘의 백성이 모여 그와 함께했다.

66 여덟째 날[6]에 솔로몬이 백성을 그들의 집으로 돌려보내니 백성이 왕을 위해 축복하고 자기 집으로 돌아갔다. 그들은 여호와께서 그의 종 다윗과 솔로몬과 그의 백성

---

1) 태평 2) 대하 7:4-10 3) 대하 7:7, 화목제 4) 용납
5) 대하 7:9, 7일 6) 대하 7:10, 일곱째 달 23일

이스라엘에게 베푸신 모든 은혜로 인해 기뻐하며 즐거운 마음으로 돌아갔다.

여호와께서 솔로몬에게 나타나심

9 ● 솔로몬이 여호와의 성전과 왕궁 건축을 마치고, 자기가 이루려고 했던 모든 것을 어려움 없이 끝마쳤다.

2 그날 밤 여호와께서 예전에 기브온에서 나타나심같이 다시 솔로몬에게 나타나[1)]

3 그에게 말씀하셨다. "이곳에서 하는 네 기도와 네가 내 앞에서 간구하는 것을 내가 눈을 들고 귀를 기울여 들었다. 그것은 내가 이미 네가 내 이름을 두기 위해 건축한 이 성전을 선택하고 거룩하게 하여 내 이름을 이곳에 영원히 있게 했기 때문이다. 내 눈과 내 마음이 항상 이곳에 있을 것이다.

4 만일 네가 네 아버지 다윗이 온전한 마음으로 바르게 걸어간 것처럼 내가 네게 명령한 모든 것에 순종하여 내 법도와 율례를 지키면

5 내가 네 아버지 다윗에게 '이스라엘의 왕위에 오를 사람이 네게서 끊어지지 않게 하리라'고 말한 대로 이스라엘을 다스릴 자[2)]가 네게서 끊어지지 않을 것이다.[3)]

6 너희나 너희의 자손이 내게 돌아서서 나를 따르지 않고 내가 너희에게 준 내 계명과 법도[4)]를 버리고 다른 신을 섬기며 그것들에게 경배하면

7 내가 너희에게 준 땅에서 너희를 끊어 버리고[5)], 내 이름을 위해 내가 거룩하게 구별한 이 성전이라도 내 앞에서 던져 버릴 것이다. 그리하여 이스라엘은 모든 민족 가운데서 속담거리와 웃음거리가 될 것이다.

8 비록 이 성전이 높을지라도 그리로 지나가는 자마다 놀라 비웃기를 '여호와께서 무슨 이유로 이 땅과 이 성전에 이같이 행하셨는가?' 할 것이다. 그러면

9 그들은 이렇게 대답할 것이다. '그들이 자기 조상들을 애굽 땅에서 이끌어내신 자기의 하나님을 버리고 다른 신을 따라가서 그것들을 경배했기 때문에 여호와께서 이 모든 재앙을 그들에게 내리신 것이다.'"[6)]

솔로몬이 히람에게 갈릴리 성읍을 줌[7)]

10 ● 솔로몬이 여호와의 성전과 자기의 왕궁을 20년 만에 완공한 후

11 두로의 히람왕에게 갈릴리 지역의 성읍 20곳을 주었다. 그것은 두로 왕 히람이 솔로몬이 원하는 대로 백향목과 잣나무와 금을 제공했기 때문이다.

12 그러나 히람왕이 두로에서 갈릴리 지역으로 와서 솔로몬이 자기에게 준 성읍들을 보고 마음에 들어 하지 않았다. 그래서 그가

13 말했다. "내 형제여, 내게 준 이 성읍들이 고작 이 정도인가?" 그리고 그 땅을 '가불 땅'이라고 했는데, 그

> **⊙ 성경지리　애굽 강(왕상 8:65)**
>
> 애굽 강, ~시내(River of Egypt)는 하나님이 아브라함과 그 후손들에게 약속했던 땅의 남쪽 경계에 있는 강으로 여기서는 나일강이라기보다 하나의 와디이다. 이곳은 오늘날 시나이반도 북쪽의 중앙 부분인 펠루시움과 가사 사이에 있는 와디 엘 아리쉬(Wadi el-Arish)와 동일한 곳으로 간주된다. 와디 엘 아리쉬는 마을 이름에서 유래했다. 이 시내는 우기 때 여러 지류를 형성하여 급류를 이루나 건기 때에는 바닥을 드러낸다.

1) 대하 7:11-12　2) 왕위　3) 삼하 7:13, 시 132:12　4) 대하 7:29, 율례와 명령　5) 대하 7:20, 뿌리를 뽑아내고 6) 대하 7:21-22　7) 대하 8:1

이름이 오늘까지도 그렇게 불리고 있다.

14 히람이 솔로몬왕에게 보낸 금은 모두 4,080kg 되는 120달란트였다.

솔로몬이 성읍과 국고성과 병거성을 건축함[1]

15 ● 솔로몬왕이 노역자를 동원시킨 목적은 여호와의 성전과 자기 왕궁과 예루살렘 동쪽 성벽의 밀로와 예루살렘성과 하솔과 므깃도와 게셀을 건축하기 위해서였다.

16 전에 애굽의 바로가 올라와서 게셀을 탈취하여 불사르고 그 성읍에 사는 가나안 사람을 죽인 후 그 성읍을 솔로몬의 아내가 된 자기 딸에게 선물로 주었다.

17 그리고 솔로몬이 게셀과 아래 벧호론과 윗 벧호론을 건축하되 성벽과 문과 문빗장이 있는 견고한 성읍으로 만들었다.

18 또 바알랏과 그 땅의 광야[2]에 있는 다드몰과

19 하맛과 자기에게 있는 모든 국고성과 병거성과 마병의 성들을 건축했다. 예루살렘과 레바논과 그가 다스리는 온 땅에도 건축하고자 하던 것을 모두 건축했다.

20 이스라엘 백성이 아닌 아모리 사람[3]과 헷 사람과 브리스 사람과 히위 사람과 여부스 사람 가운데서

21 이스라엘 백성이 다 멸하지 않아서 그 땅에 남아 있는 그들의 자손들을 솔로몬이 노예를 일꾼으로 삼아 오늘까지 이르렀다.

22 그러나 이스라엘 백성은 노예로 삼지 않았다. 그들은 신하와 고관과 대장[4]이며, 병거와 마병의 지휘관들이 되었다.

23 솔로몬왕의 일을 감독하는 우두머리 550명[5]은 일하는 백성을 관리했다.

24 바로의 딸이 다윗성에서 솔로몬이 그녀를 위해 지은 집[6]으로 올라갔다. 이때 솔로몬이 말했다. "내 아내는 이스라엘 왕 다윗의 왕궁에 살지 못할 것이다. 여호와의 언약궤가 이른 곳은 모두 거룩하기 때문이다." 그 후 궁에 이를 때 솔로몬은 밀로를 건축했다.

25 솔로몬이 여호와를 위해 현관 앞에 쌓은 여호와의 제단 위에 해마다 3번씩 번제와 감사의 제물을 드리고, 여호와 앞에 있는 제단에 분향했다. 이에 성전 건축을 마쳤다.

솔로몬의 배 건조와 무역[7]

26 ● 그때 솔로몬왕이 에돔 땅 홍해 물가[8]의 엘롯 근처 에시온게벨[9]에서 배들을 건조했다.

27 그러자 히람[10]왕이 신복에게 명령하여 자기 종, 곧 바다에 익숙한 사공들을 솔로몬에게 보냈고, 그들은 솔로몬의 종과 함께 그 배로 보내졌다.

28 그들이 아라비아반도 서남쪽의 오빌로 항해하여 그곳에서 금 420[11]달란트를 취하여 솔로몬왕에게 가져왔다.

스바 여왕의 솔로몬 방문[12]

10 ● 스바 여왕이 여호와의 이름으로 유명해진 솔로몬의 명성을 들었다. 그래서 어려운 수수께끼[13]로 솔로몬을 시험하기 위해

2 많은 수행원을 거느리고 많은 향품과 금과 보석을 낙타에 싣고 아라비아 최남단에서 약 2,500km를 여행하여 예루살렘으로 왔다. 그리고

---

1) 대하 8:5-12 2) 들 3) 대상 8:7, 족속 4) 대하 8:9, 군사와 지휘관의 우두머리들 5) 대하 8:10, 250명 6) 대하 8:11, 궁 7) 대하 8:17-18 8) 대하 8:17, 바닷가 9) 대하 8:17, 에시온게벨과 엘롯 10) 대하 8:18, 후람 11) 대하 8:18, 450 12) 대하 9:1-12 13) 질문

그가 솔로몬을 만나 자기 마음에 있는 것들을 모두 질문하자

3 솔로몬이 그가 묻는 말에 다 대답했는데, 솔로몬왕이 알지 못해 대답하지 못한 것이 하나도 없었다.

4 이에 스바 여왕이 솔로몬의 모든 지혜와 그 건축한 왕궁과

5 솔로몬이 먹는 음식과 그의 신하들의 좌석과 그의 시종들이 서 있는 것과 그들의 관복과 술 시중을 드는 관원들과 여호와의 성전으로 올라가는 층계를 보고 크게 감동되어[1] 솔로몬왕에게 말했다.

6-8 "내가 내 나라에서 당신의 일과 지혜에 대해 들은 소문이 사실이었습니다. 내가 그 말들을 믿지 못했는데 직접 와서 보니 당신의 지혜가 절반도 전해지지 않았습니다. 당신의 지혜와 복은 내가 들은 소문보다 더 큽니다. 항상 당신 앞에 서서 당신의 지혜를 듣는 당신의 사람들과 신하들은 행복합니다.

9 당신의 하나님을 찬양합니다. 하나님께서 당신을 기뻐하여 이스라엘 왕위에 올리셨고, 당신의 하나님께서 영원히 이스라엘을 사랑하시므로 당신을 세워 왕으로 삼아 정의와 공의를 행하게 하셨습니다."

10 이에 스바 여왕은 금 120달란트와 많은 향품과 보석을 솔로몬왕에게 드렸다. 그가 솔로몬왕에게 드린 것처럼 많은 예물은 이후에는 다시 오지 않았다.

11 히람왕의 배들이 아라비아반도 서남쪽의 오빌에서 금을 실어 올 때 많은 백단목과 보석을 가져오니

12 솔로몬왕이 그 백단목으로 여호와의 성전과 왕궁의 난간 층대을 만들고, 노래하는 자를 위해 수금과 비파를 만들었다. 이 같은 백단목은

전에도 온 일이 없었고, 오늘까지도 보지 못했다.

13 솔로몬왕이 왕의 규례에 따라 스바 여왕이 가져온 대로 답례품을 주고, 그 외에 그가 원하는 것은 모두 주었다. 이에 스바 여왕이 본국으로 돌아갔다.

솔로몬의 재산과 지혜[2]

14 ● 솔로몬에게 한 해에 들어오는 금의 무게가 약 22,644kg 되는 666달란트였다.

15 그 외에 상인들과 무역상들이 가져온 것이 있고, 아라비아의 모든 왕과 그 나라의 고위급 관료들도 금과 은을 솔로몬에게 가져왔다.

16 솔로몬왕은 두드려서 늘린 금 6.8kg 되는 600세겔이 들어간 큰 방패 200개와

17 두드려서 늘린 금 3마네[3]가 각각 들어간 작은 방패 300개를 만들었다. 왕은 이것들을 '레바논 숲[4]'이라고 부르는 궁에 두었다.

18 또 왕이 상아로 큰 보좌를 만들고 정금으로 입혔다.

19 그 보좌로 오르는 6개 계단과 보좌 뒤에 둥근 머리가 있고[5] 앉는 자리 양쪽에는 팔걸이가 있고, 팔걸이 곁에는 사자상이 하나씩 서 있었다.

20 또 12개의 사자상이 그 6개 계단 양쪽에 서 있었는데, 이같이 만든 것은 어느 나라에도 없었다.

21 솔로몬왕이 마시는 그릇은 다 금이고, 레바논 숲[4] 궁의 그릇들도 다 정금이었다. 은 기물이 없으니 솔로몬의 시대에는 은을 귀히 여기지 않을 정도였다.

22 이는 솔로몬왕이 바다에 다시스

---

1) 대하 9:4. 정신이 황홀하여　2) 대하 9:13-28　3) 대하 9:16, 300세겔　4) 나무　5) 대하 9:18, 금 발판이 있어 보좌와 이어졌고

배들을 정박시켜 히람왕의 배와 함께 시실리섬 혹은 스페인으로 알려진 다시스로 왕래하며 그 배로 3년에 한 차례씩 금과 은과 상아와 원숭이와 공작을 실어 왔기 때문이다.

23 이처럼 솔로몬왕의 부와 지혜가 세상의 그 어느 왕보다 많고 컸다.

24 천하의 모든 왕이 다 하나님께서 솔로몬의 마음에 주신 지혜를 듣기 위해 그의 얼굴 보기를 원했다.

25 그래서 그들은 은과 금 그릇과 의복과 갑옷과 향품과 말과 노새 등 예물을 가지고 왔는데, 그것은 해마다 정해진 수량이 있었다.

26 솔로몬이 병거와 마병의 수를 조사해 보니 병거가 1,400대이며[1], 마병이 1만 2,000명이었다. 이를 병거성에 두고 예루살렘에 있는 왕 옆에도 두었다.

27 솔로몬왕은 예루살렘에서 은을 돌처럼 많이 갖고 있었고[2], 백향목을 평지의 돌무화과나무[3]처럼 많이 소유하고 있었다.[4]

28 솔로몬의 말들은 애굽과 구에[5]에서 왕의 무역상들이 무리 단위로 정해진 값에 수입했다.

29 애굽에서 사들인 병거는 1대에 은 600세겔이고, 말은 1필에 150세겔이다. 이것을 헷 사람의 모든 왕과 아람 왕들에게 되팔기도 했다.

여호와를 떠난 솔로몬의 마음

11 솔로몬왕은 많은 이방의 여인을 사랑했다. 곧 바로의 딸 외에도 모압과 암몬과 에돔과 시돈과 헷 족속 여인 등을 후궁으로 맞았다.

2 여호와께서는 일찍이 이스라엘 백성에게 여러 이방 백성에 대해 경고하셨다. "너희는 그들과 서로 결혼하지 말며, 그들의 청혼이 있어도 받아들이지 말라. 그들이 반드시 너희 마음을 움직여 그들의 신들을 따르게 할 것이기 때문이다."[6] 그럼에도 솔로몬은 많은 이방 여인을 맞아들였다.

3 솔로몬왕은 후궁이 700명이며, 첩이 300명이었다. 그 여인들이 왕의 마음을 사로잡아 하나님에게서 멀어지도록 했다.

4 솔로몬이 늙자 그의 여인들이 솔로몬의 마음을 꾀어 다른 신들을 따르게 했다. 그래서 솔로몬의 마음은 그의 아버지 다윗만큼 그의 하나님을 온전히 섬기지 못했다.

5 이는 그가 시돈 사람의 아스다롯 여신과 암몬 사람의 혐오스러운 밀곰 신을 따르므로

6 여호와 앞에서 악을 행했기 때문이다. 그의 아버지 다윗은 여호와를 온전히 따랐지만 솔로몬은 그렇지 못했다.

7 솔로몬은 모압의 가증한 그모스 신과 암몬 자손의 혐오스러운 몰록 신을 위해 예루살렘 동쪽[7]산에 산당을 지었다.

8 더 나아가 자신의 이방 아내들을 위해 그녀들이 섬기는 신의 산당을 지어주었고, 그녀들이 자기의 신들에게 분향하며 제사를 드리도록 했다.

9-10 여호와께서 일찍이 2번이나 솔로몬에게 나타나 "다른 신을 따르지 말라"고 명령하셨지만 솔로몬이 마음을 돌이켜 하나님의 말씀에 순종하지 않자 여호와께서 그에게 진노하셨다.

---

1) 대하 9:25, 4,000대　 2) 대하 9:27, 은금을 돌같이 흔하게 하고　 3) 뽕나무　 4) 대하 1:15　 5) 대하 1:16　 6) 신 7:3-4　 7) 앞

11 이에 여호와께서 솔로몬에게 말씀하셨다. "네가 이방 신을 섬겨 산당을 지었고, 네가 내 언약과 내가 네게 명령한 규례를 지키지 않았기 때문에 내가 반드시 네게서 이 왕국을 떼어 네 신하에게 줄 것이다.

12 그러나 네 아버지 다윗을 생각해서 네가 통치하는 동안에는 그렇게 하지 않고 네 아들대에서 나라를 갈라놓을 것이다.

13 다만 내 종 다윗과 내가 선택한 예루살렘을 위해 이 나라를 다 빼앗지는 않고 한 지파는 네 아들에게 줄 것이다."

솔로몬을 대적한 하닷과 르손

14 ● 이에 여호와께서 에돔 족속의 왕손으로 에돔에 거주하던 하닷에게 솔로몬을 대적하도록 했다.

15 전에 다윗이 에돔에 있을 때 군대장관 요압이 에돔으로 가서 전쟁으로 살해당한 자들을 장사한 후 에돔의 남자를 다 쳐서 죽였는데, 그 당시

16 요압은 에돔 남자들을 다 죽이기까지 6개월 동안 이스라엘 무리와 함께 에돔에 머물렀다.

17 그때 하닷은 작은 아이로 그의 아버지 신하 가운데 에돔 사람 몇 명과 피신한 후 애굽으로 망명하기 위해

18 미디안을 떠나 바란광야로 갔고, 그곳에서 함께한 자들을 데리고 애굽으로 내려가서 애굽 왕에게 나아갔다. 그러자 바로는 그에게 집과 먹을 양식과 토지를 주었다.

19 하닷이 애굽 왕1)에게 큰 환심을 얻어 바로가 자기의 처제인 왕비 다브네스의 동생을 그의 아내로 주었다.

20 다브네스의 동생은 하닷을 통해 아들 그누밧을 낳았는데, 다브네스가 그 아이를 바로의 궁중에서 양육하도록 하자 그누밧이 바로의 궁에서 바로의 아들과 함께 자랐다.

21 하닷이 애굽에 망명 생활을 하는 동안 다윗과 그의 군대장관 요압이 죽었다는 소식을 듣고 바로에게 간청했다 "나를 애굽에서 보내어 내 고국 에돔으로 돌아가도록 허락해 주십시오."

22 애굽 왕이 그에게 대답했다. "네가 나와 함께 있는 동안 무엇이 부족해서 네 고국으로 돌아가려고 하느냐?" 그러자 하닷이 대답했다. "부족한 것은 없습니다. 그러나 부디 나를 보내 주십시오."

23 또 하나님께서 엘리아다의 아들 르손을 세워 솔로몬에 대적하도록 하셨다. 그는 그의 주인 하닷에셀에게서 도망한 자이다.

24 다윗이 소바 사람을 죽일 때 르손은 자기 사람들을 모아 그 무리의 우두머리가 되어 다메섹으로 가서 살다가 그곳에서 왕이 되었다.

25 결국 솔로몬은 사는 동안 하닷이 끼친 환난을 당했는데, 수리아의 왕이 된 르손도 계속해서 이스라엘의 솔로몬을 대적했다.

여로보암에게 하신 여호와의 말씀

26 ● 엎친 데 덮친 격으로 솔로몬왕의 신하인 느밧의 아들 여로보암이

다브네스(왕상 11:19)

다윗과 솔로몬 당시 애굽 왕의 왕비이다. 그녀의 여동생은 애굽으로 피난 온 하닷과 결혼하였다. 후에 하닷은 다윗과 요압이 죽은 후 다시 에돔으로 돌아와 솔로몬에게 대적했는데 왕상 11:20에 의하면 다브네스는 하닷과 그녀의 여동생 사이에서 태어난 그두밧을 바로의 궁중에서 젖을 떼게 하고 바로의 아들들과 함께 양육했다.

1) 바로

왕을 대적했다. 그는 에브라임 족속인 세렘 서남쪽 24㎞ 지점에 위치한 스레다 출신으로 어머니의 이름은 스루아로 과부였다.

27 그가 솔로몬왕에게 반기를 든 상황은 이랬다. 솔로몬이 예루살렘 동쪽 성벽에 성벽 요새인 밀로를 건축하고 그의 아버지 다윗이 건축한 다윗성의 갈라진 곳을 수리했는데,

28 당시 여로보암은 큰 용사였다. 솔로몬이 이 젊은이가 일을 잘 처리하는 부지런한 것을 보고 그를 요셉 족속의 부역 감독관으로 세웠다.

29 한번은 여로보암이 예루살렘성에서 나가 길을 갈 때 실로 출신 아히야 선지자를 만났다. 그는 새 의복을 입었고 그 두 사람만 들에 있었다.

30 아히야 선지자가 여로보암을 보고 자신이 입은 새 옷을 12조각으로 찢더니

31 여로보암에게 말했다. "너는 이 10조각을 가지라. 이스라엘의 하나님께서 이렇게 말씀하셨다. '내가 이 나라를 솔로몬의 손에서 찢어 빼앗아 10지파를 네게 줄 것이다.

32 다만 내 종 다윗과 이스라엘 모든 지파 가운데서 선택한 예루살렘성을 위해 한 지파는 솔로몬의 후손에게 줄 것이다.

33 그것은 그들이 나를 버리고 시돈 사람의 아스다롯 여신과 모압의 그모스 신과 암몬 자손의 밀곰 신을 경배하며 그의 아버지 다윗처럼 내 길로 행하지 않고, 내가 보기에 정직한 일과 내 법도와 규례를 행하지 않았기 때문이다.

34 그러나 내 법도를 지킨 다윗을 생각하여 솔로몬의 통치 기간에는 온 나라를 그의 손에서 빼앗지 않고 통치하게 할 것이다.

35 그러나 그가 죽은 뒤 그의 아들 대에서 나라를 빼앗아 그중 10지파를 네게 줄 것이다.

36 내가 솔로몬왕의 아들에게는 한 지파만 주어 나라를 다스리게 할 것이다. 그러면 그가 내 이름을 두려고 선택한 예루살렘성에서 다스림으로써 다윗에게 준 등불이 꺼지지 않게 할 것이다.

37 그러므로 내가 너를 선택하여 왕이 되게 하리니, 네 마음에 원하는 대로 이스라엘을 다스리라.

38 만일 네가 내 종 다윗이 행한 것처럼 내 규례와 명령한 모든 일에 순종하고 지켜 행하며 내 눈에 합당한 일을 하면 내가 너와 함께 할 것이다. 그리고 내가 다윗을 위해 견고한 집을 세운 것처럼 너를 위해서도 그렇게 하고, 이스라엘을 네게 줄 것이다.

39 내가 너를 통해 다윗의 자손을 괴롭게 하겠지만 영원히 하지는 않을 것이다'라고 하셨다."

40 이런 소문이 솔로몬에게 알려지자 솔로몬은 여로보암을 죽이려고 했다. 이에 여로보암이 애굽으로 도망하여 애굽 왕 시삭에게 가서 솔로몬이 죽기까지 그곳에 머물러 있었다.

솔로몬의 죽음

41 ● 솔로몬의 남은 업적과 그가 행한 모든 일과 그의 지혜는 솔로몬의 실록에 기록되었다.

42 솔로몬이 예루살렘에서 이스라엘을 통치한 기간은 40년이다.

43 솔로몬이 죽으니 그의 아버지 다윗의 성읍에 장사되고, 그의 아들 르호보암이 뒤를 이어 왕이 되었다.

북쪽 지파들의 배반[1]

12 ●솔로몬이 죽고 그 아들 르호보암이 왕이 된 후 르호보암은 세겜으로 갔다. 북쪽 온 지역의 이스라엘 백성이 그를 왕으로 삼기 위해 세겜에 모였기 때문이다.

2 한편 느밧의 아들 여로보암은 전에 자기를 죽이려는 솔로몬왕을 피해 애굽으로 망명해 있었는데[2] 솔로몬이 죽었다는 소문을 들었다.[3]

3 그래서 북쪽에 있는 이스라엘 무리가 사람을 보내 그를 불렀다. 이에 여로보암과 온 이스라엘의 회중이 르호보암에게 와서 요구 조건을 말했다.

4 "왕의 아버지 솔로몬께서 우리의 멍에를 무겁게 했지만 이제 왕은 왕의 아버지께서 우리에게 시킨 고역과 메운 무거운 멍에를 가볍게 해주십시오. 그렇게 해주면 우리가 계속해서 왕을 섬기겠습니다."

5 그러자 르호보암이 그들에게 대답했다. "3일 후 다시 내게로 오라."

6 르호보암왕이 그의 아버지 솔로몬의 통치 때 왕을 섬겼던 원로 정치인들과 의논하기를 "너희는 어떻게 권고하여 이 백성에게 대답하게 하겠느냐?"라고 하니

7 그들이 대답했다. "만일 오늘 왕께서 이 백성의 섬기는 종이 되어 그들을 섬기고 좋은 말로 대답하시면 그들이 영원히 왕의 종이 되어 섬길 것입니다."

8 그러나 르호보암왕은 원로 정치인들이 조언하는 것을 버리고 지금 함께 있는 젊은 신하들과 의논했다.

9 "너희는 어떻게 이 북쪽 지역의 백성에게 대답하도록 조언하겠느냐? 그들이 내게 말하기를 '왕의 아버지가 우리에게 메운 멍에를 가볍게 하라'고 했다."

10 그러자 자기와 함께 자라난 젊은 신하들이 왕께 대답했다. "이 백성들이 왕의 아버지께서 지운 무거운 멍에를 가볍게 해달라고 요청했으나 왕은 이렇게 대답하시기 바랍니다. '내 새끼 손가락이 내 아버지의 허리보다 굵다.

11 내 아버지께서 너희에게 무거운 멍에를 지웠다고 했는데, 이제 나는 더 무거운 멍에를 지게 할 것이다. 내 아버지는 너희를 가죽 채찍으로 다스렸지만[4] 나는 전갈과 같은 채찍으로 너희를 다스릴 것이다'라고 하십시오."

12 3일 만에 여로보암과 북쪽 10지파의 백성이 르호보암에게 나아왔다. 이는 왕이 "3일 후 내게로 다시 오라"고 명령했기 때문이다.

13 그들이 오자 르호보암왕은 원로들의 조언을 버리고 포학한 말로

14 젊은 신하들의 조언을 따라 북쪽 지역의 백성에게 대답했다. "내 아버지는 너희의 멍에를 무겁게 했지만, 나는 너희의 멍에를 더욱 무겁게 할 것이다. 내 아버지는 가죽 채찍으로 너희를 다스렸지만, 나는 전갈과 같은 채찍으로 너희를 다스릴 것이다."

15 이같이 르호보암왕은 북쪽 지역의 백성의 말을 듣지 않았는데, 이 일은 여호와께서 그렇게 하신 것이다. 곧 이전에 실로 출신 아히야를 통해 느밧의 아들 여로보암에게 하신 말씀을 이루려고 하신 것이다.

16 북쪽 지역의 이스라엘 백성이 자기들의 요구를 왕이 듣지 않은 것을

1) 대하 10:1-19   2) 왕상 11:40   3) 대하 10:2, 애굽에서부터 돌아오매   4) 징계하였으나

보고 왕을 향해 말했다. "우리가 다윗과 무슨 관계가 있는가? 우리는 이새의 아들에게서 더 이상 받을 유업이 없다. 이스라엘아, 이제 너희의 장막 집으로 돌아가라. 다윗이여, 이제 너는 네 가문[1]이나 돌보라." 그리고 북쪽 지역의 이스라엘이 각자 자기 장막 집으로 돌아갔다.

17 그러나 유다 지역의 성읍들에 사는 이스라엘 자손은 여전히 르호보암의 통치 아래 남아 있었다.

18 이런 상황에서 르호보암왕이 아도람[2]을 북쪽 지역의 일꾼의 감독으로 보냈다. 그러나 북쪽 지역의 이스라엘 자손이 아도람을 돌로 쳐 죽였고, 르호보암왕은 급히 수레에 올라 예루살렘으로 도망했다.

19 이에 이스라엘은 다윗의 가문에 반역하여 오늘까지 왔다.

20 북쪽 지역의 이스라엘이 여로보암이 돌아왔다는 소식을 듣고 사람을 보내 그를 공회로 오게 하여 북쪽 10지파의 이스라엘 왕으로 삼았다. 결국 유다와 베냐민 지파밖에는 다윗의 가문을 따르는 자가 없었다.

스마야가 전한 하나님의 말씀[3]

21 ● 북쪽 지역의 지파가 자신을 배반하자 예루살렘에 도착한 르호보암은 유다 온 족속과 베냐민 지파 족속에서 군사를 소집했는데, 그 수가 18만 명이었다. 그들은 북쪽 지역의 이스라엘 족속과 싸워 나라가 분열되지 않도록 하여 솔로몬의 아들 르호보암에게 돌리기 위해 모였다.

22 이때 하나님께서 하나님의 사람 스마야에게 말씀하셨다.

23 "솔로몬의 아들 유다 왕 르호보암과 유다와 베냐민에 속한 모든 족속과 나머지 모든 백성에게 이르기를

24 '여호와의 말씀이 너희는 싸우러 올라가지 말라. 너희 형제인 북쪽 지역의 이스라엘 자손과 싸우지 말고 자기 집으로 돌아가라. 이 일은 나로 말미암아 된 것이다'라고 하라." 그러자 그들이 스마야를 통해 하신 여호와의 말씀을 듣고 여로보암을 치러 가던 길에서 되돌아왔다.

여로보암의 금송아지 제단

25 ● 여로보암은 북쪽 지역의 왕이 되어 에브라임 산지에 세겜성을 건축한 후 그곳에 거주하며 나라를 다스렸다. 또 거기서 나가 요단강 동쪽 얍복 강변에 부느엘을 건축했다.

26 그러나 그는 북쪽 사람들이 제사를 위해 예루살렘으로 내려가는 것을 보고 마음속으로 생각했다. '이대로 가면 나라가 다윗의 가문[1]으로 돌아갈 것이다.

27 만일 이 백성이 여호와의 성전에 제사를 드리기 위해 예루살렘으로 올라가면 이 백성의 마음이 유다 왕이 된 그들의 주인인 르호보암에게로 돌아갈 수 있다. 그러면 그들이 나를 죽이고 유다 왕 르호보암에게로 되돌아갈 것이다.'

28 이에 여로보암은 계획을 세워 두 금송아지를 만든 후 무리에게 말했다. "너희가 제사를 드리기 위해 다시는 예루살렘에 올라갈 필요가 없다. 이스라엘아, 이것이 바로 너희를 애굽 땅에서 이끌어내어 이곳으로 인도한 너희 신들이다." 그러고는

---

1) 집 2) 대하 10:18, 하도람 3) 대하 11:1-4

29 하나는 남쪽의 벧엘에 두고, 하나는 북쪽의 단에 두었다.

30 이 일은 하나님 앞에 큰 죄가 되었다. 백성들이 단까지 가서 그 금송아지에게 경배해야 했기 때문이다.

31 더 나아가 여로보암은 산당들을 짓고 레위 자손이 아닌 일반인을 제사장으로 삼았다.

32-33 그가 자기 마음대로 여덟 번째 달인 11월 15일을 절기로 정해 유다의 절기와 비슷하게 하고, 벧엘의 제단에 올라가서 그가 만든 송아지에게 제사를 드렸으며, 그가 지은 산당의 제사장을 벧엘에서도 세웠다.

벧엘 제단과 늙은 선지자

13 ● 그때 하나님의 사람이 여호와의 명령에 따라 유다 지역에서 벧엘로 왔는데 마침 여로보암이 그곳 산당의 제단 곁에 서서 분향하고 있었다.

2 이에 하나님의 사람이 제단을 향해 여호와의 말씀으로 외쳤다. "제단아, 제단아, 여호와께서 이같이 말씀하신다. '다윗의 가문에서 요시야라고 이름하는 아들이 태어날 것이다. 그가 분향하는 산당 제사장들을 네 위에서 죽여 제물로 바치며, 네 위에서 그 제사장들의 뼈를 불사를 것이다'라고 하셨다." 1)

3 그날 그가 그 말이 확실하다는 증거를 들어 말했다. "이것이 여호와께서 말씀하신 증거이다. 그것은 벧엘의 제단이 갈라지며 그 위에 있는 재가 쏟아질 것이다."

4 여로보암왕이 하나님의 사람이 하는 말을 듣고 제단에서 손을 펴서 "저 놈을 잡으라"고 명령했다. 그 순간 하나님의 사람을 향해 펼친 손이 마비되어 다시 오므릴 수 없었다.

5 그리고 하나님의 사람이 여호와의 말씀으로 말한 증거대로 제단이 갈라지고, 재가 제단에서 쏟아져 내렸다.

6 그러자 여로보암왕이 하나님의 사람에게 말했다. "너는 나를 위해 네 하나님께 간구하여 내 손이 다시 정상이 되도록 하라." 이에 하나님의 사람이 여호와께 간구하자 왕의 손이 정상으로 돌아왔다.

7 이런 징조가 있자 왕이 하나님의 사람에게 말했다. "나와 함께 내 집에 가서 쉬라. 내가 네게 선물을 주겠다."

8 하나님의 사람이 왕에게 대답했다. "왕의 집 절반을 준다고 해도 나는 왕과 함께 가지 않고, 이곳에서는 빵도 먹지 않고, 물도 마시지 않을 것입니다.

9 여호와께서 내게 명령하시기를 '너는 빵도 먹지 말고, 물도 마시지 말고, 왔던 길로 되돌아가지도 말라'고 하셨기 때문입니다."

10 이에 하나님의 사람은 자기가 벧엘에 오던 길로 가지 않고 다른 길로 갔다.

11 벧엘에 한 늙은 선지자가 살고 있었다. 하루는 그의 아들들이 와서 이날에 하나님의 사람이 벧엘에서 행한 모든 일과 그가 왕에게 한 말을 그 아버지에게 이야기했다.

12 아들의 말을 들은 아버지가 그들에게 물었다. "그가 어느 길로 가더냐?" 이렇게 물은 것은 자기의 아들들이 유다에서 온 하나님의 사람이 간 길을 알고 있었기 때문이다.

13 그가 아들들에게 말했다. "내가 떠날 수 있도록 나귀에 안장을 지우라."

1) 왕하 23:16

아들들이 나귀에 안장을 지우자 그 늙은 선지자가 나귀를 타고

14 하나님의 사람을 뒤쫓아가서 상수리나무 아래에 앉아 있는 것을 보고 말했다. "당신이 유다에서 온 하나님의 사람이냐?" 그가 "그렇다"라고 대답하자

15 늙은 선지자가 그 사람에게 말했다. "나와 함께 내 집으로 가서 빵1)을 먹자."

16 그가 대답했다. "나는 당신과 함께 가지도 집에 들어가지도 않고, 이곳에서 당신과 함께 빵도 먹지 않고 물도 마시지 않을 것입니다.

17 여호와께서 내게 '그곳에서는 빵도 먹지 말고, 물도 마시지 말며, 네가 오던 길로 되돌아가지도 말라'고 말씀하셨기 때문입니다."

18 늙은 선지자가 유다 지역에서 온 하나님의 사람을 속여 말했다. "나도 당신과 같은 선지자다. 천사가 여호와의 말씀으로 내게 이르기를 '그를 네 집으로 데려와서 그에게 빵1)을 먹이고 물을 마시게 하라'고 하셨다."

19 이에 그 사람이 늙은 선지자와 함께 벧엘로 돌아가서 그의 집에서 빵을 먹고 물을 마셨다.

20 그들이 상 앞에 앉아 있을 때 여호와의 말씀이 하나님의 사람을 데려온 벧엘의 늙은 선지자에게 임했다.

21 그래서 그는 유다에서 온 하나님의 사람을 향해 외쳤다. "여호와께서 말씀하셨다. 네가 내 말씀을 어기며, 네게 내린 내 명령을 지키지 않고

22 돌아와서 여호와가 네게 빵도 먹지 말고 물도 마시지 말라고 하신 곳에서 빵을 먹고 물을 마셨으니 네가 죽어 네 조상들의 묘실에 묻히지 못할 것이다."

23 그리고 자신이 데리고 온 선지자가 빵을 먹고 물을 마신 후에 그를 위해 나귀에 안장을 지워 주었다.

24 이에 유다에서 온 하나님의 사람이 가더니 사자가 길에서 그를 만나 물어 죽였다. 그의 시체는 길에 버려졌는데, 나귀는 그 시체 옆에 서 있고 사자도 그 옆에 서 있었다.

25 지나가는 사람들이 그 모습을 보고 그 늙은 선지자가 사는 벧엘 성읍에 가서 알려주었다.

26 벧엘의 늙은 선지자가 그 소식을 듣고 말했다. "그는 여호와의 말씀을 어긴 하나님의 사람이다. 여호와께서 그에게 말씀하신 대로 그를 사자에게 넘겨주어 사자가 그를 찢어 죽게 하셨다."

27 그리고 그의 아들들에게 말했다. "내가 집을 떠나도록 나귀에 안장을 지우라." 그 아들들이 안장을 지우자

28 그가 가서 보니 자기 집에 왔던 하나님의 사람의 시체가 길에 버려져 있었다. 나귀와 사자는 그 시체 곁에 서 있었는데, 사자가 시체를 먹지도 않았고 나귀를 물어 죽이지도 않았다.

29-30 이에 늙은 선지자가 하나님의 사람의 시체를 나귀에 싣고 자기

빵, 떡(왕상 13:15~19)

곡식 가루를 반죽하여 찌거나 삶아서 만든 음식의 총칭이다. 그러나 성경의 떡은 우리나라의 떡의 개념과는 다른 것이며 오히려 빵이 더 적절한 번역이다. 팔레스틴과 근동 지역에서 떡(빵)은 주식으로 이용되었다. 빵은 음식용 외에도 제사용으로도 사용되었는데(출 29:23), 성소에는 하나님을 위해 거룩한 빵을 진설했다(출 40:23).

1) 떡

성읍 벧엘로 돌아와서 그의 시체를 자기의 무덤에 장사한 후 "오호라. 내 형제여"하며 그를 위해 통곡했다.

31 그를 장사한 후 늙은 선지자가 그 아들들에게 유언했다. "내가 죽거든 하나님의 사람을 장사한 무덤에 나를 장사하고 내 뼈를 그의 뼈 옆에 두라.

32 장사를 지낸 하나님의 사람이 여호와의 말씀으로 벧엘에 있는 제단과 사마리아 성읍들에 있는 모든 산당을 향해 외친 말이 반드시 이루어질 것이다."

33 이 일 후에도 여로보암왕이 그의 악한 길에서 떠나 돌이키지 않고 오히려 누구든지 자원하면 일반인도 산당의 제사장으로 세웠다.

34 이 일이 여로보암 가문²에 죄가 되어 그 가문이 땅 위에서 끊어져 멸망하게 되었다.

여로보암의 아들의 죽음

14 ● 그때 여로보암의 아들 아비야가 병들었다.

2 여로보암이 자기 아내에게 말했다. "당신은 사람들이 그대가 여로보암의 아내인 것을 알지 못하도록 변장하고 50㎞ 정도 떨어진 실로로 가라. 그곳에 가면 이전에 내가 이 백성의 왕이 되리라고 말해 준 아히야 선지자가 있을 것이다.

3 갈 때 빵 10개와 과자와 꿀 한 병을 가져가라. 그러면 그가 이 아이가 어떻게 될지를 알려줄 것이다."

4 여로보암의 아내가 남편이 시키는 대로 실로로 가서 아히야 선지자의 집에 이르렀다. 당시 아히야는 매우 늙었기 때문에 눈이 어두워 잘 보지 못했다.

5 여로보암의 아내가 오기 전 여호와께서 아히야에게 말씀하셨다. "여로보암의 아내가 자기 신분을 속이고 변장한 모습으로 자기 아들이 병든 것에 대해 네게 물으러 올 것이다. 그때 너는 이렇게 대답하라."

6 여로보암의 아내가 문으로 들어올 때 아히야 선지자가 그 발소리를 듣고 말했다. "여로보암의 아내여, 들어오라. 그런데 네가 왜 다른 사람인 척 변장했느냐? 내가 하나님의 명령을 받아 좋지 않은 일을 당신에게 전할 것이다.

7 당신은 집으로 돌아가서 여로보암에게 전하라. 이스라엘의 하나님의 말씀이 내가 너를 백성 가운데서 높여 내 백성 이스라엘의 통치자가 되게 하고,

8 나라를 다윗의 가문²에서 떼어 네게 주었다. 내 종 다윗은 내 명령을 지키고 마음을 다해 나를 따랐으며, 내가 보기에 정직한 일만 행했다. 그런데 너는 그렇게 살지 않았다.

9 더구나 이전 통치자들보다 더 악을 행하고, 나를 배신하여 자신의 통치를 위해 다른 신과 우상을 만들어 나를 분노케 했다.

10 그러므로 내가 여로보암의 가문에 재앙을 내려 여로보암에게 속한 남자는 종이나 자유자나 모두 끊어 쓰레기를 버리듯 여로보암의 가문을 쓸어버릴 것이다.

11 여로보암에게 속한 사람으로 성읍에서 죽은 자들은 개가 먹고, 들에서 죽은 자들은 공중의 새가 먹을 것이다. 이것은 여호와께서 말씀하신 것이다.

12 이제 당신은 일어나 네 집으로 가라. 네가 성읍³에 발을 내디딜 때 그 아이가 죽을 것이다.

1) 왕상 13:2　2) 집　3) 집 문지방

13 온 이스라엘이 아이의 죽음에 애통해하며 장사를 지낼 것인데, 여로보암 가문에서는 오직 이 아이만 무덤에 들어갈 것이다. 이는 그 아이만이 여로보암의 가문에서 이스라엘의 하나님께서 보시기에 선한 뜻을 품었기 때문이다.

14 여호와께서 북이스라엘을 다스릴 또 다른 한 왕을 세우시리니 그가 왕위에 오르는 날 여로보암의 가문을 끊어 버릴 것이다. 그때가 바로 지금이다.

15 여호와께서 북이스라엘을 쳐 물에서 흔들리는 갈대처럼 되게 하시고, 이스라엘을 그의 조상들에게 주신 이 좋은 땅에서 뿌리째 뽑아 그들을 유프라테스강 동쪽 너머로 흩으실 것이다. 이는 그들이 아세라 상을 만들어 여호와를 분노케 했기 때문이다.[1]

16 여호와께서 여로보암의 죄로 인해 이스라엘을 버리시리니 이는 자신도 범죄하고 이스라엘로 범죄하게 했기 때문이다."

17 여로보암의 아내가 일어나 실로 북쪽 50km 지점에 있는 디르사로 돌아가서 집 문지방에 이를 때 그의 아들 아비야가 죽었다.

18 온 이스라엘이 그를 장사하고 그의 죽음으로 애통해 하니 여호와께서 그의 종 아히야 선지자를 통해 하신 말씀과 같이 되었다.

북이스라엘 왕 여로보암의 죽음

19 ●북쪽 여로보암이 생전에 싸운 일과 나라를 다스린 행적은 북이스라엘 왕 역대지략에 기록되었다.

20 여로보암 즉위 22년째 여호와께서 그를 치심으로 죽었고, 그의 아들 나답이 뒤를 이어 북이스라엘의 두 번째 왕이 되었다.[2]

유다 왕 르호보암의 악행과 애굽 시삭의 침략[3]

21 ●솔로몬의 아들 르호보암은 유다 왕위에 오를 때 나이가 41세였다. 여호와께서 자기 이름을 두시기 위해 이스라엘 모든 지파 가운데서 선택한 예루살렘성에서 스스로 세력을 굳게 하여 17년 동안 나라를 다스렸다. 그의 어머니는 암몬 여인 나아마이다.

22 유다 지역의 백성들도 여호와께서 보시기에 그의 조상들의 모든 악행보다 더 많은 악행을 저질러 그 죄로 인해 여호와를 분노케 했다.

23 이는 그들도 북쪽 이스라엘처럼 높은 언덕과 푸른 나무 아래마다 산당과 우상과 아세라 상을 세웠기 때문이다.

24 또 신전[4]에서 음행하는 남자 창기들이 있었고, 여호와께서 이스라엘 자손 앞에서 쫓아내신 모든 혐오스러운 일을 다시 행했다.

25 유다가 여호와께 범죄하므로 르호보암왕 5년에 애굽 왕 시삭 2세가 예루살렘을 치러 올라왔다.

26 여호와의 성전에 있던 보물과 왕궁의 보물과 솔로몬이 만든 금 방패[5]도 빼앗아 갔다.

27 그래서 르호보암왕은 금 대신 놋으로 방패를 만들어 왕궁 문을 지키는 경호 책임자인 시위대 대장의 손에 맡기니

28 왕이 여호와의 성전에 들어갈 때마다 경호하는 자가 그 방패를 들고 갔다가 경호실로 도로 가져갔다.[6]

29 르호보암의 처음부터 끝까지 남은 행적과 그가 행한 모든 일은 스마야 선견자와 잇도 선견자의 역사

1) 왕하 17:6   2) 대하 13:20하   3) 대하 12:2, 9~16   4) 그땅   5) 대하 9:15~16   6) 대하 12:9~11

책과 유다 왕 역대지략에 기록되었다.

30 남쪽의 르호보암과 북쪽의 여로보암 사이에는 그들이 통치하는 기간 늘 전쟁이 있었다.

31 르호보암이 죽자 그의 조상들이 묻힌 다윗성에 장사되었다. 그의 어머니는 암몬 여인 나아마이다. 그의 아들 아비얌[1]이 뒤를 이어 유다의 왕이 되었다.

유다 왕 아비야[2]

15 ● 느밧의 아들 북이스라엘 여로보암왕 18년에 아비야가 유다의 왕이 되어

2 예루살렘에서 3년 동안 나라를 다스렸다. 그의 어머니는 아비살롬[3]의 딸 마아가[4]이다.

3 아비얌[5]왕은 그의 아버지 르호보암이 이미 행한 모든 죄를 그대로 따라 행하고, 그의 마음이 그의 조상 다윗의 마음과 달리 그의 하나님 앞에 온전하지 못했다.

4 그럼에도 그의 하나님께서는 다윗을 위해 예루살렘에 한 등불을 주시니 그의 뒤를 이을 아들을 세워 예루살렘을 굳건하게 세워 주셨다.

5 이는 다윗이 헷 사람 우리아의 일[6] 외에는 평생 여호와께서 보시기에 바르게 행하고, 자기에게 명령한 모든 일을 어긴 일이 없었기 때문이다.

6 남쪽의 르호보암과 북쪽의 여로보암 사이에는 그들이 사는 동안에는 늘 전쟁이 있었다.

7 유다의 아비야와 북이스라엘의 여로보암 사이에도 전쟁이 있었다. 아비야의 남은 행적과 그 행한 모든 일과 그의 말은 유다 왕 역대지략과 잇도 선지자의 역사책에 기록되었다.

8 ● 아비야가 죽자 다윗성에 장사되었다. 그 아들 아사가 뒤를 이어 왕이 되었다.

9 아사는 북이스라엘 여로보암왕 20년에 유다 왕이 되어

10 예루살렘에서 41년 동안 나라를 다스리니 그의 시대에는 그의 땅이 10년 동안 태평했다. 그의 어머니는 아비살롬의 딸 마아가이다.

11 아사가 그의 하나님께서 보시기에 그의 조상 다윗처럼 선하고 옳고 바르고 정직하게 행하여

12 남자 창기들을 나라 밖으로 쫓아내고, 그의 조상들이 만든 모든 우상을 없앴다.

13 또 아사왕은 혐오스러운 아세라 목상을 만든 어머니 마아가의 태후 자리를 폐위시켰다. 그리고 그가 만든 우상을 찍고 그것을 빻아 기드론 골짜기[8]에서 불살랐다.

14 그러나 산당은 이스라엘 가운데서 없애지 않았다. 아사는 사는 날 동안 여호와를 섬기는 마음이 변함이 없었다.

15 그가 그의 아버지 아비야가 거룩하게 구별한 물건과 자기가 거룩하게 구별한 물건, 곧 은과 금과 그릇들을 여호와의 성전에 드렸다.

유다 왕 아사와 북이스라엘 왕 바아사[9]

16 ● 유다 왕 아사와 북이스라엘의 왕 바아사 사이에는 전쟁이 끊이지 않았다.

17 아사왕 36년에 북이스라엘의 왕 바아사가 유다를 치러 올라와서 북쪽 사람들을 유다 왕 아사와 왕래하지

---

1) 대하, 아비야   2) 대하 13:1-2,22   3) 대하 13:2, 우리엘
4) 대하 13:2, 미가야   5) 아비야   6) 삼하 11장   7) 대하 14:1-2, 16-18   8) 시냇가   9) 대하 16:1-6

못하게 하기 위해 국경 근처에 라마를 건축하려고 했다.

18 이에 아사가 여호와의 성전과 왕궁 창고에 남아 있는 은금을 모두 가져다가 신하를 통해 다메섹에 거주하고 있는 아람의 왕 헤시온의 손자, 다브림몬의 아들 벤하닷에게 보내며 부탁했다.

19 "나와 당신 사이에 약조가 있고, 내 아버지와 당신의 아버지 사이에도 있었다. 이제 내가 당신에게 은금 예물을 보냈으니 북이스라엘의 왕 바아사와 세운 언약을 파기하고 그를 공격하여 그가 나를 떠나게 하라."

20 그러자 아람 왕 벤하닷이 아사왕의 말을 듣고 그의 군대장관들을 보내 북이스라엘 성읍인 이욘, 단, 아벨 벧마아가1) 그리고 긴네렛과 납달리 온 땅의 모든 국고성을 침략했다.

21 이 소식을 들은 바아사는 라마 건축 공사를 중단하고 세겜 북쪽 15㎞ 지점의 디르사로 돌아가 그곳에서 나라를 다스렸다.

22 이에 아사왕이 예외 없이 라마에 오도록 온 유다에 명령을 내려 바아사가 라마를 건축하려고 했던 돌과 재목을 가져오게 하고 그것으로 베냐민 지역에 게바와 미스바를 건축했다.2)

아사의 말년과 죽음3)

23 ● 아사의 일평생 행적과 모든 권

세와 그가 행한 모든 일과 성읍을 건축한 일은 유다 왕 역대지략4)에 기록되었다. 아사가 유다의 왕이 된 지 39년 그가 늙었을 때 발에 병이 들어 매우 위독했으나 여호와께 구하지 않고 의원들에게 구했다.

24 아사가 왕위에 오른 뒤 41년 만에 죽자 그의 조상 다윗성에 준비한 자기 무덤에 향 제조법대로 만든 온갖 향 재료를 가득 채운 침상에 그의 시체를 장사했다. 그의 아들 여호사밧이 뒤를 이어 왕이 되었다.

북이스라엘 왕 나답

25 ● 유다의 아사왕 즉위 2년에 여로보암의 아들 나답이 북이스라엘 왕이 되어 2년 동안 나라를 다스렸다.

26 그가 여호와께서 보시기에 악을 행하며, 그의 아버지가 행한 악한 길을 그대로 따랐으며, 아버지가 이스라엘에게 범하게 한 금송아지 숭배 죄도 그대로 행했다.

27 이에 잇사갈 집안 아히야의 아들 바아사가 그에게 반기를 들었다. 마침 나답과 온 북이스라엘이 깁브돈을 에워싸고 있을 때 블레셋 사람에게 속한 깁브돈에서 그를 살해했다.

28 유다의 아사왕 3년에 북이스라엘의 바아사가 나답을 죽이고 대신하여 북이스라엘의 왕이 되었다.

29 그는 왕이 되자마자 여로보암의 온 가문에 속한 자는 한 사람도 남기지 않고 모두 죽였다. 이것은 여호와께서 그의 종 실로 출신 아히야 선지자를 통해 하신 말씀5)과 같게 된 것이다.

30 그것은 바로 여로보암이 범죄하고, 북이스라엘에게 죄를 짓게 한

1) 대하 16:4, 아벨마임 2) 대하 16:5~6 3) 대하 16:11~14
4) 대하 16:11, 유다와 이스라엘 열왕기 5) 왕상 14:10~11

것과 그가 이스라엘의 하나님을 분노케 한 일 때문이었다.

31 나답의 남은 행적과 행한 모든 일은 북이스라엘 왕 역대지략에 기록되었다.

32 유다 왕 아사와 북이스라엘의 왕 바아사 사이에는 전쟁이 끊이지 않았다.

북이스라엘 왕 바아사

33 ● 유다의 아사왕 3년에 아히야의 아들 바아사가 디르사에서 북이스라엘의 왕이 되어 24년 동안 나라를 다스렸다.

34 바아사가 여호와께서 보시기에 악을 행하되 여로보암이 행한 악한 길을 그대로 따랐으며, 그가 북이스라엘에게 범하게 한 금송아지 숭배 죄도 그대로 행했다.

16 여호와의 말씀이 하나니의 아들 예후 선지자에게 임하여 북이스라엘 왕 바아사를 꾸짖어 말했다.

2 "내가 보잘것없는 너를 티끌과 같은 데서 들어 내 백성 이스라엘의 통치자가 되게 했음에도 너는 여로보암의 악한 길을 따라 행하며, 내 백성 이스라엘로 범죄하게 하여 그들의 죄로 나를 분노케 했다. 그러므로

3 내가 너와 네 집을 쓸어버려 네 집이 느밧의 아들 여로보암의 가문처럼¹⁾ 되게 할 것이다.

4 바아사에게 속한 사람으로 성 안에서 죽은 자는 성읍에 있는 개가 먹고, 들에서 죽은 자는 공중의 새가 먹을 것이다."

5 바아사의 남은 행적과 그가 행한 모든 일과 권세는 북이스라엘 왕 역대지략에 기록되었다.

6 바아사가 죽어 디르사에 장사되고,

그의 아들 엘라가 뒤를 이어 왕이 되었다.

7 여호와의 말씀이 하나니의 아들 예후 선지자에게도 임하여 북이스라엘 왕 바아사와 그의 가문²⁾을 꾸짖었다. 그것은 그가 여로보암과 그의 가문이 행한 것처럼³⁾ 여호와께서 보시기에 모든 악을 행하고, 여로보암의 가문의 사람들을 다 죽임으로 여호와를 분노케 했기 때문이다.

북이스라엘 왕 엘라

8 ● 유다의 아사왕 26년 바아사의 아들 엘라가 디르사에서 북이스라엘의 왕이 되어 2년 동안 나라를 다스렸다.

9 엘라가 디르사에 있을 때 왕궁을 맡은 아르사의 집에서 마시고 취했을 때 왕의 병거 절반을 통솔한 지휘관인 시므리가 반역을 일으켜

10 그 집에 들어가 엘라를 죽이고 자신이 왕이 되었다. 이때가 유다의 아사왕 27년이었다.

11 시므리는 왕이 되자마자 바아사 집안의 모든 남자, 그의 친족이든지 그의 친구든지 한 사람도 남기지 않고 모조리 죽였다.

12 이는 예후 선지자를 통해 바아사를 꾸짖어 하신 여호와의 말씀처럼⁴⁾ 된 것이다.

13 그것은 바아사와 그의 아들 엘라가 저지른 모든 죄 때문이다. 또 그들 자신이 범죄하고, 북이스라엘에게 범죄하게 하여 그들의 헛된 것들로 이스라엘의 하나님을 분노케 했기 때문이다.

14 엘라의 남은 행적과 행한 모든 일은 북이스라엘 왕 역대지략에 기록되었다.

1) 왕상 14:10　2) 집　3) 왕상 15:29　4) 왕상 16:3-4

북이스라엘 왕 시므리

15 ● 유다의 아사왕 27년 시므리는 디르사에서 불과 7일 동안 북이스라엘의 왕 노릇을 했다. 그때 북이스라엘 백성이 블레셋에게 속한 깁브돈을 향해 진을 치고 있었는데,

16 진중의 백성들이 시므리가 반역하여 왕을 죽였다는 말을 들었다. 그날 북이스라엘의 군사들이 진영에서 군대장관인 오므리를 북이스라엘의 왕으로 추대했다.

17 이에 오므리가 진영에 있는 이스라엘의 군사들을 거느리고 깁브돈에서 북동쪽으로 약 70㎞를 올라와 수도인 디르사를 포위했다.

18 시므리는 성읍이 함락되는 것을 보고 성 안의 왕궁 요새로 들어가 왕궁에 불을 지르고 그 불 가운데 죽었다.

19 그가 이렇게 된 것은 여호와께서 보시기에 악을 행했기 때문이다. 그는 여로보암의 길을 그대로 따라 행하며, 이스라엘에게 죄를 범하게 한 금송아지 숭배 죄도 행했다.

20 시므리의 남은 행위와 그가 반역한 일은 북이스라엘 왕 역대지략에 기록되었다.

북이스라엘 왕 오므리

21 ● 그때 북쪽 이스라엘 백성이 기낫의 아들 디브니를 지지하는 쪽과 오므리를 지지하여 왕을 삼으려는 쪽 둘로 나뉘었다.

22 오므리를 따른 백성이 기낫의 아들 디브니를 따르던 백성을 이겨 디브니가 죽자 오므리가 왕이 되었다.

23 유다의 아사왕 31년 오므리가 북이스라엘의 왕이 되어 12년 동안 왕위에 있으면서 디르사에서 6년 동안 나라를 다스렸다.

24 디르사 통치 6년이 되던 해 오므리는 세멜에게서 은 68㎏ 되는 2달란트를 주고 사마리아산을 구입한 후 그 산 위에 성읍을 건축하고 그 건축한 성읍 이름을 그 산의 주인이었던 세멜의 이름을 따라 '사마리아'라고 불렀다.

25 오므리가 여호와께서 보시기에 이전의 모든 왕¹⁾보다 더욱 악하게 행하여

26 느밧의 아들 여로보암의 모든 악한 길을 그대로 따라 행하며, 그가 북이스라엘에게 죄를 범하게 한 금송아지 숭배 죄도 행하여 그들의 헛된 것들로 이스라엘의 하나님을 분노케 했다.

27 오므리가 행한 그 남은 행적과 그가 휘두른 권세는 북이스라엘 왕 역대지략에 기록되었다.

28 오므리가 죽어 사마리아에 장사되고, 그의 아들 아합이 뒤를 이어 왕이 되었다.

북이스라엘 왕 아합의 즉위

29 ● 유다의 아사왕 38년 오므리의 아들 아합이 북이스라엘의 왕이 되었다. 오므리의 아들 아합이 사마리아에서 22년 동안 북이스라엘을 다스렸다.

30 아합이 이전의 모든 왕¹⁾보다 여호와께서 보시기에 더 큰 악을 행하여

31 느밧의 아들 여로보암의 죄를 따라 행하는 것보다 더 컸다. 그는 시돈 왕 엣바알의 딸 이세벨을 아내로 삼고 바알을 섬기며 예배했다.

32 또 사마리아에 건축한 바알 신전 안에 바알을 위해 제단을 쌓고,

33 아세라 상을 만들었다. 그는 그 이전의 북이스라엘의 어떤 왕보다 이스라엘 하나님을 크게 분노케 했다.

34 아합왕 때 벧엘 출신 히엘이 여리

1) 사람

고를 건축했다. 그가 성터를 쌓을 때 맏아들 아비람을 잃었고, 그 성문을 달 때 막내아들 스굽을 잃었으니 그것은 여호와께서 눈의 아들 여호수아를 통해 하신 말씀[1]과 같이 된 것이다.

북이스라엘 아합 때 엘리야와 가뭄 예언

17 ● 요단강 동쪽의 길르앗 지역에 거주하는 자들 가운데 디셉 출신 엘리야가 아합왕에게 외쳤다. "내가 섬기는 이스라엘의 하나님께서 살아계시는 한 맹세한다. 내가 다시 말하기까지 수년 동안[2] 비뿐 아니라 이슬도 내리지 않을 것이다."

2 여호와께서 엘리야에게 말씀하셨다.

3 "너는 이곳 요단강 서쪽을 떠나 요단강 동쪽에 있는 그릿 시냇가로 가서 숨고,

4 그 시냇물을 마시라. 내가 까마귀들에게 명령하여 네게 먹을 것을 가져다주도록 하겠다."

5 그가 여호와의 말씀에 따라 즉시 가서 요단강 동쪽 그릿 시냇가에 머물렀다.

6 이때 까마귀들이 아침과 저녁으로 빵과 고기를 가져왔고, 엘리야는 그릿 시냇물을 마셨다.

7 그러나 그 땅에도 비가 내리지 않았으므로 얼마 후 그 시내가 말랐다.

엘리야와 사르밧 과부

8 ● 그때 여호와께서 다시 엘리야에게 말씀하셨다.

9 "너는 일어나 베니게 지역 시돈의 관할에 있는 사르밧으로 가서 그곳에서 지내라. 내가 그곳에 있는 한 과부로 네게 먹을 것을 주도록 하겠다."

10 이에 엘리야가 그릿 시내에서 북서쪽으로 약 170km 떨어진 지중해 해안가의 사르밧으로 올라가 성문에 이를 때 한 과부가 그곳에서 나뭇가지를 줍고 있었다. 이에 그를 불러 말했다. "원컨대 내가 마시도록 그릇에 물을 조금 가져다주라."

11 그가 물을 가지러 갈 때 엘리야가 그를 다시 불러 말했다. "원컨대 네 손에 있는 빵 한 조각을 내게로 가져오라."

12 그가 대답했다. "당신의 하나님께서 살아계시는 한 맹세합니다. 나는 빵은 없고 통에 한 움큼의 가루와 병에 올리브 기름이 조금 남았을 뿐입니다. 내가 나뭇가지 2개 정도를 주워다가 아들과 함께 음식을 만들어 먹은 후 죽을 것입니다."

13 엘리야가 그에게 말했다. "두려워하지 말고 가서 네 말대로 하라. 다만 먼저 가루 한 움큼으로 나를 위해 작은 빵 1개를 만들어 내게로 가져오고, 그후 너와 네 아들을 위해 빵을 만들라.

14 이스라엘의 하나님께서 말씀하시기를 '나 여호와가 비를 지면에 내리는 날까지 네 집에 있는 통에 가루가 떨어지지 않고, 병에 올리브 기름이 없어지지 않을 것이다'라고 하셨다."

🏛 풍습 **마지막 가루 한움큼**(왕상 17:12)

사르밧 과부는 엘리야에게 마지막 남은 한 움큼의 밀가루와 기름 조금으로 음식을 만들어 주었다. 그로인해 그 집에는 가뭄이 끝날 때까지 가루와 기름이 떨어지지 아니했다. 옛날에는 물이 빠진 작두 펌프에서 물을 푸기 위해 남겨 놓은 마중물이 있었다. 이 물을 넣고 작두질을 하면 물이 계속해서 나오게 되었다. 사르밧 과부가 대접한 음식은 바로 마중물과 같다.

---

1) 수 6:26 2) 왕상 8:1, 3년

15 이에 그가 가서 엘리야의 말대로 했더니 엘리야와 자기와 자기 식구가 여러 날 먹었지만

16 여호와께서 엘리야를 통해 하신 말씀처럼 통에 가루가 떨어지지 않았고, 병에 기름이 없어지지 않았다.

17 이 일 후 사르밧 과부의 아들이 병 들어 증세가 심해지더니 죽고 말았다.

18 여인이 엘리야에게 말했다. "하나님의 사람이여, 당신이 나와 무슨 상관이 있기로 내 죄를 생각나게 하고, 내 아들을 죽게 하려고 내게 오셨습니까?"

19 그러자 엘리야가 그의 아들을 달라고 한 후 자기가 거처하는 위층에 올라가서 그 아들을 자기 침대에 누이고

20 여호와께 부르짖어 간절히 구했다. "내 하나님이여, 주께서는 어찌 내가 우거하는 집의 과부에게 재앙을 내려 그 아들을 죽게 하셨습니까?" 그리고

21 그 아이 위에 자기의 몸을 3번 펴서 엎드리고, 여호와께 다시 부르짖어 간절히 구했다. "내 하나님이여, 원컨대 이 아이의 혼이 그의 몸으로 돌아오게 하십시오."

22 여호와께서 엘리야의 간구를 들으시고 그 아이의 혼이 몸으로 돌아오게 하시자 그가 살아났다.

23 엘리야가 그 아이를 안고 위층에서 아래 방으로 내려가 그의 어머니에게 주며 말했다. "보라, 네 아들이 살아났다." 그러자

24 여인이 엘리야에게 말했다. "내가 이제야 당신이 하나님의 사람이며, 당신의 입을 통해 하신 여호와의 말씀이 진실임을 확실히 알았습니다."

엘리야와 바알 선지자와의 대결

18 ● 이후 많은 날이 지나고 3년 만에 여호와께서 엘리야에게 말씀하셨다. "너는 가서 북이스라엘 왕 아합을 만나라. 이제 내가 비를 지면에 내릴 것이다."

2 이에 엘리야가 아합을 만나기 위해 사르밧에서 내려가니 그때 사마리아에 기근이 심했다.

3 아합왕이 왕궁 관리를 맡은 궁내대신인 오바댜를 불렀다. 이 오바댜는 여호와를 크게 경외하는 자로

4 이세벨이 여호와의 선지자들을 학살할 때 선지자 100명을 50명씩 굴에 숨기고 빵과 마실 물을 주었다.

5 아합왕이 오바댜에게 말했다. "이 땅을 다니며 물이 나올 만한 곳과 시내를 샅샅이 뒤져 보자. 혹시 풀을 찾으면 말과 노새를 살리고, 가축을 다 잃지는 않게 될 것이다." 그리고

6 두 사람이 살필 땅을 둘로 나누어 한 지역은 아합왕, 다른 한 지역은 오바댜가 담당하여 각기 제 길로 갔다.

7 오바댜가 길을 갈 때 엘리야가 자기에게 오고 있었다. 오바댜는 엘리야를 알아보고 고개를 숙이며[1] 말했다. "내 주 엘리야가 아니십니까?"

8 엘리야가 그에게 대답했다. "그렇습니다. 그러니 당신의 주인 되는 아합왕에게 가서 '엘리야가 여기 있다'라고 전하십시오."

9 오바댜가 두려워하며 말했다. "내가 무슨 죄를 범했기에 당신은 당신의 종인 나를 아합의 손에 넘겨 죽게 만드십니까?

10 당신의 하나님께서 살아계시는 한

1) 엎드려

맹세합니다. 내 주 아합왕은 사람을 보내 모든 족속과 나라를 뒤져 당신을 찾았습니다. 그리고 그 족속이나 나라에서 엘리야가 없다고 하면 그들에게 '그것이 사실이다'라고 맹세까지 하도록 했습니다.

11 그런데 지금 당신은 아합왕에게 가서 '엘리야가 여기 있습니다'라고 말하라고 하십니다.

12 내가 당신을 떠나가면 여호와의 영은 당신을 내가 알지 못하는 곳으로 이끌어가실 텐데, 내가 가서 아합에게 말했다가 당신이 그곳에 없으면 나는 살아남지 못할 것입니다. 당신의 종은 어릴 때부터 여호와를 경외했습니다.

13 아합의 왕후인 이세벨이 여호와의 선지자들을 죽일 때도 나는 여호와의 선지자 가운데 100명을 50명씩 굴에 숨기고 빵과 물을 먹인 일에 대해 듣지 못하셨습니까?

14 당신의 말씀대로 내가 가서 네 주 왕에게 '엘리야가 여기 있습니다'라고 하면 그가 나를 죽일 것입니다."

15 엘리야가 오바댜에게 말했다. "내가 섬기는 만군의 여호와께서 살아계시는 한 맹세하니 내가 오늘 아합을 만날 것이다."

16 이에 오바댜가 가서 아합왕을 만나 엘리야의 말을 전하자 아합이 가서

17 엘리야를 만나 그에게 말했다. "이스라엘을 가뭄으로 괴롭게 하는 자가 너냐?"

18 엘리야가 대답했다. "내가 아니라 당신과 당신 아버지의 가문1)이 이스라엘을 괴롭게 했습니다. 그것은 왕이 여호와의 계명을 버리고 바알들을 섬겼기 때문입니다.

19 그러므로 사람을 보내 온 이스라엘과 이세벨의 녹을 먹는 바알 선지자 450명과 아세라 선지자 400명을 모아 갈멜산에 있는 내게로 나아오게 하십시오."

20 이에 아합왕이 이스라엘의 모든 자손에게 사람을 보내 이방 선지자들을 갈멜산으로 모이도록 했다.

21 그들이 모이자 엘리야가 모든 백성에게 가까이 나아가 말했다. "너희가 어느 때까지 여호와와 바알 둘 사이에서 머뭇거리겠느냐? 만일 여호와가 참 하나님이면 그를 따르고, 바알이 참 하나님이면 그를 따르라." 그러자 백성이 한 마디 말도 하지 못했다.

22 엘리야가 백성에게 다시 말했다. "여호와의 선지자는 나만 남았지만 바알의 선지자는 450명이다.

23 그러니 송아지 2마리를 우리에게 가져오게 하고, 그들은 송아지 1마리를 골라서 조각2)을 내어 나무 위에 놓고 불은 붙이지 말며, 나도 송아지 1마리를 잡아 나무 위에 놓고 불은 붙이지 말자.

24 그리고 너희는 너희 신의 이름을 부르고, 나는 여호와의 이름을 부를 것이니 이에 불로 응답하는 신이 참 하나님임을 알게 하자." 그러자 백성들이 모두 "그 말이 옳다"라고 대답했다.

25 엘리야가 바알의 선지자들에게 말했다. "너희는 사람 수가 많으니 먼저 송아지 1마리를 골라 놓고 잡은 후 너희 신의 이름을 부르라. 그러나 불을 붙이지는 말라."

26 그들이 고른 송아지를 가져다가 잡고 아침부터 한낮까지 바알의 이름을 부르며 외쳤다. "바알이여, 우리에게 응답하소서." 그러나 아무

1) 집　2) 각

응답이나 어떤 소리도 없으므로 그들이 쌓은 제단 주위를 돌면서 춤을 추며 뛰놀았다.

27 한낮까지도 아무런 징조가 없자 엘리야가 그들을 조롱하여 말했다. "큰 소리로 부르라. 바알은 신이 아니냐? 그가 묵상하고 있는지, 잠깐 나갔는지, 아니면 길을 떠났는지, 그것이 아니라 그가 잠들었다면 깨워야 하지 않겠느냐?"

28 이에 그들이 더 큰 소리로 부르고 그들의 관습에 따라 피가 흐르기까지 그들의 몸을 칼과 창으로 찔러 상처를 냈다.

29 이같이 하여 한낮이 지나고 저녁 소제 제사를 드릴 때까지 미친듯이 날뛰었지만 아무 응답이나 어떤 소리도 없고, 아무런 기척도 없었다.

30 엘리야가 모든 백성을 향해 말했다. "내게로 가까이 오라." 백성이 다 그에게 가까이 가자 그가 무너진 여호와의 제단을 다시 쌓고,

31 이스라엘로 이름을 바꿔 준 야곱[1]의 아들들의 지파 수만큼 12개 돌을 취했다.

32 그리고 엘리야는 그 돌을 가지고 여호와의 이름으로 제단을 쌓고, 제단을 돌아가며 곡식 종자 14.66리터 되는 2세아를 둘 만한 크기의 도랑을 팠다.

33 또 제단 위에 나무를 펼쳐 놓고 송아지의 조각을 내어 나무 위에 올린 다음 말했다. "4개 통에 물을 채워다가 번제물과 나무 위에 붓되

34 3번까지 그렇게 하라." 그들이 3번 그렇게 하자

35 물이 제단으로 두루 흐르고 도랑에도 물이 가득 고였다.

36 저녁 제사 드릴 때 엘리야 선지자가 간절히 구했다. "아브라함과 이삭과 이스라엘의 하나님이여, 주께서 이스라엘의 하나님이시고, 내가 주의 종인 것, 내가 주의 말씀에 따라 이 모든 일을 행한다는 것을 오늘 그들이 알게 하십시오.

37 여호와여, 내게 응답하여 주십시오. 내게 응답하십시오. 이 백성에게 주는 하나님이시고, 그들의 마음을 돌이키게 하시는 분임을 알도록 해주십시오."

38 그러자 여호와의 불이 내려 번제물과 나무와 돌과 흙을 태우고 도랑의 물을 말려버렸다.

39 모든 백성이 이를 보고 엎드려 외쳤다. "여호와 그는 하나님이시다. 여호와 그는 하나님이시다."

40 엘리야가 그들에게 말했다. "바알 선지자들 중 한 명도 도망하지 못하게 하라." 이에 백성들이 그들을 사로잡았고, 엘리야가 그들을 기손시내로 끌고 가서 그곳에서 죽였다.

41 기손시내에서 엘리야가 아합에게 말했다. "빗소리가 크게 들리니 산으로 올라가서 먹고 마시기 바랍니다."

42 이에 아합이 먹고 마시기 위해 갈멜산으로 올라갔다. 엘리야가 갈멜산 꼭대기로 올라가서 땅에 꿇어 엎드린 후 두 무릎 사이에 얼굴을 넣고

43 그의 사환에게 말했다. "올라가 바다 쪽을 바라보라." 그가 올라가 말하기를 "아무것도 보이지 않습니다"라고 하니 엘리야가 다시 말했다. "7번까지 다시 가라."

44 그가 7번째 이르러서 말했다. "바다에서 사람 손 만한 작은 구름이

1) 창 32:28

일어납니다." 그러자 엘리야가 그에게 말했다. "갈멜산으로 올라가 아합왕에게 '비가 와서 길이 막히기 전에 마차를 갖추고 내려가십시오'라고 말하라."

45 잠시 후 먹구름과 바람이 일어나 하늘이 캄캄해지며 큰비가 내렸다. 아합은 먼저 마차를 타고 55km 정도 떨어진 이스르엘로 갔다.

46 이때 여호와의 능력이 엘리야에게 함께 하시니, 그가 허리를 동여매고 이스르엘 입구까지 아합 앞에서 달려갔다.

호렙산까지 도망한 엘리야

19 ● 아합왕이 엘리야가 행한 모든 일과 그가 모든 바알 선지자를 칼로 어떻게 죽였는지 아내인 이세벨에게 말하자

2 이세벨이 엘리야에게 사람을 보내며 말했다. "내가 내일 이맘때 반드시 네 생명을 네가 죽인 자처럼 너를 죽일 것이다. 그렇게 하지 않으면 내 신들이 내게 천벌을 내리고 더 큰 벌을 내리는 것이 마땅하다."

3 엘리야가 이세벨이 자기를 죽이려 한다는 것을 알고 자기의 목숨을 구하기 위해 도망하여 유다 최남단 지역에 있는 브엘세바로 내려갔다. 그는 그곳에서 자기의 사환을 남겨 두고

4 자신은 광야로 하룻길쯤 들어가서 한 로뎀나무[1] 아래에 앉아 죽기를 원하며 기도했다. "여호와여, 이제 충분합니다. 지금 내 생명을 거두십시오, 나는 내 조상들보다 나은 것이 없습니다."

5 그러고는 로뎀나무 아래에서 누워 자는데, 천사가 그를 어루만지며 말했다. "일어나서 먹으라." 엘리야가

6 일어나 보니 머리맡에 숯불에 구운 빵과 한 병의 물이 놓여 있었다. 이에 빵을 먹고 물을 마신 후 다시 누웠다.

7 여호와의 천사가 다시 찾아와 어루만지며 말했다. "일어나 먹으라. 네가 갈 길이 아직 남았다."

8 이에 일어나 그 음식물을 먹고 마신 후 힘을 얻어 밤낮 40일을 가서 하나님의 산 호렙산에 도착했다.

9 엘리야가 그곳 굴에 들어가 머물 때 여호와께서 그에게 말씀하셨다. "엘리야야, 네가 왜 여기에 있느냐?"

10 그가 대답했다. "나는 만군의 하나님을 열심을 다해 섬겼습니다. 이는 이스라엘 백성이 주의 언약을 버리고, 주의 제단을 헐며, 칼로 주의 선지자들을 죽였기 때문입니다. 그런데 지금은 오직 나만 남았는데 그들이 나를 찾아 죽이려고 합니다."

11 여호와께서 다시 말씀하셨다. "너는 굴에서 나와 산 위 여호와 앞에 서라." 그리고 나서 여호와께서 지나가시는데 여호와 앞에 크고 강한 바람이 산을 가르고 바위를 부숴뜨렸다. 그러나 바람 가운데도, 바람 후 일어난 지진 가운데도 여호와께서 계시지 않았다.

12 또 지진 후 불이 있었으나 그 가운데도 여호와께서는 계시지 않았다. 다만 불이 지나간 후 아주 작은 소리가 났다.

13 엘리야가 그 작은 소리를 듣고 겉옷으로 얼굴을 가리고 나가 굴 입구에 서자 소리가 그에게 들렸다. "엘리야야, 네가 왜 여기에 있느냐?"

1) 대싸리나무

14 그러자 그가 방금 전과 같은 말[1]로 대답했다.

15 여호와께서 그에게 말씀하셨다. "너는 온 길로 가지 말고 네 길을 돌아서 광야를 통해 다메섹으로 가서 하사엘에게 기름을 부어 아람의 왕으로 세우고,

16 또 님시의 아들 예후에게 기름을 부어 북이스라엘의 왕으로 세워라. 그리고 그릿 시냇가의 아벨므홀라에 사는 사밧의 아들 엘리사에게 기름을 부어 네 뒤를 이어받을 선지자로 세워라.

17 아람의 하사엘의 칼을 피하는 자를 북이스라엘의 예후가 죽이고, 예후의 칼을 피하는 자를 엘리사가 죽일 것이다.

18 그러나 내가 이스라엘 가운데 바알에게 무릎을 꿇지 않고 그에게 입을 맞추지 않은 자 7,000명을 남겨 두었다.[2]"

엘리야가 엘리사를 제자로 삼음

19 ● 이에 엘리야가 호렙산을 떠나서 북쪽으로 약 550km 떨어진 요단강 동쪽 아벨므홀라로 가서 사밧의 아들 엘리사를 만났다. 그때 엘리사는 12겨릿인 24마리 소로 밭을 갈고 있었다. 엘리야가 엘리사에게로 건너가서 자기의 후계자로 삼는 표시로 겉옷을 그에게 던지자

20 그가 소를 남겨 두고 엘리야에게로 달려가서 말했다. "원컨대 내가 내 부모와 작별 인사를 한 후 당신을 따르겠습니다." 엘리야가 그에게 말했다. "그렇게 하라. 내가 그것까지 어떻게 막겠느냐?"

21 이에 엘리사가 그를 떠나 돌아가서 1겨릿소인 2마리를 잡고, 밭을 가는 소의 기구를 불살라 그 고기를 삶아서 백성에게 나누어 주어

먹게 한 후 엘리야를 따르며 그의 수종을 들었다.

북이스라엘 왕 아합과 아람 왕 벤하닷의 싸움

20 ●아람, 곧 시리아의 벤하닷 1세 왕이 그의 군대를 소집시키자 32명의 지역 영주[3]들이 그에게 모였고, 말과 병거들이 있었다. 이에 벤하닷 1세가 그들과 함께 올라가서 사마리아를 포위했다.

2 벤하닷 1세는 사신들을 사마리아 성에 있는 북이스라엘의 아합왕에게 보내며 말했다. "나 벤하닷 1세가 아합왕에게 말한다.

3 네 은금은 내 것이며, 네 아름다운 아내들과 네 자녀들도 내 것이다."

4 북이스라엘 왕이 응답했다. "내 주인 되는 왕이여, 왕의 말씀처럼 나와 내 것은 모두 왕의 것입니다."

5 벤하닷 1세의 사신들이 아합왕에게 다시 와서 말했다. "나 벤하닷이 말한다. 내가 이미 네게 사람을 보내 '너는 네 은금과 아내들과 자녀들을 내게 넘기라'고 요구했다.

6 이제 내일 이맘때 내 신하들을 네게 보내리니 그들이 네 집과 네 신하들의 집을 수색하여 그들 눈에 드는 것은 어떤 것이든 가져갈 것이다."

7 이 말을 들은 북이스라엘 왕이 나라의 장로를 모두 불러놓고 말했다. "너희는 이 사람 벤하닷 1세가 세운 계획이 악한 것인 줄을 깊이 생각해 보라. 그가 내 아내들과 자녀들과 내 은금을 빼앗기 위해 사람을 내게 보냈으나 내가 거절할 수가 없다."

8 모든 원로와 백성이 왕께 말했다. "왕은 그의 말을 듣지도 말고 요구

---

1) 왕상 19:10 2) 남기리니 3) 왕

사항대로 보내지도 마십시오.”

9 그 말을 들은 아합왕이 벤하닷의 사신들에게 말했다. “너희는 내 주인 되는 왕 벤하닷 1세에게 이렇게 말하라. ‘왕이 종에게 처음 요구하신 것, 곧 은과 금은 내가 그대로 이행하겠습니다. 그러나 이번 두 번째 것인 내 가족들은 내가 이행할 수 없습니다.’” 이에 사신들이 돌아가서 그대로 벤하닷 1세에게 보고했다.

10 그러자 벤하닷 1세가 다시 아합왕에게 사람을 보내 말했다. “사마리아의 한 줌의 재¹⁾라도 나를 따르는 백성들이 가질 수 있다면 신들이 내게 벌을 내려도 내가 달게 받을 것이다.”

11 이에 북이스라엘 아합왕이 대답했다. “참된 용사는 갑옷을 입을 때 자랑하지 않고 승리한 후 갑옷을 벗을 때 자랑한다.”

12 그때 벤하닷 1세가 그와 함께한 지역의 영주들과 전쟁 막사에서 술을 마시다가 이 말을 듣고 그의 신하들에게 명령했다. “너희는 사마리아성에 진을 치라.” 그러자 즉시 그 성을 향해 진을 쳤다.

13 그때 한 선지자가 북이스라엘 아합왕 앞에 가서 말했다. “여호와께서는 ‘네가 보는 이 큰 무리를 오늘 네 손에 넘길 것이다. 그리고 너는 그들을 물리침으로 내가 여호와인 줄을 알게 되리라’고 말씀하셨습니다.”

14 아합이 물었다. “누구를 통해 그렇게 하십니까?” 선지자가 대답했다. “여호와의 말씀이 ‘각 지방의 젊은 고관들을 통해 그렇게 할 것이다’라고 하셨습니다.” 아합이 다시 물었다. “누가 먼저 싸움을 시작해야 하겠습니까?” 그가 대답했다.

“왕이 먼저 시작할 것입니다.”

15 이에 아합이 각 지방의 고관 수하의 젊은이들을 소집하니 232명이며, 그 외에 소집된 이스라엘의 자손을 계수하니 7,000명이었다.

16 그들이 한낮에 성을 빠져나갈 때 벤하닷 1세는 전쟁 막사에서 자기를 돕는 지역 영주²⁾ 32명과 술에 취해 있었다.

17 이스라엘 각 지방의 젊은 고관들이 먼저 그들을 공격했다. 벤하닷의 정찰병이 사마리아에서 돌아와 “사마리아에서 사람들이 나오고 있었습니다”라고 보고하자

18 그가 명령했다. “화친을 위해 나왔어도 사로잡고, 싸우러 나왔어도 사로잡으라.”

19 이스라엘 각 지방 고관 수하의 젊은이들과 그들을 따르는 군대가 성읍에서 나가

20 벤하닷 1세의 군대를 쳐 죽이고 도망하는 아람 군대를 이스라엘이 뒤쫓자 아람 왕 벤하닷 1세가 마병과 함께 말을 타고 도망했다.

21 이날 북이스라엘 왕이 나가서 말과

성경 인물 벤하닷(왕상 20:9)

성경에 나오는 벤하닷은 시리아의 세 왕인 벤하닷 1,2,3세의 이름이다. 하닷은 시리아 사람들이 숭배하던 폭풍의 신이고 ‘벤’은 아들이란 뜻이다. 따라서 벤하닷은 하닷의 아들이란 뜻으로 시리아 왕들의 보편적인 명칭이 된 것 같다(암 1:4). 벤하닷 1세(왕상 20:1-30, 왕하 6:8-7:20)는 다메섹(아람) 왕국을 세운 헤시온의 손자(왕상 15:18)요 다브림몬의 아들로 왕상11:23,25에 나오는 르손과 동일시된다. 그는 아합 왕 때 이스라엘을 두 차례에 걸쳐 공격했으나 패했다(왕상 20:1-30). 그러나 아합과 남유국 여호사밧과의 연합군이 길르앗 라못을 침공했을 때는 아합 왕을 죽게 했다(왕상 22:29-37). 벤하닷 2세에 대해서는 왕하 6:24에 언급된다.

---

1) 티끌. 부스러진 것 2) 왕

병거를 치고, 아람인을 쳐서 크게 승리했다.

22 그때 승리를 예언한 선지자가 북이스라엘 왕에게 나아와 말했다. "왕은 가서 군대¹⁾를 강하게 하고, 왕께서 행할 일을 알고 준비하십시오. 해가 바뀌어 전쟁하기 좋은 봄이 되면 아람 왕이 다시 공격해 올 것입니다."

23 한편 아람 왕의 신하들이 왕께 아뢰었다. "그들의 신은 산의 신이기 때문에 우리가 산에서 싸우면 그들이 우리보다 강하지만 평지에서 싸우면 우리가 반드시 그들보다 강할 것입니다.

24 그러므로 왕은 왕 밑에 있는 32명 지역 영주²⁾들의 영주 직책을 폐하여 그들을 쫓아내고 그들 대신에 총독들을 두십시오.

25 그리고 이번 싸움에서 죽은 군대 수만큼 보충하십시오. 말과 병거를 함께 보충한 후 평지에서 싸우면 그들보다 강하리니 반드시 승리할 것입니다." 왕이 그 말을 듣고 그대로 시행했다.

26 해가 바뀌어 전쟁하기 좋은 봄이 되자 벤하닷 1세가 아람 사람을 소집한 후 갈릴리바다 동쪽 산 위에 있는 아벡성으로 올라와서 북이스라엘과 싸우기 위해 진을 쳤다.

27 북이스라엘 백성도 소집되어 군량미를 배급 받고 마주 나가서 아람 군 앞에 진을 쳤다. 그러나 이스라엘 군대는 두 무리의 염소 떼처럼 적었고, 아람 사람은 그 땅을 가득 채울 정도로 많았다.

28 그때 하나님의 사람이 북이스라엘 왕에게 말했다. "여호와께서 아람 사람이 말하기를 '여호와는 산의 신으로 골짜기의 신은 아니다'라고

하니 내가 이 큰 군대를 다 네 손에 넘길 것이다. 그리고 너희는 승리를 통해 내가 여호와인 줄을 깨닫게 될 것이라고 말씀하셨습니다."

29 이스라엘과 아람 진영이 서로 대치한지 7일이 지났다. 일곱째 날에 싸움이 일어나 이스라엘 백성이 하루에 아람 보병 10만 명을 죽이자

30 아람의 남은 자들은 갈릴리바다 동쪽의 윗아벡성 안으로 도망했다. 그러나 그 성벽도 무너져 성 안에 남아 있는 2만 7,000명도 죽임을 당했고, 벤하닷 1세는 성 안에 있는 골방으로 도망했다.

31 그때 벤하닷 1세의 신하들이 그에게 말했다. "우리가 들으니 이스라엘 가문³⁾의 왕들은 자비가 많은 왕이라고 합니다. 그러니 우리가 굵은 베로 허리를 동여매고, 머리에 줄⁴⁾을 매고, 슬픈 표정으로 북이스라엘의 왕에게로 나아가면 그가 왕의 목숨만은 살려 줄지도 모릅니다."

32 이에 벤하닷 1세의 신하들이 굵은 베로 허리를 동여매고, 머리에 줄을 맨 후 북이스라엘 왕에게 가서 말했다. "왕의 종인 벤하닷께서 살려주기를 간청하고 있습니다." 그러자 아합이 물었다. "당신들의 왕이 아직 살아있느냐? 그는 내 형제이다." 그 말을 들은

33 벤하닷 1세의 신하들이 좋은 징조로 여기고 즉시 말을 받아서 대답했다. "벤하닷 1세는 왕의 형제입니다." 아합왕이 말했다. "너희는 가서 그를 데려오라." 이에 벤하닷 1세가 아합왕에게 나아오니 왕이 그를 병거에 오르도록 했다.

34 그러자 벤하닷 1세가 아합왕에게

1) 힘 2) 왕 3) 집 4) 테두리

말했다. "내 아버지가 당신의 아버지에게 빼앗은 모든 성읍을 내가 돌려드리겠습니다. 또 내 아버지께서 사마리아에 시장을 만든 것처럼 당신도 다메섹에 당신을 위한 시장 거리를 만드십시오." 아합이 말하기를 "내가 이 조약으로 인해 당신을 풀어 줄 것이다"라고 한 뒤 조약을 맺고 그를 풀어 주었다.

선지자가 아합을 규탄함

35 ● 선지자 무리 가운데 한 사람이 여호와의 말씀에 따라 그의 친구에게 말했다. "너는 나를 때리라." 그러나 그 사람이 때리기를 거부하자

36 선지자가 친구에게 말했다. "네가 여호와의 말씀을 듣지 않고 나를 때리지 않았으니 네가 나를 떠나갈 때 사자가 너를 죽일 것이다." 이후 그 친구가 선지자 곁을 떠나가는 도중 사자가 나타나 그를 죽였다.

37 그가 또 다른 사람을 만나 말했다. "너는 나를 때리라." 그러자 그 사람이 자신을 상하도록 때렸다.

38 이에 그 선지자가 가서 수건으로 자기 눈을 가려 변장하고 길가에서 아합왕을 기다렸다.

39 왕이 자기 앞을 지나가자 큰 소리로 왕을 부르며 말했다. "종이 전쟁 가운데 나갔는데 한 사람이 어떤 사람을 끌고 내게로 와서 이렇게 말했습니다. '이 사람을 지키라. 만일 그를 달아나게 하면 그의 생명을 대신하여 네가 죽거나, 은 34kg 되는 1달란트로 보상해야 할 것이다.' 그런데

40 종이 여러 일을 보는 동안 그가 달아났습니다." 그 말의 뜻을 알아들은 이스라엘 왕이 그에게 말했다.

"네가 스스로 결정한 일이니 네가 그대로 당하라."

41 이때 선지자가 급히 자기 눈을 가린 수건을 벗자 이스라엘 왕이 그가 선지자들 가운데 한 사람인 줄을 알아보았다.

42 그가 왕께 말했다. "여호와의 말씀이 '내가 죽이기로 작정한 사람[1]을 네 손으로 놓아 주었으니 그의 목숨을 네 목숨으로 대신하고, 네 백성은 그의 백성을 대신하게 될 것이다'라고 하셨습니다."

43 이에 이스라엘 왕이 마음이 상하고 화가 나서 자기의 왕궁이 있는 사마리아로 돌아갔다.

아합이 나봇의 포도밭을 빼앗음

21 ● 이후 이런 일이 있었다. 므깃도 동쪽 20km 지점에 있는 이스르엘 출신인 나봇에게 이스르엘에 포도밭이 있었는데, 아합의 별장[2]에서 가까운 곳이었다.

2 아합이 나봇에게 말했다. "네 포도밭이 내 별장 가까이에 있으니 내게 팔아 정원[3]을 만들게 하라. 대신 그보다 더 좋은 포도밭을 네게 주겠다. 혹시 팔기를 원하면 그 값을 돈으로 계산해 주겠다."

3 나봇이 아합에게 대답했다. "그 대상이 왕이라도 내 조상의 유업을 파는 것은 여호와께서 금하신 일입니다.[4]

4 그러므로 내 조상의 유산을 왕께 줄 수 없습니다." 그러자 아합이 마음이 상해 화가 나서 이스르엘에서 53km 떨어진 사마리아의 왕궁으로 돌아와 침대에 누워 얼굴을 돌리고 식사도 하지 않았다.

5 이를 본 그의 아내 이세벨이 그에게 나아와 물었다. "왕께서는 무슨

1) 왕상 20:13 2) 왕궁 3) 채소밭 4) 레 25:23-28

근심이 있어 식사를 하지 않습니까?"

6 왕이 그에게 대답했다. "내가 이스르엘에 사는 나봇에게 '네 포도밭을 내게 팔거나 내가 더 좋은 다른 포도밭을 네게 주겠다'라고 했지만 그가 거절했기 때문이다."

7 그의 아내 이세벨이 그에게 말했다. "왕은 지금 이스라엘을 다스리는 왕이 아닙니까? 왕이 되어 그것 하나 뺏지를 못합니까? 일어나서 식사하고 마음을 기쁘게 하십시오. 내가 나봇의 포도밭을 왕께 드리겠습니다."

8 이에 아합왕의 이름으로 편지들을 쓰고 그 옥새로 도장을 찍은 후 밀봉하여 이스르엘의 성읍에서 나봇과 함께 사는 대표인 장로들과 귀족들에게 보냈다.

9 그 편지 내용은 이렇다. "성 안에 금식을 선포하고, 나봇을 백성들 가운데 높은 곳에 앉힌 후

10 쓸모없는 자, 곧 불량자 2명을 그의 앞에 마주 앉히고 그에 대해 거짓 증거하여 '네가 하나님과 왕을 저주했다'라고 말하게 하라. 그리고 즉시 그를 끌고 나가 돌로 쳐 죽이라."

11 이에 이스르엘 성읍에 사는 장로들과 귀족들이 이세벨이 자기들에게 보낸 편지대로

12 금식을 선포하고 나봇을 백성 가운데 높은 곳에 앉혔다.

13 그때 쓸모없는 자[1] 두 사람이 들어와 나봇 앞에 앉은 다음 백성들 앞에서 나봇에 대해 거짓으로 증언했다. "그가 하나님과 왕을 저주했다." 그러자 무리가 그를 성읍 밖으로 끌고 나가 돌로 쳐 죽였다.

14 그리고 나서 이세벨에게 "나봇이 돌에 맞아 죽었습니다"라고 통지했다.

15 소식을 들은 이세벨은 아합에게 가서 말했다. "이스르엘 출신 나봇이 팔기를 거부하던 그의 포도밭을 차지하세요. 나봇이 죽었습니다."

16 아합은 나봇이 죽었다는 말을 듣고 바로 일어나 나봇의 포도밭을 차지하기 위해 사마리아에서 북쪽으로 53km 떨어진 이스르엘로 갔다.

17 여호와께서 디셉 출신 엘리야에게 말씀하셨다.

18 "너는 일어나 내려가서 사마리아에 있는 북이스라엘의 아합왕을 만나라. 그가 나봇의 포도밭을 차지하기 위해 이스르엘로 내려갔다.

19 너는 그에게 말하기를 '여호와의 말씀이 네가 나봇을 죽이고 그 포도밭을 빼앗았느냐?'라고 말한 뒤 다시 그에게 '여호와의 말씀이 개들이 나봇의 피를 핥은 곳에서 네 몸의 피도 핥을 것이다'라고 말하라."

20 아합이 엘리야를 보자 그에게 말했다. "나를 대적하는 자여, 네가 왜 나를 찾아왔느냐?" 엘리야가 대답했다. "내가 당신을 뒤쫓았다. 네가 탐욕에 이끌려[2] 여호와께서 보시기에 악을 행했기에

21 여호와께서 이렇게 말씀하셨다. '내가 네게 재앙을 내려 네게 속한 남자는 이스라엘 가운데 종이나 자유자나 모두 쓸어버리듯 진멸하고,

22 네 집이 느밧의 아들 여로보암의 가문[3]처럼 되게 하고[4], 아히야의 아들 바아사의 가문처럼 되게 할 것이다. 이는 네가 나를 분노케 하고, 북이스라엘로 범죄하게 만들었기 때문이다.'"[5]

---

1) 개역성경, 비류 2) 네 자신을 팔아 3) 집 4) 왕상 15:28-29 5) 왕상 15:28-29, 왕상 16:11-12

23 또 이세벨에게도 여호와의 말씀을 전했다. "개들이 이스르엘 성읍 곁에서 이세벨의 시체를 먹을 것이다.

24 아합에게 속한 자로서 성읍에서 죽은 자는 개들이 먹고, 들에서 죽은 자는 공중의 새가 먹을 것이라고 하셨다."[1]

25 예로부터 아합과 같이 아내 이세벨의 충동에 빠져 여호와께서 보시기에 악을 행하여 자기 목숨을 팔아버린 자는 없었다.

26 그는 여호와께서 이스라엘 자손 앞에서 쫓아낸 아모리 사람이 한 것을 본받아 우상을 숭배하는 매우 혐오스러운 일을 행했다.

27 아합이 이 모든 말씀을 들을 때 자기의 옷을 찢고, 맨몸에 굵은 베옷을 걸친 채로 금식하고, 누울 때는 굵은 베에 누웠으며, 다닐 때는 힘없이 다녔다.

28 여호와께서 디셉 출신 엘리야에게 다시 말씀하셨다.

29 "아합이 내 앞에서 자기를 낮추고 겸손한 모습을 네가 보았느냐? 그가 내 앞에서 겸손했기 때문에 내가 아합이 사는 날 동안에는 재앙을 내리지 않고, 그 아들 대에 그의 집에 재앙을 내릴 것이다."

미가야 선지자가 아합에게 경고함[2]

22 ● 아람, 곧 시리아와 북이스라엘 사이에 3년 동안 전쟁이 없었다.

2 그리고 3년째[3] 유다의 여호사밧왕이 예루살렘에서 북쪽으로 95km 떨어진 사마리아에 있는 북이스라엘의 아합왕에게 내려갔다.

3 이에 북이스라엘 아합왕이 유다의 여호사밧왕과 그의 수행원을 위해 양과 소를 많이 잡고 여호사밧의

신하들에게 말했다. "길르앗 라못은 본래 우리의 것인 줄을 너희가 알지 않느냐? 우리가 어찌 아람 왕의 손에서 도로 찾지 않고 가만히 있겠느냐?"

4 북이스라엘 왕 아합이 유다 왕 여호사밧에게 말했다. "당신은 나와 함께 길르앗 라못으로 가서 싸우겠습니까?" 여호사밧이 대답했다. "나는 당신과 한 몸 같고, 내 백성은 당신의 백성과 다름 없으며 내 말들도 당신의 말들과 같으니 함께 싸우러 갈 것입니다."

5 유다 왕 여호사밧이 또 북이스라엘의 왕에게 말했다. "그러면 먼저 여호와의 말씀이 어떠한지 오늘 물어보십시오."

6 이에 북이스라엘 왕이 선지자 400명쯤[4]을 모으고 그들에게 말했다. "내[5]가 길르앗 라못에 가서 싸울 것이냐 말 것이냐?" 그들이 대답했다. "공격하십시오. 하나님께서 그 성읍을 왕의 손에 넘기실 것입니다."

7 그러자 여호사밧이 물었다. "이들 외에 우리가 물을 만한 또 다른 여호와의 선지자가 이곳에 있지 않습니까?"

8 북이스라엘의 왕이 여호사밧왕에게 대답했다. "아직 이믈라의 아들

Q&A 여로보암의 집처럼은?
(왕상 21:22)

여로보암이나 바아사는 모두 자신이 왕조를 열었으나 자신의 부하에 의해 왕조를 연 지 2대만에 멸문지화를 당했다. 그 이유는 하나님을 배반하고 온 이스라엘로 우상 숭배에 빠지게 했기 때문이었다(왕상 15:29). 본절은 아합 왕조 이들에게 임한 재앙과 같이 임할 것이라는 뜻이다.

1) 왕상 16:4 2) 대하 18:2~27 3) 대하 18:2, 2년 후 4) 대하 18:5, 400명 5) 우리

미가야 한 사람이 있으니 그를 통해 여호와께 물을 수 있습니다. 그러나 그는 나에 대해 좋은 일은 예언하지 않고 나쁜 일만 예언하기 때문에 내가 그를 싫어합니다." 여호사밧이 말했다. "왕은 그런 말씀을 하지 마십시오."

9 그러자 북이스라엘 왕이 한 내시를 불러 미가야를 속히 오도록 했다.

10 북이스라엘의 아합왕과 유다의 여호사밧왕이 왕복을 입고 사마리아 성문 입구 광장에서 각기 왕좌에 앉아 있고 여러 선지자가 그들 앞에서 예언을 하고 있었다.

11 그때 그나아나의 아들 시드기야는 자기가 만든 철뿔들을 가지고 말했다. "여호와께서 이같이 말씀하신다. '왕이 이것들로 아람 사람을 찔러 진멸할 것이다.'"

12 모든¹⁾ 선지자도 그와 같이 예언하여 말했다. "왕은 길르앗 라못으로 올라가 승리를 거두십시오. 여호와께서 그 성읍을 왕의 손에 넘기실 것입니다."

13 아합왕이 보낸 사자가 미가야에게 말했다. "모든 선지자가 왕에게 좋게 말하니 청컨대 당신도 그들처럼 좋게 말하기를 바랍니다."

14 이에 미가야가 말했다. "여호와께서 살아계시는 한 맹세하니 내 하나님께서 내게 말씀하시는 것만을 내가 말할 것입니다."

15 이에 미가야가 아합왕 앞에 오자 왕이 그에게 말했다. "미가야야, 우리가 길르앗 라못으로 싸우러 가는 것이 좋겠느냐? 가지 않는 것이 좋겠느냐?" 그가 왕께 거짓으로 대답했다. "올라가서 승리를 거두십시오. 여호와께서 그 성읍을 왕

의 손에 넘기실 것입니다."

16 왕이 미가야에게 말했다. "여호와의 이름으로 진실한 것 외에는 아무 것도 말하지 말라고 내가 몇 번이나 네게 맹세하게 해야 하겠느냐? 그런데 너는 지금 거짓으로 말하고 있다."

17 그러자 미가야가 진실을 말했다. "내가 보니 모든 북이스라엘이 목자 없는 양같이 산에 흩어졌는데, 여호와의 말씀이 '이 무리에게 주인이 없으니 각각 평안히 자기 집으로 돌아갈 것이다'라고 하셨습니다."

18 북이스라엘 왕이 유다 왕 여호사밧에게 말했다. "저 사람이 나에 대해 좋은 일로 예언하지 않고 나쁜 일만 예언한다고 당신에게 말씀하지 않았습니까?"

19 그러자 미가야가 다시 말했다. "그러니 왕은 여호와의 말씀을 들으십시오. 내가 보니 여호와께서 그의 보좌에 앉으셨고, 하늘의 수많은 군대가 그의 좌우편에 모시고 서 있는데

20 여호와께서 이렇게 말씀하셨습니다. '누가 아합을 꾀어 그를 길르앗 라못으로 올라가게 하여 죽게 하겠느냐?' 그러자 '이렇게 하겠다' 하고, '저렇게 하겠다'라고 하며 서로 의견이 달랐습니다.

21 그런데 한 영이 나아와 여호와 앞에 서서 말했습니다. '내가 그를 미혹하겠습니다.'

22 여호와께서 그에게 물었다. '네가 어떻게 미혹할 수 있겠느냐?' 그가 대답했습니다. '내가 나가서 거짓 말하는 영이 되어 그의 모든 선지자가 거짓을 말하도록 하겠습니

---

1) 대하 18:11. 여러

다.' 그때 여호와께서 말씀하시기를 '너는 그렇게 할 것이니 나가서 그렇게 하라'고 하셨습니다.

23 그러니 이제 여호와께서 거짓말하는 영을 왕의 이 모든 선지자의 입에 들어가게 하셨고, 이미 왕이 재난을 당하게 될 것을 말씀하셨습니다."

24 그나아나의 아들 시드기야 예언자가 가까이 와서 미가야의 뺨을 치며 말했다. "여호와의 영이 나를 떠나 어디로 가서 네게 말씀하셨느냐?"

25-27 미가야가 그에게 말했다. "네가 골방에 들어가서 숨는 그날에 볼 것이다." 이에 북이스라엘의 왕이 미가야를 잡아 아몬 성주와 요아스 왕자에게 끌고 가서 "이 놈을 옥에 가두고 내가 평안히 돌아올 때까지 고생의 빵과 고생의 물을 먹게 하라"고 명령했다.

28 이에 미가야가 말했다. "왕이 죽지 않고 돌아오게 된다면 여호와께서 나를 통해 말씀하지 않으셨을 것입니다." 이어 말했다. "너희 백성들은 모두 들으라."

아합의 죽음[1)]

29 북이스라엘의 아합왕과 유다의 여호사밧왕이 아람의 길르앗 라못을 빼앗기 위해 올라갔다.

30 북이스라엘의 아합왕이 여호사밧왕에게 말했다. "나는 변장하고 싸움터로 들어갈 것이니 당신은 왕복을 입으십시오." 그러고는 북이스라엘의 왕이 변장하고 싸움터로 들어 갔다.

31 아람 왕은 그의 병거의 지휘관 32명에게 "너희는 작은 자나 큰 자와 더불어 싸우지 말고 오직 북이스라엘 왕과 싸우라"고 미리 명령해

놓았다.

32 이에 아람 병거의 지휘관들이 왕복을 입은 유다의 여호사밧왕을 보고 소리쳤다. "왕복을 입은 자가 틀림없이 북이스라엘의 왕이니 돌이켜서 그와 싸우자." 이를 본 여호사밧이 나는 아합왕이 아니라고 소리쳤다.

33 아람 병거의 지휘관들이 왕복을 입은 자가 북이스라엘의 왕이 아닌 것을 눈치 채고 추격을 멈추고 돌아섰다.

34 한 병사가 무심코 당긴 화살이 북이스라엘 왕의 갑옷 솔기 사이를 뚫었다. 이에 아합왕이 자기 병거를 모는 자에게 말했다. "내가 부상당했으니 나를 싸움터에서 벗어나게 하라."

35 그러나 이날 전쟁이 맹렬하여 북이스라엘 왕이 병거 가운데 간신히 지탱하며 서서 아람 병사를 막다가 해가 질 때쯤 죽었고, 상처에서 나온 피가 흘러 병거 바닥에 고였다.

36 해가 질 때쯤 "각기 성읍과 고향으로 돌아가라"는 철수 명령이 싸움터에 떨어졌다.

아합왕의 죽음과 예후가
여호사밧을 책망함

37 ● 싸움이 끝나자 북이스라엘 아합왕의 시체를 사마리아로 메어다가 장사지냈다.

38 피 묻은 아합왕의 병거는 사마리아 못에서 씻었는데 개들이 그의 피를 핥았으니 여호와께서 하신 말씀과 같이 되었다.[2)] 그곳은 창녀들이 목욕하는 곳이었다.

39 아합의 남은 행적과 그가 행한 모든 일과 그가 건축한 상아궁과 모든

---

1) 대하 18:28-34 2) 왕상 21:19

성읍은 북이스라엘 왕 역대지략에 기록되었다.

40 아합이 죽어 그의 조상들과 함께 자니 그의 아들 아하시야가 뒤를 이어 왕이 되었다.

유다 왕 여호사밧[1]

41 ● 북이스라엘의 아합왕 4년에 아사의 아들 여호사밧이 유다 왕이 되었다.

42 여호사밧이 유다 왕이 될 때 나이가 35세였다. 예루살렘에서 25년 동안 나라를 다스렸다. 그의 어머니는 실히의 딸 아수바이다.

43 여호사밧이 아버지 아사의 모든 길로 행하며, 여호와 앞에서 바르게 행했다. 그러나 산당을 없애지 않아서 그때까지도 백성이 그들의 조상들의 하나님만을 온전히 섬기지 못했다. 그래서 백성들은 산당에서 제사를 드리며 분향했다.

44 남유다 왕 여호사밧은 북이스라엘 아합왕의 가문과 혼인을 통해 화평한 관계를 가졌다.[2]

45 여호사밧의 모든 행적과 그가 부린 권세와 그가 어떻게 전쟁했는지는 하나니의 아들 예후의 글에다 기록되었고, 북이스라엘 열왕기와 유다 왕 역대지략에도 기록되었다.

46 여호사밧은 아버지 아사왕 때 남아 있던 신전의 남자 창기인 남색하는 자들을 나라 밖으로 쫓아냈다.

47 그 당시 에돔에는 왕이 없고 섭정 왕이 있었다.

48 여호사밧[3]이 서로 연합해 오빌[4]에서 금을 가져오기 위해 아카바만 홍해가의 에시온 게벨에서 배를 건조했다. 마레사 출신 도다와후의 아들 엘리에셀이 여호사밧을 향해 예언했다. "왕이 북이스라엘 왕 아하시야와 동맹을 맺으므로 여호와께서 왕이 건조한 배들을 파괴하실 것입니다." 결국 그 배들은 에시온 게벨에서 부서져서 다시스로 가지 못했다.

49 그때 아합의 아들 북이스라엘의 아하시야가 유다 왕 여호사밧에게 "당신의 종이 탈 배에 내 종도 보내 당신을 돕겠습니다"라고 제의했지만 여호사밧은 그의 도움을 거절했다.

50 그후 유다 왕 여호사밧이 죽자 그의 조상들이 묻힌 다윗성에 장사되고, 그의 아들 여호람이 뒤를 이어 단독으로 통치하는 왕이 되었다.

북이스라엘 왕 아하시야의 통치 초기

51 ● 유다의 여호사밧왕 17년에 아합의 아들 아하시야가 사마리아에서 북이스라엘의 왕이 되어 2년 동안 나라를 다스렸다.

52 그가 여호와께서 보시기에 그의 아버지 아합왕과 어머니 이세벨의 악한 길과 북이스라엘로 범죄하게 한 느밧의 아들 여로보암왕의 악한 길로 행하며,

53 바알을 섬겨 그에게 예배하여 그의 아버지가 행한 온갖 행위처럼 이스라엘의 하나님을 분노케 했다.

📍성경지리 **에시온 게벨(왕상 22:48)**

에시온 게벨은 오늘날 아가바만 상부에 위치한 요르단 쪽의 항구로 현재는 내륙으로 3km 들어와 있다. 이스라엘과 국경에 있는 이곳은 텔 엘 켈레이페(Tell el-kheleifeh)로 알려져 있어 허가를 받아야 방문할 수 있다.

---

1) 대하 17:1상, 20:31-21:1 2) 대하 18:1하 3) 대하 20:36, 두 왕 4) 대하 20:36, 다시스

제목 히브리어 성경에는 상하 구분이 없었으며 원래 제목은 멜라킴('왕들'), 70인역에서 왕 국기 3, 4로 구분

기록연대 기원전 561-537년경   **저자** 예레미야   **중심주제** 분열왕국의 역사

내용소개 * 아하시야 ~ 호세아(이스라엘 멸망): 분열 왕국(약 130년)

1. 엘리야 1-2장   2. 엘리사 3-9장   3. 이스라엘에 대한 심판 10-17장

* 히스기야 ~ 시드기야(남유다 멸망)   4. 이사야, 유다에 대한 심판 18-25장

엘리야와 북이스라엘 왕 아하시야

1 1 ● 아합왕이 죽은 후 모압이 이스라엘을 배반했다.

2 아하시야가 사마리아에 있는 그의 다락방 난간에서 떨어져 병들자 그가 에그론에 사신을 보내 바알세붑 신에게 자기의 병이 나을 수 있는지 물어보게 했다.

3 이때 여호와의 사자가 디셉 출신 엘리야에게 말했다. "너는 사마리아에 있는 아하시야왕의 사자를 만나 그에게 이렇게 말하라. '이스라엘에 하나님이 없어서 너희가 에그론의 신 바알세붑에게 물으러 가느냐?

4 그러므로 여호와의 말씀이 '네가 올라간 병상에서 내려오지 못하고 반드시 죽을 것이다'라고 하라." 엘리야는 아하시야왕의 사자에게 말한 후 자기 길로 갔다.

5 사자들이 돌아오자 아하시야왕이 그들에게 물었다. "너희가 왜 가다가 말고 돌아왔느냐?"

6 이에 그들이 엘리야가 말한 대로 반드시 죽을 것이라고 대답했다.

7 왕이 그들에게 물었다. "너희에게 이 말을 한 사람의 모습이 어떠했느냐?"

8 그들이 왕에게 대답했다. "그는 털이 많은 털옷을 입은 사람인데 허리에 가죽띠를 띠고 있었습니다." 왕이 말했다. "그는 디셉 출신 엘리야다."

9 이에 아하시야왕이 오십부장과 그에 딸린 군사 50명을 엘리야에게 보냈다. 그때 엘리야는 사마리아에서 80㎞ 떨어진 갈멜산 꼭대기에 앉아 있었다. 그들이 엘리야에게 말했다. "하나님의 사람이여, 왕께서 산에서 내려오라고 명령하셨습니다."

10 엘리야가 오십부장에게 대답했다. "만일 내가 하나님의 사람이라면 하늘에서 불이 내려와 너와 네 군사 50명을 불살라 버릴 것이다." 그러자 곧바로 하늘에서 불이 내려와 오십부장과 그의 군사 50명을 불살랐다.

11 왕이 다시 다른 오십부장과 그의 군사 50명을 엘리야에게 보냈다. 그들이 엘리야에게 와서 말했다. "하나님의 사람이여, 왕께서 내려오라고 명령하셨습니다."

12 엘리야가 오십부장에게 대답했다. "만일 내가 하나님의 사람이라면 하늘에서 불이 내려와 너와 네 군사 50명을 불살라 버릴 것이다." 그러자 다시 하늘에서 불이 내려와 오십부장과 그의 군사 50명을 불살랐다.

13 이에 왕이 세 번째로 오십부장과 그의 군사 50명을 다시 보냈다. 세 번째 보냄을 받은 오십부장은 산 위로 올라가서 앞에 온 2명의 오십

부장과 달리 먼저 엘리야 앞에 무릎을 꿇고 엎드려 간구했다. "하나님의 사람이여, 원컨대 내 생명과 당신의 종인 이 50명의 생명을 귀히 여기십시오.

14 하늘에서 불이 내려와 지난번 2명의 오십부장과 그의 군사들을 모두 불살랐습니다. 그러나 이제 내 생명을 귀히 여겨 주십시오." 그러자

15 여호와의 사자가 엘리야에게 말했다. "너는 그를 두려워하지 말고 함께 내려가라." 이에 엘리야가 곧바로 일어나 그들과 함께 산에서 내려와 80㎞를 가서 아하시야왕 앞에 서서 그에게

16 말했다. "여호와의 말씀이 '네가 사자를 보내 에그론의 신 바알세붑에게 물으려고 했으니 이스라엘에 그의 말을 물을 만한 하나님이 없더냐? 그러므로 네가 그 올라간 병상에서 내려오지 못하고 반드시 죽을 것이다'라고 하셨다."

북이스라엘 왕 여호람의 즉위

17 ● 북이스라엘 왕 아하시야는 엘리야가 전한 여호와의 말씀대로 죽었다. 그가 아들이 없었기 때문에 동생인 여호람이 뒤를 이어 왕이 되었다. 이때는 북이스라엘 여호람과 동명이인인 유다 왕 여호사밧의 아들 여호람 통치 2년째였다.[1]

18 아하시야가 행한 행적은 모두 북이스라엘 왕 역대지략에 기록되었다.

엘리야의 승천 여정

2 ● 여호와께서 회오리바람으로 엘리야를 하늘로 올리려고 하실 때 엘리야가 엘리사와 함께 벧엘 북쪽 12㎞ 지점의 길갈을 떠나가던 중

2 엘리야가 엘리사에게 말했다. "청컨대 너는 이곳에 머물러 있으라.

여호와께서 나를 벧엘로 보내신다." 이에 엘리사가 대답했다. "여호와께서 살아계시는 한, 당신의 영혼이 살아있는 한 맹세합니다. 나는 당신을 끝까지 따를 것입니다." 그리고 두 사람은 벧엘로 내려갔다.

3 벧엘에 있는 선지자의 제자들이 엘리사에게로 나아와 말했다. "여호와께서 오늘 당신의 스승을 하늘로 데려가실 줄을 알고 있습니까?" 엘리사가 대답했다. "나도 알고 있으니 너희는 가만히 있으라."

4 엘리야가 엘리사에게 말했다. "엘리사야, 청컨대 너는 이곳에 머물러 있으라. 여호와께서 나를 이곳에서 약 37㎞ 떨어진 여리고로 보내신다." 그러나 엘리사가 대답하기를 "여호와께서 살아계시는 한, 당신의 영혼이 살아있는 한 맹세합니다. 나는 끝까지 당신을 따를 것입니다"라고 한 후 그들은 여리고로 내려갔다.

5 여리고에 있는 선지자의 제자들도 엘리사에게 말했다. "여호와께서 오늘 당신의 스승을 하늘로 데려가실 줄을 알고 있습니까?" 이에 엘리사가 대답했다. "나도 알고 있으니 너희는 가만히 있으라."

6 엘리야가 또다시 엘리사에게 말했다. "청컨대 너는 이곳 여리고에 머물러 있으라. 여호와께서 나를 요단강으로 보내신다." 그러자 엘리사가 이전처럼 끝까지 따르겠다고 말했다. 이에 두 사람이 11㎞ 떨어진 요단강으로 갔다.

7 여리고에 있는 선지자의 제자 50명이 멀리 서서 두 사람이 요단 강가에서 있는 것을 바라보았다.

---

1) 왕하 1:16

8 그때 엘리야가 겉옷을 말아 물을 치자 물이 이리저리 갈라졌고 두 사람은 요단강을 마른 땅 위로 건너갔다.

9 두 사람이 요단강을 건넌 후 엘리야가 엘리사에게 물었다. "내가 하늘로 올라가기 전에 네게 무엇을 해주길 바라는지 구하라." 이에 엘리사가 대답했다. "스승님에게 있는 영적 능력이 두 배나 내게 있게 해주십시오."

10 엘리야가 말하기를 "네가 어려운 것을 구하는구나. 그러나 나를 네게서 데려가시는 광경을 보면 그 소원이 이루어질 것이다. 그러나 그 광경을 보지 않으면 이루어지지 않을 것이다."

11 두 사람이 길을 가며 말하더니 불수레와 불말들이 두 사람을 갈라놓았고, 엘리야는 회오리바람을 타고 하늘로 올라갔다.

12 엘리사가 그 모습을 보고 "내 아버지여, 내 아버지여, 이스라엘의 병거와 그 마병이여"라고 소리를 질렀고, 다시 보이지 않았다. 이에 엘리사가 자기의 옷을 두 조각으로 찢고,

13 엘리야의 몸에서 떨어진 겉옷을 주워 가지고 돌아와 요단강 언덕에 섰다.

14 그리고 엘리야의 몸에서 떨어진 그의 겉옷을 가지고 물을 치며 말했다. "엘리야의 하나님은 어디에 계십니까?" 그러자 물이 갈라졌고, 엘리사는 요단강을 맨 땅으로 건너갔다.

15 요단강 서쪽의 여리고에 있는 선지자의 제자들이 그 모습을 보고 말했다. "엘리야의 영적 능력이 엘리사 위에 머물렀다." 그리고

엘리사에게로 가서 땅에 엎드려 경배했다.

16 그들이 그에게 말했다. "당신의 종들에게 용감한 사람 50명이 있으니 청컨대 그들로 당신 주인의 시체를 찾게 하십시오. 혹시 여호와의 성령이 그를 들고 가다가 어느 산이나 골짜기에 던지셨을지도 모릅니다." 그러나 엘리사가 말하기를 "보내지 말라"고 했지만

17 무리가 민망할 정도로 강력하게 요구하자 그가 "보내라"고 했다. 이에 그들이 50명을 보냈지만 3일 동안 엘리야의 시체를 찾지 못했다.

18 엘리사가 여리고에 머물러 있을 때 그 무리가 돌아오자 엘리사가 그들에게 말했다. "내가 가지 말라고 너희에게 말하지 않았느냐?"

엘리사가 여리고 샘을 고치고 조롱하는 아이를 죽게 함

19 ● 하루는 여리고성 사람들이 엘리사에게 말했다. "우리 선생님[1]께서 보시는 것처럼 이 성읍은 위치는 좋지만 물이 나쁘기 때문에 땅에서 나는 산물이 익기도 전에 떨어집니다."

20 이에 엘리사가 새 그릇에 소금을 담아 가져오라고 한 후 가져온 소금을

21 물 근원지 한가운데 던지며 말했다. "여호와의 말씀이 '내가 이 물을 고쳤으니 이후로 다시는 죽음이나 열매를 맺지 못함이 없을 것이다'라고 하셨다." 그러자

22 그 물이 엘리사가 한 말대로 고쳐져 오늘에 이르렀다.

23 엘리사가 여리고를 떠나 약 37㎞ 떨어진 벧엘로 올라갈 때 길에서 어

1) 주인

린 아이들이 성읍에서 나와 "대머리여, 올라가라. 대머리여, 올라가라"고 조롱했다.

24 엘리사가 뒤로 돌아보고 여호와의 이름으로 그 아이들을 향해 저주하자 곧바로 수풀에서 암곰 2마리가 나와 아이들 중 42명을 찢어 죽였다.

25 엘리사가 그곳에서 벧엘로부터 약 128km 떨어진 갈멜산으로 간 후 다시 그곳에서 80km 정도 떨어진 사마리아로 돌아왔다.

북이스라엘 왕 여호람의 모압 출정

3 ● 유다의 여호사밧왕 통치 18년[1] 아합의 아들 여호람이 사마리아에서 북이스라엘 왕이 되어 12년 동안 나라를 다스렸다.

2 그가 여호와께서 보시기에 악을 행했으나 그의 부모만큼은 악하지 않았다. 그는 아버지가 만든 바알의 주상을 없앴기 때문이다.

3 그러나 그가 느밧의 아들 여로보암이 이스라엘에게 범하도록 한 금송아지 숭배의 죄를 그대로 행했다.

4 모압 왕 메사는 양을 치는 자로 해마다 북이스라엘 왕에게 어린 양 10만 마리의 털과 숫양 10만 마리의 털을 공물로 바쳤다. 그러다가

5 아합이 죽은 후 북이스라엘 왕을 배반하고 더 이상 공물을 바치지 않았다.

6 그때 북이스라엘의 여호람왕은 사마리아에서 나가 북이스라엘의 온 지역을 순찰했다.

7 그는 유다 왕 여호사밧에게 사신을 보내 말했다. "모압 왕이 나를 배반했으니 나와 함께 모압을 치러 갑시다." 이에 여호사밧이 대답했다. "내가 함께 올라갈 것입니다. 나와 당신은 한 몸과 같고, 내 군대[2]는 당신의 군대와 같으며, 내 군마들도 당신의 군마들과 같습니다."

8 북이스라엘 여호람왕이 유다의 여호사밧왕에게 "우리가 어느 길로 올라가는 것이 좋습니까?"라고 묻자 그가 대답했다. "에돔광야 길입니다."

9 이에 북이스라엘 왕 여호람과 유다 왕 여호사밧과 에돔 왕이 연합군을 이끌고 진군하던 중 7일 째 되던 날 군사와 따라가는 가축의 마실 물이 떨어졌다.

10 이때 북이스라엘 왕이 말했다. "슬프다. 여호와께서 우리 3명의 왕을 불러 모아 모압의 손에 넘기려고 하신다." 그러자

11 유다의 여호사밧왕이 물었다. "이곳에는 여호와께 물을 만한 여호와의 선지자가 없느냐?" 북이스라엘 왕의 신하들 중 한 사람이 대답했다. "전에 엘리야를 시중들던 사밧의 아들 엘리사가 이곳에 있습니다."

12 여호사밧이 말하기를 "여호와의 말씀이 그에게 있다"라고 한 후 북이스라엘 왕, 에돔 왕과 함께 엘리사에게로 내려갔다.

13 엘리사가 두 왕과 함께 자기를 찾아온 북이스라엘 여호람왕에게 말했다. "내가 당신과 무슨 상관이 있습니까? 당신 부모 때의 선지자들을 찾아가십시오." 그러자 북이스라엘 왕이 그에게 말했다. "그렇지 않습니다. 여호와께서 이 3명의 왕을 불러 모아 모압의 손에 넘기려고 하십니다."

14 엘리사가 말했다. "내가 섬기는 만군의 여호와께서 살아계시는 한

[1] 여호람 공동 통치 2년 [2] 백성

맹세합니다. 만일 내가 유다 왕 여호사밧의 체면이 아니라면 여호사밧 앞에서 당신을 염두에 두거나 대면하지도 않았을 것입니다.

15 이제 내게 거문고 연주자를 데려오십시오." 이에 거문고 연주자가 거문고를 연주할 때 엘리사 위에 여호와의 능력[1]이 임하자

16 그가 말했다. "여호와의 말씀이 이 골짜기에 도랑을 많이 파라고 하셨습니다.

17 그리고 '너희가 바람과 비도 보지 못하지만 이 골짜기에 물이 가득하여 너희와 가축과 짐승이 마실 것이다'라고 말씀하셨습니다.

18 그러나 이것은 여호와께서 보시기에 오히려 작은 일입니다. 여호와께서는 모압 사람도 당신의 손에 넘기실 것입니다. 그래서

19 당신들이 모든 견고하고 아름다운 성읍을 치고, 모든 좋은 나무를 베고, 모든 샘을 메우며, 모든 좋은 밭을 돌밭으로 만들 것입니다."

20 이튿날 아침 소제 제사를 드릴 때 물이 에돔 쪽에서 흘러와 그 골짜기 땅에 가득찼다.

21 한편 모든 모압 사람은 북이스라엘과 유다와 에돔 왕들이 올라와서 자신들을 공격할 거라는 소식을 듣고 갑옷을 입을 수 있는 나이가 된 자부터 그 이상의 사람들이 모두 모여 그 국경에서 대치하고 있었다.

22 이튿날 모압 사람이 아침 일찍 일어나 보니 해가 맞은편 물 위에 붉게 비친 것을 피라고 착각해

23 말했다. "이는 적군의 피다. 틀림없이 적의 왕들이 서로 싸워 죽인 것이 틀림없다. 모압 사람들아, 이제 노략하러 가자." 그리고

24 이스라엘 진에 이르자 이스라엘이 모압 사람을 쳤고, 도망하는 그들을 쫓아 국경을 넘어 그들의 지역에 들어가면서 모압 사람을 죽이고

25 그들의 성읍들을 함락시켰다. 또 모든 좋은 밭에 돌을 던져 돌밭으로 만들었으며, 모든 샘을 메우고, 모든 좋은 나무를 베었다. 오직 아르논강 남쪽 42㎞ 지점의 도성인 길하레셋 성벽의 돌들만 남았는데, 물매꾼이 마지막 남은 그곳 성을 공격했다.

26 모압 왕이 전세가 불리함을 깨닫고 칼로 무장한 군사 700명을 거느리고 에돔 왕이 있는 쪽으로 돌파하여 가려고 했지만 가지 못했다.

27 이에 몰렉 신의 제사 관습에 따라 자기를 이어 왕이 될 맏아들을 데려와 성벽 위에서 번제를 드렸다. 그때 큰 진노가 북이스라엘에게 임하자 포위를 풀고 그들을 떠나 각기 고국으로 철수했다.

과부의 기름 그릇

4 ● 선지자의 제자들의 아내 가운데 한 여인이 엘리사에게 부르짖었다. "당신은 당신의 종인 내가 여호와를 경외한 줄을 알고 있습니다. 그런데 내 남편은 죽고 채권자는 빚 대신 내 두 아들을 종으로 삼으려고 합니다." 그러자

2 엘리사가 그에게 물었다. "내가 네게 무엇을 해주면 되겠느냐? 네 집에 무엇이 있느냐?" 그가 대답했다. "계집종의 집에는 기름 한 그릇 외에는 아무것도 없습니다." 엘리사가

3 말했다. "너는 밖에 나가 모든 이웃에게 빈 그릇을 빌리라.

4 그리고 두 아들과 함께 들어가서

[1] 손

문을 닫고 빌려 온 모든 그릇에 올리브 기름을 부어 차는 대로 옮겨 놓으라."

5 이에 여인이 물러가서 두 아들과 함께 문을 닫은 후 두 아들이 그릇을 가져오자 어머니가 올리브 기름이 담겨진 그릇에서 올리브 기름을 가져다가 빌려 온 그릇에 부었더니

6 그릇에 다 찼다. 어머니가 아들에게 "다른 그릇을 가져오라"고 하자 아들이 대답했다. "다른 그릇이 없습니다." 그러자 기름이 곧 그쳤다.

7 그 여인이 하나님의 사람 엘리사에게 나아가 올리브 기름이 그릇에 가득 찼다고 말하자 엘리사가 말했다. "너는 가서 그 올리브 기름을 팔아 빚을 갚고, 남은 것으로 너와 네 두 아들의 생활비로 쓰라."

엘리사와 수넴 여인

8 ● 하루는 엘리사가 나사렛 남동쪽 15㎞ 지점에 있는 수넴에 갔다. 그곳에는 한 부유한¹⁾ 여인이 있었다. 그녀는 엘리사에게 음식을 먹으라고 권했으므로 엘리사는 그곳을 지나갈 때마다 음식을 먹으러 그녀의 집으로 들어갔다.

9 그러던 중 여인이 그의 남편에게 말했다. "항상 우리 집을 지나가는 이 사람은 하나님의 거룩한 사람인 줄을 내가 알고 있습니다.

10 그러니 우리가 그를 위해 담 위에 작은 방을 만들고 침대와 책상과 의자와 촛대를 두고 그가 우리 집에 오면 그곳에 머물도록 합시다."

11 그러던 어느 날 엘리사가 그 집에 가서 그 작은 방에 들어가 누웠다.

12 그때 엘리사가 자기 사환 게하시에게 말했다. "이 집, 수넴의 여인을 불러오라." 그가 여인을 부르자

여인이 엘리사 앞에 섰다.

13 엘리사가 자기 시종에게 말했다. "너는 그에게 '네가 이처럼 우리를 돌보고 섬기니 너를 위해 무엇을 해주면 좋겠느냐? 왕이나 군대 사령관에게 부탁할 것이 있으면 말하라'고 물어보라." 여인이 대답했다. "나는 내 백성과 함께 부족함 없이 살고 있습니다."

14 엘리사가 말했다. "그러면 그를 위해 무엇을 해줄 수 있을까?" 그러자 그의 시종 게하시가 대답했다. "내가 보니 이 여인은 아들이 없고, 그 남편은 늙었습니다."

15 그러자 엘리사가 "그를 다시 부르라"고 하여 부르니 여인이 문 앞에 섰다.

16 엘리사가 그녀에게 말했다. "해가 지나 내년 이맘때 네가 아들을 낳아 품에 안게 될 것이다." 여인이 대답했다. "내 주 하나님의 사람이여, 그것은 불가능합니다. 당신의 계집 종을 놀리지 마십시오."

17 그러나 여인은 엘리사의 말대로 임신하여 한 해가 지나 엘리사가 말한 때쯤 아들을 낳았다.

18 세월이 흘러 수넴에서 엘리사를 대접한 여인이 낳은 아이가 많이 성장했다. 하루는 그 아이가 추수꾼들과 함께 추수하는 아버지에게 갔을 때

19 고통스러워하며 아버지에게 "내 머리야, 내 머리가 너무 아파요"라고 소리쳤다. 그러자 그의 아버지가 시종에게 그의 어머니에게 데려가라고 했다.

20 시종이 어머니에게로 그 아들을 데려갔더니 낮에까지 어머니의 무릎에 앉아 있다가 죽었다.

1) 귀한

21 이에 그 어머니가 죽은 아들을 엘리사가 누웠던 침대 위에 누이더니 문을 닫고 나와

22 남편에게 말했다. "당신은 시종 1명과 나귀 1마리를 내게로 보내세요. 내가 하나님의 사람 엘리사에게 다녀오겠습니다."

23 그러자 남편이 말했다. "하필 왜 오늘 선지자에게 가려고 하느냐? 오늘은 초하루도 아니고, 안식일도 아니지 않느냐?" 아내가 말했다. "별일 아니니 걱정하지 마세요."

24 그러고는 나귀에 안장을 지우고 자기 시종에게 말했다. "너는 내가 멈추라고 할 때까지 나귀를 계속 몰아라."

25 마침내 수넴에서 35㎞ 정도 떨어진 하나님의 사람 엘리사가 있는 갈멜산에 도착했다. 하나님의 사람이 멀리서 그녀를 보고 자기의 시종 게하시에게 말했다. "너는 저기 있는 수넴 여인에게

26 달려가서 그를 맞아 인사하고 그의 남편과 아이가 평안한지 안부를 물어보라." 게하시가 엘리사의 말을 전하자 여인이 "평안하다"라고 대답한 후

27 산에 있는 엘리사에게 나아가 그의 발을 껴안았다. 이를 본 게하시가 그를 떼어 놓으려고 하자 엘리사가 말했다. "가만 두어라. 그녀가 쓰라린 괴로움이 있지만 여호와께서는 그녀의 괴로움을 내게 알려주지 않으셨다."

28 여인이 엘리야에게 말했다. "나는 내 주께 아들을 달라고 하지 않았고, 아들을 준다고 했을 때도 나를 놀리지 말라고 말하지 않았습니까? 그런데 그 아이가 죽었습니다."[1]

29 그 소리를 들은 엘리사가 게하시에게 말했다. "너는 허리를 묶고 내 지팡이를 가지고 그녀의 집으로 가라. 갈 때 사람을 만나도 인사하지 말고, 인사해도 대답하지 말라. 그리고 그녀의 집에 가서 내 지팡이를 그 아이의 얼굴에 놓으라."

30 그러나 아이의 어머니가 다시 말했다. "여호와께서 살아계시는 한, 당신의 영혼이 살아있는 한 맹세합니다. 당신이 가지 않으면 내가 당신 곁을 떠나지 않을 것입니다." 그래서 엘리사는 일어나 여인을 따라갔다.

31 게하시가 그들보다 먼저 가서 지팡이를 그 죽은 아이의 얼굴에 놓았지만 아무런 기척도 없고 듣지도 못했다. 그가 돌아와서 엘리사를 맞으며 말했다. "아이가 깨어나지 않습니다."

32 엘리사가 방에 들어가 보니 그 아이가 죽어 자기의 침대에 눕혀 있었다.

33 이에 아이와 자기 두 사람만 남고 방문을 닫았다. 그리고 여호와께 기도한 후

34 아이 위에 올라가 자기의 입과 눈과 손을 그 아이의 입과 눈과 손에

Q&A 수넴은 인명인가? 지명인가?
(왕하 4:25)

엘리사가 아들이 있을 것이라고 축복하고 후에 죽은 그의 아들을 살린 수넴 여인은 사람 이름이 아니라 지명으로 수넴에 사는 여인이다. 이처럼 성경에는 지명을 인명으로 알기 쉬운 것들이 있다. 예수께서 믿음을 시험하기 위해 개처럼 취급한 수로보니게(가나안) 여인도 인명이 아니라 수로보니게 지역(두로와 시돈 지역)에 사는 여인이다. 엘리야가 공궤를 받은 여인도 사르밧에 사는 여인이지 사르밧의 이름을 가진 여인이 아니다.

1) 왕하 4:16

대고 엎드리자 아이의 몸이 점점 따뜻해졌다.

35 엘리사가 아이에게서 내려와 방안을 한 번 돌고 나서 다시 아이 위에 올라가 엎드리자 아이가 7번 재채기를 하고 눈을 떴다.

36 엘리사가 게하시를 불러 수넴 여인을 불러오라고 했다. 그 여인이 들어오자 엘리사가 그녀에게 말했다. "네 아들을 데려가라."

37 여인이 들어가서 엘리사의 발 앞에서 땅에 엎드려 절한 후 아들을 안고 나갔다.

길갈에서 국 속의 독을 없앰

38 ● 엘리사가 다시 길갈로 왔을 때 그 땅에 흉년이 들었다. 선지자의 제자들이 엘리사 앞에 앉자 엘리사가 자기 시종에게 큰 솥을 걸고 선지자의 제자들을 위해 국을 끓이라고 했다. 이에

39 한 사람이 나물1)을 뜯으러 들에 나가 야생 덩굴2)을 발견하고 그 덩굴3)을 따서 옷자락에 가득 담아 가지고 돌아와 그것이 무엇인지도 모른 채 썰어서 국 끓이는 솥에 넣었다.

40 그리고 국을 퍼다가 무리에게 먹게 하기 위해 맛을 보다가 "하나님의 사람이여, 솥에 죽게 하는 독이 있습니다"라고 소리치고 두려워 먹지 못했다.

41 그러자 엘리사가 "가루를 가져오라"고 한 후 솥에 그 가루를 넣고 말했다. "이제 퍼다가 무리에게 주어 먹게 하라." 그러자 솥에 있는 독이 없어졌다.

음식의 기적과 죽은 아이를 살림

42 ● 한 사람이 바알 살리사에서 길갈로 내려와 첫 수확한 보리로 만든 빵 20개와 채소 한 자루를 하나님의 사람 엘리사에게 드렸다. 이에

엘리사가 말했다. "그것을 무리에게 주어 먹게 하라."

43 그 사환 게하시가 대답했다. "이 적은 것으로 어떻게 100명이 먹겠습니까?" 엘리사가 다시 시종에게 말했다 "무리에게 주어 먹게 하라. 여호와께서 '그들이 먹고 남을 것이다'라고 말씀하셨다."

44 이에 게하시가 무리에게 주었더니 여호와께서 말씀하신 대로 먹고 남았다.

나아만이 나병을 고침 받음

5 ● 아람 왕의 군대장관 나아만은 큰 용사로 자신의 주인인 왕 앞에서 인정 받는 크고 존귀한 자였다. 그것은 여호와께서 전에 그를 통해 아람을 구원하게 하셨기 때문이다. 그러나 그는 나병환자였다.

2 이전에 아람 사람의 무리가 이스라엘 땅으로 가서 어린 소녀 하나를 사로잡았는데, 그 아이가 나아만의 아내를 수종 들고 있었다.

3 그 소녀가 자기의 여주인에게 말했다. "내 주인이 사마리아에 있는 이스라엘 선지자를 만났으면 좋겠습니다. 그러면 나병을 고칠 수 있을 것입니다."

4 그 말을 전해들은 나아만이 자기의 주인인 왕께 나아가 부탁했다. "이스라엘 땅에서 온 소녀의 말이 이스라엘의 선지자는 나병을 고칠 수 있다고 합니다."

5 그러자 아람 왕이 말했다. "내가 이스라엘 왕에게 추천장 글을 써 줄 것이니 너는 가라." 이에 나아만이 은 340kg 되는 10달란트와 금 6,000개와 의복 10벌을 가지고 떠났다.

6 나아만이 아람 수도 다메섹에서 220

1) 채소 2) 들포도 덩굴 3) 들호박

km 정도 떨어진 사마리아로 와서 북 이스라엘 여호람왕에게 아람 왕의 추천장을 전하니 그 내용은 다음 과 같았다. "내가 내 신하 나아만 을 당신에게 보내니 이 추천장을 보거든 당신은 그의 나병을 고쳐 주기 바랍니다."

7 북이스라엘 왕이 그 글을 읽고 자 기 옷을 찢으며 말했다. "내가 사 람을 죽이고 살리는 하나님도 아 닌데 아람 왕은 무슨 의도로 사람 을 내게 보내 그의 나병을 고치라 고 하느냐? 이는 아람 왕이 기회를 보아 내게 트집을 잡으려고 하는 것임을 알라."

8 엘리사가 북이스라엘 왕이 자기 옷을 찢었다는 소식을 듣고 왕에 게 사람을 보내 말했다. "왕이 무 슨 이유로 옷을 찢으셨습니까? 그 렇게 말한 사람을 내게로 보내십 시오. 내가 이스라엘 가운데 선지 자가 있는 줄을 그가 알도록 해주 겠습니다."

9 이에 나아만이 말들과 병거들을 거느리고 사마리아에 있는 엘리사 의 집 문 앞에 이르자

10 엘리사가 사환을 시켜 나아만에게 말했다. "너는 가서 요단강에 몸을 7번 씻으라. 그러면 네 몸이 깨끗 하게 회복될 것이다."

11 시종의 말을 들은 나아만은 화가 나 서 발길을 돌리며 말했다. "적어도 그가 직접 내게로 나와 일어서서 그 의 하나님 여호와의 이름을 부르고, 병이 난 내 부위에 안수하며 내 나 병을 고쳐 줄 것이라고 생각했다.

12 다메섹에 있는 아바나강과 바르발 강은 이스라엘 모든 강물보다 더 좋지 않은가? 내가 차라리 요단강 보다 그곳에서 몸을 씻으면 깨끗

하게 되지 않겠느냐?" 그러고는 발 길을 돌려 분노하여 떠났다.

13 돌아가는 도중에 그의 사환들이 나아만에게 말했다. "내 주인[1]이 여, 선지자가 당신에게 이보다 더 어려운 일을 하라고 했어도 그렇 게 해야 하지 않겠습니까? 하물며 주인에게 '요단강에서 씻어 깨끗하 게 하라'는 것은 얼마나 쉬운 일입 니까?"

14 그러자 나아만이 엘리사의 말대로 요단강으로 내려가 7번 몸을 담그 자 그의 몸이 어린 아이의 살처럼 깨끗하게 회복되었다.

15 이에 나아만이 동행한 군대와 함 께 엘리사에게로 다시 찾아와 그 앞에 서서 말했다. "내가 이제 이 스라엘 외에는 천하에 다른 신이 없는 줄을 알았습니다. 그러니 청 컨대 당신의 종이 드리는 예물을 받으십시오."

16 그러자 엘리사가 말했다. "내가 섬 기는 여호와께서 살아계시는 한 맹 세하니 결코 그 예물을 받지 않을 것이다." 나아만이 다시 강하게 권 했으나 엘리사는 여전히 거절했다.

17 그러자 나아만이 부탁했다. "그러 면 청컨대 노새 2마리가 실을 만큼 의 흙을 당신의 종에게 주십시오. 이제부터는 종이 번제물과 다른 희생제사를 오직 여호와께만 드리 겠습니다.

18 다만 한 가지 용서를 구할 것이 있 습니다. 그것은 내가 모시는 왕[2]께 서 림몬의 신당에 들어가 경배할 때 내가 부축해야 하니 부득이 내 가 림몬의 신당에서 몸을 굽히게 될 것입니다. 이 일에 대해 여호와 께서 당신의 종을 용서하시기를

1) 아버지 2) 주인

원합니다."

19 엘리사가 말하기를 "너는 평안히 가라"고 하자 그가 엘리사를 떠났다.

20 엘리사의 사환 게하시가 속으로 생각했다. "내 주인은 이 아람 사람 나아만이 가지고 온 엄청난 예물을 받지 않았다. 여호와께서 살아 계시는 한 맹세하니 나는 그를 쫓아가 어떤 대가든 받아야 하겠다." 그리고

21 나아만의 뒤를 쫓아갔다. 나아만이 자기를 쫓아오는 사람을 보고 그를 맞기 위해 마차에서 내려 그에게 "평안하냐?"라고 물었다.

22 그가 대답했다. "그렇습니다. 우리 주인 엘리사께서 나를 보내며 이렇게 말씀하셨습니다. '지금 선지자의 제자들 가운데 청년 2명이 에브라임 산지에서 내게로 왔으니 청컨대 당신은 나를 찾아온 그들을 위해 은 34kg 되는 1달란트와 옷 2벌을 주라고 하십니다.'"

23 나아만이 대답하기를 "그러면 2달란트를 받으라"고 하고 자기 2명의 사환에게 은 2달란트를 돈 주머니 2개에 넣고, 옷 2벌과 함께 지우매 그들이 게하시 앞에서 지고 갔다.

24 나아만의 사환들이 언덕에 이르자 게하시는 그 은과 옷을 사환 2명에게 건네받아 그들을 돌려보내고 그것을 자기 집에 숨겼다. 그런 후

25 자기의 주인에게 들어가자 엘리사가 물었다. "게하시야, 네가 어디를 갔다 오느냐?" 그가 거짓으로 말하기를 "아무 데도 가지 않았습니다"라고 했다.

26 이에 엘리사가 말했다. "나아만 한 사람이 너를 만나려고 마차에서 내릴 때 내 마음이 함께 가지 않았느냐? 지금이 은을 받고, 옷을 받으며,

올리브나무와 포도밭과 양과 소와 남녀 종을 취할 때이냐?

27 그러므로 나아만의 나병이 네게 들어가 네 자손이 대대로 나병에 걸릴 것이다." 게하시가 그 앞에서 나오자 나병에 걸려 눈처럼 희게 되었다.

물 속의 쇠도끼를 찾음

6 ● 하루는 선지자의 제자들이 엘리사에게 말했다. "보십시오. 이곳은 우리가 당신과 함께 거주하기에 좁습니다. 그러니

2 우리가 요단 계곡으로 가서 거기서 각각 집 지을 재목을 하나씩 가져다가 그곳에 우리가 거주할 곳을 만듭시다." 이에 엘리사가 "가라"고 하자

3 그중 한 명이 "함께 가시죠"라고 청했다. 이에 엘리사가 "나도 가겠다"라고 대답한 뒤

4 그들과 함께 요단 계곡으로 갔다. 무리가 요단 계곡에 이르러 나무를 베다가

5 한 사람의 쇠도끼가 물에 빠졌다. 이에 그가 외쳤다. "아이고, 내 주여, 이 도끼는 빌려 온 것입니다."

6 엘리사가 "어디에 빠졌느냐?"라고 묻자 그가 빠진 곳을 가리켰다. 이에 엘리사가 나뭇가지를 잘라 물에 던져 쇠도끼를 떠오르게 한 후

7 말했다. "너는 도끼를 집으라." 이에 그 사람이 손을 내밀어 그 쇠도끼를 건졌다.

엘리사가 아람의 침략을 알려줌[1]

8 ● 나아만 사건 이후 몇 년이 지났을

---

1) 왕하 6장에 나오는 아람 군대와 북이스라엘과의 전쟁이 언제 일어났는지에 대해서는 분명하지 않다. 다만 나아만이 엘리사를 통해 나병을 치료 받은 왕하 5장이 있고 나서 몇 년 뒤로 보는 것이 일반적 견해이다. 곧 북이스라엘의 여호람과 아람 왕 벤하닷 2세와의 전쟁으로 보고 있다.

그때 아람 왕 벤하닷 2세가 북이스라엘과 싸우며 그의 신복들과 의논하기를 "우리가 이러이러한 곳에 진을 치자"라고 했다.

9 그러면 엘리사가 북이스라엘 여호람왕에게 사람을 보내 "왕은 아람이 이런 곳에 진을 치리니 그곳으로 지나가지 마십시오. 아람 사람이 그곳으로 나올 것입니다"라고 알려주었다.

10 그러면 북이스라엘 왕은 엘리사가 알려준 곳으로 여러 차례 사람을 보내 방비하게 했다.

11 이런 사실이 알려지자 아람 왕이 매우 화가 나서 그의 신복들을 소집한 후 추궁했다. "우리 가운데 이스라엘 왕과 내통하는 자가 있기 때문에 이런 일이 일어났다." 그러자

12 신복 가운데 한 사람이 대답했다. "왕이여, 그것이 아니라 이스라엘에 엘리사 선지자가 있어 그가 왕이 침실에서 하신 말씀까지도 이스라엘 왕에게 알려주기 때문입니다."

13 그 말을 들은 아람 왕이 명령했다. "너희는 엘리사가 어디 있는지 알아 와라. 내가 사람을 보내 그를 잡을 것이다." 신하가 왕에게 말했다. "그는 도단에 있습니다."

14 이에 아람 왕 벤하닷 2세가 말과 병거와 대규모의 군사를 도단으로 보냈고, 그들이 밤에 가서 그 성을 포위했다.

15 엘리사의 사환[1]이 아침 일찍 일어나 성 밖을 보니 군사와 말과 병거가 성을 에워싸고 있었다. 그가 엘리사에게 외쳤다. "아아, 주인님, 우리가 이 일을 어찌하면 좋겠습니까?"

16-17 엘리사가 대답했다. "두려워하지 말라. 우리와 함께한 자가 그들과 함께한 자들보다 많다." 그리고 사환을 위해 기도했다. "여호와여, 원컨대 게하시의 눈을 열어 보게 하십시오." 그러자 여호와께서 그 시종 게하시의 눈을 열어 주시자 그가 불말과 불병거가 산에 가득하여 엘리사를 둘러싼 것을 보았다.

18 아람 사람이 다가오자 엘리사가 여호와께 기도하기를 "원컨대 저 무리의 눈을 어둡게 하십시오"라고 하니 엘리사의 말대로 그들의 눈을 어둡게 하셨다.

19 엘리사가 보지 못하는 적군에게 말했다. "이 길은 너희가 가려는 길이 아니며, 너희가 찾는 성읍도 아니니 나를 따라오라. 내가 너희가 찾는 사람에게로 데려가겠다." 그러고는 그들을 30km 떨어진 사마리아로 데리고 갔다.

20 사마리아에 들어갈 때 엘리사가 다시 기도했다. "여호와여, 이 무리의 눈을 열어 보게 하십시오." 그러자 여호와께서 그들의 눈을 뜨게 하시니 자기들이 사마리아 한가운데 있음을 알았다.

21 북이스라엘 왕이 그들을 보고 엘리사에게 물었다. "내 아버지여, 내가 이들을 쳐서 죽여도 되겠습니까?"

왕하

성경인물　벤하닷 2세(왕하 6:14)

본절에 나오는 아람 왕 벤하닷 2세는 벤하닷 1세(왕상 20:1)의 아들이나 학자들 중에는 벤하닷 1세로 보기도 한다. 벤하닷 2세는 엘리사를 잡기 위해 도단을 포위했으나 오히려 엘리사의 기도로 그의 군사와 함께 눈이 어두워 사마리아로 사로잡혀 갔다가 풀려났다. 후에 그는 병에 걸렸을 때 왕위를 노리는 하사엘에게 살해 당했다.

1) 시종

22 엘리사가 대답했다. "그들을 죽이지 마십시오. 칼과 활로 사로잡은 자가 아니니 어찌 그들을 죽이겠습니까? 오히려 빵과 물을 주어 먹고 마시게 한 후 그들의 왕[1]에게로 돌려보내십시오."

23 그러자 이스라엘 왕이 그들을 위해 음식을 넉넉히 베풀어 그들을 먹고 마시게 한 후 돌려보내니 그들이 그들의 왕에게로 돌아갔다. 이후부터 아람은 더 이상 이스라엘 땅을 침략하지 못했다.

아람 왕 벤하닷의 침략과
사마리아의 굶주림

24 ● 아람이 사마리아를 침입하고 오랜 시간이 흐른 후 아람 왕 벤하닷 2세가 다시 그의 온 군대를 소집하여 올라와서 사마리아를 포위했다.

25 오랜 포위로 성 안은 굶주림이 심해 가격이 폭등하여 나귀 머리 하나에 은 912g 되는 80세겔이나 했고, 비둘기 똥 4분의 1갑의 가격이 은 57g 되는 5세겔이나 되었다.

26 이스라엘 왕 여호람이 성벽 위로 지나갈 때 한 여인이 외쳤다. "내 주 왕이여, 도우십시오."

27 왕이 말했다. "여호와께서 너를 돕지 않는다면 내가 무엇으로 너를 도울 수 있겠느냐? 타작 마당이나 포도즙 틀로도 도울 수가 없다."

28 또 왕이 "무슨 일이냐?"라고 묻자 여인이 대답했다. "이 여인이 내게 말하기를 '네 아들을 내놓아라. 우리가 오늘 삶아 먹고 내일은 내 아들을 삶아 먹자'라고 하여

29 내 아들을 삶아 먹었습니다. 그리고 이튿날에 내가 그 여인에게 '이제는 네 아들을 우리가 삶아 먹자'라고 했지만 그가 그의 아들을 숨겼습니다."

30 그 여인의 말을 듣고 왕이 자기 옷을 찢었다. 그가 성벽 위로 지나갈 때 백성들이 그의 찢어진 옷 사이로 속살이 드러나 굵은 베를 입은 것을 보았다.

31 왕이 말했다. "사밧의 아들 엘리사의 머리가 오늘 그 몸에 붙어 있다면 하나님께서 내게 벌을 내리시고 더 내리셔도 나는 받아들일 것이다."

32 그때 엘리사는 장로들과 함께 자기 집에 앉아 있었다. 왕이 자기 처소에서 엘리사에게 사람을 보냈다. 엘리사가 왕이 보낸 사자가 이르기 전 장로들에게 말했다. "너희는 살인한 자의 아들, 여호람왕이 내 머리를 베기 위해 사람을 보낸 것을 보느냐? 너희는 살펴보다가 왕이 보낸 사자가 오면 문을 닫아 안으로 들어오지 못하게 하라. 사자의 뒤를 따라오는 그의 왕[1]의 발소리가 들리지 않느냐?"

33 엘리사가 자기와 함께한 무리와 말할 때 그 왕의 사자가 그에게 이르러 말했다. "왕이 이르기를 '이 재앙이 여호와께로부터 나왔으니 어찌 내가 여호와께서 도와주시기를 더 기다리겠느냐?'라고 하셨다."

7 엘리사가 대답했다. "여호와께서 말씀하신 것을 들으라. '내일 이맘때 사마리아 성문에서는 고운 밀가루 7.3리터 되는 1스아가 은 11.4g 되는 1세겔에 매매되고, 보리 2스아가 1세겔에 매매될 것이다.'"

2 그때 북이스라엘 왕을 부축하는 한 보좌관이 엘리사에게 말했다. "여호와께서 하늘에서 창문을 내신다고 이런 일이 일어나겠느냐?"

1) 주인

엘리사가 말했다. "네 눈으로 보게 될 것이다. 그러나 너는 그것을 먹지 못할 것이다."

3 사마리아 성문 입구에 나병환자 4명이 앉아 있었다. 그들이 말했다. "우리가 왜 여기 앉아 죽기만을 기다려야 하느냐?

4 만일 우리가 성 안으로 가자고 말한다면 성 안에는 굶주림이 있으니 우리가 거기서 죽을 것이고, 우리가 이곳에 그대로 머물러 있어도 역시 굶어 죽을 것이다. 그렇다면 차라리 아람 군대에 가서 항복하자. 그들이 우리를 살려주면 좋겠지만 우리를 죽이면 죽을 것이다." 이에

5 아람 진으로 가기 위해 해질 무렵 일어나 아람 진영의 끝에 가 보니 그곳에는 한 사람도 없었다.

6 이는 주께서 아람 군대에게 병거와 말과 큰 군대의 소리를 듣게 하셨기 때문이다. 아람 사람은 그 소리를 이스라엘 왕이 헷 사람들과 애굽 왕들에게 돈을 주고 고용하여 자신들을 공격해 오는 적군의 진군 소리로 생각했다. 그래서

7 해질 무렵 일어나서 목숨을 건지기 위해 그 장막과 말과 나귀를 진영에 그대로 두고 도망갈 정도로 급하게 도망했던 것이다.

8 그 나병환자들이 진영 끝에 이르러 이 장막, 저 장막에 들어가서 먹고 마시고 그곳에 있는 은금과 의복을 탈취한 후 가지고 가서 감추었다.

9 그러다가 나병환자들이 서로 말했다. "우리가 이렇게 하는 것은 옳지 못하다. 오늘은 좋은 소식이 있는 날이다. 그런데 우리가 이 소식을 아침 해가 뜰 때까지 알리지 않

으면 우리에게 벌이 내려질 것이다. 그러니 이제 왕궁에 이 사실을 알리자."

10 이에 그들이 가서 사마리아성의 문지기를 불러 말했다. "우리가 아람 진에 가서 보니 거기에 사람은 한 명도 없고, 소리도 없이 오직 말과 나귀만 매여 있고 장막들이 그대로 있었습니다."

11 그 문지기들이 왕궁에 있는 자에게 소식을 전하자

12 왕이 밤에 일어나 그의 신복들과 상의했다. "아람 사람이 우리에게 이렇게 행한 것은 그들이 우리가 주린 것을 알고 있기 때문에 우리를 속이려고 하는 것이다. 그래서 자기들의 진영을 떠나 들에 매복하고 있다가 우리가 성 밖으로 나오면 우리를 사로잡은 후 성 안으로 들어가려고 하는 계략이다."

13 그러자 그의 신하 중 한 사람이 왕에게 제안했다. "그러면 아직 성중에 남아 있는 5마리 말은 멸망한 이스라엘의 온 무리와 같으니 그 말을 타고 정탐하게 하십시오." 이에

14 그들은 말들이 끄는 병거 2대를 취했다. 그러자 왕이 아람 군대 뒤로 그들을 보내며 정탐하도록 했다.

15 그들이 나병환자의 뒤를 따라 사마리아성에서 약 70㎞ 떨어진 벧산 동쪽의 요단 강가에 이르자[1] 아람 사람이 급히 도망하면서 버린 의복과 무기가 길에 널려 있었다. 사자가 돌아와서 왕에게 그 사실을 알리자

16 백성들이 나가서 아람 진영에 있는 물건을 노략했다. 이에 가격이 폭락하여 고운 밀가루 1스아가 1세겔이 되고, 보리 2스아가 1세겔이

1) 가는 동안

되니 여호와의 말씀처럼 되었다.

17 왕이 가까이 있던 보좌관을 시켜 성문을 지키게 했는데, 백성이 성문에서 그를 밟으니 하나님의 사람의 말대로 그가 죽었다.

18-20 이는 "내일 이맘때 사마리아 성문에서 보리 2스아가 1세겔에 매매되고, 고운 밀가루 1스아가 1세겔에 매매될 것이다"라고 한 엘리사의 말을 믿지 못하므로 "네가 네 눈으로 볼 것이다. 그러나 그것을 먹지는 못하리라"고[1] 말한대로 그 백성의 발에 밟혀 죽었다.

수넴 여인의 피난과 소유 회복

8 ● 세월이 지난 후 엘리사가 이전에 아들을 다시 살려 준 수넴 여인에게 가서 말했다. "너는 일어나서 네 가족과 함께 살 만한 곳으로 가서 그곳에서 거주하라. 여호와께서 기근을 말씀하셨으니 그대로 이 땅에 7년 동안 기근이 있을 것이다."

2 이에 여인이 자기 집을 떠나 하나님의 사람 엘리사의 말대로 행하여 그의 가족과 함께 가서 블레셋 사람들의 땅에서 7년을 살았다.

3 엘리사가 수넴 여인에게 가뭄이 있다고 예언한 지 7년이 지났다. 기근을 피해 블레셋 지역으로 갔던 수넴 여인이 그곳에서 돌아왔다. 그러나 자기 집과 땅을 다른 사람이 차지하고 있었다. 그래서 자기 집과 땅을 찾기 위해 왕을 찾아갔다.

4 그때 이스라엘 여호람왕은 엘리사의 사환 게하시에게 "너는 엘리사가 행한 모든 큰일을 내게 설명하라"고 말하는 중이었다.

5 곧 게하시가 엘리사가 죽은 자를 다시 살린 일을 왕에게 이야기할 때 엘리사가 다시 살린 아이의 어머니가 자기 집과 땅을 찾기 위해 왕 앞에 섰다. 게하시가 그 여자를 보고 왕에게 말했다. "내 주 왕이여, 내가 말한 자가 이 여인입니다. 그 옆의 아들은 바로 엘리사가 다시 살린 자입니다."

6 이스라엘 왕이 그 여인에게 "어떤 일로 왔느냐?"라고 묻자 여인이 모든 사정을 설명했다. 그러자 왕이 그를 위해 한 관리를 임명하며 "이 여인에게 속한 모든 재산과 이 땅에서 떠날 때부터 이제까지 7년 동안 그의 밭의 소출을 다 돌려주도록 하라"고 명령했다.

엘리사와 아람 왕 벤하닷

7 ● 엘리사가 다메섹에 갔을 때 아람 왕 벤하닷 2세는 병들어 있었다. 그때 벤하닷은 하나님의 사람 엘리사가 다메섹에 있다는 소리를 들었다.

8 그러자 왕이 하사엘에게 명령했다. "너는 예물을 가지고 가서 엘리사를 만나 내가 이 병에서 살아날 것인지 여호와께 물어보라고 하라."

9 이에 하사엘은 엘리사를 만나기 위해 다메섹의 모든 좋은 예물을 낙타 40마리에 싣고 가서 엘리사 앞에 서서 말했다. "당신의 아들 같은 아람 왕 벤하닷이 나를 당신에게 보내어 그의 병이 나을 것인지 물어보라고 했습니다."

10 엘리사가 대답했다. "너는 가서 그에게 말하라. '왕이 반드시 나을 것이다. 그러나 병은 나았어도 반드시 죽을 것이다'라고 여호와께서 내게 알려주셨다고 하라."

11 엘리사가 하사엘이 민망할 정도로

[1] 왕하 7:2

그의 얼굴을 쳐다보다가 울었다.

12 하사엘이 물었다. "내 주여, 왜 우십니까?" 엘리사가 대답했다. "네가 장차 이스라엘 자손에게 행할 모든 악을 내가 알기 때문이다. 네가 이스라엘의 성을 불사르고, 칼로 장정들을 죽이며, 어린 아이를 메어치며, 임신한 여자의 배를 가를 것이다."

13 하사엘이 말했다. "당신의 개에 불과한 종이 무엇이기에 이런 엄청난 일을 저지르겠습니까?" 엘리사가 대답했다. "여호와께서 네가 아람 왕이 될 것을 내게 보여주셨다."

14 하사엘이 엘리사를 떠나 그의 주인 벤하닷에게 나아가니 왕이 그에게 물었다. "엘리사가 네게 무슨 말을 하더냐?" 그가 대답했다. "그가 내게 말하기를 '왕이 반드시 치료될 것이다'라고 했습니다."

15 그 이튿날 하사엘이 이불을 물에 적셔 왕의 얼굴에 덮어 죽이고 자신이 왕위에 올랐다.

유다 왕 여호람의 즉위

16 ● 북이스라엘의 왕 아합의 아들 여호람¹⁾ 5년에 유다 왕 여호사밧의 아들 여호람이 유다 왕이 되었다.

17 여호람이 유다 왕이 될 때 나이가 32세였다. 예루살렘에서 아버지 여호사밧과 공동 통치를 마친 후 단독으로 8년 동안 나라를 다스렸다.

18 여호람은 북이스라엘 아합왕의 딸을 아내로 맞이하고 북이스라엘 왕들의 악한 길로 행하여 아합의 집과 같이 악을 행했다.

19 그럼에도 여호와께서는 그의 종 다윗을 생각하여 유다, 곧 다윗의 집 멸하기를 기뻐하지 않으셨다.

이는 다윗과 함께 언약을 세우시고, 다윗과 그의 자손에게 항상 등불을 주겠다고 말씀하셨기 때문이다.²⁾

여호람 때 주위 국가들의 배반³⁾

20 ● 또 유다 왕 여호람 때 에돔이 유다를 배반하여 유다의 지배 하에서 벗어나 자기들의 왕을 따로 세웠다.

21 그러자 유다 왕 여호람이 지휘관들과 모든 병거를 거느리고 예루살렘 남쪽으로 30㎞ 정도 떨어진 사일로 출정했다. 그러나 에돔 군대가 여호람 군대를 포위했다. 이에 여호람이 밤에 일어나 자기를 에워싼 에돔 사람과 그 병거의 지휘관들을 공격하여 포위를 뚫고 나가니 에돔 백성이 도망하여 각각 그들의 장막 집으로 돌아갔다.

22 이처럼 에돔은 유다의 지배에서 벗어났으니 오늘까지 그러했다. 그때 블레셋 국경 지대에 있던 립나도 유다를 배반하여 그의 지배에서 벗어났다.

유다 왕 여호람의 죽음

23 ● 유다 왕 여호람의 남은 행적과 그가 행한 모든 일은 유다 왕 역대지략에 기록되었다.

24 여호람은 병들고 나서 2년 만에 그 병으로 인해 창자가 빠져나왔고, 그 심한 병으로 죽어 아끼는 자 없이 세상을 떠났는데 백성이 그들의 조상들에게 분향한 것처럼 그에게는 분향하지 않았으며, 그의 조상들처럼 다윗성에 장사했으나 열왕의 묘실에는 두지 않았다. 그의 아들 아하시야가 뒤를 이어 왕이 되었다.⁴⁾

1) 요람 2) 대하 21:5-7 3) 대하 21:8-10 4) 대하 21:19-20

유다 왕 아하시야

25 ● 북이스라엘 왕 아합의 아들 여호람¹⁾ 12년²⁾에 유다 왕 여호람의 아들 아하시야가 왕이 되었다.

26 유다의 아하시야는 22세³⁾에 왕이 되어 예루살렘에서 1년간 나라를 다스렸다. 그의 어머니는 북이스라엘 왕 오므리의 손녀 아달랴이다.

27 아하시야가 아합의 집과 같이 여호와께서 보시기에 악을 행했으니, 이는 그가 아합 가문⁴⁾의 사위가 되므로 그의 어머니가 꾀어 악을 행하게 했기 때문이다.⁵⁾

28 유다 왕 아하시야가 북이스라엘 아합 가문의 의견을 따라⁶⁾ 아합의 아들 북이스라엘 왕 여호람⁴⁾과 연합하여 길르앗 라못으로 가서 아람 왕 하사엘과 싸웠다. 그러나 아람 군사들이 북이스라엘의 여호람⁴⁾왕에게 부상을 입혔다.

29 북이스라엘 왕 여호람왕이 아람 왕 하사엘과의 싸움에서 아람 군사에게 당한 부상을 치료하기 위해 라마에서 이스르엘로 돌아왔다. 유다 왕 여호람의 아들 아하시야⁷⁾가 북이스라엘 왕 여호람의 병문안을 위해 예루살렘에서 130㎞ 떨어진 이스르엘로 내려갔다.

예후의 반역과 북이스라엘 왕 등극

9 ● 엘리사 선지자가 제자들 가운데 하나를 불러 말했다. "너는 허리를 동여매고 이 기름병을 가지고 요단강 동쪽 길르앗 라못으로 가라.

2 그곳에 도착하면 님시의 손자 여호사밧의 아들들 가운데서 예후를 데리고 골방으로 들어가

3 그의 머리에 기름을 부으며 이렇게 말하라. '여호와의 말씀이 내가

네게 기름을 부어 북이스라엘 왕으로 삼노라.' 그리고 지체하지 말고 문을 열고 급히 도망하라."

4 엘리사의 지시를 받은 그의 청년, 제자가 길르앗 라못으로 갔다.

5 그가 도착해 보니 군대장관들이 앉아 있었다. 엘리사의 제자가 말했다. "장군님, 내가 당신에게 할 말이 있습니다"라고 하자 예후가 물었다. "우리 가운데 누구에게 말하는 것이냐?" 그가 대답했다. "바로 장군님, 당신입니다."

6 예후가 집으로 들어가자 엘리사의 제자가 그의 머리에 기름을 부으며 말했다. "이스라엘 하나님의 말씀이 내가 네게 기름을 부어 여호와의 백성인 이스라엘의 왕으로 삼으니

7 너는 네가 섬기는 아합의 가문⁴⁾을 치라. 이를 통해 내 종 선지자들의 피와 또 다른 내 종들의 피를 이세벨에게 갚아 줄 것이다.

8 아합의 온 가문을 진멸시키리니 종이든, 자유인이든, 이스라엘 안에 있는 아합에게 속한 모든 남자는 내가 진멸하기를

9 느밧의 아들 여로보암의 가문과 아히야의 아들 바아사의 집과 같게 할 것이다.

10 이스르엘 지역에서 개들이 이세벨의 시체를 먹으리니 그를 장사지내 줄 사람이 없을 것이다." 그러고 나서 문을 열고 급히 도망했다.

11 예후가 집에서 나와 그의 주인인 북이스라엘 왕 여호람의 신복들에게 오자 한 사람이 그에게 물었다. "평안하냐? 그 미친 선지자의 제자가 무슨 이유로 그대에게 왔느냐?"

---

1) 요람 2) 왕하 9:29, 11년 3) 대하 22:2, 42세 4) 왕상
5) 대하 22:3 6) 대하 22:3 7) 대하 22:6, 아사랴

그가 대답했다. "그대들이 그 사람이 누구인지, 그가 무엇을 말했는지 곧 알게 될 것이다."

12 이에 무리가 말했다. "당치도 않은 말이다. 그대는 지금 우리에게 사실대로 말하라." 그가 대답했다. "그가 내게 전하기를 '여호와께서 네게 기름을 부어 이스라엘 왕으로 삼는다'라고 말씀하셨다고 했소."

13 그 말을 들은 무리가 각각 자기 옷을 급히 가져다가 예후의 밑에 있는 돌 층계¹⁾ 위에 깔고 나팔을 불며 "예후는 왕이다"라고 외쳤다.

14 이렇게 님시의 손자 여호사밧의 아들 예후가 북이스라엘의 여호람 왕에게 반역했다. 이때는 북이스라엘의 여호람이 아람 왕 하사엘과 길르앗 라못에서 싸울 때

15 아람 군사에게 부상한 것을 치료하기 위해 이스르엘로 돌아왔던 때였다. 예후가 말했다. "너희 뜻이 내 뜻과 같다면 한 사람이라도 이 성에서 도망하여 이스르엘에 있는 여호람왕에게 알리지 못하게 하라."

16 그러고 나서 예후가 병거를 타고 64㎞ 정도 떨어진 이스르엘로 가니 북이스라엘의 여호람왕이 그곳에 누워 있었다. 유다 왕 아하시야는 여호람을 병문안하기 위해 내려와 있었다.

17 이스르엘 망대에 파수꾼 하나가 예후의 무리가 오는 것을 보고 외쳤다. "한 무리가 오고 있습니다." 여호람이 명령했다. "전령 한 사람을 말에 태워 보내어 그를 맞이하여 '좋은 소식이냐?'라고 묻게 하라."

18 전령이 말을 타고 가서 예후를 만나 말했다. "왕께서 좋은 소식이냐고 물으셨습니다." 그러자 예후가

대답했다. "좋은 소식이 네게 무슨 상관이 있느냐? 너는 내 뒤로 물러나 있으라." 이에 파수꾼이 왕에게 전하기를 "전령이 그들에게 갔지만 돌아오지 않았습니다"라고 했다.

19 이에 왕이 다시 한 전령을 말에 태워 보냈으나 앞에 간 사람과 똑같았다.

20 파수꾼이 또 왕에게 전했다. "그도 그들에게 갔지만 돌아오지 않았습니다. 내가 보니 그 병거를 미친듯 모는 모습이 님시의 손자 예후가 모는 것 같습니다."

21 여호람이 "내 전차를 준비하라"고 명령하자 그의 병거를 준비했다. 북이스라엘 왕 여호람과 유다 왕 아하시야가 각각 자기의 병거를 타고 가서 이스르엘 출신 나봇의 밭에서 예후를 만났다.

22 여호람이 예후를 보고 "좋은 소식이냐?"라고 하자 그가 대답했다. "네 어머니 이세벨이 저지른 음행과 술수가 이렇게 많은데 어찌 좋은 소식이 있겠느냐?"

23 이에 여호람이 즉시 돌이켜 도망하며 유다 왕 아하시야에게 소리쳤다. "아하시야여, 반역이다."

24 이때 예후가 활을 힘껏 당기자 화살이 여호람의 염통을 꿰뚫고 나와 그가 병거 가운데 엎드러져 죽었다.

25 예후가 그의 장관 빗갈에게 말했다. "그 시체를 가져다가 이스르엘 출신 나봇의 밭에 던지라. 이전에 너와 내가 그의 아버지 아합의 뒤에서 병거를 타고 다닐 때 여호와께서 이같이 그의 일을 예언한 것을 너는 기억할 것이다.

26 여호와께서 '내가 어제 나봇의 피와

1) 섬돌

그의 아들들의 피를 분명히 보았
다. 또 이 밭에서 내가 네게 그대로
갚을 것이다'라고 말씀하셨다. 그
러니 여호와의 말씀대로 그의 시
체를 가져다가 이 밭에 던지라."

유다왕 아하시야가 살해됨

27 ● 유다 왕 아하시야가 예후의 반역
을 보고 정원의 정자ᵃ) 길로 도망하
자 예후가 그 뒤를 쫓아가며 말했
다. "저자도 병거 가운데서 죽이라."
이에 이스르엘에서 14㎞ 떨어진 이블
르암 외곽 구르 비탈에서 그를 치니
그가 다시 22㎞ 떨어진 므깃도까지
도망했으나 그곳에서 죽었다.²⁾

28 유다 아하시야의 신복들이 아하시
야의 시체를 병거에 싣고 예루살
렘에 도착하여 조상들이 묻힌 다
윗성의 그의 묘실에 장사했다.

29 북이스라엘 왕 아합의 아들 여호
람³⁾ 11년⁴⁾에 유다 왕 여호람의 아
들 아하시야가 왕이 되었다.

이세벨 왕후가 살해됨

30 ● 이세벨이 예후가 이스르엘에 온
다는 소식을 듣고 눈 화장을 하고,
머리를 꾸미고 창에서 바라보다가

31 예후가 문으로 들어오자 그는 예
후를 가장 비열한 방법으로 왕위
를 찬탈한 시므리왕⁵⁾에 비유하여
말했다. "주인을 죽인 너 시므리
여, 평안하냐?"

이세벨의 화장은?(왕하 9:30)

예후가 자신을 죽이기 위해 이스르엘로 온다는
소식을 듣고 이세벨은 눈을 그리고 머리를 꾸미
는 등 화장을 했다. 이는 예후를 유혹하기 위한 술
책으로 주장하는 혹자도 있다(Ewald). 그러나 23
세의 손자까지 둔 것을 생각하면 그보다는 태후
로서 위엄을 갖추어 예후를 두렵게 할 목적으로
행한 듯하다. 어쨌든 그녀가 최후의 순간까지 회
개하지 않음으로 보여주는 행동임은 틀림없다.

32 예후가 얼굴을 들고 창을 향해 대
답했다. "내 편에 설 자가 누구냐?"
이에 2~3명의 내시가 예후를 내려
다보자 다시

33 말했다. "이세벨을 밖으로 던지
라." 그러자 이세벨이 밖으로 던져
져 그의 피가 담과 말에게 튀었고,
예후가 그의 시체를 밟았다.

34 예후가 들어가서 먹고 마신 후에
말했다. "그래도 그는 왕의 딸이니
저주 받은 이세벨⁶⁾을 찾아 장사를
지내 주거라."

35 이에 가서 장사하려고 했지만 이
미 그 두골과 발과 그의 손 외에는
찾지 못했다.

36 그들이 돌아와 전하자 예후가 말
했다. "이렇게 된 것은 여호와께서
그 종 디셉 출신 엘리야를 통해 말
씀하신 것이다. 그가 이르기를 '이
스르엘 나봇의 포도밭에서 개들이
이세벨의 살을 먹을 것이다.⁷⁾

37 그 시체가 이스르엘 밭에서 밭의
거름처럼 되리니 이것이 이세벨
시체인지 아닌지 알아보지 못하게
될 것이다'라고 했다."

아합의 아들들이 살해됨

10 ● 이때 아합의 아들 70명은 사
마리아에 있었다. 예후가 편지
들을 써서 사마리아에 있는 장로들
과 아합의 여러 아들을 교육하는
귀족들에게 이렇게 전했다.

2 "너희 주 왕의 아들들이 너희와 함
께 있고, 병거와 말과 견고한 성과
무기가 너희에게 있으니 이 편지
가 너희에게 전해지면

3 너희 왕의 아들들 가운데서 가장

---

1) 70인역, 빈간, 벧한간   2) 대하 22:9상. 아하시야는 사
마리아에 숨었더니 예후가 찾으매 무리가 그를 예후에게
로 잡아가서 죽이고   3) 요람   4) 왕하 8:25. 12년   5)
왕하 16:8-15   6) 여자   7) 왕상 21:23-24

어질고 정직한 자를 선택하여 그
의 아버지의 왕좌에 두고 너희 왕
의 집을 위해 싸우라."

4 그들이 편지를 받고 심히 두려워
하며 말했다. "남북 두 왕도 예후
를 당하지 못했는데, 우리가 어찌
당할 수 있겠느냐?" 그러고는

5 사마리아 왕궁과 성을 책임지는 자
와 장로들과 왕자를 교육하는 자들
이 예후에게 자신들의 입장을 전했
다. "우리는 당신의 신하[1]입니다.
당신이 말하는 것은 무엇이든지 우
리가 행하고 그 어떤 사람도 왕으
로 세우지 않을 것입니다. 당신이
보기에 좋은 대로 행하십시오."

6 예후가 다시 그들에게 편지를 써
서 보냈다. "만일 너희가 내 편이
되어 나를 따르려면 너희 왕의 아
들 된 사람들의 머리를 가지고 내
일 이맘때 이스르엘로 와서 내게
나아오라." 그때 왕자 70명이 그들
을 양육하는 성읍의 귀족들과 함
께 있었다.

7 편지가 그들에게 전해지자 귀족들
이 왕자 70명을 붙잡아 죽이고 그
들의 머리를 광주리에 담아 45㎞
떨어진 이스르엘에 있는 예후에게
로 보냈다.

8 사자가 와서 예후에게 말했다. "사
마리아성의 귀족 무리가 왕자들의
머리를 가져왔습니다." 예후가 말
하기를 "문 입구에 두 무더기로 쌓
아 내일 아침까지 그 머리를 두라"
고 했다.

9 이튿날 아침 예후가 나가 서서 백
성에게 말했다. "하나님께서 저주
한 자들을 죽였으니 너희는 의롭
다. 그러나 나는 내 주인을 배반하
여 죽였지만 이 왕자들을 죽인 자
는 누구냐?

10 그런즉 여호와께서 아합의 가문에
대해 하신 말씀은 모두 이루어질
것이다. 여호와께서 그의 종 엘리
야를 통해 하신 말씀을 이제 이루
셨도다."

11 예후가 이스르엘에 남아 있는 아
합 가문에 속한 자를 다 죽이고, 그
의 귀족들과 신뢰받는 자들과 제
사장들과 그에게 속한 자를 한 명
도 빠짐없이 다 죽였다.

아하시야왕의 형제들이 살해됨

12 ● 예후가 일어나서 이스르엘에서
남쪽으로 약 45㎞ 떨어진 사마리아
로 가는 도중에 양털 깎는 한 목자
의 집에 이르렀다.

13 그때 예후가 유다 왕 아하시야의
형제들을 만나 "너희는 누구냐?"
라고 묻자 그들이 아합왕이 죽은
줄 모르고 대답했다. "우리는 아하
시야의 형제들로 이제 왕자들과
태후의 아들들에게 문안하러 내려
가노라."

14 그때 예후가 "그들을 사로잡으라"
고 명령하자 42명 모두를 붙잡아
양털 깎는 목자의 집 웅덩이 곁에
서 죽였다.

15 예후가 목자의 집에서 떠나가다가
자기를 맞으러 오는 레갑의 아들
여호나답을 만났다. 이에 그의 안
부를 묻고 그에게 말했다. "너희가
내 편이 되겠느냐?" 여호나답이
"그렇게 하겠습니다"라고 대답하
자 예후가 말했다. "그렇다면 나와
손을 잡자." 그가 손을 잡으니 예
후가 자기 병거에 끌어올리며

16 말했다. "나와 함께 가서 내가 여
호와를 위해 얼마나 열심을 내는
지 보라." 그리고 자기 병거에 태
우고

1) 종

17 사마리아에 도착하여 그곳에 남아 있는 아합에게 속한 자들을 모두 진멸시켰다. 이는 여호와께서 엘리야에게 하신 말씀과 같이 된 것이다.[1]

북이스라엘 왕 예후의 바알 숭배자 살해

18 ● 예후가 북이스라엘의 왕이 되자 백성들을 소집한 후 그들에게 말했다. "아합은 바알을 조금 섬겼지만 나는 더 열심으로 섬길 것이다.

19 그러므로 이제 내가 대규모의 제사를 바알에게 드리려고 하니 모든 바알 선지자와 바알을 섬기는 자와 그의 제사장들은 한 사람도 빠지지 말고 내게로 나아오게 하라. 만일 오지 않는 자는 죽음을 당할 것이다." 이는 예후가 바알 섬기는 자를 진멸하기 위해 계책을 쓴 것이다.

20 예후는 "바알을 위하는 대회를 성대하게[2] 열라"고 공포했다.

21 그리고 온 이스라엘 사방으로 사람을 보내 바알을 섬기는 사람이 하나도 빠짐없이 다 모여 바알 신당에 들어가자 바알 신당에 가득 찼다.

22 예후가 예복 맡은 자에게 명령했다. "예복을 가져다가 바알을 섬기는 모든 자에게 주라." 이에 그들에게로 예복을 가져왔다.

23 예후가 레갑의 아들 여호나답과 함께 바알 신당에 들어가 바알을 섬기는 자들에게 말했다. "너희는 바알을 섬기는 자들만 이곳에 있게 하고 여호와의 종이 있는지 살펴 보고 그들을 이곳에서 나가게 하라."

24 바알을 섬기는 무리가 번제와 다른 제사를 드리기 위해 바알 신당에 들어간 때 예후가 80명을 밖에 배치해 두고 그들에게 명령했다. "내가 너희 손에 넘겨주는 사람을 한 사람이라도 도망하지 못하게 하라. 만일 도망가는 자가 있다면 대신 너희 생명으로 대신할 것이다."

25 바알에게 번제 드리기를 마치자 예후가 호위병과 지휘관들에게 명령했다. "너희는 바알 신당으로 들어가서 한 사람도 나가지 못하게 하고 모두 죽이라." 이에 호위병과 지휘관들이 칼로 그들을 죽여 밖으로 던졌다. 그리고

26 바알 신당이 있는 성으로 가서 그곳의 목상들을 가져다가 불살랐다.

27 또 바알의 목상을 부수고 바알 신당을 헐어서 화장실로 만들었는데 오늘까지 남아 있다.

28 예후가 이와 같이 이스라엘 가운데서 바알을 진멸했다.

29 그러나 북이스라엘에게 벧엘과 단에 있는 금송아지를 섬기게 한 느밧의 아들 여로보암의 죄에서는 떠나지 않고 그대로 행했다.

30 여호와께서 예후에게 말씀하셨다. "네가 나 보기에 정직한 일을 행하였으니 내 마음에 있는 대로 아합 집에 다 행했다. 그런즉 네 자손이 이스라엘 왕위를 이어 4대에 걸쳐 나라를 통치하게 될 것이다."

31 그러나 그는 전심으로 이스라엘 하나님의 율법을 지켜 행하지 않고, 여로보암이 북이스라엘에게 범하게 한 그 죄에서는 떠나지 않았다.

32-33 이때 여호와께서 이스라엘에서 땅을 떼어 다른 나라에 주기 시작하셨다. 아람 왕 하사엘이 요단강 동쪽 길르앗 온 땅인 갓 사람과 르우벤 사람과 므낫세 사람의 땅에 속한 지역, 곧 아르논 골짜기에 있는

1) 왕상 21:21-22 2) 거룩히

남쪽의 아로엘에서 북쪽의 길르앗
과 바산까지 이스라엘의 모든 영
토를 공격했다.

예후의 죽음

34 ● 북이스라엘 왕 예후의 남은 행
적과 업적은 북이스라엘 왕 역대
지략에 기록되었다.

35 예후가 죽자 조상들이 묻힌 사마
리아에 장사되고, 그의 아들 여호
아하스가 그의 뒤를 이어 왕이 되
었다.

36 예후는 사마리아에서 28년 동안
북이스라엘을 통치했다.

아달랴의 유다 정권 찬탈[1]

11 ● 한편 유다 왕 아하시야의 어
머니 아달랴가 그의 아들 아하
시야가 예후에게 죽임당한 것을
보고 일어나 유다 가문의 왕의 자
손, 왕국의 씨를 모두 진멸했다.

2 그러나 왕자들이 죽임을 당하는
가운데 유다 왕 여호람[2]의 딸 아하
시야의 누이이며, 여호야다 제사장
의 아내인 여호세바가 아하시야의
아들 중 요아스를 몰래 빼내어 그
의 유모와 함께 침실에 숨겨 아달
랴를 피해 죽임당하지 않게 했다.

3 요아스가 그들과 함께 여호와의
성전에서 6년간 숨어 지냈으며, 그
동안 나라는 아달랴가 다스렸다.

아달랴에 대한 반역[3]

4 ● 유다의 아달랴가 반역하여 왕위
를 찬탈한 지 7년째에 여호야다 제
사장이 용기를 내어 사람을 보내 가
리 출신의 백부장들과 호위병의 백
부장, 여로함의 아들 아사랴, 여호
하난의 아들 이스마엘, 오벳의 아들
아사랴, 아다야의 아들 마아세야,
시그리의 아들 엘리사밧 등과 더불
어 여호와의 성전으로 들어가서 그
들과 언약을 맺고, 그들에게 여호와

의 성전에서 맹세하게 한 후 요아스
왕자를 그들에게 보였다.

5 그리고 명령하여 너희는 이와 같이
행하라고 했다. 너희 가운데 안식
일 당번인 제사장들과 레위 사람들
가운데 3분의 1은 왕궁을 지키고,

6 3분의 1은 수르 문[4]에 있고, 3분의
1은 호위대 뒤에 있는 기초 문에
있어 철저히 왕궁을 지키고, 백성
들은 여호와의 성전 뜰에 있으라.

7 안식일 당번에 해당하는 너희 가
운데 두 대는 여호와의 성전을 철
저히 지켜 요아스왕을 호위하라.

8 레위 사람은 각자 무기를 잡고 왕
을 호위하며, 다른 사람이 성전에
들어오거든 그들을 죽이고 왕이
출입할 때 경호하라."

9 이에 백부장들[5]이 여호야다 제사
장이 명령한 대로 행하여 각기 관
할하는 백부장들이 안식일에 들어
오는 당번인 자와 안식일에 나가
는 비번인 자 모두를 거느리고 여
호야다 제사장에게 나아오니

10 여호야다 제사장이 여호와의 성전
에 있는 다윗왕의 창과 방패와 작
은 방패를 백부장들에게 주자

11 호위병[6]이 각각 손에 무기를 잡고
왕을 호위하되 성전 오른쪽에서
왼쪽까지 제단과 성전 곁에 섰다.

12 그리고 여호야다 무리가 왕자인
요아스를 인도하여 왕관을 씌우
고, 율법책을 준 후 기름을 부어 왕
으로 삼았다. 이에 무리가 박수하
며 왕의 만세를 불렀다.

13 아달랴가 호위병과 백성들이 왕을
찬양하는 소리를 듣고 여호와의
성전에 들어가 백성에게

---

1) 대하 22:10-12 2) 요람 3) 대하 23:1-21 4) 대하
23:5, 왕궁 5) 대하 23:8, 레위 사람들과 모든 유다 사람
들 6) 대하 23:10, 백성들

14 가 보니 왕이 규례대로 성전 문 기둥 곁의 단 위에 섰고, 지휘관인 장관들과 나팔수가 왕의 곁에 모여서 섰다. 그리고 그 땅의 모든 백성이 기뻐하고 나팔을 불자 아달랴가 옷을 찢으며 "반역이로다"라고 거듭 외쳤다.

15 여호야다 제사장이 군대를 거느린 백부장들에게 명령했다. "아달랴을 대열 밖으로 몰아내고, 그를 따르는 자는 모두 칼로 죽이라." 이 말은 여호와의 성전에서는 그를 죽이지 말라는 뜻이었다.

16 이에 무리가 아달랴에게 피할 길을 열어 주니 그가 왕궁의 말이 다니는 길1)로 도망가다가 그곳에서 죽임을 당했다.

17 여호야다 제사장이 모든 백성과 왕에게 여호와와 언약을 맺어 여호와의 백성이 되라고 하고 왕과 백성 사이에도 언약을 세우게 했다.

18 이에 온 백성이 바알 신당으로 가서 그 신당을 부수고, 그의 제단들과 우상 형상들을 철저히 깨뜨리며, 그 제단 앞에서 바알의 제사장 맛단을 죽였다. 또 여호야다 제사장이 관리들을 세워 성전을 수리토록 했다.

19 또 여호야다 제사장이 백부장들과 가리 출신과 호위병과 존귀한 자들과 백성의 지도자들과 그 땅의 모든 백성을 거느리고 왕을 인도하여 여호와의 성전에서 내려와 호위병의 문2) 길을 통해 왕궁에 도착했다. 그리고 요아스왕이 보좌에 앉으니

20 그 땅의 모든 백성이 기뻐했다. 아달랴가 왕궁에서 무리에게 칼에 맞아 죽은 이후 예루살렘성3)은 평온을 찾았다.

21 요아스가 7세의 나이로 유다 왕이 되었다.

요아스의 유다 왕 등극4)

12 ● 북이스라엘 왕 예후 7년에 요아스가 7세의 나이로 유다 왕이 되어 예루살렘에서 40년간 나라를 다스렸다. 그의 어머니의 이름은 브엘세바 출신의 시비아였다.

2 요아스는 여호야다 제사장이 그를 교훈하는 날 동안에는 여호와께서 보시기에 정직히 행했다.

3 다만 산당들을 없애지 않아서 백성들이 여전히 산당에서 제사하며 분향했다.

유다 왕 요아스의 성전 보수 명령5)

4 ● 요아스가 제사장들과 레위 사람들을 소집하더니 그들에게 말했다. "너희는 유다의 성읍을 사방으로 다니며 해마다 여호와의 성전에 거룩한 제물로 드리는 일상적으로 통용하는 은이나 각 사람의 몸값으로 드리는 은이나 자원하여 여호와의 성전에 드리는 은을

5 모두 제사장들이 각각 아는 자들에게서 받아 성전의 파손된 것을 그 받은 은으로 수리하라." 그러나 레위 사람들은 왕의 이런 명령을 서둘러 시행하지 않았다.

6 유다 왕 요아스 23년이 되도록 제사장들이 성전의 파손된 곳을 수리하지 않자

7 요아스왕이 여호야다 대제사장과 일반 제사장들을 부른 후 말했다. 너희가 왜 성전의 파손된 곳을 수리하지 않았느냐? 이제부터는 너희가 회계 담당자6)에게서 돈7)을 받아두지 말고 회계 담당자들이 성전의 파손된 곳을 수리하는데

1) 말 문 어귀   2) 대하 23:20, 윗 문   3) 온 성   4) 대하 24:1-2   5) 대하 24:5-12   6) 아는 사람   7) 은

쓰도록 직접 넘기도록 하라."

8 이에 제사장들이 백성에게 은을 받지 않고 성전이 파손된 것을 직접 자신들이 수리하는 대신에 다른 사람에게 맡기기로 했다.

9 여호야다 대제사장이 한 궤를 가져다가 뚜껑에 구멍을 뚫어 여호와의 성전 문 입구 제단 옆에 놓자 모든 지도자와 백성들이 여호와의 성전에 가져오는 모든 은을 문을 지키는 제사장들이 그 궤에 넣었다.

10 이에 궤에 은이 가득한 것을 보면 왕의 서기관과 대제사장1)이 올라와서 그 은을 계산하여 봉하고2) 다시 본래 있던 곳에 가져다 두었다. 가득 찰 때마다 이렇게 하여 돈을 많이 거두면

11 왕과 여호야다가 그 달아본 은을 여호와의 성전을 맡은 감독자의 손에 넘겼다. 그러면 또 그들은 여호와의 성전을 수리하는 목수와 건축자들에게 주고

12 또 철공과 놋쇠공과 미장이와 석공에게 그 은을 주어 여호와의 성전이 파손한 곳을 수리할 재목과 다듬은 돌을 사게 했고, 그 성전 수리에 필요한 모든 물건을 위해 사용하도록 했다.

13 여호와의 성전에 드린 그 은은 성전의 은 대접, 불집게, 주발, 나팔, 금 그릇이나 은 그릇 등 기물을 만드는 데 사용하지 않고 오직

14 그 은을 일하는 자에게 주어 그것으로 여호와의 성전을 수리하도록 했다.

15 그리고 그 은을 받아 일꾼에게 주는 사람들과 정산하지 않았는데, 이는 그들이 성실히 일을 했기 때문이다.

16 그러나 속건제와 속죄제의 은은 성전에 드리지 않고 제사장의 몫으로 돌렸다.

아람 왕 하사엘의 유다 침략과 요아스의 죽음

17 ● 스가랴가 죽은 해가 다 갈 무렵인 일 주년 말이 되는 그때에 아람 왕 하사엘의 군대가 유다 왕 요아스를 치기 위해 올라와서 가드를 쳐서 점령한 후 예루살렘으로 올라오고자 하므로3)

18 유다 왕 요아스가 조상의 왕들인 여호사밧, 여호람, 아하시야 등이 구별하여 드린 모든 성물과 자기가 구별하여 드린 성물과 여호와의 성전 창고와 왕궁에 있는 금을 모두 가져다가 아람 왕 하사엘에게 보내자 아람 왕 하사엘이 예루살렘에서 철수했다.

19 요아스의 남은 사적과 그가 행한 모든 일은 유다 왕 역대지략에 기록되었다.4)

20 이 전쟁에서 유다 왕 요아스가 큰 부상을 당했기 때문에 적군이 그를 버리고 갔다. 그러나 아람 군대가 떠난 후5) 요아스의 신하들이 여호야다 제사장의 아들들을 죽인 것으로 인해 반역하여 요아스왕을 실라로 내려가는 길가의 밀로궁6)에서 쳐 죽였다.

21 요아스를 죽인 반역한 신하는 암몬 여인 시므앗의 아들 요사갈7)과 소멜의 아들 여호사바드8)였다. 요아스는 다윗성에 장사되었으나 왕들의 묘실에는 장사하지 않았다. 그의 아들 아마샤가 뒤를 이어 왕이 되었다.

1) 대하 24:11, 대제사장에게 속한 관원   2) 대하 24:11, 그 궤를 쏟고   3) 대하 24:23, 올라와서   4) 대하 24:27상. 요아스의 아들들의 사적과 중대한 견책을 받은 것과 하나님의 성전을 보수한 사적은 전부 열왕기 주석에 기록되었다   5) 대하 24:25, 그의 침상   6) 대하 24:25   7) 대하 24:26, 사밧   8) 대하 24:26, 모압 여인 시므리의 아들 여호사밧

13 ● 유다 왕 아하시야의 아들 요 아스의 통치 23년에 예후의 아 들 여호아하스가 사마리아에서 북 이스라엘 왕이 되어 17년간 나라를 다스렸다.

2 그는 여호와께서 보시기에 악을 행하여 북이스라엘로 죄를 짓게 한 느밧의 아들 여로보암의 죄를 그대로 따라 했다.

3 이에 여호와께서 북이스라엘에게 분노하사 그때마다 아람 왕 하사 엘과 그의 아들 벤하닷 3세의 수하 에 넘겨주었다.

4 이에 아람 왕이 북이스라엘을 학 대하자 여호아하스가 여호와께 간 구했다. 여호와께서 간구를 들으 시고 이스라엘이 학대 받는 것을 살피셨다.

5 그래서 여호와께서 구원자를 북이 스라엘에게 보내주셨고, 북이스라 엘 자손은 아람 사람의 수하에서 벗어나 이전처럼 자기 장막 집에 서 평안히 지냈다.

6 그러나 그들이 다시 북이스라엘로 죄를 짓게 한 여로보암 가문의 죄 를 그대로 따라 행했고, 사마리아 에 아세라 목상을 없애지 않았다.

7 아람 왕이 북이스라엘 왕 여호아 하스의 백성을 타작 마당의 티끌 처럼 진멸하고, 마병 50명과 병거 10대와 보병 1만 명 외에는 여호아 하스에게 남겨 두지 않았다.

8 북이스라엘 왕 여호아하스의 남은 행적과 업적은 북이스라엘 왕 역 대지략에 기록되었다.

9 여호아하스가 죽자 그의 조상들이 묻힌 사마리아에 장사되고, 그 아들 요아스가 뒤를 이어 북이스라엘 왕이 되었다.

10 ● 유다 왕 요아스 37년에 여호아 하스의 아들 요아스가 사마리아에 서 북이스라엘의 왕이 되어 16년간 나라를 다스렸다. 그는

11 여호와께서 보시기에 악을 행하여 이스라엘로 죄를 짓게 한 느밧의 아들 여로보암의 모든 죄를 그대 로 따라 행했다.

12 북이스라엘 왕 요아스의 남은 행 적과 업적과 유다 왕 아마샤와 싸 운 일은 북이스라엘 왕 역대지략 에 기록되었다.

13 요아스가 죽자 이스라엘 왕들과 함께 사마리아에 장사되고 그의 아들 여로보암 2세가 뒤를 이어 북 이스라엘의 왕이 되었다.

엘리사의 죽음

14 ● 엘리사가 죽을 병이 들자 북이 스라엘의 왕 요아스가 그에게로 내려와 그 앞에서 눈물을 흘리며 말했다. "내 아버지여, 내 아버지 여, 이스라엘의 병거와 마병이여!" 그러자

15 엘리사가 그에게 말했다. "활과 화 살들을 내게 가져오십시오." 이에 왕이 활과 화살들을 가져오자

16 엘리사가 다시 이스라엘 왕에게 말했다. "왕의 손으로 활을 잡으십 시오." 그가 잡자 엘리사가 왕의 손 위에 자기 손을 얹고

17 말했다. "동쪽 창문을 여십시오." 왕이 창문을 여니 엘리사가 "쏘세 요"라고 말했고, 그가 곧 쏘았다. 엘리사가 다시 말했다. "이는 여호 와의 구원의 화살, 바로 아람에 대 한 승리의 화살입니다. 왕이 갈릴 리바다 동쪽 위에 위치한 윗아벡 에서 아람 사람을 진멸하기까지 칠 것입니다."

18 엘리사가 계속해서 말하기를 "화살들을 잡으십시오"라고 하자 왕이 화살을 잡았다. 엘리사가 화살로 땅을 치라고 하자 왕이 3번 치고 멈추었다.

19 엘리사가 분노하여 말했다. "왕은 5~6번을 쳐야 했습니다. 그렇게 했다면 왕이 아람을 진멸시킬 수 있었을 것입니다. 그러므로 왕이 아람을 3번만 쳐서 이길 것입니다."

20 엘리사가 죽자 그를 장사 지냈다. 그리고 한 해가 지난 후 모압의 도적 떼들이 북이스라엘 땅을 침범했다.

21 마침 죽은 자를 장사 지내는 자들이 그 도적 떼를 보고 급히 장사 지내는 시체를 엘리사의 묘실에 던졌더니 시체가 엘리사의 뼈에 닿자 살아나는 기적이 일어났다.

북이스라엘 요아스와 아람과의 전쟁

22 ● 북이스라엘 여호아하스왕이 나라를 다스리던 시대에 아람 왕 하사엘은 틈만나면 이스라엘을 억압했다. 그러나

23 여호와께서 이스라엘에게 은혜를 베풀고, 그들을 불쌍히 여기시며 돌보사 멸하기를 즐겨하지 않으셨다. 그것은 아브라함과 이삭과 야곱에게 세우신 언약 때문이었다.

24 아람의 왕 하사엘이 죽고 그의 아들 벤하닷 3세가 뒤를 이어 왕이 되었다.

25 이를 기회로 북이스라엘 왕 요아스가 자기의 부친 여호아하스가 하사엘에게 빼앗겼던 성읍들을 벤하닷 3세에게서 3번의 공격을 통해 되찾았다.

유다 왕 아마샤의 즉위[1]

14 1-2 ● 북이스라엘의 왕 여호아하스의 아들 요아스 2년에 유다 왕 요아스의 아들 아마샤가 25세에 왕이 되어 예루살렘에서 29년간 나라를 다스렸다. 그의 어머니의 이름은 예루살렘 출신 여호앗단이다.

3 유다 왕 아마샤가 여호와께서 보시기에 정직히 행하기는 했으나 그의 조상 다윗처럼 온전하게 행하지는 않았다. 그가 아버지 요아스만큼 올바르게 행했어도

4 산당들을 없애지 않았기 때문에 백성들은 여전히 산당에서 제사를 드리며 분향했다.

5 아마샤가 왕권을 강하게 한 후 그의 부왕을 죽인 신하들을 죽였다.

6 그러나 그들의 자녀들은 모세의 율법책에 기록된 대로 죽이지 않았다. 그 율법책에는 이렇게 기록되었다. "자녀의 죄 때문에 아버지를 처형하지 말고, 아버지의 죄 때문에 자녀를 처형하지 말라. 오직 각 사람은 자기의 죄에 따라 처형되어야 한다."[2]

7 아마샤가 하나님의 사람의 말을 듣고 담력을 내어 자기의 백성만 거느리고 나가 염해 남쪽의 소금 골짜기에서 에돔 사람[3] 1만 명을 죽이고, 계속 전쟁하여 셀렛시내 남쪽 39km 지점의 셀라를 취하고 이름

성경인물 벤하닷 3세(왕하 13:3,24)

벤하닷 2세를 죽이고 왕위를 차지한 시리아 하사엘 왕의 아들로 왕위 계승권은 없었으나 부친의 죽음으로 왕조의 이름을 물려 받았다. 그가 왕위에 올랐을 때 이스라엘은 예후의 아들 여호아하스가 통치하던 때였다. 그는 이스라엘을 공격했으나(왕하 13:7) 람만 니라리 3세에게 다메섹이 함락되고 그의 치하에 있던 시리아 왕국은 몰락하게 되었다. 벤하닷 1세에 대해서는 왕상 20장, 2세에 대해서는 왕하 6:24를 참조.

---

1) 대하 24:27   2) 신 24:16   3) 대하 25:11, 세일 자손

을 '욕드엘'이라고 불렀는데, 오늘까지 그 이름이 사용되고 있다.

유다 왕 아마샤와 북이스라엘과의 전쟁[1]

8 ● 유다 왕 아마샤는 신하들과 상의한 후 예후의 손자 여호아하스의 아들 북이스라엘의 왕 요아스에게 사자를 보내 말했다. "오라, 우리가 서로 싸워 보자."

9 이에 북이스라엘의 왕 요아스가 유다 왕 아마샤에게 사자를 보내 말했다. "레바논 가시나무가 레바논 백향목에게 전갈을 보내 '백향목의 딸을 내 며느리로 달라고 청혼하는 것을 보고 레바논의 들짐승이 지나가다가 그 가시나무를 짓밟았다.'

10 이와 같이 에돔 사람들을 쳐서 승리했다고 네 마음이 교만해졌다. 너는 스스로 영광스럽게 생각하고 왕궁이나 네 집으로 돌아가라. 왜 화를 자초하여 너와 유다가 함께 망하고자 하느냐?"

11 유다 왕 아마샤가 그 말을 듣지 않았는데, 이는 그들이 에돔 신들에게 구했기 때문에 하나님께서 아마샤를 그 대적의 손에 넘기려고 그렇게 하신 것이다. 결국 북이스라엘의 왕 요아스가 올라와서 유다의 벧세메스에서 유다 왕 아마샤와 서로 대치했다.

12 요아스의 말대로 유다는 북이스라엘 앞에서 패하여 각기 자기 장막으로 도망했다.

13 이때 북이스라엘 왕 요아스가 벧세메스에서 아하시야[2]의 손자이며, 요아스의 아들인 유다 왕 아마샤를 사로잡았고, 예루살렘으로 진군하여 예루살렘 성벽을 에브라임 문에서 성 모퉁이 문까지 180m

되는 400규빗을 허물어 버렸다.

14 또 여호와의 성전과 왕궁 창고에서 오벧에돔이 지키는 모든 은금과 모든 그릇과 왕궁의 재물을 탈취하고, 사람들을 볼모로 잡아 사마리아로 돌아갔다.

15 북이스라엘 왕 요아스의 남은 행적과 업적과 유다 왕 아마샤와 싸운 일은 북이스라엘 왕 역대지략에 기록되었다.

16 요아스가 죽자 그의 조상들이 묻힌 사마리아에 장사되고 그의 아들 여로보암 2세가 뒤를 이어 북이스라엘의 왕이 되었다.

유다 왕 아마샤의 죽음[3]

17 ● 북이스라엘의 왕 여호아하스[4]의 아들 요아스가 죽은 후에도 유다 왕 요아스의 아들 아마샤는 15년을 더 살았다.

18 이 외에 유다 왕 아마샤의 처음부터 끝까지의 행적은 유다왕 역대지략[5]에 기록되었다.

19 아마샤가 여호와를 버린 후에 예루살렘에서 무리가 그에게 반역했다. 그래서 그가 라기스로 도망했는데, 반역한 무리가 라기스까지 사람을 보내 그를 그곳에서 죽였다.

20 그러고 나서 말에 그 시체를 실어다가 예루살렘에 있는 그의 조상들이 묻힌 다윗성에 장사했다.

유다 왕 웃시야[6]의 통치 초기[7]

21 ● 북이스라엘 왕 여로보암 2세 27년에 유다 온 백성이 아사랴[8]를 그의 아버지 아마샤의 뒤를 이어 왕으로 세웠다. 웃시야가 왕위에 오를 때 나이는 16세였다.

---

1) 대하 25:17~24　2) 대하 25:23, 여호아하스　3) (대하 25:25~58 4) 요아하스　5) 대하 25:26, 유다와 이스라엘 열왕기　6) 아사랴　7) 대하 26:1~3　8) 왕하 15:1, 웃시야

22 유다 왕 아마샤가 죽어 그의 열조들의 묘실에 장사된 후 웃시야[1]가 아카바만 홍해가에 엘랏을 건축하여 유다에 복귀시켰다.

북이스라엘 왕 여로보암 2세

23 ● 유다 왕 요아스의 아들 아마샤 15년에 북이스라엘의 왕 요아스의 아들 여로보암 2세가 사마리아에서 왕이 되어 41년간 나라를 다스렸다.

24 그가 여호와께서 보시기에 악을 행하여 이스라엘로 죄를 짓게 한 느밧의 아들 여로보암의 모든 죄를 그대로 따라 행했다.

25 이스라엘의 하나님께서 그의 종 가드헤벨 출신 아밋대의 아들 선지자 요나를 통해 하신 말씀처럼 여로보암 2세가 이스라엘 영토를 시리아의 하맛 입구에서 염해, 곧 아라바바다까지 회복했다.

26 이는 여호와께서 이스라엘에서 매인 자, 노예나 자유한 자도 고통을 받고 있었고 이스라엘을 도울 자가 한 사람도 없음을 보셨기 때문이다.

27 또 이스라엘의 이름을 천하에서 없애겠다고 말씀하시지도 않았기 때문에 북이스라엘 왕 요아스의 아들 여로보암 2세를 통해 구원하셨다.

28 북이스라엘 왕 여로보암 2세의 남은 행적과 모든 업적과 다메섹을 회복한 일과 이전에 유다에 속했던 하맛을 다시 찾은 일은 북이스라엘 왕 역대지략에 기록되었다.

29 여로보암 2세가 죽어 그의 조상 북이스라엘 왕들이 묻힌 곳에 장사되고, 그의 아들 스가랴가 뒤를 이어 북이스라엘의 왕이 되었다.

유다 왕 웃시야[1]의 나병과 죽음[2]

15 ● 북이스라엘 왕 여로보암 2세 27년에 유다 온 백성이 유다 왕 아마샤의 아들 웃시야[1]를 그

의 아버지 아마샤의 뒤를 이어 왕으로 세웠다.

2 웃시야가 왕위에 오를 때 나이는 16세였다. 그는 예루살렘에서 52년간 나라를 다스렸다. 그의 어머니의 이름은 예루살렘 출신 여골리아이다.

3 유다 왕 웃시야가 아버지 아마샤의 행위를 본받아 여호와께서 보시기에 정직하게 행했으나

4 산당은 없애지 않았기 때문에 백성들은 여전히 그 산당에서 제사를 드리며 분향했다.

5 여호와께서 웃시야왕을 나병으로 치셔서 그가 죽는 날까지 나병환자가 되어 여호와의 성전에서 떨어진 별채에 격리된 채 지냈으며, 그의 아들 왕자 요담이 섭정으로 왕궁을 관리하며 그 땅의 백성을 다스렸다.

6 웃시야의 모든 행적은 유다 왕 역대지략에 기록되었다.[3]

7 웃시야가 죽었으나 그는 나병환자였기 때문에 왕들의 묘실에는 장사되지 못하고 묘실 가까운 그의 조상들의 곁, 다윗성에 장사되었다. 그의 아들 요담이 뒤를 이어 왕이 되었다.

북이스라엘 왕 스가랴

8 ● 유다 왕 웃시야 38년에 여로보암 2세의 아들 스가랴가 북이스라엘 왕이 되어 사마리아에서 6개월 동안 나라를 다스리며,

9 그의 조상들의 행위를 따라 여호와께서 보시기에 악을 행하여 북이스라엘로 범죄하게 한 느밧의 아들 여로보암의 죄를 그대로 따라 행했다.

---

1) 아사랴 2) 대하 26:1, 3~4, 21~23 3) 대하 26:22, 아모스의 아들 선지자 이사야가 기록하였다

10 야베스의 아들 살룸이 그를 반역하여 백성 앞에서 죽이고 대신하여 왕이 되었다.

11 스가랴의 남은 행적은 북이스라엘 왕 역대지략에 기록되었다.

12 여호와께서 예후에게 "네 자손이 4대 동안 북이스라엘의 왕위에 있을 것이다"라고 하신 말씀대로 이루어졌다.

북이스라엘 왕 살룸

13 ● 유다 왕 웃시야 39년에 야베스의 아들 살룸이 사마리아에서 왕이 되어 1개월 동안 북이스라엘을 다스렸다.

14 가디의 아들 므나헴이 디르사에서 18㎞ 떨어진 사마리아로 올라가 그곳에서 살룸을 죽이고 대신하여 왕이 되었다.

15 살룸의 남은 행적과 그가 반역한 일은 북이스라엘 왕 역대지략에 기록되었다.

16 그때 므나헴이 디르사에서 딥사까지 가서 그곳에 있는 모든 사람과 그 사방을 쳤다. 그것은 그들이 성문을 열고 항복하지 않았기 때문이다. 그러므로 그들이 그곳을 치고 임신한 부녀의 배까지 갈랐다.

북이스라엘 왕 므나헴

17 ● 유다 왕 웃시야[2] 39년에 가디의 아들 므나헴이 북이스라엘 왕이 되어 사마리아에서 10년간 나라를 다스렸다.

18 그는 여호와께서 보시기에 평생 악을 행하여 북이스라엘로 범죄하게 한 느밧의 아들 여로보암의 죄를 그대로 따라 행했다.

19 앗수르 왕 디글랏 빌레셀 3세[3]가 내려와 북이스라엘 땅을 침략하려고 하자 므나헴이 은 34,000㎏ 되는 1,000달란트를 불왕에게 주어 그의

도움을 받아 자기의 통치권[4]을 굳게 세우고자 했다.

20 그래서 북이스라엘 모든 큰 부자에게 각각 은 50세겔씩 강제로 바치게 하여 앗수르 왕에게 주었다. 이에 앗수르 왕이 북이스라엘을 떠나 고국으로 돌아갔다.

21 므나헴의 남은 행적과 업적은 북이스라엘 왕 역대지략에 기록되었다.

22 므나헴이 죽어 그의 조상들이 묻힌 곳에 장사되었고, 그의 아들 브가히야가 왕이 되었다.

북이스라엘 왕 브가히야

23 ● 유다 왕 웃시야[2] 50년에 므나헴의 아들 브가히야가 사마리아에서 북이스라엘 왕이 되어 2년간 나라를 다스렸다.

24 그가 여호와께서 보시기에 악을 행하여 이스라엘로 범죄하게 한 느밧의 아들 여로보암의 죄를 그대로 따라 행했다.

25 브가히야의 장교 르말랴의 아들 베가가 반역하여 사마리아 왕궁 호위소에서 브가히야왕과 아르곱과 아리에를 길르앗 사람 50명과 함께 죽이고 대신 왕이 되었다.

26 브가히야의 남은 행적과 행한 업적은 북이스라엘 왕 역대지략에 기록되었다.

북이스라엘 왕 베가

27 ● 유다 왕 웃시야[2]가 죽던 해인 통치 52년에 르말랴의 아들 베가가 북이스라엘 왕이 되어 사마리아에서 20년간 나라를 다스렸다.

28 그가 여호와께서 보시기에 악을 행하여 이스라엘로 범죄하게 한 느밧의 아들 여로보암의 죄를 그대로 따라 행했다.

29 북이스라엘 왕 베가 때 앗수르 왕

1) 왕하 10:30 2) 아사랴 3) 불, Pul 4) 나라

디글랏 빌레셀 3세가 침략하여 이욘과 아벨벳 마아가와 야노아와 게데스와 하솔과 길르앗과 갈릴리와 납달리 온 땅을 점령하고, 그 백성을 포로로 사로잡아 앗수르로 끌고 갔다.

30 유다 왕 웃시야의 아들 요담 23년에 엘라의 아들 호세아가 반역하여 르말랴의 아들 베가를 죽이고 대신하여 북이스라엘의 왕이 되었다.[1]

31 베가의 남은 행적과 업적은 북이스라엘 왕 역대지략에 기록되었다.

유다 왕 요담[2]

32-33 ● 북이스라엘의 왕 르말랴의 아들 베가 2년에 유다 왕 웃시야의 아들 요담이 25세에 왕위에 올라 예루살렘에서 16년간 나라를 다스렸다. 그의 어머니의 이름은 사독의 딸 여루사이다.

34 요담이 그의 아버지 웃시야의 모든 행위를 본받아 여호와께서 보시기에 정직히 행했으나

35 산당은 없애지 않았기 때문에 백성은 여전히 그 산당에서 제사를 드리며 분향했다. 요담왕은 여호와 성전의 위쪽 문을 건축하고, 오벨 성벽을 많이 증축했다.[3]

36 유다 왕 요담의 남은 행적과 그의 모든 전쟁과 그가 행한 모든 일은 유다 왕 역대지략[4]에 기록되었다.

37 그때 여호와께서 비로소 아람 왕 르신과 북이스라엘 르말랴의 아들 베가왕을 보내 유다를 치게 하셨다.

38 요담이 죽어 그의 조상들이 묻힌 다윗성에 조상들과 함께 장사되고 그 아들 아하스가 뒤를 이어 유다 왕이 되었다.

유다 왕 아하스의 전반기 통치[5]

16 ● 르말랴의 아들 북이스라엘 왕 베가 17년에 유다 왕 요담의 아들 아하스가 왕이 되었다.

2 아하스는 20세에 왕이 되어 예루살렘에서 16년간 나라를 다스렸다. 그러나 그는 그의 조상 다윗과 같지 않고, 그의 하나님께서 보시기에 정직하게 행하지 않고,[6]

3 북이스라엘의 여러 왕처럼 행하여 바알들의 우상을 부어 만들고, 힌놈의 아들 골짜기에서 분향하며, 여호와께서 이스라엘 자손 앞에서 쫓아내신 이방 사람의 가증한 일을 따라 자기 아들을 불 가운데로 지나가게 하며[7]

4 또 산당들과 언덕 위와 모든 푸른 나무 아래서 제사를 드리며 분향했다.[8]

5 유다의 아하스왕 때 아람 왕 르신과 북이스라엘의 왕 르말랴[9]의 아들 베가왕이 유다와 싸우기 위해 예루살렘으로 올라와서 아하스왕을 포위했으나 정복하지는 못했다.

6 당시 아람 왕 르신은 아카바만 홍해가 있는 엘랏을 유다에게서

성경인물　디글랏빌레셋(왕하 15:29)

디글랏빌레셋 3세(BC 745-727년)로 앗수르 왕이며 불(Pul, 왕하 15:19)이란 이름을 가진 바벨론 왕이기도 한 사람이다. 아딧니라리 3세의 아들이며 아들은 살만에셀 5세이다. 그는 아버지인 아딧니라리 3세 때 쇠약해진 앗수르를 강하게 하는 데 기초를 다졌다. 여러차례의 출정으로 수리아의 다메섹을 함락시키고 두로와 길르기아 등으로부터 공물을 받았다. 특히 남유다 아하스 왕의 요청으로 이스라엘을 공격하기도 했다. BC 729년에는 스스로 바벨론 왕이 되었고 반란에도 불구하고 그 지역에서 죽을 때까지 머물렀으며, 갈라에 자신의 왕궁을 지었다. 그는 정복한 백성들을 조직적이고 대규모적으로 이주시켰다.

1) 왕하 17:1과 차이 비교　2) 대하 27:1-3, 7, 9상　3) 대하 27:1-3　4) 대하 27:7, 이스라엘과 유다 열왕기　5) 대하 27:9하, 28:1-4　6) 대하 28:1　7) 대하 28:3, 그의 자녀들을 불사르고　8) 대하 28:4　9) 사 7:1, 르말리야

다시 점령하여 아람 치하에 놓았고, 유다 사람을 엘랏에서 쫓아낸 후 아람 사람이 엘랏에 이르러 그곳에 거주하여 오늘까지 이르렀다.

유다 왕 아하스가
앗수르에 도움을 구함

7 ● 그때 유다의 아하스왕이 앗수르 왕 디글랏 빌레셀 3세에게 사람을 보내 "나는 왕의 신복이며, 왕의 아들입니다. 이제 아람 왕 르신과 북이스라엘 왕이 나를 공격하니 청컨대 올라 와서 나를 그 손에서 구해 주십시오"라고 도움을 구했다.[1]

8 이에 아하스왕이 여호와의 성전과 왕궁 창고에 있는 은금과 지도자들의 집에서 재물을 징발하여 앗수르 왕에게 예물로 주었지만 큰 효과가 없었다.[2]

9 앗수르 왕 디글랏 빌레셀 3세가 유다 왕 아하스의 요청을 듣고 곧바로 올라와서 아람의 수도 다메섹을 점령하고 그곳 주민을 사로잡아 기르[3]로 옮기고, 아람 왕 르신도 죽였다.

유다 왕 아하스의 범죄와 죽음

10 ● 아하스왕이 앗수르 왕 디글랏 빌레셀 3세를 만나기 위해 다메섹으로 갔다가 그곳에 있는 제단을 보았다. 그리고 그 제단의 설계도를 그려 우리야 제사장에게 보냈다. 그러자

11 아하스왕이 다메섹에서 돌아오기 전 우리야가 다메섹에서 보낸 설계도대로 제단을 만들었다.

12 아하스왕이 다메섹에서 예루살렘으로 돌아와 새로 만든 제단을 보고 그 앞에 나아가 그 위에

13 자기의 번제물과 소제물을 불사르고, 부어 드리는 제사인 전제물과 감사제사인 수은제 짐승의 피를

제단에 뿌렸다.

14 또 여호와의 성전 앞에 있던 놋제단을 새로 만든 제단과 여호와의 성전 사이에서 옮겨다가 새로 만든 제단 북쪽에 두었다.

15 그리고 아하스왕이 우리야 제사장에게 명령했다. "아침 번제물과 저녁 소제물, 왕의 번제물과 그 소제물, 모든 국민의 번제물과 그 소제물과 전제물을 다 새로 만든 이 큰 제단 위에서 불사르고, 번제물의 피와 다른 제물의 피를 다 그 위에 뿌리라. 놋제단은 오직 내가 주께 여쭈는 일에만 쓰게 하라." 그러자

16 우리야 제사장이 아하스왕의 모든 명령대로 시행했다.

17 또 물두멍 받침의 옆에 있는 판을 떼어낸 후 물두멍을 그 자리에서 옮기고, 솔로몬 때 놋으로 만든 소 형상 위에 있는 놋바다를 내려다가 돌판 위에 두었다.

18 그리고 앗수르 왕을 두려워하여 안식일에 사용하는 성전 현관과 왕이 출입하는 성전 현관을 여호와의 성전에 옮겨 세웠다.

히스기야의 유다 왕 등극

19 아하스가 행한 모든 행적은 유다와 북이스라엘 역대 지략에 기록되었다.[4]

20 아하스왕이 죽자 다윗성에 그 열조와 함께 장사되고[5] 그의 아들 히스기야가 뒤를 이어 유다 왕이 되었다.

북이스라엘의 마지막 왕 호세아

17 ● 유다 왕 아하스 12년에 엘라의 아들 호세아가 사마리아에서 북이스라엘 왕이 되어 9년간 나라를 다스렸다.[6]

---

1) 대하 28:16 2) 대하 28:21 3) Kir 4) 대하 28:26~27
5) 대하 28:27, 이스라엘 왕들의 묘실에 들이지 않고 예루살렘성에 장사했다 6) 왕하 15:30과 비교

2 그는 여호와께서 보시기에 악을 행했다. 다만 이전의 북이스라엘 여러 왕만큼은 악하지 않았다.

3 앗수르 왕 살만에셀 5세가 치러 올라오니 북이스라엘 왕 호세아가 그에게 항복하고 종이 되어 조공을 바쳤다. 그러다가 그를 배반하여

4 해마다 앗수르 왕에게 보냈던 조공을 보내지 않았다. 그리고 도움을 요청하기 위해 애굽의 왕 소1)에게 사자들을 보냈다. 그러자 앗수르 왕은 배반한 호세아왕을 잡아 감옥에 가두었다.

5 앗수르의 왕 살만에셀 5세가 올라와 북이스라엘의 모든 지역을 두루다니고 사마리아로 진군하여 그곳을 3년간 포위했다.

6 포위 3년 만에 사마리아는 앗수르 왕 사르곤 2세에게 함락되었다. 그 때가 유다 왕 히스기야 6년이며, 북이스라엘 왕 호세아 9년이었다. 앗수르 왕이 북이스라엘 사람을 포로로 잡아 앗수르로 끌고 가서 고산 강가에 있는 할라와 하볼과 메대 사람의 여러 성읍에 이주시켰다.2)

7 이렇게 북이스라엘이 멸망하게 된 것은 이스라엘 자손이 자기를 애굽 땅에서 이끌어내어 애굽 왕의 손에서 벗어나게 하신 그들이 하나님 앞에 죄를 범하고, 다른 신들을 경배하며,

8 여호와께서 이스라엘 자손 앞에서 쫓아낸 이방 나라 사람의 규례와 북이스라엘의 여러 왕이 세운 나쁜 규례를 그대로 따랐기 때문이다.

9 북이스라엘의 자손이 갈수록3) 불의를 행하여 그 하나님을 배반하여 모든 성읍에 망대에서 견고한 요새에 이르도록 각처에 산당을 세웠으며,

10 모든 높은 언덕과 모든 푸른 나무 아래에 목상과 아세라 상을 세우고,

11 여호와께서 그들 앞에서 쫓아내신 이방 나라처럼 그들의 모든 산당에서 분향했다. 그들은 악을 행하여 여호와를 격노하게 했으며,

12 여호와께서 그들에게 행하지 말라고 하신 우상을 섬겼다.

13 그럼에도 여호와께서 북이스라엘과 유다에게 여러 선지자를 통해 경고하셨다. "너희는 너희 악한 길에서 돌이켜 떠나 내가 너희 조상들에게 명령하고, 내 종 선지자들을 통해 너희에게 전한 모든 내 명령과 규례와 율법을 지켜 행하라."

14 그러나 그들이 내 말을 듣지 않고 그들의 하나님을 믿지 않던 그들 조상들처럼 목을 곧게 했다.

15 그것은 여호와의 규례와 여호와께서 그들의 조상들과 세운 언약과 경고하신 말씀을 버리고 허무한 것, 우상을 섬기고, 여호와께서 따르지 말라고 명령하신 이방 나라 사람의 관습을 따라

16 그들의 하나님의 모든 명령을 버리고 두 송아지 형상을 금속으로 부어 만들고, 아세라 목상을 만들어 세우고, 하늘의 일월 성신을 경배하며, 바알을 섬긴 것이다.

17 또 자기 자녀를 불 가운데로 지나가게 하고4), 복술하며, 주문을 외우고, 스스로 팔려 여호와께서 보시기에 악을 행하여 그를 격노케한 일이다.

18 그리하여 여호와께서 이스라엘에게 크게 분노하사 북이스라엘을 그의 앞에서 멸망시키시니 남은 것은 유다 지파뿐이었다.

19 그러나 유다도 그들의 하나님의

1) So 2) 왕하 18:10-11 3) NIV, 비밀히 4) 불사르며

명령을 지키지 않고 북이스라엘 사람들이 만든 악한 관습을 따라 행했다.

20 이에 여호와께서 이스라엘의 온 족속을 버리시고, 그들을 징계하여 침략자의 손에 넘기시고, 마침내 그의 앞에서 쫓아내셨다.

21 그리하여 이스라엘을 다윗의 집에서 찢어 나누시매 그들이 느밧의 아들 여로보암을 왕으로 삼았더니 여로보암이 북이스라엘로 여호와를 떠나 큰 죄를 범하게 했다.[1]

22 이후 북쪽 이스라엘 자손이 여로보암이 행한 모든 죄를 따라 행했기 때문에

23 여호와께서 그의 종 선지자들을 통해 하신 말씀대로 결국 북이스라엘을 그 앞에서 내쫓으셨다. 북이스라엘이 본토에서 앗수르에게 포로로 잡혀가서 오늘까지 이르렀다.

북이스라엘 멸망 후 사마리아의 상황

24 ● 앗수르 왕이 바벨론과 구다와 아와와 하맛과 스발와임에서 사람을 옮겨다가 앗수르로 잡혀간 이스라엘 자손을 대신하여 사마리아 지역의 여러 성읍에 이주시키자 그들이 사마리아 지역을 차지하고 그 여러 성읍에 거주했다.

25 그들이 사마리아에 정착한 초기에는 여호와를 경외하지 않았기 때문에 여호와께서 사자[2]들을 그들 가운데로 보내 몇 사람을 죽이셨다.

26 그러자 어떤 사람이 앗수르 왕에게 그 사실을 말했다. "왕께서 사마리아 여러 성읍으로 이주시켜 거주하게 한 민족들이 그 땅 신의 법을 알지 못하므로 그들의 신이 사자들을 보내 그들을 물어 죽였습니다."

27 이에 앗수르 왕이 명령했다. "너희는

그곳에서 사로잡아 온 제사장 한 사람을 그곳으로 돌려보내 그가 그곳에서 살면서 그 땅 신의 관습법을 무리에게 가르치게 하라."

28 이에 사마리아에서 잡혀간 제사장 가운데 한 사람이 돌아와 벧엘에 살며 그 지역 사람들에게 여호와를 경외하는 법을 가르쳤다.

29 그러나 각 민족이 각자 자기의 신상들을 만들어 사마리아 사람이 세운 여러 산당에 두었다.

30 바벨론 사람들은 숙곳브놋을 만들었고, 굿 사람들은 네르갈을 만들었으며, 하맛 사람들은 아시마를 만들었다.

31 아와 사람들은 닙하스와 다르닥을 만들었고, 스발와임 사람들은 그 자녀를 불살라 그들의 신 아드람멜렉과 아남멜렉에게 드렸다.

32 동시에 그들은 여호와를 경외하여 자기 사람들 가운데서 산당의 제사장을 선택하여 그 산당에서 자기들을 위해 제사를 드리도록 했다.

33 이같이 그들이 여호와도 경외하고, 동시에 그 민족의 풍속대로 자기 신들도 함께 섬겼다.

34 그들은 오늘까지도 이전 관습대로 행하여 여호와를 경외하지 않고, 여호와께서 이스라엘이라 이름을 주신 야곱의 자손에게 명령하신 규례와 법도와 율법과 계명을 지키지 않았다.

35 옛날에 여호와께서 야곱의 자손에게 언약을 세우시고 그들에게 명령하셨다. "너희는 다른 신을 경외하지 말고, 그를 경배하거나 섬기지 말며, 제사하지 말라.

36 오직 큰 능력과 팔을 펴서 너희를 애굽에서 이끌어내신 여호와만을

1) 왕상 12:20 2) lion

경외하여 그를 예배하며 그에게 제사를 드리라.

37 또 여호와께서 너희를 위해 기록한 규례와 법도와 율법과 계명을 항상 지켜 행하고, 다른 신들을 경외하지 말며,

38 내가 너희와 세운 언약을 잊지 말며,

39 오직 너희 하나님만을 경외하라. 그러면 너희를 모든 원수의 손에서 건져 내실 것이다.”

40 그러나 그들은 듣지 않고 오히려 이전 관습대로 행했다.

41 이 여러 민족이 여호와를 경외하고 동시에 아로새긴 우상을 섬기니 그들이 그들의 조상들이 행하던 대로 자손대대로 오늘까지 이르렀다.

유다 왕 히스기야의 즉위[1]

18 1-2 ● 이스라엘의 왕 엘라의 아들 호세아 통치 3년에 아하스의 아들 히스기야가 25세에 유다 왕이 되어 예루살렘에서 29년간 나라를 다스렸다. 그의 어머니의 이름은 스가리야의 딸 아비[2]이다.

3 히스기야가 그의 조상 다윗의 모든 행위를 따라 여호와께서 보시기에 정직하게 행하여

4 여러 산당을 없애고, 주상을 깨뜨리며, 아세라 목상을 찍으며, 모세가 만들었던 놋뱀을 부쉈다. 그것은 이스라엘 자손이 이때까지 놋뱀에 분향하며 '놋조각'이라는 뜻의 '느후스단'이라고 불렀기 때문이다.

5 히스기야가 이스라엘 하나님만을 의지한 것은 유다 여러 왕 가운데서 이전이나 이후에도 그런 자가 없었다.

6 곧 그가 여호와만을 붙잡고 그를 배반하지 않았으며, 여호와께서 모세에게 명령하신 계명을 지켰다.

7 여호와께서 그와 함께하시기 때문에 그가 어디를 가든지 형통했다. 유다 왕 히스기야가 앗수르 왕을 배반하여 그를 섬기지 않았다.

8 오히려 블레셋 사람들을 쳐서 가사와 그 사방에 이르고, 망대에서 견고한 요새까지 점령했다.

9 유다 왕 히스기야 4년, 곧 북이스라엘의 왕 엘라의 아들 호세아 7년에 앗수르의 왕 살만에셀 5세가 호세아를 감금한 후 북이스라엘로 올라와 이스라엘의 모든 지역을 두루다니고 사마리아로 올라와 그곳을 3년간 포위했다.

10 포위 3년 만에 사마리아는 앗수르 왕에게 함락되었다. 그때가 유다 왕 히스기야 6년이며, 북이스라엘 왕 호세아 9년이었다.

11 앗수르 왕이 북이스라엘 사람을 포로로 잡아 앗수르로 끌고 가서 고산 강가에 있는 할라와 하볼과 메대 사람의 여러 성읍에 이주시켰다.

12 이렇게 북이스라엘이 멸망하게 된 것은 이스라엘 자손이 자기를 애굽 땅에서 이끌어내어 애굽 왕의 손에서 벗어나게 하신 그 하나님의 말씀을 듣지 않고 그의 언약과 여호와의 종 모세가 명령한 모든 것을 따르지 않았기 때문이다.[3]

목상(왕하 18:4)

나무로 만든 우상을 말한다. 주로 사람의 형상이나 짐승의 형상으로 조각했다. 이스라엘은 이방의 대표적인 신인 아세라와 바알상을 목상으로 만들었다(왕상 14:23, 왕하 10:26~27). 유다의 므낫세 왕은 아세라 목상을 세웠으나(왕하 21:70), 예후는 바알의 목상을 헐며 훼파했다(왕하 10:26~27).

1) 대하 29:1~2, 31:1 2) 대하 29:1. 아비야 3) 왕하 17:5~7

앗수르 산헤립의 유다 침략과 히스기야[1]

13 ● 히스기야 즉위 14년에 앗수르의 왕 산헤립이 치러 올라와서 유다의 모든 견고한 성읍을 쳐서 점령했다.[2]

14 그러자 유다 왕 히스기야가 라기스에 있는 앗수르 왕에게 사람을 보내 말했다. "내가 범죄했습니다. 왕께서 철수하면 왕이 요구하는 것은 모두 수용하겠습니다." 그러자 앗수르 왕이 은 300달란트와 금 30달란트를 유다 왕 히스기야에게 내도록 했다.

15 이에 히스기야가 여호와의 성전과 왕궁 창고에 있는 은을 다 주었고,

16 여호와의 성전 문의 금과 자신이 모든 기둥에 입힌 금을 벗겨 앗수르 왕에게 주었다. 그러나 예물은 효과가 없었다.

17 그후 앗수르 왕 산헤립이 자기는 라기스에 남아 있는 채 그의 장군인 다르단과 랍사리스와 랍사게에게 대군을 거느리고 라기스에서 65km 떨어진 예루살렘으로 올라가 히스기야왕을 치게 하자 그들이 예루살렘으로 진격했다. 그들이 예루살렘에 올라가 위쪽 연못 수도 옆에 위치한 옷감을 밟고 문지르고 두들겨 손질하는 세탁자의 밭에 있는 큰길에 이르러 진을 쳤다.

18 산헤립의 장군들이 히스기야왕을 부르자 힐기야의 아들로서 왕궁의 책임자인 엘리야김[3]과 서기관 셉나와 아삽의 아들 사관인 요아가 그들이 보는 앞으로 나갔다.

19 그러자 앗수르의 랍사게 장군이 그들에게 말했다. "너희는 이제 히스기야에게 말하라. 앗수르 대왕 산헤립이 이같이 말씀하신다. '너희가 무엇을 믿고 의지하기에 포위된 예루살렘에 살고 있느냐?

20 너희가 능히 싸울 만한 계략과 용맹이 있다고 말하지만 그것은 입에 붙은 말일 뿐이다. 너희는 누구를 믿고 내게 반역하느냐?

21 너는 상한 갈대 지팡이 같은 애굽을 의지하지만 그것을 의지하면 결국 그 갈대에 손이 찔릴 것이다. 애굽의 왕을 의지하는 모든 자에게 이와 같을 것이다.'

22 혹시 너희가 내게 말하기를 '우리는 우리 하나님을 믿고 의지한다'라고 하지만 히스기야가 산당들과 제단을 제거하고 유다와 예루살렘 사람에게 명령하기를 '예루살렘의 제단 앞에서만 예배하고 그 위에 분향하라'고 했다.

23 그러므로 너는 내 주 앗수르 왕과 내기하라. 내가 네게 말 2,000필을 주어도 너는 그 탈 자를 선발하지 못할 것이다.

24 네가 어찌 내 주의 신하 가운데 극히 작은 지휘관인 총독 한 사람인들 물리칠 수 있겠느냐? 그러면서 애굽을 의지하고 그 병거와 기병의 도움을 받으려고 하느냐?

25 내가 어찌 여호와의 허락 없이 이 땅을 멸하러 올라왔겠느냐? 여호와께서는 전에 내게 '이 땅으로 올라와서 그 땅을 쳐서 멸하라'고 말씀하셨다.

26 이에 힐기야의 아들 엘리야김과 셉나와 요아가 산헤립왕의 군대장관인 랍사게에게 말했다. "우리가 아람 방언을 알아들을 수 있으니 청컨대 아람 말로 당신의 종들에게 말하고 성 위에 있는 백성이 듣는

---

1) 대하 32:1-12, 사 36:1-22 2) 사 36:1, 점령하고자 했다
3) 사 36:3, 엘리아김

데서는 유다 말로 우리에게 말하지 마십시오."

27 랍사게가 그들에게 말했다. "내 상전께서 이 일을 너와 네 주인 되는 왕께만 전하라고 나를 보내신 것이 아니라 성 위에 앉은 사람들도 너희와 함께 자기의 대변을 먹게 하고, 자기의 소변을 마시게 하라고 보낸 것이다'라고 모욕했다.

28 이에 랍사게가 일어서서 유다 말로 크게 외쳤다. "너희는 앗수르 대왕의 말씀을 들으라.

29 왕의 말씀에 '너희는 히스기야에게 속지 말라. 그가 능히 너희를 구하지 못할 것이다.'

30 또한 히스기야가 너희에게 '여호와를 믿고 의지하라'는 말을 따르지 말라. 그가 말하기를 '여호와께서 반드시 우리를 건지시리니 이 성이 앗수르 왕의 손에 함락되지 않을 것이다'라고 해도

31 너희는 히스기야의 말을 듣지 말라. 앗수르 왕 산헤립이 또 이같이 말씀하기를 '너희는 내게 항복하고 내게로 나아오라. 그러면 너희가 각각 자기의 포도와 무화과를 먹고, 자기의 우물물을 마시며,

32 내가 장차 와서 너희를 한 지방으로 옮기리니 그곳은 너희 본토와 같은 곡식과 포도주가 있는 지방이며, 빵과 포도밭이 있는 지방이며, 기름을 짜는 올리브와 꿀이 있는 지방이다. 너희가 살고 죽지 않을 것이다. 혹시 히스기야가 너희를 설득하여 말하기를 '여호와께서 우리를 구하실 것이다'라고 해도 속지 말라.

33 세상 민족의 신들 가운데 어느 신이 자기 땅을 앗수르 왕의 손에서 구한 적이 있었느냐?

34 하맛과 아르밧과 스발와임과 헤나와 아와의 신들이 어디 있느냐? 그 신들이 사마리아를 내 손에서 구해 냈느냐?

35 이 세상 민족의 모든 신들 가운데 그 어떤 신도 자기 나라를 내 손에서 구해내지 못했는데 여호와가 예루살렘을 내 손에서 능히 구해 내겠느냐?"

36 그러나 히스기야왕이 아무 대답도 하지 말라고 명령했기 때문에 백성이 한 마디도 그에게 대답하지 않고 잠잠했다.

37 이에 힐기야의 아들로서 왕궁 관리를 맡은 자인 엘리야김과 서기관 셉나와 아삽의 아들 사관 요아가 자기 옷을 찢고 히스기야에게 나아가서 랍사게의 모욕하는 말을 전했다.

히스기야가 이사야의 충고를 듣기 원함[1]

19 ● 히스기야왕이 랍사게의 말을 듣자 자기 옷을 찢고, 굵은 베옷을 입은 후 여호와의 성전으로 들어갔다.

2 그리고 왕궁의 책임자인 엘리야김과 서기관 셉나와 제사장 중 장로들에게 굵은 베옷을 입도록 한 후 아모스의 아들 이사야 선지자에게로 보냈다.

3 그들이 이사야에게 가서 말했다. "히스기야왕께서는 '오늘은 환난과 징벌과 모욕의 날이니 그것은 마치 아이를 낳으려고 하지만 해산할 힘이 없는 것과 같다'고 말씀하셨습니다.

4 랍사게가 그의 주인 앗수르 왕의 보냄을 받고 와서 살아계신 하나님을 비방했으니 당신의 하나님께서

1) 사 37:1-7

그의 말을 들으셨을 것입니다. 당신의 하나님께서도 그들의 말을 들으시고 앗수르를 심판하실 것이라고 생각합니다. 그런즉 당신은 이 살아남아 있는 자들을 구하도록 기도해 주십시오."

5-6 그러자 이사야가 히스기야왕의 신하들에게 말했다. "너희는 너희 주 왕에게 이렇게 말하라. 여호와께서 말씀하시기를 '너희가 앗수르 왕의 신복에게 나를 모욕하는 말을 들은 것 때문에 두려워하지 말라.

7 내가 한 영을 앗수르 군대에게 보내 그가 소문을 듣고 그의 본국으로 돌아가게 하고, 그의 본국에서 칼에 죽게 할 것이다'라고 하셨다."

앗수르의 재차 위협[1]

8 ● 랍사게가 예루살렘에서 라기스로 돌아가다가 앗수르 왕이 라기스를 떠났다는 소식을 듣고 라기스에서 12㎞ 정도 떨어진 립나를 공격하고 있는 앗수르 왕을 만났다.

9 그때 앗수르 왕은 에티오피아, 곧 구스 왕 디르하가가 자기의 군대와 싸우기 위해 왔다는 소문을 듣고 다시 히스기야에게 사자를 보내며 말했다.

10 "너희는 유다 왕 히스기야에게 이같이 말하라. '네가 믿는 네 하나님께서 예루살렘을 앗수르 왕의 손에 넘기지 않겠다고 하는 말에 속지 말라.

11 너는 앗수르의 여러 왕이 다른 나라들을 진멸시킨 일을 들었으니 네가 어찌 구원을 얻겠느냐?

12 내 선조 왕[2]들이 멸하신 고산과 하란과 레셉과 들라살에 있는 에덴 족속을 그 나라들의 신들이 건졌느냐?

13 하맛 왕과 아르밧 왕과 스발와임

성의 왕과 헤나와 아와의 왕들이 지금 어디에 있느냐?'"

14 히스기야가 산헤립왕의 사자들에게서 편지 글를 받고 여호와의 성전에 올라가서[3] 그 편지를 여호와 앞에 펴 놓고 그 앞에서 여호와께 기도했다.

15 "천사[4]들 위에 계신 이스라엘의 하나님, 주는 온 세상 나라에 한 분뿐인 하나님이십니다. 주께서는 하늘과 땅을 창조하셨습니다.

16 여호와여, 귀를 기울여 들으시고, 눈여겨보십시오. 산헤립이 사람을 보내 살아계신 하나님을 비방하는 말을 들으십시오.

17 여호와여, 앗수르 왕들이 세상 여러 나라와 그들의 땅을 짓밟아 황폐하게 하고,

18 그들의 신들을 불살랐습니다. 그러나 그들은 신이 아니라 사람의 손으로 만든 나무와 돌에 불과하기에 앗수르에게 멸망을 당한 것입니다.

19 우리 하나님이여, 원컨대 이제 우리를 앗수르 산헤립의 손에서 구해 주십시오. 그래서 세상 모든 나라가 주만이 홀로 하나님인 줄 알게 해주십시오."

이사야가 왕에게 전한 여호와의 말씀[5]

20 ● 아모스의 아들 이사야가 히스기야왕에게 사람을 보내 말했다. "이스라엘 하나님의 말씀이 '네가 앗수르 왕 산헤립 때문에 기도하는 것을 내가 들었다'라고 하셨습니다.

21 또 여호와께서 앗수르 왕에 대해 이같이 말씀하셨습니다. "처녀 딸 시온이 오히려 산헤립을 멸시하며 비웃고,

---

1) 사 37:1-20   2) 조상   3) 대하 32:20, 이사야와 더불어
4) 그룹   5) 사 37:21-35

딸 예루살렘이 물러가는 네 뒷모습을 보고 머리를 흔들었다.

22 네가 누구를 꾸짖고, 비방하느냐? 누구를 향해 큰 소리를 치고 눈을 부릅떴느냐? 이스라엘의 거룩한 자에게 그렇게 했다.

23 네가 사자[1]들을 통해 주님에 대해 비방하기를 '내가 많은 병거를 거느리고 여러 산꼭대기에 올라가며, 레바논 깊은 곳에 이르러 높은 백향목과 아름다운 잣나무[2]를 베고, 내가 그 가장 먼 곳[3]에 들어가 그의 동산의 무성한 수풀까지 이르렀다.

24 나는 땅[4]을 파서 이방 나라의 물을 마셨고, 내 발바닥으로 애굽의 모든 강[5]을 말렸다'라고 자랑했다.

25 그러나 너 산헤립아, 이 일이 나 여호와가 태초부터 행했고, 옛날부터 정한 것임을 듣지 못했느냐? 이제 내가 그것을 이루어 너를 통해 견고한 성읍들을 멸하여 무너진 돌무더기가 되게 할 것이다.

26 그러므로 그곳에 사는 주민의 힘이 약해 두려워하고 놀랐으며, 수치를 당했으며, 그들이 들의 채소와 푸른 나물과 지붕의 잡초와 자라기 전에 시든 곡초처럼 되었다.

27 나 여호와는 네 거처와 네가 들어오고 나가는 것과 네가 나를 거슬러 내게 향한 분노를 모두 알고 있다.

28 네가 내게 향한 분노와 네 오만한 말을 내가 들었다. 그러므로 내가 갈고리로 산헤립 네 코에 꿰고, 네 입에 재갈을 물려 너를 오던 길로 되돌아가게 할 것이다.

29 이것이 히스기야 왕에게 징표가 될 것이다. 곧 너희가 올해와 내년에는 가꾸지 않고 스스로 자라난 것을 먹고, 3년째에는 곡식을 심고 거두며, 포도나무를 심어 그 열매를 먹을 것이다.[6]

30 유다 족속 가운데서 전쟁을 피해 살아남은 자는 다시 아래로 뿌리를 내리고 위로 열매를 맺을 것이다.

31 이는 살아남은 자는 예루살렘에서 나오고, 전쟁에서 피한 자는 시온 산에서 나올 것이기 때문이다. 만군의 여호와의 열심이 이 일을 이룰 것이라고 하셨습니다.”

32 그러므로 여호와께서 앗수르 왕을 가리켜 이렇게 말씀하셨습니다. “그가 예루살렘성을 함락시키지 못하고, 화살 한 발도 쏘지 못하며, 방패를 가지고 성에 가까이 오지도 못하며, 성을 치기 위해 토성을 쌓지도 못할 것이다.

33 그가 오던 길로 돌아가고 이 성에 이르지 못할 것이다.

34 내가 나와 내 종 다윗을 위해 이 성을 보호하여 구원할 것이다.”

앗수르 군사의 죽음과 산헤립의 죽음[7]

35 ●그 밤에 여호와께서 사자인 한 천사를 앗수르 진영으로 보내 모든 큰 용사와 대장과 지휘관 등 군사 18만 5,000명을 죽이셨다. 아침 일찍 일어나 보니 모두 시체 뿐이었다.

36 앗수르 왕 산헤립이 수치 가운데

잣나무(왕하 19:23)

잣나무는 일반적으로 소나무과에 속하는 상록침엽교목으로 암수 한 그루이고 40m까지 자란다. 성경에서 잣나무는 히브리어 '트아슈르'로 한국의 잣나무와는 다른 것으로 본절의 잣나무는 향나무로도 번역이 가능하다.

1) 종 2) 향나무 3) 사 37:24, 높은 곳 4) 사 37:25, 우물 5) 사 37:25, 하수 6) 사 37:22-30 7) 대하 32:21, 사 37:36-38

그의 고국으로 돌아가서 니느웨에 거주했다.

37 그가 그의 신 니스록 신전에서 경배할 때 그의 아들[1] 아드람멜렉과 사레셀이 그를 칼로 쳐 죽이고 아라랏 땅으로 도망하니 그 아들 에살핫돈이 앗수르의 왕이 되었다.

히스기야의 발병과 회복[2]

20 ● 유다 왕 히스기야가 병들어 죽게 되었을 때 아모스의 아들 이사야 선지자가 그에게 나아와서 말했다. "여호와의 말씀이 '너는 집을 정리하라. 네가 죽을 것이다'라고 하셨습니다."

2 그 말을 들은 히스기야가 얼굴을 벽쪽으로 향하고 여호와께 심히 통곡하며 기도했다.

3 "여호와여, 간절히 간구합니다. 내가 주 앞에서 진실과 전심으로 행하며, 주께서 보시기에 선하게 행한 것을 기억하십시오."

4 이사야가 왕궁 뜰[3]을 벗어나기 전에 여호와께서 그에게 말씀하셨다.

5 "너는 내 백성의 주권자 히스기야에게 돌아가서 이렇게 전하라. '왕의 조상 다윗의 하나님이 말한다. 내가 네 기도를 듣고 눈물을 보았다. 내가 너를 낫게 하리니 너는 3일 만에 여호와의 성전에 올라가겠고,

6 15년을 더 살게 될 것이다. 뿐만 아니라 너와 이 성을 앗수르 왕의 손에서 건져내겠고, 내가 나와 내 종 다윗을 생각하여 이 예루살렘성을 보호할 것이다.'"

7 이사야가 말했다. "무화과 반죽을 가져오시오." 이에 무리가 반죽을 가져다가 왕의 상처에 붙이자 병이 나았다.

8 이에 이사야가 히스기야에게 가서 여호와의 말씀을 전하자 히스기야가 이사야에게 말했다. "여호와께서 나를 낫게 하사 3일 만에 여호와의 성전에 올라가게 하실 무슨 징조가 있습니까?"

9 이사야가 대답했다. "이는 여호와께로 나온 왕을 위한 징표입니다. 곧 여호와께서 하신 말씀을 그대로 이루실 것임을 보여주는 한 징표가 임할 것입니다. 그것은 해 그림자를 앞으로 10계단[4] 나아가게 할지, 아니면 뒤로 10계단 물러가게 할지를 말씀하십시오."

10 히스기야가 대답하기를 "해 그림자를 앞으로 10계단 나아가는 것은 쉬우니 뒤로 10계단 물러가게 해 주십시오"라고 했다.

11 이에 이사야 선지자가 여호와께 간구하자 아하스의 해시계의 해 그림자가 10계단[4]인 40분 뒤로 물러갔다.

히스기야의 교만과 바벨론 사신[5]

12 ● 그때 발라단의 아들 바벨론 왕 브로닥발라단[6]이 히스기야가 병들었다가 나았다는 소식을 듣고 친서와 예물을 보내왔다.

13 히스기야가 사신들의 친서를 보고 크게 기뻐하여 자기를 과시하기 위해 그들에게 자기의 보물 창고에 있는 금과 은, 향품, 보배로운 기름, 무기고와 창고의 모든 것과 왕궁의 소유와 그의 나라 안에 있는 모든 소유를 바벨론 사자들에게 빠짐없이 보여주었다.

14 그때 이사야 선지자가 히스기야왕에게 나아와 물었다. "왕에게 온 사신들이 무슨 말을 했으며, 어디서 온 사람들입니까?" 히스기야가 대

---

1) 대하 32:21, 그의 몸에서 난 자들   2) 대하 32:24, 사 38:1~8   3) 성읍 가운데   4) 도   5) 사 39:1~8   6) 사 39:1, 므로닥발라단

답했다. "멀리 떨어진 바벨론에서 왔습니다."

15 이에 이사야가 다시 물었다. "그들이 왕궁에서 무엇을 보았습니까?" 히스기야가 대답했다. "그들이 내 궁전과 창고에 있는 것을 빠짐없이 다 보았습니다."

16 이에 이사야가 히스기야에게 말했다. "이제 여호와의 말씀을 들으십시오.

17 여호와의 말씀에 '때가 되면 왕궁의 네 집에 있는 모든 소유와 왕의 조상들이 오늘까지 쌓아 두었던 모든 것이 하나도 빠짐없이 바벨론으로 옮겨 가게 될 것이다.

18 또 왕의 몸에서 태어날 아들[1] 중 몇 명이 포로로 잡혀가 바벨론 왕궁의 환관이 될 것이다'라고 하셨습니다."

19 히스기야가 이사야에게 말했다. "당신이 전한 여호와의 말씀은 당연합니다. 그러나 내가 사는 날에 태평과 견고함이 있다면 다행스러운 일입니다."

히스기야의 죽음[2]

20 ● 히스기야의 남은 행적과 그의 모든 선한 업적과 저수지와 수도를 만들어 물을 성 안으로 끌어들인 일은 이사야의 계시책, 유다 왕 역대지략[3]에 기록되었다.

21 히스기야가 죽자 온 유다와 예루살렘 주민이 그의 죽음에 경의를 표하기 위해 그를 다윗 자손의 묘실에서 높은 곳에 장사했다. 그의 아들 므낫세가 뒤를 이어 유다 왕이 되었다.

유다 왕 므낫세의 악행과 죽음[4]

21 ● 므낫세가 12세에 왕이 되어 예루살렘에서 55년간 나라를 다스렸다. 그의 어머니의 이름은

헵시바이다.

2 므낫세가 여호와께서 보시기에 악을 행했다. 여호와께서 이스라엘 자손 앞에서 쫓아내신 이방 사람의 혐오스러운 일을 본받아

3 그의 아버지 히스기야가 헐어 버린 산당들을 다시 세웠다. 또 북이스라엘의 왕 아합의 행위를 본받아 바알 제단을 쌓고, 아세라 목상을 만들며, 하늘의 일월성신을 경배하여 섬겼다.

4 더 나아가 여호와께서 성전에 대해 "내가 내 이름을 예루살렘에 두리라"고 말씀하신 여호와의 성전에 이방 제단들을 쌓고,

5 성전 두 뜰에 하늘의 일월성신을 위한 제단들을 쌓았다. [5]

6 또한 힌놈의 아들 골짜기에서 자기의 아들을 불 가운데로 지나가게 하고, 점치며, 사술과 요술을 행하며, 신접한 자와 마술사인 박수를 신임하여 여호와께서 보시기에 많은 악을 행하여 여호와의 진노를 일으켰다.

7 뿐만 아니라 여호와의 성전에 자기가 만든 아로새긴 아세라 목상을 세웠다. 옛적에 여호와께서 이 성전에 대해 다윗과 그의 아들 솔로몬에게 말씀하셨다. "내가 이스라엘의 모든 지파 가운데서 선택한 이 성전과 예루살렘에 내 이름을 영원히 둘 것이다.

8 그리고 내가 그들에게 명령한 모든 것과 내 종 모세가 명령한 모든 율법을 지켜 행하면 그의 조상들에게 준 이 땅을 떠나 떠돌아다니지 않게 할 것이다."

9 그러나 이 백성들은 듣지 않았고,

---

1) 사 39:7, 자손 2) 대하 32:32-33 3) 대하 32:32, 유다와 이스라엘 열왕기 4) 대하 33:1-20 5) 대하 33:4-5

므낫세는 여호와께서 이스라엘 자손 앞에서 멸하신 모든 나라보다 더 큰 악을 행하도록 백성을 치우친 길로 인도했다.

10 이에 여호와께서 그의 종, 모든 선지자를 통해 말씀하셨다.

11 "유다 왕 므낫세가 이 혐오스러운 일과 악을 행함이 이전에 이곳에 살던 아모리 사람들보다 더욱 심했고, 그들이 섬겼던 우상으로 유다를 범죄하게 했다.

12 그러므로 이스라엘의 하나님이 말씀하신다. '내가 이제 유다와 예루살렘에 재앙을 내리리니 그것을 듣는 자마다 두 귀가 울릴 것이다.

13 내가 사마리아와 아합의 집에 벌을 내린 것처럼[1] 예루살렘에 내리고, 사람이 그릇을 씻어 엎어 놓은 것처럼 예루살렘을 그렇게 엎어 버릴 것이다.

14 내가 내 유업에서 살아남은 자들을 버려 원수의 손에 넘기리니 그들이 모든 원수에게 노략과 겁탈을 당할 것이다.

15 그것은 애굽에서 나온 그의 조상 때부터 오늘까지 내가 보기에 악을 행하여 내 진노를 일으켰기 때문이다.'"

16 이 외에도 므낫세는 죄 없는 자들을 심히 많이 죽여 예루살렘 이 끝에서 저 끝까지 피로 얼룩지게 했다.

17 므낫세의 남은 행적과 그가 하나님께 한 기도와 선지자가 이스라엘 하나님 여호와의 이름으로 권고한 말씀과 그가 범한 죄는 유다 왕 역대지략[2]에 기록되었다.

18 므낫세가 죽어 그의 조상들이 묻힌 곳이 아닌 그의 궁궐 동산인 웃사의 동산에 장사되고 그의 아들 아몬이 뒤를 이어 유다의 왕이 되었다.

유다 왕 아몬[3]

19 ● 아몬이 22세에 유다의 왕이 되어 예루살렘에서 2년간 나라를 다스렸다. 그의 어머니의 이름은 갈릴리 가나 근교의 욧바 출신 하루스의 딸 므술레멧이다.

20 아몬이 그의 아버지 므낫세가 행한 모든 길로 행하여 여호와께서 보시기에 악을 행하되

21 그의 아버지 므낫세가 섬기던 우상에게 제사하며 그것들을 경배하며 섬겼다.

22 그가 그의 조상들의 하나님을 버리고 어긋난 길로 갔다.

23 그러다가 결국에는 그의 신복들의 반역으로 궁중에서 살해되었다.

24 이에 백성들이 아몬왕에게 반역한 사람들을 다 죽이고 아몬왕의 아들 요시야를 왕으로 삼았다.

25 아몬이 행한 바 남은 행적은 유다 왕 역대지략에 기록되었다.

26 아몬이 웃사의 동산, 자기 묘실에 장사되고 그의 아들 요시야가 뒤를 이어 유다 왕이 되었다.

유다 왕 요시야의 등극[4]

22 ● 요시야가 8세에 왕이 되어 예루살렘에서 31년간 나라를 다스렸다. 그의 어머니의 이름은 보스갓 아다야의 딸 여디다이다.

2 요시야가 여호와께서 보시기에 정직히 행하여 그의 조상 다윗의 모든 길로 행하고 좌우로 치우치지 않았다.

요시야왕 때 율법책 발견[5]

3 ● 요시야가 왕위에 있은 지 18년째에 그 땅과 성전을 정결하게 하기를 10년만에 마치고 여호와의 성전을

---

1) 사마리아를 잰 줄과 아합의 집을 다림 보던 추를　2) 대하 33:18, 이스라엘 왕들의 행장　3) 대하 33:21-25　4) 대하 34:1-2　5) 대하 34:8-28

수리하기 위해 요시야왕이 므술람의 손자 아살리야의 아들 사반 서기관과 성의 책임자 마아세야와 요아하스의 아들 요아 서기관을 여호와의 성전으로 보내며 말했다.

4 "너는 힐기야 대제사장에게 가서 이전에 문을 지키는 레위 사람들이 므낫세와 에브라임과 남아 있는 모든 이스라엘 사람과 온 유다와 베냐민과 예루살렘 주민들에게서 성전을 위해 거둔 은, 곧 문 지킨 자가 수납한 헌금한 돈[1]을 계산하라.

5 그리고 그 돈을 여호와의 성전 공사를 맡은 감독자의 손에 넘겨 그들이 여호와의 성전에 있는 작업자들에게 주어 성전의 부서진 것을 수리하게 하라.

6 이전 유다 왕들이 헐어 버린 성전들을 위해 들보를 만들도록 목수들과 건축자들과 미장이들에게 주도록 하라. 그래서 재목과 다듬은 돌을 사서 그 성전을 수리하도록 하라.

7 그러나 그들의 손에 맡긴 은을 정산하지 말라. 그들은 착복하지 않고 정직하게 행하기 때문이다."

8 무리가 여호와의 성전에 헌금한 돈을 꺼낼 때 힐기야 대제사장이 모세가 전한 여호와의 율법책을 발견했다. 그러자 힐기야가 사반 서기관에게 "내가 여호와의 성전에서 율법책을 발견했습니다"라고 알리고 그 책을 사반에게 주자 사반이 그것을 읽었다.

9 이에 사반 서기관이 왕에게 돌아가서 보고했다. "왕의 신복들이 성전에서 찾아낸 돈을 쏟아 여호와의 성전을 맡은 감독자들과 일꾼들의 손에 맡겼습니다."

10 그런 후 사반이 왕에게 말했다. "힐기야 대제사장이 내게 율법책을 주었습니다." 그리고 사반이 왕 앞에서 그 율법책을 읽자

11 요시야왕이 율법책의 말을 듣자마자 자기의 옷을 찢었다.

12 그리고 요시야왕은 힐기야 제사장과 사반의 아들 아히감과 미가야[2]의 아들 악볼[3]과 사반 서기관과 왕의 시종 아사야에게 명령했다.

13 "너희는 여호와 앞에 나아가 백성과 이스라엘과 유다의 남은 자들[4]을 위해 이 발견한 율법책에 대해 물으라. 우리 조상들이 우리를 위해 기록한 이 율법책의 말씀을 듣지도 행하지도 않았기 때문에 여호와께서 우리에게 내린 진노가 크다."

14 이에 왕의 명령에 따라 힐기야 대제사장과 왕이 보낸 사람들인 아히감과 악볼과 사반과 아사야가 여선지자 훌다를 찾아갔다. 그는 할하스[5]의 손자 디과[6]의 아들로서 궁중 예복을 관리하는 살룸의 아내였다. 그는 예루살렘 둘째 구역에 거주했다. 그들이 요시야왕의 뜻을 전하자

역사 & 배경   열왕기하의 역사적 배경

열왕기하는 열왕기서의 마지막 사건인 여호야긴 왕의 석방(왕하 25:27-30, BC 561년)에서부터 열왕기서에 기록이 없는 제1차 포로 귀환 사건(BC 537년) 사이에 기록되었다. 본서는 아하시야 왕에서 호세아 왕까지의 131년간(BC 853-722년)의 북왕국 이스라엘의 몰락사와 히스기야 왕에서 시드기야 왕까지의 155년간(BC 715-560년)의 남왕국 유다의 몰락사를 다루고 있다. 왕국의 분열 이후 이스라엘은 영적으로 더욱 타락하고 불충한 존재가 되고 만다. 언약에 신실하신 하나님은 이스라엘을 포기할 수 없으셨기에 선지자들을 통해 거듭 이스라엘을 권고하시고 심판을 선언하신다. 그러나 이스라엘은 우상 숭배와 온갖 불의를 자행함으로써 결국 멸망을 당하게 된다.

1) 은   2) 대하 34:20, 미가   3) 대하34:20, 압돈   4) 온 유다   5) 대하 34:22, 하스라   6) 대하 34:22, 독핫

15·17 여선지자 훌다가 그들에게 말했다. "이스라엘 하나님께서는 이 백성이 나를 버리고 다른 신에게 분향하며 그들의 손의 모든 행위로 나를 심히 분노하게 했기 때문에 내가 이곳과 그 주민에게 유다 왕 앞에서 읽은 율법책에 기록된 모든 저주한 말대로 재앙을 내릴 것이다. 이곳을 향해 내린 진노가 꺼지지 않을 것이다'라고 전하라.

18 그리고 너희를 내게로 보내 여호와께 묻게 한 유다 왕 요시야에게는 이렇게 전하라. "이스라엘의 하나님께서 이같이 말씀하셨다. 네가 들은 말씀을 설명하겠다.[1]

19 이곳과 이곳 주민에 대해 이곳이 황폐하게 되고 저주를 받을 것이라는 내 말을 네가 듣고 깊이 뉘우쳐 마음이 부드러워져서 내 앞에서 겸손하여 옷을 찢고 통곡했기 때문에 나도 네 말을 들었다.

20 그러므로 내가 너를 네 조상들에게 돌아가서 평안히 묘실로 들어가게 할 것이다. 나는 네가 죽기 전까지 이곳과 그 주민에게 내리는 모든 재앙을 내리지 않을 것이다'라고 하셨다." 이에 사자들이 왕에게 보고했다.

요시야왕의 율법책 낭독과 이방 예배 척결[2]

23 ● 유다의 요시야왕이 사람을 보내 유다와 예루살렘의 모든 장로를 자기에게 소집한 후

2 여호와의 성전에 올라가자 유다 모든 사람과 예루살렘 주민과 제사장들과 레위 사람들과 선지자들과 모든 백성이 노인과 젊은이를 막론하고 모두 왕과 함께했다. 왕은 여호와의 성전 안에서 발견한 언약책의 모든 말씀을 모인 무리에게 들려주었다.

3 그리고 요시야왕이 단 위[3]에 서서 여호와 앞에서 이렇게 언약을 맺었다. "마음을 다하고, 목숨[4]을 다하여 여호와께 순종하고 그의 계명과 증거와 규례를 지키며, 이 책에 기록된 언약의 말씀을 지킬 것이다." 이에 예루살렘과 베냐민 지역에 사는 자들을 다 그 언약에 참여하게 하니 예루살렘 주민이 그의 조상들의 하나님의 언약을 따랐다.[5]

4 유다의 요시야왕은 힐기야 대제사장과 모든 부제사장과 문을 지키는 자들에게 명령했다. "바알과 아세라와 하늘의 일월성신을 위해 만든 모든 그릇을 여호와의 성전에서 꺼내다가 예루살렘성 밖 기드론 골짜기에 있는 밭에서 불사르고 그것들의 재를 벧엘로 가져가게 하라."

5 그리고 역대 유다 왕들이 유다 모든 성읍과 예루살렘 주위에 세운 산당들에서 분향하며 우상을 섬기게 한 제사장들을 모두 쫓아냈다. 또 바알과 일월성신에게 분향하는 자들도 쫓아냈다.

6 여호와의 성전에서 아세라 신상을 내어다가 예루살렘성 밖 기드론 골짜기[6]로 가져가 그곳에서 불살라 빻아 가루로 만들어 그 가루를 공동[7]묘지에 뿌렸다.

7 또 여호와의 성전안에 있는 남자 창기의 집을 헐었다. 그곳은 여인들이 아세라 숭배 때 사용되는 아마 의복[8]을 짜는 곳이었다.

8 더 나아가 유다 각 성읍의 산당에서 모든 제사장을 예루살렘으로 소환

---

1) 대하 34:26, 말을 의논하건대 2) 대하 34:3-7, 29-32
3) 대하 34:31, 처소 4) 뜻 5) 따르기로 하니라 6) 시내 7) 평민 8) 휘장

하고, 예루살렘 근교의 게바에서 브엘세바까지 제사장이 분향하던 산당을 더럽게 하고 헐어 버렸다. 이 산당들은 각 성읍의 이름을 따라 명명된 '여호수아의 대문' 입구인 성문 왼쪽에 있었다.

9 그래서 산당에 있던 제사장들은 예루살렘 여호와의 제단에 올라가지 못하고 다만 그의 형제 가운데서 누룩 없는 빵인 무교병만 먹을 수 있었다.

10 또 왕이 힌놈의 아들 골짜기에 있던 도벳을 더럽게 하여 몰렉, 곧 몰록에게 자기의 자녀를 불로 지나가지 못하게 하고,

11 역대 유다 왕들이 태양을 위해 드린 말[1]들을 없애버렸다. 이 말들은 여호와의 성전으로 들어가는 곳의 근처에 있는 내시 나단멜렉의 집 곁에 있던 것이다. 또 말[2] 수레를 불사르고,

12 역대 유다 왕들이 아하스왕의 다락 지붕에 세운 제단들과 므낫세왕이 여호와의 성전 두 뜰에 세운 제단들을 요시야왕이 모두 헐어 버리고 그 제단을 빻은 후 그 가루를 기드론 골짜기에 내다 버렸다.

13 뿐만 아니라 옛적에 이스라엘 왕 솔로몬이 시돈 사람의 가증한 아스다롯과 모압 사람의 가증한 그모스와 암몬 자손의 가증한 밀곰을 섬기기 위해 예루살렘 앞 멸망의 산 오른쪽에 세운 산당들을 왕이 더럽게 했다.

14 그리고 돌로 된 우상들을 깨뜨리고, 아세라 목상들을 찍어 버리고 사람의 해골로 그곳을 채웠다.

15 더 나아가 요시야왕은 이스라엘로 죄를 짓게 한 느밧의 아들 북이스라엘 왕 여로보암이 벧엘에 세운 제단과 산당을 헐고 그것을 불살랐으며 빻아 가루를 만들었다. 아세라 목상도 불살랐다.

16 그리고 요시야가 고개를 돌려 산에 있는 무덤들을 보고 사람을 보내 그 무덤에서 해골을 가져다가 제단 위에서 불살라 그 제단을 더럽게 했다. 이로써 여호와께서 하나님의 사람을 통해 하신 말씀대로[3] 이루어졌다.

17 요시야왕이 "내게 보이는 저것은 무슨 비석이냐?"라고 묻자 벧엘 성읍 사람들이 왕에게 대답했다. "유다에서 벧엘로 왔던 하나님의 사람의 묘실입니다. 그는 장차 왕께서 벧엘의 제단과 산당을 없앨 일[4]에 대해 미리 예언한 사람입니다."

18 그러자 왕이 "그 뼈는 그대로 두고 옮기지 말라"고 명령하니 무리가 유다에서 왔던 선지자의 뼈와 사마리아에서 온 선지자의 뼈는 그대로 두었다.

19 이전에 이스라엘의 여러 왕이 사마리아 각 성읍에 산당을 세움으로 여호와를 심히 분노케 한 그 산당들을 요시야가 벧엘에서 산당을 없앤 것처럼 각 지방의 성읍들에 있는 것들도 모두 없앴다.

20 뿐만 아니라 그런 산당들에서 제사장의 일을 했던 자들을 제단 위에서 모두 죽이고 사람의 해골과 함께 그 시체들을 제단 위에서 불사른 후 예루살렘으로 돌아왔다.

요시야왕이 유월절을 지킴과 나머지 개혁[5]

21 ● 유다 왕 요시야가 백성들에게 명령했다. "이 언약책에 기록된 대로 너희 하나님을 위해 유월절을 지키라."

---

1) horse　2) 태양　3) 왕상 13:1-2　4) 왕상 13:29-30
5) 대하 35:18-19

22 사사가 이스라엘을 다스리던 시대 부터[1] 역대 이스라엘 왕들과 유다 왕들의 시대에 이스라엘의 어떤 왕도 요시야처럼 제사장들과 레위 사람들과 모인 온 유다와 이스라엘 무리와 예루살렘 주민과 함께 유월절을 지키지 못했다.

23 이처럼 요시야가 왕위에 있은 지 18년째에 예루살렘에서 여호와 앞에 이 유월절을 지켰다.

24 더 나아가 요시야는 유다 땅과 예루살렘에서 신접한 자와 점쟁이[2]와 가신인 드라빔과 우상과 모든 혐오스러운 것을 다 없앴다. 이는 힐기야 대제사장이 여호와의 성전에서 발견한 율법책에 기록된 말씀을 이루려고 한 것이다.

25 요시야왕과 같이 모세의 율법에 따라 마음과 뜻과 힘을 다해 여호와께로 돌이킨 왕은 요시야 전에도 없었고 후에도 없었다.

26 그럼에도 여호와께서는 유다를 향해 내리신 크게 타오르는 진노를 돌이키지 않으셨다. 므낫세가 여호와를 격노케 한 그 모든 격노가 너무 컸기 때문이다.

27 여호와께서 말씀하셨다. "내가 북이스라엘을 외면한 것처럼 유다도 외면하고, 내가 택한 이 예루살렘 성과 '내 이름을 그곳에 두리라'고 한 이 성전을 버릴 것이다."

요시야왕의 죽음[3]

28 ● 요시야의 남은 행적과 여호와의 율법에 기록된 대로 행한 모든 선한 일은 유다 왕 역대지략[4]에 기록되었다.

29 요시야가 성전 정돈하기를 마친 후[5] 애굽 왕 느고가 앗수르 왕을 돕기 위해[6] 유프라테스 강가의 갈그미스로 진군하는데[7] 요시야 왕이 바로의 북진을 막기 위해 나가 방비했다. 애굽 왕이 요시야를 므깃도에서 만났을 때에 죽인지라.[8]

30 신복들이 그의 시체를 병거에 싣고 므깃도에서 예루살렘으로 돌아와 그의 무덤에 장사했다.[9] 이에 온 유다와 예루살렘 사람들이 요시야 왕의 죽음을 슬퍼했다. 그 땅의 백성들이 요시야의 아들 여호아하스를 데려다가 기름을 붓고 아버지의 뒤를 이어 예루살렘에서 유다의 왕으로 삼았다.

유다 왕 여호아하스[10]

31 ● 여호아하스가 23세에 왕이 되어 예루살렘에서 3개월간 나라를 다스렸다. 그의 어머니의 이름은 립나 출신 예레미야의 딸 하무달이다.

32 여호아하스, 곧 살룸이 그의 조상들의 모든 행위를 본받아 여호와께서 보시기에 악을 행했다.

33 애굽 왕 느고가 예루살렘에서 여호아하스를 왕위에서 폐위시키고 그를 레바논 북쪽 오론테스강변의 하맛 지역에 속한 립나에 가두었다. 그리고 그의 나라에 은 100달란트와 금 약 34kg 되는 1달란트를 벌금으로 내게 했다.

34 애굽 왕 느고가 유다 왕 요시야의 아들, 곧 여호아하스의 형제 엘리아김을 유다와 예루살렘 왕으로 삼고 그의 이름을 고쳐 '여호야김'이라고 했다. 애굽 왕 느고는 레바논 최북단에 위치한 립나에 가두었던

---

1) 대하 35:18, 선지자 사무엘 이후 2) 박수 3) 대하 35:20~27, 36:1 4) 대하 35:27, 이스라엘과 유다 열왕기 5) 대하 35:20 6) 개역 개정에는 '치고자', NIV에는 'to help' 7) 개역 개정, 치러 올라가는데 8) 대하 35:24 상, 이에 그 부하들이 왕을 병거에서 내리고 그의 첫째 병거에 태워 예루살렘에 도착했으나 그가 죽었다 9) 대하 35:24상, 그는 왕들의 묘실이 부족하여 대신 조상들의 묘실에 장사되었다 10) 대하 36:2~4

여호아하스를 애굽으로 잡아갔는데, 그는 예레미야의 예언대로 그곳에서 죽었다.

35 여호야김왕은 애굽 왕 느고가 부가한 벌금을 바치기 위해 나라에 세금을 부과하여 백성들 각 사람의 힘대로 액수를 정하고 은금을 징수했다. 그리고 그 금과 은을 바로에게 바쳤다.

유다 왕 여호야김1)

36 ● 여호야김2)이 25세에 왕이 되어 예루살렘에서 11년간 나라를 다스렸다. 그의 어머니의 이름은 루마 출신 브다야의 딸 스비다이다.

37 여호야김이 조상들의 모든 행위를 본받아 여호와께서 보시기에 악을 행했다.

24 여호야김왕 통치 4년째 바벨론 왕 느부갓네살이 쳐들어오자 여호야김이 3년간 그를 섬기다가 배반했다.

2 여호와께서 그의 종 선지자들을 통해 말씀하신 대로 유다를 멸망시키기 위해 바벨론, 곧 갈대아 부대와 아람 부대와 모압의 부대와 암몬 자손의 부대를 여호야김에게 보내셨다.

3 이 일은 여호와의 말씀대로 그들을 자기 앞에서 물리치고자 하심이다. 이는 므낫세가 지은 모든 죄 때문이다.3)

4 그는 죄 없는 자를 죽인 피가 예루살렘에 가득차게 했다.4) 여호와께서는 그를 용서할 수가 없었다.

5 여호야김의 남은 행적과 그가 행한 모든 가증한 일과 그에게 나타난 악행이 유다 왕 역대지략5)에 기록되었다.

6 여호야김이 죽어 그의 조상들이 묻힌 곳에 장사되고 그의 아들 여호야긴이 뒤를 이어 유다 왕이 되었다.

7 당시 애굽 왕은 국경 밖으로 진출하지 못했다. 이는 바벨론 왕이 애굽 시내6)에서 유프라테스강까지 애굽 왕에게 속한 땅을 모두 점령했기 때문이다.

유다 왕 여호야긴과 바벨론 2차 유배7)

8-9 ● 여호야긴이 18세8)에 왕위에 올라 예루살렘에서 3개월9) 동안 나라를 다스리며 그의 아버지의 모든 행위를 본받아 여호와께서 보시기에 악을 행했다. 그의 어머니의 이름은 예루살렘 출신 엘라단의 딸 느후스다이다.

10 그때 바벨론 왕 느부갓네살의 신복들이 예루살렘으로 올라와서 그 성을 포위했다.10)

11 그의 신복들이 포위하는 동안 바벨론 왕 느부갓네살도 예루살렘성에 도착했다.

12 유다 왕 여호야긴이 그의 어머니와 신복과 지도자들과 내시들과 함께 바벨론 왕에게 나아가자 그를 가두었다. 이때가 바벨론 왕 느부갓네살 통치 8년째였다.

13 그가 여호와의 성전과 왕궁의 보물을 끄집어내고 이스라엘 왕 솔로몬이 만든 여호와의 성전에 있는 금 그릇을 다 파괴했다. 그렇게 된 것은 여호와께서 말씀하신 것과 같았다.

14 또 예루살렘의 모든 백성과 모든 지도자와 용사 1만 명11)과 모든 장인과

1) 대하 36:5, 8　　2) 엘리아김　　3) 왕하 21:2-6　　4) (왕하 21:16　　5) 대하 36:8, 이스라엘과 유다 열왕기)　　6) 강
7) 대하 36:9-10, 사 39:6　　8) 대하 36:9, 8세　　9) 대하 36:9, 석달 열흘　　10) 여호야긴 때 바벨론의 세 번째 침략
11) 16절, 7000명

대장장이를 바벨론 왕이 바벨론으로 잡아가니 비천한 자 외에는 그 땅에 남은 자가 없었다.

15 그해 느부갓네살왕은 사람을 보내 여호야긴을 그의 어머니와 아내들과 내시들과 나라에 권세 있는 자들과 함께 예루살렘에서 바벨론으로 잡아갔다. 이때 여호와의 성전의 귀한 그릇들도 함께 가져갔다.

16 또 용사 7,000명[1]과 모든 장인과 대장장이 1,000명, 즉 용감하여 싸움을 할 만한 모든 자를 바벨론 왕이 바벨론으로 잡아갔다.[2]

유다의 마지막 왕 시드기야[3]

17 ● 바벨론 왕 느부갓네살이 또 여호야긴의 숙부 맛다니야를 여호야긴 대신에 유다와 예루살렘 왕으로 삼고 그의 이름을 고쳐 '시드기야'라고 했다.

18 시드기야가 유다의 마지막 왕이 될 때 나이가 21세였다. 예루살렘에서 11년간 나라를 다스렸다. 그의 어머니의 이름은 립나 출신 예레미야의 딸 하무달이다.

19 시드기야는 여호야김의 모든 행위를 따라 여호와께서 보시기에 악을 행했다.

20 여호와께서 예루살렘과 유다에 대해 진노하심이 그들을 그 앞에서 쫓아내실 때까지 이르렀다. 느부갓네살왕은 유다의 마지막 왕 시드기야에게 그의 하나님의 이름으로 충성하도록 맹세시켰다. 그러나 그는 그 마음이 완고하여 바벨론에게 복종하라는 여호와의 말씀을 듣지 않고 바벨론 왕을 배반했다.

예루살렘 멸망과 성전 파괴[4]

25 ● 유다의 시드기야왕 통치 9년 열째 달인 1월 10일, BC 588년에 바벨론 왕 느부갓네살이 그의 모든 군대를 거느리고 예루살렘성을 치러 올라와서 그 성을 향해 진을 치고 주위에 토담을 쌓았다.

2 시드기야왕 11년까지 예루살렘성을 포위했다.

3 그해 넷째 달인 7월 9일 성 안에 기근이 심해 그 땅 백성의 양식이 떨어졌다.

4 마침내 그 성벽이 파괴되고 바벨론 사람들이 예루살렘성을 함락시킨 후 그 성읍을 포위했기 때문에 유다의 시드기야왕과 군사가 그들을 보고 밤중에 두 성벽 사이 왕의 동산 옆문 길을 따라 도망하여 샛문을 통해 도성을 빠져나가 아라바 길로 갔다.

5 그러자 바벨론 군대가 그 왕을 쫓아가 여리고 평지에서 시드기야 일행을 따라잡자 시드기야왕을 호위한 모든 병사가 왕에게서 흩어졌다.

6 이에 바벨론 군사들이 시드기야왕을 사로잡았다. 그리고 느부사라단 사령관은 이들을 시드기야왕과 함께 북쪽으로 약 400km 떨어진 립나에 있는 바벨론의 느부갓네살왕에게 끌고 갔다. 그러자 그가 시드기야왕을 심문했다.

7 그런 다음 립나에 있는 바벨론 왕은 시드기야왕이 보는 앞에서 그 아들들과 유다의 모든 고관을 죽였다. 그리고 립나에서 시드기야의 두 눈을 뽑게 하고 놋 사슬로 결박하여 바벨론으로 끌고 간 후 그를 죽는 날까지 옥에 가두었다.

8 바벨론 왕 느부갓네살 통치 19년째

1) 14절, 1만 명   2) 바벨론 2차 포로   3) 대하 36:10-12, 렘 37:1, 52:1-3   4) 대하 36:17-19, 렘 52:4-22, 26-27

다섯째 달인 8월 7일에 바벨론 왕의 신복인 시위대장 느부사라단이 예루살렘에 내려와서 성전에서 칼로 죽이며 청년과 노인과 약한자들을 불쌍히 여기지 않았다.

9 한편 예루살렘성을 함락시킨 바벨론 군대는 여호와의 성전과 왕궁을 불사르고 예루살렘성 안에 있는 고관들과 백성들의 집까지 모두 불살랐으며

10 그들이 갖고 있던 모든 귀한 그릇을 부수고, 시위대장⁴⁾에게 소속된 바벨론 모든 군대가 예루살렘 주위의 성벽을 헐었다.

11 바벨론 왕의 시위대장¹⁾ 느부사라단은 예루살렘성에 남아 있는 백성과 바벨론 왕에게 항복한 자들과 무리 가운데 남은 자를 모두 바벨론으로 잡아가고,

12 유다 땅에는 아무 소유가 없는 비천한 자들만을 남겨 두어 포도밭과 밭을 관리하는 자와 농부가 되게 했다.

13 한편 바벨론, 곧 갈대아 사람이 왕과 관리들의 보물과 여호와의 성전의 두 놋 기둥과 받침들과 놋바다²⁾를 깨뜨려 그 놋을 바벨론으로 가져갔다.

14 또 가마솥들, 부삽들, 부집게들, 주발들, 숟가락들, 성전에서 섬길 때 사용하는 모든 놋그릇을 가져갔다.

15 또 사령관³⁾은 잔들, 불 옮기는 화로들, 주발들, 솥들, 촛대들, 숟가락들, 놋그릇, 곧 바리들,⁴⁾ 금이나 은으로 만든 것 모두를 가져갔다.

16 또 솔로몬왕이 여호와의 성전을 위해 만든 두 기둥과 한 개의 큰 대야, 곧 놋바다와 그 받침 아래에 있는 12개 놋으로 만든 소 형상 등 이

모든 기구의 놋은 무게를 헤아릴 수 없을 만큼 많았다.

17 그 한 기둥은 높이가 8.1m 되는 18 규빗이며, 그 둘레는 12규빗이며, 그 속이 비었고, 그 두께는 네 손가락 굵기이며, 그 기둥 꼭대기에는 놋 기둥 머리가 있어 높이가 3규빗⁵⁾이며, 그 머리 사면으로는 돌아가며 꾸민 그물⁶⁾과 석류 모양이 다 놋이었다. 또 다른 기둥의 장식과 그물에도 이런 모든 것과 석류 모양이 새겨져 있었다.

유다 백성의 바벨론 유배⁷⁾

18 ● 그리고 어전 사령관인 시위대장 느부사라단이 스라야 대제사장과 스바냐 부제사장과 성전 문지기 3명을 사로잡았다.

19 또 군사를 거느린 내시⁸⁾ 한 사람과 성 안에서 만난 왕의 내시 5명⁹⁾과 군인¹⁰⁾을 감독하는 장관의 서기관 1명과 성 안의 백성 60명을 사로잡았다.

20 느부사라단 사령관은 이들을 시드기야왕과 함께 북쪽으로 약 400km 떨어진 립나에 있는 바벨론의 느부갓네살왕에게 끌고 갔다. 그러자 그가 시드기야왕을 심문했다.

21 그리고 하맛 지역의 립나에서 다 죽였고, 시드기야의 두 눈을 뽑게 하고 놋 사슬로 결박하여 바벨론으로 끌고 간 후 그를 죽는 날까지 옥에 가두었다. 이같이 유다가 포로로 잡혀 본토에서 떠났다.

최초의 유다 총독 그다랴¹¹⁾

22 ● 유다 땅에 머물러 있는 백성은

---

1) 렘 52:14, 사령관 　 2) 놋대야 　 3) 시위대장 　 4) 대하 36:18하, 하나님의 전의 대소 그릇들과 여호와의 전의 보물 　 5) 렘 52:22, 5규빗 　 6) 망사 　 7) 렘 52:24-27 　 8) 렘 52:25, 지휘관 　 9) 렘 52:25, 7명 　 10) 백성 　 11) 렘 40:7-9, 41:1-3

바벨론 왕 느부갓네살이 남긴 자들이다. 왕이 사반의 손자, 아히감의 아들 그달리야)에게 유다에 남은 자들을 관할하도록 했다.

23 들에 있는 모든 군대 지휘관과 그를 따르는 부하가 바벨론 왕이 아히감의 아들 그달리야를 총독으로 임명하여 유다 땅을 맡기고 남녀와 유아, 곧 바벨론으로 잡혀가지 않은 빈민을 관리하도록 위임했다는 소식을 들었다. 이에 느다니야)의 아들 이스마엘, 가레아의 두 아들 요하난과 요나단, 느도바 출신 에베의 아들들, 단후멧의 아들 스라야, 마아가 출신의 아아사니야)와 그들을 따르는 사람이 모두 미스바로 가서 그달리야에게 나아갔다.)

24 사반의 손자, 아히감의 아들 그달리야가 그들과 그들을 따르는 군사들에게 맹세하여 말했다. "너희는 갈대아, 곧 바벨론 사람 섬기는 것을 두려워하지 말고, 이 땅에 살면서 바벨론 왕을 섬기라. 그러면 너희가 평안할 것이다.

25 일곱째 달인 10월에 왕족 엘리사마의 손자, 느다니야의 아들로서 왕의 장관인 이스마엘이 부하 10명을 거느리고 미스바로 왔다. 그가 그달리야 총독에게 와서 미스바에서 함께 빵을 먹다가 이스마엘과 그와 함께 있던 10명의 부하가 일어나 바벨론 왕이 그 땅의 통치를 맡겼던 그달리야를 칼로 찔러 죽였다. 또 미스바에서 그다랴와 함께 있던 모든 유다 사람과 갈대아, 곧 바벨론 군사들도 죽였다.)

26 노소를 막론하고 백성과 군대장관들이 다 일어나서 애굽으로 갔으니 이는 그달리야 총독을 살해한 것 때문에 갈대아 사람을 두려워했기 때문이다.

여호야긴의 석방)

27 ● 유다 왕이었던 여호야긴이 포로로 잡혀간 지 37년인 BC 561년, 곧 바벨론 느부갓네살왕의 아들인 에윌므로닥 즉위 원년 열두째 달인 3월 27일)에 유다 왕 여호야긴을 감옥에서 풀어 주고 그 머리를 들게 했다.

28 그리고 그에게 좋게 말하고, 그의 지위를 그와 함께 바벨론에 있는 다른 모든 각 지역 왕의 지위보다 높여 주었다.

29 또한 죄수 의복을 벗게 하고, 그의 남은 생애에 매일같이 왕 앞에서 음식을 먹게 했다.

30 그가 필요한 것은 날마다 왕에게서 일정한 분량을 받았기 때문에 죽는 날까지 끊어지지 않았다.

📍성경지리 미스바(왕하 25:25)

미스바의 기본적인 의미는 '파수한다', '감사한다'의 의미이다. 즉, 망대의 의미이다(대하 20:24). 구약에서 미스바라는 지명이 각기 다르게 다섯 곳에 나타나는데(창 31:49, 수 11:3, 삿 10:17), 그 중에서도 가장 유명한 곳이 베냐민 지파 안에 있는 미스바이다(삼상 7:5). 베냐민 지파의 미스바에 대한 위치에 대해서는 전승에 의하면 예루살렘에서 북쪽으로 7.5km 지점에 소재하고 있는 오늘의 네비 삼윌(Nebi Samwil)이다. 다음으로 가장 타당성 있게 주장되는 곳은 텔 엔 나스베(T. en-Nasbeh, M.R. 170143)의 둑덕이다. 이곳은 소위 족장길을 따라 생긴 예루살렘 북쪽 12.8km 지점, 오늘날 라말라(Ramalla) 남쪽 외곽지에 있는데 이곳은 구약에서 대로(Great road)가 지나는 간선도로에 있다.

1) 렘 40:7, 그다랴 2) 렘 40:8, 느다냐 3) 렘 40:8, 여사냐 4) 렘 40:7 5) 렘 41:1-3 6) 렘 52:31-34 7) 렘 52:31, 25일

제목	히브리어 성경에는 디브레하야임('날들의 역사'), 70인역에서 파랄레이포메나('지난 사건들')
기록연대	기원전 450년경 **저자** 에스라(탈무드) **중심주제** 다윗 왕가의 계보와 통치

내용소개 1. 아담에서 다윗까지 1~3장   2. 다섯 개 지파 족보(레위의 후손) 4~6장
3. 여섯 개 지파 족보(베냐민의 후손) 7~9장   4. 장년 시대(왕위 즉위, 내정과 승전) 10~20장
5. 노년 시대(성전 건축 준비) 21~29장

아담에서 노아까지의 계보[1]

1 ● 아담이 아내로 인해 다시 아들을 낳은 후 '셋'이라고 했다. 셋도 아들을 낳고 '에노스'라고 했다. 이때 비로소 사람들이 여호와의 이름을 불렀다.

2 게난은 70세에 마할랄렐을 낳았다. 마할랄렐은 65세에 야렛을 낳았다.

3 야렛은 162세에 에녹을 낳았다. 에녹은 65세에 므두셀라를 낳은 후 300년 동안 하나님과 동행하며 자녀들을 낳았다. 므두셀라는 187세에 라멕을 낳았다.

4 노아의 세 아들인 셈과 함과 야벳의 계보이다. 홍수 후 그들이 아들들을 낳았다.

5 노아의 셋째 아들인 야벳의 아들[2]은 고멜, 마곡, 마대, 야완, 두발, 메섹, 디라스이다.

6 고멜의 아들은 아스그나스와 리밧과 도갈마이며

7 야완의 아들은 엘리사, 달시스, 깃딤, 도다님이다. 이들에게서 여러 나라와 백성으로 나뉘어 각자의 언어와 종족대로 바닷가 지역에서 살았다.

8 노아의 둘째 아들인 함의 아들은 구스, 미스라임, 붓, 가나안이다.

9 구스의 아들은 스바, 하윌라, 삽다, 라아마, 삽드가이다. 라아마의 아들은 스바와 드단이다.

10 구스가 또 니므롯을 낳았는데, 그는 세상에 첫 용사였다.

11-12 미스라임은 루딤, 아나밈, 르하빔, 납두힘, 바드루심, 가슬루힘, 갑도림을 낳았다. 이 가슬루힘에게서 블레셋 족속이 나왔다.

13 가나안은 장자인 시돈과 헷을 낳았다.

14-16 이후 여부스 족속, 아모리 족속, 기르가스 족속, 히위 족속, 알가 족속, 신 족속, 아르왓 족속, 스말 족속, 하맛 족속의 조상이 된 아들들을 낳았다.

17 셈[3]의 아들은 엘람, 앗수르, 아르박삿, 룻, 아람, 우스, 훌, 게델, 메섹[4]이며,

18 아르박삿은 35세에 셀라를 낳았다. 셀라는 30세에 에벨을 낳았다.

19 에벨은 34세에 아들을 낳고 "그때 세상이 나뉘어졌다"라고 하여 '벨렉'이라고 했다. 벨렉을 낳은 후 430년을 살며 동생인 욕단 등 자녀를 낳았다.

20-23 벨렉의 동생인 욕단은 알모닷, 셀렙, 하살마윗, 예라, 하도람, 우살, 디글라, 에발[5], 아비마엘, 스바, 오빌, 하윌라, 요밥을 낳았다. 욕단의 자손은 이러했다.

24 셈[3]은 아르박삿을 낳았고, 아르박삿은 셀라를 낳았다.

1) 창 4:25~26, 5:12~25, 10:1~29   2) 자손   3) 창 10:23, 아람   4) 창 10:23, 마스   5) 창 10:28, 오발

노아에서 아브라함까지[1]

25 ● 에벨은 벨렉을 낳았고, 벨렉은 르우를 낳았고,

26 르우는 스룩을 낳았고, 스룩은 나홀을 낳았고, 나홀은 데라를 낳았으며,

27 데라는 아브람을 낳았다. 아브람은 곧 아브라함이다.

28 아브라함의 아들은 이삭과 이스마엘이다.

29-31 이스마엘의 계보이다. 장자는 느바욧, 그 다음은 게달, 앗브엘, 밉삼, 미스바, 두마, 맛사, 하닷, 데마, 여둘, 나비스, 게드마이다.

32 아브라함이 소실[2] 그두라가 아브라함에게서 시므란, 욕산, 므단, 미디안, 이스박, 수아를 낳았다. 욕산은 스바와 드단을 낳았다.

33 미디안의 아들은 에바, 에벨, 하녹, 아비다, 엘다아였으며 이들은 모두 그두라의 자손[3]이다.

34 아브라함은 이삭을 낳았으며, 이삭의 아들은 에서와 야곱[4]이다.

35 아다는 에서를 통해 엘리바스를 낳았고, 바스맛은 에서를 통해 르우엘을 낳았다. 오홀리바마는 에서를 통해 여우스와 알람과 고라를 낳았다.

36 에서의 손자 엘리바스의 아들들은 데만, 오말, 스비[5], 가담, 그나스, 딤나이다. 엘리바스의 첩 딤나는 아말렉을 낳았다. 이들은 에서의 아내 아다의 자손들이다.

37 르우엘의 아들들은 나핫, 세라, 삼마, 미사이니 이들은 에서의 아내 바스맛의 자손들이다.

에서의 자손[6]

38 ●그 땅의 주민 호리 족속, 세일의 자손[7]으로 족장이 된 자들은 로단, 소발, 시브온, 아나, 디손, 에셀, 디산 등이다.

39 로단의 자식은 호리와 헤맘이요, 로단의 누이는 딤나이다.

40 소발의 자식은 알란[8], 마나핫, 에발, 스비[9], 오남 등이다. 시브온의 자식은 아야와 아나이다.

41 아나의 자식은 디손과 오홀리바마이며, 디손의 자식은 하므란[10], 에스반, 이드란, 그란이다.

42 에셀의 자식은 빌한과 사아완과 아간이다. 디산의 자식은 우스와 아란이다.

세일의 자손과 에돔 지역의 왕들[11]

43 ● 이스라엘 백성에게 아직 왕이 있기 전 에돔 지역에 왕이 있었는데, 그들은 이렇다. 브올의 아들 벨라가 딘하바에서 에돔의 왕이 되었다.

44 벨라 사후 보스라 사람 세라의 아들 요밥이 왕이 되었다.

45 요밥 사후 데만 족속의 땅에 거한 후삼이 왕이 되었다.

46 후삼 사후 모압 들에서 미디안 족속을 친 브닷의 아들 하닷이 아윗에서 왕이 되었다.

47 하닷 사후 마스레가의 사므라[12]가 왕이 되었다.

48 사므라 사후 유프라테스 강변에 살던 르호봇의 사울이 왕이 되었다.

49 사울 사후 악볼의 아들 바알하난이 왕이 되었다.

50 악볼의 아들 바알하난 사후 하달이 바이[13]에서 왕이 되었다. 그의 아내는 마드렛의 딸이요, 메사합의

1) 창 11:15~26, 25:1~4, 36:5, 10~14. 노아의 첫째 아들인 셈은 아르박삿을 낳고, 아르박삿은 셀라를 낳고, 셀라는 에벨을 낳았다. 창 11:10~14 참조 2) 창 25:1, 후처 3) 손자 4) 이스라엘 5) 창 36:11, 스보 6) 창 36:20~28, 아브라함은 이삭을 낳았고, 이삭은 쌍둥이 에서와 야곱을 낳았다. 7) 아들 8) 창 36:23, 알완 9) 창 36:23, 스보 10) 창 36:26, 헴단 11) 창 36:31~43 12) 창 36:36, 삼라 13) 창 36:39, 바우

손녀인 므헤다벨이었다.

51-54 하닷이 죽었다. 에서에게서 나온 지역에 따른 에돔의 족장들은 이렇다. 딤나 족장, 알라1) 족장, 여뎃 족장, 오홀리바마 족장, 엘라 족장, 비논 족장, 그나스 족장, 데만 족장, 밉살 족장, 막디엘 족장, 이람 족장이다. 에돔 족속의 조상은 에서이다.

야곱의 자손2)

2 ● 야곱의 아들은 르우벤, 시므온, 레위, 유다, 잇사갈, 스불론,

2 단, 요셉, 베냐민, 납달리, 갓, 아셀 12명이다.

유다의 자손

3 ● 유다의 아들은 에르3)와 오난과 셀라이니 이 세 사람은 가나안 사람 수아의 딸이 유다를 통해 낳은 아들이다. 유다의 맏아들 에르는 여호와께서 보시기에 악했기 때문에 죽이셨다.4)

4 유다의 며느리 다말이 유다에게 베레스와 세라를 낳아 주었으니 유다의 아들은 5명이다.5)

5 베레스의 아들은 헤스론과 하물이다.

6 세라의 아들은 시므리, 에단, 헤만, 갈골, 다라 5명이다.

7 갈미의 아들은 아갈6)이다. 그는 진멸시켜야 할 물건을 취하여 이스라엘을 괴롭힌 자이며,

8 에단의 아들은 아사랴이다.

9 헤스론이 낳은 아들은 여라므엘과 람과 글루배이다.

10 람은 암미나답을 낳고, 암미나답은 나손을 낳았는데, 나손은 유다 자손의 방백이다.

11 나손은 살마를 낳고, 살마는 보아스를 낳고,

12 보아스는 오벳을 낳고, 오벳은 이새를 낳고,

13 이새는 장자 엘리압과 둘째 아비나답과 셋째 시므아와

14 넷째 느다넬과 다섯째 랏대와

15 여섯째 오셈과 일곱째로 다윗을 낳았다.

16 그들의 자매는 스루야와 아비가일이다. 스루야의 아들은 아비새와 요압과 아사헬 삼형제이다.

17 아비가일은 아마사를 낳았으니 아마사의 아버지는 이스마엘 사람 예델이었다.

헤스론의 자손

18 ● 헤스론의 아들 갈렙이 그의 아내 아수바와 여리옷에게서 아들을 낳았으니 그가 낳은 아들은 예셀과 소밥과 아르돈이다.

19 아수바가 죽은 후 갈렙이 또 에브랏에게 장가들었더니 에브랏이 그에게 훌을 낳았다.

20 훌은 우리를 낳고, 우리는 브살렐을 낳았다.

21 그후 헤스론이 60세에 길르앗의 아버지 마길의 딸에게 장가들어 아들 스굽을 낳았다.

22 스굽은 야일을 낳았고, 야일은 길르앗 땅에서 23개 성읍을 소유했다. 그리고

23 그술과 아람이 야일의 성읍들과 그낫과 그에 딸린 성읍들을 합해 모두 60곳을 그들에게서 빼앗았다. 이들은 다 길르앗의 아버지 마길의 자손이었다.

24 헤스론이 갈렙 에브라다에서 죽은 후 그의 아내 아비야가 헤스론을 통해 드고아의 아버지 아스홀을 낳았다.

---

1) 알와 2) 이삭의 아들 에서의 동생 야곱은 4명의 아내를 통해 르우벤, 시므온, 레위, 유다, 잇사갈, 스불론, 단, 납달리, 요셉, 갓, 아셀, 베냐민 12명의 아들과 딸 디나를 낳았다. 창 30장 참조 3) 엘 4) 창 38:2-7 5) 대상 4:1에는 베레스, 헤스론, 갈미, 훌, 소발 6) 수 7:18, 아간

여라므엘의 자손

25 ● 헤스론의 장자 여라므엘의 아들은 장자인 람과 그다음 브나, 오렌, 오셈, 아히야 5명이다.

26 여라므엘에게 다른 아내가 있었으니 이름은 아다라이다. 그는 오남의 어머니이다.

27 여라므엘의 장자 람의 아들은 마아스, 야민, 에겔 3명이다.

28 오남의 아들은 삼매와 야다이다. 삼매의 아들은 나답과 아비술이다.

29 아비술의 아내의 이름은 아비하일이다. 아비하일이 아반과 몰릿을 낳았다.

30 나답의 아들은 셀렛과 압바임이다. 셀렛은 아들이 없이 죽었다.

31 압바임의 아들은 이시이며, 이시의 아들은 세산이며, 세산의 아들은 알래이다.

32 삼매의 동생 야다의 아들은 예델과 요나단이다. 예델은 아들 없이 죽었다.

33 요나단의 아들은 벨렛과 사사이다. 여라므엘의 자손은 이렇다.

34 세산은 아들이 없고 딸뿐이었다. 그에게 야르하라고 하는 애굽 종이 있었는데

35 세산이 딸을 그 종 야르하에게 주어 아내를 삼게 했더니 그가 야르하를 통해 앗대를 낳았다.

36 앗대는 나단을 낳고, 나단은 사밧을 낳고,

37 사밧은 에블랄을 낳고, 에블랄은 오벳을 낳고,

38 오벳은 예후를 낳고, 예후는 아사랴를 낳고,

39 아사랴는 헬레스를 낳고, 헬레스는 엘르아사를 낳고,

40 엘르아사는 시스매를 낳고, 시스매는 살룸을 낳고,

41 살룸은 여가먀를 낳고, 여가먀는 엘리사마를 낳았다.

42 여라므엘의 동생 갈렙의 장자는 십의 아버지 메사이다. 그 아들은 마레사이니 헤브론의 아버지이다.

43 헤브론의 아들은 고라, 답부아, 레겜, 세마 4명이다.

44 세마는 라함을 낳았고, 라함은 요르그암을 낳았다. 레겜은 삼매를 낳았고,

45 삼매는 마온을 낳았고, 마온은 벧술을 낳았다.

46 갈렙의 소실 에바는 하란, 모사, 가세스를 낳았다. 하란은 가세스를 낳았다.

47 야대의 아들은 레겜, 요단, 게산, 벨렛, 에바, 사압 6명이다.

48 갈렙의 또 다른 소실 마아가는 세벨, 디르하나,

49 맛만나의 아버지 사압, 막베나, 기브아의 아버지 스와를 낳았다. 갈렙의 딸은 악사이다.

50 갈렙의 자손, 곧 에브라다의 장자 훌의 아들은 기럇여아림의 아버지 소발,

51 베들레헴의 아버지 살마, 벧가델의 아버지 하렙이다.

52 기럇여아림의 아버지 소발의 자손은 하로에와 므누홋 사람의 절반을 차지한다.

53 기럇여아림 족속들은 이델 종족과 붓 종족과 수맛 종족과 미스라 종족이다. 여기서 소라와 에스다올 두 종족이 나왔다.

54 살마의 자손은 베들레헴과 느도바 종족, 아다롯 벳요압과 마나핫 종족의 절반, 소라 종족,

55 야베스에 살던 서기관 종족인 디랏

종족, 시므앗 종족, 수갓 종족이다. 이는 모두 레갑 가문의 조상 함맛에게서 나온 겐 종족이다.

다윗왕의 아들과 딸[1]

3 다윗이 헤브론에서 낳은 아들은 이러했다. 곧 첫째 아들은 이스르엘 여인 아히노암의 소생인 암논, 둘째 아들은 나발의 아내였던 갈멜 출신 아비가일의 소생인 다니엘,[2]

2 셋째 아들은 그술 왕 달매의 딸 마아가의 소생인 압살롬, 넷째 아들은 학깃 소생인 아도니야,

3 다섯째 아들은 아비달 소생인 스바댜, 여섯째 아들은 다윗의 아내 에글라 소생인 이드르암이다.

4 이상 6명은 헤브론에서 낳았다. 다윗이 헤브론에서 7년 6개월을 다스렸고, 예루살렘에서 33년을 다스렸다.

5 예루살렘에서 다윗이 낳은 아들은 다음과 같다. 시므아와 소밥과 나단과 솔로몬 4명으로 암미엘의 딸 밧세바[3]가 다윗을 통해 낳은 아들이다.

6 그 외에 입할, 엘리사마, 엘리벨렛,

7 노가, 네벡, 야비아,

8 엘리사마, 엘라다, 엘리벨렛 9명도

9 다윗의 아들이다. 그들의 누이는 다말이다. 이 외에 또 소실 출생의 아들이 있었다.

솔로몬왕의 자손

10 ● 솔로몬의 아들은 르호보암이며, 그의 아들은 아비야이며, 그의 아들은 아사이며, 그의 아들은 여호사밧이며,

11 그의 아들은 요람이며, 그의 아들은 아하시야이며, 그의 아들은 요아스이며,

12 그의 아들은 아마샤이며, 그의 아들은 아사랴이며, 그의 아들은 요담이며,

13 그의 아들은 아하스이며, 그의 아들은 히스기야이며, 그의 아들은 므낫세이며,

14 그의 아들은 아몬이며, 그의 아들은 요시야이다.

15 요시야의 아들은 장자 요하난과 둘째 여호야김과 셋째 시드기야와 넷째 살룸이다.

16 여호야김의 아들은 그의 아들 여호야긴[4], 그의 아들 시드기야이다.

17 바벨론으로 잡혀간 여고냐의 아들은 스알디엘,

18 말기람, 브다야, 세낫살, 여가먀, 호사마, 느다뱌 7명이다.

19 브다야의 아들은 스룹바벨과 시므이이다. 스룹바벨의 아들은 므술람, 하나냐와 그의 매제 슬로밋이고 이후 있은

20 하수바, 오헬, 베레갸, 하사댜, 유삽헤셋 5명이다.

21 하나냐의 아들은 블라댜와 여사야이며, 또 르바야의 아들 아르난의 아들들, 오바댜의 아들들, 스가냐의 아들들이다.

22 스가냐의 아들은 스마야이며, 스마야의 아들은 핫두스, 이갈, 바리야, 느아랴, 사밧 6[5]명이다.

23 느아랴의 아들은 에료에내, 히스기야, 아스리감 3명이다.

24 에료에내의 아들은 호다위야, 엘리아십, 블라야, 악굽, 요하난, 들라야, 아나니 7명이다.

유다의 자손

4 ● 유다의 아들은 베레스, 헤스론, 갈미, 훌, 소발이다.

1) 삼하 3:2-5   2) 삼하 3:3, 길르압   3) 밧수아   4) 여고냐
5) 혹은 5

2 소발의 아들 르아야는 야핫을 낳고, 야핫은 아후매와 라핫을 낳았으니 이는 소라 사람의 종족이 되었다.

3 에담 조상의 자손들은 이스르엘, 이스마, 잇바스와 그들의 매제[1] 하술렐보니,

4 그돌의 아버지 브누엘, 후사의 아버지 에셀이다. 이는 다 베들레헴의 아버지 에브라다의 장남 훌의 소생이다.

5 아스훌의 두 아내는 헬라와 나아라이다.

6 나아라는 아스훌을 통해 아훗삼, 헤벨, 데므니, 하아하스다리 4명을 낳았다.

7 헬라도 아스훌을 통해 세렛, 이소할, 에드난 3명을 낳았다.

8 고스는 아눕, 소베바, 하룸의 아들 아하헬 종족들을 낳았다.

9 야베스는 그의 형제보다 귀중한 자다. 그의 어머니가 그를 수고로이 낳았다고 하여 '야베스'라고 불렀다.

10 야베스가 이스라엘 하나님께 소원 기도를 했다. "주께서 내게 복을 주시려거든 내 지역을 넓히시고, 주의 손으로 나를 도우사 나로 환난을 벗어나 근심이 없게 하십시오." 그러자 하나님께서 그가 구하는 것을 허락하셨다.

다른 족보

11 ●수하의 형 글룹이 므힐을 낳았으니 므힐은 에스돈의 아버지이다.

12 에스돈은 베드라바, 바세아, 이르나하스의 아버지 드힌나를 낳았다. 이는 모두 레가 사람이다.

13 그나스의 아들은 옷니엘과 스라야이다. 옷니엘의 아들은 하닷이다.

14 므오노대는 오브라를 낳고, 스라야는 요압을 낳았다. 요압은 게하라심의 조상으로 그들은 연장으로 물건을 만드는 자[2]들이었다.

갈렙의 자손

15 ●여분네의 아들 갈렙의 자손은 이루, 엘라, 나암, 엘라의 자손, 그나스이다.

16 여할렐렐의 아들은 십, 시바, 디리아, 아사렐 4명이다.

17-18 에스라의 아들은 예델, 메렛, 에벨, 얄론 4명이다. 메렛은 바로의 딸 비디아를 아내로 맞아 미리암과 삼매와 에스드모아의 조상 이스바를 낳았다. 또 그의 아내 여후디아는 그돌의 조상 예렛, 소고의 조상 헤벨, 사노아의 조상 여구디엘을 낳았다.

19 나함의 누이인 호디야의 아내의 아들은 가미 출신[3] 그일라의 아버지와 마아가 출신 에스드모아이다.

20 시몬의 아들은 암논, 린나, 벤하난, 딜론 4명이다. 이시의 아들은 소헷과 벤소헷이었다.

21 유다의 아들 셀라의 자손은 레가의 아버지 에르[4], 마레사의 아버지 라아다, 세마포 짜는 자의 집인 아스베야의 집 종족,

22 요김, 고세바 사람들, 요아스, 모압을 다스리던 사람과 야수비네헴이다. 이것들은 모두 옛 기록에 의존한 것이다.

23 이들 모든 사람은 토기장이가 되어 수풀과 산울타리 가운데 거주하는 자로서 그곳에서 왕과 함께 거주하면서 왕의 일을 했다.

시므온의 자손과 거주지

24 ●시므온의 아들은 느무엘, 야민, 야립, 세라, 사울 5명이다.

25 사울의 아들은 살룸이며, 그 아들은

1) 여동생의 남편에 대한 호칭 2) 공장 3) 사람 4) 엘

밉삼이며, 그 아들은 미스마이다.

26 미스마의 아들은 함무엘이며, 그 아들은 삭굴이며, 그 아들은 시므이이다.

27 시므이에게는 아들 16명과 딸 6명이 있었으나 그의 형제에게는 자녀가 몇 명이 안 되었다. 그들의 모든 종족은 유다 자손만큼 번성하지 못했다.

28 시므온 자손이 거주한 곳은 브엘세바, 몰라다, 하살수알,

29 빌하, 에셈, 돌랏,

30 브두엘, 호르마, 시글락,

31 벧말가봇, 하살수심, 벧비리, 사아라임이다. 다윗왕 때까지 이 모든 성읍이 그들에게 속했다.

32 그들이 사는 곳은 에담, 아인, 림몬, 도겐, 아산 5개 성읍이다.

33 또 모든 성읍 주위에 살던 주민들의 경계가 바알까지 이르렀으니 각기 족보가 있었다.

34 또 메소밥, 야믈렉, 아마시야의 아들 요사,

35 요엘, 아시엘의 증손, 스라야의 손자, 요시비야의 아들 예후이다.

36 또 엘료에내, 아아고바, 여소하야, 아사야, 아디엘, 여시미엘, 브나야이다.

37 또 스마야의 5대 손, 시므리의 4대 손, 여다야의 증손, 알론의 손자, 시비의 아들은 시사이다.

38 이곳에 기록된 것들은 그들의 종족과 그들의 가문의 지도자들의 이름이다. 그들은 매우 번성했다.

39 그들은 양 떼의 목장을 구하기 위해 골짜기 동쪽 그돌 지경에까지 이르렀고

40 기름지고 좋은 목장을 발견했다. 그 땅은 넓고 안전하고 평안했는데 그것은 옛날부터 그곳에서 함의 자손이 살아왔기 때문이다.

41 이 명단에 기록된 사람들은 유다의 히스기야왕 때 이곳으로 와서 그들 함족의 장막을 쳐서 무찌르고 그곳에 있는 모우님 사람을 진멸한 후 오늘까지 그곳에 살고 있다. 이는 그들의 양 떼를 먹일 목장이 그곳에 있었기 때문이다.

42 또 시므온 자손 가운데 500명이 이시의 아들 블라댜와 느아랴와 르바야와 웃시엘을 두목으로 삼은 후 세일산으로 가서

43 피신하여 살고 있는 아말렉 사람을 멸하고 오늘까지 그곳에 거주하고 있다.

르우벤의 자손과 거주지

5 ●야곱[1]의 장자 르우벤의 아들은 이렇다. 르우벤은 장자였지만 아버지의 잠자리를 더럽혔기 때문에 장자의 명분이 야곱의 아들 요셉의 자손에게로 넘겨져 족보에는 장자의 명분에 등록되지 못했다.[2]

2 유다는 형제보다 강하고 지도자가 유다에게서 나왔으나 장자의 명분은 요셉에게 있었다.[3]

3 이스라엘의 장자 르우벤의 아들은 하녹, 발루, 헤스론, 갈미 4명이다.

4 요엘의 아들은 스마야이며, 그 아들은 곡이며, 그 아들은 시므이이며,

5 그 아들은 미가이며, 그 아들은 르아야이며, 그 아들은 바알이요,

⚲성경지리　세일산(대상 4:42)

세일산은 에서의 후손인 에돔 족속이 살았던 오늘날 요르단 세렛 시내 남쪽 지역을 말한다. 이 지역은 대부분 산악 지대로 산의 정상은 해발 1700m 정도 되며 바위와 관목으로 이루어져 있다. 후에 아말렉 족속 중 일부가 이곳으로 피신해 왔으나 시므온 지파에 의해 진멸되었다(대상 4:42-43).

1) 이스라엘　2) 창 35:22　3) 삼하 5:2

대상

6 그 아들은 브에라이다. 그는 르우벤 자손의 지도자로서 앗수르 왕 디글랏 빌레셀 3세¹⁾에게 사로잡힌 자이다.

7 그의 형제가 종족과 계보대로 우두머리 된 자는 여이엘과 스가랴와

8 벨라이다. 벨라는 아사스의 아들이며, 세마의 손자이며, 요엘의 증손이다. 그가 요단강 동편의 아로엘에 살면서 느보와 바알므온까지 이르렀다.

9 또 동쪽으로는 유프라테스강에서 광야 지역까지 이르렀다. 이는 요단강 동쪽 길르앗 땅에서 그 가축이 번식했기 때문이다.

10 사울왕 때 르우벤 지파의 사람들은 하갈 사람들을 쳐서 죽이고 길르앗 동쪽 지역의 장막에서 살았다.

11 갓 자손은 르우벤 사람을 마주 대해 바산 땅에 거주하면서 살르가까지 이르렀다.

12 우두머리는 요엘이며, 다음은 사밤이다. 그다음이 야내와 바산에 살던 사밧이다.

13-14 그 조상 가문의 형제들인 아비하일의 아들은 미가엘, 므술람, 세바, 요래, 야간, 시아, 에벨 7명이다. 아비하일은 후리의 아들이며, 야로아의 손자이며, 길르앗의 증손이며, 미가엘의 4대 손이며, 여시새의 5대 손이며, 야도의 6대 손이며, 부스의 7대 손이다.

15 또 구니의 손자, 압디엘의 아들 아히가 우두머리가 되었다.

16 그들이 길르앗의 바산과 그 마을과 요단강 동편의 사론의 모든 들에 거주하여 그 사방 변두리에 이르렀다.

17 이상은 유다의 요담왕 때와 북이스라엘의 여로보암왕 때 기록된 족보이다.

18 르우벤 자손과 갓 사람과 므낫세 반 지파에서 방패와 칼과 활을 가지고 싸움에 나갈 만한 자는 4만 4,760명이다.

19 이들이 하갈과 여두르와 나비스와 노답 사람들과 싸울 때

20 하나님의 도우심으로 하갈 사람과 그들과 함께 있는 자들을 무찔렀다. 그들이 승리한 것은 싸울 때 하나님을 의지하고 부르짖음을 하나님께서 들으셨기 때문이다.

21 그들은 대적에게서 낙타 5만 마리와 양 25만 마리와 나귀 2,000마리를 빼앗고 10만 명을 포로로 잡았다.

22 이 싸움은 하나님께서 승리를 주셔서 많은 대적을 죽일 수 있었다. 그리고 싸움에서 승리한 르우벤과 갓과 므낫세 반 지파 사람들은 요단강 동쪽의 정복한 땅에서 바벨론에게 사로잡힐 때까지 살았다.

23 므낫세 반 지파 자손들이 요단강 동쪽 지역에 살면서 크게 번성하여 바산 산지에서 바알헤르몬과 스닐과 헤르몬산까지 퍼졌다.

24 그들의 족장은 에벨, 이시, 엘리엘, 아스리엘, 예레미야, 호다위야, 야디엘이니 모두 용감하고 가문의 유명한 족장들이었다.

25 그들이 조상의 하나님을 배신하여 하나님께서 그들 앞에서 멸하신 그 땅 주민의 신들을 음란하게 섬겼다.

26 그러므로 이스라엘 하나님께서 앗수르 왕 디글랏 빌레셀 3세¹⁾의 마음을 움직여 르우벤 지파와 갓 지파와 므낫세 반 지파를 사로잡아 할라와 하볼과 하라와 고산 강가에 옮겼는데, 그들이 오늘까지 그곳에 살고 있다.

1) Pul, 불

레위의 가계와 자손

6 ● 레위의 아들은 게르손과 그핫과 므라리 3명이다.

2 그핫의 아들은 아므람, 이스할, 헤브론, 웃시엘 4명이다.

3 아므람의 자녀는 아론과 모세와 미리암이다. 아론의 자녀는 나답, 아비후, 엘르아살, 이다말 4명이다.

4 엘르아살은 비느하스를 낳고, 비느하스는 아비수아를 낳고,

5 아비수아는 북기를 낳고, 북기는 웃시를 낳고,

6 웃시는 스라히야를 낳고, 스라히야는 므라욧을 낳고,

7 므라욧은 아마랴를 낳고, 아마랴는 아히둡을 낳고,

8 아히둡은 사독을 낳고, 사독은 아히마아스를 낳고,

9 아히마아스는 아사랴를 낳고, 아사랴는 요하난을 낳고,

10 요하난은 아사랴를 낳았다. 이 아사랴는 솔로몬이 예루살렘에 세운 성전에서 제사장의 직분을 행한 자이다.

11 아사랴는 아마랴를 낳고, 아마랴는 아히둡을 낳고,

12 아히둡은 사독을 낳고, 사독은 살룸을 낳고,

13 살룸은 힐기야를 낳고, 힐기야는 아사랴를 낳고,

14 아사랴는 스라야를 낳고, 스라야는 여호사닥을 낳았다.

15 이 여호사닥은 여호와께서 느부갓네살왕을 통해 유다와 예루살렘 백성을 옮기실 때 포로로 잡혀갔다.

16 레위의 아들은 게르손과 그핫과 므라리 3명이다.

17 게르손에게서 난 그의 아들들의 이름은 립니와 시므이이다.

18 그핫의 아들은 아므람, 이스할,

19 므라리의 아들은 말리와 무시이다. 그 조상을 따라 레위 종족은 이러하다.

20 게르손에게서 난 그의 아들들의 이름은 립니와 시므이이다. 립니의 아들은 야핫이며, 그 아들은 심마이며,

21 그 아들은 요아이며, 그 아들은 잇도이며, 그 아들은 세라이며, 그 아들은 여아드래이다.

22 그핫의 아들은 암미나답이며, 그 아들은 고라이며, 그 아들은 앗실이며,

23 그 아들은 엘가나이며, 그 아들은 에비아삽이며, 그 아들은 앗실이며,

24 그 아들은 다핫이며, 그 아들은 우리엘이며, 그 아들은 웃시야이며, 그 아들은 사울이다.

25 엘가나의 아들은 아마새와 아히못이다.

26 엘가나의 자손은 이렇다. 그의 아들은 소배이며, 그 아들은 나핫이며,

27 그 아들은 엘리압이며, 그 아들은 여로함이며, 그 아들은 엘가나이다.

28 엘가나의 아들 사무엘의 아들은 맏아들 요엘이며, 다음은 아비야이다.

29 므라리의 아들은 말리와 무시이다. 그의 아들은 립니이며, 그 아들은 시므이이며, 그 아들은 웃사이며,

30 그 아들은 시므아이며, 그 아들은 학기야이며, 그 아들은 아사야이다. 그 조상에 따라 레위의 종족은 이렇다.

회막 앞에서 찬송하는 레위 사람들

31 ● 언약궤가 평안히 안치된 뒤에 다윗이 여호와의 성전에서 찬양하는 직분을 맡긴 자들은 다음과 같았다.

32 솔로몬이 예루살렘에서 여호와의 성전을 건축할 때까지 그들이 성막 앞에서 순서대로 찬양하는 직무를 행했다.

33 찬양하는 직무를 행하는 자와 그의 아들은 다음과 같다. 그핫의 자손 가운데 헤만은 찬양하는 자이다. 그는 요엘의 아들이며, 요엘은 사무엘의 아들이며,

34 사무엘은 엘가나의 아들이며, 엘가나는 여로함의 아들이며, 여로함은 엘리엘의 아들이며, 엘리엘은 도아의 아들이며,

35 도아는 숩의 아들이며, 숩은 엘가나의 아들이며, 엘가나는 마핫의 아들이며, 마핫은 아마새의 아들이다.

36 아마새는 엘가나의 아들이며, 엘가나는 요엘의 아들이며, 요엘은 아사랴의 아들이며, 아사랴는 스바냐의 아들이며,

37 스바냐는 다핫의 아들이며, 다핫은 앗실의 아들이며, 앗실은 에비아삽의 아들이며, 에비아삽은 고라의 아들이며,

38 고라는 이스할의 아들이며, 이스할은 그핫의 아들이며, 그핫은 레위의 아들이며, 레위는 야곱의 아들이다.

39 헤만의 형제 아삽은 헤만의 오른쪽에서 찬양하는 직무를 수행했다. 그는 베레갸의 아들이며, 베레갸는 시므아의 아들이며,

40 시므아는 미가엘의 아들이며, 미가엘은 바아세야의 아들이며, 바아세야는 말기야의 아들이며,

41 말기야는 에드니의 아들이며, 에드니는 세라의 아들이며, 세라는 아다야의 아들이며,

42 아다야는 에단의 아들이며, 에단은 심마의 아들이며, 심마는 시므이의

43 시므이는 야핫의 아들이며, 야핫은 게르손의 아들이며, 게르손은 레위의 아들이다.

44 그들의 형제 므라리의 자손 가운데 그의 왼쪽에서 찬양하는 직무를 수행하는 자는 에단이다. 에단은 기시의 아들이며, 기시는 압디의 아들이며, 압디는 말룩의 아들이며,

45 말룩은 하사뱌의 아들이며, 하사뱌는 아마시야의 아들이며, 아마시야는 힐기야의 아들이며,

46 힐기야는 암시의 아들이며, 암시는 바니의 아들이며, 바니는 세멜의 아들이며,

47 세멜은 말리의 아들이며, 말리는 무시의 아들이며, 무시는 므라리의 아들이며, 므라리는 레위의 아들이다.

48 그들의 형제 레위인들은 하나님의 성전 집, 장막의 모든 일을 맡았다.

아론의 자손

49 ● 아론과 그의 자손들은 번제단과 분향단 위에 분향하고, 제사를 드리며, 지성소의 모든 일을 하여 하나님의 종 모세의 명령대로 이스라엘을 위해 속죄했다.

50 아론의 자손들은 다음과 같다. 그의 아들은 엘르아살이며, 그 아들은 비느하스이며, 그 아들은 아비수아이며,

51 그 아들은 북기이며, 그 아들은 웃시이며, 그 아들은 스라히야이며,

52 그 아들은 므라욧이며, 그 아들은 아마랴이며, 그 아들은 아히둡이며,

53 그 아들은 사독이며, 그 아들은 아히마아스였다.

레위 사람의 정착지

54 ● 레위 자손들의 거주지는 각 지역 사방에 있으니 그들의 마을은

다음과 같다. 아론 자손, 곧 그핫 종족이 먼저 제비를 뽑았기 때문에

55 그들에게 유다 경내의 헤브론과 그 주위의 초지를 주었다.

56 다만 그 성의 밭과 마을은 여분네의 아들 갈렙에게 주었다.

57 아론 자손에게는 도피성 헤브론을 주었고 립나, 얏딜, 에스드모아,

58 힐렌, 드빌,

59 아산, 벧세메스와 그에 딸린 초지를 주었다.

60 베냐민 지파 가운데서 게바, 알레멧, 아나돗과 그에 딸린 초지들을 주었으니 그들의 종족이 얻은 성이 모두 13개이다.

61 그핫 자손의 남은 자에게는 절반 지파인 므낫세 반 지파 종족 가운데서 제비를 뽑아 10개 성읍을 주었다.

62 게르손 자손에게는 그들의 종족대로 잇사갈 지파와 아셀 지파와 납달리 지파와 바산에 있는 므낫세 지파 가운데서 13개 성읍을 주었다.

63 므라리 자손에게는 그 종족대로 르우벤 지파와 갓 지파와 스불론 지파 가운데서 제비를 뽑아 12개 성읍을 주었다.

64 이스라엘 자손이 레위 자손에게 이 모든 성읍과 그 목초지를 주되

65 유다 자손의 지파와 시므온 자손의 지파와 베냐민 자손의 지파 가운데서 앞서 기록한 여러 성읍을 제비 뽑아 주었다.

66 그핫 자손의 몇 종족은 에브라임 지파 가운데서 성읍을 얻어 영토를 삼았다.

67 그들에게 도피성인 에브라임 산중의 세겜, 게셀,

68 욕므암, 벧호론,

69 아얄론, 가드림몬과 그에 딸린 초지들을 주었다.

70 또 그핫 자손의 남은 종족에게는 므낫세 반 지파 가운데서 아넬, 빌르암과 그에 딸린 초지들을 주었다.

71 게르손 자손에게는 므낫세 반 지파 종족 가운데서 바산 산지의 골란, 아스다롯과 그에 딸린 초원들을 주었다.

72 잇사갈 지파 가운데서 게데스, 다브랏,

73 라못, 아넴과 그에 딸린 초지들을 주었다.

74 아셀 지파 가운데서 마살, 압돈,

75 후곡, 르홉과 그에 딸린 초지들을 주었다.

76 납달리 지파 가운데서 갈릴리의 게데스, 함몬, 기랴다임과 그에 딸린 초지들을 주었다.

77 므라리 자손의 남은 자에게는 스불론 지파 가운데서 림모노와 다볼과 그에 딸린 초지를 주었다.

78 요단강 동쪽, 곧 여리고 맞은편 르우벤 지파 가운데서 광야의 베셀, 야사,

79 그데못, 메바앗과 그에 딸린 초지들을 주었다.

80 갓 지파 가운데서 길르앗의 라못, 마하나임,

81 헤스본, 야셀과 그에 딸린 초지들을 주었다.

잇사갈의 자손

7 ● 잇사갈의 아들은 돌라, 부아, 야숩, 시므론 4명이다.

2 돌라의 아들은 웃시, 르바야, 여리엘, 야매, 입삼, 스므엘 6명이니 모두 그의 아버지 돌라의 집 우두머리이며, 대대로 용사이고 다윗 때 이르러는 그 수효가 2만 2,600명이었다.

3 웃시의 아들은 이스라히야이며, 이스라히야의 아들은 미가엘, 오바댜, 요엘, 잇시야 5명으로 모두

우두머리이다.

4 그들과 함께 있는 자는 그 족보와 종족대로 능히 싸움에 나갈 만한 군대가 3만 6,000명이니 이는 그 처자가 많기 때문이다.

5 그의 형제 잇사갈의 모든 종족은 다 용감한 장사이다. 그 전체를 조사하면 8만 7,000명이다.

6 베냐민의 아들은 벨라, 베겔, 여디아엘 3명이다[a]

7 벨라의 아들은 에스본, 우시, 웃시엘, 여리못, 이리 5명이다[b] 그들은 모두 그 집의 우두머리이며, 큰 용사이다. 그 계보대로 조사하면 2만 2,034명이다.

8 베겔의 아들은 스미라, 요아스, 엘리에셀, 엘료에내, 오므리, 여레못, 아비야, 아나돗, 알레멧 9명이다.

9 그들은 다 그 집의 우두머리이며, 용감한 장사이다. 족보를 통해 그 자손을 조사하면 2만 200명이다.

10 여디아엘의 아들은 빌한이며, 빌한의 아들은 여우스, 베냐민, 에훗, 그나아나, 세단, 다시스, 아히사할 7명이다.

11 이 여디아엘의 아들은 모두 그 집의 우두머리이며, 큰 용사이다. 그들의 자손 가운데 싸움에 나갈 만한 자는 1만 7,200명이다.

12 일[c]의 아들은 숩빔과 훕빔이며, 아헬의 아들은 후심이었다.

13 빌하의 손자, 납달리의 아들은 야시엘, 구니, 예셀, 살룸 4명이다.

므낫세의 자손

14 ● 므낫세의 아들은 본처가 낳은 아스리엘과 소실 아람 여인이 낳은 길르앗의 아버지 마길이다.

15 므낫세의 둘째 아들의 이름은 슬로브핫이니 슬로브핫은 딸들만 낳았다. 마길은 훕빔과 숩빔의 누이 마아가라 하는 이에게 장가들었다.

16 마길의 아내 마아가는 아들을 낳고 '베레스'라고 불렀으며, 그의 동생의 이름은 세레스이다. 세레스의 아들은 울람과 라겜이다.

17 울람의 아들은 브단이니 이는 모두 길르앗의 자손이다. 길르앗은 마길의 아들이며, 므낫세의 손자이며,

18 그의 누이 함몰레겟은 이스홋과 아비에셀과 말라를 낳았다.

19 스미다의 아들은 아히안, 세겜, 릭히, 아니암 4명이다.

에브라임의 자손

20 ● 에브라임의 아들은 수델라이며, 그 아들은 베렛이며, 그 아들은 다핫이며, 그 아들은 엘르아다이며, 그 아들은 다핫이며,

21 그 아들은 사밧이며, 그 아들은 수델라이다. 또 그가 에셀과 엘르앗을 낳았으나 그들이 가드 사람의 짐승을 빼앗으려다가 가드 원주민에게 죽임을 당했다.

22 그의 아버지 에브라임이 여러 날 슬퍼하므로 그의 형제가 가서 위로했다.

23 이후 에브라임이 그의 아내와 동침하매 아들을 낳자 그 집이 재앙을 받았으므로 그의 이름을 '브리아'라고 했다.

24 에브라임의 딸은 세에라이니 그가 아래 벧호론과 윗 벧호론과 우센세에라를 건설했다.

25 브리아의 아들은 레바와 레셉이다. 레셉의 아들은 델라이며, 그 아들은 다한이며,

26 그 아들은 라단이며, 그 아들은 암

미훗이며, 그 아들은 엘리사마이며,

27 그 아들은 눈이며, 그 아들은 여호수아였다.

28 에브라임 자손의 토지와 거주지는 벧엘과 그 주변 마을이며, 동쪽으로는 나아란이며, 서쪽에는 게셀과 그 주변 마을이다. 또 세겜, 아사와 그 주변 마을이다.

29 또 므낫세 자손의 지계에 가까운 벧스안 곧 벧산, 다아낙, 므깃도, 돌¹⁾과 그 주변 마을이다. 이스라엘의 아들 요셉의 자손이 이 여러 곳에 거주했다.

아셀의 자손

30 ● 아셀의 아들은 임나, 이스와, 이스위, 브리아 4명이며, 그들의 매제는 세라이다.

31 브리아의 아들은 헤벨과 말기엘이다. 말기엘은 비르사잇의 아버지이며,

32 헤벨은 야블렛과 소멜과 호담과 그들의 매제 수아를 낳았다.

33 야블렛의 아들은 바삭, 빔할, 아스왓 3명이다.

34 소멜의 아들은 아히, 로가, 호바, 아람 4명이다.

35 소멜의 동생 헬렘의 아들은 소바, 임나, 셸레스, 아말 4명이다.

36 소바의 아들은 수아, 하르네벨, 수알, 베리, 이므라,

37 베셀, 홋, 사마, 실사, 이드란, 브에라 11명이다.

38 예델의 아들은 여분네, 비스바, 아라 3명이다.

39 울라의 아들은 아라, 한니엘, 리시아 3명이다.

40 이상은 다 아셀의 자손으로 우두머리이며, 정선된 용감한 장사이며, 방백의 우두머리이다. 싸움에 나갈 만한 자를 그들의 계보대로

조사하면 2만 6,000명이다.

베냐민의 자손

8 1-2 ● 베냐민이 낳은 자는 장자 벨라와 둘째 아스벨과 셋째 아하라와 넷째 노하와 다섯째 라바이다.²⁾

3-5 벨라의 아들은 앗달, 게라, 아비훗, 아비수아, 나아만, 아호아, 게라, 스부반, 후람 9명이다.³⁾

6 에훗의 아들은 게바 주민의 우두머리로서 사로잡혀 마나핫으로 갔는데

7 그들은 나아만, 아히야, 게라 3명이다. 게라는 웃사와 아히훗을 낳았다.

8 사하라임은 두 아내 후심과 바아라를 내쫓은 후 모압 땅에서 자녀를 낳았으니

9 그의 아내 호데스에게서 낳은 자는 요밥, 시비야, 메사, 말감,

10 여우스, 사갸, 미르마이니 이들은 모두 우두머리이다.

11 또 그의 아내 후심에게서 아비둡과 엘바알을 낳았다.

12 엘바알의 아들들은 에벨, 미삼, 세멧이다. 그들은 오노와 롯과 그 주위 마을들을 세웠다.

13 또 브리아와 세마로 그들은 아얄론 주민의 우두머리가 되어 그들이 가드 주민을 쫓아냈다.

📍성경지리 **마나핫(대상 8:6)**

마나핫(Manahath)은 예루살렘 서쪽 5km 지점에 위치한 마을이다. "휴식처"라는 뜻의 이 마을은 여호수아의 가나안 정복 후 유다 지파에 분배되었는데 게바에 살던 베냐민 지파 사람들이 강제로 이주 당하여 산 곳이나(대상 8:6) 그 이유는 알 수 없다.

---

1) Dor 2) 대상 7:6, 베냐민의 아들은 벨라, 베겔, 여디아엘 3명이다. 3) 대상 7:7, 벨라의 아들은 에스본, 우시, 웃시엘, 여리못, 이리 5명이다.

14 브리아의 아들은 아히요, 사삭, 여레못,

15 스바댜, 아랏, 에델,

16 미가엘, 이스바, 요하 9명이다.

17-18 엘바알의 아들은 스바댜, 므술람, 히스기, 헤벨, 이스므래, 이슬리아, 요밥 7명이다.[1)]

19-21 시므이의 아들은 야김, 시그리, 삽디, 엘리에내, 실르대, 엘리엘, 아다야, 브라야, 시므랏 9명이다.

22 사삭의 아들은 이스반, 에벨, 엘리엘,

23 압돈, 시그리, 하난,

24 하나냐, 엘람, 안도디야,

25 이브드야, 브누엘 11명이다.

26 여로함의 아들은 삼스래, 스하랴, 아달랴,

27 야아레시야, 엘리야, 시그리 6명이다.

28 그들은 모두 가문과 족보의 우두머리로서 예루살렘에 거주했다.

기브온과 예루살렘의 베냐민 사람들

29 ● 기브온의 조상 여이엘은 기브온에 거주했다. 그의 아내의 이름은 마아가이다.

30-31 그의 장자는 압돈이며, 다음은 술, 기스, 바알, 넬[2)], 나답, 그돌, 아히오, 세겔[3)]이다.

32 미글롯은 시므아[4)]을 낳았으니 그들은 친족들과 예루살렘에서 함께 마주하며 살았다.

33 넬은 기스를 낳고, 기스는 사울을 낳고, 사울은 요나단, 말기수아, 아비나답, 에스바알 4명을 낳았다.

34 요나단의 아들은 므립바알이다. 므립바알은 미가를 낳았다.

35 미가의 아들은 비돈, 멜렉, 다레아, 아하스 4명이다.

36 아하스는 여호앗다[5)]를 낳고, 여호앗다는 알레멧과 아스마웻과 시므리를 낳고, 시므리는 모사를 낳고,

37 모사는 비느아를 낳았다. 비느아의 아들은 라바[6)]이며, 그 아들은 엘르아사이며, 그 아들은 아셀이다.

38 아셀에게 6명의 아들이 있었는데 그들의 이름은 아스리감, 보그루, 이스마엘, 스아랴, 오바댜, 하난 6명이다.

39 그의 동생 에섹의 아들은 장자가 울람이며, 둘째는 여우스이며, 셋째는 엘리벨렛이다.

40 울람의 아들은 모두 용감한 장사이며, 활을 잘 쏘는 자이다. 아들과 손자가 많아 모두 150명이었다. 베냐민의 자손들은 이렇다.

포로에서 귀환한 백성

9 ● 온 이스라엘이 그 계보대로 조사되어 이스라엘 왕조실록에 기록되었다. 유다가 죄를 지으므로 바벨론으로 잡혀갔더니

2 그들이 본래 살던 땅 안에 있는 성읍에 귀환하여 처음으로 거주한 이스라엘 사람들은 제사장들과 레위 사람들과 느디님 사람들이었다.

3 유다 자손과 베냐민 자손과 에브라임 자손과 므낫세 자손 가운데 예루살렘에 거주한 자들이다.[7)]

4 유다의 아들 베레스 자손 중에 우대이니 그는 암미훗의 아들이요, 오므리의 손자이요, 이므리의 증손이요, 바니의 4대 손이며[8)]

5 실로 출신 중에서는 맏아들 아사야와 그의 아들들이며,

6 세라 자손 중에서는 여우엘과 그 형제 690명이다.

---

1) 대상 8:12, 엘바알의 아들은 에벨, 미삼, 세멧 3명이다. 세멧은 오노와 롯과 주변 마을들을 세웠다   2) 대상 9:36에는 넬이 빠짐   3) 대상 9:37, 스가랴   4) 대상 9:38, 시므암   5) 대상 9:42, 야라   6) 대상 9:43, 르바야   7) 느 11:4상   8) 느 11:4하, 유다 자손 중에는 아다야이다. 그는 웃시야의 아들이며, 스가랴의 손자이며, 아마랴의 증손이며, 스바댜의 4대 손이며, 마할랄렐의 5대 손이다

7 베냐민 자손에는 살루이다. 그는 므술람의 아들이며, 호다위야[1]의 손자이며, 핫스누아[2]의 증손이며, 골라야의 4대 손이며, 마아세야의 5대 손이며, 이디엘의 6대 손이며, 여사야의 7대 손이다.

8 또 여로함의 아들 이브느야와 미그리의 손자이며, 웃시의 아들 엘라이며, 이브니야의 증손, 르우엘의 손자, 스바댜의 아들 무술람이다.

9 또 그의 형제들이다. 그들의 계보대로 조사하면 그다음은 갑배와 살래 등이니 모두 956[3]명이다.

예루살렘에 정착한 제사장들

10 ●제사장 중에서는 요야립의 아들 여다야와 여호야립과 야긴과[4]

11 하나님의 성전을 맡은 아사랴[5]이다. 그는 힐기야의 아들이며, 므술람의 손자이며, 사독의 증손이며, 므라욧의 4대 손이며, 아히둡의 5대 손이다.

12 또 성전에서 일하는 그들의 형제니 모두 822명이다. 또 아다야로 그는 여로함의 아들이며, 바스훌[6]의 손자이며, 말기야[7]의 증손이며, 또 그 형제의 족장된 자이니 모두 242명이다. 또 마아새[8]이다. 그는 아디엘[9]의 아들이며, 야세라[10]의 손자이며, 므술람의 증손이며, 므실레밋의 현손[11]이며, 임멜의 5대[12] 손이다.

13 또 그들의 형제의 큰 용사들이니 종족의 가문의 우두머리이다. 하나님의 성전의 임무를 수행할 힘 있는 자는 모두 1,760[13]명이다. 하그돌림의 아들 삽디엘이 그들의 감독이 되었다.

예루살렘에 정착한 레위 사람들

14 ●레위 사람에는 므라리 자손 스마야이다. 그는 핫숩의 아들이며,

아스리감의 손자이며, 하사뱌의 증손이며, 분니의 4대 손이다.

15 또 아삽의 증손, 시그리[14]의 손자, 미가의 아들, 박박갈과 헤레스와 갈랄과 맛다냐이다.

16 또 오바댜[15]이다. 그는 스마야[16]의 아들이며, 갈랄의 손자이며, 여두둔의 증손이다. 또 베레갸이다. 그는 아사의 아들이며, 엘가나의 손자로 느도바 사람의 마을에 거주했다.

예루살렘에 정착한 회막 문지기

17 ●성 문지기는 살룸, 악굽, 달몬, 아히만과 그의 형제들이다. 살룸은 그 우두머리이다. 모두 172명이다.

18 이 사람들은 전에 왕의 문 동쪽, 곧 레위 자손의 진영의 문지기였다.

19 고라의 증손, 에비아삽의 손자, 고레의 아들 살룸과 그의 종족 형제인 고라의 자손이 수종 드는 일을 맡아 성막 문들을 지켰다. 그들의 조상들도 여호와의 진영을 맡고 출입문을 지켰다.

20 옛날에 여호와께서 함께 하신 엘르아살의 아들 비느하스는 그의 무리를 거느리는 책임자였다.[17]

21 므셀레먀의 아들 스가랴는 성막의 문지기가 되었다.

22 문지기로 택함을 입은 자가 모두 212명이다. 이들은 자기 마을에서 그들의 계보대로 조사된 자이며, 다윗과 사무엘 선지자가 전에 세워서 이 직분을 맡긴 자들이다.

23 그들과 그들의 자손이 그 순서에 따라 여호와의 성전, 곧 성막 문을 지켰다.

1) 느 11:7, 요엣 2) 느 11:7, 브다야 3) 느 11:8, 928 4) 느 11:10에는 여호야립이 빠짐 5) 느 11:11, 슬라야 6) 느 11:12, 블라야 7) 느 11:12, 암시 8) 느 11:13, 아밋새 9) 느 11:13, 아사렐 10) 느 11:13, 아흐새 11) 느 11:13, 므실레못의 증손 12) 느 11:13, 현손 13) 느 11:14, 128 14) 느 11:17, 삽디 15) 압다 16) 느 11:17, 삼무아 17) 민 25:13

24 이 문지기는 동서남북 사방에 섰다.

25 그들의 마을에 있는 친족 형제들은 7일마다 와서 그들을 도왔다.

26 이는 문지기의 우두머리가 된 레위 사람 4명이 중요한 직분을 맡아 하나님의 성전 모든 방과 창고를 지키는 일이 많았기 때문이다.

27 그들은 하나님의 성전을 맡아 아침마다 문을 여는 책임이 있었기 때문에 성전 주위에서 밤을 지냈다.

나머지 레위 사람들

28 ● 그중 어떤 자는 성전에서 섬기는 데 사용하는 기구를 맡아서 그 수효대로 들여가고 꺼내 왔다.

29 어떤 자는 성소의 기구와 모든 그릇과 고운 가루와 포도주와 기름과 유향과 향품을 맡았다.

30 제사장의 아들 가운데 어떤 자는 향품으로 향수¹¹를 만들었다.

31 고라 자손 살룸의 맏아들 맛디댜라 하는 레위인은 얇은 과자인 전병을 굽는 일을 맡았다.

32 그리고 그의 형제 그핫 자손 가운데 어떤 자는 성소에 진열하는 빵을 안식일마다 준비하는 일을 맡았다.

33 또 찬양하는 자로서 레위인 우두머리가 있었다. 그들은 성전의 부속 건물²¹에 거주하면서 다른 일은 하지 않고 밤낮으로 자기 직분에만 전념했다.

34 그들은 다 레위 가문과 그들 족보의 우두머리로서 예루살렘에 거주했다.

기브온과 예루살렘의 베냐민 사람들³¹

35 ● 기브온의 조상 여이엘은 기브온에 거주했다. 그의 아내의 이름은 마아가이다.

36-37 그의 장자는 압돈이며, 다음은 술, 기스, 바알, 넬, 나답, 그돌, 아히오, 스가랴⁴¹, 미글롯 9명이다.

38 미글롯은 시므암⁵¹을 낳았으니 그들은 그들의 친족들과 예루살렘에서 함께 마주하며 살았다.

39 넬은 기스를 낳고, 기스는 사울을 낳고, 사울은 요나단, 말기수아, 아비나답, 에스바알 4명을 낳았다.

40 요나단의 아들은 므립바알이다. 므립바알은 미가를 낳았다.

41 미가의 아들들은 비돈, 멜렉, 다레아, 아하스 4명이다.

42 아하스는 야라⁶¹를 낳고, 야라⁶¹는 알레멧과 아스마웻과 시므리를 낳고, 시므리는 모사를 낳고,

43 모사는 비느아를 낳았다. 비느아의 아들은 르바야⁷¹이며, 그 아들은 엘르아사이며, 그 아들은 아셀이다.

44 아셀에게 6명의 아들이 있었는데 그들의 이름은 아스리감, 보그루, 이스마엘, 스아랴, 오바댜, 하난 6명이다.

사울과 요나단의 죽음⁸¹

10 ● 마침내 이스라엘과 블레셋과의 싸움이 시작되었고, 이스라엘 사람들이 패하여 도망하다가 길보아산에서 수없이 죽임을 당했다.

2 사울과 그 아들들을 추격하여 사울의 아들인 요나단과 아비나답과 말기수아를 죽였다.

3 사울도 패전하여 도망하다가 궁수에게 화살을 맞아 중상을 입었다.

4 이에 사울이 무기를 든 자, 호위병에게 말했다. "네 칼로 나를 찔러 할례 받지 못한 자들이 나를 찔러

모욕적인 죽임을 당하지 않게 하라.” 그러나 호위병이 크게 두려워하여 감히 찌르지 못했다. 그러자 사울은 자기 칼에 스스로 엎드러져 죽었다.

5 사울이 스스로 죽는 것을 본 호위병도 자기 칼로 자결했다.

6 이와 같이 사울과 그의 아들 3명과 그의 호위병과 그의 모든 집안 사람이 그날에 함께 죽었다.

7 이스르엘 골짜기 저편에 있는 이스라엘 사람과 요단강 건너편에 있는 자들이 이스라엘 사람들이 도망한 것과 사울과 그의 아들들이 다 죽었음을 보고 자기의 성읍들을 버린 채 도망했고, 그 자리는 블레셋 사람들이 와서 살았다.

8 다음 날 블레셋 사람들이 죽은 자들의 옷을 약탈하러[1] 왔다가 사울과 그의 세 아들이 길보아산에서 죽어 쓰러져 있는 것을 보았다.

9 그들은 사울의 갑옷을 벗기고 머리를 잘랐다. 그리고 블레셋 사람들의 땅 사방으로 보내 그들의 모든 이방 신전[2]과 백성들에게 승리의 기쁜 소식을 전했다.

10 사울의 갑옷은 아스다롯의 신전에 두고 그의 시신[3]은 다곤 신전[4]에 못을 박았다.

11 길르앗 지역의 야베스 주민들이 블레셋 사람들이 사울에게 행한 모든 일을 들었다. 이에

12 모든 용사가 밤새도록 달려가 30㎞ 정도 떨어진 벧산 성벽에 걸려 있는 사울과 그의 세 아들의 시신을 성벽에서 내려 가지고 길르앗 지역의 야베스로 돌아와 그곳에서 불사르고, 그의 뼈는 야베스의 상수리나무[5] 아래에 장사 지낸 후 7일 동안 금식하며 애도했다.

13-14 사울이 죽은 것은 여호와께 범죄했기 때문이다. 그것은 그가 여호와의 말씀을 따르지 않고, 여호와께 묻지 않고 오히려 죽은 자의 영혼을 불러내는 신접한 자인 영매에게 물었기 때문에 여호와께서 그를 죽이셨다. 그래서 그의 나라를 이새의 아들 다윗에게로 넘겨주셨다.

다윗이 이스라엘과 유다의 왕이 됨[6]

11 모든 이스라엘의 지파가 헤브론에 모여 다윗에게 나아와 말했다. “우리는 왕의 가까운 혈족입니다.

2 지난날 사울이 왕으로 있는 동안에도 이스라엘 군대를 통솔한 사람은 왕이었습니다. 또한 왕의 여호와께서도 왕에게 이렇게 말씀하셨습니다. ‘너는 내 백성 이스라엘의 목자와 통치자가 될 것이다.’”

3 이에 이스라엘의 모든 장로가 헤브론에 있는 왕에게로 나아와 여호와 앞에서 다윗과 언약을 맺었다. 그리고 그들은 다윗을 이스라엘의 왕으로 기름을 부었다. 이는 여호와께서 사무엘을 통해 하신 말씀대로[7] 된 것이었다.

다윗이 시온 산성을 빼앗아 성을 쌓음[8]

4 다윗왕과 온 이스라엘[9]이 예루살렘, 곧 여부스로 올라가니 그곳에 여부스 땅의 주민들이 살고 있었다.

5 다윗이 여부스 원주민을 치려고 하자 그 사람들이 다윗에게 말했다. “너는 결코 이리로 들어오지 못할 것이다. 앞 못 보는 자와 다리

---

1) 벗기다가　2) 삼상 31:9, 신당　3) 머리　4) 삼상 31:10, 벧산 성벽　5) 삼상 31:13, 에셀나무　6) 삼하 5:1-3　7) 삼상 16:12　8) 삼하 5:6-10　9) 삼하 5:6, 그의 부하들

저는 자라도 너를 물리칠 것이다."

6 그때 다윗이 말했다. "가장 먼저 여부스 사람을 무찌른 자는 우두머리와 지휘관으로 삼을 것이다." 그러자 스루야의 아들 요압이 먼저 무찌르므로 그가 군대장관이 되었다.

7 다윗이 점령한 산성에 살았기 때문에 무리는 '다윗성'이라고 불렀다.

8 다윗은 밀로부터 이 성 안으로 돌아가며 성을 쌓았고, 그 성의 나머지는 요압이 쌓았다.

9 만국의 여호와께서 함께하시므로 다윗은 갈수록 강성하여 갔다.

다윗의 용사들[1]

10 ●다윗에게 있는 첫 번째 3명 용사들의 우두머리 이름은 이렇다. 이 사람들이 온 이스라엘과 더불어 다윗을 힘껏 도와 나라를 얻게 하고, 그를 왕으로 세웠다. 그것은 여호와께서 이스라엘에 대해 말씀하신 대로 한 것이었다.

11 첫째는 학몬 사람의 아들 야소브암[2]으로 30명의 군대 지휘관의 우두머리이다. 그는 에센 출신 '아디노'라고도 부르는데, 그가 창을 들어 한꺼번에 300명[3]을 죽였다.

12 둘째는 아호아 출신 도도[4]의 아들 엘르아살이다.

13 그가 바스담밈에서 다윗과 함께

있을 때 블레셋 사람들은 이스라엘과 싸우기 위해 보리가 많이 자란 밭에 모여 있었다. 그때 이스라엘 사람들이 도망했으나

14 엘르아살은 그 밭 한가운데로 나가 손이 피곤하여 그의 손으로 칼을 잡을 수 있는 힘이 없을 때까지 블레셋 사람을 쳐 죽였다. 그가 승리할 수 있었던 것은 여호와께서 이기게 하셨기 때문이다. 그러자 백성들은 도망가던 길을 멈추고 다시 돌아와 엘르아살의 뒤를 따라가며 노략만 할 뿐이었다.[5]

15 또 야소브암과 엘르아살과 삼마 외에 두 번째 30명의 우두머리가 된 3명이 있었다. 그들은 아둘람 동굴에 있는 다윗에게 나아왔다. 그때 블레셋 군대가 르바임 골짜기에 진을 치고 있었으며,

16 다윗은 산성에 있었고, 당시 블레셋 사람의 요새는 베들레헴에 있었다.

17 그때 다윗이 고향의 물을 그리워하며 말했다. "누가 내게 베들레헴 성문 곁 우물물을 떠다가 마시게 할 수 있을까?"

18 그 말을 들은 3명의 용사가 블레셋 사람의 군대를 몰래 뚫고 지나가 베들레헴 성문 곁에 있는 우물물을 떠 가지고 다윗에게로 왔다. 그러나 죽음을 무릅쓰고 물을 떠 온 것을 안 다윗은 양심에 가책을 받아 마시지 않고 그 물을 여호와께 부어 드리며

19 말했다. "하나님이여, 앞으로는 내가 나를 위해 결코 이런 일을 하지 않을 것입니다. 어찌 목숨을 걸고 갔던 이 사람들의 피를 마시겠습

니까?" 그래서 다윗은 마시기를 원하지 않았다. 3명의 용사가 이런 일을 행했다.

20 또 두 번째 3명의 용사는 스루야의 아들 요압의 동생 아비새이다. 그는 창으로 300명을 죽이고 3명의 용사 중 한 사람으로 이름을 얻었는데,

21 그는 두 번째 3명의 용사 가운데 뛰어나 그들의 우두머리가 되었다. 그러나 첫 번째 3명의 용사인 야소브암과 엘르아살과 삼마에게는 미치지 못했다.

22 두 번째 3명의 용사 중 한 사람은 갑스엘 용사의 손자 여호야다의 아들 브나야이다. 그는 용맹스러운 사람으로 일찍이 모압 아리엘의 아들 2명을 죽였고, 눈이 오는 겨울 함정1)에 내려가서 사자 1마리를 죽였다.

23 또한 키가 2m 20cm 되는 5규빗의 애굽인을 죽였는데 그의 손에는 베틀채 같은 굵은 창이 있었다. 그럼에도 브나야는 막대기를 가지고 내려가 그 애굽인의 손에서 창을 빼앗아 그 창으로 그를 죽였다.

24 이런 일로 브나야는 3명의 용사 중 하나가 되었다.

25 그는 30명 용사보다는 뛰어났지만 첫 번째 3명의 용사인 야소브암과 엘르아살과 삼마에는 미치지 못했다. 다윗은 브나야를 시위대 대장으로 임명했다.

26 3명 용사 외에 30명에 든 군사 가운데 큰 용사는 요압의 동생 아사헬이다. 그 외 30명 용사로는 베들레헴 출신 도도의 아들 엘하난,

27 하롤2) 출신 삼훗, 블론3) 출신 헬레스,

28 드고아 출신 익게스의 아들 이라,

아나돗 출신 아비에셀,

29 후사 출신 십브개4), 아호아 출신 일래5)

30 느도바 출신 마하래와 바아나의 아들 헬렛6)

31 베냐민 자손에 속한 기브아 출신 리배의 아들 이대7), 비라돈 출신 브나야,

32 가아스 시냇가에 사는 후래8), 아르바 출신 아비엘9)

33 바하룸 출신 아스마윗, 사알본 출신 엘리아바,

34 기손 출신 하셈10)의 아들들과 하랄 출신 사게의 아들 요나단11),

35 하랄 출신 사갈12)의 아들 아히암, 울의 아들 엘리발,

36 므게랏 출신 헤벨, 브론 출신 아히야,

37 갈멜 출신 헤스로13), 에스배의 아들 나아래14)

38 소바 출신 나단의 동생15) 요엘16), 갓 출신 하그리의 아들 밉할17),

39 암몬 사람 셀렉, 스루야의 아들 요압의 무기를 잡은 자 베롯18) 출신 나하래,

40 이델 출신 이라와 가렙,

41 헷 사람 우리아와 알래의 아들 사밧과

42 이 외에도 르우벤 자손의 우두머리 시사의 아들인 아디나와 그를 따르는 자 30명,

43 마아가의 아들 하난, 미덴 출신 요사밧,

---

1) 삼하 3:20, 웅덩이   2) 삼하 23:25, 하롯   3) 삼하 23:26, 발디   4) 삼하 23:27, 므분네   5) 삼하 23:27, 살몬   6) 삼하 23:29, 헬렙   7) 삼하 23:29, 잇대   8) 삼하 23:30, 힛대   9) 삼하 23:31, 아비알본   10) 삼하 23:32, 야센   11) 삼하 23:33, 삼마   12) 삼하 23:33, 사랄   13) 삼하 23:35, 헤스래   14) 삼하 23:35, 바아래   15) 삼하 23:36, 아들   16) 삼하 23:36, 이갈   17) 삼하 23:36, 바니   18) 삼하 23:37, 브에롯

44 아스드랏 출신 웃시야, 아로엘 출신 호담의 아들 사마, 여이엘,

45 시므리의 아들 여디아엘과 그의 아우 디스 출신 요하,

46 마하위 출신 엘리엘, 엘라암의 아들 여리배, 요사위야, 모압 사람 이드마,

47 엘리엘, 오벳, 므소바 출신 야아시엘이 있었다.

다윗을 도운 용사들

12 ●다윗이 기스의 아들 사울 때문에 시글락에 숨어 있을 때 그에게 와서 싸움을 도운 용사들은 다음과 같다.

2 그들은 활을 메고, 양쪽 손으로 물매도 던지며, 화살도 쏘는 자로서 베냐민 지파 출신인 사울의 형제들이다.

3 그 우두머리는 기브아 출신 스마야의 아들 아히에셀이다. 그 외에 아히에셀의 동생 요아스, 아스마윗의 아들 여시엘과 벨렛, 브라가, 아나돗 출신 예후,

4 기브온 출신으로 30명 용사 중 대장인 이스마야, 예레미야, 야하시엘, 요하난, 그데라 출신의 요사밧,

5 엘루새, 여리못, 브아랴, 스마랴, 하룹 출신 스바댜,

6 고라 자손의 출신인 엘가나, 잇시야, 아사렐, 요에셀, 야소브암,

7 그돌 출신 여로함의 아들 요엘라와 스바댜 등이었다.

8 다윗이 광야의 요새에 머물러 있을 때 갓 지파 자손 가운데서 다윗에게로 온 자들이 있었다. 그들은 모두 용사로 방패와 창을 잘 다루었다. 그들의 얼굴은 사자처럼 날카롭고 빠르기가 산의 사슴과 같았다.

9 그들의 우두머리는 에셀이며, 나머지는 순서대로 오바댜, 엘리압,

10 미스만나, 예레미야,

11 앗대, 엘리엘,

12 요하난, 엘사밧,

13 예레미야, 막반내였다.

14 이들은 갓 지파 자손에서 도망나온 군대의 지휘관들이었다. 이들 중 작은 자는 100명의 역할을 하는 백부장이었고, 큰 자는 1,000명의 역할을 하는 천부장이었다.[1]

15 이들 갓 자손의 무리는 요단 강물이 모든 언덕에 넘치는 정월인 3~4월에 요단 강물을 건너 요단강 동쪽의 골짜기에 살고 있는 모든 자를 쫓아냈다.[2]

16 다윗이 한 요새에 있을 때 베냐민과 유다 지파 자손의 일부가 다윗에게로 왔다.

17 이에 다윗이 나가 그들을 맞으며 말했다. "만일 너희가 평안을 위해 나를 돕고자 왔다면 나는 너희와 함께할 마음이 있다. 그러나 내게 아무런 악행이 없음에도 내 대적에게 나를 넘기려고 속이고자 하면 우리 조상들의 하나님께서 너희를 징벌하실 것이다."

18 그때 성령께서 30명의 우두머리 아마새를 감동시키자 그가 다윗에게 말했다. "이새의 아들 다윗이여, 우리는 당신 부하가 되겠고, 당신과 함께할 것입니다. 평화가 당신과 당신을 돕는 자에게 있을 것입니다. 당신의 하나님께서 당신을 도우시기 때문입니다." 그제야 다윗이 그들을 받아들여 군대 지휘관으로 삼았다.

19 이전에 다윗이 블레셋 사람들을

---

1) 그 작은 자는 일당 백이요, 그 큰 자는 일당 천이다
2) 수 3:15 참조

돕지 못한 것은 블레셋의 다른 왕들이 의논하고 이르기를 "싸움이 시작되면 그가 배반하여 사울에게로 돌아가면 우리의 목숨이 위험할 것이다"라고 했기 때문이다. 이때쯤 므낫세 지파에 속한 일부가 다윗에게로 왔다.[1]

20 다윗이 시글락으로 갈 때[2] 므낫세 지파에서 그에게로 돌아온 자는 다음과 같다. 아드나, 요사밧, 여디아엘, 미가엘, 요사밧, 엘리후, 실르대이니 모두 므낫세 지파의 천부장들, 곧 군대의 지휘관이다.

21 얼마 후 이들은 다윗을 도와서 시글락을 습격한 도둑 떼를 쳤다.

22 이때부터 다윗을 돕기 위해 날마다 사람들이 다윗에게 몰려들었고 다윗은 큰 군대를 이루어 하나님의 군대와 같았다.

다윗의 군사들

23 ● 다윗이 헤브론에 있을 때 무장한 군대 지휘관들이 다윗을 찾아와 여호와의 말씀대로 사울 대신에 다윗에게 왕권[3]을 넘기고자 했던 자들의 수는 다음과 같았다.

24 유다 자손 가운데서 방패와 창으로 무장한 자가 6,800명,

25 시므온 자손 가운데서 잘 훈련된 군사가 7,100명,

26 레위 자손은 4,600명,

27 아론 자손 집의 우두머리 여호야다와 그와 함께 있는 자가 3,700명,

28 또 젊은 군사 사독과 그의 집안의 지도자가 22명이다.

29 베냐민 자손인 사울의 동족은 3,000명이다. 그러나 아직도 절반이나 사울의 집안을 따르고 있다.

30 에브라임 자손 가운데는 큰 군사가 2만 800명,

31 므낫세 반 지파의 문중에서 다윗을

왕으로 삼으려는 자가 1만 8,000명,

32 잇사갈 자손 가운데서 시대의 흐름을 따라 어떻게 행해야 할지를 아는 족장이 200명으로 이들은 그 모든 형제를 통솔하는 자이다.

33 스불론 가운데서 다윗에게 철저히 충성을 다짐한 뛰어난 무장된 군사가 5만 명,

34 납달리 가운데서는 지휘관 1,000명과 방패와 창으로 무장한 3만 7,000명,

35 단 자손 가운데서는 무장된 군사가 2만 8,600명,

36 아셀 가운데서는 무장된 군사가 4만 명이다.

37 요단강 동쪽 르우벤 자손과 갓 자손과 므낫세 반 지파 가운데서 무장된 군사가 12만 명이었다.

38 이상의 모든 군사가 전투 준비를 갖추고 하나같이 헤브론으로 모여들어 다윗을 통일된 이스라엘의 왕으로 삼고자 했다. 또 다른 이스라엘의 남은 자들도 하나같이 다윗을 왕으로 삼고자 했다.

39 다윗을 찾아온 이들 모두는 그들의 형제가 이미 준비해 놓은 음식을 헤브론에서 다윗과 함께 3일 동안 먹고 마셨다.

40 그리고 그들의 이웃에 있는 자들에서 멀리 북쪽 지역의 잇사갈과 스불론과 납달리 지역에 있는 자들까지 나귀와 낙타와 노새와 소에 많은 음식을 실어 왔다. 그 음식은 밀가루 과자, 무화과 과자, 건포도와 포도주, 올리브 기름이었고, 소와 양도 많이 가져왔다. 이는 이스라엘 가운데 기쁨이 있었기 때문이다.

1) 삼상 29:1-7　2) 삼상 29:11　3) 나라

하나님의 궤가 오벧에돔 집에 머묾[1]

13 ● 다윗이 천부장과 백부장 곧 모든 지휘관과 의논한 후

2 이스라엘의 모든 회중에게 말했다. "만일 너희가 좋게 여기고, 우리 하나님께서 기뻐하시면 이스라엘 모든 지역에 있는 우리 형제와 목초지가 딸린 성읍에 사는 제사장과 레위 사람에게[2] 사신을 보내 그들을 우리에게로 모이도록 하자.

3 그래서 하나님의 언약궤를 우리에게로 가져오자. 사울 때는 우리가 언약궤를 가져오자고 언약궤 앞에서 하나님께 묻지 않았다."

4 그러자 모든 백성이 그 일을 좋게 여겨 그대로 하자고 말했다.

5 다윗은 애굽의 국경인 애굽강, 곧 시홀 시내에서 오론테스 강변에 있는 하맛 입구까지 모든 이스라엘 백성 가운데서 3만 명을 선발했다. 그것은 하나님의 언약궤를 가져오기 위해서였다.

6 그리고 그들과 함께 예루살렘에서 15km 떨어진 바알라, 곧 유다에 속한 기럇 여아림[3]으로 내려[4]갔다. 이는 여호와께서 두 그룹 사이에 계셨기 때문에 그런 이름으로 불렸다.

7 그들이 여호와 하나님의 언약궤를 새 수레에 싣고 산에 있는 아비나답의 집에서 나오는데 아비나답의 아들 웃사와 아히오[5]가 새 수레를 몰았다.[6]

8 다윗과 이스라엘 온 무리는 하나님 앞에서 힘을 다해 뛰놀고 노래하며, 잣나무로 만든 여러 가지 악기와 수금과 비파와 작은 북과 제금과 나팔[7]로 연주했다.

9-10 그들이 기돈[8]의 타작 마당에 이르렀을 때 소들이 뛰었다. 그러자 웃사가 손을 내밀어 언약궤를 붙잡음으로[9] 인해 하나님께서 진노하여 그를 그곳에서 치셨고, 그는 언약궤 곁에서 죽었다.

11 웃사의 죽음에 화가 난 다윗은 그곳을 '웃사를 침'이라는 뜻의 '베레스 웃사'라고 불렀는데, 그 이름이 오늘까지 불리고 있다.

12 그날 다윗이 하나님을 두려워하여 말했다. "여호와의 언약궤를 어찌 내 집으로 가져오겠느냐?"

13 그래서 다윗은 언약궤를 자기가 있는 다윗성으로 가져오지 않고 대신 가드 출신 오벧에돔의 집으로 가져갔다.

14 언약궤가 오벧에돔의 집에서 그의 가족과 함께 3개월 있는 동안 여호와께서는 오벧에돔의 온 가족[10]과 그의 모든 소유물에 복을 주셨다.

두로 왕이 다윗의 궁전 건축을 후원함[11]

14 ● 두로 왕 히람이 다윗의 궁전 집 건축을 위해 그에게 사신들과 백향목과 목수와 석수를 보냈다.

2 이로 인해 다윗은 여호와께서 자신을 이스라엘 왕으로 삼으신 것과 이스라엘 백성을 위해 그의 나라를 높이신 것을 깨달았다.

다윗이 블레셋을 물리침[12]

3 ● 다윗은 예루살렘에서 아내와 첩들을 더 맞아들여 그들로 인해 아들과 딸이 태어났으니

4 예루살렘에서 태어난 다윗의 아들은 이러했다. 암미엘의 딸 밧세바의 소생으로 삼무아[13], 소밥, 나단,

---

1) 삼하 6:2~11　2) 수 21:8~42　3) 삼하 6:2, 바알레 유다
4) 올라　5) 삼하 6:3, 아효　6) 삼하 6:4, 아효는 궤 앞에서 가고　7) 삼하 6:5, 양금　8) 삼하 6:6, 나곤　9) 삼하 6:7, 웃사가 잘못함으로　10) 집　11) 삼하 5:11~12　12) 삼하 5:13~15　13) 대상 3:5, 시므아

솔로몬 4명이다.

5-6 이들 외의 아들로는 입할, 엘리수아[1], 엘벨렛[2], 노가, 네벡, 야비아,

7 엘리사마, 브엘랴다[3], 엘리벨렛이다. 그리고 그들의 누이는 다말이며, 이 외에 소실의 아들들이 또 있었다.

8 다윗이 기름 부음을 받아 통일된 이스라엘의 왕이 된 소식을 블레셋 사람들이 듣고 다윗을 공격하기 위해 올라왔다. 이에 다윗은 그들과 싸우기 위해 산성으로 나갔다.

9 그러나 블레셋 사람들이 그 사실을 눈치 채고 이미 르바임 골짜기로 쳐들어왔다.

10 이에 다윗이 여호와께 물었다. "내가 블레셋 사람을 치러 올라갈까요? 그들을 내 손에 넘겨 주시겠습니까?" 여호와께서 다윗에게 말씀하셨다. "올라가라. 내가 그들을 네 손에 넘겨주겠다."

11 이에 다윗이 군사들과 함께 무리가 바알브라심으로 올라가 블레셋을 격퇴한 후 말했다. "여호와께서 물을 흩으시듯 내 대적을 흩으셨도다." 그리고 그곳을 '바알브라심'이라고 불렀다.

12 그곳에서 블레셋 사람들은 자신들의 우상을 버렸고, 다윗의 부하들은 다윗의 명령에 따라 그 우상들을 불에 살랐다.[4]

13 그러나 블레셋 사람들이 다시 르바임 골짜기로 올라와 침범했다.

14 다윗이 여호와께 묻자 하나님께서 말씀하셨다. "이번에는 정면 대결하지 말고 적의 뒤로 돌아가서 향나무[5] 수풀 맞은편에서 기습할 태세를 갖추고 있다가

15 향나무 꼭대기에서 행군하는 발자국 소리가 들리면 공격하라. 그때 내가 너보다 앞에 나아가 블레셋 군대를 칠 것이다."

16 다윗이 여호와의 명령에 따라 기브온[6]에서 예루살렘 서쪽 40㎞ 지점의 게셀까지 블레셋 사람을 쳤다.

17 이 승리로 다윗의 명성이 온 땅에 퍼졌다. 여호와께서는 모든 이방 나라가 다윗을 두려워하게 하셨다.

언약궤를 옮길 준비를 함

15 ● 다윗이 다윗성에서 자기를 위해 궁전 집들을 건축했다. 또 하나님의 언약궤를 둘 장소를 준비하고 그곳에 천막도 쳤다.

2 그리고 말했다. "레위인 외에는 하나님의 언약궤를 멜 수 없으니, 이는 여호와께서 그들을 선택하여 언약궤를 메고 영원히 그를 섬기게 하셨기 때문이다."

3 다윗은 언약궤를 준비한 곳으로 메어 올리기 위해 이스라엘 백성을 예루살렘으로 모이도록 했다.

4 다윗이 아론 자손과 레위인을 소집하니 다음과 같았다.

5 그핫 자손은 족장 우리엘과 그의 형제 120명,

6 므라리 자손은 족장 아사야와 그의 형제 220명,

7 게르솜 자손은 족장 요엘과 그의 형제 130명,

8 엘리사반 자손은 족장 스마야와 그의 형제 200명,

📍**성경지리　르바임 골짜기**(대상 14:9)

예루살렘과 베들레헴 사이에 있는 넓은 골짜기 혹은 오목한 작은 평야로 한눈의 골짜기를 따라 올라가다가 이 골짜기의 북단을 지나 넵도아 샘물에 이른다. 유다와 베냐민 지파의 공동 경계선을 이룬 골짜기로 블레셋이 이스라엘을 치기 위해 진을 쳤던 곳이기도 하다(삼하 5:18).

---

1) 대상 3:6, 엘리사마　2) 대상 3:8, 엘리벨렛　3) 대상 3:8, 엘랴다　4) 삼하 5:21, 차우니라　5) 삼하 5:23, 뽕나무　6) 삼하 5:25, 게바

9 헤브론 자손은 족장 엘리엘과 그의 형제 80명,

10 웃시엘 자손은 족장 암미나답과 그의 형제 112명이었다.

11 다윗이 두 제사장 사독과 아비아달과 레위인 우리엘, 아사야, 요엘, 스마야, 엘리엘, 암미나답을 부른 후

12 그들에게 명령했다. "너희는 레위 문중의 우두머리이다. 그러므로 너희와 너희 형제는 몸을 정결케 하고 내가 준비한 장소로 언약궤를 메어 오라.

13 처음에는 너희가 메고 오지 않았기 때문에 우리 하나님께서 우리를 치셨다. 이는 우리가 규례대로 구하지 않았기 때문이다."[1]

14 이에 제사장들과 레위인들이 언약궤를 메고 올라오기 위해 몸을 정결하게 한 후

15 모세가 여호와의 말씀을 따라 명령한 규례대로 레위 자손이 고리에 언약궤를 끼워 어깨에 멨다.

16 다윗이 레위인의 어른인 지도자들에게 명령했다. "레위인의 형제들을 모아 노래하는 자들로 조직하고, 비파와 수금과 심벌즈 등의 악기들로 즐거운 소리를 크게 부르도록 하라." 이에

17 레위인이 요엘의 아들 헤만과 그의 형제 중 베레야의 아들 아삽과 므라리 자손 가운데 구사야의 아들 에단을 첫째로 세웠다.

18 그다음으로는 그들의 형제 스가랴, 벤, 야아시엘, 스미라못, 여히엘, 운니, 엘리압, 브나야, 마아세야, 맛디댜, 엘리블레후, 믹네야, 문지기 오벧에돔과 여이엘을 세웠다.

19 노래하는 자 헤만, 아삽, 에단은 놋으로 만든 심벌즈를 연주했다.

20 알라못에 맞추어 비파를 연주하는 자들은 스가랴, 아시엘, 스미라못, 여히엘, 운니, 엘리압, 마아세야, 브나야였다.

21 여덟 번째 음에 맞추어 수금을 타는 자들은 맛디댜, 엘리블레후, 믹네야, 오벧에돔, 여이엘, 아사시야였다.

22 노래를 인도하는 자는 노래에 익숙한 레위인의 지도자 그나냐였다.

23 언약궤를 지키는 문지기는 베레갸와 엘가나였고,

24 그 외에 오벧에돔과 여히야도 있었다. 언약궤 앞에서 나팔을 부는 자들은 제사장 스바냐, 요사밧, 느다넬, 아미새, 스가랴, 브나야, 엘리에셀이었다.

언약궤를 예루살렘으로 옮김[2]

25 ● 마침내 다윗과 이스라엘 장로들과 천부장들이 예루살렘 서쪽 15km 지점의 오벧에돔 집으로 가서 기쁨으로 언약궤를 메고 다윗성으로 가지고 올라가는데[3]

26 하나님께서 언약궤를 멘 레위인을 도우셨다. 이에 무리가[4] 살진 수송아지 7마리와 숫양 7마리로 제사를 드렸다.

27 다윗과 언약궤를 멘 레위인과 모든 노래하는 자와 그의 우두머리 그나냐는 모두 세마포 겉옷을 입었다. 다윗도 아마 섬유인 베로 만든 에봇을 입고 힘을 다해 춤을 추었다.

28 다윗과 온 이스라엘 백성은 크게 환호하며 뿔 나팔과 나팔을 불고, 심벌즈를 치며, 비파와 수금을 힘 있게 타면서 언약궤를 메고 갔다.

29 여호와의 언약궤가 다윗성으로 들

---

1) 삼하 6:3-8 2) 삼하 6:12-19 3) 삼하 6:13, 여섯 걸음을 가며 4) 삼하 6:13, 다윗은

어올 때 다윗의 아내이자 사울의 딸인 미갈이 창문을 통해 내려다보다가 다윗왕이 여호와 앞에서 뛰며 춤추는 것을 보고 마음 속으로 비웃었다.

16 언약궤를 예루살렘 다윗성으로 메고 들어오자 다윗은 미리 준비한 천막 가운데 그것을 안치한 후 여호와 앞에 번제와 화목제물을 드렸다.

2 그러고 나서 다윗이 만군의 여호와의 이름으로 백성들을 축복하고,

3 남녀 각 사람에게 빵 1개와 고기한 조각과 건포도로 만든 과자 1개씩[1]과 야자 열매를 나누어 주니 모든 백성이 자기 집으로 돌아갔다.

4 언약궤 안치 후 레위인을 뽑아 언약궤 앞에서 섬기며 이스라엘 하나님을 기억[2]하고, 감사하며, 찬양하도록 했다.

5 뽑힌 자 중 우두머리는 아삽이요, 차석으로는 스가랴, 여이엘, 스미라못, 여히엘, 맛디디아, 엘리압, 브나야, 오벧에돔, 여이엘이다. 그들은 비파와 수금을 타고, 아삽은 심벌즈를 힘 있게 쳤으며,

6 제사장인 브나야와 야하시엘은 언약궤 앞에서 항상 나팔을 불었다.

언약궤를 안치한 후 감사 찬양[3]

7 ● 그날 처음으로 다윗이 아삽과 그의 형제로 여호와께 감사하도록하기 위해 말했다.

8 너희는 여호와께 감사하고, 그의 이름을 선포하며, 그가 행하신 일을 세상 만민에 알리라.

9 그를 찬양하고, 그가 베푼 놀라운일들을 전하라.

10 거룩하신 그의 이름을 자랑하라. 여호와를 찾는 자마다 즐거움이

있을 것이다.

11 항상 여호와의 얼굴을 찾고 그의 능력을 구하라.

12-13 여호와의 종 이스라엘[4]의 후손들아, 하나님께서 택하신 야곱의 자손들아, 너희는 그의 놀라운 일과 신비스러운 일과 그의 입의 법도를 잊지 말라.

14 그는 여호와 우리의 하나님이시다. 그의 심판이 온 땅에 있도다.

15 너희는 천 대에 걸쳐 명령하신 그의 언약의 말씀을 영원히 기억하라.

16 그것은 아브라함에게 하신 언약이고, 이삭에게 하신 맹세이며,

17 야곱[5]에게 하신 영원한 언약이다.

18 하나님께서 말씀하셨다. "내가 네게 가나안 땅을 주어 너희에게 할당된 소유가 되게 할 것이다."

19 그때 하나님의 백성은 수가 적었기 때문에 그 땅에서 나그네가 되어

20 이 민족 저 민족에게로 갔고, 이 왕국에서 다른 백성에게로 떠돌아다녔다.

21 그러나 여호와께서는 사람이 그들을 억압하거나 해치지 못하도록하시고, 자기의 택한 자들을 위해 이방의 왕들을 꾸짖기를

22 "내가 기름 부은 자에게 손을 대지 말며, 내 선지자에게 악한 일을 하지 말라"라고 하셨다.[6]

23 온 땅이여, 여호와께 노래하라. 그의 이름을 찬양하며, 그의 구원을 날마다 전파하라.

24 모든 민족 가운데 그의 영광과 그의 놀라운 행적을 알리라.

25 여호와는 크시니 지극히 찬양을 받으시며, 모든 신보다 경외함을 받으심이 마땅하도다.

---

1) 삼하 6:19, 빵 한 덩이씩   2) 칭송   3) 시 105, 96편
4) 시 105:5, 아브라함   5) 이스라엘   6) 시 105:1-15

26 민족의 모든 신은 헛것[1]이나 여호와께서는 하늘을 지으셨다.

27 그분 앞에는 존귀와 위엄이 있고, 그의 처소인 성소에는 능력과 아름다움이 있다.

28 이방 나라의 족속들아, 여호와께 영광과 권능을 돌리고 또 돌리라.

29 여호와의 이름에 합당한 영광을 그에게 돌리라. 예물을 들고 그의 뜰로 들어가 아름답고 거룩한 옷을 입은 것으로 성소에서 여호와께 경배하라.[2]

30 온 땅이여, 그 앞에서 떨지어다. 모든 이방 나라에 선포하라. 여호와께서 다스리시니 세상이 굳건하여 흔들리지 않는다. 그가 민족들을 공평하게 심판하신다.

31 하늘이여, 기뻐하라. 땅이여, 즐거워하라. 모든 나라에 "여호와께서 통치하신다"라고 말하라.

32 바다와 그 안에 있는 모든 것은 외치라. 밭과 그 가운데 있는 모든 것은 즐거워하라.

33 그때는 숲속의 나무들이 여호와 앞에서 기쁘게 노래하리니 여호와께서 세상을 심판하러 오실 때 그는 의와 진실함으로 백성을 심판하실 것이다.

34 여호와께 감사하라. 진실로 그는 선하시며, 그의 자비하심은 영원하다.

35 너희는 그들로 이렇게 말하도록 하라. "구원의 하나님이여, 우리를 세상 나라에게서 모으시고 구해 주십시오. 그래서 거룩한 주의 이름을 감사하며, 주의 영광을 찬양하게 하십시오.

36 또 영원부터 영원까지 이스라엘 하나님을 찬양하라." 그러자 모든 백성이 "아멘"으로 화답하고 여호와를 찬양했다.

기브온에서 번제와 찬양을 드리도록 함

37 ● 다윗은 아삽과 그의 형제를 여호와의 언약궤 앞에서 날마다 섬기도록 했다.

38 오벧에돔과 그의 집안 사람, 형제 68명은 아삽과 그 동료들을 돕도록 했고, 여두둔의 아들 오벧에돔과 호사를 문지기로 임명했다.

39 그리고 제사장 사독과 그의 형제 제사장들은 예루살렘에서 북서쪽으로 8km 떨어진 기브온 산당에서 성막 봉사를 하되

40 매일 조석으로 번제단 위에 여호와의 율법에 기록된 대로 여호와께 번제물을 드리도록 했다.

41 또 그들과 함께 헤만과 여두둔과 뽑혀 지명된 나머지 사람들에게는 "여호와의 자비함은 영원하시다"라고 감사 찬양을 하게 했다.

42 그리고 그들과 함께 헤만과 여두둔으로 나팔과 심벌즈들과 하나님을 찬양하는 악기로 크게 연주하게 했고, 여두둔의 아들은 문지기로 삼았다.

43 이에 모든 백성은 자기 집으로 돌아갔고, 다윗도 자기 집을 축복하기 위해 돌아갔다.

나단이 다윗에게 여호와의 말씀을 전함[3]

17 ● 여호와께서 다윗으로 주위의 모든 원수를 무찌르게 하시므로 그가 자기 궁전에서 태평하게 지내게 될 때 다윗이 나단 선지자에게 말했다. "나는 백향목 궁전에 살고 있는데 여호와의 언약궤는 천막[4] 아래에 있소."

2 그러자 나단이 대답했다. "하나님께서 왕과 함께 계시므로 왕은 마

---

1) 시 96:5, 우상들 2) 시 96:1-5 3) 삼하 7:1-17 4) 휘장

음에 좋은 대로 모두 행하십시오."

3 그날 밤 나단 선지자에게 하나님께서 말씀하셨다.

4 "너는 내 종 다윗에게 가서 이렇게 말하라. '여호와의 말씀에 너는 내가 거할 집을 건축하지 말라.

5 내가 이스라엘 백성을 애굽에서 나오게 한 날부터 지금까지 집에 있지 않고 오직 이 천막과 성막을 내 거처로 삼아 왔다.

6 내가 이스라엘 백성과 함께 어느 곳을 가든지 내 백성을 먹이라고 명령한 이스라엘의 지도자들¹⁾에게 '왜 나를 위해 백향목으로 만든 성전 집을 건축하지 않느냐고 말한 적이 없었다'라고 하라.

7 계속하여 내 종 다윗에게 이같이 말하라. "만군의 여호와께서 말씀하셨다. '내가 너를 양치던 곳에서 취하여 내 백성 이스라엘의 주권자로 삼았다.²⁾

8 그리고 네가 어느 곳을 가든지 너와 함께 있어 네 모든 대적을 네 앞에서 진멸했다. 이제 네 이름을 세상에서 존귀한 자들의 이름같이 할 것이다.

9-10 나는 내 백성 이스라엘을 위해 정착지를 주었으므로 그들이 다시는 다른 곳으로 옮겨가지 않도록 할 것이다. 이전에 사사들이 이스라엘을 다스리던 때부터 악한 족속에게 고통을 당했으나 이제는 그 악한 자들이 해치지 못하게 할 것이다. 네 모든 대적이 네게 복종하게 하며, 너는 편히 쉬게 될 것이다. 나 여호와가 너를 위해 한 왕조를 세울 것이다.

11 네 수명이 다하여 네가 조상들에게로 돌아가면 내가 네 몸에서 낳은 네 씨, 곧 아들 중 하나를 세워

그 나라를 굳건하게 할 것이다.

12 그는 나³⁾를 위해 집⁴⁾을 건축하고, 나는 그의 왕위를 영원토록 굳건하게 할 것이다.

13 나는 그의 아버지가 되고, 그는 내 아들이 될 것이다. 만일 그가 죄를 범한다고 해도 내가 사람의 매와 인생의 채찍으로 징계는 하겠지만 내가 네 앞에서 물러나도록 한 네 전에 있던 자, 사울에게서 내 은총을 빼앗은 것과 같이 그에게는 빼앗지 않을 것이다.

14 내가 그를 내 집과 왕국에 영원히 세우리니 네 왕위가 영원히 굳건할 것이다.'"

15 나단 선지자가 이 모든 말씀과 계시대로 다윗에게 전했다.

다윗의 감사 기도⁵⁾

16 ● 다윗왕이 성막, 여호와 앞으로 들어가 꿇어 앉아 이렇게 기도했다. "하나님이여, 내가 누구이며, 내 집안이 무엇이기에 나를 이런 자리에까지 오르게 하셨습니까? 그럼에도

17 주께서는 이것도 부족하게 여기시고, 종의 집안에 대해 미래의 일까지 말씀해 주셨습니다. 이는 하나님께서 나를 대단한 사람처럼 여기셨기 때문입니다.

18 여호와께서는 당신의 종을 아십니다. 그러니 당신의 종을 높이신 것에 대해 이 다윗이 무슨 말을 더 드릴 수 있겠습니까?

19 주의 말씀을 위해 당신의 종에게 세우신 뜻대로 이 모든 큰일을 행하시고, 그것을 당신의 종에게 알려주셨습니다.

20 그런즉 여호와여, 당신은 위대

---

1) 사사　2) 시 78:71　3) 삼하 7:13, 내 이름　4) 성전
5) 삼하 7:18~29

하십니다. 이는 우리가 귀로 들은 대로 주와 같은 이가 없고, 주 외에는 다른 신이 없기 때문입니다.

21 땅의 어느 나라가 당신의 백성 이스라엘과 같을 수 있겠습니까? 하나님께서는 자기 백성을 구원하시기 위해 크고 두려운 일을 애굽과 이방 나라들과 그들의 신들에게서 구원한 백성 앞에서 행하시고, 모든 민족을 쫓아내어 당신의 이름을 드러내셨습니다.

22 주께서는 당신의 백성 이스라엘을 영원히 당신의 백성으로 삼으셨으니 여호와께서는 그들의 하나님이 되셨습니다.

23 하나님이여, 이제 당신의 종과 종의 집안에 대해 말씀하신 것을 영원히 변하지 않도록 견고하게 하셨으니 이제는 말씀하신 대로 행하십시오.

24 그래서 사람으로 영원히 주의 이름을 크게 높여 '만군의 여호와는 이스라엘의 하나님이시다'라고 말하게 하시고, 당신의 종 다윗의 왕조가 당신 앞에서 견고히 서게 하십시오.

25 만군의 여호와 나의 하나님이여, 당신의 종으로 왕조를 세울 것을 듣게 하셨으니 당신의 종이 이 기도로 주께 간구할 용기가 생겼습니다.[1]

26 여호와여, 오직 당신은 하나님이시며,

당신의 말씀은 진실합니다. 주께서 이 좋은 것을 당신의 종에게 약속하시고,

27 이제 종의 왕조에 복을 주사 주 앞에 영원히 계속되게 하시기를 기뻐하십니다. 여호와께서 축복하셨으니 주의 종의 왕조가 영원히 누릴 축복입니다."

다윗의 승전 기록[2]

18 ● 그후 다윗은 블레셋 사람들에게 항복을 받아냈고, 그들의 손에서 '모성의 굴레'라는 뜻의 가드와 그 동네[3]를 빼앗았다.

2 이후 다윗은 모압을 쳤고 모압 사람들은 다윗의 종이 되어 조공을 드렸다.

3 한편 르홉의 아들 소바 왕 하닷에셀이 자기 세력을 되찾기 위해 유프라테스강으로 진군할 때 다윗이 그들을 쳐서 오론테스 강변의 하맛까지 공격했다.

4 이 싸움으로 다윗은 하닷에셀로부터 병거 1,000대와 기병 7,000명[4]과 보병 2만 명을 포로로 잡은 후 100대의 병거와 그에 딸린 말[5]만 남기고 나머지 병거의 말은 그 발의 힘줄을 끊었다.

5 이때 다메섹의 아람 사람들이 소바 왕 하닷에셀을 지원하기 위해 왔으나 오히려 다윗이 아람 사람 2만 2,000명을 죽였다.

6 그리고 다메섹 아람 지역에 수비대를 주둔시켰다. 이후 아람 사람은 다윗의 종이 되어 조공을 바쳤다. 여호와께서는 다윗이 가는 곳마다 이기게 하셨다.

7 다윗왕은 하닷에셀의 신하들에게 있던 금 방패를 빼앗아 예루살렘

[1] 삼하 7:27　[2] 삼하 8:1-18　[3] 삼하 8:1, 메덱암마
[4] 삼하 8:4, 마병 1,700명　[5] 삼하 8:4, 병거 100대의 말

으로 가져왔고,

8 하닷에셀의 고을인 디브핫과 군[1]에서 수많은 놋을 빼앗았다. 후에 솔로몬은 그것으로 놋대야[2]와 기둥과 놋그릇들을 만들었다.

9 하맛 왕 도우[3]가 다윗이 하닷에셀의 모든 군대를 쳐서 무찔렀다는 소식을 듣고

10 자기 아들 하도람[4]을 다윗왕에게 보내 문안하고 하닷에셀에게 승리한 것에 대해 축복하도록 했다. 그가 이렇게 한 것은 하닷에셀이 도우와 싸울 때 다윗이 하닷에셀을 쳐서 무찔렀기 때문이다. 하도람이 금은놋 그릇을 예물로 가지고 왔다.

11 다윗왕이 하도람이 갖고 온 예물을 그동안 에돔과 모압과 암몬 자손과 블레셋 사람들과 아말렉과 소바 왕 르홉의 아들 하닷에셀과 아람에게서 빼앗은 전리품과 모든 이방 민족에게서 빼앗아 온 은금과 함께 여호와께 드렸다.

12 스루야의 아들 아비새[5]가 소금 골짜기에서 에돔[6]인 1만 8,000명을 죽이고 돌아오자 더욱 명성을 떨쳤다.

13 다윗은 에돔의 모든 지역에 수비대를 두었고, 모든 에돔인은 다윗의 종이 되었다. 여호와께서는 다윗이 가는 곳마다 이기게 하셨다.

14 다윗은 통일된 이스라엘을 다스리되 모든 백성에게 공평하고 의롭게 행했다.

15 군대 사령관에는 스루야의 아들 요압, 행정장관[7]에는 아힐룻의 아들 여호사밧,

16 제사장에는 아히둡의 아들 사독과 아비아달의 아들 아히멜렉, 서기관에는 사워사[8]가 임명되었다.

17 또 여호야다의 아들 브나야는 그렛 사람과 블렛 사람을 관할했으며, 다윗의 아들들은 왕을 모시는 사람들의 우두머리[9]가 되었다.

다윗이 암몬과 아람을 공격함[10]

19

● 그후 암몬 자손의 왕 나하스가 죽고 그의 아들 하눈이 왕위를 이어 받았다.

2 이에 다윗이 말했다. "하눈의 아버지 나하스가 전에 내게 호의를 베풀었으니 나도 그의 아들 하눈에게 호의를 베풀 것이다." 그래서 다윗은 조문 사절단을 보내 하눈의 아버지 나하스의 죽음을 문상하게 했다. 다윗의 조문 사절단[11]이 암몬 자손의 땅으로 가서 하눈에게 나아가 문상했다.

3 이를 본 암몬 자손의 관리인 방백들이 그들의 주인인 하눈에게 말했다. "왕께서는 다윗이 조문 사절단을 보낸 것이 왕의 부친을 존경하기 때문이라고 생각하십니까? 아닙니다. 그것은 이 땅을 정탐하여 함락시키기 위함입니다."

4 그 말을 믿은 하눈은 다윗의 조문 사절단을 잡아 그들의 수염 절반을 깎고, 그들의 엉덩이 부분의 볼기 중간까지 옷을 자르고 돌려보냈다.

5 조문 사절단이 당한 일을 알고 있는 한 사람이 다윗에게 가서 보고했다. 다윗은 조문 사절단들이 크게 부끄러워하자 사람을 보내어 "너희는 여리고에서 수염이 자라기까지 머물러 있다가 돌아오라"는 왕의 말을 전하도록 했다.

6 한편 암몬 자손들은 자기들이 한

[1] 삼하 8:8, 베다와 베로대 [2] 놋바다 [3] 삼하 8:9, 도이 [4] 삼하 8:10, 요람 [5] 삼하 8:13, 다윗 [6] 아람 [7] 삼하 8:16, 사관 [8] 삼하 8:18, 스라야 [9] 삼하 8:18, 대신 [10] 삼하 10:1~19 [11] 삼하 10:2, 신하들

행동 때문에 다윗이 화가 난 줄 알았다. 그래서 보복이 두려워 하논과 암몬 자손들은 아람 나하라임과 아람 마아가와 소바에 은 34,000kg 되는 1,000달란트를 보내 보병과 마병을 고용했다.

7 곧 병거 3만 2,000대와 마아가 왕과 그의 군대¹⁾를 용병으로 고용했다. 그리고 그들이 와서 메드바 앞에 진을 치자 암몬 자손도 자기들의 성읍에서 나와 싸우려고 했다.

8 이 소식을 들은 다윗은 요압과 많은 용사를 요단 동쪽 암몬 자손의 지역으로 보냈다.

9 이에 암몬 자손은 성문 앞에 진을 쳤고, 그들을 도우러 온 여러 왕²⁾은 따로 들에서 진을 치고 있었다.

10 요압은 자기와 맞서 앞뒤에 진을 친 적진을 보고 이스라엘에서 선발한 자들 가운데서도 다시 엄선하여 아람 사람과 마주보고 진을 쳤다.

11 그리고 남은 자들은 자기 동생 아비새의 수하에 맡겨 암몬 자손과 마주 대해 진을 치게 한 후

12 말했다. "만일 아람 사람이 나보다 강하면 너는 내 편이 되어 나를 돕고, 암몬 자손이 너보다 강하면 내가 가서 너를 도울 것이다.

13 그러므로 너는 용기를 내라. 우리 백성과 우리 하나님의 성들을 위해 용감히 싸우자. 여호와께서 자신의 선한 뜻대로 행하실 것이다."

14 요압과 그와 함께한 부하 추종자들이 아람 사람과 싸우기 위해 앞으로 돌진했다. 그러자 아람 군대는 이스라엘 앞에서 도망했다.

15 이를 본 암몬 자손도 이스라엘의 아비새 앞에서 도망하여 성 안으로 들어갔다. 그러자 요압은 암몬 자손을 떠나 예루살렘으로 돌아왔다.

16 아람 사람이 이스라엘에게 패한 것을 본 하닷에셀이 강 건너편으로 사신을 보내 그 지역에 있는 아람 사람을 오도록 하자 하닷에셀의 군대 사령관 소박이 군사를 거느리고 헬람에 이르렀다.

17 이 소식을 들은 다윗은 온 이스라엘 군사를 소집하여 요단강을 건너 아람 사람³⁾에게로 진격했다. 마침내 아람 사람들이 다윗의 군사들과 진을 치고 싸웠으나

18 이스라엘에게 패해 도망했다. 다윗의 군대는 아람 병거 7,000대⁴⁾의 군사와 보병⁵⁾ 4만 명과 아람군 사령관 소박을 죽였다.

19 하닷에셀에게 속한 부하⁶⁾들은 이스라엘에게 패한 것을 보고 이스라엘의 다윗과 화친하고 섬겼다. 이후로 아람 사람들이 이스라엘을 두려워하여 암몬 자손을 돕지 않았다.⁷⁾

다윗이 랍바를 함락시킴⁸⁾

20 ● 해가 바뀌는 때인 3~4월은 왕들이 전쟁을 하기에 좋아 출전할 때이다. 이때 다윗은 요압과 그에게 소속된 부하들과 온 이스라엘 군대를 요단강 동쪽 암몬 자손 지역으로 보냈다. 이에 요압 군대는 암몬 자손을 멸하고 암몬 자손의 랍바성을 포위하고 있었으며, 다윗은 예루살렘에 그대로 남아 있었다. 마침내 요압이 랍바를 함락시켰다.⁹⁾

---

1) 삼하 10:6, 벧르홉 아람 사람과 소바 아람 사람의 보병 2만 명과 마아가 왕과 그의 사람 1,000명과 돕 사람 1만 2,000명 2) 삼하 10:8, 소바와 벧르홉 아람 사람과 돕과 마아가 사람들 3) 삼하 10:17, 헬람 4) 삼하 10:18, 700대 5) 삼하 10:18, 마병 6) 삼하 10:19, 왕 7) 다윗은 아람 사람과 싸우는 가운데 요압이 돌아와 소금 골짜기에서 에돔인 1만 2,000명을 죽인 때 시편 60편, 시편 108:5-13대로 기도했다. 8) 삼하 11:1, 12:30-31 9) 삼하 11:1

2 랍바성을 정복한 다윗은 그 성의 왕의 머리에서 보석이 박힌 왕관을 빼앗아 가져와 자기 머리에 썼는데, 그 무게가 금 약 34kg 되는 1달란트나 되었다. 또 그 성에서 많은 전리품을 가져왔다. 그리고

3 그곳에 있던 백성들은 끌어다가 톱질, 쇠고끼질, 돌 써래질, 벽돌 굽는 일¹⁾을 시켰다. 다윗은 랍바성뿐 아니라 암몬 자손의 다른 모든 성읍도 이같이 한 후 모든 군사와 함께 예루살렘으로 돌아왔다.

블레셋과의 싸움²⁾

4 ● 그후 다시 블레셋 사람과 게셀³⁾에서 싸울 때 후사 출신 십브개는 거인족의 아들 중 십배⁴⁾를 죽이자 그들이 항복했다.

5 또다시 블레셋과 게셀에서 싸울 때 베들레헴 출신 야일⁵⁾의 아들 엘하난은 가드 출신 골리앗의 동생 라흐미를 죽였는데, 그의 창 자루는 베틀 채처럼 굵었다.

6 또 가드에서 싸울 때 그곳에 손가락과 발가락이 각기 6개씩 모두 24개가 있는 거인족 소생 1명이 있었다.

7 그가 이스라엘 사람을 모욕하자 다윗 형 시므아⁶⁾의 아들 요나단이 그를 죽였다.

8 이 4명은 가드 출신의 거인족 소생이라도 다윗과 그 부하들의 손에 다 죽었다.

다윗의 인구 조사⁷⁾

21 ● 이에 사탄이 일어나 이스라엘을 대적하고, 다윗을 충동하여 이스라엘과 유다의 인구를 조사하게 했다.

2 다윗은 곁에 있는 군대 사령관 요압과 백성의 지도자들에게 말했다. "너희는 가서 단에서 브엘세바까지 이스라엘 모든 지파 가운데로 다니며 인구를 조사하여 백성의 수를 보고하라."

3 그러자 요압이 왕께 말했다. "군사 수가 적으면 여호와께서 그 백성을 지금보다 100배나 많게 하시기를 원합니다. 내 주 왕이여, 이 백성이 모두 내 주의 종이 아닙니까? 그런데 어찌하여 왕께서는 사람 수에 의지하려는 이런 일을 기뻐하여 이스라엘로 죄를 짓게 하십니까?"

4 그러나 왕의 명령이 강력하여 요압과 군대 사령관들은 이스라엘 인구를 조사하기 위해 왕 앞에서 물러났다. 그들은 9개월 20일 만에 온 이스라엘 땅의 인구 조사를 마치고 예루살렘으로 돌아왔다.

5 요압이 백성의 수를 다윗왕께 보고하니 칼을 다루는 군사가 북쪽 이스라엘에서 110만 명⁸⁾, 유다에서 47만 명⁹⁾이었다.

6 요압이 왕의 명령을 못마땅하게 여겨 레위와 베냐민 지파 사람은 인구 조사에 포함시키지 않았다.

7 하나님께서 다윗의 이 일을 악하게 여겨 이스라엘을 징계하셨다.

8 다윗이 인구 조사를 마친 후 양심의 가책을 받아 여호와께 기도했다. "내가 이 일로 큰 죄를 범했습니다. 이제 종의 죄를 용서해 주십시오. 내가 심히 어리석은 일을 행했습니다."

9 다윗이 아침에 일어났을 때 다윗의 선지자가 된 갓에게 여호와께서 말씀하셨다.

10 "너는 다윗에게 가서 이렇게 말하라. '내가 네게 3가지를 보일 것이니

1) 삼하 12:31   2) 삼하 21:18~22   3) 삼하 21:18, 곱   4) 삼하 21:18, 삽   5) 삼하 21:19, 야레오르김   6) 삼하 21:21, 삼마   7) 삼하 24:1~25   8) 삼하 24:9, 80만 명   9) 삼하 24:9, 50만 명

너는 그중 하나를 택하라. 내가 그것을 네게 행할 것이다'라고 하라."

11-12 이에 갓 선지자가 다윗에게 나아가 말했다. "여호와께서 말씀하시기를 왕의 땅에 3년 기근이 들든지, 네가 3개월 동안 적군에게 패하여 적군의 칼에 쫓길 일이 있든지, 여호와의 칼 곧 전염병이 3일 동안 이 땅에 유행하여 여호와의 천사가 이스라엘 온 지경을 멸하든지 이 중에서 택하라고 하셨습니다. 내가 나를 보내신 여호와께 어떻게 아뢰야 할지 왕은 생각하여 결정하십시오."

13 다윗이 갓 선지자에게 대답했다. "내가 고통 가운데 있도다. 여호와께서는 자비가 많으시니 내가 여호와께 벌을 받고 사람들로부터는 벌을 받지 않기를 원합니다."

14 이에 여호와께서는 그날 아침부터 정하신 때까지 단에서 브엘세바까지 모든 이스라엘에게 전염병을 내리셨다. 이로 인해 7만 명이나 죽었다.

15 또 하나님은 예루살렘을 멸하기 위해 천사를 보내셨다. 천사가 예루살렘을 향해 손을 들어 멸하려고 할 때 여호와께서 재앙 내리신 것을 돌이키시고 백성을 멸하는 천사에게 "그만하면 되었다. 이제는 멸하려는 네 손을 거두라"고 하셨다. 그때 여호와의 사자인 천사는 여부스 사람 오르난[1]의 타작 마당 옆에 서 있었다.

16 다윗이 눈을 들어 백성을 치는 천사가 하늘과 땅 사이에 서서, 칼을 빼어 손에 들고 예루살렘 하늘을 향해 편 것을 보았다. 이에 장로들과 함께 굵은 베를 입고 얼굴을 땅에 대고 엎드려

17 하나님께 간구했다. "백성의 수를 조사하게 한 자는 내가 아닙니까? 범죄와 악을 행한 자는 나입니다. 이 백성, 양 떼가 무슨 잘못을 행했습니까? 간구하오니 나의 하나님이여, 당신의 손으로 나와 내 아버지의 집을 징계하시고 주의 백성에게는 재앙을 내리지 마십시오."

18 이날 여호와의 천사가 갓 선지자에게 명령했다. "너는 다윗에게 이렇게 말하라. '너는 여부스 사람 오르난의 타작 마당에서 여호와를 위해 제단을 쌓으라.'"

19 이에 갓 선지자가 여호와의 이름으로 이른 말씀대로 다윗에게 전했다. 그러자 다윗은 갓 선지자를 통해 주신 여호와의 명령에 따라 오르난의 타작 마당으로 올라갔다.

20 그때 오르난은 밀을 타작하다가 돌이켜 천사를 보고 아들 4명과 함께 숨어 있었다.

21 그때 다윗왕과 그의 부하들이 자기를 향해 건너오는 것을 내다보다가 타작 마당에서 나와 얼굴을 땅에 대고 다윗에게 절하며 말했다. "무슨 일로 내 주 왕께서 비천한 종에게 오셨습니까?"

22 다윗이 오르난에게 말했다. "이 타작 마당을 상당한 값으로 내게 팔라. 내가 이곳에 여호와를 위해 제단을 쌓으므로 백성에게 내리는 전염병 재앙을 그치게 하려고 한다."

23 오르난이 다윗에게 대답했다. "바라건대 값은 필요 없습니다. 왕께서 원하는 대로 이곳을 취하여 필요한 대로 사용하시기를 바랍니다. 이곳뿐 아니라 번제에 필요한 소와 마당질하는 도구인 곡식 떠는 기계는 화목으로 사용하시고,

---

1) 삼하 24:16, 아라우나

밀은 소제로 사용하십시오. 이것들을 내가 모두 왕께 바치겠습니다.”

24 그러나 다윗왕은 오르난에게 말했다. “그렇지 않다. 내가 반드시 상당한 값을 주고 네게서 살 것이다. 내가 네 물건을 거저 받아[1] 여호와께 드리지 않고, 값없이 내 하나님께 번제를 드리지 않을 것이다.”

25 그래서 다윗은 금 600세겔[2]을 저울에 달아 오르난에게 주고 타작마당과 소를 사고

26 다윗이 그곳에 여호와를 위해 제단을 쌓고 번제와 화목제를 드렸다. 그러자 여호와께서 하늘에서 번제단 위에 불을 내려 응답하시고,

27 여호와께서 천사에게 명령하시매 그가 칼을 칼집에 꽂았더라.

28 이때 다윗이 여부스 사람 오르난의 타작 마당에서 여호와께서 응답하시는 모습을 보고 그곳에서 제사를 드렸다.

29 당시에는 모세가 광야에서 지은 여호와의 성막과 번제단이 기브온 산당에 있었다. 그러나

30 다윗은 여호와의 천사의 칼이 무서워 감히 그 앞으로 가서 하나님께 예배를 드리지[3] 못했다.

다윗의 성전 건축 준비

22 ● 그제야 다윗은 “이곳이야말로 하나님의 성전이요, 이스라엘의 번제단이다”라고 말했다.

2 다윗은 이스라엘 땅에 사는 외국인, 이방 사람을 모으고, 석수를 동원하여 하나님의 성전을 건축할 돌을 다듬도록 했다.

3 또 문짝 못과 문인방과 문을 연결시키는 돌쩌귀[4]의 못에 쓸 많은 철과 무게를 달 수 없을 만큼 많은 놋을 준비하고,

4 수없이 많은 백향목을 준비했다.

이것은 시돈과 두로 사람이 지중해 바다를 통해 수운하여 백향목을 다윗에게로 많이 가져왔기 때문에 가능했다.

5 다윗이 혼잣말로 말했다. “내 아들 솔로몬은 아직 어리고 연약한데 여호와를 위해 건축할 성전은 세상 모든 나라가 볼 때 명성과 영광을 드높일 수 있도록 크고 웅장해야 할 것이다. 그러므로 이제 내가 성전 건축을 위해 준비할 것이다.” 그리고 다윗은 죽기 전에 성전 건축을 위해 많은 것을 준비했다.

6 그런 다음 다윗은 아들 솔로몬을 불러 하나님을 모실 성전 건축을 부탁했다.

7 “내 아들아, 나는 내 하나님 여호와의 이름을 위해 성전을 건축할 마음이 있었다. 그러나

8 여호와께서 이렇게 말씀하셨다. ‘너는 전쟁을 통해 피를 많이 흘렸다. 그러므로 너는 내 이름을 위해 성전을 건축하지 못할 것이다.

9 보라, 한 아들이 너를 통해 나올 것인데 그는 안식을 누릴 온순한 사람이 될 것이다. 내가 그를 사방에 있는 적에게서 지켜줌으로써 평안을 누리도록 할 것이다. 따라서 그의 이름을 ‘솔로몬’이라고 부르라. 이는 내가 그가 사는 날 동안 평화와 안정을 이스라엘에게 줄 것이기 때문이다.

10 그가 내 이름을 위해 성전을 건축할 것이다. 그는 내 아들이 되고, 나는 그의 아버지가 되어 이스라엘을 통치하는 그의 왕권이 영원히 흔들리지 않도록 굳건하게 할 것이다.[5]

1) 빼앗지 2) 삼하 24:24, 은 50세겔 3) 묻지 4) 거멀
5) 삼하 7:13, 16

11 그러므로 내 아들아, 이제 여호와께서 너와 함께하시기를 원하며, 여호와께서 너에 대해 말씀하신 대로 여호와의 성전을 건축하라.

12 여호와께서 네게 지혜와 분별력을 주어 이스라엘을 잘 다스리게 하시고, 여호와의 율법을 지키게 하시기를 원한다.

13 그때 네가 여호와께서 모세를 통해 이스라엘에게 명령하신 규례와 율법을 지켜 행하면 형통할 것이다. 그러므로 너는 강하고 담대하여 두려워하거나 놀라지 말라.

14 내가 어려움 가운데 여호와의 성전 건축을 위해 금 10만 달란트와 은 100만 달란트와 무게를 달 수 없을 만큼 많은 놋과 철을 준비했고, 재목과 돌도 준비했다. 그러나 너는 준비를 더 해야 할 것이다.

15 또 네게는 장인이 많이 있으니, 곧 석수와 목수와 온갖 일에 익숙한 사람들이다.

16 금은놋과 철이 아주 많으니 너는 이제 힘을 내어 일하라. 여호와께서 너와 함께 계실 것이다.”

17 또 다윗이 이스라엘 모든 지도자인 방백에게 그의 아들 솔로몬을 돕도록 부탁했다.

18 “너희 하나님께서 너희와 함께 계시므로 사방으로 너희에게 안식을 주지 않았느냐? 이는 이 땅의 주민을 내게 넘겨줘 이 땅으로 여호와와 그의 백성 앞에 정복당하게 하셨기 때문이다.

19 이제 너희는 마음과 뜻을 다해 너희 하나님을 찾으라. 그리고 힘을 내어 하나님의 성전을 건축하고, 여호와의 언약궤와 성전 기구를 여호와의 이름을 위해 건축한 성전 안으로 들이라.”

23 다윗이 나이가 많아 늙었을 때 솔로몬을 이스라엘 왕으로 선포했다.

레위 사람의 조사와 성전 직무

2 ● 이스라엘 모든 지도자인 방백과 제사장과 레위인을 소집했다.

3 소집된 레위인을 조사하니 30세 이상 된 남자가 3만 8,000명이었다.

4 그중 성전의 일을 보살피는 자는 2만 4,000명이고, 관원과 재판관은 6,000명이며,

5 문지기가 4,000명, 여호와께 찬양을 드리기 위해 만든 악기로 찬양하는 자가 4,000명이었다.

6 다윗이 레위의 아들의 자손인 게르손과 그핫과 므라리 자손을 각각 반으로 나누었다.

7 게르손 자손은 라단과 시므이다.

8 라단의 아들은 우두머리 된 여히엘, 세담, 요엘 3명이다.

9 시므이의 아들은 슬로밋, 하시엘, 하란 3명이다. 이는 라단의 족장들이다.

10 또 시므이의 아들은 야핫, 시나, 여우스, 브리아 4명이다.

11 이들의 족장은 야핫이고, 그다음은 시사이다. 여우스와 브리아는 아들이 적어서 시므이와 한 조상의 가문으로 조사되었다.

12 그핫의 아들은 아므람, 이스할, 헤브론, 웃시엘 등이다.

13 아므람의 아들은 아론과 모세이다. 아론은 구별되어 지극히 거룩한 지성소를 거룩하게 관리하고, 그 아들¹⁾과 함께 영원토록 여호와 앞에서 분향하며 섬겼으며, 여호와의 이름으로 영원토록 축복하게 되었다.

1) 자손

14-15 하나님의 사람 모세의 아들은 게르솜과 엘리에셀이다. 그들은 레위 지파로 불렸다.

16 게르솜의 아들 중에 스브엘은 족장이 되었고,

17 엘리에셀의 아들 중에는 르하뱌가 족장이 되었다. 엘리에셀에게는 르하뱌 외에 다른 아들이 없고, 르하뱌의 아들은 아주 많았는데

18 이스할의 아들 중에는 슬로밋이 족장이 되었고,

19 헤브론의 아들은 첫째 족장 된 여리야, 둘째 아마랴, 셋째 야하시엘, 넷째 여가므암이다.

20 웃시엘의 아들은 미가 족장과 그 다음 잇시야였다.

21 므라리의 아들은 마흘리와 무시이고, 마흘리의 아들은 엘르아살과 기스이다.

22 엘르아살은 아들이 없이 죽고 딸만 있었는데 그의 형제 기스의 아들이 그에게 장가들었다.

23 무시의 아들은 마흘리, 에델, 여레못 3명이다.

24 이상은 모두 레위 자손이니 그 조상의 문중별로 조사된 자로 이름이 기록되고, 여호와의 성전에서 섬기는 일을 하는 20세 이상의 우두머리들이다.

25 다윗이 말했다. "이스라엘 하나님께서 자기 백성에게 안식을 주시고, 예루살렘에 영원토록 거하시니

26 이제는 레위인이 성막과 그에 딸린 모든 기구를 더 이상 멜 필요가 없게 되었다."

27 다윗의 유언에 따라 20세 이상의 레위 자손이 조사되었다.

28 그들의 직분은 아론 자손을 도와 여호와의 성전과 뜰과 골방에서 섬기고, 모든 성물을 정결하게 하는 일 곧 성전에서 섬기는 일이다. 그 일들은

29 진열해 놓은 빵인 진설병과 고운 가루의 소제물인 누룩 없는 전병이나 과자를 굽거나 반죽하는 것, 그것들을 저울과 자로 재는 일,

30 조석으로 서서 여호와께 감사하고 찬양하는 것,

31 안식일과 매월 첫날과 절기에 규례의 정한 수효대로 모든 번제를 항상 여호와께 드리는 것,

32 회막과 성소에서 해야 할 직무와 그들의 형제 아론 자손의 직무를 도와 성전에서 수종 드는 것이었다.

제사장 직분을 맡은 사람들

24 ●아론 자손의 계열들은 이렇다. 아론의 아들은 나답, 아비후, 엘르아살, 이다말 4명이다.

2 나답과 아비후가 그들의 아버지보다 먼저 죽고 그들에게는 아들이 없었기 때문에 엘르아살과 이다말이 제사장 직분을 이어받아 행했다.[1]

3 다윗은 엘르아살의 자손 사독과 이다말의 자손 아히멜렉에게 그들의 직무를 나누어 맡겼다.

4 엘르아살의 아들[2] 중에 우두머리는 16명으로 이다말의 아들 8명보다 많았다.

5 그래서 제비 뽑기로 공평하게 나누었다. 이는 성전과 하나님의 일을 다스리는 자가 엘르아살과 이다말 자손에게도 있었기 때문이었다.

6 레위인 느다넬의 아들 서기관 스마야는 왕과 지도자인 방백과 사독 제사장과 아비아달 제사장의 아들 아히멜렉과 제사장과 레위인의 우두머리들이 지켜보는 가운데 엘르아살과 이다말 문중에서 한 문중씩 뽑아 그 이름을 기록했다.

1) 레 10:2 2) 자손

그 제비 뽑힌 명단은 다음과 같았다.

7 첫째로 제비 뽑힌 자는 여호야립이요, 둘째는 여다야,

8 셋째는 하림, 넷째는 스오림,

9 다섯째는 말기야, 여섯째는 미야민,

10 일곱째는 학고스, 여덟째는 아비야,

11 아홉째는 예수아, 열째는 스가냐

12 열한째는 엘리아, 열두째는 야김,

13 열셋째는 훕바, 열넷째는 예세브압,

14 열다섯째는 빌가, 열여섯째는 임멜,

15 열일곱째는 헤실, 열여덟째는 합비세스,

16 열아홉째는 브다히야, 스무째는 여헤스겔,

17 스물한째는 야긴, 스물두째는 가물,

18 스물셋째는 들라야, 스물넷째는 마아시야이다.

19 이 같은 직무 순서에 따라 여호와의 성전에 들어가서 그의 아버지 아론을 도왔으니 이는 하나님께서 명한 규례였다.

레위 자손 중에 남은 자들

20 ● 레위 자손 가운데 남은 자는 다음과 같다. 아므람의 아들 중에는 수바엘이고, 수바엘의 아들 중에는 예드야이다.

21 그중 족장은 잇시야이다.

22 이스할의 아들 중 하나는 슬로못이요, 슬로못의 아들 중 하나는 야핫이다.

23 *헤브론의 아들은 장자 여리야, 둘째 아마랴, 셋째 야하시엘, 넷째 여가므암이다.*

24 웃시엘의 아들은 미가이며, 미가의 아들 중에는 사밀이고

25 미가의 동생은 잇시야이고, 잇시야의 아들 중 하나는 스가랴이다.

26 므라리의 아들은 마흘리와 무시이고, 야아시야의 아들은 브노이다.

27 므라리의 자손은 야아시야에게서 태어난 브노, 소함, 삭굴, 이브리이다.

28 마흘리의 아들 중 엘르아살은 아들이 없이 죽고 딸만 있었는데 그의 형제 기스의 아들이 그에게 장가들었다.[1]

29 기스에게 이르러 그의 아들은 여라므엘이고,

30 무시의 아들은 마흘리, 에델, 여리못[2]이다. 이는 그 조상의 문중에 따라 기록된 레위 자손이다.

31 이 여러 사람도 다윗왕과 사독 제사장과 아히멜렉 제사장과 또 다른 제사장과 레위인의 우두머리 앞에서 일을 맡기 위해 그들의 형제 아론 자손처럼 제비를 뽑았는데, 장자의 가문이나 막냇동생의 가문이나 동등하게 제비를 뽑았다.

찬송을 맡은 자들

25 ● 다윗이 군대 지휘관들과 함께 수금과 비파와 심벌즈를 가지고 신령한 노래로 섬기게 하기 위해 아삽과 헤만과 여두둔의 자손 가운데서 구별했다. 그 순서대로 일하는 자의 수효는 이렇다.

2 아삽의 아들은 삭굴, 요셉, 느다냐, 아사렐라 4명이다. 이들은 아삽의 지도 아래 왕의 명령에 따라 신령한 노래를 불렀다.

3 여두둔의 아들은 그달리야, 스리, 여사야, 시므이, 하사뱌, 맛디디야이다. 이들은 아버지 여두둔의 지도 아래 수금으로 신령한 노래를

연주하며 여호와께 감사 찬양했다.

4-5 하나님의 말씀을 가진 왕의 선지자인 헤만의 아들은 북기야, 맛다냐, 웃시엘, 스브엘, 여리못, 하나냐, 하나니, 엘리아다, 깃달디, 로맘디에셀, 요스브가사, 말로디, 호딜, 마하시옷이다. 이들은 모두 나팔을 부는 자이다. 하나님은 헤만에게 14명의 아들과 3명의 딸을 주셨다.

6 이들은 모두 아버지의 지도에 따라 심벌즈와 비파와 수금을 잡아 여호와의 성전에서 노래로 하나님을 섬겼다. 아삽과 여두둔과 헤만은 왕의 지도 아래에 있었으니

7 이들 3명과 여호와 찬양하기를 배워 익숙한 그들의 모든 형제의 수는 288명이었다.

8 이 무리는 큰 자나 작은 자나 스승이나 제자를 막론하고 다같이 제비 뽑아 직무를 얻었는데, 그 뽑은 것은 다음과 같았다.

9 첫째로 제비 뽑힌 자는 아삽 아들 중 요셉이다. 둘째는 그달리야와 그의 아들과 형제는 12명이다.

10 셋째는 삭굴로 그의 아들과 형제는 12명이다.

11 넷째는 이스리로 그의 아들과 형제는 12명이다.

12 다섯째는 느다냐로 그의 아들과 형제는 12명이다.

13 여섯째는 북기야로 그의 아들과 형제는 12명이다.

14 일곱째는 여사렐라로 그의 아들과 형제는 12명이다.

15 여덟째는 여사야로 그의 아들과 형제는 12명이다.

16 아홉째는 맛다냐로 그의 아들과 형제는 12명이다.

17 열째는 시므이로 그의 아들과 형제는 12명이다.

18 열한째는 아사렐로 그의 아들과 형제는 12명이다.

19 열두째는 하사뱌로 그의 아들과 형제는 12명이다.

20 열셋째는 수바엘로 그의 아들과 형제는 12명이다.

21 열넷째는 맛디디야로 그의 아들과 형제는 12명이다.

22 열다섯째는 여레못과 그의 아들과 형제는 12명이다.

23 열여섯째는 하나냐로 그의 아들과 형제는 12명이다.

24 열일곱째는 요스브가사로 그의 아들과 형제는 12명이다.

25 열여덟째는 하나니로 그의 아들과 형제는 12명이다.

26 열아홉째는 말로디로 그의 아들과 형제는 12명이다.

27 스무째는 엘리아다로 그의 아들과 형제는 12명이다.

28 스물한째는 호딜로 그의 아들과 형제는 12명이다.

29 스물두째는 깃달디로 그의 아들과 형제는 12명이다.

30 스물셋째는 마하시옷으로 그의 아들과 형제는 12명이다.

31 스물넷째는 로맘디에셀로 그의 아들과 형제는 12명이었다.

성전 문지기

26 ●고라 사람들의 문지기 순서는 이렇다. 아삽의 가문 중 고레의

성경인물 여두둔(대상 25:1, 3)

다윗 때 헤만, 아삽과 함께 성전의 음악을 담당한 레위인이다(대상 25:1,3). 에단(대상 6:44)으로도 불리는 그는 성전 문지기로 임명된 오벧에돔의 아버지이기도 하다. 이 사람의 이름은 시편 39, 62, 77편의 제목으로도 사용되었다. 여두둔의 후손들은 포로기 이후 느헤미야 시대까지 성전 음악가로 활동했다(느 11:17).

아들 므셀레먀이다.

2 므셀레먀의 아들은 맏아들 스가랴, 둘째 여디아엘, 셋째 스바댜, 넷째 야드니엘,

3 다섯째 엘람, 여섯째 여호하난, 일곱째 엘여호에내이다.

4 오벧에돔의 아들은 맏아들 스마야, 둘째 여호사밧, 셋째 요아, 넷째 사갈, 다섯째 느다넬,

5 여섯째 암미엘, 일곱째 잇사갈, 여덟째 브울래대이다. 이들은 하나님께서 오벧에돔에게 복을 주셔서 낳은 아들들이다.

6 오벧에돔의 맏아들 스마야는 두어 아들을 낳았는데 그들은 자기들의 조상의 가문을 다스리는 자이고 큰 용사이다.

7 스마야의 아들은 오드니, 르바엘, 오벳, 엘사밧이며, 엘사밧의 형제 엘리후와 스마갸는 능력이 있는 자이다.

8 이는 모두 오벧에돔의 자손이다. 이들과 그의 아들들과 그의 형제는 모두 그 문지기 직무를 잘 감당하는 능력을 가진 자들로 오벧에돔에게서 태어난 자가 62명이다.

9 또 므셀레먀의 아들과 형제 18명도 성전 직무를 감당할 능력을 가진 자들이다.

10 므라리 자손 호사의 아들 중 장자는 시므리이다. 시므리는 본래 맏아들이 아니었지만 아버지가 장자로 삼았다.

11 둘째는 힐기야, 셋째는 드발리야, 넷째는 스가랴이다. 호사의 아들들과 형제는 13명이다.

12 이상은 다 문지기의 반장이다. 이들은 그의 형제처럼 직무를 받아 여호와의 성전에서 섬기는 자들이다.

13 각 문을 지키기 위해 그의 조상 문중을 따라 노소를 막론하고 모두 제비를 뽑았다.

14 셀레먀는 동쪽을 뽑았고, 그의 아들 스가랴는 보좌관을 위해 북쪽을 제비 뽑았다.

15 오벧에돔은 남쪽을 뽑았고, 그의 아들들은 창고를 뽑았다.

16 숩빔과 호사는 서쪽을 뽑아 큰 길로 통한 살래겟 문 곁에 있어 서로 마주 대해 성문을 지켰다.

17 동쪽 문에는 레위인이 6명, 북쪽 문과 남쪽 문에 매일같이 각각 4명이며, 창고에는 2명이다.

18 서쪽 뜰에 있는 큰길에는 4명, 뜰에는 2명이다.

19 고라와 므라리 자손의 문지기의 직책은 이러했다.

성전 곳간을 맡은 사람들

20 ● 레위인 가운데 아히야는 하나님의 성전 창고와 성물 창고를 맡았다.

21 게르손 사람 라단에게 속한 문중의 우두머리는 여히엘[1]이다.

22 여히엘의 아들은 스담과 동생 요엘로 이들은 성전 창고를 맡았다.

23 아므람 자손과 이스할 자손과 헤브론 자손과 웃시엘 자손 가운데는

24 모세의 아들, 게르솜의 자손 스브엘이 창고를 맡았다.

25 그의 형제 엘리에셀에게서 태어난 자는 그의 아들 르하뱌, 여사야, 요람, 시그리, 슬로못이다.

26 이 슬로못과 그의 형제는 다윗왕과 문중의 족장과 천부장과 백부장과 군대의 모든 지휘관이 구별하여 드린 성물의 모든 창고를 맡았다.

27 그것은 싸움에서 빼앗은 전리품 가운데서 구별하여 성전 수리를

1) 여히엘리

위해 드린 것이다.

28 그리고 사무엘 선지자와 기스의 아들 사울과 넬의 아들 아브넬과 스루야의 아들 요압이 구별하여 드린 성물 관리를 지휘했다.

다른 레위 사람들의 직임

29 ● 이스할 자손 가운데 그나냐와 그의 아들들은 서기관과 재판관으로서 성전 밖의 이스라엘의 일을 담당했다.

30 헤브론 자손 가운데 하사뱌와 그의 동족 1,700명의 용사는 요단강 서쪽에서 이스라엘을 관리하며, 여호와의 모든 일과 왕을 섬기는 직무를 담당했다.

31 헤브론 자손 가운데서 여리야는 그의 족보와 종족대로 헤브론 자손의 족장이 되었다. 다윗왕은 그의 통치 40년에 길르앗 지역의 야셀에서 큰 용사를 얻었다.

32 그 큰 용사의 형제들 가운데서 2,700명이 다 용사이고, 가문의 우두머리이다. 다윗왕은 그들에게 요단강 동쪽의 르우벤 지파와 갓 지파와 므낫세 반 지파 지역을 관리하며 하나님의 모든 일과 왕의 일을 담당하도록 했다.

다윗 왕조의 군대와 행정 조직

27 ●이스라엘 백성의 모든 문중의 족장된 우두머리와 천부장과 백부장과 왕을 섬기는 서기관 관원이 그들의 숫자대로 순번을 나누었는데, 각 순서는 2만 4,000명씩이다. 이 순번은 1년에 1개월씩 돌아가면서 담당했다.

2 첫째 달 당번의 지휘관¹⁾은 삽디엘의 아들 야소브암이다.

3 그는 베레스의 자손으로서 첫째 달 당번의 모든 지휘관의 우두머리가 되었다.

4 둘째 달 당번의 지휘관은 아호아 출신 도대로 미글롯이 그의 당번의 주장이 되었다.

5 셋째 달 군대 지휘관은 여호야다 대제사장의 아들 브나야로

6 그는 30명 가운데 용사이고 그들 위에 있으며, 그의 당번 가운데 그의 아들 암미사밧이 있다.

7 넷째 달 지휘관은 요압의 아우 아사헬이고, 그다음은 그의 아들 스바댜이다.

8 다섯째 달 지휘관은 이스라 출신 삼훗이다.

9 여섯째 달 지휘관은 드고아 출신 익게스의 아들 이라이다.

10 일곱째 달 지휘관은 에브라임 자손에 속한 발론 출신 헬레스이다.

11 여덟째 달 지휘관은 세라 족속의 후사 출신 십브개이다.

12 아홉째 달 지휘관은 베냐민 자손 아나돗 출신 아비에셀이다.

13 열째 달 지휘관은 세라 족속의 느도바 출신 마하래이다.

14 열한째 달 지휘관은 에브라임 자손에 속한 비라돈 출신 브나야이다.

15 열두째 달 지휘관은 옷니엘 자손에 속한 느도바 출신 헬대이다.

16 이스라엘 지파를 관할하는 관장들은 이렇다. 르우벤 지파 사람의 지도자는 시그리의 아들 엘리에셀이다. 시므온 지파 사람의 지도자는 마아가의 아들 스바댜이다.

17 레위인의 지도자는 그무엘의 아들 하사뱌요, 아론 자손의 지도자는 사독이다.

18 유다 지파의 지도자는 다윗의 형 엘리후이다. 잇사갈 지파의 지도자는 미가엘 아들의 오므리이다.

1) 반장

19 스불론 지파의 지도자는 오바댜의 아들 이스마야이다. 납달리 지파의 지도자는 아스리엘의 아들 여레못이다.

20 에브라임 지파 자손의 지도자는 아사시야의 아들 호세아이다. 므낫세 반 지파의 지도자는 브다야의 아들 요엘이다.

21 길르앗에 있는 므낫세 반 지파의 지도자는 스가랴의 아들 잇도이다. 베냐민 지파의 지도자는 아브넬의 아들 야아시엘이다.

22 단 지파의 지도자는 여로함의 아들 아사렐이다. 이상의 사람들은 이스라엘 지파의 지휘관이었다.

23 다윗은 이전에 여호와께서 "이스라엘 사람을 하늘의 별처럼 많게 하리라"고 말씀하신 것 때문에 이스라엘 사람 중 20세 이하의 사람은 인구 조사에 포함시키지 않았다.

24 스루야의 아들 요압이 조사하기를 시작하고 끝내지 못해서 그 일로 인해 진노가 이스라엘에게 임했는데, 그 숫자를 다윗왕의 역대지략에 기록하지 않았다.[1)]

다윗왕의 재산을 맡은 자들

25 ● 왕의 창고는 아디엘의 아들 아스마웻이 맡았다. 밭과 성읍과 마을과 망대의 창고는 웃시야의 아들 요나단이 맡았다.

26 글룹의 아들 에스리는 밭 가는 농민을 관리했다.

27 포도밭은 라마 출신 시므이가 맡았고, 포도밭의 소산과 포도주 창고는 스밤 출신 삽디가 맡았다.

28 평야의 올리브나무와 돌무화과나무[2)]는 게델 출신 바알하난이 맡아 관리했다. 기름 창고는 요아스가 맡았다.

29 사론평야에서 먹이는 소 떼는 사론 출신 시드래, 골짜기에 있는 소 떼는 아들래의 아들 사밧,

30 낙타는 이스마엘 출신 오빌, 나귀는 메로놋 출신 예드야, 양 떼는 하갈 출신 야시스가 맡았다.

31 다윗왕의 재산을 맡은 자들은 이렇다.

32 다윗의 삼촌 요나단은 지혜가 있어 고문이자 서기관으로 임명되었다. 왕자들의 수종자로 학모니의 아들 여히엘이 임명되었다.

33 왕의 보좌관에는 아히도벨이 임명되었다. 아렉 출신 후새는 왕의 친구이고,

34 브나야의 아들 여호야다와 아비아달은 아히도벨에 이어 왕의 조언자가 되었고, 왕의 군대 지휘관으로는 요압이 임명되었다.

28 다윗이 이스라엘 각 지파의 지도자와 왕을 섬기는 군단장[3)]들과 군지휘관들과 왕과 왕자의 모든 소유와 가축을 관리하는 자들의 감독과 궁중 관리인 내시와 무사와 용사 등을 예루살렘으로 소집했다. 그리고

다윗의 성전 건축 당부

2 ● 다윗왕은 솔로몬과 이스라엘 지도자들에게 성전 건축을 부탁한 후 일어나서 말했다. "내 형제들과 백성들아, 내 말을 들으라. 나는 우리 여호와의 언약궤, 곧 하나님의 발등상을 모실 성전을 건축할 재료를 준비했다.

3 그러나 하나님께서 내게 말씀하셨다. '너는 전쟁으로 피를 많이 흘렸기 때문에 내 이름을 위해 성전을 건축하지 못할 것이다.'[4)]

4 그러나 이스라엘 하나님께서는 전에

1) 삼하 24:15-17   2) 뽕나무   3) 반장   4) 삼하 7:4, 대상 17:3

내 부친의 집에서 나를 선택하여 이스라엘의 영원한 왕이 되게 하셨다. 곧 하나님은 유다 지파를 선택하시고, 그 유다 지파의 가문에서 내 부친의 집을 선택하셨으며, 내 부친의 아들들 가운데서 나를 이스라엘의 왕으로 삼기를 기쁘게 여기셨다.

5 그리고 여호와께서는 내게 많은 아들을 주셨고, 그 아들들 가운데서 솔로몬을 여호와의 왕국에 왕으로 앉히게 하려고 그를 선택하셨다.

6 이후 내게 말씀하셨다. '네 아들 솔로몬이 내 성전 집과 뜰을 건축할 것이다. 이는 내가 그를 선택하여 내 아들로 삼고, 나는 그의 아버지가 될 것이기 때문이다.

7 만일 그가 내 계명과 율법을 오늘과 같이 힘을 다해 행하면 내가 그의 나라를 영원히 든든하게 서게 할 것이다.

8 그러므로 이제 너희는 여호와의 모든 회중이 보는 앞에서 그리고 우리 하나님께서 들으시는 가운데 여호와의 모든 계명을 따르기로 맹세하라. 그러면 너희가 이 아름다운 땅을 차지하고, 너희 후손에게도 영원히 물려줄 유업이 되게 할 것이다."

9 다시 솔로몬에게 말했다. "내 아들 솔로몬아, 너는 네 아버지의 하나님을 알고 완전한 마음과 기쁜 마음으로 섬기라. 여호와께서는 모든 마음을 살피시고, 사람이 하고자 하는 모든 것을 아시기 때문이다. 만일 네가 여호와를 찾으면 만나게 되고, 그를 버리면 그도 너를 영원히 버리실 것이다.

10 그런즉 이제 너는 여호와께서 너를 선택하여 성전을 건축하게 하셨으니 힘을 다해 성전 건축을 마치라."

11·12 다윗이 그가 영감으로 받은 모든 것을 솔로몬에게 전해 주었다. 곧 성전의 현관과 본관, 보물 창고와 성전 창고와 성물 창고, 위층방과 안방, 속죄소, 성전 뜰과 그에 딸린 사면의 모든 방에 대한 설계도를 주었다.

13 또 제사장과 레위인의 직무 순서와 여호와의 성전에서 봉사하는 모든 일과 성전 봉사에 사용되는 모든 그릇 제조 방법에 대해 설명했다.

14 성전 봉사에 사용되는 금은 기구 제작에 들어갈 금과 은의 무게를 정했다.

15 그리고 금은 등잔대들과 그 등잔 제조에 들어갈 금과 은의 무게를 각 등잔대의 용도대로 알맞게 하고,

16 진열한 빵을 놓는 상인 진설병상 제조에 들어갈 금의 무게를 정하고, 은으로 제조할 진설병상에 들어갈 은 무게도 정했다.

17 이 외에 갈고리와 대접과 작은 그릇의 제조에 들어갈 순금과 금잔 제조에 들어갈 금의 무게와 은잔 제조에 들어갈 은의 무게도 정하고,

18 분향단 제조에 사용될 순금과 또 수레, 곧 설계도대로 만들 금 그룹 제작에 들어갈 금 무게를 정해 주니 이 그룹들은 날개를 펴서 여호와의 언약궤를 덮는 것이었다.

19 다윗이 말했다. "이 모든 것의 설계도는 여호와께서 친히 그려 내게 알려주신 것이다.

20 그러므로 너는 힘을 다해 담대하게

이 일을 행하라. 두려워하거나 낙심하지[1] 말라. 네가 성전 건축을 마칠 때까지 내 하나님께서 너와 함께 계시고, 너를 떠나거나 버리지 않으실 것이다.

21 제사장과 레위인의 일할 당번이 있으니 그들이 성전 건축 공사를 돕고 모든 공사에 능숙한 기술자가 자원하는 기쁜 마음으로 너를 도울 것이다. 또한 모든 지도자와 백성은 오직 네 명령에 순종할 것이다."

성전 건축에 사용할 예물

29 ● 다윗왕이 모인 모든 무리에게 명령했다. "내 아들 솔로몬이 유일하게 하나님께서 선택한 왕이 되었으나 아직은 어리고 약하다. 그런데 성전 건축 공사는 너무 크다. 그것은 이 성전이 사람을 위한 것이 아니라 하나님을 위한 것이기 때문이다.

2 나는 이미 성전 건축을 위해 힘을 다해 준비했다. 곧 성전 기구 제작을 위해 필요한 금은놋과 철, 나무, 보석 중 하나인 홍마노, 가공이 필요한 검은 보석, 색이 있는 돌, 다른 모든 보석과 옥돌 등 많은 것을 준비했다.

3-4 이 외에도 성전을 사모하여 나 개인이 오빌의 금 3,000달란트와 순은 7,000달란트를 드렸다. 그 드린 예물은 모두 성전 벽을 입히며,

5 금은 그릇을 만들기 위해 기술자들에게 주었다. 그러니 오늘 자원하는 마음으로 여호와께 예물을 드릴 사람이 없느냐?"

6 그러자 모든 문중의 지도자들과 이스라엘 모든 지파의 지도자들과 천부장과 백부장과 왕의 공사를 담당한 관리자가 자원하는 마음으로 성전 건축을 위해 하나님께 예물을 드렸다.

7 이렇게 해서 성전 공사를 위해 드려진 것은 금 5,000달란트와 1만 다릭, 은 1만 달란트, 놋 1만 8,000달란트, 철 10만 달란트나 되었다.

8 또 보석이 있는 자는 게르손 사람 여히엘이 관리하는 성전 창고에 보관했다.

9 백성들은 자원하는 마음으로 드렸기에 자신들도 기뻤고, 다윗왕도 심히 기뻐했다.

다윗의 감사 찬양기도

10 ● 다윗이 모인 무리 앞에서 여호와를 찬양했다. "우리 조상 이스라엘의 하나님이여, 당신을 영원부터 영원까지 찬양합니다.

11 위대함과 권능과 영광과 승리와 위엄이 모두 당신의 것입니다. 하늘과 땅에 있는 모든 것이 당신의 것입니다. 왕국 주권이 당신께 속했고, 만물의 머리가 되시니 당신은 높임을 받아 주십시오.

12 부와 명예가 주께서 나오니 당신은 만물을 다스리는 주인이 되시며, 당신의 손에 권세와 능력이 있습니다. 모든 사람이 위대하고 강하게 되는 것이 모두 주께 달려 있습니다.

13 우리 하나님이여, 이제 우리가 당신께 감사하며 당신의 영광스러운 이름을 찬양합니다.

14 주께 아무것도 드릴 힘이 없는 나와 내 백성이 주로 인해 이처럼 자원하는 마음으로 주께 드릴 힘이 생겼습니다. 단지 우리는 주께 받은 것으로 주께 드렸을 뿐입니다.

15 우리는 조상들과 마찬가지로 주님 앞에서는 이방 나그네와 외국인[2]

1) 놀라지　2) 거류민

들입니다. 이 땅에서 우리의 날은 그림자와 같아 의지할 곳이 없습니다.

16 우리 하나님이여, 우리가 당신의 거룩한 이름을 위해 성전을 건축하려고 미리 준비한 이 모든 재료는 다 주께로부터 온 것입니다.

17 나의 하나님이여, 당신께서는 사람의 마음을 시험하셔서 정직한 자를 기쁘게 여기시는 줄을 나는 알고 있습니다. 그래서 내가 정직한 마음으로 이 모든 것을 자원해서 드렸습니다. 이곳에 있는 당신의 백성들도 주께 자원하여 드리는 것을 보니 제 마음도 심히 기쁩니다.

18 우리의 조상인 아브라함과 이삭과 야곱[1]의 하나님이여, 당신의 백성의 마음에 당신을 섬기는 마음이 계속되도록 하시고, 그들의 마음이 당신만을 향하도록 해주십시오.

19 또 내 아들 솔로몬에게 주의 명령과 법도와 규례들을 지키도록 정성된 마음을 주사 제가 준비한 것으로 성전을 건축하게 하십시오.”

20 다윗이 모인 무리에게 말했다. “너희는 너희 하나님을 찬양하라.” 그러자 모인 무리가 그의 조상들의 하나님을 찬양하고, 머리를 숙여 여호와와 왕에게 절했다.

21 이튿날 여호와께 수송아지와 숫양과 어린 양을 각각 1,000마리씩 많은 제물로 제사와 번제를 드렸다. 또 부어드리는 제사인 전제제물을 드렸다.

22 이날에 큰 기쁨 가운데 여호와 앞에서 먹고 마셨다. 무리가 다윗의 아들 솔로몬을 왕으로 삼아 여호와의 지도자로 다시 기름을 부었고,[2] 사독에게도 제사장으로 기름을 부었다.

23 솔로몬이 그의 아버지 다윗을 이어 왕위에 앉으니 그의 나라가 심히 견고하고 형통했다. 온 이스라엘이 그의 명령에 순종했고[3]

24 모든 지도자인 방백와 용사와 다윗왕의 여러 아들도 솔로몬왕에게 복종했다.

25 여호와께서 솔로몬을 모든 이스라엘의 백성 앞에서 크게 높여 주시고, 왕의 위엄을 주시므로 사울과 다윗왕보다 뛰어나게 하셨다.

다윗의 행적과
솔로몬이 왕위를 계승함

26·27 ● 이새의 아들 다윗은 30세에 왕위에 올라 40년을 다스렸다. 곧 헤브론에서 7년[4] 동안 유다를 다스렸고, 예루살렘에서 33년 동안 이스라엘과 유다를 다스렸다.

28 다윗왕은 늙을 때까지 부귀를 누리다가 죽었고, 그의 아들 솔로몬이 왕위를 계승했다.

29 다윗왕의 행적은 선지자 사무엘, 나단, 갓의 글에 상세히 기록되었다.

30 그 글에는 다윗왕의 통치와 그의 권세와 이스라엘과 주변 국가에 대한 지난날의 역사까지 모두 기록되어 있다.

1) 이스라엘   2) 여기서 백성들이 솔로몬에게 기름을 부은 것은 이미 다윗의 후계자로서 추인 성격을 갖는 것이다   3) 왕상 2:12   4) 삼하 2:11, 7년 6개월

제목 히브리어 성경에는 디브레하야밈('날들의 역사'), 70인역에서 파랄레이포메나('지난 사건들')

기록연대 기원전 450년경 **저자** 에스라(탈무드) **중심주제** 솔로몬을 통한 다윗 왕가 역사

내용소개 1. 통일 왕국(솔로몬) ➡ 성전 건축 1–9장 2. 왕국 분열(유다 제왕들) 10–11장
3. 분열 후 남유다 ➡ 성전 몰락 12–35장 4. 유다 멸망(포로시대) ➡ 성전 파괴 36장

솔로몬이 지혜를 구함[1]

1 다윗의 아들 솔로몬의 통치 기반이 견고해지고, 여호와께서 그와 함께하시므로 그를 크게 높여 주셨다.

2 솔로몬이 온 이스라엘의 천부장들과 백부장들과 재판관들과 지도자인 방백들과 문중의 우두머리들을 소집시켰다.

3 그리고 모인 무리와 함께 예루살렘에서 서북쪽으로 9㎞ 떨어진 기브온 산당으로 갔는데 그 산당은 규모가 컸다.[2] 이때까지 여호와의 종 모세가 시내광야에서 만든 여호와의 성막이 그곳에 있었기 때문이다.

4 그러나 언약궤는 다윗이 전에 기럇여아림에서 예루살렘으로 옮겨 놓았기 때문에 기브온에는 언약궤가 없었다.

5 반면 훌의 손자, 우리의 아들 브살렐이 만든 놋제단은 여전히 기브온에 있는 여호와의 장막 앞에 있었다. 솔로몬이 소집된 무리와 함께 기브온으로 가서

6 여호와의 성막 앞에 있는 놋제단 위에 1,000마리의 짐승을 번제로 드렸다.[3]

7 그날 밤 기브온에서 하나님께서 솔로몬에게 꿈에 나타나 말씀하셨다. "내가 네게 무엇을 주면 좋을지 너는 구하라?"

8 솔로몬이 하나님께 대답했다. "주의 종 내 아버지 다윗이 성실과 공의와 바른 마음으로 주 앞에서 행했기 때문에 주께서는 그에게 큰 은혜를 베푸셨습니다. 또한 오늘과 같이 내가 부친 다윗왕을 이어 왕이 되게 하셨습니다.

9 하나님이여, 바라건대 주는 내 아버지 다윗에게 허락하신 것을 이제 굳게 하시기 바랍니다. 주께서는 나를 땅의 티끌처럼 많은 백성의 왕으로 삼으셨습니다.

10 누가 이 많은 백성을 재판할 수 있겠습니까? 그러므로 주는 이제 지혜와 지식을 주셔서[4] 백성 앞에서 출입하게 하십시오.[5]"

11 솔로몬의 이런 마음이 하나님의 마음에 들었다. 이에 하나님께서 그에게 말씀하셨다. "네가 자신을 위해 장수하기를 구하지 않고, 부나 재물이나 영광도 구하지 않고, 자기 원수의 목숨을 멸하기도 구하지 않고, 오직 네게 다스리게 한 내 백성을 재판하기 위해 분별하는 지혜와 지식을 구했으니

12 내가 네 말대로 하여 네게 지혜와 지식을 주고 부와 재물과 영광도 줄 것이다. 네 이전에도 너와 같은 왕이 없었지만, 네 이후에도 너와 같은 자가 일어나지 않으리니 네 평생에 왕들 가운데 너와 같은 자가 없을 것이다.

1) 왕상 3:4–15 2) 왕상 3:4상 3) 왕상 3:4하 4) 왕상 3:9, 듣는 마음을 종에게 주사 5) 왕상 3:9, 주의 백성을 재판하여 선악을 분별하게 하옵소서

13 솔로몬이 깨어보니 꿈이었다. 이에 기브온 산당에서 9㎞ 떨어진 예루살렘으로 돌아와 여호와의 언약궤 앞에 서서 번제와 감사의 제물을 드리고 모든 신하를 위해 잔치를 베풀었다. 그리고 이스라엘을 다스렸다.

솔로몬의 군사력과 부귀영화[1]

14 ● 솔로몬이 병거와 마병의 수를 조사해 보니 병거가 1,400대이며[2], 마병이 1만 2,000명이었다. 이를 병거성에 두고 예루살렘에 있는 왕 옆에도 두었다.

15 솔로몬왕은 예루살렘에서 은금을 돌처럼 많이 갖고 있었고, 백향목을 평지의 돌무화과나무[3]처럼 많이 소유하고 있었다.

16 솔로몬의 말들은 애굽과 구에[4]에서 왕의 무역상들이 무리 단위로 정해진 값에 수입했다.

17 애굽에서 사들인 병거는 1대에 은 600세겔이고, 말은 1필에 150세겔이다. 이것을 헷 사람의 모든 왕과 아람 왕들에게 되팔기도 했다.

솔로몬의 성전 건축 준비[5]

2 ● 솔로몬이 여호와의 이름을 위해 성전을 건축하고, 왕위를 위해 궁전을 건축하기로 결심했다.

2 이에 솔로몬이 7만 명은 짐꾼으로, 8만 명은 산에서 돌을 떠낼 자[6]로, 3,600명[7]은 감독으로 삼아 백성들에게 일하도록 했다.

3 이에 두로의 사절단을 맞은 솔로몬이 자기의 사절단을 두로 왕 후람[8]에게 보내 부탁했다. "당신이 이전에 내 아버지 다윗에게 백향목을 보내어 그가 거주할 궁전을 건축하게 한 것처럼 내게도 그렇게 하기를 바랍니다.

4 이제 내가 내 하나님 여호와의 이름을 위한 성전을 건축하여 거룩히 구별하여 드리고, 그 앞에서 향기로운 향을 피우며, 항상 빵을 차려 놓고, 안식일과 매월 첫날과 여호와의 절기에 아침 저녁으로 번제제물을 드리려고 합니다. 이것은 이스라엘이 대대로 지켜 온 규례입니다.

5 내가 매우 큰 성전을 건축하고자 하는 것은 우리 하나님은 어떤 신들보다 위대하시기 때문입니다.

6 누가 그 크고 위대하신 하나님을 모실 만한 성전을 건축할 수 있겠습니까? 지극히 높은 하늘이라도 주를 모시기에 부족한데 내가 누구이기에 감히 그 하나님을 위해 성전을 건축할 수 있겠습니까? 다만 그분 앞에 분향할 뿐입니다.

7 그러므로 내가 부탁합니다. 당신은 금, 은, 동과 철을 잘 다루고 자색, 홍색, 청색 실로 천을 잘 짜며, 조각에 재주 있는 사람 한 명을 내게 보내 내 아버지 다윗이 유다와 예루살렘에서 준비한 재주 있는 내 사람들과 함께 일하게 하십시오.

8 또한 당신은 나를 위해 레바논에서 백향목과 잣나무와 백단목을 내게로 보내도록 명령을 내려주기 바랍니다. 내가 알기로는 당신의 종은 레바논에서 벌목을 잘하니 내 종들이 당신의 종들을 도울 것입니다.

9 그렇게 해서 내가 재목을 많이 준비하도록 하기 바랍니다. 내가 건축하려는 성전은 크고 화려할 것입니다."

---

1) 왕상 4:26, 10:29, 대하 9:25~27   2) 왕상 4:26에는 병거의 말 외양간이 4만이요, 대하 9:25에는 4,000   3) 대하 9:27, 뽕나무   4) 대하 9:28, 각국   5) 왕상 5:1~9   6) 대하2:18, 벌목하게 하였고   7) 왕상 5:16, 3,300명   8) 왕상 5:2, 히람

10 내가 벌목하는 종들에게는 찧은 밀과 보리를 각각 440만 리터 되는 2만 고르, 그리고 포도주와 올리브 기름을 각각 44만 리터 되는 2만 밧씩 주겠습니다.

11 두로 왕 후람이 솔로몬에게 답장하여 말했다. "여호와께서 자기 백성을 사랑하시므로 당신을 세워 그 많은 백성을 다스리는 왕으로 삼으셨습니다."[1)

12 오늘 하늘과 땅을 창조하신 여호와는 찬양을 받으실 것입니다. 다윗왕에게 지혜로운 아들을 주시고 판단력과 총명을 주셔서 능히 여호와를 위해 성전을 건축하고 자기 권세와 영화를 위해 궁전을 건축하게 하십니다.

13 이제 내가 지혜 있고 솜씨가 뛰어난 기능공 한 사람을 보내니 그는 전에 내 아버지 히람에게 속했던 자입니다.

14 이 사람은 단 지역에 사는 한 여인의 아들이며, 그의 아버지는 두로 사람으로 금, 은, 동, 철, 돌 등을 잘 다루고 나무 조각에 능숙하며 자색, 청색, 홍색 실과 가는 베로 천을 짜는 일을 잘하며, 어떤 새로운 모양을 만드는 데 능숙한 자입니다. 그에게 당신의 재주 있는 기술자들과 당신의 아버지인 내 주가 되었던 다윗의 재주 있는 기술자들과 함께 일하게 하기를 바랍니다.

15 그리고 당신이 말한 대로 그 대가로 내 궁정을 위해 밀과 보리와 기름과 포도주를 내 종들을 통해 보내기 바랍니다.[2)

16 우리가 레바논에서 당신이 건축에 필요한 만큼 벌목하여 뗏목을 엮어 바다에 띄워 욥바[3)로 보내 그곳에서 뗏목을 풀 것이니 당신은 그것

들을 예루살렘으로 올려가기 바랍니다."

17 이전에 솔로몬의 아버지 다윗이 이스라엘 지역에 사는 이방 사람들을 조사한 적이 있었다. 그것을 솔로몬이 다시 조사하니 이방 사람이 모두 15만 3,600명이었다.

18 그중 7만 명은 짐꾼으로, 8만 명은 산에서 벌목[4)하는 자로, 3,600명은 감독으로 삼아 백성들에게 일하도록 했다.

성전 건축 시작[5)

3 솔로몬이 예루살렘 모리아산에 여호와를 위해 성전 건축을 시작했다. 건축 장소는 전에 여호와께서 그의 아버지 다윗에게 나타나신 곳이며, 여부스 사람 오르난의 타작 마당에 다윗이 정해 놓은 곳이었다.[6)

2 이스라엘 백성이 애굽에서 나온 지 480년이 되고, 솔로몬의 즉위 4년 시브월, 곧 둘째 달인 5월 2일에 솔로몬이 예루살렘 모리아산에 여호와를 위해 성전 건축을 시작했다.

3 솔로몬왕이 여호와의 성전 건축을 위해 놓은 지대는 옛날에 쓰던 자로 길이가 27m 되는 60규빗이요, 너비가 20규빗이며, 높이가 30규빗이다.

4 그 성전 앞에 있는 현관의 길이는 성전의 너비와 같은 9m 되는 20규빗이고, 그 너비는 성전 앞에서 10규빗이며, 높이가 120규빗이니 안에는 순금으로 입혔다.

5 성전 본당 천장은 잣나무로 만들고, 순금으로 입혔다. 그리고 그 위에는 종려나무 모양과 사슬 모양을 새겨 넣었고,

---

1) 왕상 5:7하   2) 왕상 5:9하   3) 왕상 5:9하, 당신이 지정하는 곳   4) 대하 2:2, 돌을 떠낼 자   5) 왕상 6:1-29
6) 대상 21:28-22:1

6-7 또한 보석으로 성전을 화려하게 꾸몄다. 또 금으로 성전과 그 들보와 문지방과 벽과 문짝에 입혔다. 이곳에 사용된 금은 아라비아 지역의 바르와임산이다. 그리고 성소 사면 벽에는 모두 날개 달린 짐승인 그룹들과 종려나무 모양과 꽃이 핀 모양으로 새겼다.

8 지성소 내부는 성전 넓이대로 길이와 너비와 높이가 각각 9m 되는 20규빗으로, 그것을 순금 600달란트로 입혔으며, 백향목으로 만든 제단에도 입혔다.

9 못 무게는 금 50세겔이었다. 이 다락방들도 금으로 입혔다.

10 내소인 지성소 내부는 올리브나무로 두 날개 달린 짐승인 그룹의 형상을 새긴 후 금으로 입혔는데,

11 그 두 그룹의 날개 길이1)가 각각 10규빗이다. 왼쪽 그룹의 양쪽 두 날개 중 한 날개는 5규빗으로 성전 벽에 닿았고, 그 다른 날개도 5규빗이니 오른쪽 그룹의 날개에 닿았다. 이쪽 날개 끝에서 저쪽 날개 끝까지 모두 10규빗이다.

12 오른쪽 그룹의 한 날개도 5규빗이니 성전 벽에 닿았고, 그 다른 날개도 5규빗이니 왼쪽 그룹의 날개에 닿았다.

13 이 두 그룹의 펼친 날개 4개를 합하면 20규빗이다. 그 얼굴을 지성소로 향해 서 있게 했다.

14 그리고 커튼으로 된 문을 청색, 자색, 홍색 실과 고운 베로 짓고 그 위에 그룹의 형상으로 수를 놓았다.

2개의 놋기둥 제작2)

15 ● 그가 성전 앞에 높이가 각각 35규빗3) 되는 놋기둥 2개를 만들었고 그 둘레는 12규빗이었다. 또 놋을 녹여 그 놋기둥의 머리를 만들어 놋기둥 꼭대기에 두었으니 양쪽 기둥의 기둥머리 높이가 각각 5규빗이다.

16 히람왕이 아닌 히람이 2개의 놋기둥을 이렇게 만들었고, 성소처럼 사슬을 만들어 기둥 꼭대기에 있는 머리 부분을 둘렀다. 그리고 놋으로 만든 두 줄로 된 100개의 석류 모양을 그 사슬에 달았다.

17 이 두 기둥을 성전의 현관 앞에 왼쪽과 오른쪽에 각각 하나씩 세웠다. 오른쪽 기둥의 이름을 '저가 세우리라'는 뜻의 '야긴'이라고 불렀으며, 왼쪽 기둥의 이름을 '그에게 능력이 있다'라는 뜻의 '보아스'라고 불렀다.

놋제단과 놋바다 제작4)

4 ● 솔로몬이 또 놋으로 제단을 만들었는데 길이와 너비가 각각 9m 되는 20규빗이고, 높이가 10규빗이다.

2 솔로몬이 물통5)을 놋을 녹여 부어 둥글게 만들었으니 그 지름이 10규빗이고, 높이는 5규빗이고, 둘레가 30규빗이다.

3 그 가장자리 아래에는 1규빗 간격으로 소6) 모양으로 만든 10개씩을 돌아가며 물통 주위에 둘렀다. 그 조롱박 모양은 물통을 놋을 녹여 부어 만들 때 두 줄로 부어 만들었다.

4 그 물통은 놋쇠로 만든 황소7) 12마리가 받쳤는데, 동서남북으로 각각 3마리씩 향했고 소 엉덩이 방향인 뒤는 모두 물통 안쪽을 향했다.

5 물통8)의 두께는 손바닥만 하고, 그 둘레는 백합화의 모양으로 잔 둘레처럼 만들었다. 그 물통에는 4만

1) 왕상 6:23, 높이 2) 왕상 7:15~18, 21 3) 왕상 7:15, 18 규빗 4) 왕상 7:23~26, 39, 49 5) 바다 6) 왕상 7:24, 박 7) 왕상 7:25, 소 8) 놋바다

4,000리터 되는 3,000밧[1]의 물을 담을 만했다.

6 후람[2]이 또 놋으로 10개의 물두멍을 만들었다. 오른쪽에 5개 왼쪽에 5개를 두어 이 물두멍에서 번제에 속한 물건을 씻게 했다. 그 물통은 제사장들이 제사 전에 손발을 씻기 위한 것이었다.

7 10개 등잔대를 하나님께서 지시하신 대로 금으로 만들어 내소인 지성소 앞 좌우에 5개씩 놓았다.

8 진설병상은 10개를 만들어 지성소 앞 성소 좌우에 각각 5개씩 두었으며, 금으로 대접 100개를 만들었다.

9 또 제사장의 뜰과 큰 마당 뜰을 만들고 그 큰 마당 문에는 문짝을 달아 놋으로 입혔다.

10 그 물통은 성전 오른쪽 동남쪽에 두었다.

물두멍과 부삽과 대접 제작[3]

11 ● 후람[2]이 또 놋으로 10개의 솥[4]과 부삽과 대접들을 만들었다. 이와 같이 후람이 솔로몬왕을 위해 여호와의 성전의 모든 일을 마쳤다.

12 곧 히람은 여호와의 성전 앞에 있는 기둥 2개와 그 기둥 꼭대기에 둥근 공 모양의 머리 2개, 기둥 꼭대기의 둥근 공 모양의 머리를 가리는 그물 2개와

13 각각 그물에 2줄씩으로 기둥 위의 둥근 공 모양의 두 머리를 가리게 한 석류 400개와

14 10개의 받침 수레와 받침 수레 위의 10개의 물두멍과

15 놋물통[5]과 그 놋물통 아래의 소 12 마리와

16 솥과 부삽과 대접과 고기 갈고리와 여호와 성전의 모든 그릇이었다. 이와 같이 후람의 아버지 히람이 솔로몬왕을 위해 여호와의 성

전에 필요한 모든 그릇을 광택 나는 놋으로 만들었다.

17 솔로몬왕이 요단 평지의 숙곳과 스레다[6] 사이의 차진 흙으로 성전의 기구들을 부어 내었다.

18 이처럼 솔로몬이 이 모든 기구를 많이 만들었으나 그 놋 무게를 능히 측량할 수 없어 솔로몬이 다 달아 보지 않고 두었다.

뜰과 기타 성전 기구를 만듦[7]

19 ● 또 여호와의 성전에 둘 기구를 만들었는데, 그것들은 금 제단과 금으로 된 진열해 놓은 빵인 진설병을 놓은 금 상과

20-21 지성소 앞에서 규례대로 불을 켤 순금 등잔대와 그 등잔과 순금으로 만든 꽃과 순금으로 만든 부젓가락과

22 순수한 금으로 만든 불집게와 주발과 숟가락과 불을 옮기는 부삽[8]과 지성소의 문[9]과 성전 출입문인 내전의 문을 금으로 입혔다.

5

마침내 솔로몬왕이 여호와의 성전을 위해 만드는 모든 일을 마쳤다. 이에 솔로몬이 그의 아버지 다윗이 드린 은금과 모든 기구를 가져다가 여호와의 성전 창고에 두었다.

언약궤를 성전으로 옮김, 여호와의 영광[10]

2 ● 성전 건축을 마친 후 솔로몬은 여호와의 언약궤를 다윗성[11]에서 성전으로 메어 옮기기 위해 이스라엘 장로와 각 지파의 우두머리인 이스라엘 백성의 족장들을 자기가 있는 예루살렘으로 소집했다.

---

1) 왕상 7:26에는 2,000밧 2) 히람 3) 왕상 7:40-47 4) 대하 4:6, 물두멍 10개 5) 바다 6) 왕상7:46, 사르단 7) 왕상 7:48, 50-51 8) 그릇 9) 성전 문 10) 왕상 8:1-11 11) 시온

3 이들이 왕 앞에 모인 때는 일곱째 달, 곧 에다님월인 9~10월 초막 절기였다.

4-5 이스라엘 장로들이 이르자 레위인과 제사장들이 언약궤와 회막과 그 안의 모든 거룩한 기구를 메고 성전으로 올라갔다.

6 그리고 솔로몬왕과 그 앞에 모인 이스라엘 회중이 언약궤 앞에서 기록하거나 셀 수 없을 만큼 많은 양과 소로 제사를 지냈다.

7 레위인 제사장들이 여호와의 언약궤를 성전의 본전, 곧 지성소 그룹들의 날개 아래로 메어 들여놓았다.

8 날개 달린 짐승인 그룹들이 그 언약궤가 놓인 자리 위에서 날개를 펼쳐서 언약궤와 언약궤 운반을 위한 긴 막대인 운반 채를 덮었다.

9 그러나 운반 채가 길어 언약궤에서 튀어나왔기 때문에 운반 채 끝이 지성소 앞 성소에서는 보였지만 밖에서는 보이지 않았다. 그 궤[1]는 오늘까지 그 자리에 있으며,

10 그 언약궤 안에는 십계명이 새겨진 두 돌판 외에 아무것도 없었다. 그 두 돌판은 이스라엘 백성이 애굽 땅에서 나온 후 여호와께서 그들과 언약을 맺으실 때 모세가 호렙산에서 그 안에 넣은 것이다.

11 이때는 몸을 정결하게 한 제사장들이 자기 직무에 상관없이 그 순서대로 하지 않고 성소에 있다가 나왔다.

12 그러자 노래하는 레위 사람 아삽과 헤만과 여두둔과 그의 아들들과 친척 형제들이 모두 모시 옷인 세마포을 입고 제단 동쪽에 서서 심벌즈와 비파와 수금을 들었고, 나팔 부는 제사장 120명이 함께 서 있다가

13 나팔 부는 자와 노래하는 자들이 동시에 소리를 내어 여호와를 찬양하며 감사했다. 이때 나팔을 불고 심벌즈를 치고 모든 악기를 울리며 소리를 높여 여호와를 찬양하며 외쳤다. "선하시도다. 그의 자비하심이 영원히 있도다." 그때 여호와의 성전에 구름이 가득했다.

14 그 구름으로 인해 제사장들이 능히 서서 섬기지 못했다. 그것은 여호와의 영광이 성전에 가득했기 때문이다.

성전 건축 후 솔로몬의 축복 연설[2]

6 그때 솔로몬이 말했다. "여호와께서는 캄캄한 데 계시겠다고 말씀하셨습니다.

2 그러나 나는 주를 위해 성전을 건축했습니다. 바로 주께서 영원히 거하실 처소입니다."

3 그리고 얼굴을 돌이켜 이스라엘의 온 회중을 위해 축복하니 그때 이스라엘의 온 회중이 그곳에 서 있었다.

4 왕이 말했다. "이스라엘의 하나님을 찬양하라. 여호와께서 내 아버지 다윗에게 말씀하신 것을 이제 그의 손으로 이루셨다. 그가 이렇게 말씀하셨다.

5 '내가 내 백성 이스라엘을 애굽 땅에서 이끌어낸 그날부터 내 이름

1) 언약궤 2) 왕상 8:12-21

이 있을 만한 집을 건축하기 위해 이스라엘에서 어떤 성도 선택하지 않았다. 또 내 백성 이스라엘을 다스릴 주권자가 될 어떤 사람도 선택하지 않았다.

6 다만 예루살렘을 선택하여 내 이름을 그곳에 두고, 또 다윗을 선택하여 내 백성 이스라엘을 다스리게 했다.'

7 그래서 내 아버지 다윗이 이스라엘의 하나님 여호와의 이름을 위해 성전을 건축할 마음이 있었다.

8 그러나 여호와께서 내 아버지 다윗에게 말씀하셨다. '네가 내 이름을 위해 성전을 건축할 마음이 있는 것이 좋다.

9 그러나 너는 성전을 건축하지는 못할 것이며, 네 몸에서 낳을 네 아들이 내 이름을 위해 성전을 건축하리라.'

10 이제 여호와께서 말씀하신 대로 내가 모두 이루었다. 그리고 나는 여호와께서 말씀하신 대로 내 아버지 다윗을 이어 이스라엘의 왕위에 앉고, 여호와의 이름을 위해 성전을 건축했다.

11 또 내가 그곳에 우리 조상들을 애굽 땅에서 이끌어낸 때 그들과 세우신 여호와의 언약을 넣은 언약궤를 둘 장소를 마련했다."

성전 건축 후 솔로몬의 기도[1]

12-13 ● 솔로몬이 이전에 놋으로 단을 만들었는데, 길이와 너비가 각각 2.25m 되는 5규빗이고, 높이가 3규빗이다. 그것을 뜰 가운데 두었는데 솔로몬이 그 위에 서서 이스라엘의 모든 회중이 보는 가운데 무릎을 꿇고 하늘을 향해 손을 펴고

14 기도했다. "이스라엘의 하나님이여, 위로 하늘과 아래로 땅에 주와

같은 신이 없습니다. 주께서는 마음을 다해 주 앞에서 행하는 당신의 종들에게 언약을 지키시고 은혜를 베푸십니다.

15 주께서는 당신의 종 내 아버지 다윗에게 약속한 말씀을 지키셔서 그 모든 것을 이루심이 오늘과 같습니다.

16-17 이스라엘의 하나님이여, 주께서 주의 종 내 아버지 다윗에게 이렇게 말씀하셨습니다. '네 자손이 그들의 행위를 조심하여 너를 본받아 내 앞에서 내 율법대로 행하기만 하면 이스라엘의 왕위에 앉을 사람이 내 앞에서 계속 이어질 것이다.' 이제 다윗을 위해 하신 그 말씀이 이루어지게 하십시오. 그 말씀을 확실하게 하십시오.

18 하나님께서 참으로 사람과 함께 땅에 거하시겠습니까? 보십시오. 지극히 높은 하늘이라도 주를 모실 곳이 못 되는데 어떻게 내가 건축한 이 성전에 모실 수 있겠습니까?

19 그러나 내 하나님이여, 당신의 종의 기도와 간구를 돌아보시며, 주의 종이 오늘 주 앞에서 부르짖는 기도를 들어주십시오.

20 주께서 전에 말씀하시기를 '내 이름을 그곳에 두리라'고 하신 곳인 이 성전을 향해 주의 눈이 밤낮으로 바라보시고, 주의 종이 이곳을 향해 간구하는 기도를 들어 주십시오.

21 주의 종과 주의 백성 이스라엘이 이곳을 향해 기도할 때도 그 간구하는 소리를 주께서 계신 하늘에서 들으시고 용서하여 주십시오.

22 만일 어떤 사람이 그의 이웃에게 범죄한 것 때문에 맹세해야 할 때

1) 왕상 8:22-52

강요를 받고 그가 이 성전으로 와서 주의 제단 앞에서 맹세하면

23 주는 하늘에서 들으시고 주의 종들을 판단해 주십시오. 그래서 악행을 저지른 자는 죄가 있음을 판결하사 그 행한 대로 갚아 주시고[1], 의롭게 행한 자는 의롭다고 인정하여 그가 의롭게 행한 대로 갚아 주십시오.

24 만일 주의 백성이 주께 범죄하므로 적국에게 패했을 때 뉘우치고 주께로 돌아와 주의 이름을 인정하고 이 성전에서 주께 간구하면

25 주는 하늘에서 들으시고 주의 백성의 죄를 용서하십시오. 그래서 그들과 그들의 조상들에게 주신 땅으로 돌아오게 하십시오.

26 만일 그들이 주께 범죄한 것 때문에 하늘이 닫혀 비가 내리지 않는 징계를 받을 때 그들이 죄에서 떠나 이 성전을 향해 기도하며, 주의 이름 앞에 자백하면

27 주께서는 하늘에서 들으시고 주의 종들과 주의 백성인 이스라엘의 죄를 용서하십시오. 그리고 그들이 마땅히 걸어가야 할 선한 길을 가르쳐 주시고, 주의 백성에게 유업으로 주신 주의 땅에 비를 내리십시오.

28 만일 이 땅에 기근이 들거나, 전염병이 돌거나, 곡식에 메마른 병이나 깜부기가 생기거나, 메뚜기나 황충이 나서 곡식을 갉아먹거나, 적들이 쳐들어와 성읍을 포위하거나, 어떤 재앙이나 질병이 있을 때를 막론하고

29 한 사람 또는 이스라엘의 온 백성이 저마다 각각 재앙과 고통을 깨닫고 이 성전을 향해 손을 펴고 기도하면

30 주께서 계신 하늘에서 듣고 용서하십시오. 그러나 주께서는 각 사람의 마음을 아시니 그들의 모든 행위대로 갚으십시오. 주만이 사람의 마음을 아십니다.

31 그러면 그들이 주께서 우리 조상들에게 주신 땅에서 사는 동안 항상 주를 두려움으로 섬기며 주의 길로 걸어갈 것입니다.

32 또 이스라엘에 속하지 않은 먼 곳에 사는 이방인들이 주의 크신 이름과 주께서 행하신 놀라운 일에 대한 소문을 듣고 이곳에 와서 성전을 향해 기도하면

33 주께서 계신 하늘에서 들으시고 모든 이방인이 주께 간구하는 대로 이루어 주십시오. 그래서 땅에 사는 모든 사람이 주의 이름을 알고 주의 백성인 이스라엘처럼 주를 경외하게 하십시오. 또 내가 지은 이 성전이 주의 이름으로 부르는 곳임을 알게 하십시오.

34 주의 백성이 그들의 원수, 적국과 싸우기 위해 주께서 보내시는 길로 갈 때 주께서 택하신 성읍과 내가 주의 이름을 위해 세운 성전을 향해 여호와께 기도하면

35 주는 하늘에서 그들의 기도와 간구를 들으시고, 그들의 죄를 사하시며 형편을 살펴주십시오.

36 주 앞에 죄를 짓지 않는 사람은 없습니다. 그러니 주의 백성이 주께 범죄한 것 때문에 주께서 진노하사 그들을 원수에게 넘김으로 원수의 땅으로 사로잡혀 갈 것입니다. 그때

37 그들이 사로잡혀 간 땅에서 마음을 돌이켜 주께 간구하기를 '우리가 범죄하여 반역을 행하며 악을 행했습니다' 라고 하며

1) 머리에 돌리시고

38 자기를 포로로 잡아간 원수의 땅에서 마음과 목숨을 다해 온 뜻으로 주께 돌아와서 주께서 그들의 조상들에게 주신 땅과 주께서 택하신 성읍과 내가 주의 이름을 위하여 지은 성전이 있는 곳을 향해 기도하면

39 주께서는 계신 하늘에서 그들의 기도와 간구를 들으시고, 그들의 형편을 살펴주시고, 주께 범죄한 주의 백성을 용서하십시오.

40 원컨대 나의 하나님이여, 성전에서 종과 주의 백성 이스라엘이 간구하는 기도에 주께서 눈을 떠 살피시고, 귀를 기울여 부르짖는 대로 들어주십시오.

41 하나님이여, 일어나 성전으로 들어가사 주의 능력이 깃든 언약궤와 함께 계십시오. 원컨대 주의 제사장들에게 구원을 베푸시고, 경건한 자들이 당신의 은혜로 기뻐하게 하십시오.

42 하나님이여, 주께서 기름을 부어 세우신 자를 쫓아내지[1] 마시고, 주의 종 다윗에게 베푸신 은혜를 기억하십시오."

성전 봉헌식[2]

7 ● 솔로몬이 기도를 마쳤을 때 불이 하늘에서 내려와 그 번제물과 희생제물들을 사르고 여호와의 영광이 그 성전에 가득했다.

2 그 영광으로 인해 제사장들이 여호와의 성전으로 감히 들어가지 못했다.

3 불이 내리는 것과 여호와의 영광이 성전 위에 있는 것을 본 이스라엘 모든 자손은 돌이 깔린 땅에 엎드려 경배하며 여호와께 감사하며 말했다. "선하시도다. 그의 자비하심이 영원하시도다."

4 이에 왕과 온 이스라엘 백성이 모두 여호와 앞에 희생제물을 드렸다.[3]

5 솔로몬왕이 화목제로 드린 희생제물은 소가 2만 2,000마리이고, 양이 12만 마리이다. 이와 같이 왕과 온 이스라엘 백성이 여호와의 성전 낙성식[4]을 거행했다.

6 그때 제사장들은 임무에 따라 하나님 앞에 서 있었고, 레위 사람도 여호와의 악기를 가지고 서 있었다. 이 악기는 전에 다윗왕이 "여호와께 감사하라. 여호와의 자비하심이 영원하시도다"라고 찬양하도록 만든 것이었다. 곧 레위 사람들에게 여호와께 감사하게 하려고 만든 것이었다. 제사장들은 무리 앞에서 나팔을 불었고, 온 이스라엘 무리는 서 있었다.

7 그날 솔로몬왕이 또 여호와의 성전 앞뜰 가운데를 거룩히 구별했다. 그리고 그곳에서 번제물과 소제와 화목제[5]의 기름을 드렸다. 그렇게 한 것은 솔로몬이 만든 여호와 앞 놋제단이 작아 번제물과 소제물과 화목제의 기름을 모두 처리할 수 없었기 때문이다.

8 그때 솔로몬이 7일[6] 동안을 우리 하나님 앞에서 절기로 지켰는데, 하맛 입구에서 가사 남쪽에 있는 애굽강까지 온 이스라엘의 백성이 모여 그와 함께했다.

9 특히 여덟째 날에는 무리가 한 성회를 열었다. 이 절기는 제단의 낙성식을 7일 동안 행한 후 다시 절기로 7일 동안 지켰다.

10 일곱째 달인 10월 23일에 솔로몬

1) 얼굴을 돌리지 2) 왕상 8:62-66 3) 왕상 8:62 4) 왕상 8:63, 봉헌식 5) 왕상 8:64, 감사제물 6) 왕상 8:65, 14일

왕이 백성을 그들의 장막 집으로 돌려보내니 백성이 왕을 위해 축복하고 자기 장막으로 돌아갔다. 그들은 여호와께서 그의 종 다윗과 솔로몬과 그의 백성 이스라엘에게 베푸신 모든 은혜로 인해 기뻐하며 즐거운 마음으로 돌아갔다.

여호와께서 솔로몬에게 나타나심[1]

11 ● 솔로몬이 여호와의 성전과 왕궁 건축을 마치고, 자기가 이루려고 했던 모든 것을 어려움 없이 끝마쳤다.

12 그날 밤 여호와께서 예전에 기브온에서 나타나심같이 다시 솔로몬에게 나타나 말씀하셨다. "내가 네 기도를 들었고 이곳을 택하여 제사하는 성전을 삼았다.

13 그러므로 내가 하늘을 닫고 비를 내리지 않거나, 메뚜기 떼에게 토산을 먹게 하거나, 전염병이 내 백성 가운데 유행하게 할 때

14 내 이름으로 일컫는 내 백성이 그들의 악한 길에서 떠나 스스로 낮추고 기도하여 내 얼굴을 찾으면 내가 하늘에서 듣고 그들의 죄를 용서하고 그들의 땅을 고칠 것이다.

15 이곳에서 하는 기도와 네가 내 앞에서 간구하는 것을 내가 눈을 들고 귀를 기울여 들었다.

16 이것은 내가 이미 네가 내 이름을 두기 위해 건축한 이 성전을 선택하고 거룩하게 하여 내 이름을 이곳에 영원히 있게 했기 때문이다. 내 눈과 내 마음이 항상 이곳에 있을 것이다.

17 만일 네가 네 아버지 다윗이 온전한 마음으로 바르게 걸어간 것처럼 내가 네게 명령한 모든 것에 순종하여 내 법도와 율례를 지키면

18 내가 네 나라의 왕위를 견고하게

할 것이다. 또한 네 아버지 다윗에게 '이스라엘의 왕위에 오를 사람이 네게서 끊어지지 않게 하리라'고[2] 말한 대로 할 것이다.

19 너희나 너희의 자손이 내게 돌아서서 나를 따르지 않고 내가 너희에게 준 내 계명과 법도를 버리고 다른 신을 섬기고 그것들에게 경배하면

20 내가 너희에게 준 땅에서 뿌리를 뽑아내고[3], 내 이름을 위해 내가 거룩하게 구별한 이 성전이라도 내 앞에서 던져 버릴 것이다. 그리하여 이스라엘은 모든 민족 가운데서 비유[4]와 웃음거리가 될 것이다.

21 비록 이 성전이 높을지라도 그리로 지나가는 자마다 놀라 이렇게 말할 것이다. '여호와께서 무슨 이유로 이 땅과 이 성전에 이같이 행하셨는가?' 그러면

22 그들은 이렇게 대답할 것이다.' 그들이 자기 조상들을 애굽 땅에서 이끌어내신 자기의 하나님을 버리고 다른 신을 따라가서 그것들을 경배했기 때문에 여호와께서 이 모든 재앙을 그들에게 내리신 것이다.'"

히람이 다시 돌려 준 갈릴리 성읍[5]

8 ● 솔로몬이 여호와의 성전과 자기의 왕궁을 20년 만에 완공한 후

2 히람[6]이 되돌려 준 성읍들을 다시 건축하여 이스라엘 백성들에게 그곳에 거주하도록 했다.

솔로몬이 성읍과 국고성과 병거성을 건축함[7]

3 ● 솔로몬은 내려가서 하맛 소바를 쳐서 점령했다.

---

1) 왕상 9:1-9 2) 삼하 7:13, 시 132:12 3) 왕상 9:7, 끊어 버리고 4) 속담거리 5) 왕상 9:10 6) 후람 7) 왕상 9:17-25, 6:37-38

4 그리고 그 땅의 광야[1]에 있는 다드몰과 하맛에서 모든 국고성을 건축하고

5 게셀과 아래 벧호론과 윗 벧호론을 건축하되 성벽과 문과 문빗장이 있는 견고한 성읍으로 만들었다.

6 또 바알랏과 자기에게 있는 모든 국고성과 병거성과 마병의 성들을 건축했다. 그리고 예루살렘과 레바논과 그가 다스리는 온 땅에도 건축하고자 하던 것을 모두 건축했다.

7 이스라엘 자손이 아닌 헷 족속과 아모리 족속과 브리스 족속과 히위 족속과 여부스 족속 가운데서

8 이스라엘 백성이 다 멸하지 않아서 그 땅에 남아 있는 그들의 자손들을 솔로몬이 노예를 일꾼으로 삼아 오늘까지 이르렀다.

9 그러나 이스라엘 백성은 노예로 삼지 않았다. 그들은 군사와 지휘관의 우두머리들[2]이며, 병거와 마병의 지휘관들이 되었다.

10 솔로몬왕의 일을 감독하는 우두머리 250명[3]은 일하는 백성을 관리했다.

11 바로의 딸이 다윗성에서 솔로몬이 그녀를 위해 지은 집[4]으로 올라갔다. 이때 솔로몬이 말했다. "내 아내는 이스라엘 왕 다윗의 왕궁에 살지 못할 것이다. 여호와의 언약궤가 이른 곳은 모두 거룩하기 때문이다."

12 솔로몬이 여호와를 위해 현관 앞에 쌓은 여호와의 제단 위에 해마다 3번씩 번제와 감사의 제물을 드리고, 여호와 앞에 있는 제단에 분향했다.

13 또 안식일과 매월 첫날과 일 년 중 정해진 3대 절기인 무교절과 칠칠절과 초막절에 모세가 명령한 매일의 일과대로 제사를 드렸다.

14 그런 다음 솔로몬이 아버지 다윗이 정한 법에 따라 제사장들의 순서를 정해 차례대로 봉사하게 하고, 레위 사람들에게도 그 직책을 주어 매일같이 찬양하며 제사장들을 돕도록 했다. 그리고 문지기들에게도 그 순서를 따라 각 문을 지키게 했다. 이는 이미 하나님의 사람 다윗이 그렇게 명령한 것이었다.[5]

15 제사장들과 레위 사람들이 국가 창고에 대한 명령도 무슨 일이든지 왕이 명령한 것을 그대로 이행했다.

16 솔로몬이 여호와의 성전 기초를 쌓던 날부터 준공하기까지 모든 것이 준비되었으므로 여호와의 성전 공사가 원만하게 이루어졌다.

솔로몬의 홍해 무역[6]

17 ● 그때 솔로몬왕이 에돔 땅 홍해 바닷가의 에시온게벨과 엘롯 근처[7]에 이르렀더니 배들을 건조했다.

18 그러자 히람[8]왕이 신복에게 명령하여 바다에 익숙한 종[9]들을 솔로몬에게 보냈고, 그들은 솔로몬의

Q&A 왕정 시대의 3대 절기는?
(대하 8:13)

솔로몬 당시 일년 중 대표적인 절기로 무교절과 칠칠절과 초막절을 지켰다. 무교절은 이스라엘 백성의 출애굽을 기념하기 위해 지키는 유월절과 약간의 성격 차이는 있으나 동일시 되는 절기이다. 칠칠절(초실절)은 매년 첫 수확을 감사하며 지키는 절기이며, 초막절은 출애굽 후 광야에서 장막 생활을 했던 것을 기억하며 지키는 절기이다. 초막절은 종교력으로 7월(태양력 9~10월) 15일부터 1주간 초막을 짓고 그곳에 거주하며 지킨다.

1) 들　2) 왕상 9:22, 신하와 고관과 대장　3) 왕상 9:23, 550명　4) 궁　5) 대상 24~26장　6) 왕상 9:26~28　7) 왕상 9:26, 홍해 물가의 엘롯 근처 에시온게벨　8) 왕상 9:27, 후람　9) 왕상 9:27, 사공

종들과 함께 아라비아반도 서남쪽의 오빌로 항해하여 그곳에서 금 450[1]달란트를 취하여 솔로몬왕에게 가져 왔다.

스바 여왕의 솔로몬 방문[2]

9 ● 스바 여왕이 여호와의 이름으로 유명해진 솔로몬의 명성을 들었다. 그래서 어려운 수수께끼[3]로 솔로몬을 시험하기 위해 많은 수행원을 거느리고 많은 향품과 금과 보석을 낙타에 싣고 예루살렘으로 왔다. 그리고 그가 솔로몬을 만나 자기 마음에 있는 것들을 모두 질문하자

2 솔로몬이 그가 묻는 말에 다 대답했는데, 솔로몬왕이 알지 못해 대답하지 못한 것이 하나도 없었다.

3 이에 스바 여왕이 솔로몬의 모든 지혜와 그 건축한 왕궁과

4 솔로몬이 먹는 음식과 그의 신하들의 좌석과 그의 시종들이 서 있는 것과 그들의 관복과 술 시중을 드는 관원들과 여호와의 성전으로 올라가는 층계를 보고 크게 감동되어

5 솔로몬왕에게 말했다. "내가 내 나라에서 당신의 일과 지혜에 대해 들은 소문이 사실이었습니다.

6 내가 그 말들을 믿지 못했는데 직접 와서 보니 당신의 지혜가 절반도 전해지지 않았습니다. 당신의 지혜와 복은 내가 들은 소문보다 더 큽니다.

7 항상 당신 앞에 서서 당신의 지혜를 듣는 당신의 사람들과 신하들은 행복합니다.

8 당신의 하나님을 찬양합니다. 하나님께서 당신을 기뻐하시고 하나님을 위하여 이스라엘 왕위에 올리셨습니다. 당신의 하나님이 영원히 이스라엘을 사랑하시므로 당신을 세워 왕으로 삼아 정의와 공의를 행하게 하셨습니다."

9 이에 스바 여왕은 금 120달란트와 많은 향품 예물과 보석을 솔로몬왕에게 드렸다. 그가 솔로몬왕에게 드린 것처럼 많은 예물은 이후[4]에는 다시 오지 않았다.

10 히람왕의 신하들과 솔로몬의 신하들도 아라비아반도 서남쪽의 오빌에서 금을 실어 올 때 많은 백단목과 보석을 가져오니

11 솔로몬왕이 그 백단목으로 여호와의 성전과 왕궁의 난간을 만들고, 노래하는 자를 위해 수금과 비파를 만들었다. 이 같은 백단목은 전에도 온 일이 없었고, 오늘까지도 보지 못했다.

12 솔로몬왕이 왕의 규례에 따라 스바 여왕이 가져온 대로 답례품을 주고, 그 외에 그가 원하는 것은 모두 주었다. 이에 스바 여왕이 신하들과 함께 본국으로 돌아갔다.

솔로몬의 재산과 지혜[5]

13 ● 솔로몬에게 한 해에 들어오는 금의 무게가 약 22,644kg 되는 666달란트였다.

14 그 외에 무역상들과 무역하는 객상들이 가져온 것이 있고, 아라비아의 모든 왕과 그 나라의 지도자 고관들도 금과 은을 솔로몬에게 가져왔다.

15 솔로몬왕은 두드려서 늘린 금 6.8kg 되는 600세겔이 들어간 큰 방패 200개와

16 두드려서 늘린 금 300세겔[6]이 들어간 작은 방패 300개를 만들었다. 왕은 이것들을 '레바논 숲'이라고

---

1) 왕상 9:28, 420　2) 왕상 10:1-13　3) 질문　4) 전
5) 왕상 10:14-28　6) 왕상 10:17, 3마네

부르는 궁에 두었다.

17 또 왕이 상아로 큰 보좌를 만들고 정금으로 입혔다.

18 그 보좌로 오르는 6개 계단과 금 발판이 보좌와 이어졌다. 앉는 자리 양쪽에는 팔걸이가 있고, 팔걸이 곁에는 사자상이 하나씩 서 있었다.

19 또 12개의 사자상이 그 6개 계단 양쪽에 서 있었는데, 이같이 만든 것은 어느 나라에도 없었다.

20 솔로몬왕이 마시는 그릇은 다 금이고, 레바논 숲1) 궁의 그릇들도 다 정금이었다. 은 기물이 없으니 솔로몬의 시대에는 은을 귀히 여기지 않을 정도였다.

21 이는 솔로몬왕이 바다에 배들을 정박시켜 히람왕의 종들2)과 함께 시실리섬 혹은 스페인으로 알려진 다시스로 왕래하며 그 배로 3년에 한 차례씩 금과 은과 상아와 원숭이와 공작을 실어 왔기 때문이다.

22 이처럼 솔로몬왕의 부와 지혜가 세상의 그 어느 왕보다 많고 컸다.

23 천하의 열왕3)이 하나님께서 솔로몬의 마음에 주신 지혜를 듣기 위해 그의 얼굴 보기를 원했다.

24 그래서 그들은 은과 금 그릇과 의복과 갑옷과 향품과 말과 노새 등 예물을 가지고 왔는데, 그것은 해마다 정해진 수량이 있었다.

25 솔로몬이 병거와 마병의 수를 조사해 보니 병거를 메는 말의 외양간이 4,000이요, 마병이 1만 2,000명이요, 병거가 1,400대4)였다. 이를 병거성에 두고 예루살렘에 있는 왕 옆에도 두었다.

26 솔로몬이 유프라테스강 서쪽을 딥사에서 블레셋 땅의 가사와 애굽 국경까지, 그 강 서쪽 나라 왕을 모두 다스리므로 솔로몬이 통치하는 동안 그 속국들이 조공을 바치며 섬겼다.

27 솔로몬왕은 예루살렘에서 은을 돌처럼 많이 갖고 있었고 백향목을 평지의 돌무화과나무5)처럼 많이 소유하고 있었다.

28 솔로몬의 말들은 애굽과 각국에서 왕의 무역상들이 무리 단위로 정해진 값에 수입했다.

솔로몬의 행적 기록과 죽음6)

29 ● 이 외에 솔로몬의 모든 행적은 나단 선지자의 글과 실로 출신 아히야의 예언과 느밧의 아들 여로보암에 대해 기록한 잇도 선지자의 계시책에 있다.

30 솔로몬이 예루살렘에서 이스라엘을 통치한 기간은 40년이다.

31 솔로몬이 죽어 그 아버지 다윗성에 장사되었고 그의 아들 르호보암이 뒤를 이어 왕이 되었다.

북쪽 지파들의 배반과
이스라엘의 분열7)

10

● 솔로몬이 죽고 그 아들 르호보암이 왕이 된 후 르호보암은 세겜으로 갔다. 북쪽 지역 이스라엘 백성이 그를 왕으로 삼기 위해 세겜에 모였기 때문이다.

2 한편 느밧의 아들 여로보암은 전에 자기를 죽이려는 솔로몬왕을 피해 애굽으로 망명해 있었는데 솔로몬이 죽었다는 소문을 듣고 애굽에서 돌아왔다.8)

3 그래서 북쪽에 있는 이스라엘 무리가 사람을 보내 그를 불렀다.9) 이에 여로보암과 온 이스라엘의

---

1) 나무 2) 왕상 10:22, 배 3) 왕상 10:24, 온 세상 사람
4) 왕상 4:26, 병거의 말 외양간이 4만 5) 뽕나무 6) 왕상 11:41-43 7) 왕상 12:1-19 8) 왕상 12:2, 여전히 애굽에 있는 중에 9) 왕상 12 하-3상, 애굽에 있는 중에 무리가 사람을 보내

회중이 르호보암에게 와서 요구 조건을 말했다.

4 "왕의 아버지 솔로몬께서 우리의 멍에를 무겁게 했지만 이제 왕은 왕의 아버지께서 우리에게 시킨 고역과 메운 무거운 멍에를 가볍게 해주십시오. 그렇게 해주면 우리가 계속해서 왕을 섬기겠습니다."

5 그러자 르호보암이 그들에게 대답했다. "3일 후 다시 내게로 오라."

6 르호보암왕이 그의 아버지 솔로몬의 통치 때 왕을 섬겼던 원로 정치인들과 의논하기를 "너희는 어떻게 권고하여 이 백성에게 대답하게 하겠느냐?"라고 하니

7 그들이 대답했다. "만일 오늘 왕께서 이 백성을 후대하여 기쁘게 하고[1] 좋은 말로 대답하시면 그들이 영원히 왕의 종이 되어 섬길 것입니다."

8 그러나 르호보암왕은 원로 정치인들이 조언하는 것을 버리고 지금 함께 있는 젊은 신하들과 의논했다.

9 "너희는 어떻게 이 북쪽 지역의 백성에게 대답하도록 조언하겠느냐? 그들이 내게 말하기를 '왕의 아버지가 우리에게 메운 멍에를 가볍게 하라'고 했다."

10 그러자 자기와 함께 자라난 젊은 신하들이 왕께 대답했다. "이 백성들이 왕의 아버지께서 지운 무거운 멍에를 가볍게 해달라고 요청했으나 왕은 이렇게 대답하시기 바랍니다. '내 새끼 손가락이 내 아버지의 허리보다 굵다.

11 내 아버지께서 너희에게 무거운 멍에를 지웠다고 했는데, 이제 나는 더 무거운 멍에를 지게 할 것이다. 내 아버지는 너희를 가죽 채찍으로 다스렸지만[2] 나는 전갈과 같은 채찍

으로 너희를 다스릴 것이다.'라고 하십시오."

12 3일 만에 여로보암과 북쪽 10지파의 백성이 르호보암에게 나아왔다. 이는 왕이 "3일 후 내게로 다시 오라"고 명령했기 때문이다.

13 그들이 오자 르호보암왕은 포학한 말로 원로들의 조언을 버리고

14 젊은 신하들의 조언을 따라 북쪽 지역의 백성에게 대답했다. "내 아버지는 너희의 멍에를 무겁게 했지만, 나는 너희의 멍에를 더욱 무겁게 할 것이다. 내 아버지는 가죽 채찍으로 너희를 다스렸지만, 나는 전갈과 같은 채찍으로 너희를 다스릴[3] 것이다."

15 이같이 르호보암왕은 북쪽 지역의 백성의 말을 듣지 않았는데, 이 일은 여호와께서 그렇게 하신 것이다. 곧 이전에 실로 출신 아히야를 통해 느밧의 아들 여로보암에게 하신 말씀을[4] 이루려고 하신 것이다.

16 북쪽 지역의 이스라엘 백성이 자기들의 요구를 왕이 듣지 않은 것을 보고 왕을 향해 말했다. "우리가 다윗과 무슨 관계가 있는가? 우리는 이새의 아들에게서 더 이상 받을 유업이 없다. 이스라엘아, 이제 너희의 장막 집으로 돌아가라. 다윗이여, 이제 너는 네 가문[5]이나 돌보라." 그리고 북쪽 지역의 이스라엘이 각자 자기 장막 집으로 돌아갔다.

17 그러나 유다 지역의 성읍들에 사는 이스라엘 자손은 여전히 르호보암의 통치 아래 남아 있었다.

18 이런 상황에서 르호보암왕이 하도람[6]을 북쪽 지역의 일꾼의 감독으로

1) 왕상 12:7. 그들을 섬기고 2) 징계하였으나 3) 징치할
4) 왕상 11:30-39 5) 집 6) 왕상 12:18, 아도람

보냈다. 그러나 북쪽 지역의 이스라엘 자손이 아도람을 돌로 쳐 죽였고, 르호보암왕은 급히 수레에 올라 예루살렘으로 도망했다.

19 이에 이스라엘은 다윗의 가문에 반역하여 오늘까지 왔다.

스마야가 여호와의 말씀을 전함[1]

11 ● 북쪽 지역의 지파가 자신을 배반하자 예루살렘에 도착한 르호보암은 유다 온 족속과 베냐민 지파 족속에서 군사를 소집했는데, 그 수가 18만 명이었다. 그들은 북쪽 지역의 이스라엘 족속과 싸워 나라가 분열되지 않도록 하여 솔로몬의 아들 르호보암에게 돌리기 위해 모였다.

2 이때 하나님께서 하나님의 사람 스마야에게 말씀하셨다.

3 "솔로몬의 아들 유다 왕 르호보암과 유다와 베냐민에 속한 모든 족속과 나머지 모든 백성에게 이르기를

4 '여호와의 말씀이 너희는 싸우러 올라가지 말라. 너희 형제인 북쪽 지역의 이스라엘 자손과 싸우지 말고 자기 집으로 돌아가라. 이 일은 나로 인해 된 것이다'라고 하라." 그러자 그들이 스마야를 통해 하신 여호와의 말씀을 듣고 여로보암을 치러 가던 길에서 되돌아왔다.

르호보암의 요새 성읍 건축

5 ● 유다 왕 르호보암이 예루살렘에 거주하며 유다 지역을 방비하는 성읍들을 건축했다.

6 그 성읍들은 베들레헴, 에담, 드고아,

7 벧술, 소고, 아둘람,

8 가드, 마레사, 십,

9 아도라임, 라기스, 아세가,

10 소라, 아얄론, 헤브론이다. 모두 유다와 베냐민 땅에 있는 견고한 성읍들이었다.

11 르호보암이 그 요새 성읍들을 더욱 견고히 하고, 지휘관들을 그 가운데 배치했으며, 양식과 기름과 포도주를 비축하고,

12 각 성읍에 방패와 창을 두어 크게 강화했다. 12지파 중 유다 지파와 베냐민 지파가 르호보암에게 속했다.

제사장들과 레위 사람들이 유다로 넘어옴

13-14 ● 여로보암과 그의 아들들이 북쪽의 레위인 제사장들을 제사장 직에서 해임하여 그 직분을 행하지 못하게 했다. 이런 여로보암의 정책으로 북쪽에 있는 제사장과 레위 사람이 자기들의 마을과 생업의 터전을 떠나 남쪽의 르호보암에게 돌아와 유다 지역과 예루살렘에 이르렀다.

15 여로보암은 따로 제사장을 세워 여러 산당과 숫염소 우상과 자기가 만든 송아지 우상에게 제사를 드리도록 했다.

16 또한 제사장과 레위인들뿐 아니라 이스라엘의 모든 지파 가운데 여호와를 찾기로 굳게 마음을 먹은 자들도 레위 사람들을 따라 예루살렘으로 와서 그들의 조상들의 하나님께 제사하고자 했다.

17 그러므로 북쪽에서 내려온 사람들은 3년 동안 유다 나라를 도와서 르호보암 왕국을 강성하게 했다. 이는 무리가 3년 동안 다윗과 솔로몬의 바른 길로 행했기 때문이다.

르호보암의 가족

18 ● 르호보암왕이 다윗의 아들 여리못의 딸 마할랏을 아내로 삼았는데, 마할랏은 이새의 아들 엘리압의 딸

---

1) 왕상 12:21-24

아비하일이 낳은 딸이다.

19 그가 여우스와 스마랴와 사함 등 아들을 낳았다.

20 그후 또 압살롬의 딸 마아가를 아내로 맞았는데, 그는 아비야와 앗대와 시사와 슬로밋을 낳았다.

21 르호보암은 아내 18명과 첩 60명을 거느려 아들 28명과 딸 60명을 낳았으며, 압살롬의 딸 마아가를 모든 처첩보다 더 사랑했다.

22 그래서 르호보암은 마아가의 아들 아비야를 그의 형제들 가운데 지도자로 삼아 왕으로 세우고자 후계자로 세웠다.

23 이 일에 르호보암이 후계자에 대한 불만을 갖지 않도록 지혜롭게 행하여 그의 다른 모든 아들을 유다와 베냐민 지역의 견고한 성읍에 흩어져 살게 하고, 양식을 넉넉하게 주고, 아내도 많이 얻어 주었다.

르호보암 때 애굽 시삭의 침략[1]

12 ● 유다 왕 르호보암은 나라가 굳건해지고 그의 세력이 커지자 여호와의 율법을 떠났고, 백성들도 그를 따라 율법을 버렸다.

2 유다가 여호와께 범죄하므로 르호보암왕 5년에 애굽 왕 시삭 2세가 예루살렘을 치러 올라왔다.

3 시삭에게는 병거가 1,200대이며, 마병이 6만 명이며, 애굽에서 그와 함께 참전한 리비아 족속과 홍해 서쪽 산지에 사는 숙 족속과 구스 사람 등 셀 수 없이 많았다.

4 이에 시삭이 유다의 견고한 성읍들을 빼앗은 후 예루살렘을 공격했고,

5 그때 유다 방백들이 시삭이 침략한 일로 예루살렘에 모였다. 이때 스마야 선지자가 르호보암과 통치자인 방백들에게 나아와 말했다.

"여호와께서 이같이 말씀하셨다. '시삭의 침략을 받은 것은 너희가 나를 버렸기 때문이다.'"

6 이에 르호보암왕과 이스라엘 방백들이 자기를 낮춰 말하기를 "여호와는 의로우시다"라고 했다.

7 여호와께서 그들이 스스로를 낮춤을 보고 스마야를 통해 말씀하셨다. "그들이 잘못을 뉘우치고 스스로를 낮추었으니 내가 유다를 아주 멸망시키지 않고 서서히 구원하여 내 분노를 시삭의 손을 통해 예루살렘에 다 쏟지 않을 것이다.

8 다만 그들이 시삭의 종이 되는 것을 통해 나를 섬기는 것과 세상 나라들을 섬기는 것이 어떻게 다른지를 알게 될 것이다."

9 결국 애굽 왕 시삭이 올라와 예루살렘을 공격하여 여호와의 성전에 있던 보물과 왕궁의 보물과 솔로몬이 만든 금 방패도 빼앗아 갔다.

10 그래서 르호보암왕은 금 대신 놋으로 방패를 만들어 왕궁 문을 지키는 경호 책임자인 시위대 대장의 손에 맡기니

11 왕이 여호와의 성전에 들어갈 때마다 경호하는 자가 그 방패를 들고 갔다가 경호실로 도로 가져갔다.

12 여호와께서 그들이 스스로를 낮추고 유다에 선한 일도 있어 여호와

성경인물 시삭(대하 12:9)

성경에 나오는 시삭(Shishak)은 셰송크 2세로 애굽 제22왕조의 바로이다. 시삭 1세의 아들로 알려진 그는 이집트 전국을 장악한 후 나일강 삼각주에 있는 비베셋을 수도로 삼았다. 그는 또 르호보암 때 유다의 예루살렘을 공격하여 성전과 왕궁의 보물을 빼앗았다.

[1] 왕상 14:25-28

께서 분노를 돌이키사 다 멸하지는 않으셨다.

유다 왕 르호보암의 죽음[1]

13 ● 솔로몬의 아들 르호보암왕은 유다 왕위에 오를 때 나이가 41세였다. 여호와께서 자기 이름을 두시기 위해 이스라엘 모든 지파 가운데서 선택한 예루살렘성에서 스스로 세력을 굳게 하여 17년 동안 나라를 다스렸다. 그의 어머니는 암몬 여인의 나아마였다.

14 르호보암이 악을 행하게 된 것은 그가 여호와의 뜻을 찾는 데 마음을 쓰지 않았기 때문이다.

15 르호보암의 처음부터 끝까지 남은 행적과 그가 행한 모든 일은 스마야 선견자와 잇도 선견자의 역사책[2]과 유다 왕 역대지략에 기록되었다. 남쪽의 르호보암과 북쪽의 여로보암 사이에는 그들이 통치하는 기간 늘 전쟁이 있었다.[3]

16 르호보암이 죽자 그의 조상들이 묻힌 다윗성에 장사되었다. 그의 어머니는 암몬 여인 나아마이다. 그의 아들 아비야[4]가 뒤를 이어 유다의 왕이 되었다.[5]

유다 왕 아비야와 북이스라엘 여로보암과의 전쟁[6]

13 ● 느밧의 아들 북이스라엘 여로보암왕 18년에 아비야가 유다의 왕이 되어

2 예루살렘에서 3년 동안 나라를 다스렸다. 그의 어머니는 우리엘[7]의 딸 미가야[8]이다. 아비야가 여로보암과 싸울 때

3 아비야는 용감하게 싸우는 군사 40만 명을 모집하여 싸움을 준비했고, 여로보암은 큰 용사 80만 명을 모집하여 그와 대진했다.

4 유다의 아비야왕이 에브라임 산지에 있는 스마라임산 위에 서서 외쳤다. "여로보암과 북이스라엘 군사들은 들으라.

5 이스라엘 하나님께서 변하지 않는 소금 언약으로 온 이스라엘 나라를 다윗과 그의 자손에게 영원히 주신 것을 너희가 알고 있지 않느냐?

6 그런데 다윗의 아들 솔로몬의 신하 느밧의 아들 여로보암이 자기의 주인을 배반했다.

7 그때 건달과 불량배들이 그의 주변으로 몰려들자 세력을 얻어 솔로몬의 아들 르호보암에 반기를 들었다. 그때 르호보암왕은 어리고 마음이 약하여 그들을 막을 힘이 없었다.

8 그런데 너희가 큰 무리이며, 여로보암이 너희를 위해 신으로 만든 금송아지들이 너희와 함께 있다고 해서 이제 너희가 다시 다윗 자손이 다스리는 여호와의 나라를 대적하려고 하느냐?

9 너희는 아론 자손인 여호와의 제사장들뿐 아니라 레위 사람들까지도 쫓아내고, 이방 백성들의 풍속을 따라 너희 마음대로 일반인을 제사장으로 삼지 않았느냐? 그래서 누구든지 제사장이 되기 위해 어린 수송아지 1마리와 숫양 7마리를 끌고 오면 허무한 신들의 제사장으로 세웠다.

10 그러나 우리는 우리 하나님되시는 분을 배반하지 않았다. 그리고 우리에게는 여호와를 섬기는 아론 자손의 제사장들이 있다. 또 레위 사람들이 제사장들을 수종 들어

11 매일 아침 저녁으로 여호와 앞에

---

1) 왕상 14:21, 29~31   2) 족보책   3) 왕상 14:29~30   4) 왕상 14:31, 아비얌   5) 왕상 14:21하   6) 왕상 15:1~2, 14:20상   7) 왕상 15:2, 아비살롬   8) 왕상 15:2, 마아가

번제를 드리고 분향하며, 깨끗한 상에 빵을 진열해 놓은 진설병을 놓고, 저녁마다 불을 밝히는 금 등잔대가 있다. 우리는 우리 하나님의 계명을 지키지만 너희는 그분을 배반했다.

12 보라, 하나님께서 우리와 함께하시니 그분은 우리의 우두머리가 되시고, 그의 제사장들도 너희를 향해 함성을 올리기 위해 전쟁용 나팔을 들었다. 그러니 북쪽 이스라엘 자손들아, 너희 조상들의 하나님과 싸우지 말라. 너희가 이기지 못할 것이다."

13 이때 여로보암은 유다군의 뒤에 복병을 배치했기 때문에 유다 진 앞에는 북이스라엘의 중심 부대[1]가 있었다.

14 유다 사람이 뒤에는 복병이 있고, 앞에는 중심 적병 부대가 있는 것을 보고 여호와께 부르짖었으며, 제사장들은 나팔을 불었다.

15 유다 사람이 함성을 지를 때 하나님께서 여로보암왕과 온 북이스라엘을 아비야왕과 유다 앞에서 치셨다.

16 그러자 이스라엘 자손이 유다 앞에서 도망했다. 하나님께서 북이스라엘을 유다의 손에 넘기셨으므로

17 유다의 아비야와 그의 백성이 북이스라엘의 여로보암 군대를 크게 무찌르니 북이스라엘의 병사 가운데 죽임을 당하고 엎드러진 자가 50만 명이나 되었다.

18 이렇게 유다 자손이 북이스라엘을 이긴 것은 유다가 그들의 조상들의 하나님을 의지했기 때문이다.

19 유다의 아비야왕이 북이스라엘의 여로보암왕을 쫓아가서 벧엘, 여사나,

에브론 등과 그 동네들을 빼앗았다.

20 유다의 아비야 때 북쪽 여로보암은 다시 강성하지 못했다. 여로보암 즉위 22년째 여호와께서 그를 치심으로 죽었고,

21 아비야는 점점 강성하며 아내 14명을 거느려 아들 22명과 딸 16명을 낳았다.

유다 왕 아비야의 평가와 죽음[2]

22 ● 아비야의 남은 행적과 그 행한 모든 일과 그의 말은 유다 왕 역대지략과 잇도 선지자의 역사책에 기록되었다.

유다 왕 아사의 통치 초기[3]

14

● 남유다의 아비야가 죽어 그의 조상들이 묻힌 다윗성에 장사되고 그 아들 아사가 북이스라엘 여로보암왕 20년에 유다 왕이 되어 예루살렘에서 41년 동안 나라를 다스리니 그의 시대에는 그의 땅이 10년 동안 태평했다.

2 아사가 그의 하나님께서 보시기에 그의 조상 다윗처럼 선하고 옳고 바르게 행하여

3 이방 제단과 산당을 없애고, 석상을 깨뜨리며, 아세라 목상을 부수고,

4 유다 백성들에게 명령하여 그 조상들의 하나님을 찾게 하며, 그의 율법과 명령을 행하도록 했다.

5 또 유다의 모든 성읍에서 산당과 태양상을 없앴으므로 나라가 그의 통치 하에서 태평을 누렸다.

6 여호와께서 아사왕에게 평안을 주셨으므로 그 땅이 여러 해 동안 전쟁 없이 평안했다. 그는 유다 지역에 견고한 성읍들을 건축했다.

7 아사가 유다 백성들에게 말했다.

1) 사람 2) 왕상 15:7하 3) 왕상 15:8하~11

"우리가 우리 하나님을 버리지 않았기 때문에 이 땅이 아직 우리 앞에 남아 있다. 그러므로 이제 우리가 이 성읍들을 다시 세우고, 그 주위에 성벽을 쌓고, 망대를 세우고, 문과 빗장을 만들자. 우리가 주를 찾았기 때문에 그분께서 사방에 평안을 주셨다." 이렇게 말하자 그들이 아무런 어려움 없이 성읍 건축을 끝마쳤다.

8 아사에게는 유다 지파 가운데서 큰 방패와 창을 잡는 용사가 30만 명이며, 베냐민 지파 가운데서 작은 방패를 잡으며 활을 쏘는 용사가 28만 명이었다.

유다 왕 아사가 세라 침략을 격퇴함

9 ● 에티오피아, 곧 구스 사람 세라가 유다를 치기 위해 군사 100만 명과 병거 300대를 거느리고 유다의 마레사로 올라오자

10 아사가 마주 나가서 마레사의 스바다 골짜기에 진을 친 후

11 그의 하나님께 부르짖었다. "여호와여, 힘이 강한 자와 약한 자 사이에는 주밖에 도와줄 자가 없습니다. 우리가 주를 의지하며, 주의 이름으로 이 많은 무리를 치러 왔습니다. 우리 하나님이여, 우리를 도우십시오. 여호와여, 주는 우리 하나님이십니다. 원컨대 사람이 주를 이기지 못하게 하십시오."

12 이에 여호와께서 구스 사람들을 아사와 유다 사람들 앞에서 치시니 에티오피아 사람들이 패해 도망했다.

13 아사와 그의 백성들이 구스 사람들을 그랄까지 추격하여 전멸시켰다. 이는 여호와 앞에서 그리고 그의 군대 앞에서 패망한 것이다. 유다군은 수많은 전리품을 취했다.

14 여호와께서 그랄 사방의 모든 성읍 백성들을 두렵게 하시므로 유다의 아사 군대가 그 지역의 모든 성읍을 치고 많은 전리품을 얻었다.

15 또 가축을 지키는 자들의 천막을 공격하여 수많은 양과 낙타를 취하여 예루살렘으로 돌아왔다.

유다 왕 아사의 개혁[1]

15

● 하나님의 영이 오뎃의 아들 아사랴에게 임했다.

2 그가 나가 전쟁에서 돌아온 아사를 맞으며 말했다. "아사와 유다와 베냐민 사람들아, 내 말을 들으라. 너희가 여호와를 떠나지 않으면 여호와께서 너희와 함께하실 것이다. 만일 너희가 그를 찾으면 그는 너희를 만날 것이다. 그러나 너희가 그를 버리면 그도 너희를 버릴 것이다.

3 북이스라엘은 오랫동안 참된 신이 없고, 가르치는 제사장도 없고, 율법도 없이 살아 왔다.

4 그러나 그들이 어려움을 겪게 되면 하나님께로 돌아와 그를 찾았고, 그때마다 하나님께서는 그들을 만나 주셨다.

5 그들이 하나님을 버릴 때는 혼란이 가득하여 그 땅의 모든 주민이 마음 놓고 다닐 수가 없었다.

6 나라끼리 서로 공격하고, 성읍끼리 서로 공격하여 피차 큰 피해를 입었다. 이는 하나님께서 여러 가지 고난으로 그들을 괴롭게 했기 때문이다.

7 그러므로 너희는 강하게 하라. 낙심하지 말라. 너희가 하는 선한 일에 보상이 있을 것이다."

8 아사가 오뎃의 아들 아사랴 선지자의 예언을 듣고 마음을 강하게

1) 왕상 15:13-15

하여 유다와 베냐민 지역과 에브라임 산지에서 빼앗은 성읍들에 있던 혐오스러운 물건들을 없앴다. 또한 여호와의 현관 앞에 있는 여호와의 제단을 보수했다.

9 더 나아가 아사왕은 유다 족속과 베냐민 족속의 무리를 소집하고, 북쪽에 있는 에브라임과 므낫세와 시므온 지역에서 살다가 남쪽 유다로 내려와 살던 자들도 소집했다. 북이스라엘 사람들이 하나님께서 아사왕과 함께하시는 것을 보고 아사에게로 돌아오는 자가 많았기 때문이다.

10 아사왕 즉위 15년 세 번째 달인 6월에 그들이 예루살렘에 모이자

11 그날에 전리품 가운데서 소 700마리와 양 7,000마리로 여호와께 제사를 지냈다.

12 또한 마음을 다하고 목숨을 다해 조상들의 하나님을 찾기로 맹세했다.

13 그리고 "이스라엘 하나님을 찾지 않는 자는 남녀노소를 막론하고 죽이는 것이 마땅하다"라고 말하자

14 무리가 피리와 나팔을 불며 큰 소리로 하나님께 맹세했다.

15 온 유다가 이 맹세로 인해 기뻐했다. 그들이 전심으로 맹세하고 기쁨 가운데 뜻을 다하여 여호와를 찾자 여호와께서도 그들을 만나주시고, 사방에 태평을 주셨다.

16 또 아사왕은 혐오스러운 아세라 목상을 만든 어머니 마아가의 태후 자리를 폐위시켰다. 그리고 그가 만든 우상을 찍고 그것을 빻아 기드론 골짜기1)에서 불살랐다.

17 그러나 산당은 이스라엘 가운데서 없애지 않았다. 아사는 사는 날 동안 여호와를 섬기는 마음이 변함이 없었다.

18 그가 그의 아버지 아비야가 거룩하게 구별한 물건과 자기가 거룩하게 구별한 물건, 곧 은과 금과 그릇들을 여호와의 성전에 드렸다.

19 이때부터 아사왕 35년까지, 곧 르호보암 때부터 36년간 전쟁이 없었다.

유다 왕 아사와 북이스라엘 왕 바아사2)

16 ● 아사왕 36년에 북이스라엘의 왕 바아사가 유다를 치러 올라와서 북쪽 사람들을 유다 왕 아사와 왕래하지 못하게 하기 위해 국경 근처에 라마를 건축하려고 했다.

2 이에 아사가 여호와의 성전과 왕궁 창고에 남아 있는 은금을 모두 가져다가 신하를 통해 다메섹에 거주하고 있는 아람의 왕 헤시온의 손자, 다브림몬의 아들 벤하닷에게 보내며 부탁했다.

3 "내 아버지와 당신의 아버지 사이에도 언약이 있었으니 나와 당신 사이에 언약을 맺자. 내가 당신에게 은금 예물을 보냈으니 북이스라엘의 왕 바아사와 세운 언약을 파기하고 그를 공격하여 그가 나를 떠나게 하라."

4 그러자 아람 왕 벤하닷이 아사왕의 말을 듣고 그의 군대장관들을 보내 북이스라엘 성읍인 이욘, 단, 아벨

피리(대하 15:14)

피리(flute)는 고대 근동 지역의 왕의 목관 악기 중 하나로 한글개역성경에는 저로 번역했다. 당시에 가장 대중적인 악기인 피리는 결혼식이나 잔치, 장례식 때 연주되었다(사 5:12). 예수께서는 당시의 세대를 비유하여 말하기를 '피리를 불어도 춤추지 않는 것'과 같다고 말씀하셨다(마 11:16-17).

1) 시냇가 2) 왕상 15:17-23상

벧마아가[1] 그리고 긴네렛과 납달리의 모든 국고성을 침략했다.

5 이 소식을 들은 바아사는 라마 건축 공사를 중단하고 세겜 북쪽 15km 지점의 디르사로 돌아가 그곳에서 나라를 다스렸다.

6 이에 아사왕이 명령을 내려 바아사가 라마를 건축하려고 했던 돌과 재목을 가져오게 하고 그것으로 베냐민 지역에 게바와 미스바를 건축했다.

7 그때 하나니 선지자가 유다 왕 아사에게 나와서 말했다. "왕이 하나님 대신 아람 왕을 의지했으니 아람 왕의 군대가 왕의 손에서 벗어나게 되었습니다.

8 에티오피아인 곧 구스인과 룹사람, 곧 리비아 사람의 군대가 크고, 말과 병거가 대단히 많지 않았습니까? 그러나 그들이 침입해 왔을 때 왕은 여호와를 의지했기 때문에 여호와께서 그들을 왕의 손에 넘기셨습니다.[2]

9 여호와는 온 땅을 두루 살피사 전심으로 자기를 찾는 자들에게 능력을 베푸십니다. 그러나 아람 왕 벤하닷에게 한 일은 망령된 일이기에 이후부터 왕은 전쟁에 휘말리게 될 것입니다."

10 그 말을 들은 아사왕은 매우 화가 나서 하나니 선지자를 감옥에 가두었다. 그때 아사가 백성 가운데서 몇 사람을 학대했다.

11 아사의 일평생 행적과 모든 권세와 그가 행한 모든 일과 성읍을 건축한 일은 유다와 이스라엘 열왕기에 기록되었다.

아사의 말년과 죽음[3]

12 ● 아사가 유다의 왕이 된 지 39년 그가 늙었을 때 발에 병이 들어 매우

위독했으나 여호와께 구하지 않고 의원들에게 구했다.

13-14 아사가 왕위에 오른 뒤 41년 만에 죽자 그의 조상 다윗성에 준비한 자기 무덤에 향 제조법대로 만든 온갖 향 재료를 가득 채운 침상에 그의 시체를 장사하고 그의 죽음을 애도하며 분향했다.

유다 왕 여호사밧의 통치 초기

17 ● 북이스라엘의 아합왕 4년에 아사의 아들 여호사밧이 유다 왕이 되었다. 왕이 된 후 이스라엘을 방어하기 위해 국방을 튼튼히 했다.[4]

2 그래서 유다 지역의 모든 견고한 성읍에 군대를 주둔시키고, 아버지 아사가 정복한 에브라임 지역의 성읍들에도 군대를 배치했다.

3 여호와께서 여호사밧과 함께하셨는데, 그가 그의 조상 다윗이 걸어간 길을 따라가며 바알들에게 구하지 않았기 때문이다.

4 그는 오직 아버지 아사의 하나님께 구하며, 그의 계명을 지켜 북이스라엘의 악하고 혐오스러운 행위를 따르지 않았다.

5 그러므로 여호와께서 그의 나라를 굳건하게 하시니 유다 백성들이 여호사밧에게 예물을 드렸으며, 그의 부귀와 영예는 대단했다.

6 여호사밧은 전심으로 여호와께서 원하시는 길만을 따라갔으며, 산당들과 아세라 목상들을 유다에서 제거했다.

7 여호사밧 즉위 3년에 그의 참모인 방백 벤하일, 오바댜, 스가랴, 느다넬, 미가야를 유다 지역의 여러 성읍으로 보내어 율법을 가르치게 했다.

---

1) 아벨마임 2) 대하 14:9-13 3) 왕상 15:23하-24상
4) 왕상 22:41

8 또 그들과 함께 스마야, 느다냐, 스바댜, 아사헬, 스미라못, 여호나단, 아도니야, 도비야, 도바도니야 등 레위 사람들을 보냈으며, 제사장 엘리사마와 여호람까지 함께 보냈다.

9 그들은 여호와의 율법책을 가지고 유다 지역의 모든 성읍을 돌면서 백성들을 가르쳤다.

10 유다 주위의 모든 나라가 여호와에 대한 두려움을 갖고 있었기 때문에 그들은 여호사밧과 싸울 엄두도 내지 못했다.

11 그래서 블레셋 사람 중 어떤 자들은 여호사밧에게 예물과 은으로 조공을 바쳤고, 아라비아 사람들도 숫양 7,700마리와 숫염소 7,700마리를 바쳤다.

12 이렇게 여호사밧은 갈수록 강대해져 유다 지역에 견고한 요새와 국고성을 건축하고,

13 여러 성읍에 많은 공사를 했다. 또한 예루살렘에 용감한 용사들을 두었으니

14 그 수효가 그들의 족속대로 이러했다. 유다 지파에 속한 천부장 가운데는 아드나가 대장이 되어 큰 용사 30만 명을 거느렸고,

15 그다음 지휘관은 여호하난으로 18만 명을 거느렸으며,

16 그다음은 시그리의 아들 아마시야로 자기를 여호와께 즐거이 드린 큰 용사 20만 명을 거느렸다.

17 베냐민 족속에 속한 자들 가운데 용감한 용사 엘리아다는 활과 방패를 잡은 자 20만 명을 거느렸고,

18 그다음은 여호사밧으로 무장한 용사 18만 명을 거느렸으니

19 이들은 모두 왕을 모시는 자이다. 이 외에 유다 전 지역의 견고한 성읍들에 왕이 군사를 주둔시켰다.

북이스라엘 왕 아합과 유다 왕 여호사밧의 연합[1]

18 ● 여호사밧은 많은 재물과 큰 영예를 얻었다. 그는 북이스라엘 아합왕의 가문과 혼인을 통해 화평한 인적 관계를 가졌다.

2 그리고 2년 후[2] 유다의 여호사밧왕이 예루살렘 북쪽으로 95km 떨어진 사마리아에 있는 북이스라엘의 아합왕에게 내려갔다. 이에 아합왕이 유다의 여호사밧왕과 그의 수행원을 위해 양과 소를 많이 잡고 함께 가서 길르앗 라못을 공격하자고 권했다.[3]

3 북이스라엘 왕 아합이 유다 왕 여호사밧에게 말했다. "당신은 나와 함께 길르앗 라못으로 가서 싸우겠습니까?" 여호사밧이 대답했다. "나는 당신과 한 몸과 같고, 내 백성은 당신의 백성과 다름 없으니 함께 싸우러 갈 것입니다."

4 유다 왕 여호사밧이 또 북이스라엘의 왕에게 말했다. "그러면 먼저 여호와의 말씀이 어떠한지 오늘 물어보십시오."

5 이에 북이스라엘 왕이 선지자 400명[4]을 모으고 그들에게 말했다. "내[5]가 길르앗 라못에 가서 싸워야 하느냐, 싸우지 말아야 하느냐?" 그들이 대답했다. "공격하십시오. 하나님께서 그 성읍을 왕의 손에 넘기실 것입니다."

6 그러자 여호사밧이 물었다. "이들 외에 우리가 물을 만한 또 다른 여호와의 선지자가 이곳에 있지 않습니까?"

7 북이스라엘의 왕이 여호사밧왕에게 대답했다. "아직 이믈라의 아들

1) 왕상 22:44, 2~28 2) 왕상 22:2, 3년째 3) 왕상 22:3
4) 왕상 22:6, 400명쯤 5) 우리

미가야 한 사람이 있으니 그를 통해 여호와께 물을 수 있습니다. 그러나 그는 나에 대해 좋은 일은 예언하지 않고 나쁜 일만 예언하기 때문에 내가 그를 싫어합니다." 여호사밧이 말했다. "왕은 그런 말씀을 하지 마십시오."

8 그러자 북이스라엘 왕이 한 내시를 불러 미가야를 속히 오도록 했다.

9 북이스라엘의 아합왕과 유다의 여호사밧왕이 왕복을 입고 사마리아 성문 입구 광장에서 각기 왕좌에 앉아 있고 여러 선지자가 그들 앞에서 예언을 하고 있었다.

10 그때 그나아나의 아들 시드기야는 자기가 만든 철뿔들을 가지고 말했다. "여호와께서 이같이 말씀하신다. '왕이 이것들로 아람 사람을 찔러 진멸할 것이다.'"

11 여러 선지자도 그와 같이 예언하여 말했다. "왕은 길르앗 라못으로 올라가 승리를 거두십시오. 여호와께서 그 성읍을 왕의 손에 넘기실 것입니다."

12 아합왕이 보낸 사자가 미가야에게 말했다. "모든 선지자가 왕에게 좋게 말하니 청컨대 당신도 그들처럼 좋게 말하기를 바랍니다."

13 이에 미가야가 말했다. "여호와께서 살아계시는 한 맹세하니 내 하나님께서 내게 말씀하시는 것만을 내가 말할 것입니다."

14 이에 미가야가 아합왕 앞에 오자 왕이 그에게 말했다. "미가야야, 우리가 길르앗 라못으로 싸우러 가는 것이 좋겠느냐? 가지 않는 것이 좋겠느냐?" 그가 왕께 거짓으로 대답했다. "올라가서 승리를 거두십시오. 여호와께서 그 성읍을 왕의 손에 넘기실 것입니다."

15 왕이 미가야에게 말했다. "여호와의 이름으로 진실한 것 외에는 아무것도 말하지 말라고 내가 몇 번이나 네게 맹세하게 해야 하겠느냐? 그런데 너는 지금 거짓으로 말하고 있다."

16 그러자 미가야가 진실을 말했다. "내가 보니 모든 북이스라엘이 목자 없는 양같이 산에 흩어졌는데, 여호와의 말씀이 '이 무리에게 주인이 없으니 각각 평안히 자기 집으로 돌아갈 것이다'라고 하셨습니다."

17 북이스라엘 왕이 유다 왕 여호사밧에게 말했다. "저 사람이 나에 대해 좋은 일로 예언하지 않고 나쁜 일만 예언한다고 당신에게 말씀하지 않았습니까?"

18 그러자 미가야가 다시 말했다. "그러니 왕은 여호와의 말씀을 들으십시오. 내가 보니 여호와께서 그의 보좌에 앉으셨고, 하늘의 수많은 군대가 그의 좌우편에 모시고 서 있는데

19 여호와께서 이렇게 말씀하셨습니다. '누가 아합왕을 꾀어 그를 길르앗 라못으로 올라가게 하여 죽게 하겠느냐?' 그러자 '이렇게 하겠다' 하고, '저렇게 하겠다'라고 하며 서로 의견이 달랐습니다.

20 그런데 한 영이 나아와 여호와 앞에 서서 말했습니다. '내가 그를 미혹하겠습니다.' 여호와께서 그에게 물었다. '네가 어떻게 미혹할 수 있겠느냐?'

21 그가 대답했습니다. '내가 나가서 거짓말하는 영이 되어 그의 모든 선지자가 거짓을 말하도록 하겠습니다.' 그때 여호와께서 말씀하시기를 '너는 그렇게 할 것이니 나가서 그렇게 하라'고 하셨습니다.

22 그러니 이제 여호와께서 거짓말하는 영을 왕의 이 모든 선지자의 입에 들어가게 하셨고, 이미 왕이 재난을 당하게 될 것을 말씀하셨습니다."

23 그나아나의 아들 시드기야 예언자가 가까이 와서 미가야의 뺨을 치며 말했다. "여호와의 영이 나를 떠나 어디로 가서 네게 말씀하셨느냐?"

24 미가야가 그에게 말했다. "네가 골방에 들어가서 숨는 그날에 볼 것이다."

25 이에 북이스라엘의 왕이 미가야를 잡아 아몬 성주와 요아스 왕자에게 끌고가서

26 "이 놈을 옥에 가두고 내가 평안히 돌아올 때까지 고생의 빵과 고생의 물을 먹게 하라"고 명령했다.

27 이에 미가야가 말했다. "왕이 죽지 않고 돌아오게 된다면 여호와께서 나를 통해 말씀하지 않으셨을 것입니다." 이어 말했다. "너희 백성들은 모두 들으라."

아합왕의 죽음[1]

28 ● 북이스라엘의 아합왕과 유다의 여호사밧왕이 아람의 길르앗 라못을 빼앗기 위해 올라갔다.

29 북이스라엘의 아합왕이 여호사밧왕에게 말했다. "나는 변장하고 싸움터로 들어갈 것이니 당신은 왕복을 입으십시오." 그러고는 북이스라엘의 왕이 변장하고 싸움터로 들어 갔다.

30 아람 왕은 그의 병거의 지휘관 32명에게 "너희는 작은 자나 큰 자와 더불어 싸우지 말고 오직 북이스라엘 왕과 싸우라"고 미리 명령해 놓았다.

31 이에 아람 병거의 지휘관들이 왕복을 입은 유다의 여호사밧왕을 보고 소리쳤다. "왕복을 입은 자가 틀림없이 북이스라엘의 왕이니 돌이켜서 그와 싸우자." 이를 본 여호사밧이 나는 아합왕이 아니라고 소리쳤다. 이에 여호와께서 그를 도우시고 그들을 감동시키사 아람 군대가 여호사밧의 곁을 떠나가게 하셨다.

32 아람 병거의 지휘관들이 왕복을 입은 자가 북이스라엘의 왕이 아닌 것을 눈치 채고 추격을 멈추고 돌아섰다.

33 한 병사가 무심코 당긴 화살이 북이스라엘 왕의 갑옷 솔기 사이를 뚫었다[2]. 이에 아합왕이 자기 병거를 모는 자에게 말했다. "내가 부상당했으니 나를 싸움터에서 벗어나게 하라."

34 그러나 이날 전쟁이 맹렬하여 북이스라엘 왕이 병거 가운데 간신히 지탱하며 서서 아람 병사를 막다가 해가 질 때쯤 죽었다.

예후가 여호사밧을 책망함

19 ● 전쟁 후 유다 왕 여호사밧은 무사히 예루살렘으로 돌아와 자기 궁으로 들어갔다.

2 이때 하나니의 아들 예후 선지자가 여호사밧왕을 영접하며 말했다. "왕이 악한 자를 돕고 여호와를 미워하는 자들의 편에 서는 것이 옳은 일입니까? 그러므로 여호와의 진노가 왕에게 내릴 것입니다.

Q&A 고생의 빵이란?(대하 18:26)

뒤에 언급되는 '고생의 물'이라는 표현과 함께 감옥이나 어려운 환경에서 고생스럽게 먹는 음식물을 가리킨다. 성경에서 이 말은 주로 말로 다할 수 없는 큰 고초를 상징적으로 표현할 때 사용되었다.

---

1) 왕상 22:29~35 2) 쏜지라

3 그러나 왕에게 선한 일도 있으니 이는 왕이 아세라 목상들을 이 땅에서 없애고, 마음을 다해 하나님을 찾은 것입니다.”

유다 왕 여호사밧의 개혁

4 ● 여호사밧이 예루살렘에 거하면서 남쪽의 브엘세바에서 북쪽의 에브라임 산지까지 두루 다니며 백성의 형편을 살피고, 그들을 하나님께로 돌아오게 했다.

5 또 유다 온 나라의 견고한 성읍에 재판관을 세워 성읍마다 상주하게 하고,

6 재판관들에게 명령했다. “너희가 재판할 때 그것이 사람을 기쁘게 하는 것인지 너희와 함께하시는 여호와를 기쁘게 하는 것인지를 잘 살펴라.

7 그러므로 너희는 여호와를 두려워하는 마음으로 재판하라. 우리의 하나님께서는 불의함이나 치우침도 없으시고, 뇌물을 받지 않으신다.”

8 또 예루살렘에서 레위 사람들과 제사장들과 이스라엘 족장들 가운데서 사람을 뽑아 여호와께 속한 일과 예루살렘 주민의 모든 문제를 재판하게 하고

9 그들에게 명령했다. “너희는 여호와를 두려워하므로 진실과 성실한 마음으로 재판하라.

10 어떤 성읍에 사는 너희 동포, 형제가 살인이나 율법이나 규례에 대한 문제를 가지고 재판장인 너희에게 오면 어떤 문제이든지 여호와께 죄를 범하지 않도록 그들에게 경고하라. 그렇지 않으면 너희와 너희 동포에게 하나님의 진노가 내릴 것이다. 너희가 그렇게 행하면 죄가 없을 것이다.

11 여호와께 속한 모든 일에는 아마랴 대제사장이 최종 결정을 내리고, 왕에게 속한 모든 일은 유다 지파의 어른인 이스마엘의 아들 스바댜가 최종 결정을 내리며, 레위 사람들은 결정된 사항을 실행하는 관리를 담당할 것이다. 너희는 이 일을 힘써 행하라. 여호와께서 공의[1]를 행하는 자와 함께하실 것이다.”

유다 왕 여호사밧의 전쟁과 기도

20 ● 얼마 후 모압과 암몬 자손들과 마온 사람들이 동맹을 맺고 여호사밧을 치기 위해 올라왔다.

2 한 전령이 여호사밧에게 와서 보고했다. “큰 무리가 사해 바다 동쪽 에돔[2]에서 왕을 치러 오는데 지금은 하사손다말로 불리는 엔게디에 와 있습니다.”

3 그 소식을 들은 여호사밧이 두려워하여 여호와께로 얼굴을 들어 간구하고, 온 유다 백성에게 금식을 선포했다.

4 이에 유다 백성이 모든 성읍에 모여 여호와께 간구했다.

5 여호사밧이 여호와의 성전 새 뜰 앞에서 유다와 예루살렘의 회중 가운데 서서

6 말했다. “우리 조상들의 하나님이여,

♀성경지리 엔게디(대하 20:2)

엔게디는 사해 중간 서쪽에 있다. 이곳은 BC 3000년 전부터 사람이 살았던 유적이 남아 있고, 그 당시에 세워졌던 신전과 제단의 유적이 있다. 남쪽으로는 비잔틴 시대의 건물 유적이 있고, 그 남쪽에는 로마 시대의 목욕탕과 비잔틴시대의 유대교 회당의 유적도 있다. 다윗은 사울왕을 피하여 엔게디에 숨었으며(삼상 23:29), 아 1:14에는 '나의 사랑하는 자는 내게 엔게디 포도원의 고벨화 송이로구나'라고 기록되어 있어 그 옛날 포도원과 화초가 만발하던 지역이었던 것을 알 수 있다.

1) 선 2) 아람

주는 하늘에 계시는 하나님이 아니십니까? 이방 사람들의 모든 나라를 다스리시는 분이 아닙니까? 권세와 능력이 주께 있으니 능히 주와 맞설 수 있는 사람이 있겠습니까?

7 우리 하나님이시여, 전에 이 땅의 주민을 주의 백성 이스라엘 앞에서 쫓아내시고, 그 땅을 주께서 사랑하시는 아브라함의 자손에게 영원히 주지 않으셨습니까?

8 그들이 이 땅에 살면서 주의 이름을 위해 성전을 건축한 후 이렇게 기도했습니다.

9 '만일 재앙이나 전쟁이나 심판이나 전염병이나 기근이 우리에게 닥쳐온다면 주의 이름이 있는 이 성전에서 우리가 이 환난 가운데서 주께 부르짖으면 주님이 들으시고 구원하실 것입니다.'[1]

10 옛적에 이스라엘이 애굽 땅에서 나올 때 암몬과 모압 자손과 세일산 사람들의 땅으로 가는 것을 주께서 허락하지 않으셨기 때문에 이에 돌이켜 그들을 공격하지 않고 길을 돌아서 와야 했습니다.[2]

11 그러나 지금은 그들이 우리에게 대적하는 것을 보십시오. 그들이 올라와서 주께서 우리에게 주신 주의 유업에서 우리를 쫓아내려고 합니다.

12 우리 하나님이여, 그들을 징벌하지 않으십니까? 우리를 치러 오는 이 큰 무리를 우리가 대적할 능력이 없고, 어떻게 할 줄도 알지 못하여 오직 주만 바라봅니다."

13 유다 모든 사람이 그들의 아내와 자녀와 어린 아이까지 나와 여호와 앞에 섰다.

14 여호와의 영이 모인 무리 가운데서 아삽 자손 맛다냐의 4대 손이요, 여

이엘의 증손이며, 브나야의 손자이며, 스가랴의 아들인 레위 사람 야하시엘에게 임하셨다.

15 야하시엘이 말했다. "온 유다와 예루살렘 주민과 여호사밧왕이여, 여호와께서 이같이 너희에게 말씀하시는 것을 들으라. '너희는 적군이 많은 것을 보고 두려워하거나 놀라지 말라. 이 전쟁은 너희가 하는 것이 아니라 내가 하는 것이다.

16 내일 너희는 그들에게로 내려가라. 그들이 엔게디 서쪽 시스 고개로 올라올 때 너희가 골짜기 입구 여루엘 들 맞은편에서 그들을 만날 것이다.

17 이 전쟁에는 너희가 싸울 것이 없으니 대열만 정비하라. 그리고 내가 너희에게 승리를 주는 것을 보라. 유다와 예루살렘아, 너희는 두려워하거나 놀라지 말고 내일 그들과 맞서 나가라. 여호와께서 너희와 함께하실 것이다'라고 하셨다."

18 그러자 여호사밧이 몸을 굽혀 얼굴을 땅에 대었고, 온 유다와 예루살렘 주민도 여호와 앞에 엎드려 경배했으며,

19 그핫과 고라 자손에게 속한 레위 사람들은 서서 큰 소리로 이스라엘 하나님을 찬양했다.

20 이튿날 백성들이 아침 일찍 일어나 드고아 들로 나갔다. 그때 여호사밧이 서서 말했다. "유다와 예루살렘 주민들은 내 말을 들으라. 너희가 하나님을 믿고 의지하면 흔들리지 않을 것이다. 그의 선지자들을 신뢰하라. 그러면 승리할 것이다."

21 이에 여호사밧이 백성과 의논한 후 노래하는 자들을 선택하여 거룩한 예복을 입히고, 군대 앞에서

1) 왕상 8:37-39   2) 민 20:18-21, 신 2:18-19

행진하게 했다. 그리고 그들에게 "여호와께 감사하라. 그의 인자하심이 영원하시도다"라고 찬양하도록 했다.

22 그 노래와 찬양이 시작될 때 여호와께서 복병으로 유다를 치러 온 암몬 자손과 모압 자손과 세일산, 에돔 주민들을 치게 하시니 그들이 패했다.

23 곧 암몬과 모압 자손이 배반하여 세일산 주민들을 쳐서 진멸하고, 세일 주민들을 멸하고 나서는 그들 스스로가 서로 쳐 죽였다.

24 유다 사람이 들 망대에 이르러 적의 무리를 보니 땅에 엎드러진 시체들뿐이고, 한 사람도 피한 자가 없었다.

25 여호사밧과 그의 백성들은 3일 동안 적군의 재물과 의복과 보물 등 수많은 전리품만 거두어들였다.

26 넷째 날에 무리가 '찬양'이라는 뜻의 브라가 골짜기에 모여서 그곳에서 여호와를 찬양했다. 그래서 오늘까지 그곳을 '브라가 골짜기'라고 부른다.

27 유다와 예루살렘의 모든 사람이 다시 여호사밧을 앞세우고 기뻐하며 예루살렘으로 돌아왔다. 이는 여호와께서 그들의 적군을 친히 치심으로 기쁘게 하셨기 때문이다.

28 그들이 비파와 수금과 나팔로 연주하고, 예루살렘에 이르러 성전으로 나아갔다.

29 이방 모든 나라가 이 소식을 듣고 하나님을 두려워했다.

30 이렇게 하나님께서 사방에서 그들에게 태평을 주셨기 때문에 여호사밧의 통치 기간에 나라가 태평했다.

유다 왕 여호사밧의 행적 기록[1]

31 ●여호사밧이 유다 왕이 될 때 나이가 35세였다. 예루살렘에서 25년 동안 나라를 다스렸다. 그의 어머니는 실히의 딸 아수바이다.

32 여호사밧이 아버지 아사의 모든 길로 행하며, 여호와 앞에서 바르게 행했다.

33 그러나 산당을 없애지 않아서 그때까지도 백성이 그들의 조상들의 하나님만을 온전히 섬기지 못했다. 그래서 백성들은 산당에서 제사를 드리며 분향했다.

34 여호사밧의 모든 행적과 그가 부린 권세와 그가 어떻게 전쟁했는지는 하나니의 아들 예후의 글에다 기록되었고, 북이스라엘 열왕기[2]에도 기록되었다.

유다 왕 여호사밧과 북이스라엘 왕 아하시야의 교제[3]

35 ●유다 왕 여호사밧은 북이스라엘 왕 아하시야와 동맹[4]을 맺었는데, 아하시야는 큰 악을 행하는 자였다.

36 남북의 두 왕[5]이 서로 연합해 다시스[6]로 보내기 위해[7] 아카바만 홍해가의 에시온게벨에서 배를 건조했다.

37 마레사 출신 도다와후의 아들 엘리에셀이 여호사밧을 향해 예언했다. "왕이 북이스라엘 왕 아하시야와 동맹을 맺으므로 여호와께서 왕이 건조한 배들을 파괴하실 것입니다." 결국 그 배들은 에시온게벨에서 부서져서 다시스로 가지 못했다.

유다 왕 여호람[8]

21 ●그후 유다 왕 여호사밧이 죽자 그의 조상들이 묻힌 다윗성에

1) 왕상 22:41~43,45   2) 왕상 22:45, 유다 왕 역대지략
3) 왕상 22:48   4) 교제   5) 왕상 22:48, 여호사밧   6)
왕상 22:48, 오빌   7) 왕상 22:48, 금을 가져오기 위해
8) 왕상 22:50, 왕하 8:17~24

장사되고, 그의 아들 여호람이 뒤를 이어 단독으로 통치하는 왕이 되었다.

2 유다 왕 여호사밧의 아들 여호람의 동생들은 아사랴, 여히엘, 스가랴, 아사랴, 미가엘, 스바댜였다.

3 그의 아버지가 그들에게는 은금과 보물과 유다 견고한 성읍들을 선물로 후히 주었고, 장자인 여호람에게는 왕위를 주었다.

4 그런데 여호람이 유다 왕이 되어 세력을 얻은 후 그의 모든 동생과 이스라엘 방백들 가운데 몇 사람을 칼로 죽였다.

5 여호람이 유다 왕이 될 때 나이가 32세였다. 예루살렘에서 아버지 여호사밧과 공동 통치를 마친 후 단독으로 8년 동안 나라를 다스렸다.

6 여호람은 북이스라엘 아합왕의 딸을 아내로 맞이하고 북이스라엘 왕들의 악한 길로 행하여 아합의 집과 같이 악을 행했다.

7 그럼에도 여호와께서는 그의 종 다윗을 생각하여 유다, 곧 다윗의 집 멸하기를 기뻐하지 않으셨다. 이는 다윗과 함께 언약을 세우시고, 다윗과 그의 자손에게 항상 등불을 주겠다고 말씀하셨기 때문이다.

8 또 유다 왕 여호람 때 에돔이 유다를 배반하여 유다의 지배 하에서 벗어나 자기들의 왕을 따로 세웠다.

9 그러자 유다 왕 여호람이 지휘관들과 모든 병거를 거느리고 예루살렘 남쪽으로 30㎞ 정도 떨어진 사일로 출정했다. 그러나 에돔 군대가 여호람 군대를 포위했다. 이에 여호람이 밤에 일어나 자기를 에워싼 에돔 사람과 그 병거의 지휘관들을 공격하여 포위를 뚫고 나가니 에돔 백성이 도망하여 각각 그

들의 장막으로 돌아갔다.

10 이처럼 에돔은 유다의 지배에서 벗어났으니 오늘까지 그러했다. 그때 블레셋 국경 지대에 있던 립나도 유다를 배반하여 그의 지배에서 벗어났다. 이렇게 된 것은 여호람이 그의 조상들의 하나님을 버렸기 때문이다.

11 유다 왕 여호람이 유다의 여러 산에 산당을 세워 예루살렘 주민으로 음행하게 하고, 유다를 그릇된 길로 가게 했다.

12 이에 엘리야 선지자[1]가 유다 왕 여호람에게 다음과 같은 글을 보냈다. "왕의 조상, 다윗의 하나님께서 이렇게 말씀하셨습니다. '네가 네 아버지 유다의 여호사밧왕과 아사왕의 선한 길로 행하지 않고,

13 오직 북이스라엘 왕들의 악한 길로 행하여 유다와 예루살렘 주민들로 아합의 집같이 음행하게 하고, 너보다 착한 동생들을 죽였으니

14 여호와가 네 백성과 네 자녀들과 네 아내들과 네 모든 재물을 큰 재앙으로 치실 것이다.

15 그리고 너는 창자에 중병이 들어 악화되다가 결국 창자가 빠져나올 것이다.'"

16 이때쯤 여호와께서 블레셋 사람들과 에티오피아, 곧 구스에 인접한 아라비아 사람들의 마음을 충동시켜 유다 왕 여호람을 공격하게 하셨다.

17 이에 그들이 올라와서 유다를 침략하여 왕궁의 모든 재물을 탈취하고, 오직 막내아들 여호아하스만 남기고 왕의 아들들과 아내들을 잡아갔다.

1) 디셉 출신 엘리야와 다른 사람일 수도 있음

18 이 일 후 여호와께서 유다 왕 여호람을 치사 그 창자에 불치의 병이 들게 하셨다.

19 여호람은 병들고 나서 2년 만에 그 병으로 인해 창자가 빠져나왔고, 그 심한 병으로 죽었다. 그러나 백성이 그들의 조상들에게 분향한 것처럼 그에게는 분향하지 않았다.

20 여호람은 32세에 즉위하여 예루살렘에서 8년 동안 통치하다가 아끼는 자없이 죽어 다윗성에 장사했으나 열왕의 묘실에는 두지 않았다. 그의 아들 아하시야가 뒤를 이어 왕이 되었다.

유다 왕 아하시야[1]

22 ● 예루살렘 사람은 여호람의 막내아들 아하시야에게 왕위를 계승하게 했다. 전에 아라비아 사람들과 함께 와서 진을 치던 부대가 그의 모든 형을 죽였기 때문이다.[2] 그래서 유다 왕 여호람의 아들 아하시야가 왕이 되었다.

2 유다의 아하시야는 42세[3]에 왕이 되어 예루살렘에서 1년간 나라를 다스렸다. 그의 어머니는 북이스라엘 왕 오므리의 손녀 아달랴이다.

3 아하시야가 아합의 집과 같이 여호와께서 보시기에 악을 행했으니, 이는 그가 아합 가문의 사위가 되므로 그의 어머니가 꾀어 악을 행하게 했기 때문이다.

4 그의 아버지 여호람이 죽은 후 그가 아합 가문의 가르침을 따라 여호와께서 보시기에 아합의 가문처럼 악을 행하여 패망의 길로 갔다.

5 유다 왕 아하시야가 북이스라엘 아합 가문의 의견을 따라 아합의 아들 북이스라엘 왕 여호람[4]과 연합하여 길르앗 라못으로 가서 아람 왕 하사엘과 싸웠다. 그러나 아람 군사들이 북이스라엘의 여호람[4] 왕에게 부상을 입혔다.

6 북이스라엘 왕 여호람[4]이 아람 왕 하사엘과의 싸움에서 아람 군사에게 당한 부상을 치료하기 위해 라마에서 이스르엘로 돌아왔다. 유다 왕 여호람의 아들 아사랴[5]가 부상당한[6] 아합의 아들 북이스라엘 왕 여호람의 병문안을 위해 예루살렘에서 130km 떨어진 이스르엘로 내려갔다.

7 아하시야가 여호람을 병문안한 것으로 인해 해를 당했다. 그것은 하나님께로 인한 것이었다. 유다 왕 아하시야가 북이스라엘 왕 여호람과 함께 나가 님시의 아들 예후를 맞았는데, 그는 바로 전에 여호와께서 왕으로 기름을 부으시고 아합의 가문을 진멸하도록 명령을 받은 자였다.

8 하나님께서 예후로 아합의 집을 심판하게 하실 때 유다 방백들과 유다 왕 아하시야를 섬기는 그의 형제들의 아들들[7]을 만나서 죽였다.

9 유다 왕 아하시야가 예후의 반역을 보고 정원의 정자 길로 도망하여 사마리아에 숨었더니 예후가 찾으매 무리가 그를 예후에게로 잡아가서 죽이고 예후가 말했다. "그는 전심으로 여호와를 구하던 여호사밧의 아들이다." 그래서 그 시체를 수습해 주었다. 이로 인해 유다 아하시야의 집이 약하여 힘으로 왕위를 지키지 못하게 되었다.

---

1) 왕하 8:25~29, 10:13~14, 9:27   2) 대하 21:16~17
3) 왕하 8:26, 22세   4) 요람   5) 왕하 28:29, 아하시야
6) 병이 든   7) 왕하 10:13~14, 아하시야의 형제들

아달랴의 유다 정권 찬탈[1]

10 ● 한편 유다 왕 아하시야의 어머니 아달랴가 그의 아들 아하시야가 예후에게 죽임당한 것을 보고 일어나 유다 가문의 왕국의 씨[2]을 모두 진멸했다.

11 그러나 왕자들이 죽임을 당하는 가운데 유다 왕 여호람의 딸 아하시야의 누이이며, 여호야다 제사장의 아내인 여호사브앗[3]이 아하시야의 아들 중 요아스를 몰래 빼내어 그의 유모와 함께 침실에 숨겨 아달랴를 피해 죽임당하지 않게 했다.

12 요아스가 그들과 함께 여호와의 성전에서 6년간 숨어 지냈으며, 그 동안 나라는 아달랴가 다스렸다.

아달랴에 대한 반역[4]

23 ● 유다의 아달랴가 반역하여 왕위를 찬탈한 지 7년째에 여호야다 제사장이 용기를 내어 사람을 보내 가리 출신의 백부장들과 호위병의 백부장, 여로함의 아들 아사랴, 여호하난의 아들 이스마엘, 오벳의 아들 아사랴, 아다야의 아들 마아세야, 시그리의 아들 엘리사밧 등과 더불어 아달랴에 반역하기로 약속했다.

2 이에 그들이 유다 지역 사방으로 다니며 유다의 모든 마을에서 레위 사람들과 이스라엘 족장들을 모아 예루살렘으로 올라왔다.

3 그리고 여호야다는 여호와의 성전으로 들어가서 그들과 언약을 맺고, 그들에게 여호와의 성전에서 맹세하게 한 후 요아스 왕자를 그들에게 보였다. 그리고 나서 제사장 여호야다가 무리에게 말했다. "여호와께서 다윗의 자손에 대해 말씀하신 대로 왕자가 즉위해야 할 것이다.

4-5 이제 너희는 이와 같이 *행하라.

너희 가운데 안식일 당번인 제사장들과 레위 사람들 가운데 3분의 1은 문[5]을 지키고, 3분의 1은 왕궁[6]에 있고, 3분의 1은 호위대 뒤에 있는 기초문에 있어 철저히 왕궁을 지키고, 백성들은 여호와의 성전 뜰에 있으라.

6 제사장들과 수종을 드는 레위 사람들은 거룩하니 여호와의 성전에 들어올 수 있지만 그 외의 다른 사람은 들어오지 못할 것이니 모든 백성은 여호와께 지켜야 할 규례를 지키라.

7 레위 사람은 각자 무기를 잡고 왕을 호위하며, 다른 사람이 성전에 들어오거든 그들을 죽이고 왕이 출입할 때 경호하라."

8 이에 레위 사람들과 모든 유다 사람이 여호야다 제사장이 명령한 대로 행하여 각기 관할하는 백부장들이 안식일에 들어오는 당번인 자와 안식일에 나가는 비번인 자 모두를 거느리고 여호야다 제사장에게 나아오니 이는 여호야다 제사장이 반역 준비를 위해 안식일에 나가는 자들도 내보내지 않기 때문이다.

9 여호야다가 여호와의 성전에 있는 다윗왕의 창과 큰 방패와 작은 방패를 백부장들에게 주자

10 호위병이 각각 손에 무기를 잡고 왕을 호위하되 성전 오른쪽에서 왼쪽까지 제단과 성전 곁에 섰다.

11 그리고 여호야다 무리가 왕자인 요아스를 인도하여 왕관을 씌우고, 율법책을 준 후 여호야다와 그의 아들들이 요아스에게 기름을 부어 왕으로 삼았다. 이에 무리가 박수

---

1) 왕하 11:1-3   2) 왕하 11:1, 왕의 자손   3) 왕하 11:2, 여호세바   4) 왕하 11:4-16   5) 왕하 11:5, 왕궁   6) 왕하 11:6, 수르 문

하며 왕의 만세를 불렀다.

12 아달랴가 호위병과 백성들이 왕을 찬양하는 소리를 듣고 여호와의 성전에 들어가 백성에게 가 보니

13 왕이 규례대로 성전 문 기둥 곁의 단 위에 섰고, 지휘관인 장관들과 나팔수가 왕의 곁에 모셔서 섰다. 그리고 그 땅의 모든 백성이 기뻐하고 나팔을 불며 노래하는 자들은 주악하며 찬양을 인도하고 있었다. 이에 아달랴가 옷을 찢으며 "반역이로다"라고 거듭 외쳤다.

14 여호야다 제사장이 군대를 거느린 백부장들을 불러내어 명령했다. "아달랴를 따르는 자들을 대열 밖으로 몰아내고, 그를 따르는 자는 모두 칼로 죽이라." 이 말은 여호와의 성전에서는 그를 죽이지 말라는 뜻이었다.

15 이에 무리가 아달랴에게 피할 길을 열어 주니 그가 왕궁의 말이 다니는 말 문 입구로 도망가다가 그곳에서 죽임을 당했다.

여호야다의 개혁[1)

16 여호야다 제사장이 모든 백성과 왕에게 여호와와 언약을 맺어 여호와의 백성이 되라고 하자

17 온 백성이 바알 신당으로 가서 그 신당을 부수고, 그의 제단들과 우상 형상들을 철저히 깨뜨리며, 그 제단 앞에서 바알의 제사장 맛단을 죽였다.

18 여호야다가 여호와의 성전을 위해 직원들을 선발하여 레위 제사장의 밑에서 일하도록 했다. 이들은 다윗이 전에 그들의 직무를 순서에 따라 분담하여 여호와의 성전에서 모세의 율법대로 여호와께 번제를 드리며, 자기들의 정한 규례대로 기뻐하며 노래하게 했던 자들이었다.

19 또 문지기를 여호와의 성전 여러 문에 두어 어떤 일에든지 부정한 자는 들어오지 못하게 했다.

20 여호야다 제사장이 백부장들과 가리 출신과 호위병과 존귀한 자들과 백성의 지도자들과 그 땅의 모든 백성을 거느리고 왕을 인도하여 여호와의 성전에서 내려와 위쪽 호위병의 문 길을 통해 왕궁에 도착했다. 그리고 요아스왕이 보좌에 앉으니

21 그 땅의 모든 백성이 기뻐했다. 아달랴가 왕궁에서 무리에게 칼에 맞아 죽은 이후 예루살렘성은 평온을 찾았다.

유다 왕 요아스[2)

24 ● 북이스라엘 왕 예후 7년 요아스가 7세의 나이로 유다 왕이 되어 예루살렘에서 40년간 나라를 다스렸다. 그의 어머니의 이름은 브엘세바 출신의 시비아였다.

2 요아스는 여호야다 제사장이 그를 교훈하는 날 동안에는 여호와께서 보시기에 정직히 행했다.

나팔과 나팔수 (대하 23:13)

고대 나팔은 보통 짐승의 뿔, 특히 수양의 뿔로 만든 쇼파르를 사용했다. 나팔을 불어 기념하는 나팔절은 유대인 월력 중 티쉬리라는 일곱째 달로 그 달 첫째날을 안식일로 삼았다. 신년 축하를 위해 랍비는 안식일에 시작되는 금요일 저녁마다 나팔을 불었으며, 나팔을 불 때는 적절한 성구를 읽었다. 전쟁에서 나팔을 부는 것은 임박한 전쟁의 경고로 사용되었으며, 상징적으로는 하나님의 *심판의 선언을 나타내는* 말로 쓰였다.

나팔수는 나팔을 부는 사람이다. 구약 시대에 성전에서 봉사하는 나팔수(trumpeter)는 전문 음악인으로 레위인들 가운데 선별된 제사장들이었다 (왕하 11:14, 대하 5:12). 전쟁에서 나팔수는 경고하는 자의 의미를 갖고 있다.

1) 왕하 11:17-20　　2) 왕하 11:2, 12:1-12

3 여호야다가 요아스왕을 위해 두 아내를 얻어 주었더니 그녀들이 자녀를 낳았다.

4 유다 왕 요아스가 결혼한 후 여호와의 성전을 보수할 생각을 갖고

5 제사장들과 레위 사람들을 소집하더니 그들1)에게 말했다. "너희는 유다의 성읍을 사방으로 다니며 해마다 여호와의 성전에 거룩한 제물로 드리는 은, 곧 일상적으로 통용하는 은이나 각 사람의 몸값으로 드리는 은이나 자원하여 여호와의 성전에 드리는 은을 모두 제사장들이 각각 아는 자들에게서 받아 성전의 파손된 것을 그 받은 은으로 서둘러 수리하라." 그러나 레위 사람들은 왕의 이런 명령을 서둘러 시행하지 않았다.

6 요아스왕이 여호야다 대제사장과 일반 제사장들을 부른 후 말했다.2) "네3)가 어찌하여 레위인으로 하여금 여호와의 종 모세와 이스라엘 회중이 성막 관리를 위해 정해진 세를 유다와 예루살렘에서 거두게 하지 않았느냐?

7 이렇게 된 것은 악한 아달랴의 아들들이 성전을 파괴하고 성전의 성물들을 바알을 위해 사용했기 때문이다.

8 그러자 왕이 명령하여 한 궤를 만들어 여호와의 성전 문 밖에 두게 하고,

9 유다와 예루살렘에 공포하여 모세가 광야에서 이스라엘에게 정한 세를 여호와께 드리라고 했다.4)

10 여호야다 대제사장이 한 궤를 가져다가 뚜껑에 구멍을 뚫어 여호와의 성전 문 입구 오른쪽, 곧 제단 옆에 놓자 모든 지도자인 방백과 백성들이 기뻐했다. 그리고 여호와의 성

전에 가져오는 모든 은5)을 문을 지키는 제사장들이 그 궤에 넣었다.

11 이에 궤에 은이 차면 레위 사람들이 궤를 메고 왕의 관리에게 가지고 갔다. 그리고 그 궤에 은이 가득한 것을 보면 왕의 서기관과 대제사장에게 속한 관원이 올라와서 그 궤를 쏟고6) 다시 본래 있던 곳에 가져다 두었다. 가득 찰 때마다 이렇게 하여 돈을 많이 거두면

12 왕과 여호야다가 그 달아 본 돈을 여호와의 성전을 맡은 감독자의 손에 넘겼다. 그러면 또 그들은 여호와의 성전을 수리하는 석수와 목수를 고용하여 여호와의 성전을 보수하게 했다. 또 철공과 놋쇠공과 미장이와 석공에게 그 은을 주어 여호와의 성전이 파손한 곳을 수리할 재목과 다듬은 돌을 사게 했고, 그 성전 수리에 필요한 모든 물건을 위해 사용하도록 했다.

13 기술자들이 맡아서 수리하는 공사의 진척이 순조로워지자 하나님의 성전은 본래의 모양대로 견고하게 되었다.

14 공사를 마친 후 그 남은 은을 왕과 여호야다 제사장 앞으로 가져오자 그것으로 여호와의 성전에 사용될 그릇을 만들었다. 그것들은 성전에서 제사 드릴 때 쓰는 그릇과 숟가락과 금은 그릇들이다. 여호야다가 생존해 있는 동안에는 여호와의 성전에서 항상 번제를 드렸다.

여호야다 사후
스가랴의 외침와 죽음

15 ● 여호야다 제사장이 나이가 많아 130세에 죽었다.

16 무리가 왕이 아님에도 그를 다윗

---

1) 왕하 12:4, 제사장　2) 왕하 12:7상　3) 너희　4) 민 3:47　5) 돈　6) 왕하 12:10, 그 은을 계산하여 봉하고

성에 있는 왕들의 묘실에 장사를 지냈다. 이는 그가 이스라엘과 하나님과 그의 성전에 대해 선을 행했기 때문이다.

17 여호야다가 죽은 후 유다 지도자인 방백들이 왕에게 와서 절하며 자기들의 의견을 말했다. 왕이 그들의 말을 듣고

18 하나님의 성전을 버리고 아세라 목상과 우상을 섬겼다. 결국 그 죄로 인해 하나님의 진노가 또다시 유다와 예루살렘에 임했다.

19 그러나 여호와께서는 그들에게 선지자를 보내 다시 여호와에게로 돌아오게 하려고 하셨다. 그럼에도 그들은 선지자들의 경고를 듣지 않았다.

20 이에 하나님의 영이 여호야다 대제사장의 아들 스가랴 제사장을 감동시키셨고, 그가 백성 앞 높은 곳에 서서 말했다. "하나님께서 이같이 말씀하셨다. '너희가 어찌하여 여호와의 명령을 거역하여 스스로 형통하지 못하게 하느냐? 너희가 나를 버렸기 때문에 나도 너희를 버렸다.'"

21 그 소리를 들은 무리가 함께 모의하여 요아스왕의 명령을 따라 그를 여호와의 성전 뜰 안에서 돌로 쳐 죽였다.

22 이와 같이 요아스왕이 스가랴의 아버지 여호야다 제사장이 베푼 은혜를 기억하지 못하고 그의 아들을 죽였다. 그가 죽을 때 말했다. "여호와는 이 일을 살피시고 그 죄를 갚아 주십시오."

아람 왕 하사엘의 유다 침략과 요아스의 죽음[1]

23 ● 스가랴가 죽은 해가 다 갈 무렵인 일 주년 말에 아람 왕 하사엘의 군대가 유다 왕 요아스를 치기 위해 올라와서 가드를 쳐서 점령한 후 유다와 예루살렘으로 올라와 백성 가운데서 모든 지도자인 방백을 죽이고, 노략한 물건을 다메섹 왕에게로 보냈다.

24 이때 아람 군대는 소규모 무리였으나 여호와께서 대규모의 유다 군대를 그들에게 넘기셨기 때문에 유다 군대가 패했다. 이는 유다 사람들이 그들의 조상들의 하나님을 버렸기 때문이다.

25 이 전쟁에서 유다 왕 요아스가 큰 부상을 당했기 때문에 적군이 그를 버리고 갔다. 그러나 아람 군대가 떠난 후 요아스의 신하들이 여호야다 제사장의 아들들을 죽인 것으로 인해 반역하여 요아스왕을 그의 침상[2]에서 쳐 죽였다. 요아스는 다윗성에 장사되었으나 왕들의 묘실에는 장사하지 않았다.

26 요아스를 죽인 반역한 자는 암몬 여인 시므앗의 아들 사밧[3]과 모압 여인 시므릿의 아들 여호사밧[4]이었다.

27 요아스 아들들[5]의 행적과 요아스에 대한 많은 예언, 곧 경책 받은 것과 하나님의 성전을 보수한 사적은 전부 열왕기 주석[6]에 기록되었다. 요아스의 아들 아마샤가 왕이 되었다.

유다 왕 아마샤와 에돔과의 전쟁[7]

25 ● 북이스라엘의 왕 여호아하스의 아들 요아스 2년에 유다 왕 아마샤가 25세에 왕이 되어 예루살렘에서 29년간 나라를 다스렸다.

1) 왕하 12:17-21 2) 왕하 12:20, 실라로 내려가는 길가의 밀로궁 3) 왕하 12:21, 요사갈 4) 왕하 12:21, 소멜의 아들 여호사바드 5) 왕하 12:19, 요아스 6) 왕하 12:19, 유다 왕 역대지략 7) 왕하 14:1-7

그의 어머니의 이름은 예루살렘 출신 여호앗단이다.

2 유다 왕 아마샤가 여호와께서 보시기에 정직히 행하기는 했으나 그의 조상 다윗처럼 온전하게 행하지는 않았다. 그가 아버지 요아스만큼 올바르게 행했어도

3 아마샤가 왕권을 강하게 한 후 그의 부왕을 죽인 신하들을 죽였다.

4 그러나 그들의 자녀들은 모세의 율법책에 기록된 대로 죽이지 않았다. 그 율법책에는 이렇게 기록되었다. "자녀의 죄 때문에 아버지를 처형하지 말고, 아버지의 죄 때문에 자녀를 처형하지 말라. 오직 각 사람은 자기의 죄에 따라 처형되어야 한다."¹⁾

5 유다 왕 아마샤가 유다 사람들을 소집한 후 유다와 베냐민 족속과 함께 그 가문별로 천부장들과 백부장들을 세웠다. 이 군대 조직에 편성된 사람은 창과 방패를 잡고 능히 전장에 나갈 만한 20세 이상된 자 30만 명이었다.

6 또 은 3,400㎏ 되는 100달란트를 주고 북이스라엘 나라의 큰 용사 10만 명을 용병으로 고용했다.

7 어떤 하나님의 사람이 아마샤에게 나아와서 말했다. "왕이여, 왕께서는 북이스라엘 군대와 함께 싸우러 가지 마십시오. 여호와께서는 북이스라엘, 곧 에브라임 자손과 함께하지 않으십니다.

8 그래도 왕이 가고자 한다면 힘써 싸우십시오. 그러나 하나님은 왕을 적군 앞에 패하게 하실 것입니다. 하나님은 왕을 이기게도 하시고 패하게도 하십니다."

9 아마샤가 하나님의 사람에게 말했다. "내가 이미 이스라엘 군대에게 은 100달란트를 주었으니 어떻게 하면 좋겠습니까?" 하나님의 사람이 대답했다. "여호와께서 능히 그은 100달란트보다 더 많은 것을 왕에게 주실 수 있습니다."

10 이에 아마샤가 에브라임에서 자기에게 온 군대를 그들의 고향으로 돌려보냈다. 그러자 북이스라엘 군사들이 유다 사람에게 크게 분노하여 자기 나라²⁾로 돌아갔다.

11 아마샤가 하나님의 사람의 말을 듣고 담력을 내어 자기의 백성만 거느리고 나가 염해 남쪽의 소금 골짜기에서 에돔 사람 세일 자손 1만 명을 죽이고,

12 유다 자손이 다시 1만 명을 사로잡았고 절벽 바위 위로 데려가서 밀쳐 떨어뜨려 그들의 온몸이 부서지게 했다.

13 한편 아마샤가 함께 출정하지 않고 돌려보낸 북이스라엘 군사들이 사마리아에서 벧호론까지 유다 성읍들의 물건을 약탈하고, 3,000명을 죽였다.

14 아마샤가 에돔 사람들을 죽이고 돌아올 때 그들의 신상들을 가져와서 자기의 신으로 모시고 그것들 앞에 경배하며 분향했다.

15 이 일로 여호와께서 아마샤에게 진노하사 한 선지자를 보내셨다. 그 선지자가 왕에게 말했다. "세일 백성의 신들은 자기를 섬기는 백성을 왕의 손에서 능히 구원하지 못했는데, 왕은 어찌하여 그런 신들에게 구하고 있습니까?"

16 선지자가 아마샤왕에게 말하고 있을 때, 왕이 그의 말을 막으며 말했다. "우리가 언제 너를 왕의 자문관으로 삼았느냐? 그만하라. 왜 너는

1) 신 24:16 2) 고향

죽으려고[1] 하느냐?" 그러자 선지자가 마지막으로 말했다. "왕이 이런 일을 행하고도 내 경고를 듣지 않으니 하나님께서 왕을 멸하기로 결정하신 사실을 내가 알겠습니다."

유다 왕 아마샤와 북이스라엘과의 전쟁[2]

17 ● 유다 왕 아마샤는 신하들과 상의한 후 예후의 손자 여호아하스의 아들 북이스라엘의 왕 요아스에게 사자를 보내 말했다. "오라, 우리가 서로 싸워보자."

18 이에 북이스라엘의 왕 요아스가 유다 왕 아마샤에게 사자를 보내 말했다. "레바논 가시나무가 레바논 백향목에게 전갈을 보내 '백향목[3]의 딸을 내 며느리로 달라고 청혼하는 것을 보고 레바논의 들짐승이 지나가다가 그 가시나무를 짓밟았다.'

19 이와 같이 에돔 사람들을 쳐서 승리했다고 네 마음이 교만해졌다. 너는 스스로 영광스럽게 생각하고 왕궁이나 네 집으로 돌아가라. 왜 화를 자초하여 너와 유다가 함께 망하고자 하느냐?"

20 유다 왕 아마샤가 그 말을 듣지 않았는데, 이는 그들이 에돔 신들에게 구했기 때문에 하나님께서 아마샤를 그 대적의 손에 넘기려고 그렇게 하신 것이다.

21 결국 북이스라엘의 왕 요아스가 올라와서 유다의 벧세메스에서 유다 왕 아마샤와 서로 대치했다.

22 요아스의 말대로 유다는 북이스라엘 앞에서 패하여 각기 자기 장막으로 도망했다.

23 이때 북이스라엘 왕 요아스가 벧세메스에서 여호아하스[4]의 손자이며, 요아스의 아들인 유다 왕 아마샤를 사로잡았고, 예루살렘으로 진군하여 예루살렘 성벽을 에브라임 문에서 성 모퉁이 문까지 180m 되는 400규빗을 허물어 버렸다.

24 또 여호와의 성전과 왕궁 창고에서 오벧에돔이 지키는 모든 은금과 모든 그릇과 왕궁의 재물을 탈취하고, 사람들을 볼모로 잡아 사마리아로 돌아갔다.

유다 왕 아마샤의 죽음[5]

25 ● 북이스라엘의 왕 요아하스[6]의 아들 요아스가 죽은 후에도 유다 왕 요아스의 아들 아마샤는 15년을 더 살았다.

26 이 외에 유다 왕 아마샤의 처음부터 끝까지의 행적은 유다와 북이스라엘 열왕기[7]에 기록되었다.

27 아마샤가 여호와를 버린 후에 예루살렘에서 무리가 그에게 반역했다. 그래서 그가 라기스로 도망했는데, 반역한 무리가 라기스까지 사람을 보내 그를 그곳에서 죽였다.

28 그러고 나서 말에 그 시체를 실어다가 예루살렘에 있는 그의 조상들이 묻힌 다윗성에 장사했다.

유다 왕 웃시야[8]

26 ● 북이스라엘의 왕 여로보암 2세 27년에 유다 온 백성이 16세 된 유다 왕 아마샤의 아들 웃시야[9]를 그의 아버지 아마샤의 뒤를 이어 왕으로 삼았다.

2 유다 왕 아마샤가 죽어 그의 열조들의 묘실에 장사된 후 웃시야가 아카바만 홍해가에 엘랏을 건축하여 유다에 복귀시켰다.

3 웃시야가 왕위에 오를 때 나이는

1) 맞으려고　2) 왕하 14:8-14　3) 네　4) 왕하 14:13, 여하시야　5) 왕하 14:17-20　6) 왕하 14:17, 여호아하스　7) 왕하 14:18, 역대지략　8) 왕하 14:21-22, 15:1-7　9) 왕하 14:21, 15:1, 아사랴

16세였다. 그는 예루살렘에서 52년간 나라를 다스렸다. 그의 어머니의 이름은 예루살렘 출신 여골리아이다.

4 유다 왕 웃시야가 아버지 아마샤의 행위를 본받아 여호와께서 보시기에 정직하게 행했다.

5 그는 하나님의 계시를 잘 아는 스가랴가 사는 날 동안에는 하나님을 찾았고, 그가 여호와를 찾을 동안에는 하나님께서 그를 형통하게 하셨다.

6 웃시야왕이 블레셋 사람들과 싸워 가드 성벽, 야브네 성벽, 아스돗 성벽을 헐었다. 그런 후 블레셋 지역의 아스돗 땅과 그 외 블레셋 사람들의 거주지에 성읍들을 건축했다.

7 웃시야왕은 하나님의 도우심으로 블레셋 사람들과 구르바알에 거주하는 아라비아 사람들과 마온 사람들을 쳐서 승리했다.

8 또 암몬 사람들이 웃시야에게 조공을 바쳤다. 이렇듯 웃시야의 명성이 애굽 변방까지 퍼졌다.

9 웃시야왕은 예루살렘성의 모퉁이 문과 골짜기 문과 성벽이 꺾어지는 곳인 성굽이에 망대를 세워 견고하게 했다.

10 더 나아가 광야에 망대를 세우고, 물 웅덩이를 많이 파고, 고원과 평지에서는 많은 가축을 길렀다. 그리고 왕이 농사를 좋아했기 때문에 여러 산과 좋은 밭에 농부와 포도밭을 다스리는 자들을 두었다.

11 웃시야에게 훈련된 군사가 있었다. 서기관 여이엘과 병적 기록관인 병영장 마아세야가 싸울 수 있는 자를 직접 징집하여 병적에 올렸는데, 이들은 왕의 지휘관 하나냐의 소속으로 두었다.

12 이들을 지휘하는 장교¹⁾는 모두 2,600명으로 큰 용사였고,

13 그의 휘하에는 모두 30만 7,500명의 군사가 배치되었다. 이들 군사는 매우 강하고 싸움에 능하여 왕의 명령에 따라 언제든지 적을 쳐이길 수 있는 자들이었다.

14 웃시야는 온 군대를 방패와 창과 투구와 갑옷과 활과 물매 돌로 무장시켰다.

15 또 예루살렘에는 무기를 개발하는 자를 두었으며, 새로운 무기를 망대와 성벽 위에 배치하여 화살과 큰 돌을 쏘고 던지게 했다. 이로 인해 그의 명성이 멀리까지 퍼지게 되었다. 그가 이렇게 강성해진 것은 하나님의 크신 도우심 때문이었다.

16 유다 왕 웃시야가 강성해지자 교만해져 여호와의 성전에 들어가 분향단에 분향하려는 죄를 저질렀다.

17 아사랴 제사장이 여호와의 용맹스러운 제사장 80명을 데리고 그의 뒤를 따라 들어가서

18 웃시야왕 곁에 서서 말했다. "웃시야왕이여, 여호와께 분향하는 일은 왕이 해서는 안 되는 일입니다. 그것은 오직 분향을 위해 구별함을 받은 아론 자손의 제사장들만이 할 수 있는 일이니 성소에서 나가십시오. 왕이 범죄했으니 하나님에게서 영광을 얻지 못하실 것입니다."

19 그럼에도 웃시야왕이 향로를 잡고 분향하려고 하면서 제사장에게 화를 냈다. 그때 여호와의 성전 안 분향단 곁의 제사장들이 보는 앞에서 그의 이마에 나병이 생겼다.

20 아사랴 대제사장과 모든 제사장이 왕의 이마에 나병이 생긴 것을 보고

1) 족장

성전에서 급히 나가게 했다. 여호와께서 왕을 치셨으므로 왕이 속히 성전을 나갔다.

21 여호와께서 웃시야왕을 나병으로 치셔서 그가 죽는 날까지 나병환자가 되어 여호와의 성전에서 떨어진 별채에 격리된 채 지냈으며, 그의 왕자 요담이 섭정으로 왕궁을 관리하며 그 땅의 백성을 다스렸다.

22 웃시야의 모든 행적은 아모스의 아들 이사야 선지자가 기록했다.[1]

23 웃시야가 죽었으나 그는 나병환자였기 때문에 왕들의 묘실에는 장사되지 못하고 묘실 가까운 그의 조상들의 곁, 다윗성에 장사되었다. 그의 아들 요담이 뒤를 이어 왕이 되었다.

유다 왕 요담[2]

27 ● 유다 왕 웃시야의 아들 요담이 25세에 왕위에 올라 예루살렘에서 16년간 나라를 다스렸다. 그의 어머니의 이름은 사독의 딸 여루사이다.

2 요담이 그의 아버지 웃시야의 모든 행위를 본받아 여호와께서 보시기에 정직히 행했으나 여호와의 성전에는 들어가지 않았고 백성들은 여전히 부패했다.

3 요담왕은 여호와 성전의 위쪽 문을 건축하고, 오벨 성벽을 많이 증축했으며,

4 유다 산지에 성읍들을 건축하며, 삼림지대에는 견고한 성채들과 망대를 건축했다.

5 그의 통치 기간에 암몬 자손의 왕과 싸워 승리했는데, 그해 암몬 자손이 은 3,400kg 되는 100달란트와 밀과 보리를 각각 220만 리터 되는 1만 고르씩 바쳤고, 2년째와 3년째에도 암몬 자손이 같은 양의 공물을 바쳤다.

6 요담이 그의 하나님 앞에서 옳은 길을 가므로 그가 점점 강해졌다.

7 유다 왕 요담의 남은 행적과 그의 모든 전쟁과 그가 행한 모든 일은 북이스라엘과 유다 열왕기[3]에 기록되었다.

8 북이스라엘의 왕 르말랴의 아들 베가 2년에 유다 왕 웃시야의 아들 요담이 25세에 왕위에 올라 예루살렘에서 16년간 나라를 다스렸다. 그의 어머니의 이름은 사독의 딸 여루사이다. 요담이 그의 아버지 웃시야의 모든 행위를 본받아 여호와께서 보시기에 정직히 행했다.

9 요담이 죽어 그의 조상들이 묻힌 다윗성에 조상들과 함께 장사되고 르말랴의 아들 북이스라엘 왕 베가 17년에 유다 왕 요담의 아들 아하스가 왕이 되었다.

유다 왕 아하스[4]

28 ● 아하스는 20세에 왕이 되어 예루살렘에서 16년간 나라를 다스렸다. 그러나 그의 조상 다윗과 같지 않고, 그의 하나님께서 보시기에 정직하게 행하지 않고,

2 북이스라엘의 여러 왕처럼 행하여 바알들의 우상을 부어 만들고,

3 힌놈의 아들 골짜기에서 분향하며, 여호와께서 이스라엘 자손 앞에서 쫓아내신 이방 사람의 가증한 일을 따라 그의 자녀들을 불사르고,[5]

4 또 산당들과 언덕 위와 모든 푸른 나무 아래서 제사를 드리며 분향했다.

---

1) 왕하 15:6, 유다 왕 역대지락에 기록되었다　2) 왕하 15:32-38, 16:1　3) 왕하 15:36, 역대지락　4) 왕하 16:1-5　5) 왕하 16:3, 자기 아들을 불 가운데로 지나가게 하며

5 그러므로 그의 하나님께서 유다 왕 아하스를 아람 왕의 손에 넘기시니 그들이 유다를 공격하여 수많은 사람을 포로로 잡아가 다메섹으로 끌고 갔다. 또 북이스라엘 왕 베가의 손에도 넘기시니 그가 수많은 유다 사람을 죽였다.

6 이렇게 된 것은 유다가 그의 조상들의 하나님을 버렸기 때문이다. 르말랴의 아들 북이스라엘 왕 베가가 유다에서 하루 동안 용사 12만 명을 죽였으며,

7 북이스라엘의 용사 시그리는 유다 왕의 아들 마아세야와 궁내대신 아스리감과 총리대신 엘가나를 죽였다.

선지자 오뎃

8 ● 북이스라엘 자손이 그들의 형제인 유다인 가운데서 그들의 아내와 자녀를 합해 20만 명을 포로로 사로잡고 그들의 재물을 많이 노략하여 사마리아로 가져갔다.

9 그곳에 오뎃이라는 여호와의 선지자가 있었다. 그가 사마리아로 돌아오는 군대를 맞이하면서 그들에게 말했다. "너희가 유다에게 이긴 것은 그들의 조상의 하나님께서 유다에게 진노하셨기 때문이다. 그런데 너희는 네 형제를 잔인하게 살육하고,

10 이제 유다와 예루살렘 백성들을 노예로 삼으려고 하느냐? 그런 너희는 너희의 하나님께 범죄한 것이 없느냐?

11 그런즉 너희는 내 말을 듣고 너희의 형제들 가운데서 사로잡아 온 포로를 풀어 주어 집으로 돌려보내라. 여호와의 진노가 너희에게 가까이 왔다."

12 그러자 북이스라엘, 곧 에브라임

자손의 우두머리인 요하난의 아들 아사랴, 무실레못의 아들 베레갸, 살룸의 아들 여히스기야, 하들래의 아들 아마사가 일어나 전장에서 돌아오는 자들을 막으며

13 그들에게 말했다. "너희는 이 유다의 포로를 이리로 끌고 오지 못할 것이다. 너희가 행한 일은 우리로 여호와께 허물이 있게 하는 행동이니 우리의 죄와 허물을 더 크게 만드는 것이다. 이미 우리의 허물이 커서 하나님의 진노하심이 이스라엘에게 가까이 왔다."

14 그러자 무기를 든 병사들이 포로들을 지도자인 방백들과 온 회중 앞에서 풀어주고 노략한 물건도 갖다 놓았다.

15 앞서 말한 지도자 4명이 일어나서 포로를 맞이한 후 노략물 가운데서 옷을 가져다가 벗은 자들에게 입히고, 신을 신기며, 먹이고 마시게 하며, 상처난 곳에 기름을 바르고, 약한 자들은 모두 나귀에 태워 종려나무 성읍인 여리고로 데려갔다. 그리고 그의 형제에게 돌려준 후 사마리아로 돌아갔다.

유다 왕 아하스가 앗수르에 도움을 구함[1]

16 ● 그때 유다의 아하스왕이 앗수르 왕 디글랏 빌레셀 3세에게 사람을 보내 "나는 왕의 신복이며, 왕의 아들입니다. 이제 아람 왕 르신과 북이스라엘 왕이 나를 공격하니 청컨대 올라와서 나를 그 손에서 구해 주십시오"라고 도움을 구했다.

17 이는 에돔 사람들이 유다를 재차 침략하여 그의 백성을 포로로 잡아갔기 때문이다.

18 블레셋 사람들도 유다의 평지와

1) 왕하 167-8

남방 성읍들을 침략하여 벧세메스, 아얄론, 그데롯, 소고와 그 주변 마을들, 딤나와 그 주변 마을들, 김소와 그 주변 마을들을 점령하고 그곳에 살았다.

19 이는 이스라엘[1]의 아하스왕이 유다 백성을 부추겨 여호와께 크게 범죄함으로 여호와께서 유다를 굴복하게 했기 때문이다.

20 앗수르 왕 디글랏 빌레셀 3세가 아하스왕에게 오기는 했지만 그를 돕기는커녕 도리어 그를 공격했다.

21 이에 아하스왕이 여호와의 성전과 왕궁 창고에 있는 은금과 지도자들의 집에서 재물을 징발하여 앗수르 왕에게 예물로 주었지만 큰 효과가 없었다.

유다 왕 아하스의 범죄

22 ● 유다 왕 아하스는 어려울 때 더욱 여호와께 범죄했다. 그래서

23 자기를 공격한 다메섹 사람의 신들에게 제사하며 말했다. "아람 왕들의 신들이 그들을 도왔으니 나도 그 신에게 제사를 드리면 나를 도울 것이다." 그러나 그런 일이 오히려 아하스와 온 이스라엘을 망하게 했다.

24 더 나아가 아하스가 하나님의 성전의 기구들을 가져다가 부수고, 여호와의 성전 출입문들을 닫고 예루살렘 구석마다 다른 제단을 쌓았다.

25 그리고 유다 각 성읍에 다른 신에게 분향할 산당을 세워 그의 조상들의 하나님을 진노케 했다.

26 아하스가 행한 모든 행적과 행위는 유다와 북이스라엘 열왕기[2]에 기록되었다.

27 아하스왕이 죽자 유다[3]왕들의 묘실에 들이지 않고 예루살렘성에

장사했다.[4] 그의 아들 히스기야가 뒤를 이어 유다 왕이 되었다.

히스기야의 유다 왕 등극과 성전 정화[5]

29 ● 이스라엘의 왕 엘라의 아들 호세아 통치 3년에 아하스의 아들 히스기야가 25세에 유다 왕이 되어 예루살렘에서 29년간 나라를 다스렸다. 그의 어머니의 이름은 스가랴의 딸 아비야[6]이다.

2 히스기야가 그의 조상 다윗의 모든 행위를 따라 여호와께서 보시기에 정직하게 행하여

3 히스기야가 왕이 된 해 첫째 달인 4월에 그가 닫혔던 여호와의 성전 문들을 다시 열어 성전을 수리하고,

4 제사장들과 레위 사람들을 동쪽 뜰에 소집한 후

5 그들에게 말했다. "레위 사람들은 내 말을 들으라. 이제 너희는 성결하게 하고, 너희 조상들의 하나님의 성전을 성결하게 하여 그 더러운 것을 성소에서 없애라.

6 우리 조상들이 범죄하여 하나님 앞에서 악을 행하여 하나님을 버리고 그의 성소를 멀리했다.

7 뿐만 아니라 성전 출입문인 현관 문을 걸어 잠그고, 등불을 끄고, 성소에서 분향하지 않고, 이스라엘의 하나님께 번제를 드리지도 않았다. 이로 인해

8 여호와께서 유다와 예루살렘에 진노하시고 그들을 내버려둠으로 두려움과 놀람과 비웃음거리가 되게 하신 것을 너희가 분명히 보았다.

9 그러므로 우리의 조상들이 칼에

---

1) 유다에 대한 표현 2) 왕하 16:19, 역대 지략 3) 이스라엘 4) 왕하 16:20, 다윗성에 그 열조와 함께 장사되고 5) 왕하 18:1-3 6) 왕하 18:2, 아비

맞아 죽고, 우리의 자녀와 아내들이 포로로 잡혀갔다.

10 이제 맹렬한 분노를 우리에게서 떠나게 하기 위해 하나님과 언약을 세우기로 결심했다.

11 내 아들들아, 이제는 게으르지 말라. 여호와께서 이미 너희를 선택하여 그를 섬기도록 그 앞에 세우고 분향하게 하셨다."

12 그러자 레위 사람들이 나섰다. 그들은 그핫의 자손 가운데 아마새의 아들 마핫과 아사랴의 아들 요엘이며, 므라리의 자손 가운데는 압디의 아들 기스와 여할렐렐의 아들 아사랴이며, 게르손 사람 가운데는 심마의 아들 요아와 요아의 아들 에덴이며,

13 엘리사반의 자손 가운데는 시므리와 여우엘이며, 아삽의 자손 가운데는 스가랴와 맛다냐이며,

14 헤만의 자손 가운데는 여후엘과 시므이이며, 여두둔의 자손 가운데는 스마야와 웃시엘이다.

15 그들이 그들의 형제들을 모아 그들로 성결한 예식을 치르게 한 후 왕이 여호와의 말씀대로 명령한 것을 따라 성전 안으로 들어가 여호와의 성전을 깨끗하게 했다.

16 제사장들도 여호와의 성전 안에 들어가서 여호와의 성전에 있는 모든 더러운 것을 끌어내어 성전 뜰에 가져다 놓자 그것을 레위 사람들이 예루살렘 동쪽의 바깥 기드론 시내[1]로 가져다 버렸다.

17 같은 해 첫째 달인 4월 1일에 성전을 성결하게 하는 일을 시작하여 그달 8일에 성전 현관을 깨끗하게 하고, 추가로 8일 동안 여호와의 성전을 성결하게 하여 그 달 16일에 그 일을 마쳤다.

18 그리고 궁 안으로 들어가 히스기야왕에게 보고했다. "우리가 여호와의 성전과 번제단과 빵을 진열하는 진설병상과 그에 따른 모든 그릇을 깨끗하게 했습니다.

19 또 아하스왕이 왕위에 있을 때 버린 모든 성전의 그릇들도[2] 우리가 정돈하고 성결하게 하여 여호와의 제단 앞에 다시 가져다 놓았습니다."

20 히스기야왕이 일찍 일어나 성읍의 지도자들을 소집하여 여호와의 성전으로 올라가

21 수송아지와 숫양과 어린 양과 숫염소를 각각 7마리씩 끌어다가 다윗 왕국과 성소와 유다 백성을 위한 속죄제물로 삼아 아론 자손의 제사장들에게 명령하여 여호와의 제단에 드리게 했다.

22 이에 수소와 숫양과 어린 양을 잡아 제사장들이 그 피를 받아 번제단에 뿌렸다.

23 이에 속죄제물로 드릴 숫염소들은 왕과 회중 앞으로 끌고 와서 제사장들이 그 위에 안수한 후

24 잡아 그 피를 속죄제로 삼아 제단에 드려 온 이스라엘을 위해 속죄했다. 이 모든 것은 왕의 명령에 따라 온 이스라엘을 위해 번제와 속죄제를 드리게 한 것이다.

25 왕이 레위 사람들을 여호와의 성전에 배치하여 다윗과 왕의 선지자인 갓과 나단이 명령한 대로 심벌즈와 비파와 수금을 잡게 하니, 이는 여호와께서 그의 선지자들을 통해 그렇게 명령하셨기 때문이다.[3]

26 레위 사람은 다윗의 악기를 잡고, 제사장은 나팔을 잡고 섰다.[4] 그러자

27 히스기야의 명령에 따라 번제물을

1) 와디 2) 왕하 16:17-18, 대하 28:24 3) 대상 25:1
4) 대상 23:5

번제단에 드렸다. 동시에 여호와의 시로 노래하고, 나팔을 불며, 이스라엘 왕 다윗의 악기로 연주했고,

28 온 회중은 번제를 마치기까지 하나님을 경배하고, 노래하는 자들은 노래하며, 나팔 부는 자들은 나팔을 불었다.

29 제사가 끝나자 왕과 그와 함께 있는 자들이 모두 엎드려 경배했다.

30 히스기야왕이 지도자된 귀인들과 레위 사람에게 다윗과 아삽 선지자의 시로 여호와를 찬양하도록 명령하자 그들이 기쁨으로 찬양하고 몸을 굽혀 경배했다.

31 이에 히스기야가 말했다. "너희가 이제 스스로 몸을 깨끗하게 하여 여호와께 거룩하게 구별했으니 여호와의 성전으로 제물과 감사제물을 가져오라." 그러자 회중이 제물과 감사제물을 가져왔고, 마음에 원하는 자는 번제물도 가져왔다.

32 회중이 가져온 번제물은 수소 70마리, 숫양 100마리, 어린 양 200마리였다.

33 또 따로 구별하여 드린 제물은 소 600마리, 양 3,000마리였다.

34 그런데 제물은 너무 많고, 제사장의 수가 적어 그 모든 번제 짐승의 가죽을 다 벗기지 못하자 다른 제사장들이 보강될 때까지 그의 동료, 형제인 레위 사람들이 그 일을 도왔다. 레위 사람들은 제사장들이 하는 것보다 더 성실한 마음으로 일했다.

35 번제와 화목제의 기름과 각 번제에 속한 기름과 전제 제사가 많았다. 이와 같이 여호와의 성전에서 섬기는 일이 다시 시작되었다.[1]

36 이 일이 갑자기 이루어졌어도 하나님께서 백성을 위해 준비하셨기 때문에 히스기야가 백성과 함께 기뻐했다.

유다 왕 히스기야의 유월절 준수

30 ● 히스기야왕이 유다 지역뿐 아니라 북쪽 이스라엘 지역에도 사람을 보내고, 에브라임과 므낫세 지역에 사는 사람들에게도 편지를 보내 예루살렘에 있는 여호와의 성전에 와서 이스라엘 하나님을 위해 유월절을 지키라고 했다.

2 왕은 지도자인 방백들과 예루살렘 온 회중과 함께 상의한 후 둘째 달인 5월에 유월절을 지키려고 했다.

3 이처럼 한 달이 늦춰진 것은 거룩히 구별하게 한 제사장의 수가 부족하고, 백성들도 예루살렘에 많이 모이지 못해 그 정한 때인 첫째 달에 지킬 수 없었기 때문이다.

4 이에 왕과 온 회중이 이 생각을 좋게 여겼다.

5 그리하여 왕이 "브엘세바에서 단까지 온 이스라엘에 공포하여 일제히 예루살렘으로 와서 하나님의 유월절을 지키라"고 명령했다. 이는 그동안 기록한 규례대로 오랫동안 유월절을 지키지 못했기 때문이다.

6 왕의 명령을 전하는 보발꾼들이 왕과 지도자들의 편지를 받아 가지고 왕의 명령에 따라 온 이스라엘과 유다에 두루 다니며 이렇게 전했다. "이스라엘[2] 자손들은 아브라함과 이삭과 야곱의 하나님께로 돌아오라. 그러면 하나님께서는 앗수르 왕의 손에서 벗어난 남은 자에게로 돌아오실 것이다.

7 너희는 조상들과 너희 형제들처럼 하나님께 죄를 짓지 말라. 그들은

1) 순서대로 갖추어지니라 2) 이스라엘

범죄했기 때문에 여호와께서 멸망하도록 내버려 둔 것을 너희가 분명히 보았다.

8 그러므로 너희는 목이 곧은 조상들처럼 고집을 부리지 말고 여호와께 돌아오라. 그래서 영원히 거룩하게 하신 성전으로 들어가서 너희 하나님을 섬기라. 그래야 너희에게 임한 진노가 떠날 것이다.

9 만일 너희가 여호와께 돌아오면 너희 형제들과 너희 자녀를 포로로 잡아간 자들이 자비를 베풀어 다시 이 땅으로 돌아올 것이다. 너희 하나님은 은혜와 자비가 많으신 분이기 때문에 너희가 그에게로 돌아오기만 하면 너희를 외면하지 않으실 것이다."

10 보발꾼들이 에브라임과 므낫세 지역의 각 성읍을 두루 다니며 북쪽의 스불론 지역까지 왕의 말을 전했으나 그 지역 사람들은 조롱하며 비웃었다.

11 그러나 아셀과 므낫세와 스불론 자손 가운데서 몇 사람은 스스로 겸손한 마음으로 그 말을 받아들여 예루살렘으로 올라왔다.

12 하나님의 손이 유다 사람들을 감동시키셔서 왕과 지도자들이 여호와의 말씀대로 전한 명령을 한 마음으로 준행하게 했다.

13 둘째 달인 5월에 무교절을 지키기 위해 백성들이 예루살렘에 모이니 매우 큰 무리였다.

14 무리가 일어나 이전에 아하스왕이 예루살렘 각처에 설치했던[1] 제단과 분향단들을 모두 제거하여 기드론 시내에 버렸다. 그리고

15 둘째 달인 5월 14일에 유월절 양을 잡으니 각 지방에서 올라온 제사장과 레위 사람이 예루살렘에 있

는 자들의 열심을 보고 부끄러워하여 자신을 성결하게 하고 번제물을 가지고 여호와의 성전으로 올라갔다.

16 그리고 규례대로 각각 자기들의 처소에 서고, 제사장들은 모세의 율법을 따라 레위 사람이 건네준 제물의 피를 받아 번제단에 뿌렸다.

17 회중 가운데는 자신을 성결하게 하지 않은 많은 사람이 있었다. 이에 레위 사람들이 그들을 위해 유월절 양을 잡아 여호와 앞에서 그들을 성결하게 했다.

18 그러나 에브라임, 므낫세, 잇사갈, 스불론 지역에서 온 많은 사람이 규례를 어기고 자기들을 깨끗하게 하지 않은 채 유월절 양을 먹었다. 이에 히스기야가 그들을 위해 기도했다. "선하신 여호와여, 그들을 용서하십시오.

19 비록 그들이 성소의 결례대로 스스로 깨끗하게 못했을지라도 마음을 다해 하나님을 구했으니 그들을 용서하십시오."

20 그러자 여호와께서 히스기야의 기도를 들으시고 백성의 상처난 마음을 고치셨다.

21 예루살렘에 모인 이스라엘 자손이 크게 기뻐하며 7일 동안 유월절, 곧 무교절을 지켰고, 레위 사람들과 제사장들은 매일같이 여호와를 칭송하며 큰 소리 나는 악기를 연주하며 여호와를 찬양했다.

22 히스기야는 여호와를 섬기는 일에 능숙한 모든 레위 사람을 위로했다. 이와 같이 절기 7일 동안 무리가 먹으며 화목제를 드리고 조상들의 하나님께 감사했다.

23 온 회중이 유월절을 7일 추가하여

[1] 대하 28:24

지키기로 결의하고 다시 7일을 기쁜 마음으로 지켰다.

24 유다 왕 히스기야가 수송아지 1,000마리와 양 7,000마리를 회중에게 제공했고, 지도자인 방백들도 수송아지 1,000마리와 양 1만 마리를 회중에게 제공했다. 그곳에는 자신들을 성결하게 한 제사장도 많았다.

25 유다 온 회중과 제사장들과 레위 사람들과 북쪽 이스라엘에서 온 모든 회중과 북쪽 이스라엘과 유다에 사는 나그네들 모두가 함께 기뻐했다.

26 이런 큰 기쁨은 이스라엘 왕 다윗의 아들 솔로몬 때로부터 예루살렘에 없었다.

27 그때 제사장들과 레위 사람들이 일어나서 백성들에게 축복했으니 그 축복 소리가 여호와께서 계신 거룩한 처소인 하늘에까지 이르렀다.

유다 왕 히스기야의 종교개혁

31 이 모든 일이 끝나자 예루살렘에 있던 이스라엘 무리가 나가서 유다 여러 성읍을 다니며 그곳에 있는 주상들을 깨뜨리고, 아세라 목상들을 찍으며, 유다와 베냐민과 에브라임과 므낫세 지역에 있는 모든 산당과 제단을 없앤 후 각각 자기들의 본성 기업인 고향으로 돌아갔다.

2 히스기야가 제사장들과 레위 사람들의 순서를 정해 각각 그들의 직임을 행하게 했다. 곧 제사장들과 레위 사람들에게 직임을 주어 번제와 화목제를 드리고, 여호와의 휘장 문에서 섬기며 감사하며 찬양하도록 했다.

3 그리고 왕의 재산 가운데서 일정한 액수를 정해 여호와의 율법에 기록된 기준에 따라 아침과 저녁에 드리는 번제와 안식일과 매월 첫날의 절기의 번제에 사용하도록 했다.

4 또 예루살렘에 사는 백성에게는 "제사장들과 레위 사람들 몫의 음식을 가져오게 하여 그들에게 여호와의 율법을 힘써 행하도록 하라"고 명령했다.

5 왕의 명령이 내려지자 이스라엘 자손이 즉시로 곡식과 포도주와 기름과 꿀과 밭의 모든 소산의 첫 열매를 풍족히 드렸고, 모든 것의 십일조를 많이 가져왔다.

6 유다 여러 성읍에 사는 북쪽 이스라엘 자손과 유다 자손들도 소와 양의 십일조를 가져왔고, 그들의 하나님께 구별하여 드릴 성물의 십일조도 가져왔다. 가져온 것이 넘쳐 여러 더미를 이루었는데,

7 셋째 달인 6월에 그 더미를 쌓기 시작하여 일곱째 달에 마쳤다.

8 히스기야와 지도자인 방백들이 와서 쌓인 십일조 성물 더미를 보고 여호와를 찬양하고 그의 백성 이

Q&A 성경에서의 나그네는?
(대하 30:25)

자신이 태어난 고향이나 삶의 터전을 떠나 사는 나그네(Alien)를 성경에서는 객, 타국인, 이방인 등으로 번역했는데 보다 정확한 의미는 타국인과 이방인의 중간에 위치한 사람으로 볼 수 있다. 근동 지역에서 양을 치며 사는 유목민이나 베두인들은 자신들의 떠돌이 생활로 인해 나그네를 잘 대접하는 관습이 있다. 성경에서 나그네에 대한 기본적인 의미는 *하나님의 은혜에 대한 이스라엘의 관계를 설명하기 위해* 사용되고 있다. 곧 나그네 같은 이스라엘은 하나님의 처소에 거하라는 하나님의 부르심에 살고 있는 것이다. 야곱은 바로 앞에 섰을 때 자신의 삶은 나그네의 생활이었다고 고백하였다(창 47:9).

스라엘을 위해 축복했다.

9 히스기야가 그 쌓여진 더미를 보고 제사장들과 레위 사람들에게 물었다.

10 이에 사독 족속의 아사랴 대제사장이 왕에게 대답했다. "백성이 예물을 여호와의 성전에 드리기 시작할 때부터 우리가 풍족하게 먹었으나 남은 것이 많습니다. 그것은 여호와께서 그의 백성에게 복을 주셨기 때문입니다. 그 남은 것이 이렇게 많이 쌓였습니다."

11 그때 히스기야가 "여호와의 성전 안에 방들을 준비하라"고 명령하자 바로 방이 준비되었다.

12 그 준비한 방에 예물과 십일조와 구별한 물건들을 보관했다. 그리고 그 책임자는 레위 사람 고나냐가 되고, 부책임자는 그의 동생 시므이가 되었다.

13 고나냐와 그의 동생 시므이 밑에서 일하는 자들은 여히엘, 아사시야, 나핫, 아사헬, 여리못, 요사밧, 엘리엘, 이스마갸, 마핫, 브나야였다. 이는 히스기야왕과 하나님의 성전을 관리하는 아사랴가 명령한 것이다.

14 성전 동쪽 문을 지키는 문지기는 레위 사람 임나의 아들 고레이다. 그는 자원해서 하나님께 드리는 예물을 맡아 여호와께 드리는 일과 모든 지성물을 제사장들에게 나누어 주는 일을 맡았다.

15 그의 밑에서 일하는 자들은 에덴, 미냐민, 예수아, 스마야, 아마랴, 스가냐로 그들은 제사장들이 사는 성읍들을 다니며 그의 동료, 형제들에게 직무의 순서에 따라 공평하게 나누어 주었다.

16 또 3세 이상으로 족보에 기록된 남자 외에도 날마다 여호와의 성전에 들어가서 그 순서에 따라 직무에 수종 드는 자들에게도 모두 나누어 주었다.

17 또한 그들의 족속대로 족보에 기록된 제사장들에게 나누어 주고, 20세 이상에서 그 순서대로 직무를 맡은 레위 사람들에게도 나누어 주었다.

18 뿐만 아니라 그 족보에 기록된 온 회중의 식구에게 나누어 주었는데, 이 회중은 성결하고 충실히 그 직분을 다하는 자였다. 또

19 아론의 자손에게 주어진 성읍과 그 주위의 들에 사는 아론 자손 제사장들의 모든 남자와 족보에 기록된 레위 사람들에게도 나누어 주었다.

20 히스기야가 유다의 전 지역에 그의 하나님께서 보시기에 이같이 선과 정의와 진실함으로 행했다.

21 그가 하나님의 성전에서 섬기는 일과 율법과 계명을 지키는 일과 하나님을 찾는 모든 일을 한마음으로 행했기 때문에 늘 형통했다.

앗수르 산헤립의 유다 침략과 히스기야[1]

32

1 ●이 모든 충성된 일[2]을 한 후 히스기야 즉위 14년에 앗수르의 왕 산헤립이 쳐러 올라와서 유다의 모든 견고한 성읍을 쳐서 점령하고자 했다.[3]

2 산헤립이 예루살렘을 치러 오자 히스기야왕이

3 그의 지도자인 방백들과 용사들과 의논한 후 성 밖에 있는 모든 물의 근원을 막고자 하니 그들이 도왔다.

1) 왕하 18:13, 17-22, 19:14-15, 35-37, 사 36:1-15, 37:36-38　2) 유다 왕 히스기야의 종교개혁　3) 왕하 18:13에는 취하매, 사 36:1에는 취하고자

4 이에 백성이 많이 모여 모든 물의 근원과 땅으로 흘러가는 시내를 막고 말했다. "어찌 앗수르 왕들이 와서 이 많은 물을 마시게 하겠느냐?"

5 그리고 히스기야가 용기를 내어 무너진 모든 성벽을 보수하고, 망대를 높이 세우며, 예루살렘 바깥 성벽을 쌓았다. 그리고 다윗성의 밀로를 견고한 요새로 만들고, 많은 무기와 방패를 만들었으며,

6 군대 지휘관들을 세워 군사들을 거느리게 했다. 그리고 성문 광장에서 무리를 소집한 후 말로 격려했다.

7 "너희는 마음을 강하고 담대히 하라. 앗수르 왕과 그를 따르는 무리를 보고 두려워하거나 놀라지 말라. 우리와 함께하시는 여호와가 그들과 함께하는 자보다 크시다.

8 앗수르 왕에게 있는 것은 육신의 팔이지만 하나님은 우리와 함께하시니 그분은 반드시 우리를 도우시고 우리를 대신하여 싸우실 것이다." 이에 백성이 유다 왕 히스기야의 말로 인해 용기를 얻어 두려워하지 않았다.

9 그 후 앗수르 왕 산헤립이 자기는 라기스에 남아 있는 채 그의 장군인 다르단과 랍사리스와 랍사게에게 대군을 거느리고 라기스를 치고 신하들을 라기스에서 65km 떨어진 예루살렘으로 보내 유다 왕 히스기야와 예루살렘에 있는 유다 무리에게 말하도록 했다.

10 그러자 앗수르의 랍사게 장군이 그들에게 말했다. "너희는 이제 히스기야에게 말하라. 앗수르 왕 산헤립이 이같이 말씀하신다. '너희가 무엇을 믿고 의지하기에 포위

된 예루살렘에 살고 있느냐?

11 히스기야가 너희를 속이며 '우리 하나님께서 우리를 앗수르 왕의 손에서 건져낼 것이다'라고 말하지만 그것은 너희를 주림과 목마름으로 죽게 하는 것이다.

12 히스기야가 여호와의 산당들과 제단을 제거하고 유다와 예루살렘 사람에게 명령하기를 '예루살렘의 제단 앞에서만 예배하고 그 위에 분향하라'고 했다.

13 나와 내 조상¹⁾들이 이방 모든 백성과 나라에게 행한 것을 너희가 알지 못하느냐? 모든 나라의 신들이 능히 내 손에서 자신들의 땅을 구해 내었느냐?

14 내 조상들이 진멸한 세상 나라 고산과 하란과 레셉과 들라살에 있는 에덴 자손과 그 나라들의 신들 가운데 어떤 신도 능히 그의 백성을 내 손에서 구해내지 못했거늘 너희 하나님²⁾인들 너희를 내 손에서 구해 내겠느냐?

15 그러니 너희는 히스기야의 속임수에 넘어가지 말고 그를 믿지도 말라. 어떤 백성이나 나라의 신도 능히 자기의 백성을 산헤립과 내 조상들의 손에서 구해내지 못했는데, 하물며 너희 하나님²⁾이 너희를 내 손에서 구해낼 수 있겠느냐?"

16 산헤립의 신하들은 더욱 하나님과 그의 종 히스기야를 비방했다.

17 산헤립이 이스라엘 하나님을 모욕하고 비방하는 편지를 써 말했다. "여러 나라의 신들이 그들의 백성을 내 손에서 구해내지 못한 것처럼 히스기야의 신들도 그의 백성을 내 손에서 구해내지 못할 것이다."

1) 사 37:11, 앗수르 왕   2) 신들

18 산헤립의 신하는 유다 방언으로 큰 소리로 외쳐 예루살렘성 위에 있는 백성을 놀라게 하고 괴롭게 하여 그 성을 점령하려고 했다.

19 그들은 사람의 손으로 지은 세상 사람의 신들을 비방하듯 예루살렘의 하나님을 비방했다.

20 그러므로 히스기야왕이 아모스의 아들 선지자 이사야와 더불어 하늘을 향해 부르짖어 기도하였더니

21 그 밤에 여호와께서 사자인 한 천사를 앗수르 왕의 진영으로 보내 모든 큰 용사와 대장과 지휘관 등 군사 18만 5,000명을 죽이셨다. 아침 일찍 일어나 보니 모두 시체 뿐이었다. 앗수르 왕 산헤립이 수치 가운데 그의 고국으로 돌아가서 니느웨에 거주했다. 그가 그의 신 니스록 신전에서 경배할 때 그의 아들 아드람멜렉과 사레셀이 그를 칼로 쳐 죽이고 아라랏 땅으로 도망하니 그 아들 에살핫돈이 앗수르의 왕이 되었다.[1]

22 이같이 여호와께서 히스기야와 예루살렘 주민을 앗수르 왕 산헤립과 모든 적국의 손에서 구원하여 사면으로 보호하셨다.

23 많은 사람이 예물을 가지고 예루살렘에 와서 여호와께 드리고, 보물을 유다 왕 히스기야에게 드렸다. 이후부터 모든 나라가 히스기야를 존귀하게 여겼다.

히스기야의 발병과 회복

24 ● 유다 왕 히스기야가 병들어 죽게 되었을 때 히스기야가 기도했다. 그러자 하나님께서 그에게 응답하시고 이적도 보이셨다. 그러나

25 히스기야가 마음이 교만해져 그받은 은혜에 감사하지 않자 하나님의 진노가 그 자신과 유다와 예루살렘에 내렸다.

26 그러나 히스기야와 예루살렘 주민들이 교만함을 뉘우치자 여호와의 진노가 히스기야 생전에는 내리지 않았다.

히스기야의 부귀와 영광

27 ● 하나님께서 히스기야왕에게 재산을 많이 주셨기 때문에 그의 부귀와 영광이 지극히 컸다. 이에 은금과 보석과 향품과 방패와 온갖 보배로운 그릇을 보관하기 위해 창고를 지었고,

28 곡식과 새 포도주와 올리브 기름의 산물을 위해서도 창고를 지었다. 또 여러 종류의 짐승을 위해서도 외양간을 세우고 양 떼의 우리를 만들었으며,

29 양 떼와 많은 소 떼를 위한 성읍들도 세웠다. 이는 하나님께서 히스기야왕에게 재산을 많이 주셨기 때문이다.

30 또 기혼의 윗샘물을 막아 그 아래로부터 다윗성 서쪽으로 곧게 끌어들였으니 히스기야가 하는 모든 일이 형통했다.

31 그러나 바벨론 사신인 방백들이 히스기야에게 그 땅에 나타난 기적에 대해 물을 때 하나님은 히스기야를 떠나셨다. 그것은 하나님께서 그의 심중에 있는 것이 어떤 것인지를 알기 위해 시험하신 것이었다. 그래서 히스기야가 하는 대로 내버려 두신 것이었다.

히스기야의 죽음[2]

32 ● 히스기야의 남은 행적과 그의 모든 선한 업적과 저수지와 수도를 만들어 물을 성 안으로 끌어들인 일은 이사야 선지자의 계시책

1) 왕하 20:1-2, 사 38:1-2 　2) 왕하 20:20-21

과 유다와 이스라엘 열왕기[1]에 기록되었다.

33 히스기야가 죽자 온 유다와 예루살렘 주민이 그의 죽음에 경의를 표하기 위해 그를 다윗 자손의 묘실에서 높은 곳에 장사했다. 그의 아들 므낫세가 뒤를 이어 유다 왕이 되었다.

유다 왕 므낫세[2]

33 1 ● 므낫세가 12세에 왕이 되어 예루살렘에서 55년간 나라를 다스렸다.

2 므낫세가 여호와께서 보시기에 악을 행했다. 여호와께서 이스라엘 자손 앞에서 쫓아내신 이방 사람의 혐오스러운 일을 본받아

3 그의 아버지 히스기야가 헐어 버린 산당들을 다시 세웠다. 또 북이스라엘의 왕 아합의 행위를 본받아 바알 제단을 쌓고, 아세라 목상을 만들며, 하늘의 일월성신을 경배하여 섬겼다.

4 더 나아가 여호와께서 성전에 대해 "내가 내 이름을 예루살렘에 두리라"고 말씀하신 여호와의 성전에 이방 제단들을 쌓고,

5 성전 두 뜰에 하늘의 일월성신을 위한 제단들을 쌓았다.

6 또한 힌놈의 아들 골짜기에서 자기의 아들을 불 가운데로 지나가게 하고, 점치며, 사술과 요술을 행하며, 신접한 자와 마술사인 박수를 신임하여 여호와께서 보시기에 많은 악을 행하여 여호와의 진노를 일으켰다.

7 뿐만 아니라 여호와의 성전에 자기가 만든 아로새긴 아세라 목상을 세웠다. 옛적에 여호와께서 이 성전에 대해 다윗과 그의 아들 솔로몬에게 말씀하셨다. "내가 이스라엘의 모든 지파 가운데서 선택한 이 성전과 예루살렘에 내 이름을 영원히 둘 것이다.

8 그리고 내가 그들에게 명령한 모든 것, 내 종 모세가 명령한 모든 율법과 율례와 규례를 지켜 행하면 그의 조상들에게 준 이 땅을 떠나 떠돌아다니지 않게 할 것이다."

9 그러나 유다와 예루살렘 주민은 듣지 않았고, 므낫세는 여호와께서 이스라엘 자손 앞에서 멸하신 모든 나라[3]보다 더 큰 악을 행하도록 백성을 치우친 길로 인도했다.

10 여호와께서 남유다 왕 므낫세와 그의 백성에게 경고하셨으나 그들이 듣지 않으므로

11 여호와께서 앗수르 왕의 군대 지휘관들로 유다를 치게 하시니 그들이 므낫세를 가시 덤불에서 사로잡아 쇠사슬로 결박하여 바벨론으로 끌고 갔다.

12 그가 고통을 당하자 크게 겸손하여 그의 조상들의 하나님 앞에 간구했다.

13 그러자 하나님은 그의 기도와 간구를 들으시고 그를 예루살렘으로 돌아오게 하셨으며, 다시 왕위에 앉게 하셨다. 그제서야 므낫세가 여호와께서 하나님이신 줄을 깨달았다.

14 이후 므낫세는 다윗성 밖의 기혼 샘 서쪽의 기드론 골짜기에서 어문[4] 입구까지 바깥 성벽을 쌓았는데, 오벨 지역을 둘러 매우 높이 쌓았다. 또 유다의 모든 요새화된 성읍에 군대 지휘관을 배치했다.

15 그리고 이방 신들과 여호와의 성전에 있는 우상을 없애고, 여호와

---

1) 왕하 20:20, 유다 왕 역대지략   2) 왕하 21:1~9, 17~18
3) 왕하 21:9, 여러 민족   4) Fish Gate

의 성전을 건축한 산에 있는 이방 제단뿐 아니라 예루살렘에 쌓았던 모든 이방 제단을 다 성 밖으로 던졌다. 그리고

16 여호와의 제단을 보수한 후 화목제물과 감사제물을 그 제단 위에 드렸다. 또한 유다 백성들에게 "이스라엘 하나님을 섬기라"고 명령했다.

17 이에 백성들이 그의 하나님께만 제사를 드렸다. 그러나 그때까지도 산당에서 제사를 드렸다.

18 므낫세의 남은 행적과 그가 하나님께 한 기도와 선지자가 이스라엘 하나님 여호와의 이름으로 권고한 말씀과 그가 범한 죄는 이스라엘 왕들의 행장1)에 기록되었다.

19 또 그의 기도와 그의 기도를 들으신 것과 그의 모든 죄와 허물과 겸손하기 전에 산당을 세운 곳과 아세라 목상과 우상을 세운 곳들이 호새의 역사책에 기록되었다.

20 므낫세가 죽어 그의 조상들이 묻힌 곳이 아닌 그의 궁2)에 장사되고 그의 아들 아몬이 뒤를 이어 유다의 왕이 되었다.

유다 왕 아몬의 악행과 죽음3)

21 ● 아몬이 22세에 유다의 왕이 되어 예루살렘에서 2년간 나라를 다스렸다.

22 아몬이 그의 아버지 므낫세가 행한 모든 길로 행하여 여호와께서 보시기에 악을 행하되 그의 아버지 므낫세가 만든 아로새긴 모든 우상에게 제사하며 그것들을 경배하며 섬겼다.

23 그의 아버지 므낫세가 말년에 스스로 겸손한 것처럼 여호와 앞에서 겸손하지 않고 더욱 범죄했다.

24 그러다가 결국에는 그의 신복들의

반역으로 궁중에서 살해되었다.

25 이에 백성들이 아몬왕에게 반역한 사람들을 다 죽이고 아몬왕의 아들 요시야를 왕으로 삼았다.

유다 왕 요시야의 등극4)

34 ● 요시야가 8세에 왕이 되어 예루살렘에서 31년간 나라를 다스렸다.

2 요시야가 여호와께서 보시기에 정직히 행하여 그의 조상 다윗의 모든 길로 행하고 좌우로 치우치지 않았다.

3 유다 왕 요시야가 어린 나이지만 왕이 된 지 8년 만에 16세 때 그의 조상 다윗의 하나님을 찾기 시작했다. 그리고 통치 12년째에 유다와 예루살렘에 있는 산당들과 아세라 목상들과 아로새긴 우상들과 부어 만든 우상들을 없애 정결하게 했다.

4 또 요시야왕의 지시로 무리가 바알의 제단들을 헐고, 그 제단 위에 높이 달린 태양상들을 찍었으며, 아세라 목상들과 아로새긴 우상들과 부어 만든 우상들을 가루로 빻아 제사하던 자들의 무덤에 뿌렸다.

5 그 제사장들의 뼈를 제단 위에서 불살라 유다와 예루살렘을 정결하게 했으며,

6 므낫세와 에브라임과 시므온과 납달리 지역까지 폐허가 된 성읍들도 정결케 했다.

7 또 지방에 있는 모든 이방 신의 제단들을 헐며 아세라 목상들과 아로새긴 우상들을 빻아 가루를 만들며, 모든 태양상을 찍은 후 예루살렘으로 돌아왔다.

1) 왕하 21:17, 유다 왕 역대지략　　2) 왕하 21:18, 웃사의 동산　3) 왕하 21:19~24　4) 왕하 22:1~2

요시야왕 때 율법책 발견[1]

8 ● 요시야가 왕위에 있은 지 18년째에 그 땅과 성전을 정결하게 하기를 10년 만에 마치고 여호와의 성전을 수리하기 위해 요시야왕이 므술람의 손자 아살리야의 아들 사반 서기관과 성의 책임자인 시장 마아세야와 요아하스의 아들 요아 서기관을 성전으로 보내며 말했다.

9 "너는 힐기야 대제사장에게 가서 이전에 문을 지키는 레위 사람들이 므낫세와 에브라임과 남아 있는 모든 이스라엘 사람과 온 유다와 베냐민과 예루살렘 주민들에게서 문 지킨 자가 수납한 헌금한 돈을 그에게 주라.

10 그리고 그 돈을 여호와의 성전 공사를 맡은 감독자의 손에 넘겨 그들이 여호와의 성전에 있는 작업자들에게 주어 성전의 부서진 것을 수리하게 하라.

11 곧 재목과 다듬은 돌과 연결시키는 고리로 사용하는 나무를 구입하여 이전 유다 왕들이 헐어 버린 성전들을 위해 들보를 만들도록 목수들과 건축자들과 미장이들에게 주도록 하라."

12 여호와의 성전을 수리하는 사람들은 성실하게 일했다. 그들의 감독으로 레위 사람 가운데 므라리 자손 중 야핫과 오바댜, 그핫 자손들 중 스가랴와 무술람이 임명되었다. 이들은 모두 성전 보수의 일을 감독했으며, 악기에 익숙한 레위 사람들도 함께했다.

13 그들은 또 짐을 줄로 매어 어깨에 나르는 목도꾼들을 감독하며, 모든 공사 담당자를 감독했다. 그리고 레위 사람들 가운데는 서기관과 관리와 문지기도 있었다.

14 무리가 여호와의 성전에 헌금한 돈을 꺼낼 때 힐기야 대제사장이 모세가 전한 여호와의 율법책을 발견했다.

15 그러자 힐기야가 사반 서기관에게 "내가 여호와의 성전에서 율법책을 발견했습니다"라고 알리고 그 책을 사반에게 주었다.

16 이에 사반 서기관이 왕에게 돌아가서 보고했다. "왕께서 종들에게 명령하신 것을 모두 준행했습니다.

17 또 왕의 신복들이 성전에서 찾아낸 돈을 쏟아 여호와의 성전을 맡은 감독자들과 일꾼들의 손에 맡겼습니다."

18 그런 후 사반이 왕에게 말했다. "힐기야 대제사장이 내게 율법책을 주었습니다." 그리고 사반이 왕 앞에서 그 율법책을 읽자

19 요시야왕이 율법책의 말을 듣자마자 자기의 옷을 찢었다.

20 그리고 요시야왕은 힐기야 제사장과 사반의 아들 아히감과 미가[2]의 아들 압돈[3]과 사반 서기관과 왕의 시종 아사야에게 명령했다.

21 "너희는 여호와 앞에 나아가 백성

성경 인물 요시야(대하 34:8)

요시야는 유다의 왕이 되어 예루살렘에서 31년간 통치했다. 통치 초기에는 앗수르의 영향하에 있었으나 자주적인 통치 기반을 다져갔다. 그리고 성전을 수리하다가 율법책을 발견하고 유월절을 회복시켰다(왕하 23:21-23). 그러나 BC 609년 하란 지방을 재탈환하려는 앗수르 군대를 지원하기 위해 북진하는 이집트의 느고 군대를 므깃도에서 저지하다가 전사하였다(왕하 23:29).

1) 왕하 22:3-20   2) 왕하 22:12, 미가야   3) 왕하 22:12, 악볼

과 이스라엘과 유다의 남은 자들을 위해 이 발견한 율법책에 대해 물으라. 우리 조상들이 우리를 위해 기록한 이 율법책의 말씀을 듣지도 행하지도 않았기 때문에 여호와께서 우리에게 내린 진노가 크다."

22 이에 왕의 명령에 따라 힐기야 대제사장과 왕이 보낸 사람들인 아히감과 악볼과 사반과 아사야가 여선지자 훌다를 찾아갔다. 그는 하스라[1]의 손자 독핫[2]의 아들로서 궁중 예복을 관리하는 살룸의 아내였다. 그는 예루살렘 둘째 구역에 거주했다. 그들이 요시야왕의 뜻을 전하자

23-25 여선지자 훌다가 그들에게 말했다. "이스라엘 하나님께서는 이 백성이 나를 버리고 다른 신에게 분향하며 그들의 손의 모든 행위로 나를 심히 분노하게 했기 때문에 내가 이곳과 그 주민에게 유다 왕 앞에서 읽은 율법책에 기록된 저주한 모든 말대로 재앙을 내릴 것이다. 이곳을 향해 내린 진노가 꺼지지 않을 것이다'라고 전하라.

26 그리고 너희를 내게로 보내 여호와께 묻게 한 유다 왕 요시야에게는 이렇게 전하라. "이스라엘의 하나님께서 이같이 말씀하셨다. 네가 들은 말씀을 설명하겠다.

27 이곳과 이곳 주민에 대해 이곳이 황폐하게 되고 저주를 받을 것이라는 내 말을 네가 듣고 깊이 뉘우쳐 내 앞에서 겸손하여 옷을 찢고 통곡했기 때문에 나도 네 말을 들었다.

28 그러므로 내가 너를 네 조상들에게 돌아가서 평안히 묘실로 들어가게 할 것이다. 나는 네가 죽기 전까지 이곳과 그 주민에게 내리는 모든 재앙을 내리지 않을 것이다'라고 하셨다." 이에 사자들이 왕에게 보고했다.

요시야왕의 율법책 낭독과 우상 척결[3]

29 ● 유다의 요시야왕이 사람을 보내 유다와 예루살렘의 모든 장로를 자기에게 소집한 후

30 요시야왕이 여호와의 전에 올라가자 모든 유다 사람과 예루살렘 주민들과 제사장과 레위인과 모든 백성들이 노인이나 어린이를 막론하고 다 함께했다. 이에 왕이 성전에서 발견한 언약책의 모든 말씀을 모인 무리에게 들려 주었다. 그런 후에

31 왕이 단 위에 서서 여호와 앞에서 이렇게 언약을 맺었다. "마음을 다하고, 목숨을 다하여 여호와께 순종하고 그의 계명과 증거와 규례를 지키며, 이 책에 기록된 언약의 말씀을 지킬 것이다."

32 이에 예루살렘과 베냐민 지역에 사는 자들을 다 그 언약에 참여하게 하니 예루살렘 주민이 그의 조상들의 하나님의 언약을 따랐다.

33 이와 같이 요시야는 이스라엘 자손에게 속한 모든 땅에서 혐오스러운 것들을 다 없앴고, 이스라엘의 모든 사람이 그들의 하나님을 섬기게 했다. 이에 요시야가 사는 날 동안에는 그의 백성들이 조상들의 하나님께 복종하고 떠나지 않았다.

요시야왕이 유월절을 지킴[4]

35 ● 유다 왕 요시야가 백성들에게 명령했다. "이 언약책에 기록

1) 왕하 22:14, 할하스 2) 왕하 22:14, 디과 3) 왕하 23:1-3 4) 왕하 23:21-23

된 대로 너희 하나님을 위해 유월절을 지키라."이에 첫째 달인 3~4월 14일에 예루살렘에서 유월절 어린 양을 잡았다.

2 요시야왕이 제사장들에게 직임을 맡기고 여호와의 성전에서 직무를 잘 수행하도록 격려했다.

3 또 여호와 앞에 거룩하게 구별되어 이스라엘을 가르치는 레위인들에게 다음과 같이 지시했다. "거룩한 언약궤를 다윗의 아들 이스라엘 왕 솔로몬이 건축한 성전 가운데 안치하여 이후부터는 어깨에 메지 않도록 하라. 그리고 너희는 하나님과 그의 백성 이스라엘을 섬기는 일만 하도록 하라.

4 또 이스라엘 왕 다윗과 그의 아들 솔로몬이 글을 써서 지시한 것을 따라 레위 족속의 순서에 따라 스스로 준비하라.

5 너희 형제는 모든 족속의 순서대로 또는 레위 족속의 순서를 따라 성소에 서서

6 스스로 정결하게 하고 유월절 어린 양을 잡으라. 너희 동족, 형제들을 위해서도 여호와께서 모세를 통해 전하신 말씀을 따라 준비하고 그대로 행하라."

7 요시야가 그 모인 모든 자를 위해 백성들에게 자기가 소유한 양 떼 가운데서 어린 양과 어린 염소 3만 마리와 수소 3,000마리를 유월절의 제물로 제공했다. 그러자

8 그의 신하인 방백들도 백성과 제사장들과 레위 사람들에게 자원하여 제물을 주었다. 이에 하나님의 성전을 책임지는 자들인 힐기야 대제사장과 스가랴와 여히엘은 제사장들에게 양 2,600마리와 수소 300마리를 유월절의 제물로 주었다.

9 레위 사람들의 우두머리인 고나냐와 그의 형제 스마야와 느다넬, 또 하사뱌와 여이엘과 요사밧은 양 5,000마리와 수소 500마리를 레위 사람들에게 유월절의 제물로 주었다.

10 이와 같이 하나님을 섬기는 일의 준비가 끝나자 왕의 명령에 따라 제사장들은 각자 제자리에 서고, 레위 사람들은 그들의 직무 순서에 따라 선 후

11 유월절 양을 잡았다. 레위 사람들은 잡은 짐승의 가죽을 벗겼고, 제사장들은 그들의 손에서 피를 받아 번제단에 뿌렸다.

12 그리고 나서 레위인들은 번제물을 가져다가 각 족속의 순서대로 모든 백성에게 나누어 주어 모세의 책에 기록된 대로 여호와께 드리게 하고 소도 그처럼 했다.

13 이어 레위인들은 유월절의 규례대로 유월절 양을 잡아 불에 굽고 그 나머지 거룩한 제물은 솥과 가마와 냄비에 삶아 모든 백성에게 신속히 분배했다.

14 그후 자신들과 제사장들의 분배 몫을 준비했다. 그것은 아론 자손의 제사장들이 번제와 기름을 저녁까지 드리는 일로 바빴기 때문이다. 그래서 레위 사람들이 백성들에게 먼저 나누어 준 다음에 자신들과 아론의 자손 제사장들을 위해 준비했던 것이다.

15 노래하는 아삽의 자손들은 이전에 다윗과 아삽과 헤만과 왕의 선지자 여두둔이 명령한 대로 각자 정해진 자리에 서 있고, 문지기들은 각자 책임을 맡은 문을 지키고 있었다. 이들은 모두 자기의 몫을 받기 위해 그 직무 장소에서 떠날 필

요가 없었다. 그의 형제 레위 사람들이 그들을 위해 자기들의 몫을 미리 준비했기 때문이다.

16 이와 같이 그날 여호와를 섬길 모든 일이 준비되자 요시야왕의 명령대로 유월절을 지키며 여호와의 제단에 번제를 드렸다.

17 그때 모인 이스라엘 자손이 유월절을 지키고 이어서 무교절을 7일 동안 지켰다.

18 선지자 사무엘 이후[1] 역대 이스라엘 왕들과 유다 왕들의 시대에 이스라엘의 어떤 왕도 요시야처럼 제사장들과 레위 사람들과 모인 온 유다와 이스라엘 무리와 예루살렘 주민과 함께 유월절을 지키지 못했다.

19 이처럼 요시야가 왕위에 있은 지 18년째에 예루살렘에서 여호와 앞에 이 유월절을 지켰다.

요시야왕의 죽음[2]

20 ● 요시야가 성전 정돈하기를 마친 후 애굽 왕 느고가 앗수르 왕을 돕기 위해[3] 유프라테스 강가의 갈그미스로 진군하는데 요시야왕이 애굽 왕의 북진을 막기 위해 나가 방비했다.

21 이에 애굽 왕 느고가 요시야에게 사신을 보내 말했다. "유다 왕이여, 왜 내 일에 관여하려고 하느냐? 내가 오늘 그대를 공격하려는 것이 아니라 나와 더불어 싸우는 바벨론 족속을 치려고 북진하는 것이다. 하나님께서 내게 '속히 하라'고 명령하셨으니 그것은 하나님께서 나와 함께 계신다는 증거이다. 그러니 그대는 하나님의 명령을 거스르지 말라. 그대를 멸하실까 염려된다."

22 그러나 요시야는 철수하기를 거절

하고 오히려 변장하고 애굽 왕 느고를 통해 하신 하나님의 말씀을 거부하고 므깃도 골짜기로 올라와 싸웠다.

23 이때 요시야왕은 적군이 쏜 화살에 맞아 중상을 입었다. 왕이 그의 신하들에게 명령했다. "내가 중상을 당했으니 나를 도와 이 전쟁터에서 빠져 나가게 하라."

24 이에 그 부하들이 왕을 병거에서 내리고 그의 첫째 병거에 태워 예루살렘에 도착했으나 그가 죽었다.[4] 그는 왕들의 묘실이 부족하여 대신 조상들의 묘실에 장사되었다. 이에 온 유다와 예루살렘 사람들이 요시야왕의 죽음을 슬퍼했다.

25 예레미야 선지자는 요시야의 죽음을 위해 애가를 지었는데, 모든 노래하는 남녀가 요시야왕의 죽음에 슬픈 마음으로 예레미야가 지은 애가로 노래하니 이스라엘에 규례가 되어 오늘까지 이르렀다. 그 가사는 애가 가운데 기록되었다.

26-27 요시야의 남은 행적과 여호와의 율법에 기록된 대로 행한 모든 선한 일은 이스라엘과 유다 왕 열왕기에 기록되었다.

유다 왕 여호아하스

36
● 그 땅의 백성들이 요시야의 아들 여호아하스를 데려다가 기름을 붓고 아버지의 뒤를 이어 예루살렘에서 유다의 왕으로 삼았다.

2 여호아하스가 23세에 왕이 되어 예루살렘에서 3개월간 나라를 다스렸다.

---

1) 왕하 23:22, 사사가 이스라엘을 다스리던 시대부터   2) 왕하 23:28-30   3) 개역개정, 치러   4) 왕하 23:29하, 애굽 왕이 요시야를 므깃도에서 만났을 때에 죽인지라

3 애굽 왕 느고가 예루살렘에서 여호아하스를 왕위에서 폐위시키고 그를 레바논 북쪽 오론테스강변의 하맛 지역에 속한 립나에 가두었다. 그리고 그 나라에 은 100달란트와 금 약 34kg 되는 1달란트를 벌금으로 내게 했다.

4 애굽 왕 느고가 유다 왕 요시야의 아들, 곧 여호아하스의 형제 엘리아김을 유다와 예루살렘 왕으로 삼고 그의 이름을 고쳐 '여호야김'이라고 했다. 애굽 왕 느고는 레바논 최북단에 위치한 립나에 가두었던 여호아하스를 애굽으로 잡아갔는데, 그는 예레미야의 예언대로 그곳에서 죽었다.

유다 왕 여호야김[1]

5 ● 여호야김[2]이 25세에 왕이 되어 예루살렘에서 11년간 나라를 다스렸다. 그는 여호와 보시기에 악을 행했다.

6 바벨론 왕 느부갓네살이 예루살렘에 올라와서 여호야김왕을 치고, 그를 붙잡아 쇠사슬로 결박하여 바벨론으로 끌고 갔다.[3]

7 이때 느부갓네살은 여호와의 성전 기구들[4]을 바벨론으로 가져다가 바벨론에 있는 자기 신당[5]에 두었다.

8 여호야김의 남은 행적과 그가 행한 모든 가증한 일과 그에게 나타난 악행이 이스라엘과 유다 왕 열왕기[6]에 기록되었다. 여호야김이 죽어 그의 조상들이 묻힌 곳에 장사되고 그의 아들 여호야긴이 뒤를 이어 유다 왕이 되었다.

유다 왕 여호야긴과 그의 죽음 예언[7]

9 ● 여호야긴이 8세[8]에 왕위에 올라 예루살렘에서 3개월 10일[9] 동안 나라를 다스리며 그의 아버지의 모든 행위를 본받아 여호와께서 보시기에 악을 행했다.

10 그해 느부갓네살왕은 사람을 보내 여호야긴을 그의 어머니와 아내들과 내시들과 나라에 권세 있는 자들과 함께 예루살렘에서 바벨론으로 잡아갔다. 이때 여호와의 성전의 귀한 그릇들도 함께 가져갔다. 또 여호야긴의 숙부 맛다니야를 여호야긴 대신에 유다와 예루살렘 왕으로 삼고 그의 이름을 고쳐 '시드기야'라고 했다.

유다의 마지막 왕 시드기야[10]

11 ● 시드기야가 유다의 마지막 왕이 될 때 나이가 21세였다. 예루살렘에서 11년간 나라를 다스렸다.

12 시드기야는 하나님께서 보시기에 악을 행하고 예레미야 선지자를 통해 주신 여호와의 말씀 앞에서 겸손하지 않았다.

시드기야와 예루살렘 성전의 파괴[11]

13 ● 느부갓네살왕은 유다의 마지막 왕 시드기야에게 그의 하나님의 이름으로 충성하도록 맹세시켰다. 그러나 그는 그 마음이 완고하여 바벨론에게 복종하라는 여호와의 말씀을 듣지 않고 바벨론 왕을 배반했다. 오히려 목을 뻣뻣하게 하며 이스라엘 하나님께로 돌아오지 않았다.

14 시드기야왕뿐 아니라 모든 지도급 제사장과 백성들도 크게 범죄하여 여호와께서 예루살렘에 거룩하게

---

1) 왕하 23:36, 24:5-6, 단 1:2　2) 엘리아김　3) 바벨론 2차 침공과 바벨론 1차 유배　4) 단 1:2, 그릇 얼마　5) 단 1:2, 신들의 보물 창고　6) 왕하 24:5, 유다 왕 역대지략　7) 왕하 24:8-9, 15-17　8) 왕하 24:8, 18세　9) 왕하 24:8, 석 달　10) 왕하 24:18-19, 렘 37:1, 52:1　11) 왕하 24:20, 25:8-10, 13-15, 렘 52:3, 12-14, 17-18

두신 그의 성전을 이방의 모든 혐오스러운 일을 따라 더럽게 했다.

15 그 조상들의 하나님께서 그의 백성과 그의 처소인 성전을 아끼사 부지런히 그의 사신인 천사들을 그 백성에게 보내 말씀하셨다. 그러나

16 그의 백성이 하나님의 사신들을 비웃고, 그의 말씀을 멸시하며, 그의 선지자를 모욕하므로 여호와의 진노가 그의 백성에게 일어났으니 돌이킬 방법이 없게 되었다.

17 하나님께서 갈대아, 곧 바벨론 왕의 손에 그들을 다 넘기시니 바벨론 왕 느부갓네살 통치 19년째 다섯째 달인 8월 7일에 바벨론 왕의 신복인 사령관[1] 느부사라단이 예루살렘에 내려와서 성전에서 칼로 죽이며 청년과 노인과 약한자들을 불쌍히 여기지 않았다.

18 한편 바벨론 사람이 하나님의 성전의 크고작은 그릇들과 여호와의 전의 보물과 왕과 관리들의 보물을 모두 바벨론으로 가져갔다.[2]

19 한편 예루살렘성을 함락시킨 바벨론 군대는 여호와의 성전과 왕궁을 불사르고 예루살렘성 안에 있는 고관들과 백성들의 집까지 모두 불살랐으며, 그들이 갖고 있던 모든 귀한 그릇을 부수고, 사령관에게 소속된 바벨론 모든 군대가 예루살렘 주위의 성벽을 헐었다.[3]

20 칼에서 살아남은 자를 그가 바벨론으로 잡아가니 무리가 그곳에서 바벨론 왕과 그의 자손의 노예가 되어 페르시아가 통치할 때까지 이르렀다.

21 이에 유다는 토지가 황폐하여 땅이 안식년을 누림같이 경작되지 못하고 70년이 흘렀으니 여호와께서 예레미야를 통해 하신 말씀이 이루어졌다.

고레스의 귀국 명령[4]

22 ● 메대 사람 다리오에 이어 페르시아왕이 된 고레스의 즉위 원년인 BC 538년에 여호와께서 예레미야의 입을 통해 하신 말씀[5]을 이루기 위해 페르시아 왕 고레스의 마음을 감동시키셨다. 고레스는 전국에 공포하고 조서도 내렸다.

23 "페르시아 왕 고레스는 말한다. 하늘의 신인 하나님께서 세상 모든 나라를 다스리게 하셨고, 내게 '유다 예루살렘에 성전을 건축하라'고 명령하셨다. 이스라엘의 하나님은 참 신이시다. 그러므로 너희 가운데 하나님을 섬기는 그의 백성 된 자는 모두 유다 지역 예루살렘으로 올라가서 이스라엘의 하나님의 성전을 건축하라. 그분은 예루살렘에 계시는 하나님이다. 너희 하나님께서 함께하시기를 원한다.

역사 & 배경 유다의 멸망과 고레스의 해방령 (대하 36:11~23)

BC 598년 12월에는 바벨론의 주력 부대가 유다로 진격하였다. 이때 여호야김은 그를 죽임으로 바벨론의 느부갓네살에게 환심을 사려고 했던 백성들에 의해 죽었을 것이다(렘 22:18~19). 여호야김이 죽자 그 아들 여호야긴이 18세에 왕위에 올랐다. 그러나 3개월도 안되어 예루살렘은 바벨론에게 함락되었고 느부갓네살은 성전과 왕궁의 보물과 백성과 방백과 기술자들과 왕족과 내시 등 18,000명 이상을 사로잡아 갔다. 그리고 여호야긴의 아자비 맛다니야를 시드기야로 개명하여 왕으로 세웠다. 이후 바벨론이 메대와 바사에게 멸망을 당하였고 포로 생활을 하던 유다인들은 70년 지난 후 예레미야의 예언대로 고레스의 해방령에 의해 고국으로 귀환하게 된다.

---

1) 왕하 25:8, 시위대장   2) 왕하 25:13~15   3) 왕하 25:9~10, 렘 39:8   4) 스 1:1~3   5) 렘 25:11~12

제목	히브리어 성경에는 본서와 느헤미야가 한 권으로 되어 있고, 70인역은 에스드라스
기록연대	기원전 444년 이후 **저자** 에스라 **중심주제** 바벨론 포로 후 두 번에 걸친 귀환사건

내용소개 • 고레스왕 1. 1차 귀환 여행 1~2장 • 다리오왕 2. 성전 재건 = 역사 3(고레스왕)~6장
• 아닥사스다왕 3. 2차 귀환 여행 7~8장 4. 가르침과 개혁 = 역사 9~10장

페르시아[1] 왕 고레스의 해방령

1 ● 메대 사람 다리오에 이어 페르시아 왕이 된 고레스의 즉위 원년인 BC 538년에 여호와께서 예레미야의 입을 통해 하신 말씀을 이루기 위해 페르시아 왕 고레스의 마음을 감동시키셨다. 고레스는 전국에 공포하고 조서도 내렸다.[2]

2 "페르시아 왕 고레스는 말한다. 하늘의 신인 하나님께서 세상 모든 나라를 다스리게 하셨고, 내게 '유다 예루살렘에 성전을 건축하라'고 명령하셨다.

3 이스라엘의 하나님은 참 신이시다. 그러므로 너희 가운데 하나님을 섬기는 그의 백성 된 자는 모두 유다 지역 예루살렘으로 올라가서 이스라엘의 하나님의 성전을 건축하라. 그분은 예루살렘에 계시는 하나님이다. 너희 하나님께서 함께하시기를 원한다.[3]

4 포로로 잡혀 온[4] 백성이 어느 곳에 머물러 살든지 그들과 이웃한 사람들은 마땅히 은과 금과 그 밖의 물건과 짐승으로 귀환하는 자들을 도와주고 그 외에도 예루살렘에 건축할 하나님의 성전을 위해서 자원예물을 드리라."

성전 재건 헌금과 바벨론 포로 귀환자들

5 ● 그때 유다와 베냐민 자손 우두머리 된 족장들과 제사장들과 레위 사람들과 하나님께 감동을 받고 예루살렘으로 올라가서 여호와의 성전을 건축할 마음이 있는 자가 다 일어나 떠날 준비를 했다.

6 그 주위에 있는 사람들은 그들에게 자원예물 외에도 은 그릇과 금과 물품들과 짐승과 진귀한 물품으로 도왔다.

7 페르시아 왕 고레스는 옛날에 느부갓네살왕이 예루살렘에서 약탈해서 가져와 자기 신들의 신전에 두었던 여호와의 성전 그릇을 가져오도록

8 창고지기 미드르닷에게 명령하자 그 그릇들을 꺼내어 헤아린 뒤 유다 총독 세스바살에게 넘겨주었다.

9 그 그릇들은 금 접시 30개, 은 접시 1,000개, 칼 29개,

10 금 대접 30개, 은 대접이 410개, 그 밖의 그릇이 1,000개로

11 금, 은 그릇이 모두 5,400개였다. 포로로 잡혔던 자들을 바벨론에서 예루살렘으로 데려갈 때 세스바살이 그 그릇들을 모두 가지고 떠났다.

바벨론에서의 귀환자들[5]

2 ● 옛날에 바벨론 왕 느부갓네살에게 포로로 잡혀 바벨론으로 갔던 자들의 자손들 가운데서 자유를 얻어 예루살렘과 유다도[6]로 돌아와 자기 고향 성읍으로 돌아간 자들인

2 스룹바벨, 예수아, 느헤미야, 스라야[7]

1) 바사 2) 렘 25:11~12 3) 대하 36:22~23 4) 남아 있는
5) 느 7:6~73 6) 道 7) 아사랴

르엘라야1), 모르드개, 빌산, 미스발2), 비그왜, 르훔3), 바아나 등과 함께 나온 이스라엘 백성의 명수가 이러하다.

3-15 바로스 자손 2,172명, 스바댜 자손 372명, 아라 자손 7754)명, 바핫모압 자손인 예수아와 요압 자손 2,8125)명, 엘람 자손 1,254명, 삿두 자손 945명, 삭개 자손 760명, 바니 자손 6426)명, 브배 자손 6237)명, 아스갓 자손 1,2228)명, 아도니감 자손 6669)명, 비그왜 자손 2,05610)명, 아딘 자손 45411)명이다.

16-20 아델 자손 곧 히스기야 자손 98명, 베새 자손 323(12)명, 요라13) 자손 112명, 하숨 자손 22314)명, 깁발15) 자손 95명이다.

21-27 베들레헴 사람 123명, 느도바 사람 56(16)명, 아나돗 사람 128명, 아스마웻 자손 42명, 기랴다림17)과 그비라와 브에롯 자손 743명, 라마와 게바 자손 621명, 믹마스 사람 122명.

28-35 벧엘과 아이 사람 223(18)명, 기타 느보 자손이 52명, 막비스 자손 156명, 기타 엘람 자손 1,254명, 하림 자손 320명, 로드와 하딧과 오노 자손 725(19)명, 여리고 자손 345명, 스나아 자손 3,63020)명이었다.

36-39 제사장들은 예수아 가문의 여다야 자손 973명, 임멜 자손 1,052명, 바스훌 자손 1,247명, 하림 자손 1,017명이었다.

40-42 레위 사람들은 호다위야21) 자손인 예수아와 갓미엘 자손이 74명, 노래하는 자들로 아삽 자손이 12822)명이었다. 문지기의 자손들은 살룸 자손, 아델 자손, 달문 자손, 악굽 자손, 하디다 자손, 소배 자손인데 모두 13923)명이었다.

43-48 느디님 사람들은 시하 자손, 하수바 자손, 답바 자손, 게로스 자손, 시아하24) 자손, 바돈 자손, 르바나 자손, 하가바 자손, 악굽25) 자손, 하갑 자손, 사믈래 자손, 하난 자손, 깃델 자손, 가할 자손, 르아야 자손, 르신 자손, 느고다 자손, 갓삼 자손,

49-54 웃사 자손, 바세아 자손, 베새 자손, 아스나 자손, 므우님 자손, 느부심26) 자손, 박북 자손, 하그바 자손, 할훌 자손, 바슬룻27) 자손, 므히다 자손, 하르사 자손, 바르고스 자손, 시스라 자손, 데마 자손, 느시야 자손, 하디바 자손이었다.28)

55-58 솔로몬 신하의 자손은 소대 자손, 하소베렛 자손, 브루다29) 자손, 야알라 자손, 다르곤 자손, 깃델 자손, 스바댜 자손, 하딜 자손, 보게렛하스바임 자손, 아미30) 자손이니 모든 느디님 사람과 솔로몬 신하의 자손이 392명이었다.

59 이 외에도 델멜라, 델하르사, 그룹, 앗단31), 임멜에서 올라온 자가 있었다. 그러나 그들의 조상의 가문과 선조32)는 밝혀지지 않았기 때문에 이스라엘 자손인지 알 수 없었다.

60 그들은 들라야 자손, 도비야 자손, 느고다 자손으로 모두 65233)명이다.

61 제사장 자손 가운데는 하바야34) 자손, 학고스 자손, 바르실래 자손이 있었다. 이들 가운데 바르실래는

요단강 동쪽 길르앗 출신인 바르실래의 집안으로 딸 가운데 한 사람을 아내로 삼고 장인인 바르실래의 이름을 따라 불린 자이다.

62 이 사람들은 계보 가운데서 자기 이름을 찾지 못했기 때문에 그들을 적합하지 않게 여겨 제사장의 직분을 행하지 못하게 했다.

63 유다 총독¹⁾은 그들에게 우림과 둠밈을 가지고 재판하는 제사장이 나타나기까지는 지성물을 먹지 말라고 명령했다.

64-67 온 회중의 합계가 4만 2,360명이다. 그 외에 남종과 여종 노비가 7,337명이고 노래하는 남녀가 200²⁾명이었다. 말은 736마리이며, 노새가 245마리, 낙타가 435마리, 나귀가 6,720마리였다.

68 예루살렘에 도착한 후에는 몇 명의 족장이 예루살렘에 있는 하나님의 성전 터에 이르러 하나님의 성전을 그곳에 다시 건축하기 위해 예물을 기쁘게 드렸다.

69 이 모든 것을 자기 능력대로 공사하는 자금으로 바치니 금이 513kg 되는 6만 1,000다릭이며, 은이 2,850g 되는 5,000마네이며, 제사장의 옷이 100벌이었다.

70 이와 같이 제사장들과 레위 사람들과 백성 몇 명과 노래하는 자들과 문지기들과 느디님 사람들은 각자 고향의 성읍에 살았고, 이스라엘 무리도 각자 고향의 성읍에 살았다.

귀환 후 첫 번제

3 ●이스라엘 자손이 각자 고향의 성읍에 살았더니 일곱째 달인 10월에 이르러 일제히 예루살렘에 모였다.

2 요사닥의 아들 예수아와 그의 형제 제사장들과 스알디엘의 아들 스룹바벨과 그의 형제들이 다 일어나 이스라엘 하나님의 제단을 만들어 하나님의 사람 모세의 율법에 기록된 대로 번제를 그 위에서 드리려고 했다.

3 그들은 제단을 쌓는 일에 주위에 있는 모든 나라 백성을 두려워했지만 마침내 제단을 그 터에 세웠다. 그리고 그 위에서 아침과 저녁으로 여호와께 번제를 드렸다.

4 기록된 규례대로 초막절을 지켜 번제를 정해진 수량대로 매일 드리고,

5 이후에는 항상 드리는 번제와 매월 첫날과 여호와의 모든 거룩한 절기의 번제와 사람이 여호와께 기쁘게 드리는 예물을 드렸다.

6 일곱째 달인 10월 1일부터 여호와의 성전 기초를 미처 놓지 못한 가운데 있었지만 여호와께 번제를 드렸다.

7 이에 페르시아 왕 고레스의 명령대로 석수와 목수에게 돈을 주고, 시돈 사람과 두로 사람들에게는 먹을 것과 마실 것과 올리브 기름을 주고 백향목을 레바논에서 욥바 해변까지 운송하게 했다.

성전 재건축 시작

8 ●예루살렘에 있는 하나님의 성전에 도착한 지 2년 둘째 달인 5월에 스알디엘의 아들 스룹바벨, 요사닥의 아들 예수아, 다른 동료, 형제 제사장들, 레위 사람들, 포로로 잡혔다가 예루살렘으로 돌아온 자들이 성전 공사를 시작하고, 20세 이상 레위인들을 여호와의 성전 공사의 감독으로 세웠다.

9 이에 예수아와 그의 아들들과 그의

1) 방백   2) 느 7:67, 245

형제들, 갓미엘과 그의 아들들, 유다 자손, 헤나닷 자손과 그의 형제 레위 사람들이 함께 하나님의 성전 일꾼들을 감독했다.

10 건축자가 여호와의 성전의 기초를 놓을 때 제사장들은 예복을 입고 나팔을 들었으며, 아삽 자손의 레위 사람들은 심벌즈를 들고 서서 이스라엘 왕 다윗의 규례에 따라 여호와께

11 찬양으로 화답했다. "주는 지극히 선하시며, 그의 자비하심은 이스라엘에게 영원하시도다." 그러자 모든 백성이 여호와의 성전 기초가 놓인 것을 보고 여호와를 큰 소리로 찬양했다.

12 그러나 솔로몬이 세운 첫 번째 성전을 보았던 제사장들과 레위 사람들과 나이 많은 족장 된 자들은 성전의 기초가 초라하게 놓인 것을 보고 대성통곡했으나 대부분의 사람은 기쁨으로 큰 함성을 질렀다.

13 백성들이 크게 외치는 소리가 멀리까지 들렸기 때문에 백성들은 즐겁게 부르는 소리와 통곡하는 소리를 분간하지 못했다.

성전 재건축을 방해한 자들

4 ● 베냐민 자손의 대적들은 포로로 잡혔던 자들의 자손이 이스라엘의 하나님의 성전을 건축한다는 소식을 듣고

2 스룹바벨과 우두머리들에게 나아와 말했다. "우리도 너희와 같이 하나님을 찾고, 앗수르 왕 에살핫돈이 우리를 이곳으로 이주시킨 날부터 하나님께 제사를 드렸다. 그러니 우리도 너희와 함께 성전 건축에 동참하게 하라."[1]

3 이에 스룹바벨과 예수아와 이스라엘 우두머리들이 말했다. "우리 하나님의 성전을 건축하는 것은 너희와 상관이 없는 일이다. 페르시아 왕 고레스가 우리에게 명령하신 대로 우리가 이스라엘의 하나님을 위해 우리의 힘만으로 건축할 것이다."

4 이때부터 그 땅에 살고 있었던 백성이 유다 백성의 성전 건축을 방해해서 성전 건축에 대한 사기를 떨어 뜨렸다.

5 이런 방해 공작은 페르시아 왕 고레스 시대부터 다리오 1세가 즉위할 때까지 관리들에게 뇌물을 주며 계속되었다.

성전 재건축 방해를 위해 아닥사스다왕에게 올린 글

6 ● 고레스에 이어 캄비세스, 곧 아하수에로가 페르시아 왕으로 즉위할 때인 BC 529년에 그들이 글을 올려 유다와 예루살렘 주민을 고소했다.

7 이후 캄비세스의 아들 아닥사스다 왕 때인 BC 521년에 비슬람과 미드르닷과 다브엘과 그의 동료들이 페르시아 왕 아닥사스다에게 글을 올렸으니 그 글은 아람 문자와 아람 방언으로 기록한 것이었다.

8 사마리아 지역의 총독[2] 르훔과 서기관 심새가 아닥사스다왕에게 예루살렘 백성을 고소하는 상소문

역사 & 배경 바사 제국(스 4:5-6)

바사(페르시아)는 인더스강과 티그리스강 사이의 이란 고원에 본거지를 두었는데 BC 1500년경 이곳에서는 아리안족이라 하는 인도, 유럽족이 살고 있었다. 이 아리안족은 두 갈래로 나누어져 하나는 인도쪽으로, 다른 하나는 서쪽의 비옥한 초생달 지역에 이르렀는데 이곳에서 메대와 바사 두 왕국이 일어났다.

1) 왕하 17:24 2) 방백

글을 썼다.

9 그 상소문에는 사마리아 총독 르훔과 서기관 심새와 그의 동료 관리들인 디나 사람, 아바삿 사람, 다블래 사람, 아바새 사람, 아렉 사람, 바벨론 사람, 수산 사람, 데해 사람, 엘람 사람과

10 그 밖에 이전에 앗수르바니팔, 곧 오스납발이 사마리아성과 유프라테스강 서쪽의 다른 땅에 옮겨 둔 존귀한 자들과 함께 고소한다고 되어 있다.

11 아닥사스다왕에게 올린 그 상소문의 복사본 내용은 이렇다. "유프라테스강 서쪽에 있는 신하들이

12 왕에게 아룁니다. 왕의 지역에 있는 자들 가운데 우리에게로 올라온 유다 사람들이 예루살렘에 도착하여 반역을 일삼은 이 악한 예루살렘성을 건축하는데, 이미 그 기초를 놓았고 성벽을 쌓고 있습니다.

13 이제 왕이 알게 되기를 바랍니다. 만일 이 성읍이 건축되고 성벽이 완성되면 그 무리가 더 이상 조공과 관세와 통행세를 바치지 않을 것입니다. 그렇게 되면 국고[1]에 손해가 될 것입니다.

14 우리가 왕궁의 녹[2]을 먹는 은혜를 받고 있으니 왕께서 불명예스러운 일을 당하는 것을 차마 볼 수 없어 사람을 보내 왕에게 상소문을 올리는 것입니다.

15 왕께서 조상들의 역사책을 살펴보시면 그 역사책에서 이 예루살렘성은 반역을 일으킨 성읍임을 알 수 있을 것입니다. 예로부터 예루살렘은 자주 반역을 일으켜 왕들과 각 지방 도[3]에 손해가 된 것을 알게 되실 것입니다. 이 예루살렘성이 무너진 것도 바로 그 때문입니다.

16 이제 감히 왕에게 아룁니다. 이 성이 재건되고 성벽이 완성되면 왕은 유프라테스강 서쪽의 영토를 잃게 될 것입니다."

17 왕이 지방장관인 방백 르훔과 서기관 심새와 사마리아에 거주하는 그들의 동료 관리들과 유프라테스강 서쪽의 다른 땅 백성에게 조서를 내리니 그 내용은 이렇다. "너희는 평안하라.

18 너희가 올린 상소문을 내 앞에서 낭독시키고

19 자세히 살펴보니 과연 이 예루살렘성은 예로부터 왕실에 반기를 들고, 패역하고 반역하는 일을 일삼았다.

20 옛날 예루살렘을 다스리던 강한 군왕들인 다윗과 솔로몬이 있을 때는 유프라테스강 서쪽 지역의 모든 땅이 그들에게 조공과 관세와 통행세를 바쳤다.

21 이제 너희는 내 명령을 그들에게 전하라. 그래서 그 사람들에게 예루살렘 공사를 멈추게 하여 그 예루살렘성을 건축하지 못하게 하고 내가 다시 조서를 내릴 때까지 기다리라.

22 너희는 이 일을 서둘러 시행하여 왕실에 화가 없게 하고 왕들에게 손해가 없게 하라."

23 아닥사스다왕의 조서 복사본이 사마리아 총독 르훔과 서기관 심새와 그의 동료 관리 앞에서 낭독되자 그들이 예루살렘으로 급히 내려가 유다 사람들을 보고 왕의 조서에 따라 그 공권력으로 그 공사를 멈추게 했다.

1) 왕들 2) 소금 3) 道

24 이에 예루살렘에서 하나님의 성전 공사가 페르시아 왕 다리오 1세 2년인 BC 520년까지 중단되었다.

성전 재건축을 다시 시작함

5 ● 성전 재건축이 중단된 이후 학개 선지자와 잇도의 손자 스가랴 선지자가 이스라엘의 하나님의 이름으로 유다와 예루살렘에 거주하는 유다 사람들에게 예언했다.

2 이에 스알디엘의 아들 스룹바벨과 요사닥의 아들 예수아가 일어나 예루살렘에 있던 하나님의 성전을 다시 건축하기 시작하자 하나님의 선지자들이 함께하여 그들을 도왔다.

3 그때 유프라테스강 서쪽의 닷드내 총독과 스달보스내와 그들의 동료 관리들이 다 나아와 그들에게 말했다. "누가 너희에게 명령하여 이 성전을 건축하고 이 성벽을 마치게 하라고 했느냐?" 그래서

4 우리가 건축하는 자의 이름을 밝혔다.

5 그때 하나님께서 유다 장로들을 돌보심으로 그들이 능히 공사를 막지 못하고, 이 일을 다리오왕에게 아뢴 후 그 답장이 오기를 기다렸다.

6 유프라테스강 서쪽의 닷드내 총독과 스달보스내와 그들의 동료 관리인 유프라테스강 서쪽의 아바삭 사람이 다리오 1세 왕에게 올린 글의 복사본 내용은 이렇다.

7 "다리오왕은 평안하십시오.

8 왕께 아룁니다. 우리가 유다 지방 도[1]에 갔을 때 지극히 크신 하나님의 성전에 가 보니 큰 돌로 성전을 세우며, 벽에 나무를 얹고, 열심히 일하므로 공사가 순조롭게 진행되는 것을 보았습니다. 그래서

9 우리가 그 장로들에게 물었습니다. '누가 너희에게 명령하여 이 성전을 건축하고 이 성벽을 쌓으라고 했느냐?'

10 또 우리가 그 우두머리들의 이름을 왕에게 보고하기 위해 이름을 물었습니다.

11 그때 그들이 우리에게 이렇게 대답했습니다. '우리는 하늘과 땅의 하나님의 종이라. 이전에 건축되었던 성전을 우리가 다시 건축한다. 이는 본래 이스라엘의 위대한 솔로몬왕이 건축하여 완공한 것이었다. 그러나

12 우리 조상들이 하늘에 계신 하나님을 진노케 했기 때문에 하나님께서 그들을 갈대아 사람 바벨론 왕 느부갓네살의 손에 넘기셨고 그가 이 성전을 헐며 이 백성을 사로잡아 바벨론으로 옮겨 갔다.[2]

13 그러나 페르시아[3] 왕 고레스 즉위년에 고레스왕이 조서를 내려 하나님의 성전을 다시 건축하게 했다.

14 뿐만 아니라 느부갓네살왕은 예루살렘 하나님의 성전 안에서 약탈해 온 금, 은 그릇을 옮겨다가 바벨론 신전에 두었다. 이를 고레스왕이 그 신전에서 꺼내어 그가 유대 총독으로 임명한 세스바살에게 내주며

15 명령하기를 너는 이 그릇들을 가지고 가서 예루살렘 성전에 두고 하나님의 성전을 본래의 자리에 건축하라고 했다.[4]

16 이에 세스바살 유대 총독이 예루살렘에 도착하여 하나님의 성전 기초를 놓았고, 그때부터 지금까지 건축하고 있지만 아직 완성하지 못했다.'

17 그러니 이제 왕께서 좋게 여기시거든 바벨론에 있는 왕의 보물 창고

---

1) 道 2) 왕하 25:8-17 3) 바벨론 4) 스 1:1-11

에서 조사하시고 고레스왕이 조서를 내려 하나님의 성전을 예루살렘에 다시 건축하라고 하셨는지 사실을 알아보십시오. 그리고 우리에게 왕의 결정을 알려주십시오."

고레스의 조서와 다리오왕의 명령

6 ● 이에 다리오 1세가 조서를 내려 바벨론의 보물을 쌓아 둔 문서 저장소인 보물 전각을 조사하게 하여

2 메대도¹⁾ 악메다궁에서 한 두루마리를 찾았다. 그곳에는 이렇게 기록되었다.

3 "고레스왕 즉위년에 조서를 내렸다. 예루살렘에 있는 하나님의 성전에 대해 이르노니 제사를 드리는 성전을 건축하되 기초를 튼튼히 하고 그 성전의 높이와 너비를 각각 27m 되는 60규빗으로 하며

4 큰 돌 3겹²⁾에 새 나무 1겹을 놓으라. 그 경비는 모두 국고³⁾에서 멜 것이다.

5 또 느부갓네살이 예루살렘 성전에서 탈취하여 바벨론으로 옮겼던 하나님의 성전에 있던 금과 은 그릇들을 돌려보내 예루살렘 성전으로 가져다가 하나님의 성전 안 본래 있던 자리에 두라."

6 조서를 확인한 다리오 1세는 다음과 같은 답장을 보냈다. "이제 유프라테스강 서쪽의 닷드내 총독과 스달보스내와 너희 동료 관리인 유프라테스강 서쪽에 있는 아바삭 사람들은 성전 건축 공사에 접근하지 말고,

7 그 공사를 막지 말며, 유다 총독과 장로들이 하나님의 성전을 본래 자리에 건축하게 하라.

8 내가 또 조서를 내려 하나님의 성전 건축에 대해 너희가 유다 사람의 장로들에게 어떻게 행할지를 알린다. 유프라테스강 서쪽 지역에서 거둔 왕의 재산인 세금 가운데서 그 경비를 성전 건축자들에게 끊기지 않도록 주어 그들로 성전 건축이 멈추지 않도록 하라.

9 뿐만 아니라 예루살렘 제사장들이 필요로 하는 것들, 곧 하늘의 하나님께 드릴 번제의 수송아지와 숫양과 어린 양과 밀과 소금과 포도주와 기름을 그들이 요구하는 대로 날마다 빠지지 말고 주라. 그래서

10 그들이 하늘의 하나님께 향기로운 제물을 드리며, 왕과 왕자들의 생명을 위해 기도하게 하라.

11 내가 또 명령을 내린다. 누구를 막론하고 이 조서⁴⁾를 고치면 그의 집에서 들보를 빼내고, 그를 그 위에 매달게 하고, 그의 집은 이로 인해 거름 더미로 만들 것이다.

12 만일 왕들이나 백성이 이 조서를 변조하고 예루살렘에 있는 하나님의 성전을 헐어 버리면 그곳에 이름을 두신 하나님께서 그들을 멸하시기를 원한다. 나 다리오가 조서를 내렸으니 신속히 시행하라.

13 다리오왕의 조서가 도착하자 유프라테스강 서쪽 지역의 닷드내 총독과 스달보스내와 그들의 동료

📍성경지리 악메다(스 6:2)

악메다(Ecbatana)는 메대 제국의 수도로 헬라어 명칭은 엑바타나이다. 후에 페르시아 제국과 파르티아 왕국의 수도이기도 했던 이곳은 현재 이란의 하마단(Hamadan)으로 테헤란 남서쪽 약 280km 지점인 알반드(Alvand)산의 북동쪽 기슭 근처에 있는 평야에 위치해 있다. 악메다(엑바타나)는 BC 678년 메대 사람인 데이오세스(Deioces)가 세운 것으로 전해진다. 스 6:1-2에 의하면 다리오 왕 때 이 악메다에서 고레스의 칙령이 기록된 두루마리를 발견하였다.

1) 道 2) 켜 3) 왕실 4) 명령

관리들이 신속히 시행했다.

성전 재건축의 완성과 유월절을 지킴

14 ● 유다 사람의 장로들이 학개 선지자와 잇도의 손자 스가랴 선지자의 성전 건축에 대한 권면을 따랐기 때문에 성전 건축이 순조롭게 진행되었다. 이스라엘 하나님의 명령과 페르시아 왕 고레스의 조서와 다리오 1세의 조서와 아닥사스다 1세의 조서에 따라 성전 건축하는 일을[1]

15 다리오 1세 6년인 BC 516년 아달월인 3~4월 3일에 끝냈다.

16 이스라엘 제사장들과 레위 사람들과 기타 포로로 잡혀갔다가 귀환한 사람들이 하나님의 성전 봉헌식을 기쁘게 거행했다.

17 성전 봉헌식에는 수소 100마리와 숫양 200마리와 어린 양 400마리를 드렸고, 이스라엘 지파의 수를 따라 숫염소 12마리로 이스라엘 전체를 위해 속죄제를 드렸다.

18 그러고 나서 제사장을 그 반열대로, 레위 사람을 그 순서대로 모세의 책에 기록된 대로 세워 예루살렘에서 하나님을 섬기도록 했다.[2]

19 포로로 잡혔다가 귀환한 사람들은 이 첫째 달인 4월 14일에 유월절을 지켰다.

20 제사장들과 레위 사람들이 일제히 몸을 정결하게 하고, 또 포로로 잡혔다가 귀환한 사람들과 자기 형제 제사장들과 자신을 위해 유월절 양을 잡았다.

21 포로로 잡혔다가 돌아온 이스라엘 자손이 그 땅에 살던 이방 사람의 더러운 것을 떨쳐 버리고 자신을 구별하여 이스라엘의 하나님을 찾는 자들과 함께 유월절 양을 먹었다.

22 그들은 한 주간 동안 기쁘게 유월절, 곧 무교절을 지켰다. 이는 여호와

께서 그들을 기쁘게 하시고, 페르시아의 암시적 표현인 앗수르 왕 다리오 1세의 마음을 돌려 그들에게 호의를 베풀도록 하여 그들이 하나님의 성전을 건축하는 일에 힘을 얻었기 때문이다.

시온으로의 2차 귀환과 에스라의 활동

7 ● 페르시아의 다리오 1세 6년인 BC 516년부터 에스라의 예루살렘 도착을 기록한 BC 458년 때까지 58년이 지난 후 페르시아 왕 아닥사스다[3]가 나라를 다스리고 있을 때 에스라 하는 자가 있었다. 그는 스라야의 아들이며, 아사랴의 손자이며, 힐기야의 증손이며,

2 살룸의 4대 손이며, 사독의 5대 손이며, 아히둡의 6대 손이며,

3 아마랴의 7대 손이며, 아사랴의 8대 손이며, 므라욧의 9대 손이며,

4 스라히야의 10대 손이며, 웃시엘의 11대 손이며, 북기의 12대 손이며,

5 아비수아의 13대 손이며, 비느하스의 14대 손이며, 엘르아살의 15대 손이며, 대제사장 아론의 16대 손이다.

6 에스라가 첫째 달인 4월 1일에 바벨론에서 출발하여 예루살렘에 올라왔으니 아닥사스다왕 7년인 BC 458년 다섯째 달 되는 8월이었다. 율법에 익숙한 학자였던 에스라는 하나님의 도우심으로 그가 왕에게 구하는 것은 다 받았다.

7 아닥사스다왕 7년인 BC 458년에 또 다른 이스라엘 자손과 제사장들과 레위 사람들과 노래하는 자들과 문지기들과 느디님 사람들 가운데 몇 사람이 예루살렘으로

---

1) 스 1:1-4, 6:6-12, 7:11-26 2) 민 3:6-10, 8:6-26 3) BC 464~424년

올라왔다.

8 에스라가 바벨론에서 예루살렘에 올라왔으니 아닥사스다왕 7년인 BC 458년, 다섯째 달 되는 8월이었다.

9 첫째 달인 4월 1일에 바벨론에서 출발했다. 하나님의 선한 손의 도우심에 힘입어 3개월 18일만인 다섯째 달인 8월 1일에 예루살렘에 도착하여

10 에스라는 여호와의 율법을 연구하고 지키며 율례와 규례를 이스라엘에게 가르치기로 결심했다.

아닥사스다왕의 조서

11 ● 여호와의 계명의 말씀과 이스라엘에게 주신 율법 학자이자 제사장인 에스라에게 아닥사스다왕이 내린 조서의 복사본은 다음과 같다.

12 "왕중의 왕 아닥사스다는 하늘의 하나님의 율법에 완전한 에스라 제사장에게

13 조서를 내린다. 내 통치 지역 내에 있는 이스라엘 사람 가운데서 예루살렘으로 올라갈 마음이 있는 자는 그들의 제사장들이나 레위 사람들이나 누구든지 너와 함께 올라갈 것이다.

14 나 왕과 자문관 7명이 너를 보냈으니 네가 가지고 있는 하나님의 율법에 따라 유다와 예루살렘의 형편을 살피라.

15 그리고 왕과 자문관들이 예루살렘에 거하시는 이스라엘 하나님께 정성껏 드릴 은금을 가져가라.

16 또 네가 바벨론 모든 지방에서 네가 얻을 모든 은금과 예루살렘에 있는 그들의 하나님의 성전을 위해 기쁘게 드릴 예물을 가져가라. 그래서

17 그들의 돈으로 수송아지와 숫양과 어린 양과 그 곡식제물로 드리는 소제와 포도주를 부어드리는 전제제물의 물품을 신속히 구입하여 예루살렘 네 하나님의 성전 제단 위에 드리라. 그리고

18 남은 은금은 너와 네 형제가 좋게 생각하는 대로 너희 하나님의 뜻에 따라 사용하라.

19 또 네 하나님의 성전에서 섬기는 일을 위해 네게 건네 준 그릇들은 예루살렘 하나님 앞에 드리라.

20 그 외에도 네 하나님의 성전에서 네가 드리고자 하는 필요한 것이 있으면 무엇이든지 궁중 창고에서 가져다가 드리라.

21 나 아닥사스다왕이 유프라테스강 서쪽에 있는 모든 창고지기에게 조서를 내린다. 하늘의 하나님의 율법 학자이자 제사장인 에스라가 너희에게 구하는 것은 무엇이든지 신속히 시행하라.

22 은은 3,400kg 되는 100달란트까지, 밀은 22,000리터 되는 100고르까지, 포도주와 기름도 각각 2,200리터 되는 100밧까지 제공하고 소금은 양에 상관없이 제공하라.

23 무릇 하늘의 하나님의 성전을 위해 하나님께서 규정하신 것은 완벽하게 시행하라. 그래서 하나님의 진노가 왕과 왕자의 나라에 임하지 않게 하라.

24 내가 너희에게 명령한다. 제사장들이나 레위 사람들이나 노래하는 자들이나 문지기들이나 노예 출신으로 성전에서 일하는 느디님 사람들이나 하나님의 성전에서 막일을 하는 자들에게는 조공과 관세와 통행세를 면제해 주는 것이 좋다.

25 에스라여, 너는 네 하나님께서 주

시는 지혜를 따라 하나님의 율법을 아는 자를 법관과 재판관으로 삼아 유프라테스강 서쪽 지역에 있는 모든 백성을 재판하게 하고, 그중 율법을 알지 못하는 자는 너희가 가르치라.

26 무릇 하나님의 명령과 왕의 명령을 따르지 않는 자는 신속히 그 죄를 확정하여 죽이거나, 귀양을 보내거나, 재산을 몰수하거나, 감옥에 가두라.”

27 우리 조상의 하나님을 찬양하라. 그분은 아닥사스다왕에게 예루살렘 여호와의 성전을 아름답게 할 마음을 주셨다.

28 또 나로 왕과 그의 보좌관들 앞과 왕의 권세 있는 모든 지도자인 방백 앞에서 은혜를 받게 하셨다. 내 하나님의 능력[1]이 임하므로 내가 힘을 얻어 이스라엘 가운데 우두머리들을 모아 나와 함께 예루살렘으로 올라오게 하셨다.

에스라와 함께
유다 본토로 돌아온 백성들

8 ● 아닥사스다왕이 나라를 다스릴 때 나와 함께 바벨론에서 본토로 올라온 족장들과 그들의 계보는 이러했다.

2 비느하스 자손 중에는 게르솜이며, 이다말 자손 중에는 다니엘, 다윗 자손 중에는 핫두스,

3 스가냐 자손 곧 바로스 자손 중에는 스가랴니 족보에 기록된 남자가 모두 150명이다.

4 바핫모압 자손 중에는 스라히야의 아들 엘여호에내와 함께한 남자가 200명이다.

5 스가냐 자손 중에는 야하시엘의 아들과 그와 함께한 남자가 300명이다.

6 아딘 자손 중에는 요나단의 아들 에벳과 그와 함께한 남자가 50명이다.

7 엘람 자손 중에는 아달리야의 아들 여사야와 그와 함께한 남자가 70명이다.

8 스바댜 자손 중에는 미가엘의 아들 스바댜와 그와 함께한 남자가 80명이다.

9 요압 자손 중에는 여히엘의 아들 오바댜와 그와 함께한 남자가 218명이다.

10 슬로밋 자손 중에는 요시뱌의 아들과 그와 함께한 남자가 160명이다.

11 베배 자손 중에는 베배의 아들 스가랴와 그와 함께한 남자가 28명이다.

12 아스갓 자손 중에는 학가단의 아들 요하난과 그와 함께한 남자가 110명이다.

13 아도니감 자손 중에 나중 된 자, 곧 엘리벨렛과 여우엘과 스마야와 그와 함께한 남자가 60명이다.

14 비그왜 자손 중에는 우대와 사붓과 그와 함께한 남자가 70명이다.

에스라가 레위 사람을 찾음

15 ● 내가 아하와 강가에 도착한 후 귀환할 사람들을 아하와로 흘러들어 오는 강가에 모으고 그곳에 장막을 치고 3일 동안 머물며 백성과 제사장들을 점검해 보았지만 그중 레위 자손은 한 사람도 없었다.

16 이에 엘리에셀, 아리엘, 스마야, 엘라단, 야립, 엘라단, 나단, 스가랴, 므술람 족장들을 불렀다. 또 명철한 사람 요야립과 엘라단도 불렀다.

17 그리고 그들을 크세시폰 지역으로 알려진 가시뱌 지방으로 보내 그곳의 잇도 족장을 만나도록 하고 잇도와 가시뱌 지방에 사는 노예 출

---

[1] 손

신으로 성전에서 일하는 느디님 사람들에게 할 말을 알려주어 우리 하나님의 성전을 위해 섬길 자를 데려오도록 했다.

18 그들이 우리 하나님의 선한 손의 도우심을 입고 야곱[1]의 손자이자 레위의 아들인 말리의 자손 가운데서 명철한 한 사람을 데려오고, 세레뱌와 그의 아들들과 형제 18명,

19 하사뱌와 므라리 자손 가운데 여사야와 그의 형제와 그의 아들들 20명을 데려왔다.

20 다윗과 그 지도자인 방백들이 레위 사람들을 섬기라고 준 성전 노예 출신인 느디님 출신 가운데 성전 일꾼은 220명이었는데, 그들은 모두 이름이 등록되었다.

에스라가 평탄한 길을 위해 금식 기도함

21 ● 그때 내가 바벨론성 북서쪽 유프라테스강 지류인 아하와 강가에서 금식을 선포하고 우리 하나님 앞에서 우리와 우리 어린 아이와 모든 소유물을 위해 평탄한 길을 달라고 겸손히 간구했다.

22 그렇게 금식하며 기도한 것은 우리가 전에 왕에게 이렇게 말한 적이 있었기 때문이다. "우리 하나님의 능력[2]은 자기를 찾는 모든 자에게 선을 베푸시고, 자기를 배반하는 모든 자에게는 진노를 내리신다." 그래서 우리가 귀국하는 길에서 적군을 막고 우리를 도울 보병과 마병을 내려 달라고 왕에게 부끄러워 차마 구할 수 없었기 때문이다.

23 그러므로 우리가 병력의 지원 없이 평탄한 길을 갈 수 있도록 금식하며 간구했더니 하나님께서 응하셨다.

예루살렘 성전에 바친 예물

24 ● 그때 내가 지도급인 우두머리 제사장들 가운데 세레뱌와 하사뱌와 그의 형제 10명을 따로 세우고,

25 그들에게 왕과 참모들과 지도자인 방백들과 그곳에 있는 이스라엘 무리가 우리 하나님의 성전을 위해 드린 은금과 그릇들을 달아서 주었다.

26 내가 달아서 그들 손에 준 것은 은이 22,100kg 되는 650달란트요, 은그릇이 100달란트요, 금이 100달란트다.

27 또 금잔이 20개였는데 그 무게는 8.4kg 되는 1,000다릭이며, 아름답고 금빛 나는 보배로운 놋그릇이 2개였다.

28 내가 그들에게 말했다. "너희는 여호와께 거룩한 자이며, 이 그릇들도 거룩하고 그 은금은 너희 조상의 하나님께 기쁘게 드린 예물이다. 그러므로

29 너희는 예루살렘 여호와의 성전 골방에 이르러 제사장들과 레위 사람의 우두머리들과 이스라엘의 족장들 앞에서 이 그릇을 달아서 넘겨줄 때까지 잘 지키라."

30 이에 제사장들과 레위 사람들이 은금과 그릇을 예루살렘 우리 하나님의 성전으로 가져가기 위해 달아 놓은 대로 받았다.

31 마침내 첫째 달인 4월 12일 우리가 아하와강을 떠나 800km 이상 떨어진 예루살렘을 향해 가는데, 우리 하나님의 손이 우리를 도우심으로 원수들과 길에 매복한 자의 손에서 지켜주셨다.

32 그곳에서 3일 동안 머물렀다.

33 다섯째 달인 8월 4일 우리 하나님의

---

1) 이스라엘　2) 손

성전에서 은금과 그릇을 달아서 우리아 제사장의 아들 므레못의 손에 넘겨주니 비느하스의 아들 엘르아살과 레위 사람 예수아의 아들 요사밧과 빈누이의 아들 노아댜가 함께 있었다.

34 모든 것을 다 세어 달아 보고 나서 그 무게의 총량을 그때 기록했다.

35 포로로 잡혔던 자의 자손 가운데서 이방에서 돌아온 자들이 이스라엘의 하나님께 번제를 드렸다. 이스라엘 전체를 위해 드린 수송아지가 12마리, 숫양이 96마리, 어린 양이 77마리였고, 속죄제의 숫염소가 12마리니 모두 여호와께 드린 번제물이었다.

36 무리가 또 왕의 조서를 왕의 총독들과 유프라테스강 서쪽 지역 지방장관인 총독들에게 넘겨주니 그들이 백성과 하나님의 성전을 도왔다.

에스라의 회개 기도

9 ● 이 일 후로 지도자들이 내게 나아와 말했다. "이스라엘 백성과 제사장들과 레위 사람들이 이 땅의 백성들에게서 떠나지 않고 가나안 사람들과 헷 사람들, 브리스 사람들, 여부스 사람들, 암몬과 모압 사람들, 애굽 사람들, 아모리 사람들의 가증한 일을 행하여

2 그들의 딸을 아내와 며느리로 삼았습니다. 그래서 거룩한 자손이 그 지방 사람들과 서로 피가 섞이게 되었는데, 지도자들과 고관들이 이 죄에 앞장섰습니다."

3 내가 그 말을 듣고 속옷과 겉옷을 찢고, 머리털과 수염을 뜯으며, 기가 막혀서 앉아 있었다.

4 그러자 그 사람들의 죄를 본 이스라엘 하나님의 말씀을 두려워하는 자들이 내게로 모여들었다. 나는 저녁 제사를 드릴 때까지 기가 막혀 앉아 있었다.

5 그리고 저녁 제사를 드릴 때 근심 가운데 자리에서 일어나 속옷과 겉옷을 찢은 채 무릎을 꿇고 내 하나님을 향해 손을 들고

6 기도했다. "나의 하나님이여, 내가 너무나 부끄럽고 낯이 뜨거워 차마 하나님 앞에서 얼굴을 들 수가 없습니다. 이는 우리 죄악이 너무 많아 머리까지 넘치고, 우리 허물이 커서 하늘에까지 닿았기 때문입니다.

7 우리 조상 때부터 오늘까지 우리가 지은 죄가 너무 큽니다. 우리의 죄악 때문에 우리와 우리 왕들과 우리 제사장들까지도 여러 나라 왕들의 칼에 죽고 사로잡히며, 재산이 약탈 당하며, 온갖 부끄러움을 당한 것이 오늘과 같습니다.

8 이제 우리 하나님께서 잠시 동안이지만 우리에게 은혜를 베풀어 얼마쯤 살아남게 하셨습니다. 또한 우리를 그 거룩한 처소에 박힌 못과 같이 튼튼한 거처를 주셨습니다. 우리 하나님께서 우리 눈에 생기가 있게 하시사 우리가 종노릇하는 가운데서 우리를 조금이나마 벗어나게 하셨습니다.

9 우리가 비록 노예가 되었으나 하나님께서 우리를 계속해서 그 종살이하도록 내버려 두지 않으시고, 페르시아 왕들 앞에서 불쌍히 여김을 받게 하셨습니다. 그래서 우리 하나님의 성전을 세우게 하시고, 그 무너진 것을 다시 쌓게 하시며, 유다와 예루살렘에서 보호를 받으며 살도록 우리에게 울타리를 주셨습니다.

10 하나님께서 이렇게 해주신 후에도 우리가 주의 계명을 저버렸으니 우리가 무슨 말씀을 드릴 수 있겠습니까?

11 전에 주께서 당신의 종 선지자들에게 이렇게 명령하셨습니다. '너희가 돌아가서 얻으려고 하는 땅은 더럽혀진 땅이다. 이방 백성들이 살면서 가증한 일을 행하므로 온 지역을 그 더러움으로 채웠기 때문이다.

12 그러니 너희 자녀들을 이방인들에게 결혼시키지 말고, 그들을 위해 평화와 행복도 영원히 구하지 말라. 그러면 너희가 강하게 되어 그 땅의 좋은 것을 먹으며, 그 땅을 자손에게 영원한 유산으로 물려주게 될 것이다.'

13 우리의 악한 행실과 큰 죄로 인해 이 모든 고통스러운 일을 당한 것입니다. 그러나 우리 하나님께서는 우리 죄악보다 가벼운 형벌을 내리시고, 이만큼이나마 살아남게 하셨습니다.

14 그런데 우리가 어찌 다시 주의 계명을 거역하고 이 가증한 이방 민족들과 서로 결혼할 수 있겠습니까? 그렇게 하시면 주께서는 진노하사 살아남아 피할 자가 없도록 우리를 진멸하시지 않겠습니까?

15 이스라엘의 하나님이여, 주는 의로우시니 우리가 살아남아 피한 것이 오늘과 같지만 오히려 주께 죄를 지었으니 이 때문에 주 앞에 한 사람도 설 수가 없습니다."

이방인 아내와 그 소생을 내쫓기로 결의함

10 에스라가 하나님의 성전 앞에 엎드려 울며 기도하면서 죄를 자복할 때 많은 백성도 크게 통곡했다. 이스라엘 백성의 남녀와 어린 아이의 큰 무리가 성전 앞에 모였다.

2 그때 엘람 자손 가운데 여히엘의 아들 스가냐가 에스라에게 말했다. "우리가 이 땅의 이방 여자를 아내로 삼아 우리 하나님께 죄를 지었지만 아직은 이스라엘에게 희망이 있습니다.

3 이제는 우리가 우리 하나님의 명령을 두려워하여 준행하는 자의 조언을 받아들여 모든 이방인 아내와 그들에게서 태어난 자식들을 다 내보내기로 우리 하나님과 언약을 맺고 율법대로 행할 것입니다.

4 이 일은 당신이 앞장서서 해야 할 일이니 힘을 내십시오. 우리가 힘을 다해 돕겠습니다."

5 이 말을 들은 에스라가 일어나 제사장들과 레위 사람들과 온 이스라엘에게 자신들의 말대로 행하도록 맹세를 시키자 그들이 맹세했다.

6 이에 에스라가 하나님의 성전 앞에서 일어나 엘리아십의 아들 여호하난의 방으로 들어갔다. 그가 들어가서 포로로 잡혔다가 돌아온 자들의 죄로 인한 근심 때문에 음식도 먹지 않고 물도 마시지 않다가

7-8 유다와 예루살렘에서 잡혔다가 돌아온 자들의 자손들에게 공포했다. "누구든지 지도자인 방백들과 장로들의 조언에 따라 3일 내에 예루살렘으로 오지 않으면 그의 재산을 몰수하고 포로로 잡혔다가 돌아온 자의 공동체에서 쫓겨날 것이다."

9 그러자 유다와 베냐민 모든 사람이 3일 안에 예루살렘에 모였는데, 그 날은 아홉째 달인 12월 20일이었다. 무리는 하나님의 성전 앞 광장에

앉아서 떨고 있었는데 큰비까지 내렸다.

10 에스라 제사장겸 학사가 일어나 그들에게 말했다. "너희가 이방 여자를 아내로 삼아 이스라엘로 죄를 짓게 했다. 그러니

11 이제 너희 조상들의 하나님 앞에서 죄를 자복하고 그분의 뜻대로 행하여 그 지방 사람들과 관계를 끊고 이방 여인과 인연을 끊으라."

12 이에 모여 있는 무리가 큰 소리로 대답했다. "당신의 말씀대로 우리가 그대로 행할 것입니다.

13 다만 백성이 많고, 큰비가 내리는 계절이니 밖에 서 있을 수가 없습니다. 우리가 이 일로 크게 범죄했으니 하루 이틀에 해결할 수 있는 문제도 아닙니다.

14 그러므로 우선 회중을 위해 우리의 지도자들을 세우고, 기한을 정해 우리 모든 성읍에서 이방 여자에게 장가든 자는 각 마을의 장로들과 재판장과 함께 오게 하여 이 일로 인한 하나님의 진노가 우리에게서 떠나게 하십시오."

15 그러나 아사헬의 아들 요나단과 디과의 아들 야스야는 그 기간 연장 의견에 반대했고, 이에 므술람과 레위 사람 삽브대는 그대로 시행하는 것에 동조했다.

16 포로로 잡혀갔다가 돌아온 자들의 자손이 에스라의 명령대로 이행했다. 에스라가 그 종족을 따라 각각 지명된 족장 몇 사람에게 조사하는 일을 맡기고 열째 달인 1월 1일에 이방 여인을 아내로 맞이한 자의 조사를 시작하여

17 첫째 달인 4월 1일에 조사를 마쳤다.

18 제사장 가운데서 이방 여인을 아내로 맞이한 자는 예수아 출신의 자손 중 요사닥의 아들과 그의 형제 마아세야와 엘리에셀과 야립과 그달랴이다.

19 그들이 아내를 내보내기로 손을 잡아 맹세했다. 그리고 그 죄로 인해 숫양 1마리를 속건제로 드렸다.

이방 여인을
아내로 맞이한 자의 명단

20 ● 임멜 자손에서는 하나니와 스바댜이다.

21 하림 자손에서는 마아세야, 엘리야, 스마야, 여히엘, 웃시야이다.

22 바스훌 자손에서는 엘료에내, 마아세야, 이스마엘, 느다넬, 요사밧, 엘라사이다.

23 레위인 중에서는 요사밧, 시므이, 글라야, 브다히야, 유다, 엘리에셀이다.

24 노래하는 자 중에서는 엘리아십이고, 문지기 중에서는 살룸과 델렘과 우리였다.

25 바로스 자손에서는 라먀, 잇시야, 말기야, 미야민, 엘르아살, 말기야, 브나야이다.

26 엘람 자손에서는 맛다냐, 스가랴, 여히엘, 압디, 여레못, 엘리야이다.

27 삿두 자손에서는 엘료에내, 엘리아, 맛다냐, 여레못, 사밧, 아시사이다.

28 베배 자손에서는 여호하난, 하나냐, 삽배, 아들래이다.

29 바니 자손에서는 므술람, 말룩, 아다야, 야숩, 스알, 여레못이다.

30 바핫모압 자손에서는 앗나, 글랄, 브나야, 마아세야, 맛다냐, 브살렐, 빈누이, 므낫세이다.

31 하림 자손에서는 엘리에셀, 잇시야, 말기야, 스마야, 시므온,

32 베냐민, 말룩, 스마랴이다.

33 하숨 자손에서는 맛드내, 맛닷다,

사빗, 엘리벨렛, 여레매, 므낫세, 시므이이다.

34 바니 자손에서는 마아대, 아므람, 우엘,

35 브나야, 베드야, 글루히,

36 와냐, 므레못, 에랴,

37 맛다냐, 맛드내, 야아수,

38 바니, 빈누이, 시므이,

39 셀레먀, 나단, 아다야,

40 막나드배, 사새, 사래,

41 아사렐, 셀레먀, 스마랴,

42 살룸, 아마랴, 요셉이다.

43 느보 자손에서는 여이엘, 맛디댜, 사빗, 스비내, 잇도, 요엘, 브나야이다.

44 이상은 이방 여인을 아내로 취한 자들이다. 이들 가운데 자녀를 낳은 자도 있었다.

느헤미야 Nehemiah

제목 히브리어 성경에는 에스라와 본서가 한 권으로 되어 있고, 70인역은 에스드라스

기록연대 기원전 421-400년경   **저자** 느헤미야   **중심주제** 에스라, 느헤미야의 귀환 인도

내용소개 * 성벽 재건 = 육적 안전   1. 성벽 건축 계획 1-2장   2. 건축과 방해 3-5장   3. 성벽 완성 6-7장
* 개혁 = 영적 안전   4. 에스라의 종교개혁 8-10장   5. 예루살렘 재정착민 11-12장   6. 정화와 개혁 13장

예루살렘을 위한 느헤미야의 기도

1 하가랴의 아들 느헤미야의 말이다. 아닥사스다왕 20년인 BC 445년, 기슬르월 되는 11~12월에 내가 수산궁에 있는데

2 내 형제들 가운데 한 명인 하나니가 두어 사람과 함께 유다에서 나를 찾아왔다. 이에 내가 사로잡히지 않고 본토에 살아남아 있는 유다와 예루살렘 사람들의 형편을 물었다.

3 그들이 내게 말했다. "사로잡히지 않고 살아남아 있는 자들은 그 지방에서 큰 환난을 당하고 능욕을 받으며, 예루살렘성은 허물어지고 성문들은 불탔습니다."

4-5 내가 그 말을 듣고 앉아서 울며 며칠 동안 슬퍼하며 하늘의 하나님 앞에 금식하며 기도했다. "하늘의 하나님 여호와, 크고 두려우신 하나님이여, 주를 사랑하고 주의 계명을 지키는 자에게 언약을 지키시고

자비를 베푸시는 주께 간구합니다.

6 이제 종이 주의 종들인 이스라엘 자손을 위해 밤낮으로 기도합니다. 이스라엘 자손이 주께 지은 죄를 자복합니다. 그러니 주는 귀를 기울이시고, 눈을 열어 종의 기도를 들어 주십시오. 나와 내 아버지의 집이 죄를 지었습니다.

7 주께 큰 악을 행하여 주의 종 모세에게 명령하신 계명과 율례와 규례를 지키지 않았습니다.

8 옛날 주께서 모세를 통해 명령하셨습니다. '만일 너희가 범죄하면 내가 너희를 여러 나라로 흩을 것이다.

9 그러나 내게로 돌아와 내 계명을 지켜 행하면 너희가 쫓겨나 하늘 끝에 가 있어도 내가 그곳에서 그들을 모아 내 이름을 두려고 선택한 곳으로 돌아오게 할 것이다.' 이제 그 말씀을 기억하십시오.

10 이들은 주께서 일찍이 큰 권능과 강한 손으로 구원하신 주의 종들이며, 주의 백성입니다.

11 주여, 내 간구를 귀담아들어 주십시오. 종의 기도와 주의 이름을 경외하기를 기뻐하는 종들의 기도를 들어주십시오. 오늘 종이 하는 일을 형통하게 해주시고, 이 아닥사스다와 그 사람들 앞에서 은혜를 입게 하십시오." 그때 나는 왕의 술을 맡은 관원이었다.

느헤미야가 예루살렘으로 감

2 ●아닥사스다왕 20년인 BC 445년, 니산월인 3~4월에 내가 왕 앞에 있는 포도주를 왕에게 드렸다. 이전에는 내가 왕 앞에서 수심이 없었기 때문에

2 왕이 내게 물었다. "네가 병이 없는데 어찌하여 얼굴빛이 좋지 않느냐? 네게 무슨 걱정이 있느냐?" 그때 내가 너무 황송하여

3 왕께 대답했다. "왕은 만수무강하십시오. 내 조상들이 묻혀 있는 예루살렘성이 이제까지 폐허가 되고 성문이 불탄 소식을 들었으니 제가 어찌 안색이 좋을 수 있겠습니까?"

4 그러자 아닥사스다왕이 내게 말했다. "그렇다면 네가 원하는 것이 무엇이냐?" 이에 나는 하늘의 하나님께 소리 없이 기도한 후

5 왕에게 말씀드렸다. "왕이 저에 대해 좋게 생각하시고 왕 앞에서 은혜를 얻었다면 나를 내 조상들이 묻힌 유다의 성읍에 보내주셔서 예루살렘성을 건축하도록 허락해 주십시오."

6 그 자리에는 왕비도 왕 곁에 앉아 있었다. 왕이 내게 다시 물었다. "네가 다녀오는데 얼마나 걸리겠느냐? 너는 언제 돌아오겠느냐?" 왕이

나를 보내시는 것을 좋게 생각하시기에 내가 기한을 정해

7 왕에게 말했다. "만일 왕이 좋게 생각하시면 유프라테스강 서쪽 지역의 지방장관인 총독들에게 그들이 나를 유다에 들어가기까지 통과하도록 조서를 내리시고 제게 그 조서를 주십시오.

8 또한 왕의 삼림을 감독하는 아삽에게도 조서를 내리셔서 그가 성전에 속한 성채의 문과 성벽과 내가 살 집을 건축하기 위해 들보로 사용할 재목을 내게 주도록 하십시오." 이때 내 하나님의 선하신 손길이 나를 도우셨기 때문에 왕이 허락할 뿐 아니라

9 군대장관과 마병까지 나와 함께 가도록 했다. 그래서 나는 유프라테스강 서쪽에 있는 총독들에게 이르러 왕의 조서를 전했다.

10 그러자 호론 사람 산발랏과 종노릇 하던 암몬 사람 도비야가 이스라엘 자손을 일으키게 하려는 사람이 왔다는 소식을 듣고 심히 못마땅하게 생각했다.

예루살렘 성벽 완성 때까지 느헤미야의 활동

11 ●내가 예루살렘에 도착하여 머문 지 3일 만에

12 하나님께서 내 마음에 예루살렘을 위해 무엇을 할 것인지 알려주셨다. 그러나 누구에게도 말하지 않고 밤에 일어나 몇몇 사람과 함께 예루살렘성 밖으로 나갔는데, 내가 탄 짐승 외에는 다른 짐승이 내 옆에 없었다.

13 그날 밤에 골짜기 문으로 나가서 힌놈 골짜기 옆에 있는 용의 샘①을 지나 분 문까지 가는 동안에 보니

① 용정

예루살렘 성벽이 다 무너졌고 성문은 불타 있었다.

14 계속해서 앞으로 나아가 샘 문과 왕의 못인 실로암못1)에 이르러서는 사람이 탄 짐승이 지나갈 수 있는 길이 없었다.

15 그날 밤에 기드론 골짜기2)를 따라 올라가서 성벽을 살펴본 후 돌아서 골짜기 문으로 들어와 돌아왔지만

16 지도자인 방백들은 내가 어디에 가서 무엇을 했는지 알지 못했다. 나도 그 일을 유다 사람들과 제사장들과 귀족들과 지도자들과 그 외에 일하는 자들에게 알리지 않았다.

17 그러다가 다 돌아본 후 그들에게 말했다. "너희가 아는 바와 같이 우리는 어려운 상황에 있다. 예루살렘이 폐허가 되고 성문은 불탔으니 이제 예루살렘성을 건축하여 다시는 수치를 당하지 말자."

18 또 그들에게 하나님께서 자신을 도우신 일과 왕이 자신에게 성벽 재건에 대해 허락한 말씀을 전했다. 그러자 그들이 일어나 "성벽을 건축하자"라고 하며 모두 힘을 내어 이 선한 일을 하려고 했다.

19 그러나 호론 사람 산발랏과 종 되었던 암몬 사람 도비야와 아라비아 사람 게셈3)이 이 말을 듣고 우리를 업신여기고 비웃었다. "너희가 지금 무엇을 하려고 하느냐? 너희가 왕에게 반역이라도 하려는 것이냐?" 이에

20 내가 그들에게 대답했다. "하늘의 하나님께서 우리를 통해 이 일을 형통하게 하시리니 그의 종들인 우리가 일어나 성벽을 건축할 것이다. 오직 이 일은 우리가 할 일이며, 너희에게는 예루살렘에서 아무 몫이나 주장할 권리나 기록된 것도 없다."

예루살렘 성벽 중수를 시작함

3 ● 그때 엘리아 대제사장이 그의 형제 제사장들과 함께 앞장서서 양 문4)을 건축하여 거룩하게 구별하여 바치고, 문짝을 달고, 성벽을 재건축하여 함메아 망대에서 하나넬 망대까지 거룩하게 구별하여 바쳤다.

2 그다음은 여리고 사람들과 이므리의 아들 삭굴이 이어서 건축했다.

3 어 문5)은 하스나아의 자손들이 건축하여 그 문틀을 얹고, 문짝을 달고, 자물쇠와 빗장을 달았다.

4 그다음은 학고스의 손자 우리아의 아들 므레못과 므세사벨의 손자 베레갸의 아들 므술람과 바아나의 아들 사독과

5 드고아 사람들이 이어서 건축했다. 그러나 그 귀족들은 그들의 주님6)의 공사를 분담하지 않았다.

6 옛 문7)은 바세아의 아들 요야다와 브소드야의 아들 므술람이 건축하여 그 문틀을 얹고, 문짝을 달고, 자물쇠와 빗장을 달았다.

7 그다음은 기브온 출신 믈라댜와 메로놋 출신 야돈이 강 서쪽 지역 총독의 관할에 속한 기브온 사람들과 미스바 사람들과 함께 건축했다.

8 그다음은 금세공업자 할해야의 아들 웃시엘 등과 향품 장사 하나냐 등이 이어서 재건하되 예루살렘의 넓은 성벽까지 했다.

9 계속해서 예루살렘 지방의 절반을 다스리는 후르의 아들 르바야와

10 하루맙의 아들 여다야가 자기 집과 마주 대한 곳을 건축했다. 그다음은 하삽느야의 아들 핫두스가

1) 요 9:7 2) 시내 3) 느 6:6, 가스무 4) Sheep Gate
5) Fish Gate 6) 주인들 7) Old Gate

건축했고,

11 하림의 아들 말기야와 바핫모압의 아들 핫숩이 한 부분과 화덕 망대를 건축했다.

12 그다음은 예루살렘 지방 나머지 절반을 다스리는 할로헤스의 아들 살룸과 그의 딸들이 건축했다.

13 골짜기 문¹⁾은 하눈과 사노아 주민이 건축하여 문을 세우고, 문짝을 달고, 자물쇠와 빗장을 달았다. 또 실로암못 옆의 분 문²⁾까지 450m 되는 성벽 1,000규빗을 건축했다.

14 분 문²⁾은 벧학게렘 지방을 다스리는 레갑의 아들 말기야가 건축하여 문을 세우며, 문짝을 달고 자물쇠와 빗장을 달았다.

15 샘 문³⁾은 미스바 지방을 다스리는 골호세의 아들 살룬이 건축하여 문을 세우고 덮었으며, 문짝을 달고, 자물쇠와 빗장을 달았다. 또 그는 계속해서 왕의 동산 근처 셀라못인 실로암 못가의 성벽을 건축하여 다윗성에서 내려오는 계단까지 이르렀다.

16 그다음은 벧술 지방 절반을 다스리는 아스북의 아들 느헤미야가 건축하여 다윗의 묘실과 마주 대한 곳에 이르렀다. 그리고 파서 만든 못을 지나 용사의 집까지 이르렀다.

17 그다음은 레위 사람 바니의 아들 르훔과 그일라 지방의 절반을 다스리는 그 지방 대표 하사뱌와

18 그들의 형제들 가운데 그일라 지방의 절반을 다스리는 헤나닷의 아들 바왜와

19 미스바를 다스리는 예수아의 아들 에셀이 한 부분을 이어서 건축하여 성이 굽어지는 곳에 있는 군기고 맞은편까지 이르렀다.

20 그다음은 삽배의 아들 바룩이 한 부분을 힘써 건축하여 성이 굽어지는 곳에서 엘리아십 대제사장의 집 문에 이르렀다.

21 그다음은 학고스의 손자 우리야의 아들 므레못이 한 부분을 건축하여 엘리아십의 집 문에서 모퉁이까지 이르렀다.

22 그다음은 평지에 사는 제사장들이 건축했다.

23 그다음은 베냐민과 핫숩이 자기 집 맞은편 부분을 건축했다. 그다음은 아나냐의 손자 마아세야의 아들 아사랴가 자기 집에서 가까운 부분을 건축했다.

24 그다음은 헤나닷의 아들 빈누이가 한 부분을 건축하되 아사랴의 집에서 성이 굽어지는 곳을 지나 성 모퉁이에 이르렀다.

25 우새의 아들 발랄은 성이 굽어지는 곳의 맞은편과 왕의 위쪽 궁에서 내민 망대 맞은편인 시위청에서 가까운 부분을 건축했다. 그다음은 바로스의 아들 브다야가 건축했다.

26 그때 느디님 사람은 오벨에 거주하여 동쪽 수 문과 마주 대한 곳에서 내민 망대까지 이르렀다.

27 그다음은 드고아 사람들이 한 부분을 건축하여 내민 큰 망대와 마주

Q&A 오벨(Ophel)은 어느 지역인가?
(느 3:26)

오벨은 히브리어 '오펠'로 영역 성경에서는 요새(forts), 언덕(hill) 등으로 번역했다. 예루살렘에 있는 이 오벨은 다윗성이 있었던 삼각형 언덕의 북동 부분인 기드론 산상에 있었던 지휘소 안의 히람 에쉬 셰리프(Haram esh–Sherif)의 남쪽인 듯하다. 요세푸스는 오벨의 위치가 신전과 가까이 있었음을 명백히 하고 있다. 현대 고고학 문헌에서는 오벨이라는 이름이 성전에서 실로암에 이르는 언덕 전부를 가리키기도 한다.

---

1) Valley Gate   2) Dung Gate   3) Fountain Gate

대한 곳에서 오벨 성벽까지 이르렀다.

28 마 문[1] 위로부터는 제사장들이 각각 자기 집과 마주 대한 부분을 건축했다.

29 그다음은 임멜의 아들 사독이 자기 집과 마주 대한 부분을 건축했다. 그다음은 동문지기 스가냐의 아들 스마야가 건축했다.

30 그다음은 셀레먀의 아들 하나냐와 살랍의 여섯째 아들 하눈이 한 부분을 건축했다. 그다음은 베레갸의 아들 므술람이 자기의 방과 마주 대한 부분을 건축했다.

31 그다음은 금세공업자 말기야가 함밉갓 문과 마주 대한 부분을 건축하여 느디님 사람과 상인들의 집에서 성 모퉁이 망대에 이르렀다.

32 성 모퉁이 망대에서 양 문[2]까지는 금세공업자와 상인들이 건축했다.

예루살렘성 재건 방해를 물리침

4 ● 우리가 성을 건축한다는 소식을 산발랏이 듣고 크게 분개하며 유다인들을 비웃으며

2 자기 형제들과 사마리아 군대 앞에서 외쳤다. "이 쇠약한 유다인들이 무슨 일을 하고 있느냐? 성벽을 다시 견고하게 쌓으려고 하는가? 제사를 드리려고 하는가? 하루 만에 일을 끝내려고 하는가? 불탄 돌을 흙 무더기에서 꺼내 다시 성벽을 쌓으려고 하는가?"

3 암몬 사람 도비야도 옆에 있다가 비웃었다. "그들이 건축하는 돌 성벽은 여우가 올라가도 곧 무너질 것이다."

4 그 말을 들은 느헤미야가 기도했다. "우리 하나님이여, 우리가 업신여김을 당하는 것을 들으십시오. 원컨대 그들이 비웃는 것을 그들

에게 돌아가게 하십시오. 그래서 그들이 노략을 당하고, 이방에 사로잡히게 하십시오.

5 주 앞에서 그들의 악을 숨기지 마시고, 그들의 죄를 지우지 마십시오. 그들이 성벽을 건축하는 자 앞에서 주를 분노하게 했습니다."

6 이에 백성이 성심을 다해 일했기 때문에 우리가 성벽을 건축하여 전부가 연결되었고 높이는 절반을 쌓았다.

7 산발랏과 도비야와 아라비아 사람들과 암몬 사람들과 아스돗 사람들이 예루살렘 성벽이 재건되어 그 허물어진 성벽의 틈이 보수되어 간다는 소식을 듣고 몹시 화가 나서

8 다 함께 모여 모의를 꾸미며 말했다. "예루살렘으로 가서 그들을 쳐서 그곳을 혼란에 빠뜨리자."

9 이에 우리가 하나님께 기도하며 방해꾼들을 방비하기 위해 경비병을 두어 밤낮으로 방비하는데

10 유다 사람들이 말했다. "흙 무더기가 아직도 많이 남아 있지만 짐을 나르는 자는 힘이 다 빠졌으니 우리가 성벽 건축을 완성하지 못할 것이다."

11 우리의 원수들은 말하기를 "우리가 그들이 눈치 채지 못하게 그들에게 달려 들어가 그들을 죽여 성벽 재건의 일을 못하게 하자"라고 위협한다.

12 그 원수들의 근처에 거주하는 유다인들도 사방에서 와서 10번이나 적들이 우리를 공격하려고 기회를 노리고 있다고 알려주었다. 이에

13 내가 그들의 종족에 따라 칼과 창과 활로 무장하여 성벽 뒤의 낮고 넓은 곳에 배치하도록 했다.

---

1) Horse Gate   2) Sheep Gate

14 그리고 내가 살펴본 후 일어나서 귀족들과 관리하는 민장들과 남은 백성들을 격려했다. "너희는 그들을 두려워하지 말라. 지극히 위대하시고 두려워진 주를 기억하고 너희 형제와 자녀와 아내와 가정1)을 위해 싸우라."

15 우리의 대적인 산발랏과 도비야 일당이 우리가 자기들의 모의를 눈치챘다는 소식을 들었다. 하나님께서 그들의 모의를 폐하시므로 우리가 모두 예루살렘성으로 돌아와서 각자에게 맡겨진 일을 했다.

16 이날부터 내 수하 사람들의 절반은 일하고, 절반은 갑옷을 입고 창과 방패와 활로 무장했으며, 관리들은 유다 온 족속의 뒤에 진을 치고 있었다.

17 그리고 성을 건축하는 자와 짐을 나르는 자는 각자 한 손으로 일을 하며, 한 손에는 무기를 잡았다.

18 건축하는 자는 각각 허리에 칼을 차고 건축하며, 나팔을 부는 자는 내 옆에 서게 했다.

19 내가 귀족들과 관리하는 민장들과 남은 백성에게 말했다. "이 공사는 규모가 크고, 너희는 예루살렘성에서 멀리 떨어져 있으니

20 너희는 어디에 있든지 나팔 소리를 들으면 우리에게로 모이라. 우리 하나님께서 우리를 위해 싸우실 것이다."

21 우리는 이런 상황 가운데서 무리의 절반은 창을 잡은 채로 동틀 때부터 별이 보일 때까지 공사를 했다.

22 그때 내가 또 백성에게 말했다. "일하는 사람은 그 부하와 함께 예루살렘성 안에서 자도록 하라. 그래서 밤에는 우리를 위해 보초를 서고 낮에는 일할 것이다."

23 나와 내 형제들과 부하들과 나를 따라 보초를 서는 사람들 모두가 옷을 갈아입지 못할 정도로 일했으며, 물을 길으러 갈 때도 각자 무기를 잡았다.

가난한 백성의 고통과 부르짖음

5 ● 상황이 악화되는 그때 백성들이 그들의 아내와 함께 그들의 동족, 형제인 유다인들을 크게 원망했다.

2 어떤 사람은 "우리와 우리 자녀가 많지만 양식을 얻어 먹고 살아야 하겠다"라고 말하고,

3 어떤 사람은 "우리가 밭과 포도밭과 집이라도 저당 잡히고 이 흉년에 곡식을 구하자"라고 말하며,

4 어떤 사람은 "우리는 밭과 포도밭을 잡히고 왕에게 세금을 바쳤다.

5 우리 육체도 우리 동족의 육체와 다를 것이 없고, 우리 자녀도 그들의 자녀와 다를 것이 없는데 이제 우리 자녀를 종으로 팔게 되었다. 우리 딸 가운데 벌써 종이 된 자가 있고, 우리 밭과 포도밭도 이미 남의 것이 되었지만 우리에게는 아무런 대책2)이 없다"라고 말하기도 했다.

6 내가 백성의 이런 부르짖음을 듣고 크게 화가 났으나

7 그들을 주의 깊게 살핀 다음 귀족들과 관리하는 민장들을 꾸짖었다. "너희가 동족, 형제에게 높은 이자를 받고 있다." 그리고 이 문제를 위해 집회를 열고 그들을 책망했다.

8 "우리는 이방인의 손에 팔린 우리 동족 유다인들을 몸값을 주고3) 도로 찾아왔다. 그런데 너희는 오히려 너희 동족을 팔고 있다. 더구나 우리에게 다시 몸값을 지불하라고 한다." 그러자 그들이 아무런 대답도

1) 집 2) 힘 3) 우리의 힘을 다하여

하지 못했다.

9 내가 또 책망했다. "너희가 하는 행위는 나쁘다. 우리의 대적 이방 사람의 비난 때문이라도 하나님을 두려워[1]하며 살아야 한다.

10 나와 내 동족과 부하들 역시 돈과 양식을 백성에게 꾸어 주었지만 이제는 그 이자를 받지 말자.

11 그러니 너희는 오늘이라도 그들에게 그들의 밭과 포도밭과 올리브 밭과 집을 돌려주고, 너희가 빌려 준 은 100세겔의 돈과 양식이나 새 포도주나 기름 100분의 1을 포기하라."

12 그러자 그들이 말했다. "우리가 당신의 말씀대로 시행하여 그것들을 돌려보내고 그들에게 어떤 것도 요구하지 않겠습니다." 이에 내가 제사장들을 불러 그들에게 그 말대로 행하겠다는 맹세를 하도록 한 후

13 내가 옷자락을 털며 말했다. "만일 너희가 이 말대로 행하지 않는다면 하나님께서 옷자락을 털어 버리듯이 그 집과 산업에서 털어 버리리니 그는 빈털터리가 될 것이다." 이에 모인 무리가 다 "아멘"하고 여호와를 찬양하며 그 말한 대로 시행했다.

총독의 녹을 받지 않은 느헤미야

14 ● 내가 유다 지역의 총독으로 세움을 받은 아닥사스다왕 20년부터

32년인 BC 445년까지 12년 동안 나와 내 형제들은 총독에게 지급되는 음식[2]을 먹지 않았다.

15 나보다 이전에 있던 유다 총독들은 백성에게서 하루에 노동자 반 년 품삯에 해당되는 은 40세겔 외에 양식과 포도주를 그들에게서 강압적으로 징수했다. 그들의 부하들도 백성을 억압했다. 그러나 나는 하나님을 경외하기에 이같이 행하지 않았다.

16 오히려 이 성벽 공사에 힘을 다하고, 땅을 사지 않았으며, 내 모든 부하까지도 모여서 일했다.

17 그뿐 아니라 내 식탁에서는 유다 인들과 관리하는 민장들 150명과 그 외에 우리 주변에 있는 이방 족속들 가운데 우리에게 나아온 자들이 함께 식사했다.

18 매일 나를 위해 소 1마리와 살진 양 6마리를 준비하고, 많은 닭도 준비하며, 10일에 한 번씩 각종 포도주를 준비했다. 그러나 이렇게 했어도 나는 이 백성의 부역이 매우 힘든 일임을 알기 때문에 총독에게 제공되는 음식을 요구하지 않았다.

19 그러니 내 하나님이여, 내가 이 백성을 위해 행한 이 모든 일을 기억하시고 내게 은혜를 베푸십시오.

느헤미야에 대한 음모

6 ● 산발랏과 도비야와 아라비아 사람 게셈과 나머지 우리의 원수들이 내가 성벽을 건축하여 허물어진 곳을 모두 재건했다는 소식을 들었다. 그때는 아직 성문에 문짝을 달지 못한 상태였다.

2 산발랏과 게셈이 내게 사람을 보내 "오라, 우리가 예루살렘 북서쪽 약 60km 지역의 오노 평지 한 마을

1) 경외 2) 녹

에서 서로 만나자"라고 제의했다. 그러나 그것은 나를 죽이려고 한 것이었다.

3 그래서 내가 곧바로 그들에게 사자들을 보내 말했다. "나는 지금 큰일을 하고 있기 때문에 내려가지 못하겠다. 어찌 이 큰일을 중단하고 너희에게로 내려가겠느냐?"

4 그후 4번이나 계속해서 내게 사람을 보냈지만 나는 똑같은 대답을 했다.

5 그러자 산발랏이 다섯 번째로 그 부하의 손에 밀봉하지 않은 편지를 내게 보냈다.

6 그 편지에는 이렇게 쓰여 있었다. "이방 지역에도 소문이 있고, 게셈도 너와 유다인들이 반역하기 위해 성벽을 건축한다고 말하니 너는 그 말처럼 왕이 되려고 한다.

7 또 너는 선지자를 세워 예루살렘에서 너를 가리켜 '유다에 왕이 있다'라고 소문을 퍼뜨리게 했으니 지금 이 말이 아닥사스다왕에게 전해질 것이다. 그러니 너는 이리 와서 함께 의논하자."

8 이에 내가 사람을 보내 그에게 말했다. "네가 말한 그런 일은 사실이 아니다. 그것은 네가 꾸며낸 말이다."

9 이는 그들이 우리를 두렵게 하여 성벽 건축하는 일을 완성하지 못하게 하려고 꾸며낸 일이었다. 그래서 내가 하나님께 간구했다. "하나님이여, 이제 내게 힘을 주십시오."

10 이후 므헤다벨의 손자, 들라야의 아들 스마야가 문 밖 출입을 하지 않아서 내가 그 집에 찾아가자 그가 말했다. "산발랏 일당이 너를 죽이려고 올 것이다. 그러니 우리가 하나님의 성전으로 들어가서

성소 안에 머물고 그 문을 잠그자. 그들이 반드시 밤에 와서 너를 암살할 것이다."

11 내가 말했다. "나 같은 사람에게 어찌 도망하라고 하느냐? 나 같은 사람이 외소인 성소에 들어가면 살아나올 수 있겠느냐? 나는 들어가지 않겠다."

12 알고 보니 그는 하나님께서 보내신 자가 아니라 도비야와 산발랏에게 뇌물을 받고 나를 죽이려고 내게 이런 꾸며낸 예언을 한 것이었다.

13 그들이 스마야에게 뇌물을 준 것은 나를 두렵게 하여 성전에 들어가는 범죄를 저지르도록 하고, 그 핑계로 악한 말을 지어내어 나를 비방하기 위한 것이었다.

14 이에 내가 하나님께 기도했다. "내 하나님이여, 나를 두렵게 하고자 하는 도비야와 산발랏과 여선지 노아댜와 그 남은 선지자들의 음흉한 행위를 기억하십시오."

성벽 공사를 마침

15 ● 성벽 건축은 시작한 지 52일 만인 엘룰월인 8~9월 25일에 끝났다.

16 우리의 모든 대적과 주위에 있는 이방 족속들은 성벽 완성의 소식을 듣고 모두 두려워하여 크게 낙심했다. 이는 그들도 이 큰일을 이루신 것이 우리 하나님임을 알았기 때문이다.

17 그 무렵 유다의 귀족들과 도비야 사이에 여러 번의 편지가 오갔다.

18 도비야는 아라의 아들 스가냐의 사위가 되었고, 도비야의 아들 여호하난도 베레갸의 아들 므술람의 딸을 아내로 맞이했기 때문에 유다에서 그와 동맹한 자가 많았다.

19 이런 이유로 그들이 도비야의 선행을 내 앞에서 말하고, 내 말도 그에게 전하니 도비야가 계속해서 편지를 보내 나를 두렵게 하고자 했다.

느헤미야가 지도자들을 세움

7 ●성벽이 건축되자 문짝을 달고 문지기와 노래하는 자들과 레위 사람들을 세운 후,

2 내 동생 하나니와 성채의 관원인 하나냐와 함께 예루살렘을 다스리게 했다. 하나냐는 충성스러운 사람이며, 누구보다도 하나님을 두려움으로 섬기는 자였다.

3 내가 그들에게 말했다. "해가 떠서 밝아지기 전에는 예루살렘 성문을 열지 말고 아직 해가 있을 때 문을 닫고 빗장으로 잠그라. 또 예루살렘 주민이 각자 자기가 지키는 곳에서 보초를 서서 자기 집 맞은편을 지키게 하라."

4 이는 예루살렘성은 넓지만 그곳에 사는 주민은 적고 가옥이 아직 충분히 건축되지 못했기 때문이다.

3차 귀환자들1)

5 ●하나님께서 내 마음을 감동시키사 귀족들과 관리하는 민장들과 백성을 모아 그 계보대로 등록하게 하셨으므로 내가 처음으로 돌아온 자의 계보에 기록된 것을 얻었다.

6 곧 옛날에 바벨론 왕 느부갓네살에게 포로로 잡혀 바벨론으로 갔던 자들의 자손들 가운데서 자유를 얻어 예루살렘과 유다2)로 돌아와 자기 고향 성읍으로 돌아간 자들인

7 스룹바벨, 예수아, 느헤미야, 아사랴3), 라아먀와 나하마니4), 모르드개, 빌산, 미스베렛5), 비그왜, 르훔6), 바아나 등과 함께 나온 이스라엘 백성의 명수가 이러하다.7)

8-20 바로스 자손 2,172명, 스바댜 자손 372명, 아라 자손 652[8]명, 바핫모압 자손인 예수아와 요압 자손 2,818[9]명, 엘람 자손 1,254명, 삿두 자손 945명, 삭개 자손 760명, 빈누이10) 자손 648[11]명, 브배 자손 628[12]명, 아스갓 자손 2,322[13]명, 아도니감 자손 667[14]명, 비그왜 자손 2,067[15]명, 아딘 자손 655[16]명이다.[17]

21-25 아델 자손 곧 히스기야 자손 98명, 베새 자손 324[18]명, 하립19) 112명, 하숨 자손 328[20]명, 기브온21) 자손 95명이다.

26-31 베들레헴 사람 123명, 베들레헴과 느도바 사람이 188명이요[22], 아나돗 사람 128명, 아스마윗 자손 42명, 기럇 여아림23)과 그비라와 브에롯 자손 743명, 라마와 게바 자손 621명, 믹마스 사람 122명,

32-38 벧엘과 아이 사람 123[24]명, 기타 느보 자손이 52명, 막비스 자손 156명, 기타 엘람 자손 1,254명, 하림 자손 320명, 로드와 하딧과 오노 자손 721[25]명, 여리고 자손 345명, 스나아 자손 3,930[26]명이었다.[27]

39-42 제사장들은 예수아의 가문[28]의 여다야 자손 973명, 임멜 자손 1,052명, 바스훌 자손 1,247명, 하림 자손 1,017명이었다.

43-45 레위 사람들은 호드야29) 자손인 예수아와 갓미엘 자손이 74명, 노래하는 자들로 아삽 자손이 148[30]명이다. 문지기의 자손들은 살룸 자손, 아델 자손, 달문 자손, 악굽 자손, 하디다 자손, 소배 자손인데

1) 관주 혹은 비교는 에스라서 2) 道 3) 스라야 4) 르엘라야 5) 미스발 6) 느훔 7) 스 2:1-2 8) 775 9) 2,812 10) 바니 11) 642 12) 623 13) 1,222 14) 666 15) 2,056 16) 454 17) 스 2:3-15 18) 323 19) 요라 20) 223 21) 깁발 22) 느도바 사람 56명 23) 기랴다임 24) 223 25) 725 26) 3,630 27) 스 2:16-35 28) 집 29) 호다위야 30) 128

모두 138[1]명이었다.[2]

46-50 느디님 사람들은 시하 자손, 하수바 자손, 답바 자손, 게로스 자손, 시아[3] 자손, 바돈 자손, 르바나 자손, 하가바 자손, 살매[4] 자손, 하갑 자손, 사믈래 자손, 하난 자손, 깃델 자손, 가할 자손, 르아야 자손, 르신 자손, 느고다 자손,

51-56 갓삼 자손, 웃사 자손, 바세아 자손, 베새 자손, 아스나 자손, 므우님 자손, 느비스심[5] 자손, 박북 자손, 하그바 자손, 할훌 자손, 바슬릿[6] 자손, 므히다 자손, 하르사 자손, 바르고스 자손, 시스라 자손, 데마 자손, 느시야 자손, 하디바 자손이었다.[7]

57-60 솔로몬 신하의 자손은 소대 자손, 하소베렛 자손, 브리다[8] 자손, 야알라 자손, 다르곤 자손, 깃델 자손, 스바댜 자손, 하딜 자손, 보게렛하스바임 자손, 아몬[9] 자손이니 모든 느디님 사람과 솔로몬 신하의 자손이 392명이었다.

61-62 이 외에도 델멜라, 델하르사, 그룹, 앗돈[10], 임멜에서 올라온 자가 있었다. 그러나 그들의 조상의 종족이나 계보[11]는 밝혀지지 않았기 때문에 이스라엘 자손인지 알 수 없었다. 그들은 들라야 자손, 도비야 자손, 느고다 자손으로 모두 652[12]명이다.[13]

63 제사장 자손 가운데는 하바야[14] 자손, 학고스 자손, 바르실래 자손이 있었다. 이들 가운데 바르실래는 요단 동쪽 길르앗 출신인 바르실래의 딸 중에 한명을 아내로 삼아 장인인 바르실래의 이름을 따라 불린 자이다.

64-65 이 사람들은 계보 가운데서 자기 이름을 찾지 못했기 때문에 그

들을 적합하지 않게 여겨 제사장의 직분을 행하지 못하게 했다. 유다 총독[15]은 그들에게 우림과 둠밈을 가지고 재판하는 제사장이 나타나기까지는 지성물을 먹지 말라고 명령했다.[16]

66-69 온 회중의 합계가 4만 2,360명이다. 그 외에 남종과 여종 노비이 7,337명이고 노래하는 남녀가 245[17]명이었다. 말은 736마리이며, 노새가 245마리, 낙타가 435마리, 나귀가 6,720마리였다.[18]

70 어떤 족장들은 성전 재건 일을 위해 보조했다. 유다 총독은 금 4.3kg 되는 1,000드라크마와 대접 50개와 제사장의 의복 530벌을 보물 창고에 드렸고,

71 또 다른 족장들은 금 2만 드라크마와 은 2,200마네는 역사 창고에 드렸다.

72 그 나머지 백성은 금 2만 드라크마, 은 2,000마네, 제사장 의복 67벌을 드렸다.

73 이와 같이 제사장들과 레위 사람들과 백성 몇 명과 노래하는 자들과 문지기들과 느디님 사람들은 각자 고향의 성읍에 살았고, 이스라엘 무리도 각자 고향의 성읍에 살았다.[19]

에스라의 율법 가르침

8 ● 이스라엘 자손이 자기들의 성읍에 거주하는 가운데 일곱째 달인 10월에 이르러 일제히 수문[20] 앞 광장에 모였다. 그들은 에스라에게 여호와께서 이스라엘에게 명령

---

1) 139   2) 스 2:36-42   3) 시아하   4) 익굽   5) 느부심
6) 바슬롯   7) 스 2:43-54   8) 브루다   9) 아미
10) 앗단   11) 가문과 선조   12) 642   13) 스 2:55-60
14) 호바야   15) 방백   16) 스 2:61-63   17) 200
18) 스 2:64-67   19) 스 2:68-70   20) Water Gate

하신 모세의 율법책을 가져 오도
록 요청했다.

2 이에 일곱째 달인 10월 11일에 에
스라 제사장이 율법책을 가지고
알아들을 만한 모든 남녀가 모인
무리 앞에 와서

3 수 문¹⁾ 앞 광장에서 새벽부터 정오
까지 율법을 낭독하자 백성들이
귀담아들었다.

4 그때 학사 에스라가 특별히 만든
나무 강단에 섰는데 그 오른쪽에
는 맛디댜, 스마, 아나야, 우리야,
힐기야, 마아세야가 섰고, 그 왼쪽
에는 브다야, 미사엘, 말기야, 하
숨, 하스밧다나, 스가랴, 므술람이
섰다.

5 에스라가 백성 앞에 서서 율법책
을 펴자 모든 백성이 일어섰다.

6 이에 에스라가 위대하신 하나님을
찬양하니 모든 백성이 손을 들어 "
아멘, 아멘"으로 응답하고, 몸을
굽혀 얼굴을 땅에 대고 여호와께
경배했다.

7-8 예수아, 바니, 세레뱌, 야민, 악
굽, 사브대, 호디야, 마아세야, 그
리다, 아사랴, 요사밧, 하난, 블라
야와 레위인들은 백성이 제자리에
서 있는 동안 그들에게 하나님의
율법책을 낭독하고 그 뜻을 해석
하여 백성에게 그 낭독하는 것을
다 깨닫게 했다.

9 그러자 율법의 말씀을 들은 백성
들이 모두 울었다. 느헤미야 총독
과 제사장이자 학사 에스라와 백
성을 가르치는 레위인들이 모든
백성을 향해 말했다. "오늘은 너희
하나님의 거룩한 날이니 슬퍼하거
나 울지 말라."

10 느헤미야가 또 그들에게 말했다.
"너희는 돌아가서 살진 것을 잡아

먹고 단 것을 마시되 아무것도 차
리지 못한 가난한 자들에게는 먹
을 것을 보내주라. 오늘은 우리 주
의 거룩한 날이니 슬퍼하지 말라.
여호와로 인하여 기뻐하는 것이
너희의 힘이다."

11 레위인들도 모든 백성을 조용히
하도록 한 후 말했다. "오늘은 거
룩한 날이니 마땅히 조용히 보내
고 슬퍼하지 말라."

12 이에 모든 백성이 집으로 돌아가
먹고 마시며, 먹을 것을 나누어 주
고, 크게 기뻐했다. 이는 그들이 그
읽어 준 율법의 말을 분명히 깨달
았기 때문이다.

13 이튿날 백성의 족장들과 제사장들
과 레위 사람들이 율법의 말씀을
더욱 분명히 알기 위해 에스라 학
사에게 찾아와

초막절 준수

14 ●율법에 기록된 것을 보았다. 그
들은 여호와께서 모세를 통해 명
령하신 말씀, 곧 "이스라엘 자손은
일곱째 달인 10월 절기에 초막에서
지내야 할 것이다"라고 하신 말씀
이다.

15 또 모든 성읍과 예루살렘에 공포
하여 "너희는 산에 가서 올리브나
무 가지와 들올리브나무 가지와
화석류나무 가지와 종려나무 가지
와 기타 무성한 나뭇가지를 가져
다가 기록한 대로 초막을 지으라"
는 말씀도 발견했다.

16-17 이에 사로잡혔다가 돌아온 백
성들이 나가서 나뭇가지를 가져다
가 지붕 위에나 뜰 안 또는 하나님
의 성전 뜰이나 수 문¹⁾ 광장이나
에브라임 문 광장에 초막을 지었
다. 그리고 그 초막 안에 지내면서

1) Water Gate

초막절을 지키니 눈의 아들 여호수아 때로부터 그날까지 이스라엘 자손이 이같이 초막절을 지킨 일이 없었기 때문에 크게 기뻐했다.

18 에스라는 첫날부터 끝나는 날까지 매일같이 율법책을 낭독하고, 무리는 7일 동안 초막 절기를 지키며 8일째 규례에 따라 집회를 열었다.

귀환자들의 뉘우침

9 ● 그달, 곧 10월 24일 이스라엘 자손이 다 모여 금식하고, 굵은 베옷을 입고, 재를 뒤집어쓰며,

2 모든 이방 사람과 관계를 단절하고, 일어서서 자기들과 조상들의 죄를 자백했다.

3 이날 낮 시간의 4분의 1은 제자리에서 일어나 그들의 하나님의 율법책을 낭독하고, 낮 시간 4분의 1은 죄를 자백하며 하나님께 경배했다.

4 레위인 예수아, 바니, 갓미엘, 스바냐, 분니, 세레뱌, 바니, 그나니는 단 위에 올라서서 큰 소리로 하나님께 부르짖었다.

5 이들 외에 레위인 예수아와 하삽느아와 호디야와 브다히야도 그들과 함께 말했다. "너희 무리가 일어나 영원부터 영원까지 계신 하나님의 영화로운 이름을 마땅히 찬양하라. 주의 이름은 존귀하여 모든 송축이나 찬양을 통하여 높아지시기 때문이다."

6 오직 주는 홀로 한 분인 여호와이십니다. 하늘들의 하늘과 일월성신과 땅 위의 만물과 바다와 그 가운데 모든 것을 창조하시고 그것들을 살게 하시니 모든 하늘의 군대가 주를 경배합니다.

7 주는 여호와이시니 일찍이 아브람을 선택하여 갈대아 지역에 있는 우르에서 그를 인도해 내시고 아브라함이라는 새 이름을 주셨습니다.[1]

8 또 주 앞에서 그의 마음이 신실함을 보시고 그와 더불어 언약을 맺으사 "가나안 족속과 헷 족속과 아모리 족속과 브리스 족속과 여부스 족속과 기르가스 족속의 땅을 그의 후손[2]에게 줄 것이다"라고 하셨습니다. 그리고 그 말씀대로 이루셨으니 주는 의로우십니다.[3]

9 주께서는 우리 조상들이 애굽에서 고난받는 것을 살피셨습니다. 홍해에서 그들의 부르짖음을 들으시고,

10 표징과 기적을 베풀어 바로와 그의 모든 신하와 그의 온 백성을 치셨습니다. 이는 그들이 우리의 조상들에게 함부로 행한 것을 아셨기 때문입니다. 주께서 그때 떨치신 것이 오늘까지 이르렀습니다.

11 또 주께서는 우리 조상들 앞에서 바다를 갈라지게 하여 그들이 바다 가운데를 육지처럼 건너가게 하시고, 돌을 큰물에 던짐같이 쫓아오는 애굽 병사들을 깊은 물에 던지셨습니다.[4]

에브라임문과 수문(느 8:16)

옛문 또는 에브라임문▶ 옛문은 바벨론 유배 이후 예루살렘 북쪽에 느헤미야가 중수한 성문으로 서편에는 에브라임문이, 동편에는 어문이 있다. 그러나 에브라임문과 동일시하기도 한다. 느 12:9의 에브라임문이 느 3:3~13에는 생략되어 있다.
수문(Water Gate, 느 3:26, 나 2:6)▶ 예루살렘 동쪽의 기혼샘 위에 있던 문으로 추정되는데 느헤미야에 의해 중수되었다(느 3:26). 에스라는 귀환한 이스라엘 백성들이 거주한 지 일곱달 째의 초하루에 이 문 입구 광장에서 남녀를 막론하고 모든 사람들에게 새벽부터 정오까지 율법책을 낭독했다. 또한 초막절 기간 동안에는 초막들이 세워지기도 했다(느 8:1~12).

1) 창 12:1~15   2) 씨   3) 창 15:18~21   4) 출 14:21~31

12 낮에는 구름 기둥으로 인도하시고, 밤에는 불 기둥으로 그들이 가는 길을 비추셨습니다.[1)]

13 시내산에 친히 내려오사 하늘에서 그들과 말씀하시고, 바른 법규와 진리의 율법과 선한 규례와 명령을 주셨습니다.

14 거룩한 안식일을 그들에게 알게 하시고, 주의 종 모세를 통해 계명과 규례와 율법을 그들에게 명령하셨습니다.[2)]

15 그들이 굶주릴 때 양식을 주시고, 그들이 목마를 때 반석에서 물을 내셨습니다. 옛날에 주께서 손을 들어 맹세하여 주시겠다고 하신 땅에 들어가서 차지하라고 말씀하셨습니다. 그러나[3)]

16 우리 조상들은 교만하고 목을 뻣뻣하게 하여 주의 명령을 듣지 않고

17 거역했습니다. 주께서 그들 가운데서 행하신 놀라운 일을 기억하지 않고 목을 뻣뻣하게 하여 한 우두머리를 세워 종 되었던 땅으로 돌아가고자 했습니다. 그러나 주께서는 용서하시는 하나님입니다. 주는 은혜로우시고, 긍휼과 자비가 많으시며, 노하기를 더디하여 그들을 버리지 않으셨습니다.[4)]

18 또 조상들은 자신들을 위해 송아지를 부어 만들고 "이는 너희를 애굽에서 나오게 한 신이다"라고 하며 하나님을 크게 모독했습니다. 그러나[5)]

19 주께서는 크신 자비로 그들을 광야에 버리지 않으셨습니다. 그래서 낮에는 구름 기둥으로 길을 인도하시고, 밤에는 불 기둥으로 그들이 갈 길을 비추셨습니다.

20 주는 그들에게 선한 영을 주사 그들을 깨우치시고, 만나를 내려 그들의 입에서 끊어지지 않게 하셨으며, 그들이 목마를 때 물을 주셨습니다.

21 40년 동안 광야[6)]에서 기르시되 부족함이 없게 하시므로 그 옷이 해어지지 않았고, 발이 부르트지도 않았습니다.[7)]

22 나라들과 족속들을 그들에게 굴복시켜 각각 나누어 주시니 그들은 헤스본에 도성을 둔 시혼왕의 땅과 바산 왕 옥[8)]의 땅을 차지했습니다.

23 주께서는 조상들의 자손을 하늘의 별처럼 많게 하시고, 그들의 조상에게 차지하라고 말씀하신 땅으로 인도하셨습니다.

24 마침내 그 자손이 약속하신 땅으로 들어가서 그 땅 가나안 주민들을 그들 앞에 굴복시키셔서 가나안 사람들과 그들의 왕들과 그 땅에 살던 여러 족속을 그들의 손에 넘겨 원하는 대로 행하게 하셨습니다.

25 그리하여 그들이 요새화된 성읍들과 기름진 땅을 점령하고, 모든 좋은 물건이 가득한 집과 판 우물과 포도밭과 올리브밭과 수많은 과실수를 차지하여 배불리 먹어 살찌고 주의 큰 복을 누렸습니다. 그럼에도

26 그들은 주를 거역하며 주의 율법을 등지고 주께로 돌아오기를 경고하는 선지자들을 죽임으로 주를 크게 모독했습니다.

27 그러므로 주께서 이스라엘을 원수들의 손에 넘기셨고, 그들이 고통과 어려움을 당하게 하셨습니다. 그들이 환난을 당하여 주께 부르짖자 주께서 하늘에서 들으시고

1) 출 13:21-22 2) 출 19장 이하 3) 출 17:1-7 4) 출 14:4 5) 출 32:4 6) 들 7) 신 8:4, 29:5 8) Ok

주의 크신 자비로 그들에게 구원자들을 보내어 대적의 손에서 그들을 건져 주셨습니다.

28 그러나 그들이 평안하여 살만하면 또다시 주 앞에서 악을 행했고, 주께서 그들을 원수들의 손에 버려 두사 원수들에게 지배를 당하게 하셨습니다. 그러면 그들이 돌이켜 주께 부르짖었고, 주께서 다시 하늘에서 들으시고 여러 번¹⁾주의 자비하심으로 건져내셨습니다.²⁾

29 다시 주의 율법을 통해 돌아오라고 그들에게 경고하셨으나 그들은 교만하여 지켜 행하기만 하면 삶을 얻는 주의 명령을 듣지 않았습니다. 오히려 주의 법규를 어기고, 주께 어깨를 돌리고, 목을 뻣뻣하게 하여 복종하지 않았습니다.

30 그럼에도 주께서는 그들에 대해 여러 해 동안 참으셨습니다. 또 주의 선지자들을 통해 주의 영으로 그들을 경고하셨습니다. 그래도 그들이 듣지 않자 세상 나라 사람들에게 넘기셨습니다.

31 그때도 주께서 크신 자비로 그들을 아주 멸하거나 버리지 않으셨으니 주는 은혜롭고 자비로우신 하나님입니다.

32 크고 전능하시며, 두려우시고, 언약과 자비하심을 지키시는 우리의 하나님이여, 우리와 우리 왕들과 지도자인 방백들과 제사장들과 선지자들과 조상들과 주의 모든 백성이 앗수르 왕들이 쳐들어와 이스라엘을 멸망시킨 때로부터 오늘까지 우리가 당한 모든 환난을 이제 작게 여기지 마십시오.

33 우리가 당한 모든 일은 당연한 결과이니 주는 공의로우십니다. 우리는 악을 행했지만 주께서는 올바르게 처리하셨습니다.

34 우리 왕들과 지도자들과 제사장들과 조상들은 주의 율법과 명령과 주께서 경고하신 말씀을 지키지 않고 순종하지 않았습니다.

35 우리의 조상들은 그 나라를 세우시고 주께서 베푸신 큰 복과 자기 앞에 주신 넓고 기름진 땅을 누리면서도 주를 섬기지 않고 계속해서 악행을 저질렀습니다.

36 그래서 오늘 우리가 종이 되었습니다. 주께서 우리 조상들에게 주신 열매를 먹고, 아름다운 소산물을 누리게 하신 이 땅에서 우리가 종이 되었습니다.

37 우리의 죄를 징계하기 위해 주께서 우리 위에 세우신 이방 왕들이 이 땅에서 우리 대신 많은 소산을 얻고 그들이 우리의 몸과 가축을 마음대로 통치하니 우리가 큰 환난 가운데 있습니다.

38 우리가 이 모든 일로 인해 이제 신실한 언약을 맺어 기록하고 우리의 지도자들과 레위 사람들과 제사장들이 다 서명을 합니다.

언약에 서명³⁾한 자들

10 서명³⁾한 제사장들은 하가랴의 아들 느헤미야 총독, 시드기야,

2 스라야, 아사랴, 예레미야,

3 바스훌, 아마랴, 말기야,

4 핫두스, 스바냐, 말룩,

5 하림, 므레못, 오바댜,

6 다니엘, 긴느돈, 바룩,

7 므술람, 아비야, 미야민,

8 마아시야, 빌개, 스마야이다.

9 서명한 레위 사람들은 아사냐의 아들 예수아, 헤나닷의 자손 중 빈누이, 갓미엘과

10 그의 형제 스바냐, 호디야, 그리다, 블라야, 하난,
11 미가, 르홉, 하사뱌,
12 삭굴, 세레뱌, 스바냐,
13 호디야, 바니, 브니누이다.
14 또 백성의 우두머리들인 바로스, 바핫모압, 엘람, 삿두, 바니,
15 분니, 아스갓, 베배,
16 아도니야, 비그왜, 아딘,
17 아델, 히스기야, 앗술,
18 호디야, 하숨, 베새,
19 하립, 아나돗, 노배,
20 막비아스, 므술람, 헤실,
21 므세사벨, 사독, 얏두아,
22 블라댜, 하난, 아나야,
23 호세아, 하나냐, 핫숩,
24 할르헤스, 빌하, 소벡,
25 르훔, 하샵나, 마아세야,
26 아히야, 하난, 아난,
27 말룩, 하림, 바아나이다.
28 그 남은 백성과 제사장들과 레위 사람들과 문지기들과 노래하는 자들과 느디님 사람들과 이방 사람과 관계를 끊고 하나님의 율법을 준행하는 모든 자와 그들의 아내와 지식과 총명이 있는 그들의 자녀들은
29 모두 그들의 형제 귀족들을 따라 언약을 어기게 될 경우에는 저주를

Q&A 귀환 시대의 경제 상황과 안식일의 물품 구매는?(느 10:31)

귀환 시대의 유다인들은 대부분 가난하고 물품이 부족했기 때문에 이방인과의 교역을 통해 부족한 물품을 보충했다. 유다인들과는 달리 이들 이방인들은 안식일에도 자신들의 상품을 파는 것에 아무런 문제가 없었다. 그러나 귀환하여 정착하게 된 초기의 유다인들에게는 물품이 부족할 수밖에 없었기 때문에 안식일이라도 이방인들의 물품을 구입할 때가 많았을 것이다. 그러나 본절은 그런 경제적인 어려운 상황 속에서도 그들이 물품이나 곡식을 가져다가 팔려해도 안식일이나 성일에는 사지 않겠다고 다짐하고 있다.

받아도 좋다고 맹세했다. "우리가 하나님의 종 모세를 통해 주신 하나님의 율법에 따라 그의 모든 명령과 규례와 법규를 지켜 행하여,
30 우리의 아들딸들을 이방인과 결혼시키지 않을 것이다.
31 혹시 이 땅 백성이 안식일에 물품이나 온갖 곡식을 가져다가 팔려고 해도 우리는 안식일이나 성일에는 그들에게서 사지 않으며, 7년 되는 해마다 땅을 쉬게 하고, 모든 빚을 탕감할 것이다."
32 우리가 또 스스로 이렇게 규례를 정했다. "하나님의 성전에 사용되는 것을 위해 해마다 각자 3분의 1 세겔을 바칠 것이다."
33 그것은 진열해서 드리는 빵인 진설병과 항상 곡식으로 드리는 소제물와 항상 드리는 번제와 안식일과 매월 첫날과 정해진 절기에 사용할 것과 성물과 이스라엘을 위하는 속죄제와 우리 하나님의 성전의 모든 일을 위해 사용하게 했다.
34 또 우리 제사장들과 레위 사람들과 백성들이 제비를 뽑아 각기 종족대로 해마다 정해진 시기에 제사에 필요한 나무를 하나님의 성전에 바쳐 율법에 기록된 대로 우리 하나님의 제단에서 불사르게 했다.
35 또 해마다 우리 밭의 첫 수확물과 각종 과일나무의 첫 열매를 여호와의 성전에 드리기로 했다.
36 또한 우리의 맏아들과 양이나 소든지 가축의 첫 새끼를 율법에 기록된 대로 하나님의 성전에서 섬기는 제사장들에게 주도록 했다.
37 또한 처음 익은 밀의 가루와 제물을 들어 올리는 제사의 거제물과 각종 과일나무 열매와 새 포도주와 기름을 제사장들에게 가져다가

하나님의 성전의 여러 방에 두고, 우리 소산물의 십일조를 레위 사람들에게 줄 것이다. 우리의 모든 성읍에서 소산물의 십일조를 거두어들이는 자들은 레위인들이다.

38 레위인들이 십일조를 거두어들일 때는 아론 자손의 제사장 중 한 사람이 함께 하기로 했다. 그리고 레위인들은 그 십일조에서 다시 10분의 1을 따로 떼어 하나님의 성전 창고의 여러 방에 두었다.

39 이 창고는 이스라엘 자손과 레위 자손이 제물을 들어 올려서 드리는 제사인 거제로 드린 곡식과 새 포도주와 기름을 가져다 놓고 성소의 그릇들을 두는 골방이다. 곧 성전에서 섬기는 제사장들과 문지기들과 노래하는 자들이 있는 골방에 둘 것이다. 그리하여 우리가 하나님의 성전을 그대로 방치하지 않을 것이다.

예루살렘 거주자들[1]

11 백성의 지도자들은 예루살렘 성에 거주했고, 그 남은 백성은 제비를 뽑아 10분의 1은 거룩한 예루살렘성에서 거주하게 하고, 나머지 10분의 9는 다른 성읍에 거주하게 했다.

2 백성들은 예루살렘에 거주하기를 자원하는 모든 자를 위해 복을 빌었다.

3 이스라엘과 제사장들과 레위 사람들과 느디님 사람들과 솔로몬의 신하들의 자손은 각각 유다의 자기 유업에 속한 성읍에 거주했다. 예루살렘에 거주한 각 지방의 지도자들은 다음과 같다.[2]

4 유다 자손과 베냐민 자손 몇 명이다. 유다 자손 중 베레스 자손에는 아다야이다. 그는 웃시야의 아들

이며, 스가랴의 손자이며, 아마랴의 증손이며, 스바댜의 4대 손이며, 마할랄렐의 5대 손이다.[3]

5 또 마아세야니 그는 바룩의 아들이며, 골호세의 손자이며, 하사야의 증손이며, 아다야의 4대 손이며, 요야립의 5대 손이며, 스가랴의 6대 손이며, 실로 사람의 7대 손이다.

6 예루살렘에 거주한 베레스 자손은 모두 468명이니 다 용사였다.

7 베냐민 자손에는 살루이다. 그는 므술람의 아들이며, 요엣[4]의 손자이며, 브다야[5]의 증손이며, 골라야의 4대 손이며, 마아세야의 5대 손이며, 이디엘의 6대 손이며, 여사야의 7대 손이다.[6]

8 또 그의 형제들이다. 그들의 계보대로 조사하면 그다음은 갑배와 살래 등이니 모두 928[7]명이다.[8]

9 시그리의 아들 요엘이 그들의 감독이 되었고, 핫스누아의 아들 유다는 우두머리가 되어 성읍을 다스렸다.

10-11 제사장 중에서는 요야립의 아들 여다야와 여호야립과 야긴과 하나님의 성전을 맡은 스라야[9]이다. 그는 힐기야의 아들이며, 므술람의 손자이며, 사독의 증손이며, 므라욧의 4대 손이며, 아히둡의 5대 손이다.[10]

12 또 성전에서 일하는 그들의 형제니 모두 822명이다. 또 아다야로 그는 여로함의 아들이며, 블라야[11]의 손자이며, 암시[12]의 증손이며, 스가랴의 4대 손이며, 바스훌의 5대

손[1]이며, 말기야의 6대 손[2]이다.

13-14 또 그 형제의 족장된 자이니 모두 242명이다. 또 아맛새[3]이다. 그는 아사렐[4]의 아들이며, 아흐새[5]의 손자이며, 므술람의 증손이며, 므실레못의 증손[6]이며, 임멜의 4대[7] 손이다. 또 그들의 형제의 큰 용사들이니 종족의 가문의 우두머리이다. 하나님의 성전의 임무를 수행할 힘 있는 자는 모두 128[8]명이다. 하그돌림의 아들 삽디엘이 그들의 감독이 되었다.[9]

15 레위 사람에는 므라리 자손 스마야이다. 그는 핫숩의 아들이며, 아스리감의 손자이며, 하사뱌의 증손이며, 분니의 4대 손이다.

16 또 레위 사람의 족장 삽브대와 요사밧이다. 그들은 하나님의 성전 바깥 일을 맡았다.

17 또 아삽의 증손, 삽디의 손자, 미가의 아들, 맛다냐이다. 그들은 기도할 때 감사하는 말씀을 인도하는 자가 되었다. 형제 가운데 박부갸[10]가 우두머리가 되었다. 또 압다[11]이다. 그는 삼무아[12]의 아들이며, 갈랄의 손자이며, 여두둔의 증손이다. 또 베레갸이다. 그는 아사의 아들이며, 엘가나의 손자로 느도바 사람의 마을에 거주했다.[13]

18 거룩한 성 예루살렘에 거주하는 레위 사람은 모두 284명이다.

19 성 문지기는 살룸, 악굽, 달몬, 아히만과 그의 형제들이다. 살룸은 그 우두머리이다. 모두 172명이다.[14]

20 그 나머지 이스라엘 백성과 제사장과 레위인은 유다 각 지역의 성읍에 흩어져서 각자 자기 산업에서 살았다.

21 노예 출신으로 성전에서 일하는 느디님 사람은 시하와 기스바의 관리 아래 예루살렘의 오벨 지역에 거주했다.

22 아삽 자손 중 미가의 4대 손, 맛다냐의 증손, 하사뱌의 손자, 바니의 아들 웃시는 찬양하는 자로서 예루살렘에 거주하는 레위인의 감독이 되어 하나님의 성전 일을 맡았다.

23 이는 왕의 명령에 따라 노래하는 자들에게 날마다 할 일을 정해 주었기 때문이다.

24 유다의 아들 세라의 자손으로 므세사벨의 아들 브다히야는 왕[15] 밑에서 백성을 다스렸다.

예루살렘 밖에 거주하는 자들

25 ● 예루살렘 외에 마을과 들에서 사는 사람들 가운데 유다 자손의 일부는 다음과 같은 마을과 도시에서 살았다. 기럇 아르바, 디본, 여갑스엘[16],

26 예수아, 몰라다, 벧벨렛,

27 하살수알, 브엘세바,

28 시글락, 므고나,

29 에느림몬, 소라, 야르뭇,

30 사노아, 아둘람, 라기스, 아세가 등과 그 주변 마을과 그 들판에 살았다. 그들은 브엘세바에서 힌놈의 골짜기까지 장막을 쳤다.

31 베냐민 자손은 다음과 같은 마을과 도시에서 살았다. 게바에서 믹마스, 아야, 벧엘과 그 주변 동네들,

32 아나돗, 놉, 아나냐,

33 하솔, 라마, 깃다임,

34 하딧, 스보임, 느발랏,

35 로드, 오노, 장인들의 골짜기에 거주했다.

---

1) 손자 2) 증손 3) 마아새 4) 아디엘 5) 야세라
6) 므실레밋의 현손 7) 5대 8) 대상 9:13 1,760 9) 대
상 9:12-13 10) 박박갈 11) 오바댜 12) 스마야 13) 대
상 9:14-16 14) 대상 9:17 15) 총독 16) 갑스엘

36 또 유다 지역에 있던 레위 사람의 일부는 베냐민 자손과 함께 거주했다.

1차 때 귀환자들과 그 후손과 기타 제사장과 족장들을 기록함

12 ● 스알디엘의 아들 스룹바벨과 예수아와 함께 1차로 돌아온 제사장들과 레위인들은 다음과 같다. 제사장들은 스라야, 예레미야, 에스라,

2 아마랴, 말룩, 핫두스,

3 스가냐, 르훔, 므레못,

4 잇도, 긴느도이, 아비야,

5 미야민, 마아댜, 빌가,

6 스마야, 요아립, 여다야,

7 살루, 아목, 힐기야, 여다야이다. 이상은 예수아[1]의 1차 귀환 때 제사장들과 그들의 친족 형제의 지도자들이었다.

8 레위인들은 예수아, 빈누이, 갓미엘, 세레뱌, 유다, 맛다냐이다. 이 맛다냐는 그의 친족과 함께 찬양하는 일을 맡았다.

9 또 그들의 형제 박부갸와 운노는 직무를 따라 그들의 맞은편에 있었다.

10 예수아는 요야김을 낳고, 요야김은 엘리아십을 낳고, 엘리아십은 요야다를 낳고,

11 요야다는 요나단을 낳고, 요나단은 얏두아를 낳았다.

12 요야김 때 제사장과 족장된 자는 다음과 같다. 스라야 족속에는 므라야, 예레미야 족속에는 하나냐,

13 에스라 족속에는 므술람, 아마랴 족속에는 여호하난,

14 말루기 족속에는 요나단, 스바냐 족속에는 요셉,

15 하림 족속에는 아드나, 므라욧 족속에는 헬개,

16 잇도 족속에는 스가랴, 긴느돈 족속에는 므술람,

17 아비야 족속에는 시그리, 미냐민, 곧 모아댜 족속에는 빌대,

18 빌가 족속에는 삼무아, 스마야 족속에는 여호나단,

19 요야립 족속에는 맛드내, 여다야 족속에는 웃시,

20 살래 족속에는 갈래, 아목 족속에는 에벨,

21 힐기야 족속에는 하사뱌, 여다야 족속에는 느다넬이다.

레위 사람의 족장을 기록함

22 ● 엘리아십과 요야다와 요하난과 얏두아 때 레위인의 족장이 모두 책에 기록되었고, 페르시아 왕 다리오 때인 다리오 2세 또는 3세까지의 제사장도 책에 기록되었다.

23 레위 자손의 족장들은 엘리아십의 아들 요하난 때까지 왕조실록[2]에 기록되었다.

24 레위 족속의 지도자들은 하사뱌와 세레뱌와 갓미엘의 아들 예수아이다. 그들은 그들의 형제의 맞은편에서 하나님의 사람 다윗의 명령대로 순서에 따라 주를 찬양했다.

25 맛다냐, 박부갸, 오바댜, 므술람, 달몬, 악굽은 모두 문지기로서 순서대로 문 안의 창고를 지키게 했다.

26 이상의 모든 사람은 요사닥의 손자, 예수아의 아들 요야김과 총독 느헤미야와 제사장이자 학사 에스라 때 있었다.

느헤미야의 예루살렘 성벽 봉헌

27 ● 예루살렘 성벽을 완성하자 봉헌식을 준비하게 되었다. 먼저 각 지역에서 감사로 노래하며, 심벌즈를 치며, 비파와 수금을 타는 레위 사람들을 찾아내어 예루살렘으로

1) 여호수아 2) 역대지략

데려와 기쁘게 봉헌식을 행하려고 했다.

28 이에 노래하는 자들이 예루살렘 주변의 마을¹⁾과 느도바 사람의 마을과

29 벧길갈, 게바, 아스마웻 마을에서 모여들었으니 이들은 자기들을 위해 예루살렘 주변에 마을을 이루며 살고 있었다.

30 제사장들과 레위 사람들은 몸을 정결하게 하고, 백성과 성문과 성벽을 깨끗하게 했다.

31 이에 내가 유다의 지도자인 방백들을 성벽 위로 오르게 했다. 또 감사로 찬양하는 자의 큰 무리를 둘로 나누어 성벽 위로 대열을 갖추어 가게 했는데, 한 무리를 분 문²⁾을 향해 오른쪽으로 가게 하자

32 그 뒤를 호세야와 유다 지도자의 절반과

33 아사랴, 에스라, 므술람,

34 유다, 베냐민, 스마야, 예레미야가 따랐다.

35 또 제사장들 자손 몇 사람이 나팔을 잡았다. 그들은 요나단의 아들, 스마야의 손자, 맛다냐의 증손, 미가야의 4대 손, 삭굴의 5대 손, 아삽의 6대 손 스가랴와

36 그의 형제들인 스마야, 아사렐, 밀랄래, 길랄래, 마애, 느다넬, 유다, 하나니이다. 이들은 모두 하나님의

사람 다윗의 악기를 잡았고, 에스라 학사가 앞장서서

37 샘 문³⁾으로 나아가 성벽으로 올라가는 곳에 도착했다. 그곳에서 실로암못 동쪽에 위치한 다윗성의 계단으로 올라가서 다윗궁 윗길에서 동쪽으로 향해 수 문⁴⁾에 이르렀다.

38 감사로 찬송하는 다른 무리는 왼쪽으로 나아갔는데, 내가 백성의 절반과 함께 그 뒤를 따라 성벽 위로 가서 풀무 망대 윗길로 성벽 넓은 곳에 도착했다. 그곳에서

39 에브라임 문 위로 옛 문⁵⁾과 어 문⁶⁾과 하나넬 망대와 함메아 망대를 지나 양 문⁷⁾에 이르러 감옥 문에서 멈췄다.

40 이에 감사로 찬송하는 두 무리가 하나님의 성전에 섰고, 나와 관리자인 민장의 절반도 함께했다.

41 엘리아김 제사장과 마아세야, 미냐민, 미가야, 엘료에내, 스가랴, 하나냐는 모두 나팔을 잡았다.

42 마아세야, 스마야, 엘르아살, 웃시, 여호하난, 말기야, 엘람, 에셀이 함께하며 노래하는 자는 크게 찬양했는데 그 감독은 예스라히야였다.

43 이날 무리가 큰 제사를 드리고 크게 기뻐했으니, 이는 하나님께서 크게 기뻐하시도록 했기 때문이다. 부녀와 어린 아이도 기뻐했으므로 예루살렘에서 기뻐 외치는 소리가 멀리까지 들렸다.

제사장과 레위 사람에게 준 몫

44 ● 그날 창고를 맡아 관리하는 사람을 세우고 헌남물인 거제물과 처음 익은 소산물들과 십일조를 제사장들과 레위인들을 위해 율법에 정한 대로 모든 성읍 밭에서 모으게 하니

1) 들   2) Dung Gate   3) Fountain Gate   4) Water Gate
5) Old Gate   6) Fish Gate   7) Sheep Gate

유다 사람이 섬기는 제사장들과 레위 사람들로 인해 기뻐했다.

45 그들은 하나님을 섬기는 일과 정결 예식의 일을 맡았다. 노래하는 자들과 문지기들도 다윗과 그의 아들 솔로몬의 명령을 따라 맡은 일을 했다.

46 옛날 다윗과 아삽의 때는 합창 지휘자가 있어서 하나님께 찬양과 감사하는 노래를 했다.

47 스룹바벨과 느헤미야 때도 온 이스라엘이 노래하는 자들과 문지기들에게 날마다 쓸 몫을 주되 그들이 거룩하게 구별한 것을 레위인들에게 주었고, 레위인들은 그것에서 따로 떼어 거룩하게 구별하여 아론 자손에게 주었다.

13 느헤미야는 성벽을 봉헌한 그 날 모세의 책을 낭독하여 백성들에게 들려주었다. 그 책에는 이렇게 기록되었다. "암몬과 모압 사람은 영원히 하나님의 공동체인 총회에 들어오지 못할 것이다.

2 그들은 양식과 물로 이스라엘 자손을 맞아들이지 않았고, 오히려 발람에게 뇌물을 주어 저주하게 했기 때문이다.[1] 그러나 우리 하나님은 그 저주를 돌이켜 복이 되게 하셨다."

3 이 율법을 들은 유다인 백성들은 자기들과 함께 섞여 사는 이방인 무리를 이스라엘 가운데서 모두 분리시켰다.

느헤미야의 두 번째 개혁

4 ● 이런 일이 있기 전, 내가 수산궁으로 돌아가 있는 동안인 BC 433년에 이런 일이 있었다. 우리 하나님의 성전의 방을 맡은 엘리아십 제사장이 도비야와 친척 관계가 있었기 때문에

5 도비야를 위해 성전 경내에 한 큰 방을 만들었다. 그 방은 본래 소제물, 유향, 그릇, 레위인들과 노래하는 자들과 문지기들에게 주기 위해 십일조로 거둔 곡식과 새 포도주와 기름, 제사장들 몫으로 주는 거제물 등을 보관하는 곳이었다.

6 그 방을 만들 때는 내가 예루살렘에 있지 않았다. 바벨론 칭호로 불린 페르시아 왕 아닥사스다 32년인 BC 433년에 내가 수산에 있는 왕에게 나아갔다가 한 해가 저물 때[2] 왕에게 허락을 받고 다시

7 예루살렘에 도착해서야 엘리아십이 도비야를 위해 하나님의 성전 뜰에 방을 만든 악한 일을 알았다.

8 그래서 내가 심히 근심하여 도비야의 세간 물건을 그 방 밖으로 다 던져 버리고

9 그 방을 정결하게 했다. 그런 후 하나님의 성전의 그릇과 소제물과 유향을 본래의 자리에 들여놓도록 했다.

10 내가 또 알아 보니 레위인들에게 받을 몫을 주지 않았기 때문에 그 직무를 행하는 레위인들과 노래하는 자들이 각각 자기 밭으로 도망한 사실을 알았다.

11 이에 내가 모든 관리인 민장들을 꾸짖으며 말했다. "하나님의 성전이 왜 이렇게 버린 바가 되었느냐?" 그리고 곧바로 레위인을 소집하여 다시 제자리에 세워 직무를 행하도록 했다.

12 이에 온 유다가 곡식과 새 포도주와 기름의 십일조를 가져다가 성전 창고에 들였다.

13 내가 셀레먀 제사장과 사독 서기관과 레위인 브다야를 창고지기로

삼았다. 그리고 맛다냐의 손자, 삭굴의 아들 하난을 우두머리¹⁾로 삼았다. 이는 그들이 정직하게 직무를 감당한 자로 인정되었기 때문이다. 그들의 직무는 레위 형제들에게 그들이 필요한 것들을 분배하는 일이었다.

14 내 하나님이여, 이 일로 인해 나를 기억하십시오. 내 하나님의 성전과 그 모든 직무를 위해 내가 행한 선한 일을 없애지 마십시오.

15 나 느헤미야가 페르시아에서 다시 돌아온 이후 유다에서 어떤 사람이 안식일에 포도즙²⁾ 틀을 밟고, 곡식단을 나귀에 실어 운반하며, 포도주와 포도와 무화과와 여러 가지 짐을 지고 안식일에 예루살렘성에 들어 와서 음식물을 파는 것을 유심히 살펴보았다.

16 그때 두로 사람이 예루살렘에 살면서 물고기와 각종 물건을 안식일에도 예루살렘성에서 유다 자손에게 파는 것을 보고

17 내가 유다의 모든 귀인을 꾸짖어 말했다. "너희가 어찌 이 안식일을 범하므로 이 큰 악을 행하느냐?

18 너희 조상들이 이같이 행했기 때문에 우리 하나님께서 우리에게 이 모든 재앙을 우리와 이 성읍에 내리신 것이 아니냐? 그럼에도 너희가 안식일을 범하므로 이스라엘에게 더 큰 진노를 내리게 한다."

19 그리고 나는 안식일 전 어두워질 때 예루살렘 성문을 닫고 안식일이 지나기 전에는 성문을 열지 말라고 지시한 후 나를 따르는 부하 몇 명을 성문마다 지키게 하여 안식일에는 아무 짐도 들어오지 못하게 했다.

20 그러자 장사꾼들과 각종 물건을 파는 자들이 한두 번 예루살렘성 밖에서 자는 것을 보고

21 내가 그들에게 경고하며 말했다. "너희가 왜 성벽 밖 밑에서 자느냐? 다시 이같이 하면 내가 잡아들일 것이다." 그후로는 안식일에 그들이 다시 오지 않았다.

22 내가 또 레위인들에게 "몸을 깨끗하게 한 후 성문을 지키므로 안식일을 거룩하게 하라"고 했다. 내 하나님이여, 나를 위해 이 일도 기억하시고, 주의 크신 사랑으로 나를 너그럽게 봐주십시오.

23 그때 내가 유다 사람이 아스돗과 암몬과 모압 여인을 아내로 삼은 것을 보았다.

24 그들의 자녀 가운데 절반은 아스돗 방언을 하지만 유다 방언은 하지 못하고 각 족속의 방언만 할 뿐이었다.

25 이에 내가 그들을 책망하고 저주하며, 그들 가운데 몇 사람을 때리고, 그들의 머리털을 뽑고 말했다. "너희는 너희 아들딸들을 그들의 아들딸에게 주지 말고 데려오지도 않겠다고 하나님을 가리켜 맹세하라."

26 또 말했다. "옛날에 이스라엘 왕 솔로몬이 이방 여인과 결혼한 그 일로 죄를 짓지 않았느냐? 그는 많은 나라 가운데 비교할 왕이 없을 만큼 하나님의 사랑을 입은 자였다. 하나님은 그를 왕으로 삼아 온 이스라엘을 다스리게 하셨다. 그러나 이방 여인이 솔로몬을 범죄하게 했다.³⁾

27 그러니 너희가 이방 여인을 아내로 맞아 이 모든 큰 악을 저지르며 하나님을 거역하고 있는데, 어찌

---

1) 버금 2) 술 3) 왕상 11:3-13

우리가 용납할 수 있겠느냐?"

28 엘리아십 대제사장의 손자, 요야다의 아들 하나가 호론 사람 산발랏의 사위가 되었으므로 내가 쫓아내어 나를 떠나게 했다.

29 내 하나님이여, 그들이 제사장의 직분을 더럽히고, 제사장의 직분과 레위 사람에 대한 언약을 어긴 것을 기억하십시오.

30 내가 이와 같이 제사장과 레위인들에게 이방 사람의 부정에서 떠나게 하여 그들을 깨끗하게 하고, 제사장과 레위 사람의 순서를 정해 각자의 임무를 맡겼습니다.

31 또 정한 기한에 성전에서 사용할 나무와 처음 거둔 소산물을 드리게 했습니다. 그러니 내 하나님이여, 나를 기억하사 복을 내려주십시오.

에스더
Esther

제목 히브리어 성경에는 에스테르, 유대인들은 간단히 므길라라고 한다.

기록연대 기원전 464~432년경 　**저자** 미상(바사에 살던 유다인) 　**중심주제** 에스더 일대가

내용소개 * 유다 민족에 대한 음모(근심과 염려) 1. 왕후 에스더 1-2장 2. 간교한 하만 3-4장
* 유다 민족의 구원(기쁨과 축하) 3. 굴욕 당하는 하만 5-7장 4. 명성을 얻은 모르드개 8-10장

아하수에로 왕비 와스디의 폐위

1 ● 이 일은 다리오 1세의 아들인 아하수에로왕 때인 BC 485~464년에 있었던 일이다. 아하수에로는 인도의 인더스강 서쪽에서 에티오피아, 곧 구스까지 127개 지방도를 다스리는 왕이다.

2 당시 아하수에로왕은 수도에 있는 티그리스강 동쪽의 수산궁에서 즉위하고

3 왕위에 오른 지 3년 만인 BC 482년에 그의 모든 지방장관인 총독과 신하를 위해 잔치를 베풀었다. 그 자리에는 페르시아와 메대의 장수들과 각 지방의 귀족들과 지방장관들이 모두 왕 앞에 있었다.

4 왕이 180일 동안 자기가 통치하는 왕국의 영화로운 부요와 뛰어난 위엄을 과시했다.

5 잔치가 끝나자 왕이 신분의 귀천을 가리지 않고 수산 도성에 사는 백성을 위해 왕궁 정원 뜰에서 7일 동안 잔치를 베풀었다.

6 백색, 녹색, 청색 커튼을 자색의 좋은 아마 섬유인 가는 베 줄로 대리석 기둥에 박혀 있는 은고리에 묶었다. 그리고 화반석, 백석, 운모석, 흑석을 깐 땅에 금과 은으로 만든 의자를 놓았다.

7 그러고 나서 금으로 된 잔으로 술을 마시게 했는데, 잔의 모양이 저마다 달랐다. 왕의 재산이 많았기 때문에 왕이 내리는 술은 끝이 없었다.

8 또 왕궁에서 술을 마시는 법도가 있었지만 억지로 그 법도를 따라 마시지 않아도 되도록 했다. 그것은 왕이 모든 궁내 관리에게 각 사람이 법도에 구애없이 자유롭게 마시도록 명령했기 때문이다.

9 왕비 와스디도 아하수에로 왕궁에서 여인들을 위해 잔치를 베풀었다.

10 왕이 일반 백성에게 베푼 잔치 7일째에 술기운이 일어나서 궁전 내시 므후만, 비스다, 하르보나, 빅다,

아박다, 세달, 가르가스 7명에게 명령했다.

11 "왕비 와스디에게 왕비의 관을 씌워 왕 앞으로 나아오게 하라." 왕은 왕비의 아름다움을 세상 백성과 지방장관들에게 자랑하고 싶었다. 그렇게 한 것은 왕비의 용모가 보기에 매우 아름다웠기 때문이다.

12 그러나 왕비 와스디는 내시가 전하는 왕명을 따르기를 싫어했다. 당시 왕의 술자리에 여자가 나타나서는 안 된다는 것이 페르시아의 규례였다. 그러자 왕의 마음속에서 분노가 불붙듯 했다.

13 당시 왕은 규례와 법률을 잘 아는 자에게 묻는 전례가 있었다.

14 그때 왕 옆에서 왕과 직접 대면하며 논의하는 나라의 첫째 자리에 앉은 자는 페르시아와 메대의 지방장관 7명이었다. 그들은 가르스나, 세달, 아드마다, 다시스, 메레스, 마르스나, 므무간이었다.

15 이에 아하수에로왕은 "왕비 와스디가 왕의 명령에 따르지 않았을 때 규례대로 하면 어떻게 처리해야 하는가?"라고 물었다.

16 그때 므무간이 왕과 지방장관 앞에서 대답했다. "왕비 와스디는 왕뿐 아니라 왕의 각 지방 관리들과 세상 백성에게도 잘못했습니다.

17 아하수에로왕의 초청 명령을 거부한 왕비의 소문이 모든 여인에게 퍼지게 되면 그들 역시 자기 남편을 멸시할 것입니다.

18 오늘부터라도 페르시아와 메대의 귀부인들은 왕비의 행위를 듣고 왕의 모든 지방장관에게 그렇게 대할 것입니다. 그러면 멸시하는 아내와 분노하는 남편이 사방에서 일어날 것입니다.

19 그러니 왕께서 좋게 생각하신다면 와스디 왕비가 다시는 왕 앞에 나오지 못하도록 하는 조서를 내리십시오. 그리고 페르시아와 메대의 법률에 기록하여 고치는 일이 없게 하고 그 왕비의 자리를 그보다 나은 사람에게 주십시오.

20 왕의 조서가 광대한 왕국에 공포되면 귀천을 막론하고 모든 여인이 남편을 존귀하게 여길 것입니다."

21 왕과 지방장관들이 그 말을 옳다고 여겼다. 왕이 므무간의 말대로 시행하여

22 각 지방과 각 백성이 사용하는 문자와 언어로 모든 지방에 조서를 내리며 말했다. "남편이 자기의 집을 주관하게 하고 남편이 사용하는 말이 그 집안의 일상 언어가 되게 하라."

아하수에로의 왕비가 된 에스더

2 ● 얼마 후 페르시아의 아하수에로왕은 분노가 가라앉자 와스디와 그가 저지른 일과 그에 대해 내린 조서에 대해 후회했다.

2 이를 본 왕의 측근 신하들이 왕에게 아뢰었다. "왕께서는 왕을 위해 용모가 아름다운 처녀들을 구하십시오.

성경인물　아하수에로(에 1:1, 15)

다리우스(다리오) 1세의 아들로 부친의 뒤를 이어 바사(페르시아)의 왕이 된 크세르크세스(쎌서스) 1세이다. 그는 인도에서 구스까지 당시 전세계를 통치했으며(에 1:1) 와스디를 폐위하고 유대인 여자인 에스더를 왕후로 맞이하기도 했다(에 2:16). 오늘날 이란에 있는 페르세폴리스는 그가 건설한 겨울 궁전으로 아하수에로는 군사상 많은 업적을 남겼다. 그러나 살라미스 전투에서 헬라(마케도냐)의 알렉산더에게 패한 후 BC 465년에 살해되었다.

3 전국 각 지방의 관리들에게 명령하여 아름다운 처녀를 모두 수산 도성으로 오도록 하여 후궁으로 들이십시오. 그리고 궁녀를 주관하는 내시 헤개의 관리 아래 두고 그녀들에게 몸을 정결하게 하는 물품을 주게 하시고,

4 왕이 보시기에 아름다운 처녀를 와스디 대신 왕비로 삼으십시오.” 그러자 왕이 그 말을 좋게 여겨 그대로 시행했다.

5 수산 도성에 모르드개라는 한 유다인이 있었다. 그는 베냐민 지파의 자손으로 기스의 증손이며, 시므이의 손자이고, 야일의 아들이다.

6 그1)는 이전에 바벨론 왕 느부갓네살이 예루살렘에서 유다 왕 여호야긴2)과 백성을 잡아갈 때인 BC 597년에 함께 잡혀 왔다.

7 모르드개에게는 삼촌의 딸 하닷사라는 에스더가 있었다. 그녀는 부모가 없었으나 용모가 곱고 아름다운 처녀였다. 모르드개는 그녀의 부모가 죽은 후 그녀를 자기 딸처럼 양육했다.

8 왕비의 간택에 대한 왕의 조서와 명령이 공포되자 선발된 처녀들은 수산 도성으로 인도되어 궁녀를 주관하는 헤개의 수하로 넘겨졌다. 이때 에스더도 왕궁으로 이끌려 가서 헤개의 관리 아래 있게 되었다.

9 헤개는 에스더 처녀를 좋게 보고 특별한 호의를 베풀어 몸을 정결하게 할 물품과 일용품을 주었다. 또 왕궁에서 일상적으로 주는 7명의 궁녀를 주어 수종을 들게 했고, 에스더와 그 궁녀들을 후궁의 아름다운 처소에서 지내게 했다.

10 이때 에스더는 모르드개의 명령에 따라 자기의 민족과 고향 종족을 말하지 않았다.

11 모르드개는 에스더의 안부와 그가 어떻게 될지 알기 위해 날마다 후궁 뜰 앞을 거닐었다.

12 처녀들은 차례대로 아하수에로왕에게 나아가기 전 여자에 대해 정해진 규례대로 12개월 동안 몸을 가꾸었다. 6개월은 몰약 기름을 사용하고, 6개월은 향품과 여자에게 쓰는 다른 물품을 사용하여 몸을 정결하게 했다. 이 기간이 지나

13 처녀가 왕에게 나아갈 때는 그가 구하는 것을 다 주어 후궁에서 왕궁으로 가져 가게 했다.

14 처녀는 저녁에 왕궁으로 갔다가 이튿날 아침 둘째 후궁으로 돌아와서 궁녀를 주관하는 내시 사아스가스의 관리를 받았다. 이때 왕이 그를 기뻐하여 그의 이름을 부르지 않으면 다시 왕에게 나아가지 못했다.

15 모르드개가 자기 딸처럼 양육하는 자기 삼촌 아비하일의 딸인 에스더의 차례가 되었다. 에스더는 왕에게 나아갈 때 궁녀를 주관하는 내시 헤개가 하라는 대로 단장하고 다른 추가적인 단장은 요구하지 않았다. 그럼에도 에스더는 모든 사람이 볼 때 아름다웠다.

16 아하수에로왕 즉위 7년인 BC 479년, 열째 달, 곧 데벳월인 12~1월에 에스더가 왕궁으로 인도되어 들어가 왕 앞에 나갔다.

17 아하수에로왕이 에스더를 다른 후궁 여자보다 더 사랑하므로 그가 모든 처녀보다 왕 앞에 더 큰 은총을 받았다. 왕이 그의 머리에 관을

1) 모르드개의 증조부, 모르드개 2) 여고냐

씌우고 와스디를 대신하여 왕비로 삼았다. 그러고 나서

18 에스더를 위해 왕이 크게 잔치를 베풀었다. 이 잔치에 모든 지방장관인 총독과 신하들을 초청했고, 각 지방의 세금을 면제해 주었으며, 왕의 이름으로 큰 상을 내렸다.

모르드개가 왕의 암살자를 알림

19 ● 처녀들이 두 번째 소집될 때 모르드개는 근무를 위해 궁궐 문에 앉아 있었다.

20 에스더는 왕비가 된 후에도 모르드개가 명령한 대로 자기의 민족과 고향을 밝히지 않았다. 이는 그가 양육 받을 때와 같이 모르드개의 명령을 따랐기 때문이다.

21 모르드개가 궁궐 문에 근무하고 있을 때 문을 지키던 왕의 두 내시 빅단과 데레스가 아하수에로왕에게 원한을 품고 왕을 암살하려는 음모를 꾸민 것을

22 알고 왕비 에스더에게 알리자 에스더가 모르드개의 이름으로 왕에게 고했다.

23 이에 왕이 사실을 조사하여 확실한 증거를 얻은 후 두 사람을 나무에 달고 그 일을 왕 앞에서 궁중실록 일기에 기록했다.

하만의 흉계와 모르드개

3 ● 그후 아하수에로왕이 아각 족속 사람 함므다다의 아들 하만의 지위를 높이 올려 모든 대신보다 높은 자리에 앉혔다.

2 그리하여 궁궐 문에 있는 왕의 모든 신하가 왕의 명령에 따라 하만에게 무릎을 꿇어 절했다. 그러나 모르드개는 하나님을 섬기는 사람이기에 무릎을 꿇지도 않고 절하지도 않자

3 궁궐 문에 있는 왕의 신하들이 모르드개에게 말했다. "너는 왜 왕의 명령을 거역하느냐?"

4 그들이 날마다 그렇게 권했지만 모르드개가 듣지 않고 자기는 하나님을 섬기는 유다인임을 알렸다. 그러자 그들이 모르드개의 그런 행동이 언제까지 계속될지 보기 위해 하만에게 그 사실을 전했다.

5 하만이 모르드개가 자기에게 무릎을 꿇거나 절을 하지도 않는 것을 보고 매우 분노했다.

6 그들이 모르드개가 유다 민족임을 알리자 하만은 모르드개만 죽이는 것으로는 가볍다고 생각하여 아하수에로왕이 다스리는 온 나라에 있는 유다인, 곧 모르드개의 민족을 진멸하고자 했다.

7 아하수에로왕 12년인 BC 474년, 첫째 달, 곧 니산월인 3~4월에 사람들은 유다인을 죽일 날과 달을 정하기 위해 하만 앞에 모였고 부르, 곧 제비를 뽑아 열두째 달, 곧 아달월인 2~3월로 그날을 결정했다.

8 이에 하만이 아하수에로왕에게 말했다. "왕의 나라에 속한 각 지방에 흩어져 사는 백성들 가운데서 세계 모든 민족의 법과 달라 왕의 법률을 지키지 않는 한 민족이 있으니 이를 용납하는 것은 왕에게 유익하지 못합니다.

9 그러니 왕께서 좋으시다면 조서를 내려 그들을 진멸시키십시오. 이를 위해 내가 은 34만kg 되는 1만 달란트를 왕의 금고를 맡은 자를 통해 왕의 금고에 드리겠습니다."

10 이에 왕이 옥쇄로도 사용되는 반지를 손에서 빼어 유다인의 원수, 아각 족속 사람 함므다다의 아들 하만에게 주며

1) 종족

11 말했다. "그 은은 네 것이고, 그 유다 백성도 네게 맡길 것이다. 그러니 너는 네가 하고 싶은 대로 시행하라."

12 첫째 달인 4월 13일 왕의 서기관이 소집되었고, 하만의 명령에 따라 왕의 대신과 각 지방의 관리와 각 민족의 관원에게 아하수에로왕의 이름으로 조서를 쓰되 각 지방의 문자와 각 민족의 언어로 쓰고 왕의 인장 반지로 도장을 찍었다.

13 이에 조서를 보발꾼에게 맡겨 왕의 각 지방에 보내게 되었는데, 그곳에는 열두째 달, 곧 아달월인 2~3월 13일 하룻동안 유다인은 남녀노소를 막론하고 모두 진멸하고 그 재산을 탈취하라는 내용이 기록되었다.

14 그리고 이 명령을 각 지방에 전하기 위해 조서의 복사본을 만들어 모든 민족에게 공포하여 그날을 위해 준비하도록 했다.

15 보발꾼들이 왕의 명령을 받들어 급히 나갔고, 그 조서가 수산 도성에도 공포되었다. 그때 왕은 하만과 함께 앉아 술을 마시고 있었으나 수산 도성은 혼란에 빠졌다.

에스더가 유다인을 구원하겠다고 함

4 ● 모르드개가 이 모든 일을 알고 자기 옷을 찢고, 굵은 베옷을 걸치고, 재를 뒤집어쓴 채로 성 안으로 들어가 대성통곡하며

2 궁궐 문 앞까지만 갔다. 이는 굵은 베옷을 입은 자는 궁궐 문 안으로 들어가지 못했기 때문이다.

3 왕의 명령과 조서가 각 지방에 전달되자 수많은 유다인은 금식하며, 굵은 베옷을 입고, 재를 뒤집어쓰고, 크게 울부짖었다.

4 에스더의 시녀와 내시가 나아와 그 사실을 왕비에게 전하니 왕비가 매우 근심하여 입을 의복을 모르드개에게 보내어 그 굵은 베옷을 벗기고자 했지만 모르드개가 거절했다.

5 에스더가 왕의 명령에 따라 자신을 보살피던 하닥 내시를 불러 말했다. "모르드개에게 가서 이 혼란한 일이 무슨 일이며, 무엇 때문에 그렇게 하는지 알아보라." 이에

6 하닥이 성 안에 있는 궁궐 문 앞 광장에 있는 모르드개에게 갔다.

7 모르드개가 자기에게 일어난 모든 일과 하만이 유다인을 진멸하기 위해 왕의 금고에 바치기로 한 은의 정확한 금액까지 하닥에게 말했다.

8 또 유다인을 진멸하라고 수산궁에서 내린 조서의 복사본을 하닥에게 주어 에스더에게 보여주도록 했다. 그리고 왕비에게 부탁하여 "왕에게 직접 나아가 자기 민족을 위해 간절히 구하라"고 했다. 이에

9 하닥이 돌아와 모르드개의 말을 에스더 왕비에게 알렸다.

10 에스더가 하닥에게 말했다. "너는 모르드개에게 이렇게 전하기를

11 '왕의 신하들은 물론 왕의 각 지방 백성이 다 알고 있는 것처럼 남녀를 막론하고 왕이 부르지 않았음에도 왕궁 안뜰로 들어가서 왕에게 나아가면 사형시키는 것이 법입니다. 다만 왕이 그 자에게 금으로 만든 지팡이인 규를 내밀면 살수 있습니다. 나는 왕의 부름을 받지 못해 왕에게 나아가지 못한 지가 벌써 30일이나 되었습니다.'"

12 하닥이 에스더의 말을 모르드개에게 전하자

13 모르드개가 하닥 편으로 에스더에게

회답했다. "너는 왕궁에 있다고 해서 모든 유다인 가운데서 혼자 목숨을 건질 것이라고 생각하지 말라.

14 이런 상황에서 네가 입을 다물고 있으면 유다인은 다른 곳으로부터 구원을 얻겠지만 너와 네 아버지 가문은 멸망할 것이다. 네가 왕비의 자리에 오른 것은 바로 이때를 위한 것인지 누가 알겠느냐?"

15 에스더가 모르드개에게 회답하여 말했다.

16 "당신은 가서 수산에 살고 있는 유다인을 다 모아서 나를 위해 밤낮 3일을 먹지도 말고 마시지도 말고 금식하도록 하십시오. 나도 내 시녀와 더불어 그렇게 금식한 후 법을 어기고라도 왕에게 나아가리니 내가 죽게 되면 죽을 것입니다." 이에

17 모르드개가 가서 에스더가 명령한 대로 다 시행했다.

에스더가 왕과 하만을 잔치에 초청

5 그렇게 금식한 지 3일 만에 에스더가 왕비의 예복을 입고 왕궁 안뜰, 곧 왕궁을 마주 보고 서니 왕이 어전의 왕좌에 앉아 왕궁 문쪽을 향해 있었다.

2 그때 왕비 에스더가 왕궁 뜰에 선 것을 보고 매우 사랑스럽게 보여 손에 잡았던 금으로 만든 왕의 지팡이인 규를 그에게 내밀었다. 이에 에스더가 왕 앞으로 가까이 가서 금으로

풍습 | 바사의 왕 알현 규정(스 4:16)

바사 시대에는 남녀를 막론하고 왕의 부름을 받지 않고 왕이 거하는 안뜰에 나가 왕에게 나가면 죽임을 당했다. 설사 왕후라할지라도 똑같이 적용되었다. 그러나 허락없이 나갔을 경우에 왕이 사용하는 규(금홀, 지팡이)를 내밀면 그 규를 만짐으로 살 수 있는 길이 있었다. 이는 왕을 시해하려는 것을 방지하는 방편이었다.

만든 왕의 규 끝을 만졌다.

3 이에 왕이 말했다. "왕비 에스더여, 그대의 소원이 무엇이며, 무슨 요구가 있느냐? 나라의 절반이라도 그대에게 줄 것이다."

4 에스더가 대답했다. "오늘 왕을 위해 잔치를 베풀었으니 왕이 허락하신다면 하만과 함께 오십시오."

5 그러자 왕이 "에스더가 말한 대로 하만을 급히 부르라"고 명령하자 왕이 하만과 함께 에스더가 베푼 잔치에 참석했다.

6 잔치 자리에서 술을 마실 때 왕이 에스더에게 말했다. "그대의 소원이 무엇이냐? 바로 들어주겠노라. 무슨 요구가 있느냐? 나라의 절반이라도 줄 것이다."

7 에스더가 대답했다. "제 소원과 요구는 이러합니다.

8 제가 왕 앞에서 은혜를 입었고, 왕이 제 청을 허락하시고 제 요구를 들어주기를 좋게 생각하시면 제가 왕과 하만을 위해 베푸는 잔치에 한 번 더 초청하고 싶습니다. 내일은 왕의 말씀대로 제 소원을 말씀드리겠습니다."

하만의 음모

9 그날 하만이 기쁜 마음으로 나오는데 모르드개가 궁궐 문에 근무하고 있었다. 그러나 자기를 보고도 일어나거나 몸을 움직이지 않는 것을 보고 크게 분노했다. 그러나

10 참고 집으로 돌아와서 사람을 보내어 자기 아내 세레스와 자기 친구들을 청한 후

11 자기가 얻은 큰 영광과 자녀가 많은 것과 왕이 모든 지방장관이나 신하보다 자기를 높여 준 것을 자랑했다.

12 또 에스더 왕비가 베푼 잔치에 왕과

함께 초청 받은 사람이 자기 밖에 없고, 내일도 왕과 함께 초청 받았다는 것을 자랑했다.

13 그러나 유다 사람 모르드개가 궁궐 문에 근무하는[1] 것을 보는 한 이 모든 것이 만족스럽지 못했다.

14 그 말을 들은 그의 아내 세레스와 모든 친구가 말했다. "높이가 22.5m 되는 50규빗의 나무를 세우고, 내일 왕을 만나면 모르드개가 유다인임을 알리고 그를 그 나무에 매달기를 구하십시오. 그리고 왕과 함께 기쁜 마음으로 잔치에 가십시오." 그러자 하만이 그 말을 좋게 생각하고 나무를 세우도록 명령했다.

왕이 모르드개를 존귀하게 함

6 ● 그날 밤 아하수에로왕은 잠이 오지 않자 궁중실록인 역대 일기를 가져오도록 명령하고 자기 앞에서 읽도록 했다.

2 그 실록에서 문을 지키던 왕의 두 내시 빅다나와 데레스가 자기를 암살하려는 음모를 모르드개가 고발했다는 기록을 보았다.

3 이에 왕이 물었다. "이 일에 대해 모르드개에게 무슨 관직이나 존귀함을 베풀었느냐?" 측근 신하들이 대답했다. "아무것도 베풀지 않았습니다."

4 왕이 말했다. "누가 뜰에 있느냐?" 그때 마침 하만이 자기가 세운 나무에 모르드개를 매다는 것을 왕께 허락 받기 위해 왕궁 바깥 뜰에 있었다.

5 측근 신하들이 왕께 "하만이 뜰에 있습니다"라고 말하자 왕이 말했다. "들어오게 하라."

6 하만이 들어오자 왕이 물었다. "왕이 존귀하게 하려는 사람에게 어떻게 하면 좋겠느냐?" 하만이 속으로 '왕이 존귀하게 하려는 자는 나 외에 누가 있겠는가?'라고 생각하고

7 왕께 대답했다. "왕께서는 그런 자에게

8 왕께서 입으시는 왕복과 왕께서 타시는 말과 머리에 쓰시는 왕관을 가져다가

9 그 왕복을 입히고 말에 태워 성 안의 거리를 다니며 그 앞에서 '왕이 존귀하게 하려는 사람에게는 이같이 할 것이다'라고 공포하게 하십시오."

10 이에 왕이 하만에게 명령했다. "너는 네 말대로 속히 왕복과 말을 가져다가 궁궐 문에 근무하고 있는 유다인 모르드개에게 행하되 무릇 네가 말한 것에서 하나도 빠짐없이 시행하라."

11 왕명을 받은 하만이 왕의 옷과 말을 가져다가 모르드개에게 그대로 시행하고 "왕이 존귀하게 하려는 사람에게는 이같이 할 것이다"라고 공포했다.

12 그러고 나서 모르드개는 다시 궁궐 문으로 돌아왔고, 하만은 근심에 싸여 급히 집으로 돌아가 머리를 감싼 채 고통스러워했다.

13 자기가 겪은 모든 일을 그의 아내 세레스와 친구들에게 말하자 그중 지혜로운 자와 아내 세레스가 말했다. "모르드개가 확실히 유다인의 후손이라면 당신이 그 앞에서 굴욕을 당했으니 그를 이기지 못하고 그 앞에 반드시 쓰러질 것입니다."

14 아직 말을 하는 도중에 왕의 내시들이 서둘러 하만을 데리고 에스더가 베푼 잔치에 갔다.

하만의 몰락

7 ● 왕이 하만과 함께 다시 에스더 왕비의 잔치에 참석했다.

1) 앉은

2 왕이 이 둘째 날 잔치에서 술을 마실 때 에스더에게 다시 물었다. "에스더 왕비여, 그대의 소원이 무엇이냐? 내가 바로 들어주겠노라. 그대의 요구가 어떤 것이든 나라의 절반이라도 주겠노라."

3 에스더 왕비가 대답했다. "왕이여, 내가 왕 앞에서 은혜를 입고, 왕이 좋게 생각하시면 내 간청대로 내 목숨을 건져 주시고, 내 민족을 살려 주십시오.

4 나와 내 민족이 팔려서 진멸을 당하게 되었습니다. 만일 우리가 노비로 팔린 것이라면 내가 왕께 말씀드리지 않았을 것입니다. 그런 일로 왕께 부담을 주어 괴로워하시게 하고 싶지 않기 때문입니다."

5 아하수에로왕이 에스더 왕비에게 말했다. "누가 감히 이런 일을 마음에 품었느냐? 지금 그가 어디 있느냐?"

6 에스더가 대답했다. "대적과 원수는 이 악한 하만입니다." 그러자 하만이 왕과 왕비 앞에서 두려워 떨었다.

7 왕이 크게 분노하여 일어나 잔치 자리를 떠나 왕궁 뒤뜰인 후원으로 갔다. 그러자 하만은 그 자리에 남아 에스더 왕비에게 목숨을 구걸했다. 이는 왕이 자기에게 벌을 내리기로 결심한 줄을 알았기 때문이다.

8 왕이 뒤뜰에서 잔치 자리로 다시 돌아오니 하만이 에스더가 비스듬이 누워있는1) 침상2) 위에 엎드린 것을 보고 말했다. "그가 내 앞에서 왕비를 강간까지 하려고 한다." 이 말이 왕의 입에서 나오자 내시 무리가 하만의 얼굴을 감쌌다.

9 왕을 모시는 내시 중 한 사람인 하르

보나가 왕에게 아뢰었다. "왕에게 충성된 말로 반역 음모를 고발한 모르드개를 달기 위해 하만이 22.5m 높이의 50규빗 되는 나무를 준비했습니다. 그 나무가 지금 하만의 집에 세워져 있습니다." 그러자 왕이 "하만을 그 나무에 달라"고 명령했다.

10 모르드개를 매달려고 한 나무에 하만을 매달자 왕의 분노가 그쳤다.

유다인에 살 길이 열림

8 ● 그날 아하수에로왕이 유다인의 원수 하만의 집을 에스더 왕비에게 주었다. 이때 에스더는 왕에게 모르드개와 자기와의 관계가 친척임을 아뢰었다. 그러자 왕이 모르드개를 불렀고 모르드개가 왕 앞에 섰다.

2 이때 왕이 하만에게서 거둔 인장 반지를 빼어 모르드개에게 주었다. 에스더는 모르드개에게 왕에게 받은 하만의 집을 관리하게 했다.

3 에스더가 다시 왕의 발아래 엎드려 아각 족속 사람 하만이 유다인을 죽이려고 한 악한 음모를 없애 달라고 울며 간청했다.

4 그러자 왕이 에스더를 향해 금으로 만든 왕의 지팡이인 규를 내밀었다. 에스더가 일어나 왕 앞에 서서

5 말했다. "왕이 기뻐하시고, 내가 왕 앞에 은혜를 입었고, 왕께서 이 일을 좋게 생각하시며, 나를 사랑스럽게 보신다면 조서를 내려 하만이 왕의 각 지방에 있는 유다인을 진멸하기 위해 쓴 조서를 취소해 주십시오.

6 내가 내 민족이 죽는 것을 어찌 보겠으며, 내 고향, 친척 땅이 멸망당하는 것을 어찌 보겠습니까?"

1) 앉은 2) 걸상

7 아하수에로왕이 에스더 왕비와 유다인 모르드개에게 말했다. "하만이 유다인을 죽이려고 했기에 내가 그를 나무에 매달았고, 그 집을 에스더에게 주었다. 그러니

8 너희는 왕의 이름으로 네가 원하는 대로 유다인에게 조서를 쓰고 왕의 인장 반지로 도장을 찍으라. 왕의 반지로 도장을 찍은 조서는 아무도 취소할 수 없다."

9 그때 시완월인 5~6월, 곧 셋째 달 23일에 왕의 서기관이 소집되었다. 서기관들은 모르드개가 불러 주는 대로 각 지방의 문자와 각 민족의 언어와 유다인의 문자와 언어로 조서를 썼다. 그 조서는 인도의 인더스강 서쪽에서 에티오피아, 곧 구스까지 127개 지방도에 있는 유다인과 대신과 지방장관과 관원에게 전하는 것으로

10 아하수에로왕의 이름으로 쓰고 왕의 인장 반지로 도장을 찍은 것이었다. 그리고 조서를 보발꾼들을 통해 각 지역으로 전하게 했다. 그 보발꾼들은 왕궁에서 왕의 일에 사용하기 위해 왕궁에서 기른 빠른 말을 타는 자들이었다.

11 조서의 내용은 왕이 여러 고을에 있는 유다인들이 함께 모여 스스로 목숨을 지키도록 허락한 것이었다. 그래서 각 지방의 백성 가운데 세력을 가지고 유다인들을 죽이려고 하는 자들과 그들의 처자를 죽이고 그 재산을 탈취하도록 했다. 그것을

12 아하수에로왕의 통치하에 있는 각 지방에서 아달월인 2~3월, 곧 열두째 달 13일 하룻동안에만 하도록 허락했다.

13 이 조서의 복사본을 각 지방과 각 민족에게 공포하고, 유다인들에게 준비했다가 그날 대적들에게 원수를 갚도록 했다.

14 왕의 명령이 매우 급하매 보발꾼들이 왕의 일에 사용하는 빠른 말을 타고 신속히 나가니 그 조서가 각 지역에 전달되었고, 수산 도성에도 공포되었다.

15 모르드개가 푸르고 흰 조복을 입고, 머리에 큰 금관을 쓰고, 자색의 가는 베1) 겉옷을 걸치고 왕 앞에서 나아가자 수산성이 기뻐 외쳤다.

16 유다인에게는 영광과 기쁨과 존귀함이 있었다.

17 왕의 명령이 전달된 각 지방에서 유다인들이 기뻐하며 잔치를 베풀고 그날을 축제일2)로 삼으니 본토 백성이 유다인을 두려워하여 유다인으로 귀속되는 자가 많았다.

유다인이 대적들을 진멸함

9 ● 아달월인 2~3월, 곧 열두째 달 13일은 왕의 명령이 시행되는 날이었다. 유다인의 원수들은 그들을 없애기를 바랐지만 오히려 유다인이 자기들을 없애게 하는 날이 되었다. 그날

2 아하수에로왕의 각 지방에 사는 유다인들이 함께 모여 자기들을 해치고자 한 자를 죽이려고 했다. 그때 모든 민족이 유다인들을 두려워하여 그들을 막을 자가 없었다.

3 각 지방의 모든 지방장관과 대신들과 총독들과 왕의 사무를 보는 자들 역시 모르드개를 두려워하여 다 유다인을 도왔다. 그러므로

4 모르드개가 왕궁에서 존귀하게 되어 갈수록 창대하매 모르드개의 명성이 각 지방에까지 퍼졌다.

5 유다인이 칼로 그 모든 원수를 쳐서

1) 모시 2) 명절

죽이고, 자기를 미워하는 자들에게도 하고 싶은 대로 행했다.

6 유다인이 또 수산 도성에서 500명을 죽였다.

7-10 이때 함므다다의 손자이며 유다인의 원수 하만의 아들인 바산다다, 달본, 아스바다, 보라다, 아달리야, 아리다다, 바마스다, 아리새, 아리대, 왜사다 10명을 죽였다. 그러나 그들의 재산은 빼앗지 않았다.

11 그날 수산 도성에서 죽인 자의 수를 왕께 보고하자

12 왕이 에스더 왕비에게 말했다. "유다인이 수산 도성에서 이미 500명과 하만의 아들 10명을 죽였으니 다른 지방에서는 얼마나 많이 죽였겠느냐? 이제 그대의 소원과 요구가 무엇인지 말해 보라. 그것도 들어주겠노라."

13 에스더가 대답했다. "왕이 좋게 생각하시면 수산 도성에 사는 유다인들이 내일도 오늘 조서대로 원수들을 죽이게 하시고 하만의 10명 아들의 시체를 나무에 매달게 하십시오."

14 왕이 그렇게 하도록 허락하고 조서를 수산 도성에 내리니 하만의 10명 아들의 시체가 장대에 매달렸다.

15 아달월인 2~3월 14일에도 수산 도성에 사는 유다인이 모여 300명을 더 죽였으나 그들의 재산은 빼앗지 않았다.

16 도성 외에 각 지방에 사는 유다인들이 모여 스스로 목숨을 지키고 원수에게서 벗어날 뿐 아니라 자기들을 미워하는 7만 5,000명을 죽였으나 재산은 빼앗지 않았다.

17 각 지방에서는 아달월 13일에 그 일을 행했고 14일은 쉬면서 그날 잔치를 베풀며 축제일로 즐겼다.

18 반면 수산 도성에 사는 유다인들은 13일과 14일 이틀 동안 모였고 15일에 쉬면서 이날에 잔치를 베풀며 축제일로 즐겼다.

19 그러므로 성이 없는 각 시골의 유다인 마을에 사는 자들이 아달월 14일을 축제일로 삼아 잔치를 베풀고 즐기며 서로 예물을 주고받았다.

부림절

20 ● 모르드개가 이 모든 일을 기록하고 아하수에로 왕에 속한 각 지방에 있는 모든 유다인에게 원근을 막론하고 글을 보내어 말했다.

21 "한 규례를 세워 해마다 아달월인 2~3월 14일과 15일을 축제일로 지키라.

22 이날은 유다인들이 원수로부터 벗어나 평안함을 얻었다. 슬픔이 기쁨으로 바뀌었고 애곡이 좋은 날로 바뀌었으니 이 두 날을 지켜 잔치를 베풀고 즐기며, 서로 예물을 주고받으며, 가난한 자들을 구제하라."

23 이에 유다인은 자기들이 이미 축제일로 지낸 대로, 모르드개가 보낸 글대로 계속하여 축제일로 지켰다.

24 모든 유다인의 원수 하만이 유다인을 진멸하려고 주사위의 일종인 부르, 곧 제비를 뽑아 그들을 죽이고 멸하려고 음모를 꾸몄다. 그러나

25 에스더가 왕 앞에 나아가 하만이 유다인을 해하려던 악한 음모를 하만과 그의 여러 아들에게 자기 음모대로 되도록 왕의 조서를 내리게 하여 그들을 나무에 매달게 했다. 그러므로

26 무리가 '부르'의 이름에 따라 이 두 날을 '부림'이라고 불렀다. 이 모든 일은 유다인이 직접 보고 겪은 것으로,

모르드개의 글¹⁾에도 적혀 있다.

27 그래서 뜻을 정하고 자기들과 자손과 유다인으로 귀화한 자들이 해마다 기록하여 정해 놓은 때 반드시 지키는 날로 삼았다. 그래서

28 각 지방과 각 집에서 대대로 이 두 날을 기념하여 지키되 이 부림일을 유다인 가운데서 없애지 않게 하고 그들의 후손들이 계속해서 기념하도록 했다.

29 아비하일의 딸 에스더 왕비와 유다인 모르드개가 왕으로부터 전권을 위임받아 두 번째 편지를 쓰고 부림절을 절기로 확정시켰다.

30 이 편지는 평화스럽고 진실한 말로 써서 아하수에로의 나라 127개 지방도에 있는 유다의 모든 사람에게 보내져

31 정해진 기간에 이 부림절을 지키게 한 것이다. 이것은 유다인 모르드개와 에스더 왕비가 명령한 것이고, 유다인이 금식하며 부르짖은 것으로 인해 자기와 자기 자손을 위해 스스로가 정한 것이다.

32 에스더의 명령으로 이 부림에 대한 규정들이 확정되었고, 그것은 책에 기록되었다.

왕과 모르드개가 높임을 받음

10 아하수에로왕은 본토뿐 아니라 바다 섬들까지 조공을 바치게 했다.

2 왕의 막강한 권세로 이룬 모든 업적과 모르드개를 높여 존귀하게 한 일은 메대와 페르시아 왕들의 실록인 궁중 일기에 기록되었다.

3 유다인 모르드개는 아하수에로왕 다음의 실권자가 되었다. 그는 자기 백성의 이익에 힘쓰고, 그의 종족을 위로했기 때문에 유다인들로부터 크게 존경을 받고 많은 형제에게 사랑을 받았다.

¹⁾ 이 글의 모든 말

욥기
Job

제목 히브리어 성경에는 욥의 이름을 따라 이욥이라고 했다.

기록연대 미상(대체로 족장시대) **저자** 미상 **중심주제** 욥의 일생과 의인이 받는 고난의 의미

내용소개 *물질, 가정, 육체 1. 절망 = 욥의 고난 1–3장
*대화 = 세 친구와의 변론과 엘리후의 변론 1. 첫번째 4–14장 2. 두번째 15–21장
3. 세번째 22–31장 4. 네번째 32–37장 *하나님의 말씀 회복 = 욥의 축복 38–42장

욥

사탄이 욥을 시험함

1 우스 땅에 욥이라는 사람이 있었다. 그는 도덕적으로 흠이 없고 정직하며 하나님을 경외하며 악을 행하지 않는 자였다.

2 그에게는 아들 7명과 딸 3명이 있었고,

3 그의 재산은 양 7,000마리, 낙타 3,000마리, 소 오백 겨리인 1,000마리, 암나귀 500마리와 종도 많이 있었다. 그는 동쪽 지역에 사는 사람들 가운데 가장 훌륭한 자였다.

4 7명의 욥의 아들들은 자기 생일이 되면 각각 자기의 집에서 잔치를 베풀고 3명의 누이도 초청하여 함께 먹고 마셨다. 그리고

5 잔치가 끝나면 욥은 자녀들을 불러다 놓고 아침 일찍 일어나 그들의

수대로 하나님께 번제를 드려 그들을 정결케 했다. 그것은 욥이 생각하기를[1] '혹시 내 아들들이 잔치 중에 마음으로 하나님을 원망하여 죄를 범하지 않았나'하는 염려 때문이었다. 욥의 신앙은 항상 이렇게 경건했다.

6 하루는 하나님의 사자들[2]이 와서 하나님 앞에 서 있었고, 사탄도 그들 가운데로 왔다.

7 이에 하나님께서 사탄에게 물었다. "네가 어디서 왔느냐?" 사탄이 대답했다. "땅을 사방으로 다니다가 왔습니다."

8 하나님께서 사탄에게 말했다. "네가 내 종 욥을 자세히 살펴보았느냐? 욥처럼 세상에 흠이 없고 정직하며 나를 경외하며 악을 행하지 않는 자가 없다."

9 하나님께서 욥을 칭찬하자 사탄이 대답했다. "욥이 아무런 이유 없이 하나님을 경외하겠습니까?

10 하나님께서 그와 그의 집과 그의 모든 소유물을 보호해 주셨기 때문이 아니십이까? 하나님은 그의 손으로 하는 일마다 축복하여 그의 재산을 풍성하게 하셨습니다.

11 이제 주 하나님의 손을 내밀어 그의 모든 소유물을 빼앗아 보십시오. 그러면 틀림없이 주님을 향해 저주할 것입니다."

12 사탄의 항변을 들은 하나님께서 사탄에게 말씀하셨다. "네 말이 그렇다면 내가 그의 모든 재산을 네가 마음대로 할 수 있도록 하겠다. 다만 그의 몸은 건드리지 마라." 이에 사탄이 하나님 앞을 떠났다.

재산과 자식을 잃게 된 욥

13 ● 하루는 욥의 자녀들이 큰형 집에서 포도주와 함께 음식을 먹고 있을 때

14 일꾼 중 한 사람인 사환이 욥에게 와서 고했다. "소는 밭을 갈고 나귀는 그 곁에서 풀을 뜯고 있는데

15 갑자기 아라비아 지역의 스바 사람들이 몰려와 그 짐승들을 빼앗고 종들을 칼로 죽였습니다. 나만 간신히 피하여 주인께 이 사실을 알리러 왔습니다."

16 그의 말이 채 끝나기도 전에 또 한 사람이 와서 고했다. "하늘에서 하나님의 불[3]이 내려 양과 종들을 불살랐습니다. 나만 간신히 피하여 주인께 이 사실을 알리러 왔습니다."

17 그가 아직 말하고 있을 때 또 다른 사람이 와서 욥에게 고했다. "메소포타미아 남부 지역의 갈대아 사람이 세 무리를 지어 급습하여 낙타들을 빼앗고 종들을 칼로 죽였습니다. 나만 간신히 피하여 주인께 이 사실을 알리러 왔습니다."

18 그의 말이 끝나기도 전 또다시 한 사람이 와서 욥에게 고했다. "주인의 자녀들이 그들의 큰형 집에서 포도주와 함께 음식을 먹는데

19 거친 들에서 큰 바람이 불어와 집 네 모퉁이의 기둥을 치자 기둥이 주인의 자녀[4]들 위로 무너져내려 그들이 모두 죽었습니다. 나만 간신히 피하여 주인께 알리러 왔습니다."

20 그 소식을 들은 욥이 자리에서 일어나 겉옷을 찢고 머리털을 밀고 땅에 엎드려 하나님께 경배하며

21 말했다. "내가 모태에서 맨몸으로 나왔으니 맨몸으로 돌아가는 것은 당연합니다. 주신 분도 하나님 여

1) 말하기를 2) 아들들, 천사 3) 실제로는 사탄의 불
4) 청년

호와이시요. 그것을 도로 가져가
시는 분도 하나님입니다. 그러므
로 하나님의 이름이 찬양을 받으
실 것입니다."

22 욥은 자신에게 일어난 이 모든 불
행한 일 때문에 하나님께 범죄하
거나 원망하지 않았다.

욥을 두 번째로 시험한 사탄

2 ● 또 하루는 하나님의 사자들[1]이
와서 하나님 앞에 서 있었고, 사
탄도 그들 가운데로 와서 하나님
앞에 섰다.

2 이에 하나님께서 사탄에게 물으셨
다. "네가 어디서 왔느냐?" 사탄이
대답했다. "땅을 사방으로 다니다
가 왔습니다."

3 하나님께서 사탄에게 말씀하셨다.
"네가 내 종 욥을 자세히 살펴보았
느냐? 욥처럼 도덕적으로 흠이 없
고 정직하며 나를 경외하며 악을
행하지 않는 자가 없다. 네가 나를
충동하여 아무런 이유도 없이 욥
의 재산과 자식을 치게 했어도 그
는 변함없이 자신의 신앙을 온전
히 지켰다."

4 그러자 사탄이 다시 하나님께 이
렇게 대답했다. "가죽은 가죽으로
바꾸는 법입니다. 그러므로 사람
은 자신의 목숨을 위하는 일이라
면 그의 모든 재산도 버릴 수 있습
니다.

5 만일 주님께서 그의 뼈와 몸을 쳐
병들게 하시면 반드시 하나님을
원망하고 저주할 것입니다."

6 이에 하나님께서 사탄에게 말씀하
셨다. "그렇다면 내가 그를 네 손에
맡기니 너는 네가 원하는 대로 하
라. 다만 그의 생명은 해치지 말라."

7 이에 사탄이 여호와 앞에서 물러가
욥의 몸을 병들게 하여 발바닥에서

머리 위 정수리까지 종기가 나게
했다.

8 욥이 사탄으로 인해 온몸에 병이
들어 재 가운데 앉아서 토기 조각
으로 몸을 긁고 있었다.

9 남편의 이 모습을 본 그의 아내가
말했다. "당신이 이 지경이 되어도
자기의 신앙[2]을 굳게 지키느냐? 차
라리 하나님을 저주하고 죽으라."

10 그러자 욥이 대답했다. "당신의 말
은 어리석은 여자의 말과 같다. 우
리가 하나님께 복을 받았다면 재
앙도 받지 않겠느냐?" 그리고 자신
에게 일어난 고통으로 인해 입술
로 죄를 짓지 않았다.

욥 친구들의 방문

11 ● 욥의 재앙 소식을 들은 그의 친
구 3명이 각각 자기 지역에서 욥을
찾아왔다. 그들은 에돔 지역의 데
만에서 온 엘리바스와 수아에서
온 빌닷과 나아마에서 온 소발이
었다. 그들은 서로 약속하고 욥을
위문하러 왔다.

12 그들이 멀리서 욥을 보았으나 알
아보지 못할 정도로 몸이 상한 줄
알고 각각 자기의 겉옷을 찢고, 하
늘을 향해 티끌을 날려 자기 머리
에 뿌리고, 소리를 지르며 울었다.

13 그렇게 밤낮 7일 동안 욥과 땅에
앉아 있었으나 욥의 고통이 너무

욥

Q&A 욥기의 시대적 배경은?
(욥 2:11-12)

욥기의 연대는 저자가 누구인가에 따라 다양하게
제시될 수 있다. 즉 저자가 욥이라면 BC 2000년
경으로, 모세라면 BC 1400년경으로, 솔로몬이라
면 BC 900년경으로, 예레미야라면 BC 500년경
으로 각각 설정할 수 있다. 확실한 시대적 배경을
말할 수는 없으나, 대략적으로 모세 이전의 고대
족장 시대를 배경하여 기록된 것으로 본다.

---

1) 아들들, 천사 2) 온전함

심한 것을 보면서 그에게 한마디 말도 하지 못했다.

욥이 자기 생일을 저주함

3 1·2 ● 욥은 친구를 만난 지 7일이 지난 후 마침내 입을 열어 자기의 생일을 저주하며 말했다.

3 "내가 태어난 날이 없었다면, 남자 아이를 배었다고 하던 그 밤이 없었다면,

4 그날이 빛을 비추지 않고 캄캄했다면, 하나님께서 위에서 돌아보시지 않았다면,

5 또 그날이 어둠과 죽음의 그늘이 있고 구름이 그 위에 덮였다면, 흑암이 그날을 삼켜 버렸다면,

6 내가 태어난 그날 밤이 칠흑 같은 어둠에 사로잡히고 해와 달의 어느 날이나 없었다면 좋았을 것이다.

7 그 밤에 자식을 잉태하지 못하고 즐거운 소리가 나지 않았다면,

8 날을 저주하는 바다 괴물인 리워야단을 일어나게 하는 자들이 그 밤을 저주했다면,

9 그 밤에 새벽 별빛들이 어둡고 바라던 빛도 없으며 새벽 햇빛도 보지 못했다면 좋았을 것이다.

10 그러나 그렇게 되지 않았기 때문에 내 어머니의 태의 문이 닫히지 않고 나를 태어나게 해서 이런 슬픔과 고통을 보게 한다.

11 어찌하여 내가 모태에서 죽지 않았고, 어찌하여 내 어머니가 해산할 때 바로 죽지 않았던가.

12 어찌하여 갓 태어난 나를 무릎으로 받았던가. 어찌하여 내가 젖을 빨았던가.

13 그렇지 않았다면 내가 평안히 누워 자고 쉬었을 것이다.

14 또한 자기를 위해 폐허 위에 성을 세운 세상 임금들과 장관¹들과 함께 있었을 것이다.

15 아니면 집에 은금이 가득한 귀족 고관들과 함께 있었을 것이다.

16 내가 죽은 채로 태어나 땅에 묻힌 아이처럼 이 세상에 있지 않고, 빛을 보지 못한 아이들처럼 묻혔다면 좋았을 것을.

17 그곳에서는 악한 자들이 날뛰지 못하고, 피곤한 자가 휴식을 얻는다.

18 그곳에서는 감옥에 갇힌 죄인도 모두 평안히 지내며, 감시자의 고함도 들리지 않는다.

19 그곳에서는 작은 자와 큰 자가 함께 있으며, 종이 주인에게서 자유함을 받는다.

20 그런데 어찌 고난당하는 자에게 빛을 주시고, 마음이 괴로운 자에게 생명을 주셨는가.

21 이런 자는 죽기를 소원해도 죽음이 찾아오지 않으니 땅을 파고 숨겨진 보화를 찾는 것보다 죽음을 더 간절히 구한다. 그러다가

22 마침내 무덤을 찾으면 크게 기뻐한다.

23 어찌하여 하나님께 둘러싸여 희망이 없는 길이 아득한 사람에게 생명의 빛을 주셨는가.

24 나는 음식 앞에서도 탄식이 터져 나오고, 내가 앓는 탄식 소리는 물이 쏟아지는 소리와 같구나.

25 내가 두려워하는 그것이 내게 임하여 내 몸에 찾아왔구나.

26 내게는 마음의 평온도 없고, 편안이나 휴식도 없으며, 오직 불안만이 있구나."

엘리바스의 첫 번째 말

4 ● 욥의 말을 들은 데만 출신인 엘리바스가 이렇게 대답했다.

1) 모사

2 "누가 네게 충고를 한다면 너는 듣기 싫을 것이다. 그러나 나는 더는 듣고 있지 못하겠다.

3 한번 생각해 보라. 전에 너는 많은 사람에게 신앙에 대해 교훈했고, 능력이 약한 자, 곧 손이 늘어진 자가 강해지도록 도와주었다.

4 신앙이 약해 넘어지는 자를 말로 격려해 주었으며, 힘과 용기가 부족한 신분이 낮은 자, 곧 무릎이 약한 자에게 힘이 되어 주었다.

5 그러나 자신이 그런 약한 자가 되자 너는 그것을 감당하지 못하고 오히려 놀라고 있다.

6 하나님을 경외하는 것이 네 자랑이지 않았느냐? 네 소망은 흠 없는 삶이었다.

7 너는 생각해 보라. 죄 없이 망한 자가 있었느냐? 정직한 자가 갑자기 죽은 적이 있었느냐?

8 내가 보니 악을 밭 갈듯 하고, 남에게 악을 행하고, 죄를 심는 자, 곧 독을 뿌리는 자는 그대로 거두니

9 이 모든 것이 하나님의 숨결과 진노로 인해 멸망당한다.

10 사자와 젊은 사자의 우는 소리가 그치고 어린 사자의 이빨이 부러지며,

11 사자는 먹잇감이 없어 죽어가고, 암사자의 새끼는 흩어진다.

12 어떤 말씀이 내게 조용히 들리고, 그 속삭이는 소리가 내 귀에 들렸다.

13 사람이 깊은 잠에 빠져들 때쯤, 내가 밤에 본 환상 때문에 생각이 혼란스러울 때

14 두렵고 떨림이 내게 엄습하여 모든 뼈마디가 흔들렸다.

15 그때 한 영이 내 앞으로 지나자 내 몸의 털이 쭈뼛하게 섰다.

16 그리고 내 앞에 서 있는 그 영의 형상을 알아보지는 못했어도 오직 한 형상이 내 눈 앞에 있었다. 그때 조용한 가운데 내게 이런 목소리가 들렸다.

17 '어떤 사람이 하나님 앞에서 의롭겠느냐? 사람이 어찌 그 창조하신 분보다 정결하겠느냐?'

18 하나님은 자기의 종이라도 그대로 믿지 않으시며, 그의 천사라고 할지라도 미련하다고 생각하신다.

19 하물며 진흙으로 만든 집에 살며, 먼지로 돌아갈 곳에 터를 삼고, 하루살이의 나방보다도 쉽게 죽는 자들이야 오죽하겠는가?

20 아침과 저녁 사이에 부스러져 가루가 되는 하루살이 인생이 끝나고 죽어도 기억하는 자가 없을 것이다.

21 그들의 장막 줄이 끊어져 장막이 무너지니 그들은 지혜가 없어 미련하게 죽어간다.

5 너는 부르짖어 보라. 네게 대답하는 자가 있겠는가? 천사¹)들 중에 너는 누구에게 도움을 요청하겠느냐?

2 분노는 미련한 자를 파괴시키고, 시기는 어리석은 자를 죽인다.

3 나는 미련한 자가 세상에서 성공하는 것²)을 보고 그의 집을 저주했다.

4 그의 자녀들은 구원에서 멀고 성문에서 죽어가나 구해 주는 자가 없다.

5 그가 추수한 것은 주린 자가 먹지만 한 톨의 이삭³)까지 빼앗으며, 목마른 자들이⁴)그의 재산을 탐낸다.

6 악⁵)은 먼지에서 일어나는 것이 아니며, 고생은 흙에서 나는 것이 아니다.

---

1) 거룩한 자　2) 뿌리 내리는 것　3) 덫에 걸린 것　4) 올무가　5) 재난

7 사람은 고생을 위해 태어났으니 그것은 위로 치솟는 불꽃과 같다.

8 그러므로 내가 너라면 하나님을 찾고 자신의 일을 하나님께 부탁하겠다.

9 하나님은 인생이 측량할 수 없는 큰일을 행하시며, 놀라운 일을 셀 수 없이 행하신다. 곧

10 비를 땅에 내리시고, 물을 밭으로 보내시며,

11 겸손한 자를 높여 주시고, 애통하는 자를 일으켜 안전한 곳으로 인도하신다.

12 하나님은 간교한 자의 꾀를 꺾으사 그들이 도모하는 일을 이루지 못하게 하시고,

13 스스로 자기 지식을 믿는 지혜로운 자를 자기의 계략에 빠지게 하신다. 사악한 자의 계략을 뒤엎어 버리시기에

14 그들은 낮에도 캄캄한 밤처럼 더듬는다.

15 하나님은 가난하고 연약한 자를 강한 자의 칼에서 지켜 주시고, 또한 그들의 손에서 구해 주신다.

16 그러므로 가난하고 연약한 자에게 희망이 있고, 불의와 악행은 설 자리가 없다.

17 보라, 하나님께 꾸짖음을 받는 자에게는 복이 있다. 그러므로 너는 전능자의 꾸짖음을 경솔히 여기지 말라.

18 하나님은 상처를 입히다가도 싸매주시며, 상하게 하다가도 그의 손으로 치료해 주시는 분이다.

19 6가지 환난에서 너를 구원하시며, 7가지 환난이라도 그것이 너를 해치지 않게 하신다.

20 기근으로 말미암은 죽음에서 건져 주시며, 전쟁 때 칼의 위험에서 너를 구원하신다.

21 너는 비난[1]을 받아도 안전하며, 멸망이 찾아와도 두려워하지 않을 것이다.

22 너는 멸망과 큰 굶주림이 올 때 오히려 그것을 비웃으며 들짐승을 두려워하지 않을 것이다.

23 들판에 있는 돌까지 너와 언약을 맺겠고, 들짐승까지도 너와 평화롭게 지낼 것이다.

24 너는 자신의 장막 집이 주는 평안함을 알겠고, 네 짐승의 우리를 살펴도 도둑 맞은 것이 없을 것이다.

25 네 자손이 많아지며, 네 후손이 땅의 풀과 같이 번성하게 될 줄을 네가 알 것이다.

26 너는 장수하다가 무덤에 갈 것이니 그것은 곡식단이 제때 타작 마당에 도착하는 것과 같다.

27 생각해 보라. 우리가 경험[2]한 것이 이와 같다. 그러므로 너는 우리 말을 들어라. 그러면 네가 알게 될 것이다."

엘리바스의 말에 대한 욥의 대답

6 ●엘리바스의 말을 들은 욥이 대답했다.

2 "내 분노와 재앙[3]을 저울에 달아볼 수 있다면

3 그것은 바다의 모래보다도 더 무거울 것이다. 내 말이 성급한 것은 바로 이 때문이었다.

4 전능자의 화살이 내게 박혀 내 영이 그 화살의 독을 마셨고, 하나님의 두려움이 나를 엄습하는구나.

5 들나귀가 풀이 있다면 왜 울겠으며, 소가 먹을 꼴이 있다면 왜 울겠느냐?

6 싱거운 음식을 소금 없이 어떻게 먹겠으며, 계란의 흰자가 맛이 있겠느냐?

1) 혀의 째찍 2) 연구 3) 괴로움과 파멸

7 그런 음식은 내 마음이 만지기도 싫어하나니 보기도 싫은 음식과 같다.

8 누가 내 간청을 들어 주겠으며, 하나님께서 내 소원을 들어주시면 얼마나 좋겠는가?

9 그러나 하나님께서 나를 치사 나를 죽이시는 것이다.

10 그럼에도 내가 오히려 위로를 받고 계속되는 고통 가운데서도 기뻐하는 것은 내가 거룩하신 이의 말씀을 한 번도 거역하지 않았다는 것 때문이다.

11 내게 견딜 힘이 없어 기다리지 못한다. 무슨 소망이 있기에 내가 참겠는가?

12 내 기력이 어찌 단단한 돌 같겠느냐? 내 몸이 어찌 놋쇠와 같겠느냐?

13 나는 스스로 도움 받을 것이 없다. 내게는 살아날 방법이 전혀 없다.

14 낙담한 자가 비록 전능한 하나님 경외하는 것을 포기했다고 해도 그의 친구들은 동정을 베풀어야 한다. 그런데

15 내 친구1)들은 개울과 같이 변덕스럽고, 그 개울의 물살 같아서 믿을 수가 없다.

16 그런 개울 물은 얼음이 녹으면 물이 검게 되고, 아직 녹지 않은 눈이 그 물살 속에 감추어질지라도

17 여름이 되어 따뜻하면 말라 버려 그 자리에서 사라진다.

18 그래서 대상들은 자신들이 가는 길을 벗어나게 되고 사막의 삭막한 들에 들어가 결국 멸망한다.

19 아라비아 지역의 데마의 상인2)들과 스바의 행인들도 시냇물을 찾으려고 헤매다가

20 막상 찾고 나면 실망하고 만다.

21 이제 보니 너희는 내게 아무런 도움이 되지 못한다. 오히려 너희는 내 모습을 보고 자신들도 나처럼 될까 봐 겁을 내고 있다.

22 내가 언제 너희에게 무엇을 달라고 말했느냐? 내가 너희 재물을 달라고 했느냐?

23 내가 언제 원수나 폭군의 손에서 나를 구해 달라고 부탁했느냐?

24 만일 그렇게 했다면 내게 알려주어 내 허물을 깨닫게 하라. 그러면 내가 조용히 있을 것이다.

25 옳은 말을 하는 것이 어찌 그렇게 괴로운 일인가. 너희가 책망하는 것은 무엇이냐?

26 너희는 내 말에 대해 꾸짖을 생각만 하지만 실망한 자의 말은 바람에 날아가는 것처럼 허무하다.

27 너희는 고아와 너희 친구를 팔아 넘기고 있다.

28 너희는 나를 바라보라. 내가 너희에게 결코 거짓말을 하지 않을 것이다.

29 너희는 마음을 돌이켜 행악자가 되지 말라. 아직도 나는 잘못한 것이 없으니 생각을 바꾸고 돌아오라.

30 내 입술3)에 무슨 불의한 것이 있어 내 미각이 어찌 속이는 것을 분별하지 못하겠느냐?"

7 세상에 사는 인생에게 노고와 수고가 있지 않느냐? 인생의 날은 품꾼이 삯을 받는 날과 같이 정해져 있지 않느냐?

2 좋은 일이 끝나는 저녁 그늘을 간절히 바라고, 품꾼이 그의 품삯을 기다리는

3 것과 같이 내가 여러 달째 고통을 받고 있으니 고통스러운 밤이 내게 작정되어 있다.

1) 형제 2) 때 3) 혀

4 나는 잠자리에 누울 때면 언제나 일어날까, 언제나 밤이 지나갈까 하며 새벽까지 이리저리 뒤척거린다.

5 내 피부는 곪았다가 터지고 아물었다가 다시 터져 내 살갗에는 구더기와 흙덩이가 의복처럼 입혀졌다.

6 내 생명의 날은 베틀의 도구인 북보다 빠르게 지나가니 내가 아무런 희망 없이 보내고 있다.

7 그러니 주님은 내 생명이 한낱 바람 같음을 기억하십시오. 내 눈이 다시는 행복했던 때를 보지 못하겠지요?

8 나를 아는 자들은 다시 나를 보지 못하고, 주님께서 나를 찾으실지라도 나는 이미 죽었을 것입니다.

9 구름이 사라져 없어지는 것처럼 무덤인 스올로 내려가는 자는 다시 살아나지 못할 것입니다.

10 그는 다시 자기 집으로 돌아가지 못하고, 자기 처소도 다시 그를 알아보지 못할 것입니다.

11 그런즉 내가 어떻게 조용히 있겠습니까? 내 영혼의 고통 때문에 말하며, 내 마음의 괴로움 때문에 불평을 토합니다.

12 내가 무슨 바다 괴물이기에 주님께서 어찌하여 나를 괴롭게 하고 감시하십니까?

13 '침대에 누우면 좀 편할까? 잠을 자면 깊은 근심을 잊을까'라고 생각해 보지만 아무 소용이 없습니다.

14 주께서는 꿈에서 나를 놀라게 하시고, 환상으로 나를 두렵게 하십니다.

15 그러므로 내 마음이 뼈를 깎는 고통 속에 있으니 차라리 죽는 것이 낫습니다.

16 내가 영원히 살기를 원하지 않으니 나를 그냥 내버려 두십시오. 내 날에는 소망이 없습니다.

17 사람이 어떤 존재이기에 주께서 그를 위대하게 만들고 그토록 소중하게 생각하십니까?

18 아침마다 징계하시고 매 순간마다 시험하십니까?

19 어찌하여 주께서는 내게서 눈을 떼지 않으시며, 내게 침 삼킬 틈도 주지 않기를 어느 때까지 하시겠습니까?

20 사람을 살피시는 주여, 일개 미미한 피조물인 내가 범죄했다고 주께 무슨 손해가 되겠습니까? 어찌하여 나를 당신의 표적으로 삼아 내게 무거운 짐이 되게 하셨습니까?

21 어찌하여 주께서 내 허물을 용서해 주지 않으시며, 내 죄악을 제거해 주지 않으십니까? 나는 이제 죽으리니 주님께서 나를 열심히 찾으실지라도 내가 없을 것입니다.

빌닷의 첫 번째 말

8 ● 욥의 말을 들은 수아 출신인 빌닷이 이렇게 대답했다.

2 "네가 어느 때까지 계속해서 이런 말을 하고, 어느 때까지 거친 바람과 같은 말을 하겠느냐?

3 하나님께서 어찌 정의를 불의하게 하겠으며, 전능한 분이 어찌 공의를 왜곡하시겠는가?

4 네 자녀들이 죽은 것은 주께 죄를 지은 대가이다.

5 그러므로 너는 하나님을 찾고 그 전능하신 분에게 부지런히 간구하라.

6 만일 네가 깨끗하고 정직하면 반드시 너를 일으켜 주시고, 하나님의 말씀에 따라 사는 의로운 처소를 평안하게 하실 것이다.

7 그렇게 네 시작은 보잘것없었으나 네 나중은 심히 창대할 것이다.

8 바라건대 너는 선인들이 물려준

지혜를 기억하고 조상들이 터득한 일을 배우라.

9 우리는 이 세대에만 있었을 뿐이다. 따라서 우리가 안다면 얼마나 알겠는가? 우리가 세상에 있는 날은 그림자와 같다.

10 선조들이 그 지혜를 네게 가르쳐 주지 않겠느냐? 그 마음에서 나오는 말을 해주지 않겠느냐?

11 파피루스 일종인 왕골이 늪지가 아닌 곳에서 어떻게 잘 자라며, 갈대가 물이 없는 곳에서 크게 자랄 수 있겠느냐?

12 이런 식물은 새순이 돋아 뜯을 때가 되기 전 다른 풀보다 빨리 시들어 버린다.

13 하나님을 잊어버리는 자의 길은 다 이와 같고, 악인의 희망도 이와 같이 없어지리니

14 그들이 믿고 의지하는 것은 거미줄 같아서

15 그 집을 의지하고 그 집을 단단히 붙잡아 주어도 서거나 보존되지 못할 것이다.

16 식물은 햇빛을 받아 가지에 물이 오르고, 그 가지가 동산에 뻗어 나가며,

17 그 뿌리가 돌 뿌리를 휘감고 돌아 돌 가운데로 들어가 살아남는다고 해도

18 그곳에서 뿌리가 뽑히면 동산도 그 식물을 향해 "내가 너를 보지 못했다"라고 말할 것이다.

19 그렇게 되면 그 식물은 죽고 그곳에는 다른 식물이 자라날 것이다.

20 진정 하나님은 자신을 신뢰하고 정직한 사람을 버리지 않으시며, 악한 자를 붙잡아 주지 않으신다.

21 그분은 네 입에 웃음을 주시며, 네 입술에 즐거운 소리를 채워 주실 것이다.

22 그러므로 너를 미워하는 자는 수치를 당하며, 악인의 장막 집은 망할 것이다."

빌닷의 말에 대한 욥의 대답

9 ● 빌닷의 말을 들은 욥이 대답했다.

2 "참으로 네가 한 말이 옳은 줄 안다. 그러나 어찌 하나님 앞에서 의로운 사람이 있겠느냐?

3 사람이 하나님께 논쟁한다면 천 마디에 한 마디도 대답하지 못할 것이다.

4 그분은 지혜롭고 강하시니 누가 그분에 대적하여 스스로 강퍅히 행하고도 형통하게 될 자가 있겠느냐?

5 하나님께서 진노하심으로 산을 무너뜨리고 옮기실지라도 산이 그것을 깨닫지 못하며,

6 하나님은 땅을 흔들어 그 땅을 받치는 기둥들도 흔드신다.

7 그분은 해를 향해 말씀하여 떠오르지 못하게 하시며, 별들도 움직이지 못하게 하신다.

8 그분만이 홀로 하늘을 펼치시고, 바다의 파도 위를 걸으신다.

9 그분은 북두성과 삼성과 묘성과 남방의 별 자리인 밀실을 만드셨으며,

10 측량할 수 없는 크고 위대한 일과

Q&A 왕골은 어떤 식물인가?
(욥 8:11)

왕골(Papyrus)은 히브리어 '고메'로 한글 성경에서는 왕골 외에 갈대(출 2:3, 사 18:2)로도 번역되었다. 파피루스인 왕골은 다년생 초본으로 진흙에 뿌리를 박고 3~6m까지 자라며 줄기 끝에서 종 모양의 꽃이 핀다. 이것은 고대 이집트에서 필사 재료로 사용되었는데 영어 paper는 바로 이 papyrus에서 유래되었다.

셀 수 없는 놀라운 일을 행하신다.

11 하나님께서 내 앞으로 지나가실지라도 나는 보지 못하며, 그분이 내 앞에서 움직이실지라도 나는 깨닫지 못한다.

12 그분께서 가져가시면 누구도 다시 찾을 수 없고, '무엇을 하시나이까?'라고 감히 묻지도 못한다.

13 만일 그분께서 진노를 거두지 않으시면 사탄 라합을 돕는 자들이 그 밑에 굴복할 것이다.

14 하물며 내가 그분 앞에서 어떻게 대답하며 무슨 말을 할 수 있겠는가?

15 설령 내가 의로울지라도 한 마디도 대답하지 못할 것이고 단지 나를 심판하실 그분께 간구할 뿐이다.

16 혹 내가 하나님을 불러서 그분이 내게 대답하셨다고 해도 내 주장을 들으셨다고는 내가 믿지 못할 것이다.

17 하나님께서는 폭풍으로 나를 치시고, 이유 없이 내게 상처를 입히시며,

18 내게 숨쉴 여유를 주지 않으시며, 괴로움을 내게 채우신다.

19 힘으로 말하면 그분보다 강한 자가 누가 있으며, 의로움[1]으로 말하면 누가 그[2]를 법정에 세우겠느냐?

20 설령 내가 의롭다고 해도 나는 자신이 죄가 있다고 하며, 내가 온전할지라도 나는 자신이 죄가 있다고 인정해야 할 것이다.

21 나는 죄가 없지만 내가 나를 돌아볼 힘도 없고 단지 내 생명을 경멸할 뿐이다.

22 두 부류의 사람은[3] 다 같은 것이다. 그러므로 나는 '하나님은 온전한 자나 악한 자나 멸망시키신다'라고 말한다.

23 갑자기 재난이 닥쳐 죄 없는 자가 죽어도 하나님은 그가 낙담하는 것을 비웃으실 것이다.

24 악인이 세상을 지배하고 재판관도 눈이 멀어 판결을 굽게 하니 그렇게 되게 한 이가 그분이 아니라면 누구겠느냐?

25 내 사는 날이 경주자보다 빨리 지나가니 복을 볼 수가 없구나.

26 그 지나가는 것이 갈대로 만든 배와 같고, 먹이를 낚아채려고 빠르게 날아 내려오는 독수리와도 같다.

27 설령 내가 원망을 멈추고 얼굴빛을 바꿔 웃는 모습을 보이려고 해도

28 나는 모든 고통을 두려워한다. 그래도 주께서 나를 죄 없다고 인정하지 않으실 것을 알고 있다.

29 내가 죄 있는 사람으로 취급 받을 것인데 어찌 헛되이 수고할 필요가 있겠는가?

30 내가 깨끗한 눈 녹은 물로 몸을 씻고, 비누[4]로 손을 깨끗하게 씻을지라도

31 주께서 나를 개천에 빠지게 하시리니 내 옷조차도 나를 거부할 것이다.

32 하나님은 나처럼 사람이 아니시기에 내가 그분께 대답할 수 없으며, 함께 들어가 재판할 수도 없다.

33 우리 사이에 손을 얹고 판단해 줄 판결자도 없다.

34 하나님께서 나를 치시는 고난의 막대기를 내게서 떠나게 하시고, 그의 위엄이 나를 두렵게 하지 않으신다면 얼마나 좋겠는가.

35 그렇게 산다면 나는 두려움 없이 담대히 말할 수 있겠지만 나는 그렇게 할 수가 없구나.

10 내 영혼이 살기에 혼란하니 내가 원통함을 토로하고 내 자신에게 괴로운 대로 말한다.

1) 심판 2) 나 3) 일이 4) 잿물

2 내가 하나님께 간구하기를 나를 정죄하지 마시고 왜 나를 고통스럽게 치는지 내게 알게 하십시오.

3 주께서 친히 창조하신 나를 학대하고 멸시하시며, 악인들의 모략은 빛을 비추듯 좋게 여기십니까?

4 주께서도 사람의 눈과 같습니까? 어찌하여 주께서 사람이 보는 것처럼 판단하십니까?

5 주의 날은 한정된 사람의 날과 같지 않으시며, 주의 햇수가 사람의 햇수와 같지 않은데

6 어찌하여 내 허물을 찾으며 내 죄를 드러내십니까?

7 주께서는 내게 죄가 없는 것을 알고 계십니다. 또 그 누구도 주의 손에서 나를 건져낼 수 없다는 것도 잘 알고 계십니다.

8 주의 손으로 진흙을 빚듯 나를 빚어 만드셨는데 이제는 나를 없애려고 하십니다.

9 기억하십시오. 주께서 내 몸을 흙을 빚듯 창조하셨는데 이제 다시 나를 먼지처럼 진멸하려고 하십니까?

10 주께서 나를 젖과 같이 쏟으셨으며, 엉긴 젖, 곧 치즈처럼 엉기게 하셨습니다.

11 주께서 옷을 입히듯 피부와 살을 내게 입히시고 뼈와 힘줄로 나를 엮으사

12 내게 생명과 은혜를 주셨습니다. 그리고 나의 영을 돌보셨습니다.

13 그런데 주는 생명을 주고 돌본 그 일에 다른 뜻이 있으셨습니까? 분명히 다른 뜻이 주께 있는 줄을 내가 알고 있습니다.

14 만일 내가 죄를 지었다면 주께서 나를 죄인으로 취급하시고 내 죄악을 용서하지 않으실 것입니다.

15 내가 악인이라면 벌을 받는 것이 당연합니다. 설령 내가 의롭다고 해도 머리를 들지 못할 것입니다. 내 속에는 수치가 가득하고 내 괴로움을 내가 보고 있기 때문입니다.

16 내가 교만하여 머리를 높이 든다면 주께서 젊은 사자가 사냥하는 것처럼 나에게 달려들어 나를 주의 놀라움으로 짓누를 것입니다.

17 주께서 새로운 증거들을 계속해서 제시하며 군대가 번갈아 공격하는 것처럼 나를 치시고 계속 진노하십니다.

18 어찌하여 주께서 나를 모태에서 나오게 하셨습니까? 그렇게 하지 않았다면 내 생명이 끊어져 아무도 나를 보지 않게 되었을 것입니다.

19 나는 태어나지 말아야 했습니다. 나는 모태에서 바로 무덤으로 옮겨져야 했습니다.

20 내 날은 죽을 때가 다 되었습니다. 그러니 이제는 나를 향한 진노를 멈추시고 나를 내버려두어 잠시만이라도 평안하게 하십시오.

21 내가 죽어 다시 돌아오지 못할 어둡고 죽음의 그늘진 땅으로 가기 전에 그렇게 하십시오.

22 흑암 같고 죽음의 그늘이 져서 아무런 구별이 없고, 광명도 흑암 같은 그곳에 이르기 전에 그렇게 해 주십시오."

소발의 첫 번째 말

11 욥의 말을 들은 나아마 출신인 소발이 이렇게 대답했다.

2 "네 말이 너무 많아서 대답을 안 할 수가 없다. 말이 많은 사람이 어떻게 의롭다고 할 수 있겠느냐?

3 네 자랑하는 말로 사람들을 어떻게 설득할 수 있겠으며, 네가 비웃으면 우리가 어찌 너를 꾸짖지 않을 수 있겠느냐?

4 너는 "내 교훈의 도는 정결하고 나는 주께서 보시기에 정결하다"라고 말하고 있구나.

5 진정 하나님께서 네게 입을 열어 말씀해 주시고,

6 네게 지혜의 비밀을 보이시기를 원한다. 이는 하나님의 지식은 인간이 헤아릴 수 없을 만큼 광대하시기 때문이다. 그러므로 너는 하나님께서 네게 벌하신 것이 네 죄보다 가볍다는 것을 알아야 한다.

7 네가 하나님의 오묘함을 어찌 측량할 수 있으며, 전능하신 하나님을 어찌 완전하게 알겠느냐?

8 그분은 하늘보다 높으시고 무덤인 스올보다 깊으시니 네가 어찌 그분을 알겠느냐?

9 그분의 광대하심은 땅보다 길고 바다보다 넓다.

10 하나님께서 세상에 오사 너를 잡아 가두고 재판하시면 누가 감히 변론할 수 있겠느냐?

11 하나님께서는 거짓되고 위선된 사람을 알고 계시기 때문에 악한 일에 관여하지 않는 것 같지만 다 보고 계신다.

12 거짓되고 미련한 사람은 지혜를 얻을 수 없으니, 그의 출생은 길들이기 어려워 멋대로 뛰는 들나귀 새끼와 같다.

13 너는 마음을 옳은 방향으로 새롭게 하고 주를 향해 부르짖으며,

14 네 손에 있는 죄악을 떨쳐버리고 불의가 네 장막 집에 머물지 못하게 해야 한다.

15 그러면 너는 고개를 당당히 들고 두려움이 없을 것이다.

16 곧 네가 당한 괴로움이 물이 흘러가는 것 같아 네가 기억하려고 해도 잊어버리게 될 것이다.

17 뿐만 아니라 네 삶은 대낮보다 밝고, 어둠이 있어도 아침과 같이 밝아 올 것이다.

18 너는 희망 가운데 안전히 거하며, 평안히 쉴 것이다.

19 너는 누워 있어도 너를 두렵게 할 자가 없으며, 많은 사람이 네게 도움을 청할 것이다.

20 그러나 악한 자들은 눈이 어두워 도망할 곳을 찾지 못할 것이다. 그들의 희망은 숨을 거두는 일이 될 것이다."

소발의 말에 대한 욥의 대답

12 ● 소발의 말을 들은 욥은 이렇게 대답했다.

2 "사람의 지혜가 너희에게만 있으니 너희가 죽으면 지혜도 사라지겠구나.

3 그러나 나도 너희만큼 생각이 있으니 너희만 못하지 않다. 그 정도의 일은 누구나 알고 있다.

4 하나님과 친밀한 교제를 나누었던 내가 이제는 이웃의 웃음거리가 되었으니 견고하고 가식없는 자가 도리어 조롱거리가 되었다.

5 내가 편안하게 지내는 자에게 조롱당하는 것은 내가 실족하고 고통을 당하고 있기 때문이다.

6 강도의 장막 집이 형통하고 하나님을 분노하게 하는 자가 오히려 평안히 지내니 그들은 하나님을 자기 마음대로 할 수 있다고 생각한다. 그것은 하나님께서 그에게 후히 주셨기 때문이다.

7 이제 짐승들에게 물어보라. 그것들이 너희에게 가르쳐 줄 것이다. 공중의 새에게 물어보라. 그것들도 너희에게 말해 줄 것이다.

8 땅에게 말해 보라. 너희에게 가르쳐 주고, 바다의 고기도 너희에게

설명해 줄 것이다.

9 이것들도 하나님께서 그 모든 것을 행하신 줄을 알고 있다.

10 모든 살아있는 생명체와 모든 사람의 목숨이 여호와의 손에 있다.

11 입이 음식의 맛을 구별하는 것처럼 귀가 말을 분간한다.

12 나이 든 자에게는 지혜가 있고, 장수하는 자에게는 명철이 있다.

13 그러나 참된 지혜와 권능은 하나님께 있으며, 뜻을 결정하는 힘과 옳고 그름을 판단하는 힘도 하나님께 있다.

14 그분이 헐으시면 다시 세울 수 없고, 사람을 가두시면 풀어주지 못한다.

15 그분이 비를 내려주시지 않으면 땅은 말라 버리고, 많은 비를 내리시면 세상에 홍수가 난다.

16 능력과 지혜가 그분께 속해 있고, 속은 자와 속이는 자가 모두 그분께 속해 있다.

17 그러므로 하나님은 세상의 지혜자에게 수치를 당하게 하시며, 재판관이라도 어리석은 자가 되게 하신다.

18 하나님은 왕들이 맨 것을 풀어 그 끈으로 그들의 허리를 묶으신다.

19 제사장들을 수치스럽게 하시며, 힘이 있는 자를 넘어뜨리신다.

20 신실한 자들의 말이라도 그들의 지혜[1]를 빼앗기도 하시며, 늙은 자들의 총명한 판단을 빼앗기도 하신다.

21 귀족들을 멸시하기도 하시며, 강한 자의 힘[2]을 빼앗기도 하신다.

22 하나님은 어두운 가운데 있는 비밀스러운 것을 드러내시며, 흑암, 곧 죽음의 그늘을 밝은 데로 나오게 하신다.

23 나라와 민족들을 흥하게도 하시고 다시 멸망하게도 하시며, 민족들을 사방으로 흩어지게도 하시며, 다시 잡혀가게도 하신다.

24 세상 지도자들의 총명을 빼앗기도 하시며, 그들을 길이 없는 거친 들에서 방황하게도 하신다.

25 또한 캄캄한 데를 더듬게 하시며, 술에 취한 사람처럼 비틀거리게도 하신다.

13

이 모든 것을 내가 다 보았고 내 귀가 그것들을 듣고 깨달았다.

2 너희가 알고 있는 것을 나도 아는데 내가 너희만 못하냐?

3 나는 오직 전능하신 분께 말씀드리고 그분께만 의논하려고 한다.

4 너희는 거짓말을 만들어내는 자요, 돌팔이 의사와 같다.

5 차라리 너희는 조용히 있는 것이 현명하다.

6 너희는 내 변론과 변명을 들어 보라.

7 너희가 하나님을 옹호하는 척하며 자신들의 허튼 입장을 말하려느냐?

8 너희는 하나님께 아부하려는 것이냐, 아니면 그를 변호하려는 것이냐?

9 하나님께서 너희의 심중을 살피시면 좋겠느냐? 너희가 사람을 속이는 것처럼 그분을 속이려고 하느냐?

성경인물 여호와의 손(욥 12:10)

성경에서 손은 능력과 일을 상징적으로 나타낸다. 따라서 여호와의 손은 하나님의 권능을 나타내는 관용적인 표현으로 사용되었다. 본절에서는 여호와의 손, 곧 그분의 능력은 어느것도 행하실 수 있다는 뜻으로 사용되었다.

---

1) 말 2) 띠

10 만일 너희가 은밀히 한쪽만을 편 파적으로 따르다면 하나님은 반드 시 너희를 책망하실 것이다.

11 그분의 존귀함이 너희를 두렵게 하며, 그분의 위엄이 너희를 놀라 게 할 것이다.

12 너희의 훈계[1]는 불에 타고 남은 재 처럼 쓸데없는 속담이요, 너희가 주장[2]하는 것은 마치 흙으로 쌓아 쉽게 무너지는 토성과 같다.

13 그러므로 너희는 입을 다물고 내 말을 들어 보라. 무슨 일을 당해도 내가 당할 것이다.

14 내가 내 살을 내 이로 물고 내 생명 을 스스로 지킬 것이다.

15 설령 그분이 나를 죽이실지라도 나는 그분을 의지할 것이다.[3] 그러 나 나는 그분 앞에서 내 행위를 말 할 것이다.

16 경건하지 않은 악인은 하나님 앞 에 서지 못하며 그 같은 사실이 내 구원이 될 것이다.

17 너희는 내가 하는 말을 분명히 들으 라. 내가 너희 귀에 들려줄 것이다.

18 이제 내 주장을 말했으니 내 주장이 올바르다는 것을 인정할 줄 안다.

19 내 주장을 꺾는 자가 있다면 내가 입 다물고 죽을 것이다."

욥의 기도

20 ● "하나님이여, 내게 이 두 가지 일을 행하지 마십시오. 그렇게 하 신다면 내가 주를 피하지 않겠습 니다.

21 곧 재앙을 내린 주의 손을 내게 거 둬 주시고, 주의 위엄으로 나를 두 렵게 하지 말라는 것입니다.

22 그리고 나서 주께서 부르시면 내 가 대답하겠습니다. 나로 말하도 록 허락하시고 주께서 내게 응답 하시기를 바랍니다.

23 내 죄악이 얼마나 많은지 나로 내 허물과 죄를 알게 하십시오.

24 어찌하여 하나님께서 내게서 얼굴 을 가리시고 나를 원수와 같이 여 기십니까?

25 어찌하여 바람에 날리는 낙엽처럼 나를 놀라게 하시며, 마른 풀과 같 은 저를 쫓으십니까?

26 하나님은 나를 대적하여 죄, 곧 괴 로운 일들을 기록하시며, 내가 젊 었을 때 지은 죄의 대가를 치르게 하십니다.

27 내 발을 족쇄에 채우시며, 내 모든 발자취까지 추적하십니다.

28 나는 썩는 물건처럼 낡아져 가고, 좀먹은 옷처럼 생명이 다해 갑니다.

14 여인에게서 태어난 사람은 수 명이 짧고 근심이 가득하며,

2 그는 피었다가 시들어지는 꽃과 같다. 그는 지나가는 그림자와 같 아서 한곳에 머물지 않으니

3 이와 같이 연약한 자를 주께서 살 피십니까? 그런 나를 심판하겠다 고 하십니까?

4 누가 깨끗한 것을 더러운 것 가운 데서 찾아낼 수 있습니까? 한 사람 도 없습니다.

5 하나님께서 사람의 날수와 달수 를 정하셨고, 그 모든 것이 주께 달 려 있습니다. 그러므로 사람은 하 나님께서 정하신 그 선[4]을 정하여 넘어가지 못합니다.

6 품꾼이 하루 일과를 마칠 때까지 기다리는 것처럼 사람에게서 눈을 돌려 그대로 혼자 있게 내버려 두 십시오.

7 그래도 나무는 희망이 있습니다. 그것은 찍힐지라도 다시 움이 나 서 연한 가지가 계속해서 나오며,

---

1) 격언 2) 방어 3) 내가 희망이 없노라 4) 규례

8 그 뿌리는 땅에서 늙고 줄기가 흙에서 죽어도

9 물기만 있으면 새 움이 돋고 가지가 뻗어 새로 심은 것과 같기 때문입니다.

10 그러나 사람은 장정이라도 숨을 거두면 사라집니다.

11 물이 바다에서 줄어들고 강물이 마르는 것처럼

12 사람이 죽으면 다시 일어나지 못하고 하늘이 없어지기까지 죽음의 잠에서 깨어나지 못합니다.

13 주의 진노를 돌이키실 때까지 나를 무덤인 스올에 숨겨 주시고 나를 위하여 기한¹)을 정하여 나를 기억해 주십시오.

14 장정이라도 죽으면 어찌 다시 살 수 있습니까? 만일 그렇게 된다면 나는 다시 살아날 때까지 어떤 고난도 참으며 기다리겠습니다.

15 비록 내가 고통을 피해 음부에 있을지라도 하나님께서 그곳에서 벗어나게 하기 위해 나를 부르신다면 나는 대답하겠습니다. 하나님은 손으로 지으신 것을 불쌍히 여기실 것입니다.

16 그러나 이제는 주께서 내 걸음걸이를 세어도 내 죄는 살피지 않으십니다.

17 주는 내 허물을 주머니에 넣고 꿰매시며, 내 잘못을 덮어 주십니다.

18 산사태가 나면 흙은 무너져 내리고, 바위는 제자리에서 옮겨집니다.

19 물은 돌을 닳게 하며, 넘치는 물이 흙과 티끌을 씻어내리듯 하나님은 사람의 희망을 겪어 버리십니다.

20 하나님께서 사람을 영원히 억누르사 사람들의 얼굴빛을 변하게 하시고 멀리 쫓아 내십니다.

21 사람이 죽으면 그 후손들이 영광을 누려도 알지 못하고, 그들이 비천하게 되어도 그것을 깨닫지 못합니다.

22 단지 죽은 후에는 그 영혼이 육체가 썩는 것을 고통스럽게 여길 뿐입니다."

엘리바스의 두 번째 말

15 ● 욥의 말을 들은 후 데만 출신인 엘리바스가 이렇게 대답했다.

2 "지혜로운 자가 어찌 바람처럼 허망한 지식으로 대답하겠느냐? 어찌 해가 되는 허풍²)으로 자기 배를 채우겠느냐?

3 어찌 그런 도움이 되지 않는 이야기와 쓸데없는 말로 쟁론하겠느냐?

4 진정 너는 하나님을 경외하는 마음이 사라지고 그분 앞에 헌신³)하는 것도 멈추었다.

5 네 죄악이 네가 말할 것을 가르쳐 주니 네가 간사한 말만 하고 있다.

6 너를 정죄한 것은 내가 아니라 바로 네 입술이다. 네 입술이 지금 그렇게 말하고 있다.

7 네가 세상에서 가장 먼저 태어났느냐? 산들이 만들어지기 전에 네가 출생했느냐?

8 네가 하나님의 회의⁴)에 참석하여 그 내용을 들었느냐? 너만 지혜롭다고 생각하느냐?

9 우리가 모르고 너만 알고 있는 것이 무엇이며, 네가 깨달은 것을 우리가 깨닫지 못한 것이 무엇이냐?

10 우리 가운데는 너보다 나이가 많아 머리가 흰 사람도 있고, 네 아버지보다 나이가 많은 사람도 있다.

11 하나님의 위로와 조용히 말씀하시는 것이 네게는 결코 작은 것이 아니다.

1) 규례 2) 동풍 3) 묵도 4) 오묘하심

12 그런데 너는 왜 네 마음에 불만스러워하는 것을 몸짓과 얼굴 표정으로 보이느냐?

13 왜 네 영은 하나님께 화까지 내며 말을 함부로 하느냐?

14 사람이 어떤 존재이기에 깨끗하겠으며, 여자에게서 난 자가 어떻게 의로울 수가 있겠느냐?

15 하나님은 천사, 거룩한 자들도 믿지 않으시며, 하늘이라도 그가 보시기에는 깨끗하지 못한데

16 하물며 악을 물 마시듯 하는 가증하고 타락한 자들을 용납하시겠느냐?

17 내가 경험한 것을 네게 알게 하리니 너는 내가 설명하는 것을 들으라.

18 그것은 조상들이 전해 준 지혜이다.

19 이 땅은 우리 조상들이 살던 곳이기 때문에 타인들은 그들 중에 왕래하지 못했다.

20 조상들은 이렇게 말했다. 악인은 평생 동안 고통을 당하며 포악자의 삶 속에는 숨겨진 재앙이 정해졌으니

21 그의 귀에는 무서운 소리가 계속해서 들리고, 그의 평안은 언제까지 계속되지 못하며, 하나님의 사자, 멸망시키는 자가 그에게 이르러 패망케 할 것이다.

22 그는 심판의 극심한 두려움에서 벗어나기를 바라지만 오히려 칼날이 그를 기다릴 뿐이다.

23 그는 먹을 것을 찾아 이리저리 헤맬 것이며, 어둠 속에서 방황할 뿐이다.

24 환난과 고통이 그를 두렵게 하며, *전쟁 준비를 끝낸* 왕처럼 그를 칠 것이다.

25 이는 그가 손을 들어 하나님을 대적하며 교만하여 전능하신 분의 권위와 심판을 멸시했기[1] 때문이다.

26 그는 고개를 치켜들고 자신이 의지하는 세상적인 것으로[2] 하나님께 대항하니

27 비록 그가 배가 부르고 부유할지라도

28 그는 사람이 살지 않는 황폐한 성읍의 집, 곧 돌 무더기가 될 곳에 살게 될 것이다.

29 결국 그는 부요하지 못하고, 그 재산이 끝까지 가지 못하며, 그의 소유가 땅에서 불어나지 못할 것이다.

30 그는 흑암에서 벗어나지 못하리니 불꽃이 그를 태우며, 하나님의 숨결로 그의 모든 소유는 사라질 것이다.

31 스스로 자신에게 속아 무가치한 것을 믿는 자들은 그 무가치한 것만을 받을 것이다.

32 그것은 가장 좋은 인생의 날이 오기 전 그 일이 이루어질 것이기 때문에 그런 사람은 마른 나무처럼 싹을 틔우지 못할 것이다.

33 그것은 포도 열매가 익기 전에 떨어지고, 올리브나무의 꽃이 곧 떨어지는 것과 같을 것이다.

34 경건하지 못한 악한 무리는 자식을 얻지 못하고, 뇌물을 받는 자의 장막 집은 불탈 것이다.

35 그런 자들은 재난을 잉태하고 죄악을 낳으며, 다른 사람들에게 거짓말을 할 생각만 한다."

엘리바스의 말에 대한 욥의 대답

16 ●엘리바스의 두 번째 말을 들은 욥은 이렇게 대답했다.

2 "네가 하는 말은 내가 많이 들었으니 너희는 나를 위로하는 것이 아니라 오히려 괴로움만 더해 준다.

3 헛된 말은 끝이 없다. 네가 무엇 때문에 그렇게 화를 내며 내게 그런

1) 힘을 과시했기 2) 방패를 들고

대답을 하는가?

4 나도 자네 입장이라면 너희처럼 말할 수 있다. 가령 나도 너희처럼 너희를 괴롭히는 말을 하면서 고개를 설레설레 흔들 수도 있다.

5 그래도 나는 입으로 너희를 위로하며 말이라도 너희의 근심을 덜어 주었을 것이다.

6 내가 어떤 말을 해도 내 근심은 사라지지 않고, 말을 하지 않고 조용히 있어도 내 고통은 줄어들지 않을 것이다.

7 하나님은 나를 기진맥진하게 하시고 내 온 집안을 패망케 하셨습니다.

8 하나님께서 나를 여위게 하사 뼈만 남았으니 이것이 내 죄를 증거하고 있습니다. 이제 나는 마르고 초췌한 모습으로 일어나 얼굴을 맞대어 내 앞에서 증언할 것입니다.

9 하나님의 진노가 나를 찢으시고, 과격하게 대적하시며, 나를 향해 이를 갈고 원수처럼 노여움에 가득 찬 눈초리로 나를 바라보시니

10 무리가 큰 소리로 나를 모욕하고, 뺨을 때리며, 하나같이 나를 대적하고 있다.

11 이는 하나님께서 나를 악인들과 행악자들에게 넘기셨기 때문이다.

12 하나님은 평안하고 부유하게 살던 나를 깨뜨리시고 내 목을 잡아 나를 부스러뜨리시며, 나를 표적으로 삼으셨구나.

13 그분의 화살들이 사방에서 날아와 사정 없이 나를 향해 쏘사 마음[1]을 꿰뚫고 내 쓸개가 파열되어 땅에 흘러나오게 하셨도다.

14 하나님은 계속해서 나를 공격하고, 용사처럼 달려드시는구나.

15 내가 굵은 베를 내 피부에 꿰매 덮고, 내 힘[2]과 위엄은 완전히 땅에 떨어졌구나.

16 내 얼굴은 울음으로 퉁퉁 붇었고, 눈꺼풀에는 죽음의 그늘이 서려 있구나.

17 그러나 나는 포학한 일을 하지 않았고, 내 기도는 거짓이 없고 결백하다.

18 땅아, 내 피를 숨기지 말라. 그래서 내 부르짖음이 그치지 않게 하라.

19 지금 내 증인이 하늘에 계시고, 내 대변인이 높은 데 계시기 때문이다.

20 내 친구는 나를 비웃고 조롱하지만 내 눈은 하나님을 향하여 눈물을 흘리고 있다.

21 사람과 하나님 사이, 나와 이웃 사이를 하나님께서 중재해 주시기를 바란다.

22 몇 년이 지나면 나는 죽어 다시는 돌아오지 못할 길로 갈 것이다.

17 내 호흡이 약해지고 죽음이 가까웠으니 무덤이 나를 위해 준비되었구나.

2 나를 비웃는 자들만 나와 함께 있으니 내게 보이는 것은 비웃는 자들뿐이다.

3 하나님이여, 친히 나를 보증해 주십시오. 내가 죄가 없다는 것을 누가 증거해 줄 수 있겠습니까?

4 하나님은 친구들의 마음을 가려 깨닫지 못하게 하셨으니 더 이상 자신들이 옳다고 잘난 체하지 않게 해주십시오.

5 대가를 받기 위해 친구를 비난하는 자는 그 자손들의 눈이 멀게 된다는 속담처럼

6 하나님께서 나를 속담거리가 되게 하시니 그들이 내 얼굴에 침을 뱉는구나.

---

1) 콩팥 2) 뼈

7 내 눈은 근심 때문에 어두워지고, 내 모든 지체는 그림자와 같구나.

8 정직한 사람은 흠 없는 자가 졸지에 당하는 재앙을 보고 놀라고, 무죄한 사람은 자신을 위해 친구를 배신하는 자에게 분노를 느낀다.

9 그러므로 의인은 고난에도 불구하고 정직한 길을 꾸준히 가고, 행실¹⁾이 깨끗한 자는 더욱 힘을 얻는다.

10 너희는 모두 나를 떠났다가 다시 오라. 지금은 내가 너희 가운데 나를 이해하는 지혜자를 찾을 수가 없다.

11 내 날은 지나갔고, 내 계획과 사모하는 것은 모두 사라졌다.

12 내 친구들은 밤을 낮이라 하고, 빛 앞에서 어둠이라 하고 있구나.

13 이제는 내가 무덤인 스올을 내 집으로 삼기를 원하고, 어둠 속에 내 침대를 놓아야 할 때가 되었다.

14 무덤을 향해 '너는 내 아버지다' 구더기에게는 '너는 내 어머니이며, 내 자매다'라고 불러야 하는구나.

15 내 희망이 어디에 있으며, 그 희망을 누가 찾겠느냐?

16 우리가 죽으면 희망은 무덤의 문으로 내려갈 뿐이다."

빌닷의 두 번째 말

18 ●욥의 말을 들은 수아 출신인 빌닷은 두 번째로 이렇게 대답했다.

2 "너희가 어느 때 말장난을 마치겠느냐? 내 말에 대해 생각하고 말하라.

3 너는 어째서 우리를 짐승처럼 여기며 어리석게만 보느냐?

4 울분을 터뜨리며 스스로 제 몸을 찢는 사람아, 너로 인해 땅이 황폐하게 되며, 바위가 다른 곳으로 옮겨지겠느냐?

5 악인의 빛은 꺼지고 그의 불꽃은 사그라질 것이다.

6 그들이 거하는 장막 집 안의 등불은 꺼지고 어두워질 것이다.

7 힘차게 걷던 그들의 걸음은 약해지고, 자기 꾀에 자기가 빠질 것이다.

8 그것은 그의 발이 그물에 걸리고 올가미에 걸려드는 것과 같다.

9 곧 그의 발뒤꿈치는 덫에 걸리고, 그의 몸은 올가미에 걸릴 것이다.

10 땅에는 악인을 잡을 덫이 가려져 있고, 길목에는 그를 빠뜨릴 함정이 숨겨져 있다.

11 공포는 사방에서 그에게 다가오니 그가 걸을 때마다 놀란다.

12 그의 재난은 그를 삼킬 만큼 굶주려 있고, 그 곁에는 재앙이 몰려와 있다.

13 무서운 질병, 사망의 장자가 그의 피부에 달려들어 그의 백체를 먹을 것이다.

14 악인이 의지하던 것들은 자기 집에서 뽑히며, 그는 공포의 왕, 죽음으로 빠져들게 될 것이다.

15 악인의 집에는 유황이 뿌려져 멸망하고, 그곳에는 그에게 속하지 않은 들 짐승과 같은 것들이 살게 될 것이다.

16 그의 뿌리는 마르고, 그의 부와 번영을 나타내는 그의 가지는 시들 것이다.

17 그를 기억할 자는 땅에서 사라지고, 그의 이름은 더 이상 전해지지 않을 것이다.

18 악인은 빛에서 어둠으로 쫓겨나며, 사람이 사는 세상에서도 쫓겨날 것이다.

19 또한 그런 자는 자기의 백성 가운데 자식이나 후손도 없으며, 그가 살던 곳에는 한 사람도 살지 않을

1) 손

것이다.

20 악인의 행실을 쫓던 당대의 사람¹⁾ 뿐 아니라 그의 후손들²⁾도 그것으로 인해 크게 두려워할 것이다.

21 참으로 악한 자의 집과 하나님을 무시하는 자의 거처도 이와 같을 것이다."

빌닷의 말에 대한 욥의 대답

19 빌닷의 두 번째 말을 들은 욥이 이렇게 대답했다.

2 "너희가 나를 괴롭히고 그럴듯한 말로 나를 언제까지 억누르겠느냐?

3 너희가 10번이나 나를 모욕하고도 부끄러운 줄을 모른다.

4 비록 내게 허물이 있다고 해도 그것이 내게만 있고 너희에게는 없느냐?

5 너희는 나를 향해 스스로 교만하여 내게 수치스러운 행위가 있다고 증언하고 싶으면 하라.

6 그러나 그것은 하나님께서 자기 그물로 나를 에워싸듯 그렇게 하신 것인 줄 알아야 할 것이다.

7 내가 '그것은 부당한 재앙이다'라고 부르짖으나 응답이 없고, 도움을 요청했으나 그것을 들어줄 만한 정의가 없다.

8 그분은 내가 가는 길을 막아 지나가지 못하게 하시고, 내 앞길을 흑암으로 가리셨다.

9 그분은 내게서 영광을 가져가고, 내 면류관을 머리에서 벗기셨다.

10 하나님께서 나를 사면에서 공격하시니 이제 나는 죽게 되었구나. 나무를 뽑듯 내 희망을 뽑으시고,

11 나를 향해 진노하시고, 나를 원수처럼 취급하신다.

12 그분의 군대가 일제히 나아와서 공격할 길을 닦고, 성벽을 포위하듯 내 장막 집을 치시는구나.

13 그분이 내 형제들을 내게서 멀리 떠나게 하시니 나를 알던 모든 사람이 이제는 낯선 사람이 되었다.

14 내 친척은 나를 외면하고, 가까운 사람들은 나를 잊어버렸다.

15 내 집에 머물러 사는 자와 내 여종들은 나를 낯선 사람처럼 대하니 나는 그들 앞에서 외국인이 되었다.

16 내가 내 종을 불렀으나 대답하지 않으니 내가 오히려 그에게 간청해야 하는구나.

17 내 아내조차 내 입에서 나오는 냄새 나는 숨결을 싫어하며, 내 형제자매, 허리의 자식들도 나를 혐오스럽게 여긴다.

18 어린 아이들까지 나를 무시하고 내가 일어나면 나를 비웃는다.

19 내 가까운 친구들이 나를 거부하며, 내가 사랑하는 사람들은 내게 등을 돌린다.

20 나는 뼈와 가죽만 남아 있고 겨우 잇몸으로 살아간다.

21 친구들이여, 너희는 제발 나를 불쌍히 여기라. 이것은 하나님의 손이 나를 치신 것인데

22 너희가 왜 하나님처럼 나를 괴롭게 하느냐? 나를 괴롭히고도 부족하냐?

23 내가 한 말이 책에 기록되거나

24 철필과 납으로 영원히 돌에 새겨졌으면 좋겠다.

25 나는 내 대속자가 살아계신 것을 알고 있으니 그분은 마침내 나를 변호해 주기 위해 법정에 서실 것이다.

26 내가 가죽 벗김을 당하여 썩은 후에도 나는 새로운 육체³⁾에서 하나님을

---

1) 서쪽에서 오는 자 2) 동쪽에서 오는 자 3) 육체 밖

보게 될 것이다.

27 내가 내 눈으로 그분 보기를 낯선 사람처럼 하지 않을 것이니 내 마음이 두근거리고 있다.

28 너희는 '우리가 그를 어떻게 괴롭힐까' 또 '문제¹'가 그에게 있다'라고 말한다.

29 그러나 너희는 칼을 두려워해야 할 것이다. 그 분노는 칼의 형벌을 가져오니 너희가 그 일에 대해 심판장이 있는 줄 알게 될 것이다."

소발의 두 번째 말

20 ● 욥의 말을 들은 나아마 출신인 소발이 이렇게 대답했다.

2 "친구의 말을 듣는 내 마음이 조급하여 속히 대답하라고 스스로 재촉하니, 이는 내 중심이 조급하기 때문이다.

3 나를 모욕하는 책망을 들으니 내 총명한 마음이 너희의 말에 대답하라고 한다.

4 너는 사람이 이 세상에 생긴 때부터

5 악인이 이기는 것과 자랑도 잠깐이고, 경건하지 못한 자의 기쁨도 순간임을 알고 있지 않느냐?

6 비록 그들의 교만²'이 하늘에 닿고 그 머리가 구름에 미칠지라도

7 그들은 자기의 똥처럼 영원히 망하여 그를 본 사람들이 '그가 어디 있느냐?'라고 말할 것이다.

8 그들은 꿈처럼 지나가고 밤에 보이는 환상처럼 사라질 것이니, 사람들은 그를 찾을 수 없다.

9 그뿐 아니라 그의 거처도 다시 보지 못할 것이다.

10 그의 후손³'들은 탐욕으로 인해 약한 자인 가난한 자들에게 돌려주게 될 것이다.

11 그의 신체가 청년같이 강건할지라도 결국 흙에 묻힐 것이다.

12 그는 악을 맛있는 음식처럼 달콤하게 여겨 혀 밑에 감추며,

13 아껴서 악을 버리기 싫어하여 맛있는 음식물처럼 입속에 물고 있을지라도

14 그의 음식⁴'은 뱃속의 창자에서 독사의 독으로 변한다.

15 비록 그가 불의한 재물을 삼켰어도 하나님은 그의 배에서 토하게 하신다.

16 그러므로 악인은 독사의 독을 삼키니, 뱀의 혀에 죽을 것이다.

17 그는 재물을 모을지라도 엉긴 젖과 꿀이 흐르는 강을 보지 못할 것이다.

18 자신의 노력으로 얻은 것을 자기의 것으로 삼지 못하고 돌려주어야 하며, 장사하여 얻은 재물로도 즐거움을 얻지 못한다.

19 그 이유는 그가 가난한 자를 학대하고, 자신이 짓지 않은 남의 집을 빼앗았기 때문이다.

20 악인은 마음에 평안을 누리지 못하며, 그가 소망하는 물건들은 하나도 영원히 소유하지 못한다.

엉긴 젖과 꿀(욥 20:17)

엉긴 젖과 꿀이 흐르는 강은 땅의 풍부한 생산력을 상징적으로 표현한 말이다. 성경에서 꿀은 하나님께서 이스라엘 백성에게 약속한 가나안 땅과 그것이 상징하는 하나님 나라와 관련하여 사용되고 있다. 실제로 팔레스타인에는 우기가 되면 수많은 꽃이 만발하여 벌들에게서 많은 꿀을 얻고, 소와 양 떼에서 풍성한 젖을 얻는다. 따라서 꿀과 젖이 흐르는 강을 보지 못한다라는 말은 불의한 자는 그 불의로 재물을 모아도 풍요로운 생활을 누리지 못할 것을 암시한다(그랜드종합주석).

1) 일의 뿌리   2) 존귀함   3) 아들   4) 악

21 그는 남기는 것 없이 모두 먹어버리기 때문에 그 행복이 오래가지 못한다.

22 그는 풍족함 가운데서도 재앙이 찾아오니, 고통을 준 사람들에게 고통을 당할 것이다.

23 그가 배불리 먹으려고 할 때 하나님은 그 위에 맹렬한 진노를 비처럼 내리실 것이다.

24 악인은 철로 만든 무기를 피해도 놋 화살이 그를 찌를 것이다.

25 또 몸에 찔린 화살을 빼내도, 번쩍거리는 화살촉이 그의 쓸개에서 나오므로 큰 공포가 그에게 엄습할 것이다.

26 칠흑같은 어둠이 그를 위해 예비되어 있고, 사람이 피우지 않은 하나님의 진노의 불이 그를 진멸하며 그 집에 남은 것을 태울 것이다.

27 하늘이 그의 죄악을 드러내고, 땅이 그를 대항해 일어날 것이다.

28 악인의 재산은 하나님의 진노의 날에 사라질 것이다.

29 그것은 악인이 하나님께 받을 운명이며, 하나님께서 그에게 정한 기업이다.”

소발의 말에 대한 욥의 대답

21 ● 소발의 두 번째 말을 들은 욥이 대답했다.

2 “너희는 내 말을 경청하라. 이것이 너희에게 위로가 될 것이다.

3 내가 말하는 것을 막지 말고 용납하라. 조롱하려면 내가 말한 후에 하라.

4 내가 사람을 향해 불평하는 것이 아니라 하나님께 향한 것인데 어찌 내 마음이 조급하지 않겠느냐?

5 너희가 나를 보면 놀라서 손으로 입을 가릴 것이다.

6 생각⁴⁾만 해도 나는 불안하고 두려움이 나를 사로잡는다.

7 악인이 장수하며 권세를 누리는 것은 어찌된 일인가?

8 그들은 자식도 잘되고 그 후손들도 그의 생전에 잘살고 있다.

9 그들의 집은 평안하여 두려움이 없고, 하나님의 채찍도 그들에게는 없는 듯하니

10 악인들의 수소는 새끼를 치고, 그들의 암소는 낙태 없이 새끼를 잘 낳는다.

11 그들의 자녀들은 양 떼처럼 뛰놀며 춤춘다.

12 악인들은 작은 북²⁾과 수금으로 노래하고 피리를 불며 즐거워하며,

13 행복하게 지내다가 일순간에 무덤인 스올로 내려간다.

14 그럼에도 그들은 하나님께 ‘우리를 떠나소서. 우리는 주의 진리를 알 마음이 없습니다’라고 말한다.

15 그들은 ‘전능자가 누구이기에 우리가 그를 섬기며 그에게 기도한다고 해서 무슨 소용이 있겠는가?’라고 말한다.

16 그러나 그들의 행복이 그들 자신에게 있는 것이 아니기에 나는 악인의 계략을 멀리한다.

17 악인의 등불은 자주 꺼지고, 재앙역시 그들에게 자주 다가오니 하나님의 진노가 그들을 파멸시킨다.

 피리(욥 21:12)

피리(flute)는 고대 근동 지역의 왕의 목관 악기 중 하나로 한글개역성경에는 저로 번역했다. 당시에 가장 대중적인 악기인 피리는 결혼식이나 잔치, 장례식 때 연주되었다(사 5:12). 예수께서는 당시의 세대를 비유하여 말하기를 '피리를 불어도 춤추지 않는 것'과 같다고 말씀하셨다(마 11:16~17).

1) 기억 2) 소고

18 그들은 바람에 날리는 지푸라기 검불 같고, 폭풍에 날아가는 겨처럼 되는구나.

19 하나님께서 악인들의 죄악에 대한 형벌을 그의 후손들에게 내리기 위해 쌓아 둔다고 생각하지만 그분은 악행을 저지른 당사자에게만 벌을 내리신다.

20 하나님은 자기의 눈으로 자기의 멸망을 보게 하시며, 전능자의 진노를 알게 하신다.

21 악인이 사는 동안 번영하다가 죽은 후 그 후손에게 징계가 있다면 무슨 소용이 있겠는가?

22 그러나 하나님은 높은 자, 천사들까지 심판하시니 누가 감히 하나님의 뜻을 가르치겠느냐?

23-24 어떤 사람은 그의 몸¹⁾에는 젖이 가득하며 그의 골수는 윤택하며 평안히 지내다가도 혈기 왕성할 때 갑자기 죽는다.

25 반면 어떤 사람은 행복을 누리지 못하고 마음에 고통을 품고 죽기도 한다.

26 그러나 이 둘은 한가지로 죽어 흙 속에 묻혀 그 시체 위에 구더기가 덮인다.

27 나는 너희가 나를 해롭게 하려는 생각을 알고 그 속셈도 알고 있다.

28 너희는 '왕후²⁾의 집이 어디 있으며, 악인이 살던 장막 집이 어디 있느냐?'라고 말한다.

29 너희는 여행을 통해 많은 경험과 지식을 가진 사람들에게 묻지 않았느냐? 그들이 하는 말을 듣지 못했느냐?

30 악인이 급속히 망하지 않는 것은 멸망의 날을 위해 준비되었기 때문이고, 진노의 날에 끌려가기 위해서이다.

31 누가 감히 하나님 앞에서 그의 길을 알려 줄 수 있으며, 누가 그의 악행을 갚아줄 수 있겠는가?

32 악인을 무덤으로 옮겨도 무덤지기가 그 무덤을 지킬 것이다.

33 많은 사람이 악인보다 먼저 죽었으며, 악인의 시체는 골짜기의 흙이 덮어 줄 것이다. 그리고 그를 조문한 자들도 그의 뒤를 따라 죽을 것이다.

34 그럼에도 너희는 나를 헛되이 위로하려고 하느냐? 너희의 대답은 하나같이 거짓일 뿐이다."

엘리바스의 세 번째 말

22 ● 욥의 말을 들은 데만 출신인 엘리바스가 대답했다.

2 "사람이 어찌 하나님께 유익이 되겠는가? 지혜로운 사람도 자기에게만 유익할 뿐이다.

3 네가 의롭다고 해서 하나님께 얼마나 기쁨이 되겠는가? 네 행위가 온전하다고 해서 하나님께 무슨 이익이 되겠느냐?

4 네가 경건하기 때문에 하나님께서 너를 책망하며 너를 심문하시는 것이냐?

5 아니다. 네 죄가 크고 죄악이 끝이 없다.

6 너는 아무 이유 없이 형제의 물건을 전당물로 잡고, 가난한 자의 의복을 빼앗았다.

7 목마른 자에게 물을 주지 않았으며, 굶주린 자에게 음식을 주지 않았다.

8 권력을 가진 자는 부당하게 토지를 얻고 귀한 척 그곳에서 산다.

9 너는 과부를 빈손으로 돌려보내고 고아를 학대했다.

10 그래서 재앙의 덫들이 너를 둘러

1) 그릇 2) 귀인

싸고 공포가 순식간에 너를 찾아 왔다.

11 어둠이 너를 덮어 못 보게 하고, 홍수가 너를 덮는다.

12 보라, 하늘의 별이 얼마나 높이 떠 있는가? 그런데 하나님은 지극히 높은 하늘에 계신다.

13 그러나 너는 '하나님께서 무엇을 아시며 어둠 속에서 어떻게 심판하실 수 있을까?'라고 말한다.

14 또 빽빽한 구름이 그분을 가려 그가 보지 못하고 둥근 공간을 지나다닐 뿐이라고 말한다.

15 너는 지난날 악인이 밟던 그 옛적 길, 타락의 길을 가려고 하는가?

16 그들은 때가 되기도 전에 멸망했고, 그들의 터전은 강물로 씻어 내려갔다.

17 그들이 하나님께 말하기를 '우리를 떠나소서. 하나님께서 우리를 위해 무엇을 하실 수 있겠습니까?'라고 했으나

18 하나님은 그들의 집을 보물들로 채우셨다. 그러므로 악인이 잘되어도 그것은 나와 관계가 없다.

19 의인은 악인의 멸망을 보고 기뻐하고, 무죄한 자는 악인을 조롱하며 말한다.

20 '우리의 원수가 망했고 그들이 가진 것은 불에 타버렸다.'

21 그러므로 너는 하나님과 화목함으로 평안을 얻으라. 그러면 좋은 일들이 있을 것이다.

22 청컨대 너는 하나님의 입에서 나오는 교훈을 듣고 그분의 말씀을 마음에 새기라.

23 만일 네가 하나님께로 돌아가면 살 것이다. 너는 네 집에서 불의를 없애라.

24 네 보화를 먼지와 같이 여기고, 오

빌의 금을 계곡의 돌처럼 여기라.

25 그러면 전능자 하나님께서 네 금은 보화가1) 되시며,

26 이로 인해 네가 하나님을 기뻐하여 하나님께 서원한 것을 갚을 수 있게 된다.

27 그러면 네가 올리는 기도에 하나님께서 응답하시며, 네가 하나님께 서원한 것을 지킬 수 있다.

28 너는 어떤 것을 하든지 형통하고, 네가 가는 길이 빛과 같이 빛날 것이다.

29 낮은 사람들에게 너는 '내가 교만했다'라고 말하라. 하나님은 겸손한 자를 높여 구원해 주시기 때문이다.

30 그분은 죄가 있는 자라도 그 행실2)이 깨끗함으로 인해 죄인에게도 구원을 베푸실 것이다."

엘리바스의 말에 대한 욥의 대답

23 ● 엘리바스의 세 번째 말을 들은 욥이 대답했다.

2 "오늘도 내게는 원망하는 마음과 근심이 있으니 이제까지 내가 받는 재앙이 내 탄식보다도 무겁구나.

3 내가 어떻게 해야 하나님을 만나고 그분이 계신 곳으로 갈 수 있을까?

4 내가 어떻게 하면 하나님 앞에서 내 무죄함을 호소할 수 있을까?

5 그분의 대답을 들어야 그분이 하시는 말씀을 내가 깨닫게 될 것이다.

6 하나님은 크신 위엄으로 나를 물리치지 않고 오히려 내 말을 들으실 것이다.

7 하나님 앞에서는 정직한 자가 그분과 변론할 수 있으니 내가 심판자에게서 영원히 벗어날 것이다.

8 그런데 내가 앞으로 가도 그분은 계시지 않고, 뒤로 가도 보이지 않는다.

1) 고귀한 은이 2) 손

9 그분이 왼쪽에서 일하시지만 내가 만날 수 없고, 그가 오른쪽으로 돌이키시지만 나는 그분을 만날 수 없다.

10 그러나 내가 가는 길을 그분이 아시기에 그분이 나를 단련한 후에는 내가 정금같이 될 것이다.

11 내 발은 하나님의 말씀에 절대 순종해 걸었으며, 치우쳐 그분의 길을 벗어나지 않았다.

12 내가 그분의 명령을 거역하지 않았고, 매일 먹는 작정된 음식보다 그분의 말씀을 더 귀하게 여겼다.

13 하나님께서 하고자 하시는 일[1]은 변함이 없으시니 누가 능히 그 뜻을 돌이킬 수 있겠느냐? 하나님은 하시고자 하는 것을 반드시 행하시는 분이다.

14 그러므로 나를 향해 계획하신 것은 반드시 이루실 것이다. 하나님은 아직도 많은 계획을 갖고 계신다.

15 그러므로 내가 하나님 앞에서 두려워하며 생각만으로도[2] 그분을 두려워하는 것은 당연하다.

16 하나님께서 내 마음을 약하게 하시고, 전능하신 분이 나를 두렵게 하셨다.

17 이는 앞을 볼 수 없을 정도의 어둠이 나를 감싸고 있기 때문이다.

24

어찌하여 전능하신 하나님은 심판의 때를 정해 놓지 않으셨는가? 어찌하여 그분을 아는 사람

경계석(욥 24:2)

경계석(boundary stom)은 고대 근동 지역에서 전답이나 행정구역 또는 국가들 간의 경계를 표시하기 위해 나무나 돌을 세워놓는 것을 말한다. 율법에서는 경계석을 옮겨 자기의 지역을 부당하게 넓히는 행위를 범법 행위로 규정하고 있다(신 19:14).

들은 마지막 심판의 날을 기다리지 못하는가?

2 어떤 사람은 땅의 경계석을 옮겨 토지를 빼앗아 가고, 다른 사람의 양 떼를 빼앗는다.

3 그들은 고아의 나귀를 잡아가고 과부의 소를 전당물로 잡는다.

4 가난한 자를 길에서 몰아내니 그들은 스스로 숨는다.

5 그들은 들나귀처럼 거친 광야에서 자식을 위해 먹을 것을 부지런히 찾는다.

6 가난한 자들은 남의 밭에서 이삭을 줍고[3], 악인의 포도밭에서 떨어진 포도를 줍는다.

7 그들은 덮을 옷이 없어 밤새도록 추위에 떤다.

8 또 산중에서 내리는 소나기에 젖으며, 가릴 것이 없어 바위 밑으로 피한다.

9 어떤 악한 사람은 빚 때문에 아버지 없는 고아를 그 어머니에게서 빼앗고, 가난한 자의 옷을 전당물로 잡으니

10 그들이 벌거벗고 다니며 곡식을 빼앗긴다.

11 그들은 감시를 받으며 담 안에서 기름을 짜며, 포도즙[4] 틀을 밟으면서도 목말라 한다.

12 성 안에서 죽어가는 사람들이 신음하고 병자가 부르짖지만 하나님은 그들의 신음에 대답하지 않으신다.

13 또 어떤 이들은 빛을 거스리지만 그들은 그 길[5]을 알지 못하기 때문에 그 길에 머물지 않는다.

14 살인자는 새벽에 일어나 약한 자, 곧 학대 받는 자와 가난한 자를 죽이고, 밤에는 도둑질을 한다.

1) 뜻 2) 지각을 얻어 3) 꼴을 베며 4) 술 5) 도리

15 간음하는 자의 눈은 해가 지기만
을 기다리며 자기를 알아보지 못
하도록 얼굴을 가린다.

16 어둠을 틈타 몰래 집에 들어오고,
낮에는 자기 집을 잠그고 있기 때
문에 그는 빛을 알지 못한다.

17 그들이 아침을 죽음의 그늘처럼
여기는 것은 죽음의 그늘이 가진
두려움을 알기 때문이다.

18 그러나 그들의 번영은 물 위에 빨
리 흘러가듯 하며, 그들의 소유는
세상에서 저주를 받아 세상에서
사라진다. 그러므로 그들은 다시
자신들의 포도밭으로 들어가지 못
한다.

19 가뭄과 더위가 눈을 녹이듯, 무덤
인 스올이 범죄자를 삼켜 버린다.

20 모태조차도 그를 기억하지 못하
고, 구더기가 그를 파먹을 것이다.
그는 더 이상 기억되지 않으며 불
의는 나무처럼 꺾이듯 할 것이다.

21 악인은 불임 여성을 괴롭히고, 과
부를 불쌍히 여기지 않는다.

22 그러나 하나님은 그의 능력으로
포악한 자들을 끌어낼 것이니 혹
시 일어나는 자는 있어도 살아남
는다는 보장은 없다.

23 하나님께서 포악한 자에게 잠깐
동안 평안을 허락하시고 그들을
도우시는 것처럼 보인다.

24 그러나 그것은 잠깐이고, 그들은
바로 낮아져 천대를 받으며, 잘린
이삭과 같은 처지가 될 것이다.

25 설령 그렇지 않더라도 능히 내 말
을 거짓되거나 헛되다고 말할 자
가 누구인가?"

빌닷의 세 번째 말

25 ● 욥의 말을 들은 수아 출신
인 빌닷이 대답했다.

2 "주권과 위엄은 하나님께 있으니

그분은 하늘에서 창조의 질서[1]를
베푸신다.

3 그분의 군대는 수를 헤아릴 수 없
을 만큼 많고, 모든 사람은 그분이
비추는 빛을 받는다.

4 그런즉 하나님 앞에서 어찌 의롭
다고 할 사람이 있겠으며, 여자에
게서 난 자가 어찌 깨끗하다고 할
수 있겠는가?

5 하나님께서 보실 때는 달이라도
빛을 발하지 못하고, 별도 빛나지
못한다.

6 하물며 구더기 같은 사람, 벌레 같
은 인생인들 더 말할 것이 없다."

빌닷의 말에 대한 욥의 대답

26 ● 빌닷의 말을 들은 욥이 대
답했다.

2 "너는 약한 자를 잘 도와주고 힘없
는 팔도 잘 받쳐 준다.

3 미련한 자를 잘 가르친다. 너는 어
떻게 큰 지식을 충분히 나타낼 수
있느냐?

4 너는 누구에게 그런 말을 들었느
냐? 어떤 영이 너를 통해 말하고
있느냐?

5 죽은 자의 영들은 거센 파도[2]에서
떨며, 물에서 사는 것들도 똑같다.

6 하나님 앞에서는 벗은 몸처럼 무
덤인 스올도 드러나며, 멸망도 숨
길 수 없다.

7 그분은 북쪽 하늘을 허공에 펼치
고, 땅을 아무것도 없는 공간에 매
신다.

8 물을 빽빽한 구름 속에 담으시지
만 그 밑에 있는 구름이 터지지 않
게 하신다.

9 그분은 보름달을 숨기시고, 자기
의 구름을 그 위에 펼치신다.

10 그분은 빛과 어둠을 구분하기 위해

---

1) 높은 곳에서 화평   2) 물 밑

수면에 경계를 정하셨다.

11 하나님께서 꾸짖으시면 하늘 기둥 조차도 흔들리며 놀란다.

12 그분은 자신의 능력으로 바다를 잔잔하게 하시며, 지혜로 바다 괴물인 라합을 깨뜨리신다.

13 그의 호흡으로 하늘을 맑게 개이게 하시고, 그의 손으로 빠르게 움직이는 뱀을 무찌르신다.

14 보라, 이런 것들은 단지 그분이 하시는 일의 하나일 뿐이며, 우리가 그분에게서 들은 것도 단지 속삭이는 소리일 뿐이다. 그러므로 그분의 힘 있는 천둥소리를 누가 능히 이해할 수 있겠는가?"

세 친구에 대한 욥의 말

27 ● 욥이 계속해서 속담으로 말했다.

2 "내 정당함을 물리치시고 내 영혼을 괴롭게 하신 하나님께서 살아 계시는 한 맹세한다.

3 내가 아직 숨쉬고 있고 하나님의 숨 기운이 아직도 내 코에 있다.

4 나는 결코 내 입술과 혀로 불의나 거짓을 말하지 않을 것이다.

5 나는 절대로 너희의 주장이 옳다고 인정하지 않으며, 죽기 전에는 내가 바르다는 것을 굽히지 않을 것이다.

6 내 옳음을 끝까지 지킬 것이니 나는 양심에 거리낌이 없다.

7 나의 원수는 결국 멸망하는 악인처럼 되고, 나를 공격하는 자는 불의한 자의 마지막같이 되기를 원한다.

8 거짓된 자, 곧 불경건한 자가 세상의 이득을 얻지만, 하나님께서 그의 영혼을 가져가면 그에게는 아무런 희망이 없다.

9 그에게 재앙이 임할 때 하나님은 그의 부르짖음을 듣지 않으신다.

10 그가 어찌 전능자 하나님을 기뻐하며, 항상 하나님께 부르짖겠느냐?

11 내가 너희에게 하나님의 솜씨를 가르치며, 내가 전능자의 뜻을 숨기지 않을 것이다.

12 너희가 이것을 보았음에도 왜 쓸데없는 말만 하는 허탄한 사람이 되었느냐?

13 악인과 포악한 자가 전능한 하나님께 받을 분깃은 이런 것들이다.

14 그의 자손이 심히 많을지라도 그들은 칼에 죽고, 그 후손은 굶주리며,

15 그 남은 후손들은 악한 죽음의 질병이 돌 때 죽어 땅에 묻히지만 그들의 과부 된 자들은 슬퍼하지 않을 것이다.

16 비록 그들이 수많은 은을 모으고 의복을 산더미처럼 쌓더라도

17 그가 준비한 은은 죄 없는 자가 차지하고, 그 옷은 의인이 입을 것이다.

18 그들이 지은 집은 좀먹는 집과 파수꾼의 초막처럼 쉽게 무너질 것이다.

19 악인은 부자인 채 잠자리에 들어도 일어나 눈을 뜨면 모든 것이 사라져버릴 것이다.

20 그에게는 미래에 닥칠 공포가 홍수가 덮치는 것처럼 다가오며, 한밤중의 폭풍이 그를 쓸어 갈 것이다.

21 동풍이 그를 휩쓸고, 그의 집에서 그를 쫓아낼 것이다.

22 하나님은 악인을 불쌍히 여기지 않고 던져 버리시니 그는 그분에게서 도망치려고 발버둥칠 것이다.

23 사람들은 그를 바라보고 박수를 치며, 그의 집에서 그를 조롱할 것이다."

지혜와 명철에 대한 욥의 말

28 ●"은이 나는 광맥이 있고, 금을 제련하는 제련소가 있다.

2 철은 흙에서 채광하고, 구리는 광석을 용광로에서 녹여 얻는다.

3 그런데 사람들은 캄캄한 죽음의 그늘이 있는 곳에서 광석을 찾는다.

4 악인은 사람이 살지 않는 먼 곳에서 갱도를 깊이 뚫고, 사람의 발길이 닿지 않는 곳에서 줄에 매달린 채 흔들리며 일한다.

5 먹거리는 땅에서 나오지만 광석을 캐내는 땅 밑은 불이 땅을 녹이는 용암이 있어 위험하다.

6 그 광석에는 청옥과 사금도 있지만

7 그 광석이 있는 지하의 광맥은 솔개도 모르고, 매의 눈도 보지 못하며,

8 용맹스러운 짐승과 사나운 사자도 그곳에 가 본 적이 없다.

9 사람이 단단한 바위를 깨고, 산을 완전히 파헤치며,

10 바위 가운데를 파서 채광에 방해되는 물을 빼내기 위해 수로를 만들고, 각종 보물을 확인하고

11 누수를 막아 스며 나가지 않게 한 후 감추어져 있던 광석을 캐낸다.

12 그러나 참된 지혜는 어디서 찾으며, 명철은 어디에 있는가?

13 사람은 그것을 찾는 길을 알지 못하니 세상에서는 찾을 수가 없다.

14 깊은 물도, 바다도 '내게는 그것이 없다'라고 말한다.

15 지혜는 정금과도 바꿀 수 없고, 명철은 수많은 은으로도 살 수 없다.

16 오빌에서 나는 금이나 루비, 곧 청옥수나 남보석, 곧 사파이어 보석으로도 그것을 살 수 없다.

17 지혜와 명철은 황금이나 수정과도 비교할 수 없고, 정금 장식품으로도 바꿀 수 없다.

18-19 그것은 진주와 벽옥과도 비교할 수 없으니, 그 지혜의 값은 산호와 구스에서 나는 황옥, 곧 귀감람석으로도 비교할 수 없고 정금과도 비교할 수 없을 만큼 귀하다.

20 그런즉 지혜를 어디서 찾을 수 있으며, 명철은 어디에 있는가?

21 그것은 숨겨져 있어 어떤 생물도 볼 수 없고, 공중의 새도 볼 수 없다.

22 멸망과 사망까지도 '단지 우리가 귀로 그 소문만 들었다'라고 말한다.

23 오직 하나님만이 참된 지혜와 명철이 있는 곳을 아신다.

24 그분은 땅끝까지 보시고 온 천하를 살피시기 때문이다.

25 하나님은 바람의 무게도 측량하시며, 온 세상의 물의 분량도 측량하신다.

26 그분은 비를 내리는 법칙을 정하시고, 비구름과 우레를 만드셨다.

27 창조 때 하나님은 지혜를 보시고 그 위에 자연의 법칙을 정하셨다.

28 하나님께서 사람에게 '보라. 나를 경외하는 것이 참된 지혜이며, 악에서 떠나는 것이 명철이다'라고 말씀하셨다."

욥의 마지막 말

29 ●욥이 계속해서 속담으로 말했다.

2 "하나님께서 나를 지켜 주시던 그 옛날이 다시 오면 좋겠다.

3 그때는 하나님의 등불이 내 머리를 비췄고, 내가 그 빛으로 말미암아 흑암에서도 안전하게 걸어다녔다.

4 내 힘이 넘치던 날과 같이 지내기를 간절히 소망하니 그때는 하나님께서 내 장막 집에 축복을 내려 주셨다.[1)]

---

1) 기름을 발라 주셨다

5 그때는 전능한 하나님께서 나와 함께 계셨으며, 내 자녀, 젊은이들이 항상 내 주위에 함께 있었다.

6 그때는 우유로 내 발을 씻었으며, 기름이 반석에서 시냇물을 쏟아내듯이 풍요가 넘쳤다.

7 그때는 내가 밖으로 나가 성문에 다다르기도 전에 사람들이 내 자리를 준비할 정도로 높은 지위에 있었다.

8 나를 보면 젊은이들은 길 옆으로 비켜섰으며, 노인들은 일어나서 내게 존경의 모습을 보였다.

9 지역 유지들은 하던 말을 멈추고 내게 조심해서 말했으며,

10 지도층에 있는 귀족들은 그들의 혀가 입천장에 붙은 것처럼 말소리를 낮추었다.

11 내 말을 듣는 자들은 모두 나를 축복했고, 나를 보는 자들은 나를 칭찬했다.

12 이렇게 된 모든 것은 내가 도움을 원하는 가난한 자들을 도와주고, 도와줄 자 없는 고아를 내가 보살폈기 때문이다.

13 망하여 소망이 없는 자까지도 내게 복을 빌었으며, 과부의 마음도 나 때문에 기뻐 노래했다.

14 나는 옷을 입듯 의로움으로 하나님 앞에 경건하게 살았으며, 항상 입고 쓰는 겉옷과 터번[1]과 같이 언제나 정의롭게 살았다.

15 나는 눈먼 자의 눈도 되고, 다리를 저는 사람의 발도 되었으며,

16 궁핍한 자에게 아버지가 되어 주었고, 나와 관계가 없는 사람의 억울한 송사를 들어주었다.

17 불의를 행하는 자의 턱뼈를 부수고, 잇새에 있는 물건을 다시 찾아 주기도 했다.

18 그때 나는 스스로 말했다. '나는 모래알이 많은 것처럼 장수하다가 내 보금자리, 집에서 편히 숨을 거둘 것이다.'

19 내 뿌리는 물로 뻗어 나가고, 내 가지는 밤새 내린 이슬로 젖을 것이다.

20 내 영광은 계속되고 내 손에서 내 힘[2]은 더욱 커져 갔다.

21 사람들은 내 말을 듣고 희망을 가졌으며, 내가 가르칠 때 조용히 기다렸다.

22 그들은 내 말이 끝난 후에도 말조심을 했으니 이는 내 말이 그들에게 감동을 주었기 때문이다.

23 그들은 가뭄에 내리는 단비를 기다리듯 나를 기다렸으며, 봄비를 맞이하듯 내가 하는 말에 주목했다.

24 그들이 의지할 데가 없어 용기를 잃었을 때 내가 그들을 향해 웃어 주면 그들은 웃는 내 얼굴빛을 귀하게 여겼다.

25 나는 그들이 가야 할 길을 지도해 주고, 왕이 군대를 거느린 것처럼 그들을 대했으니 나는 애곡하는 자를 위로하는 사람이었다.

30

그러나 지금은 나보다 어린 자들이 나를 비웃는구나. 이전에 나는 그들의 아버지들을 내 양 떼를 지키는 개만치도 못한 자들로 여겼다.

2 나이 든 자들의 기력이 쇠약해졌으니 그들의 힘이 내게 무슨 도움이 되겠는가.

3 그들은 궁핍과 기근으로 수척해졌으며, 밤중에 메마른 땅에서 먹을 것을 찾아헤맸다.

4 그들은 가시덤불 일종인 떨기나무 가운데서 짠나물을 꺾으며, 로뎀나무, 곧 대싸리 뿌리로 연명했던

1) 모자 2) 화살

자들이 아닌가.

5 사람들이 그들에게 소리를 지르므로 도둑 취급을 당하고 사람들에게서 쫓겨나

6 음침한 골짜기와 흙 구덩이와 바위 굴에서 살았다.

7 그들은 떨기나무 속에서 짐승처럼 부르짖으며 가시나무 아래에 모여 있었다.

8 그들은 본래 이름도 없는 우둔한 자의 자식으로 고향에서 쫓겨난 자들이었다.

9 그런 그들이 이제는 노래로 나를 비웃으니 내가 그들의 놀림거리가 되었다.

10 그들이 나를 싫어하여 멀리하고 내 얼굴에 침 뱉기를 주저하지 않는다.

11 이 모든 것은 하나님께서 내 활줄을 늘어지게 하시고, 나를 괴롭게 하는 사람들이 내게 마음대로 하도록 그들의 굴레를 벗겨 주셨기 때문이다.

12 나를 멸시하고 조롱하던 비천한 자들이 내 오른쪽에서 일어나 내 발을 차고, 나를 둘러싸 죽이려고 한다.

13 그들이 내가 가는 길을 막고 나를 죽이려고 하는데도 나를 도와줄 사람은 없다.

14 그들이 성을 무너뜨리고 그 무너진 성벽으로 몰려드는 것처럼 내게도 달려드니

15 순식간에 공포가 내게 엄습하는구나. 그들이 내 체면을 바람처럼 날려 버리니 내 생명은 흘러가는 구름처럼 위태하구나.

16 이제는 내 생명의 기운이 다해 가니 고난의 날만이 나를 기다리고 있다.

17 밤이 되면 내 뼈가 쑤시니 내 고통이 멈추지 않는다.

18 하나님은 크신 능력으로 내 옷을 움켜 잡으시고, 내 옷깃을 감아 조이신다.

19 하나님은 나를 진흙탕 가운데 던지시고, 나를 먼지와 재와 같게 하셨다.

20 내가 하나님께 부르짖었으나 그분은 내게 응답하지 않으셨고, 내가 하나님 앞에 섰으나 그분은 나를 돌아보지 않으신다.

21 하나님은 내게서 돌이키사 가혹하게 하시고, 크신 능력으로 나를 치신다.

22 하나님은 무서운 힘으로 나를 던져 바람에 날아가게 하신다.

23 내가 알고 있다. 하나님은 나를 죽도록 내버려 두사 죽으면 모든 사람이 가는 무덤으로 나를 보내려고 하신다.

24 나는 넘어질 때 도와 달라고 손을 내밀었고, 재앙을 당할 때 도와 달라고 부르짖었다.

25 나는 고생하는 사람을 위해 울었으며, 가난한 자를 보고 불쌍히 여기지 않았는가?

26 내가 행복을 바랐으나 도리어 불행이 찾아왔고, 빛을 기다렸으나 흑암이 찾아 왔다.

27 내 마음이 들끓어 평온함이 없고, 고난의 날이 내게 임했구나.

28 나는 햇빛을 쬐지 않았음에도 검어진 피부를 가지고 걸으며 사람들에게 도와 달라고 외친다.

29 나는 이리의 형제이며, 타조가 내 친구가 되었구나.

30 피부는 검게 변했고, 내 뼈는 열기로 인해 끊어지듯 아프구나.

31 내 수금은 통곡 소리를 내고, 내 피

리는 탄식 소리를 내는구나.

31 나는 정욕을 버리고 순결하게 살기로 스스로에게 약속했으니 어찌 처녀에게 주목하겠느냐?

2 만일 그렇게 하면 위에 계신 하나님께서 내게 무엇을 주시겠으며, 하늘에 계신 전능하신 하나님께서 내게 무슨 유업을 주시겠느냐?

3 불의를 행한 자에게는 환난이 닥치고, 악을 행하는 자에게는 불행이 닥친다.

4 하나님은 내 길을 살피며, 내 걸음을 헤아리신다.

5 만일 내가 거짓을 행하고 남을 속였다면

6 하나님께서 나를 공평한 저울에 달아 내 온전함이 어떤지 아시기를 원하노라.

7 그래서 내 걸음이 하나님께서 주신 교훈과 계명의 옳은 길에서 벗어났거나, 내 마음이 유혹에 넘어갔거나, 내 손에 죄를 지은 흔적이 있었다면

8 내가 심은 것을 다른 사람이 추수해가고, 내 소산물이 뿌리째 뽑혀 못 먹게 되어도 나는 마땅하다고 생각할 것이다.

9 만일 내가 아름다운 여인에게 유혹되어 그 이웃의 문에 숨어 여인을 기다렸다면

10 내 아내가 하인이 되어 타인의 맷돌을 돌리며 그와 더불어 동침해도 나는 할말이 없을 것이다.

11 여인의 유혹에 빠져 죄를 짓는 일은 참으로 음란한 일이며 심판을 피하지 못할 죄악이다.

12 만일 내가 그런 짓을 했다면 그것은 멸망의 불과 같은 것이니 내 모든 소산물을 집어삼켜도 마땅하다.

13 만일 내가 남종이나 여종이 내게 불만을 표출했다고 해서 내가 그들의 권리를 무시하고 괴롭혔다면

14 하나님께서 심판하실 때 내가 어떻게 되겠으며, 내가 그분께 무슨 대답을 할 수 있겠느냐?

15 우리를 뱃속에서 지으신 이가 한 분 하나님이시니, 나를 태 속에 만드신 하나님께서 그들도 만들지 아니하셨느냐?

16 내가 언제 가난한 자의 바람을 거절했거나 과부를 실망시킨 적이 있었는가?

17 나 혼자만 빵을 배불리 먹고 고아에게는 그 빵 조각을 주지 않았는가?

18 나는 젊을 때부터 고아를 아버지처럼 길렀으며, 어렸을 때부터 과부를 보살폈다.

19 만일 내가 입을 옷이 없는 사람을 모르는 체하고, 덮을 이불이 없는 가난한 자를 모르는 체했다면,

20 또 내 양털로 그들의 몸을 따뜻하게 입혀 그들이 나를 위해 복을 빌게 하지 않았다면,

21 내가 송사를 판결하는 위치에 있을 때 성 내의 유력 인사와 결탁하여 고아 같은 약한 자들을 억울하게 한 일이 있었다면,

22 내 팔이 빠지고 그 뼈가 부스러져도 마땅하다.

23 나는 하나님의 재앙을 크게 두려워하고 그의 위엄 때문에 그런 악행을 할 수 없다.

24 만일 내가 금에 소망을 두고 정금을 의지했다면,

25 만일 수고로 얻은 많은 재물의 풍부함으로 하나님보다 그것을 더 기뻐했다면

26 만일 해와 달빛을 보고

27 내 마음이 유혹되어 손을 모아 그
것을 경배했다면,

28 그런 일도 심판 받을 죄악이니 내
가 그렇게 했다면, 하늘에 계신 하
나님을 속이는 것이다.

29 나는 나를 미워하는 자의 멸망까
지도 기뻐하지 않았으며, 그가 재
난당한 것을 보고도 통쾌하다고
좋아하지 않았다.

30 나는 절대로 그가 죽기를 바라는
저주하는 말로 내 입을 범죄하게
하지 않았다.

31 내 장막 집에 있던 사람들은 주인
의 고기로 배부르게 먹지 않았던
가?

32 나는 나그네에게 내 문을 열어 주고
그가 거리에서 자지 않도록 했다.

33 나는 다른 사람들처럼 내 악행을
숨긴 일이 없으며, 내 죄를 내 속에
감추지 않았다.

34 나는 많은 사람과 여러 종족이 나
를 모욕하는 것 때문에 두려워 대
문 밖으로 나가지 못하고 조용히
지내지 않았다.

35 누구든지 내 변명을 들어 보라. 나
를 고소한 고소장[1]이 여기 있으니
전능자 하나님께서 내게 판단해
주시기를 원한다. 나를 고소하는
자가 있다면 그에게 고소장을 쓰
도록 하라.

36 내가 그 고소장을 어깨에 메고 왕
관처럼 머리에 쓰기도 하겠다.

37 내가 행한 일들을 그분께 고하고
왕족처럼 그분께 가까이 나아갈
수 있을 것이다.

38 만일 내 밭이 나를 향해 착취를 당
했다고 부르짖고 밭이랑이 함께
울부짖었다면,

39 내가 대금을 지불하지 않고 다른
사람의 농작물을 빼앗아 먹고 그

로 인해 소유주의 생명을 잃게 했
다면

40 밀 대신에 가시나무가 나고, 보리
대신에 엉겅퀴[2]가 나는 것이 마땅
하다.” 이와 같이 말한 후 욥은 말
하는 것을 멈췄다.

엘리후가 화를 냄

32 ● 욥이 계속해서 자신이 옳다
고 주장하자 그의 세 친구는
더 이상 대꾸하지 않았다.

2 그러자 그동안 잠잠했던 람 종족
중 부스 출신인 바라겔의 아들 엘
리후가 화를 냈다. 그가 욥에게 화
를 내는 것은 욥이 하나님보다 자
기가 옳다고 주장했기 때문이다.

3 또 욥의 세 친구에게 화를 내는 것
은 그들이 욥이 잘못했다고 주장
하면서도 욥에게 분명한 대답을
하지 못했기 때문이다.

4 엘리후는 욥과 그의 세 친구보다
몇 살 더 어렸기 때문에 욥에게 말
하는 것을 참고 있다가

5 세 사람이 더 이상 대답할 말이 없
는 것을 보고 화를 냈다.

엘리후의 말

6 ● 부스 출신인 바라겔의 아들 엘
리후가 대답했다. “나는 당신들보다
나이가 어리기 때문에 내 의견을

Q&A 저울(욥 31:6)

공평은 규범에서 벗어나지 않는 것을 말하고, 저
울은 물건의 양을 측정하는 수치의 효시가 된 측
량 기구이다. 공평한 저울은 당시 상업적 매매
관행에 있어 계량 수치를 조작하지 않는 것을 말
한다. 본절에서는 재판이나 상업 등에 있어 편견이
나 속임수가 없는 정의를 나타내는 데 은유적으
로 사용되었다. 그래서 욥은 자신의 옳음에 대해
인간의 행위를 정확히 판단하시는 하나님의 공
정한 저울에 달리기를 원하고 있다.

---

1) 서명　2) 독보리, 감부기

감히 내놓지 못하고 뒷전에 있었습니다.

7 나는 나이가 많은 자가 말하고, 연륜 많은 자가 지혜를 가르칠 수 있다고 생각했습니다.

8 그러나 사람에게는 영이 있고, 전능자의 숨결이 사람에게 깨달음을 주십니다.

9 나이가 들었다고 다 지혜롭거나, 연륜이 있다고 옳고 그름을 깨닫는 것이 아닙니다.

10 그러므로 내가 하는 말을 들으십시오. 이제부터 나도 내 의견을 말하겠습니다.

11 이제까지 나는 당신들의 말이 끝나기를 기다렸습니다. 나는 그동안 당신들이 주장하는 말을 귀담아듣고 있었습니다.

12 내가 자세히 들어보니 당신들 가운데 욥의 주장을 꺾을 만한 대답을 하는 자가 없습니다.

13 당신들은 '우리가 지혜[1]를 깨달았으니 이제 욥에게 반박할 자는 하나님뿐이며 사람 중에는 없다'라고 말하지 마십시오.

14 만일 욥이 내게 자기의 이론을 제기했다면 나는 당신들과 같은 논조로 욥에게 대답하지 않았을 것입니다."

15 엘리후가 이렇게 말한 것은 욥의 친구들이 욥의 말에 어리둥절하여 그에게 다시 대답하지 못했기 때문이다.

16 이에 엘리후가 말했다. "당신들이 더 이상 말을 하지 못하고 조용히 있으니 내가 어찌 더 기다릴 수 있겠습니까?

17 나도 당신들처럼 할말을 하고 내 의견을 말할 것입니다.

18 이에 대해 나는 할말이 많고 내 속에

있는 영도 내게 말하라고 합니다.

19 지금 내 속은 봉한 포도주 통 같고, 터지게 된 새 가죽 부대와 같습니다.

20 그러므로 내가 말해야 내 속이 시원하리니 내 입을 열어 대답할 것입니다.

21 나는 결코 사람의 눈치를 보지 않을 뿐 아니라 사람에게 영광을 돌리지도 않을 것입니다.

22 나는 아첨할 줄을 모르기 때문입니다. 만일 내가 아첨의 말로 하면 나를 창조하신 분이 속히 내 생명을 거두셔도 좋습니다."

엘리후가 욥에게 말함

33 ● 그런즉 욥 어르신은 내가 하는 말에 귀담아들으시기 바랍니다.

2 내가 입을 여니 내 혀가 입에서 말합니다.

3 나는 양심에 따라 말하며, 있는 그대로 진실만을 말할 것입니다.

4 하나님의 영이 나를 지으셨고, 전능하신 분의 호흡이 내게 생명을 주셨습니다.

5 그러니 당신이 내 말을 듣고 대답할 수 있다면 그렇게 하기를 바랍니다.

6 나와 당신은 모두 흙으로 지음 받은 피조물이니 하나님 앞에서 동일합니다.

7 그러므로 내 인간적 권위로는 당신을 두렵게 할 수 없고, 내 손으로는 당신을 억누르지도 못합니다.

8 당신은 내가 듣는 데서 말했으며, 나도 당신의 말을 들었습니다.

9 당신은 '나는 깨끗하고 순전하며 결코 악인이 아니며 죄가 없다.

10 단지 하나님께서 내게서 허물을 찾고, 나를 원수 대하듯 하시며,

1) 진상

11 내 발에 족쇄를 채우시고, 내 모든 길을 감시하신다'라고 했습니다.

12 이제 내가 그 말에 대해 당신에게 대답합니다. 그 말에 당신이 의롭지 못한 것은 하나님은 사람보다 위대하시기 때문입니다.

13 하나님께서 당신의 말에 응답하지 않으신다고 해서 어찌 하나님께 불평할 수 있겠습니까?

14 하나님은 한 번 말씀하시고 다시 말씀하시지만 사람은 깨닫지 못합니다.

15 사람이 침대에서 졸거나 깊이 잠들 때, 밤중에 꿈이나 환상을 볼 때

16 그분은 사람의 귀를 열어 말씀하십니다.

17 그것은 사람들이 자신의 못된 행실을 버리고 교만하지 않게 하시려는 것입니다.

18 하나님은 사람의 영이 구덩이, 곧 무덤에 빠지지 않도록 지키시며, 칼에 맞아 죽지 않게 보호하십니다.

19 하나님은 당신의 뜻을 깨닫게 하기 위해 뼈가 쑤시는 병상의 고통을 주시기도 합니다. 그때는

20 밥맛이 떨어지고 그의 마음은 별미까지 귀찮아 합니다.

21 그의 몸은 수척하여 보이지 않던 뼈가 튀어나옵니다.

22 그의 마음은 무덤에 가 있고 죽음이 그에게 가깝게 다가옵니다.

23 그때 1천 천사 중 하나가 하나님과 사람 사이의 중보자로 어떻게 도와야 할지를 말할 것입니다.

24 그러면 하나님은 그 사람을 불쌍히 여기사 '그를 무덤에 들어가지 않도록 하라. 이는 내가 그의 몸값을 받았기 때문이다'라고 말씀하실 것입니다.

25 그리하여 그의 살갗은 젊은이보다 부드러워지며 젊음을 회복할 것입니다.

26 그는 하나님께 기도하고, 하나님은 그 기도를 들으실 것입니다. 그래서 그에게 은혜를 베풀어 그가 큰 소리로 기뻐하며, 자신의 얼굴을 보게 하시고, 사람들 앞에 그의 의로움을 회복시키실 것입니다.

27 그때 그는 사람 앞에서 '내가 범죄하여 옳은 것을 그르쳤으나 벌을 받지 않았습니다'라고 말할 것입니다.

28 또 '하나님께서 내 영혼을 건지사 무덤 구덩이에 들어가지 않게 하셨으니 내가 죽지 않고 세상의 빛을 봅니다'라고 할 것입니다.

29 참으로 하나님께서 이 모든 일을 사람에게 거듭 행하시는 것은

30 그들의 영혼을 무덤에서 이끌어 생명의 빛을 비추게 하기 위함입니다.

31 욥 당신은 내 말을 귀담아 들으십시오. 계속 묵묵히 내 말을 들으십시오. 내가 말할 것입니다.

32 만일 무슨 할말이 있거든 하십시오. 내가 기쁜 마음으로 분명히 답변해 드리겠습니다.

33 만일 할말이 없으면 조용히 제 말을 들으십시오. 내가 지혜로 당신에게 가르쳐 드리겠습니다."

34 엘리후가 계속해서 욥에게 말했다.

2 "지혜와 지식이 있다고 스스로 생각하는 자들은 내 말을 들으십시오.

3 혀가 음식의 맛을 아는 것처럼 귀가 말을 알아듣습니다.

4 우리가 어떤 것이 옳고 선한 것인지 서로 알아봅시다.

5 욥 당신은 '나는 의롭지만 하나님께서 내 의를 인정하지 않으셨다.

6 내가 정직함에도 하나님은 나를

거짓말쟁이라 취급했으며, 나는 죄가 없는데 하나님은 내게 화살로 상처를 입혀 죽이려고 하신다'라고 말씀하셨습니다.

7 세상에 당신과 같이 비방을 물 마시듯 하는 사람이 어디에 있습니까?

8 악행을 하는 자들과 함께 다니면서

9 '사람이 하나님을 기쁘게 하지만 아무런 유익이 없다'라고 말합니다.

10 그러므로 현명한 어른들은 내 말을 들으십시오. 하나님은 악을 행하지 않으시며, 전능하신 분은 결코 불의를 행하지 않으십니다.

11 그분은 사람의 행위를 따라 보응하십니다.

12 참으로 하나님은 악을 행하지 않으시며, 전능하신 분은 공의를 굽게 하지 않으십니다.

13 누가 땅과 온 세상을 하나님께 맡겼습니까?

14 만일 하나님께서 뜻을 정하여 사람의 영과 목숨을 거두신다면

15 모든 육체가 죽으며, 그 몸은 흙으로 돌아갈 것입니다.

16 만일 욥 당신이 지혜롭다면 내 말을 귀담아들으십시오.

17 정의를 미워하는 분이라면 어떻게 하나님께서 당신을 다스리시겠으며, 의롭고 전능하신 분을 당신이 옳지 못하다고 하겠습니까?

18 하나님은 세상의 왕에게도 쓸모없다고 하시며, 귀족¹'들에게도 악하다고 하십니다.

19 높은 지위에 있는 자들이라고 외모로 대해 다른 사람보다 더 생각해주지 않으시며, 부자라고 해서 가난한 자들보다 낫게 여기지 않으십니다. 그것은 그들 모두 그분의 손으로 지으셨기 때문입니다.

20 사람은 언제 죽을지 모릅니다. 하나님께서 치시면 세력 있는 자도 사람의 손을 빌리지 않고 죽임을 당합니다.

21 하나님은 사람이 행하는 길을 항상 살피시며, 사람의 모든 걸음을 보고 계십니다.

22 그러므로 악을 행하는 자는 숨을 만한 흑암이나 사망의 그늘이 없습니다.

23 하나님은 사람을 심판하기 위해 조사할 필요가 없으시니

24 권세 있는 자라도 조사할 것 없이 폐하시고 그를 대신하여 그 자리에 다른 사람을 세우십니다.

25 그렇게 하시는 것은 하나님께서 친히 그들의 행위를 아시기 때문입니다. 하나님은 그들을 밤 사이에도 망하게 하십니다.

26 하나님이 사람들 앞에서 악한 자들을 처벌하시는 것은

27 그들이 하나님을 떠나 제멋대로 살았기 때문입니다.

28 악인들의 행악으로 가난한 자가 부르짖고 그 부르짖음이 하나님께 들리게 했습니다.

29 혹시 하나님께서 잠잠히 계신다고 해도 사람이 하나님께 불평을 말하지 못합니다. 하나님께서 얼굴을 가리신다면 누구도 그분을 만날 수 없습니다. 그분은 민족이나 인류에게 동일하십니다.

30 그렇게 하시는 이유는 경건하지 못한 사악한 자가 권력을 잡아 백성을 괴롭히지 못하게 하기 위함입니다.

31 당신은 하나님께 '내가 죄를 지었습니다. 그러나 다시는 죄를 짓지 않겠습니다.

1) 지도자

32 내가 깨닫지 못한 것을 가르치십시오라고 말한 적이 있습니까?

33 당신이 죄를 인정하지 않는다고 해서 하나님께서 당신의 뜻대로 하실 것이라고 생각합니까? 그렇다면 그것은 당신이 스스로 결정한 것으로 구태여 내가 대답할 일이 아닙니다. 그러니 할말이 있으면 하십시오.

34 명철한 자와 내 말을 듣는 지혜로운 사람은 내게 말하기를

35 '욥이 말하는 것이 무식하니 그가 하는 말이 지혜롭지 못하다'라고 할 것입니다.

36 나는 욥 당신이 자신의 죄를 인정할 때까지 징계를 받아야 한다고 생각합니다. 그 대답이 악인과 같기 때문입니다.

37 당신은 죄를 인정하지 않고, 그에 더해 여전히 손뼉을 치며 하나님을 거스리는 말을 많이 하고 있습니다."

35 엘리후가 욥에게 계속 말했다.

2 "당신은 아직도 자신이 옳다고 생각합니까? 아직도 자신의 의로움이 하나님께로부터 왔다고 생각합니까?

3 당신은 죄를 짓지 않는 것이 내게 무슨 이익이 있으며, 범죄하지 않는 것이 어떤 소득이 있겠느냐고 묻는 것에 대해

4 내가 당신과 당신의 친구들에게 대답하겠습니다.

5 당신은 당신보다 높이 뜬 하늘의 구름을 바라보십시오.

6 당신이 죄를 지었다고해서 그것이 하나님께 무슨 영향이 있겠으며, 당신의 죄가 수없이 많다고 해서 그것이 하늘보다 높은 하나님께 무슨 해가 되겠습니까?

7 당신이 의롭다고 해도 그것이 하나님께 얼마나 유익이 되겠으며, 그분이 당신에게 무엇을 받겠습니까?

8 당신의 죄악은 당신과 같은 사람에게나 영향을 끼치고, 당신의 의로움은 인생에게나 이로움을 줄 뿐입니다.

9 사람은 학대를 받을수록 더 크게 부르짖으며, 통치자 군주들의 힘에 눌리면 소리를 칩니다. 그러나

10 자신을 창조하신 하나님이 어디 계시며, 밤중에 노래를 부르는 기쁨을 주는 분이 어디에 계시느냐고 말하는 사람은 없습니다.

11 사람들은 자기들을 땅의 짐승들보다 더 낮도록 가르치고, 하늘의 새들보다도 더욱 지혜롭게 하시는 분이 어디 있느냐고 말하지 않습니다.

12 악인이 그곳에서 부르짖지만 대답하는 자가 없는 것은 그들의 교만 때문입니다.

13 전능하신 하나님은 헛된 말로 부르짖는 것을 결코 듣지 않으십니다.

Q&A "죄를 짓지 않으면 무슨 이익이 있느냐"의 뜻은?(욥 35:3)

욥이 "죄를 짓지 않는다고 무슨 이익이 있느냐?"라는 말은 한 이야기에서 찾을 수 있다. 한 수도사가 도시에 물건을 사러 갔다가 여인의 미혹을 받고 죄를 짓게 되지만 돌아와 회개하고 참 믿음에 이르게 되었다. 그러나 다른 수도사는 유혹을 뿌리치고 수도원으로 돌아왔지만 돌아온 것을 후회하며 여인에 대한 생각으로 수도 생활을 할 수 없었다." 한 번쯤 믿음에 대해 눈을 감고 세상적으로 돌아오는 이익과 희락을 믿음 때문에 잃게 되는 경우 갈등을 겪게 된다. 본절의 말은 욥의 믿음이 흔들렸다기보다는 자기 의에 빠져 있지만 그래도 하나님을 붙잡고 있는 욥의 인내를 보게 된다.

14 당신만 '하나님은 볼 수 없지만 자신이 주장하는 옳고 그름은 하나님께서 판단할 수 있으니 나는 하나님을 기다릴 뿐이다'라고 말하는 것은 아닙니다.

15 그러나 아직은 하나님께서 당신의 교만과 위선에 진노하심으로 벌을 주지 않으셨고, 형벌을 내리지 않으셨기 때문에

16 욥 당신은 헛된 말을 하고 지식 없는 어리석은 말을 많이 합니다."

36 엘리후가 계속해서 말했다.

2 "당신은 내가 말하는 것을 조금 더 들어주십시오. 나는 하나님의 입장에서 아직 할말이 있습니다.

3 나는 멀리 떨어진 곳에서 지식을 얻었습니다. 그리고 나를 창조하신 의로운 하나님께 말하겠습니다.

4 참으로 당신은 온전한 지혜를 가진 나와 함께 있습니다. 내 말은 거짓이 아닙니다.

5 하나님은 전능하시지만 그 누구도 무시하지 않으시고, 그의 지혜가 무한하기 때문에

6 악인을 결코 용납하지 않으시며, 고난받는 자에게 공의를 베푸사 복을 내리십니다.

7 하나님은 의인에게서 눈을 떼지 않고 그들을 지키시며, 그들을 왕처럼 대해 영원토록 존귀하게 하십니다.

8 혹시 그들이 쇠사슬에 묶였거나 환난의 줄에 얽혔다면

9 그것은 그들이 저지른 소행과 악행과 자신들의 교만한 행위를 알게 하시기 위함입니다.

10 또한 그들로 자신의 훈계를 듣게 하시고, 죄악에서 돌이키도록 경고하십니다.

11 만일 그들이 하나님께 순종함으로 섬기면 번영과 평안의 날을 보내게 될 것입니다.

12 그러나 그들이 순종하지 않으면 칼에 망하며 지식 없이 죽을 것입니다.

13 마음이 경건하지 않은 사악한 자들은 분노를 품고 하나님께서 징계를 내리셔도 도와달라고 기도하지 않습니다.

14 그런 자들은 남자 창기와 함께하는 부도덕한 삶을 살다가 일찍 죽을 것입니다.

15 하나님은 고난 당하는 자를 그 고난에서 구해 주시며, 고통당할 때 말씀을 들을 수 있도록 그의 귀를 여십니다.

16 그러므로 하나님은 당신을 환난 가운데서 이끌어내시고 평안한 곳으로 옮기셨으며, 당신의 상을 기름진 음식으로 채워 주셨습니다.

17 그렇지만 지금의 당신은 악인이 받아야 할 심판을 받고 있으며, 그것은 공의로운 심판을 받고 있는 것입니다. 그러나

18 당신은 하나님의 진노에 대해 분노하지 않도록 조심하십시오. 그렇지 않으면 많은 예물[1]을 드려도 구원을 받지 못할 것입니다.[2]

19 당신의 부르짖음이나 능력은 괴로움 가운데 있는 당신에게 결코 도움이 되지 못할 것입니다.

20 당신은 밤을 기다리지 마십시오. 인생들은 자기 집에서 끌려갈 것입니다.

21 더 이상 죄를 짓지 마십시오. 환난이 있다고 그렇게 하면 안 됩니다.

22 하나님은 높고 능력이 많으신 분이니 누가 하나님처럼 훈계할 수

---

1) 뇌물 2) 그릇된 길로 가게 할까 조심하라

있겠습니까?

23 누가 그분에게 옳고 그름을 말할 수 있으며, '이것은 잘못 행하셨습니다'라고 감히 말할 수 있겠습니까?

24 당신은 하나님께서 하신 일을 기억하고 높여 찬양하는 것을 잊지 마십시오. 다른 사람들도 그분이 하신 일을 찬양합니다.

25 그분이 베푸신 일은 멀리 있는 사람까지 모르는 사람이 없습니다.

26 하나님은 지극히 위대하시기에 우리가 그분을 알 수 없고, 그분의 연수를 인간이 감히 헤아릴 수 없습니다.

27 하나님은 물방울을 가늘게 하사 빗방울이 증발하여 안개가 되게 하십니다.

28 그리고 그것이 구름에서 내려 많은 사람에게 쏟아지게 하십니다.

29 여러 겹으로 널려 있는 구름과 그의 장막에서 나오는 천둥소리를 누가 능히 깨달을 수 있겠습니까?

30 하나님은 번갯불로 자신의 주위를 펼치시며, 바다 밑까지 비추십니다.

31 이렇게 하나님은 모든 사람을 다스리시며, 음식을 풍족히 주시는 분입니다.

32 하나님은 번갯불을 손으로 잡으시고 번갯불로 표적을 치십니다.

33 그의 천둥소리가 몰려오는 바람과 비를 알려주니 가축도 그것을 알고 있습니다.

37 그 천둥소리 같은 하나님의 말씀을 들으면 내 마음이 떨리며 자신을 사로잡습니다.

2 당신은 하나님의 입에서 나오는 하나님의 음성을 분명히 들으십시오.

3 그 소리를 천하에 알리시며, 번갯불을 땅끝까지 비추게 하십니다.

4 그후 위엄 있는 음성으로 천둥을 치시며, 그 음성은 번개처럼 우렁차게 퍼집니다.

5 하나님은 천둥소리 같은 놀라운 음성을 발하시며, 우리가 측량할 수 없는 큰일을 행하십니다.

6 하나님께서 명령하시면 눈이 땅에 내리며 적은 비와 큰 비도 내립니다.

7 그래서 비 때문에 자신의 일을 쉴 수밖에 없도록 하시므로[1] 모든 사람에게 하나님께서 세상을 창조하신 것을 알게 하십니다.

8 그때는 짐승들도 나오지 못하고 땅속에 들어가 자기 처소에 머뭅니다.

9 폭풍 속에 내리는 비가 밀실[2]에서 나오고 추위는 북풍을 타고 옵니다.

10 하나님께서 내뿜으시는 입김으로 얼음이 얼고, 호수 같은 넓은 곳의 물조차도 물의 너비가 줄어들어[3] 얼어붙습니다.

11 또한 그분은 빽빽한 구름 속에 습기를 더하여 번개를 내시고, 구름을 흩어지게도 하십니다.

12 구름도 하나님께서 조종하시는 대로 움직이며, 땅과 육지 표면에 있는 모든 자는 그런 하나님의 명령에 따라 행합니다.

13 하나님께서 이런 일이 생기게 하시는 것은 징계를 위하여, 땅을 위하여, 긍휼을 위해서입니다.

14 그러므로 욥 당신은 이것을 듣고 조용히 하나님의 오묘한 일을 깨달으십시오.

15 당신은 하나님께서 어떻게 구름 속에서 번개를 번쩍거리게 하시는지를 압니까?

16 당신은 여러 겹으로 쌓여 널려진 구름과 하나님의 놀랍고도 완전한 지혜[4]를 압니까?

1) 손에 표를 주시어 2) 남쪽 3) 실제로는 커져 4) 지식

17 따뜻한 남풍이 불어 땅이 고요할 때 당신의 옷이 따뜻해지는 이유를 압니까?

18 당신은 하나님께서 청동 구리들을 녹여 부어 두들겨 만드신 거울처럼 단단한 하늘을 펼 수 있습니까?

19 우리가 하나님께 할말을 당신은 우리에게 가르쳐 주십시오. 우리는 아둔하여 하나님의 뜻을 알지 못하겠습니다.

20 내가 하고 싶은 말을 어찌 하나님께 다 할 수 있겠습니까? 내가 무엇 때문에 하나님께서 나를 삼키도록 하겠습니까?

21 그런즉 바람이 불어 하늘이 맑게 되었을 때 그 태양의 밝은 빛을 똑바로 쳐다볼 수 있는 사람은 한 사람도 없습니다.

22 하나님은 황금 같은 빛에 싸여 북쪽에서 오시고, 두려운 위엄 가운데 임하십니다.

23 우리는 전능하신 하나님의 그 크신 권능으로 인해 그분을 능히 찾을 수 없습니다. 그분의 의와 공의는 한없이 크시기 때문에 사람에게 판단을 받지 않으십니다.

24 그러므로 사람들은 오직 그분만을 경외하고, 하나님은 스스로 지혜롭다고 하는 사람들을 무시하십니다."

거울(욥 37:18)

구약 시대의 거울(mirror)은 쇠붙이를 녹여 표면을 닦아 비치게 하여 만들었는데(욥 37:18), 팔레스틴 지역에서는 중기 청동기 이후에 구리로 만든 거울이 발견되었다. 유리로 된 거울은 1세기경 전래된 듯하다. 바울은 구리로 된 거울을 생각하며 "우리가 이제는 거울로 보는 것같이 희미하나 그때에는 얼굴과 얼굴을 대하여 볼것이요"(고전 13:12)라고 했다. 현재 고린도박물관에는 발굴된 구리 거울이 보관되어 있다.

여호와께서 욥에게 말씀하심

38 ● 엘리후가 말을 마친 때 하나님께서 폭풍 가운데 욥에게 나타나 이렇게 말씀하셨다.

2 "무지한 말로 내 뜻을 어둡게 하는 자가 누구냐?

3 너는 허리를 묶고 대장부처럼 내가 묻는 말에 대답하라.

4 내가 세상을 창조할 때 네가 어디에 있었는지 그것을 깨달았으면 대답하라.

5 누가 그 규모와 법칙을 정했는지, 누가 재는 줄로 만물을 측량해 보았느냐?

6 땅의 기초는 무엇 위에 세웠으며, 땅의 모퉁잇돌을 누가 놓았는지 아느냐?

7 세상을 창조할 때 새벽 별들이 노래했으며, 천사 혹은 하나님의 아들들이 모두 기뻐 소리를 질렀다.

8 모태의 양수에서 터져 나오는 아이처럼 바닷물이 그렇게 터져 나와 흘러넘칠 때 그 물이 넘치지 않도록 경계를 정해 놓은 자가 누구냐?

9 그때 내가 구름으로 그 바다를 덮었고², 그것들을 강보로 싸듯 깊은 어둠으로 둘러쌌다.

10 바닷물의 경계를 정하여 문빗장을 지르고

11 말했다. '바닷물은 여기까지만 오고 더 넘어가지 못하리니 바닷물의 높은 파도가 여기서 멈출 것이다.'

12 네가 태어난 날부터 지금까지 누가 아침에게 명령하여 새벽이 찾아오게 했느냐?

13 그 누가 그 햇빛으로 땅끝까지 비추어 그 땅에서 악한 자들이 악행을 하지 못하게 한 일이 있었느냐?

14 빛이 비친 땅이 변해 도장을 찍은

1) 구름장 2) 그 옷을 만들고

것처럼 진흙이 생기고 그것들이 주름잡힌 옷처럼 나타났으나

15 악인에게는 그 빛을 주지 않고 차단되었으니 네가 악인들이 치켜든 팔을 꺾을 수 있겠느냐?

16 너는 바다 밑의 샘에 들어가 본 적이 있었느냐? 깊은 바닷물 밑을 걸어 보았느냐?

17 죽은 자가 들어가는 문이 네게 나타났느냐? 죽음의 그늘진 문을 네가 보았느냐?

18 네가 지구⁴⁾를 측량할 수 있느냐? 네가 그것들을 다 알거든 말해 보라.

19 너는 빛이 어디서 오고 흑암이 어디로 가는지 아느냐?

20 그리고 그것들을 본래 있던 곳으로 데려갈 수 있느냐?

21 너는 빛과 어둠이 창조된 때 태어나서 그것을 아는 사람이냐? 나이가 많다고 그런 것들을 아느냐?

22 네가 눈²⁾ 창고와 우박 창고에 가 보았느냐?

23 나는 환난 때와 전쟁과 싸움의 때를 위해 그것을 남겨 두었다.

24 빛이 흩어지는 곳이나 동풍이 땅에서 흩어지는 길을 네가 아느냐?

25 누가 홍수의 물길을 터 주었으며, 천둥 번개의 길을 내었는지 너는 아느냐?

26 누가 사람이 살지 않는 광야에 비를 내리며,

27 메마르고 황폐한 토지에 흡족한 비를 내려 새싹이 나게 했느냐?

28 아이를 낳는 것처럼 누가 비를 낳았으며, 이슬 방울은 누가 낳았느냐?

29 아이를 배는 어미처럼 얼음은 누구의 태에서 났으며, 공중의 서리는 누가 낳았느냐?

30 물을 돌처럼 단단하게 얼게 하고 깊은 바다의 수면을 얼어붙게 하는 자가 누구인지 아느냐?

31 너는 여러 별³⁾을 한데 매어 묶을 수 있으며, 오리온 별자리의 별들의 띠를 풀 수 있느냐?

32 너는 별자리를 제때 나오게 할 수 있으며, 북두성을 다른 별들에게로 이동할 수 있겠느냐?

33 네가 천체의 궤도를 아느냐? 하늘로 땅에 그 법칙을 세우게 할 수 있느냐?

34 너는 구름에까지 미치는 목소리로 홍수 같은 물이 네게 넘치게 할 수 있겠느냐?

35 네가 번개에게 '번쩍거리며 나가라'고 명령하면 그것이 그대로 하겠느냐?

36 누가 가슴속에 지혜를 주었으며, 마음⁴⁾속에 총명을 준 자가 누구냐?

37 누가 인간의 지혜로 구름의 수를 헤아리며, 하늘의 물병을 기울여

38 티끌이 덩어리를 이루게 하고 흙덩이를 서로 붙게 하겠느냐?

39 너는 사자의 사냥감을 잡을 수 있겠느냐? 굶주린 젊은 사자의 배를 채울 수 있겠느냐?

40 그것들은 굴속에 웅크려 있고, 숲에서 숨어 먹잇감을 기다린다.

41 까마귀 새끼가 먹이가 없어 하늘을 날며 울부짖으며 허우적거릴 때 그것들에게 먹이를 줄 자가 누구냐?

39 1-2 너는 들 염소가 언제 새끼를 치는지 아느냐? 너는 암사슴이 몇 달 만에 만삭이 되는지, 또 새끼를 낳는 때를 아느냐? 새끼 낳는 것을 본 적이 있느냐?

3 그것들이 몸을 웅크리고 새끼를 낳게 되면 새끼 낳는 고통은 지나가고,

4 그 새끼는 강해져 빈 들에서 성장

1) 땅의 너비 2) snow 3) 묘성 4) 수탉

하다가 어미 집을 떠난 후에는 다시 돌아오지 않는다.

5 누가 들나귀를 풀어 자유롭게 했으며, 빠르게 뛰는 들나귀의 맨 끈을 풀었느냐?

6 내가 그 짐승들에게 광야[1]를 집으로 주었으며, 소금기 있는 땅을 그들이 살 곳으로 주었다.

7 들나귀는 성읍에서 나는 시끄러운 소리를 싫어하여 나귀 치는 사람이 지르는 소리를 알아듣지 못한다.

8 들짐승들은 언덕으로 두루 다니며 여러 가지 푸른 풀을 찾는다.

9 그런 들에 사는 소가 어찌 너를 위해 일하겠으며, 네가 만든 우리에서 지내겠느냐?

10 너는 그런 들소를 잡아 줄로 매어 밭이랑을 갈게 할 수 있겠느냐? 그 들소가 어찌 골짜기 논에서 네가 원하는 대로 써레를 끌겠느냐?

11 들소가 힘이 세다고 네가 그것을 의지하고 일을 시킬 수 있겠느냐?

12 그것이 네 곡식을 집으로 실어 오며, 네 타작 마당에 곡식 모으는 일을 그것에게 시킬 수 있겠느냐?

13 타조는 화려한 날개짓을 해도 학의 깃털과 날개만은 못하다.

14-15 타조는 알을 땅에 낳은 후 자기 발에 깨어지고 들짐승에게 밟힐 것을 생각하지 못하고 버려 두어 햇빛을 받은 흙에서 따스해지도록 한다.

16 타조는 제 새끼가 아닌 것처럼 자기 새끼에게 무관심하게 대하고, 알을 낳은 고생이 허사가 된다고 해도 신경 쓰지 않는다.

17 그것은 내가 그 짐승에게 지혜와 총명을 주지 않았기 때문이다.

18 그럼에도 타조는 날개를 펴 뛰어갈 때는 말과 그 위에 탄 자를 우습게

볼 정도로 빠르게 달린다.

19 말의 다리에 힘을 주고 그 목에 난 긴 털[2]을 누가 입혔느냐? 바로 내가 아니냐?

20 네가 말을 메뚜기처럼 뛰게 했느냐? 그 용맹스러운 콧소리가 두려움을 느끼게 한다.

21 말은 골짜기에서 군사들을 향해 힘차게 발굽질을 하며 앞으로 나아간다.

22 그 말은 칼 앞에서도 두려움을 모르고 겁을 내지 않고 물러서지 않는다.

23 그 말의 등[3] 위에서는 화살통과 창과 투창이 번쩍거리며,

24 땅을 종횡무진 달리며, 나팔 소리에도 멈추지 않는다.

25 오히려 나팔 소리가 날 때마다 코에서는 힝힝 소리를 내며, 멀리서도 전쟁에서 나는 피 냄새를 맡고, 사기를 돋우는 지휘관들의 호령과 외치는 소리를 듣는다.

26 매가 하늘로 올라가 날개를 펼쳐 남쪽으로 향하는 것이 어찌 네 명령으로 된 일이냐?

27 독수리가 공중으로 치솟아 높은 곳에 둥지를 짓는 것이 어찌 네 명령을 따라서 된 일이냐?

28 독수리가 낭떠러지에 둥지를 만들고, 날카로운 바위 끝이나 험준한 곳에 살며,

29 그곳에서 먹잇감을 살피는 것은 그 눈이 멀리 볼 수 있기 때문이다.

30 독수리 새끼들도 피를 빨아 먹기 때문에 사체 있는 곳에는 독수리가 있다."

40 여호와께서 욥에게 다시 말씀하셨다.

2 "논박하는 자가 전능자와 변론하려고 하느냐? 나를 향해 비난을 토하는

1) 들 2) 갈기 3) 머리

자는 대답해 보라."

3 욥이 여호와께 대답했다.

4 "참으로 나는 미천한 자입니다. 내가 무엇으로 주께 대답할 수 있겠습니까? 단지 내 손으로 입을 가릴 뿐입니다.

5 내가 한번 말했으나 더 이상 대답하지 않겠습니다."

6 그때 여호와께서 폭풍 가운데서 욥에게 말씀하셨다.

7 "너는 허리를 묶고 대장부처럼 내가 묻는 말에 대답해 보라.

8 네가 내 공평한 판단을 부인하려느냐? 네가 바르다는 것을 세우려고 나를 비난하겠느냐?

9 네가 나처럼 능력이 있느냐? 천둥소리를 낼 수 있느냐?

10 만일 그렇다면 너는 위엄과 존귀로 단장하며 영광과 영화로 옷을 입으라.

11-12 그리고 너는 폭발하는 분노를 멈추게 하고, 교만한 자들을 찾아 그들을 모두 겸손하게 해서 낮아지도록 하며, 악인들의 처소에서 그들을 짓밟아 보라.

13 또 너는 악인들을 함께 진흙더미에 묻고 그들의 얼굴을 싸서 무덤에 묻어 보라.

14 그렇게 하면 네가 스스로 자신을 구원할 수 있다고 내가 인정할 것이다.

15 너는 소처럼 풀을 먹는 하마로 알려진 베헤못을 보라. 내가 너를 지은 것처럼 그것도 내가 창조했다.

16 하마의 힘은 허리에 있으니 그 뱃가죽에 나오는 힘줄을 보라.

17 너는 백향목처럼 흔들리는 하마의 꼬리치는 모습과 서로 얽혀 있는 그 넓적다리의 근육을 보라.

18 그 뼈는 청동관과 같고, 그 갈비뼈¹⁾

는 무쇠 막대기처럼 단단하다.

19 하마는 내가²⁾ 창조한 것들 중에 가장 위험한 짐승이다. 그것을 창조한 나도 칼을 가져야 제압할 수 있다.

20 모든 들짐승이 사는 산은 들짐승을 위해 식물을 만들어낸다.

21 그것들이 연잎 아래서나 갈대 그늘에서나 늪 속에 숨으면

22 연잎 그늘이 그 짐승들을 덮고, 시내 버들이 그것들을 둘러싼다.

23 그 짐승들은 강물이 넘쳐 소용돌이치고, 요단 강물이 쏟아져 그 입으로 들어가도 놀라지 않는다.

24 그 짐승들이 잠을 자지 않고 눈을 뜨고 있을 때는 누구도 잡을 수 없으며, 갈고리로 그것의 코를 꿸 수 없다.

41 네가 낚시로 악어의 일종인 리워야단을 끌어내며, 노끈으로 그 혀를 맬 수 있겠느냐?

2 너는 밧줄로 악어의 코를 꿰며, 갈고리로 그 아가미를 꿸 수 있겠느냐?

3 그것이 이처럼 힘이 세거늘 어찌 네게 살려 달라고 애원하겠느냐?

4 어찌 그것이 너의 영원한 종으로 살겠다고 언약하겠느냐?

5 네가 어찌 힘센 악어를 연약한 새를 가지고 놀 듯 길들여 네 어린 소녀 여종들에게 쥐어 줄 수 있겠느냐?

6 어찌 어부³⁾들이 그것을 잡아 팔 수 있겠으며, 그것을 구입한 상인들이 다시 팔 수 있겠느냐?

7 너는 많은 창으로 악어를 찌르거나 그 머리에 작살을 꽂을 수 있겠느냐?

8 할 수 있으면 네 손을 악어에게 얹어 보라. 그것이 날뛰면 너는 다시

1) 뼈대　2) 하나님께서　3) 장사꾼

싸울 생각을 하지 못할 것이다.

9 그러므로 힘센 악어를 굴복시킨다는 생각은 헛된 것이다. 그 모습만 봐도 겁을 먹을 것이다.

10 아무리 용기 있는 사람도 악어를 깨울 만큼 담대하지 못하다. 하물며 누가 감히 나와 맞서 변론하며 대항할 수 있겠느냐?

11 온 천하에 있는 모든 것이 내 것인데, 누가 먼저 내게 주고 그것을 내게 갚으라고 하겠느냐?

12 내가 악어의 지체와 그 힘과 늠름한 몸에 대해 말하겠다.

13 누가 악어의 가죽을 벗기고 그 입에 이중 재갈을 물릴 수 있겠느냐?

14 누가 무시무시한¹⁾ 이틀이 있는 악어의 턱을 벌릴 수 있겠느냐?

15 악어의 등에 붙어 있는 견고한 비늘은 봉인하듯 촘촘히 붙어 있다.

16 비늘들은 바람이 그 사이로 지나가지 못할 정도로 서로 달라붙어 있다.

17 그것들은 서로 이어져 붙었으므로 떼어 능히 나눌 수도 없다.

18 악어가 재채기를 하면 번개 빛을 발하는 것 같고, 그 눈은 동틀 녘의 새벽 빛과 같다.

19 그 입에서는 타는 횃불이 나오고,

20 그 콧구멍에서는 갈대를 태울 때 솥이 끓는 것과 같은 연기가 나온다.

21 그 입김은 숯불을 지피며, 그 입은 불길을 뿜는 것과 같다.

22 악어의 힘은 그것의 목덜미에 있으니 그 앞에서는 기세에 눌려 두려운 절망만 감돌뿐이다.

23 악어의 근육은 서로 견고하게 밀착되어 뗄 수 없다.

24 그 가슴은 돌과 맷돌 아래짝처럼 단단하다.

25 악어가 한번 일어나면 용사라도 그 앞에서 겁을 먹고 달아난다.

26 칼을 그 등에 꽂아도 소용이 없고, 창이나 투창이나 화살촉도 등에 꽂지 못한다.

27 악어는 쇠를 지푸라기처럼, 구리를 썩은 나무처럼 여기니

28 화살로도 끄떡없고 물맷돌도 겨와 같으니 그것으로는 악어를 제압하지 못한다.

29 악어에게는 몽둥이도 지푸라기와 같으며, 날아오는 창도 우습게 여긴다.

30 악어의 배 아래쪽에는 날카로운 토기 조각 같은 것이 달려 있어서 악어가 지나간 자리의 진흙 바닥에는 도리깨로 친 자국 같은 것이 생긴다.

31 악어는 깊은 물을 마치 솥의 물이 끓는 것처럼 만들고, 바다를 기름 병같이 만든다.

32 악어가 지나가는 뒤에는 물보라 빛이 나오니 깊은 바다에 백발 같은 거품을 일으킨다.

33 세상에는 악어와 비교할 수 있는 짐승이 없으니 악어는 두려움 없는

물맷돌을 던지는 사람(욥 41:28)

이집트의 부조에 의하면 일찍부터(BC 4500년경) 물매를 사용하였다. 그리고 물맷돌로 사용된 것은 BC 3500년경의 것이 테페 가우라(Tepe Gawra)에서 발견되었다. 물매는 시리아인에게도 잘 알려져 있어 물매를 던지는 군사의 모습이 새겨진 돌들이 발견되기도 했다. 히브리인들 가운데는 직업적인 물맷꾼들이 군인으로서 활동했으며(대하 26:14) 목동들도 물맷돌을 사용하였다.(삼상 17:40) 전문적인 물매꾼들은 정확하게 표적을 맞출 수 있었다(삿 20:16). 슥 9:15에는 "이스라엘인들이 원수를 삼키며 물맷돌을 밟을 것이라"고 하였다.

1) 등근

짐승으로 지음을 받았다.

34 그러므로 악어는 높은 곳에 있는 자를 도리어 내려다보며 모든 교만한 자들에게 군림하는 왕과 같다."

욥의 회개

42 ● 하나님의 질문을 들은 욥이 대답했다.

2 "하나님은 어디에나 계시며, 못하시는 일이 없으니 어떤 것이든 하시고 계획하면 반드시 이루십니다.

3 하나님은 알지도 못하면서 무지한 말로 주의 뜻이 옳고 그르다고 가리는 자가 누구냐고 물으셨습니다. 이제 나는 올바로 알지도 못하면서 말했고, 스스로 깨닫지도 못한 어려운 일을 말했습니다.

4 이제는 내가 감히 주께 묻겠사오니 주는 내 말을 들으시고 나로 주의 뜻을 알게 하십시오.

5 내가 하나님께 대해 지금까지는 귀로 듣기만 했는데 이제는 눈으로 직접 주를 봅니다.

6 그러므로 내가 스스로 자신의 허물을 한탄하며, 티끌과 재를 덮어쓰고 회개합니다."

하나님의 결론

7 ● 하나님께서 욥에게 이 말씀을 하신 후 데만 출신인 엘리바스에게 말씀하셨다. "너와 네 두 친구는 나를 화나게 했다. 그것은 내 종 욥이 말한 것처럼 너희가 나를 가리켜 말한 것이 옳지 못하기 때문이다.

8 그런즉 너희는 수소와 숫양을 각각 7마리씩 가지고 내 종 욥에게 가서 너희 죄를 위해 번제로 드리라. 내 종 욥이 너희를 위해 기도해 주면, 내가 그 기도를 듣고 너희의 어리석은 만큼 너희에게 그대로

갚지 않을 것이다. 그것은 내 종 욥이 말한 것처럼 너희가 나를 가리켜 말한 것이 옳지 못하기 때문이다."

9 이에 데만 출신인 엘리바스와 수아 출신인 빌닷과 나아마 출신인 소발 세 사람이 가서 여호와께서 자기들에게 말씀하신 그대로 이행했다. 그리고 여호와께서 욥의 기도를 기쁘게 받으셨다.

여호와께서 욥에게 복을 주심

10 ● 욥이 그의 친구 엘리바스, 빌닷, 소발 3명을 위해 기도할 때 하나님께서 욥이 당한 곤경을 돌이키시고 그에게 이전의 모든 소유보다 갑절이나 더 주셨다.

11 그러자 그의 모든 형제자매와 이전에 알던 모든 사람이 다시 찾아와 그의 집에서 그와 함께 음식을 먹었다. 그리고 하나님께서 욥에게 내린 모든 재앙에 대해 함께 슬퍼하며 위로했고, 그에게 각각 금한 조각인 케쉬타와 금고리 하나씩을 주었다.

12 하나님께서 욥의 말년에 그에게 처음보다 더 큰 복을 주셨다. 그가 1만 4,000마리의 양과 6,000마리의 낙타와 천 겨리, 곧 2,000마리의 소, 1,000마리의 암나귀를 가졌다.

13 또한 아들 7명과 딸 3명을 두었다.

14 욥이 첫째 딸을 '여미마라, 둘째 딸을 '긋시아라, 셋째 딸을 '게렌합북'이라고 불렀다.

15 욥의 딸들은 세상에서 가장 아름다웠다. 욥은 딸들에게도 그들의 오빠들처럼 유산을 물려주었다.

16 그 후 욥은 140년을 살며 아들과 손자 4대를 보았고,

17 장수하다가 나이가 차서 죽었다.

시편

Psalms

제목	히브리어 성경에는 세페르 테힐림('찬양들의 책'), 70인역에는 플살모이('노래들')
기록연대 기원전 15–5세기경	**저자** 다윗 외 다수 **중심주제** 찬양, 메시아 등의 여러 주제 찬양

내용소개 * 다윗(1020–970) 1. 대부분 다윗: 41편 ➡ 제1권(1–41) * 히스기야(970–610)
2. 다윗, 고라: 31편 ➡ 제 2권(42–72) * 요시야(970–610) 3. 아삽, 고라: 17편 ➡ 제3권(73–89)
* 에스라(430) 4. 미상: 17편 ➡ 제 4권(190–106) * 느헤미야(430) 5. 대부분 다윗:44편 ➡ 제 5권(107–150)

제일권

1 1 ● 복이 있는 사람은 악인들의 꾀를 따르지 않고, 죄인들이 가는 길에 함께 가지 않으며, 거만한 자들의 자리에도 앉지 않는다.

2 그는 오직 여호와의 가르침[1]을 즐거워하여 밤낮으로 그의 가르침을 묵상한다.

3 그런 사람은 시냇가에 심은 나무가 계절을 따라 열매를 맺고, 그 잎이 시들지 않는 것처럼 그가 하는 모든 일이 다 형통한다.

4 그러나 악인들은 그렇지 않으니 그들은 바람에 날리는 겨와 같다.

5 그러므로 악인들은 심판 날에 무사하지 못하고, 죄인들은 의인들의 모임에 참여하지 못한다.

6 이는 의로운 자들의 길은 여호와께서 보살펴 주시지만, 악인들의 길은 망할 것이기 때문이다.

2 1 무엇 때문에 이방 나라들이 공모하며, 민족들이 헛된 일을 계획하는가?

2 세상의 왕들이 들고 일어나며, 통치자들이 서로 모의하여 여호와와 그의 기름 부음 받은 자를 대적하여

3 "그들이 우리에게 동여맨 족쇄를 끊고, 그들이 결박한 밧줄을 벗어 버리자"라고 말하는가?

4 이를 보고 하늘에 계신 주께서 그들을 비웃으신다.

5-6 그때 크게 진노하여 "내가 나의 왕을 내 거룩한 산, 시온에 세웠다"라고 말씀하심으로 그들을 놀라게 하실 것이다.

7 내가 여호와의 명령을 전한다. 여호와께서 나에게 이렇게 말씀하셨다. "너는 내 아들이다. 오늘 내가 너를 낳았다.[2]

8 너는 내게 구하라. 그러면 내가 이방 나라를 네 유업으로 주리니 네 소유가 땅끝까지 이를 것이다.

9 네가 쇠창으로 이방 나라들을 질그릇처럼 깨뜨려 부술 것이다."

10 그런즉 세상 나라의 왕들은 내 지혜를 얻고, 세상의 재판관들은 내 교훈을 받으라.

11 여호와를 두려운 마음으로 섬기고 떨며 기뻐하라.

12 그의 아들에게 입을 맞추라. 그렇지 않으면 그의 진노로 인해 너희가 길에서 망할 것이니 이는 그의 진노가 순식간에 오기 때문이다. 그러므로 여호와께 피하는 모든 사람은 복을 받을 것이다.

다윗이 그의 아들 압살롬을 피할 때 지은 시

3 1 ● 여호와여, 내 대적이 왜 이렇게 많습니까? 나를 공격하는 자가 많습니다.

2 나를 대적하는 많은 사람이 말합니다. "그는 하나님의 도움을 받지 못한다."(셀라)

---

1) 율법 2) 행 13:33

3 여호와여, 당신은 나의 방패가 되시며, 영광이시며, 나를 높여 주시는[1] 분입니다.

4 내가 여호와께 큰 소리로 부르짖을 때 당신의 거룩한 산에서 응답하십니다.(셀라)

5 여호와께서 나를 붙들어 주시기에 내가 눕고 자고 일어납니다.

6 천만 대군이 나를 포위하여 진을 친다고 해도 나는 두렵지 않습니다.

7 여호와여, 일어나 나를 구원하십시오. 당신은 내 모든 원수의 뺨을 치시며, 악인의 이를 부러뜨리셨습니다.

8 승리[2]는 여호와의 것입니다. 주의 복을 당신의 백성에게 베푸십시오.(셀라)

다윗의 시,
인도자를 따라 현악에 맞춘 노래

4 ● 의로우신 나의 하나님이시여, 내가 부를 때 응답하십시오. 고통 가운데 있는 내 근심을 덜어 주시고, 내게 은혜를 베푸셔서 내 기도를 들어주십시오.

2 사람들아, 어느 때까지 영광의 하나님을 부끄럽게 하며, 헛된 일을 좋아하고, 거짓된 신을 구하겠느냐?(셀라)

3 너희는 여호와께서 자기를 위해 경건한 자를 선택하신 줄을 알라. 내가 그를 부를 때 여호와께서 들으실 것이다.

4 너희는 분노 때문에 죄를 짓지 말라. 자리에 누워 마음속으로 말하고 조용히 있으라.(셀라)

5 올바른 제사를 여호와께 드리고 그를 의지하라.

6 많은 사람이 "우리에게 선을 보일 자 누구냐?"라고 물으니 여호와여, 당신은 얼굴을 들어 우리를 바라보십시오.

7 주께서 내 마음에 두신 기쁨은 그들의 곡식과 새 포도주가 풍성할 때의 기쁨보다 큽니다.

8 나를 안전히 살게 하시는 이는 오직 여호와이시니 내가 평안히 눕고 잡니다.

다윗의 시,
인도자를 따라 관악에 맞춘 노래

5 ● 여호와여, 나의 말에 귀를 기울여 주시고, 내 마음을 통촉하여 주십시오.

2 나의 왕, 나의 하나님이여, 내 탄식 소리를 들으십시오. 내가 당신께 기도합니다.

3 여호와여, 당신께서 아침에 내 소리를 들어주시리니 내가 아침부터 당신께 기도할 준비를 하고 기다립니다.

4 주는 죄악을 기뻐하는 하나님이 아니시기 때문에 악인이 당신과 함께 거하지 못하고,

5 거만한 자들이 당신 앞에 설 수 없습니다. 주는 악을 행하는 모든 자를 미워하시고,

6 거짓말을 일삼는 자들을 멸망시키시며, 피흘리는 자와 속이는 자를 증오하십니다.

7 그러므로 나는 주의 넘치는 자비에 힘입어 당신의 성전 집에 들어가 당신을 경외함으로 성전에서 예배합니다.

8 여호와여, 나의 원수, 엎드려 나를 기다리는 자를 보사 당신의 의로움으로 나를 인도하시고, 내 앞에 당신의 길을 활짝 열어 주십시오.

9 원수의 입에는 믿을 만한 말이 없고, 그들의 마음은 악한 생각뿐이며, 그들의 목구멍은 열려진 무덤

1) 머리를 드시는　2) 구원

같고, 그들의 혀에는 아첨만이 있습니다.

10 하나님이여, 그들을 죄인으로 단정하사 자기 꾀에 넘어지게 하십시오. 그들의 많은 허물을 보시고 그들을 하나님 앞에서 쫓아내십시오. 그들은 주를 배반했기 때문입니다.

11 그러나 주께 피신하는 사람은 모두 기뻐하며, 당신의 보호로 인해 언제까지나 기뻐할 것입니다. 당신의 이름을 사랑하는 자들은 당신 안에서 즐거워하게 하십시오.

12 여호와여, 당신은 올바르게 사는 자에게 복을 베푸시고, 방패로 막는 것처럼 그들을 보호하십니다.

다윗의 시,
인도자를 따라 현악에 맞춘 노래

6 ● 여호와여, 당신의 노하심으로 나를 책망하지 마시고, 당신의 진노로 나를 벌하지 마십시오.

2 여호와여, 내가 쇠약해졌으니 내게 긍휼을 베풀어 주십시오. 여호와여, 내 뼈 마디가 쑤시니 나를 고쳐 주십시오.

3 내 영혼도 심히 떨립니다. 여호와여, 언제까지 기다리시겠습니까?

4 여호와여, 이제는 내게 돌아와 내 영혼을 건져 주시고, 당신의 사랑으로 나를 구원하십시오.

5 죽은 후에는 주를 기억하지 못하니 무덤인 스올에서 당신께 감사할 자가 없습니다.

6 내가 신음함으로 지쳤기에 밤마다 내 침대에서 눈물로 내 침상 요를 적셨습니다.

7 내 눈이 근심으로 인해 잘 보이지 않고, 내 모든 적 때문에 어두워졌습니다.

8 악을 행하는 자들은 모두 내게서 떠나가라. 여호와께서 나의 울부짖는 소리를 들어주셨다.

9 여호와께서 내 간구를 들으셨으니 여호와께서 내 기도를 받아 주셨다.

10 내 모든 원수가 부끄러움을 당하고 무서워 떨었으니 그들은 돌아가 부끄러워할 것이다.

다윗의 식가욘, 베냐민인 구시의 말에 따라 여호와께 드린 노래

7 ● 나의 하나님이여, 내가 당신께로 피합니다. 나를 쫓는 모든 자에게서 나를 구해 주십시오.

2 만일 그렇지 않으면 그들이 나를 사자처럼 찢고 뜯어도 나를 건져 줄 자가 없을까 두렵습니다.

3 나의 하나님이여, 당신께서는 내가 어떻게 살았는지 아십니다. 내가 어떤 악을 행했습니까?

4 내가 화해를 요구한 자에게 악으로 갚았거나, 아무 이유없이 내 대적에게 무엇을 빼앗았다면

5 원수가 내 생명을 덮쳐 내 목숨을 땅에 짓밟게 하시고, 내 영광을 흙 속에 뒤범벅이 되게 하셔도 좋습니다.(셀라)

6 여호와여, 당신의 진노하심으로 내 대적들을 막아 주시고, 나를 위해 깨어나 심판을 내려 주십시오.

7 모든 민족을 모아 주를 둘러싸게 하시고, 그 위 높은 자리로 돌아가 그들을 다스리십시오.

8 여호와께서는 만민에게 심판을 행하십니다. 그러니 내 의로움과 온전함을 따라 나를 판단하십시오.

9 악인의 악행을 뿌리 뽑아 주시고, 의인에게는 보상해 주십시오. 의로우신 하나님은 사람의 마음과 생각을 살피십니다.

10 내 방패는 하나님께 있도다. 하나님은 마음이 정직한 자를 구원하신다.

11 하나님은 의로운 재판장이시며, 언
제라도 악인을 벌하시는 분이다.

12 사람이 뉘우치고 돌아서지 않으면
하나님은 당신의 칼을 가시며, 활
을 당겨 그들에게 겨누실 것이다.

13 하나님은 죽일 도구로 당신이 만
든 불화살을 준비하신다.

14 악인은 죄악을 진통하고1) 재앙을
잉태하여 거짓을 낳는도다.

15 그가 남을 해치려고 자기가 판 웅
덩이에 빠졌다.

16 그의 고생은 자기 머리로 돌아가
고, 그의 폭력은 자기 머리 위로 돌
아갈 것이다.

17 나는 여호와의 의를 따라 감사하
며, 영원하신 당신의 이름을 찬양
할 것이다.

다윗의 시,
인도자를 따라 깃딧에 맞춘 노래

8 ● 여호와 우리 주여, 당신의 이
름이 온 땅에 어찌 그렇게 크십
니까? 당신의 존귀한 영광이 하늘
을 덮었습니다.

2 주의 대적 때문에 어린 아이들과
젖먹이들까지도 당신의 위엄에 찬
양을 올리도록 하셨습니다.2) 이것
을 보고 원수들과 보복자들이 잠
잠하게 하십시오.

3 내가 주의 손가락으로 만드신 하
늘과 달과 별들을 바라봅니다.

4 사람이 무엇이기에 주께서 이토록
기억하시며, 사람의 아들이 무엇
이기에 주께서 이토록 돌봐 주십
니까?

5 사람을 하나님3)보다 조금 못하게
하시고, 영광과 존귀로 왕관을 씌
우셨습니다.

6 주의 손으로 만든 것을 사람이 다
스리게 하시고, 지은 모든 것을 그
의 발아래 두셨습니다.

7 그것들은 모든 소와 양과 들짐승과

8 공중의 새와 바닷길을 다니는 물
고기입니다.

9 여호와 우리 주여, 당신의 이름이
온 땅에 어찌 그렇게 귀하십니까!

다윗의 시,
인도자를 따라 뭇랍벤에 맞춘 노래

9 ● 내가 온 마음으로 여호와께 감
사하며, 당신의 모든 놀라운 일
들을 전하겠습니다.

2 내가 주를 기뻐하고 즐거워하며, 영
원하신 당신의 이름을 찬양합니다.

3 내 원수들은 도망가다가 넘어지며
당신 앞에 멸망합니다.

4 그것은 주께서 나의 의로움과 억
울한 송사를 변호하시고 보좌에
앉으사 의롭게 심판하셨기 때문입
니다.

5 이방 나라들을 문책하고, 악인을
멸하시며, 그들의 이름을 영원히
지워버리셨습니다.

6 원수가 멸망하여 영원히 사라지
고, 주께서 성읍들을 뿌리째 뽑으
셨으니 그 성읍들을 기억할 수 없
습니다.

7 여호와께서는 심판을 위해 보좌에
앉으시사 영원히 다스리신다.

8 여호와께서는 공의로 세계를 심판
하시고, 공정하게 모든 민족을 판
결하신다.

9 여호와는 억압받는 자의 요새가
되시고, 환난 때의 피난처, 요새가
되신다.

10 여호와여, 당신의 이름을 아는 자
는 당신을 의지합니다. 당신은 자
신을 찾는 자들을 버리시지 않기
때문입니다.

11 너희는 예루살렘, 곧 시온에 계신
여호와를 찬양하며, 그가 베푼 모든

1) 낳음이여 2) 권능을 세우심이여 3) 천사

시

일을 온 세상에 선포하라.

12 살인한 자에게 심문하시는 분은 억울한 자와 가난한[1] 자의 부르짖음을 기억하신다.

13 여호와여, 내게 은혜를 베푸십시오. 내가 사망의 문을 지날 때 나를 구원하시고, 나를 미워하는 자에게서 받는 고통을 살피십시오.

14 그러면 내가 주의 찬양을 모두 전하고, 딸 시온의 문에서 당신의 구원을 기뻐할 것입니다.

15 세상 나라들은 자기가 판 함정[2]에 빠지고, 자기가 쳐 놓은 그물에 자기 발이 걸렸다.

16 여호와께서 공정한 심판으로 자기를 알게 하셨으니 악인은 자기가 손으로 행한 일에 스스로 빠졌다. (힉가욘, 셀라)

17 악인들이 무덤인 스올로 돌아간 것은 하나님을 잊어버린 모든 세상 나라의 운명이다.

18 가난한 자들의 희망은 영원히 사라지지 않기 때문에 그들은 영원히 실망하지 않는다.

19 여호와여, 일어나사 인생으로 승리하지 못하게 하시고, 세상 나라들이 주님 앞에서 심판을 받게 하십시오.

20 여호와께서 그들을 두렵게 하시며, 세상 나라들이 자기는 죽을 수밖에 없는 인생일 뿐임을 알게 하

시

오늘날 시온의 문(시 9:14)

이 문은 예루살렘성의 남쪽 성벽 중에서도 서쪽에 있으며 이름은 시온산으로 통하기 때문에 붙여진 것이다. 이 문은 1948년 이스라엘이 독립 전쟁을 치를 때 훼손된 것을 1968년 6일 전쟁 후 보수하였다. 그러나 아직도 문 주위에는 총탄 자국이 그대로 남아 있어 당시의 치열했던 전투를 보여 준다. 문 위에는 이 문을 세운 슐레이만 대제를 기념하는 터키 문구가 있다.

십시오. (셀라)

10 여호와여, 왜 멀리 서 계시며, 왜 환난 때 숨어 계십니까?

2 악한 자는 오만하여 연약한 자를 심히 괴롭게 합니다. 그러니 그들을 자기가 계획한 꾀에 스스로 빠지게 하십시오.

3 악인은 자신의 탐욕을 자랑하고, 불의한 이익을 취하는 자는 여호와를 모독하고 멸시합니다.

4 악인은 그의 뻔뻔스러운 얼굴로 말합니다. "벌 주시는 하나님이 어디 계시느냐?"[3] 그런 자들은 하나님이 없다고 합니다.

5 그럼에도 악인이 하는 일은 언제나 잘되고, 주의 심판은 아직 멀었기 때문에 그에게 미치지 못한다고 합니다. 그래서 악인은 자기의 대적들을 멸시합니다.

6 그는 속으로 말합니다. '나는 결코 망하지 않는다. 나는 언제까지나 어려움을 겪지 않는다.'

7 그래서 그의 입에는 저주와 속임과 폭언이 가득차 있고, 그의 혀 밑에는 욕설과 죄악이 있습니다.

8 그가 마을 으슥한 곳에 숨어 있으며, 그곳에서 죄 없는 자를 죽이며, 그의 눈은 약한 자를 죽이려고 엿보고 있습니다.

9 굴 안에 엎드려 있는 사자처럼 은밀한 곳에 매복하여 약한 자를 잡으려고 기다립니다. 그러고는 자기 그물로 끌어들여 약한 자를 잡아챕니다.

10 그들은 부서지고 위축되니 그의 폭력으로 약한 자들을 쓰러뜨립니다.

11 그는 마음속으로 말합니다. '하나님은 우리를 상관하지 않으시고, 그의 얼굴을 가리사 무슨 일이 일어나고

1) 겸비한 2) 웅덩이 3) 용모로 찾지 않음이여

있는지 보고 계시지 않는다.'

12 그러니 여호와여, 일어나시고 손을 들어 가난한 자들의 고통을 기억하십시오.

13 왜 악인들이 하나님을 경멸하여 마음속으로 '하나님은 악인을 벌하지 않는다'라고 말합니까?

14 주께서는 이런 억울함을 보셨습니다. 주는 고생¹과 억울함을 살피고 친히 갚으려 하시기에 가련한 자가 주를 의지합니다. 주는 이전부터 고아를 도우셨습니다.

15 악인의 팔을 꺾어버리십시오. 주께서 악한 자의 악을 발견할 수 없을 때까지 악인에게서 악을 찾으십시오.

16 여호와께서는 영원한 왕이시기에 이방 나라들이 당신의 땅에서 멸망했습니다.

17 여호와께서는 불쌍한² 자의 소원을 들어주셨습니다. 그러니 그들의 마음을 붙들어 주시고, 그들의 부르짖음에 귀담아들어 주십시오.

18 고아와 억압당하는 자를 위해 변호해 주십시오. 그래서 억압하는 자가 위협하지 못하게 하십시오.

다윗의 시,
인도자를 따라 부르는 노래

11 ● 내가 여호와께 피했는데 너희는 왜 새처럼 네 산으로 도망하라고 하느냐?

2 악인은 활을 당겨 정직한 자를 캄캄한 곳에서 쏘려고 한다.

3 그 기초가 무너지면 의인이 무엇을 할 수 있겠는가?

4 여호와께서는 그의 성전에 계시고 그의 보좌는 하늘에 있으니, 그의 눈이 인생을 눈여겨보시고, 그의 눈길은 그들을 살피신다.

5 여호와는 의인을 가려내어 살피시고,

악인과 폭력배를 미워하신다.

6 여호와는 악인에게 그물을 치시리니 숯불과 유황을 내려 타는 바람으로 그들을 징벌하실 것이다.³

7 여호와는 의로우시기 때문에 의로운 행위를 사랑하신다. 그러므로 정직한 자는 그의 얼굴을 볼 것이다.

다윗의 시,
인도자를 따라 여덟째 줄에 맞춘 노래

12 ● 여호와여, 나를 구하십시오. 경건한 자가 끊어지며, 신실한 자들이 이 땅⁴에서 사라집니다.

2 사람들은 이웃에게 거짓을 말하고, 두 마음을 품고 아첨하는 말을 한다.

3-4 그들은 말한다. "우리의 혀와 입술은 우리 것이니 우리를 이길 자가 누가 있겠느냐?" 그러나 여호와께서는 모든 아첨하는 입술과 자랑하는 혀를 끊으실 것이다.

5 여호와께서 말씀하신다. "짓눌리고 가난한 자들의 탄식을 위해 이제 내가 일어나 그들이 원하는 안전한 곳에 두어 그들을 지킬 것이다."

6 여호와의 말씀은 흙 도가니에 7번 단련한 은처럼 순결하다.

7 여호와여, 그들을 영원히 지키십시오.

8 더러운 일들이 인생 가운데 높임을 받는 때는 악인들이 사방에서 날뜁니다.

다윗의 시,
인도자를 따라 부르는 노래

13 ● 여호와여, 어느 때까지 나를 잊고 계시겠습니까? 언제까지 당신의 얼굴을 내게서 숨기시겠습니까?

2 언제까지 내 영혼이 번민하며, 하루 종일 슬퍼해야 합니까? 언제까지

1) 재앙 2) 겸손한 3) 잔의 소득이 되리로다 4) 인생

내 원수가 나를 치며 자랑하게 내 버려 두시겠습니까?

3 나의 하나님이여, 이제 나를 살피사 응답하십시오. 내 눈을 밝게 해 주십시오. 그렇지 않으면 내가 사망의 잠을 잘까 두렵습니다.

4 내 원수가 "내가 그를 이겼다"라고 말할까 두렵습니다. 내가 쓰러질 때에 내 대적들이 기뻐할까 두렵습니다.

5 그러나 나는 오직 주의 사랑을 의지했기에 내 마음은 당신의 구원으로 인해 기뻐합니다.

6 내가 여호와를 노래하는 것은 당신께서 나를 후하게 대접하셨기 때문입니다.

다윗의 시, 인도자를 따라 부르는 노래, 마할랏에 맞춘 노래

14 ● 어리석은 자는 마음속으로 '하나님이 없다'라고 말한다. 그들은 부패하고 추한 행동을 일삼으니 선한 일을 하는 자가 없다.

2 여호와께서 하늘에서 지혜로운 사람이 있는지, 하나님을 찾는 자가 있는지 인생을 굽어살피셨다.

3 그러나 모두 치우쳐 잘못된 길로 가고, 함께 더러운 자가 되고, 선을 행하는 자가 하나도 없다.

4 악을 행하는 자들이 언제쯤이나 깨닫겠느냐? 그들은 내 백성을 빵 먹듯 먹으면서 여호와를 부르지 않는다.

5 그러나 그곳에서 악한 자들은 두려움에 사로잡히리니 그것은 하나님께서 의인의 세대에 계시기 때문이다.

6 악한 너희들은 가난한 자의 계획을 좌절하게 만들지만, 오직 여호와는 가난한 자들의 피난처가 되신다.

7 이스라엘을 구원하여 줄 자가 예루살렘, 곧 시온에서 나오기를 원한다. 여호와께서 자기의 백성을 포로가 된 곳에서 돌아오게 하실 때 야곱은 즐거워하고, 이스라엘은 기뻐할 것이다.[1]

다윗의 시

15 ● 여호와여, 누가 당신의 장막에서 살 수 있겠습니까? 누가 당신의 거룩한 산에서 살 수 있겠습니까?

2 바로 정직하게 행하며, 공의를 실천하며, 그의 마음에 진실을 말하며,

3 남을 모함하지 않고, 이웃에게 악을 행하거나 비방하지 않는 자입니다.

4 그의 눈은 하나님을 버린 망령된 자를 경멸하고, 하나님을 두려워하는 자들을 존경하며, 해로운 맹세를 했더라도 이행합니다.

5 그는 이자를 받기 위해 돈을 빌려 주지 않고, 뇌물을 받고 죄 없는 자를 해치지 않는 자입니다. 이렇게 행하는 자는 영원히 흔들리지 않을 것입니다.

다윗의 믹담

16 ● 하나님이여, 내가 주께 피하오니 나를 지켜 주십시오.

2 내가 여호와께 아룁니다. "주는 나의 주님이시니 당신만이 나의 복이 되십니다."

3 땅에 있는 경건한 자들은 존귀한 자들이니 그들과 함께하는 것이 내 큰 기쁨입니다.

4 다른 신에게 예물을 드리는 자는 괴로움이 클 것입니다. 나는 피를 부어 드리는 그들의 전제제물을 드리지 않았으며, 그 이름도 부르지 않을 것입니다.

5 여호와는 내가 받을 재산과 마실 잔을 정해 주셨습니다. 여호와는 내가 받을 몫[1]을 지켜 주십니다.

6 내게 줄로 재어 준 지역은 기쁨을 주는 아름다운 땅입니다.

7 내게 교훈하신 여호와를 찬양합니다. 밤마다 당신께서 이끄심을 내 양심이 느낍니다.

8 나는 항상 여호와를 내 앞에 모십니다. 그가 내 오른쪽에 계시기에 내가 흔들리지 않을 것입니다.

9 그러므로 내 마음이 기쁘고, 내 영혼도 즐거워하며, 내 육체도 편안히 쉴 것입니다.

10 이는 주께서 내 영혼을 무덤에 버리지 않으시고, 당신의 경건한 자를 썩지 않게 하시기 때문입니다.

11 주께서 생명의 길을 내게 알려주셨으니 당신 앞에는 큰 기쁨이 있고, 당신의 오른쪽에는 영원한 즐거움이 있습니다.

다윗의 기도

17 ● 여호와여, 정직하게 드리는 내 간청을 들어주십시오. 내 울부짖음과 정직한 입술에서 나오는 내 기도를 귀담아들어 주십시오.

2 주께서 나를 판단하시고, 주의 눈으로 공정하게 보십시오.

3 주께서는 내 마음을 시험하기 위해 밤에 내게 찾아와 살피셨습니다. 그러나 내게서 흠을 찾지 못하셨습니다. 그래서 내가 입으로 범죄하지 않기로 작심했습니다.

4 사람들이 어떻게 행동하든지 나는 주의 말씀을 따라 스스로 조심하여 잔인하고 악한 자들과 함께 가지 않았습니다.

5 내 발걸음이 주의 길만을 따라왔기에 그 길에서 벗어나지 않았습니다.

6 하나님은 내게 응답하시기에 내가 하나님을 불렀습니다. 그러니 내 말에 기울여 주십시오.

7 주는 당신께 피하는 자들을 공격하는 자들에게서 오른손으로 구원하십니다. 그러니 당신의 놀라운 사랑을 나타내십시오.

8-9 내 앞에서 나를 억압하는 악인들과 나를 죽이려는 원수들에게서 눈동자처럼 지키시고, 주의 날개 그늘 아래에 숨겨 주십시오.

10 그들의 몸과 마음은 기름기로 싸였고, 그들의 입은 교만하게 말합니다.

11 그들은 우리의 발걸음을 에워싸서 넘어뜨리려고 합니다.

12 그들의 모습은 그 움킨 것을 찢으려고 하는 사자와 같고, 은밀한 곳에 엎드린 젊은 사자와 같습니다.

13 그러니 여호와여, 일어나십시오. 그리고 그들을 무릎 꿇게 하시고, 당신의 칼로 내 생명을 악인들로부터 구해 주십시오.

14 여호와여, 세상에서 사는 동안 세상 것만으로 만족하며 살아가는 자[2]들에게서 주의 손으로 나를 구하십시오. 그들은 주의 재물로 자신들의 배를 채우고, 자녀들도 배불리며, 그들의 남은 유산을 그들의 어린 아이들에게 물려주는 자들입니다.

15 그러나 나는 떳떳하게 주의 얼굴을 보리니 이 밤이 지나 깨어날 때 나는 주의 형상을 보는 것으로 만족할 것입니다.

다윗의 승전가[3]

18 ● 나의 힘이신 여호와여, 내가 당신을 사랑합니다.

1) 분깃 2) 그들의 분깃을 받은 사람 3) 삼하 22장

시

2 여호와는 나의 반석이시요, 요새시요, 건지시는 자시요, 내가 피할 반석이시요, 방패시요, 구원의 뿔이시요, 높은 망대1)이시다.

3 내가 찬양 받으실 여호와께 부르짖으니 그가 내 원수들에게서 나를 구원하실 것이다.

4 사망의 줄2)이 나를 에워싸고, 불의의 강물3)이 나를 덮쳤으며,

5 죽음인 스올의 줄이 나를 두르고, 사망의 덫이 내 앞에 놓였도다.

6 내가 고통당할 때 여호와께 부르짖어 기도했더니 내 부르짖는 간구를 그의 성전에서 들으셨도다.

7 그때 그분의 진노로 인하여 땅이 떨고 진동하며, 산들의 터4)가 요동치듯 흔들렸도다.

8 그의 코에서 연기가 올라가고, 입에서는 삼키는 불이 나오니 그 불에 숯불이 피었도다.

9 그가 또 하늘을 가르고 내려오시니 그의 발아래는 검은 구름이 있도다.

10 그가 날개 달린 생물인 그룹을 타고 날으시니 날개를 타고 높이 솟아오르셨도다.

11 그가 흑암을 그의 숨는 곳으로 삼으사 장막처럼 자기를 두르게 하심이여, 곧 흑암의 물과 공중의 빽빽한 구름으로 그렇게 하셨도다.

12 그 앞에 있는 광채로 말미암아 우박과 숯불이 피었도다.

13 여호와께서 하늘에서 천둥소리를 내시고, 지극히 높은 자가 음성을 높이시며, 우박과 숯불을 내리셨도다.

14 화살을 쏘아 그들을 흩으시고, 번개를 일으켜 그들을 혼란케 하셨도다.

15 여호와의 꾸지람과 콧김으로 인해 바다 물 밑에 길이 드러나고 세상의 기초가 나타났도다.5)

16 그가 높은 곳에서 손을 펴서 나를 붙드사 많은 물에서 나를 건지셨도다.

17 나를 강한 원수와 미워하는 자들로부터 구하셨으니 그것은 그들이 나보다 강했기 때문이로다.

18 그들은 내가 곤경에 있을 재앙의 날에 나를 공격했으나 여호와께서는 내 보호자가 되셨도다.

19 또한 나를 넓은 곳으로 나오도록 구원하셨으니, 이는 나를 기뻐하셨기 때문이로다.

20 여호와께서는 내 의로움을 갚아주시며, 내 삶6)의 깨끗함을 따라 갚아 주셨도다.

21 이는 내가 여호와의 도를 지킴으로 악을 행하여 내 하나님을 떠나지 않고,

22 그의 모든 법도가 내 앞에 있어 그의 규례를 버리지 않았기 때문이로다.

23 그래서 내가 그분 앞에서 흠 없이 살고, 자신을 지켜 죄를 짓지 않았도다.

24 그러므로 여호와께서는 의롭고 깨끗한 삶을 산 대로 내게 갚아 주셨도다.

25 여호와께서는 자비를 베푼 자에게는 당신의 자비하심을 나타내시고, 흠이 없는 자에게는 당신의 완전하심을 보이시며,

26 깨끗한 자에게는 당신의 깨끗하심을 보이시며, 악한 자에게는 악한 대로 갚으시리로다.

27 주께서는 고통당하는 백성은 구원하시고, 교만한 자의 눈은 낮추시도다.

1) 나의 산성 2) 삼하 22:5, 물결 3) 창수, 비루한 창일
4) 삼하 22:8, 하늘의 기초 5) 출 15:8 6) 손

28 여호와께서 나의 등불을 켜심이
여, 당신께서는 내 어둠을 밝히십
니다.

29 내가 당신을 의지하고, 적진을 향해
돌진하고, 내 하나님을 의지하므로
적의 방어벽을 뛰어 넘었도다.

30 하나님의 법도는 완전하고, 여호
와의 말씀은 순수하니 그분은 자
기에게 피하는 모든 자에게 방패
가 되신다.

31 여호와 외에 누가 하나님이며, 우
리 하나님 외에 반석이 어디에 있
느냐?

32 이 하나님께서 힘으로 내게 띠를 띠
우시고, 내 길을 완전하게 하신다.

33 하나님께서는 내 발을 암사슴 발
처럼 빠르게 하시고, 나를 높은 곳
에 세우시며,

34 전쟁을 위해 내 손을 훈련시키시
니 내 팔이 놋 활을 당기는도다.

35 주께서는 당신의 구원의 방패를
주셨고, 당신의 오른손으로 나를
붙들어 주셨으며, 당신의 온유함
으로 나를 크게 하셨습니다.

36 주는 내 길1)을 넓게 하여 내 발이
넘어져 실족하지 않게 하셨습니다.

37 내가 내 원수를 추격하여 적들을
무찌르기 전에는 돌아서지 않았습
니다.

38 내가 적들을 치자 그들이 다시 일
어나지 못하고 내 발아래에 쓰러
졌도다.

39 이는 주께서 나에게 전쟁에서 승
리하도록 능력으로 내 허리를 동
여 매어 대적자들을 내게 굴복시
키셨기 때문이다.

40 또한 주께서는 원수들이 내게 등을
보이며 도망하게 하시고, 나를 미
워하는 자를 모두 없애버리셨도다.

41 그들은 도움을 청했지만 구해 줄
사람이 없었고, 여호와께 부르짖
어도 대답하지 않으셨도다.

42 나는 그들을 바람 앞에 재2)처럼 빻
았고, 거리에 있는 진흙처럼 밟아
쏟아 버렸도다.

43 주께서는 백성들의 반역에서 나를
구해내셨고, 모든 민족의 머리를
삼으셨으니 내가 알지 못하는 백
성까지도 나를 섬길 것입니다.

44 이방인들이 내 소문을 듣고 내 앞
에서 굽신거리고 복종할 것입니다.

45 이방인 자손들은 용기를 잃고 그
들이 숨어 있던 견고한 곳에서 떨
며 나옵니다.

46 살아계신 여호와여, 나의 구원의
반석 되신 당신을 찬양하며 높여
드립니다.

47 그런 하나님은 나를 위해 내 원수
를 갚아 주시고, 민족들을 내게 복
종시키시며,

48 나를 원수들에게서 구하셨습니다.
나를 대적자보다 더 높이시고, 나
를 포악한 자로부터 건지셨습니다.

49 여호와여, 내가 모든 이방 민족과
나라 가운데서 당신께 감사드리
며, 당신의 이름을 찬양합니다.

50 여호와께서 자기의 왕에게 큰 승
리3)를 주시고, 자신이 기름을 부어
세운 자에게 자비를 베푸시니, 나와
내 후손이 영원히 누릴 복입니다.

시

다윗의 시,
인도자를 따라 부르는 노래

19 ● 하늘은 하나님의 영광을 말
하고, 하늘 공간은 그의 손으
로 하신 일을 전한다.

2 낮4)은 낮에게 말하고, 밤은 밤에게
아는 것을 전하니

3 언어나 말씀도 없으며, 들리는 소
리도 없다.

1) 걸음 2) 티끌, 삼하 22:4에는 땅 3) 구원 4) 날

4 그러나 그 소리가 [1] 온 땅에 두루 퍼지고, 그의 말씀은 세상 끝까지 퍼져 나간다. 하나님은 해를 위해 하늘에 장막을 치셨다.

5 해는 그의 신랑의 방에서 나오는 신랑처럼 그의 길을 달리기 기뻐하는 용사와 같다.

6 태양의 운행은 하늘 이 끝에서 나와서 하늘 저 끝까지니 그의 열기에서 숨을 자가 없다.

7 여호와의 율법은 완전하여 사람 [2] 에게 새 힘을 주고, 여호와의 증거는 확실하여 어리석은 자를 지혜롭게 하며,

8 여호와의 교훈은 정직하여 마음에 기쁨을 주고, 여호와의 계명은 순수하여 눈을 밝혀 준다.

9 여호와를 높이는 경외하는 도는 정결하여 영원토록 견고하고, 여호와의 법규도 진리이니 모두 의롭다.

10 이런 것들은 많은 순금보다 더 값진 [3] 것이며, 꿀과 송이꿀보다 더 달도다.

11 또 주의 종이 이 교훈으로 경고를 받고, 이것을 지킴으로 상이 크도다.

12 누가 자기의 허물을 깨달을 수 있겠는가? 여호와여, 내가 깨닫지 못하는 허물까지도 깨끗하게 하십시오.

13 또 주의 종에게 일부러 죄를 짓는 것까지도 막아 주시고, 그런 죄가 나를 지배하지 못하게 하십시오. 그러면 내가 완전하여 많은 죄에서 깨끗해질 것입니다.

14 나의 반석과 구원이 되시는 여호와여, 내 입의 말과 마음의 묵상이 당신 앞에 받아들여지기를 바랍니다.

다윗의 시,
인도자를 따라 부르는 노래

20 1 ●네가 환난을 당할 때 여호와께서 네게 응답하시고, 야곱의

하나님께서 너를 보호하신다.

2 여호와는 성전에서 너를 도와주시고, 시온으로부터 너를 붙드시며,

3 네가 곡물로 드리는 모든 소제제물을 기억하시며, 불로 태워 드리는 네 번제제물을 받아 주시기를 원한다.(셀라)

4 네 마음의 소원을 이루어 주시고, 네 모든 계획을 이루어지게 하실 것이다.

5 우리가 왕 [4] 의 승리를 기뻐 외치고, 우리 하나님의 이름으로 깃발을 세울 것이다. 여호와께서 왕의 모든 소원을 들어주시기를 원한다.

6 여호와께서는 자기에게 기름 부음을 받은 자에게 승리 [5] 를 주시고, 그의 능하신 오른손으로 그의 거룩한 하늘에서 응답하심을 내가 안다.

7 어떤 사람은 병거와 말을 의지하지만, 우리는 우리 하나님의 이름을 자랑할 것이다.

8 그들은 비틀거리며 넘어지지만, 우리는 일어나 든든히 선다.

9 왕이신 여호와여, 왕에게 승리를 주시고, 우리가 부르짖을 때 응답하십시오.

21 1 여호와여, 당신께서 왕에게 힘을 주사 승리하게 하시니 내가 크게 즐거워합니다.

2 주는 마음의 소원을 들어주셨으며, 입술의 요청을 거절하지 않으셨습니다.

3 갖가지 좋은 복을 주시고, 순금으로 만든 면류관을 왕의 머리에 씌우셨습니다.

4 왕이 생명을 구하니 주께서 그에게 장수하게 하셨습니다.

5 주님이 승리를 주심으로 왕의 영광을 더욱 빛나게 하시고, 명성과

1) 줄이 2) 영혼 3) 사모할 4) 너 5) 구원

위엄을 주셨습니다.

6 그가 영원한 축복을 받게 하시며, 당신 앞에서 기쁨을 누리게 하십니다.

7 왕이 여호와를 의지하기에 영원하신 이의 자비함으로 인해 흔들리지 않습니다.

8 주, 왕의 손으로 왕의 모든 원수를 찾아내며, 당신의 오른손이 왕을 미워하는 자들을 찾아냅니다.

9 왕이신 여호와께서 분노할 때 그들을 타는 풀무불에 던지실 것입니다. 여호와의 진노로 그들을 멸하시리니 불이 그들을 삼킬 것입니다.

10 여호와께서 그들의 후손을 모두 멸하시리니 사람 중에서 끊어질 것입니다.

11 비록 그들이 주, 왕께 악한 음모를 꾸몄으나 이루지 못합니다.

12 주께서 그들의 얼굴을 향해 활시위를 당기시니 그들이 돌아서서 도망합니다.

13 여호와여, 당신의 능력으로 높임을 받으십시오. 우리가 당신의 권능을 노래하고 찬양할 것입니다.

다윗의 시, 인도자를 따라
아얠렛샤할에 맞춘 노래

22

● 나의 하나님이여, 나의 하나님이여, 왜 나를 버리셨습니까? 무슨 까닭으로 나를 멀리하며 돕지 않으시고, 내 울부짖는 소리를 듣지 않으십니까!1)

2 내 하나님이여, 내가 밤낮으로 부르짖지만 응답하지 않으십니다.

3 주는 이스라엘의 찬양 가운데 계시는 거룩한 분입니다.

4 우리 조상들도 주를 굳게 믿고 의지했습니다. 그래서 주는 그들을 건지셨습니다.

5 우리 조상들이 주님께 부르짖어 구원을 얻었고, 당신을 굳게 믿고 의지함으로 부끄러움을 당하지 않았습니다.

6 나는 사람이 아니라 벌레와 같습니다. 사람의 비방거리가 되고, 백성들에게까지 조롱거리가 되었습니다.

7 보는 자마다 입술을 비쭉거리며 나를 비웃고, 머리를 흔들며 말합니다.2)

8 "그가 여호와께 의지하니 그가 구원해 주실거야. 그가 너를 기뻐하시니 건져 주실거야."3)

9 오직 주님만이 나를 모태에서 꺼내 주시고, 내 어머니의 젖을 먹을 때부터 당신을 의지하게 하셨습니다.

10 내가 태어날 때부터 주님께 맡겨졌으니 모태에서 나올 때부터 당신은 나의 하나님이 되셨습니다.

11 그러니 나를 멀리하지 마십시오. 환난이 가까이 왔으나 나를 돕는 자가 없습니다.

12 수많은 황소가 나를 에워싸며, 힘센 바산 산지의 소들이 나를 둘러쌌으니

13 나를 향해 벌리는 입은 먹잇감을 찢으며 부르짖는 사자와 같습니다.

14 나는 물처럼 쏟아졌고, 내 모든 뼈는 부서졌으며, 마음은 촛물 같아서 내 속에서 녹았습니다.

15 내 힘이 토기 조각처럼 말랐고, 내 혀는 입천장에 붙었습니다. 주께서는 또다시 나를 죽음의 땅, 진토 속에 두셨습니다.

16 개 같은 악한 무리들이 나를 에워싸며 내 손과 발을 찔렀습니다.

1) 마 27:46, 막 15:34　2) 마 27:39　3) 마 27:43

17 모든 뼈를 셀 수 있을 정도로 내 뼈마디가 드러났습니다. 그들이 나를 눈여겨보고

18 내 겉옷을 나누며, 내 속옷을 놓고 제비를 뽑습니다.[1]

19 나의 힘이 되신 여호와여, 나를 멀리하지 마시고 속히 나를 도우십시오.

20 내 생명을 칼로부터 구해 주시고, 유일한 것, 곧 생명을 개 같은 자의 세력에서 구하십시오.

21 나를 사자의 입에서 구하십시오. 주께서는 들소의 뿔에서 나를 구해 주셨습니다.

22 내가 주의 이름을 내 형제에게 선포하고, 모인 군중 가운데서 당신을 찬양합니다.

23 여호와를 두려워하는 자들아, 여호와를 찬양하라. 야곱의 모든 자손들아, 여호와께 영광을 돌리라. 너희 이스라엘 모든 자손아, 그를 두려운 마음으로 섬기라.

24 여호와는 고통당하는 자의 고통을 멸시하거나 싫어하거나 모르는 체하지 않으시고 그가 울부짖을 때 응답하신다.

25 나는 많은 군중 앞에서 주를 찬양하고, 주를 두려움으로 섬기는 자들 앞에서 약속한 희생제물을 드릴 것이다.

26 가난한[2] 자는 먹고 배부르며, 여호

와를 찾는 자는 그를 찬양할 것이다. 그들의 마음은 영원히 살기를 바란다.

27 땅끝에 있는 사람들이 여호와를 기억하고 돌아오며, 모든 나라와 족속이 당신 앞에서 경배할 것이다.

28 모든 나라는 여호와의 것이며, 여호와께서는 모든 나라를 다스리시기 때문이다.

29 세상에 있는 교만[3]한 자들이 무릎을 꿇고 경배하며, 흙 먼지 속으로 내려가 자기 영혼을 살리지 못할 자들까지도 모두 그 앞에 절할 것이다.

30 우리의 후손들이 여호와를 섬기며 대대에 걸쳐 당신의 말씀을 전할 것이다.

31 아직 태어나지 않은 세대에게 주의 공의를 전할 것이다. 주께서 행하신 일을 듣게 될 것이다.

다윗의 시

23 ● 여호와는 나의 목자가 되시기 때문에 내게 부족함이 없습니다.

2 그는 푸른 풀밭에 나를 눕게 하시며, 쉴 만한 물가로 인도하십니다.

3 그는 내 영혼을 소생시키시고, 자기 이름을 위해 나를 바른 길들로 인도하십니다.

4 나는 죽음의 그림자 같은 음침한 골짜기를 지나가도 사망의 해를 두려워하지 않을 것입니다. 주께서 나와 함께하시고, 주의 지팡이와 막대기가 나를 든든히 보호해 주시기 때문입니다.

5 주께서는 내 원수 앞에서 내게 식탁을 차려 주시고, 기름을 내 머리에 부으시니 내 잔이 넘칩니다.

6 그러므로 내 평생 주의 선하심과

지팡이, 막대기 역할은?(시 23:4)

지팡이와 막대기는 물맷돌과 함께 목동이 양을 치기 위해 소지하는 필수품들이다. 막대기는 양의 무리에게 벗어나려는 양을 무리 속으로 들어오도록 하는 것이고, 물맷돌은 무리에서 멀리 떨어져 나간 양 앞에 돌을 던져 돌아오게 하는 것이며, 지팡이는 양이 웅덩이에 빠졌을 때 건져내기 위한 것이다.

---

1) 요 19:24 2) 겸손한 3) 충성

자비하심이 반드시 나를 따를 것이니 내가 여호와의 집에 영원히 살 것입니다.

다윗의 시

24 ●땅과 그 안에 있는 모든 것과 세계와 그 안에 사는 모든 생명체는 모두 여호와의 것이다.

2 여호와께서 그 터를 바다와 강들 위에 건설하셨다.

3 누가 여호와의 산에 오르며, 그의 거룩한 곳에 설 수 있겠는가?

4 그는 행동1)과 마음이 깨끗하며, 헛된 것에 뜻을 두지 않으며, 거짓된 맹세를 하지 않는 사람이다.

5 그는 여호와께서 주시는 복을 받고, 구원의 하나님께 의롭다 함을 받는다.

6 그런 사람은 바로 여호와를 찾는 족속이며, 야곱의 하나님을 경배하는2) 자이다. (셀라)

7 문들아, 너희 머리를 들어라. 영원한 문들아, 활짝 열어라. 영광의 왕이 들어가신다.

8 영광의 왕이 누구시냐? 그는 강하고 능력이 크신 여호와이시며, 전쟁의 용사이신 여호와이시다.

9 문들아, 너희 머리를 들어라. 영원한 문들아, 활짝 열어라. 영광의 왕이 들어가신다.

10 영광의 왕이 누구시냐? 만군의 주님이신 왕이다. (셀라)

다윗의 시

25 ●여호와여, 내 영혼이 당신을 바라봅니다.

2 나의 하나님이여, 내가 당신을 의지했으니 내가 부끄러움을 당하지 않게 하시고, 내 원수들이 나를 이김으로 승전가를 부르지 않게 하십시오.

3 주님께 소망을 두는 자들은 부끄러움을 당하지 않지만, 아무 이유 없이 속이는 자들은 부끄러움을 당할 것입니다.

4 여호와여, 당신의 길을 내게 알려 주시고 가르쳐 주십시오.

5 주의 진리로 나를 인도하시고, 나를 가르쳐 주십시오. 당신은 나의 구원의 하나님이시니 내가 온종일 당신을 기다립니다.

6 여호와여, 당신의 긍휼함과 자비하심이 영원부터 있었음을 기억하십시오.

7 여호와여, 내 젊은 시절 죄와 실수를 기억하지 마시고, 당신의 자비하심을 따라 당신의 선하심을 위해 나를 기억하십시오.

8 여호와는 선하고 바르시니 죄인들에게 바른 길을 가르치신다.

9 겸손한 자를 옳은 길로 인도하심이여, 겸손한 자에게 당신의 길을 가르치신다.

10 여호와의 언약과 증거를 지키는 자에게 당신의 모든 길은 자비와 진리가 된다.

11 여호와여, 나의 죄악이 클지라도 당신의 이름을 위해 용서하십시오.

12 여호와를 두려운 마음으로 섬기는 자가 누구냐? 그가 선택할 길을 하나님께서 가르치실 것이다.

13 그는 평안히 살고, 그의 자손은 땅을 소유할 것이다.

14 여호와는 자기를 두렵게 섬기는 자들에게 그와 친밀한 교제를 나누고, 그의 언약을 가르쳐 주신다.

15 내 눈이 언제나 여호와를 향하는 것은 내 발을 덫3)에서 벗어나게 하시기 때문이다.

16 주여, 나는 외롭고 고통 가운데 있으니 나를 돌아보시고 내게 은혜를 베푸십시오.

---

1) 손 2) 얼굴을 구하는 3) 그물

17 나는 마음의 고통이 심해지니 나를 그 괴로움에서 건져 내십시오.

18 내 고통과 슬픔을 보시고 내 모든 죄를 용서하십시오.

19 내 원수들이 얼마나 많은지 보십시오. 그들은 나를 심히 미워합니다.

20 그러니 내 생명을 지켜 주십시오. 내가 주님께 피합니다. 나로 부끄러움을 당하지 않게 하십시오.

21 내가 주를 바라봅니다. 당신의 성실함과 정직이 나를 지키게 하십시오.

22 하나님이여, 그 모든 환난에서 이스라엘을 구원하십시오.

다윗의 시

26

● 나는 거짓 없이 깨끗하게[1] 행했습니다. 나는 여호와를 의지하기에 흔들리지 않습니다. 그러니 여호와여, 나를 판단하십시오.

2 나를 살피시고 시험하사 내 뜻과 내 마음의 생각이 무죄함을 판단해 주십시오.

3 주의 자비하심이 내 앞에 있습니다. 내가 당신의 진리를 따라 살았고,

4 헛된 것을 좇는 자들과 함께 앉지 않았으며, 위선하는 자와도 동행하지 않았습니다.

5 나는 악을 행하는 자의 모임을 싫어하여 악한 자와 함께 앉지 않았습니다.

풍습

손을 씻는 행위(시 26:6)

손은 상징적으로 사람의 행위나 활동을 의미한다. 그러므로 손을 씻는 것은 자신의 행위나 보이는 활동으로 인한 잘못된 것을 정결케 하는 의미가 있다. 고대에는 무죄함을 증명하기 위해서 자신의 손을 씻었다. 신약에서 빌라도는 예수의 처형에 대해 자신은 죄가 없다는 표시로 예수를 고소하는 무리들 앞에서 자신의 손을 씻었다.

6 여호와여, 내가 결백한 마음으로 손을 씻고 당신의 제단 앞에 나아옵니다.

7 나는 감사의 소리로 주의 놀라운 모든 일을 선포할 것입니다.

8 여호와여, 내가 당신께서 거하시는 성전 집과 당신의 영광이 머무는 곳을 사랑합니다.

9 그러니 내 영혼을 죄인과 함께 거두지 마시고, 내 목숨을 피를 흘리는 자와 함께 거두어 가지 마십시오.

10 그들의 손에는 간교함이 있고, 그들의 오른손에는 뇌물이 가득합니다.

11 그러나 나는 거짓 없이 깨끗하게 행할 것입니다. 그러니 나를 구원하시고 내게 은혜를 베푸십시오.

12 내 발이 든든한 곳에 섰기에 무리 가운데서 여호와를 찬양합니다.

다윗의 시

27

● 여호와는 나의 빛이시며, 구원자가 되시니 내가 누구를 두려워하겠습니까? 여호와는 내 생명의 요새[2]가 되시니 내가 누구를 무서워하겠습니까?

2 악인들이 나를 잡아 죽이려고 내게로 왔지만 오히려 그들은 넘어지고 쓰러졌습니다.

3 군대가 내 앞에 진을 쳐도 나는 두려워하지 않고, 전쟁이 나를 치려고 일어나도 내 마음은 여전히 든든할 것입니다.

4 그러므로 내가 여호와께 한 가지 소원를 구합니다. 그것은 내가 사는 날 동안 여호와의 집에서 여호와의 은혜[3]를 바라보며, 그의 성전을 드나들며, 주를 뵙는 것입니다.

5 여호와께서는 환난 날에 나를 그의 성막 가운데서 안전하게 지키시고, 그의 은밀한 처소에서 나를

1) 완전함을 2) 능력 3) 아름다움

숨기시며, 높은 바위 위에 두실 것입니다.

6 이제 나를 둘러싼 내 원수 앞에서 내가 떳떳하게 고개를 들고, 내가 그의 장막에서 기쁨으로 희생제사를 드리며, 노래로 여호와를 찬양할 것입니다.

7 여호와여, 내가 큰 소리로 부르짖을 때 들으시고, 은혜를 베풀어 응답하십시오.

8 "너희는 내 얼굴을 찾으라"고 말씀하실 때 내가 마음속으로 주님께 말했습니다. '여호와여, 내가 당신의 얼굴을 찾을 것입니다.'

9 그러니 주의 얼굴을 내게서 숨기지 마시고, 당신의 종에게 노하지 마십시오. 당신은 나의 도움이 되십니다. 나의 구원의 하나님이시여, 나를 버리거나 떠나지도 마십시오.

10 내 부모는 나를 버렸지만 여호와는 나를 맞아 주실 것입니다.

11 여호와여, 당신의 길을 내게 가르치시고, 엎드려 나를 기다리는 자, 내 원수를 살펴보시며, 나를 평탄한 길로 인도하십시오.

12 내 생명을 대적들에게 맡기지 마십시오. 위증자와 독기를 품은 악을 토하는 자가 일어나 나를 치려고 합니다.

13 내가 살고 있는 땅에서 여호와의 선하심을 확실히 보게 될 줄을 믿었다.

14 너는 여호와를 바라보라. 그리고 강하고 담대하며 여호와를 기다리라.

다윗의 시

28 ● 여호와여, 내가 당신께 부르짖습니다. 나의 반석 되신 주님이시여, 내 부르짖음에 귀를 막지

마십시오. 주께서 가만히 계시면 내가 구덩이에 내려가는 자와 같을까 두렵습니다.

2 내가 내 손을 들어 주의 지극히 거룩한 곳, 지성소를 향해 부르짖을 때 내 애원하는 소리를 들어주십시오.

3 악을 행하는 자들과 함께 나를 끌고 가지 마십시오. 그들은 그 이웃에게 화평을 말하지만 그 마음속에는 악을 품고 있습니다.

4 그들이 하는 악한 일과 행위와 그들의 손이 저지른 대로 갚으시고 보응하십시오.

5 그들은 여호와께서 행하신 일과 손으로 지으신 것을 하찮게 생각하니 여호와께서는 그들을 허물어 버리사 다시는 일어나지 못하게 하십시오.

6 여호와께서 내 간구하는 소리를 들으셨으니 내가 여호와를 찬양합니다.

7 여호와는 나의 힘과 방패가 되시니 내 마음이 당신을 의지하여 도움을 받았습니다. 그래서 마음을 다해 당신을 기뻐하며 노래로 찬양합니다.

8 여호와는 그의 백성들에게 힘이 되시며, 그의 기름 부음 받은 자, 다윗에게 구원의 요새가 되십니다.

9 주의 백성을 구원해 주시고, 당신의 소유에 복을 주십시오. 그리고 영원토록 그들의 목자가 되시고, 그들을 인도하십시오.

29 너희 하나님의 사람아[1], 여호와의 영광과 능력을 찬양하라.

2 여호와의 이름에 합당한 영광을 그에게 돌리며, 거룩한 옷을 입고 여호와께 경배하라.

1) 권능 있는 자야

3 여호와의 소리가 물 위에 울려 퍼지고, 영광의 하나님께서 천둥소리를 내시니 그 음성이 망망대해에 울린다.

4 여호와의 소리가 힘이 있고 위엄이 넘친다.

5 그의 소리가 레바논의 백향목을 꺾어 부순다.

6 그들1)을 송아지처럼 뛰게 하시며, 레바논과 헤르몬산2)을 들송아지처럼 뛰게 하신다.

7 여호와의 소리가 불꽃을 가르고,

8 광야와 가데스광야를 진동시키신다.

9 그의 소리가 암사슴을 진통하게 하시고, 삼림을 벌거숭이가 되게 하시니 그의 성전에서 그의 모든 것이 "영광이라"고 말한다.

10 여호와께서 홍수 위에 보좌를 정하시고, 우리의 왕이 되어 영원히 우리를 다스리신다.

11 여호와께서는 자기 백성에게 힘을 주시며, 평안의 복을 주신다.

다윗의 시, 곧 성전 낙성가

30 ● 여호와여, 내가 당신을 높이는 것은 당신께서 나를 건져 내시고, 내 원수가 나를 비웃지 못하게 하셨기 때문입니다.

2 여호와 내 하나님이여, 내가 도움을 요청했더니 당신은 나를 고쳐 주셨습니다.

3 여호와여, 당신은 내 영혼을 무덤인 스올에서 끌어 올리시고, 무덤으로 내려간 자들 가운데서 나를 살려 주셨습니다.

4 주의 경건한 자들아, 여호와를 찬양하며, 그의 거룩한 이름에 감사하라.

5 그의 진노는 잠깐이며, 그의 은총은 영원하다. 저녁에는 눈물로 지새우지만, 아침에는 기쁨이 넘칠 것이다.

6 나는 평안히 지낼 때 "이제는 내가 영원히 흔들리지 않을 것이다"라고 했다.

7 여호와께서는 당신의 은혜로 나를 강한 산처럼 세우셨지만 당신께서 외면하시자마자 내가 두려움에 떨었습니다.

8 여호와여, 내가 부르짖고, 간구했습니다.

9 내가 죽어 무덤에 내려간다면 당신께 나의 피가 무슨 유익이 되겠습니까? 흙먼지가 어떻게 주를 찬양하며, 주의 진리를 전파하겠습니까?

10 여호와여, 내 간구를 들으시고, 내게 은혜를 베푸십시오. 나를 돕는 분이 되어 주십시오.

11 주께서는 내 슬픔을 춤으로 바꾸시고, 내게서 상복3)을 벗기시며, 기쁨으로 띠를 동여매게 하셨습니다.

12 그래서 나는 잠잠히 있을 수 없어 주를 찬양합니다. 나의 하나님이여, 내가 영원토록 당신께 감사드립니다.

다윗의 시, 인도자를 따라 부르는 노래

31 ● 여호와여, 내가 당신께 피합니다. 나로 다시는 부끄러움을 당하지 않게 하시고, 당신의 의로움으로 나를 건지십시오.

2 내 간구하는 소리에 귀를 기울여 속히 건지시고, 내가 안전하게 숨을 수 있는 바위와 구원하는 산성이 되어 주십시오.

3 주는 나의 반석과 산성이 되십니다. 당신의 이름을 위해 나를 인도하시고 이끌어 주십시오.

---

1) 나무 2) 시론 3) 베옷

4 주는 나의 산성이 되시니 나를 잡기 위해 숨겨 놓은 그물에서 빠져 나오게 해주십시오.

5 주의 손에 내 영을 부탁합니다.[1] 진리의 하나님은 나를 구원하셨습니다.

6 나는 허탄한 거짓 우상 숭배자들을 미워하고, 여호와만 의지합니다.

7-8 주께서 내 고난을 보시고 환난 가운데 있는 내 영혼을 아셨으며, 나를 원수의 수중에 가두지 아니하시고, 나를 안전한 곳에 두셨기 때문에 내가 그런 당신의 자비로 인해 기뻐하며 즐거워합니다.

9 여호와여, 내게 은혜를 베푸십시오. 내가 고통 가운데 있습니다. 나는 고통으로 인해 시력이 약해지고, 몸과 영혼이 쇠약해졌습니다.

10 슬픔으로 내 삶이 끝나고, 내 해는 근심으로 끝납니다. 내 죄악 때문에 내 기력이 약해지며, 내 뼈가 약해져 갑니다.

11 내가 모든 대적에게 비난거리가 되고, 내 이웃은 철저히 무시하니 내 친구마저도 놀라고, 거리에서 나를 보는 자마다 피합니다.

12 나는 깨진 그릇과도 같아 내가 죽은 사람이라도 되는 듯 사람들의 기억 속에서 잊혀졌습니다.

13 많은 사람의 비난하는 소리와 사방에서 협박하는 소리가 들려오니 나는 두려움에 싸여 있습니다. 그들이 함께 모여 내 생명을 취하려고 음모를 꾸밉니다.

14 여호와여, 그래도 나는 당신을 의지하여 "주는 내 하나님이시다"라고 말합니다.

15 앞날의 목숨이 주의 손에 달려 있으니 나를 원수들과 핍박하는 자들의 손에서 건져 주십시오.

16 주의 얼굴을 당신의 종에게 비추시고, 당신의 사랑으로 나를 구원하십시오.

17 여호와여, 내가 당신께 부르짖을 때 나를 부끄럽게 하지 마시고, 오히려 악인들을 부끄럽게 하십시오. 그래서 그들로 무덤인 스올에서 가만히 누워 있게 하십시오.

18 그들의 오만함과 멸시하는 말로 의인을 거스르는 거짓 입술이 말을 못하는 벙어리가 되게 하십시오.

19 주를 두려워하여 당신께 피하는 자를 위해 인생 앞에 마련해 놓으신 은혜가 얼마나 크십니까?

20 주께서는 그런 자들을 사람들의 모략으로부터 당신의 은밀한 곳에 숨기셨습니다. 사람의 모략에서 벗어나게 하시고, 그들을 비밀히 장막에 감추사 안전하게 보호해 주시며, 다투는 혀로부터 보호해 주십니다.

21 내가 포위된 견고한 성에서 놀라운 일을 행하신 여호와를 찬양합니다.

22 내가 "나는 주 앞에서 끊어졌다"라고 놀라 말하지만 내가 당신께 부르짖을 때 당신께서는 내 간구하는 소리를 들으셨습니다.

23 하나님을 경외하는 너희 모든 성도야, 여호와를 사랑하라. 여호와께서는 진실한 자를 보호하시고, 오만하게 행하는 자에게 엄한 벌로 갚으신다.

24 여호와께 소망을 두는 자들아, 강하고 담대하라.

다윗의 교훈[2]

32

● 허물을 용서 받고 하나님께서 죄를 덮어 준 사람은 복이 있다.

1) 눅 23:46, 행 7:59   2) 마스길

2 마음에 간사한 것이 없고, 여호와께서 더 이상 죄를 묻지 않는 자는 복이 있다.

3 내가 입을 열어 죄를 고백하지 않을 때는 종일 신음하므로 내 뼛속 깊이 아픔을 느낀다.

4 주의 손이 밤낮으로 나를 누르니 여름철의 가뭄에 마름같이 내 기력이 쇠하여졌도다. (셀라)

5 그러나 내가 내 죄를 여호와께 숨기지 않고 자복하자 주께서 내 죄를 용서하셨다. (셀라)

6 이로 인해 경건한 자는 죄를 깨달을 때, 곧 주를 만날 기회를 놓치지 않고 주님께 기도할 것이다. 그런 자는 홍수가 범람해도 그를 덮치지 못할 것이다.

7 주는 나의 은신처가 되사 나를 환난에서 지켜 주시기에 나는 구원의 노래를 부를 것이다. (셀라)

8 주는 "내가 너의 갈 길을 가르쳐 보이고, 너를 지켜보며 훈계하리라" 고 말씀하신다.

9 너희는 미련한 말이나 당나귀[1]처럼 되지 말라. 그것들은 말의 입에 물리는 재갈과 얽어매는 줄인 굴레로 단속하지 않으면 너희 말을 듣지 않는다.

10 악인에게는 고통이 많지만, 여호와를 믿고 의지하는 자에게는 자비하심이 넘칠 것이다.

11 그러므로 너희 의인들아, 여호와 안에서 기뻐하며 즐거워하라. 마음이 바른 자들아, 다 기뻐 외치라.

33 너희 의로운 자들아, 여호와를 기뻐 노래하라. 찬양은 정직한 자들이 마땅히 울려야 할 것이다.

2 수금으로 여호와께 감사하고, 10줄 비파로 찬양하라.

3 그분께 새 노래로 기뻐 노래하며, 아름답게 연주하라.

4 여호와의 말씀은 바르고, 그가 행하시는 일은 모두 신실하다.

5 여호와는 의로움과 공의를 사랑하신다. 세상에는 온통 여호와의 자비하심이 넘쳐난다.

6 여호와의 말씀으로 하늘이 창조되었으며, 그의 입 기운으로 우주 천체를 만드셨다.

7 그는 바닷물을 모아 항아리에 무더기같이 쌓으시고, 깊은 물을 창고에 가두신다.

8 온 땅이여, 여호와를 두려워하라. 세상 사람들아, 모두 그를 두려움으로 섬기라.

9 그가 말씀하시니 모든 것이 생겨났고, 그가 명령하시니 그것들이 견고하게 세워졌다.

10 여호와께서는 나라들의 계획을 쓸모없게 하시며, 민족들의 사상을 꺾어 버리신다.

11 그러나 여호와의 계획은 영원히 서고, 그의 생각도 영원하시다.

12 여호와를 하나님으로 모신 나라와 하나님의 유업으로 선택된 백성은 복이 있다.

13-14 여호와께서는 그가 거하시는 하늘에서 세상의 모든 인생을 굽어살피신다.

15 그는 사람의 마음을 창조하셨기 때문에 그들이 하는 일을 지켜보고 계신다.

16 세상에서 많은 군대로 구원 얻은 왕이 없으며, 힘이 강한 용사도 스스로 자신을 구원하지는 못한다.

17 세상의 군마와 군대가 많다고 반드시 이기는 것은 아니다.

18 그러나 여호와는 그를 경외하며 그의 자비하심을 구하는 자를 살펴

1) 노새

19 그들을 사망에서 건지시고, 기근 때도 그들을 먹이신다.

20 우리가 여호와께 소망을 갖고 기다리는 것은 그분은 우리의 도움과 방패가 되시기 때문이다.

21 우리 마음이 주를 즐거워하는 것은 우리가 그분의 거룩한 이름을 의지하기 때문이다.

22 여호와여, 우리가 당신께 소원하는 대로 당신의 자비를 우리에게 베푸십시오.

다윗이 아비멜렉 앞에서
미친 체하다가 쫓겨난 때

34 ● 내가 내 입술로 항상 여호와를 찬양한다. 내 입술에서는 당신을 찬양하는 소리가 계속될 것이다.

2 내 영혼이 여호와를 찬양1)하리니 고통 가운데 있는 자들이 이를 듣고 기뻐한다.

3 나와 함께 "여호와를 크고 위대하시도다"라고 하며, 함께 그의 이름을 높이자.

4 내가 여호와께 구했더니 그가 내게 응답하셨으며, 내가 두려워하는 것들로부터 나를 해방시켜 주셨도다.

5 주를 바라보는 자들의 얼굴은 광채가 나고, 그들은 부끄러움을 당하지 않을 것이다.

6 이 고통 가운데 있는 자가 부르짖으니 여호와께서 들으시고, 그들을 모든 환난에서 구하셨도다.

7 여호와의 천사가 주를 두려운 마음으로 섬기는 자들을 사방으로 지켜 주시고, 그들을 구해 주셨도다.

8 너희는 여호와의 선하심을 살피라. 그를 피난처로 삼는 자는 행복하도다.

9 성도들아, 여호와를 두려움으로 섬기라. 그를 두려움으로 섬기는 자에게는 부족한 것이 없도다.

10 젊은 사자는 혹시 먹을 것이 없어 굶주리는 경우가 있어도 여호와를 찾는 자는 모든 좋은 것에 부족한 것이 없도다.

11 너희 자녀들아, 와서 내 말을 들어라. 내가 여호와를 어떻게 경외하는지를 너희에게 가르쳐 주리라.

12 복을 받으며 오래 살고 싶어 하는 자들이 누구냐?

13 그는 악한 말이나 거짓말을 하지 말라.

14 악을 피하고, 선을 행하며, 화평을 찾고 그것을 좇아라.

15 여호와의 눈은 의로운 자들에게 있고, 그의 귀는 도움을 구하는 자들의 부르짖는 소리를 들으신다.

16 여호와의 얼굴은 악을 행하는 자들을 향하사 그들의 이름2)을 땅에서 지워 버리신다.

17 의로운 자들이 부르짖으면 여호와께서 들으시고, 그들을 모든 고통에서 건져 주신다.

18 여호와는 마음이 상한 자에게 가까이하시고, 진심으로 죄를 뉘우치는 자를 구원하신다.

시편의 중심 주제

시편은 다양한 주제를 가진 책이다. 따라서 시편을 한두 주제로 묶는 것은 무리이다. 그러나 공통된 주제는 하나님의 선하심과 인자하심을 느끼는 신앙인이 하나님께 드리는 신앙고백적 시라고 보면 무리가 없다. 주제에 따라 구분하면 다음과 같다. 첫째, 신앙 공동체의 시로 하나님의 백성 전체가 그 주체가 된다. 둘째, 개인적인 신앙고백의 시이다. 셋째, 찬양하는 시이다. 넷째, 왕의 시로 하나님 나라의 궁극적 통치자이신 메시아를 내다보는 예언적 성격을 지닌다. 이 외에도 인생 길에 있어 어떤 것이 올바른지 제시하는 지혜시 등이 있다.

1) 자랑 2) 자취, 기념

19 의로운 자에게는 고난이 많지만, 여호와께서는 그 모든 것에서 건지신다.

20 여호와께서는 의로운 자의 모든 뼈를 지키사 하나의 뼈도 꺾이지 않게 하신다.

21 악은 악인을 죽이며, 의로운 자를 미워하는 자들은 벌을 받게 될 것이다.

22 여호와께서는 그의 종들의 목숨을 구원하시리니 그에게 피하는 자는 죄인으로 취급을 받지 않을 것이다.

다윗의 시

35 ● 여호와여, 나와 다투는 자와 다투시고, 나와 싸우는 자와 싸워 주십시오.

2 크고 작은 방패를 잡으시고 일어나 나를 도와주십시오.

3 크고 작은 창을 들어 나를 쫓는 자의 길을 막으시고, 내게 "내가 너를 구원해 주겠다"라고 말씀해 주십시오.

4 그래서 내 목숨을 노리는 자들이 부끄러운 수치를 당하게 하시고, 나를 해치려고 악한 생각을 하는 자들이 창피를 당하게 하십시오.

5-6 여호와의 천사가 그들을 뒤쫓게 될 때 그들의 길을 어둡고 미끄럽게 하사 그들은 바람에 날리는 겨와 같게 하십시오.

7 그들이 아무런 이유 없이 나를 잡으려고 그물을 웅덩이에 숨기며, 내 목숨을 해치려고 웅덩이를 팠습니다. 그러니

8 멸망이 순식간에 그들에게 다가오게 하시고, 자기가 친 그물에 자기가 걸려 멸망을 당하게 하십시오.

9 그렇게 하시면 내 영혼이 여호와를 즐거워하며, 여호와께서 베푸신 구원을 인해 기뻐할 것이다.

10 내 모든 뼈도 "여호와와 같은 분이 누구냐? 그는 가난한 자를 강한 자와 강탈하는 자에게서 건지시는 분이다"라고 찬양한다.

11 포악한 증인들이 내가 알지도 못하는 일을 내게 캐묻는구나.

12 그들은 내게 선을 악으로 갚아 내 영혼을 외롭게 한다. 그러나

13 그들이 병 들었을 때 나는 굵은 베옷 차림으로 금식하며 스스로 괴롭게 하며 부르짖었지만 그런 내 기도가 헛되이 다시 내게로 돌아왔도다.

14 나는 그들을 내 친구나 형제나 부모가 돌아가신 것처럼 그렇게 몸을 굽히고 슬퍼하며 괴로워했다.

15 그러나 막상 내가 넘어지자 그들은 좋아했고, 나를 치며 때리는 자들이 함께 모였으나 나는 그 이유를 알지 못했다.

16 그들은 많은 사람¹⁾ 앞에서 나를 비웃고, 조롱하는 자처럼 나를 보고 이를 갈았다.

17 주여, 어느 때까지 이런 일을 보고만 계십니까? 나를 그런 자들에게서 구해 주시고, 내 유일한 생명을 사자 같은 자들에게서 구해 주십시오.

18 내가 예배 모임 가운데서 주께 감사하며, 강한 백성 앞에서 당신을 찬양할 것입니다.

19 아무 이유 없이 부당하게 내게 거짓말하는 자, 원수가 나로 인해 기뻐하지 못하게 하시고, 이유도 없이 나를 미워하는 자들이 서로 음흉한 미소를 짓지 못하게 하십시오.

20 그들은 화평 대신에 조용히 사는 자들에게 거짓말로 모략합니다.

21 또 그들이 나를 향해 입을 크게 벌려 '아하, 우리가 네 꼴을 보았다'라고 빈정거립니다.

---

1) 연회

22 여호와여, 당신께서 이것을 보셨으니 가만히 있지 마시고, 나를 멀리하지 마십시오.

23 나의 하나님, 나의 주시여, 깨어 일어나 나를 위해 변호해 주시고, 내 문제를 해결해 주십시오.

24 나의 하나님이여, 당신은 공정하신 분이니 내가 죄가 없음을 판단하여 원수가 나를 보고 기뻐하지 못하게 하십시오.

25 그들이 마음속으로 '아하, 우리의 소원대로 되었다'라고 말하지 못하게 하시며, "우리가 그를 이겼다"라고 말하지 못하게 하십시오.

26 내 고통을 좋아하는 자들이 부끄러워 당황하게 하시며, 내 앞에서 거만하게 구는 자들이 수치와 모욕을 당하게 하십시오.

27 내 무죄가 판명되는 것을 즐거워하는 자들이 노래하게 하시며, "그의 종의 형통함을 기뻐하시는 여호와는 위대하시다"라고 항상 말하게 하십시오.

28 그러면 내 혀가 주의 의로운 판단을 말하며, 온종일 당신을 찬양할 것입니다.

다윗의 시,
인도자를 따라 부르는 노래

36 ● 악한 자들은 마음속으로 '하나님을 두려워할 필요가 없다'라고 생각한다.

2 그들은 스스로 "자기의 죄악은 드러나지 않고 미움을 받지도 않을 것이다"라고 자랑한다.

3 그들은 악하고 속이는 말만 하며, 지혜롭고 선한 일을 버렸다.

4 그들은 자신의 침대에서조차 악한 일을 계획하며, 악한 길에 자신을 맡기고, 악한 일을 서슴치 않고 행한다.

5 여호와여, 당신의 자비하심이 하늘에 닿으며, 당신의 진실하심은 하늘 끝까지 이릅니다.

6 주의 의로움은 든든한 산, 하나님의 들과 같고, 당신의 공의는 깊은 바다와 같습니다. 당신은 사람과 짐승을 돌보십니다.

7 하나님이여, 당신의 자비하심이 참으로 보배롭습니다. 사람들이 당신의 날개 그늘 아래로 피합니다.

8 그들은 주의 집에 있는 기름진 것으로 배불리 먹을 것입니다. 당신은 당신의 기쁨[1]의 강물에서 마시게 하실 것입니다.

9 진실로 주께 생명의 원천이 있으니 당신의 빛을 받아 우리가 빛처럼 열린 미래를 봅니다.

10 주는 당신을 사랑하는[2] 자들에게 당신의 자비하심을 계속 베푸시고, 마음이 정직한 자에게 공의를 베푸십시오.

11 오만한 자의 발이 내게 발길질하지 못하게 하시고, 악인들의 손이 나를 밀어내지 못하게 하십시오.

12 악을 행하는 자들이 쓰러졌으니 다시 일어날 수 없을 것입니다.

다윗의 시

37 ● 악한 자들이 잘된다고 불평하지 말며, 불의를 행하는 자들의 형통을 시기하지 말라.

2 그들은 풀과 같이 빠르게 마르며, 푸른 채소[3]처럼 시들기 때문이다.

3 여호와를 믿고 의지하며 선을 행하라. 땅에서 사는 동안 여호와의 성실을 먹을거리로 삼으라.

4 여호와를 생각하며 기뻐하라. 그러면 그는 네가 원하는 것을 주실 것이다.

5 너의 가는 길을 여호와께 맡기라.

1) 복락　2) 아는　3) 잔디

그를 신뢰하면 그가 이루어 주실 것이다.

6 네 의로움을 빛처럼, 네 공의를 한낮의 빛처럼 빛나게 하실 것이다.

7 여호와를 의지하고 잠잠히 참고 기다리라. 악한 자들의 길이 형통하고, 그들의 계획이 이루어진다고 불평하지 말라.

8 그들에 대한 분노를 멈추고 불평하지 말라. 그것은 오히려 자신을 해롭게 할 뿐이다.

9 결국 악을 행하는 자들은 끊어지지만 여호와를 소망하는 자들은 땅을 소유할 것이기 때문이다.

10 조금만 참으면 악인은 이 땅에서 없어지리니 네가 악인을 아무리 찾아도 그들은 없을 것이다.

11 그러나 온유한 자들은 땅을 소유하며, 더 큰 평안으로 기뻐할 것이다.

12 악인은 의인을 해치려고 계획하고 그들을 향해 이를 간다.

13 그러나 주께서는 그들을 보고 비웃을 것이니 그것은 멸망하는 날이 그들에게 다가옴을 보시기 때문이다.

14 악인은 칼을 치켜들고 활을 당겨 비천하고 가난한 자를 쓰러뜨리며, 정직히 행하는 자를 죽이려고 한다.

15 그러나 그들의 칼은 오히려 그들의 양심을 찌르고, 그들의 활은 꺾어질 것이다.

16 의인의 적은 소유가 악인의 많은 재산보다 나은 것은

17 여호와께서 악인의 힘1)은 빼앗지만, 의인은 붙들어 주시기 때문이다.

18 여호와께서는 정직한 자의 삶을 아신다. 그들이 받은 유산은 영원할 것이다.

19 그들은 재난 때 어려움을 당하지 않고, 기근 때도 풍족할 것이다.

20 그러나 악인들은 멸망하고, 여호와의 원수들은 기름진 풀밭이 시들어 불타는 것처럼2) 연기가 되어 없어질 것이다.

21 악인은 빌린 후 갚지 않지만, 의인은 은혜롭게 베풀기를 좋아한다.

22 주께 복을 받은 자들은 땅을 소유하고, 그에게 저주를 받은 자들은 멸망할 것이다.

23 여호와께서 선한 사람의 발걸음을 정하시니 그의 길이 기뻐하시는 길이라면

24 그는 넘어지지만 여호와께서 그의 손으로 붙들어 주시기에 아주 쓰러지지 않는다.

25 나는 어려서나 늙은 때나 의인이 버림 받는 것과 그의 자손들이 구걸하는 것을 본 적이 없다.

26 그는 온종일 사람들에게 은혜를 베풀고 꾸어 주기에 그의 자녀들이 복을 받는다.

27 악에서 떠나 선을 행하면 영원히 살 것이다.

28 그것은 여호와께서 공의를 사랑하시고 그의 경건한 자들을 버리시지 않기 때문이다. 그들은 영원히 보호를 받지만 악인의 자녀들은 끊어질 것이다.

29 의인은 땅을 소유하여 영원히 그곳에서 살 것이다.

30 의인의 입은 지혜로운 말과 정의를 말하며,

31 그의 마음속에는 하나님의 법이 있기 때문에 그의 발걸음은 어긋난 길로 가지 않는다.

32 악인은 의인을 엿보고 그를 죽일 기회를 찾으나

1) 팔 2) 어린 양의 기름같이 타서

33 여호와는 의인을 악인의 손에 죽도록 내버려 두지 않으시고, 재판 때도 벌을 받게 하지 않으신다.

34 그러므로 여호와를 기다리고 그가 원하는 길을 따라 살아라. 그러면 네가 땅을 소유하도록 하실 것이다. 악인이 끊어질 때 너는 확실히 그것을 볼 것이다.

35 내가 레바논의 무성한 백향목과 같은[1] 악인의 큰 세력을 보았으나

36 내가 지나갈 때 그가 사라져 없어졌으니 내가 찾아도 그를 찾을 수 없었다.

37 깨끗한 자를 살피고, 정직한 자를 보라. 평화를 추구하는 모든 자의 장래는 평안하다.

38 범죄자들은 모두 멸망하리니 악인은 끊어질 것이다.

39 의인들의 구원은 여호와에게서 오기 때문에 여호와는 환난 때 그들의 요새가 되신다.

40 여호와께서는 의인을 악인들에게서 건져내어 구원하신다. 그것은 그들이 여호와를 의지했기 때문이다.

다윗의 기념하는 시

38 ● 여호와여, 당신의 분노로 나를 책망하지 마시고, 당신의 노여움으로 나를 벌하지 마십시오.

2 주의 화살이 나를 꿰뚫고, 당신의 손이 나를 내리치셨습니다.

3 주의 진노로 내 살이 온통 병들었으며, 내 죄로 인해 내 뼈가 성한 곳이 없습니다.

4 내 죄가 무거운 짐처럼 내 머리에 누르니 내가 더 이상 견딜 수 없습니다.

5 내 상처가 썩어 악취가 나니 그것은 내가 어리석기 때문입니다.

6 나는 아프고 허리는 굽었으며, 온종일 슬픔에 잠겨 있습니다.

7 내 허리는 열이 높고, 내 몸은 성한 곳이 없습니다.

8 내가 지치고 마음이 상해 괴로워 신음합니다.

9 주여, 나의 모든 소원을 당신께서 아시니 나의 탄식을 들으십니다.

10 내 심장이 뛰고 내 기력이 다하여 내 눈빛은 흐려졌습니다.

11 내 상처 때문에 내가 사랑하는 자와 내 친구들이 나를 피하고 내 친척들도 멀리합니다.

12 내 목숨을 노리는 자가 덫을 놓고, 나를 해치려는 자가 내가 당한 불행한 일을 말하며, 하루 종일 음모를 꾸미고 있습니다.

13 나는 귀머거리처럼 들을 수 없게 되었고, 벙어리처럼 입을 열지 못하게 되었습니다.

14 나는 듣지 못하는 자처럼 되어 입이 있어도 대답하지 못합니다.

15 여호와여, 내가 당신을 간절히 기다리니 당신께서 내게 응답하실 것입니다.

16 나는 이렇게 부르짖습니다. "두렵건대 악인들이 나를 비웃지 못하게 하시고, 내가 힘이 없어 비틀거릴 때도 조롱하지 못하게 하십시오.

17 내가 넘어지게 되었고, 내 근심이 떠날 날이 없습니다.

18 내 죄를 고백하고 내가 저지른 죄를 생각하니 괴롭습니다.

19 내 원수는 갈수록 많아지고, 아무 이유 없이 나를 미워하는 자가 많으며,

20 악으로 선을 갚는 자들은 내가 선을 따르기 때문에 나를 적대시합니다.

21 그러니 여호와께서는 나를 버리지

[1] 그 본래의 땅에 서 있는 나뭇잎이 무성함과 같으니

마시고, 나를 멀리하지 마십시오.

22 서둘러 나를 도우십시오. 주는 나의 구원자이십니다."

다윗의 시,
인도자를 따라 부르는 노래

39 ●내가 말했다. "내 행동을 조심하여 내 혀로 죄를 짓지 않기 위해 악인이 내 앞에 있을 때 내가 내 입에 재갈을 물릴 것이다."

2 그래서 나는 침묵하며 선한 말도 하지 않고 지냈더니 내 근심이 더 커졌다.

3 내 마음이 내 속에서 점점 뜨거워져 작은 소리로 말할 때는 화가 더 치밀어 올랐다. 그래서 나는 말했다.

4 "여호와여, 내 인생의 마지막과 언제까지 사는지 연한을 알려주십시오. 그로 인해 내 연약함을 깨닫게 하십시오."

5 주께서는 내가 사는 날을 손바닥 너비¹⁾만큼 짧게 하셨으니 내가 든든히 서 있는 때도 진실로 모두가 한순간의 입김일 뿐이기에 내 일생이 주 앞에는 없는 것과 같습니다.(셀라)

6 헛된 일로 분주하게 돌아다니며 재물을 쌓아 두지만 누가 그것을 가져가는지 알지 못하기에 그 인생은 그림자와 같습니다.

7 그러니 주여, 이제 내가 무엇을 바라겠습니까? 내 소망은 오직 주께 있습니다.

8 나를 모든 죄에서 건지시며, 어리석은 자에게 비웃음을 당하지 않게 하십시오.

9 내가 침묵하고 입을 열지 않는 것은 주께서 내 입을 닫으셨기 때문입니다.

10 이제 주께서 내린 재앙을 내게서 치워 주십시오. 당신이 나를 치심으로 내가 죽을 것 같습니다.

11 주께서 죄지은 자를 책망하사 징계하실 때는 그들의 영화를 좀먹듯 소멸시키시니 참으로 인생은 모두 헛될 뿐입니다.(셀라)

12 여호와여, 나의 기도와 부르짖음에 귀를 기울이십시오. 내가 눈물흘릴 때 못들은 체하지 마십시오. 나는 내 모든 조상처럼 잠시 주와함께 있는 나그네에 불과하며 이방인으로 살고 있습니다.

13 내가 죽어 없어지기 전에 나를 향해 당신의 눈길을 돌리사 나로 크게 기뻐하게 하십시오.²⁾

다윗의 시,
인도자를 따라 부르는 노래

40 ●내가 여호와를 끝까지 기다렸더니 귀를 기울여 내 부르짖음을 들으셨도다.

2 여호와께서는 나를 기가 막힐 절망의 구덩이와 진흙탕에서 끌어올려 주시고, 반석 위에 내 발을 두어 내 발걸음을 굳세게 하셨다.

3 하나님께 올릴 새 노래를 내 입에 두셨으니 많은 사람이 보고 두려워하여 여호와를 경외³⁾할 것이다.

4 교만한 자와 거짓에 치우치는 자를 향하지 않고 오직 여호와를 의지하는 자는 복이 있다.

5 나의 하나님이여, 당신께서 행하신 기적이 많습니다. 당신은 우리를 위한 많은 계획을 세우셨기에 누구도 당신과 비교할 수 없습니다. 그래서 내가 널리 알린다 해도 사람들에게 다 알릴 수가 없을 정도입니다.

6 주께서는 내게 들려주셨습니다.

1) 한 뼘 길이 2) 주는 나를 용서하사 내가 떠나 없어지기 전에 내 건강을 회복시키소서 3) 의지

"제사와 예물을 기뻐하지 않으시며, 번제와 속죄제의 제물을 요구하지 않는다."

7 그때 내가 말했습니다. "내가 왔습니다. 나에 대해 기록한 것이 두루마리 율법책에 있습니다.

8 하나님께서는 내가 당신의 뜻을 행하는 것을 기뻐하십니다. 그것은 내 마음속에 주의 법이 있기 때문입니다."

9 나는 많은 사람이 모인 가운데서 주의 의로운 기쁜 소식을 전했습니다. 여호와께서는 내가 잠잠히 있지 않을 줄을 아셨습니다.

10 내가 주의 공의를 내 마음속에 묻어 두지 않았고, 당신의 신실함과 구원을 선포했으며, 당신의 자비와 진리를 많은 사람이 모인 가운데서 드러냈습니다.

11 그러니 여호와여, 당신의 자비를 내게서 거두지 마시고, 그 자비와 진리로 항상 나를 지켜 주십시오.

12 셀 수 없는 악한 세력1)이 나를 에워싸고, 내 죄가 나를 덮쳐 내가 앞을 볼 수 없으며, 내 죄가 머리털보다 많아 내가 상심에 빠졌습니다.

13 그러니 여호와여, 나를 기쁘게 여기사 나를 구원하십시오. 나를 속히 도우십시오.

14 나를 죽이려고 하는 자는 모두 부끄러움을 당하게 하시고, 내가 망하는 것을 기뻐하는 자는 다 물러가고 수치를 당하게 하십시오.

15 나를 향해 "아하"라고 하며 조롱하는 자들은 오히려 자기 수치로 인해 놀라게 하십시오.

16 주를 찾는 자는 다 당신으로 말미암아 항상 기뻐하고 즐겁게 하십시오. 당신의 구원을 갈망하는 자는 "여호와는 위대하시다"라고 항상

말하게 하십시오.

17 나는 가난하고 힘이 없으니 당신께서는 나를 생각하십시오. 당신은 나의 도움이 되시며, 나를 건지시는 분입니다. 나의 하나님이여, 지체하지 마십시오.

다윗의 시,
인도자를 따라 부르는 노래

41

● 연약한 자, 곧 가난한 자를 보살피는 자가 복이 있는 것은 재앙의 날에 여호와께서 그런 자를 건지시기 때문입니다.

2 여호와께서는 그의 생명을 보호해 주시리니 그가 이 세상에서 복을 받을 것입니다. 주여, 그런 자들을 그 원수들이 마음대로 하지 못하게 하십시오.

3 여호와는 그를 병중에서 돌봐 주시니 그가 병들어 누워 있어도 일어나게 하십니다.

4 그러므로 내가 말합니다. "여호와여, 나를 불쌍히 여기십시오. 내가 당신께 범죄했으니 나를 고쳐 주십시오."

5 그러나 내 원수들은 내게 악담을 합니다. "그가 언제 죽을까? 그의 이름이 언제나 없어질까?"

6 나를 찾아와서는 거짓말하고, 속으로는 험담을 생각하고 밖에 나가서는 나쁜 소문을 퍼트립니다.

7 나를 미워하는 자가 한결같이 나에 대해 수군거리고, 나를 해치려고 악한 궁리를 하며

8 말합니다. "그가 몹쓸 병에 걸렸으니 이제 그가 눕고 다시는 일어나지 못할 것이다."

9 내가 믿고 나와 함께 빵을 나눠 먹을 만큼 절친한 내 친구조차도 나를 대적하여 내게 등을 돌렸습니다.2)

1) 재앙 2) 요 13:18 참조

10 그러니 여호와여, 내게 은혜를 베풀어 나를 고쳐 주셔서 나로 그들에게 보복하게 하십시오.

11 내 원수가 나를 이기지 못하고, 그것을 통해 주께서 나를 기뻐하시는 줄을 내가 알게 될 것입니다.

12 주께서 나를 완전한 중에 붙드시고, 영원히 주와 함께 있게 해주십시오.

13 이스라엘의 하나님을 영원토록 찬양하라. 아멘, 아멘.

[제이권]

고라 자손의 교훈[1], 인도자를 따라 부르는 노래

42

1 ● 하나님이여, 사슴이 시냇물 찾기를 갈망하는 것처럼 내 영혼이 당신을 그렇게 갈망합니다.

2 내가 살아계시는 하나님을 애타게 그리워한다. 내가 어느 때 나아가서 하나님을 만날 수 있을까?

3 사람들이 "네 하나님이 어디 있느냐?"라고 날마다 조롱하니 내 눈물이 밤낮으로 내 음식이 되었다.

4 내가 거룩한 날을 지키는 무리와 함께 기쁨과 감사의 소리를 높이며, 그들을 하나님의 집으로 인도했던 이전 일을 기억하므로 오히려 내 마음이 미어진다.

5 내 영혼아, 네가 무엇 때문에 낙심하며, 그처럼 불안해하느냐? 너는

하나님을 기다리라. 그의 도우심으로 인해 구원의 하나님께 감사 찬양하게 될 것이다.

6 내 하나님이여, 내 영혼이 스스로 낙심에 빠졌으니 내가 요단 땅과 헤르몬산과 미살산에서 당신을 기억합니다.

7 주님이 일으키신 폭포 소리를 따라 깊은 바다가 깊은 바다를 서로 부르듯 당신의 모든 파도와 물결이 나를 휩쓸고 지나갑니다.

8 낮에는 여호와께서 당신의 사랑을 베푸시고, 밤에는 당신의 찬양이 내게 있기에 살아계신 하나님께 기도할 것입니다.

9 내 반석이신 하나님께 호소한다. "왜 나를 잊으셨습니까? 왜 내가 원수의 억압 때문에 슬픈 나날을 보내야 합니까?"

10 칼로 내 뼈를 찌르는 것처럼 내 대적이 나를 향해 "네 하나님이 어디 있느냐?"라고 조롱한다.

11 내 영혼아, 네가 무엇 때문에 낙심하며, 그렇게도 불안해하느냐? 너는 하나님을 기다리라. 그러면 그의 도우심으로 인해 구원의 하나님께 감사 찬양할 것이다.[2]

43

1 하나님이여, 나의 무죄를 판단하십시오. 경건하지 않은 자[3]들을 향해 내 사정을 변호해 주십시오. 거짓되고 불의한 자에게서 나를 구해 주십시오.

2 주는 나의 요새[4]가 되는 하나님이십니다. 그런데 왜 나를 버리셨습니까? 왜 내가 원수의 억압으로 인해 슬픔에 잠겨 있어야 합니까?

3 주의 빛과 진리로 나를 당신의 거룩한 산과 당신께서 거하시는 곳으로 인도하게 하십시오.

📍성경지리 폭포(시 42:7)

유일하게 성경에서 폭포(waterfall)를 언급하고 있는 시 42:7에 나오는 폭포는 요단강 서쪽 끝의 발원지인 엣 탄누르(et-Tannur)의 폭포를 암시하거나 또는 요단강 동쪽 끝인 나르 바니아스(Nar Banias) 폭포를 가리킨다고 볼 수 있다. 그러나 본 절에 나오는 '주의 폭포 소리에 깊은 바다가 서로 부르며 주의 모든 파도와 물결이 나를 휩쓸었나이다'라는 말은 문맥상 지하 세계의 강을 암시하는 것으로도 볼 수 있다.

1) 마스길 2) 시 42:5, 43:5 3) 나라 4) 힘

4 그러면 내가 하나님의 제단, 곧 나의 큰 기쁨이 되시는 하나님 앞에 나아갈 것입니다. 나의 하나님이여, 내가 수금으로 당신을 찬양합니다.

5 내 영혼아, 네가 무엇 때문에 낙심하며, 그렇게도 불안해하느냐? 너는 하나님을 기다리라. 그러면 그의 도우심으로 인해 구원의 하나님께 감사 찬양할 것이다.

고라 자손의 교훈1), 인도자를 따라 부르는 노래

44 ● 하나님이여, 당신께서 우리 조상들에게 옛날에 행하신 일을 그들이 우리에게 일러주어 우리가 귀로 들었습니다.

2 주께서 손수 세상 백성을 쫓아내시고 우리 조상들을 이 땅에 터를 잡고 살도록 하셨습니다. 당신께서 다른 민족들을 재앙으로 치셨으나 우리 조상들은 번성하게 하셨습니다.

3 우리 조상들은 자기 칼이나 팔이 아니라 오직 주의 오른손과 팔2)과 얼굴빛으로 이 땅을 차지했습니다. 그것은 당신께서 그들을 기뻐하셨기 때문입니다.

4 하나님이여, 당신은 나의 왕이시니 야곱에게 구원을 베푸십시오.

5 우리가 주를 의지하므로 우리의 대적을 제압하고 우리를 치러 일어나는 자를 당신의 이름으로 짓밟을 수 있었습니다.

6 이는 내가 내 활을 의지하지 않고, 내 칼이 나를 구원하지 못하며

7 오직 주만이 우리를 원수들에게서 구원하시고, 우리를 미워하는 자들을 부끄럽게 하시기 때문입니다.

8 우리는 온종일 하나님을 자랑했습니다. 우리는 하나님의 이름에 영원히 감사할 것입니다. (셀라)

9 그러나 이제는 주께서 우리를 거절하사 부끄러움을 당하게 하시고, 우리 군대와 함께 출전하지 않으십니다.

10 주께서는 우리를 대적들에게서 뒤로 물러나게 하시니, 우리를 미워하는 자들이 자신들을 위해 우리의 것을 약탈했습니다.

11 주께서는 우리를 잡아먹힐 양처럼 대적들에게 넘겨주시고, 이방 나라3)로 우리를 흩으셨습니다.

12 주께서는 당신의 백성을 헐값으로 파셨으나 주께는 돈벌이가 되지 못하셨습니다.

13 주께서 우리로 이웃에게 수치를 당하게 하시니 그들이 우리를 둘러싸고 비웃고 조롱합니다.

14 주께서는 우리를 이방 민족 가운데서 이야깃거리가 되게 하시고, 그 민족들로 머리를 흔들며 조롱하게 하셨습니다.

15 내가 받은 치욕이 온종일 나를 따라다니고, 부끄러움으로 차마 내 얼굴을 들 수 없습니다.

16 그것은 내 원수와 내 복수자들이 나를 조롱하고 욕하는 소리 때문입니다.

17 이 모든 일이 우리에게 일어났지만 우리는 주를 잊지 않고, 주의 언약을 파기하지 않았습니다.

18 우리의 마음은 주님에게서 돌아서지 않고, 우리의 걸음도 주의 길을 떠나지 않았습니다.

19 그러나 주께서는 우리를 승냥이의 소굴로 밀어 넣으시고, 우리를 죽음의 그늘로 덮으셨습니다.

20 우리가 우리 하나님의 이름을 잊었거나 우리의 손이 이방 신을 향해 들고 기도했다면

1) 마스길　2) 능력　3) 여러 민족

21 마음의 비밀을 아시는 하나님께서는 그것을 알아내셨을 것입니다.

22 우리가 주를 위해 온종일 죽임을 당하게 되며, 도살당할 양처럼 취급을 받았습니다.[1]

23 주여, 어찌하여 주무시고 계십니까? 깨어 일어나사 우리를 영원히 버리지 마십시오.

24 어찌 주는 얼굴을 가리시고, 우리의 고난과 억압당하는 것을 잊으십니까?

25 우리 영혼은 진흙 속에 파묻히고, 우리 몸은 땅바닥에 붙어 있습니다.

26 일어나 우리를 도우십시오. 주의 자비하심으로 우리를 구원하십시오.

고라 자손의 교훈, 사랑의 노래,
인도자를 따라 백합화 곡조에 맞춘 것

45

● 내 마음에 좋은 일[2]이 떠올라 왕을 위해 이 노래를 지으니 내 혀는 글에 능숙한 서기관의 붓과 같도다.

2 왕은 어떤 사람들보다 훌륭하여 아름다운 말로 은혜가 입술에 넘친다. 그러므로 하나님께서 왕에게 영원토록 복을 주신다.

3 용사인 왕이시여, 칼을 허리에 차고 왕의 영화와 위엄을 보여주십시오.

4 왕은 병거에 올라 진리와 온유와 공의를 위해 왕의 위엄을 세우십시오. 왕의 오른손으로 놀라운 일을 행하십시오.

5 왕의 화살은 날카로워 왕의 원수의 심장을 뚫으니 세상 민족들이 왕 앞에 쓰러진다.

6 하나님이여, 당신의 보좌는 영원하며, 당신의 나라의 지팡이인 규는 공평한 지팡이입니다.

7 왕은 정의를 사랑하고 악을 미워하십니다. 그러므로 왕의 하나님은 왕에게 기름을 부어 다른 왕들보다 뛰어나게 하셨습니다.

8 왕의 모든 옷에는 몰약과 알로에[3]와 계피[4]의 향기가 풍겨나고, 상아궁에서 들리는 현악기 소리는 왕의 마음을 즐겁게 한다.

9 왕이 귀하게 여기는 여인들 가운데는 왕의 딸이 있으며, 왕후는 왕의 오른편에서 오빌의 금으로 꾸미고 서 있다.

10 딸이여, 내 말을 듣고 보고 귀를 기울이라. 네 친정 식구[5]들은 잊어버리라.

11 그러면 왕이 네 아름다움을 사모할 것이다. 그는 네 주인이시니 너는 그를 공경하라.

12 두로의 사람[6]들은 예물을 드리고, 백성 가운데 부자도 네 총애를 얻으려고 예물을 가져올 것이다.

13 공주는 왕궁에서 모든 영화를 누리니 그의 옷은 금으로 수를 놓았다.

14 그는 왕 앞으로 나아가고, 그를 시종하는 친구들도 왕 앞에 서게 될 것이다.

15 그들은 기쁨과 즐거움으로 인도되어 왕궁으로 들어갈 것이다.

16 왕자들은 왕의 뒤를 계승할 것이다. 왕은 그들을 온 세상의 통치자로 삼을 것이다.

17 내가 왕의 이름을 대대로 기억하게 하리니 세상 사람들은 왕을 영원히 칭송할 것이다.

고라 자손의 시, 인도자를 따라
알라못에 맞춘 노래

46

● 하나님은 우리의 피난처와 힘이 되시기에 환난을 만날 때 큰 도움이 되신다.

2 그러므로 땅이 요동하고 산이 흔들려 바닷속에 빠지거나

1) 사 43:7 2) 말 3) 침향 4) 육계 5) 네 백성과 네 아버지의 집 6) 딸

3 바닷물이 솟구쳐 파도를 일으켜 산이 흔들린다고 해도 우리는 두려워하지 않는다.(셀라)

4 영원하신 하나님의 성인 성소를 흐르는 시내가 있으니 그 물이 성소를 기쁘게 한다.

5 하나님께서 그 성중에 계시니 성이 무너지지 않을 것이다. 새벽에 하나님께서 그곳을 도우실 것이다.

6 세상 나라가 소란하여 왕국들이 흔들거리더니 그가 소리를 높이자 땅이 녹아내린다.

7 만군의 여호와께서 우리와 함께 계시니 야곱의 하나님은 우리의 피난처가 되신다.(셀라)

8 너희는 와서 여호와께서 땅을 황무지로 만드신 일을 보라.

9 주는 땅끝까지 전쟁을 그치게 하시며, 활을 부러뜨리고, 창을 꺾으며, 수레를 불사르신다.

10 그가 말씀하신다. "너희는 잠깐 멈추고 내가 하나님이 된 줄을 알라. 내가 세상 나라와 세계 가운데 높임을 받을 것이다."

11 만군의 여호와께서 우리와 함께 계시니 이스라엘[1]의 하나님은 우리의 피난처가 되신다.(셀라)

고라 자손의 시,
인도자를 따라 부르는 노래

47 ● 너희 세상 사람들아, 손뼉을 치며 기쁨의 함성으로 하나님께 외치라.

2 영원하신 여호와는 두려워해야 할 분이시며, 온 땅에 큰 왕이 되신다.

3 여호와께서 민족들과 나라들을 우리의 발아래에 복종시키시며,

4 우리를 위해 유업을 선택하시니 곧 사랑하신 야곱의 영화이다.(셀라)

5 하나님께서 기쁨의 함성과 뿔 나팔 소리 가운데 올라가시니

6 왕 되신 하나님을 찬양하라.

7 하나님은 온 땅의 왕이시니 지혜의 시로 찬양하라.

8 하나님께서 그의 거룩한 보좌에 앉아 세상 백성을 다스리신다.

9 아브라함의 하나님의 백성과 함께 세상 나라의 통치자 고관들이 모였다. 세상의 모든 통치자[2]는 하나님께 속했으니 그는 높임을 받으신다.

고라 자손의 시, 곧 노래

48 ● 여호와는 위대하시니 하나님의 거룩한 산에서 크게 찬양을 받으실 분이다.

2 그 성은 아름답고 터가 높은 곳에 있으며, 온 땅[3]의 기쁨인 시온산 북쪽 끝에 있는 위대한 왕의 성읍이다.

3 하나님께서는 그곳의 궁전에 계시며, 자신이 피난처인 요새임을 알려 주셨다.

4 왕들이 모여 그 성을 공격하러 왔다가

5 성을 보고 혼비백산하여 달아났다.

6 그곳에서 큰 두려움에 사로잡히니 해산하는 여인의 고통과 같았다.

7 주께서 동풍으로 다시스의 배를 깨뜨리시는 것처럼 그들을 깨뜨리셨다.

8 우리는 만군의 여호와의 성에서 귀로 들은 대로 보았다. 하나님께서 영원히 그 성을 안전하게 하신다는 것을 듣고 보았다.(셀라)

9 하나님이여, 우리가 당신의 성전에서 당신의 자비를 생각했습니다.

10 하나님이여, 당신의 이름이 땅끝까지 알려진 것처럼 당신을 향한 찬양도 땅끝까지 펴집니다. 당신의 오른손에는 공의가 가득합니다.

11 주의 심판으로 인해 시온산은 기뻐

_____
1) 야곱　2) 방패　3) 세계

하고, 유다의 딸들은 즐거워합니다.

12 너희는 시온성을 돌면서 그 망대가 몇 개인지 세어 보라.

13 그의 성벽을 자세히 보고 그의 궁전을 살펴서 다음 세대에 전하라.

14 하나님은 영원히 우리 하나님이시며, 우리를 죽을 때까지 인도하시는 분이다.

고라 자손의 시,
인도자를 따라 부르는 노래

49 ● 백성들아, 이 말을 들으라. 세상에 사는 사람들아, 모두 귀를 기울이라.

2 부한 자나 가난한 자, 귀인이나 천한 자는 모두 들으라.

3 내 입은 지혜를 말하고, 내 마음은 작은 소리로 명철을 말할 것이다.

4 내가 속담을 귀담아듣고, 수금으로 내 수수께끼를 풀 것이다.

5 내가 왜 악한 자들이 포위하는 위험한 날을 두려워하겠느냐?

6 자기의 재물을 의지하는 자들과 부유함을 자랑하는 자를 내가 왜 두려워하겠는가?

7 사람은 재물이 많아도 다른 사람의 생명을 구하지 못하고, 자신의 재물로 그의 목숨을 사기 위해 내는 속전을 하나님께 바치지도 못할

것이다.

8 그들의 생명을 사는 값이 엄청나게 비싸서 그는 영원히 그 돈을 마련하지 못할 것이다.

9 돈을 많이 지불한다고 해서 그가 죽음을 보지 않고 영원히 살 수는 없다.

10 보라, 그런 자들은 지혜 있는 자의 죽음과 어리석고 무지한 자가 망하는 것과 그들의 재물을 다른 사람에게 남겨 두고 떠나는 것을 보게 될 것이다.

11 그럼에도 그들은 자신의 집은 영원하고 그들의 거처가 대대로 이어질 것이라고 생각하여 그들의 토지를 자기 이름으로 소유하지만

12 사람은 존귀하나 영원히 살지 못하니 그들은 짐승처럼 죽게 된다.

13 이는 자신을 믿는 어리석은 자들의 운명이며, 자신의 재물을 즐기는 자[2]들의 마지막이다.(셀라)

14 그들은 양처럼 무덤인 스올로 끌려가고, 죽음이 그들의 목자가 될 것이다. 정직한 자들은 아침마다 그들을 다스릴 것이다. 그래서 그들의 아름다운 몸은 없어지고 무덤인 스올에서 썩어질 것이다.

15 그러나 하나님은 내 목숨을 무덤의 권세에서 건져내시며 나를 맞아 주실 것이다.(셀라)

16 그러므로 사람이 부자가 되어 그의 집의 명성이 높아질 때 너는 그것을 보고 초라해지지 말라.

17 그가 죽으면 아무것도 가져갈 수 없고, 그의 명성도 함께 가지 못한다.

18 비록 그가 생전에는 복을 누리고, 스스로 잘될 때 사람들에게 칭찬을 받지만

19 그들 역시 조상들에게로 돌아가니

1) 오묘한 말 2) 말을 기뻐하는 자

영원히 생명의 빛을 보지 못할 것이다.

20 아무리 영화를 누리고 살아도 이 같은 것을 깨닫지 못하는 사람은 모두 짐승처럼 죽을 것이다.

아삽의 시

50

● 전능하신 하나님께서 말씀하신다. "해 뜨는 데부터 해 지는 데까지 세상을 부르셨다."

2 참으로 아름다운 시온에서 하나님은 빛을 비추셨다.

3 우리 하나님께서 오실 때 조용히 계시지 않으리니 그 앞에는 맹렬히 타는 불이 있고, 그 주위에는 사나운 폭풍이 불 것이다.

4 하나님께서 자기의 백성을 판결하시기 위해 위로 하늘과 아래로 땅에 선포하신다.

5 "내 성도들은 내 앞으로 모이라. 그들은 희생제사로 나와 언약을 맺은 자들이다."

6 하늘이 그의 공의를 전하니 하나님은 자신이 심판장이심을 전하신다. (셀라)

7 "내 백성아, 들으라. 내가 말할 것이다. 이스라엘아, 내가 너에 대해[1] 증언할 것이다. 나는 네 하나님이다.

8 나는 네 희생제물에 대해서는 너를 책망하지 않는다. 네가 제물을 태워서 드리는 번제가 항상 내 앞에 있기 때문이다.

9 나는 네 집의 수소나 네 우리에 있는 숫염소를 원하지 않는다.

10 그것은 삼림의 짐승들과 모든 산[2]의 가축이 내 것이고,

11 산의 모든 새도 내가 아는 것이며, 들의 짐승도 내 것이기 때문이다.

12 설사 내가 굶주려 있다고 해도 너희에게 말하지 않을 것은 세상과 그곳에 있는 모든 것이 다 내 것이

기 때문이다.

13 내가 수소의 고기를 먹으며, 숫염소의 피를 마시겠느냐?

14 내가 원하는 것은 감사로 제사를 드리며, 네가 나에 대해 맹세한 것을 지키는 것이다.

15 그렇게 하면 환난 날에 나를 부를 때 내가 너를 구해주리니 너는 내게 영광을 돌리게 될 것이다."

16 그러나 하나님은 악인에게 이렇게 말씀하신다. "네가 어떤 자이기에 내 규례를 전하며, 내 언약을 네 입에 담느냐?

17 네가 나의 가르침을 싫어하고 내 말을 무시하며,

18 도둑과 어울리며, 간음하는 자들과 친구가 되는구나.

19 네가 악한 말을 하고, 거짓을 꾸며 말하며,

20 앉아서 네 형제를 헐뜯고, 네 어머니의 아들을 비방한다.

21 네가 이런 일을 행해도 내가 가만히 있었더니 네가 나를 너와 같은 자로 생각하는구나. 그러나 이제 내가 너를 책망하여 네 죄를 네가 보는 앞에서 낱낱이 드러낼 것이다.

22 하나님을 잊어버린 자들아, 이제 이 일을 깨달으라. 그렇지 않으면 너희를 찢으리니 너희를 구해 줄 자가 없을 것이다.

23 감사로 제사를 드리는 자가 내게 영광을 돌리리니 자신의 행실을 바르게 하는 자에게 내가 구원의 길을 보여줄 것이다."

다윗이 밧세바와 동침한 후 나단 선지자가 그에게 왔을 때

51

● 하나님이여, 당신의 변함없는 사랑으로 내게 은혜를 베푸시고, 당신의 크신 자비를 베풀어

1) 너를 대적하여 2) 일천

내 죄악을 지워 주십시오.

2 내 죄악을 말끔히 씻기사 내 죄를 깨끗이 없애 주십시오.

3 참으로 나는 내 죄를 잘 알고 있으니 지은 죄가 언제나 내 앞에 있습니다.

4 내가 오직 주께만 죄악을 행했습니다. 그러기에 주의 말씀은 의롭고, 주의 판단은 바른 것입니다.

5 내가 출생 때부터 죄인인 것은 어머니가 죄 가운데서 나를 잉태했기 때문입니다.

6 보십시오. 주께서는 마음속에 있는 진실함을 기뻐하시오니 내게 주의 지혜1)를 가르쳐 주십시오.

7 우슬초로 내 죄를 정결하게 하십시오. 그러면 내가 깨끗하게 될 것입니다. 내 죄를 씻어 주십시오. 그러면 내 죄가 눈보다 희게 될 것입니다.

8 내게 기쁘고 즐거운 소리를 들려 주십시오. 비록 주께서 내 뼈들을 꺾으셨을지라도 기뻐하겠습니다.

9 주의 얼굴을 내 죄에서 숨기시고, 내 모든 죄악을 씻어 주십시오.

10 하나님이여, 내 속에 깨끗한 마음을 만들어 주시고, 내 마음속에 확정된 영2)을 넣어 주십시오.

11 나를 주 앞에서 쫓아내지 마시고, 당신의 성령을 내게서 거두어 가지 마십시오.

12 주께서 구원의 기쁨을 다시 주시고, 자원하는 심령이 나를 붙들게 하십시오.

13 그러면 내가 죄인들에게 주의 길을 가르치리니 그들이 주께 돌아올 것입니다.

14 내 구원의 하나님이시여, 살인한 죄에서 나를 건져 주십시오. 내 혀가 당신의 의로움을 소리 높여 외칩

니다.

15 주여, 내 입을 열어 주십시오. 당신의 찬양을 입술로 전하겠습니다.

16 주께서는 형식적인 희생제물3)을 반기지 않으십니다. 그렇지 않다면 제가 드렸을 것입니다.

17 하나님께서 원하시는 제사는 죄에 대해 애통해하는 상한 심령입니다. 그러니 하나님은 겸손하게 뉘우치는 마음을 업신여기지 않으십니다.

18 주의 은혜를 시온에 베풀어 예루살렘 성벽을 쌓으십시오.

19 그때는 주께서 의롭고 완전한 번제제물을 기뻐하시리니, 그때 그들이 주의 제단에 수소를 드릴 것입니다.

도엑이 사울에게 가서 다윗이 아히멜렉의 집에 왔다고 말하던 때

52

1 ●이 폭군 같은 자, 도엑이여, 너는 어찌하여 스스로 악한 일을 자랑하느냐? 하나님의 자비하심은 언제나 넘치도다.

2 네 혀는 파멸을 도모하며, 날카로운 면도칼처럼 악한 음모를 꾸미는도다.

3 네가 선보다 악을 사랑하며, 옳은 것을 말하는 것보다 거짓을 더 사랑하는도다. (셀라)

4 속임수를 쓰는 혀야, 너는 남을 해치는 말을 사랑하는도다.

5 그런즉 하나님께서는 너를 영원히 부수고, 너를 네 장막에서 끌어내어 거주지에서 삶의 터전을 박탈하실 것이다. (셀라)

6 의로운 자가 그 모습을 보고 두려워하며 그를 비웃어 말하기를

7 "그는 하나님을 자기를 지켜주는 성으로 삼지 않고 오로지 재물에

1) 내 은밀한 곳 2) 정직한 교훈 3) 제사

의지하며, 자기의 탐욕¹⁾으로 스스로 강성케 하던 자라"고 한 것이다.

8 그러나 나는 하나님의 집에 심긴 푸른 올리브나무와 같으니 하나님의 자비하심을 영원히 의지할 것이다.

9 하나님께서 이것을 행하셨기에 나는 영원히 당신께 감사하고, 당신의 이름이 선하시기에 당신을 믿는 성도 앞에서 당신의 이름을 사모할 것입니다.

다윗의 시, 인도자를 따라 부르는 노래, 마할랏에 맞춘 노래

53 ● 어리석은 자는 마음속으로 '하나님이 없다'라고 말한다. 그들은 부패하고 추한 행동을 일삼으니 선한 일을 하는 자가 없다.

2 여호와께서 하늘에서 지혜로운 사람이 있는지, 하나님을 찾는 자가 있는지 인생을 굽어살피셨다.

3 그러나 모두 치우쳐 함께 더러운 자가 되고, 선을 행하는 자가 하나도 없다.

4 악을 행하는 자들이 언제쯤이나 깨닫겠느냐? 그들은 내 백성을 빵 먹듯 먹으면서 여호와를 부르지 않는다.

5 그러나 그곳에서 악한 자들은 두려움에 사로잡히리니 너를 대항하여 진을 친 자들의 뼈를 하나님께서 흩으실 것이다. 하나님이 그들을 버리셨기 때문에 네가 그들에게 수치를 당하게 하셨다.

6 이스라엘을 구원하여 줄 자가 예루살렘, 곧 시온에서 나오기를 원한다. 여호와께서 자기의 백성을 포로가 된 곳에서 돌아오게 하실 때 야곱은 즐거워하고, 이스라엘은 기뻐할 것이다.²⁾

십 사람이 사울에게 다윗이 숨어 있던 곳을 알려주었을 때

54 ● 하나님이여, 당신의 이름으로 나를 구원하시고, 당신의 권세로 내 옳음을 밝혀 주십시오.

2 하나님이여, 내 기도를 들으시고 내 말을 귀담아들어 주십시오.

3 하나님을 생각하지 않는 낯선 자들이 일어나 나를 치고, 난폭한 자들은 나를 죽이려고 합니다. 그들은 하나님을 자기 앞에 두지 않습니다.(셀라)

4 하나님은 나를 도우시는 분이며, 내 목숨을 붙잡아 주시는 분입니다.

5 주께서는 내 원수들의 악을 갚아 주실 것이니 당신의 약속³⁾에 따라 그들을 없애 주십시오.

6 내가 자원해서 제물을 당신께 드립니다. 여호와여, 당신의 선하신 이름을 감사 찬양합니다.

7 진실로 주께서는 나를 모든 고통에서 건지셨으며, 내 원수가 패배하는 것을 분명히 보게 하셨습니다.

다윗의 교훈⁴⁾, 인도자를 따라 현악에 맞춘 노래

55 ● 하나님이여, 내 기도를 들으시고 내가 간구할 때 모르는 체 숨지 마십시오.

2-3 내 간구를 들으시고 응답하십시오. 내가 원수의 소리와 악인의 억압 때문에 근심하여 마음이 편치 못해 탄식합니다. 그들이 자신의 죄악을 내게 덮어씌우고, 원한을 품고 나를 핍박합니다.

4 이로 인해 내 마음이 심히 괴롭고 죽음의 공포가 내게 가까이 왔다.

5 두려움과 떨림이 내게 임했고, 공포가 나를 덮었다.

1) 악 2) 시 14:1-7 3) 성실 4) 마스길

6 그래서 나는 말한다. "만일 내게 비둘기처럼 날개가 있다면 날아가서 편히 쉬고,

7 멀리 날아가서 광야에서 지낼 텐데.(셀라)

8 내가 속히 내 피난처로 가서 폭풍과 광풍을 피할 수 있을 텐데."

9 나는 성 안에서 폭력과 다툼을 보았습니다. 주여, 그런 자들의 말을 혼란하게 하고 멸하십시오.

10 그들은 밤낮으로 성벽 위를 두루 다닌다. 성 안에는 죄악과 악습이 행해지고 있다.

11 폭력이 성 안에 있고, 거리에는 위협과 속임수가 떠나지 않는다.

12 나를 모욕하는 자가 원수였다면 내가 참았을 것이다. 원수가 내게 대들었다면 나는 나를 미워하는 자를 피해 숨었을 것이다.

13 그런데 그들은 바로 나와 함께 다니던 내 동료이자 가까운 친구였다.

14 한때는 재미있는 이야기를 함께 나누며 하나님의 성전 집에도 다니곤 했다.

15 그러나 이제는 그들이 갑자기 죽었으면 좋겠다. 그들이 산 채로 무덤으로 내려가면 좋겠다. 악독이 그들의 거처에 있고, 죄와 함께 살고 있기 때문이다.

16 여호와께서는 부르짖는 나를 구원하실 것이다.

17 내가 저녁과 아침과 한낮에 한탄하며 탄식하니, 여호와께서 내 소리를 들으실 것이다.

18 비록 나를 대적하는 자가 많을지라도 여호와께서는 나를 공격하는 전쟁터에서 내 생명을 안전하게 구하셨다.

19 영원하신 하나님께서 들으시고 그들을 벌하실 것이다.¹⁾(셀라) 그래도 그들은 뉘우치거나 하나님을 경외하지 않는다.

20 그들은 자기와 화평한 자를 손으로 치고 자기가 한 언약을 파기한다.

21 그의 말은 그럴듯하지만 그의 마음은 전쟁터와 같다. 그의 말은 기름보다 부드럽지만 실상은 칼집에서 뺀 칼과 같다.

22 네 근심의 짐을 여호와께 던지라²⁾ 그러면 그가 너를 붙드시고, 의인이 영원토록 흔들리지 않게 하실 것이다.

23 하나님께서는 그들을 파멸의 웅덩이에 빠지게 하시고 피 흘리기를 좋아하고 속이는 자들의 수명을 절반도 살지 못하게 하실 것입니다. 그러므로 나는 당신을 의지합니다.

다윗이 가드에서 블렛셋 인들에게 잡혔을 때

56 ● 하나님이여, 나를 불쌍히 여기십시오. 사람들이 나를 핍박하고 하루 종일 나를 공격하여 억누릅니다.

2 내 대적 원수들이 하루 종일 나를 죽이려고 하며, 나와 싸우는 자가 많습니다.

3 이로 인해 내가 두렵고 떨리는 날에는 당신을 의지합니다.

4 내가 하나님을 의지하고 당신의 말씀을 찬양합니다. 나는 당신을 의지하기 때문에 두려워하지 않을 것입니다. 육신을 가진 사람이 내게 어떻게 할 수 있겠습니까?

5 그들이 하루 종일 내 말을 왜곡하며 나를 슬프게 합니다. 나를 해치는 그들의 생각은 모두 사악합니다.

6 그들은 공모하여 나를 죽이려고 숨어서 내 발걸음을 살피며 죽일 기회만 엿보고 있습니다.

1) 낮추시리이다 2) 맡기라

7 악을 행하는 그들이 어찌 도망갈 수 있겠습니까? 하나님이여, 진노하사 그들을 쓰러뜨리십시오.

8 주께서는 내가 얼마나 방랑했는지를 세셨으니 내 눈물을 주의 병에 담으십시오. 주의 책에 기록해 주십시오. 그것이 당신의 책에 있지 않습니까?

9 내가 큰 소리로 외치는 날에는 내 대적들이 물러갈 것입니다. 그 같은 사실로 하나님께서 내 편이심을 내가 알게 됩니다. 이같이 아는 것은 하나님께서 나를 위하심입니다.

10 내가 하나님을 의지하기 때문에 당신의 말씀을 찬양하고 찬양합니다.

11 나는 하나님을 의지하므로 두려워하지 않을 것입니다. 그러니 사람이 내게 어떻게 하겠습니까?

12 하나님이여, 내가 당신께 서원한 것이 있기에 당신께 감사제물을 드립니다.

13 주께서는 저를 죽음 가운데서 건져 내셨습니다. 또한 나로 하나님 앞, 곧 생명의 빛 안에서 걸어가게 하시려고 넘어지지 않도록 나를 붙드셨습니다.

다윗이 사울을 피해 굴에 있던 때

57 ●하나님이여, 나를 불쌍히 여기시고, 불쌍히 여기소서. 내 영혼이 당신의 날개 그늘 밑에서 이 재난들이 지나기까지 피합니다.

2 내가 지극히 높으신 하나님께 부르짖습니다. 당신은 나를 위해 자기의 뜻을 이루시는 하나님입니다.

3 하나님께서는 하늘에서 사자를 보내어 나를 짓밟는 자에게서 구원하실 것입니다.(셀라) 하나님께서는 당신의 자비와 진리를 베푸실 것입니다.

4 내 영혼은 사자1)처럼 매서운 대적들에게 둘러싸여 있고 불사르는 자들 가운데 누웠으니 그들의 이빨은 창끝과 화살촉 같고, 그들의 혀는 날카로운 칼 같았습니다.

5 하나님이여, 당신은 하늘보다 높아지시고, 당신의 영광이 온 땅에 퍼지게 하십시오.

6 내 대적들이 나를 잡기 위해 그물을 쳤고, 내 앞에 웅덩이를 팠으나 오히려 자기들이 그 웅덩이에 빠졌도다.(셀라)

7 하나님이여, 내 마음은 확고하고, 확고합니다. 그래서 나는 당신께 노래하고 찬양합니다.2)

8 내 영광아, 잠에서 깨어나라. 비파와 수금아, 잠에서 깨어나라. 내가 잠든 새벽을 깨울 것이다.

9 주여, 제가 모든 백성 가운데서 당신께 감사하며, 민족과 나라 가운데서 당신을 찬양합니다.

10 무릇 주의 자비는 하늘보다 크시고, 주의 진리는 창공에 이릅니다.

11 하나님이여, 당신은 하늘보다 높아지십시오. 당신의 영광이 온 땅에서 높임을 받으십시오.3)

풍습

눈물병(시 56:8)

고대 중근동 지방에서는 눈물을 신성시하게 여겼기 때문에 슬픔의 눈물을 받아 두는 눈물병이 있었다. 다윗도 '나의 눈물을 주의 병에 담으소서'라고 고백했다. 그러나 당시에는 유리가 개발되지 않았기 때문에 지금 우리가 생각하는 유리가 아니라 토기나 다른 그릇을 사용했을 것이다. 이후에는 눈물병을 보통 유리로 만들었으며 가난한 자들은 여전히 토기로 만든 병들을 눈물병으로 사용하였다. 눈물병은 가정에서 식구들마다 가지고 눈물을 담아 집안에서 잘 보이는 곳에 보관했으며 자신이 죽을 때 눈물병도 함께 매장하는 습속을 갖고 있었다.

1) 獅子 2) 시 108:1 3) 시 108:2–5

다윗의 믹담 시, 인도자를 따라 알다스헷에 맞춘 노래

58

1 ● 통치자들아, 너희가 바른 말을 하고 있느냐? 너희가 공평하게 판결을 하느냐?

2 너희는 아직도 마음속으로 악을 꾸미며, 땅에서는 폭력을 휘두른다.

3 악인은 태중에서 잘못된 길로 가고, 태어나자마자 곁길로 빠져나가 거짓을 말한다.

4 그들의 독은 뱀의 독과 귀머거리 독사인 코브라와 같다.

5 그들은 마술사의 홀리는 소리를 듣지 않고, 능숙한 술객의 요술도 따르지 않는 독사와 같다.

6 그러니 하나님이여, 그들의 이를 꺾으십시오. 여호와여, 젊은 사자의 턱뼈를 부수십시오.

7 그들을 빨리 증발하는 물처럼 사라지게 하시고, 겨누는 화살이 꺾인 화살 같게 하시며,

8 움직일 때 움츠리는 달팽이 같게 하시며, 만삭되지 못해 출생한 아이가 햇빛을 보지 못하는 것처럼 되게 하십시오.

9 가시나무가 타는 불이 가마를 뜨겁게 달구기 전에 마르지 않은 생나무든지, 불이 붙는 나무든지 강한 바람으로 날아가게 하십시오.[1]

10 의인은 악인이 당하는 보복을 목격하고 기뻐하며, 악인의 피에 발을 씻을 것이다.

11 그때 사람들은 "과연 의인은 보상을 받고, 땅을 심판하시는 하나님께서 살아계신다"라고 말할 것이다.

다윗을 죽이기 위해 사울이 사람을 보내 그 집을 지켰을 때

59

1 ● 내 하나님이여, 나를 대적들로부터 구해 주시고, 나를 치려는 자로부터 나를 보호해 주십시오.

2 죄악을 행하는 자들에게서 나를 구해 주시고, 피 흘리는 것을 좋아하는 자들에게서 나를 구해 주십시오.

3 그들이 내 생명을 노리고 있습니다. 강한 자들은 나를 죽이려고 모였습니다. 여호와여, 이는 내 잘못이나 내 죄 때문이 아닙니다.

4 나는 어떤 잘못도 없으나 그들은 나를 죽이려고 준비합니다. 주여, 나를 위해 깨어나 보십시오.

5 당신은 만군의 하나님이시요, 이스라엘의 하나님이십니다. 깨어나 모든 나라를 심판하시고, 악인들을 불쌍히 여기지 마십시오.(셀라)

6 그들은 어두워지기만 하면 다시 돌아와서 개처럼 짖어 대며 성을 두루 다닙니다.

7 그들은 악한 말을 하며, 입에 칼을 물고 있듯 말하니 "누가 내 말을 들을 수 있겠느냐?"라고 합니다.

8 그러나 여호와께서는 그들을 비웃으시며, 모든 이방 나라를 조롱하실 것입니다.

9 하나님은 나의 요새이시므로 당신의 능력으로 인해[2] 내가 주를 기다립니다.

10 나의 하나님께서는 그의 자비하심으로 내게 다가오시며, 내 대적을 무찌르는 것을 나로 보게 하실 것입니다.

11 그들을 죽이지 마십시오. 내 백성이 잊을까 두렵습니다. 우리의 방패이신 주여, 주의 능력으로 그들을 흩으시고 쓰러뜨리십시오.

12 그들의 말에는 죄가 있습니다. 그

---

1) 진노가 생 것을 회오리바람으로 제하여 버리듯 하리로다 2) 70인역, 내 힘이시여

들이 말하는 저주와 거짓과 교만으로 인하여 사로잡히게 하십시오.

13 노여움으로 아주 멸하사 하나님께서 야곱을 다스리시는 분임을 땅끝까지 알게 하십시오.(셀라)

14 그들은 어두워지기만 하면 다시 돌아와서 개처럼 짖어 대며 성을 두루 다닙니다.[1]

15 그들은 음식을 찾아 떠돌아다니며 배불리 먹지 못하면 불평합니다. 그러나

16 나는 주의 능력을 노래하며, 아침마다 주의 자비하심을 높이 노래합니다. 주는 나의 요새가 되시며, 내 환난 날에 피난처가 되시기 때문입니다.

17 나의 능력이 되신 여호와여, 내가 주를 찬양합니다. 하나님은 나의 요새가 되시며, 인애의 하나님이십니다.

다윗이 교훈하기 위해 지은 믹담 시, 요압이 소금 골짜기에서 에돔인 만 이천 명을 죽인 때에

60

1 ● 하나님이여, 당신께서 우리를 버리시고 진노하셨으나 이제는 우리를 회복시켜 주십시오.

2 당신께서는 땅을 진동시켜 갈라지게 하셨으므로 땅이 요동치니 그 사이를 메워 주십시오.

3 주께서 당신의 백성에게 어려움을 겪게 하시고, 포도주를 마시게 하여 우리를 비틀거리게 하셨습니다.

4 주를 경외하는 자들이 활을 쏘는 자들에게서 피하여 도망치도록 승리의 깃발을 올려주시고 우리를 인도해 주십시오.[2](셀라)

5 주께서 사랑하시는 자를 당신의 오른손을 들어 구원하고 응답해 주십시오.[3]

6 하나님께서 그의 성소에서[4] 말씀하셨습니다. "내가 기뻐 뛰놀며, 세겜을 차지하고, 숙곳 골짜기를 내 것으로 측량할 것이다.

7 길르앗과 그 지역의 므낫세도 내 것이며, 에브라임은 내 머리에 쓰는 투구이며, 유다는 내 지팡이인 규다.

8 모압은 내가 씻는 물통이며, 에돔에는 내 신발을 던질 것이다. 블레셋을 쳐서 승전가를 부르라."

9 누가 나를 견고한 성과 에돔으로 인도하겠는가?

10 하나님이여, 당신께서는 우리를 버리셨습니까? 우리 군대와 함께 나아가지 않으십니까?

11 사람의 구원은 헛된 것이니 우리를 도와 대적을 치게 하십시오.

12 우리는 하나님 안에서 의지하고 용감하게 싸울 것입니다. 하나님은 우리의 대적을 밟으실 분이기 때문입니다.[5]

다윗의 시, 인도자를 따라 현악에 맞춘 노래

61

1 ● 하나님이여, 나의 부르짖는 기도를 귀담아들어 주십시오.

2 내 마음이 약해질 때 땅끝에서 당신께 부르짖으니 내가 오를 수 없는 높은 바위로 이끌어 주십시오.

3 주는 나의 피난처이시며, 원수에게서 지켜주는 견고한 망대가 되십니다.

4 내가 영원히 주의 성막에 살며, 당신의 날개 아래로 피합니다.(셀라)

5 주 되신 하나님이여, 당신께서는 내 서원을 들어주십시오. 그리고 당신의 이름을 경외하는 자가 얻을 유업을 내게 주셨습니다.

1) 시 59:6　2) 진리를 위하여 달게 하셨습니다　3) 시 108:6　4) 거룩하심으로　5) 시 108:7-13

6 주께서는 왕의 수명을 길게 해주시고 여러 세대 동안 장수하게 하십시오.

7 나로 영원히 하나님 앞에 살게 하시고, 자비와 성실하심으로 나를 보호하십시오.

8 그렇게 하시면 내가 항상 당신의 이름을 찬양하며, 내가 약속한 것을 날마다 실천할 것입니다.

다윗의 시, 인도자를 따라 여두둔의 법칙에 따라 부르는 노래

62 ● 내 영혼이 조용히 하나님만 바라보는 것은 나의 구원이 그에게서 나오기 때문이다.

2 오직 주님만이 나의 반석과 구원과 요새가 되시므로 내가 크게 흔들리지 않을 것이다.

3 너희가 언제까지 사람들을 해치려고 하느냐? 너희는 허물어지는 성벽[1]과 흔들리는 돌담 울타리같이 죽임을 당할 것이다.

4 그들은 나를 높은 자리에서 끌어내리기 위해 거짓을 일삼고, 입으로는 축복을 말하지만 속으로는 저주한다. (셀라)

5 내 영혼아, 조용히 하나님만 바라보라. 나의 소망이 그로부터 오기 때문이다.

6 오직 하나님만이 나의 반석과 구원과 요새이시기에 내가 흔들리지 않을 것이다.

7 나의 구원과 명예가 하나님께 있으니, 그에게 내 힘의 원천[2]과 피난처가 있다.

8 그러므로 백성들아, 언제나 하나님을 의지하고 그분 앞에 마음을 털어 놓으라. 하나님은 우리의 피난처가 되신다. (셀라)

9 진실로 천한 사람들도 한숨의 입김에 지나지 않고, 높은 자의 인생도 거짓뿐이니 저울에 달아 보면 한숨에 지나지 않는다.

10 그러므로 네 힘을 의지하지 말고, 빼앗은 것으로 자랑하지 말며, 재산이 불어도 거기에 마음을 두지 말라.

11 하나님께서 한두 번 말씀하신 것, 곧 "능력은 하나님께 속한 것이다"라고 하는 말씀을 들었다.

12 주여, 자비함은 당신께 속한 것이므로 당신은 각 사람이 행한 대로 갚으십니다.

다윗이 유다광야에 있을 때

63 ● 하나님이여, 당신은 나의 하나님이십니다. 그래서 내가 애타게 주를 찾습니다. 물이 없어 마르고 쓸모없게 된 땅처럼 내 영혼이 당신을 찾아 목마르며, 내 육신이 당신을 간절히 바랍니다.

2 내가 주의 능력과 영광을 보기 위해 성소에서 당신을 바라봅니다.

3 주의 자비하심이 내 목숨보다 소중하기에 내 입술이 당신을 찬양합니다.

4 그렇게 주를 내 평생에 찬양하며, 당신의 이름으로 인해 손을 들어 찬양합니다.

5 기름지고 살진 것[3]을 먹은 것처럼 배부르니 내 입술이 기쁘고 흥겨워 당신을 찬양합니다.

6 내가 잠자리에서도 주를 생각하며, 밤새워 당신의 말씀을 작은 소리로 명상합니다.

7 이는 주는 나의 도움이 되사 당신의 날개 그늘에서 즐겁게 노래하기 때문입니다.

8 내 영혼이 주를 가까이 따르니 당신의 오른손이 나를 꽉 잡아 주십니다.

1) 담　2) 반석　3) 골수와 기름진 것

9 내 목숨을 찾아 죽이려고 하는 그
들은 땅속 깊은 곳으로 들어갈 것
입니다.
10 그들은 칼에 맞아 죽임을 당해 여
우¹⁾의 먹이가 될 것입니다.
11 그러나 나²⁾는 하나님 안에서 기뻐
하며, 당신께 맹세한 모든 자는 거
짓말하는 자의 입이 막힐 때 당신
을 자랑할 것입니다.

다윗의 시,
인도자를 따라 부르는 노래

64 ● 하나님이여, 나의 호소를
들으시고 원수의 위협에서 내
목숨을 보호하십시오.
2 주는 악을 도모하는 자들의 음모
로부터 나를 숨기시고, 악을 행하
는 자들의 선동에서 나를 숨겨 주
십시오.
3 그들은 자기 혀를 칼처럼 갈고 닦
으며, 독한 말로 화살처럼 나를 겨
냥한다.
4 그들은 은밀한 곳에서 갑자기 죄
없는 자를 쏘고도 두려워하지 않
는다.
5-6 그들은 악한 일에 서로 격려하
며, 함께 모여 의논하고 나서 말한
다. "누가 우리를³⁾ 보겠느냐. 누가
우리의 계책을 알겠느냐." 그러니
각 사람의 마음속 깊은 것을 알 수
없다.
7-8 그러나 하나님은 그들을 화살로
쏘시리니 그들은 갑자기 화살에
맞아 부상 당하여 엎드리게 될 것
이다. 결국 그렇게 된 것은 그들의
혀가 그렇게 만든 것이다. 그들을
보는 자가 다 머리를 흔들며 도망
할 것이다.
9 그러므로 모든 사람이 두려워하여
하나님께서 행하신 일을 선포하며
그것을 깊이 생각할 것이다.

10 의로운 자는 여호와께서 행하신
일로 즐거워하며, 그를 피난처로
삼으리니 마음이 바른 자는 모두
당신을 자랑할 것이다.

다윗의 시,
인도자를 따라 부르는 노래

65 ● 하나님이여, 예루살렘⁴⁾에
서 우리가 당신을 찬양하는
것은 마땅합니다. 우리는 서약한
것을 이행하겠습니다.
2 기도를 들으시는 주님께 모든 육
체를 가진 자들이 나아갑니다.
3 죄에 눌려 어려울 때 주는 우리의
죄를 용서하십니다.
4 주께서 선택하시고 가까이 오게 하
여 주의 성전 뜰에 살게 하신 사람
은 복이 있습니다. 그는 주의 성전
의 좋은 것으로 만족할 것입니다.
5 우리 구원의 하나님이시여, 공의
에 의한 놀라운 일들을 통해 우리
에게 응답하십시오. 땅의 모든 끝
과 먼 바다에 있는 자가 의지할 분
은 주님이십니다.
6 주는 당신의 힘으로 산을 세우시고,
능력으로 허리띠를 동여매시며,
7 바다의 파도 소리와 흔들리는 물
결과 세상 사람들의 소동까지 그
치게 하십니다.
8 땅끝에 사는 자가 주의 징조를 두
려워합니다. 주께서는 우리로 아
침과 저녁을 맞이할 때마다 즐거
워 하게 하십니다.
9 비를 내려 땅을 심히 풍성하게 하
시고, 하나님의 강에 물을 채우십
니다. 그리고 나서 그들에게 곡식
을 주십니다.
10 주께서는 밭고랑에 물을 충분히
채워 그 이랑을 평평하게 하시고,
단비를 내려 땅을 부드럽게 하여

1) 승냥이 2) 왕 3) 그들을 4) 시온

돋는 새싹에 복을 주십니다.

11 주의 축복으로 한 해에 넉넉한 추수를 하게 하시니1) 주님이 가시는 길마다 모든 것이 풍성하고,

12 들의 초장에도 풍성하니 언덕들마다 기쁨의 소리가 울려 퍼집니다.

13 초장은 양 떼로 가득하며2), 골짜기는 곡식으로 덮였으니 그들이 다 기뻐 외치며 노래합니다.

시, 인도자를 따라 부르는 노래

66 ●온 땅이여, 하나님께 기쁜 소리로 외치라.

2 그의 이름을 영광스럽게 찬양하라.

3 하나님께 이렇게 아뢰어라. "주의 일이 어찌 그렇게 놀라우신지요! 당신의 큰 권능으로 인해 당신의 원수가 당신께 복종하며,

4 온 땅이 당신께 경배하고 당신의 이름을 노래할 것입니다."(셀라)

5 너희는 와서 하나님께서 이루어 놓으신 것을 보라. 그가 사람들에게 행하신 일이 놀랍다.

6 하나님께서 바다를 육지로 바꾸시고, 무리로 요단강을 걸어서 건너가게 하시니 그곳에서 우리가 주님으로 인해 기뻐했다.3)

7 하나님은 그의 권능으로 영원히 다스리시고, 그의 눈은 세상 나라를 지켜보고 계시니 반역하는 자들은 그 앞에서 교만하지 못한다.(셀라)

8 세상의 모든 백성아, 우리 하나님을 찬양하며, 그분이 찬양 소리를 들을 수 있도록 크게 찬양하라.

9 그는 우리의 생명을 보존시키시고, 우리가 실족하여 넘어지지 않게 하신다.

10 하나님께서는 은을 정련하는 것처럼 우리를 연단하기 위해 시험하셨습니다.

11 우리를 그물에 걸려들게 하시며, 우리 등에 무거운 짐을 지우셨습니다.

12 사람들이 우리를 짓밟게 하셨습니다. 우리가 불과 물 가운데 있었지만 주께서는 우리를 끌어내어 풍족한 곳으로 이끄셨습니다.

13 그러므로 내가 불로 태워 드리는 번제물을 가지고 주의 집에 들어가서 맹세한 것을 당신께 갚을 것입니다.

14 이것은 환난 때 내 입이 맹세한 것입니다.

15 내가 살진 숫양의 향기와 함께 수소와 염소를 불로 태워 주님께 번제로 드릴 것입니다.(셀라)

16 하나님을 두려워하는 자들아, 모두 나와 들으라. 하나님께서 나를 위해 행하신 일을 내가 너희에게 말할 것이다.

17 내가 여호와께 부르짖으며, 노래로 높이 찬양했다.

18 내가 마음속에 악한 생각을 품었다면 주께서는 내 간구를 듣지 않으셨을 것이다.

19 그러나 하나님께서 내 기도하는 소리를 귀담아들으셨다.

20 하나님을 찬양하는 것은 내 기도를 거절하지 않으시고, 당신의 자비를 거두지 않으셨기 때문이다.

시 곧 노래, 인도자를 따라 현악에 맞춘 것

67 ●하나님이여, 우리에게 은혜를 베푸사 축복하십시오. 당신의 얼굴을 우리에게 비추소서.(셀라)

2 당신의 길을 땅 위에, 당신의 구원을 세상 나라들에게 알리십시오.

3 하나님이여, 모든 민족으로 당신께

1) 관 씌우시니 2) 옷 입었고 3) 출 14:22, 수 3:16~17

감사하게 하시고, 찬양하게 하십시오.

4 온 백성은 기뻐하며 노래할 것이니 이는 주께서 민족들을 공정하게 심판하시고, 세상 나라들을 다스리실 것이기 때문입니다.(셀라)

5 하나님이여, 민족들로 당신께 감사하게 하시고, 찬양하게 하십시오.

6-7 땅이 그의 산물을 내니, 이는 우리 하나님께서 우리에게 복을 주시는 것이기에 땅끝까지 하나님을 높일 것입니다.

다윗의 시,
인도자를 따라 부르는 노래

68 ● 하나님께서 일어나시니 원수들이 흩어지고, 주를 미워하는 자들은 주 앞에서 흩어질 것이다.

2 연기가 바람에 날려 가듯 그들을 몰아내시고, 불 앞에서 녹아내리는 양초1)처럼 악인은 하나님 앞에서 망할 것이다.

3 그러나 의인은 기뻐하고, 하나님 앞에서 뛰놀며 즐거워할 것이다.

4 하나님을 노래하며 그의 이름을 찬양하라. 광야에서 구름2)을 타고 오시는 이의 길을 예비하라. 그의 이름은 여호와이시니 그의 앞에서 크게 기뻐하라.

5 고아의 아버지시며 과부의 재판장이신 하나님은 그의 거룩한 처소에 계신다.

6 하나님은 외로운 자들을 가족과 함께 살게 하시며, 갇힌 자들을 이끌어내어 편안한 곳으로 이끄신다. 그러나 하나님을 거역하는 자들은 메마른 땅에 거하게 하신다.

7 하나님께서 광야에서 주의 백성 앞에 행진하셨을 때(셀라)

8 땅이 진동하고, 하늘도 광야에 비를 내리며, 시내산도 이스라엘의 하나님 앞에서 진동했습니다.

9 하나님이여, 당신께서 충분한 비를 내리셔서 당신이 주신 땅의 기업이 메마를 때 당신께서 그것을 회복시키셨고,

10 주의 식구3)를 그곳에서 살게 하셨습니다. 하나님이여, 당신께서 가난한 자를 위해 좋은 것4)을 준비하셨습니다.

11 주께서 말씀하시니 여자들의 큰 무리가 그 소식을 알렸다.

12 여러 군대의 왕들이 도망하고 도망하니 집에 있던 여자들조차 전리품을 나눈다.

13 너희가 양 우리에 누웠을 때는 은으로 입힌 비둘기 날개와 황금으로 입힌 비둘기의 깃털 같도다.

14 전능하신 자가 왕들을 흩으실 때는 헬몬산, 곧 살몬산에 눈이 날리는 것과 같다.

15 바산의 산은 하나님의 산이요, 그 산은 높은 산이로다.

16 너희 높은 산들아, 왜 하나님께서 계시려는 산을 시기하여 보느냐? 그 산은 여호와께서 영원히 거하실 곳이다.

17 하나님의 전차는 천천이며, 만만이다.

📍성경지리　시내산(시 68:8,17)

시내산의 위치에 대해서는 시나이반도 북쪽, 와디 파이란 근처, 시나이반도 중앙 서쪽의 후카, 사우디아라비아 지역 등 여러 곳이 주장되고 있으나 대체로 시나이반도 남단 중앙에 있는 제벨 무사(Jebel Musa, '모세의 산'이란 뜻의 아랍어)가 가장 전통적인 위치이다. 이 산의 높이는 약간의 차이는 있으나 2285m 정도이다. 이 산 밑의 1528m 지점에는 330년경 세워진 성캐더린수도원이 있고, 산 정상에는 모세기념교회가 세워져 있다.

1) 밀　2) 하늘　3) 회중　4) 은택

주께서 그것들 가운데 계시는 것이 시내산의 성소에 계시는 것과 같다.

18 주께서 높은 곳에 오르사 포로들을 취하시고, 사람들에게서 예물들을 받으시며, 거역한 자들에게도 받으시니 하나님이 그들과 함께 계시기 때문이다.

19 매일같이 우리의 짐을 대신 지시는 우리의 구원자이신 하나님을 찬양하라.(셀라)

20 하나님은 우리를 구원하시는 분이다. 여호와만이 우리를 죽음에서 벗어나게 하신다.

21 하나님은 죄를 짓고 다니는 원수들의 머리를 깨뜨리실 것이다.

22 주께서 말씀하셨다. "내가 그들을 바산 산지에서 돌아오게 하고, 깊은 바닷속에서 나오게 하며,

23 네가 그들을 짓밟게 하며, 그들의 피로 네 발을 씻게 하며, 네 집의 개들의 혀는 네 원수들의 피를 마음껏 핥을 것이다.1)"

24 하나님이여, 그들이 나의 왕 되신 하나님께서 성소로 행차하심을 보았습니다.

25 처녀들 가운데서 작은 북을 치며 노래 부르는 자들은 앞서가고, 악기를 연주하는 자들은 뒤를 따릅니다.

26 이스라엘의 근원에서 나온 너희여, 큰 모임 가운데 계신 주를 찬양하라.

27 그곳에는 그들을 주관하는 작은 베냐민과 유다의 고관과 무리와 스불론과 납달리의 고관이 있다.

28 네 하나님께서 우리에게 그의 힘을 주셨도다. 하나님이여, 우리를 위해 이미 행한 것을 나타내십시오.

29 예루살렘에 성전이 있으니 왕들이 주께 예물을 가져옵니다.

30 갈대밭의 들짐승 같은 이집트를 꾸짖고, 수소 떼와 민족의 송아지 같은 세계 민족을 꾸짖으시며, 그들이 갖고 온 은 조각을 발아래에 밟으십시오. 하나님은 전쟁을 즐기는 백성을 흩으셨습니다.

31 애굽의 사절단2)이 예물을 가져오고, 에디오피아3)인은 하나님을 향해 손을 들어 속히 기도할 것입니다.

32 세상 나라들아, 하나님께 노래하고 그분을 찬양하라.(셀라)

33 옛날부터 하늘들의 하늘을 타신 분께 찬양하라. 그가 음성을 높이신다.

34 너희 능력을 하나님께 올려 드리라. 그의 위엄이 이스라엘을 덮고, 그의 능력은 구름 가운데 있다.

35 하나님은 성소에서 그 위엄을 나타내신다. 이스라엘의 하나님은 자기 백성에게 힘과 능력을 주시는 분이시니 너희는 하나님을 찬양하라.

다윗의 시,
백합화 곡조4)에 맞춘 노래

69

● 하나님이여, 나를 구원하십시오. 물이 내 목5)까지 찼습니다.

2 나는 발 디딜 곳 없는 깊은 수렁에 빠져 깊은 물에 잠기니 큰물이 내게 덮칩니다.

3 내가 목이 쉬도록 부르짖다가 지쳤습니다. 내가 눈이 빠지도록 하나님을 간절히 기다렸습니다.

4 이유 없이 나를 미워하는 자가 머리 털보다 많고, 아무 이유 없이 내 원수가 되어 나를 죽이려는 자가 너무 많아서 내가 훔치지 않은 것까지도 물어주게 되었습니다.

---

1) 제 분깃을 얻게 하리라 하시도다 2) 고관 3) 구스
4) 소산님 5) 영혼

5 하나님이여, 당신은 내 어리석음
을 아시기에 내 죄를 당신 앞에서
숨길 수가 없습니다.

6 만군의 여호와여, 당신을 바라보
는 자들이 나 때문에 수치를 당하
는 일이 없도록 하십시오. 이스라
엘의 하나님이여, 당신을 찾는 자
가 나 때문에 수치를 당하지 않도
록 하십시오.

7 내가 주를 위해 비방을 받았고, 모
욕을 받았습니다.

8 내 친척, 형제에게 따돌림의 대상
이 되었고, 내 어머니의 자녀들에
게 조차 낯선 사람이 되었습니다.

9 하나님의 성전을 위하는 내 열정
이 불타오르고, 주를 비난하는 비
방이 내게 돌아옵니다.

10 내가 금식하며 애곡했으나 도리어
그것이 비웃음거리가 되었습니다.

11 내가 굵은 베옷 차림으로 있을 때
도 나는 그들의 비웃음거리가 되
었습니다.

12 성문에 앉아 있는 자가 나를 조롱
하며, 술에 취한 자가 나를 향해 노
래를 지어 빈정거립니다.

13 여호와께서 나를 반기실 때 내가
당신께 기도합니다. 하나님이여,
한없는 자비와 구원의 진실됨으로
내게 응답하십시오.

14 나를 수렁에서 끌어내어 미워하는
자와 깊은 물에서 나를 건져 주십
시오.

15 큰물이 나를 덮치거나 깊은 물속
에 빠지지 않게 하시고, 큰 구덩이
에 빠지지 않게 하십시오.

16 여호와여, 당신의 자비하심이 한결
같으니 내게 응답하시고, 당신의
크신 긍휼로 나를 돌봐 주십시오.

17 주의 얼굴을 당신의 종에게 숨기
지 마십시오. 내가 큰 고통 가운데

있습니다. 속히 내게 응답하십시오.

18 내 영혼에게 가까이 오사 원수에
게서 나를 구원하십시오.

19 주께서는 내가 받는 비방과 수치
와 모욕을 아십니다. 내 대적자들
이 모두 당신 앞에 있습니다.

20 수치심이 내 마음을 상하게 하여
근심이 큽니다. 나를 불쌍히 여길
자와 긍휼히 여길 자를 기다리지
만 아무도 없었습니다.

21 그들은 내가 먹는 음식으로 독[1]을
주며, 목마를 때는 식초를 마시게
했습니다.[2]

22 그러니 그들의 밥상과 평안이 오
히려 올가미가 되게 하십시오.

23 그들의 눈을 어둡게 하여 보지 못
하게 하시며, 그들의 허리가 흔들
려 가누지 못하게 하십시오.

24 주의 맹렬한 진노를 그들 위에 쏟
으십시오.

25 그들의 집을 황폐하게 하사 그들로
천막에 사는 자가 없게 하십시오.

26 그들은 주께서 책망한 자를 괴롭
히며, 당신께 매를 맞은 자의 상처
를 더 쑤십니다.

27 그러니 그들의 죄악을 낱낱이 기
억하여 당신의 구원[3]에 참여하지
못하게 하십시오.

28 그들의 이름을 생명책에서 지워
의로운 자들과 같이 기록되지 않
게 하십시오.

29 하나님이여, 나는 가난하고 고통
스러우니 당신의 구원으로 나를
보호해 주십시오.

30 내가 하나님의 이름을 노래로 찬
양하며, 감사함으로 당신을 높일
것입니다.

31 이것이 소나 황소나, 뿔이 있는 것
이나 굽이 있는 것을 제물로 드리는

1) 쓸개 2) 마 7:34 3) 공의

것보다 여호와를 더 기쁘시게 하는 것이다.

32 겸손한 자, 곧 곤고한 자가 이것을 보고 기뻐한다. 하나님을 구하는 자들아, 용기를 가지라.

33 여호와께서는 가난한 자의 소리를 들으시며, 자기로 인해 간힌 자를 모른 체하지 않으신다.

34 하늘과 땅과 바다와 그중의 모든 생물이 여호와를 찬양할 것이다.

35 이는 하나님께서 예루살렘¹)을 구원하시고, 유다의 성읍들을 세우시며, 그들이 그곳에 살며 소유를 삼을 것이기 때문이다.

36 하나님의 종들의 자손이 그 땅을 물려받고, 당신의 이름을 사랑하는 자가 그 땅에서 살 것이다.

다윗의 시로 기념식에서
인도자를 따라 부르는 노래

70 ● 하나님이여, 속히 나를 도우사 건지십시오.

2 나를 죽이려고 내 영혼을 찾는 자들이 수치와 창피를 당하게 하시며, 내가 패망하기를 바라는 자들이 물러나 수치를 당하게 하십시오.

3 "아하, 아하"라고 말하는 자들이 자기의 수치 때문에 부끄러워하며 물러가게 하십시오.

4 그러나 주를 구하는 자들은 당신으로 인해 기뻐하고 즐거워하게 하십시오. 사랑하는 자들이 당신의 구원에 대해 언제나 "하나님은 위대하시다"라고 말하게 하십시오.

5 하나님이여, 나는 가난하고 궁핍하니 속히 내게로 오십시오. 당신은 나의 도움이시며, 나를 건지는 분이시니 머뭇거리지 마시고 속히 오십시오.

71 여호와여, 내가 당신께로 피합니다. 나로 영원히 부끄러움을

당하지 않게 하십시오.

2 주의 의로움으로 나를 도우시고, 주의 귀를 기울여 나를 구원하십시오.

3 주께서는 나를 구원하라고 명령하셨습니다. 이는 주께서 나의 반석과 요새와 내가 항상 숨을 바위가 되시기 때문입니다.

4 나의 하나님이여, 나를 불의한 자와 억압하는 흉악한 자의 수중에서 피하게 하십시오.

5 여호와여, 당신은 나의 소망이시며, 내가 어릴 때부터 믿어 온 분이십니다.

6 내가 모태에서 주를 의지했으며, 당신은 내 어머니 배에서 나를 선택하셨습니다. 그래서 나는 항상 당신을 찬양합니다.

7 나는 많은 사람이 이상하게 쳐다보는 사람이 되었습니다. 그러나 주는 나의 완전한 피난처가 되십니다.

8 내 입은 주의 찬양으로 가득하니 온종일 당신께 영광을 돌립니다.

9 그러니 늙을 때 나를 버리지 마시고, 내 힘이 쇠약할 때도 나를 떠나지 마십시오.

10 내 원수들이 내게 악한 말을 하며, 나를 죽이려는 자들이 함께 모의하며

11 말합니다. "하나님께서 그를 버리셨으니 따라잡으라. 그를 구해 줄 자가 없다."

12 그러니 하나님이여, 내게 떨어져 있지 마시고 속히 나를 도우십시오.

13 나를 죽이려고 내 영혼을 대적하는 자들이 수치와 멸망을 당하게 하시며, 나를 해치려고 하는 자들에게는 부끄러워 사라지게 하십시오.

14 그럴수록 나는 더욱 소망을 갖고 당신을 더욱더 찬양합니다.

---

1) 시온

15 내가 측량할 수 없는 주의 공의와 구원을 온종일 전할 것입니다.
16 내가 여호와께서 이루신 능력을 널리 전파하며, 당신의 공의만 선포하겠습니다.
17 하나님은 나를 어려서부터 가르치셨기에 내가 지금까지 당신의 놀라운 일들을 전할 수 있었습니다.
18 그러니 하나님이여, 내가 늙어 백발이 될 때도 나를 버리지 마시고, 내가 당신의 권능을 다가오는 세대에 전하기까지 나를 버리지 마십시오.
19 하나님이여, 당신의 의로움이 지극히 크십니다. 당신께서 큰일을 행하셨으니 당신과 같은 자가 또 누가 있겠습니까!
20 주는 우리에게 많은 고통과 시련을 주셨지만 결국 우리를 다시 살리시고, 땅의 깊은 바다에서 다시 이끌어 올리실 것입니다.
21 주는 이전보다 나를 더 크게 하시고 다시 위로해 주실 것입니다.
22 나의 하나님이여, 내가 비파로 당신의 진리를 찬양합니다. 이스라엘의 거룩하신 분께 내가 수금으로 찬양합니다.
23 내가 주를 찬양할 때 내 입술이 기뻐 외치며, 당신께서 구원하신 내 영혼이 즐거워할 것입니다.
24 내 혀도 온종일 주의 의로움을 말하리니 나를 해치려고 하던 자들이 오히려 수치를 당하고 혼란스러워질 것입니다.

솔로몬의 시

72

● 하나님이여, 왕에게 주의 판결력을 주시고, 왕의 아들에게 주의 공의를 주십시오.
2 그러면 주의 백성을 바르게 판결하며, 가난한 자를 정의로 판결할

것입니다.
3 의로 인해 산들은 백성에게 평안을 주며, 언덕들도 그렇게 할 것입니다.
4 왕은 가난한 백성의 억울함을 풀어 주고, 궁핍한 자의 자녀를 구원하며, 억압하는 자를 꺾을 것입니다.
5 해가 있는 한 주를 두려워하며, 달이 있는 한 대대로 주를 경외할 것입니다.
6 그는 깎은 풀 위에 내리는 비처럼, 땅을 적시는 소낙비처럼 되기를 원합니다.
7 왕이 살아있는 동안, 달이 뜨는 것이 멈출 때까지 의인이 흥왕하여 평안의 풍성함이 있게 하십시오.
8 왕의 다스림이 바다에서 바다까지, 유프라테스강에서 땅끝까지 이르게 하십시오.
9 광야에 사는 자는 그 앞에 무릎을 꿇게 하시고, 그의 원수들은 흙을 핥게 하십시오.
10 지중해에 있는 다시스와 섬들의 왕이 예물을 바치며, 남부 아라비아 지역에 있는 스바와 시바의 왕들이 예물을 드리게 하십시오.
11 모든 나라의 왕이 왕 앞에 엎드려 경배하게 하시고, 모든 민족이 왕을 섬기게 하십시오.
12 그는 궁핍한 자가 부르짖을 때 그들을 도와주고, 도와줄 사람이 없는 가난한 자도 도와주었으며,
13 약한¹⁾ 자와 궁핍한 자를 불쌍히 여기고 궁핍한 자의 목숨을 구하고
14 압박과 폭력에서 그들의 생명을 구하니 그들의 피를 귀하게 여기기 때문입니다.
15 왕이 그들을 살리기 위해 스바의 금을 그들에게 주니, 그들이 항상

1) 가난한

왕을 위해 기도하고 하루 종일 축복[1]할 것입니다.

16 산꼭대기의 땅에도 곡식이 풍성하고, 그것의 열매가 레바논처럼 물결치며, 성에 있는 사람들이 땅의 풀처럼 피어날 것입니다.

17 왕의 이름이 널리 알려지기를 바라고, 그의 이름이 해 앞에서 번성할 것입니다. 사람들이 그로 인해 복을 받으리니 모든 민족이 다 그를 복되다고 할 것입니다.

18 홀로 놀라운 일들을 행하시는 이스라엘의 하나님을 찬양하라.

19 그 영광스러운 이름을 영원히 찬양하라. 그의 영광을 온 땅에 가득 채우라. 아멘.

20 이새의 아들 다윗의 기도가 끝났다.

[제삼권]

아삽의 시

73 ● 하나님은 이스라엘 가운데 마음이 깨끗한 자에게 선을 베푸신다.

2 그러나 나는 확신을 잃고 넘어질 뻔했고, 믿음을 버리고 내 걸음이 미끄러질 뻔했다.

3 그것은 내가 악인의 형통함을 보고 거만한 자를 질투했기 때문이다.

4 악인들은 살아있는 동안 고통이 없고 죽을 때까지도 건강하다.

5 그들은 사람들이 흔히 당하는 고통이나 재앙도 없다.

6 그러므로 교만이 그들의 목걸이가 되었고, 폭력을 옷 입듯 했다.

7 그들은 살이 쪄서 눈은 삐져 나왔고, 마음으로 기대하는 것보다 더 많이 얻는다.

8 그들은 높은 곳에서 비웃으며, 악하고 거만하게 말한다.

9 그들의 입은 하늘을 대적하고[2], 그들의 혀는 땅을 두루 다니며 악한

말을 한다.

10 그러므로 하나님의 백성들조차 그들에게로 와서 한편이 되어 그들의 잔에 가득한 물을 다 마시며

11 말한다. "하나님께서 내가 하는 일을 어떻게 알겠느냐? 영원하신 자에게 그런 지식이 있겠느냐?"

12 이것이 악한 자들이 사는 방식이다. 이들은 악인이라도 항상 평안하고 재물은 더욱 불어난다.

13 그러니 내가 내 마음을 깨끗하게 하고, 내 손을 씻어 죄를 없다고 한 것이 참으로 헛된 일이 되는구나.

14 오히려 나는 하나님께 온종일 매를 맞으며 아침마다 벌을 받는다.

15 만일 내가 스스로 "나도 그들처럼 말하며 살아야지"라고 말했다면 나는 주의 백성들처럼 살지 못하고 악행을 행했을 것이다.

16 내가 어떻게 하면 이것을 알 수 있을까 깊이 생각할수록 오히려 그것이 내게 심한 고통이 되었다.

17 그러나 내가 하나님의 성전에 들어갈 때 비로소 악인의 마지막을 보고 깨달았다.

18 결국에 주께서는 그들을 미끄러운 곳에 두어 황폐한 곳에 이르게 하신다.

19 그들은 왜 자신들이 그렇게 갑자기 황폐화되었는지 놀랄 정도로 전멸했다.

20 주여, 사람이 잠에서 깨어난 후 그 꿈이 사라지는 것처럼 주님이 오신[3] 후에는 그들이 한낱 꿈처럼 사라질 것입니다.

21 그러므로 내 마음이 혼란스럽고, 내 양심이 찔릴 때

22 내가 어리석고 무지함으로 주님 앞에 짐승과 같이 되었다.

1) 찬송 2) 두고 3) 깨신

23 그럼에도 내가 언제나 주님과 함께하니 주께서는 내 오른손을 붙들어 주셨다.

24 주의 교훈으로 나를 인도하시고, 마침내 나를 주의 영광에 참여시켜 주실 줄을 믿는다.

25 하늘에서는 주님 외에 누가 나와 함께 있을 수 있겠는가! 땅에서는 주님밖에 사모할 자가 없다.

26 그러므로 내 육체와 마음은 약해지지만 하나님은 내 마음의 반석이시며, 영원한 몫이 되신다.

27 아무튼 주를 멀리하고 떠난 자는 주께서 모두 멸하신다.

28 하나님께 가까이하는 것이 내게 복이니 내가 주님 되신 여호와를 나의 피난처로 삼아 그분의 모든 일을 전파할 것이다.

아삽의 교훈1)

74 ● 어찌하여 주께서는 우리를 영원히 버리시며, 당신께서 기르시는 양을 향해 진노의 연기를 뿜으십니까?

2 옛날부터 주께서 친히 값을 지불하여 당신 산업의 지파로 삼은 당신의 모인 무리를 기억하시고, 당신께서 계시던 시온산도 생각하십시오.

3 원수가 성소에서 모든 악을 행했습니다. 완전히 파멸된 성소를 향해 주의 발걸음을 옮겨 놓으십시오.

4 주의 대적이 당신의 집회 장소에 들어와 고함을 치며, 자기들의 깃발을 세워 승리의 표징으로 삼았습니다.

5 그들은 마치 도끼로 삼림을 베는 사람과 같습니다.

6 이제 그들은 도끼와 쇠망치로 성소의 모든 조각품을 부수고,

7 주의 성소를 불사르며, 당신의 이름이 계신 곳을 더럽혔습니다.2)

8 그들은 "우리가 그들을 진멸하자"라고 마음을 먹고 이 땅에 있는 하나님의 모든 회당을 불살랐습니다.

9 우리에게 더 이상 표징은 보이지 않고, 선지자도 없으며, 이런 일이 얼마나 오래갈지 우리 가운데 아는 자가 없습니다.

10 하나님이여, 우리를 비방하는 대적을 언제까지 그대로 두시렵니까? 원수가 당신의 이름을 언제까지 능욕하도록 두시겠습니까?

11 어찌하여 주께서 오른손을 거두십니까? 당신의 품에서 손을 빼어 그들을 진멸하십시오.

12 하나님은 예로부터 나의 왕이시니, 사람에게 구원을 베푸시는 분입니다.

13 주께서 당신의 능력으로 바다를 가르시고,3) 물 가운데 용들의 머리를 깨뜨리셨으며,

14 악어의 일종인 리워야단의 머리를 부수시고, 그것을 사막에 사는 자에게 음식물로 주셨습니다.

15 주께서는 바위를 쪼개어 큰 물을 내시며, 힘차게4) 흐르는 강들을 마르게 하셨습니다.

16 낮과 밤이 주의 것입니다. 주께서 빛과 해를 창조하셨으며,

17 땅의 경계를 정하시고, 여름과 겨울을 만드셨습니다.

18 여호와여, 원수가 주를 모욕하고 어리석은 백성이 당신의 이름을 멸시한 것을 기억하십시오.

19 주의 멧비둘기 같은 당신 백성의 생명을 들짐승에게 주지 마시고, 당신의 가난한 자의 목숨을 영원히 잊지 마십시오.

20 땅의 어둔 곳마다 포악한 자의 소굴이 가득하오니 주의 언약을 눈

1) 마스길 2) 왕하 25:9, 대하 36:19 3) 출 14:21 4) 늘

여겨 보십시오.

21 억눌린 자가 부끄러움을 당하지 않게 하시고, 가난하고 궁핍한 자로 주의 이름을 찬양하게 하십시오.

22 하나님이여, 일어나 당신의 원통함을 판결하시고, 어리석은 자가 종일 당신을 비난하는 것을 기억하십시오.

23 주의 대적들이 하는 소리를 잊지 마십시오. 그들이 주께 떠드는 소리가 항상 당신께 높아져 갑니다.

아삽의 시,
인도자를 따라 알다스헷에 맞춘 노래

75 ● 하나님이여, 우리가 당신께 계속해서 감사하는 것은 당신의 이름이 우리와 함께 계시기 때문입니다. 사람들이 당신의 놀라운 일들을 전파합니다.

2 주께서 말씀하셨습니다. "내가 심판할 때가 되면 공정하게 심판할 것이다.

3 땅과 그 위에 사는 모든 자는 비틀거려도 땅의 기둥은 내가 붙들 것이다."(셀라)

4 여호와께서는 교만한 자들에게 "거만하게 행하지 말라"고 했으며, 악인들에게는 "교만한 뿔을 뽐내지 말라"고 하셨다.

5 그러므로 너희는 교만한 뿔을 높이 들지 말며, 교만한 태도로 말하지 말라.

📖 손 (시 75:8)

성경에서 하나님의 손은 그분의 능력을 나타내는 데 사용되었다. 그리고 사람의 손은 일을 나타내는 상징적인 의미 외에도(잠 6:10) 손을 드는 것은 축복을 나타냈다(레 9:22). 손을 치는 것은 약속을 지키겠다는 표시이며(잠 6:1), 손바닥을 치는 것은 왕이나(왕하 11:12) 하나님에 대한 환호의 표시였다(시 47:1).

---

6 무릇 사람을 높이는 것은 동서남쪽 어느 쪽에서도 오지 않고,

7 오직 재판장 되시는 하나님만이 사람을 낮추기도 하시고 높이기도 하신다.

8 여호와의 손에 분노의 잔이 있으니 그 속에서 술 거품이 일어난다. 그 잔을 하나님께서 쏟으시면 세상의 악인들은 그 분노의 포도주를 그 찌꺼기까지 기울여 마셔야 할 것이다.

9 나는 이런 사실을 영원히 전하며, 야곱의 하나님을 영원히 찬양할 것이다.

10 결국 주는 악인들의 뿔을 다 꺾으시고, 의인의 뿔은 높이 들어 올리실 것이다.

아삽의 시,
인도자를 따라 현악에 맞춘 노래

76 ● 하나님은 유다에 자신을 알리셨으며, 이스라엘에서 그의 이름이 위대하시다.

2 하나님의 장막은 예루살렘에 있고, 그는 시온에 계신다.

3 그곳에서 하나님은 화살과 방패와 칼과 무기를 부수셨다.(셀라)

4 주는 대적을 무찌른 산에서 영광과 위엄이 있으시다.

5 담대하여 강한 자도 가진 것을 빼앗기고 영원히 잠에 빠질 것이며, 용감한 병사들도 자기들을 도울 자[1]를 만날 수 없다.

6 야곱의 하나님이여, 당신께서 호령하시면 병거와 말도 다 깊은 잠에 빠집니다.

7 주께서는 경외 받으실 분입니다. 당신께서 분노하시면 누가 감히 당신 앞에 설 수 있겠습니까?

8 주께서 하늘에서 판결을 내리실 때

1) 손

땅은 두려워하여 잠잠했습니다.
9 그때는 하나님께서 땅의 모든 겸손한 자를 구원하시기 위해 심판하러 오시는 때입니다.(셀라)
10 주께서 악에 대해 분노하시니 사람들은 당신을 찬양하게 되며, 당신의 분노에서 살아남은 자들은 더 이상 악을 행하지 못하도록 당신께서 금하실 것입니다.
11 너희는 너희 하나님께 맹세한 것을 지키라. 너희 주변에 있는 모든 사람도 마땅히 두려움으로 섬겨야 할 이에게 예물을 드리게 하라.
12 여호와는 세상 통치자인 고관들의 거만한 심령¹을 꺾으시리니 세상의 왕들은 그를 두려워하게 될 것이다.

아삽의 시, 인도자를 따라 여두둔의 법칙에 따라 부르는 노래

77 ● 내가 하나님께 소리 높여 부르짖으면 내 간구를 귀담아 들으신다.
2 내가 환난 날에 주를 찾았으며, 밤에는 손을 들고 기도했으나 내 마음은 위로를 받지 못했다.
3 그러므로 내가 하나님을 생각하고 불안해하여 탄식하니 내 마음이 약해진다.(셀라)
4 주께서 나로 밤을 지새우게 하시니 내가 너무 괴로워 말도 할 수 없습니다.
5 내가 지나간 세월을 생각하며
6 그때 밤을 새워 부른 노래를 내가 기억하여 내 심령과 내 마음으로 간구합니다.
7 "주께서 나를 영원히 버리시는 것일까? 다시는 은혜를 베풀지 않으시는 것은 아닐까?
8 주의 자비는 영원히 끝나고 그가 약속하신 것도 영원히 파기하시는 것일까?

9 하나님은 은혜 베푸시는 것을 잊으셨는가? 분노하심으로 베푸실 긍휼을 그치게 하셨는가?"(셀라)
10 그때 내가 말합니다. "내 아픔을 이제 지극히 높으신 분의 오른손이 바꿀 것이다.² 영원하신
11 여호와의 일들을 기억하며, 당신께서 옛적에 행하신 놀라운 일을 기억할 것입니다.
12 주의 모든 일을 묵상하며, 당신의 행하신 일을 생각할 것입니다.
13 하나님이여, 당신의 길은 지극히 거룩하니 당신과 같이 위대한 신이 어디에 있습니까?
14 주는 놀라운 일을 행하신 하나님입니다. 민족들 가운데 당신의 능력을 알리시고,
15 당신의 팔로 당신의 백성인 야곱과 요셉의 자손을 구원하셨습니다.(셀라)
16 하나님이여, 바다 물들이 당신을 보았습니다. 바다가 당신을 보고 두려워하며 바다의 깊은 곳까지 진동했습니다.
17 구름이 물을 쏟아내고, 하늘 공간이 천둥소리를 내며, 당신의 화살도 사방으로 날아다녔습니다.
18 주의 천둥소리가 회오리바람 중에 있고, 번개가 세상을 비추며, 땅이 진동했습니다.
19 주의 길이 바다 밑에 있었고, 주의 곧은 길이 큰 물에 있었으나 당신의 발자취는 알 수 없었습니다.
20 주께서 당신의 백성을 모세와 아론을 통해 양 떼처럼 인도하셨습니다."

아삽의 교훈³

78 ● 내 백성들아, 내 율법을 들으며, 내 입의 말을 귀담아들으라.

1) 기 2) 이는 나의 잘못이라 3) 마스길

2 내가 비유로 말하고, 숨겨진 옛 비밀을 드러내려고 한다.

3 그것은 이미 우리가 들어서 아는 것이며, 우리의 조상들이 우리에게 전해 준 것이다.

4 우리는 여호와의 영예와 그의 능력과 그가 행하신 놀라운 일을 숨기지 않고 자손들에게 전해 줄 것이다.

5 여호와께서 야곱에게 증거를 세우시고, 이스라엘에게 율법, 곧 법도를 두셔서 우리 조상들에게 "자손에게 잘 가르치라"고 명령하셨다.

6 이는 그들로 다음 세대에 태어날 자손에게도 알게 하고, 그다음 대대손손에 걸쳐 전하게 하셨다. 그래서

7 그들로 하나님께 소망을 두고, 그분이 행하신 일을 잊지 말며, 오직 그의 계명을 지키게 하셨다.

8 이는 조상들처럼 고집이 세고 패역한 세대, 마음이 정직하지 못한 세대, 심령이 하나님께 신실하지 않는 세대처럼 되지 않게 하려는 것이다.

9 북이스라엘, 곧 에브라임 자손은 무기와 활로 무장했지만 막상 전쟁 때는 돌아섰도다.

10 그들은 하나님의 언약을 지키지 않고, 그 율법 행하기를 거절하며,

11 여호와께서 행하시고 그들에게 보이신 그의 놀라운 일들을 잊었다.

12 옛날 하나님께서는 애굽 땅 소안, 곧 라암셋 들에서 놀라운 일을 그들의 조상들 앞에서 행하셨다.

13 그는 바다를 갈라 물을 무더기처럼 세우사 이스라엘을 지나가게 하시고,[1]

14 낮에는 구름으로, 밤에는 불빛으로 인도하셨다.[2]

15 광야에서 반석을 쪼개어 깊은 곳에서 솟아나는 물처럼 흡족하게 마시게 하셨다.

16 또 바위에서 시냇물을 강처럼 흐르게 하셨다.[3] 그러나

17 그들은 계속해서 하나님께 범죄하여 마른 땅, 사막에서 지극히 높으신 분을 거역했다.

18 그들은 자신의 탐욕대로 양식을 구하므로 마음속으로 하나님을 시험했다. 그래서

19 하나님을 대적하여 말했다. "하나님께서 광야에서 식탁을 베푸실 수 있겠느냐?

20 보라, 그가 반석을 쳐서 물을 내어 시내가 넘치게 하셨다. 그러나 그가 백성을 위해 과연 빵과 고기를 준비하실 수 있겠느냐?"

21 그러므로 여호와께서 원망하는 소리를 들으시고 이스라엘[4]에게 불처럼 진노하셨다.

22 이는 그들이 하나님을 믿지 않고 그분의 구원을 믿지 못했기 때문이다.

23 그러나 하나님은 하늘 공간에게 명령하여 하늘 문을 여시고,

24 그들에게 만나를 비처럼 내려 먹이셨다. 하늘 양식을 그들에게 주셨으니

25 사람이 힘센 자, 천사의 빵을 먹었으며, 하나님이 양식을 그들에게 풍성하게 주셨다.[5]

26 하나님은 하늘에서 동풍을 일으키시고, 그의 권능으로 남풍을 불러

27 먼지처럼 많은 고기를 비처럼 내리시고, 나는 새를 바다의 모래처럼 내리셨다.[6]

28 그가 그것들을 그들의 진중에 골고루 떨어지게 하시므로

---

1) 출 14:21~22, 15:8   2) 출 13:21, 40:38   3) 민 20:1~11
4) 야곱   5) 출 16:4,35   6) 출 16:13, 민 11:31

29 그들이 배부르게 먹었으니 하나님은 그들이 원하는 대로 주셨다.

30 그러나 그들의 욕심이 가라앉기 전, 그들의 입에 아직 고기가 있을 때

31 하나님께서 그들에게 노여움을 발하사 그들 중 살진[1]자와 젊은이들을 죽이셨다.[2]

32 그래도 그들은 여전히 범죄하여 그의 놀라운 일들을 믿지 않았다.

33 그래서 하나님은 그들의 생애를 헛되이 끝나게 하시고, 그들의 남은 날들을 두려움으로 보내게 하셨다.

34 하나님께서 그들을 죽이실 때 비로소 그들은 돌이켜 하나님을 간절히 찾았고,

35 영원하신 하나님께서 그들의 반석이시며, 구원자이심을 기억했다.

36 그러나 그들은 입으로만 하나님께 아첨하며 거짓을 말했다.

37 이는 하나님을 향한 그들의 마음이 떠났고, 그의 언약을 믿지 않았기 때문이다.

38 그럼에도 하나님은 긍휼하신 분이기에 그들의 죄악을 덮어주시고 진멸시키지는 않으셨다. 하나님께서는 진노를 여러 번 돌이키사 그의 분노를 모두 쏟아내지 않고 참으셨다.

39 하나님은 그들이 육체에 불과하며, 한번 가면 다시 돌아오지 못하는 바람 같은 존재임을 기억하셨다.

40 그들이 광야에서 하나님을 거역하며, 사막에서 하나님을 슬프시게 한 것이 몇 번인가[3]

41 그들은 하나님을 계속해서 시험하며 이스라엘의 거룩하신 이를 분노케 했다.

42 그들은 하나님의 능력의 손과 대적에게서 구원하신 날을 기억하지 않았다.

43 그때 하나님은 애굽에서 그의 징표들, 소안, 곧 라암셋 들에서 그의 기적들을 보이셨다.

44 애굽의 강과 시내를 피로 변하게 하여 그들로 마실 수 없게 하셨다.[4]

45 파리 떼를 보내 애굽인들을 치게 하시고, 개구리를 보내 해치게 하셨다.[5]

46 애굽인의 곡식을 황충이 먹게 하셨고, 그들이 수고한 것을 메뚜기가 먹게 하셨다.[6]

47 애굽인의 포도나무와 돌무화과나무[7]를 큰 우박[8]으로 치셨다.[9]

48 애굽인의 가축을 우박으로, 그들의 양 떼를 불 재앙으로 치셨다.

49 또 하나님의 맹렬한 진노와 분노와 고난을 재앙의 천사들을 통해 애굽인들에게 내려 보내셨다.

50 하나님은 진노의 길을 평평하게 닦으사 애굽인들이 죽음을 당하게 하시고, 그들의 생명을 전염병에 넘기셨다.

51 애굽에서 모든 장자, 곧 함의 장막에 있는 기력의 시작인 장자를 치셨다.[10]

52 그러나 하나님은 자기 백성을 양처럼 애굽에서 이끌어내시고, 광야에서 양 떼처럼 인도하셨다.

53 자기 백성을 안전히 인도하시니 이스라엘은 두려워하지 않았다. 그러나 그들의 원수인 애굽 사람은 바다가 덮어 버렸다.[11]

54 하나님은 이스라엘을 성소의 영역, 곧 그의 오른손으로 만드신 시온산으로 인도하셨다.

1) 강한   2) 민 11:33~34   3) 민 14:22   4) 출 7:17~24
5) 출 8:2~14, 8:20~32   6) 출 10:1~20   7) 뽕나무   8) 서리   9) 출 9:13~26   10) 출 12:29~30   11) 출 14:26~31

55 가나안 지역의 족속¹⁾들을 그들이 보는 앞에서 쫓아내시고, 줄로 재어 약속한 땅을 그들의 소유대로 나누어주사 이스라엘 지파들이 그들의 장막에서 살게 하셨다.²⁾

56 그럼에도 이스라엘은 지극히 높으신 하나님을 시험하고 거역하여 그의 명령을 지키지 않았다.

57 이스라엘은 그들의 조상들처럼 하나님을 배신하고, 거짓을 행하여 늘어난³⁾ 활처럼 어긋난 길로 갔다.

58 자기들이 만든 산당들에 제사를 드림으로 하나님의 노여움을 샀고, 조각한 우상들을 만들어 하나님을 진노케 했다.

59 이에 하나님께서 들으시고 진노하여 이스라엘을 크게 미워하셨다. 그리하여

60 사람과 함께하시기 위해 세우신 실로의 성막을 떠나셨다.

61 그가 그의 언약궤⁴⁾를 포로와 함께 넘겨주시며, 그의 아름다운 것을 대적의 손에 넘기셨다.⁵⁾

62 하나님은 자신의 소유에 분노를 쏟으사 자기의 백성을 칼에 넘기셨으니

63 그들의 청년은 불에 살라지고, 그들의 처녀들은 혼인 노래를 들을 수 없었다.

64 그들의 제사장들은 칼에 쓰러지고, 그들의 과부들은 애곡조차 하지 못했다.

65 마침내 주께서 잠에서 깨어난 것처럼 깨어나시고, 포도주 때문에 마시고 외치는 용사처럼 일어나셨다. 그래서

66 그의 대적들을 물리치사 그들을 영원히 비난 받도록 하셨다.

67 또 요셉의 장막을 거절하시고, 에브라임 지파를 선택하지 않으셨다.

68 오직 유다 지파와 그가 사랑하시는 시온산을 선택하셨다.

69 그의 성소를 높은 산처럼, 영원히 기초를 놓은 땅처럼 지으셨다.

70 또 그의 종 다윗을 양의 우리에서 선택하사

71 새끼를 둔 어미 양을 치던 그를 데려다가 그의 백성인 야곱과 그의 소유인 이스라엘을 치게 하셨다.⁶⁾

72 이에 다윗은 그들을 한결같은 마음으로 치고, 그의 슬기로운 손으로 그들을 인도했다.

아삽의 시

79

● 하나님이여, 이방 나라들이 주의 산업의 땅에 들어와서 당신의 성전을 더럽히고, 예루살렘을 돌무더기로 만들었습니다.

2 그들은 주의 종들의 시체를 공중의 새에게 밥으로 주고, 주의 경건한 자들의 육체를 땅의 짐승에게 주며,

3 그들의 피를 예루살렘 사방에 물처럼 흘렸으나 그들을 매장하는 자가 없었습니다.

4 우리는 우리 이웃에게 비방거리가 되며, 주변 사람들에게 조롱거리와 놀림감이 되었습니다.

5 여호와여, 어느 때까지 영원히 분노하시는 것입니까? 언제까지 당신의 질투가 불길처럼 타오르겠습니까?

6 그 분노는 주를 알지 못하는 이방 민족들과 당신의 이름을 부르지 않는 나라들에게 쏟으십시오.

7 그들은 이스라엘⁷⁾을 삼키고, 그의 거처를 황폐하게 만들었기 때문입니다.

8 우리 이전 조상의 죄악을 기억하지 마시고, 주의 긍휼하심으로 우리를 속히 영접하여 주십시오. 우리가

1) 나라 2) 수 15~19장 3) 속이는 4) 능력 5) 상상 4:21~22 6) 대상 17:7 7) 야곱

참으로 비천하게 되었습니다.

9 우리의 구원자이신 하나님이여, 당신의 영광스러운 이름을 위해 우리를 도우시고, 당신의 이름을 증거하기 위해 우리를 건지시며, 우리의 죄를 용서하십시오.

10 어찌하여 이방 나라들이 "그들의 하나님은 어디 있느냐?"라는 비웃음을 그대로 두십니까? 주의 종들이 흘린 피는 갚아 주신다는 것을 우리 앞에서 이방 나라에게 보여 주십시오.

11 갇힌 자의 탄식을 주께서 들어주시고, 죽이기로 정해진 자라도 당신의 크신 능력으로 살려주십시오.

12 주여, 우리 이웃이 당신을 비난한 그 비난을 그들에게 7배나 갚아 주십시오.

13 우리는 주의 백성이며, 당신 목장의 양입니다. 우리는 영원히 당신께 감사하며, 당신의 영예를 대대로 전할 것입니다.

아삽의 시, 인도자를 따라 소산님에듯에 맞춘 노래

80 ● 요셉을 양처럼 인도하시는 이스라엘의 목자여, 귀담아들어 주십시오. 두 날개 달린 생물인 그룹 사이에 앉아 계신 이여, 나타나 주십시오.

2 에브라임과 베냐민과 므낫세 앞에서 주의 권능을 보이사 우리를 구원하러 오십시오.

3 하나님이여, 우리를 회복시키시고, 구원을 얻도록 주의 얼굴빛을 비춰 주십시오.

4 만군의 하나님이여, 당신 백성의 기도에 대해 어느 때까지 분노하시겠습니까?

5 주께서 그들에게 눈물의 빵을 먹이시고, 많은 눈물을 마시게 하셨습니다.

6 우리를 이웃에게 분쟁거리가 되게 하시니 우리 원수들이 서로 비웃습니다.

7 만군의 하나님이여, 우리를 회복하시고, 우리가 구원을 얻도록 당신의 얼굴의 광채를 비춰 주십시오.

8 주께서는 한 포도나무인 이스라엘을 애굽에서 뽑아다가 이 약속의 땅에 있는 민족들을 쫓아내시고 그 자리에 그것1)을 심으셨습니다.

9 주께서 미리 이 땅을 가꾸어 놓으셨기 때문에 그 포도나무 뿌리가 깊이 박혀 땅에 가득했습니다.

10 그 포도나무 그늘이 산들을 가리고, 그 가지는 하나님2)의 백향목 같으며,

11 그 가지가 지중해 바다까지 뻗고 넝쿨이 유프라테스강까지 미쳤습니다.

12 그런데 어찌하여 주께서는 그 담을 헐어버려 길을 지나가는 모든 사람이 포도 열매인 이스라엘을 약탈하도록 하셨습니까?

13 숲속의 멧돼지들과 들짐승들이 그 열매를 먹어치우게 하십니까?

14 만군의 하나님께 간구하오니 돌아오십시오. 하늘에서 살펴보시고 이 포도나무인 이스라엘을 지켜 주십시오.

15 이것은 주의 오른손으로 심으신 줄기이며, 주를 위해 굳세게 하신 가지3)입니다.

16 이제 이 포도나무가 잘려 불에 탔으니 주의 꾸지람으로 인해 멸망할 것입니다.

17 주의 오른쪽에 있는 자, 곧 당신을 위해 힘있게 하신 인자에게 당신의 손을 얹으십시오.

18 그러면 우리가 주를 떠나지 않으

1) 이스라엘 2) 아름다운 3) 아들

리니 우리를 살려 주셔서 당신의 이름을 부르게 해주십시오.

19 만군의 여호와여, 우리를 회복시켜 주시고, 우리가 구원을 얻도록 당신의 얼굴의 광채를 우리에게 비춰 주십시오.

아삽의 시,
인도자에 따라 깃딧에 맞춘 노래

81

1 우리의 힘이 되시는 하나님께 기뻐 노래하며, 야곱의 하나님께 즐거이 외치라.

2 찬양하며[1], 작은 북[2]을 치고, 아름다운 수금과 함께 비파를 연주하라.

3 매월 첫날과 우리의 명절인 보름에 나팔을 불라.

4 이것은 이스라엘이 지켜야 할 규례이며, 야곱의 하나님께서 정한 규례이다.

5 하나님께서 애굽 땅을 치실 때 그것을 요셉의 족속에게 증거로 세우셨다. 나는 그곳에서 이해하지 못하던 말씀을 들었다.

6 주께서 이렇게 말씀하셨다. "내가 그의 어깨에서 짐을 벗기고, 그의 손에서 광주리를 내려놓게 했다.

7 네가 고난 중에 부르짖을 때 내가 너를 구해 내었고, 천둥소리의 은밀한 곳에서 네게 응답했으며, 므리바 물가에서 너를 시험했도다.(셀라)

8 그러므로 내 백성은 들으라, 내가 네게 경고한다. 이스라엘이 내 말을 듣기 원한다.

수금(시 81:2)

거문고의 한 종류로 히브리인들이 처음 사용한 현악기로 전해진다. 음색이 밝아 주로 오락이나 축제나 기쁠 때 연주되었다(창 31:27). 다윗이 연주한 수금은 이 악기와 같은 일종의 킨노르(kinnor)였다. 그것은 성경에 최초로 언급된 악기였다(창 4:21).

9 '너희 가운데 다른 신을 두지 말며, 이방 신에게 절하지 말라.

10 나는 너를 애굽 땅에서 이끌어낸 여호와 네 하나님이니 네 입을 크게 벌리라. 그러면 내가 채울 것이다.' 그러나

11 내 백성은 내 경고 소리를 무시했으며, 이스라엘은 내게 순종하지 않았다.

12 그러므로 내가 그들의 마음을 고집대로 내버려두어 그들로 자기 마음대로 행하게 했다.

13 그러니 내 백성아, 이제는 내 말을 들으라. 이스라엘아, 내 길을 따르라.

14 그러면 내가 너희 원수를 신속히 쳐부수고, 내 손으로 너희의 대적들을 칠 것이다.

15 여호와를 미워하는 자들은 내 앞에서 복종하는 척해도 그들에게는 형벌이 영원히 계속될 것이다.

16 그러나 내 백성들에게는 기름진 밀을 먹게 하고, 반석에서 따낸 꿀로 너를 흡족하게 할 것이다."

아삽의 시

82

1 하나님은 하늘[3]의 모임 가운데 회의를 진행하시며, 재판관들에게 말씀하신다.

2 "너희가 언제까지 공정하지 못한 재판을 하며, 언제까지 악인을 변호[4]하겠느냐?(셀라)

3 가난한 자와 고아의 권리를 옹호하고, 고통당하는 자와 궁핍한 자에게 공정하게 재판하라.

4 가난한 자와 궁핍한 자를 악인들의 손에서 건져내라.

5 그들은 분별력이 없고, 깨닫지도 못하여 어둠 속을 헤매고 다니니 세상이 온통 흔들릴 수밖에 없다.

1) 시를 읊으며 2) 소고 3) 신 4) 낯 보기

6 내가 '너희는 신들이며, 다 영원하신 자의 아들들이라'고 말했다.

7 그러나 너희는 사람처럼 죽으며, 통치자인 고관의 하나처럼 쓰러질 것이다."

8 하나님이여, 일어나사 세상을 심판하십시오. 세상의 모든 나라가 주의 것입니다.

아삽의 시, 곧 노래

83

1 ● 하나님이여, 침묵하지 마시고 더 이상 잠잠히 계시지 마십시오.

2 보십시오, 주의 원수들이 소란을 피우고 당신을 미워하는 자들이 머리를 치켜듭니다.

3 그들은 주의 백성을 치려고 음모를 꾸미고, 당신께서 보호하시는 자를 해치기 위해 서로 모의하여

4 말합니다. "가서 그들을 멸하여 다시는 나라가 일어나지 못하게 하여 이스라엘의 이름마저도 기억하지 못하게 하자."

5 그들은 함께 주를 대적할 음모를 꾸미고 서로 동맹을 맺었습니다.

6 동맹한 자들은 에돔 사람, 곧 에돔 장막 이스마엘인, 모압과 하갈인,

7 그발 사람, 암몬족과 아말렉족, 블레셋과 두로 사람이고,

8 앗수르도 그들과 연합하여 롯의 후손을 도왔습니다.(셀라)

9 주는 미디안족에게 행하신 것처럼, 기손시내[1]에서 시스라와 야빈에게 행하신 것처럼 그들에게도 행하십시오.[2]

10 그들은 엔돌에서 패망하여 땅에 묻혀 거름이 되었습니다.

11 그들의 귀인들은 오렙과 스엡 같게 하시고, 그들의 모든 통치자는 세바와 살문나 같게 하십시오.[3]

12 그들은 "우리가 하나님의 목장을 우리의 소유로 취하자"라고 말한 자들입니다.

13 그러니 나의 하나님이여, 그들을 바람에 날아가는 잡초와 지푸라기 같게 하십시오.

14 불이 삼림을 태우고, 화염이 산을 태우듯

15 주께서 광풍으로 그들을 쫓으시고, 폭풍으로 그들을 두렵게 하십시오.

16 여호와여, 그들이 얼굴을 들지 못할 정도로 수치를 당하게 하여 그들이 당신의 이름을 찾지 않으면 안 되게 하십시오.

17 그들이 수치로 인해 항상 두렵게 하시고, 치욕 가운데 멸망을 당하게 하시고,

18 '여호와'라고 이름하신 주만이 온 세상에서 지극히 높으신 분임을 알게 하십시오.

고라 자손의 시, 인도자를 따라 깃딧에 맞춘 노래

84

1 ● 만군의 여호와여, 당신이 계신 곳이 얼마나 사랑스러운지요!

2 내 영혼이 여호와의 성전 뜰[4]을 너무 사모한 나머지 쇠약해질 정도입니다. 내 마음과 몸이 살아계시는 하나님께 부르짖습니다.

3 나의 왕, 나의 하나님, 만군의 여호와여, 당신의 제단에서는 참새도 보금자리를 얻고, 제비도 새끼를 둘 보금자리를 얻었습니다.

4 주의 집에 사는 자들은 복이 있으니 그들은 영원토록 당신을 찬양합니다.(셀라)

5 주님께 힘을 얻고 그 마음에 시온으로 가는 큰 길이 있는 자는 복이 있습니다.

1) 강 2) 삿 7-8장, 4:13-24 3) 삿 7:24-25, 삿 8:18-21 4) 궁정

6 그들이 눈물¹⁾골짜기로 지나갈 때 그곳은 많은 샘이 있으며, 가을에 내리는 이른 비가 복을 채워 줄 것입니다.
7 그들은 힘을 얻고 더 얻어 나아가 시온에서 각각 하나님을 만나게 될 것입니다.
8 만군의 하나님이여, 내 기도를 들으소서. 야곱의 하나님이여, 내 간구를 귀담아들어 주십시오.(셀라)
9 우리의 방패가 되신 하나님이여, 당신께서 기름 부으신 자, 왕을 보살펴 주십시오.
10 주의 성전 뜰에서 하루는 다른 곳에서의 천날보다 나으니, 악인의 거처에 사는 것보다 내 하나님의 성전 문지기로 있는 것이 좋습니다.
11 여호와는 태양이시며, 방패가 되십니다. 여호와께서는 은혜와 영광을 주시며, 바르게 살아가는 자에게 좋은 것을 아낌없이 주실 것입니다.
12 만군의 여호와여, 당신을 신뢰하는 자는 행복합니다.

고라 자손의 시,
인도자를 따라 부르는 노래

85 ● 여호와여, 주께서 당신의 땅에 은혜를 베푸셔서 야곱의 포로 된 자들을 돌아오게 하셨습니다. 또한
2 주의 백성의 죄악을 용서하시고 그들의 모든 죄를 덮어 주셨습니다.(셀라)
3 주의 모든 분노를 거두셨습니다.
4 우리 구원의 하나님이여, 우리를 회복시키시고, 우리에게 품으신 당신의 진노를 거두어 주십시오.
5 주께서 우리에게 영원히 분노하시겠습니까?
6 주께서 우리를 다시 살리셔서 당신의 백성이 당신을 기쁘게 하도록

하지 않으시겠습니까?
7 여호와여, 당신의 변함없는 사랑을 우리에게 보여주시고, 당신의 구원을 우리에게 베풀어 주십시오.
8 나는 하나님께서 하시는 어떤 말씀도 들을 것이니 무릇 그의 백성, 성도들에게 평화를 말씀하십니다. 그들을 다시 어리석은 자²⁾로 돌아가지 않도록 해주십시오.
9 참으로 주의 구원은 당신을 두려움으로 섬기는 자에게 가까이 있으니 당신의 영광이 우리 땅에 머물 것입니다.
10 사랑과 진리가 같이 만나고, 의와 화평이 서로 입맞춥니다.
11 진리는 땅에서 싹트고, 의는 하늘에서 내려다봅니다.
12 여호와께서 복을 주시리니 우리 땅이 그 소출을 낼 것입니다.
13 의가 주 앞에 가며, 주께서 가실 길을 닦을 것입니다.

다윗의 기도

86 ● 여호와여, 귀를 기울여 내게 응답하십시오. 나는 약하고³⁾ 궁핍합니다.
2 내가 하나님께 헌신하오니 내 생명을 지켜 주십시오. 나의 하나님이여, 당신만을 의지하는 종을 구원하십시오.
3 내가 종일 주께 부르짖으니 내게 은혜를 베푸십시오.
4 주여, 내 영혼이 당신을 바라보니 내게 기쁨을 주십시오.
5 주는 선하시기에 죄를 용서해 주는 것을 즐거워하시며, 당신께 부르짖는 자에게 크신 자비를 베푸십니다.
6 여호와여, 나의 기도와 간구하는

1) 바카　2) 데　3) 가난하고

소리를 귀담아들어 주십시오.

7 내가 환난 날에 주께 부르짖으면 당신께서는 내게 응답하실 것입니다.

8 신들 가운데 당신과 같은 이가 없으시며, 당신이 행하신 일과 같은 일도 없습니다.

9 주께서 만드신 모든 민족이 와서 당신께 경배하며, 그 이름에 영광을 돌릴 것입니다.

10 무릇 주는 위대하시기에 놀라운 일들을 행하시니 그것은 당신만이 하나님이시기 때문입니다.

11-12 여호와여, 당신의 길을 내게 가르치십시오. 내가 당신의 진리대로 따르며, 한마음으로 당신의 이름을 찬양하고, 영원토록 그 이름에 영광을 돌리겠습니다.

13 이는 내게 베푼 주의 자비하심이 커서 내 생명을 깊은 무덤인 스올에서 건지셨기 때문입니다.

14 하나님이여, 오만한 자들이 일어나 나를 치고, 포악한 자들이 나를 죽이려고 내 영혼을 찾았사오며, 그들은 주를 안중에도 두지 않습니다.

15 그러나 주는 자비롭고, 은혜로우며, 오래 참으시고, 사랑과 진실이 크신 하나님이십니다.

16 나를 돌보시고 내게 은혜를 베풀어 주십시오. 당신의 종에게 힘을 주시고, 당신의 여종의 아들을 구원해 주십시오.

17 주의 은총의 증거를 내게 보이십시오. 그러면 나를 미워하는 자들이 보고 부끄러워할 것입니다. 여호와는 나를 돕고 위로하셨습니다.

고라 자손의 시, 곧 노래

87 ● 거룩한 산에 여호와의 터전이 있음이여,

2 여호와께서 야곱의 모든 거처 가운데서 예루살렘, 곧 시온의 문들을 사랑하신다.

3 하나님의 성이여, 너를 가리켜 영광스럽다고 말한다.(셀라)

4 하나님께서 말씀하신다. "나는 애굽 라합과 바벨론이 나를 아는 자 가운데 있다. 보라, 블레셋과 두로와 구스여, 이것들도 그곳 시온 출신이다."

5 사람들은 시온에 대해 "이 사람 저 사람이 모두 시온 출신이다"라고 말하리니 영원하신 자가 친히 시온을 세울 것이다.

6 여호와께서 민족들을 기록하실 때는 그 수를 세며 말씀하실 것이다. "이 사람이 시온 출신이다."(셀라)

7 노래하는 자와 뛰어노는 자들이 말한다. "내 모든 근원이 시온에게 있다."

고라 자손의 찬양시,
곧 헤만의 교훈, 인도자를 따라
'병의 노래'에 맞춘 노래

88 ● 나의 구원이 되신 하나님이여, 내가 밤낮으로 당신께 부르짖습니다.

2 내 기도가 당신께 이르게 하시며, 내 울부짖음을 귀담아들어 주십시오.

3 내 영혼이 고통에 시달려 죽을 지경에 이르렀습니다.

4 나는 무덤에 내려가는 자처럼 되었고, 힘 없는 용사와 같으며,

5 죽은 자들 사이에 내던져져 살해당해 무덤에 누운 자처럼 되었습니다. 주께서는 더 이상 그들을 기억하지 않으시니 그들은 당신에게서 끊어진 자가 되었습니다.

6 주께서 나를 깊은 웅덩이와 밑바닥의 어둔 곳에 두셨습니다.

7 주의 노여움이 나를 짓누르고, 당신의 모든 파도로 나를 덮어 괴롭게 하셨습니다.(셀라)

8 주께서는 나를 내가 아는 자들, 곧 친척들에게서 멀리 떠나게 하시고, 그들이 보기에 나를 보기 싫은 자, 가증한 것이 되게 하셨으니 나는 갇혀 빠져나가지 못합니다.

9 내 눈이 괴로움 때문에 흐려졌습니다. 여호와여, 내가 매일같이 당신을 부르며 당신을 향해 두 손을 들어 간구했습니다.

10 주께서 죽은 자에게 놀라운 일을 보이시겠습니까? 어떻게 죽은 유령들이 일어나 당신을 찬양하겠습니까!(셀라)

11 어떻게 무덤에서 주의 사랑을 선포하며, 멸망 가운데서 당신의 성실하심을 선포할 수 있겠습니까?

12 어둠 가운데서는 주의 기적이 알려질 수 없고, 망각의 땅에서는 주의 공의를 알 수 없습니다.

13 여호와여, 오직 나는 당신께 도움을 청하니 아침마다 당신께 기도할 것입니다.

14 여호와여, 왜 나를 거절하시며, 당신의 얼굴이 나를 피하십니까?

15 내가 어릴 때부터 심한 고난을 겪었고, 당신께서 두렵게 하시므로 당신이 무서워 앞이 캄캄합니다.

16 주의 노여움이 나를 덮치고, 당신의 두려움에 내가 죽을 것 같습니다.

풍습

고대 히브리인의 무덤(시 88:11)

팔레스틴 지역에서 고대의 무덤은 자연적인 동굴이나 인공적으로 만든 동굴을 사용했다. 히브리인들은 죽은 자와 접촉하면 부정하게 된다는 의식이 있었기 때문에 무덤은 도시나 촌락의 밖에 위치했다. 그러나 중요한 인물들의 경우는 도시 안에 매장을 하기도 했다. 그리고 동굴 무덤은 대개 가족의 공동묘지로 사용되었다. 아브라함을 비롯한 족장들은 막벨라굴에 매장되었고, 기드온(삿 8:32), 삼손(삿 16:31), 아사헬(삼하 2:32) 등은 아버지 묘실에 장사되었다.

17 이런 두려운 일이 홍수처럼 온종일 나를 에워쌌습니다.

18 주는 사랑하는 자와 이웃, 친구들이 나를 멀리 떠나게 하시며, 내 친척들을 어둔 곳에 두셨습니다.

에스라인 에단의 교훈[1]

89

● 나는 여호와의 사랑을 영원히 노래하며, 당신의 신실하심을 영원히 알릴 것입니다.

2 내가 말했습니다. "사랑하심을 영원히 세우시며, 주의 신실하심을 하늘에서 견고히 세우실 것입니다."

3 주께서 말씀하셨습니다. "나는 내가 선택한 자와 언약을 맺으며, 내 종 다윗에게

4 '내가 네 자손을 영원히 견고히 세우고, 네 왕위를 대대로 잇게 할 것이다'라고 맹세하셨습니다."(셀라)

5 여호와여, 하늘이 주의 놀라운 일을 찬양하고, 주의 성실하심을 거룩한 자들의 모임 가운데서 찬양합니다.

6 무릇 구름 위에서 여호와와 비교할 자가 누구이며, 신들 가운데 여호와와 같은 자가 누가 있습니까?

7 하나님은 거룩한 자의 모임과 그 주위에 둘러 있는 자들 가운데서 심히 두려워해야 할 분이십니다.

8 세상 모든 민족의 하나님이여, 당신처럼 능력 있는 자가 어디 있습니까? 여호와여, 당신의 신실하심이 당신을 둘렀습니다.

9 주께서는 파도치는 바다를 다스리시며, 파도가 일어날 때 잔잔하게 하십니다.

10 주께서 라합 애굽을 죽임당한 자처럼 깨뜨리시고, 그 능력의 팔로 당신의 원수들을 흩으셨습니다.

11 하늘과 땅이 주의 것입니다. 당신

1) 마스길

께서 세계와 그 안에 충만한 것을 지으셨습니다.

12 주께서 남북을 창조하셨으니 다볼 산과 헤르몬산이 당신의 이름으로 인해 기뻐합니다.

13 주의 팔에는 능력이 있으시고, 당신의 손에는 힘이 있으시며, 당신의 오른손은 높습니다.

14 의와 정의가 주의 보좌의 기초이며, 자비함과 진리가 당신 앞에 있습니다.

15 여호와여, 축제의 환호성을 아는 백성은 복이 있습니다. 그들은 주의 빛난 얼굴을 보면서 살아갈 것입니다.

16 그들은 종일 주의 이름을 기뻐하며 주의 의로움으로 인해 높아지니,

17 주는 그들에게 영광스러운 힘이 되십니다. 주의 은총으로 우리의 힘¹⁾이 높아집니다.

18 그것은 여호와께서 우리의 방패가 되시고, 우리의 왕이 이스라엘의 거룩하신 분이기 때문입니다.

19 그때 주께서 환상 가운데 주의 경건한 자들에게 말씀하셨습니다. "내가 능력 있는 용사를 도와주고, 백성 가운데서 선택 받은 자를 높였으니

20 바로 내 종 다윗을 찾아내어 내 거룩한 기름을 그에게 부었다.²⁾

21 내 손이 그를 굳게 붙들어 주고, 내 팔이 그를 강하게 할 것이다.

22 원수가 그를 억압하지 못하고, 악한 자가 그를 괴롭게 하지 못할 것이다.

23 내가 그의 대적들을 그가 보는 앞에서 진멸하며, 그를 미워하는 자들을 쳐부술 것이다.

24 내 신실함과 자비함이 그와 함께 하리니 내 이름으로 인해 그가 승리할 것이다.³⁾

25 또 내가 그의 통치⁴⁾를 바다까지 이르게 하고, 오른손을 유프라테스 강까지 이르게 할 것이다.⁵⁾

26 그는 나를 향해 '주는 나의 아버지시며, 나의 하나님이시며, 나의 구원의 바위시라'고 부를 것이다.

27 또 내가 그를 장자로 삼아 세상 왕들에게 지극히 존귀한 자가 되게 하고,

28 그를 위해 내 자비함을 영원히 지키며, 그와 맺은 내 언약을 굳게 세울 것이다.

29 그의 자손을 대대에 이르게 하여 그의 왕위를 하늘의 날만큼 둘 것이다.

30·31 만일 그의 자손이 내 법을 버리고, 율례를 깨뜨리며, 내 계명과 규례대로 지켜 행하지 않으면

32 내가 막대기로 그들의 죄를 다스리며, 채찍으로 그들의 죄악을 벌할 것이다.⁶⁾

33 그러나 내 자비함을 그에게서 다 거두지 않고, 내 신실함도 폐하지 않으며,

34 내 언약을 파기하지 않고 내가 한 말은 변하지 않을 것이다.

35 내가 내 거룩함으로 한번 맹세했으니 다윗에게 반드시 지킬 것이다.

36 그의 자손은 영원토록 이어지고, 그의 왕위는 해처럼 항상 내 앞에 있을 것이다.

37 또 하늘 공간의 확실한 증인인 달처럼 영원히 견고하게 설 것이다."(셀라)

38 그러나 주께서 기름을 부어 세우신 자에게 분노하여 거절하고 버리셨습니다.

---

1) 뿔 2) 삼상 16:11-13 3) 그의 뿔이 높아질 것이다
4) 손 5) 왕상 4:21 6) 삼하 7:14

39 주의 종과 맺은 언약을 거절하여 그의 왕관을 땅에 던져 욕되게 하셨습니다.

40 그의 모든 성벽[1]을 헐어 버리시고, 그 요새를 파괴하셨습니다.

41 그래서 그곳을 지나는 자들에게 약탈을 당하며, 그의 이웃에게 욕을 당했습니다.

42 주께서는 그의 대적들의 오른손을 높이 들어 주셔서 모든 원수를 기쁘게 하셨습니다.

43 그러나 기름 부어 세우신 자의 칼날은 무디게 하여 그가 전장에서 일어나지 못하게 하셨습니다.

44 그의 영광을 끝나게 하시고, 그의 보좌를 땅에 던지셨습니다.

45 그의 젊은 날을 짧게 하시고, 그를 부끄러움으로 덮으셨습니다.(셀라)

46 여호와여, 언제까지 자신을 영원히 숨기시겠습니까? 당신의 분노를 언제까지 불처럼 태우시겠습니까?

47 내가 살아갈 날이 얼마 남지 않은 것을 기억하십시오. 무엇 때문에 주께서 모든 사람을 그렇게 헛되게 창조하셨습니까?

48 그 누가 죽음을 보지 않고 살 사람이 있으며, 누가 자기의 목숨을 무덤인 스올의 권세에서 건질 수 있겠습니까?(셀라)

49 주여, 당신의 신실하심으로 다윗에게 맹세하신 이전의 자비하심은 어디에 있습니까?

50 주는 당신의 종들이 받은 비난을 기억하십시오. 많은 민족의 비난이 내 가슴 속에 있습니다.

51 여호와여, 이 비난은 당신의 원수들이 당신께서 기름을 부은 자의 행동을 비난한 것입니다.

52 여호와를 영원히 찬송하라. 아멘, 아멘.

[제4권]
하나님의 사람 모세가 올린 기도

90 ● 주여, 주는 대대에 걸쳐 우리의 거주지가 되셨습니다.

2 주께서 산과 땅과 세계를 창조하시기 전, 곧 영원부터 영원까지 주는 하나님이십니다.

3 주께서 사람을 먼지로 돌아가게 하시고 "너희 인생들은 돌아가라"고 말씀하셨으니

4 주 앞에는 천 년이 지나간 어제 같고, 밤의 한순간 같을 뿐입니다.

5 주께서 그들을 홍수처럼 쓸어 가시면 그들은 잠깐 자는 것 같으며, 아침에 돋는 풀과 같을 것입니다.

6 풀은 아침에 꽃이 피어 자라다가 저녁이 되면 시들어 마릅니다.

7 우리는 주의 분노에 소멸되며 놀랄 뿐입니다.

8 주께서 우리의 죄악을 주 앞에 펼치시고, 우리의 은밀한 죄까지도 주의 얼굴빛 가운데에 두셨기에

9 우리의 모든 날은 주의 분노 가운데 지나가며, 우리의 일평생이 순식간에 다 지나갑니다.

10 우리의 수명은 70년이요, 건강하여 80년을 산다고 해도 그 수명의 자랑은 수고와 슬픔뿐이며, 날아가는 것처럼 빠르게 지나갑니다.

11 누가 주의 분노의 능력과 두려움을 알 수 있겠습니까?

12 그러니 우리에게 우리 날이 얼마나 남았는지 계수함을 알려주사 지혜로운 마음을 갖게 하십시오.

13 여호와여, 언제까지 그대로 계시겠습니까? 주의 종들을 불쌍히 여기십시오.

14 아침에 주의 자비로 우리를 만족하게 하사 일평생 우리로 즐겁고

1) 울타리

기쁨을 갖게 하십시오.

15 우리를 괴롭게 하신 날수와 고통을 당한 햇수만큼 기쁘게 하십시오.

16 주의 종들에게 행한 일을 나타내시며, 그들의 자손에게 주의 영광을 나타내십시오.

17 주 우리 하나님이여, 우리에게 은총을 베푸사 우리 손이 행한 일을 견고하게 하시고 견고하게 하십시오.

91

지극히 높은 자의 비밀스러운 곳에 살며 전능하신 분의 그늘에서 지내는 자여,

2 나는 여호와께 이렇게 고백했다. "그는 나의 피난처이시며, 요새이시며, 내가 의지하는 하나님이시다."

3 그가 너희를 새를 잡는 사냥꾼의 덫에서 구하시고, 죽을 전염병에서 너를 건지실 것이다.

4 여호와께서 너를 그의 날개 깃털로 덮으시리니 너는 그의 날개 아래로 피할 것이다. 그의 진리는 큰 방패와 손 방패가 되시기 때문에

5 너는 밤의 두려움과 낮에 날아오는 화살과

6 흑암에 번지는 전염병과 대낮에 덮치는 재앙을 두려워하지 않을 것이다.

7 1,000명이 네 왼쪽에서, 1만 명이 네 오른쪽에서 쓰러져도 네게는 그 재앙이 다가오지 못할 것이다.

8 오직 너는 악인들이 받는 벌을 확실히 볼 것이다.

9 그때 너는 "여호와는 나의 피난처이시다"라고 말할 것이다. 너는 지극히 높은 분을 네 거처로 삼았기 때문에

10 화가 네게 미치지 못하고, 어떤 재앙도 네 장막에 다가오지 못할 것이다.

11 여호와는 너를 위해 그의 천사들

에게 명령하여 네가 어디로 가든지 너를 지키게 하실 것이다.

12 그 천사들이 그들의 손으로 너를 붙잡아 발이 돌에 걸려 넘어지지 않도록 할 것이다.[1]

13 너는 사자와 독사를 밟으며, 젊은 사자와 뱀을 발로 밟을 것이다.

14 하나님께서 말씀하신다. "그가 나를 사랑하기에 내가 그를 건져 줄 것이다. 그가 내 이름을 알기에 내가 그를 높여 줄 것이다.

15 그가 나에게 간구할 때 내가 그에게 대답하며, 그들이 환난을 당할 때 내가 그와 함께 있어 그를 구하고 존귀하게 할 것이다.

16 내가 그를 장수하게 하며, 나의 구원을 그에게 보여줄 것이다."

안식일의 찬양시

92

1-3 ● 영원하신 여호와께 감사하며, 그분의 이름을 찬양하고, 아침마다 그분의 자비하심을 전하며, 밤마다 주의 성실하심을 10줄 비파와 수금으로 연주하며 전하는 것이 좋습니다.

4 여호와여, 당신께서 행하신 일로 나를 기쁘게 하셨으니 그 일로 인해 내가 높이 외칩니다.

5 주께서 행하신 일이 참으로 위대하십니다. 당신의 생각은 너무나도 깊으시니

6 그것을 우둔한 자가 알지 못하며, 어리석은 자도 깨닫지 못합니다.

7 악인들은 잡초처럼 자라고, 꽃처럼 피어나도 결국에는 영원히 망할 것입니다.

8 여호와여, 당신은 영원토록 높은 곳에 계십니다.

9 여호와여, 당신의 원수들은 반드시 패망하리니 악행하는 자들은

1) 마 4:6

모두 흩어질 것입니다.

10 그러나 주께서는 나를 들소의 뿔처럼 강하게 하시고, 내게 신선한 기름을 부으셨습니다.

11 나를 엿보던 원수들이 패하는 것을 보게 하시고, 나를 해치는 자들이 넘어지는 소리를 내 귀로 듣게 하십니다.

12 의인은 종려나무처럼 번성하며, 레바논의 백향목처럼 자랄 것이다.

13 의인은 여호와의 집에 심겼기 때문에 하나님의 뜰 안에서 번성할 것이다.

14 그는 백발이 되어도 열매를 맺으며, 생기가 넘치고, 항상 푸르를 것이다.

15 여호와는 옳으시고, 나의 바위가 되신다. 그에게는 불의가 없으시다.

93 여호와께서는 위엄으로 옷을 입으시고 세상을 다스리신다. 그는 능력으로 옷을 입으시고 띠를 두르셨기 때문에 세계도 견고히 서서 흔들리지 않는다.

2 주의 보좌는 옛적부터 굳게 섰으며, 주는 영원전부터 존재하셨습니다.

3 여호와여, 바다가 소리를 높이고, 더욱 높였으니 바다가 물결을 일으킵니다.

4 높은 곳에 계신 여호와의 능력은

Q&A 번성한 종려나무의 상징적 의미는?
(시 92:12)

성경에서 종려나무는 승리와 번영을 상징한다. 또한 성경에서 종려 나무는 신부의 모습으로(아 7:7-8), 이스라엘의 통치자들과(사 9:14), 멸망의 상징(욜 1:12)으로 사용되었다. 그리고 솔로몬 성전의 벽과 문설주와 그외의 곳에 부조로 새겨졌으며, 에스겔의 환상 중에 나타난 성전에서도 언급되고 있는데(겔 40:16) 이는 단순한 조각 이상의 신성한 뜻을 의미한다.

많은 물소리보다 크고, 바다의 큰 파도보다 강하십니다.

5 여호와여, 당신의 증거들은 매우 신실하고 당신의 집은 지극히 거룩하며 당신은 영원하십니다.

94 여호와여, 당신은 행한 대로 갚으시는 하나님이십니다. 빛을 비추어 주십시오.

2 세상을 심판하시는 주여, 일어나 오만한 자들에게 해당하는 벌을 내리십시오.

3 여호와여, 악인이 언제까지 기뻐 날뛰게 하시렵니까?

4 그들이 제멋대로 지껄이며 거만하게 말하며, 죄악을 행하는 자들이 모두 스스로 교만합니다.

5 여호와여, 그들은 당신의 소유된 백성을 짓밟고 괴롭게 하며,

6 과부와 나그네와 고아들을 죽이며

7 말합니다. "여호와는 보지 못하며, 야곱의 하나님은 관심조차 없다."

8 그러나 미련하고 무지한 자들아, 너희가 언제까지 지혜로울 수 있는지를 생각하라.

9 귀를 지으신 이가 듣지 않겠느냐? 눈을 만드신 이가 보지 않겠느냐?

10 무릇 민족을 징벌하시는 이가 책망하시지 않겠느냐? 사람에게 지식으로 가르치는 이가 지식이 부족하겠느냐?

11 여호와께서는 사람의 생각이 헛된 것임을 아신다.

12 여호와여, 당신께 징계를 받으며, 당신의 율법으로 가르침을 받는 자가 복이 있으니

13 그런 사람에게는 환난의 날을 피하게 하시고, 악인을 위해 구덩이를 팔 때까지 평안을 주시기 때문입니다.

1) 큰물

14 여호와께서는 자기의 소유된 백성을 모르는 체하지 않으신다.
15 판결은 공의를 따라 이루어지리니 마음이 바른 자는 모두 그 판결에 만족할 것이다.
16 누가 나를 위해 악을 행하는 자들을 치기 위해 일어나며, 그들과 싸울 것인가?
17 여호와께서 나를 돕지 않으셨다면 나는 이미 적막한 무덤¹⁾에 있었을 것이다.
18 여호와여, "내 발이 미끄러집니다"라고 말할 때 당신은 자비로 나를 붙들어 주셨습니다.
19 내 속에 근심이 많을 때 당신의 위로가 내게 기쁨이 되었습니다.
20 법²⁾을 구실로 삼아 괴롭히는 일³⁾을 만드는 악한 재판장이 어떻게 주와 함께할 수 있겠습니까?
21 그들은 모여 의인의 목숨을 해치려고 하며, 죄 없는 자에게 형벌을 선고하여 피를 흘리려고 합니다.
22 그러나 하나님은 나의 요새가 되시며, 내가 피할 반석이 되십니다.
23 여호와는 그들의 죄악을 그들에게로 되갚으시며, 그들의 악으로 인해 그들을 끊으리니 하나님께서 그들을 멸망시키실 것이다.

95 오라, 우리가 여호와께 노래하며, 우리의 구원의 반석이 되신 여호와께 기쁨으로 노래하자.
2 우리가 감사의 노래를 부르며 그 앞에 나아가며, 시로 즐겁게 그를 노래하자.
3 여호와는 위대하시며, 어떤 신들보다 위에 계신 위대한 왕이시다.
4 그의 손 안에 땅의 깊은 곳과 산들의 높은 곳이 있다.
5 바다와 육지도 그가 만드신 그의 것이다.

6 오라, 우리가 우리를 지으신 여호와 앞에 허리를 굽혀 경배하며 무릎을 꿇자.
7 그는 우리의 하나님이시며, 우리는 그가 기르시는 백성이다. 이는 우리가 그의 손이 돌보시는 양이기 때문이다. 그러므로 너희가 오늘 그의 음성을 듣거든
8 너희는 므리바에서와 같이, 또 광야의 맛사에서 지냈던 날과 같이 너희 마음을 완악하게 하지 말라.⁴⁾
9 그때 너희 조상들은 내가 행한 놀라운 일을 보고 나서도 나를 시험했다.
10 내가 광야 40년 동안 그 출애굽 세대로 인해 근심하여 말했다. "그들은 마음이 치우친 백성이기에 내가 인도하는 길을 알지 못했다."
11 그러므로 내가 화가 나서 "그들은 내 안식처에 들어오지 못할 것이다"라고 맹세했다.

96 1-2 ● 여호와께 새 노래로 노래하라. 온 땅이여, 여호와께 노래하라. 그의 이름을 찬양하며, 그의 구원을 날마다 전파하라.
3 그의 모든 백성 가운데 그의 영광을, 모든 민족 가운데 그의 놀라운 행적을 알리라.
4 여호와는 크시니 지극히 찬양을 받으시며, 모든 신보다 경외함을 받으심이 마땅하도다.
5 민족의 모든 신은 헛것, 곧 우상들이지만 여호와께서는 하늘을 지으셨다.
6 그분 앞에는 존귀와 위엄이 있고, 그의 처소인 성소에는 능력과 아름다움이 있다.
7 이방 나라의 족속들아, 여호와께 영광과 권능을 돌리고 또 돌리라.

1) 침묵 속　2) 율례　3) 재난　4) 출 17:1-7

8 여호와의 이름에 합당한 영광을 그에게 돌리라. 예물을 들고 그의 궁정 뜰로 들어가

9 아름답고 거룩한 옷을 입고 성소에서 여호와께 경배하라. 온 땅이여, 그 앞에서 떨지어다.

10 모든 이방 나라에 선포하라. 여호와께서 다스리시니 세상이 굳건하여 흔들리지 않는다. 그가 민족들을 공평하게 심판하신다.

11 하늘이여, 기뻐하라. 땅이여, 즐거워하라. 바다와 그 안에 있는 모든 것은 외치라.

12 밭과 그 가운데 있는 모든 것은 즐거워하라. 그때는 숲속의 나무들이 여호와 앞에서 기쁘게 노래하리니

13 여호와께서 세상을 심판하러 오실 때 그는 의와 진실함으로 백성을 심판하실 것이다.[1]

97

땅아, 여호와께서 다스리시니 즐거워하라. 수많은 섬아, 기뻐하라.

2 구름과 흑암이 그분의 주위에 있고, 의로움과 공평이 그의 보좌의 기초이다.

3 주님 앞에서 불이 나와 대적들을 사방에서 불사른다.

4 그의 번개가 세상을 비추자 땅이 떨었고,

5 땅들과 산들이 여호와 앞에서 양초처럼 녹았다.

6 하늘이 그의 공의를 선포하니 모든 민족이 그의 영광을 보았다.

7 조각한 신상을 섬기며, 허무한 것, 곧 우상으로 자랑하는 자는 모두 부끄러움을 당할 것이다. 너희 신들아, 여호와께 경배하라.

8 여호와여, 당신의 심판을 예루살렘, 곧 시온이 듣고 기뻐하며, 유다의

마을[2]들이 즐거워했습니다.

9 당신은 온 땅 위에 영원한 분이시고, 모든 신보다 위대하십니다.

10 여호와를 사랑하는 자들아, 악을 미워하라. 그가 그의 경건한 자들의 영혼을 지키사 악인의 손에서 구해 주신다.

11 의로운 자에게 빛을 비추고, 마음이 바른 자를 위해 기쁨을 내리신다.

12 의로운 자여, 너희는 여호와로 인해 기뻐하며, 그의 거룩한 이름에 감사하라.

시

98

● 새 노래로 여호와께 찬양하라. 그가 놀라운 일을 행하셨으니 그의 오른손과 거룩한 능력[3]으로 자기를 위해 구원을 베푸셨다.

2 여호와께서 그의 구원을 알리시고, 그의 공의를 세상 나라 앞에서 명백히 나타내셨다.

3 주께서 이스라엘의 집에 베푸신 자비와 성실을 기억하셨다. 그리하여 땅끝에 있는 사람들까지 모든 것이 우리 하나님의 구원을 보았다.

4 온 땅이여, 여호와께 기뻐 외치라. 큰 소리로 즐겁게 노래하며 찬양하라.

5 수금에 맞춰 여호와를 노래하라. 수금을 켜고 찬양하라.

6 나팔과 양각 나팔[4]을 불며 왕 되신 여호와 앞에 즐겁게 찬양하라.

7 바다와 그 속에 있는 것들과 세상과 그 위에 사는 자들은 모두 찬양하라.

8 여호와 앞에서 강물[5]은 손뼉을 치고, 산들도 함께 기뻐 노래하라.

9 이는 그가 땅과 세상을 심판하러 오실 것이기 때문이다. 그가 공의로

1) 대상 16:23~33 2) 딸 3) 팔 4) 호각 5) 큰물

세상을 심판하시고, 그의 백성을 공정하게 심판하실 것이다.

99 여호와께서 다스리시니 세상 백성들이 두려워 떨고, 여호와께서 날개 달린 생물인 그룹 사이에 앉아 계시니 땅이 흔들릴 것이다.

2 예루살렘, 곧 시온에 계시는 여호와는 위대하시고, 모든 민족보다 높이 계신다.

3 크고 두려운 주의 이름을 찬양하라. 그는 거룩하신 분이다.

4 힘이 있는 왕은 정의를 사랑하신다. 주께서 공의를 견고하게 하시고, 의와 공의를 이스라엘[1]에게 행하신다.

5 너희는 하나님을 높여 그의 발등상에[2] 경배하라. 그는 거룩하신 분이다.

6 모세와 아론이 하나님의 제사장들 가운데 속해 있고, 사무엘이 그의 이름을 부르는 자들 가운데 속해 있다. 그들이 여호와께 간구하면 응답하셨다.

7 여호와께서 구름 기둥 가운데서 그들에게 말씀하셨고, 그들은 여호와께서 주신 말씀[3]과 법규와 명령을 지켰다.

8 하나님께서는 그들에게 응답하셨고, 때로는 그들의 잘못을 벌하셨다. 또한 그들을 용서하셨다.

9 너희는 그런 하나님을 높이고, 그 거룩한 산에서 예배하라. 우리 하나님은 거룩하신 분이다.

감사의 시

100 온 땅이여, 여호와께 기쁜 찬양을 부르라.

2 여호와를 기쁨으로 섬기며 그 앞에 노래하면서 나아가라.

3 너희는 여호와가 우리 하나님인 줄을 알라. 그는 우리를 창조하셨으니 우리는 그의 것이며, 그의 백성이며, 그의 기르시는 양이다.

4 감사하면서 그의 문에 들어가며, 찬양하면서 그의 궁정으로 들어가서 그에게 감사하며, 그의 이름을 찬양하라.

5 여호와는 선하시니 그의 자비와 그의 신실하심은 영원하다.

다윗의 시

101 나는 자비와 공의를 노래합니다. 여호와여, 내가 당신을 찬양합니다.

2 나는 흠 없는 삶을 살도록 하겠습니다. 그런데 주께서는 언제 나를 찾아오시겠습니까? 내가 깨끗한 마음으로 내 궁전[4]에서 살겠습니다.

3 나는 악한 것[5]을 거들떠보지 않겠습니다. 나는 주를 배반한 자들의 행위를 싫어하니, 그들이 하는 어떤 것도 행하지 않을 것입니다.

4 나는 악한 마음을 갖지 않을 것이며, 악한 일과는 아무 상관없이 살겠습니다.

5 은밀히 이웃을 헐뜯는 자를 내가 용서하지 않으며, 거만하고 마음이 교만한 자를 내가 가만두지 않을 것입니다.

6 나는 이 땅에서 충성된 자를 찾아 나와 함께 살게 하리니 깨끗한[6] 길로 행하는 자가 나를 따를 것입니다.

7 거짓을 행하는 자는 내 궁전에서 살지 못하며, 거짓말하는 자는 내 앞에 서지 못할 것입니다.

8 매일 아침마다 내가 이 땅의 모든 악인을 없애니 악을 행하는 자는 여호와의 성에서 모두 끊어질 것입니다.

1) 야곱 2) 앞에서 3) 증거 4) 집안 5) 비천한 것 6) 완전한

고난당한 자가 마음이 상하여
그의 근심을 여호와 앞에
토로하는 기도

102 ● 여호와여, 내 기도를 들으시고, 내 부르짖음이 당신께 도달하게 하십시오.

2 내가 괴로움을 겪을 때 주의 얼굴을 내게서 숨기지 마십시오. 당신의 귀를 내게 기울이사 부르짖는 날에 속히 내게 응답하십시오.

3 내 날이 연기처럼 사라지고, 내 뼈가 숯처럼 까맣게 탔습니다.

4 내가 음식을 먹는 것조차도 잊을 만큼 내 마음이 풀처럼 시들고 말라 버렸습니다.

5 내 신음 소리로 인해 내 살이 뼈에 붙었습니다.

6 나는 광야의 올빼미1) 같고, 황무한 곳의 부엉이처럼 외롭게 되었습니다.

7 내가 밤을 새우니 지붕 위의 외로운 참새와 같습니다.

8 내 원수들이 종일 나를 모욕하고, 나를 조롱하는 자들이 나를 가리켜 저주의 맹세를 합니다.

9 나는 재를 밥처럼 먹으며, 눈물 섞인 물을 마셨습니다.

10 그것은 주께서 당신의 분노와 진노로 나를 들어 던지셨기 때문입니다.

11 내가 사는 날은 기울어지는 그림자와 같고, 시들어가는 풀과 같습니다.

12 여호와여, 당신은 영원히 계시고 당신에 대한 기억은 영원할 것입니다.

13 주는 일어나셔서 시온을 불쌍히 여겨 주십시오. 정해진 때가 다가옵니다. 지금은 시온에게 은혜를 베푸실 때입니다.

14 주의 종들이 시온의 돌들을 기뻐하며, 시온의 먼지도 은혜를 받습니다.

15 이에 세상 나라가 여호와의 이름을 경외하며, 이 땅의 모든 왕이 당신의 영광을 경외할 것입니다.

16 그것은 여호와께서 시온을 세우시고 영광 가운데 나타나실 것이기 때문입니다.

17 여호와께서 버림받은 빈궁한 자의 기도를 살피시고, 그들의 기도를 멸시하지 않으셨습니다.

18 이 일은 장래 세대를 위해 기록되리니 창조된 백성이 여호와를 찬양할 것입니다.

19 여호와께서 성소의 높은 곳에서 내려다보시고, 하늘에서 땅을 살펴보셨습니다.

20 이는 갇힌 자의 신음을 들으시며, 죽이기로 정해진 자를 풀어주시기 위함입니다.

21 시온에서 여호와의 이름이 널리 퍼지고, 그 찬양2)을 예루살렘에서 선포하게 하십시오.

22 그때 여러 민족과 여러 나라가 함께 모여 여호와를 섬길 것입니다.

23 내가 사는 동안 주께서 내 힘을 꺾으시고, 내가 살아갈 날을 짧게 하셨습니다.

24 내가 여호와께 아룁니다. "나의 하나님이여, 나를 중년에 데려가지 마십시오. 당신의 햇수는 대대에 이릅니다."

25 주께서 옛날에 땅의 기초를 놓으셨으니 하늘도 당신의 손으로 지으셨습니다.

26 천지는 없어져도 주는 여전히 계시고, 그것들은 다 옷처럼 낡아져 의복처럼 바꿀 수 있겠지만

1) 펠리칸 2) 영예

27 주는 한결같으시고 그 햇수는 영
원하십니다.
28 주의 종들의 자손은 항상 평안히
살고 주 앞에 굳게 설 것입니다.

다윗의 시

103
● 내 영혼아, 여호와를 찬
양하라. 내 속에 있는 것들
아, 그의 거룩한 이름을 찬양하라.
2 내 영혼아, 여호와를 찬양하며, 그
가 베푼 모든 은혜를 잊지 말라.
3 여호와는 너의 모든 죄악을 용서
하시고, 네 모든 질병을 고치신다.
4 여호와는 네 생명을 파멸의 웅덩
이에서 건져내시고, 자비와 긍휼
로 관을 씌우시며,
5 좋은 것으로 풍족히 채워 주어 네
젊음을 독수리같이 날마다 새롭게
하신다.
6 여호와께서는 억압당하는 모든 자
를 위해 공의로 심판하신다.
7 여호와께서는 모세에게 그의 길들
을 알려주시고, 그의 행한 일들을
이스라엘 백성에게 알리셨다.
8 여호와는 긍휼이 많으시고, 은혜
로우시며, 오래 참으시며, 자비함
이 풍부하시다.
9 그분은 자주 꾸짖지 않으시고, 분
노를 오랫동안 품지 않으신다.
10 여호와는 우리의 죄악대로 우리에
게 그대로 갚지 않으셨다.
11 그것은 하늘이 땅에서 높은 것처
럼 그를 경외하는 자를 향한 그의
자비함이 크시기 때문이다.
12 동이 서에서 먼 것처럼 우리의 죄
를 우리에게서 멀리 치우셨다.
13 아버지가 자식을 불쌍히 여기는
것같이 여호와께서 자기를 경외하
는 자를 불쌍히 여기신다.
14 이는 그가 우리가 어떻게 만들어졌
는지 체질을 아시며, 우리가 단지

먼지와 같은 존재임을 알고 계시
기 때문이다.
15 인생은 그날이 풀과 같이 속히 마
르고, 그 영화가 들의 꽃과 같이 금
방 시들어 버린다.
16 그것은 바람이 지나가면 없어지듯
그 있던 자리조차 잊혀진다.
17 그러나 여호와의 자비는 자기를 경
외하는 자에게 영원히 넘치며, 그
의 의로움은 자손 대대에 이른다.
18 곧 그의 언약과 법규를 기억하여
행하는 자에게 그렇게 될 것이다.
19 여호와께서는 하늘에 그의 보좌를
마련하시고, 그의 왕권으로 온 우
주 만물을 통치하신다.
20 여호와의 말씀을 행하며 그의 소
리를 듣는 능력 있는 여호와의 천
사들아, 여호와를 찬양하라.
21 그의 뜻을 행하며 섬기는 모든 하늘
의 군사들아, 여호와를 찬양하라.
22 그가 다스리시는 모든 곳에 있는
그의 지음을 받은 능력 있는 자들
아, 여호와를 찬양하라. 내 영혼
아, 여호와를 찬양하라.

104
내 영혼아, 여호와를 찬양
하라. 나의 하나님이여, 당
신은 참으로 위대하시기에 존귀와
영광의 옷을 입으셨습니다.
2 주께서는 옷을 입듯 빛으로 두르시
고, 하늘을 커튼¹⁾처럼 펼치십니다.
3 물 위에 자기 궁전²⁾을 지으시고,
구름을 자기 수레로 사용하시며,
바람 날개를 타시며,
4 바람을 자기 천사³⁾로 삼으시고, 불
꽃으로 자기 사역자를 삼으십니다.
5 땅에 기초를 놓으시니 그것이 영
원히 요동하지 않습니다.
6 주께서 옷으로 덮듯 땅을 깊은 바다
로 덮으시니 물이 산들 위로 솟아

1) 휘장　2) 누각의 들보　3) 사신

올랐습니다.

7 그러나 주께서 꾸짖으시자 물이 빠지고 당신의 천둥소리로 인해 물이 물러갑니다.

8 그 물들은 산을 넘고 골짜기를 타고 내려가 주께서 그것들을 위해 정해 준 곳으로 흘러갑니다.

9 주께서 물의 경계를 정해 놓으사 물이 넘치지 못하고 다시 돌아와 땅을 덮지 못합니다.

10 여호와께서 골짜기에서 샘물이 솟아나게 하시고 산 골짜기로 흐르게 하사

11 각종 들짐승이 마시며 들나귀들도 그 물을 마시고 갈증을 해소하며,

12 그 물가에서 공중을 나는 새들도 깃들이며, 나뭇 가지 사이에서 지저귀고 있습니다.

13 그가 하늘의 궁전에서 땅에 있는 산들에게 물을 부어 주시니 땅에 열매가 가득 맺힙니다.

14 그가 땅에서 먹을 것이 나게 하시니 가축을 위한 풀과 사람을 위한 채소가 자랍니다.

15 또한 사람의 마음을 기쁘게 하는 포도주를 주시고, 사람의 얼굴에 윤기가 흐르게 하는 기름을 주시며, 사람에게 힘을 주는 양식을 주십니다.

16 나무들과 레바논 백향목들이 물을 충분히 흡수하여 잘 자라니

17 새들이 그 나무에 깃들이고, 황새1)는 잣나무에 집을 짓습니다.

18 높은 산들은 산양이 살고, 바위는 사반2)의 피난처입니다.

19 여호와께서 절기를 정하도록 달을 만드시고, 해는 그 지는 시각을 알려줍니다.

20 주께서 흑암을 보내 밤이 되게 하시니, 숲속에 사는 모든 짐승이 기어

나옵니다.

21 젊은 사자들이 먹이를 쫓아 으르렁거리며 하나님께 먹이를 달라고 하다가

22 해가 뜨면 다시 그들의 굴속에 들어가 눕고,

23 사람은 나와서 저녁까지 수고하며 일을 합니다.

24 여호와여, 당신께서 하신 일이 어찌 그렇게 많습니까? 당신께서 지혜로 그들을 모두 창조하셨으니 당신께서 지으신 것들이 땅에 가득합니다.

25 크고 넓은 바다가 있고 그 속에는 크고 작은 생물이 수없이 많습니다.

26 그곳에는 배들이 다니며, 당신께서 지으신 악어의 일종인 리워야단이 그 속에서 놉니다.

27 이것들은 모두 주께서 때를 따라 먹을거리를 주기를 바라고 있습니다.

28 주께서 그들에게 먹을거리를 주시면 그들이 받아 먹으며, 당신께서 손을 펴시면 그들이 좋은 것으로 만족합니다.

29 그러나 주께서 얼굴을 숨기시면 그들이 떨고, 당신께서 그들의 호흡을 거두시면 그들은 죽어 흙으로 돌아갑니다.

30 주께서 영을 보내시면 그들이 창조되어 지면을 새롭게 합니다.

31 여호와의 영광은 영원하며, 여호와께서 자신이 창조하신 것들로 인해 기뻐하십니다.

32 여호와께서 땅을 보시면 땅이 진동하고, 산들을 치시니 연기를 내뿜습니다.

33 나는 일평생 여호와께 노래하며 내 하나님을 찬양할 것이다.

34 나의 기도를 기쁘게 받으시기를

1) 학 2) 너구리

원하니 나는 여호와로 인해 기뻐한다.

35 죄인들을 땅에서 소멸하시고, 악인들을 없애시기를 원한다. 내 영혼아, 여호와를 찬양하라. 할렐루야.

105 너희는 여호와께 감사하고, 그의 이름을 선포하며, 그가 행하신 일을 세상 만민에 알리라.

2 그를 찬양하고, 그가 베푼 놀라운 일들을 전하라.

3 거룩하신 그의 이름을 자랑하라. 여호와를 찾는 자마다 즐거움이 있을 것이다.

4 항상 여호와의 얼굴을 찾고 그의 능력을 구하라.

5-6 여호와의 종 이스라엘¹⁾의 후손들아, 하나님께서 택하신 야곱의 자손들아, 너희는 그의 놀라운 일과 신비스러운 일과 법도²⁾를 잊지 말라.

7 그는 여호와 우리의 하나님이시다. 그의 심판이 온 땅에 있도다.

8 너희는 천 대에 걸쳐 명령하신 그의 언약의 말씀을 영원히 기억하라.

9 그것은 아브라함에게 하신 언약이고, 이삭에게 하신 맹세이며,

10 야곱³⁾에게 하신 율례, 곧 영원한 언약이다.

11 하나님께서 말씀하셨다. "내가 네게 가나안 땅을 주어 너희에게 할당된 소유가 되게 할 것이다."

12 그때 하나님의 백성은 수가 적었기 때문에 그 땅에서 나그네가 되어

13 이 민족 저 민족에게로 갔고, 이 왕국에서 다른 백성에게로 떠돌아다녔다.

14 그러나 여호와께서는 사람이 그들을 억압하지 못하도록 하시고, 자기의 택한 자들을 위해 이방의 왕들을 꾸짖기를

15 "내가 기름 부은 자에게 손을 대지 말며, 내 예언자에게 악한 일을 하지 말라"라고 하셨다.⁴⁾

16 그가 약속으로 준 땅에 기근을 오게 하여 그들이 의지하고 있는 양식마저 다 떨어지게 하셨다.

17 그가 한 사람을 미리 보내셨으니 종으로 팔린 요셉이다.

18-19 그의 발은 족쇄를 차고, 그의 몸은 여호와의 말씀이 이루어질 때까지 쇠사슬에 매어 있었다. 여호와의 말씀이 그를 연단시켰다.

20 백성들의 통치자 바로가 사람을 보내 그를 감옥에서 석방시켰다.

21 뿐만 아니라 자기 집의 관리자로 삼아 자신의 모든 소유를 관리하도록 하고,

22 자신의 뜻대로 모든 신하를 다스리게 하니 그가 자기의 지혜로 지도자인 장로들을 가르쳤다.⁵⁾

23 이로 인하여 야곱 가족이 애굽으로 들어갔고, 야곱이 노아의 둘째 아들 함 자손의 땅에서 나그네가 되었다.⁶⁾

24 여호와께서는 그곳에서 자기 백성을 심히 번성하게 하시고, 그들의 적보다 더 강하게 만드셨다.

25 반면 애굽인 대적들의 마음이 바뀌어 자기 백성을 미워하고, 그의 종들로 괴롭게 하도록 하셨다.

26 그래서 여호와께서는 자기 종 모세와 그가 선택하신 아론을 보내

27 그들의 백성에게 여호와의 표징을 보이고, 노아의 아들 함 자손의 땅 애굽에서 이적들을 행하셨다.⁷⁾

28 여호와께서 흑암을 보내 애굽 땅을 어둡게 하셨지만 애굽인은 여호와의 말에 순종하지 않았다.

1) 아브라함　2) 입의 판단　3) 이스라엘　4) 대상 16:8-22　5) 창 41장　6) 창 46장　7) 출 1-6장

29 그들의 물을 피로 변하게 하여 물 고기를 죽이셨고,

30 그 땅에 개구리가 번성하여 왕의 궁실에도 있었다.

31 여호와께서 말씀하시니 파리 떼가 생겼으며, 애굽의 온 땅에 이[1]가 생겼고,

32 비 대신 우박과 함께 번개[2]를 내리셨다.

33 여호와는 그들의 포도나무와 무화과나무를 치시며, 사방에 있는 나무를 꺾으셨다.

34 여호와께서 말씀하시자 황충과 수 많은 메뚜기 떼가 몰려와

35 땅에 있는 모든 채소와 열매를 먹었다.

36 또한 여호와께서는 그들의 기력의 시작인 애굽인의 모든 장자를 죽이셨다.

37 그리고 나서 자기 백성들이 은금을 가지고 애굽에서 나오도록 인도하시니 이스라엘 지파 가운데 약한 자가 하나도 없었다.[3]

38 애굽인들은 이스라엘을 두려워했기 때문에 이스라엘 백성이 애굽을 떠날 때 기뻐했다.

39 여호와께서 낮에는 구름으로 햇빛의 덮개를 삼으시고, 밤에는 불로 길을 밝히셨다.

40 그들이 먹을 것을 구하자 메추라기를 몰아다 주시고, 하늘의 빵으로 그들을 배부르게 하셨다.

41 바위를 갈라 물을 내셨으니 마른 땅에 강처럼 흘러 내렸다.

42 이는 여호와께서 아브라함에게 약속한 거룩한 말씀을 기억하셨기 때문이다.

43 그의 백성을 애굽에서 즐겁게 나오게 하시고, 자기가 선택한 자로 기뻐하며 나오게 하셨다.

44 자기 백성에게 이방 나라의 땅을 주시고, 이방 민족들이 애쓰고 가꾼 농작물을 주셨다.

45 이 모든 것은 그의 율례와 율법을 지켜 행하도록 하기 위함이었다. 할렐루야.[4]

106

할렐루야. 그분께 감사하라. 그는 선하시며, 그 자비하심이 영원하다.

2 누가 여호와의 권능을 다 말할 수 있으며, 주께서 받으실 찬양을 다 선포할 수 있겠는가?

3 공의를 지키는 자들과 언제나 의를 행하는 자는 복이 있도다.

4 여호와여, 당신의 백성에게 은혜를 베푸실 때 나를 기억하시고, 당신의 구원으로 나를 돌봐주십시오.

5 그래서 나로 주께서 선택하신 자가 형통하는 것을 보고 당신의 나라의 기쁨을 나누어 가지게 하십시오. 그것을 통해 주의 유산을 자랑하게 하십시오.

6 우리는 우리의 조상들처럼 범죄하여 악행을 저질렀습니다.

7 우리의 조상들이 애굽에 있을 때 당신께서 행하시는 놀라운 일들과 크신 자비를 깨달아 기억하지 못하고 홍해에서 거역했습니다.

8 그러나 여호와께서는 자기의 이름을 위해 그들을 구원하셨습니다. 그것은 주의 크신 권능을 세상 모든 사람에게 알게 하기 위함이었습니다.

9 그래서 홍해를 꾸짖어 마르게 하시고, 그들을 인도하여 바다를 마치 광야를 지나가는 것처럼 건너게 하셨습니다.

10 이렇게 그들을 그 미워하는 자와 원수의 손에서 구원하여 속량하셨고,

1) louse 2) 화염 3) 출 7~11장 4) 출 12~17장

11 그들의 대적들은 물로 덮여 한 사
람도 살아남지 못했습니다.

12 그제야 그들이 주의 말씀을 믿고
당신을 찬양하는 노래를 불렀습니
다.[1]

13 그러나 그들은 주께서 행하신 일
을 쉽게 잊어버리고, 그의 계획[2]을
기다리지 못하고

14 광야에서 욕심을 크게 내며, 사막
에서 하나님을 시험했습니다.[3]

15 그래도 여호와께서는 그들이 요구
한 것을 들어주었지만 그들의 영
혼은 야위게 하셨습니다.

16 또 그들은 진영에서 모세와 여호
와의 거룩한 자 아론을 시기했고
그로 인해

17 땅이 갈라져 다단을 삼키고 아비
람의 무리들을 덮었으며,

18 불이 그들의 무리에 붙어 그들을
불살랐습니다.[4]

19 이후 그들은 호렙산, 곧 시내산에
서 송아지를 만들어 경배하므로

20 자기의 영광을 풀 먹는 소의 형
상과 바꾸어 버렸습니다.[5]

21-22 그들은 함의 땅인 애굽에서 기
적을 일으키시고 홍해에서 놀랄
만한 일을 행하신 구원자 하나님
을 잊었습니다.

23 그러므로 여호와께서 "그들을 멸
할 것이다"라고 하셨습니다. 그때
주께서 선택하신 모세가 그 두려
움 가운데서도 여호와 앞에 서서
간구하여 주의 분노를 돌이켜 멸
하시지 않게 했습니다.[6]

24 그들은 주께서 약속하신 탐스러운
땅을 거절하고, 그 말씀을 믿지 않
고,

25 그들의 장막에서 원망하며, 여호
와의 음성을 듣지 않았습니다.[7]

26 그래서 여호와께서 그의 손을 들어

그들에게 이렇게 맹세하셨습니다.
"내가 그들을 광야에 쓰러져 죽게
하고,

27 그들의 자손을 세상 백성 가운데
거꾸러뜨리며, 여러 나라로 흩을
것이다."

28 이후 그들은 다시 바알브올에 붙
어 죽은 자에게 제사한 음식을 먹
음으로

29 주를 심히 분노케 하여 재앙이 그
들 가운데 크게 유행했습니다.

30 그때 비느하스가 일어서서 중재하
여 재앙이 그쳤습니다.

31 이 일이 그의 의가 되어 대대로 인
정되었습니다.[8]

32 또 그들이 므리바 샘물에서 여호
와를 분노하게 하므로 그들 때문
에 모세까지 화를 입었습니다.

33 그것은 그들이 주의 뜻을 거역함
으로 화가 난 모세가 참지 못하고
그의 입술로 망령되이 말했기 때
문입니다.[9]

34 그들은 가나안 땅에 들어간 후에
도 여호와께서 진멸하라고 명령하
신 그 땅의 이방 민족들을 멸하지
않았습니다. 결국

35 그 이방 나라들과 섞여 살면서 그
들의 행위를 배우며,

36 그들의 우상들을 섬기므로 그것이
그들에게 올무가 되었습니다.

37 그들은 자기 자식들을 죽여 귀신
들에게 희생제물로 바쳤습니다.

38 이로 인해 자식들이 흘린 피로 그
땅이 더러워졌습니다.

39 그들의 그런 행위 때문에 그 땅이
더러워졌고, 그들의 행실도 음란
했습니다.

1) 출 14:31-15:21 2) 가르침 3) 민 11:4-6 4) 민 16:1-
33 5) 출 32:1-6 6) 출 32:7-14 7) 민 14:1-10
8) 민 25:1-13 9) 민 20:1-13

40 그러므로 여호와께서 자기 백성에게 맹렬히 분노하시고, 그의 소유를 가증히 여겨

41 그들을 이방 나라의 손에 넘기사 미워하는 자들이 그들을 다스리게 하셨습니다.

42 그들은 원수들에게 억압을 당하고, 그들의 손 아래서 복종하게 되었습니다.

43 여호와께서 여러 번 그들을 건지셨지만 그들은 자기 생각대로 하여 교묘하게 주를 거역했고, 자기 죄악으로 인해 비천해졌습니다.

44 그럼에도 여호와께서는 그들의 부르짖음을 들으실 때마다 그들의 고통을 보시고

45 그들과 맺은 언약을 기억하사 크신 사랑으로 뜻을 돌이켜 마침내

46 그들을 사로잡은 자들이 그들에게 긍휼을 베풀도록 하셨습니다.[1)]

47 여호와 우리 하나님이여, 우리를 구원하여 주십시오. 우리를 여러 나라에서 모으십시오. 그래서 우리가 주의 거룩하신 이름에 감사하며, 당신을 찬양하므로 영광 돌리게 하십시오.

48 여호와 이스라엘의 하나님을 영원토록 찬양하라. 모든 백성아, 아멘과 할렐루야로 응답하라.

[제오권]

107 ● 여호와께 감사하라. 그분은 선하시며, 그 자비하심이 영원하다.

2 여호와의 구원을 받고, 그 대적의 손에서 구원을 받은 자들아, 그분께 감사의 말을 올리라.

3 주께서 동서남북 각 사방에서 모으신 자들아, 감사의 말을 올리라.

4 그들은 광야 사막 길에서 길을 잃고 방황하고, 거주할 성을 찾지 못하며,

5 배고프고 목이 마르므로 그들의 영혼이 약해졌도다.

6 그들이 고통으로 인해 여호와께 부르짖었더니 그가 그들을 고통에서 건지시고,

7 바른 길로 인도하여 거주할 성으로 가게 하셨다.

8 여호와의 자비하심과 인생에게 행하신 놀라운 일로 인해 그분께 감사 찬송하라.

9 이는 주께서 목마른 영혼에게 만족하게 물을 주시고, 굶주린 영혼에게 좋은 것을 주시기 때문이다.

10 그들이 어둡고 캄캄한 사망의 그늘에 살며, 괴로움과 쇠사슬에 묶이는 것은

11 하나님의 말씀을 거역하며, 지극히 높은 자의 뜻을 저버렸기 때문이다.

12 그러므로 여호와께서 그들의 마음에 고통을 주어 그들을 낮추셨으니 그들이 넘어져도 돕는 자가 없었다.

13 그러자 그들이 고통 가운데 여호와께 부르짖자 그들을 그 고통에서 구원하셨다.

14 어둠과 죽음의 그늘에서 나오게 하시고, 그들을 얽어 맨 사슬을 끊어 버리셨다.

15 여호와의 자비하심과 인생에게 행하신 놀라운 일로 인해 그를 찬양하라.

16 그가 놋문을 부수시며, 쇠빗장을 잘라 내셨다.

17 어리석은 자들은 그들의 죄악의 길과 죄악 때문에 고난을 당하여

18 밥맛까지 잃었으니 죽음의 문턱에 이르렀다.

19 그때 그들이 고통 가운데 여호와께 부르짖자 그가 그 고통에서 구원하셨다.

1) 삿 3–10장

20 여호와께서 말씀으로 그들을 낫게 하시고, 멸망의 위험한 구덩이에서 건지셨다.

21 여호와의 자비하심과 인생에게 행하신 놀라운 일로 인해 그를 찬양하라.

22 감사 제사를 드리고, 노래로 그가 행하신 일을 전파하라.

23 바다에 배들을 띄우고 그 큰물에서 일하는 자들은

24 여호와께서 행하신 신기한 일들을 깊은 바다에서 본다.

25 여호와께서 말씀하시니 폭풍이 일어나 큰 바다 물결이 일어난다.

26 그들이 큰 물결로 인해 하늘로 솟구쳤다가 깊은 바다로 내려가니 그 위험1)으로 그들의 영혼이 녹아내린다.

27 그들은 술에 취한 자들처럼 이리저리 구르며 비틀거리니 그들의 모든 지혜가 소용이 없다.

28 그러나 그들이 고통으로 인해 여호와께 부르짖자 그가 그 고통에서 그들을 건져내시고

29 폭풍을 잠잠하게 하시니 파도도 잔잔해진다.

30 이에 사방이 조용해져서 그들이 기뻐하는 가운데 여호와께서 그들이 가고자 하는 항구로 인도하신다.

31 여호와의 자비하심과 인생에게 행하신 놀라운 일로 인해 그를 찬양하라.

32 백성의 공동체 모임에서 그분을 높이고, 장로들의 자리에서 그를 찬양하라.

33 여호와께서 강들을 광야가 되게 하시고, 샘이 변하여 메마른 땅이 되게 하시며,

34 옥토가 변하여 염전이 되게 하시니 이는 그곳에 사는 주민의 악 때문이다.

35 반면 광야를 물이 솟는 못이 되게 하시고, 메마른 땅이 변하여 샘물이 되게 하시며,

36 굶주린 자들로 그곳에서 살게 하신다. 그래서 그들이 거주할 성읍을 준비하게 하시고,

37 밭에 씨를 뿌리며, 포도원을 재배하여 풍성한 소산을 거두게 하신다.

38 또한 복을 주사 그들을 크게 번성하게 하시고, 그들의 가축이 줄어들지 않게 하신다. 그럼에도

39 다시 압제와 재난과 슬픔을 통하여 그들의 수가 줄어들게 하시고 낮추신다.

40 여호와께서 고관들에게는 멸시를 쏟아부으시고, 길 없는 황무지에서 방황하게 하신다. 그러나

41 궁핍한 자에게는 그의 고난을 이기게 하시고, 그의 가족을 양 떼처럼 지켜 주시니

42 바른 자는 보고 기뻐하지만 모든 불의한 자는 자기 입을 닫는다.

43 지혜 있는 자들은 이런 일들을 지킴으로 여호와의 자비하심을 깨닫게 될 것이다.

다윗의 찬송시

108

● 하나님이여, 내 마음은 확고하고, 확고합니다. 그래서 나는 당신께 노래하고 찬양합니다.

2 비파와 수금아, 잠에서 깨어나라. 내가 잠든 새벽을 깨울 것이다.

3 주여, 제가 모든 백성 가운데서 당신께 감사하며, 민족과 나라 가운데서 당신을 찬양합니다.

4 주의 자비는 하늘보다 크시고, 주의 진리는 창공에 이릅니다.

5 하나님이여, 당신은 하늘보다 높아

1) 악

지십시오. 당신의 영광이 온 땅에서 높임을 받으십시오.[1)]

6 주께서 사랑하시는 자를 당신의 오른손을 들어 구원하고 응답해 주십시오.

7 하나님께서 그의 성소에서[2)] 말씀하셨습니다. "내가 기뻐하리라. 세겜을 차지하고, 숙곳 골짜기를 내 것으로 측량할 것이다.

8 길르앗과 그 지역의 므낫세도 내 것이며, 에브라임은 내 머리에 쓰는 투구이며, 유다는 내 지팡이인 규다.

9 모압은 내가 씻는 물통이며, 에돔에는 내 신발을 던질 것이다. 블레셋을 쳐서 승전가를 부르라."

10 누가 나를 견고한 성과 에돔으로 인도하겠는가?

11 하나님이여, 당신께서는 우리를 버리셨습니까? 우리 군대와 함께 나아가지 않으십니까?

12 사람의 구원은 헛된 것이니 우리를 도와 대적을 치게 하십시오.

13 우리는 하나님 안에서 용감하게 싸울 것입니다. 하나님은 우리의 대적을 밟으실 분이기 때문입니다.[3)]

다윗의 시,

인도자를 따라 부르는 노래

109

● 내가 하나님을 찬양합니다. 하나님이여, 가만히 있지 마십시오.

2 악한 자와 속이는 자가 거짓된 혀로 내게 나쁜 말을 합니다.

3 또 나를 에워싸고 아무 이유 없이 미워하는 말로 나를 공격합니다.

4 나는 그들을 사랑하지만 그들은 나를 적대시하니 나는 기도할 뿐입니다.

5 그들은 선하게 대하는 내게 악으로 갚으며, 내 사랑을 미움으로 갚았습니다.

6 그러니 악인이 일어나 그를 다스리게 하시며, 송사하는 자, 사탄을 그의 오른쪽에 세워

7 그가 심판을 받을 때 죄인이 되어 나오게 하십시오. 그의 기도는 죄가 되게 하시고,

8 그의 수명을 짧게 하시며, 그의 직무를 다른 사람이 차지하게 하십시오.

9·10 그의 자녀는 고아가 되어 유리하며 구걸하고, 그들의 황폐한 집을 떠나 빌어먹게 하십시오. 그의 아내는 과부가 되게 하시고,

11 채권자들은 그의 소유를 모두 가져가게 하시며, 그가 수고한 것은 낯선 사람이 약탈하게 하십시오.

12 그에게 동정을 베풀 자가 없게 하시고, 그의 고아에게도 은혜를 베풀 자가 없게 하십시오.

13 그의 자손이 끊어지고, 후세에 그들의 이름이 지워지게 하십시오.

14 여호와께서는 그의 조상들의 죄악을 기억하게 하시고, 그의 어머니의 죄를 지우지 말며,

15 그 죄악이 항상 여호와 앞에 있게 하여 세상에서 그들을 기억하지 못하도록 땅에서 끊으십시오.

16 그는 자비 베풀 생각을 하지 않고 가난하고 빈곤한 자와 마음 상한

1) 시 57:7-11 2) 거룩하심으로 3) 시 60:5-12

자를 괴롭혀 죽이려고 했기 때문입니다.

17 그가 저주하기를 좋아하니 그것이 자기에게 돌아오게 하시고, 축복하기를 기뻐하지 않으니 그 복이 그에게서 멀리 떠나 가게 하십시오.

18 또 그가 옷을 입듯 저주하니 그 저주가 그의 몸속으로 물처럼 들어가고, 그의 뼛속으로 기름처럼 들어가

19 그에게는 저주가 두르는 옷과 같고, 항상 매는 띠와 같게 하십시오.

20 이것이 나를 대적하여 악담하는 자들이 여호와께 받는 벌이 되게 하십시오.

21 그러나 여호와여, 당신의 이름을 생각하여 나를 도와 주십시오. 당신의 선한 자비로 나를 건지십시오.

22 나는 가난하고 힘이 약하여 내 마음에 상처가 깊습니다.

23 나는 석양의 그림자처럼 사라지고 있으며, 메뚜기처럼 날려 다니고 있습니다.

24 내가 금식함으로 내 무릎이 약해지고, 내 몸은 기름기가 없어 말랐습니다.

25 그래서 나는 그들의 비난거리가 되었습니다. 그들은 나를 보면 비웃고 조롱합니다.

26 나의 하나님이여, 나를 돕고 주의 자비하심으로 나를 구원해 주십시오.

27 이 일이 주께서 행하셨다는 것을 그들로 알게 하십시오.

28 그들은 나를 저주하지만 주는 내게 복을 주시니 그들이 나를 공격하려고 일어날 때 수치를 당해도 주의 종은 즐거워하게 하십시오.

29 나를 대적하는 자들은 모욕을 뒤집어쓰게 하시고, 자기의 수치를 겉옷처럼 두르게 하십시오.

30 내가 입을 열어 여호와께 크게 감사하며, 많은 사람이 모인 가운데 찬양할 것이다.

31 이는 주께서 궁핍한 자의 오른쪽에 서서 그의 영혼을 심판하려는 자들로부터 구원하시기 때문이다.

다윗의 시

110
● 여호와께서 내 주께 말씀하셨습니다. "내가 네 원수들을 네 발판으로 삼게 할 때까지 너는 내 오른쪽에 앉아 있으라."[1]

2 여호와께서 시온에서 당신의 능력의 지팡이인 규를 내보내시니 주는 원수들을 다스리실 것입니다.

3 주님이 군대를 소집하던 능력의 날에 당신의 백성이 거룩한 옷을 입고 자원하여 당신께로 나아갈 것이니, 그들은 새벽에 내리는 이슬 같은 당신의 청년들입니다.

4 여호와께서는 "너는 멜기세덱을 따른 영원한 제사장이다"라고 말씀하셨습니다. 그리고 그 맹세를 바꾸지 않으십니다.

5 주께서는 당신의 오른쪽에 계시사 그가 노하시는 심판 날에 왕들을 쳐서 흩으실 것입니다.

6 주는 세상 나라를 심판하시니 시체가 산더미처럼 쌓이고, 세상 나라의 머리 된 통치자들을 죽이실 것입니다.

7 또 주는 길가의 시냇물을 마시고, 그의 머리를 들어 승리하실 것입니다.

111
할렐루야. 내가 정직한 자, 여호와의 백성들의 모임과 그 무리 가운데서 마음을 다해 여호와께 감사드린다.

2 여호와께서 행하시는 일들이 크시니 이 일을 기뻐하는 자들이 모두

1) 마 22:44

그것을 부지런히 탐구한다.

3 그가 행하는 일이 존귀하고 위엄이 있어 그의 의로우심은 영원하도다.

4 사람들은 여호와께서 행하신 기적을 기억한다. 여호와께서는 은혜롭고, 자비로우시다.

5 여호와께서 자기를 경외하는 자들에게 양식을 주시며, 그의 약속을 언제나 잊지 않으신다.

6 여호와께서는 그가 행하시는 일의 능력을 자기 백성들에게 전하셨으니 그들에게는 다른 나라의 땅을 유업으로 주셨다.

7 그의 손이 하시는 일은 진리와 공의이고, 그의 법도는 모두 신실하며,

8 영원히 굳게 선다. 그것은 진리와 정직함으로 만들어진 것이다.

9 여호와께서 그의 백성을 구원하시며, 그의 약속을 영원히 세우셨다. 그의 이름이 거룩하고 위엄이 있으시다.

10 여호와를 경외하는 것이 지혜의 시작이다. 그의 명령을 지키는 자는 모두 뛰어난 분별력을 가진 자이기 때문에 그들은 영원히 여호와를 찬양할 것이다.

112 할렐루야, 여호와를 두려움으로 섬기며 그의 명령에 순종하기를 기뻐하는 자는 복이 있다.

2 그의 후손이 땅에서 강한 자가 되며, 정직한 자들의 후손은 복을 받을 것이다.

3 그의 집에는 부와 재물이 있으며, 그의 의로움은 영원히 남을 것이다.

4 정직한 자들에게 흑암 가운데 빛이 비추는 것은 그는 은혜와 긍휼이 많으시며 의로운 자이시기 때문이다.

5 은혜를 베풀며 남에게 아낌없이 빌려주는 자에게는 복이 찾아온다. 그는 그 일을 공의로 행한다.

6 그는 영원히 흔들리지 않으며, 영원히 의로운 사람으로 기억될 것이다.

7 그는 나쁜 소문을 두려워하지 않으며, 여호와를 의지하고 그의 마음은 흔들리지 않는다.

8 그는 마음이 확고하여 두려워하지 않고 결국에는 그의 대적들이 받는 멸망을 볼 것이다.

9 그가 재물을 가난한 자들과 함께 나누었으니 그의 의로운 행위가 영원히 남으며, 그는 영광¹⁾ 가운데 존경을 받을 것이다.

10 악인은 그것을 보고 화가나 이를 갈면서 소멸되리니 악인들의 탐욕은 사라질 것이다.

113 할렐루야, 여호와의 종들아. 여호와의 이름을 찬양하라.

2 지금부터 영원까지 그의 이름을 찬양하라.

3 해 뜨는 데부터 해 지는 데까지 여호와의 이름이 찬양 받으실 것이다.

4 여호와는 모든 나라보다 높이 계시며, 그의 영광은 하늘보다 높으시다.

5 여호와 우리 하나님과 같은 자가 누가 있겠는가? 그는 높은 곳에 앉아 계시지만

6 하늘과 땅을 살피시기 위해 자신을 낮추시고,

7 가난한 자를 티끌에서 일으키시며, 궁핍한 자를 거름 더미에서 높이사

8 그의 백성의 지도자들과 함께 앉게 하신다.

9 가정을 가진 불임 여자를 쫓아내지 않으시고 집에 살게 하며, 자식을 낳게하여 그 자녀들을 기쁘게

1) 뿔

하는 어머니로 살게 하신다. 할렐루야[1]

114 이스라엘[2]의 집안이 언어가 다른 민족, 애굽에서 나올 때

2 유다는 여호와의 성소가 되었고, 이스라엘은 그가 통치하는 곳이 되었다.

3 이것을 보고 바다가 도망하며 요단강은 물러갔으니

4 산들은 숫양들처럼, 언덕들은 어린 양들처럼 뛰어놀았다.

5 바다야, 네가 왜 도망하느냐? 요단강아, 네가 왜 물러가느냐?

6 너희 산들아, 숫양들처럼 뛰어노니 어찌 된 일이냐! 언덕들아, 어린 양들처럼 뛰노니 어찌 된 일이냐!

7 땅이여, 너는 야곱의 하나님 앞에서 두려워 떨라.

8 그가 반석을 쳐서 연못이 되게 하시며, 차돌 바위를 샘물로 바꾸셨다.

115 여호와여, 영광을 우리에게 돌리지 마시고, 오직 자비하고 신실하신 당신의 이름에만 영광을 돌리십시오.

2 무엇 때문에 세상 나라가 우리를 향해 "그들의 하나님께서 지금 어디 있느냐?"라고 말하게 하겠습니까?

3 오직 우리 하나님은 하늘에 계시사 원하시는 것을 모두 행하십니다.

4 그러나 그들이 섬기는 우상들은 은과 금이며, 사람이 손으로 만든 것이다.

5 그것들은 입이 있어도 말할 수 없고, 눈이 있어도 볼 수 없으며,

6 귀가 있어도 들을 수 없으며, 코가 있어도 냄새를 맡을 수 없다.

7 손이 있어도 만질 수 없고, 발이 있어도 걸을 수 없으며, 목구멍이 있어도 작은 소리조차 내지 못한다.

8 이렇듯 우상을 만드는 자들은 그같이 되고, 그것을 의지하는 자들도 모두 그와 같게 될 것이다.

9-11 그러므로 이스라엘과 아론의 집과 여호와를 경외하는 자들아, 여호와를 의지하라. 그는 너희의 도움이 되시며, 너희를 보호하는 방패가 되신다.

12 여호와께서 이스라엘과 아론의 집뿐 아니라

13 천한 자와 귀한 자를 막론하고 여호와를 경외하는 자들에게 복을 주신다.

14 여호와께서 너희와 너희의 자손을 더욱 번성하게 해주기를 바라신다.

15 너희는 하늘과 땅을 창조하신 여호와께 복을 받는 자들이다.

16 하늘은 여호와의 것이지만, 땅은 모든 사람에게 주셨다.

17 죽은 자들은 여호와를 찬양할 수 없고, 침묵의 세계로 내려간 자들은 어떤 찬양도 부르지 못한다.

18 그러나 우리는 지금부터 영원까지 여호와를 찬양할 것이다. 할렐루야.

작가 미상

116 ●여호와께서 내 음성과 내 간구를 들으시기에 내가 주를 사랑합니다.

2 내게 귀를 기울여 주시니 내가 평생 기도할 것입니다.

3 죽음의 줄이 나를 두르고 무덤인 스올의 고통이 나를 덮치므로 내가 환난과 슬픔을 만났을 때

4 여호와의 이름으로 기도합니다. "여호와여, 당신께 구하니 내 목숨을 건져 주십시오."

5 여호와는 은혜로우시고, 의로우시며, 긍휼이 많으십니다.

1) 여호와를 찬양하라　　2) 야곱

6 여호와께서는 순진한 자를 지키시니 내가 어려울 때 그가 나를 구원하셨습니다.

7 내 영혼아, 여호와께서 너를 후하게 대우하시니 돌아가서 편안히 쉬어라.

8 주께서는 내 목숨을 죽음에서, 내 눈을 눈물에서, 내 발을 넘어짐에서 구하셨습니다.

9 내가 살아있는 자의 땅에서 여호와 앞에 걸어갈 것입니다.

10 내가 큰 고통 가운데 있다고 말할 때도 나는 믿음을 지켰습니다.

11 나는 놀라서 "믿을 사람이 아무도 없다"라고 말했습니다.

12 여호와께서 나에게 주신 모든 은혜를 내가 무엇으로 갚을 수 있겠습니까?

13 내가 구원의 잔을 들고 여호와의 이름을 부르며,

14 그의 모든 백성이 보는 앞에서 내 서원을 여호와께 이행할 것입니다.

15 주를 따르던 경건한 자들의 죽음은 여호와께서 보시기에 귀중한 것입니다.

16 여호와여, 나는 진실로 당신의 여종의 아들, 당신의 종입니다. 당신께서는 나의 결박을 풀어 주셨습니다.

17 나는 주께 감사제사를 드리고, 당신의 이름을 부를 것입니다.

18 나는 여호와께 서원한 것을 모든 백성이 보는 앞에서 이행할 것입니다.

19 예루살렘 한가운데, 여호와의 성전 뜰에서 이행할 것입니다. 할렐루야.

117 세상 나라들아, 여호와를 찬양하라. 너희 모든 민족아, 그를 찬양하라.

2 이는 우리에게 향하신 여호와의 자비하심이 크시고, 여호와의 진리가 영원하시기 때문이다. 할렐루야.

118 여호와께 감사하라. 그는 선하시며, 그의 자비하심이 영원하다.

2-4 이제 이스라엘과 아론의 집과 여호와를 경외하는 자들은 "그의 자비하심이 영원하시다"라고 말할 것이다.

5 내가 고난 가운데 여호와께 부르짖었더니 여호와께서 응답하시고 나를 넓은 곳에 세우셨다.

6 여호와는 내 편이 되시니 내가 두려워하지 않을 것이다. 그러므로 사람이 내게 어떻게 하겠는가?

7 여호와께서 내 편이 되시니 나를 도와 주신다. 그러므로 나를 미워하는 자들이 망[1]하는 것을 내가 볼 것이다.

8-9 여호와께 피하는 것이 사람이나 높은 사람들을 의지하는 것보다 낫다.

10-11 세상 나라가 나를 에워싸고 그들이 나를 겹겹이 에워쌌으니 나는 여호와의 이름으로 그들을 물리칠 것이다.

12 그들이 벌처럼 나를 에워싸도 불타는 가시덤불처럼 타 없어졌으니 내가 여호와의 이름으로 그들을 물리칠 것이다.

13 너희는 나를 밀쳐 넘어뜨리려고 했지만 여호와께서는 나를 도우셨다.

14 여호와는 나의 능력과 찬양이 되시고, 나의 구원이 되셨다.

15-16 의인들의 장막에는 기뻐 환호하는 소리가 들리고 구원의 소리가 있으니, 여호와의 오른손이 높이 들리시고 권능을 베푸신다.

17 나는 죽지 않고 살아서 여호와께

1) 보응

서 하시는 일을 선포할 것이다.

18 여호와께서는 나를 엄히 징계하셨지만 죽기까지는 하지 않으셨다.

19 나를 위해 의의 문들을 열어라. 그러면 내가 그 문으로 들어가서 여호와께 감사할 것이다.

20 이것은 여호와의 문이니 의인들은 그리로 들어갈 것이다.

21 주께서 내게 응답하시고 구원을 베푸셨으니 내가 주께 감사드립니다.

22 건축자가 버린 돌이 집 모퉁이의 머릿돌이 되었습니다.[1]

23 그렇게 된 것은 여호와께서 하신 것이며, 우리 눈에는 놀라운 일이다.

24 이날은 여호와께서 정하신 것이니 이날에 우리가 기뻐하고 즐거워할 것이다.

25 여호와여, 구하오니 이제 구원해 주십시오. 이제 승리[2]하게 하십시오.

26 여호와의 이름으로 오는 자, 그리스도가 복이 있음이여, 우리가 여호와의 집에서 너희를 축복했다.

27 여호와는 하나님이시다. 그가 우리에게 빛을 비추셨으니 절기 제물을 밧줄로 번제단 뿔에 매라.

28 주는 나의 하나님이시니 내가 당신께 감사할 것입니다. 당신은 나의 하나님이시니 내가 당신을 높일 것입니다.

29 여호와께 감사하라. 그는 선하시며, 그의 자비하심이 영원하다.

119
행위가 흠잡을 데 없고 여호와의 명령을 따라 사는 자들은 복이 있다.

2 여호와의 법규들을 지키고 마음을 다해 힘써 여호와를 구하는 자는 복이 있다.

3 그들은 결코 불의를 행하지 않고 주의 길을 따라간다.

4 주께서 명령하사 주의 법도를 잘

지키게 하셨습니다.

5 그러니 내 길을 확정하사 주의 법규를 지키게 하십시오.

6 내가 주의 모든 명령에 순종할 때는 부끄러움을 당하지 않을 것입니다.

7 내가 주의 의로운 판단을 배울 때는 정직한 마음으로 주께 감사를 드릴 것입니다.

8 내가 주의 법규들에 순종하리니 주는 나를 아주 버리지 마십시오.

9 청년이 어떻게 자기 행실을 깨끗하게 할 수 있겠습니까? 주의 말씀을 따라 살면 그렇게 할 수 있습니다.

10 내가 마음을 다해 주를 찾았으니 주의 명령에서 떠나지 않게 하십시오.

11 내가 주께 죄를 짓지 않기 위해 주의 말씀을 내 마음에 두었습니다.

12 찬양을 받으실 여호와여, 당신의 법규들을 내게 가르치십시오.

13 주의 입에서 나오는 모든 규례를 내 입술로 선포합니다.

14 내가 어떤 재물보다 주의 증거들의 길을 더 기뻐합니다.

15 내가 주의 법도를 묵상하며, 당신의 길들을 깊이 생각합니다.

16 나는 주의 법규를 즐거워하며, 당신의 말씀을 기억할 것입니다.

17 주의 종에게 은혜를 베풀어 잘살게 하십시오. 그러면 당신의 말씀을

Q&A 버린 돌이…머릿돌이 되었나니 (시 118:22)라는 뜻은?

일차로는 사울과 그 무리에게 쫓겨다니던 다윗이 이스라엘의 왕이 되어 기초석과 같이 중요한 위치를 차지하게 된 것을 가리킨다. 그러나 궁극적으로 그리스도에게 적용되었다는 사실이다(마 21:42). 곧 예수께서는 이 말씀을 직접 자신에게 적용시키셨다(마 21:42). 이는 예수께서 유대인들에게 배척을 받으셨지만 결국에는 하나님에 의해 새로운 구원 공동체인 교회의 머릿돌(초석)이 되실 것을 예언한 것이었다.

1) 마 21:42 2) 형통

지킬 것입니다.

18 내 눈을 열어 주의 율법에서 놀라운 일들을 보게 하십시오.

19 나는 이 땅에서 나그네에 불과하니 주의 명령들을 내게서 숨기지 마십시오.

20 나는 내 마음이 곤고할 정도로 주의 규례들을 항상 사모합니다.

21 주께서는 교만하여 저주를 받으며, 당신의 명령들에서 떠나는 자들을 꾸짖으셨습니다.

22 내가 주의 가르침들을 지켰으니 비난과 멸시를 내게서 떠나가게 하십시오.

23 통치자들도 앉아서 나를 비난했으나 주의 종은 당신의 규례들을 묵상했습니다.

24 주의 증거들은 나의 기쁨이며, 조언자가 됩니다.

25 내 영혼이 먼지를 뒤집어썼으니 주의 말씀대로 내 영혼을 새롭게 하십시오.

26 내가 내 행위를 말씀드렸더니 주께서는 내게 응답하셨습니다. 그러니 당신의 규례들을 내게 가르치십시오.

27 내게 주의 법도들의 길을 깨닫게 해주십시오. 그렇게 하시면 내가 당신의 놀라운 일들을 깊이 묵상할 것입니다.[1]

28 내 영혼이 눌림으로 지쳐 있습니다. 주의 말씀으로 나를 세워 주십시오.

29 내게서 거짓 행위를 떠나게 하시고, 은혜를 베풀어 주의 법을 가르치십시오.

30 내가 진리를 택하고, 주의 규례들을 내 앞에 두었습니다.

31 여호와여, 내가 주의 증거들을 단단히 붙잡았으니 나로 부끄러움을 당하지 않게 하십시오.

32 내가 주의 명령들의 길로 힘써 달려가는 것은 당신께서 내 마음을 평안하게 하셨기 때문입니다.

33 여호와여, 당신의 규례들의 길을 내게 가르치십시오. 내가 끝까지 지키겠습니다.

34 깨닫게 해주십시오. 내가 주의 율법을 이행하며 마음을 다해 지키겠습니다.

35 나로 주의 명령들을 따라 살게 하십시오. 내가 그것을 기뻐합니다.

36 내 마음이 탐욕으로 향하지 않고 주의 증거들을 향하게 하십시오.

37 내 눈을 돌려 허탄한 것에 관심을 갖지 않게 하시고, 주의 길에서 나를 보호해 주십시오.

38 주의 말씀을 당신의 종에게 세워 당신을 두려움으로 섬기게 해주십시오.

39 내게서 두려워하는 비난을 떠나게 하십시오. 주의 규례들은 선한 것입니다.

40 내가 주의 법도들을 갈망했으니 당신의 의로움으로 살게 하십시오.

41 여호와여, 당신의 말씀대로 당신의 자비하심과 구원을 베풀어 주십시오.

42 그러면 내가 나를 비난하는 자들에게 대답할 말이 있을 것입니다. 나는 주의 말씀을 신뢰합니다.

43 진리의 말씀이 잠시도 내 입에서 떠나지 않게 하십시오. 나는 주의 규례를 기다립니다.

44 나는 주의 율법을 영원토록 지킬 것입니다.

45 내가 주의 법도들을 스스로 구했으니 자유롭게 이행할 것입니다.

46 그리고 왕들 앞에서 주의 교훈을

---

1) 작은 소리로 읊조리리이다

말할 때 부끄러움을 당하지 않을 것입니다.

47 내가 사랑하는 주의 명령들을 스스로 기뻐하게 하십시오.

48 또한 그 명령들을 향해 손을 들고 주의 법규들을 묵상합니다.

49 주께서 당신의 종에게 소망을 갖게 하신 그 말씀을 기억하십시오.

50 그 말씀은 내가 고난을 당할 때 위로가 됩니다. 그것은 주의 말씀이 나를 살리셨기 때문입니다.

51 거만한 자들이 나를 심하게 비웃었어도 나는 주의 율법을 떠나지 않았습니다.

52 여호와여, 내가 당신의 옛 규례들을 기억하고 스스로 위로를 받았습니다.

53 나는 주의 율법을 버린 악인들 때문에 분개한 마음을 품었습니다.

54 나그네로 사는 이 땅¹⁾에서 주의 법규들은 내게 노래가 되었습니다.

55 여호와여, 나는 밤에도 당신의 이름을 기억하고 당신의 율법을 지켰습니다.

56 주의 법도들을 따라 사는 것이 바로 나의 큰 축복²⁾입니다.

57 여호와는 나의 몫이니 "나는 주의 말씀을 지킬 것이다"라고 약속했습니다.

58 내가 마음을 다해 주님께 간구했으니 당신의 말씀대로 내게 은혜를 베푸십시오.

59 내가 내 행위를 생각하고 주의 교훈들을 따르기로 했습니다.

60 나는 주의 명령들을 지체하지 않고 순종했습니다.

61 악인들의 줄이 나를 묶어도 나는 주의 율법을 잊지 않았습니다.

62 나는 주의 의로운 규례들이 생각나면 밤중에도 일어나 당신께 감사했습니다.

63 나는 주를 경외하는 모든 자와 당신의 법도들을 지키는 자들의 친구입니다.

64 여호와여, 당신의 사랑이 땅에 충만하오니 당신의 규례들로 나를 가르치십시오.

65 여호와여, 당신은 당신의 말씀대로 당신의 종에게 은혜를 베푸셨습니다.

66 내가 주의 명령들을 믿었으니 좋은 판단력과 지식을 내게 가르치십시오.

67 벌하시기 전에는 내가 잘못된 길로 갔으나 지금은 당신의 말씀을 지킵니다.

68 주는 선하시므로 선을 행하시니 당신의 규례들로 나를 가르치십시오.

69 오만한 자들이 거짓말로 나를 치려고 했으나 나는 마음을 다해 주의 법도들을 지킬 것입니다.

70 오만한 자들의 마음은 살쪄서 기름 덩이처럼 아무런 감각이 없지만 나는 주의 율법을 기뻐합니다.

71 고난을 당한 것이 오히려 내게 유익이 되었습니다. 그로 인해 내가 주의 규례들을 배우게 되었기 때문입니다.

72 주의 말씀이 내게는 수천의 금은보다 더 좋습니다.

73 주의 손이 나를 지으셨고 세우셨습니다. 내게 깨닫는 마음을 주사 당신의 명령들을 배우게 하십시오.

74 주를 경외하는 자들이 나를 보고 기뻐하는 것은 당신의 말씀을 내가 기다리기 때문입니다.

75 여호와여, 나는 당신의 심판이 의롭다는 것을 압니다. 당신께서 내게 괴로움을 허락하시는 것은 당신의

1) 집 2) 소유

신실하심 때문이라는 것임을 압니다.

76 이제 구하오니 주의 종에게 하신 약속의 말씀대로 당신의 사랑이 내게 위로가 되게 하십시오.

77 주께서 불쌍히 여기시면 내가 살 수 있습니다. 당신의 율법은 나의 기쁨입니다.

78 오만한 자들이 거짓으로 나를 쓰러지게 하니 그들이 부끄러움을 당하게 하십시오. 나는 주의 법도들을 묵상합니다.

79 주를 경외하는 자들과 당신의 증거들을 아는 자들이 내게로 돌아오게 하십시오.

80 주의 규례를 대하는 내 마음을 온전하게 하사 내가 부끄러움을 당하지 않게 하십시오.

81 내 영혼은 피곤할 정도로 주의 구원을 갈망하며, 당신의 말씀을 기다립니다.

82 나는 "주께서 언제나 나를 위로해 주시겠습니까?"라고 말하면서 내 눈이 당신의 말씀을 기다리다가 피곤해졌습니다.

83 나는 연기 속에서 오그라진 가죽부대처럼 되었으나 주의 규례들을 잊지 않을 것입니다.

84 내가 살 수 있는 날이 얼마나 됩니까? 주는 나를 핍박하는 자들을 언제 심판하시렵니까?

85 주의 율법대로 살지 않는 오만한 자들이 나를 빠뜨리려고 구덩이를 팠습니다.

86 주의 모든 명령은 신실한 것이니 아무 이유 없이 나를 핍박하는 자들에게서 나를 건지십시오.

87 그들이 나를 세상에서 거의 끝장을 냈지만 그래도 나는 주의 법도들을 버리지 않았습니다.

88 주의 자비하심으로 내 생명을 구해 주십시오. 그러면 당신의 가르침들을 내가 지킬 것입니다.

89 여호와여, 당신의 말씀은 영원히 하늘에 견고히 자리잡고 있으며,

90 주의 신실하심은 영원합니다. 당신께서 땅의 기초를 세우셨으니 그 땅이 여전히 있습니다.

91 하늘과 땅이 주의 규례대로 오늘까지 존재해 있는 것은 만물이 당신의 종이기 때문입니다.

92 주의 법이 내 기쁨이 되지 않았다면 나는 내가 당한 고난으로 멸망했을 것입니다.

93 내가 주의 법도들을 영원히 잊지 않았기 때문에 당신께서 나를 살게 하셨습니다.

94 나는 주의 것이니 나를 구원하십시오. 나는 당신의 법도만을 찾았습니다.

95 악인들은 나를 죽일 기회를 찾지만, 나는 주의 교훈만을 명심하겠습니다.

96 나는 세상의 모든 완전한 것도 다 끝이 있다는 사실을 봅니다. 그러나 주의 명령들은 그것들보다 더욱 넓습니다.

97 나는 주의 율법을 하루 종일 깊이 묵상할 만큼 사랑합니다.

98 주의 명령들은 항상 원수들보다 나를 더 지혜롭게 합니다.

99-100 내가 항상 주의 가르침[1]을 묵상하고 그의 법도를 지키기 때문에 내 판단력이 나의 모든 스승과 노인보다 낫습니다.

101 나는 주의 말씀을 지키기 위해 어떤 악한 길로 가지 않았습니다.

102 주께서는 나를 가르치셨기에 내가 당신의 규례들에서 벗어나지 않았습니다.

1) 증거

103 주의 말씀은 내 입속의 꿀보다 더 답니다.

104 주의 법도들로 인해 내가 판단력이 생겨 모든 거짓된 행위를 미워합니다.

105 주의 말씀은 내 발에 등불이 되고, 내 길에 빛이 됩니다.

106 그래서 나는 주의 의로운 규례들을 지키기로 굳게 맹세했습니다.

107 여호와여, 내 고난이 매우 크니 당신의 말씀에 따라 내 생명을 구해 주십시오.

108 여호와여, 간구합니다. 내 입술로 드리는 감사제물*1)*을 받아 주시고, 당신의 규례*2)*를 내게 가르치십시오.

109 내 목숨이 항상 위험에 처해 있지만, 나는 주의 율법을 기억할 것입니다.

110 악인들이 나를 해치려고 덫을 놓았지만, 나는 주의 교훈을 떠나지 않았습니다.

111 나는 주의 말씀을 영원한 유업으로 삼았습니다. 이는 당신의 말씀이 내 마음의 기쁨이 되기 때문입니다.

112 나는 주의 법규들을 끝까지 행하려고 내 마음을 쏟았습니다.

113 나는 두 마음 품는 자들을 미워하고, 당신의 율법을 사랑합니다.

114 주는 나의 은신처이며 방패가 되십니다. 나는 당신의 말씀을 기다립니다.

115 너희 행악자들이여, 나를 떠나가라. 나는 내 하나님의 명령들을 지킬 것이다.

116 주의 말씀*3)*대로 나를 살려 주시고, 내 소망이 좌절되지 않도록 하십시오.

117 나를 붙들어 주십시오. 그러면 내가 구원을 얻고, 항상 주의 법규들을 존중할 것입니다.

118 주의 규례들에서 떠나는 자는 당신께서 모두 멸시하셨으니 그들의 속임수는 허무하게 될 것입니다.

119 주께서는 세상의 모든 악인을 찌꺼기처럼 버리십니다. 그러므로 내가 당신의 교훈들을 사랑합니다.

120 내 몸이 당신을 두려워함으로 떨며, 주의 심판을 두려워합니다.

121 내가 의로움과 공의로 행했으니 나를 억압하는 자들에게 내어주지 마십시오.

122 주의 종의 복을 보증해 주셔서 오만한 자가 나를 억압하지 못하게 해주십시오.

123 내 눈이 피곤할 정도로 주의 구원과 의로운 말씀을 갈망합니다.

124 주의 종에게 당신의 자비를 베풀어 내게 당신의 규례들을 가르치십시오.

125 나는 주의 종입니다. 내게 깨닫는 마음을 주사 당신의 말씀들을 알게 하십시오.

126 오만한 자들은 주의 율법을 어기고 있으니 지금이 바로 당신께서 일하실 때입니다.

127 그러므로 내가 주의 명령들을 순금보다 더 사랑합니다.

128 또 내가 모든 일에 주의 모든 법도를 바르게 여기고, 거짓된 모든 행위를 미워합니다.

129 주의 증거들은 놀랍기에 나는 그 증거들을 지킵니다.

130 주의 말씀을 열면 그곳에서 빛이 나와 미련한 사람들을 깨닫게 합니다.

131 내가 주의 명령들을 내 입이 헐떡일 정도로 갈망합니다.

132 주의 이름을 사랑하는 자들에게

1) 자원 제물　2) 공의　3) 약속

하시던 대로 내게도 은혜를 베푸십시오.

133 주의 말씀에 따라 내 발걸음을 굳게 세우시고, 어떤 죄도 나를 지배하지 못하게 하십시오.

134 나를 사람의 핍박에서 구하사 나로 주의 법도들을 지키게 하십시오.

135 주의 얼굴을 당신의 종에게 비추시고, 당신의 규례로 나를 가르치십시오.

136 나의 대적자들이 주의 법을 지키지 않으므로 내 눈물이 시냇물처럼 흐릅니다.

137 여호와여, 당신은 의로우시고, 당신의 판단은 공정하십니다.

138 주께서 명령하신 율법들은 공정하고 지극히 신뢰할 만합니다.

139 나의 대적들은 주의 말씀을 무시하기 때문에 내 분노가 끓어오릅니다.

140 주의 말씀이 정제되어 당신의 종이 그 말씀을 사랑합니다.

141 내가 어리기 때문에 멸시를 당하지만, 나는 주의 법도를 잊지 않았습니다.

142 주의 의는 영원하며, 당신의 율법은 진리입니다.

143 고통과 재난이 내게 찾아왔으나 주의 명령은 나의 기쁨이 됩니다.

144 주의 말씀들은 영원히 의로우니 내게 깨달음을 주어 살아가게 하십시오.

145 여호와여, 내가 마음을 다해 간구하오니 내게 응답하십시오. 내가 당신의 가르침들을 지키겠습니다.

146 내가 주께 간구하오니 나를 구원하십시오. 내가 당신의 규례들을 지키겠습니다.

147 내가 주의 말씀을 간절히 기다리기에 새벽에 부르짖습니다.

148 나는 주의 말씀을 조용히 묵상하기

위해 새벽에 눈을 떴습니다.

149 주의 한결같은 사랑으로 내 간구하는 소리를 들으십시오. 여호와여, 당신의 규례들을 따라 내 생명을 보존하십시오.

150 악을 좇는 자들이 가까이 왔으니 그들은 주의 율법과는 무관한 자들입니다.

151 여호와여, 당신께서 내 곁에 가까이 계시니 당신의 모든 명령은 진리입니다.

152 나는 이전부터 주의 교훈을 영원히 세우신 것을 알았습니다.

153 내 고난을 보시고 나를 구하십시오. 나는 주의 율법을 잊지 않았습니다.

154 주께서는 나를 변호해 주고 구하셔서 당신의 말씀대로 나를 살려 주십시오.

155 악인들은 주의 율례들을 구하지 않기 때문에 구원은 그들에게서 멀어졌습니다.

156 여호와여, 당신은 자비가 크시니 당신의 규례들에 따라 내 생명을 보존하십시오.

157 나를 핍박하는 자와 대적자가 많지만 나는 주의 율법에서 떠나지 않았습니다.

158 내가 거짓된 자들을 보고 역겹게 생각하는 것은 그들이 주의 말씀을 지키지 않기 때문입니다.

159 내가 주의 교훈을 얼마나 사랑하는지를 보십시오. 여호와여, 당신의 사랑을 따라 내 생명을 보존하십시오.

160 주의 말씀은 처음부터 진리이고, 당신의 의로운 모든 규례는 영원합니다.

161 권력 있는 고관들이 아무 이유 없이 나를 핍박하지만 내 마음은 주의

1) 증거

말씀만을 두려워합니다.

162 나는 주의 말씀을 사람이 많은 탈 취물을 얻은 것처럼 기뻐합니다.

163 나는 거짓을 미워하며, 주의 율법 을 사랑합니다.

164 나는 주의 의로운 규례들로 인해 하루에 7번씩 당신을 찬양합니다.

165 주의 율법을 사랑하는 자에게는 큰 평안이 있고 아무런 장애물이 없습니다.

166 여호와여, 내가 당신의 구원을 소망 하고 당신의 명령들을 지켰습니다.

167 내가 주의 교훈을 지키고, 그것을 지극히 사랑합니다.

168 내가 주의 법도들과 교훈들을 지 켰으니, 당신께서는 나의 모든 행 위를 보고 계십니다.

169 여호와여, 나의 부르짖음이 당신 앞 에 이르게 하시고, 당신께서 약속하 신 말씀대로 나를 깨닫게 하십시오.

170 나의 간구가 주님 앞에 이르게 하 시고, 당신께서 약속하신 말씀대 로 내 생명을 보존하십시오.

171 주께서 내게 규례를 가르치시니 내가 당신을 찬양합니다.

172 주의 모든 명령이 의로우시기에 내가 당신의 말씀을 노래합니다.

173 내가 주의 법도들을 택했으니 당신 의 손으로 항상 나를 도우십시오.

174 여호와여, 내가 당신의 구원을 갈 망하며 당신의 율법을 기뻐합니다.

175 주의 규례들이 나를 돕게 하여 나 를 살려 주십시오. 그러면 당신을 찬양할 것입니다.

176 내가 길을 잃은 양처럼 방황하니 주의 종을 속히 찾으십시오. 내가 당신의 명령들을 기억합니다.

성전에 올라가는 노래

120 ● 내가 고통 가운데 여호와 께 부르짖었더니 그가 내게

응답하셨다.

2 여호와여, 거짓말로 속이는 자의 혀 에게서 내 생명을 구해 주십시오.

3 속이는 자들아, 하나님께서 너를 어떻게 하며, 어떤 벌을 내리실 것 같으냐?

4 바로 궁사의 날카로운 화살과 로 뎀나무로 된 숯불이다.

5 네가 메섹에 머물며, 게달의 장막 가운데 머무는 것이 오히려 화가 되었다.

6 나는 평화를 미워하는 자들과 함 께 오래 살았다.

7 나는 그들에게 평화를 말해도 그 들은 내가 말할 때 전쟁을 생각한 다.

성전에 올라가는 노래

121 ● 나의 도움이 어디서 오는 지 내가 산을 향해 눈을 들 것이다.

2 나의 도움은 하늘과 땅을 창조하 신 여호와에게서 온다.

3-4 여호와께서 네 발을 넘어지지 않 게 하시며, 이스라엘을 지키시는 이는 졸지도 않고 주무시지도 않 으신다.

5 여호와는 너를 지켜주시는 분이 시다. 그 분은 네 오른쪽에서 너의

성전에 올라가는 노래(시 120-134편)

120편부터 시작하는 시편은 134편까지 표제어에 성전에 올라가는 노래로 되어 있다. 이 15편의 시 모음들은 본래 각각 그 저자 및 시대는 물론 주제 와 내용의 전개 구조 서로 다른 독립된 시들이 었다. 그러나 이들 모든 시편들은 포로 귀환 이후 시대에 이스라엘 선민들이 성전을 순례할 때 불 리도록 하기 위한 목적으로 한 데 모아 놓은 것이 기 때문에 성전에 올라가는 노래(Ascent pasims) 혹은 성전 순례시(Pilgrim pasims)로 통칭된다.

1) 악

그늘이 되시기 때문에

6 낮의 해가 너를 상하게 하지 못하고, 밤의 달도 너를 해치지 못할 것이다.

7 여호와께서는 너를 모든 환난에서 지키시고, 네 생명도 지키실 것이다.

8 여호와께서는 네가 어디를 가든지 지금부터 영원까지 너를 지키실 것이다.

다윗의 시 곧 성전에 올라가는 노래

122 ● 사람들이 내게 "여호와의 집에 올라가자"라고 할 때 내가 기뻐했다.

2 예루살렘아, 우리 발이 네 성문 안에 들어와 있다.

3 예루살렘아, 너는 치밀하게 설계된 성읍과 같이 건설되었다.

4 여호와의 지파들이 여호와의 이름을 감사 찬양하기 위해 전례에 따라 성전으로 올라간다.

5 그러나 그곳에 재판을 위한 보좌를 두셨으니, 바로 다윗의 집의 보좌이다.

6 예루살렘을 위해 평화를 구하라. 예루살렘을 사랑하는 자는 형통할 것이다.

7 네 성 안에는 평안이 있고, 네 궁중에는 형통함이 있을 것이다.

8 나는 내 형제와 친구에게도 평안이 있기를 구할 것이다.

9 나는 하나님의 집에 복이 있기를 구할 것이다.

성전에 올라가는 노래

123 ● 하늘 보좌에 계시는 주여, 내가 눈을 들어 당신을 바라봅니다.

2 상전의 손길을 살피는 종들의 눈처럼, 여주인의 손길을 살피는 여종의 눈처럼 우리에게 은혜 베풀어 주시기를 우리의 눈이 우리의 하나님을 바라봅니다.

3 여호와여, 우리에게 은혜를 베푸시고 또 베풀어 주십시오. 우리가 많은 멸시를 받았습니다.

4 평안하게 사는 자의 비웃음과 오만한 자들의 멸시가 우리 심령[1]에 가득 찼습니다.

다윗의 시 곧 성전에 올라가는 노래

124 ● 이스라엘은 이제 말한다. "만일 여호와께서 우리 편에 서시지 않았다면 우리가 어떻게 되었을까?

2 여호와께서 우리 편에 계시지 않았다면 사람들이 일어나 우리를 칠 때

3 그들의 맹렬한 노여움은 우리를 산 채로 삼켰을 것이다.

4-5 그때는 넘치는 물이 우리를 휩쓸 듯 우리 영혼을 삼켰을 것이다."

6 그러므로 우리를 그들에게 내주어 그들의 이빨에 먹히지 않게 하신 여호와를 찬양하라.

7 우리의 영혼이 사냥꾼이 친 덫에서 벗어난 새처럼 도망하였으니 덫이 끊어지므로 우리가 그 덫에서 벗어났다.

8 우리의 도움은 하늘과 땅을 창조하신 여호와의 이름 안에 있다.

성전에 올라가는 노래

125 ● 여호와를 의지하는 사람은 시온산과 같이 흔들리지 않고 영원히 서 있는 것과 같도다.

2 산들이 예루살렘을 감싸고 있는 것처럼 여호와께서 그의 백성을 지금부터 영원까지 감싸실 것이다.

3 악인의 지팡이인 규가 의인들의 땅에서는 그 권세를 누리지 못할 것이다. 이는 의인들로 죄악에 손을

1) 영혼

대지 않게 하려는 것이다.

4 여호와여, 선한 자들과 마음이 정직한 자들을 선하게 대해 주십시오.

5 여호와는 굽은 길로 치우쳐 가는 자들을 죄를 범하는 자들과 함께 다니게 하실 것입니다. 이스라엘에게 평안이 있기를 바란다.

성전에 올라가는 노래

126 ● 여호와께서 예루살렘, 곧 시온의 포로를 돌려보내실 때 우리는 마치 꿈꾸는 자들과 같았다.

2-3 그때 우리 입에는 웃음이 가득 찼고, 우리 혀에는 찬양이 넘쳤다. 그때 우리는 세상 나라 가운데서 이렇게 말했다. "여호와께서 우리를 위해 큰일을 행하셨으니 우리는 기쁘다.

4 여호와여, 포로가 된 우리를 남방 시내들처럼 예상하지 못할 정도로 속히 돌려보내 주십시오.

5 눈물을 흘리며 씨를 뿌리는 자는 기쁨으로 거둘 것이다.

6 울며 씨를 뿌리러 나가는 자는 반드시 기쁨으로 그 곡식의 단을 가지고 돌아올 것이다."

솔로몬의 시, 곧 성전에 올라가는 노래

127 ● 만일 여호와께서 집을 짓지 않으시면 그것을 짓는 자들은 헛되이 수고하는 것이다. 만일 여호와께서 성을 지키지 않으시면 파수꾼이 지키는 것이 헛되다.

2 너희가 일찍 일어나고 늦게까지 앉아 있는 것이 헛되며, 수고하여 얻은 빵을 먹는 것도 헛되다. 그러므로 여호와께서 사랑하시는 자에게는 잠을 주신다.

3 보라, 자식들은 여호와의 유업이

며, 태의 열매는 그의 상급이다.

4 젊은 때[1]의 자식들은 용사의 손에 있는 화살과 같다.

5 그러므로 화살통에 화살이 가득한 자는 복 있는 사람이다. 그들은 성문에서 그들의 원수와 말할 때 자식으로 인해 수치를 당하지 않을 것이다.

128 여호와를 경외하며 그의 길을 따라 사는 자마다 복이 있다.

2 그는 자기가 수고한 대로 먹으리니 행복하고 형통할 것이다.

3 네 집 안방에 있는 네 아내는 열매 맺은 포도나무와 같고, 네 식탁에 둘러앉은 자식들은 어린 올리브나무와 같을 것이다.

4 여호와를 경외하는 자는 이 같은 복을 받을 것이다.

5 여호와께서 예루살렘, 곧 시온에서 네게 복을 주시리니 너는 평생 예루살렘의 번영을 보며,

6 네 자식과 손자 손녀들을 볼 것이다. 이스라엘에게 평화가 있기를 기원한다.

성전에 올라가는 노래

129 ● 이스라엘은 이제 말하라. 원수들은 내[2]가 어릴 때부터 여러 번 나를 괴롭혔다.

2 그러나 그들은 나를 이기지 못했다.[3]

3 원수들은 밭 가는 자들이 고랑을 길게 하며 밭을 갈듯 내[2] 등을 길게 갈았다.[4]

4 그러나 여호와께서는 의로우사 악인들의 밧줄을 끊으셨다.

5 결국 예루살렘을 미워하는 자들은 부끄러움을 당하고 물러갈 것이다.

---

1) 자 2) 이스라엘 3) 이스라엘은 명맥을 유지했다
4) 오랫동안 괴롭혔다

6 그들은 지붕 위에 나는 풀처럼 자라기 전에 마를 것이다.

7 이런 것은 너무 적어 베는 자의 손에 차지 않고, 묶는 자의 품에도 차지 않으니

8 지나가는 자들도 "여호와께서 너희에게 복을 베풀기를 바란다"라고 빌지 않고 "우리가 여호와의 이름으로 너희에게 축복한다"라고 말하지도 않는다.

성전에 올라가는 노래

130

● 여호와여, 내가 깊은 곳에서 당신께 부르짖습니다. 그러니

2 내 부르짖는 간구를 귀담아들어 주십시오.

3 만일 주께서 죄악을 살피신다면 당신 앞에 누가 설 수 있겠습니까?

4 그러나 용서하심이 당신께 있는 것은 당신을 경외하게 하기 위함입니다.

5 내가 여호와를 기다리며, 당신의 말씀을 기다린다.

6 그 기다림은 파수꾼이 아침을 기다리는 것보다 더 간절하다. 참으로 그렇다.

7 이스라엘아, 소망을 여호와께 두라. 그에게는 자비하심과 풍성한 구원하심이 있다.

8 여호와께서는 이스라엘을 그의 모든 죄악에서 구원하신다.

다윗의 시 곧 성전에 올라가는 노래

131

● 여호와여, 나는 교만한 마음이 없고, 내 눈이 오만하지 않으며, 내게 분에 넘치는 크고 놀라운 일을 하려고 애쓰지 않았습니다.

2 내 영혼은 어머니 품에 있는 젖 뗀 아이같이 고요하고 평온합니다.

3 이스라엘아, 지금부터 영원까지 여호와께만 소망을 두라.

성전에 올라가는 노래

132

● 여호와여, 다윗을 위하여 그의 모든 괴로움[1]을 기억하십시오.

2 그가 여호와께 맹세하며 야곱의 전능자에게 이렇게 서원했습니다.

3-5 "내가 여호와의 처소인 야곱의 전능자의 성막을 안치할 성전을 건축[2]하기까지 나는 내 장막 집에 들어가지 않고, 내 침상에도 오르지 않으며, 눈을 붙여 깊은 잠에 빠지지 않으며, 내 눈꺼풀로 졸게 하지 않겠습니다."

6 우리는 법궤가 에브라다에 있다는 소식을 들은 후 그것을 나무[3]의 밭인 기럇여아림에서 찾았다.

7 우리가 주께서 계신 곳으로 가서 그의 발등상 앞에서 엎드려 경배드릴 것이다.

8 여호와여, 일어나사 당신의 권능의 법궤와 함께 평안한 곳으로 들어가십시오.

9 주의 제사장들은 의로운 일을 하게 하시고, 주의 성도들은 기쁜 함성을 지르게 하십시오.

10 주의 종 다윗을 위해 당신께서 기름을 부어 세운 자의 얼굴을 모르는 체하지 마십시오.

11 여호와께서 다윗에게 성실히 맹세하셨기 때문에 변경하지 않으실 것입니다. 그래서 여호와께서 이렇게 말씀하셨습니다. "네 몸에서 태어난 자를 왕으로 삼을 것이다.

12 네 자손이 내 언약과 내가 가르치는 법도를 지키면 그들의 후손도 대대로 왕이 되게 할 것이다."

13 여호와께서는 예루살렘을 택하시고 자기의 거처로 삼기 위해 말씀하셨습니다.

1) 겸손 2) 발견 3) 야일

14 "내가 이곳에서 영원히 쉴 것이다. 그것은 내가 원한 곳이기 때문이다.

15 내가 이 예루살렘성에 먹거리를 넉넉하게 주고, 빵으로 그 가난한 자들을 만족하게 할 것이다.

16 내가 그 제사장들에게 구원의 옷을 입히리니 경건한 자들은 기뻐 외칠 것이다.

17 내가 그곳에서 다윗에게 한 사람[1]을 나게 하리니 그에게 왕으로 기름을 붓기 위해 등을 준비했다.

18 내가 그의 원수에게는 부끄러움을 당하게 하고, 기름 부은 자에게는 그 왕관을 빛나게 할 것이다."

다윗의 시 곧 성전에 올라가는 노래

133 ● 보라, 형제가 함께 어울려 사는 것이 얼마나 선하고 아름다운가!

2 그것은 머리의 보배로운 기름이 아론의 수염을 타고 흘러서 그의 옷깃까지 내리는 것과 같고,

3 헬몬[2]산의 이슬이 시온의 산들에 내리는 것과 같다. 그곳에서 여호와께서 복을 명령하셨는데, 바로 영생이다.

성전에 올라가는 노래

134 ● 밤에 여호와의 성전에서 섬기는 여호와의 모든 종아, 여호와를 찬양하라.

2 성전을 향해 너희 손을 거룩하게 들고 여호와를 찬양하라.

3 하늘과 땅을 창조하신 여호와께서 예루살렘, 곧 시온에서 네게 복을 주실 것이다.

135 할렐루야, 여호와의 종들아, 여호와의 이름을 찬양하라.

2 여호와의 성전 뜰에 서 있는 너희여,

3 여호와를 찬양하라. 여호와는 선하시니, 그의 아름다운 이름을 찬양하라.

4 이는 여호와께서 자기를 위해 야곱을 자기의 것으로 선택하셨기 때문이다.

5 나는 여호와께서 모든 신보다 위대하심을 알고 있다.

6 여호와께서 천지와 바다와 모든 깊은 데서 그가 기뻐하시는 모든 일을 행하셨다.

7 안개를 땅끝에서 일어나게 하시고, 비를 위해 번개를 일으키시며, 그 창고에서 바람을 나오게 하신다.

8 여호와는 애굽의 처음 난 자를 사람부터 짐승까지 죽이셨다. [3]

9 여호와께서 애굽에서 기적들과 재앙들을 행하시므로 바로와 그의 모든 신하를 벌하셨다.

10 그가 많은 나라를 치시고 강한 왕들을 죽이셨는데,

11 그들은 아모리족의 왕 시혼과 바산 왕 옥과 가나안 지역의 모든 왕이다.

12 그리고 그들의 땅을 자기 백성 이스라엘에게 유업으로 주셨다.

13 여호와여, 당신의 이름은 영원히 남을 것입니다. 모든 세대가 대대로 당신을 기억할 것입니다.

14 여호와께서는 자기 백성을 변호하시며, 그의 종들에게 위로를 베푸실 것입니다.

15 세상 나라의 우상은 사람의 손으로 만든 은금이다.

16 그것들은 입이 있어도 말할 수 없고, 눈이 있어도 볼 수 없으며,

17 귀가 있어도 들을 수 없으며, 입이 있어도 호흡이 없다.

18 그것을 만든 자와 그것을 의지하는 자가 모두 그와 같을 것이다.

19-20 이스라엘 족속과 아론의 족속과

1) 뿔 2) 헬몬 3) 출 12:29-30

레위 족속과 여호와를 경외하는 자들아, 여호와를 찬양하라.
21 예루살렘에 거하시는 여호와는 시온에서 찬양을 받으십시오. 할렐루야.

136 여호와께 감사하라. 그는 선하시며, 그 자비하심이 영원하도다.
2 신들 가운데 가장 크신 하나님께 감사하라. 그 자비하심이 영원하도다.
3 주[1]들 가운데 가장 위대하신 주님께 감사하라. 그 자비하심이 영원하도다.
4 홀로 크고 놀라운 일들을 행하시는 이에게 감사하라. 그 자비하심이 영원하도다.
5 지혜로 하늘을 창조하신 이에게 감사하라. 그 자비하심이 영원하도다.
6 물 가운데 땅을 펼치신 이에게 감사하라. 그 자비하심이 영원하도다.
7 큰 빛들을 창조하신 이에게 감사하라. 그 자비하심이 영원하도다.
8 해로 낮을 주관하게 하신 이에게 감사하라. 그 자비하심이 영원하도다.
9 달과 별들로 밤을 주관하게 하신 이에게 감사하라. 그 자비하심이 영원하도다.
10 애굽의 장자를 죽이신 이에게 감사하라. 그 자비하심이 영원하도다.
11 이스라엘을 애굽에서 이끌어내신 이에게 감사하라. 그 자비하심이 영원하도다.
12 강한 손과 펴신 팔로 인도하신 이에게 감사하라. 그 자비하심이 영원하도다.
13 홍해를 가르신 이에게 감사하라. 그 자비하심이 영원하도다.
14 이스라엘을 홍해로 통과하게 하신 이에게 감사하라. 그 자비하심이 영원하도다.
15 바로와 그의 군대를 홍해에 빠뜨리신 이에게 감사하라. 그 자비하심이 영원하도다.
16 그의 백성으로 광야를 통과하게 하신 이에게 감사하라. 그 자비하심이 영원하도다.
17 강한 왕들을 치신 이에게 감사하라. 그 자비하심이 영원하도다.
18 유명한 왕들을 죽이신 이에게 감사하라. 그 자비하심이 영원하도다.
19 아모리인의 왕 시혼을 죽이신 이에게 감사하라. 그 자비하심이 영원하도다.
20 바산 왕 옥을 죽이신 이에게 감사하라. 그 자비하심이 영원하도다.
21 그들의 땅을 유업으로 주신 이에게 감사하라. 그 자비하심이 영원하도다.
22 그 종 이스라엘에게 유업으로 주신 이에게 감사하라. 그 자비하심이 영원하도다.
23 비천한 가운데서도 기억해 주신 이에게 감사하라. 그 자비하심이 영원하도다.
24 우리를 우리의 대적에게서 건지신 이에게 감사하라. 그 자비하심이 영원하도다.
25 모든 사람에게 먹을거리를 주신 이에게 감사하라. 그 자비하심이 영원하도다.
26 하늘의 하나님께 감사하라. 그 자비하심이 영원하도다.

137 우리는 바빌론의 강변 여러 곳에 앉아서 시온을 기억하며 울었다.
2 우리가 그 강변 중의 버드나무에

1) 主

우리의 수금을 걸어 두었다.

3 우리를 포로로 잡아 온 자들이 그곳에서 우리에게 노래를 청하고, 우리를 조롱하는[1] 자가 흥을 돋우도록 요구하며, 자기들을 위해 시온의 노래 중 하나를 부르라고 하기 때문이다.

4 우리가 이방 땅에서 어찌 여호와의 노래를 부를 수 있겠는가?

5 예루살렘아, 내가 너를 잊는다면 내 오른손도 수금을 연주하는 그 재주를 잊을 것이다.

6 예루살렘을 내가 가장 기뻐하는 것보다 더 기뻐하지 않는다면 내 혀가 내 입천장에 붙을 것이다.

7 여호와여, 예루살렘이 멸망하던 날에 에돔 자손이 "헐어 버리고 또 헐어 버리라. 그 기초까지 헐어 버리라"고 말한 것을 기억하시고 그들을 치십시오.

8 멸망해야 할 딸 바벨론 도성아, 네가 우리에게 행한 대로 네게 갚아 주는 자에게 복이 있을 것이다.

9 바벨론의 어린 것들을 바위에 메어치는 자는 복이 있을 것이다.

다윗의 시

138 ● 내가 온 마음으로 주님께 감사하며, 신들 앞에서 당신을 찬양합니다.

2 내가 주의 성전을 향해 경배하며, 당신의 자비와 진리로 인해 주의 이름을 감사 찬양합니다. 이는 주께서 당신의 말씀을 모든 이름보다 높게 하셨기 때문입니다.

3 내가 간구하는 날 주께서 응답하시고, 내 영혼을 강하게 하여 나를 담대하게 하셨습니다.

4 세상의 모든 왕이 주의 입의 말씀을 들었기에 주께 감사합니다.

5 그들이 여호와께서 행하신 일을

노래하는 것은 여호와의 영광이 크시기 때문입니다.

6 여호와께서는 높으신 분이지만 낮은 자를 굽어살피시고, 멀리서도 오만한 자를 알고 계십니다.

7 내가 고통 가운데 걸어가도 주께서는 나의 생명을 보호하시고, 당신의 오른손을 펴서 내 원수들의 분노를 막아주십니다.

8 여호와께서는 내게 보상해 주십니다. 여호와여, 당신의 자비하심이 영원하니 당신이 지은 나를 버리지 마십시오.

다윗의 시, 인도자를 따라 부르는 노래

139 ● 여호와께서는 자세히 살펴보았기에 나를 아십니다.

2 주께서는 내가 앉고 일어나는 것을 아시고, 내 생각을 멀리서도 분명하게 아십니다.

3 내가 가는 모든 길과 내가 눕는 것을 살펴보았기에 내 모든 행위를 잘 아십니다.

4 여호와께서는 내 말을 빠짐없이 잘 알고 계십니다.

5 주께서는 나의 앞뒤를 둘러싸서 막아 주시고, 내게 손을 얹어 주셨습니다.

6 이 같은 지식은 너무 놀랍고 깊어 내가 능히 이해하지 못합니다.

7 그러므로 내가 주의 영을 떠나 어디로 가며, 당신 앞에서 어디로 피할 수 있겠습니까?

8 내가 하늘에 올라간다고 해도 주는 그곳에 계시며, 내가 무덤에 자리를 펼지라도 당신은 그곳에 계십니다.

9 내가 새벽 동트는 너머로 날아가 새벽 날개를 치며 바다 끝에 간다고 해도

[1] 황폐하게 한

10 주의 손이 나를 인도해 주시며, 당신의 오른손이 나를 붙들어 주십니다.

11 내가 "흑암이 나를 덮어 나를 두른 빛은 밤이 되라"고 말해도

12 주님 앞에서는 어둠이 숨지 못하며 밤이 낮과 같이 비추니, 당신에게는 흑암과 빛이 다 같습니다.

13 주께서는 나의 내장을 만드시고, 어머니의 뱃속에서 나를 만드셨습니다.

14 내가 주님께 감사하는 것은 나를 지으신 것이 심히 신기하고, 당신께서 하시는 일이 참으로 놀라운 것임을 내 영혼이 잘 알기 때문입니다.

15 은밀히 나를 지으시고, 땅속 깊은 곳에서 신비롭게 지으셨으니 내 형태가 주님 앞에 드러났습니다.

16 내 모양이 형성되기 전에 주의 눈이 보셨으며, 나의 존재가 시작하기 전인 정해진 날이 하루도 되기 전에 주의 책에 모두 기록되었습니다.

17 하나님이여, 당신의 생각이 내게 얼마나 귀하고, 그것들이 어찌 그처럼 심오합니까!

18 내가 세어 본다면 모래보다 많을 것입니다. 내가 잠에서 깨어나도 여전히 주님과 함께 있습니다.

19 하나님이여, 당신께서 반드시 악인을 죽이실 것입니다. 그러니 살인하는 자들은 나를 떠나가라.

20 그들은 주님에 대해 악한 말을 하며, 주의 원수들은 당신의 이름을 빙자하여 헛된 맹세를 합니다.

21 여호와께서 미워하는 자들을 내가 어찌 미워하지 않겠으며, 당신께 대항하는 자들을 내가 어찌 미워하지 않겠습니까?

22 내가 그들을 끝까지 미워하니 그들은 내 원수들입니다.

23 하나님이여, 나를 살펴 내 마음을 알아주시고, 나를 시험하여 내 뜻을 알아주십시오.

24 혹시 내게 무슨 고통받는 길인 악한 행위가 있는지 보시고 영원한 길로 나를 인도하십시오.

다윗의 시,
인도자를 따라 부르는 노래

140 ● 여호와여, 악인에게서와 폭력을 행하는 자에게서 나를 건지고 지켜 주십시오.

2 그들은 마음속으로 악한 생각을 하고, 매일같이 싸우도록 선동합니다.

3 그 혀를 뱀처럼 날카롭게 하니 독사의 독이 그 입술 밑에 있습니다. (셀라)

4 여호와여, 악인의 손에 빠지지 않도록 나를 지켜 주시고, 폭력을 행하는 자에게서 나를 보호하사 그들에게서 벗어나게 해주십시오. 그들은 내 발걸음을 밀쳐 넘어지게 하려고 합니다.

5 교만한 자들이 나를 해치려고 덫과 밧줄을 숨겨 두었으며, 길 옆에 그물을 치고 나를 빠뜨리려고 함정을 팠습니다.(셀라)

6 그래서 내가 여호와께 말합니다. 당신은 나의 하나님이십니다. 여호와여, 나의 간구하는 소리를 귀 담아들어 주십시오.

7 내게 구원의 능력이 되신 여호와여, 당신은 전쟁의 날에 내 머리를 보호해 주셨습니다.

8 여호와여, 악인의 소원을 허락하지 마시고, 그들이 스스로 교만하지 않도록 그들의 악한 계획이 실패하게 하십시오.(셀라)

9 나를 에워싸는 자들의 우두머리는 그들이 내뱉는 말대로 그 입술의 재난이 그들에게 되돌아오게 하십시오.

10 달아오른 숯불이 그들 위에 떨어지게 하시고, 불 가운데와 깊은 웅덩이에서 다시는 빠져나오지 못하게 하십시오.

11 혀를 놀려 남을 악담하는 자는 세상에서 성공하지 못하게 하시고, 폭력을 행하는 자는 재앙으로 패망하게 하십시오.

12 여호와는 고난당하는 자를 변호해 주시고, 궁핍한 자에게 공의를 행하시는 분임을 나는 알고 있습니다.

13 참으로 의인들은 주의 이름을 감사 찬양하며, 정직한 자들은 당신 앞에서 살 것입니다.

다윗의 시

141 ●여호와여, 내가 당신께 부르짖으니 속히 내게 오십시오. 내가 당신께 부르짖을 때 내 소리를 귀담아들어 주십시오.

2 내 기도를 주님 앞에 향과 같이 받아 주시고, 내가 손을 들고 드리는 기도는 저녁 제사처럼 받아 주십시오.

3 여호와여, 내 입에 문지기를 세우시고 내 입의 문을 지켜 주십시오.

4 내 마음이 악한 일에 이끌려 악행하는 자들과 함께 악을 행하지 않게 하시며, 그들이 차린 맛있는 음식을 먹지 않게 하십시오.

5 의인이 나를 쳐도 은혜로 여기고, 책망해도 그것을 머리 위에 붓는 향유 기름처럼 여겨 내가 그것을 싫어하지 않을 것입니다. 그들의 재난 가운데[1] 있어도 오히려 나는 항상 그들을 위해 기도할 것입니다.

6 그들의 통치자[2]들이 절벽으로 떨어질 때 내 말이 옳으므로 사람들은 내 말을 들을 것입니다.

7 사람이 밭을 갈아 흙을 부스러뜨림 같이 우리의 해골이 무덤인 스올 입구에 흩어졌습니다.

8 여호와여, 내 눈이 당신께 향하며, 내가 당신께로 피합니다. 내 영혼을 죽음에[3] 넘기지 마십시오.

9 그들이 내게 놓은 덫과 악을 행하는 자들의 올무에서 나를 지켜 주십시오.

10 악인은 자기 그물에 걸리게 하시고, 나는 안전하게 피하게 하십시오.

다윗이 아둘람 굴에 있을 때

142 ●내가 큰 소리로 여호와께 부르짖어 간구합니다.

2 내 한탄을 여호와께 쏟아 놓으며, 내 어려움을 그분 앞에 호소합니다.

3 나의 영이 내 속에서 약해질 때도 내 가는 길을 아시는 분은 주님뿐입니다. 그들은 내가 가는 길에 덫을 숨겨 놓았습니다.

4 여호와여, 오른쪽을 살펴보십시오. 나를 알아보는 자가 없고, 피할 곳도 없으며, 내 목숨을 구해 주는 자도 없습니다.

5 여호와여, 내가 당신께 부르짖습니다. "당신은 나의 피난처이시고, 살아 있는 사람들의 땅에서 내 몫이 되십니다."

6 여호와여, 내 울부짖는 소리를 들어 주십시오. 나는 심히 약해졌으니 나를 쫓는 자들에게서 나를 구해 주십시오. 그들은 나보다 강합니다.

7 내 영혼을 감옥과 같은 곳에서 나오게 하사 당신의 이름을 감사 찬양하게 하십시오. 주께서 내게 은혜를 주시면 의로운 자들이 내 주변으로 몰려들 것입니다.

다윗의 시

143 ●여호와여, 내 기도와 간구를 들으사 당신의 신실함과 의로움으로 내게 응답하십시오.

2 주의 종을 재판정으로 끌고 가지

1) 악을 대하여 2) 재판관 3) 빈궁한 대로

마십시오. 당신 앞에는 의로운 인생이 하나도 없기 때문입니다.

3 원수가 내 목숨을 노리고 쫓아와 내 목숨을 땅에 짓밟고, 나를 암흑 속에 집어넣어 나는 영원히 죽은 자처럼 되었습니다.

4 그러므로 내 심령이 스스로 약해졌고, 내 마음이 내 속에서 불안에 떨며 당황합니다.

5 내가 옛날을 기억하고 주께서 행하신 모든 것을 묵상하며,

6 당신을 향해 손을 펴서 내 영혼이 마른 땅처럼 당신을 사모합니다. (셀라)

7 여호와여, 내 영이 피곤합니다. 속히 응답해 주십시오. 당신의 얼굴을 내게서 숨기지 마십시오. 그러면 내가 무덤으로 내려가는 자와 같을까 두렵습니다.

8 아침에 자비로운 주의 말씀을 듣게 하십시오. 내가 당신을 믿고 의지합니다. 나로 마땅히 가야 할 길을 알게 하십시오. 내 몸[1]이 주께로 피합니다.

9 여호와여, 나를 내 원수들에게서 건지십시오. 내가 주께 피합니다.

10 주는 나의 하나님이시니 내게 당신의 뜻대로 살도록 가르쳐 주십시오. 당신의 선한 영으로 나를 평탄한 길[2]로 인도하십시오.

11 여호와여, 당신의 이름이 영광이 되도록 나를 구원하시고, 당신의 의로움으로 환난 가운데 있는 내 영혼을 건져 주십시오.

12 주의 자비로 내 적들을 제거해 주시고, 나를 괴롭히는 자를 모두 멸하십시오. 나는 당신의 종입니다.

다윗의 시

144

●나의 반석 되신 여호와를 찬양합니다. 그가 나를 훈

련시켜 전쟁을 치르게 하십니다.

2 여호와는 나의 사랑이시며, 나의 요새와 산성과 방패가 되사 나를 건지시는 분입니다. 그러므로 내가 여호와께 피했습니다. 여호와께서는 내 백성을 내 수하에 복종하게 하셨습니다.

3 여호와여, 사람이 무엇이기에 당신께서 그들을 돌보시며, 인생이 무엇이기에 그들을 생각하십니까?

4 사람은 숨결[3]과 같고, 그의 날들은 지나가는 그림자와 같습니다.

5 여호와여, 당신은 하늘을 기울여 내려오시고, 산들을 만져 연기가 나게 하십시오.

6 번개를 보내 원수들을 흩으시고, 화살을 쏘아 그들을 혼란케 하십시오.

7 높은 곳에서 주의 손을 내밀어 거센 물결과 이방인에게서 나를 구해 주십시오.

8 그들의 입은 헛된 것을 말하며, 그들의 오른손은 거짓을 행합니다.

9 하나님이여, 내가 새 노래로 당신께 노래하며 10줄 비파로 찬양합니다.

10 주는 왕들에게 승리를 주시는 분이며, 당신의 종 다윗을 해치려는 칼에서 구출하시는 분입니다.

11 이방인에게서 나를 구해 주십시오. 저들의 입은 거짓을 말하며 그 오른손은 거짓의 오른손입니다.

12 우리 아들들은 어릴 때 잘 자란 나무들과 같으며, 우리 딸들은 아름답게 다듬은 궁전의 모퉁잇돌들과 같다.

13 우리의 창고에는 곡식이 가득하고, 수천과 수만 마리의 우리의 양들이 들에 있다.

14 우리의 수소는 새끼를 잘 배고 살이 쪘으며[4], 잃어버리는 일이나 잡혀

1) 영혼　2) 땅　3) 헛것　4) 무겁게 실었으며

가는 일도 없으며, 우리의 거리에는 울부짖는 일도 없을 것이다.

15 이 같은 백성은 행복하니 여호와를 자기 하나님으로 삼는 백성은 복이 있다.

다윗의 찬양시

145 ● 왕 되신 나의 하나님이여, 내가 당신을 높이고, 당신의 이름을 영원토록 찬양합니다.

2 내가 날마다 주를 찬양하며, 영원토록 주의 이름을 찬양합니다.

3 여호와는 측량하지 못할 정도로 위대하시니 찬양 받으실 분입니다.

4 대대에 걸쳐 주님이 행하시는 크신 일들을 찬양하며, 당신의 위대한 권능을 전할 것입니다.

5 나는 주의 존귀한 영광의 위엄과 놀라운 일들을 깊이 묵상합니다.

6 사람들은 주님이 행하신 두렵고 놀라운 일을 말하고, 나도 당신의 위대하심을 전할 것입니다.

7 그들이 주의 크신 은혜를 잊지 않고 말하며, 당신의 의를 노래할 것입니다.

8 여호와는 은혜와 긍휼이 많으시고, 오래 참으시며, 자비가 크시다.

9 여호와께서는 모든 것을 선하게 대하시며, 그 지으신 모든 피조물을 불쌍히 여기신다.

10 그래서 여호와께서 지으신 모든 것이 당신께 감사하며, 당신의 경건한 자들이 당신을 찬양합니다.

11 그들은 주님 나라의 영광과 업적을 말할 것입니다.

12 이로 주의 업적과 주님 나라의 위엄 있는 영광을 모든 사람이 알게 될 것입니다.

13 주의 나라는 영원하며, 당신의 통치는 영원무궁합니다.

14 여호와께서는 넘어지는 모든 자를 붙잡아 주시고, 낮아진 자[1]들은 일으켜 주신다.

15 이로 모든 사람이 주를 바라봅니다. 주는 때를 따라 그들에게 먹을 것을 주시고,

16 손을 펴사 모든 생명체의 필요한 것들을 채워 주십니다.

17 여호와께서는 행하시는 모든 일이 의로우시니 그 모든 일에 사랑을 베푸신다.

18 여호와께서는 자기를 향해 진실하게 부르는 모든 자에게 가까이 계신다.

19 여호와는 자기를 경외하는 자들의 소망을 들어주시고, 그들의 부르짖음을 들으시며 구원하신다.

20 여호와께서는 자기를 사랑하는 자들은 다 보호하시지만, 악인들은 모두 멸하신다.

21 그러므로 내가 여호와를 찬양하며, 육체를 가진 자는 모두 그의 거룩하신 이름을 영원히 찬양할 것이다.

146 할렐루야! 내 영혼아, 여호와를 찬양하라.

2 내가 사는 평생에 내 하나님을 찬양할 것이다.

3 힘이 있는 귀인, 고관들을 의지하지 말고, 도울 힘이 없는 인생도 의지하지 말라.

4 그가 죽으면 흙으로 돌아가 그날에 그의 계획이 사라지기 때문이다.

5 야곱의 하나님을 자기의 도움으로 삼고, 하나님께 소망을 두는 자는 복이 있다.

6 여호와는 하늘과 땅과 그 가운데 만물을 창조하시고, 영원한 진리를 지키신다.

7 그는 억눌린 사람들을 위해 공의로

1) 비굴한 자

행하시고, 배고픈 자들에게 먹을 것을 주시며, 갇힌 자들에게 자유를 주시는 분이다.

8 여호와께서는 보지 못하는 자들의 눈을 여시고, 낮아진 자들을 일으키시며, 의인들을 사랑하신다.

9 그는 나그네들을 지키시며, 고아와 과부를 붙드시니 악인들의 계획을 패하게 하신다.

10 시온아, 여호와 네 하나님께서 영원히 통치하실 것이다. 할렐루야.

147 할렐루야. 우리 하나님을 찬양하는 일이 선하니 찬양은 아름답고 당연한 일이다.

2 여호와께서는 예루살렘을 세우시고, 흩어진 이스라엘 백성을 모으시며,

3 마음이 상심한 자들을 고치시며, 그들의 상처를 싸매 주신다.

4 하나님은 별들의 수를 세시고 그것들 각각에 모두 이름을 부르신다.

5 우리 주는 위대하시고, 능력이 크시며, 그의 명철은 무한하시다.

6 여호와는 겸손한 자들은 붙들어 주시고, 악인들은 땅에 쓰러뜨리신다.

7 감사함으로 여호와께 노래하며, 수금으로 하나님을 찬양하라.

8 그는 하늘을 구름으로 덮으시고,

땅에 비를 준비하신다. 산에 풀이 자라게 하시고,

9 들짐승과 우는 까마귀 새끼에게 먹을 것을 주신다.

10 여호와는 힘센 말이나 강한 다리를 가진 사람이라고 해서 기뻐하지 않으신다. 오히려

11 자기를 경외하는 자들과 그의 사랑을 기다리는 자들을 기뻐하신다.

12 예루살렘, 곧 시온아, 하나님을 찬양하라.

13 그는 네 문빗장을 단단히 잠그시고, 네 안에 있는 네 자녀들에게 복을 내리셨다.

14 네 영토를 평화롭게 하시고, 가장 좋은 밀로 너를 배부르게 하신다.

15 그분의 명령이 땅에 내리시면 그 말씀이 신속히 퍼져 나간다.

16 눈을 양털처럼 희게 내리시고, 서리를 재처럼 흩으시며,

17 우박을 빵 부스러기처럼 뿌리시니 누가 능히 그런 추위를 견딜 수 있겠느냐?

18 여호와께서 말씀을 보내사 그것들을 녹이시고, 바람을 불게 하시니 물이 흐른다.

19 여호와는 그의 말씀을 야곱에게 전하시고, 그의 규례와 법규를 이스라엘에게 전하신다.

20 여호와는 어떤 민족에게도 이같이 행하지 않으셨으나 이스라엘은 그의 법규를 알지 못했다. 할렐루야.

148 할렐루야, 하늘 높은 곳에서 여호와를 찬양하라.

2 그의 모든 천사와 군대들아, 여호와를 찬양하라.

3 해와 달과 빛나는 별들아, 모두 여호와를 찬양하라.

4 가장 높은 하늘과 하늘 위에 있는

📖 풍습

고대인이 생각하는 별(시 147:4)

고대 근동에서는 별을 하나하나가 자신들의 운명을 쥐고 있다고 믿었다. 그래서 별들은 하나하나가 신성을 지니고 있다고 생각했다. 이런 사상 속에서 본문은 바로 그 별들의 운명을 하나님이 주관한다는 암시를 통해 하나님의 절대 주권을 강조하고 있다. 그래서 이스라엘 백성들은 별들을 주관하는 하나님만을 의존해야 한다는 것을 말하고 있는 것이다.

물들도 여호와를 찬양하라.

5 이 모든 것이 여호와의 이름을 찬양하는 것은 그것들이 여호와의 명령으로 창조되었기 때문이다.

6 또 그가 그것들에게 영원히 있어야 할 자리를 정하시고, 반드시 지켜야 할 법칙을 주셨다.

7 너희 바다의 괴물인 용들과 깊은 바다야, 땅에서 여호와를 찬양하라.

8 불과 우박과 눈과 안개와 여호와의 명령에 복종하는 강한 바람아,

9 산들과 모든 언덕과 과수와 모든 백향목아,

10 짐승과 모든 가축과 기는 것과 나는 새들아, 여호와를 찬양하라.

11 세상의 왕들과 모든 백성과 권력자, 고관들과 모든 재판관과

12 총각과 처녀와 노인과 아이들아,

13 여호와의 이름을 찬양하라. 그의 이름만이 가장 높으시고, 그의 존귀함이 땅과 하늘 위에 충만하시기 때문이다.

14 그가 그의 백성을 강하게 하셨으니 그는 자기를 가까이하는 이스라엘 백성에게 찬양을 받으실 분이다. 할렐루야.

149 할렐루야. 새 노래로 여호와께 노래하며, 경건한 자의 모임 가운데서 찬양하라.

2 이스라엘은 자기를 지으신 창조주를 모시므로 기뻐하고, 예루살렘¹⁾ 주민은 그들의 왕을 보고 기뻐하라.

3 춤추며 여호와의 이름을 찬양하고, 작은 북과 수금으로 그를 찬양하라.

4 여호와께서는 자기의 백성을 보시고 기뻐하시며, 겸손한 자를 구원으로 영화롭게 하신다.

5 경건한 자들은 영광 가운데 기뻐하며, 침대에서 기뻐 노래하라.

6 그들의 입²⁾에는 하나님께 올릴 찬양이 있고, 그들의 손에는 양쪽 날을 가진 칼이 들려 있다.

7 이 칼로 세상 나라에 보복하시고, 민족들을 심판하시며,

8 그들의 왕들은 사슬로 묶고, 귀족들은 쇠고랑으로 결박하여

9 기록한 법규대로 그들에게 시행하실 것이다. 이런 영광은 그의 모든 성도에게 있다. 할렐루야.

150 할렐루야, 그의 성소에서 하나님을 찬양하며, 그의 능력으로 만드신 하늘 공간을 인하여 그를 찬양하라.

2 주께서 행하신 위대한 일들을 찬양하며, 그분의 위대하심을 찬양하라.

3 나팔 소리와 비파와 수금으로 찬양하라.

4 작은 북을 치고 춤추면서 현악기와 피리³⁾로 찬양하라.

5 큰 소리 나는 심벌즈와 고음을 내는 심벌즈⁴⁾로 찬양하라.

6 숨을 쉬는 자들아, 모두 여호와를 찬양하라. 할렐루야.

제금, 심벌즈(시 150:5)

제금(cymbel, 삼하 6:5)은 오늘날 심벌즈와 비슷한 고대의 악기로 금속으로 된 둥근 2개 판으로 되어 있으며, 두손으로 잡아 서로 부딪쳐 소리를 내게 한다. 제금은 큰 소리와 작은 소리를 내는 두 종류가 있으며(시 150:5), 구리나 청동으로 만들었다(대상 15:19). 이 악기의 등장은 BC 3000년경까지 거슬러 올라가며, 앗수르의 유적지와 이스라엘의 므깃도에서 발견되었다. 그리고 무덤에서도 부장품으로 발견되기도 했다.

---

1) 시온　2) 목구멍　3) 퉁소　4) 제금

잠언

제목 히브리어 성경에는 미쉴레쉘로모('솔로몬의 잠언'), 70인역에도 같은 뜻의 팔로이미아이 살로몬토스

기록연대 기원전 950~700년경   **저자** 솔로몬과 지혜자들   **중심주제** 인생과 지혜사

내용소개 * 서문(지혜의 사람): 솔로몬   1. 잠언의 목적, 잠언의 주제 1장   2. 아버지의 훈계 (내 아들아) 2~9장   * 잠언(지혜의 원리): 솔로몬   3. 솔로몬의 교훈 제1부 10~22장   4. 지혜로운 자의 교훈 23~24장   5. 솔로몬의 교훈 제2부 25~29장   * 교훈(지혜의 행동): 아굴과 르무엘   6. 아굴의 교훈 30장   7. 르무엘 왕의 어머니의 교훈 31장

솔로몬의 잠언

1 1 ● 이스라엘 왕, 다윗의 아들 솔로몬의 잠언이다. 이것은 유다 왕 히스기야의 신하들이 편집한 것이다.[1)]

2 잠언은 지혜와 훈계를 얻게 하고, 명철의 말씀을 깨닫게 하며,

3 지혜와 의와 공의와 정직하게 행할 일에 대해 교훈을 얻게 한다.

4 단순한[2)] 자를 영리하게 하며, 젊은 자에게 지식과 분별력을 주기 위한 것이다. 그러므로

5 지혜 있는 자라도 듣고 학식이 깊어지고, 명철한 자는 더 많은 지혜를 얻으리니

6 잠언과 비유와 지혜 있는 자의 말들과 그 깊이 있는 말을 깨달으라.

7 지식의 근본은 여호와를 경외하는 것이다. 그러나 미련한 자는 지혜와 훈계를 멸시한다.

젊은이에게 주는 교훈

8 ● 내 아들[3)]아, 네 아버지의 훈계를 들으며, 네 어머니의 가르침을 저버리지 말라.

9 그것은 네 머리에 쓸 아름다운 관이며, 네 목에 걸 금 사슬이다.

10 내 아들아, 악한 자가 유혹해도 너는 그들을 따르지 말라.

11 그들은 네게 이렇게 말할 것이다. "우리와 함께 가서 숨어 엎드렸다가 이유를 묻지 말고 죄 없는 자를 무조건 죽이자.

12 무덤인 스올처럼 그들을 산 채로 삼키고, 무덤이 사람을 통째로 삼키듯 그들을 통째로 삼키자.

13 그래서 그에게서 모든 값진 것을 빼앗아 우리의 집을 채우자.

14 너도 우리와 함께 제비를 뽑고, 우리가 함께 돈주머니는 한 개만 준비하자." 그래도

15 내 아들아, 너는 그런 자들과 함께 길에 다니지 말라.

16 그들의 발은 악으로 치닫고, 피를 흘리는 일에 빠르다.

17 새가 보는 데서 그물을 치면 무슨 소용이 있겠는가?

18 그들이 가만히 엎드림은 자기의 피를 흘릴 뿐이고, 숨어 기다리는 것은 자기의 목숨을 잃을 뿐이다.

19 부당한 이익만을 탐하는 모든 자의 길은 다 이러하여 자기의 목숨을 잃을 뿐이다.

지혜가 부른다

20 ● 지혜가 길거리와 광장에서 소리쳐 외친다.

21 복잡한 길목[4)]에서 소리를 지르며, 성문 입구와 성 안에서 외친다.

22 너희 철부지들은 철없는 짓을 좋아하며, 비웃는 자들은 비웃는 짓을 즐긴다. 미련한 자들아, 어느 때까지 지식을 싫어하겠느냐?

23 너희는 내 가르침을 듣고 돌아서라. 보라, 내가 지혜의 정신을 너희에게 쏟아주어 내 말을 너희에게

1) 잠 25:1   2) 어리석은   3) 제자들   4) 40인역, 성벽 위

잠

알게 할 것이다.

24 내가 불렀으나 너희가 듣기를 거절했고, 내가 손을 내밀어도 못 본 체했다.

25 오히려 내 모든 가르침에 관심을 갖지 않았고, 내 책망을 받아들이지 않았다. 그러므로

26 너희가 재앙을 만날 때나 두려움이 임할 때 내가 비웃을 것이다.

27 너희에게 위험이 폭풍처럼 다가오고, 너희의 재앙이 광풍처럼 밀려올 것이다. 너희에게 고통과 괴로움이 임할 것이다.

28 그제야 너희가 나를 부를 것이다. 그러나 그때 나는 대답하지 않고, 부지런히[1] 나를 찾아도 나를 만나지 못할 것이다.

29 그것은 너희가 지식을 미워하고, 여호와 경외하는 것을 택하지 않았으며,

30 내 가르침을 받지 않고, 내 모든 책망을 멸시했기 때문이다.

31 그러므로 그런 자는 자기가 행한 대로 그 열매를 먹으며, 자기 꾀의 결과로 배부를 것이다.

32 어리석은 자는 제멋대로 행하다가 죽고, 미련한 자는 안일하게 행하다가 멸망 당할 것이다.

33 오직 내 말을 듣는 자는 재앙의 두려움 없이 평안하게 살 것이다.

지혜가 주는 유익

2 ● 내 아들아, 만일 네가 내 말을 듣고 내 계명을 네 마음에 간직하며,

2 네 귀를 지혜에 경청하고, 명철에 네 마음을 두며,

3-4 지식 구하기를 명철을 얻기 위해 은을 구하는 것처럼 소리 높여 구하며, 숨겨진 보화를 찾는 것처럼 찾으라. 그러면

5 여호와 경외하는 것을 깨닫게 되고, 하나님을 알게 될 것이다.

6 여호와께서는 지혜를 주시며, 지식과 명철이 그 입에서 나오기 때문이다.

7 또한 여호와는 정직한 자를 위하여 온전한 지혜를 준비하시고, 행실이 온전한 자에게 방패가 되시며,

8 그는 공의의 길을 보호하시며, 경건한 자들의 길을 보호하시기 때문이다.

9 그러므로 네가 의와 공의와 정직한 모든 선한 길을 깨달을 것이다.

10 곧 지혜가 네 마음속에 들어가고, 지식이 네 영혼을 기쁘게 할 것이다.

11 그때는 판단력과 명철이 너를 지켜

12 악한 자의 길과 패역한 말을 하는 자에게서 건져 낼 것이다.

13 그들은 바른 길을 벗어나 캄캄한 길로 행하고,

14 악을 행하기를 기뻐하며, 악인의 패역을 좋아하니

15 그 길은 구부러지고, 그 행위는 비뚤어졌다.

16 지혜는 그럴듯한 말로 유혹하는 음란한 이방 여자에게서 구원할 것이다.

17 그런 여자는 젊어서 결혼한 남편을 버리고, 하나님의 언약을 잊어버린 자이다.

18 그의 집은 사망으로, 그의 길은 무덤인 스올로 기울어졌다. 그러므로

19 누구든지 그런 여자를 찾아가는 자는 그곳에 빠져 생명 길로 돌아오지 못한다.

20 지혜는 너를 선한 자의 길로 행하게 하며, 너로 의로운 삶을 살게 한다.

1) 이른 아침에

21 정직한 자와 흠 없는 자는 땅에서 살아남을 것이다.

22 그러나 악한 자와 신실하지 못한 간사한 자는 땅에서 사라질 것이다.

젊은이에게 주는 교훈

3 ●내 아들아, 내 가르침을 잊지 말고 내 명령을 네 마음으로 지키라.

2 그러면 그것이 너로 장수하게 하며, 해가 갈수록 평안을 가져다줄 것이다.

3 자비와 진리를 네게 두어 그것을 네 목에 매며, 네 마음속에 깊이 새기라.

4 그러면 네가 하나님과 사람 앞에서 은혜를 입고, 귀하게 여김을 받을 것이다.

5 너는 마음을 다해 여호와를 믿고 의뢰하며, 네 총명을 의지하지 말라.

6 너는 모든 일에서 여호와를 인정하라. 그러면 그가 네 길을 바르게 인도하실 것이다.

7 스스로 지혜롭다고 여기지 말라. 오직 여호와를 경외하며 악에서 떠나라.

8 그것이 네 몸에 보약이 되어 네 뼈들을 튼튼하게 할 것이다.

9 네 재물과 땅에서 얻은 처음 익은 열매로 여호와를 공경하라.

10 그러면 네 창고가 가득 차고, 네 포도즙 틀에 새로 짠 포도즙이 넘칠 것이다.

11 내 아들아, 여호와의 훈계를 거부하지 말고, 그의 책망을 싫어하지 말라.

12 여호와께서는 아버지가 사랑하는 아들을 책망함같이 그 사랑하시는 자를 책망하신다.

13 지혜와 깨달음1)을 얻은 자는 복이 있다.

14 지혜를 얻는 것이 은을 얻는 것보다 가치 있고, 그 이익이 정금보다 더 유익하기 때문이다.

15 지혜는 진주보다 귀하기 때문에 네가 구하는 어떤 것과도 비교되지 않는다.

16 그의 오른손에는 장수가 있고, 그의 왼손에는 부귀가 있으니

17 그 길은 즐거운 길이며, 평안의 길이다.

18 지혜는 그것을 얻은 자에게 생명나무와 같기 때문에 지혜를 가진 자는 복이 있다.

19 여호와께서는 지혜로 땅에 기초를 놓으셨으며, 명철로 하늘을 견고히 세우셨다.

20 그의 지식으로 깊은 바다를 갈라지게 하셨고, 공중에서 이슬을 내리게 하셨다.

21 내 아들아, 완전한 지혜와 분별력을 지키고, 그것들이 항상 너를 떠나지 않게 하라.

22 그러면 그것이 네 영혼을 지켜주어 네 삶을 아름답게 목에 장식할 것이다.

23 너는 안전하게 길을 갈 수 있고, 네 발이 걸려 넘어지지 않을 것이다.

24 네가 잠잘 때 두려워하지 않고 단잠을 잘 것이다.

25 너는 갑작스럽게 찾아온 두려움이나 악인에게 닥치는 멸망을 보고 두려워하지 말라.

26 여호와는 네가 의지할 분으로 네 발을 지켜 걸려 넘어지지 않게 하시기 때문이다.

27 네가 도울 힘이 있다면 도움을 구하는 자에게 베풀기를 아끼지 말고,

28 네가 가진 것이 있다면 이웃에게 "지금은 갔다가 다시 오라. 내일 주겠다"라고 말하지 말라.

1) 명철

29 네 이웃이 네 옆에서 평안하게 산다면 질투하여 그를 해칠 계획을 꾸미지 말라.

30 사람이 네게 악을 행하지 않았다면 이유 없이 그와 다투지 말라.

31 폭력을 행하는 자를 부러워하지 말며, 그들의 행위는 그 어떤 것도 따르지 말라.

32 그릇된 길로 가는 패역한 자는 여호와께서 미워하시지만, 바르게 사는 자와는 교제[1]하신다.

33 여호와의 저주가 악인의 집에 있지만, 의인의 집에는 복이 있다.

34 진실로 여호와는 오만한 자를 비웃으시며, 겸손한 자에게 은혜를 베푸신다.

35 지혜로운 자는 영광을 유업으로 얻지만, 미련한 자는 수치를 당할 뿐이다.

지혜와 명철을 얻으라

4 ● 아들들[2]아, 아버지의 가르침을 잘 듣고 명철을 얻기 위해 힘쓰라.

2 내가 선한 가르침[3]을 너희에게 전하니 내 가르침을 떠나지 말라.

3 나도 한때는 내 아버지에게 아들이었으며, 내 어머니가 볼 때 유약한 외아들이었다.

4 아버지는 이렇게 가르치셨다. "내 말을 네 마음속에 담아 내 명령을 지키면 살리라.

5 지혜와 명철을 얻으라. 내 입의 말을 잊지 말며 그것을 어기지 말라.

6 지혜를 버리지 말고 사랑하라. 그러면 그것이 너를 지켜줄 것이다.

7 지혜가 제일이니 지혜를 얻으라. 네가 얻은 모든 것을 가지고 명철을 얻으라.

8 지혜를 높이면 그가 너를 높여 주고, 지혜를 품으면 그가 너를 영화롭게 할 것이다.

9 지혜는 아름다운 관을 네 머리에 씌워 주고, 네게 영화로운 면류관을 줄 것이다.

10 내 아들들은 들으라. 내 말을 유의하여 들으라. 그러면 네가 장수할 것이다.

11 내가 네게 지혜로운 길을 가르쳤고, 너를 정직한 길로 인도했으니

12 네가 걸어갈 때 방해 받지 않고, 달려갈 때 넘어지지 않을 것이다.

13 가르침이 네 생명과 같으니 그것을 굳게 잡아 놓치지 말고 지키라."

14 악한 자의 길로 발을 내디디지 말고, 그의 길로 다니지 말라.

15 그런 자의 길을 피하고, 지나가지 말며, 돌이켜 떠나가라.

16 그들은 악한 일을 하지 못하면 견디지 못하고, 사람을 넘어뜨리지 못하면 잠을 자지 못한다.

17 그들은 불의의 빵을 먹으며, 폭력으로 빼앗은 포도주[4]를 마신다.

18 의인의 길은 동틀 때의 햇빛처럼 크게 빛나서 대낮으로 갈수록 빛나지만,

19 악인의 길은 캄캄하여 그가 걸려 넘어져도 무엇에 넘어졌는지 알지를 못한다.

20 내 아들아, 내가 말하는 것을 귀담아 들으라.

21 내 말을 네 눈에서 떼지 말고, 네 마음속에 간직하라.

22 내 말은 그것을 깨닫는 자에게 생명이 되며 온몸을 건강하게 한다.

23 어떤 것보다 더욱 네 마음을 지키라. 생명의 근원이 그곳에서 나오기 때문이다.

24 더러운 말, 곧 구부러진 말을 네 입에서 버리고, 거짓말은 네 입술에서

1) 교통 2) 제자들 3) 도리 4) 강포의 술

멀리하라.

25 네 눈은 앞을 똑바로 보고, 네 시선은 네 앞을 바르게 살펴

26 네 발이 가는 길을 평탄하게 하라. 그래서 모든 길을 견고히 하라.

27 좌우로 치우치지 말고 네 발을 악에서 돌이키라.

사지로 가지 말라

5 ● 내 아들아, 내 지혜에 주목하고 내 명철을 귀담아들으라.

2 분별력을 갖고 지혜로운 말만 하도록 하라.

3 무릇 음란한 여자의 입술은 꿀을 떨어뜨리며, 그의 혀¹⁾는 기름보다 미끄럽지만,

4 그것이 나중에는 쑥처럼 쓰고, 두 날을 가진 칼처럼 날카로우며,

5 그의 발은 죽음으로 내려가며, 그의 발걸음은 무덤으로 향한다.

6 그는 생명의 길을 찾지 못하므로 자기가 가는 길이 불안정해도 그것을 깨닫지 못한다.

7 그러니 아들들아, 내 말을 듣고 그 말을 떠나지 말라.

8 네 길을 음란한 여자에게서 멀리 떨어지게 하라. 그의 집 문에도 가까이 가지 말라.

Q&A '네 우물에서 물을 마시라'는 뜻은?
(잠 5:15)

여기서 우물과 샘은 그 품에서 사랑을 추구해야 할 자신의 아내를 나타내는 비유적인 표현이다. 따라서 네 우물을 마시라는 말은 젊어서 얻은 아내로 만족하며 기뻐하라는 말이다. 곧 음녀의 유혹에 빠져 스스로 멸망을 자초하는 어리석은 행동을 삼가고 결혼해서 얻은 아내에게 만족하라는 권면이다. 여기서 샘과 우물을 아내로 비유한 것은 고대의 근동 지역에서는 우물이 매우 귀하기 때문에 아내의 귀중함을 강조하기 위함이다. 다른 하나는 샘과 우물은 생물의 생육에 없어서는 안될 필수적인 것으로 여인의 생식력을 상징하기 때문이다.

9 네 명예를 남에게 잃어버리게 되고, 네 생명이 잔인한 자에게 빼앗기게 되지 않을까 두렵다.

10 또 다른 사람이 네 재산으로 배를 불리고, 네 수고한 것이 남의 집으로 돌아갈까 염려된다.

11 마침내 네 몸이 망가진 뒤에 네가 한탄하여

12 말하기를 "내가 왜 훈계를 싫어하며, 책망을 가벼이 여기고,

13 내 스승에게 순종하지 않고, 나를 가르치는 분의 말을 귀담아듣지 않았는가?

14 내가 온 회중 앞에서 큰 악에 빠지게 되었다"라고 하게 되지 않을까 염려스럽다.

15 너는 네 우물²⁾에서 물을 마시며, 네 샘에서 흐르는 물을 마시라.³⁾

16 왜 네 샘물을 집 밖으로 넘치게 하며⁴⁾, 네 도랑물을 거리로 흘러가게 하겠느냐?⁵⁾

17 그 물을 너 혼자만 갖고 다른 사람과 그것⁶⁾을 나누지 말라.

18 네 샘⁷⁾으로 행복하게 하고, 네가 젊어서 취한 아내로 기뻐하라.

19 젊어서 취한 아내는 사랑스러운 암사슴과 아름다운 암노루 같으니, 항상 그의 품을 만족스럽게 여기며, 항상 그의 사랑을 사모하라.

20 내 아들아, 왜 음란한 여자에 빠져 있겠으며, 어찌 이방 계집의 가슴을 껴안겠느냐?

21 무릇 여호와의 눈은 사람의 길을 지켜 보시고, 사람의 모든 길을 살펴 보신다.

22 악인은 자기의 악에 걸리며 그 죄의 올무⁸⁾에 걸리니

1) 입 2) 아내 3) 아내만을 사랑하라 4) 다른 여자에게 정을 주어 5) 다른 자식을 낳게 하느냐 6) 아내에게 주는 정 7) 아내 8) 줄

23 훈계를 받지 않으므로 죽고, 심히 미련함으로 인해 망하게 1)될 것이다.

실제적인 교훈, 훈계와 명령

6 ● 내 아들아, 만일 네가 이웃을 위해 담보물을 잡히고 다른 사람의 보증을 섰다면 2)

2 네가 한 말에 네가 걸려들고 올무에 걸린 것이다.

3 내 아들아, 그렇게 되었으면 네가 네 이웃의 손에 사로잡혀 있으니, 너는 바로 네 이웃을 찾아가 담보물과 보증을 풀어 달라고 겸손히 사정하라. 그래서 스스로 그곳에서 빠져나오도록 하라.

4 문제를 해결할 때까지 잠을 자거나 졸지 말라.

5 노루가 사냥꾼의 손에서 벗어나고, 새가 그물 치는 자의 손에서 벗어나듯 네 자신이 해결 3)하라.

6 게으른 자여, 개미에게 가서 그 사는 모습을 보고 지혜를 얻으라.

7 개미는 우두머리나 감독자나 통치자도 없지만

8 여름 동안 먹을 것을 준비하며 추수 때 양식을 쌓아 둔다.

9 게으른 자여, 네가 언제까지 누워 있겠느냐? 언제 잠에서 깨어 일어나겠느냐?

10·11 네가 좀 더 자자, 좀 더 졸자, 손을 모으고 좀 더 누워 있자고 하면 네 가난이 강도처럼 들이닥치고 네 궁핍이 군사처럼 달려들 것이다. 4)

12 불량한 자와 악한 자는 남을 헐뜯고,

13 눈짓과 발짓과 손짓으로 남을 속인다.

14 그는 마음에 패역을 품으며, 항상 악을 도모하여 다툼을 일으킨다.

15 그러므로 그에게 갑자기 다가오는 재앙으로 순식간에 멸망하니 회복할 길이 없다.

16 여호와께서 그의 마음에 미워하시는 것 6∼7가지가 있다.

17 곧 교만한 눈, 거짓말하는 혀, 죄 없는 자를 죽이는 손,

18 악한 계교를 꾸미는 마음, 악으로 빨리 달려가는 발,

19 거짓 증언을 하는 망령된 자, 형제 사이를 이간질하는 자이다.

20 내 아들아, 네 아버지의 훈계를 들으며, 네 어머니의 가르침을 저버리지 말라.

21 항상 그것을 네 마음에 새기며 네 목에 매라.

22 그것이 네가 다닐 때 너를 인도하고, 네가 잘 때 너를 보호하며, 네가 깨어 있을 때는 그것이 너를 가르칠 것이다.

23 그 명령은 등불이며, 가르침은 빛이며, 훈계의 책망은 생명의 길이다.

24 이것이 너를 지켜 악한 여인과 바람 난 이방 여인의 혀로 미혹하는 말에 빠지지 않게 할 것이다.

25 네 마음에 음란한 여자의 아름다움을 탐내지 말며, 그 눈짓에 홀리지 말라.

26 음란한 여자로 인해 빵 한 조각만 남게 되리니, 음란한 여인은 귀한 생명을 앗아가기 때문이다.

27 사람이 품에 불을 품으면 어찌 그의 옷이 타지 않겠으며,

28 숯불을 밟으면 어찌 그의 발이 데지 않을 수 있겠느냐?

29 남의 아내와 간통하는 자는 모두 이와 같을 것이다. 그녀를 범하는 자마다 무사하지 못할 것이다.

30 만일 도둑이 굶주려 배를 채우려고 도둑질하면 사람들이 그를 멸시

1) 혼미하게 2) 네 손을 치면 3) 구원 4) 잠 24:33-34

하지 않을 것이다. 그러나

31 들키면 자기 집에 있는 것을 다 내어줄지라도 7배를 갚아야 한다.

32 남의 여인과 간음하는 자는 생각이 부족한 자이다. 그런 자는 자기를 파멸시키며,

33 폭행과 수치를 당하고, 계속 비난을 받게 될 것이다.

34 이는 그녀의 남편의 질투가 불같아 그가 보복하는 날에 용서하지 않고,

35 어떤 보상이나 많은 선물을 줄지라도 거절할 것이기 때문이다.

음녀의 길로 가지 말라

7 내 아들아, 내 말을 지키고 내 명령을 마음속 깊이 간직하라.

2 내 명령을 지키고 내 교훈을 네 눈동자처럼 지키라.

3 그것을 네 손가락에 매며 네 마음속에 새기라.

4 지혜에게 "너는 내 누이다"라고 말하며, 명철에게 "너는 내 친한 친구¹다"라고 말하라.

5 그러면 그것이 너를 지켜 음란한 여자나 말로 미혹하는 이방 여인에게 빠지지 않게 할 것이다.

6 내가 내 집의 창에서 창살 사이로 내다보다가

7 어리석은 자들과 젊은이들 가운데서 생각이 없는 자를 보았다.

8-9 그가 날이 저문 황혼 때, 깊은 밤 흑암 중에 거리를 지나 음녀의 골목 모퉁이로 가까이 하여 그의 집 쪽으로 가고 있었다.

10 그때 창녀의 옷을 입은 간교한 여인이 그를 맞고 있었다.

11 그 여인은 수다스럽고 고집이 세어 자기 집에 머물러 있지 못하고

12 사람을 미혹하기 위해 어느 때는 거리나 광장이나 길 모퉁이에 숨어서 사람을 기다리는 자이다.

13 그 여인이 그 젊은이를 붙잡고 그에게 입을 맞추며 뻔뻔스러운 얼굴로 그에게 말한다.

14 "내가 화목제를 드려 서원한 것을 오늘 갚았어요.

15 그래서 내가 당신을 맞으려고 나왔고 당신을 만났어요.

16 내 침대에는 요와 애굽의 무늬 있는 이불을 깔아 놓았어요. 그리고

17 몰약과 침향과 계피를 뿌려 놓았어요.

18 그러니 이제 들어오세요. 우리가 아침까지 마음껏 사랑하며 즐깁시다.

19-20 남편은 돈 주머니를 가지고 집을 떠나 먼 길을 갔기 때문에 보름이나 지나야 집에 돌아올 거예요."

21 여러 가지 달콤한 말로 유혹하자

22 젊은이가 바로 그녀를 따라갔으니 그것은 마치 도살장으로 끌려가는 소와 같고, 벌을 받기 위해 쇠사슬에 매이러 가는 우둔한 자와 같도다.

23 결국 화살이 그의 간을 뚫게 되고, 새가 그물로 들어가는 것처럼 그의 목숨이 위험하다는 것을 알지 못한다.

24 이제 아들들아, 내 말을 듣고 명심하라.

25 네 마음이 음란한 여자가 가는 길에 미혹되어 그곳에 빠지지 말라.

26 그녀에게 많은 사람이 상처를 입고 쓰러졌으니 그에게 죽은 자가 많다.

27 그런 여자의 집은 무덤인 스올로 가는 길이며, 죽음의 방으로 내려가는 길이다.

지혜와 명철을 찬양

8 지혜가 부르지 않느냐? 명철이 소리를 높이지 않느냐?

2 지혜가 길가의 높은 곳과 네거리에 서며,

1) 친족

3 성문 곁과 문 입구와 여러 출입하는 문에서 불러 외친다.

4 사람들아, 내가 너희를 부르며 인생들에게 소리를 높인다.

5 단순한1) 자들아, 너희는 명철을 얻으라. 어리석은 자들아, 너희는 지혜를 깨달으라2)

6 내가 입술을 열어 가장 귀하고 바른 것을 말할 것이니 너희는 들으라.

7 내 입은 진실을 말하며, 악을 미워하기 때문이다.

8 내 입의 모든 말은 의롭고 그 의로움에는 굽은 것과 비뚤어진 패역한 것이 없다.

9 이는 분별력 있는 모든 자가 확실히 아는 것이며, 지식을 발견한 자가 올바르게 여기는 것이다.

10 너희는 은을 받지 말고 내 교훈을 받으며, 정금보다 지식을 얻으려고 하라.

11 지혜는 진주보다 더 귀하여 구하는 어떤 것과도 비교할 수 없다.

12 나 지혜는 명철과 같이 살며 지식과 분별력도 갖고 있다.

13 여호와를 경외하는 것은 악을 미워하는 것이다. 나 지혜는 교만과 자만과 악한 행실과 패역한 입을 미워한다.

14 나 지혜는 계략과 바른 판단이 있으며, 명철과 능력도 있다.

15 왕들이 지혜로 나라를 다스리며, 지도자인 방백들이 공의를 세운다.

16 지도자인 재상들과 존귀한 모든 의로운 재판관이 지혜로 다스린다.

17 나는 나를 사랑하는 자들을 사랑하며, 나를 간절히 찾는 자가 나를 만날 것이다.

18 부귀와 영화가 내게 있고, 수많은 재물과 공의도 내게 있다.

19 내 열매는 금이나 정금보다 좋으며, 내가 얻은 소득은 순도가 높은 은보다 좋다.

20 나는 의로운 길을 걸으며, 공의로운 길 가운데로 다닌다.

21 이는 나를 사랑하는 자에게 재물을 주어 그의 창고에 채우게 하기 위해서이다.

22 여호와께서 일하시기 전, 태초에 나를 지으셨다.

23 땅이 생기기 전부터 내가 지음을 받았다.

24 그때는 아직 바다나 큰 샘들이 있기 전이었고,

25 산이나 언덕이 생기기 전이었다.

26 하나님께서 아직 땅도, 들도, 세상 티끌과 흙도 창조하지 않았을 때였다.

27 하나님께서 하늘을 지으시며 하늘 공간을 바다 둘레3)에 두르실 때 내가 거기 있었다.

28 그분이 하늘 위에 구름을 두시고, 바다의 샘들을 확실하게 정하시고,

29 바다의 경계를 정하여 물이 그 경계를 넘지 못하게 하시며, 땅의 기초를 세우실 때

30 내가 그 곁에 있어서 장인4)이 되어 날마다 그분을 기쁘게 해드리고, 나 또한 그분 앞에서 항상 기뻐했다.

31 사람이 거처할 땅에서 즐거워하며, 사람들에게서 기쁨을 얻었다.

32 아들들아, 이제 내 말을 들으라. 내 길을 따르는 자는 복이 있다.

33 교훈을 듣고 지혜를 얻으라. 그것을 버리지 말라.

34 누구든지 내 말을 들으며, 날마다 내 문 곁에서 문설주를 지키는 자는 행복할 것이다.

35 무릇 나를 찾는 자는 생명을 얻고, 여호와께 은혜를 얻을 것이다.

1) 어리석은　2) 마음이 밝을지니라　3) 해면　4) 창조자

36 그러나 나를 찾지 않는[1] 자는 자기의 생명을 해치는 자이다. 그러므로 나를 미워하는 자는 사망을 좋아한다.

지혜와 어리석음

9 ●지혜가 일곱 기둥을 깎아서 생명으로 인도하는 그의 집을 짓고

2 짐승을 잡으며, 포도주를 혼합하여 상을 차린 후

3 자기의 여종을 보내 성중 높은 곳에서 불러 외친다.

4 "어리석은 자는 이리로 오라." 또 지혜 없는 자에게 말한다.

5 "너는 와서 내 식물을 먹으며, 내 혼합한 포도주를 마시고,

6 어리석음을 버리고 생명을 얻으라. 명철의 길을 행하라."

7 오만한 자를 훈계하는 자는 오히려 능욕을 당하고, 악인의 흠을 책망하는 자도 오히려 해를 입는다.

8 그러므로 오만한 자를 훈계하지 말라. 그가 너를 미워할까 두렵다. 지혜 있는 자를 책망하라. 그러면 너를 사랑할 것이다.

9 지혜 있는 자를 가르치라. 그가 더욱 지혜로워질 것이다. 의로운 사람을 가르치라. 그의 통찰력이 더 깊어질 것이다.

10 지혜의 근본은 여호와를 경외하고, 명철은 거룩한 자를 아는 것이다.

11 나 지혜로 인해 네 날이 길고, 네 생명의 날이 네게 더할 것이다.

12 만일 네가 지혜로우면 그 지혜가 네게 유익하지만, 네가 오만하면 너 홀로 해를 당할 것이다.

13 미련한 여인은 수다스럽고 단순하여 아는 것이 아무것도 없다.

14 그런 여자는 자기 집 문이나 성읍 높은 곳에 의자를 놓고 앉아서

15 길을 가고 있는 행인들을 불러 말한다.

16 "어리석은 자는 이리로 들어오라." 또 미련한 자에게는

17 "도둑질한 물이 달고, 몰래 먹는 빵이 더 맛있다"라고 말한다.

18 오직 그 어리석은 자는 그곳에 죽음의 그늘이 있는 것을 모르고, 그녀를 찾아온 손님들이 이미 무덤인 스올 깊은 곳에 있다는 사실을 깨닫지 못한다.

솔로몬의 잠언

10 ●솔로몬의 잠언이다. 지혜로운 아들은 아버지를 기쁘게 하지만, 어리석은 아들은 어머니의 근심이 된다.

2 부정하게 모은 재물은 유익이 없어도, 의로움은 죽을 사람도 구해 낸다.

3 여호와께서는 의인의 영혼은 주리지 않게 하시지만, 악인의 탐욕은 물리치신다.

4 손이 게으른 자는 가난하게 되고, 손이 부지런한 자는 부요하게 된다.

5 추수[2] 때 거두는 자는 지혜로운 아들이지만, 추수 때 자는 자는 부끄러움을 끼치는 아들이다.

6 의인의 머리에는 복이 임하지만, 악인의 입은 독을 품는다.

7 의인을 기억하는 것은 칭찬할 일

잠

?! 난제 **잠 9:1의 '집'이 의미하는 것은?**

본절에서 집은 잠 7:27에 나오는 음부의 집과는 대조되는 것으로 여기서는 '생명으로 인도하는 집'을 의미한다. 잠언에서 언급되는 지혜가 그리스도와 동일시한다면 이는 성육신하신 그리스도의 몸 자체(요 2:19)와 그의 몸된 교회(벧전 2:5)를 의미한다고 볼 수 있다. 한편 일곱 기둥은 이 집을 떠 받치는 실내 기둥을 말한다.

1) 잃는 2) 여름

이지만, 악인은 이름마저 기억에서 사라진다.

8 마음이 지혜로운 자는 명령을 잘 받아들이지만, 입을 미련하게 놀리는 자는 멸망할 것이다.

9 바른 길로 행하는 자의 앞길은 평안하지만, 굽은 길로 행하는 자는 그 모든 것이 드러난다.

10 눈을 흘기는 자는 다른 사람에게 괴로움을 끼치고, 입을 함부로 놀리는 자는 망한다.

11 의인의 입은 생명의 샘이 되지만, 악인의 입은 독을 머금고 있다.

12 미움은 다툼을 일으키지만, 사랑은 모든 허물을 덮어 준다.

13 명철한 자의 입술에는 지혜가 있지만, 지혜 없는 자의 등에는 채찍이 내려진다.

14 지혜로운 자는 지식을 간직하지만, 우둔한 자의 입은 멸망을 재촉한다.

15 부자의 재물은 그에게는 견고한 성이 되지만, 가난한 자의 궁핍은 그를 망하게 한다.

16 의인의 수고는 생명에 이르고, 악인의 소득은 죄에 이른다.

17 훈계를 지키는 자는 생명 길에 이르지만, 책망을 저버리는 자는 그릇된 길로 간다.

18 미움을 감추는 자는 거짓된 입술을 가진 자이고, 험담하는 자는 미련한 자이다.

19 말이 많으면 실수하기 쉽지만, 입술을 다스리는 자는 지혜가 있다.

20 의인의 혀는 정제된 은과 같지만, 악인의 마음은 무가치하다.

21 의인의 입술은 많은 사람을 먹여 살리지만, 우둔한 자는 생각이 적어 죽는다.

22 여호와께서 복을 주심으로 부요하게

하신 것이라면 근심을 같이 주시지 않는다.[1]

23 어리석은 자가 악을 행하므로 낙을 누리듯, 명철한 자는 지혜로 낙을 누린다.

24 악인에게는 그가 두려워하는 일이 닥치지만, 의인은 그 원하는 것이 이루어진다.

25 회오리바람이 지나가면 악인은 없어지지만, 의인은 영원한 기초처럼 사라지지 않는다.

26 게으른 자는 그 부리는 사람에게 마치 이에 식초 같고, 눈에 연기처럼 맵다.

27 여호와를 경외하면 장수하지만, 악한 자의 수명은 짧아진다.

28 의인의 소망은 기쁨을 가져와도, 악인의 소망은 끊어진다.

29 여호와의 가르침이 정직한 자에게는 힘이 되지만, 악을 행하는 자에게는 멸망이 된다.

30 의인은 결코 뿌리가 뽑히지 않지만, 악인은 땅에서 견디지 못한다.

31 의인의 입은 지혜를 말하지만, 패역한 자들의 혀는 끊어질 것이다.

32 의인의 입술은 기쁘게 하는 말이 무엇인지 알지만, 악인의 입은 거짓을 말한다.

이웃과의 관계

11 ● 여호와께서는 속이는 저울을 미워하시지만, 정확한 추는 기뻐하신다.

2 교만한 자는 부끄러움을 당하지만, 겸손한 자에게는 지혜가 있다.

3 올바른 자의 성실함은 자기를 인도하지만, 사악한 배신자의 패역은 자기를 파괴시킨다.

4 재물은 하나님께서 진노하시는 날에 아무 쓸모가 없게 되지만, 의로

1) 수고함으로 더하지 못한다

움은 죽음에서 그를 구해낸다.

5 흠 없는 자의 의로움은 자기의 길을 바르게 잡아 주지만, 악한 자는 자기의 악 때문에 쓰러진다.

6 올바른 자의 의로움은 자기를 구원하지만, 배신자[1]는 자기의 욕심에 스스로 걸려 넘어진다.

7 악인은 죽을 때 그 소망이 사라지고 재물에 둔 소망도 사라진다.

8 의인은 재난에서 건짐을 받지만, 악인은 멸망한다.

9 경건하지 않은 자는 입으로 그의 이웃을 망하게 하지만, 의인은 그의 지식으로 인해 구원을 얻는다.

10 의인이 잘되면 마을이 기뻐하지만, 악인이 망해도 마을이 기뻐 외친다.

11 정직한 자의 축복을 통해 성읍 전체가 자랑스럽게 되지만, 악한 자의 입으로 인해 그 성읍은 무너진다.

12 지혜 없는 자는 그의 이웃을 멸시하지만, 명철한 자는 조용히 있는다.

13 할 일 없이 두루 다니며 남을 헐뜯는 자는 남의 비밀을 드러내지만, 마음이 신실한 자는 그 일을 숨긴다.

14 지략이 없으면 백성이 망하지만, 지략이 많으면 평안을 누린다.

15 모르는 사람을 위해 보증을 서는 자는 손해를 당해도, 보증 서기를 거절하는 자는 마음이 편안하다.

16 덕 있는 여자는 존경을 받고, 부지런한 남자는 재물을 얻는다.

17 자비한 자는 자기의 생명을 이롭게 하지만, 잔인한 자는 몸을 해롭게 한다.

18 악인의 수고는 헛것이 되지만, 옳은 것을 심은 자는 확실한 보상을 받는다.

19 공의에 굳게 서는 자는 생명에 이르지만, 악을 따르는 자는 죽음에 이른다.

20 여호와께서는 마음이 비뚤어진 자를 미워하시나, 행위가 올바른 자는 기뻐하신다.

21 악인은 서로 손을 잡아도 벌을 받겠지만, 의로운 자의 자손은 구원을 얻는다.

22 아름다운 여인이 제멋대로 행동하는 것은 마치 돼지 코에 금 고리를 한 것과 같다.

23 의인의 소원은 참으로 선하지만, 악인의 소망은 진노만 가져온다.

24 후하게 구제해도 더욱 부요하게 되는 일이 있는가 하면, 지나칠 정도로 아껴도 가난하게 되는 경우가 있다.

25 남에게 베풀기를 좋아하는 자는 오히려 풍족해지고, 남을 흡족하게 하는 자는 자기도 만족하게 될 것이다.

26 곡식을 쌓아 놓기만 하는 자는 백성에게 비난을 받지만, 그것을 파는 자는 복이 찾아온다.

27 좋은 일을 힘써 찾는 자는 은총을 얻지만, 나쁜 일을 찾는 자에게는 악이 임한다.

28 자기의 재물을 의지하는 자는 망하지만, 의인은 푸른 잎사귀처럼 번성할 것이다.

29 자기 집을 해롭게 하는 자는 바람만 물려받고, 마음이 우둔한 자는 지혜로운 자의 종이 될 것이다.

30 의인의 열매는 생명나무이고, 지혜로운 자는 사람을 취한다.

31 보라, 의인이 이 세상에서도 보상을 받는다면, 하물며 악인과 죄인이 그 값을 치르는 것은 당연하다.

의인과 악인

12 ●훈계를 좋아하는 자는 지식을 좋아하지만, 책망을 싫어하는

1) 사악한 자

자는 짐승과 같다.

2 선한 사람은 여호와께 은총을 받지만, 악을 꾀하는 자는 심판을 받는다.

3 사람은 악행으로 그 터를 굳게 세우지 못하지만, 의인의 뿌리는 흔들리지 않는다.

4 덕이 있는 여인은 남편의 면류관이 되지만, 욕을 끼치는 부덕한 여인은 남편의 뼈를 썩게 한다.

5 의인의 생각은 정직하지만, 악인의 궁리는 속임수뿐이다.

6 악인의 말은 피를 흘리려는 음모뿐이지만, 정직한 자의 말[1]은 사람을 구한다.

7 악인은 엎어져 사라지지만, 의인의 집은 든든히 서 있다.

8 사람은 그 분별력으로 칭찬을 받지만, 마음이 비뚤어진 자는 멸시를 받는다.

9 업신여김을 받아도 종을 부리는 자는 스스로 높은 체하지만 먹을 빵이 없는 자보다 낫다.

10 의인은 자기 가축의 생명을 돌보지만, 악인은 자비를 베풀어도 잔인하다.

11 자기의 밭을 경작하는 자는 먹을 것이 많지만, 방탕한 것을 따르는 자는 궁핍함이 크다.[2]

12 악인은 불의한 이익을 탐하지만, 의인은 그 뿌리로 인해 열매를 맺는다.

13 악인은 입술의 죄로 인해 올무[3]에 걸려도, 의인은 고통에서 빠져나온다.

14 사람은 입의 열매로 인해 좋은 것[4]으로 만족하며, 그 손이 행하는 대로 자기가 받는다.

15 우둔한 자는 자기 행위만 옳다고 여기지만, 지혜로운 자는 충고에 귀를 기울인다.

16 우둔한 자는 쉽게 분노를 드러내지만, 슬기로운 자는 모욕을 참는다.

17 진실을 말하는 자는 의로움을 나타내지만, 거짓 증인은 속이는 말을 한다.

18 함부로 말하는 자의 말은 칼로 찌르는 것과 같고, 지혜로운 자의 혀는 아픈 것을 치료하는 좋은 약과 같다.

19 진실된 말[5]은 영원히 남지만, 거짓말은 잠시 동안에만 통할 뿐이다.

20 악을 꾀하는 자의 마음에는 속임수가 있지만, 화평을 도모하는 자에게는 기쁨이 있다.

21 의인에게는 어떤 재앙도 일어나지 않지만, 악인에게는 재앙이 가득하다.

22 여호와께서는 거짓된 입술을 미워하시지만, 진실되게 사는 사람은 기뻐하신다.

23 슬기로운 자는 지식을 감추지만, 어리석은 자의 마음은 미련한 것을 전파한다.

24 부지런한 자의 손은 사람을 다스리게 되지만, 게으른 자는 부림을 받는다.

25 마음에 근심이 있으면 번민하게 되지만, 선한 말은 마음을 기쁘게 한다.

26 의인은 그 이웃에게 바른 길[6]을 보여주지만, 악인의 길은 치우치게 한다.

27 게으른 자는 그 잡은 사냥감도 요리하기 싫어하지만, 부지런한 사람은 부귀를 얻는다.

28 의로운 길에는 생명이 있으니 그 길을 가는 곳에는 죽음이 없다.

1) 입 2) 잠 28:19 3) 그물 4) 복록 5) 입술 6) 인도자

악을 경계하라

13 ● 지혜로운 아들은 아버지의 훈계를 듣지만, 오만한 자는 꾸지람을 듣지 않는다.

2 사람은 입의 열매로 인해 좋은 것을 누리지만, 배신자는 폭력을 휘두르를 생각만 한다.

3 입을 지키는 자는 자기의 목숨을 보전하지만, 입을 함부로 놀리는 자는 자기를 파멸시킨다.

4 게으른 자는 원하는 것이 있어도 얻지 못하지만, 부지런한 자의 마음은 원하는 것을 풍족하게 얻는다.

5 의인은 거짓말을 싫어하지만, 악인은 행위가 악하여 수치를 당한다.

6 흠 없이 사는 자의 의로움은 그의 길을 지켜 주고, 죄인의 악은 그를 망하게 한다.

7 스스로 부자인 척하지만 아무것도 없는 자가 있고, 스스로 가난한 척하지만 많은 재물이 있는 자가 있다.

8 재물이 자기의 생명을 구할 수 있지만, 가난한 자는 협박 받을 일이 없다.

9 의인의 빛은 환하게 빛나지만, 악인의 등불은 꺼진다.

10 교만에서는 싸움만 일어나지만, 지혜 있는 자는 권면을 듣는다.

11 쉽게[1] 얻은 재물은 줄어들지만, 수고하여 모은 재물은 쌓인다.

12 소망이 늦어지면 마음을 병들게 하지만, 소원이 이루어지는 것은 생명나무이다.

13 말씀을 멸시하는 자는 망하지만, 계명을 존중하는 자는 보상을 받는다.

14 지혜 있는 자의 교훈은 생명의 샘과 같으니, 사망의 그물에서 벗어나게 한다.

15 선한 지혜는 은혜를 베풀지만, 악한 자의 길은 멸망이다.

16 슬기로운 자는 신중히 행동하지만, 어리석은 자는 자기의 우둔한 것을 드러낸다.

17 악한 사신은 재앙에 빠져도, 충성된 사신은 보낸 자에게 좋은 약이 된다.

18 훈계에 무관심한 자는 궁핍과 수치를 당하지만, 책망을 잘 받아들이는 자는 존귀함을 받는다.

19 소원이 이루어지면 마음이 즐겁지만, 미련한 자는 악에서 떠나기를 싫어한다.

20 지혜로운 자와 함께하면 지혜를 얻지만, 미련한 자와 사귀면 해를 입는다.

21 죄인에게는 재앙이 따라오지만, 의인에게는 좋은 보상이 따라온다.

22 선한 사람은 자기 재산을 후손에게 대대로 물려주지만, 죄인의 재물은 의인에게 돌아간다.

23 가난한 자는 밭을 경작함으로 많은 소출이 있지만, 불의가 난무하면 남아나는 것이 없다.

24 징계의 매를 들지 못하는 자는 자식을 사랑하지 않는 것이다. 자식을 사랑하는 자는 부지런히 훈계한다.

25 의인은 배불리 먹지만, 악인은 주린다.

악인과 의인의 영향

14 ● 지혜로운 여자는 자기 집을 세우지만, 어리석은 여자는 제 손으로 자기 집을 무너뜨린다.

2 바르게 행하는 자는 여호와를 경외하지만, 그릇 행하는 자는 여호와를 경멸한다.

3 우둔한 자는 교만하여 입으로 매를 자청하지만, 지혜로운 자의 말은 자기를 지켜낸다.

4 소가 없으면 먹이통은 깨끗하겠지

---

1) 망령되이

만, 소의 힘으로 얻는 것은 많다.

5 진실한 증인은 거짓말을 하지 않지만, 거짓된 증인은 거짓말을 내뱉는다.

6 오만한 자는 지혜를 구해도 얻지 못하지만, 명철한 자는 쉽게 지식을 얻는다.

7 그러므로 너는 미련한 자의 앞을 떠나라. 그 말에서는 배울 지식이 없다.

8 슬기로운 자의 지혜는 자기가 가는 길을 깨닫게 하지만, 우둔한 자의 어리석음은 자기를 속인다.

9 어리석은 자는 죄 용서 받는 일을 우습게 여기지만, 정직한 자는 은혜를 누린다.

10 마음의 고통은 자기만 알고, 마음의 기쁨 역시 다른 사람은 모른다.

11 악한 자의 집은 망하지만, 정직한 자의 집은 흥한다.

12 어떤 길은 사람이 보기에 바르지만, 결국은 사망의 길이다.[1]

13 웃을 때도 마음이 슬플 때가 있고, 즐거움의 끝에도 슬플 때가 있다.

14 마음이 비뚤어진 자는 자기 행위대로 보응 받을 것이며, 선한 사람도 자기의 행위대로 보상을 받는다.

15 단순한 자, 곧 어리석은 자는 모든 말을 믿지만, 영리한 자는 행동을 신중하게 한다.

16 지혜로운 자는 두려워하여 악을 떠나지만, 미련한 자는 괜찮다고 믿고 제멋대로 행동한다.

17 노하기를 쉽게 하는 자는 어리석은 일을 행하고, 악한 음모를 꾸미는 자는 미움을 받는다.

18 단순한 자는 우둔함을 유업으로 삼아도, 슬기로운 자는 지식으로 면류관을 삼는다.

19 악인은 선한 사람 앞에 굴복되고, 불의한 자는 의인 앞에 엎드린다.

20 가난한 자는 친구[2]에게도 미움을 받게 되지만, 부자에게는 친구가 많다.

21 이웃을 멸시하는 자는 죄를 범하는 자이고, 가난한 자를 불쌍히 여기는 자는 복이 있는 자이다.

22 악을 꾀하는 자는 한쪽으로 치우치지 않느냐? 선을 도모하는 자에게는 자비와 진리가 있다.

23 모든 수고에는 이익이 있어도, 말만 하면 가난해질 뿐이다.

24 지혜로운 자의 재물은 그에게 면류관이 되지만, 어리석은 자의 소유는 다만 미련할 뿐이다.

25 진실한 증인은 사람의 생명을 구하지만, 사기꾼은 거짓으로 증언한다.

26 여호와를 경외하는 자는 견고한 요새[3]를 가진 자와 같고, 그 자녀들에게는 피난처가 된다.

27 여호와를 경외하는 것은 생명의 샘이므로 죽음의 그물에서 벗어나게 한다.

28 백성이 많은 것은 왕에게 영광이

풍습

성경 시대의 증인(잠 14:5)

성경에서 증인이 필요한 경우는 재판할 때(신 19:18, 잠 18:17), 땅을 매매할 때(창 23:11), 언약을 체결할 때(창 31:44-52), 결혼할 때(룻 4:10-11) 등의 경우이다. 요즘도 중동 지역의 대부분의 나라에서는 증인이 있어야 결혼이 성사되는데 주로 친구가 증인을 선다. 반면 이스라엘 공동체에서 거짓 증인(출 20:16)은 무거운 형벌이 가해졌다(신 19:16-18). 특히 법적인 시시비비를 가릴 때에는 두세 명의 증인이 요구되었다(신 19:15). 신약에서는 예수의 부활을 증거하는 사람을 증인으로 지칭하기도 했다(행 1:8). 더 나아가 사도들 역시 자신들을 예수 그리스도의 증인으로 인식했다(행 2:32). 특히 사도 요한은 예수 그리스도를 하나님의 뜻을 이룬 '충성된 증인'으로 일컬었다(계 1:5).

1) 잠 16:25 2) 이웃 3) 의뢰

되지만, 백성이 적은 것은 주권자에게 패망이 된다.

29 화를 잘 내지 않는 자는 명철하지만, 마음이 성급한 자는 어리석음을 드러낸다.

30 마음이 평안하면 몸에 생기가 돌고, 질투는 뼈를 썩게 한다.

31 가난한 사람을 억압하는 자는 그를 지으신 자를 모욕하는 자이며, 굶주린 사람에게 은혜를 베푸는 자는 그를 지으신 주를 공경하는 자이다.

32 악인은 그의 환난에 엎드러져도, 의인은 그의 죽음에도 소망이 있다.

33 지혜는 명철한 자의 마음에 머물며, 어리석은 자의 마음속에 있는 것은 드러난다.

34 공의는 나라의 위상을 높이지만, 죄는 민족을 수치스럽게 한다.

35 분별력 있게 행동하는 신하는 왕에게 은혜를 입고, 수치스러운 행동을 하는 신하는 왕의 분노를 산다.

의인과 악인의 비교

15 부드러운 대답은 분노를 쉽게 해도, 과격한 말은 분노를 일으킨다.

2 지혜 있는 자의 혀는 지식을 잘 전달하지만, 어리석은 자의 입은 미련한 말만 한다.

3 여호와의 눈은 어디서든지 악한 자와 선한 사람을 지켜보신다.

4 따뜻한 말은 생명나무와 같지만, 가시 돋친 패역한 말은 마음을 상하게 한다.

5 어리석은 자는 아버지의 훈계를 업신 여기지만, 슬기로운 자는 책망을 잘 받아들인다.

6 의인의 집에는 많은 재물이 쌓여도, 악인의 소득은 괴로움을 가져온다.

7 지혜로운 자의 입술은 지식을 퍼

뜨려도, 어리석은 자의 마음은 그렇지 못하다.

8 여호와께서는 악인의 제사를 미워하시지만, 정직한 자의 기도는 기뻐하신다.

9 여호와께서는 악인의 길을 미워하시지만, 공의를 따라가는 자는 사랑하신다.

10 바른 길을 벗어나는 자는 엄한 징계를 받고, 책망을 싫어하는 자는 죽을 것이다.

11 무덤인 스올과 '죽음의 자리'라는 뜻의 아바돈도 여호와 앞에 드러나는데, 하물며 사람의 마음인들 드러나지 않겠느냐?

12 오만한 자는 책망하는 자를 싫어하며, 지혜 있는 자를 찾지도 않는다.

13 즐거운 마음은 얼굴을 밝게 하지만, 근심하는 마음은 심령을 상하게 만든다.

14 명철한 자의 마음은 지식을 찾지만, 어리석은 자의 입은 우둔한 것을 즐긴다.

15 고난받는 자에게 그날이 다 불행하나, 마음이 즐거운 자는 항상 잔칫날이다.

16 재산이 적어도 여호와를 경외하는 것이 재산이 많아 다투는 것보다 낫다.

17 서로 사랑하며 채소를 먹는 것이 서로 미워하며 살진 소를 먹는 것보다 낫다.

18 쉽게 화를 내는 자는 다툼을 일으켜도 화를 더디 내는 자는 싸움을 그치게 한다.

19 게으른 자의 길은 가시 울타리 같지만, 부지런한1) 자의 길은 확 트인 대로와 같다.

20 지혜로운 아들은 아버지를 기쁘게

1) 정직한

해도, 어리석은 아들은 어머니를 업신여긴다.

21 우둔한 자는 생각이 모자란 자를 좋아하지만, 명철한 자는 그 길을 바르게 한다.

22 의논하는 것이 없으면 계획이 실패하고, 지략이 많으면 계획을 이룬다.

23 사람은 좋은 대답1)으로 인해 기쁨을 얻게 되니, 때에 맞는 말이 얼마나 좋은가!

24 지혜로운 자가 걷는 생명 길은 위로 연결되어 있어 아래에 있는 무덤으로 내려가는 것을 막아 준다.

25 여호와는 교만한 자의 집을 헐어 버리지만, 과부의 밭의 경계석은 지켜 주신다.

26 여호와께서는 악한 자의 꾀를 미워하시지만, 선한 자의 말은 기뻐하신다.

27 불의한 이익을 취하는 자는 자기 집을 해롭게 하지만, 뇌물을 미워하는 자는 오래 살 것이다.

28 의인의 마음은 대답할 말을 깊이 생각하지만, 악한 자의 입은 악한 말을 쏟아낸다.

29 여호와께서는 악인을 멀리하시고, 의로운 자의 기도를 들어주신다.

30 밝은 얼굴은 마음을 기쁘게 하고, 좋은 소식은 뼈를 소생시킨다.

31 생명을 주는 책망을 듣는 귀를 가진 자는 지혜로운 자와 함께한다.

32 훈계를 싫어하는 자는 자기의 생명을 가볍게 여기지만, 책망을 잘 받아들이는 자는 지식을 얻는다.

33 여호와를 경외하는 것은 지혜의 교훈이다. 겸손에는 영광이 따른다.2)

하나님과 함께 하는 삶

16 ●마음의 계획은 사람이 세우지만, 결정3)은 여호와께서 하신다.

2 사람의 행위가 자신이 보기에 모두 깨끗해 보여도, 여호와께서는 마음을 살피신다.4)

3 네가 하는 일을 여호와께 맡기면 그 계획하는 일이 이루어질 것이다.

4 여호와께서는 모든 것을 그 쓰임에 맞게 만드셨으니, 악한 자는 재앙의 날에 쓰일 것이다.

5 여호와께서는 마음이 교만한 자를 미워하시니 반드시 벌을 받을 것이다.

6 자비와 진리로 인해 죄를 용서받게 되고, 여호와를 경외함으로 인해 악에서 떠나게 된다.

7 사람의 행실이 여호와를 기쁘시게 하면 원수라도 그와 더불어 화목하게 해주신다.

8 의롭게 얻은 적은 소득이 불의한 방법으로 얻은 많은 소득보다 낫다.

9 사람이 마음으로 자기의 앞길을 계획한다고 해도 그의 발걸음을 인도하시는 분은 여호와이다.

10 하나님의 말씀이 왕의 판결이 되면 왕은 그릇된 판결을 하지 않는다.

11 공평한 접시 저울과 다른 모든 저울은 여호와의 것으로, 주머니 속의 저울추도 모두 그가 지으신 것이다.

12 왕은 악을 행하는 것을 미워하는데, 이는 그 보좌가 공의로 인해 굳게 서 있기 때문이다.

13 왕들은 공의로 하는 말을 기쁘게 여기므로 바르게 말하는 자는 왕의 사랑을 받는다.

14 왕의 진노는 저승 사자들과 같아도 지혜로운 사람은 왕의 진노를 가라앉힌다.

1) 입　2) 겸손은 존귀의 길잡이니라　3) 말의 응답
4) 잠 21:2

15 왕의 얼굴빛이 밝으면 살 수 있으니, 그의 기쁨은 늦은 봄비를 내리게 하는 구름과 같다.

16 지혜를 얻는 것이 금을 얻는 것보다 낫고, 명철을 얻는 것은 정제된 은을 얻는 것보다 더욱 낫다.

17 정직한 사람이 마땅히 가야 할 길은 악으로부터 발길을 돌리는 것이니, 자기의 길을 지키는 자는 자기의 목숨을 지킨다.

18 교만에는 파멸이 따르고, 오만한 마음은 실패가 따른다.

19 겸손한 자와 사귀며 마음을 낮추는 것이 교만한 자들과 함께 전리품을 나누는 것보다 낫다.

20 말씀에 순종하는 자1)는 좋은 것을 얻게 되므로 여호와를 의지하는 자는 복이 있다.

21 마음이 지혜로운 자는 "깨달은 자이다"라고 일컬음을 받고, 부드러운 말은 다른 사람을 설득시킨다.2)

22 분별력은 그것을 소유한 자에게 생명의 샘이 되지만, 미련한 자들의 훈계는 우둔한 것이 된다.

23 마음이 지혜로운 자는 분별력 있는 말을 하고, 그의 입술은 설득력을 갖게 한다.

24 선한 말은 꿀송이처럼 마음을 기쁘게 하고, 뼈를 낫게 하는 좋은 약이 된다.

25 어떤 길은 사람이 보기에 바르지만, 결국은 사망의 길이다.3)

26 사람은 배가 고프면 일하게 되는데 이는 그의 입이 배고픈 자기를 독촉하기 때문이다.

27 불량한 자는 악을 꾀하지만, 그 입술에는 맹렬한 것이 있다.

28 패역한 자는 분쟁을 일으키고, 험담하는 말쟁이는 친한 벗을 이간질한다.

29 포악한 사람은 그 이웃을 유혹하여 좋지 않은 길로 가게 한다.

30 눈짓을 하는 자는 그릇된 일을 도모하며, 음흉하게 웃는 자는 악한 일을 저지른다.

31 백발은 영화로운 면류관이므로 그것은 의로운 삶을 통해 얻는다.

32 화를 오래 참는 자는 용사보다 낫고, 자기의 마음을 다스리는 자는 성을 점령하는 자보다 낫다.

33 제비는 사람이 뽑지만 모든 일의 결정은 여호와께서 하신다.

17 마른 빵 한 조각만 갖고도 화목하게 지내는 것이 고기가 집에 가득하고도 다투며 사는 것보다 낫다.

2 분별력 있는 종은 부끄러운 짓을 하는 주인의 아들을 다스리고 형제들 가운데서 유업을 나누어 받을 것이다.

3 쇠를 불로 녹이는 도가니는 은을 연단하고 불을 피울 때 바람을 일으키는 풀무는 금을 연단하지만, 여호와께서는 마음을 단련하신다.

4 악을 행하는 자는 악한 말을 귀담아듣고, 거짓말을 하는 자는 악한 혀가 하는 말을 귀담아듣는다.

5 가난한 자를 조롱하는 자는 그를 지으신 주를 모욕하는 자이다. 다른 사람이 당하는 재앙을 좋아하는 자는 형벌을 면하지 못한다.

6 손자는 노인의 면류관이고, 아버지는 자식의 영화이다.

7 미련한 자가 오만하게 말하는 것이 합당하지 않은 것처럼 통치자4)가 거짓말하는 것도 그에게 합당하지 않다.

8 뇌물은 받는 자가 볼 때 은혜의 보석과

1) 일을 처리하는 자   2) 학식을 더하게 하느니라   3) 잠 14:12   4) 존귀한 자

같아서 "그가 [1] 어디로 향하든지 형통하게 한다"라고 말한다.

9 허물을 덮어 주는 자는 사랑을 추구하는 자이며, 계속해서 허물을 말하는 자는 친한 벗을 이간질하는 자이다.

10 총명한 자에게 한 마디 말로 꾸짖는 것이 미련한 자에게 매 100대를 때리는 것보다 더 효과적이다.

11 악한 자는 반역만을 계획하므로 그에게는 처벌만 있다. [2]

12 우둔한 일을 행하는 어리석은 자를 만나는 것보다 새끼를 빼앗긴 암곰을 만나는 것이 낫다.

13 누구든지 악으로 선을 갚으면 악이 그 집을 떠나지 않을 것이다.

14 말다툼의 시작은 둑에서 물이 새는 것 같으니 싸움으로 번지기 전에 시비를 멈추는 것이 좋다.

15 악인을 의롭다고 하고 의인을 악하다고 하는 이 두 사람은 다 여호와께 미움을 받는다.

16 어리석은 자는 손에 돈은 있지만 무지하니 어찌 지혜를 얻겠는가?

17 사랑이 끊어지지 않는 것이 친구이고, 고난을 함께 나누기 위해 태어난 것이 형제이다.

18 생각이 부족한 자는 친밀함을 보이기 위해 남의 손을 잡고 이웃 앞에서 보증을 선다.

19 죄를 좋아하는 자는 싸움을 좋아하고, 자기를 과시하기 위해 자기 문을 높이는 자는 파멸을 자초한다.

20 마음이 바르지 못한 자는 복을 못 받고, 함부로 혀를 놀리는 자는 재앙에 빠진다.

21 어리석은 자를 낳는 자는 근심을 당하고, 미련한 자의 아버지는 낙이 없다.

22 마음의 기쁨은 좋은 약이 되지만,

마음의 근심은 뼈를 마르게 한다.

23 악인은 사람의 품에서 뇌물을 받고 재판을 굽게 한다.

24 깨달은 [3] 자는 늘 지혜를 바라보지만, 어리석은 자의 눈은 땅을 본다.

25 미련한 아들은 아버지에게 근심이 되고 어머니에게 고통이 된다.

26 의인을 벌하는 것과 귀인을 정직하다고 때리는 것은 옳지 못하다.

27 지식이 많은 자는 말을 아끼고, 지혜로운 자는 침착하다.

28 미련한 자라도 입을 다물고 가만히 있으면 지혜롭고 슬기로운 자로 여겨진다.

화목에 대하여

18 ● 무리와 함께하지 못하고 갈라지는 사람은 자기의 욕심만 채우려고 한다. 그런 사람은 모든 지혜로운 판단을 무시한다.

2 어리석은 자는 남을 이해하려고 [4] 하지 않고, 자기의 의견만 내세우는 것을 좋아한다.

3 악한 자가 오면 멸시도 따라오고, 부끄러운 일 뒤에는 능욕도 따라온다.

4 명철한 사람의 말은 깊은 물과 같고, 지혜의 샘은 솟구쳐 흐르는 시내와 같다.

5 악인을 두둔하는 것과 재판할 때 의인을 억울하게 하는 것도 옳지 못하다.

6 미련한 자의 입술은 다툼을 일으키고 그의 입은 매를 자청한다.

7 미련한 자의 입은 그의 영혼의 그물이 되고 자기를 망하게 한다.

8 남을 헐뜯기 좋아하는 자의 말은 맛있는 음식과 같아서 사람들이 쉽게 그 말을 받아들인다. [5]

1) 뇌물이　2) 잔인한 사자가 보냄을 받으리라　3) 명철한
4) 명철을 기뻐　5) 잠 26:22

9 자기 일을 게을리하는 자는 방탕으로 재산을 탕진하는 자의 형제이다.

10 여호와의 이름은 견고한 망대와 같아 의인은 그곳에서 안전함을 얻는다.

11 부자의 재물은 그에게 견고한 성이 되어 그 재물을 높은 성벽처럼 여긴다.

12 사람의 마음의 교만은 파멸이 따르고, 겸손은 영광이 따른다.

13 말을 다 들어보기도 전에 대답하는 자는 수모를 당하기가 쉽다.

14 사람의 심령은 그의 병을 능히 이기게 하지만, 심령이 꺾이면 누가 그것을 일으키겠느냐?

15 깨달은 자의 마음은 지식을 얻고, 지혜로운 자의 귀는 지식을 구한다.

16 사람의 선물은 그의 길을 넓혀 주며, 그를 높은 사람 앞으로 인도한다.

17 재판에서는 먼저 말하는 사람의 말이 옳은 것 같지만, 그의 상대자가 오면 사실이 밝혀진다.

18 제비 뽑는 것은 다툼을 그치게 하고 강한 자 사이에 분쟁을 해결하게 한다.

19 마음이 상한 형제와 화목하게 지내는 것은 견고한 성을 점령하는 것보다 어려운데, 이런 다툼은 산성의 성문을 잠그는 문빗장과 같다.

20 사람은 입에서 나오는 말의 열매가 배를 채워주니, 그의 입술에서 나오는 결과로 만족한다.

21 죽고 사는 것이 혀의 힘에 달렸는데 혀를 잘 쓰는 자는 혀의 대가[1]를 받는다.

22 아내를 얻는 자는 복을 얻고 여호와께 은혜를 받는 자이다.

23 가난한 자는 간절한 말로 구걸해도 부자는 엄한 말로 대답한다.

24 해를 끼치는 친구를 많이 둔 자는 해를 당하게 되지만, 어떤 친구는 형제보다 더 가깝다.

자비로운 자가 받을 복

19 ● 가난해도 신실하게 사는 자가 거짓말하며 미련하게 사는 자보다 낫다.

2 지식 없는 열정은 좋다고 말할 수 없고, 조급한 사람은 일을 그르친다.

3 미련한 사람은 자기 길을 치우치고, 마음으로 여호와를 향해 원망한다.

4 재물은 많은 친구를 갖게 하지만, 가난하게 되면 친구가 떠나간다.

5 거짓 증인과 거짓말하는 자는 벌을 피하지 못할 것이다.

6 너그러운 사람에게는 은혜를 구하는 자가 많고, 선물 주기를 좋아하는 자에게는 사람마다 친구가 되고 싶어 한다.

7 가난한 자가 그의 형제들에게도 미움을 받는다면, 하물며 친구인들 그를 멀리하지 않겠느냐? 가난한 사람은 친구를 따라가며 말하려 해도 그들이 달아난다.

8 지혜를 얻는 자는 자기 생명을 사랑하고, 명철을 지키는 자는 복을 얻는다.

9 거짓 증인은 벌을 피하지 못하고,

문빗장, 빗장(잠 18:19)

본래는 무엇을 떠받치거나 잠그거나 막는 데 사용하는 나무 또는 쇠붙이 막대를 가리킨다. 특히 대문이나 문을 잠그는 데 사용된 막대를 뜻하며 작은 가옥이나 건물에 쓰이던 자물쇠와는 구별된다. 철기 시대의 빗장은 대개 좌우에 구멍을 내고 그 두 사이에 찌르는 형태를 갖고 있었다. 그리고 더욱 견고하게 하기 위해 위 아래 두개를 두기도 했다. 높은 성벽 문빗장을 갖춘 성읍은 견고했기 때문에(시 147:13) 빗장 파괴는 곧 성읍의 함락을 의미했다(사 43:14).

1) 열매

거짓말하는 자는 망할 것이다.

10 어리석은 자가 사치스럽게 사는 것은 적당하지 못한데, 하물며 종이 지도자인 방백를 다스리는 것이야 더욱 그렇다.

11 화를 오래 참는 것이 사람의 슬기이며, 허물을 용서하는 것은 자기에게 영광이 된다.

12 왕의 분노는 사자의 부르짖음 같고, 그의 은총은 풀 위의 이슬과 같다.

13 어리석은 아들은 아버지에게 파멸을 가져다주고, 다투기를 잘하는 아내1)는 지붕에서 계속해서 떨어지는 물방울과 같다.2)

14 집과 재물은 조상에게서 상속을 받지만, 슬기로운 아내는 여호와께서 주신다.

15 게으름은 사람으로 깊은 잠에 빠지게 하므로 그는 주릴 것이다.

16 계명을 지키는 자는 자기의 생명을 지키지만, 제멋대로 행하는 자는 죽을 것이다.

17 가난한 자에게 은혜를 베푸는 것은 여호와께 꾸어드리는 것과 같으니, 하나님은 그의 선행을 보상해 주신다.

18 네가 네 아들에게 아직 희망이 있을 때 그를 징계하라. 그러나 죽일 마음은 갖지 말라.

19 화를 크게 내는 자는 벌을 받으리니, 그를 구해 준다고 해도 같은 일이 다시 일어날 것이다.

20 너는 충고를 들으며 훈계를 받으라. 그러면 마침내 지혜롭게 될 것이다.

21 사람의 마음에는 많은 계획이 있어도 오직 여호와의 뜻만이 완전하게 이루어질 것이다.

22 자기의 자비함으로 남에게 사모함을 받으니 가난한 자는 거짓말하는 자보다 낫다.

23 여호와를 경외하는 것은 생명을 얻는 것이므로 그런 자는 만족스럽게 지내고 재앙을 만나지 않는다.

24 게으른 자는 자기 손을 그릇에 넣고서도 입에 넣기를 귀찮아 한다.3)

25 오만한 자에게 매를 들어라. 그러면 어리석은 자도 지혜를 얻을 것이다. 명철한 자를 책망하라. 그러면 그가 지식을 얻을 것이다.

26 아버지를 구박하고 어머니를 쫓아내는 자식은 부끄러움과 수치를 끼치는 자식이다.

27 내 아들아, 지식의 말씀에서 벗어나게 하는 교훈을 듣지 말라.

28 악한 망령된 증인은 정의를 우습게 여기고, 악인의 입은 죄악을 삼킨다.

29 심판은 오만한 자를 위해 예비된 것이고, 채찍은 어리석은 자의 등을 위해 예비된 것이다.

성도의 행실

20 ● 포도주는 사람을 오만하게 만들고, 독한 술은 소란하니 이것으로 비틀거리는4) 자는 지혜롭지 못하다.

2 왕의 진노는 사자의 부르짖음 같으니 그를 화나게 하는 것은 자기의 생명을 해치는 것이다.

3 다툼을 그치게 하는 것은 자랑스러운 일이지만, 우둔한 자는 다툼을 일으킨다.

4 게으른 자는 제철5)에 밭을 갈지 않는다. 그러므로 추수 때는 거두려6)해도 거둘 것이 없다.

5 사람의 마음에 있는 계획이 깊은 물과 같다고 해도, 명철한 사람은 그 물을 길어 낸다.

---

1) 여자 2) 잠 27:15 3) 잠 26:15 4) 미혹 되는 5) 가을 6) 구걸하려

6 많은 사람이 각기 자기의 자비함을 말하지만 누가 믿을 만한 사람을 만날 수 있겠는가?

7 온전하게 행하는 자는 의인이니 그의 후손에게 복이 있다.

8 재판석에 앉은 왕은 그의 눈으로 모든 악을 가려낸다.

9 누가 "내 마음을 깨끗하게 하고 내 죄를 깨끗이 씻었다"라고 말할 수 있겠느냐?

10 무게를 속이는 저울은 좋지 못한 것이다. 규격이 다른 저울추와 곡식을 재는 되[1]는 다 여호와께서 미워하신다.[2]

11 비록 아이라고 해도 자기의 행동으로 자기 품행이 청결한지 또는 정직한 지를 보여준다.

12 듣는 귀와 보는 눈은 모두 여호와께서 지으신 것이다.

13 잠자기를 좋아하면 가난하게 되니, 네 눈을 뜨고 열심히 일하라. 그러면 먹을 거리가 풍족할 것이다.

14 물건을 살 때는 "나쁘다, 좋지 못하다"라고 말하지만, 돌아간 후에는 잘 샀다고 산 물건을 자랑한다.

15 세상에는 금도 있고 진주도 많지만, 그보다 더욱 귀한 보배는 지혜로운 입술이다.

16 모르는 사람을 위해 보증을 선 자는

그의 옷을 잡아야 하고, 외인들을 위해 보증을 선 자는 그를 볼모로 잡아 두라.[3]

17 속여서 취한 빵[4]은 맛이 좋은 듯하지만 후에는 그것이 그의 입에 모래가 가득한 것처럼 된다.

18 계획은 생각함으로 이루어지니 전략을 통해 전쟁을 하라.

19 험담하며 두루 다니는 자는 남의 비밀을 드러내므로 그런 자와는 사귀지 말라.

20 자기의 부모를 저주하는 자는 자신이 흑암 가운데 있을 때 등불의 꺼짐을 당할 것이다.

21 처음에 속히 잡은 산업, 곧 일확천금은 결국에는 복이 되지 않는다.

22 너는 직접 복수하겠다고 말하지 말고, 여호와께서 복수해 주기까지 기다리라. 그러면 그가 너를 구원하실 것이다.

23 무게를 속이는 저울은 좋지 못한 것이다. 규격이 다른 저울추와 곡식을 재는 되[1]는 다 여호와께서 미워하신다.[5]

24 사람의 걸음은 여호와로 말미암으니 사람이 어찌 자기의 길을 알 수 있겠느냐?

25 조급하게 "이 물건은 거룩하다"라고 하여 바치기로 서원하고 그후 생각이 달라져 그 물건을 살피면 그것이 그 사람에게 덫이 될 수 있다.

26 지혜로운 왕은 악인들을 키질하며, 그들 위에 타작하는 바퀴를 굴리게 한다.

27 여호와는 사람의 영혼을 밝히는 등불로 사람의 깊은 마음속까지 살피신다.

28 자비와 진리가 왕을 지키고 그의 왕위도 자비함으로 인해 견고해진다.

풍습

고대의 키질(잠 20:26)

키질(winnow)은 탈곡이 끝난 후 바람을 이용하여 곡식의 낱알에서 왕겨 등을 제거하는 일을 말한다. 성서 시대에 키질하는 장소는 주로 자연적인 바람을 이용하기 용이한 언덕 위에 자리를 잡았으며, 크기는 13m 정도 바위 위의 평평한 표면이나 평지였다. 키질은 육지창과 같은 농기구를 이용해 추수한 곡식더미를 공중으로 올리면 (사 30:24), 바람에 의해 무거운 알곡과 가벼운 쭉정이가 분리되어 떨어지게 된다. 바람이 없는 경우에는 사람이 손으로 바람을 일으켰다.

1) doe 2) 잠 20:23 3) 잠 27:13 4) 음식물 5) 잠 20:10

29 젊은 자의 자랑은 그의 힘에 있고, 늙은 자의 아름다움은 백발이다.

30 상처가 나도록 때려야 악이 없어지게 되므로 매는 사람의 뱃속 깊은 곳의 죄까지도 깨끗하게 한다.

정직한 생활

21 ● 왕의 마음은 여호와의 손에 있는 물길과 같아 여호와께서 마음대로 바꾸신다.

2 사람의 행위가 자신이 보기에 모두 깨끗해 보여도, 여호와께서는 마음을 살피신다.[1]

3 여호와께서는 제사를 드리는 것보다 의로움과 공의를 행하는 것을 기쁘게 여기신다.

4 거만한 눈과 교만한 마음은 악인들의 등불이다.

5 부지런한 자의 계획에는 이익이 있지만, 조급한 자는 궁핍하게 된다.

6 속이는 말로 재물을 모으는 것은 죽음을 구하는 것으로 그것은 불려 다니는 안개처럼 사라진다.

7 악인의 포악함이 자기를 소멸하게 하는 것은 그가 올바르게 행하는 것을 싫어하기 때문이다.

8 죄인의 길은 구부러지고, 깨끗한 자의 행실은 올바르다.

9 다투기를 잘하는 여인과 함께 큰 집에서 사는 것보다 움막에서 사는 것이 낫다.[2]

10 악한 자의 마음은 다른 사람이 재앙 당하는 것을 바라니 그의 가까운 이웃에게도 은혜를 베풀지 못한다.

11 오만한 자가 벌을 받으면 어리석은 자도 깨닫게 되고, 지혜로운 자가 가르침을 받으면 지식을 더 얻게 된다.

12 하나님[3]은 악인의 집을 살피시고 악인을 재앙으로 파멸시키신다.

13 가난한 자가 부르짖는 소리에 귀를 막고 듣지 않으면 자기가 부르짖을 때도 들을 자가 없다.

14 은밀하게 주는 선물은 화를 멈추게 하고, 슬며시 품속에 넣어 주는 뇌물은 맹렬한 분노를 가라앉힌다.

15 정의를 행하는 것이 의인에게는 기쁨이 되지만, 죄인에게는 절망이다.

16 분별력의 길에서 치우친 사람은 죽은 자와 함께 있게 될 것이다.

17 쾌락을 좋아하는 자는 가난하게 되고, 술과 기름을 좋아하는 자는 부자가 되지 못한다.

18 악한 자는 의인을 위해 대신 몸값을 치르고, 사악한 자인 사기꾼은 정직한 자를 위해 대신 몸값을 치르게 될 것이다.

19 다투며 화내는 여인과 함께 큰 집에서 사는 것보다 광야[4]에서 사는 것이 낫다.[5]

20 지혜 있는 자의 집에는 값진 보물과 기름이 있지만, 미련한 자는 이것을 모두 탕진한다.

21 공의와 자비를 좇아 사는 자는 생명과 번영과 영예를 얻는다.

22 지혜로운 자는 용사가 지키는 성에 올라가 그 성이 의지하는 벽을 허문다.

23 자기의 입과 혀를 지키는 자는 환난에서 목숨을 지킨다.

24 무례하고 교만한 자를 '망령된 자'라고 하는데 이는 교만하게 행하기 때문이다.

25 게으른 자의 욕심이 자기를 죽이는데, 그것은 일하기를 싫어하기 때문이다.

26 악한 자는 온종일 탐하기만 하지만, 의인은 아낌없이 베푼다.

---

1) 잠 16:2 2) 잠 25:24 3) 의로운 자 4) 지붕 한 모퉁이 5) 잠 21:9, 25:24

27 악인의 제물이 가증한데, 하물며 악한 의도로 드리는 것은 더욱 가증하다.

28 거짓 증언은 사라지지만 사실을 말한 사람의 말은 채택[1]이 된다.

29 악인은 뻔뻔스럽게 행동하지만, 정직한 자는 자신의 행실을 살핀다.

30 지혜와 명철과 그 어떤 모략도 여호와 앞에서는 아무 소용이 없다.

31 전쟁을 위해 마병을 준비하지만, 승리는 여호와께 있다.

경건한 삶

22 ● 많은 재물보다 명예를 선택하는 것이 낫고, 은금보다 은혜를 선택하는 것이 낫다.

2 가난한 자와 부자가 함께 살지만, 여호와는 그 모두를 지으신 분이다.

3 슬기로운 자는 재앙을 보면 숨고 피하지만, 어리석은 자는 재앙으로 나가다가 화를 입는다.[2]

4 겸손하고 여호와를 경외하면 재물과 영광이 있고 장수를 누린다.

5 패역한 자의 길에는 가시와 올무가 있지만, 자기 영혼을 지키는 자는 그런 길을 멀리한다.

6 마땅히 걸어야 할 길을 아이에게 가르치라. 그러면 늙어도 그 길을 떠나지 않을 것이다.

7 부자는 가난한 자를 주관하고, 빚진 자는 채권자의 종이 된다.

8 악을 심는 자는 재앙을 거두리니 그 분노로 휘두르던 막대기는 기세가 꺾일 것이다.

9 남을 잘 보살피는 자는 복을 받을 것이다. 이는 먹을 것을 가난한 자에게 나누어주기 때문이다.

10 오만한 자를 쫓아내면 다툼과 싸움과 모욕이 그친다.

11 깨끗한 마음을 사모하는 자의 입술

에는 덕이 있으니 왕이 그의 친구가 된다.

12 여호와의 눈은 지식 있는 사람을 지키지만, 배신자의 말은 패하게 하신다.

13 게으른 자는 "사자가 밖에 있으니 내가 나가면 거리에서 찢길 것이다"라고 핑계를 늘어놓으며 일하기를 싫어한다.[3]

14 음행하는 여자의 입은 깊은 함정이니, 여호와께 저주를 받은 자는 그곳에 빠질 것이다.

15 아이의 마음에는 우둔한 것이 담겨 있으니, 훈계하는 채찍으로 때리면 그것을 멀리 쫓아낸다.

16 사욕을 채우기 위해 가난한 자를 학대하고, 부자에게 뇌물을 주는 자는 오히려 가난해질 뿐이다.

17 너는 귀를 기울여 지혜 있는 자의 말을 들으며 네 마음에 내 지식을 두라.

18 이것을 네 뱃속에 간직하고 네 입술에 있게 하는 것이 아름답다.

19 내가 네게 여호와를 의지하도록 하기 위해 오늘 특별히 이것을 네게 알게 했으니

20 내가 너를 위해 조언[4]과 지식의 아름다운 것을 기록하지 않았느냐?

21 그것은 네가 진리의 참된 말을 깨닫게 되고, 너를 보내는 자들에게 진리의 말들로 회답하게 하려는 것이다.

22 약한 자의 것을 빼앗지 말고, 괴로운 자를 성문에서 억압하지 말라.

23 여호와께서 그들의 송사를 들어주시고, 그를 노략하는 자의 생명을 빼앗으실 것이다.

24 성급한 노를 품는 자와 사귀지 말며, 화를 잘내는 자와 함께하지 말라.

---

1) 힘 2) 잠 27:12 3) 잠 26:13 4) 모략

25 그의 행위를 본받아 네 목숨이 올무에 빠질까 염려스럽기 때문이다.

26 너는 사람과 더불어 손을 잡지 말며, 타인의 빚 보증을 서지 말라.

27 만일 갚을 것이 네게 없으면 네 누운 침대도 빼앗길 것이다. 네가 왜 그렇게 하려고 하느냐?

28 네 선조가 세운 땅의 경계를 표시하는 지난날의 경계석을 옮기지 말라.

29 너는 자기의 일에 능숙한 사람을 보았느냐? 그런 사람은 왕을 섬기게 되고, 천한 자 앞에는 서지 않을 것이다.

탐욕

23 ● 네가 높은 사람과 함께 앉아서 음식을 먹게 되면 네 앞에 있는 자가 1) 누구 2)인지를 생각하라.

2 만일 그가 식욕이 왕성한 자라면 너는 목에 칼을 대고라도 식탐을 억제하라.

3 그때 그가 차린 맛있는 음식에 욕심을 내지 말라. 그것은 너를 속이는 음식이다.

4 부자가 되려고 애쓰지 말고 네 지혜로 그런 생각을 버리라.

5 어찌 네가 사라질 재물에 주목하겠느냐? 재물은 날개가 돋쳐 하늘을 나는 독수리처럼 사라질 것이다.

6 악한 눈이 있는 자, 곧 구두쇠의 음식을 먹지 말며, 그가 즐기는 맛있는 음식을 탐하지 말라.

7 그런 사람은 마음의 생각이 '저것은 얼마인데'라고 계산한다. 그래서 말로는 "먹고 마시라"고 하지만 그의 마음은 아까워한다. 3)

8 결국 네가 조금 먹은 것조차 토하겠고, 네가 음식에 대해 한 칭찬하는 말도 헛된 곳으로 돌아갈 것이다.

9 우둔한 자에게 말하지 말라. 그는 네 지혜로운 말을 업신여길 것이기 때문이다.

10 이전에 세운 경계석을 옮기지 말며, 고아들의 밭을 슬그머니 침범하지 말라.

11 그들의 구원자는 강하시니 그가 너를 송사하여 그들의 원한을 풀어 주실 것이다.

12 훈계를 명심하고 지식의 말씀을 귀담아 들으라.

13 자식을 훈계하는 것에 주저하지 말라. 부모가 때리는 채찍으로는 그가 죽지 않는다.

14 네가 그를 채찍으로 때리면 그의 목숨을 무덤인 스올에서 구해낼 것이다.

15 내 아들아, 만일 네 마음이 지혜로우면 내 마음도 기쁘겠고,

16 만일 네 입술이 바른 말을 하면 나 역시 기쁘다.

17 네 마음으로 죄인이 잘 되는 것을 부러워하지 말고 항상 여호와를 경외하라.

18 그러면 네게 확실한 미래가 있고, 네 소망도 끊어지지 않을 것이다.

19 내 아들아, 그래서 너는 내 말을 듣고 지혜를 얻어 네 마음을 바른 길로 이끌어라.

20 술을 즐기는 자들과 고기를 탐하는 자들과는 사귀지 말라.

21 그들은 가난해지고, 잠자기를 즐겨 하는 자는 해어진 옷을 입을 것이다.

22 너를 낳은 아버지의 말을 경청하고, 네 늙은 어머니를 가볍게 여기지 말라.

23 진리를 사기는 하되 팔지는 말며, 지혜와 훈계와 명철도 그렇게 하라.

24 의로운 자의 아버지는 크게 기쁘고, 지혜로운 자식을 둔 자는 그로

1) 것이 2) 무엇 3) 너와 함께하지 아니함이라

인해 기쁠 것이다.

25 네 부모를 기쁘게 하며, 너를 낳은 어머니를 기쁘게 하라.

26 내 아들아, 네 마음을 내게 주고, 내 길을 네 눈으로 살펴 기뻐하라.

27 음행하는 여자는 깊은 구덩이며, 바람난 이방 여인은 좁은 우물[1]이다.

28 참으로 그녀는 강도처럼 매복하며 사람들 가운데 변절자가 많아지게 한다.

29 재앙과 근심과 분쟁과 원망이 누구에게 있느냐? 이유 없는 상처가 누구에게 있으며, 충혈된 붉은 눈이 누구에게 있느냐?

30 그것은 늦게까지 술 옆에 남아 있는 자에게 있고, 폭탄주[2]를 찾아 다니는 자에게 있다.

31 포도주를 잔에 따를 때 그 빛이 붉고 고와도 그것을 쳐다보지 말라. 그것은 부드럽게 내려가지만

32 결국 뱀처럼 물고, 독사처럼 너를 쏠 것이다.

33 또 네 눈에는 이상한 것이 보이고, 네 마음이 허튼 말을 할 것이다.

34 너는 바다 가운데와 돛대 위에 누운 자와 같을 것이다.

35 그때 너는 스스로 이렇게 말할 것이다. "사람이 나를 때렸어도 나는 아프지 않고, 상처를 입혀도 나는 감각이 없다. 내가 언제 술에서 깰까? 그러면 다시 술을 찾을 것이다."

성도의 지혜로운 생활

24

1 ● 너는 악인이 잘되는 것을 부러워하여 그와 어울리려고 하지 말라.

2 그들의 마음은 악한 것을 품고, 그들의 입술은 남을 해치는 말만 한다.

3 지혜로 인해 집이 세워지고, 명철로 인해 견고하게 된다.

4 지식으로 인해 방들이 온갖 귀하고 아름다운 보물로 채워지게 된다.

5 지혜 있는 남자는 담대하고, 지식 있는 자도 힘이 강한 사람보다 담대하다.

6 네가 전략을 가지고 싸워야 하는 것은 승리는 책략이 많음에 있기 때문이다.

7 지혜는 우둔한 자에게는 미치지 못할 만큼 높기 때문에 그런 자는 성문에서 그 입을 열지 못한다.

8 항상 악한 일만 꾀하는 자를 일컬어 '사악한 자[3]'라고 한다.

9 우둔한 자는 죄 짓는 것만 생각하고, 오만한 자는 사람들에게 미움을 받는다.

10 재난을 당할 때 낙심하면 그것은 자신의 힘이 약하다는 것을 보여 주는 것이다.

11 너는 죽음에 처한 자를 구해 주고, 살해당할 자를 도와주라.

12 너는 "나는 그 사실을 알지 못했다"라고 변명해도 마음을 헤아리시는 여호와께서 어찌 그것을 모르시겠으며, 네 영혼을 지키시는 이가 어찌 모르시겠느냐? 그분은 각 사람의 행위대로 갚으실 것이다.

13 내 아들아, 꿀을 먹으라. 이것이 좋다. 송이꿀을 떨어뜨리라. 이것이 네 입에서 달다.

14 그리고 지혜가 네 영혼에게 이와 같이 달콤한 줄을 알아라. 이런 지혜를 발견하면 네 미래가 확실하고, 네 소망이 끊어지지 않을 것이다.

15 악한 자여, 의인의 집을 엿보지 말고, 그가 눕는 곳을 파괴하지 말라.

16 의인은 7번 쓰러져도 다시 일어나지만, 악인은 한 번의 재앙에 망한다.

17 네 원수가 쓰러지거나 엎어질 때 기뻐하지 말라.

---

1) 함정 2) 혼합한 술 3) 표준새번역, 이간질꾼

18 여호와께서는 그것을 보시고 기뻐
하시지 않기 때문에 원수를 향한
진노를 네게로 옮기실까 두렵기
때문이다.

19 너는 악을 행하는 자들 때문에 분
개하지 말고, 악인이 잘되는 것을
부러워하지 말라.

20 행악자는 장래가 없고, 악인의 등
불은 결국 꺼질 것이다.

21 내 아들아, 여호와와 왕을 경외하고
변절자들과는 사귀지 말라.

22 무릇 그들이 받을 재앙은 갑자기
임할 것이니 그들의 멸망을 누가
알 수 있겠느냐?

23 이것도 지혜로운 자들의 말씀이
다. 재판할 때 얼굴을 보아 편을 들
어주는 것은 옳지 못하다.

24 악인에게 "네가 옳다"라고 말하는
자는 백성에게 저주와 미움을 받
을 것이다.

25 오직 악인을 바르게 재판¹⁾하는 자
는 기쁨을 얻고, 좋은 복을 받을 것
이다.

26 바른 말로 대답하는 것은 입맞춤
과 같다.

27 너는 네 바깥일을 마치고, 네 밭일
을 준비한 후, 곧 충실히 준비한 후
에 네 집을 세우라.

28 너는 아무 이유 없이 네 이웃에게
불리한 증인이 되지 말며, 네 입술
로 그를 속이지 말라.

29 너는 "그가 내게 한 그대로 그에게
갚겠다"라고 말하지 말라.

30 내가 게으른 자의 밭과 생각 없는
자의 포도밭을 지나며 보니

31 가시덤불²⁾이 사방에 덮였고 지면
이 거친 풀로 무성하며 돌담이 무
너져 있었다.

32 내가 그 모습을 보고 깊이 생각하
며 교훈을 얻었다.

33 네가 좀 더 자자, 좀 더 졸자, 손을
모으고 좀 더 누워 있자고 하면

34 네 가난이 강도처럼 들이닥치고 네
궁핍이 군사처럼 달려들 것이다.³⁾

솔로몬의 잠언

25 ● 이것은 다윗의 아들 솔로몬
의 잠언이다. 유다 왕 히스기
야의 신하들이 편집한 것이다.⁴⁾

2 일을 감추는 것은 하나님의 영광
이고, 일을 살피는 것은 왕의 영광
이다.

3 왕의 마음은 하늘의 높음과 땅의
깊은 것과 같아서 그것을 헤아릴
수가 없다.

4 은에서 불순물을 제거하면 금속세
공업자가 쓸만한 그릇을 만들 수
있다.

5 왕 앞에서 악한 자를 제거하라. 그
러면 그 의로 인해 왕위가 견고히
설 것이다.

6 왕 앞에서 스스로 높은 체하지 말
고, 높은 사람들의 자리에 끼어들
지 말라.

7 사람 앞에서 높은 사람에게 "저리
로 내려가라"는 말을 듣는 것보다
"이리로 올라오라"는 말을 듣는 것
이 더 낫기 때문이다.

8 너는 성급하게 법정으로 나가 다
투지 말라. 나중에 네 이웃이 너를
부끄럽게 하면 그때 네가 어떻게
해야 할 줄 모를까 두렵다.

9 너는 이웃과 다투게 되거든 변론
만 하고 남의 은밀한 일은 발설하
지 말라.

10 그것을 발설하면 듣는 자가 오히
려 너를 비난하고, 그 나쁜 소문이
너를 따라다닐까 염려된다.

11 경우에 맞는 말은 아로새긴 은 쟁
반에 담긴 금 사과와 같다.

12 지혜로운 자의 책망은 경청하는 사람의 귀에는 금 고리와 정금 장식처럼 아름답다.

13 충성된 사신은 그를 보낸 자에게 마치 추수하는 날에 시원한 냉수[1] 같아서 그 주인의 마음을 시원하게 한다.

14 선물한다고 거짓말로 자랑하는 자는 비를 내리지 않는 구름과 바람 같다.

15 오래 참으면 지도자인 관원도 설득되고, 부드러운 혀는 뼈까지도 꺾는다.

16 너는 꿀을 찾아도 먹을 만큼만 먹으라. 과식하면 토할까 염려된다.

17 너는 이웃이라고 너무 자주 드나들지 말라. 그가 귀찮아하므로 너를 미워할까 염려된다.

18 자기의 이웃에게 거짓으로 증언하는 사람은 방망이이며, 칼이며, 뾰족한 화살과 같다.

19 환난을 당할 때 진실하지 못한 자를 믿는 것은 부러진 이와 위골된 발을 의지하는 것과 같다.

20 마음이 상한 자 앞에서 노래하는 것은 추운 날에 옷을 벗기는 것과 같고, 상처[2] 위에 식초를 붓는 것과 같다.

21 그러므로 네 원수가 배고파 하면 먹을 것을 주고, 목말라 하면 마실 물을 주라.

22 그렇게 하는 것은 마치 핀 숯을 그의 머리에 놓는 것과 같으니 여호와께서 너에게 갚아 주실 것이다.

23 북풍이 불면 비를 내리듯이 험담하는 혀는 사람의 얼굴에 분노를 일으킨다.

24 다투기를 잘하는 여인과 함께 큰 집에서 사는 것보다 움막[3]에서 혼자 사는 것이 낫다.[4]

25 먼 데서 오는 좋은 소식은 목마른 사람에게 냉수와 같다.

26 의인이 악인 앞에 무릎을 꿇는 것은 흐려진 우물과 오염된 샘과 같다.

27 꿀을 많이 먹는 것이 좋지 못하듯, 지나치게 영예를 구하는 것도 좋지 못하다.

28 자기의 마음을 절제하지 못하는 자는 성벽이 없어 헐린 성읍과 같다.

미련한 자를 경계

26 ● 어리석은 자에게 영예는 어울리지 않으니 그것은 여름에 눈이 오는 것과 추수 때 비가 오는 것과 같다.

2 이유 없는 저주는 참새가 떠돌고 제비가 날아가는 것처럼 이루어지지 않는다.

3 말에게는 채찍이 필요하고, 나귀에게는 재갈이 필요하며, 미련한 자의 등에는 매[5]가 필요하다.

4 어리석은 자가 우둔한 말을 할 때 그것에 응답하지 말라. 너도 그와 같이 될까 염려스럽다.

5 그러므로 어리석은 자가 말하면 너도 똑같이 응답하라. 그렇지 않으면 그가 스스로 지혜로운 척할까 염려스럽다.

1) 눈 2) 소다 3) 잠 21:19, 광야, 지붕 한 모퉁이 4) 잠 21:9, 19 5) 막대기

6 어리석은 자의 소식을 전하는 것은 자기의 발을 자르고 극약을 먹는 것[1]과 같다.

7 어리석은 자의 입의 잠언은 저는 자의 다리와 같이 힘이 없다.

8 어리석은 자에게 영예를 주는 것은 물매에 돌을 매는 것과 같다.

9 어리석은 자의 입의 잠언은 술 취한 자가 가시나무를 손에 잡은 것과 같다.

10 어리석은 자를 고용하여 온갖 것을 만드는 것은 궁수가 지나가는 사람을 닥치는 대로 쏘아 대는[2] 것과 같다. 곧 행인을 고용하는 것과 같다.

11 어리석은 자는 개가 그 토한 것을 다시 먹는 것처럼 그 우둔한 짓을 거듭 행한다.

12 스스로 지혜롭게 여기는 자를 보느냐? 오히려 미련한 자에게 더 희망이 있다.

13 게으른 자는 "사자가 밖[3]에 있다"고 핑계를 늘어놓으며 일하기를 싫어한다.[4]

14 문짝이 문짝을 이어주는 돌쩌귀를 따라서 도는 것처럼 게으른 자는 침대에서만 뒹군다.

15 게으른 자는 자기 손을 그릇에 넣고서도 입에 넣기를 귀찮아 한다.[5]

16 게으른 자는 이치에 맞게 대답하는 사람 7명보다 자기를 지혜롭다고 생각한다.

17 길을 가다가 자기와 관계 없는 다툼에 상관하는 자는 개의 귀를 잡는 것과 같다.

18 횃불을 던지며 화살을 쏘아 사람을 죽이는 미친 사람도 그러하고,

19 자기의 이웃을 속이고 "농담도 못하냐?"라고 하는 자도 개의 귀를 잡는 것과 같다.

20 땔감 나무가 떨어지면 불이 꺼지고, 남의 말하기를 좋아하는 말쟁이가 없어지면 다툼이 사라진다.

21 다툼을 좋아하는 자는 불난 데 부채질하는 자[6]처럼 시비를 일으킨다.

22 남을 헐뜯기 좋아하는 자의 말은 맛있는 음식과 같아서 사람들이 쉽게 그 말을 받아들인다.[7]

23 입술은 부드럽지만 악한 마음을 가진 사람은 마치 토기에 질이 떨어지는 은을 입힌 것과 같다.

24 원수는 입술로는 그럴듯하게 말하지만 속으로는 속임수를 갖고 있다.

25 그 말이 그럴듯해도 믿지 말라. 그 마음에 7가지 가증한 것이 있기 때문이다.

26 미워하는 마음을 교활하게 숨긴다고 해도 결국 그의 악의는 군중 앞에 드러난다.

27 함정 파는 자는 그곳에 빠지고, 돌을 굴리는 자는 자기가 그것에 깔릴 것이다.

28 거짓말하는 자는 그 거짓에 속은 자를 미워하고, 아첨하는 자는 자신을 망친다.

지혜자의 자세

27 • 너는 내일 일을 자랑하지 말라. 하루 동안 어떤 일이 일어날지 네가 알 수 없기 때문이다.

2 다른 사람이 너를 칭찬하게 하고, 네 입으로는 하지 말라.

3 돌은 무겁고 모래도 가볍지 않지만, 우둔한 자의 분노는 이 둘보다도 무겁다.

4 화를 내는 것은 잔인하고 분노는 범람하는 홍수 같지만, 질투는 그보다 더하니 홍수 앞에 누가 서겠는가?

1) 해를 받음 2) 공동번역 3) 길 4) 잠 22:13 5) 잠 19:24 6) 숯불 위에 숯을 더하는 것과 타는 불에 나무를 더하는 것 7) 잠 18:8

5 드러내놓고 책망하는 것은 비밀을 지켜 주는 숨은 사랑보다 낫다.

6 친구가 하는 고뇌에 찬 책망은 속이 아파도 진심에서 나온 것이지만, 미워하는 자의 잦은 입맞춤은 거짓에서 나온 것이다.

7 배부른 자는 꿀도 싫어하지만, 굶주린 자에게는 쓴 것도 달다.

8 고향을 떠나 방랑하는 사람은 보금자리를 떠나 떠도는 새와 같다.

9 친구의 우정 어린 권고는 기름과 향이 사람의 마음을 즐겁게 하는 것처럼 아름답다.

10 그러므로 네 친구와 네 아버지의 친구를 버리지 말고, 재난을 당할 때 형제의 집에는 들어가지 말라. 가까운 이웃이 먼 형제보다 낫기 때문이다.

11 내 아들아, 지혜를 깨우쳐 내 마음을 기쁘게 하라. 그러면 나를 비방하는 자에게 내가 대답할 말이 있을 것이다.

12 슬기로운 자는 재앙을 보면 숨고 피하지만, 어리석은 자는 재앙으로 나가다가 화를 입는다.[1]

13 모르는 사람을 위해 보증을 선 자는 그의 옷을 잡아야 하고, 외인들을 위해 보증을 선 자는 그[2]를 볼모로 잡아 두라.[3]

14 잠이 덜 깬 이른 아침에 큰 소리로 이웃에게 축복 인사를 하면 도리어 저주처럼 여긴다.

15 다투기를 잘하는 아내[4]는 지붕에서 계속해서 떨어지는 물방울과 같다.[5]

16 그러므로 그를 다스리는 것은 바람을 다스리는 것과 같고, 오른손으로 기름을 움켜잡으려는 것처럼 어렵다.

17 철은 철로 두들겨서 날카롭게 하듯, 친구의 얼굴도 그의 친구[6]가 빛나게 한다.

18 무화과나무를 가꾸는[7] 자는 그 열매를 먹고, 자기 주인을 지키는 자는 영화를 얻는다.

19 물에 얼굴이 비치듯 사람의 마음도 그 사람을 드러내 보인다.

20 무덤인 스올과 '죽은 자의 자리'라는 뜻의 아바돈에는 만족함이 없듯, 사람의 눈도 만족함이 없다.

21 도가니로 은을, 용광로가 금을 단련하는 것처럼 칭찬하는 것으로 사람의 됨됨이를 알아볼 수 있다.

22 우둔한 자를 곡물과 함께 절구에 넣고 공이로 찧는다고 해도 그의 우둔함은 벗겨지지 않는다.

23 네 양 떼가 어떤지 잘 살피며, 네 가축[8] 떼에 마음을 두라.

24 무릇 재물은 영원히 남아 있지 못하고, 면류관, 곧 왕관은 대대로 물려줄 수 없다.

25 그러나 풀은 벤 뒤에도 새 움이 돋아나므로 산에서 꼴을 벨 수 있다.

26 어린 양의 털로 네 옷을 짓고, 염소[9]는 팔아 밭을 살 수 있으며,

27 염소의 젖은 너와 네 집 식구들과 네 여종이 먹기에 충분하다.

의인과 악인의 삶

28 ● 악인은 뒤쫓는 자가 없어도 도망하지만, 의인은 젊은 사자처럼 담대하다.

2 나라가 부패하면 지도자가 자주 바뀌지만, 명철과 지식이 있는 지도자는 나라를 안정시킨다.

3 가난한 자가 가난한 자를 학대하는 것은 곡식을 남기지 않는 폭우와 같다.

4 율법을 버린 자는 악인을 찬양하

지만, 율법을 지키는 자는 악인에게 대항한다.

5 악인은 정의를 깨닫지 못하지만, 여호와를 찾는 자는 모든 것을 깨닫는다.

6 성실하게 사는 가난한 자가 그릇된 길로 가는 부자보다 낫다.

7 율법을 지키는 자는 지혜로운 아들이며, 식탐하는 자와 어울리는 자는 아버지를 욕되게 만든다.

8 높은 이자로 자기 재산을 늘리는 것은 결국 가난한 사람에게 은혜를 베푸는 자를 위해 그 재산을 저축하는 셈이다.

9 사람이 율법을 듣지 않으면 그의 기도 역시 가증하다.

10 정직한 자를 나쁜 길로 유인하는 자는 자기가 판 함정에 빠져도, 흠 없는 자는 복을 받는다.

11 부자는 자기를 지혜롭다고 생각하지만, 가난해도 슬기로운 자는 자기가 어떤 자인지를 살핀다.

12 의인이 권력을 잡으면 큰 영화가 있지만, 악인이 일어나면 사람들이 숨는다.

13 자기의 죄를 숨기는 자는 형통하지 못하지만, 죄를 자복하고 버리는 자는 불쌍히 여김을 받는다.

14 항상 여호와를 두려움으로 섬기는 자는 복을 받지만, 마음을 완악하게 하는 자는 재앙에 빠질 것이다.

15 약한 백성을 억압하는 악한 권력자를 가진 관원는 울부짖는 사자와 굶주린 곰과 같다.

16 명철이 모자란 통치자는 강탈만을 일삼지만, 불의한 이득을 미워하는 통치자는 장수할 것이다.

17 살인한 자는 죽을 때까지 도망다니게 되리니 아무도 그를 돕지 않을 것이다.

18 완전하게 행하는 자는 구원을 받겠지만, 그릇된 길로 가는 자는 바로 넘어진다.

19 자기의 밭을 경작하는 자는 먹을 것이 많지만, 헛된1) 것을 따르는 자는 궁핍함이 크다. 곧 지혜가 없다.2)

20 충성된 자는 복이 많지만, 일확천금을 얻고자 하는 자는 처벌을 면하지 못한다.

21 사람을 편애하는 것이 좋지 못하고, 빵 한 조각 때문에 죄를 짓는 것도 좋지 않다.

22 죄악에 눈이 어둔 자는 재물을 얻기에만 급급하여 언제 궁핍함이 자기에게 임하는지를 모른다.

23 사람을 바르게 책망하는 자는 혀로 아첨하는 자보다 나중에는 고맙다는 말을 듣는다.

24 부모의 물건을 강탈하고도 죄가 아니라고 하는 자는 멸망 받게 하는 자와 한패이다.

25 욕심이 많은 자는 다툼을 일으키지만, 여호와를 의지하는 자는 풍족하게 된다.

26 어리석은 자는 자신의 마음을 믿지만, 지혜롭게 행하는 자는 구원을 얻는다.

27 가난한 자에게 베푸는 자는 모자람이 없지만, 그들을 못 본 체하는 자에게는 저주가 있을 것이다.

28 악한 자가 일어나면 사람들이 숨지만, 그가 망하면 의인이 많이 나타난다.

국가의 정의

29 ● 자주 책망을 받으면서도 고집만 부리는 사람은 갑자기 망한다.

2 의인이 많아지면 백성이 기뻐하지만,

악한 자가 권력를 잡으면 백성이 탄식한다.

3 지혜를 사랑하는 아들은 아버지를 기쁘게 하지만, 창녀에게 드나드는 자는 재물을 잃는다.

4 왕은 공의로 나라를 견고하게 하지만, 뇌물을 좋아하여 억지로 내게 하는 통치자는 나라를 망하게 한다.

5 이웃에게 아첨하는 사람은 그의 발 앞에 그물을 치는 사람과 같다.

6 악인이 범죄하는 것은 자신에게 올무를 씌우는 것이나 의인은 노래하고 기뻐한다.

7 의인은 가난한 자의 사정을 잘 알지만, 악인은 그들을 못 본 체한다.

8 오만한 자는 성읍을 시끄럽게 해도, 지혜로운 자는 분노를 가라앉힌다.

9 지혜로운 자가 우둔한 자와 재판1)을 하면 분노와 비웃음이 있어 그 다툼은 그침이 없다.

10 남의 피를 흘리기 좋아하는 자는 흠 없는 자를 미워하지만, 정직한 자는 생명을 찾는다.2)

11 어리석은 자는 자기의 분노를 있는 대로 드러내도, 지혜로운 자는 그 분노를 다스린다.

12 권력자가 거짓말에 귀를 기울이면 그의 신하들은 모두 악해진다.

13 가난한 자와 착취하는 자가 섞여 살지만 여호와께서는 그 모두에게 빛을 주신다.

14 왕이 가난한 자를 공평하게 재판하면 그의 왕위가 영원히 견고할 것이다.

15 채찍과 꾸지람이 지혜를 갖게 하니, 자기 마음대로 행하도록 버려둔 자식은 어머니를 부끄럽게 한다.

16 악인이 많아지면 범죄가 늘어나지만, 의인은 악인이 망하는 것을 보게 된다.

17 네 자식을 징계하라. 그러면 그가 너를 평안하게 하고, 네 마음에 기쁨을 준다.

18 계시가 없으면 백성이 제멋대로 행하지만, 율법을 지키는 자는 복이 있다.

19 좋은 말로 해서는 고쳐지지 않는데 이는 그가 알아듣지만 따르지 않기 때문이다.

20 너는 말이 앞서는 사람을 보느냐? 그런 자보다 어리석은 자에게 오히려 희망이 있다.

21 어렸을 때부터 종의 응석을 받아주면 후에 버릇이 없어진다.3)

22 화를 잘 내는 자는 다툼을 일으키고, 성을 잘 내는 자는 죄를 많이 짓는다.

23 사람이 교만하면 낮아지게 되지만, 겸손한 마음을 가지면 영예를 얻는다.

24 도둑과 한패가 되는 자는 자기의 영혼을 미워하는 자이므로 그는 자기를 저주하는 소리를 들어도 반박하지 못한다.

25 사람을 두려워하면 올무에 걸리지만, 여호와를 의지하는 자는 안전하다.

26 많은 사람이 권력자에게 환심4)을 사려고 하지만, 사람의 일의 판결은 여호와께서 결정하신다.

27 의인은 불의한 자를 미워하고, 악인은 바르게 행하는 자를 미워한다.

아굴의 잠언

30 ● 이 말씀은 야게의 아들 아굴이 말한 잠언5)이다. 곧 그가 이디엘과 우갈에게 한 교훈이다.

2 나는 다른 사람과 비교하면 짐승처럼 무지한 자이다. 내게는 사람의

1) 다투면 2) 표준새번역, 흠 없는 사람의 생명을 보살펴 준다 3) 자식인 체한다 4) 은혜 5) 경고

총명이 없다.

3 나는 지혜를 배우지 못했고, 거룩하신 자를 아는 지식도 깨우치지 못했다.

4 그러면 너는 하늘에 올라갔다가 내려온 자가 누구인지 아느냐? 바람을 자기 손에 붙잡은 자가 누구인지 아느냐? 물을 옷에 싼 자가 누구인지 아느냐? 땅의 경계선을 정한 자가 누구인지 아느냐? 그의 이름이 무엇인지, 그의 아들의 이름이 무엇인지 너는 아느냐?

5 하나님의 말씀은 모두 정결하며, 하나님을 피난처로 삼아 의지하는 자에게 그는 방패가 되신다.

6 너는 그의 말씀에 어떤 것도 추가하지 말라. 그렇게 하면 그가 너를 책망하시고, 너는 거짓말하는 자가 될까 두렵다.

7 내가 두 가지 일을 주께 구했으니 내가 죽기 전에 이루어 주십시오.

8 곧 나로 헛된 것과 거짓말을 멀리하게 하시고, 나를 가난하게도 마시고 부하게도 하지 마십시오. 오직 필요한 양식으로 나를 먹이십시오.

9 혹시 내가 배부름으로 인해 여호와가 누구냐고 부인할까 두렵습니다. 또 내가 가난하므로 도둑질하고 내 하나님의 이름을 욕되게 할까 두렵습니다.

10 너는 상전에게 그의 종을 비방하지 말라. 그렇게 하면 그가 너를 저주하고, 네가 처벌을 당할까 두렵다.

11 아버지를 저주하며, 어머니를 축복하지 않는 자식[1]이 있다.

12 또 스스로 깨끗한 체하면서 자기의 더러운 것은 씻지 않는 무리가 있다.

13 오만하여 남을 깔보는 무리도 있다.[2]

14 앞니는 긴 칼과 같고, 어금니는 군

인이 찬 칼과 같아서 가난한 자와 궁핍한 자를 사람 가운데서 삼키는 무리가 있다.

15 거머리처럼 '주세요, 주세요'라고 만족하지 못하는 두 딸이 있다. 그리고 결코 만족하지 못하는 것 3~4가지가 있다.

16 곧 무덤인 스올, 임신하지 못하는 태, 물로는 갈증을 채울 수 없는 땅, 결코 만족하지 않는 불이다.

17 아버지를 조롱하며 어머니에게 순종하지 않는 자의 눈은 골짜기의 까마귀에게 쪼이고, 새끼 독수리에게 먹힐 것이다.

18 내가 참으로 이상하게 여기고도 이해하지 못하는 것 3~4가지가 있다.

19 곧 독수리가 공중에 날아다닌 자취, 뱀이 반석 위로 기어다닌 자취, 배가 바다로 지나간 자취, 남자가 여자와 함께한 자취이다.

20 또 간음한 여자의 자취도 그렇다. 그녀는 음식을 먹고 난 후 그의 입을 씻음같이 "내가 악을 행하지 않았다"라고 말한다.

21 세상을 뒤흔들어 세상을 견딜 수 없게 하는 것 3~4가지가 있다.

22 곧 종이 임금 된 것, 미련한 자가 음식으로 배부른 것,

23 미움 받는 여자가 시집간 것, 여종이 여주인을 대신하는 것이다.

24 땅에는 작고 가장 지혜로운 것 4가지가 있다.

25 곧 힘이 없지만 여름에 먹을 것을 준비하는 개미,

26 약하지만 집을 바위 사이에 짓는 사반,

27 임금은 없지만 모두 떼를 지어 나아가는 메뚜기,

---

1) 무리 2) 눈이 심히 높으며 눈꺼풀이 높이 들린 무리가 있느니라

28 손에 잡힐 만해도 담대히 왕궁에 드나드는 도마뱀이다.

29 잘 걸으며 위풍당당하게 다니는 것 3~4가지가 있다.

30 곧 짐승 가운데 가장 강하여 어떤 짐승 앞에서도 물러서지 않는 사자,

31 사냥개, 숫염소, 누구도 대항할 수 없는 왕이다.

32 만일 네가 어리석어 스스로 높은 척했거나 악한 일을 생각했다면 네 손으로 입을 막아 반성하라.

33 젖을 저으면 엉긴 젖인 버터가 되고, 코를 누르면 피가 나는 것처럼 화를 내게하면 분쟁이 일어난다.

르무엘왕을 훈계한 잠언

31 르무엘왕의 어머니가 아들에게 교훈한 잠언[1]이다.

2 내가 서원한 대로 태에서 난 아들아, 내가 무엇을 말해야 할까?

3 여자들에게 네 힘을 쓰지 말라. 왕도 그렇게 하면 망한다.

4 르무엘아, 왕들에게는 포도주를 마시는 것이 적합하지 않고, 독한 술을 즐기는 것도 통치자들에게 적절하지 않다.

5 술을 마시면 법을 잊어버리고 모든 괴로운 자들의 재판을 굽게할까 두렵기 때문이다.

6 독한 술은 죽게 된 자에게, 포도주는 근심하는 자에게 줄 것이다.

7 그는 그 술을 마시고 자기의 궁핍한 것을 잊어버리고, 자기의 고통을 다시 기억하지 않을 것이다.

8 너는 스스로 자기 사정을 호소하지 못하는 자와 모든 고독한 자의 송사를 대변해 주라.

9 너는 공의로 재판하여 괴로운 자와 궁핍한 자를 변호해 주라.

10 누가 현숙한 아내를 얻겠느냐? 그 값은 진주보다 더 값지다.

11 남편은 그런 아내를 신뢰하니 그는 나쁜 방법으로 재산을 얻으려고 할 필요가 없을 정도로 가난을 모르고 산다.

12 그런 아내는 살아있는 동안 그의 남편을 선행으로 돕고 해를 끼치지 않는다.

13 그는 양털과 삼을 구하여 부지런히 일하며,

14 상인의 배와 같아서 먼 데서 양식을 구해오기도 한다.

15 또 날이 새기 전에 일어나 식구들에게 음식을 차려 주고, 여종들에게 할 일을 정해 준다.

16 그리고 밭을 살 때는 잘 살펴본 후 매입하며, 자기가 직접 번 것을 가지고 포도밭을 가꾸며,

17 허리띠를 단단히 묶어 자기 할 일을 확실히 한다.

18 그리고 자기의 장사가 잘 되는 줄을 알고는 밤에도 등불을 끄지 않으며,

19 한 손으로 솜뭉치를 들고 다른 한 손가락으로 실을 탄다.

20 뿐만 아니라 그는 가난한[2] 자를 돌보며, 궁핍한 자에게 후히 베푼다.

21 온 식구가 모두 따뜻한 홍색옷을 입었기 때문에 그는 눈이 와도 자기 집 식구들 때문에 걱정하지 않는다.

22 또한 손수 아름다운 이불을 지으며, 모시 곧 세마포로 만든 옷과 자색 옷을 입는다.

23 그의 남편은 사람들에게 인정을 받아 그 땅의 장로들과 함께 성문에 앉는다.

24 그녀는 모시[3]로 옷을 지어 팔며, 띠를 만들어 상인들에게 넘기며,

25 자신감[4]과 존귀가 몸에 배어 있고[5], 후일에는 웃을 것이다.

1) 경고 2) 곤고한 3) 베 4) 능력 5) 옷을 삼고

26 또 입을 열면 지혜를 말하고, 그의 혀에는 사랑의 가르침이 있다.

27 그녀는 자기의 집안 일을 보살피고, 일하지 않고 얻은 양식은 먹지 않는다.

28 그의 자식들은 일어나 어머니에게 감사하며, 그의 남편은

29 "덕행 있는 여자가 많지만 그대는 그 어떤 여자보다 뛰어나다"라고 칭찬한다.

30 고운 것도 거짓되고 아름다운 것도 헛되지만 오직 여호와를 경외하는 여자는 칭찬을 받는다.

31 그의 수고로 얻은 열매는 그에게로 돌리고, 그녀의 행한 일은 사람이 많이 다니는 성문에서 칭찬하라.

전도서
Ecclesiastes

제목	히브리어 성경에는 코헬레트('전도자', '설교자'), 70인역에도 에클레시아 스테스
기록연대 기원전 935년경	**저자** 솔로몬 **중심주제** 인생의 허무와 하나님의 경외하는 인생

내용소개 * 인생의 헛됨을 깨달아라 1. 인생의 무의미를 발견(탐구) 1~6장
* 하나님의 지혜를 따르라 2. 인생의 무의미를 설명(권면) 7~11장
* 결론: 하나님을 경외하라 3. 인생의 무의미를 극복(권면) 12장

모든 것이 헛됨

1 ● 예루살렘 왕, 다윗의 아들 전도자 솔로몬의 말씀이다.

2 전도자가 이렇게 말했다. "인생은 헛되고 헛되며, 헛되니, 모든 것이 헛되다.

3 사람이 이 땅에서 수고하는 모든 것이 사람에게 무슨 보람이 있는가?

4 한 세대는 가고 또 한 세대가 오지만 땅은 여전히 그대로 있다.

5 해는 뜨고 지지만 그 떴던 곳으로 되돌아가고,

6 바람은 남쪽으로 불다가도 북쪽으로 방향을 바꾸고 이리저리 돌다가 결국 그 불던 곳으로 돌아간다.

7 모든 강물은 바다로 흘러들어 가지만 바다를 채우지 못하며, 강물은 어느 곳으로 흐르든 흐르는 곳으로 돌아가 다시 흐른다.

8 사람은 모든 만물이 피곤하다는 것을 말로는 다 표현할 수 없다. 눈은 보아도 만족하지 못하고, 귀는 들어도 채워지지 않는다.

9 이미 있던 것이 훗날에 다시 있고, 이미 일어난 일이 훗날에 다시 일어나게 된다. 이 땅에는 새 것이 없으니

10 어떤 것이든 '보라, 이것이 새 것이다'라고 말할 수 있는 것이 어디에 있겠느냐? 우리가 있기 오래전 세대들에도 이미 있었다.

11 그러나 이전 세대 사람들이 기억되지 못하고, 장래에 있을 사람도 마지막에 있을 사람들과 함께 기억되지 못할 것이다."

지혜가 많으면 번뇌도 많음

12 ● 전도자 솔로몬은 예루살렘에서 이스라엘 왕이 되어 나라를 다스리는 동안

13 마음과 지혜를 다해 이 땅에서 행해지는 모든 일을 알기 위해 살펴보았는데, 그것은 하나님께서 인생들에게 주어 수고하게 하신 괴로운 것이었다.

14 내가 이 땅에서 행하는 모든 일을 보았다. 보라, 모두 바람을 잡으려는 것처럼 헛된 것이다.

15 구부러진 것도 반듯하게 할 수 없고, 없는 것도 셀 수 없다.

16 내가 마음속으로 생각했다. '보라, 나는 크게 되고 지혜를 더 많이 쌓았으니 나보다 먼저 예루살렘을 다스리던 모든 자보다 낫다.' 이렇게 생각한 것은 누구보다도 나는 지혜와 지식을 많이 경험했기 때문이다.

17 그래도 다시 더 많은 지혜를 얻으려고 바보스러운 것들과 미련한 것들을 알기 위해 심혈을 기울였으나 이것도 바람을 잡으려는 것인 줄을 깨달았다.

18 그러므로 지혜가 많으면 번뇌가 많고, 지식이 많은 자는 근심도 많아진다.

즐거움도 헛됨

2 ● 나는 내 마음에 생각했다. '내가 시험삼아 너를 즐겁게 하리니 너는 마음껏 낙을 누리라'고 말했다. 그러나 보라, 이것도 헛되다.

2 내가 웃음에 대해 "웃음은 미친 것이다"라고 말했고, 행복에 대해 "기쁨이 무슨 소용이 있는가?"라고 말했다.

3 내가 마음으로 깊이 생각했다. 내가 포도주1)로 내 육신을 즐겁게 하려고 했지만 내 마음은 지혜로 다스렸다. 내가 어떻게 해야 모든 사람이 인생을 살아가는 동안 그들이 어떤 것이 선한 일인지를 알아볼 때까지 나는 어리석음에 사로잡혀 있었다. 나는

4 큰 사업을 이루었다. 그것은 내가 나를 위해 궁전 집들을 짓고, 포도밭과

5 여러 정원과 과수원을 만들고, 그 가운데에 각종 과일나무를 심었으며,

6 나를 위해 수목을 기르는 삼림에 물을 주기 위해 못들을 팠다.

7 또 남녀 노비들을 사기도 했고, 나를 위해 집에서 종들을 낳게도 했다. 나는 나보다 먼저 예루살렘을 다스리던 모든 자보다 소와 양 떼를 더 많이 가졌으며,

8 은금과 왕들이 소유했던 보배와 여러 지방의 보배를 모았다. 또 노래하는 남녀들과 남자2)들이 좋아하는 처첩을 많이 두었다.

9 내가 이같이 크게 번창하여 나보다 먼저 예루살렘을 다스리던 모든 자보다 더 큰 세력을 가졌으며 지혜는 늘 함께 있어 나를 깨우쳐 주었다.

10 나는 원하는 것은 모두 얻었으며, 누리고 싶은 낙을 다 누렸다. 이는 내 모든 수고를 내 스스로가 자랑스러워했기 때문이다. 이것은 내가 수고함으로 얻은 몫인 셈이다.

11 그러나 그후 내가 돌이켜 보니 내 손으로 한 모든 일과 내가 수고한 모든 것이 다 바람 잡는 것처럼 헛되며, 이 땅에서 아무 보람도 없는 것이었다.

12 내가 돌이켜 지혜와 망령과 어리석음을 보았으니 왕위를 물려받을 자가 무슨 일을 할 수 있겠느냐? 어떤 일도 앞서 다스리던 왕이 이미 오래전에 한 일일 뿐이다.

13 내가 볼 때 지혜가 어리석은 것보다 뛰어난 것은 빛이 어둠보다 뛰어난 것과 같다.

14 지혜로운 자는 자기 앞을 내다보고,3) 어리석은 자는 어둠 속에서

1) 술 2) 인생 3) 머리 속에 있고

헤맨다. 그러나 그들 모두가 당하는 일은 같은 운명임을 내가 깨달았다.

15 그러므로 내가 생각했다. '어리석은 자가 당한 일, 죽음을 나도 당하리니 내게 지혜가 있다고 해도 그것이 내게 무슨 유익이 있겠는가?' 이에 내가 마음속으로 '이것도 헛되다'라고 생각했다.

16 지혜로운 자나 어리석은 자나 언제까지 기억되지는 못하고 후일에는 결국 다 잊혀지게 될 것이다. 오호라. 지혜로운 자의 죽음과 어리석은 자의 죽음이 일반이로다.

17 그러므로 내가 땅에서 산다는 것이 덧없음을 깨달았다. 이는 이 땅에서 하는 일이 내게는 괴로움뿐이고, 바람을 잡으려는 것처럼 헛된 것이기 때문이다.

수고도 헛됨

18 ●내가 이 땅에서 한 모든 수고를 싫어하는 것은 내 뒤를 이어받을 이에게 남겨주게 되기 때문이다.

19 내 뒤를 이어받을 사람이 지혜로운 자일지, 어리석은 자일지 알 수 없지만 내가 이 땅에서 내 지혜를 다해 수고한 모든 결과를 그가 다 관리하리니 이것도 헛된 것이다.

20 그러므로 내가 이 땅에서 한 모든 수고에 대해 크게 실망했다.

21 수고는 지혜롭고 많이 배우고 재능이 많은 사람이 하는데, 그가 받을 몫은 아무 수고도 하지 않는 자가 차지하리니 이 수고 역시 헛되며 크게 잘못된 것이다.

22 사람이 이 땅에서 하는 모든 수고와 애쓰는 것이 무슨 보람이 있겠는가?

23 평생 수고하는 것이 근심과 슬픔뿐이고, 밤에도 마음 편히 쉬지 못하니 이 수고 역시 헛되다.

24 사람에게는 먹고 마시며 수고하는 것에서 보람을 느끼는 것보다 더 기쁜 것은 없다. 그러나 내가 보니 이것도 하나님께서 주시는 것이다.

25 아, 누가 먹고 즐기는 일을 나보다 더 해 본 사람이 있는가?

26 하나님께서는 마음에 맞는 자, 곧 기뻐하시는 자에게 지혜와 지식과 행복을 주시지만, 죄인이 수고하여 모아 쌓은 것을 그가 마음에 맞는 자에게 주게 하신다. 그러나 이것도 바람을 잡는 것처럼 헛되다.

범사의 때와 기한

3 ●모든 것에는 시간이 있고, 하늘 아래 모든 일에는 때가 있다.

2 태어날 때가 있고 죽을 때가 있으며, 심을 때가 있고 심은 것을 뽑을 때가 있다.

3 죽일 때가 있고 살릴 때가 있으며, 허물 때가 있고 세울 때가 있다.

4 울 때가 있고 웃을 때가 있으며, 애통할 때가 있고 춤출 때가 있다.

5 돌을 던져 버릴 때가 있고 돌을 모을 때가 있으며, 껴안을 때가 있고 껴안는 것을 삼가할 때가 있다.

6 찾을 때가 있고 잃을 때가 있으며, 간직할 때가 있고 버릴 때가 있다.

7 찢을 때가 있고 꿰맬 때가 있으며, 침묵할 때가 있고 말할 때가 있다.

8 사랑할 때가 있고 미워할 때가 있으며, 전쟁을 겪을 때가 있고 평화를 누릴 때가 있다.

9 일하는 자가 애쓴다고 무슨 소득이 있겠느냐?

10 내가 하나님께서 인생들을 수고하게 하신 것을 보았다.

11 하나님께서 모든 것을 때를 따라 아름답게 지으셨고, 사람들에게는 영원을 사모하는 마음을 주셨다.

그러나 하나님께서 하시는 일의 시작과 마지막을 사람이 깨닫지 못하게 하셨다.

12 사람들이 기쁘게 살고 좋은 일을 행하며 사는 것이 가장 좋은 것인 줄을 알게 되었다.

13 또 사람이 먹고 마실 수 있고, 하는 일에 만족하는 것이 하나님의 선물인 줄도 알았다.

14 하나님께서 행하시는 모든 것은 언제나 한결같다. 그것에 보태거나 뺄 수도 없으니 하나님께서 이같이 행하신 것은 사람들이 하나님을 두려운 마음으로 섬기게 하려고 하신 줄을 알게 되었다.

15 지금 있는 것이 이미 이전에도 있었고 앞으로 있게 될 것도 이전에 있었으니, 하나님은 때로 하신 일을 되풀이하신다.

16 또 나는 이 땅에서 재판하는 곳에도 악이 있고, 공의를 행하는 곳에도 악이 있는 것을 보았다.

17 그러므로 내가 마음속으로 생각했다. '의인과 악인을 하나님께서 심판하시리니, 이는 모든 소망하는 일과 행사에 심판의 때가 있기 때문이다.'

18 나는 마음속으로 '하나님께서 인생들의 일에 대해 시험하시는 것은 사람이 짐승과 죽음에 있어서는 다를 것이 없는 줄을 깨닫게 하시려는 것이다'라고 생각했다.

19 인생에게 닥치는 운명이나 짐승이 당하는 운명이 동일하다. 모두 동일한 호흡이 있어 짐승이 죽는 것처럼 사람도 죽으니, 사람이 짐승보다 뛰어난 점이 없는 것은 모든 것이 헛되기 때문이다.

20 짐승이나 사람이나 모두 흙으로 지음 받았으니 모두 흙으로 돌아간다. 그러나

21 인생들의 혼[1]은 위로 올라가고, 짐승의 혼은 땅으로 내려가는 사실을 누가 알겠느냐?

22 그러므로 나는 사람이 자기 일에 보람을 갖는 것보다 더 나은 것이 없다는 사실을 깨달았다. 그것은 그가 받는 몫이기 때문이다. 아, 사람이 죽은 뒤에 일어날 일을 보여 주기 위해 죽은 자를 다시 이 땅으로 데려올 자가 누구냐?

학대, 수고, 동두

4 ● 내가 다시 이 땅에서 행해지는 모든 학대를 살펴보았다. 그것은 학대 받는 자들이 흘리는 눈물이다. 그러나 그들에게는 위로자가 없다. 그들을 학대하는 자들에게는 권세가 있지만 그들에게는 위로자가 없다.

2 그래서 나는 지금까지 살아있는 자들보다 죽은지 오래된 자들이 더 복되다고 말했다.

3 그러나 살아있는 자와 죽은 자들보다 아직 출생하지 않아 이 땅에서 행하는 악한 일을 보지 못한 자가 더 복되다고 했다.

4 내가 보니 사람의 모든 수고와 성공[2]은 서로의 질투 때문에 생긴 것이니 이것도 바람을 잡는 것처럼 헛되다.

1) 영 2) 모든 재주

5 어리석은 자는 팔짱을 끼고 있으면서 스스로 굶어 죽는다.

6 두 손에 채우려고 바람을 잡는 것보다 한 손에 채우는 적게 가지는 것에 만족하는 것이 낫다.

7 내가 또다시 이 땅에서 헛된 것을 보았다.

8 아들도 없고 형제도 없어 혼자 살면서도 쉬지 않고 일만 하는 자가 있다. 그렇게 해서 모은 재산에 만족하지 않고 말한다. "내가 누구를 위해 이런 수고를 하는가? 나는 왜 행복을 누리지 못하며 사는가?" 이것도 헛되어 부질없는 일이다.

9 한 사람보다 둘이 낫다. 둘이 수고함으로 더 좋은 결과를 가져오기 때문이다.

10 혹시 그들 중에 한 사람이 넘어져도 다른 한 사람이 그 친구를 붙들어 일으켜 줄 수 있지만, 혼자 있어 넘어지면 붙들어 일으켜 줄 사람이 없어 그에게 화가 된다.

11 두 사람이 함께 누우면 따뜻하지만, 한 사람이면 어찌 따뜻하겠느냐?

12 혼자면 패하지만 둘이 합하면 맞설 수 있다. 세 겹 줄은 쉽게 끊어지지 않는다.

13 가난해도 지혜로운 젊은이가 늙고 둔해 신하의 직언을 듣지 않는 왕보다 낫다.

14 비록 그는 자기 나라에서 가난한 집에 태어나 감옥 생활을 하더라도 왕이 될 수 있기 때문이다.

15 내가 보니 이 땅에 사는 사람들이 왕의 후계자가 될 젊은이를 따르고

16 왕의 다스림을 받는 백성이 수없이 많아도 다음 세대들은 그를 기뻐하지 않으리니 이것도 바람을 잡는 것처럼 헛되다.

하나님을 경외하는 것만이 참

5 ●너는 하나님의 집에 들어갈 때 발걸음을 조심하라. 어리석은 자들이 악을 행하면서도 깨닫지 못하고 제물을 드리는 것보다 하나님과 가까이하여 말씀을 듣는 것이 낫다.

2 너는 하나님 앞에서 함부로 입을 열지 말며, 성급하게 말하지 말라. 하나님은 하늘에 계시고 너는 땅에 있기 때문이다. 그러므로 말을 적게 하라.

3 걱정이 많으면 꿈을 꾸게 되고, 말이 많으면 어리석은 자의 소리가 난다.

4 하나님은 어리석은 자들을 기뻐하지 않으시니, 네가 하나님께 서원했다면 갚기를 속히 하라.

5 서원하고 지키지 못하는 것보다 차라리 서원하지 않는 것이 더 낫다.

6 너는 입을 잘못 놀려 죄를 짓게 하지 말라. 하나님[1] 앞에서 "내가 한 서원은 실수다"라고 말하지 말라. 왜 네 말로 하나님을 진노하게 하여 네 손으로 이룬 것을 부수려고 하느냐?

7 꿈이 많으면 헛된 것이 많아지고, 말이 많아도 그렇다. 그러므로 오직 너는 하나님을 두려움으로 섬기라.

8 너는 어느 지방에서든지 가난한 자를 억압하고, 공의와 의를 짓밟는 것을 보아도 놀라지 말라. 높은 자는 더 높은 자가 감독하고, 그들보다 더 높은 자가 있어 그들을 감독하기 때문이다.

9 땅의 농작물은 모든 사람을 위해 있으니 그 경작된 밭을 위해서 왕이 있다.[2]

1) 천사, 사자　2) 왕도 밭의 소산을 받느니라

10 돈¹⁾을 사랑하는 자는 돈에 만족하지 못하고, 풍요를 사랑하는 자는 소득으로 만족하지 못하니 이것도 헛되다.

11 재산이 많아지면 식솔도 많아지니 그 소유주들은 눈으로 소유가 늘어 난 것을 보는 것 외에는 무엇이 유익하겠는가?

12 노동자는 많이 먹든 적게 먹든 잠을 달게 자지만, 배부른 부자는 그 부요함 때문에 잘 자지 못한다.

13 내가 이 땅에서 큰 재앙을 가져다 주는 일이 있는 것을 보았다. 곧 소유주가 자기를 해치도록 재물을 소유하는 것이다.

14 그 재물이 재난을 당할 때 없어지므로 비록 아들을 낳았으나 그에게는 아무것도 물려줄 것이 없다.

15 모태에서 맨몸으로 나왔으니 나온 그대로 돌아가고, 그가 수고해서 얻은 것을 아무것도 가지고 가지 못할 것이다.

16 이것도 큰 악²⁾인데, 바람 잡는 수고를 한다고 그에게 무슨 보람이 있겠느냐?

17 평생을 어둠 속에서 먹으며, 많은 근심과 질병과 분노에 시달리며 산다.

18 내가 보니 사람이 평생 먹고 마시며 이 땅에서 하는 모든 수고 가운데서 보람을 느끼는 것이 선하고 아름다운 낙이니, 그것은 하나님께서 그에게 주신 그의 몫이다.

19 또한 하나님께서 어떤 사람에게 재물과 부요를 주어 능히 그것을 누리게 하시고, 정해진 몫을 받게 하시며, 수고함으로 즐거워하게 하신 것은 하나님께서 주신 선물이다.

20 덧없는 자기 생명의 날을 크게 마음 쓸 필요가 없는 것은 그의 마음을 하나님께서 기쁘게 하시기 때문이다.

인생의 의미를 찾아야 하는 이유

6 ● 나는 이 땅에서 일상적으로 일어나는 한 가지 일 중에 불행한 일이 있는 것을 보았다. 이는 사람의 마음을 힘들게 하는 것이다.

2 하나님은 어떤 사람에게는 그가 원하시는 대로 재물과 부요와 존귀를 주셨으나 그것을 누리도록 허락하지 않았기 때문에 다른 사람이 그의 것을 누리게 되리니 이것도 헛되며 큰 악이다.

3 사람이 100명의 자녀를 낳고 장수한다고 해도 그의 영혼은 그런 좋은 것으로 만족하지 못하고 제대로 묻힐 곳이 없다면 그는 말한다. "죽어서 나온 아이가 많은 자녀를 낳고 장수하는 나보다 낫다."

4 죽어서 나온 아이는 헛되이 왔다가 어둠 속에서 사라지니 그의 이름조차 어둠에 묻히고 만다.

5 비록 그가 빛도 보지 못하고 알지도 못하지만 그는 세상에서 장수하는 자보다 더 편안하다.

6 비록 그가 천 년을 두 번 산다고 해도 행복을 누리지 못하면 결국 죽어 모두 한 곳으로 돌아가니 별수 없다.

7 사람이 먹기 위해 수고하지만 그 식욕은 다 채울 수 없다.

8 지혜로운 자가 어리석은 자보다 나은 것이 무엇인가? 가난한 자가 세상을 살아가는 바른 방법을 안다고 해서 그에게 무슨 소용이 있겠느냐?

9 눈으로 보는 것, 곧 가지고 있는 것으로 만족하는 것이 욕심에 사로잡혀 있는 것보다 낫다. 그러나 이것도

1) 은 2) 불행

바람을 잡는 것처럼 헛되다.

10 지금[1] 있는 것은 어떤 것이든지 그 것은 오래전부터 그의 이름이 불린 것이다. 인생[2]이 무엇인가 하는 것 도 이미 알려진 것이므로 자기보다 강한 자는 감히 심판할 수 없다.

11 말을 많이 할수록 허튼 말이 많아 지는데, 많은 말을 하는 것이 사람 에게 무슨 도움이 되겠느냐?

12 그림자처럼 헛되고, 짧은[3] 삶을 사 는 사람에게 무엇이 낙인지를 누 가 알겠느냐? 사람이 죽은 후 이 땅에서 일어날 일을 누가 그에게 알려줄 수 있겠느냐?

지혜, 지혜로운 자, 지혜로운 삶

7 ●명예가 좋은 기름보다 낫고, 죽 는 날이 출생하는 날보다 낫다.

2 잔칫집에 가는 것보다 초상집에 가는 것이 더 낫다. 그것은 사람의 마지막이 그와 같이 되기 때문이 다. 살아있는 자는 이것을 명심하 라.

3 슬픔이 웃음보다 나은 것은 얼굴 을 어둡게 하는 것이 오히려 마음 에 유익하기 때문이다.

4 지혜로운 자의 마음은 초상집에 있지만, 어리석은 자의 마음은 혼 인집에 있다.

5 지혜로운 사람의 책망을 듣는 것 은 어리석은 자들의 노래를 듣는 것보다 낫다.

6 어리석은 자들의 웃음 소리는 솥 밑에서 가시나무가 타는 소리 같 으니 이것도 헛되다.

7 탐욕은 지혜로운 자를 어리석게 만들고, 뇌물은 사람의 총명을 흐 리게 한다.

8 일은 시작보다 마지막이 좋고, 교 만한 마음보다 참는 마음이 좋다. 그러므로

9 성급하게 화를 내지 말라. 분노는 어리석은 자의 품에 머물기 때문 이다.

10 "옛날이 지금보다 더 좋은 이유가 무엇이냐?"라고 묻는 것은 지혜롭 지 못하다.

11 지혜는 유산을 받는 것만큼이나 좋은 것이니, 세상에서 사는 동안 유익이 되기 때문이다.

12 지혜가 사람을 보호하듯, 돈이 사 람을 보호하는 것 같지만 지혜를 아는 지식이 더 좋은 것은 지혜가 그 지혜 있는 자를 살리기 때문이 다.

13 하나님께서 하시는 일을 보라. 하 나님께서 구부려 놓으신 것을 누 가 능히 바르게 펼 수 있겠느냐?

14 좋은 날에는 기뻐하고, 괴로운 날 에는 뒤를 돌아보라. 하나님은 이 두 가지를 모두 있게 하시므로 사 람이 그의 장래 일을 알지 못하게 하셨다.

15 내가 헛된 세월을 사는 동안 2가지[4] 일을 보았다. 그것은 의롭게 살 았지만 멸망하는 의인이 있고, 악 하게 살았어도 장수하는 악인이 있다.

16-17 지나치게 의인이 되지 말며, 지 나치게 지혜로운 자도 되지 말라. 왜 스스로 패망하고, 제 명을 못 채 우고 죽으려고 하느냐?

18 너는 이것도 잡고 다른 것도 놓치 지 않는 것이 좋다. 그것은 하나님 을 두려움으로 섬기는 자는 어느 한 쪽만 선택하는 극단을 피하기 때문이다.

19 지혜는 지혜로운 자를 성읍 안에 있는 10명의 권력자보다 더 능력 있게 한다.

1) 이미 2) 사람 3) 헛된 4) 모든

20 선을 행하고 전혀 죄를 짓지 않는 의인은 세상에 한 명도 없다.

21 너는 남들이 하는 말에 네 마음을 쓰지 말라. 자칫 네 종이 너를 욕하는 것까지 듣게 된다.

22 너 역시 가끔 남을 욕했다는 것을 네 자신도 알고 있다.

23 내가 이 모든 것을 지혜로 시험하며 '내가 지혜로운 자가 되리라'고 결심했지만 지혜는 나를 멀리했다.

24 지혜는 멀고 매우 깊으니 누가 지혜를 통달할 수 있겠느냐?

25 그래도 나는 전심으로 지혜와 명철을 살피고 연구하여 악한 것이 얼마나 어리석고, 우매한 것이 얼마나 미친 것인지를 깨닫고자 힘썼다.

26 그랬더니 마음이 올가미와 그물 같고, 손이 포승줄 같은 여인은 죽음보다 더 쓰다는 사실을 알았다. 그러므로 하나님을 기쁘시게 하는 자는 그런 여인을 피할 수 있지만, 죄인은 그런 여인의 함정에 빠지게 된다.

27 전도자가 말한다. "보라, 내가 사물의 이치를 자세히 연구하여 많은 것을 깨달았다.

28 그러나 아직도 찾지 못한 것은 이것이다. 곧 1,000명 가운데서 남자 1명을 찾았으나 이 1,000명 가운데서 여자는 1명도 찾지 못했다.

29 다만 내가 깨달은 것은 오직 이것이다. 곧 하나님은 사람을 바르게 만드셨지만 사람이 많은 계략을 내었다는 사실이다."

8 어떤 사람이 지혜로운 자이며, 누가 사물의 이치를 아는 자인가? 사람의 지혜는 그의 얼굴을 밝게 하니 그의 사나운 인상을 좋은

얼굴로 변하게 한다.

2 내가 권면하니 왕의 명령에 복종하라. 이는 이미 하나님을 가리켜 맹세한 것이다.

3 왕 앞에서는 천천히 물러가고, 악한 것은 행하지 말라. 왕은 자신이 원하는 것은 마음대로 행할 수 있기 때문이다.

4 왕의 말은 권위가 있으니 누구든지 왕에게 "왕은 왜 그렇게 하십니까"라고 무례한 질문은 하지 마라.

5 왕의 명령에 순종하는 자는 안전하다. 지혜로운 자의 마음은 언제 어떻게 해야 할지를 알고 일을 처리하니

6 비록 사람에게 큰 고통이 따른다고 해도 모든 일에는 적절한 때와 알맞은 방법¹⁾이 있기 마련이다.

7 장래에 무슨 일이 일어날지 모르는데 누가 장래의 일을 가르칠 수 있겠느냐?

8 누구도 영을 주장하여 영을 다스리는 사람이 없듯, 죽는 날을 결정할 사람도 없으며 전쟁에서 벗어날 사람도 없으니 악이 악인²⁾을 건져낼 수는 없다.

악인들과 의인들

9 ● 내가 이 땅에서 일어나는 모든 일을 심혈을 기울여 살펴보니 힘있는 사람과 그들에게 고통 받는 사람들이 있는 것을 알았다.

10 이후 내가 보니 악한 자들이 죽어 묻히는 것을 보았다. 그들은 거룩한 곳을 떠나 죽어 그들이 그렇게 행한 성읍 안에서 잊혀졌으니 이것도 헛되다.

11 악한 일을 해도 당장 징벌을 받지 않기 때문에 사람들은 담대한 마음으로 악을 행한다.

1) 판단   2) 그의 주민

12 죄인은 100번이나 악을 행하고도 장수할 수 있다. 그러나 내가 알기로 하나님을 경외하는 자들은 결국에는 잘될 것이다.

13 악인은 결국 잘되지 못하고, 장수하지 못하며, 그날이 그림자와 같이 길지 않을 것이다. 이는 하나님을 경외하지 않았기 때문이다.

14 이 땅에서 행해지는 헛된 일이 있다. 곧 악인들이 행위에 따라 받을 벌을 의인들이 받고, 의인들이 행위에 따라 받을 상을 악인들이 받는다는 사실이다. 이것도 헛된 것이다.

15 이에 내가 기쁨과 즐거움을 찬양하니 이는 사람이 먹고 마시고 즐거워하는 것보다 더 좋은 것이 이 땅에 없기 때문이다. 하나님께서 사람이 일하면서 이 땅에서 살게 하신 날 동안 수고하는 일들 가운데 그런 일은 항상 그와 함께 있을 것이다.

16 내가 지혜를 알기 위해 힘써 세상에서 행해지는 일을 보았는데, 그 중 밤낮으로 자지 못하는 자도 있었다.

17 그때 나는 깨달았다. 이 땅에서 행해지는 하나님의 모든 일을 사람이 아무리 애써 알아보려고 해도 능히 알지 못하니, 비록 지혜로운 자라도 결코 알아내지 못한다는 것이다.

모든 것은 하나님의 손에 있다

9 ● 이 모든 것을 내가 마음속으로 깊이 생각해 보니 의로운 자들이나 지혜로운 자들이나 그들의 행위가 모두 하나님의 손 안에 있다. 그러므로 사랑을 받을지 미움을 받을지 사람이 알지 못하는 것은 그것이 모두 미래의 일이기 때문이다.

2 의인과 악인, 선한 자, 깨끗한 자와 깨끗하지 않은 자, 제사를 드리는 자와 제사를 드리지 않는 자 모두는 같은 운명을 갖고 태어난다. 선하게 사는 사람이나 죄인이나, 맹세하는 자와 맹세하기를 무서워하는 자 다 일반이다.

3 모든 사람의 운명은 결국 똑같다. 이것이 이 땅에서 행해지는 모든 일 가운데 잘못된 악한 일 중 하나다. 게다가 사람은 악하고 미친 마음을 품고 살다가 결국은 죽고마는 것이다.

4 모든 살아있는 자에게 누구나 소망이 있는 것은 살아있는 개가 죽은 사자보다 낫기 때문이다.

5 살아있는 자들은 죽게 될 줄을 알지만, 죽은 자들은 아무것도 모른다. 죽은 자들에게 더 이상 보상이 없는 것은 그들의 이름이 이미 잊혀졌기 때문이다.

6 죽은 자들에게는 사랑과 미움과 시기도 없으니, 이 땅에서 죽은 자들이 해야 할 일은 영원히 없다.

7 그러므로 지금은 하나님께서 네가 하는 일들을 이미 기쁘게 받으시니 너는 가서 기쁘게 네 음식물을 먹고, 즐거운 마음으로 네 포도주를 마시라.

8 네 옷을 깨끗이 입고, 네 머리에 향기름을 계속 바르라.

9 네 헛된 평생의 모든 날, 곧 하나님께서 이 땅에서 네게 주신 모든 덧없는 날에 너는 사랑하는 아내와 함께 즐겁게 살라. 그것이 네가 평생에 이 땅에서 수고하여 얻은 네 보상이다.

10 너는 어떤 일을 하든지 힘을 다해 하라. 네가 장차 들어갈 무덤인 스올

에는 일도 없고, 계획도 없으며, 지식과 지혜도 없기 때문이다.

11 내가 다시 이 땅에서 보니 빨리 달리는 경주자들이라고 다 먼저 도착하는 것이 아니며, 용사들이라고 다 전쟁에서 승리하는 것이 아니다. 지혜가 있다고 해서 다 양식을 얻는 것도 아니며, 총명하다고 해서 모두 재물을 얻는 것도 아니다. 아는 것이 많다고 해서 다 은혜를 입는 것도 아니다. 이는 때와 기회가 누구에게나 똑같이 주어지기 때문이다.

12 사람은 자기가 언제 죽을지 알지 못한다. 물고기들이 재난의 그물에 걸리고, 새들이 올무에 걸리는 것처럼 인생들도 재앙의 날이 그들에게 갑자기 임하면 죽을 수밖에 없다.

13 또 내가 이 땅에서 지혜를 보고 인상 깊게 여긴 것은 이렇다.

14 곧 인구가 적은 작은 성읍에 힘센 왕이 와서 그 성읍을 포위한 후 큰 토담을 쌓고 공격하고자 했다. 그 때

15 그 성읍 가운데 가난하지만 지혜로운 자가 있어서 그의 지혜로 그 성읍을 구한 것이다. 그러나 이후 그 가난한 자를 기억하는 사람이 없었다는 사실이다.

16 그러므로 내가 말한다. "지혜가 무기[1]보다 낫지만 가난한 자의 지혜가

흉벽(토담, 전 9:14)

흉벽(siegework)은 일종의 토담으로 성곽이나 포대 따위에 쌓는 담을 가리킨다. 일반적으로 고대에는 성을 포위하고 공격이 용이하도록 흙과 나무를 이용하여 흉벽을 쌓았다. 그러나 성을 지키는 것은 흉벽에 있는 것이 아니라 하나님이 주시는 지혜에 있다.

멸시를 받고, 사람들이 그의 말을 귀담아듣지 않았다."

17 어리석은 통치자의 호령보다 지혜로운 자들의 조용한 가르침이 좋다.

18 지혜가 무기보다 낫다. 그러나 죄인 한 사람이 많은 선한 것을 망치게 한다.

10 향수에 빠져 죽은 파리들이 향기름에서 악취가 나게 만드는 것처럼 어리석은 짓 하나가 자기의 지혜와 존귀를 더럽힌다.

2 지혜로운 자의 마음은 오른쪽, 곧 옳은 일에 있고, 어리석은 자의 마음은 왼쪽, 곧 그릇된 일에 있다.

3 어리석은 자는 길을 갈 때도 지혜가 부족하여 사람들에게 아무 생각 없이 자기의 어리석음을 드러낸다.

4 통치자가 네게 화를 냈을 때 너는 참지 못해 네 자리를 뜨지 말라. 침착함이 큰 잘못을 막아 준다.

5 내가 이 땅에서 한 가지 잘못된 것, 재난을 보았다. 그것은 통치자에게서 나오는 허물이다.

6 어리석은 자가 높은 자리에 앉고, 존귀한 자가 낮은 자리에 앉는 것이다.

7 또 내가 종들은 말을 타고, 상전들은 종들처럼 걸어다니는 일도 보았다.

8 구덩이를 파는 자는 그 구덩이에 빠질 것이고, 담을 허는 자는 담에서 나온 뱀에게 물릴 것이다.

9 돌들을 떠내는 석공은 돌에 상처를 입을 수 있고, 나무들을 패는 자는 나무에 다칠 수 있다.

10 도끼[2]가 무뎌졌음에도 날을 갈지 않으면 힘이 더 든다. 그러므로 지혜는

1) 부자 2) 철 연장

성공하도록 돕는다.

11 주문을 하기도 전에 뱀에게 물렸으면 뱀을 부리는 점술사는 소용이 없다.

12 지혜로운 자의 말은 은혜롭지만, 어리석은 자는 자기가 한 말로 자기를 망친다.

13 어리석은 자의 말은 어리석음에서 시작하여 광기로 끝난다.

14 어리석은 자는 말을 많이 하지만 그는 미래의 일을 알지 못하니, 이후 일어날 일을 누가 그에게 전해 주겠느냐?

15 언제 자기 집¹⁾에 들어가야 할 줄도 모르는 어리석은 자들은 일을 해도 성과가 없어 자신을 피곤하게 할 뿐이다.

16 왕은 어리고 대신들은 아침부터 잔치에 빠진 나라는 화가 있다.

17 반면 왕은 귀족 집안의 출신²⁾이고, 대신들은 취하기 위해서가 아니라 자신의 건강을 위해 정해진 시간에 먹는 나라는 복이 있다.

18 게으른 자의 집은 서까래가 내려앉고, 손이 게으르면 지붕³⁾이 샌다.

19 잔치는 기뻐하기 위해 베풀고, 포도주는 인생을 기쁘게 하니 돈은 만사에 이용된다.

20 마음속으로라도 왕을 욕하지 말며, 잠자리에서라도 부자를 저주하지 말라. 공중의 새가 그 소리를 전하고, 들짐승이 그 소리를 전하기 때문이다.

지혜로운 삶

11 ● 너는 물질을 후하게 나누어 주어라. 언젠가는 그것이 네게 되돌아올 것이다.⁴⁾

2 땅에 무슨 재난이 임할지 네가 알지 못하므로 7∼8군데에 투자하라.⁵⁾

3 구름에 습기가 많으면 비가 되어 땅에 쏟아지며, 나무가 남쪽이나 북쪽 어느 쪽으로나 쓰러지면 그 쓰러진 곳에 그대로 있는 법이다.

4 바람이 그치기를 기다리면 씨를 뿌리지 못하고, 구름이 걷히기를 기다리면 거두지 못한다.

5 바람이 다니는 길과 임신한 여자의 태에서 뼈들이 어떻게 자라는지 알지 못하는 것처럼 창조주 하나님의 일을 네가 알지 못한다.

6 너는 아침에 씨를 뿌리고 저녁에도 부지런히 일하라. 이것이 잘 될지, 저것이 잘 될지, 아니면 둘 다 잘 될지 알지 못하기 때문이다.

7 빛을 보고 산다는 것은 아름답고 기쁜 일이다.

8 장수하는 사람은 항상 즐겁게 살도록 하라. 캄캄한 날도 많으리니 그날들도 생각하라. 다가오는 것은 다 헛되다.

젊은이에게 주는 교훈

9 ● 젊은이여, 네 젊을 때를 즐기라. 네 젊은 날들을 기뻐하라. 너는 마음과 눈이 원하는 대로 행하라. 그러나 네가 하는 일에 하나님의 심판이 있음을 알라.

10 네 마음에서 근심을 떠나게 하며, 네 몸에서 악이 떨어지게 하라. 네 젊을 때와 검은 머리의 시절이 다 헛되이 지나간다.

12 너는 청년 때 네 창조주를 기억하라. 곧 고생스러운 날이 오기 전에, 아무런 기쁨이 없다고 할 때가 오기 전에,

2 해와 빛과 달과 별이 어두워지기 전에, 비가 온 뒤에 다시 먹구름이 일어나기 전에 그렇게 하라.

---

1) 성읍　2) 아들　3) 집　4) 너는 네 떡을 물 위에 던져라. 여러 날 후에 도로 찾으리라　5) 나눠 줄지어다

3 그런 날에는 네 팔[1]이 떨리며, 네 힘 있는 다리[2]는 구부러지고, 네 이[3]는 빠져 적으므로 씹지 못하며[4], 네 눈[5]은 침침하여 보지 못할 것이다.

4 네 귀[6]는 막혀 듣지 못하며, 음식 씹는 소리[7]가 적어지며, 새 소리와 같은 작은 소리에도 일어날 정도로 잠을 제대로 자지 못할 것이며, 노래하는 새소리는 더 이상 들리지 않을 것이다.[8]

5 그런 자들은 높은 곳이 두려워 올라가지 못하고, 길에서는 넘어질까 무서워하며, 아몬드[9]의 꽃이 핀 것처럼 머리는 온통 희어지고, 메뚜기처럼 가벼운 것도 짐이 될 정도로 몸을 제대로 거동하지 못하게 될 것이다. 그날에는 모든 의욕이 사라지리니 그렇게 되는 때는 조문객들이 네 집을 찾아올 날이 가까운 것이다.

6 천장에 매단 등잔 줄[10]이 풀리고, 등잔[11]이 깨지며, 물을 담는 항아리가 샘 곁에서 깨지고, 물을 퍼 올리는 수차의 도르래가 우물 위에서 깨지듯 사람도 나이 들어 늙으면 혀가 풀리고 머리가 깨져 죽을 수밖에 없다.

7 흙으로 된 육체는 본래의 흙으로 돌아가고, 영은 그것을 주신 하나님께로 돌아가기 전에 기억하라.

8 전도자가 말한다. "헛되고, 헛되니, 모든 것이 헛될 뿐이다."

사람의 본문

9 ● 전도자는 지혜로운 자이므로 백성에게 자기의 지식을 가르쳤고, 잠언을 많이 찾아내 깊이 연구하여 그것을 잘 정리했다.

10 또 기쁨을 주는 아름다운 말들을 발견하여 연구했으며, 진리의 말씀들을 찾아 바르게 기록했다.

11 지혜로운 자들의 교훈은 찌르는 막대기 같고, 그가 모은 교훈들은 잘 박힌 못 같으니 다 한 명의 목자가 준 말씀이다.

12 내 아들아, 그런 말씀에서 교훈을 받으라. 많은 책을 짓는 것은 끝이 없고, 공부를 많이 하는 것은 몸을 피곤하게 한다.

13 일의 끝에 대해 모두 들었으니 하나님을 두려움으로 섬기고, 그의 명령들에 순종하라. 이것은 모든 사람이 마땅히 해야 할 일이다.

14 선한 것이든 악한 것이든 하나님은 모든 행위와 은밀한 일까지도 심판하신다.

⁇!? 난제 살구나무, 파단행, 아몬드의 차이는? (전 12:5)

파단행(프므촘)은 아몬드(Almond)로 히브리어는 루즈와 샤케드이다. 한글개역성경 창 43:11에는 파단행, 렘 1:11에는 살구나무(Prunus armeniaca var.)로 번역되었는데 우리나라의 살구나무와는 다른 것이다. 그리고 영역본인 RV에는 almond(편도, 감복숭아)로 번역했다. 이 경우에도 편도설이 확실하다고 말하고 있다.

편도(扁桃)나무는 감복숭아(Almond)로 장미과의 낙엽교목이다. 소아시아가 원산지인 이 나무는 6m까지 자라고 잎은 갸름한 타원형으로 겨울에 떨어진다. 꽃은 흰빛에서 연분홍빛에 이르기까지 변화하며 크고 아름답다. 야곱이 바로에게 예물을 보내는 품목 중에는 파단행이 있었으며(창 43:11), 출애굽한 이스라엘 백성들은 시내산에서 모세가 받은 계시에 따라 등대의 가지 모양을 살구꽃 모양(출 25:33~36)으로 만들었는데 한글개역성경의 살구꽃은 바로 편도나무의 꽃을 가리킨다. 참고로 야곱이 꿈을 꾸었던 벧엘의 옛 이름인 루스(Luz)는 편도나무를 가리킨다.

---

1) 집을 지키는 자들 2) 힘 있는 자들 3) 맷돌질하는 자들 4) 그칠 것이며 5) 창틀로 내다보는 자 6) 길거리 문들 7) 맷돌 소리 8) 음악하는 여자들은 다 쇠하여질 것이며 9) 살구나무 10) 은 줄 11) 금 그릇

아가

제목 히브리어 성경에는 쉬르하쉬림('노래들 중의 노래'), 70인역에도 아스 아스마톤

기록연대 기원전 965년경 **저자** 솔로몬 **중심주제** 솔로몬(하나님)과 술람미(성도)의 사랑

내용소개 * 첫사랑의 체험과 표현(사랑에의 초대: 1-3장, 사랑의 선포: 4장) 1. 결혼 전의 생활 1-3장
* 결혼 후의 생활 3-8장 2. 사랑의 선포(4장) 3. 시련 후 사랑의 승리(5-8장)

솔로몬의 노래

1 ● 솔로몬이 지은 노래 중의 노래 아가이다.

2 (여자, 신부) 그대의 사랑이 포도주보다 좋으니, 내게 입을 맞춰 주세요.

3 그대의 향기로운 기름이 아름답고, 그대의 이름은 향기름을 쏟은 것 같으니 처녀들이 그대를 사랑하는구나.

4 그대는 나를 인도하라, 왕이여, 나를 당신의 침실 방으로 데려가 주세요. 우리가 함께 달려가리라.
(합창, 친구) 우리가 당신 때문에 기뻐하며 즐거워하니, 이는 그대의 사랑이 포도주보다 더 달콤하기 때문이로다. 처녀들이 당신을 사랑하고 싶은 것은 당연하다.

5 (여자) 예루살렘의 여자1)들아, 비록 내가 피부는 검지만 게달의 장막 같고, 솔로몬의 커튼, 곧 휘장처럼 아름답구나.

6 내가 햇볕에 그을려 검다고 흘겨보지 말라. 그것은 내 오빠들이 내게 화를 내며 포도밭을 지키도록 했기 때문이다. 그래도 막상 내가 포도밭을 지키지 못했구나.

7 진심으로 사랑하는 그대여, 내가 그대 친구의 양 떼 곁에서 그대를 찾아 헤매지 않도록 그대가 양을 치는 곳과 한낮에 쉬는 곳을 내게 알려주세요.

8 (합창) 여인 가운데 가장 아름다운 자야, 네가 그 쉬는 곳을 알지 못하겠거든 양 떼의 발자취를 따라가라. 그래서 목자들의 장막이 있는 곁에서 네 염소 새끼를 치며 기다리라.

9 (남자, 신랑) 내 사랑아, 그대는 바로의 병거를 끄는 빠른 말과 같구나.

10 네 두 볼은 땋은 머리채로 귀엽고, 네 목은 구슬 꿰미로 아름답구나.

11 (합창) 우리가 너를 위해 금 사슬에 은을 박아 만들어 주리라.

12 (여자) 왕이 자기 침대에 누웠을2) 때 내 나드3) 기름이 향기를 뿜어냈구나.

13 내 사랑하는 자는 내 젖가슴 품 사이에서 밤을 지새운다.4)

14 그대는 내게 엔게디 포도밭의 고벨화 꽃 한 송이로다.

15 (남자) 내 사랑아, 그대는 아름답고 아름답다. 네 눈이 비둘기 같구나.

16 (여자) 내 사랑하는 자야, 그대는 아름답고 멋이 있구나. 우리의 침대는 푸른 풀밭 같고,

17 우리 집의 들보는 백향목이고, 서까래는 잣나무로다.

2 나는 사론평야의 수선화5)이고, 골짜기에 핀 백합화6)로다.

2 (남자) 내 사랑은 가시덤불 가운데 있는 백합화처럼 여자들 가운데 있도다.

1) 딸 2) 앉았을 3) 나도 4) 몰약 향주머니요
5) 장미 6) 나리 꽃

3 (여자) 내 사랑하는 자는 수풀 가운데 있는 사과나무 같구나. 남자들 사이에 있으니 내가 그 그늘에 앉아서 매우 기뻐했고, 그대의 달콤한 열매를 맛보았도다.

4 그대가 나를 연회장에 데려갔으니 그 사랑은 내 위에 깃발처럼 펄럭였도다.

5 내가 힘을 내도록 건포도와 사과를 주세요. 내가 사랑해서 병이 났어요.

6 그대가 왼팔로 내 머리를 고이고, 오른팔로 나를 안아 주네요.

7 예루살렘의 여자¹⁾들아, 내가 노루와 들사슴을 두고 너희에게 간청한다. 내 사랑하는 자가 마음껏 사랑할 때까지는 흔들지도 깨우지도 말라.

8 이는 내 사랑하는 자의 목소리구나. 보라, 그가 산을 넘고, 언덕을 내달려 오는구나.

9 내 사랑하는 자는 노루와 어린 사슴처럼 빨라 벌써 우리 벽 뒤에 서서 창으로 들여다보며 창살 틈으로 엿보는구나.

10 내 사랑하는 자가 나에게 말하는구나.
(남자) 내 사랑, 내 아름다운 그대여, 일어나서 내게로 오라. 함께 가자.

11 겨울도 지나고 비도 그치니,

12 이 땅에 꽃이 피고 새가 노래하는 계절이 다가와 비둘기의 소리가 우리 땅에 들리는구나.

13 무화과나무에는 푸른 무화과가 익었고, 포도나무는 꽃을 피워 향기를 내뿜고 있구나. 내 사랑, 내 아름다운 그대여, 일어나서 어서 오라.

14 낭떠러지 은밀한 곳의 바위틈에 있는 나의 비둘기야, 내게 그대의 얼굴을 보여다오. 그대의 목소리를 들려다오. 그대의 목소리는 부드럽고, 그대의 얼굴은 아름답구나.

15 우리를 위해 포도밭²⁾을 망치는 작은 여우를 잡으라. 이는 우리의 포도밭에 꽃이 피었기 때문이다.³⁾

16 (여자) 내 사랑하는 자는 내 것이고, 나는 그대의 것이로다. 그가 백합화가 있는 들 가운데서 양 떼를 치는구나.

17 내 사랑하는 자야, 해가 지고 그림자가 사라지기 전에 베데르산의 노루와 어린 사슴처럼 빨리 돌아오세요.

3 내가 밤새도록 침대에서 애타게 사랑하는 자를 찾았지만 찾지 못했노라.

2 이제 "내가 일어나서 예루살렘성 안을 돌아다니며 거리와 광장에서 찾으리라"하고 찾았지만 찾지 못했구나.

3 그래서 성 안을 순찰하는 야경꾼들을 만나 물었다. "내가 진심으로 사랑하는 자를 너희가 보았느냐?"

4 그리고 그들이 내 옆을 지나가자마자 사랑하는 자를 만나 그를 붙잡고 내 어머니 집으로 가서 나를 잉태한 어머니의 방으로 들어가기까지 그를 놓지 않았노라.

5 예루살렘의 여자¹⁾들아, 내가 노루와 들사슴을 두고 너희에게 간청한다. 사랑하는 자가 마음껏 사랑할 때까지는 흔들지도 깨우지도 말라.⁴⁾

6 마치 연기 기둥을 일으키는 것처럼 몰약과 유향과 장사꾼이 가지고 있는 여러 가지 향품으로 향수 냄새를 풍기며 거친 들에서 오는 자가 누구인가?

---

1) 딸 2) 사랑 3) 사랑이 무르익었기 때문이다
4) 아 27

7 보라, 그것은 솔로몬이 타고 오는 가마로구나. 이스라엘 용사 60명이 호위하는데,

8 모두 칼을 잡고 싸움에 익숙한 사람들이다. 야간 기습을 대비하기 위해 각자 허리에 칼을 찼느니라.

9 솔로몬왕이 자기의 가마를 레바논 나무로 만들었는데

10 그 기둥은 은이고, 바닥은 금을 입혔으며, 자리는 자색 천을 깔았구나. 그 안에는 예루살렘 여인[1]들의 사랑이 가득 차 있구나.

11 예루살렘, 곧 시온의 여자들아, 나와서 솔로몬왕을 보라. 혼인하는 날 그의 마음이 기쁠 때 그의 어머니가 씌워 준 왕관이 그 머리에 있구나.

4 (남자) 그대는 아름다운 내 사랑, 참으로 아름답구나. 가리개 속에 있는 그대의 눈은 비둘기 같고, 그대의 머리채는 요단강 동편의 길르앗산 기슭에 누운 염소 떼와 같구나.

2 그대의 이는 털을 깎기 위해 목욕시킨 쌍태를 낳은 암양 같구나.

3 그대의 입술은 홍색 실 같고, 입은 아름답고, 가리개 속의 네 볼은 쪼개진 석류 한쪽 같구나.

4 그대의 목은 무기를 보관하기 위해 건축한 예루살렘에 있는 다윗의 망대, 곧 방패 1,000개와 용사의 모든 방패가 달린 망대와 같고,

5 두 젖가슴은 어린 노루[2] 쌍둥이가 백합화가 있는 들에서 꼴을 먹는 것과 같구나.

6 내가 해가 지고 그림자가 사라지기 전에 몰약산과 유향의 언덕으로 가리라.

7 아름다운 그대는 내 사랑, 네게는 흠잡을 데가 없구나.

8 나의 신부야, 너는 레바논을 떠나 나와 함께 가자. 사자굴과 표범산, 레바논 지역의 아마나와 안티 레바논산맥의 스닐과 헤르몬산 꼭대기에서 내려오라.

9 나의 누이, 나의 신부야, 그대가 내 마음을 사로잡았구나. 그대의 눈짓 한 번과 그대의 목에 걸린 구슬 한 꿰미가 내 마음을 빼앗았구나.

10 나의 누이, 나의 신부야, 그대의 사랑이 얼마나 아름다운지 그대의 사랑은 포도주보다 진하고, 그대의 기름 향기는 여러 향품보다 향기롭구나.

11 나의 신부야, 그대의 입술에서는 꿀방울이 떨어지고, 혀 밑에는 꿀과 젖이 있고, 그대의 옷자락에서 풍기는 향기는 레바논의 향기 같구나.

12 나의 누이, 나의 신부는 문이 잠긴 동산이며, 덮어 놓은 우물이며, 막아 놓은 샘이로구나.

13 그대의 동산에서는 석류나무, 각종 아름다운 과일나무, 고벨화, 나도초[3],

14 사프란[4], 창포, 육계[5], 각종 유향나무, 몰약, 알로에[6], 모든 귀한 향품이 나는구나.

15 그대는 동산의 샘이며, 생수가 솟아나는 우물이며, 레바논에서 흘러나오는 시내로구나.

16 (여자) 북풍아, 불어라. 남풍아, 불어라. 내 동산으로 불어서 향기를 날리라. 내 사랑하는 자가 동산으로 들어와 그 아름다운 열매를 먹게 하라.

5 (남자) 나의 누이, 나의 신부야, 내가 내 동산에 찾아와 몰약과 향 재료를 거두고, 꿀송이와 꿀을 먹고,

---

1) 딸 2) 사슴 3) 나도풀 4) 번홍화 5) 계수나무
6) 침향

포도주와 우유를 마셨다. 내 사랑하는 친구들아, 먹고 많이 마시라.

2 (여자) 내가 자고 있어도 마음은 깨었는데 내 사랑하는 자가 문을 두드리며 말하는 소리가 들리는구나. 나의 누이, 내 사랑, 나의 흠잡을 데 없는 비둘기야, 문을 열어다오. 내 머리는 이슬에 젖었으니, 내 머리채에는 밤이슬이 가득하다.

3 내가 옷을 벗었는데, 다시 입어야 하나? 내가 발을 씻었는데, 다시 땅을 밟아 흙을 묻혀야 하나?

4 그러자 내 사랑하는 자가 문틈으로 손을 들이밀때 내 마음이 설레네

5 그래서 내 사랑하는 자를 맞기 위해 일어나 몰약이 묻은 손과 몰약의 즙이 떨어지는 내 손가락으로 문고리를 잡았네.

6 그리고 내 사랑하는 자를 위해 문을 열었지만 그사이 그는 벌써 가버렸네. 그때 내 마음이 무너졌구나.[1] 내가 집을 나가 그를 찾아도 만날 수 없었고, 불러도 대답이 없었노라.

7 성 안을 순찰하던 야경꾼들이 나를 만나자 나를 때려 상처를 입혔고, 성벽을 지키던 파수꾼들이 내 겉옷을 벗겨 빼앗았도다.

8 예루살렘의 여자[2]들아, 너희에게 내가 부탁한다. 너희가 내 사랑하는 자를 만나면 내가 사랑 때문에 병이 났다고 전해 주어라.

9 (합창) 여자들 가운데 뛰어나게 아름다운 자야, 너의 사랑하는 자가 남의 사랑하는 자보다 무엇이 더 나으냐? 무엇이 더 뛰어나기에 우리에게 그런 부탁을 하느냐?

10 (여자) 내 사랑하는 자는 살결이 희고, 혈색이 좋아 많은 사람 가운데 뛰어나구나.

11 그대의 머리는 순금 같고, 곱슬머리는 까마귀처럼 검구나.

12 그대의 두 눈은 시냇가에 앉은 비둘기처럼 우유로 씻은 듯하고, 흐르는 물가에 앉아있구나[3]

13 그대의 두 볼은 향기 가득한 꽃밭과 향내 나는 풀 언덕과도 같고, 입술은 백합화 같으니 몰약의 즙이 흘러내리는구나.

14 그대의 팔[4]은 녹주석, 곧 황옥을 박은 금 막대기 노리개 같고, 허리[5]는 아로새긴 상아에 사파이어, 곧 청옥을 박은 듯하며,

15 다리는 순금 받침대에 세운 대리석 기둥 같구나. 그대의 모습은 레바논처럼 늠름하고, 백향목처럼 빼어나구나.

16 그대의 혀[6]는 심히 달콤하니 그대에게 있는 모든 것이 사랑스럽구나. 예루살렘의 여자[2]들아, 이 사람이 바로 내가 사랑하는 자이며, 내 님[7]이다.

6 (합창) 여자들 가운데 뛰어나게 아름다운 자야, 네 사랑하는 자가 어디로 갔느냐? 그곳이 어디인지 우리가 너와 함께 찾으러 가겠다.

2 (여자) 내 사랑하는 자는 향기 풍기는 꽃밭이 있는 자기 동산으로 내려갔고, 그 가운데서 양 떼를 먹이며 백합화를 따는구나.

3 나는 사랑하는 자의 것이고, 내가 사랑하는 자는 내 것이니, 그는 백합화 가운데서 그 양 떼를 치는구나.

4 (남자) 내 사랑, 그대는 경관이 뛰어난 세겜 북쪽 22㎞ 지점에 있는 디르사처럼 아름답고, 예루살렘처럼 고우며, 깃발을 세운 군대처럼 당당하구나.

---

1) 혼이 나갔구나   2) 딸   3) 아름답게도 박혔구나. 얼굴이 조화롭구나   4) 손   5) 몸   6) 입   7) 친구

5 그대의 눈이 나를 사로잡으니 나를 돌아보지 말라. 그대의 머리채는 요단강 동쪽의 길르앗산 기슭에서 뛰어 내려오는[1] 염소 떼 같고,

6 그대의 이는 물에 씻고 올라오는 암양 떼 같으니, 모두 쌍을 이루고 쌍태를 낳았구나.

7 가리개 속에 있는 네 볼은 쪼개진 석류 한쪽 같구나.

8 내게는 왕후가 60명이며, 후궁이 80명이며, 수많은 궁녀가 있다. 그러나

9 나의 비둘기, 내가 온전히 사랑하는 자는 한 명뿐이로구나. 그녀는 외동딸이며, 그를 낳은 어머니가 귀중하게 기른 자로구나. 여자들이 그녀를 보고 '복된 자'라고 말하며, 왕후와 후궁들도 그를 칭찬하는구나.

10 (합창) 누가 동틀 때 햇빛처럼 빛나고, 달처럼 아름다우며, 해처럼 순수하며, 깃발을 세운 군대처럼 당당한 여자인가?

11 (남자) 골짜기의 푸른 초목을 보기 위해, 포도나무가 순이 났는지 석류나무에 꽃이 피었는지 살피기 위해 내가 호도나무 숲으로 내려갔다. 그때

12 나도 모르는 사이 내 마음이 백성의 귀인들이 타는 마차 위에 올랐구나.

13 (합창) 돌아오라. 술람미 여자야, 우리가 너를 볼 수 있게 속히 돌아오라. 너희가 어찌하여 요단강 동편의 마하나임에서 춤추는 것을 보는 것처럼 술람미 여자를 보려고 하느냐?

14 (없음)

7 귀한 자의 딸아, 신을 신은 그대의 발이 어찌 그리 아름다운가! 그대의 둥근 넓적다리는 보석세공인의 손이 만든 구슬 꿰미 같구나.

2 그대의 배꼽은 혼합한 포도주를 가득 채운 둥근 잔 같고, 그대의 허리는 백합화로 두른 밀단 같구나.

3 그대의 두 젖가슴은 한 쌍의 암사슴 같고, 쌍둥이 노루 새끼 같구나.

4 그대의 목은 상아로 만든 망대와 같고, 눈은 바드랍빔 문 곁에 있는 헤스본의 연못과 같고, 코는 다메섹을 지키는 레바논의 망대와 같구나.

5 머리는 갈멜산 같고, 늘어진 머리채는 자줏빛 나는 공단 같으니 왕이 그 머리카락에 마음이 빼앗겼구나.

6 내 사랑아, 그대는 어찌 그리 아름다운가! 어찌 그리 사랑스러운지 나를 매혹시키는구나.

7 그대의 키는 종려나무처럼 크고 늘씬하며, 젖가슴은 그 열매 송이 같구나.

8 내가 말했네. "그 종려나무에 올라가서 가지를 잡으리라." 그대의 젖가슴은 포도송이 같고, 코에서 풍기는 냄새는 사과 향기 같구나.

9 입은 질 좋은 포도주 같구나. 이 포도주는 내 사랑하는 자를 위해 부드럽게 흘러내려서 자는 자의 입술을 움직이게 하는구나.

10 (여자) 나는 내 사랑하는 자의 것, 그가 사모하는 자가 바로 나로구나.

11 내 사랑하는 자여, 우리가 함께 들로 가서 코페르 나무숲[2]에서 밤을 지새우자.

12 우리가 일찍 일어나서 포도밭으로 가자. 그래서 포도 움이 돋아 꽃이 피었는지, 석류꽃이 피었는지 보자. 그곳에서 내 사랑을 그대에게 주리라.[3]

13 합환채가 향기를 피우고, 우리의

1) 누운 　2) 동네 　3) 아 6:11

문 앞에는 각종 귀한 열매가 새 것과 묵은 것으로 마련되었구나. 바로 내가 나의 사랑하는 자를 위해 쌓아 둔 것이로다.

8 그대가 내 어머니의 젖을 먹은 오빠라면 내가 밖에서 만나 그대에게 입을 맞추어도 사람들이 나를 비난하지 않았을 것이다.

2 내가 그대를 나를 가르치던 내 어머니 집으로 데려가서 그대에게 향기로운 포도주¹⁾를 마시게 할 텐데.

3 그대는 왼팔로 내 머리를 고이고, 오른손으로는 나를 안았도다.

4 예루살렘의 여자²⁾들아, 내가 너희에게 부탁한다. 내 사랑하는 자가 마음껏 사랑할 때까지는 흔들지도 깨우지도 말지니라.³⁾

5 (합창) 사랑하는 자에게 몸을 기대고 광야, 거친 들에서 올라오는 여자가 누구인가?
(여자) 너를 낳은 자가 산고를 겪으며 애쓴 그곳, 사과나무 아래서 잠든 그대를 내가 깨웠노라.

6 그대는 도장을 새기듯 나를 마음에 품고, 도장을 새기듯 팔에 두라. 사랑은 죽음처럼 강하고, 질투는 무덤인 스올처럼 잔인하여 불길처럼 일어나니 그 사랑의 시샘이 여호와의 불과 같으니라.

7 많은 물도 이 사랑을 끌 수 없고, 강물⁴⁾이라도 이 사랑의 불길을 잡지 못하니, 사람이 모든 재산을 다 주고 사랑과 바꾸려 할지라도 사랑을 얻지 못하고 오히려 웃음거리가 되리라.

8 (합창) 우리에게 있는 누이는 아직 어리기 때문에 젖가슴이 없구나. 그가 청혼 받는 날이 되면 우리가 그를 위해 무엇을 해야 할까?

9 그가 성벽이라면 우리는 그 위에 은 망대를 세울 것이고, 그가 문이라면 우리는 백향목 판자로 입혀 주리라.

10 (여자) 나는 성벽이며, 내 젖가슴은 망대 같구나. 그래서 그가 나를 그토록 좋아하는 구나.

11 솔로몬이 예루살렘 북쪽 바알하몬에 있는 포도밭을 소작인에게 맡기고 그들에게 그 수확한 대가로 은 1,000세겔을 바치게 했구나.

12 내 포도밭은 내 앞에 있구나. 솔로몬왕이여, 은 1,000세겔은 당신의 것입니다. 그리고 은 200세겔은 포도밭을 가꾼 자의 것입니다.

13 (남자) 너 동산에 사는 자야, 친구들이 네 소리에 귀를 기울이니 그대의 목소리를 들려주오.

14 (여자) 내 사랑하는 자야, 그대는 향기로운 산 위에 있는 노루와 어린 사슴처럼 내게 빨리 달려오세요.

 사슴(아 8:14)

사슴은 히브리어 아알라로 이 사슴은 숫사슴을 뜻하는 'hart'와 암사슴을 뜻하는 hind 또는 doe로 구별된다. 그러나 구약 시대의 팔레스틴에 살던 여러 종류의 사슴들은 특별히 구별하지는 않은 것 같다. 히브리어 아알라와 그 파생어들은 여러 종류의 사슴 모두에게 적용되었거나 적어도 많이 서식했던 두 종류에 대해서만 사용된 듯하다. 팔레스틴 지역에서 살고 있었던 사슴으로는 붉은 사슴(고라니), 노란 사슴, 노루 등 세 종류가 있었다. 붉은 사슴은 키가 1.2~1.5m에 달하며, 숫사슴은 10개 혹은 그 이상의 가지가 달린 뿔을 가지고 있는데 이 사슴은 기원전 수세기경에 팔레스틴에서 사라진 것 같다.

---

1) 술, 곧 석류즙   2) 딸   3) 아 2:7, 3:5하   4) 홍수

이사야

Isaiah

제목   히브리어 성경에는 이사야의 인명에 따라 예사야후, 70인역에도 헤사이아스

기록연대   기원전 739~681년경   저자   이사야   중심주제   이사야의 예언(심판에서의 구원)

내용소개   * 공포(웃시야, 아하스, 히스기야): 약40년
1. 유다를 책망 1~12장   2. 열방을 책망 13~23장   3. 하나님의 심판 24~31장   4. 예언적 경고 32~39장
* 소망: 수천년   5. 하나님의 위로 40~48장   6. 메시아 예언 49~57장   7. 메시아 왕국 건설 58~66장

이사야를 통해 하신 여호와의 말씀

1 ● 유다 왕 웃시야와 요담과 아하스와 히스기야 시대에 아모스의 아들 이사야가 유다와 예루살렘에 대해 본 계시이다.

2 하늘아, 들으라. 땅아, 귀를 기울이라. 여호와께서 이렇게 말씀하셨다. "내가 자식을 양육했는데 그들은 나를 거역했다.

3 소는 자기 임자를 알고, 나귀도 그 주인의 구유를 알지만 이스라엘은 나를 알지 못하고, 내 백성은 깨닫지 못한다."

4 슬프다! 범죄한 나라이며, 허물이 가득한 백성이며, 악의 씨이며, 행위가 타락한 자식이다. 그들이 여호와를 버리며, 이스라엘의 거룩하신 하나님을 업신여겨 그에게서 등을 돌렸다.

5 너희는 왜 매를 더 맞을 짓만 하느냐? 온 머리는 병들었고, 온 마음은 약해졌다.

6 발바닥부터 머리까지 성한 곳이 없이 상처난 곳과 멍든 곳과 새로 맞아 상처난 흔적뿐인데도 그것을 짜고 싸매며, 상처를 치료하기 위해 기름으로 부드럽게 바르지도 못한다.

7 너희 땅은 황폐해졌고, 성읍들은 불에 탔으며, 토지의 소산은 이방인에게 약탈당했으며, 그 땅은 이방인에게 파괴된 것처럼 황폐되었다.

8 딸 시온은 홀로 남은 포도밭의 망대와 참외밭의 원두막처럼, 에워싸인 성읍처럼 겨우 남았다.

9 만군의 여호와께서 우리를 위해 얼마의 생존자를 남겨 두지 않았다면 우리는 벌써 소돔과 고모라처럼 멸망했을 것이다.

10 너희 소돔의 지도자인 관원들아, 여호와의 말씀을 들으라. 너희 고모라의 백성들아, 우리 하나님의 말씀[1]을 귀담아들으라.

11 여호와께서 말씀하신다. "너희가 가져오는 수많은 제물이 나에게 무엇이 유익하느냐? 나는 너희가 드린 숫양의 번제와 살진 짐승의 기름으로 배불렀고, 그런 수송아지와 어린 양과 숫염소의 피를 기뻐하지 않는다.

12 그런데 너희는 단지 내 앞에 보이기 위해서만 오니 누가 너희에게 그것을 요구했느냐? 그것은 내 뜰만 밟을 뿐이다.

13 그러니 다시는 헛된 제물을 가져오지 말라. 그런 분향은 내게 가증한 것이며, 초하루, 월삭과 안식일과 집회로 모이는 것도 똑같다. 거룩한 집회를 열면서 동시에 악을 행하는 것을 내가 차마 보지 못하겠다.

14 내 마음이 너희의 초하루와 정해진 절기를 싫어하니 그것은 내게 무거운 짐이 될 뿐이다. 내가 지기에 피곤해졌다.

1) 법

15 그러므로 너희가 손을 펴 기도할 때 내가 내 눈을 가리고, 너희가 많이 기도할지라도 내가 듣지 않을 것이다. 이는 너희의 손에 피가 가득하기 때문이다.

16 그러니 너희는 스스로 씻어 깨끗하게 하여 내 앞에서 너희 악한 행실을 버리며, 악행을 그치라. 오히려

17 선행을 배우고, 정의를 구하며, 억압받는 자를 도와주며, 고아와 과부의 송사를 변호해 주라."

18 여호와께서 말씀하셨다. "오라 우리가 서로 이야기해 보자. 너희 죄가 주홍색과 같을지라도 눈처럼 희게 되고, 진홍색처럼 붉을지라도 양털처럼 희게 될 것이다.

19 너희가 기꺼이 순종하면 땅에서 나는 좋은 것을 먹지만

20 너희가 거역하고 배반하면 칼이 너를 삼킬 것이다."

죄로 가득 찬 성읍

21 ● 신실하던 성읍이 어찌하여 창기가 되었는가? 그곳에 정의와 공의가 충만했지만 이제는 살인자들뿐이다.

22 네 은은 찌꺼기가 되었고, 네 포도주에는 물이 섞였다.

23 네 지도자들은 부패하여 도둑과 한패가 되고, 한결같이 뇌물을 좋아하여 예물을 요구하며, 고아를 변호해 주지 않고, 과부의 억울한 송사를 변호해 주지 않는다.

24 그러므로 만군의 여호와, 이스라엘의 전능하신 분이 말씀하신다. "슬프다. 내가 장차 나를 대적하는 자를 심판하여 내 분노를 쏟고, 내 원수에게 보복할 것이다.

25 내가 또 잿물로 씻듯이 너희 찌꺼기를 녹여 청결하게 하며, 네 불순

물을 다 걸러내고,

26 네 재판관들과 네 자문관들을 본래와 같이 회복할 것이다. 그런 다음에야 네가 '의의 성읍이다' '신실한 마을이다'라고 불릴 것이다."

27 시온은 정의로 구원을 받고, 죄를 뉘우친 자들은 공의로 구원을 받을 것이다.

28 그러나 거역하는 자와 죄인은 함께 패망하고, 여호와를 버린 자도 멸망할 것이다.

29 너희가[1] 상수리나무 아래서 우상숭배를 기뻐함으로 인해 수치를 당하고, 너희가 택한 동산에서 이방 신들을 즐김으로 인해 수치를 당할 것이다.

30 너희는 잎이 마른 상수리나무와 물이 없는 동산처럼 되리니

31 강한 자는 삼오라기처럼 쉽게 끊어지고, 그의 행위는 불티처럼 함께 타겠지만 끌 사람이 없을 것이다.

영원한 평화

2 ● 아모스의 아들 이사야가 유다와 예루살렘에 대해 받은 계시의 말씀이다.

2 세상 끝날에는 여호와의 성전의 산은 가장 뛰어난 산으로 우뚝 서고, 모든 언덕[2]보다 높이 솟으리니 모든 민족이 그리로 모여들 것이다.

3 많은 백성이 이곳으로 오며 이렇게 말할 것이다. "오라, 우리가 여호와의 산으로 올라가자. 야곱의 하나님께서 계신 성전으로 가자. 그가 그의 길을 우리에게 가르치시리니 우리가 그 길을 따를 것이다." 이는 율법이 시온에서 나오며, 여호와의 말씀이 예루살렘에서 나오기 때문이다.

4 여호와께서는 세상 나라들 사이에

1) 그들이 2) 작은 산

판단하시며, 많은 백성을 판결하시리니 사람들이 그들의 칼을 쳐서 밭을 가는 쟁기를 만들고, 그들의 창을 쳐서 낫을 만들 것이다. 나라끼리 다시는 칼을 들고 서로를 공격하거나 전쟁을 준비하지 않을 것이다.

여호와의 날

5 ●야곱 족속아, 오라. 우리가 여호와의 빛 가운데서 행하자.

6 주께서 주의 백성인 야곱 족속을 버리신 것은 그들에게 동방의 미신[1]이 가득하고, 그들이 블레셋 사람들처럼 점을 치며, 이방인과 함께 언약을 맺었기 때문이다.

7 그 땅에는 은금이 가득하고 수많은 보화가 있으며, 군마와 병거가 대단히 많으며,

8 우상도 가득하다. 그래서 그들이 자기 손과 손가락으로 만든 것을 경배하여

9 천한 자나 귀한 자 할 것 없이 그것에 모두 절[2]하니 그들을 용서하지 마십시오.

10 너희는 바위 틈과 땅[3] 속에 숨어 여호와의 두려움과 그 광대하심의 영광에서 피하라.

11 만군의 여호와의 날에는 거만하고 교만한 자가 굴복되고, 오직 여호와만이 홀로 높임을 받으실 것이다.

12 모든 교만한 자와 거만한 자와 스스로를 높이는 자에게 여호와의 날이 임할 것이니 그들이 낮아지는 날이다.

13 그날은 레바논의 모든 높은 백향목과 바산의 모든 상수리나무와

14 모든 높은 산과 솟아오른 모든 작은 언덕과

15 모든 높은 망대와 모든 견고한 성벽과

16 다시스의 무역하는 모든 배와 모든 아름다운 선박[4] 등이 낮아지는 날이다.

17 그날에는 거만한 자가 굴복되며, 교만한 자는 낮아지고, 오직 여호와만이 높임을 받으실 것이다.

18 우상들은 모두 사라질 것이다.

19-21 여호와께서 땅을 진동시키려고 일어나실 때 그의 두려움과 그 광대하심의 영광을 피해 사람들은 바위 굴과 땅굴로 들어가 숨을 것이다. 그날에는 사람이 자기를 위해 경배하려고 만들었던 은과 금 우상을 두더지와 박쥐에게 던질 것이다.

22 그러므로 너희는 사람[5]을 의지하지 말라. 그의 호흡은 코에 있으니 살아갈 날을 계산할 가치가 있겠느냐?

예루살렘의 멸망

3 ●보라, 주 만군의 여호와께서 예루살렘과 유다가 신뢰하며 의지하는 모든 것을 없애실 것이다. 곧 모든 양식과 물,

2 용사와 군인과 재판관과 선지자와 점쟁이와 원로와

3 오십부장과 귀족과 자문관, 능숙하고 노련한 마술사를 없애실 것이다.

※역사 &배경　　이사야서의 역사적 배경

북왕국 이스라엘이 앗수르 제국에 의해 패망하고(BC 722년), 남왕국 유다 역시 앗수르의 공격을 받아 위기에 직면하게 되지만(37:1-38, BC 701년) 하나님의 긴급한 개입으로 인해 멸망은 면한다. 그럼에도 남왕국 유다는 여전히 범죄와 타락으로 하나님을 배반하는 일을 계속함으로써, 결국 바벨론 왕 느부갓네살의 침공을 받아 멸망당하게 된다. 본서는 이같은 역사의 대혼란기를 배경으로 전개되고 있다.

---

1) 풍속　2) 굴복　3) 진토　4) 조각물, 망대　5) 인생

4 또 그가 소년들을 그들의 고관으로 삼고, 아이들로 그들을 다스리게 할 것이다.

5 그때는 백성이 서로를 억압하고, 각기 이웃을 치고 싸우며, 아이가 노인에게, 비천한 자가 존귀한 자를 거칠게 대할 것이다.

6 사람이 자기 아버지 집에서 자기의 형제를 붙잡고 이렇게 말할 것이다. "너는 겉옷이라도 있으니 우리의 지도자가 되어 이 폐허 가운데서 우리를 다시 일으키라."

7 그러면 그가 소리를 높여 말하기를 "나는 그런 능력이 없다. 내 집에는 양식이나 의복도 없으니 너희는 나를 백성의 지도자로 삼지 말라"고 할 것이다.

8 마침내 예루살렘이 멸망했고, 유다가 엎드러졌다. 이는 그들의 말과 행위가 여호와를 거역하여 그의 영광스러운 것들을 모욕했기 때문이다.

9 그들의 얼굴빛은 자신이 죄인임을 드러내니 그것은 숨기지 못하는 소돔의 죄악과 같다. 이렇듯 스스로 재앙을 불러들인 그들의 영혼에게 화가 있을 것이다.

10 너희는 "의인에게 복이 있으라"고 말하라. 그들은 그들의 행위에 보상[1]이 있을 것이다.

11 악인에게는 화가 있을 것이다. 그것은 그들의 손으로 행한 대로 여호와가 보응하시기 때문이다.

12 아이들조차 내 백성을 학대하고, 여자들이 내 나라를 다스린다. 내 백성이여, 네 지도자들은 너를 유혹하여 네가 가야 할 길을 벗어나게 한다.

13 여호와께서 변론하기 위해 일어나시며, 백성들을 심판하기 위해 일어서신다.

14 여호와께서 자기 백성의 장로들과 지도자들을 심문하러 오실 것이니 그들은 포도밭인 이스라엘을 망쳐 놓은 자들이며, 가난한 자에게서 탈취한 물건을 자기 집에 채워 놓은 자들이다.

15 "너희가 어찌하여 내 백성을 짓밟으며, 가난한 자를 못살게 하느냐?"[2] 주 만군의 여호와의 말씀이다.

시온의 딸들에게 말씀하심

16 ● 여호와께서 또 말씀하셨다. "시온의 딸들이 교만하여 목을 빼고, 정을 통하는 눈으로 유혹하며 다니고, 발에는 딸랑거리는 소리를 내는 장신구를 달고 종종걸음으로 걷는다."

17 그러므로 주께서 시온의 딸들의 머리에 딱지가 생기게 하시고, 여호와께서 그들의 부끄러운 하체를 드러나게 하실 것이다.

18 주께서 그날에 그들이 장식한 발목 고리, 머리의 망사, 반달 장식,

19 귀고리와 팔찌[3], 얼굴 가리개와

20 머리 덮개[4], 발목 사슬과 띠, 향수병, 부적과

21 반지와 코고리,

22 예복과 겉옷과 목도리, 손주머니와

23 손거울, 세마포 옷, 머리 수건, 어깨 걸치개를 없앨 것이다.

24 그때는 향기 대신에 썩은 냄새가 나고, 허리띠를 노끈으로 대신하고, 많은 머리털이 대머리가 되고, 화려한 옷 대신에 굵은 베옷을 입고, 아름다움 대신에 수치스러운 흔적이 있을 것이다.

25 장정은 칼에, 너희의 용사는 전쟁으로 쓰러지며,

---

1) 열매 2) 얼굴에 맷돌질하느냐 3) 팔목 고리 4) 화관

26 시온의 성문은 슬퍼하고 애곡하며, 시온은 황폐하여 땅에 무너질 것이다.

4 그날에는 7명의 여자가 한 남자를 붙잡고 이렇게 말할 것이다. "우리가 알아서 빵을 먹으며 알아서 옷을 입을 것이니 당신은 결혼만 해주어[1] 우리로 수치를 면하게 하라."

예루살렘에 대한 예언

2 ● 그날이 되면 여호와께서 돋아나게 하신 싹이 아름답고 영화롭게 되며, 그 땅의 소산은 이스라엘에서 살아남은 자들에게는 영화롭고 아름답게 될 것이다.

3 그때는 시온, 곧 예루살렘에 생존한 자의 명단에 있는 모든 사람은 "거룩하다"라고 불릴 것이다.

4 이는 주께서 심판과 소멸하는 영으로 시온의 딸들의 더러움을 씻기시고, 예루살렘의 피를 말끔히 닦아 주실 때가 되었기 때문이다.

5 여호와께서는 자신이 머무는 성전이 있는 시온산의 모든 장소와 그곳의 모든 집회 위에 낮이 되면 구름과 연기를 피어오르게 하시고, 밤이 되면 타오르는 불꽃으로 빛을 만드시고, 그 모든 영광 위에 가리개를 두실 것이다.

6 그 초막은 낮에는 더위를 피하는 그늘이 되고, 바람과 비를 피해 숨는 곳이 될 것이다.

포도밭의 노래

5 ● 나는 내가 사랑하는 자를 위해 그의 포도밭을 노래할 것이다. 내가 사랑하는 자에게 포도밭이 있으니 심히 기름진 산에 있도다.

2 땅을 파서 돌을 주어 내고 최상품의 포도나무를 심었도다. 그 밭에 망대를 세우고, 술틀을 만들었도다. 그러나 좋은 포도 맺기를 기대했지만 들포도를 맺었도다.

3 예루살렘 주민과 유다 사람들아, 이제 구하노니 나와 내 포도밭 이스라엘 사이에서 옳고 그름을 판단하라.

4 내가 내 포도밭을 위해 이제까지 한 것 외에 무엇을 더 할 수 있겠느냐? 내가 좋은 포도 맺기를 기대했는데 들포도를 맺은 것은 어찌 된 일이냐?

5 이제 내가 너희에게 내 포도밭에 어떻게 할지를 말할 것이다. 내가 그 울타리를 걷어내고 담을 헐어 먹힘을 당하게 하며 짓밟히게 할 것이다.

6 내가 그 포도밭을 황폐하게 만드리니 다시는 가지치기나 김을 매지 못해 찔레와 가시가 날 것이다. 내가 또 구름에게 명령하여 포도밭에 비를 내리지 못하게 할 것이다.

7 무릇 이스라엘 족속은 만군의 여호와의 포도밭이고, 유다 사람은 그가 기뻐하시는 나무였다. 그래서 그들에게 정의롭게 행하기를 기대하셨는데 오히려 범죄만이 있을 뿐이다. 그들이 공의롭게 행하기를 기대했는데 오히려 울부짖음만이 있을 뿐이다.

사람이 행하는 악한 일

8 ● 더 많은 집과 더 많은 밭을 사서 그곳에서 혼자 살려고 하는 자들에게 재앙이 닥칠 것이다.

9 만군의 여호와께서 나에게 이렇게 말씀하셨기 때문이다. "그 집이 크고 아름다워도 반드시 많은 집이 황폐하리니 그 집에 살 자가 없을 것이고,

10 10일 동안이나 밭갈이를 할 정도로

---

1) 당신의 이름으로 우리를 부르게 하여

넓은 포도밭에서 겨우 포도주 22리
터 되는 1바트가 나겠고, 220리터 되
는 1호멜 종자를 뿌려도 겨우 22리
터 되는 1에바가 날 것이기 때문이
다."

11 이른 아침부터 독주를 마시며, 밤
늦게까지 포도주에 취하는 자들에
게 재앙이 닥칠 것이다.

12 그들의 연회에는 수금과 비파와
작은 북과 피리와 포도주를 갖추
었어도 여호와께서 행하시는 일에
는 관심을 두지 않으며, 그의 손으
로 하신 일에도 관심이 없다.

13 그러므로 내 백성이 여호와를 알지
못하는 무지함으로 인해 포로로 잡
혀가고, 그들의 귀족들은 굶주리
며, 일반 서민은 목마를 것이다.

14 그러므로 무덤인 스올이 욕심을
크게 내어 한없이 그 입을 벌리리
니 그들의 호화로움과 그들의 많
은 무리와 떠드는 것과 그중에서
즐거워하는 자가 다 무덤에 빠질
것이다.

15 일반 사람은 비천해지고, 존귀한
자는 낮아지며, 거만한 자의 눈은
낮아질 것이다.

16 오직 만군의 여호와는 정의로워
높임을 받으시며, 거룩하신 하나
님은 공의로워 거룩하다고 일컬음
을 받으실 것이다.

17 그때는 낯선 사람들이 자기 초장
에 있는 것처럼 풀을 먹이고, 방랑
하는 자들은 망한 부자의 버려진
밭에서 먹을 것이다.

18 거짓으로 끈을 만들어 죄악을 끌
며, 수레 줄로 당기는 것처럼 죄악
을 끌어당기는 자에게는 재앙이
닥칠 것이다.

19 그들은 빈정거리며 말한다. "우리
가 볼 수 있도록 하나님은 자기의

일을 하나도 빠짐 없이 이루고, 우
리가 알 수 있도록 이스라엘의 거
룩한 이는 자기의 계획을 속히 이
루라."

20 악을 선하다 하고 선을 악하다 하
며, 흑암으로 광명을 삼고 광명으
로 흑암을 삼으며, 쓴 것을 달다고
하고 단 것을 쓰다고 하는 자들에
게는 재앙이 닥칠 것이다.

21 스스로 지혜롭고 명철하다고 하는
자들에게는 재앙이 닥칠 것이다.

22 포도주를 왕창 마시며, 독주를 잘
혼합하여 만드는 자들에게는 재앙
이 닥칠 것이다.

23 그들은 뇌물을 받고 악인을 의롭
다고 판결하며, 의인에게서 그 공
의로움을 변호해 주지 않는다.

24 이로 인해 불꽃이 지푸라기2)를 태
우듯, 불속에서 마른 풀이 타들어
가듯 그들의 뿌리가 썩고 꽃잎이
티끌처럼 날아갈 것이다. 이는 그
들이 만군의 여호와의 율법을 버
리며, 이스라엘의 거룩하신 이의
말씀을 멸시했기 때문이다.

25 그러므로 여호와께서 자기 백성에
게 분노를 발하시고, 손을 들어 그
들을 치시리니 산들은 진동하며,
그들의 시체는 거리 가운데 쓰레
기처럼 버려지게 될 것이다. 그럼
에도 여호와의 분노는 풀어지지
않을 것이며, 그의 징계의 손이 여
전히 펼쳐져 있다.

26 또 하나님께서 먼 나라들을 향해
깃발을 올리사 땅끝에서 휘파람을
불어 자기에게로 오게 할 것이다.
보라, 그들이 빨리 달려올 것이다.

27 그들 가운데는 피곤에 지쳐 넘어
지는 자가 없고, 졸거나 잠자는 자
도 없으며, 그들의 허리띠가 풀리

1) 어린 양 2) 그루터기

거나 신발 끈이 끊어지는 사람도 없다.

28 그들의 화살은 예리하고, 모든 활은 당겨졌으며, 그들의 말굽은 부싯돌처럼 단단하고, 병거 바퀴는 회오리바람처럼 빠르게 구르며,

29 그들의 부르짖음은 암사자 같고, 그들의 고함은 어린 사자들과 같을 것이다. 그들이 으르렁거리며 먹이를 움켜가도 빼낼 자가 없을 것이다.

30 그날 그들이 백성을 향해 물결 소리처럼 부르짖으리니 사람이 그 땅을 바라보면 흑암과 고난만 있고 빛은 구름에 가려 어두워질 것이다.

이사야의 선지자 소명

6 ● 웃시야왕이 죽던 해, 나는 주께서 높이 들린 보좌에 앉으신 것을 보았다. 그의 옷자락은 성전에 가득 차 있었고,

2 천사인 스랍들은 그분을 모시고 섰는데, 각기 6개 날개가 있었다. 그중 2개 날개로는 자기의 얼굴을 가렸고, 2개 날개로는 자기 발을 가렸으며, 나머지 2개 날개로는 날며,

3 서로 큰 소리로 노래했다. "거룩하시도다. 거룩하시도다. 거룩하시도다. 만군의 여호와여, 온 땅에 그의 영광이 가득하도다."

4 이같이 화답하는 자의 노랫소리로 인해 문지방의 터가 흔들리며, 성전에 연기가 가득찼다.

5 그때 내가 말했다. "재앙이 닥쳐 내가 죽게 되었다. 나는 입술이 부정한 사람으로 입술이 부정한 백성 가운데 살면서 만군의 여호와이신 왕을 보았기 때문이다."

6 그때 그 천사 중 하나가 제단에서 부집게로 집은 불이 붙은 숯을 가지고 내게로 날아와서

7 그것을 내 입술에 대며 말했다. "보라, 이것이 네 입에 닿았으니 네 악과 죄가 없어졌다."

8 그때 나는 또 주께서 이렇게 말씀하시는 것을 들었다. "내가 누구를 보내며, 누가 우리를 위해 가겠는가?" 그때 내가 대답했다. "내가 여기 있습니다. 나를 보내십시오."

9 그러자 여호와께서 말씀하셨다. "너는 이 백성에게 가서 말하라. 너희가 늘 들어도 깨닫지 못하며, 항상 보아도 알지 못할 것이다.

10 너는 이 백성의 마음을 둔하게 하고, 그들의 귀가 막히게 하며, 그들의 눈이 감기게 하라. 그래서 그들이 눈으로 보고, 귀로 듣고, 마음으로 깨달아 다시 돌아와 고침을 받지 않게 하라."

11 이에 내가 "주여, 어느 때까지 그렇게 해야 합니까?"라고 묻자 주께서 대답하셨다. "성읍들이 황폐하여 주민이 없을 때까지, 가옥들에 사람이 없을 때까지, 이 토지가 황폐하게 될 때까지 그렇게 하라.

12 바로 나 여호와가 사람들을 멀리 옮김으로 이 땅에 황폐한 곳이 많을 때까지이다.

13 그중 10분의 1이 아직 남아 있어도 그것까지도 황폐하게 될 것이다. 그러나 테레빈나무[1]와 상수리나무가 베임을 당해도 그 그루터기는 남아 있는 것처럼 거룩한 씨는 이 땅에 그루터기로 남아 있을 것이다."

유다 왕 아하스에게
여호와의 말씀을 전함

7 ● 웃시야의 손자이며, 요담의 아들인 유다의 아하스왕 때 아람 왕 르신과 북이스라엘의 왕 르말리야[2]의 아들 베가왕이 유다와 싸우기

1) 밤나무 2) 왕하 16:5, 르말야

위해 예루살렘으로 올라와서 아하스왕을 포위했으나 정복하지는 못했다.

2 어떤 사람이 아람이 북이스라엘, 곧 에브라임과 동맹을 맺었다는 소식을 다윗의 집 가문에 알렸다. 이에 유다 왕과 그의 백성의 마음이 숲이 바람에 흔들리는 것처럼 흔들렸다.

3 그때 여호와께서 이사야 선지자에게 말씀하셨다. "너와 네 아들 스알야숩은 세탁자의 밭으로 가는 큰 길가에 있는 윗못의 물을 빼는 끝에 나가서 아하스왕을 만나

4 그에게 '너는 침착하고 조용히 행동하라'고 말하라. 그리고 '다메섹의 르신과 아람과 르말리야의 아들이 크게 분노해도 그들은 연기만 나는 두 나무인 부지깽이와 그 루터기에 불과하니 두려워하거나 낙심하지 말라'고 전하라.

5 아람과 북이스라엘과 르말리야의 아들이 악한 계획으로 너를 대적하여 말하기를

6 '우리가 올라가 유다를 쳐서 우리를 위해 그 정권을 무너뜨리고 다브엘의 아들을 그들의 왕으로 세우자'라고 했으나

7 여호와의 말씀에 '그 일은 결코 이루어지지 못할 것이다.

8 아람의 머리는 다메섹이고, 다메

부지깽이(사 7:4)

부지깽이(firewood)는 불을 지피는데 사용하는 나무 막대기로 성경에 비유적으로 사용되었다. 사 7:4에서 부지깽이로 번역된 히브리어 우드는 암 4:11, 슥 3:2 등에서는 여호와께서 불에서 꺼낸 그슬린 나무인 예루살렘과 이스라엘을 의미하는 뜻으로 사용되었다. 이는 이스라엘이 부지깽이처럼 그 기운이 쇠하였음을 의미한다.

섹의 머리는 르신이기 때문이다. 65년 내에 북이스라엘, 곧 에브라임이 멸망하여 다시는 나라를 이루지 못할 것이다.

9 북이스라엘의 머리는 사마리아이고, 사마리아의 머리는 기껏해야 르말리야의 아들이다. 만일 너희가 믿음으로 굳게 서지 못하면 너희는 굳게 서지 못할 것이다'라고 하라."

임마누엘 징조

10 ● 여호와께서 또 이사야 선지자를 통해 아하스왕에게 말씀하셨다.

11 "너는 네 하나님께 한 징표를 구하되 깊은 데서 오는 것이든 높은 데서 오는 것이든 구하라."

12 그러자 아하스왕이 말했다. "나는 징표를 구하므로 여호와를 시험하지 않겠습니다."

13 이사야가 말했다. "원컨대 다윗의 왕가¹⁾는 들으라. 너희가 사람을 괴롭히고도 그것을 작은 일로 여겨 또 내 하나님의 인내심까지 시험하느냐?²⁾

14 그러므로 주께서 친히 징표를 너희에게 주실 것이다. 보라, 처녀가 잉태하여 아들을 낳으리니 그의 이름을 '하나님께서 우리와 함께하심'이라는 뜻의 '임마누엘'이라고 할 것이다.³⁾

15 그가 악을 버리며 옳은 것을 선택할 줄 알 때가 되면 엉긴 젖인 버터와 꿀을 먹을 것이다.

16 그러나 그것을 알기 전에 네가 미워하는 북이스라엘 왕 베가와 아람 왕 르신 두 왕의 땅이 황폐하게 될 것이다.

17 여호와께서 이스라엘이 북이스라엘과 유다로 분열된 때부터 이제까지 겪어 보지 못한 재앙⁴⁾을 너와

1) 집 2) 괴롭히려 하느냐 3) 마 1:23 4) 날

네 백성과 네 아버지 집에 내리게 하실 것이다. 그것은 바로 앗수르 왕이 쳐들어오는 날이다.

18 그날에는 여호와께서 휘파람을 불어 애굽 하수, 곧 나일강에서 멀리 떨어진 곳의 파리 떼와 앗수르 땅의 벌 떼를 오게 하리니

19 그것들이 몰려와 거친 골짜기와 바위 틈과 가시 나무 울타리와 모든 풀밭에 앉을 것이다.

20 그날에는 주께서 유프라테스강 건너편에서 날카롭게 갈아 온 삭도처럼 앗수르 왕으로 네 백성의 머리털과 발의 털과 수염을 미실 것이다.

21 그날에는 한 사람이 어린 암소 1마리와 양 2마리 밖에 기르지 못할 것이다. 그러나

22 그것들은 젖을 많이 내어 그 땅에 남아 있는 자가 엉긴 젖과 꿀을 먹을 것이다.

23 그날에는 은 1,000개의 가치가 있는 포도나무 1,000그루가 있던 곳마다 찔레와 가시로 덮일 것이다.

24 온 땅이 찔레와 가시로 덮여 사냥을 위해 화살과 활을 가지고 그곳으로 갈 것이다.

25 쟁기로 갈던 모든 산에도 찔레와 가시가 덮여 두려움에 떨며 그곳으로 가지 못하고, 단지 소를 놓아 기르며 양이나 밟고 다니는 곳이 될 것이다."

마헬살랄하스바스의 징조와 앗수르의 침략

8 ● 여호와께서 나에게 말씀하셨다. "너는 큰 두루마리 서판를 가지고 그 위에 통용하는 문자로 '노략이 속히 올 것이다'라는 뜻의 '마헬살랄하스바스'라고 쓰라.

2 내가 진실한 증인인 우리야 제사장과 여베레기야의 아들 스가랴를

불러 증언하게 할 것이다."

3 이에 내가 내 아내와 잠자리를 하니 그가 임신하여 아들을 낳았다. 그때 여호와께서 나에게 말씀하셨다. "그의 이름을 '마헬살랄하스바스'라고 하라.

4 이는 이 아이가 '아빠, 엄마'라고 부를 줄 알기도 전에 앗수르 왕이 다메섹에서 빼앗은 재물과 사마리아의 전리품을 가져갈 것이기 때문이다."

5 여호와께서 다시 내게 말씀하셨다.

6 "이 백성이 고요히 흐르는 실로암, 곧 실로아 물인 여호와를 싫어하고, 다메섹 르신과 북이스라엘의 르말리야의 아들을 기뻐했다.

7 그러므로 내가 세차게 넘쳐 흐르는 큰 하수, 곧 큰 유프라테스강과 같은 앗수르 왕과 그의 모든 군대의 위력으로 그들을 덮치게 할 것이다. 그 물은 모든 골짜기에 차고 모든 언덕에 넘쳐

8 유다로 밀려 들어와 휩쓸고 유다의 목에까지 찰 것이다. 그러나 임마누엘이여, 하나님께서 날개를 펼쳐 네 땅을 보호하실 것이다."

여호와께서 깨닫게 하심

9 ● 너희 민족들아, 전쟁의 함성을 질러 보라. 그러나 결국 패망할 것이다. 너희 먼 나라에서 온 백성들은 들으라. 너희는 허리에 띠를 동여매고 싸울 준비를 하라. 그러나 결국 패망할 것이다.

10 너희는 함께 전략을 세우지만 결국 그것을 이루지 못할 것이다. 전략을 말해 보라. 결국 시행되지 못할 것이다. 하나님께서 우리와 함께하시기[1] 때문이다.

1) 임마누엘

11 여호와께서 강한 손으로 나를 붙잡아 주시며, 이 백성의 길로 가지 말 것을 내게 경고하셨다.

12 "반역자가 모의하는 이 백성의 모든 말을 따라 반역자의 음모에 가담하지 말고, 그들이 두려워하는 것을 두려워하거나 놀라지 말라.

13 너희는 오직 만군의 여호와를 '거룩하다'라고 하고, 그분만을 두려워하며 무서워할 자로 삼으라.

14 그분은 성소가 되신다. 그러나 북이스라엘과 유다의 두 왕가, 집에는 걸림돌과 걸려 넘어지는 바위가 되시며, 예루살렘 주민에게는 함정과 올가미가 되실 것이다.

15 그래서 많은 사람이 거기에 걸려 넘어지고, 부러지며, 덫에 걸리듯 잡힐 것이다."

율법과 증거의 말씀을 따르라고 하심

16 ● 너는 기록한 증거의 말씀, 율법을 밀봉하여 내 제자들이 읽지 못하도록 하라.

17 여호와께서는 야곱의 집에 대해 부끄럽게 여겨 얼굴을 돌리시지만 그래도 나는 여호와를 기다리며 그분만을 바라볼 것이다.

18 보라, 여호와께서 나에게 주신 자녀들과 내 자신이 이스라엘 가운데 징조와 예표가 되었다.[1] 이는 시온산에 계신 만군의 여호와께로 말미암은 것이기 때문이다.

19 그런데 어떤 사람이 너희에게 "소곤대고 중얼거리는 신접한 자인 무당과 점쟁이에게 물어보라"고 말하면 너희는 "어떤 백성이든 자기 신, 하나님께 구하는 것이 당연하지 않느냐? 산 자 대신에 죽은 자에게 물어보라"고 하라.

20 그러나 너희는 오직 주의 율법과 증거의 말씀을 따르라. 그렇지 않으면 그들은 정녕 아침 빛을 보지 못할 것이다.

21 그런 자들은 피곤하고 굶주려 이 땅에서 헤맬 것이다. 그가 굶주림으로 크게 분노하여 자기의 왕과 자기의 신을 저주할 것이다. 위를 쳐다보거나

22 땅을 내려다보아도 고통과 어둠과 절망뿐이니 그들은 칠흑처럼 어둠 가운데로 끌려갈 것이다.

평안의 왕

9 ● 그러나 어둠 속에서 고통받던 자들에게는 흑암이 없을 것이다. 옛적에는 여호와께서 스불론 땅과 납달리 땅이 멸시당하도록 내버려 두셨지만 나중에는 해변 길과 요단 저쪽 이방 사람이 살던 갈릴리 지역까지 영화롭게 하실 것이다.

2 어둠 속에 살던 백성이 큰 빛을 보고, 죽음의 그림자가 드리운 땅에 살던 자에게 빛이 비쳤다.[2]

3 주께서 그 백성[3]을 번성하게 하시며 기쁨을 더하게 하셨으니 추수와 탈취물을 나눌 때의 기쁨처럼 그들이 주 앞에서 기뻐할 것이다.

4 이는 주께서 그들이 멘 무거운 멍에와 그들의 어깨를 내리치던 채찍과 그 압제자가 때리는 몽둥이를 미디안을 꺾으시던 날과 같이 꺾을 것이기 때문이다.[4]

5 요란스러운 소리를 내며 싸우는 군인들의 신과 피 묻은 겉옷이 불에 타는 땔감처럼 불살라질 것이다.

6 이는 한 아기가 우리를 위해 태어났고, 우리가 한 아들을 얻었기 때문이다. 또 그의 어깨에는 왕권[5]을 메었고 그의 이름은 기묘자, 모사, 전능하신 하나님, 영존하시는 아버지,

1) 사 8:1~4　2) 마 4:15~16　3) 나라　4) 삿 7:21 참조
5) 정사

평강의 왕이라고 불릴 것이기 때문이다.

7 그 왕권과 평안은 더욱 커져 영원하며, 다윗의 보좌와 그의 왕국 위에 앉아 그 나라를 굳게 세우고, 지금 이후로 정의와 공의로 그것을 영원히 보존하실 것이다. 만군의 여호와의 열심이 이것을 반드시 이루실 것이다.

주께서 이스라엘에 대한 징벌을 말씀하심

8 ● 주께서 야곱에게 심판의 말씀을 선언하시고 그것을 이스라엘에게 임하게 하셨다. 그것을

9 에브라임과 사마리아 주민이 알고 있었지만 그들은 교만하고 고집이 세어 마음 속으로 이렇게 말했다.

10 '벽돌집이 무너졌지만 우리는 더 단단하게 다듬은 돌로 쌓을 것이고, 돌무화과나무[1]들이 찍혔지만 우리는 백향목으로 그것을 대신하여 심을 것이다.'

11 그러므로 여호와께서 다메섹의 아람 왕 르신을 대적으로 일으켜 그들을 치게 하시며, 그의 원수들을 충동시키시리니

12 앞에는 아람 사람들, 뒤에는 블레셋 사람들이 모두 입을 벌려 이스라엘을 삼킬 것이다. 그렇게 해도 여호와의 진노가 풀리지 않으시며, 그의 징계의 손이 멈추지 않고 여전히 펴져 있을 것이다.

13 그래도 그 백성이 자기들을 치시는 여호와께로 돌아오지 않고 만군의 여호와를 찾지 않을 것이다.

14-15 그러므로 머리 되는 종려나무 가지와 꼬리 되는 갈대를 잘라버릴 것이다. 곧 여호와께서 이스라엘 가운데서 머리 되는 장로와 존귀한 자들과 꼬리 되는 거짓말을

가르치는 선지자들을 하루 만에 잘라 버리실 것이다.

16 백성을 인도하는 자가 그들을 잘못 이끌어 인도를 받는 자들이 멸망을 당한다.

17 이 백성이 모두 불경건하여 악행을 저지르며, 모든 입으로 어리석은 말만 한다. 그러므로 주께서 그들의 젊은이들을 기뻐하지 않으시고, 그들의 고아와 과부를 불쌍히 여기지 않으실 것이다. 그렇게 해도 여호와의 진노가 풀리지 않으며, 그의 징계의 손이 멈추지 않고 여전히 펴져 있을 것이다.

18 참으로 악행은 불처럼 타올라 찔레와 가시를 삼키고 우거진 숲을 불살라 연기가 위로 올라가는 것과 같다.

19 만군의 여호와의 진노로 인해 이 땅이 그렇게 불타리니 백성은 불에 타는 땔감과 같을 것이다. 그래서 사람이 자기의 형제도 아끼지 않을 것이다.

20 오른쪽에서 뜯어 먹어도 주리고, 왼쪽에서 먹어도 배부르지 못하니 각각 자기 자식[2]의 살을 먹을 것이다.

21 므낫세는 에브라임을 먹고, 에브라임은 므낫세를 먹을 것이다. 또 그들이 연합하여 유다를 공격할 것이다. 그렇게 해도 여호와의 진노가 풀리지 않으며, 그의 징계의 손이 멈추지 않고 여전히 펴져 있을 것이다.

10

악법을 제정하고, 괴롭히는 법령을 공포하여

2 가난한 자의 판결을 불공평하게 하여 그들의 권리를 박탈하고, 과부들의 것을 약탈하며, 고아의 것을

---

1) 뽕나무 2) 팔

빼앗는 자는 재앙이 닥칠 것이다.

3 주께서 징벌하시는 날, 그가 먼 곳에서 재앙을 끌어오는 날에는 너희가 어떻게 하려고 그러느냐? 그 때는 너희가 누구에게로 도망하여 도움을 구하겠느냐? 너희의 재산¹⁾을 어느 곳에 숨겨 두려느냐?

4 오직 포로 된 자 밑에 깔려 죽거나 시체 아래 엎드려져 죽을 뿐이다. 그렇게 해도 여호와의 진노가 풀리지 않으며, 그의 징계의 손이 멈추지 않고 여전히 펴져 있을 것이다.

하나님의 도구로 사용된 앗수르

5 ● 앗수르 사람에게 재앙이 있을 것이다. 그는 내가 사용하는 진노의 막대기이며, 그 손에 든 몽둥이는 내 분노이다.

6 내가 그 앗수르를 보내 경건하지 않은 나라를 치게 하고, 나를 분노케 한 백성을 쳐서 약탈하고 노략하게 하며, 그들을 길거리의 진흙처럼 짓밟도록 그에게 명령했다.

7 그러나 앗수르 왕은 여호와께서 자신을 도구로 삼았다는 사실을 알지도 깨닫지도 못했다. 오직 그의 마음은 더 많은 나라를 파괴하며 진멸하려고만 한다.

8 그래서 그가 이렇게 말했다. "내 지휘관들은 다 왕의 자격이 있는 자들이다.

9 갈로는 갈그미스처럼 멸망당하지

📍성경지리 **아르밧(사 10:9)**

아르밧(Arpad, 왕하 18:34, 사 36:19, 렘 49:23)은 유프라테스강 상류, 현대의 시리아 알렙포 북쪽 약 30㎞ 떨어진 곳에 있는 텔 리파트(Tell Rifat)와 동일시된다. BC 1000년경 고대 아르밧의 아람 왕국의 수도였던 이곳은 BC 9~8세기 앗수르와 관계에서 대항과 동맹이 여러 차례 반복되다가 BC 740년 디글랏 빌레셀 3세에게 정복되어 앗수르에 병합되었다.

않았느냐, 하맛은 아르밧처럼 우리의 발아래 떨어지지 않았느냐, 사마리아는 다메섹처럼 우리에게 멸망당한 것이 아니냐?

10 내 손이 우상을 섬기는 나라들을 멸망시켰으니, 그들이 조각한 신상들이 예루살렘과 사마리아의 신상들보다 더 많은 우상을 섬기는 나라도 멸망시켰다.

11 그런데 내가 사마리아와 그의 우상들에게 행한 것처럼 예루살렘과 그의 우상들도 멸망시키지 못하겠느냐?"

12 그러므로 주께서 그의 모든 일을 시온산과 예루살렘에 행하신 후에는 앗수르 왕의 자만한 마음의 열매와 교만한 눈의 자랑을 벌하실 것이다.

13 앗수르 왕은 이렇게 말했다. "나는 내 능력과 내 지혜로 세상 나라들을 무찔렀고²⁾, 그들의 재물을 약탈했으며, 힘센 자처럼 그 땅의 주민들을 복종시켰으며,

14 새의 보금자리를 얻은 것처럼 쉽게 세상 나라의 재물을 얻었으며, 내버린 알을 줍는 것처럼 쉽게 온 세상 나라를 얻었으니 입을 열어 소리치는 자가 하나도 없었다. 그러니 나는 현명한 자이다."

15 그러나 도끼가 어찌 찍는 자에게 스스로 자랑하겠으며, 톱이 어찌 그것을 켜는 자에게 스스로 뽐내겠느냐? 그렇다면 그것은 막대기가 자기를 든 자를 움직이려 하고, 몽둥이가 나무 아닌 사람을 들어 올리려고 하는 것과 같다.

16 그러므로 주 만군의 여호와께서 살진 자를 마르게 하시고, 그의 재물을 화염 속에 태워 버리실 것이다.

1) 영화 2) 경계선을 걷어치웠고

17 이스라엘의 빛은 불이 되고, 그의 거룩하신 분은 불꽃이 되셔서 하루 사이에 그의 가시와 찔레를 태워 없앨 것이다.

18 그의 울창한 숲과 기름진 밭의 풍요로움[1]이 병자가 점점 쇠약해지듯 영혼과 육체가 모두 소멸될 것이다.

19 그의 울창한 숲에 남은 나무 수는 아이라도 능히 셀 수 있을 정도로 적을 것이다.

남은 자와 앗수르를 멸하실 것임

20 ● 그날에는 이스라엘의 남은 자와 야곱 족속의 피난한 자들이 자기를 공격한 자를 더 이상 의지하지 않고 이스라엘의 거룩하신 여호와만을 전심으로 의지할 것이다.

21 야곱의 남은 자가 전능하신 하나님께로 돌아올 것이다.

22 이스라엘이여, 네 백성이 바다의 모래처럼 많아도 남은 자만 돌아오리니, 이는 엄격한 공의로운 판단으로 파멸이 결정되었기 때문이다.

23 이미 결정된 파멸을 주 만군의 여호와께서 온 땅에 모두 행하실 것이다.

24 그러므로 만군의 여호와께서 말씀하신다. "시온에 사는 내 백성들아, 애굽이 네게 행한 것처럼 앗수르가 막대기와 몽둥이로 너를 때리고 칠지라도 그들을 두려워하지 말라.

25 내가 얼마 안 되어 네게 분노를 그치고 앗수르는 내 진노로 멸할 것이다."

26 만군의 여호와께서 채찍을 들어 앗수르를 치시되 오렙 바위에서 미디안을 죽이신 것처럼[2] 하시며, 막대기를 들어 애굽을 바다에 수장시킨 것처럼[3] 하실 것이다.

27 그날 앗수르가 지워 준 무거운 짐을 네 어깨에서 벗기고, 그들이 지워 준 멍에가 네 목에서 벗어지되 네가 살이 찐 까닭에 멍에가 부러질 것이다.

앗수르 침략자들의 공격 예언

28 ● 앗수르 군대[4]가 아이, 곧 아얏에 이르러 미그론을 지나 믹마스에 그의 군수물자 장비를 보관하고

29 산을 넘어 게바에 진영을 치자 라마 사람들이 떨고, 사울의 기브아에 사는 자들은 도망하도다.

30 딸 갈림은 큰 소리로 외치라. 라이사는 귀를 기울여 들으라. 가련한 아나돗이여, 대답하라.

31 맛메나 주민은 피난하고, 게빔 주민은 그 뒤를 따라 도망하도다.

32 바로 그날 앗수르가 예루살렘 근처 놉까지 밀려와 머물고, 딸 예루살렘산을 향해 그 주먹을 휘두를 것이다.

33 보라, 주 만군의 여호와께서 크신 능력으로 앗수르의 가지를 꺾으시니 그 장대한 앗수르 군인들이 찍히고, 그 높은 자가 낮아질 것이다.

34 도끼[5]로 그 울창한 숲을 찍어 버리듯 레바논이 힘 있는 자에게 찍힘을 당할 것이다.

메시아 예언과 그의 나라

11

● 이새의 줄기에서 한 싹이 나며, 그 뿌리에서 한 가지가 자라서 열매를 맺을 것이다.

2 그의 위에 여호와의 영, 곧 지혜와 총명의 영이며, 모략과 권능의 영이며, 지식과 여호와를 경외하는 영이 내려오실 것이다.

3 그는 여호와를 경외하는 것으로 즐거움을 삼을 것이다. 그는 눈에 보이는 대로 재판하지 않고, 귀에 들리는 대로 판결하지 않으며,

4 오직 공의로 가난한 자를 재판하며,

1) 영광 2) 삿 7:25 3) 출 14:26~28 4) 왕이 5) 쇠

세상의 겸손한 자를 바르게 판단할 것이다. 그분은 입의 막대기로 세상을 치며, 그의 선고, 입술의 기운으로 악인을 사형에 처할 것이다.

5 그분은 의로움으로 허리띠를 띠고, 성실함으로 그의 몸의 띠를 삼는다.

6 그때는 이리가 어린 양과 함께 살고, 표범이 새끼 염소와 함께 누우며, 송아지와 새끼 사자와 살진 짐승이 함께 있어 어린 아이가 사자를 이끌고 다닌다.

7 암소와 곰이 함께 먹고, 그것들의 새끼가 함께 누우며, 사자가 소처럼 풀을 먹을 것이다.

8 젖 먹는 아이가 독사의 구멍 옆에서 장난을 치며, 젖 뗀 어린 아이가 독사의 굴에 손을 넣을 것이다.

9 내 거룩한 산의 모든 곳에서는 해치거나 다치게 하는 일도 없을 것이다. 이는 물이 바다를 채우듯 여호와를 아는 지식이 세상에 가득하게 될 것이기 때문이다.

10 그날에는 이새의 뿌리에서 한 싹이 나서 세상 모든 민족의 깃발로 서며, 세상의 모든 나라가 그에게로 돌아오리니 그가 거한 곳이 영광스럽게 될 것이다.

11 그날에는 주께서 다시 그의 손을 펴서 그의 남은 백성을 앗수르와 하애굽과 상애굽의 바드로스와 에티오피아, 곧 구스와 엘람과 바벨론의 시날과 하맛과 바다 섬들에서 돌아오게 하실 것이다.

12 여호와께서 세상 나라가 볼 수 있도록 깃발을 세우시고, 쫓겨난 이스라엘 자손들을 모으시며, 유다의 흩어진 자들을 땅 사방에서 모으실 것이다.

13 북이스라엘, 곧 에브라임의 증오는 없어지고, 유다를 괴롭게 하던 자들은 끊어지며, 북이스라엘은 유다를 증오하지 않고, 유다는 북이스라엘에 적개심을 품지 않을 것이다.

14 그들이 서쪽으로 블레셋 사람들의 비탈¹⁾로 날아가 함께 동방 백성을 약탈하고, 에돔과 모압을 정복하며, 암몬 자손을 자기에게 복종시킬 것이다.

15 여호와께서 애굽 홍해를 말리시고, 뜨거운 바람을 일으켜 유프라테스 강물을 말려 7개 개울로 만들어 신을 신고 건너갈 수 있게 하실 것이다.

16 앗수르에 남은 그의 백성들을 위해 돌아올 큰 길을 나게 하시리니 이스라엘이 애굽 땅에서 나오던 날처럼 돌아오게 하실 것이다.

하나님께 드리는 감사 찬송

12 ●그날 네가 그의 백성들에게 이렇게 말할 것이다. "여호와여, 전에는 주께서 내게 분노하셨지만 이제는 주의 진노를 거두시고 나를 위로해 주시니 내가 주께 감사드립니다."

2 보라, 나의 구원의 하나님을 믿고 의지하니 내가 두려워하지 않을 것이다. 여호와는 나의 힘이시며, 노래시며, 구원이 되신다.

3 그러므로 너희가 구원의 우물에서 기쁨으로 물을 길을 것이다.

4 그날 너희가 또 말할 것이다. "여호와께 감사하라. 그의 이름을 부르고, 세상 모든 나라 가운데 그의 행하신 일을 선포하며, 그의 이름이 높다고 말하라.

5 극히 아름다운 일을 하신 여호와를 찬양하고, 그 일을 온 땅에 알게 하라.

6 시온의 주민은 소리 높여 외치라.

---

1) 어깨

이스라엘의 거룩하신 분은 크시도다."

바벨론에 대한 경고

13 ● 아모스의 아들 이사야가 바벨론에 대해 받은 경고이다.

2 너희는 벌거벗은 산 위에 깃발을 세우고, 소리를 높여 용사들을 소집하라. 손을 흔들어 신호를 보내 용사들에게 존귀한 자의 문에 쳐 들어가게 하라.

3 나는 거룩하게 구별한 자들에게 명령을 내렸고, 내 위엄을 원수에게 쏟기 위해 기뻐하는 용사들을 불렀다.

4 산에서 나는 많은 백성의 소리 같은 무리의 소리가 들리니 그것은 세상 나라 민족이 함께 모여 떠드는 소리이다. 만군의 여호와께서 싸움을 앞두고 군대를 검열하실 것이다.

5 주의 군대¹⁾가 먼 나라 하늘 끝에서 왔으니, 그것은 온 땅을 멸하기 위한 여호와의 진노의 병기이다.

6 여호와의 날이 가까웠으니 너희는 통곡하라. 전능자에게서 멸망이 임할 것이다.

7 그러므로 모든 손의 힘이 풀리고 각 사람의 간담이 서늘할 것이다.

8 그들은 공포와 슬픔에 사로잡혀 해산이 임박한 여자처럼 고통하며, 서로 보고 놀라며, 공포에 질릴 것이다.

9 보라, 무자비하고 맹렬히 분노하는 여호와의 날이 이르면 땅을 황폐하게 하고, 그 땅에서 죄인들을 진멸할 것이다.

10 그날이 되면 하늘의 별들이 그 빛을 내지 못하고, 해가 떠도 어둡고, 달도 그 빛을 비추지 않을 것이다.

11 내가 세상의 악과 악인의 죄를 벌하고, 교만한 자의 거만함을 끊으며, 무자비한 자의 오만함을 낮출 것이다.

12 내가 사람을 순금보다 드물게 하며, 인생을 오빌의 금보다 희귀하게 할 것이다.

13 그러므로 나 만군의 여호와가 맹렬히 분노하는 날에는 하늘을 진동시키고, 땅을 흔들어 그 자리에서 옮겨지게 할 것이다.

14 바벨론은 쫓기는 노루나 모는 자가 없는 양처럼 각기 자기 동족과 고향으로 도망할 것이다.

15 그러나 발각되는 자마다 창에 찔리겠고, 잡히는 자마다 칼에 죽게 되며,

16 그들의 어린 아이들은 그들이 보는 앞에서 찢김을 당하고, 그들의 집은 노략을 당하며, 그들의 아내는 겁탈을 당할 것이다.

17 보라, 내가 은금에 관심이 없고 기뻐하지 않는 메대 사람에게 바벨론을 치도록 할 것이다.

18 그들은 활로 청년을 쏘아 죽이고, 태의 열매, 곧 갓난아기와 아이를 불쌍히 여기지 않을 것이다.

19 세상 나라의 영광이며, 갈대아 사람이 자랑스럽게 여기는 영광스러운 바벨론이 하나님 앞에서 멸망당한 소돔과 고모라처럼 될 것이다.

20 그래서 그곳에 머물거나 거주할 사람이 영원히 없고, 아라비아 사람도 장막을 치지 않으며, 목자들도 양 떼를 쉬게 하지 않을 것이다.

21 오직 그곳에는 들짐승들이 눕고, 가옥에는 맹수들이 가득하며, 타조가 깃들이며, 산양이 뛸 것이다.

22 바벨론의 궁전에는 승냥이가 부르짖으며, 화려하던 신전²⁾에는 들개가

1) 무리 2) 궁전

울 것이다. 바벨론의 날이 오래가지 않으리니 멸망의 때가 가까이 왔다.

포로에서 돌아올 것임

14 ● 여호와께서 야곱을 불쌍히 여기사 이스라엘을 다시 선택하여 그들의 땅에서 살게 하실 것이다. 그때는 이방 나그네들이 야곱 족속에게 와서 붙어 살 것이다.

2 여러 민족이 야곱 족속의 귀국을 도울 것이다. 이스라엘 족속은 그 땅에서 그들을 종으로 삼겠고, 전에 자기를 포로로 사로잡았던 자들을 도리어 사로잡고, 자기를 압제하던 자들을 다스릴 것이다.

바벨론 왕에 대한 멸망 노래

3 ● 여호와께서 너를 슬픔과 괴로움과 네가 수고하는 고역에서 풀어 주시고, 안식을 주시는 날에

4 너는 바벨론 왕에 대해 이런 노래를 지어 부르라. 압제하던 자가 어찌 그처럼 그쳤으며, 난폭을 일삼던 성이 어찌 그처럼 폐허가 되었는가?

5 여호와께서 악인이 휘두르는 몽둥이와 통치자의 지팡이인 규를 꺾으셨도다.

6 그들은 화를 내어 여러 민족을 계속 공격했고, 분노로 세상 나라를 다스려도 그것을 막을 자가 없었다. 그러나

7 이제는 온 땅이 조용하고 평온하니 무리가 소리 높여 노래한다.

8 향나무와 레바논의 백향목도 네가 망한 것을 보고 기뻐하여 말한다. "너 바벨론이 쓰러졌으니 이제는 올라와서 우리를 베어 버릴 자가 없도다."

9 지하의 무덤인 스올이 네가 오는 것을 큰 소리로 환영한다. 죽은 세상의 모든 영웅도 너를 맞이하기

위해 깨어나고, 죽었던 세상 나라들의 모든 왕도 그들의 왕좌에서 일어나 너를 맞이한다.

10 그들 망령은 모두 네게 말하기를 "너도 우리처럼 연약하게 되었구나"라고 할 것이다.

11 네 자랑이 네 비파 소리와 함께 무덤에 떨어졌구나. 구더기가 네 아래에 깔리고, 벌레[1]가 너를 덮었도다.

12 아침의 아들 샛별, 계명성이여, 네가 어찌하여 하늘에서 떨어졌느냐? 세상 나라를 정복한 자여, 네가 어찌하여 땅에 처박혔느냐?

13 네가 마음속으로 말하기를 "내가 하늘에 올라 하나님의 뭇 별보다 높은 곳에 내 자리를 세울 것이다. 내가 북쪽 끝에 있는 신들이 모이는 산꼭대기에 앉을 것이다.

14 내가 가장 높은 구름에 올라가 지극히 높은 자처럼 될 것이다"라고 한다.

15 그러나 이제 네가 구덩이 맨 밑인 무덤인 스올에 떨어질 것이다.

16 보는 사람마다 너를 주목하며 이렇게 말할 것이다. "이 사람이 땅을 진동시키고, 세상 나라를 놀라게 하며,

17 땅[2]을 황폐시키고, 성읍을 파괴하며, 그에게 사로잡힌 자들을 자기 나라[3]로 돌려보내지 않았던 자가 아니냐?"

18 세상의 모든 왕은 모두 화려한 무덤[4]에 누워 있지만

19 오직 너는 자기 무덤도 없이 내쫓겼으니 그것은 가증한 나뭇가지 같고, 칼에 찔려 죽은 시체 더미 밑에 깔려 있다가 시체마저도 사람들에게 짓밟히는 것과 같도다.

20 네가 네 땅을 망하게 했고, 네 백성을

1) 지렁이 2) 세계 3) 집 4) 영광

죽였으니 왕들이 묻힌 곳에 편안히 묻히지 못할 것이다. 악한 자들의 자손은 그 이름이 영원히 기억되지 않을 것이다.

21 너희는 그들의 조상들의 죗값을 치러야 하니 그의 자손을 학살할 준비를 하라. 그들이 일어나 땅을 차지하지 못하게 하고, 세상에 그들의 성읍들을 세우지 못하게 하라.

22 만군의 여호와께서 말씀하셨다. "내가 일어나 바벨론을 쳐서 그의 이름을 이어 갈 남은 자와 아들과 자손을 바벨론에서 멸종시킬 것이다.

23 또 내가 바벨론을 고슴도치의 소굴과 물 웅덩이처럼 되게 하고, 멸망의 빗자루로 쓸어버릴 것이다."

여호와께서 원수들과 앗수르를 심판하실 것임

24 ● 만군의 여호와께서 맹세하여 말씀하셨다. "내가 계획하고 작정한 것은 반드시 이룰 것이다.

25 내가 내 땅에서 앗수르를 멸망시키고, 내 산에서 그들을 짓밟을 것이다. 그때 이스라엘에게서 앗수르의 멍에가 벗겨지고, 그들의 짐이 그들의 어깨에서 벗겨질 것이다.

26 이것은 온 세계를 향해 세운 계획이고, 세상 나라를 심판하려고 한 내 손이다."

27 만군의 여호와께서 작정하셨으니 누가 감히 그것을 막을 수 있겠으며, 징계의 손을 펴셨으니 누가 감히 그 팔을 막을 수 있겠느냐?

여호와께서 블레셋을 소멸시키실 것이다

28 ● 아하스왕이 죽던 해에 블레셋에 대한 이 경고가 이사야에게 임했다.

29 블레셋 온 땅이여, 너를 치던 몽둥이가 부러졌다고 기뻐하지 말라. 뱀이 죽은 자리[1]에서는 독사가 나오고, 그것이 낳은 알[2]은 날아다니는 불뱀이 되기도 한다.

30 유다 백성 가운데 가장 가난한 자의 장자도 배부르게 먹겠고, 빈곤한 자는 평안히 누울 것이다. 그러나 내가 블레셋 자손[3]은 기근으로 죽이고, 네게 남은 자는 살륙을 당하게 할 것이다.

31 블레셋의 성문은 슬피 울라. 그들의 성읍은 부르짖으라. 블레셋은 모두 소멸될 것이다. 북방에서 강한 군대가 내려오는데, 그 군대를 피해 벗어날 자가 없다.

32 그 블레셋 사신들에게 어떻게 대답하겠느냐? "여호와께서 예루살렘, 곧 시온을 세우셨으니 괴로운 그의 백성들이 시온으로 피난할 것이다"라고 말하라.

여호와께서 모압 심판을 말씀하심

15 ● 모압에 대한 경고이다. 모압의 성읍 알[4]과 기르가 하룻밤 사이에 망해 황폐해질 것이다.

2 바잇과 디본 주민들은 산당에 올라가서 통곡하고, 모압 주민은 느보와 메드바의 멸망을 보고 통곡할 것이다. 그들은 모두 자기의 머리카락을 밀고 수염을 깎을 것이다.

3 거리에서는 굵은 베로 몸을 동이고, 지붕과 광장에서는 큰 통곡이 있을 것이다.

4 헤스본과 엘르알레에서 부르짖는 소리가 10km 정도 떨어진 야하스까지 들리니 모압의 군사들이 크게 두려워하여 그들의 넋이 나가 버린다.

5 그러므로 내 마음이 아파 모압을 위해 부르짖는다. 그 피난민들은 소알과 에글랏슬리시야까지 울며 도망하고, 루힛 비탈길로 울며 올라가며, 패망으로 인해 호로나임

1) 뿌리 2) 열매 3) 네 뿌리 4) Ar

길에서 울부짖을 것이다.

6 이는 여리고 앞 요단강 동쪽으로 흘러 들어오는 니므림 물이 말라 풀이 시들고, 푸른 풀이라고는 찾아볼 수 없기 때문이다.

7 그러므로 그들이 얻은 재물과 쌓아 놓은 재물을 가지고 세렛시내, 곧 버드나무시내를 건너 에돔 땅으로 갈 것이다.

8 이는 애곡하는 소리가 모압 사방에 퍼지고, 슬퍼 부르짖는 소리가 에글라임과 브엘 엘림까지 들리며,

9 디몬 물에는 피가 가득하기 때문이다. 그럼에도 내가 디몬에 재앙을 더 내리리니 모압에서 도피한 자와 그 땅에 남은 자에게 사자를 보내 그들까지도 죽일 것이다.

모압이 통곡하고 근심할 것임

16 ●너희는 유다 땅 통치자에게 어린 양들을 조공으로 바치되 모압의 성읍인 셀라에서 광야를 지나 딸 예루살렘의 시온산으로 보내라.

2 모압의 딸, 여러 성 거민들은 있을 곳이 없어 모압과 암몬의 경계인 아르논강 나루에서 떠다니는 새와 보금자리에서 흩어진 새의 새끼 같을 것이다.

3 그래서 모압 백성들은 유다 통치자에게 애원한다. "우리가 어떻게 해야 할지를 말해 주시고, 공의로 판결하며, 뜨거운 한낮에 밤처럼 시원한 그늘을 만들어 그 그늘 밑에서 쫓겨난 우리를 숨겨 보호해 주십시오.

4 쫓겨난 우리를 이 땅에서 살 수 있게 하십시오." 약탈하는 자가 사라지고, 파괴하는 자가 파괴를 멈추며, 압제하는 자가 이 땅에서 진멸할 것이다.

5 다윗의 가문[1]에서 왕이 나와 자비로 나라를 굳게 다스리고, 그 위에 앉을 왕은 충실함으로 판결하며, 정의를 구하고, 옳은 일은 신속히 행할 것이다.

6 유다 백성이 모압이 심히 교만하다는 말을 들었다. 그들이 매우 교만하고 화도 잘 내지만 그들의 허풍도 잘 알고 있다.

7 그러므로 모압이 고통으로 통곡하며, 아르논강 남쪽의 길하레셋 건포도 빵을 생각하며 슬퍼 울 것이다.

8 이는 헤스본의 밭과 십마의 포도나무가 말랐기 때문이다. 전에는 그 가지가 암만 서쪽의 야셀까지 뻗어 나갔고, 동쪽으로는 광야까지 퍼졌으며 그 싹이 자라서 사해바다를 건넜지만 지금은 세상 나라의 주권자들이 그 좋은 가지를 꺾어 버렸다.

9 그러므로 내가 야셀의 통곡처럼 말라 버린 십마의 포도나무를 위해 통곡하리라. 헤스본과 엘르알레이여, 내 눈물이 너를 적시리니, 이는 네 여름 실과와 네 농작물을 수확하는 즐거운 소리가 그쳤기 때문이다.

10 기름진 밭에서 즐거움과 기쁨이 떠났고, 포도밭에는 노랫소리가 없어지며, 포도즙 틀에는 포도를 밟을 사람이 없을 것이다. 이는 내가 기쁜 소리를 그치게 했기 때문이다.

11 그러므로 모압을 위한 내 마음이 수금을 튕기는 소리처럼 떨리고, 내 창자가 길하레셋을 생각하며 뒤틀렸다.

12 모압이 그 산당에서 피곤하도록 섬기고, 자기 성소로 나가 기도해도 소용없을 것이다.

---

1) 장막

13 이 모든 것은 여호와께서 오래전 부터 모압을 향해 하신 말씀이다.

14 이제 여호와께서 말씀하신다. "품 꾼의 정한 3년 기한처럼 모압의 영 광과 그 큰 무리가 3년 내에 능욕 을 당할 것이다. 그 남은 사람이 아 주 적어 보잘것없이 될 것이다."

여호와께서 에브라임과 다메섹의 심판을 말씀하심

17 ● 다메섹에 대한 경고이다. "보라, 다메섹이 장차 성읍을 이루지 못하고 무너진 무더기가 될 것이다.

2 아르논 강가 북쪽 높은 곳에 위치 한 아로엘이 양 무리를 치는 곳이 되어 양이 눕되 놀라게 할 자가 없 을 정도로 그 성읍이 버림을 당할 것이다.

3 북이스라엘, 곧 에브라임의 요새 가 무너지고, 아람의 수도인 다메 섹의 통치권이 무너지면 이스라엘 자손의 영광이 사라지듯 아람에서 살아남은 자들이 그렇게 될 것이 다." 만군의 여호와의 말씀이다.

4 "그날에는 야곱의 영광이 시들고, 그의 살진 몸이 마를 것이다.

5 그것은 마치 추수하는 자가 곡식 을 거두어 가져간 후의 텅 빈 밭과 같고, 이삭을 줍고 난 후의 르바임 골짜기와 같을 것이다.

6 그럼에도 그곳에는 주울 것이 남아 있으리니 올리브나무를 흔들 때 가 장 높은 가지 꼭대기에 2~3개 열 매가 남아 있는 것 같겠고, 무성한 나무의 가장 먼 가지에 4~5개 열 매가 남아 있는 것 같을 것이다." 이스라엘의 하나님의 말씀이다.

7 그날에는 사람이 자기를 창조하신 이를 바라보며, 그의 눈이 이스라 엘의 거룩하신 분을 볼 것이다.

8 자기 손으로 만든 제단이나 자기 손가락으로 만든 아세라나 태양상 도 바라보지 않을 것이다.

9 그날에는 그 견고한 성읍들이 옛 적에 이스라엘 자손 앞에서 버려 진 숲속과 언덕 꼭대기의 처소처 럼 황폐하게 될 것이다.

10 그렇게 된 것은 구원의 하나님을 잊어버리고 네가 피할 수 있는 능 력의 반석을 기억하지 못했기 때 문이다. 그러므로 네가 이방 신을 섬기기 위해 기뻐하는 이방의 나 뭇가지를 옮겨 심을 것이다.

11 네가 그 나무를 심는 날에 울타리 를 두르고, 아침에 네 씨가 잘 발육 하도록 했어도 그것을 추수할[1] 날 에는 흉작이 될 것이다.

주께서 세상 나라를 꾸짖으심

12 ● 슬프다. 많은 민족이 바다 파도 소리처럼 요란했고, 세상 민족과 나라들이 몰려오는 소리가 큰물이 몰려오는 소리와 같다.

13 그러나 주께서 그들을 꾸짖으시자 그들이 멀리 도망하는 것이 마치 산에서 겨가 바람 앞에 흩어지고, 폭풍 앞에 날아가는 티끌과 같을 것이다.

14 보라, 저녁에 두려운 일을 당하고 아침이 오기 전에 그들이 사라졌 으니 이는 우리를 노략한 자들이 받을 몫이고, 우리를 강탈한 자들 이 마땅히 받을 보응이다.

구스에 대한 예언

18 ● 에티오피아, 곧 구스강 건너 편, 풀벌레의 날개 치는 소리가 나는 땅이여, 재앙[2]이 있을 것이다.

2 그들이 갈대 배를 물에 띄워 사절 단을 나일강 수로로 보내며 말했 다. "민첩한 사절들아, 너희는 강

1) 극심과 심한 슬픔의 2) 슬픔

들이 여러 갈래로 흐르는 곳에 있는 땅¹⁾으로 가라. 그곳에는 키가 크고 준수한 백성, 곧 세상 시작 때부터 두려움의 대상이 되며 대적을 짓밟는 강한 백성에게로 가라.

3 세상에 사는 모든 사람아, 높은 언덕에 깃발이 세워지면 너희는 보게 되고, 나팔을 불게 되면 너희는 듣게 될 것이다."

4 여호와께서 나에게 말씀하셨다. "내가 내 처소에서 조용히 살피는 것이 마치 폭염 속에 쬐이는 햇볕과 같고, 가을 더위에 내리는 이슬²⁾과도 같다.

5 추수하는 4~5월 전에 꽃이 떨어지고, 포도가 익어갈 때인 7월에 내가 낫으로 그 연한 가지를 베고, 뻗은 가지를 찍어 버릴 것이다.

6 산의 독수리들과 땅의 들짐승들에게 던져 주리니 산의 독수리들이 그것을 먹고 여름을 나며, 땅의 들짐승들이 다 그것으로 겨울을 날 것이다.

7 그때 강들이 여러 갈래로 흘러내리는 곳에 사는 키가 크고 준수한 백성, 곧 세상 시작 때부터 두려움의 대상이 되며 대적을 짓밟는 강한 백성이 만군의 여호와께 드릴 예물을 가지고 만군의 여호와의 이름이 모

셔진 시온산으로 찾아올 것이다."

애굽에 대한 예언

19 ● 애굽에 대한 경고이다. 보라, 여호와께서 빠른 구름을 타고 애굽에 나타나시리니 애굽의 우상들이 그 앞에서 떨고, 애굽인은 간담이 녹을 것이다.

2 "내가 애굽인을 부추겨 서로 싸우게 하리니 그들이 서로 자기 형제와 이웃을 치며, 성읍끼리 서로 공격하며, 나라와 나라가 싸울 것이다.

3 애굽인은 겁에 질리고, 내가 그들의 계획을 무산시켜 버리면 그들은 우상과 마술사와 신접한 자와 무당³⁾에게 물을 것이다.

4 내가 애굽인을 잔인한 군주에게 넘기리니 포학한 왕이 그들을 다스릴 것이다." 만군의 여호와께서 말씀하셨다.

5 나일강이 마르겠고, 강바닥⁴⁾이 드러날 것이다.

6 그 강들에서는 악취가 나고, 애굽의 강물은 말라 갈대와 부들이 시들 것이다.

7 나일 강가 언덕의 초장과 나일강 가까운 곡식밭이 다 말라서 곡식이 없어질 것이다.

8 어부들은 탄식하고, 나일강에서 낚시하는 자마다 슬퍼하며, 물 위에 그물을 치는 자는 잡는 것 없이 피곤하기만 할 것이다.

9 아마 섬유인 세마포와 베를 짜는 자들은 수치를 당하며,

10 애굽의 기둥인 상류 계층은 부서지고, 하류 계층인 품꾼들은 마음에 근심이 있을 것이다.

11 소안, 곧 라암셋의 지도자는 어리석었고, 바로의 가장 지혜로운 자 문관의 책략은 우둔해졌으니 어찌

1) 나라 2) 운무 3) 요술객 4) 바닷물

너희가 바로에게 "나는 지혜로운 자들의 자손이다. 나는 옛 왕들의 후예이다"라고 말할 수 있겠느냐?

12 너희 가운데 지혜로운 자가 어디 있느냐? 만일 있다면 만군의 여호와께서 애굽에 대해 계획하신 것을 그들에게 알게 하여 그것을 내게 알려주어야 할 것이다.

13 소안의 지도자들은 어리석었고, 멤피스, 곧 놉의 지도자들은 미혹되었다. 그들은 애굽 종족들의 주춧돌과 같지만 애굽을 그릇된 길로 이끌었다.

14 여호와께서 그들의 마음을 혼란스럽게 하여 그들로 애굽을 잘못된 길로 가도록 하셨다. 그것은 마치 술에 취한 자가 토하면서 비틀거리는 것과 같다.

15 애굽에서는 우두머리나 말단에 있는 자나 종려나무 가지처럼 귀한 자나 갈대처럼 천한 자나 모두 쓸모없을 것이다.

16 그날 애굽은 겁에 질린 부녀와 같을 것이다. 그들은 만군의 여호와께서 손을 들어 심판하심으로 인해 두려워 떨 것이다.

17 애굽은 유다 땅을 두려워하게 되리니 이는 만군의 여호와께서 애굽을 치시려는 계획 때문이다. 그 소문을 듣는 자마다 떨 것이다.

18 그날 애굽 땅은 가나안 지역의 말을 사용하며, 5개 성읍은 만군의 여호와를 섬기겠다고 맹세할 텐데, 그중 하나를 '멸망의 성읍'이라고 부를 것이다.

19 또한 애굽 땅 한가운데는 여호와를 위해 제단이 세워지겠고, 그 국경 지대에는 여호와를 위해 돌 기둥이 세워질 것이다.

20 이것은 만군의 여호와께서 애굽에도

계신다는 징표와 증거가 될 것이다. 그래서 그들이 압박을 받을 때 여호와께 부르짖으면 여호와께서는 그들에게 한 구원자를 보내 그들을 건져 내실 것이다.

21 여호와께서 애굽에 자기를 알리시면 그날 애굽이 여호와께 제물과 예물을 드리고 경배하며, 그에게 서원하고 그대로 실행할 것이다.

22 여호와께서 애굽을 치실지라도 그들이 여호와로 돌아와 간구하면 그들의 간구를 들으시고 그들을 다시 고쳐 주실 것이다.

23 그날 애굽에서 앗수르로 통하는 대로가 생겨 앗수르 사람이 애굽으로 가고, 애굽 사람이 앗수르로 가며, 애굽 사람과 앗수르 사람이 함께 여호와를 경배할 것이다.

24 그날 이스라엘과 애굽과 앗수르 세 나라가 세계에 복을 가져다줄 것이다.

25 이는 만군의 여호와께서 그들에게 복 주시며 이렇게 말씀하실 것이기 때문이다. "내 백성 애굽이여, 내 손으로 지은 앗수르여, 내 소유 이스라엘이여, 복이 있을지어다."

벗은 선지자의 예표

20 ● 앗수르 왕 사르곤 2세가 다르단을 블레셋의 아스돗으로 보내 그가 아스돗을 쳐서 점령한 해이다.

2 그때 여호와께서 아모스의 아들 이사야에게 말씀하셨다. "너는 가라. 네 허리에서 베를 풀고 네 발에서 신을 벗으라." 이에 이사야가 그대로 하여 벗은 몸과 벗은 발로 다녔다.

3 여호와께서 말씀하셨다. "내 종 이사야가 3년 동안 벗은 몸과 벗은 발로 다니며 애굽과 에티오피아,

곧 구스에 대한 표징과 예표가 되었다.

4 이같이 앗수르가 애굽과 구스에서 포로로 잡은 자들을 앗수르 왕에게 끌고 갈 때 젊은 자나 늙은 자가 모두 벗은 몸과 벗은 발로 끌려가리니 애굽의 수치가 볼기까지 드러낼 정도가 될 것이다.

5 이스라엘이 부러워하던 구스와 자랑스럽게 여기던 애굽의 그런 모습을 보면서 놀라고 부끄러워할 것이다.

6 그날 해변 주민은 '우리가 앗수르 왕에게서 벗어나기 위해 믿고 도움을 구하던 나라가 이같이 되었으니 우리가 어디로 피하겠느냐?'라고 말할 것이다."

바벨론 멸망 예언

21 ● 바벨론, 곧 해변 광야에 대한 경고이다. 남방의 회오리바람처럼 적의 군사가 두려운 광야에서 몰려왔다.

2 끔찍한 계시가 내게 보였다. 속이는 반역자가 반역을 일으키고, 약탈자가 약탈하도다. 엘람은 공격하고, 메대는 포위하라. 내가 바벨론에서 비롯된 모든 탄식을 그치게 할 것이다.

3 그러므로 해산이 임박한 여인의 고통 같은 허리의 고통이 내게 찾아왔다. 이로써 내가 너무 괴로워서 듣지 못하며, 너무 무서워 볼 수 없었다.

4 내 마음이 혼란스럽고 두려움이 나를 짓누르며, 희망의 빛1)이 도리어 내게 두려움으로 변했다.

5 식탁을 준비한 후 양탄자를 깔고 파수꾼을 세우며 먹고 마시는 장군들아, 너희는 일어나 싸울 준비를 위해 방패에 기름을 바르라.

6 주께서 나에게 말씀하셨다. "너는 가서 파수꾼을 세우고 그가 보는 것을 보고하게 하라.

7 그리고 그가 병거를 탄 기병과 나귀와 낙타 떼가 오는 것을 보면 귀를 기울여 경청하라."

8 파수꾼이 사자처럼 부르짖었다. "주여, 내가 밤낮으로 파수하는 망대 위에서 지키고 서 있었습니다. 그런데

9 보십시오. 병거를 탄 기병이 오고 있습니다." 그러자 그가 대답했다. "바벨론이 무너졌도다. 그들이 조각한 신상들이 다 부서져 땅에 쓰러졌도다."

10 짓밟히고 타작 마당에서 부스러진 내 백성아, 내가 이스라엘의 하나님, 만군의 여호와에게서 들은 것을 너희에게 전했다.

두마와 아라비아에 대한 경고

11 ● 두마에 대한 경고이다. 사람이 세일에서 나를 부르기를 "파수꾼이여, 밤이 얼마나 남았느냐?"라고 하니

12 파수꾼이 대답했다. "아침이 오나 밤도 올 것이다. 네가 물어보려면 물어보라. 적들은 다시 온다."

13 아라비아에 대한 경고이다. 드단의 대상들이여, 너희는 아라비아 숲속에서 밤을 지내라.

14 데마 땅에 사는 자들아, 목마른 자에게 물을 가져다주고, 도피하는 자들에게 빵을 주라.

15 그들은 칼날을 피하며, 뺀 칼과 당긴 활과 전쟁의 어려움에서 도망한 자들이다.

16 주께서 이같이 내게 말씀하셨다. "품꾼이 정한 1년의 기한처럼 1년에 게달의 영광이 모두 사라지리니

---

1) 밤

17 게달 자손 가운데 활 가진 용사의
남은 수가 적을 것이다."

환상의 골짜기에 대한 경고

22 ● 환상의 골짜기에 대한 경고
이다. 네가 무슨 일이 있기에
지붕에 올라가느냐?

2 폭동으로 소란스러운 성아, 흥겨
워하던 마을이여, 너의 죽은 자들
은 칼에 죽은 것도 아니고, 전쟁으
로 사망한 것도 아니다.

3 네 지도자들은 도망하기에 바빠서
활 한번 쏘지 못한 채 사로잡혔고,
멀리 도망한 자들은 발각되어 모
두 결박을 당했도다.

4 그러므로 내가 말한다. "돌이켜 나
를 보지 말라. 나는 슬피 통곡할 것
이다. 내 딸 백성이 패망했다고 나
를 위로하려고 애쓰지 말라."

5 만군의 여호와께서 환상의 골짜기
에 소동과 혼란을 일으키는 날이
이르렀다. 이날에 성벽을 무너뜨
리는 소리와 산을 향해 사무쳐 부
르짖는 소리가 있을 것이다.

6 엘람 군대[1]는 화살통을 메고 병거
탄 자와 마병과 함께 올라왔고, 메
소포타미아 지역의 기르[2] 군대는
방패의 덮개를 벗겼으니

7 그들의 병거는 네 아름다운 골짜
기에 가득했고, 마병은 성문에 진
을 쳤다.

8 그들이 유다의 방어선을 뚫자 그
제야 비로소 너는 수풀 창고에 묵
혀 있던 병기를 바라보았고,

9 다윗성의 무너진 곳이 많은 것도
보았으며, 너희가 마실 물을 위해
아래못에 물을 저장했다.

10 또 예루살렘의 가옥을 조사하여
그 가옥을 헐어 그것으로 헐린 성
벽을 견고하게 막았다.

11 두 성벽 사이에 있는 옛 못에 물을

저장하기 위해 저수지도 만들었
다. 그러나 너희는 이 일을 옛적부
터 계획하신 이를 바라보거나 공
경하지도 않았다.

12 그날 주 만군의 여호와께서 명령
하셨다. "너희는 통곡하며 슬피 울
라. 머리털을 밀고, 상복으로 굵은
베를 입으라." 그런데도

13 너희는 오히려 기뻐하며 소와 양
을 잡아 고기를 먹고, 포도주를 마
시면서 "내일 죽을 것이니 먹고 마
시자"라고 했다.

14 만군의 여호와께서 나에게 친히
말씀하셨다. "진실로 이 죄악은 너
희가 죽기까지 용서받지 못할 것
이다."

타락한 관리 셉나에 대한 경고

15 ● 만군의 하나님께서 말씀하셨다.
"너는 가서 국고와 왕궁을 맡은 셉
나에게 말하라.

16 네가 이곳과 무슨 관계가 있기에,
이곳에 누가 있기에 이곳에 네 무
덤을 팠느냐? 높은 곳에 자기 무덤
을 파고, 반석에 누울 자리를 파는
자야,

17 나 여호와가 권세 있는 너를 단단
히 결박하고 힘센 장사처럼 세게
던지되

18 반드시 너를 모질게 감싸서 공처
럼 둥글게 말아 넓은 곳에 던질 것
이다. 네 상전에 수치를 끼치는 너
는 네 영광의 수레와 함께 그곳에
서 죽을 것이다.

19 내가 너를 관직에서 쫓아내고, 네
지위에서 끌어내릴 것이다.

20 그날 내가 힐기야의 아들인 내 종
엘리아김을 불러

21 네 옷을 그에게 입히며, 네 띠를 그
에게 띠워 힘 있게 하고, 네 정권을

---

1) 사람   2) Kir

그에게 맡기리니 그가 예루살렘 주민과 유다의 집의 아버지가 될 것이다.

22 또 내가 다윗의 집의 열쇠를 그의 어깨에 두리니 그가 열면 닫을 자가 없겠고, 닫으면 열 자가 없을 것이다. 1)

23 못이 단단한 곳에 박힌 것처럼 그를 견고하게 하리니 그가 그의 가문, 아버지 집의 영광을 빛낼 것이다.

24 그의 가문의 모든 영광이 그 후손과 족속 되는 작은 그릇에서 모든 항아리까지 그곳에 걸릴 것이다."

25 만군의 여호와께서 말씀하셨다. "그날에는 단단한 곳에 박혔던 못이 삭아서 부러지므로 그 위에 걸어둔 물건이 떨어져 부서질 것이다."

두로와 시돈에 대한 경고

23 ● 페니키아 지역의 두로에 대한 경고이다. 두로가 파괴되어 집이 없고 정박할 항구도 없다. 이 소식이 구브로섬인 깃딤 땅에서 다시스의 배들에게 전해졌으니 다시스의 배들아, 너희는 슬피 울어라.

2 바다에 왕래하는 시돈 상인들로 인해 부요하게 된 너희 섬 2) 사람들아, 잠잠하라.

3 나일, 곧 시홀의 곡식을 바다, 큰물로 실어 왔으니 두로가 세상 나라의 시장이 되었다.

4 그러나 시돈이여, 너는 부끄러워하라. 네 어미인 바다의 요새가 말한다. "나는 산고를 겪지 못했고, 자식을 낳지 못했으며, 청년들을 키우지도 못했으며, 딸, 처녀들을 기른 적도 없다."

5 이렇듯 두로가 망했다는 소식이 애굽에 전해지면 그들마저도 기가 꺾일 것이다.

6 섬 사람들아, 너희는 다시스로 건너가라. 그리고 이렇게 슬피 울어라.

7 "이것이 오랜 역사를 가진 너희가 기뻐하여 먼 지방까지 가서 식민지를 세우던 성읍이냐?"

8 왕관 3)을 씌우던 나라였고, 상인들은 고관들이었고, 무역상들은 세상에 존귀한 자들이었던 두로에 대해 누가 이 일을 계획했느냐?

9 만군의 여호와께서 계획하신 것이다. 그것은 모든 영광을 누리면서 교만하던 자를 낮추려고 계획하신 것이다.

10 딸 다시스여, 나일강처럼 건너 너희 땅으로 가라. 네게 더 이상 항구는 4) 없다.

11 여호와께서 바다 위에 그의 손을 펴서 세상 나라를 흔드시며, 여호와께서 가나안의 요새들을 무너뜨리라고

12 명령하신다. "너 학대받을 5) 처녀 딸 시돈아, 네게 다시는 기쁨이 없으리니 일어나 구브로섬인 깃딤으로 건너가라. 그곳에서도 너는 평안하지 않을 것이다."

13 갈대아 사람의 땅을 보라. 그 백성이 없어졌으니, 그것은 앗수르 사람이 그곳을 들짐승이 사는 곳이 되게 했기 때문이다. 그들이 그곳에 망대를 세우고 궁전을 헐어 폐허로 만들었다.

14 다시스의 배들아, 너희는 슬피 울어라. 너희의 요새가 파괴되었다.

15 그날이 되면 두로는 한 왕의 수명만큼 70년 동안 잊혀질 것이다. 70년이 지난 후 두로는 기생이 부르는 이 노래처럼 될 것이다.

16 "잊어버렸던 너 음녀여, 수금을 들고 성읍을 돌면서 멋진 연주로 많은 노래를 불러 그 노랫소리를 듣고

너를 다시 기억하게 하라."

17 70년이 지나면 여호와께서 두로를 돌보시리니 그가 다시 지면에 있는 세상 나라들에게 몸을 팔아 재물을 모을 것이다.

18 그렇게 해서 모은 소득은 여호와의 몫이니 그것을 간직하거나 쌓아 두지 못할 것이다. 그 재물은 여호와를 섬기는 자가 배불리 먹을 양식과 입을 옷감을 사게 될 것이다.

온 세상에 대한 심판을 예언함

24 ●보라, 여호와께서 땅을 텅 비게 하시고, 황폐하게 하시며, 지면을 엎으시고, 그 주민을 흩으시리니

2 백성과 제사장, 종과 상전, 여종과 여주인, 사는 자와 파는 자, 빌려주는 자와 빌리는 자, 이자를 받는 자와 이자를 내는 자가 다 흩어질 것이다.

3 땅이 완전히 텅 비게 되고 황무하게 되리니 그것은 여호와께서 그렇게 말씀하셨기 때문이다.

4 땅이 메마르고 시들며, 세상이 그렇게 되니 세상 백성 가운데 높은 자도 다 그렇게 약해질 것이다.

5 땅 또한 그 주민 때문에 더럽혀졌으니 이는 그들이 율법과 규례를 어기며, 영원한 언약을 깨뜨렸기 때문이다.

6 그러므로 땅이 저주를 받았고, 그 땅에 사는 자들이 형벌을 받아 땅의 주민이 불에 타 죽어 남은 자가 적다.

7 새 포도즙이 마르고[1], 포도나무가 약해져, 기쁨이 충만한 자가 다 탄식하며,

8 작은 북을 치는 기쁨이 그치고, 흥겨운 소리가 끊어지며, 수금을 연주하는 기쁨도 그쳤다.

9 노래하면서 포도주를 마시지 못하니, 독한 술은 그 마시는 자에게 쓰게 될 것이다.

10 약탈당한 성읍이 부서지고, 집마다 문이 닫혀서 들어가지 못하며,

11 포도주를 찾아 거리에서 부르짖으니 땅에서 누리는 모든 기쁨이 사라졌다.

12 성읍이 황폐하고 성문은 파괴되었다.

13 세상 민족 가운데 올리브나무를 떨 때 가지를 흔드는 것처럼 포도를 수확한 후 그 남은 것을 줍는 것과 같은 일이 일어날 것이다.

14 살아남은 무리가 소리를 높여 기뻐 외치고, 서쪽 바다에서 여호와의 위엄을 크게 외칠 것이다.

15 그러므로 너희가 동쪽에서 여호와를 영화롭게 하며, 바다의 모든 섬[2]에서 이스라엘의 하나님 여호와의 이름을 영화롭게 할 것이다.

16 땅끝에서 "의로우신 하나님께 영광을 돌리세"라는 노랫소리를 우리가 듣는다. 그러나 나는 말한다. "나는 쇠약하고 약하니 내게 재앙이 있도다. 배신자들은 배신하고, 크게 배신했다.

17 땅의 주민아, 두려움과 함정과 덫이 네 앞에 있다.

18 두려운 소리로 인해 도망하는 자는 함정에 빠지겠고, 함정 속에서 빠져나온 자는 덫에 걸릴 것이다.

소고(작은 북, 사 24:8)

소고(tabret)는 오늘날 탬버린에 해당하는 타악기이다. 둥근 모양의 작은 북으로 주변에 방울들이 달려 있어 경쾌함을 더해 주었다. 이 악기는 전쟁에서 승리한 군사들을 환영할 때, 종교적으로 큰 기쁨의 절기를 지낼 때 주로 사용되었다. 이스라엘 백성들이 홍해를 건넌 후 미리암은 소고를 연주했다.

1) 슬퍼하고 2) 해안 지역

위에 있는 창문들이 열리고 땅의 기초가 진동할 것이다.

19 땅이 부서지고 갈라지며 흔들리니

20 땅이 술에 취한 자처럼 비틀거리고, 원두막처럼 흔들릴 것이다. 그 땅 위의 죄악이 무거워 땅에 쓰러져 다시는 일어나지 못할 것이다."

21 그날 여호와께서는 하늘 높은 곳에서 하늘의 군대를 벌하시며, 땅에서는 땅의 왕들을 벌하실 것이다.

22 그들은 죄수가 깊은 감옥에 모이는 것처럼 모여 감옥에 갇혀 여러 날 동안 형벌을 받을 것이다.

23 그때 달이 수치를 당하고, 해가 부끄러워하리니 이는 만군의 여호와께서 시온산과 예루살렘에서 친히 왕이 되어 다스리시며, 그 장로들 앞에서 영광을 나타내실 것이기 때문이다.

주를 찬송함과
여호와께서 연회를 베품

25 ● 여호와여, 주는 나의 하나님이십니다. 내가 주를 높이고 주의 이름을 찬양합니다. 주는 놀라운 일들을 행하시되 신실하고 진실함으로 옛적에 정하신 뜻대로 행하셨습니다.

2 주께서는 성읍을 돌무더기로 만드시고, 요새를 황폐하게 하시며, 적[1]의 굳건한 도성을 더 이상 도성이 되지 못하게 하셨으니 영원히 건설되지 못할 것이다.

3 그러므로 강한 민족이 주를 영화롭게 하며, 포학한 이방 나라들의 성읍이 주를 경외할 것이다.

4 주는 포학한 자의 기세가 성벽을 치는 폭풍과 같을 때 고통에 처한 가난한 자의 요새가 되시고, 폭풍 가운데 피할 곳이 되시며, 폭염을 피하는 그늘이 되셨다.

5 그들은 마른 땅의 폭염같이 주께서 그런 이방인의 소란을 그치게 하시며, 구름으로 뜨거운 햇볕을 가림같이 포학한 자의 노래를 그치게 하실 것입니다.

6 만군의 여호와께서는 시온산에서 모든 민족을 위해 기름진 것과 오래 저장했던 맑은 포도주로 잔치를 베푸실 것이다.

7 또 이 시온산에서 모든 민족의 얼굴을 가린 수의[2]와 세상 나라 위에 덮인 수의를 없애시며,

8 죽음을 영원히 멸하실 것이다. 여호와께서는 모든 얼굴에서 눈물을 닦아 주시며, 자기 백성이 당한 수치를 온 천하에서 없앨 것이다. 여호와의 말씀이다.

모압에 대한 심판 예언

9 ● 그날에는 이렇게 말할 것이다. "이는 우리의 하나님이시다. 우리가 그를 기다렸으니 그가 우리를 구원하시며, 우리는 그의 구원을 기뻐할 것이다."

10 여호와의 능력[3]이 예루살렘의 시온산에 머무르리니, 모압은 거름 구덩이에서 지푸라기가 밟히는 것처럼 그 자리에서 밟힐 것이다.

11 모압은 헤엄치는 자가 헤엄을 치기 위해 손을 휘젓는 것처럼 물 속에서 그의 손을 휘저을 테지만 여호와께서는 모압의 손 놀림이 능숙해도 그를 누르사 교만과 함께 가라앉히실 것이다.

12 네 성벽의 높은 요새를 헐어 땅에 먼지가 되게 할 것이다.

여호와께서 백성에게
승리 주실 것을 말씀하심

26 ● 그날 유다 땅에서 이 노래를 부를 것이다. "우리에게는

1) 외인 2) 가리개 3) 손

요새가 있다. 여호와께서 구원을 성과 성벽으로 삼으실 것이다.

2 그러니 너희는 문들을 열어 신실함을 지키는 의로운 나라가 들어오게 하라.

3 주께서는 끝까지 믿고 따르는 심지가 견고한 자에게 평안과 평화를 주시리니, 이는 그가 주를 믿고 의지하기 때문이다.

4 너희는 여호와를 영원히 믿고 의지하라. 여호와는 영원한 반석이 되신다.

5 교만한 자를 낮추시며, 그들이 사는 높이 솟은 성을 헐어 땅의 먼지가 되게 하실 것이다.

6 가난한 자와 전에 억압받던 자의 발이 그 성을 밟을 것이다.

7 의인의 길은 곧게 뻗은 길이다. 주께서는 바른 분이니 의인의 길1)을 평탄하게 하신다.

8 여호와여, 주께서 심판하시는 길에서도 우리가 주를 바라봅니다. 주의 이름과 주를 기억하기 위해 우리 영혼이 주를 갈망합니다.

9 내 영혼이 밤에도 주를 사모했으니 주를 애타게 찾습니다. 주가 땅에서 심판하시는 때 세상의 모든 사람이 의로움을 배웁니다.

10 그러나 악인은 은혜를 입어도 의로움을 배우지 않으며, 오히려 정직한 자의 땅에 살면서도 불의를 행하고, 여호와의 위엄을 무시해 버립니다.

11 여호와여, 주의 심판의 손이 높이 들려도 그들은 돌아보지 않으나 백성을 위하는 주의 열심을 보면 부끄러워하리니, 주께서 불로 대적들을 사를 것입니다.

12 여호와여, 주께서는 우리를 위해 평안을 베푸시리니, 우리의 모든

일도 우리를 위해 이루십니다.

13 여호와 우리 하나님이여, 주2) 외에 다른 주들3)이 우리를 지배했으나 우리는 주만 의지하고 주의 이름을 부를 것입니다.

14 그들은 죽었으니 다시 살지 못하고, 그 영이 떠났으니 일어나지 못할 것입니다. 이는 주께서 그들을 벌하여 멸하시고, 그들의 모든 기억을 없애셨기 때문입니다.

15 여호와여, 주께서는 이 나라를 크고 위대하게 하셨습니다. 주는 이 땅의 모든 경계를 넓히사 스스로 영광을 받으셨습니다.

16 여호와여, 그들은 고통 가운데서 주를 찾았으며, 주의 징계가 그들에게 임할 때도 간절히 주께 기도했습니다.

17 여호와여, 임신한 여인이 해산할 때가 되어 고통 가운데 부르짖는 것처럼 우리가 그렇게 주 앞에서 울부짖었습니다.

18 우리가 임신하고 산고를 치렀어도 바람을 낳은 것 같아서 땅에 구원을 베풀지 못했고, 세상에서 살 사람들을 낳지 못했습니다.

19 그러나 죽은 자들 가운데 주의 백성이 살아나고, 그들의 시체들은 일어날 것입니다. 무덤4) 속에 누운 자들은 깨어나 노래하라. 주의 이슬은 빛나는 이슬이니 땅이 죽은 자들을 다시 내어놓을 것입니다.

심판과 회복

20 ●내 백성아, 너는 가서 네 방, 밀실에 들어가 문을 닫고 그의 분노가 지나갈 때까지 잠깐 숨어 있으라.

21 여호와께서 그의 처소에서 나오사 땅에 사는 사람들의 죄악을 벌하실 것이기 때문이다. 땅이 더 이상

1) 첩경 2) Lord 3) lords 4) 티끌

죽임당한 사람들을 숨기지 않을 것이다."

27

그날에는 여호와께서 그의 강하고 큰 칼로 날쌔고 꼬불꼬불한 리워야단 뱀을 벌하시며, 바다에 있는 용¹⁾을 죽이실 것이다.

2 그날 너희는 아름다운 포도밭에 대해 이렇게 노래를 부르라.

3 "나 여호와는 포도밭을 가꾸는 포도밭지기가 됨이여, 때때로 물을 주며, 누구든 포도밭을 해치지 못하도록 밤낮으로 지킬 것이다.

4 나는 포도밭에 대해 분노가 없으니 찔레와 가시가 나를 대적하여 싸운다고 하면 내가 그것을 밟아버리고 모아서 불사를 것이다.

5 그렇게 하지 않고 내 힘을 의지하려면 나와 화친해야 할 것이다.

6 후일에는 야곱이 뿌리를 내리고, 이스라엘이 싹이 돋고 꽃을 피우리니 그 열매가 땅 위에 가득할 것이다."

7 주께서는 야곱 자손을 친 자들을 치신 것처럼 자기 백성을 치지 않으시며, 자기 백성을 죽인 원수들을 죽이듯 자기 백성을 그렇게 죽이지는 않으셨다.

8 주께서 자기 백성을 적당하게 견책하시고, 쫓아내실 때는 동풍 부는 날에 폭풍으로 그들을 옮기셨다.

9 그들이 제단의 모든 돌을 부서진 횟돌처럼 부수고, 아세라와 태양상이 다시 서지 못하도록 모두 깨뜨려져서 야곱의 불의가 용서를 받고 죄 없이 함을 받을 것이다.

10 무릇 요새화된 성읍은 거처가 황폐하여 적막하고, 집터는 버려져 광야와 같으니 그곳에서 송아지가 풀을 뜯고 누우며 그 나뭇가지를 먹어 치울 것이다.

11 가지가 말라 꺾어지면 여인들은 와서 그것을 가져다가 불사를 것이다. 백성이 깨닫지 못하니 그들을 지으신 이가 불쌍히 여기지 않으시며, 은혜를 베풀지 않으실 것이다.

12 너희 이스라엘 자손들아, 그날 여호와께서 넘치는 하수, 유프라테스강에서 애굽시내까지 과실을 떨어 추수하는 것처럼 너희를 하나씩 모으실 것이다.

13 그날 큰 뿔 나팔을 불어 앗수르 땅에서 망할 뻔한 자들과 애굽 땅으로 쫓겨났던 자들이 돌아와서 예루살렘의 거룩한 산에서 여호와께 예배할 것이다.

에브라임에 대한 경고

28

● 북이스라엘, 곧 에브라임의 술 취한 자들의 교만한 면류관인 사마리아는 재앙이 닥칠 것이다. 술에 빠진 자의 도성 사마리아야, 영화로운 관처럼 기름진 골짜기 꼭대기에 세워진 사마리아 성이여, 시들어 가는 꽃 같은 네게 재앙이 닥칠 것이다.

2-3 이제, 주께서 보내신 강하고 힘이 있는 자가 쏟아지는 우박과 광풍과 큰물이 넘치는 것처럼 에브라임의 술 취한 자들의 교만한 면류관을 땅에 던지리니 그것이 발에 밟힐 것이다.

4 그 기름진 골짜기 꼭대기에 있는 사마리아의 영화가 시들어 가는 꽃처럼 너는 여름이 오기 전에 처음 익은 무화과와 같아서 앗수르가 너를 보자마자 그 열매²⁾를 얼른 따서 먹을 것이다.

5 그날이 오면 만군의 여호와께서는 자기 백성의 남은 자에게 영화로운 면류관이 되시고, 아름다운 왕관, 곧 화관이 되실 것이다.

---

1) 악어 2) 영화

6 여호와는 재판석에 앉은 자에게 공평하게 판결하는 영을 주시고, 성문에서 적과 싸워 이길 수 있는 힘을 주실 것이다.

7 그래도 이들은 포도주와 독주에 취해 비틀거리며, 제사장과 선지자들조차 독주와 포도주에 빠져 비틀거리고, 환상을 잘못 해석하며, 재판을 바르게 하지 못하니

8 모든 술상마다 토하고 더러운 것이 가득하여 깨끗한 곳이 없을 것이다.

9 그때 그들은 빈정대며 말할 것이다. "저런 자가 누구에게 지식을 가르치며, 누구에게 교훈을 전해 깨닫게 할 수 있겠는가? 젖 뗀 아이들에게나 가르치라고 하라.

10 그들은 단순한 말도 '여기서도 조금, 저기서도 조금씩'하면서 같은 말만 반복한다."

11 그러므로 주께서는 낯선 말과 다른 나라 말로 이 백성에게 말씀하실 것이다.

12 예전에 그들에게 말씀하시기를 "이것이 너희 안식처이며, 고달픈 자들이 편히 쉴 곳이다"라고 하셨으나 그들은 들으려고 하지 않았다.

13 그러므로 여호와께서 그들에게 그들이 하는 대로 "경계에 경계를 더하고 경계에 경계를 더하며, 교훈에 교훈을 더하고 교훈에 교훈을 더하며, 여기서도 조금, 저기서도 조금"이라고 반복하는 말로 말씀하셨다. 그래서 그들이 가다가 뒤로 넘어져 다치게 하시고, 덫에 걸려 붙잡히게 하실 것이다.

시온의 기초돌과 치리자에 대한 심판

14 ● 예루살렘에서 백성을 다스리는 너희 오만한 자들아, 여호와의 말씀을 들으라.

15 너희가 말하기를 "우리는 사망과 언약을 맺었고 무덤인 스올과 계약했으며 우리는 거짓으로 우리의 피난처로 삼았고, 속임수로 우리를 숨겼기 때문에 큰 재앙이 닥쳐와도 우리에게는 미치지 못할 것이다"라고 한다.

16 그러므로 여호와께서 이같이 말씀하셨다. "보라, 내가 한 돌을 시온에 두어 기초돌로 삼았으니 그것은 얼마나 단단한지 시험해 본 돌이며, 귀하고 견고한 모퉁잇돌[1]이다. 이 사실을 믿는 자는 다급하여 불안해하지 않을 것이다.

17 나는 정의를 측량줄로 삼고, 공의를 저울추로 삼으리니 거짓으로 피난처를 삼은 사람을 우박이 쓸어버리고, 속임수로 숨은 사람은 그 숨은 곳이 물에 잠길 것이다.

18 그래서 너희가 사망과 맺은 언약을 파기시키고, 무덤과 맺은 계약은 지켜지지 못하여 재앙이 닥칠 때 너희가 그것에게 밟힘을 당할 것이다.

19 그 재앙이 지나갈 때마다 그것을 피하지 못하니 아침마다 지나가며, 밤낮으로 지나가리니 재앙이 온다는 소식을 깨달은 것이 두려움이 될 것이다.

20 그때 너희는 침대가 짧아서 몸을 다 펴지 못하며, 이불이 작아서 몸을 다 덮지 못할 것이다."

21 여호와께서는 브라심산에서와 같이 일어나시며, 기브온 골짜기에서처럼 진노하여 그분의 작정하신 사역을 행하실 것이다. 그것은 신기하고 놀라운 것이며, 그의 사역을 이루실 것이다.

22 그러므로 너희는 비웃지 말라. 그렇게

1) 기초돌

하면 너희 결박이 더욱 단단해질까 한다. 온 세상을 멸망시키기로 작정하신 것을 내가 만군의 여호와에게서 들었다.

농부의 비유를 통한 교훈

23 ● 너희는 내 목소리를 경청하라.

24 씨를 뿌리기 위해 밭을 갈러 가는 자가 어찌 계속해서 밭을 갈기만 하고, 땅을 뒤집고 평평하게 고르기만 하겠느냐?

25 땅을 평평하게 했으면 미나리과의 소회향과 대회향의 씨를 뿌리고, 밀[1]을 줄줄이 심고, 적당한 곳에 보리[2]를 심으며, 밭 가장 자리에 귀리를 심지 않겠느냐?

26 이는 그의 하나님께서 농부에게 농사짓는 방법을 가르치신 것이다.

27 소회향을 도리깨로 떨지 않고, 대회향 위로 수레 바퀴를 굴려 떨지 않는다. 그렇게 강하게 떨면 낱알이 부스러진다. 그래서 소회향은 작은 작대기로 살살 떨고, 대회향은 막대기로 떤다.

28 반면 곡식은 가루로 만들기 위해 타작하는 것이 아니다. 그래서 곡식은 그 위에 수레 바퀴를 굴리고, 그것을 말굽으로 밟게 하여 타작하지만 낱알이 가루가 되도록 부수지는 않는다.

29 이것 역시 만군의 여호와께서 가르치신 것이다. 그의 계획은 신기하고 놀라우며, 지혜는 끝이 없다.

아리엘에 대한 심판 예언

29

● 슬프다. 예루살렘, 아리엘이여, 다윗이 진을 친 성읍이여, 해마다 절기는 돌아오지만

2 내가 예루살렘을 포위당하게 하리니 그가 슬퍼 애곡할 것이다.

3 내가 너를 사방으로 포위당하게 하여 진을 치며, 공성대를 세워 너를 칠 것이다.

4 네 목소리는 네가 죽어 묻힐 땅에서 유령의 소리처럼 들리고, 먼지 더미에서 아주 작은 소리가 날 것이다.

5 그러나 네 원수의 무리는 세미한 먼지 더미 같겠고, 잔인한 자의 무리는 겨가 날리는 것 같으리니 그 일이 순식간에 일어날 것이다.

6 만군의 여호와께서 천둥과 지진과 큰 소리와 회오리바람과 폭풍과 맹렬한 불꽃으로 그들을 징벌하시리니

7 예루살렘, 아리엘과 그 요새를 공격하는 세상 나라의 모든 무리는 꿈과 밤의 환상처럼 사라질 것이다.

8 주린 자가 꿈속에서 먹었어도 깨어나면 뱃속은 여전히 비고, 목마른 자가 꿈속에서 마셨어도 깨어나면 갈증이 있는 것처럼 시온산을 치는 세상 나라의 무리가 다 그와 같을 것이다.

9 너희는 놀라고 놀라라. 너희는 앞을 못 보는 사람이 되고 또 그렇게 될 것이다. 그들이 포도주에 취한

1) 소맥 2) 대맥

것이 아니며, 그들이 독주 때문에 비틀거리는 것도 아니다.

10 여호와께서 깊이 잠들게 하는 영을 너희에게 보내어 너희를 깊은 잠에 빠지게 하시고, 너희의 지도자 선지자들을 앞을 내다보지 못하도록 그들의 눈을 덮으셨다.

11 그러므로 모든 계시가 너희에게는 밀봉한 책의 말처럼 되었다. 그래서 그것을 글을 아는 자에게 주며 "이것을 읽어 주라"고 부탁하면 그는 "그것이 밀봉되었기 때문에 나는 읽지 못하겠다"라고 대답할 것이다.

12 그러자 이제 그 책을 글을 모르는 자에게 주며 "이것을 읽어 주라"고 부탁하면 그는 "나는 글을 모른다"라고 대답할 것이다.

13 주께서 말씀하셨다. "이 백성이 입으로는 나를 가까이하고 입술로는 나를 공경하지만, 그들의 마음은 내게서 멀다. 그들이 나를 경외하는 것은 사람들의 명령으로 가르침만 받았을 뿐이다.

14 그러므로 내가 이 백성 가운데 신기하고 놀라운 일을 다시 행하리니 지혜자에게 지혜가 없어지고, 명철한 자에게 총명이 사라질 것이다."

15 여호와 몰래 자기의 음모를 꾸미려고 하는 자들은 화가 있을 것이다. 그들은 어둔 데서 음모를 꾸미며 "누가 우리를 보며, 누가 우리의 음모를 알겠느냐?"라고 말하니

16 너희의 패역이 심히 크다. 너희가 어찌 토기장이를 진흙과 똑같이 생각하느냐? 지음을 받은 물건이 어찌 자기를 지은 이에게 "그가 나를 만들지 않았다"라고 말할 수 있으며, 빚어진 물건이 자기를 빚은 이에게 "그가 재능이 없다"라고 말

할 수 있겠느냐?

심판을 통한 연단

17 ● 얼마 가지 않아 레바논의 숲이 기름진 밭으로 변하고, 그 기름진 밭은 다시 숲으로 변할 것이다.

18 그날에는 듣지 못하는 사람이 책 읽는 소리를 들으며, 어둔 곳에서 보지 못하는 사람이 앞을 볼 것이다.

19 겸손한 자는 여호와로 인해 기쁨이 더하겠고, 가난한 자는 이스라엘의 거룩하신 이로 인해 기뻐할 것이다.

20 이는 포학한 자와 오만한 자가 없어지고, 죄 지을 기회를 엿보던 자가 모두 끊어질 것이기 때문이다.

21 그들은 말 한 마디¹⁾로 사람에게 죄를 뒤집어씌우고, 성문에서 재판하는 자를 덫에 걸리게 하며, 거짓 증언으로 의인을 억울하게 만든다.

22 그러므로 아브라함을 구원하신 여호와께서 야곱 족속에 대해 이같이 말씀하셨다. "야곱이 더 이상 부끄러움을 당하지 않고, 그의 얼굴이 더 이상 수모로 인해 창백해지지 않을 것이다. 이는

23 그 자손이 내 손이 그들에게 행한 것을 볼 때 내 이름을 '거룩하다'라고 하고, 야곱의 거룩한 이를 '거룩하다'라고 하며, 이스라엘의 하나님을 경외할 것이기 때문이다.

24 마음이 혼미하던 자들이 총명하게 되고, 불평하던 자들도 가르침을 받을 것이다."

애굽과의 맹약은 헛됨

30 ● 여호와께서 말씀하셨다. "패역한 자식들에게는 재앙이 닥칠 것이다. 그들이 간계를 꾸미지만 그것은 나로 인한 것이 아니며, 동맹을 맺지만 내 뜻²⁾을 따른

1) 송사　2) 영

것도 아니다. 그들은 죄에 죄를 더할 뿐이다.

2 그들은 내게 묻지도 않고 애굽 왕[1]의 세력을 의지하여 스스로 강하게 하려고 그 그늘에 피하기 위해 애굽으로 내려갔다.

3 그러나 바로의 보호[2]가 도리어 너희에게 치욕이 되며, 애굽의 그늘에서 피한 것이 오히려 너희의 수치가 될 것이다.

4 유다의 고위층들이 도움을 받기 위해 소안, 곧 라암셋으로 가고, 그 사신들이 애굽의 하네스로 가지만

5 그들은 스스로를 유익하게 하지 못하는 쓸모없는 민족에게 오히려 수치를 당할 것이다. 애굽은 도움이 되지 못하고 수치와 치욕만 되게 할 뿐이다."

6 남방 짐승들에 대한 경고이다. 유다의 사신들은 그들의 예물을 어린 나귀 등에 싣고, 보물을 낙타 안장에 얹고, 암사자와 수사자와 독사와 날뛰는 불뱀이 나오는 위험하고 곤고한 땅을 지나 자기들에게 아무런 도움이 되지 못하는 민족에게로 갔다.

7 애굽의 도움은 쓸모없고, 그들에게 도움이 되지 못한다. 그러므로 내가 애굽을 힘을 못 쓰는 바다 괴물 '라합'이라고 불렀다.

불신에 대한 경고

8 ● 이제 너는 가서 백성 앞에서 글자판에 기록하여 책을 만들어 후세에 전하여 영원한 증거를 삼으라.

9 이들은 패역한 백성이고, 거짓말하는 자식들이며, 여호와의 법을 들으려고 하지 않는 자식들이다.

10 그들이 예언자들에게 말하기를 "너희는 예언하지 말라"고 하며, 선지자들에게 말하기를 "우리에게 바른

것을 보이지 말고, 차라리 부드러운 말을 하며 거짓된 것을 보이라.

11 너희는 바른 길을 버리고 그 길에서 돌이키라. 이스라엘의 거룩하신 분에 대한 말을 하지 말라"고 한다.

12 그러므로 이스라엘의 거룩하신 이가 이같이 말씀하셨다. "너희가 그런 말로 나를 업신여기고 억압과 그릇된 것을 믿고 의지하니

13 이 죄악으로 너희는 막 무너지려고 하는 갈라진 담이 튀어나와 마침내 순식간에 무너짐같이 될 것이다."

14 여호와께서 이 나라를 토기장이가 그릇을 깨뜨리는 것처럼 아낌없이 그렇게 깨실 것이다. 또 아궁이에서 불을 붙이거나, 물 웅덩이에서 물을 뜨는 것도 얻지 못할 것이다.

15 이스라엘의 거룩하신 여호와께서 이같이 말씀하셨다. "너희가 뉘우치고 가만히 있어야 구원을 얻으며, 침묵하며 믿고 의지해야 힘을 얻을 것이다. 그런데 너희가 그렇게 침묵하지 않고

16 말하기를 '아니다, 우리는 가만 있지 않고 말을 타고 도망할 것이다'라고 했으니 너희가 도망할 것이다. 또 말하기를 '우리가 빠른 짐승을 타고 도망하리라'고 했으니 너희를 쫓는 자들이 더 빠를 것이다.

17 적군 1명을 보고[3] 1,000명이 도망하겠고, 적군 5명을 보고 너희가 모두 도망하리니, 너희에게는 남은 자가 없어 산꼭대기의 깃대만 있고, 언덕 위의 깃발만 있는 것과 같을 것이다."

자기 백성에게 베푸시는 하나님의 은혜

18 ● 그러나 여호와께서는 기다리시며

1) 바로 2) 세력 3) 한 사람이 꾸짖은즉

너희에게 은혜를 베풀고 불쌍히 여기기 위해 일어나실 것이다. 여호와는 공의의 하나님이시니 그를 기다리는 자마다 복이 있다.

19 예루살렘, 곧 시온에 사는 백성아, 너는 다시 통곡할 일이 없을 것이다. 여호와께서 네 부르짖는 소리를 들으실 때 네게 은혜를 베푸시니 그가 들으시는 대로 네게 응답하실 것이다.

20 주께서 너희에게 환난의 빵과 고생의 물을 주시지만 여호와께서는 선지자를 다시 숨기시지 않고 너희와 함께 계시며, 네 눈이 너를 가르치는 선지자¹⁾를 볼 것이다.

21 너희가 오른쪽으로나 왼쪽으로 치우치려고 하면 네 뒤에서 "이것이 바른 길이니 너희는 이 길로 가라"는 소리가 들릴 것이다.

22 또 너희가 조각한 우상에 입힌 은과 부어 만든 우상에 입힌 금을 부정하게 여겨 불결한 물건²⁾을 던짐같이 던지며 말하기를 "나가라"고 할 것이다.

23 네가 종자를 땅에 뿌리면 주께서 비를 주사 그 땅에 먹을거리가 자라고, 기름진 곡식을 풍성하게 하시며, 그때 네 가축이 드넓은 목장에서 풀을 뜯을 것이다.

24 밭 가는 소와 어린 나귀도 아무것이나 먹지 않고 키와 쇠스랑으로 곡식 등을 까부르고, 소금 친 맛있게 한 사료만 먹을 것이다.

25 대량 살상이 일어나고, 망대가 무너지는 날에 높은 산과 험한 고개마다 개울과 시냇물이 흐를 것이다.

26 여호와께서 자기 백성의 상처를 싸매 주시고, 그들이 매 맞은 자리를 고치시는 날에 달빛은 햇빛 같겠고, 햇빛은 7배를 합한 빛과 같을 것이다.

여호와께서 앗수르를 치실 것을 말씀하심

27 ● 보라, 여호와의 이름, 그의 권세와 영광이 먼 지방에서도 오고, 그의 진노가 불붙듯 하며, 빽빽한 연기가 일어나듯 하다. 그의 입술에는 분노가 가득하고, 그의 혀는 맹렬한 불과 같다.

28 그의 호흡은 마치 물이 넘쳐 목까지 차는 하수와 같다. 그가 키로 곡식을 까부르듯 세상 나라를 파멸시키시며, 미혹하는 재갈을 여러 민족의 입에 물리실 것이다.

29 그러나 너희는 거룩한 절기를 지키는 밤처럼 노래하고, 피리를 불며, 여호와의 산으로 가서 이스라엘의 반석 되신 분께 나아가는 자처럼 마음에 기쁨이 넘칠 것이다.

30 여호와께서 불같은 진노로 그의 맹렬한 화염과 폭풍과 폭우와 우박을 내려 그의 장엄한 목소리를 듣게 하시며, 팔의 치심을 보이실 것이다.

31 여호와의 목소리에 앗수르가 넋을 잃으며, 주께서는 몽둥이로 치실 것이다.

32 여호와께서 준비하신 몽둥이로 앗수르를 치실 때마다 작은 북을 치며, 수금을 연주할 것이다. 여호와께서는 전쟁 때 팔을 들어 앗수르를 치실 것이다.

33 이미 불타는 곳, 도벳이 준비되었다. 그것은 왕을 위해 예비된 것이기 때문에 깊고 넓게 했으며, 그곳에 불과 많은 나무가 있으니 여호와의 호흡이 유황 개천 같아서 이를 불사를 것이다.

1) 스승　2) 월경대

31 도움을 구하기 위해 애굽으로 내려가는 자들에게는 재앙이 닥칠 것이다. 그들은 이스라엘의 거룩하신 이를 바라보지 않고 여호와를 구하는 대신 세상의 군마와 많은 병거와 강한 마병을 의지하기 때문이다.

2 그러므로 지혜로우신 여호와께서 그들에게 재앙을 내리실 것이다. 여호와께서는 말씀들을 이루시기 위해 일어나 악행하는 자들의 집과 행악을 돕는 자들을 치실 것이다.

3 애굽은 사람이지 신이 아니다. 그들의 말들은 고기덩어리이고 영이 아니니 여호와께서 손을 펴시면 돕는 자도 넘어지며, 도움을 받는 자도 엎드러져 모두 멸망할 것이다.

4 여호와께서 이같이 내게 말씀하셨다. "큰 사자나 젊은 사자가 자기의 먹이를 움키고 으르렁거릴 때 그것을 치려고 목자들이 떼로 몰려와도 사자들은 그들의 소리로 인해 놀라지 않을 것이다. 목자들이 소리를 지른다고 해서 사자들이 도망가지 않을 것이다. 이같이 나 만군의 여호와가 강림하여 시온산과 그 언덕에서 싸울 것이다.

5 나 만군의 여호와는 새가 날개 치며 그 새끼를 보호하는 것처럼 예루살렘을 그렇게 보호할 것이다. 그것을 감싸 주고, 건져 주며, 다치지 않도록 뛰어넘어 구원할 것이다.

6 이스라엘 자손들아, 너희는 심히 거역하던 자에게로 돌아오라.

7 너희가 자기 손으로 만들어 범죄하게 한 은금 우상을 그날에는 던져 버릴 것이다.

8 앗수르는 칼에 엎드러지는데 사람의 칼로 엎드러지는 것이 아니라 칼 앞에서 도망갈 것이다. 그리고 그의 장정들은 복역하는 자, 노예가 될 것이다.

9 겁에 질린 그의 반석인 앗수르 왕 산헤립은 두려워 도망하고 그의 지휘관들은 패전 깃발로 인해 두려워할 것이다." 이는 여호와의 말씀이다. 시온에 여호와의 불이 있고, 예루살렘에 여호와의 화덕이 있다.

의로운 왕 메시아 예언

32 ● 보라, 장차 한 왕이 나와 의로 다스리고, 지도자들인 방백들이 정의로 다스릴 것이다.

2 또 그 사람은 폭풍과 폭우를 피하는 곳과 같고, 마른 땅에 흐르는 시냇물과 같으며, 사막 같은 땅에 큰 바위 그늘처럼 될 것이다.

3 통치자[1]의 눈이 감기지 않고 백성들을 잘 살피며, 그들이 백성들의 요구에 귀를 기울여 들을 것이다.

4 성급한 자의 마음이 지식을 깨닫고, 말을 더듬는 자의 혀가 민첩하여 말을 분명하게 할 것이다.

5 어리석은 자나 악한 자[2]를 다시 존귀한 자라고 말하지 않을 것이다.

6 어리석은 자는 어리석은 것을 말하고, 불의한 마음으로 간사를 행하며, 여호와께 함부로 말하며, 주린 자를 그대로 방치하며, 목마른 자에게서 마실 것을 빼앗기 때문이다.

7 악한 자는 그 그릇이 악하기 때문에 간계를 꾸며 거짓말로 가련한 자를 파멸시키고, 가난한 자가 옳은 말을 해도 파멸시킨다. 그러나

8 귀인은 존귀한 일을 계획하므로 그에게는 언제나 존귀한 일이 생긴다.

9·10 너희 무사태평하게 지내는 여인들아, 일어나 내 목소리를 들으라.

1) 보는 자 2) 우둔한 자

아무 걱정 없이 사는 딸들과 여자들아, 너희는 당황하게 될 것이다.

1년 조금 지나면 너희는 포도 수확이 없고 열매를 수확하는 때가 오지 않기 때문이다.

11 무사태평하게 사는 여인들은 떨지어다. 아무 걱정 없이 사는 자들은 당황할 것이다. 옷을 벗어 몸을 드러내고 베로 허리를 두르라.

12 그들은 좋은 밭과 열매 많은 포도나무 농사를 망쳐 가슴을 치게 될 것이다.

13 내 백성이 사는 기쁨의 성읍과 기뻐하는 집에서 가시와 찔레가 날 것이다.

14 궁전은 텅 비게 되고, 요새인 오벨과 망대가 파괴되어 사람들로 붐비던 성읍은 사람이 없어 적막하며, 영원히 소굴이 되니 들나귀가 뛰노는 곳과 양 떼의 초장이 될 것이다.

15 그러나 위에서 영을 우리에게 부어 주실 때가 되면 광야가 기름진 밭이 되고, 기름진 밭을 숲으로 여기게 될 것이다.

16 그때는 광야에 정의가 자리 잡고, 공의가 아름다운 밭에 머무르리니

17 의의 열매는 화평이며, 의의 결과는 영원한 평안과 안전이다.

18 내 백성은 평화롭고 안전한 집과 조용히 쉬는 곳에 살 것이다.

19 비록 숲은 우박에 상하고 성읍이 무너져도

20 모든 물가에 씨를 뿌리고, 소와 나귀를 그곳으로 몰아 키울 수 있는 너희는 복이 있다.

은혜를 구하는 기도와 심판과 회복

33 ● 학대를 당하지 않음에도 학대하며, 속이고도 속임을 당하지 않는 자여, 네게 재앙이 닥칠 것이다. 네가 학대하기를 다하면 학대당하며, 네가 속이기를 다하면 사람이 너를 속일 것이다.

2 여호와여, 우리에게 은혜를 베푸십시오. 우리가 주를 기다립니다. 주는 아침마다 우리의 능력1)이 되어 주시고, 환난 때 우리의 구원이 되십시오.

3 주의 소리로 인해 민족들이 도망하며, 주께서 일어나시자 나라들이 흩어졌습니다.

4 사람이 황충의 떼처럼 너희가 노략한 것을 빼앗으며, 메뚜기가 뛰어오르는 것처럼 그들이 탈취물 위로 뛰어오를 것이다.

5 여호와는 높은 곳에 계시고, 정의와 공의를 시온에 충만하게 하니 지극히 존귀하시다.

6 네 시대에 평안을 누리게 하시며, 구원과 지혜와 지식을 풍성히 주시니 여호와를 경외하는 것이 네 보배이다.

7 보라, 용사들이 거리에서 부르짖고, 평화의 사신들이 슬피 울고,

8 대로가 황폐하여 행인이 끊기고, 대적이 조약을 파기하고 증인2)들을 멸시하며, 사람은 존경받지 못한다.

9 땅이 말라 시들어 슬퍼하고, 레바논은 말라 부끄러워하며, 지중해안가의 사론평야는 사막3)과 같고, 바산 산지와 갈멜산은 나뭇잎을

📍성경지리　**사론 지역** (사 33:9)

사론(Sharon)은 평지, 평평한 지역이란 뜻이다. 실제로 사론평야는 지중해변의 돌출부인 갈멜 산맥에서부터 욥바에 이르는 평평한 해안 평야 지대에 걸쳐 있다. 너비는 남쪽으로 내려갈수록 넓어지는데 북쪽은 돌평야의 남쪽 해안에서 약 10km이고, 남쪽은 해안에서 18km이며, 남북 길이는 약 90km가 된다. 그러나 돌평야를 이 평야에 포함시키기도 한다.

1) 팔　2) 성읍　3) 아라바

떨어뜨릴 것이다.

10 여호와께서 말씀하신다. "이제 내가 일어나 자신을 높여 내가 지극히 높아질 것이다."

11 너희는 겨를 잉태하여 지푸라기를 해산하며, 너희 영은 불이 되어 너희를 삼킬 것이다.

12 민족들은 불에 탄 석회 같겠고, 토막을 자른 가시나무가 불에 살라지는 것과 같을 것이다.

13 먼 곳에 있는 자들아, 내가 행한 것을 들으라. 가까운 곳에 있는 자들아, 내 권능을 알라.

14 시온에서 죄인들이 두려워하며, 경건하지 않은 자들이 떨며 말한다. "우리 가운데 누가 삼키는 불을 견디겠으며, 우리 가운데 누가 꺼지지 않는 불덩이와 함께 있을 수 있겠는가?"

15 오직 공의로 행하는 자, 정직을 말하는 자, 권세를 이용하여 착취한 재물을 거절하는 자, 뇌물을 거절하는 자, 살인자들의 모의에 귀를 막는 자, 악을 피하기 위해 눈을 감는 자들은

16 높은 곳에 거할 것이다. 그들은 견고한 바위가 그의 은신처인 요새가 되며, 그런 자의 양식과 마실 물은 끊어지지 않을 것이다.

17 너는 왕의 아름다운 모습을 가운데서 보고, 광활한 땅을 보며,

18 네 마음이 지난날에 두려워하던 것을 떠올릴 것이다. 네 재산을 관리하던 자가 어디 있느냐? 가혹한 세금을 징수하던 자가 어디 있느냐? 감시하던 망대의 수를 세던 자가 어디 있느냐?

19 너는 악한 이방인, 곧 강포한 백성을 다시 보지 않게 될 것이다. 어려운 방언과 알아듣지 못하는 이상한 말을 하는 족속을 보지 않게 될 것이다.

20 마음껏 절기를 지키는 시온성을 보라. 우리가 살기에 안락한 처소인 예루살렘을 보니 그것은 옮겨지지 않을 장막이다. 그 말뚝이 결코 뽑히지 않으며, 그 줄이 하나도 끊어지지 않을 것이다.

21 여호와는 그곳에서 능력 가운데 우리와 함께 계시리니 그곳에는 여러 강과 큰 호수가 있지만 대적의 노 젓는 배나 큰 배가 들어오지 못할 것이다.

22 여호와는 우리 재판장이시며, 우리에게 율법을 세우신 이시며, 우리의 왕이시니, 우리를 구원하실 것이다.

23 그리로 들어오는 배마다 돛대 줄이 풀리리니 돛대의 밑을 튼튼하지 못하여 돛을 달지 못했다. 그때는 우리가 많은 재물을 탈취하여 나누리니 저는 자까지도 그 재물을 탈취할 것이다.

24 예루살렘에 사는 주민들은 "내가 병들었다"라고 말하지 않을 것이다. 그곳에 사는 백성은 용서함을 받을 것이다.

여호와께서 원수를 벌하실 것임

34 ●세상 나라들은 나아와 들으라. 민족들은 귀를 기울이라. 땅과 그곳에 가득한 것과 세계와 그곳에서 사는 모든 것은 들으라.

2 여호와께서 세상 모든 나라를 향해 진노하시며, 세상의 모든 군대를 향해 분노하여 그들을 진멸하시며 살륙당하게 하셨다.

3 그 죽은 자들이 내던져져 시체에서 악취가 솟아오르고 그 피에 산이 무너질 것이다.

4 하늘의 모든 것, 일월성신이 사라

지고 하늘들이 두루마리처럼 말릴 것이다. 하늘에 있는 모든 것이 포도나무와 무화과나무 잎이 마름처럼 마를 것이다.

5 나 여호와의 칼이 하늘에서 피로 충분하니 이제는 에돔을 심판하여 진멸하도록 명령했다.

6 여호와의 칼이 어린 양과 염소제물의 피에 젖어 있고, 숫양의 콩팥 기름으로 엉겨 붙었다. 이는 여호와를 위한 희생제물이 보스라에 있고, 대량 살상이 에돔 땅에 있기 때문이다.

7 들소와 송아지와 수소가 함께 쓰러지니 그들의 땅이 피로 물들고, 흙이 기름으로 엉겨붙을 것이다.

8 이때가 바로 여호와께서 보복하시는 날이고, 시온, 곧 예루살렘을 괴롭게 한 죗값을 치르는 해이다.

9 에돔의 강[1]들은 역청으로 바뀌고, 그 흙이 유황으로 바뀌며, 그 땅은 역청이 불타는 것처럼 될 것이다.

10 그 불이 꺼지지 않고 밤낮으로 타니 그 연기가 끊임없이 치솟으며, 에돔은 영원히 황무지가 되어 그곳으로 지나가는 자가 없을 것이다.

11 당아새[2]와 고슴도치가 그 땅을 차지하며, 부엉이와 까마귀가 그곳에 자리잡고 살 것이다. 여호와께서 그 땅위를 '혼란의 줄'과 '공허의 추'로 잴 것이다. 그러므로

12 그곳에는 국가를 세울 귀인들이나 어떤 지도자인 방백도 없을 것이다.

13 그 궁전이 있던 곳에는 가시나무가 자라고, 그 견고한 성이 있던 자리에는 엉겅퀴와 억새가 자라서 승냥이의 굴과 타조의 처소가 될 것이다.

14 또 들짐승은 이리와 만나고, 숫염소가 그 동료를 부르며, 올빼미가

쉬는 처소로 삼으며,

15 부엉이[3]가 그곳에 깃들이고 알을 낳아 부화시켜 자기 몸으로 그늘에 모으며, 솔개들도 자기 짝과 함께 그곳에 모일 것이다.

16 너희는 여호와의 책에서 찾아 읽어 보라. 이것들 가운데서 빠진 것이 하나도 없고 모두 자기 짝이 있으니 그것은 여호와께서 명령하시고 그의 영이 그것들을 모으셨기 때문이다.

17 여호와께서 그것들을 위해 제비를 뽑으시며, 그의 손으로 줄을 띠어 그 땅을 그들에게 나누어 주셨으니 그들이 그곳을 차지하며 영원토록 살 것이다.

시온의 회복과 거룩한 길

35 1 ●광야와 메마른 땅이 기뻐하고, 사막이 수선화[4]처럼 피어 기뻐하며,

2 그 땅에 꽃이 무성하게 피어 기쁜 노래로 즐거워하며, 레바논의 영광과 갈멜산과 사론평야의 아름다움이 있을 것이다. 그것들이 여호와의 영광, 곧 우리 하나님의 아름다움을 볼 것이다.

3 너희는 힘없는 손을 강하게 하고, 비틀거리는 무릎을 굳게 하며,

4 두려워하는 성급한 자들에게 말하라. "강하게 하고, 두려워하지 말라. 보라, 너희 하나님께서 보복하기 위해 오시리니 그가 갚아 주시고, 너희를 구하실 것이다."

5 그때 앞 못 보는 자의 눈이 밝게 되며, 듣지 못하는 사람의 귀가 열릴 것이다.

6 저는 자는 사슴처럼 뛰며, 말 못하는 자의 혀는 노래할 것이다. 이는 광야에 물이 솟고, 사막에 시내가

1) 시내 2) 펠리칸 3) 독사 4) 백합화, 장미

흐를 것이기 때문이다.

7 뜨거운 땅, 사막이 변하여 연못이 되고, 메마른 땅이 변하여 샘의 원천이 되며, 승냥이가 눕던 곳에는 풀 대신에 갈대와 부들이 날 것이다.

8 그곳에 대로가 생기리니 그 길을 '거룩한 길'이라고 일컫게 될 것이다. 그러므로 깨끗하지 못한 자는 그 길로 지나가지 못하고 오직 구원함을 입은 자들이 가리니 어리석은 행인은 그 길로 다니지 못할 것이다.

9 그 길에는 사자가 없고 사나운 짐승이 올라오지 않으니 그것을 만나지 못하겠고, 오직 구원함을 받은 자만 지나다닐 것이다.

10 여호와의 구원함을 받은 자들이 노래하며 그 길을 통해 시온으로 돌아올 것이다. 그들에게 영원한 기쁨이 머물고 넘치리니 슬픔과 탄식이 사라질 것이다.

앗수르 산헤립의
유다 침략과 히스기야[1]

36

● 히스기야 즉위 14년에 앗수르의 왕 산헤립이 치러 올라와서 유다의 모든 견고한 성읍을 쳐서 점령했다.

2 그 후 앗수르 왕 산헤립이 자기는 라기스에 남아 있는 채 그의 장군인 다르단과 랍사게[2]에게 대군을 거느리고 라기스에서 65km 떨어진 예루살렘으로 올라가 히스기야왕을 치게 하자 그들이 예루살렘으로 진격했다. 그들이 예루살렘에 올라가 위쪽 연못 수도 옆에 위치한 옷감을 손질하는 세탁자의 밭에 있는 큰길에 이르러 진을 쳤다.

3 산헤립의 장군들이 히스기야왕을 부르자 힐기야의 아들로서 왕궁의 책임자인 엘리아김[3]과 서기관 셉

나와 아삽의 아들 사관인 요아가 그들이 보는 앞으로 나갔다.

4 그러자 앗수르의 랍사게 장군이 그들에게 말했다. "너희는 이제 히스기야에게 말하라. 앗수르 왕 산헤립이 이같이 말씀하신다. '너희가 무엇을 믿고 의지하기에 포위된 예루살렘에 살고 있느냐?

5 너희가 능히 싸울 만한 계략과 용맹이 있다고 말하지만 그것은 입에 붙은 말일 뿐이다. 너희는 누구를 믿고 내게 반역하느냐?

6 너는 갈대 지팡이 같은 애굽을 의지하지만 그것을 의지하면 결국 그 갈대에 손이 찔릴 것이다. 애굽의 왕을 의지하는 모든 자에게 이와 같을 것이다.'

7 혹시 너희가 내게 말하기를 '우리는 우리 하나님을 믿고 의지한다'라고 하지만 히스기야가 산당들과 제단을 제거하고 유다와 예루살렘 사람에게 명령하기를 '예루살렘의 제단 앞에서만 예배하고 그 위에 분향하라'고 했다.

8 그러므로 너는 내 주 앗수르 왕과 내기하라. 내가 네게 말 2,000필을 주어도 너는 그 탈 자를 선발하지 못할 것이다.

9 네가 어찌 내 주의 신하 가운데 극히 작은 지휘관인 총독 한 사람인들 물리칠 수 있겠느냐? 그러면서 애굽을 의지하고 그 병거와 기병의 도움을 받으려고 하느냐?

10 내가 어찌 여호와의 허락 없이 이 땅을 멸하러 올라왔겠느냐? 여호와께서는 전에 내게 '이 땅으로 올라와서 그 땅을 쳐서 멸하라'고 말씀하셨다.

1) 왕하 18:13, 17–37, 대하 32:9–12 2) 왕하 18:17, 랍사리스 3) 왕하 18:18, 엘리야김

11 이에 힐기야의 아들 엘리아김과 셉나와 요아가 산헤립왕의 군대장 관인 랍사게에게 말했다. "우리가 아람 방언을 알아들을 수 있으니 청컨대 아람 말로 당신의 종들에게 말하고 성 위에 있는 백성이 듣는 데서 유다 말로 우리에게 말하지 마십시오."

12 랍사게가 그들에게 말했다. "내 상전께서 이 일을 너와 네 주인 되는 왕께만 전하라고 나를 보내신 것이 아니라 성 위에 앉은 사람들도 너희와 함께 자기의 대변을 먹게 하고, 자기의 소변을 마시게 하라고 보낸 것이다"라고 모욕했다.

13 이에 랍사게가 일어서서 유다 말로 크게 외쳤다. "너희는 앗수르 대왕의 말씀을 들으라.

14 왕의 말씀에 '너희는 히스기야에게 속지 말라. 그가 능히 너희를 구하지 못할 것이다.'

15 또한 히스기야가 너희에게 '여호와를 믿고 의지하라'는 말을 따르지 말라. 그가 말하기를 '여호와께서 반드시 우리를 건지시리니 이 성이 앗수르 왕의 손에 함락되지 않을 것이다'라고 해도

16 너희는 히스기야의 말을 듣지 말라. 앗수르 왕 산헤립이 또 이같이 말씀하기를 '너희는 내게 항복하고 내게로 나아오라. 그러면 너희가 각각 자기의 포도와 무화과를 먹고, 자기의 우물물을 마시며,

17 내가 장차 와서 너희를 지방으로 옮기리니 그곳은 너희 본토와 같은 곡식과 포도주가 있는 지방이며, 빵과 포도밭이 있는 지방이며, 기름을 짜는 올리브와 꿀이 있는 지방이다.

18 혹시 히스기야가 너희를 설득하여 말하기를 '여호와께서 우리를 구하실 것이다'라고 해도 속지 말라. 세상 나라의 신들 가운데 어느 신이 자기 땅을 앗수르 왕의 손에서 구한 적이 있었느냐?

19 하맛과 아르밧과 스발와임과 헤나와 아와의 신들이 어디 있느냐? 그 신들이 사마리아를 내 손에서 구해 냈느냐?

20 이 세상 나라와 민족의 모든 신들 가운데 그 어떤 신도 자기 나라를 내 손에서 구해내지 못했는데 여호와가 예루살렘을 내 손에서 능히 구해 내겠느냐?'

21 그러나 히스기야왕이 아무 대답도 하지 말라고 명령했기 때문에 백성이 한 마디도 그에게 대답하지 않고 잠잠했다.

22 이에 힐기야의 아들로서 왕궁 관리를 맡은 자인 엘리아김과 서기관 셉나와 아삽의 아들 사관 요아가 자기 옷을 찢고 히스기야에게 나아가서 랍사게의 모욕하는 말을 전했다.

이사야가 히스기야왕에게 전한 말[1]

37 ● 히스기야왕이 랍사게의 말을 듣자 자기 옷을 찢고, 굵은 베옷을 입은 후 여호와의 성전으로 들어갔다.

2 그리고 왕궁의 책임자인 엘리아김과 서기관 셉나와 장로 제사장들에게 굵은 베옷을 입도록 한 후 아모스의 아들 이사야 선지자에게로 보냈다.

3 그들이 이사야에게 가서 말했다. "히스기야왕께서는 '오늘은 환난과 징벌과 모욕의 날이니 그것은 마치 아이를 낳으려고 하지만 해산할 힘이 없는 것과 같다'고 말씀하셨습니다.

1) 왕하 19:1~34, 대하 32:14, 20

4 랍사게가 그의 주인 앗수르 왕의 보냄을 받고 와서 살아계신 하나님을 비방했으니 당신의 하나님께서 그의 말을 들으셨을 것입니다. 당신의 하나님께서도 그들의 말을 들으시고 앗수르를 심판하실 것이라고 생각합니다. 그런즉 당신은 하나님께서 이 살아남아 있는 자들을 구하도록 기도해 주십시오."

5 히스기야의 신하들이 이사야에게 나아가자

6 이사야가 그들에게 말했다. "너희는 너희 주 왕에게 이렇게 말하라. 여호와께서 말씀하시기를 '너희가 앗수르 왕의 신복에게 나를 모욕하는 말을 들은 것 때문에 두려워하지 말라.

7 보라, 내 한 영을 앗수르 군대에게 보내 그가 소문을 듣고 그의 본국으로 돌아가게 하고, 그의 본국에서 칼에 죽게 할 것이다'라고 하셨다."

8 랍사게가 예루살렘에서 라기스로 돌아가다가 앗수르 왕이 라기스를 떠났다는 소식을 듣고 그 왕을 만나니 왕이 라기스에서 12km 정도 떨어진 립나를 공격하고 있었다.

9 그때 앗수르 왕은 에티오피아, 곧 구스 왕 디르하가가 자기의 군대와 싸우기 위해 왔다는 소문을 듣고 다시 히스기야에게 사자를 보내며 말했다.

10 너희는 유다의 히스기야왕에 '우리가 믿고 의지하는 하나님께서 예루살렘이 앗수르 왕의 손에 넘어가지 않게 할 것이다'라고 하는 말에 속지 말라.

11 나와 내 조상 앗수르 왕들이 이방 모든 백성과 나라에 행한 것을 너희가 들었을 것인데 네가 구원을 받겠느냐?

12 내 조상들이 진멸한 세상 나라 고산과 하란과 레셉과 들라살에 있는 에덴 자손을 그 나라들의 신들이 너희를 내 손에서 구해 내겠느냐?

13 하맛 왕과 아르밧 왕과 스바와임 성의 왕과 이와 왕이 지금 어디 있느냐?"

14 히스기야가 산헤립왕의 사자들에게서 편지 글를 받고 여호와의 성전에 올라가서 그 편지를 여호와 앞에 펴 놓고

15 그 앞에서 여호와께 기도했다.[1)

16 "천사인 그룹들 위에 계신 이스라엘의 하나님, 만군의 여호와여, 주는 온 세상 나라에 한 분 뿐인 하나님이십니다. 주께서는 하늘과 땅을 창조하셨습니다.

17 여호와여, 귀를 기울여 들으시고, 눈여겨 보십시오. 산헤립이 사람을 보내 살아계신 하나님을 비방하는 말을 들으십시오.

18 여호와여, 앗수르 왕들이 세상 여러 나라와 그들의 땅을 짓밟아 황폐하게 하고,

19 그들의 신들을 불살랐습니다. 그러나 그들은 신이 아니라 사람의 손으로 만든 나무와 돌에 불과하기에 앗수르에게 멸망을 당한 것입니다.

20 우리 하나님이여, 원컨대 이제 우리를 앗수르 산헤립의 손에서 구해 주십시오. 그래서 세상 모든 나라가 주만이 홀로 하나님인 줄 알게 해주십시오."

21 아모스의 아들 이사야가 히스기야왕에게 사람을 보내 말했다. "이스라엘 하나님의 말씀이 '네가 앗수르 왕 산헤립 때문에 기도하는 것을

1) 대하 32:20. 그러므로 히스기야왕이 아모스의 아들 선지자 이사야와 더불어 하늘을 향해 부르짖어 기도하였더니

내가 들었다'라고 하셨습니다.

22 또 여호와께서 앗수르 왕에 대해 이같이 말씀하셨습니다. "처녀 딸 시온이 오히려 산혜립을 멸시하며 비웃고, 딸 예루살렘이 물러가는 네 뒷모습을 보고 머리를 흔들었다.

23 네가 누구를 꾸짖고, 비방하느냐? 누구를 향해 큰 소리를 치고 눈을 부릅떴느냐? 이스라엘의 거룩한 자에게 그렇게 했다.

24 네가 사자[1]들을 통해 주님에 대해 비방하기를 '내가 많은 병거를 거느리고 여러 산꼭대기에 올라가며, 레바논 깊은 곳에 이르러 높은 백향목과 아름다운 잣나무[2]를 베고, 내가 그 가장 높은 곳[3]에 들어가 그의 동산의 무성한 수풀까지 이르렀다.

25 나는 땅[4]을 파서 이방 나라의 물을 마셨고, 내 발바닥으로 애굽의 모든 강[5]을 말렸다'라고 자랑했다.[6]

26 그러나 너 산혜립아, 이 일이 나 여호와가 태초부터 행했고, 옛날부터 정한 것임을 듣지 못했느냐? 이제 내가 그것을 이루어 너를 통해 견고한 성읍들을 멸하여 무너진 돌무더기가 되게 한 것이다.

27 그러므로 그곳에 사는 주민의 힘이 약해 두려워하고 놀랐으며, 수치를 당했고, 그들이 들의 채소와 푸른 나물과 지붕의 잡초와 자라기 전에 시든 곡초처럼 되었다.

28 나 여호와는 네 거처와 네가 들어오고 나가는 것과 네가 나를 거슬러 내게 향해 분노한 것을 모두 알고 있다.

29 네가 내게 향한 분노와 네 오만한 말을 내가 들었다. 그러므로 내가 갈고리로 산혜립 네 코에 꿰고, 네 입에 재갈을 물려 너를 오던 길로 되돌아가게 할 것이다.

30 이것이 히스기야왕에게 징표가 될 것이다. 곧 너희가 올해와 내년에는 가꾸지 않고 스스로 자라난 것을 먹고, 3년째에는 곡식을 심고 거두며, 포도나무를 심어 그 열매를 먹을 것이다.

31 유다 족속 가운데서 전쟁을 피해 살아남은 자는 다시 아래로 뿌리를 내리고 위로 열매를 맺을 것이다.

32 이는 살아남은 자는 예루살렘에서 나오고, 전쟁에서 피한 자는 시온 산에서 나올 것이기 때문이다. 만군의 여호와의 열심이 이 일을 이룰 것이라고 하셨습니다."

33 그러므로 여호와께서 앗수르 왕을 가리켜 이렇게 말씀하셨습니다. "그가 예루살렘성을 함락시키지 못하고, 화살 한 발도 쏘지 못하며, 방패를 가지고 성에 가까이 오지도 못하며, 성을 치기 위해 토성을 쌓지도 못할 것이다.

34 그가 오던 길로 돌아가고 이 성에 이르지 못할 것이다.

35 내가 나와 내 종 다윗을 위해 이 성을 보호하여 구원할 것이다."

앗수르 군사의 죽음과 산혜립의 죽음[7]

36 ●그 밤에 여호와께서 사자인 한 천사를 앗수르 진영으로 보내 모든 큰 용사와 대장과 지휘관 등 군사 18만 5,000명을 죽이셨다. 아침 일찍 일어나 보니 모두 시체뿐이었다.

37 앗수르 왕 산혜립이 수치 가운데 그의 고국으로 돌아가서 니느웨에 거주했다.

38 그가 그의 신 니스록 신전에서 경배할 때 그의 아들 아드람멜렉과

---

1) 종 2) 향나무 3) 왕하 19:23, 먼 곳 4) 우물
5) 하수 6) 왕하 19:24 7) 왕하 19:35-37, 대하 32:21

사레셀이 그를 칼로 쳐 죽이고 아라랏 땅으로 도망하니 그 아들 에살핫돈이 앗수르의 왕이 되었다.

히스기야의 발병과 회복[1]

38 ● 유다 왕 히스기야가 병들어 죽게 되었을 때 아모스의 아들 이사야 선지자가 그에게 나아와서 말했다. "여호와의 말씀이 '너는 집을 정리하라.[2] 네가 죽을 것이다'라고 하셨습니다."

2 그 말을 들은 히스기야가 얼굴을 벽쪽으로 향하고 여호와께 기도했다.

3 "여호와여, 간절히 간구합니다. 내가 주 앞에서 진실과 전심으로 행하며, 주께서 보시기에 선하게 행한 것을 기억하십시오"하며 심히 통곡했다.

4 이사야가 왕궁 뜰을 벗어나기 전에 여호와께서 그에게 말씀하셨다.

5 "너는 내 백성의 주권자 히스기야에게 돌아가서 이렇게 전하라. '왕의 조상 다윗의 하나님이 말한다. 내가 네 기도를 듣고 눈물을 보았다. 내가 너를 낫게 하리니 너는 3일 만에 여호와의 성전에 올라가겠고, 15년을 더 살게 될 것이다.

6 뿐만 아니라 너와 이 성을 앗수르 왕의 손에서 건져내겠고, 내가 나와 내 종 다윗을 생각하여 이 예루살렘성을 보호할 것이다.'"

7 이사야가 대답했다. "이는 여호와께로 나온 왕을 위한 징표입니다.

곧 여호와께서 하신 말씀을 그대로 이루실 것임을 보여주는 한 징표가 임할 것입니다.

8 그것은 아하스의 해 그림자를 앞으로 10계단[3] 나아가게 할지, 아니면 뒤로 10계단 물러가게 할지를 말씀하십시오." 히스기야가 대답하기를 "해 그림자를 앞으로 10계단 나아가는 것은 쉬우니 뒤로 10계단 물러가게 해주십시오"라고 했다. 하나님은 뒤로 10계단[3] 물러가게 할 것입니다. 이에 아하스의 해시계의 해 그림자가 10계단인 40분 뒤로 물러갔다.

9 유다 왕 히스기야가 병들었다가 나은 후 기록한 글은 다음과 같다.

10 "나는 중년에 무덤의 문에 들어가고, 남은 생애가 끝났다는 생각이 들었다.

11 또 이런 생각이 들었다. 내가 여호와를 산 자의 땅에서 다시는 뵙지 못하고, 내가 세상에서 사는 사람들은 한 사람도 다시 보지 못할 것이다.

12 내 거처는 목자가 장막을 걷는 것처럼 나를 떠나 옮겨졌고, 나는 직공이 일을 끝내고 베를 걷어 말아놓은 것처럼 되었다. 주께서 나를 틀에서 끊으시리니 조만간에 내 생명을 거두실 것이다.

13 나는 아침까지 견뎠지만 주께서는 사자처럼 모든 뼈를 꺾으시니 조만간 내 생명을 거두실 것이다.

14 나는 제비와 학처럼 지저귀고, 비둘기처럼 구슬프게 울며, 내 눈이 피곤하도록 주를 바라봅니다. 여호와여, 내가 심히 괴로운 가운데 있으니 나를 건져 주십시오.

15 주께서 내게 말씀하신 것을 친히

에살핫돈(사 37:38)

에살핫돈(Esarhaddon, BC 681~669년)은 산헤립의 뒤를 이어 앗수르 왕이 된 사람이다(왕하 19:37). 그는 왕위에 오르자 모반자들을 처형하고 북쪽의 상업 통로를 지키고 킴메르족의 침입(BC 679년)을 막음으로 민심을 얻는 데 성공했다.

1) 왕하 20:1-11, 대하 32:24   2) 네 집에 유언하라   3) 도

이루셨으니 내가 무슨 말을 더할 수 있겠습니까? 내 영혼이 번민에 싸여 있으니 내가 계속해서 방황합니다.

16 주여, 사람 사는 것이 주를 섬기는 일에 있고, 내 심령의 생명도 온전히 그곳에 있으니 원컨대 나를 고쳐주사 나를 살려 주십시오.

17 그러면 이 모든 큰 고통이 평안으로 바뀔 것입니다. 주께서 내 영혼을 사랑하여 멸망의 구덩이에서 건져 주셨고, 내 모든 죄를 주의 등 뒤로 던지셨습니다.

18 무덤에서는 주께 감사하지 못하고, 죽은 자는 주를 찬양하지 못하며, 주의 신실하심을 의지하지 못합니다.

19 오직 살아있는 자만이 지금 제가 하는 것처럼 주께 감사하며, 주의 신실하심을 아버지로서 그의 자녀에게 알려줄 수 있습니다.

20 여호와께서 나를 낫게 하셨으니 우리가 계속하여 여호와의 성전에서 수금으로 주를 찬양할 것입니다."

21 그리고 나서 이사야가 말했다. "무화과 한 뭉치를 가져다가 병든 곳에 붙이면 왕이 나을 것입니다."

22 히스기야가 물었다. "내가 여호와의 성전에 다시 올라갈 증거가 무엇입니까?"

바벨론의 사신들1)

39 ● 그때 발라단의 아들 바벨론 왕 므로닥발라단2)이 히스기야가 병들었다가 나았다는 소식을 듣고 친서와 예물을 보내왔다.

2 히스기야가 사신들의 친서를 보고 크게 기뻐하여 자기를 과시하기 위해 그들에게 자기의 보물 창고에 있는 금과 은, 향품, 보배로운 기름, 무기고와 창고의 모든 것과

왕궁의 소유와 그의 나라 안에 있는 모든 소유를 바벨론 사자들에게 빠짐없이 보여주었다.

3 그때 이사야 선지자가 히스기야왕에게 나아와 물었다. "왕에게 온 사신들이 무슨 말을 했으며, 어디서 온 사람들입니까?" 히스기야가 대답했다. "멀리 떨어진 바벨론에서 왔습니다."

4 이에 이사야가 다시 물었다. "그들이 왕궁에서 무엇을 보았습니까?" 히스기야가 대답했다. "그들이 내 궁전과 창고에 있는 것을 빠짐없이 다 보았습니다."

5 이에 이사야가 히스기야에게 말했다. "이제 여호와의 말씀을 들으십시오.

6 여호와의 말씀에 '때가 되면 네 집3)에 있는 모든 소유와 왕의 조상들이 오늘까지 쌓아 두었던 모든 보물이 하나도 빠짐없이 바벨론으로 옮겨 가게 될 것이다.

7 또 왕의 몸에서 태어날 자손4) 중 몇 명이 포로로 잡혀가 바벨론 왕궁의 환관이 될 것이다'라고 하셨습니다."

8 히스기야가 이사야에게 말했다. "당신이 전한 여호와의 말씀은 당연5)합니다. 그러나 내가 사는 날에 태평과 견고함이 있다면 다행스러운 일입니다."6) 7)

이사야의 마지막 희망의 말씀

40 ● 너희 하나님께서 말씀하셨다. "너희는 내 백성을 위로하라.

2 너희는 예루살렘의 마음을 위로하며 그것에 외치라. 그 복역 기간은 끝났고, 그 죄악의 형벌이 끝났다.

그의 모든 죗값에 비해 2배의 벌을 받았다고 하라."

3 한 소리가 있어 외친다. "너희는 광야에 여호와께서 오실 길을 닦아라. 사막에 우리 하나님께서 오실 큰길을 바르게 하라.[1]

4 골짜기들은 메우고, 산과 언덕들은 깎아내리며, 거친 곳을 평탄하게 하며, 험한 곳은 평평하게 하라.

5 여호와의 영광이 나타나리니 모든 육신이 그것을 함께 보게 될 것이다. 여호와의 말씀이다."

6 한 소리가 있어 말한다. "외치라." 내가 대답하기를 "내가 무엇을 외칠까요?"라고 하니 그가 말하기를 "이렇게 외치라. 모든 육체는 풀과 같고, 그의 모든 아름다움은 들의 꽃과 같으니

7 여호와의 입 기운에 풀이 마르고 꽃이 시드는 것처럼 될 것이다. 진정 이 백성은 풀에 지나지 않는다.

8 그러나 풀은 마르고 꽃은 시들지만 우리 하나님의 말씀은 영원히 설 것이다."

9 예루살렘, 곧 시온에 아름다운 소식을 전하는 자여, 너는 높은 산에 올라 두려워하지 말고 큰 소리로 유다의 성읍들에게 "너희 하나님을 보라"고 외치라.

10 보라, 여호와께서 장차 강한 자로 임하사 친히 그의 권세[2]로 다스리실 것이다. 보라, 여호와께서 상급과 보상을 갖고 오실 것이다.

11 그는 목자처럼 양 떼를 먹이시고, 어린 양을 그 팔로 모아 품에 안으시며, 젖 먹이는 어미 양들을 편안하게 인도하실 것이다.

12 누가 손바닥으로 바닷물의 무게를 달아 보고, 뼘으로 하늘을 측량했으며, 됫박에 땅의 티끌을 담아 보

았으며, 접시 저울로 산들을 달고, 막대 저울로 언덕들을 달아 보았느냐?

13 누가 여호와의 영을 지도했으며, 그의 자문관이 되어 그를 가르쳤느냐?

14 여호와께서 누구와 함께 의논했으며, 누가 여호와를 깨우쳤으며, 그에게 공의의 길과 지식을 가르쳤으며, 명철의 길을 보여주었느냐?

15 보라, 여호와에게는 세상 나라가 통에 있는 한 방울의 물과 같고, 저울에 달린 작은 티끌 같으며, 그는 섬들을 먼지처럼 가볍게 들어 올리신다.

16 그러므로 삼림이 우거졌던 레바논은 땔감으로도 부족하겠고, 그곳의 짐승들은 번제를 드리는 데도 부족할 것이다.

17 여호와 앞에는 세상 모든 나라가 아무것도 아니니 그분은 세상 나라를 없는 것처럼 여기신다.

18 그러니 너희가 하나님을 누구와 같다고 비교하겠으며, 사람이 만든 어떤 모양과 비교하겠느냐?

19 우상은 대장장이가 부어 만들고, 금속세공업자가 그 위에 금을 입히며, 은 사슬로 만든 것이다.

20 가난한 자는 들어 올리는 제사인 거제를 드릴 때 금은 대신에 썩지 않는 나무를 택하여 지혜로운 대장장이를 구해 우상을 만들어 흔들리지 않도록 세운다.

21 너희는 알지 못하고 듣지 못했느냐? 세상이 시작될 때부터 너희가 전해 듣지 않았느냐? 땅의 기초가 어떻게 창조되었는지 너희가 알지 못했느냐?

22 하나님은 땅 위 하늘 공간에 앉으

시니 땅에 사는 사람들은 메뚜기와 같다. 그가 하늘을 휘장[1]처럼 펴시고, 거주할 장막처럼 치셨다.

23 그는 통치자들을 폐위시키고, 세상의 지도자인 사사들을 아무것도 아닌 존재로 만드신다.

24 그들은 마치 겨우 심고, 씨를 뿌리고, 땅에 뿌리를 내리자마자 하나님께서 입김을 불어 그것들을 말리시니 회오리바람에 불려 가는 지푸라기와 같다.

25 그러므로 거룩하신 분께서 말씀하신다. "너희가 나를 누구에게 비교하여 나를 그와 동등하게 여기느냐?"

26 너희는 누가 이 모든 것을 창조했는지 보라. 주께서는 수효대로 하늘의 별들을 창조하시고, 그의 권세와 크신 능력으로 창조한 것들의 모든 이름을 하나도 빠짐없이 부르신다.

27 야곱아, 너는 왜 "내 길은 여호와께서 숨기셨고, 내 어려움과 송사는 하나님께서 들어주시지 않는다"라고 말하느냐?

28 너는 알지 못하고 듣지도 못했느냐? 영원하시고 땅끝까지 창조하신 분은 피곤하거나 지치지도 않으시며, 명철이 무한하시다.

29 그래서 그분은 피곤한 자에게는 힘을 주시고, 능력이 없는 자를 강하게 하신다.

30 그러므로 소년이라도 피곤하고 지치며, 장정이라도 넘어지고 쓰러지지만

31 오직 여호와를 바라보는 자는 새 힘을 얻을 것이다. 그는 마치 독수리가 날개를 치며 올라가는 것 같고, 달음박질해도 지치지 않으며, 걸어가도 피곤하지 않을 것이다.

여호와께서 응답을 약속하심

41 ● "해안 지역[2]들은 내 앞에 잠잠하라. 민족들아, 힘을 내어 내게 가까이 나아오라. 그리고 '우리가 함께 재판 자리에 가까이 나아가자'라고 말하라.

2 누가 동쪽에서 사람, 곧 페르시아 왕 고레스를 일으켜 그의 발 앞에 의로움이 일어나게 했느냐? 누가 그에게 세상 나라를 넘겨주어 그가 왕들을 굴복시키게 하되 그의 칼로 그들을 티끌처럼 만들고, 그의 활로 그들을 날리는 지푸라기처럼 만드느냐?

3 누가 그들을 추격하되 가 보지 않은 길도 안전하게 지나가게 했느냐?

4 누가 이 일을 일어나게 했으며, 누가 결정했느냐? 누가 처음부터 모든 세대를 불러내었느냐? 나 여호와이다. 나는 처음부터 있었고, 마지막 때도 있을 것이다."

5 해안 지역[2]들이 여호와께서 행하신 일을 보고 두려워하고, 땅끝 나라들이 무서워 떨며 함께 모여 와서

6 각기 이웃을 도우며, 그 형제에게 "너는 힘을 내라"고 말한다. 또

7 목공은 금세공업자를 격려하고, 망치로 다듬는 자가 달궈진 쇠를 두들기는 모루꾼에게 "잘한다"라고 격려하자 그가 못을 단단히 박아 우상을 흔들리지 않게 한다.

8 "그러나 나의 종 이스라엘아, 내가 선택한 야곱아, 나의 친구 아브라함의 자손아,

9 내가 땅끝에서 너를 붙잡았고, 먼 땅 모퉁이에서 너를 불러내어 네게 말했다. '너는 내 종이니 내가 너를 선택하고 너를 버리지 않았다.'

10 그러므로 두려워하지 말라. 내가

---

1) 차일, 커튼   2) 섬

너와 함께하니 놀라지 말라. 나는 네 하나님이다. 내가 너를 강하게 할 것이다. 참으로 너를 도와주고, 나의 승리의 1) 오른손으로 너를 붙들어 줄 것이다.

11 보라, 너를 향해 분노하던 자들이 수치와 모욕을 당하고, 너와 다투는 자들이 아무것도 아닌 것처럼 되어 결국에는 멸망할 것이다.

12 너는 너와 싸우던 자들을 찾아도 만나지 못하고, 너를 공격하던 자들은 아무것도 아닌 것처럼 될 것이다.

13 이는 네 하나님 여호와가 네 오른손을 붙잡고 네게 '두려워하지 말라. 내가 너를 도와줄 것이다'라고 말할 것이기 때문이다.

14 벌레 같은 너 야곱아, 두려워하지 말라. 나 여호와가 말한다. 이스라엘의 거룩한 이가 너를 속량하고 너를 도와줄 것이다.

15 보라, 내가 너를 날이 날카로운 새 타작기로 삼으리니 네가 산들을 짓밟아 부스러기로 만들며, 언덕들을 겨처럼 만들 것이다.

16 네가 그것들을 까불어 바람이 그들을 날리고, 회오리바람이 그것들을 흩어 버릴 것이다. 그때 너는 여호와 안에서 기뻐하겠고, 이스라엘의 거룩한 하나님을 자랑할 것이다.

17 궁핍2)하고 가난한 자가 물을 구하지만 물이 없어서 그들의 혀가 갈증으로 마를 때 나 여호와가 그들

구속자(속량, 사 41:14)

구속자(redeemer, 救贖者)는 원래 구약에서는 돈을 주고 저당잡힌 물건을 찾아주는 사람을 가리켰다. 이런 책임은 땅이나 물건을 저당잡힌 사람의 가장 가까운 친족에게 있었다. 한편 신약에서는 스스로 십자가에 달려 그 보혈의 대가로 죄인들을 죄악에서 건지신 예수 그리스도를 가리킨다.

의 기도에 응답하겠고, 이스라엘의 하나님께서 그들을 버리지 않을 것이다.

18 내가 헐벗은 산에 강물을 흐르게 하고, 골짜기 가운데 샘이 솟아나게 하며, 광야를 못으로 만들며, 메마른 땅을 샘 근원이 되게 할 것이다.

19 내가 광야에는 백향목과 싯딤나무와 화석류와 들올리브나무를 심고, 사막에는 잣나무와 소나무3)와 황양목이 함께 자라게 하리니

20 무리가 이것을 보고 여호와의 손이 만드신 것이며, 이스라엘의 거룩한 이가 이것을 창조하신 것인 줄을 알고 함께 헤아리며 깨달을 것이다."

여호와께서 거짓 신들에게 말씀하심

21 ● 나 여호와가 말한다. "너희 우상들은 네 입장을 말해 보라." 야곱의 왕이 말한다. "너희는 확실한 증거를 가져오라.

22-23 장차 무슨 일이 일어날지 우리에게 말해 보라. 또 이전에 일어났던 일이 어떤 것인지도 말해 보라. 우리가 마음에 두고 그 결과가 어떻게 되는지 살펴볼 것이다. 그래서 그것이 이루어지면 우리는 너희가 신들인 줄을 인정할 것이다. 또 복이든 재난이든 내려보라. 그러면 우리가 함께 보고 놀랄 것이다.

24 보라, 너희는 아무것도 아니며, 너희가 하는 일은 헛된 것이며, 너희를 선택한 자는 혐오스러울 뿐이다.

25 내가 페르시아 왕 고레스 한 사람을 일으켜 북쪽에서 오게 하며, 내 이름을 부르는 자를 해 뜨는 곳에서 오게 할 것이다. 그가 오면 통치자들을 회반죽처럼 하고, 토기장이가

1) 의로운 2) 가련 3) 느릅 나무

진흙을 밟은 것처럼 할 것이다.

26 어떤 우상이[1] 처음부터 이 일을 우리에게 알게 했느냐? 누가 이전부터 그것을 우리에게 알려주어 그것이 옳다고 말하게 했느냐? 그것을 알게 해주거나 들려주는 자도 없고, 너희 말을 듣는 자도 없다.

27 그래서 내가 이제 시온에게 '너희는 이제 그들을 보라'고 알려주었다. 내가 기쁜 소식을 전할 자를 예루살렘으로 보낼 것이다.

28 내가 우상을 살펴보니 그것들 가운데 내가 묻는 말에 대답하는 우상[2]은 하나도 없었다.

29 보라, 그들은 다 헛되고, 그들은 아무것도 할 수 없으며, 그것은 부어 만든 우상들로 단지 바람이며, 헛된 것일 뿐이다."

주의 종, 새 노래

42 ●"내가 붙들어 주는 나의 종, 내 마음에 기뻐하는 내가 선택한 사람을 보라. 내 영을 그에게 주었으니 그가 이방 나라에 공의를 베풀 것이다.

2 그는 외치거나 목소리를 높여 그 소리를 거리에 들리게 하지도 않는다.

3 그는 상한 갈대를 꺾지 않고, 꺼져 가는 등불을 끄지 않고, 진리를 위해 정의를 베풀 것이다.

4 그는 약해지거나 낙담하지 않고, 세상에 공의를 세우리니 해변 지역[3]들이 그의 가르침을 믿고 따를 것이다."

5 하늘을 창조하사 그것을 펴시고, 땅과 그곳에서 나온 것들을 퍼뜨리시며, 땅 위에 사는 백성들에게 호흡을 주시며, 땅에서 걸어다니는 자에게 생명을 주시는 하나님께서 이같이 말씀하셨다.

6 "나 여호와가 의로움으로 너를 불렀으니 내가 네 손을 잡아 너를 보호하며, 너를 세워 백성의 언약과 이방의 빛이 되게 할 것이다.

7 그래서 네가 눈먼 자들의 눈을 뜨게 하고, 어둔 감옥에 갇힌 자를 이끌어낼 것이다.

8 내 이름은 여호와이다. 나는 내 영광을 다른 자에게 넘기지 않고, 내가 받을 찬양을 우상에게 빼앗기지 않을 것이다.

9 보라, 전에 예언한 일들이 이미 이루어졌다. 이제 내가 새로 일어날 일들을 알려주겠다. 그 일이 시작되기 전에라도 너희에게 말해 줄 것이다."

10 항해하는 자들과 바닷속에 사는 피조물과 해변 지역[3]들과 그곳에 사는 사람들아, 여호와께 새 노래로 노래하며, 땅끝에서 찬양하라.

11 광야와 그곳에 있는 성읍들과 게달 사람이 사는 마을들은 소리를 높이라. 셀라의 주민들은 노래하며 산꼭대기에서 큰 소리로 외치라.

12 여호와께 영광을 돌리며, 그의 찬양을 해안 지역들에 전하라.

13 여호와께서 용사처럼 나오시고, 전쟁 용사처럼 열심으로 크게 외치시며, 그 대적을 크게 치실 것이다.

구원의 약속

14 ● 내가 오랫동안 조용히 침묵하며 참았으나 이제 숨이 차서 심히 헐떡이니 내가 해산하는 여인처럼 부르짖을 것이다.

15 내가 산들과 언덕들을 황폐하게 하고, 그 모든 초목을 시들게 하며, 강들이 섬이 되게 하며, 못들을 마르게 할 것이다.

16 내가 앞 못 보는 사람들을 그들이

1) 누가 2) 조언자 3) 섬

모르는 길로 이끌고, 그들이 다니지 않던 빠른 길로 인도하며, 그들 앞의 어둔 곳을 밝은 빛으로 바꾸며, 거친 곳을 평평하게 할 것이다. 내가 이렇게 행하여 그들을 버리지 않을 것이다.

17 그러나 조각한 우상을 의지하며 부어 만든 우상을 향해 '너희는 우리의 신이다'라고 하는 자는 버림을 받아 크게 수치를 당할 것이다.

깨닫지 못하는 백성

18 ● 너희 듣지 못하는 자들은 들으라. 너희 보지 못하는 자들은 밝히 보라.

19 누가 보지 못하는 사람이냐? 내 종이 아니냐? 누가 듣지 못하는 자이겠느냐? 내가 보낸 사자가 아니냐? 누가 보지 못하는 사람이냐? 나와 언약을 맺은 자가 아니냐?

20 네가 많은 것을 보아도 복종하지 않았고, 귀가 있어도 듣지 않았다.

21 여호와께서 그의 의로움을 이루시기 위해 기쁨으로 교훈1)을 크게 하며 존귀케 하려고 하셨다. 그러나

22 지금 이 백성은 약탈과 탈취를 당하고, 다 구덩이와 감옥에 갇혀 있다. 약탈을 당해도 구해 주는 자가 없고, 탈취를 당해도 되돌려주라고 말할 자가 없다.

23 너희 가운데 누가 이런 일에 귀를 기울이겠느냐? 누가 앞으로 일어

날 일을 귀담아 듣겠느냐?

24 야곱이 탈취를 당하고, 이스라엘을 약탈자들에게 넘긴 자가 누구냐? 여호와가 아니냐? 우리가 그분께 범죄했다. 그들은 여호와의 길로 가기를 원하지 않고, 그분의 가르침에 순종하지 않았다.

25 그러므로 여호와께서 맹렬한 진노와 전쟁을 일으켜 이스라엘에게 쏟으셨다. 그래도 그들은 사방에서 불타오르는 것을 깨닫지 못하고, 불이 그들을 태웠으나 깨닫지 못했다.

이스라엘의 구원자 여호와

43 ● 야곱아, 너를 창조하신 여호와께서 지금 말씀하신다. "너는 두려워하지 말라. 내가 너를 구원했고, 내가 너를 지명하여 불렀으니 너는 내 것이다.

2 네가 물 가운데로 지날 때 내가 너와 함께할 것이다. 네가 강을 건널 때 물이 너를 침몰시키지 못하며, 네가 불 가운데로 지날 때도 타지 않으며, 불꽃이 너를 사르지도 못할 것이다.

3 나는 여호와 네 하나님이요, 이스라엘의 거룩한 자요, 네 구원자이기 때문에 내가 애굽을 너의 속죄제물2)로 삼아 너를 구원했고, 에티오피아, 곧 구스와 스바를 너를 대신해서 속죄제물로 주었다.

4 너는 내가 보기에 보배롭고 존귀하다. 내가 너를 사랑했으니 내가 네 대신에 다른 사람들을 내어주고, 네 생명을 다른 백성들이 대신할 것이다.

5 그러므로 너는 두려워하지 말라. 내가 너와 함께하므로 네 자손을 동쪽에서 오게 하고, 서쪽에서 너

역사 & 배경

"애굽을 너의 속량물로 … 주었다"는 말의 역사적 배경(사 43:3)

하나님께서 바벨론의 손에서 이스라엘을 구원해 내는 대가로 애굽, 구스, 스바를 페르시아 제국에게 정복당하게 할 것이란 말이다. 이는 바사(페르시아)왕 고레스의 아들인 캄비세스(Cambyses BC 529~522년) 2세가 애굽(BC 527년 정복)을 포함한 3절에 나오는 구스와 스바의 나라들을 정복한 역사적인 사건을 예언한 것이다.

1) 율법   2) 속량물

를 모으며,

6 내가 북쪽에게는 '내놓으라'고 하고, 남쪽에게도 '가두어 두지 말라'고 명령하여 먼 곳, 땅끝에 있는 내 아들들과 딸들을 돌아오게 하겠다.

7 내 이름을 부르는 자, 곧 내가 내 영광을 위해 창조한 자들을 돌아오게 하라. 그는 내가 창조했다."

8 눈이 있어도 보지 못하고, 귀가 있어도 듣지 못하는 백성을 이끌어내라.

9 세상 나라와 민족들이 모였는데 그들 가운데 누가 처음 일들을 알려주며 이전 일들을 우리에게 들려줄 수 있겠느냐? 그들이 증인을 세워 자기들의 옳음을 증언하게 하고 듣는 자들이 "그것은 사실이다"라고 말하게 해 보라.

10 나 여호와가 말한다. "너희는 내 증인, 내가 선택한 종이다. 그렇게 한 것은 너희가 나를 알고 믿게 하려는 것이다. 영원전부터 존재한 나 이전에 지음을 받은 신이 없고, 나 이후에도 없을 것이다.

11 나는 여호와이니 나 외에 구원자가 없다.

12 내가 승리를 알려주었고, 구원했으며, 선언했으니 너희 중에는 다른 이방신이 없었다. 그러므로 너희는 내 증인이요, 나는 너희의 하나님이다." 여호와께서 말씀하셨다.

13 "세상이 시작된 때부터 나는 하나님이니 내 손에서 빠져나갈 자가 없다. 내가 하는 일을 그 누구도 막을 수 없다."

14 이스라엘의 거룩한 너희의 구원자이신 여호와께서 말씀하셨다. "너희를 위해 내가 바벨론에 군대¹⁾를 보내 모든 갈대아 사람에게 자기들이 기뻐 외쳤던 그 배를 타고 도망하게 할 것이다.

15 나는 여호와 너희의 거룩한 자이며, 이스라엘의 창조자이며, 너희의 왕이다."

16 나 여호와가 이같이 말한다. "바다 가운데 길을, 큰물 가운데 빠른 길을 내고,

17 병거와 말과 군대의 용사를 이끌어내어 그들이 일시에 엎드러져 일어나지 못하고 소멸하기를 꺼져가는 등불 같게 했다.

18 너희는 지나간 일을 기억하지 말며, 옛날 일을 생각하지 말라.

19 보라, 내가 새 일을 행하리니 이제 드러날 것이다. 너희가 이것을 알지 못하겠느냐? 반드시 광야에 길을 내고, 사막에 강을 낼 것이다.

20 장차 들짐승인 승냥이와 타조도 나를 존경할 것이다. 이는 내가 광야에 물을 내고, 사막에 강들을 내어 내 백성, 내가 선택한 자에게 마시게 할 것이기 때문이다.

21 이 백성은 내가 나를 위해 지었으니 나를 찬양하게 하려는 것이다."

은혜를 저버린 이스라엘의 죄

22 ● 그러나 야곱아, 너는 나를 부르지 않았고, 이스라엘아, 나를 위해 수고도 하지 않았다.

23 네 양의 번제물을 내게 가져오지 않았고, 네 제물로 나를 공경하지도 않았다. 나는 제물²⁾을 드리는 것 때문에 너를 수고롭게 하지 않았고, 유향을 드리는 것 때문에 네게 부담을 주지도 않았다.

24 너는 나를 위해 돈으로 향품³⁾을 사지 않았고, 희생의 기름을 드림으로 나를 만족스럽게 하지도 않았다. 오히려 네 죄의 짐으로 나를 힘들게 했으며, 네 죄악으로 나를 괴롭혔다.

25 그러나 나는 죄를 용서하는 자니

1) 사람 2) 소제 3) 창포

네 죄를 기억하지 않을 것이다.

26 너는 내가 기억이 나도록 하고 싶은
일이 있다면 함께 변론해 보자. 너
는 말로 네 의로움을 나타내 보라.

27 네 첫 조상부터 범죄했고, 네 지도
자들이 나를 배반했다.

28 그러므로 내가 성소¹⁾의 지도자들
을 욕되게 하고, 야곱이 진멸 당하
도록 내어주며, 이스라엘을 비방
거리가 되게 할 것이다.²⁾

이스라엘을 위로하는 여호와

44 1·2 ●나의 종 야곱, 내가 선
택한 이스라엘, 여수룬아, 너
를 만들고 너를 모태에서 지어 낸,
너를 도와줄 여호와가 이같이 말하
니 들으라. 너는 두려워하지 말라.

3 내가 목마른 자³⁾에게 물을 주고,
마른 땅에 시내가 흐르게 하며, 네
자손에게 내 영을 부어 주며, 네 후
손에게 내 복을 내려줄 것이다.

4 그들은 시냇가의 버들처럼 무성하
게 자랄 것이다.

5 그때 "나는 여호와께 속했다"라고
말하는 사람이 있고, 야곱의 이름
으로 자기가 그 자손임을 자칭하
는 사람도 있으며, 어떤 사람은 자
기가 여호와께 속했다는 사실을
자기 손에 적고 이스라엘의 이름
을 영광스럽게 여길 것이다.

6 이스라엘의 왕이며 구원자인 만군
의 여호와께서 이같이 말씀하신
다. "나는 처음이요, 마지막이다.
나 외에 다른 신은 없다.

7 누가 영원한 백성을 세운 이후로
나처럼 이 같은 사실을 알리며 내
게 설명할 자가 있느냐? 만일 있다
면 앞으로 일어날 일을 그들에게
말해 보라고 하라.

8 너희는 두려워하거나 겁내지 말라.
내가 예로부터 너희에게 말해주지

않았느냐? 너희는 내 증인이다. 나
외에 다른 신이 있느냐? 다른 반석
은 없으니 다른 신이 있다는 것을
내가 알지 못한다."

우상은 무익한 것

9 ●우상을 만드는 자는 다 허망한
자들이다. 그들이 좋아하는 우상
들은 쓸모없는 것임에도 그것을
신이라고 말하는 증인들은 눈먼
자이고, 무지한 자들이니 그들은
결국 수치를 당할 뿐이다.

10 아무런 유익도 없는 신상과 우상
을 부어 만든 자가 누구냐?

11 그런 무리는 모두 수치를 당할 것
이다. 우상을 만드는 대장장이들
은 단지 사람일 뿐이다. 그들이 다
모여 서서 두려워하며 수치를 당
할 것이다.

12 쇠를 다루는 대장장이는 힘센 팔
로 철을 가지고 연장을 만들고, 숯
불을 달군 후 망치를 가지고 두들
겨 우상을 만든다. 그러나 그들도
배가 고프면 기운이 없고, 물을 마
시지 않으면 피곤하다.

13 목공은 줄을 늘여 목재를 재고, 철
필 붓으로 줄을 긋고, 대패로 밀고,
곡선자로 그어 사람의 아름다운
모양을 따라 우상을 만들어 신전
집에 두게 한다.

14 또 그는 용도에 따라 백향목과 디르
사나무와 상수리나무를 베어 오니
이것은 숲의 나무들 가운데서 저절
로 자란 것이다. 비록 나무를 심었
어도 그것은 비를 맞고 자란다.

15 이 나무는 사람이 땔감으로 사용
하여 자기 몸을 따뜻하게 하고, 불
을 피워 빵을 굽기도 하며, 신상을
만들어 경배하며, 우상을 만들어
그 앞에 절하기도 한다.

1) 거룩한 백성 2) 하였다 3) 건조한 땅에

16 그중 절반은 불에 살라 고기를 구워 배불리 먹고, 몸을 따뜻하게 하며 말하기를 "아, 따뜻하다. 내가 온기를 느낀다"라고 한다.

17 그 나머지 절반으로는 자기의 우상을 만들고 그 앞에 엎드려 경배하며 그것에게 구하며 "너는 나의 신이니 나를 구원하라"고 말하기도 한다.

18 백성들이 알지도 못하고 깨닫지도 못하는 것은 그들의 눈이 가려져 보지 못하며, 그들의 마음이 어두워져 분별하지 못하기 때문이다.

19 그런 자는 마음에 생각도 없고, 지식도 없고, 총명도 없다. "내가 그것의 절반을 불사르고, 그 숯불 위에서 빵과 고기도 구워 먹었다. 그리고 그 나머지 나무로는 가증한 우상[4]을 만들었다. 이제 내가 그 나무 토막 앞에 절한다"라고 말한다.

20 그는 양잿물을 먹은 사람처럼 미혹된 마음에 빠져 자기의 영혼을 구원하지 못하며 "내 오른손에 잡고 있는 이 우상[2]은 헛된 것이다"라고 말하지 못한다.

창조자와 구원자 되신 여호와

21 ● "야곱아, 이스라엘아, 내가 너를 지었으니 너는 내 종임을 기억하라. 이스라엘아, 나는 너를 잊지 않을 것이다.

22 내가 네 죄를 짙은 구름이 걷히듯 없애버리고, 안개처럼 없어지게 했으니 너는 내게로 돌아오라. 내가 너를 속량했다."

23 여호와께서 이 일을 행하셨으니 하늘은 기뻐 외치라. 땅의 깊은 곳에 있는 것들아, 함성을 울려라. 산들과 숲과 그 가운데 있는 모든 나무야, 외치라. 여호와께서 야곱을 속량했으니 이스라엘 가운데 자기의 영광을 나타내실 것이다.

24 너를 모태에서 지으시고 구원하신 여호와께서 이같이 말씀하신다. "나는 만물을 창조한 여호와이다. 나 혼자 하늘과 땅을 펼쳤다.

25 거짓된 선지자들의 표징을 헛되게 하고, 점치는 자들을 조롱거리로 만들며, 지혜로운 자들을 물리쳐 그들의 지식을 어리석게 한다.

26 그러나 그의 종의 말을 이루어 주고, 그의 사자들의 계획을 이루어 주며, 예루살렘에 대해 '그곳에 사람이 살 것이다'라고 하며, 유다 성읍들에 대해서는 '다시 세워질 것이다. 내가 그 폐허가 된 곳들을 복구시킬 것이다'라고 하며,

27 깊은 물에 대해서는 '내가 네 강물들을 마르게 할 것이다'라고 하며

28 100년 후 등장하게 될 페르시아 왕 고레스에 대해서는 '너는 내 목자다. 그가 내 모든 기쁨을 성취할 것이다'라고 하며, 예루살렘에 대해서는 '다시 세워질 것이다'라고 하며, 성전에 대해서는 '네 기초가 놓여질 것이다'라고 하는 자이다."

여호와께서 고레스를 세우심

45 ● 여호와께서 장차 그[3]의 기름 부음을 받을 페르시아 왕 고레스에게 이같이 말씀하신다. "내가 네 오른손을 붙잡아 그 앞에 세상 나라를 항복하게 하며, 내가 왕들의 허리띠를 풀고, 그 앞에 문들을 열게 한 후 그 성문들이 닫히지 못하게 할 것이다.[4]

2 내가 너보다 앞서 가서 높은 곳을 평평하게 하고, 놋쇠 문을 쳐서 부수며, 쇠빗장을 끊고,

3 네게 어둠 속에 숨겨 둔 보물과 은밀한 곳에 숨겨 둔 재물을 줄 것이다. 그래서 나 여호와 이스라엘의 하

1) 물건 2) 거짓 것 3) 나 4) 스 1:2

나님이 너를 지명하여 불렀음을 알게 할 것이다.

4 너는 나를 알지 못했어도 내가 내 종 야곱, 내가 선택한 이스라엘을 위해 영예로운 호칭을 네게 주었다.

5 나는 여호와다. 나 외에 다른 신이 없다. 너는 나를 알지 못했지만 나는 내 능력¹⁾을 줄 것이다.

6 그래서 사람들이 해 뜨는 곳이든 해지는 곳이든 나밖에 다른 신이 없는 줄을 알게 할 것이다.

7 나는 빛과 어둠, 평안과 환난도 창조하니 나는 이 모든 일을 행하는 여호와이다.

8 하늘이여, 위로부터 정의를 내리라. 구름이여, 의를 흘러내리게 하라. 땅이여, 열려서 구원과 공의도 함께 싹이 돋게 하라. 나 여호와가 그것들을 창조했다."

창조와 역사의 주가 되신 여호와

9 ● 질그릇 가운데 한 조각 같은 자가 자기를 지으신 자와 다투니 그에게 재앙이 임할 것이다. 진흙이 그것을 빚는 토기장이에게 "너는 무엇을 만드느냐? 너는 손이 있으나마나하다'라고 말할 수 있겠느냐?

10 아버지에게는 "무엇을 낳았습니까?"라고 묻고, 어머니에게는 "무엇을 낳으려고 진통했습니까?"라고 묻는 자에게는 재앙이 닥칠 것이다.

11 이스라엘을 지으신 거룩하신 여호와께서 이같이 말씀하셨다. "너희가 내 자식들에게 장차 일어날 일을 내게 물으며, 내 손으로 한 일에 대해 내게 명령하려고 하느냐?

12 내가 땅을 만들었고, 그 위에 사람을 창조했다. 내가 내 손으로 하늘을 펴고, 하늘의 모든 별, 군대에게 명령했다.

13 나는 정의를 세우기 위해 고레스²⁾

를 일으킬 것이다. 그의 모든 길을 평탄케 하리니 그가 내 도성을 재건하며, 사로잡힌 내 백성을 돌려보낼 것이다."³⁾

14 여호와께서 이같이 말씀하셨다. "애굽의 재물과 에티오피아, 곧 구스가 무역으로 얻은 수익과 스바의 거인 남자들이 네게 넘어와서 네 소유가 되고, 그들은 너를 따를 것이다. 그들은 사슬에 묶여 끌려와서 네게 굴복하고 이렇게 간구할 것이다. '하나님께서 과연 당신들과 함께 계시고 그 외에는 다른 하나님이 없다.'"

15 구원자 되시는 이스라엘의 하나님이여, 주는 자신을 숨기시는 하나님입니다.

16 우상을 만드는 자는 부끄러움과 모욕을 받아 함께 수치를 당할 것이다.

17 그러나 이스라엘은 여호와께 영원한 구원을 얻으리니 너희가 영원히 부끄러움을 당하거나 모욕을 받지 않을 것이다.

18 여호와께서 이같이 말씀하셨다. "하늘을 창조하신 분은 하나님이다. 그가 땅을 지으시고, 그것을 견고하게 하시되 무질서하게 창조하지 않으시고 사람이 살 수 있도록 땅을 지으셨다. 나는 여호와이다. 나 외에 다른 신은 없다.

19 나는 어둔 곳에서 은밀하게 말하지 않았으며, 야곱 자손에게 '너희는 나를 헛된 것에서 찾으라'고 하지 않았다. 나는 옳은 것을 말하고 바른 것을 알린다."

구원을 베푸시는 하나님

20 ● 세상 나라 가운데서 피난한 자들은 함께 모여서 가까이 나아오라.

1) 띠 2) 그 3) 스 1:3

나무 우상을 가지고 다니며, 구원
하지 못하는 신에게 기도하는 자
들은 자기들이 무엇을 하는지 모
르는 무지한 자들이다.

21 너희는 장래 일을 말해 보고 의논
해 보라. 이 일을 세상이 시작될 때
부터 듣게 한 자가 누구냐? 누가
옛날부터 그것을 전해주었느냐?
나 여호와가 아니냐? 나 외에 다른
신이 없으니 나는 공의와 구원을
베푸는 하나님이다.

22 땅끝에 사는 자들은 내게로 와 구
원을 받으라. 나는 하나님이니 다
른 신은 없다.

23 내가 스스로 맹세했다. 내 입에서
공의로운 말이 나갔으니 되돌아오
지 않을 것이다. 그러므로 모든 사
람이 내게 무릎을 꿇겠고, 모든 혀
가 맹세할 것이다.

24 오직 공의와 힘은 여호와께만 있
다고 사람들은 내게 고백할 것이
다. 그에게 화를 내는 자는 부끄러
움을 당할 것이다. 그러나

25 이스라엘 자손은 다 여호와 안에
서 의롭다고 인정 받음을 자랑할
것이다.

46 바벨론의 신 벨은 엎드러졌
고, 느보 신은 몸을 굽혔다.
그들의 우상들은 짐승과 가축들이
싣고 간다. 그러니 너희가 메고 다
니던 그것들이 피곤한 짐승에게
무거운 짐이 되었다.

2 벨과 느보 신은 몸을 굽히고 엎드
러졌기 때문에 그 짐 속에서 빠져
나올 수 없었고, 오히려 자기들도
잡혀갔다.

3 야곱과 이스라엘 집에 살아남은
모든 자는 내 말을 들으라. 너는 태
어날 때부터 내게 안겼고, 내가 업
고 다녔다.

4 너희가 늙을 때까지 내가 그렇게
하고, 백발이 되어도 내가 너희를
품고 다닐 것이다. 내가 지었으니
내가 업고 품어 구해낼 것이다.

5 너희가 나를 누구에게 비교하여
누구와 서로 같다고 하겠느냐?

6 사람들이 주머니에서 금을 꺼내
고, 은을 저울에 달고 나서 도금장
이에게 주어 그것으로 신상을 만
들게 하고, 그 신상 앞에 엎드려 경
배하며,

7 그것을 어깨에 메어다가 준비한
자리에 세우지만 서 있을 뿐 그 자
리에서 스스로 움직이지 못한다.
그러므로 우상에게 부르짖어도 응
답하지 못하며, 고난에서 구해내
지도 못한다.

8 너희 범죄한 자들은 이런 사실을
잊지 말고 대장부가 되라. 이 일을
가슴 깊이 새기라.

9 너희는 세상이 시작될 때부터 일
어난 일을 기억하라. 나는 하나님
이다. 나 외에 다른 신이 없다.

10 내가 세상 처음부터 종말을 알리
며, 오래전부터 아직 이루지 않은
일을 보이고 말했다. 내가 하고자
하는 모든 기뻐하는 것을 이루리
라고 했다.

벨 신(Bell, 사 46:1)

벨은 바벨론의 수호신인 마르둑(Marduk)의 칭호
이다. 벨은 히브리어 바알로 이 신의 명칭은 신과
인간의 관심이 지닌 특정한 속성들이나 그 영역
을 가리키는 일반적인 명칭일 수도 있다. 벨은 혼
돈의 바다를 정복해 질서를 세운 엔릴(En-lil)의
역할을 맡은 신으로 가나안 사람들의 바알신과
상대되는 메소포타미아 지역의 신으로 바알처럼
그의 승리의 결과로 왕으로 인정받게 되었다. 그
가 지닌 왕이란 칭호는 질서의 확립을 의미한다.

1) 물건 2) 거짓 것 3) 나 4) 스 1:2

11 내가 동쪽에서 사나운 날짐승인 독수리를 부르며, 먼 나라에서 내 뜻을 이룰 사람을 부를 것이다. 내가 말한 것은 반드시 이루며, 내가 계획한 것은 반드시 시행할 것이다.

12 고집이 세고 의로움에서 멀리 떠난 너희는 내 말을 들으라.

13 내가 내 의로움을 가깝게 하리니 멀지 않은 날에 의로운 일을 할 것이다. 내 구원이 지체하지 않으리니 시온에서 이스라엘에 영광을 줄 것이다.

바벨론 심판에 대한 예언

47 ● 처녀 딸 바벨론아, 너는 내려와 티끌 위에 앉으라. 딸 바벨론, 갈대아야, 보좌가 없어졌으니 땅바닥에 앉으라. 이제 아무도 너를 향해 다정 다감하고 애정이 넘친다고 말하지 않을 것이다.

2 맷돌로 가루를 만들고, 가리개를 벗으며, 긴옷을 걷어 올려 넓적다리를 드러내고 강을 건너라.

3 하체가 드러나고 네 부끄러운 것까지 보일 것이다. 내가 앙갚음을 할 것인데 막을 자가 없을 것이다.

4 우리 구원자의 이름은 만군의 여호와, 이스라엘의 거룩하신 분이다.

5 딸 바벨론, 갈대아여, 조용히 앉아 있다가 어둠 속으로 들어가라. 너를 다시는 왕국들의 여주인이라고 부르지 않을 것이다.

6 전에는 내가 내 백성에게 진노해 내 산업을 욕되게 하여 그들을 네 손에 넘겨 주었다. 그런데 너는 그들을 불쌍히 여기지 않고 노인에게 네 멍에를 심히 무겁게 메우며

7 말하기를 "내가 영영히 여주인으로 군림할 것이다"라고 하며 그런 일을 네 마음에 두지도 않고, 그들에게 일어날 마지막 결과는 생각조차도 하지 않았다.

8 그러므로 사치하고 평안히 지내며 마음속으로 "나 말고는 아무도 없다. 나는 과부가 되는 일도 없고, 자녀를 잃어버리는 일도 없을 것이다"라고 생각하는 자여, 너는 이제 들으라.

9 한날에 자녀를 잃고 과부가 되는 이 두 가지 일이 갑자기 네게 임할 것이다. 네가 무수한 주술과 마술을 할지라도 너를 구원해 내지 못할 것이다.

10 네가 악을 행하는 데 자신만만하여 속으로 말하기를 "나를 감시하는 자가 없다"라고 하니 그것은 네 지혜와 지식이 너를 잘못된 길로 이끌었기 때문이다. 또 '나 외에 아무도 없다'라고 생각했다. 그러므로

11 재앙이 네게 임할 것이다. 그러나 왜 재앙이 왔는지 그 이유를 알지 못하고[1], 재앙이[2] 네게 닥쳐도 그것을 벗어나지 못하며, 네가 알지 못하는 파멸이 순식간에 임할 것이다.

12 이제 너는 젊을 때부터 힘쓰던 마술과 많은 주술을 가지고 재앙을 막아 보라. 혹시 네게 도움이 될지, 아니면 네 대적을 놀라게 할지 모른다.

13 너는 많은 계략 때문에 오히려 피곤하게 되었다. 하늘을 살피는 자와 별을 보고 점을 치는 자와 초하룻날마다 앞으로 일어날 일을 알려준다는 자들에게 말하여 네게 임할 재앙에서 너를 구원해 보라.

14 그러나 그들은 지푸라기처럼 불에 타리니 그 불꽃의 세력에서 자신을 구해 내지 못할 것이다. 그 불은

---

1) 술법으로 그것을 물리칠 줄을 알지 못할 것이며
2) 손해가

따뜻하게만 하는 정도의 숯불이 아니며, 그 앞에 앉아 불을 쬐일 만한 불도 아니다.

15 네가 공을 들인 자들이 네게 이같이 아무것도 아니게 되리니 젊을 때부터 너와 함께 거래하던 자들이 각기 제 길로 도망하니 너를 구해 줄 자가 없을 것이다."

야곱에 대한 책망과 하나님의 새 일 약속

48 ● 야곱의 가문[1]은 내 말을 들으라. 이스라엘의 이름으로 일컬음을 받는 유다 자손들아, 여호와의 이름으로 맹세하고, 이스라엘의 하나님을 섬긴다고 하면서도 진실과 공의가 없다.

2 거룩한 성, 예루살렘 출신이라고 자처하며, 이스라엘의 하나님을 의지한다고 하며 "그의 이름이 만군의 여호와"라고 말하는 자들아,

3 내가 너희에게 예로부터 앞으로 일어날 일들을 알게 했고, 내가 직접 그 일들을 예고했으며, 그것들을 들려주었으며, 내가 그 일들을 홀연히 이루었다.

4 나는 네가 고집스러운 것을 알고 있다. 네 목의 힘은 쇠붙이 같고, 네 이마는 놋쇠와 같다.

5 그래서 내가 이 일을 옛날부터 네게 알려주었고, 일이 이루어지기 전에 그것을 네게 알려주었다. 그것을 미리 알려준 것은 그 일이 일어났을 때 그것은 내가 행한 것으로, 새긴 신상과 부어 만든 신상이 명령한 것이라고 말하지 못하게 하기 위해서이다.

6 네가 들었으니 이 모든 것을 보라. 너희가 이 소식을 알려주지 않겠느냐? 네가 알지 못하던 비밀스러운 새로운 일을 네게 알려줄 것이다.

7 이 일들은 옛것이 아니라 지금 일으킨 일이다. 그것은 지금까지 들어보지 못한 일이다. 그것은 너로 "내가 이미 알고 있는 것이다"라고 말하지 못하게 하려는 것이다.

8 네가 듣지도 못하고 알지도 못하게 했으며, 옛적부터 네 귀가 알아듣지 못하게 했다. 네가 모태에서 "배역한 자"라고 불릴 줄을 알았기 때문이다.

9 내 이름을 위해 내가 분노를 오래 참으며, 내 영광 때문에 내가 화를 억제하여 너를 진멸하지 않는 것이다.

10 보라, 내가 너를 단련시켰으나 은을 정련하듯 하지 않고 너를 고난의 풀무 불에서 시험했다.

11 나는 나를 위해 이것을 이룰 것이다. 어찌 내 이름을 욕되게 하겠느냐? 내 영광을 다른 자에게 돌아가지 않게 할 것이다.[2]

이스라엘 구원에 대한 예언

12 ● 야곱아, 내가 불러낸 이스라엘아, 내 말을 들으라. 나는 하나님이니 나는 시작이요, 마지막이다.

13 과연 내 손이 땅의 기초를 놓았고 내 오른손이 하늘을 펼쳤으니, 내가 그 하늘과 땅을 부르면 그것들이 일제히 내 앞에 선다.

14 너희는 함께 모여 내 말을 들으라. 나 여호와가 사랑하는 자는 바벨론을 공격하여 내 기뻐하는 뜻을 이루고, 그의 능력[3]을 갈대아, 곧 바벨론 사람들에게 나타낼 것이다. 누가 이런 일들을 알게 했느냐?

15 바로 내가 말했고, 내가 그를 불러내었으며, 그를 오게 했으니 그 길이 형통할 것이다.

16 너희는 내게 가까이 나아와 이 말을

---

1) 집 2) 사 42:8 3) 팔

들으라. 내가 처음부터 은밀하게 말하지 않았으니 이 일이 있을 때부터 내가 그곳에 있었다. 이제는 여호와께서 그의 영을 나와 함께 보내셨다.

17 너희의 속량자이며, 이스라엘의 거룩하신 분인 여호와께서 말씀하셨다. "나는 네게 유익하도록 가르치고, 네가 마땅히 가야 할 길로 인도하는 네 하나님이다.

18 네가 내 명령을 귀담아들었다면 네 평안이 강처럼 흐르고, 네 공의가 바다 물결처럼 넘치며,

19 네 몸에서 태어난 자손이 모래처럼 많아 그의 이름이 내 앞에서 끊어지지 않고 영원했을 것이다."

20 너희는 바벨론에서 나와서 그곳 사람들에게서 도망하라. 그리고 "여호와께서 그의 종 야곱을 구원하셨다"라고 즐거운 소리로 땅끝까지 전파하라.

21 여호와께서 그들로 사막을 지나가게 하시던 때도 그들을 위해 바위를 쪼개어 바위에서 물이 솟아나게 하심으로 그들을 목마르게 하지 않으셨다.[1)

22 여호와께서는 "악인에게는 평안이 없다"라고 말씀하셨다.

이방의 빛 이스라엘

49 ● 해변 지역[2)]들아, 내 말을 들으라. 먼 곳에 사는 민족들아, 귀담아들으라. 여호와께서는 어머니 뱃속에서 나를 부르셨고, 내 어머니의 복중에서 내 이름을 기억하셨다.

2 그는 날카로운 칼로 내 입을 만드시고, 나를 주의 손의 그늘에 숨기시며, 나를 뾰족한 화살로 만들어 그의 화살통에 감추시며

3 내게 말씀하셨다. "너는 내 종이요, 내 영광을 이스라엘을 통해 보여주었다."

4 나는 다시 후회하며 말했다. "내가 헛되이 수고했으며, 그 일에 공연히 내 힘만 소비했다. 그러나 여호와께서 나를 올바로 판단해 주시고, 나에 대한 보상을 해주셨다."

5 여호와는 야곱을 자기에게로 돌아오게 하시고, 이스라엘이 돌아오게 하시려고 나를 모태에서 당신의 종으로 지으셨다. 그래서 나는 여호와께서 보시기에 영화롭게 되었으며, 하나님께서 나의 힘이 되셨다.

6 여호와께서 말씀하셨다. "네가 내 종이 되면 야곱의 지파들을 일으키고, 이스라엘 가운데 살아남은 자를 돌아오게 하는 것은 아주 쉬운 일이다. 내가 또 내 구원을 땅끝까지 베풀게 하기 위해 너를 이방의 빛으로 삼을 것이다."

7 이스라엘의 구원자, 이스라엘의 거룩하신 분인 여호와께서는 사람에게 멸시를 당하고 백성에게 미움을 받으며, 관원들의 종이 된 자에게 이같이 말씀하신다. "왕들이 보고 일어서며 지도자들이 경배하리니 이는 이스라엘의 거룩하시고

📍성경지리 **바벨론 포로로 잡혀간 유대인이 살다가 귀환한 닙푸르**(사 48:20)

갈레(Calneh)는 니므롯이 세운 왕국의 네번째 도성으로 창 10:10에서는 이 도성 앞에 바벨과 에렉과 악갓의 세 도성이 언급되고 있다. 이곳은 닙푸르와 동일시되고 있으나 정확한 위치는 알려져 있지 않다. 닙푸르(Nippur)는 메소포타미아 남부 지역의 종교 중심지로 현대 아람어 지명으로는 니파르(Niffar) 또는 누파르(Nuffar)라고 불린다. 이곳은 바그다드에서 남서쪽으로 약 180km 정도 떨어져 있다. 엔릴을 숭배했던 신전인 지구랏트가 남아 있는 갈레는 BC 3천년경부터 거대한 종교 도시로 성장했다.

1) 출 17:1-7 2) 섬

신실하신 여호와가 너를 선택했기 때문이다."

예루살렘의 회복

8 ●여호와께서 이같이 말씀하셨다. "은혜의 때 내가 네게 응답했고, 구원하는 날에 내가 너를 도왔다. 내가 너를 지켜 언약의 백성으로 삼고, 황폐했던 나라를 다시 일으켜 그들에게 그 땅을 유업으로 상속하여 정착시킬 것이다.

9 내가 죄수, 잡혀 있는 자에게는 '나오라'고 말하며, 어둠 속에 갇혀 있는 자에게는 '밝은 곳으로 나오라'고 말할 것이다. 그들은 길에서도 먹을 것이 있겠고, 모든 헐벗은 산에도 그들의 초장이 있게 할 것이다.

10 그러므로 그들은 주리거나 목마르지 않으며, 폭염과 햇볕이 그들을 해치지 못할 것이다. 이는 그들을 불쌍히 여기는 이가 그들을 샘물이 솟아나오는 곳으로 인도할 것이기 때문이다.

11 내가 내 모든 산 사이에 큰길을 닦으리니

12 내 백성이 먼 곳에서 오고, 북쪽과 서쪽에서 오며, 애굽의 아스완, 곧 시님 땅에서도 올 것이다."

13 하늘과 땅이여, 기뻐 노래하라. 산들이여, 기뻐 외치라. 여호와께서 그의 백성을 위로하셨고, 고난당한 자를 불쌍히 여기셨다.

14 그런데 시온은 "여호와께서 나를 버리시며 나를 잊으셨다"라고 말한다.

15 그러나 여인이 어찌 그 젖 먹이는 자식을 잊을 수 있겠으며, 자기 뱃속에서 나온 아들을 불쌍히 여기지 않겠느냐? 그들은 혹시 잊을지라도 나는 너를 잊지 않을 것이다.

16 내가 너를 내 손바닥에 새겼고, 네

성벽을 항상 살피고 있으니

17 네 자녀들은 빨리 오게 되고, 너를 파괴시키고 황폐하게 만든 자들은 너를 떠나갈 것이다.

18 너는 눈을 들어 주위를 살펴보라. 그들이 함께 모여 네게로 온다. 나 여호와가 내 삶을 두고 맹세한다. 너는 신부가 패물로 치장하듯 모든 무리가 너를 그렇게 꾸밀 것이다.

19 네가 살던 황폐하고 적막한 곳들과 파멸당했던 땅이 이제는 주민이 많아 살 지역이 좁게 되며, 너를 삼켰던 자들이 멀리 떠날 것이다.

20 자식을 잃고 난 후 다시 낳은 자녀가 후일에 네게 "이곳은 살기에 좁으니 넓혀 주세요"라고 말할 것이다.

21 그때 너는 속으로 이렇게 말할 것이다. "누가 나를 위해 이 아이들을 낳아 주었는가? 나는 자식을 잃은 후 더 낳지 못하고 외로워졌으며 살아남은 자들은 포로로 잡혀가 떠돌아다녔는데, 이 아이들은 누가 길렀는가? 나는 혼자 남았는데, 이 아이들은 어디서 왔는가?"

22 여호와께서 이같이 말씀하셨다. "내가 세상 나라를 향해 내 손을 들고 민족들을 향해 내 깃발¹⁾을 세울 것이다. 그들은 네 아들들을 품에 안고, 네 딸들을 어깨에 메고 올 것이며,

23 왕들은 네 양아버지가 되고 왕비들은 네 유모가 될 것이다. 그들은 땅에 얼굴을 대고 네게 절하고 네 발의 먼지를 닦아 주리니 그때 너는 내가 여호와인 줄을 알게 될 것이다. 나를 믿고 기다린 자는 수치를 당하지 않을 것이다."

24 힘센 용사의 노략물을 어떻게 다시 빼앗으며, 점령자에게서 포로를

1) 기치

어떻게 빼내 올 수 있겠느냐?

25 그러나 여호와께서 이같이 말씀하셨다. "힘센 용사의 포로도 빼앗고, 포학한 자의 빼앗은 것도 다시 빼앗아 올 것이다. 내가 네 대적자를 대적하여 네 자녀를 구원해 낼 것이기 때문이다.

26 나는 너를 억압하는 자들이 서로 죽이게 하고, 새 포도주 술에 취한 것처럼 자기의 피에 범벅이가 되게 할 것이다. 그래서 모든 사람이 나 여호와가 네 구원자이며, 속량자이며, 야곱의 전능자임을 알게 될 것이다."

50 여호와께서 이같이 말씀하셨다. "내가 내보낸 네 어머니의 이혼증서가 어디 있느냐? 내가 너희를 팔아넘긴 채권자는 어떤 자들이냐? 보라, 너희는 너희의 죄악 때문에 팔렸고, 너희의 어머니가 쫓겨난 것은 너희의 배역함 때문이다.

2 내가 찾아왔을 때 왜 아무도 없었느냐? 내가 불러도 대답하는 자가 왜 아무도 없었느냐? 내 손이 짧아 구원하지 못한 것도 아니고, 내가 건질 능력이 없어서 그런 것도 아니다. 보라, 나는 바다를 꾸짖어 마르게 하고, 강들을 사막이 되게 한다. 그러면 물이 없어지므로 물고기들이 죽어 악취를 풍길 것이다.

3 나는 흑암으로 하늘을 입히며, 굵은 베로 하늘을 입힌다."

여호와의 종의 순종

4 ● 여호와께서 학자[1]들처럼 내가 말을 잘하도록 하셔서 나로 약한 자를 말로 도와주도록 하시고, 아침마다 내 귀를 깨우쳐 학자들처럼 잘 알아듣게 하셨다.

5 여호와께서 내 귀를 열어 주셨으니 나는 주께 거역하거나 등을 돌리지도 않았다.

6 또 나를 때리는 자들에게 내 등을 맡기며, 내 수염을 뽑는 자들에게 내 뺨을 내밀었으며, 모욕과 침 뱉음을 당해도 내 얼굴을 가리지 않았다.

7 여호와께서 나를 도우셨기 때문에 내가 부끄러워하지 않았고, 내 얼굴을 부싯돌처럼 단단하게 하셨기 때문에 내가 수치를 견뎠다.

8 나를 의롭다고 하시는 이가 가까이 계시니 누가 나와 다투겠느냐? 나와 함께 법정에 서 보자. 나를 고소할 대적이 누구냐? 있다면 내 앞에 나서 보라.

9 보라, 여호와께서 나를 도우실 것인데, 누가 내게 죄가 있다고 하겠는가? 그런 자들은 다 옷처럼 해어지고, 좀에게 먹힐 것이다.

10 너희 가운데 누가 여호와를 경외하며, 그의 종의 목소리를 경청하느냐? 어둠 가운데 행하여 빛이 없는 자라도 여호와의 이름을 믿고 따르며 자기 하나님께 의지하라.

11 보라, 너희가 불을 피우고 횃불을 들었으니 모두 불꽃과 너희가 피운 횃불 가운데로 걸어가라. 너희가 내 손에서 얻을 것은 이것이니, 고통이 있는 곳에 눕게 될 것이다.

여호와의 위로의 말씀

51 ● 의를 추구하며 여호와를 찾는 너희는 내 말을 들으라. 너희는 너희가 떨어져 나온 바위와 너희가 나온[2] 웅덩이를 생각해 보라.

2 너희의 조상 아브라함과 너희를 낳은 사라를 생각해 보라. 아브라함이 자식이 없을 때 내가 그를 부르고, 그에게 복을 주어 수많은 자녀[3]를 주었다.

1) 제자 2) 파낸 3) 후손

3 나 여호와가 폐허 된 시온을 위로하여 그 사막을 에덴처럼, 여호와의 동산처럼 했으니 그 가운데 기쁨과 감사함과 노래하는 소리가 있을 것이다.

4 내 백성과 내 나라여, 내 말을 귀담아들으라. 이는 율법이 나에게서 나갈 것이기 때문이다. 내 공의는 세계 모든 백성의 빛이 될 것이다.

5 내 공의가 드러나고 내가 구원하리니 내 능력1)이 세계 모든 백성을 심판할 것이다. 그러므로 섬들이 나를 바라며 내 능력을 의지하게 될 것이다.

6 너희는 눈을 들어 하늘을 바라보고, 땅을 내려다보라. 하늘이 연기처럼 사라지고, 땅이 옷처럼 해어지며, 그곳에 사는 자들이 하루살이처럼 죽을 것이다. 그러나 내 구원은 영원히 있고, 내 공의는 꺾이지 않을 것이다.

7 공의를 아는 자들과 마음에 내 율법을 간직한 백성들아, 너희는 내 말을 듣고 사람들의 비난을 두려워하거나 놀라지 말라.

8 옷처럼 좀이 그들을 먹으며, 양털처럼 좀벌레가 그들을 먹을 것이다. 그러나 내 공의와 구원은 영원하다.

9 깨어나 힘으로 무장하십시오. 오래전 옛날처럼 깨어나십시오. 애굽라합을 조각내시고, 바다의 큰 짐승인 용을 찌르시던 주님입니다.

10 넓고 깊은 바닷물을 말리시고, 바다의 깊은 곳에 길을 내어 구원받은 자들을 건너게 하신 분이 바로 주님입니다.

11 여호와께 구원받은 자들이 예루살렘, 곧 시온으로 돌아올 것입니다. 그들에게 기쁨이 영원히 머물고, 즐거움이 넘치리니 슬픔과 탄식은 사라질 것입니다.

12 하나님께서 말씀하셨다. "나는 너희를 위로하는 자다. 그런데 너는 왜 죽을 인간을 두려워하며, 풀처럼 될 사람의 아들을 두려워하느냐?

13 너희는 하늘을 펼치사 땅의 기초를 세우시며, 너를 창조하신 여호와를 잊어버렸다. 너희를 죽이려고 하는 압제자의 분노 때문에 왜 날마다 두려워하느냐? 압제자의 분노가 어디 있느냐?

14 갇혀 있는 포로가 속히 풀려나리니 구덩이에서도 오래 살고, 그의 양식이 모자라지 않을 것이다.

15 나는 네 하나님이다. 바다를 흔들어 파도를 일으키는 자이니 내 이름은 만군의 여호와이다.

16 나는 내 말을 네 입에 두고 내 손의 그늘로 너를 덮었다. 이는 내가 하늘을 펼치고, 땅의 기초를 세우며, 예루살렘을 향해 '너는 내 백성이다'라고 말하기 위해서이다."

분노의 잔을 통한 권면

17 ● 여호와의 손에서 그의 분노의 잔을 마신 예루살렘이여, 깨어나 일어서라. 너는 이미 비틀거리게 하는 큰 잔을 바닥까지 다 비웠다.

18 네가2) 낳고 기른 모든 아들 가운데서 너를 인도할 아들이 없다.

19 이 두 가지 일, 전쟁과 굶주림이 네게 닥쳤으니 누가 너를 위해 슬퍼하겠느냐? 그것은 황폐와 멸망과 기근과 칼이다. 누가 너를 위로하겠느냐.

20 네 아들들이 여호와의 분노와 책망으로 피곤하고 지쳐 그물에 걸린 영양처럼 온 거리 모퉁이마다 쓰러져 있다.

1) 팔　2) 그가

21 그러므로 괴롭고 포도주를 마시지 않아도 취한 자여, 이 말을 들으라.

22 자기 백성의 억울함을 풀어 주시는 네 하나님께서 이같이 말씀하셨다. "보라, 내가 비틀거리게 하는 내 분노의 큰 잔을 네 손에서 거두었으니 네가 다시는 마시지 않게 하고,

23 대신 그 잔을 너를 괴롭히던 자들의 손에 쥐어 줄 것이다. 그들은 일찍이 네게 '엎드리라. 우리가 넘어가리라'고 말하던 자들이다. 그래서 너는 그들이 너를 밟고 지나가도록 네 허리를 땅에 엎드려 펴서 길을 만들었다."

여호와께서 예루살렘을 구원하심

52 ● 예루살렘, 곧 시온아, 깨어나라. 깨어나라. 그리고 힘을 내라. 거룩한 성 예루살렘이여, 너의 아름다운 옷을 입으라. 이제부터 다시는 할례 받지 않은 자와 부정한 자가 네게로 들어오는 일이 없을 것이다.

2 예루살렘이여, 너는 먼지를 털고 일어나 앉으라. 사로잡힌 딸 예루살렘이여, 네 목의 줄을 스스로 풀어라.

3 여호와께서 이같이 말씀하셨다. "너희가 값없이 팔려 갔으니 돈을 지불하지 않고 구원될 것이다.

4 옛적에 내 백성이 애굽에 내려가서 그곳에 거주했고,1) 앗수르인은

아무 이유 없이 그들을 억압했다."

5 그러므로 이제 여호와께서 말씀하신다. "내 백성이 이유 없이 잡혀 갔으니 내가 어떻게 하면 좋겠느냐? 너희를 지배하는 자들은 조롱하며 날마다 내 이름을 모독하고 있다.

6 이로 인해 내 백성은 내 이름을 알게 될 것이다. 그러므로 그날에는 그들이 이 말을 하는 자가 나인 줄을 알게 될 것이다. 내가 여기 있다."

7 좋은 소식을 전하고, 복된 좋은 소식을 가져오며, 예루살렘을 향해 기쁜 소식을 전하기 위해 산을 넘어 오는 자의 발은 어찌 그렇게 아름다운가! 그는 "네 하나님께서 통치하신다"라고 외치며 평화와 구원을 선포한다.

8 소리를 높여 함께 기뻐하며 노래하는 파수꾼들의 소리를 들어 보라. 여호와께서 예루살렘으로 돌아오실 때의 모습을 그들의 눈으로 직접 볼 것이다.

9 너 예루살렘의 황폐한 곳들아, 함께 기뻐 외치라. 이는 여호와께서 그의 백성을 위로하셨고, 예루살렘을 구원하셨기 때문이다.

10 여호와께서 세상 나라 앞에서 그의 거룩한 능력2)을 드러내셨으니 땅끝까지 모든 사람이 우리 하나님의 구원을 볼 것이다.

11 너희는 그곳에서 떠나 나오라. 부정한 것을 만지지 말고 그 가운데서 나오라. 여호와의 기구를 메는 자들아, 자신을 정결하게 하라.

12 이스라엘의 하나님께서 너희 앞에서 행하시며 너희 뒤에서 지켜 주시리니 너희가 서둘러 나오지 않으며, 도망치듯 달아나지 않아도 된다.

파수꾼(사 52:8)

파수꾼은 망대나 성곽의 높은 곳에서 경계를 서는 보초를 말한다. 구약에서는 범죄하는 주의 백성들을 바른 길로 인도하는 선지자를 가리키며, 신약에서는 이단들로부터 복음의 진리를 사수하는 사도나 교회 지도자들을 가리켰다. 이사야는 여호와께서 시온으로 돌아올 때에 파수꾼이 여호와를 마주보리라고 예언하고 있다.

1) 창 46:28, 47:11 2) 팔

고난 받는 종, 메시아

13 ●보라, 내 종이 형통하리니[1] 그가 높아져 섬김을 받고, 크게 존경함을 받게 될 것이다."

14 전에는 그의 모습이 남들보다 형편없었기 때문에 보는 사람마다 그를 보고 놀랐다. 그러나

15 이제는 그가 오히려 나라들을 놀라게 하며 세상 나라에 뿌릴 것이며, 왕들은 그 앞에서 자신들의 입을 닫을 것이다. 그 왕들은 아직 전해지지 않은 것을 보게 되고, 아직 듣지 못한 것을 깨닫게 될 것이기 때문이다.

53 우리가 전한[2] 것을 누가 믿었느냐? 여호와의 능력이 누구에게 나타났느냐?

2 그는 주 앞에서 연한 순처럼 자라고, 마른 땅에서 나온 뿌리[3]와 같기 때문에 고운 모습이나 풍채도 없으며, 우리가 보기에 아름다운 모습도 없다.

3 그는 멸시를 받아 사람들에게 버림을 받았고, 질병을 많이 겪었으며, 질병을 지고 있는 자다. 사람들이 그에게서 얼굴을 돌리는 것같이 멸시를 받았으며, 우리도 그를 귀하게 여기지 않았다.

4 그는 참으로 우리의 질병을 대신 짊어지고 우리의 슬픔을 담당했지만 우리는 "그가 징벌을 받아 하나님께 맞으며 고난을 당했다"라고 생각했다.

5 그는 우리의 범죄 때문에 찔렸고, 우리의 죄악 때문에 상처를 입었다. 그가 징계를 받으므로 우리는 평화를 누리고, 그가 채찍에 맞으므로 우리의 병이 나았다.

6 우리는 모두 양처럼 길을 잃고 각기 제멋대로 길을 갔지만 여호와께서는 우리 모두의 죄악을 그에게 지우셨다.

7 그는 매를 맞고 고초를 당해 괴로울 때도 그 입을 열지 않았다. 그는 마치 도살장으로 끌려가는 어린 양처럼, 털을 깎는 자 앞에서 잠잠히 있는 양처럼 어떤 변명도 하지 않았다.

8 그는 매 맞고 고초와 심문을 당하고 끌려갔지만 그 당시 사람들은 아무도 그가 살아있는 자들의 땅에서 죽은 것은 마땅히 형벌 받을 내 백성의 허물 때문이라고 생각하지 못했다.

9 그는 악한 일을 행하지 않았고, 그의 입에 거짓이 없었음에도 그의 무덤은 악인들의 무덤과 함께 있었고, 그가 죽은 후에는 부자가 들어갈 무덤과 함께 있었다[4]

10 여호와께서는 그에게 질병으로 상함을 받게 하기를 원하셨다. 그래서 자신[5]을 속건제물로 드릴 때가 되면 그가 자손을 보게 되며, 오래 살 것이다. 또한 여호와께서 하시고자 하는 것을 그가 이루실 것이다.

11 그는 자신이 고난당함으로 생명의 빛[6]을 보고 만족스럽게 여기실 것이다. 내 의로운 종이 자기 지식으로 많은 사람을 의롭게 하며, 그들이 받아야 할 형벌을 대신 담당할 것이다.

12 그러므로 내가 존귀한 자와 함께 보상을 받게 하며, 강한 자와 함께 전리품을 나누게 할 것이다. 이는 그가 죽는 데까지 자기 영혼을 내맡기며, 범죄자 가운데 하나로 취급을 받았기 때문이다. 그러나 그는 많은 사람의 죄를 담당하며 오히려

---

1) 지혜롭게 행하리니 2) 들은 3) 줄기 4) 마 27:57-60 5) 영혼 6) 사해 사본

범죄자를 위해 기도할 것이다.[1]

하나님께서 화평을 약속하심

54 ● 잉태하지 못해 출산하지 못한 너는 노래하라. 해산의 고통을 겪지 못한 너는 기뻐 외치라. 버림을 받아 홀로 사는 여인의 자식이 남편 있는 자의 자식보다 많기 때문이다. 여호와께서 말씀하셨다.

2 "네 장막 터를 넓히며, 네 처소의 커튼을 아끼지 말고 널리 펼치되 네 줄을 길게 하며, 네 말뚝을 견고히 박으라.

3 네가 좌우로 퍼져 나가고, 네 자손은 세상 나라를 얻게 되며, 황폐한 성읍들을 사람이 사는 곳이 되게 할 것이기 때문이다.

4 두려워하거나 놀라지 말라. 너는 수치를 당하거나 부끄러움을 당하지 않을 것이다. 너는 젊었을 때의 수치를 잊어버리겠고, 과부 때의 치욕을 다시 기억하지 않을 것이다.

5 이는 너를 지으신 이가 네 남편이 될 것이기 때문이다. 그의 이름은 만군의 여호와이시며, 네 구원자는 이스라엘의 거룩하신 분이다. 그는 온 세상의 하나님으로 불릴 것이다.

6 여호와께서 어릴 때 아내가 되었다가 버림을 받아 근심하는 자에게 하는 것처럼 너를 부르실 것이다." 네 하나님께서 말씀하셨다.

7 "내가 잠시 너를 버렸지만 큰 긍휼로 너를 다시 불러 모을 것이다.

8 내 진노가 커서 내 얼굴을 네게서 잠시 가렸지만 이제는 영원한 자비로 너를 불쌍히 여길 것이다.

9 이 같은 사실은 내게 노아 때의 홍수와 같다. 내가 노아 때 다시는 땅을 홍수로 멸망시키지 않겠다고 맹세한 것처럼[2] 내가 네게 분노하지 않고, 너를 책망하지 않기로 맹세했다.

10 산들과 언덕들은 옮겨질지라도 내 은총은 네게서 떠나지 않으며, 내 평화의 언약은 파기되지 않을 것이다." 너를 불쌍히 여기시는 여호와께서 말씀하셨다.

새 이스라엘의 영광

11 ● 가난[3]하고 폭풍에 시달려 위로를 받지 못한 자여! 보라, 내가 화려한 채색인 홍옥으로 네 돌 사이에 벽을 쌓고, 청옥으로 네 성벽 기초를 놓으며,

12 루비, 곧 홍보석으로 네 성벽을 쌓으며, 녹주석, 곧 석류석으로 네 성문을 만들고, 네 지경인 성벽 둘레를 모두 진귀한 돌인 보석으로 꾸밀 것이다.

13 네 모든 자녀는 여호와의 가르침을 받으리나[4] 네 자녀는 큰 평화를 누릴 것이다.

14 너는 공의로 굳게 서며, 억압은 네게서 멀어질 것이다. 그러므로 네게서 두려움과 공포가 사라질 것이다.

15 보라, 너를 해치려는 자가 분쟁을 일으켜도 나로 인한 것이 아니니 누구든지 너를 해치려고 분쟁을 일으키는 자는 도리어 너로 인해 패망할 것이다.

16 보라, 숯불을 피워 자기가 쓸만한 연장을 제조하는 대장장이도 내가 창조했고, 파괴와 진멸하는 자도 내가 창조했으니

17 너를 해치려고 제조된 모든 무기는 쓸모없게 될 것이다. 너를 고소[5]하여 재판에서 대적하는 모든 혀는 오히려 네게 반박을 당할 것이다. 이는 여호와의 종들의 몫이며, 내가 그들에게 주는 권리이다." 여호와의 말씀이다.

1) 눅 23:34, 46   2) 창 9:11   3) 곤고   4) 제자가될   5) 대적

하나님의 긍휼하심

55 ●아, 너희 모든 목마른 자들은 물로 나아오라. 돈 없는 자도 오라. 너희는 와서 돈을 지불하지 않고, 값도 치르지 않고 와서 포도주와 젖을 사라.[1)]

2 왜 너희는 양식이 아닌 것에 돈[2)]을 쓰고, 배부르게 하지도 못하는 것을 위해 수고하느냐? 내가 하는 말을 듣고 또 들으라. 그러면 너희가 좋은 것을 먹으며, 기름진 것으로 너희 자신들이 기쁨을 얻을 것이다.

3 너희는 귀를 기울이고 내게로 나아와 들으라. 그러면 너희가 살 것이다. 내가 너희를 위해 영원한 언약을 맺으리니 그것은 다윗에게 허락한 확실한 은혜이다.

4 보라, 내가 그를 세상 모든 민족 앞에 증인으로 삼았고, 그들의 지도자와 명령자로 삼았다.

5 보라, 네가 알지 못하는 나라를 네가 부르며, 너를 알지 못하는 나라가 네게로 달려오게 될 것이다. 그것은 이스라엘의 거룩하신 하나님으로 인한 것이다. 이는 그가 너를 영화롭게 했기 때문이다.

6 너희는 여호와를 만날 기회가 있을 때 찾으라. 가까이 계실 때 그를 부르라.

7 악인은 그의 길을, 불의한 자는 그의 생각을 버리고 여호와께로 돌아오라. 그러면 그가 불쌍히 여기실 것이다. 우리 하나님께로 돌아오라. 그가 너그럽게 용서하실 것이다.

8 내 생각은 너희의 생각과 다르며, 내 길은 너희의 길과 다르다. 여호와의 말씀이다.

9 "하늘이 땅보다 높은 것처럼 내 길은 너희 길보다 높고, 내 생각은 너희 생각보다 깊기 때문이다.

10 또한 비와 눈이 하늘로부터 내려서 다시 되돌아가지 않고 땅을 적셔서 싹이 돋게 하여 열매를 맺게 하고, 씨를 뿌리는 자에게는 종자를 주며, 사람에게 먹을거리를 준 후에야 다시 본래의 자리로 돌아가는 것처럼

11 내 입에서 나가는 말도 내가 기뻐하는 뜻을 이룬 후에야 다시 내게로 돌아올 것이다."

12 너희는 기쁨으로 바벨론을 떠나 안전하게 인도함을 받으며, 산들과 언덕들이 너희 앞에서 기뻐 노래하고, 들의 모든 나무가 손뼉을 칠 것이다.

13 가시나무를 대신하여 잣나무가 나고, 찔레를 대신하여 화석류가 날 것이다. 이것은 여호와께 영원한 표징과 기념물[3)]이 될 것이다.

이방에 대한 하나님의 부르심

56 ●여호와께서 이같이 말씀하셨다. "너희는 공의를 지키고, 의를 행하라. 내 구원이 가까이 왔고, 내 의가 곧 나타날 것이다.

2 공의와 의를 굳게 잡고 지키는 사람은 복이 있다. 그는 안식일을 지킴으로 자신을 더럽히지 않고, 조심하여 어떤 악도 행하지 않는다.

3 여호와께로 나온 이방인에게서 '여호와께서 나를 그가 선택하신 백성과 차별하신다'라는 말이 나오지 않도록 하고, 고자에게서 '나는 마른 나무와 같다'라는 말이 나오지 않도록 하라."

4 여호와께서 이같이 말씀하셨다. "내 안식일을 지키고, 나를 기쁘게 하는 일을 하며, 내 언약을 철저히 지키는 고자들에게는

1) 계 22:17 2) 은 3) 이름

5 내가 내 성전 집과 내 성 안에서 아들들과 딸들에게 물려주는 기념물과 이름보다 더 나은 것을 주며, 그 이름이 잊혀지지 않도록 할 것이다.

6 여호와를 섬기고, 그의 이름을 사랑하며, 그의 종이 되며, 안식일을 지켜 자신을 더럽히지 않으며, 내 언약을 굳게 지키는 이방인에게는

7 내가 그들을 내 거룩한 산으로 인도하여 기도하는 내 성전에서 기쁨을 누리게 할 것이다. 그들이 드리는 번제물과 희생제물을 내가 기꺼이 받을 것이다. 이는 내 집은 '만민이 기도하는 집'이라고 불릴 것이기 때문이다."[1]

8 쫓겨난 이스라엘을 모으시는 여호와께서 말씀하신다. "내가 이미 내게로 돌아오게 한 백성 외에 더 모아 그에게 속하게 할 것이다."

9 모든 들짐승과 숲속의 모든 짐승아, 와서 내 백성을 잡아먹으라.

10 이스라엘을 지키는 파수꾼은 눈이 멀어 살피지 못하고, 다 무지하며, 벙어리 개와 같아서 짖지 못하며, 꿈이나 꾸고 누워 잠자기만을 좋아한다.

11 이 지도자들은 탐욕이 심한 개들처럼 먹어도 만족한 줄을 모르는 자들이며, 분별력이 없는 목자들이다. 그러므로 다 자기 마음내키는 대로 가고, 사람마다 자기 이익만 추구한다.

12 그들은 말한다. "오라. 내가 포도주를 가져오리니 우리가 독한 술을 실컷 마시자. 내일도 오늘처럼 마음껏 마시자."

이스라엘의 우상 숭배를 책망하심

57 ● 의인이 죽어도 마음에 두는 자가 없고, 경건한 자들이 세상을 떠나도 아무도 그 이유를 깨닫는 자가 없다. 하나님은 의인들을 악한 자들의 박해 전에 불러 가신다.

2 그러나 의인의 죽음은 안식처로 들어가는 것이며, 바른 길로 가는 자들은 평안하게 되어 그들의 침대에서 편히 쉴 것이다.

3 길흉을 말하는 무당의 자식과 간음하는 자와 음행하는 자의 자식들아, 너희는 이리 가까이 오라.

4 너희가 누구를 희롱하느냐? 누구를 향해 입을 크게 벌리며 혀를 내미느냐? 너희는 거역하는 자식이며, 거짓말쟁이의 자손이 아니냐?

5 너희가 상수리나무 사이와 모든 무성한 푸른 나무 아래서 음욕을 불태우며, 골짜기의 바위틈에서 자녀를 죽여 제물로 바친다.

6 골짜기의 매끄러운 돌들 가운데 네가 제비 뽑아 얻은 몫들에게 포도주를 부어 전제물을 드리고, 곡식제물을 예물로 드리니 내가 어찌 그런 것들로 기뻐하겠느냐?

7 네가 높은 산꼭대기 위에 네 침대자리를 깔고, 그곳에서 제사를 드렸다.

풍습

푸른 나무(사 57:5)

푸른 나무는 히브리어로 '에즈라아난'인데 개역성경에서는 시 37:35에 단 한 번 나온다. 이 식물은 때때로 월계수(bay laurel)로 불리는 짙은 색의 상록수와 동일한 것으로 여겨진다. 이 경우 유럽에서 자라는 이 나무들은 보통 키가 9m나 된다. 꽃은 작고 푸르스름한 흰색을 띠고 있으며, 열매는 작고 검다. 짙은 녹색의 잎은 향기로운 냄새를 풍긴다. 헬라인들은 이 나뭇가지로 영웅들에게 씌울 관을 만들었다. 그 외에 성경에서 언급된 푸른 나무는 보통명사로 푸른 잎을 띤 나무를 총칭한다. 팔레스타인 지역은 그늘이 귀해 왕정시대에는 끊임없이 이 푸른 나무 아래서 음행을 저질렀다.

---

1) 왕상 8:41-43, 막 11:17

8 또 문과 문설주 뒤에 네 우상4)을 세
웠다. 그리고 네가 나를 떠나 알몸
으로 올라가 침상의 자리를 넓게
편 후 그들과 언약했다. 그러고 나
서 네가 그들의 잠자리를 좋아하여
화대를 주고 정욕을 불태웠다.

9 네가 몸에 올리브 기름을 바르고
향수를 흠뻑 뿌린 후 몰렉에게 나
아갔다. 또 너는 사신을 먼 곳까지
보내고, 심지어 무덤인 스올까지
보냈다.

10 네가 신들을 찾아가는 그 길이 멀
어서 피곤함에도 '이것은 헛수고
다'라고 말하지 않았다. 그것은 우
상들이 네게 힘을 주어 약해지지
않았기 때문이라고 생각해서이다.

11 네가 어떤 신을2) 두려워하며 놀랐
기에 내게 거짓말을 하면서까지
나를 생각하지 않고 나를 경외하
지 않느냐? 그것은 내가 오랫동안
침묵하고 있었기 때문이 아니냐?

12 이제 네가 하는 공의를 내가 드러
낼 것이다. 우상은 네게 아무런 도
움이 되지 못한다.

13 너는 네가 모은 우상들에게 살려
달라고 부르짖어 보라. 그것들은
다 바람에 날아가겠고, 그 입기운
에 쓸려 나갈 것이다. 그러나 나를
믿고 내게로 피하는 자는 땅을 유
업으로 받겠고, 나의 거룩한 산을
차지할 것이다."

회개한 자에게 구원을 약속하심

14 ● 여호와께서 말씀하셨다. "돋우
고, 또 돋우어 길을 내라. 내 백성이
가는 길에서 장애물을 제거하라."

15 지극히 존귀하며, 영원히 살아계시
며, 거룩한 이름을 가지신 이가 이
같이 말씀하셨다. "비록 내가 높고
거룩한 곳에 있지만 회개하고 영이
비천한3) 자와 함께 있는 이유는 비

천한 자의 영과 회개하는 자의 마
음을 소생시키기 위함이다.

16 내가 영원히 다투거나 분노하지
않는 이유는 내가 창조한 영과 호
흡4)이 내 앞에서 약해질까 염려되
기 때문이다.

17 그의 탐욕스러운 죄악 때문에 내
가 분노하여 그를 치고, 내 얼굴을
돌리고 분노했으나 그는 아직도
패역하여 자기 마음이 내키는 대
로 간다.

18 그러나 내가 그의 길을 보았으니
그를 고쳐 줄 것이다. 그를 인도하
며 그와 그를 애곡하는 자들에게
위로함으로 갚아 줄 것이다."

19 입술로 열매를 맺게 하는 여호와
께서 말씀하셨다. "먼 곳에 있는
자나 가까운 곳에 있는 자 모두에
게 평안이 있을 것이다. 내가 그를
고쳐 줄 것이다."

20 그러나 악인은 그 물이 진흙과 더
러운 것을 늘 솟구쳐 내는 요동하
는 바다와 같기 때문에 평온함을
얻지 못한다.

21 내 하나님께서는 "악인에게는 평
안이 없다"라고 말씀하셨다.

여호와께서 기뻐하시는 금식

58 ● 목소리를 아끼지 말고 크게
외치라. 네 목소리를 나팔처
럼 높여 내 백성에게 그들의 허물
과 야곱의 집의 죄를 알게 하라.

2 그들은 날마다 나를 찾아 내 길 알
기를 기뻐한다. 그것은 마치 공의
를 행하여 그들의 하나님의 규례
를 저버리지 않는 나라처럼 의로
운 판단을 내게 묻고, 하나님께 가
까이 하기를 기뻐한다.

3 우리가 금식하는데 왜 주께서는
살피지 않으시고, 우리가 마음을

스스로 괴롭게 하는데 왜 주께서 알아주시지 않느냐고 말한다. 그러나 생각해 보라, 너희가 금식하는 날에 향락을 즐기며, 일꾼들에게 온갖 일을 시킨다.

4 보라, 너희는 금식하면서 다투고 싸우며 주먹질이나 한다. 그러니 너희가 너희의 목소리를 들어 달라고 오늘 금식하는 것이 아니다.

5 이것이 어찌 내가 기뻐하는 금식이 되겠으며, 이것이 어찌 사람이 자기의 마음을 스스로 괴롭게 하는 날이 되겠느냐? 그의 머리를 갈대처럼 숙이고 굵은 베와 재를 깔고 앉았다고 그것을 금식이라고 하겠으며, 여호와께서 받아 주시는 날이라고 하겠느냐?

6 내가 기뻐하는 금식은 부당하게 가둔 사람을 풀어 주고, 멍에의 줄을 풀어 주며, 억압당하는 자를 자유하게 하며, 모든 멍에를 꺾어 주는 것이 아니겠느냐?

7 또 주린 자에게 네 양식을 나누어 주고, 떠돌아다니는 가난한 사람을 집으로 들어 오게 하며, 헐벗은 자를 보면 옷을 입히며, 네 혈육을 모르는 척하며 피하지 않는 것이다.

8 그러면 네 빛이 새벽빛처럼 비치며, 네가 속히 치유될 것이다. 네 의로움을 드러내시는 분이 네 앞에 가시고, 여호와의 영광이 네 뒤에서 보살피실 것이다.

9 그때 네가 부르면 "내가 여기 있다"라고 나 여호와가 응답할 것이다. 만일 네가 너희 나라에서 멍에와 손가락질과 저주하는 허망한 말을 없애버리고,

10 주린 자를 동정하며, 고통받는 자의 소원을 들어주면 네 빛이 어둠 가운데 비추어 네 어둠이 대낮처럼 될 것이다.

11 여호와께서 너를 항상 인도하여 메마른 곳에서도 네 목구멍[1]을 시원하게 하며, 네 뼈를 튼튼하게 하리니 너는 물 댄 정원처럼 물이 마르지 않는 샘과 같을 것이다.

12 네게서 태어날 자들이 오랫동안 황폐된 곳들을 다시 세우며, 너는 오래되어 파괴된 기초를 다시 쌓을 것이다. 그러면 사람들은 너를 가리켜 "무너진 곳, 성벽을 보수하는 자", "길을 고쳐 사람이 살 수 있는 곳이 되게 하는 자"라고 부를 것이다.

13 만일 안식일에 네 발을 삼가 내 거룩한 날에 네가 즐기는 일을 하지 않고, 안식일을 '기쁜 날'이다'라고 하며, 여호와의 거룩한 날을 '존귀한 날'이라고 하여 그날을[2] 존귀히 여겨 제멋대로 행하지 않고, 쾌락을 구하지 않고, 함부로 말하지 않으면

14 네가 여호와 안에서 기쁨을 누릴 것이다. 내가 너를 땅에서 영화롭게 하고, 네 조상 야곱의 유산을 누리게 할 것이다. 여호와의 말씀이다.

이스라엘 백성의 죄악상과 죄의 자백

59 ●여호와의 손이 짧아서 구원하지 못하시는 것도 아니며, 귀가 어두워 듣지 못하시는 것도 아니다.

2 그것은 너희 죄악이 너희와 너희 하나님 사이를 갈라놓았고, 그의 얼굴을 돌리게 했기 때문에 너희의 말을 듣지 않으시는 것이다.

3 이는 너희 손이 피에 얼룩지고, 너희 손가락이 죄악으로 더러워졌으며, 너희 입술은 거짓을 말하며, 너희 혀는 악독한 말을 하기 때문이다.

1) 영혼 2) 그를

4 공의에 따라 고소하는 자가 없고, 올바르게 판결하는 자도 없으며, 헛된 것을 믿고 거짓을 말하며, 악을 잉태하여 죄악을 낳는다.

5 독사의 알을 품고, 거미줄로 옷감을 짜니 독사의 알을 먹는 자는 죽게 되며, 그 알이 밟혀 터져서 독사가 나올 것이다.

6 거미줄로 짠 것으로는 옷을 만들 수 없으며, 그들이 만든 것으로는 자기 몸을 덮을 수 없다. 그들이 하는 일은 죄를 저지르는 것뿐이니 그 손은 남을 해치는 폭행만이 있다.

7 그 발은 악을 행하고, 죄 없는 사람을 죽이는 데 빠르다. 그들의 생각은 악하니 그 길에는 황폐와 파멸이 있다.

8 그들은 안전한 길을 알지 못하고, 그들이 행하는 곳에는 정의가 없으며, 스스로 길을 굽게 만드니 무릇 그 길을 걷는 자에게는 안전이 없다.

9 그러므로 공평이 우리에게서 멀고, 정의가 우리에게 미치지 못한다. 우리가 빛을 바라지만 어둠뿐이며, 밝은 것을 바라지만 캄캄한 가운데 행하기 때문에

10 우리는 앞을 보지 못하는 사람처럼 담을 더듬고, 눈이 없는 자처럼 이곳저곳 더듬는다. 대낮에도 밤1)에 걸을 때처럼 넘어지니 우리는 힘이 있고 건강하다고 하지만2) 죽은 자와 같다.

11 우리가 곰처럼 부르짖고, 비둘기처럼 애처롭게 울며, 정의를 원하지만 그것은 없고, 구원을 바라지만 구원은 우리에게서 멀다.

12 그것은 주 앞에 우리의 죄가 심히 많기 때문이다. 우리의 죄가 우리 자신을 고발3)하니 이는 우리에게

죄가 있음을 핑계할 수 없기 때문이다. 우리는 자신의 죄악을 잘 알고 있다.

13 우리가 여호와를 배반하고 속였으며, 우리 하나님께 등을 돌려 포학과 거역하는 말을 하면서 거짓말을 마음에 품고 발설했으니

14 정의가 뒤로 물러나고, 공의가 멀어졌다. 성실이 거리에 떨어졌으니 정직이 드러나지 못한다.

15 성실이 사라지니 오히려 악에서 떠나는 자가 약탈을 당한다. 정의가 없는 것을 여호와께서 살피시고 슬퍼하셨다.

여호와께서 백성을 구원하심

16 ● 여호와께서는 경건한 자가 약탈당하는 것을 도우려는 중재자가 아무도 없는 것을 보고 놀랍게 여기시고 자기의 능력4)으로 구원을 베푸신다. 자기의 공의를 세우시기 위해 스스로를 의지하사

17 공의를 갑옷으로 삼으시고, 구원의 투구를 머리에 쓰시며, 복수를 속옷으로 입으시며, 질투5)를 겉옷으로 입으셨다.

18 그 원수에게 분노하고 보응하시되 그들의 행위대로 갚으시며, 섬들에게도 보복하실 것이다.

19 이를 보고 서쪽에서 여호와의 이름을 두려워하고, 해 뜨는 쪽에서 그의 영광을 두려워할 것이다. 그것은 여호와의 영이 빠르게 흐르는 강물처럼 오실 것이기 때문이다.

20 여호와께서 말씀하셨다. "구원자가 시온에 오고, 야곱의 자손 가운데서 죄를 회개하는 자에게 임할 것이다.

21 내가 그들과 세운 내 언약은 이것이다. 곧 네 위에 있는 내 영과 네

1) 황혼 2) 어두운 데 처하여 3) 증언 4) 팔 5) 열심

입에 둔 내 말이 네 입과 네 자손의 입에서와 대대로 이어지는 네 자손의 입에서 이제부터 영원토록 떠나지 않을 것이다."

시온, 곧 예루살렘이 받을 영광

60 예루살렘아, 일어나 빛을 비추라. 구원의 빛이 네게 비추었으니 여호와의 영광이 네 위에 임했다.

2 보라, 어둠이 땅을 덮고, 캄캄함이 세계 모든 민족을 가리겠지만 오직 여호와께서 네 위에 임하시며, 그의 영광이 네 위에 나타날 것이다.

3 그러므로 나라들과 왕들은 네 빛을 보고 네게 나아올 것이다.

4 눈을 들어 사방을 살펴보라. 무리가 함께 모여 네게로 온다. 네 아들들은 먼 곳에서 오겠고, 네 딸들은 등에 업혀 올 것이다.

5 그때 네가 보고 기쁨이 넘치고, 네 마음은 놀라 설레일 것이다. 이는 많은 재물이 바다를 통해 네게로 돌아오며, 이방 나라들의 재물이 네게로 오기 때문이다.

6 수많은 낙타와 미디안과 에바[1]의 어린 낙타가 네가 있는 땅에 가득하며, 스바 사람들은 금과 유향을 가지고 와서 여호와께서 베푸신 일을 보고 찬양할 것이다.

7 게달의 양 떼는 모두 네게로 몰려들고, 느바욧[2]의 숫양은 네게 공급되어 내 제단에 올려져 기쁜 제물로 바쳐지게 되리니 내가 내 성전 집을 영화롭게 할 것이다.

8 구름처럼 몰려오는 자들은 누구냐? 비둘기들이 그 보금자리로 날아가는 것처럼 날아오는 자들은 누구냐?

9 곧바로 섬들이 나를 바라보고 지중해의 다시스 배들이 가장 먼저 먼곳에서 네 자손과 그들의 은금을 함께 싣고 와서 그 은금을 네 하나님 여호와의 이름을 위하여 이스라엘의 거룩한 이에게 드리려고 하는 자들이다. 이는 내가 너를 영화롭게 했기 때문이다.

10 내가 분노하여 너를 쳤으나 이제는 내 은혜로 너를 불쌍히 여길 것이다. 이방인들이 네 성벽을 쌓으며, 그들의 왕들이 너를 섬길 것이다.

11 네 성문은 밤낮으로 열려 있을 것이다. 이방 나라 사람들이 이 문을 통해 네게로 재물을 가져오며, 그들의 왕들이 포로로 잡혀 오기 때문이다.

12 너를 섬기지 않는 백성과 나라는 반드시 파멸될 것이다.

13 레바논의 영광인 잣나무와 소나무와 황양목이 함께 네게 이르러 내 거룩한 성전을 아름답게 꾸미고, 내 발 둘 곳을 영화롭게 할 것이다.

14 너를 괴롭히던 자의 자손이 몸을 굽히고 네게 나아오며, 너를 멸시하던 자들도 네 발아래에 엎드려 너를 향해 "여호와의 성읍", "이스라엘의 거룩한 분의 시온"이라고 부를 것이다.

15 비록 네가 전에는 미움을 받아 버림을 당했기 때문에 네 옆으로 오는

📍 **성경지리** 다시스(Tarshish)는 어디인가? (사 60:9)

다시스의 위치에 대해서는 이론이 다양하다. 지상에 있는 것이 아닌 이상향으로 그려진 항구라는 설이 있는 반면, 이곳은 레반틴(Levantin)의 항구라는 설과 스페인(서바나 지역)에 있는 타르테서스(tartessus)라는 설과 이탈리아 남부의 시실리섬 혹은 경의 깃딤(키프로스섬), 그외 다른 지중해의 섬이라는 설 등이 있다. 이 중에서 지금까지는 스페인의 타르테서스섬이 가장 설득력이 있다.

---

1) 창 25:4 2) 창 25:13

자가 없었다. 그러나 이제는 내가 너를 대대에 걸쳐 사람들에게 영원한 기쁨이 되게 할 것이다.

16 네가 이방 나라들과 뭇 왕들의 젖을 빨아 먹으리니 이로 나 여호와는 네 구원자이며, 야곱의 전능자인 줄을 알게 될 것이다.

17 내가 놋을 대신하여 금, 철을 대신하여 은, 나무를 대신하여 놋, 돌을 대신하여 철을 가져오게 할 것이다. 평화를 감독자로 세우고, 공의를 지배자로 삼을 것이다.

18 그러므로 다시는 네 땅에 폭력이 없으며, 다시는 네 국경 안에 황폐와 파멸이 없으며, 너는 네 성벽을 '구원이라', 네 성문을 '찬송이라'고 부를 것이다.

19 다시는 해가 네게 낮을 비추는 빛이 아니며, 달도 네게 빛을 비추지 않을 것이다. 오직 하나님이 너의 영원한 빛이 되며, 네 영광이 될 것이다.

20 여호와가 네 영원한 빛이 되어 네 슬픔의 날이 끝날 것이기 때문에 다시는 너를 비추는 해가 지지 않으며, 너의 달도 어두워지지 않을 것이다.

21 네 백성이 모두 의롭게 되어 영원히 땅을 차지하리니 그들은 내가 심은 나무[1]이며, 내 영광을 나타내도록 하기 위해 내가 손으로 지은 것이다.

22 따라서 그들 가운데 작은 자라도 한 족속[2]을 이루겠고, 그 약한 자가 강한 국가를 이룰 것이다. 때가 되면 나 여호와가 이것을 지체없이 이룰 것이다.

구원의 아름다운 소식

61 ● 여호와의 영이 내게 임한 것은 여호와께서 나에게 기름을 부어 가난한[3] 자에게 아름다운 소식을 전하게 하시려는 것이다. 나를 보내어 상한 마음을 싸매 주시고, 포로 된 자에게는 자유를, 갇힌 자에게는 석방을 선포하신다.

2 이는 우리 하나님께서 그의 은혜의 해와 복수의 날을 선포하여 모든 슬픈 자를 위로하게 하기 위함이다.

3 무릇 시온에서 슬퍼하는 자에게 재를 뿌리는 대신 꽃으로 만든 관을 씌워 주시고, 슬픔 대신에 기쁨의 기름을 발라 주시며, 근심 대신에 찬양으로 옷 입게 하실 것이다. 이는 그들이 "여호와께서 그 영광을 나타내시기 위해 친히 심으신 공의의 나무"라고 불리게 하기 위함이다.

4 그들은 오랫동안 황폐했던 곳을 다시 쌓고, 옛부터 무너진 곳을 다시 일으키며, 대대에 걸쳐 무너져 있던 황폐한 성읍들을 다시 세울 것이다.

5 낯선 사람들이 솔선하여 너희 양떼를 먹이고, 이방 사람이 와서 너희의 농부와 포도밭지기가 될 것이다.

6 그리고 너희는 오직 "여호와의 제사장"이라고 불릴 것이다. 사람들이 너희를 "우리 하나님의 봉사자"라고 부르며, 너희는 이방 나라들의 재물을 소유하며, 그들의 영광을 차지하여 자랑할 것이다.

7 너희는 수치 대신에 2배의 보상을 받으며, 능욕 대신에 너희에게 주어진 몫으로 인해 기뻐할 것이다. 그리하여 그들의 땅에서 2배나 얻고, 영원한 기쁨을 누릴 것이다.

8 무릇 나 여호와는 정의를 사랑하고, 불의한 약탈을 미워한다. 나는

1) 가지　2) 천명　3) 겸손한

그들의 수고를 성실하게 보상해 주고, 그들과 영원한 언약을 맺을 것이다.

9 그들의 자손을 세상 나라와 세계 모든 민족 가운데 알려지게 하리니 그들을 보는 자마다 그들은 여호와께 복 받은 자손이라고 인정할 것이다.

10 내가 여호와로 인해 크게 기뻐하며, 내 영혼이 내 하나님으로 인해 즐거워할 것이다. 이는 여호와께서 나에게 구원의 옷을 입히시며, 공의의 겉옷을 두루심이 신랑이 제사장의 두건을 쓰며, 신부가 자기 보석으로 단장한 것처럼 하셨기 때문이다.

11 땅이 싹을 내며 뿌려진 것이 자라는 정원처럼 여호와께서 공의와 찬양을 모든 나라 앞에 싹이 나게 하실 것이다.

62 나는 시온의 의가 빛처럼, 그 구원이 횃불처럼 나타나도록 예루살렘을 위해 침묵하지 않으며 쉬지 않을 것이다.

2 이방 나라들은 네 공의를 보고, 세상의 왕들은 네 영광을 볼 것이다. 너는 여호와께서 지어 주신 새 이름으로 불리게 될 것이다.

3 또 너는 하나님의 손에서 아름다운 관, 왕관이 될 것이다.

4 다시는 너를 "버림 받은 자"라고 부르지 않고, 네 땅을 "황무지"라고 부르지 않을 것이다. 오직 너를 '나의 기쁨이 그에게 있다'라는 뜻의 "헵시바"라고 하며, 네 땅을 '결혼한 여자'라는 뜻의 "뿔라"라고 부를 것이다. 이는 여호와께서 너를 기뻐하시며, 네 땅이 결혼한 것처럼 될 것이기 때문이다.

5 마치 청년이 처녀와 결혼하는 것처럼 네 아들들이 너와 결혼하고, 신랑이 신부를 기뻐하는 것처럼 네 하나님께서 너를 기뻐하실 것이다.

6 예루살렘이여, 나는 네 성벽 위에 파수꾼을 세우고, 그들로 밤낮으로 잠잠하지 않도록 했다. 이같이 너희도 여호와께서 하신 약속을 기억하도록 잠잠히 있어서는 안 된다.

7 또 쉬지 않고 기도함으로 여호와께서 예루살렘을 세워 세상에서 찬양을 받게 하시기까지 그로 쉬지 않도록 하라.

8 여호와께서 그 오른손과 그 능력의 팔로 맹세하셨다. "내가 다시는 네 곡식을 네 원수들에게 먹을 것으로 주지 않겠고, 네가 수고하여 얻은 포도주를 이방인이 마시지 못하게 할 것이다.

9 오직 거둔 자가 그것을 먹고 나 여호와를 찬양하며, 그것을 모은 자가 내 성전 뜰에서 마실 것이다."

10 성문을 지나 밖으로 나아가라. 백성이 올 길을 닦으라. 큰 길을 닦고 돌을 치우라. 세계 모든 민족을 위해 깃발을 들어라.

11 여호와께서 땅끝까지 선포하셨다. "너희는 딸 시온에게 이르라. 보라, 네 구원이 이르렀다. 상급과 보상이 그 앞에 있다.

12 사람들이 너를 향해 '거룩한 백성이라' '여호와께서 구원하신 자'라고 부르고, 너를 '찾은 바 된 자' '버림 받지 않은 성읍'이라고 부를 것이다."

여호와의 승리

63 ● 에돔에서 오는 분이 누구시며, 붉은 옷을 입고 보스라에서 오는 분이 누구시냐? 위엄 있는

옷차림에 당당하게 걸어오는 분은 누구시냐? 그는 바로 나이니, 공의를 말하는 자이고, 구원의 능력을 가진 자이다.

2 어찌하여 네 옷이 포도즙 틀을 밟는 자처럼 붉으냐?

3 그것은 세계 모든 민족 가운데 나와 함께한 자가 없어 나 혼자서 포도즙 틀을 밟았다. 그래서 내가 화가 치밀어 무리를 짓밟았고 그들의 피가 내 옷에 튀어 내 의복이 다 더럽혀졌기 때문에 옷이 붉게 되었다.

4 나는 복수할 날이 다가왔고, 내가 구원할 해가 이르렀다는 생각이 들었다. 그러나

5 내가 살펴보니 도와주거나 붙잡아 주는 자가 없어 놀라 내 팔이 나를 구원했고, 내 분노를 의지했다.

6 나는 분노가 치밀어 올라 세계 모든 민족을 짓밟았고, 그들을 취하게 하여 비틀거리게 했으며, 그들의 피가 땅에 쏟아지게 했다.

이스라엘에게 베푸셨던 은총

7 ● 나는 우리에게 베푸신 여호와의 모든 자비와 그의 찬양을 말하며, 그의 사랑과 많은 자비를 따라 이스라엘 집에 베푸신 크신 은총을 전할 것이다.

8 여호와께서 말씀하셨다. "그들은 참으로 내 백성이며, 거짓을 행하지 않는 자녀들이다." 그리고 그들의 구원자가 되셨다.

9 그래서 그들이 환난을 당할 때 함께하시고 자기 앞에 사자인 천사를 보내 그들을 그의 사랑과 자비로 구하시고, 오랫동안 그들을 들어서 안아 주셨다.

10 그럼에도 그들은 주를 거역하여 주의 성령을 슬프게 했기 때문에

주는 그들의 대적이 되어 친히 그들을 치셨다.

11 그러자 그들은 그 옛날 모세의 때를 기억하며 말했다. "백성과 양 떼의 목자들을 바다에서 올라오게 하신 그분은 지금 어디 계시냐?[1] 그들에게 성령을 넣어 주신 그분은 지금 어디 계시냐?

12 그의 영광스러운 팔로 모세의 오른손을 붙들어 백성을 이끌게 하시고, 그의 이름을 영원하게 하시려고 그들 앞에서 물을 갈라지게 하시며,

13 그들을 말이 광야에서 달리듯 깊은 바다로 걸어가게 하신 그분은 지금 어디 계시냐?

14 여호와의 영이 그들을 골짜기로 내려가는 가축처럼 편히 쉬게 하셨다. 주께서 이렇게 주의 백성을 인도하시므로 자기의 이름을 영화롭게 하셨다."

이사야의 사랑을 구하는 기도

15 ● 주여, 주의 거룩하고 영화로운 처소인 하늘에서 굽어 살피십시오. 주의 열심과 권능은 지금 어디에 있습니까? 지금은 나를 향해 주께서 베푸시던 크신 자비와 관심이 그쳤습니다.

16 그래도 주는 우리 아버지이십니다. 아브라함은 우리를 모르고, 야곱, 곧 이스라엘은 우리를 인정하지 않을지라도 주는 여전히 우리의 아버지이십니다. 옛날부터 주의 이름을 '우리의 구원자'라고 하셨습니다. 그런데

17 어찌하여 우리로 주의 길에서 벗어나게 하시고, 우리의 마음을 고집이 세게 하사 주를 경외하지 않게 하십니까? 원컨대 주의 종들,

1) 출 14:22, 30

곧 주의 유업인 이스라엘 지파들을 생각하셔서 돌아와 주십시오.

18 잠시 동안 주의 거룩한 백성이 성전¹⁾을 차지했으나 우리의 원수가 주의 성전을 짓밟았습니다.

19 우리는 오랫동안 주의 다스림을 받지 못한 자처럼, 주의 이름으로 불리지도 못하는 자처럼 되었습니다.

64 원컨대 주는 하늘을 갈라 강림하시고, 산들은 주 앞에서 진동하기를

2 불이 땔감을 사르며 물을 끓이는 것처럼 하시므로 주의 원수들이 주의 이름을 알게 하시고 이방 나라들로 주 앞에서 떨게 하십시오.

3 우리가 생각하지도 못한 놀라운 일을 행하시기 위해 주께서 내려오신 그때 산들이 주 앞에서 진동했습니다.

4 자기를 기다리는 자를 위해 이런 일을 행한 신을 옛부터 귀로 들었거나 눈으로 본 자는 주 외에는 없었습니다.

5 주께서는 공의를 기쁘게 실천하는 자와 주의 길을 따르며 주를 기억하는 자를 도우시나 우리가 범죄하므로 주께서 진노하셨습니다. 이렇게 된 것이 이미 오래 되었으니 우리가 어떻게 구원을 받을 수 있겠습니까?

6 무릇 우리는 다 부정한 자 같아서 우리의 의는 더러운 옷처럼 되었으며, 다 시들은 잎사귀처럼 우리의 죄악이 우리를 바람처럼 몰아갑니다.

7 아무도 주의 이름을 부르는 자가 없으며, 주를 붙잡으려고 애쓰는 자도 없습니다. 이는 주께서 우리에게 얼굴을 가리시고, 우리의 죄악으로 인해 우리가 소멸되게 하셨기 때문입니다.

8 그러나 여호와여, 이제 주는 우리 아버지이십니다. 우리는 진흙이며, 주는 토기장이가 되시니 우리는 모두 주의 손으로 지으신 자들입니다.

9 그러므로 여호와여, 너무 분노하지 마시고 죄악을 영원히 기억하지 마십시오. 간구하오니 보고 또 보십시오. 우리는 모두 주의 백성입니다.

10 주의 거룩한 성읍들과 예루살렘, 곧 시온이 광야처럼 황폐했습니다.

11 우리 조상들이 주를 찬양하던 거룩하고 아름다운 성전이 불에 탔으며, 우리의 소중한 곳들이 다 황폐해졌습니다.

12 여호와여, 상황이 이러한데도 주께서는 아직도 가만히 계십니까? 주께서는 아직도 침묵하시고 여전히 우리가 극심한 고통을 받게 하시렵니까?

하나님께서 패역한 백성을 벌하심

65 "나는 내게 묻지도 않던 자에게 대답을 해주었고, 나를 찾지 않던 자도 만나 주었다. 내 이름을 부르지도 않던 나라에 '내가 여기 있노라'고 했다.

2 나는 자기 멋대로 옳지 않은 길을 걸어가는 패역한 백성들을 온종일 손을 펴서 불렀다.

3 그들은 정원에서 제사하고, 벽돌로 만든 제단 위에서 분향하므로 항상 내 분노를 일으키는 백성들이다.

4 그들은 무덤 속 은밀한 곳에 앉아 밤을 지새고, 돼지고기를 먹으며, 혐오스러운 고깃국을 그릇에 담으면서

5 사람에게 말한다. '나는 너보다 거룩하니 너는 네 자리에 서 있고 내게

1) 땅

가까이하지 말라.' 이런 자들은 내 분노로 인해 타는 연기와 같고, 꺼지지 않는 불과 같다.

6·7 보라, 이것이 내 앞에 기록되었으니 내가 침묵하지 않고 반드시 갚아 주되 너희와 너희 조상들의 죄악과 함께 그들의 품에 갚아 줄 것이다. 그들의 죄악은 그들이 산 위에서 분향하며, 언덕 위에서 나를 능욕한 것이다. 그러므로 내가 먼저 그들의 형량[1]을 측량하여 그들의 품에 그대로 갚아줄 것이다." 여호와의 말씀이다.

8 여호와께서 이같이 말씀하셨다. "포도송이에는 즙이 있으니 사람들은 '그곳에 복이 있으니 그것을 상하게 하지 말라'고 말한다. 그래서 나도 내 종들을 생각하여 그같이 행하여 전부 멸하지 않고

9 내가 야곱에게서 자손이 이어지게 하고, 유다에게서 내 산들을 유업으로 차지할 자가 나오게 할 것이다. 그래서 내가 선택한 자가 그것을 유업으로 얻으며, 내 종들이 그곳에서 살 것이다.

10 내 백성에게 가이사랴와 욥바 사이 지역의 사론평야는 양 떼의 우리[2]가 되고, 여리고 근교 유대광야의 아골 골짜기는 소 떼가 눕는 곳이 될 것이다.

11 그러나 나 여호와를 떠나 내 거룩한 산을 잊고 운수 신인 갓에게 제사상을 차리고, 운명 신인 므니에게 혼합한 술을 가득히 부어 바치는 자들에게는

12 내가 칼에 죽임을 당하게 할 것이다. 그것은 그들이 내가 불러도 대답하지 않고, 내가 말해도 듣지 않았으며, 내가 보는 앞에서 악을 행하고, 내가 기뻐하지 않는 일만을

골라서 했기 때문이다."

13 그러므로 여호와께서 이같이 말씀하셨다. "보라, 내 종들은 먹겠지만 너희는 굶주릴 것이다. 내 종들은 마시겠지만 너희는 목마를 것이다. 내 종들은 기뻐하겠지만 너희는 수치를 당할 것이다.

14 나의 종들은 마음이 즐거워 노래를 부르겠지만 너희는 마음이 아파 울부짖으며 심령이 상해 통곡할 것이다.

15 너희가 남긴 이름은 내가 선택한 사람들이 저주할 것이다. 여호와인 내가 너를 죽게 하지만 내 종들은 다른 이름으로 불릴 것이다.

16 그러므로 땅에서 자기를 위해 복을 비는 사람은 진리의 하나님을 향해 복을 구하고, 땅에서 맹세하는 사람도 진리의 하나님을 두고 맹세할 것이다. 지난날의 괴로움은 잊혀졌고, 내가 되돌아보지 않을 것이다."

새 하늘과 새 땅을 창조

17 ●"보라, 내가 새 하늘과 새 땅을 창조하리니 이전 것은 기억되거나 마음에 떠오르지 않을 것이다.[3]

18 그러므로 너희는 내가 창조하는 것으로 인해 영원히 기뻐하라. 보라, 내가 예루살렘을 기쁨이 가득한 성으로 창조하고, 그곳 주민을 행복한 백성으로 만들 것이다.

19 내가 예루살렘과 내 백성을 보고 기뻐할 것이다. 더 이상 그곳에서는 우는 소리와 부르짖는 소리가 들리지 않으며,

20 또한 며칠 못 살고 죽는 어린이와 수명을 채우지 못하는 노인이 다시는 없을 것이다. 곧 100세에 죽는 자를 젊은이라고 하겠으며, 100세가

---

1) 행위 2) 초장 3) 계 21:1

못되어 죽는 자는 저주받은 자라고 할 것이다.

21-22 집을 지은 사람이 그 안에 살고 다른 사람이 살지 않을 것이며, 포도나무를 심은 사람이 그 열매를 먹을 것이고 다른 사람이 먹지 않을 것이다. 그것은 내 백성은 나무의 수명처럼 오래 살 것이고, 내가 택한 자가 그 수고한 것을 길이 누릴 것이기 때문이다.

23 그들의 수고가 헛되지 않고, 그들이 낳은 자식은 유산되지 않으리니 그들은 여호와께 복을 받은 자의 자손이며, 그들의 후손 역시 그들과 같을 것이다.

24 그들이 부르기 전에 내가 먼저 응답하겠고, 그들이 말을 마치기 전에 내가 먼저 들어줄 것이다.

25 늑대¹⁾와 어린 양이 함께 풀을 뜯고, 사자가 소처럼 짚을 먹을 것이며, 뱀은 흙을 먹을거리로 삼을 것이니 나의 거룩한 산에서는 해치는 것이나 상하는 것이 없을 것이다." 여호와의 말씀이다.

여호와께서 민족들을 심판하심

66 ● 여호와께서 이같이 말씀하셨다. "하늘은 내 보좌이며, 땅은 내 발판인데 너희가 나를 위해 어디에 집을 건축하겠느냐? 내가 안식할 처소가 어디에 있겠느냐?

2 내 손이 천지 만물을 지었기에 그들이 존재했다. 무릇 마음이 가난하고 심령에 자기 죄를 뉘우치고, 내 말을 듣고 두려워하는 자는 내가 돌볼 것이다.

3 그러나 사람을 죽이듯 소를 잡아 제물로 드리고, 개의 목을 꺾듯 어린 양을 잡아 제사를 드리며, 돼지의 피를 제물로 드리듯 소제 예물

을 드리며, 분향하는 것을 우상을 찬양하듯 한다. 그런 자들은 자기의 길을 멋대로 선택하며 가증한 것을 기뻐한다.

4 나 역시 그들에게 해롭게 하는 유혹을 선택하도록 하여 그들이 두려워하는 것을 들이닥치게 할 것이다. 이는 내가 불러도 대답하는 자가 없고, 내가 말해도 듣지 않으며, 오로지 내 앞에서 악을 행하며, 내가 기뻐하지 않는 것을 선택했기 때문이다."

5 여호와의 말씀 때문에 두려워하는 자들아, 그의 말씀을 들으라. 여호와께서 말씀하셨다. "내 이름 때문에 너희를 미워하여 너희 형제가 너희를 쫓아내며, '여호와께서는 영광을 나타내사 우리에게 너의 기쁨을 보게 하라'고 말했으나 그들은 수치를 당할 것이다."

6 성읍에서 요란한 소리가 들려오며, 성전에서 목소리가 들리니 그것은 여호와께서 그의 원수에게 그가 행한 대로 징벌하시는 목소리다.

7 예루살렘, 곧 시온은 진통을 하기 전에 해산하며, 해산의 고통이 오기 전에 남자 아이를 낳았으니

8 누가 이런 일을 들은 적이 있느냐? 누가 이런 일을 본 적이 있느냐? 나라가 어찌 하루 아침에 일어날 수 있으며, 민족이 어찌 한순간에 태어나겠느냐? 그러나 예루살렘은 진통을 하자마자 그 아들을 순산했다.

9 여호와께서 말씀하셨다. "내가 잉태하도록 했으니 내가 낳게 하지 못하겠느냐? 나는 해산하게 하는 자이니 어찌 출산²⁾을 막겠느냐?"

1) 이리 2) 태

10 예루살렘을 사랑하는 자들아, 모두 예루살렘을 기뻐하고 즐거워하라. 예루살렘성을 위해 애통하는 자들아, 그 성과 함께 기뻐하라.

11 너희는 위로하는 예루살렘 품에서 젖을 빠는 것처럼 만족하겠고, 젖을 풍족히 빤 것처럼 그 영광의 풍성함으로 인해 즐거워할 것이다.

12 여호와께서 이같이 말씀하셨다. "보라, 내가 예루살렘에 평안을 강처럼 넘치게 하고, 세상 나라의 영광을 시내처럼 흘러오게 하리니 너희가 그 성읍의 젖을 빨고, 그 팔 1)에 안기며, 그 무릎 위에서 귀여움을 받을 것이다.

13 어머니가 자식을 위로하듯 내가 너희를 위로하리니 너희가 예루살렘에서 위로를 받을 것이다."

14 너희가 이것을 보고 마음이 기뻐서 너희 뼈, 이스라엘이 무성한 연한 풀처럼 새로 돋아나 잘 자랄 것이다. 여호와의 권능2)은 그의 종들에게 알려지겠고, 그의 진노는 그의 원수에게 알려질 것이다.

15 보라, 여호와께서 화염에 둘러싸여 강림하시리니 그의 병거들은 회오리바람처럼 올 것이다. 그의 노여움은 진노로 바뀌고, 그의 책망은 맹렬한 화염으로 바뀔 것이다.

16 여호와께서 불과 칼로 모든 육체를 심판하시니 많은 사람이 죽임을 당할 것이다.

17 "스스로 거룩하게 구별하여 자신을 정결하게 한 후 정원에 들어가서 그 가운데 있는 자를 따라3) 돼지고기와 혐오스러운 것과 쥐를 먹는 자는 모두 망할 것이다." 여호와의 말씀이다.

18 "나는 그들의 행위와 사상을 알기 때문에 때가 되면 세상 나라와 언어가 다른 민족들을 모을 것이다. 그러면 그들이 와서 내 영광을 보게 될 것이다.

19 내가 그들 가운데 표징을 두어 그들 가운데서 도피한 자를 지중해의 다시스와 뿔과 활을 잘 쏘는 룻과 두발과 야완과 나의 명성을 듣지도, 보지도 못한 멀리 떨어진 섬들로 보낼 것이다. 그러면 그들이 내 영광을 세상 나라에 전파할 것이다."

20 나 여호와가 말한다. "이스라엘 자손이 예물을 깨끗한 그릇에 담아 여호와의 성전 집에 드리는 것처럼 그들이 너희 모든 형제를 세상 나라에서 말과 수레와 가마와 노새와 낙타에 태워 나의 거룩한 산 예루살렘으로 데려와 여호와께 예물로 드릴 것이다.

21 나는 그중에서 선택하여 제사장과 레위인을 삼을 것이다.

22 내가 만들 새 하늘과 새 땅이 내 앞에 항상 있는 것처럼 너희 자손과 너희 이름이 항상 있을 것이다." 여호와의 말씀이다.

23 여호와께서 말씀하신다. "매월 첫날과 매 안식일에 모든 육체가 예배하기 위해 내 앞으로 나올 것이다.

24 그들은 나가서 내게 거역한 자들의 시체들을 볼 것이다. 그 시체를 먹는 벌레가 죽지 않고, 그 불이 꺼지지 않으므로 모든 육신에게 혐오스러운 것이 될 것이다."

1) 옆 2) 손 3) 목상의 뒤에서

예레미야
Jeremiah

제목 히브리어 성경에는 예레미야의 인명에 따라 이르메야후, 70인역에도 히에레미아스

기록연대 기원전 627-586년경   저자 예레미야   중심주제 예레미야의 예언(심판과 구원)

내용소개 * 유다에 대한 예언 1. 선지자의 소명(서언) 1장 2. 선지자의 심판(메시지) 2-25장
3. 선지자의 고통(비참함) 26-29장 4. 선지자의 위로(비참함) 30-33장 5. 선지자의 환경(비참함) 34-45장
6. 열방들에 대한 심판 예언(복수) 46-51장 7. 예루살렘의 멸망(공변) 52장

렘

예레미야에게 임한 여호와의 말씀

1 1 ● 베냐민 땅, 예루살렘 북쪽 5㎞ 지점에 있는 아나돗의 제사장들 가운데 힐기야의 아들 예레미야의 말이다.

2 아몬의 아들 유다 왕 요시야 통치 13년째에 여호와의 말씀이 예레미야에게 처음 임한 후

3 요시야의 아들 유다 왕 여호야김 때부터 유다 왕 시드기야 통치 11년 5월에 예루살렘 주민이 잡혀가기까지 임했다.

4 여호와께서 나에게 말씀하셨다.

5 "내가 너를 모태에서 짓기도 전에 알았고, 네가 태어나기 전에 너를 거룩히 구별하여 너를 이방 나라의 선지자로 세웠다."

6 이에 내가 대답했다. "여호와여, 슬픕니다. 보시는 것처럼 나는 어리기 때문에 말을 잘하지 못합니다." 그러자

7 여호와께서 나에게 말씀하셨다. "너는 어리다고 말하지 말고 내가 누구에게 보내든지 너는 가라. 그리고 내가 어떤 명령을 하든지 너는 그대로 전하라.

8 너는 그들 때문에 두려워하지 말라. 내가 너와 함께하여 너를 지켜 줄 것이다. 나 여호와의 말이다."

9 여호와께서 그의 손을 내밀어 내 입에 대시며 말씀하셨다. "내가 내 말을 네 입에 주었다.

10 보라, 내가 오늘 너를 이방 나라와 왕국들 위에 세워 너로 그것들을 뽑고 파괴하며 파멸하고 넘어뜨리며 건설하고 심게 할 것이다."

아몬드나무 가지와 끓는 가마의 환상

11 ● 여호와께서 나에게 말씀하셨다. "예레미야야, 네가 무엇을 보고 있느냐?" 내가 대답했다. "아몬드나무[1] 가지를 봅니다."

12 여호와께서 나에게 말씀하셨다. "이 환상은 내가 말한 그대로 이루어질 것을 보고 있는 것이다."

13 여호와께서 계속해서 나에게 말씀하셨다. "네가 무엇을 보고 있느냐?" 내가 대답했다. "끓는 가마를 보고 있는데, 그 위쪽 면이 북쪽에서 기울어졌습니다." 그러자 다시

14 여호와께서 말씀하셨다. "재앙이 북쪽 지역에서 일어나 이 땅의 모든 주민에게 내릴 것이다.

15 내가 북방 왕국들의 모든 족속을 부르리니 그들이 와서 예루살렘 성문 입구에 각자 자기의 왕좌[2]를 놓은 후 그 사방 모든 성벽과 유다 모든 성읍을 공격할 것이다.

16 내 심판을 그들에게 선고하여 그들을 징계하는 것은 그들이 나를 버리고 다른 신들에게 분향하며, 자기 손으로 만든 것들을 경배하기 때문이다.

17 그러므로 너는 네 허리를 동여매고 내가 너에게 명령한 것을 다 그들

1) 살구나무 2) 자리

에게 전하라. 네가 그들 앞에서 두려움을 당하지 않게 할 것이니 너는 그들 때문에 두려워하지 말라.

18 보라, 내가 오늘 너를 유다 왕들과 그 지도자들과 그 제사장들과 그 땅 백성 앞에서 요새화된 성읍과 철기둥과 놋성벽처럼 되게 할 것이다. 그러므로

19 그들이 너를 공격하지만 너를 이기지는 못할 것이다. 이는 내가 너와 함께하여 너를 구원할 것이기 때문이다."

하나님께서 이스라엘에게 유죄를 선언하심

2 ● 여호와께서 나에게 말씀하셨다.

2 "너는 가서 예루살렘 사람들이 들을 수 있도록 외치라. 내가 너를 위해 네 청년 때와 네 신혼 때의 사랑을 기억하고 있다. 그것은 씨를 뿌리지 못하는 땅인 광야에서 나를 따른 것이다.

3 이스라엘은 여호와를 위한 성물, 곧 그의 소산 중 첫 열매이다. 그러므로 첫 열매인 이스라엘을 삼키는 자는 모두 벌을 받아 재앙이 그들에게 닥칠 것이다."

4 야곱과 이스라엘의 집의 모든 족속아, 여호와의 말씀을 들으라.

5 나 여호와가 이같이 말한다. "내가 너희 조상들에게 어떤 불의한 일을 했다고 나를 멀리하고 나가 우상의 헛된 것을 좇아 헛되이 행하느냐?

6 너희 조상들은 '우리를 애굽 땅에서 이끌어내시고 사막과 구덩이 땅, 메마르고 흑암의 땅, 사람이 다니지 않고 살지 않는 땅을 우리로 통과하게 하시던 여호와께서 어디 계시냐?'라고 묻지도 않았다.

7 나는 너희를 기름진 땅으로 인도하여 그곳의 열매와 좋은 것들을 먹게 했다. 그럼에도 너희는 이곳으로 들어온 후 내 땅을 더럽히고 내 산업을 가증스러운 곳으로 만들었다.

8 그리고 제사장들은 '여호와께서 어디에 계시느냐?'라고 묻지도 않았고, 율법을 취급하는 자들은 나를 알지 못하며, 지도자[1]들도 내게 반역하며, 선지자들은 도움도 주지 못하는 바알의 이름으로 예언하고 있다.

9 그러므로 내가 다시 너희와 너희 자손들과도 싸울 것이다." 여호와의 말씀이다.

10 "너희는 깃딤, 곧 키프로스섬으로 건너가 알아보고, 아라비아 사막에 있는 게달에도 사람을 보내 이 같은 일이 있었는지 자세히 알아보라.

11 어느 민족과 나라가 자신들의 신들을 신이 아닌 다른 것들과 바꾼 일이 있었느냐? 그러나 내 백성은 내 영광을 허망한 것과 바꾸었다.

12 하늘이여, 너는 이 일로 인해 놀라고 크게 떨며 두려워하라." 여호와의 말씀이다.

13 "내 백성이 두 가지 악을 행했다. 그것은 그들이 생수의 근원되는 나를 버린 것이고, 다른 하나는 물을 가두지 못할 터진 웅덩이들을 스스로 판 것이다.

14 이스라엘이 씨종이냐? 날 때부터 씨종이 되었느냐? 어찌하여 포로가 되었느냐?

15 어린 사자들이 그를 향해 으르렁거리며, 소리를 높여 그의 땅을 황폐하게 만들었다. 그의 성읍들은 불에 타서 아무도 살지 않는다.

---

1) 목자

16 애굽에 있는 놉과 다바네스의 자손도 네 머리를 다치게 했다. 이는

17 네 하나님께서 너를 길로 인도해 주심에도 네가 하나님을 떠났기 때문에 스스로 초래한 일이 아니냐?

18 네가 흙탕물이 되어 흐르는 시홀, 곧 나일강의 물을 마시기[1] 위해 어찌 애굽으로 가며, 네가 그 유프라테스 강물을 마시기 위해 어찌 앗수르로 가는 길에 있느냐?

19 이런 네 악이 네 자신을 벌하겠고, 그 배신이 너를 책망할 것이다. 그런즉 네 하나님을 버리고, 네 속에 나를 경외함이 없는 것이 악이며, 고통인 줄 알라." 만군의 여호와의 말씀이다.

20 "네가 옛적부터 너의 멍에를 부숴뜨리고, 네 결박을 끊으며 이렇게 말했다. '나는 그를 섬기지 않을 것이다.' 그리고 모든 높은 산 위에서와 모든 푸른 나무 아래서 절을 하며 행음했다.

21 나는 너를 완전한 참 종자가 되는 포도나무로 심었다. 그런데 너는 어찌하여 악한 이방의 포도나무 가지가 되었느냐?"

22 여호와께서 말씀하셨다. "네가 잿물로 몸을 씻고, 많은 비누를 사용할지라도 네 죄악이 내 앞에 여전히 남아 있는데도

23 네가 어찌하여 '나는 몸을 더럽히지 않았고, 바알 신들을 따르지도 않았다'라고 말하느냐? 골짜기에서 행한 네 길을 보라. 네가 무엇을 행했는지 알 것이다. 너는 빨리 달리는 암 낙타가 발정 때문에 그의 길을 이리저리 달리는 것과 같았으며,

24 광야에 익숙한 들암나귀들이 짝짓기를 위해 헐떡거림과 같았다. 그 발정기에 누가 그것을 막을 수 있겠느냐? 그것들은 자기 짝을 찾을 수고를 하지 않고 쉽게 그 발정기에 짝을 만날 것이다.

25 내가 또 말한다. '벗은 발로 돌아다니지 말라. 목에 갈증이 나도록 다니지 말라'고 했지만 너는 '아니다. 그것은 쓸데없는 말이다. 나는 이방 신들을 사랑하니 그를 따라가겠다'라고 말한다.

26 도둑이 잡히면 부끄러움을 당하는 것처럼 이스라엘의 왕들과 지도자들과 제사장들과 선지자들이 부끄러움을 당했다.

27 그들이 나무를 향해 '너는 내 아버지다'라고 하고, 돌을 향해 '너는 나를 낳았다'라고 하며, 내게서 등을 돌리고 그들의 얼굴은 내게로 향하지 않다가 막상 환난을 당하면 '일어나 우리를 구원하소서'라고 할 것이다.

28 자신을 위해 네가 만든 그 신들은 어디 있느냐? 유다여, 너는 네 성읍 수만큼이나 많은 신을 만들었다. 그런데 네가 환난을 당할 때 그들이 너를 구원할 수 있는 능력이 있어야 하지 않겠느냐?

29 너희가 내게 따지겠느냐? 너희는 나를 대적했다." 여호와께서 말씀하셨다.

📍 성경자리 **놉**(렘 2:16)

놉(Memphis)은 오늘날 카이로 남쪽 약 20.8km 지점에 있는 멤피스라고 불리는 곳이다. 전설에 의하면 이집트 최초의 수도로 고대 왕국이 끝날 때인 BC 2200년 경까지 수도로 있었는데 전설상 이집트를 통일한 초대 왕이었던 메네스(Menes)가 건설했다고 전한다. 이 도시는 BC 670년 앗시리아에 의해 함락되었다가 바사(페르시아) 때 국제 도시가 되었다.

1) 도움을 받가

30 "그들은 내 징계를 받아들이지 않았기 때문에 너희 자녀들을 때린 것이 헛수고가 되었다. 너희 칼은 사람을 잡아먹는 사나운 사자처럼 너희 선지자들을 죽였다.

31 이 세대의 사람들은 여호와의 말을 귀담아들으라. 내가 이스라엘에게 광야처럼 막막하게 되었느냐? 캄캄한 땅이 되었느냐? 무슨 이유로 내 백성이 '우리는 자유롭게 다닐 수 있게 되었으니 다시 주께로 가지 않겠다'라고 말하느냐?

32 처녀가 어찌 그의 결혼 패물을 잊겠으며, 신부가 어찌 그의 결혼 예복을 잊겠느냐? 그러나 내 백성은 나를 잊었으니 그 잊은 날 수가 셀 수 없이 많았다.

33 네가 어찌 연애할 남자를 유혹하려고1) 네 행위를 아름답게 꾸미느냐? 그래서 네 행위를 악한 여자, 곧 창녀들까지 와서 배운다.

34 또 네 옷자락에는 죄 없는 가난한 자를 죽인 피가 묻었다. 그것은 담 구멍을 뚫고 들어오는 자를 붙잡아 그를 죽인 피가 아니다.

35 그럼에도 너는 '나는 죄가 없으니 그의 진노를 살 만한 일을 하지 않았다'라고 말한다. 그러나 네가 '나는 죄를 범하지 않았다'라고 말하니 내가 너를 피 흘린 행위대로 심판할 것이다.

36 너는 무엇 때문에 앗수르를 의지하다가 다시 애굽을 의지하며 네 길을 쉽게 바꾸느냐? 너는 앗수르를 의지하므로 인해 수치를 당한 것처럼 애굽을 의지하므로 인해 수치를 당할 것이다.

37 그곳에서도 너는 두 손으로 네 머리를 싸고 나올 것이다. 그것은 네가 의지하는 앗수르와 애굽을 나 여호

와가 버렸기 때문이다. 네가 그들로 인해 형통하지 못할 것이다."

유다의 음란과 행악과 심판

3 ● 예를 들어 사람이 그의 아내를 버리므로 그녀가 본 남편을 떠나 다른 사람의 아내가 된다고 하자. 남편이 그를 다시 받아들이겠느냐? 그렇게 되면 그 땅이 크게 더럽혀지지 않겠느냐? 그런데 네가 많은 무리와 행음하고서도 내게로 돌아오려느냐? 여호와께서 말씀하셨다.

2 "네 눈을 들어 벌거숭이 언덕을 보라. 네가 행음하지 않은 곳이 어디 있느냐? 너는 길가에 앉아 사람들을 기다린 것이 여행자들을 습격하기 위해 광야에서 기다리고 있는 아라바 사람처럼 음란과 행악으로 이 땅을 더럽혔다.

3 그러므로 단비인 이른 비가 그쳤고, 늦은 비도 내리지 않았다. 그럼에도 너는 뻔뻔스러운 창녀의 얼굴을 가졌기 때문에 부끄러워하지 않는다.

4 그러던 네가 지금 내게 '나의 아버지여, 아버지는 내 청년 시절의 보호자이십니다.

5 언제까지 내게 노여움을 계속하시겠습니까?'라고 부르짖고 있다. 보라, 네가 이렇게 말하면서도 악을 행하여 네 욕심을 이루었다."

이스라엘과 유다가 여호와를 거역함

6 ● 유다 왕 요시야 때 여호와께서 또 나에게 말씀하셨다. "너는 나를 배신한 북이스라엘이 행한 것을 보았느냐? 그가 모든 높은 산에 올라가 모든 푸른 나무 아래서 행음했다.

1) 사랑을 얻으려고

7 그가 그런 모든 일을 행한 후 내가 말하기를 '그가 내게로 돌아올 것이다'라고 했으나 아직도 내게로 돌아오지 않았다. 그리고 배신한 북이스라엘의 자매인 유다는 그것을 보았다.

8 나를 거역한 북이스라엘이 간음을 행했기 때문에 내가 그를 쫓아내고 그에게 이혼 증서까지 주었다. 그러나 그의 자매인 유다도 그것을 두려워하지 않고 자기도 가서 행음한 것을 내가 보았다.

9 유다가 돌과 나무를 섬기는 행음을 가볍게 여기고 행음하므로 이 땅을 더럽혔다.

10 이런 일이 있어도 유다가 돌아오는 척만 하고 진심으로 내게 돌아오지 않았다.”

11 여호와께서 나에게 말씀하셨다. “비록 북이스라엘이 배신했지만 배신한 유다보다는 의로웠다.

12 너는 가서 북쪽을 향해 이 말을 선포하라. 거역한 북이스라엘은 돌아오라. 그러면 분노한 내 얼굴로 너희를 대하지 않을 것이다. 나는 긍휼이 있는 자이기에 분노를 끝까지 품지 않는다.

13 너는 오직 네 죄를 알아라. 너는 네 하나님을 배반하고 그를 떠나 이방인들에게로 나아갔다. 그래서 모든 푸른 나무 아래서 이방 신을 섬기며 내 목소리를 듣지 않았다.”

14 여호와께서 말씀하셨다. “배신한 자녀들아, 내게로 돌아오라. 나는 너희 남편이다. 내가 너희를 성읍마다 한 사람씩, 족속마다 두 사람씩을 선택하여 너희를 시온으로 데려올 것이다.

15 또 내가 내 마음에 드는 목자들을 너희에게 보내리니 그들이 너희를 지식과 명철로 양육할 것이다.”

16 여호와께서 말씀하셨다. “너희가 이 땅에서 번성하여 많아질 때는 사람들이 여호와의 언약궤에 대해 더 이상 말하거나 생각하거나 기억하거나 찾지 않으며, 다시는 만들지도 않을 것이다.

17 그때 예루살렘은 그들에게 여호와의 보좌라고 일컬음이 되며, 모든 백성이 여호와의 이름으로 인해 예루살렘으로 모일 것이다. 다시는 그들이 악한 고집대로 행하지 않을 것이다.

18 그때 유다 족속이 북이스라엘 족속과 동행하여 북쪽에서 내려와 그들과 함께 내가 너희 조상들에게 유업으로 준 땅으로 들어갈 것이다.”

이스라엘의 배반과 참된 회개

19 ● “나는 내가 기꺼이 너를 자녀로 삼고, 허다한 나라들 가운데 아름다운 유업인 이 탐스러운 땅을 네게 주리라고 생각했다. 그리고 나는 너희가 나를 '내 아버지'라고 부르고 나를 떠나지 않을 것이라고 생각했다.

20 그런데 이스라엘 족속은 마치 아내가 그의 남편을 속이고 떠난 것처럼 너희는 그렇게 나를 배신했다.” 여호와의 말씀이다.

21 벌거숭이 산 위에서 소리가 들리니 그것은 이스라엘 자손이 간구하는 울음소리다. 그들은 자신들의 길을 벗어나고, 자기 하나님을 잊어버렸다.

22 “배신한 자식들아, 내게로 돌아오라. 나는 너희의 배신을 고칠 것이다.” 보십시오. 우리가 주께 돌아왔습니다. 주는 우리 하나님입니다.

23 언덕들과 큰 산 위에서 우상을 섬기는 것[1]은 참으로 헛된 일입니다. 이스라엘의 구원은 진실로 우리 하나님께 있습니다.

24 부끄러운 우상은 우리가 청년 때부터 우리 조상들의 유업인 양 떼와 소 떼와 아들들과 딸들을 삼켰습니다.

25 그러므로 우리는 부끄러움 가운데 눕겠고, 우리의 치욕이 우리를 덮을 것입니다. 이는 우리와 우리 조상들이 청년 때로부터 오늘까지 우리 하나님께 범죄하여 하나님의 목소리에 순종하지 않았기 때문입니다.

유다가 살 길

4 ● 여호와께서 말씀하셨다. "이스라엘아, 너희는 내게로 돌아오라. 만일 네가 내 앞에서 혐오스러운 것, 우상을 버리고 네 마음이 흔들리지 않으며,

2 진리와 의와 공의로 여호와의 살아 계심을 두고 맹세하면 나라들이 여호와의 복을 받고, 그 복으로 인해 여호와를 자랑할 것이다."

3 여호와께서 유다와 예루살렘 주민들에게 이같이 말씀하셨다. "너희는 묵은 땅을 갈아엎고 가시덤불에 씨를 뿌리지 말라.

4 유다인과 예루살렘 주민들아, 너희는 스스로 너희 마음의 할례를 행하여[2] 여호와께 속하라. 그렇지 않으면 너희 악행으로 인해 내 분노가 불처럼 일어나 너희를 불사르리니 아무도 그 불을 끌 자가 없을 것이다.

5 너희는 유다와 예루살렘에 공포하여 이 땅에 나팔을 불라고 하라. 그리고 크게 외치라. '너희는 모이라. 우리가 요새화된 성으로 들어가자.'

6 시온을 향해 깃발을 세우라. 머뭇거리지 말고 도피하라. 내가 북쪽 지역에서 재난과 큰 파멸을 끌어올 것이다.

7 사자가 그 수풀에서 뛰어나오듯 나라들을 멸망시키는 자가 네 땅을 황폐케 하려고 이미 그의 길을 떠났다. 그들은 네 성읍들을 황폐하게 하여 주민이 없게 만들 것이다."

8 이로 인해 너희는 굵은 베옷을 두르고 슬피 울라. 여호와의 맹렬한 분노가 아직도 너희[3]에게서 떠나가지 않았기 때문이다.

9 여호와께서 말씀하셨다. "그날 왕과 지도자들은 낙심할 것이고, 제사장들은 놀라고, 선지자들은 더 크게 놀랄 것이다."

10 그때 나 예레미야는 이렇게 말할 것이다. "슬픕니다. 여호와여, 주께서 이 백성과 예루살렘을 정녕 속이셨습니다. 주께서 '너희에게 평안이 있을 것이다'라고 말씀하시더니 오히려 칼이 목에 닿았습니다."

11 그때 이 백성과 예루살렘에 이런 소식이 전해질 것이다. "뜨거운 바람이 광야에 있는 헐벗은 산에서 내 딸 같은 백성에게 불어 온다. 이는 키질하기 위한 것도 아니며, 정결하게 하기 위한 것도 아니다.

12 이보다 더 강한 바람이 나를 위해 불리니 이제 내가 그들을 심판할 것이다."

13 보라, 그가 구름처럼 올라올 것이다. 그의 병거는 회오리바람 같고, 그의 말들은 독수리보다 빠르다. "우리에게 화가 있도다. 우리는 망했도다"라고 할 것이다.

14 예루살렘아, 네 마음속에 있는 악을 씻어 버리라. 그러면 구원을 얻을

---

1) 떠드는 것　2) 가죽은 베고　3) 우리

것이다. 네가 언제까지 악한 생각을 품고 있을 작정이냐?

15 단에서 침략 소리를 선포하며, 에브라임산에서 재앙 소식을 선포한다.

16 "너희는 이것을 여러 나라에 전하고, 예루살렘에게 '에워싸고 치는 자들이 먼 땅에서 와서 유다 성읍들을 향해 소리를 지른다'라고 알리라.

17 그들이 밭을 지키는 자처럼 예루살렘을 포위할 것이다. 이렇게 되는 것은 그가 나를 거역했기 때문이다." 여호와의 말씀이다.

18 네 길과 행위가 이 일들을 초래했으니 이는 네가 악하기 때문이다. 그 고통이 네 마음속까지 파고 들었다.

선지자의 탄식과 혼돈의 환상

19 슬프고 고통스럽다.[1] 내 마음이 아프고 답답하여 가만히 있을 수가 없다. 이는 전쟁을 알리는 나팔 소리를 내가 들었기 때문이다.

20 부서지고 파괴되어 온 땅이 약탈을 당하니 내 장막과 휘장은 졸지에 찢어졌다.

21 내가 어느 때까지 저 전쟁 깃발을 보며 나팔 소리를 들어야 하는가?

22 내 백성은 나를 알지 못하는 어리석고 깨달음이 없는 미련한 자식이다. 악을 행하기에는 뛰어나지만 선을 행할 줄은 모른다.

23 보라, 내가 땅을 보니 형태가 없고

혼돈과 공허 (렘 4:23)

형태가 없고 텅 비었으며, 곧 혼돈과 공허는 창 1:2에서 천지창조 이전의 상태를 묘사하는 데 사용된 단어이다. 본절에서는 하나님의 최후의 심판 때의 상황을 묘사하는 데 사용되었다. 혼돈은 히브리어 '토후'로 혼돈 외에 황폐함을 뜻하며, 공허는 히브리어 '보후'로 텅 비어 있는 상태를 말한다.

텅 비었으며, 하늘에는 빛이 없다.

24 내가 산들과 언덕들을 보니 모두 진동하며,

25 사람이 없고 공중의 새도 다 날아 갔다.

26 보라, 내가 보니 비옥한 땅이 황무지가 되었으며, 그 모든 성읍이 여호와의 맹렬한 진노 앞에 허물어졌다.

27 여호와께서 말씀하시기를 "내가 온 땅을 황폐하게 할지라도 완전히 멸망시키지는 않을 것이다.

28 이로 인해 땅이 슬퍼하며, 하늘이 어둡게 될 것이다. 내가 이미 말했으며, 작정했으니 마음을 바꾸거나 취소하지 않을 것이다"라고 하셨다.

29 말 탄 병사와 활 쏘는 자의 함성으로 인해 모든 성읍 사람이 도망하여 수풀 속으로 들어가 숨고, 바위 위로 기어 오르며 각 성읍은 버려져서 그곳에 사는 사람이 없다.

30 파괴된 예루살렘이여, 네가 이제 어떻게 하려느냐? 네가 붉은 옷을 입고 금패물로 몸을 치장하고 눈 화장을 해도 그 화장한 것이 소용없게 될 것이다. 연인들이 너를 멸시하여 죽이려고 한다.

31 내가 여인의 해산하는 소리를 들었는데, 그 소리는 초산하는 자의 고통 소리이다. 그것은 바로 시온의 딸이 헐떡 거리는 소리다. 그가 말했다. "내게 화가 있도다. 살인자로 인해 내가 심히 피곤하다."

예루살렘의 허물과 여호와의 탄식

5 ● 너희는 예루살렘 넓은 거리로 빨리 다니면서 찾아보고 알라. 만일 너희가 의를 행하며 진리를 구하는 자를 한 사람이라도 찾으면 내가 이 도성을 용서할 것이다.

2 그들은 여호와께서 살아계심을 두고

---

1) 내 창자여, 내 창자여

맹세해도 사실은 거짓으로 맹세하는 것이다.

3 그때 내가 말했다. "여호와여, 주께서는 진실을 찾으십니다. 주께서 그들을 때리셨지만 그들은 정신을 차리지 못했으며, 그들을 멸망케 하셨어도 징계를 받아들이지 않고 얼굴을 바위보다 굳게 하여 돌아오기를 싫어했습니다."

4 이 무리는 비천하고 우둔하여 자기 하나님의 길과 법을 알지 못하니

5 내가 직접 지도자들에게 가서 말할 것이다. 그들은 자기 하나님의 길과 법을 알기 때문이다. 내가 그들에게 전하자 그들 역시 일제히 멍에를 부수고 결박을 끊어 버렸다.

6 그러므로 수풀에서 사자가 나와 그들을 죽이고, 사막의 이리가 그들을 멸하며, 표범이 성읍들을 엿보니 그리로 나오는 자마다 찢어 죽일 것이다. 이는 그들의 죄악이 크고 반역이 심하기 때문이다.

7 내가 어찌 너희를 용서하겠느냐? 네 자식들은 나를 버리고 신이 아닌 것들로 맹세했다. 내가 그들을 배불리 먹였더니 오히려 그들은 간음하며 창기의 집으로 몰려들었다.

8 그들은 살지고 정욕이 왕성한[1]수컷 말처럼 각자 이웃의 아내를 탐내며 말 울음소리를 낸다.

9 내가 어찌 이런 일들에 대해 벌하지 않겠으며, 이런 나라에 보복하지 않을 수 있겠느냐?

10 너희는 포도나무[2]에 올라가 그것을 파멸시키되 다 파멸시키지 말고 그 가지만 꺾어 버리라. 그것은 더 이상 여호와의 것이 아니다.

11 북이스라엘의 가문과 남유다의 가문이 내게 정녕 반역했다.

12 그들은 여호와를 인정하지 않으며 말했다. "여호와께서는 계시지 않기 때문에 재앙이 우리에게 닥치지 않으며, 우리는 전쟁[3]과 기근을 당하지 않을 것이다."

13 선지자들의 말은 바람일 뿐이다. 말씀이 그들 속에 있지 않으니 그들은 그같이 당할 것이다.

14 그러므로 만군의 여호와께서 이같이 말씀하셨다. "너희가 그런 말을 했으니 보라, 내가 네 입에 있는 내 말들을 불로 만들고, 이 백성을 나무가 되게 하여 불사를 것이다."

15 여호와께서 말씀하셨다. "이스라엘 집이여, 보라, 내가 강하고 역사가 깊은 한 나라를 먼 곳에서 너희에게로 오게 할 것이다. 그 나라 말을 너희가 알지 못하고, 깨닫지 못한다.

16 그 화살통은 열린 무덤과 같고, 그 사람들은 전부 용사들이다.

17 그들은 네 자녀들이 먹을 네 수확물과 양식을 먹으며, 네 양 떼와 소 떼를 잡아먹으며, 네 포도와 무화과를 먹으며, 네가 의지하는 요새화된 성들을 칼로 쳐부술 것이다.

18 그때도 내가 너희를 완전히 멸망시키지는 않을 것이다.

19 만일 그들이[4] '무엇 때문에 우리 하나님께서 이런 모든 일을 우리에게 행하셨느냐?'라고 묻거든 너는 '너희가 너희 땅에서 나 여호와를 버리고 이방 신들을 섬김으로 남의 나라 땅에서 이방인들을 섬겨야 하기 때문이다'라고 말해 주라.

20 너는 이 같은 사실을 야곱 자손 집과 유다 백성에게 알려주라.

21 어리석고 깨달을 줄 모르고, 눈이 있어도 보지 못하며, 귀가 있어도

1) 두루 다니는 살진 2) 성벽 3) 칼 4) 너희가

듣지 못하는 백성이여, 내 말을 들으라."

22 여호와께서 말씀하셨다. "너희는 내가 두렵지 않느냐? 내 앞에서 떨지 않느냐? 나는 바다의 영원한 경계를 모래로 만들고 그것으로 바닷물이 넘치지 못하게 했기 때문에 파도가 거세게 일어나도 그 경계선을 넘지 못한다.

23 그러나 너희 백성은 배신하고 반역하는 마음이 있어서 이미 나를 떠나갔다.

24 너희[1]는 마음속으로도 '때를 따라 우리에게 이른 비와 늦은 비를 주시며, 우리를 위해 추수 기한을 정하시는 우리 하나님을 경외하자'라고 말한 적이 없었다.

25 그러므로 너희 허물이 이러한 일들, 곧 비와 추수를 하지 못하게 했고, 너희 죄가 좋은 것들을 막아 누리지 못하게 했다.

26 내 백성 가운데 흉악한 악인이 있어서 새를 잡는 사냥꾼이 매복하는 것처럼 숨어 있고, 덫을 놓아 사람을 잡는다.

27 너희[1]집에는 사냥꾼이 새들을 속여 잡아 새장에 새들이 가득한 것처럼 속여 얻은 재물로 가득하다. 그렇게 해서 그들은 벼락부자가 되었다.

28 그들은 살지고 얼굴에 윤기가 나며, 또 모든 악한 짓을 일삼고 자기 이익만을 챙긴다. 그래서 고아와 가난한 자의 재판을 공정하게 판결하지 않는다.

29 그러므로 내가 이런 일들에 대해 벌하고, 이 같은 나라에 보복해야 하지 않겠느냐?" 여호와의 말씀이다.

30 "지금 유다 땅에는 무섭고 놀라운

일이 벌어지고 있다.

31 선지자들은 거짓으로 예언하고, 제사장들은 자기 권력으로 다스리며, 내 백성은 그것을 좋게 여기니 마지막에 너희가 어떻게 하려고 그러느냐?"

예루살렘 멸망에 대한 예언

6 ● 베냐민 자손들아, 예루살렘에서 도망하여 피난하라. 베들레헴 남쪽 약 12㎞의 드고아에서 나팔을 불고, 예루살렘 남쪽 6.5㎞의 벧학게렘에서 봉화불[2]을 피워라. 재앙과 큰 파멸이 북쪽 지역에서 몰려오고 있다.

2 아름답고 우아하게 자란 딸 예루살렘, 곧 시온을 내가 진멸하리니

3 이방의 왕, 목자들이 그 군대, 곧 양 떼를 몰고 와서 멸망한 예루살렘 주위의 원하는 장소에 장막을 치고 각기 그 처소에서 먹일 것이다.

4 그들은 말한다. "너희는 그들을 공격할 준비를 하라. 일어나라. 우리가 한낮에 공격하자. 그러나 안타깝게 되었다. 날이 기울어 저녁 그늘이 지고 있다.

5 이제 우리가 밤에 올라가서 그 요새들을 헐어버리자."

6 만군의 여호와께서 이미 적군에게 이같이 명령하셨다. "너희는 나무를 베어 예루살렘을 향해 토담[3]을 쌓으라. 예루살렘은 심판 받을 성이다. 그 성에는 오직 포학한 것 뿐이다.

7 샘이 그 물을 솟구쳐 내는 것처럼 그 성은 악을 드러내니 그곳에는 폭력과 약탈 소리가 들리며, 내 눈에 보이는 것은 계속되는 질병과 살상뿐이다.

---

1) 그들 2) 깃발 3) 목책

8 예루살렘아, 너는 경고를 받으라. 그렇지 않으면 너를 황폐하게 하여 사람이 살 수 없는 땅으로 만들 것이다."

9 만군의 여호와께서 이같이 말씀하셨다. "포도를 남김없이 따듯 그들이 이스라엘의 남은 자를 그렇게 샅샅이 찾아내어 잡아갈 것이다. 그러므로 예레미야야, 너는 포도 따는 자처럼 구할 수 있는 대로 사람을 구하라."[1]

10 그러자 예레미야가 대답했다. "내가 누구에게 말하며, 누구에게 경고하여 듣게 하겠습니까? 그 할례를 받지 못해, 귀가 막혀 듣지 못하고, 여호와의 말씀을 자신들에게 비난거리로 여겨 말씀 듣기를 좋아하지 않습니다."

11 그러므로 그들을 향한 여호와의 분노가 내 속에도 가득하여 견디기가 힘들다. 하나님께서는 그의 분노를 거리에 있는 아이들과 청년들의 모임에 쏟으시리니 남편과 아내, 장년과 노인이 모두 잡힐 것이다.

12 그 땅 주민에게 내 손을 뻗어 그들을 치리니 그들의 집과 밭과 아내가 타인의 소유가 될 것이다.

13 그렇게 된 것은 그들이 힘 없는 자나 힘 있는 자나 모두 자기 이익만을 챙기고, 선지자나 제사장까지도 모두 백성들을 속이기 때문이다.

14 그들이 내 백성의 상처를 가볍게 여기면서 '괜찮다. 아무 일 없다'라고 말하지만 평안이 없다.

15 그들이 그런 가증한 일을 행할 때 조금도 부끄러워 하지 않을 뿐 아니라 안색도 변하지 않았다. 그러므로 그들이 엎드러지는 자와 함께 엎드러질 것이다. 내가 그들을 벌할 때 그들이 넘어질 것이다. 여호와의 말씀이다.

유다 멸망에 대한 교훈

16 ● 여호와께서 이같이 말씀하셨다. "너희는 길에 서서 옛날 길이 어디인지, 어느 길이 좋은 길인지 물어보고 그 길로 가라. 그러면 너희가 쉴 곳을 찾을 것이다. 그러나 그들은 '우리는 그 길로 가지 않겠다'라고 대답했다.

17 내가 또 너희 위에 파수꾼을 세웠으니 '그의 나팔 소리를 들으라'고 말했지만 그들은 '우리는 듣지 않겠다'라고 대답했다.

18 그러므로 너희 민족과 나라들은 내 말을 들으라. 그들이 당할 일을 알아라.

19 땅이여, 들으라. 내가 이 백성에게 재앙을 내릴 것이니 그것은 그들이 악한 생각을 한 당연한 벌이다. 그들은 내 말을 듣지 않으며 내 율법을 거절했다.

20 시바에서 유향을 가져오고, 먼 곳에서 향료를 내게로 가져와 제물로 바치려는 것이 나와 무슨 상관이 있느냐? 나는 그들의 번제물을 받지 않으며, 그들의 희생제물도 마음에 들지 않는다.

21 보라, 내가 이 백성 앞에 장애물을 두리니 아버지와 아들들이 함께 그것에 걸려 넘어지며, 이웃과 그의 친구가 함께 멸망할 것이다."

22 여호와께서 이같이 말씀하셨다. "보라, 한 민족이 북쪽 지역에서 오며, 큰 나라가 땅끝에서 일어나고 있다.

23 그들은 활과 창을 잡았고, 잔인해 자비를 베풀지 않으며, 그 목소리는

1) 네 손을 광주리에 자주자주 놀리라

포효하는 바다 소리와 같다. 그들이 말을 타고 전사처럼 대열을 벌이고 시온의 딸인 너를 치려고 온다.”

24 우리가 그 소문을 듣고 맥이 풀렸고, 고통이 우리를 사로 잡았으니 그 아픔이 해산하는 여인과 같다.

25 너희는 밭에 나가지 말고, 길로도 다니지 말라. 원수의 칼이 있고, 사방에 두려움이 있기 때문이다.

26 딸 내 백성은 굵은 베옷을 입고 재에서 뒹굴며, 독자를 잃은 것처럼 크게 애통하라. 멸망시킬 자가 갑자기 우리를 덮칠 것이다.

27 나는 이미 너 예레미야를 내 백성의 망대와 요새로 삼아 그들의 길을 알고 살피게 했다.

28 그들은 모두 심히 반항하는 자이며, 비방하며 돌아다니는 자들이다. 그들은 다 사악하여 그 마음이 놋과 철과 같다.

29 풀무질을 너무 세게 하면 그 풀무 불에 불순물은 없어지지 않고 오히려 납이 녹아 금속을 정련하는 자의 수고가 헛되게 된다. 이같이 악한 자는 제거되지 않는다.

30 여호와께서 그들을 버리셨기 때문에

풀무(렘 6:29)

원광을 녹여 분류하는 풀무(firepot)는 성서시대에 벽돌이나 돌을 사용하여 만들었는데 소규모의 가내 공업용에서부터 에시온게벨에 있는 솔로몬의 풀무와 같은 대규모의 것이 있다. 풀무의 구조는 원광을 녹이기 위해 화로, 통풍관, 연료실과 불길이 내부 깊숙히 들어가도록 한 통로로 되어 있다. 풀무의 가장 초기 단계는 사람의 입김으로 불을 지피는 것이었다. 이런 풀무는 원광을 녹여 분류하는 것 외에도 아금이나 토기를 굽거나 빵을 굽으며, 벽돌을 굽고, 석회를 굽는 용도로 사용되었다. 풀무는 성경에서 시련과 연단과 같은 비유적인 말로 사용되었는데 이스라엘 백성들의 이집트 생활은 쇠풀무(왕상 8:51)로 비유되었다.

사람들은 그들을 ‘내버린 은’이라고 부를 것이다.

가증한 우상 숭배와 유다의 불순종

7 ● 여호와께서 예레미야에게 말씀하셨다.

2 “너는 여호와의 성전 집 문에 서서 여호와께 예배하기 위해 성전 문으로 들어오는 유다 사람들에게 내 말을 전하라.”

3 만군의 여호와, 이스라엘의 하나님께서 이같이 말씀하셨다. “너희 생활[1]과 행실을 바르게 하라. 그러면 내가 너희로 이 땅에서 살게 할 것이다.

4 너희는 이곳이 ‘여호와의 성전’이라고 계속 속이는 말을 믿지 말라.

5 너희의 생활과 행실을 바르게 고치고, 이웃들끼리 서로 정직하게 행하며,

6 이방인과 고아와 과부를 억압하지 않으며, 죄 없는 자를 죽이지 않으며, 다른 신들을 섬김으로 화를 자초하지 않으면

7 내가 너희를 너희 조상에게 영원히 준 이 땅에서 살게 할 것이다.

8 보라, 너희는 무익한 거짓말에 의지하며 살고 있다.

9 너희가 도둑질하고, 살인하며, 간음하며, 거짓으로 맹세하며, 바알에게 분향하며, 너희가 알지 못하는 다른 신들을 섬긴다. 그러면서

10 내 이름으로 불리는 이 성전 집에 들어와 내 앞에 서서 ‘우리가 안전합니다’라고 말하느냐? 그렇게 말하는 것은 이 모든 가증한 일을 행하려고 하는 핑계일 뿐이다.

11 내 이름으로 불리는 이 성전이 너희 눈에는 도둑이 숨는 곳으로 보이느냐? 나는 이곳에서 너희 악행을

1) 길

확실히 보았다.

12 너희는 내 이름을 최초로 둔 나의 처소인 실로에 가서 내 백성 이스라엘의 죄악 때문에 내가 어떻게 징벌했는지를 생각해 보라."

13 여호와께서 말씀하셨다. "너희가 온갖 죄를 지었기에 내가 너희에게 이렇게 말했다. '새벽부터 부지런히 말해도 듣지 않았고, 너희를 불러도 대답하지 않았다.

14 그러므로 내가 실로에 행한 것처럼 너희가 믿고 의지하는 내 이름으로 불리는 이 성전, 곧 너희와 너희 조상들에게 준 이곳에 행할 것이다.

15 또 내가 너희 모든 형제인 북이스라엘, 곧 에브라임의 모든 자손을 쫓아낸 것처럼 너희도 내 앞에서 쫓아낼 것이다.'

16 그런즉 예레미야야, 너는 이 백성을 위해 기도하거나 부르짖어 간구하지 말라. 기도나 간구를 해도 내가 듣지 않을 것이다.

17 너는 그들이 유다 성읍들과 예루살렘 거리에서 행하는 일을 보고 있지 않느냐?

18 자식들은 땔감을 줍고, 아버지들은 불을 피우며, 어머니[1]들은 가루를 반죽하여 하늘의 여왕 신을 위해 과자를 만들며, 또 다른 신들에게 부어 드리는 제사인 전제를 바침으로 내 분노를 일으킨다."

19 여호와께서 말씀하셨다. "그들이 나를 분노케 하는 것은 결국 낯 뜨거운 부끄러움을 스스로 자초하는 것이 아니냐?

20 그러므로 보라, 내 진노와 분노를 이 땅에 쏟으리니 사람과 가축과 들에 있는 나무와 땅의 소산물이 꺼지지 않는 불에 타게 할 것이다."

21 만군의 여호와, 이스라엘의 하나님께서 이같이 말씀하셨다. "너희는 너희의 몫으로 돌아가는 희생 제물이든, 내게 바치는 번제물의 고기든 모두 먹으라.

22 사실은 내가 너희 조상들을 애굽 땅에서 이끌어낸 날에 번제나 희생에 대해 말하거나 명령하지도 않았다.

23 오직 내가 이것만을 그들에게 명령했다. 곧 '너희는 내 목소리를 들으라. 그러면 나는 너희 하나님이 되고, 너희는 내 백성이 될 것이다. 너희는 내가 명령한 모든 길로만 걸어가라. 그러면 잘될 것이다'라고 했다. 그러나

24 그들은 순종하지 않았고, 귀담아 듣지도 않았으며, 자신들의 악한 마음에서 나오는 계획과 고집스러운 대로 행하여 내게서 등을 돌리고, 그 얼굴을 내게로 향하지도 않았다.

25 너희 조상들이 애굽 땅에서 나온 날부터 이날까지 내가 내 종 선지자들을 너희에게 계속해서 보냈다.

26 그러나 너희는 내게 순종하지 않고, 내 말을 귀담아듣지 않았으며, 목을 굳게 하여 너희 조상들[2]보다 더 큰 악을 행했다.

27 그러므로 예레미야야, 네가 그들에게 이 모든 말을 전해도 그들은 여전히 네가 전하는 말에 순종하지 않고, 네가 그들을 불러도 그들이 반응하지 않을 것이다.

28 그러니 너는 그들에게 이렇게 말하라. '너희는 너희 하나님의 목소리를 순종하지 않고, 교훈도 받아들이지 않는 민족이다. 진실이 사라져 너희 입에서 끊어졌다.

1) 부녀 2) 그들

도벳 사당 건축

29 예루살렘아, 네 머리털을 잘라 버리고, 벌거숭이 산 위에 올라가 통곡하라. 여호와께서 그 진노 아래에 있는 이 세대를 거절하여 버리셨다.

30 여호와께서 말씀하셨다. "유다 자손이 내가 보는 앞에서 악을 행하여 내 이름으로 불리는 성전 집에 그들의 혐오스러운 우상을 두어 내 성전을 더럽혔다.

31 또 힌놈의 아들 골짜기에 도벳 사당을 건축하고 그들의 자녀들을 불에 살라 제물로 드렸다. 그것은 내가 명령한 것이 아니었고, 내 마음에 생각하지도 않은 일이다."

32 그러므로 여호와께서 말씀하셨다. "날이 이르면 이곳을 '도벳'이나 '힌놈의 아들 골짜기'라고 말하지 않고 '살륙의 골짜기'라고 말할 것이다. 그것은 도벳에 매장할 자리가 없을 때까지 매장될 것이기 때문이다.

33 그때는 이 백성의 시체가 공중의 새와 땅의 짐승의 밥이 될 것이다. 그러나 그것을 쫓을 자가 없을 것이다.

34 그때 내가 유다 성읍들과 예루살렘 거리에 기뻐하는 소리와 신랑과 신부의 소리가 끊어지게 하리니 그 땅이 폐허가 될 것이다."

유다에 임할 혹독한 심판

8 ● 여호와께서 말씀하셨다. "그때 사람들이 유다 왕들과 지도자들과 제사장들과 선지자들과 예루살렘 주민들의 뼈를 그 무덤에서 꺼낸 후

2 그들이 사랑하고 숭배하며 추종하고 구하며 경배하던 해와 달과 하늘의 뭇 별 아래에 펼쳐 놓을 것이다.

그러나 그 뼈는 거두어지거나 묻히지 못해 지면에서 거름처럼 될 것이다.

3 무릇 내게 쫓겨나서 각처에 남아 있는 이런 악한 민족들은 사는 것보다 죽는 것을 더 원할 정도로 고통스러울 것이다."

4 너는 또 그들에게 말하라. "여호와의 말씀에 사람이 엎드러지면 일어나고, 떠나갔으면 다시 돌아오지 않겠느냐?

5 그런데 이 예루살렘 백성이 항상 나를 떠나 돌아오지 않는 것은 어찌 된 일이냐? 그들은 거짓에 사로잡혀 돌아오기를 거절한다.

6 내가 귀담아들으니 그들은 솔직하게 말하지 않고, 잘못을 뉘우치며 '내가 무엇을 행하겠는가?'라고 말하는 자가 없으며, 전쟁터로 향해 달리는 말처럼 각각 그릇된 길로 갔다.

7 공중의 황새[1]는 그 정해진 때를 알고, 산비둘기와 제비와 학[2]은 그들이 돌아오는 때를 지키지만 내 백성은 나 여호와의 법규를 알지 못한다.

8 너희가 어찌 '우리는 지혜가 있고, 여호와의 율법이 우리와 함께한다'라고 말할 수 있느냐? 사실은 거짓을 기록하는 서기관의 철필 붓이 율법을 거짓말로 만들어 놓았다.

9 그래서 지혜롭다고 하는 자들은 부끄러움을 당하고, 공포에 떨다가 붙잡혀 갈 것이다. 그들이 여호와의 말을 거부했으니 그들에게 무슨 지혜가 있겠느냐?

10 그러므로 내가 그들의 아내를 타인에게 주겠고, 그들의 밭도 정복자들에게 줄 것이다. 그들은 힘 없는

1) 학 2) 두루미

작은 자나 힘 있는 큰 자나 모두 자기 이익만을 챙기고, 선지자나 제사장까지도 모두 백성들을 속인다.

11 그들이 내 딸, 내 백성의 상처를 가볍게 여기면서 '괜찮다. 아무 일이 없다'라고 말하지만 평안이 없다.

12 그들은 그런 가증한 일을 행할 때 조금도 부끄러워하지 않을 뿐 아니라 안색도 변하지 않았다. 그러므로 그들이 엎드러지는 자와 함께 엎드러질 것이다. 내가 그들을 벌할 때 그들이 넘어질 것이다." 여호와의 말씀이다.[1]

13 여호와께서 말씀하셨다. "내가 그들을 진멸하리니 포도나무에 포도열매가 없고, 무화과나무에 무화과가 없으며, 그 잎사귀가 말라 내가 그들에게 준 것이 다 사라질 것이다."

14 모이라. 우리가 가만히 앉아서 죽을 수는 없다. 우리가 요새화된 성읍들로 들어가서 그곳에서 죽음을 맞이하자. 우리가 여호와께 범죄했기 때문에 우리 하나님께서 우리를 멸하시고, 우리에게 독이 든 물을 마시게 하셨다.

15 우리는 평안을 바라지만 좋은 일이 없고, 치료해 줄 때를 기다리지만 두려움뿐이다.

16 적군의 말 콧소리가 이스라엘 최북단 도시인 단에서 들리고, 그 잘 달리는 말들의 우는 소리에 온 땅이 진동한다. 그들이 와서 이 땅과 그 소유와 성읍과 그 주민을 삼켰다.

17 여호와께서 말씀하셨다. "내가 술법이 통하지 않는 뱀과 독사를 너희 가운데 보내리니 그것들이 너희를 물 것이다."

18 슬프다. 기쁨이 사라지고 슬픔이 찾아와 내 마음이 근심으로 병들었다.

19 도움을 구하는 딸, 내 백성의 부르짖는 소리가 심히 먼 곳에서 들린다. 여호와께서 예루살렘, 곧 시온에 계시지 않은가? 시온의 왕이 그 가운데 계시지 않은가? 왜 그들은 그 조각한 신상과 이방의 헛된 우상들로 나를 화나게 하는가?

20 추수할 때가 지나고 여름이 끝났으나 우리는 구원을 얻지 못한다고 말한다.

21 딸, 내 백성이 채찍에 상했으니 내 마음이 상처를 받아 슬픔과 공포에 사로잡혔다.

22 요단강 동쪽의 길르앗 지역에는 유향이 있고, 치료하는 의사가 있지 않느냐? 그런데 왜 딸 내 백성은 치료를 받지 못하는가?

9

내 머리가 물이고, 내 눈이 눈물 샘이라면 죽임을 당한 딸, 내 백성을 위해 밤낮으로 울을 수 있을 텐데,

2 누가 광야에서 나그네가 머무를 곳을 내게 마련해 준다면 나는 내 백성을 떠나 그 광야로 갈 것이다. 그들은 다 간음하는 자들이고, 반역한 자의 무리가 되었기 때문이다.

3 여호와께서 말씀하셨다. "그들은 활을 당기듯 혀를 놀려 거짓을 말하며, 이 땅에서 강성하지만 진실하지 않고, 악이 점점 더 심해지고, 또 내가 하나님임을 알지 못한다.

4 형제마다 완전히 속이며 이웃마다 다니며 비방하므로 너희는 각자 이웃을 조심하고, 어떤 형제든지 믿지 말라.

5 그들은 진실을 말하지 않고 서로 이웃을 속이며, 거짓말하는 것을 가르치며, 지칠 정도로 악을 행하니

6 너는 온통 속임수 가운데 살고 있다.

1) 렘 6:12-15

그들은 속이는 일 때문에 나에 대해 알기를 싫어한다." 여호와의 말씀이다.

7 그러므로 만군의 여호와께서 이같이 말씀하셨다. "보라, 내가 내 딸, 내 백성에 대해 어떤 방법으로 다루어야 할까? 내가 그들을 금속을 제련하듯 녹이고 단련할 것이다.

8 그들의 혀는 죽이는 화살과 같다. 입으로는 그 이웃에게 평화를 말하지만 실상은 거짓을 말하며, 마음으로는 해로운 일을 꾸미고 있다.

9 내가 이런 자들을 벌하지 않겠으며, 이런 백성¹⁾에게 보복하지 않겠느냐?

10 나는 산들을 향해 울며 탄식하며, 광야의 초장을 향해 애가를 부른다. 이는 그것들이 불에 타서 지나는 사람이 없고, 그곳에 가축의 소리가 들리지 않으며, 공중의 새나 땅의 짐승까지 전부 도망하여 없어졌기 때문이다.

11 나는 예루살렘을 돌 무더기로 만들고, 여우²⁾의 소굴이 되게 하며, 유다의 성읍들을 황폐하게 만들어 사람이 살 수 없게 할 것이다.

12 지혜가 있어 왜 이 땅이 멸망하여 광야처럼 불타서 지나가는 자가 없게 되었는지를 깨달을 만한 자가 누구이며, 여호와께서 직접하시는 말씀을 받아 선포할 자가 누구인가?"

13 여호와께서 말씀하셨다. "그렇게 된 것은 그들이 내가 그들 앞에 준 내 율법을 버리고, 내 말에 순종하지도 그대로 실천하지도 않으며,

14 그 마음의 고집과 조상들이 그들에게 가르친 대로 바알 신들을 따랐기 때문이다."

15 그러므로 만군의 여호와, 이스라엘의 하나님께서 이같이 말씀하셨다. "보라, 내가 이 백성에게 쑥을 먹이고, 독이 든 물을 마시게 하며,

16 그들과 그들의 조상이 알지 못하던 이방 나라 가운데로 그들을 흩어 버리고, 그들을 진멸시킬 때까지 칼이 그들을 뒤쫓게 할 것이다."

사랑과 정의와 공의를 행하심

17 ● 만군의 여호와께서 이같이 말씀하셨다. "너희는 잘 생각하여 애곡하는 여인³⁾을 불러오며, 또 사람을 보내 장송곡을 부를 지혜로운 여인을 서둘러 불러오라.

18 그래서 우리를 위해 애곡하여 우리의 눈에서 눈물이 나오고, 눈꺼풀에서 눈물이 흐르게 하라.

19 이는 예루살렘, 곧 시온에서 통곡하는 소리가 들리기 때문이다. '우리가 완전히 망했구나. 우리가 큰 수치를 당했도다. 우리가 그 땅을 떠난 것은 그들이 우리 거처를 헐었기 때문이다.'"

20 여인들은 여호와의 말씀을 들으라. 너희는 하나님의 말씀을 귀담아들으라. 너희 딸들에게 애곡하는 법을 가르치고, 각자 이웃에게 슬픈 노래를 가르치라.

21 죽음이 우리 창문을 넘어 들어왔고, 우리 왕궁까지 들어왔으며, 밖에서는 자녀들이 죽어가고, 거리에서는 청년들이 죽어가고 있다.

22 너는 이같이 말하라. "여호와의 말씀에 사람의 시체가 거름처럼 들에 널리고, 추수하는 자가 미처 거두지 못한 곡식단처럼 될 것이다."

23 여호와께서 이같이 말씀하셨다. "지혜로운 자는 자기의 지혜를 자랑하지 말고, 용사는 자기의 용맹

---

1) 나라 2) 승냥이 3) 부녀

을 자랑하지 말라. 부자는 그의 부요함을 자랑하지 말라.

24 자랑하는 자는 오직 분별력이 있어 나를 아는 것과 나 여호와가 사랑과 의와 공의를 땅에 실행하는 자인 줄 깨닫는 것을 자랑하라. 나는 이런 일을 좋아한다.”

25 여호와께서 말씀하셨다. “보라, 날이 이르면 할례 받은 자나 할례 받지 못한 자, 곧 할례를 받았어도 마음으로 받지 않는 자 모두를 벌할 것이다.

26 곧 유다뿐 아니라 할례 받지 않은 애굽과 에돔과 암몬 자손과 모압과 광야에 사는 자들이다. 무릇 모든 민족은 할례를 받지 못했고, 이스라엘은 마음의 할례를 받지 못했다.”

우상 숭배의 실상

10 ● 이스라엘 집은 여호와께서 하시는 말씀을 들으라.

2 여호와께서 이같이 말씀하셨다. “이방 나라의 풍습1)을 배우지 말라. 이방 사람들은 하늘의 징조를 두려워하지만 너희는 그런 것들을 두려워하지 말라.

3 그들의 풍습은 허망한 것이니 삼림에서 벤 나무로 만든 것에 불과하고, 조각가2)가 연장3)으로 만든 것이다.

4 그들은 조각하여 만든 우상에 은과 금으로 꾸미고, 못과 망치로 그것을 단단히 고정시켜 흔들리지 않게 한다.

5 그것은 밭에 세운 허수아비4)처럼 말도 못하고, 걸어다니지도 못하기 때문에 사람이 메고 가야 한다. 그것은 복과 화를 줄 수 없으니 너희는 두려워하지 말라.”

6 여호와여, 주와 같은 분은 없습니다.

주는 위대하시니 그의 권능으로 주의 이름이 크십니다.

7 이방 사람들의 왕이 되신 주를 두려움으로 섬기지 않을 자가 누구입니까? 그것은 주께 합당한 일입니다. 이방 나라와 왕국들의 지혜로운 자들 가운데 주와 같은 분이 없습니다.

8 그들은 한결같이 미련하고 어리석습니다. 그들은 우상의 가르침을 받는다고 하지만 그것은 단지 나무일 뿐입니다.

9 그것들은 다시스5)에서 가져온 은을 편 은박과 아프리카의 우바스에서 가져온 금으로 나무 우상을 꾸미되 조각가와 은세공업자의 손으로 만들었고, 청색과 자색 옷을 입혔으니 이는 정교한 솜씨로 만든 것입니다.

10 그러나 여호와만이 살아계신 참 하나님이며, 영원한 왕이십니다. 그가 진노하시면 땅이 진동하고, 그 분노하심을 이방 나라들은 견딜 수 없습니다.

11 너희는 이같이 그들에게 이르라.

Q&A 렘 9:25에 대한 해석은?

본절에서 할례받은 자는 유대인을, 할례받지 못한 자는 이방 민족을 가리킨다. 이 둘 모두 하나님께서 징벌을 내리는 이유는 유대인은 할례는 받았으나 마음의 할례(9:26), 곧 회개와 믿음이 없었기 때문이고, 이방 민족은 하나님을 모른 채 우상 숭배와 온갖 악행을 저질렀기 때문이다. 비록 이방 민족이 하나님을 몰랐다고 하더라도 그들은 양심에 의해서도 심판을 면하지 못한다. 어쨌든 이 둘 모두는 하나님을 경외하는 믿음이 없어 멸망의 심판을 선고 받고 있다는 것이다. 본절은 하나님의 기뻐하시는 일을 하지 않고 할례만 행하면 구원을 받는다고 하는 유대인들의 어리석음을 드러낸 사실을 언급하고 있다.

1) 길   2) 기술공   3) 도끼   4) 둥근 기둥   5) 스페인

"하늘과 땅을 창조하지 않은 신들은 땅 위와 하늘 아래에서 망할 것이다."

만물의 창조자 여호와

12 ● 여호와께서는 땅을 그의 권능으로 창조하시고, 세계를 그의 지혜로 세우셨으며, 하늘을 그의 명철로 펴셨다.

13 그가 소리를 내시자 하늘에서 많은 물이 생겼다. 그는 땅끝에서 안개1)를 피어오르게 하시고, 비를 위해 번개를 만드시며, 바람 창고에서 바람을 내보내신다.

14 그럼에도 모든 사람이 어리석고 미련하여 은세공업자마다 자기가 조각한 신상으로 인해 수치를 당한다. 그가 부어 만든 우상은 그 속에 생기가 없는 허망한 것이기 때문이다.

15 그것들은 허황되며, 조롱거리에 불과하니 징벌 받을 때 멸망할 것이다.

16 그러나 야곱의 유산은 그와 같지 않다. 하나님은 만물의 창조자이시며, 이스라엘은 그의 유업의 지파가 되기 때문이다. 그 이름은 만군의 여호와이시다.

심판에 대한 백성들의 탄식

17 ● 포위된 성읍에 앉은 자여, 이 땅을 떠날 짐을 꾸려라.

18 여호와께서 이같이 말씀하셨다. "보라, 내가 이 땅에 사는 자를 이번에는 멀리 내던질 것이다. 그들에게 고통을 주어 깨닫게 할 것이다."

19 슬프다. 내가 큰 부상을 당했다. 그러나 나는 "이는 참으로 내가 당하는 고난이니 참아야 한다"라고 생각했다.

20 내 장막 집이 무너지고 내 모든 줄이 끊어졌으며, 내 자녀가 나를 떠나가고 없으니 내 장막 집을 다시 세우고 내 휘장을 다시 달 자가 없다.

21 목자들은 분별력이 없어 여호와를 찾지 않았기 때문에 형통하지 못하며 그들의 모든 양 떼가 흩어졌다.

22 들으라. 북쪽 지역에서 크게 떠드는 소리가 들리니 그것은 유다 성읍들을 황폐하게 하여 여우2)의 거처가 되게 하려는 소리이다.

23 여호와여, 나는 사람의 운명3)이 자신에게 있지 않고, 자신의 걸음을 자신이 조정하지 못한다는 것을 알고 있습니다.

24 그러니 여호와여, 나를 징계하시되 진노하심으로 하지 말고 너그럽게 하십시오. 주께서 나를 죽게 하실까 두렵습니다.

25 대신 주의 분노를 주를 알지 못하는 이방 사람들과 주의 이름으로 기도하지 않는 족속들에게 쏟으십시오. 그들은 야곱 자손을 삼켜 멸하고, 야곱의 거처를 황폐하게 만들었기 때문입니다.

여호와의 언약

11
● 여호와께서 예레미야에게 하신 말씀이다.

2 "너희는 이 언약의 말을 듣고 유다인과 예루살렘 주민에게 말해 주라."

3 이스라엘의 하나님께서 이같이 말씀하셨다. "이 언약의 말에 순종하지 않는 자는 저주를 받을 것이다.

4 이 언약은 내가 너희 조상들을 쇠풀무 같은 애굽 땅에서 이끌어내던 날에 그들에게 명령한 것이다. 곧 내가 이르기를 '너희는 내 말에 순종하고 내 모든 명령을 실행하라. 그러면 너희는 내 백성이 되고,

1) 구름 2) 승냥이 3) 길

나는 너희 하나님이 될 것이다.

5 또 내가 너희 조상들에게 젖과 꿀이 흐르는 땅을 주리라고 한 언약을 이룰 것이다'라고 한 것이다. 그 언약이 오늘과 같이 되었다고 하라.” 이에 내가 대답했다. “그렇습니다. 여호와여!”

6 여호와께서 나에게 말씀하셨다. “너는 이 모든 말로 유다 성읍들과 예루살렘 거리에서 선포하라. '너희는 이 언약의 말을 듣고 지키라.

7 내가 너희 조상들을 애굽 땅에서 이끌어낸 날부터 지금까지 내 말에 순종하라고 간절히 계속해서 경고했다.

8 그러나 그들이 순종하지 않고, 귀담아듣지도 않았으며, 각각 그 악하고 고집스러운 마음대로 살았다. 그래서 내가 그들에게 지키라고 했어도 지키지 않은 이 언약의 모든 규정대로 그들에게 벌을 내릴 것이다'라고 하라.”

9 여호와께서 또 내게 말씀하셨다. “유다인과 예루살렘 주민 가운데 나를 대적하는 음모가 있다.

10 그들은 내 말을 거절한 자기들의 선조의 죄악으로 돌아가서 다른 신들을 섬겼다. 그래서 북이스라엘 자손 집과 유다 자손이 내가 그들의 조상들과 맺은 언약을 파기했다.

11 보라, 내가 그들에게 피할 수 없는 재앙을 내릴 것이다. 그때는 그들이 내게 살려 달라고 부르짖어도 내가 듣지 않을 것이다.

12 그래서 유다 성읍들과 예루살렘 주민들은 그 분향하는 신들에게 가서 부르짖을 것이다. 그러나 그 신들이 그 고난 가운데서 그들을 결코 구해내지 못할 것이다.

13 유다야, 너는 네 성읍만큼이나 많은

신을 만들었다. 너희는 예루살렘 거리의 수대로 바알에게 분향하는 수치스러운 제단을 쌓았다.

14 그러므로 예레미야야, 너는 이 백성을 위해 부르짖어 간구하지 말라. 그들이 그 고난으로 인해 내게 부르짖을 때 내가 듣지 않을 것이다.

15 내 사랑하는 자가 내 성전 집에서 어찌 그 많은 음모를 꾸미느냐? 성전에 드리는 거룩한 제물 고기로 네 재난을 피할 수 있겠으며, 네가 기뻐할 수 있겠느냐?”

16 여호와께서는 그의 이름을 '좋은 열매 맺는 아름다운 푸른 올리브 나무1)'다'라고 불렀으나 이제는 폭풍 소리와 함께 그 나무를 불사르고, 그 가지는 꺾어 버릴 것이다.

17 북이스라엘 자손과 유다 자손을 나무처럼 심은 만군의 여호와께서 바알에게 분향함으로 노여움을 일으킨 악으로 인해 그들에게 재앙을 선언하셨다.

예레미야를 죽이려고 하는 아나돗 사람

18 ● 여호와께서 나에게 알게 하셨기 때문에 내가 깨달았습니다. 그때 주께서는 그들의 행위를 내게 보여주셨습니다.

19 나 예레미야는 도살장으로 끌려가는 순한 어린 양과 같으니 그들이 나를 해치려고 모의했습니다. “우리가 열매 달린 나무를 통째로 찍어 버리자. 그를 사람이 사는 땅에서 끊어 그의 이름이 다시 기억되지 못하게 하자.” 그러나 나는 나를 죽이려고 하는 모의를 알아차리지 못했습니다.

20 공의로 판단하고 사람의 마음을 살피시는 만군의 여호와여, 나의

1) 감람나무

억울한 사정을 주께 아뢰었으니 그들에 대한 주의 보복을 내가 보게 될 것입니다.

21 여호와께서 예루살렘 북쪽 5㎞ 지점에 위치한 아나돗 사람들에 대해 이같이 말씀하셨다. "네 고향 사람들이 너를 죽이려고 찾아와 말하기를 '너는 여호와의 이름으로 예언하지 말라. 아니면 우리가 죽일 수도 있다'라고 한다."

22 그러므로 만군의 여호와께서 다시 말씀하셨다. "보라, 내가 그들을 벌하리니 젊은이들은 칼에 죽으며, 그들의 아들 딸들은 기근으로 굶어 죽으리니

23 살아남은 자가 없을 것이다. 내가 그들을 벌할 때 예레미야의 고향인 아나돗 사람에게 재앙을 내릴 것이다."

악인의 형통에 대한 예레미야의 질문

12 ● 여호와여, 내가 주와 변론할 때마다 주께서는 옳으셨습니다. 그러나 내가 주께 질문합니다. "악한 자의 길이 왜 형통하며, 반역한 자가 다 평안한 것은 무슨 이유입니까?

2 주께서 그들을 심으셨으니 그들은 뿌리를 내리고 성장하여 열매를 맺었습니다. 그럼에도 그들의 입은 말로만 주께 가깝고 마음은 멀리 떨어져 있습니다.

3 여호와여, 주께서는 나를 아시고, 내 마음속을 살피사 내가 주와 함께함을 아십니다. 그러므로 도살장으로 가는 양처럼 그들을 끌어내시되 죽일 날을 정하여 그들을 따로 구별해 두십시오.

4 언제까지 이 땅이 슬퍼하며 온 지방의 채소가 말라죽어야 합니까?

짐승과 새들도 그 씨가 마르게 되었습니다. 이렇게 되니 악한 이 땅의 주민이 스스로 말합니다. '하나님께서는 우리가 무슨 일을 할지 보시지 않을 것이다.'"

5 하나님께서 대답하셨다. "만일 네가 걸어가는 자와 함께 달려도 피곤하다면 어찌 말과 경주할 수 있겠느냐? 네가 평안한 땅에서는 무사하겠지만 요단 강물이 넘칠 때는 어떻게 하겠느냐?

6 네 형제와 아버지의 집이라도 너를 배신하며 네 뒤에서 큰 소리로 외치니 그들이 네게 좋은 말을 하더라도 너는 믿지 말라."

여호와의 응답

7 ● "나는 내 성전 집과 내 소유 된 백성을 버렸다. 내가 진정으로 사랑하는 백성을 그 원수의 손에 넘겨주었다.

8 그러므로 내 소유 된 백성이 숲속의 사자처럼 되어 나를 향해 으르렁거리며 대드는 소리를 내므로 내가 그들을 미워했다.

9 내 소유로 택한 내 백성이 사나운[2] 매처럼 변한 것이 아니냐? 다른 들이 그 주위를 에워싸지 않느냐? 너희는 가서 들짐승들을 모아 그것들을 먹게 하라.

10 많은 목자가 내 포도밭을 망쳐 놓고 내 밭을 짓밟아 내가 탐스럽게 여기는 땅을 폐허로 만들었다.

11 그들이 이처럼 황폐하게 했으므로 그 땅이 나를 향해 애곡한다. 온 땅이 황폐했지만 그것을 마음에 두는 자가 없다.

12 파괴하는 자들이 광야의 모든 언덕 위에 이르렀고, 여호와의 칼이 온 땅을 삼키니 누구도 평안하게

1) 콩팥 2) 무늬 있는

살지 못한다.

13 사람들이 밀을 심어도 가시를 거두며, 수고해도 아무 소득이 없다. 이는 내 분노 때문이므로 결국 그 소산물이 없음으로 인해 그들은 스스로 부끄러움을 느낄 것이다.

악한 이웃에 대한 여호와의 말씀

14 ● 여호와께서 자기 백성 이스라엘에게 유업으로 준 소유를 황폐케 한 나의 모든 악한 이웃 나라에 대해 이같이 말씀하셨다. "보라, 내가 그렇게 한 나라들을 그들의 땅에서 뽑아 버리겠고, 유다 집을 그들 가운데서 나오도록 그곳에서 뽑아 낼 것이다.

15 내가 그들을 나오게 한 후 다시 그들을 불쌍히 여겨 각 사람을 그들의 고향 땅, 기업으로 다시 인도할 것이다.

16 그러면 그들이 내 백성을 가르쳐 바알로 맹세하게 한 것처럼 내 백성이 마땅히 가야 할 길을 부지런히 배워 살아있는 여호와라는 내 이름으로 맹세하면 그들이 내 백성 가운데 세움을 입을 것이다.

17 그러나 그들이 순종하지 않으면 내가 반드시 그 나라를 뽑아 내어 멸할 것이다."

심판 실상에 대한 허리 띠와 포도주 가죽 부대의 비유

13 ● 여호와께서 이같이 내게 말씀하셨다. "너는 가서 베로 만든 띠를 사서 네 허리에 띠고 물에 닿아 썩지 않도록 하라."

2 이에 내가 여호와의 말씀대로 띠를 사서 허리에 묶었다.

3 여호와께서 다시 내게 말씀하셨다.

4 "너는 구입하여 네 허리에 띤 띠를 가지고 일어나 유대광야를 흐르는 유브라데 물가로 가서 그곳의 바

위틈에 그 띠를 감추라." 이에

5 내가 여호와께서 명령하신 대로 그것을 유브라데 물가로 가지고 가서 그곳 바위틈에 감추었다.

6 여러 날이 지난 후 여호와께서 나에게 말씀하셨다. "일어나 유브라데 물가로 가서 내가 네게 명령하여 감추게 한 띠를 가져오라."

7 이에 내가 유브라데 물가로 가서 그 감추었던 곳을 파고 띠를 가져오니 띠가 썩어서 쓸 수 없게 되었다.

8-9 여호와께서 나에게 이같이 말씀하셨다. "내가 유다와 예루살렘의 큰 교만을 이 베 띠처럼 썩게 할 것이다.

10 이 악한 백성이 내 말 듣기를 거절하고 자기 고집대로 행하여 다른 신들을 섬기며, 그에게 절하니 이 띠가 쓸모없게 된 것처럼 그들도 그렇게 될 것이다.

11 띠가 사람의 허리를 동여맨 것처럼 내가 북이스라엘 온 자손[1]과 유다 온 자손을 그렇게 동여매 내게 속하게 하여 그들로 내 백성이 되게 하고, 내 이름을 빛내고 내게 영광을 돌리게 하려고 했지만 그들은 듣지 않았다."

📍 성경지리   **유브라데 물가**(렘 13:4-5)

본절에 나오는 유브라데(Perath)는 오늘날 이란과 이라크 지역에 있는 유프라테스강과는 다른 곳이다. 이곳에서 언급된 유브라데는 예루살렘 동북쪽 9㎞ 지점에 있는 아인 파라(Ain Farah)이다. 이곳 계곡에는 비교적 많은 양의 물이 흐르고 있으며 많은 물고기도 살고 있다.
예레미야는 하나님의 명령에 따라 그의 허리 띠를 이곳의 한 바위틈에 감추었다. 이 시내 옆 산 위에는 바라의 주거지가 있으며, 계곡 위에는 오늘날에도 수도사들이 거주하는 유대광야에서 가장 오래된 수도원이 있다.

1) 집

12 그러므로 너는 그들에게 이렇게 이르라. "이스라엘의 하나님의 말씀에 모든 항아리1)에는 포도주가 가득 찰 것이다." 그러면 그들은 네게 "모든 항아리가 포도주로 가득 찰 줄을 우리는 왜 알지 못합니까?"라고 물을 것이다. 그러면

13 너는 다시 그들에게 이렇게 말하라. "여호와께서 말씀하시기를 내가 이 땅의 모든 주민과 다윗의 왕위에 앉은 왕들과 제사장들과 선지자들과 예루살렘 모든 주민을 그 포도주에 잔뜩 취하게 하므로

14 그들로 서로 싸우게 하여 다치게 하리니 아버지와 아들 사이에도 그렇게 할 것이다. 내가 그들을 불쌍히 여기거나 사랑하거나 아끼지 않고 멸할 것이다라고 하셨다."

교만에 대한 경고

15 ● 여호와께서 말씀하셨다. "너희는 귀담아들으라. 교만하지 말라.

16 너희는 주께서 어둡게 하기 전에, 너희 발이 황혼의 산2) 속에서 넘어지기 전에 너희 하나님께 영광을 돌리라. 너희가 빛을 고대하던 그때 예루살렘이 죽음의 그늘로 변해 침침한 어둠이 되게 하실 것이다.

17 너희가 이 말을 듣지 않으면 너희의 교만 때문에 내 심령이 은밀한 곳에서 울 것이며, 여호와의 양 떼가 사로잡혀 간 것 때문에 눈물을 흘려 통곡할 것이다."

18 너는 왕과 왕후에게 전하라. "영광의 면류관이 머리에서 벗겨져 떨어졌으니 스스로 낮은 곳에 앉으라.

19 남방의 성읍들이 봉쇄되어 그것을 뚫고 나갈 자가 없고, 유다는 한 사람도 남김없이 잡혀갈 것이다.

20 너는 눈을 들어 북쪽 지역에서 오는 자들을 보라. 네게 맡겼던 네 아름다운 양 떼는 어디 있느냐?

21 그가 네가 가르쳤던3) 자를 네 위에 우두머리로 임명할 때 너는 무슨 말을 하겠느냐? 그때 네가 겪는 고통은 마치 산고를 겪는 여인 같지 않겠느냐?

22 너는 마음속으로 '왜 내게 이런 일이 닥쳤는가?'라고 생각하겠지만 그것은 네 죄악이 너무 커서 네 옷자락이 들리고 네 발뒤꿈치가 상했기 때문이다.

23 에티오피아인, 곧 구스인이 그의 피부를 바꾸고, 표범이 그의 반점을 바꿀 수 있겠느냐? 만일 할 수 있다면 악에 익숙한 너희도 바뀌어 선을 행할 수 있을 것이다.

24 내가 너희를 사막 바람에 날아가는 지푸라기처럼 산산이 흩을 것이다.

25 그것은 네가 나를 잊어버리고 거짓을 신뢰한 까닭에 내가 네게 정해 준 몫이다.

26 그러므로 내가 네 옷자락을 네 얼굴에까지 들어올려 네 수치를 드러낼 것이다.

27 나는 네가 음란한 소리와 함께 간음하고, 들에 있는 언덕 위에서 너희가 행한 음란한 음행과 혐오스러운 것을 보았다. 너희에게 화가 있을 것이다. 부정한 예루살렘아, 네가 언제나 정결하게 되겠느냐?"

심판 날의 칼과 기근

14 ● 여호와께서 가뭄에 대해 예레미야에게 말씀하셨다.

2 "유다가 슬퍼하며 성문의 무리가 기력이 쇠하여 땅바닥에서 탄식하니 예루살렘의 부르짖음이 하늘까지 울려 퍼진다.

3 귀족들은 물을 얻기 위해 자기 종들을 보냈으나 그들은 우물에 갔음

1) 가죽 부대 2) 어두운 산 3) 친구 삼았던

에도 물을 얻지 못하고 빈 그릇으로 돌아오니 부끄러워 어찌할 바를 몰라 그들의 머리를 가린다.

4 비가 내리지 않아 땅이 갈라지니 밭을 가는 자가 부끄러워 어찌할 바를 몰라 그의 머리를 가린다.

5 들의 암사슴은 새끼를 낳아도 먹을 풀이 말라 내버리며,

6 들나귀들은 나무가 없는 벗은 산 위에 서서 여우1)처럼 헐떡이며, 먹을 풀이 없어 눈이 흐려진다."

7 여호와여, 우리의 죄악이 우리를 고발해도 주의 이름을 위해 선처2)해 주십시오. 우리가 심히 타락하고 주께 죄를 지었습니다.

8 여호와는 이스라엘의 소망이시며, 고난당한 때의 구원자이십니다. 그런데 어찌하여 이 땅에서 하룻밤을 숙박하는 나그네처럼 하십니까?

9 어찌하여 어쩔 줄 몰라 놀란 자 같으시며, 구해 줄 힘이 없는 용사와 같으십니까? 그래도 주는 우리 가운데 계시고, 우리는 주의 이름으로 불림을 받는 백성이 아닙니까? 그러니 우리를 버리지 마십시오.

10 여호와께서 이 백성에 대해 이같이 말씀하셨다. "그들이 어긋난 길을 좋아해서 그들의 발길을 멈추지 않았기에 여호와께서 그들을 기뻐하지 않으시고, 그들의 죄를 기억하여 그 죄를 벌하실 것이다."

11 또 내게 말씀하셨다. "너는 이 백성을 위해 은총을 베풀어 달라고 구하지 말라.

12 그들이 금식해도 내가 그 호소를 들어주지 않고, 번제와 소제를 드린다고 해도 내가 그것을 받지 않을 것이다. 도리어 내가 전쟁3)과 기근과 전염병으로 그들을 진멸시킬 것이다."

13 이에 내가 말하기를 "슬픕니다. 여호와여, 보십시오. 선지자들이 백성들에게 '우리에게는 전쟁이 일어나지 않고, 기근도 닥치지 않을 것이다. 내가 이곳에서 너희에게 확실한 평안을 줄 것이다'라고 예언했습니다.

14 그런데 여호와께서는 내게 이렇게 말씀하셨습니다. '선지자들이 내 이름을 빙자하여 거짓으로 예언하고 있다. 나는 그들을 보내지 않았고 명령하지도 않았는데, 그들이 거짓된 환상과 허황된 점술과 자기 마음에서 꾸며 낸 거짓말로 너희에게 예언하고 있다.'"

15 그러므로 여호와께서 보내지 않았음에도 여호와의 이름을 빙자하여 거짓으로 예언하는 선지자들에 대해 여호와께서 이같이 말씀하셨다. "그 선지자들은 칼과 기근으로 멸망하고,4)

16 아울러 그들이 예언한 백성은 기근과 칼에 의해 죽어 예루살렘 거리에 던져질 것이다. 그러나 그들을 장사할 자가 없으리니 그들의 아내와 아들들과 딸들도 그렇게 될 것이다. 이는 내가 그들 위에 재앙을 내렸기 때문이다."

17 "예레미야야, 너는 그들에게 이 말을 전하라. '내 눈에서 하염없이 밤낮으로 눈물이 흘러내릴 것이다. 이는 처녀 딸 내 백성이 큰 파멸로 부서져서 크게 다쳐 망했기 때문이다.

18 내가 들에 나가 보니 칼에 찔려 죽은 자들이 있고, 성읍에 들어가 보니 기근으로 병든 자들이 있으며, 선지자나 제사장들도 알지 못하는 땅으로 헤매고 다닌다.'"

1) 승냥이 2) 일 3) 칼 4) 렘 14:13

19 예레미야가 주께 간구했다. "주께서 유다를 완전히 버리시고, 시온을 미워하십니까? 무엇 때문에 우리를 치료가 안 될 정도로 때리십니까? 우리가 평안을 바라지만 좋은 일이 없고, 치료받기를 기다리지만 두려움만 있습니다.

20 여호와여, 우리의 악을 인정하고 우리 조상의 죄악을 알고 있습니다. 우리가 주께 죄를 지었습니다.

21 그러나 주의 이름을 위해 우리를 미워하지 마십시오. 주의 영광의 보좌를 욕되게 하지 마십시오. 주께서 우리와 맺은 언약을 기억하시고 파기하지 마십시오.

22 이방인의 모든 우상은 비를 내리게 할 자가 없습니다. 그것들은 하늘로 소나기를 내리게 할 수 없습니다. 우리 하나님이여, 그렇게 하시는 분은 오직 주님뿐입니다. 그러므로 우리가 주께만 소망을 두는 것은 주께서 이 모든 것을 만드셨기 때문입니다."

네 가지로 백성을 벌할 것임

15 여호와께서 나에게 말씀하셨다. "비록 모세와 사무엘이 내 앞에서 간구한다고 해도 내 마음은 이 백성을 향할 수 없으니 그들을 내 앞에서 쫓아내라.

성경인물 **므낫세**(렘 15:4)

히스기야의 뒤를 이어 유다의 왕이 된 므낫세는 부왕이 훼파한 바알의 단을 다시 쌓고 아세라 목상을 만들었으며 일월성신을 숭배하였다. 뿐만 아니라 이방에서 행하는 가증한 일, 곧 자기 아들을 불 가운데로 지나게 하는 불경스러운 일을 서슴지 않았다(왕하 21:6). 이에 하나님은 그를 앗수르 군대에 붙여 므낫세는 쇠사슬에 묶여 바벨론으로 끌려가 옥에 갇혔고 그곳에서 겸손하자 하나님은 다시 예루살렘으로 돌아와 왕위에 복귀하게 하였다(대하 33:10-13).

2 만일 그들이 네게 '우리가 어디로 나아가야 합니까?'라고 물으면 너는 그들에게 이렇게 말하라. '여호와께서 이같이 말씀하셨다. 죽기로 작정된 자는 죽음으로 나아가고, 칼에 죽을 자는 칼로 나아가며, 굶주려 죽게 될 자는 굶주려 죽고, 포로될 자는 포로로 끌려가라.'"

3 여호와께서 말씀하셨다. "내가 그들을 4가지로 벌할 것이다. 하나는 칼에 죽게 하며, 두 번째는 개에 물려 죽게 하고, 세 번째는 공중의 새에게 쪼아 먹게 하며, 네 번째는 땅의 짐승에게 먹히게 할 것이다.

4 유다 왕 히스기야의 아들 므낫세가 예루살렘에 행했던 악한 것 때문에 내가 그들을 세계 여러 민족 가운데로 흩을 것이다.[1]

5 예루살렘아, 누가 너를 불쌍히 여기겠으며, 누가 너를 위해 울겠으며, 누가 네게 '네가 평안하냐'라고 묻겠느냐?'

6 여호와께서 말씀하셨다. "네가 나를 버렸고 내게서 떠나갔으니 네게로 내 손을 뻗어 너를 멸했다. 이는 내가 후회하기도 지쳤기 때문이다.

7 그러므로 이제는 내가 자신들의 어긋난 길에서 돌이키지 않은 그들을 그 땅의 여러 성문에서 키질하여 그 자식을 흩어 버리고 내 백성을 멸할 것이다.

8 나는 과부를 바다 모래보다 많게 할 것이다. 내가 파멸시킬 자를 대낮에 그들에게로 오게 하여 그들과 젊은이들의 어머니를 쳐서 그들에게 놀람과 두려움을 갑자기 닥치게 할 것이다.

9 또 7명의 자식을 둔 여인에게는 아들을 잃고 쇠약하여 기절하게 하며,

아직 대낮임에도 그녀에게 칠흑같은 밤처럼 수치와 근심을 당하게 할 것이다. 그 살아남은 자식[1]은 대적의 칼에 찔려 죽게 할 것이다."

예레미야의 기도에 대한 여호와의 말씀

10 ● 내 어머니여, 어머니께서는 나를 온 세계를 위해 다투고 싸우는 자로 낳으셨습니다. 그것은 내게 재앙입니다. 내가 꾸어 주지도 않았고 빌리지도 않았는데 사람들은 나를 저주합니다.

11 여호와께서 말씀하셨다. "내가 참으로 너를 강하게 하고, 네가 복을 받게 하며, 네 원수로 재앙과 환난의 때 네게 도움을 구하도록 할 것이다.

12 누가 능히 북쪽 지역에서 오는 철과 놋 같은 바벨론을 부술 수 있겠느냐?

13 그러나 네 모든 죄 때문에 네 나라에 있는 모든 재산과 보물은 값도 받지 못한 채 탈취당하게 하며,

14 네 원수와 함께 네가 알지 못하는 땅으로 끌려가게 할 것이다. 이는 나의 맹렬한 진노의 불이 너희를 불사를 것이기 때문이다."

15 여호와여, 주께서 저를 아시니 나를 잊지 말고 돌봐 주십시오. 나를 핍박하는 자에게 원수를 갚아 주시고, 주께서 오래 참으사 내가 멸망하지 않게 하십시오. 내가 주님 때문에 부끄러움 당하는 것을 알아 주십시오.

16 만군의 하나님이여, 나는 주의 이름으로 불림을 받는 자입니다. 내가 주의 말씀을 받아 먹었으니 주의 말씀은 내 마음의 기쁨과 즐거움이 됩니다.

17 주께서 분노로 내게 채우셨기 때문에 내가 웃으며 떠드는 자의 모임 가운데 앉지 않고 함께 어울려 즐거워하지도 않았습니다. 오직 주의 손에 붙들려 홀로 앉았습니다.

18 어찌하여 내 고통이 계속되고, 상처가 심하여 낫지 않는 것입니까? 주는 내게 물이 흐르다가도 마르는 시내[2]처럼 믿을 수 없는 분과 같으십니다.

19 여호와께서 이같이 말씀하셨다. "만일 네가 뉘우치고 돌아오면 내가 너를 다시 맞아들여 내 앞에 세우고, 네가 천한 말[3]을 하지 않고 귀한 말을 한다면 너는 내 대변자가 될 것이다. 그들은 네게로 돌아오겠지만 너는 그들에게로 돌아가지 말라.

20 내가 너를 이 백성 앞에 견고한 놋 성벽처럼 되게 하리니 그들이 너를 공격해도 이기지 못할 것이다. 내가 너와 함께하여 너를 구해줄 것이기 때문이다.

21 내가 너를 악한 자와 잔인한 자의 손에서 구원할 것이다."

멸망에 대한 계시와 멸망 가운데 구원을 약속

16 ● 여호와께서 나에게 말씀하셨다.

2 "너는 이 땅에서 아내를 취하지 말고, 자녀를 두지 말라."

3 이 땅에서 낳은 자녀와 그들을 해산한 어머니와 그들을 낳은 아버지에 대해 여호와께서 이같이 말씀하셨다.

4 "그들은 치명적인 병으로 죽어도 아무도 슬퍼하지 않으며, 묻어 주는 사람이 없어 지면의 거름과 같을 것이다. 그들은 칼에 맞아 죽고,

1) 자 2) wadi 3) 헛된 것

기근으로 굶어 죽어 그 시체가 공중의 새와 땅의 짐승의 먹이가 될 것이다."

5 여호와께서 이같이 말씀하셨다. "초상집에 들어가지 말고 그곳에 가서 술을 마시지[1]말며, 그들을 위해 애곡하지도 말라. 내가 이 백성에게서 내가 준 평안을 빼앗으며, 자비와 사랑을 거두어들일 것이다.

6 힘 있는 큰 자나 힘 없는 작은 자를 막론하고 모두 이 땅에서 죽으며, 그들은 매장되지 못할 것이다. 그들을 위해 애곡하는 자도 없겠고, 애도의 표시로 자기 몸에 상처를 내거나 머리털을 미는 자도 없을 것이다.

7 그 유가족과 함께 음식[2]을 나누며 위로하는 자가 없으며, 부모를 잃은 자에게도 위로의 잔을 건네 줄 자가 없을 것이다.

8 또 너는 잔칫집에 들어가서 그들과 함께 앉아서 먹고 마시지 말라."

9 만군의 여호와, 이스라엘의 하나님께서 이같이 말씀하셨다. "보라, 내가 너희가 사는 세대에 기뻐하는 소리와 신랑과 신부의 소리를 그치게 할 것이다.

10 네가 백성들에게 이 모든 말을 할 때 그들이 네게 이렇게 물을 것이다. '여호와께서는 왜 우리에게 이 모든 큰 재앙을 선포하십니까? 우리가 어떤 죄를 저질렀습니까?' 그러면

11 너는 그들에게 이렇게 대답하라. '여호와께서 말씀하시기를 너희 조상들이 나를 버리고, 내 율법을 지키지 않고, 다른 신들에게 절하며, 섬기지 않았기 때문이다.

12 그리고 너희는 너희 조상들보다 더 큰 악을 행했다. 보라, 너희가 각기 악한 마음의 고집대로 행하고 내게 순종하지 않았다. 그러므로

13 내가 너희를 이 땅에서 쫓아내 너희와 너희 조상들이 알지 못하던 땅으로 끌려가게 할 것이다. 그곳에서 너희는 밤낮으로 다른 신들을 섬기니 이는 내가 너희에게 은혜를 베풀지 않았기 때문이다'라고 하라."

14 여호와께서 말씀하셨다. "그러나 보라, 그런 날이 이르리니 더 이상 이스라엘 자손을 애굽 땅에서 이끌어내신 여호와께서 살아계심을 두고 맹세하지 않을 것이다. 대신

15 이스라엘 자손을 북쪽 지역의 땅과 그 쫓겨났던 모든 나라에서 이끌어내신 여호와께서 살아계심을 두고 맹세할 것이다. 결국에는 내가 그들을 그들의 조상들에게 준 약속의 땅으로 되돌릴 것이다."

16 여호와께서 말씀하셨다. "보라, 내가 어부가 고기를 낚듯이 장차 많은 어부, 곧 바벨론을 오게 하여 유다를 잡아가게 하며, 그후에도 포수가 사냥을 하듯 많은 포수, 곧 바벨론을 오게 하여 그들을 모든 산과 모든 언덕과 바위 틈에서 찾아내어 잡아가게 할 것이다.

17 이는 내가 그들의 행동들을 지켜보므로 그들의 죄[3]를 내 앞에서 숨기지 못하기 때문이다.

18 나는 그들의 죄악을 배나 갚을 것이다. 그들이 그 혐오스러운 시체로 내 땅을 더럽히고, 가증한 것으로 내 유업에 가득하게 했기 때문이다."

19 여호와는 나의 힘이시며, 요새이시며, 환난 날에 피할 피난처가 되

---

1) 통곡하지 2) 빵 3) 얼굴

십니다. 세상 민족들이 땅끝에서 주께 찾아와 아룁니다. "우리 조상들이 물려준 것은 거짓되고 허망한 것이라 아무 유익이 없습니다.

20 사람이 어찌 자기들이 만든 것을 신으로 섬길 수 있겠습니까?"

21 여호와께서 말씀하신다. "보라, 이번에는 내 능력¹⁾과 권세를 그들에게 나타내어 그들로 내 이름이 여호와인 줄을 알게 할 것이다."

유다의 죄와 벌과 예레미야의 간구

17 유다의 죄는 금강석, 곧 다이아몬드로 만든 철필로 기록되었으니 그들의 마음판과 그들의 제단 뿔에 새겨져 있다.

2 그들의 자녀는 그 기록을 보고 조상들이 세운 높은 언덕 위 푸른 나무 곁에 있는 그 제단들과 조상들이 섬긴 아세라 신들을 떠올린다.

3 들에 있는 나의 산아, 네가 온 영토에서 지은 죗값으로 내가 네 재산과 네 모든 보물과 산당들을 원수들에게 노략물로 줄 것이다.

4 너는 내가 줄 유업에서 쫓겨나며, 네가 알지 못하는 땅으로 끌려가 그곳에서 네 원수를 섬기게 될 것이다. 이는 너희가 내 분노에 불을 붙였기 때문이다.

5 여호와께서 이같이 말씀하셨다. "무릇 사람을 믿고, 육신을 자기의 힘으로 삼으며, 여호와에게서 마음이 떠난 사람은 저주를 받을 것이다.

6 그는 사막의 가시덤불 일종인 떨기나무 같아서 좋은 일이 오는 것을 보지 못하고, 메마르고 소금기가 있는, 사람이 살지 않는 광야에서 살 것이다.

7 그러나 여호와를 믿고 의지하는 사람은 복을 받을 것이다."

8 그는 물가에 심어진 나무처럼 그 뿌리가 물가로 뻗어 있기 때문에 더위가 와도 그 잎이 푸르러 걱정이 없고, 가뭄이 든 해에도 걱정이 없어 언제나 열매를 맺는 것과 같을 것이다.

9 만물보다 굽고 심히 썩은 것은 사람의 마음이다. 누가 이런 사실을 알겠느냐?

10 나 여호와는 마음을 살피며, 마음²⁾을 시험하고, 각각 그의 행실의 결과에 따라 보상을 해줄 수 있으니

11 불의한 방법으로 부자가 된 자는 자고새가 자기가 낳지 않은 알을 품은 것과 같아서 그의 중년에는 재산을 잃고, 말년에는 어리석은 자의 신세가 될 것이다.

12 영화로우신 보좌이며, 처음부터 높은 곳에 계시는 우리의 성전이시며,

13 이스라엘의 소망이신 여호와여, 주를 버리는 자는 다 수치를 당하고, 나 여호와를 떠나는 자는 흙에 기록한 것처럼 지워지게 될 것입니다. 그것은 생수의 근원이 되시는 여호와를 버렸기 때문입니다.³⁾

14 여호와여, 주는 나의 찬송이 되시니 나를 고쳐 주십시오. 그러면 내가 나을 것입니다. 나를 구원하십시오. 그러면 내가 구원을 얻을 것입니다.

15 그들은 내게 "보라, 여호와는 말로만 위협하지 않느냐?⁴⁾ 이제 그 말씀이 이루어지는지 보자"라고 비웃습니다.

16 나는 주께서 주신 목자의 직분을 포기하지 않고 주를 따랐으며, 재앙⁵⁾의 날을 내가 원하지 않은 것도 주께서 아십니다. 주께서는 내가

1) 손 2) 폐부 3) 렘 2:13 4) 말씀이 어디 있느냐 5) 질병

무엇을 간구했는지 알고 계시니
17 저를 두렵게 하지 마십시오. 재앙의 날에 주는 나의 피난처가 되십니다.
18 나를 핍박하는 자들이 치욕을 당하게 하시고, 나는 치욕을 당하지 않게 하십시오. 그들을 놀라게 하시되, 나는 놀라지 않게 하십시오. 그들에게 재앙의 날을 닥치게 하시되 갑절의 파멸로 멸하십시오.

안식일을 거룩하게

19 ● 여호와께서 나에게 이같이 말씀하셨다. "너는 가서 유다 왕들이 출입하는 '평민의 문'과 예루살렘 모든 문에 서서
20 무리에게 이르기를 '이 문으로 들어오는 유다 왕들과 유다와 예루살렘 모든 주민은 여호와의 말씀을 들으라'고 하라."
21 여호와께서 이같이 말씀하셨다. "너희는 조심하여 안식일에 짐을 지고 예루살렘 성문으로 들어오지 말고,
22 안식일에는 너희 집 밖으로 짐을 옮기지도 말며, 어떤 일도 하지 말라. 내가 너희 조상들에게 명령한 것처럼 안식일을 거룩하게 하라.
23 그러나 그들은 순종하지 않았고, 귀담아듣지도 않았으며, 그 목을 뻣뻣하게 하여 교훈을 받아들이지도 않았다."
24 여호와께서 말씀하셨다. "만일 너희가 내게 순종하여 안식일을 거룩히 지켜 안식일에 어떤 짐도 이 성문으로 들어오지 않고 어떤 일도 하지 않으면
25 다윗의 왕위에 앉은 왕들과 지도자들이 병거와 말을 타고 유다와 예루살렘 주민들이 함께 이 성문으로 들어오며 그들은 이 성 안에서

언제까지나 살 것이다.
26 또 사람들이 유다 성읍들과 예루살렘 주위 지역과 베냐민 땅과 평지인 세펠라와 산지와 남방으로부터 예루살렘으로 올라와서 번제와 희생과 소제와 유향과 감사제물을 여호와의 성전으로 가져와 제물로 드릴 것이다.
27 그러나 너희가 안식일을 거룩하게 지키라는 내 말에 순종하지 않고, 안식일에 짐을 옮겨 예루살렘 성문으로 들어오면 내가 성문에 불을 질러 예루살렘 궁전을 불태우리니 그 불이 꺼지지 않을 것이다."

토기장이의 비유

18 ● 여호와께서 예레미야에게 말씀하셨다.
2 "너는 서둘러 토기장이의 집으로 내려가라. 내가 그곳에서 내 말을 네게 들려줄 것이다."
3 이에 내가 토기장이의 집으로 내려가 보니 그가 물레로 일을 하는데
4 진흙으로 그릇을 빚다가 형태가 잘 만들어지지 않자 그 진흙으로 자기 생각대로 다른 그릇을 만들고 있었다.
5 그때 여호와께서 나에게 말씀하셨다.
6 "이스라엘 족속아, 이 토기장이가 마음에 들지 않을 때 그 흙으로 다른 토기를 만드는 것처럼 내가 능히 너희에게 그렇게 하지 못하겠느냐? 이스라엘 족속아, 진흙이 토기장이의 손에 있는 것처럼 너희도 내 손 안에 있다.
7 내가 어느 민족이나 국가를 뽑아 버리거나 부수거나 멸망시키려고 할 때
8 내가 말한 그 민족이 그의 악에서 돌이키면 내가 뜻을 돌이켜 그에게

내리기로 생각했던 재앙을 내리지 않을 것이다.

9 내가 어느 민족이나 국가를 건설하거나 세우려고 할 때

10 그들이 내가 보기에 악한 것을 행하여 내 말을 경청하지 않으면 내가 뜻을 돌이켜 그에게 약속한 복을 내리지 않을 것이다.

11 그러므로 이제 너는 유다와 예루살렘 주민들에게 전하라. '여호와의 말씀이다. 보라, 내가 너희에게 내릴 재앙을 준비하고, 너희를 칠 계획을 세울 것이다. 그러니 너희는 각자 악한 길에서 돌아서고, 너희의 길과 행위를 바르게 하라.'

12 그러나 그들이 말하기를 "그것은 헛되니 우리는 우리의 계획대로 각기 악한 마음에서 나오는 고집대로 행할 것이다"라고 한다.

이스라엘이 가증한 일을 행함

13 ● 그러므로 여호와께서 이같이 말씀하셨다. "너희는 누가 이런 일을 들었는지 세상 나라에 물어보라. 처녀 이스라엘이 심히 혐오스러운 일을 저질렀다.

14 레바논 산의 눈이 항상 그곳에 남아 있으니 그곳에서 흘러내리는 찬물이 마른 적이 없다.

15 그러나 내 백성은 나를 잊어버리고 허무한 것, 곧 우상에게 분향한다. 이런 일은 옛부터 걸어온 바른 길에서 벗어나 넘어지게 하며, 이정표가 없는 곁길로 행하게 했다. 그래서

16 그들의 땅을 두려움과 영원한 웃음거리가 되게 하리니 그곳을 지나는 사람마다 놀라서 머리를 흔들 것이다.

17 내가 그들을 원수 앞에서 동풍으로 하는 것처럼 흩어 버리며, 그들이

재난을 당하는 날에는 내가 그들에게 등을 돌리고 얼굴을 보이지 않게 할 것이다."

예레미야를 죽이려고 함

18 ● 그들은 이렇게 말합니다. "오라 우리가 예레미야를 칠 계획을 세우자. 그가 없어도 우리에게는 율법을 가르칠 제사장이 있고, 책략을 세울 지혜로운 자가 있으며, 말씀을 전해 줄 선지자가 끊어지지 않을 것이다. 그러니 우리가 말로 예레미야를 헐뜯고 그가 어떤 말을 해도 귀담아듣지 말자."

19 여호와여, 내 호소를 들으시고 나를 대적하는 그들의 소리를 들어보십시오.

20 어찌 악으로 선을 갚겠습니까? 그러나 그들은 내 생명을 노리고 웅덩이를 팠습니다. 그들을 향한 주의 분노를 돌이키기 위해 내가 주의 앞에 서서 그들을 위해 은혜 베풀 것을 간구한 일을 기억하십시오.

21 그러니 그들의 아들딸들이 굶어 죽게 하시고, 그들을 칼에 찔려 죽게 하시며, 그들의 아내들은 자녀를 잃고 과부가 되며, 그 장정들은 죽음을 당하며, 그 젊은이들은 전장에서 칼에 맞아 죽게 하십시오.

22 주께서 습격군을 그들에게 오게 하여 그들의 집에서 울부짖는 소리가 들리게 하십시오. 그것은 그들이 나를 잡기 위해 웅덩이를 팠고, 내 발을 빠뜨리기 위해 덫을 놓았기 때문입니다.

23 여호와여, 그들이 나를 죽이려고 하는 계획을 주께서는 잘 알고 계시니 그들의 죄악을 용서하지 마시고, 주 앞에서 그 죄를 지우지 마시며, 주께서 분노하시는 때 그들로 주 앞에 넘어지게 하십시오.

깨어진 항아리의 비유

19 ● 여호와께서 이같이 말씀하셨다. "너는 가서 토기장이의 항아리를 사고 백성의 대표자 어른들과 원로 제사장 몇 사람과 함께

2 질그릇 조각문, 곧 하시드 문 입구 곁에 있는 힌놈의 아들 골짜기로 가서 그곳에서 내가 너에게 이른 말을 외치라.

3 너는 '너희 유다 왕들과 예루살렘 주민아, 여호와의 말씀을 들으라'고 외쳐 선포하라. 만군의 여호와, 이스라엘의 하나님께서 이같이 말씀하셨다. '보라, 내가 이곳에 재앙을 내릴 것이다. 그것을 듣는 자의 귀가 떨 것이다.

4 그것은 그들이 나를 버리고 이곳을 더럽게 하여 이곳에서 자기뿐 아니라 자기 조상들과 유다 왕들이 알지 못하던 다른 신들에게 분향하며, 죄 없는 자를 죽인 피로 이곳을 채웠기 때문이다.

5 또 그들이 바알¹⁾을 위해 산당을 건축하고 자기 아들들을 바알¹⁾에게 번제로 불살라 드렸기 때문이다. 이것은 내가 명령한 것도, 말한 것도, 원하는 것도 아니다.

6 그러므로 보라, 다시는 이곳을 도벳이나 힌놈의 아들 골짜기라고 부르지 않고 오직 살륙의 골짜기라고 부르는 날이 올 것이다.²⁾

7 내가 이곳에서 유다와 예루살렘의 계획을 쓸모 없게 하여 그들로 그 대적 앞과 목숨을 노리는 자의 칼에 죽게 하고, 그들의 시체를 공중의 새와 땅의 짐승의 먹이가 되게 할 것이다. 그래서

8 이 성읍이 황폐하게 되어 비웃음거리가 되게 하리니 그곳으로 지나가는 자마다 그 재앙을 보고 놀라며 비웃을 것이다.

9 그들이 그들의 대적과 자기들의 목숨을 노리는 자들에게 포위되어 곤경에 빠질 때 내가 그들로 자신들의 아들딸의 살을 먹게 하고, 서로 이웃 친구의 살을 먹게 할 것이다.

10 너는 함께 가는 원로 백성들과 제사장들이 보는 앞에서 그 항아리를 깨뜨리고

11 그들에게 말하라. '만군의 여호와께서 이같이 말씀하셨다. 토기장이가 그릇을 한 번 깨뜨리면 원래 상태로 할 수 없는 것처럼 내가 이 백성과 이 성읍을 그렇게 깨뜨릴 것이다. 그러면 도벳에 매장할 자리가 없기까지 매장할 것이다.'

12 여호와께서 말씀하셨다. "내가 이곳 성읍과 이곳에서 사는 주민에게 이같이 행하여 이 성읍으로 도벳처럼 되게 할 것이다.

13 예루살렘과 유다 왕들이 그 집들의 지붕 위에서 하늘의 별들에 분향하고, 다른 신들에게 포도주를 부어 드리는 제사인 전제를 드림으로 더러워졌으니 도벳 땅처럼 더러운 곳이 될 것이다.

14 예레미야가 여호와께서 자기를 보내사 예언하게 하신 힌놈의 아들 골짜기에 있는 도벳에서 돌아와 여호와의 성전 집 뜰에 서서 모든 백성에게 말했다.

15 "세상 모든 사람아, 여호와 이스라엘의 하나님께서 '보라, 내가 이 도성 예루살렘에 대해 선포한 모든 재앙을 이 도성과 그 주위에 있는 마을에 내릴 것이다. 이는 그들이 목을 뻣뻣하게 하여 내 말을 듣지 않았기 때문이다'라고 말씀하셨다."

1) 몰렉? 2) 렘 7:31-32

예레미야와 바스훌 제사장

20 ● 성전 총감독인 임멜의 아들 바스훌 제사장은 예레미야가 성전에서 재앙을 선포한 예언을 들었다.

2 이에 바스훌이 예레미야 선지자를 때린 후 여호와의 성전에 있는 '베냐민 문' 위층에 목에 씌우는 나무 고랑으로 채워 가두었다.

3 다음 날 바스훌이 예레미야의 목에 씌운 나무 고랑을 풀어 주자 예레미야가 그에게 말했다. "여호와께서 네 이름을 '바스훌'이라고 하지 않고 '사방으로 두렵다'라는 뜻의 '마골밋사빕'이라고 하셨다."

4 여호와께서 이같이 말씀하셨다. "보라, 내가 너와 네 모든 친구에게 공포거리가 되게 하리니 네 친구들이 원수들의 칼에 쓰러지는 것을 네가 볼 것이다. 또 내가 온 유다를 바벨론 왕의 손에 넘겨주리니 그가 그들을 포로로 잡아 바벨론으로 끌고 가서 칼로 죽일 것이다.

5 그리고 이 예루살렘성의 모든 재물과 그 모든 소득과 귀중한 물품과 역대 유다 왕들의 모든 보물을 그 원수 바벨론의 손에 넘기리니 그들이 그것을 탈취하여 바벨론으로 가져갈 것이다.[1]

6 바스훌아, 너와 네 집에 사는 모든 사람이 포로가 되어 바벨론으로 끌려가 그곳에서 죽어 그곳에 묻힐 것이다. 너와 너의 거짓 예언자들과 모든 친구도 너처럼 될 것이다."

여호와께 사정을 아뢰는 예레미야

7-8 여호와여, 주께서 나를 설득하셨기에 내가 설득당했습니다. 주께서는 나보다 강하여 나를 이기셨으니 내가 조롱거리가 되어 사람들은 날마다 나를 모욕하며 조롱합니다. 그것은 내가 말하는 것마다 폭력으로 말하고, 멸망을 외치는 하나님의 말씀 때문입니다.

9 그래서 내가 "다시는 여호와의 말씀을 선포하지 않고, 그의 이름으로 말하지 않을 것이다"라고 다짐합니다. 그러나 그럴수록 주의 말씀이 내 마음에 불붙는 것 같아서 뼛속까지 타들어 가니 답답해 견딜 수가 없어 다시 말씀을 전합니다.

10 나는 수많은 사람의 비방을 들었습니다. 제 주위에는 공포가 둘러싸여 있습니다. 그들은 말합니다. "너는 우리를 고소하라. 우리도 너를 고소할 것이다." 내 친한 친구도 "혹시 그가 유혹을 받게 되면 우리가 그를 이기고 우리의 원수를 갚자"라고 말하며 내가 실족하기를 기다립니다.

11 그러나 여호와께서는 나와 함께하시니 두려운 용사 같으십니다. 그러므로 나를 핍박하는 자들이 넘어지고 나를 이기지 못할 것입니다. 그들은 지혜롭게 행하지 못하기 때문에 잊혀지지 않는 큰 치욕을 당할 것입니다.

12 만군의 여호와여, 주는 의인을 시험하사 그 마음[2]을 살피십니다. 그러므로 내 사정을 주께 아뢰었으니 주께서 그들에게 보복하시는 것을 내가 보도록 하십시오.

13 가난한 자의 생명을 행악자의 손에서 구원하신 여호와께 노래하라. 너희는 그를 찬양하라.

14 내가 태어난 날이 저주를 받았다면 좋았을 텐데. 내 어머니가 나를 낳던 날이 복된 날이 되지 않았다면,

15 내 아버지에게 '당신이 득남했다'라는 소식을 전하던 자가 저주를

1) 왕하 24:12-16, 25:13-17 성취   2) 폐부와 심장

받았다면 좋았을 텐데,

16 그 사람은 마치 여호와께서 뒤엎으시고 측은히 여기지 않은 성읍처럼 되어 그가 아침에는 부르짖는 소리를 듣고, 낮에는 전쟁의 함성을 듣게 되었으면 좋을 뻔했다.

17 그가 나를 모태에서 죽여 내 어머니가 내 무덤이 되게 하셨어야 했다.

18 그런데 왜 내가 태로부터 나와서 이 고생과 슬픔을 보며, 내 생애를 부끄러움으로 보내야 하는가!

생명의 길과 사망의 길

21 ● 여호와의 말씀이 예레미야에게 임했다. 시드기야왕이 말기야의 아들 바스훌과 마아세야의 아들 스바냐 제사장을 예레미야 선지자에게 보내며 말했다.

2 "바벨론의 느부갓네살왕이 공격해 오니 우리를 위해 여호와께 간구해 주기를 부탁하라. 혹시 여호와께서 이전에 베푼 모든 기적을 우리에게도 행하시면 느부갓네살왕이 우리를 떠날 것이다."

3 이에 예레미야가 그들에게 대답했다. "너희는 시드기야왕에게 이같이 말하라.

4 이스라엘의 하나님께서 이같이 말씀하셨다. '보라, 너희가 성 밖에서 바벨론 왕과 너희를 포위한 갈대아,

곧 바벨론 사람과 싸우는 데 쓰는 너희 전쟁¹⁾ 무기를 내가 회수하고, 바벨론 군대를 예루살렘성으로 모을 것이다.

5 내가 손을 들고 진노와 큰 분노의 강한 팔로 친히 너희를 칠 것이다.

6 또 내가 사람이든 짐승이든 이 성에 있는 것을 모두 치리니 그들이 심한 전염병으로 죽을 것이다."

7 여호와께서 말씀하셨다. "그후 내가 유다 왕 시드기야와 그의 신하들과 백성과 이 성읍에서 전염병과 전쟁²⁾과 굶주림에서 살아남은 자를 바벨론의 느부갓네살왕과 그들의 원수들, 그들의 생명을 찾는 자들에게 넘기리니 그들이 불쌍히 여기거나 긍휼을 베풀지 않고 칼날로 쳐서 죽일 것이다."

8 여호와께서 말씀하셨다. "보라, 내가 너희 앞에 생명의 길과 사망의 길을 두었으니 너는 그 사실을 이 백성에게 전하라.

9 이 성읍에 머물러 있는 자는 전쟁과 굶주림과 전염병에 죽을 것이다. 그러나 너희를 포위한 갈대아인에게 항복하는 자는 살되, 그의 목숨은 전리품과 같이 취급될 것이다.

10 내 얼굴이 이 예루살렘성으로 향하는 것은 복을 내리기 위함이 아니라 오히려 재앙을 내리기 위한 것이다. 이 성은 바벨론 왕의 손에 넘겨지고, 그는 성을 불사를 것이다."

유다 왕의 집에 내린 벌

11 ● 유다 왕실 집에 대한 여호와의 말씀을 들으라.

12 여호와께서 이같이 말씀하셨다. "다윗의 왕가여, 너는 아침마다 정의롭게 판결을 내려 탈취당한 자를 억압하는 자에게서 구하라. 그렇지

---

1) 손의 2) 칼

않으면 너희 악행 때문에 내 분노가 불처럼 일어나서 너희를 사르리니 능히 끌 자가 없을 것이다."

13 여호와께서 말씀하셨다. "골짜기에 둘러싸여 있는 평평한 바위에 사는 주민들은 보라. 너희는 '누가 우리를 공격하겠느냐? 누가 우리의 거처까지 들어오겠느냐?'라고 당당하게 말하지만 너를 칠 것이다.

14 나는 너희가 행한 대로 벌하며, 예루살렘 수풀에 불을 놓아 그 모든 주위를 불사를 것이다."

22 여호와께서 이같이 말씀하셨다. "너는 유다 왕실로 내려가서 그곳에서 이 말을 선언하여

2 말하기를 '다윗의 왕위에 앉은 유다 왕이여, 너와 네 신하와 이 예루살렘 문들로 들어 오는 네 백성은 여호와의 말씀을 들으라'고 전하라."

3 여호와께서 이같이 말씀하셨다. "너희가 의와 정의를 행하여 탈취당한 자를 억압하는 자의 손에서 건지고, 이방인과 고아와 과부를 억압하거나 학대하지 말며, 이곳에서 죄 없는 자의 피를 흘리지 말라.

4 너희가 참으로 이 명령을 실천하면 다윗의 왕위에 앉을 왕들과 신하들과 백성이 병거와 말을 타고 이 왕궁 집 문으로 들어오게 될 것이다.

5 그러나 너희가 이 명령을 따르지 않으면 내가 스스로 맹세하니 이 왕궁은 폐허가 될 것이다."

6 여호와께서 유다 왕실에 대해 이같이 말씀하셨다. "지금은 네가 내게 아름다운 길르앗 산지와 레바논산의 꼭대기 같지만 내가 반드시 너로 광야와 사람이 살지 못하는 성읍으로 만들 것이다.

7 내가 파멸할 자를 불러와서 그들로 무기를 가지고 네 아름다운 백향목을 찍어 불에 던지도록 할 것이다.

8 이방 여러 민족들이 이 도성으로 지나가며 서로 이렇게 말할 것이다. '여호와께서는 왜 이 큰 예루살렘 성읍에 이같이 행하셨을까?'

9 그때 그들이 대답하기를 '이는 그들이 자기 하나님의 언약을 버리고 다른 신들에게 절하며 그 신들을 섬겼기 때문이다'라고 할 것이다."

살룸왕에 대한 말

10 ● 유다 왕 여호아하스에 대해 예레미야가 예언했다. 너희는 죽은 자를 위해 울거나 그를 위해 애통해하지 말고 잡혀간 자를 위해 슬피 울라. 그는 다시 고국으로 돌아오지 못할 것이기 때문이다.

11 여호와께서 유다 왕 요시야의 아들, 곧 그의 아버지 요시야의 뒤를 이어 왕이 되었다가 예루살렘에서 끌려간 살룸[1]에 대해 이같이 말씀하셨다. "그가 이곳 예루살렘으로 다시 돌아오지 못하고

12 잡혀간 애굽에서 죽으리니 이 땅을 다시 보지 못할 것이다."

여호야김왕에 대한 예언

13 ● 예레미야 선지자는 유다 왕 여호야김에 대해 이렇게 예언했다. 불의로 그 궁전 집을 짓고, 부정하게 그 누각[2]을 지으며, 동족 이웃을 고용하고 그의 품삯을 주지 않는 여호야김에게 화가 닥칠 것이다.

14 여호야김은 "내가 나를 위해 큰 궁전 집과 넓은 누각을 지을 것이다"라고 말했다. 그리고 자기를 위해 창문을 만든 후 그것에 백향목으로

1) 왕하 23:30, 여호아하스 2) 다락방

단장하고 붉은 색으로 칠했다.

15 여호와께서 말씀하시기를 "네가 백향목을 많이 사용한다고 해서 위대한 왕이 될 수 있겠느냐? 네 아버지 요시야왕은 먹고 마시는 것으로 만족했다. 그는 의와 공의를 행했으며, 그때 그는 형통했다.

16 그는 가난하고 궁핍한 자를 변호하고 그들의 사정을 들어주었으니 이것이 진정 나를 아는 것이 아니냐?" 여호와의 말씀이다.

17 "그러나 너 여호야김의 두 눈과 마음은 탐욕과 죄 없는 자를 죽이고, 억압과 착취만을 행하려고 한다."

18 여호와께서 요시야의 아들 유다 왕 여호야김에게 대해 이같이 말씀하셨다. "무리는 그를 위해 '슬프다, 내 형제자매여'라고 통곡하지 않으며, 그를 위해 '주여, 슬프다. 그 영광이여'라고 통곡하지도 않을 것이다.

19 그가 끌려가 예루살렘 문 밖에 던져지고, 나귀처럼 매장당할 것이다."

예루살렘에 대한 탄식

20 ● 너는 레바논산에 올라가 통곡하고, 바산 산지에서 네 소리를 지르며, 아바림 산맥에서 통곡하라. 이는 너를 사랑하는 자가 모두 멸망했기 때문이다.

21 평안할 때 내가 네게 말했지만 너는 말하기를 "나는 듣지 않을 것이다"라고 했으니 네가 어려서부터 내 목소리를 경청하지 않는 것이 습관화되었다.

22 그러므로 네 목자들은 다 바람에 휩쓸려 가고, 사랑하는 자, 네 동맹국들은 포로로 잡혀갈 것이다. 그때 너의 모든 악 때문에 네가 수치와 모욕을 당할 것이다.

23 네가 레바논에 터를 잡고 백향목에 깃들이며 사는 것 같지만 여인이 해산하는 고통 같은 큰 고통이 네게 닥쳐오면 네 신음이 얼마나 크겠느냐?

고니야[1]왕을 심판

24 ● 여호와께서 말씀하셨다. "내 삶을 두고 맹세하니 비록 여호야김의 아들 유다 왕 고니야가 내 오른손의 옥쇄로도 사용되는 인장 반지가 된다고 해도 내가 빼내어

25 네 생명을 찾는 자와 네가 두려워하는 자의 손인 바벨론 왕 느부갓네살의 손과 갈대아, 곧 바벨론인의 손에 넘길 것이다.

26 내가 너와 네 어머니를 너희가 태어나지 않은 다른 지방으로 쫓아내며, 너희가 그곳에서 죽을 것이다.

27 그들은 그처럼 돌아가고 싶은 고향 땅으로 돌아오지 못할 것이다."

28 유다 왕 여호야긴[2]은 깨져 버려진 그릇이냐? 아니면 좋아하지 않는 질그릇이냐? 왜 그와 그의 자손이 쫓겨나서 알지 못하는 땅으로 끌려갔는가?

29 땅이여, 여호와의 말을 들으라.

30 여호와께서 이같이 말씀하셨다. "너희는 이 사람에 대해 자식이 없고 평생 낙을 누리지 못할 자라고 기록하라. 이는 그의 자손 가운데 형통하여 다윗의 왕위에 앉아 유다를 다스릴 사람이 다시 없을 것이기 때문이다."

메시아의 약속

23 ● 여호와께서 말씀하셨다. "내 목장의 양 떼를 잃어버리고, 흩어지게 만드는 목자, 유다의 지도자들에게 화가 있을 것이다."

---

1) 왕하 24:8, 여호야긴   2) 고니야

2 그러므로 이스라엘의 하나님께서 내 백성을 기르는 목자에게 이같이 말씀하셨다. "너희는 내 양 떼를 흩어 몰아내고 돌보지 않았다. 그러므로 내가 너희의 그런 악행 때문에 벌을 내릴 것이다.

3 이제는 내가 직접 내 남은 양 떼를 그 쫓겨 갔던 모든 지방에서 모아 다시 본래의 우리¹⁾로 돌아오게 하리니 그들은 크게 번성할 것이다.

4 내가 그들을 기르는 참된 목자, 메시아를 그들 위에 세우리니 양 떼가 다시는 두려워 놀라거나 잃어버리지 않을 것이다."

5 여호와께서 말씀하셨다. "보라, 때가 이르면 내가 다윗에게 한 의로운 가지를 돋아나게 할 것이다. 그가 왕이 되어 지혜롭게 통치하며 세상에서 의와 정의를 실현할 것이다.

6 그²⁾가 통치하는 날에 유다는 구원을 받겠고, 이스라엘은 안전하게 거주할 것이다. 그 예루살렘성은 '여호와 우리의 의'라고 불리리니 그것이 그의 이름이다.³⁾

7 그러므로 보라! 그날이 오리니 그들이 다시는 '이스라엘 자손을 애굽 땅에서 이끌어내신 여호와께서 살아계시는 한'으로 맹세하지 않고

8 '이스라엘 집 자손이 쫓겨가서 살았던 북쪽의 땅과 나라에서 인도하여 내신 여호와께서 살아계시는 한'으로 맹세할 것이다. 그들은 본토에서 살 것이다."

선지자들에 대한 말씀

9 ● 선지자들에 대한 말씀이다. 내마음이 상하고, 내 모든 뼈가 떨리며, 내가 포도주에 취한 사람 같으니 이는 여호와와 그 거룩한 말씀때문이다.

10 이 땅에 간음하는 자가 가득하다.

저주로 인해 땅이 슬퍼하며, 광야의 초장들이 마를 것이다. 이는 그들의 행위가 악하고 힘써 행하는 일이 정직하지 못하기 때문이다.

11 여호와께서 말씀하셨다. "선지자와 제사장이 다 타락했다. 내가 내 성전 집에서도 그들의 악행을 보았다.

12 그러므로 그들의 길은 어둠 속에 있는 미끄러운 곳처럼 되고, 그들이 떠밀려 그 길에 쓰러질 것이다. 정해진 해가 되면 내가 그들에게 재앙을 내릴 것이다.

13 내가 사마리아 선지자들 가운데 어리석음을 보았으니 그들은 바알의 이름으로 예언하여 내 백성 이스라엘을 그릇된 길로 가게 했다.

14 내가 예루살렘 선지자들 가운데서도 혐오스러운 일을 보았다. 그들은 음행하고, 거짓말을 하며, 악을 행하는 자를 도와 그들로 그 악에서 돌이키지 못하게 했다. 그들은 다 내 앞에서 소돔처럼 되었고, 그 주민은 고모라처럼 되었다."

15 그러므로 만군의 여호와께서 선지자에 대해 이같이 말씀하셨다. "보라, 내가 그들에게 쑥을 먹이고, 독이 든 물을 마시게 할 것이다. 이는 예루살렘 선지자들에게서 죄악이 나와 온 땅에 퍼졌기 때문이다."

16 그러므로 만군의 여호와께서 이같이 말씀하셨다. "너희를 향해 예언하는 선지자들의 말을 듣지 말라. 그들은 헛된 것으로 너희를 속이고 있으니 그들이 말한 계시는 여호와의 입에서 나온 것이 아니라 자기 마음에서 나온 것이다.

17 그들은 늘 나를 멸시하는 자에게 '여호와께서는 너희가 평안할 것이다'라고 말씀하셨다고 말하며, 자기

1) pen 2) 메시아 3) 렘 33:15-16

마음이 고집스러운 대로 행하는 모든 사람에게는 '재앙이 너희에게 임하지 않을 것이다'라고 말한다.

18 누가 내 모임에 참여하여 그 말을 알아들었으며, 누가 그¹⁾말을 귀담아들었느냐?

19 보라, 여호와의 노여움이 폭풍과 회오리바람처럼 일어나 악인의 머리를 칠 것이다.

20 여호와께서 그 마음의 뜻하는 바를 이루기까지는 그의 진노를 그치지 않으리니 너희가 끝날에야 그것을 완전히 깨닫게 될 것이다.

21 이 선지자들은 내가 보내지 않았어도 자기 스스로 달음질하며, 내가 그들에게 말하지 않았음에도 스스로 예언했다. 그러므로

22 그들이 만일 나의 모임에 참여했다면 내 백성에게 내 말을 들려주어 그들을 악한 길과 악한 행위에서 돌아서게 했을 것이다."

23 여호와께서 말씀하셨다. "나는 가까운 데에 있는 하나님이고, 먼 곳에 있는 하나님은 아니냐?

24 사람이 아무리 은밀한 곳에 숨을지라도 내 눈에서 벗어날 수는 없다. 나는 하늘과 땅 어디에도 있다.

25 내 이름을 빙자하여 거짓을 예언하는 선지자들이 '내가 꿈을 꾸었다'라고 말하는 것을 내가 들었다.

26 언제까지 선지자들이 거짓으로 그런 마음을 품겠느냐? 그들은 그 마음 속으로 꾸며 낸 간교한 것을 예언한다.

27 그들의 조상들이 바알 때문에 내 이름을 잊어버린 것처럼 그들은 꿈꾼 것을 서로 말하면서 내 백성으로 내 이름을 잊어버리게 하려고 한다."

28 여호와께서 말씀하셨다. "꿈을 꾼 선지자는 꿈을 말하더라도, 내 말을 받은 선지자는 내 진리의 말을 말할 것이다. 겨가 어찌 알곡과 같겠느냐?

29 내 말이 불과 같지 아니하냐? 바위를 깨뜨리는 망치와 같지 아니하냐?

30 그러므로 보라, 내 말을 서로 도둑질하는 선지자들을 내가 칠 것이다."

31 여호와께서 말씀하셨다. "보라, 혀를 놀려 '여호와가 말씀하셨다'라고 내 이름을 빙자하는 선지자들을 내가 칠 것이다.

32 또 거짓 꿈을 예언하는 자를 칠 것이다. 거짓말과 허풍으로 내 백성을 어긋난 길로 가게 하는 자를 내가 칠 것이다. 나는 그들을 보내지 않았고 명령하지도 않았으니 그들은 이 백성에게 아무런 유익도 끼치지 못한다."

여호와의 엄중한 말씀

33 ● 이 백성이나 선지자나 제사장이 네게 "여호와의 부담이 되는 엄중한 말씀이 무엇인가?"라고 물으면 너는 그들에게 이렇게 대답하라. "너희는 여호와께 무거운 짐만 되기 때문에 여호와께서 너희를 던져 버리실 것이다."

34 그들은 거짓을 말하는 것이니 "내가 그 사람과 그 집안을 벌할 것이다"라고 대답하라.

35 너희는 오직 서로 이웃과 형제에게 "여호와께서 무엇이라고 대답하셨느냐? 여호와께서 무슨 말씀을 하셨느냐?"라고만 묻고

36 다시는 "부담이 되는 여호와의 말씀"이라는 표현은 사용하지 말라. 그런 말을 사용하는 사람은 자기가

¹⁾ 내

한 그 말에 책임이 있어 부담이 되기 때문이다. 그런 말은 너희가 살아계신 우리 하나님의 말씀을 망령되이 사용하는 것이 되기 때문이다.

37 너는 또 선지자에게 "여호와께서 네게 무엇이라고 대답하셨으며, 여호와께서 무슨 말씀을 하셨느냐?"라고 물어보라.

38 내가 그들에게 사람을 보내 '여호와의 부담되는 말씀'이라는 말을 사용하지 말라고 명령했으나 그들은 "여호와의 부담되는 말씀"이라는 말을 사용하니

39 내가 그들을 온전히 잊어버리고, 내가 너희와 너희 조상들에게 준 이 성읍을 내 앞에서 내버려

40 너희가 잊지 못할 영원한 치욕과 수치를 당하게 할 것이다.

예레미야의 좋은 무화과와 나쁜 무화과의 환상

24 ● 바벨론의 느부갓네살왕이 여호야김의 아들 유다 왕 여호야긴과 유다 고관들과 목공들과 철공들을 예루살렘에서 바벨론으로 잡아간 바벨론 2차 유배 후에 여호와께서 성전 앞에 놓인 무화과 두 광주리를 내게 보여주셨다.

2 한 광주리에는 처음 익어 보이는 극히 좋은 무화과가 담겨져 있고, 다른 한 광주리에는 먹을 수 없는 극히 나쁜 무화과가 담겨져 있었다.

3 그때 여호와께서 나에게 물으셨다. "예레미야야, 네가 무엇을 보느냐?" 내가 대답했다. "무화과입니다. 그런데 좋은 무화과는 극히 좋고, 나쁜 것은 아주 나빠서 먹을 수가 없을 정도입니다."

4 여호와께서 나에게 다시 말씀하셨다.

5 이스라엘의 하나님께서 이같이 말씀하셨다. "내가 이곳에서 옮겨 갈대아, 곧 바벨론인의 땅으로 잡혀가게 한 유다의 포로를 이 좋은 무화과처럼 잘 돌볼 것이다.

6 그래서 내가 그들을 지켜보면서 잘되게 하여 다시 이 땅으로 돌아오게 할 것이다. 그리고 그들을 다시 세우고 헐지 않으며, 심고 뽑지 않을 것이다.

7 그들에게 내가 여호와인 줄 알아볼 수 있는 마음을 주어 그들이 온전한 마음으로 내게로 돌아오게 할 것이다. 그때 그들은 내 백성이 되고, 나는 그들의 하나님이 될 것이다."

8 여호와께서 이같이 말씀하셨다. "내가 이 땅에 살아남아 있는 유다 왕 시드기야와 그 고관들과 예루살렘의 남은 자와 애굽 땅에 사는 자들을 먹을 수 없는 이 나쁜 무화과처럼 버림으로

9 세상 모든 나라 가운데 흩어 그들에게 환난을 당하게 할 것이다. 그러면 그들은 내가 쫓아 보낼 모든 곳에서 수치와 조롱과 저주를 받게 될 것이다.

10 그리고 내가 그들과 그들의 조상들에게 준 땅에서 진멸하기까지 전쟁1)과 기근과 전염병을 그들 가운데로 보낼 것이다."

70년 동안 바벨론 왕을 섬길 것을 예언함

25 ● 요시야의 아들 유다 왕 여호야김 통치 4년째, 곧 바벨론 왕 느부갓네살 즉위 원년에 유다의 모든 백성에 대해 여호와께서 예레미야에게 하신 말씀이다.

2 예레미야 선지자가 유다와 예루살렘의 모든 주민에게 말했다.

1) 칼

3 "아몬의 아들 유다의 요시야왕 13년째부터 오늘까지 23년 동안 여호와의 말씀이 내게 임했기에 내가 너희에게 열심히 전했다. 그러나 너희는 순종하지 않았다.

4 그러므로 여호와께서 그의 모든 선지자를 너희에게 계속해서 보내셨다. 그래도 너희는 순종하지 않았고 귀담아듣지도 않았다."

5 여호와께서 말씀하셨다. "너희는 각자의 악한 길과 악한 행실을 멈추고 돌아오라. 그러면 나 여호와가 너희와 너희 조상들에게 준 그 땅에서 길이 살 것이다.

6 너희는 다른 신을 섬기거나 경배하기 위해 따라다니지 말며, 너희 손으로 만든 것으로 나를 화나게 하지 말라. 그러면 내가 너희에게 재앙을 내리지 않을 것이다.

7 그러나 너희는 내 말을 듣지 않고 오히려 너희가 만든 우상으로 나를 격노케하므로 스스로를 해롭게 했다."

8 세상 모든 민족의 여호와께서 이같이 말씀하셨다. "너희는 내 말을 듣지 않았다.

9 그러므로 내가 북쪽에 있는 내 종 바벨론 왕 느부갓네살과 그의 모든 종족을 데려와 이 땅과 주민과 세상 모든 나라를 쳐서 진멸할 것이다. 그래서 그들을 놀림과 조롱거리가 되게 하고, 이 땅을 영원히 황폐하게 할 것이다.

10 내가 그들에게서 기뻐하고 즐거워하는 소리와 신랑과 신부의 소리와 맷돌질, 곧 음식 씹는 소리와 등불 빛이 끊어지게 할 것이다.

11 이 모든 땅이 놀랄 정도로 폐허가 되고, 이 유다 민족들은 70년 동안 바벨론 왕을 섬길 것이다."

12 여호와께서 말씀하셨다. "70년이 차면 내가 바벨론 왕과 그의 나라와 갈대아, 곧 바벨론인의 땅을 저지른 죄악에 대한 벌로 폐허가 되게 할 것이다.

13 내가 그 땅을 칠 것을 예레미야가 모든 민족을 향해 예언하고 이 책에 기록한 내 모든 말을 그 땅에서 이루어지게 할 것이다.

14 그리하여 바벨론 사람들이 많은 민족과 강대국의 왕들을 섬기게 될 것이다. 그러나 나는 그들의 행위와 그들의 손이 행한 대로 갚을 것이다."

모든 세상 나라에 내리는 진노의 술잔

15 ● 이스라엘의 하나님 여호와께서 내게 말씀하셨다. "너는 이 진노의 포도주 술잔을 내 손에서 취하여 내가 너를 보내는 모든 나라로 마시게 하라.

16 그들이 마시고 취해 비틀거리며 미친 듯이 행동하리니 이는 내가 그들 가운데 일으킨 전쟁1) 때문이다."

17 이에 내가 여호와의 손에서 그 잔을 받아서 여호와께서 나를 보내신 그 모든 나라로 마시게 했다.

18 먼저는 예루살렘과 유다 성읍들과 그 왕들과 그 지도자들로 마시게 했다. 그랬더니 그들이 멸망을 당하여 놀라고 웃음거리와 저주를 당한 것이 오늘과 같았다.

19 그리고 나라들에게 진노의 잔을 마시게 했다. 애굽의 왕과 그의 신하들과 그의 고관들과 그의 모든 백성과

20 모든 섞여 사는 민족, 에돔 지역의 우스 땅의 모든 왕, 블레셋 지역에 있는 아스글론과 가사와 에그론과 아스돗의 왕들과 그곳의 나머지 사람들,

1) 칼

21 에돔과 모압과 암몬 자손의 왕,

22 두로와 시돈 지역의 모든 왕, 바다 건너쪽 섬의 왕들,

23 드단과 데마와 부스와 털을 짧게 깎는 모든 족속,

24 아라비아의 모든 왕, 광야에서 섞여 사는 민족들의 모든 왕,

25 시므리의 모든 왕, 엘람과 메대의 모든 왕,

26 북쪽 원근의 모든 왕, 지면에 있는 세상의 모든 나라이다. 그후에는 세삭왕, 곧 바벨론 왕이 마실 것이다.

27 너는 그들에게 이렇게 말하라. "만군의 여호와, 이스라엘 하나님의 말씀에 너희는 내가 너희 가운데 일으킨 전쟁터에서 마시고 취하여 토하고 쓰러져 다시는 일어나지 말라고 하셨다."

28 만일 그들이 네 손에서 잔을 받아 마시기를 거절하면 너는 그들에게 이르라. "만군의 여호와께서 말씀하시기를 너희가 반드시 마셔야 할 것이다.

29 보라, 내가 내 이름으로 불리는 예루살렘성에서 재앙을 내리기 시작했으니 너희가 결코 형벌을 면하지 못할 것이다. 이는 내가 전쟁을 일으켜 세상의 모든 주민을 칠 것이기 때문이다. 만군의 여호와의 말씀이다."

30 그러므로 너는 그들에게 이렇게 예언하라. "여호와께서 높은 데서 크게 외치시고, 그의 거룩한 처소에서 소리를 내시며, 그의 초장인 유다를 향해 크게 고함을 지르시며, 세상의 모든 주민에 대해 포도를 밟는 자처럼 큰 소리로 규탄¹⁾하실 것이다.

31 이처럼 여호와께서 만민을 심문하는 요란한 소리가 땅끝까지 울릴 것은 여호와께서 세상 민족을 송사하시고, 모든 육체를 심판하시며, 악인을 칼로 쳐서 죽게 하실 것이기 때문이다. 여호와의 말씀이다."

32 만군의 여호와께서 이같이 말씀하셨다. "보라, 재앙이 일어나 이 나라에서 저 나라로 퍼지며, 폭풍, 곧 바벨론 군대가 땅끝에서 일어날 것이다.

33 그날 여호와께 죽임을 당한 시체가 땅 이 끝에서 저 끝까지 널려 있을 것이다. 그러나 그들을 위해 울어 줄 사람이 없고, 시신을 장사 지낼 사람도 없을 것이다. 그들은 지면에서 거름이 될 것이다.

34 너희 목자들아, 크게 울부짖으라. 너희 양 떼를 인도하는 자들아, 재위에서 뒹굴라. 이는 너희가 살륙당할 날과 흩어짐을 당할 기한이 찼기 때문이니 너희는 귀한 그릇이 떨어지는 것처럼 될 것이다.

35 목자들은 도피처가 없고, 양 떼의 인도자들 역시 도망갈 곳이 없을 것이다.

36 목자들의 울부짖는 소리와 양 떼의 인도자들이 통곡하는 소리를 들으라. 여호와가 그들의 초장을 황폐하게 하셨기 때문이다.

📍성경지리　데마(렘 25:23)

데마(Tema)는 이스마엘의 아들 이름(창 25:15, 대상 1:30)에서 기원된 지명이다. 이곳은 페르시아만 상단의 아카바에서 남동쪽 약 400km 지점, 메디나에서 북동쪽 약 320km 지점에 있는 현재 사우디아라비아의 오아시스인 테이마(Teima)이다. 당시 무역 대상로의 연결점에 있는 이곳은 대상들의 좋은 숙박소 역할을 했다. 바벨론의 나보니두스는 이곳을 확보하여 거민들을 살해한 후 새로운 도시를 건설하여 10년간 살았고, 아들 벨사살로 하여금 나라를 다스리게 했다.

---

1) 흥겹게 노래

37 여호와의 진노하시는 열기 앞에서
   평화로운 목장들이 황무지처럼 적
   막하게 될 것이다.
38 여호와께서 젊은 사자처럼 그 굴
   에서 나오셨으니 그분의 맹렬한
   분노로 인해 그들의 땅이 황폐하
   게 될 것이다.”

성전 뜰에서 말씀을 전함

26 ● 요시야의 아들 유다 왕 여
호야김이 나라를 통치하기 시
작한 때 여호와께서 예레미야에게
말씀하셨다.

2 “너는 여호와의 성전 뜰에 서서 유
   다 모든 성읍에서 올라와 여호와
   의 성전에서 예배하는 자에게 내
   가 네게 명령한 모든 말을 한 마디
   도 빠짐없이 전하라.

3 그들이 듣고 각각 그 악한 길에서
   돌이킬지 모른다. 그러면 내가 그
   들의 악행 때문에 내리려고 했던
   재앙을 돌이킬 것이다.

4 너는 그들에게 이같이 이르라. ‘여
   호와의 말씀에 너희는 내가 너희
   앞에 둔 내 율법에 순종하지 않고,

5 내가 너희에게 내 종 선지자들을
   계속해서 보내 그들의 말에 순종
   하라고 했으나 너희는 그렇게 하
   지 않았다.

6 그러므로 내가 이 성전을 언약궤
   를 빼앗긴 실로처럼 되게 하고[1],
   이 성을 세계 모든 민족의 저줏거
   리가 되게 할 것이다.’”

7 제사장들과 선지자들과 모든 백성
   이 예레미야가 여호와의 성전에서
   이 말을 하는 것을 들었다.

8 예레미야가 여호와께서 명령하신
   말씀을 모든 백성에게 전하기를
   마쳤을 때 제사장들과 선지자들과
   백성이 그를 붙잡고 말했다. “너는
   정녕 죽어야 한다.

9 네가 무엇 때문에 여호와의 이름을
   빌려 이 성전이 실로처럼 되고 이
   도성이 황폐하여 주민이 없을 것이
   다라고 예언하느냐?’ 이에 모든 백
   성이 여호와의 성전에서 예레미야
   를 치려고 그에게 몰려들었다.

10 유다의 고위층들이 그 소식을 듣
   고 왕궁에서 나와 성전 안뜰에 있
   는 여호와의 성전 새 문[2] 입구에
   앉았다.

11 그러자 제사장들과 선지자들이 고
   위층들과 모든 백성을 향해 말했
   다. “이 사람은 죽어 마땅하다. 너
   희가 들은 것처럼 그는 이 성에 대
   해 ‘실로처럼 될 것이다’라고 예언
   했다.”

12 이에 예레미야가 모든 고위층과
   백성에게 말했다. “너희가 들은 모
   든 말은 여호와께서 나를 보내 이
   성전과 이 예루살렘성을 향해 예
   언하게 하신 것이다.

13 그러니 너희는 너희 길과 행실을
   바르게 하고 너희 하나님의 목소
   리에 경청하라. 그러면 여호와께
   서 너희에게 선포하신 재앙을 거
   두실 것이다.

14 보라. 나는 너희 손에 잡혀 있으니
   너희가 좋은 대로 하라.

15 그러나 너희가 나를 죽이면 반드
   시 죄 없는 자를 죽인 피를 너희 몸
   과 이 성과 이 성 주민에게 돌아가
   게 하는 것이다. 그 이유는 여호와
   께서 확실히 나를 보내 이 모든 말
   을 너희에게 말하게 하셨기 때문
   이다.”

16 고위층들과 모든 백성이 제사장들
   과 선지자들에게 말했다. “이 사람
   이 우리 하나님 여호와의 이름으
   로 우리에게 말했으니 죽일 만한

1) 삼상 4:12~22   2) New Gate

이유가 없다.”

17 그때 그 지방의 장로 몇 사람이 일어나 모인 백성들에게 말했다.

18 “유다 왕 히스기야 시대에 모레셋 출신 미가 선지자가 유다의 모든 백성에게 이렇게 예언했다. '만군의 여호와께서 이같이 말씀하셨다. 예루살렘, 곧 시온은 밭처럼 경작지가 되고, 돌 무더기가 되며, 이 성전의 산은 산당의 숲과 같이 될 것이다.'1) 그러나

19 유다 왕 히스기야와 모든 유다가 그를 죽였느냐? 아니다. 오히려 히스기야는 여호와를 두려워하여 여호와께 간구하므로 여호와께서 그들에게 말씀하신 재앙을 거두어들였다. 만일 우리가 예레미야를 죽이면 그것은 우리 자신이 스스로 재앙을 가져오게 하는 것이다.”

20 당시 여호와의 이름으로 예언한 기럇여아림 출신인 스마야의 아들 우리야가 있었다. 그 역시 예레미야와 같은 말로 예루살렘성과 이 땅에 내릴 재앙에 대해 예언했다.

21 그때 여호야김왕과 그의 모든 용사와 모든 고위층이 그 말을 들었고, 왕은 그를 찾아 죽이려고 했다. 그러자 우리야가 그 소식을 듣고 두려워 애굽으로 도망갔다.

22 그러자 여호야김왕은 악볼의 아들 엘라단과 몇 사람을 애굽으로 보내 그를 잡아 오도록 했다.

23 이에 그들이 애굽에서 우리야를 연행하여 여호야김왕에게로 데려오자 왕이 칼로 그를 죽이고 그의 시체를 공동2) 묘지에 던지게 했다.

24 이때 사반 서기관의 아들 아히감이 예레미야를 도와 그를 백성의 손에서 벗어나게 하여 죽임을 당하지 않게 했다.

예레미야와 거짓 선지자들

27 ● 요시야의 아들 유다 왕 시드기야3)가 나라를 다스리기 시작할 때 여호와께서 예레미야에게 말씀하셨다.

2 “너는 족쇄와 나무로 멍에를 만들어 줄을 달아 네 목에 걸고

3 유다 왕 시드기야를 보러 예루살렘에 온 사신들의 손에도 그것을 주라. 그리고 에돔 왕, 모압 왕, 암몬 자손의 왕, 두로 왕, 시돈 왕에게도 보내라.

4 그리고 그들에게 이렇게 말하라. '너희 주인, 왕에게 만군의 여호와, 이스라엘의 하나님께서 말씀하신 것을 이같이 전하라.

5 나는 땅과 지상에 있는 사람과 짐승들까지 내 큰 능력과 펼친 팔로 만들고 그것을 내가 마음에 드는 올바른 사람에게 주었다.

6 지금은 내가 이 모든 땅과 들짐승까지 내 종 바벨론 왕 느부갓네살에게 주어 섬기게 했다.

7 그러니 모든 나라는 그 땅의 기한, 곧 바벨론이 멸망할 때까지 그와 그의 아들과 손자를 섬길 것이다. 물론 이후에는 바벨론도 많은 나라와 위대한 왕들을 섬기게 될 것이다.

8 여호와께서 말씀하신다. "바벨론 왕 느부갓네살을 섬기지 않고, 바벨론 왕의 멍에를 목에 메지 않는 백성과 나라는 내가 바벨론이 멸망하기까지 전쟁4)과 기근과 전염병으로 그 민족을 벌할 것이다.

9 너희는 너희 선지자나 점쟁이나 꿈꾸는 자나 길흉을 말하는 주술사나 마술사가 '너희가 바벨론 왕을

---

1) 미 3:12　　2) 평민　　3) 3절과 비교. 대부분의 히브리 사본은 여호야김　　4) 칼

섬기게 되지 않을 것이다'라고 말해도 그 말을 믿지 말라.

10 그들의 예언은 거짓이다. 그것은 너희로 너희 땅에서 멀리 떠나게 할 것이다. 그래서 내가 너희를 몰아낼 것이고 너희는 멸망하게 될 것이다.

11 그러나 바벨론 왕의 멍에를 목에 메고, 그를 섬기는 나라는 내가 그들을 사로잡혀간 땅에 머물면서 밭을 갈며, 그곳에서 살게 할 것이다'라고 전하라."

12 내가 이 모든 말씀을 유다 왕 시드기야에게 전했다. "왕과 백성은 바벨론 왕의 멍에를 목에 메고 그와 그의 백성을 섬기십시오. 그러면 살 것입니다.

13 왜 당신과 당신의 백성은 여호와께서 바벨론 왕을 섬기지 않는 나라에 대해 하신 말씀과 같이 바벨론 멍에를 메지 않음으로 전쟁과 기근과 전염병에 죽으려고 하십니까?[1]

14 그러므로 당신들은 '바벨론 왕을 섬기게 되지 않을 것이다'라고 하는 거짓 선지자의 말을 듣지 마십시오. 그들은 거짓을 예언하고 있는 것입니다.

15 여호와께서는 거짓 선지자들에 대해 이렇게 말씀하셨습니다. '내가 그들을 보내지 않았는데 그들이 내 이름을 빙자하여 거짓으로 예언하니 너희가 그들의 말을 들으면 내가 너희를 쫓아내리니 너희와 너희에게 예언하는 선지자들이 망할 것이다.'"

16 내가 또 제사장들과 그 모든 백성에게 여호와의 말씀을 전했다. "여호와께서 이같이 말씀하셨다. '보라, 여호와의 성전 기구를 이제 바벨론에서 속히 돌려질 것이라고

너희에게 예언하는 거짓 선지자들의 말을 듣지 말라. 이는 그들이 거짓을 예언한 것이다.'

17 너희는 그들의 말을 듣지 말고 바벨론 왕을 섬기라. 그러면 살 것이다. 왜 이 성을 황무지로 만들려고 하느냐?

18 만일 그들이 여호와의 말씀을 가진 참 선지자라면 그들이 여호와의 성전과 유다 왕의 궁전과 아직 예루살렘에 남아 있는 성전 기구를 더 이상 바벨론에게 빼앗기지 않도록 만군의 여호와께 구해야 할 것이다."

19 만군의 여호와께서 기둥들과 큰 대야인 놋바다와 그 받침들과 예루살렘성에 남아 있는 기구에 대해 이같이 말씀하셨다.

20 "이것은 바벨론 왕 느부갓네살이 여호야김의 아들 유다 왕 여호야긴[2]과 유다와 예루살렘의 모든 귀족을 예루살렘에서 바벨론으로 잡아갈 때인 바벨론 1차 유배[3]에 가져가지 않았던 것이다."

21 만군의 여호와, 이스라엘의 하나님께서 그의 성전과 유다 왕의 궁전과 예루살렘에 남아 있는 그 기구에 대해 이같이 말씀하셨다.

22 "그것들이 바벨론으로 옮겨지고 내가 다시 찾아올 때까지 그곳에 남아 있을 것이다. 그후 내가 그것을 다시 이곳으로 옮겨올 것이다."[4]

예레미야와 거짓 선지자 하나냐

28

● 유다 왕 시드기야가 다스리기 시작한 지 4년 다섯 째 달인 8월에 기브온 출신 앗술의 아들 하나냐 선지자가 여호와의 성전에서 제사장들과 모든 백성이 보는 앞에서 내게 말했다.

1) 렘 27:8 2) 여고니야 3) 왕하 24:13-17 4) 스 5:14-15

2 "만군의 여호와, 이스라엘의 하나님께서 이같이 말씀하셨다. '내가 바벨론 왕의 멍에를 꺾었다.

3 내가 바벨론 왕 느부갓네살이 여호와의 성전 모든 기구를 빼앗아 바벨론으로 옮겨 간 것을 2년 안에 다시 이곳으로 돌아오게 할 것이다.

4 내가 또 바벨론 포로로 잡혀간 여호야김의 아들 유다 왕 여호야긴[1]과 유다의 모든 사람을 다시 이곳으로 돌아오게 할 것이다. 이는 내가 바벨론 왕의 멍에를 꺾을 것이기 때문이다.'"

5 그 말을 들은 예레미야 선지자가 여호와의 성전에 서 있는 제사장들과 모든 백성이 보는 앞에서 하나냐 선지자에게 말했다.

6 "아멘, 여호와께서 그렇게 하신다면 얼마나 좋겠는가? 여호와께서 네가 예언한 대로 이루사 여호와의 성전 기구와 모든 포로를 바벨론에서 이곳으로 돌아오기를 나도 간절히 원한다.

7 그러나 너는 내가 너와 모든 백성에게 이르는 이 말을 잘 들으라.

8 옛날부터 너와 너 이전의 선지자들이 많은 땅과 위대한 왕국들에 대해 전쟁과 재앙과 전염병을 예언했다.

9 분명한 사실은 진실로 여호와께서 보내신 선지자로 인정받는 것은 그 예언자의 말이 이루어진 후에야 증명이 될 것이다."

10 그러자 하나냐 선지자가 예레미야 선지자의 목에 있는 멍에를 빼앗아 꺾어버리고

11 모든 백성 앞에서 말했다. "여호와께서는 2년 안에 모든 민족의 목에서 바벨론 왕 느부갓네살의 멍에를 이같이 꺾어버릴 것이라고 말씀하셨다." 그러자 선지자 예레미야가 자기의 길을 갔다.

12 하나냐 선지자가 예레미야 선지자의 목에서 멍에를 꺾어 버린 후 여호와께서 예레미야에게 말씀하셨다.

13 "너는 하나냐 선지자에게 가서 이렇게 말하라. '여호와의 말씀에 네가 나무 멍에들을 꺾었으나 그 대신 쇠 멍에들을 만들어 놓는 결과를 가져왔다.'

14 그러므로 이스라엘의 하나님께서 이같이 말씀하셨다. '내가 이 모든 나라에 쇠 멍에를 목에 메어 바벨론 왕 느부갓네살을 섬기게 했으니 그들이 그를 그렇게 섬길 것이다. 내가 들짐승까지도 그에게 주었다'라고 전하라."

15 이에 예레미야 선지자가 하나냐 선지자에게 가서 말했다. "하나냐여, 들으라. 여호와께서 너를 보내지 않았는데도 네가 이 백성에게 여호와의 이름을 빙자하여 거짓을 믿게 한다.

16 그러므로 여호와께서 이같이 말씀하셨다. '내가 너를 지면에서 없애 버리니 네가 금년에 죽을 것이다. 그것은 네가 여호와께 패역한 말을 했기 때문이다.'"

17 하나냐 선지자가 그해 일곱째 달인 10월에 죽었다.

바벨론의 포로가 된 자에게 보낸 예레미야의 편지

29 ● 이 편지는 예레미야 선지자가 예루살렘에 있을 때 느부갓네살에 의해 예루살렘에서 바벨론으로 끌려간 포로 가운데서 아직 살아남은 장로들과 제사장들과 선지자들과 모든 백성에게 보낸 것이다.

1) 여고니야

2 편지를 보낸 때는 여호야긴¹⁾ 왕과 그의 어머니와 궁중 내시들과 유다와 예루살렘의 고관들과 기능공과 토공들이 예루살렘에서 포로로 잡혀간 후였다.

3 이 편지를 유다 왕 시드기야가 사반의 아들 엘라사와 힐기야의 아들 그마랴를 느부갓네살왕에게로 보낼 때 바벨론으로 보내졌다. 그 편지 내용은 다음과 같다.

4 만군의 여호와, 이스라엘의 하나님께서 예루살렘에서 바벨론으로 사로잡혀간 모든 포로에게 이같이 말씀하셨다.

5 "너희는 집을 짓고 그곳에서 정착해 살며, 텃밭을 일구고 그곳에서 나는 열매를 먹으라.

6 너희는 결혼하여 자식을 낳고, 너희 아들딸들도 결혼하여 그들로 자녀를 낳게 하여 너희가 그곳에서 번성하고 인구가 줄어들지 않게 하라.

7 너희는 내가 잡혀가게 한 그 성읍이 평안하도록 노력하고, 그 성을 위해 여호와께 기도하라. 그 성읍이 평안해야 너희도 평안할 것이기 때문이다."

8 이스라엘의 하나님께서 이같이 말씀하셨다. "너희 중에 있는 거짓 선지자들과 점쟁이들이 너희를 속이지 못하게 하고, 그들이 꾼 꿈도 믿지 말라.

바벨론 포로 기간(렘 29:10)

남유다가 바벨론의 느부갓네살 왕에 의해 멸망 당해 포로로 잡혀갈 때 하나님은 예레미야를 통해 그 기간이 70년이 될 것임을 미리 말씀해 주었다. 바벨론은 범죄한 유다를 징벌하기 위한 하나의 도구였다. 이는 예레미야의 예언대로 바벨론이 BC 539년 바사(페르시아)의 고레스에 의해 멸망된 것에서 알 수 있다(렘 51,52장).

9 내가 그들을 보내지 않았는데도 그들이 내 이름을 사용하여 거짓을 예언하기 때문이다."

10 또 여호와께서 이같이 말씀하셨다. "바벨론으로 잡혀간 후 70년을 채우면 내가 너희를 찾아와 너희에게 다시 돌아오게 하리라는 은혜로운 약속을 이루어 이곳으로 다시 돌아오게 할 것이다."

11 여호와께서 말씀하셨다. "너희를 향한 계획을 내가 잘 알고 있으니 그것은 재앙이 아니라 평안이다. 너희에게 미래와 희망을 주는 것이다.

12 너희가 나를 부르고 내게 와서 기도하면 내가 너희 기도를 들으며,

13 너희가 온 마음으로 나를 구하면 나를 만날 것이다."

14 여호와께서 말씀하셨다. "나는 너희를 만나며, 포로 된 너희를 내가 쫓아 보냈던 나라들과 모든 곳에서 모아 다시 사로잡혀 떠났던 곳으로 돌아오게 할 것이다."

15 바벨론에 잡혀간 너희는 "여호와께서 우리를 위해 바벨론에서 선지자를 일으키셨다"라고 말한다.

16 그러나 다윗의 왕좌에 앉은 왕과 이 예루살렘성에 사는 모든 백성, 곧 너희와 함께 포로로 잡혀가지 않은 너희 형제에 대해 여호와께서 이같이 말씀하셨다.

17-18 "보라, 내가 전쟁²⁾과 기근과 전염병을 이곳에 남아 있는 자들에게 보내 그들을 상하여 먹을 수 없는 무화과처럼 하고, 내가 보낸 재앙으로 그들은 세계 여러 나라로 흩어져 학대를 당할 것이다. 그래서 그들을 쫓아낸 나라들에서도 저주와 놀람과 조롱과 수모의 대상이 되게 할 것이다."

1) 렘 24:1, 여고냐 2) 칼

19 여호와께서 말씀하셨다. "그렇게 된 것은 내가 내 종 선지자들을 너희들에게 꾸준히 보냈지만 너희는 그들의 말을 듣지 않았기 때문이다."

20 그러니 내가 예루살렘에서 바벨론에 포로로 보낸 너희는 여호와의 말씀을 들으라.

21 만군의 여호와, 이스라엘의 하나님께서 내 이름을 빙자하여 너희에게 거짓으로 예언한 골라야의 아들 아합과 마아세야의 아들 시드기야에 대해 이같이 말씀하셨다. "보라, 내가 그들을 바벨론 왕 느부갓네살의 손에 넘기리니 그가 포로로 있는 너희가 보는 앞에서 그들을 죽일 것이다.

22 그들 때문에 바벨론에 포로로 있는 모든 유다 사람 사이에서 그들에 대해 '여호와께서 너를 바벨론 왕이 불살라 죽인 시드기야와 아합 같게 하시기를 원하노라'는 저주의 말이 퍼질 것이다.

23 그것은 그들이 이스라엘 가운데서 못된 짓을 행하여 이웃의 아내와 간음하며, 내가 그들에게 명령하지 않은 거짓된 것을 내 이름을 빙자하여 말했기 때문이다. 나는 그 같은 사실을 알고 있는 증인이다." 여호와의 말씀이다.

바벨론에 있는 거짓 선지자 스마야의 편지

24 ● 너는 느헬람 출신[1] 스마야에게 이렇게 말하라.

25 "만군의 여호와, 이스라엘의 하나님께서 이같이 말씀하셨다. 네가 자신의 이름으로 예루살렘에 있는 모든 백성과 마아세야 제사장의 아들 스바냐와 모든 제사장에게 글을 보내 이렇게 말했다.

26 '여호와께서 스바냐를 여호야다 제사장을 대신하여 제사장으로 삼아 여호와의 성전 감독자로 세우셨다. 그 이유는 선지자 노릇을 하는 모든 미친 자를 붙잡아 나무 고랑과 쇠고랑을 목에 채워 감옥에 가두게 하시기 위해서이다. 그런데

27 너는 왜 너희 가운데 선지자 노릇을 하는 아나돗 출신 예레미야를 책망하지 않고 가만히 두느냐?

28 그는 바벨론에 있는 우리에게 편지하기를 '너희는 그곳에서 오래 지내야 하리니 그곳에 집을 짓고 살면서 밭을 일구고, 그 열매를 먹으라'고 했다.'"

29 이에 스바냐 제사장이 바벨론에 포로로 있는 스마야의 편지를 예레미야에게 읽어 줄 때

30 여호와의 말씀이 예레미야에게 임했다.

31 "너는 모든 포로에게 전하라. 여호와께서 느헬람 출신 스마야를 두고 이같이 말씀하셨다. 내가 그를 선지자로 보내지 않았는데 스마야가 너희에게 거짓으로 예언하고 너희에게 거짓을 믿게 했다."

32 그러므로 여호와께서 이같이 말씀하셨다. "보라, 스마야는 나 여호와께 패역한 말을 했기 때문에 내가 그와 그의 자손을 벌할 것이다. 바벨론의 포로 된 그 백성 가운데 그의 자손은 한 명도 살아남지 못할 것이다. 내가 내 백성에게 행하려고 하는 복된 일을 그는 보지 못할 것이다."

꿈속에서 받은 유다 회복에 대한 예언

30 1-2 ● 이스라엘의 하나님 여호와께서 예레미야에게 꿈속에서 이같이 말씀하셨다. "내가

[1] 사람

네게 일러 준 모든 말을 책에 기록하라.”

3 여호와께서 말씀하셨다. “보라, 때가 되면 내가 내 백성 이스라엘과 유다의 포로를 그 조상들에게 준 땅으로 돌아오게 할 것이다. 그리고 그들은 그 땅을 차지할 것이다.”

4-5 여호와께서 이스라엘과 유다에 대해 이같이 말씀하셨다. “우리가 떨리는 소리를 들었다. 그것은 평안이 아니라 두려움이다.

6 너희는 남자가 자식을 해산하는 경우가 있는지 물어보라. 그런데 어찌하여 모든 남자가 해산하는 여인처럼 손을 자기 허리에 대고, 얼굴이 겁에 질려 창백해졌는가?

7 아, 그처럼 엄청난 슬픔의 날이 다시는 없을 것이다. 그날은 이스라엘¹⁾이 환난을 당하는 때이다. 그러나 야곱은 환난에서 건짐을 받을 것이다.”

8 만군의 여호와께서 말씀하셨다. “그날이 되면 내가 네 목에서 멍에를 꺾고, 포박한 사슬을 끊으리니 다시는 이방인의 종이 되지 않을 것이다.

9 그들은 그들의 하나님을 섬기며, 내가 그들을 위해 세울 다윗왕을 섬길 것이다.

10 그러므로 내 종 야곱아, 두려워하지 말라. 이스라엘아, 놀라지 말라. 내가 너를 먼 곳에서 구원하고, 네 자손을 포로 된 땅에서 구원하리니 야곱이 본토로 돌아와서 평안하게 지내며, 두렵게 할 자가 없을 것이다.

11 내가 너와 함께하여 너를 구원할 것이다. 너를 쫓아내어 흩어지게 했던 모든 이방 나라를 내가 진멸시킬 것이다. 그러나 너만은 완전히 멸망

시키지 않고 내가 공의²⁾에 따라 너를 징계할 것이다. 그렇다고 벌을 면하게 하지는 않을 것이다.”

12 여호와께서 이같이 말씀하셨다. “네 부러진 곳³⁾은 고칠 수 없고, 네가 맞은 상처는 심하지만

13 네 다친 것을 변호해 줄 변호사⁴⁾가 없으며, 네 상처를 낫게 하는 약이나 처방전도 없다.

14 너를 사랑하던 자가 모두 너를 잊어버리고 찾지 않으니 이는 네 악행이 크고 네 죄가 많아서 내가 네 원수를 치듯 너를 잔인하게 징계했기 때문이다.

15 너는 왜 상처를 입었다고 내게 부르짖으며, 고통이 심하다고 호소하느냐? 네 악행이 크고 네 죄가 많기 때문에 내가 이 일을 네게 행한 것이다.

16 그러므로 너를 멸망시킨 모든 자는 멸망할 것이다. 너를 대적하던 자들은 모두 잡혀가며, 네게서 탈취하고 노략해 가던 자들은 탈취를 당하고 오히려 노략물이 될 것이다.”

17 여호와께서 말씀하셨다. “비록 사람들이 너를 보고 버려진 자라고 하며 너 시온을 찾는 자가 없으나 내가 네 상처에서 새 살을 돋게 하여 너를 고쳐 줄 것이다.”

18 여호와께서 말씀하셨다. “보라, 내가 포로 된 이스라엘 백성⁵⁾을 돌아오게 하고, 그 거처에 사랑을 베풀 것이다. 폐허가 된 언덕 위에 성읍을 다시 세우고, 그 궁전⁶⁾은 관례에 따라 건축 장소를 정해 세우고 사람이 살게 될 것이다.

19 그러면 그들에게서 감사와 즐거워하는 소리가 나올 것이다. 내가 그들을 번성하게 하리니 그들의 수가

1) 야곱 2) 법 3) 상처 4) 재판관 5) 야곱 장막 6) 보루

감소하지 않을 것이다. 내가 그들을 존귀하게 하리니 그들은 더 이상 비천해지지 않을 것이다.

20 그의 자손은 예전과 같고, 그 회중은 내 앞에 굳건할 것이다. 그를 억압하는 사람은 내가 모두 벌할 것이다.

21 그들의 지도자는 같은 민족에서 나오고, 그들의 통치자도 그들 가운데서 나올 것이다. 누가 담대한 마음으로 내게 가까이 나올 수 있겠느냐? 내가 그를 부르리니 그가 내게 가까이 올 것이다.

22 너희는 내 백성이 되고, 나는 너희 하나님이 될 것이다."

23 보라, 여호와의 노여움이 회오리바람처럼 일어나니 그것은 회오리를 치는 폭풍이다. 그의 분노가 악인의 머리 위에서 회오리를 칠 것이다.

24 여호와께서 마음의 뜻한 바를 이루시기까지는 그의 분노를 거두지 않으시리니 마지막날에야 너희는 그것을 깨닫게 될 것이다.

꿈속에서 받은 이스라엘의 회복에 대한 예언

31 ●여호와께서 말씀하셨다. "그 때 내가 이스라엘 모든 종족의 하나님이 되고, 그들은 내 백성이 될 것이다.

2 칼, 곧 애굽 또는 앗수르에서 벗어난 이스라엘 백성이 안식처를 얻고자 할 때 광야에서 은혜를 입었다."

3 먼 곳에서[1] 여호와께서 나에게 나타나사 말씀하셨다. "영원하고 한결 같은 사랑으로 내가 너를 사랑하고 이끌었다."

4 처녀 이스라엘아, 내가 다시 너를 세우리니 네가 세움을 입을 것이다. 네가 다시 작은 북을 들고 기뻐하는 자들과 함께 춤추며 나올 것이다.

5 네가 다시 사마리아 산들에 포도나무들을 심고, 심는 자가 그 열매를 먹을 것이다.

6 에브라임산 위에서 파수꾼이 "너희는 일어나 예루살렘, 곧 시온으로 올라가서 우리 하나님께로 나아가자"라고 외치는 날이 올 것이다.

7 여호와께서 이같이 말씀하셨다. "너희는 이방 여러 민족 앞에 서서 야곱을 위해 기뻐 외치라. 너희는 전파하며 찬양하며 이렇게 말하라. '여호와여, 주의 백성 이스라엘의 남은 자를 구원하십시오.'

8 나는 그들을 북쪽 땅에서 인도하며 땅끝에서 모을 것이다. 그들 가운데 앞을 못보는 사람과 다리를 저는 사람과 잉태한 여인과 해산하는 여인도 있을 것이다. 큰 무리를 지어 이곳 본토로 돌아올 것이다.

9 그들은 울면서 돌아오지만 그들이 간구할 때 내가 인도하며 그들을 넘어지지 않고 물이 있는 계곡의 곧은 길로 가게 할 것이다. 나는 이스라엘의 아버지이며, 에브라임은 내 장자이다."

10 "이방 사람들아, 너희는 여호와의 말씀을 듣고 멀리 떨어진 섬까지 전파하라. '이스라엘을 흩으신 자가 다시 그들을 모으고, 목자가 자기 양 떼를 지키듯 그들을 내가 지킬 것이다.

11 여호와께서 야곱을 그들보다 강한 자의 손에서 구원하셨으니

12 그들이 와서 시온의 높은 곳에서 찬양하며, 여호와께서 내리시는 곡식과 새 포도주와 기름과 어린 양 떼와 소 떼를 얻고 크게 기뻐할

1) 옛적에

것이다. 그 심령은 물 댄 동산과 같고, 다시는 근심이 없을 것이다.'

13 그때 처녀는 춤을 추며 기뻐하고, 젊은이와 노인이 함께 즐거워할 것이다. 내가 그들의 슬픔을 기쁨으로 바꾸어 놓을 것이다. 그들을 위로하므로 그들은 근심에서 벗어나 기뻐할 것이다.

14 내가 기름진 것으로 제사장들의 마음을 흡족하게 하며, 내가 주는 좋은 것1)으로 내 백성을 만족하게 할 것이다." 여호와의 말씀이다.

꿈속에서 받은 이스라엘의 귀환 약속

15 ● 여호와께서 이같이 말씀하셨다. "예루살렘 북쪽 8㎞ 지점에 있는 라마에서 슬퍼하며 통곡하는 소리가 들린다. 그것은 라헬이 그 자식 때문에 울고 있는 소리이다. 그가 더 이상 자식이 없어 위로 받기를 거절했다."2)

16 여호와께서 이같이 말씀하셨다. "이제는 네 울음 소리와 네 눈물을 멈추라. 네가 수고한 일에 보상이 있으리니 그들이 적국의 땅에서 돌아올 것이다.

17 네 장래에는 희망이 있으리니 네 자녀가 본토로 돌아올 것이다.

18 에브라임이 탄식하는 소리를 내가 분명히 들었다. '나는 길들여지지 않은3) 송아지처럼 주의 훈계를 받았습니다. 주는 내 하나님이시니 나를 주께 돌아서게 하십시오. 그러면 내가 주께로 돌아오겠습니다.

19 나는 주를 떠난 후 뉘우쳤고, 내가 뉘우친 후에는 내 볼기를 때렸습니다. 이는 어릴 때 저지른 허물 때문에 부끄럽고 수치스러웠기 때문입니다.'

20 에브라임은 내 사랑하는 아들이며, 기뻐하는 자식이 아니냐? 나는

그를 책망할 때마다 더욱 생각이 나서 애가 타니 내가 반드시 그를 불쌍히 여길 것이다." 여호와의 말씀이다.

21 처녀 이스라엘아, 네가 지나갔던 큰 길에 이정표를 세우며, 네 표지판을 만들어 세우고 마음에 잘 기억해 두라. 그래서 길을 잃지 않고 네 성읍으로 돌아오도록 하라.

22 배교한 딸아, 네가 어느 때까지 방황하겠느냐? 여호와께서 이 땅에 새로운 일을 창조하셨으니 바로 여자가 남자를 보호할 것이다.

23 만군의 여호와, 이스라엘의 하나님께서 이같이 말씀하셨다. "내가 그 포로 된 자들을 돌아오게 할 때 그들이 유다 땅과 그 성읍들에서 이 말을 다시 할 것이다. '곧 의로운 처소여, 거룩한 산이여, 여호와께서 네게 복을 주실 것이다.'

24 유다와 그 모든 성읍에 사는 농부와 양 떼를 인도하는 자가 그곳에서 함께 살 것이다.

25 이는 내가 그 피곤한 자4)를 상쾌하게 하며, 모든 연약한 자4)를 만족하게 했기 때문이다."

26 이에 내가 꿈에서 깨어나 보니 내 잠이 달콤했다.

27 여호와께서 말씀하셨다. "보라, 내가 사람과 짐승의 씨를 이스라엘과 유다 가문에 뿌릴 날이 올 것이다.

28 이전에는 내가 뿌리 뽑으며, 무너뜨리며, 전복시키며, 멸망시키며, 괴롭게 했지만 이제는 내가 그들을 세우며 심을 것이다.

29 그때 그들은 '아버지가 신 포도를 먹었으니 아들들의 이가 시다'라고 다시는 말하지 않으며,5)

1) 복 2) 마 2:17-18 3) 멍에에 익숙하지 못한 4) 심령
5) 겔 18:2

30 신 포도를 먹는 자마다 그의 이가 신 것처럼 누구나 자기의 죄악 때문에 죽을 것이다."

새 언약

31-32 ● 여호와께서 말씀하셨다. "보라, 날이 이르리니 내가 이스라엘과 유다의 가문에 그들의 조상들의 손을 잡고 애굽 땅에서 이끌어 내던 날에 맺은 것과 같지 않은 새로운 언약을 맺을 것이다. 그 이유는 내가 그들의 남편이 되었음에도 그들은 내 언약을 깨뜨렸기 때문이다.

33 그러나 그날 이후 내가 이스라엘 가문과 언약을 맺을 것이다. 곧 내가 내 율법을 그들에게 주어 그들의 마음속에 기록하여 나는 그들의 하나님이 되고, 그들은 내 백성이 되게 하는 것이다.

34 그들이 다시는 각기 이웃과 형제에게 '너는 여호와를 알라'고 가르쳐 말하지 않을 것이다. 이는 작은 자로부터 큰 자까지 다 나를 알기 때문이다. 내가 그들의 죄악을 용서하고 더 이상 그들의 죄를 기억하지 않을 것이다."

35 여호와께서 이같이 말씀하셨다. "나는 해를 낮의 빛으로 비추게 했고, 달과 별들은 밤의 빛으로 정했다. 바다를 흔들어 파도로 소리치게 하리니 내 이름은 만군의 여호와이다.

36 이 법규가 내 앞에서 폐지되지 않는 한 이스라엘 자손도 언제까지나 내 앞에서 영원히 민족과 나라로 남아 있을 것이다."

37 여호와께서 이같이 말씀하셨다. "만일 위에 있는 하늘을 측량하거나 밑에 있는 땅의 기초를 측정할 수 있다면 나도 이스라엘 자손이 행한 모든 악한 일로 인해 그들을 다 버릴 수 있다.

38 보라, 날이 이르면 예루살렘성은 하나넬 망대에서 모퉁이 문에 이르기까지 여호와를 위해 다시 세워질 것이다.

39 그곳에서 측량줄이 가렙 언덕 밑까지 직선으로 측량하고, 이어 고아 쪽으로 돌 것이다.

40 시체와 잿더미가 가득 찬 힌놈 골짜기 전역과 기드론 골짜기[1]에 이르는 모든 평지[2], 곧 동쪽 마 문[3]의 모퉁이에 이르기까지 여호와의 거룩한 곳이 될것이다. 이후로 영원히 뽑히거나 허물어지지 않을 것이다."

아나돗의 밭을 산 예레미야와 그의 기도

32 ● 유다 왕 시드기야 즉위 10년째, 곧 느부갓네살 통치 18년째인 BC 587년에 여호와께서 예레미야에게 말씀하셨다.

2 그때 바벨론 군대는 예루살렘을 포위하고 있었으며, 예레미야 선지자는 유다 왕궁에 있는 시위대 뜰에 갇혀 있었다.

3 그가 갇힌 이유는 이렇게 예언했기 때문이다. "여호와께서 말씀하시기를 내가 예루살렘을 바벨론 왕에게 넘기리니 그가 정복할 것이다.

Q&A 렘 31:30의 의미는?

본절의 신 포도는 죄의 결과를 의미한다. 29절과 본절은 각자 자신의 죄로 인해서만 하나님의 심판을 받지 조상의 죄로 인해 그 자손이 심판과 고난을 받는 것은 아니라는 말이다. 그러나 이는 자손들이 조상의 죄악에 물들 수 있는 영향력조차 부정하는 말은 아니다.

---

1) 시내 2) 고지 3) Horse Gate

4 유다 왕 시드기야는 갈대아, 곧 바
 벨론 사람들의 손에서 도망가지
 못하고 반드시 바벨론 왕에게 잡
 힐 것이다. 그리고 바벨론 왕과 얼
 굴을 맞대고 직접 대면하여 이야
 기할 것이다.

5 바벨론 왕은 시드기야를 바벨론으
 로 끌고 가리니 시드기야는 내가
 찾을 때까지 그곳에 있게 될 것이
 다. 또 여호와께서 너희가 바벨론
 인과 싸울지라도 승리하지 못할
 것이다'라고 말씀하셨다." 그러자
 유다 왕 시드기야가 "네가 왜 그같
 이 예언했느냐?"라고 하며 그를 가
 두었던 것이다.

6 예레미야가 말하기를 여호와께서
 나에게 이렇게 말씀하셨다.

7 "보라, 네 작은아버지 살룸의 아들
 하나멜이 네게 찾아와 이렇게 말
 할 것이다. '너는 예루살렘 북쪽 5km
 지점의 아나돗에 있는 내 밭을 사
 라. 이 산업을 다시 사서 갚아 줄
 권리가 네게 있다.'"

8 그러자 여호와의 말씀과 같이 내
 작은아버지의 아들 하나멜이 왕궁
 시위대 뜰 안에 갇혀 있는 내게 와
 서 말했다. "너는 베냐민 지파 지
 역에 속한 예루살렘 북쪽 5km 지점의
 아나돗에 있는 내 밭을 사라. 산업
 의 상속권이 네게 있고 다시 사서
 갚아 줄 권리가 네게 있으니 자신
 을 위해 사라"고 부탁했다. 그래서
 내가 이것이 여호와의 말씀인 줄
 알았기 때문에

9 아나돗에 있는 내 작은아버지의
 아들 하나멜 소유의 밭을 은 194g
 되는 17세겔을 저울에 달아 주고

10 증서를 써서 봉인한 후 증인을 세
 웠다.

11 그리고 법규에 따라 봉인한 것과

봉인하지 않은 두 장의 매매 증서
 를 내가 가지고

12 하나멜과 매매 증서에 도장을 찍은
 증인과 시위대 뜰에 앉아 있는 유
 다 모든 사람이 보는 앞에서 그 매
 매 증서를 마세야의 손자이며, 네
 리야의 아들인 바룩 편에 보내며

13 증인들 앞에서 부탁했다.

14 만군의 여호와, 이스라엘의 하나님
 께서 이같이 말씀하셨다. "너는 이
 봉인한 것과 봉인하지 않은 두 장
 의 매매 증서를 가지고 가서 질그
 릇에 담아 여러 날 동안 보존하라."

15 만군의 하나님께서 이같이 말씀하
 셨다. "사람이 이 땅에서 집과 밭과
 포도밭을 다시 사게 될 것이다."

16 나는 매매 증서를 네리야의 아들
 바룩에게 넘겨준 뒤 여호와께 이
 렇게 기도했다.

17 "슬픕니다. 여호와여, 주께서는 크
 신 능력과 펴신 팔로 하늘과 땅을
 창조하신 분이니 모든 것을 하실
 수 있습니다.

18 주는 자신의 인애를 수천대[1]에 베
 푸시고, 아버지의 죄악을 그 후손
 에게 갚으십니다. 그러므로 주는
 크고 능력이 있으신 하나님이며,
 그 이름은 만군의 여호와이십니다.

19 주께서 계획하시는 일은 크고, 그
 것을 이루시는 주의 능력도 크십
 니다. 주는 모든 사람의 삶[2]을 주
 목하사 그들의 행실[2]과 행동에 따
 라 보응하십니다.

20 주께서는 애굽 땅에서 기적과 놀라
 운 일을 행하셨고, 오늘까지도 이
 스라엘뿐 아니라 모든 사람 가운데
 그와 같이 행하사 주의 이름을 오
 늘과 같이 드높게 하셨습니다.

21 주께서는 기적과 놀라운 일과 강한

1) 천만인 2) 길

손과 펴신 팔과 큰 두려움으로 주의 백성 이스라엘을 애굽 땅에서 이끌어내셨습니다.

22 그리고 그들에게 약속하시고, 그 조상들에게 맹세하신 젖과 꿀이 흐르는 땅을 주셨습니다.

23 그러나 그들이 그 땅을 차지했지만 주께 순종하지 않았고, 주의 율법에 따라 살지도 않았으며, 주께서 명령하신 일도 행하지 않았습니다. 그래서 주께서는 이 모든 재앙을 그들에게 내리셨습니다.

24 이제 이 예루살렘성을 함락시키기 위해 쌓은 토담이 성에 닿은 것을 보십시오. 칼과 굶주림과 전염병으로 인해 이 성을 치는 갈대아, 곧 바벨론 사람들의 손에 넘어가게 되었으니 주의 말씀대로 이루어진 것을 직접 보고 계십니다.

25 여호와여, 주께서 내게 은을 주고 밭을 사며 증인을 세우라고 하셨으나 이 성은 바벨론 사람들의 손에 넘어가게 되었습니다."

26 그때 여호와께서 예레미야에게 다시 말씀하셨다.

27 "나는 여호와이며, 모든 육신을 지으신 하나님이다. 내가 할 수 없는 일이 어디에 있겠느냐?"

28 그러므로 여호와께서 이같이 말씀하셨다. "보라, 내가 예루살렘성을 갈대아 사람들과 바벨론의 느부갓네살왕에게 넘기리니 그가 이 성을 점령할 것이다.

29 예루살렘성을 공격하는 바벨론 사람들이 와서 이 성읍에 불을 놓아 성과 그 지붕에서 바알에게 분향하며, 다른 신들에게 포도주를 부어 드리는 제사인 전제를 드림으로 나를 분노하게 만든 집들을 불사를 것이다.

30 이는 이스라엘 자손과 유다 자손이 옛날부터 내 눈 앞에서 악한 일만을 행했기 때문이다. 그것은 이스라엘 자손이 그의 손으로 만든 우상을 가지고 나를 분노케 한 것이다." 여호와의 말씀이다.

31-32 "이 성이 세워진 때부터 오늘까지 이스라엘 자손과 유다 자손이 모든 악을 행하여 내 노여움과 분노를 불러일으켰기 때문에 내가 내 앞에서 그것을 치우려고 한다. 그들의 왕들과 지도자들과 제사장들과 선지자들과 유다 사람들과 예루살렘 주민들이 모두 그렇게 악을 행했다.

33 그들이 내게 등을 돌려 나를 외면했으며, 내가 그들을 쉬지 않고 가르쳤음에도 그들은 내 가르침을 듣지 않았다.

34 그들은 내 이름으로 불리는 성전 집에 혐오스러운 물건인 우상들을 세워 성전을 더럽히고,

35 힌놈의 아들의 골짜기에 바알의 산당을 건축했으며, 자기 자식들을 불로 지나가게 하여 몰렉 신에게 제물로 드렸다. 그들이 이런 혐오스러운 일을 행하여 유다로 범죄하게 한 것은 내가 명령한 것도 아니며, 내가 생각조차 못한 것이다."

영원한 언약

36 ● 그러나 이스라엘의 하나님께서는 너희가 말한 것처럼 "전쟁과 굶주림과 전염병 때문에 바벨론 왕에게 넘어갔다"라고 하는 예루살렘성에 대해 이같이 말씀하셨다.

37 "보라, 내가 노여움과 화냄과 큰 분노로 그들을 쫓아보냈다. 그러나 잡혀간 모든 지방에서 그들을 모아 다시 이곳으로 돌아오게 하여 안전히 살도록 할 것이다.

38 그때 그들은 내 백성이 되겠고, 나는 그들의 하나님이 될 것이다.

39 내가 그들에게 한결같은 마음과 삶'을 주어 자신들과 자기 자손에게 나를 경외하도록 해서 항상 복을 받게 할 것이다.

40 나는 그들에게 복을 주기 위해 '그들을 떠나지 않을 것이다'라는 영원한 언약을 그들에게 세우고, 나를 경외하는 마음을 주어 그들로 나를 떠나지 않게 할 것이다.

41 내가 그들에게 복을 주어 기쁘게 하리니 내 마음과 목숨'을 다하여 그들을 이 땅에 확실히 심을 것이다."

42 여호와께서 이같이 말씀하셨다. "내가 이 백성에게 큰 재앙을 내린 것처럼 허락한 모든 복 역시 그들에게 모두 내릴 것이다.

43 너희가 '황폐하여 사람이나 짐승이 없으며 갈대아, 곧 바벨론 사람에게 넘어갔다'라고 말하는 이 땅에서 사람들이 밭을 살 것이다.

44 장차 베냐민 지역의 땅과 예루살렘 주위와 유다 성읍들과 산지의 성읍들과 저지대의 성읍들과 남방의 성읍들에 있는 밭을 은을 주고 사서 증서를 기록하여 봉인하고 증인을 세울 것이다. 이는 내가 포로 된 그들을 돌아오게 할 것이기 때문이다."

이스라엘과 유다의 회복에 대한 언약

33 ● 예레미야가 아직 왕궁의 시위대 뜰에 갇혀 있는 동안 여호와께서 예레미야에게 두 번째로 말씀하셨다.

2 일을 준비하시고 지으시는 그의 이름이 여호와이신 이가 이같이 말씀하셨다.

3 "너는 내게 부르짖으라. 내가 응답하겠고, 네가 모르는 크고 비밀스러운 일을 네게 보일 것이다."

4 이스라엘의 하나님께서 말씀하셨다. "바벨론 군대가 토담과 칼로 무너뜨린 이 성읍의 가옥과 유다 왕궁에 대해 말씀하셨다. 유다는 바벨론을 대항하여

5 싸웠으나 내가 내 노여움과 분노함으로 그들을 죽이고 그들의 시체로 이 예루살렘성을 가득 채우게 했다. 이렇게 된 것은 그들의 모든 악행 때문에 내가 그들을 외면하여 이 성을 돌아보지 않았기 때문이다.

6 그러나 보라! 그날에는 내가 예루살렘성을 치료하여 고쳐 낫게 하고, 그들에게 내 평안과 진리의 풍성함을 드러낼 것이다. 그래서

7 내가 유다와 이스라엘의 포로를 돌아오게 하여 그들을 처음과 같이 세울 것이다.

8 내가 그들이 범한 모든 죄를 용서하고 죄악을 정결하게 할 것이다.

9 예루살렘성이 이방 모든 나라 앞에서 내 기쁨과 찬양과 영광을 돌리는 이름이 될 것이다. 그리고 그들은 내가 이 백성과 예루살렘성에 베푼 모든 복된 일과 모든 평안을 보고 두려워 떨 것이다."

10-11 여호와께서 이같이 말씀하셨다. "너희가 '황폐하여 사람도 없고 짐승도 없다'라고 말하던 이곳, 곧 황폐하여 사람이나 짐승까지도 없던 유다 성읍들과 예루살렘 거리에는 환호하는 소리와 신랑과 신부의 즐거워하는 소리, '만군의 여호와께 감사하라, 그는 선하시니 그 인자함이 영원하시다'라고 하는 소리와 여호와의 성전에 감사제를 드리는 자들의 소리가 다시 들릴

1) 길 2) 정성

것이다. 이는 내가 이 땅의 포로를 돌아오게 하여 이전처럼 되게 할 것이기 때문이다."

12 만군의 여호와께서 이같이 말씀하셨다. "지금은 황폐하여 사람도 없고 짐승도 없는 이곳과 이 땅의 모든 성읍에 다시 양 떼를 눕게 하는 목자가 살 곳이 있을 것이다.

13 산간 지역의 성읍들과 평지인 세펠라 성읍들과 남방의 성읍들과 베냐민 지역의 땅과 예루살렘 주위와 유다 지역의 성읍들에서 목자는 자기가 치는 양을 셀 것이다."

14 여호와께서 말씀하셨다. "보라, 내가 이스라엘과 유다의 가문¹⁾에 대해 약속한 좋은 일을 이룰 날이 올 것이다."

15 여호와께서 말씀하셨다. "보라, 때가 이르면 내가 다윗에게 한 의로운 가지를 돋아나게 할 것이다. 그가 왕이 되어 지혜롭게 통치하며 세상에서 의와 정의를 실현할 것이다.

16 그 메시아가 통치하는 날에 유다는 구원을 받겠고, 이스라엘은 안전하게 거주할 것이다. 그 예루살렘성은 '여호와 우리의 의'라고 불리리니 그것이 그의 이름이다."²⁾

17 여호와께서 이같이 말씀하셨다. "이스라엘 가문¹⁾의 왕위에 앉을 사람이 다윗 후손에서 영원히 끊어지지 않을 것이다.

18 레위인 제사장들이 내 앞에서 번제를 바치고, 곡식으로 드리는 제사인 소제를 불살라 드리며, 다른 제사를 항상 드리는 일이 끊어지지 않을 것이다."

19 여호와께서 예레미야에게 말씀하셨다.

20 "만일 너희가 낮과 밤에 대한 내 규칙³⁾을 깨뜨려 밤과 낮이 제 시간에 맞춰 오지 못하게 할 수 있다면,

21 내 종 다윗에게 세운 내 언약도 깨뜨려 그에게 그의 자리에 앉아 다스릴 아들을 없게 할 수 있을 것이다. 또한 내가 나를 섬기는 레위인 제사장에게 세운 언약도 파기할 수 있을 것이다.

22 그러나 너희는 하늘의 별을 셀 수 없고, 바다의 모래도 측량할 수 없으니 내가 그와 같이 내 종 다윗의 자손과 나를 섬기는 레위인을 번성하게 할 것이다."

23 여호와께서 예레미야에게 말씀하셨다.

24 "너는 이 백성이 '여호와께서 자기가 선택하신 그들 가운데 두 족속⁴⁾을 버리셨다'라고 말하는 것을 듣지 못했느냐? 그래서 그들은 내 백성을 멸시하여 나라를 세우지 못할 것으로 여겼다."

25 여호와께서 이같이 말씀하셨다. "내가 밤낮과 더불어 맺은 언약이 없다든지, 하늘과 땅의 법칙을 정하지 않았다면

26 야곱과 내 종 다윗의 자손을 버리고 다시는 다윗의 자손 가운데서 아브라함과 이삭과 야곱의 자손을 다스릴 자를 선택하지 않았을 것이다. 그러나 나는 그 포로 된 자를 돌아오게 하고 그들을 불쌍히 여길 것이다."

시드기야와 유다 집에 대한 예레미야의 예언

34 ● 바벨론의 느부갓네살왕과 그의 모든 군대와 그의 통치 아래 있던 지역의 모든 나라와 백성들이 함께 와서 예루살렘과 그 주위의 모든 성읍을 공격할 때 여호와께서 예레미야에게 말씀하셨다.

1) 집 2) 렘 23:5-6 3) 언약 4) 가계

2 이스라엘의 하나님께서 이같이 말씀하셨다. "너는 유다의 시드기야 왕에게 가서 이렇게 말하라. '여호와께서 말씀하셨다. 내가 예루살렘성을 바벨론 왕에게 넘기리니 그가 이 성을 불사를 것이다.

3 너는 도망가지 못하고 그의 손아귀에 들어가고, 바벨론 왕은 직접 너와 대면하여 말할 것이다. 그리고 너는 바벨론으로 잡혀갈 것이다.'"

4 이에 예레미야가 시드기야왕을 찾아가 말했다. "유다의 시드기야왕이여, 여호와의 말씀을 들으십시오. 여호와께서 당신에 대해 이같이 말씀하셨습니다. '너는 잡혀가지만 칼에 죽지 않고

5 평안히 죽을 것이다. 사람들은 너보다 먼저 죽은 선왕들에게 향을 피운 것처럼 죽은 네게도 향을 피우며 너를 위해 슬퍼하며 애통해 할 것이다.'"

6 이렇게 예레미야 선지자는 이 모든 말씀을 예루살렘에서 유다의 시드기야왕에게 아뢰었다.

7 그때 바벨론 왕의 군대가 예루살렘과 유다의 남은 모든 성읍을 쳤는데, 이는 그때까지 유다의 요새화된 견고한 성읍 가운데서 경사지인 세펠라 지역의 라기스와 아세가만 남았기 때문이다.

여호와 앞에 맺은 언약을 어김

8 ● 시드기야왕이 예루살렘에 있는 모든 백성과 하나같이 하나님 앞에서 계약을 맺고 자유를 선포한 후 여호와께서 예레미야 선지자에게 말씀하셨다.

9 그 계약은 각자 자기에게 속한 히브리인 남녀 노비를 풀어 주어 자유롭게 하고, 그의 동족 유다인을 종으로 삼지 못하게 한 것이다.

10 이 계약을 맺은 고관들과 모든 백성은 자기 노비를 자유롭게 하고 다시는 종으로 삼지 말라는 말에 따라 그들을 풀어 주었다.

11 그러나 이후에는 그들의 마음이 바뀌어 풀어 주었던 노비를 끌어다가 굴복시켜 다시 노비로 삼았다.

12 그러자 여호와께서 예레미야 선지자에게 말씀하셨다.

13 "내가 너희 선조를 종 되었던 애굽 땅에서 이끌어낼 때 그들과 언약을 맺으며 말했다.

14 '너희 형제 히브리 사람이 네게 스스로 팔려 왔거든 너희는 7년 되는 해에 그를 자유롭게 놓아 줄 것이다. 그가 6년 동안 너를 섬겼으니 그를 놓아 자유롭게 할 것이다.' 그러나 너희 선조는 내 말에 순종하지 않고 귀담아듣지도 않았다.[1]

15 그러나 너희는 돌이켜 내 눈 앞에서 바른 일을 행하여 각기 이웃에게 자유를 선포했다. 그것은 내 이름으로 불리는 성전 집의 내 앞에서 계약을 맺은 것이다.

16 그런데 너희가 다시 계약을 번복하여 자유롭게 풀어 주었던 노비를 끌어다가 다시 굴복시켜 노비로 삼아 내 이름을 더럽혔다."

17 그러므로 여호와께서 이같이 말씀하셨다. "너희가 내게 순종하지 않고 각기 형제와 동족 이웃에게 자유를 선포한 것을 실행하지 않았기 때문에 내가 너희 형제와 동족에게 자유를 주지 않는 대신 전쟁[2]과 전염병과 기근에게 자유를 주어 너희에게 오게 할 것이다. 내가 너희를 세계 여러 나라 가운데 흩어지게 할 것이다. 또한

1) 레 25:47-55 2) 칼

18 송아지를 둘로 쪼개고 그 두 조각 사이로 계약 당사자가 지나가는 것으로 내 앞에 계약을 맺었다. 그러나 그 말을 실행하지 않았기 때문에 내 계약을 어긴 그들을 이 송아지처럼 둘로 쪼갤 것이다.

19 곧 계약을 맺을 때 두 조각난 송아지 사이로 지나간 유다 고관들과 예루살렘 고관들과 내시들과 제사장들과 이 땅 모든 백성을

20 내가 그들의 원수의 손과 그들의 목숨을 노리는 자의 손에 넘길 것이다. 그러면 그들의 시체가 공중의 새와 땅의 짐승의 먹이가 될 것이다.

21 또 내가 유다의 시드기야왕과 그의 고관들을 그의 목숨을 노리는 원수의 손과 너희에게서 애굽의 진격에 잠시 본국으로 철수한 바벨론 왕의 군대에 넘길 것이다."

22 여호와께서 말씀하셨다. "보라, 내가 바벨론에게 명령하여 예루살렘성으로 다시 오게 할 것이다. 그래서 그들이 예루살렘성을 공격하여 점령하고 불사르게 할 것이다. 내가 유다의 성읍들을 비참할 정도로 황무지로 만들어 사람이 살 수 없는 곳으로 만들 것이다."[1]

예레미야 선지자와 레갑 사람들

35 ● 요시야의 아들 유다 왕 여호야김 때 여호와께서 예레미야에게 말씀하셨다.

2 "너는 레갑 사람들의 집에 가서 그들에게 말하고, 그들을 여호와의 성전 집의 한 방으로 데려다가 포도주를 마시게 하라."

3 이에 내가 하바시냐의 손자이며, 예레미야의 아들인 야아사냐와 그의 형제와 그의 모든 아들은 물론 모든 레갑 사람을 데리고

4 여호와의 성전으로 가서 익다랴의 아들 하나님의 사람 하난의 아들들의 방에 들어가게 했다. 그 방은 고관들의 방 옆에 있고, 문지기 살룸의 아들 마아세야의 방 위에 있었다.

5 내가 레갑 사람들의 후손들 앞에 포도주가 가득찬 작은 그릇과 술잔을 놓고 마시라고 권했다. 그러자

6 그들이 말했다. "우리는 포도주를 마시지 않겠습니다. 레갑의 아들, 우리의 선조인 요나답이 우리에게 이렇게 명령했습니다. '너희와 너희 자손은 영원히 포도주를 마시지 말고,

7 집도 짓지 말며, 씨도 뿌리지 말며, 포도나무도 심지 말고, 평생 장막에서 살아라. 그러면 오랫동안 너희가 사는 땅에서 살 것이다.' 그래서

8 우리는 레갑의 아들, 우리의 선조인 요나답이 명령한 모든 말씀에 순종하여 우리와 우리 아내와 자녀가 평생 포도주를 마시지 않았습니다. 뿐만 아니라

9 살 집도 짓지 않고, 밭과 포도밭도 소유하지 않았으며, 종자도 가지지 않고,

10 장막에 살면서 우리 선조 요나답이 우리에게 명령한 것을 지키며 살고 있습니다.

11 그러나 바벨론의 느부갓네살왕이 이 땅을 침략했을 때 '갈대아, 곧 바벨론인의 군대와 수리아인의 군대를 피해 예루살렘으로 가자'라고 우리가 말한 후 예루살렘에 와서 살고 있습니다."

12 그때 여호와께서 예레미야에게 말씀하셨다.

13 세상 모든 민족의 여호와, 이스라엘의 하나님께서 이같이 말씀하셨다.

1) BC 586년, 왕하 25:8

"너는 가서 유다와 예루살렘 사람들에게 말하라. 여호와의 말씀이 '너희가 내 말을 들으며 교훈을 받지 않겠느냐'라고 하셨다.

14 레갑의 아들 요나답이 그의 자손에게 포도주를 마시지 말라고 한 그 명령은 잘 실천되고 있다. 그들은 그 선조의 명령에 순종하여 오늘까지도 포도주를 마시지 않았는데 너희는 내가 너희에게 끊임없이 말해도 내게 순종하지 않았다.

15 내가 내 모든 선지자를 너희에게 부지런히 보내 '너희는 이제 각자 악한 길에서 돌아서고, 행실을 고치고 다른 신을 섬기려고 좇아다니지 말라. 그러면 너희는 내가 너희와 너희 조상에게 준 땅에서 살 것이다'라고 말해도 귀담아듣지 않고 순종하지도 않았다.

16 레갑의 아들 요나답의 자손은 그의 선조가 명령한 그 명령을 지켜 행하지만 이 백성은 내게 순종하지 않는다."

17 그러므로 세상 모든 민족의 여호와, 이스라엘의 하나님께서 이같이 말씀하셨다. "보라, 내가 유다와 예루살렘의 모든 주민에게 선포한 모든 재앙을 그대로 내릴 것이다.

그들은 내가 말해도 듣지 않았으며, 불러도 응답하지 않았기 때문이다."

18 예레미야가 레갑 사람의 가문에게 말했다. "세상 모든 민족의 여호와, 이스라엘의 하나님께서 이같이 말씀하셨다. '너희는 너희 선조 요나답의 명령에 순종하여 그의 모든 규율을 지키며, 그가 너희에게 명령한 것을 행했다.

19 그러므로 레갑의 아들 요나답의 자손들 가운데서 나를 섬길 사람이 영원히 끊어지지 않을 것이다.'"

바룩이 성전에서 두루마리를 낭독함

36 ● 요시야의 아들 유다 왕 여호야김 통치 4년 여호와께서 예레미야에게 말씀하셨다.

2 "너는 두루마리 책을 가져다가 요시야왕의 즉위 때부터 오늘까지 이스라엘과 유다와 모든 나라에 대해 네게 명령한 말을 그곳에 기록하라.

3 그러면 내가 유다 백성[1]에게 내리려고 한 모든 재앙을 듣고 혹시 각자 악한 길에서 돌이킨다면 내가 그 허물과 죄악을 용서할 것이다.

4 이에 예레미야가 네리야의 아들 바룩을 불러 여호와께서 그에게 이르신 모든 말씀을 불러 주는 대로 두루마리 책에 기록하도록 했다.[2]

5 예레미야가 바룩에게 명령했다. "나는 갇혀 있기 때문에 여호와의 성전에 들어갈 수 없으니

6 너는 성전으로 들어가서 내가 부르는 대로 두루마리에 기록한 여호와의 말씀을 금식일에 여호와의 성전에 있는 백성과 유다의 모든 성읍에서 온 자들에게 낭독하라.

7 여호와께서 이 백성에 대해 선포

1) 가문 2) 렘 45:1상

하신 노여움과 분노가 크기 때문에 혹시 그들이 간구하며 각자 악한 길을 떠날지도 모른다."

8 이에 네리야의 아들 바룩이 여호와의 성전에서 그 책에 기록된 예레미야의 말을 모든 백성에게 낭독했다.

9 요시야의 아들 유다 왕 여호야김 5년 구월인 12월에 예루살렘 모든 백성과 유다 성읍들에서 예루살렘에 올라온 모든 백성에게1) 여호와 앞에서 금식하라는 선포가 내려졌다.

10 이에 네리야의 아들 바룩이 여호와의 성전 위쪽 뜰의 새 문2) 입구 옆에 있는 사반의 아들 그마랴 서기관의 방에서 그 책에 기록된 예레미야의 말을 모든 백성에게 낭독했다.

바룩이 고관 앞에서
두루마리를 낭독함

11 ● 사반의 손자이며, 그마랴의 아들인 미가야가 그 책에 기록된 여호와의 말씀을 다 들은 후

12 왕궁에 있는 서기관의 방에 들어갔다. 그곳에는 엘리사마 서기관, 스마야의 아들 들라야, 악볼의 아들 엘라단, 사반의 아들 그마랴, 하나냐의 아들 시드기야, 모든 고관이 앉아 있었다.

13 미가야는 바룩이 백성에게 책을 낭독할 때 들은 모든 말을 그들에게 전했다.

14 이에 모든 고관이 구시의 증손, 셀레먀의 손자, 느다냐의 아들 여후디를 바룩에게 보내 말했다. "너는 백성에게 낭독한 두루마리 책을 가지고 오라." 이에 바룩이 두루마리 책을 가지고 그들에게로 오자

15 그들이 바룩에게 말했다. "앉아서

그것을 우리에게 낭독하라." 바룩이 낭독하자

16 그들이 그 모든 말씀을 듣고 놀라 서로 쳐다보며 바룩에게 말했다. "우리가 이 모든 말씀을 왕에게 알리자."

17 그들이 바룩에게 물었다. "너는 그가 불러 주는 이 모든 말을 어떻게 기록했는지 우리에게 말해주라."

예루살렘성 함락과 시드기야의 최후

18 ● 바룩이 대답했다. "나는 예레미야가 내게 불러 주는 대로 먹으로 책에 기록했습니다."

19 이에 고관들이 바룩에게 말했다. "너는 가서 예레미야와 함께 숨고, 너희가 있는 곳을 알리지 말라."

여호야김왕이 두루마리를 불태움

20 ● 고관들이 두루마리 책을 엘리사마 서기관의 방에 두고 왕궁 뜰로 들어가 왕 앞에 나아가서 바룩이 낭독한 모든 말을 보고했다.

21 그러자 왕이 여후디를 보내 두루마리 책을 가져오게 했다. 이에 여후디가 엘리사마 서기관의 방에서 책을 가져다가 왕과 왕의 곁에 선 모든 고관에게 낭독했는데

22 그때는 아홉째 달인 12월이었다. 왕은 겨울 궁전에 앉았고, 그 앞에는 불을 피운 화로가 있었다.

23 여후디가 서너 쪽을 낭독하면 왕이 칼로 그 서너 쪽을 한번에 베어 화롯불에 던져 두루마리 책을 모두 불태웠다.

24 여호야김왕과 그의 신하들은 이 모든 말을 듣고도 두려워하거나 슬픔의 표시로 자기들의 옷을 찢지 않았다.

25 엘라단과 들라야와 그마랴가 왕께 두루마리 책을 불사르지 말도록

1) 백성이 2) New Gate

간청했지만 왕은 듣지 않았다.

26 여호야김왕이 왕의 아들 여라므엘, 아스리엘의 아들 스라야, 압디엘의 아들 셀레먀에게 명령하여 바룩 서기관과 예레미야 선지자를 체포하도록 했으나 여호와께서 그들을 숨기셨다.

예레미야가 말씀을 다시 기록함

27 ● 여호야김왕이 바룩이 예레미야의 입을 통해 기록한 두루마리 책을 불사른 후 여호와께서 예레미야에게 말씀하셨다.

28 "너는 다시 다른 두루마리를 구해다가 유다의 여호야김왕이 불사른 처음 쓴 두루마리 책의 모든 말을 기록하라.

29 또 유다의 여호야김왕에게 이같이 전하라. 여호와의 말씀에 네가 이 두루마리 책을 불사르며 말하기를 '네가 어찌하여 바벨론 왕이 틀림없이 올라와 이 땅을 멸하고 사람과 짐승을 이 땅에서 없어지게 할 것이다'라고 하는 말을 이 두루마리 책에 기록했느냐?'

30 그러므로 여호와께서 유다 왕 여호야김에 대해 이같이 말씀하셨다. "그의 자손들 가운데 다윗의 왕위에 앉을 자가 없게 되고, 그의 시체는 버려져 낮에는 더위에, 밤에는 추위에 나뒹굴 것이다.

31 또 내가 일찍이 그들과 예루살렘 주민과 유다 사람에게 그 모든 재앙을 내리겠다고 경고했으나 그들은 듣지 않았다. 그러므로 내가 그와 그의 자손과 신하들이 저지른 죄악에 대해 벌할 것이다."

32 이에 예레미야가 다른 두루마리 책을 가져다가 네리야의 아들 바룩 서기관에게 주었다. 그는 예레미야가 불러주는 대로 유다의 여호야김 왕이 불사른 책의 모든 말을 다 기록하고, 그 외에도 그와 비슷한 말도 추가로 많이 기록했다.

느부갓네살이 시드기야를 왕으로 세움

37 ● 바벨론 왕 느부갓네살이 또 여호야긴의 삼촌, 곧 요시야의 아들인 시드기야[1]를 여호야긴[2] 대신에 유다와 예루살렘 왕으로 삼았다.[3]

2 시드기야왕과 그의 신하와 그 땅 백성들은 여호와께서 예레미야 선지자에게 하신 말씀을 듣지 않았다.

예레미야의 바벨론 재침략에 대한 예언과 요나단 집에 갇힘

3 ● 시드기야왕이 셀레먀의 아들 여후갈과 마아세야의 아들 스바냐 제사장을 예레미야 선지자에게 보내 부탁했다. "너는 우리를 위해 우리 하나님께 기도하라."

4 이때는 아직 예레미야가 갇히지 않았기 때문에 백성 가운데 자유롭게 활동하고 있었다.

5 애굽에서 바로의 군대가 이스라엘로 진군해 오자 예루살렘을 포위했던 갈대아, 곧 바벨론 사람들이 그 소문을 듣고 예루살렘에서 철수했다.

6 이때 여호와께서 예레미야 선지자에게 말씀하셨다.

7 "너희를 내게 보내 물어보게 한 유다 왕 시드기야에게 전하라. 너희를 돕기 위해 올라온 바로의 군대는 자기 땅 애굽으로 다시 돌아가고,

8 바벨론 군대가 다시 와서 이 예루살렘성을 함락시키고 불사를 것이다.

---

1) 왕하 24:17, 맛다니야 2) 고니야 3) 대하 36:10하

9 그러므로 너희는 자신을 속여 말하기를 '바뻴론 군대는 반드시 우리를 떠날 것이다'라고 하지 말라. 그들은 완전히 철수하지 않을 것이다.

10 가령 너희가 바뻴론 군대의 공격을 물리치고 그중에 부상자만 남긴다고 해도 다시 그들이 자기의 장막에서 일어나 이 성을 불사를 것이다."

11 바뻴론의 군대가 바로 군대의 진군 소식을 듣고 두려워하여 예루살렘에서 철수했을 때

12 예레미야는 베냐민 땅에 속한 아나돗의 백성 가운데 상속을 받기 위해 예루살렘을 떠나 북쪽으로 5㎞ 떨어진 아나돗으로 가려고

13 예루살렘 베냐민 문, 곧 양 문에 이르렀다. 그때 하나냐의 손자, 셀레먀의 아들인 문지기의 우두머리 이리야가 예레미야 선지자를 붙잡고 말했다. "네가 바뻴론인에게 항복하기 위해 이 문으로 나가려고 한다."

14 예레미야가 대답했다. "그것은 사실이 아니다. 나는 바뻴론인에게 항복하려는 것이 아니다." 그러나 이리야는 그 말을 믿지 못하고 그를 잡아 고관들에게 끌고 갔다.

15 이에 지도자들이 예레미야를 때린 후 요나단 서기관의 집에 가두었다. 당시 그들은 요나단 집을 감옥으로 사용했기 때문이다.

16 예레미야가 웅덩이로 된 감옥에 들어간 지 여러 날 만에

17 시드기야왕이 사람을 보내 예레미야를 왕궁으로 데려와서 그에게 은밀히 물었다. "여호와께서 무슨 말씀을 하신 것이 있느냐?" 예레미야가 대답했다. "있습니다. 왕이 바뻴론 왕의 손에 넘겨질 것입니다."

18 예레미야가 계속해서 시드기야왕에게 말했다. "내가 왕과 왕의 신하와 이 백성에게 무슨 죄를 범했기에 나를 감옥에 가두었습니까?

19 이전에 '바뻴론 왕이 와서 왕과 이 땅을 치지 않을 것이다'라고 예언한 왕의 선지자들은 지금 어디에 있습니까?

20 내 주 왕이여, 이제 부탁합니다. 내 말과 간구를 들으시고 나를 요나단 서기관의 집으로 돌려보내지 마십시오. 내가 그곳 웅덩이 감옥에서 죽을까 두렵습니다."

21 이에 시드기야왕이 명령하여 예레미야를 왕궁 근위대 감옥 뜰에 두고 빵 만드는 자의 거리에서 매일 빵 1개씩 그에게 주도록 했다. 예레미야는 성 안에 빵이 떨어질 때까지 근위대 감옥 뜰에 머물렀다.

예레미야가 다시 구덩이에 갇힘

38 ● 맛단의 아들 스바댜, 바스훌의 아들 그다랴, 셀레먀의 아들 유갈, 말기야의 아들 바스훌이 예레미야가 모든 백성에게 전하는 말을 들었다. 그가 이렇게 말했다.

2 "여호와께서 이같이 말씀하셨다. '이 예루살렘성에 머무는 자는 전쟁과 굶주림과 전염병으로 죽을 것이다. 그러나 갈대아, 곧 바뻴론 사람에게 항복하는 자는 노략물을 얻는 것처럼 목숨을 건질 것이다.

3 예루살렘성은 반드시 바뻴론 왕의 군대에게 넘어가리니 그가 점령할 것이다.'"

4 그 말을 들은 그 고관들이 시드기야왕에게 말했다. "이 사람이 백성의

1) 칼

평안을 구하지 않고 재앙을 구하니 부디 이 사람을 죽이십시오. 그가 이처럼 이 성에 남은 군사와 모든 백성의 사기를 떨어뜨리는 말만 합니다."

5 시드기야왕이 말했다. "보라, 그가 너희 손에 있으니 나는 너희가 원하는 대로 할 것이다."

6 그러자 그들이 예레미야를 붙잡아 왕궁 시위대의 감옥 뜰에 있는 왕의 아들 말기야 집의 물 웅덩이에 밧줄로 달아내렸다. 그 물 웅덩이에는 물이 없고 진흙만 있었기 때문에 예레미야는 진흙탕 속에 있었다.

7 왕궁 내시 에티오피아인, 곧 구스인 에벳멜렉이 예레미야가 웅덩이에 던져졌다는 소리를 들었다. 그때 왕이 베냐민 문에 앉아 있었는데,

8 에벳멜렉이 왕궁에서 나와 왕께 아뢰었다.

9 "내 주 왕이여, 그들이 예레미야 선지자에게 행한 모든 행위는 악한 것입니다. 성 안에 빵이 떨어졌고, 그들이 그를 구덩이에 던져 넣었으니 그가 그곳에서 굶어 죽을 것입니다."

10 왕이 에티오피아 사람 에벳멜렉에게 명령했다. "너는 여기서 30명을 데려가서 예레미야 선지자가 죽기 전에 그를 웅덩이에서 끌어내라."

11 이에 에벳멜렉이 사람들을 데리고 왕궁 창고 아래층 방으로 들어가서 그곳에서 헝겊과 낡은 옷을 가져다가 그것으로 밧줄을 만들어 웅덩이에 있는 예레미야에게 밧줄로 내리며

12 말했다. "당신은 이 헝겊과 낡은 옷을 당신의 겨드랑이에 대고 줄에 매달리시오." 예레미야가 그대로 하자

13 그들이 줄로 예레미야를 웅덩이에서 끌어올렸다. 그리고 예레미야는 왕궁 시위대 뜰에 계속 머물렀다.

시드기야왕이 예레미야에게 묻다

14 ● 시드기야왕이 사람을 보내 예레미야 선지자를 여호와의 성전 셋째 문으로 데려오게 한 후 그에게 말했다. "내가 네게 한 가지 일을 물을 것이니 너는 숨김없이 말하라."

15 예레미야가 시드기야왕에게 대답했다. "내가 주께서 말씀하신 일을 왕에게 알게 해도 왕은 나를 죽일 것입니다. 설사 내가 왕에게 충고해도 왕께서는 듣지 않을 것입니다."

16 그러자 시드기야왕이 은밀히 예레미야에게 맹세하여 말했다. "우리에게 이 생명을 지으신 여호와께서 살아계시는 한 맹세하니 내가 결코 너를 죽이지 않고, 너를 죽이려는 자들에게 넘기지도 않을 것이다."

17 그러자 예레미야가 시드기야왕에게 말했다. "만군의 하나님이시며, 이스라엘의 하나님께서 이같이 말씀하셨습니다. 만일 네가 바벨론 왕의 고관들에게 항복하면 너와 네 가족이 살고, 이 예루살렘성이 불사름을 당하지 않을 것이다.

18 그러나 그들에게 항복하지 않으면 이 성은 갈대아, 곧 바벨론 사람의 손아귀에 들어가고, 그들은 이 성을 불사르며, 너는 그들의 손에서 벗어나지 못할 것이다'라고 하셨습니다."

19 시드기야왕이 예레미야에게 말했다. "나는 바벨론 사람들에게 항복한 유다인을 두려워한다. 바벨론 사람들이 나를 그들에게 넘기면 그들이 나를 조롱할까 염려된다."

20 예레미야가 다시 말했다. "바벨론 사람들은 왕을 바벨론에게 항복한 유다인에게 넘기지 않을 것입니다. 내가 왕에게 전한 대로 여호와의 말씀에 따라 항복하십시오. 그러면 왕 자신에게 좋고 목숨을 건지실 것입니다.

21 그러나 항복을 거절하면 여호와께서 나에게 말씀하신 대로 될 것입니다.

22 '보라, 유다 왕궁에 남아 있는 모든 궁녀[1]가 바벨론 왕의 지도자들에게 끌려 가면서 이렇게 탄식할 것이다. 왕의 친구들이 너를 속이고 네 발이 진흙에 빠진 것을 보고 너를 버리고 도망갔도다.

23 네 아내들과 자녀는 바벨론 사람에게로 끌려가고, 너[2]는 도망하지 못하고 바벨론 왕의 손에 잡힐 것이다. 또 너 때문에 이 성읍이 불사름을 당하게 될 것이다'라고 하셨습니다."

24 시드기야가 예레미야에게 말했다. "너는 이 말을 아무에게도 발설하지 말라. 그래야 네가 죽지 않을 것이다.

25 만일 지도자들이 내가 너와 말했다는 소리를 듣고 네게 찾아와 '네가 왕에게 어떤 말을 했는지, 왕이 네게 무슨 말을 했는지 우리에게 숨기지 말고 말하라. 그러면 우리가 너를 죽이지 않을 것이다'라고 하면 너는

26 그들에게 '내가 왕 앞에 말한 것은 나를 요나단의 집으로 돌려보내 그곳에서 죽지 않게 하십시오'라고 부탁했다고 말하라."

27 모든 지도자가 예레미야에게 와서 왕과 어떤 이야기를 나누었는지를 묻자 예레미야는 왕이 명령한 대로 대답해 왕과 나눈 이야기가 탄로나지 않았고, 그들은 더 이상 예레미야에게 묻지 않았다.

28 예레미야는 예루살렘이 함락되는 날까지 왕궁 시위대 감옥 뜰에 머물렀다.

예루살렘 함락[3]

39 ● 유다의 시드기야왕 통치 9년 열째 달인 1월 10일에 바벨론 왕 느부갓네살이 그의 모든 군대를 거느리고 예루살렘성을 치러 올라와서 그 성을 향해 진을 치고 주위에 토담을 쌓았다.

2 시드기야왕 11년 넷째 달인 7월 9일, BC 586년에 예루살렘성이 함락되었다.

3 이에 바벨론 왕의 지도자인 네르갈사레셀 궁중 장관과 삼갈네부와 환관장[4] 살스김이 나타나 예루살렘 중문에 앉아 있었다. 그곳에는 다른 지도자들도 있었다.

4 바벨론 사람들이 예루살렘성을 함락시킨 후 그 성읍을 포위했기 때문에 유다의 시드기야왕과 군사가 그들을 보고 밤중에 두 성벽 사이 왕의 동산 옆문 길을 따라 도망하여 샛문을 통해 도성을 빠져나가 아라바 길로 갔다.

5 그러자 바벨론 군대가 그들을 쫓아가 여리고 평지에서 시드기야 일행을 잡았고, 시드기야왕을 호위한 모든 병사가 왕에게서 흩어졌다. 그리고 느부사라단 사령관은 시드기야왕을 북쪽으로 약 400km 떨어진 립나에 있는 바벨론의 느부갓네살왕에게 끌고 갔다. 그러자 그가 시드기야왕을 심문했다.

6 그런 다음 립나에 있는 바벨론 왕은

1) 여자 2) 왕 3) 왕하 25:1-12, 렘 52:4-16, 26-27 4) 내시장

시드기야왕이 보는 앞에서 그 아들들과 유다의 모든 고관을 죽였다.

7 그리고 립나에서 시드기야의 두 눈을 뽑게 하고 바벨론으로 끌고 가기 위해 놋사슬로 결박했다.

8 한편 예루살렘성을 함락시킨 바벨론 군대, 곧 갈대아인은 여호와의 성전과 왕궁을 불사르고 예루살렘성 안에 있는 고관들과 백성들의 집까지 모두 불살랐으며, 그들이 갖고 있던 모든 귀한 그릇을 부수고, 예루살렘 성벽을 헐었다.

9 바벨론 왕의 사령관 느부사라단은 예루살렘성에 남아 있는 백성과 바벨론 왕에게 항복한 자들과 무리 가운데 남은 자를 모두 바벨론으로 잡아가고,

10 유다 땅에는 아무 소유가 없는 비천한 자들만을 남겨두고 그들에게 포도밭과 밭을 주었다.

11 유다 백성이 바벨론의 포로로 잡혀갈 때 바벨론의 느부갓네살왕이 느부사라단 사령관에게 예레미야의 처리에 대해 명령했다.

12 "그를 데려다가 잘 대해 주고 해치지 말며, 그가 네게 요구하는 것은 다 들어주라."

13 이에 사령관 느부사라단과 내시를 관리하는 내시장 느부사스반과 궁중 장관 네르갈사레셀과 바벨론 왕의 모든 장관이

14 예레미야에게 사람을 보내 그를 감옥 뜰에서 데리고 나와 사반의 손자, 아히감의 아들 그다랴에게 맡겨 그를 아나돗에 있는 자기 집으로 돌아가도록 했다. 그리하여 예레미야는 남은 백성들과 함께 살았다.

15 예레미야가 왕궁 근위대의 감옥 뜰에 갇혔을 때 여호와께서 그에게 말씀하셨다.

16 "너는 가서 에피오피아인, 곧 구스인 에벳멜렉에게 전하라. '만군의 여호와, 이스라엘의 하나님의 말씀이다. 내가 이 성에 재앙을 내리고 복을 내리지 않을 것이라고 한 내 말이 그날 네 눈 앞에서 이루어질 것이다.

17 내가 그날 너를 네가 두려워하는 사람들에게 넘겨지지 않게 할 것이다.

18 내가 반드시 너를 구원하리니 네가 칼에 죽지 않을 것이다. 그러나 네 목숨은 노략물처럼 얻을 것이다. 이렇게 너를 살린 것은 네가 나를 믿었기 때문이다.'"

느부갓네살이 예레미야를 석방시킴

40 그후 바벨론 사령관 느부사라단이 예루살렘과 유다의 포로를 바벨론으로 끌고 가던 중에 예레미야도 잡혀 사슬에 결박되어 끌려가다가 예루살렘 북쪽 12㎞ 지점의 라마에서 풀려난 후 여호와께서 예레미야에게 말씀하셨다.

2 그때 느부사라단 사령관이 예레미야를 불러다가 말했다. "네 하나님께서 이 땅에 재앙을 선포하셨는데

3 이제 그가 말씀하신 대로 행하셨다. 이렇게 된 것은 너희가 여호와께 범죄하고, 그의 말씀에 순종하지 않았기 때문이다.

4 보라, 내가 오늘 네 사슬을 풀어 너를 자유롭게 할 것이니 네가 나와 함께 바벨론으로 가고자 한다면 함께 가자. 내가 너를 잘 보살필 것이다. 만일 그것이 싫다면 가지 않아도 좋다. 보라, 이 땅 어디든지 네 마음에 드는 곳으로 가라."

5 예레미야가 아직 돌아가기 전에 느부사라단이 다시 말했다. "너는

바벨론 왕이 유다 성읍들의 통치자로 세운 사반의 손자, 아히감의 아들 그다랴에게로 가서 그와 함께 백성 가운데 살아라. 그것이 싫으면 네가 원하는 곳에 가서 살아라." 그리고 나서 느부사라단이 그에게 양식과 선물을 주어 보냈다.

6 예레미야가 라마에서 남동쪽으로 8km 정도 떨어진 미스바에 있는 유다 지역 총독으로 임명받은 그다랴에게로 가서 그 땅에 남아 있는 백성들과 함께 살았다.

최초의 유다 총독 그다랴가 살해 당함[1)

7 ● 들에 있는 모든 군대 지휘관과 그를 따르는 부하가 바벨론 왕이 아히감의 아들 그다랴를 총독으로 임명하여 유다 땅을 맡기고 남녀와 유아, 곧 바벨론으로 잡혀가지 않은 빈민을 관리하도록 위임했다는 소식을 들었다.

8 이에 느다냐[2)의 아들 이스마엘, 가레아의 두 아들 요하난과 요나단, 단후멧의 아들 스라야, 느도바 출신 에베의 아들들, 마아가 출신의 여사냐[3)와 그들을 따르는 사람이 모두 미스바로 가서 그다랴에게 나아갔다.

9 사반의 손자, 아히감의 아들 그다랴가 그들과 그들을 따르는 군사들에게 맹세하여 말했다. "너희는 갈대아, 곧 바벨론 사람 섬기는 것을 두려워하지 말고, 이 땅에 살면서 바벨론 왕을 섬기라. 그러면 너희가 유익[4)할 것이다.

10 나는 미스바에 살면서 우리에게로 오는 바벨론 사람을 섬길 것이다. 너희는 포도주와 여름 과일과 기름을 모아 그릇에 저장하고 너희가 얻은 성읍들에서 살라."

11 모압과 암몬 자손과 에돔과 모든 지방에 남아 있는 유다 사람들도 바벨론 왕이 유다에 사람을 남겨 둔 것과 사반의 손자, 아히감의 아들 그다랴를 그들을 위해 총독으로 세웠다는 소식을 들었다. 그래서

12 쫓겨났던 백성들이 각처에서 돌아와 유다 땅 미스바에 사는 그다랴를 찾아갔다. 그리고 그들은 포도주와 여름 과일을 아주 많이 모았다.

13 가레아의 아들 요하난과 들에 있던 모든 군지휘관이 미스바에 사는 그다랴 총독을 찾아와

14 그에게 물었다. "암몬 자손의 왕 바알리스가 당신을 암살하기 위해 느다냐의 아들 이스마엘을 보낸 줄을 알지 못하십니까?" 그러나 아히감의 아들 그다랴 총독은 그 말을 믿지 않았다.

15 그러자 요하난이 미스바에서 그다랴에게 은밀히 말했다. "내가 가서 은밀히 이스마엘을 죽이도록 허락하십시오. 왜 그가 당신을 죽이도록 방치하여 당신에게 모인 모든

성경인물　그다랴(렘 40:5,9)

그다랴(Gedaliah)는 사반의 손자요 아히감의 아들이다. 그는 바벨론의 느부갓네살 2세에 의해 멸망 당한 유다 지역을 다스리는 총독으로 임명되었다. 그는 예레미야 선지자와 함께 바벨론과의 전쟁 이후 남은 왕족의 공주와 남아 있는 자들을 돌보는 임무를 맡았다(렘 41:16). 왕하 25:22에는 그달랴로 나온다. 그는 미스바에서 예레미야와 원수들을 피해 온 많은 관리들과 백성들과 함께 합류했으나(렘 40:6) 암몬의 바알리스왕은 그를 대항하기 위해 피난처의 관리들을 자극하여 그달리야를 암살하도록 음모를 꾸몄다(왕하 25:25). 결국 그달리야는 이스마엘과 그와 함께한 10명에 의해 미스바에서 살해되었다(렘 41:1-3).

---

1) 왕하 25:23-26　　2) 왕하 25:23, 느다니야　　3) 왕하 25:23, 야아사니야　　4) 왕하 25:24, 평안

유다 사람을 다시 흩어지게 하고, 유다의 남은 자들이 멸망을 당하게 하십니까?"

16 그러자 그다랴[1] 총독이 요하난에게 말했다. "너는 이스마엘을 죽이지 말라. 네가 이스마엘의 암살 음모에 대해 한 말은 사실이 아니다."

41

일곱째 달인 10월에 왕족 엘리사마의 손자, 느다냐의 아들로서 왕의 장관인 이스마엘이 부하 10명을 거느리고 미스바로 왔다. 그가 그다랴 총독에게 와서 미스바에서 함께 빵을 먹다가

2 이스마엘과 그와 함께 있던 10명의 부하가 일어나 바벨론 왕이 그 땅의 통치를 맡겼던 그다랴를 칼로 찔러 죽였다.

3 이스마엘이 또 미스바에서 그다랴와 함께 있던 모든 유다 사람과 갈대아, 곧 바벨론 군사들도 죽였다.

4 이스마엘이 그다랴를 죽인 다음 날이 되었음에도 그 살해한 일을 아는 사람이 없었다.

5 그때 80명이 자기들의 수염을 깎고, 옷을 찢고, 몸에 상처를 내고, 손에 소제물과 유향을 제단에 바치기 위해 세겜과 실로와 사마리아에서 와서 여호와의 성전으로 들어가려고 했다.

6 그때 느다냐의 아들 이스마엘이 그들을 영접하기 위해 미스바에서 나와 우는 척하면서 가다가 그들을 만나 "그다랴 총독에게로 가자"라고 속임수로 말했다.

7 그들이 예루살렘 성읍 중앙에 이를 때 이스마엘이 자기와 함께 있던 부하들과 함께 그들을 죽이는 대로 웅덩이에 던져 넣었다.

8 그중 10명이 이스마엘에게 말했다. "우리가 밀과 보리와 기름과

꿀을 밭에 감추었으니 우리를 죽이지 말라." 그러자 그가 죽이기를 그치고 그들을 그들의 동료 형제 가운데서 죽이지 않았다.

9 이스마엘이 그다랴에게 속한 사람들을 죽이고 그 시체들을 웅덩이에 던져 넣었다. 그 웅덩이는 전에 유다의 아사왕이 북이스라엘의 바아사왕을 두려워하여 팠던 것이었다.

10 바벨론의 사령관 느부사라단이 그다랴에게 유다 지역의 통치를 맡겼던 미스바에 남아 있는 왕의 딸들과 모든 백성을 이스마엘이 사로잡은 후 요단강 동쪽의 암몬 자손에게 가기 위해 떠났다.

11 가레아의 아들 요하난과 그와 함께 있는 모든 군 지휘관이 느다냐의 아들 이스마엘이 행한 모든 악행을 듣고

12 자기에게 속한 자들을 데리고 이스마엘과 싸우러 가는 도중 예루살렘 북서쪽 8km 지점의 기브온 큰 물가에서 그를 만났다.

13 이스마엘과 함께 있던 모든 백성이 요하난과 그와 함께 있던 모든 군 지휘관을 보고 기뻐했다.

14 이에 미스바에서 이스마엘에게 사로잡혔던 자들이 요하난에게로 돌아가자

15 이스마엘이 8명과 함께 요하난을 피해 암몬 자손에게로 갔다.

16 요하난과 그와 함께 있던 모든 군 지휘관이 이스마엘이 그다랴를 죽이고 미스바에서 잡아간 군사와 여자와 유아와 내시를 기브온에서 빼앗아 가지고 돌아왔다. 그리고

17 애굽으로 가기 위해 그곳을 떠나 베들레헴 근처에 있는 게롯 김함에

1) 그달리야

머물렀다.

18 이는 이스마엘이 바벨론 왕이 유다 땅의 통치를 맡겼던 아히감의 아들 그다랴를 살해한 것 때문에 갈대아, 곧 바벨론 사람이 응징하지 않을까 두려웠기 때문이다.

백성이 예레미야에게 기도를 부탁

42 1 ● 상황이 이렇게 되자 모든 군대의 지휘관과 가레아의 아들 요하난과 호사야의 아들 아사라)와 백성의 낮은 자로부터 높은 자까지 모두

2 예레미야 선지자에게 나아가 부탁했다. "당신은 우리의 간구를 듣고 이곳에 남아 있는 모든 자를 위해 당신의 하나님께 기도해 주십시오. 당신이 보는 것처럼 많은 사람 가운데 이렇게 적은 수의 우리만 남았습니다. 그러니

3 당신의 하나님께서 우리가 어떻게 해야 할지를 보여주시기를 바랍니다."

4 예레미야가 그들에게 말했다. "내가 너희 말을 들었으니 너희 말대로 너희 하나님께 기도하고, 하나님께서 너희에게 응답하시는 것을 그대로 너희에게 말할 것이다."

5 그들이 예레미야에게 말했다. "우리는 당신의 하나님께서 당신을 통해 우리에게 이르는 모든 말씀대로 행할 것입니다. 여호와께서는 우리 가운데 신실하신 증인이 되십니다.

6 그러므로 우리가 당신을 우리 하나님께 보내는 것은 그분의 응답이 우리에게 좋은 것이든 그렇지 않은 것이든 간에 순종하기 위함입니다. 우리가 우리 하나님의 말씀에 순종하면 우리에게 복이 있을 것입니다."

여호와의 말씀

7 ● 10일 후 여호와께서 예레미야에게 말씀하셨다.

8 이에 예레미야가 자기를 찾아온 모든 자를 부른 후

9 그들에게 말했다. "너희가 나를 보내 너희의 간구를 이스라엘의 하나님께 전하도록 하지 않았느냐? 여호와께서 이렇게 말씀하셨다.

10 '너희가 이 땅에 그대로 머물며 산다면 내가 너희를 허물지 않고 세우고, 너희를 뽑지 않고 심을 것이다. 이는 내가 너희에게 내린 재앙에 대해 뜻을 돌이켰기 때문이다.

11 그러므로 너희는 내가 너희와 함께 있어 너희를 구원하며 그의 손에서 너희를 건지리니 바벨론 왕을 두려워하지 말라.

12 내가 너희를 불쌍히 여기리니 바벨론 왕도 너희를 불쌍히 여겨 너희 고향으로 돌려 보내게 할 것이다.'

13 그러나 너희가 너희 하나님의 말씀에 순종하지 않고 '우리는 이 땅에 살지 않을 것이다.

14 우리는 전쟁이 일어나지 않고, 전쟁 나팔 소리도 들리지 않으며, 양식이 없어 굶주림도 당하지 않는 애굽 땅으로 들어가 살 것이다'라고 하면 잘못될 것이다.

15 너희 유다의 남은 자들은 이제 여호와의 말씀을 들으라. 만군의 여호와, 이스라엘의 하나님께서 이같이 말씀하셨다. 만일 너희가 애굽에 들어가서 그곳에서 살기로 고집하면

16 너희가 두려워하는 전쟁2)이 애굽 땅으로 쫓아가서 너희가 전쟁을 겪을 것이다. 또 너희가 무서워하는 기근이 애굽에서 너희에게 속히

1) 왕하 25:23, 야아사니야　2) 칼

임하리니 그곳에서 너희가 죽을
것이다.

17 무릇 애굽에 들어가 살기로 고집
하는 모든 사람은 이와 같이 전쟁
과 굶주림과 전염병으로 죽을 것
이다. 그들 가운데는 내가 내리는
재앙을 벗어나서 살아남을 자가
없을 것이다'라고 하셨다.

18 하나님께서 이같이 말씀하셨다. '내
노여움과 분노를 예루살렘 주민에
게 부은 것처럼 너희가 애굽에 이를
때 내 분노를 너희에게 쏟을 것이
다. 너희는 원망¹⁾과 놀림과 저주와
조롱거리가 될 것이다. 너희가 다시
는 이 땅을 볼 수 없을 것이다.'

19 유다에 남은 자들아, 여호와께서
너희에게 애굽으로 가지 말라고
말씀하셨다. 나도 오늘 너희에게
같은 경고를 한 것을 너희는 분명
히 알라.

20 너희가 나를 너희 하나님께 보내
며 '우리를 위해 우리 하나님께 기
도하고 우리 하나님께서 말씀하신
대로 우리에게 전하라. 우리가 그
대로 행할 것이다'라고 부탁했다.

21 그래서 하나님께서 나를 보내 너
희에게 명하신 말씀을 내가 오늘
너희에게 전했다. 그럼에도 너희
는 말만 그렇게 하고 마음을 속여
내가 전한 하나님의 말씀대로 하
지 않았다. 너희가 너희 하나님의
말씀을 도무지 순종하지 않으니

22 너희가 가서 머물려고 하는 애굽
에서 전쟁과 굶주림과 전염병으로
반드시 죽을 것임을 알라.'"

강제로 애굽에 내려간
예레미야와 그의 예언

43 ● 예레미야가 자기에게 찾아
온 모든 백성에게 그들의 하
나님께서 자기를 보내사 그들에게

이르신 이 모든 말씀을 전하자

2 호사야의 아들 아사랴²⁾와 가레아
의 아들 요하난과 모든 거만한 자
가 예레미야에게 말했다. "당신은
거짓말을 하고 있다. 애굽으로 내
려가지 말라고 한 당신의 말은 하
나님께서 하신 말씀이 아니다.

3 그것은 네리야의 아들 바룩이 너
를 부추겨서 우리를 갈대아, 곧 바
벨론 사람에게 넘겨 죽이고, 또 바
벨론으로 붙잡혀 가게 하려는 것
이다."

4 이에 요하난과 모든 군 지휘관과
모든 백성이 "유다 땅에 살라"는
여호와의 목소리에 순종하지 않았
다. 그래서

5 그들은 유다의 남은 자, 쫓겨났던
여러 나라 가운데서 유다 땅에서
살기 위해 돌아온

6 남녀와 유아와 왕의 딸들, 사령관
느부사라단이 그다랴 총독에게 맡
겨 둔 모든 사람, 예레미야 선지자
와 네리야의 아들 바룩 등을 거느
리고

7 애굽 땅에 들어가 다바네스에 도착
했다. 이렇게 그들은 여호와의 목소
리를 순종하지 않고 애굽으로 갔다.

8 애굽의 다바네스에서 여호와께서
예레미야에게 말씀하셨다.

9 "너는 유다 사람이 보는 앞에서 네
손으로 큰 돌 여러 개를 가져다가
다바네스에 있는 바로의 궁전 입
구에 있는 벽돌로 쌓은 축대에 진
흙으로 덮어 숨겨라.

10 그리고 너는 그들에게 내 말을 전하
라. 이스라엘의 하나님께서 이렇게
말씀하셨다. '보라, 내가 내 종 바벨
론의 느부갓네살왕을 불러오리니
그가 자신의 왕좌를 내가 네게 감추

1) 가증함   2) 렘 42:1, 여사냐

게 한 이 돌들 위에 놓고, 그 위에 화려한 큰 차양¹을 칠 것이다.

11 그가 와서 애굽 땅을 침략해서 공격할 때 죽일 자는 죽이고, 포로가 될 자는 사로잡고, 죽을 자는 칼에 죽을 것이다.

12 내가 애굽 신들이 있는 신전들에 불을 지르리니 느부갓네살이 그것들을 불사르고, 그들을 사로잡을 것이다. 또 목자가 자기 몸에 옷을 쉽게 묶는 것처럼 애굽 땅을 묶으며, 별다른 저항 없이 평안히 애굽을 떠날 것이다.

13 더 나아가 애굽 땅 벤세메스, 곧 헬리오폴리스의 석상들을 깨뜨리고, 애굽 신들이 있는 신전들을 불사를 것이다."

애굽에 있는 유다인에게 하신 말씀

44 ●예레미야에게 애굽 땅의 믹돌과 다바네스와 놉과 바드로스 지방에 사는 유다인들에 대한 말씀이 임했다.

2 "만군의 여호와, 이스라엘의 하나님께서 이같이 말씀하셨다. 너희는 예루살렘과 유다 모든 성읍에 내린 내 모든 재앙을 보았다. 보라, 그 성읍들은 오늘 아무도 살지 않는 황무지가 되었다.

3 그렇게 된 것은 그들이 지금 애굽에 있는 자신들과 자신들의 조상들도 알지 못하는 다른 신들을 섬기며 분향하는 악행으로 내 분노를 일으켰기 때문이다.

4 나는 내 종 선지자들을 너희에게 계속해서 보내며 '너희는 내가 미워하는 이 혐오스러운 우상 숭배의 일을 행하지 말라'고 말했다.

5 그러나 그들은 내 말을 귀담아듣지 않고 다른 신들에게 여전히 분향하며 그들의 악에서 떠나지 않

았다. 그래서

6 내 분노와 노여움을 쏟아서 유다 성읍들과 예루살렘 거리를 불살랐더니 그것들이 오늘처럼 폐허와 황무지가 되었다."

7 만군의 하나님, 이스라엘의 하나님께서 이같이 말씀하셨다. "너희가 어찌하여 이 큰 악을 행하여 자신을 해치고, 유다 가운데서 너희의 남녀와 아이와 젖 먹는 자를 진멸하여 남은 자가 아무도 없게 하려고 하느냐?

8 너희는 어찌하여 너희 손이 만든 우상으로 내 노여움을 일으키고, 너희가 가서 머물러 사는 애굽 땅에서 다른 신들에게 분향함으로 나를 분노케 하여 너희가 끊어 버림을 당하여 세계 여러 나라 가운데서 저주와 조롱의 대상이 되고자 하느냐?

9 너희는 유다 땅과 예루살렘 거리에서 행한 너희 조상들의 악행과 유다 왕과 왕비들과 너희와 너희 아내들의 악행을 잊어버렸다.

10 그들은 오늘까지 겸손하거나 두려워하지 않고, 내가 너희와 너희 조상들 앞에 세운 내 율법과 규례를 지켜 행하지도 않았다."

11 그러므로 만군의 여호와, 이스라엘의 하나님께서 이같이 말씀하셨다.

📍**성경지리**   **다바네스**(렘 44:1)

다바네스(Tahpanhes)는 하(下)이집트 동부에 위치한 현재 아랍 지명인 텔 데프네(Tell Defneh)인 옛 다프나이(Daphnai)와 동일시된다. 다프네(다프나이)는 헬라인이 부른 지명이다. 오늘날 이곳은 멘잘레(Menzaleh) 호수 변경 지역의 사막 가운데 있는 한 낮은 언덕이다. 가레아의 아들 요하난이 유다의 남은 자들과 함께 이곳으로 피난했다(렘 42장). 예레미야는 다바네스에 대해 예언했다.

---

1) 장막

"보라, 내가 너희에게 재앙을 내려 온 유다를 멸절시킬 것이다.

12 내가 유다의 남은 자들 가운데서 애굽 땅으로 내려가 그곳에서 살기로 고집한 자들을 멸망시킬 것이다. 그들은 낮은 자에서 높은 자까지 전쟁[1]과 굶주림으로 죽어 원망[2]과 놀림과 조롱과 수치의 대상이 될 것이다.

13 내가 전쟁과 굶주림과 전염병으로 예루살렘을 벌한 것처럼 애굽 땅에 사는 자들도 똑같이 벌할 것이다. 그러므로

14 애굽 땅에 들어가 그곳에 머물며 살고자 하는 유다의 남은 자들 가운데서 피하거나 살아남아 소원대로 유다 땅으로 돌아올 자는 도망친 자들 외에는 아무도 없을 것이다."

15 그리하여 자기 아내들이 다른 신들에게 제물을 불살라 드리는 것을 아는 모든 남자와 그 곁에 있던 모든 여인과 애굽 땅 바드로스에 사는 모든 백성의 큰 무리가 예레미야에게 대답했다.

16 "우리는 당신이 여호와의 이름으로 우리에게 무슨 말을 하든지 우리가 듣지 않고,

17 우리 입으로 맹세한 대로 할 것이다. 우리와 우리 선조와 우리 왕들과 우리 지도자들이 유다 성읍들과 예루살렘 거리에서 하던 대로 하늘의 여왕인 여신 이슈타르에게 분향하고 그 앞에 포도주를 부어 드리는 제사인 전제를 드렸다. 그때는 우리에게 먹을 것이 풍부하여 잘 살았고 재앙을 만나지도 않았다.

18 그러나 하늘의 여신인 이슈타르에게 분향하고 그 앞에 전제 드리던 것을 그친 후부터는 모든 것이 부족하고 전쟁과 기근으로 멸망당했다."

19 여인들도 말했다. "우리가 하늘의 여신인 이슈타르에게 분향하고 그 앞에 전제를 드릴 때 어찌 우리 남편의 허락없이 여신의 형상과 같은 과자를 만들어 놓고 전제를 드렸겠느냐?"

20 이에 예레미야가 모인 모든 무리에게 말했다.

21 "너희와 너희 선조와 너희 왕들과 지도자들과 유다 땅의 백성이 유다 성읍들과 예루살렘 거리에서 제물을 불살라 드린 제사의 일을 여호와께서 기억하고 계신다.

22 그러므로 여호와께서 너희의 그런 악행과 혐오스러운 행위를 더 이상 참을 수 없으셨기에 너희 땅이 오늘처럼 폐허가 되고, 놀람과 조롱의 대상이 되어 사람이 살 수 없게 된 것이다.

23 너희가 이방 신에게 제물을 불살라 드림으로 여호와께 죄를 짓고, 여호와의 목소리에 순종하지 않았으며, 여호와의 율법과 규례와 여러 규정대로 살지 않았기 때문에 이 재앙이 오늘처럼 너희에게 닥친 것이다."

24 그러므로 애굽 땅에 사는 모든 유다 사람은 여호와의 말씀을 들으라.

25 "여호와께서는 '너희와 너희 아내들이 입으로 말하고 맹세한 대로 반드시 이행하여 하늘의 여신인 이슈타르에게 분향하고 전제를 드리며, 너희 서원을 성취하며, 너희 서원을 이행해 보라'고 하신다.

26 또 내가 내 큰 이름을 걸고 맹세한다. 애굽 온 땅에 사는 유다 사람들의 입에서 다시는 '여호와께서 살아 계시는 한 맹세하노라'고 하며 내 이름을 부르지 못하게 할 것이다.

1) 칼 2) 저주

27 보라, 이제 내가 그들에게 재앙을 내리고 복을 내리지 않으리니 애굽 땅에 있는 모든 유다 사람이 전쟁[1]과 기근으로 망하여 진멸되는 것을 깨어 지켜볼 것이다.

28 그런즉 전쟁을 피한 소수의 사람만이 애굽 땅에서 나와 유다 땅으로 돌아올 것이다. 그때 애굽 땅에 들어가서 그곳에 머물러 사는 유다의 살아남은 자가 내 말과 그들의 말 가운데서 누구의 말이 이루어졌는지[2] 알게 될 것이다."

29 여호와께서 말씀하셨다. "내가 너희에게 '이곳 애굽에서 재앙을 내릴 것이다'라고 한 말이 반드시 이루어질 것을 보여주는 징표는 이것이다.

30 내가 유다의 시드기야왕을 그의 원수 바벨론의 느부갓네살왕에게 넘긴 것처럼 애굽의 왕 호브라를 그를 죽이려는 원수들의 손에 넘겨주는 것이 그 징표이다."

여호와께서 바룩에게 구원을 약속하심

45 ● 유다 왕 요시야의 아들 여호야김 즉위 4년에 예레미야가 네리야의 아들 바룩을 불러 여호와께서 그에게 이르신 모든 말씀을 불러주는 대로 두루마리 책에 기록하도록 했다. 그때 예레미야 선지자가 그에게 말했다.[3]

2 "바룩아, 이스라엘의 하나님께서 네게 이같이 전하라고 말씀하셨다.

3 네가 일찍이 '여호와께서 나의 고통에 슬픔을 더하셨습니다. 나는 탄식으로 지쳤고, 쉴 곳을 찾지 못했으니 내게 화로다'라고 말했다.

4 여호와께서는 네게 이렇게 말씀하셨다. '보라, 나는 내가 세운 것을 헐기도 하고, 내가 심은 것을 뽑기도

하니 온 땅을 그렇게 다스릴 것이다.

5 그러니 바룩아, 네가 큰일을 추구하지 말라. 내가 모든 육체에 재앙을 내릴 것이기 때문이다. 그러나 네가 가는 모든 곳에서 너는 전리품처럼 목숨만은 건져 줄 것이다.'"

애굽에 대한 예레미야의 예언

46 ● 여호와께서 이방 나라들에 대해 예레미야 선지자에게 말씀하셨다.

2 이는 요시야왕의 아들 유다 왕 여호야김 통치 4년째 유프라테스강 근처의 갈그미스에서 바벨론의 느부갓네살왕에게 패한 애굽 왕 느고의 군대에 대한 말씀이다.

3 "너희는 크고 작은 방패로 무장하고 나가 싸우라.

4 너희 기병들은 창을 갈고, 투구를 쓰며, 갑옷을 입고 말에 안장을 지우고 그 위에 타라."

5 여호와께서 말씀하셨다. "그러나 내가 보니 강한 애굽도 놀라서 물러가고, 그들의 용사도 사방의 두려움 때문에 패하여 뒤도 돌아다보지 않고 황급히 도망한다.

6 그러나 빨리 달리는 자도 도망가지 못하고, 용사라도 피하지 못하며, 모두 북쪽 유프라테스 강가에 넘어지며 쓰러질 것이다.

7 나일 강물이 출렁이고 범람하는 것처럼 주위 나라들을 휩쓸 자가 누구냐?

8 바로 애굽이다. 그가 이렇게 외칠 것이다. '내가 강물처럼 넘쳐 땅을 덮어 주위 나라들의 성읍들과 그 주민을 멸할 것이다.

9 말들은 달려라. 병거들은 돌진하라. 용사들은 진격하라. 방패 잡은 에티오피아, 곧 구스 군대[4]와 붓

---

1) 칼 2) 진리인지 3) 렘 36:4 4) 사람

군대와 활을 당기는 루딤 사람들도 나와 진격하라.' 그러나

10 그날은 만군의 여호와께서 그의 대적 바벨론의 느부갓네살을 통해 애굽에게 원수를 갚게 하는 날이다. 전쟁[1]이 그들을 삼켜 배부르고, 그들의 피로 흠뻑 젖을 것이다. 만군의 여호와께서 북쪽 유프라테스 강가로 오셔서 희생제물을 받으실 것이다.

11 처녀 딸 애굽이여, 요단강 동쪽 길르앗 지역으로 올라가서 유향을 가져오라. 그러나 그 유향으로 네가 치료를 많이 받아도 네 병은 나을 병이 아니다.

12 네 수치스러운 소문이 세상 나라들에게 퍼졌고, 네 부르짖음은 땅에 가득했으니 용사들마저 서로 부딪혀 넘어져 둘이 함께 쓰러져 죽을 것이다."

13 바벨론의 느부갓네살왕이 애굽 땅을 침략할 일에 대해 예레미야 선지자에게 여호와께서 하신 말씀이다.

14 "너희는 애굽의 믹돌과 놉, 곧 멤피스와 다바네스에 이렇게 선포하라. '너희는 방어 태세를 굳건히 하라. 네 사방에서 전쟁이 일어나 너를 삼킬 것이다.'

15 어찌하여 너희 힘센 용사들이 쓸려갔느냐? 그것은 여호와께서 그들을 메어치셨기 때문이다.

16 주께서 많은 사람을 넘어지게 하시지만 수많은 사람들은 쓰러져 죽어가면서도 '일어나자. 우리는 전쟁을 피해 우리 민족과 고향으로 돌아갈 것이다'라고 말한다."

17 그들이 바벨론에게 패한 그곳 갈그미스에서 부르짖기를 "애굽의 바로는 기회를 잃고 망했도다"라고 했다.

18 그 이름이 여호와라고 불리는 왕이 말씀하셨다. "내 삶을 두고 맹세하니 느부갓네살이 과연 산들 중에 장엄한 다볼산처럼, 해변 쪽의 갈멜산처럼 쳐들어올 것이다.

19 애굽에 사는 딸, 백성이여, 너는 자신을 위해 포로의 짐을 꾸려라. 놉[2]은 불에 타서 황폐하여 사는 사람이 없을 것이다.

20 애굽은 예쁘고 예쁜 암송아지 같을지라도 북쪽에서 오는 쇠파리 떼에 시달릴 것이다.

21 또 그중에 고용된 용병들은 살진 수송아지 같아서 재난의 날이 이르고 벌을 받는 때가 오면 돌이켜 함께 도망하고 서지 못할 것이다.

22 벌목하는 자가 도끼를 가지고 오듯 바벨론 군대가 쳐들어오면 애굽은 뱀이 기어가는 소리같이 도망갈 것이다."

23 여호와께서 말씀하셨다. "그들이 메뚜기 일종인 황충 떼보다 많아서 셀 수 없으니 조사할 수 없는 수풀과 같은 애굽을 찍어 버릴 것이다.

24 딸 애굽이 수치를 당해 북쪽 바벨론 백성의 손에 넘어갈 것이다."

25 만군의 여호와, 이스라엘의 하나님께서 말씀하셨다. "보라, 내가 노[3]의 아몬 신과 왕과 애굽과 그 나라의 신들과 바로를 의지하는 자들도 벌할 것이다.

26 내가 그들의 생명을 노리는 바벨론 느부갓네살왕의 손과 그 부하, 종들의 손에 넘길 것이다. 그래도 그후에는 이 애굽 땅이 이전처럼 사람이 사는 곳이 될 것이다."

이스라엘에 대한 구원을 약속하심

27 ● 여호와께서 말씀하셨다. "내 종 야곱아, 두려워하거나 놀라지 말라.

---

1) 칼 2) Nob 3) No, 테베, 룩소

보라, 내가 너를 먼 곳에서 구원하며 네 자손을 포로로 잡혀간 땅에서 이끌어내리니 야곱이 본토로 돌아와서 두렵게 할 자가 없어 평안히 살게 될 것이다."

28 여호와께서 말씀하셨다. "내 종 야곱아, 내가 너와 함께 있으니 두려워하지 말라. 너를 쫓아내었던 그 나라들은 다 멸망시킬지라도 너는 진멸하지 않을 것이다. 그러나 내가 너를 법에 따라 징계하고, 결코 벌을 면제하지 않을 것이다."

블레셋 사람에 대한 예레미야의 예언

47 ● 애굽 왕이 블레셋의 가사를 치기 전 블레셋 사람에 대해 여호와께서 예레미야에게 말씀하셨다.

2 "보라, 북쪽 바벨론에서 물이 일어나 넘치는 강[1]이 되어 그 땅과 그 위에 있는 모든 것과 성읍과 그곳에 사는 자들을 휩쓸고 지나갈 것이다. 이로 인해 그 땅의 모든 주민이 울부짖을 것이다.

3 군마의 발굽 소리와 달리는 병거의 진동하는 바퀴 소리 때문에 아버지의 손의 힘이 빠져 자기의 자녀를 돌보지 못할 것이다.

4 이는 그날 블레셋 사람을 파멸시키고, 페니키아 지역의 두로와 시돈을 도울 수 있는 살아있는 자들을 다 끊어 버리실 것이기 때문이다. 여호와께서 그레데, 곧 갑돌섬에 남아 있는 블레셋 사람을 파멸시키실 것이다.

5 가사는 슬픔으로 머리를 밀고, 아스글론은 파괴되었다. 평지에 살아있는 자들아, 언제까지 슬픔 때문에 네 몸에 상처를 내겠느냐?

6 '오호라 여호와의 칼이여, 네가 언제까지 살육을 계속하겠느냐? 너는 칼집에 들어가서 가만히 쉬어라.'

7 그러나 여호와께서 이것을 명령하셨으니 어떻게 잠잠하며 쉴 수 있겠느냐? 그 칼은 아스글론과 해변을 치기 위해 내가 보낸 것이다."

모압의 멸망 예언

48 ● 모압에 대한 예레미야의 예언이다. 만군의 여호와, 이스라엘의 하나님께서 이같이 말씀하셨다. "오호라 느보여, 그가 파멸되었다. 기랴다임이 수치를 당하고 점령되었으며, 미스갑도 수치를 당하고 파괴되었다."

2 모압의 찬양 소리가 사라졌다. 바벨론 군대 무리가 느보산 북쪽 6km 지점의 헤스본에서 그를 멸망시킬 작전을 세우며 말했다. "우리가 그를 멸망시켜 나라를 없애 버리자." 맛멘이여, 너도 멸망을 당해 적막하게 되리니 칼이 네 뒤를 쫓아갈 것이다.

3 호로나임에서 황폐와 파멸의 울부짖는 소리가 들릴 것이다.

4 모압이 멸망을 당하여 그 어린이들의 울부짖는 소리가 들린다.

5 그들이 루힛 언덕으로 올라가면서 울고, 호로나임 내리막길에서 '망했다'라는 고통스러운 울부짖는 소리가 들린다.

6 모압이여, 너는 도망하여 네 생명을 구하라. 그리고 광야에서 말라 버린 떨기나무[2]처럼 되어라.

7 네가 네 업적과 보물을 믿고 의지했으니 너도 정복을 당하고, 너희들이 섬기던 그모스 신은 그의 제사장들과 고관들과 함께 포로로 잡혀갈 것이다.

8 파멸하는 자가 각 성읍에 이르리니 한 성읍도 멸망을 면하지 못할

---

1) 시내 2) 노간주나무

것이다. 골짜기가 폐허가 되고, 평지도 쓸모없게 되어 여호와의 말씀과 같을 것이다.

9 너희는 모압에게 날개를 달아 주어 도망치게 하라. 이제 그 성읍들은 황폐하여 아무도 사는 자가 없을 것이다.

10 모압을 파멸시키는 여호와의 일을 게을리 하는 자는 저주를 받으리니, 자기의 칼로 모압을 죽이지 않는 자도 저주를 받을 것이다.

11 모압은 일찍부터 안전하고 포로가 된 적도 없었으니 마치 이 그릇 저 그릇으로 옮기지 않아서 술 찌꺼기가 가라앉은 맑은 포도주¹⁾와 같아서 그 맛이 그대로 남아 있고 향기도 변하지 않은 포도주와 같았다.

12 그러므로 여호와께서 말씀하셨다. "날이 이르면 내가 포도주를 옮겨 담는 사람을 보낼 것이다. 그러면 그들이 그릇을 기울여 그 그릇을 비운 후 그 포도주 병²⁾들을 깨뜨릴 것이다.

13 이스라엘 백성³⁾이 벧엘을 믿고 의지하다가 수치를 당한 것처럼 모압이 그모스 신 때문에 수치를 당할 것이다."

14 너희는 어찌하여 "우리는 용사요, 전투에 능숙한 전사이다"라고 말하느냐?

15 만군의 여호와라고 불리는 왕께서 이같이 말씀하신다. "모압이 황폐했도다. 그 성읍들은 사라졌고, 그 선발된 용사들은 내려가서 죽임을 당하니

16 모압의 멸망이 다가왔고, 그 재앙이 갑자기 닥칠 것이다.

17 그의 사면에 있는 모든 자와 모압의 명성을 아는 모든 자여, 그를 위로하며 이렇게 부르짖으라. '어찌

하여 강한 막대기인 홀과 화려한 지휘봉이 부러졌는가?'"

18 "딸, 디본의 주민들아, 네 영광스러운 곳에서 내려와 메마른 땅에 앉으라. 모압을 멸망시키는 자, 바벨론이 올라와서 너 디본을 쳐서 네 요새를 깨뜨릴 것이기 때문이다.

19 아르논 골짜기 가의 아로엘에 사는 주민⁴⁾들아, 길가에 서서 살피다가 도망하는 자에게 무슨 일이 일어났는지 물어보라.

20 그러면 그들이 이렇게 대답할 것이다. '모압이 패하여 수치를 당했다.' 그러니 너희는 울부짖으며 아르논 골짜기 가에서 '모압이 황폐했다'라고 알리라.

21 재앙⁵⁾이 닥친 평지는 이렇다. 홀론, 야사, 메바앗,

22 디본, 느보, 벧디블라다임,

23 기라다임, 벧가물, 벧므온,

24 그리욧, 보스라, 모압 땅 원근 모든 성읍이다.

25 모압의 뿔⁶⁾이 잘렸고, 그 팔이 부러졌다." 여호와의 말씀이다.

26 모압에게 술을 먹여 취하게 하라. 그가 여호와께 교만했기 때문이다. 그가 토하고 그 토한 것 위에서 뒹굴어 조롱거리가 되게 하라.

27 네가 이스라엘을 조롱하지 않았느냐? 네가 이스라엘을 말할 때마다 마치 이스라엘이 도둑질하다가 들킨 것처럼 네 머리를 흔들며 조롱했다.

28 모압 주민들아, 너희는 성읍을 떠나 바위 사이에서 살라. 깊은 골짜기 입구에 깃들인 비둘기처럼 불안하게 살라.

29 우리가 모압의 교만함을 들었다. 그것은 그의 자만과 우쭐대며 자랑

1) 술   2) 질그릇   3) 집   4) 여인   5) 심판   6) 힘

하는 것과 그 마음의 거만함이다.

30 여호와께서 말씀하셨다. "나는 그의 교만[1]을 아나니 그것은 허탄한 것이다. 그가 자랑해도 그것을 이루었다는 것은 허풍뿐이다.

31 그러므로 내가 모압을 위해 울며 부르짖으리니 무리가 아르논강과 세렛시내 사이의 길하레셋[2] 사람을 생각하며 슬피 울 것이다.

32 헤스본 남쪽에 있는 십마의 포도나무여, 네 가지가 바다를 넘어 심마 북쪽 38km 지점의 야셀까지 뻗었다. 그러나 네가 수확한 여름 과일과 포도를 탈취하는 자, 바벨론이 나타났으니 내가 너를 위해 울기를 야셀이 우는 것보다 더 클 것이다.

33 기쁨과 환희가 옥토와 모압 땅에서 사라졌다. 내가 포도즙 틀에서 포도즙을 끊어지게 하리니 기뻐하며 포도를 밟는 자가 없을 것이다. 그들의 외침은 더 이상 즐거운 외침이 되지 못할 것이다.[3]

34 암만 남서쪽 26km의 헤스본에서 엘르알레를 지나 야하스까지, 사해 남쪽 5km의 소알에서 호로나임을 지나 에글랏셀리시야에 이르는 지역에 사는 사람들의 울부짖는 소리가 들린다. 그것은 여리고 앞 요단강 동쪽으로 흐르는 니므림의 물도 황폐했기 때문이다."[4]

35 여호와께서 말씀하셨다. "모압의 산당에서 제사하며 그 신들에게 분향하는 자를 내가 없애버릴 것이다.

36 그러므로 내 마음이 모압과 그 도시 길하레셋 사람들을 위해 슬픈 소리를 내는 피리처럼 소리 내며 탄식할 것이다. 이는 그가 모은 재물이 없어졌기 때문이다.[5]

37 모든 사람이 머리카락과 수염을 밀었으며, 손마다 상처를 내고, 허리에는 굵은 베를 걸쳤다.

38 모압의 모든 지붕과 각 거리에서 슬피 우는 소리가 들리니 내가 모압을 마음에 들지 않는 그릇을 깨뜨리는 것처럼 깨뜨렸기 때문이다.

39 왜 모압이 파괴되었으며, 무엇 때문에 그들이 애곡하는가? 모압은 수치 때문에 등을 돌리고 달아났다. 이처럼 모압은 그 모든 주변 사람에게 조롱거리와 두려움의 대상이 될 것이다.

40 여호와께서 말씀하셨다. "보라, 바벨론이 독수리처럼 날아와서 모압 위에 그의 날개를 펼칠 것이다.

41 성읍들이 점령을 당하고, 요새가 함락되는 날에 모압 용사들의 마음은 산고를 겪는 여인처럼 고통스러울 것이다.

42 모압이 여호와를 거슬러 자만했기 때문에 멸망당하고 다시는 나라를 세우지 못할 것이다."

43-44 여호와께서 말씀하셨다. "모압 주민아, 모압이 벌 받을 해가 되면

피리(렘 48:36)

성경에서 관악기에는 할릴(플루트, 저, 피리), 케렌(뿔나팔), 하초츠라(나팔) 등이 있다. 할릴은 클라리넷으로 번역하기도 하지만 그보다 '더블 피리'가 더 적절하다. 할릴은 성경에서(사 5:12) 주로 잔치나 연회 같은 기쁨이 동반되는 상황에서 연주되고 드물게 애도의 상황(렘 48:36)에서 연주되기도 한다. 케렌은 뿔로 만든 나팔 같은 것이고, 하초츠라는 은이나 청동을 펴서 길게 만든 나팔이다(민 10:2-10). 이 외에 쇼파르는 양 뿔로 된 것으로 하초츠라의 사용과 유사하나 단순히 큰 소리를 내는 용도로 사용되었다.

1) 노여워 함　2) 길헤레스　3) 시 16:6-10　4) 사 15:4-6　5) 시 16:11

네게 두려움과 함정과 덫이 닥칠
것이다. 그때 두려움으로 도망하
는 자는 함정에 빠질 것이고, 함정
에서 나오는 자는 덫에 걸릴 것이
다.

45 이는 도망하는 자들이 기진하여
헤스본 그늘 아래에 머물러 쉬면
헤스본에서 불이 나오고, 시혼에
서 불길이 나와 모압의 관자놀이
와 떠드는 자들의 머리를 불사를
것이기 때문이다.

46 모압이여, 네게 화가 있도다. 그모
스 신을 섬기는 백성이 망했도다.
네 아들딸들은 포로로 잡혀갔다.

47 그러나 내가 마지막 날에는 모압
의 포로를 돌아오게 할 것이다."
모압의 심판 예언을 마친다.

암몬이 받을 심판 예언

49 ● 암몬 자손에 대한 말씀이
다. 여호와께서 이같이 말씀
하셨다. "이스라엘이 자식이 없느
냐, 상속자도 두지 못했느냐? 몰렉
1)신이 요단강 동쪽 이스라엘 갓 지
파의 땅을 점령하고, 그 백성이 그
지역 성읍들에 살고 있는 것은 어
찌 된 일이냐?"

2 여호와께서 말씀하셨다. "그러므
로 보라, 날이 이르리니 내가 암몬
자손의 도성 랍바까지 전쟁의 소
리가 들리게 할 것이다. 랍바는 폐
허가 되고, 그에 딸린 마을2)들은
불에 타며, 그때 이스라엘은 자기
를 점령했던 자를 다시 점령할 것
이다.

3 아이성이 황폐했으니 헤스본은 슬
피 울라. 말감 신과 그 제사장들과
그 고관들이 다 잡혀갔으니 너희
랍바의 딸들은 굵은 베를 두르고
크게 애통하며 울타리 가운데서
몸부림치라.

4 패역한 딸 암몬아, 너는 왜 네 비옥
한3)골짜기를 자랑하느냐? 골짜기
는 흘러가니 네가 왜 재물을 믿고
의지하여 '누가 내게 대적해 오겠
느냐'라고 말하느냐?"

5 만군의 여호와께서 말씀하셨다.
"보라, 내가 네 사방에서 두려움을
오게 할 것이다. 그러면 너희 각 사
람은 쫓겨 도망가고, 도망하는 자
들을 모을 자가 없을 것이다.

6 그러나 그후에는 내가 암몬 자손
의 포로를 돌아오게 할 것이다. 여
호와의 말씀이다."

에돔이 받을 심판 예언

7 ● 에돔에 대한 말씀이다. 만군의
여호와께서 이같이 말씀하셨다.
"페트라 남쪽 8km 떨어진 지혜의 성
읍이었던 데만에서 지혜가 없어졌
느냐? 명철한 자에게서 조언이 사
라졌느냐? 그들의 지혜가 없어졌
느냐?

8 드단 주민들은 서둘러 도망하여
깊은 곳에 숨으라. 내가 에서의 재
앙을 그들에게 내려 벌할 때가 오
게 할 것이다.

9 포도를 거두는 자, 바벨론 군대가
네게 이르면 약간의 열매는 남기
지 않겠느냐?4)밤에 도둑이 와도
마음에 드는 것만을 가져간다.

10 그러나 나는 에서의 옷을 벗겨 그
숨은 곳이 드러나 그가 그 몸을 숨
길 수 없을 정도로 그 자손과 형제
와 이웃을 멸망하게 했으니 그가
살아남지 못할 것이다.

11 너는 네 고아들을 남겨 두라. 내가
그들을 살릴 것이다. 네 과부들은
나를 의지하며 살 것이다."

12 여호와께서 이같이 말씀하셨다.

1) 말감 2) 딸 3) 흐르는 4) 약간의 열매도 남기지 아
니하겠고

"보라, 술잔을 마시도록 판결을 받지 않는 자도 반드시 마시게 될 것이다. 하물며 네가 형벌을 면할 수 있겠느냐? 결코 면하지 못하리니 너는 반드시 마시게 될 것이다."

13 여호와께서 말씀하셨다. "내가 나를 두고 맹세하니 보스라와 그에 딸린 모든 성읍이 영원히 황폐하게 되리니 그곳은 놀람과 치욕과 저주의 대상이 될 것이다."

14 나는 여호와께서 사절을 여러 나라 가운데 보내며 "너희는 모여 와서 그를 치며 일어나서 싸우라"고 하는 소식을 들었다.

15 "보라, 내가 에돔을 세상 나라 가운데서 하찮은 존재로 만들어 사람들에게 멸시당하게 했다.

16 바위틈에 살며, 산꼭대기를 차지했다고 해서 너를 두려워한다고 생각하지 말라. 그런 네 마음의 교만은 너를 속일 뿐이다. 네가 독수리처럼 높은 곳에 보금자리를 마련해도 내가 그곳에서 너를 끌어내릴 것이다." 이는 여호와의 말씀이다.

17 "이런 에돔에 내린 재앙을 보고 그곳으로 지나가는 사람마다 공포를 느끼고 놀라 탄식할 것이다."

18 여호와께서 말씀하셨다. "소돔과 고모라와 그 주변의 성읍들이 멸망한 것처럼 그곳에 머물러 사는 사람이 아무도 없을 것이다.

19 보라, 사자가 요단강의 깊은 숲에서 나타나듯 그 바벨론 군대[1]가 와서 견고한 처소를 공격할 것이다.[2] 그래서 그들을 그곳에서 쫓아내고 내가 선택한 자를 그 위에 지도자로 세울 것이니 내게 대항할 자가 누구이며, 내 앞에 맞설 수 있는 목자가 누구냐?

20 그러므로 에돔과 그의 성읍 데만 주민에 대해 세운 여호와의 계획을 들으라. 그들이 에돔의 어린 양 떼를 끌고 다니며 괴롭히고, 그 처소[3]를 황폐하게 하지 않겠느냐?

21 에돔이 쓰러지는 소리에 땅이 진동하며, 그들의 울부짖는 소리가 홍해까지 들릴 것이다.

22 보라, 에돔의 원수인 바벨론이 독수리처럼 날아와서 그의 날개를 에돔의 수도인 보스라 위에 펴는 그날에 에돔 용사의 마음이 진통하는 여인처럼 고통스러울 것이다."

다메섹이 받을 심판 예언

23 ● 다메섹에 대한 말씀이다. "하맛과 아르밧이 수치를 당할 것이다. 이는 그들이 불길한 소문을 듣고 낙담하기 때문이다. 그들은 바닷가의 파도처럼 걱정이 밀려오니 비틀거리며 평안이 없다.

24 다메섹이 맥이 풀려 몸을 돌려 도망하려고 해도 공포가 그를 사로잡고, 해산하는 여인처럼 고통이 그를 사로잡았다.

25 어찌하여 찬양과 기쁨의 성읍이 버림을 받았느냐?"

26 만군의 여호와께서 말씀하셨다. "그런즉 그날에 그의 젊은이들은 거리에 쓰러지겠고, 모든 군사는 진멸되며,

27 내가 다메섹의 성벽에 불을 질러 벤하닷의 궁전을 불태울 것이다."

게달과 하솔이 받을 심판 예언

28 ● 바벨론의 느부갓네살왕에게 공격을 받은 게달과 하솔 왕국들에 대해 여호와께서 이같이 말씀하셨다. "너희는 일어나 게달로 올라가서 동방 백성들을 멸망시키라.

---

1) 렘 50:44-46에는 페르시아로 언급 2) 항상 무성한 초장에 이를 것이나 3) 초장

29 너희[1]는 그들의 장막과 양 떼를 빼앗으며, 휘장과 모든 세간살이 기구와 낙타를 빼앗아 소유로 삼고, 그들을 향해 '두려움이 사방에 있다'라고 외치게 하라."

30 여호와께서 말씀하셨다. "하솔 주민아, 도망하여 멀리 가서 깊은 곳에 숨어 살아라. 바벨론의 느부갓네살왕이 너를 공격할 계획을 세웠기 때문이다."

31 여호와께서 말씀하셨다. "너는 일어나 성문이나 문빗장 없이 고요하고 평안히 홀로 사는 백성을 치라.

32 그들의 낙타들은 노략물이 되겠고, 그들의 많은 가축은 탈취를 당할 것이다. 내가 그 관자놀이 털을 깎는 자들을 사면에 흩어버리고 사방에서 그 재앙을 오게 할 것이다.

33 하솔은 영원히 폐허가 되어 이리[2]의 소굴이 되리니 그곳에 머물러 사는 사람이 아무도 없게 될 것이다."

엘람에 대한 예레미야의 심판 예언

34 ● 유다 왕 시드기야가 즉위한 지 얼마 되지 않아 여호와께서 엘람에 대해 예레미야 선지자에게 말씀하셨다.

35 "보라, 내가 엘람의 주력 무기인 활을 꺾으며,

36 하늘의 사방에서 바람을 엘람으로 불게 하여 그들을 사방으로 흩을 것이다. 그러면 엘람에서 쫓겨난 자가 다른 여러 나라로 잡혀갈 것이다."

37 여호와께서 말씀하셨다. "내가 엘람으로 그의 생명을 노리는 대적 앞에서 놀라게 하며, 내 진노를 그들 위에 내릴 것이다. 또 군대[3]를 보내 그들을 멸망시킬 것이다.

38 내가 엘람의 왕과 고관들을 그곳에서 멸하고 그곳에 내 보좌를 놓을 것이다.

39 그러나 마지막 날에 내가 엘람의 포로를 돌아오게 할 것이다."

바벨론이 받을 심판에 대한 예언

50
● 여호와께서 예레미야 선지자에게 바벨론과 갈대아, 곧 바벨론 사람의 땅에 대해 하신 말씀이다.

2 "너희는 나라들 가운데 선포하고 전하라. 봉화 깃발을 올려 숨기지 말고 선포하라. 바벨론이 함락되고, 바벨론의 주신인 벨, 곧 마르둑이 수치를 당하고, 므로닥이 깨뜨려지며, 바벨론의 신상들은 수치를 당하고, 우상들은 부서진다.

3 이는 북쪽에서 한 나라, 페르시아가 일어나 바벨론을 침략하여 그 땅을 황폐하게 만들어서 사람이나 짐승이 다 도망하여 그곳에 사는 자가 없게 할 것이기 때문이다."

4 여호와께서 말씀하셨다. "그날에 이스라엘 자손과 유다 자손이 함께 돌아올 것이다. 그들은 울면서 그 길을 가며 그의 하나님 여호와를 찾으며,

5 시온으로 가는 길을 물으며 '너희는 오라. 잊을 수 없는 영원한 언약으로 여호와와 연합할 것이다'라고 말할 것이다.

6 내 백성은 길을 잃은 양 떼와 같다. 그 목자들이 그들을 그릇된 길로 가게 하여 산속으로 가게 했으니 그들이 산과 언덕으로 방황하며 쉴 곳을 찾지 못했다.

7 그들을 보는 자마다 잡아먹으며, 그의 대적은 말한다. '그들이 의로운

1)그들 2)큰 뱀 3)칼

처소가 되시고, 그의 조상들의 소망이신 여호와께 범죄했기 때문에 우리가 그들을 잡아먹어도 우리에게는 죄가 없다.'

8 너희는 바벨론 도성에서 도망하라. 갈대아, 곧 바벨론 사람의 땅에서 나오라. 양 떼 앞에 가는 숫염소처럼 앞장서서 가라.

9 보라, 내가 큰 민족의 무리를 북쪽에서 일으켜 바벨론을 쳐들어가게 하리니 그들이 진을 치고 공격하여 정복할 것이다. 그들의 화살은 노련한 용사의 화살 같아서 정확히 적을 맞출 것이다.

10 갈대아, 곧 바벨론은 약탈꾼이 만족할 만큼 약탈을 당할 것이다." 여호와의 말씀이다.

11 "내 소유를 노략하는 자여, 너희가 기뻐하며 타작하는 송아지처럼 발굽을 구르며 군마처럼 운다.

12 그러므로 너희의 어머니가 치욕을 당할 것이다. 보라, 바벨론은 나라들 중에서 가장 약한 나라가 되며, 광야와 메마른 땅과 사막1)이 될 것이다.

13 여호와의 진노로 인해 사는 사람이 없어 황무지가 될 것이다. 바벨론을 지나가는 자마다 그 모든 재앙에 놀라며 비웃을 것이다.2)

14 바벨론성을 향해 진을 치고 모든 궁사는 화살을 아끼지 말고 쏘라. 그가 여호와께 범죄했다.

15 그 성 주위에서 고함을 지르라. 그가 항복했고, 그 성벽은 허물어졌으며, 요새는 함락되었다. 그것은 여호와께서 그가 행한 대로 그에게 갚으시는 보응이다.

16 너희는 바벨론에서 씨 뿌리는 자와 추수 때 낫을 잡은 자를 진멸시키라. 바벨론에 사는 외국 사람들은 바벨론을 공격하는 무서운 군대3)를 두려워하여 각자 자기 동족과 자기 고향으로 도망갈 것이다.

17 이스라엘은 흩어진 양 떼와 같아서 사자들이 그를 따른다. 처음에는 앗수르 왕이 먹었고, 다음에는 바벨론의 느부갓네살왕이 그의 뼈까지 먹었다."

18 그러므로 만군의 여호와, 이스라엘의 하나님께서 이같이 말씀하신다. "보라, 내가 앗수르의 왕을 벌하여 멸망시킨 것처럼 바벨론 왕과 그 땅을 벌하고

19 이스라엘을 다시 그의 본토 목장으로 돌아가게 할 것이다. 그들이 돌아가서 갈멜산과 바산 산지에서 풀을 뜯고 양을 기를 것이며, 그의 마음이 요단강 서쪽 에브라임과 요단강 동쪽 길르앗 산지에서 만족할 것이다.

20 그날이 오면 이스라엘과 유다의 죄를 찾아도 찾아내지 못하리니 이는 내가 남긴 자를 용서할 것이기 때문이다."

21 여호와께서 말씀하셨다. "너희는 올라가서 내가 너희에게 명령한 대로 메소포타미아 남부 지역의 므라다임의 땅을 치며, 브곳의 주민을

풍습　고대의 전쟁 무기(렘 50:14)

성서 시대와 고대의 전쟁 무기 중 가장 많이 사용한 것은 칼과 활이었다. 그래서 돌에 새겨진 많은 앗수르의 돌에는 빠짐없이 활쏘는 궁사의 모습이 부조되어 있다. 또한 철이 많이 생산되지 못한 시기에는 물매로 적을 공격하는 전문 물매꾼이 있었다. 다윗은 물매돌로 골리앗을 물리쳤다. 이외에 성벽이 있는 성읍을 무너뜨리기 위해서 활을 멀리 쏠 수 있는 노포와 큰 돌을 날리는 공성퇴가 큰무기로 사용되었으며 사다리를 이용한 경우도 부조에 나타나 있다.

1) 거친 계곡　2) 탄식하리로다　3) 칼

쳐서 진멸하라.

22 그 땅에 전쟁 소리와 큰 파멸이 있을 것이다.

23 온 세계를 쳐부수던 망치가 어찌 그렇게 부서졌는가? 바벨론이 어쩌다가 나라들 가운데 그렇게 황무지가 되었는가?

24 바벨론아, 내가 너를 잡기 위해 덫을 놓았는데, 네가 그것을 깨닫지 못하여 그 덫에 걸렸다. 네가 여호와를 대적했기 때문에 피하지 못하고 잡혔다.

25 여호와께서 자기의 병기창을 열어 분노의 무기를 꺼낸 것은 만군의 여호와께서 갈대아, 곧 바벨론 사람의 땅에 행할 일이 있기 때문이다.

26 먼 곳에 있는 너희는 와서 바벨론을 공격하여 그의 곡식 창고를 열고, 그 전리품을 곡식 더미처럼 쌓아 올려라. 그들을 진멸시키고 아무것도 남기지 말라.

27 황소 같은 바벨론 군사들을 다 죽이라. 그들이 벌 받을 때가 되었으니 그들에게 화가 있도다."

28 바벨론 땅에서 도망하는 자의 소리여, 그것은 시온에서 우리 하나님께서 복수하시는 소리이며, 그의 성전을 파괴한 자에게 복수하시는 것을 선포하는 소리이다.

29 "활 쏘는 자를 바벨론 도성에 소집하여 도성 사방으로 진을 쳐서 도망하는 자가 없게 하라. 너희는 그들이 행한 대로 그대로 그들에게 갚으라. 바벨론은 이스라엘의 거룩한 자인 여호와를 향해 교만했다.

30 그러므로 그날 젊은이들이 그 거리에 쓰러지고 군사들이 진멸될 것이다." 여호와의 말씀이다.

31 만군의 여호와께서 말씀하셨다. "교만한 자는 보라, 내가 너를 칠 것이니 내가 너를 벌할 날이 왔다.

32 교만한 자가 걸려 넘어지지만 그를 일으켜 줄 자가 없을 것이다. 내가 바벨론의 성읍들에 불을 지르리니 바벨론 도성 주위를 모두 삼킬 것이다.

33 이스라엘 자손과 유다 자손이 함께 억압을 받을 것이다. 그들을 사로잡은 자는 그들을 단단히 붙잡아 두고 풀어 주지 않을 것이다.

34 그들의 구원자의 이름은 만군의 여호와이시니 강하신 분이다. 그는 반드시 그들의 탄식을 듣고 싸우시리니 그 땅에 평안을 주고, 바벨론 주민에게는 불안을 안겨 줄 것이다.

35 전쟁[1]이 갈대아, 곧 바벨론 주민과 그 고관들과 점성가[2]를 칠 것이다.

36 칼이 자랑하는 자, 곧 거짓 예언자를 치리니 그들은 어리석은 자가 되며, 칼이 용사를 치리니 그들이 놀랄 것이다.

37 칼이 그들의 말들과 병거들과 그들 가운데 있는 용병[3]을 치리니 그들이 여인들처럼 약하게 될 것이다. 칼이 보물을 치리니 그것들이 약탈을 당할 것이다.

38 가뭄이 물을 치니 물이 말라 버릴 것이다. 그렇게 된 것은 그 땅이 조각한 우상의 땅이며, 그들은 그 끔찍한 우상을 보고 미쳤기 때문이다.

39 그러므로 사막의 들짐승이 이리[4]와 함께 그곳에서 살겠고, 타조도 그곳에서 살 것이다. 그곳에 다시는 사람이 살지 않고 대대에 걸쳐 정착하는 자가 없을 것이다."

40 여호와께서 말씀하셨다. "하나님께서 소돔과 고모라와 그 주위 성읍들을 뒤엎으신 것처럼[5] 바벨론

1) 칼 2) 지혜로운 자 3) 여러 민족 4) 승냥이 5) 창
19:24-25

도성에도 사는 사람이 없게 하며, 그곳에 정착해서 사는 사람이 아무도 없게 하실 것이다.

41 보라, 한 민족이 북쪽에서 오고 큰 나라와 많은 왕이 충동을 받아 땅 끝에서 일어날 것이다.

42 페르시아 군대는 활과 투창을 잡은 자로 잔인하여 불쌍히 여기지 않으며, 그들의 목소리는 요동치는 바다와 같다. 딸 같은 바벨론아, 그들이 말을 타고 무사처럼 각기 네 앞에서 전열을 갖추었다.

43 바벨론 왕이 그 소문을 듣고 맥이 풀리고, 해산의 진통을 겪는 여인처럼 고통에 사로잡힐 것이다.

44 보라, 사자가 요단 계곡의 깊은 숲에서 나타나듯이 그 페르시아 군대1)가 와서 바벨론의 견고한 처소를 공격할 것이다. 그래서 그들을 그곳에서 쫓아내고 내가 선택한 자를 그 위에 지도자로 세우리니 내게 대항할 자가 누구이며, 내게 맞설 수 있는 목자가 누구냐?

45 그런즉 바벨론에 대한 여호와의 계획과 갈대아, 곧 바벨론 사람의 땅에 대해 품은 여호와의 생각을 들으라. 어린 양 떼를 그들이 반드시 끌고 가고 그들의 목장을 황폐하게 할 것이다.

46 바벨론은 약탈당하는 소리에 땅이 진동하며 그 부르짖음이 다른 나라까지 들릴 것이다."

바벨론를 멸하시는 여호와

51 ●여호와께서 이같이 말씀하셨다. "보라, 내가 멸망시키는 자인 페르시아의 고레스왕의 마음을 부추겨 바벨론과 나를 대적하는 자를 치되

2 내가 외국 군대2)를 바벨론으로 보내 키질하듯 하여 그의 땅을 쓸어 버리리니 재앙의 날에 그를 포위하고 칠 것이다.

3 바벨론 군대가 활을 당기거나 갑옷을 입지 못하게 하라. 그의 젊은 이들을 불쌍히 여기지 말고, 그의 군대를 전멸시켜라.

4 갈대아 사람들은 그들의 땅에서 죽임을 당해 쓰러지며, 거리에는 창에 찔려 죽은 자들이 있을 것이다."

5 비록 이스라엘과 유다가 이스라엘의 거룩하신 이를 거역하므로 그 땅에 죄가 가득찼으나 그들의 하나님께 완전히 버림받은 것은 아니다.

6 바벨론에서 도망 나와 목숨을 건지라. 바벨론의 죄악 때문에 너희까지 죽음을 당하지 말라. 이는 바벨론에 대한 여호와의 복수의 때이니 그에게 보복하실 것이다.

7 바벨론은 여호와의 손에 잡혀 있는 금잔이니 그 잔에 담겨 있는 포도주가 세상 민족을 취하게 했다.

8 바벨론이 갑자기 쓰러져 파멸되리니 그를 위해 통곡하라. 그 상처를 위해 유향을 구하라. 혹시 나을지도 모른다.

9 우리가 바벨론을 치료하려고 하지만 낫지 않으니 그 바벨론를 버리고 각기 고향으로 돌아가자. 바벨론의 재앙이 하늘까지 미쳤고, 하늘 공간까지 이르렀다.

10 여호와께서 우리의 공의를 밝혀 주셨으니 이제는 시온으로 돌아가서 하나님의 일을 알리자.

11 화살촉을 갈며, 화살통3)을 채우라. 여호와께서 메대 왕들의 마음을 충동하여 바벨론을 멸하기로 작정

---

1) 렘 49:19~21에서는 바벨론으로 언급 2) 타국인, 키질하는 자 3) 둥근 방패

하셨다. 이는 여호와께서 그의 성
전을 위해 복수하시는 것이다.

12 바벨론 성벽을 향해 공격 깃발을
올리고 경계를 강화하며, 파수꾼
을 세우며, 복병을 매복시키라. 이
는 여호와께서 바벨론 주민에 대
해 계획하신 것을 이루려고 하시
기 때문이다.

13 큰 물가에 사는 재물이 많은 자여,
네 마지막, 재물의 한계가 왔다.

14 만군의 여호와께서 그의 삶을 두
고 맹세하셨다. "내가 메뚜기 떼처
럼 많은 군대¹⁾로 공격하리니 그들
이 너를 향해 승리의 환성을 지를
것이다."

15 여호와께서는 그의 권능으로 땅을
지으셨고, 그의 지혜로 세계를 세
우셨으며, 그의 명철로 하늘을 펼
치셨다.

16 여호와께서 소리를 내시니 하늘에
많은 물이 생겼다. 그는 땅끝에서
안개²⁾를 올라오게 하시고, 번개를
쳐서 비를 내리게 하시며, 그의 바
람 창고에서 바람을 나오게 하신
다.

17 그럼에도 사람들은 어리석고 무식
하여 금세공업자마다 자기가 만든
신상으로 인해 수치를 당한다. 그
부어 만든 우상은 그 속에 생기가
없어 거짓된 것이기 때문이다.

18 그러므로 그것들은 허황된 것이
며, 조롱거리가 되리니 결국 징벌
하시는 때 멸망할 수밖에 없다.

19 그러나 야곱의 몫이 되시는 그분
은 만물을 지으신 분이며, 이스라
엘을 소유자로 삼으신 분이다. 그
의 이름은 만군의 여호와이시다.

20 여호와께서 말씀하셨다. "바벨론
아, 너는 내 철퇴이니 전쟁 무기다.
나는 너로 나라들을 부수고 국가

21 말과 기마병과 병거와 병거대를
부수며,

22 남녀노소와 유년과 청년과 처녀를
부수며,

23 목자와 그 양 떼를 부수며, 농부와
그 멍에를 멘 소를 부수며, 총독과
관리와 태수들을 부수도록 할 것
이다.

24 그러나 이제는 네가 보는 앞에서
너희가 예루살렘, 곧 시온에서 행
한 모든 악행대로 내가 바벨론과
갈대아, 곧 바벨론의 모든 주민에
게 갚을 것이다."

25 여호와께서 말씀하셨다. "온 세계
를 멸하는 멸망의 산 바벨론아, 나
는 네 대적이다. 내 손을 네 위에
펴서 너를 바위 위에서 굴리고, 너
를 불에 탄 산처럼 만들 것이다.

26 너는 영원히 황무지가 되어 사람
이 네게서 집 모퉁잇돌이나 기초
돌 하나도 얻을 수 없을 것이다."
여호와의 말씀이다.

27 "땅에 공격 깃발을 올리고, 나라들
을 향해 나팔을 불어 바벨론을 공
격하는 나라들을 동원하라. 바벨
론 북쪽 지역의 아라랏과 민니와
아스그나스 나라들을 불러다가 바
벨론을 공격하라. 사령관을 세워
그를 치되 극성스러운 메뚜기 떼
처럼 그 말들을 몰아오게 하라.

28 메대 사람의 왕들과 그 총독과 관
리들과 그 관할하는 모든 땅을 준
비시켜 바벨론을 치게 하라.

29 땅이 진동하며 소용돌이치는 것은
여호와께서 바벨론을 쳐서 그 땅
을 황폐화하여 주민이 없게 할 계
획을 세우셨기 때문이다.

30 바벨론의 용사는 싸움을 포기하고

1) 사람 2) 구름

그들의 요새에 머무르지만 여인처럼 기력이 약해지며, 그들의 거처는 불에 타고, 그 문빗장은 부러졌다.

31 전령이 전령의 뒤를 이어 달려가 계속 바벨론 왕에게 전하기를 '그 성읍 사방이 함락되었고,

32 모든 나루터는 점령되었으며, 갈대밭이 불탔으며, 군사들이 겁에 질렸습니다'라고 보고할 것이다."

33 만군의 여호와, 이스라엘의 하나님께서 이같이 말씀하셨다. "딸 바벨론은 타작 마당과 같으니 이제 곧 추수 때가 이를 것이다."

34 바벨론의 느부갓네살왕이 포로 된 유다인을 삼키고, 우리를 멸하여 빈 그릇이 되게 하며, 바다 괴물, 큰 뱀처럼 삼키며, 맛있는 음식처럼 먹어 배를 채우고 우리를 쫓아 냈다.

35 예루살렘, 곧 시온 주민은 이렇게 말할 것이다. "내가 받은 폭행과 내 육체에 대한 학대를 바벨론에게 그대로 갚아 주십시오. 내 피 흘린 죄가 갈대아, 곧 바벨론 주민에게로 돌아가길 원합니다."

36 그러므로 여호와께서 이같이 말씀하셨다. "보라, 내가 네 사정을 듣고 너를 위해 복수하리니 바벨론의 바다와 샘을 말릴 것이다.

37 바벨론은 돌무더기가 되어 이리[1]의 소굴과 혐오의 대상과 탄식거리가 되고 사람이 살지 못할 것이다.

38 그들은 다 젊은 사자처럼 소리 지르고, 새끼 사자처럼 으르렁거리며,

39 목이 타고 배가 고플 때[2] 내가 잔치를 베푸리니 그들이 술에 취하여 기뻐하다가 영원히 잠들어 깨지 못하게 할 것이다.

40 내가 그들을 어린 양과 숫양과 숫염소가 도살장으로 끌려가는 것처럼 할 것이다."

41 "슬프다. 바벨론, 곧 세삭이 함락되었다. 온 세상의 칭찬을 받던 성읍이 정복당했다. 슬프다. 어떻게 바벨론이 나라들 가운데 황폐하게 되었는가?

42 바다가 바벨론을 덮치고, 그 성난 물결 소리가 그 땅을 뒤덮었다.

43 그 성읍들은 황폐하게 되어 메마른 땅과 사막이 되리니 사람이 살지 못하고 그곳으로 지나가는 사람이 없다.

44 내가 바벨론의 벨[3] 신을 벌하고, 그가 삼켰던 것을 그의 입에서 토해 내게 하리니 민족들이 다시는 그에게로 몰려들지 않을 것이다. 바벨론 도성의 성벽은 무너졌다.

45 내 백성아, 너희는 바벨론에서 탈출하여 여호와의 진노를 피하라.

46 너희는 마음을 약하게 먹지 말고, 이 땅에서 들리는 소문 때문에 두려워하지 말라. 이 해에도 풍문은 있겠고, 다음 해에도 있을 것이다. 그 땅에는 폭력이 있어 다스리는 자들이 서로 칠 것이다.

47 그러므로 보라, 내가 바벨론의 우상들을 벌할 날이 이를 것이다. 그 온 땅이 수치를 당하겠고, 그 죽은 자들이 널려 있을 것이다.

48 바벨론을 멸망시키는 자가 북쪽에서 그에게 오니 하늘과 땅과 그 안에 있는 모든 것이 바벨론의 멸망을 보고 기뻐 노래할 것이다." 여호와의 말씀이다.

49 "바벨론을 통해 온 세상 사람들이 죽어 쓰러진 것처럼 바벨론도 그들이 죽여 쓰러뜨린 이스라엘처럼

---

1) 승냥이   2) 열정이 일어날 때   3) 마르둑

쓰러질 것이다.

50 칼을 피한 자들은 머뭇거리지 말고 걸어가라. 먼 곳에서 여호와를 기억하고 예루살렘을 너희 마음에 떠올리리라."

51 이방인이 여호와의 거룩한 성전에 들어가 짓밟음으로 우리가 모욕과 수치 때문에 얼굴을 가렸다.

52 보라, 그 우상들을 벌할 날이 이르리니 그 땅에서 부상당한 자들이 한숨을 지을 것이다.

53 설사 바벨론이 하늘에까지 올라 높은 곳에 요새를 피난처로 삼는다고 해도 내가 멸망시킬 자를 보낼 것이다.

54 바벨론으로부터 울부짖는 소리가 들리고, 갈대아, 곧 바벨론 사람의 땅에서 큰 파멸의 탄식 소리가 들린다.

55 그것은 여호와께서 바벨론을 파괴시키사 그들의 떠드는 소리를 사라지게 했기 때문이다. 원수는 거센 물처럼 그 파도가 사나우며, 요란한 소리를 내며 공격한다.

56 바벨론을 멸망시키는 자가 바벨론에 곧 쳐들어온다. 바벨론의 용사들은 사로 잡히고 그들의 활은 꺾일 것이다. 여호와는 보복의 하나님이니 반드시 복수하실 것이다.

57 만군의 여호와라고 불림을 받는 왕이 이같이 말씀하셨다. "내가 그 고관들과 지혜 있는 자들과 총독과 관리들과 용사들을 술에 취하게 하리니 그들을 영원히 깨어나지 못하는 잠에 빠지게 할 것이다.

58 바벨론의 성벽은 파괴되겠고, 그 높은 문들은 불에 타며, 백성들의 수고는 헛수고가 되고, 나라와 민족들의 수고도 불에 타므로 지칠 것이다."

**스라야가 바벨론으로 갈 때
예레미야의 예언을 전하도록 함**

59 ● 유다의 시드기야왕 4년인 BC 593년에 마세야의 손자, 네리야의 아들 스라야가 왕과 함께 바벨론으로 잡혀갈 때 예레미야 선지자가 그에게 말씀을 전했는데, 스라야는 왕의 관리인인 병참감이었다.

60 예레미야가 바벨론에 닥칠 모든 재앙, 곧 바벨론에 대해 기록한 모든 말씀을 한 권의 책에 기록한 후

61 스라야에게 말했다. "너는 바벨론에 도착하면 이 모든 말씀을 읽고

62 이렇게 말하라. '여호와께서 이곳에 대해 말씀하시기를 이 땅을 멸하여 사람이나 짐승이 살지 못하게 하고 영원히 폐허가 될 것이라고 하셨다.'

63 그리고 너는 이 책 읽기를 마친 후 책에 돌을 매달아 유프라테스강 속에 던지라.

64 그리고 말하기를 '바벨론이 내가 내릴 재앙 때문에 이같이 몰락하여 다시 일어서지 못하리니 그들은 쇠퇴할 것이다'라고 하라." 이에 예레미야의 예언[1]이 끝났다.

시드기야와 지도자들의 불순종[2]

52

● 시드기야가 유다의 마지막 왕이 될 때 나이가 21세였다. 예루살렘에서 11년간 나라를 다스렸다. 그의 어머니의 이름은 립나 출신 예레미야[3]의 딸 하무달이다.

2 시드기야는 여호야김의 모든 행위를 따라 여호와께서 보시기에 악을 행했다.

3 여호와께서 예루살렘과 유다에 대해 진노하심이 그들을 그 앞에서

---

1) 말 2) 왕하 24:18~20, 대하 36:11 3) 선지자 예레미야가 아닌 다른 사람

쫓아내실 때까지 이르렀다. 시드기야가 바벨론왕을 배반했다.

바벨론의 4차 유다 침략1)

4 ● 유다의 시드기야왕 통치 9년 열째 달인 1월 10일인 BC 588년에 바벨론 왕 느부갓네살이 그의 모든 군대를 거느리고 예루살렘성을 치러 올라와서 그 성을 향해 진을 치고 주위에 토담을 쌓았다.

5 시드기야왕 11년까지 약 1년 6개월간 예루살렘성을 포위했다.

6 그해 넷째 달인 7월 9일에 성 안에 기근이 심해 그 땅 백성의 양식이 떨어졌다.

7 마침내 그 성벽이 파괴되고 갈대아, 곧 바벨론 사람들이 예루살렘성을 함락시킨 후 그 성읍을 포위했기 때문에 유다의 시드기야왕과 모든 군사가 그들을 보고 밤중에 두 성벽 사이 왕의 동산 옆문 길을 따라 도망하여 샛문을 통해 도성을 빠져나가 아라바 길로 갔다.

8 그러자 갈대아, 곧 바벨론 군대가 그들을 쫓아가 여리고 평지에서 시드기야 일행을 따라잡자 시드기야왕을 호위한 모든 병사가 왕에게서 흩어졌다.

9 이에 바벨론 군사들이 시드기야왕을 사로잡았다. 그리고 느부사라단 사령관은 이들을 시드기야왕과 함께 북쪽으로 약 400km 떨어진 립나에 있는 바벨론의 느부갓네살왕에게 끌고 갔다. 그러자 그가 시드기야왕을 심문했다.

10 그리고 립나에서 시드기야의 아들들과 유다의 모든 고관을 그가 보는 앞에서 죽이고

11 그의 두 눈을 뽑게 하고 놋사슬로 결박하여 바벨론으로 끌고 간 후 그를 죽는 날까지 옥에 가두었다.

여호와의 성전이 파괴됨2)

12 ● 바벨론 왕 느부갓네살 통치 19년째 다섯째 달인 8월 7일에 바벨론 왕의 신복인 사령관3) 느부사라단이 예루살렘에 내려와서 성전에서 칼로 죽이며 청년과 노인과 약한 자들을 불쌍히 여기지 않았다.

13 한편 예루살렘성을 함락시킨 바벨론 군대는 여호와의 성전과 왕궁을 불사르고 예루살렘성 안에 있는 귀인들과 고관들과 백성들의 집까지 모두 불살랐으며, 그들이 갖고 있던 모든 귀한 그릇을 부수고,

14 사령관에게 소속된 바벨론 모든 군대가 예루살렘 주위의 성벽을 헐었다.

15 바벨론 왕의 사령관 느부사라단은 예루살렘성에 남아 있는 백성과 바벨론 왕에게 항복한 자들과 무리 가운데 남은 자를 모두 바벨론으로 잡아가고,

16 유다 땅에는 아무 소유가 없는 비천한 자들만을 남겨 두어 포도밭과 밭을 관리하는 자와 농부가 되게 했다.

17-18 한편 갈대아, 곧 바벨론 사람이 왕과 관리들의 보물과 여호와의 성전의 두 놋 기둥과 받침들과 놋 대야인 놋바다를 깨뜨려 그 놋을 바벨론으로 가져갔다. 또 가마솥들, 부삽들, 부집게들, 주발들, 숟가락들, 성전에서 섬길 때 사용하는 모든 놋 그릇을 가져갔다.

19 그리고 사령관은 잔들, 불 옮기는 그릇들, 주발들, 솥들, 촛대들, 숟가락들, 놋그릇, 곧 바리들4), 금이나

1) 왕하 25:1-7, 렘 39:1,4 2) 왕하 25:6-21,27-30, 렘 39:5-10,27:19 3) 왕하 25:8, 시위대장 4) 대하 36:18 하, 하나님의 전의 대소 그릇들과 여호와의 전의 보물

은으로 만든 것 모두를 가져갔다.

20 또 솔로몬왕이 여호와의 성전을 위해 만든 두 기둥과 한 개의 큰 대야, 곧 놋바다와 그 받침 아래에 있는 12개 놋으로 만든 소 형상 등 이 모든 기구의 놋은 무게를 헤아릴 수 없을 만큼 많았다.

21 그 한 기둥은 높이가 8.1m 되는 18규빗이며, 그 둘레는 12규빗이며, 그 속이 비었고, 그 두께는 네 손가락 굵기이며,

22 그 기둥 꼭대기에는 놋 기둥 머리가 있어 높이가 5규빗[1]이며, 그 머리 사면으로는 돌아가며 꾸민 그물과 석류 모양이 다 놋이었다. 또 다른 기둥의 장식과 그물에도 이런 모든 것과 석류 모양이 새겨져 있었다.

23 그 사면에 있는 석류는 96개이고, 그 기둥에 둘린 그물 위에 있는 석류는 모두 100개였다.

24 그리고 어전 사령관 느부사라단이 스라야 대제사장과 스바냐 부제사장과 성전 문지기 3명을 사로잡았다.

25 또 군사를 거느린 지휘관[2] 한 사람과 성 안에서 만난 왕의 내시 7명[3]과 군인을 감독하는 장관의 서기관 1명과 성 안의 백성 60명을 사로잡았다.

26 그리고 느부사라단 사령관은 이들을

시드기야왕과 함께 북쪽으로 약 400km 떨어진 립나에 있는 바벨론의 느부갓네살왕에게 끌고 갔다. 그러자 그가 시드기야왕을 심문했다.

27 그런 다음 립나에 있는 바벨론 왕은 시드기야왕이 보는 앞에서 그 아들들과 유다의 모든 고관등 그들을 다 죽였다. 이같이 유다가 사로잡혀 본토에서 떠났다.

28 느부갓네살왕 즉위 7년에 느부갓네살이 포로로 잡아간 백성은 이러했다. 유다인이 3,023명이고,

29 느부갓네살 즉위 18년에 예루살렘에서 사로잡아 간 자가 832명이고,

30 느부갓네살 즉위 23년에 왕의 사령관 느부사라단이 사로잡아 간 유다 사람이 745명으로 그 수를 합하면 4,600명이었다.

31 유다 왕이었던 여호야긴이 포로로 잡혀간 지 37년인 BC 561년, 곧 바벨론 느부갓네살왕의 아들인 에윌므로닥 즉위 원년 열두째 달인 3월 25일[4]에 유다 왕 여호야긴을 감옥에서 풀어 주고 그 머리를 들게 했다.

32 그리고 그에게 좋게 말하고, 그의 지위를 그와 함께 바벨론에 있는 다른 모든 각 지역 왕의 지위보다 높여 주었다.

33 또한 죄수 의복을 벗게 하고, 그의 남은 생애에 매일같이 왕 앞에서 음식을 먹게 했다.

34 그가 필요한 것은 날마다 왕에게서 일정한 분량을 받았기 때문에 죽는 날까지 끊어지지 않았다.

1) 왕하 25:17, 3규빗 2) 왕하 25:19, 내시 3) 왕하 25:19, 시종 5명 4) 왕하 25:27, 27일

제목 히브리어 성경에는 본서 첫글자를 원용하여 에마('어찌하여'), 70인역에는 트레노이('애가들')
기록연대 기원전 586년경 **저자** 예레미야 **중심주제** 예루살렘 멸망에 대한 슬픈 노래

내용소개 * 애통 1. 황폐된 예루살렘 1장 * 진노 2. 멸망 후 예루살렘 2장
* 소망 3. 선지자의 고뇌와 기도 3장 * 회개 4. 예루살렘 포위 4장 * 기도 5. 회복을 위한 기도

예루살렘의 슬픔

1 ● 슬프다. 예루살렘성이여, 전에는 사람들로 붐비더니 이제는 어찌 그리 쓸쓸한 성으로 바뀌었는가! 전에는 세상 나라 가운데 으뜸 되던 나라¹⁾가 이제는 과부처럼 되었는가! 전에는 세상 나라 가운데 공주였던 나라가 이제는 강제 노역자가 되었다.

2 밤이 되면 슬피 우니 눈물이 뺨에 흐른다. 사랑하던 자들 가운데도 그를 위로하는 자가 없고, 친구들도 다 배반하여 원수가 되었다.

3 유다는 환난과 많은 고난을 겪다가 잡혀가서 세상 나라에 흩어져 살면서 쉴 곳을 얻지 못하니 그를 쫓는 모든 자가 막다른 곳에서 그를 따라가 잡았다.

4 절기를 지키려고 나아가는 자가 없으니 예루살렘, 곧 시온으로 가는 길들이 슬퍼한다. 예루살렘 모든 성문들은 다니는 사람이 없고, 제사장들은 탄식하며, 처녀들은 슬픔에 잠겨 있으니 예루살렘도 쓰라린 괴로움을 겪는다.

5 그의 대적들이 우두머리가 되고, 그의 원수들이 번영한다. 이는 그의 죄가 많아서 여호와께서 그를 고통스럽고 괴롭게 하셨기 때문이다. 어린 자녀들까지도 적에게 잡혀갔다.

6 딸 시온이 누리던 모든 영광이 떠나갔으니 그의 지도자들은 먹을 풀을 찾지 못한 사슴처럼 뒤쫓는 자 앞에서 힘없이 달아났다.

7 예루살렘이 괴로움으로 떠돌아다니는 날에 옛날에 가졌던 모든 즐거웠던 일을 기억한다. 그의 백성이 적의 손에 쓰러질 때 그를 돕는 자가 없었으니 적들은 그의 멸망을 비웃는다.

8 예루살렘은 큰 범죄로 인해 비웃음거리가 되었으니 이전에 그를 공경하던 자들이 그의 벌거벗은 것을 보고 멸시하므로 그는 탄식하며 뒤돌아간다.

9 그의 부정한 것이 그의 치마²⁾에 있지만 그는 마지막을 생각하지 못한다. 그러므로 비참하게 낮아져도 그를 위로할 자가 없다. 여호와여, 원수가 우쭐거리니 내 괴로움을 살펴주십시오.

10 적들이 손을 뻗어 모든 보물을 빼앗았습니다. 주께서 이미 이방인들이 주의 거룩한 모임에 들어오지 못하도록 명령하셨지만 그들이 그 성전에 들어간 것을 예루살렘이 보았습니다.

11 그 모든 백성이 목숨을 부지하기 위해 보물을 먹을 것과 바꾸었지만 여전히 탄식하며 양식을 구합니다. 여호와여, 내가 얼마나 비천한지를 돌아보십시오.

12 지나가는 모든 나그네들아, 이 모든 것이 너희와는 상관이 없느냐?

---

1) 자 2) 옷깃

내가 당하는 고통이 있는지 보라. 이것은 여호와께서 그의 진노하신 날에 나를 괴롭게 하신 것이다.

13 주는 높은 곳에서 불을 보내 내 뼛속에 스며들게 하시고, 내 발 앞에 그물을 쳐서 나를 물러가게 하셨으며, 온종일 나를 피곤하게 하여 폐인처럼 되게 하셨다.

14 주께서 내 죄악을 그의 손으로 묶고 얽어서 멍에를 만들어 내 목에 얹어 내 힘을 약하게 하시고 내가 이길 수 없는 자의 손에 나를 넘기셨다.

15 주께서 내 영토 안에 있는 내 모든 용사를 몰아내시고, 성벽 안에 있는¹⁾ 내 젊은이들을 쳐부수셨으니 처녀 딸 유다를 내 주께서 포도즙²⁾틀에 밟으셨다.

16 이 일 때문에 내가 우니 내 눈에 눈물이 물처럼 흘러내린다. 나를 위로하고 목숨을 소생시켜 줄 자가 멀리 떠났다. 원수들이 이기니 내 자녀들이 애처롭게 되었다.

17 예루살렘, 곧 시온이 두 손을 펴서 구했으나 그를 위로해 줄 자가 없다. 여호와께서 사방에 있는 적들로 야곱을 치도록 하셨으니 예루살렘은 적들이 볼 때 불결한 성이 되었다.

18 여호와는 의로우시지만 내가 그의 명령을 거역했다. 너희 모든 백성은 내 말을 듣고 내가 겪는 고통을 보라. 내 처녀들과 내 총각들이 잡혀갔다.

19 내가 내 사랑하는 자, 애굽에게 도움을 요청했으나 그들은 나를 속였고, 내 제사장들과 장로들은 자신들의 목숨을 위해 양식을 구하다가 성 안에서 기진했다.

20 여호와여, 나의 고통을 살펴보십시오. 내 속이 끓고 심장이 터질 듯

하는 것은 내 반역이 심히 크기 때문입니다. 밖에서는 칼이 내 아들을 빼앗아 가고, 집안에서는 사망이 있습니다.

21 사람들은 내 신음 소리를 들었지만 나를 위로하는 자가 없었습니다. 내 모든 원수는 내가 고난당하는 것을 듣고 주께서 이렇게 행하신 것을 알고는 기뻐합니다. 그러니 주께서는 그 선포하신 날을 이르게 하셔서 그들이 나처럼 되게 하십시오.

22 그들의 모든 악을 주 앞에 드러나게 하시고, 내 모든 죄악으로 인해 내게 행하신 것처럼 그들에게도 행하십시오. 나는 탄식이 많고 마음은 병들었습니다.

예루살렘에 대한 엄정한 심판

2 슬프다. 주께서 진노하여 딸 시온의 미래를 구름으로 덮으셨는가? 이스라엘의 아름다운 영광을 하늘에서 땅에 던지셨는가? 그의 진노의 날에 그의 발판³⁾마저 기억하지 않으셨다.

2 주께서 야곱의 모든 목장을 파괴하시고, 불쌍히 여기지 않으시며, 분노로 딸 유다의 요새화된 성채들을 허물어 땅에 엎으시며, 나라와 그 지도자들이 수치를 당하게 하셨다.

3 그가 맹렬한 진노로 이스라엘의 모든 힘⁴⁾을 꺾으시고, 원수 앞에서 이스라엘을 지키는 그의 오른손을 거두시며, 불이 주위를 삼키는 것처럼 야곱을 불사르셨다.

4 딸 시온의 장막에 그의 분노를 불처럼 쏟으사 원수처럼 그의 활을 당기시고, 대적처럼 그의 오른손을 들며, 보기에 귀한 모든 사람을 죽이셨다.

5 이처럼 주께서 이스라엘을 원수처럼

1) 성회를 모아 2) 술 3) 성전 또는 법궤 4) 뿔

여겨 삼키셨으니 그 모든 궁궐을 파괴시키시고, 요새화된 성들을 무너뜨림으로 딸 유다에게 신음과 고통을 주었다.

6 주께서 마치 동산을 헐어 버리듯 그의 초막을 헐어 버리시고, 그의 절기를 폐하셨다. 여호와께서 진노하사 예루살렘에서 절기와 안식일을 없애버리시고, 왕과 제사장을 멸시하셨다.

7 또 여호와께서 자기 제단을 버리시고, 자기 성전을 거부하시며, 궁전의 성벽을 원수의 손에 넘기셨으니 그들이 여호와의 성전에서 절기의 날처럼 떠들었다.

8 여호와께서 딸 시온의 성벽을 헐어 버리기로 결심하시고 줄로 측량하여 성벽을 무너뜨릴 때까지 멈추지 않으므로 성벽과 외벽으로 통곡하게 하셨으니 모두 무너졌다.

9 성문 빗장이 부서져 파괴되고, 성문이 땅에 묻혔으며, 왕과 지도자들은 율법 없는 이방인들 가운데 흩어져 있으며, 그 성의 선지자들은 여호와의 계시를 받지 못한다.

10 딸 시온의 장로들은 할말을 잊고 땅에 주저앉아 머리에 먼지를 덮어쓰고, 굵은 베를 허리에 둘렀으며, 예루살렘 처녀들은 머리를 땅에 떨구었다.

11 딸 내 백성이 패망하여 어린 자식들과 젖 먹는 아이들이 성읍 길거리에서 기진하니 내 눈이 눈물로 쇠약해지고, 애가 타며[1], 간이 땅에 쏟아진다.

12 그들이 성읍 길거리에서 부상당한 자처럼 기진하여 그의 어머니들 품에서 숨져 갈 때 어머니들에게 "곡식과 포도주가 어디 있느냐?"라고 말한다.

13 딸 예루살렘이여, 내가 너에 대해 무엇으로 증언하며, 무엇으로 비교할 수 있을까? 무엇으로 너를 위로해 줄 수 있을까? 네 파멸이 바다처럼 크니 누가 너를 고쳐 줄 수 있겠느냐?

14 네 선지자들이 너에 대해 거짓되고, 헛된 계시를 보고, 네 죄악을 밝혀 주지 못함으로 너를 잡혀가게 했다. 그들은 거짓되고 미혹된 것만 보았다.

15 모든 지나가는 나그네가 다 너 예루살렘을 향해 박수치며, 머리를 흔들면서 빈정거린다. "네가 그렇게 된 것이 온전한 영광이다. 네 파멸은 세상 모든 사람의 기쁨이다. 자랑하던 성이 이 성이냐?" 이렇듯

16 네 모든 원수는 너를 향해 입을 삐죽거리며 비웃는다. 또 이를 갈며 말한다. "우리가 그를 삼켰다. 이것이 우리가 바라던 바로 그날이다. 이제 우리가 드디어 그것을 보았다."

17 여호와께서 이미 작정하시고 옛날에 명령하신 말씀을 모두 이루셨다. 너를 불쌍히 여기지 않으시고, 원수가 너를 이기게 하여 즐거워하게 하시며, 네 대적자들의 힘을 강하게 하셨다.

18 그들의 마음이 주를 향해 이렇게 부르짖는다. "딸 시온의 성벽아, 너는 밤낮으로 쉬지 말고 눈물을 강처럼 흘려라.

19 밤이 시작될 때 일어나 부르짖어라. 물을 쏟듯 네 마음을 주 앞에 쏟으라. 길 입구마다 굶주려 쓰러진 네 어린 자녀들을 살려 달라고 주를 향해 손을 들어 빌어라."

20 여호와여, 주께서 누구에게 이같이

---

1) 창자가 끊어지며

행하셨는지 보십시오. 여인들이 왜 그들이 낳은 아이들을 잡아먹으며, 제사장들과 선지자들이 왜 주의 성전에서 죽임을 당합니까?

21 노인과 젊은이가 모두 길바닥에 쓰러졌으며, 처녀들과 총각들이 칼에 쓰러졌습니다. 주께서는 주의 진노의 날에 불쌍히 여기지 않고 죽이셨습니다.

22 주께서는 내가 두려워하는 일들을 절기 때 무리를 부르는 것처럼 사방에서 불러들이셨습니다. 여호와께서 진노하시는 날에는 피하거나 살아남은 자가 아무도 없습니다. 내가 낳아 기른 아이들을 원수가 다 죽였습니다.

여호와의 진노, 회개와 소망

3 나는 여호와의 분노의 매로 인해 고난을 맛보았다.

2 나를 이끌어 빛이 없는 캄캄한 곳으로 걸어가게 하시고,

3 온종일 손을 들어 나를 치고 또 치셨다.

4 내 살가죽을 쇠약하게 하시고, 내 뼈들을 꺾으셨다.

5 쓰라림과 고난이 나를 에워싸게 하시고,

6 죽은 지 오래된 자처럼 나를 어둠 속에서 살게 하셨다.

7 나를 벽으로 에워싸서 빠져나가지 못하게 하시고, 무거운 놋사슬로 채우셨다.

8 내가 부르짖어 도움을 청했지만 내 기도를 듣지 않으셨다.

9 다듬은 돌로 벽을 쌓아 내 길들을 막으시고 내가 가는 길들을 굽어지게 하셨다.

10 주는 내게 엎드려 기다리는 곰과 같고, 은밀한 곳에서 노리는 사자와 같으시니

11 내가 가는 길들을 치우치게 하시고, 내 몸을 찢어서 나를 외롭게 하셨다.

12 나를 화살의 과녁으로 삼아 활을 당기시니

13 화살통 속에 있는 화살들로 내 심장¹⁾을 맞추셨다.

14 나는 내 모든 백성에게 온종일 조롱²⁾거리가 되었다.

15 나를 쓸개즙으로 배부르게 하시고, 쓴 쑥으로 마시게 하셨으며,

16 조약돌로 내 이들을 부러뜨리셨고, 재로 나를 덮으셨다.

17 주께서 내 심령의 평안을 가져갔으니 내가 행복을 잊어버렸다.

18 나는 자신에게 "내 힘과 여호와께 대한 내 소망이 사라졌다"라고 말했다.

19 내가 당한 쓴 쑥과 쓸개즙 같은 괴로움과 고통을 기억하십시오.

20 내가 그것을 기억할 때마다 낙심이 됩니다. 그러나

21 이것을 내가 내 마음에 담아 간직했더니 그것이 나를 기다리게 했습니다.

22 그것은 여호와의 끝없는 사랑과 끝없는 긍휼하심으로 우리가 진멸되지 않았기 때문입니다.

23 주의 그런 사랑과 긍휼하심이 아침마다 새롭고, 주의 신실하심이 크십니다.

24 내 심령은 "여호와는 나의 산업이 되시기 때문에 내가 그를 기다립니다"라고 말한다.

25 여호와는 자기를 기다리는 자들에게나 찾는 자³⁾들에게 선을 베푸십니다.

26 사람이 여호와의 구원을 소망하면서 조용히 기다리는 것이 좋도다.

27 사람은 젊을 때 멍에를 메는 것이 좋도다.

1) 허리　2) 노래　3) 영혼

28 혼자 앉아서 잠잠할 것은 주께서 그 멍에를 그에게 메웠기 때문이다.

29 그대는 묵묵히 겸손하게 살아라[1]. 그러면 소망이 있을지 모른다.

30 자기를 치는 자에게 뺨을 내어주고 치욕을 감수하라.

31 주께서 그런 상황을 언제까지 방치하시지 않기 때문이다.

32 여호와께서는 비록 근심하게 하시지만 그의 크신 사랑으로 우리를 불쌍히 여기실 것이다.

33 주의 본심은 인생으로 고생이나 근심하게 하시는 것이 아니다.

34 주께서 모든 갇힌 자를 짓밟고,

35 지존자의 얼굴 앞에서 사람의 재판을 굽게 하며,

36 사람의 송사를 억울하게 하는 것을 기뻐하지 않으신다.

37 누가 자신이 말한 것을 이룰 수 있는가? 주께서는 말씀하신 것을 반드시 이루신다.

38 복과 화가 영원하신 자의 입에서 나오지 않느냐?

39 살아있는 사람은 자기 죄 때문에 벌을 받는 것인데 어찌 원망할 수 있겠느냐?

40 그러므로 우리가 우리의 행위들을 스스로 살펴보고 여호와께로 돌아가자.

41 우리의 마음을 열고 손을 들어 간구하며 하늘에 계신 하나님께 나아가자.

42 주께서는 우리의 범죄와 거역함을 용서하지 않으시고,

43 몹시 진노하사 우리를 쫓으시고 죽이시며 긍휼을 베풀지 않으셨습니다.

44 주께서는 구름으로 자신을 덮으사 우리의 기도가 이르지 못하게 하십니다.

45 우리를 세상 나라 가운데서 쓰레기와 오물로 만드셨습니다. 그래서

46 우리의 모든 원수가 우리를 향해 입을 크게 벌려 비웃었습니다.

47 우리에게는 오직 두려움과 함정과 파멸과 멸망뿐이다.

48 딸 내 백성의 파멸 때문에 눈물이 시내처럼 흐른다.

49 내 눈물이 쉬지 않고 흐르니

50 여호와께서 하늘에서 내려다보시고 돌아보실 때까지 그럴 것입니다.

51 내 도성에 있는 모든 여자가 겪는 것을 보니 내 마음이 심히 슬프다.

52 내 원수들은 새를 사냥하듯 이유 없이 나를 쫓는다.

53 그들이 내 목숨을 끊으려고 나를 웅덩이에 넣고 그 위에 돌을 던짐이여[2]

54 물이 내 머리 위로 넘치니 내가 "나는 이제 죽었다"라고 생각했다.

55 여호와여, 나는 매우 깊은 웅덩이에서 주의 이름을 불렀습니다.

56 주께서 이미 내 음성을 들으셨으니 이제 내가 탄식으로 부르짖을 때 주께서는 귀담아들어 주십시오.

57 내가 주께 부르짖는 날에 주께서는 내게 가까이 오셔서 "두려워하지 말라"고 말씀하셨습니다.

멍에(yoke 3:27-28)

두 마리의 소나 다른 짐승들이 수레나 쟁기, 썰매, 마차 등을 끌기위해 목에 메는 것을 말한다. 멍에는 모양도 다양하여 목에 얹혀지도록 밧줄로 만든 두 개의 고리 또는 올가미가 달린 멍에가 있었고(렘 28:10), 멍에의 중간에는 한 개의 굴대가 연결되어 있어 쟁기나 마차를 끌었다. 멍에는 나무나 쇠로 만들었는데 짐승 뿐만 아니라 사람을 잡아갈 때도 씌웠다(딤전 6:1). 멍에는 비유적으로 사용되어 멍에를 씌우는 것은 고통이나 속박을 당하는 것으로, 반대로 예속에서 벗어나는 것을 멍에를 꺾는 것으로 표현되었다(렘 28:2).

1) 입을 땅의 티끌에 댈지어다   2) 렘 38:6

58 주께서는 내 원한을 풀어 주시고 내 목숨을 건져 주셨습니다.

59 여호와여, 내가 당한 억울한 일을 보셨으니 나를 위해 바른 판단을 내려주십시오.

60 주께서는 그들의 보복과 나를 해치려는 음모를 다 보셨습니다.

61 그들이 나를 비방하며, 해치려는 모든 것, 곧

62 나를 해치려는 자들의 입술에서 나오는 것들과 나에 대한 음모를 들으셨습니다.

63 그들은 앉으나 서나 나를 조롱하는 것을 노랫거리로 삼은 것을 눈여겨보십시오.

64 여호와여, 그들이 행한 대로 갚으시고,

65 그들에게 고집스러운 마음을 주사 저주를 내리십시오.

66 주의 진노로 그들을 뒤쫓아 여호와의 하늘 아래서 진멸시키십시오.

멸망 후 예루살렘의 참상

4 ● 슬프다. 어찌하여 금이 빛을 잃고 순금이 변질되었으며, 성전의 돌들이 거리 입구마다 쏟아졌는가?

2 어찌하여 순금만큼 보배로운 시온, 곧 예루살렘의 아들들이 토기장이가 빚은 질그릇 항아리 정도로 여김을 받는가?

3 들개들도 그들의 새끼에게 젖으로 먹이지만 딸 같은 내 백성의 예루살렘은 마치 자기 알을 품지 않는 광야의 타조처럼 잔인하다.

4 젖먹이가 목이 타서 혀가 입천장에 붙고, 어린 아이들이 빵을 달라고 하지만 주는 사람이 없다.

5 맛있는 음식을 먹던 자들이 거리마다 처량하게 있으며, 이전에는 호화로운 붉은 옷을 입고 자라난 자들이 이제는 거름 더미에서 뒹군다.

6 전에 손 쓸 틈도 없이 순식간에 무너진 소돔 사람의 죄보다 이제는 딸 내 백성 예루살렘의 죄가 더 크다.

7 전에는 귀한 몸이 눈보다 깨끗하고, 우유보다 희며, 산호들보다 붉어서 그들의 윤택함은 갈아서 빛낸 청옥, 곧 사파이어와 같았다.

8 그러나 이제는 그들의 얼굴이 숯보다 검고, 그들의 살가죽은 뼈들에 붙을 만큼 막대기처럼 말라서 거리에서 알아보는 사람이 없다.

9 칼에 죽은 자들이 차라리 굶주려 죽은 자들보다 나은 것은 토지 소산이 끊어져서 서서히 죽는 사람보다 칼에 찔려 죽은 사람이 더 낫기 때문이다.

10 딸 내 백성이 멸망할 때 자비로운 어머니조차도 자기들의 자녀들을 삶아 먹었다.

11 여호와께서 맹렬한 진노를 쏟으사 예루살렘에 불을 질러 그 터를 사르셨다.

12 세상의 어떤 왕들과 천하의 백성들도 대적과 원수가 예루살렘 성문으로 쳐들어갈 줄을 믿지 못했다.

13 이런 일이 일어난 것은 성읍 안에서 선지자들과 제사장들이 의인들을 죽인 죄 때문이었다.

14 예루살렘성의 선지자들과 제사장들이 거리에서 앞을 못 보는 사람처럼 방황하지만 그들의 옷이 피에 더러워졌기 때문에 아무도 존경의 표시로 그들의 옷자락, 곧 옷술을 만지지 않는다.

15 사람들이 그들에게 외쳐 말하기를 "저리 가라. 부정하다. 저리 가라. 만지지 말라"고 했으니 그들이 도망하여 방황할 때 이방인들이 말한다. "그들이 다시는 이곳에서 살지

못할 것이다."

16 여호와께서 진노하사 그들을 흩으시고 다시는 돌보지 않을 것이다. 그러므로 백성들은 제사장들을 공경하지 않고, 장로들을 대접하지 않는다.

17 우리가 도움을 바라며 눈이 빠지도록 기다렸으나 헛되었고, 우리를 구해 내지 못할 나라를 헛되이 바라보았다.

18 침략자들이 우리를 엿보니 우리가 거리를 다닐 수 없었다. 우리의 날들은 끝났으며, 우리의 마지막이 이르렀다.

19 우리를 뒤쫓는 자들이 하늘의 독수리들보다 빠르니 산꼭대기까지 뒤쫓으며, 광야에서도 우리를 잡으려고 매복했다.

20 우리의 힘¹⁾, 곧 여호와께서 기름 부으신 자가 그들의 함정에 빠졌다. 그는 우리가 전에 그에 대해 "우리가 그의 보호를 받으며 이방인들 가운데서 살 것이다"라고 말했던 자이다.

21 우스 땅에 사는 딸 에돔은 즐거워하며 기뻐하라. 네게도 잔이 내리리니 네가 취해 벌거벗을 것이다.

22 딸 시온아, 이제는 네 죄악의 형벌을 다 치렀으니 주께서 다시는 너로 잡혀가지 않게 하실 것이다. 그러나 딸 에돔은 주께서 그 죄악을 벌하시며, 허물을 드러내실 것이다.

긍휼을 위한 마지막 기도

5 ● 여호와여, 우리가 겪은 일과 당한 치욕을 기억해 주십시오.

2 우리의 산업과 집들도 이방인들에게 넘어갔습니다.

3 우리는 아버지 없는 고아가 되고, 우리의 어머니는 과부가 되었으니

4 우리가 은을 주어야 물을 마시고,

땔감 나무조차도 돈을 주어야 가져옵니다.

5 우리를 뒤쫓는 자들이 우리의 목에 멍에를 씌웠으니 우리가 지쳐도 쉴 수가 없습니다.

6 우리는 양식을 얻어 굶주림을 채우기 위해 애굽 사람과 앗수르 사람에게 손을 내밀었습니다.

7 우리의 조상들이 죄를 지었으나 조상들은 없어졌고 우리가 조상들의 죄를 대신 짊어졌습니다.

8 바벨론의 종들이 우리를 통치하지만 그들의 손에서 구해 줄 자가 없습니다.

9 광야에는 약탈하는 칼이 있기 때문에 양식을 얻으려면 죽기를 각오해야 합니다.

10 우리의 피부는 굶주림 때문에 생긴 열기로 아궁이처럼 검게 되었습니다.

11 대적들이 예루살렘에서 여인들을 욕보이고, 유다 각 성읍에서 처녀들을 욕보였습니다.

12 지도자들은 그들의 손에 매달려 죽고, 장로들은 존경을 받지 못합니다.

13 젊은이들은 맷돌을 돌리고, 아이들은 나무를 지다가 넘어지며,

14 노인들은 성문에서 하던 일을 하기 위해 다시 앉지 못하며, 젊은이들은 더 이상 노래를 부르지 않습니다.

15 우리의 마음에는 기쁨이 사라졌고, 우리의 춤은 슬픔으로 변했습니다.

16 우리의 머리에서는 면류관이 떨어졌으니 그것은 우리가 죄를 지었기 때문입니다.

17 이로 인해 우리의 마음이 아프고, 우리의 눈들이 어두워졌으며,

1) 콧김

18 시온산은 폐허가 되어 여우만이 다니고 있습니다.

19 여호와여, 주는 영원하시니 주의 보좌는 대대로 이어집니다.

20 그런데 어찌하여 우리를 영원히 잊으시며, 이토록 오랫동안 버려 두십니까?

21 여호와여, 우리를 주께로 돌이켜 주십시오. 그러면 우리가 주께로 돌아갈 것입니다. 우리의 날들을 다시 옛날처럼 새롭게 하십시오.

22 주께서 우리를 아주 버리셨습니까? 우리를 향한 진노하심이 참으로 크십니다.

에스겔   Ezekiel

제목 히브리어 성경에는 인명에 따라 예헤츠케헬, 70인역에도 저자의 인명에 따라 붙임

기록연대 기원전 570–560년경   **저자** 에스겔   **중심주제** 남유다 멸망과 회복에 대한 예언

내용소개 * 유다의 멸망 (포로 전): 심판 1. 에스겔의 소명 1–3장 2. 징조와 설교 4–6장
3. 멸망의 이유 7–11장 4. 심판에 대한 비유 12–24장 * 유다의 적 (포로 중): 심판 5. 적국에 대한 심판
예언 25–28장 6. 애굽에 대한 심판 예언 29–32장 * 유다의 장래 (포로 후): 위로 7. 이스라엘의 회복을
예언 33–39장 8. 새 성전에 대한 환상 40–48장

여호와의 보좌

1 ● 30년째인 에스겔 30세쯤, 넷째 달인 7월 5일이었다. 내가 사로잡힌 자와 함께 대운하인 그발 강가에 있을 때 하늘이 열리며 하나님의 모습이 내게 보였다.

2 그날은 여호야긴왕이 사로잡힌 지 5년 넷째 달인 7월 5일, BC 592년이었다.

3 갈대아, 곧 바벨론 땅 그발 강가에서 여호와의 말씀이 부시의 아들 제사장 나 에스겔에게 특별히 임하고, 나는 여호와의 권능에 사로잡혀 있었다.

4 내가 보니 북쪽에서 폭풍과 큰 구름이 몰려오는데 그 속에 번쩍이는 불이 있고, 사방에 광채가 있었으며, 그 가운데 금빛 광선1) 같은 것이 보였다.

5 그리고 그 속에서 네 생물의 형상이 나타나는데, 그 모양은 이렇다.

6 그들 네 생물에게 각각 4개 얼굴과 4개 날개가 있고,

7 그들의 다리는 곧은 다리였으며, 그들의 발바닥은 광이 나는 구리처럼 빛나는 송아지 발바닥과 같았다.

8 그 네 생물 사방의 날개 밑에는 각각 사람의 손이 있었다. 그 네 생물의 얼굴과 날개가 이러했다.

9 날개는 다 서로 맞닿아 있었는데, 움직일 때는 돌이키지 않고 일제히 앞을 향해 곧바로 나아갔다.

10 그 얼굴들의 모양은 넷의 앞쪽은 사람의 얼굴이고, 넷의 오른쪽은 사자의 얼굴이며, 넷의 왼쪽은 소의 얼굴이고, 넷의 뒤쪽은 독수리의 얼굴이었다.

11 날개는 위로 펼쳐져 있었는데 각기 둘씩 서로 맞닿아 있었고, 나머지 두 날개로는 몸을 가렸다.

12 주의 영이 어떤 쪽으로 가든지 그

1) 단쇠

생물들도 그 영이 가는 대로 곧바로 나아갔다.

13 또 생물들의 모양은 활활 타오르는 숯불과 횃불 모양 같았는데, 광채가 있고 그 가운데서는 번개가 일어나는 불이 네 생물 사이에서 오르락내리락했다.

14 그 네 생물은 번개 모양처럼 왕래했다.

15 내가 네 생물을 바라보니 그들 생물 곁에 있는 땅 위에는 4개 얼굴에 따라 하나씩 각각의 바퀴가 있었다.

16 그 바퀴의 모양과 구조는 빛나는 황옥, 곧 녹주석처럼 보였는데, 그 넷은 모양이 똑같았다. 그들의 모양과 구조는 바퀴 안에 바퀴가 있는 것 같았다.

17 그들이 움직일 때는 사방으로 돌이키지 않고 곧장 가며,

18 그 바퀴 테는 높고 무서웠으며, 그 네 둘레로 돌아가면서 눈1)이 가득했다.

19 그 네 생물이 움직일 때는 바퀴들도 그 곁에서 함께 가고, 그들 생물이 땅에서 떠오를 때도 바퀴들이 들려서

20 주의 영이 어떤 쪽으로 가든지 생물들도 그 영이 가려고 하는 곳으로 가고, 바퀴들도 그 곁에서 위로 들렸다. 그것은 네 생물의 영이 그들 바퀴 한가운데 있었기 때문이다.

21 생물의 영이 그들 바퀴 가운데 있었기 때문에 네 생물이 가면 이들도 가고, 그들이 땅에서 떠오를 때는 이들도 그 곁에서 떠올랐다.

22 그 네 생물의 머리 위에는 보기에도 두려운 수정 같은 하늘 공간의 형상이 펼쳐져 있고,

23 그 하늘 공간 밑에는 생물들의 펼쳐진 날개가 서로 맞닿아 있었는데,

이 생물이나 저쪽 생물이나 모두 두 날개로 몸을 가렸다.

24 내가 생물들이 움직일 때 그 날개 소리를 들으니 그것은 많은 물소리와도 같았고, 전능자의 음성과도 같았으며, 군대의 요란한 소리와도 같았다.

25 네 생물의 머리 위에 있는 하늘 공간 위에서 음성이 들렸다. 네 생물이 멈출 때는 날개를 내렸다.

26 그 머리 위의 하늘 공간 위에는 보좌의 형상이 있어 그 모양이 사파이어, 곧 남보석같고, 그 보좌의 형상 위에는 사람 모양 같은 한 형상이 있었다.

27 내가 보니 그 허리 위의 모양은 금빛 광선2) 같아서 그 속과 주위가 불과 같았다. 그 허리 아래의 모양도 불과 같아서 사방으로 광채가 났다.

28 그 사방 광채의 모양은 비 오는 날 구름 속에 나타나는 무지개와 같았다. 그 모양은 여호와의 영광의 형상이다. 그 모습을 본 나는 얼굴을 땅에 대고 말씀하시는 이의 음성을 들었다.

선지자로 부름 받은 에스겔

2 그가 내게 말씀하셨다. "인자 에스겔아, 일어서라. 내가 너에게 말할 것이다."

2 그가 내게 말씀하실 때 영이 내게 임하사 내 발을 일으켜 세우셨고, 나는 그가 말씀하시는 소리를 들었다.

3 내게 말씀하시기를 "에스겔아, 내가 너를 패역하고 나를 거역하는 이스라엘 자손에게 보낸다. 그들과 그 조상들이 내게 범죄하여 오늘까지 이르렀다.

4 이 민족은 얼굴이 뻔뻔하고 마음이

1) eye   2) 단 쇠

완고한 자들이다. 내가 너를 그런 자들에게 보내니 너는 그들에게 '여호와는 이렇게 말씀하신다'라고 말하라.

5 그들은 패역한 족속이니 그들이 듣든 듣지 않든 자기들 가운데 선지자가 있다는 것만은 알게 될 것이다.

6 에스겔아, 비록 네가 가시와 찔레 속에 살고 전갈 옆에서 살고 있다고 해도 그들이나 그들의 말을 두려워하지 말라. 그들은 거역하는 민족이니 그 면전에서 무서워하지 말라.

7 그들은 심히 거역하는 자들이다. 그들이 듣든 듣지 않든 너는 내 말을 전하라.

8 너 에스겔아, 내가 네게 이르는 말을 듣고 그 거역하는 민족처럼 거역하지 말라. 네 입을 벌려 내가 네게 주는 것을 받아 먹으라"고 하셨다. 이에

9 내가 보니 한 손이 나를 향해 펴져 있고, 그 안에는 두루마리 책이 있었다.

10 그가 그것을 내 앞에 펼치자 그 안쪽과 바깥쪽에 글이 기록되어 있는데, 그것은 애가와 탄식과 재앙의 말이었다.

3 또 그가 내게 말씀하셨다. "에스겔아, 네가 보고 있는 이 두루마리 책을 받아 먹고 가서 이스라엘 민족에게 말하라."

2 내가 입을 벌리니 그가 그 두루마리 책을 내게 먹이며

3 말씀하셨다. "에스겔아, 내가 네게 주는 이 두루마리 책을 네 배에 넣어 네 속을 채워라." 이에 내가 먹으니 그것이 내 입에서 꿀처럼 달았다.

4 그가 또 내게 말씀하셨다. "에스겔아, 이스라엘 민족에게 가서 내 말로 그들에게 전하라.

5·6 너를 다른 언어를 사용하거나 그들의 말을 알아듣지 못하는 백성이나 나라에게 보내는 것이 아니라 이스라엘 족속에게 보내는 것이다. 만일 내가 너를 다른 언어를 사용하는 백성에게 보냈다면 그들은 반드시 네 말을 들었을 것이다.

7 그러나 이스라엘 민족은 이마가 굳고 마음이 굳어 네 말을 듣지 않을 것이다. 네 말을 듣지 않는 것은 곧 내 말을 듣지 않는 것이다.

8·9 보라, 내가 그들의 얼굴과 이마를 마주 대하도록 네 얼굴을 굳게 했고, 네 이마를 화석보다 단단한 금강석, 곧 다이아몬드처럼 했다. 그러므로 그들이 거역하는 민족이라도 두려워하지 말며, 그들의 면전에서 두려워하지 말라."

10 또 내게 말씀하셨다. "에스겔아, 내가 네게 하는 모든 말을 너는 마음으로 받아들이고 귀담아들으라. 그리고

11 사로잡힌 네 민족에게로 가서 그들이 듣든 듣지 않든 그들에게 '여호와는 이렇게 말씀하신다'라고 전하라."

12 그때 주의 영이 나를 들어 올리시는데 내 뒤에서 지진[1] 소리를 들었다.

전갈(겔 2:6)

가재와 생김새가 비슷한 절지 동물로 꼬리에는 맹독이 있는 독침이 있다. 몸길이는 6㎝ 정도가 되며 야행성으로 주로 사막에서 벌레들을 잡아먹고 산다. 성서에서는 잔혹함(왕상 12:11)과 선지자가 겪어야 할 고난과 고통(겔 2:6)을 표현하는 상징적인 뜻으로 사용되었다.
신약에서는 원수나 악의 세력을 상징하는 표현으로 사용되었고(눅 10:19), 최후에 악인들이 받을 고난에 대해 전갈의 특성과 비교하여 묘사하기도 했다(계 9:3,5).

1) 크게 울리는

"찬양하라. 여호와의 영광이 그의
처소로부터 나오는도다."

13 그것은 생물들의 날개가 서로 부
딪치는 큰 소리와 생물 곁에 크게
울리는 바퀴 소리이다.[1]

14 주의 영이 나를 들어 올려 데려가
실 때 내가 괴롭고 화가 난 마음으
로 가자 여호와의 능력이 힘 있게
나를 감동시켰다.

15 이에 내가 텔아빕에 이르러 사로
잡혀 대운하인 그발 강가에 거주
하는 자들에게 나아가 그 가운데
서 두려워 떨며 7일을 지냈다.

파수꾼으로서의 에스겔

16 ● 7일 후 여호와께서 나에게 말씀
하셨다.

17 "인자 에스겔아, 내가 너를 이스라
엘 족속의 파수꾼으로 세웠으니
너는 내 말을 듣고 나를 대신하여
그들에게 경고하라.

18 가령 내가 악인에게 '너는 반드시
죽을 것이다'라고 말할 때 네가 경
고하지 않거나, 그에게 말로 권면
하여 그가 악한 길에서 떠나 목숨
을 구하게 하지 않으면 그 악인은
자신의 죄 때문에 죽을 것이다. 그
러나 그가 죽은 책임을 네게 물을
것이다.

19 반면 네가 악인에게 경고했지만
그가 악한 마음과 악한 행실에서
돌아서지 않으면 그는 그의 죄악
때문에 죽을 것이다. 그러나 너는
목숨을 보존할 것이다.

20 또 의인이 옳은 길에서 떠나 악한
일을 할 때는 이미 그가 행한 의로
움이 없어지고, 내가 그 앞에 거치
는 것, 덫을 두어 그를 죽게 할 것
이다. 그것은 네가 그에게 경고하
지 않았기 때문에 죽을 것이다. 그러나 그가

죽은 책임을 내가 네게 물을 것이다.

21 반면 네가 그 의인에게 경고하여
그가 범죄하지 않게 되면 그는 죽
지 않을 것이다. 이는 그가 깨우침
을 받았기 때문이며, 너도 네 목숨
을 보존할 것이다."

22 여호와께서 능력으로 나를 사로잡
으시고, 내게 말씀하셨다. "일어나
들로 나아가라. 내가 그곳에서 네
게 말할 것이다."

23 이에 내가 일어나 들[2]로 나가 보니
여호와의 영광이 그곳에 머물렀는
데, 예전에 그발 강가에서 보았던
영광과 같았다. 내가 곧바로 땅에
엎드리자[3]

24 주의 영이 내게 임하고 내 발을 일
으키시고 내게 말씀하셨다. "너는
네 집에 가서 방에 들어가 문을 잠
그라.

25 에스겔아, 사람들이 밧줄로 너를
묶으리니 네가 그 사람에게서 빠
져나오지 못할 것이다.

26 내가 네 혀를 입천장에 붙게 하여
네가 말 못하는 자가 되어 그들을
책망하는 자가 되지 못하게 할 것
이다. 그들은 거역하는 족속이기
때문이다.

27 그러나 내가 너와 말할 때는 네 입
을 열 것이니 너는 그들에게 '여호
와는 이렇게 말씀하신다'라고 말하
라. 들을 자는 듣고, 듣기를 싫어하
는 자는 듣지 않을 것이다. 그들은
거역하는 족속이다."

예루살렘을 그리고 에워싸라는 명령을 받음

4 ● "너 인자 에스겔아, 토판을 가
져다가 그것을 네 앞에 놓고 예
루살렘성을 그 위에 그려라.

2 그 성읍에 포위망을 치고, 사다리를

---

1) 겔 1:24　2) 골짜기　3) 겔 1장

세우고, 성을 향해 흙으로 둔덕을 쌓고, 그것을 향해 진을 치며, 그것을 향해 공성퇴를 둘러 세우라.

3 또 철판을 가져다가 너와 성읍 사이에 두어 철벽으로 세우고, 네 얼굴은 성벽을 향해 포위된 성을 지켜보라. 이것이 이스라엘 족속에게 표징이 될 것이다.

4 너는 또 왼쪽으로 누워 이스라엘 족속의 죄악을 네 옆에 두되 네가 눕는 날수만큼 그 죄악을 담당할 것이다.

5 내가 그들의 범죄한 햇수대로 네게 누워 있는 390일의 기간을 정했다. 너는 그 날수만큼 이스라엘 족속의 죄악을 담당하고

6 그 날수가 차면 다시 오른쪽으로 40일 동안 누워 유다 족속의 죄악을 담당하라. 나는 네게 1년을 1일로 계산해 주었다. 그러므로 유다의 죗값은 40년이다.

7 너는 또 네 얼굴을 포위된 예루살렘을 향하고 팔을 걷어 올리고 예언하라.

8 내가 줄로 너를 매리니 네가 예루살렘의 포위가 풀릴 때까지 몸을 이리 저리 돌려 눕지 못할 것이다.

9 너는 밀, 보리, 콩, 팥, 조, 귀리를 가져다가 한 그릇에 담고 너를 위해 빵을 만들어 네가 옆으로 누워 있는 390일 동안 먹으라.

10 너는 음식물을 달아서 하루 228.4g 되는 20세겔씩 때를 따라 먹고,

11 물도 하루에 때를 따라 0.6리터 되는 6분의 1힌씩 재어 마시라.

12 너는 그것을 보리 빵처럼 만들어 먹되 그들이 보는 앞에서 인분으로 불을 피워 구워라."

13 또 여호와께서 말씀하셨다. "내가 이스라엘 자손을 쫓아낼 여러 나라에서 이같이 부정한 빵을 먹게 되리라."

14 이에 내가 말했다. "여호와여, 나는 어려서부터 지금까지 저절로 죽은 것이나 짐승에게 찢긴 것을 먹지 않았고, 가증한 고기를 먹음으로 자신1)을 더럽힌 일이 없습니다."

15 그러자 여호와께서 나에게 말씀하셨다. "그렇다면 인분 대신에 쇠똥으로 허락하니 너는 그것으로 빵을 구워라."

16 또다시 내게 말씀하셨다. "에스겔아, 내가 예루살렘에서 사람들이 의지하는 양식을 끊으리니 백성이 근심 가운데 빵을 무게로 달아 먹고, 두려움 가운데 물이 부족하여 재어 마실 것이다.

17 그들은 빵과 물이 부족해 서로 절망에 빠지며, 그 죄악 가운데서 멸망당할 것이다."

머리털과 수염을 깎는 것의 상징

5 ● "너 인자 에스겔아, 너는 머리털을 깎는 삭도 대신에 날카로운 칼을 가져다가 네 머리털과 수염을 깎아서 저울로 달아 나누어 보관하라.

2 예루살렘 성읍의 포위 기간이 끝나면 너는 깎은 털의 3분의 1은 성읍 안에서 불사르고, 3분의 1은 성읍 주위에서 칼로 치고, 3분의 1은 바람에 날려 버려라. 그러면 내가 그 뒤를 따라가면서 칼을 뺄 것이다.

3 너는 깎은 털을 조금 남겨 두었다가 네 옷자락에 싸고,

4 또 그 가운데서 얼마를 불사르라. 그러면 그 속에서 불이 나와 온 이스라엘 족속에게로 번질 것이다.

5 여호와께서 이같이 말씀하셨다. "이것이 예루살렘의 운명이다. 내가

1) 영혼

예루살렘을 이방인 가운데 두어 나라들에 둘러싸이게 했다. 그럼에도

6 너희는 내 규례와 율례를 거역하여 이방인과 주위 나라보다 악을 더 행했다.

7 그러므로 나 여호와가 말한다. 너희의 소란이 너희 주위에 있는 이방인들보다 더하여 내 율례를 행하지 않고, 내 규례를 지키지 않았으며, 그렇다고 너희 주위에 있는 이방인들의 규례대로 행하지도 않았다.

8-9 그러므로 나 여호와가 말한다. 내가 너를 치며, 네 가증한 일로 인해 이방인 앞에서 전무후무하게 벌을 내릴 것이다.

10 그렇게 되면 너희 가운데서 아버지가 아들을 잡아먹고, 아들이 그 아버지를 잡아 먹을 것이다. 또 너희 가운데 살아남은 자를 다 사방으로 흩을 것이다.

11 그러므로 나 여호와가 말한다. 내가 내 삶을 두고 맹세하니 너희가 모든 미운 물건, 곧 우상과 혐오스러운 일로 내 성전을 더럽혔으니 나도 너를 아끼거나 불쌍히 여기지 않고 너희를 심히 약하게 하며,

12 너희 가운데서 3분의 1은 전염병과 기근으로 굶어 죽으며, 3분의 1은 네 사방에서 칼에 맞아 죽으며, 3분의 1은 내가 사방에 흩어 버리고 그 뒤를 따라 가며 칼을 뺄 것이다.

13 이와 같이 내 분노가 다한 후에야 그들을 향한 분노가 풀려 내 마음이 가라앉을 것이다. 그러고 나서 그들이 나 여호와가 열심으로 말한 줄을 알게 될 것이다."

14 내가 말한다. 또 너를 황무하게 하고, 네 주위에 있는 이방인들 가운데서 모든 지나 가는 자 앞에서 비웃음

거리가 되게 할 것이다.

15 내 분노와 무서운 징계로 네게 심판하리니 네 주위에 있는 이방인들에게 네가 수치와 비난거리가 되고 두려움과 경고가 될 것이다.

16 내가 멸망하게 하려는 자로 기근의 화살을 너희에게 보낼 때 극심한 가뭄으로 너희가 의지하는 양식을 끊을 것이다.

17 또 내가 기근과 악한 짐승을 너희에게 보내 자식을 앗아가므로 외롭게 하고, 너희 가운데 전염병과 살육이 일어나게 하며, 전쟁[1]이 일어나게 할 것이다. 나 여호와의 말이다."

여호와께서 우상 숭배를 심판하심

6 ● 여호와께서 나에게 말씀하셨다.

2 "인자 에스겔아, 너는 이스라엘 산을 두고 이렇게 예언하라.

3 이스라엘 산들아, 여호와의 말씀을 들으라. 여호와께서 산들과 언덕들과 시내들과 골짜기들을 향해 이같이 말씀하셨다. '내가 전쟁을 너희에게 일어나게 하여 너희 산당을 멸할 것이다.

4 너희 제단들은 폐허가 되고, 향을 피우는 분향단들은 부서지며, 너희 죽은 자들은 너희 우상 앞에 던져 버릴 것이다.

5 이스라엘 자손의 시체를 그 우상 앞에 두고, 너희 뼈들을 너희 제단 사방에 흩을 것이다.

6 너희가 거주하는 성읍마다 사막이 되고, 산당은 황폐하게 될 것이다. 그래서 너희 제단이 깨어져 황폐하게 되며, 너희 우상들이 부서져 사라지며, 너희 분향단들이 파괴되며, 너희가 손으로 만든 것이 완전히 없어질 것이다.

1) 칼

7 또 너희가 죽임을 당해 쓰러지게 할 것이다. 이는 너희로 내가 여호와인 줄을 알게 하려는 것이다.

8 그러나 너희가 여러 나라에 흩어질 때 내가 너희 가운데서 얼마간 살아남게 하여 이방인들 가운데 살아가게 할 것이다.

9 그렇게 살아남은 자는 이방인들 가운데 살면서 나를 기억하며 자신들이 음란한 마음으로 나를 떠나고, 음란한 눈으로 우상을 섬겨 나를 근심하게 한 것을 기억하고 스스로 한탄할 것이다. 그 모든 가증스러운 일로 악을 행했기 때문이다.

10 그제야 그들이 내가 여호와인 줄을 알게 될 것이다. 내가 이런 재앙을 그들에게 내리겠다고 한 말은 반드시 이루어질 것이다.'"

11 여호와께서 이같이 말씀하셨다. "너는 손뼉을 치고 발을 구르면서 외치라. 이스라엘 족속이 모든 가증스러운 악을 행하므로 전쟁1)과 기근과 전염병으로 망했도다.

12 먼 곳에 있는 자는 전염병에 죽고, 가까운 곳에 있는 자는 칼에 쓰러져 죽으며, 살아남아 포위된 자는 기근으로 굶어 죽을 것이다. 이같이 내 진노를 그들에게 쏟으리니

13 그렇게 죽은 자들의 시체가 그 우상들 사이와 제단 사방에 뒹굴고, 우상에게 분향하던 높은 고개 위와 모든 산꼭대기와 모든 푸른 나무 아래와 무성한 상수리나무 아래에 널려 있을 것이다. 이로 인해 너희는 내가 여호와인 줄을 알게 될 것이다.

14 내가 내 손을 그들의 위에 펴서 남쪽의 광야에서 북쪽 레바논의 디블라까지 그들이 사는 곳을 황무지가

되게 하리니 그들이 내가 여호와인 줄을 알게 될 것이다."

이스라엘의 마지막이 다가옴

7 여호와께서 나에게 말씀하셨다.

2 "너 인자 에스겔아, 여호와께서 이스라엘 땅에 대해 이같이 말씀하셨다. 이 땅의 구석까지 마지막이 왔다.

3 이제는 네게 종말이 왔으니 내 진노를 네게 쏟아 네 행위를 심판하고 네 모든 가증한 일을 갚을 것이다.

4 내가 너를 불쌍히 여기거나 긍휼을 베풀지도 않고, 네 행실에 따라 벌하여 네 가증한 일이 너희 가운데 벌어지게 할 것이다. 그제야 너희는 내가 여호와인 줄을 알게 될 것이다."

5 여호와께서 이같이 말씀하셨다. "이제까지 없던 재앙이 드디어 왔다.

6 마지막 종말이 네게 왔다. 보라, 드디어 그것이 왔다.

7 이 땅 주민아, 정해진 재앙이 네게 임했다. 그때가 왔으니 바로 요란한 날이 가까이 왔다. 그것은 산에서 환호하는 날이 아니라 혼란의 날이다.

8 이제 내가 속히 내 진노를 네게 쏟아 네 행위에 따라 너를 심판하여 네 모든 가증한 일을 갚을 것이다.

9 내가 너를 불쌍히 여기거나 긍휼을 베풀지도 않고, 네 행위에 따라 너를 벌하여 네 가증한 일이 너희 가운데서 벌어지게 할 것이다. 그제야 너희는 나 여호와가 징벌하는 자임을 알게 될 것이다.2)

10 보라, 그날이 다가왔다. 정해진 재앙이 이르렀으니 매질할 몽둥이가 꽃이 피고, 교만이 싹이 났다.

1) 칼 2) 겔 7:4

11 포학이 일어나서 죄악의 몽둥이가 되었으니 이들 백성과 무리의 재물은 하나도 남지 않으며, 그중 좋은 것들도 남는 것이 없을 것이다.

12 때가 왔고, 진노가 그 모든 무리에게 임하니 물건을 사는 자라고 기뻐하지 말고, 파는 자라도 슬퍼하지 말라.

13 설사 물건을 판 자가 살아있다고 해도 이미 팔린 것을 얻기 위해 돌아갈 기회가 없을 것이다. 그것은 이 땅에 보여줄 계시는 돌이킬 수 없고1), 죄를 지은 사람이 자기의 목숨을 부지할 수 없기 때문이다.

14 그들이 나팔을 불어 모든 전쟁 무기를 준비했어도 전쟁에 나갈 사람이 없으니 이는 내 진노가 그 모든 무리에게 이르렀기 때문이다.

15 성 밖에는 전쟁2)이 있고, 안에는 전염병과 굶주림이 있어 밭에 있는 자는 칼에 죽고, 성읍 안에 있는 자는 굶주림과 전염병으로 죽을 것이다.

16 도망한 자들이 산 위로 피하고, 각기 자기 죄악 때문에 골짜기의 비둘기들처럼 슬피 울 것이다.

17 모든 손은 맥이 풀리고, 모든 무릎은 출렁이는 물처럼 비틀거릴 것이다.

18 그들은 굵은 베로 허리를 묶고, 두려움이 그들을 덮을 것이다. 모든 얼굴에는 부끄러움이 가득 차 있고, 근심으로 머리털이 빠져 대머리가 될 것이다.

19 그들은 은을 거리에 던지며, 금을 오물처럼 여길 것이다. 여호와께서 진노를 내리는 날에 그들의 은금이 능히 그들을 건지지 못하고, 그 마음을 만족하게도 못하며, 그 굶주린 배3)를 채우지 못하며, 오직 죄를 짓게 하는 걸림돌이 될 것이다.

20 그들은 그 화려한 장식으로 인해 교만을 품었고 그것으로 혐오스러운 우상과 미운 물건을 만들었으니 내가 그것을 그들에게 쓰레기가 되도록 만들 것이다. 그래서 그것을

21 이방인에게 넘겨 노략당하게 하고, 세상 악인에게 전리품으로 주어 그들이 약탈하여 더럽히게 할 것이다.

22 또 내가 그들을 모르는 체하리니 포악한 자들이 내 은밀한 처소인 성전을 더럽힐 것이다.

23 너는 쇠사슬을 만들라. 피 흘리는 죄가 이 땅에 가득하고, 포악이 그 성읍에 가득찼기 때문이다.

24 내가 심히 악한 이방인들을 데려와서 그들로 그 집들을 차지하게 하고 강한 자의 교만을 꺾으리니 그들의 성전을 더럽힐 것이다.

25 파멸이 이르리니 그들이 평안을 구해도 없을 것이다.

26 환난이 겹치고, 불길한 소문이 계속될 때 그들이 선지자에게서 계시를 구하지만 얻지 못하고, 제사장들에게는 율법이 없어지고, 장로들에게는 지혜4)가 사라질 것이다.

27 왕은 통곡하고, 지도자들은 옷 입듯 놀라며, 주민의 손은 떨릴 것이다. 내가 그 행실대로 갚아 주고,

풍습

대머리(겔 7:18)

바벨론을 비롯한 근동 지역에서는 장례에서 애도 할 때, 혹은 국가적 슬픔이 있을 때, 자기들의 신에게 헌신할 때 머리를 미는 풍습이 있었다. 율법은 이런 이방 풍습이 우상 숭배에서 유래되었기 때문에 엄하게 금하고 있다. 본절에서는 이스라엘이 대머리가 되는 징벌을 받게 될 것이라고 예언하고 있다.

1) 무리에게 돌아오지 아니하고 2) 칼 3) 창자 4) 책략

그 죄악에 따라 심판할 것이다. 이로 인해 그들은 내가 여호와인 줄을 알게 될 것이다."

예루살렘의 우상 숭배

8 ●여호야긴왕이 사로잡힌 지 6년째 여섯째 달인 9월 5일, BC 591년에 나는 집에 앉았고 유다의 장로들이 내 앞에 앉아 있을 때 여호와의 능력이 내게 임했다.

2 내가 보니 사람의 형상¹⁾이 있었다. 그 허리 아래의 모양은 불 같고, 허리 위에는 광채가 나서 금빛 광선²⁾ 같은 모습이었다.

3 그가 손 모양 같은 것을 보내 내 머리털 한 줌을 잡았다. 그리고 주의 영이 나를 들어 땅과 하늘 사이로 들어 올리시고 하나님의 환상 가운데 나를 이끌고 예루살렘으로 가서 북쪽을 향한 문 안뜰 입구에 이르렀다. 그곳은 질투를 일으키는 우상의 자리가 있는 곳이다.

4 이스라엘 하나님의 영광이 그곳에 있는데, 그것은 내가 들³⁾에서 본 모습과 같았다.⁴⁾

5 그가 내게 말씀하셨다. "인자 에스겔아, 이제 너는 눈을 들어 북쪽을 바라보라." 이에 내가 북쪽을 바라보니 제단 문 입구 북쪽에 그 질투의 우상이 있었다.

6 그가 또 내게 말씀하셨다. "에스겔아, 이스라엘 족속이 무엇을 하는지 보이느냐? 그들이 이곳에서 행하는 심히 혐오스러운 일을 행하여 나를 내 성전에서 멀리 떠나게 한다. 너는 다시 다른 곳에서 심히 혐오스러운 일을 볼 것이다."

7 그리고 그가 나를 이끌고 뜰 문으로 이끌었는데, 담에 구멍이 하나 있었다.

8 그가 내게 말씀하셨다. "에스겔아, 너는 이 담을 헐어라." 이에 내가 그 담을 허물자 문 하나가 있었다.

9 다시 내게 말씀하셨다. "너는 들어가서 그들이 그곳에서 행하는 악하고 가증한 일을 보라." 이에

10 내가 들어가 보니 여러 종류의 곤충과 불결한 짐승과 이스라엘 족속의 모든 우상이 그 사방 벽에 새겨져 있었다.

11 이스라엘 족속의 장로 중 70명이 그것들 앞에 서 있었고, 사반의 아들 야아사냐도 그곳에 서 있었다. 그들 각각의 손에 향로가 있었는데, 향의 연기가 구름처럼 올라갔다.

12 또 내게 말씀하셨다. "에스겔아, 이스라엘 족속의 장로들이 각자 그 우상이 있는 캄캄한 방안에서 행하는 것을 보았느냐? 그들은 '여호와께서 우리를 보지 않으시니 여호와께서 이 땅을 버리셨다'라고 말한다.

13 너는 다시 그들이 행하는 심히 혐오스러운 또 다른 일을 볼 것이다."

14 그가 또 나를 데리고 여호와의 성전 북문 입구로 데려갔다. 내가 보니 그곳에 여인들이 앉아 바벨론의 신 담무스를 위해 울고 있었다.

15 그가 또 내게 말씀하셨다. "에스겔아, 네가 보았느냐? 너는 이보다 더 심한 혐오스러운 일을 볼 것이다."

16 그가 또 나를 데리고 여호와의 성전 안뜰로 데리고 갔다. 내가 보니 여호와의 성전의 현관과 제단 사이에 있는 문에서 약 25명의 사람이 여호와의 성전을 등지고 얼굴을 동쪽으로 향해 동쪽에 있는 태양에게 경배하고 있었다.

1) 불같은 형상 2) 단 쇠 3) 골짜기 4) 겔 3:23

17 그때 내게 말씀하셨다. "에스겔아, 네가 보았느냐? 유다 족속이 이곳에서 행한 혐오스러운 일을 어찌 가볍다고 말할 수 있겠느냐? 그들이 그 땅을 폭행으로 채우고, 또 다시 나를 분노케 했으니 심지어 나뭇가지를 코에 대며 우상을 섬긴다.

18 그러므로 나도 분노를 쏟아 그들을 불쌍히 여기거나 긍휼을 베풀지 않을 것이다. 그들이 큰 소리로 내게 부르짖어도 듣지 않을 것이다."

예루살렘을 향한 여호와의 분노

9 ● 또 그가 큰 소리로 내게 외쳐 말씀하셨다. "이 성읍을 관할하는 자들은 각자 죽이는 철퇴 무기를 손에 들고 나오라."

2 이에 내가 보니 6명이 북쪽을 향한 윗문 길로 나오는데 각 사람의 손에는 철퇴 무기를 잡았고, 그중 한 사람은 가는 베옷을 입고 허리에 서기관의 먹물통을 차고 있었다. 그들은 들어와서 놋 제단 곁에 서 있었다.

3 두 날개 달린 생물인 그룹에 머물러 있던 이스라엘 하나님의 영광이 성전 문지방으로 가더니 여호와께서 그 가는 베옷을 입고 서기관의 먹물통을 찬 사람을 불러 말했다.

4 "너는 예루살렘 성읍을 순찰하여 그 성에서 행해지는 모든 혐오스러운 일로 인해 탄식하며 우는 자들의 이마에 표를 그려라."

5-6 그리고 주님은 내가 듣는 데서 말씀하셨다. "너희는 성읍을 다니며 혐오스러운 일을 행하는 자들을 모두 죽여라. 그들을 불쌍히 여기거나 긍휼을 베풀지 말고 늙은 자와 젊은 자와 처녀와 어린이와 여자를 모두 죽여라. 다만 이마에 표 있는 자에게는 손을 대지 말라. 이 일을 내 성전에서 시작할 것이

다." 그러자 그들이 성전 앞에 있는 늙은 자들부터 죽이기 시작했다.

7 주께서 또 베옷을 입고 먹물통을 찬 그들에게 말씀하셨다. "너희는 그 죽인 시체를 모든 뜰에 채워 성전을 더럽히라. 너희는 이제 나아가라." 그러자 그들이 성읍으로 들어가서 사람을 죽이기 시작했다.

8 그때 내가 혼자 그곳에 있었는데 엎드려 주께 부르짖었다. "여호와여, 예루살렘을 향해 분노를 쏟으시니 이스라엘의 살아남은 자를 모두 진멸하려고 하십니까?"

9 그가 내게 말씀하셨다. "이스라엘과 유다 족속의 죄악이 너무 커서 그 땅에 피가 가득하고, 그 성읍에 불법이 가득 찼다. 이는 그들이 말하기를 '여호와께서 이 땅을 버리셨으니 여호와께서 보시지 않는다'라고 했기 때문이다.

10 그러므로 내가 그들을 불쌍히 여기거나 긍휼을 베풀지 않고, 그들의 행위대로 그들의 머리에 갚아 줄 것이다.

11 보라, 가는 베옷을 입고 허리에 먹물통을 찬 사람이 주께 보고하기를 '주께서 명령하신 대로 내가 준행했습니다'라고 했다."

성전을 떠난 여호와의 영광

10 ● 이에 내가 보니 두 날개 달린 생물인 그룹들 머리 위 하늘 공간 위에 남보석, 곧 사파이어 같은 보좌의 형상이 있었다.

2 하나님께서 가는 베옷을 입은 사람에게 말씀하셨다. "너는 그룹들 밑에 있는 바퀴 사이로 들어가 두 손에 숯불을 가득 움켜 가지고 나와 성읍 위에 뿌려라." 그러자 그가 내가 보는 앞에서 바퀴 사이로 들어갔다.

3 그 사람이 들어갈 때 그룹들은 성전 오른쪽에 서 있고, 구름은 안뜰에 가득하며,

4 여호와의 영광이 그룹에서 올라와 성전 문지방에 이르자 성전에 구름이 가득했고, 뜰에는 여호와의 영화로운 광채가 가득했다.

5 그룹들의 날개 소리가 바깥 뜰까지 들렸는데, 전능하신 하나님께서 말씀하시는 음성과 같았다.

6 하나님께서 가는 베옷을 입은 자에게 명령하셨다. "바퀴들 사이, 곧 그룹들 사이에서 불을 가져가라." 그러자 그가 가서 바퀴 옆에 섰다.

7 이에 한 그룹이 다른 그룹들 사이에서 손을 뻗어 그 그룹들 사이에 있는 불을 집고 나서 가는 베옷을 입은 자의 손에 넘겨주자 그가 받아 들고 나갔다. 그때

8 그룹들의 날개 밑에 사람의 손 같은 것이 보였다.

9 내가 보니 그룹들 곁에 4개 바퀴가 있는데 그 바퀴 모양이 황옥, 곧 녹주석 같았다.

10 그 모양은 4개가 똑같았고 마치 바퀴 안에 바퀴가 있는 것 같았다.

11 그룹들이 갈 때는 몸을 돌리지 않고 그 머리가 향하는 쪽으로 곧장 나아갔다.

12 그 온몸과 등과 손과 날개와 그룹들 바퀴 둘레에 다 눈¹⁾이 가득했다.

13 내가 들으니 그 바퀴들을 '도는 바퀴'라고 불렀다.

14 그룹들에게는 각 바퀴마다 얼굴 넷이 있었다. 첫째는 그룹의 얼굴이며, 둘째는 사람의 얼굴이며, 셋째는 사자의 얼굴이며, 넷째는 독수리의 얼굴이었다.

15 그룹들이 올라가니 그들은 내가 그발 강가에서 보았던 생물이다.

16 그룹들이 갈 때는 바퀴도 그 곁에서 함께 가고, 그룹들이 날개를 들고 땅에서 올라가려고 할 때도 바퀴가 그 곁을 떠나지 않았다.

17 그룹들이 서면 바퀴들도 서고, 그룹들이 올라가면 바퀴들도 함께 올라갔다. 그것은 생물의 영이 바퀴 가운데 있었기 때문이다.

18 여호와의 영광이 성전 문지방을 떠나서 그룹들 위에 머물렀다.

19 그룹들이 날개짓을 하며 내가 보는 앞의 땅에서 올라가는데 바퀴도 그 곁에서 함께 올라갔다. 그룹들은 여호와의 성전으로 들어가는 동쪽 문에 머물고, 이스라엘 하나님의 영광은 그룹들 위를 덮었다.

20 그것은 내가 그발 강가에서 보던 이스라엘의 하나님 아래에 있던 생물이었다. 그래서 그들이 그룹인 줄을 내가 알았다.

21 4그룹은 각기 4개 얼굴과 4개 날개가 있으며, 날개 밑에는 사람의 손 형상이 있었다.

22 그 얼굴의 형상은 내가 그발 강가에서 보았던 얼굴이며, 그 모양과 몸도 똑같았는데 각기 곧장 앞으로 갔다.

예루살렘의 심판과 회복

11 ● 그때 주의 영이 나를 들어 올려서 여호와의 성전 동쪽으로 난 문으로 이끄셨다. 그곳에서 보니

📍성경지리 　그발강(겔 10:20)

그발강(Chebar River)은 이라크 닙푸르(Nippur) 동쪽에 위치한 쇼트 엔 닐(shatt en-Nil)과 동일한 운하로 여겨진다. 이곳은 페니키아 지역에 있는 그발(비블로스)과는 다른 곳이다. 에스겔은 닙푸르 동쪽에 있는 이 그발 강가에서 그룹(천사)의 얼굴, 사람의 얼굴, 사자의 얼굴, 독수리의 얼굴을 한 환상을 보았다.

그 문에 25명이 있었다. 그중에서 내가 백성들의 지도자인 앗술의 아들 야아사냐와 브나야의 아들 블라댜를 보았다.

2 여호와께서 나에게 말씀하셨다. "인자 에스겔아, 이 두 사람은 이 성에서 악한 생각을 가지고 악한 계획을 세우는 자들이다.

3 그들은 '지금은 집을 건축할 때가 아니니 이 예루살렘 성읍은 솥이 되고, 우리는 그 안에 담긴 고기다' 라고 말한다.

4 그러므로 에스겔아, 너는 그들을 규탄하며 예언하라."

5 여호와의 영이 내 위에 내려 말씀하셨다. "너는 이스라엘 족속에게 이렇게 말하라. 여호와께서 이렇게 말씀하셨다. '너희 마음에서 일어나는 것을 내가 다 알고 있으니 너희가 예루살렘성은 솥이고, 우리는 고기라고 말했다.'

6 너희가 이 성읍에서 사람을 많이 죽여 그 거리를 시체로 채웠다.

7 그러므로 너희가 말한 대로 이 성읍 가운데서 너희가 죽인 시체는 바로 그 고기이고, 이 성읍은 그 솥이다. 그러나 내가 너희를 예루살렘에서 내쫓을 것이다.

8 나 여호와가 말한다. 너희가 칼을[1] 두려워하니 내가 바벨론의 칼로 너희에게 이르게 하고,

9 너희를 예루살렘 성읍에서 끌어내어 이방인의 손에 넘기고 너희에게 벌을 내려

10-12 너희가 칼에 쓰러져 죽을 것이다. 내가 이스라엘 국경에서 너희를 심판하리니 이 예루살렘성은 너희를 보호하는 솥이 되지 못하고, 너희는 그 솥에서 보호받는 고기가 되지 못할 것이다. 그제야 너희는

내가 여호와인 줄을 알게 될 것이다. 너희는 내 율례를 행하지 않고, 규례를 지키지 않았으며, 너희 사방에 있는 이방인의 규례대로 행했다."

13 이에 내가 예언할 때 브나야의 아들 블라댜가 죽자 내가 엎드려 큰 소리로 부르짖었다. "여호와여, 이스라엘의 남은 자를 모두 진멸하려고 하십니까?"

14 여호와께서 나에게 말씀하셨다.

15 "에스겔아, 예루살렘 주민이 네 형제와 친척과 온 이스라엘 족속을 향해 '너희는 여호와에게서 멀리 떠나라. 이 땅은 우리에게 유업으로 주신 것이다'라고 말했다.

16 그런즉 너는 이렇게 말하라. '여호와의 말씀에 내가 그들을 이방 나라[2]로 멀리 쫓아내어 여러 나라에 흩었으나 그들이 가 있는 나라들에서 내가 잠시 동안 그들에게 성전이 되리라.

17 그리고 너희를 흩은 세상 모든 나라에서 모아 이스라엘 땅을 너희에게 주리라.'

18 그러면 그들이 본토로 가서 그곳에 있는 모든 우상과 혐오스러운 것을 없애버릴 것이다.

19 그때 내가 그들에게 한마음을 주고, 그들 속에 새로운 영을 주어 그 몸에서 돌처럼 굳은 마음을 제거하고, 살처럼 부드러운 마음을 줄 것이다. 그래서

20 내 율례대로 살고, 내 규례를 지켜 행하게 할 것이다. 그때 그들은 내 백성이 되고, 나는 그들의 하나님이 될 것이다.

21 그러나 마음속으로 우상과 혐오스러운 것을 따르는 자는 내가 그 행위에 따라 그 머리에 갚아 줄 것이다.

1) 전쟁 2) 이방인

나 여호와의 말이다.”

22 그때 두 날개 달린 생물인 그룹들이 날개를 펼치고, 바퀴도 그 곁에 있었으며, 이스라엘 하나님의 영광이 그 그룹 위를 덮었다.

23 여호와의 영광이 예루살렘 성읍에서 올라가 성읍 동쪽의 감람산에 머무르고,

24 하나님의 영의 환상 가운데 주의 영이 나를 데리고 갈대아, 곧 바벨론에 있는 사로잡힌 자들이 있는 곳으로 데려가셨는데, 그때 내가 본 환상이 나를 떠나 올라갔다.

25 내가 사로잡힌 자들에게 여호와께서 나에게 보이신 모든 일을 말해 주었다.

포로가 될 것을 나타내는 상징적 행위

12
● 여호와께서 다시 내게 말씀하셨다.

2 “인자 에스겔아, 너는 거역하는 족속 가운데서 살고 있다. 그들은 눈이 있어도 보지 않고, 귀가 있어도 듣지 않는다. 그들은 거역하는 족속이다.

3 에스겔아, 너는 포로의 모습으로 짐을 꾸리고 대낮에 그들의 목전에서 길을 떠나라. 네가 포로들처럼 끌려가는 모습으로 네 거처를 옮기는 것을 그들이 보면 비록 거역하는 족속이긴 하지만 왜 그러느지 깨달을 수도 있을 것이다.

4 그때 너는 대낮에 그들 앞에서 짐을 밖에 내놓기를 포로로 끌려가는 모습의 짐처럼 하고, 해가 질 때는 그들 앞에서 포로로 끌려가는 자처럼 밖으로 나가라.

5 너는 그들이 보는 앞에서 벽[1]을 뚫고 그 구멍으로 네 짐을 갖고 나가라.

6 또 어두웠을 때 그들이 보는 앞에서 짐을 어깨에 메고 나가며, 땅을 보지 않도록 얼굴을 가리라. 그렇게 하는 이유는 내가 너를 통해 이스라엘 족속에게 표징이 되게 하려는 것이다.”

7 이에 내가 여호와의 명령대로 행했다.

8 이튿날 아침 여호와께서 내게 말씀하셨다.

9 “에스겔아, 거역하는 이스라엘 족속이 네게 ‘무엇을 하느냐’라고 묻지 않더냐?

10 이제 너는 그들에게 이렇게 대답하라. ‘여호와의 말씀에 이것은 예루살렘 왕과 그 가운데에 있는 이스라엘 온 족속에 대한 계시이다.

11 그것은 여호와께서 너희에게 나타날 표징이다.’ 나 에스겔이 행한 대로 그들도 포로로 잡혀갈 것이다.

12 무리가 벽[1]을 뚫고 짐을 구멍으로 가지고 나가며, 그중 왕은 어둘 때 어깨에 짐을 메고 나가며, 눈으로 땅을 보지 않으려고 자기 얼굴을 가릴 것이다.”

13 내가 또 시드기야왕[2] 위에 그물을 치고 내 덫에 걸리게 하여 그를 갈대아 땅의 바벨론 도성으로 끌고 가게 할 것이다. 그는 그곳에서 죽게 되며, 눈이 멀어 그 땅을 보지 못할 것이다.[3]

14 내가 왕의 호위병과 경호 부대들을 다 사방으로 흩어 버리고, 칼을 빼들고 그 뒤를 쫓을 것이다.

15 내가 그들을 이방인 가운데로 흩어지게 하고 이방 여러 나라로 쫓아낸 후에야 그들은 내가 여호와인 줄을 알게 될 것이다.

16 그러나 내가 그중 몇 사람을 남겨

1) 성벽 2) 그의 3) 왕하 25:7, 렘 39:7

두어 전쟁1)과 굶주림과 전염병으로 죽지 않게 하여 그들이 잡혀간 이방인 가운데서 자기의 모든 혐오스러운 일을 뉘우치게 할 것이다. 그때 그들은 내가 여호와인 줄을 알게 될 것이다."

17 여호와께서 나에게 말씀하셨다.

18 "에스겔아, 너는 떨면서 네 음식을 먹고, 놀라고 걱정하면서 물을 마시며,

19 이 땅의 백성에게 말하라. '여호와께서 예루살렘 주민과 이스라엘 땅에 대해 말씀하시기를 그들이 걱정하면서 음식을 먹으며, 두려움 가운데서 물을 마시는 것은 이 땅 모든 주민의 포악이 땅에 가득하므로 황폐하게 되었기 때문이다.

20 사람이 거주하는 성읍들이 황폐하며, 땅에 사는 사람이 없으리니 너희는 내가 여호와인 줄을 알게 될 것이다.'"

속담과 계시

21 ● 여호와께서 나에게 다시 말씀하셨다.

22 "인자 에스겔아, 이스라엘 땅에서 '그날이 길고 모든 계시가 사라질 것이다'라고 하는 그들의 이 속담이 어찌 된 일이냐?

23 그러므로 너는 그들에게 전하라. '여호와께서 이같이 말씀하시기를 내가 이 속담을 멈추게 하리니 사람이 다시는 이스라엘 가운데서 이 속담을 말하지 못할 것이다. 예루살렘 멸망의 그날과 모든 계시의 응함이 가까우니

24 이스라엘 족속 가운데 헛된 계시나 아첨하는 점괘는 다시 있지 못할 것이다.'"

25 여호와께서 말씀하셨다. "내가 말하리니 내가 하는 말이 다시는 지체

되지 않고 이루어질 것이다. 거역하는 족속이여, 나는 너희가 죽기 전에 말하고 그것을 이룰 것이다."

26 여호와께서 나에게 말씀하셨다.

27 "에스겔아, 이스라엘 족속은 '네가 보는 계시는 여러 날 후의 일이니 그가 아득히 먼 날에 대해 예언한 것이다'라고 말한다.

28 그러므로 너는 그들에게 전하라. '여호와의 말씀에 다시는 내 말이 하나도 지체되지 않고 다 이루어질 것이다. 여호와의 말이다.'"

거짓 선지자의 최후

13 ● 여호와께서 나에게 말씀하셨다.

2 "인자 에스겔아, 너는 자기 마음대로 예언하는 이스라엘의 선지자들에게 규탄하며 예언하라. 너희는 여호와의 말씀을 들으라.

3 여호와의 말씀에 내가 보여준 것도 없이 자기 마음에 따라 예언하는 어리석은 선지자에게 화가 있을 것이다.

4 이스라엘아, 네 선지자들은 황무지에 있는 여우와 같다.

5 너희 선지자들은 성벽이 무너졌어도 그곳에 올라가지 않았고, 이스라엘 족속을 위해 여호와의 날에 전쟁을 예비하기 위해 성벽을 보수하지도 않았다.

6 그들은 여호와께서 말씀하셨다고 하면서 헛된 것과 속이는 점괘를 보며, 내가 보내지도 않았음에도 그 말이 확실히 이루어지기를 바라고 있다.

7 너희는 내가 말한 것도 아닌데 '여호와의 말씀'이라고 말하면서 어찌 헛된 계시를 보며, 속임수 점괘를 말하는 것이냐?'"

1) 칼

8·9 그러므로 여호와께서 이같이 말씀하셨다. "너희 선지자들이 헛된 계시를 보고 말하며 속이는 점을 쳤으니 내 손이 그들을 쳐서 내 백성의 모임인 공회에 들어오지 못하게 하고, 이스라엘 족속의 호적에도 기록되지 못하게 하며, 이스라엘 땅에도 들어가지 못하게 할 것이다. 그때 너희는 내가 여호와인 줄을 알게 될 것이다.

10 이렇게 그들을 벌하는 이유는 그들이 내 백성을 어긋난 길로 인도하여 일이 잘 안 되는데도¹⁾ 일이 잘 된다고²⁾ 속였기 때문이다. 그들은 사람들이 담을 쌓으면 그곳에 회칠을 하는 자들이다.

11 그러므로 너는 회칠하는 자에게 말하라. '폭우가 내리고, 큰 우박을 내리며, 폭풍이 몰아치면 그 담은 무너질 것이다.'

12 그 담이 무너진즉 어떤 사람이 너희에게 '그 담에 칠한 회가 어디 있느냐'라고 말하지 않겠느냐?"

13 그러므로 나 여호와가 말한다. "내가 진노하여 폭풍을 일으키고, 폭우를 내리며, 큰 우박을 내려 그 담을 무너뜨릴 것이다.

14 회칠한 담을 내가 이렇게 허물어 땅에 넘어뜨리고, 그 기초가 드러나게 할 것이다. 담이 무너진즉 너희가 그 가운데서 망할 것이다. 그때 너희는 내가 여호와인 줄을 알게 될 것이다.

부적(겔 13:20)

팔목에 두르는 부적 띠로 개역 성경에는 '방석'이라고 번역했고(겔 13:18), 공동번역에는 '토시'로 번역했다. 실제로 성경에서는 팔목에 두르는 부적을 방석이라고 하기도 했다.

15 이와 같이 내가 내 분노를 담과 그 담에 회칠한 자에게 모두 쏟아 너희로 '담도 없어지고, 그 담에 회칠한 자들도 없어졌다'라고 말하게 할 것이다.

16 그들은 바로 예루살렘에 대해 '일이 잘 안 되는데도 일이 잘 된다'라고 예언하던 이스라엘의 거짓 선지자들이다."

17 너 에스겔아, 네 백성 가운데 자기 마음대로 예언하는 여자들을 규탄하며 이렇게 예언하라.

18 "여호와의 말씀에 사람의 영혼을 사냥하려고 팔목³⁾마다 부적을 꿰어 매고, 키에 맞추어 머리에 쓰는 너울⁴⁾을 만드는 여자들에게 화가 있을 것이다. 너희는 어찌하여 내 백성의 영혼을 사냥하면서도 자신의 영혼은 살아남으려고 하느냐?

19 너희는 몇 움큼의 보리와 몇 조각의 빵 때문에 내 백성이 보는 앞에서 나를 욕되게 했다. 너희가 거짓말을 그대로 믿는 내 백성에게 거짓말을 하여 죽어서는 안 될 영혼을 죽이고, 살아서는 안 될 영혼은 살리려고 하느냐?'

20 그러므로 나 여호와가 이같이 말한다. "너희가 새를 사냥하듯 영혼들을 사냥하는 데 사용하는 부적을 내가 너희 팔목에서 떼어 버리고, 너희가 새를 잡듯 사냥한 그 영혼들을 풀어 줄 것이다.

21 너희가 만든 얼굴 가리개를 찢어서 내 백성을 너희 손에서 건져 낼 것이다. 그래서 다시는 너희의 사냥물이 되지 않게 하리니 너희는 내가 여호와인 줄을 알게 될 것이다.

22 내가 슬프게 하지 않은 의인의 마

---

1) 평강이 없으나 2) 평강이 있다고 3) 손목 4) 수건

음을 너희가 속이는 말로 근심하게 하고, 악인을 도와 그들을 강하게 하여 그 악한 길에서 돌이켜 새로운 삶을 얻지 못하게 했다.

23 그러므로 너희가 다시는 헛된 계시를 보지 못하고, 점괘도 치지 못할 것이다. 그래서 내가 내 백성을 너희 손에서 구해내리니 너희는 내가 여호와인 줄을 알게 될 것이다."

여호와께서 우상 숭배를 심판하심

14 ●이스라엘 장로 몇 사람이 나를 찾아와 내 앞에 앉았을 때

2 여호와께서 나에게 말씀하셨다.

3 "인자 에스겔아, 이 사람들이 자기 마음속에 우상을 섬기고, 죄를 짓게 만드는 장애물을 자기 앞에 두었는데 그들이 내게 묻는다고 내가 그들을 만나 줄 수 있겠느냐?"

4 그러므로 너는 그들에게 말하라. "나 여호와가 말한다. 이스라엘 족속 가운데 자기 마음속에 우상을 섬기고, 죄를 짓게 만드는 장애물을 자기 앞에 두고, 거짓 선지자에게로 가는 모든 자에게 나 여호와가 그 우상의 수효대로 대답해 줄 것이다.

5 이는 이스라엘 족속이 다 그 우상으로 인해 나를 배반했기 때문에 내가 그들의 마음을 사로잡아 그들을 돌이키기 위해서이다."

6 그러므로 너는 이스라엘 족속에게 이렇게 말하라. "여호와의 말씀에 너희는 회개하고 우상과 모든 가증한 것에서 떠나라.

7 이스라엘 족속과 그들과 함께 머물러 사는 이방인 가운데서 누구든지 나를 떠나 자기 마음속에 우상을 섬기고, 죄를 짓게 만드는 장애물을 자기 앞에 두고, 내게 묻기 위해 선지자를 찾아가는 모든 자에게는 나 여호와가 친히 대답할 것이다.

8 그래서 그 사람을 대적하여 그들을 똑바로 보고 징표와 속담거리가 되게 하여 내 백성 가운데서 진멸시킬 것이다. 그때 너희는 내가 여호와인 줄을 알게 될 것이다.

9 만일 선지자가 꾐에 빠져 예언을 하면 그것은 나 여호와가 그 선지자를 꾀임에 빠지도록 한 것이다. 내가 손을 뻗어 내 백성 이스라엘 가운데서 그를 없앨 것이다.

10 거짓 선지자의 죄악과 그에게 묻는 자의 죄악이 같으니 각자 자기의 죄악을 담당할 것이다.

11 이는 이스라엘 족속이 다시는 나를 떠나 치우치지1) 않고, 다시는 모든 죄로 스스로 더럽히지 않도록 하기 위함이다. 그때 그들을 내 백성으로 삼고, 나는 그들의 하나님이 될 것이다. 여호와의 말씀이다."

예루살렘 멸망의 필연성

12 ●여호와께서 나에게 말씀하셨다.

13 "에스겔아, 가령 어떤 나라가 불법을 행하여 내게 죄를 지으면 내 손을 그 위에 뻗어 그들이 의지하는 양식인 빵을 끊고, 기근을 보내 사람과 짐승을 그 나라에서 진멸시킨다고 하자.

14 비록 그곳에 노아, 다니엘, 욥이 세 사람이 있다고 해도 그들은 자기의 의로움으로 자기의 목숨만 건질 것이다."

15 예를 들어 내가 사나운 짐승으로 그 땅을 다니게 하여 그 짐승 때문에 그 땅이 황폐하게 되어 사람이 다니지 못하게 한다고 하자.

16 비록 그곳에 노아, 다니엘, 욥이 세 사람이 있다고 해도 내 삶을 두고

1) 미혹되어

맹세하니 그들이라도 자녀까지는 구하지 못하고 자기의 목숨만 건지겠고, 그 땅은 황폐할 것이다.

17 가령 내가 전쟁의 칼을 그 땅에 임하게 하여 '칼아, 그 땅을 다니며 휘두르라'고 명령하여 그곳의 사람과 짐승을 진멸시킨다고 하자.

18 비록 그곳에 노아, 다니엘, 욥 이 세 사람이 있다고 해도 내 삶을 두고 맹세하니 그들도 자녀까지는 구하지 못하고 자기의 목숨만 건질 것이다.

19 가령 내가 내 분노를 그 땅에 쏟아 그곳에 전염병을 보내 그곳의 사람과 짐승을 진멸시킨다고 하자.

20 비록 그곳에 노아, 다니엘, 욥이 있다고 해도 내 삶을 두고 맹세하니 그들도 자녀까지는 구하지 못하고 자기의 의로움으로 자기의 목숨만 건질 것이다."

21 여호와께서 이같이 말씀하셨다. "내가 전쟁과 굶주림과 악한 짐승과 전염병 이 4가지를 동시에 예루살렘에 내려 사람과 짐승을 진멸시킬 것이니 그 피해가 얼마나 심하겠느냐?

22·23 그러나 그속에서도 재앙을 피해 살아남은 자들 가운데 자기 자녀를 데리고 나올 자²가 있을 것이다. 그들이 바벨론의 포로 된 너희에게로 나아올 것이다. 그때 너희가 그들의 악한 행동과 행실을 보면 내가 예루살렘에 내린 재앙이 이유 없이 한 것이 아니라 이스라엘을 회복시키기 위한 것임을 깨달아 너희가 위로를 받게 한 것임을 알게 될 것이다."

쓸모없는 포도나무의 비유

15 ● 여호와께서 나에게 말씀하셨다.

2 "인자 에스겔아, 포도나무가 모든 나무보다 나은 것이 무엇이냐? 숲속의 여러 나무 가운데서 포도나무 가지가 나은 것이 무엇이냐?

3 그 나무를 가지고 무엇을 만들 수 있겠느냐? 그것으로 그릇을 걸어 놓을 못을 만들 수 있겠느냐?

4 오로지 땔감으로 불에 던져질 뿐이다. 불이 그 나무의 두 끝인 남북 두 왕국을 사르고 그 가운데 있는 예루살렘도 태웠다면 어디에 쓸수 있겠느냐?

5 그것이 온전할 때도 어떤 것을 만드는 데 합당하지 않거든 하물며 불에 탄 후에야 무엇을 만들겠느냐?"

6 그러므로 여호와께서 이같이 말씀하셨다. "내가 숲속에 있는 포도나무를 불에 던질 땔감이 되게 한 것처럼 예루살렘 주민도 그같이 할 것이다.

7 내가 그들을 대적하여 그들이 그 불에서 나와도 불이 그들을 사를 것이다. 내가 그들을 대적할 때 너희는 내가 여호와인 줄을 알게 될 것이다.

8 내가 그 땅을 황폐하게 하는 것은 그들이 죄를 지었기 때문이다."

하나님의 사랑과 예루살렘의 간음

16 ● 여호와께서 나에게 말씀하셨다.

2 "인자 에스겔아, 예루살렘으로 가증한 일을 저질렀다는 사실을 알게 하라."

3 여호와께서 예루살렘에 대해 이같이 말씀하셨다. "네 고향³과 태어난 땅은 가나안이고, 네 아버지는 아모리 사람이며, 네 어머니는 헷 사람이다.

1) 칼 2) 바벨론의 포로로 잡혀갈 자 3) 근본

4 네가 태어난 것으로 말하자면 너는 태어날 때 네 탯줄을 잘라 주지 않았고, 네 몸을 물로 깨끗하게 씻어 주지도 않았으며, 네 몸에 소금을 문질러 주거나 너를 포대기에 싸 주지도 않았다.

5 너를 불쌍히 여겨 이 중에서 한 가지라도 네게 행한 자가 아무도 없었다. 네가 태어나던 날에 네 목숨¹⁾은 천하게 여겨져 들에 버려졌다.

6 그때 내가 네 곁을 지나가다가 피투성이가 되어 버둥대는 너를 보고 '너는 피투성이라도 살아만 달라'고 거듭 말했다. 그리고

7 내가 너를 키워 들의 풀처럼 무성하게 했더니 네가 성장하여 심히 아름다웠고, 유방이 뚜렷하며, 네 머리털이 길게 자랐지만 몸은 여전히 벌거벗은 상태였다.

8 그때 내가 네 곁을 지나며 보니 네가 사랑할 만한 나이가 되었다. 그래서 내가 내 옷으로 벌거벗은 너를 덮어 주었고, 네게 맹세하고 언약을 맺어 너를 내 사람으로 삼았다.

9 내가 물로 네 몸에 묻은 피를 씻어 내고, 네게 기름을 발라 주었고,

10 수 놓은 옷을 입혀 주며, 물개 또는 물돼지 가죽신을 신겨 주며, 가는 베로 두르고, 비단²⁾으로 덮어 주었다.

11 은금과 패물로 단장하고, 팔목에 팔고리를 끼우고, 목에 목걸이를 걸고,

12 코에 코걸이를 달고, 귀에 귀고리를 달아 주었다. 그리고 머리에 화려한 면류관인 왕관을 씌웠다.

13 이와 같이 네가 단장했다. 그리고 고운 밀가루와 꿀과 올리브 기름을 먹음으로 심히 아름답게 되고 마침내 형통하여 왕후의 지위에 올랐다.

14 네 아름다움 때문에 너는 이방인 가운데 네 명성이 퍼졌다. 그렇게 된 것은 내가 네게 베푼 영화로 네 아름다움이 완전했기 때문이다. 나 여호와의 말이다.

15 그러나 너는 네 아름다움을 믿고 네 명성을 의지하여 지나가는 모든 자와 더불어 많은 음란을 행하므로 네 몸은 그들의 것이 되었다.

16 너는 네 화려한 옷을 가지고 자신을 위해 여러 가지 색으로 산당을 꾸미고 그곳에서 우상을 숭배³⁾했다. 이런 일은 전에도 없었고, 후에도 없을 것이다.

17 또 너는 내가 준 금은 장식품으로 자신을 위해 남자 우상을 만들어 행음하며,

18 너의 수 놓은 옷을 그 우상에게 입히며, 내 기름과 향을 그것들 앞에 베풀었다.

19 또 내가 네게 주어 먹게 한 고운 밀가루와 올리브 기름과 꿀을 네가 그 우상 앞에 베풀어 향기로운 제물로 삼았다.

20-21 뿐만 아니라 너는 나를 위해 낳은 네 자녀를 우상에게 데려가서 제물로 불살랐다.⁴⁾ 그럼에도 네가 이런 우상 숭배⁵⁾를 작은 일로 여겼느냐?⁶⁾

22 너는 어렸을 때 벌거벗은 몸이었으며, 피투성이가 되어 버둥거리던 것을 잊어버리고 모든 혐오스러운 일과 음란을 행했다."

방자한 음녀 예루살렘

23 ● 여호와께서 말씀하셨다. "네게 재앙이 닥칠 것이다. 네가 모든 악행을 저지른 후에도

24 자신을 위해 신당⁷⁾을 건축하며, 모든

1) 몸 2) 모시 3) 행음 4) 왕하 21:6, 24:4 5) 음행
6) 화제를 삼았느냐 7) 누각

거리에 높은 사당1)을 세웠다.

25 네가 모든 길 입구에 높은 사당을 세우고, 네 아름다움을 흉하게 더럽혀 모든 지나가는 자에게 다리를 벌려 많은 음행을 했다.

26 네 하체가 네 이웃 나라 애굽 사람과도 많은 음행을 하므로 내 진노를 일으켰다.

27 그러므로 내가 내 손을 네 위에 펴서 매일 먹는 네 양식을 줄이고, 너를 미워하고, 네 더러운 행실을 부끄러워 하는 블레셋 여자에게 너를 넘겨 마음대로 하게 했다.

28 그럼에도 네가 음욕이 차지 않아 다시 앗수르 사람과 행음하고 그것도 부족하여

29 장사하는 땅, 가나안에서 갈대아, 곧 바벨론과 심히 행음했지만 그래도 만족하지 못하니 네 음욕은 끝이 없다.”

30 여호와께서 말씀하셨다. “네가 이 모든 일을 행하니 이는 방자한 창녀의 행위다. 네 마음의 의지가 왜 그렇게 약하냐?

31 네가 모든 길 입구에 신당을 건축하며, 모든 거리에 높은 사당을 세워 몸을 팔고도 화대를 받지 않으니 창기보다 더하다.

32 너는 남편이 아닌 다른 남자들과 간통하는 음란한 유부녀2)이다.

33 모든 창녀는 사람들에게 화대를 받는다. 그런데 너는 오히려 정부3)에게 선물과 돈을 주면서까지 불러다가 너와 정을 통하게 한다.

34 그것은 너와 음행하려고 하는 자가 없기 때문이다. 그래서 네가 돈을 받지 않고 오히려 돈을 주면서까지 음행하니 몸을 파는 다른 여인보다 더 음란하다.”

35 그러므로 너 음란한 여자야, 여호와의 말씀을 들으라.

36 여호와께서 이같이 말씀하셨다. “네가 네 누추한 것, 곧 음욕을 쏟아부어 내연의 남자인 정부3)와 간통함으로 벗은 몸을 드러낸다. 또 혐오스러운 우상을 위하여 네 자녀의 피를 그 우상에게 드렸으니

37 나는 네가 즐기던 내연의 남자와 정을 통한 모든 남자뿐 아니라 미워하던 모든 자까지도 사방에서 모아 너를 치게 할 것이다. 또 네 벗은 몸을 그들 앞에 드러내어 네 부끄러운 것을 다 보게 할 것이다.

38 또 내가 간음하고 살인한 여인을 심판한 것처럼 너를 심판하여 내 진노의 피와 질투의 피로 너를 벌할 것이다.

39 그리고 마침내 내가 너를 그들의 손에 넘기리니 그들이 네 신당을 헐고 네 높은 사당을 부수며 네 옷을 벗기고 네 장식품을 빼앗으며 네 몸을 벌거벗기고

40 무리를 데려가서 너를 돌로 치고 칼로 찌르며

41 네 집들을 불사르며 여러 여인이 보는 앞에서 너를 벌할 것이다. 이렇게 해서 내가 네 음행을 그치게 하리니 네가 다시는 돈을 주고 음행하지 않을 것이다.

42 그러므로 너에 대한 내 분노가 풀리고, 내 질투가 네게서 떠나며, 내 마음을 가라앉혀 다시는 분노하지 않을 것이다.

43 네가 어린 시절을 기억하지 않고 이 모든 일로 나를 분노케 했으니 내가 네 행실대로 네게 갚을 것이다. 너는 네 모든 가증스러운 우상 숭배의 일 외에도 음행까지 더하는 일을 하지 못할 것이다.”

1) 대 2) 아내 3) 情夫, 정든 자

44 "속담을 말하는 자마다 너에 대해 '그 어머니의 그 딸이다'라고 속담으로 말할 것이다.

45 너는 그 남편과 자녀를 싫어한 어머니의 딸이며, 그 남편과 자녀를 싫어한 언니1)의 동생이다. 네 어머니는 헷 사람이고, 네 아버지는 아모리 사람이며,

46 네 언니는 그 딸들과 함께 네 왼쪽에 사는 사마리아이며, 네 동생은 그 딸들과 함께 네 오른쪽에 사는 소돔이다.

47 너 예루살렘은 그들의 가증한 행위대로만 행하지 않고 그것을 적게 여겨 네 행실이 너희가 멸시하는 사마리아나 음행의 도시 소돔 사람들보다 더욱 타락했다."

48 여호와께서 말씀하셨다. "내가 내 삶을 두고 맹세하니 네 동생 소돔과 그의 딸들은 너와 네 딸들의 행위만큼은 음행하지 않았다.

49 네 동생 소돔과 그의 딸들은 교만했고 악을 행했다. 그들은 먹을 것이 풍족하고 태평했지만 가난하고 궁핍한 자를 도와주지 않았다.

50 그들은 거만하여 내 앞에서 가증스러운 일을 저질렀다. 그러므로 내가 그것을 보고 그들을 진멸시켰다.

51 사마리아는 네가 저지른 죄의 절반만큼도 되지 않았다. 네가 행한 가증스러운 일이 너무 크기 때문에 네 언니1)와 동생은 오히려 의로운 사람처럼 보일 정도였다.

52 너 예루살렘에 비해 네 언니 사마리아와 동생 소돔이 지은 죄는 가벼운 심판을 받았다. 그러므로 너는 네 수치를 느껴야 한다. 네가 그들보다 더욱 가증스러운 죄를 범했기 때문에 그들이 너보다 의로운 사람처럼 보였다. 결국 네가 네 언

니와 동생을 의롭게 보이게 했으니 너는 놀라며 네 수치를 느끼는 것이 당연하다."

소돔과 사마리아의 회복 예언

53 ● 내가 소돔과 사마리아 그리고 그 딸들의 사로잡힘과 그들과 함께 너희 가운데 사로 잡힌 자를 풀어줄 것이다.

54 그때 너는 수치를 느끼고, 네가 행한 모든 일로 인해 부끄러워할 것이다. 이는 네 죄가 커서 네가 당하는 수치로 오히려 그들에게 위로가 되기 때문이다.

55 네 동생 소돔과 그들의 딸들뿐 아니라 사마리아와 그의 딸들, 너와 네 딸들도 너희의 이전 상태로 회복할 것이다.

56 너는 교만하던 때 네 동생 소돔을 무시했다.2)

57 그러나 그때는 네 악이 드러나기 전의 일이었다. 지금은 아람의 딸들과 네 주변에 있는 블레셋의 딸들이 너를 비난한다.

58 네가 저지른 음란과 가증스러운 일에 대해 너는 책임을 지게 될 것이다. 나 여호와의 말이다.

59 나 여호와가 이같이 말한다. "네가 맹세를 하찮게 여겨 언약을 배반했으니 나도 똑같이 네게 행할 것이다.

60 그러나 나는 네 어린 시절 너와 세운 언약만큼은 기억하여 너와 새롭게 영원한 언약을 세울 것이다.

61 너 예루살렘은 네 언니 사마리아와 동생 소돔을 함께 네게 새 언약의 동참자인 딸로 주게 될 때 이전에 행한 가증스러운 네 행실을 기억하고 부끄러워할 것이다. 그것은 네 언약 때문이 아니다.

1) 형　2) 네 입으로 말하지도 아니하였느니라

62 이렇게 내가 너와 내 언약을 세우면 너는 내가 여호와인 줄을 알게 될 것이다.

63 이렇게 하는 이유는 내가 네 모든 행한 일을 용서한 후 네가 기억하여 놀라고 부끄러워 다시는 입을 열지 못하게 하기 위함이다."

독수리와 포도나무의 비유

17 ● 여호와께서 나에게 말씀하셨다.

2 "인자 에스겔아, 너는 이스라엘 족속에게 수수께끼와 비유를 들어 말하라.

3-4 큰 날개와 긴 깃에 깃털이 많은 큰 독수리가 레바논에 이르러 백향목 꼭대기에 있는 연한 햇순 가지를 꺾어 가지고 장사하는 땅, 가나안 땅에 이르렀다. 그리고 그것을 상인의 성읍에 두었다.

5 또 그 땅의 씨1)를 취해 큰 물가가 있는 옥토에 수양버들 가지처럼 심었다.

6 그랬더니 그것이 자라고 번져 굵은 가지와 가는 가지가 난 높지 않은 포도나무가 되었는데 그 가지는 독수리를 향했고, 그 뿌리는 독수리 아래에 있었다.

7 또 큰 날개에 털이 많은 큰 독수리 한 마리가 있었는데, 그 포도나무가 이 독수리에게 물을 받기 위해 그 심어진 곳에서 독수리를 향해 뿌리가 뻗고 가지가 퍼졌다.

8 그 포도나무를 큰 물가 옥토에 심은 것은 가지를 내고 열매를 맺어서 아름다운 포도나무가 되게 하려는 것이었다.

9 너는 그들에게 말하라. '여호와의 말씀에 과연 그 나무가 번성하겠느냐? 그 뿌리가 뽑히리니 열매가 떨어지며, 그 나무가 시들며, 그 연한 잎사귀가 마르지 않겠느냐? 그러면 많은 사람이나 강한 팔이 아니라도 쉽게 그 뿌리를 뽑을 것이다.

10 보라, 그것이 심겼으나 번성하지 못하고 동풍이 불 때 그 자라던 곳에서 바싹 마를 것이다'라고 하셨다."

11 여호와께서 나에게 말씀하셨다.

12 "너는 거역하는 족속에게 '너희가 이 비유를 깨닫지 못하겠느냐'라고 물으라. 그들에게 알려주라. 바벨론 왕이 예루살렘으로 내려와 여호야긴왕과 지도자를 BC 597년에 사로잡아 바벨론으로 끌고 가

13 그 왕족 가운데 한 사람인 시드기야왕 한 명을 선택하여 언약을 세워 그에게 바벨론에게 충성하도록 맹세하게 했다. 그리고 그 땅의 유능한 자들을 잡아갔다.

14 이는 이스라엘 나라를 낮추어 독립하지 못하게 하고 그 언약을 지켜야만 명맥을 유지하도록 한 것이었다. 그런데

15 이스라엘 시드기야왕은 바벨론을 배신하고 사신을 애굽에 보내 말과 군대를 요청했으니 그 일이 잘되겠느냐? 언약을 배반하고 어찌 죽음을 피하겠느냐?"

16 여호와께서 말씀하셨다. "내가 내 삶을 두고 맹세하니 바벨론 왕이 시드기야를 이스라엘 왕으로 세웠으나 그가 바벨론의 언약을 어기고 충성 맹세를 저버렸으니 그 왕이 거주하는 바벨론 도성에서 왕과 함께 있다가 죽을 것이다.2)

17 바벨론 군대3)가 유다 사람을 진멸시키기 위해 토담을 쌓고, 사다리를 세우려고 할 때는 애굽의 바로가 그 큰 군대와 많은 군사로도 전쟁에서 시드기야왕을 도와주지

---

1) 종자, 시드기야왕   2) 렘 39:7, 52:11   3) 대적

못할 것이다.

18 이스라엘 시드기야왕은 이미 굴복하고 언약을 맺었지만 그 맹세를 가볍게 여겨 바벨론과의 언약을 배반했으니 형벌을 피하지 못할 것이다."

19 그러므로 여호와께서 말씀하셨다. "내가 내 삶을 두고 맹세하니 시드기야왕이 내 맹세를 가볍게 여기고 내 언약을 배반했기 때문에 내가 그 죄를 그 머리에 돌릴 것이다. 그래서

20 그 위에 내 그물을 치며 내 덫에 걸리게 하여 바벨론으로 끌고 가서 나를 반역한 대가를 그곳에서 치르게 할 것이다.[1]

21 그 모든 군대에서 도망한 자들은 모두 칼에 쓰러지며, 그 살아남은 자는 사방으로 흩어질 것이다. 그때 너희는 그렇게 되리라고 말한 자가 나 여호와인 줄 알게 될 것이다."

22-23 여호와께서 말씀하셨다. "나는 백향목 꼭대기에 돋은 연한 가지를 꺾어다가 이스라엘의 높고 우뚝 솟은 산에 심을 것이다. 그 가지는 무성하고 열매를 맺어 아름다운 백향목이 되고, 각종 새가 그 가지 아래에 깃들이며 그 그늘 밑에서 살 것이다.

24 그때는 들의 모든 나무가 나 여호와는 높은 나무를 낮추고 낮은 나무를 높이며, 푸른 나무는 말리고 마른 나무는 무성하게 하는 줄을 알게 될 것이다. 나 여호와는 말하고 이루었다."

신포도의 비유

18 ● 여호와께서 나에게 말씀하셨다.

2 "너희가 어찌하여 '아버지가 신 포도를 먹었으니 아들의 이가 시다'[2]

라는 이스라엘 땅과 관련된 속담을 말하느냐?'

3 여호와께서 말씀하셨다. "내가 내 삶을 두고 맹세하니 앞으로는 너희가 이스라엘 가운데서 이 속담을 쓰지 못하게 될 것이다.

4 모든 목숨이 다 내게 속했다. 아버지의 목숨이 내게 속한 것처럼 그 아들의 목숨도 내게 속했으니 죄를 짓는 자는 죽을 것이다.

5 만일 사람이 의롭게 산다고 하자. 그는 의와 공의를 따라 행하고,

6 산 위에서 우상에게 바친 제물을 먹지 않으며, 이스라엘 족속의 우상에게 한눈을 팔지 않으며, 이웃의 아내를 범하지 않으며, 월경 중에 있는 여인과 잠자리를 하지 않으며,

7 사람을 학대하지 않고, 빚진 자의 전당물을 돌려 주고, 어떤 것도 강제로 빼앗지 않으며, 굶주린 자에게 먹을 것을 주고, 벗은 자에게 옷을 입혀 주며,

8 돈놀이를 위해 빌려주지 않고, 이자를 받지 않으며, 악한 일에서 손을 떼어 죄를 짓지 않으며, 사람과 사람 사이에서 공정하게 판결하며,

9 내 율례와 규례를 지켜 진실하게 행할 것이다. 그는 의로운 사람이니 반드시 살 것이다."

10-13 가령 어떤 사람이 아들을 낳았다고 하자. 그 아들이 앞에서 말한 대로[3] 선을 행하지 않으면 결코 살지 못할 것이다. 그가 이 모든 가증한 일을 행했으니 반드시 죽을 것이다. 자기의 피가 자기에게로 돌아갈 것이다.

14-17 가령 다른 어떤 사람이 아들을 낳았다고 하자. 그 아들이 그 아버지가 행한 모든 죄를 보고 두려워

---

1) 왕하 25:7, 렘 52:11 2) 렘 31:29 3) 겔 18:6-9

하여 그대로 행하지 않고 앞서 말한 대로[1] 선을 행하면 이 사람은 그의 아버지의 죄악 때문에 죽지 않고 반드시 살 것이다.

18 그의 아버지는 심히 포학하여 그 동족의 것을 강제로 빼앗고, 백성들 가운데서 선을 행하지 않았기 때문에 그는 자신의 죄악으로 죽을 것이다.

19 그런데 너희는 말하기를 '아버지가 죄를 지었다면 아들이 담당해야 되지 않겠느냐?'라고 한다. 아들이 의와 정의를 행하고 내 모든 율례를 지켜 행했으면 그는 반드시 살 것이다. 그러나

20 죄를 지은 그 영혼은 죽을 것이다. 마찬가지로 의인의 의로움도 자기에게로 돌아가고, 악인의 악도 자기에게로 돌아갈 것이다.

21 그러나 악인이라도 자기가 저지른 모든 죄를 회개하고, 내 모든 율례를 지키며, 의와 정의를 행하면 반드시 살고 죽지 않을 것이다.

22 그가 범한 죄가 하나도 기억되지 않으리니 그가 행한 의로움으로 살 것이다."

23 여호와께서 말씀하셨다. "내가 어찌 악인이 죽는 것을 조금이라도 기뻐하겠느냐? 그가 돌이켜 그 길에서 떠나 사는 것을 어찌 기뻐하지 않겠느냐?

24 반면 의인이 돌이켜 그 의에서 떠나 죄를 짓고 악인이 행하는 모든 가증스러운 일을 따라 행하면 죽을 것이다. 그가 행한 의로운 일은 하나도 기억되지 않으리니 그가 그 범한 허물과 그 지은 죄로 인해 죽을 것이다.

25 그런데 너희는 말하기를 '주의 일처리 방법[2]이 공평하지 않다'라고 한다. 이스라엘 족속은 들으라. 내 일처리 방법이 어찌 공평하지 않느냐? 오히려 너희 길이 공평하지 않은 것이 아니냐?

26 만일 의인이 그 의에서 벗어나 악을 행하고 그로 인해 죽으면 그 행한 죄악 때문에 죽는 것이다.

27 악인이 그 행한 악에서 떠나 의와 정의를 행하면 그 목숨을 보전할 것이다.

28 그가 행한 모든 죄악을 깨닫고 회개했으니 죽지 않고 살 것이다.

29 그런데 이스라엘 족속은 '주의 일처리 방법이 공평하지 않다'라고 말한다. 이스라엘 족속아, 내 길이 어찌 공평하지 않느냐? 너희 길이 공평하지 않은 것이 아니냐?'

30 여호와께서 말씀하셨다. "이스라엘 족속아, 나는 너희 각 사람이 행한 대로 심판할 것이다. 그러므로 너희는 회개하고 모든 죄에서 떠나라. 그러면 그것이 너희에게 죄를 지어 넘어지게 하는 장애물이 되지 않을 것이다.

31 너희는 너희가 범한 모든 죄악을 떨쳐 버리고 마음과 영을 새롭게 하라. 이스라엘 족속아, 너희가 와 죽고자 하느냐?

32 죽을 죄를 지은 자가 죽는 것을 나는 결코 기뻐하지 않는다. 그러므로 너희는 회개하여 사는 길로 가라."

Q&A 가증한 일이란?(겔 18:24)

가증한에 해당되는 히브리어로는 '짐마'(음행, 악독), '니우핌'(간음), '쇼카츠'(증오, 질시할 만한 것), '바아쉬'(악취를 풍기다) 등이 있다. 하나님의 입장에서 가증한 일 중 가장 대표적인 것은 우상숭배이며, 그외에 부도덕한 성행위(음행), 부정한 제사 등이 있다.

---

1) 겔 18:6-9 2) 길

에스겔의 애가

19 ●"너는 이스라엘 지도자들을 위해 애가를 지어

2 부르라. '네 어머니는 어떤 자이냐? 그는 사자들 가운데 엎드려 젊은 사자들 사이에서 자기 새끼를 기르는 암사자이다.

3 자기 새끼 한 마리를 키우는데 먹잇감을 사냥할 만큼 젊은 사자가 되어 사람을 잡아먹었다. 그러자

4 이방 민족이 그 소식을 듣고 함정을 파서 그를 잡아 갈고리로 꿰어 애굽 땅으로 끌고 갔다.

5 암사자가 자기 새끼가 돌아오기를 기다리다가 가능성이 없는 줄을 알고 자기 새끼 가운데서 한 마리를 다시 골라 젊은 사자로 키웠는데

6 그 젊은 사자도 여러 사자와 지내면서 먹잇감을 사냥할 수 있는 방법을 알게 되자 사람을 잡아먹었다. 그리고

7 그의 궁궐들을 헐고, 성읍들을 파괴하니 그 우는 소리로 인해 땅과 그 안에 가득한 것이 황폐하게 되었다.

8 이에 이방 민족이 포위하고 있는 지방에서 그를 치러 와서 그들의 위에 그물을 치고 함정을 파서 잡아

9 우리에 넣은 후 갈고리를 꿰어 바벨론 왕에게 끌고 갔다. 그리고 그 우는 소리가 더 이상 이스라엘 산에 들리지 않도록 하기 위해 바벨론 왕이 그¹를 감옥에 가두었다.

10 네 피의 어머니는 물이 많은 물가에 심긴 포도나무와 같다. 그래서 가지가 무성하여 열매를 많이 맺었다. 또한

11 그 가지들은 강했는데 굵은 가지 가운데 한 가지는 가장 높았으며, 많은 가지 가운데서 뛰어나 권세를 잡은 자의 지팡이인 규가 될 만했다.

12 그러나 분노로 인해 뿌리가 뽑혀 땅에 던짐을 당하자 그 열매는 동풍에 마르고, 그 강한 가지들은 꺾이고 말라서 불에 타 버렸다.

13 그래서 이제는 메마르고 가뭄이 든 광야²에 심긴 바가 되었다. 그리고

14 불이 그 가지 중 하나에서 나와 그 열매를 태워 버리니 권세 잡은 자의 지팡이인 규가 될 만한 강한 가지가 없어졌다'라고 하라. 이것은 슬픈 노래이니 후에도 애가가 될 것이다.'"

하나님의 뜻과 이스라엘의 반역

20 ●여호야긴왕이 사로잡힌 지 7년째 다섯째 달인 8월 10일, BC 590년에 이스라엘 장로 여러 사람이 여호와께 묻기 위해 나를 찾아와 내 앞에 앉았을 때

2 여호와께서 나에게 말씀하셨다.

3 "인자 에스겔아, 이스라엘 장로들에게 이렇게 말하라. '너희가 내게 물으려고 왔느냐? 내가 내 목숨을 두고 맹세한다. 너희 질문을 받지 않을 것이다. 여호와의 말씀이다.'

4 에스겔아, 네가 그들을 참으로 심판하겠느냐? 너는 그들에게 그들의 조상들이 저지른 가증스러운 일을 알게 하여

5 이르라." 여호와께서 이같이 말씀하셨다. "내가 옛적에 이스라엘을 선택하고, 야곱 집의 자손에게 내 손을 들어 맹세했으며, 애굽 땅에서 그들에게 나타나 '나는 여호와 너희 하나님이다'라고 맹세했다.

6 그날 내가 내 손을 들어 그들에게 맹세하기를 '애굽 땅에서 이끌어내어 그들을 위해 선택했던 젖과 꿀이 흐르는 땅, 모든 땅 가운데 가장

---

1) 여호야긴 2) 땅

아름다운 곳으로 인도할 것이다'라고 했다.

7 또 그들에게 말씀하셨다. '너희를 현혹시키는 가증한 것을 각자 버리고, 애굽의 우상들로 인해 자신을 더럽히지 말라. 나는 여호와 너희 하나님이다.' 그러나

8 그들이 나를 거역하여 내 말을 들으려고 하지 않고, 자신들을 현혹시키는 가증한 것을 각자 버리지 않았으며, 애굽의 우상들을 떠나지 않았기 때문에 내가 말했다. '내가 애굽 땅에서 그들에게 내 분노를 쏟아 내 화를 풀 것이다.'

9 그럼에도 나는 이방인이 보는 앞에서 이스라엘이 거주하는 애굽 땅에서 그들을 이끌어냈다. 그래서 나를 그들에게 알려주었다. 그것은 내 이름을 그 이방인의 눈 앞에서 더럽히지 않으려고 행한 것이다.

10 그러므로 내가 그들을 애굽 땅에서 이끌어내어 광야로 데려왔다.

11 그곳에서 사람이 행하기만 하면 살 수 있는 내 규례를 제정하고 법규를 알려주었다.

12 또 내가 그들을 거룩하게 하는 여호와인 줄을 알게 하기 위해 안식일을 제정하여 그들과 나 사이에서 징표로 삼았다.

13 그러나 이스라엘 족속은 광야에서 나를 거역하여 사람이 행하기만 하면 살 수 있는 내 규례를 준행하지 않고 내 법규를 무시했으며, 내 안식일을 크게 더럽혔다. 그래서 내가 광야에서 내 분노를 그들에게 쏟아 그들을 진멸시키겠다고 말했다.

14 그러나 내가 내 이름을 위해 생각을 바꿔 화나는 대로 하지 않았다. 그래서 내가 그들을 인도하여 내는 것을 본 이방 나라들 앞에서 내 이름을 더럽히지 않게 했다.

15 내가 또 광야에서 그들에게 손을 들어 이렇게 맹세했다. '내가 그들에게 허락한 젖과 꿀이 흐르는 땅이요, 모든 땅 중의 가장 아름다운 곳으로 그들을 인도하지 않을 것이다.' 그렇게 한 것은

16 그들이 마음대로 우상을 섬겨 내 법규를 가볍게 여기고, 내 규례를 행하지 않으며, 내 안식일을 더럽혔기 때문이다.

17 그러나 내가 그들을 불쌍히 여겨 광야에서 완전히 진멸하지는 않았다.

18 내가 광야에서 그들의 자손에게 말했다. '너희 조상들이 행한 규례를 따르지 말고, 그 법규를 지키지 말며, 그 우상들로 인해 자신을 더럽히지 말라.

19 나는 여호와 너희 하나님이다. 오히려 너희는 내 규례를 따르고, 내 법규를 지켜 행하라.

20 내 안식일을 거룩하게 지키라. 이것이 나와 너희 사이에서 징표가 되어 너희는 내가 너희 하나님인 줄을 알게 될 것이다.'

21 그러나 그들의 자손이 내게 거역하여 사람이 지켜 행하면 살 수 있는 내 규례와 법규를 지켜 행하지 않았고, 내 안식일을 더럽혔다. 이에 내가 말했다. "내가 광야에서 내 분노를 그들에게 쏟아 부어 그들에게 내 화를 풀 것이다.

22 그러나 내가 내 이름을 생각하여 내 손을 막아 분노를 쏟지 않았다. 그것은 내가 그들을 인도하여 낸 것을 본 이방 나라들이 볼 때 그들을 애굽에서 이끌어낸 후 죽임으로 내 이름을 더럽히지 않으려고 했기 때문이다.'

23 그러면서도 내가 내 손을 들어 광

아에서 그들에게 이렇게 맹세했다. '내가 그들을 이방인 가운데로 흩어 버리고, 이방 민족 가운데로 쫓아낼 것이다.'

24 이는 그들이 내 법규를 행하지 않으며, 내 규례를 무시하며, 내 안식일을 더럽히고, 그들의 조상들이 우상들에 눈이 팔려 그것을 사모했기 때문이다.

25 그래서 내가 그들에게 좋지 못한 규례와 살 수 없는 법규를 주었다.

26 그들이 장자를 다 불에 태워 제물로 드림으로 더럽히게 됨에도 내가 그들을 내버려 둔 것은 그들을 놀라게¹⁾ 하여 내가 여호와인 줄을 알게 하려고 한 것이다.

27 그러니 에스겔아, 이스라엘 족속에게 말하라. 여호와께서 이같이 말씀하셨다. "너희 조상들이 계속해서 내게 범죄하므로 나를 욕되게 했다.

28 내가 그들에게 주기로 맹세한 땅으로 그들을 데려갔다. 그런데 그들은 모든 높은 산과 무성한 나무를 보고 그곳에서 희생제사를 드리고, 나를 분노하게 하는 제물을 올리며 분향하고, 포도주를 부어 드리는 전제물을 드렸다.

29 이에 내가 그들에게 '너희가 찾아 다니는 산당이 무엇이냐?'라고 꾸짖었다. 그것을 오늘까지 '산당'이라는 뜻의 '바마'라고 부른다."

30 그러므로 너는 이스라엘 족속에게 이르라. 여호와께서 이같이 말씀하셨다. "너희가 조상들의 행위를 따라 너희 자신을 더럽히며, 그들의 모든 가증한 것, 곧 우상을 따라 다니며 음행하느냐?

31 너희가 너희 아들을 불 가운데로 지나게 하여 화제로 삼아 오늘까지 우상들을 섬김으로 자신을 더럽히느냐? 이스라엘 족속아, 내가 내 삶을 두고 맹세하니 너희가 내게 구하는 것을 들어줄 수 있겠느냐?

32 너희가 스스로 말하기를 '우리가 이방 나라 족속처럼 되어 나무와 돌을 섬길 것이다'라고 하지만 너희 마음에 품은 소원을 결코 이루지 못할 것이다."

하나님의 심판과 자비

33 ● 여호와께서 말씀하셨다. "내가 내 삶을 두고 맹세하니 내가 강한 손과 펼친 팔과 맹렬한 분노로 너희를 다스릴 것이다.

34 나는 강한 손과 펼친 팔로 분노를 쏟아 너희를 이방 나라에서 나오게 하며, 너희가 흩어져 있던 여러 지방에서 모을 것이다.

35 너희를 인도하여 이방 나라의 광야에 이르러 그곳에서 너희를 직접 심판하리니

36 내가 애굽 땅 광야에서 너희 조상들을 심판한 것처럼 너희를 심판할 것이다.

37 내가 너희를 목자의 막대기 아래로 지나가게 하여 숫자를 세어 언약의 전통으로 들어가게 할 것이다. 그렇게 해서

38 너희 가운데서 내게 거역하는 자와 범죄하는 자를 모두 없애버릴 것이다. 나는 그들이 잡혀가 머물러 살던 땅에서 그들을 나오게 해도 이스라엘 땅에는 들어가지 못하게 할 것이다. 그제야 너희는 내가 여호와인 줄을 알게 될 것이다."

39 여호와께서 이같이 말씀하셨다. "이스라엘 족속아, 너희가 내 말을 듣지 않으려면 가서 각자 자기의 우상이나 섬겨라. 그러니 이후로

1) 멸망하게

는 너희의 형식적인 예물과 너희 우상들로 내 거룩한 이름을 더럽히지 말라."

40 여호와께서 말씀하셨다. "이스라엘 온 족속이 내 거룩한 이스라엘의 높은 산에서 모두 나를 섬길 것이다. 그곳에서 내가 그들을 기쁘게 맞이할 것이다. 그래서 너희의 예물과 첫 열매와 모든 성물을 너희에게 요구할 것이다.

41 내가 너희를 이방 여러 나라에서 나오게 하고, 너희를 흩어져 있던 이방 민족 가운데서 모을 때 내가 너희를 기쁘게 향기로 맞이할 것이다. 또 내가 너희를 통해 내 거룩함을 이방 나라 앞에서 드러낼 것이다.

42 내가 너희 조상들에게 주기로 손을 들어 맹세한 이스라엘 땅으로 너희를 데려올 때 너희는 내가 여호와인 줄을 알 것이다.

43 그곳에서 너희는 자신을 더럽히며 걸어온 길을 기억하고 이미 행한 모든 악 때문에 자기 자신을 미워할 것이다.

44 이스라엘 족속아, 내가 너희의 악한 길과 타락한 행실을 따라 그대로 갚지 않고, 내 이름이 욕되지 않도록 행한 후에야 너희는 내가 여호와인 줄을 알게 될 것이다."

불붙는 삼림의 비유

45 ●여호와께서 나에게 말씀하셨다.

46 "인자 에스겔아, 너는 얼굴을 남쪽으로 향하고 소리를 질러 남쪽의 숲을 쳐서 예언하라.

47 남쪽의 삼림에 대해 이렇게 예언하라. '여호와께서 이같이 말씀하시니 그의 말씀을 들으라. 내가 너의 가운데 불을 질러 푸른 나무1)와 마른 나무2) 모두를 없애리니 꺼지지 않는 맹렬한 불꽃으로 인해 남쪽에서 북쪽까지 모든 사람의 얼굴이 달아오를 것이다.

48 육체를 가진 모든 자는 나 여호와가 그 불을 지른 줄을 알 것이다. 그 불은 꺼지지 않을 것이다'라고 하셨다."

49 그때 내가 말했다. "아, 여호와여, 그들이 나를 가리켜 '그는 직설적으로 말하지 않고 비유나 들어 말하는 자가 아니냐?'라고 말합니다."

여호와의 심판의 칼

21
●여호와께서 나에게 다시 말씀하셨다.

2 "인자 에스겔아, 너는 얼굴을 예루살렘 성전으로 향하고, 소리를 질러 이스라엘 땅에 대해 이렇게 예언하라.

3 '여호와의 말씀에 내가 너를 치기 위해 내 칼, 곧 바벨론 군대와의 전쟁을 칼집에서 빼어 의인과 악인을 네게서 모두 진멸시킬 것이다.

4 내가 의인과 악인을 네게서 끊을 것인데, 내 칼을 칼집에서 빼어 모든 육체를 남쪽에서 북쪽까지 칠 것이다.

5 모든 육체는 나 여호와가 내 칼을 칼집에서 빼낸 줄을 알 것이다. 칼은 다시 칼집에 꽂히지 않을 것이다.'

6 에스겔아, 너는 그들이 보는 앞에서 허리가 끊어지듯 슬피 탄식하라.

7 그들이 네게 '네가 왜 탄식하느냐?'라고 물으면 이렇게 대답하라. '그것은 바벨론 군대가 쳐들어온다는 소문 때문이다. 각 사람의 마음이 녹고, 모든 손이 풀리며, 개개인의 영이 약해지며, 모든 무릎이 물처럼 비틀거릴 것이다. 보라, 재앙은 반드시 올 것이다. 여호와께서 말씀하셨다'라고 하라."

1) 의인 2) 악인

8 여호와께서 나에게 말씀하셨다.

9 "에스겔아, 너는 여호와께서 이렇게 말씀하셨다라고 전하라. '칼이다. 칼이 날을 세우고 번쩍거린다.

10 그 바벨론의 칼이 살륙을 위해 날을 세웠고, 번개처럼 휘두르기 위해 광을 내었으니 우리가 어찌 기뻐하겠느냐? 내 아들의 지팡이인 규[1]가 모든 나무[2]를 업신여긴다.

11 그 칼을 손에 잡아 쓸만하도록 갈고, 죽이는 자의 손에 넘기기 위해 날카롭고 빛나게 했다."

12 "에스겔아, 너는 슬피 울부짖으라. 이 재앙이 내 백성과 이스라엘 모든 지도자에게 임하기 때문이다. 에스겔아, 지도자들과 내 백성이 함께 칼에 찔려 죽게 되었으니 너는 네 허벅지를 치라.

13 이런 시험은 반드시 올 것이다. 만일 이를 업신여기는 지팡이까지 없어지면 어떻게 되겠느냐?" 여호와의 말씀이다.

14 "그러므로 에스겔아, 너는 예언하며 손뼉을 쳐서 칼을 2~3번 거듭 휘두르라. 이 칼은 사람들을 둘러싸고 죽이는 큰 칼이다.

15 그래서 간담이 녹아 쓰러지는 자가 많을 것이다. 내가 성문마다 번쩍이는 칼을 준비해 놓았다. 그 칼은 번개처럼 번쩍이고 살륙을 위해 날카롭게 갈려 있었다.

16 칼아, 방향을 잡아 오른쪽을 내리치고 대열을 맞추어 왼쪽을 내리치라. 칼이 가는 대로 내리치라.

17 나도 내 손뼉을 치며 내 분노를 다 풀 것이다." 나 여호와의 말씀이다.

18 여호와께서 나에게 말씀하셨다.

19 "에스겔아, 너는 바벨론 왕이 칼을 가지고 오도록 한 땅에 두 길이 나오도록 그려라. 그리고 예루살렘성으로 들어가는 길 입구에 길이 갈라지는 표지판을 세우라.

20 바벨론 군대[3]가 가려고 하는 암몬 족속의 수도인 랍바로 가는 길과 유다의 견고한 예루살렘성으로 가는 길을 그려라.

21 바벨론 왕이 두 길이 시작되는 입구의 갈림 길에 서서 어디로 갈지를 위해 화살들을 흔들어 점을 치고, 우상에게 묻기도 하고, 희생제물의 간을 살피기도 할 것이다.

22 그 점괘는 오른쪽 방향의 예루살렘으로 가서 공성퇴를 설치하며, 입을 벌려 죽이라는 명령을 내리고, 군사들이 함성을 지르며 성문을 향해 공성퇴를 설치하고, 토담을 쌓고, 사다리를 세워 공격할 준비를 하라고 나올 것이다.

23 예전에 바벨론에게 맹세한 예루살렘 주민들은 그것을 헛된 점괘로 여길 것이다. 그러나 그 점괘는 예루살렘 주민들의 죄악을 상기시키고, 바벨론 왕은 그 무리를 포로로 잡아갈 것이다."

24 그러므로 여호와께서 이같이 말씀하셨다. "너희의 악이 폭로되고, 너희의 허물과 죄가 드러났으니 너희는 적에게 붙잡힐 것이다.

바벨론 왕(겔 21:19) 느부갓네살

갈대아의 방백이었던 나보폴라살(Nabopolassar)의 아들로 BC 604년 부친의 뒤를 이어 바벨론 왕이 된 사람이다. 그에게는 왕위를 계승한 에윌므로닥 외에 두 아들이 언급되어 있다. 그는 43년 동안 바벨론을 통치했으며, 애굽 국경을 침입했다(왕하 24:7). 그리고 예루살렘을 공략하여 성전에 있던 기구들을 탈취해 갔으며 다니엘을 비롯하여 유다의 귀족들을 포로로 잡아 갔다(단 1:3). 이후 유다의 마지막 왕인 시드기야 때 유다를 멸망시켰다.

1) 남유다 왕의 칼   2) 이방 열국, 남유다 왕국   3) 칼

25 심히 악하여 천벌¹⁾을 받을 이스라엘 왕아, 네 죄악의 마지막 때가 이르렀다.

26 머리에 두른 관을 제거하고 왕관을 벗기라. 지금 그대로 두어서는 안 된다. 낮은 자를 높이고, 높은 자를 낮추라.

27 내가 쓰러뜨리고, 또 쓰러뜨리리니 앞으로 이런 일은 다시 일어나지 않을 것이다. 공의로운 자²⁾가 오면 그에게 넘겨줄 것이다."

28 "에스겔아, 너는 여호와께서 암몬 족속과 그가 받을 모욕에 대해 이같이 말씀하셨다고 예언하라. 칼이 뽑혔다. 죽이고 진멸하며, 번개처럼 휘두르려고 광을 냈다.

29 헛된 환상을 보고, 네게 거짓된 점을 쳐 주는 점쟁이가 너를 중상당한 악인의 목 위에 두려고 한다. 이는 그들 죄악의 마지막 때가 왔기 때문이다.

30 그러나 칼을 다시 칼집에 꽂으라. 네가 지음 받아 출생한 땅에서 내가 너를 심판할 것이다.

31 내가 내 분노를 네게 쏟고, 내 진노의 불을 네게 내뿜으며, 너를 살륙에 능숙한 짐승 같은 자에게 넘길 것이다.

32 그러면 너는 불에 타는 땔감처럼 되며, 네 나라 한 복판에서 네 피를 쏟으리니 네가 더 이상 기억되지 못할 것이다.' 나 여호와가 말했다."

예루살렘의 죄와 형벌

22 ● 여호와께서 나에게 말씀하셨다.

2 "인자 에스겔아, 네가 이 피 흘린 성을 심판할 준비가 되었느냐? 준비가 끝나면 먼저 그들이 저지른 모든 가증한 일을 그들로 알게 하라.

3 너는 말하라." 여호와께서 이같이 말씀하셨다. "백성을 죽이고, 우상을 만들어 자신을 더럽히는 예루살렘성아,

4 네가 살인한 죄가 있고, 네가 만든 우상으로 자신을 더럽혔다. 그러므로 네 심판의 날이 가까이 왔고 네 수명이 다 찼다. 그러므로 내가 너를 이방인에게 모욕을 당하며 세상 나라의 조롱거리가 되게 했다.

5 네 이름이 더럽고 큰 혼란스러움이 많은 예루살렘성이여, 가까운 곳에 있는 자나 먼 곳에 있는 자나 모두 너를 조롱할 것이다.

6 이스라엘 모든 지도자는 사람을 죽이기 위해 각자 자신의 권력을 사용했다.

7 그들은 예루살렘성 안에 살면서 부모를 멸시하고, 이방인 나그네를 학대했으며, 고아와 과부를 해쳤다.

8 너 예루살렘은 나에게 바쳐진 거룩한 것들을 업신여겼고, 내 안식일을 더럽혔다.

9 예루살렘³⁾ 안에는 사람을 죽이기 위해 이간질하는 자도 있었고, 산 위에서 제물을 먹는 자도 있었으며, 음행하는 자도 있었다.

10 자기 아버지의 계모를 범하는 자, 곧 아버지의 하체를 드러내는 자도 있었으며, 월경하는 부정한 여인과 관계를 하는 자도 있었다.

11 어떤 사람은 그 이웃의 아내와 불륜을 저질렀으며, 어떤 사람은 그의 며느리와 음행했으며, 어떤 사람은 여동생을 범했다.

12 또 성 안에서 돈⁴⁾을 받고 사람을 죽이려는 자도 있었고, 고리대금업자도 있었으며, 이웃을 속여 빼앗는 자도 있었다. 그러면서 나를 잊어버렸다." 여호와의 말씀이다.

1) 중상 2) 마땅히 얻을 자 3) 네 4) 뇌물

13 "너, 예루살렘이 불의를 행하여 이익을 얻은 일과 살인으로 인해 내가 주먹을 불끈 쥐었으니[1]

14 내가 예루살렘을 심판하는 날에 예루살렘이 견딜 수 있겠느냐? 네 손에 힘이 있겠느냐? 나 여호와가 말했으니 반드시 이룰 것이다.

15 내가 예루살렘을 이방 나라로 흩으며, 예루살렘의 부정한 것을 제거할 것이다.

16 예루살렘은 이방 나라들 앞에서 수치를 당하리니 내가 여호와인 줄을 알게 될 것이다."

17 여호와께서 나에게 말씀하셨다.

18 "에스겔아, 이스라엘 족속은 내게 쓸모없는 찌꺼기가 되었다. 그들은 용광로 속에 있는 놋, 주석, 쇠, 납, 은 등의 찌꺼기이다."

19 그러므로 여호와께서 이같이 말씀하셨다. "너희가 다 찌꺼기가 되었기 때문에 내가 너희를 예루살렘 가운데로 모은 후,

20 사람이 은, 놋, 쇠, 납, 주석 등을 모아서 용광로 속에 넣고 풀무질을 하여 금속들을 녹이는 것처럼 내가 노여움과 분노로 너희를 모아 용광로 속에 넣고 녹일 것이다.

21 내가 너희를 모아 내 분노의 불로 풀무질을 하면

22 은이 용광로에서 녹는 것처럼 너희가 그 속에서 녹을 것이다. 그때 너희는 나 여호와가 너희 위에 분노를 쏟은 줄을 알게 될 것이다."

선지자, 제사장, 고관들의 부패상

23 ● 여호와께서 나에게 말씀하셨다.

24 "인자 에스겔아, 너는 그들에게 말하라. '너는 진노의 날에 더러움을 씻지 못한 땅이며, 비를 얻지 못한 땅이다'.

25 너희 가운데서 선지자들의 거역함은 마치 우는 사자가 먹잇감을 움켜쥔 것과 같다. 그들은 사람의 생명을 삼켰으며, 재산과 보물을 탈취하며, 그들 가운데서 과부를 많이 생기게 했다.

26 이 땅의 제사장들은 내 율법을 어기고, 내게 바친 내 거룩한 것들을 더럽혔다. 뿐만 아니라 백성들에게 거룩한 것과 속된 것을 구별하도록 깨우치지 않았고, 부정한 것과 깨끗한 것을 구별하도록 하지 않았으며, 내 안식일에 대해 눈을 감게 했다. 그러므로 내가 그들에게서 모욕을 받았다.

27 너희 가운데 지도자들은 먹잇감을 삼키는 이리와 같아서 불의한 이익을 얻기 위해 살인하여 그 생명을 파멸시켰다.

28 그 선지자들은 그들의 죄 위에 석회를 칠해 죄를 덮어 주고, 환상을 보았다고 속이며, 거짓 예언을 행하며, 여호와가 말하지 않았어도 '여호와께서 이같이 말씀하셨다'라고 말한다.

29 이 땅의 백성들은 포악하여 강탈을 일삼고, 가난하고 궁핍한 자를 억압하며, 나그네를 부당하게 학대했다.

30 나는 이 땅을 위해 예루살렘성을 멸망시키지 않으려고 성을 쌓고 성의 무너진 곳을 막는 사람이 있는지 찾았으나 한 사람도 찾지 못했다.

31 그래서 내 분노를 그들 위에 쏟고, 내 진노의 불로 그들이 행한 것에 따라 그들의 머리에 갚았다." 여호와의 말씀이다.

오홀라와 오홀리바의 음행과 재판

23 ● 여호와께서 나에게 말씀하셨다.

---

1) 손뼉을 쳤나니

2 "인자 에스겔아, 한 어머니에게 두 딸이 있었다.

3 그들이 애굽에 있을 때부터 애굽 사람과 음행하여 그들 처녀의 젖가슴이 눌리며 어루만져졌다.

4 그 딸들 가운데 언니[1]는 오홀라이고, 동생은 오홀리바이다. 그들이 내 사람이 되어 자식을 낳았는데 언니의 이름은 오홀라로 사마리아를 가리키고, 동생의 이름은 오홀리바로 예루살렘을 가리킨다.

5 오홀라가 내 사람이었을 때 음행하여 연애하는 그의 이웃 앗수르 사람을 사모했다.

6 그들은 모두 자색 옷을 입은 지도자들과 감독과 준수한 청년과 말을 잘 타는 자들이다.

7 사마리아가 앗수르 사람들 가운데 빼어난 모든 자와 음행하고 누구에게 홀렸든지 그들의 모든 우상에게 빠져 자신을 더럽혔다.

8 그가 애굽에 있을 젊었을 때부터 애굽 사람과 동침하여 그들이 그 처녀의 젖가슴을 어루만졌고, 그의 몸이 온갖 음란에 싸였더니 그가 그때부터 음행을 계속했다.

9 그러므로 내가 그를 연애하는 앗수르 사람의 손에 넘겼다.

10 그리하여 그들이 그의 하체를 드러내고, 그의 자녀를 빼앗아 칼로 그를 죽여 여인들의 입에 오르내리게

이스라엘에 대한 비유(겔)

● 가시와 찔레, 전갈(2:6)
● 포도나무(17:6-9, 19-10)
● 암사자(19:2) ● 풀무불 속의 찌꺼기(22:18-22)
● 오홀라와 오홀리바 여인(23:2-4)
● 초장의 양(34:31) ● 뼈(37:1)
● 가마(24:3): 예루살렘성 비유

했다. 이는 앗수르가 사마리아에게 심판을 행했기 때문이다.

11 그 동생 오홀리바, 곧 예루살렘이 이것을 보고도 그의 언니, 곧 사마리아보다 음욕을 더 품었으며 언니의 간음보다 더 심하므로 그의 언니보다 더 부패해졌다.

12 그가 그의 이웃 앗수르 사람에게 홀렸으니 그들은 화려한 의복을 입은 지도자인 고관과 감독이며, 말을 잘 타는 자들과 준수한 청년이었다.

13 내가 그 두 여인, 사마리아와 예루살렘이 한결같이 행하므로 두 사람 모두 더러워진 것을 보았다.

14 오홀리바가 음행을 더 저질렀다. 그들은 벽에 붉은색으로 갈대아, 곧 바벨론 사람의 형상을 새기고 쳐다볼 정도로 음욕이 타올랐다.

15 그 형상은 허리를 띠로 동이고, 머리에는 길게 늘어진 두건을 쓰고 있었으며, 그의 용모는 모두 준수한 그의 고향 바벨론 사람과 같은 것이었다.

16 오홀리바가 바벨론 사람을 보고 한눈에 반해 곧바로 사랑하게 되어 사절을 바벨론 사람에게 보내자

17 바벨론 사람이 내려와 잠자리하는 침대에 올라 음행으로 그를 더럽혔다. 그러나 동침한 후 그는 그들에게서 마음이 떠났다.

18 오홀리바가 이처럼 드러내 놓고 음행하며 알몸을 드러냈다. 이로 내 마음이 그의 언니 사마리아에게서 멀어진 것처럼 그에게서 멀어졌다.

19 그러나 그가 더 많은 음행을 저질러 애굽에 있을 때 그곳에서 음행하던 것을 그리워했다.

20 이처럼 그의 정욕[2]은 나귀처럼 강하고, 그의 사정[3]은 말과 같은 음란한

1) 형 2) 하체 3) 정수

외간 남자를 사랑했다.

21 애굽에 있을 때부터 음행하여 그 곳 사람에게 젖가슴과 젖꼭지가 어루만져졌던 것을 아직도 그리워한다.”

22·23 그러므로 오홀리바인 예루살렘아, 여호와께서 이같이 말씀하셨다. “나는 네가 사랑하다가 멀리한 갈대아 사람들을 충동시켜 그들이 사방에서 와서 너를 치게 할 것이다. 그들은 브곳과 소아와 고아 사람과 그와 함께한 모든 앗수르 사람이다. 그들은 준수한 청년이며, 다 지도자와 감독이며, 귀족과 유명한 자이며, 모두 말을 잘 타는 자들이다.

24 그들이 무기와 병거와 수레와 크고 작은 방패와 투구 등으로 무장한 군대를 거느리고 치러 와서 너를 포위할 것이다. 내가 심판권을 그들에게 맡기리니 그들이 자기들 법대로 너를 심판할 것이다.

25 내가 너를 향해 질투하면 그들이 너희를 사납게 다루리니 네 코와 귀를 자르고, 남은 자를 칼로 죽이며, 네 자녀를 붙잡아가고, 네게 남은 자를 불살라 죽일 것이다.

26 또 네 옷을 벗기고, 장식품을 빼앗아 갈 것이다.

27 이와 같이 나는 네가 애굽 땅에서 음행하던 것과 음란한 행실을 그치게 할 것이다. 그러면 너는 그들에게 눈을 들 수도 없고, 다시는 애굽을 기억하지도 못할 것이다.”

28 여호와께서 이같이 말씀하셨다. “나는 네가 미워하는 자와 네 마음에서 멀어진 자에게 너를 넘길 것이다.

29 그들이 미워하는 마음으로 너를 취급하여 네가 수고한 모든 것을 빼앗고, 너를 벌거벗긴 상태로 두어 네가 음란하고 음행하던 몸을 드러낼 것이다.

30 네가 이런 수치를 당하는 것은 이방 사람을 음란하게 쫓아다니고 그들의 우상들로 너를 더럽혔기 때문이다.

31 너 예루살렘이 네 언니[1] 사마리아의 음행의 길로 행했으니 너도 네 언니가 받을 심판을 받게 될 것이다.”[2]

32 여호와께서 이같이 말씀하셨다. “너 예루살렘은 네 언니 사마리아의 잔을 마시고 웃음거리와 조롱을 당할 것이다.

33 너는 네 언니 사마리아의 공포와 멸망의 깊고 큰 잔에 넘치게 취하고 근심할 것이다.

34 너는 그 잔을 기울여 바닥까지 마시고, 깨어진 그 잔의 조각을 씹으며, 네 젖가슴을 쥐어뜯을 것이다. 내가 그렇게 말했기 때문이다.”

35 그러므로 여호와께서 이같이 말씀하셨다. “네가 나를 잊었고, 나를 네 등 뒤로 버렸으니 이제 너는 네 음행과 음란한 행실에 대한 벌을 받을 것이다.”

36 여호와께서 또 내게 말씀하셨다. “에스겔아, 네가 오홀라와 오홀리바를 심판할 준비가 되었으면 그들이 저지른 그 가증한 일을 그들에게 알려주라.

37 그들은 음행과 살인을 했으며, 그 우상과 음행하며, 내게 낳아 준 자식들을 우상에게 불살라 화제로 드렸다.

38 이 외에도 그들은 같은 날에 내 성전을 더럽히며, 내 안식일을 범했다.

1) 형　2) 네가 그의 잔을 네 손에 줄 것이다

39 그들이 자식들을 죽여 우상에게 바친 그날 내 성전에 들어와서 더럽혔으니 그들이 내 성전 한가운데서 그런 일을 저질렀다.

40 또 먼 곳까지 사절을 보내 사람을 초청했다. 그들이 오자 그들을 맞이하기 위해 목욕하고, 눈썹을 그리며, 자신을 단장하며,

41 화려한 방석 자리에 앉아 식탁을 차리고, 내 향과 기름을 그 상 위에 놓고,

42 그 무리와 편히 지껄이고 즐겼다. 더 나아가 광야에서 잡류와 술에 취한 사람을 초청하여 그들이 오자 그들은 두 자매의 손목에 팔찌를 끼워 주고, 머리에 아름다운 관을 씌워 주었다.

43 내가 음행에 빠진 여인을 가리켜 말했음에도 그는 그들과 서로 음행했다.

44 광야에서 온 그들은 창녀에게 드나드는 것처럼 음란한 여인인 오홀라, 곧 사마리아와 오홀리바, 곧 예루살렘에게 드나들었다.

45 그러나 의인이 간통한 여자들을 재판하는 것처럼 재판하고, 살인의 피를 흘린 여인을 재판하는 것처럼 재판할 것이다. 그것은 그들이 간통한 여자이며, 살인한 자의 피가 그 손에 묻었기 때문이다.”

46 여호와께서 이같이 말씀하셨다. “그들을 소집한 무리 앞에 세워 그들로 공포에 질리게 하고 약탈을 당하게 하라.

47 무리가 그들을 돌로 치며 칼로 죽이고, 그 자녀도 죽이며, 그 집들을 불사를 것이다.

48 이렇게 하여 내가 이 땅에서 음란을 그치게 하리니 모든 여인이 정신을 차려 너희 음행을 본받지 않을

것이다.

49 너희가 음란과 모든 우상을 섬기던 죄의 형벌을 받게 되면 그때 너희는 내가 여호와인 줄을 알게 될 것이다.”

녹슨 가마의 비유

24 ● 시드기야왕 즉위 9년째 열째 달인 1월 10일, BC 588년에 여호와께서 나에게 말씀하셨다.

2 “인자 에스겔아, 너는 바벨론 왕이 오늘 예루살렘에 가까이 왔으니 오늘의 날짜로 기록하라.

3 너는 이 거역하는 족속에게 비유를 베풀어 말하라. 여호와께서 가마솥 하나를 걸고

4-5 그 속에 물을 채우라. 그리고 양 떼에서 1마리를 골라 잡은 후 조각을 내고, 그 넓적다리와 어깨 고기의 모든 좋은 덩어리를 모아 솥에 넣으며, 좋은 것만 고른 뼈를 가득 담고 그 뼈를 삶기 위해 가마솥 밑에 나무를 넣어 불을 피워 뼈가 무르도록 잘 삶으라’고 말씀하셨다.”

6 그러므로 여호와께서 이같이 말씀하셨다. “그 속이 녹슨 가마솥처럼 죄 없는 자를 죽인 피를 흘린 예루살렘성이여, 화가 있을 것이다. 순서에 상관 없이[1] 그 고기 덩어리를 하나씩 꺼내라.

7 그 피가 예루살렘성 가운데에 있으니 피를 땅에 쏟아 먼지가 덮이지 않도록 보이게 하고, 아무것도 없는 맨 바위 위에 두라.

8 내가 그 피를 그 바위 위에 두고 덮이지 않고 보이게 한 것은 분노를 일으켜 심판하려는 것이다.”

9 그러므로 여호와께서 이같이 말씀하셨다. “죄 없는 자를 죽인 피를 흘린 성읍이여, 화가 있을 것이다

1) 제비 뽑을 것도 없이

내가 또 땔감 나무를 높이 쌓아 올릴 것이다.

10 그리고 그 나무에 불을 지펴 가마솥 속의 고기를 국물이 졸아들 때까지 푹 삶아 녹이고 그 뼈는 태울 것이다.

11 가마솥이 비게 되면 숯불 위에 놓아 뜨겁게 하여 가마솥을 달궈 그 속에 있는 녹이 소멸되게 할 것이다.

12 이 성읍이 고생이 심해 지쳤으나 그래도 가마솥의 많은 녹이 그 속에서 벗겨지지 않고, 불에 달궈도 없어지지 않는다.

13 네 더러운 것들 가운데 음란이 바로 그러하다. 내가 너를 깨끗하게 하려고 했지만 너는 깨끗해지려고 하지 않는다. 그러니 내가 네게 분노를 다 쏟을 때까지는 네 더러움이 깨끗해지지 않을 것이다.

14 나 여호와가 말했으니 그 일은 반드시 이루어질 것이다. 내가 마음을 바꾸거나 예루살렘성을 아끼지 않고, 후회하지도 않으며, 네가 행한 그대로 너를 심판할 것이다.”

에스겔 아내의 죽음

15 ● 여호와께서 나에게 말씀하셨다.

16 “인자 에스겔아, 나는 네가 눈에 든 아내를 한 번 쳐서 빼앗을 것이다. 그러니 너는 슬퍼하거나 울거나 눈물을 흘리지 말라.

17 죽은 자들을 두고 슬퍼하지 말고 조용히 신음하며, 머리를 두건으로 두르고 신을 신고 수염¹⁾을 가리지 말며, 초상집의 음식을 먹지 말라.”

18 내가 아침에 백성에게 이 이야기를 했더니 저녁에 내 아내가 죽었다. 그래서 아침에 하나님께서 말씀하신 대로 행했다.

19 그러자 내 모습을 본 백성들이 내게 말했다. “네가 하는 이 행동이

우리와 무슨 상관이 있는지 너는 우리에게 말하라.”

20 이에 그들에게 대답했다. 여호와께서 나에게 이렇게 말씀하셨다.

21 “너는 이스라엘 족속에게 말하기를 ‘여호와의 말씀에 내 성전은 너희 권세의 영광이며, 너희 눈에 들어 기뻐하는 것이며, 너희가 마음으로 사모하는 것이었다. 그러나 이제는 내가 더럽히고, 너희가 이 성에 남겨 둔 자녀를 칼에 쓰러지게 할 것이다.

22-23 너희가 에스겔이 행한 것처럼 될 것이다. 그리고 죄악 가운데 패망하여 서로 바라보고 탄식할 것이다.²⁾

24 이같이 에스겔이 너희에게 징표가 될 것이다. 그러므로 너희도 에스겔이 행한 것처럼 하게 될 것이다. 이 일이 이루어지게 될 때 너희는 내가 여호와인 줄을 알게 될 것이다’라고 하라.”

25 에스겔아, 내가 그들의 요새³⁾와 그 영화로운 기쁨과 눈에 들어 기뻐하는 것과 자녀를 취하는 날에

26 도피한 자가 네게 와서 자식의 소식을 들려주지 않겠느냐?

27 그날 너는 도피한 자에게 말하고 더 이상 침묵하지 않고 통곡할 것이다. 이같이 너는 그들에게 징표가 되고, 그들은 내가 여호와인 줄을 알게 될 것이다.

암몬에 대한 심판 예언

25

● 여호와께서 나에게 말씀하셨다.

2 “인자 에스겔아, 암몬 족속을 향해 네 얼굴을 돌리고 그들에게 예언하라.

3 너는 암몬 족속에게 외치라. 너희는

---

1) 입술 2) 겔 24:16-17 3) 힘

여호와의 말씀을 들으라. 내 성전이 더럽힘을 받고, 이스라엘 땅이 황폐하고, 유다 족속이 사로잡힐 때 너희는 '참 잘 되었다'라고 하며 좋아했다.

4 그러므로 내가 너를 동방 사람의 소유로 줄 것이다. 그러면 그들이 네 땅에 들어와 진과 거주할 장막을 치고, 네 땅에서 나는 열매를 먹으며, 우유를 마실 것이다.

5 내가 너의 도성인 랍바를 낙타의 우리로 만들고, 암몬 족속의 땅을 양 떼가 눕는 곳으로 삼을 것이다. 그때 너희는 내가 여호와인 줄을 알게 될 것이다."

6 여호와께서 말씀하셨다. "네가 이스라엘 땅이 황폐되었을 때 손뼉을 치고, 발을 구르며, 경멸하는 마음으로 좋아했다.

7 그런즉 내가 네 위에 손을 뻗어 너를 다른 민족에게 넘겨주어 노략을 당하게 하고, 너를 세상 모든 민족 가운데서 끊어 버리며, 여러 나라 가운데 패망하게 하여 진멸시킬 것이다. 그때 너희는 내가 여호와인 줄을 알게 될 것이다."

모압과 세일에 대한 심판 예언

8 ● 여호와께서 이같이 말씀하셨다. "모압과 세일이 '유다 족속은 모든 이방 족속과 다를 것이 없다'라고 말한다.

9 그러므로 내가 모압의 국경 지역에 있는 영화로운 성읍들인 벧여시못, 바알므온, 기랴다임이 공격을 받게 할 것이다.

10 그리고 암몬 족속과 함께 동방 사람[1]에게 넘겨주어 그들의 소유로 삼게 할 것이다. 암몬 족속은 이방 사람들의 기억 속에서 사라질 것이다.

11 내가 모압을 심판하리니 그제야 너희는 내가 여호와인 줄을 알게 될 것이다."

에돔과 블레셋에 대한 심판 예언

12 ● 여호와께서 이같이 말씀하셨다. "에돔이 유다 족속을 쳐서 보복했으니 그로 인해 심히 범죄했다.

13 그러므로 내가 내 손으로 에돔을 쳐서 사람과 짐승을 없애버리고, 데만에서 드단까지 황폐하게 만들며, 백성들은 칼에 쓰러지게 할 것이다.

14 내가 내 백성 이스라엘의 손으로 내 원수인 에돔에게 복수하게 하리니 그들이 내 노여움과 분노를 따라 에돔에게 보복할 것이다. 그것이 내가 복수하는 것인 줄을 에돔이 알게 될 것이다."

15 여호와께서 이같이 말씀하셨다. "블레셋 사람이 옛날부터 원한과 적대심을 품고 이스라엘을 진멸시켜 보복하려고 했다."

16-17 그러므로 여호와께서 이같이 말씀하셨다. "내가 블레셋 사람에게 손을 펴서 분노와 책벌로 치고, 그렛 사람을 끊으며, 해변 지역에 남은 자를 진멸하여 내 원수를 그들에게 크게 갚을 것이다. 이로 인

그렛 사람(겔 25:16)

그렛 사람(Cherethites)은 팔레스타인의 블레셋 남동쪽 지역에 살고 있던 한 종족으로(삼상 30:14), 후에 다윗 군대에 편입되어 브나야의 관할 아래 놓여 있었다(삼하 8:18). 그렛 사람들은 다윗에게 충성을 다했으며, 다윗이 압살롬을 피해 망명할 때도 함께했다. 뿐만 아니라 세바의 반란을 진압하는 일에도 요압을 도와 출전했으며(삼하 20:7), 솔로몬을 왕으로 세우는 일도 지지했다(왕상 1:38~44). 겔 25:16에는 에스겔의 블레셋 심판에 대한 예언에 언급되었다.

1) 바벨론 또는 아라비아

해 그들은 내가 여호와인 줄을 알게 될 것이다."

두로에 대한 심판 예언

26 ● 시드기야 즉위 11년째 어느 달 1일에 여호와께서 나에게 말씀하셨다.

2 "인자 에스겔아, 두로가 예루살렘에 대해 이렇게 말했다. '세상 모든 민족의 관문이 부서져 내게로 넘어왔으니 그는 황폐하게 되고 나는 번성하게 될 것이다.'

3 그러므로 두로야, 내가 너를 쳐서 바다가 그 파도를 굽이치게 하는 것처럼 여러 민족이 와서 너를 치게 할 것이다.

4 그들이 두로의 성벽을 무너뜨리고 그 망대를 헐어 버릴 것이다. 나도 그곳에서 먼지를 말끔히 쓸어내며 아무것도 없는 맨 바위가 드러나게 할 것이다.

5 그러면 두로는 바다 가운데 그물이나 치는 곳이 될 것이다. 내가 말했으니 그대로 될 것이다. 두로는 이방 민족에게 약탈을 당하고,

6 들에 있는 그의 성읍[1]들은 칼에 죽을 것이다. 그때 그들은 내가 여호와인 줄을 알게 될 것이다."

7 여호와께서 이같이 말씀하셨다. "내가 왕들 가운데 으뜸인 바벨론의 느부갓네살왕으로 북쪽에서 말과 병거와 기병과 수많은 군대의 무리를 거느리고 와서 두로를 치게 할 것이다. 그때

8 그가 들에 있는 네 성읍들을 칼로 죽이고, 너를 치기 위해 사다리를 세우며, 토성을 쌓고, 방패를 갖추며,

9 공성퇴를 가지고 네 성을 허물고, 도끼로 망대를 찍을 것이다.

10 또 군마가 많아 말들이 날리는 먼지가 너를 덮으며, 무너진 성벽 사이로

사람들이 들어가는 것처럼 바벨론 군대가 네 성문으로 들어갈 때 그 기병과 수레와 병거의 소리로 인해 네 성곽이 진동할 것이다.

11 뿐만 아니라 바벨론 군대가 그 말굽으로 네 모든 거리를 짓밟고, 칼로 네 백성을 죽이며, 네 단단한 돌기둥을 땅바닥에 무너뜨릴 것이다.

12 네 재물을 빼앗고, 네가 무역한 것을 약탈하며, 네 성을 헐어 버릴 것이다. 네가 기뻐하는 집을 무너뜨리고, 네 석재들과 목재들과 흙덩이까지 모두 물속에 던질 것이다.

13 내가 네 노래 소리를 그치게 하고, 수금 소리가 더 이상 들리지 않게 할 것이다.

14 나는 너를 아무것도 없는 맨 바위가 되게 하리니 네가 그물이나 말리는 곳이 되고 다시는 건축되지 못할 것이다."

15 여호와께서 이같이 두로에[1] 대해 말씀하셨다. "네가 쓰러지는 소리가 들리고, 너희 가운데 부상을 당한 자가 신음하며 살륙이 벌어질 때 모든 섬이 진동하지 않겠느냐?

16 그때 해변의 모든 왕이 그 보좌에서 내려와 왕복[2]을 벗으며, 수 놓은 옷을 벗어 버릴 것이다. 대신 두려움에 사로잡혀[3] 모든 섬이 진동하지 않겠느냐? 땅바닥에 앉아서 네 죽음으로 인해 수시로 떨며 놀랄 것이다.

17 그들은 너를 위해 애가를 부를 것이다. '항해자가 살았던 명성이 높았던 성읍이여, 어떻게 그렇게 멸망했느냐? 너와 네 주민이 바다 가운데 있어 견고하여 해변의 모든 주민을 떨게 했다. 그러니

---

1) 딸 2) 조복 3) 옷 입듯 하고

18 네가 무너지는 그날에 섬들이 두려워하리니 바다 가운데의 섬들이 네 마지막을 보고 놀랄 것이다."

19 여호와께서 말씀하셨다. "내가 너를 사람이 살 수 없는 성읍처럼 황폐한 성읍으로 만들고, 깊은 바닷물을 네 위에 올라오게 하여 큰 물이 너를 덮치게 할 것이다. 그때

20 내가 너를 구덩이에 내려가는 자와 함께 내려가서 이미 죽은 사람에게로 가게 하리니 예로부터 죽은 자들이 사는 황폐한 곳에 살게 할 것이다. 네가 다시는 살아있는 사람이 사는 곳에 살지 못할 것이다. 그러나 살아있는 자의 땅에는 영광이 있을 것이다.

21 내가 너를 완전히 멸망시키리니 사람들이 너를 찾아도 다시는 영원히 만나지 못할 것이다."

두로에 대한 애가

27 ● 여호와께서 나에게 말씀하셨다.

2 "인자 에스겔아, 너는 두로를 위해 애가를 지어 부르라.

3 바다 입구에 자리 잡고 살면서 여러 섬의 백성과 무역하는 자여, 여호와께서 하시는 말씀을 들으라. 두로야, 너는 스스로 '나는 흠 없이 아름답다'라고 말한다.

4 네 경계가 바다 가운데 있고, 너를 창조한 자가 너를 흠 없이 아름답게 했다.

5 헬몬산, 곧 스닐에서 자라는 잣나무로 너를 지었으니, 네 판자를 만들었다. 너를 위해 레바논에서 자란 백향목을 가져다가 돛대를 만들었다.

6 바산의 상수리나무로 네 노를 만들었고, 깃딤1)섬에서 자라는 회양목2)에 상아를 입혀 갑판을 만들었다.

7 애굽의 수 놓은 질 좋은 아마 섬유인 가는 베로 돛을 만들어 깃발을 삼고, 키프로스, 곧 엘리사의 청색과 자색 베로 덮개를 만들었다.

8 시돈과 아르왓 주민들이 네 사공이 되었다. 두로야, 네 가운데 있는 지혜자들이 네 선장이 되었다.

9 비블로스, 곧 그발의 노인들과 지혜자들이 배의 틈을 수리하는 자가 되었고, 바다의 모든 배와 그 사공들은 네 구역 내에서 무역했다.

10 바사와 룻과 붓이 네 군대의 용병이 되었고, 그들이 네 배 안에서 방패와 투구를 매달아 네 위엄을 드러냈다.

11 페니키아 앞 지중해 섬인 아르왓의 사람은 네 사방의 성벽 위에 있었고, 용사들은 네 여러 망대 안에 있었으니 네 사방의 성벽 위에 방패를 달아 네 아름다움을 온전하게 했다.

12 다시스는 각종 보화가 풍부해서 너와 거래했으니 은과 철과 주석과 납을 주고 네 물품과 바꾸어 갔다.

13 야완과 두발과 메섹은 너와 무역했으니 노예3)와 놋그릇을 가지고 네 상품과 바꾸어 갔다.

14 메소포타미아 최북단의 도갈마 족속은 말과 군마와 노새를 주고 네 물품과 바꾸었다.

15 아라비아 지역의 드단 사람이 너와 무역했으며, 여러 섬이 너와 거래하여 상아와 흑단4)을 주고 네 물품과 바꾸어 갔다.

16 너는 물품이 풍부하여 아람이 너와 무역했으니 그들은 남보석, 곧 에메랄드와 자색 베와 수예품과 좋은 아마 섬유와 산호와 홍보석, 곧 루비를 주고 네 물품과 바꾸어 갔다.

---

1) 키프로스 2) 황양목 3) 사람 4) 박달나무

17 유다와 이스라엘 땅의 사람들이 네 무역 상인이 되었으니 민닛에서 생산되는 밀과 무화과 과자와 꿀과 올리브 기름과 테레빈 기름¹⁾을 주고 네 물품과 바꾸어 갔다.

18 네 물품과 각종 보화가 풍부하므로 다메섹이 너와 무역했으니 헬본에서 생산된 포도주와 흰 양털로 너와 거래했다.

19 아라비아 지역의 워단과 야완은 길쌈하는 실에서 가공한 쇠와 계피와 대나무 제품을 가지고 와서 네 상품과 거래했다.

20 아라비아의 드단은 너와 무역을 했으니 그들은 말을 탈 때 까는 천으로 너와 거래했다.

21 아라비아와 게달의 모든 지도자는 너와 무역했으니 그들은 어린 양과 숫양과 염소들을 주고 너와 거래했다.

22 페르시아만 유역의 스바와 라아마의 상인들도 너와 무역했으니 각종 최상품의 향 재료와 각종 보석과 황금을 주고 네 물품과 바꾸어 갔다.

23 하란과 간네와 에덴과 스바와 앗수르와 길맛의 장사꾼들도 너와 무역했다.

24 이들은 청색 옷과 수예품과 번쩍거리는 옷을 백향목 상자에 담아 노끈으로 묶어 가지고 와서 네 물품과 바꾸어 갔다.

25 다시스의 배는 떼를 지어 네 물품을 싣고 항해하니 네가 배에 물품을 가득 채워 무겁게 바다 한가운데를 지났다.

26 네 사공이 너를 인도하여 큰 바다 물로 이르게 했으니 동풍이 바다에서 너를 난파시켰다.

27 네 물품과 상품과 바꾼 물건과 네 사공과 선장과 배의 틈을 수리하는 자와 상인과 네 수하에 있는 모든 용사와 무리가 네가 패망하는 날에 다 바닷속에 빠질 것이다.

28 네 선장이 부르짖는 소리에 물결이 흔들릴 것이다.

29 노 젓는 모든 사람과 사공과 선장들이 모두 배에서 내려 언덕에 서서

30 네 죽음을 애도하며 큰 소리로 통곡하고, 머리에 먼지를 덮어쓰며, 재 가운데 뒹굴며,

31 그들이 다 네 죽음을 위해 머리털을 밀고, 굵은 베로 띠를 띠고, 가슴을 치며 슬피 통곡할 것이다.

32 그들이 통곡할 때 네 죽음을 위해 애가를 불러 애도할 것이다. '두로처럼 바다에서 파멸한 자가 누구인가?

33 네가 물품을 싣고 바다로 나갔을 때 너는 여러 백성을 풍족하게 했다. 네 재물과 무역품이 많아서 세상의 왕들을 풍부하게 했다.

34 네가 깊은 바다에서 파선한 때 네 무역품과 네 승객이 다 빠졌으니

35 그로 인해 섬의 주민들이 놀라고 왕들이 심히 두려워하여 얼굴에 근심이 가득했다.

36 많은 민족의 상인이 다 너를 비웃었다. 네가 비참하게 공포의 대상이 되었으니 네가 영원히 존재하지 못할 것이다.'"

두로 왕에 대한 심판 예언

28

● 여호와께서 나에게 말씀하셨다.

2 "인자 에스겔아, 너는 두로 왕에게 말하라. 여호와께서 이같이 말씀하신다. 너는 마음이 교만하여 '나는 신이다. 내가 바다 가운데 하나님의 자리에 앉아 있다'라고 말한다.

¹⁾ 유향

그러나 네 마음이 하나님의 마음이라도 된 척하지만 너는 신이 아니라 사람이다.

3 너는 '다니엘보다 지혜로워서 은밀한 것을 깨닫지 못할 것이 없다'라고 말하면서

4 네 지혜와 총명으로 재물을 얻었고, 금과 은을 창고에 쌓아 두었으며,

5 네 큰 지혜와 무역으로 재물을 늘렸으며, 그 재물로 말미암아 네가 교만해졌다."

6 여호와께서 이같이 말씀하셨다. "네 마음이 하나님의 마음 같은 척했으니

7 내가 강하고 포악한 이방 여러 나라의 사람들을 데려와서 너를 칠 것이다. 그들은 칼을 빼어 네 지혜의 아름다운 것¹⁾을 파괴하고, 네 영화를 더럽힐 것이다.

8 또 너를 구덩이에 빠뜨리고 바다에서 죽임을 당한 자처럼 바다 가운데서 죽게 할 것이다.

9 너는 자신을 죽이는 자 앞에서도 '나는 신²⁾이다'라고 말할 수 있겠느냐? 너를 찔러 죽이는 자들 앞에서 너는 사람에 불과할 뿐이며, 결코 신이 아니다.

10 네가 이방인의 손에서 할례를 받지 않은 자의 죽음처럼 죽게 될 것이다. 내가 말했으니 반드시 그렇게 될 것이다."

11 여호와께서 나에게 말씀하셨다.

12 "에스겔아, 두로 왕을 위해 애가를 지어 그에게 말하라. 여호와의 말씀이다. 너는 정교하게 새긴 완전한 도장³⁾이었고, 지혜가 충만하며 흠잡을 데 없이 아름다웠다.

13 너는 옛날에 하나님의 동산인 에덴에 살면서 홍보석 곧 루비, 황보석, 금강석 곧 다이아몬드, 황옥 곧

녹주석, 홍마노, 창옥, 청보석 곧 사파이어, 남보석 곧 에메랄드, 홍옥, 금 등으로 단장했다. 네가 창조된 날에 너를 위해 작은 북과 비파가 준비되었다.

14 나는 너를 기름 부음을 받고 지키는 그룹으로 세웠다. 그래서 너는 하나님의 거룩한 산에 살면서 불타는 돌들 사이를 왕래했다.

15 네가 창조되던 때부터 네 모든 행실이 완전했지만 결국은 네게서 불의가 드러났다.

16 너는 무역이 활발해지자 폭력을 행사하고, 죄를 저질렀다. 그러므로 내가 너를 더럽게 여겨 두 날개 달린 생물인 그룹과 같은 너를 하나님의 산에서 쫓아냈고, 불타는 돌들 사이에서 멸했다.

17 네가 아름답기 때문에 마음이 교만했으며, 네가 영화롭기 때문에 네 지혜가 더럽혀졌다. 그러므로 내가 너를 땅바닥에 던져 왕들 앞에 구경거리가 되게 했다.

18 너는 죄악이 많고, 불의한 방법으로 무역해서 네 모든 성전을 더럽혔다. 그러므로 내가 네게 불을 질러 너를 사르고, 너를 구경하는 모든 자 앞에서 너를 땅 위에 재가 되게 했다.

19 너를 아는 세상 모든 민족이 네 멸망을 보고 다 놀라며, 네가 비참하게⁴⁾ 되고, 네가 영원히 존재하지 못할 것이다."

시돈에 대한 심판 예언

20 ● 여호와께서 나에게 말씀하셨다.

21 "인자 에스겔아, 너는 얼굴을 시돈으로 향하고 그에게 예언하라."

22 여호와께서 이같이 말씀하셨다. "시돈아, 내가 너를 대적하니 네 가운데서 내 영광을 드러낼 것이다.

1) 물품 또는 왕국 2) 하나님 3) 모델 4) 공포의 대상이

내가 너를 심판하고, 내 거룩함을 나타낼 때 너희는 내가 여호와인 줄을 알게 될 것이다.

23 내가 네게 전염병을 보내 네 거리에 피가 흐르게 할 것이다. 사방에서 오는 칼에 부상당한 자가 그 가운데 쓰러질 것이다. 그때 너희는 내가 여호와인 줄을 알게 될 것이다.

24 이스라엘 족속을 사방에서 멸시하는 자들이 다시는 찌르고 아프게 하는 가시 노릇을 하지 못할 것이다. 그때 그들은 내가 여호와인 줄을 알게 될 것이다.”

이스라엘이 복을 받을 것임

25 ● 여호와께서 이같이 말씀하셨다. “내가 여러 민족 가운데 흩어져 있는 이스라엘 족속을 모으고, 그들로 인해 이방 여러 나라 앞에서 내 거룩함을 나타낼 때 이스라엘은 내 종 야곱에게 준 고국 땅에 살게 될 것이다.

26 그들은 고국 땅에서 집을 건축하며 포도밭을 만들 것이다. 그때 내가 사방에서 이스라엘을 멸시하던 모든 자를 심판하며, 이스라엘은 평안히 살 것이다. 그때 그들은 내가 그 하나님인 줄을 알게 될 것이다.”

애굽에 대한 심판 예언

29 ● 시드기야 즉위 10년째 열째 달인 1월 12일에 여호와께서 나에게 말씀하셨다.

2 “인자 에스겔아, 너는 얼굴을 애굽의 바로와 온 애굽으로 향하고 이렇게 예언하라.

3 여호와께서 말씀하셨다. ‘애굽의 바로여, 내가 너를 칠 것이다. 너는 나일강 가운데 누운 큰 악어다. 너는 스스로 나일강은 내가 만들었으니 내 것이라고 말한다.

4 그러나 내가 갈고리로 네 아가미를

꿰고, 나일강의 물고기1)가 네 비늘에 붙게 하고, 네 비늘에 붙은 나일강의 모든 물고기와 함께 너를 네 나일강에서 끌어내고,

5 너와 네 나일강의 모든 물고기를 광야2)에 던질 것이다. 네가 땅에 떨어지고 다시는 거두거나 모으지 못할 것이다. 그것은 내가 너를 땅2)의 짐승과 공중을 날아 다니는 새의 먹이로 주었기 때문이다.

6 그때 애굽의 모든 주민이 내가 여호와인 줄을 알게 될 것이다. 애굽은 본래 이스라엘 족속에게 갈대 지팡이에 불과했다.

7 이스라엘 족속이 너 애굽을 손으로 잡으면 네가 부러지므로 부러진 갈대의 끝처럼 날카로워 너를 잡은 자들의 모든 어깨가 찢어지고, 이스라엘이 너를 의지하지만 갈대와 같은 네가 부러지므로 그 부러진 갈대의 날카로운 끝에 찔려 그들의 모든 허리가 흔들리게 되었다.’”3)

8 그러므로 여호와께서 이같이 말씀하셨다. “내가 네게 전쟁4)을 일으켜 네게서 사람과 짐승을 멸하리니

9 애굽 땅이 사막과 황무지가 될 것이다. 그때 그들은 내가 여호와인 줄을 알게 될 것이다. 네 스스로가 ‘이 강은 내가 만들었으니 내 것이다’

전염병 (겔 28:23)

한글개역성경에는 악질(출 9:3), 온역(출 5:3), 염병(겔 28:23, 레 26:25) 등으로 번역했다. 전염병에 해당되는 히브리어 ‘데베르’는 ‘파괴하다’, ‘정복하다’라는 의미가 있는 ‘다바르’에서 유래한 말로 전염성이 강한 흑사병이나 페스트 등을 가리킨다. 성서에서는 하나님께서 범죄한 이스라엘을 징벌하기 위한 수단의 한 방편으로 사용되었다(민 14:12).

1) 애굽 백성 2) 들 3) 왕하 18:21, 사 36:6 4) 칼

라고 말한다.

10 그러므로 내가 너와 네 나일강을 쳐서 애굽 땅 최북단의 믹돌에서 최남단의 수에네, 곧 에티오피아[1] 지역까지 황무지와 사막이 되게 할 것이다.

11 그래서 그곳은 사람의 발길이 끊어지고, 짐승도 다니지 않으며, 40년 동안 사람이 살지 않게 될 것이다.

12 내가 애굽 땅을 황폐한 나라들처럼 만들고, 그들의 성읍도 40년 동안 황폐하게 만들며 애굽 사람들은 여러 나라와 민족 가운데로 흩을 것이다."

13 여호와께서 이같이 말씀하셨다. "그러나 40년이 지나면 내가 세상 모든 민족으로 흩어졌던 애굽 사람을 다시 모아서

14 고국 땅인 바드로스 땅으로 돌아오게 할 것이다. 그들은 그곳에서

15 지극히 약한 나라가 되어 다시는 다른 나라들보다 높아지지 못할 것이다. 그것은 내가 그들을 약하게 하여 다시는 다른 나라들을 다스리지 못하게 할 것이기 때문이다.

16 그들은 더 이상 이스라엘 족속이 의지하는 강한 나라가 되지 못하고, 이스라엘 족속은 그들을 바라보지 않아서 그 죄악이 기억되지 않을 것이다. 그때는 그들이 내가 여호와인 줄을 알게 될 것이다."

느부갓네살왕의 애굽 정복에 대한 에스겔의 예언

17 ● 여호야긴이 포로로 잡혀간 지 27년째인 BC 571년, 첫째 달인 4월 1일 여호와께서 나에게 말씀하셨다.

18 "인자 에스겔아, 바벨론의 느부갓네살왕이 그의 군대로 두로를 공격했다. 그러나 그들의 모든 군사가 머리털이 빠지고, 어깨가 벗겨

지도록 싸웠으나 느부갓네살왕과 그의 군대는 수고한 만큼의 좋은 결과를 두로에서 얻지 못했다.

19 그러므로 내가 두로 대신에 애굽 땅을 바벨론의 느부갓네살왕에게 넘길 것이다. 그가 그 무리를 잡아가고, 물건을 노략하며 빼앗아 갈 것이다. 이것은 하나님의 심판을 대행한 것에 대한 그 군대의 보상이 될 것이다.

20 그들의 수고는 내 심판을 위해 한 것이니 그 대가로 내가 애굽 땅을 그에게 주었다.

21 그날 나는 이스라엘 족속에게 힘[2]을 갖게 하고, 네가 입을 열어 그들 가운데서 외칠 수 있게 할 것이다. 이때 그들은 내가 여호와인 줄을 알게 될 것이다."

30 여호와께서 다시 내게 말씀하셨다.

2 "에스겔아, 너는 예언하여 이렇게 전하라. 여호와께서 이렇게 말씀하신다. '너희는 통곡하며 말하라. 슬프다, 이날이여,

3 여호와의 날이 가까이 왔다. 그날은 구름 낀 날이며, 여러 나라의 멸망의 때이다.

4 애굽에 전쟁[3]이 일어나 죽임당한 자들이 쓰러질 때 에티오피아, 곧 구스에는 심한 고통이 있을 것이다. 애굽의 무리가 칼에 쓰러지고, 재물과 보화가 탈취당하니 그 기초가 파괴될 것이다.

5 구스와 붓과 룻과 모든 혼합족과 굽[4]뿐 아니라 동맹을 맺은 땅의 백성들이 그들과 함께 칼에 쓰러져 죽을 것이다.'"

6 여호와께서 이같이 말씀하셨다. "애굽을 지지하던 자도 쓰러지고,

---

1) 구스 2) 뿔 3) 칼 4) Chub

애굽의 자랑스러운 힘도 꺾일 것이다. 최북단의 믹돌에서 최남단의 수에네까지 무리가 칼에 쓰러질 것이다.

7 황폐한 나라들처럼 그들도 황폐해지며, 사막과 같이 된 성읍들처럼 그 성읍들도 사막이 될 것이다.

8 내가 애굽에 불을 지르고, 그를 돕는 모든 자를 멸할 때 그들은 내가 여호와인 줄을 알게 될 것이다.

9 그날에는 나 여호와가 보낸 사절들이 내 앞에서 배를 타고 가서 안전하게 사는 구스 사람을 두렵게 하리니 애굽의 재앙의 날처럼 그들에게도 큰 고통이 있을 것이다. 확실히 그날은 올 것이다.”

10 여호와께서 이같이 말씀하셨다. “또 내가 바벨론 왕 느부갓네살의 손으로 애굽 백성들을 멸할 것이다.

11 바벨론이 어느 나라보다 강하고 폭력적인 군대를 거느리고 와서 애굽을 멸망시킬 때 칼로 애굽을 쳐서 죽임 당한 시체가 땅에 가득하게 할 것이다.

12 내가 그 나일강을 모두 마르게 하고, 그 땅을 악인들에게 팔며, 타국 사람으로 애굽 땅과 그곳에 있는 모든 것을 황폐하게 할 것이다.”

13 여호와께서 이같이 말씀하셨다. “내가 애굽의 우상들을 없애고, 놉, 곧 멤피스에서 신상들을 부수며, 애굽 땅에서 다시는 왕이 일어나지 못하게 하고, 그 땅을 공포에 사로잡히게 할 것이다.

14 내가 바드로스를 폐허로 만들고, 소안 곧 라암셋에 불을 지르며, 노 곧 테베 나라를 심판할 것이다.

15 내 분노를 애굽의 요새 성읍인 신, 곧 펠루지움에 쏟고 그 백성들을 멸할 것이다.

16 내가 애굽에 불을 질러 신[1] 나라가 심히 고통스럽고, 노[2] 나라는 찢겨 나뉘며, 놉[3] 나라는 대낮에 적들이 공격할 것이다.

17 아웬, 곧 온과 비베셋의 젊은이들은 칼에 쓰러지며, 그 성읍 주민들은 포로가 될 것이다.

18 내가 애굽의 멍에를 꺾으며, 그 자랑스러운 힘을 꺾을 때 나일강 삼각주 지역에 있는 드합느헤스에서는 날이 어둡고, 그 성읍에는 구름이 덮이며, 그 딸들은 포로가 될 것이다.

19 이같이 내가 애굽을 심판할 것이다. 그때 그들은 내가 여호와인 줄을 알게 될 것이다.”

20 시드기야 즉위 11년째인 BC 586년, 첫째 달인 4월 7일 여호와께서 나에게 말씀하셨다.

21 “에스겔아, 내가 애굽 왕의 팔을 꺾었더니 약을 붙여 싸매지도 못하여 칼을 잡을 힘도 없게 되었다.

22 내가 애굽의 바로를 쳐서 이미 꺾인 팔과 나머지 성한 팔마저도 꺾어 칼이 그 손에서 떨어지고,

23 애굽 사람을 세상 나라와 백성 가운데로 흩을 것이다.

24 반면 내가 바벨론 왕의 팔은 견고하게 하고, 내 칼을 그 손에 넘겨주어 바로의 팔을 꺾을 것이다. 그는 바벨론 왕 앞에서 칼에 찔린 자가 겪는 고통을 겪을 것이다.

25-26 내가 바벨론 왕의 팔은 잡아 주고, 바로의 팔은 떨어뜨릴 것이다. 내가 바벨론 왕에게 내 칼을 쥐어 주고 그를 통해 애굽 땅을 치게 할 것이다. 그래서 내가 애굽 사람을 여러 나라와 백성들 가운데로 흩을 것이다. 그들은 내가 여호와인

1) Sin 2) No 3) Nob

줄을 알게 될 것이다."

백향목 같았던 애굽

31 시드기야 즉위 11년째 셋째 달인 6월 1일에 여호와께서 나에게 말씀하셨다.

2 "인자 에스겔아, 너는 애굽의 바로와 그 무리에게 말하라. 네 큰 위엄을 누구에게 비교하겠느냐?

3 보라, 앗수르 사람은 한때 레바논의 백향목과 같았다. 그 가지가 아름답고 그늘은 숲의 그늘 같았으며, 꼭대기가 구름에 닿을 정도로 키가 컸다.

4 풍부하고 깊은 물이 그것을 자라게 하고, 강들이 그 심긴 곳을 둘러 흐르며, 들의 모든 나무가 둑의 물을 빨아들였다.

5 그 나무, 백향목은 물이 많으므로 들의 모든 나무보다 크게 자라고, 굵은 가지가 번성하며, 가는 가지가 길게 뻗어 나갔다.

6 그래서 공중의 모든 새가 그 큰 가지에 둥지를 틀고, 들의 모든 짐승이 그 가는 가지 밑에 새끼를 낳았으며, 모든 큰 나라도 그 그늘 아래 자리를 잡았다.

7 그 뿌리가 큰 물가에 있어 나무가 크게 자라고 가지가 길어 심히 아름다웠다.

8 하나님의 동산에 있는 백향목마저도 레바논의 백향목인 앗수르만 못했고, 잣나무 줄기가 그 백향목의 굵은 가지만 못하며, 플라타너스나무[1]가 그 가는 가지만 못했다. 하나님의 동산에 있는 어떤 나무도 그 레바논의 백향목처럼 아름답지는 못했다.

9 내가 그 가지를 무성하게 하여 모양을 아름답게 했더니 하나님의 동산 에덴에 있는 모든 나무가 너

백향목을 시기했다."

10 그러므로 여호와께서 이같이 말씀하셨다. "레바논의 백향목이 꼭대기가 구름에 닿을 정도로 크게 자라자 마음이 교만해졌다.

11 그러므로 내가 그를 여러 나라의 통치자의 손에 넘겨줄 것이다. 그러면 그 나무가 행한 악행에 따라 그 나무를 심판하게 할 것이다.[2]

12 포악한 여러 나라의 다른 민족이 그를 찍어 버림으로 그 가는 가지는 산과 모든 골짜기에 떨어졌고, 굵은 가지는 그 땅 모든 물가에 꺾어졌다. 그러자 세상 모든 백성이 그를 버리고 그 그늘 아래서 떠나니

13 공중의 모든 새가 그 쓰러진 나무에 거주하고, 모든 들짐승이 그 쓰러진 가지에 있을 것이다.

14 내가 이렇게 하는 것은 물가에 있는 어떤 나무도 큰 키로 교만하지 못하게 하고, 그 꼭대기가 구름까지 오르지 못하게 하며, 물을 빨아들이는 모든 나무가 자만하지 못하게 하기 위함이다. 나는 그들을 다 죽음에 넘겨주어 지하로 내려가게 하여 무덤인 스올로 내려가는 자와 함께 있도록 했기 때문이다."

15 여호와께서 이같이 말씀하셨다. "앗수르가 무덤으로 내려가던 날에는 내가 깊은 바다를 덮고, 모든 강을 막아 큰물이 흐르지 못하게 할 것이다. 그래서 레바논이 그를 위해 애곡하며, 들의 모든 나무도 메말라 시들게 했다.

16 내가 그를 무덤에 떨어뜨리던 때 구덩이에 내려가는 자와 함께 뭇 백성이 그 떨어지는 소리로 인해 두려움에 떨 것이다. 에덴의 모든

---

1) 단풍나무   2) 그가 임의로 대우할 것은 내가 그의 악으로 말미암아 쫓아내었음이라

나무, 곧 레바논의 가장 아름다운 나무들이 백향목인 앗수르가 심판 받는 모습을 보고 지하에서 위로를 받을 것이다.

17 그러나 그 나무들도 그 백향목과 함께 무덤으로 내려가 먼저 칼에 죽임을 당한 자[1]에게 이르렀으니 그들은 옛적에 그 레바논 백향목 그늘 아래에 자리 잡고 살았던 자였다.

18 에덴의 어떤 나무도 네 영광과 위대함에 비교할 수 있겠느냐? 그러나 네가 에덴의 나무들과 함께 지하로 내려가고, 그곳에서 할례를 받지 못하고 칼에 죽임을 당한 자 가운데 누울 것이다. 이들은 바로 와 그의 모든 군대이다."

큰 악어인 애굽 왕

32 ● 사로잡힌 지 12년 열두째 달인 3월 첫날에 여호와께서 나에게 말씀하셨다.

2 "인자 에스겔아, 너는 애굽의 왕에 대해 애가를 불러 그에게 말하라. '너를 여러 나라 가운데서 사자로 생각했더니 실상은 바다[2] 속의 큰 악어, 괴물이었다. 너는 강에서 뛰어나와 발로 물을 휘저어 나일 강물을 더럽혔다.

3 내가 많은 백성의 무리를 불러와 내 그물을 쳐서 너를 잡아 올릴 것이다.

4 내가 너를 땅바닥과 들에 내동댕이쳐서 공중의 새들이 네 위에 머물게 하고, 온 땅의 들짐승이 너를 먹음으로 배부르게 할 것이다.

5 내가 네 살점을 산 이곳 저곳에 두며, 골짜기마다 네 시체로 채울 것이다.

6 땅에 물을 대듯 네 피를 산으로 흐르게 하며, 개천마다 네 피를 흐르게 할 것이다.

7 내가 너를 불을 끄듯 네 빛을 꺼지게 할 때 하늘을 가려 별을 어둡게 하고, 해를 구름으로 가리며, 달이 빛을 내지 못하게 할 것이다.

8 하늘에서 빛을 내는 모든 것을 내가 어둡게 하여 네 땅에 어둠이 임하게 할 것이다.

9 내가 네 망한 소문을 네가 알지 못하는 나라들에게까지 전파하게 할 때 많은 백성은 불안에 떨 것이다.

10 내가 네 멸망으로 인해 많은 백성을 놀라게 할 것이다. 내가 그들의 왕 앞에서 내 칼을 휘두를 때 그 왕이 너로 인해 크게 두려워할 것이다. 네가 쓰러지는 날 그들은 각자 자기 목숨을 잃지 않을까 수시로 떨 것이다.'

11 여호와께서 이같이 말씀하셨다. '바벨론 왕의 칼이 네게 미치리니

12 나는 네 무리가 모든 나라의 잔인한 용사들의 칼에 쓰러지게 할 것이다. 그들은 애굽의 교만을 꺾어 버리고, 그 모든 무리를 진멸시킬 것이다.

할례에 대하여(겔 31:18)

할례란 곧 하나님과 체결된 언약의 징표이며, 믿음의 고백이다(창 17:10, 롬 4:11). 왜냐하면 성경에 거듭되고 있는 무할례자들에 대한 심판의 경고는 그것의 외적 표시 때문만이 아니라 영적 의미에 보다 큰 중요성이 부여되기 때문이다. 즉 할례라 하면 굳이 육체적 표시만을 말하는 것이 아니라, 하나님을 향하여 믿음과 순종과 헌신의 열린 마음 상태를 말한다(롬 2:2-29). 따라서 무할례자는 곧 하나님을 향한 마음이 닫힌 자를 뜻하고, 그렇기에 그들에 대한 하나님의 심판은 마땅한 것이다(요 3:18). 따라서 신약 시대에 이르러 육적 할례의 강제성은 없어지고 마음의 할례가 강조된 것이다. 이처럼 구원은 외적인 표시가 아니라 하나님을 향한 내적인 믿음과 순종에 있다.

---

1) 먼저 와 있던 나무 2) 나일강

13 내가 큰 물가 나일강에서 그 모든 짐승을 멸절시키면 사람의 발이나 짐승의 굽이 다시는 그 물을 흐리지 못할 것이다.

14 그러고 나서 내가 그 나일 강물을 맑게 하여 그 강이 기름처럼 흐르게 할 것이다.

15 내가 애굽 땅을 황폐하게 하여 사막이 되게 하므로 그곳에 풍요로움이 사라질 것이다. 그곳에 있는 모든 사람을 치리니 그들은 내가 여호와인 줄을 알게 될 것이다.

16 이것은 그들이 부를 애가이니 이방 여러 나라의 여자들이 이것을 슬피 부를 것이다. 이 애가는 애굽과 그 모든 무리에 대한 애가로 부를 것이다."

죽은 자들의 세계

17 ●사로잡힌 지 12년째 어느 달 15일 여호와께서 나에게 말씀하셨다.

18 "인자 에스겔아, 애굽의 무리를 위해 슬피 울고, 애굽과 열강 나라의 여자들을 웅덩이에 내려가는 자와 함께 지하로 보내며

19 이르라. 너 애굽은 누구보다 더 아름답다고 생각하느냐? 너는 무덤으로 내려가서 할례를 받지 않은 자와 함께 누우라.

20 그들은 죽임을 당한 자들 가운데로 떨어질 것이다. 칼이 이미 애굽에 닿았으니 그와 그 모든 무리를 잡아갈 것이다.

21 용사 가운데 강한 자가 그를 돕는 자와 함께 무덤인 스올 가운데서 그에게 말하기를 '할례를 받지 않은 칼에 죽임을 당한 자들이 내려와서 가만히 누웠다'라고 할 것이다.

22 그곳 무덤에는 앗수르와 그 온 무리가 묻혀 있는데, 모두 죽임을 당해 칼에 쓰러진 자들이다. 그 무덤이 사방에 있다.

23 그 무덤이 깊은 웅덩이에 만들어졌고, 그 무리가 무덤 사방에 있으니 그들은 다 죽임을 당해 칼에 쓰러진 자, 곧 살아있는 자들의 세상에서 사람을 두렵게 하던 자들이다.

24 그곳에는 엘람이 묻혀 있고, 그 모든 무리가 그 무덤 사방에 있으니 그들은 다 할례 받지 못하고 죽임을 당해 칼에 쓰러져 음부, 곧 지하로 내려간 자들이다. 그들은 살아있는 사람들의 세상에서 두렵게 했으나 이제는 웅덩이에 내려간 자와 함께 수치를 당했다.

25 엘람의 침대는 그 모든 군대 무리를 위해 죽임을 당한 자들 가운데 놓였고, 그 사방에는 무덤이 있었다. 그들은 다 할례를 받지 못하고 칼에 죽임을 당한 자들이다. 그들은 살아있는 사람들의 세상에서 사람들을 두렵게 했지만 이제는 웅덩이에 내려간 자와 함께 수치를 당하고 이미 죽임을 당한 자와 함께 누웠다.

26 그곳 무덤에는 메섹과 두발과 그 모든 군대가 묻혀 있고, 그 사방에는 무덤이 있었다. 그들은 다 할례를 받지 못하고 칼에 죽임을 당한 자들이다. 그들이 살아있는 사람들의 세상에서 사람들을 두렵게 했지만 이제는

27 할례를 받지 못한 자들 가운데 이미 쓰러져 죽은 용사와 함께 누운 것이 당연하지 않느냐? 이 용사들은 다 무기를 가지고 무덤에 내려가서 자기 칼을 베개로 삼았으니 그 백골이 자기 죄악을 짊어졌다. 이들은 살아있는 사람들의 세상에서 사람들에게 두려움을 주던 자들이었다.

28 이제 너는 할례를 받지 못한 자와 함께 패망하리니 칼에 죽임을 당한 자와 함께 누울 것이다.

29 그곳 무덤에는 에돔의 왕들과 그 모든 지도자가 묻혀 있다. 그들은 강성했지만 칼에 죽임을 당한 자와 함께 있겠고, 할례를 받지 못하고 웅덩이에 내려간 자와 함께 누울 것이다.

30 그곳 무덤에는 죽임을 당한 자와 함께 내려간 북쪽 지역의 모든 지도자와 시돈 사람이 묻혀 있다. 그들은 본래 강성했기 때문에 사람들을 두렵게 했다. 그러나 이제는 부끄러움 가운데 할례를 받지 못하고 칼에 죽임을 당한 자와 함께 누웠고, 웅덩이에 내려간 자와 함께 수치를 당했다.

31 애굽 왕이 그들을 보고 그 모든 무리로 인해 도리어 위로를 받으리니 칼에 죽임을 당한 바로와 그의 모든 군대가 위로를 받을 것이다.

32 내가 바로로 하여금 살아있는 사람들의 세상에서 사람을 두렵게 하도록 만들었으나 이제는 그가 그 모든 무리와 함께 할례를 받지 못하고 칼에 죽임을 당한 자와 함께 누울 것이다.”

파수꾼으로 세움 받은 에스겔[1]

33 ● 여호와께서 나에게 말씀하셨다.

2 “인자 에스겔아, 너는 네 민족에게 말하라. 가령 내가 전쟁[2]을 한 땅에 일으킨다고 하자. 그 땅의 백성이 자기들 가운데 1명을 선택하여 파수꾼을 삼은

3 그 사람이 그 땅에 전쟁이 일어나는 것을 보고 나팔을 불어 백성에게 경고했음에도

4-5 그들이 나팔 소리를 듣고도 무시

하므로 적군의 칼에 죽임을 당하면 그것은 자기 책임이다. 그가 경고를 받고 대비했다면 자기 목숨을 건졌을 것이다.

6 그러나 전쟁이 일어난 것을 파수꾼이 보고도 전쟁 나팔을 불어 백성에게 경고하지 않아서 사람이 그 전쟁으로 칼에 죽임을 당하면 그는 자기 죄 때문에 죽겠지만 그 죽은 죄는 내가 파수꾼에게 그 책임을 물을 것이다.

7 에스겔아, 내가 너를 이스라엘 족속의 파수꾼으로 삼았다. 그런즉 너는 내가 하는 말을 듣고 나를 대신하여 그들에게 경고하라.

8 가령 내가 악인에게 ‘너는 반드시 죽을 것이다’라고 말할 때 네가 악인에게 경고하지 않거나 그에게 말로 권면하여 그가 악한 길에서 떠나 목숨을 건지게 하지 않으면 그 악인은 자신의 죄 때문에 죽을 것이다. 그러나 그가 죽은 책임[3]을 네게 물을 것이다.

9 그러나 네가 악인에게 경고했지만 그가 악한 마음과 악한 행실에서 돌아서지 않으면 그는 그의 죄 때문에 죽을 것이다. 그러나 너는 네 목숨을 보존할 것이다.”

10 “그런즉 에스겔아, 너는 이스라엘 족속에게 말하라. 그들은 ‘우리의 허물과 죄가 이미 우리에게 있기 때문에 우리로 야위고 약해지게 하니 어떻게 하면 살 수 있을까?’라고 말한다.

11 너는 그런 말을 하는 그들에게 전하라. ‘여호와께서 말씀하셨다. 내 삶을 두고 맹세하니 나는 악인이 죽는 것조차도 기뻐하지 않고, 악인이 그의 길에서 돌이켜 떠나 사는 것을

기뻐한다. 이스라엘 족속아, 너희는 악한 길에서 돌이켜 떠나라. 왜 죽으려고 하느냐?'

12 에스겔아, 너는 네 민족에게 말하라. '의인이 범죄하는 날에는 그 이전의 의로 구원받지 못하고 살지 못할 것이다. 악인이 돌이켜 그 악에서 떠나는 날에는 그 이전의 악이 그를 넘어뜨리지 못할 것이다.'

13 가령 내가 의인에게 '너는 살리라'고 말했다고 하자. 그가 과거의 의로움을 스스로 믿고 죄를 짓는다면 그 과거의 모든 의로운 행위는 하나도 기억되지 않으리니 그는 그 지은 죄로 인해 죄 가운데 죽을 것이다.

14 예를 들어 내가 악인에게 '너는 죽을 것이다'라고 말했다고 하자. 그가 돌이켜 과거 자기 죄에서 떠나서 의와 정의로 행하여

15 저당물과 강탈한 물건을 돌려주고, 생명의 규례를 지켜 행하여 죄를 짓지 않으면 그가 죽지 않을 것이다.

16 그가 과거에 지은 모든 죄가 기억되지 않으리니 그가 반드시 살 것이다. 이는 의와 정의를 행했기 때문이다.

17 그럼에도 네 민족은 '주께서 하시는 일이 공평하지 않다'라고 말한다. 그러나 실상은 그들이 하는 일이 공평하지 않다.

18 만일 의인이 의로운 행실을 버리고 죄를 지으면 그가 그 죄 가운데서 죽을 것이다.

19 악인이 그 악한 일에서 떠나 의와 정의대로 행하면 그는 그 의로움으로 인해 살 것이다.

20 그러나 이스라엘 족속은 '주께서 하시는 일이 공평하지 않다'라고 말하니, 나는 너희가 행한 대로 심판할 것이다."

예루살렘의 함락 소식

21 ● 우리가 사로잡힌 지 12년째인 BC 585년, 열째 달인 1월 5일에 예루살렘에서 도망나온 자가 1,200㎞ 이상 떨어진 나 에스겔에게 나아와서 "예루살렘성이 함락되었다"라고 전해 주었다.

22 그 도망한 자가 내게 오기 전날 저녁에 여호와의 능력1)이 나를 사로잡아 내 입을 열어 주셨다. 그래서 다음 날 아침 그 사람이 나를 찾아왔을 때 내 입이 열렸기에 나는 더 이상 말을 못하는 사람이 아니었다.

본토에 남은 자에 대한 심판

23 ● 여호와께서 나에게 말씀하셨다.

24 "인자 에스겔아, 이스라엘의 폐허가 된 땅에 거주하는 자들이 이렇게 말하고 있다. '아브라함은 오직 한 사람인데도 이 땅을 유업으로 얻었다. 그렇다면 수가 많은 우리에게는 이 땅이 더욱 우리에게 유업으로 주신 것이 된다.'

25 그러므로 너는 그들에게 말하기를 '여호와께서 이같이 말씀하셨다. 너희가 고기를 피째로 먹고, 너희 우상들에게 눈을 팔며 피를 흘렸다. 그러면서 그 땅이 어떻게 너희의 유업이 될 수 있겠느냐?

26 너희가 칼을 의지하고, 가증한 일을 행하며, 이웃의 아내를 욕보이니 어떻게 그 땅이 너희의 유업이 될 수 있겠느냐?'라고 하라.

27 또 너는 그들에게 이렇게 말하라. '여호와께서 이같이 말씀하셨다. 내가 내 삶을 두고 맹세하니 황무지에 있는 자는 칼로 죽이고, 들에

1) 손

있는 자는 들짐승에게 넘겨 먹히게 하며, 산성과 굴에 있는 자는 전염병으로 죽게 할 것이다.

28 내가 그 땅을 황무지와 공포의 대상이 되게 하고, 그들의 자랑스러운 권세를 그치게 하리니 이스라엘의 산들이 메말라 다니는 사람이 없을 것이다.

29 내가 그들이 행한 모든 혐오스러운 일로 인해 그 땅을 황무지와 공포의 대상이 되게 하면 그제야 비로소 그들은 내가 여호와인 줄을 알게 될 것이다.'

30 에스겔아, 네 민족이 담 옆과 집 문에서 너에 대해 이야기하며 각각 자기 형제끼리 서로 말하기를 '자, 가서 여호와께로부터 무슨 말씀이 나오는지 에스겔에게 가서 들어 보자'라고 한다.

31 그들은 백성이 호기심을 갖고 모이는 것처럼 네게 나아와서 네 말을 듣기는 하지만 그 말대로는 행하지 않는다. 그것은 그 입으로는 달갑게 여겨도 마음으로는 자기 욕심을 따르기 때문이다.

32 그들은 너를 좋은 목소리로 사랑을 노래하는 가수처럼 생각한다. 그래서 네 말을 듣지만 그대로 행하지는 않는다.

33 그러나 내가 네게 한 말은 이루어지리니 그 말이 이루어질 때는 비로소 자기들 가운데 한 선지자가 있었다는 것을 알게 될 것이다."

거짓 목자와 양 떼를 구원하심

34 ● 여호와께서 나에게 말씀하셨다.

2 "인자 에스겔아, 너는 이스라엘 목자들에게 예언하라. '자기만 돌보는[1] 이스라엘 목자들에게 화가 있을 것이다. 목자가 양 떼를 먹이는 것이 당연하지 않느냐?

3 그러나 너희는 오히려 살진 양을 잡아 그 기름진 것을 먹고, 그 양털로 만든 옷을 입지만 양 떼를 먹이지 않는다.

4 너희는 약한 자[2]를 튼튼하게 하지 않고, 병든 자를 고치지 않으며, 상한 자를 싸매주지 않으며, 쫓겨난[3] 자를 돌아오게 하지 않으며, 잃어버린 자를 찾지 않고, 오로지 강압과 폭력을 사용하여 그들을 다스렸다.

5 목자가 없으니 양들이 흩어져 모든 들짐승의 먹잇감이 되었다.

6 내 양 떼가 모든 산과 높은 산꼭대기와 온 땅에 흩어졌으나 찾는 자가 없었다.'"

7 그러므로 목자들은 여호와의 말씀을 들으라.

8 "내가 내 삶을 두고 맹세한다. 내 양 떼가 약탈을 당하고, 모든 들짐승의 먹잇감이 된 것은 목자가 없기 때문이다. 내 목자라는 자들은 내 양을 찾지 않고, 자기들의 배만 채우며, 내 양 떼는 먹이지 않았다."

9 그러므로 너희 목자들은 여호와의 말씀을 들으라.

풍습 성경에 나오는 굴의 용도(겔 33:27)

석회암이 많은 팔레스틴 지역에는 자연적으로 생긴 굴이 많이 있다. 성경에는 야수들의 굴(욥 37:8, 시 10:9), 독사의 굴(사 11:8)이 나온다. 또한 바위 사이에 갈라진 틈으로 은신처(삿 6:2), 도적들의 소굴(마 21:13), 무덤(창 23:9, 요 11:38)으로도 사용된다. 그리고 종종 물을 저장하는 것으로도 사용되었다. 사울은 다윗을 추격하던 중 엔게디의 굴에서 자다가 오히려 죽을 수 있었으며, 다윗은 사울을 피해 아둘람 굴에 있었다(삼상 22:1).

1) 먹는 2) 양 3) 쫓기는

10 "내가 그 목자들을 대적하여 내가 맡긴 양 떼를 그들의 손에서 찾아오리니 더 이상 목자들이 양을 치지 못하며, 자기도 양 떼를 잡아 자기의 배를 채우지 못할 것이다. 내가 내 양을 그들의 입에서 구해내어 다시는 들짐승의 먹잇감이 되지 않게 할 것이다.

11 내가 내 양 떼를 찾되

12 목자가 흩어진 양 떼를 찾는 것처럼 내가 내 양을 찾을 것이다. 구름이 끼고 캄캄한 날에 그 흩어진 모든 곳에서 그 양들을 구해낼 것이다.

13 내가 그것¹)들을 모든 민족 가운데서 이끌어내며, 여러 나라 가운데서 모아 그 본토로 데려올 것이다. 그래서 이스라엘의 산과 시냇가와 그 땅의 모든 거주지에서

14 좋은 풀로 먹이고, 이스라엘의 높은 산에 그 우리를 둘 것이다. 그리하여 그 양들이 그곳에 있는 좋은 우리에 누워 있으며, 이스라엘의 산에서 좋은 풀을 먹을 것이다.

15 내가 친히 내 양의 목자가 되어 그 양들을 눕게 할 것이다.

16 그 잃어버린 자, 양을 내가 찾으며, 쫓겨난²) 자를 돌아오게 하며, 다친 자를 싸매 주며, 병든 자를 튼튼하게 하리니 살진 자와 힘센 자는 내가 없애고 그것들을 공평하게 먹일 것이다."

17 여호와께서 이같이 말씀하셨다. "내 양 떼인 너희여, 내가 양과 양 사이, 숫양과 숫염소 사이에서 심판할 것이다.

18 너희는 왜 좋은 꼴을 먹는 것에 만족하지 못하고 남아 있는 풀을 발로 밟아 더럽히느냐? 너희는 왜 맑은 물을 마시는 것에 만족하지 못하고 남은 물을 발로 더럽히느냐?

19 그래서 내 양은 너희 발로 밟은 풀을 먹으며, 너희 발로 더럽힌 물을 마신다."

20 그러므로 여호와께서 그들에게 이같이 말씀하셨다. "내가 살진 양과 마른 양 사이에서 심판할 것이다.

21 너희는 병든 양³)을 옆구리와 어깨로 밀어 대고 뿔로 받아 무리를 밖으로 내보내 흩어지게 한다.

22 그러므로 내가 내 양 떼된 내 백성을 구하여 그들이 다시는 약탈당하지 않게 하고, 양과 양 사이에 심판할 것이다.

23 내가 그들 위에 한 목자를 세워 먹이도록 할 텐데 그는 바로 내 종 다윗이다. 그가 그들의 목자가 되어 그들을 먹일 것이다.

24 나 여호와는 그들의 하나님이 되고, 내 종 다윗은 그들의 왕이 될 것이다.

25 또 내가 그들과 평화의 언약을 맺고 해로운 짐승을 그 땅에서 없앨 것이다. 그렇게 해서 그들이 광야, 빈 들에서 안전히 살며, 수풀 가운데서 잘 것이다.

26 내가 그들과 내 산 사방에 축복을 내리고, 때를 따라 축복의 소낙비를 내릴 것이다.

27 그리하여 나무가 열매를 맺으며 땅이 그 소산물을 내리니 그들이 그 땅에서 평안히 살 것이다. 내가 그들의 나무 멍에를 부수고, 그들을 종으로 삼은 자에게서 그들을 구해낸 후 그들은 내가 여호와인 줄을 알게 될 것이다.

28 그들이 다시는 이방 나라에게 약탈당하지 않고, 땅의 짐승들에게 잡혀 먹히지도 않으며, 평안히 살면서 놀라게 할 일⁴)이 없을 것이다.

1) 양된 내 백성 2) 쫓기는 3) 자 4) 사람

29 내가 그들을 위해 파종할 옥토를 만들 것이다. 그래서 그들이 다시는 그 땅에서 흉년으로 굶주려 죽지 않으며, 여러 나라에게 수치를 당하지 않을 것이다.

30 그제야 그들은 내가 그들의 하나님이며, 그들과 함께 있고 이스라엘 족속이 내 백성인 줄을 알게 될 것이다. 여호와의 말씀이다.

31 너희는 내 초장의 양 떼이니 나는 너희 하나님이다."

세일산과 에돔에 대한 심판 예언

35 ● 여호와께서 나에게 말씀하셨다.

2 "인자 에스겔아, 네 얼굴을 세일산으로 향하고 그에게 예언하여

3 말하라. 여호와께서 이같이 말씀하셨다. '세일산아, 내가 너를 대적하여 내 손을 네 위에 펴서 너를 황무지와 공포의 대상이 되게 할 것이다.

4 네 성읍들을 파괴시켜 황폐하게 할 그때 너는 내가 여호와인 줄을 알게 될 것이다.

5 네가 옛날부터 이스라엘에게 한을 품고 있더니 그들이 죄악의 마지막 때, 죄악으로 재난을 당하자 그들에게 칼을 휘둘렀다.'

6 그러므로 여호와께서 말씀하셨다. '내가 내 삶을 두고 맹세하니 내가 너를 피투성이가 되게 하리니 피비린내가 너를 따를 것이다. 네가 살인[1]을 좋아했으니 피비린내가 너를 따를 것이다.

7 나는 세일산을 황무지와 폐허로 만들어 그곳을 다니는 자가 없게 할 것이다.

8 내가 그 여러 산을 칼에 죽임당한 자로 채우리니, 네 여러 산꼭대기와 골짜기와 모든 시내에 쓰러지게 하고,

9 너를 영원히 황무하게 만들며, 네 성읍들에 다시는 사람이 살 수 없게 할 것이다. 그때 너희는 내가 여호와인 줄을 알게 될 것이다.'

10 너 에돔은 이스라엘과 유다 두 민족과 그들의 두 땅은 모두 내 것이며, 내 소유가 될 것이라고 말했다. 그러나 여호와께서 그곳에 계셨다

11 그러므로 여호와께서 말씀하셨다. '내가 내 삶을 두고 맹세하니 네가 이스라엘과 유다를 미워하여 분노하며 질투한 것처럼 나도 너를 그렇게 심판할 것이다. 그때 그들은 나를 알게 될 것이다.'

12 너 에돔은 이스라엘 산들에 대해 '저 산들이 황폐해졌으니 우리에게 먹잇감이 되어 우리가 삼켰다고 말하며 조롱하는 모든 말을 나 여호와가 들은 것을 네가 알 것이다.

13 너희가 입으로 나를 대적하여 자랑하고, 나를 거슬러 여러 가지 말로 빈정거려 말한 것을 내가 들었다.'

14-15 그러므로 여호와께서 이같이 말씀하셨다. '이스라엘 족속의 산업이 황폐하므로 온 땅과 네가 즐거워한 것처럼 내가 너를 황폐하게 할 것이다. 세일산아, 그때 너희는 내가 여호와인 줄을 알게 될 것이다.'"

이스라엘 땅과 백성의 회복

36 ● 인자 에스겔아, 너는 이스라엘 산들에게 예언하여 말하라. 이스라엘 산들은 여호와의 말씀을 들으라.

2 여호와께서 이렇게 말씀하셨다. "원수들이 너를 향해 '아, 옛적 높은 곳이 우리의 유업이 되었다'고 말했다."

3 그러므로 너는 예언하여 말하라. 여호와께서 이같이 말씀하셨다.

1) 피

"대적들이 너희를 황폐하게 하고, 너희 사방을 삼켜 너희를 남은 이방인의 소유가 되게 하여 사람의 입에 오르내리고 백성의 조롱거리가 되게 했다."

4 그러므로 이스라엘 산들은 여호와의 말씀을 들으라. 산들과 산곡대기들과 시내들과 골짜기들과 황폐한 사막들과 사방에 남아 있는 이방인의 약탈을 당해 조롱거리가 된 성읍들에게 여호와께서 이같이 말씀하셨다.

5 "내 맹렬한 질투를 쏟아 이방 나라1)와 에돔 온 땅을 쳐서 말한다. 에돔이 심히 즐거워하는 마음과 경멸하는 태도로 내 땅을 빼앗아 자기 소유로 삼았기 때문이다.

6 그러므로 인자 에스겔아, 이스라엘의 산들과 산 곡대기들과 시내들과 골짜기들에 대해 이렇게 예언하라. '여호와께서는 내 질투와 분노로 말한다. 그것은 너희가 이방의 수치를 당했기 때문이다.

7 내가 맹세했으니 너희 사방에 있는 이방 나라1)는 반드시 수치를 당할 것이다.

인자(겔 36:6)

인자에 해당하는 히브리어는 '벤 아담'으로 벤은 아들, 아담은 사람이란 뜻으로 곧 '사람의 아들'이란 뜻이다. 본서에서는 에스겔을 부를 때 사용하는 호칭으로 나타난다. 특히 에스겔서에 인자는 죄로 죽을 수 밖에 없는 연약한 존재로서의 측면을 강조하는 호칭으로 사용되고 있다. 이는 하나님의 영광을 친히 목격한 에스겔에게 자신이 연약하고 유한한 인간이라는 것을 주지시킴으로 겸손케 하기 위함이다. 에스겔 외에도 욥(욥 16:21), 시편 기자(시 80:17), 다니엘(단 8:17) 등에도 사용되었다. 뿐만 아니라 성육신하여 이 세상에 오신 메시아를 지칭할 때도 사용되었다. 예수님 자신도 인자라는 말을 즐겨 사용하셨다(마 20:28).

8 그러나 너희 이스라엘 산들은 내 백성 이스라엘을 위해 가지를 내고 열매를 맺을 것이다. 포로 된 이스라엘 백성이 돌아올 때가 가까이 왔기 때문이다.

9 내가 너희와 함께하리니 너희는 경작되고 심길 것이다.

10 또 내가 이스라엘 족속의 인구를 증가시킬 것이다. 그들을 성읍들에 다시 살게 하고, 폐허된 빈 땅 위에 다시 집들을 건축하게 할 것이다.

11 내가 너희 산들 위에 사람과 짐승을 번성하게 할 것이다. 너희를 이전처럼 살게 하여 처음보다 더 좋아지게 하리니 그때 너희는 내가 여호와인 줄을 알게 될 것이다.

12 내가 너희 산들 위에 사람이 다니게 하리니 그들은 내 백성 이스라엘이다. 그들은 너희2)를 얻고 너희2)는 그 유업이 되어 다시는 그들이 자식들을 잃어버리지 않게 할 것이다."

13 여호와께서 이같이 말씀하셨다. "그들은 너희를 향해 너는 사람을 삼키는 자이며, 네 나라의 자식3)들을 앗아가는 자다라고 말한다. 그러나

14 네가 다시는 사람을 잡아먹거나 네 자식들을 데려가지 않을 것이다.

15 또 내가 너를 이방 여러 나라들이 조롱하지 못하게 하고, 세상 모든 민족의 비난을 다시 받지 않게 하며, 다시는 네 나라 백성을 넘어지도록 하지 않을 것이다."

16 여호와께서 나에게 말씀하셨다.

17 "에스겔아, 이스라엘 족속이 그들의 고국 땅에 거주할 때 내가 보기에 그 행위가 월경 가운데 있는 여인의 부정함과 같아 그 땅을 더럽혔다.

18 죄 없는 자를 죽여 그 땅 위에 피를 쏟았고, 우상들로 인해 자신들을

1) 이방인 2) 산 3) 백성

더럽혔기 때문에 그들 위에 내 분노를 쏟아

19 그들을 그 행위대로 심판하여 이방의 여러 나라에 흩어 버렸다.

20 그러자 사람들이 그들을 가리켜 '이들은 여호와의 백성이라도 여호와의 땅에서 쫓겨난 자라고 말할 때마다 그 이방 나라에서 내 거룩한 이름이 그들로 인해 더러워졌다.

21 그러므로 이스라엘 족속이 들어간 그 이방 나라에서 더럽힌 내 거룩한 이름을 내가 그대로 둘 수 없었다.

22 그러니 에스겔아, 너는 이스라엘 족속에게 이렇게 말하라. 여호와께서 이같이 말씀하셨다. '이스라엘 족속아, 내가 이런 일을 하는 것은 너희를 위해서가 아니라 너희가 흩어져 살고 있는 그 이방 나라에서 더럽힌 내 거룩한 이름을 그대로 방치할 수 없었기 때문이다.

23 이방 나라 가운데서 내 거룩함을 나타냄으로써 너희가 더럽힌 내 큰 이름을 내가 거룩하게 할 것이다. 그때는 이방 나라 사람들이 내가 여호와인 줄을 알게 될 것이다.

24-25 내가 너희를 이방 여러 나라 가운데서 이끌어내어 모아서 고국 땅으로 데려가서 너희에게 맑은 물을 뿌려 너희의 모든 더러운 것과 우상 숭배에서 너희를 깨끗하게 할 것이다.

26 또 너희에게 새로운 영과 새 마음을 주어 돌처럼 굳은 마음을 없애고 고기처럼 부드러운 마음을 줄 것이다.

27 내 영을 너희 속에 두므로 너희가 내 규례를 지켜 행하게 할 것이다.

28 그때 내가 너희 조상들에게 준 땅에서 너희가 살면서 내 백성이 되고, 나는 너희 하나님이 될 것이다.

29 내가 너희를 모든 더러운 곳에서 구해내고 풍성한 곡식을 내게 하여 굶주림이 너희에게 닥치지 않게 할 것이다. 그래서

30 나무의 열매와 밭의 소출을 풍성하게 하여 너희가 다시는 기근 때문에 이방 나라에게 수치를 당하지 않게 할 것이다.

31 그때 너희는 악한 행실과 좋지 못했던 과거를 기억하고 너희가 저지른 온갖 죄악과 가증한 일 때문에 자기 자신을 미워하게 될 것이다.'"

32 여호와께서 말씀하셨다. "내가 이렇게 행하는 것은 너희를 위한 것이 아님을 너희가 알게 될 것이다. 이스라엘 족속아, 너희 행실이 부끄러운 줄 알고 탄식하라.

33 내가 너희의 모든 죄를 깨끗하게 하는 날에 성읍들에는 사람이 살게 되며, 폐허가 된 곳에 집을 짓게 될 것이다.

34 전에는 지나가던 자가 볼 때 황폐했던 땅이 장차 경작할 수 있는 곳이 될 것이다.

35 사람들이 말하기를 황폐했던 이 땅이 이제는 에덴동산처럼 되었고, 무너져 황무지 같고 적막한 성읍들에 성벽이 세워지고 사람들이 있다고 할 것이다.

36 그때 너희 사방에 남아 있는 이방 나라가[1] 나 여호와가 무너진 곳을 다시 건축하고, 폐허가 된 자리에 다시 나무를 심은 자임을 알게 될 것이다. 나 여호와가 말했으니 반드시 이룰 것이다."

37-38 여호와께서 이같이 말씀하셨다. "그래도 이스라엘 족속은 그렇게 이루어지기를 여호와께 구해야 할 것이다. 내가 그들의 수효를 예루살렘이 정한 절기에 제사를 드릴

1) 사람이

수많은 양 떼처럼 많아지게 해서 폐허가 된 성읍을 사람으로 가득 채울 것이다. 그로 인해 그들이 내가 여호와인 줄을 알게 될 것이다."

마른 뼈가 살아나는 환상,
이스라엘의 회복

37 ● 여호와께서 능력으로 나를 사로잡아 그의 영으로 나를 데리고 골짜기 가운데로 데려가셨는데, 그곳에는 뼈가 가득 차 있었다. 그리고

2 나를 그 뼈들이 널려 있는 곳으로 지나가게 하셨는데, 내가 보니 그 골짜기에 뼈가 아주 많고 바싹 말라 있었다.

3 그가 내게 물으셨다. "인자 에스겔아, 이 뼈들이 과연 살아날 수 있겠느냐?" 내가 대답했다. "여호와여, 주께서 아십니다."

4 그러자 내게 말씀하셨다. "너는 이 모든 뼈에게 나를 대신하여 말하라. '너희 마른 뼈들은 여호와의 말씀을 들으라.

5 여호와께서 이 뼈들에게 이같이 말씀하신다. 내가 네 속에 생기를 불어넣으리니 너희가 살아날 것이다.

6 너희 뼈들 위에 힘줄을 붙이고, 살을 입히며, 살가죽으로 덮고, 너희 속에 생기를 불어 넣으리니 너희가 살아날 것이다. 그리하여 너희는 내가 여호와인 줄을 알게 될 것이다.'"

7 이에 내가 명령을 따라 여호와를 대신하여 말할 때 소리가 났다. 그 소리는 이 뼈 저 뼈가 움직이며 뼈들이 서로 연결되는 소리였다.

8 또 내가 보니 그 뼈들에 힘줄이 붙고, 살이 입혀지며, 그 위에 살가죽이 덮였으나 그 속에 생기는 없었다.

9 그때 여호와께서 말씀하셨다. "에스겔아, 너는 생기를 향해 대신하여 말하라. '여호와께서 이같이 말씀하신다. 생기야, 사방에서 이 죽음을 당한 자에게 불어와 살아나게 하라.'"

10 이에 내가 그 명령대로 대언했더니 생기가 죽음을 당한 자에게 들어가자 그들이 곧 살아나서 일어나 서는데 심히 큰 군대였다.

11 또 내게 말씀하셨다. "에스겔아, 이 뼈들이 바로 이스라엘 온 족속이다. 그들은 '우리의 뼈들이 말랐고, 우리의 희망이 사라졌으니 우리는 다 진멸되었다'라고 말한다.

12 그러므로 너는 나를 대신하여 그들에게 말하라. '여호와께서 말씀하시기를 내 백성들아, 내가 너희 무덤을 열어 너희를 그곳에서 나오게 하여 이스라엘 땅으로 들어가게 할 것이다.

13 내가 그렇게 한즉 너희는 내가 여호와인 줄을 알게 될 것이다.

14 또 내 영을 너희 속에 두어 너희를 살아나게 하고, 고국 땅으로 데려가서 그곳에 둘 것이다. 그제야 너희는 나 여호와가 이 일을 말하고 이룬 줄을 알게 될 것이다.'"

15 여호와께서 나에게 말씀하셨다.

16 "에스겔아, 너는 막대기 2개를 가져다가 하나에는 '유다와 그 형제[1] 이스라엘 자손'이라고 쓰고, 다른 막대기 하나에는 '에브라임의 막대기, 곧 요셉과 그 형제 이스라엘 온 족속'이라고 쓰라.

17 그리고 그 막대기 2개가 하나 되도록 연결시켜라. 그것이 네 손에서 둘이 하나가 될 것이다.

18 혹시 네 민족이 네게 '이것이 무슨 뜻인지 우리에게 알려주지 않겠느냐?'라고 물으면

1) 짝

19 너는 이렇게 말하라. '여호와께서 에브라임의 손에 있는 요셉과 그 형제 이스라엘 지파들의 막대기를 가져다가 유다의 막대기에 연결하여 내 손에서 한 막대기가 되게 할 것을 보여주신 것이다.'

20 그리고 너는 글을 쓴 두 막대기를 무리가 보는 앞에서 손에 잡고

21 그들에게 말하라. '여호와께서 말씀하시기를 내가 이스라엘 자손을 잡혀간 이방 여러 나라에서 이끌어내어 그들을 모아 고국 땅으로 돌아가게 할 것이고

22 그들이 이스라엘의 모든 산에서 한 나라를 이루어 한 왕이 다스리게 하리니 그들이 다시는 두 민족이나 두 나라로 분열되지 않을 것이다.

23 그들이 그 우상들과 혐오스러운 물건과 온갖 죄로 더 이상 자신들을 더럽히지 않을 것이다. 내가 그들을 그 범죄한 모든 곳에서 구해내어 깨끗하게 할 것이다. 그래서 그들은 내 백성이 되고, 나는 그들의 하나님이 될 것이다.

24 내 종 다윗은 그들의 왕이 되리니 그들 모두를 거느리는 한 목자가 될 것이다. 그들이 내 법규와 율례를 지켜 행할 것이다.

25 내가 내 종 야곱에게 준 땅, 곧 그의 조상들이 살던 땅에서 그들과 그들의 자손이 대대에 걸쳐 살도록 하며, 내 종 다윗이 그들의 영원한 왕이 될 것이다.

26 내가 그들과 평화의 언약을 세워 영원한 언약으로 삼을 것이다. 그들을 튼튼하고 번성하게 하며, 그 가운데 내 성전을 세워 영원히 둘 것이다.

27 그러므로 내 처소가 그들 가운데 있으며, 나는 그들의 하나님이 되고,

그들은 내 백성이 될 것이다.

28 내 성전이 영원토록 그들 가운데 있으리니 세상 나라는 내가 이스라엘을 거룩하게 하는 여호와인 줄을 알게 될 것이다.'"

하나님의 도구가 된 곡

38 ● 여호와께서 나에게 말씀하셨다.

2 "인자 에스겔아, 너는 얼굴을 마곡 땅으로 향하고 로스와 메섹과 두발 왕 곡¹⁾에게 이렇게 예언하라.

3 '여호와께서 이같이 말씀하시기를 로스와 메섹과 두발 왕 곡¹⁾아, 내가 너를 대적한다.

4 그래서 너를 돌려 세워 갈고리로 네 아가리를 꿰어 너와 네 온 군대의 말과 기마병을 끌어내되 완전한 갑옷을 입고, 큰 방패와 작은 방패를 가지며, 칼을 잡은 무장한 큰 병사들과

5 그들과 함께한 방패와 투구를 갖춘 페르시아와 구스와 붓과

6 고멜과 그 모든 떼와 북쪽 끝의 도갈마 족속과 수많은 백성의 무리를 너와 함께 끌어 낼 것이다.

7 곡아, 너는 너와 네게 모인 군대와 함께 만반의 준비를 하고 그들을 잘 지휘하도록 하라.²⁾

8 네가 명령을 받은 지 여러 날이 지난 말년에 전쟁³⁾을 벗어나 오랫동안 황폐했던 이스라엘 산에 이를 것이다. 그곳에 살던 백성은 여러 나라에서 모여 들어오며 이방에서 나와 다 평안히 사는 중이다.

9 그때 너는 네 모든 무리와 함께한 많은 백성이 광풍처럼 올라오고 구름처럼 땅을 덮을 것이다.'"

10 여호와께서 이같이 말씀하셨다. "그 날에는 네 마음속에서 온갖 생각이

---

1) Gog 2) 우두머리가 될지어다 3) 칼

떠올라 악한 꾀를 내어
11 이렇게 말할 것이다. '내가 성벽이
나 성문이나 빗장이 없어도 걱정
없이 평안히 사는 평원의 고을들
에 있는 백성들에게로 올라갈 것
이다. 그래서
12 물건을 약탈하며 노략할 것이다.'
그러나 그런 생각을 할 때
13 아라비아의 스바와 드단과 지중해
섬 가운데 하나인 다시스의 상인
과 그 부자들은 네게 이렇게 말할
것이다. '너는 네 무리를 모아 약탈
과 노략을 하려고 왔느냐? 은과 금
을 빼앗고, 짐승과 재물을 빼앗으
며, 물건을 크게 약탈하려고 하느
냐?'
14 에스겔아, 너는 또 곡을 향해 이렇
게 예언하라. '여호와께서 말씀하
시기를 내 백성 이스라엘이 안전
하게 사는 날에 네가 어찌 그것을
알지 못하겠느냐?
15 그때가 되면 너는 네 고국 땅 북쪽
끝에서 말을 탄 큰 무리와 전쟁에
능숙한 군대와 함께 원정을 떠나
16 구름이 땅을 덮는 것처럼 내 백성
이스라엘을 치러 올 것이다. 곡아,
마지막 날에 내가 너로 내 땅을 치
게 할 것이다. 이는 내가 너를 통해
이방 사람의 눈 앞에서 내 거룩함
을 나타내어 그들이 나를 알게 하
려는 것이다.'"

곡의 심판

17 ● 여호와께서 말씀하셨다. "곡¹⁾아,
내가 옛날에 내 종 이스라엘 선지
자들을 통해 말한 사람이 바로 너
다. 그때 선지자들이 여러 해 동안
예언했다. 내가 너 곡으로 이스라
엘을 치게 할 것이다.
18 그날 곡이 이스라엘 땅을 치러 오면
내 노여움이 맹렬히 타오를 것이다.
19 내가 질투와 맹렬한 노여움으로
말한 것처럼 그날에는 큰 지진이
이스라엘 땅에 일어나며,
20 바다의 고기들과 공중의 새들과
들의 짐승들과 땅에 기어다니는
모든 벌레와 지면에 있는 모든 사
람이 내 앞에서 떨 것이다. 모든 산
과 절벽이 무너지며, 모든 성벽이
허물어질 것이다."
21 여호와께서 말씀하셨다. "내가 내
모든 산 중에서 곡을 칠 칼을 부를
것이다. 그래서 내분이 일어나 각
자 사람이 칼로 자기 형제를 서로
칠 것이다.
22 또 내가 전염병과 피로 그를 심판하
며, 쏟아지는 폭우와 큰 우박 덩어
리와 불과 유황으로 그와 그 모든
무리와 그와 함께 있는 많은 백성에
게 비를 내리듯 심판할 것이다.
23 이같이 내가 여러 나라가 보는 앞
에서 내 위대함과 거룩함을 나타
내어 나를 알게 하리니 그들은 내
가 여호와인 줄을 알게 될 것이다.

39 그러므로 에스겔아, 너는 곡¹⁾
을 향해 예언하라. '여호와께
서 이같이 말씀하셨다. 로스와 메
섹과 두발 왕 곡아, 내가 너를 대적
한다.
2 너를 북쪽 끝에서 이끌고 나와 이
스라엘 산 위에 이르러

?! 난제 | 곡은 무엇을 가리키나?
(겔 39:1)

로스와 메섹과 두발의 왕으로 불리는 곡(Gog)은
마곡 땅의 통치자로 겔 38,39장에서 여호와께
대적하는 전쟁에서 악의 세력의 지도자로 나타
난다. 성경에는 이스라엘을 위협했던 이웃 열방
에 대한 상징으로 사용되었다고 보는 것이 일반
적인 견해이다. 곧 곡은 연합군을 이끌고 선민
이스라엘을 공격할 것을 예언하고 있다.

1) Gog

3 네 활을 쳐서 네 왼손에서 떨어뜨리고, 네 화살을 네 오른손에서 떨어뜨릴 것이다.

4 너와 함께 있는 모든 무리와 백성들이 다 이스라엘 산 위에서 쓰러져 죽을 것이다. 내가 너를 각종 사나운 새와 들짐승에게 먹이로 주리니

5 네가 빈 들에 쓰러질 것이다.

6 또 내가 불을 마곡과 섬에서 평안히 사는 자에게 내릴 것이다. 그때 그들은 내가 여호와인 줄을 알게 될 것이다.

7 내가 내 거룩한 이름을 내 백성 이스라엘에게 알려주어 다시는 내 거룩한 이름을 더럽히지 않게 할 것이다. 이로 인해 세상 민족들은 내가 이스라엘의 거룩한 자인 줄을 알게 될 것이다."

8 여호와께서 말씀하셨다. "보라, 바로 내가 이루어질 것이라고 말한 그날이 이날이다.

9 이스라엘 성읍들에 사는 자들이 나가 곡[1]의 무기를 불사르되 큰 방패와 작은 방패와 활과 화살과 몽둥이와 창들을 모아 7년 동안 불태울 것이다.

10 이같이 그들은 그 무기로 들에서 나무를 주워 오지 않고, 숲에서 벌목할 필요가 없을 만큼 불을 피울 것이다. 또 그들은 전에 자기에게서 약탈과 노략질을 해갔던 자의 것을 도리어 약탈하고 노략할 것이다.

11 그날 내가 지중해 바다 동쪽 이스라엘 사람이 통행하는 골짜기를 곡의 매장지로 주리니 매장지가 모자라 통행하던 길이 막힐 것이다. 사람이 그곳에서 곡과 그 모든 무리를 매장하고 그 이름을 '곡의 무리'라는 뜻의 '하몬곡의 골짜기'라고 부를 것이다.

12 이스라엘 족속이 그들을 매장하여 그 땅을 깨끗하게 하는 데 7개월이 걸릴 것이다.

13 그 땅의 모든 백성이 그들을 매장한 일로 인해 그들의 이름이 알려질 것이다. 이날은 내 영광이 나타나는 날이다.

14 7개월이 지난 후에도 그들은 그 땅을 깨끗하게 하기 위해 사람을 고용하여 그 땅을 순찰하면서 매장할 사람이 있는지 찾도록 할 것이다. 그래서

15 지나가는 사람들이 그 땅으로 지나가다가 사람의 뼈를 발견하게 되면 그 옆에 표지판을 세워 매장하는 사람들이 그 뼈를 하몬곡 골짜기에 매장하도록 할 것이다.

16 이렇게 하여 하몬곡 골짜기에는 '하모나'라는 성읍도 생길 것이다. 그들이 이같이 그 땅을 깨끗하게 할 것이다."

17 여호와께서 말씀하셨다. "에스겔아, 너는 온갖 종류의 새와 들의 짐승에게 말하라. '너희는 이곳으로 모여 내가 이스라엘 산 위에 너희를 위해 준비한 큰 잔치로 나오라. 너희는 사방에서 와서 살을 먹고, 피를 마시라.

18 너희가 전사한 용사의 살을 먹으며, 전사한 세상 왕들의 피를 바산의 살진 숫양이나 어린 양이나 염소나 수송아지를 먹듯이 먹고 마실 것이다.

19 내가 너희에게 주려고 준비한 잔치의 제물 가운데서 기름진 것으로 너희가 배불리 먹고, 그 피를 취하도록 마시라.

20 내가 준비한 잔칫상에서 말과 기병과 용사와 모든 군사의 시체를

1) Gog

배부르게 먹어라."

이스라엘의 회복에 대한 예언

21 ● 내가 이방 여러 민족 가운데서 내 영광을 드러내리니 모든 민족으로 내가 그들에게 행한 심판과 그들에게 나타낸 권능을 보게 할 것이다.

22 그날 이후 이스라엘 족속은 내가 자기들의 여호와인 줄을 알게 되고,

23 여러 민족은 이스라엘 족속이 그 죄악 때문에 포로로 잡혀갔음을 알게 될 것이다. 이스라엘이 내게 범죄했기 때문에 나는 내 얼굴을 그들에게서 숨기고 그들을 그 원수에게 넘겨 다 칼에 쓰러지게 했다.

24 내가 그들의 더러움과 그들의 범죄에 따라 행하여 그들에게 내 얼굴을 숨겼다.

25 그러므로 여호와께서 이같이 말씀하셨다. "이제 내가 야곱의 포로 된 자를 돌아오게 하고, 이스라엘 온 족속에게 자비를 베풀며, 내 거룩한 이름을 위해 열정을 가질 것이다.

26 이스라엘이 그 땅에서 평안히 거주하고 그들을 두렵게 할 자가 사라지게 될 때 부끄러움을 느끼고 내게 범한 죄를 뉘우칠 것이다.

27 그러면 내가 그들을 세상 모든 민족 가운데서 돌아오게 하고, 적국 가운데서 모을 때 나는 많은 민족이 보는 앞에서 그들을 통해 내 거룩함을 보여줄 것이다.

28 전에는 내가 그들을 이방 여러 나라로 흩었지만, 후에는 내가 그들을 모아 고국 땅으로 다시 돌아오게 하고, 한 사람도 이방에 남아 있지 않게 할 것이다. 그때 그들은 내가 여호와 자기들의 하나님인 줄을 알게 될 것이다.

29 내가 다시는 내 얼굴을 그들에게서 숨기지 않을 것이다. 이는 내가 내 영을 이스라엘 족속에게 쏟았기 때문이다."

에스겔이 환상 가운데 본 성읍과 성전

40 1-2 ● 우리가 사로잡힌 지 25년째, 예루살렘성이 함락되고 나서 14년째 첫째 달인 4월 10일에 여호와의 능력이 나를 사로잡아 환상 가운데 나를 이스라엘 땅으로 데려가신 후 나를 매우 높은 산 위에 내려놓으셨다. 그곳에는 남쪽을 향해 성읍 형상 같은 것이 있었다.

3 그가 나를 그곳으로 데려가니 놋처럼 빛난 모습의 한 사람이 삼으로 만든 줄과 측량하는 장대인 갈대 자를 가지고 문에 서 있었다.

4 그때 그 사람이 내게 말했다. "인자 에스겔아, 내가 네게 보이는 것을 눈으로 보고, 귀로 들으며, 마음에 새기라. 내가 이것을 네게 보이기 위해 이곳으로 데려왔으니 너는 본 것을 다 이스라엘 족속에게 전하라."

5 내가 보니 집 바깥 사방으로 담이 있었다. 그 사람은 손에 갈대 자를 잡았는데 그 측량자의 길이가 1규빗 45cm인 팔꿈치에서 손가락에 이르고,[1] 그 자로 담을 측량하니 두께가 6척[2]이며, 높이도 6척인 1자이다.

6 그가 동쪽을 향한 문에 이르러 계단에 올라 그 문지방을 측량하니 길이가 1자이며, 그 문지방 안쪽의 길이도 1자이다.

7 그 문간에 문지기 방들이 있는데 길이와 너비가 각각 1자이며, 각방

---

1) 또 하나는 손바닥 너비가 더한 크기의 자로 3.2m 되는 6척이다 2) 한 장대, 막대기 하나 정도

사이 벽이 5척이다. 안쪽 문지방의 길이가 1자이며, 그 앞에 현관이 있고 그 앞에 안쪽 문이 있었다.

8 또 그가 현관문 안쪽을 측량하니 1자, 곧 한 장대이며,

9 또 다른 현관문 안쪽을 측량하니 8척이며, 그 벡기둥[1]은 2척이다. 그 현관문이 성전 안쪽으로 나 있었다.

10 그 동쪽 문에 있는 문지기 방은 양쪽에 같은 크기로 각각 3개가 있었고, 그 좌우편 벡기둥도 같은 크기이다.

11 또 그 문지방을 측량하니 너비가 10척이며, 길이가 13척이다.

12 방 앞에 칸막이 벽이 양쪽으로 각각 1척이며, 그 방은 양쪽 모두 6척이다.

13 그가 그 문간 거리를 측량하니 이 방 지붕 끝에서 저 방 지붕 끝까지 너비가 25척인데 방문은 서로 마주보게 되었다.

14 또 그가 현관을 측량하니 너비가 20척이며, 현관 사방에 뜰이 있었다.

15 바깥 문지방에서 현관문 안쪽까지 50척이다.

16 문지기 방에는 각각 닫힌 창이 있고, 안쪽 문 양쪽에 있는 벡기둥 사이에도 창이 나 있고 그 현관에도 창이 있었는데, 그 창은 안쪽 좌우편으로 벌어져 있으며, 각 벡기둥 위에는 종려나무를 새겼다.

17 그가 나를 데리고 바깥 뜰에 들어가니 뜰 삼면에 돌로 포장한 땅이 있고, 그 위에 30개 방이 있었다.

18 그 돌로 포장한 땅의 위치는 각 문간의 양쪽인데 그 너비가 문간 길이와 같으니 이는 아래를 돌로 포장한 땅이다.

19 그가 아래 문간 정면에서 안뜰의 바깥 문간 정면까지 측량하니 그 너비가 100척이며, 동쪽과 북쪽이 같았다.

20 그가 바깥 뜰에서 북쪽으로 난 문간의 길이와 너비를 측량하니

21 길이는 50척이며, 너비는 25척이며, 문지기 방은 양쪽으로 각각 3개였다. 그 벡기둥과 그 현관도 먼저 측량한 문간의 크기와 같았다.

22 그 현관과 창의 길이와 너비와 종려나무가 다 동쪽으로 난 문간과 같았다. 그 문간으로 올라가는 곳에는 7개 계단이 있고, 현관은 그 안에 있었다.

23 안뜰에도 북쪽 문간과 동쪽 문간과 마주 대한 문간들이 있는데, 그가 이 문간에서 맞은쪽 문간까지 측량하니 100척이었다.

24 또 그가 나를 이끌고 남쪽으로 가니 남쪽으로 난 문간이 있었다. 그 문간의 벡기둥과 현관을 측량하니 먼저 본 문간의 크기와 같았다.

25 그 문간과 현관 양쪽에 있는 창도 앞서 본 두 문에 있는 창과 같았다. 그 문간의 길이는 50척이며, 너비는 25척이었다.

26 또 그곳으로 올라가는 곳에는 7개 계단이 있고 현관은 그 안에 있었다. 양쪽 벡기둥 위에는 종려나무를 새겼다.

27 안뜰에도 남쪽으로 난 문간이 있는데, 그가 남쪽으로 난 그 문간에서 맞은쪽 문간까지 측량하니 100척이었다.

28 그가 나를 데리고 그 남쪽 문을 지나 안뜰로 들어가서 그 남쪽 문의 너비를 측량하니 크기는

29 길이가 50척이며, 너비가 25척이었다. 그 문지기 방과 벡기둥과 현관도

1) 벽문

먼저 측량한 것과 같았고, 그 문간과 그 현관 양쪽에도 창이 있었다.

30 그 사방 현관의 길이는 25척이며, 너비는 5척이며,

31 그 대문의 현관이 바깥 뜰로 향했고, 그 벽기둥 위에는 종려나무를 새겼다. 그 문간으로 올라가는 곳에는 8개 계단이 있었다.

32 그가 나를 데리고 안뜰의 동쪽으로 난 곳으로 가서 그 문간을 측량하니 크기는

33 길이가 50척이며, 너비가 25척이었다. 그 문지기 방과 벽기둥과 현관도 먼저 측량한 것과 같았고, 그 문간과 그 현관 양쪽에도 창이 있었다.

34 그 중간 문의 현관은 바깥 뜰로 향했고, 양쪽 벽기둥 위에는 종려나무를 새겼다. 그 문간으로 올라가는 곳에는 8개 계단이 있었다.

35 그가 나를 데리고 북쪽 문으로 가서 측량하니 크기는

36 길이가 50척이고, 너비가 25척이었다. 그 문지기 방과 벽기둥과 현관도 먼저 측량한 것과 같았고, 그 문간과 그 현관 양쪽에도 창이 있었다.

37 각 문의 현관은 바깥 뜰로 향했고, 양쪽 벽기둥 위에는 종려나무를 새겼다. 그 문간으로 올라가는 곳에는 8개 계단이 있었다.

38 그 벽기둥 곁에는 문이 있는 방이 있는데 그것은 번제물을 씻는 방이다.

39 그 중문의 현관 입구에는 양쪽으로 각각 2개 상이 있어 그 위에서 번제와 속죄제와 속건제의 희생제물을 잡게 한 것이다.

40 그 북쪽 문 바깥, 현관문 입구로 올라가는 곳 양쪽에는 2개 상이 있었는데

41 이렇게 북쪽 중문 안쪽에 4개의 상과

바깥쪽에 상이 4개로 상이 모두 8개였다. 그 위에서 희생제물을 잡았다.

42 또 다듬은 돌로 만든 번제에 사용하는 4개 상이 있는데, 그 길이와 너비는 각각 1척 반이며 높이는 1척이다. 번제의 희생제물을 잡을 때 쓰는 기구가 그 위에 놓였다.

43 현관 안에는 길이가 손바닥 만한 갈고리가 사방으로 걸려 있고, 상들 위에는 희생제물의 고기가 놓여 있었다.

44 안뜰의 안쪽 문 밖에 있는 안뜰에는 노래하는 자의 방 2개가 있는데, 북쪽 문 곁에 있는 방은 남쪽으로 향했고 남쪽 문, 곧 동문 곁에 있는 방은 북쪽으로 나 있었다.

45 그때 그가 내게 말했다. "남쪽으로 난 이 방은 성전을 지키는 제사장들이 사용할 방이며,

46 북쪽으로 난 방은 제단을 지키는 제사장들이 사용할 방이다. 이들은 레위의 후손 가운데 사독의 자손으로서 여호와께 가까이 나아가 섬기는 자이다."

47 그가 그 뜰을 측량하니 길이와 너비가 각각 100척으로 네모반듯하며 제단은 성전 앞에 있었다.

48 그가 나를 데리고 성전문 현관에 이르러 그 문의 양쪽 벽을 측량하니 너비는 양쪽 각각 5척이고, 문의 두께는 양쪽 각각 3척이다.

49 그 현관의 너비는 20척이며, 길이는 11척이며, 문간으로 올라가는 계단이 있고 벽기둥 곁에는 2개 기둥이 있는데, 양쪽에 1개씩 있었다.

성소와 지성소와 골방들

41 그가 나를 데리고 성전에 이르러 그 벽기둥을 측량하니 양쪽에 각각 3.2m 되는 6척이다. 두께가 그 성막과 같았다.

2 그 문지방의 문 통로의 너비는 10척이며, 문지방 양쪽의 벽의 너비가 각각 5척이다. 그가 성소를 측량하니 그 길이는 40척이며, 너비는 20척이다.

3 그가 안으로 들어가서 측량하니 내전인 지성소의 문지방이 6척이고, 문지방의 벽의 두께는 2척이며, 너비는 각각 7척이다.

4 그가 지성소를 측량하니 길이와 너비가 각각 20척이다. 그가 내게 '이는 지성소다' 라고 말한 후

5 성전의 벽을 측량하니 두께가 6척이다. 성전 삼면에 골방이 있는데, 너비는 각각 4척이다.

6 골방은 3층인데 골방 위에 골방이 있어 모두 30개였다. 그 삼면 골방이 성전 벽 밖으로 그 벽에 붙어 있는데, 성전 벽 속을 뚫지는 않았다.

7 둘러 있는 이 골방들은 그 층이 올라갈수록 넓어지기 때문에 성전에 둘린 이 골방이 올라갈수록 성전에 가까웠다. 그러나 성전의 넓이는 아래 위가 같으며, 골방은 1층에서 2층을 거쳐 3층으로 올라가게 되어 있었다.

8 내가 보니 성전 둘레 삼면의 지대가 더 높았는데 모든 골방의 기초 높이와 같은 1자인 한 장대, 곧 큰 자로는 6척이다.

9 성전에 붙어 있는 그 골방 바깥 벽 두께는 5척이며, 그 외에 빈터가 남았다.

10 성전 골방의 삼면은 너비가 20척되는 뜰이 둘려 있었다.

11 그 골방 문은 다 빈터가 있는 곳으로 향했는데 하나는 북쪽으로 향했고, 다른 하나는 남쪽으로 향했다. 그 골방 문을 둘려 있는 빈터의 너비는 5척이었다.

서쪽 건물과 성전의 크기

12 ● 성전의 서쪽 뜰 뒤에 건물이 있는데 너비는 70척이고, 길이는 90척이며, 그 사방 벽의 두께는 5척이었다.

13 그가 성전을 측량하니 길이는 60m 되는 100척이며, 서쪽 뜰과 그 건물과 그 벽을 합하여 길이는 모두 100척이다.

14 성전 정면의 너비는 100척이며, 그 앞 동쪽 뜰의 너비도 같았다.

15 그가 성전 뒤뜰 너머에 있는 건물을 측량하니 그 좌우편 회랑까지 100척이었다. 내전인 지성소와 외전인 성소와 그 뜰의 현관과

16 문지방[1] 벽과 닫힌 창과 삼면에 둘러 있는 회랑은 문지방 안쪽의 지표면에서 창까지 널빤지로 가렸다.

17 문지방 위와 지성소와 성소의 사방 벽도 측량한 크기대로 다 같았다.

18 널빤지에는 두 날개 달린 생물인 그룹들과 종려나무를 새겼다. 두 그룹 사이에는 종려나무 한 그루가 있다. 각 그룹에는 두 얼굴이 있었다.

19 하나는 사람의 얼굴로 이쪽의 종려나무를 향했고, 다른 하나는 어린 사자의 얼굴로 다른 쪽의 종려나무를 향했으며, 성전 사방이 다 그와 같았다.

20 땅에서 문지방 위까지 그룹들과 종려나무들을 새겼는데, 성전 벽이 다 그와 같았다.

나무 제단과 성전의 문들

21 ● 성전의 성소 문설주는 네모나게 생겼고, 지성소 정면에 있는 양식은 이렇다.

1) 문 통로

22 곧 나무 제단의 높이는 3척이며, 길이는 2척이며, 그 모퉁이와 옆과 면을 모두 나무로 만들었다. 그가 내게 말하기를 "이는 여호와 앞의 상이다"라고 했다.

23 지성소와 성소에 각기 문이 있는데,

24 문마다 각기 접는 두 문짝으로 되어 있어 양쪽에 각각 두 짝이다.

25 이 성전 문에는 그룹과 종려나무를 새겼는데, 벽에 있는 것과 같이 새겼다. 현관 앞에는 나무 디딤판이 있었다.

26 현관 양쪽에는 닫힌 창도 있었는데 종려나무가 새겨져 있고, 성전의 골방과 디딤판도 그와 같았다.

제사장 방

42 그가 나를 데리고 밖으로 나가 북쪽 뜰로 가서 2개 방에 이르니 그 2개 방 가운데서 하나는 골방 앞 뜰, 다른 하나는 북쪽 건물을 향했다.

2 그 방들의 자리의 길이는 60m 되는 100척이며, 너비는 50척이며, 그 문은 북쪽을 향했다.

풍습
예루살렘 성전의 방(겔 42:1-14)

예루살렘 성전에는 제사장의 예복을 두는 방이 있어서 제사장이 성소에 들어갔다가 나올 때 예복을 그 방에 두고 다른 옷을 입고 바깥 뜰로 나가도록 되어 있었다. 이 외에도 예루살렘의 제2성전에는 여러 방이 있었다. 여인들의 뜰 서북쪽 코너에는 나병에서 나은 사람들이 성전 뜰에 들어가기 전에 정결 예식을 가졌던 방(the Chamber of the Lepers)이 있고, 나실인들이 서약을 마친 뒤 제사를 드리고 머리를 밀었던 나실인들의 방(the Chamber of the Nazirites)이 있었다. 또한 인장을 두는 방(the Chamber of the Seals)이 있어서 희생제사를 드리려고 하는 사람은 제물의 값을 지불하고 그에 상응하는 진품 스탬프를 받고 이 스탬프로 제물을 구입했다고 한다.

3 그 방 3층에 회랑들이 있는데 한 방의 회랑은 20척 되는 안뜰과 마주 보았고, 다른 한 방의 회랑은 바깥뜰 돌로 포장된 곳과 마주 보았다.

4 그 두 방 사이는 통하는 길이 있었는데 길의 너비는 10척이며, 길이는 100척이며, 그 방의 문들은 북쪽을 향했다.

5 그 3층의 방은 가장 좁으니 이는 회랑들로 인해 1층과 2층보다 3층이 더 좁아졌기 때문이다.

6 그 방은 3층이기 때문에 바깥 뜰의 기둥 같은 기둥이 없었다. 3층이 1층과 2층보다 더 좁아졌다.

7 그 한 방의 바깥 뜰의 담과 마주 대하는 담의 길이는 50척이니

8 바깥 뜰로 향한 방의 길이는 50척이며, 성전 정면을 향한 방은 100척이다.

9 이 방들 아래에 동쪽에서 들어가는 출입구가 있으니 그것은 바깥 뜰에서 들어가는 출입구이다.

10 남쪽 골방 뜰 맞은편 쪽과 남쪽 건물 맞은편 쪽에도 방이 2개 있었다.

11 그 두 방 사이에 통로가 있다. 그 방들의 모양은 북쪽 방과 같은데 그 길이와 너비가 같으며, 그 출입구와 문도 그와 같았다.

12 남쪽에 있는 방에는 출입문이 담 동쪽 길 입구에 있었다.

13 그가 내게 말했다. "좌측과 우측에 있는 방들은 거룩한 방이다. 여호와를 가까이하는 제사장들은 그곳에서 지성물을 먹을 것이다. 소제와 속죄제와 속건제의 지극히 거룩한 제물을 그곳에 둘 것이니 이는 거룩한 곳이다.

14 제사장이 입는 예복은 거룩하니 제사장이 성소에 출입할 때 직접 바깥 뜰로 가지 말고 예복을 방에

보관한 다음 평상복으로 갈아입고 백성의 뜰로 나갈 것이다.

성전의 사면 담을 측량함

15 ● 그가 성전 내부에 있는 성전 측량을 마친 후 나를 데리고 동쪽으로 난 문으로 나가서 사방 담을 측량했다.

16 그가 측량하는 갈대1) 자로 동쪽 담을 측량하니 300m 되는 500척이며,

17-19 북쪽과 남쪽과 서쪽의 담도 갈대 자로 측량하니 각각 500척이었다.

20 그가 이같이 그 사방 담을 측량하니 그 사방 담 안쪽 마당의 길이와 너비가 각각 500척이다. 그 담은 거룩한 것과 속된 것을 구별하기 위한 것이었다.

여호와께서 성전에 들어가심

43
● 그후 그가 나를 데리고 동쪽으로 난 문으로 갔다.

2 이스라엘 하나님의 영광이 동쪽에서 오는데 하나님의 음성은 많은 물소리 같고, 땅은 그 영광으로 인해 빛났다.

3 그 모양이 전에 성읍을 멸망시키기 위해 올 때 내가 보았던 환상과 같고, 그발 강가에서 보던 환상과도 같기에 내가 곧 얼굴을 땅에 대고 엎드렸다.

4 그때 여호와의 영광이 동쪽 문을 통해 성전으로 들어가고,

5 그의 영이 나를 들어 올린 후 안뜰로 들어갔다. 그곳에서 보니 여호와의 영광이 성전에 가득했다.

6 내가 성전에서 내게 하는 말을 듣고 있을 때 어떤 사람이 내 곁에 서 있었다.

7 그가 내게 말했다. "인자 에스겔아, 이는 내 보좌와 내 발을 딛는 곳이며, 내가 이스라엘 족속 가운데

영원히 있을 곳이다. 이스라엘 족속과 그들의 왕들이 음행하거나 그 죽은 왕들의 시체를 근처에 묻음으로 인해 내 거룩한 이름을 다시는 더럽히지 않을 것이다.

8 그들이 왕궁의 문지방을 내 성전의 문지방 곁에 두며, 왕궁의 문설주를 내 성전의 문설주 곁에 두어 그들과 나 사이가 겨우 담 하나로 막히게 만들었다. 또 가증한 일을 행함으로 내 거룩한 이름을 더럽혔기 때문에 내가 분노하여 멸망시켰다. 그러나

9 이제는 그들이 그 음란과 그 왕들의 시체를 내게서 멀리 제거해야 할 것이다. 그러면 내가 그들 가운데서 영원히 살 것이다.

10 에스겔아, 너는 네가 본 이 성전을 이스라엘 족속에게 설명해 주어 그들이 자기의 죄악을 부끄럽게 여기게 하고, 성전 모양을 측량해 보게 하라.

11 만일 그들이 자기들이 행한 모든 죄악을 부끄럽게 여기면 너는 이 성전의 제도와 구조와 그 출입하는 곳과 그 모든 모양을 보이고, 그 모든 규례와 법도와 그 모든 율례를 알게 하며, 그 앞에 그것을 써서 그들로 그 모든 법도와 규례를 지켜 행하게 하라.

12 성전의 법은 이렇다. 성전이 자리 잡은 산꼭대기 성전 터는 지극히 거룩한 곳이어야 한다.

번제단의 모양과 봉헌

13 ● 번제단의 크기는 이렇다. 여기서 1자의 크기는 팔꿈치에서 손가락까지 1규빗, 곧 45㎝에 손바닥 너비를 더한 60㎝ 정도이다. 번제단 밑받침의 높이는 60㎝ 되는 1척이

1) 장대

며, 그 사방 가장 자리의 너비도 1척이며, 그 테두리로 둘린 턱의 너비는 한 뼘이다.

14 밑받침의 땅에 닿은 면에서 1층의 높이는 2척이며, 그 가장자리의 너비는 1척이며, 1층 면에서 2층의 높이는 4척이며, 그 가장자리의 너비는 1척이다.

15 그 번제단 3층의 높이는 4척이며, 그 번제를 드리는 바닥에서 솟은 뿔이 4개이다.

16 그 번제를 드리는 바닥의 길이와 너비가 각각 12척이니 네모반듯하고,

17 1층의 길이와 너비가 각각 14척이니 네모반듯하고, 밑받침에 둘린 턱의 너비는 반 척이며, 가장자리의 너비는 1척이다. 계단은 번제단 동쪽에 만들 것이다.

18 그가 내게 말씀하셨다. "에스겔아, 여호와께서 이같이 말씀하셨다. 이 번제단을 만드는 당일에 그 번제단 위에 번제를 드리며, 피를 뿌리는 규례는 이렇다."

19 여호와께서 말씀하셨다. "나를 섬기기 위해 가까이 오는 사독의 자손, 레위 사람 제사장에게 너는 어린 수송아지 1마리를 주어 속죄제물을 삼게 하라.

20 그리고 나서 그 피를 가져다가 제단의 네 뿔과 1층 네 모퉁이와 사방 가장자리에 발라 속죄하여 제단을 정결하게 하라.

21 그리고 그 속죄제물의 수송아지를 가져다가 성전의 지정된 장소인 성소 밖에서 불사르라.

22 이튿날에는 흠 없는 숫염소 1마리를 속죄제물로 드려서 수송아지로 정결하게 하는 것처럼 그 제단을 정결하게 하라.

23 정결하게 하기를 마치고 나서 흠 없는 수송아지 1마리와 흠 없는 숫양 1마리를 골라 드리되

24 나 여호와 앞에 그 제물을 바칠 때 제사장은 그 위에 소금을 쳐서 나 여호와께 번제로 드리라.

25 7일 동안은 매일같이 염소 1마리를 속죄제물을 삼고, 어린 수송아지 1마리와 숫양 1마리를 흠 없는 것으로 골라 드리라.

26 이같이 7일 동안 번제단을 위해 속죄제를 드려 정결하게 할 것이다.

27 이 모든 날이 찬 후 제8일과 그 이후에는 제사장이 번제단 위에서 너희의 번제와 감사제를 드릴 것이다. 그러면 내가 너희를 즐겁게 받을 것이다."

성전의 동쪽 문

44 ● 그가 나를 데리고 동쪽으로 난 성소의 바깥 문으로 돌아오시니 그 문이 잠겨 있었다.

2 여호와께서 나에게 말씀하셨다. "이 문은 닫혀 있어 다시 열리지 않을 것이다. 아무도 이 문으로 들어오지 못할 것은 이스라엘 하나님께서 그 문으로 들어오셨기 때문이다. 그러므로 닫혀 있을 것이다.

3 그러나 왕은 통치자이기 때문에 안쪽 길을 통해 이 현관문으로 들어와서 그곳에 앉아서 나 여호와 앞에서 음식을 먹고 다시 들어온 길로 나갈 것이다."

성전에 여호와의 영광이 가득함

4 ● 또 그가 나를 데리고 북쪽 문을 지나 성전 앞으로 갔다. 내가 보니 여호와의 영광이 성전에 가득하여 내가 얼굴을 땅에 대고 엎드렸다. 그때

5 여호와께서 나에게 말씀하셨다. "에스겔아, 너는 내가 네게 말하는 여호와의 성전의 모든 규례와 율

례를 귀로 듣고, 마음에 새겨 성전의 입구와 성소의 출구에 대해 관심을 갖고 보라.

6 그리고 거역하는 이스라엘 족속에게 말하라. '여호와께서 이같이 말씀하시기를 이스라엘 족속아, 너희는 모든 혐오스러운 일을 너무 많이 저질렀다.

7 너희는 마음과 몸에 할례를 받지 않은 이방인을 데려오고, 내 빵과 기름과 피를 드릴 때 그들로 내 성소 안에 있게 하여 내 성전을 더럽혔다. 너희가 저지른 모든 혐오스러운 일 외에도 이방인들에게 내 언약을 위반하도록 만들었다.

8 더 나아가서 너희는 내 성소에서의 직분을 지키지 않고, 내 성소에 너 대신 다른 사람을 두어 너희 직분을 대신하도록 했다.'"

레위인들의 제사장 직분 박탈과 제사장들

9 ● 여호와께서 이같이 말씀하셨다. "이스라엘 족속과 함께 사는 이방인 가운데 마음과 몸에 할례를 받지 않은 이방인은 내 성소에 들어오지 못할 것이다.

10 이스라엘 족속이 나를 떠나 우상을 섬기며 그릇된 길로 행할 때 레위 사람도 똑같이 그릇되게 행했으니 그들은 그 죄의 대가를 치르게 될 것이다.

11 그러나 결국 그들은 내 성소에서 섬기며 성전 문 관리를 맡을 것이다. 그래서 백성의 번제의 희생물과 다른 희생물을 잡아 백성 앞에 서서 섬기게 될 것이다.

12 이전에 그들이 백성을 위해 그 우상 앞에서 섬김으로 이스라엘 족속이 죄를 짓게 했기 때문에 내가 손을 들어 그들을 쳐서 그 죄의 대가를 치르게 하겠다.

13 그들은 내게 가까이 나아와 제사장의 직분을 행하지 못하고, 지성물에 가까이 오지도 못할 것이다. 그들은 자기가 저지른 수치와 혐오스러운 일을 저지른 대가를 치를 것이다.

14 그럼에도 결국 내가 그들을 다시 세워 성전을 지키고, 성전에서 섬기는 모든 일을 맡길 것이다.

15 이스라엘 족속이 나를 떠나 그릇된 길로 행할 때 사독의 자손, 레위 사람 제사장들은 내 성소에서 맡은 직분을 지켰으니 그들은 내게 가까이 나아와 섬기게 하여 내 앞에 서서 기름과 피를 바칠 수 있게 할 것이다.

16 그들은 내 성소에 들어오며, 내 상에 가까이 나아와 나를 섬기며 내가 맡긴 직분을 지킬 것이다.

17 그들이 안뜰 문에 들어올 때나 안뜰 문과 성전 안에서 섬길 때는 양털 옷을 입지 말고, 가는 베인 모시 옷을 입을 것이다.

18 머리에 가는 베로 짠 관을 쓰고, 바지도 가는 베로 짠 것을 입으며, 허리를 땀이 배는 것으로 동이지 말 것이다.

19 그들이 바깥 뜰에 있는 백성들에게로 나갈 때는 섬길 때 입는 옷을 벗어 거룩한 방에 두고 평상복으로 갈아입으라. 그 거룩한 옷에 닿으므로 백성이 해를 당할까[1] 염려되기 때문이다.

20 제사장들은 머리털을 대머리처럼 밀지 말고, 길게 자라게도 하지 말며, 단정하게 머리털을 깎기만 해야 할 것이다.

21 어떤 제사장이든지 안뜰로 들어갈

---

1) 거룩하게 할까

때는 포도주를 마시지 말라.

22 또 과부나 이혼한 여자에게 장가를 가지 말고 오직 이스라엘 족속의 처녀나 제사장의 과부에게 장가를 갈 것이다.

23 제사장들은 내 백성에게 거룩한 것과 속된 것을 구별하도록 가르치고, 부정한 것과 정결한 것을 분별하도록 깨닫게 할 것이다.

24 그들은 송사하는 일을 내 규례대로 재판할 것이다. 내가 정한 모든 절기에는 내 법도와 규례를 지키고, 내 안식일을 거룩하게 지키라.

25 또 시체를 가까이하므로 자신을 더럽히지 말라. 단 부모나 자녀나 형제나 시집을 가지 않은 자매가 죽었을 경우에는 더럽힐 수 있다.

26 이런 자는 자신을 정결하게 한 후 추가로 7일을 더 기다려야 한다.

27 그런 경우에는 성소에서 섬기기 위해 안뜰과 성소에 들어갈 때 속죄제를 드리라.

28 제사장들에게는 유업이 있을 것인데, 바로 내가 그 유업이다. 너희는 이스라엘 가운데서 그들에게 유업을 주지 말라. 내 자신이 그들의 유업이 되기 때문이다.

29 제사장들은 소제와 속죄제와 속건제로 바친 제물을 먹으리니 이스라엘 가운데서 거룩하게 구별하여 바친 예물은 모두 그들에게 주라.

30 또 처음 익은 각종 열매와 너희 모든 예물 가운데 제물을 들어 올리며 드리는 각종 거제제물은 다 제사장에게 몫으로 주고, 너희가 첫 밀가루를 그들에게 주어 그들로 네 집에 복이 임하도록 하라.

31 제사장은 새나 가축 중에서 저절로 죽은 것이나 찢겨 죽은 것은 먹지 말라."

에스겔의 거룩한 구역과 통치 법칙에 대한 예언

45 ● 너희가 제비를 뽑아 땅을 나누어 유업으로 삼을 때 한 구역을 거룩한 땅으로 삼아 여호와께 예물로 드려야 한다. 그 구역의 길이는 15㎞ 되는 2만 5,000척이며, 너비는 1만¹⁾ 척이다. 그 구역 안 전체가 거룩할 것이다.

2 그 구역에서 성소에 배정할 땅은 길이와 너비가 각각 500척이니 네 모반듯하며, 그 외에 사방 50척은 빈 터로 비워 두라.

3 이 측량한 지역에서 길이는 2만 5,000척, 너비는 1만 척을 따로 측량하여 그 중앙은 지극히 거룩한 성소가 되게 하라.

4 그곳은 성소에서 하나님께 가까이 나아가서 섬기는 제사장들의 소유가 되게 할 것이다. 그들이 집을 지을 땅은 주의 거룩한 땅이니 성소를 위한 거룩한 곳이다.

5 또 길이는 2만 5,000척, 너비는 1만 척을 측량하여 성전에서 섬기는 레위 사람의 거주지로 주어 20곳의 마을²⁾을 세우게 하라.

6 거룩히 구별한 구역 옆에는 너비 5,000척, 길이는 2만 5,000척을 측량하여 성읍에 딸린 소유지로 삼아 온 이스라엘 족속에게 속하도록 하라.

7 그리고 바친 거룩한 구역의 옆과 성읍에 딸린 소유지 옆에 있는 양쪽의 땅은 왕에게 돌리되, 서쪽으로 서쪽 국경까지 그리고 동쪽으로 동쪽 국경까지이다. 그 길이가 구역 하나와 서로 같을 것이다.

8 이 땅을 왕에게 주어 이스라엘 가운데 유업으로 삼게 하면 내 왕들이

1) 70인역 2만 2) 방

다시는 내 백성을 억압하지 않을 것이다. 그 나머지 땅은 이스라엘 족속에게 그 지파대로 줄 것이다.

9 여호와께서 이같이 말씀하셨다. "이스라엘의 통치자들아, 이제는 폭력과 악행과 겁탈을 그만 멈추라. 그리고 의와 정의를 행하여 내 백성을 속여 착취하는 것을 중지하라.

10 너희는 공정한 저울과 정확한 에바와 밧을 사용하라.

11 에바와 밧은 그 용량을 같도록 하되 밧은 호멜의 용량을 따라 10분의 1호멜을 담도록 하고, 에바도 10분의 1 호멜을 담도록 하라.

12 1세겔은 20게라이다. 20세겔과 25세겔과 15세겔을 너희 마네의 측정 단위가 되게 하라.

13 너희가 마땅히 바칠 예물은 이렇다. 밀 220리터 되는 1호멜의 수확에서는 6분의 1에바를 드리고, 보리 1호멜의 수확에서도 6분의 1에바를 드리라.

14 올리브 기름은 정해진 규례대로 1고르 수확물에서 10분의 1밧을 드릴 것이니 기름의 밧으로 계산하면 1고르는 10밧, 곧 1호멜이다.

15 이스라엘의 기름진 초장의 가축 떼는 200마리마다 어린 양 1마리를 바치라. 백성의 죄가 용서 받기 위해 이것들을 소제와 번제와 감사제물로 삼으라.

16 이 땅의 모든 백성은 이 예물을 이스라엘의 왕[1]에게 바치라.

17 왕의 본분은 번제와 소제와 전제를 절기와 매월 1일과 안식일과 이스라엘 족속의 모든 정해진 절기에 공급할 책임을 지는 것이니 이스라엘 족속의 죄가 용서받기 위해 이 속죄제와 소제와 번제와 감사제물을 준비하라."

에스겔의 절기와 제사에 대한 예언[2]

18 ● 여호와께서 이같이 말씀하셨다. "첫째 달인 4월 1일에 흠 없는 수송아지 1마리를 가져다가 성소를 정결하게 하되

19 제사장은 그 속죄제 희생제물의 피를 가져다가 성전의 문설주들과 제단 밑층 네 모서리와 안뜰에 있는 문설주에 바르라.

20 그달 7일[3]에도 모든 과실범과 모르고 범죄한 자의 속죄를 위해서도 그와 같이 성전을 깨끗하게 하라.

21 첫째 달인 4월 14일에는 유월절을 7일 동안 절기로 지키며 누룩 없는 빵을 먹으라.

22 그날 왕은 자신과 이 땅 모든 백성을 위해 송아지 1마리를 속죄제물로 바치라.

23 또 명절 7일 동안 왕은 나 여호와를 위해 번제를 준비하라. 7일 동안 매일 흠 없는 수송아지와 숫양을 각각 7마리와 숫염소 1마리를 속죄제물로 바치라.

24 추가로 소제로 수송아지 1마리마다 밀가루 22리터 되는 1에바, 숫양 1마리마다 1에바를 바치라. 그에 따라 밀가루 1에바에는 기름 1힌씩 곁들여 바치라.

25 일곱째 달인 10월 15일에 7일 동안 절기를 지켜 속죄제와 번제와 그에 딸린 밀가루와 올리브 기름을 바치라."

46 여호와께서 이같이 말씀하셨다. "안뜰에서 동쪽으로 난 문은 일하는 6일 동안 닫아 놓고 안식일과 매월 1일에 열라.

2 왕은 바깥 현관문을 통해 들어와서 문설주 옆에 서고, 제사장은 왕을

1) 군주 2) 출 12:1-20, 레 23:33-43 참조 3) 70인역, 7월 1일

위해 번제와 감사제를 드리라. 왕은 문 통로에서 경배한 후 밖으로 나가고 그 문은 저녁까지 닫지 말라.

3 이 땅의 백성도 안식일과 매월 1일에 이 문 입구에서 나 여호와 앞에 경배하라.

4 왕이 안식일에 여호와께 바칠 번제는 흠 없는 어린 양 6마리와 흠 없는 숫양 1마리이다.

5 그에 따른 소제는 숫양 1마리마다 밀가루 1에바이며, 모든 어린 양에는 그 힘대로 바칠 것이다. 추가로 밀가루 1에바마다 기름 1힌씩 곁들여 바치라.

6 매월 1일에는 수송아지 1마리와 어린 양 6마리와 숫양 1마리를 모두 흠 없는 것으로 바치라.

7 그에 따라 소제를 준비하되 수송아지마다 밀가루 1에바이며, 숫양에도 밀가루 1에바이며, 모든 어린 양에는 그 힘대로 바치라. 밀가루 1에바에는 올리브 기름 1힌씩 곁들여 바치라.

8 왕이 들어올 때나 나갈 때는 모두 이 현관문으로 출입하라.

9 그러나 모든 정해진 절기에 이 땅의 백성이 경배하기 위해 여호와 앞에 나아올 때는 북쪽 문으로 들어오는 자는 남쪽 문으로 나가고, 남쪽 문으로 들어오는 자는 북쪽 문으로 나갈 것이다. 들어온 문으로 다시 나가지 말고 그 몸이 앞으로 향한 대로 나가라.

10 왕이 무리 가운데 있어서 그들이 들어올 때나 나갈 때 함께 들어오고 나가라.

11 모든 절기와 성회 때 바치는 소제는 수송아지 1마리마다 밀가루 1에바이며, 숫양 1마리에도 1에바이다. 모든 어린 양에는 그 힘대로 할 것

이다. 밀가루 1에바에는 올리브 기름 1힌씩 곁들여 바치라.

12 만일 왕이 자원하여 번제나 감사제를 나 여호와께 드릴 때는 왕을 위해 동쪽으로 난 문을 열고 그가 번제물과 감사제물을 안식일에 드리는 것처럼 드리고 밖으로 나갈 것이며, 나간 후에는 문을 닫으라.

13 아침마다 1년 되고 흠 없는 어린 양 1마리로 번제를 나 여호와께 드리라.

14 또 아침마다 양과 함께 드릴 소제를 밀가루 6분의 1에바와 기름 3분의 1힌을 섞어 드리라. 이것을 영원한 규례로 삼아 항상 나 여호와께 드릴 소제로 삼으라.

15 이같이 아침마다 그 어린 양과 밀가루와 기름을 준비하여 항상 드리는 번제물로 삼으라."

16 여호와께서 이같이 말씀하셨다. "만일 왕이 한 아들에게 유산을 선물로 주면 그것은 그의 유산으로서 아들의 소유가 된다.

17 만일 왕이 그 유산을 한 신하[1]에게 선물로 주면 그 유산은 희년까지는 신하의 소유가 되고 희년 후에는 왕에게 다시 돌아가리니 왕의 유산은 그 아들이 상속받을 것이다.

18 왕은 조상으로부터 물려받은 백성의 유업을 빼앗아 그 산업에서 쫓아내면 안 된다. 왕이 자기 아들에게 유산으로 줄 수 있는 것은 자기 유업으로만 줄 것이다. 그래서 백성들이 각각 그 본래의 산업을 떠나 흩어지지 않게 할 것이다."[2]

19 그후 그가 나 에스겔을 데리고 중앙 문에 있는 통로를 지나 북쪽으로 난 제사장의 거룩한 방에 들어가셨다. 그 방 뒤의 서쪽에 한 공간이 있었다.

1) 종   2) 레 25:23-28, 왕상 21장 참조

20 그가 내게 말씀하셨다. "이곳은 제사장이 속건제와 속죄제 희생제물을 삶으며 소제 제물을 구울 장소이다. 제사장들이 이 성물을 가지고 혹시 바깥 뜰에 나가면 백성이 그 성물과 접촉하므로 해를 당할까1) 염려되기 때문이다."

21 나를 데리고 바깥 뜰로 나가 나를 뜰 네 구석으로 지나가게 하셨다. 그때 내가 보니 그 뜰 네 구석에 또 다른 뜰이 있었다.

22 그 뜰의 네 구석 안에는 길이 40척, 너비 30척 크기의 방2)이 있었다. 구석의 4개 뜰은 크기가 같았다.

23 작은 뜰 사방으로 돌아가며 부엌3)이 있고, 그 사방 부엌에 삶는 기구가 있었다.

24 그가 내게 말씀하셨다. "이는 삶는 부엌이니 성전에서 섬기는 자가 백성의 제물을 이곳에서 삶을 것이다."

에스겔의 성전에서 나오는 물 환상

47 그가 나를 성전 문으로 데려가셨는데, 성전의 정면이 동쪽으로 향해 있었다. 그 성전 문지방 밑에서 물이 솟아 나와 동쪽으로 흐르다가 성전 오른쪽, 곧 제단 남쪽으로 흘러내리고 있었다.

2 또 그가 다시 나를 데리고 북쪽 문으로 나가서 바깥 길로 꺾여 동쪽으로 난 바깥 문에 이르렀다. 내가 그곳에서 보니 물이 그 오른쪽에서 나오고 있었다.

3 그때 그 사람이 손에 줄을 잡고 동쪽으로 나아가며 600m 되는 1,000척을 측량한 후 내게 물을 건너가게 하시자 물이 발목까지 올라왔다.

4 다시 1,000척을 측량하고 내게 물을 건너가게 하셨는데, 물이 무릎까지 올라왔다. 다시 1,000척을 측량

하고 내게 물을 건너가게 하셨는데, 물이 허리까지 올라왔다.

5 다시 1,000척을 측량하시니 물이 내가 건너가지 못할 만큼의 강이 되었다. 그 물이 가득하여 헤엄칠 만한 물이며, 사람이 능히 건너가지 못할 강이었다.

6 그때 그가 내게 말씀하셨다. "에스겔아, 네가 이것을 보았느냐?" 그러고는 나를 이끌어 성전에서 흘러나온 강가로 돌아가게 하시기에

7 내가 돌아가 보니 강가 양쪽에 나무가 심히 많았다.

8 그가 내게 말씀하셨다. "이 물이 동쪽으로 향해 흘러 사해, 곧 아라바로 내려가서 바다에 이르리니 이 흘러내리는 물로 인해 바다의 물이 되살아날 것이다.

9 이 강물이 닿는 곳마다 모든 생물이 번성하고, 물고기가 심히 많을 것이다. 이 물이 흘러 들어가므로 바닷물이 되살아나겠고, 이 강물이 닿는 곳마다 모든 것이 살 것이다.

10 또 이 강가에 어부들이 늘어서 있으리니 엔게디에서 에네글라임까지 31㎞가 그물을 치는 곳이 될 것이다. 그 물고기가 각기 종류를 따라

📍성경지리 엔게디에서 에네글라임까지 (겔 47:10)

에스겔 선지자는 이스라엘의 황금기에 대한 회복에서 엔게디에서 에네글라임까지 그물 치는 곳이 될 것이라고 예언하고 있다. 엔게디는 오늘날 사해 중간보다 약간 윗쪽에 있고, 에네글라임은 사해 북단에 있다. 두 지점 사이의 거리는 약 31㎞된다. 곧 죽음의 바다로 불리는 사해 전체 남북 길이 72㎞ 중에서 1/3이 넘는 거리이다. 고기가 살지 않는 이 죽음의 바다가 그물 치는 곳이 될 것이며 많은 종류의 고기가 큰 바다의 고기처럼 심히 많게 될 것이라고 회복을 예언하고 있다.

---

1) 거룩하게 할까   2) 집   3) 화로

큰 바다의 물고기처럼 아주 많을 것이다.

11 그러나 그 늪과 습지¹⁾는 되살아나지 못하고 소금기 있는 땅으로 그대로 남아 있을 것이다.

12 강 양쪽에는 각종 먹을 과실나무가 자라서 그 잎이 시들지 않으며, 달마다 계속 새로운 열매를 맺을 것이다. 그것은 그 물이 성소에서 흘러나온 물이기 때문이다. 그 열매는 먹음직하고, 그 잎사귀는 약 재료로 사용될 것이다."

미래의 땅과 분배에 대한 에스겔의 예언

13 ● 여호와께서 이같이 말씀하셨다. "너희는 이 경계선 대로 이스라엘 12지파에게 이 땅을 나누어 산업이 되게 하되 요셉에게는 두 몫이 되게 하라.

14 내가 옛적에 내 손을 들어 '이 땅을 너희 조상들에게 주겠다'라고 맹세했으니 너희는 공평하게 나누어 산업을 삼으라. 이 땅이 너희의 산업이 될 것이다.

15 이 땅 경계선은 이렇다. 북쪽은 지중해, 곧 대해에서 헤들론 길을 거쳐 스닷 입구까지다.

16 곧 하맛과 브로다이며, 다메섹 경계선과 하맛 경계선 사이에 있는 시브라임과 하우란 경계선 곁에 있는 하셀핫디곤이다.

17 그 경계선이 지중해 바닷가에서 다메섹 경계선에 있는 하살에논까지이며, 그 경계선이 또 북북 끝에 있는 하맛 경계선에 이르렀다. 이는 북쪽 경계이다.

18 동쪽은 하우란과 다메섹 그리고 길르앗과 이스라엘 땅 사이에 있는 요단강이니 북쪽 경계선에서 동쪽 바다까지 측량하라. 이는 그 동쪽 경계이다.

19 남쪽은 사해 남쪽의 다말에서 므리봇 가데스 물에 이르고 가사 남쪽 80km 지점의 애굽시내를 따라 지중해, 곧 대해에 이른다. 이는 그 남쪽 경계이다.

20 서쪽은 대해이다. 남쪽 경계선에서 맞은쪽 하맛 입구까지 이른다. 이는 그 서쪽 경계이다.

21 그런즉 너희가 이스라엘 모든 지파대로 이 땅을 나누어 차지하라.

22-23 너희는 이 땅을 나누되 제비를 뽑아 너희와 너희 가운데 머물면서 자녀를 낳으며 사는 타국인의 산업이 되게 하라. 곧 너희는 그 타국인을 본토에서 난 이스라엘 족속처럼 여기고 그들에게도 타국인이 머물러 사는 그 지파의 지역에서 그 산업을 주라. 여호와의 말씀이다."

각 지파의 몫과 거룩한 땅

48 ● 모든 지파의 이름은 이와 같다. 북쪽 끝에서 헤들론 길을 거쳐 레바논 지역의 하맛 입구를 지나 다메섹 경계선에 있는 하살에논까지이다. 곧 북쪽으로 하맛 경계선에 미치는 땅 동쪽에서 서쪽까지는 단 지파의 몫이다.

2 단 지파 경계선 남쪽 지역으로, 동쪽에서 서쪽까지는 아셀 지파의 몫이다.

3 아셀 지파 경계선 남쪽 지역으로, 동쪽에서 서쪽까지는 납달리 지파의 몫이다.

4 납달리 지파 경계선 남쪽 지역으로, 동쪽에서 서쪽까지는 므낫세 지파의 몫이다.

5 므낫세 지파 경계선 남쪽 지역으로, 동쪽에서 서쪽까지는 에브라임

1) 진펄과 개펄

지파의 몫이다.

6 에브라임 지파 경계선 남쪽 지역으로, 동쪽에서 서쪽까지는 르우벤 지파의 몫이다.

7 르우벤 지파 경계선 남쪽 지역으로, 동쪽에서 서쪽까지는 유다 지파의 몫이다.

8 유다 지파 경계선 남쪽 지역으로, 동쪽에서 서쪽까지는 너희가 거룩하게 구별하여 예물로 드릴 땅이다. 너비는 15㎞ 되는 2만 5,000척이며, 길이는 동쪽에서 서쪽까지 다른 지파의 몫과 같고, 성소는 거룩한 땅의 중앙에 있을 것이다.

9 곧 너희가 여호와께 거룩하게 드릴 땅의 길이는 2만 5,000척이며, 너비는 1만 척1)이다.2)

10 이 구별하여 드리는 거룩한 땅은 제사장에게 줄 것이다. 남쪽으로나 북쪽으로나 길이가 각각 2만 5,000척이며, 동쪽으로나 서쪽으로나 너비가 각각 1만 척이다. 그 중앙에는 여호와의 성소가 있게 하라.

11 이 거룩한 땅을 사독의 자손 가운데서 거룩하게 구별한 제사장의 소유로 줄 것이다.3) 그들은 제사장의 직분을 지키고 이스라엘 족속이 잘못된 길로 나갈 때 레위 사람이 잘못된 것처럼 잘못되지 않았기 때문이다.

12 거룩한 땅, 곧 땅의 예물 가운데서도 가장 거룩한 땅4)을 받아야 하는데, 그곳은 레위인의 땅과 인접해 있다.

13 제사장의 경계선을 따라 레위 지파 사람이 분배 받을 땅의 크기는 길이가 2만 5,000척이며, 너비는 1만 척으로 하라.5)

14 레위인들은 그 땅을 팔거나 바꾸지도 못하며, 그 땅의 가장 좋은 것, 곧 처음 익은 열매를 다른 사람에게 주

지도 못할 것이다. 그 땅은 여호와께 거룩히 구별되었기 때문이다.

15 거룩한 땅은 길이가 2만 5,000척, 다음 남쪽으로 너비 5,000척 크기의 일반적인 속된 땅으로 구분하라. 그래서 그 지역의 중앙에 성읍을 세우며 거주하는 곳과 목초지를 삼으라.6)

16 그 성읍의 크기는 동서남북으로 각각 4,500척이다.

17 그 성읍에 딸린 들은 동서남북으로 각각 250척이다.

18 예물을 삼아 거룩히 구별하여 바칠 땅과 인접해 있는 남아 있는 땅의 길이는 동쪽과 서쪽으로 각각 1만 척이다. 그리고 그 인접한 땅의 소산을 성읍에서 일하는 자의 양식으로 삼으라.

19 이스라엘 모든 지파 가운데 그 성읍에서 일하는 자들이 그 땅을 경작할 것이다.

20 그런즉 거룩하게 구별하여 드리는 땅의 합계는 길이와 너비가 각각 2만 5,000척이다. 너희가 거룩히 구별하여 드릴 땅은 성읍의 소유지와 합하여 네모반듯할 것이다.

21 거룩하게 구별할 땅과 성읍의 소유지 양쪽에 남은 땅은 왕7)에게 돌리라. 곧 거룩하게 구별할 땅을 기준으로 동쪽의 경계선인 요단강 앞까지 2만 5,000척과 서쪽의 그 경계선인 지중해 앞까지 2만 5,000척이다. 다른 몫들과 인접해 있는 땅이니 이것은 왕에게 돌리며, 거룩하게 구별할 땅과 성전의 성소가 그 중앙에 있을 것이다.8)

22 그런즉 왕에게 돌려 그에게 속할 땅은 레위 사람의 기업 양쪽과 성읍의

---

1) 70인 역, 2만 척　2) 겔 45:1　3) 겔 45:4　4) 예물
5) 겔 45:5　6) 겔 45:6　7) 군주　8) 겔 45:7

소유지[1] 양쪽이며, 유다 지파 지경
과 베냐민 지파 지경 사이에 있을
것이다.

23 그 나머지 모든 지파는 동쪽에서
서쪽까지는 베냐민 지파의 몫이다.

24 베냐민 지파 경계선 남쪽 지역으
로, 동쪽에서 서쪽까지는 시므온
지파의 몫이다.

25 시므온 지파 경계선 남쪽 지역으
로, 동쪽에서 서쪽까지는 잇사갈
지파의 몫이다.

26 잇사갈 지파 경계선 남쪽 지역으
로, 동쪽에서 서쪽까지는 스불론
지파의 몫이다.

27 스불론 지파 경계선 남쪽 지역으
로, 동쪽에서 서쪽까지는 갓 지파
의 몫이다.

28 갓 지파 경계선 남쪽 지역으로, 남
쪽 경계선은 다말에서 므리바 가
데스 샘에 이르고 가사 남쪽 80km
지점의 애굽시내를 따라 지중해,
곧 대해에 이르니

29 이것은 너희가 제비를 뽑아 이스

라엘 지파에게 나누어 주어서 유
업이 되게 할 땅이며, 그들의 몫이
다. 여호와의 말씀이다.

예루살렘성의 문들

30 ● 그 성읍의 출입문은 이렇다. 북
쪽의 너비는 4,500척이다.

31 그 성읍의 문들은 이스라엘 지파
들의 이름을 딴 것인데 북쪽으로
문이 셋이다. 곧 르우벤 문, 유다
문, 레위 문이다.

32 동쪽의 너비는 4,500척이니 문이
셋이다. 곧 요셉 문, 베냐민 문, 단
문이다.

33 남쪽의 너비는 4,500척이니 문이
셋이다. 곧 시므온 문, 잇사갈 문,
스불론 문이다.

34 서쪽도 4,500척이니 문이 셋이다.
곧 갓 문, 아셀 문, 납달리 문이다.

35 그 사방의 합계는 1만 8,000척이
다. 그날 이후로 그 성읍의 이름을
'여호와 삼마'라고 할 것이다.

[1] 기지

다니엘   Daniel

제목 히브리어 성경에는 인명에 따라 다니엘, 70인역에도 저자의 인명에 따라 붙임

기록연대 기원전 530년경   **저자** 다니엘   **중심주제** 다니엘의 종말에 대한 예언과 환상

내용소개 * 이방에 대한 하나님의 계획: 역사적 이야기   1. 느부갓네살의 집성(集成) 1-3장
2. 다니엘의 믿음 4-6장   * 유다인에 대한 하나님의 계획: 예언적 이야기
3. 짐승, 70이레에 대한 다니엘의 이상 7-9장   4. 미래에 대한 이상 10-12장

느부갓네살 왕궁의 소년들

1 ● 유다 왕 여호야김 통치 3년이
되는 해인 BC 606년에 바벨론 왕
느부갓네살이 예루살렘에 도착하
여[1] 그 이듬해인 BC 605년에 예루
살렘성을 포위했다.[2]

2 주께서 유다 왕 여호야김과 하나님
의 성전에 있는 일부 기구를 느부
갓네살왕의 손에 넘기셨다. 이때
느부갓네살은 여호와의 성전 기구
들을 바벨론으로 가져다가 시날

[1] 출발하여   [2] 바벨론 1차 침공

땅의 바벨론에 있는 신들의 보물 창고1)에 두었다.

3 바벨론 느부갓네살왕의 예루살렘 두 번째 침공 후 느부갓네살왕은 왕궁 총책임자인 아스부나스 환관 장에게 명령하여 이스라엘 자손의 왕족과 귀족 자손 가운데서

4 흠이 없고 용모가 준수하며, 분별 력이 뛰어나며, 지식에 통달하고 학문에 익숙하여 왕궁에서 왕을 모실 능력이 있을 만한 소년을 데 려오게 했다. 그러고 나서 그들에 게 갈대아, 곧 바벨론 사람의 학문 과 언어를 가르치게 했다.

5 또 왕이 지정한 왕의 음식과 왕이 마시는 포도주를 날마다 제공하여 3년을 교육시킨 후 그들을 왕 앞에 서도록 했다.

6 그들 가운데 유다 자손인 다니엘 과 하나냐와 미사엘과 아사랴가 있었다.

7 왕궁 총책임자인 환관장이 그들의 이름을 바꾸어 다니엘을 벨드사살 로, 하나냐를 사드락으로, 미사엘 을 메삭으로, 아사랴를 아벳느고 라고 불렀다.

8 다니엘은 왕의 음식과 그가 마시 는 포도주로 자기를 더럽히지 않 겠다고 뜻을 정했다. 그리고 자기 를 더럽히지 않도록 환관장에게 부탁했다.

9 하나님은 환관장이 다니엘에게 은 혜와 긍휼을 베풀게 하셨다.

10 그래서 환관장이 다니엘에게 말했 다. "나는 내 주인 되시는 왕의 명 령을 따를 수밖에 없다. 그가 너희 의 먹을 것과 마실 것을 지정하셨 는데, 그것을 거부해 너희의 얼굴 이 초췌하여 또래의 소년들만 못 한 것을 왕에게 보이게 되면 너희

때문에 내 목숨이 왕 앞에서 위태 롭게 될 것이다."

11 그러자 다니엘은 자기와 하나냐와 미사엘과 아사랴를 감독하도록 한 환관장에게 말했다.

12 "청컨대 당신의 종들을 10일 동안 시험하여 채식을 먹고 물을 주어 마시게 한 후

13 당신께서 우리의 얼굴빛과 왕의 음 식을 먹는 소년들의 얼굴빛을 비교 해 당신 마음대로 종들을 처리하십 시오."

14 이에 환관장이 그들의 말에 따라 10일 동안 시험했다.

15 10일 후 그들의 얼굴빛이 왕의 음 식을 먹는 다른 소년들보다 더 좋 고 건강해 보였다.

16 그리하여 감독자가 그들에게 지정 된 음식 중에서 왕의 음식과 포도 주를 빼고 채식을 주었다.

17 하나님께서 이 4명의 소년에게 지 혜와 지식을 주사 학문에서 뛰어나 게 하시고, 모든 서적을 잘 터득하 게 하셨으며, 다니엘에게는 환상과 꿈을 해석하는 능력까지 주셨다.

18 BC 602년, 느부갓네살왕이 정한 기한이 되어 환관장이 그들을 왕 앞으로 데려갔다.

19 왕이 그들과 말해 보니 그들 가운 데 다니엘과 하나냐와 미사엘과 아 사랴가 가장 뛰어났다. 그래서 그 들로 왕을 모시도록 했다.

20 왕은 질문을 통해 그들의 지혜와 총명이 온 나라의 마술사인 박수와 점성가보다 10배나 뛰어난 줄을 알 았다.

21 다니엘은 고레스왕 즉위년까지 공 식적으로 활동2)했다.

느부갓네살왕의 꿈과 다니엘의 해석

1) 대하 36:7, 자기 신당 2) 생존

2 ● 느부갓네살왕이 나라를 다스린 지 2년이 되는 해인 BC 602년에 다니엘과 세 친구가 교육을 마친 후 느부갓네살왕이 꿈을 꾸고 그 꿈 때문에 번민에 빠져 잠을 이루지 못했다.

2 그래서 왕이 그의 꿈 내용을 알기 위해 마술사인 박수와 점성가와 점쟁이와 갈대아, 곧 바벨론 주술사를 부르도록 명령하자 그들이 와서 왕 앞에 섰다.

3 왕이 그들에게 말했다. "내가 꿈을 꾸었으나 그 내용을 몰라 마음이 심히 답답하다."

4 갈대아 주술사들이 아람 말로 왕에게 말했다. "왕이여, 만수무강하십시오. 왕께서 그 꿈 내용을 종들에게 말씀해 주시면 우리가 해석하겠습니다."

5 그러나 왕이 갈대아인들에게 대답했다. "내가 이미 명령을 내렸으니 너희가 꿈의 내용과 그 해석을 내게 말해 주지 못하면 너희 몸을 찢어 죽이며, 너희의 집을 거름 더미로 만들 것이다.

6 그러나 너희가 꿈의 내용과 그 해석을 보이면 선물과 상과 큰 영광을 얻을 것이다. 그러니 꿈 내용과 그 해석을 내게 알게 하라."

7 그들이 다시 대답했다. "원컨대 왕은 꿈 내용을 종들에게 말해 주십시오. 그러면 우리가 해석해 드리겠습니다."

8 왕이 다시 말했다. "너희가 내 명령에 시간을 끌려고 하는 것을 내가 확실히 알고 있다.

9 만일 너희가 이 꿈 내용을 내게 말해 주지 못하면 너희를 처리할 법은 하나뿐이다. 이는 너희가 시간이 지나면 상황이 바뀔 것이라고 여겨 거짓말과 망령된 말로 내 앞에서 꾸며 말하는 것이다. 이제 꿈을 내게 말해 주면 너희가 그 해석도 보일 수 있을 줄을 내가 알 것이다."

10 갈대아인들이 왕 앞에 대답했다. "이 세상에서 왕이 꾼 꿈의 내용을 알아낼 수 있는 자는 한 사람도 없습니다. 아무리 크고 권력 있는 왕이라도 이제까지 이런 것으로 마술사나 점성가에게나 갈대아인들에게 물은 자가 없었습니다.

11 왕께서 물으신 것은 참으로 어려운 일이니 육체를 가진 사람들과 함께 살지 않는 신들 외에는 왕 앞에 그것을 알려줄 사람이 없습니다."

12 그 말을 들은 왕이 크게 진노하여 바벨론의 모든 지혜자를 죽이도록 명령했다.

13 왕의 명령이 내리니 지혜자들이 죽을 상황에 놓였고, 다니엘과 그의 친구들도 죽이려고 찾았다.

14-15 그때 다니엘이 바벨론의 지혜자들을 죽이기 위해 왕의 근위대장 아리옥이 나가려고 하자 조심스럽고 슬기로운 말로 근위대장에게 물었다. "왕의 명령이 왜 그렇게 급하십니까?" 아리옥은 다니엘에게 왕이 급히 죽이려는 내용을 알려 주었다. 그러자

16 다니엘이 왕에게 들어가 간구했다. "꿈을 알 수 있는 시간을 주십시오."

17 이에 다니엘이 자기 집으로 돌아가서 친구인 하나냐와 미사엘과 아사랴에게 사정을 알리고

18 하나님께 자신과 친구들이 바벨론의 다른 지혜자들과 함께 죽임을 당하지 않도록 불쌍히 여겨 달라고 친구들로 하여금 구하도록 부탁했다.

19 그러자 신비스러운 꿈이 밤에 환상으로 다니엘에게 나타났다. 다니엘은 하늘에 계신 하나님께 찬양을 올렸다.

20 "지혜와 능력이 하나님께 있으니 영원부터 영원까지 그의 이름을 찬양하라.

21 그는 때와 계절을 바뀌게 하시고, 왕들을 폐하게도 하시고 세우기도 하시며, 지혜자에게 지혜를 주시고, 총명한 자에게 지식을 주신다.

22 그는 심오하고 비밀스러운 일을 드러내시고, 어둠 속에 감춰진 것을 아시며, 빛이 그를 둘러싸도다.

23 내 조상들의 하나님이여, 주께서 이제 내게 지혜와 능력을 주사 우리가 주께 구한 것을 내게 알게 하셨으니 내가 주께 감사하고 주를 찬양합니다. 주께서는 왕이 꾼 꿈 내용을 내게 보이셨습니다."

24 이에 다니엘은 바벨론의 지혜자들을 죽이라는 왕의 명령을 받은 아리옥에게 가서 말했다. "바벨론의 지혜자들을 죽이기 전에 먼저 나를 왕 앞으로 인도하십시오. 그러면 내가 왕의 꿈을 해석해 드리겠습니다."

25 이에 아리옥이 다니엘을 데리고 급히 왕 앞에 나아가 아뢰었다. "내가 사로잡혀 온 유다 자손 가운데서 왕의 꿈을 해석할 한 사람을 찾아냈습니다."

26 왕이 자기 앞에 나온 벨드사살이라 이름한 다니엘에게 물었다. "너는 내가 꾼 꿈과 그 해석을 능히 내게 알려줄 수 있겠느냐?"

27 다니엘이 대답했다. "왕이 물으셨던 비밀스러운 꿈은 지혜자나 마술사나 점성가나 점쟁이가 왕께 알려줄 수 없는 것입니다.

28 오직 비밀스러운 것을 드러내실 이는 하늘에 계신 하나님뿐입니다. 그분이 느부갓네살왕에게 장차 일어날 일을 알게 하셨습니다. 그것이 바로 왕께서 침대에 누워 있을 때 머릿속에 나타난 꿈¹⁾입니다.

29 왕이여, 왕이 침대에서 장래 일을 생각하실 때 비밀스러운 것을 드러내시는 하나님께서 장래 일을 왕에게 알게 하셨습니다.

30 내게 이 비밀스러운 일을 나타내신 것은 내 지혜가 모든 사람보다 뛰어나기 때문이 아니라 오직 왕께서 마음으로 생각하던 것을 해석하여 왕에게 알려주고자 하신 것입니다.

31 왕께서는 꿈속에서 거대한 신상 하나를 보셨습니다. 그 신상이 왕 앞에 섰는데, 크고 빛이 찬란하며 그 모양은 무시무시한 것이었습니다.

32 그 우상의 머리가 순금이고, 가슴과 두 팔은 은이며, 배와 넓적다리는 놋이고,

33 그 종아리는 철이며, 그 발의 일부는 철이고 일부는 진흙이었습니다.

34 또 왕이 보신 것은 사람이 다듬지

고대 근동과 성경에서의 꿈(단 2장)

고대 근동 지방에서 꿈은 신에게서 전달되는 계시로 간주되었기 때문에 꿈에 대한 내용과 해석을 중요하게 여겼다. 성경에 기록된 꿈에는 단순한 꿈(창 20:3), 전문적인 해몽가를 통해 해석되는 상징적인 꿈(창 37:5-10, 단 2장)이 있다. 구약에서 모든 꿈이나 밤의 환상은 신에게서 오며, 그것을 해석하는 데는 신의 도움이 있어야 된다는 것이다(창 40:8). 그리고 꿈은 신이 자기의 뜻을 특별히 선택한 사람들을 통해 전달하는 정당한 수단 가운데 하나였다. 그래서 렘 23:32에서는 거짓 꿈을 꾸는 자는 사형에 처해야 한다고 규정하고 있다. 또 밤에 꾸는 꿈 중에는 아무런 의미가 없는 것도 있었다(사 29:8 참조).

1) 환상

않은 돌이 날아와서 신상의 철과 진흙으로 된 발을 쳐서 부수니

35 그때 철과 진흙과 놋과 은과 금이 다 부서져 작은 조각이 되어 여름 타작 마당의 겨처럼 바람에 날려 흔적도 없었습니다. 그리고 우상을 부순 돌은 태산을 이루어 온 세계에 가득했습니다.

36 그 꿈의 내용은 이것입니다. 이제 내가 그 해석을 왕 앞에 알려드리겠습니다.

37 왕이여, 왕은 여러 왕 가운데 왕이십니다. 하늘의 하나님께서 왕에게 권세와 힘과 영광을 주셨습니다.

38 사람들과 들의 짐승들과 공중의 새들이 어디에 있든지 그것들을 모두 왕께서 다스리게 하셨으니 왕은 그 신상의 금 머리에 해당됩니다.

39 왕 뒤에 왕보다 못한 은 같은 나라가 일어날 것입니다. 그리고 세 번째로 놋 같은 나라가 일어나서 온 세계를 다스리며,

40 네 번째 나라는 쇠처럼 강할 것입니다. 철은 모든 것을 부수고 이기게 하는 것처럼 그 나라가 세상 나라를 부수고 으깰 것입니다.

41 왕께서는 그 발과 발가락의 일부가 토기장이의 진흙이고, 일부가 철인 것을 보셨습니다. 그것은 그 나라가 분열될 것을 말합니다. 또 왕께서 철과 진흙이 섞인 것을 보셨으니 그 나라는 철처럼 강한 면도 있을 것입니다.

42 그러나 그 발가락의 일부가 철이고 일부가 진흙인 것은 그 나라가 일부는 강하고 일부는 쉽게 부서질 만한 것임을 나타낸 것입니다.

43 왕께서 철과 진흙이 섞인 것을 보신 것은 그들이 다른 민족과 서로 혼합될 것을 말합니다. 그러나 철

과 진흙이 합해지지 않는 것처럼 그들이 피차에 합해지지 않는 것을 뜻합니다.

44 이 여러 왕의 시대에 하늘의 하나님께서 한 나라를 세우실 것입니다. 그 나라는 영원히 망하지도 않으며, 그 국권이 다른 나라 백성에게로 넘어가지도 않을 것입니다. 도리어 다른 모든 나라를 멸망시키고 영원히 설 것입니다.

45 사람이 다듬지 않은 돌이 산에서 날아와 철과 놋과 진흙과 은과 금을 부순 것을 왕께서 보셨습니다. 그것은 위대하신 하나님께서 장차 일어날 일을 왕으로 알게 하기 위한 것입니다. 이 꿈은 반드시 이루어질 것이고, 이 해석은 정확합니다."

46 다니엘의 해석을 들은 느부갓네살 왕이 다니엘에게 엎드려 절한 후 "예물과 향품을 그에게 주라"고 명령했다.

47 그리고 왕이 다니엘에게 말했다. "너희 하나님은 참으로 모든 신 가운데 신이시며, 모든 왕의 주관자가 되신다. 네가 능히 이 비밀스러운 것을 드러냈으니 네 하나님은 비밀스러운 것을 드러내시는 분이다."

48 이에 왕이 다니엘을 높여 귀한 선물을 많이 주었고, 그를 바벨론의 온 지방을 다스리는 자로 임명했다. 또 바벨론에 있는 모든 지혜자의 어른으로 삼았다.

49 그리고 왕이 다니엘의 부탁대로 사드락과 메삭과 아벳느고를 바벨론 지방의 일을 다스리는 자로 임명했다. 다니엘은 왕궁에 머물렀다.

느부갓네살의 금 신상 숭배와 다니엘의 세 친구

3 ●느부갓네살왕이 높이 27m 되는 60규빗, 너비 6규빗 크기의 금 신

상을 만들어 바벨론 지방의 두라 평지에 세웠다.

2 느부갓네살왕이 사람을 보내 총독과 수령과 행정관과 참모와 재무관과 재판관과 법률사와 각 지방의 모든 관원을 느부갓네살왕이 세운 금 신상의 낙성식에 참석하도록 했다.

3 이에 명령을 받은 모든 자가 느부갓네살왕이 세운 금 신상의 낙성식에 참석하여 그 금 신상 앞에 서 있었다.

4 그때 선포하는 자가 크게 외쳐 말했다. "백성들과 나라들과 각 지역의 언어로 말하는 자들아, 왕이 너희 무리에게 명령을 내린다.

5 너희는 나팔과 피리와 수금과 삼현금과 양금과 생황 등 모든 악기 소리가 나면 느부갓네살왕이 세운 금 신상 앞에 엎드려 절하라.

6 누구든지 엎드려 절하지 않는 자는 즉시 맹렬히 타는 풀무불 속에 던져 넣을 것이다."

7 이에 민족들과 나라들과 각 지역의 언어를 말하는 자들이 각종 모든 악기 소리를 듣자 즉시 느부갓네살왕이 세운 금 신상에게 엎드려 절했다.

8 그때 어떤 갈대아, 곧 바벨론 사람들이 나아와 유다 사람들을 고소했다.

9 그들이 느부갓네살왕에게 고소하며 말했다. "왕이여, 만수무강하십시오.

10-11 왕께서 금 신상에 절하도록 명령을 내리지 않았습니까?

12 그런데 몇 명의 유다 사람, 왕이 세워 바벨론 지방을 다스리게 하신 사드락과 메삭과 아벳느고는 왕을 높이지 않고, 왕의 신들을 섬기지

않으며, 왕이 세우신 금 신상에도 절하지 않았습니다."

13 느부갓네살왕이 분노하여 사드락과 메삭과 아벳느고를 끌고 오라고 하자 그들을 왕 앞으로 끌고 왔다.

14 이에 느부갓네살이 그들에게 물었다. "사드락과 메삭과 아벳느고야, 너희가 내 신을 섬기지 않고, 내가 세운 금 신상에게 절하지 않은 것이 사실이냐?

15 지금이라도 너희가 준비했다가 나팔과 피리와 수금과 삼현금과 양금과 생황 등 모든 악기 소리가 나면 내가 만든 신상 앞에 엎드려 절하면 살려줄 것이다. 그러나 너희가 거절하여 절하지 않으면 즉시 너희를 맹렬히 타는 풀무불 속에 던져 넣으리니 과연 어떤 신이 너희를 내 손에서 건져내겠느냐?"

16 사드락과 메삭과 아벳느고가 왕에게 대답했다. "느부갓네살왕이여, 우리가 이 일에 대해 왕에게 대답할 필요가 없습니다.

17 우리가 섬기는 하나님께서 계신다면 우리를 맹렬히 타는 풀무불 가운데, 그리고 왕의 손에서도 능히 건져내실 것입니다.

18 그렇게 하지 않으신다고 해도 우리가 왕의 신들을 섬기지 않고, 왕이 세우신 금 신상에도 절하지 않을 줄을 아십시오."

19 그러자 느부갓네살이 더 크게 분노하여 사드락과 메삭과 아벳느고를 향해 안색이 변해 명령했다. "풀무불을 평소보다 7배나 더 뜨겁게 하라." 그리고

20 용사 몇 사람에게 "사드락과 메삭과 아벳느고를 결박하여 맹렬히 타는 풀무불 속에 던져 넣으라"고 명령했다.

21 그러자 그 세 사람을 겉옷과 속옷과 머리에 쓰는 두건과 다른 옷을 입은 채로 결박하여 맹렬히 타는 풀무불 속에 던져 넣었다.

22 왕의 명령이 엄하고 풀무불이 극히 뜨거웠기 때문에 불꽃이 사드락과 메삭과 아벳느고를 붙든 사람을 불태워 죽였고,

23 사드락과 메삭과 아벳느고는 결박된 채 맹렬히 타는 풀무불 속으로 떨어졌다.

24 그 모습을 본 때 느부갓네살왕이 놀라 급히 일어나서 참모들에게 물었다. "우리가 결박하여 불속에 던진 자는 세 사람이 아니었느냐?" 그들이 왕에게 대답했다. "왕이여, 맞습니다."

25 왕이 다시 말했다. "그런데 내가 보니 결박되지 않은 4명이 불속에서 다니는데 상하지도 않았고, 그 네 번째의 모습은 마치 신들의 아들과 같다."

26 그리고 느부갓네살이 맹렬히 타는 풀무불 입구 가까이 가서 세 사람을 불렀다. "지극히 높으신 하나님의 종 사드락과 메삭과 아벳느고야, 이리로 나오라." 그러자 그 세 사람이 풀무불 속에서 나왔다.

27 총독과 도지사와 행정관과 왕의

참모들이 이 세 사람을 보니 불이 그들의 몸을 감히 상하게 하지 못했고, 머리털도 그을리지 않았으며, 겉옷 색상도 변하지 않았고, 불탄 냄새도 없었다.

28 이에 느부갓네살이 말했다. "사드락과 메삭과 아벳느고를 지켜 주신 그들의 하나님을 찬양하라. 그의 신은 천사를 보내 자기를 믿고 의지하고 목숨을 바쳐 왕의 명령까지도 거역한 채 자기의 하나님 외에 다른 신을 섬기지 않았고, 그 신에게 절하지 않은 종들을 구원하셨다.

29 그러므로 내가 이제 조서를 내린다. 각 백성과 각 나라와 각 지역의 언어를 말하는 자 모두 사드락과 메삭과 아벳느고의 하나님에 대해 경솔히 말하면 그 몸을 쪼개고 그 집을 쓰레기 더미로 만들 것이다. 이처럼 불 가운데서 사람을 구원할 어떤 신도 없기 때문이다."

30 이후 왕은 사드락과 메삭과 아벳느고를 바벨론 지방에서 지위를 더욱 높여 주었다.

느부갓네살왕의 두 번째 꿈과 다니엘의 해석

4 ● 느부갓네살왕이 전국에 사는 모든 백성과 나라와 각 지역의 언어를 말하는 자들에게 조서를 내린다. 너희에게 큰 평안이 있기를 원한다.

2 지극히 높으신 하나님께서 내게 행하신 표징과 놀라운 일을 내가 너희에게 기쁘게 알리려고 한다.

3 참으로 그의 기적은 크고, 그의 놀라운 일은 뛰어나다. 그의 나라는 영원하고, 그의 통치는 대대에 이를 것이다.

4 나 느부갓네살이 내 집과 내 궁에서 평안히 지낼 때

풀무불(단 3:15-23)

바벨론의 느부갓네살왕은 도시 바벨론을 당시 세계의 중심 도시로 만들기 위해 큰 건축 공사를 벌였다. 그는 신전과 왕궁과 성벽과 공중 정원을 건축했다. 건축에 사용된 벽돌을 햇볕에 말려 만들었으나 풀무불에 구워 만들기도 했다. 그렇다 보니 풀무불로 벽돌을 굽는 공장을 여러 곳에 만들었다. 다니엘의 세 친구인 사드락, 메삭, 아벳느고를 던져 넣은 풀무불도 벽돌 공장의 풀무불 가운데 하나였을 것으로 생각된다.

5 한 꿈을 꾸었는데, 그 꿈으로 인해 두려워 했다. 내가 침대에서 생각하는 것과 머릿속의 환상이 나를 괴롭게 했다.

6 그래서 내가 그 꿈의 해석을 알기 위해 명령을 내려 바벨론의 모든 지혜자를 내 앞으로 불렀다.

7 그때 마술사인 박수와 점성가와 갈대아, 곧 바벨론 술사와 점쟁이에게 꿈을 말했지만 그들은 꿈을 해석하지 못했다.[1]

8 그후 다니엘이 내 앞으로 왔는데, 그는 내 신의 이름을 따라 벨드사살이라고 이름을 고친 자였다. 그는 자기 안에 거룩한 신들의 영이 있는 자였다. 내가 그에게 말했다.

9 "마술사의 우두머리 다니엘[2]아, 네 안에는 거룩한 신들의 영이 있기 때문에 어떤 비밀스러운 것이라도 네게는 해석하는데 어려울 것이 없는 줄 내가 안다. 그러니 내가 꿈에서 본 환상을 해석하여 내게 말하라.

10 상당 기간 후 내가 침대에 누웠을 때 내 머릿속의 환상은 이렇다. 내가 보니 땅의 한 가운데 매우 높은 나무 한 그루가 있는 것을 보았다.

11 그 나무는 하늘에 닿을 만큼 자라고 튼튼했는데 그 높이는 땅끝에서도 보였다.

12 나무의 잎사귀는 아름답고, 열매는 세상의 모든 민족이 먹을 만큼 풍성했다. 들짐승은 그 나무 그늘 아래에 쉬고 있으며, 공중에 나는 새도 그 가지에 깃들였다. 모든 생물들은 그 나무로부터 먹을 것을 얻었다.

13 내가 침대에서 머릿속의 환상 가운데 보니 한 거룩한 감시자가 하늘에서 내려왔는데

14 그가 큰 소리로 이렇게 말했다. '그 나무를 베고, 그 가지를 꺾고, 그 잎사귀를 떼어 버리며, 그 열매를 떨어 버리라. 나무 아래 짐승들을 쫓아내고, 새들도 그 가지에서 쫓아내라.

15 그러나 그 뿌리의 그루터기만은 땅에 남겨 두고, 철과 구리로 만든 줄로 그 나무를 묶어 맨 후 들풀 가운데에 버려 두라. 그러면 그 나무는 하늘에서 내리는 이슬에 젖고, 풀 가운데서 짐승과 함께 어울릴 것이다.[3]

16 또 그 마음은 사람의 마음 대신에 짐승의 마음으로 변한 상태에서 7년을 지낼 것이다.

17 이것은 감시자가 명령한 것으로 거룩한 자들이 선언한 것이다. 이것은 사람의 나라는 지극히 높으신 하나님께서 다스리시고, 그 통치자는 하나님의 뜻에 맞는 사람에게 주시며, 지극히 낮은 천한 자를 그 위에 세우는 줄을 사람들로 깨닫게 하려는 것이다.'

18 나 느부갓네살왕이 이런 꿈을 꾸었으니 너 다니엘은 그 꿈의 해석을 내게 알게 하라. 내 나라의 모든 지혜자는 그 해석을 내게 알려주지 못했다. 그러나 너는 거룩한 신들의 영이 네 안에 있으니 능히 해석할 수 있을 것이다."

19 꿈의 내용을 들은 벨드사살이라 이름한 다니엘이 놀라며 한동안 번민에 빠졌다. 그러자 왕이 그에게 말했다. "다니엘아, 너는 이 꿈과 그 해석이 어떻든지 그것 때문에 고민할 필요가 없다." 그제야 다니엘이 대답했다. "내 주인이여, 그 꿈은 왕을 미워하는 자에게 주어지기를

---

1) 단 2:1-13　2) 벨드사살　3) 제 몫을 얻으리라

바라고, 그 해석 역시 왕의 대적에게 해줄 수 있었으면 좋겠습니다.

20·21 왕께서 꿈에서 보신 그 나무에 대한 해석은 이렇습니다.[1)]

22·23 왕이여, 그 나무는 바로 왕이십니다. 나무가 하늘에까지 자란 것은 왕이 하늘에 닿을 만큼 강해지는 것을 말하고, 그 나무를 땅끝에서도 볼 수 있다는 것은 왕의 통치가 땅끝까지 미칠 것을 말합니다. 왕이 보신 한 감시자의 명령과 한 거룩한 자들이 하늘에서 내려와서 선포한 것에 대한[2)]

24 해석은 이렇습니다. 감시자가 명령한 것은 지극히 높으신 이가 명령하신 것으로 내 주 되신 왕에게 그대로 이루어질 것입니다.

25 그것은 왕이 사람에게서 쫓겨나서 들짐승과 함께 살며, 소처럼 풀을 먹으며, 이슬에 젖으며, 이같이 7년을 지낼 것입니다. 그때 지극히 높으신 이가 사람의 나라를 다스리시며, 자신이 원하는 사람에게 그 나라를 주신다는 사실을 깨달을 것입니다.

26 또 그들이 '그 나무 뿌리의 그루터기를 남겨 두라'고 했으니 세상의 나라는 하나님이 다스리시는 줄을 왕이 깨달은 후에야 왕의 나라가 견고해질 것입니다.[3)]

27 왕이여, 내가 드리는 말을 잘 받아들이시고 의를 행하여 가난한 자를 불쌍히 여김으로 죄악을 용서받으십시오. 그러면 왕의 평안함이 오래갈지도 모릅니다."

28 이 모든 일이 나 느부갓네살왕에게 그대로 일어났다.

29 내가 꿈을 꾼 지 12개월이 지난 뒤 바벨론 왕궁의 지붕에서 거닐 때

30 내 자신에게 이렇게 말했다. "이

큰 바벨론은 내가 능력과 권세로 건설하여 내 도성으로 삼고 이것으로 내 위엄의 영광을 나타낸 것이 아니냐?" 그러자

31 이 말이 아직 끝나기도 전에 하늘에서 소리가 들렸다. "느부갓네살왕아, 이 나라의 왕위가 네게서 떠났다.

32 네가 사람에게서 쫓겨나 들짐승과 함께 살면서 소처럼 풀을 먹을 것이다. 그렇게 7년을 지난 후에야 너는 사람의 나라를 다스리는 분이 지극히 높으시며, 그가 원하는 사람에게 그 나라를 주어 다스리게 하신다는 사실을 깨달을 것이다."

33 바로 그때 이 일이 나 느부갓네살에게 이루어져 내가 사람에게 쫓겨나 소처럼 풀을 먹고, 몸이 하늘에서 내리는 이슬에 젖었고, 머리털이 독수리 털처럼 길게 자랐으며, 손톱은 새 발톱처럼 길었다.

느부갓네살왕의 하나님 찬양

34 ● 정해진 7년의 기한이 되었을 때 나 느부갓네살왕이 하늘을 우러러보자 내 정신이 다시 돌아왔다. 이에 내가 지극히 높으신 분에게 감사하며, 영원하신 분에게 찬양하고 경배했다. "그의 통치는 영원한 통치이며, 그의 나라는 대대에 이를 것입니다."

35 하나님은 땅의 모든 사람을 없는 것처럼 여기시고, 하늘의 군대와 땅의 주민들에게 자기의 뜻대로 행하신다. 그러므로 하나님께서 하시는 일[4)]을 막지 못하고, "당신이 무엇을 하십니까?"라고 물을 자가 아무도 없다.

36 그때 내 정신이 내게로 돌아왔고,

1) 단 4:10-12 2) 단 4:14-16 3) 단 4:15상 4) 손

내 나라의 영광과 내 위엄과 영화가 회복되었다. 뿐만 아니라 내 자문관들과 대신들도 찾아오니 내가 내 나라에서 다시 통치자로 세움을 받고 위대해졌다.

37 그러므로 지금 나 느부갓네살은 하늘의 왕이신 하나님을 찬양하며 높여 경배한다. 그분의 일은 모두 진실하고 그의 행하심은 의로우시며 교만하게 행하는 자를 낮추실 수 있는 분이기 때문이다.

벨사살왕의 잔치와 다니엘의 글 해석

5 ● 그후 바벨론의 마지막 왕인 나보니두스의 아들로 섭정하는 벨사살왕이 그의 귀족 1,000명을 초청하여 큰 잔치를 베풀고 그들 앞에서 술을 마셨다.

2 벨사살왕이 술을 마실 때 "그의 직계 조상¹'인 느부갓네살왕이 예루살렘 성전에서 약탈한 금, 은 그릇을 가져오라"고 명령했다. 이는 왕과 귀족들과 왕후들과 후궁들이 다 그 금은 그릇으로 술을 마시기 원했기 때문이다.

3 이에 예루살렘 하나님의 성전에서 약탈해 온 금은 그릇을 가져오자 왕이 그 그릇으로 귀족들과 왕후들과 후궁들과 함께 술을 마셨다.

4 그러고 나서 그 금, 은, 구리, 쇠, 나무, 돌로 만든 신상들에게 찬양을 올렸다.

5 그때 사람의 손가락들이 나타나 왕궁 등잔대 앞에 있는 석고로 만든 벽에 글자 쓰는 것을 왕이 보았다.

6 이에 잔치를 즐기던 왕의 얼굴빛이 창백해지고 공포에 사로잡혀 엉덩이 뼈의 힘이 풀리고, 그의 무릎이 서로 부딪칠 정도로 떨었다.

7 이에 왕이 큰 소리로 점성가와 갈대아, 곧 바벨론 주술사와 점쟁이를 불러오게 한 후 바벨론의 지혜자들에게 말했다. "누구든지 이 글자를 읽고 해석하는 자는 자주색 옷을 입히고, 그의 목에 금사슬을 걸어 주며, 그를 나라의 세 번째 통치자의 지위로 삼을 것이다."

8 그때 왕의 지혜자가 모두 그 자리에 있었으나 아무도 그 글자를 읽지 못하고 그 해석을 하지 못했다.

9 그러자 벨사살왕이 크게 놀라 그의 얼굴빛이 창백해졌고 귀족들도 모두 놀랐다.

10 왕비 또는 왕의 어머니가 왕과 그 귀족들이 전한 말을 듣고 잔치하는 궁으로 들어와서 말했다. "왕이여, 만수무강하십시오. 왕은 너무 놀라지 마시고, 얼굴빛도 변할 일이 아닙니다.

11 왕의 나라에 거룩한 신들의 영을 받은 사람이 있습니다. 그는 왕의 직계 조상¹'인 느부갓네살왕 때 있던 자로서 명철과 총명과 신들의 지혜와 같은 지혜를 가진 자입니다. 왕의 직계 조상인 느부갓네살왕은 그를 세워 마술사인 박수와 점성가와 갈대아, 곧 바벨론 주술사와 점쟁이의 우두머리로 삼으셨습니다.

12 느부갓네살왕이 벨드사살이라고 부른 다니엘은 마음이 민첩하고 지식과 총명이 있어 왕의 꿈을 해석하고, 은밀한 것도 밝혀내며, 어려운 문제도 풀 수 있었습니다. 그러니 이제 다니엘을 부르십시오. 그러면 그가 그 글자의 해석을 알려 드릴 것입니다."

13 이에 왕이 다니엘을 불렀고 부름을 받아 왕 앞에 선 다니엘에게 왕이 물었다. "네가 내 직계 조상의

---

1) 부친

왕*) 느부갓네살이 유다에서 포로로 잡아 온 유다 자손 가운데 그 다니엘이냐?

14 내가 너에 대한 이야기를 들었다. 네 안에 신들의 영이 있어 명철과 총명과 비상한 지혜가 있다고 들었다.

15 내가 여러 지혜자와 점성가를 내 앞에 불러다가 이 글을 읽고 해석하기를 원했지만 그들은 모두 그 해석을 하지 못했다.

16 내가 너에 대해 들으니 너는 어려운 문제도 잘 푼다고 하니 이제 네가 이 글을 읽고 그 해석을 내게 알려주면, 네게 자주색 옷을 입히고, 네 목에 금 사슬을 걸어 주어 네게 나라의 세 번째 통치자의 지위를 내릴 것이다."

17 다니엘이 왕에게 대답했다. "왕이 주시고자 하는 선물은 왕에게 그대로 두시고, 왕의 상급도 다른 사람에게 주십시오. 그래도 내가 왕을 위해 이 글을 읽고 그 해석을 알려 드리겠습니다.

18 왕이여, 지극히 높으신 하나님께서 왕의 직계 조상인 느부갓네살 왕에게 왕위2)와 권세와 영광과 위엄을 주셨습니다.

19 그에게 큰 권세를 주셨기 때문에 백성들과 나라들과 언어가 다른 모든 사람이 그의 앞에서 떨며 두려워했습니다. 그 왕은 자기 마음대로 죽이고 살리며, 자기 마음대로 높이고 낮추었습니다. 그리하여

20 그의 마음이 높아지고, 생각이 완악하여 교만하게 행하므로 왕의 자리에서 쫓겨나 결국 그의 영광을 빼앗겼습니다.

21 그는 사람 가운데서 쫓겨나 들짐승의 마음을 갖고 들나귀와 함께 살며, 소처럼 풀을 먹으며, 그의 몸

이 하늘에서 내리는 이슬에 젖기까지 했습니다. 그때 직계 조상인 느부갓네살 왕은 세상 나라를 다스리는 것은 자신이 아니라 지극히 높으신 하나님이며, 그분은 자기 뜻대로 누구든지 왕의 자리에 세우시는 줄을 깨닫게 되었습니다.3)

22 벨사살왕이여, 왕은 그의 직계 자손4)이 되어 이것을 다 알면서도 아직도 마음을 낮추지 않고

23 도리어 자신을 하늘의 주인보다 높이셨습니다. 그래서 하나님의 성전 그릇을 왕 앞으로 가져다가 왕과 귀족들과 왕후들과 후궁들이 다 그 성스러운 그릇으로 술을 마셨습니다. 뿐만 아니라 보지도 듣지도 알지도 못하는 금과 은, 구리, 쇠, 나무, 돌로 만든 신상들을 찬양하고, 왕의 호흡과 모든 길을 주장하시는 하나님께는 영광을 돌리지 않았습니다.

24 그러므로 왕 앞에서 이 손가락이 나와서 이 글을 기록한 것입니다.

25 기록된 글자는 '메네 메네 데겔 우바르신'입니다.

26 이 글을 해석하면 '메네'는 '하나님께서 이미 왕의 나라의 시대를 계산해 그것을 끝나게 하셨다'라는 뜻이고,

27 '데겔'은 '왕을 저울에 달아 보니 부족함이 보였다'라는 뜻이며,

28 '베레스'는 '왕의 나라가 나뉘어 메대와 페르시아 사람에게 넘어갔다'라는 뜻입니다."

29 이에 벨사살왕이 명령하자 그 신하들이 다니엘에게 자주색 옷을 입히고, 목에 금 사슬을 걸어 주고, 조서를 내려 다니엘을 나라의 세 번째 통치자로 삼았다.

1) 부왕 2) 나라 3) 단 4:24-37 4) 아들

30 그러나 그날 밤 갈대아, 곧 바벨론 왕 벨사살이 메대와 페르시아 연합군에 의해 죽임을 당했다.

31 이때 페르시아 사람 고레스가 예우상 메대 사람 외삼촌인 다리오 1세를 왕으로 추대했는데[1], 그때 다리오, 곧 키악사레스 2세는 62세였다.

사자굴 속의 다니엘

6 ● 왕 위에 오른 메대 사람 다리오 1세, 곧 키악사레스 2세가 BC 538년에 자기 뜻대로 지방 장관 120명에게 전국 각지를 나누어 통치하도록 했다. 또한

2 그들 위에 총리 3명을 두었는데, 그중 한 명이 다니엘이었다. 그렇게 한 것은 각 지방장관들로 자기의 직무를 총리에게 보고하도록 해서 왕에게 손해가 없게 하려고 한 것이다.

3 다니엘이 분별력이 있어 다른 2명의 총리와 지방장관들보다 뛰어나자 왕이 그를 전국을 다스리는 자로 삼고자 했다.

4 이에 나머지 총리들과 지방장관들이 국정에 대해 잘못한 것을 찾아 다니엘을 고발할 거리를 찾고자 했지만 아무런 실책이나 빌미가 될 만한 근거를 찾지 못했다. 그만큼 다니엘은 국정에 충실하여 어떤 실수나 잘못된 것이 없었다.

5 그래서 그들이 말하기를 "다니엘은 하나님의 율법에서 고소할 근거를 찾지 못하면 정치적인 것으로는 그를 고소할 수 없을 것이다"라고 했다.

6 이에 나머지 2명의 총리와 지방장관들이 모여 왕에게 나아가서 건의했다. "다리오왕이여, 만수무강하십시오.

7 각 지역 나라의 모든 총리와 대신들과 지방장관들과 자문 법관들과 관원들은 왕께서 한 가지 법률을 세워 금지령을 정하실 것을 요청합니다. 그것은 지금부터 30일 동안 누구든지 왕이 아닌 어떤 신이나 사람에게 무엇이든 기도하면 사자굴에 던져 넣기로 하는 것입니다.

8 그런즉 왕께서는 이제 금지령 조서에 왕의 도장을 찍어서 한 번 내린 왕의 조서는 메대와 페르시아의 고치지 못한다는 관례에 따라 그것을 다시 고치지 못하게 하십시오."

9 이에 다리오왕이 조서에 왕의 도장을 찍어 금지령을 선포했다.

10 다니엘이 이 조서에 왕의 도장이 찍힌 것을 알고도 자기 집에 돌아가면 윗방인 다락방에 올라가 예루살렘으로 난 창문을 열고 평소에 하던 대로 하루 3번씩 무릎을 꿇고 기도하며 그의 하나님께 감사했다.

11 이를 목격한 다니엘을 모함하려는 무리가 왕에게

12 나아가 왕의 금지령에 대해 왕께 아뢰었다. "왕이여, 왕이 이미 금지령에 왕의 도장을 찍어 이제부터 30일 동안에는 누구든지 왕이 아닌 어떤 신이나 사람에게 기도하면 사

> **성경인물 다니엘**(단 6:2)
>
> 다니엘은 유다 왕 여호야김 3년에 바벨론의 느부갓네살 왕에 의해 포로로 잡혀가 페르시아(바사)의 고레스 왕 때까지 활동한 예언자이다. 그는 바벨론에서 그의 세 친구와 함께 왕궁에서 일했다. 그리고 느부갓네살 왕의 꿈을 해몽함으로 바벨론 전 구역을 다스리는 총리의 자리에 올랐으며, 벨사살 왕 때에는 나라의 세번째 치리자로 있었다. 다리오 왕 때에는 120명의 방백을 다스리는 네 총리 중 한 사람이 되었다.

1) 나라를 얻었는데

자굴에 던져 넣기로 하지 않았습니까?' 왕이 대답했다. "이 왕의 조서는 메대와 페르시아에서 고치지 못하는 확실한 규례이다."

13 그러자 그들이 왕 앞에서 말했다. "왕이여, 포로로 잡혀 온 유다 자손 가운데 다니엘이 왕과 왕의 도장이 찍힌 금지령을 무시하고 하루 3번씩 기도하고 있습니다."

14 왕이 그 보고를 듣고 몹시 괴로워하며 다니엘을 구할 방법을 찾기 위해 마음을 쓰다보니 해질 때가 되었다.

15 다니엘을 모함하려는 무리가 다시 모여 왕에게로 나아와서 말했다. "왕이여, 왕께서 아시는 것처럼 왕이 세운 금지령과 법도는 메대와 페르시아에서 고치지 못하는 것이 규례입니다."

16 이에 할 수 없이 다리오왕이 다니엘을 끌어다가 사자굴에 던져 넣도록 명령했다. 그러면서 다니엘에게 말했다. "네가 언제나 섬기는 네 하나님께서 너를 구해 내실 것이다."

17 다니엘이 사자굴에 던져지자 돌을 굴려서 굴 입구를 막고, 왕이 그의 도장과 귀족들의 도장으로 입구를 봉인했다. 이는 다니엘에 대한 조치를 고치지 못하게 하려는 것이었다.

18 이 일로 왕이 궁에 돌아가서는 밤이 새도록 금식하고, 흥겨운 일을 멈추고 잠자는 것도 거절했다.

19 이튿날 왕이 새벽에 일어나 서둘러 사자굴로 갔다. 그리고

20 다니엘이 던져진 굴에 가까이 가서 슬픈 소리로 물었다. "살아계시는 하나님의 종 다니엘아, 네가 변함없이 섬기는 네 하나님께서 사자들에게서 너를 구해 주셨느냐?"

21 그러자 다니엘이 왕에게 대답했다. "왕이여, 왕은 만수무강하십시오.

22 내 하나님께서 미리 그의 천사를 보내 사자들의 입을 막으셨기 때문에 사자들이 나를 해치지 못했습니다. 이는 내게 죄가 없음을 명백하게 보여주는 것입니다. 왕이여, 나는 왕에게도 죄를 지은 적이 없습니다."

23 왕이 너무 기뻐 다니엘을 굴에서 건져 올리도록 명령했다. 이에 다니엘을 굴에서 올리니 그의 몸이 조금도 상하지 않았다. 이는 그가 자기의 하나님을 믿었기 때문이다.

24 이에 메대 사람 다리오왕이 다니엘을 참소한 사람들을 끌고 오게 한 후 그들을 그들의 처자식들과 함께 사자굴에 던져 넣도록 명령했다. 그러자 그들이 굴 바닥에 닿기도 전에 사자들이 그들을 움켜서 그 뼈까지도 부서뜨렸다.

25 이에 다리오왕이 전국에 있는 모든 백성과 각 지역의 나라들과 각 지역의 언어를 사용하는 모든 사람에게 조서를 내렸다. "너희에게 큰 평안이 있으라.

26 내가 이제 조서를 내리니 내 나라의 통치 안에 있는 백성들은 모두 다니엘의 하나님을 두려운 마음으로 공경하라. 그분은 살아계시고, 영원히 변하지 않으시는 분이다. 그분의 나라는 멸망하지 않으며, 그의 통치 권세는 영원할 것이다.

27 그는 구원하시며, 건져내기도 하시며, 하늘과 땅에서 표징과 기적을 행하시는 분이다. 그는 다니엘을 사자의 입에서 구해 내셨다."

28 이 다니엘은 메대 다리오왕의 시대와 페르시아 사람 고레스왕의 시대까지도 형통[1]했다.

1) 생존

다니엘의 네 짐승에 대한 환상과 해석

7 ● 바벨론 나보니두스 아들인 벨사살왕 즉위 원년인 BC 552년경에 다니엘이 그의 침대에서 꿈을 꾸면서 머릿속으로 환상을 보고 그 꿈을 기록했는데, 그 내용은 대략 이렇다.

2 다니엘이 말했다. "내가 밤에 환상을 보았는데, 하늘의 네 바람이 큰 바다로 불자

3 각각 모양이 다른 큰 짐승 4마리가 바다에서 나왔다.

4 첫 번째 짐승은 사자처럼 생겼는데 독수리의 날개가 있었다. 내가 보는 도중 그 날개가 뽑혔고, 땅에서 세워져 사람처럼 두 발로 서게 되었고, 사람의 마음을 받았다.

5 두 번째 짐승은 곰처럼 생겼는데 한쪽 몸이 들렸고 그 이빨 사이에 갈빗대 3대를 물고 있었다. 누군가 그 짐승에게 '일어나서 많은 고기를 먹으라'고 말했다.

6 그 뒤에 또 보니 표범처럼 생긴 세 번째 다른 짐승이 나왔는데 그 등에는 새의 날개 4개가 있고, 머리는 4개가 있으며, 통치권을 받았다.

7 내가 밤에 환상을 보는 가운데 네 번째 짐승은 사납고 무서웠으며, 힘이 아주 강했다. 그 짐승은 쇠로 된 큰 이가 있어서 먹고 부서뜨리고 그 나머지를 발로 밟았다. 이 짐승은 이전의 3마리 짐승과 달리 10개 뿔이 있었다.¹⁾

8 내가 그 뿔을 눈여겨보던 가운데 다른 작은 뿔이 그 10개 뿔 사이에서 나더니 첫 번째 10개 뿔 가운데서 3개가 그 앞에서 뿌리까지 뽑혔다. 이 작은 뿔에는 사람의 눈 같은 눈들이 있고, 거만하게 말을 하는

입이 있었다.

9 내가 보니 보좌가 놓여 있고 옛날부터 항상 계신 이가 앉아 있었다. 그의 옷은 눈처럼 희고, 그의 머리털은 양털처럼 깨끗하며, 그의 보좌는 불꽃 같았다. 보좌의 바퀴는 불타오르고,

10 불이 그의 앞에서 강물처럼 흘러나왔다. 그를 수종 드는 자는 천천이며, 그 앞에서 모시고 서 있는 자는 만만이었다. 재판정이 구성되고 책들이 펼쳐져 있었다.

11 그때 내가 작은 뿔이 큰 소리로 말하는 것을 주목해 보는 사이에 짐승이 죽임을 당하고 그의 시체가 망가져 타오르는 불에 던져졌다.

12 그리고 나머지 짐승들은 그의 통치권을 빼앗겼으나 그 생명은 정해진 때가 될 때까지 연장되었다.

13 또 내가 밤에 환상을 보니 사람 같은 이가 하늘에서 구름을 타고 와서 옛날부터 변함없이 계신 분에게 나아가 그 앞에 섰다.

14 옛날부터 계신 분에게 통치권과 영광과 나라를 주고 모든 백성과 나라들과 다른 지역의 언어를 말하는 모든 자로 그를 섬기게 했다. 그의 통치권은 빼앗기지 않는 영원한 통치권이며, 그의 나라는 멸망하지 않을 것이다.

15 나 다니엘이 마음이 괴롭고, 내 머릿속의 환상이 나를 번민하게 했다.

16 그래서 내가 그 곁에 모셔 선 자들 가운데 하나에게 나아가서 이 모든 일의 뜻을 물으니 그가 내게 그 일의 해석을 말해 주었다.

17 "그 큰 짐승 4마리는 장차 세상에 나타날 4명의 왕이다.

---

1) 계 12:3, 17:3 비교

18 지극히 높으신 분의 경건한 자들이 나라를 받아 그 나라를 영원히 소유할 것이다.”

19 이에 내가 네 번째 짐승에 대해 자세히 알고자 했다. 그것은 네 번째 짐승은 앞의 3마리 짐승과 달라서 심히 무서웠기 때문이다. 그 네 번째 짐승의 이는 쇠이고, 발톱은 놋으로 되어 있어 먹고 부서뜨리고 나머지는 발로 밟았다.

20 그 머리에는 뿔이 10개가 있고, 그외에 또 다른 뿔이 돋아 나오자 뿔 3개가 그 앞에서 빠졌는데 새로 돋아 나온 뿔에는 눈과 입도 있고, 그 모양이 다른 뿔1)보다 커 보였다.2)

21 내가 보니 이 새로 돋은 뿔이 성도들과 더불어 전쟁을 일으켜 그들을 이겼더니

22 옛날부터 변함없이 계신 분이 와서 지극히 높으신 분의 성도들을 위해 권한을 찾아 원한을 풀어 주셨고, 마침내 성도들이 나라를 되찾았다.

23 옛날부터 계신 분을 모신 자가 이렇게 설명해 주었다. “네 번째 짐승인 로마는 땅에서 일어날 네 번째 나라이다. 그 나라는 다른 나라들과 달라서 온 천하를 삼키고 밟아 부서뜨릴 것이다.

24 또 뿔 10개는 그 네 번째 나라에서 일어날 10명의 왕인데 그후 또 한 명의 왕이 일어나리니 그는 먼저 있던 왕들과 다르고, 3명의 왕을 굴복시킬 것이다.

25 그는 장차 지극히 높으신 분에게 대적하는 말을 하고, 그분의 성도를 괴롭히며, 또 정해진 때와 법을 고치고자 할 것이다. 그래서 성도들은 그의 손에 쥐어진 채 1년과 2년과 반 년3)을 지낼 것이다.

26 그러나 심판이 시작되면 그의 통치권은 빼앗기고 완전히 멸망할 것이다.

27 온 세상 나라와 권세와 그 나라들의 위력이 지극히 높으신 분의 거룩한 백성에게 주어지게 되리니 그의 나라는 영원한 나라이다. 모든 통치자가 다 그를 섬기며 복종할 것이다.”

28 이상으로 그 말을 그쳤다. 나 다니엘은 크게 두려워 얼굴빛이 변했으나 나는 이 일을 마음속에 간직했다.

숫양과 숫염소에 대한 환상

8 ● 벨사살왕 통치 3년인 BC 549년에 나 다니엘에게 처음에 나타난 환상을 본 후 2년 만에 다시 환상이 나타났다.

2 내가 그 환상을 볼 때 내 몸은 엘람 지방 수산성에 있었으나, 환상 속 나는 수산성 주위의 운하인 을래 강변에 있었다.

3 내가 눈을 들어 보니 강가에 2개 뿔을 가진 페르시아를 상징하는 숫양이 섰는데 두 뿔 모두 길었으나 그중 나중에 돋아난 한 뿔이 더 길었다.

4 내가 보니 그 숫양이 서쪽과 북쪽과 남쪽을 향해 들이받았으나 그 것을 당할 짐승이 없고, 그 숫양에서 구해낼 자가 없어 그것이 제멋대로 하며 점점 강해졌다.

5 내가 이것이 무엇인가 생각할 때 헬라를 상징하는 숫염소 1마리가 서쪽에서 와서 온 지면을 두루 다니는데 발이 땅에 닿지 않았고, 그 염소의 두 눈 사이에는 뿔이 뚜렷하게 보였다.

6 숫염소가 내가 을래 강가에서 보

1)동류　2)단 7:7-8　3)한 때와 두 때와 반 때

았던 두 뿔 가진 숫양에게 심히 분노함으로 달려 들었다.

7 내가 보니 숫염소, 헬라가 숫양, 페르시아에게로 가까이 갈수록 더욱 성을 내며 그 숫양을 쳐서 그 두 뿔을 꺾었지만 숫양에게는 대적할 힘이 없기 때문에 숫염소가 숫양을 땅에 쓰러뜨리고 짓밟았다. 그러나 숫양을 구해낼 자가 없었다.

8 이에 숫염소가 크게 강해졌을 때 그 큰 뿔이 꺾이고 대신에 뚜렷한 4개 뿔이 하늘 사방[1]을 향해 돋아났다.

9 그중 1개 뿔에서 또 작은 뿔 하나가 새로 돋아나 남쪽과 동쪽과 영화로운 땅을 향해 점점 커지더니

10 그것이 하늘 군대에 미칠 만큼 커져서 그 군대와 별[2]들 가운데 몇 명을 땅에 떨어뜨리고 그들을 짓밟았다.

11 또 하늘 군대를 주관하는 분을 대적할 만큼 강해져 그분께 매일 드리는 제사를 없애 버렸고, 그의 성전을 헐어 버렸다.

12 그의 뿔[3]로 인해 백성이 매일 드리는 제사가 멈추었고, 그 뿔은 자기 마음대로 행했으며, 하는 것마다 성공했다. 또한 그 뿔은 진리를 땅에 던져 버렸다.

13 그때 내가 들으니 한 거룩한 분이 말하자 다른 거룩한 이가 그 말하는 분에게 물었다. "환상에 나타난 일이 어느 때까지 행해질 것입니까?"[4] 그러자

14 그가 내게 말했다. "2,300일까지니 그제야 성전이 정결하게 될 것이다."

15 나 다니엘이 이 환상을 보고 그 뜻을 알려고 할 때 사람의 모습을 한 것이 내 앞에 서 있었다.

16 내가 들으니 수산성 주위를 흐르는 운하인 을래강 두 언덕 사이에서 사람의 목소리가 들렸다. "가브리엘아, 이 환상을 이 사람 다니엘에게 알게 하라." 그러자

17 가브리엘 천사가 내가 선 곳으로 나왔는데 그때 내가 두려워서 얼굴을 땅에 대고 엎드렸다. 그가 내게 말했다. "인자 다니엘아, 깨달아 알기를 바란다. 이 환상은 정해진 마지막 때에 대한 것이다."

18 그가 나에게 말할 때 내가 얼굴을 땅에 대고 엎드려 깊은 잠에 빠졌는데, 그가 나를 어루만지며 일으켜 세우고

19 말했다. "하나님의 진노의 마지막 때 일어날 일을 내가 네게 알게 할 것이다. 그것은 정해진 마지막에 대한 것이다.

20 네가 본 두 뿔을 가진 숫양은 메대와 페르시아 왕들이고,

21 털이 많은 숫염소는 헬라 왕이다. 그의 두 눈 사이에 있는 큰 뿔은 바로 그 첫째 왕 알렉산더이다.

22 이 뿔이 꺾이고, 즉 알렉산더가 죽고 대신에 4개 뿔이 돋았으니 그것은 그 나라가 4개 나라로 나누어지는 것을 말하고, 그 나누어진 나라는 이전 나라인 페르시아의 권세만 못

⚲ 성경지리 다니엘이 활동했던 수산(단8:16)

수산(수사)은 을래(울라이, Ulai)강 상류 바벨론 동쪽 320㎞ 지점에 위치한 옛 엘람의 수도로 현재 지명은 슈스(Shush)이다. BC 4000년경부터 엘람(Elam) 민족이 거주하여 신석기 문화를 이룩한 이곳은 로프투스(W.K. Loftus)가 발견한 아닥사스다 2세(BC 405~358년)의 비문으로 그 위치가 확인되었다. 지리적으로 메소포타미아에 연속되어 있어 크게 문화가 발달되어 설형 문자와 12진법이 채용되었다.

1) 네 바람 2) 이스라엘 지도자 3) 악 4) 단 8:11~12

할 것이다.

23 이 4개 나라의 마지막 때, 곧 죄악[1]이 가득할 때쯤 뻔뻔하고 속임수에 능한 한 왕이 일어날 것이다.

24 비록 그의 힘이 강하겠지만 그것은 자기의 힘 때문이 아니다. 그가 장차 놀라운 힘으로 파괴하고, 자기 마음대로 행하는 것마다 형통하며, 강한 자들과 거룩한 백성을 파멸시킬 것이다.

25 그가 꾀를 내어 남을 속이고, 마음에 스스로 큰 체하며 평화롭게 사는 많은 무리를 파멸시키며, 만왕의 왕을 대적할 것이다. 그러나 그가 사람의 힘[2]이 아니더라도 망할 것이다.

26 이미 다니엘에게 말한 것처럼 아침과 저녁에 대한 제사 환상은 반드시 이루어지리니 너는 그 환상을 마음속에 잘 간직하라. 이는 먼 훗날에 일어날 일이다.”

27 이에 나 다니엘이 심히 지쳐서 여러 날 동안 앓다가 일어나서 벨사살왕이 맡긴 일을 계속했다. 나는 그 환상 때문에 놀랐고, 그것을 이해하는 사람도 없었다.

다니엘이 70년 예언을 깨달음

9 메대 족속 아하수에로의 아들 다리오, 곧 키악사레스 2세가 갈대아 나라 왕으로 세움을 받던 첫 해,

2 곧 그 통치 원년인 BC 538년에 나 다니엘이 책을 통해 여호와께서 말씀으로 예레미야 선지자에게 알려주신 바벨론 포로 기간을 알게 되었다. 그것은 예루살렘의 황폐함이 70년 만에 끝나리라고 하신 것이었다.[3]

3-4 그래서 내가 금식하며, 베옷을 입고, 재를 뒤집어쓰고 하나님께 자복하며 간구했다. “위대하시고

두려워해야 할 하나님, 주를 사랑하고 주의 계명을 지키는 자에게 언약을 지키시고 자비를 베푸시는 주님이여,

5 우리는 죄를 지었고, 패역과 거역함으로 주의 법도와 규례를 떠나 살았습니다.

6 우리는 주의 종 선지자들이 주의 이름으로 우리의 왕들과 지도자들과 조상들과 온 백성에게 말씀하신 것을 듣지 않았습니다.

7-8 주여, 주는 언제나 공의로우십니다. 그러나 오늘 우리는 낯 뜨거운 수치를 당합니다. 유다 사람들과 예루살렘 거민들과 이스라엘 가까운 곳과 먼 곳에 있는 자들이 다 께서 쫓아내신 이방 나라에서 수치를 당했습니다. 그렇게 된 것은 우리가 주께 범죄했기 때문입니다.

9 그럼에도 우리 하나님께서 긍휼과 용서를 베푸셨는데 우리는 주께 패역하여

10 우리 하나님의 목소리를 듣지 않고, 여호와께서 그의 종 선지자들에게 부탁하여 우리 앞에 세우신 율법을 행하지 않았습니다.

11 온 이스라엘이 주의 율법을 범하고 치우쳐 주의 목소리를 듣지 않음으로 이 저주가 우리에게 내렸습니다. 그것은 하나님의 종 모세의 율법에 기록된 맹세대로[4] 된 것입니다. 이는 우리가 주께 범죄했기 때문입니다.

12 주께서 큰 재앙을 우리에게 내리심으로써 우리와 우리의 통치자[5]들에게 하신 말씀을 이루셨습니다. 온 천하에 예루살렘에서 일어난 이 재앙 같은 것은 없었습니다.

---

1) 반역자 2) 손 3) 렘 25:11 4) 레 26:14-39 5) 재판관

13 모세의 율법에 기록된 대로 이 모든 재앙이 이미 우리에게 내렸습니다. 그럼에도 우리는 우리의 죄악에서 떠나 주의 진리를 깨달아 우리 하나님을 기쁘시게 하지 않았습니다.

14 그러므로 여호와께서 이 재앙을 간직해 두셨다가 우리에게 내리게 하셨습니다. 그것은 우리의 하나님께서 행하시는 모든 일은 의로우시지만 우리가 그 목소리를 듣지 않았기 때문입니다.

15 강한 능력1)으로 주의 백성을 애굽 땅에서 이끌어내시고 오늘과 같은 명성을 얻으신 우리 주 하나님이여, 우리는 죄를 지었고 악한 일을 저질렀습니다.

16 주여, 간구합니다. 주의 공의를 따라 주의 분노를 주의 성 예루살렘, 주의 거룩한 산에서 떠나게 하십시오. 우리와 우리 조상들의 죄악 때문에 예루살렘과 주의 백성이 주위에 있는 자들에게 수치를 당했습니다.

17 그러나 우리 하나님이여, 지금 주의 종의 기도와 간구를 들으시고 주를 위해 주의 얼굴빛을 황폐한 주의 성전에 비추십시오.

18 나의 하나님이여, 나의 간구를 귀담아들으시고, 눈을 뜨사 우리가 황폐해진 것과 주의 이름으로 불리던 예루살렘성을 보십시오. 우리가 주 앞에 간구하는 것은 우리의 의로움 때문이 아니라 주의 크신 긍휼하심 때문입니다.

19 주여, 우리의 간구를 들으사 우리를 용서해 주십시오. 우리의 간구에 귀를 기울이시사 지체하지 마시고 이루어주십시오. 나의 하나님이여, 주님 자신을 위해 그렇게 하십시오. 주의 거룩한 성과 이 백성이 주의 이름으로 일컫는 바가 되기 때문입니다."

가브리엘이 환상을 설명함

20 ● 내가 나와 내 백성 이스라엘의 죄를 자복하고 내 하나님의 거룩한 산을 위해 하나님께 간구할 때

21 이전에 환상 가운데서 보았던 가브리엘 천사가 빠르게 날아와 저녁 제사를 드릴 때쯤 내게 이르렀다.

22 그리고 내게 말했다. "다니엘아, 내가 이제 네게 지혜와 총명을 주려고 왔다.

23 네가 기도를 시작할 때쯤 하나님의 명령이 내렸기 때문에 이제 네게 알리러 왔다. 너는 하나님께 큰 은총을 입은 자다. 그러니 너는 이 일을 생각하고 그 환상의 뜻을 깨달으라.

24 네 백성과 네 거룩한 성을 위해 70이레, 곧 490년을 기한으로 정했다. 이제 그때가 찼으니 거역이 그치고 죄가 끝나며 죄악이 용서될 것이다. 영원한 의가 드러나고, 계시와 예언이 이루어지며, 지극히 거룩한 이가 기름 부음을 받을 것이다.2)

25 그러므로 너는 깨달으라. 예루살렘을 다시 중건하라는 명령이 있을 때부터 기름 부음을 받은 왕, 메시아가 일어나기까지 49년과 434년이 지날 것이다. 이 기간에 예루살렘성이 재건되어 광장과 거리가 세워질 것이다. 그러나 그때는 괴로운 기간이 될 것이다.

26 434년 후에는 기름 부음을 받은 자, 메시아가 살해되며3), 장차 한 왕의 백성인 로마 티투스 장군이 70년에 와서 그 예루살렘 성읍과 성

1) 손　2) 렘 25:11　3) 사 53:3

전을 무너뜨리지만 그의 마지막은 홍수에 휩쓸림 같을 것이다. 또 끝까지 전쟁이 있으리니 성읍은 황폐하게 될 것이다.

27 그[1]가 장차 많은 사람과 더불어 7년[2] 동안 언약을 굳게 맺고 그 7년의 절반인 3년 6개월 동안에 제사와 예물을 금지하며, 혐오스러운 우상이 날개 위에 세워질 것이다. 또 이미 정해진 종말까지 하나님의 진노가 황폐하게 하는 자, 적그리스도에게 쏟아질 것이다.”

힛데겔 강가에서 본 다니엘의 환상

10 페르시아 왕 고레스 즉위 3년째인 BC 536년에 한 가지 일이 벨드사살이라 이름하는 다니엘에게 나타났는데 그 말씀은 진리이며, 큰 전쟁에 대한 것이다. 다니엘이 그 말씀[3]과 환상을 확실히 깨달았다.

2 그때 나 다니엘이 3주 동안 슬퍼했다.

3 3주가 지나기까지 맛있는 빵을 먹지 않았고, 고기와 포도주를 입에 대지 않았으며, 몸에 올리브 기름을 바르지도 않았다.

4 첫째 달인 4월 24일 나는 큰 강 티그리스, 곧 힛데겔 강가에 있었다.

5 그때 내가 눈을 들어 바라보니 한 사람이 세마포 옷을 입었고 허리에는 우바스산 순금 띠를 띠었다.

6 그의 몸은 황옥, 곧 녹주석처럼 귀하고, 얼굴은 번개처럼 환하고, 눈은 횃불 같았으며, 팔과 발은 빛난 놋과 같이 권능이 있었으며, 그의 말소리는 무리의 소리처럼 위엄이 있었다.

7 이 환상을 나 다니엘 혼자만 보았고, 나와 함께 있던 사람들은 환상은 보지 못하고 크게 떨며 도망하여 숨었다.

8 그러므로 나 혼자 이 큰 환상을 볼 때 내가 힘이 빠지고, 죽은 자처럼 얼굴빛이 변했다. 내 힘은 하나도 남아 있지 않았다.

9 나는 그가 말하는 것을 들을 때 땅에 얼굴을 대고 깊은 잠에 빠졌다.

10 그때 그가 한 손으로 떨고 있는 나를 어루만졌고, 내 무릎과 손을 흔들며 일으키면서

11 내게 말했다. “하나님의 큰 은총을 받은 다니엘아, 내가 하는 말을 깨닫고 자리에서 일어나라. 하나님이 나를 네게 보내셨다.” 그가 이 말을 한 후 내가 떨며 일어서자

12 그가 다시 내게 말했다. “다니엘아, 두려워하지 말라. 네가 그 환상의 뜻을 알기 위해 하나님 앞에 스스로를 낮추기로 결심한 첫날부터 하나님께서 네 말을 들으셨다. 그래서 내가 네 간구 때문에 왔다.

13 그런데 페르시아 왕국의 천사, 군주가 21일 동안 나를 막았기 때문에 내가 페르시아 왕국의 왕들과 함께 그곳에 머물러 있었다. 그때 가장 높은 천사 가운데 하나인 미가엘이 와서 나를 도와주었다. 그래서

14 이제 내가 마지막 날에 네 백성이 당할 일을 네게 알려주기 위해 왔다. 이 환상은 먼 훗날에 일어날 일이다.”

15 그가 이 말을 할 때 내 얼굴은 땅으로 향하고 말문이 막혔다. 그러자

16 사람처럼 생긴 자, 인자가 내 입술을 만졌다. 그때 내가 입을 열어 내 앞에 서 있는 자에게 말했다. “내 주여, 이 환상 때문에 오히려 근심이 더 커져 내가 힘이 다 빠졌습니다.

17 숨이 막힐 지경이 되었으니 내 주의 종이 어찌 주께 말씀드릴 수가

---

1) 적그리스도 2) 계 11:1-13 3) 일

18 그러자 또 사람의 모양 같은 하나가 나를 만지며 내게 힘을 돋우기 위해 말했다.

19 "큰 은총을 받은 사람아, 두려워하지 말라. 평안하라. 강건하라." 그러자 내가 바로 힘이 나서 말했다. "내 주께서 나를 강하게 하셨으니 이제 말씀하십시오."

20 그가 말했다. "내가 왜 네게 왔는지 아느냐? 이제 내가 돌아가서 페르시아 천사장1)과 싸울 것이다. 그러나 내가 떠난 후에는 헬라, 곧 그리스의 군주가 올 것이다.

21 오직 내가 먼저 진리의 책에 기록된 것을 네게 알려줄 것이다. 너희의 천사 미가엘 외에는 나를 도와서 그들을 대항할 자가 아무도 없다."

남방 왕과 북방 왕에 대한 다니엘의 예언

11 ● 이전에 가브리엘 천사가 메대 사람 다리오, 곧 키악사레스 2세 즉위 원년인 BC 538년에 일어나 그를 도와서 그를 강하게 한 일이 있었다.

2 이제 내가 진실된 일을 네게 보일 것이다. 보라! 페르시아에서 또다시 고레스 이후 캄비세스 2세, 스멜디스, 다리오 히스타스피스 3명의 왕이 일어날 것이다. 그후 네 번째 왕인 크세르 크세스, 곧 아하수에로는 이전 3명의 왕보다 크게 부요할 것이다. 그가 그 부요함으로 강해진 후에는 모든 사람을 충동하여 헬라 왕국을 칠 것이다.2)

3 장차 헬라에서 한 능력 있는 왕 알렉산더가 일어나서 큰 권세를 갖고 자기 뜻대로 나라를 통치할 것이다.

4 그러나 그도 강성할 때 그의 나라가 갈라져 천하 사방으로 나뉘겠지만 왕권은 그의 자손에게 돌아가지 않을 것이다. 또 그 권세도 누리지 못할 것이다. 이는 그 나라가 뽑혀서 그의 자손이 아닌 사람, 곧 그의 장군들에게로 돌아갈 것이기 때문이다.

5 남방, 곧 애굽 지역의 왕인 톨레미 1세는 분열 왕국 가운데서 가장 강할 것이다. 그러나 그 이후 4명의 왕들 중 하나는 그보다 강하여 권세를 떨치리니 그의 권세가 아주 클 것이다.

6 몇 년 후 그들이 서로 연합하여 남방, 곧 애굽 왕인 톨레미 2세의 딸 베레니케가 북방 왕인 셀레우코스 1세의 손자 안티오쿠스 2세에게 시집을 가서 화친할 것이다. 그러나 그 공주의 힘이 약해져 그 왕 안티오쿠스 2세는 서지도 못하며 권세가 본처 라오디케에게 독살당함으로 사라질 뿐 아니라 그 공주와 그를 데리고 온 자와 그를 낳은 자와 그때 도와주던 자가 다 버림을 당할 것이다.

7 그러나 그 공주인 베레니케의 본래 족속에게서 난 자들 가운데 한 사

남방 왕과 북방 왕은 누구를 가리키는가?(단 11장)

역사적으로는 애굽을 통치하던 톨레미 1세(단 11:5)와 2세(단 11:6), 3세인 유에르게테스(단 11:9), 4세(단 11:11), 그리고 어린 나이에 왕위에 오른 5세 등 애굽 톨레미 왕조의 역대 왕들에 대한 통칭으로 사용되었다.

북방 왕은 알렉산더의 헬라 제국이 분열된 후 시리아 지역을 차지한 셀레우커스 왕조의 셀레우커스 2세인 칼리니쿠스를 가리킨다. 그는 남방왕을 가리킨 톨레미 3세인 유에르게테스(Euergetes, 단 11:9)가 시리아를 침공한 것에 대한 보복으로 애굽을 침공했으나 패배했다.

1) 군주   2) 마라톤전투, 살라미해전

람인 톨레미 3세가 애굽에서 왕위를 이어받아 BC 246년에 북방 왕의 군대를 치러 와서 그의 성에 들어가 그들을 쳐서 이길 것이다. 그리고

8 그 신들과 부어 만든 우상들과 은과 금의 아름다운 그릇들을 다 노략하여 애굽으로 가져갈 것이다. 이후 몇 년 동안 톨레미 3세가 북방 왕을 공격하지 않을 것이다.

9 북방 왕 셀레우코스 2세는 BC 242년에 남방 왕인 톨레미 3세의 왕국을 침공하지만 결국에는 자기 본국으로 철수할 것이다.

10 그러나 그의 아들들인 셀레우코스 3세와 안티오쿠스 3세가 전쟁을 준비하고 아주 많은 군대를 모아서 범람하는 물처럼 다시 나아오며, 또 그가 와서 남방 왕의 견고한 성까지 칠 것이다.

11 그때 남방 왕 톨레미 4세는 크게 분노하여 북방 왕과 싸울 것이다. 북방 왕이 큰 무리를 일으키겠지만 그 무리는 BC 217년에 남방 왕의 손에 넘겨주게 될 것이다.

12 그가 큰 무리를 포로로 잡은 후 교만해져 수만 명을 죽일 것이다. 그러나 그 세력은 더 확장되지 못할 것이다.

13 북방 왕 안티오쿠스 3세는 돌아가서 군대를 재정비하여 전보다 더 많이 준비했다가 수년 후 대군과 많은 장비를 거느리고 올 것이다.

14 그때 여러 사람이 일어나서 남방 왕 톨레미 4세를 공격하고, 네 백성 가운데서도 포악한 자가 스스로 높아져 환상을 이루려고 할 것이다. 그러나 그들은 실패해 넘어질 것이다.

15 이에 북방 왕 안티오쿠스 3세가 애굽으로 내려와서 흙무덤을 쌓고 견고한 성읍을 점령하는데, 남방의 톨레미 4세 군대는 그를 무찌를 수 없으며, 그가 선발한 군대도 그를 당할 힘이 없을 것이다.

16 그래서 북방 왕은 자기 마음대로 행하리니 그는 애굽의 기름진 땅에 서고, 그 땅을 멸망시킬 것이다.

17 북방 왕은 결심하고 온 힘을 다해 남방 왕 톨레미 4세와 싸우러 왔다가 그와 화친할 것이다. 얼마 후 자기 딸 클레오파트라를 톨레미 5세에게 주어 그의 나라를 망하게 만들려고 하지만 딸의 배신으로 성사되지 못하리니 그에게 아무런 도움도 되지 못할 것이다.

18 그후 북방 왕 안티오쿠스 3세는 바닷가로 관심을 돌려 그곳의 여러 성을 점령할 것이다. 그러나 로마의 한 장군 루키우스 스키피오가 나타나 BC 190년 그의 정복을 멈추게 하고 그 수치를 그에게로 돌릴 것이다.

19 그래서 북방 왕은 그 얼굴을 돌려 자기 땅 산성들로 향하지만 결국 반란군에 의해 권력을 잃고 살해될 것이다.

20 안티오쿠스 3세의 왕위를 이을 그 아들 셀레우코스 4세가 많은 세금을 거두어 나라를 유지하기 위해 세금 징수원1)을 그 나라의 아름다운 각 지역으로 두루 다니게 할 것이다. 그러나 그는 진노나 전쟁 없이 몇 날이 못 되어 BC 175년에 헬리오도로스에게 살해당해 망할 것이다.

21 또 그의 왕위를 이을 자, 곧 로마에 볼모로 잡혀 있던 안티오쿠스 3세의 또 다른 아들 안티오쿠스 4세는 비천

_____
1) 압제자

한 사람이니 나라의 영광을 그에게 주지 않겠지만 그가 평안한 때를 틈타서 속임수로 헬리오도로스를 물리치고 BC 175년에 나라를 얻을 것이다.

22 그러나 그도 범람하는 물과 같은 군대의 침공으로 패하고, 그와 동맹한 왕도 그렇게 될 것이다.

23 그가 여러 나라와 동맹을 맺은 후에는 그들을 속여 올라오고, 소수의 백성을 가지고 점차 세력을 확장시킬 것이다.

24 그, 곧 안티오쿠스 4세는 평화로울 때 선전포고도 없이 그 애굽 지방의 가장 기름진 지역을 침입하여 그의 조상 대대로 행하지 못하던 것을 행할 것이다. 그는 노략하고 탈취한 재물을 추종자 무리에게 나누어 주고, 계략을 세워 때가 될 때까지 얼마 동안 산성들을 공격할 것이다.

25 그가 그의 위용을 자랑하며 큰 군대를 거느리고 BC 170년에 남방 왕 톨레미 6세를 치고, 남방 왕도 대단히 강한 군대를 거느리고 맞서 싸우지만 당하지 못할 것이다. 이는 그들이 뛰어난 계략으로 공격했기 때문이다.

26 남방 왕 톨레미 6세와 음식을 먹을 만큼 친한 자들이 그를 배신하여 그 군대를 멸하리니 그의 군대가 흩어지고, 많은 사람이 쓰러져 죽을 것이다.

27 이 두 왕을 속여 서로 해치기 위해 한 밥상에 앉았을 때 거짓말을 할 것이다. 그러나 그 일은 성공하지 못하리니 이는 아직 때가 이르지 않았기 때문이다.

28 북방 왕 안티오쿠스 4세는 마음으로 거룩한 언약인 모세의 율법을 거스르며, 자기 마음대로 행하고, 많은 재물을 가지고 본토로 돌아갈 것이다.

29-30 그러나 작정된 기한에 다시 출정하여 남방 애굽을 침공할 것이다. 그때는 키프로스, 곧 깃딤의 배들이 그를 공격하므로 직전 침략만 못할 것이다. 그래서 그는 실망한 가운데 철수하면서 팔레스타인에서 거룩한 언약을 맺은 유다인에게 분풀이를 하고, 본국에 돌아가서는 거룩한 언약을 배반하는 자들을 잘 대우할 것이다.

31 그리고 그의 군대는 성전의 요새를 더럽히고, 매일 드리는 제사를 없애며, 멸망하게 하는 혐오스러운 우상[1]을 세울 것이다.

32 또 그가 언약, 곧 모세의 율법을 배반하고 악행하는 자를 속임수로 타락시킬 것이다. 그러나 오직 자기의 하나님을 아는 백성은 용기 있게 율법을 지킬 것이다.

33 백성 가운데 지혜로운 자들이 많은 사람을 깨우칠 것이다. 그러나 그들은 칼날과 화형과 사로잡힘과 약탈을 당해 여러 날 동안 몰락할 것이다.

34 그들이 몰락할 때 약간의 도움을 받겠지만 대부분의 사람은 속임수에 넘어가 그들과 타협할 것이다.

35 그런 와중에 그들 가운데 몇 명의 지혜로운 자는 몰락을 통해 무리 가운데서 단련을 받아 순결하고 희게 되어 마지막 때까지 깨끗한 것을 지키게 될 것이다. 이런 일들은 정해진 기한까지 계속될 것이다.

36 북방 왕 안티오쿠스 4세는 제멋대로 행하고, 자만하여 모든 신보다 크다고 하며, 괴상한 말로 신들의 신

1) 제우스상

을 대적하며, 분노가 그칠 때까지
형통하므로 그 작정된 일을 반드
시 이룰 것이다.

37 그 북방 왕은 그의 조상들이 섬기
던 신들과 여자들이 사모하는 신
뿐 아니라 어떤 신도 섬기지 않을
것이다. 그것은 모든 신보다 자기
가 크다고 생각했기 때문이다.

38 대신에 강한 요새의 신을 공경하
고, 그의 조상들도 알지 못하던 신
에게 금은 보석과 진귀한 것을 드
려 공경할 것이다.

39 그는 크고 요새화된 성읍들을 이
방인을 용병으로 고용하여 1) 점령
할 것이다. 이방 신을 안다고 하는
자들을 영광스럽게 하여 많은 사
람을 다스리게 하고, 그들에게서
뇌물을 받고 땅을 나누어 주기도
할 것이다.

40 북방 왕 안티오쿠스 4세의 마지막
때 남방 왕 톨레미 6세가 그와 싸우
지만 북방 왕이 병거와 마병과 많
은 배로 회오리바람처럼 남방 왕
에게로 쳐들어와서 그 여러 나라
에 침공하여 범람하는 물처럼 쓸
고 지나갈 것이다.

41 또 그가 부유한 땅을 침략하고 많
은 나라를 멸망시킬 것이다. 그러
나 오직 에돔과 모압과 암몬 자손
의 지도자들은 그의 손에서 벗어
날 것이다.

42 북방 왕 안티오쿠스 4세가 여러 나
라를 공격하리니 애굽 땅도 그의
공격을 피하지 못할 것이다.

43 그가 강한 군사력으로 애굽의 금은
과 모든 보물을 차지하고, 애굽 서
쪽의 리비아 사람과 에티오피아인,
곧 구스인은 그의 종이 될 것이다.

44 그러나 동북쪽의 파르티아와 아르
메니아의 반란 소식으로 북방 왕 안

티오쿠스 4세는 두려워하게 될 것
이다. 그래서 그가 분노하므로 출
정하여 많은 무리를 죽이며 멸망
시키고자 할 것이다.

45 그가 궁실 장막을 바다와 영화롭
고 거룩한 산 사이에 세울 것이다.
그러나 결국 종말이 이르리니 도
와줄 자가 없을 것이다."

마지막 때에 대한 다니엘의 예언

12 ●대환난의 마지막 후 3년 반
이 시작하는 그때 네 백성을
지키는 큰 천사장 2) 미가엘이 나타
날 것이다. 그리고 개국 이래로 그
때까지 없던 대환난이 있을 것이
다. 그때 네 백성 가운데 생명책에
기록된 모든 자는 구원을 받을 것
이다. 3)

2 땅 속, 티끌 가운데 잠자는 자들 중
에서 많은 사람이 깨어나 얼마는
영생을 얻고, 얼마는 영원히 수치
를 당할 자도 있을 것이다.

3 지혜 있는 자는 하늘 공간의 빛처
럼 빛나고, 많은 사람을 옳은 길로
인도하는 자는 별처럼 영원히 빛
날 것이다.

4 다니엘아, 마지막 때까지 이 글을
봉함하고 잘 간수하라. 많은 사람
이 이런 지식을 더 얻기 위해 부지
런히 왕래할 것이다."

5 나 다니엘이 보니 다른 두 천사 4)가
있는데, 하나는 티그리스강 이쪽
언덕에 섰고, 다른 하나는 강 저쪽
언덕에 섰더니

6 그중 하나가 세마포 옷을 입고 강
물 위쪽에 있는 자에게 물었다.
"이 놀라운 일이 언제 끝이 나겠습
니까?"

7 내가 들으니 세마포 옷을 입은 자
가 자기의 양쪽 손을 들어 하늘을

---

1) 이방신을 힘입어 2) 군주 3) 계 20:12, 15 4) 사람

향해 영원히 살아계시는 이를 가리켜 맹세하며 말했다. "반드시 1년과 2년과 반 년[1]을 지나서 성도의 힘이 빠질 때까지이다. 그렇게 되면 이 모든 일이 다 끝날 것이다."

8 나는 그 말을 듣고도 무슨 말인지 알지 못했다. 그래서 물었다. "내 주여, 이 모든 일의 마지막은 어떻게 되겠습니까?"

9 그러자 주께서 말씀하셨다. "다니엘아, 네 길을 가라. 그리고 이 말은 마지막 때까지 봉함하고 잘 간수하라.

10 많은 사람이 단련을 받아 자기 자신을 깨끗하게 하고 희게 될 것이다.

그러나 악한 사람은 악을 행할 것이다. 악한 자는 아무것도 깨닫지 못하지만 오직 지혜 있는 자는 깨달을 것이다.

11 매일 드리는 제사가 없어지고, 멸망하게 할 혐오스러운 우상을 세울 때부터 1,290일, 곧 3년 6개월을 지내고,

12 1,335일까지 기다리는 사람은 복이 있을 것이다.

13 너는 가서 마지막을 기다리라. 이는 네가 죽어 평안히 쉬다가 마지막 날에는 죽은 사람 가운데서 일어나 네 상을 받을 것이다."

1) 한 때와 두 때와 반 때

호세아
Hosea

제목 히브리어 성경에는 인명에 따라 호세아, 70인역에도 저자의 인명에 따라 붙임

기록연대 기원전 722년 이전 **저자** 호세아 **중심주제** 호세아의 결혼을 통한 하나님의 사랑

내용소개 * 호세아의 결혼과 가정 1. 선지자적인 결혼 1~3장 * 호세아의 외침: 하나님과 이스라엘 2. 음행 4~6장 3. 거역 7~8장 4. 징계 9~11장 5. 회복(정결) 약속 12~14장

호세아의 아내와 자식들

1 ● 여호와께서 브에리의 아들 호세아에게 말씀하셨다. 이때는 웃시야와 요담과 아하스와 히스기야가 유다의 왕으로, 북이스라엘에는 요아스의 아들 여로보암 2세가 왕이 된 때였다.

2 여호와께서 처음으로 호세아에게 말씀하셨다. "너는 가서 음란한 여자를 아내로 맞이하여 음란한 자식들을 낳으라. 이 나라가 나를 떠나 크게 음란했기 때문이다."

3 이에 호세아가 가서 디블라임의 딸 고멜을 아내로 맞았고, 그가 임신하여 아들을 낳았다.

4 그때 여호와께서 호세아에게 말씀

하셨다. "태어난 아이의 이름을 '하나님께서 씨를 뿌리시다'라는 뜻의 '이스르엘'로 지어라. 이제 곧 내가 이스르엘에서 벌어진 살륙[1]에 대해 예후의 집을 심판하여 북이스라엘 왕족[2]을 없앨 것이다.

5 그날 내가 이스르엘 골짜기에서 이스라엘의 활을 꺾을 것이다."

6 고멜이 다시 임신하여 딸을 낳자 여호와께서 호세아에게 말씀하셨다. "태어날 아이의 이름을 '불쌍히 여김을 받지 못할 딸'이라는 뜻의 '로루하마'라고 지어라. 내가 다시는 북이스라엘 족속을 불쌍히 여기거나 용서하지도 않을 것이기

1) 왕하 10:11 2) 족속의 나라

때문이다.

7 그러나 유다 족속은 불쌍히 여겨 그들의 하나님이 되어 유다를 구원하겠고, 활과 칼이나 전쟁이나 말과 마병으로는 구원하지 않을 것이다."

8 고멜이 로루하마의 젖을 뗀 후 또 다시 임신하여 아들을 낳자

9 여호와께서 다시 말씀하셨다. "그의 이름을 '내 백성이 아니다'라는 뜻의 '로암미'라고 지어라. 왜냐하면 너희는 내 백성이 아니고, 나는 너희 하나님이 되지 않을 것이기 때문이다.

10 그러나 후에는 이스라엘 자손이 바닷가의 모래처럼 셀 수 없이 많을 것이다. 전에는 그들에게 '너희는 내 백성이 아니다'라고 한 그곳에서 그들에게 '너희는 살아계신 하나님의 아들들이다'라고 할 것이다.

11 이에 유다 자손과 북이스라엘 자손이 통일을 이루어 한 통치자를 세우고 그 땅에서 번성하리니 이스르엘의 날이 크게 번성할 것이다.

2 그때 너희 형제를 '하나님의 백성이다'라는 뜻의 '암미'라고 하며, 너희 자매를 '불쌍히 여김을 받은 딸'이라는 뜻의 '루하마'라고 할 것이다.

음란을 제거하라

2 ● 이제 더 이상 그는 내 아내가 아니고, 나는 그의 남편이 아니니 너희 어머니와 논쟁하고 그를 탓하라. 그의 얼굴에서 음란을 없애고, 그 젖가슴 사이에서 음행의 흔적을 지우라.

3 그렇게 하지 않으면 그가 태어나던 날처럼 그를 벌거벗길 것이다. 그로 광야처럼 되게 하며, 마른 땅처럼 되게 하여 목말라 죽게 할 것이다.

4 내가 그의 자녀를 불쌍히 여기지 않을 것은 그들은 음란한 자식들이기 때문이다.

5 그들의 어머니는 음행했고 그들을 임신했던 자는 부끄러운 일을 행했는데 이는 그가 이렇게 말했기 때문이다. '나는 나를 사랑하는 자[1]들을 따라갈 것이다. 그들이 빵과 물과 양털과 삼과 올리브 기름과 술들을 내게 준다고 했기 때문이다.'

6 그러므로 내가 가시로 그 길을 막고, 담을 쌓아 그 길을 찾지 못하게 할 것이다.

7 그가 그 사랑하는 자를 따라갈지라도 만나지 못하며, 그들을 찾을지라도 만나지 못할 것이다. 그제야 그가 이렇게 말할 것이다. '내가 본 남편에게로 돌아갈 것이다. 그때의 형편이 지금보다 나았다.'

8 곡식과 새 포도주와 기름과 은금도 모두 내가 준 것인데, 그것을 알지 못하고 그 은금으로 바알 우상을 만들었다.

9 그러므로 곡식을 추수할 때 내가 준 그 곡식을 빼앗으며, 새 포도주가 맛이 들 때 그 포도주를 빼앗을 것이다. 또 벌거벗은 몸을 가리라고 준 내 양털과 내 아마[2]도 빼앗을 것이다.

10 이제 내가 그의 남편이 아닌 자에게 정을 준 사랑하는 자, 정부[3]가 보는 앞에서 그의 수치를 드러내도 그녀를 내 손에서 빼낼 남자가 없을 것이다.

11 내가 그의 기뻐하는 모든 것과 초하루인 월삭과 안식일 등 모든 절기와 명절을 없앨 것이다.

12 정부[3]가 이전에 '이것은 나를 사랑하는 자들이 내게 준 값이다'라고

1) 정부 2) 삼 3) 情夫

말하던 그 포도나무와 무화과나무를 수풀로 만들어 들짐승들이 그 열매를 따먹게 할 것이다.

13 그가 귀고리와 패물로 장식하고, 정부를 쫓아다니며, 나를 잊어버리고, 향을 살라 바알들을 섬긴 기간만큼 내가 그에게 벌을 줄 것이다. 이는 여호와의 말씀이다.

14 그러나 내가 그를 설득하여 광야 거친 들로 데려가서 말로 위로하고,

15 그런 후 그곳에서 그의 포도밭을 돌려주고, '환난'이라는 뜻의 아골 골짜기를 소망의 문으로 바꾸어 줄 것이다. 그러면 그가 그곳에서 어렸을 때와 애굽 땅에서 올라오던 날처럼 나를 기쁘게 대할 것이다.

16 그날에는 '내 바알¹⁾'이라고 부르지 않으며, '내 남편이다'라고 부를 것이다.

17 그때 내가 바알 신들의 이름을 그의 입에서 제거하여 다시는 그의 이름을 부르는 자²⁾들이 없게 할 것이다.

18 또 내가 이스라엘 백성을 위해 들짐승과 공중의 새와 땅의 곤충과 더불어 언약을 맺으며, 이 땅에서 활과 칼을 꺾어 전쟁을 없애 그들이 마음 놓고 살게 할 것이다.

19 내가 너를 아내로 맞이하여 영원히 살되 공의와 정의와 은총과 불쌍히 여기며,

20 성실함으로 너와 결혼하리니 너는 내가 여호와임을 알게 될 것이다."

21 여호와께서 말씀하셨다. "그날 내가 응답하리니 나는 하늘에 응답하고, 하늘은 땅에 응답하고,

22 땅은 곡식과 포도주와 기름에 응답하고, 이것들은 '심은 것'이라는 뜻의 이스르엘에 응답할 것이다.

23 내가 나를 위해 이스라엘을 이 땅에

심어 불쌍히 여김을 받지 못했던 자를 불쌍히 여기며, 내 백성이 아니었던 자를 향해 너는 내 백성, 곧 암미라고 말하리니 그러면 그들은 주는 내 하나님, 곧 루하마라고 대답할 것이다."

호세아와 음녀가 된 여인

3 ● 여호와께서 나에게 말씀하셨다. "너는 타인의 사랑을 받아 음녀가 된 그 여자에게 다시 가라. 그리고 그를 사랑하되 이스라엘 자손이 다른 신을 섬기고 건포도 과자를 즐길지라도 여호와가 그들을 사랑한 것처럼 사랑하라."

2 이에 내가 은 15개와 보리 1호멜 반으로 아내가 되었던 고멜을 사서 되찾아 온 후

3 그에게 말했다. "너는 이제 많은 날 동안 내 아내로 지내라. 음행하지 말며, 다른 남자와 관계를 갖지 말라. 나도 네게 그렇게 할 것이다."

4 이와 같이 이스라엘 자손들이 많은 날 동안 왕이나 지도자 없이, 제사와 세운 신상인 주상도 없이, 제사장만이 입는 에봇이나 드라빔 우상도 없이 지냈다.

5 그리고 나면 이스라엘 자손이 돌이켜 그들의 하나님과 그들의 왕 다윗을 찾을 것이다. 마지막 날에는 여호와를 두려워 섬김으로 여호와께서 베푸시는 은총으로 나아갈 것이다.

하나님의 책망과 심판

4 ● 이스라엘 자손들아, 하나님의 말씀을 들으라. 하나님께서 이 땅 주민과 송사하신다. 이 땅에는 진실도 없고, 사랑도 없고, 하나님을 아는 지식도 없다.

2 있는 것은 오직 저주와 사기 치는

---

1) 주인 2) 일

것과 살륙과 도둑질과 간음뿐이며, 포악하여 살인이 그칠 날이 없다.

3 그러므로 이 땅이 메말라 탄식하며, 거기 사는 자가 약해지며, 들짐승과 공중에 나는 새와 바다의 고기도 씨가 마를 것이다.

4 그러나 어떤 사람이든지 다투지 말며, 책망하지도 말라. 너희 제사장들아, 네 백성들이 너희에게 불만이 크다. 그래도 그들을 책망하지 말라.

5 너는 낮에 넘어지겠고, 너와 함께 있는 선지자는 밤에 넘어질 것이다. 내가 네 어머니 같은 이스라엘을 멸할 것이다.

6 내 백성이 하나님을 아는 지식이 없으므로 망한다. 네가 그 지식을 버렸으니 나도 너를 버려 내 제사장직을 맡지 못하게 할 것이다. 네가 네 하나님의 율법을 잊었으니 나도 네 자녀들을 잊을 것이다.

7 제사장들이 많아질수록 내게 더욱 범죄하니 내가 그들의 영광을 수치로 바꿀 것이다.

8 제사장들은 내 백성이 드리는 속죄제물을 먹기 때문에 백성들이 더 많은 죄를 지어 더 많은 제물 드리기를 바란다.

9 백성이나 제사장이나 그 죄가 같으니 내가 그들이 행한 대로 벌로 갚을 것이다.

10 그래서 그들이 먹어도 배부르지 않으며, 음행해도 자손이 늘어나지 못할 것이다. 그들이 여호와를 버렸기 때문이다.

11 내 백성은 음행과 묵은 포도주와 새 포도주에 마음을 빼앗겼다.

12 그들은 나무 우상에게 묻고, 그 막대기가 그들을 가르쳤다. 그리하여 그들이 음란한 마음에 미혹되어 하나님을 버리고 음행에 빠졌다.

13 그들이 산꼭대기에서 제사를 드리며, 언덕 위에서 분향하니 참나무와 버드나무와 상수리나무 아래서 제사를 드린다. 이는 그 나무 그늘을 좋아하기 때문이다. 그러므로 너희 딸들은 음행하며, 너희 며느리들은 간음을 행한다.

14 나는 너희 딸들과 며느리들이 간음해도 벌하지 않을 것이다. 남자들도 창기와 함께 나가며, 음부와 함께 나무 그늘에서 희생을 드리기 때문이다. 깨닫지 못하는 백성은 망할 것이다.

15 북이스라엘은 음행해도 유다는 죄를 짓지 못하게 해야 할 것이다. 너희는 길갈이나 벧아웬으로 가지 말며, 여호와의 살아계심을 두고 맹세하지 말라.

16 북이스라엘은 고집이 센 암소처럼 말을 듣지 않으니 여호와께서 어린 양을 넓은 들에서 먹임같이 그들을 먹이겠느냐?

17 북이스라엘, 곧 에브라임이 우상과 연합했으니 내버려 두라.

18 그들은 마시기가 끝나면 음행했으며, 부끄러운 일을 좋아한다.

19 바람이 그 날개로 그를 날려버리니 그들이 드린 그 제물이 오히려 그들을 부끄럽게 할 것이다.

우상 숭배를 경고

5 제사장들은 이 말을 들으라. 이스라엘 족속들은 깨달으라. 왕족들은 귀를 기울이라. 너희에게 심판이 있으니 너희는 미스바의 덫과 같고, 다볼산 위에 친 그물과 같다.

2 반란자[1]가 살인 죄에 깊이 빠졌으니 내가 그들을 다 벌할 것이다.

3 북이스라엘의 음행을 내가 알고,

---

1) 패역자

그들의 더러움은 내 앞에 드러날 것이다.

4 음란한 마음이 그 속에 있어 여호와를 알지 못하기 때문에 그들의 행위가 그들로 자기 하나님에게 돌아가지 못하게 한다.

5 북이스라엘의 교만이 그 얼굴에 드러나므로 그 죄악으로 인해 북이스라엘이 넘어지고, 유다도 그들과 함께 넘어질 것이다.

6 그들이 양 떼와 소 떼의 제물을 이끌고 하나님을 찾으러 가도 만나지 못할 것은 이미 하나님께서 그들을 떠나셨기 때문이다.

7 그들이 여호와께 신앙의 정조를 지키지 않고 이방의 자식, 사생아를 낳았으니 거짓된 예배가 그들과 그 유업을 함께 삼킬 것이다."

유다와 북이스라엘 사이의 전쟁

8 ● 너희는 예루살렘 북쪽 6km 지점의 기브아에서 전쟁을 알리는 뿔 나팔을 불며, 라마에서 나팔을 불라. 벧아웬에서는 "베냐민아, 적군이 네 뒤를 쫓는다"라고 외치라.

9 북이스라엘, 곧 에브라임은 심판의 날에 황폐할 것이다. 나는 북이스라엘 지파에게 반드시 일어날 일을 선포한다.

10 유다 통치자들은 경계석을 옮기는 자 같으니 그들에게 내 진노를 물처럼 부을 것이다.

11 북이스라엘은 도움을 구하기 위해 사람의 명령을 쫓아갔으니 그들은 학대를 받고, 심판을 받으며, 억압을 받는다.

12 그러므로 내가 북이스라엘에게는 좀과 같이 되고, 유다 족속에게는 썩은 것과 같이 될 것이다.

13 북이스라엘이 자기의 병을 깨닫고, 유다가 자기의 상처를 깨닫게 될 것이다. 그러고 나서 북이스라엘은 앗수르로 가서 싸움의 왕인 야렙에게 사람을 보내겠으나 그가 능히 너희를 고치지 못하겠고, 너희 유다의 상처를 치료하지 못할 것이다.

14 내가 북이스라엘에게는 사자처럼, 유다 족속에게는 젊은 사자처럼 그렇게 너희를 찢을 것이다. 내가 너희를 끌고 가도 내게서 너희를 건져낼 자가 없을 것이다.

15 그들이 자기의 죄를 뉘우치고 나를 찾기까지 나는 기다릴 것이다. 그들은 고난받을 때 비로소 나를 애타게 찾을 것이다.

성실하지 못한 회개

6 ● 오라, 우리가 여호와께로 돌아가자. 여호와께서 우리를 찢으셨지만 도로 싸매어 주실 것이다. 우리를 치셨으나 아물게 해주실 것이다.

2 여호와께서 이틀 후 우리를 살리시며, 3일 만에 우리를 일으키시리니 우리가 그의 앞에서 살 것이다.

3 그러므로 우리가 여호와를 알되 힘써 여호와를 알자. 그는 새벽 빛처럼 우리에게 틀림없이 오시고, 땅을 적시는 늦은 비와 같이 우리에게 나타나실 것이다.

👥 성경인물

호세아(호)

선지자인 호세아에 대한 출생과 선지자 활동 이전의 직업은 알 수 없다. 다만 그는 브에리의 아들로 하나님의 명령에 따라 음란한 여자인 고멜과 결혼함으로 이스라엘 백성들의 하나님에 대한 죄악과 하나님의 이스라엘에 대한 끝없는 사랑을 전한 사랑의 선지자였다. 그는 북이스라엘의 여로보암 2세(BC 786~749년)의 후반기에 예언을 시작하여 그 후대까지 활동했다.

---

1) 새 달(new month)

4 북이스라엘과 유다야, 내가 어떻게 하면 좋겠느냐? 너희의 사랑이 아침 구름과 순식간에 사라지는 이슬과 같다.

5 그래서 내가 선지자들을 보내 너희를 치고, 내 입의 말로 너희를 죽였으니 너에 대한 심판이 빛처럼 나온다.

6 내가 원하는 것은 제사가 아니라 사랑이다. 번제제물보다 나를 아는 것을 원한다.

7 그러나 이 백성들은 아담처럼 언약을 어기고 나를 배반했다.

8 요단강 동쪽 길르앗은 악을 행하는 자의 성읍이니 발자국마다 피로 가득 찼다.

9 강도 떼가 사람을 기다리듯 제사장의 무리가 세겜 길에서 차마 하지 못할 살인을 저지른다.

10 내가 북이스라엘 집에서 가증한 일을 보았는데, 거기서 북이스라엘은 음행했고 더럽혀졌다.

11 또한 유다여, 네게도 심판[1]할 때를 정해 놓았다. 바로 내가 내 백성을 포로로 끌려간 곳에서 돌아오게 할 때이다.

왕궁 안의 발란

7 ● 내가 북이스라엘을 치료하려고 할 때마다 에브라임의 죄와 사마리아의 죄악이 드러났다. 그들은 거짓을 행하며, 안으로 들어가 도둑질하고, 밖으로 나가 떼를 지어 노략질을 했다.

2 내가 그들의 모든 악을 기억하고 있다는 사실을 그들은 염두에 두지 않고 있다. 이제는 그들의 행위가 그들을 에워싸고 내 눈 앞에 있다.

3 그들은 그 악으로 왕을, 그 거짓말로 지도자들을 기쁘게 하고 아부한다.

4 그들은 다 정욕에 빠져 있는 자들이다. 그것은 마치 과자를 만드는 자가 반죽을 뭉친 다음 발효될 때를 제외하고는 늘 뜨겁게 달구어 놓은 화덕처럼 정욕에 달아올라 있다.

5 우리 왕의 잔칫날이 되면 그의 지도자들은 술에 취하여 앓아 떨어지고, 왕은 거만한 자들과 함께 모의한다.

6 그들이 가까이 올 때 그들의 마음은 간교하여 화덕과 같이 달아오르고, 그들은 분노를 밤새도록 품고 있다가 아침에는 뜨겁게 달아오르는 불꽃처럼 피어오른다.

7 그들이 다 화덕처럼 뜨거워져 그 통치자[2]들을 죽인다. 그들이 왕들을 다 죽여도 그들 가운데는 하나님께 부르짖는 자가 하나도 없다.

이스라엘과 여러 이방 민족

8 ● "북이스라엘 에브라임이 여러 민족 가운데 섞여 혼혈족이 되었다. 그것은 뒤집지 않은 얇은 과자인 전병과 같다.

9 이방인들이 그의 힘을 무력화시키는데도 알지 못하고, 백발이 무성한 노인처럼 힘이 약해져도 깨닫지 못한다.

10 북이스라엘의 교만은 그 얼굴에 드러나 그들이 이 모든 어려운 일을 당해도 그들의 하나님께로 돌아오거나 구하지도 않는다.

11 오히려 어리석은 비둘기처럼 지혜가 없어서 애굽을 향해 도움을 구하고 앗수르에게로 간다.

12 그러나 그들이 갈 때 내가 그물을 쳐서 공중의 새처럼 떨어뜨리며, 이전에 경고한 대로 그들을 징계

1) 추수 2) 재판장

할 것이다.

13 그들이 나를 떠나 그릇된 길로 갔기 때문에 그들에게는 화가 있을 것이다. 그들은 내게 범죄했기 때문에 패망할 것이다. 내가 그들을 건져주려고 해도 그들은 내게 거짓말만 하고,

14 진심으로 나를 부르지도 않았다. 다만 침대에서 통곡하고, 곡식과 새 포도주를 구하기 위해 모이며, 그곳에서도 나를 거역했다.

15 내가 그들의 팔을 연습시켜 힘 있게 했으나 그들은 오히려 나에 대해 악을 꾀했다.

16 그들은 돌아오지만 지극히 높으신 자에게는 돌아오지 않으니 마치 풀어진 활처럼 쓸모가 없다. 그들의 지도자들은 함부로 혀를 놀려서 칼에 엎드러져 죽고, 애굽 땅에서 조롱거리가 될 것이다.

우상 숭배에 대한 책망

8 ● 경고의 나팔을 불어라. 원수가 독수리처럼 여호와의 집을 덮칠 것이다. 그것은 그들이 내 언약을 어기며, 내 율법을 범했기 때문이다.

2 그들이 장차 내게 이렇게 부르짖을 것이다. '나의 하나님이여, 우리 이스라엘이 주를 알고 있습니다.'

3 그러나 북이스라엘이 이미 선을 버렸으니 원수가 그를 따를 것이다.

4 그들이 왕들과 지도자들을 세웠으나 나와 상관 없이 세운 것이며, 그들이 은금으로 자기를 위해 우상을 만들었으니 결국 파괴될 것이다.

5 북이스라엘, 에브라임이여, 네 송아지 우상은 내가 버렸다. 내 진노가 너희 무리를 향해 타오르니 너희가 어느 때까지 그 더러운 가운데 있겠느냐?

6 그 송아지 우상은 이스라엘에서

태어나고 대장장이가 만들었으니 참 신이 아니다. 사마리아의 송아지 우상은 산산조각이 날 것이다.

7 그들은 바람을 심는 것 같으니 거두는 것은 광풍뿐이다. 심은 것은 줄기가 자라지 못하니 이삭은 열매를 맺지 못할 것이다. 혹시 열매를 맺는다고 해도 이방 사람이 먹을 것이다.

8 북이스라엘은 이미 삼켜져 이방 나라 가운데 즐겨 사용하지 않는 그릇처럼 되었다.

9 북이스라엘은 홀로 떨어진 들나귀처럼 앗수르로 달려가서 도움을 요청했다. 북이스라엘은 돈을 주고 사랑하는 자를 샀다.

10 그들이 이방 나라에 값을 주고 샀어도 이제 내가 그들을 모으리니 그들은 지도자와 앗수르 왕이 지워 준 짐으로 인해 약해지기 시작할 것이다.

11 북이스라엘은 죄를 용서 받기 위해 제단을 많이 만들었는데, 오히려 그 제단은 죄를 범하게 하는 것이 되었다.

12 내가 그를 위해 수만 가지 내 율법을 써서 기록해 주었으나 그들은 자기들과 상관없는 이상한 것으로 여겼다.

13 그들이 내게 먹음직한 희생제물을 드리고 그 고기를 먹을지라도 나는 그것을 기뻐하지 않는다. 오히려 그들의 죄악을 기억하여 그 죄를 벌하리니 그들은 애굽으로 다시 잡혀갈 것이다.

14 북이스라엘은 왕궁들을 세우고, 유다는 견고한 성읍을 많이 쌓았으나 내가 그 성읍들을 불로 태울 것이다. 이는 그들을 창조하신 자를 잊어버렸기 때문이다.

형벌과 보응의 날

9 ● 북이스라엘아, 너는 이방 사람처럼 기뻐 뛰놀지 말라. 너희는 네 하나님을 떠나 음행에 빠져 타작 마당에서 창녀의 몸값을 받으며 좋아했다.

2 그러나 타작 마당이나 포도즙1)틀에서는 먹을거리가 부족하며, 새 포도주도 떨어질 것이다.

3 북이스라엘은 여호와의 땅에 살지 못하고, 애굽으로 다시 돌아가며, 앗수르에서 부정한 것을 먹을 것이다.

4 그들은 여호와께 포도주를 부어 제물로 드리지 못하니 여호와를 기쁘게 하지도 못할 것이다. 그들의 희생제물은 애곡하는 자의 빵과 같아서 그것을 먹는 자는 부정해지리니 그들의 빵은 허기진 배만 채울 뿐 여호와의 집에 바칠 만큼은 못 된다.

5 그러니 명절 날과 여호와의 절기의 날에 무엇을 바칠 수 있겠느냐?

6 보라, 그들이 멸망을 피하고 애굽이 그들을 받아들여도, 결국에는 애굽의 놉 땅에 묻히리니 그들의 귀중한 보화2)에는 찔레가 덮히고, 그들의 장막 안은 가시덤불로 덮일 것이다.

7 형벌의 날이 가까이 왔고, 심판의 날이 온 것을 이스라엘은 알라. 너희는 자신의 죄악이 많고 원한이 크기 때문에 선지자를 어리석은 자로, 신에 감동하는 자를 미친자로 여겼다.

8 북이스라엘, 곧 에브라임은 나의 하나님과 함께한 파수꾼이다. 그럼에도 선지자가 가는 모든 길에 새 잡는 자가 그물을 친 것과 같이 그의 하나님의 성전에서조차도 선지자들을 박해했다.

9 북이스라엘은 기브아 시대같이3) 심히 부패했다. 여호와께서 그 악을 기억하시고 그 죄들을 벌하실 것이다.

하나님의 심판과 경고

10 ● 이전에는 내가 북이스라엘을 광야에서 포도를 만남같이 반가워했고, 너희 조상들을 무화과나무에서 첫 열매를 보는 것처럼 좋아했다. 그러나 그들은 바알브올에 가서 부끄러운 우상에게 자신을 구별하여 드림으로 그들이 사랑하는 우상처럼 혐오스러워졌다.

11 북이스라엘의 영광이 새처럼 날아가리니 임신이나 해산하는 것이 없을 것이다.

12 설사 그들이 자식을 기른다고 해도 내가 그 자식을 한 사람도 남기지 않고 없앨 것이다. 내가 그들을 떠날 때는 그들에게 화가 미칠 것이다.

13 내가 보기에 북이스라엘은 아름다운 곳에 심겨진 두로와 같지만 그들은 자기 자식들을 살인하는 자에게로 끌어내릴 것이다.

14 여호와여, 그들에게 어떤 벌을 내리려고 하십니까? 임신하지 못하는 태와 젖 없는 젖가슴을 주십시오.

15 그들의 모든 악이 길갈에서 시작되니 내가 그곳에서 그들을 미워했다. 그들이 길갈에서 행하는 짓이 악하기 때문에 그들을 내 집에서 쫓아내고 다시는 사랑하지 않을 것이다. 그들의 지도자들은 모두 나를 거역한 자들이다.

16 북이스라엘은 매를 맞아 밑동이 잘려 그 뿌리가 말라 열매를 맺지 못하는 것과 같으니 비록 자식을

1) 술 2) 은 3) 삿 19~21장 참조

낳아도 내가 그 사랑하는 자식들을 죽게 할 것이다.

17 그들이 내 말을 듣지 않았으니 하나님께서 그들을 버리시므로 이방 나라로 떠도는 자가 될 것이다.

하나님의 심판에 대한 선지자의 경고

10 ● 북이스라엘은 열매 맺는 무성한 포도나무이다. 그러나 열매가 많아지자 바알 제단도 많이 만들고, 그 땅의 수확이 많을수록 이방 우상인 주상도 많이 1) 세운다.

2 그들이 두 마음을 품었으니 이제 죗값을 받을 것이다. 하나님께서 그 제단을 파괴하시며, 그 주상을 부수실 것이다.

3 그들은 이렇게 말한다. "우리가 여호와를 두려운 줄 모르고 살았기에 우리에게 왕이 없었다. 그러나 이제 왕이 있다고 해도 우리를 위해 무엇을 해줄 수 있겠느냐?"

4 그들이 헛된 약속을 하며, 거짓 맹세로 언약을 세우니 그것이 밭이랑에 돋는 독초처럼 번진다.

5 사마리아 주민은 벧아웬, 곧 벧엘의 송아지 우상을 잃은 것으로 인해 두려워 하고 슬퍼할 것이다. 그것을 기뻐하던 제사장들도 그 우상의 영광이 떠나간 것 때문에 탄식할 것이다.

6 그 송아지 우상은 앗수르의 싸움의 왕, 야렙왕에게 예물로 드려지리니 북이스라엘은 우상 섬긴 일로 인해 수치를 당하고, 자기들의 계책을 부끄러워하며,

7 사마리아 왕은 물 위에 있는 거품처럼 멸망할 것이다.

8 북이스라엘 죄의 온상인 아웬 2), 곧 벧엘 산당은 무너져 가시와 엉겅퀴 3)가 그 제단 위에 날 것이다. 그때 백성들은 산을 보고 "우리를

숨기라", 언덕을 향해 "우리를 덮으라"고 말할 것이다.

9 이스라엘아, 네가 기브아에 살던 때부터 죄를 짓더니 지금까지도 죄를 짓는구나. 그러니 범죄한 자손들에 대한 전쟁이 기브아에서 일어나는 것은 당연하지 않겠느냐?

10 나는 내가 원하는 때 나를 버리고 우상을 섬긴 2가지 죄에 대해 벌할 것이다. 그때 세상 모든 사람이 연합하여 그들을 공격할 것이다.

11 북이스라엘, 곧 에브라임은 마치 길들인 암소처럼 곡식을 밟아 잘 떨었으나 내가 그의 아름다운 목에 멍에를 씌우리니 그들은 수레를 끌고 사람을 태울 것이다. 유다는 밭을 갈고, 야곱이 흙덩이를 깨뜨릴 것이다.

12 너희는 자신을 위해 공의를 심고 사랑의 열매를 거두라. 너희의 묵은 땅을 갈아 엎으라. 지금이야말로 여호와를 찾을 때이다. 그러면 여호와께서 찾아와 공의를 비처럼 너희에게 내릴 것이다.

13 그러나 네가 네 병거 4)와 많은 용사를 믿고 의지했기에 너희는 밭을 갈듯 악을 갈아 죄를 거두고 거짓 열매를 먹었다.

14 그러므로 너희 백성 가운데 전쟁 소리가 일어나며, 네 산성들이 전쟁의 날에 살만왕이 벧아벨을 무너뜨린 것처럼 모두 무너지게 될 것이다. 그때 어머니와 자식이 함께 죽을 것이다.

15 큰 악으로 인해 벧엘이 동일하게 행하리니 이스라엘 왕은 전쟁이 일어나는 새벽에 반드시 망할 것이다.

---

1) 아름답게　2) NIV, 사악함　3) 찔레　4) 길

백성을 기억하시는 하나님

11 ● 이스라엘이 어린 아이였을 때 내가 사랑하여 내 아들을 애굽에서 이끌어냈다.

2 그러나 선지자들이 그들을 부를수록 그들은 나를 점점 멀리하여 바알 신들에게 제사를 드리며, 아로새긴 우상 앞에서 분향했다.

3 그러나 내가 북이스라엘, 곧 에브라임에게 걸음마를 가르치고 내 팔로 안아 길렀음에도 그들은 내가 그들을 고치는 줄을 알지 못했다.

4 내가 사람의 줄, 곧 사랑의 줄로 그들을 묶고 업었으며, 그들의 목에 있는 멍에를 벗기고, 그들 앞에 먹을거리를 두었다.

5 그러나 그들이 내게 돌아오기를 거부하기에 애굽 땅에서와 같이 앗수르의 지배를 받을 것이다.

6 전쟁[1]이 그들의 성읍들을 휩쓸고, 빗장을 깨뜨릴 것이다. 이는 그들의 계획이 악하기 때문이다.

7 내 백성이 끝까지 나를 배반하니 그들을 향해 '위에 계신 이에게로 돌아오라'고 불러도 일어나는 자가 하나도 없다.

8 북이스라엘아, 내가 어찌 너를 버리겠느냐? 내가 어찌 너를 유황 불에 멸망한 아드마처럼 버리고, 스보임처럼 만들겠느냐? 내 마음이 너를 버리려고 해도 너를 불쌍히 여기는 마음이 불붙듯 하구나.

9 그러므로 내가 나의 맹렬한 진노를 쏟지 않고, 다시는 이스라엘을 멸하지 않을 것이다. 나는 사람이 아니라 하나님이기 때문이다. 나는 너희 가운데 있는 거룩한 자이니 진노함으로 네게 나타나지 않을 것이다.

10 여호와께서 사자처럼 소리를 내시면 그의 자녀들이 서쪽에서 떨 것이다.

11 이스라엘은 애굽에서 새처럼, 앗수르에서 비둘기처럼 떨 것이나 내가 그들을 그들의 집으로 돌아가게 할 것이다. 나 여호와의 말이다.

하나님께 돌아오라

12 ● 북이스라엘은 거짓과 속임수로 나를 에워쌌다. 유다는 신실하고 거룩하신 하나님을 배반했다.

12 에브라임은 바람을 먹으며, 동풍을 쫓아다니니 온종일 거짓과 폭력을 일삼는다. 그들은 앗수르와 언약을 맺고, 올리브 기름을 애굽에 공물로 바치는구나.

2 여호와께서 유다와 논쟁하시고, 야곱을 그 행실대로 처벌하시며, 그가 한 일대로 그에게 심판하실 것이다.

3 야곱은 모태에서 형의 발뒤꿈치를 잡았고, 힘으로는 하나님과 겨루었으니[2]

4 천사와 겨루어 이기고 울며 그에게 간구했다. 하나님은 그런 야곱을 벧엘에서 만나셨고, 그곳에서 우리에게 말씀하셨다.

5 여호와는 만군의 하나님이시다. 여호와는 기억해야 할 그의 이름이다.

아드마와 스보임 (호 11:8)

아드마는 아브라함 당시 소돔과 고모라, 스보임과 함께 그돌라오멜의 연합군과 대항하여 싸우다가 멸망당한 성읍이다. 이곳은 오늘날 사해 남단 세일 엔 누메이라와 세일 에살 사이의 바다 밑에 있다고 추정된다. 호세아는 아드마의 운명을 이스라엘에 대한 경고로 게시했다(호 11:8).
스보임(창 14:2)은 사해 남단의 소돔과 고모라와 인접한 곳에 위치한 성읍으로 아브라함 때 엘람 왕 그돌라오멜의 동맹군에게 패한 곳으로, 소돔과 고모라가 유황불로 멸망할 때 함께 멸망했다.

1) 칼   2) 창 25:26

6 그런즉 네 하나님께로 돌아와서 사랑과 정의를 지키며, 항상 네 하나님을 바라보라.

거짓과 바알로 인한 죄를 짓는 에브라임

7 ● 북이스라엘은 손에 정직하지 않은 저울을 가지고 속이기를 좋아하는 상인이다.

8 북이스라엘, 곧 에브라임이 자랑하며 말한다. "나는 진짜 부자가 되었다. 내가 수고하여 얻은 재물을 부정한 방법으로 얻었다고 할 자가 없을 것이다." 그러나

9 나는 너희가 애굽 땅에서 살 때부터 네 하나님이다. 이제 내가 너를 다시 광야 40년의 장막 생활을 기념하여 지키는 명절날인 장막절처럼 장막에서 살게 할 것이다.

10 내가 여러 선지자를 통해 말할 때 많은 환상을 보였고, 선지자들을 통해 비유로 말했다.

11 길르앗은 악하냐? 그렇다. 그들은 거짓되었다. 길갈에서는 사람들이 수송아지를 희생제물로 바치고, 그 제단은 밭이랑에 쌓인 돌무더기처럼 많다.

12 우리 조상 야곱이 형을 피해 아람들로 도망한 후 그는 아내를 얻기 위해 머슴살이를 하며 양을 쳤다.[1]

13 여호와께서는 선지자 모세를 통해 이스라엘을 애굽에서 이끌어내셨고, 그를 통해 지켜 주셨다.

14 그런데 북이스라엘은 여호와를 심히 분노케 했다. 그러므로 주께서 그들이 흘린 피를 벌하시고[2], 그가 받은 수치를 그에게 되돌려 주실 것이다.

바알로 인한 범죄와 에브라임

13 ● 북이스라엘이 말을 하면 사람들이 떨었다. 그 만큼 이스라

엘이 높아졌는데 바알을 섬김으로 범죄하여 망하고 말았다.

2 지금도 그들은 계속 범죄하여 그 은으로 우상을 만들었다. 그것은 은세공업자가 정교하게 만든 것이다. 그럼에도 그들은 우상에 대해 말한다. "제사를 드리는 자는 송아지와 입을 맞추라."

3 그러므로 그들은 아침 구름과 쉽게 사라지는 이슬처럼 되고, 타작마당에서 바람에 날리는 쭉정이처럼 되며 굴뚝 겸용으로도 사용되는 벽에 있는 창문에서 나는 연기처럼 될 것이다.

4 그러나 애굽 땅에서 살 때부터 나는 네 하나님이다. 그때 너는 나 외에 다른 신이나 다른 구원자가 없었다.

5 내가 광야 마른 땅에서 너를 먹여 살렸거늘[3]

6 그들은 내가 잘 먹였더니 배가 부를수록 마음이 교만해져 나를 잊어버렸다.

7 그래서 나는 그들에게 사자처럼, 길가에서 기다리는 표범처럼 될 것이다.

8 내가 새끼 잃은 곰처럼 그들에게 달려들어 그들의 심장 꺼풀을 찢고, 암사자처럼 그들을 삼킬 것이다. 들

성경 때 창문(호 13:3)

호 13:3의 굴뚝을 영역본 대부분은 창문으로 번역했다. 당시 중동 지역의 방이 지붕 없는 열린 공간이 아닌 이상 창문은 집 안에서 불을 피워 생기는 연기를 밖으로 내보내는 역할을 했으며, 동시에 집 안으로 햇빛이 들어오게 했다. 그리고 비교적 작게 만든 이유는 여름에는 통풍으로 시원하게 하고, 겨울에는 따뜻하게 하기 위해서이다. 개역개정에서는 이 창문을 굴뚝으로 번역했다.

1) 창 28:10~29:20　2) 머물러 있게 하시며　3) 알았거늘

짐승이 그들을 찢어 먹을 것이다.

9 북이스라엘아, 너를 돕는 나를 대적했기 때문에 네가 망할 것이다.

10 전에 너희는 내게 왕과 지도자들을 달라고 졸랐다.[1] 이제 보라, 네 모든 성읍에서 너를 구원해 줄 왕과 지도자[2]들이 어디 있느냐?

11 내가 화가 나서 너희에게 왕을 주고, 진노하여 그들을 폐위시켰다.

12 북이스라엘의 불의가 기록되어 봉해지고 그 죄가 보관되었으니

13 해산하는 여인의 어려움처럼 다시 태어나는 진통이 임할 것이다. 그는 해산할 때가 되어도 그가 나오지 못하는 미련한 아들과 같다.

14 내가 그들을 무덤인 스올의 권세에서 구원하며, 사망에서 건질 것이다. 사망아, 네 재앙이 어디 있느냐? 무덤아, 네 멸망이 어디 있느냐? 이제 내게 더 이상 동정심은 없다.[3]

15 이스라엘이 나라 가운데서 번성해도[4] 여호와께서 광야에서 동풍을 보내실 것이다. 그러면 그의 물 근원과 샘이 마르고, 쌓아 둔 모든 보배의 그릇이 약탈당할 것이다.

16 사마리아는 그들의 하나님을 배반했기 때문에 형벌을 당해 칼에 엎드러지고, 그 어린 아이는 갈기갈기 찢기며, 임신한 여인의 배는 갈라질 것이다.

호세아의 호소와 하나님의 진노가 떠남

14 • 북이스라엘아, 네 하나님께로 돌아오라. 네가 죄를 지음으로 엎드러졌다.

2 너는 말씀을 받들고 여호와께로 돌아와서 이렇게 아뢰라. "모든 죄악을 용서하시고, 자비로움으로 용납하십시오. 우리가 수송아지 대신에 입술의 열매, 곧 입술로 찬양을 주께 드리겠습니다.

3 우리가 앗수르에게 구원을 바라지 않고, 군마를 의지하지도 않으며, 다시는 우리 손으로 만든 우상을 향해 '우리의 신'이라고 말하지 않겠습니다. 이는 주는 고아를 불쌍히 여기시기 때문입니다."

4 내가 그들의 반역을 고치고, 기쁘게 그들을 사랑하리니 내 진노가 그들에게서 떠날 것이다.

5 나는 이스라엘에게 이슬처럼 내릴 것이니 이스라엘이 백합화처럼 피겠고, 레바논의 백향목처럼 뿌리를 깊게 내릴 것이다.

6 그 가지는 뻗어 나가고, 올리브나무처럼 아름다우며, 레바논의 백향목처럼 향기로울 것이다.

7 그들이 다니는 그늘 아래로 다시 돌아와 그들은 곡식처럼 풍성하며, 포도나무처럼 꽃이 피며, 레바논의 포도주처럼 향기를 풍길 것이다.

8 이스라엘은 이제 "우리는 우상과 상관이 없습니다"라고 말할 것이다. 그러면 나는 그에게 대답할 것이다. "나는 푸른 잣나무 같으니 너희는 나로 인해 열매를 얻을 것이다."

9 누가 지혜와 총명이 있어 이런 일을 깨달아 알겠느냐? 여호와의 길은 올바르니 의로운 자는 그 길을 따라가지만, 죄인은 그 길에 걸려 넘어질 것이다.

---

1) 삼상 8:5 2) 재판장 3) 뉘우침이 내 눈 앞에서 숨으리라 4) 비록 그가 형제 중에서 결실하나

요엘 Joel

제목 히브리어 성경에는 인명에 따라 요엘, 70인역에도 저자의 인명에 따라 붙임

기록연대 기원전 830년경 **저자** 요엘 **중심주제** 메뚜기 재앙을 통한 남유다에 대한 예언

내용소개 * 천재 1. 메뚜기의 재앙 1장 * 심판 2. 여호와의 날 2장
3. 열방의 심판 3장 * 번영 4. 유다의 회복 3장

농사를 망친 농부들의 애곡

1 ● 여호와께서 브두엘의 아들 요엘을 통해 말씀하셨다.

2 "노인들아, 너희는 이 말을 들으라. 땅의 모든 사람아, 너희는 귀를 기울이라. 너희와 너희 조상들의 날에 이런 일이 있었느냐?

3 너희는 이 일을 너희 자녀에게 전하고, 너희 자녀는 자기 자녀에게 전하고, 그 자녀는 그 후세에 전할 것이다.

4 풀무치¹⁾가 남긴 것을 메뚜기가 먹고, 메뚜기가 남긴 것을 딱정벌레 중 하나인 느치가 먹고, 느치가 남긴 것은 황충이 먹었도다.

5 술에 취하는 자들은 깨어나 울어라. 포도주를 마시는 자들은 울어라. 포도 농사가 망해 새²⁾ 포도주를 만들 포도가 없기 때문이다.

6 강하고 수가 많은 한 민족이 내 땅에 올라왔으니 그 이빨은 사자의 이빨 같고, 그 송곳니는 암사자의 송곳니 같도다.

7 그 짐승들이 내 포도나무를 망치고, 내 무화과나무 껍질을 말갛게 벗겨 그 모든 가지가 희게 되었도다.

8 너희는 약혼한 남자를 잃은 젊은 처녀가 굵은 베로 동여매고 애곡함같이 통곡하라.

9 소제와 전제로 드리는 곡물제물이 여호와의 성전에서 끊어졌으니 여호와를 섬기는 제사장은 슬퍼하라.

10 밭이 황폐해지고, 곡식이 떨어지며, 새 포도주가 말랐으며, 올리브 기름도 떨어졌도다.

11 농부들은 부끄러워하라. 포도밭의 일꾼들은 애곡하라. 밀과 보리와 밭의 소산이 다 죽었기 때문이다.

12 포도나무와 무화과나무가 말랐으며, 석류나무와 종려나무³⁾와 사과나무와 밭의 모든 나무가 시들었다. 그러므로 사람의 기쁨이 사라졌다.

13 제사장들아, 너희는 굵은 베옷을 입고 슬피 울라. 번제단에서 수종 드는 자들아, 너희도 울라. 하나님을 수종 드는 자들아, 굵은 베옷을 입고 성전에서 밤새도록 통곡하라.⁴⁾ 이는 소제와 전제로 드리는 곡물제물이 성전에서 끊어졌기 때문이다.

14 너희는 금식일을 정하고, 성회를 열어라. 장로들과 이 땅의 모든 백성을 너희 하나님의 성전으로 모으고 여호와께 부르짖으라.

15 슬프다, 그날이여. 여호와의 날이

메뚜기(욜 1:4)

본절에 나오는 팥종이(히, 가잠), 메뚜기(히, 아르베), 늣(히, 엘레크), 황충(히, 하셀)은 모두 메뚜기를 가리키는데 이는 각기 다른 히브리어를 우리말로 옮긴 것이다. 이것은 각기 다른 메뚜기를 가리키는 것은 아니며 4단계의 변태 과정, 곧 메뚜기의 유충 단계(늣, 황충, 팥종이)와 성충 단계(메뚜기)를 가리키는 것인지에 대해서는 분명하지 않다.

1) 팥종이 2) 단 3) 타바르, 대추나무 4) 누워 있으라

가까웠으니 전능자가 보낸 멸망의 날이 다가왔도다.

16 먹을 것이 끊어지고, 기쁨이 우리 하나님의 성전에서 사라졌다.

17 씨앗이 흙덩이 속에서 썩었고, 창고가 비었으며, 거둘 곡식이 말라 곳간이 폐허가 되었다.

18 먹을 꼴이 없어 가축이 울부짖고, 소 떼가 부르짖는다. 양 떼도 고통 가운데 있도다.

19 여호와여, 내가 주께 부르짖습니다. 목장의 풀이 타 죽고, 불이 들의 모든 나무를 불살라 버렸습니다.

20 들짐승조차 주를 향해 부르짖으니 이는 시내가 다 말랐고, 들의 풀이 모두 타 죽었기 때문입니다."

여호와의 날을 경고하는 메뚜기 떼

2 ● 여호와의 날이 가까웠으니 시온, 곧 예루살렘에서 나팔을 불고, 나의 거룩한 산에서 경고의 소리를 질러 이 땅 주민들을 떨게 하라.

2 그날은 어둡고 캄캄한 날이고, 짙은 먹구름이 덮인 날이다. 새벽빛이 산꼭대기에 덮인 것과 같으니 이는 수많은 강한 백성[1]이 이르렀기 때문이다. 이런 일은 이전에도 없었고 이후에도 없을 것이다.

3 불과 불꽃이 그들의 앞과 뒤를 태우리니 그들 이전의 땅은 에덴동산과 같았으나, 그들 나중의 땅은 사막[2]과 같으리니 그곳에서 살아 남을 자가 없을 것이다.

4 그들 메뚜기 떼의 모양은 떼를 지어 달려오는 말과 같고, 그 달리는 것은 기마병과 같다.

5 그들의 산꼭대기에서 뛰는 소리는 병거 소리와도 같고, 불꽃이 지푸라기를 사르는 소리와도 같으니 강한 군사가 전열을 갖추고 싸우는 것과 같다.

6 그들 앞에 있는 백성들은 두려움에 떨고, 얼굴이 창백해졌도다.

7 그들이 용사처럼 달리고, 무사처럼 성벽을 기어 오르며, 각자 자기의 길로 나아가되 그 진로[3]에서 벗어나지 않으며,

8 서로 밀치지도 않고 각자 자기의 길로 나아가며, 방해물[4]을 뚫고 나아가지만 그 행렬은 끊어지지 않는다.

9 그 군대[1]가 성 안으로 뛰어 들어가 성벽 위를 달리고, 건물들을 기어 오르며, 도둑처럼 창문으로 넘어 간다.

10 그렇게 전진할 때 땅이 진동하고, 하늘이 흔들리며, 해와 달이 어두워지고, 별들이 빛을 잃는다.

11 여호와께서 그의 군대[1] 앞에서 지휘하시고, 병사가 수없이 많아 그 진영은 심히 크며, 그의 명령을 따르는 자가 막강하니 여호와의 날이 큰 공포의 날이다. 누가 그날을 견딜 수 있겠느냐?

여호와께 돌아오라

12 ● 그러므로 여호와께서 말씀하신다. "너희는 지금이라도 금식하고, 울며 애통하고, 마음을 다해 내게로 돌아오라." 그러니

13 너희는 옷을 찢지 말고 마음을 찢고, 너희 하나님께로 돌아오라. 그는 은혜롭고, 자비가 많으시며, 진노하심을 오래 참으시며, 사랑이 크시기 때문에 뜻을 돌이켜 재앙을 거두기도 하신다.

14 주께서 혹시 마음과 뜻을 돌이키시고 그 뒤에 복을 내려 너희 하나님께 소제와 전제를 드릴 수 있게 하실지 누가 알겠느냐?

15 너희는 시온, 곧 예루살렘에서 나팔을 불어 거룩한 금식일을 정하고,

---

1) 메뚜기 떼 2) 황폐한 들 3) 줄 4) 무기

성회를 열어라.

16 백성을 모아 거룩하게 구별하고, 장로들과 어린이와 젖 먹는 자를 모으며, 신랑과 신부를 그 침실 신방에서 나오게 하라.

17 여호와를 섬기는 제사장들은 성전 현관과 번제단 사이에서 울며 이렇게 호소하라. "여호와여, 주의 백성을 불쌍히 여기십시오. 주의 유업이 이방 나라의 통치를 받는 치욕을 당하지 않게 하십시오. 어찌하여 이방인으로 그들의 하나님이 어디 있느냐고 말하게 하겠습니까?"

18 그때 여호와께서 자기의 땅을 극진히 사랑하사 그의 백성을 불쌍히 여기실 것이다.

19 여호와께서 그들에게 응답하셨다. "내가 너희에게 곡식과 새 포도주와 올리브 기름을 주므로 너희가 만족할 것이다. 내가 다시는 이방 나라로 인해 치욕을 당하지 않게 하며,

20 내가 북쪽에서 오는 메뚜기 떼 같은 군대를 메마르고 황폐한 땅으로 멀리 쫓아내리니 그 앞의 부대는 사해, 곧 동해로, 그 뒤의 부대는 지중해, 곧 서해로 들어갈 것이다. 그로 인해 썩은 냄새와 악취가 올라올 것이다." 이렇게 된 것은 주께서 큰일을 행하셨기 때문이다.

21 땅이여, 두려워하지 말고 기뻐하라. 여호와께서 큰일을 행하셨다.

22 들짐승들아, 두려워하지 말라. 들에 있는 풀에서 싹이 나며, 나무가 열매를 맺으며, 무화과나무와 포도나무가 다 열매를 맺을 것이다.

23 시온의 자녀들아, 너희는 너희 하나님으로 인해 기뻐하라. 그가 너희에게 이른 비를 적당하게 주시리니 이른 비와 늦은 비가 이전과 같이 내릴 것이다.

24 이로 인해 마당에는 밀이 가득하고, 통에는 새 포도주와 올리브 기름이 넘칠 것이다.

25 내가 전에 너희에게 보낸 큰 군대 같은 풀무치[1]와 메뚜기와 느치와 황충이 먹은 햇수대로 너희에게 갚아 주리니[2]

26 너희는 배부르게 먹고 너희에게 놀라운 일을 행하신 너희 하나님의 이름을 찬양할 것이다. 내 백성이 다시는 수치를 당하지 않을 것이다.

27 그러므로 내가 이스라엘 가운데 있고, 나는 너희 하나님이 되고, 나 외에는 다른 신이 없는 줄을 너희가 알게 될 것이다.

28 그후 내가 내 영을 모든 육체[3]에게 부어 주리니 너희 자녀들은 장래 일을 말하며, 너희 노인들은 꿈을 꾸고, 너희 젊은이는 환상을 볼 것이다.

29 그때 내가 남종과 여종에게 내 영을 부어 주며,

30 내가 피와 불과 연기 기둥으로 하늘과 땅에 기적을 베풀 것이다.

31 여호와의 크고 두려운 날이 이르기 전에 해가 어두워지고 달이 핏빛처럼 붉어질 것이다. 그러나

32 누구든지 구원을 호소하며 여호와의 이름을 부르는 자는 구원을 얻을 것이다. 이는 나 여호와의 말대로 시온산과 예루살렘에서 피할 자가 있고, 여호와의 부르신 자들이 살아남아 있을 것이기 때문이다.

여호와께서 민족들을 심판하심

3 ● 보라, 내가 유다와 예루살렘 가운데서 사로잡힌 자를 돌아오게 하는 그날

2 세상 모든 나라를 모아서 여호사밧

1) 팥중이　2) 욜 1:4　3) 만민

골짜기, 곧 기드론 골짜기에 내려가 내 유업인 이스라엘 백성을 위해 그곳에서 그들을 심문할 것이다. 이는 그들이 이스라엘을 이방 나라에 흩어 버리고 내 땅을 갈라 놓았기 때문이다.

3 또 제비를 뽑아 내 백성을 끌고 가서 소년을 팔아 기생을 사고, 소녀를 팔아 술과 바꾸어 마셨기 때문이다.

4 두로와 시돈과 블레셋의 지역들아, 너희가 내게 무엇을 하려고 하느냐? 너희는 내가 한 일에 보복하려고 하느냐? 만일 내게 보복하면 내가 당장 너희에게 갚아 줄 것이다.

5 곧 너희가 성전에 있는 내 은금을 빼앗고, 내 진기한 보물을 너희 신전으로 가져 갔으며,

6 유다와 예루살렘 자손들을 헬라 족속에게 팔아서 그들의 영토에서 멀리 떠나게 했다.

7 그러므로 나는 너희가 행한 것을 그대로 갚아 줄 것이다. 너희가 판 내 백성을 다시 돌아오게 하리니

8 너희 자녀는 유다 자손의 손에 팔리게 하고, 그들은 다시 먼 나라 아라비아의 스바 사람에게 팔릴 것이다. 이는 여호와의 말씀이다.

9 너희는 모든 민족에게 이렇게 선포하라. "너희는 전쟁을 준비하고, 용사를 무장시키고[1], 병사를 소집하여 진군하라.

10 너희는 쟁기를 쳐서 칼을 만들고, 낫을 쳐서 창을 만들라. 약한 자도 '나는 용사다'라고 외치라."

11 모든 민족아, 너희는 서둘러 모이라. 여호와여, 주의 용사들을 보내 그들을 치게 하십시오.

12 민족들아, 예루살렘에 있는 여호사밧 골짜기, 곧 기드론 골짜기로 올라오라. 내가 그곳에 앉아 모든 민족을 심판할 것이다.

13 곡식이 익었으니 너희는 낫으로 거두라. 포도즙 틀에 포도즙이 가득 차서 포도주 통에 넘칠 때까지 너희는 포도를 밟듯 그들을 짓밟으라. 그들의 악이 크기 때문이다.

여호와께서 백성들에게 복을 주심

14 ● 심판의 골짜기에 사람이 많음이여, 그곳에 여호와의 날이 가까이 왔도다.

15 해와 달이 어두워지고, 별들도 그 빛을 잃는다.[2]

16 여호와께서 시온에서 부르짖고, 예루살렘에서 목소리를 높이시니 하늘과 땅이 진동할 것이다. 그러나 여호와께서는 자기 백성에게 피난처가 되시고, 이스라엘 자손에게 산성이 되신다.

17 이로 인해 너희는 내가 거룩한 산인 시온에 사는 너희 하나님인 줄을 알게 될 것이다. 예루살렘은 거룩하게 되고, 다시는 이방 사람이 그 성을 침범하지 못할 것이다.

18 그날에는 산들에 새[3] 포도주가 넘치며, 언덕들에 젖이 흐를 것이다. 유다의 모든 시내에는 물이 흐르고 여호와의 성전에서 샘물이 솟아 나와 싯딤 골짜기를 흐를 것이다.

19 그러나 애굽은 황무지가 되고, 에돔은 사막[4]으로 바뀔 것이다. 그들이 유다 자손에게 폭력을 행하여 죄 없는 자를 죽였기 때문이다.

20 유다와 예루살렘은 영원히 존재할 것이다.

21 전에는 내가 그들이 죽임을 당해도 그 원수를 갚아 주지 않았지만, 이제는 갚아 줄 것이다. 그것은 나 여호와가 시온에 거하기 때문이다.

1) 격려하고 2) 욜 2:10 3) 단 4) 황무한 들

제목 히브리어 성경에는 인명에 따라 아모스, 70인역에도 저자의 인명에 따라 붙임

기록연대 기원전 760–755년경   **저자** 아모스   **중심주제** 공의의 하나님 선포

내용소개   1. 열방과 이스라엘(심판) 1~2장   2. 타락한 백성(변호) 3~5장
3. 화와 경고(환상) 6~7장   4. 거절과 회복(승리) 8~9장

아모스의 환상과
이웃 이방 나라들에 내린 벌

1 ● 예루살렘 남쪽 16km 지점의 드고아에 있는 목자들 가운데 아모스가 북이스라엘에 대해 환상을 통해 받은 말씀이다. 그때는 유다 웃시야왕이 다스리던 때, 북이스라엘의 요아스의 아들 여로보암 2세가 다스리던 시대로 지진이 일어나기 2년 전이다.

2 아모스가 선포했다. "여호와께서 시온에서 부르짖으시며 예루살렘에서 소리를 내시니, 목자의 초장이 마르고 갈멜산 꼭대기조차 마를 것이다."

3 여호와께서 이렇게 말씀하셨다. "다메섹의 몇 가지 죄로 인해 내가 그들을 심판할 것이다. 그들이 철 타작기로 타작하듯 길르앗을 억압했기 때문이다.

4 그러므로 내가 아람 왕 하사엘의 집에 불을 보내 벤하닷의 궁전들을 불사를 것이다.

5 내가 다메섹 성문의 빗장을 부수고, '우상 숭배하는'이라는 뜻의 아웬 골짜기에서 그 주민들을 멸하며, '에덴의 집'이라는 뜻의 벧에덴에서 왕권을 상징하는 막대기인 규를 가진 자를 멸하며, 아람 백성이 메소포타미아의 기르[1]로 사로잡혀 갈 것이다."

6 여호와께서 이렇게 말씀하셨다. "가사의 몇 가지 죄로 인해 내가 그들을 심판할 것이다. 그들이 모든 포로를 끌어다가 에돔에 넘겼기 때문이다.

7 그러므로 내가 가사성에 불을 보내 그 궁전들을 불사를 것이다.

8 또 내가 아스돗에서 그 주민들과 아스글론에서 왕권을 가진 자를 멸하고, 손을 돌이켜 에그론을 치고, 블레셋의 남아 있는 자를 멸망시킬 것이다."

9 여호와께서 이렇게 말씀하셨다. "두로의 몇 가지 죄로 인해 내가 그들을 심판할 것이다. 그들이 그 형제의 언약을 기억하지 않고 모든 포로를 끌어다가 에돔에 넘겼기 때문이다.

10 그러므로 내가 두로성에 불을 보내 그 궁전들을 불사를 것이다."

11 여호와께서 이렇게 말씀하셨다. "에돔의 몇 가지 죄로 인해 내가 그들을 심판할 것이다. 그가 칼을 들고 자기 형제를 뒤쫓고, 형제를 불쌍히 여기지도 않으며, 계속해서 화를 내며, 분을 끝없이 품었기 때문이다.

12 그러므로 내가 데만에 불을 보내 보스라의 궁전들을 불사를 것이다."

13 여호와께서 이렇게 말씀하셨다. "암몬 자손의 몇 가지 죄로 인해 내가 그들을 심판할 것이다. 그들이 자기 영토를 넓히기 위해 길르앗의

---

1) Kir

임신한 여인의 배를 갈랐기 때문이다.

14 그러므로 내가 랍바성에 불을 보내 전쟁의 날에 함성과 회오리바람이 일어나는 날에 폭풍처럼 그 궁전들을 불사를 것이다.

15 그들의 왕은 그 지도자들과 함께 포로로 끌려갈 것이다.”

2 여호와께서 이렇게 말씀하셨다. “모압의 몇 가지 죄로 인해 내가 그들을 심판할 것이다. 그가 에돔 왕의 뼈를 불살라 재를 만들었기 때문이다.

2 그러므로 내가 모압에 불을 보내 그리욧 궁전들을 불사를 것이다. 모압은 요란함과 함성과 나팔 소리 가운데서 죽을 것이다.

3 내가 그중에서 지도자1)들을 멸하며, 고관들을 그들과 함께 죽일 것이다.”

유다와 이스라엘에 내린 벌

4 ● 여호와께서 이렇게 말씀하셨다. “유다의 몇 가지 죄로 인해 내가 그들을 심판할 것이다. 그들이 여호와의 율법을 멸시하여 그 율례를 지키지 않고, 그의 조상들이 따라가던 거짓된 우상에 미혹되었기 때문이다.

5 그러므로 내가 유다에 불을 보내 예루살렘의 궁전들을 불사를 것이다.”

6 여호와께서 이렇게 말씀하셨다. “북이스라엘의 몇 가지 죄로 인해 내가 그들을 심판할 것이다. 그들이 돈2)을 받고 의로운 사람을 팔고, 신 한 켤레 값에 가난한 자를 팔며,

7 힘 없는 자의 머리를 흙먼지 속에 넣어 발로 짓밟고, 겸손한3)자의 길을 어긋나게 하며, 아버지와 아들이 한 젊은 여인과 잠자리를 같이 하여 내 거룩한 이름을 더럽히며,

8 전당 잡은 옷을 제단 옆에 펴놓고 그 위에 누우며, 벌금으로 얻은 포도주를 그들의 신전에서 마셨기 때문이다.

9 내가 아모리 사람을 그들 앞에서 멸했다. 그들의 키가 백향목처럼 높고, 상수리나무처럼 강하지만 내가 그 위로는 열매와 그 아래로는 뿌리를 진멸했다.

10 내가 너희를 애굽 땅에서 이끌어내어 40년 동안 광야에서 인도하고, 아모리 사람의 땅을 너희가 차지하도록 했으며,

11 너희 아들들 가운데서 선지자를 세우고, 젊은이들 가운데서 나실인을 세웠다. 이스라엘 자손들아, 과연 그렇지 않느냐?

12 그런데 너희는 나실인으로 포도주를 마시게 하고, 선지자에게 예언하지 말라고 엄포를 주었다.

13 보라, 곡식단을 가득 실은 수레가 흙을 누름같이 내가 너희를 그렇게 누를 것이다.

14 달음박질을 잘하는 자도 도망할 수 없고, 강한 자도 자기 힘을 쓸 수 없으며, 용사도 자기 목숨을 지킬 수 없으며,

15 활을 가진 자도 일어설 힘이 없으며, 발이 빠른 자도 그 발로 자기 목숨을 건질 수 없으며, 말을 탔다고 해도 자기 목숨을 구할 수 없다.

16 그날에는 마음이 굳센 용사도 벌거벗고 도망할 것이다.”

여호와의 말씀을 받은 선지자

3 ● 이스라엘 자손들아, 여호와께서 애굽 땅에서 이끌어내신 모든 족속에게 하시는 말씀을 들으라.

2 “내가 땅의 모든 족속 가운데 너희만을 선택했다. 그럼에도 너희가

1) 재판장 2) 은 3) 약한

죄악을 행했으니 너희가 행한 대로 벌할 것이다."

3 두 사람이 약속하지 않았는데[1] 어찌 동행하며,

4 사자와 젊은 사자가 먹잇감이 없는데 어찌 수풀과 굴에서 소리를 내지 않겠느냐?

5 덫을 땅에 놓지 않았는데 새가 어찌 그곳에 걸리며, 잡힌 것이 없는데 덫이 어찌 땅에서 튀어 오르겠느냐?

6 성읍에서 뿔 나팔이 울리는데 백성이 어찌 두려워하지 않겠느냐? 그것은 모두 여호와께서 행하신 일이다.

7 여호와께서는 자기의 비밀을 그 종 선지자들에게 미리 알리지 않고서는 결코 행하시지 않는다.

8 사자가 부르짖으면 누가 두려워하지 않겠느냐? 여호와께서 말씀하시면 누가 예언하지 않을 수 있겠느냐?

사마리아에 내린 벌

9 ● 블레셋의 성읍 아스돗과 애굽 땅의 궁전들에게 선포하라. "너희는 사마리아 산들에 모여 그 성에서 얼마나 큰 요란함과 학대가 있는지 보라.

10 자기 궁전에서 폭력과 파괴를 일삼는 자들은 옳은 일을 행할 줄 모른다.

11 그러므로 대적이 이 땅 사방을 포위하여 네 힘을 약하게 한 후 네 궁전을 약탈할 것이다."

12 여호와께서 이렇게 말씀하셨다. "목자가 사자의 입에서 기껏해야 양의 두 다리나 귀 한 조각을 건져 내는 것처럼 사마리아에서 침대 모서리나 호화스런 의자의 방석에 앉은 이스라엘 자손도 겨우 건짐을 받을 것이다."

13 여호와 만군의 하나님께서 이렇게 말씀하셨다. "너희는 내 말을 듣고 야곱의 족속에게 증언하라.

14 내가 이스라엘의 모든 죄를 징벌하는 날에 벧엘의 제단들도 징벌할 것이다. 그때 그 제단의 뿔들을 꺾어 땅에 떨어뜨리고,

15 겨울 궁과 여름 궁을 치리니 상아 궁들이 파괴되며 큰 궁들이 무너질 것이다."

4

사마리아의 산에 있는 비옥한 바산 산지의 살진 암소들아, 약한 자를 억압하고 가난한 자의 것을 빼앗고[2] 그들의 남편[3]에게 "술을 가져다가 우리로 마시게 하라"고 말하는 자들은 들으라.

2 여호와께서 자기의 거룩함을 두고 맹세하셨다. "때가 되면, 그때는 사람들이 너희를 갈고리로 끌고 가며, 낚시로 너희의 남은 자들도 그렇게 끌고 갈 것이다.

3 너희는 무너진 성의 틈을 통해 한 사람씩 끌려가 하르몬, 곧 저승에 던져질 것이다."

돌이키지 않는 이스라엘

4 ● 이스라엘아, 너희는 벧엘로 가서 죄를 짓고, 길갈에 가서 더 많은 죄를 짓는다. 아침마다 희생제물을

Q&A '바산의 암소들아' 라는 말의 뜻은?(암 4:1)

바산은 대체적으로 오늘날 골란 고원과 일치한다. 이 지역은 갈릴리바다 동쪽과 북쪽 지역의 야르묵강 이북에 위치해 있다. 1000m의 높은 고지대에 매우 비옥한 농토가 펼쳐져 있어 주위의 다른 지역과 대비가 된다. 특히 푸른 녹지가 많아 소를 방목하기에 아주 적합하여 이 지역의 암소들은 살찐다. 따라서 바산의 암소란 가장 기름지고 살진 암소를 말하며, 이는 부요함 속에 사치와 향락에 사로잡혀 나태한 게으른 북왕국의 부유한 자들을 가리킨다. 그러나 이들은 가난한 자들을 압제했다.

---

1) 뜻이 같지 않은데 2) 압제하며 3) 가장

바치고, 3일마다 십일조를 드리라.

5 누룩 넣은 것을 불살라 감사로 드리는 제사인 수은제를 드리고, 자원해서 드리는 제사인 낙헌제를 소리내어 드리라. 그것이 너희가 기뻐하는 것이다. 여호와의 말씀이다.

6 "내가 너희 이를 깨끗하게 할 만큼 너희의 모든 성읍에 있는 처소에서 양식이 떨어지게 했다. 그래도 너희는 내게로 돌아오지 않았다." 여호와의 말씀이다.

7 "또 추수하기 3개월 전인 1월에 비를 멈추게 했다. 어떤 성읍에는 내리고, 어떤 성읍에는 내리지 않게 했더니 땅 한쪽은 비를 얻고, 다른 쪽은 비를 얻지 못해 말랐다. 이로 인해

8 두세 성읍 사람이 비틀거리며 다른 성읍으로 물을 마시러 갔지만 만족하게 마시지 못했다. 그래도 너희는 내게로 돌아오지 않았다." 여호와의 말씀이다.

9 "내가 곡식을 마르게 하는 병[1]과 깜부기를 나게 하여 너희를 쳤으며, 메뚜기의 일종인 팥중이로 너희의 많은 동산과 포도밭과 무화과나무와 올리브나무를 다 갉아먹게 했다. 그래도 너희는 내게로 돌아오지 않았다." 여호와의 말씀이다.

10 "내가 너희 가운데 애굽에서 전염병을 보낸 것처럼 전염병을 보냈고, 너희 청년들을 칼로 죽였으며, 너희 말들을 약탈당하게 하며, 너희 진영에 시체가 썩는 악취로 코를 찌르게 했다. 그래도 너희는 내게로 돌아오지 않았다." 여호와의 말씀이다.

11 "내가 너희 성읍을 소돔과 고모라를 무너뜨리는 것처럼 무너뜨렸기에 너희가 불붙는 가운데서 빼낸

나무 조각처럼 검게 그을리게 되었다. 그래도 너희는 내게로 돌아오지 않았다." 여호와의 말씀이다.

12 "그러므로 이스라엘아, 내가 너희에게 이같이 행할 것이다. 이스라엘아, 네 하나님을 만날 준비를 하라."

13 보라, 산들과 바람을 창조하시고, 하시고자 하는 것을 사람에게 보이시고, 새벽빛을 어둡게 하시며, 땅의 높은 데를 밟으시는 분의 이름은 만군의 하나님이시다.

애가

5 ● 이스라엘 족속아, 내가 너희에 대해 슬픈 노래로 지은 이 말을 들으라.

2 "처녀 이스라엘이 쓰러져서 다시 일어나지 못할 것이다. 자기 땅에 던져졌으나 일으켜 줄 자가 없을 것이다."

3 여호와께서 이렇게 말씀하셨다. "이스라엘 가운데서 1,000명이 행군해 나가던 성읍에는 100명만 남고, 100명이 행군해 나가던 성읍에는 10명만 남을 것이다."

여호와를 찾으라고 외침

4 ● 여호와께서 이스라엘 족속에게 이렇게 말씀하셨다. "너희는 나를 구하라. 그러면 살 것이다.

5 벧엘을 찾지 말라. 벧엘은 비참하게 될 것이다. 길갈로 들어가지 말라. 길갈은 반드시 사로잡힐 것이다. 브엘세바로도 나아가지 말라.

6 오직 너희는 여호와를 찾으라. 그러면 살 것이다. 그렇지 않으면 그가 불처럼 요셉의 집을 멸하리니 벧엘에서 그 불을 끌 자가 없을 것이다.

7 정의를 쓴 쑥처럼 만들고, 공의를 땅에 버리는 자들아,

1) 재앙

8 소자리 7별인 묘성과 오리온 별인 삼성을 만드시며, 사망의 그늘을 아침으로 바꾸시고, 낮을 어둔 밤으로 바꾸시며, 바닷물을 위로 올려 지면에 쏟으시는 이를 구하라. 그의 이름은 여호와이시다.

9 여호와는 강한 자도 졸지에 망하게 하시니 그 패망이 산성에까지 미친다.

10 너희는 재판정이 열리는 성문에서 옳은 말을 하는 자를 미워하며, 정직하게 말하는 자를 싫어한다.

11 너희가 악한 자를 짓밟고 그에게 곡물1)의 세금을 부당하게 징수했으니 비록 너희는 다듬은 돌로 집을 지어도 그곳에 살지 못하고, 아름다운 포도밭을 가꾸었지만 그 포도주를 마시지 못할 것이다.

12 내가 너희의 허물과 죄악이 얼마나 많고 큰지를 안다. 너희는 의로운 자를 학대하고, 뇌물을 받고 재판정에서 가난한 자들에게 부당한 판결을 하는 자이다.

13 그런 때는 분별력 있는 자가 침묵하니, 이는 때가 악하기 때문이다.

14 너희는 살기 위해 선을 구하고, 악을 구하지 말라. 그러면 너희의 말과 같이 만군의 하나님께서 너희와 함께하실 것이다.

15 너희는 악을 미워하고 선을 사랑하며, 재판이 이루어지는 성문에서 정의를 세우라. 어쩌면 만군의 하나님께서 혹시 요셉의 남은 자를 불쌍히 여기실지도 모른다.

16 그러므로 만군의 하나님께서 이렇게 말씀하신다. "사람이 모이는 광장마다 통곡 소리가 들리고, 모든 거리에서 '슬프다, 슬프다' 하는 소리가 들리며, 농부를 불러다가 애곡하게 하며, 울음꾼을 불러다가

17 모든 포도밭에서 통곡이 있을 것이다. 그것은 내가 너희 가운데로 지나가는 날에 심판할 것이기 때문이다."

18 여호와의 날을 기다리는 자여, 너희가 왜 여호와의 날을 기다리느냐? 그날에는 화가 있으리니 어둡고 빛이 없을 것이다.

19 그날은 마치 사람이 사자를 피하다가 곰을 만나는 것과 같고, 집에 들어가 벽에 손을 대었다가 뱀에게 물리는 것과 같을 것이다.

20 여호와의 날은 빛이나 빛나는 것이 하나도 없는 캄캄한 날이다.

21 "내가 너희 절기들을 싫어 거절하며, 너희가 성회로 모이는 것을 기뻐하지 않는다.

22 그러므로 너희가 내게 드리는 번제나 곡물로 드리는 소제를 내가 받지 않으며, 너희의 살진 희생의 화목제물도 내가 쳐다보지 않을 것이다.

23 비파2) 소리도 듣지 않을 것이니 네 노랫소리를 내 앞에서 그치라.

24 오직 정의를 물처럼 흐르게 하고, 공의를 항상 흐르는 강처럼 흐르게 하라.

25 이스라엘 족속아, 너희가 40년 동안 광야에서 희생과 곡물로 드리는 소제물을 내게 드린 적이 있었느냐?

26 이제는 너희 왕 식굿 신상과 기운 신상과 너희 우상들과 신들의 별 형상 등은 너희가 만든 우상이니 너희가 짊어지고 가야 할 것이다.

27 내가 너희를 다메섹 너머로 잡혀가게 할 것이다." 만군의 하나님이라 불리는 여호와의 말씀이다.

---

1) 밀　2) 거문고

이스라엘의 멸망

6 ●시온, 곧 예루살렘이 안전하다고 생각하여 그곳에 사는 교만한 자와 사마리아 산이 견고하다고 생각하여 그곳에 사는 마음이 든든한 백성들의 머리인 지도자들이여, 이스라엘 집이 너희를 믿고 따른다. 그러나 너희는 망할 것이다.

2 너희는 바벨론의 갈레성으로 가서 그곳을 살펴보고, 그곳에서 아람의 큰 성읍 하맛으로 가 보라. 또 블레셋 지역1)의 가드로 내려가 살펴보라. 너희가 그 나라들보다 나으냐? 그들의 영토가 너희 영토보다 넓으냐?

3 그런데 너희는 재앙의 날이 아직 멀다고 생각하여 폭력의 자리를 가까이 한다. 그리고

4 상아로 만든 침상에 누워 웅얼거리며, 양 떼에서 고른 어린 양과 우리에서 고른 송아지를 잡아먹고,

5 비파 소리에 맞추어 웅얼거리며, 자기를 위해 다윗처럼 악기를 제조하며,

6 대접으로 포도주를 마시며, 질 좋은 향유 기름을 몸에 바르면서 요셉이 겪은 환난에 대해서는 관심도 갖지 않는다.

7 그러므로 가장 먼저 포로로 잡혀가리니 술을 마시는 자2)의 떠드는 소리가 사라질 것이다.

8 만군의 하나님께서 스스로 맹세하셨다. "내가 야곱의 교만3)을 혐오하며, 그 요새 궁궐들을 미워하므로 그 성읍과 그곳에 있는 모든 것을 원수에게 넘겨줄 것이다."

9 그때는 한 집에 10명이 남아 있다고 해도 모두 죽을 것이다.

10 죽은 사람의 시체를 불사를 친척이 그 뼈를 집 밖으로 가져갈 때 그 집 깊숙한 곳에 살아남아 있는 자에게 "시체가 더 있느냐?"라고 물으면 그가 "없다"라고 대답할 것이다. 그러면 그 친척이 "조용히 하라. 이런 더럽혀진 곳에서는 우리가 여호와의 이름을 부르지 못할 것이다"라고 말할 것이다.

11 보라, 여호와께서 명령하시니 큰 집을 쳐서 부서지게 하고, 작은 집은 완전히 허물어질 것이다.

12 말들이 어찌 바위 위를 달릴 수 있으며, 소가 어찌 바위 위에서 밭을 갈 수 있겠느냐? 그런데 너희는 정의를 쓸개처럼 쓰게 만들었고, 공의의 열매를 쓴 쑥처럼 만들었다.

13 '허무한 것'이란 뜻의 로드발을 점령했다고 기뻐하며 말하기를 "우리는 우리 힘으로 '뿔들'이란 뜻의 가르나임을 정복했다"라고 한다.

14 만군의 하나님께서 말씀하셨다. "이스라엘 족속아, 내가 한 나라를 일으켜 너희를 치리니 그들이 시리아 오론테스 강가의 하맛 입구에서 아라바 시내까지 너희를 압제할 것이다."

아모스가 본 메뚜기, 불, 다림줄 재앙의 환상

📍성경지리 **가드(암 6:2)**

가드(Gath)의 정확한 위치는 오늘날 분명하지 않으나, 최근의 많은 학자들은 아스글론 동남쪽 약 24km 지점에 있는 '텔 세이크 아메드 엘 아레이니'(Tell Sheikh Ahmed el- Areini)라고 한다. 가드란 명칭의 뜻이 '포도주 짜는 기구'로 보아 이 근방에서 포도 생산이 많았던 것 같다. 이곳은 블레셋의 펜타폴리스(Pentapolis, 5市)의 하나이다(수 13:3). 이곳에는 거인족인 아낙 사람의 잔존자가 살고 있었는데(수 11:22), 다윗의 물맷돌에 맞아 죽은 거인 골리앗도 가드 사람이다(삼상 17:4). 또다른 곳으로는 텔 엘 사피(Tell el-Saphi)가 있다.

---

1) 사람 2) 기지개 켜는 자 3) 영광

7 ● 여호와께서 나에게 이런 것을 보여주셨다. 왕에게 드릴 풀을 베고 나서 다시 풀이 나기 시작할 때 주께서 메뚜기를 준비하시고

2 그 메뚜기가 땅의 풀을 다 갉아먹었다. 그때 내가 간구했다. "여호와여, 청컨대 용서하십시오. 야곱은 아직 어리고 약하니 어떻게 그것을 견딜 수 있겠습니까?" 그러자

3 여호와께서 뜻을 돌이키사 "이것이 이루어지지 않을 것이다"라고 말씀하셨다.

4 여호와께서 나에게 이런 것을 보여주셨다. 여호와께서 명령하여 불로 징벌하게 하시니 불이 큰 바다를 말리고 육지까지 사르려고 했다.

5 그때 내가 간구했다. "여호와여, 청컨대 이제 그쳐 주십시오. 야곱은 아직 어리고 약하니 어떻게 그것을 견딜 수 있겠습니까?" 그러자

6 여호와께서 뜻을 돌이키사 "이것도 이루어지지 않을 것이다"라고 말씀하셨다.

7 여호와께서 나에게 이런 것을 보여주셨다. 여호와께서 수평과 수직을 재는 다림줄을 손에 잡고 쌓은 담 곁에 서 계셨는데

8 나에게 말씀하셨다. "아모스야, 네가 무엇을 보느냐?" 내가 "다림줄입니다"라고 대답하자 주께서 말씀하셨다. "내가 내 백성 이스라엘 가운데 다림줄을 놓고 죄를 측량하여 다시는 용서하지 않을 것이다.

9 모든1) 산당들이 황폐되며, 이스라엘의 성소들이 파괴될 것이다. 내가 여로보암의 집을 칼로 멸망시킬 것이다."

아모스와
거짓 선지자 아마샤와의 대결

10 ● 벧엘에 있는 아마샤 제사장이 북이스라엘의 왕 여로보암 2세에게 사람을 보내 말했다. "이스라엘2) 족속 가운데 한 사람인 아모스가 왕에게 반역하는 예언을 합니다. 그가 하는 모든 말은 이 땅을 견딜 수 없게 합니다.

11 아모스가 이렇게 예언합니다. '여로보암 2세는 칼에 죽겠고, 이스라엘은 반드시 포로로 잡혀 이 땅에서 떠날 것이다.'"

12 그리고 아마샤가 아모스에게도 말했다. "선지자야, 너는 차라리 유다 땅으로 도망하여 그곳에서 예언하고 그곳에서나 빵을 먹고,

13 다시는 북이스라엘 땅 벧엘에서 예언하지 말라. 이곳은 여로보암 2세의 성소이며, 그의 나라의 궁전이 있는 곳이다."

14 아모스가 아마샤에게 대답했다. "나는 선지자가 아니며, 선지자의 아들도 아니다. 단지 나는 가축을 치는 목자이며, 무화과나무3)를 재배하는 자, 곧 과일에 흠집을 내어 빨리 익게 하는 자이다.

15 내가 양 떼를 따를 때 여호와께서 나를 불러 말씀하신 대로 '가서 내 백성 이스라엘에게 예언하라'고 한 말씀을 선포했을 뿐이다.

16 그러므로 이제 너는 여호와의 말씀을 들으라. 네가 말하기를 '북이스라엘에 대해 예언하지 말고, 이삭의 집을 치는 설교4)를 하지 말라'고 했다.

17 네 그 말 때문에 여호와께서 이같이 말씀하셨다. '네 아내는 성읍 안에서 창녀가 되고, 네 자녀들은 칼에 찔려 죽으며, 네 땅은 다른 사람들이 측량하여 나누어 가지며, 너는 그 더러운 땅에서 죽을 것이다.

1) 이삭의 2) 유다 3) 쉬크마, 뽕나무 4) 경고

그리고 이스라엘은 반드시 그의 땅에서 포로로 잡혀가게 될 것이다.”

아모스가 본
여름 과일이 담긴 광주리의 환상

8 ● 여호와께서 나에게 여름 과일 광주리 하나를 보여주셨다.

2 그때 여호와께서 물으셨다. “아모스야, 네가 무엇을 보느냐?” 내가 “여름 과일 한 광주리입니다”라고 대답하자 여호와께서 나에게 말씀하셨다. “내 백성 이스라엘의 마지막이 이르렀으니 다시는 그들을 용서하지 않을 것이다.

3 그날에는 궁전에서 부르는 노래가 애가로 바뀔 것이다. 온 땅에 시체가 널려 사람이 조용히 그 시체들을 내다버릴 것이다.”

4 가난한 자를 압제하며 땅의 약한 자를 짓밟으려고 하는 자들아, 이 말을 들으라.

5 너희가 말한다. “초하루, 곧 월삭이 언제 지나서 우리가 곡식을 내다 팔며, 안식일이 언제 지나서 우리가 밀을 내다 팔 수 있을까? 에바를 작게 하고, 저울추1)을 크게 한 거짓 저울로 속일 수 있을까?

6 돈2)으로 약한 자를 사고, 신 한 켤레 값으로 가난한 자를 사며, 땅에 떨어진 찌꺼기 밀까지도 팔자.”

7 여호와께서 자기 스스로 야곱의 영광을 두고 맹세하셨다. “내가 그들의

모든 행위를 반드시 기억하고 심판할 것이다.

8 이로 인해 땅이 떨며, 그 가운데 모든 주민이 애통해할 것이다. 온 땅이 강이 넘치는 것처럼 솟아오르며, 애굽 나일강처럼 뛰놀다가 가라앉을 것이다.”

9 여호와께서 말씀하셨다. “그날 내가 해를 대낮에 지게 하여 대낮에도 땅을 캄캄하게 하고,

10 너희 축제 절기를 통곡으로, 너희 모든 노래를 애가로 바뀌게 하고, 모든 사람의 허리에 굵은 베를 동이게 하며, 모든 머리를 대머리가 되게 하며, 독자의 죽음으로 인해 통곡하게 하여 심히 고통스러운 날과 같게 할 것이다.”

11 여호와께서 말씀하셨다. “보라, 그날이 되면 내가 땅에 기근을 보내리니 양식이 없어 주리는 것이 아니며, 물이 없어 갈증을 느끼는 것이 아니라 여호와의 말씀을 듣지 못해 갈증을 느낄 것이다.

12 사람이 여호와의 말씀을 찾으려고 이 바다에서 저 바다까지, 북쪽에서 동쪽까지 비틀거리며 돌아다녀도 얻지 못할 것이다.

13 그날에는 아름다운 처녀와 젊은 남자가 다 목이 말라 쓰러질 것이다.

14 사마리아의 부끄러운 죄된 우상을 두고 ‘최북단 도시 단의 신들이 살아있는 한 맹세한다’라고 하거나 ‘최남단 도시 브엘세바의 신은 살아 있다’라고 맹세하는 사람은 엎드려져 다시는 일어나지 못할 것이다.”

아모스가 제단 곁에서
말씀하시는 모습을 봄

9 ● 나는 주께서 제단 곁에 서서 말씀하시는 것을 보았다. “기둥

월삭(암 8:5)

매 달의 첫날, 곧 월초를 의미한다. 율법에서는 이 날을 일상적으로 드리는 상번제와 함께 수송아지와 숫양을 드리고, 숫염소를 속죄제로 드리도록 규정하고 있다. 월삭에는 번제와 함께 기름 섞은 소제가 드려졌고 절기를 알리는 나팔을 불었다. 그래서 전달에 지은 죄가 이 날에 드리는 속죄제로 인해 덮여졌다.

1) 세겔 2) 은

머리를 쳐서 그 문지방이 흔들리고, 그 기둥이 부서져 무리의 머리에 떨어지게 하라. 그곳에서 살아남은 자는 칼로 죽이리니 한 사람도 도망가거나 피하지 못할 것이다.

2 그들이 땅을 파고 무덤인 스올로 들어간다고 해도 내 손이 그곳에서 끄집어내고, 하늘로 올라간다고 해도 내가 그곳에서 끌어내리며,

3 갈멜산 꼭대기에 숨는다고 해도 내가 그곳에서 그들을 찾아내고, 내 눈을 피해 바다 밑에 숨는다고 해도 내가 그곳에서 바다 뱀에게 명령하여 물게 할 것이다.

4 또 그 원수 앞에 포로로 잡혀간다고 해도 내가 거기서 칼에게 명령하여 죽이도록 할 것이다. 내가 복이 아니라 벌을 내리기 위해 그들을 지켜볼 것이다."

5 만군의 여호와는 땅을 쳐 녹아지게 하사 그곳에 사는 자들을 애통하게 하시며, 그 온 땅이 강의 넘침처럼 솟아오르며 애굽 나일강처럼 가라앉게 하시는 분이다.

6 그분은 자신의 궁전을 하늘 높은 곳에 세우시고, 그 하늘 공간의 기초를 땅에 두시며, 바닷물을 위로 올려 지면에 쏟으시는 분이니 그 이름은 여호와이시다.

7 여호와께서 말씀하셨다. "이스라엘 자손들아, 너희는 내게 경멸의 대상이 된 에티오피아, 곧 구스 족속과 같지 않으냐? 내가 너희를 애굽 땅에서 이끌어내고, 블레셋 사람을 그레데섬, 곧 갑돌에서 그리고 아람 사람을 기르에서 올라오게 하지 않았느냐?

8 보라, 여호와의 눈이 범죄한 나라를 살피리니 내가 그 나라를 지면에서 몰살시킬 것이다. 그러나 야곱의 집은 완전히 몰살시키지 않을 것이다.

9 보라, 내가 명령하여 이스라엘 족속을 세상 모든 나라 가운데서 체로 까부르듯 체질하리니 알갱이는 한 알도 땅에 떨어지지 않을 것이다.

10 내 백성 가운데서 '화가 우리에게 미치지 않으며 이르지도 않을 것이다'라고 말하는 모든 죄인은 칼에 죽을 것이다."

이스라엘의 회복을 약속하심

11 ● 여호와께서 말씀하셨다. "그날이 되면 내가 다윗의 무너진 장막을 다시 일으키고, 그것들의 틈을 막으며, 그 허물어진 것을 일으켜 옛날과 같이 다시 세울 것이다.

12 그리고 그들로 에돔의 남은 자와 내 이름으로 일컫는 세상의 모든 나라를 산업으로 얻게 할 것이다."

13 여호와께서 말씀하셨다. "보라, 그날이 되면 곡식을 추수하는 자가 추수가 끝나자마자 뒤를 이어 바로 땅을 갈아엎고, 씨를 뿌리자마자 곧바로 포도주를 만들기 위해 포도를 밟을 것이다. 산들은 새1)포도주를 흘리며, 언덕마다 넘칠 것이다.

14 내가 사로잡혀 간 내 백성 이스라엘을 돌아오게 하리니 그들이 돌아와 황폐한 성읍을 다시 세워 그곳에 살면서, 포도밭들을 가꿔 그 포도주를 마시며, 과수원들을 만들어 그 열매를 먹을 것이다.

15 내가 그들을 그들이 살 땅에 심으리니 내가 준 땅에서 그들을 다시는 뽑히지 않게 할 것이다."

1) 단

오바댜 Obadiah

제목 히브리어 성경에는 인명에 따라 오바드야, 70인역에도 저자의 인명에 따라 붙임
기록연대 기원전 848-841년경 **저자** 오바댜 **중심주제** 에돔 족속에 대한 예언
내용소개 1. 에돔에 대한 심판의 확실성과 철저성(심판 예언) 1장 1-9절
2. 심판받을 수 밖에 없는 에돔의 범죄(심판 이유) 1장 10-14절 3. 열방에 대한 하나님의 심판
(심판 선포) 1장 15-18절 4. 이스라엘에 대한 하나님의 구원 약속(회복 약속) 1장 19-21절

오바댜의 계시와 에돔에 대한 심판 예언

1 ● 오바댜가 받은 계시이다. 여호와께서 에돔에 대해 이렇게 말씀하셨다. 우리가 여호와로 인해 소식을 들었으니, 곧 하나님께서 각 나라로 사자를 보내며 "너희는 일어나라. 우리가 에돔과 싸우러 가자"라고 말씀하시는 것을 보았다.

2 "보라, 내가 너를 나라들 가운데 가장 보잘것없는 나라로 만드리니 네가 크게 멸시를 받을 것이다.

3 바위틈에 거처를 만들고 높은 곳에 집을 짓는 자여, 네가 마음속으로 '누가 감히 나를 땅에 끌어내리겠느냐?'라고 생각하니 네 마음의 교만이 너 자신을 스스로 속이고 있다.

4 네가 독수리처럼 높은 곳과 별 사이에 둥지를 튼다고 해도 내가 그곳에서 너를 끌어내릴 것이다." 이는 여호와의 말씀이다.

5 "혹시 도둑이 네게 들어오고 밤중에 강도가 네게 들이닥쳐도 만족할 만큼만 훔치면 그만둘 것이다. 혹시 포도를 훔치는 자가 네게 들이닥쳐도 얼마쯤은 남겨 놓는다. 그러나 너는 그것보다 더 망해 아무것도 남지 않을 것이다.

6 에서의 후손 에돔이 왜 그렇게 약탈당했으며, 어떻게 그 감춘 보물을 그렇게까지 빼앗겼는가?

7 너와 동맹을 맺은 모든 자가 오히려 너를 나라 밖으로 쫓아내며, 너와 평화 조약을 맺은 자들이 너를 속여 오히려 정복할 것이다. 지금 너와 함께 먹던 동맹국들이 네 발아래 함정을 파 놓았지만 너는 그것을 깨닫지 못한다."

8 이는 여호와의 말씀이다. "그날 내가 에돔에서 지혜 있는 자를 멸하며, 에서의 산에서 슬기로운 자를 멸할 것이다.

9 아, 네 용사들이 놀랄 것이다. 그로 인해 에서의 산에 있는 사람은 모두 죽임을 당하여 진멸될 것이다.

10 네가 네 형제 야곱, 곧 이스라엘에게 행한 폭력으로 인해 부끄러움을 당하고 영원히 진멸될 것이다.

11 이방인이 이스라엘의 재물을 빼앗아 가며, 외국인이 그의 성문에 들어가서 제비를 뽑아 예루살렘을 정복하여 나누어 가질 때 너는 멀리서 지켜보기만 했다.

12 너는 형제 나라가 재앙을 당할 때 방관하고, 유다 자손이 패망하고 고난을 당하는 날에 입을 크게 벌려 기뻐하지 말았어야 했다.

13 내 백성 이스라엘이 환난을 당하는 날 너는 그들의 성문에 들어가지 말라. 환난을 당하는 날 네가 그 고난을 비웃지 말고, 그 재물에 취하지 말라.

14 갈림길에 서서 그 도망하는 자를

죽이려고 하지 말라. 재앙의 날에 그 살아남은 자를 잡아 원수에게 넘기지 말라.

　　세상 나라를 벌하실 날과
　　여호와께 속할 나라

15 ● 여호와께서 세상 모든 나라를 심판하실 날이 가까웠으니 네가 행한 대로 너도 심판을 받을 것이다.

16 너희가 내 거룩한 산에서 마신 그 잔으로 세상 나라 사람들이 계속 마실 것이다. 곧 마시고 삼켜서 사라지게 될 것이다.

17 그러나 오직 살아남아 시온산으로 피할 자가 있으리니 그 산은 거룩한 곳이 될 것이며, 야곱 족속은 자기 유업을 누릴 것이다.

18 그때 야곱 족속은 불이 되고, 요셉 족속은 불꽃이 될 것이다. 그러나 에서의 후손 에돔 족속은 지푸라기가 될 것이다. 그래서 야곱의 불이 그 검불1)에 붙어 에돔 족속을 불사르리니 에서의 족속에 살아남

은 자가 없을 것이다." 이는 여호와의 말씀이다.

19 "유다의 남쪽 지역에서 올라온 유다 백성은 에서의 산을 차지하며, 세펠라 평지에서 올라온 유다 백성은 블레셋 지역을 차지할 것이다. 또 그들은 에브라임과 사마리아 지역2)을 차지하며, 베냐민은 요단강 동쪽의 길르앗을 차지할 것이다.

20 사로잡혔던 이스라엘의 많은 자손은 돌아와서 가나안 사람이 살던 이 땅을 두로 북쪽에 있는 사르밧까지 차지하며, 예루살렘에서 유배되었던 스바랏에 있는 자들은 돌아와서 유다 남쪽 지역의 성읍들을 차지할 것이다.

21 구원받은 자들이 시온산에 올라와서 에돔3)의 산을 심판하리니 그 나라가 여호와의 소유가 될 것이다."

1) 그들 위　2) 들　3) 에서

요나
Yonah

제목	히브리어 성경에는 인명에 따라 요나. 70인역에도 저자의 인명에 따라 붙임
기록연대	기원전 760년경　**저자** 요나　**중심주제** 앗수르의 수도 니느웨에 대한 예언
내용소개	1. 배 안에서(요나의 불순종) 1장　2. 물고기 뱃속에서(요나의 기도) 2장
	3. 니느웨성에서(요나의 선포) 3장　4. 햇빛에서(요나의 불만) 4장

　　요나가 여호와를 피해 달아남

1 ● 여호와께서 아밋대의 아들 요나에게 말씀하셨다.

2 "너는 일어나 저 큰 니느웨성으로 가서 그 성을 향해 외치라. 그들의 죄악이 내 앞에까지 이르렀다."

3 그러나 요나가 여호와의 낯을 피해 다시스1)로 도망하기 위해 욥바로 내려갔다. 때마침 요나는 다시스로

가는 배를 만나 그 뱃사람들과 함께 다시스로 가기 위해 뱃삯을 주고 배에 올랐다.

4 그러나 여호와께서 큰 바람을 바다 위에 불게 하사 큰 폭풍이 일어나니 배가 파손될 지경에 이르렀다.

5 이에 뱃사람들이 두려움에 싸여 각자 자기가 섬기는 신에게 부르

1) 스페인 또는 사실리섬

짖고, 또 배를 가볍게 하기 위해 배 안에 있는 짐들을 바다에 던졌다. 그런 가운데서도 요나는 배 밑창으로 내려가서 깊은 잠에 빠져 있었다.

6 선장이 그에게 와서 말했다. "너는 어찌 잠을 자고 있느냐? 일어나서 네 신, 하나님에게 구하라. 혹시 당신의 신이 우리를 생각한다면 죽지 않게 하시지 않겠느냐?"

7 그래도 풍랑이 계속해서 일어나자 그들이 서로 말했다. "자, 이 재앙이 누구 때문에 우리에게 임했는지 제비를 뽑아 알아보자." 그리고 제비를 뽑자 요나가 뽑혔다.

8 뱃사람이 요나에게 물었다. "청컨대 너는 누구 때문에 이 재앙이 우리에게 임했는지 말하라. 네 생업이 무엇이며, 네가 어디서 왔으며, 어느 나라 어느 민족에 속한 사람이냐?"

9 요나가 대답했다. "나는 히브리 사람으로 바다와 육지를 지으신 하늘의 하나님을 경외하는 자이다." 그런 후

10 요나는 그들에게 자기가 하나님의 낯을 피해 도망가는 것 때문에 풍랑이 일어난 것임을 말했다. 그 말을 들은 뱃사람들이 심히 두려워하여 말했다. "왜 너는 그런 일을 행했느냐?"

11 바람과 파도가[1] 점점 심해지자 뱃사람이 요나에게 물었다. "우리가 너를 어떻게 해야 파도가 잔잔해지겠느냐?"

12 요나가 대답했다. "나를 바다에 던지라. 그러면 바다가 잔잔해질 것이다. 나는 너희가 이 큰 폭풍을 만난 것이 나 때문인 줄을 알고 있다."

13 그러나 그 사람들이 그렇게 하지 못하고 힘써 노를 저어 배를 육지에 대고자 했으나 폭풍으로 파도가 점점 더 심해져 배를 육지에 정박시키지 못했다.

14 그러자 뱃사람들이 요나가 믿는 여호와께 부르짖었다. "여호와여, 간구합니다. 이 한 사람 요나의 생명 때문에 우리 모두를 죽이지 마십시오. 죄 없는 자의 피를 우리에게 돌리지 마십시오. 여호와께서는 주의 뜻대로 행하십시오." 그러고는

15 요나를 바다에 던지자 파도가 잔잔해졌다.

16 이에 뱃사람들이 여호와를 크게 두려워하여 그에게 제물을 드리고 서원했다.

요나의 기도

17 ● 여호와께서는 미리 큰 물고기를 준비하여 요나를 삼키게 하셨으므로 요나가 3일 밤낮을 물고기 뱃속에서 지냈다.

2 요나가 물고기 뱃속에서 하나님께 이렇게 기도했다.

2 "내가 고난 가운데 여호와께 간구했더니 주께서 내게 응답하셨습니다. 내가 무덤인 스올 또는 음부 속에서 부르짖었더니 주께서 내 호소를 들어주셨습니다.

3 주께서 나를 바다 깊은 곳에 던지셨기에 큰 물이 나를 에워싸고, 주께서 일으키신 파도와 큰 물결이 내 위에 넘쳤습니다.

4 내가 '주 앞에서 쫓겨났어도 다시 주께서 계신 성전을 바라보겠습니다'라고 말했습니다.

5 물이 내 영혼까지 덮쳤으며, 깊음이 나를 에워싸고, 바다풀이 내 머리를 휘감았습니다.

---

1) 바다

6 내가 땅속[1]까지 내려갔으며, 땅이 나를 밖으로 나오지 못하도록 빗장으로 오랫동안 막았습니다. 그러나 나의 하나님이여, 주께서는 구덩이에서 내 생명을 건지셨습니다.

7 내 생명이 힘없이 사라져 갈 때 내가 주를 기억했더니 내 기도가 주께서 계신 성전에까지 이르렀습니다.

8 거짓되고 헛된 우상을 숭배하는 자들은 주께서 베풀어 주신 은혜를 저버렸습니다.

9 그러나 나는 감사하는 목소리로 주께 희생제사를 드리며, 내가 서원한 것을 주께 이행하겠습니다. 구원은 여호와께로만 옵니다.”

10 여호와께서 그 물고기에게 명령하시자 물고기가 요나를 육지에 토해 냈다.

니느웨 백성의 회개

3 ● 여호와께서 다시 요나에게 말씀하셨다.

2 “너는 서둘러 저 큰 니느웨성으로 가서 내가 네게 명령한 것을 그들에게 외치라.”

3 이에 요나가 여호와의 말씀대로 길을 떠나 지중해에서 1,100㎞ 정도 떨어진 니느웨로 갔다. 니느웨는 한 번 도는 데 3일을 걸어야 할 만큼 큰 성읍이었다.

4 요나가 니느웨성에 들어가서 “40일이 지나면 니느웨가 무너질 것이다”라고 하루 종일 외쳤다.

5 그러자 니느웨 사람들이 하나님의 말씀을 믿고, 금식을 선포하고, 높은 사람부터 낮은 자까지 모두 굵은 베옷을 입었다.

6 그 일이 니느웨 왕에게 들리자 왕이 보좌에서 일어나 왕복을 벗고 굵은 베옷을 입고 잿더미 위에 앉았다.

7 왕이 그의 대신들을 통해 조서를 내려 니느웨에 선포했다. “사람은 물론 짐승이나 소와 양 떼도 어떤 먹을 것이나 마실 물도 입에 대지 말라.

8 모든 사람은 베옷을 입고, 짐승에게는 굵은 베옷을 입히라. 그리고 힘써 하나님께 부르짖으며, 각기 행하던 악한 길에서 돌이키고, 손으로 행한 폭력에서 떠나라.

9 그러면 하나님께서 뜻을 돌이키시고 그 진노를 그쳐 우리가 멸망하지 않도록 하실 것이다.”

10 하나님께서는 그들이 그 악한 길에서 돌이켜 떠난 것을 보시고 뜻을 돌이켜서 그들에게 내리려고 말씀했던 재앙을 내리지 않으셨다.

요나의 분노와 하나님의 자비

4 ● 그러자 요나가 매우 못마땅해 화를 내더니

2 여호와께 이렇게 기도했다. “여호와여, 내가 고국에 있을 때 이렇게 될 것이라고 말씀드리지 않았습니까? 그래서 내가 속히 다시스로 도망했던 것입니다. 나는 주께서 은혜로우시며, 자비가 많으시며, 분노를 오래 참으시며, 사랑[2]이 크셔서 뜻을 돌이켜 재앙을 내리지 않으시는 하나님인 줄을 알고 있었습니다.

3 그러니 여호와여, 원컨대 이제 내

📍성경지리　니느웨(욘 1:2, 3~4장)

니느웨(Nineveh)는 티그리스강 유역에 자리잡은 현재 이라크 영내에 속한다. 오늘날 모술에서 곧바로 강을 건너면 티그리스강의 동편에 위치하고 있다. 니느웨는 인류의 역사와 함께 세워진 장구한 역사를 지닌 고도로서 성 주위에는 약 13㎞에 이르는 정방형의 성벽으로 에워싸여 있다. 그 면적은 욘 3:2에 니느웨성을 한 번 도는 데 3일 길이라고 할만큼 매우 커서 220만 평에 달한다.

1) 산의 뿌리　2) 인애

생명을 거두어 가십시오. 나는 사는 것보다 죽는 것이 더 낫습니다."

4 여호와께서 요나의 기도를 들으시고 "네가 성내는 것이 옳은 일이냐?"라고 반문하셨다.

5 요나가 그 성읍에 어떤 일이 일어나는지를 보기 위해 니느웨성 밖으로 나가 성읍 동쪽으로 가서 초막을 지은 후 그늘 아래에 앉았다.

6 이에 하나님께서 아주까리[1]를 준비하여 그 그늘로 요나를 가리게 하셨다. 이는 햇빛으로 인한 그의 괴로움을 면하게 해주려고 하신 것이었다. 요나가 아주까리로 인해 기분이 좋아졌다.

7 그러나 이튿날 새벽 하나님께서 벌레를 준비하여 아주까리를 갉아먹게 하시니 아주까리가 곧 시들었다.

8 해가 뜰 때 하나님께서 뜨거운 동풍을 불게 하시니 해가 요나의 머리에 내리쬐고, 요나는 정신이 없을 정도로 온몸에 힘이 빠져 스스로 죽기를 구했다. "사는 것보다 죽는 것이 내게 낫습니다."

9 그때 하나님께서 요나에게 말씀하셨다. "네가 이 아주까리가 죽어 그늘이 없다고 화를 내는 것이 어찌 옳은 일이냐?" 요나가 대답했다. "내가 죽기까지 화를 내어도 옳습니다."

10 여호와께서 다시 요나에게 말씀하셨다. "네가 수고도 하지 않고 기르지도 않은 하룻밤에 났다가 하룻밤에 말라 버린 이 아주까리를 아끼지 않느냐?

11 하물며 이 큰 니느웨성에는 옳고 그름을 가릴 줄 모르는 사람 약 12만 명과 수많은 가축이 있는데, 어찌 내가 아끼지 않겠느냐?"

1) 박 넝쿨

미가 · Micah

제목 히브리어 성경에는 인명에 따라 미가(미카이야), 70인역에도 미카이아스
기록연대 기원전 700년경 **저자** 미가 **중심주제** 유다 지도자들과 부자의 탐욕에 대한 책망

내용소개 * 징벌(재앙의 날) = 처벌 1. 사마리아와 유다에 대한 심판, 지도자와 거짓 선지자에 대한 심판 1~3장 * 회복(위로의 날) = 약속 2. 메시아 왕국의 도래, 메시아 탄생(남은 자의 구원) 4~5장 * 회개(법정의 날) = 용서 3. 여호와의 변론 = 이스라엘을 책망, 최후의 구원에 대한 약속 6~7장

야곱의 허물, 이스라엘의 죄

1 ● 이것은 여호와께서 라기스 북쪽 12km에 위치한 모레셋 출신인 미가에게 사마리아와 예루살렘에 대해 하신 계시의 말씀이다. 이때는 유다의 요담왕과 아하스왕과 히스기야왕 시대이다.

2 백성들아, 너희는 모두 들으라. 땅과 그곳에 있는 모든 것은 귀를 기울여 들으라. 여호와께서 너희에 대해 성전에서 증언하실 것이다.

3 여호와께서는 그의 처소에서 나오사 땅의 높은 곳을 짓밟으실 것이다.

4 불 앞에 녹는 밀초처럼, 비탈로 쏟아지는 물처럼 여호와 앞에서 산들이 녹고 골짜기들이 갈라질 것이다.

5 이 모든 일은 야곱의 허물과 이스라엘 족속의 죄로 인한 것이다. 야곱의

허물이 누구 때문이냐? 바로 사마리아가 아니냐? 유다가 산당에서 섬긴 책임이 누구에게 있느냐? 바로 예루살렘이 아니냐?

6 그러므로 내가 사마리아를 들의 쓰레기¹⁾같게 하고, 포도나 심을 동산 같게 할 것이다. 또 사마리아성의 돌들을 골짜기에 쏟아내리니 그 성의 기초까지 무너뜨릴 것이다.

7 그 새긴 우상들은 다 부서지고, 그 음행으로 모은 재물은 다 불살라지며, 내가 나무로 만든 목상 우상들을 다 부수리니 그가 몸을 팔아 돈을 모았으므로 그 돈이 다시 기생의 몸값으로 나갈 것이다.

8 그러므로 내가 슬퍼 통곡하고 벌거벗은 몸으로 다니며, 승냥이²⁾처럼 애곡하고, 타조처럼 애통할 것이다.

9 사마리아의 상처는 고칠 수 없고, 그것이 유다까지 번지며, 내 백성의 성문인 예루살렘까지도 번졌기 때문이다.

10 이 사실을 블레셋 도시 가드에 알리지 말며 절대 울지 말라. 베들레아브라에서는 티끌에서 울며 뒹굴어라.

11 라기스 남동쪽의 사빌 주민아, 너는 벗은 몸에 수치를 당할 것이다. 사나운 주민은 자기의 성읍에서 나오지 못하고, 벧에셀은 애곡하여 너희에게 의지할 곳이 없게 할 것이다.

12 마롯 주민이 고통 가운데서 벗어나기를 바라니 그것은 재앙이 여호와께로 인해 예루살렘 성문에까지 임했기 때문이다.

13 브엘세바 북쪽 48km에 위치한 라기스 주민아, 너는 빠른 말로 병거를 끌게 하라. 라기스는 딸 시온의 죄의 시작이니 이는 이스라엘의 허물이 네게서 보였기 때문이다.

14 그러므로 너는 가드 모레셋 주민에

게 작별의 예물을 주라. 악십의 집들이 이스라엘 왕들을 속일 것이다.

15 마레사 주민아, 내가 장차 너를 정복할 자를 네게로 오게 하리니 이스라엘의 영광이 마레사 북동쪽 9km의 굴이 많은 지역인 아둘람까지 올 것이다.

16 너는 네 기뻐하는 자식으로 인해 네 머리털을 밀어 대머리처럼 하라. 네 머리가 독수리처럼 대머리가 되게 하라. 이는 너희 자녀가 네 품을 떠나 포로로 잡혀갈 것이기 때문이다.

멸망할 자들

2 ● 침대에서 죄를 계획하며, 악을 꾸미는 자들에게 화가 있을 것이다. 그들은 날이 밝으면 그 손에 권력이 있기 때문에 날이 밝자마자 음모를 행한다.

2 그들은 밭들과 집들이 탐나면 억지로 빼앗으니 사람과 그 집과 그의 재산을 강제로 빼앗는다.

3 그러므로 여호와께서 말씀하셨다. "내가 이 족속에게 재앙을 계획하고 있으니 너희는 이 재앙에서 벗어나지 못하며, 교만하게 다니지 못할 것이다. 이는 재앙의 때가 되었기 때문이다."

4 그때 사람들은 너희를 조롱하는 시를 이렇게 지으며 슬픈 노래를 부를 것이다. "우리가 완전히 망하게 되었다. 주께서 내 백성의 유업을 옮겨 내게서 떠나게 하시며, 우리 밭을 나누어 패역자에게 주시는도다."

5 그러므로 여호와의 회중에서 나누어 줄 몫에 줄을 대어 측량해 너희에게 줄 자가 아무도 없을 것이다.

6 그러나 그들이 말하기를 "너희는

1) 무더기 2) 들개

우리에게 예언하지 말라. 그런 말은 예언할 것이 못 된다. 그런 일은 우리에게 일어나지 않는다"라고 한다.

7 너희 야곱의 족속아, 왜 너희는 "여호와의 영도 분노하시는가, 정말 주께서 그런 일을 하시겠는가"라고 말하느냐? 정직하게 행하는 자에게 내 말은 유익할 것이다.

8 그러나 요즘 내 백성은 원수처럼 일어나 전쟁을 피해 고향으로 평안히 돌아가는 자들의 겉옷을 벗겨 빼앗으며,

9 내 백성의 아내1)들을 그들의 정든 집에서 쫓아내고, 그들의 어린 자녀에게서 내가 준 복2)을 영원히 빼앗는다.

10 이곳은 너희의 안식처가 아니니 일어나 떠나가라. 이곳은 이미 더러워져서 반드시 멸망당하리니 그 멸망이 클 것이라고 한다.

11 만일 속이는 자가 와서 말하기를 "내가 포도주와 독주에 대해 네게 예언하리라"고 거짓말하면 그 사람을 이 백성의 선지자로 여겨 그를 좋아한다.

12 야곱아, 내가 반드시 이스라엘의 남은 자를 모으고 에돔 지역의 성인 보스라의 양 떼와 초장의 양 떼처럼 너희를 한 처소에 둘 것이다. 그러면 사람들이 떠들썩하며,

13 길을 여는 자가 그들 앞에 올라가고 그들은 길을 뚫어 성문을 부수고 밖으로 나가며, 그들의 왕이 앞서가며, 여호와께서는 선두에서 그들을 인도하실 것이다.

미가가 이스라엘 통치자들을 고발함

3 ● 내가 또 말한다. "야곱의 우두머리들과 이스라엘 족속의 통치자들은 들으라. 정의를 아는 것이 너희의 마땅한 일이 아니냐?

2 그런데 너희가 선한 것을 미워하고 악한 것을 좋아하여 내 백성의 가죽을 벗기고, 그 뼈에서 살을 뜯어

3 그들의 살을 먹으며, 그 뼈를 부수어 다지기를 고기처럼 하여 냄비와 솥 가운데 담는다.

4 그때 그들이 부르짖어도 여호와께서는 응답하지 않으시고, 그들의 행위가 이렇듯 악했기에 그들의 간구를 들어주지 않으실 것이다."

5 이런 허망한 선지자에 대해 여호와께서 말씀하셨다. "내 백성을 유혹하는 선지자들은 씹는 이에 먹을 것이 있으면 평안을 외치지만 그 입에 먹을 것을 채워주지 않으면 전쟁을 선포한다.

6 그러므로 너희가 밤을 만나리니 더 이상 계시를 보지 못하며, 어둠을 만나리니 점을 치지 못할 것이다." 이런 선지자들에게는 해가 가려져 낮에도 캄캄할 것이다.

7 하나님께서 그들에게 응답하시지 않으므로 허망한 선지자들과 점쟁이들이 부끄러워하며 수치를 당하여 다 입술을 가리게 될 것이다. 하나님께서 그들에게 응답하시지 않기 때문이다.

8 그러나 오직 나는 여호와의 영으로 인해 능력과 정의와 담대함으로 충만해져 야곱의 죄를 꾸짖고, 그들에게 이스라엘의 죄를 전할 것이다.

9 야곱 족속의 정의를 미워하고 정직한 것을 굽게 하는 지도자들과 이스라엘 족속의 통치자들은 이 말을 들으라.

10 너희는 시온을 피로, 예루살렘을 죄악으로 세운다.

11 그들의 지도자들은 뇌물을 받고 의한 재판을 하며, 그들의 제사장은

1) 부녀 2) 영광

산을 위해서 가르치며, 그들의 선지자는 돈을 위해 점을 치면서도 이렇게 말한다. "여호와께서 우리 가운데 계시니 재앙이 우리에게 임하지 않을 것이다."

12 그런 너희 때문에 시온은 밭처럼 갈아엎어지고, 예루살렘은 폐허가 되고, 성전의 산은 수풀이 우거진 언덕 높은 곳이 될 것이다.

여호와께서 이루실 평화

4 ● 세상 끝날에 여호와의 성전이 있는 산은 가장 뛰어난 산으로 우뚝 서고, 모든 언덕보다 높이 솟으리니 민족이 그리로 모여들 것이다.

2 많은 백성이 이곳으로 오며 이렇게 말할 것이다. "오라, 우리가 여호와의 산으로 올라가자. 야곱의 하나님께서 계신 성전으로 가자. 그가 그의 길을 우리에게 가르치시리니 우리가 그 길을 따를 것이다." 이는 율법이 시온에서 나오며, 여호와의 말씀이 예루살렘에서 나오기 때문이다.

3 여호와께서는 세상 나라들 사이에서 판단하시고 많은 백성을 판결하시리니, 사람들이 그들의 칼을 쳐서 쟁기를 만들고 창을 쳐서 낫을 만들 것이다. 나라끼리 다시는 칼을 들고 서로를 공격하거나 전쟁을 준비하지 않을 것이다.[1]

4 각 사람은 자기 포도나무와 무화과나무 아래에 앉고, 그들을 두렵게 할 자가 없을 것이다. 이는 만군의 여호와께서 하신 말씀이다.

5 세상의 모든 이방 사람이 각각 자기의 신을 섬기고 순종하지만 우리는 오직 우리 하나님만을 섬기며 순종할 것이다.

6 여호와께서 말씀하셨다. "그날에는 내가 저는 자를 불러 모으며, 쫓겨난

자와 내가 환난을 당하게 내버려 둔 자를 내게로 모아

7 발을 저는 자로 남은 백성이 되게 하고, 멀리 쫓겨났던 자들로 강한 나라가 되게 하며, 나 여호와가 시온산에서 지금부터 영원까지 그들을 다스릴 것이다."

8 너 양 떼를 지키는 망대여, 딸 시온에 있는 오벨[2]이여, 딸 예루살렘의 나라가 이전처럼 통치권이 회복되고 네게로 돌아올 것이다.

9 왜 너희는 큰 소리로 부르짖느냐? 너희 가운데 왕이 없어졌고 네 자문관이 죽었으므로 네가 해산하는 여인처럼 고통하고 있는 것이냐?

10 딸 시온아, 이제 너는 성읍에서 나가서 들에서 살며, 해산하는 여인처럼 몸부림치고 소리치라. 또 너는 바벨론까지 가서 그곳에서 구원을 얻고, 여호와께서 그곳에서 너를 네 원수들의 손에서 구원해 내실 것이다.

11 이제 많은 이방 사람이 연합하여 너를 치러 와서 "시온, 곧 예루살렘이 더럽게 되며 그것을 우리 눈으로 지켜보자"라고 말할 것이다. 그러나

12 그들이 그렇게 말하는 것은 여호와의 뜻을 알지 못하고 그의 계획을 깨닫지 못했기 때문이다. 여호와께서

風習
타작 마당(미 4:12)

타작 마당(threshing floor)은 곡식을 타작하기 위해 만든 돌로 보통 직경이 7~12m 정도이며 곡식밭 중 바람을 잘 이용할 수 있도록 가장 높은 곳에 원형으로 만들었다. 타작 마당은 우선 밖으로 곡식이 나가지 못하도록 테두리에 돌로 경계를 쌓았으며 안쪽은 돌을 주어내고 평평하게 한 다음 물을 뿌려 땅을 다지고 단단하게 하였다.

---

1) 사 2:2-4 2) Ophel, 산

타작 마당에 곡식단을 모으는 것처럼 그들을 모으실 것이다.

13 그러므로 딸 시온아, 일어나서 그들을 치라. 내가 네 뿔을 무쇠처럼 단단하게 하며, 네 굽을 놋으로 하리니 네가 여러 백성을 쳐서 깨뜨릴 것이다. 또한 너는 그들이 빼앗은 탈취물을 다시 빼앗아 구별하여 온 땅의 주인 되는 나 여호와께 드릴 것이다.

5

딸 군대여, 너는 군인[1]들을 모으라. 그들이 우리를 포위했으니 막대기로 이스라엘 통치자[2]의 뺨을 칠 것이다.

베들레헴에서 다스릴 자가 나오리라

2 ● 베들레헴 에브라다야, 너는 유다 족속[3] 가운데 작은 마을이라도 이스라엘을 다스릴 자가 너로부터 내게로 나올 것이다. 그의 근본은 태고부터 영원히 존재하고 있었다.[4]

3 그러므로 해산하는 여인이 아기를 낳기까지 그들을 원수에게 그대로 두시겠고, 그후에야 그의 형제 가운데 살아남은 자가 이스라엘 자손에게로 돌아올 것이다.

4 그가 여호와의 능력을 힘입고, 그의 이름의 위엄을 의지하고 서서 남은 자들을 돌보리니 그들이 그 안에서 안전하게 살아갈 것이다. 이제 그들이 땅끝까지 창성해질 것이다.

5-6 이 사람은 평화를 가져올 것이다. 앗수르 사람이 우리 땅을 침략하여 우리 궁들을 짓밟을 때는 여호와께서 우리를 그에게서 건져 내시리니 우리가 목자 7명과 군왕 8명을 세워 그를 무너뜨릴 것이다. 그들이 칼로 앗수르 땅과 니므롯 입구를 황폐하게 할 것이다.

7 야곱의 남은 자는 많은 백성 가운데 있으리니 그들은 여호와께로부터 내리는 이슬과 같고, 풀 위에 내리는 단비와 같아서 사람이나 인생을 기다리지 않을 것이다.

8 또 야곱의 남은 자는 여러 나라와 많은 백성 가운데 살 것이다. 그러므로 그들은 수풀 속 짐승들 가운데 있는 사자와 양 떼 가운데 있는 젊은 사자처럼 강하여 그가 지나다니는 길 앞에 있는 것들을 짓밟고 찢으면 능히 구해낼 자가 없을 것이다.

9 네 손을 네 대적들 위에 높이 들어 네 모든 원수를 진멸하기를 바란다.

심판

10 ● 여호와께서 말씀하셨다. "그날이 오면 내가 네 군마를 없애버리고, 네 병거를 부수며,

11 네 성읍들을 멸하며, 네 모든 견고한 성을 무너뜨릴 것이다.

12 또 내가 점술을 하지 못하게 하리니 점쟁이가 사라질 것이다.

13 나는 네가 새긴 우상과 돌로 세운 우상인 주상을 끊어 버리리니 네 손으로 만든 것을 더 이상 경배하지 않을 것이다.

14 또 내가 네 아세라 목상을 뽑아 버리고, 네 성읍들을 무너뜨리며,

15 내게 순종하지 않은 나라를 내 분노로 갚을 것이다."

여호와께서 이스라엘과 변론하심

6

● 너희는 여호와의 말씀을 들으라. 너는 일어나 산을 향해 변호하여 언덕들이 네 목소리를 듣게 하라.

2 너희 산들과 땅의 견고한 기둥들아, 너희는 여호와께서 고발하는 말을 들으라. 여호와께서 자기 백성을 고소했고 이스라엘의 죄를

1) 떼 2) 재판자 3) 천천 4) 마 2:6

밝힐 것이다.

3 내 백성아, 내가 무엇을 네게 행했
으며, 무슨 일로 너를 괴롭게 했는
지 내게 증언해 보라.

4 내가 너를 애굽 땅에서 이끌어내
어 종노릇하는 집에서 구해냈고,
모세와 아론과 미리암을 네 앞에
보냈다.

5 내 백성아, 너는 모압 왕 발락의 악
한 계획과 브올의 아들 발람이 그에
게 어떻게 대답했는지를 기억하고,
싯딤에서 요단강을 건너 길갈까지
의 일을 기억하라. 그러면 나 여호
와가 의롭게 행한 일을 알 것이다.[1]

여호와께서 구하시는 것

6 ● 내가 여호와 앞에 나아갈 때 무
엇을 가지고 높으신 하나님께 경
배할까? 내가 1년 된 송아지를 번
제물로 가지고 그 앞에 나아갈까?

7 여호와께서 수천 마리의 숫양이나
강물같이 많은 기름을 기뻐하실
까? 내 허물을 벗기 위해 내 맏아
들을 바칠까? 내 영혼의 죄를 용서
받기 위해 내 몸의 열매를 드릴까?

8 사람아, 주께서는 선한 것이 어떤
것인지를 네게 보이셨다. 여호와
께서 너에게 구하시는 것은 오직
올바르게 살며, 긍휼을 사랑하며,
겸손히 네 하나님과 함께 행하는
것이 아니냐?

9 여호와께서 성읍을 향해 외쳐 부
르신다. 참 지혜는 주의 이름을 경
외하는 것이다. 너희는 매를 예비
하신 분께 순종하라.

10 악인의 집에 아직도 불의한 재물
과 남을 속이는 기준 이하의 적은
됫박[2]이 있느냐?

11 내가 부정한 저울을 사용했거나 주
머니에 기준보다 적은 거짓 저울
추를 둔 사람을 어찌 깨끗하다고

하겠느냐?

12 그 성읍의 부자들은 폭력을 일삼
고, 그 주민들은 거짓을 말하니 그
혀가 입으로 거짓을 말한다.

13 그러므로 나도 너를 쳐서 상하게
했으며, 너는 네 죄로 인해 망할 것
이다.

14 너희는 먹어도 배부르지 않고 항
상 허기를 느끼며, 너희가 안전하
게 감춘다고 해도 남아 있지 못하
겠고, 남아 있는 것은 내가 칼로 없
앨 것이다.

15 너희가 씨를 뿌려도 거두지 못하
고, 올리브 열매를 밟아 짜도 그 기
름을 네 몸에 바르지 못하며, 포도
를 밟아 술을 빚어도 그것을 마시
지 못할 것이다.

16 너희가 북이스라엘 왕 오므리의
못된 규례와 아합왕 가문의 모든
악한 가르침을 지키고 그들의 전
통을 따르니 내가 너희를 완전히
멸망시키고, 너희 백성들을 비웃
음거리로 만들 것이다. 너희가 내
백성의 수치를 담당할 것이다.

이스라엘의 부패

7 ● 내게 재앙이 있도다. 나는 여
름 과일을 딴 후 열매 하나 없는
나무와 포도를 거둔 후 먹을 포도
송이 하나 없는 것과 같다. 내 마음
에 좋아하는 처음 익은 무화과 열
매가 없다.

2 경건한 자와 정직한 자가 세상에
서 끊어져 하나도 없다. 단지 사람
을 죽이려고 숨어 기다리는 사람
과 올가미로 형제를 잡으려고 하
는 자들뿐이다.

3 두 손으로 악한 일만 행한다. 그 지
도자와 재판관은 뇌물에 매수되었
고, 권세자들은 사리사욕을 채우기

1) 민 23:8, 23, 수 3:1-4:18   2) 에바

위해 담합할 뿐이다.

4 그들 가운데 가장 선하다고 하는 자도 가시와 같고, 가장 정직하다고 하는 자도 찔레 울타리보다 더 악하다. 그들[1]의 파수꾼들의 날, 곧 너희를 심판할 날이 가까웠으니 이제는 그들이 혼란에 빠질 것이다.

5 너희는 이웃을 믿지 말고, 친구를 신뢰하지 말며, 네 품에 누운 아내에게도 말을 다 털어놓지 말라.

6 그때는 아들이 아버지를 업신여기고, 딸이 어머니에게 대들며, 며느리와 시어머니가 서로 다투리니 사람의 원수가 곧 자기의 집안 사람이 될 것이다.[2]

구원하시는 하나님

7 ● 그러나 나는 여호와만을 바라보며 나를 구원하시는 하나님만을 기다릴 것이다. 나의 하나님은 내 기도를 들으실 것이다.

8 내 원수여, 내가 받는 고난을 보고 기뻐하지 말라. 나는 넘어져도 다시 일어날 것이요, 지금은 어둔 데 앉아 있어도 여호와께서는 나의 빛이 되신다.

9 나는 여호와께 범죄하므로 그의 진노를 당하겠지만 결국에는 주께서 나를 변호해 주시고 의로운 판결을 내려 주실 것이다. 그래서 주께서 나를 인도하사 빛으로 이끄시리니 나는 주의 공의를 보게 될 것이다.

10 그때 "네 하나님이 어디 있느냐?"라고 비웃던 내 원수가 그것을 보고 부끄러워할 것이다. 그가 거리의 진흙처럼 짓밟히리니 내가 그것을 보게 될 것이다.

11 네 성벽을 건축하는 날에는 네 나라의 영토가 확장될 것이다.

12 그날에는 앗수르에서 애굽 성읍들까지, 애굽에서 유프라테스강까지, 이 바다에서 저 바다까지, 이 산에서 저 산까지의 사람들이 네게로 돌아올 것이다.

13 그러나 그 나머지 이방인의 땅은 그 주민의 악한 행위의 열매로 인해 황폐하게 될 것이다.

기도와 찬양

14 ● 원컨대 주는 주의 지팡이로 갈멜산의 삼림에 홀로 거주하는 주의 산업의 양 떼인 주의 백성을 먹이십시오. 그들을 이전처럼 바산과 요단강 동쪽의 길르앗에서 먹여 주십시오.

15 여호와께서 말씀하셨다. "네가 애굽 땅에서 나오던 날과 같이 내가 그들에게 기적을 보일 것이다."

16 이를 여러 민족과 나라가 보고 자기의 세력이 별것 아닌 것을 깨닫고 부끄러워 손으로 자기 입을 막으며, 귀는 막히며,

17 그들이 뱀처럼 티끌을 핥으며, 땅에 기는 벌레처럼 떨면서 그 좁은 구멍에서 나와 두려워할 것이다. 그리고 우리 하나님께로 돌아와서 주로 인해 두려워할 것이다.

18 주와 같은 신이 어디 있겠습니까? 주께서는 죄악과 그 산업에 살아남은 자의 죄를 용서해 주시며, 사랑을 기뻐하사 진노를 오래 품지 않으십니다.

19 우리를 다시 불쌍히 여기사 우리의 죄악을 발로 밟으시고, 우리의 모든 죄를 깊은 바다에 던지실 것입니다.

20 옛적에 주는 우리 조상들에게 맹세하신 대로 야곱에게 성실을 베푸시며, 아브라함에게 사랑을 더하실 것입니다.

1) 너 2) 마 10:35-36

나훔

Nahum

제목	히브리어 성경에는 인명에 따라 나훔, 70인역에도 같은 의미로 사용
기록연대	기원전 664~612년경 **저자** 나훔 **중심주제** 니느웨의 멸망에 대한 예언
내용소개	1. 니느웨의 멸망을 선포 1장 2. 니느웨의 멸망을 묘사 2장 3. 니느웨 멸망의 필요성 3장

니느웨에 대한 여호와의 진노

1 ● 엘고스 출신 나훔에게 주신 니느웨에 대한 경고를 담은 계시의 글이다.

2 여호와는 질투하시며, 원수를 갚으시는 하나님이다. 여호와는 그분을 거스르고 대적하는 자에게 진노를 품으시며, 원수를 갚으신다.

3 여호와는 쉽게 노하지 않으시며, 권능이 크시다. 그분은 벌 받을 자를 결코 그대로 두지 않으신다. 회오리바람과 광풍에 여호와의 길이 있고, 구름은 그의 발 밑에서 일어나는 먼지에 불과하다.

4 여호와는 바다를 꾸짖어 그것을 말리시고, 모든 강을 말리신다. 바산 산지와 갈멜산의 숲이 메마르고 레바논의 꽃도 시든다.

5 그 앞에서 산들이 진동하며, 언덕들이 녹아 내리고, 온 땅과 그 가운데 있는 모든 것은 곤두박질친다.

6 누가 감히 그의 분노 앞에 설 수 있으며, 누가 감히 그의 진노를 견딜 수 있겠는가? 그의 진노가 불처럼 쏟아지며, 바위들은 산산조각이 난다.

7 여호와는 선하시며, 환난을 당할 때 산성이 되신다. 그는 자기에게 피하는 자들을 보살피신다.

8 그는 니느웨성을 범람하는 물로 진멸하시고, 자기 대적들을 어둠 속으로 쫓아내실 것이다.

9 너희가 여호와를 향해 음모를 꾸며도 그가 완전히 끝장내시리니 고통이 두 번 다시 일어나지 않을 것이다.

10 가시덤불처럼 엉크러지고, 술에 취한 그들은 불타는 마른 지푸라기처럼 될 것이다.

11 여호와께 악을 꾀하는 한 사람이 니느웨[1]에서 나와서 흉악한 것을 하도록 부추겼다.

12 여호와께서 이같이 말씀하셨다. "비록 그들이 강하고 수가 많을지라도 반드시 진멸을 당해 없어질 것이다. 내가 전에는 너 유다를 괴롭게 했으나 다시는 너를 괴롭게 하지 않을 것이다.

13 이제 네게 지운 앗수르의 멍에 막대를 내가 부숴뜨리고 네 결박을 끊을 것이다."

14 나 여호와가 네게 대해 맹세했다. "네 이름을 이을 자식이 더 이상 태어나지 않을 것이다. 내가 네 신전에서 조각한 우상과 부은 우상을

성경지리 엘고스로 주장되는 벧구브린 지역 (나 1:1)

엘고스(Elkosh)는 나훔이 살던 곳으로 위치에 대해서는 전승에 의해 몇 곳이 주장되고 있다. 중세의 동방 지역에 대한 전승에 의하면 니느웨(오늘날 모술) 북쪽 80㎞ 지점의 알 쿠쉬(Al-Qush)이다. 갈릴리의 힐케세이(Hilkesei)가 나훔의 고향으로 언급되고 있는 경우 제롬은 엘 카우제(el-Kauzeh)로 주장한다. 몇몇 교부들의 주장은 엘고스가 시므온 지파 지역, 곧 남유대 지방에 있다고 하며, 또는 현재의 베이트 지브린(Beit Jibrin) 지역으로 보고 있다.

1) 너희 중

진멸하여 네 무덤으로 만들 것이다. 이는 네가 쓸모없게 되었기 때문이다."

15 보라, 기쁜 소식을 전하고 평안을 외치는 자의 발이 산 위에 있다. 유다야, 네 절기를 지키고 네 서원을 갚으라. 악인이 진멸되었으니 그가 다시는 너를 치러 오지 못할 것이다.

니느웨의 멸망

2 ● 침략하는 자가 너를 치러 올라왔으니 너는 네 허리를 견고히 묶고, 네 힘을 다해 산성과 길을 지키라.

2 약탈자들이 약탈하였고, 그들의 포도나무 가지를 없앴으니 여호와께서는 야곱과 이스라엘의 영광을 회복시키실 것이다.

3 적군들이 붉은색의 방패를 들고, 붉은 옷을 입고 대열을 벌이는 날에 병거의 쇠가 번쩍이고 기마병이 질주해 온다.[1]

4 그 병거는 미친 듯 거리를 휩쓸고, 대로로 돌진해 오니 그 모습이 횃불 같고, 번개처럼 빠르다.

5 그가 그의 존귀한 자들을 부르니 그들이 넘어질 듯 달려서 급히 성에 이르러 방어를 준비한다.

6 그러나 니느웨를 흐르는 강들의 수문이 열리고, 왕궁이 휩쓸려 떠내려간다.

7 왕후[2]가 벌거벗은 몸으로 끌려가니 그 모든 시녀가 비둘기처럼 슬피 울며 가슴을 친다. 이것은 이미 결정된 일이다.

8 예로부터 니느웨는 물이 모인 못처럼 주민이 가득하더니 이제는 모두 도망하니 "서라 서라"고 하지만 돌아보는 자가 없다.

9 모은 재물이 셀 수 없고 귀중한 물품이 풍부하니 은금을 약탈하라.

10 이로 인해 니느웨는 텅 비었고 황폐했다. 주민은 공포로 마음이 녹아내리고, 그 무릎이 후들거리며, 허리가 끊어질 듯 아프게 되며, 얼굴빛이 창백해졌다.

11 이제 사자의 굴이 어디에 있느냐? 젊은 사자가 먹는 곳이 어디에 있느냐? 전에는 수사자와 암사자가 그 새끼 사자와 함께 그곳에서 다녔지만 이제는 아무도 그것들을 두렵게 할 자가 없다.

12 수사자가 그 새끼를 위해 충분한 먹잇감을 찢어 죽이고, 그의 암사자들을 풍족히 먹이기 위해 사냥한 것을 자기 굴에 채웠다.

13 만군의 여호와께서 말씀하셨다. "내가 네 대적의 병거들을 불살라 연기가 되게 하고, 네 젊은 사자들을 칼로 멸하며, 내가 이 땅에서 노략한 것을 땅에 남겨 두지 않을 것이다. 네가 보낸 전령의 목소리가 다시는 들리지 않을 것이다."

3 피의 성 니느웨여, 재앙이 있을 것이다. 그 안에는 거짓과 포학이 가득하고, 약탈이 떠나지 않는다.

2 채찍 소리와 소란한 병거의 바퀴 소리, 뛰는 말과 달리는 병거,

3 돌진하는 기병, 번쩍이는 칼과 번개 같은 창, 죽임당한 자의 수많은 시체가 널려 있어 사람이 그 시체에 걸려 넘어진다.

4 이는 마술에 능숙한 미모의 음녀가 많은 음행을 저질렀기 때문이다. 그가 그의 음행으로 여러 나라를 미혹하고, 그의 마술로 여러 족속을 미혹했다.

5 보라, 내가 네게 말한다. "만군의 여호와의 말씀에 네 옷자락[3]을 얼

굴까지 걷어 올리고, 네 벌거벗은 것과 부끄러운 곳을 세상 나라와 민족들에게 보일 것이다.

6 내가 또 혐오스럽고 더러운 것들을 네 위에 던져 너를 능욕하여 구경거리가 되게 할 것이다.

7 그때 너를 보는 자가 모두 네게서 도망하며 말하기를 '니느웨가 파괴되었다. 누가 그것을 위해 애곡하며, 내가 어디서 너를 위로할 자를 찾겠는가'라고 할 것이다."

8 네가 어찌 애굽의 노 아몬¹⁾보다 낫겠느냐? 그는 강들 사이에 있어 물에 둘러싸여 있으니 바다 물이 성벽과 방어벽이 되었다.

9 에티오피아, 곧 구스와 애굽은 무한한 힘이 있어 강하고, 아프리카 북부 지역의 붓과 루빔이 그를 돕는 자가 되었다.

10 그러나 그런 성읍 주민도 포로가 되어 잡혀갔고, 그의 어린 아이들은 길 모퉁이에 내동댕이쳐 죽었으며, 그의 존귀한 자들은 제비에 뽑혀 잡혀갔으며, 그의 모든 지도자는 사슬에 결박되었다.

11 너도 술에 취해 갈팡질팡하며 원수들을 피해 숨을 곳을 찾을 것이다.

12 네 모든 산성은 처음 익은 무화과나무의 열매가 흔들기만 하면 먹는 자의 입에 떨어지는 것처럼 무너질 것이다.

13 너희 가운데 장정들은 여인처럼 약하고, 네 땅의 성문들은 네 원수 앞에 넓게 열리며, 빗장들은 불에 탈 것이다.

14 너는 포위당할 것을 대비하여 마실 물을 길어다 채우고, 네 산성들을 요새화하며, 진흙에 들어가서 흙을 밟아 성벽 강화를 위해 벽돌가마를 수리하게 하라.

15 그러나 그곳에서 불이 너를 삼키며, 메뚜기과의 풀무치가 먹는 것처럼 칼이 너를 벨 것이다. 너는 풀무치 떼와 메뚜기 떼처럼 많게 하라.

16 네가 네 상인을 하늘의 별보다 많게 했으나 풀무치가 날개를 펴서 날아가는 것처럼 날아가고,

17 네 지도자들은 메뚜기 떼처럼 많고, 네 장수들은 큰 메뚜기 떼가 추운 날에는 울타리에 깃들었다가 해가 뜨면 날아가는 것처럼 날아갈 것이니 그가 있는 곳을 알 수 없다.

18 앗수르 왕이여, 네 지도자인 목자가 죽고, 네 귀족은 영원히 잠들며, 네 백성은 이 산 저 산으로 흩어지지만 그들을 모을 사람이 없다.

19 네 부상이 심하여 고칠 수가 없다. 네 소식을 듣는 자가 너를 보고 다 손뼉을 치니 이는 그들이 네게 항상 학대를 당했기 때문이다. 그것은 사실이다.

📍성경지리　**노 아몬(룩소, 테베, 나 3:8)**

노 아몬(No Amon)은 이집트에 있는 테베를 히브리어로 번역한 것이다. 이 외에도 노(No), 룩소, 카르낙 등 다른 이름이 있다. 오늘날 룩소는 이집트의 수도인 카이로에서 직선 거리로 남쪽 약 530㎞ 지점의 나일강변에 있다. 고대 이집트 제 12왕조에서 바로들의 강력한 통치처로 등장하는 룩소에는 많은 유적과 신전과 바로의 무덤이 있다. 그중에는 모세의 양모로 알려진 핫셉슈트 여왕의 장제전도 있다. 나훔 선지자는 노 아몬의 멸망을 예언했다.

1) 룩소, 테베

하박국 Habakkuk

제목 히브리어 성경에는 인명에 따라 하박국, 70인역에도 저자의 인명에 따라 붙임

기록연대 기원전 612~605년경 **저자** 하박국 **중심주제** 심판과 믿음으로 인한 구원

내용소개 1. 악인의 득세에 그들을 심판할 것임:질문과 응답 1~2장
2. 하나님의 위엄, 능력, 구원, 믿음과 축복을 찬양:찬양 3장

하박국 선지자의 호소와 여호와의 응답

1 ● 하박국 선지자가 계시로 받은 경고이다.

2 여호와여, 내가 살려 달라고 부르짖어도 주께서 듣지 않으시기를 어느 때까지 하십니까? 내가 폭력으로 인해 외쳐도 주께서는 구해 주지 않으십니다.

3 어찌하여 내게 죄악과 불의를 보게 하십니까? 내 앞에서 약탈과 폭력과 다툼과 분쟁이 일어납니다.

4 그러므로 율법이 효력을 잃고 정의가 전혀 지켜지지 못하니 이는 악인이 의인을 협박하여 정의가 왜곡되었기 때문입니다.

5 여호와께서 말씀하셨다. "너희는 이방 여러 나라를 주목해 보라. 내가 행하는 심히 놀랄 일이 너희가 살아있을 때 행해질 것이다. 누가 너희에게 말해줘도 너희가 믿지 않을 것이다.

6 보라, 내가 갈대아, 곧 바벨론 사람을 일으켰으니 그들은 사납고 성급한 백성이기 때문에 천하를 주름잡으며 다니고, 남의 거처들을 차지할 것이다.

7 그들은 두렵고 무서우며, 스스로 당당함과 위엄을 내세우는 백성이다.

8 그들의 군마는 표범보다 빠르고 저녁 이리보다 사납다. 그들의 기마병은 마치 먹이를 움키려고 먼 곳에서도 빠르게 날아오는 독수리와 같다.

9 그들은 다 폭력을 행하러 나오는데, 모래처럼 많은 사람을 잡아 올 것이다.

10 그들은 세상 왕들을 하찮게 여기고, 적들의 통치자인 방백을 비웃으며, 모든 요새화된 성을 우습게 여겨 흙더미를 쌓아 그곳을 점령할 것이다.

11 그들은 자기들의 힘이 신이라고 여기며 바람처럼 휩쓸고 지나가는 죄를 범할 것이다."

12 하박국 선지자가 하나님께 물었다. "나의 거룩하신 하나님이시여, 주께서는 세상이 있기 전부터 계시지 않았습니까? 우리는 죽지 않을 것입니다. 반석되신 여호와께서는 심판하기 위해 바벨론을 세우셨습니다.

13 주께서는 눈이 정결하시기 때문에 악과 불의를 보고 참지 못하십니다. 그런데 어찌하여 거짓된 자, 배신자들을 보고만 계시고, 악인이

성경인물 하박국에 대하여(합 1:1)

하박국(Haggai)은 BC 626년 이후에 활동한 선지자로 민담에 의하면 수넴 여인의 아들로 전해오며 시므온 지파의 사람인 베트코하르의 아들이라는 기록도 있다(에피파니우스의 예언자들의 생애). 그러나 하박국에 나오는 약간의 기록을 제외하고는 구약의 어느 부분에도 그에 대한 이야기가 없어 하박국 개인에 대한 정보가 빈약하다. 하박국은 하나님의 심판과 믿음으로 말미암은 구원을 선포했다. 그래서 "나의 구원은 하나님으로 말미암아 기뻐하리로다"라고 했다.

자기보다 의로운 사람을 삼키는데
도 침묵하고 계십니까?

14 주께서는 왜 유다 사람을 바다의
물고기 같게 하시며, 다스리는 자
없는 하찮은 벌레 같게 하십니까?

15 그는 물고기를 낚시로 모두 낚으
며, 그물로 잡고, 바다까지 싹쓸어
잡는 투망으로 모으는 것처럼 이
백성을 그렇게 사로잡습니다. 그
러고는 기뻐 즐거워하며

16 그 그물에 제사하고, 투망 앞에 분
향합니다. 이는 그것들 덕분에 풍
요롭게 살고 먹을 것이 풍성하게
되었다고 생각하기 때문입니다.

17 그가 고기를 그물에서 떨고 계속
하여 여러 백성과 나라를 무자비
하게 죽이는 것이 옳은 일입니까?

2 내가 파수하는 망대 위에 설 것입
니다. 그래서 여호와께서 나에게
무엇이라고 말씀하실지 기다리며,
내 질문에 대해 어떻게 대답하실
지 기다릴 것입니다."

2 그때 여호와께서 나에게 대답하셨
다. "너는 이 계시를 기록하되 달
려가면서도 읽을 수 있도록 분명
하게 기록하라.

3 이 계시는 정한 때가 되어야 이루
어진다. 그것은 빠르고 확실하게
이루어질 것이다. 비록 더디더라
도 그때를 기다리라. 늦지 않고 반
드시 이루어질 것이다.

4 보라, 그의 마음이 부풀어 교만한
자는 영혼이 바르지 못하지만 의
인은 그의 믿음으로 인해 살 것이
다.

5 포도주 술은 사람을 속인다. 거짓
되고 교만한 사람, 바벨론은 한 곳
에 머물러 있지 못하고 욕심이 많
아서 많은 주검을 삼키고도 만족한
줄 모르는 무덤처럼 여러 나라를

정복하고 여러 백성을 사로잡아
온다.

6 그러면 정복당한 사람들이 다 비
유로 그를 조롱하며, 풍자하는 노
래1)를 지어 이렇게 욕할 것이다.
남의 것을 빼앗아 자기 것으로 모
으는 자여, 언제까지 그렇게 모으
겠느냐? 저당물로 재물을 쌓아 둔
자여, 너희에게 화가 있을 것이다.

7 너를 억누를 채권자들이 갑자기
들이닥치지 않겠느냐? 그들이 잠
에서 깨어나 너를 괴롭히지 않겠
느냐? 네가 그들에게 약탈을 당하
지 않겠느냐?

8 네가 여러 나라를 약탈했으니 그
모든 민족의 살아남은 자에게서
약탈당할 것이다. 이는 네가 피를
흘려 죽게 하고, 땅과 성읍과 그 안
의 모든 주민에게 폭력을 휘둘렀
기 때문이다.

9 자기 집을 위해 부당한 이익을 취
하고, 재앙2)을 피하기 위해 높은
곳에 깃들고자 하는 자에게 화가
있을 것이다.

10 네가 많은 민족을 망하게 한 것이
네 집에 부끄러움을 초래했고, 그
것이 네 자신에게 죄를 짓게 했다.

11 담에서 돌이 부르짖으면 집에서
들보가 대답할 것이다.

12 성읍을 피와 불의로 건축하는 자
에게 화가 있을 것이다.

13 네가 사로잡은 민족이 불탈 것에
수고하고 국가들이 헛된 일에 수
고하게 되는 것은 여호와께로 말
미암은 것이다.

14 물이 바다를 덮는 것처럼 여호와
의 영광을 아는 지식이 세상에 가
득할 것이기 때문이다.

15 홧김으로 이웃에게 술을 마시게

1) 시 2) 악한 손아귀

하여 그를 취하게 한 후 그 하체를 드러내 보려고 하는 자에게 화가 있을 것이다.

16 너희 바벨론은 영광 대신에 치욕을 당하리니 너도 마시고 취해 할례 받지 아니한 것, 곧 네 알몸을 드러낼 것이다. 여호와의 오른손에 들려진 심판의 잔이 네게로 이를 것이다. 더러운 치욕이 네 영광을 가릴 것이다.

17 그것은 네가 레바논에 폭력을 행하고, 살인하며, 땅과 성읍과 그 안의 모든 주민에게 폭력을 행한 것이 네게로 되돌아올 것이기 때문이다.

18 사람이 새겨 만든 우상은 그것을 만든 자에게 무슨 유익을 주겠느냐? 사람이 부어 만든 우상은 거짓 스승이니 만든 자가 말하지 못하는 우상을 의지해도 그것은 사람이 만든 것에 불과하다.

19 새긴 나무 우상에게 '깨어나라'고 말하며, 말하지 못하는 새겨 만든 돌 우상에게 '일어나라'고 말하는 자에게 화가 있을 것이다. 그것이 교훈을 베풀겠느냐? 보라, 이는 금과 은으로 입힌 것에 불과하니 그 속에는 생기가 전혀 없다.

20 오직 여호와는 그의 성전에 계시니 온 땅은 그 앞에서 잠잠할 것이다."

하박국 선지자의 기도

3 ●'슬픈 노래'라는 뜻의 시기오놋 형식에 맞춘 하박국 선지자의 기도이다.

2 여호와여, 내가 주의 명성을 듣고 두려웠습니다. 여호와여, 주의 일을 이 수년 내에 새롭게 하시고, 알려지게 하십시오. 진노 가운데서도 자비를 잊지 말아 주십시오.

3 하나님께서 에돔의 데만에서 오시며, 거룩한 자가 바란광야에 있는 바란산에서 오십니다.(셀라) 주의 영광이 하늘을 덮었고, 그의 찬양이 세상에 가득합니다.

4 주의 밝음이 빛과 같고, 그의 손에서 광선이 나오고, 그 빛 속에 그의 권능이 감추어졌습니다.

5 주 앞에서 전염병이 걸어가고, 그의 발밑에서는 불덩이가 나옵니다.

6 주께서 일어서시자 땅이 진동하고, 그가 보시니 이방 여러 나라가 두려워하며, 영원할 것 같은 산과 언덕이 무너지니 주의 행하심은 영원합니다.

7 내가 환난을 당하는 구산의 장막과 미디안 땅의 커튼이 흔들리는 것을 보았습니다.

8 여호와여, 주께서 말을 타시고, 구원의 병거를 모으시니 그것은 강들에 대해 노여워하시는 것입니까? 바다를 향해 화를 내시는 것입니까?

9 주께서는 활을 꺼내자마자 화살을 쏘셨습니다.(셀라)[1] 주께서 강줄기들로 땅을 쪼개셨습니다.

10 주를 보자 산들이 흔들리며, 폭우가 넘치고, 바다가 소리를 지릅니다. 그가 손을 높이 들었습니다.

11 주께서 번쩍이는 화살과 번쩍이는 창을 던지시니 그 빛 때문에 해와 달이 멈추었습니다.

12 주께서 분노하사 땅과 이방 여러 나라를 밟으셨습니다.

13 주께서는 자기의 백성과 친히 기름 부음 받은 자를 구원하기 위해 오셔서 악인 족속[2]의 우두머리를 치시고, 그를 따르는 자들을 근본부터 뽑아 버리십시오.(셀라)

1) 지파에게 맹세하셨습니다   2) 집

14 그들은 회오리바람처럼 몰려와 나를 흩으려고 하며, 은밀한 곳에서 가난한 자 삼키기를 좋아합니다. 그러나 오직 주께서는 그들 지휘관의 머리를 창으로 찌르셨습니다.

15 주께서는 말을 타시고, 큰 바닷물의 파도를 밟으셨습니다.

16 내가 그 소리를 들었을 때 내 창자가 뒤틀리고, 내 입술이 떨렸다. 썩게 하는 것이 내 뼈에 들어오고 내 몸이 내 처소에서 떨린 것은 침략군 무리가 우리를 치러 올라오는 환난 날을 내가 기다렸기 때문이다.

17 그러나 무화과나무와 포도나무에 열매가 없고, 올리브나무에 소출이 없으며, 밭에 추수할 것이 없으며, 우리에 양이 없으며, 외양간에 소가 없어도

18 나는 여호와로 인해 즐거워하며, 내 구원의 하나님으로 인해 기뻐할 것이다.

19 여호와는 내게 힘이 되신다. 그러므로 그분은 내 발을 사슴과 같게 하시고, 나를 나보다 높은 곳으로 다닐 수 있도록 하실 것이다. 이 노래는 지휘자를 위해 현악¹⁾에 맞춘 시이다.

1) 수금

스바냐
Zephaniah

제목 히브리어 성경에는 인명에 따라 츠판야, 70인역에도 저자의 인명에 따라 붙임

기록연대 기원전 640–622년경 **저자** 스바냐 **중심주제** 여호와의 날에 당할 심판

내용소개 1. 유다의 심판 1장 2. 열방들에 대한 심판 2장 3. 예루살렘에 대한 심판 3장

여호와의 날

1 유다 왕 아몬의 아들 요시야 때 스바냐에게 주신 여호와의 말씀이다. 스바냐는 히스기야의 4대손이며, 아마랴의 증손이고, 그다랴의 손자이며, 구시의 아들이다.

2 여호와께서 말씀하셨다. "나는 땅 위에 있는 모든 것을 진멸할 것이다.

3 내가 사람과 짐승을 진멸하고, 공중의 새와 바다의 고기와 거치게 하는 것, 곧 사람을 타락시키는 우상과 악인들을 모두 진멸시킬 것이다."

4 내가 손을 뻗어 유다와 예루살렘에 남아 있는 모든 바알을 그곳에서 진멸하고, '그마림'이라는 이방 제사장들의 이름과 함께 그 제사장들을 진멸하며,

5 지붕에서 하늘의 뭇별, 곧 일월성신을 숭배하는 자들과 여호와께 맹세하면서 몰렉, 곧 말감 신을 가리켜 맹세하는 자들과

6 여호와를 거역하여 그에게 등을 돌리고 여호와를 찾거나 구하지도 않은 자들을 진멸할 것이다.

7 여호와의 날이 가까웠으니 여호와 앞에 입을 다물라. 여호와께서 희생제물을 잡아 놓으시고 제물 먹을 자들을 구별하셨기 때문이다.

8 여호와께서 제물을 잡는 희생의 날에 내가 통치자들과 왕자들과 이방인이 제사 때 입는 옷을 입은 자들을 벌할 것이다.

9 그날 문지방을 뛰어넘어 주인의 집을 폭력과 속임수로 채운 자들을 벌할 것이다.

10 여호와께서 말씀하셨다. "그날 예루살렘성 북쪽에 있는 어 문[1]에서는 부르짖는 소리가 나고, 예루살렘 성벽 북쪽의 둘째 구역에서는 울음소리가 나며, 언덕들에서는 무너지는 소리가 날 것이다.

11 성 안의 상인인 막데스 주민들은 슬피 울어라. 장사하는 가나안 백성이 다 망하고, 은을 거래하는 자들이 끊어졌다.

12 그때 내가 예루살렘에서 마음속으로 '여호와께서는 복을 내리지 않으시며, 화도 내리지 않으실 것이다'라고 생각하는 술 찌꺼기 같은 자들을 등불을 밝혀 두루 찾아서 징벌하리니

13 그들의 재물이 약탈당하고, 그들의 집은 황폐할 것이고, 집을 건축하지만 그 집에 살지 못하며, 포도밭을 가꾸지만 그 포도주를 마시지 못할 것이다.

14-15 여호와의 큰날이 가깝고도 빠르게 왔다. 여호와의 날의 소리로다. 그날은 분노의 날이고, 환난과 고통의 날이며, 파멸과 패망의 날이고, 구름과 어둠의 날이다. 용사가 그곳에서 심히 슬피 우는도다.

16 그날은 뿔 나팔을 불어 경고하고, 요새화된 성들을 공격하며, 높은 망대를 치는 날이다.

17 그날 내가 사람들에게 재앙을 내려 앞을 못 보는 사람처럼 행할 것이다. 이는 그들이 나 여호와께 범죄했기 때문이다. 그들의 피는 쏟아져 먼지처럼 되며, 그들의 살은 거름처럼 될 것이다.

18 그들의 은과 금은 여호와의 분노의 날에서 그들을 건지지 못하리니 여호와의 질투의 불이 온 땅을 삼킬 것이다. 이는 여호와가 이 땅 모든 주민을 무섭게 진멸할 것이기 때문이다.

공의와 겸손을 구하라

2 ● 수치를 모르는 백성들은 모두 모이라.

2 하나님의 명령이 시행되어 기회가 겨처럼 날아가기 전에, 여호와의 진노와 분노의 날이 너희에게 이르기 전에 그렇게 하라.

3 여호와의 명령을 따르는 세상의 모든 겸손한 자야, 너희는 여호와를 찾으며 공의와 겸손을 구하라. 너희가 여호와의 분노의 날에 숨겨질 것이다.

이스라엘의 이웃 나라들이 받게 될 벌

4 ● 블레셋 지역의 가사는 버림을 당하고, 아스글론은 황폐하게 되며, 아스돗은 대낮에 쫓겨나며, 에그론은 뽑힐 것이다.

5 블레셋의 해변 지역에 사는 그렛 족속에게 재앙이 있을 것이다. 블레셋 사람의 땅 가나안아, 나 여호와가 너희를 쳐 진멸시켜 사는 사람이 없게 할 것이다.

6 해변은 초장이 되어 목자의 움막과 양 떼의 우리가 그곳에 있으며,

7 그 지역은 유다 족속 중 살아남은 자의 소유가 될 것이다. 그들이 그곳에서 양 떼를 먹이다가 해가 지면 아스글론에 있는 집으로 가서 누울 것이다. 이는 그들의 하나님이 그들을 보살피며, 사로잡혀간 곳에서 돌아오게 할 것이기 때문이다.

8 내가 모압의 비방과 암몬 자손이 모독하는 말을 들었으니 그들은

1) Fish Gate

내 백성을 모독하고, 자기들의 국경을 자랑하며 내 백성의 영토를 침범했다.

9 그러므로 만군의 여호와, 이스라엘의 하나님께서 말씀하신다. "내가 내 삶을 두고 맹세하니 장차 모압은 소돔처럼 되고, 암몬 자손은 고모라처럼 될 것이다. 그곳은 찔레가 나고, 소금 구덩이가 되어 영원히 황폐하게 되리니 내 백성의 살아남은 자들이 그들을 노략하며, 그것을 소유할 것이다."

10 그들이 그렇게 되는 것은 교만하여 만군의 여호와의 백성을 모욕했기 때문이다.

11 여호와가 모든 신을 약하게 하시므로 그들은 여호와가 두려운 분임을 알게 될 것이다. 그래서 모든 해변 지역에 사는 이방 사람들이 각자 자기 처소 고향에서 여호와를 경배할 것이다.

12 에티오피아, 곧 구스 사람들아, 너희도 내 칼에 죽임을 당할 것이다.

13 여호와께서 북쪽을 향해 손을 뻗어 앗수르를 진멸하시며, 그 수도인 니느웨를 황폐하게 하여 사막처럼 메마른 땅이 되게 하실 것이다.

14 온갖 짐승 떼가 그곳에 누우며, 펠리컨[1]과 고슴도치가 니느웨에 남아 있는 기둥 꼭대기에 깃들이고, 그것들이 창문에서 울며, 문 지방으로 다니는 사람이 없을 것이다. 이는 백향목으로 세운 기둥이 삭았기 때문이다.

15 니느웨는 기쁨의 성이다. 그러나 염려 없이 거주하며 마음속으로 "오직 나만 있고 나 외에는 다른 이가 없다"라고 말하던 니느웨야, 어찌 이같이 황폐하여 들짐승이

엎드리는 곳이 되었느냐? 지나가는 사람마다 너를 비웃으며 손가락질할 것이다.

예루살렘에 대한 심판과 회복 예언

3 ● 반역과 더럽고 억압을 일삼던 포학한 예루살렘성에 재앙이 있을 것이다.

2 그들은 하나님의 명령에 순종하지 않고, 훈계를 듣지 않으며, 여호와를 믿고 의지하지 않으며, 자기 하나님에게 가까이 나아가지도 않는다.

3 그들의 통치자들은 으르렁거리는 사자이며, 그들의 재판장들은 이튿날 아침까지 남겨 두지 않고 모조리 먹어치우는 저녁 이리이다.

4 그들의 선지자들은 분별력이 없고 배신하는 자들이며, 제사장들은 성전을 더럽히고 율법을 어긴다.

5 그러나 예루살렘 가운데 계시는 여호와는 의롭기 때문에 불의를 행하지 않으신다. 매일 아침마다 자기의 공의를 비추시지만 불의한 자는 수치를 보지 못한다.

6 내가 여러 나라를 멸했기 때문에 그들의 망대가 파괴되었고, 내가 그들의 거리를 지나는 자가 없게

현장 상식 망대 (습 3:6)

성경 시대에 망대(tower)는 도시, 목장, 포도원, 농장 등에 벽돌이나 돌, 또는 나무로 세워졌다. 들에 세워진 망대는 곡식들을 도둑맞는 것으로부터 지키기 위함이고, 도시에 망대를 세우는 것은 성을 지키기 위함이다. 고유 명사로 성경에 언급된 망대로는 다윗의 망대(아 4:4), 에델 망대(창 35:21), 풀무 망대(느 3:11), 하나넬 망대, 레바논 망대, 백인의 망대, 브누엘 망대, 세겜의 망대 등이 있다. 망대는 하나님의 보호하시는 능력(시 61:3), 인간 능력(아 4:4), 여성적인 아름다움(아 7:4) 등 비유적으로도 사용되었다.

1) 당아새

했기 때문에 그들의 모든 성읍이 황폐하여 거주하는 사람이 없게 되었다.

7 나 여호와가 말한다. "너는 오직 나를 두려움으로 섬기고 가르침을 받으라. 그러면 내가 작정한 심판을 거두어 네 거처가 끊어지지 않을 것이다. 그러나 그들은 새벽부터 일어나 그 하는 짓마다 더 큰 타락을 가져왔다."

8 나 여호와가 말한다. "그러므로 내가 일어나 징벌할 날까지 너희는 나를 기다리라. 여러 나라를 소집하며 왕국들을 모아 내 분노와 모든 진노를 쏟기로 결정했다. 온 땅이 내 질투의 불에 타서 없어질 것이다.

9 그때 내가 여러 백성의 입술을 정결하게 하여 그들이 다 여호와의 이름을 부르며, 한 가지로 나를 섬기게 할 것이다.

10 에티오피아¹⁾의 강 건너편에서 나를 섬기고 내가 흩은 사람²⁾들이 예물을 가지고 와서 내게 바칠 것이다.

11 그날 너는 내게 범죄한 모든 행위 때문에 더 이상 수치를 당하지 않을 것이다. 그때 내가 네 가운데서 교만하여 자랑하는 자들을 제거하여 네가 내 거룩한 산, 예루살렘에서 다시는 교만하지 않게 할 것이기 때문이다.

12 내가 가난하고 약한 백성을 너희 가운데 남겨 두리니 그들은 여호와의 이름을 의지하므로 보호를 받을 것이다.

13 이스라엘의 살아남은 자는 악을 행하지 않고, 속이지 않으며, 혀를 간사하게 놀리지 않는다. 그들은 먹고 누워도 두렵게 할 자가 없을

것이다."

기뻐하며 부를 노래

14 ● 딸 시온아, 기뻐 노래하며 즐거워하라.

15 여호와께서 네 형벌을 제거했고, 네 원수를 쫓아내었으며, 이스라엘 왕 되신 여호와께서 네 가운데 계시니 네가 다시는 재앙을 당할까 두려워하지 않을 것이다.

16 그날 사람들이 예루살렘에 대해 이렇게 말할 것이다. "예루살렘아, 두려워하지 말라. 네 손을 힘없이 늘어뜨리지 말라.

17 네 하나님께서 네 안에 계시니 그는 구원을 베푸실 전능자이시다. 그가 너를 기뻐하시며, 너를 사랑함으로 새롭게 하실 것이다.

18 내가 절기 때 너희에게 속한 자 가운데 무거운 짐을 지고 슬퍼하는 자들을 모을 것이다. 그래서 더 이상 그들이 수치를 당하지 않게 하겠다.

19 그때 나는 너를 괴롭게 하는 자를 다 벌하고, 저는 자를 구원하며, 쫓겨난 자를 모으며, 세상에서 부끄러움을 당하는 자에게 칭송과 명성을 얻게 할 것이다.

20 그때 내가 너희를 모을 것이다. 내가 너희가³⁾ 보는 앞에서 사로잡힌 자들을 돌아오게 할 때 이 땅의 모든 민족 가운데서 너희로 명성과 칭찬을 얻게 할 것이다." 여호와의 말씀이다.

---

1) 구스 2) 딸 3) 그들이

학개

Genesis

제목 히브리어 성경에는 인명에 따라 학가이, 70인역에도 저자의 인명에 따라 악가이오스

기록연대 기원전 520년경 **저자** 학개 **중심주제** 성전재건의 독력과 도덕적 정결 유지 촉구

내용소개 1. 성전 재건 명령 1장 2. 새 성전의 영광 2장

성전 재건축에 대한 여호와의 말씀

1 ● 다리오 1세 즉위 2년인 BC 520년, 여섯째 달인 9월 1일에 학개 선지자가 여호와의 말씀을 받아서 스알디엘의 아들 유다 총독 스룹바벨과 여호사닥의 아들 여호수아 대제사장에게 전했다.

2 만군의 여호와께서 이같이 말씀하셨다. "이 백성은 '여호와의 성전을 건축할 시기가 아직 이르지 않았다'라고 말한다."

3 여호와께서 학개 선지자에게 말씀하셨다.

4 "이 성전은 폐허가 되었는데 너희가 반듯한 집에 사는 것이 옳으냐?"

5 그러므로 만군의 여호와께서 이같이 말씀하셨다. "너희는 너희 행위를 살펴보라.

6 너희가 많이 뿌려도 적게 거두고, 먹어도 배부르지 못하며, 마셔도 흡족하지 못하며, 입어도 따뜻하지 못하며, 일꾼이 삯을 받아도 그것은 구멍 뚫어진 전대에 넣는 것이 되었다."

7 만군의 여호와께서 말씀하셨다. "너희는 자기의 행위를 살펴보라.

8 그리고 산에 올라가서 나무를 베어다가 성전을 건축하라. 그러면 내가 그것으로 인해 기뻐하고 영광을 얻을 것이다.

9 너희가 많이 거두기를 바랐으나 도리어 적게 거두었고, 너희가 그것을 집으로 거두어 들였으나 내가 흩어 버렸다. 그 이유가 무엇이냐? 내 집은 폐허가 되었는데 너희는 성전 건축보다 자기 집을 짓는 데 우선했기 때문이다.

10 그러므로 너희 때문에 하늘에서 내리는 이슬이 그쳤고, 땅은 소출이 그쳤으며,

11 내가 이 땅과 산과 곡식과 새1)포도주와 기름과 땅의 모든 소출과 사람과 가축과 손으로 수고하는 모든 일에 가뭄이 들게 했다."

성전 재건축을 격려함

12 ● 스알디엘의 아들 스룹바벨과 여호사닥의 아들 여호수아 대제사장과 남은 모든 백성이 그들의 하나님의 말씀과 학개 선지자의 말을 들었다. 이는 그들의 하나님께서 그를 보내셨기 때문이다. 백성이 다 여호와를 경외하니

13 그때 여호와의 사자 학개 선지자가 여호와의 명령을 받아 백성에게 말했다. "여호와께서 말씀하시기를 내가 너희와 함께한다."

14 여호와께서 스알디엘의 아들 유다

> **성경인물** 학개에 대하여(학 1:1)
>
> 학개는 이스라엘의 유배기 직후에 활동한 예언자로 성전 복구를 위해 외쳤다. 대부분 학자들은 학 2:3에 근거해서 그가 BC 586년에 파괴된 제1성전(솔로몬 성전)을 보았다고 주장한다. 그럴 경우 학개는 늙었을 때 예언 활동을 했을 것이다. 그는 스가랴 선지자와 동시대의 사람으로(스 5:1, 6:14) 스가랴와 함께 성전 재건 작업에 착수했다.

1) 단

총독 스룹바벨의 마음과 여호사닥의 아들 여호수아 대제사장의 마음과 남은 모든 백성의 마음을 감동시키시므로 그들이 와서 그들의 하나님의 성전 공사를 했다.

15 그때가 다리오 1세 2년 여섯째 달인 9월 24일이었다.

2 다리오 1세 2년인 BC 520년, 일곱째 달인 10월 21일에 여호와께서 학개 선지자에게 말씀하셨다.

2 "너는 유다 총독 스룹바벨과 여호수아 대제사장과 남은 백성에게 말하라.

3 '너희 가운데 지금 남아 있는 자들 중에서 이 성전의 찬란했던 모습을 보았던 자가 있느냐? 지금 이 성전이 너희 눈에 보잘것없이 보이느냐?'

4 그러나 여호와께서 말씀하신다. '스룹바벨아, 힘을 내라. 여호수아야, 힘을 내라.' 여호와의 말이다. '이 땅 모든 백성아, 힘을 내서 일하라. 내가 너희와 함께한다.' 만군의 여호와의 말이다.

5 '너희가 애굽에서 나올 때 내가 너희와 맺은 언약은 변함이 없고, 내 영이 계속하여 너희 가운데에 머물러 있으니 너희는 두려워하지 말라.'

6 만군의 여호와께서 이같이 말씀하신다. '얼마 있으면 내가 하늘과 땅과 바다와 육지를 뒤흔들 것이다.

7 또한 모든 나라를 뒤흔들고, 모든 나라의 보배가 이곳 예루살렘 성전으로 모이리니 내가 이 성전에 영광을 충만하게 할 것이다.

8 은도 내 것이고, 금도 내 것이다.

9 이 성전의 나중 영광이 이전의 찬란했던 성전보다 클 것이다. 내가 이곳에 평화가 있게 할 것이다."

학개 선지자의 외침

10 ● 다리오 1세 2년인 BC 520년, 아홉째 달인 12월 24일에 여호와께서 학개 선지자에게 말씀하셨다.

11 "너는 제사장에게 율법에 대해 이렇게 물으라.

12 '사람이 거룩한 고기를 옷자락에 쌌는데 그 옷자락이 세상의 빵이나 국이나 포도주나 기름이나 다른 음식물에 닿았으면 그것이 거룩한 것이 되겠느냐?'" 이에 학개가 제사장들에게 묻자 그들이 대답하기를 "아닙니다"라고 했다.

13 학개가 다시 물었다. "시체를 만져서 부정해진 자가 그 거룩한 것들 가운데 하나를 만지면 그것이 부정하겠느냐?" 제사장들이 대답했다. "부정할 것입니다."

14 이에 학개가 계속해서 말했다. "여호와의 말씀에 내 앞에 있는 이 백성과 이 나라가 그렇게 부정하고, 그들의 손이 하는 모든 일도 부정하니 그들이 그곳에서 드리는 제사도 부정하다.

15 원컨대 이제 너희는 생각해 보라. 여호와의 성전 건축을 위해 주춧돌을 놓지 않았던 때는 어떠했느냐?

16 그때는 4,400리터 되는 20고르 곡식을 거두는 밭에 가 보면 10고르밖에 거두지 못했고, 50고르를 얻는 포도즙 틀에 가 보면 20고르밖에 얻지 못했다.

17 그러므로 내가 너희 손으로 지은 모든 일에 곡식을 마르게 하는 재앙과 깜부기 재앙과 우박으로 쳤음에도 너희는 내게로 돌아오지 않았다.

18 너희는 오늘 이전을 기억해 보라. 여호와의 성전 기초를 쌓던 아홉째 달인 12월 24일 전까지를 기억

19 곡식 종자가 아직도 창고에 남아 있느냐? 포도나무, 무화과나무, 석류나무, 올리브나무에 열매가 열리지 못했다. 그러나 오늘부터는 내가 너희에게 복을 줄 것이다."

20 다리오 1세 2년, 아홉째 달인 12월 24일에 여호와께서 다시 학개에게 말씀하셨다.

21 "너는 유다 총독 스룹바벨에게 전하라. '내가 하늘과 땅을 뒤흔들고,

22 여러 왕국의 보좌를 엎으며, 여러 나라의 세력을 없앨 것이다. 그 병거들과 그 탄 자를 쓰러뜨리리니 말과 그 탄 자가 그의 동료들을 서로 칼로 치므로 쓰러지게 될 것이다.'

23 만군의 여호와께서 말씀하신다. '스알디엘의 아들 내 종 스룹바벨아, 여호와께서 말씀하신다. 그날에 내가 너를 세우고 너를 그들에게 옥쇄와 같은 존재로 삼을 것이다. 이는 내가 너를 선택했기 때문이다.'"

스가랴   Zephaniah

제목 히브리어 성경에는 인명에 따라 제카르야. 70인역에도 저자의 인명에 따라 붙임

기록연대 기원전 520~518년경   **저자** 스가랴   **중심주제** 성전재건의 촉구와 하나님의 계획

내용소개 1. 홍마를 탄 자 네뻘, 네 공장 1장   2. 척량줄을 가진 자 2장   3. 하늘의 법정 3장
4. 순금 등대 두 감람나무 4장   5. 두루마리 에바 위 여인 5장   6. 네 병거 6장
7. 금식과 축제 7~8장   8. 예루살렘과 메시아 통치 9~14장

스가랴의 외침

1 ● 다리오 1세 2년인 BC 520년, 여덟째 달인 11월에 여호와께서 잇도의 손자 베레갸의 아들 스가랴 선지자에게 말씀하셨다.

2 "여호와가 너희의 조상들에게 크게 진노하였다.

3 그러므로 너는 그들에게 이렇게 말하라. 만군의 여호와께서 이같이 말씀하셨다. '너희는 내게로 돌아오라. 그러면 내가 너희에게 돌아갈 것이다.

4 너희 조상들을 본받지 말라. 옛적 선지자들이 그들에게 외쳐 이르기를 만군의 여호와께서 너희가 악한 길, 악한 행위를 떠나서 돌아오라고 말씀하셨으나 그들은 내 말을 귀담아 듣지 않았다.

5 너희 조상들이 지금 어디에 있느냐? 그때 선지자들이 지금 살아있느냐?

6 내가 내 종 선지자들에게 명령한 내 말과 내 법도들을 듣지 않으므로 너희 조상들에게 형벌이 임했다. 그제야 그들이 돌이켜 말했다.

스가랴에 대하여(슥 1:1,7)

스가랴(Zechariah)는 잇도의 손자 베레갸의 아들(슥 1:1)로 제사장 가문에서 출생했다(느 12:1-7). 그는 바사(페르시아)의 고레스 왕의 1차 포로 귀환의 칙령에 따라 고국으로 귀환한 듯하며, 본격적인 예언 활동은 다리오 왕 때 시작하였다. 스가랴서의 저자인(슥 1:7) 그는 예루살렘 재건을 위해 유대 지도자들을 격려했다.

슥

'만군의 여호와께서 우리의 길과 우리의 행위대로 우리에게 행하고자 하신 뜻을 행하셨다."

말 탄 자와 네 뿔과 네 대장장이에 대한 환상

7 ● 페르시아 왕 다리오 1세 2년인 BC 520년, 열한째 달, 곧 스밧월인 1~2월 24일에 잇도의 손자 베레갸의 아들 스가랴 선지자에게 여호와께서 말씀하셨다.

8 내가 밤에 환상을 보니 한 사람이 붉은 말을 타고 골짜기 속에 있는 화석류나무 사이에 섰고, 그 뒤에는 붉은 말과 자줏빛 말과 백마가 있기에

9 내가 물었다. "내 주 천사여, 이들이 무엇입니까?" 그러자 천사가 말했다. "이 말들이 무엇인지 네게 보일 것이다."

10 화석류나무 사이에 선 자가 대답했다. "이는 여호와께서 땅에 두루 다니며 살펴보도록 보내신 자들이다."

11 그들이 화석류나무 사이에 선 여호와의 천사에게 말했다. "우리가 땅에 두루 다녀보니 온 땅이 평안하고 조용했습니다."

12 그러자 여호와의 천사가 대답했다. "만군의 여호와여, 여호와께서 언제까지 예루살렘과 유다 성읍들을 불쌍히 여기지 않으시겠습니까? 진노하신 지 70년이 되었습니다."

13 그러자 여호와께서 나에게 말하는 천사에게 좋은 말로 위로하셨다.

14 내게 말하는 천사가 내게 말했다. "너는 외치라. 만군의 여호와의 말씀에 '내가 예루살렘을 위하며, 시온을 위하여 크게 사랑하기 때문에 질투한다. 그래서

15 평안하게 사는 여러 나라를 보면 크게 화가 난다. 내가 이스라엘에게 분노한 것보다 그들은 이스라엘을 더 괴롭혔다.'

16 그러므로 만군의 여호와께서 이같이 말씀하신다. '내가 불쌍히 여기므로 예루살렘에 돌아왔다. 그러므로 그 가운데 내 집[1]이 건축되고, 예루살렘을 측량줄[2]로 다시 잴 것이다.'

17 그가 다시 외쳐 말했다. '만군의 여호와의 말씀에 내 성읍들이 좋은 것들로 넘칠 것이다. 여호와께서 다시 시온을 위로하며, 다시 예루살렘을 선택하실 것이다."

18 내가 눈을 들어 보니 4개 뿔이 보이기에

19 내게 말하는 천사에게 "이것은 무슨 뿔입니까?"라고 물었다. 그가 대답했다. "이들은 유다와 이스라엘과 예루살렘을 흩어 버린 뿔이다."

20 그때 여호와께서 대장장이 4명을 내게 보여주셨다.

21 이에 내가 "그들이 무슨 일을 하려고 왔습니까?"라고 묻자 여호와께서 대답하셨다. "그 뿔들은 유다를 흩어 버려 그들이 머리도 들지 못하게 만든 이방 나라들이다. 그런데 이 대장장이들이 와서 이방 나라들을 떨게 하고 이전의 뿔들을 들어 유다 땅을 흩어 버린 여러 나라의 뿔들을 꺾어 버리기 위해 온 자들이다."

측량줄을 잡은 자

2 ● 내가 눈을 들어 보니 측량줄을 그의 손에 잡은 한 사람이 보였다. 그래서

2 "당신은 어디로 가느냐?"라고 묻자

1) 성전 2) 먹줄

그가 대답했다. "예루살렘을 측량하여 그 너비와 길이를 알려고 간다."

3 그때 내게 말하는 천사가 나가고 다른 천사가 나와서 그 천사를 맞이하며

4 그에게 말했다. "너는 달려가서 그 소년 스가랴에게 말하라. '예루살렘은 그 가운데 사람과 가축이 많으니 성벽이 필요 없는 성읍이 될 것이다.'"

5 여호와께서 말씀하셨다. "내가 돌로 쌓은 성벽 대신에 불로 둘러싼 성벽이 되어 주며, 그 가운데서 영광을 드러낼 것이다.

6 내가 너희를 하늘 사방에 바람처럼 흩어지게 했으나 이제는 북방, 곧 바벨론 땅에서 도망하라.

7 바벨론성¹⁾에 거주하는 이스라엘 백성 시온아, 이제 너는 바벨론에서 피하라."

8 만군의 여호와께서 이같이 말씀하셨다. "내 영광을 위하여 너희를 약탈한 여러 나라로 나를 보내셨다. 이는 너희를 해치는 자는 보물과 같은 주의 눈동자를 해치는 것과 같기 때문이다.

9 그러므로 내가 손을 들어 이스라엘을 해치는 자들이 자기를 섬기던 자들에게 도리어 약탈을 당하게 할 것이다. 이로 인해 너희는 만군의 여호와께서 나를 보내신 줄을 알게 될 것이다."

10 여호와께서 말씀하셨다. "내가 와서 네 가운데 머물 것이니 시온의 딸, 이스라엘 백성은 노래하고 기뻐하라.

11 그날 많은 나라가 여호와와 연합하여 내 백성이 되고, 나는 그들 가운데 머물 것이다. 그때 너희는 만군의 여호와께서 나를 너희에게

보내신 줄을 알게 될 것이다."

12 여호와께서 장차 거룩한 땅에서 유다를 자기 소유로 삼으시고 예루살렘을 다시 거룩한 성으로 선택하실 것이다.

13 그러므로 모든 육체가 여호와 앞에서 잠잠하라. 이는 여호와께서 그의 거룩한 처소에서 일어나시기 때문이다.

대제사장 여호수아가 천사 앞에 섬

3 ● 여호수아²⁾ 대제사장은 여호와의 천사 앞에 섰고, 사탄은 그의 오른쪽에 서서 그를 대적하는 모습을 여호와께서 나에게 보이셨다.

2 여호와께서 사탄에게 말했다. "사탄아, 예루살렘을 선택한 여호와께서 너를 책망하신다. 이 사람은 불에서 꺼낸 그슬린 나무가 아니냐?" 그때

3 여호수아는 더러운 옷을 입고 천사 앞에 서 있었다.

4 여호와께서 자기 앞에 선 자들에게 "그 더러운 옷을 벗기라"고 명령하시고, 여호수아에게 말씀하셨다. "내가 네 죄악을 제거해 버렸으니 네게 아름다운 옷을 입힐 것이다." 이에

5 내가 말했다. "그의 머리에 정결한 두건을 씌우십시오." 그러자 곧바로 정결한 두건을 그 머리에 씌우고, 아름다운 옷을 입혔다. 그동안 여호와의 천사는 옆에 서 있었다.

6 여호와의 천사가 여호수아 대제사장에게 증언했다.

7 "만군의 여호와의 말씀에 네가 내 길을 걸으며, 내 규례를 지키면 너는 내 성전 집을 다스리고, 내 성전 뜰을 지킬 것이다. 또한 너로 성전에 있는 사람들 사이로 자유롭게

1) 딸과 함께   2) 예수아

다니게 할 것이다.

8 대제사장 여호수아야, 너와 네 앞에 앉은 네 동료들과 함께 내 말을 들으라. 이들은 장차 일어날 일에 대해 예표가 되는 사람들이다. 내가 이제 '새싹'이라고 부르는 내 종을 보내겠다.

9 만군의 여호와께서 말씀하신다. 내가 너 대제사장 여호수아 앞에 세운 돌을 보라! 1개 돌에 7개 눈이 있다. 내가 그 돌[1]에 '이 땅의 죄악을 하루에 제거할 것이다' 라는 글을 새길 것이다.[2]

10 그날이 되면 너희는 각각 포도나무와 무화과나무 아래로 이웃을 서로 초청할 것이다."

금 등잔대와 두 올리브나무의 환상

4 ●내게 말하던 천사가 다시 와서 나를 깨웠다. 그것은 마치 잠에서 깨어난 사람과 같았다.

2 그가 내게 "네가 무엇을 보느냐?"라고 묻자 내가 대답했다. "내가 보니 순금 등잔대가 있는데 그 꼭대기에는 올리브 기름 그릇이 있고, 그 기름 그릇 위에는 7개 등잔이 있으며, 그 기름 그릇 위에 있는 등잔을 위해서 7개 대롱이 연결되어 있습니다.

3 그 등잔대 곁에 2그루의 올리브나무가 그 기름 그릇 양쪽에 있습니다."

4 내가 나에게 말하는 천사에게 물었다. "이것들이 무엇입니까?"

5 천사가 대답했다. "너는 이것들이

Q&A 두 가지는?(슥 4:12)

올리브나무 두 가지는 대제사장 여호수아와 총독 스룹바벨을 상징한다. 그러나 궁극적으로는 장차 예수 그리스도께서 담당하실 두 가지 직분을 상징한다.

무엇인지 모르느냐?" 이에 내가 "알지 못합니다"라고 대답했다.

6 그가 내게 말했다. "여호와께서 스룹바벨에게 하신 말씀이다. '이는 힘으로 되지 않고, 능력으로 되지 않으며, 오직 내 영으로만 가능하다.

7 큰 산아, 네가 무엇이냐? 네가 스룹바벨 앞에서 평지가 될 것이다.' 그가 머릿돌을 떠서 가져올 때 무리가 외치기를 '은총, 은총이 그에게 있을 것이다'라고 할 것이다."

8 여호와께서 또 내게 말씀하셨다.

9 "스룹바벨의 손이 이 성전의 기초를 놓았으니 그의 손이 그 일을 마칠 것이다. 그때 너희가 만군의 여호와께서 나를 너희에게 보내신 줄을 알게 될 것이다.

10 성전 착공일이 하찮은 일의 날이라고 멸시하는 자가 누구냐? 사람들이 스룹바벨의 손에 측량줄이 있는 것을 보고 기뻐할 것이다. 이 7개 눈은 온 세상을 살피는 여호와의 눈이다."

11 내가 그 천사에게 "등잔대 양쪽에 있는 올리브나무 2그루는 무슨 뜻입니까?"라고 물었다.

12 그리고 계속해서 그에게 물었다. "기름이 담긴 그릇에서 등잔으로 금빛 기름이 스며들게 하는 2개 금대롱이 있고, 그 옆에 있는 이 올리브나무의 2가지는 무슨 뜻입니까?"

13 그가 내게 대답했다. "너는 이것이 무엇인지 모르느냐?" 내가 대답했다. "알지 못합니다."

14 그러자 그가 말했다. "이는 기름 부음 받은 자 2명이니 바로 온 세상의 주인 되시는 분 앞에 서 있는 자들이다."

1) 그리스도 2) 계 5:6

날아가는 두루마리 환상

5 ● 내가 다시 눈을 들어 보니 날 아가는 두루마리가 보였다.

2 그때 그 천사가 내게 물었다. "네 가 무엇을 보느냐?" 내가 대답했 다. "날아가는 두루마리를 봅니다. 그 길이가 9m 되는 20규빗이며, 너 비가 10규빗입니다."

3 그가 내게 말했다. "이 두루마리는 온 땅에 내리는 저주다. 한쪽에는 '도둑질하는 자는 땅에서 끊어질 것이다' 다른 한쪽에는 '거짓으로 맹세하는 자는 땅에서 끊어질 것 이다'라고 쓰여 있다."

4 만군의 여호와께서 말씀하셨다. "내가 이 저주를 보냈으니 도둑의 집과 내 이름을 가리켜 망령되이 맹세하는 자의 집에 들어가 그 집 에서 머무르며, 그 집을 나무와 돌 로 쌓은 벽과 함께 모두 불사를 것 이다."

에바 속의 여인 환상

5 ● 내게 말하던 천사가 말했다. "너 는 눈을 들어 무엇이 나오는지 보 라."

6 내가 물었다. "이것이 무엇입니 까?" 그가 말하기를 "나오는 이것 은 곡식을 측량하는 도구인 에바 이다"라고 하시고 또 말했다. "이 것은 온 땅에 있는 죄악을 나타내 는 것이다."

7 이 에바 속에는 한 여인[1]이 앉았 다. 그때 에바를 덮고 있던 둥글게 생긴 납 한 조각이 들렸다.

8 그가 말하기를 "이는 악이다"라고 한 후 그 여인을 다시 에바 속으로 던져 넣고 납 조각을 에바 입구 위 에 덮었다.

9 내가 또 눈을 들어 보니 두 여인이 나오는데 황새의 날개 같은 날개로

바람을 일으키고 있었다. 그들이 그 에바를 하늘과 땅 사이에 들어 올린 것을 보고

10 내가 나에게 말하는 천사에게 "그 들이 에바를 어디로 옮겨 갑니까?" 라고 물었다.

11 그가 내게 말했다. "그들이 바벨론 남쪽 지역의 시날 땅으로 가서 에 바를 위한 신전 집을 건축하려고 한다. 신전이 완공되면 에바는 자 기 자리에 놓일 것이다."

병거 4대의 환상

6 ● 내가 또 눈을 들어 보니 병거 4 대가 두 산 사이에서 나오는데 그 산은 동광산이었다.

2 첫 번째 병거는 붉은 말들, 두 번째 병거는 검은 말들,

3 세 번째 병거는 흰 말들, 네 번째 병거는 어룽지고 건장한 얼룩말들 이 메어 있었다.

4 내가 내게 말하는 천사에게 물었다. "내 주여, 이것들은 무엇입니까?"

5 천사가 대답했다. "이는 하늘의 네 바람, 곧 영으로 온 세상의 주인 되 시는 주 앞에 서 있다가 나가는 것 이다."

6 검은 말은 북쪽 땅으로 나가는데 흰 말은 그 뒤를 따르고, 얼룩말은 남쪽 땅으로 나가는데

7 날쌔고 힘센 말들은 나가서 땅에 두루 다니고자 했다. 그때 그가 말 했다. "너희는 여기서 나가서 땅에 두루 다니라." 그러자 그 말들이 땅에 두루 다녔다.

8 그가 내게 소리치며 말했다. "북쪽 으로 나간 자들이 북쪽에서 내 영 을 시원하게 해주었다."

면류관을 쓴 대제사장 여호수아

9 ● 여호와께서 나에게 말씀하셨다.

1) 죄악

10 "포로로 잡힌 자 가운데 바벨론에서 본토로 돌아온 헬대와 도비야와 여다야 세 사람이 스바냐의 아들 요시아의 집에 들어갔다. 그러니 스가랴는 오늘 그 집에 들어가서 그들에게서

11 은과 금을 받아 면류관, 곧 왕관을 만들어 여호사닥의 아들 여호수아 대제사장의 머리에 씌우라.

12 그런 다음 그에게 말하라. '만군의 여호와께서 이같이 말씀하신다. 보라, 싹이라 이름하는 사람이 자기가 있는 자리에서 돋아나 여호와의 성전을 건축할 것이다.

13 그가 여호와의 성전을 건축하고, 존귀함도 얻고, 그 보좌에 앉아서 다스릴 것이다. 또 제사장이 보좌 옆 자기 자리에 있으리니 이 둘 사이에는 평화에 대한 계획이 있을 것이다.'

14 그 왕관은 헬렘과 도비야와 여다야와 스바냐의 아들 헨을 기념하기 위해 여호와의 성전 안에 두라.

15 먼 곳에 사는 사람들이 와서 여호와의 성전 건축을 할 것이니 너희는 만군의 여호와께서 나를 너희에게 보내신 줄을 알게 될 것이다. 너희가 너희 하나님의 말씀에 순종하면 이 일이 이루어질 것이다."

금식보다 청종을 더 원하심

7 1 ● 페르시아 왕 다리오 1세 즉위 4년인 BC 518년, 아홉째 달, 곧 기슬래월인 11~12월 4일 여호와께서 스가랴에게 말씀하셨다.

2 그때 벧엘 사람이 사레셀과 레겜멜렉과 그의 부하들을 17km 떨어진 예루살렘으로 보내 여호와께 은혜를 구하고

3 만군의 여호와의 성전에 있는 제사장들과 선지자들에게 물었다.

"내가 몇 년 동안 해온 대로 다섯째 달인 8월까지 애곡하며 금식1)해야 합니까?"

4 만군의 여호와께서 나에게 말씀하셨다.

5 "온 땅의 백성과 제사장들에게 이르라. '너희가 70년 동안 다섯째 달인 8월과 일곱째 달인 10월에 금식하며 애곡한 것이 나를 위해 금식한 것이냐?

6 너희의 먹고 마심은 너희 자신의 만족을 위해 먹고 마신 것이 아니냐?

7 예루살렘과 주위의 성읍에는 백성이 평안히 거주하며 살았다. 남방과 평원에 살 때도 평안히 지내리라고 한 것은 여호와께서 이전 선지자들을 통해 외친 말씀이다."

사로잡혀 가는 이유

8 ● 여호와께서 스가랴에게 말씀하셨다.

9 "너희는 공정한 재판을 하고, 서로 사랑과 자비를 베풀며,

10 과부와 고아와 나그네와 궁핍한 자를 억압하지 말며, 동족끼리 해치려는 마음을 품지 말라."

11 그러나 그들은 내 말 듣기를 싫어하여 등을 돌리고, 귀를 막고 들으려고 하지 않았다.

12 그 마음을 금강석, 곧 다이아몬드처럼 굳게 하여 율법과 만군의 여호와가 그의 영으로 옛 선지자들을 통해 전한 말을 듣지 않았다. 그래서 만군의 여호와께서 크게 진노하셨다.

13 "내가 불러도 그들이 듣지 않은 것처럼 그들이 불러도 내가 듣지 않을 것이다.

14 나는 바람에 날리듯 그들을 알지

1) 근신

못하던 여러 나라로 흩었다. 그들이 떠난 이 땅은 황폐하여 다니는 사람이 없었다. 이는 그들이 아름다운 땅을 황폐하게 했기 때문이다."

예루살렘 회복에 대한 약속

8 ● 만군의 여호와께서 말씀하셨다.

2 "내가 예루살렘, 곧 시온을 질투할 만큼 사랑하며, 그를 대적하는 자에게 크게 분노할 만큼 사랑한다.

3 내가 예루살렘으로 돌아와 그곳에 거하리니 예루살렘은 '진리의 성'이라고 불리고, 만군의 여호와의 산은 '거룩한 산'이라고 불리게 될 것이다."

4 만군의 여호와께서 이같이 말씀하셨다. "예루살렘 거리에 남녀 노인들이 다시 앉을 것이다. 그들은 나이가 많아 저마다 손에 지팡이를 잡고 있으며,

5 소년 소녀들이 예루살렘 거리에 가득하여 그곳에서 뛰놀 것이다.

6 그날 남은 백성의 눈에는 그 일이 놀랍게 보이겠지만 내 눈에는 놀랄 일이 아니다.

7 보라, 내가 내 백성을 해 뜨는 곳에서 해지는 땅까지 구해내어

8 인도하여 예루살렘 가운데 거주하게 할 것이다. 그때 그들은 내 백성이 되고, 나는 진리와 공의 안에서 그들의 하나님이 될 것이다."

9 여호와께서 이같이 말씀하셨다. "만군의 여호와의 집인 성전을 건축하기 위해 그 기초를 쌓던 날 외쳤던 선지자들의 말을 이날에 듣는 너희는 힘을 내라.

10 이날 이전에는 사람이 품삯을 받지 못했고, 짐승도 제 몫을 받지 못했다. 사람들이 원수 때문에 출입도

불안했고, 내가 모든 사람으로 서로 대적하도록 했다."

11 만군의 여호와께서 말씀하셨다. "이제 내가 이 남아 있는 백성에게는 이전처럼 대하지 않을 것이다.

12 곧 평화롭게 씨를 뿌릴 것이다. 포도나무가 열매를 맺고, 땅이 소출을 내며, 하늘에서는 이슬을 내리리니 내가 이 살아남은 백성으로 이 모든 것을 누리게 할 것이다.

13 유다 족속과 이스라엘 족속아, 너희가 이방인 가운데서 저줏거리로 있었으나 이제는 너희를 구원하여 복을 받은 자가 되게 할 것이다. 그러므로 너희는 두려워하지 말고 힘을 내라."

14 만군의 여호와께서 이같이 말씀하셨다. "너희 조상들이 나를 진노하게 했을 때 나는 그들에게 재앙을 내리기로 작정하고 그것을 바꾸지 않았다. 그러나

15 이제 내가 다시 예루살렘과 유다 집 족속에게 복을 내리기로 작정했으니 너희는 두려워하지 말라.

16 이제 너희는 이웃과 서로 진실을 말하고, 너희 성문에서 공정1)하고 평화로운 재판을 하며,

17 서로 해치려는 마음을 품지 말며, 거짓 맹세를 좋아하지 말라. 이런 모든 것은 내가 미워하는 것이다."

금식에 대한 말씀

18 ● 만군의 여호와께서 나에게 말씀하셨다.

19 "넷째 달인 7월과 다섯째 달과 일곱째 달과 열째 달에 하는 슬픈 금식이 변해 유다 족속에게 기쁨과 즐거움과 희락의 절기들이 될 것이다. 그러므로 너희는 오직 진리와 화평을 사랑하라."

1) 진실

20 만군의 여호와께서 이같이 말씀하셨다. "이후에도 여러 백성과 많은 성읍의 주민이 다시 본토로 귀환할 것이다.

21 그때 이 성읍 주민이 저 성읍에 가서 '우리가 속히 가서 만군의 여호와를 찾고, 여호와께 은혜를 구하자'라고 말하면, '나도 가겠다'라고 말할 것이다.

22 많은 백성과 강대국들이 예루살렘으로 와서 만군의 여호와를 찾고 그분께 은혜를 구할 것이다.

23 그날에는 다른 언어를 가진 나라 중 이방 백성 10명이 유다 사람 1명의 옷자락을 잡고 '우리가 너희와 함께 가려고 한다. 하나님께서 너희와 함께하신다는 말을 들었기 때문이다'라고 말할 것이다."

이스라엘 이웃 나라들에 대한 심판 예언

9 ● 여호와의 말씀이 하드락 땅에 내리고 다메섹에 머물 것이니 사람들과 이스라엘 모든 지파가 여호와를 바라본다.

2 하드락 접경 오론테스강변의 하맛에도 여호와의 말씀이 임하겠고, 두로와 시돈에도 임할 것이다. 이는 그들이 매우 지혜롭기 때문이다.

📍성경지리 하드락(슥 9:1)

하드락(Hadrach)은 알렙포 남서쪽 약 45㎞ 지점인 오늘날 텔 아피스(Tell Afis)의 커다란 구릉과 동일시된다. 이곳에서 아람 왕 비르 하닷(벤하닷)의 동맹군에 대한 내용이 아람어로 기록된 비석에서 발견되었다. 이곳은 BC 738년 디글랏빌레셀 3세에 의해 정복당한 후 BC 720년 하맛, 아르왓, 다메섹 등과 함께 사르곤 2세에게 항거했으나 곧 진압되었는데 이런 내용이 슥 9:1–6에 암시되어 있다. 스가랴 선지자는 하드락 접경의 하맛에도 여호와의 말씀이 임할 것을 예언했다.

---

3 두로는 자기를 위해 요새를 건축하며 은을 먼지처럼, 금을 거리의 진흙처럼 쌓아 놓았다.

4 그러나 주께서는 두로를 쫓아내시고, 바다에서 두로의 재물[1]을 치시리니 두로가 불에 삼켜질 것이다.

5-6 블레셋 성읍 아스글론이 그것을 보고 두려워하며, 그곳에는 주민이 없을 것이다. 가사도 매우 고통스러우며, 왕이 사라질 것이다. 에그론은 그 기대했던 것이 부끄러움으로 바뀔 것이다. 아스돗에는 잡족이 거주할 것이다. 내가 블레셋 사람의 교만을 끊고,

7 그의 입에 묻은 희생제물의 피를 없애며, 그의 이빨 사이에서 혐오스러운 우상 제물을 꺼낼 것이다. 그래서 그들 중 남은 자들은 우리 하나님께로 돌아와서 유다의 한 지도자처럼 되겠고, 에그론은 여부스 사람처럼 이스라엘에 동화될 것이다.

8 나는 내 집을 친히 살필 것이다. 그래서 내 집에 진을 치고 적군을 막아 그곳으로 다니지 못하게 할 것이다. 또 정복자가 다시는 그 지역을 침범하지 못하게 할 것이다.

메시아 강림 예언

9 ● 시온의 딸아, 크게 기뻐하라. 예루살렘의 딸아, 함성을 올려라. 보라, 네 왕이 네게 임하시니 그는 공의롭고, 구원을 베푸시며, 겸손하시기에 나귀 새끼를 타신다.[2]

10 내가 북이스라엘, 곧 에브라임의 병거와 예루살렘의 말을 없애고, 전쟁 때 사용하는 활도 끊으리니 그가 이방 사람에게 평화를 선포할 것이다. 그의 통치는 이 바다에서 저 바다까지 이르며, 유프라테

1) 권세 2) 마 21:5

스강에서 땅끝까지 이를 것이다.

11 너에 대해서도 네 언약의 피 때문에 갇혀 있는 네 백성을 물 없는 구덩이에서 건져 낼 것이다. 그러므로
12 비록 갇혀 있지만 희망을 가진 자들아, 이제 너희는 안전한 요새이신 여호와에게로 돌아오라. 내가 네게 두 배로 갚아 줄 것이다.
13 내가 유다를 활처럼 당기고, 북이스라엘을 활줄에 끼운 화살로 삼았다. 예루살렘, 곧 시온아, 내가 네 자식들을 세워 헬라, 곧 그리스 자식들을 치게 하며, 너를 용사의 칼로 삼을 것이다.
14 그래서 여호와께서 그들 위에 나타나사 그들의 화살을 번개처럼 쏘시며, 여호와께서 나팔을 부시며, 남방에서 회오리바람 속에서 걸어가실 것이다.
15 만군의 여호와께서 그들을 보호하시리니 그들이 원수를 쳐부수고, 물맷돌 던지는 자들을 밟을 것이다. 그들은 술에 취한 것처럼 적들의 피를 마시고 즐거이 부를 것이다. 그들은 피가 가득한 그릇과도 같고, 피 묻은 제단 모퉁이와도 같을 것이다.
16 이날 그들의 하나님께서는 그들을 자기 백성의 양 떼처럼 구원하시리니 그들이 왕관의 보석처럼 여호와의 땅에서 빛날 것이다.
17 그들의 형통함과 아름다움이 어찌 그리 큰지 청년들은 곡식처럼 강건해지고, 처녀들은 새 포도주처럼 아름다워질 것이다.

여호와의 구원 약속

10 ● 봄비가 내리는 때 비구름을 일어나게 하시는 여호와께 비를 구하라. 사람들에게 소낙비를 내려 각 사람에게 밭의 채소를 주

실 것이다.

2 우상의 일종인 드라빔들은 헛된 것을 말하며, 점쟁이는 거짓 환상을 보고 거짓 꿈을 말한다. 그들은 헛된 말로 위로하니 백성들이 양처럼 방황하며, 목자가 없어 괴로움을 겪는다.
3 그러므로 내가 목자들에게 분노하며, 숫염소, 이방의 통치자들을 벌할 것이다. 만군의 여호와께서 유다 족속을 돌보시고 그들을 전쟁터에서 달리는 날샌 말1)처럼 만들 것이다.
4 유다에게서 모퉁잇돌과 같은 사람, 말뚝과 같은 사람, 싸우는 활과 같은 사람, 온갖 권세 잡은 자들이 나올 것이다. 그래서 그들이
5 싸울 때 용사처럼 진흙탕 거리에서 원수를 밟을 것이다. 여호와께서 그들과 함께하시니 그들이 싸워 기마병들을 부끄럽게 할 것이다.
6 나는 유다 족속을 강하게 하고, 요셉 족속을 구원할 것이다. 내가 그들을 불쌍히 여김으로 그들을 본토로 돌아오게 하리니 그들은 내가 버린 적이 없는 자처럼 될 것이다. 나는 그들의 하나님이다. 나는 그들의 부르짖음을 들어줄 것이다.
7 북이스라엘, 곧 에브라임이 용사와 같아서 포도주를 마시는 것처럼 마음이 기쁘고, 그들의 자손은 그것을 보고 기뻐하며 여호와로 인해 마음이 즐거울 것이다.
8 내가 그들을 구원했기 때문에 휘파람을 불어 그들을 모을 것이다. 그들은 전에 번성하던 것처럼 번성할 것이다.

1) 준마

9 나는 그들을 여러 백성 가운데 흩었지만, 그들은 먼 곳에서 나를 기억하고 살아왔기 때문에 그들의 자녀들과 함께 본토로 돌아올 것이다.

10 내가 그들을 애굽 땅에서 돌아오게 하고, 앗수르에서 모아 돌아오게 하며, 이스라엘의 옛 영토인 요단강 동쪽 길르앗 땅과 갈릴리 북쪽 레바논으로 그들을 이끌어가리니 그들은 거할 곳이 부족할 정도로 많은 자가 돌아올 것이다.

11 내가 그들이 고난의 바다를 지나갈 때 바다 물결을 치므로 나일강의 깊은 곳이 다 마르고, 앗수르의 교만이 낮아지며, 애굽에서 왕권을 상징하는 지팡이인 규가 없어질 것이다.

12 나는 그들이 나 여호와를 의지하므로 강해지도록 하리니 그들이 내 이름을 앞세우고 나갈 것이다. 여호와의 말씀이다.

메시아 수난 예언과 우매한 목자

11 ● 레바논아, 네 문을 열어라. 그래서 불이 네 백향목을 사르게 하라.

2 너 잣나무1) 같은 평민들이여, 통곡하라. 백향목 같은 귀족들이 넘어졌고, 아름다운 나무들이 쓰러졌다. 바산의 상수리나무들아, 통곡하라. 무성한 숲이 쓰러졌다.

3 목자들의 통곡하는 소리가 들리니 그들이 자랑하던 풀밭2)이 황폐해졌다. 어린 사자의 부르짖는 소리가 들리니 요단이 자랑하던 숲들이 황폐해졌다.

4 나의 하나님께서 말씀하셨다. "너는 잡혀 죽게 될 양 떼를 먹이라.

5 양 떼를 산 자들에게는 '그 양을 잡아도 죄가 없다'라고 말하고, 양 떼를 판 자들에게는 '내가 부요하게 되었으니 여호와를 찬양할 것이다'라고 말하라. 그들의 목자들은 그 양 떼를 불쌍히 여기지 않았기 때문이다.

6 내가 다시는 이 땅 주민을 불쌍히 여기지 않고 그 사람들을 각각 그 이웃의 손과 왕의 손에 넘길 것이다. 그들이 이 땅을 침략해도 내가 구해내지 않을 것이다."

7 이에 내가 잡혀 죽게 될 가련한 양 떼를 먹였다. 내가 막대기 2개를 가져다가 하나는 '은총'이라 부르고, 또 하나는 '연합'이라 부르며 양 떼를 먹이는

8 한 달 동안 내게 있는 목자 3명을 쫓아냈다. 그것은 내 마음에 그들을 싫어했고, 그들도 나를 미워했기 때문이다.

9 그러고 나서 내가 양 떼에게 말했다. "내가 너희를 먹이는 목자가 되지 않을 것이다. 죽을 자는 죽고, 망할 자는 망하며, 나머지는 서로 잡아먹도록 내버려 둘 것이다."

10 그리고 '은총'이라고 부른 막대기를 꺾어 버렸다. 이는 모든 백성과 세운 언약을 파기하기 위해서였다.

11 그날 그 언약은 파기되었다. 나를 지켜보고 있던 가련한 양들은 내 이런 행동이 여호와의 말씀이었던 것임을 알았다.

12 내가 그들 이스라엘 백성에게 말했다. "너희가 좋게 생각한다면 내가 너희를 돌보고 받을 품삯을 내게 주고, 줄 생각이 없다면 그만두라." 이에 그들이 곧바로 은 30개를 달아서 내 품삯으로 주었다.

13 여호와께서 나에게 말씀하셨다.

1) 전나무 2) 것

"네가 받은 그 품삯을 토기장이에게 던지라." 이에 내가 곧 그 은 30개를 여호와의 성전에 있는 토기장이에게 던져 주었다.[1)]

14 그리고 '연합'이라 하는 두 번째 막대기를 꺾어 버렸다. 이렇게 한 것은 유다와 이스라엘 형제의 의리를 끊으려고 의도한 것이다.

15 여호와께서 나에게 말씀하셨다. "너는 또 어리석은 목자의 기구들을 빼앗으라.

16 보라, 내가 이 땅에 한 우매한 목자를 세울 것이다. 그는 양을 잃어버리고도 관심을 갖지 않고, 흩어진 양을 찾지 않으며, 상처난 양을 치료하지 않으며, 튼튼한 양을 먹이지 않는다. 오히려 살진 양을 골라 잡아먹고, 또 양의 발굽을 찢어 도망가지 못하게 할 것이다.

17 양 떼를 버린 무가치한 목자에게는 화가 있을 것이다. 칼이 그의 팔과 오른쪽 눈을 찌르리니 그의 팔이 바싹 마르고, 그의 오른쪽 눈이 아주 멀게 될 것이다."

세상 나라에 승리할
예루살렘의 회개와 구원 예언

12 ● 이스라엘에 대한 여호와의 경고의 말씀이다. 하늘을 펼치시고, 땅의 기초를 놓으시며, 사람 안에 심령을 지으신 여호와께서 말씀하셨다.

2 "보라, 내가 예루살렘을 잔으로 삼아 그 주위에 있는 모든 이방 민족을 취하게 할 것이다. 예루살렘이 포위될 때 모든 유다 지역까지 포위를 당할 것이다.

3 그날에는 내가 예루살렘을 모든 이방 민족에게 무거운 돌이 되게 하리니 세상의 모든 나라가 돌을 밀어 버리기 위해[2)] 모일 것이다.

그러나 그것을 드는 자는 누구를 막론하고 큰 상처를 입을 것이다."

4 여호와께서 말씀하셨다. "그날 내가 모든 말을 쳐서 놀라게 하고, 그 말을 탄 자를 쳐서 미치게 할 것이다. 유다 족속은 내가 보살피고, 모든 이방 민족의 말은 쳐서 눈을 멀게 할 것이다.

5 이를 본 유다의 지도자들이 마음속으로 이렇게 말할 것이다. '예루살렘 주민이 그들의 하나님, 만군의 여호와로 인해 힘을 얻었다.'

6 그날 내가 유다 지도자들을 나무 가운데 있는 화로와 같게 하고, 곡식단 사이에 있는 횃불과 같게 할 것이다. 그래서 그들을 좌우로 포위한 모든 이방 민족을 불사르고, 예루살렘 사람들은 다시 그 본래 살던 예루살렘에서 살게 될 것이다.

7 여호와는 먼저 유다 장막을 구원할 것이다. 다윗의 집의 영광과 예루살렘 주민의 영광이 크다고 해도 유다의 영광보다는 크지 않을 것이기 때문이다.

8 그날 여호와가 예루살렘 주민을 보호하리니 그들 가운데 약한 자도 다윗처럼 강하게 될 것이다. 다윗의 집안 족속은 하나님 같고, 무리 앞에 있는 여호와의 천사[3)]와 같을 것이다.

9 그날 예루살렘을 치러 오는 이방 나라들을 내가 진멸시키기 위해 찾을 것이다.

10 나는 다윗의 집과 예루살렘 주민에게 은혜와 간구하는 심령을 쏟아부을 것이다. 그러면 그들이 찌른 나[4)]를 바라 보고 독자를 잃고

1) 마 27:3-10　2) 예루살렘을 치려고　3) 사자　4) 그리스도

애통하듯 그를 위해 애통하고, 장자를 잃고 통곡하듯 그를 위해 통곡할 것이다.

11 그날 예루살렘에 큰 애통이 있으리니 므깃도 골짜기 남동쪽 근처의 하다드림몬에 있던 애통과 같을 것이다.[1]

12 온 땅, 각 족속마다 따로 애통할 것이다. 다윗의 집의 족속과 그들의 아내들이 각기 따로 애통하고, 나단의 집의 가문과 그들의 아내들이 각기 따로 애통하며,

13 레위의 집의 가문과 그들의 아내들이 각기 따로 애통하고, 시므이의 집의 가문과 그들의 아내들이 각기 따로 애통하며,

14 모든 남은 집의 가문과 그들의 아내들이 각기 따로 애통할 것이다.”

13 그날에 다윗의 족속과 예루살렘 주민을 위해 죄와 더러움을 씻는 샘이 솟아날 것이다.

2 만군의 여호와께서 말씀하셨다. “그날에 내가 우상의 이름을 이 땅에서 끊어 버려 기억에서 사라지게 하며, 거짓 선지자와 더러운 영을 이 땅에서 떠나게 할 것이다.

3 그럼에도 사람이 예언한다고 하면 그를 낳은 부모가 그에게 '네가 여호와의 이름을 빙자하여 거짓말을 하니 죽어야 할 것이다'라고 말한 후 부모는 그가 예언할 때 칼로 그를 찔러 죽일 것이다.

4 그날 거짓 선지자들이 예언할 때 그의 계시로 자신들의 본색이 드러나므로 인해 각기 부끄러워하며, 사람들을 속여 선지자들처럼 보이기 위해 보통 선지자들이 입는 털옷도 입지 않을 것이다. 그리고

5 핑계하기를 '나는 선지자가 아니라 농부다. 나는 어려서부터 사람의 종이 되었다'라고 할 것이다.

6 또 어떤 사람은 그에게 '네 두 팔 사이의 가슴에 난, 종교의식 때 자해로 생긴 상처는 어찌 된 일이냐?'라고 물으면 그는 '이는 내 친구의 집에서 받은 상처다'라고 둘러댈 것이다.”

목자를 치라는 명령

7 ● 만군의 여호와께서 말씀하셨다. “칼아, 깨어서 내 목자를 치라. 내 가장 가까운 친구가 된 자를 치라. 목자인 그리스도를 치라. 그러면 양 떼가 흩어지리니 그러면 나도 보잘것없는 자들을 내 손을 들어 칠 것이다.[2]

8 온 땅에서 3분의 2는 멸망하고, 3분의 1만 그곳에 남을 것이다.

9 내가 그 3분의 1을 불속에 넣어 은처럼 단련하고, 금처럼 시험할 것이다. 그리고 나서 그들이 내 이름을 부르리니 그때 내가 들을 것이다. 그리고 '이는 내 백성이라'고 말하며, 그들은 '여호와는 내 하나님이시다'라고 말할 것이다.”

메시아의 재림 예언, 예루살렘과 이방 나라들

14 ● 여호와의 심판 날이 가까이 오고 있다. 그날에는 네 재물이 약탈되어 너희가 보는 앞에서 나누어 가질 것이다.

역사 & 배경 스가랴서의 기록(속)

BC 520~518년 및 480~470년 두 차례에 걸쳐 기록된 것으로 보인다. 즉 본서의 전반부(1~8장)는 성전 재건 작업의 기초 공사가 마무리 되던 때인 BC 520년에서부터 BC 518년(7:1)까지 기간에 기록되었고, 후반부(9~14장)는 헬라에 대한 언급으로 보아 저자의 인생 말년에 해당되는 BC 480~470년에 기록된 것으로 추정된다.

1) 왕하 23:29~30, 대하 35:20~25 2) 마 26:31

2 내가 이방 나라들을 모아 예루살렘과 싸우게 할 것이다. 그러면 예루살렘 성읍이 함락되고, 가옥이 약탈되며, 여자들이 욕보임을 당하며, 성읍 백성은 절반이나 잡혀갈 것이다. 그러나 남은 백성은 살아서 성읍에 거할 것이다.

3 그때 여호와께서 나가사 전쟁 때 싸우는 것처럼 그 이방 나라들을 치실 것이다.

4 그날 여호와의 발이 예루살렘 동쪽 올리브산에 서시고, 올리브산은 그 한가운데가 동서로 갈라져 큰 골짜기가 될 것이다. 그리고 그 중 산 절반은 북쪽으로, 절반은 남쪽으로 옮겨지고

5 그 산 사이에 생긴 골짜기는 아셀까지 이를 것이다. 너희가 그 산 골짜기로 도망하되 유다 왕 웃시야 때 지진을 피하여 도망하던 것처럼 도망할 것이다. 그날 내 하나님께서 임하시고, 거룩한 모든 자가 주와 함께 올 것이다.[1]

6 그날에는 빛이나 빛나는 것들이 사라질 것이다.

7 그날은 여호와께서만 아시는 날이니 그때는 낮도 아니고 밤도 아니라 저녁 때도 빛이 있을 것이다.

8 그날 생수가 예루살렘에서 솟아나서 절반은 사해, 곧 동해로, 절반은 지중해, 곧 서해로 흐르되 여름과 겨울 내내 흐를 것이다.

9 여호와께서 온 세상의 왕이 되시리니 그날에는 여호와만이 홀로 한 분이시며, 그의 이름만이 홀로 빛나실 것이다.

10 온 땅이 아라바처럼 평원이 되니 게바에서 약 87km 떨어진 예루살렘 남쪽의 림몬까지 이를 것이다. 예루살렘은 높이 솟아 있기 때문에 그 본래 있던 곳에 있으리니 베냐민 문에서 옛 문[2] 자리를 지나 성 모퉁이 문까지, 또 하나넬 망대에서 성 남동쪽 왕의 포도즙 짜는 틀이 있는 곳까지다.

11 백성들이 그 예루살렘 지역에 살며, 다시는 멸망하지 않고, 안전하게 살 것이다.

12 예루살렘을 침략한 모든 민족에게 여호와께서 내리실 재앙은 다음과 같다. 곧 자기 발로 서 있는 동안에 그들의 살이 썩고, 그들의 눈동자가 눈구멍 속에서 썩으며, 그들의 혀가 입 속에서 썩을 것이다.

13 그날 여호와께서 그들 가운데 큰 혼란을 일으키시리니 서로 손을 붙잡고 자기들끼리 칠 것이다.

14 유다도 예루살렘을 지키기 위해 싸우리니 이때 주위에 있는 이방 나라들의 수많은 금은 보화와 의복이 예루살렘에 쌓일 것이다.

15 또 말과 노새와 낙타와 나귀와 적군 진에 있는 모든 가축에게도 같은 재앙이 있을 것이다.

16 예루살렘을 치러 왔던 이방 나라들 가운데서 살아남은 자는 해마다 예루살렘으로 올라와서 만군의 왕, 여호와께 경배하며 초막절을 지킬 것이다.

17 그렇게 하지 않는 자들에게는 비를 내리지 않을 것이다.

18 만일 애굽 족속이 올라오지 않을 때는 비가 내리지 않으리니 초막절을 지키러 올라오지 않는 이방 나라들의 사람들에게는 여호와께서 재앙을 내리실 것이다.

19 애굽 사람은 물론 다른 이방 나라 사람도 초막절을 지키러 올라오지 않는 자는 같은 벌을 받을 것이다.

1) 암 1:1 2) 첫 문

20 그날에는 말방울에까지 '여호와께 성결'이라는 글이 새겨질 것이다. 여호와의 성전에 있는 모든 솥이 제단 앞에 있는 그릇처럼 거룩하게 되리니

21 예루살렘과 유다의 모든 솥이 만군의 여호와의 성물이 될 것이다. 제사 드리는 사람이 와서 그 솥을 가져다가 고기를 삶을 것이다. 그날에는 만군의 여호와의 성전에 부정한 가나안 사람이 다시 있지 않을 것이다.

말라기 Malachi

제목 히브리어 성경에는 인명에 따라 말라키, 70인역에도 저자의 인명에 따라 말라키아스

기록연대 기원전 430년경 **저자** 말라기 **중심주제** 도덕적 타락의 책망과 엘리야 도래 예언

내용소개 * 깨어진 관계 1. 제사장들의 죄 1장 2. 백성들의 죄 2장 3. 메시아의 약속, 십일조 3장
* 회복된 관계 4. 여호와의 날 4장

여호와의 이스라엘 사랑

1 ● 여호와께서 말라기 선지자를 통해 이스라엘에게 경고하신 말씀이다.

2 여호와께서 말씀하셨다. "내가 너희를 사랑했다. 그러나 너희는 '주께서 우리를 어떻게 사랑하셨습니까?'라고 말한다." 나 여호와가 말한다. "에서는 야곱의 형이지만 나는 야곱을 사랑했고

3 에서는 미워했다. 에서가 사는 산들을 황폐하게 했고, 그가 물려받은 유업을 광야에 사는 이리들의 거처가 되게 했다."

4 에돔은 "우리가 무너뜨림을 당했지만 황폐된 곳을 다시 쌓을 것이다"라고 말한다. 그러나 나 만군의 여호와는 말한다. "그들은 쌓을지라도 내가 헐어 버릴 것이다. 사람들이 그들을 향해 '악한 영토'라고 부르며, '여호와께서 영원토록 진노하신 백성'이라고 부를 것이다.

5 너희는 눈으로 보고 '여호와께서는 이스라엘 영토 밖에서도 크시다'라고 말할 것이다."

제사장과 백성들의 죄

6 ● 만군의 여호와께서 너희에게 말씀하신다. "아들은 그 아버지를, 종은 그 주인을 공경하는 법이다. 그런데 내가 아버지인데 나를 공경함이 어디 있느냐? 내가 주인인데 나를 두려워함이 어디 있느냐?" 내 이름을 멸시하는 제사장들은 말한다. "우리가 주의 이름을 어떻게 멸시했습니까?" 그러나 보라.

7 너희는 더럽혀진 빵을 내 제단에 드리고도 "우리가 어떻게 주를 더럽혔습니까?"라고 말한다. 너희는 여호와의 식탁을 아무렇게나 차려도 된다고 생각한다.

8 만군의 여호와께서 말씀하셨다. "너희가 눈 멀고, 절뚝거리는 것과 병든 희생제물을 바치는 것이 어찌 악하지 않겠느냐? 그런 것들을 너희 총독에게 드려보라. 그가 너를 기뻐하고, 너를 좋게 여기겠느냐?

9 너희는 나에게 은혜를 구하면서

'우리를 불쌍히 여기십시오'라고 간구해 보라. 너희가 이같이 행했는데 어찌 내가 너희가 드린 것 중 하나인들 받겠느냐?"

10 만군의 여호와께서 말씀하셨다. "너희 가운데 성전 문을 닫을 자가 있어 내 제단 위에 헛되이 불사르지 못하게 하면 좋겠다. 나는 너희를 싫어하고, 너희가 드리는 곡식 제물을 받지도 않을 것이다."

11 만군의 여호와께서 말씀하셨다. "해 뜨는 곳에서 해 지는 곳까지 이방 민족 가운데서 내 이름이 높임을 받을 것이다. 모든 곳에서 내 이름을 위해 분향하며 정결한 곡식 제물을 드리리니 이는 내 이름이 이방 민족 가운데서 크게 될 것이기 때문이다.

12 그러나 너희는 말한다. '여호와의 상은 더럽혀졌으니 그 위에 있는 과일과 먹을 것은 멸시를 받는다'라고 하며 내 이름을 더럽힌다."

13 만군의 여호와께서 말씀하셨다. "너희는 '제물을 드리는 일이 얼마나 귀찮은 일이냐?'라고 말하며 코웃음을 치면서 훔친 물건과 절뚝거리는 것, 병든 짐승을 제물로 가져왔다. 너희가 이 같은 봉헌제물을 가져오니 내가 그것을 너희에게서 받겠느냐?

14 짐승 떼 가운데 수컷이 있음에도 흠 있는 제물로 나를 속여 내게 서원하는 제물로 드리는 자는 저주를 받을 것이다. 나는 큰 왕이며, 이방 민족들도 내 이름을 두려워하기 때문이다."

제사장들에 대한 명령

2 ● 너희 제사장들아, 이제 너희에게 이같이 명령한다.

2 너희가 내 말을 듣지 않고, 마음에 두지 않아 내 이름에 영광을 돌리지 않으면 내가 너희 복을 저주할 것이다. 또 내가 이미 복을 저주했으니 이는 너희가 내 말을 마음에 두지 않았기 때문이다.

3 보라, 내가 너희 자손을 꾸짖고, 너희가 절기 때 드리는 희생제물의 똥을 너희 얼굴에 바를 것이다. 사람들이 똥과 함께 너희를 치워 버릴 것이다.

4 만군의 여호와께서 말씀하셨다. "내가 이 명령을 너희에게 내린 것은 레위 지파와 맺은 내 언약을 파기하지 않고 항상 있게 하려는 것인 줄을 너희가 알게 될 것이다.

5 레위 지파와 맺은 내 언약은 생명과 평화의 언약이다. 내가 이 언약을 그들과 맺은 것은 그들로 나를 두려운 마음으로 섬기게 하려는 것이다. 그는 과연 나를 경외하고, 내 이름을 두려워했으며,

6 그의 입은 진리의 법을 가르치고, 그의 입술은 불의한 것을 말하지 않았다. 그가 평화와 공평으로 나와 동행하며, 많은 사람을 죄악에서 떠나게 했다.

7 제사장의 입술은 지식을 지켜야 하고, 사람들은 그의 입에서 율법을 찾아야 할 것이다. 제사장은 여호와의 사자가 되기 때문이다.

8 그러나 그들은 바른 길에서 떠나 많은 사람으로 율법을 거스르게

Q&A 레위와 세운 언약이란?
(말 2:5)

레위 자손들을 구별하여, 그들로 하여금 하나님을 위해 전적으로 봉사하게 하고(민 1:47-53), 대신 하나님은 그들의 생계를 책임져 주시기로 하신 것을 가리킨다. 이 언약으로 레위 지파는 땅 분배시 일정한 지역을 분배받지 못하고 각 지역에 흩어져 살면서 제사장 직분을 담당했다.

하고 레위의 언약을 깨뜨리게 했다.

9 너희는 내 길로 가지 않고, 사람들을 율법에 어긋나게 행하도록 했다. 그래서 나도 너희가 백성 앞에서 멸시와 천대를 받게 했다.

거짓을 행하는 유다의 죄악상

10 ● 우리는 한 아버지를 모시고, 한 하나님께서 창조하신 것이 아니냐? 그런데 어찌하여 우리가 서로 자기 형제를 배신하여 우리 조상들의 언약을 욕되게 하느냐?

11 유다가 배신하고, 이스라엘과 예루살렘에서는 가증한 우상을 섬겼다. 유다는 여호와께서 사랑하시는 그 성소¹⁾를 욕되게 하고, 이방 신을 섬기는 여자²⁾와 결혼했다.

12 그런 일을 행하는 사람은 깨우는 자나 깨워서 일어나는 자는 물론이고, 만군의 여호와께 제사를 드리는 자라도 여호와께서 야곱의 장막 가운데서 끊으실 것이다.

13 너희가 저지른 또 다른 일은 여호와의 제단을 눈물과 울음과 탄식으로 덮은 것이다. 그러므로 여호와께서 다시는 너희 제물을 돌아보지 않으시고 받지도 않으신다.

비누나무(말 3:2)

비누나무(비누, 잿물, 욥 9:30, 렘 2:22, 민 19:12)의 학명은 Hammadasp이다. 영어명은 Hammada, 히브리어로는 '보이트(잿물 또는 비누)' '하마다트(비누나무)' 이다. 히브리어 '하마다트'는 성경에 직접 언급되는 나무는 아니지만 싹을 비벼 나오는 즙을 비누처럼 사용하기 때문에 성경에 나오는 비누와 잿물을 만드는 재료로 사용되었다. 비누나무는 광야의 건천(와디) 주변에서 경작되거나 자연적으로 잘 자란다. 곧 시나이반도, 이스라엘 네겝 사막, 아라바광야 지역에서 자란다. 이 식물은 털 없이 매끈하며 30~100cm까지 자란다. 곧고 마디를 가진 새 줄기는 녹색 또는 회색을 띤다.

14 그런데 너희는 "이것이 어찌 된 일입니까?"라고 말한다. 그것은 너와 네가 젊어서 취한 아내를 배신했기 때문이다. 여호와께서는 그 일에 증인이 되신다. 그녀는 네 동반자이며, 너와 서약한 아내였다.

15 하나님께는 다른 영이 더 있었으나 오직 아담과 하와 하나만을 만드시지 않았느냐? 왜 하나만 만드셨겠느냐? 그것은 경건한 자손을 원하셨기 때문이다. 그러므로 너는 명심하여 젊어서 취한 아내를 배신하지 말라.

16 만군의 여호와, 이스라엘의 하나님께서 말씀하셨다. "나는 이혼하는 것과 자기 옷으로 아내에 대한 학대를 덮으려고 하는 자를 미워한다. 그러므로 너희는 명심하여 아내를 배신하지 말라."

주의 사자와 주의 강림

17 ● 너희가 말로 여호와를 괴롭게 하고도 "우리가 여호와를 무엇으로 괴롭혀 드렸습니까?"라고 말한다. 그리고 너희는 말한다. "여호와는 악을 행하는 자를 좋게 보시고, 그들을 기뻐하신다." 또 말하기를 "공의의 하나님께서 어디 계시냐?"라고 한다.

3 만군의 여호와께서 말씀하셨다. "내가 내 사자인 천사를 보내리니 그는 내가 가는 길을 닦을 준비를 할 것이다. 너희가 찾는 주는 갑자기 그의 성전으로 가시리니 너희가 사모하는 언약의 사자가 곧 오실 것이다.³⁾

2 그가 오시는 날을 누가 견딜 수 있으며, 그가 나타나실 때 누가 능히 설 수 있겠느냐? 그는 금을 제련하는 자의 불과 같고, 세탁자의 잿물

1) 성결 2) 딸 3) 마 11:10, 요 1:6

과 같을 것이다.

3 그가 은을 제련하여 정련하는 자처럼 앉아서 레위 자손을 깨끗하게 하고, 은금처럼 그들을 연단할 것이다. 그러면 그들은 그제야 공의로운 제물을 나 여호와께 바치게 될 것이다.

4 그때 유다와 예루살렘의 봉헌제물이 지난 날처럼 나 여호와를 기쁘게 할 것이다. 그러나

5 나는 심판하기 위해 너희에게 올 것이다. 나는 점 치는 자와 간음하는 자와 거짓 맹세하는 자와 품꾼의 삯에 대해 억울하게 하는 자와 과부와 고아를 압제하며, 나그네를 억울하게 하는 자와 나를 경외하지 않는 자들에게 지체없이 증언할 것이다.

6 나 여호와는 변하지 않으리니 야곱의 자손들은 소멸되지 않을 것이다."

십일조

7 ● 만군의 여호와께서 말씀하셨다. "너희는 조상 때부터 내 규례를 떠나 지키지 않았다. 그러니 이제는 내게로 돌아오라. 그러면 나도 너희에게로 돌아갈 것이다. 그랬더니 너희는 말한다. '우리가 어떻게 해야 돌아갈 수 있겠습니까?'

8 사람이 하나님의 것을 도둑질하면 되겠느냐? 그러나 너희는 내 것을 도둑질하고도 '우리가 주의 어떤 것을 도둑질했습니까?'라고 반문한다. 그것은 바로 십일조와 봉헌제물이다.

9 너희가 저주를 받은 것은 온 나라가 내 것을 도둑질했기 때문이다."

10 만군의 여호와께서 말씀하셨다. "너희는 온전한 십일조를 내 창고에 들여 내 집에 양식이 있게 하므

로 내가 하늘 문을 열고 너희에게 쌓을 곳이 없을 만큼 복을 부어 주는지 나를 시험하여 보라.

11 내가 너희를 위해 너희 토지의 소산을 메뚜기가 먹어 없애지 못하도록 하고, 너희 밭의 포도나무 열매가 익기 전에 떨어지지 않게 할 것이다.

12 너희 땅이 이처럼 비옥해지므로 모든 이방인이 너희를 보고 복되다고 할 것이다."

여호와를 경외하는 자

13 ● 만군의 여호와께서 말씀하셨다. "너희가 거친 말로 나를 대적하고도 '우리가 무슨 말로 주를 대적했습니까?'라고 반문한다.

14 너희는 말한다. '하나님을 섬기는 것은 헛된 일이다. 여호와 앞에서 그 명령을 지키며 슬퍼하는 것이 무슨 유익이 있겠는가?

15 지금은 교만한 자가 오히려 복되고, 악을 행하는 자가 오히려 번성하며, 하나님을 시험하는 자가 화를 면한다.'"

16 그때 여호와를 두려움으로 섬기는 자들이 서로 주고받는 말을 여호와께서 분명히 들으셨다. 그리고 여호와를 섬기는 자와 그 이름을 존중히 여기는 자들을 여호와 앞에 있는 기념책에 기록하셨다.

17 만군의 여호와께서 말씀하셨다. "나는 내가 정해 놓은 날에 그들을 내 특별한 소유로 삼을 것이다. 또 사람이 자기를 섬기는 아들을 아끼는 것처럼 내가 그들을 아낄 것이다.

18 그때 너희는 내게로 돌아와서 의인과 악인을 분별하고, 나를 섬기는 자와 섬기지 않는 자를 분별할 것이다."

1) 암 1:1　2) 첫 문

여호와의 날과 심판

4 ● 만군의 여호와께서 말씀하셨다. "보라, 용광로의 불길 같은 날이 올 것이다. 그때는 교만한 자와 악을 행하는 자는 다 지푸라기처럼 불살라질 것이다. 그날에는 그들을 불살라 그 뿌리와 가지를 남기지 않을 것이다. 그러나 2 내 이름을 경외하는 너희에게는

공의로운 해가 떠올라서 치료하는 광선을 비추리니 너희는 외양간에서 나온 송아지처럼 뛰어다닐 것이다.

3 또 내가 정해 놓은 날에 너희가 악인을 밟으리니 악인들은 너희 발바닥 밑에 재와 같을 것이다.

4 너희는 내가 호렙산에서 이스라엘을 위해 내 종 모세를 통해 명령한 규례와 법규를 기억하라.

5 보라, 여호와의 크고 두려운 날이 오기 전에 내가 엘리야 선지자를 너희에게 보낼 것이다.[1]

6 그[2]는 아버지의 마음을 자녀에게로 돌이키게 하고, 자녀들의 마음을 그들의 아버지에게로 돌이키게 할 것이다. 돌이키지 않으면 두렵건대 내가 가서 그 땅을 저주로 칠 것이다."[3]

말라기서에 대하여 (말 1-4장)

말라기서에 언급된 백성들의 그릇된 종교 행태들이 느헤미야서에 소개된 내용들과 거의 흡사하다는 점을 들어 느헤미야서와 말라기서를 동시대 것으로 본다. 그런데 총독 느헤미야가 BC 444년 예루살렘에 돌아와 성벽을 재건한 후 페르시아로 돌아갔다가 BC 433년 다시 예루살렘에 왔고, BC 432년 다시 페르시아제국으로 돌아갔다. 한편 본서 1:8에 언급된 총독은 느헤미야의 뒤를 이은 총독으로 추정되는데, 그렇다면 본서는 느헤미야가 페르시아제국으로 돌아간 뒤인 BC 430년경에 기록된 것으로 볼 수 있다.

---

1) 마 11:10, 17:11-13　　2) 세례자 요한　　3) 눅 1:17

신약전서

신약전서 목차

제목 히브리어 성경에는 카타마타이온('마태에 의한'), 한글 성경에는 복음이란 말을 추가
기록연대 기원후 50~70년경 **저자** 세리 마태 **중심주제** 왕의 복음이란 별명
내용소개 * 준비: 베들레헴, 나사렛 1. 예수 족보와 탄생 1~4장
* 사역: 갈릴리(5~19장) 2. 산상수훈 5~7장 3. 예수의 능력 8~11장 4. 비유로 가르침 12~15장
* 마침: 예루살렘(20장) 5. 수난 예고 16~20장 6. 수난과 죽음 21~28장

예수 그리스도의 계보[1]

1 ●아브라함과 다윗의 자손인 예수 그리스도의 계보이다.

2 아브라함은 사라를 통해 이삭을 낳고, 이삭은 야곱을 낳고, 야곱은 유다와 그의 형제들을 낳았다.

3 유다는 다말을 통해 베레스와 세라를 낳고, 베레스는 헤스론을 낳고, 헤스론은 람을 낳고,

4 람은 아미나답을 낳고, 아미나답은 나손을 낳고, 나손은 살몬을 낳았다.

5 살몬은 라합을 통해 보아스를 낳고, 보아스는 룻을 통해 오벳을 낳고, 오벳은 이새를 낳고,

6 이새는 다윗왕을 낳았다. 다윗은 우리야의 아내 밧세바를 통해 솔로몬을 낳고,

7 솔로몬은 르호보암을 낳고, 르호보암은 아비야[2]를 낳고, 아비야는 아사를 낳았다.

8 아사는 여호사밧을 낳고, 여호사밧은 요람을 낳고, 요람은 웃시야를 낳았다.

9 웃시야는 요담을 낳고, 요담은 아하스를 낳고, 아하스는 히스기야를 낳았다.

10 히스기야는 므낫세를 낳고, 므낫세는 아몬을 낳고, 아몬은 요시야를 낳았다.

11 바벨론으로 잡혀갈 때 요시야는 여고냐와 그의 형제들을 낳았다.

12 바벨론으로 잡혀간 이후 여고냐는 스알디엘을 낳고, 스알디엘은 스룹바벨을 낳았다.

13 스룹바벨은 아비훗을 낳고, 아비훗은 엘리아김을 낳고, 엘리아김은 아소르를 낳았다.

14 아소르는 사독을 낳고, 사독은 아킴을 낳고, 아킴은 엘리웃을 낳았다.

15 엘리웃은 엘르아살을 낳고, 엘르아살은 맛단을 낳고, 맛단은 야곱[3]을 낳았다.

16 야곱은 마리아의 남편인 요셉을 낳았는데 바로 마리아에게서 '그리스도'라고 부르는 예수께서 탄생하셨다.

17 그러므로 아브라함부터 다윗까지 14대이며, 다윗부터 바벨론으로 잡혀갈 때까지 14대이며, 바벨론으로 잡혀간 후부터 그리스도까지 14대이다.

예수 그리스도의 탄생[4]

18 ●예수 그리스도의 탄생은 이렇게 이루어졌다. 그의 어머니 마리아가 요셉과 정혼하고 동거하기 전에 성령으로 말미암아 임신한 사실이 알려졌다.

19 그러나 그와 약혼한 남편 요셉은 의로운 사람이기에 그녀의 임신한 사실을 드러내지 않고 조용히 파혼하고자 했다.

20 요셉이 이 일을 생각하고 있을 때 주의 사자가 꿈속에서 나타나 말

1) 눅 3:23~34 2) 왕상 14:31, 아비얌 3) 눅 3:23, 헬리
4) 눅 2:1~7

했다. "다윗의 자손 요셉아, 너와 약혼한 아내 마리아 맞이하는 것을 두려워하지 말라. 그에게 임신된 자는 성령으로 된 것이다.

21 그녀는 아들을 낳을 것이니 이름을 '예수'라고 지으라. 그는 자기 백성을 그들의 죄에서 구원할 자가 되시기 때문이다."

22 이렇게 된 것은 주께서 이사야 선지자를 통해 하신 말씀을 이루기 위함이다. 그 말씀은 이것이다.

23 "보라, 처녀가 임신하여 아들을 낳을 것이니 그의 이름을 '임마누엘[1]'이라고 할 것이다." 임마누엘을 번역하면 '하나님께서 우리와 함께 계신다'라는 뜻이다.

24 요셉이 잠에서 깨어 주의 사자가 말한 대로 이행하여 그의 아내를 데려왔으나

25 아들을 낳기까지는 잠자리를 함께 하지 않았다. 아기가 출생한 지 8일에 할례할 날이 되자 그 이름을 '예수'라고 하니 이는 임신하기 전에 천사가 마리아에게 한 말이었다.

동방박사들의 경배

2 ● 헤롯 대왕이 유대 지역을 통치할 때 예수께서 유대 지역의 베들레헴에서 탄생하시자 점성가인 박사들이 옛 페르시아 지역의 동방으로부터 예루살렘으로 찾아왔다. 그리고

2 "유대인의 왕으로 나신 이가 어디 있느냐? 우리가 동방에서 그의 별을 보고 따라와 그에게 경배하러 왔다"라고 묻자

3 헤롯대왕과 온 예루살렘 사람들이 그 소리를 듣고 놀랐다.

4 이에 헤롯왕이 대제사장과 율법교사인 서기관들을 불러 "그리스도가 어디서 태어나겠느냐?"라고 물

었다.

5 이에 그들이 말했다. "그곳은 유대 지역의 베들레헴입니다. 그 이유는 선지자가 이렇게 기록했기 때문입니다.

6 '유대 베들레헴아, 너는 유대 마을들 중에서 결코 작지 않다. 너에게서 한 통치자가 나오며, 그가 내 백성 이스라엘을 돌보는 목자가 될 것이다.'[2]

7 그 말을 들은 헤롯 대왕은 조용히 박사들을 불러 별이 언제 나타났는지 자세히 묻고

8 그들을 베들레헴으로 보내며 말했다. "베들레헴으로 가서 아기에 대해 자세히 알아보고 찾으면 나에게도 알려주어 나도 가서 그에게 경배하도록 하라."

9 박사들이 헤롯왕의 말을 듣고 가는데 동방에서 보았던 그 별이 그들 앞에 가다가 아기가 있는 곳 위에 머물러 서자

10 그들이 별을 보고 크게 기뻐하고, 또 기뻐했다.

11 그 집에 들어가 아기와 어머니 마리아가 함께 있는 것을 보고 아기께 엎드려 경배했다. 그러고 나서 보물 상자들을 열어 황금과 유향과 몰약을 예물로 드렸다.

12 이후 그들은 꿈에 헤롯을 찾아가지 말라는 말을 듣고 다른 길을 통해 고국으로 돌아갔다.

요셉 가족이 애굽으로 피난함

13 ● 옛 페르시아 지역인 동방에서 온 박사들이 떠난 후에 주의 사자가 요셉에게 꿈에 나타나 말했다. "헤롯이 아기를 찾아 죽이려고 한다. 그러니 너는 일어나 아기와 그 어머니를 데리고 애굽으로 피하여

1) 사 7:14   2) 미 5:2

내가 말하기까지 그곳에 머물러 있으라."

14 이에 요셉이 꿈에서 깨어 일어나 밤에 아기와 그 어머니를 데리고 애굽으로 피하여

15 헤롯이 죽기까지 그곳에 머물렀다. 이는 주께서 선지자를 통해 말씀하신 대로 "애굽에서 내 아들을 불렀다[1]"라는 것을 이루기 위함이었다.

16 한편 헤롯대왕은 박사들에게 속은 줄 알고 크게 화가 나서 사람들을 예루살렘에서 남쪽으로 13㎞ 떨어진 베들레헴으로 보내 박사들에게 자세히 알아본 그때를 기준으로 하여 베들레헴 지역 안에 있는 2세 아래 사내아이를 모두 죽였다.

17 이것은 예레미야 선지자를 통해 말씀하신 대로

18 "라헬이 베냐민을 낳고 죽은 곳인 라마에서 슬퍼하며 크게 통곡하는 소리가 들리니 라헬이 그 자식을 위해 애곡하는 것이다. 그가 자식이 없어 위로 받기를 거절했다[2]"라는 말이 이루어진 것이다.

요셉 가족이 애굽 피난에서 돌아옴

19 ●2년 정도가 흘러 헤롯이 죽은 후 주의 사자가 애굽에서 요셉의 꿈 속에 나타나 말했다.

20 ●"아기와 그 어머니를 데리고 이스라엘 땅으로 돌아가라. 아기를 죽이려고 하던 자들이 죽었다."

21 이에 요셉이 아기와 그의 어머니를 데리고 이스라엘 땅으로 돌아갔다.

22 그러나 아켈라오가 그의 아버지 헤롯의 뒤를 이어 유대 지역의 분봉 왕이 되었다는 소식을 듣고 유대 지역으로 가기를 두려워했다. 그러던 중에 꿈속에서 지시함을 받

은 대로 갈릴리 지역으로 돌아가

23 본래 살았던 나사렛 동네로 가서 살았다. 이는 선지자가 말씀한 대로[3] "나사렛 사람"이라고 칭함을 받을 것이다"라고 한 말을 이루기 위함이었다.

세례자 요한의 천국 전파[4]

3 ●그 무렵 세례자 요한은 유대광야[5]에서 죄 용서함을 받게 하는 회개의 세례를 외쳤다.

2 "회개하라, 하나님 나라가 가까이 왔다."

3 그는 이사야 선지자를 통해 말씀하신 자였다. 이사야 선지자의 글에는 이렇게 기록되었다. "보라, 내가 내 사자를 네 앞에 보내리니 그가 네 길을 준비할 것이다. 광야에서 외치는 자의 소리가 있어 말하기를 너희는 주의 길을 준비하라. 그가 오시는 길을 평탄하게 하라."

4 이 세례자 요한은 낙타털로 만든 옷을 입고, 허리에는 가죽띠를 띠고, 메뚜기와 야생 꿀인 석청을 먹었다.

5 이때 사람들이 예루살렘과 온 유대 지방과 요단강 사방에서 그에게 나아와

6 자기들의 죄를 자백하고 요단강에서 세례자 요한에게 세례를 받았다.

7 세례자 요한이 많은 바리새인들과

세례 (마 3:6, 13)

세례(baptist)는 헬라어 밥티스마 또는 밥티스모스의 영어형이다. 그 뜻은 물속에 뛰어들다, 물에 담그다, 물을 뿌린다 등 폭넓은 의미가 있다. 세례는 예수 그리스도께서 승천하기 전에 엄히 명한 것이다(마 28:18~20). 성경은 세례를 통해 그리스도와의 영적 연합이 이루어짐을 언급하고 있다.

1) 호 11:1   2) 렘 31:15   3) 사 11:1   4) 막 1:1~8, 눅 3:1~18
5) 눅 3:3에는 요단강 부근 각처, 막 1:4에는 광야

사두개인들[1]이 자기에게 세례를 받기 위해 오는 것을 보고 말했다. "독사의 자식들아, 누가 너희에게 다가올 심판을 피하라고 알려주었느냐?

8 그러므로 회개에 합당한 열매를 맺고

9 마음 속으로 아브라함이 우리의 조상이라고 생각하지 말라. 내가 너희에게 말한다. 하나님께서는 이 돌들을 가지고도 능히 아브라함의 자손이 되게 하실 수 있다.

10 도끼가 이미 나무 뿌리에 놓였으니 좋은 열매를 맺지 못하는 나무들은 찍혀 불에 던져질 것이다."

11 이를 안 세례자 요한이 말했다. "내 이후에 오시는 분은 나보다 능력이 많기 때문에 나는 그의 신을 들기도[2] 감당하지 못할 정도이다. 나는 너희가 회개하도록 물로 세례를 주지만 그분은 성령과 불로 너희에게 세례를 주고,

12 손에 키를 들고 자기의 타작 마당을 깨끗이 하여 알곡은 모아 창고에 들이고, 쭉정이는 꺼지지 않는 불에 태우실 것이다."

예수께서 세례를 받으심[3]

13 ●세례자 요한에게 나온 사람들이 다 세례를 받을 때[4] 예수께서도 갈릴리 지역의 나사렛에서 125km 떨어진 여리고 앞의 요단강으로 와서 세례자 요한에게 세례를 받으려고 하셨다.

14 그러자 세례자 요한이 말리며 말했다. "내가 오히려 당신에게 세례를 받아야 할 것인데 어찌 당신이 나에게로 오십니까?"

15 예수께서 대답하셨다. "지금은 허락하라. 우리가 이같이 하여 모든 선한 뜻을 이루는 것이 좋다." 이

에 세례자 요한이 예수께 세례를 베풀었다.

16 예수께서 세례를 받으신 후 물에서 올라와 기도하실 때[5] 하늘이 열리고 하나님의 성령이 비둘기 같은 형체로 내려 그 위에 임하시는 것을 보았다.

17 그때 하늘에서 "이는 내 사랑하는 아들이며, 내 기뻐하는 자라"는 소리가 들렸다.

예수께서 시험을 받으심

4 ●예수께서 세례를 받으신 이후 성령의 충만함을 입어 요단강에서 돌아와 40일 동안 성령에게 이끌려 마귀에게 시험을 받으러 유대광야로 가사

2 40일을 밤낮으로 금식하신 때였으므로 주린 상태에 계셨다.

3 그때 시험하는 자가 예수께 나아와 말했다. "네가 하나님의 아들일진대 이 돌들에게 명령하여 빵덩이가 되게 하라."

4 이에 예수께서 대답하셨다. "성경에 기록되기를 '사람이 빵으로만 살 것이 아니라 하나님의 입으로부터 나오는 모든 말씀으로 살 것이다'라고 했다."

5 이에 마귀가 예수를 거룩한 성 예루살렘으로 데려다가 성전 꼭대기에 세우고

6 말했다. "네가 하나님의 아들일진대 이곳에서 뛰어내리라. 성경에 기록되기를 '그가 너를 위해 그의 사자들에게 명령하여 그들이 손으로 너를 받아 발이 돌에 부딪치지 않게 할 것이다'라고 했다."

7 이에 예수께서 말씀하셨다. "또 성경에 기록되기를 '주 너의 하나님을

1) 눅 3:7, 무리　2) 막 1:7과 눅 3:16, 신발끈을 풀기도
3) 막 1:9-11, 눅 3:21-22　4) 이 때에　5) 눅 3:21

시험하지 말라'고 했다.'"

8 마귀가 다시 예수를 데리고 매우 높은 산으로 가서 순식간에 천하의 모든 나라와 그 영광을 보여주며 말했다. "이 모든 것은 나에게 넘겨준 것이기 때문에 내가 원하는 자에게 주는 것이다.

9 그러므로 나에게 엎드려 경배하기만 하면 이 모든 것을 내가 너에게 줄 것이다."

10 이에 예수께서 말씀하셨다. "사탄아, 물러가라. 성경에 기록되기를 '주 너의 하나님께 경배하고 오직 그분만을 섬기라'고 했다."

11 이에 마귀가 시험[3]을 다한 후에 얼마 동안 예수 곁을 떠나고 천사들이 나아와서 예수께 수종을 들었다.

스불론과 납달리 지역 전도

12 ● 예수께서 세례자 요한이 감옥에 갇혔다는 소식을 듣고 유대 지역에서 갈릴리 지역으로 가셨다.

13 그리고 갈릴리의 나사렛을 떠나 스불론과 납달리 지역의 갈릴리 바닷가에 있는 가버나움에 가서 사셨다.

14 이는 이사야 선지자를 통해 하신 말씀을 이루시기 위함이었다. 그곳에는 이렇게 기록되었다.

15 "스불론과 납달리의 땅과 요단강 서쪽 바닷길과 이방 사람들이 살고 있는 갈릴리여,

16 그곳 어둠에 사는 백성들이 큰 빛을 보았고, 사망의 그늘과 같은 곳에 앉아 있는 자들에게 빛이 비추었다."[4]

17 이때부터 예수께서 전파하여 외치셨다. "하나님의 나라가 가까이 왔다. 그러므로 회개하고 복음을 믿으라."

예수께서 어부를 부르심[5]

18 ● 얼마 후 예수께서 다시 갈릴리 바닷가를 다니시다가 베드로와 그 형제 안드레가 그물 던지는 것을 보시니 그들은 어부였다.

19 이에 예수께서 "무서워하지 말고 나를 따라오라. 이후로는 내가 너희를 사람을 취하는 어부가 되게 할 것이다"라고 말씀하셨다.

20 이에 그들은 서둘러 배들을 육지에 정박시키고 그물을 버려두고 예수를 따랐다.

21 예수께서 그곳에서 조금 더 가시다가 세베대의 두 아들 야고보와 요한이 아버지 세베대와 함께 배에서 그물 수선하는 것을 보시고 자기를 따르라고 그들을 부르셨다.

22 그러자 그들도 즉시 배와 아버지 세배대와 일꾼들을 두고 예수를 따랐다.

복음 전파와 병자를 고치심

23 ● 예수께서 갈릴리 지역을 두루 다니시면서 여러 회당에서 가르치시고, 하나님 나라의 복음을 전파하시며, 백성 중의 모든 병과 약한 것을 고치셨다. 또 귀신들을 쫓아내셨다.

24 그의 소문이 수리아 전 지역으로 퍼졌다. 그러자 사람들이 여러 종류의 질병에 걸려 고통당하는 자, 귀신 들린 자, 간질병이 있는 자, 중풍병자들을 예수께 데려오니 그들을 고쳐 주셨다.

25 갈릴리 지역과 10개 도시 연맹체로 된 데카폴리스와 예루살렘과 유대와 요단강 동쪽에서 수많은 무리가 예수를 따랐다.

---

1) 시 91:11-12 2) 신 6:13 3) temptation 4) 사 9:1-2
5) 막 1:16-20

참된 복에 대해 가르치심[1]

5 ● 하루는 예수께서 무리를 보시고 산에 올라가 앉으시자 제자들이 나왔다.

2 이에 입을 열어 말씀하셨다.

3 "심령이 가난한 사람은 복이 있다. 하나님 나라가 그들의 것이기 때문이다.

4 애통하는[2] 사람은 복이 있다. 그들은 위로를 받을 것이기 때문이다.

5 마음이 온유한 사람은 복이 있다. 그들은 땅을 기업으로 받을 것이기 때문이다.

6 의에 주리고 목마른 사람은 복이 있다. 그들은 배부를 것이기 때문이다.

7 긍휼히 여기는 사람은 복이 있다. 그들은 긍휼히 여김을 받을 것이기 때문이다.

8 마음이 깨끗한 사람은 복이 있다. 그들은 하나님을 볼 것이기 때문이다.

9 평화를 위해 일하는 사람은 복이 있다. 그들은 '하나님의 아들'이라고 일컬음을 받을 것이기 때문이다.

10 믿음을 가지고 의롭게 살다가 박해를 받는 자는 복이 있다. 하나님 나라가 그들의 것이기 때문이다.

11 나[3]로 인해 사람들이 너희를 미워하고, 멀리하며, 욕하고, 거짓으로 너희를 거슬러 모든 악한 말을 할 때는 너희에게 복이 있으니

12 오히려 기뻐하고 즐거워하라. 하늘의 상이 크기 때문이다. 그들의 조상들이 너희 이전에 있었던 선지자들에게도 이같이 박해를 했다."

너희는 소금이요 빛이다[4]

13 ● 예수께서 말씀하셨다. "너희는 세상의 소금과 같은 자들이다. 만일 소금이 그 맛을 잃으면 무엇으로 짜게 할 수 있겠는가? 그것은 어떤 것에도 쓸 데가 없어 다만 밖에 버려져 사람에게 밟힐 뿐이다.

14 너희는 세상의 빛과 같은 자들이다. 산 위에 있는 마을이 숨겨지지 못할 것이다.

15 누구든지 등불을 켜서 곡식을 재는 됫박 아래에 두지 않고 등잔대 위에 두어 집안 모든 사람을 비치게 한다.

16 이와 같이 너희 빛을 사람들 앞에 비추게 하라. 그래서 그들이 너희가 행한 선한 행실을 보고 하늘에 계신 너희 아버지께 영광을 돌리게 하라."

예수와 율법과의 관계

17 ● 내가 율법이나 선지자들의 말을 깨뜨리기 위해 세상에 왔다고 생각하지 말라. 깨뜨리기 위해 온 것이 아니라 오히려 완전하게 하기 위해 온 것이다.

18 참으로 너희에게 말한다. 하늘과 땅이 없어지기 전에는 율법의 한 점 한 획도 결단코 없어지지 않고 모두 이루어질 것이다.

19 그러므로 누구든지 이 계명 중에 지극히 작은 것 하나라도 버리고, 또 그같이 사람을 가르치는 자는 하나님 나라에서 지극히 작다고 일컬음을 받을 것이다. 반면 누구든지 이를 행하며 가르치는 자는 하나님 나라에서 큰 자라고 일컬음을 받을 것이다.

20 내가 너희에게 다시 말한다. 너희의 옳음이 율법교사와 바리새인보다 낫지 못하면 결코 하나님 나라에 들어가지 못할 것이다.

살인과 화내는 것에 대한 교훈[1]

21 ● 너희는 모세의 율법에서 옛 사람에게 말한 대로 살인하지 말라. 누구든지 살인하면 심판을 받게 될 것이다[2]라는 말을 들었다.

22 그러나 나는 너희에게 말한다. 형제에게 화를 내는 자는 심판을 받게 되고, 형제에게 "라가, 곧 쓸모없는 놈"이라고 욕하는 자는 산헤드린 공의회에 잡혀가게 되고, "미련한 놈"이라고 하는 자는 지옥 불에 들어가게 될 것이다.

23 그러므로 제물을 제단에 드리려고 할 때 형제에게 원망들을 만한 일이 생각나면

24 제물을 제단 앞에 두고 먼저 가서 형제와 화해하고 그후에 와서 제물을 드리라.

25 너희는 자기를 고소하는 자와 함께 재판관에게 갈 때 재판관에게 가기 전 길에서 화해하기를 힘쓰라. 그가 너를 재판관에게 끌고 가서 재판관이 너를 간수에게 넘겨주어 간수가 감옥에 가둘까 염려하라.

26 네게 이르노니 한 푼도 남김 없이 모두 갚기 전에는 결코 그곳에서 나오지 못할 것이다.

간음에 대한 교훈

27 ● 또 너희가 모세의 율법에서 간음하지 말라[3]는 말을 들었다.

28 그러나 나는 너희에게 말한다. 여자를 보고 음란한 생각을 가진 자마다 마음에 이미 여자와 간음한 것이다.

29 만일 네 오른쪽 눈이 너로 죄를 짓게[4] 하면 그 눈을 빼어 버리라. 몸 전체가 지옥에 들어가는 것보다 네 지체 중 하나가 없어지는 것이 차라리 더 낫다.

30 또 만일 네 오른손이 너로 죄를 짓게 하면 그 손을 찍어 버리라. 몸 전체가 지옥에 들어가는 것보다 네 지체 중 하나가 없어지는 것이 차라리 더 낫다.

31 또 율법에서 누구든지 아내를 버리려면 이혼증서를 써주라[5]고 했으나

32 나는 너희에게 말한다. 누구든지 간음한 경우 외에 아내를 버리면 그것은 아내로 간음하게 하는 것이다. 그리고 그런 여자에게 장가드는 자도 간음한 것이 된다.

맹세에 대한 교훈

33 ● 또 너희가 율법에서 옛 사람에게 말한 대로 거짓 맹세를 하지 말고 맹세한 것을 주께 지키라[6]고 한 것을 들었다.

34 그러나 나는 너희에게 말한다. 너희는 도무지 맹세하지 말라. 하늘을 두고 맹세하지 말라. 하늘은 하나님의 보좌이기 때문이다.

35 땅을 두고도 맹세하지 말라. 땅은 하나님의 발등상이기 때문이다. 예루살렘을 두고도 맹세하지 말라. 그곳은 큰 임금의 성이기 때문이다.

살인에 대하여 (마 5:21)

성경에서 살인은 인간에게 직접적인 죽음을 가져오게 하는 모든 의식적인 폭력 행위를 가리키며 따라서 그것은 하나님의 형상에 반대하는 죄로 간주되었다. 십계명 중 제 6계명은 살인하지 말라는 것이다. 사람을 죽인 자는 사형에 처했으나 고의가 아닌 부지중에 살인을 한 경우에는 도피성 제도를 두어 생명을 보존하는 제도를 두기도 했다. 그러나 자살하는 것에 대해서는 직접적인 언급을 하고 있지 않다.

---

1) 눅 12:58-59   2) 출 21:12-13, 민 35:16   3) 출 20:14
4) 실족하게   5) 신 24:1, 3   6) 레 19:12

36 네 머리를 두고도 맹세하지 말라. 너희는 머리카락 하나도 희거나 검게 할 수 없기 때문이다.

37 너희는 오직 너희 말이 옳다고 할 때만 "옳다"라고 하고, 아니라고 할 때만 '아니다'라고 하라. 그보다 지나친 말은 악한 자에서 오는 것이다.

악한 자의 대적에 대한 교훈[1]

38 ● 또 너희가 모세의 율법에서 눈은 눈으로, 이는 이로 갚으라[2]고 하는 말을 들었다.

39 그러나 나는 너희에게 말한다. 악한 자를 대적하지 말라. 오히려 아무든지 네 오른뺨을 때리면 왼편도 돌려대라.

40 또 너를 고소하여 속옷을 가지려고 하는 자에게 겉옷까지도 주어라.

41 또한 누구든지 너에게 억지로 5리인 2㎞를 가게 하면, 그 사람과 10리를 함께 가라.

42 너에게 구하는 자에게 주고, 너에게 빌리고자 하는 자에게 꾸어 주라.

원수 사랑에 대해

43 ● 또 너희가 모세의 율법에서 네 이웃을 사랑하고, 네 원수를 미워하라[3]는 말을 들었다.

44 그러나 나는 너희에게 말한다. 오히려 너희 원수를 사랑하며, 너희를 박해[4]하는 자를 위해 기도하라. 너희를 미워하는 자를 좋게 대해 주고, 너희를 저주하는 자를 위해 축복하라.

45 그렇게 하면 하늘에 계신 너희 아버지의 아들이 될 것이다. 이는 하나님께서 그 햇빛을 악한 자나 선한 자 모두에게 비추고, 비 역시 의로운 자나 불의한 자 모두에게 내려주시기 때문이다.

46 너희가 너희를 사랑하는 자만을 사랑한다면 무슨 상[5]이 있겠느냐? 세리들도 그렇게 하지 않느냐?

47 또 너희가 너희 형제에게만 문안하면 남보다 더 나은 것이 무엇이냐? 이방인들도 그렇게 한다.

48 하늘에 계신 너희 아버지의 온전하심과 같이 너희도 온전한 자가 되라.

구제에 대한 교훈

6 ● 너희는 사람들 앞에서 자신을 보이기 위해 옳은 것을 행하지 않도록 조심하라. 그렇지 않으면 하늘에 계신 너희 아버지에게서 아무런 보상도 받지 못할 것이다.

2 그러므로 구제할 때 위선자가 사람들에게 칭찬을 받기 위해 회당과 거리에서 드러내면서 구제하는 것처럼 하지 말라. 참으로 너희에게 말한다. 그들은 이미 자기가 받을 보상을 받았다.

3 너는 구제할 때 오른손이 하는 것을 왼손이 모르는 것처럼

4 은밀하게 하라. 은밀한 중에 보시는 너의 아버지께서 갚아 주실 것이다.

기도에 대해 가르치심

5 ● 너희는 기도할 때 위선자와 같이 하지 말라. 그들은 사람들에게 보이기 위해 회당과 큰 거리 입구에 서서 기도하기를 좋아한다. 내가 참으로 너희에게 말한다. 그들은 이미 자기가 받을 보상을 받았다.

6 오히려 너는 기도할 때 네 골방에 들어가 문을 닫고 은밀한 중에 계신 네 아버지께 기도하라. 그러면 은밀한 중에 보시는 네 아버지께

1) 눅 6:29-30 2) 출 21:24, 레 24:20, 신 19:21 3) 레 19:18 4) 눅 6:28, 모욕 5) 눅 6:32, 칭찬

서 갚아 주실 것이다.

7 또 기도할 때 이방인과 같이 의미 없는 말을 되풀이 하는 중언부언 하지 말라. 그들은 말을 많이 해야 들으시는 줄로 생각한다.

8 그러므로 그들을 본받지 말라. 구하기 전에 너희에게 있어야 할 것을 하나님 너희 아버지께서 알고 계신다.

9 이에 예수께서 말씀하셨다. "너희는 기도할 때 이렇게 하라. '하늘에 계신 우리 아버지여, 아버지의 이름이 거룩히 여김을 받으십시오.

10 하나님의 나라가 이루어지게 하시고, 아버지의 뜻이 하늘에서 이루어진 것처럼 이 땅에서도 이루어지게 하십시오.

11 오늘 우리에게 날마다 필요한 양식을 주십시오.

12 우리가 우리에게 죄를 지은 자들을 용서했으니, 우리 죄도 용서해 주십시오.1)

13 우리를 시험2)에 빠지지 않게 해주시고, 오직 악한 자에서 구해 주십시오. 하나님의 나라와 권세와 영광은 아버지의 것입니다. 아멘.'"

14 이어 예수께서 계속해서 말씀하셨다. "너희가 다른 사람의 잘못을 용서하면 하늘에 계신 너희 아버지께서도 너희의 잘못을 용서하실 것이다.

15 그러나 그들의 잘못을 용서하지 않으면 너희 아버지께서도 너희의 잘못을 용서하지 않으실 것이다."

금식에 대한 교훈

16 ● 너희는 금식할 때 위선자들처럼 일부러 힘이 없는 모습을 보이지 말라. 그들은 금식하는 것을 사람들에게 보이기 위해 얼굴을 초췌하게 한다. 내가 참으로 너희에게

말한다. 그들은 이미 자기 상급을 받았다.

17 오히려 너희는 금식할 때 머리에 기름을 바르고 얼굴을 깨끗이 씻으라.

18 이는 금식하는 자가 사람에게 보이지 않고 오직 은밀한 중에 계신 네 아버지께 보이기 위함이다. 은밀한 중에 보시는 네 아버지께서 갚아 주실 것이다.

하늘의 재물과 땅의 재물3)

19 ● 너희는 자신을 위해 재물을 땅에 모으지 말라. 그곳은 좀이 먹고, 녹슬고, 도둑이 훔쳐 갈 것이다.

20 오직 자신을 위해 너희 소유를 팔아 구제를 베풀고 낡아지지 않는 배낭을 만들어라. 그것이 바로 하늘에 재물을 쌓아 두는 것이다. 그곳에는 좀이 먹거나 녹슬지 않으며, 도둑이 훔쳐 가지도 못한다.

21 네 재물이 있는 곳에는 네 마음도 있다.

22 눈은 몸의 등불과 같다. 그러므로 네 눈이 온전하면 온몸이 밝을 것이다.

23 그러나 눈이 나쁘면 온몸도 어두울 것이다. 그러므로 네 속에 있는 빛이 어두우면 그 어둠이 얼마나 심하겠느냐?

24 한 사람이 두 주인을 섬기지 못할 것이다. 한 주인을 미워하고 다른 한 주인을 사랑하든지, 한 주인을 귀중하게 여기고 다른 한 주인을 가볍게 여기든지 하게 될 것이다. 이처럼 너희는 하나님과 재물을 함께 섬기지 못할 것이다.

염려하지 말라

25 ● 예수께서 제자들에게 말씀하셨

---

1) 빚진 자를 탕감해 준 것같이 우리의 빚도 탕감해 주시고 2) temptation 3) 눅 12:33~34, 11:33~36

다. "그러므로 목숨을 위해 무엇을 먹을까 무엇을 마실까, 몸을 위해 무엇을 입을까 염려하지 말라. 음식이 목숨보다 중요하지 않고, 의복이 몸보다 중요하지 않다.

26 공중을 나는 새[1]를 생각해 보라. 그것들은 심거나 거두지도 않고, 골방도 없고, 창고에 먹이를 모아 두지도 않지만 하늘에 계신 너희 아버지께서 기르신다. 하물며 너희는 이것들보다 더욱 귀하지 않느냐?

27 너희 중에 누가 염려한다고 해서 자기 키를 한 자라도 더 크게 할 수 있겠느냐[2]

28 너희는 왜 의복 때문에 염려하느냐? 들의 백합화가 어떻게 자라는지 생각해 보라. 그것들은 수고도 하지 않고 옷감[3]도 짜지 않는다.

29 그러나 내가 너희에게 말한다. 솔로몬의 모든 영광도 이 꽃에 비교할 만큼 아름다운 옷을 입어 보지 못했다.

30 하나님께서는 오늘 있다가 내일 아궁이에 던져지는 들풀도 이렇게 입히시는데 하물며 그것들보다 더욱 귀한 너희를 입히시지 않겠느냐?

31 그러므로 염려하여 말하기를, 무엇을 먹고 마실까 무엇을 입을까 라고하지 말라.

32 그런 것들은 모두 이방인 세상 사람들이 구하는 것이다. 하늘에 계신 너희 아버지께서는 그 모든 것이 너희에게 필요한 것인 줄 알고 계신다.

33 그러므로 너희는 먼저 하나님 나라와 그의 의를 구하라. 그러면 이 모든 것을 너희에게 덤으로 주실 것이다.

34 내일 일을 위해 염려하지 말라. 내일 일은 내일이 염려하게 하라. 하루의 괴로움은 그날로 충분하다."

비판에 대한 교훈

7 ● 너희가 비판을 받지 않으려면 비판하지 말라.

2 너희가 비판한 그 판단의 기준으로 비판을 받을 것이다. 정죄하지 말라. 그러면 너희가 정죄를 받지 않을 것이다. 오히려 용서하라. 그러면 너희도 용서를 받을 것이다.

3 너희는 어찌하여 형제의 눈 속에 있는 작은 티는 보면서 자신의 눈 속에 있는 나무토막 같은 큰 것은 보지 못하느냐?

4 보라, 네 눈 속에 나무토막이 있는데 어찌 형제에게 말하기를 "나에게 네 눈 속에 있는 티를 빼게 하라"고 말할 수 있겠느냐?

5 위선자여, 먼저 자신의 눈 속에 있는 나무토막 같은 것을 빼고 그후 밝히 보고 형제의 눈 속에서 티를 빼라.

6 이어 예수께서는 "거룩한 것을 개에게 주지 말라. 또 너희 진주를 돼지 앞에 던지지 말라. 개나 돼지가 그것들을 짓밟고 오히려 너희를 찢을까 조심하라"고 말씀하셨다.

구하고 찾고, 두드리라[4]

7 ● 그러므로 내가 또 너희에게 말한다. "구하라. 그러면 하나님께서는 너희에게 주실 것이다. 찾으라. 그러면 찾을 것이다. 문을 두드리라. 그러면 열릴 것이다.

8 구하는 자마다 받을 것이요, 찾는 자는 찾을 것이요, 두드리는 자에게는 열릴 것이다.

9 누가 아들이 빵을 달라고 하는데 돌을 주겠으며,

1) 눅 12:24, 까마귀 2) 목숨을 조금이라도 연장할 수 있겠느냐 3) 길쌈, 실 4) 눅 9:9-13

10 또 생선을 달라고 하는데 생선 대신에 뱀을 주겠느냐?

11 너희가 악한 자라도 자식에게는 좋은 것으로 주지 않겠느냐? 하물며 하늘에 계신 너희 아버지께서 구하는 자에게 좋은 것[1]을 주시지 않겠느냐?"

대접, 좁은 문, 생명의 길[2]

12 ●그러므로 무엇이든지 남에게 대접받기를 원하면 너희도 남을 대접하라. 이것이 율법과 예언서의 내용이다.

13 좁은 문으로 들어가라. 멸망으로 이끄는 문은 크고 그 길이 넓기 때문에 그곳으로 들어가는 자가 많다.

14 그러나 생명으로 인도하는 문은 좁고 그 길이 좁기 때문에 그곳을 찾는 자가 적다.

거짓 선지자와 열매[3]

15 ●거짓 선지자들을 조심하라. 그들은 양의 옷을 입고 너희에게 다가오지만 실제로 그 속은 노략질하는 이리와 같다.

16 그들이 행한 결과[4]를 보고 그들이 어떤 자들인지를 알아야 한다. 가시나무에서 포도[5]를, 엉겅퀴에서 무화과를 딸 수 없기 때문이다.

17 이같이 좋은 나무는 아름다운 열매를 맺고, 못된 나무는 좋지 않은 열매를 맺는 것이 당연하다.

18 좋은 나무가 나쁜 열매를 맺을 수 없고, 못된 나무가 아름다운 열매를 맺을 수 없다.

19 결국 아름다운 열매를 맺지 않는 나무는 찍혀 불에 던져진다.

20 그러므로 그들이 행한 결과로 그들을 알 수 있다.

행하는 자와 반석 위의 집

21 ●나에게 "주여, 주여" 고백하는 자들이라고 모두 하나님 나라에 들어갈 것이 아니다. 오직 하늘에 계신 내 아버지의 뜻대로 행하는 자가 하나님 나라에 들어가게 될 것이다.

22 마지막 날에 많은 사람이 나에게 말하기를 "주여, 우리가 주의 이름으로 선지자 노릇을 하며, 귀신을 쫓아내며, 많은 권능을 행했습니다"라고 할 것이다.

23 그때 내가 그들에게 분명히 말할 것이다. "나는 너희를 전혀 알지 못한다. 불법을 행하는 자들아, 나에게서 떠나가라."

24 내 말을 듣고 행하는 자는 집을 짓되 기초를 깊이 파고 기초를 반석 위에 놓은 지혜로운 사람과 같다.

25 반석 위에 지은 집은 비가 내리고, 홍수가 나고, 바람이 불어 그 집에 부딪쳐도 무너지지 않기 때문이다.

26 그러나 내 말을 듣고 행하지 않는 자는 집을 짓되 기초 없이 모래 위에 지은 어리석은 사람과 같다.

27 모래 위에 지은 집은 비가 내리고, 홍수가 나고, 바람이 불어 부딪치면 심하게 무너지기 때문이다.

28 예수께서 갈릴리의 가버나움 마을에 들어가사 안식일에 회당에서 가르치셨고 듣는 사람들은 그의 가르치심에 놀랐다.

29 이는 가르치시는 것이 서기관들과 달리 권위 있는 자와 같았기 때문이다.

나병환자를 고치심[6]

8 ●예수께서 말씀을 마치시고 산에서 내려오시자 수많은 사람이

---

1) 눅 11:13, 성령   2) 눅 6:31, 13:24   3) 눅 6:43~44
4) 열매   5) 눅 6:44, 무화과   6) 막 1:40~45, 눅 5:12~16

예수를 따랐다.

2 예수께서 한 마을에 머물러 계실 때 온몸에 나병이 걸린 한 사람이 예수께 나아와 엎드려 절하며 말했다. "주여, 원하시면 저를 치료하실 수[1] 있습니다."

3 이에 예수께서 그를 불쌍히 여겨 그에게 손을 얹으시고 말씀하셨다. "내가 원하노니 치료함을 받으라." 그러자 즉시로 그의 나병이 깨끗하게 치료되었다.

4 그리고 예수께서 "누구에게도 말하지 말고 다만 제사장에게 가서 네 몸을 보여주고 모세가 명한 예물을 드려[2] 그들에게 네가 치료된 것을 입증하도록 하라"고 엄하게 말씀하셨다.

백부장의 하인을 고치심[3]

5 ●이에 예수께서 그들과 함께 축복산에서 700m 정도 떨어진 가버나움에 들어 오셨을 때 백부장이 예수께 나와 간구했다.

6 "주여, 내 하인이 중풍병으로 집에 누워 몹시 괴로워하고 있습니다."

7 예수께서 말씀하시되 "내가 가서 고쳐 줄 것이다."

8 그러자 백부장이 대답했다. "주여, 당신이 내 집에 들어오는 것을 나는 감당할 수 없습니다. 다만 말씀만

📍성경지리　　가버나움(마 8:5)

가버나움(Capernaum)은 오늘날 티베리아(Tiberias)로부터 북동쪽 16km 지점에 있는 곳으로 오늘날 지명은 크파르 나움이다. 이곳은 예수의 책망이 있은 후(마 11:21-24) 오랫동안 폐허된 채 방치되어 있었다. 그러다가 1894년 이탈리아의 프란체스코수도회 소속의 규세뻬 발디(Giuseppe Baldi)가 이곳을 사들였고, 1905년에는 독일인 쿨(Kohl)과 바징거(Watzinger)에 의해 4세기경 것으로 추정되는 유대인 회당을 발굴하게 되었다. 그 후 1921년에는 오파리(Orfali)에 의해 베드로의 집터라고 불리는 팔각형의 교회터를 발굴했다.

하셔도 내 하인이 나을 것입니다.

9 나에게도 상관이 있고 내 아래에는 군사가 있어 그들에게 '가라' 하면 가고 '오라'고 하면 오며, 내 종에게 '이것을 하라'고 하면 하는 그런 위치에 있습니다."

10 예수께서 그의 말을 들으시고 놀랍게 여겨 자기를 따르는 자들에게 말씀하셨다. "내가 참으로 너희에게 말한다. 이스라엘 중에 누구에게도 이 정도의 믿음을 가진 사람을 보지 못했다."

11 또 너희에게 말한다. "동서로부터 많은 사람이 아브라함과 이삭과 야곱과 함께 하나님 나라에 앉겠지만

12 이 나라의 아들들은 바깥 어둔 데로 쫓겨나 그곳에서 울며 이를 갈게 될 것이다."

13 그리고 예수께서 백부장에게 말씀하셨다. "이제 가라. 네가 믿은 대로 될 것이다." 그러자 그 즉시 하인이 나았다.

베드로 장모의 열병을 고치심

14 ●예수께서 가버나움 회당에서 나와 야고보와 요한과 함께 시몬 베드로와 그 형제 안드레의 집에 들어가시자 베드로의 장모가 중한 열병으로 누워 있었다. 사람들은 그 여자를 위해 예수께 간구했다.

15 이에 예수께서 그녀의 손을 만지시니 열병이 떠나고 여자는 일어나 곧바로 자기 집에 온 예수께 접대했다.

많은 병자를 고치심

16 ●날이 저물 때 사람들이 많은 병자와 귀신 들린 자를 데리고 예수께로 왔고 온 동네가 예수께서 머무신 집 문 앞에 모였다. 이에 예수

1) 깨끗하게 하실 수　2) 레 14:2 이하

께서 말씀으로 많은 귀신을 쫓아내시고 병든 자들을 모두 고쳐주셨다.

17 이것은 이사야 선지자를 통해 하신 "우리의 연약한 것을 친히 담당하고 병을 짊어지셨다[1]"라는 말씀을 이루기 위함이었다.

제자의 길[2]

18 ● 예수께서 무리가 자기를 에워싸자 제자들에게 갈릴리바다 동쪽으로 가기를 명령하셨다.

19 이에 길을 갈 때 한 율법교사[3]가 예수께 나아와 말했다. "선생님이 어디로 가든지 제가 따라가겠습니다."

20 예수께서 그에게 말씀하셨다. "여우도 굴이 있고 공중의 새도 거처가 있지만 인자 된 나는 머리 둘 곳이 없다."

21 또 다른 사람에게 "나를 따르라"고 하시니 제자[4] 가운데 한 사람이 말했다. "주여, 내가 주를 따르기 전에 먼저 가서 내 아버지를 장사하게 허락해 주십시오."

22 예수께서 말씀하셨다. "육체적으로 죽은 사람의 장례는 영적으로 죽은 자들이 장사하게 하고 너는 나를 따르라."

바람과 바다를 잔잔케 하심[5]

23 ● 하루는 날이 저물 때 예수께서 제자들에게 말씀하셨다. "우리가 갈릴리바다 동쪽으로 건너가자." 그리고 배에 오르시자 제자들도 따라나섰다.

24 배가 행선할 때 갈릴리바다에 큰 광풍이 일어나 물결이 배에 부딪혀 배 안으로 물이 들어와 가득차게 되었으나 예수께서는 배의 뒷 부분인 고물을 베개 삼아 잠이 드셨다.

25 이에 제자들이 예수를 깨우며 말했다. "선생님[6], 살려 주십시오. 우리가 죽게 되었습니다."

26 예수께서 일어나 말씀하시기를 "어찌하여 무서워하느냐? 너희 믿음이 작은 자들아"라고 하셨다. 그리고 곧 일어나 바람과 바다를 향해 "잠잠하고 고요하라"고 꾸짖으시자 바람이 그치고 갈릴리바다가 아주 잔잔하게 되었다.

27 그 제자들이 이를 보고 크게 놀라며 말했다. "도대체 이분이 어떤 사람이기에 바람과 바다도 그의 말에 복종하는가?"

군대 귀신 들린 사람 2명을 고치심

28 ● 마침내 예수께서 갈릴리 맞은편, 곧 갈릴리바다 동쪽으로 가셔서 배에서 내려 가다라 지방으로 가셨다. 그곳에는 무덤 사이를 배회하는 귀신 들린 두 사람이 있었다. 그들은 오랫동안 옷을 입지 않고, 집에 거하지도 않았으며, 몹시 사나워 사람들은 그 길로도 지나가지 못할 지경이었다.

29 귀신 들린 두 사람이 멀리서 예수를 보고 달려와 엎드려 절하며 예수께 큰 소리로 부르짖으며 말했다. "지극히 높으신 하나님의 아들 예수여, 우리가 당신과 무슨 상관이 있습니까? 아직 우리의 때가 되지 않았는데 우리를 괴롭게 하려고 여기에 오셨습니까?

30 때마침 많은 돼지 떼가 멀리 산 곁에서 먹고 있어

31 귀신들이 예수께 간구하여 말했다. "만일 우리를 쫓아내시려면 돼지 떼에게 들어가게 해주십시오."

32 예수께서 귀신들에게 "가라"고 하시니 귀신들이 그 사람에게서 나와 돼지 떼로 들어갔다. 그러자 온

---

1) 사 53:4 2) 눅 9:57-62 3) 눅 9:57, 어떤 사람
4) 눅 9:59, 그가 5) 막 4:35-41, 눅 8:22-25 6) 주여

떼¹⁾ 되는 돼지 떼가 비탈로 곤두박
질하여 갈릴리바다²⁾에 들어가서
물에서 몰살되었다.

33 이에 귀신 들렸던 자가 변한 것과
돼지가 몰살당한 일을 본 자³⁾들이
시내에 들어가 사람들에게 말했다.

34 그 말을 들은 거라사인 땅 근방의
온 시내가 크게 두려워하여 예수께
서 그 지방에서 떠나기를 간구했다.

중풍병자를 고치심⁴⁾

9 ● 예수께서 배를 타시고 갈릴리
바다를 건넌 후 본 동네인 가버
나움으로 다시 들어와 집에 들어
가셨다. 이 소식을 듣고,

2 사람들이 침상에 누워 있는 중풍
병자를 데리고 왔다. 이에 예수께
서는 그들의 믿음을 보시고 중풍
병자에게 말씀하셨다. "작은 자야,
안심하라. 네 죄가 용서함을 받았
다."

3 그중 어떤 율법교사인 서기관과
바리새인들이 그곳에 앉아서 "이
사람이 어찌 그런 말을 하는가? 그
가 신성을 모독하고 있다. 오직 하
나님 한분 외에는 누가 죄를 용서
할 수 있겠느냐?"라고 속으로 생각
했다.

4 이에 예수께서 그들의 생각을 알
고 말씀하셨다. "너희가 왜 마음에
악한 생각을 하고 있느냐?

5 '네 죄가 용서함을 받았다'라고 하
는 말과 중풍병자에게 '일어나 걸
어가라'고 하는 말 중에서 어느 것
이 쉽겠느냐?

6 그러나 내가 세상에서 죄를 용서
하는 권능이 있는 줄을 너희에게
알게 하기 위해 이 일을 행한다."
그러고 나서 중풍병자에게 말씀하
셨다. "일어나 네 침상을 가지고
집으로 가라."

7 이에 그가 모든 사람 앞에서 일어
나 누웠던 침상을 가지고 하나님
께 영광을 돌리며 자기 집으로 돌
아갔다.

8 이 놀라운 장면을 본 사람들은 두
려워했고, 그런 권능을 사람에게
주신 하나님께 영광을 돌리며 말
했다. "우리가 이제까지 이런 일을
보지 못했다."

마태의 잔치와 부름 받음

9 ● 그후 예수께서 갈릴리 바닷가 길
을 가시다가 알패오의 아들 마태가
가버나움 세관에 앉아 있는 것을
보시고 "나를 따르라"고 말씀하시
자 그가 모든 것을 버리고 일어나 예
수를 따랐다.

10 이후 마태는 예수를 위해 큰 잔치
를 베풀었다. 예수께서 그의 집에
서 앉아 음식을 잡수실 때 많은 세
리와 죄인이 와서 예수와 그의 제
자들과 함께 앉아 있었다. 그것은
많은 세리와 죄인이 예수를 따랐
기 때문이었다.

11 바리새인들이 그 모습을 보고 그
의 제자들에게 말했다. "어찌하여
너희 선생은 세리와 죄인들과 식
사를 함께하느냐?"

12 예수께서 그 말을 듣고 말씀하셨
다. "건강한 사람에게는 의사가 필
요 없고 병든 사람에게 필요하다.

13 너희는 나가서 '내가 자비를 원하
고 제사를 원하지 않는다'라고 한
것이 무슨 뜻인지 배우라. 나는 의
인을 부르러 온 것이 아니라 죄인
을 불러 회개시키려고 왔다."

금식에 대한 논쟁

14 ● 세례자 요한의 제자들과 바리새
인들은 월요일과 목요일에는 금식

---

1) 막 5:13, 2,000마리쯤   2) 눅 8:33, 호수   3) 치던 자
4) 막 2:1-12, 눅 5:17-26

하고 있었다. 그때 세례자 요한의 제자들이 예수께 나아와 말했다. "우리와 바리새인들은 한 주일에 2번은[1] 금식하며 기도하는데 왜 당신의 제자들은 금식일에 금식하지 않고 먹고 마시고 있습니까?"

15 예수께서 그들에게 대답하셨다. "혼인집에 온 손님들이 신랑과 함께 있을 동안 슬퍼할[2] 수 있겠느냐? 그럴 수 없다. 그러나 신랑을 빼앗길 날이 되면 그때는 금식할 것이다." 이에 비유로 말씀하셨다.

16 "누구든지 새 천 조각[3]을 낡은 옷에 붙이지 않는다. 그 이유는 붙인 것이 낡은 옷을 당겨 더 심하게 해어지기 때문이다.

17 또 새 포도주를 낡은 가죽 부대에 넣지 않는다. 그렇게 하면 부대가 터져 포도주가 쏟아지고 부대도 못 쓰게 되기 때문이다. 그래서 새 포도주는 새 부대에 넣어야 둘 다 보전된다.

야이로의 딸과 혈루증을 앓던 여인[4]

18 ● 예수께서 갈릴리바다 서북쪽에서 배를 타시고 바다 동쪽으로 가셨다가 다시 갈릴리로 돌아오시사 말씀하셨다. 이때 회당장 가운데 한 관리가 예수께 찾아와서 발아래 엎드리며 자기 집에 오기를 간청했다. "12세 된 나의 외동딸이 죽었으나 오셔서 손을 얹어 안수해 주십시오. 그러면 살아날 것입니다."

19 예수께서 그와 함께 가시자 제자들도 함께 가더니 많은 무리가 따라가며 둘러싸고 밀어 댔다.

20 한편 12년 동안이나 혈루증을 앓는 여자가 있었다. 그녀는 많은 의사의 치료에도 오히려 심한 고통을 받았고, 그러던 중 예수의 소문을

듣고 찾아와 회당장의 딸을 고치러 가는 예수의 뒤로 와서 그의 겉옷자락에 달린 옷술을 만졌다.

21 이는 그녀의 마음에 그분의 겉옷자락만 만져도 나을 수 있다고 생각했기 때문이다. 이에 그의 혈루의 근원이 곧 멈추었고 병이 나았다는 것을 몸으로 느꼈다.

22 그러자 예수께서 돌이켜 그 여자를 보시며 말씀하셨다. "딸아, 안심하라. 네 믿음이 너를 구원했다. 그러니 이제는 평안히 가라. 네가 병에서 나아 건강하게 될 것이다." 그러자 그 즉시 여자의 병이 나았다.

23 예수께서 관리의 집에 도착하시자 피리 부는 자들과 떠드는 자들의 소리가 들리고, 사람들은 울며 심히 통곡하고 있었다.

24 예수께서 집에 들어가 그들에게 말씀하셨다. "너희가 왜 떠들며 우느냐? 이 아이는 죽은 것이 아니라 자고 있다." 그 말을 들은 사람들은 아이가 죽은 것을 알고 있었기에 예수를 비웃었다.

25 예수께서 주위의 사람들을 모두

가죽 부대(마 9:17)

가죽 부대(wineskins)에 해당하는 히브리어 헤멧, 노드, 네벨 등은 모두 액체를 담는 가죽 부대를 뜻하는데, 일반적으로는 포도주를 담는 부대를 말한다. 이 가죽 부대는 주로 염소와 양의 가죽을 벗겨 사용했으나 때때로 소와 약대 가죽을 사용하기도 했다. 동물의 가죽은 목에서부터 아래로 몸 전체에 걸쳐 통째로 잡아 당겨 벗겼으며, 벗긴 후에는 무두질을 하고 털을 바싹 깎은 다음 안쪽을 밖으로 뒤집어 한 구멍만 남게 하고 모두 끈으로 막아 사용하였다.

내보내신 후 아이의 부모와 자기와 함께한 제자만을 데리고 아이가 있는 곳으로 들어가셨다. 그리고 그 소녀의 손을 잡으시자 아이가 일어났다.

26 그 소문이 사방에 퍼졌다.

눈먼 자들과 벙어리 된 자를 고치심

27 ● 예수께서 그곳을 떠나가실 때 두 눈먼 자가 따라오며 "다윗의 자손이여, 우리를 불쌍히 여기소서"라고 외쳤다.

28 예수께서 집에 들어가시자 눈먼 자들이 예수께 나왔다. 그러자 예수께서 그들에게 말씀하셨다. "내가 능히 너희를 보게 할 줄을 믿느냐?" 그들이 대답하기를 "주여, 우리가 믿습니다"라고 했다.

29 이에 예수께서 그들의 눈을 만지시며 말씀하셨다. "너희 믿음대로 되라."

30 그러자 그들의 눈이 떠져 보게 되었다. 예수께서 그들에게 엄히 경계하여 아무에게도 알리지 말라고 하셨다.

31 그러나 그들이 나가 예수의 소문을 그 사방에 퍼뜨렸다.

32 그들이 떠나갈 때 귀신 들려 벙어리가 된 사람을 예수께 데려왔다.

33 이에 예수께서 귀신을 내쫓으시니 귀신이 나가고 벙어리가 된 사람이 말을 하게 되자 무리가 놀라며 말했다. "이제까지 이스라엘 가운데서 이런 일을 본 적이 없다."

34 그러나 바리새인들은 "그가 귀신의 왕의 힘을 빌려 귀신을 쫓아낸다"라고 말했다.

무리를 불쌍히 여기심

35 ● 그리고 예수께서는 나사렛을 떠나 도시들과 마을 사방으로 다니시며 그곳의 회당에서 가르치셨다.

또한 하나님 나라의 복음을 전파하시며, 모든 병과 약한 것을 고치셨다.

36 그들이 목자 없는 양처럼 고생하며 기진한 것을 보고 그 무리를 불쌍히 여기셨다.

37 이에 제자들에게 말씀하셨다. "추수할 것은 많지만 일꾼이 부족하다.

38 그러므로 추수하는 주인에게 요청하여 추수할 일꾼들을 보내 달라고 하라."

12명의 제자 선택과 파송을 위한 가르치심

10 ● 예수께서 제자 중에서 12명을 선택하시고 이들에게 더러운 귀신을 쫓아내며, 모든 병과 약한 것을 고치는 능력과 권위를 주셨다.

2 그리고 '사도'라고 불렸는데 그 12명 사도들의 이름은 이렇다. '베드로'라고 하는 시몬을 비롯하여 그의 형제 안드레, 세베대의 아들 야고보와 그의 형제 요한,

3 빌립, 바돌로매, 도마, 세리 마태인 레위, 알패오의 아들 야고보, 다대오,

4 '열심당원'이라는 뜻의 가나나인 시몬, 장차 예수를 팔 가룟 사람 유다이다.

5 예수께서 이 12명의 사도를 보내시며 부탁했다. "이방인의 길로나 사마리아인의 마을에도 들어가지 말라.

6 그곳보다는 이스라엘 집의 잃어버린 양에게로 가라.

7 가면서 '하나님 나라가 가까이 왔다'라고 외치라.

8 병든 자와 나병환자를 고치고, 죽은 자를 살리며, 귀신을 쫓아내라. 그리고 너희가 거저 받았으니 어떤 대가도 받지 마라.

9 너희 돈주머니에 금은이나 구리 등 어떤 것도 가져가지 말고, 돈도 준비하지 말라.

10 또 여행을 위해 두 벌 옷이나 신이나 지팡이를 가지지 말라. 이는 일꾼이 자기 먹을 것을 받는 것이 마땅하기 때문이다.

11 그러므로 어떤 성읍이나 마을에 들어가면 그중 너희 도울 자를 찾아내어 너희가 그곳을 떠날 때까지 그 집에서 머물라.

12 그리고 그 집에 들어가면서 평안하기를 빌어 주라.

13 그 집이 너희를 즐거운 마음으로 도와주면 너희가 빌어준 평안이 그 집에 임하며, 만일 그렇지 않으면 그 평안이 너희에게 돌아올 것이다.

14 누구든지 너희를 영접하지 않고 너희 말을 듣지 않거든 그 집이나 마을에서 나가 너희 발의 먼지를 떨어 버려 그들에게 증거를 삼으라.

15 내가 참으로 너희에게 말한다. 심판 날에 소돔과 고모라 땅이 그 마을보다 견디기 쉬울 것이다."

제자들이 반대 받을 것을 말씀하심

16 ● 예수께서 말씀하셨다. "보라, 내가 너희를 보내는 것이 양을 이리 가운데로 보내는 것과 같다. 그러니 너희는 뱀처럼 지혜롭고 비둘기처럼 순결해야 한다.

17 사람들을 조심하라. 그들이 너희를 종교 법정인 공회에 넘겨주고 그들의 회당에서 채찍질할 것이다.

18 또 너희가 나 때문에 지방 행정장관인 총독들과 왕들 앞으로 끌려갈 것이다. 이는 그들과 이방인들에게 복음의 위대성을 증거하게 하려는 것이다.

19 너희를 그들에게 넘겨줄 때 어떤 말을 해야 할까 걱정하지 말라. 그 때 성령께서 너희에게 할 말을 가르쳐 주실 것이다.

20 말하게 하는 이는 너희가 아니라 너희 속에서 말씀하시는 너희 아버지의 성령이시기 때문이다.

21 장차 형제끼리, 아버지와 자식 간에 서로 대적하여 죽게 할 것이다.

22 또 너희가 내 이름 때문에 모든 사람에게 미움을 받을 것이다. 그러나 마지막까지 견디는 자는 구원을 얻을 것이다.

23 이 마을에서 너희를 박해하거든 다른 마을로 피하라. 내가 참으로 너희에게 말한다. 이스라엘의 마을을 모두 다니기 전에 인자 된 내가 다시 올 것이다.

24 제자가 그 선생보다 높지 못하고, 종이 그 주인보다 높지 못하다.

25 그러므로 제자가 그 선생만큼 되고, 종이 그 주인만큼 되면 충분하다. 집주인을 '바알세불'이라고 불렀다면 하물며 그 집 가족들을 부를 때는 얼마나 심한 말로 부르겠는가?"

하나님을 두려워하라

26 ● 감추인 것이 드러나고, 숨긴 것은 반드시 알려질 것이다. 그러므로 너희는 두려워하지 말라.

27 내가 너희에게 어둔 데서 말한 모든 것이 밝은 데서 들리며, 골방에서 귓속말로 한 것이 지붕 위에서 전파될 것이다.

28 나의 친구 된 너희에게 말한다. "몸을 죽이고 그후 영혼은 능히 죽이지 못하는 자들을 두려워하지 말라. 마땅히 두려워할 자는 몸과 영혼을 능히 지옥에 던져 넣는 권세 있는 자이다.

29 너희가 참새 2마리가 1앗사리온에
팔리는 것을 알지 않느냐? 그러나
너희 하나님 아버지께서 허락하시
지 않으면 그 1마리도 땅에 떨어지
지 않는다.

30 하나님께서는 너희의 머리카락까
지 모두 세고 계신다.

31 그러므로 너희는 몸만 죽이는 자들
을 두려워하지 말라. 너희는 많은
참새보다 더 귀한 자들이다."

32 내가 또 너희에게 말한다. "누구든
지 사람들 앞에서 나를 인정하면
인자도 하늘에 계신 내 아버지¹⁾ 앞
에서 그를 인정할 것이다.

33 그러나 사람 앞에서 나를 부인하
는 자는 하늘에 계신 내 아버지 앞
에서 나도 너희를 부인할 것이다.

34 내가 세상에 평화를 주기 위해 온
줄로 생각하지 말라. 평화가 아니
라 검을 주어²⁾ 영적인 일에 분쟁을
일으키게 하기 위해 왔다.

35 또 부자 사이에, 모녀 사이에, 시어
머니와 며느리 사이에 영적 분쟁
이 있을 것이다.

36 사람의 영적 원수³⁾가 자기 집안 식
구가 될 것이다."

자기 십자가와 상 받을 자

37 ● 예수께서 말씀하셨다. "부모나
자녀를 나보다 더 사랑하는 자는
나에게 합당하지 않다.

38 또한 자기에게 주어진 십자가를
지고 나를 따르지 않는 자도 나에
게 합당하지 않다.

39 자기 목숨을 얻으려고 하는 자는
잃을 것이다. 그러나 나를 위해 자
기 목숨을 잃는 자는 오히려 얻을
것이다.

40 너희를 영접하는 자는 나를 영접
하는 것이나 마찬가지며, 나를 영
접하는 자는 나를 보내신 이를 영

접하는 것과 같다.

41 선지자의 이름으로 선지자를 영접
하는 자는 선지자가 받는 상을 받
으며, 의인의 이름으로 의인을 영
접하는 자는 의인이 받는 상을 받
을 것이다.

42 또 누구든지 믿는 자, 곧 제자의 이
름으로 어린 자 중 한 명에게 냉수
한 그릇이라도 주는 자는 내가 참
으로 너희에게 말한다. 그 사람은
반드시 그 보상을 받을 것이다."

세례자 요한의 질문과 예수의 대답

11 ● 예수께서 12명의 제자에게
교훈하기를 마치시고 이어 여
러 마을에서 가르치신 후 전도하
기 위해 그곳을 떠나셨다.

2 세례자 요한이 헤롯의 궁전 요새
인 마케루스 감옥에서 예수께서
하신 모든 일을 제자들에게 듣고 2
명 제자를 갈릴리 지역에 계신 예
수께로 보냈다.

3 그들이 예수께 나와 물었다. "세례
자 요한이 우리를 당신께 보내 장
차 오실 그분이 당신인지 아니면
우리가 다른 사람을 기다려야 하
는지 물어보라고 했습니다."

4 그런 후에 예수께서 세례자 요한
이 보낸 자들에게 이렇게 대답하
셨다. "너희가 가서 듣고 보는 것
을 세례자 요한에게 알려주어라.

5 곧 눈먼 자가 보며, 걷지 못하는 사
람이 걸으며, 나병환자가 치료함
을 받으며, 못 듣는 자가 들으며,
죽은 자가 살아나며, 가난한 자에
게 복음이 전파된다고 하라."

6 그리고 "누구든지 나로 인해 실족
하지 않는 자는 복이 있다"라고 말
씀하셨다.

7 세례자 요한이 보낸 자가 떠난 후

1) 눅 12:8. 하나님의 사자들 2) 던지러 3) 영적 분쟁

예수께서는 무리에게 세례자 요한에 대해 말씀하셨다. "너희가 무엇을 보려고 광야에 나갔느냐? 바람에 흔들리는 갈대냐?

8 그러면 너희가 무엇을 보려고 나갔느냐? 부드러운 옷을 입은 사람이냐? 화려한 옷을 입고 사치하게 지내는 자는 왕궁에 있다.

9 아니면 너희가 광야에 왜 나갔느냐? 선지자를 보기 위해서냐? 맞다. 내가 너희에게 말하노니 세례자 요한은 선지자보다 더 훌륭한 자이다.

10 성경에 기록된 대로 '보라, 내가 내 사자를 네 앞에 보내리니 그가 네 앞에서 네 길을 준비할 것이다'라고 한 것이 바로 세례자 요한에 대한 말씀이다."

11 내가 참으로 너희에게 말한다. "여자가 낳은 자 중에 세례자 요한보다 큰 이가 일어난 적이 없다. 그러나 하나님 나라에서는 아주 작은 자라도 그보다 크다.

12 세례자 요한의 때부터 지금까지 하나님 나라는 더욱 확장되고 있는데 힘 있는 자, 곧 침노하는 자는 하나님 나라를 차지할 것이다.

13 모든 선지자와 율법이 예언한 것은 세례자 요한 때까지다.

14 그러므로 너희가 이 예언을 즐겨 받을 마음이 있다면 장차 오리라고 한 엘리야가 바로 세례자 요한임을 알아야 한다.

15 경청하여 깨닫는 자는 들으라."

16 이에 예수께서 말씀하셨다. "내가 이 시대의 사람들을 무엇으로 비유할 수 있을까? 그것은 마치 아이들이 시장터에 앉아 자기 동무를 불러

17 결혼식과 장례식 놀이를 할 때 '우리가 너희를 향해 피리를 불어도 너희가 춤추지 않고, 우리가 애곡해도 너희가 가슴을 치고 통곡하지 않는다'라고 말하는 것과 같다.

18 세례자 요한이 와서 빵도 먹지 않고 포도주도 마시지도 않자 사람들은 '그가 귀신이 들렸다'라고 말했다.

19 그러나 인자 된 내가 와서 먹고 마시자 사람들은 이렇게 말했다. '보라, 예수는 먹기를 탐하고 포도주를 즐기는 사람이며, 세리와 죄인의 친구이다.' 그러나 지혜는 그 행한 일로 인해 옳다는 것이 증명된다."

회개하지 않은 마을들

20 ● 그때 예수께서 능력을 가장 많이 행하신 마을들이 회개하지 않자 책망하셨다.

21 "고라신과 벳새다야, 네게 화가 있을 것이다. 너희에게 행한 모든 능력을 이방 지역에 있는 두로와 시돈에서 행했다면 그들은 벌써 베옷을 입고 재에 앉아 회개했을 것이다.

22 내가 너희에게 말한다. 심판 날에 두로와 시돈이 너희보다 견디기 쉬울 것이다.

23 가버나움아, 네가 하늘에까지 높아지겠느냐? 음부에까지 낮아질

📍성경지리   고라신(마 11:21)

고라신(Korazin)은 가버나움 북쪽 약 4km 지점의 언덕 위에 있는 옛 성읍으로 최근에 유적이 발굴되었다. 하솔을 향해 갈릴리 북부 지방으로 올라가다가 알마골(Almagor)을 향해 갈라지는 거리를 따라 회전으로 돌며 들어가 약 4km를 가면 길 남쪽에 고라신의 유적이 남아 있다. 고라신은 예수 당시나 그 후에도 몇 차례 동네가 건설되었고, 19세기에는 키르벳 카리제(Kh. Karaszeh)라는 아랍인 동네가 있었다. 이 고라신은 예수께 저주를 받은 후 폐허가 되었다(마 11:21~24).

것이다. 네게 행한 모든 능력을 요단강 동쪽에 있는 소돔에서 행했다면 그 성이 멸망당하지 않고 오늘까지 남아 있었을 것이다.

24 심판 날에 소돔 땅이 너보다 견디기 쉬울 것이다.”

하나님 아버지의 뜻과 무거운 짐

25 ● 그때 예수께서 성령으로 기뻐하며 말씀하셨다. “천지의 주인이신 아버지여, 이런 일을 세상에서 지혜롭다고 하는 자들에게는 숨기시고, 어린 아이들에게는 나타내신 것을 감사합니다.

26 그렇습니다. 이것은 아버지의 뜻입니다.

27 내 아버지께서는 모든 것을 내게 주셨으니 아버지 외에는 아들이 누구인지 아는 자가 없고, 아들과 또 아들의 소원대로 알려주고자 하는 계시를 받는 자 외에는 아버지가 누구인지 아는 자가 없습니다.”

28 수고하고 무거운 짐을 진 자들아, 모두 나에게로 나오라. 내가 너희를 쉬게 해주겠다.

29 나는 마음이 온유하고 겸손하니 내 멍에를 메고 내게 배우라. 그러면 너희 마음이 안식을 얻을 것이다.

30 내 멍에는 쉽고, 내 짐은 가볍기 때문이다.”

안식일에 밀 이삭을 자름[1]

12 ● 어느 날 예수께서 안식일에 밀밭 사이로 걸어가실 때 제자들이 배가 고파서 밀 이삭을 잘라 손으로 비벼 먹었다.

2 그것을 본 바리새인들이 예수께 말했다. “당신의 제자들이 안식일에 해서는 안 되는 이삭을 자르는 추수 금지 규정과 이삭을 비비는 탈곡 금지 규정을 어겼습니다.”

3 이에 예수께서 대답하셨다. “다윗

과 그와 함께한 자들이 굶주렸을 때 한 일을 읽지 못했느냐?

4 그가 아비아달 대제사장 때 하나님의 성전에 들어가 제사장 외에 먹어서는 안 되는 진열된 빵인 진설병을 먹고 함께한 자들에게도 주지 않았느냐?

5 또 안식일에 제사장들은 성전 안에서 성전 일을 하므로 안식일을 범해도 죄가 없는 것을 너희가 율법에서 읽지 못했느냐?

6 내가 너희에게 말하는데 성전보다 더 큰 자가 여기 있다.

7 ‘나는 자비를 원하고 제사를 원하지 않는다’라고 하신 뜻을 너희가 알았다면 무죄한 자에게 죄가 있다고 하지 않았을 것이다.”

8 그러므로 나는 안식일의 주인이다.

안식일에 손 마른 사람을 고치심[2]

9 ● 그곳을 떠난 후에 또 다른 안식일에 예수께서 회당에 들어가셨다.

10 그곳에 한쪽 손이 오그라든 사람이 있었다. 사람들이 예수를 고발할 증거를 찾기 위해 안식일에 병을 고치는지 주시하고 있다가 예수께 물었다. “안식일에 병을 고치는 것이 옳은 것입니까?”

11 이에 예수께서 말씀하셨다. “너희 중에 어떤 사람에게 양 1마리가 있는데 그 양이 안식일에 웅덩이에 빠졌다면 그 양을 끌어내지 않겠느냐?

12 사람이 양보다 얼마나 더 귀한 존재냐? 안식일에 선을 행하는 것이 옳다.

13 예수께서는 그들의 마음이 완악함을 탄식하사 노하심으로 가서 그들을 둘러보시고 오른손이 마른 사람에게 말씀하셨다. “일어나 가

---

1) 막 2:23-28, 눅 6:1-5 2) 막 3:1-6, 눅 6:6-11

운데 서라. 그리고 손을 내밀라." 그가 손을 내밀자 다른 손과 같이 온전해졌다.

14 이를 본 바리새인들이 나가 헤롯당과 함께 어떻게 하면 예수를 죽일까 의논했다.

15 예수께서 그들의 모의를 아시고 그곳을 떠나시자 많은 사람이 따랐다. 그리고 병에 걸린 자들을 모두 고쳐 주시고

16 자기가 고쳐 준 것을 알리지 말라고 엄히 금하셨다.

17 이는 이사야 선지자를 통해 말씀하신 대로

18 "내가 선택한 종을 보라. 그는 내 마음에 기뻐하며 내가 사랑하는 자이다. 내가 내 영을 그에게 주며, 그가 심판을 이방에 알게 할 것이다.

19 그는 다투거나 울부짖지 않으므로 누구도 길에서 그 소리를 듣지 못할 것이다.

20 그는 상한 갈대를 꺾지 않으며, 꺼져 가는 심지도 마저 끄지 않기를 심판하여 이길 때까지 할 것이다.

21 또한 이방 사람들이 그의 이름을 소망할 것이다" 함을 이루기 위함이다.

예수와 바알세불[1]

22 ● 그때 귀신 들려 눈멀고 말 못하는 사람을 예수께 데리고 왔다. 이에 예수께서 그를 고쳐 주시자 그가 말하며 보게 되었다.

23 이를 본 무리가 모두 놀라며 말했다. "이 사람은 다윗의 자손이 아니냐?"

24 예루살렘에서 내려온 율법교사인 서기관들과 바리새인들은 그 말을 듣고 말했다. "그가 귀신의 왕인 바알세불을 힘입지 않고는 귀신을 쫓아낼 수가 없다."

25 그러자 예수께서 그들의 생각을 아시고 그들을 불러다가 비유로 말씀하셨다. "자기들끼리 싸우는 나라는 망하며, 자기들끼리 싸우는 마을이나 집도 바로 서지 못할 것이다.

26 만일 사탄이 스스로 싸워 사탄을 쫓아내면 자기들끼리 분쟁하는 것인데, 그러면 어떻게 그들의 나라가 서겠느냐?

27 또 내가 바알세불을 힘입어 귀신을 쫓아 내었다면 너희의 아들들은 누구를 힘입어 귀신을 쫓아내느냐? 그러므로 그들이 너희의 재판관이 될 것이다.

28 그러나 내가 하나님의 능력[2]을 힘입어 귀신을 쫓아내는 것이면 하나님의 나라가 이미 너희에게 임한 것이다.

29 사람이 먼저 강한 자를 결박하지 않고서 그 강한 자의 집에 들어가 물건을 빼앗을 수 있겠느냐? 결박한 후에야 그 집의 물건을 빼앗을 수 있다.

30 나와 함께하지 않는 자는 나를 반대하는 자이며, 나와 함께 모으지 않는 자는 흩어지게 하는 자이다."

31 그러므로 내가 너희에게 말한다. "사람에 대한 모든 죄와 모독은 용서받을 수 있지만 성령을 모독하는 것은 용서 받지 못한다.

32 또 누구든지 말로 인자 된 나를 거역하면 용서함을 받을 수 있으나 성령을 거역하면 이 세상뿐 아니라 장차 올 세상에서도 용서를 받을 수 없다.

33 나무도 좋고 열매도 좋다고 말하든지, 나무도 좋지 않고 열매도 좋지 않다고 말하든지 하라. 열매로 나

1) 막 3:20-30, 눅 6:43-45, 11:14-23, 12:10   2) 성령

무를 알 수 있기 때문이다.

34 독사의 자식들아, 너희가 악한데 어떻게 선한 말을 할 수 있겠느냐? 그렇게 하지 못하는 것은 마음에 가득한 것을 입으로 말하기 때문이다.

35 선한 사람은 그 쌓은 선한 것에서 선한 것을 나타내고, 악한 사람은 그 쌓은 악한 것에서 악한 것을 나타낸다.

36 그러므로 내가 너희에게 말한다. 사람이 어떤 무익한 말을 하든지 심판 날 그 말에 대해 심문을 받게 될 것이다.

37 자신이 한 말로 옳다 함을 받고, 자신이 한 말에 따라 판정을 받을 것이다."

표적을 구하는 세대1)

38 ● 어느 날 율법교사인 서기관과 바리새인 중 몇 사람이 예수께 찾아와 시비를 걸며 시험하여 말했다. "선생이여, 우리에게 하늘에서 오는 증거를 보여주십시오."

39 예수께서 말씀하셨다. "이 시대는 악한 세대이다. 악하고 음란한 세대는 증거를 구하지만 선지자 요나의 증거밖에는 보일 증거가 없다.

40 요나가 밤낮 3일 동안 큰 물고기 뱃속에 있었던 것처럼 인자도 밤낮 3일 동안 땅속에 있게 될 것이다.

41 심판 때 오히려 니느웨 사람들이 일어나 이 시대의 사람들을 판단할 것이다. 니느웨 사람들은 요나의 전도를 듣고 회개했기 때문이다. 그러나 요나보다 더 큰 자가 여기 있다.

42 심판 때 남방 여왕이 일어나 이 세대의 사람을 심판할 것이다. 이는 그가 솔로몬의 지혜로운 말을 듣기 위해 땅끝에서 왔기 때문이다.

그러나 솔로몬보다 더 큰 자가 여기 있다.

43 그리고 예수께서 말씀하셨다. "더러운 귀신이 사람에게서 나갔을 때 물이 없는 곳으로 다니며 쉬기를 구했으나 쉴 곳을 찾지 못하고

44 말하기를 '내가 나온 내 집으로 다시 돌아가야겠다' 하고 와서 보니 그 집이 비고 청소되고 깨끗하게 수리되어 있었다.

45 이에 가서 자기보다 더 악한 귀신 일곱을 데리고 그 사람 속에 들어가 거하니 그 사람의 형편이 이전보다 더욱 나빠지게 되었다. 이 악한 세대가 이렇게 될 것이다."

예수의 어머니와 형제 자매2)

46 ● 예수께서 무리에게 말씀하실 때 그의 어머니와 동생들이 찾아와 예수께 말하려고 했으나

47 많은 무리로 인해 가까이 가지 못했다. 한 사람이 예수 주위에 둘러앉았다가 예수께 말했다. "선생님, 당신의 어머니와 동생들과 누이들이 당신께 말하려고 밖에 서 있습니다."

48 이에 예수께서 말하던 사람에게 대답했다. "누가 내 어머니이며, 내 동생들이냐?"라고 하더니

49 둘러앉은 자들을 보시며 손을 내밀어 제자들을 가리켜 말씀하셨다. "내 어머니와 내 동생들을 보라.

50 누구든지 하늘에 계신 내 아버지의 뜻대로 행하는 자가 모두 내 형제자매이며, 어머니이다."

4가지 땅에 떨어진 씨의 비유

13 ● 예수께서 가버나움에 있는 집에서 나오사 갈릴리 바닷가에 앉으셨다.

1) 막 8:11-12, 눅 11:24-26, 29-32 2) 막 3:31-35, 눅 8:19-21

2 그러자 여러 마을에서 많은 사람이 모여들었다. 이에 예수께서 배에 올라가 앉으셨고 무리는 갈릴리 바닷가 육지에 서 있었다.

3 이에 예수께서 비유를 들어 여러 가지를 말씀하셨다. "씨를 뿌리는 자가 밭에 나가서 씨를 뿌렸다.

4 씨 가운데 어떤 것은 길가에 떨어져 공중의 새들이 와서 먹어 버렸다.

5 어떤 씨는 흙이 얕은 돌밭에 떨어져 흙이 얕아 곧 싹이 나왔으나

6 해가 돋은 후에는 뿌리가 짧아 말라 버렸다.

7 또 어떤 씨는 가시떨기 위에 떨어지자 가시가 함께 자라므로 성장하는 기운을 막았다.

8 어떤 씨는 좋은 땅에 떨어져 무성하여 결실했으니 어떤 것은 100배, 어떤 것은 60배, 어떤 것은 30배가 되었다.

9 경청하여 깨닫는 자는 이 비유를 들으라."

씨의 비유에 대해 설명하심[1]

10 ● 예수께서 혼자 계실 때 함께한 사람들이 12명의 제자와 더불어 예수께 나와 물었다. "어찌하여 그들에게 비유로 말씀하십니까?"

11 예수께서 대답하셨다. "하나님 나라의 비밀을 아는 것이 너희에게는 주어졌으나 그들에게는 그렇지 못하기 때문에 모든 것을 비유로 한다.

12 무릇 있는 자는 받아 넉넉하게 되지만 없는 자는 그 있는 것까지도 빼앗길 것이다.

13 따라서 내가 그들에게 비유로 말하는 이유는 그들이 보아도 보지 못하고, 들어도 듣지 못하며, 깨닫지 못하게 하여 돌이켜 죄 용서함을 얻지 못하게 하려는 것이다.

14 이것은 이사야의 예언이 그들에게 이루어진 것이다. 그곳에는 이렇게 기록되었다. '너희가 듣기는 들어도 깨닫지 못하며, 보기는 보아도 알지 못할 것이다.

15 이 백성들의 마음은 완악해졌기 때문에 그 귀는 듣는 것을 막았고, 눈은 감아 버렸다. 그렇게 한 것은 눈으로 보고, 귀로 듣고, 마음으로 깨달아 돌이켜 내게 고침을 받을까 두려워했기 때문이다.'

16 그러나 너희 눈은 보기 때문에, 너희 귀는 들음으로써 복이 있다."

17 내가 참으로 너희에게 말한다. "많은 선지자와 의인이 너희가 지금 보는 것들을 보기를 바랐지만 보지 못했고, 너희가 지금 듣는 것들을 듣기를 바랐지만 듣지 못했다."

18 그런즉 씨 뿌리는 비유의 해석을 들으라.

19 누구든지 하나님 나라의 말씀을 듣고 깨닫지 못할 때는 악한 자가 와서 그 마음에 뿌려진 말씀을 빼앗아 그들이 믿어 구원을 얻지 못하게 하는 것이다. 이는 길가에 뿌려진 자를 가리키는 것이다.

20 돌밭에 뿌려졌다는 것은 말씀을 듣고 즉시 기쁨으로 받아 들이지만

21 그 속에 뿌리가 짧아서 잠시 견디다가 말씀으로 인해 환난이나 박해가 일어날 때는 넘어지는 자를 가리킨다.

22 가시떨기에 뿌려졌다는 것은 말씀은 듣지만 세상의 염려와 재물과 향락의 유혹이 말씀을 막아 말씀이 성장하지 못하고 결실하지 못하는 자를 가리킨다.

23 좋은 땅에 뿌려졌다는 것은 말씀을 듣고 깨달아 말씀을 지키는 자

1) 막 4:10-20, 눅 8:9-15

이다. 그는 인내로 결실하여 어떤 것은 100배, 어떤 것은 60배, 어떤 것은 30배가 되는 것을 말한다."

가라지의 비유와 설명

24 ● 예수께서 그들에게 비유로 말씀하셨다. "하나님 나라는 좋은 씨를 자기 밭에 뿌린 사람과 같다.

25 그런데 사람들이 잘 때 그 원수가 와서 곡식 뿌린 자리에 가라지를 한 번 더 뿌리고 갔다.

26 그러자 싹이 나고 결실할 때 가라지도 보였다.

27 이에 집주인의 종들이 와서 말했다. '주인님, 밭에 좋은 씨를 뿌렸는데 어찌하여 가라지가 생겼습니까?'

28 주인이 말했다. '원수가 그렇게 했다.' 이에 종들이 말하기를 '그러면 우리가 가서 가라지를 뽑을까요?'라고 하자

29 주인이 말했다. '그냥 두어라. 가라지를 뽑다가 곡식까지 뽑을까 염려된다.

30 둘 다 추수 때까지 함께 자라게 두었다가 추수 때 내가 추수꾼들에게 일러 가라지는 먼저 단으로 묶어 불사르고, 곡식은 모아 내 창고에 넣으라고 할 것이다.'"

자라는 씨와 겨자씨와 누룩의 비유[1]

31 ● 예수께서 말씀하셨다. "우리가 하나님 나라를 무엇으로 비교하며, 또 무슨 비유로 말할 수 있는가? 그것은 마치 사람이 자기 채소밭에 갖다 심은 겨자씨 한 알과 같다.

32 그것이 땅에 심길 때는 땅 위의 모든 씨보다 작지만 땅에 심긴 후에는 모든 풀보다 크게 자라 나무가 되어 공중의 새들이 와서 그 가지[2]에 깃들일 만큼 된다."

33 예수께서 계속해서 비유로 말씀하셨다. "내가 하나님 나라를 무엇으로 비교할 수 있는가? 그것은 마치 여자가 가루 3말 속에 갖다 넣어 전부 부풀게 한 누룩과 같다."

비유로 말씀하신 이유

34 ● 예수께서 이 모든 것을 무리에게 많은 비유로 말씀하시고 비유가 아니면 아무것도 말씀하지 않으셨다. 그리고 혼자 계실 때 제자들에게 그 비유를 해석해 주셨다.

35 이는 선지자를 통해 말씀하신 대로 "내가 입을 열어 비유로 말하고 창세 때부터 감추어진 것들을 드러낼 것이다"라고 한 것을 이루기 위함이었다.

36 이에 예수께서 무리를 떠나 가버나움 집에 들어가시자 제자들이 가라지의 비유를 설명해 달라고 말했다.

37 이에 예수께서 가라지의 비유를 설명해 주셨다. "좋은 씨를 뿌리는 자는 바로 나를 가리킨다.

38 밭은 세상을 가리키며, 좋은 씨는 하나님 나라의 아들들이고, 가라지는 악한 자의 아들들을 가리킨다.

39 가라지를 뿌린 원수는 마귀이고, 추수 때는 세상 끝이며, 추수꾼은 천사들을 가리킨다.

40 따라서 가라지를 거두어 불에 사르는 것처럼 세상 끝에도 그렇게 될 것이다.

41 그때 내가 천사들을 보내 그들이 자기 나라에서 넘어지게 하는 모든 것과 불법을 행하는 자들을 잡아내어

42 풀무 불에 던져 넣을 것이니 그들은 그곳에서 울며 이를 갈 것이다.

43 그때 의인들은 자기 아버지 나라에서 해처럼 빛날 것이다. 경청하여 깨닫는 자는 들을 것이다."

1) 막 4:30-32, 눅 13:20-21 2) 그들

하나님 나라에 대한 3가지 비유
보화, 진주, 그물

44 ● 예수께서 말씀하셨다. "하나님 나라는 마치 밭에 감추어진 보화와 같다. 그래서 사람이 그것을 발견한 후 숨겨 두고 기뻐하며 돌아가서 자기의 소유를 모두 팔아 그 밭을 사는 것과 같다.

45 하나님 나라는 좋은 진주를 구하는 장사와 같다.

46 그래서 극히 값진 진주 하나를 발견하면 집으로 돌아가 자기의 모든 소유를 팔아 그 진주를 사는 것과 같다.

47 하나님 나라는 바다에 쳐 놓은 각종 물고기를 모으는 그물과 같다.

48 그래서 그물에 고기가 가득 차면 물가로 끌어내어 앉아서 좋은 것은 그릇에 담고 나쁜 것은 버리는 것과 같다.

49 세상 끝에도 이와 같다. 그래서 천사들이 와서 의인 중에서 악인을 분리하여

50 악인을 풀무 불에 던져 넣으리니 그들은 그곳에서 울며 이를 갈 것이다.

51 예수께서 말씀하시기를 "이 모든 비유의 말을 깨달았느냐?"라고 하시니 "그렇습니다"라고 대답했다.

52 이에 예수께서 계속하여 말씀하셨다. "그러므로 하나님 나라의 제자된 율법교사인 서기관들은 마치 새것과 옛것[1]을 그 창고[2]에서 꺼내 오는 집주인과 같다."

고향에서 배척 받으심[3]

53 ● 예수께서 비유로 가르치기를 마치신 후 갈릴리 바닷가에 있는 가버나움을 떠나서

54 48km 떨어져 있는 고향 나사렛으로 돌아가시니 제자들도 함께 따라갔다. 안식일이 되어 나사렛 회당에서 가르치시자 많은 사람이 그 가르침에 놀라며 말했다. "이 사람의 이런 지혜와 능력이 어디서 났느냐?

55 그는 목수의 아들이 아니냐? 그 어머니는 마리아이고 그 형제들은 야고보, 요셉, 시몬, 유다이다.

56 그 누이들은 모두 우리와 함께 있는데, 이 사람의 이 모든 지혜와 능력은 어디서 나왔느냐?"

57 그들은 예수를 잘 아는 고향 사람들이기 때문에 예수를 믿지 못하고 배척했다. 이에 예수께서 그들에게 말씀하셨다. "선지자는 자기 고향과 자기 집에서는 존경을 받지 못하지만 다른 곳에서는 존경을 받는다."

58 예수께서는 그들이 믿지 않는 것을 이상하게 여기시고 그로 인해 그곳에서는 많은 능력을 행하시지 않고 소수의 병자에게만 안수하여 고치셨다.

세례자 요한의 죽음[4]

14
1 ● 그때 갈릴리 지역을 통치하는 분봉 왕 헤롯 안디바가 예수의 소문을 듣고

2 그 신하들에게 말했다. "내가 세례

풍습

단지 속에 동전을 숨김(마 13:44)

팔레스틴은 지리적으로 북쪽의 앗수르, 바벨론, 바사 등의 강대국과 남쪽의 애굽 사이에 놓여 있어 항상 전쟁의 소용돌이 속에서 시달릴 수 밖에 없었다. 그래서 대부분 불안한 정세 속에서 동전은 주로 단지 속에 담아 땅속에 묻어 두었는데 주인이 죽거나 묻은 위치를 알지 못하는 경우가 많았다. 그러다가 훗날 밭에 감추었던 단지 속의 동전들이 발견되는 일이 때때로 있었다.

---

1) 복음과 율법   2) 마음 또는 인격   3) 막 6:1-6   4) 막 6:14-29, 눅 9:7-9

자 요한의 목을 베어 죽였는데 다시 살아났으니 그는 세례자 요한이다. 그러므로 이런 능력이 그 속에서 역사한다."

3 이전에 헤롯 대왕의 아들 헤롯 안디바가 자기의 이복 동생인 빌립 1세의 아내였던 헤로디아를 아내로 맞아들인 일로 세례자 요한을 잡아 결박하여 감옥에 가두었다.

4 그것은 세례자 요한이 헤롯 안디바에게 "당신이 당신의 동생의 아내였던 여자를 차지한 것이 옳지 않다"라고 말했기 때문이다.

5 그래서 헤롯 안디바는 세례자 요한을 죽이려 했고, 그의 아내 헤로디아도 세례자 요한을 원수로 여겨 죽이려고 했다. 그러나 헤롯 안디바는 세례자 요한을 의롭고 거룩한 사람으로 알고 있었다. 또 그의 말을 들을 때 크게 번민하면서도 군중이 그를 선지자로 여기고 있었기 때문에[1) 세례자 요한 죽이기를 두려워했다.

6 그때 헤로디아의 딸이 헤롯 안디바의 생일 잔치 자리에서 춤을 추어 헤롯 안디바와 잔치에 참석한 자들을 기쁘게 했다.

7 그러자 헤롯 안디바가 헤로디아의 딸에게 그가 원하면 나라의 절반이라도 주겠다고 맹세했다.

8 이에 그녀는 어머니가 시킨 대로 헤롯 안디바에게 "세례자 요한의 머리를 쟁반에 얹어 자신에게 달라"고 했다.

9 그 말을 들은 헤롯 안디바왕은 고민했다. 그러나 사람들 앞에서 맹세한 것과 그와 함께 앉은 사람들에 대한 체면 때문에 거절하지 못하고 그녀가 요청한 대로

10 사람을 보내어 감옥에서 세례자

요한의 목을 베어

11 그 머리를 쟁반에 얹어 헤로디아의 딸에게 주었고, 그녀는 그 머리를 자기 어머니에게로 가져갔다.

12 이후 세례자 요한의 제자들이 와서 그의 시체를 가져다가 장사한 후 예수께 그 소식을 알렸다.

5,000명을 먹이심[2)

13 ● 이에 예수께서 들으시고 배를 타시고 따로 빈 들로 가셨다. 그러나 무리가 예수의 일행이 어디로 가는지를 알고 각처의 마을에서 도보로 예수의 일행이 가는 곳으로 따라갔다.

14 예수께서는 그곳에서 목자 없는 양같이 방황하는 많은 무리를 보시고 불쌍히 여기셨다. 그리고 그들에게 하나님 나라의 일을 가르치시며, 무리 가운데 있는 병자를 고쳐 주셨다.

15 저녁이 되자 제자[3)들이 예수께 나아와 말했다. "이곳은 빈 들이며, 날도 이미 저물었으니 무리를 보내 마을에 들어가 먹을 것을 사 먹게 하십시오."

16 예수께서 말씀하셨다. "너희는 빵을 사러 갈 필요가 없다. 너희가 먹을 것을 주도록 하라."

17 이에 제자들 가운데 하나인 시몬 베드로의 형제 안드레가 예수께 말했다. "여기 우리에게[4) 보리빵 5개와 물고기 2마리만 갖고 있습니다. 그러나 그것이 이 많은 사람에게 무슨 소용이 있겠습니까?"

18 예수께서 "그것을 나에게로 가져오라"고 말씀하시고

19 제자들에게 무리를 50명씩 떼를

1) 막 6:20하. 그 말을 달갑게 들었기 때문에　2) 막 6:35-48, 눅 9:12-17, 요 6:5-15　3) 눅 12사도　4) 요한 아이가

지어 푸른 잔디[1] 위에 앉히도록 하셨다. 그러자 예수께서는 빵 5개와 물고기 2마리를 들고 하늘을 우러러보시고 축사하신 후 빵을 떼어 제자들에게 주셨고, 제자들은 무리에게 나누어 주었다.

20 그들이 배부르게 먹은 후 남은 빵 조각과 물고기를 거두니 12바구니에 가득 찼다.

21 먹은 사람은 여자와 어린이 외에 남자만 5,000명이나 되었다.

22 기적으로 빵과 물고기를 먹은 무리는 예수를 억지로 왕으로 삼으려고 했다. 이를 아신 예수께서 즉시 제자들을 재촉하사 자기가 무리를 돌려보내는 동안 배를 타고 먼저 건너편 벳새다 마을로 가게 하셨다.

23 그리고 무리를 보내신 후 기도하시기 위해 따로 산에 올라가셨다. 저물자 그곳에서 혼자 계셨다.

바다 위를 걸어오심

24 ● 제자들이 탄 배는 이미 육지에서 2~3㎞인 수 리나 떨어져 있었다. 그리고 심한 바람으로 인해 제자들이 고난을 당하고 있었다.

25 힘겹게 노를 저어 십여 리인 4㎞쯤 갔을 오전 3시에서 6시 사이인 밤 사경쯤에 예수께서 바다 위를 걸어서 제자들에게 가고 계셨다.

26 이를 본 제자들이 놀라서 유령이라고 소리를 질렀다.

27 이에 예수께서 제자들에게 즉시 말씀하셨다. "안심하라. 나니 두려워하지 말라."

28 그 말을 들은 베드로가 말했다. "주여, 만일 주님이시면 나에게 명령하여 나도 물 위로 걸어오라고 하십시오."

29 예수께서 "오라"고 하시자 베드로가 배에서 내려 물 위로 걸어서 예수께

로 갔다.

30 그러나 바람을 보고 무서워하므로 물에 빠졌다. 이에 "주여, 나를 구해 주십시오"라고 소리를 질렀다.

31 그러자 예수께서 즉시 손을 내밀어 그를 붙잡으면서 말씀하셨다. "믿음이 작은 자야, 왜 의심했느냐?"

32 베드로가 예수와 함께 배에 오르자 제자들이 예수를 배로 영접했고 바람도 그쳤다.

33 배에 있는 사람들이 예수께 절하며 말했다. "선생님은 참으로 하나님의 아들이십니다."

게네사렛에서 병자들을 고치심[2]

34 ● 예수의 일행이 배를 타고 갈릴리바다를 건너가 그들이 가려던 곳인 바다 북쪽 해안의 게네사렛 땅에 이르러 배에서 내렸다.

35 그곳 사람들은 그가 예수이신 줄 알고 주위 지역에 두루 알리자 모든 병든 자를 침상째로 메고 예수께 데려왔다.

36 그리고 예수께서 다니시는 지방이나 마을에서는 그의 옷자락만이라도 만지기를 간구했고, 예수의 옷자락에 손을 대는 자는 모두 나음을 얻었다.

장로들의 전통[3]

15 ● 그때 바리새인과 율법교사인 서기관 중 몇 명이 예루살렘에서 내려와 예수께 물었다.

2 "당신의 제자들은 왜 장로들의 전통을 지키지 않습니까? 우리가 그들이 씻지 않은 부정한 손으로 빵 먹는 것을 보았는데, 왜 빵을 먹을 때 손을 씻지 않습니까?"

3 예수께서 대답하셨다. "왜 너희는

1) 마. 잔디(푸른이 없음)   2) 막 6:53~56, 요 6:21하
3) 막 7:1~13

전통을 핑계로 하나님의 계명을 버리느냐?

4 하나님이 말씀하시기를 '네 부모를 공경하라' 또 '부모를 비방하는 자는 반드시 죽임을 당할 것이다'라고 하셨다.

5 그런데 너희는 말하기를 '누구든지 내가 부모에게 드려 유익하게 할 것을 고르반, 곧 하나님께 드렸다고 말만 하면

6 그 부모를 더 이상 공경하지 않아도 된다'라고 한다. 너희는 너희의 전통을 핑계로 부모를 공경하라는 하나님의 말씀을 무시하고 그 같은 일을 많이 행하고 있다.

7 위선자들아, 이에 이사야가 너희에 대해 잘 예언했다. 그가 말하기를

8 이 백성이 입술로는 나를 공경하지만 마음은 내게서 멀리 떠나 있다.

9 사람의 계명을 가지고 교훈을 삼아 가르치고 있으니 나를 헛되이 경배한다'라고 했다."

사람을 더럽게 하는 것들[1]

10 ● 예수께서 무리를 다시 불러 말씀하셨다. "너희는 내 말을 듣고 깨달으라.

11 사람을 더럽게 하는 것은 입으로 들어가는 것이 아니라 입에서 나오는 것이다."

12 이에 제자들이 예수께 말했다. "바리새인들이 그 말씀을 듣고 감정

외식(위선자, 마 15:7)

외식(hypocrite)은 속이나 내면과 달리 겉만을 꾸미는 것으로 자질이나 덕성 등을 가장하여 그같은 것을 소유한 것처럼 꾸미는 것을 말한다. 외식에 해당하는 헬라어 휘포크리스의 원뜻은 무대에서 가면을 쓰고 연출하는 배우를 가리키는 것으로 위선자, 외식하는 자라는 의미이다.

이 상하게 된 줄을 아십니까?"

13 예수께서 대답하셨다. "내 하늘 아버지께서 심지 않으신 것은 뽑힐 것이다.

14 그러므로 감정이 상한 바리새인들을 내버려 두라. 그들은 눈먼 자가되어 눈먼 자를 인도하는 자들이다. 만일 눈먼 자가 눈먼 자를 인도하면 모두 구덩이에 빠지게 될 것이다."

15 그리고 무리를 떠나 가버나움 집으로 들어가시자 베드로가 이 비유를 설명해 달라고 말했다.

16 이에 예수께서 말씀하셨다. "너희가 아직까지도 깨달음이 없느냐?

17 입으로 들어가는 모든 것은 마음으로 들어가지 않고 배로 들어가서 뒤로 나가므로 모든 음식물은 깨끗하다.

18 반면 입에서 나오는 것들은 마음에서 나오는데 이것이 사람을 더럽게 한다.

19 마음에서 나오는 것은 악한 생각, 살인, 간음과 음란, 탐욕, 악독, 속임, 도둑질, 거짓 증언, 질투, 비방, 교만, 우매함 등이기 때문이다.

20 이런 것들이 사람을 더럽게 하는 것이지 씻지 않은 손으로 먹는 것이 사람을 더럽게 하는 것이 아니다."

수로보니게 족속 여인의 믿음[2]

21 ● 예수께서 갈릴리 지역을 떠나 갈릴리 북쪽 지중해안에 있는 두로와 시돈 지방으로 가셨다. 그리고 그곳에 있는 한 집에 들어가셔서 아무도 모르게 머물려고 하셨으나 숨길 수가 없었다.

22 그때 귀신 들린 딸을 둔 가나안 여자 한 명이 예수의 소문을 듣고 그 지역에서 나와 예수를 찾아왔다.

1) 막 7:1-13　2) 막 7:14-23

그 여자는 헬라인이며, 두로와 시돈 지방인 수로보니게 족속이었다. 그녀는 큰 소리로 간구했다. "다윗의 자손이여, 나를 불쌍히 여기십시오. 내 딸이 흉악한 귀신에 들렸습니다."

23 그러나 예수는 한 마디도 대답하지 않으셨다. 이에 제자들이 와서 청하여 말했다. "그 여자가 우리 뒤에서 귀찮게 소리를 지르고 있으니 그녀의 딸을 고쳐서 돌려 보내십시오."

24 예수께서 말씀하셨다. "나는 이스라엘 집의 잃어버린 양 외에는 다른 곳으로 보내심을 받지 않았다."

25 그 말을 들은 여자가 와서 예수께 절하며 말했다. "주여, 저를 도와 주십시오."

26 예수께서 대답하셨다. "자녀에게 먼저 배불리 먹게 할 것이다. 그러므로 자녀의 빵을 취해 개들에게 던져 주는 것이 옳지 않다."

27 이에 여자가 말했다. "주여, 맞습니다. 그러나 개들도 자기 주인의 상에서 떨어지는 부스러기를 먹습니다."

28 이에 예수께서 대답하셨다. "여자여, 그렇게 말하는 것을 보니 네 믿음이 크다. 네 소원대로 귀신이 네 딸에게서 나갔다." 여자가 집에 돌아가 보니 딸이 침대에 누웠고 예수께서 말씀하신 때부터 귀신이 나갔다.

많은 병자를 고치심

29 ● 예수께서 이방의 옛 베니게 지역인 두로 지방을 거쳐 시돈 지역을 지나 데가볼리 지역을 통과하여 갈릴리 바닷가로 다시 오셔서 산에 올라가 앉으셨다.

30 이에 사람들이 다리를 저는 사람, 장애인과 눈먼 자, 말 못하는 사람과 그외 여러 명의 병자를 데려와 예수의 발 앞에 앉히자 예수께서 그들을 고쳐 주셨다.

31 말 못하는 사람이 말하고, 장애인이 온전해지고, 다리를 저는 사람이 걷고, 눈먼 자가 보는 것을 무리가 보고 놀라며 이스라엘의 하나님께 영광을 돌렸다.

4,000명을 먹이심1)

32 ● 그 무렵 예수께서 제자들을 불러 말씀하셨다. "내가 이 많은 무리를 불쌍히 여긴다. 그들이 나와 함께 있은 지 이미 3일이나 지났으나 먹을 것이 없다. 그들 중에는 멀리서 온 사람들도 있는데 내가 그들을 굶겨 집으로 보내면 그들이 길에서 기진할 것이다."

33 이에 제자들이 말했다. "이곳은 빈 들2)인데 우리가 어디서 이 많은 무리가 배부를 만큼 빵을 구할 수 있겠습니까?"

34 예수께서 제자들에게 말씀하셨다. "너희에게 빵이 몇 개나 있느냐?" 제자들이 대답하되 "빵 7개와 작은 생선 2마리쯤이 있습니다"라고 하자

35 예수께서 무리를 땅에 앉도록 하시고

36 빵 7개와 그 생선을 가지고 축사하신 후 떼어 제자들에게 주셨고, 제자들은 무리에게 나누어 주었다.

37 그러자 무리가 모두 배불리 먹고 남은 조각만도 7광주리에 차게 거두었다.

38 이때 먹은 자는 여자와 어린이 외에 남자만 약 4,000명이었다.

39 예수께서 무리를 흩어 보내신 후 바로 제자들과 함께 배에 오르사

1) 막 8:1-10 2) 광야

갈릴리 바닷가의 마가단 지역으로 가셨다.

악한 세대가 표적을 구함[1]

16 1 ● 어느 날 바리새인과 사두개인들이 예수께 찾아와 시비를 걸며 시험하여 말했다. "선생이여, 우리에게 하늘에서 오는 증거를 보여주십시오."

2 예수께서 마음속으로 깊이 탄식하시며 대답하셨다. "너희가 저녁에 하늘이 붉으면 '날이 좋겠다'하고,

3 아침에 하늘이 붉고 흐리면 '오늘은 날이 궂겠다'라고 말하지 않느냐? 너희가 날씨는 분별할 줄 알면서 이 시대의 표적은 분별할 수 없느냐?

4 악하고 음란한 세대는 표적을 구하지만 요나의 표적 밖에는 보여줄 것이 없다." 그리고 그들을 떠나가셨다.

바리새인과 사두개인의 누룩[2]

5 ● 그후 제자들이 갈릴리바다 건너편 벳새다 마을로 갈 때 빵 준비하는 것을 잊었다. 배에는 빵 하나밖에 없었다.

6 그때 예수께서 경고하여 말씀하셨다. "삼가 바리새인과 사두개인들과 헤롯의 누룩을 주의하라."

7 그 말을 들은 제자들은 서로 상의하며 말했다. "이는 우리가 빵을 준비하지 못했기 때문이다."

8 예수께서 제자들의 생각을 알고 물으셨다. "믿음이 작은 자들아, 어찌 빵이 없는 것에 대해 서로 상의하느냐?

9 너희가 빵 5개로 5,000명을 먹이고 모은 것이 몇 바구니가 되었는지 아직도 깨닫지 못하느냐?"

10 또 물으셨다. "빵 7개로 4,000명에게 떼어 줄 때 먹고 남은 것이 몇 광주리였더냐?" 그들이 "7개입니다"라고 말하자

11 예수께서 말씀하셨다. "왜 내가 말한 것이 빵에 대한 것이 아닌 줄을 깨닫지 못하느냐? 오직 바리새인과 사두개인들의 누룩을 주의하라."

12 그제야 제자들이 먹는 빵의 누룩이 아니라 바리새인과 사두개인들의 가르침을 조심하라고 말씀하신 줄을 깨달았다.

베드로의 신앙고백[3]

13 ● 예수께서 제자들과 함께 벳새다에서 북쪽으로 53㎞ 정도 떨어진 빌립보 가이사랴 지방에 이르러 무리와 떨어져 따로 기도하실 때 제자들에게 물으셨다. "사람들이 인자 된 나를 누구라고 하느냐?"

14 제자들이 대답하되 "어떤 이는 세례자 요한, 어떤 이는 엘리야, 어떤 이는 예레미야나 선지자 중 한 명이라고 합니다."

15 예수께서 제자들에게 물으시기를 "그러면 너희는 나를 누구라고 생각하느냐?"

16 그때 시몬 베드로가 대답했다. "당신[4]은 그리스도이시며, 살아계신 하나님의 아들입니다."

17 이에 예수께서 말씀하셨다. "요나의 아들 시몬아, 네가 복이 있다. 이것을 네게 알게 한 이는 혈육이 아니라 하늘에 계신 내 아버지께서 하신 것이다.

18 또 내가 네게 말한다. 너는 '반석'이라는 뜻의 베드로이다. 내가 이 반석 위에 내 교회를 세우리니 음부의 권세가 이기지 못할 것이다.

19 내가 하나님 나라의 열쇠를 네게

---

1) 막 8:11-13, 눅 12:54-56 2) 막 8:14-21 3) 막 8:27-30, 눅 9:18-21 4) KJV에는 Thou, 한글성경에는 주는

주리니 네가 땅에서 어떤 것이든 잠그면 하늘에서도 잠기며, 네가 땅에서 어떤 것이든 열면 하늘에서도 열릴 것이다."

20 이에 제자들에게 자기가 그리스도라는 것을 아무에게도 말하지 말라고 주의시키셨다.

첫 번째로 죽음과 부활을 예고하심[1]

21 ● 이때부터 예수 그리스도께서 자기가 예루살렘에 올라가 장로들과 대제사장들과 율법교사인 서기관들에게 버린 바 되어 많은 고난을 받아 죽임을 당하고 3일 만에 살아날 것을 비로소 제자들에게 드러내놓고 설명하기 시작하셨다.

22 이에 베드로가 예수를 붙들고 말리면서 말했다. "주여, 그렇게 하지 마십시오. 그런 일은 결코 주께 일어나지 않을 것입니다."

23 예수께서 돌아서면서 베드로를 꾸짖어 말씀하셨다. "사탄아, 내 뒤로 물러가라. 너는 나를 넘어지게 하는 자이다. 너는 하나님의 일을 생각하지 않고 오히려 사람의 일만을 생각하고 있다."

24 이에 예수께서 제자들과 무리에게 말씀하셨다. "누구든지 나를 따라오려면 자기를 부정하고 자기에게 주어진 십자가를 지고 나를 따를 것이다.

25 자기 목숨을 건지려고 하면 잃을 것이다. 그러나 나와 복음을 위해 자기 목숨을 잃으면 얻을 것이다.

26 만일 사람이 온 세상을 얻은 후 자기 목숨을 잃으면 세상 것이 무슨 소용이 있겠느냐? 사람이 무엇을 주고 자기 목숨과 바꾸겠느냐?

27 내가 아버지의 영광으로 그 천사들과 함께 다시 올 것이니 그때는 각 사람이 행한 대로 갚을 것이다.

28 참으로 너희에게 말한다. 여기에 서 있는 사람들 가운데 죽기 전 하나님 나라가 권능으로 임하고 내가 그 왕권을 가지고 오는 것을 볼 자들도 있다."

예수의 변모[2]

17 ● 이 말씀을 마치시고 6일이 지난 후 예수께서 베드로와 야고보와 그 형제 요한을 따로 데리고 기도하시기 위해 높은 산으로 올라가셨다.

2 그리고 예수께서 기도하실 때 그들 앞에서 용모가 변모되시어 그 얼굴이 해처럼 빛나고, 옷이 빛과 같이 광채가 나며, 세상에서 빨래하는 자가 그렇게 희게 할 수 없을 만큼 희어졌다.

3 그때 모세와 엘리야가 영광 중에 나타나 예수와 함께 장차 예수께서 예루살렘에서 죽을 것을 말씀하시는 모습이 그들에게 보였다.

4 이에 베드로가 예수께 말했다. "주여, 우리가 이곳에 있는 것이 좋으니 만일 주께서 원하시면 내가 이곳에 주님과 모세와 엘리야를 위해 초막 3개를 짓겠습니다." 그러나 베드로는 자기가 하는 말을 자기도 알지 못했다.

5 그때 홀연히 빛난 구름이 그들을 덮었고 그 속에서 "이는 내 사랑하는

> **(?!) 난제** 예수께서 변화한 높은 산은 무슨 산인가?(마 17:1)
>
> 예수께서 변화한 산에 대해 마태복음에는 '높은 산'으로, 누가복음에는 '그 산'(헬. 토 오로스, 한 글성경에는 단순히 산'으로만 언급하고 있다. 이같이 산의 명칭을 사용하지 않은 것을 보면 당시 이 산은 사람들의 눈에 잘 보일 만큼 높았으며, 산이라고만 해도 통용될 정도로 명성이 있던 산임을 알 수 있다.

1) 막 8:31–9:1, 눅 9:22–27　　2) 막 9:2–13, 눅 9:28–36

아들, 곧 내 선택을 받은 자며, 내가 기뻐하는 자이다. 너희는 그의 말을 들으라"는 말이 들렸다.

6 그러나 제자들이 심히 두려워하여 그 소리가 무슨 말인지 알지 못했다.

7 예수께서 나아와 그들에게 손을 대며 말씀하셨다. "일어나라. 두려워하지 말라."

8 제자들이 보니 예수 외에는 아무도 보이지 않았다.

9 그들이 산에서 내려올 때 예수께서 말씀하셨다. "내가 죽은 자 가운데서 살아나기 전에는 지금 본 것을 누구에게도 알리지 말라."

10 제자들이 예수께 물었다. "그러면 왜 율법교사들이 엘리야가 먼저 와야 한다고 말합니까?"

11 예수께서 대답하셨다. "그들의 말이 맞다. 엘리야가 먼저 와서 모든 일을 회복할 것이다."

12 내가 너희에게 말한다. "엘리야가 이미 왔으나 사람들이 알지 못하고 함부로 대우했다. 나도 이와 같이 그들에게 고난을 받고 멸시당할 것이다."

13 그제야 제자들이 예수께서 말씀하신 것이 세례자 요한인 줄을 깨달았다.

귀신 들린 아이를 고치심[1]

14 ● 무리에게 오자 한 명이 예수께 와서 꿇어 엎드려 간청했다.

15 "주여, 내 아들을 불쌍히 여겨 주십시오. 그가 간질로 심히 고생하여 자주 불과 물에 넘어지곤 합니다.

16 그래서 내가 주의 제자들에게 귀신을 내쫓아 달라고 데리고 왔으나 그들이 쫓아내지 못했습니다."

17 예수께서 대답하셨다. "믿음이 없고 패역한 세대여, 내가 언제까지 너희와 함께 있으며, 얼마나 너희에게 참아야 하겠느냐? 그 아들을 이리로 데려오라."

18 이에 예수께서 무리가 몰려드는 것을 보고 그 더러운 귀신을 꾸짖어 말씀하셨다. "그 아이에게서 나오고 다시는 들어가지 말라." 그러자 귀신이 소리 지르며 아이로 심한 경련을 일으키게 하고 나가니 아이가 그때부터 나았다.

19 예수께서 집으로 들어가셨을 그때 제자들이 예수께 조용히 나아와 물었다. "우리는 왜 귀신을 쫓아내지 못했습니까?"

20 대답하시기를 "너희 믿음이 작기 때문이다." 참으로 너희에게 말하니 만일 너희에게 겨자씨 한 알만큼의 믿음만 있어도 이 산을 향해 명령하여 여기서 저기로 옮겨지라고 하면 옮겨지며 또 너희가 어떤 것도 할 수 있을 것이다."

21 (없음)

두 번째로 죽음과 부활을 예고하심

22 갈릴리에 모였을 때 예수께서 제자들을 가르치시며, 또 장차 자신이 사람들의 손에 넘겨져

23 죽임을 당하고 죽은 지 3일 만에 다시 살아나리라고 말씀하셨다. 그러나 제자들은 그 말씀의 뜻을 이해하지 못했고 묻는 것조차 두려워하며 근심했다.

성전세를 내심

24 ● 예수께서 가버나움에 오시자 반 세겔의 성전세를 받는 자들이 베드로에게 말했다. "네 선생은 왜 반 세겔의 성전세를 내지 않느냐?"

25 이에 베드로가 "내신다" 하고 집으로 들어갔다. 이를 먼저 알고 계신 예수께서 베드로가 말하기 전에

1) 막 9:14-29, 눅 9:37-43상

말씀하셨다. "시몬 베드로야, 네 생각은 어떠냐? 세상 왕들이 누구에게 관세와 국세를 받느냐? 자기 아들이냐? 타인에게냐?"

26 베드로가 대답하기를 "타인입니다"라고 하자 예수께서 말씀하셨다. "그렇다면 아들들은 세금을 낼 필요가 없다.

27 그러나 우리가 그들이 오해하지 않게 하기 위해 네가 갈릴리바다에 가서 낚시를 던져 먼저 오르는 고기를 잡아 입을 열면 한 세겔의 돈을 얻을 것이다. 그것을 가져다가 나와 너를 위해 성전세를 주라."

누가 큰 자인가[1)

18 ● 그때 제자들이 예수께 물었다. "하나님 나라에서는 어떤 자가 큰 자입니까?"

2 예수께서 그 마음에 변론한 것을 아시고 어린 아이 하나를 데려다가 그들 가운데에 세우신 후 안으며

3 그들에게 말씀하셨다. "참으로 너희에게 말한다. 너희가 돌이켜 어린 아이들과 같이 되지 않으면 결코 하나님 나라에 들어갈 수 없다.

4 그러므로 누구든지 어린 아이와 같이 자기를 낮추는 자가 하나님 나라에서 큰 자이다.

5 누구든지 내 이름으로 이런 어린 아이를 영접하면 곧 나를 영접하는 것이다.

실족케 하지 말라[2)

6 ● 그러므로 누구든지 나를 믿는 이 작은 자 중 하나에게라도 죄를 짓게 하면 차라리 연자 맷돌이 그 목에 매달려 깊은 바다에 던져지는 것이 낫다.

7 예수께서 제자들에게 말씀하셨다. "실족하게 하는 일들이 있음으로 인해 세상에 화가 있다. 실족하게

하는 것이 없을 수 없지만 실족하게 하는 자에게는 화가 있을 것이다.

8 만일 네 손이나 발이 너를 범죄하게 하면 차라리 찍어 버리라. 장애인이나 다리 저는 자로 영원한 생명에 들어가는 것이 두 손과 두 발을 가지고 영원히 꺼지지 않는 불에 던져지는 것보다 낫다.

9 만일 네 눈이 너를 범죄하게 하면 차라리 빼버리라. 한 눈으로 영생에 들어가는 것이 두 눈을 가지고 지옥 불에 던져지는 것보다 낫다.

10 이 작은 자들 가운데 하나도 업신여기지 말라. 너희에게 말하노니 그들의 천사들이 하늘에서 내 아버지의 얼굴을 항상 뵙고 있다."

11 (없음)

잃은 양을 찾은 것의 비유[3)

12 ● 너희 생각은 어떠하냐? 만일 너희 중에 어떤 사람에게 양 100마리가 있는데 그중 1마리가 길을 잃었다면 99마리를 산[4)에 두고 그 잃은 1마리 양을 찾아다니지 않겠느냐?

13 또 마침내 찾으면 길을 잃지 않은 99마리보다 더 기뻐할 것이다.

14 작은 자들 가운데 한 명이라도 잃어버리는 것은 하늘에 계신 너희 아버지의 뜻이 아니다.

형제가 죄를 범했을 때 권면

15 ● 예수께서 말씀하셨다. "형제 중 누가 죄를 범하면 그에게 가서 너와 그 사람과 단독으로 만나 권면하라. 만일 그가 네 권면을 받아들이면 네가 네 형제를 얻은 것이다.

16 그러나 그가 듣지 않거든 한두 사람을 더 데려가서 2~3명 증인의 입으로 말하는 것마다 확증하게 하라.

1) 막 9:36~37, 눅 9:47~48 2) 막 9:42~47, 눅 17:1~2
3) 눅 15:4~7 4) 눅 15:4, 들

17 만일 그들의 말도 듣지 않으면 교회에서 말하도록 하고, 교회의 말도 듣지 않으면 그를 이방인과 세리와 같이 여기라."

18 또 너희에게 말한다. "무엇이든지 너희가 땅에서 묶으면 하늘에서도 묶이며, 무엇이든지 땅에서 풀면 하늘에서도 풀릴 것이다."

19 참으로 다시 너희에게 말한다. "너희 중 두 사람이 땅에서 마음을 같이하여 무엇이든지 구하면 하늘에 계신 내 아버지께서 그들을 위해 이루어 주실 것이다.

20 두세 사람이 내 이름으로 모인 곳에는 나도 그들과 함께 있다."

용서에 대해

21 ● 그때 베드로가 예수께 물었다. "주여, 형제가 내게 죄를 범하면 몇 번이나 용서해 주어야 합니까? 7번까지 용서해 주어야 합니까?"

22 예수께서 대답하셨다. "네게 말하노니 만일 하루에 네 형제가 7번이라도 네게 죄를 짓고 7번 네게 돌아와 '내가 잘못했으니 나를 용서해 주시오'라고 하거든 너는 용서하라. 7번씩 70번까지라도 용서하라.

23 그러므로 하나님 나라는 그 종들과 결산하려는 어떤 왕과 같다.

24 왕이 결산할 때 무려 노동자 20만 년 품삯에 해당하는 1만 달란트 빚진 자 한 명이 불려 왔다.

25 그가 갚을 능력이 없자 주인이 명하여 그 몸과 아내와 자식들과 모든 소유를 다 팔아 갚도록 했다.

26 그러자 그 종이 엎드려 절하며 간청했다. '조금만 참아 주시면 모두 갚겠습니다.'

27 이에 그 종의 주인이 그를 불쌍히 여겨 놓아 보내며 그 빚을 탕감해 주었다.

28 빚을 탕감 받은 종이 나가 자기에게 노동자 4개월 품삯에 해당하는 은전 100데나리온 빚진 동료 한 사람을 만나자 그의 목을 잡고 말하기를 '빚을 갚으라'고 하자

29 그 동료가 엎드려 간청했다. '조금만 기다려 주십시오. 내가 갚겠습니다.'

30 그러나 그의 간청을 뿌리치고 그를 고소하여 그가 빚을 갚도록 감옥에 가두었다.

31 그의 동료들이 그것을 보고 몹시 불쌍히 여겨 그의 주인에게 가서 그 사실을 알렸다.

32 이에 주인이 빚을 탕감해 준 종을 불러다가 말했다. '악한 종아, 네가 사정하기에 네 빚을 전부 탕감해 주었는데

33 내가 너를 불쌍히 여긴 것처럼 너도 네 동료를 불쌍히 여기는 것이 마땅하지 않느냐?'

34 이에 주인이 분노하여 그 빚을 모두 갚도록 그를 감옥에 가두었다.

35 너희가 진심으로 형제를 용서하지 않으면 하늘에 계신 내 아버지께서도 너희를 용서하지 않을 것이다."

이혼에 대한 가르침[1]

19 ● 예수께서 말씀을 마치신 후 갈릴리를 떠나 요단강 건너편과 유대 지역으로 가시자

2 많은 무리가 다시 모여들었다. 이에 예수께서 다시 이전에 하시던 대로 가르치셨다. 그리고 그곳에서 그들의 병을 고치셨다.

3 예수께서 다시 유대 지역으로 오셨을 때 바리새인들이 예수께 나아와 그를 시험하기 위해 물었다. "사람이 이혼할 이유가 있으면 아내를 버려도 괜찮습니까?"

1) 막 10:1-12

4 예수께서 말씀하셨다. "하나님은 창조 때부터 사람을 남자와 여자로 만드셨다.

5 그리고 '사람이 그 부모를 떠나 아내와 연합하여 그 둘이 한 몸이 될 것이다'라는 말을 읽지 못했느냐?

6 그런즉 이제 둘이 아니라 한 몸이다. 그러므로 하나님께서 짝지어 주신 것을 사람이 나누지 못할 것이다."

7 이에 그들이 다시 물었다. "그러면 왜 모세는 이혼증서를 써주고 아내를 버리라고 명령했습니까?"

8 예수께서 말씀하셨다. "모세는 그 당시 사람들의 마음이 완악했기 때문에 아내 버리는 것을 허락했지만 본래의 뜻은 그렇지 않다.

9 내가 너희에게 말한다. 누구든지 음행한 이유 외에 아내를 버리고 장가가는 자는 간음하는 것이다."

10 제자들이 예수께 말했다. "만일 사람이 아내에게 이같이 할진대 그렇다면 장가가지 않는 것이 좋겠습니다."

11 예수께서 말씀하셨다. "모든 사람이 이 말을 받아들일 수 있는 것이 아니라 오직 타고난 자라야 할 것이다.

12 모태에서 고자가 된 사람이 있고, 인위적으로 만든 고자도 있으며, 하나님 나라를 위해 스스로 고자가 된 사람도 있다. 이 말을 받아들일 수 있는 자는 받아들여라."

어린 아이를 축복하심[1]

13 ● 그때 사람들이 예수께 안수 기도를 받기 위해 어린 아이들을 데려오자 제자들이 꾸짖었다.

14 이를 본 예수께서 화를 내며 말씀하셨다. "어린 아이들을 받아들이고 나에게 오는 것을 막지 말라. 하나님

나라는 이런 어린 아이와 같은 자의 것이다.

15 이어 그 어린 아이들을 안고 그들 위에 안수하고 축복하신 후 그곳을 떠나셨다.

부자 청년

16 ● 예수께서 길을 가실 때 어떤 사람이 주께 찾아와 꿇어 앉아 물었다. "선한 선생님이여, 내가 무슨 선한 일을 해야 영원한 생명을 얻을 수 있습니까?"

17 예수께서 말씀하셨다. "왜 선한 일을 나에게 묻느냐? 어찌하여 나를 선하다고 하느냐? 선한 이는 오직 하나님 한 분이시다. 네가 영원한 생명에 들어가려면 계명들을 지켜라."

18 그가 물었다. "어떤 계명입니까?" 예수께서 말씀하셨다. "네가 알고 있는 계명처럼 살인하지 말라, 간음하지 말라, 도둑질하지 말라, 거짓 증거하지 말라,

19 네 부모를 공경하라, 이웃을 네 자신과 같이 사랑하라고 하신 것이다."

20 그 청년이 대답했다. "나는 어려서부터 이 모든 계명을 지켰습니다. 아직도 나에게 부족한 것이 있습니까?"

21 예수께서 그를 사랑하는 까닭에 말씀하셨다. "그러나 네가 한 가지 부족한 것이 있다. 그러므로 네가 더욱 온전하기를 원하면 가서 네 소유를 모두 팔아 가난한 자들에게 주라. 그러면 하늘에서 네 보화가 있을 것이다. 그리고 나서 나를 따르라."

22 그러나 그 청년은 재물이 많기 때문에 그 말씀으로 인해 슬픈 기색을

1) 막 10:13~16, 눅 18:15~16

띠고 근심하며 예수를 떠나갔다.

재물과 구원

23 ● 청년이 떠난 후 예수께서 제자들을 둘러보시고 말씀하셨다. "재물이 많은 자는 하나님 나라에 들어가기가 심히 어렵다."

24 제자들이 그 말씀에 놀라자 예수께서 다시 말씀하셨다. "낙타가 쪽문으로 들어가는 것이 부자가 하나님의 나라에 들어가는 것보다 쉽다."

25 제자들이 그 말을 듣고 몹시 놀라 말했다. "그러면 누가 구원을 얻을 수 있겠습니까?"

26 예수께서 그들을 보고 말씀하셨다. "사람은 할 수 없지만 하나님은 어떤 것이든 다 하실 수 있다."

27 이에 베드로가 예수께 물었다. "주여, 우리가 모든 것을 버리고 주를 따랐습니다. 그렇다면 우리가 무엇을 얻을 수 있습니까?"

28 예수께서 말씀하셨다. "내가 참으로 너희에게 말한다. 새로운 세상이 되어 인자 된 내가 영광의 보좌에 앉을 때 나를 따르는 너희도 12

29 또 내 이름과 복음을 위해 집이나 형제와 자매나 부모와 자식을 희생하고 자기의 토지를 버린 자마다 이 세상에서 토지를 여러 배 받되 박해를 겸하여 받으며, 내세에도 영원한 생명을 상속받을 것이다.

30 그러나 먼저 된 자로서 나중이 되고, 나중 된 자로서 먼저 될 자가 많다."

포도밭 일꾼의 비유

20 ●예수께서 또다시 비유로 말씀하셨다. "하나님 나라는 마치 일꾼을 얻어 포도밭에 들여보내려고 이른 아침에 나간 집주인과 같다.

2 주인이 하루 품삯으로 은전 1데나리온씩 일꾼들과 약속하고 포도밭에 들어가 일하도록 했다.

3 또 오전 9시인 삼시에 나가 시장터에서 놀고 있는 사람들을 보고

4 그들에게도 말했다. '포도밭에 들어가서 일하면 내가 너희에게 상당한 품삯을 주겠다.' 그러자 그들도 포도밭에 들어가서 일했다.

5 오전 12시와 오후 3시인 육시와 구시와

6 오후 5시인 십일시에도 나가 말했다. '너희는 왜 온종일 여기서 놀고 있느냐?'

7 그들이 말하기를 '우리를 일꾼으로 쓰는 사람이 없습니다'라고 하자 주인이 말했다. '너희도 포도밭에 들어가서 일하라.'

8 날이 저물자 포도밭 주인이 관리인인 청지기에게 일꾼들을 불러 맨 나중에 온 자에서 시작하여 가장 먼저 온 자까지 품삯을 지불하

?! 난제 하나님 나라와 천국(마 20:1)

하나님 나라와 천국이라는 말은 같은 뜻인가? 성경에서 하나님 나라는 세상에서의 하나님의 능동적인 통치를 말한다. 하나님 나라와 천국이라는 두 표현은 동일한 개념임에도 불구하고 복음서에는 다르게 사용하고 있다. 경건한 유대인에게는 하나님이라는 말이 너무 신성한 것이기 때문에 가볍게 사용할 수 없었다. 그래서 유대인을 위해 쓴 마태는 하나님 나라라는 말 대신에 천국이라는 말로 썼으나, 마가와 누가는 비유대인들의 이해를 쉽게 하기 위해 하나님 나라라는 용어를 사용하였다. 천국이나 하나님 나라는 예수 자신의 가르침에 나오는 중요한 주제였다. 그리고 예수께서는 천국은 품꾼을 얻어 포도원에 들여 보내려고 이른 아침에 나간 집주인과 같다고 말씀하셨다.

라고 지시했다.

9 오후 5시인 십일시에 온 자들이 와서 가장 먼저 은전 1데나리온씩을 받았다.

10 이를 본 가장 일찍 온 일꾼들이 그보다 더 많이 받을 줄 생각했으나 그들도 은전 1데나리온씩 받았다.

11 가장 일찍 온 일꾼이 품삯을 받은 후 포도밭 주인을 원망하며 말했다.

12 '맨 나중에 온 사람들은 한 시간밖에 일하지 않았는데 그들은 온종일 수고하며 더위를 견딘 우리와 같은 품삯을 받았습니다.'

13 주인이 그중 한 사람에게 대답했다. '친구여, 나는 너에게 잘못한 것이 없다. 나는 너와 하루에 은전 1데나리온의 품삯을 약속하지 않았느냐?

14 그러므로 약속한 네 품삯이나 가지고 가라. 나중에 와서 일한 이 사람에게도 너와 같은 품삯을 주는 것은 내 마음이다.

15 내 것을 가지고 내 마음대로 할 수 있지 않느냐? 내가 선하므로 네가 나를 악하게 보지 마라.'

16 이같이 나중 된 자로서 먼저 되고, 먼저 된 자로서 나중 되기도 한다."

세 번째로 죽음과 부활을 예고하심[1]

17 ● 하루는 예수께서 12명의 제자를 따로 데리고 예루살렘으로 올라가시는 길에 자신이 당할 일을 말씀하셨다.

18 "보라, 우리가 예루살렘으로 올라가는데 이제 선지자들을 통해 나에 대해 기록된 모든 것이 이루어질 것이다. 곧 내가 대제사장들과 율법교사인 서기관들에게 넘겨져 그들이 나를 죽이기로 결의하고

19 이방인들에게 넘길 것이다. 그리고 그들은 나를 능욕하고, 침 뱉으며, 채찍질하며, 십자가에 못 박게 하여 죽이지만 나는 3일 만에 살아날 것이다."

야고보와 요한 어머니의 요구[2]

20 ● 그때 세베대의 아들들의 어머니, 곧 예수의 이모인 살로메가 두 아들인 야고보와 요한을 데리고 예수께 와서 절하며 구했다.

21 그때 예수께서 그녀에게 말씀하셨다. "너희에게 무엇을 해주기를 원하느냐?" 그녀가 대답했다. "주의 영광의 날이 왔을 때 내 두 아들을 주의 나라에서 하나는 주의 우편에, 하나는 주의 좌편에 앉게 해주십시오."

22 이에 예수께서 대답하셨다. "너희는 너희가 무엇을 구해야 할지 모른다. 내가 마시려는 고난의 잔을 너희가 마실 수 있으며, 내가 받는 세례를 너희가 받을 수 있겠느냐?" 그들이 말했다. "할 수 있습니다."

23 예수께서 말씀하셨다. "너희가 과연 내 고난의 잔을 마시며, 내가 받는 세례는 받을 수 있지만 내 좌우편에 앉는 것은 내가 주는 것이 아니라 내 아버지께서 주시려고 준비한 자들이 얻을 것이다."

24 10명의 나머지 제자가 그들이 예수께 구하는 말을 듣고 야고보와 요한 두 형제에 대해 몹시 화가 났다.

25 예수께서 제자들을 불러 말씀하셨다. "이방인의 통치자들이 사람들을 마음대로 부리고 고위층들이 다른 사람들에게 권력을 행사하려는 줄을 너희가 알고 있다. 그러나

26 너희는 그렇게 하지 않아야 한다. 너희 중에 누구든지 큰 자가 되기를 원하면 오히려 섬기는 자가 되어야 하고,

1) 막 10:32-34, 눅 18:31-33　2) 막 10:35-45

27 너희 가운데 누구든지 최고가 되기를 원하면 오히려 너희의 종이 되어야 한다.

28 인자 된 내가 이 세상에 온 것은 섬김을 받기 위해서가 아니라 오히려 섬기고 내 목숨을 많은 사람의 대속물로 주기 위해서이다."

눈먼 자 2명을 보게 하심[1]

29 ● 예수 일행이 여리고에서 떠나갈 때에 많은 무리가 예수를 따랐다.

30 그때 디매오의 아들인 눈먼 거지 바디매오와 다른 눈먼 자 두 사람이 길가에 앉아 구걸하다가 그들이 "나사렛 예수께서 지나가신다"라고 하는 말을 듣고 큰 소리로 외쳤다. "주여, 우리를 불쌍히 여겨 주십시오, 다윗의 자손 예수여."

31 이에 앞서 가던 많은 무리가 그들에게 조용히 하라고 꾸짖자 더욱 소리를 높여 "다윗의 자손이여, 우리를 불쌍히 여겨 주십시오"라고 부르짖었다.

32 그 소리를 들은 예수께서 가시던 길을 멈추고 서서 눈먼 자들을 데려오라고 하시고 그 눈먼 자들을 부르며 말했다. "내가 너희에게 무엇을 해주기를 원하느냐?"

33 그들이 말하되 "주여, 우리의 눈이 떠져 보기를 원합니다."

34 예수께서 그들을 불쌍히 여겨 그들의 눈을 만지며 말씀하셨다. "가라, 네 믿음이 너를 구원했다." 그러자 그들이 즉시 보게 되어 길에서 예수를 따랐다. 무리가 눈먼 자가 보게 된 것을 보고 하나님을 찬양했다.

예수의 예루살렘 입성[2]

21 ● 그들이 예루살렘에 가까이 가서 올리브산이라 불리는 산기슭에 있는 베다니 근처의 벳바게에 이르렀을 때 예수께서 두 제자를 보내며

2 말씀하셨다. "너희가 맞은편 마을로 가면 매여 있는 나귀와 아직 어떤 사람도 타 보지 않은 나귀 새끼가 있는 것을 보리니 그 나귀를 풀어 나에게로 끌고 오라.

3 만일 누가 왜 나귀를 푸느냐고 물으면 '주께서 쓰시겠다'라고 말하라. 그러면 바로 보내 줄 것이다."

4 이는 선지자를 통해 하신 말씀을 이루기 위함이다.

5 그곳에 이렇게 기록되었다. "시온의 딸에게 말하기를 두려워하지 말라. 보라, 네 왕이 너에게 임할 것이니 그는 겸손하여 멍에 메는 짐승의 새끼를 탔다고 하라."

6 이에 제자들이 가서 예수께서 명령하신 대로

7 나귀와 나귀 새끼를 끌고 와서 자기들의 겉옷을 그 위에 얹었고, 예수께서는 그 위에 타시고 예루살렘성으로 향하셨다.

8 이에 많은 무리가 그들의 겉옷을 길에 깔고, 또 다른 이들은 들에서 자른 나뭇가지를 길에 펴고, 또 종려나무 가지를 가지고

9 예수님 앞에서 가고 뒤에서 따르며 "호산나 우리의 조상 다윗의 자손이여, 찬양하라. 주의 이름으로 오시는 이, 곧 이스라엘의 왕이시여, 가장 높은 곳에서 호산나"라고 외쳤다.

성전을 두 번째로 정결케 하심

10 ● 예수께서 예루살렘성에 들어가시자 온 군중이 "이 사람은 도대체 누구냐?"라고 하며 소란스러웠다.

11 함께한 무리가 말했다. "갈릴리 나사렛 출신의 선지자 예수이다."

1) 막 10:46~52, 눅 18:35~43 2) 막 11:1~10, 눅 19:28~36, 요 12:12~14

12 예수께서 예루살렘 성전에 들어가사 성전 안에서 물건을 사고파는 모든 사람을 내쫓으시며, 환전상들의 상과 비둘기 파는 사람들의 의자를 둘러 엎으셨다.

13 그리고 그들에게 말씀하셨다. "성경에 기록된 대로 '내 집은 기도하는 집이라'고 칭함을 받으리라고 했는데, 너희는 오히려 강도의 소굴로 만들었다."

14 눈먼 자와 다리를 저는 자들이 성전에서 예수께 나오자 예수께서 그들을 고쳐 주셨다.

15 한편 대제사장들과 율법교사인 서기관들은 예수께서 행하시는 이상한 일과 또 성전에서 "호산나 다윗의 자손이여"하며 소리 지르는 어린 아이들을 보고 화가 나서

16 예수께 말했다. "너는 어린 아이들이 소리치는 말을 들었느냐?" 예수께서 대답하셨다. "그렇다. '어린 아이와 젖먹이들의 입에서 나오는 찬양을 온전하게 하셨다'라고 하는 말을 읽어 본 일이 없느냐?"

무화과나무를 저주하심[1]

17 ● 예수께서 예루살렘을 떠나 성 밖 동쪽으로 4.5km 떨어진 베다니에 가서 머무셨다.

18 이튿날 이른 아침에 예수와 그 일행이 베다니에서 나와 다시 예루살렘성으로 들어온 때 예수께서는 허기진 가운데 계셨다.

19 그래서 길가에서 멀리 있는 한 무화과나무를 보시고 혹시 그 나무에 열매가 있는가 하여 그곳으로 가셨지만 잎사귀밖에 없었다. 이에 예수께서 나무에게 말하기를 "이제부터 영원토록 네가 열매를 맺지 못할 것이다"라고 하시니 제자들이 그 말을 들었고, 무화과나무는 곧 말라 버렸다.

마른 무화과나무에 대한 질문[2]

20 ● 제자들이 아침에 예수와 함께 예루살렘성으로 들어갈 때 무화과나무가 뿌리까지 마른 것을 보고 이상히 여겼다. 이에 베드로가 예수께서 무화과나무를 저주한 말이 생각나서 예수께 물었다. "저주하신 무화과나무가 왜 말랐습니까?"

21 예수께서 대답하셨다. "하나님을 믿으라. 내가 참으로 너희에게 말하노니 만일 너희가 믿음이 있고 의심하지 않으면 이 무화과나무에게 일어난 이런 일뿐 아니라 이 산더러 들려 바다에 던져지라고 해도 그대로 될 것이다.

22 너희가 기도하고 믿고 구하는 것은 받은 줄로 믿으라. 그러면 다 받을 것이다.

예수께서 권위로 말씀하심

23 ● 예수와 그 제자들이 다시 예루살렘성으로 가사 성전에 들어가 가르치시며 복음을 전할 때 대제사장들과 율법교사들이 백성의 장로들과 함께 나아와 물었다. "네가 무슨 권한으로 이런 일을 하느냐? 또 누가 이런 일을 할 권한을 주었느냐?"

24 예수께서 그들에게 대답하셨다. "나도 한 말을 너희에게 물을 것이니 너희가 대답하면 나도 무슨 권한으로 이런 일을 하는지 대답할 것이다.

25 세례자 요한의 세례가 어디서 왔느냐? 하늘이냐, 사람이냐?" 이에 그들이 서로 의논했다. 만일 하늘에서 왔다고 하면 왜 그를 믿지 않았느냐고 할 것이며,

26 만일 사람에게서 왔다고 하면 모든

---

1) 막 11:11-14　2) 막 11:20-24

사람이 세례자 요한을 선지자로 여기기 때문에 백성이 자기들을 돌로 칠까 두려워하기에

27 예수께 "우리가 알지 못한다"라고 대답했다. 이에 예수께서 말씀하셨다. "나도 무슨 권한으로 이런 일을 하는지 너희에게 대답하지 않겠다."

두 아들의 비유

28 ● 예수께서 그들에게 말했다. "너희는 어떻게 생각하느냐? 어떤 사람에게 두 아들이 있었다. 하루는 맏아들에게 말했다. '오늘 포도밭에 가서 일하라.'

29 그가 '아버지, 싫습니다'라고 대답했지만 나중에는 뉘우치고 갔다.

30 둘째 아들에게도 그와 같이 말했다. 그러나 둘째 아들은 가겠습니다. 그후 마음을 돌이켜 일하러 가지 않았다.

31 둘 중에 누가 아버지의 뜻대로 행했느냐?" 그들이 대답했다. "맏아들입니다." 예수께서 말씀하셨다. "내가 참으로 너희에게 말하노니 세리들과 창녀들이 너희보다 먼저 하나님의 나라에 들어갈 것이다.

32 세례자 요한이 옳은 길로 너희에게 왔지만 너희는 그를 믿지 않았다. 그러나 세리와 창녀는 믿었으며, 너희는 그것을 보고도 끝까지 뉘우치지 않고 믿지 않았다."

포도밭 농부의 비유

33 ● 예수께서 또 다른 비유로 백성들에게 말씀하셨다. "어떤 집주인이 포도밭을 만들었다. 포도밭을 산울타리로 두르고, 그곳에 포도즙을 짜는 틀을 만들고, 망대를 세운 후 농부들에게 빌려주고 오랫동안 다른 나라로 가서 있었다.

34 세월이 지나 열매를 거둘 때가 되

자 그 소출, 곧 열매의 얼마를 받기 위해 세를 준 농부들에게 자기 종들을 보냈다.

35 그러나 농부들이 주인이 보낸 종들을 잡아 하나는 심하게 때리고, 하나는 죽이고, 하나는 돌로 쳤다.

36 주인이 다시 다른 종들을 처음보다 더 많이 보냈으나 농부들은 주인이 보낸 종들에게도 이전 종들처럼 했다.

37 그러자 마지막으로 한 사람 남은 사랑하는 자기 아들을 보내며 말하기를 '그들이 내 아들은 잘 대해 줄 것이다'라고 생각했다.

38 그러나 농부들이 그 아들을 보고 서로 말했다. '이는 상속자니 그를 죽이고 그의 유산을 우리가 차지하자.'

39 그리고는 주인의 아들을 잡아 포도밭 밖으로 내쫓은 후 죽였다.

40 그러면 포도밭 주인이 돌아와 그 농부들을 어떻게 하겠느냐?"

41 그들이 예수께 대답했다. "그 악한 자들을 진멸하고 포도밭은 수확 때 열매를 바칠 만한 다른 농부들에게 세로 줄 것입니다."

42 예수께서 말씀하셨다. "너희가 성경에서 '건축업자들이 버린 돌이 모퉁이의 머릿돌이 되었으니 이것은 주께로 인해 된 것이며, 우리 눈에 놀라운 것이다'라고 하는 것을 읽어본 적이 없느냐?

43 그러므로 내가 너희에게 말한다. 너희들은 하나님 나라를 빼앗기고 대신에 그 나라의 열매 맺는 백성이 받을 것이다.

44 이 돌 위에 떨어지는 자는 깨질 것

개역개정과 일부 고대사본에는　1) 가겠습니다　2) 싫지 않았다　3) 싫소이다　4) 뉘우치고 갔다　5) 막 12:1-12, 눅 20:9-19

이며, 이 돌이 사람 위에 떨어지면 그를 가루로 만들어 흩을 것이다."

45 예수의 비유를 들은 대제사장들과 바리새인들과 율법교사들은 그 말이 자기들을 가리켜 한 말인 줄 알고

46 예수를 잡으려고 했으나 무리가 예수를 선지자로 알고 있었기 때문에 무리를 두려워하여 예수를 잡지 못하고 떠나갔다.

혼인 잔치의 비유

22 ● 예수께서 다시 비유로 말씀하셨다.

2 "하나님 나라는 마치 자기 아들을 위해 혼인 잔치를 베푼 어떤 왕과 같다.

3 왕이 그 종들을 보내 초청한 사람들을 혼인 잔치에 오라고 했으나 그들은 거절했다.

4 그래서 다시 다른 종들을 보내며 '내가 잔치를 준비했다. 내 소와 살진 짐승을 잡고 모든 것을 갖추었으니 혼인 잔치에 오소서 하'고 말했다.

5 그러나 그들 중 한 사람은 자기 밭으로, 또 다른 한 사람은 자기 사업을 하러 갔다.

6 나머지 남은 자들은 종들을 잡아 모욕하고 죽이기까지 했다.

7 이에 왕이 진노하여 군대를 보내 그 살인한 자들을 진멸하고 그 마을을 불살랐다.

8 그리고 종들에게 혼인 잔치가 준비되었으나 초청한 사람들은 합당하지 않으니

9 사거리 길에 나가 만나는 사람마다 혼인 잔치에 초청해 데려오도록 시켰다.

10 이에 종들이 길에 나가 악한 자든, 선한 자든 만나는 대로 모두 데려오니 혼인 잔치에 손님이 가득했다.

11 왕이 손님들을 보기 위해 잔치 자리로 들어와서 그곳에 혼인 예복을 입지 않은 한 사람을 보고

12 말했다. '친구여, 왜 예복을 입지 않고 여기로 들어왔느냐?' 그러나 그가 아무 말도 하지 못했다.

13 이에 왕이 신하¹⁾들에게 명령했다. '그의 손발을 묶어 바깥 어둔 곳에 던져 버리라. 그곳에서 슬피 울면서 이를 갈게 될 것이다.'

14 초청을 받은 사람은 많지만 선택함을 입은 사람은 적다."

가이사에게 바치는 세금 문제²⁾

15 ● 바리새인들이 예수를 빌라도 총독이 다스리는 권한 아래에 넘기기 위해 몰래 예수를 염탐하도록 사람을 보냈다. 그리고 어떻게 하면 예수의 말에 트집을 잡아 올무에 걸리게 할까 상의한 후

16 자기 수하³⁾들을 헤롯 당원들과 함께 예수께로 보냈다. 그들이 예수께 와서 말했다. "선생님, 우리는 당신이 진실되고, 진리로 하나님의 말씀을 가르치며, 아무에게도 치우치는 일이 없는 것을 알고 있습니다. 이는 사람을 겉모습으로 보지 않기 때문인 것을 알고 있습니다.

17 그러니 당신의 생각은 어떤 것인지 우리에게 알려주십시오. 가이사에게 세금을 바치는 것이 옳습니까, 옳지 않습니까?"

18 예수께서는 그들이 악한 생각을 가지고 질문하는 것을 아시고 이렇게 말씀하셨다. "위선자들아, 왜 나를 함정에 빠뜨리려고 시험하느냐?

19 세금을 내는 돈을 나에게 보이라."

1) 사환 2) 막 12:13-17, 눅 20:20-26 3) 제자

이에 그들이 은전 데나리온 1개를 가져오자

20 예수께서 말씀하셨다. "이 동전에 있는 형상과 글자가 누구의 것이냐?"

21 그들이 대답했다. "가이사의 것입니다." 이에 예수께서 말씀하셨다. "그렇다면 가이사의 것은 가이사에게 바치라. 그리고 하나님의 것은 하나님께 바치라."

22 그들이 이 말씀을 듣고 백성들 앞에서 그 말을 트집 잡지 못하고 놀랍게 여기며 예수를 떠나갔다.

부활에 대한 논쟁1)

23 ● 이날 부활이 없다고 믿는 사두개인들 중 어떤 이들이 예수께 와서 물었다.

24 "선생님, 모세가 말하기를 '어떤 사람의 형이 자식 없이 아내를 두고 죽으면 그 동생이 형의 아내되었던 여자에게 장가들어 형을 위해 상속자를 세울 것이라'고 했습니다.

25 우리 중에 7명의 형제가 있었는데 맏형이 장가들었다가 죽어 상속자가 없어 그 아내를 둘째 동생에게 물려주었습니다.

26 그러나 둘째도 상속자 없이 죽어 셋째에서 일곱째까지 그렇게 하다가

27 마지막에 그 여자도 죽었습니다.

28 그렇다면 그 7명의 형제가 모두 그 여자를 아내로 취했는데 그 여자는 부활 때 7명 가운데 누구의 아내가 됩니까?"

29 예수께서 대답하셨다. "너희가 성경과 하나님의 능력을 알지 못하기 때문에 크게 오해했다.

30 이 세상의 자녀들은 장가도 가고 시집도 가지만 저 세상과 죽은 자 가운데서 부활한 자들은 장가나 시집도 가지 않고 하늘에 있는 천사들과 같다. 그들은 다시 죽을 수도 없다.

31 이는 천사와 동등하고 부활의 자녀인 동시에 하나님의 자녀이기 때문이다. 죽은 자의 부활에 대해서는 너희가 모세의 책 중 가시나무 떨기에 대한 글에서 하나님께서 너희에게 말씀하신 바

32 '나는 아브라함과 이삭과 야곱의 하나님이다'라고 호칭하신 것을 읽어 보지 못했느냐? 하나님은 죽은 자의 하나님이 아니라 살아있는 자의 하나님이시다.

33 하나님 안에서는 모든 사람이 살아있다." 이 말씀을 들은 무리는 예수의 가르치심에 놀랐다.

가장 큰 계명

34 ● 바리새인들이 예수께서 사두개인들을 할 말이 없게 만들었다는 소식을 듣고 한곳에 모였다.

35 그중 한 율법사가 예수를 시험하기 위해 물었다.

36 "선생님, 율법 가운데 가장 큰 계명이 무엇입니까?"

37 예수께서 대답하셨다. "이스라엘아, 들으라. 우리 하나님은 유일한 주이시다. '네 마음과 목숨과 뜻과 힘을 다하여 주 너의 하나님을 사랑하라'는 것이다.

38 이것이 가장 크고 첫째 되는 계명이며,

데나리온(마 22:19)

데나리온(denarius)은 로마의 화폐 단위로 예수 당시 널리 사용된 은화이다. 이 은화에는 BC 4년부터 AD 100년경까지 신약 시대에 로마를 다스렸던 12명의 로마 황제의 초상이 새겨져 있다. 특별한 경우 금으로도 제조되었다. 한 데나리온은 노동자 하루 품삯에 해당된다(마 20:2).

1) 막 12:18~27, 눅 20:27~40

39 두 번째의 계명은 '네 이웃을 네 자신같이 사랑하라'는 것이다. 이보다 더 큰 계명은 없다.

40 모든 율법과 선지자의 말씀이 바로 이 두 계명에서 나온 것이다."

그리스도와 다윗의 관계[1]

41 ● 바리새인들이 모여있을 때 예수께서 그들에게 물었다.

42 "너희는 그리스도에 대해 어떻게 생각하느냐? 그는 누구의 자손이냐?" 그들이 대답했다. "다윗의 자손입니다."

43 그러자 예수께서 말씀하셨다. "어찌하여 서기관들은 그리스도를 다윗의 자손이라고 하느냐? 그러면 그리스도보다 먼저 태어난 다윗이 성령에 감동되어 왜 그리스도를 주라고 호칭하여 말하기를

44 '여호와[2]께서 내 주께 말하기를 내가 네 원수를 네 발아래에 둘 때까지 내 오른편에 앉아 있으라 하셨도다'라고 했느냐?

45 다윗도 그리스도를 주라고 불렀는데 어떻게 그리스도가 다윗의 자손이 될 수 있겠느냐'라고 하니

46 많은 사람이 그 말을 기쁘게 받아들였다. 그리고 아무도 예수께 능히 대답하는 자가 없었고, 그날부터는 감히 예수께 묻는 자도 없었다.

율법교사와 바리새인에 대한 경계

23 ● 이에 예수께서 무리와 제자들에게 말씀하셨다.

2 "율법교사인 서기관들과 바리새인들은 모세의 자리에 앉았다.

3 그러므로 무엇이든지 그들이 말하는 것은 행하되 그들의 행동은 본받지 말라. 그들은 말만 하고 실천하지 않는 자들이기 때문이다.

4 또 무거운 짐을 묶어 사람의 어깨에 지우고 막상 자기는 그 짐을 지기 위해 한 손가락도 움직이려고 하지 않는다.

5 그들은 자신들의 모든 행위를 사람들에게 보이기 위해 율법이 기록된 것을 넣은 작은 상자를 묶는 경문 띠를 넓게 하고, 신앙심을 표시하기 위해 흰색과 청색 실로 짜서 옷단에 부착한 옷술을 길게 하며,

6 잔치의 상석과 회당의 높은 자리와

7 시장에서 사람들로부터 문안 인사를 받는 것과 사람들에게 선생이라 불리는 것을 좋아한다.

8 그러나 너희는 선생이라 불리는 것을 좋아하지 말라. 너희의 선생은 하나며, 너희는 모두 한 형제이다.

9 그리고 세상에서 그 누구에게도 아버지라고 부르지 말라. 너희의 아버지는 하늘에 계신 하나님 한 분뿐이시다.

10 또한 지도자라고도 칭함을 받지 말라. 너희의 지도자는 그리스도 한 분뿐이시다.

11 너희 가운데 큰 자는 너희를 섬기는 자가 되어야 할 것이다.

12 누구든지 자기를 높이려고 하면 낮아지며, 자기를 낮추는 자는 높아질 것이다."

13 "너희 위선하는 율법교사인 서기관과 바리새인들아, 너희에게 화가 있을 것이다. 너희는 지식의 열쇠를 가로채어 하나님 나라의 문을 사람들 앞에서 닫고 너희도 들어가지 않고 들어가려고 하는 자도 막았다.

14 (없음)

15 너희는 개종자, 교인 한 사람을 얻기 위해 바다와 육지를 두루 다니다가 그들을 찾으면 너희보다 배나 더한 지옥 자식으로 만든다.

1) 막 12:35-37, 눅 20:41-44 2) 주

16 눈먼 인도자여, 너희에게 화가 있을 것이다. 너희는 '누구든지 성전으로 맹세하면 아무 일도 없지만 성전의 금으로 맹세하면 지켜야 한다'라고 말한다.

17 어리석은 눈먼 자들이여, 어느 것이 더 크냐? 금이냐, 그 금을 거룩하게 하는 성전이냐?

18 너희가 또 말한다. '누구든지 제단으로 맹세하면 아무 일도 없지만 그 위에 있는 제물로 맹세하면 지켜야 한다.'

19 눈먼 자들이여, 어느 것이 더 크냐? 제물이냐, 그 제물을 거룩하게 하는 제단이냐?

20 그러므로 제단으로 맹세하는 자는 동시에 제단과 그 위에 있는 모든 예물로 맹세하는 것이다.

21 또 성전으로 맹세하는 자는 동시에 성전과 그 안에 계신 분으로 맹세하는 것이다.

22 하늘에 맹세하는 자는 하나님의 보좌와 그 위에 앉으신 자에게 맹세하는 것이다."

바리새인과 율법교사의 위선[1]

23 ● 위선하는 바리새인들과 율법교사인 서기관들이여, 너희에게 화가 있을 것이다. 너희가 박하와 운향, 곧 회향과 모든 채소까지도 십일조로 드리지만 율법에서 말하는 더 중요한 공의와 긍휼과 믿음과 하나님께 대한 사랑은 버리고 있다. 그러나 십일조도 행하고 사랑도 있어야 할 것이다.

24 눈먼 자 된 인도자여, 하루살이는 걸러내도 낙타는 삼켜 버린다.

25 이에 예수께서 말씀하셨다. "위선하는 너희 율법교사인 서기관들과 바리새인들이여, 너희의 잔과 대접의 겉은 깨끗이 하지만 너희 속에는 탐욕과 악독이 가득하다.

26 눈먼 바리새인들아, 속에 있는 것으로 먼저 안을 깨끗하게 하라. 그러면 너희의 겉도 깨끗하게 될 것이다.

27 이에 예수께서 말씀하셨다. "위선하는 너희 율법교사인 서기관들과 바리새인들이여, 화가 있을 것이다. 너희는 무덤에 회를 칠한 것과 같다. 겉으로는 아름답게 보이지만 그 안에는 죽은 사람의 뼈와 모든 더러운 것이 가득하다.

28 이와 같이 너희도 겉으로는 사람에게 옳게 보이지만 속에는 위선과 불법으로 가득차 있다.

29 위선하는 율법교사인 서기관들과 바리새인들은 화가 있을 것이다. 너희는 선지자들의 무덤을 만들고 의인들의 비석을 꾸미며 말한다.

30 '만일 우리가 조상 때 있었다면 우리는 그들이 선지자를 죽여 피를 흘리는 데 참여하지 않았을 것이다.'

31 그렇게 말하는 것은 너희 스스로가 선지자를 죽인 자의 자손임을 인정하는 것이다. 선지자들을 죽인 자도 너희 조상이었다.

32 그러니 너희는 그들의 악한 일을 마저 채우라.

33 뱀들아, 독사의 자식들아, 너희가 어떻게 지옥의 심판을 피할 수 있겠느냐?

34 그러므로 지혜로운 하나님께서 말씀하셨다. '내가 선지자와 사도들과 율법교사인 서기관들을 그들에게 보내리니 그중에 더러는 죽이거나 십자가에 못 박고, 더러는 너희 회당에서 채찍질하고, 이 마을에서 저 마을로 쫓아다니며 박해할 것이다.'

1) 눅 11:39-51

35 곧 의인인 아벨의 피에서 제단과 성전 사이에서 죽임을 당한 바라갸의 아들 사가랴의 피까지 땅 위에서 흘린 의로운 피가 모두 너희에게 되돌아갈 것이다.

36 내가 참으로 너희에게 말하노니 반드시 이 세대가 책임을 질 것이다."

예루살렘성의 멸망 예고와 탄식1)

37 ● 또 예수께서 탄식하셨다. "예루살렘아, 예루살렘아, 선지자들을 죽이고 너에게 보냄 받은 자들을 돌로 치는 자여, 암탉이 자기 새끼를 날개 아래에 모으려고 한 것처럼 내가 몇 번이나 너희 자녀를 모으려고 했느냐? 그러나 너희가 거절했다.

38 그러므로 이제 너희 집이 황폐하여 버려지게 될 것이다."

39 내가 너희에게 말한다. "이제부터 너희는 찬양하라. '주의 이름으로 오시는 자여'라고 할 때까지 나를 보지 못할 것이다."

성전이 무너질 것을 말씀하심2)

24 ● 예수께서 성전에서 나가실 때 제자들 중 한명이 예수께 아름다운 돌과 헌물로 꾸며진 성전 건물들을 가리키며 말했다. "선생님, 보십시오. 이 돌들과 건물들이 얼마나 아름답고 웅장합니까?"

2 그러자 예수께서 말씀하셨다. "너희가 이 큰 건물들을 보느냐? 내가 참으로 너희에게 말한다. 너희가 보는 이것들이 그날이 오면 돌 하나도 돌 위에 남지 않을 정도로 모두 무너질 것이다."

3 예수께서 올리브산에서 맞은편 기드론 골짜기 너머에 있는 성전을 바라보고 앉으셨을 때 제자들, 곧 베드로와 야고보와 요한과 안드레가 조용히 물었다. "어느 때 이런 일이 있겠습니까? 또 주께서 임재하시고 세상의 끝에는 무슨 징조가 있는지 우리에게 알려주십시오."

재난의 징조3)

4 ● 예수께서 말씀하셨다. "너희가 사람의 유혹을 받지 않도록 조심하라.

5 많은 사람이 내 이름을 빙자하여 말하기를 '나는 그리스도라'고 하며 많은 사람을 유혹할 것이다.

6 사방에서 난리의 소문을 들을 것이나 너희는 조심하여 두려워하지 말라. 이런 일이 먼저 있어야 되지만 아직 끝은 아니다.

7 민족 간과 나라 간에 서로 대적하며, 각처에서 기근과 큰 지진과 전염병이 있을 것이다. 또 두려운 일과 하늘에서 큰 징조들이 있을 것이다.

8 이 모든 것은 재난의 시작이다.

9 너희는 스스로 조심하라. 이 모든 일이 일어나기 전 내 이름으로 인해 사람들이 너희를 환난에 넘겨주고 죽일 것이다. 또 너희가 내 이름 때문에 모든 민족에게 미움을 받을 것이다.

10 그때 많은 사람이 실족하게 되어 서로 잡아주고 미워할 것이다.

11 그때는 거짓 선지자가 많이 일어나 많은 사람을 유혹하며,

12 불법이 성행하여 많은 사람의 사랑이 식을 것이다.

13 그러나 끝까지 견디는 자는 구원을 얻을 것이다.

14 이 하나님 나라의 복음이 모든 민족에게 증거되기 위해 온 세상에 전파되리니 그때 세상 끝이 올 것이다.

---

1) 눅 13:34-35   2) 막 13:1-4, 눅 19:44상, 21:5-7   3) 막 13:5-23, 눅 21:8-23

15 그러므로 너희가 다니엘 선지자가 말한 대로 멸망하게 하는 가증스러운 것이 거룩한 곳에 세워진 것을 보면 깨달으라.

16 그때 유대 지역에 있는 자들은 산으로 도망하고, 성 안에 있는 자들은 성 밖으로 나가며, 마을에 있는 자들은 성 안으로 들어가지 말라.

17 지붕 위에 있는 자는 집 안에 있는 물건을 가지러 내려가지 말며,

18 밭에 있는 자는 겉옷을 가지러 되돌아가지 말라.

19 따라서 그날에는 아이 밴 자들과 젖 먹이는 자들에게 화가 있을 것이다. 이는 땅에 큰 환난과 이 백성에게 진노가 있기 때문이다.

20 너희는 그때 도망하는 일이 겨울이나 안식일이 되지 않도록 기도하라.

21 이는 그날들이 큰 환난의 날이 되기 때문이다. 하나님께서 세상을 창조한 때로부터 지금까지 이런 환난이 없었고 후에도 없을 것이다.

22 만일 하나님께서 그날들을 짧게 하지 않았으면 모든 육체가 구원을 얻지 못할 것이다. 그러나 하나님께서는 자기가 선택한 자들을 위해 그날들을 감하실 것이다.

23 그때 어떤 사람이 너희에게 말하기를 '보라, 그리스도가 여기 있다. 저기 있다'고 해도 그 말을 믿지 말라.

24 거짓 그리스도들과 거짓 선지자들이 일어나 큰 이적과 기적을 보이면서 할 수만 있으면 하나님께서 선택하신 자들까지도 미혹할 것이다.

25 그러므로 너희는 조심하라. 보라, 내가 너희에게 미리 말했다."

26 또 너희에게 '보라, 그리스도가 광야에 있다'라고 해도 나가지 말고, '골방에 있다'라고 말해도 믿지 말라.

하나님 나라가 임함[1]

27 ● 번개가 하늘 아래 동쪽에서 일어나 서쪽까지 번쩍이는 것처럼 인자도 자기의 날에 그와 같을 것이다.

28 이에 그들이 물었다. "주여, 어디서 그런 일이 일어나겠습니까?" 예수께서 말씀하셨다. "사체가 있는 곳에는 독수리가 모인다.

29 마지막 날 환난 후에 바로 태양이 어두워지고, 달이 빛을 잃으며, 별들은 하늘에서 떨어지고, 하늘의 권세가 흔들릴 것이다.

30 바로 그때 재림[2]의 징조가 하늘에 나타나며, 세상의 모든 족속이 통곡하며, 그들은 인자 된 내가 구름을 타고 큰 권능과 영광 가운데 오는 것을 볼 것이다.

31 또 그때 내가 큰 나팔 소리와 함께 천사들을 보내 하늘 이 끝에서 저 끝까지 사방에서 주님이 선택한 자들을 모을 것이다.

무화과나무의 비유[3]

32 ● 예수께서 말씀하셨다. "무화과나무의 비유를 배우라. 그 가지가 연해지고 잎사귀를 내면 여름이 가까이 온 줄을 아는 것처럼

33 너희도 이 모든 일을 보면 하나님 나라[2]가 문 앞에 이른 줄을 알라.

34 내가 참으로 너희에게 말한다. 이

1) 막 13:24~27, 눅 17:37, 21:27   2) 인자   3) 막 13:28~32, 눅 21:29~33

세대가 지나가기 전에 이 일이 다 일어날 것이다.

35 천지가 없어진다고 해도 내 말은 그대로 있을 것이다."

36 그러나 정해진 그날과 그때는 아무도 모른다. 하늘에 있는 천사들도 모르고, 아들도 모르며, 오직 아버지만 아신다.

인자의 날과 재림[1]

37 ● 예수께서 말씀하셨다. "인자의 재림은 노아의 때와 같을 것이다.

38 홍수 전 노아가 방주에 들어가던 날까지 사람들이 먹고, 마시고, 결혼하다가

39 홍수가 나서 멸망 당할 때까지 깨닫지 못한 것처럼 인자의 재림 때도 이와 같다.

40 그때 두 사람이 밭에 있다가 한 명은 데려감을 얻지만 한 명은 버림을 당할 것이다.

41 두 여자가 함께 맷돌을 갈다가 하나는 데려감을 얻지만, 다른 한 명은 버림을 당할 것이다."

42 그러므로 너희는 주의하고 깨어 있으라. 주께서 언제 다시 오실지 너희가 알지 못하기 때문이다.

43 너희가 아는 것처럼 만일 집주인이 어느 시각에 도둑이 오는 줄을 안다면 깨어 있어 그 집을 몰래 들어오지 못하게 할 것이다.

44 그러므로 너희도 준비하고 있으라. 생각하지 못한 시각에 내가 다시 올 것이다."

재림을 준비하는 자세

45 ● 주인이 멀리 떠나면서 제때 집안의 양식을 내어주도록 맡긴 신실하고 지혜로운 종이 누구인가?

46 주인이 돌아와서 볼 때 주인이 시킨 대로 일하는 종은 복이 있다.

47 내가 참으로 너희에게 말한다. 주인이 그의 모든 소유를 그에게 맡길 것이다.

48 그러나 그 악한 종이 주인이 늦게 올 것으로 생각하여

49 동료 종들을 때리며, 술친구들과 더불어 먹고 마시면

50 생각하지 않은 날, 알지 못하는 시각에 그 종의 주인이 돌아와

51 신실하지 못한 종을 매우 때리고 위선자가 받는 형벌로 다스리리니 그는 그곳에서 슬피 울면서 이를 갈 것이다.

열 처녀의 비유

25 ● 예수께서 말씀하셨다. "인자인 내가 재림하는 때 하나님 나라는 마치 등을 들고 신랑을 맞으러 나간 10명의 처녀와 같다.

2 그중 5명은 미련하고, 5명은 지혜로운 자이다.

3 미련한 처녀들은 등은 가지고 갔지만 기름을 충분히 준비하지 않았다. 그러나

4 지혜로운 처녀들은 그릇에 충분한 기름을 담아 등과 함께 가져갔다.

5 그런데 신랑은 늦게 왔고 처녀들은 모두 졸기도 하고 자기도 했다.

6 밤중이 되자 '보라, 신랑이 왔으니 맞으러 나오라'는 소리가 났다.

7 그 소리에 처녀들이 모두 일어나 등을 준비했다.

8 그때 미련한 처녀들이 지혜 있는 처녀들에게 말했다. '우리의 등불이 꺼져 가니 너희 기름을 좀 나눠 달라.'

9 그러자 지혜 있는 처녀들이 대답했다. '우리가 함께 사용하기에는 둘 다 부족할 수 있으니 차라리 기름을 파는 자들에게 가서 너희 쓸 것을 사라.'

1) 눅 17:26~27, 36, 막 13:33

10 이에 그들이 기름을 사러 간 동안 신랑이 왔고, 그때까지 준비했던 처녀들이 신랑과 함께 혼인 잔치에 들어가자 문은 곧 닫혔다.

11 그후 기름을 사러 간 처녀들이 와서 말했다. '주여, 우리에게 문을 열어 주십시오.'

12 신랑이 대답하기를 '참으로 너희에게 말하는데 나는 너희를 알지 못한다'라고 했다.

13 그러므로 너희는 그날과 그 시기를 알지 못하니 항상 깨어 있으라."

달란트의 비유

14 ● 예수께서 말씀하셨다. "하나님 나라는 어떤 사람이 다른 나라로 갈 때 그 종들을 불러 자기의 소유를 맡긴 것과 같다.

15 주인이 그 재능대로 각각 노동자 85년 품삯에 해당하는 금 5달란트와 금 2달란트와 금 1달란트를 주고 떠났다.

16 그중 5달란트를 받은 종은 곧바로 가서 그 돈으로 장사하여 5달란트를 남겼고,

17 2달란트 받은 종도 똑같이 하여 2달란트를 남겼다.

18 그러나 1달란트 받은 자는 가서 주인의 돈을 땅속에 숨겨 두었다.

19 세월이 지난 후 주인이 돌아와 그 종들과 결산하게 될 때

20 5달란트 받았던 자는 5달란트를 더 남겨 가지고 와서 말했다. '주인님, 나에게 5달란트를 맡기셨는데 내가 그것으로 장사하여 5달란트를 더 남겼습니다.'

21 주인이 말하되 '잘했다. 너는 착하고 충성된 종이다. 이와 같이 네가 적은 일에 충성했기 때문에 내가 더 많은 것을 너에게 맡기리니 너는 네 주인의 즐거움에 동참할 것

이다'라고 했다.

22 이어 2달란트 받았던 자도 와서 말했다. '주인님, 나에게 2달란트를 맡기셨는데 내가 그것으로 장사하여 2달란트를 더 남겼습니다.'

23 주인이 말하기를 '잘했다. 너도 착하고 충성된 종이다. 이와 같이 네가 적은 일에 충성했기 때문에 내가 더 많은 것을 너에게 맡기리니 너는 네 주인의 즐거움에 동참할 것이다.'

24 이번에는 노동자 17년 품삯에 해당하는 1달란트 받았던 자는 주인에게 와서 말했다. '주인님은 완고한 사람이기 때문에 심지 않은 것에서 거두고 뿌리지 않은 데서 거두는 줄을 내가 알고 있습니다.

25 그래서 두려워하여 나가 주인이 맡겨 주신 1달란트를 땅에 숨겨 두었다가 가져왔습니다.'

26 이에 주인이 대답했다. '너는 악하고 게으른 종이다. 너는 내가 심지 않은 것에서 거두고 뿌리지 않은 데서 거두는 줄로 알았느냐?

27 그렇다면 네가 마땅히 내 돈을 돈놀이하는 자들에게라도 맡겼다가 내가 돌아 왔을 때 내 원금과 이자라도 받게 해야 하지 않았겠느냐? 그리고

28 그에게서 1달란트를 빼앗아 10달란트 가진 자에게 주라고 했다.

29 무릇 있는 자는 받아 풍족하게 되고, 없는 자는 그 있는 것까지 빼앗길 것이다.

30 이 쓸모없는 종을 바깥 어둔 곳으로 쫓아내라. 그가 그곳에서 슬피 울며 이를 갈 것이다."

인자의 재림 때

31 ● 예수께서 말씀하셨다. "인자 된 내가 모든 천사와 함께 영광 가운데

다시 올 때는 자기 영광의 보좌에 앉을 것이다.

32 그리고 모든 민족을 자기 앞으로 모으고 목자가 양과 염소를 구분하는 것처럼 그들을 각각 구분하여

33 양은 그 오른쪽에, 염소는 왼쪽에 둘 것이다.

34 그때 왕이 그 오른쪽에 있는 자들에게 말하기를 '너희는 내 아버지로부터 복 받은 자들이다. 세상이 시작된 때부터 너희를 위해 준비된 나라를 상속 받으라.

35 너희는 내가 주릴 때 먹을 것을 주었고, 목마를 때 마시게 했으며, 내가 나그네 되었을 때 나를 영접했다.

36 또한 내가 헐벗었을 때 옷을 입혀 주었고, 병들었을 때 돌봐 주었으며, 감옥에 갇혔을 때 찾아와 주었다'라고 할 것이다.

37 이에 의인들이 대답했다. '주여, 우리가 언제 주린 주를 보고 음식을 대접했으며, 목마른 것을 보고 마시게 했습니까?

38 우리가 언제 나그네 된 주를 보고 영접했으며, 헐벗은 것을 보고 옷을 입혀 주었습니까?

39 병들었을 때나 감옥에 갇혔을 때 언제 찾아가 뵈었습니까?'라고 할 것이다.

40 그때 왕이 이렇게 대답할 것이다. '내가 참으로 너희에게 말한다. 너희가 이곳에 있는 내 형제 중에 지극히 작은 자 한 명에게 한 것이 바로 나에게 한 것이다.'

41 또 왼쪽에 있는 자들에게 말하기를 '너희는 저주를 받은 자들이다. 나를 떠나 마귀와 그 죽은 자들을 위해 준비된 영원한 불에 들어가라.

42 너희는 내가 주릴 때 먹을 것을 주지 않았고, 목마를 때 마시게 하지

않았다.

43 또 내가 나그네 되었을 때 영접하지 않았고, 헐벗었을 때 옷을 입혀 주지 않았으며, 병들었을 때와 감옥에 갇혔을 때도 돌보지 않았다'라고 할 것이다.

44 이에 그들도 대답하기를 '주여, 우리가 언제 주께서 주린 것이나 목마른 것이나 나그네 된 것이나 헐벗은 것이나 병든 것이나 감옥에 갇힌 것을 보고도 돌보지 않았습니까?'라고 할 것이다.

45 그때 왕이 이렇게 대답할 것이다. '내가 참으로 너희에게 말한다. 이곳에 있는 지극히 작은 자 한 명에게 하지 않은 것이 바로 나에게 하지 않은 것이다.'

46 그들은 영원한 형벌에, 의인들은 영원한 생명으로 들어갈 것이다."

예수를 죽이려고 논의함[1]

26 ● 예수께서 말씀을 모두 마치신 후 제자들에게 말씀하셨다.

2 "너희가 아는 대로 2일이 지나면 유월절이라 하는 무교절이다. 이제 나는 십자가에 못 박히기 위해 팔릴 것이다."

3 그때 대제사장들과 백성의 장로들과 율법교사들이 시온산 지역에 있는 대제사장 가야바의 공관에 모여

4 예수를 잡아 죽이기 위해 은밀히 계획을 세우며

5 말했다. "민중봉기가 일어날 수 있으니 유월절 명절에는 하지 말자." 이렇게 말한 것은 그들이 백성을 두려워했기 때문이다.

예수께 향유를 부은 여인[2]

6 ● 예수께서 예루살렘 동쪽 4.5km에 있는 베다니의 나병환자 시몬의 집에서 식사하실 때

7 마리아[1]가 값이 싼 유향이 섞이지 않은 매우 귀한 향유 한 옥합을 갖고 나아와 그 옥합을 깨뜨려 식사하는 예수의 머리에 부었다. 그리고 자기 머리털로 그의 발을 닦으니 향유 냄새가 온 집에 가득했다.

8 이를 본 제자들이 화를 내며 말하기를 "무슨 뜻으로 이것을 허비하느냐?

9 차라리 이 향유를 노동자 1년 품삯이나 되는 비싼 값에 팔아 가난한 자들에게 주었더라면 좋았을 것이다"라고 하며 그 여자를 책망했다.

10 그러나 예수께서 그 제자들의 마음을 아시고 그들에게 말씀하셨다. "그 여자를 가만두어 나의 장례할 날을 위해 그것을 간직하게 하라. 너희가 왜 이 여자를 괴롭게 하느냐? 그는 나에게 좋은 일을 했다.

11 가난한 자들은 항상 너희 주위에 있기 때문에 그들을 도울 마음이 있으면 언제든지 도울 수 있지만 나는 항상 너희와 함께 있지 않는다.

12 이 여자가 내 몸에 정성을 다해 향유를 부은 것은 내 장례를 위한 것이다.

13 내가 참으로 너희에게 말하노니 온 천하에 어디서든지 이 복음이 전파되는 곳에서는 이 여자의 행한 일도 말하여 그를 기억할 것이다."

유다의 배반

14 ● 그때 12명 제자 가운데 한 명인 가룟인이라 부르는 유다에게 사탄이 들어갔다. 이에 가룟 사람 유다가 예수를 넘겨주기 위해 대제사장들과 성전 경비대장들에게 가서 말했다.

15 "내가 너희에게 예수를 넘겨주면 얼마를 주겠느냐?" 이에 그들이 듣고 기뻐하여 은 30개를 달아 주었다.

16 그리고 그때부터 예수를 그들에게 넘겨주기 위해 기회를 엿보기 시작했다.

마지막 유월절을 지키심[2]

17 ● 무교절 첫날인 유월절 양 잡는 날에 제자들이 예수께 나아와서 "유월절 음식을 잡수시도록 우리가 어디서 준비하기를 원하십니까?"라고 물었다.

18 그러자 예수께서 제자 중 베드로와 요한 2명을 보내시며 말씀하셨다. "성 안으로 들어가라. 그러면 물 한 동이를 지고 가는 사람을 만날 것인데 그를 따라 가서 그가 어디든지 들어가는 그 집주인에게 '선생님 말씀이 내 때가 가까이 왔으니 내가 내 제자들과 함께 유월절을 네 집에서 지킬 것이다. 그러니 유월절 음식을 먹을 내 객실이 어디 있느냐?'라고 말하라.

19 그렇게 말하면 그가 자리를 마련한 큰 다락방을 보일 것이다. 그러면 그곳에서 우리를 위해 유월절을 준비하라." 이에 제자들이 성 안으로 들어가 예수께서 시키신 대로 하여 유월절 음식을 준비했다.

최후의 만찬

20 ● 해가 질 때 예수께서 12명의 제자와 함께 앉으셨다.

21 그들이 먹을 때에 예수께서 말씀하셨다. "내가 참으로 너희에게 말한다. 나와 함께 먹는 너희 가운데 한 사람이 나를 팔 것이다.

22 그러자 제자들이 심히 근심하여 한 명씩 "주여, 나는 아니지요?"라고 물었다.

23 예수께서 대답하셨다. "12명 중에 한 명, 곧 나와 함께 음식을 먹는 자가 나를 팔 것이다.

---

1) 한 여자 2) 막 14:12-16, 눅 22:7-13

24 인자 된 나는 나에 대해 기록된 곳으로 가지만 나를 파는 그 사람에게는 화가 있을 것이다. 그 사람은 차라리 세상에 태어나지 않았으면 더 좋았을 것이다."

25 이때 예수를 팔려는 가룟 사람 유다가 "선생님, 나는 아니지요?"라고 물었다. 예수께서 대답하기를 "네가 말했다"라고 하셨다.

26 그들이 먹을 때 예수께서 빵을 가지고 축복하신 후 제자들에게 떼어 주며 말씀하셨다. "이것을 받아 먹으라. 이것은 너희를 위해 주는 내 몸과 같은 것이다."

27 또 저녁 먹은 후 잔을 가지고 감사 기도를 하시고 나서 제자들에게 주며 말씀하셨다. "너희가 모두 이것을 마셔라.

28 이것은 죄 용서함을 얻게 하려고 많은 사람을 위해 흘리는 내 언약의 피다.

29 그러나 참으로 너희에게 말한다. 내가 포도나무에서 난 것을 이제부터 내 아버지 하나님의 나라에서 새 것으로 너희와 함께 마시는 날까지 다시 마시지 않을 것이다.

30 그리고 예수께서 평소 하시던 대로 올리브산으로 가시기 위해 제자들에게 말씀하셨다. "일어나라, 여기를 떠나자." 이에 그들이 찬양하며 예수와 함께 시온산에서 1.4㎞ 떨어진 올리브산으로 갔다.

31 예수께서 제자들에게 말씀하셨다. "너희가 오늘 밤에 모두 나를 버릴 것이다. 그것은 성경에 '내가 목자를 치리니 양의 무리가 흩어질 것이다'라고 기록된 것이다.

32 그러나 내가 다시 살아난 후 너희보다 먼저 갈릴리로 가 있을 것이다."

베드로의 부인을 예고하심[1]

33 ● 베드로가 대답했다. "모두 주님을 버릴지라도 나는 절대로 주님을 떠나지 않겠습니다."

34 예수께서 말씀하셨다. "내가 참으로 너에게 말한다. 오늘 밤 닭이 울기 전에 네가 나를 3번 모른다고 부인할 것이다."

35 베드로가 말했다. "내가 주님과 함께 죽을지라도 주님을 부인하지 않겠습니다." 모든 제자도 그와 같이 말했다.

겟세마네의 기도[2]

36 ● 이에 예수께서 제자들과 함께 올리브산 서쪽 아래 기드론 골짜기 옆에 있는 겟세마네라 하는 곳에 이르러 제자들에게 말씀하셨다. "내가 저기 가서 기도할 동안 너희는 120m 떨어진 이곳 기드론 골짜기에 앉아 있으라" 하시고

37 베드로와 세베대의 두 아들 야고보와 요한을 따로 데리고 가시면서 큰 고민에 빠져 슬퍼하며

38 말씀하셨다. "내 마음이 심히 고민되어 죽을 지경이 되었으니 너희는 이곳에 머물러 유혹에 빠지지 않도록 나와 함께 깨어 있으라."

39 그리고 조금 나아가사 무릎을 꿇고 얼굴을 땅에 대시고 엎드려 이렇게 기도하셨다. "내 아버지여, 아버지는 모든 것이 가능하시오니 만일 할 수 있으면 십자가를 지는 이 잔을 내게서 지나가게 하십시오. 그러나 내가 원하는 대로 하지 마시고 아버지의 뜻대로 하십시오."

40 예수께서 기도하신 후 일어나서 3명의 제자에게 가 보니 그들이 슬픔으로 잠든 것을 보셨다. 이에 베드로에게 말씀하셨다. "베드로야,

1) 막 14:29-31, 눅 22:34, 요 13:38하   2) 막 14:32-42, 눅 22:39-46

자느냐? 너희가 나와 함께 한 시간도 깨어 있을 수 없느냐?

41 시험에 빠지지 않도록 깨어 있어 기도하라. 기도할 마음은 있으나 육신이 약하구나."

42 예수께서 다시 두 번째로 나아가 같은 말씀으로 기도하시기를 "내 아버지여, 만일 내가 십자가를 지는 이 잔을 마시지 않고 내게서 지나갈 수 없거든 아버지의 뜻대로 되기를 원합니다"라고 하시고

43 다시 제자들에게 오시니 그들이 자고 있었다. 이는 그들의 눈이 심히 피곤했기 때문이다. 그들은 예수께 어떻게 대답해야 할지를 몰랐다.

44 또다시 제자들을 두시고 나아가 세 번째 같은 말씀으로 기도하신 후

45 제자들에게 와서 말씀하셨다. "이제는 자고 쉬라. 보라, 때가 가까이 되어 인자 된 내가 죄인의 손에 팔릴 것이다.

46 일어나라, 함께 가자. 보라, 나를 파는 자가 가까이 왔다."

예수께서 체포되심1)

47 ●예수께서 말씀하실 때에 12명 가운데 한 사람인 가룟 사람 유다라 하는 자가 대제사장들과 백성의 장로들이 보낸 큰 무리와 함께 그들의 앞에 서서 예수께로 왔다. 그들은 등과 횃불과 칼과 몽치를 가지고 있었다.

48 예수를 파는 가룟 사람 유다가 미리 그들에게 신호를 정하여 말했다. "내가 입 맞추는 자가 바로 그 사람이니 그를 잡아 단단히 끌고 가라."

49 그리고 곧바로 가룟 사람 유다가 예수께 나아와 "선생님, 안녕하십니까?"하고 입을 맞추었다.

50 이에 예수께서 말씀하셨다. "친구여, 네가 무엇을 하려고 왔는지 행하라. 이에 그들이 나아와 예수를 포박했다.

51 그때 칼을 가지고 함께 있던 자 중 하나2)가 칼을 빼어 대제사장의 종을 쳐서 오른쪽 귀를 베어 떨어뜨리니 그 종의 이름은 말고였다.

52 예수께서 베드로에게 말씀하셨다. "네 칼을 도로 칼집에 꽂으라. 칼을 가진 자는 모두 칼로 망한다.

53 너는 내가 내 아버지께 요청해 당장 12군단보다도 더 많은 천사를 보내시게 할 수 없는 줄로 아느냐?

54 만일 내가 그렇게 하면 이런 일이 있을 것이라고 말 한 성경이 이루어질 수 없다."

55 그때 예수께서 자기를 잡으러 온 무리, 곧 대제사장들과 성전의 경비대장들과 장로들에게 말씀하셨다. "너희는 어찌 강도를 잡는 것처럼 칼과 몽치를 가지고 나를 잡으러 왔느냐? 내가 날마다 너희와 함께 성전에 앉아 가르칠 때는 너희가 나를 잡지 않았다.

56 그러나 이렇게 된 것은 모든 선지자의 예언을 이루기 위함이다." 이에 제자들이 모두 예수를 버리고 도망했다.

가야바의 심문3)

57 ● 예수를 잡은 자들이 그를 끌고 가야바의 장인 안나스 집에서 같은 지역 내에 있는 대제사장 가야바에게로 끌고 가니 그곳에는 율법교사인 서기관과 장로들이 모두 모여 있었다.

58 베드로가 멀찌감치 예수를 따라 대제사장의 집 뜰 안까지 들어가서 어떻게 되는지 보려고 했다. 그때 사람들은 뜰 한가운데서 불을

---

1) 막 14:43-50, 눅 22:47-53, 요 18:3-12　　2) 요 18:10, 베드로　　3) 막 14:53-54, 눅 22:54-55

피우고 둘러 앉아 있었고, 베드로도 하인들과 함께 앉아 불을 쬐고 있었다.

예수에 대한 심문과 희롱[1]

59 ● 대제사장들과 산헤드린 공의회가 예수를 죽이기 위해 그를 공격할 거짓 증거를 찾으려고 했다.

60 그러나 거짓 증인은 많이 있었으나 그 증언이 서로 맞지 않아 아무런 증거는 얻지 못했다. 이후 두 사람이 와서

61 거짓 증언으로 말했다. "이 사람은 손으로 지은 이 하나님의 성전을 자신이 헐고 손으로 짓지 않은 다른 성전을 3일 동안에 지을 수 있다고 말했다."

62 그러나 그 증언도 서로 일치하지 않았다. 이에 대제사장이 일어나 예수께 물었다. "이 말에 당신은 아무 대답도 하지 않겠느냐? 이 사람들이 너를 반박하는 증거에 대해 어떻게 생각하느냐?"

63 그러나 예수께서 아무런 대답도 하시지 않자 대제사장이 말했다. "내가 너로 살아계신 하나님께 맹세하게 한다. 네가 찬양 받을 하나님의 아들 그리스도인지 우리에게 말하라."

64 예수께서 대답하되 "네가 지금 말했다. 내가 바로 그 사람이다. 그러나 내가 너희에게 말한다. 이후 인자된 내가 전능자의 오른편에 앉아 있는 것과 구름을 타고 오는 것을 너희가 볼 것이다"라고 하자

65 대제사장이 자기 옷을 찢으며 말했다. "그가 신성을 모독하는 말을 했으니 더 이상 증인은 필요 없다. 보라, 너희가 지금 신성을 모독하는 말을 들었다.

66 너희는 이 말을 어떻게 생각하느냐?" 그들이 대답하기를 "그것은 사형에 해당한다"라고 했다.

67 이에 지키는 사람들이 예수를 희롱하며, 그의 얼굴에 침을 뱉으며, 그의 얼굴을 가리고 주먹으로 치고, 어떤 사람들은 손바닥으로 때리며,

68 "그리스도야, 너를 때린 자가 누구냐? 우리에게 선지자 노릇을 해보라"고 말했다.

베드로의 첫 번째 부인과 안나스의 질문[2]

69 ● 베드로가 바깥뜰에 앉았을 때 대제사장의 한 여종이 나아와 베드로가 불빛을 향해 불을 쬐고 있는 것을 주목하여 보고 그를 향해 말했다. "너도 갈릴리 사람 나사렛 예수와 함께 있었다."

70 이에 베드로가 모든 사람 앞에서 예수를 부인하여 말했다. "이 여자야, 나는 네가 무슨 말을 하는지 알지 못하고 깨닫지도 못하겠다."

베드로 두 번째, 세 번째 부인

71 ● 조금 후에 베드로가 앞문까지 나아가자 다른 한 여종이 그를 보고 주위에 있는 사람들에게 말했다. "이 사람은 갈릴리 사람이니 나사렛 예수와 함께 있었다."

72 이에 베드로가 맹세하고 다시 부인하기를 "나는 그 사람을 알지 못한다"라고 했다.

73 조금 후에 대제사장의 종들 가운데 한 명은 곁에 섰던 사람들로 그가 베드로에게 말하기를 "참으로 너도 같은 무리이다. 그 사람과 함께 동산에 있는 것을 내가 보았다. 네 말씨를 보니 틀림없다"라고 했다.

1) 막 14:55~65, 눅 22:63~71   2) 막 14:66~68상, 눅 22:56~57, 요 18:17

74 그러자 베드로가 저주까지 하며 맹세하고 다시 부인하여 말했다. "나는 너희가 말하는 그 사람을 알지 못한다." 아직 말하고 있을 때 닭이 곧 2번 울었다.

75 주께서 돌아서서 베드로를 보셨고, 이에 베드로가 "닭 울기 전에 네가 나를 3번 부인할 것이다"라고 한 예수님의 말씀이 기억나서 그 일을 생각하고 밖에 나가서 크게 통곡했다.

공의회 앞에 선 예수와 빌라도에게 넘겨짐[1]

27 ● 새벽이 되자마자 백성의 장로들과 대제사장들과 율법교사들이 예수를 죽이기 위해 함께 의논하고 예수를 공의회로 데려와서

2 예수를 결박하여 시온산 지역의 가야바에게서 1.5km 떨어진 양 문 근처의 빌라도 총독의 공관으로 끌고 가니 아직 새벽이었다.

유다가 목을 매어 자살함

3 ● 그때 예수를 판 가룟 사람 유다는 예수께서 유죄 판결을 받으신 것을 보고 스스로 양심에 가책을 느끼고 예수를 판 대가로 받은 은화 30개를 대제사장들과 장로들에게 도로 갖다 주며

4 말했다. "내가 죄 없는 사람의 피를 팔아 넘기는 죄를 범했다." 그들이

피밭, 아겔다마(Akeldama, 마 27:8)

아겔다마는 가룟 유다가 목매어 자살한 곳으로 힌놈 골짜기가 끝나는 지점 서쪽에 위치한 언덕이다. 피밭이란 뜻인 이곳은 가룟 유다가 이곳에서 배가 터져 창자가 흘러나와 죽었기 때문에 붙여진 것이다. 현재 이곳의 교회 건물 내의 지하실을 '사도들의 동굴'이라 한다. 이는 예수께서 유다의 무리에게 잡히셨을 때 제자들이 이 동굴에 숨어 있었다고 전해지기 때문이다.

말했다. "그것이 우리에게 무슨 상관이냐? 네가 한 대로 네가 당하라."

5 이에 가룟 사람인 유다가 은화를 성소에 던져 넣고 물러가서 스스로 목매어 죽었다.

6 이에 대제사장들이 그 은화를 거두며 말했다. "이것은 핏값이니 성전 금고에 넣어 두는 것은 옳지 않다."

7 그래서 의논한 후 그 돈으로 힌놈 골짜기와 기드론 골짜기가 만나는 곳에 있는 토기장이의 밭을 구입하여 나그네의 묘지로 삼았다.

8 그러므로 오늘까지 그 밭을 '피밭'이라는 뜻의 '아겔다마'라고 부르고 있다.

9-10 그러므로 그들이 그 가격 매겨진 자, 곧 이스라엘 자손 중에서 몸값으로 정해진 가격인 은화 30개를 가지고 토기장이의 밭값으로 주었다. 이로써 예수에 대해 예레미야 선지자를 통해 주께서 하신 말씀이 이루어졌다.

빌라도의 심문[2]

11 ● 예수께서 빌라도 총독 앞에 서자 총독이 물었다. "네가 유대인의 왕이냐?" 예수께서 대답하셨다. "그렇게 말하는 것은 당신이다. 네 말이 맞다."

12 그러나 예수께서는 대제사장들과 장로들이 고발한 말에 대해서는 아무 대답도 하시지 않았다.

13 이에 빌라도가 다시 공관으로 들어가 예수를 불러 말했다. "그들이 너를 고발하는 내용이 얼마나 많은지 듣지 못하느냐?"

14 그러나 예수께서 한 마디도 대답하시지 않자 총독이 놀랍게 여겼다.

1) 막 15:1, 눅 22:66, 23:1, 요 18:28상   2) 막 15:2-5, 눅 23:2, 요 18:33

빌라도의 죄수 석방 제의[1]

15 ● 유월절 명절이 되면 총독이 군중의 청원에 따라 죄수 한 명을 석방시켜 주는 전례가 있었다.

16 그때 민란을 조장하고 그 민란 중에 살인하여 체포된 자 중에 '바라바'라 하는 유명한 죄수가 있었다.

17 예수를 고소한 자들이 모였을 때 빌라도 총독이 그들에게 물었다. "너희는 내가 누구를 너희에게 풀어 주기를 바라느냐? 바라바냐, 그리스도라 하는 유대인의 왕 예수냐?"

18 이렇게 말한 것은 그가 그들의 시기심에 예수를 넘겨준 줄 알고 있었기 때문이다.

19 빌라도 총독이 재판석에 앉았을 때 그의 아내가 사람을 보내 말했다. "저 사람 예수는 옳은 사람이니 당신은 아무런 간섭도 하지 마세요. 오늘 꿈속에서 내가 그 사람으로 인해 몹시 고통을 당했습니다."

20 대제사장들과 장로들이 군중을 충동하여 그들에게 바라바를 풀어 주고 예수를 죽이도록 부추겼다.

21 이에 빌라도 총독이 다시 물었다. "예수와 바라바 둘 중에 누구를 너희에게 풀어 주기를 바라느냐?" 그러자 그들이 일제히 외쳤다. "예수를 없애고 바라바를 풀어 주소서." 바라바는 성중에서 일어난 민란과 살인으로 인해 옥에 갇힌 자였다.

22 이에 빌라도 총독이 예수를 풀어 주기 위해 다시 그들에게 말했다. "그러면 너희는 그리스도라고 하는 예수를 내가 어떻게 하기를 원하느냐?" 그들이 하나같이 소리를 질렀다. "십자가에 못 박아야 합니다."

23 이에 빌라도 총독이 세 번째로 말했다. "왜 그렇게 해야 하느냐? 그가 무슨 악한 일을 했느냐? 나는 그에게서 죽일 죄를 찾지 못했으니 때려서 풀어주겠다." 이에 그들이 더욱 큰 소리로 "십자가에 못 박아야 합니다"라고 외쳤다.

예수에 대한 재판[2]

24 ● 빌라도 총독은 예수를 석방하려는 노력이 아무 성과가 없고 도리어 민란이 일어나려는 것을 보고 물을 가져오게 하여 무리 앞에서 손을 씻으며 말했다. "이 옳은 사람의 피에 대해 나는 아무런 죄가 없으니 그 죄에 대한 것은 너희가 받으라."

25 이에 백성이 같은 목소리로 대답했다. "그 피를 우리와 우리 자손에게 돌리라."

26 이에 빌라도가 그들이 요구하는 대로 십자가형을 언도했다. 그리고 옥에 갇힌 바라바는 그들에게 풀어 주고, 예수는 채찍질하고 십자가에 못 박도록 그들에게 넘겨주었다.

예수께서 희롱당하심[3]

27 ● 이에 총독의 군인들이 예수를 끌고 '브라이도리온'이라는 관정 뜰으로 들어가서 온 군대를 그에게로 소집시켰다.

28 그리고 빌라도 총독이 예수를 채찍질했다. 이어 군인들은 예수의 옷을 벗기고 자색 옷인 홍포를 입히며,

29 가시로 관을 만들어 그의 머리에 씌웠다. 그리고 갈대를 예수의 오른손에 들도록 쥐어 주었고, 자기들 앞에서 무릎을 꿇게 한 후 희롱

1) 막 15:6-14, 눅 23:18-23, 요 13:39-40 2) 막 15:15, 눅 23:24-25, 요 19:16 3) 막 15:16-20, 요 19:1-3

하며 말했다. "유대인의 왕이여, 평안하라."

30 또 그에게 침을 뱉고, 갈대를 빼앗아 그의 머리를 치며 손으로 때리고 꿇어 절했다.

31 이에 무리가 예수께 희롱한 후 자색 옷을 벗기고 그가 입었던 옷을 다시 입혀 십자가에 못 박기 위해 끌고 나갔다.

십자가를 지심[1]

32 ● 그들이 예수를 끌고 갈 때 마침 알렉산더와 루포의 아버지인 아프리카 북부에 위치한 구레네 출신의 시몬이 시골에서 예루살렘으로 올라와 그 옆을 지나가고 있었다. 그때 로마 군병이 시몬을 붙들어 예수의 십자가를 강제로 지게 하여 예수를 따르게 했다.

십자가에 달리심[2]

33 ● 예수를 끌고 600m쯤 가서 '골고다'라고 하는 곳에 이르렀다.

34 그곳에서 쓸개를 넣은 포도주를 예수께 주어 마시게 하려고 했다. 그러나 예수께서는 맛 보신 후 거절하셨다.

35 군인들이 예수를 십자가에 못 박은 후 그의 옷을 취하여 제비 뽑아 나누어 가졌다.

36 군인들은 이런 일을 하고 그곳에 앉아 지켰다.

37 빌라도가 '나사렛 예수, 유대인의 왕'이라고 쓴 죄패를 써서 예수의 머리 위에 달았다.

38 오전 9시인 유대 시간 제삼시가 되었을 때 예수를 십자가에 못 박았다. 이때 행악자 2명도 예수와 함께 십자가에 못 박혔는데 한 명은 예수의 오른쪽에, 다른 한 명은 예수의 왼쪽에 있었다.

39 십자가 처형장을 지나가는 자들은 자신의 머리를 흔들며 예수를 모욕하며

40 말했다. "성전을 헐고 3일 동안에 다시 짓는다고 말한 자여, 네가 만일 하나님의 아들이라면 자신을 구원하고 십자가에서 내려오라."

41 대제사장들도 율법교사인 서기관들과 장로들과 함께 희롱하여 말했다.

42 "그가 다른 사람은 구원했지만 막상 자기는 구원하지 못한다. 네가 이스라엘의 왕이라면 지금 십자가에서 내려와 보라. 그러면 우리가 믿겠다.

43 네가 하나님을 신뢰하니 하나님께서 원하시면 이제 너를 구원하실 것이다. 너는 하나님의 아들이라고 말하지 않았느냐?"

44 예수와 함께 십자가에 못 박힌 강도들도 그같이 욕했다.

예수의 죽음[3]

45 ● 낮 12시인 제육시부터 해가 빛을 잃고 온 땅에 어둠이 시작되어 오후 3시인 제구시까지 계속되었다.

46 오후 3시인 제구시쯤 예수께서 큰 소리로 외치셨다. "엘리 엘리 라마 사박다니!" 이 말을 번역하면 곧 '나의 하나님, 나의 하나님, 왜 나를 버리셨습니까!'라는 뜻이다.

47 그곳에 서 있던 자들 중에 어떤 이들은 그 말을 듣고 말했다. "이 사람이 엘리야를 부른다."

48 그래서 그중 한 사람이 곧바로 달려가 바다솜인 해면에 신 포도주를 적셔서 갈대에 매어 예수의 입에 대었다.

49 그리고 그 남은 사람들은 "그를 가만히 두어라. 엘리야가 와서 그를

1) 막 15:21, 눅 23:26　2) 막 15:22~32, 눅 23:27~43, 요 19:17~27　3) 막 15:33~38, 눅 23:44~46, 요 19:29~30

내려주나 보자"라고 했다.

50 그리고 큰 소리를 지르시고 머리를 숙이니 영혼이 떠나가셨다.

51 그때 성소의 휘장이 위로부터 아래까지 한가운데가 찢어져 두쪽이 되었고 땅이 진동하며 바위가 터졌으며

52 무덤들이 열려 죽었던 성도의 몸이 많이 일어났다.

53 예수의 부활 후에는 그들이 무덤에서 나와 거룩한 성에 들어가 많은 사람에게 나타났다.

예수의 죽음 이후 사건[1]

54 ● 예수를 향해 섰던 백부장과 그와 함께 예수를 지키던 자들이 지진과 그 일어난 일들을 보고 심히 두려워하며 하나님께 영광을 돌리며 말했다. "그는 참으로 하나님의 아들이었다."

55 예수를 아는 자들과 그를 섬기며 갈릴리에서부터 따라온 많은 여자가 멀리서 바라보고 있었다.

56 그들 중에는 막달라 마리아와 작은 야고보와 요셉의 어머니 마리아와 세베대의 아들들의 어머니 살로메도 있었다.

예수를 장사 지냄[2]

57 ● 날이 저물었을 때 아리마대 출신의 요셉이라고 하는 사람이 왔다. 그는 부자로서 예수의 제자였으나 유대인이 두려워 그 사실을 숨겼다.

58 그는 담대히 빌라도 총독을 찾아가 예수의 시신을 달라고 요청했다. 이에 빌라도는 백부장을 불러 죽은 지가 오래되었느냐고 물어보고 죽은 것을 알아본 후 아리마대 출신의 요셉에게 시신을 내어주라고 명령했다.

59 빌라도 총독이 예수의 시신을 내어 주도록 허락하자 아리마대 출신인 요셉이 세마포를 사서 예수의 시신을 가져다가 깨끗한 세마포로 쌌다.

60 이에 예수의 시신을 바위 속에 판 자기의 새 무덤에 넣어 두고 큰 돌을 굴려 무덤 입구를 막았다. 율법에 따라 안식일에는 쉬었기 때문에 장례를 하지 않았다.

61 그곳에는 막달라 마리아와 요셉의 어머니 마리아가 무덤을 향해 앉아 있었다.

경비병이 무덤을 지킴

62 ● 이튿날은 안식일의 예비일 다음 날이다. 대제사장들과 바리새인들이 함께 빌라도 총독 앞으로 모여 말했다.

63 "주인이여, 저 속이던 예수가 살아 있을 때 '내가 3일 만에 다시 살아날 것이다'라고 한 말을 우리가 기억합니다.

64 그러니 그의 무덤을 3일 동안 굳게 지키라고 명령해 주십시오. 그의 제자들이 예수의 시체를 도둑질한 후 백성들에게 그가 죽은 자 가운데서 살아났다고 말하면 나중의 속임이 이전 일보다 더 커질까 염려됩니다."

65 빌라도 총독이 말했다. "너희에게도 경비병이 있으니 너희가 할 수 있는 대로 굳게 지키라." 이에

66 그들이 경비병과 함께 가서 무덤의 돌을 열지 못하게 도장으로 봉하고 무덤을 굳게 지켰다.

예수의 부활하심[3]

28 ● 막달라 마리아와 야고보의 어머니 마리아와 예수의 이모인 살로메가 예수의 시신에 바르기

---

1) 막 15:39-41, 눅 23:47-49   2) 막 15:42-47, 눅 23:50-56, 요 19:38-42   3) 막 16:1-7, 눅 24:1-6, 요 20:1상

위해 향품을 사다 두었다가 안식일이 지나고 그 주간의 첫날이 되는 새벽 해가 돋을 때에 예수의 무덤으로 갔다.

2 그때 큰 지진이 나며 주의 천사가 하늘에서 내려와 돌을 굴려 내고 그 위에 앉았는데

3 그 형상이 번개와 같았고 그 옷은 눈처럼 희었다.

4 무덤을 지키던 자들이 천사를 무서워 하여 죽은 사람과 같이 떨었다.

5 여자들이 두려워 얼굴을 땅에 대었다. 천사가 여자들에게 말했다. "너희는 무서워하지 말라. 어찌하여 살아있는 자를 죽은 자 가운데서 찾고 있느냐? 너희가 십자가에 못 박히신 예수의 시신을 찾는 줄을 내가 안다.

6 그는 이곳에 계시지 않고 그가 말씀하신 대로 살아나셨다. 와서 그를 두었던 곳을 보라.

7 이제 빨리 가서 그의 제자들과 베드로에게 '그가 죽은 자 가운데서 살아나셨고, 너희보다 먼저 갈릴리로 가시사 그곳에서 너희가 볼 것이다'라고 알려 주라. 내가 너희에게 일러주었다."

막달라 마리아와 두 여인에게 나타나심

8 그 여자들은 무섭고도 큰 기쁨 가운데 서둘러 무덤을 떠나 제자들에게 알리기 위해 달려갔다.

9 가는 도중 예수께서 그들을 만나 "평안하냐?"라고 말씀하시자 여자들이 나아가 그 발을 붙잡고 경배했다.

10 이에 예수께서 말씀하셨다. "무서워하지 말라. 가서 내 형제들에게 갈릴리로 가라고 하라. 그곳에서 나를 볼 것이다"라고 알려주라.

11 여자들이 제자들에게 가는 사이 예수의 무덤을 지키던 경비병들 가운데 몇 명은 예루살렘성에 들어가 대제사장들에게 그동안 예수께서 살아난 일에 대해 알렸다.

12 이에 그들이 장로들과 함께 모여 의논한 다음 군인들에게 많은 돈을 주며

13 말했다. "너희는 말하기를 예수의 제자들이 밤에 와서 우리가 잘 때 그의 시신을 도둑질해 갔다고 하라.

14 만일 이 말이 총독에게 알려지면 우리가 총독에게 잘 부탁해서 너희가 거짓말한 것 때문에 근심하지 않도록 해주겠다."

15 군인들이 돈을 받고 그들이 가르쳐 준 대로 했으나 그 거짓말이 오늘까지 유대인 가운데 널리 퍼졌다.

제자들에게 준 사명

16 ● 11명의 제자가 예수께서 지시하신 갈릴리의 어느 산으로 가서

17 예수를 보고 경배했으나 그래도 의심하는 사람들이 있었다.

18 예수께서 와서 말씀하셨다. "하나님은 하늘과 땅의 모든 권세를 내게 주셨다.

19 그러므로 제자 된 너희는 가서 모든 민족으로 제자를 삼고 아버지와 아들과 성령의 이름으로 세례를 주라.

20 그리고 그들로 내가 너희에게 분부한 모든 것을 가르쳐 지키도록 하라. 보라, 내가 세상 마지막 날까지 항상 너희와 함께 있을 것이다."

마가복음

제목 히브리어 성경에는 카타마르콘 ('마가에 의한'), 한글 성경에는 복음이란 말을 추가

기록연대 기원후 65~70년경 **저자** 마가 요한 **중심주제** 종의 복음이란 별명(이방인 입장)

서언: 복음의 시작[1]

1 ● 하나님의 아들인 예수 그리스도에 대한 좋은 소식, 복음의 시작이다. 그것은 로고스, 곧 말씀이 육신이 되신 것이다.

2 이사야 선지자의 글에는 이렇게 기록되었다. "보라, 내가 내 사자를 네 앞에 보내리니 그가 네 길을 준비할 것이다.

3 광야에서 외치는 자의 소리가 있어 말하기를 너희는 주의 길을 준비하라. 그가 오시는 길을 평탄하게 하라." 성경의 기록과 같이

4 그 무렵 세례자 요한은 광야에서 죄 용서함을 받게 하는 회개의 세례를 외쳤다.

5 이때 사람들이 예루살렘과 온 유대 지방과 요단강 사방에서 그에게 나아와 자기들의 죄를 자백하고 요단강에서 세례자 요한에게 세례를 받았다.

6 이 세례자 요한은 낙타털로 만든 옷을 입고, 허리에는 가죽띠를 띠고, 메뚜기와 야생 꿀인 석청을 먹었다.

7 이를 안 세례자 요한이 말했다. "내 이후에 오시는 분은 나보다 능력이 많기 때문에 나는 그의 신발 끈을 풀기도 감당하지 못할 정도이다.

8 나는 너희가 회개하도록 물로 세례를 주지만 그분은 성령과 불로 너희에게 세례를 베풀 것이다.

9 그때 예수께서 갈릴리의 나사렛에서 요단강으로 와서 세례자 요한에게 세례를 받으셨다.

10 예수께서 세례를 받으신 후 물에서 올라와 기도하실 때 하늘이 갈라지고 하나님의 성령이 비둘기 같은 형체로 내려 그 위에 임하시는 것을 보았다.

11 그때 하늘에서 "이는 내 사랑하는 아들이며, 내 기뻐하는 자라"는 소리가 들렸다.

예수께서 시험을 받으심[2]

12 ● 예수께서 세례를 받으신 이후 성령께서 예수를 광야로 내보냈다.

13 예수께서는 40일 동안 유대광야에서 마귀에게 시험을 받으시며 들짐승과 함께 계셨으며 천사들이 수종들었다.

어부들을 부르심[3]

14 ● 예수께서 세례자 요한이 감옥에 갇혔다는 소식을 듣고 유대 지역에서 갈릴리 지역으로 가셨다. 이때부터 예수께서 하나님의 복음을 전파하여 외치셨다.

15 "때가 되었고 하나님의 나라가 가까이 왔다. 그러므로 회개하고 복음을 믿으라."

16 얼마 후 예수께서 다시 갈릴리 바닷가를 다니시다가 시몬 베드로와 그 형제 안드레가 바다에 그물 던지는 것을 보시니 그들은 어부였다.

1) 마 3:1~12, 16~17, 눅 3:1~9, 15~17, 요 1:19~23   2) 마 4:1~2, 눅 4:1~2   3) 마 4:12~22, 눅 4:14, 5:1~11

17 이에 예수께서 "무서워하지 말고 나를 따라오라. 이후로는 내가 너희를 사람을 취하는 어부가 되게 할 것이다"라고 말씀하셨다.

18 이에 그들은 서둘러 배들을 육지에 정박시키고 그물을 버려두고 예수를 따랐다.

19 예수께서 그곳에서 조금 더 가시다가 세베대의 두 아들 야고보와 요한이 아버지 세베대와 함께 배에서 그물을 깁고 있었다.

20 그러자 곧 그들을 부르시자 그들도 배와 아버지 세베대와 일꾼들을 두고 예수를 따랐다.

가버나움에서 귀신을 쫓아내심[1]

21 ● 예수께서 갈릴리의 가버나움 마을에 들어가사 안식일에 회당에서 가르치셨고

22 듣는 사람들은 그의 가르치심에 놀랐다. 이는 가르치시는 것이 율법교사인 서기관들과 달리 권위 있는 자와 같았기 때문이다.

23 그때 회당에 더러운 귀신 들린 사람이 소리를 질렀다.

24 "나사렛 예수여, 우리가 당신과 무슨 상관이 있습니까? 나는 당신이 하나님의 거룩한 자인 것을 알고 있습니다. 우리를 벌써 멸하려고 왔습니까?"

25 그러자 예수께서 귀신을 꾸짖어 말씀하셨다. "잠잠하고 그 사람에게서 나오라."

26 그러자 더러운 귀신이 그 사람에게 경련을 일으켜 무리 앞에서 넘어지게 하고 큰 소리를 지르며 나왔으나 그 사람은 다치지 않았다.

27 그 모습을 본 사람들이 모두 놀라 서로 말했다. "이것이 어떻게 된 일이냐? 이는 권위 있는 새로운 교훈이다. 권위와 능력으로 더러운 귀신에게 명령하자 순종하는도다."

28 이에 예수의 소문이 순식간에 갈릴리 지역 사방으로 퍼져 나갔다.

베드로 장모의 열병을 고치심[2]

29 ● 예수께서 가버나움 회당에서 나와 야고보와 요한과 함께 시몬 베드로와 그 형제 안드레의 집에 들어가시자

30 베드로의 장모가 중한 열병으로 누워 있었다. 사람들은 그 여자를 위해 예수께 간구했다.

31 이에 예수께서 그녀의 손을 잡아 일으키시자 열병이 떠나고 여자는 일어나 곧바로 자기 집에 온 사람들을 접대했다.

많은 병자를 고치심[3]

32 ● 날이 저물 때 사람들이 많은 병자와 귀신 들린 자를 데리고 예수께로 왔고

33 온 동네가 예수께서 머무신 집 문 앞에 모였다.

34 이에 예수께서 여러 종류의 병에 걸린 사람들에게 일일이 손을 얹어 고쳐 주셨다. 그리고 말씀으로 많은 귀신을 쫓아내셨다. 한번은 귀신이 "당신은 하나님의 아들이다"라고 말하는 것을 꾸짖어 귀신이 말하는 것을 허락하지 않으셨다. 이는 자기가 그리스도임을 귀신이 알고 있었기 때문이다.

전도여행을 떠나심[4]

35 ● 날이 밝기 전 새벽에 예수께서 일어나 밖으로 나가 조용한 곳으로 가서 기도하셨다.

36 이때 시몬 베드로와 그와 함께 있는 자들이 예수의 뒤를 따라가

37 만나서 모든 사람이 주를 찾는다고 말했다.

---

1) 마 4:28–29, 눅 4:31–37　　2) 마 8:14–15, 눅 4:38–39
3) 마 8:16–17, 눅 4:40–41　　4) 눅 4:42–44

38 그러자 예수께서 말씀하셨다. "우리가 가까운 다른 마을들로 가자. 그곳에서도 하나님 나라의 복음을 전해야 할 것이니 내가 이것을 위해 세상에 보냄을 받았다."

39 예수께서 갈릴리 지역을 두루 다니시면서 여러 회당에서 전도하시고, 귀신들을 쫓아내셨다.

나병환자를 고치심[1)

● 예수께서 한 마을에 머물러 계실 때 온몸에 나병이 걸린 한 사람이 예수께 나아와 엎드려 절하며 말했다. "주여, 원하시면 저를 치료하실 수 있습니다."

41 이에 예수께서 그를 불쌍히 여겨 그에게 손을 얹으시고 말씀하셨다. "내가 원하노니 치료함을 받으라."

42 그러자 즉시로 그의 나병이 깨끗하게 치료되었다.

43 그리고 그를 보내며 엄히 경고하여

44 말씀하셨다. "누구에게도 말하지 말고 다만 제사장에게 가서 네 몸을 보여주고 모세가 명한 예물을 드려 그들에게 네가 치료된 것을 입증하도록 하라."

45 그러나 그 사람이 나가서 자신이 치료된 사실을 드러내자 예수의 소문이 더욱 널리 퍼져 수많은 무리가 말씀도 듣고 자기 병도 고침을 받기 위해 예수께로 몰려 들었다. 그래서 예수께서는 공개적으로 드러나게 마을에 들어가시지 않고 오직 마을 밖의 인적이 드문 조용한 곳으로 가서 기도하셨다. 그러나 사람들이 알고 사방에서 나왔다.

중풍병자를 고치심[2)

2 ● 며칠이 지난 후 본 동네인 가버나움으로 다시 들어와 집에 들어 가셨다. 이 소식을 듣고

2 많은 사람이 몰려와 들어설 자리가 없을 정도로 문 앞까지 가득했고, 예수께서는 그들에게 말씀을 가르치셨다.

3 이때 사람들이 침상에 누워 있는 중풍 병자를 메워 예수께로 왔으나

4 사람이 많아 예수께 가까이 데려갈 수 없자 밖으로 난 계단을 통해 지붕으로 올라가 예수께서 계신 곳의 지붕을 뜯어 구멍을 내고 중풍병자를 그가 누운 침상 채 달아 내렸다.

5 이에 예수께서는 그들의 믿음을 보시고 중풍병자에게 말씀하셨다. "작은 자야, 안심하라. 네 죄가 용서함을 받았다."

6-7 그중 어떤 율법교사인 서기관과 바리새인들이 그곳에 앉아서 '이 사람이 어찌 그런 말을 하는가? 그가 신성을 모독하고 있다. 오직 하나님 한분 외에는 누가 죄를 용서할 수 있겠느냐?'라고 속으로 생각했다.

8 이에 예수께서 그들의 생각을 아시고 말씀하셨다. "너희가 왜 마음에 악한 생각을 하고 있느냐?

9 '네 죄가 용서함을 받았다'라고 하는 말과 중풍병자에게 '일어나 걸어가라'고 하는 말 중에서 어느 것이 쉽겠느냐?

10 그러나 내가 세상에서 죄를 용서하는 권능이 있는 줄을 너희에게 알게 하기 위해 이 일을 행한다." 그리고 나서 중풍병자에게 말씀하셨다.

11 "네게 말하니 일어나 네 침상을 가지고 집으로 가라."

12 이에 그가 모든 사람 앞에서 일어나

1) 마 8:1-4, 눅 5:12-16   2) 마 9:1-8, 눅 5:17-26

누웠던 침상을 가지고 하나님께 영광을 돌리며 자기 집으로 돌아갔다. 이 놀라운 장면을 본 사람들은 두려워했고, 그런 권능을 사람에게 주신 하나님께 영광을 돌리며 말했다. "우리가 이제까지 이런 일을 보지 못했다."

마태의 잔치와 부름 받음[1]

13 ● 예수께서 다시 갈릴리 바닷가에 나가시자 많은 무리가 나왔고, 예수께서는 그들에게 말씀을 가르치셨다.

14 그후 예수께서 갈릴리 바닷가를 가시다가 알패오의 아들 마태인 레위가 가버나움 세관에 앉아 있는 것을 보시고 "나를 따르라"고 말씀하시자 그가 모든 것을 버리고 일어나 예수를 따랐다.

15 이후 마태는 예수를 위해 큰 잔치를 베풀었다. 예수께서 그의 집에서 앉아 음식을 잡수실 때 많은 세리와 죄인이 와서 예수와 그의 제자들과 함께 앉아 있었다. 그것은 많은 세리와 죄인이 예수를 따랐기 때문이었다.

16 바리새인파의 서기관들이 그 모습을 보고 그의 제자들에게 말했다. "어찌하여 너희 선생은 세리와 죄인들과 식사를 함께하느냐?"

17 예수께서 그 말을 듣고 말씀하셨다. "건강한 사람에게는 의사가 필요 없고 병든 사람에게 필요하다. 너희는 나가서 '내가 자비를 원하고 제사를 원하지 않는다'라고 한 것이 무슨 뜻인지 배우라. 나는 의인을 부르러 온 것이 아니라 죄인을 불러 회개시키려고 왔다."

금식에 대한 논쟁[2]

18 ● 세례자 요한의 제자들과 바리새인들은 월요일과 목요일에는 금식하고 있었다. 그때 사람들이 예수께 나아와 말했다. "요한의 제자들과 바리새인의 제자들은 한 주일에 2번은 금식하는데 왜 당신의 제자들은 금식일에 금식하지 않고 먹고 마시고 있습니까?"

19 예수께서 그들에게 대답하셨다. "혼인집에 온 손님들이 신랑과 함께 있을 동안 금식할 수 있겠느냐? 그럴 수 없다.

20 그러나 신랑을 빼앗길 날이 되면 그때는 금식할 것이다." 이에 비유로 말씀하셨다.

21 "누구든지 새 천 조각을 낡은 옷에 붙이지 않는다. 그 이유는 붙인 것이 낡은 옷을 당겨 더 심하게 해어지기 때문이다.

22 또 새 포도주를 낡은 가죽 부대에 넣지 않는다. 그렇게 하면 부대가 터져 포도주가 쏟아지고 부대도 못 쓰게 되기 때문이다. 그래서 새 포도주는 새 부대에 넣어야 둘 다 보전된다.

안식일에 밀 이삭을 자름[3]

23 ● 어느 날 예수께서 안식일에 밀밭 사이로 걸어가실 때 제자들이 배가 고파서 밀 이삭을 잘라 손으로 비벼 먹었다.

24 그것을 본 바리새인들이 예수께 말했다. "당신의 제자들이 안식일에 해서는 안 되는 이삭을 자르는 추수 금지 규정과 이삭을 비비는 탈곡 금지 규정을 어겼습니다."

25 이에 예수께서 대답하셨다. "다윗과 그와 함께한 자들이 굶주렸을 때 한 일을 읽지 못했느냐?

26 그가 아비아달 대제사장 때 하나님의 성전에 들어가 제사장 외에

1) 마 9:9-13, 눅 5:27-32   2) 마 9:14-17, 눅 5:33-39
3) 마 12:1-8, 눅 6:1-5

먹어서는 안 되는 진열된 빵인 진설병을 먹고 함께한 자들에게도 주지 않았느냐?

27 또 말씀하셨다. "안식일이 사람을 위해 있는 것이지 사람이 안식일을 위해 있는 것이 아니다.

28 그러므로 인자된 나는 안식일의 주인이다."

안식일에 손 마른 사람을 고치심[1]

3 ●그곳을 떠난 후에 또 다른 안식일에 예수께서 회당에서 가르치실 때 그곳에 한쪽 손이 오그라든 사람이 있었다.

2 사람들이 예수를 고발할 증거를 찾기 위해 안식일에 병을 고치는지 주시하고 있다가 예수께 물었다. "안식일에 병을 고치는 것이 옳은 것입니까?"

3 예수께서 손마른 사람에게 "한 가운데 서라"고 말씀하신 후

4 그들에게 대답하셨다. "안식일에 선을 행하는 것과 악을 행하는 것, 생명을 구하는 것과 죽이는 것 중 어느 것이 옳으냐?" 그러자 그들이 아무 대답도 하지 못하고 잠잠했다.

5 예수께서는 그들의 마음이 완악함을 탄식하사 노하심으로 가서 그들을 둘러보시고 오른손이 마른 사람에게 말씀하셨다. "손을 내밀라." 그가 손을 내밀자 다른 손과 같이 온전해졌다.

6 이를 본 바리새인들이 나가 헤롯당과 함께 어떻게 하면 예수를 죽일까 의논했다.

많은 무리가 예수께 나옴

7 ●예수께서 제자들과 함께 갈릴리 바다로 가셨다. 이에 갈릴리에서 많은 무리가 따랐다.

8 그리고 유대 지역과 예루살렘과 이두매 지역과 요단강 동쪽과 또 페니키아 지역의 두로와 시돈 근처에서도 많은 무리가 예수께서 행하신 큰일의 소문을 듣고 예수께로 나왔다.

9 그러자 예수께서 제자들에게 무리가 둘러싸 미는 것을 피하기 위해 작은 배를 준비하도록 말씀하셨다.

10 그것은 예수께서 많은 사람의 병을 고치셨기 때문에 병으로 고생하는 자들이 예수를 만지기 위해 한꺼번에 몰려왔기 때문이다.

11 때로는 더러운 귀신들도 어느 때든지 예수를 보면 그 앞에 엎드려 "당신은 하나님의 아들입니다"라고 소리를 질렀다.

12 그래서 예수께서는 자기를 드러내지 말라고 수시로 엄히 금하셨다.

12명의 제자를 선택하심

13 ● 예수께서 갈릴리 지역의 한 산에 올라가사 밤새도록 하나님께 기도하시고 날이 밝자 자기가 원하는 제자들을 부르사

14 12명을 따로 선택한 후 '사도'라고 칭하셨다. 이는 자기와 함께 있게 하시고, 또 그들을 보내 전도하며

15 귀신을 내쫓는 권능도 갖게 하기 위함이었다.

고고학

예수 당시의 배 발견(막 3:9)

1986년 1월 갈릴리 지방에 2년간이나 계속된 가뭄으로 인해 키브츠(집단농장)의 한 농부에 의해서 예수 당시의 배 한 척이 발견되었다. 배는 8.2m×2.3m의 크기로 이 배는 고기잡이나 주민들의 교통수단으로 이용된 것으로 추정된다. 탄소실험 분석에 의하면 이 배는 예수 당시에 해당하는 BC 1년으로 부터 AD 1년으로 추측된다. 이 고대의 배 한 척의 발견으로 인해 예수 당시 제자들이 고기를 잡던 성경의 이야기를 좀 더 실제적으로 이해하게 되었다.

1) 마 12:9~14, 눅 6:6~11

16 그 12명 가운데 시몬에게는 '베드로'라는 이름을 지어 주셨다.

17 그리고 세베대의 아들 야고보와 그 형제 요한에게는 '우레의 아들'이라는 뜻의 '보아너게'라는 이름을 지어 주셨다.

18 안드레와 빌립과 바돌로매와 마태인 레위와 도마와 알패오의 아들 야고보와 다대오와 열심당원인 가나나인 시몬이며,

19 장차 예수를 팔 자인 가룟 유다 등이었다.

예수와 바알세불[1]

20 ● 전도여행 후 예수께서 집에 들어가셨으나 무리가 모여들어 식사할 겨를도 없었다.

21 예수의 가족들이 예수가 미쳤다는 소식을 듣고 그를 붙잡아 데리고 가기 위해 왔다.

22 예루살렘에서 내려온 율법교사인 서기관들과 바리새인들은 그 말을 듣고 말했다. "그가 귀신의 왕인 바알세불을 힘입어 귀신을 쫓아낸다."

23 그러자 예수께서 그들의 생각을 아시고 그들을 불러다가 비유로 말씀하셨다. "사탄이 사탄을 쫓아낼 수는 없다.

24-25 자기들끼리 싸우는 나라나 마을이나 집은 바로 서지 못할 것이다.

26 만일 사탄이 스스로 싸워 사탄을 쫓아내면 자기들끼리 분쟁하는 것인데, 그러면 어떻게 그들의 나라가 서겠느냐? 망할 것이다.

27 사람이 먼저 강한 자를 결박하지 않고서 그 강한 자의 집에 들어가 물건을 빼앗을 수 있겠느냐? 결박한 후에야 그 집의 물건을 빼앗을 수 있다."

28 그러므로 내가 너희에게 참으로 말한다. "사람에 대한 모든 죄와 모독하는 일은 용서받을 수 있지만

29 성령을 모독하는 것은 용서받지 못한다. 또 누구든지 말로 인자인 나를 거역하면 용서함을 받을 수 있으나 성령을 거역하면 이 세상뿐 아니라 장차 올 세상에서도 용서를 받을 수 없다."

30 이는 사람들이 "그가 더러운 귀신에 들렸다"라고 말했기 때문이다.

예수의 어머니와 형제 자매[2]

31 ● 예수께서 무리에게 말씀하실 때 그의 어머니와 동생들이 찾아와 예수께 말하려고 했으나 많은 무리로 인해 가까이 가지 못했다. 이에 밖에 서서 사람을 보내 예수를 불렀다.

32 무리가 예수 주위에 둘러 앉았다가 예수께 말했다. "선생님, 당신의 어머니와 동생들과 누이동생들이 당신을 만나기 위해 밖에서 찾습니다."

33 이에 예수께서 말하던 사람에게 대답했다. "누가 내 어머니이며, 내 동생들이냐?"라고 하더니

34 둘러앉은 자들을 보시며 손을 내밀어 제자들을 가리켜 말씀하셨다. "내 어머니와 내 동생들을 보라.

?! 난제 성령을 모독하는 자는?(막 3:29)

성령을 모독하는 자는 성령의 권위를 무시하고 모독하며 대적하는 자를 가리킨다. 성령은 인간의 심령을 감동시켜 회개하게 하여 구원에 이르게 하신다. 결국 성령의 감동을 거부하고 참회치 않고, 주님을 믿지 않는 자들이 성령을 훼방하는 자에 속한다. 이런 자들은 회개의 기회를 얻지 못하기 때문에 결국 사함을 받지 못하는 것이다.

1) 마 12:22-32, 눅 11: 14-23, 12:10   2) 마 12:46-50, 눅 8:19-21

35 누구든지 하늘에 계신 내 아버지의 뜻대로 행하는 자가 모두 내 형제자매이며, 어머니이다."

4가지 땅에 떨어진 씨의 비유[1]

4 ● 예수께서 가버나움에 있는 집에서 나와 갈릴리 바닷가에서 가르치셨는데, 예수는 배에 올라 앉으시고 무리는 바닷가 육지에 있었다.

2 이에 예수께서 비유를 들어 여러 가지를 말씀하셨다.

3 "씨를 뿌리는 자가 밭에 나가서 씨를 뿌렸다.

4 씨 가운데 어떤 것은 길가에 떨어져 공중의 새들이 와서 먹어 버렸다.

5 어떤 씨는 흙이 얕은 돌밭에 떨어져 흙이 얕아 곧 싹이 나왔으나

6 해가 돋은 후에는 뿌리가 없어 말라 버렸다.

7 또 어떤 씨는 가시떨기 위에 떨어지자 가시가 함께 자라므로 성장하는 기운을 막아 결실하지 못했다.

8 어떤 씨는 좋은 땅에 떨어져 무성하여 결실했으니 어떤 것은 30배, 어떤 것은 60배, 어떤 것은 100배가 되었다.

9 경청하여 깨닫는 자는 이 비유를 들으라."

씨의 비유에 대해 설명하심[2]

10 ● 예수께서 혼자 계실 때 함께한 사람들이 12명의 제자와 더불어 예수께 나와 "어찌하여 그들에게 비유들로 말씀하십니까?"라고 비유에 대해 물었다.

11 예수께서 대답하셨다. "하나님 나라의 비밀을 아는 것이 너희에게는 주어졌으나 그들에게는 그렇지 못하기 때문에 모든 것을 비유로 한다.

12 그 이유는 그들이 보아도 보지 못하고, 들어도 듣지 못하며, 깨닫지 못하게 하여 돌이켜 죄 용서함을 얻지 못하게 하려는 것이다."

13 예수께서 계속해서 말씀하셨다. "너희가 이 비유의 뜻을 알지 못하는데 어떻게 다른 비유를 알 수 있겠느냐?

14 씨를 뿌리는 자는 말씀을 뿌리는 것이다.

15 누구든지 하나님 나라의 말씀을 듣고 깨닫지 못할 때는 악한 자, 사탄이 와서 그 마음에 뿌려진 말씀을 빼앗아 그들이 믿어 구원을 얻지 못하게 하는 것이다. 이는 길가에 뿌려진 자를 가리키는 것이다.

16 돌밭에 뿌려졌다는 것은 말씀을 듣고 즉시 기쁨으로 받아 들이지만

17 그 속에 뿌리가 없어 잠시 견디다가 말씀으로 인해 환난이나 박해가 일어날 때는 넘어지는 자를 가리킨다.

18 가시떨기에 뿌려졌다는 것은 말씀은 듣지만

19 세상의 염려와 재물과 향락의 유혹과 욕심이 말씀을 막아 말씀이 성장하지 못하여 결실하지 못하는 자를 가리킨다.

20 좋은 땅에 뿌려졌다는 것은 말씀을 듣고 깨달아 말씀을 지키는 자이다. 그는 인내로 결실하여 어떤 것은 30배, 어떤 것은 60배, 어떤 것은 100배가 되는 것을 말한다."

등불은 등잔대 위에

21 예수께서 그들에게 말씀하셨다. "사람이 등불을 켜서 그릇으로 덮거나 됫박이나 침대 아래에 두지 않고 등잔대 위에 둔다. 이는 방 안으로 들어가는 자들로 그 빛을 보

1) 마 13:1-9, 눅 8:4-8 2) 마 13:10-23, 눅 8:9-15

막

도록 하려는 것이다.

22 숨은 것은 장차 모두 드러나며, 감추인 것은 결국 알려지고 나타날 것이다.

23 경청하여 깨닫는 자는 들으라.

24 그러므로 너희는 무엇을 듣고 있는지 스스로 조심하라. 너희의 판단으로 너희가 판단을 더 많이 받을 것이다.

25 누구든지 있는 자는 더 받으며, 없는 자는 그 있는 것까지도 빼앗길 것이다."

자라는 씨와 겨자씨와 누룩의 비유1)

26 ● 예수께서 말씀하셨다. "하나님 나라는 사람이 씨를 땅에 뿌린 것과 같다.

27 그가 밤낮 자고 깨는 중에 씨가 나서 자라지만 그것이 어떻게 자라는지는 알지 못한다.

28 땅이 스스로 열매를 맺는다. 처음에는 싹이 나오고, 다음에는 이삭이 패고, 마지막에는 이삭이 충실한 곡식이 된다.

29 그리고 열매가 익으면 낫으로 거두어 들인다. 그것은 추수 때가 되었기 때문이다."

30 예수께서 말씀하셨다. "우리가 하나님 나라를 무엇으로 비교하며, 또 무슨 비유로 말할 수 있는가?

31 그것은 마치 사람이 자기 땅에 갖다 심은 겨자씨 한 알과 같다. 그것이 땅에 심길 때는 땅 위의 모든 씨보다 작지만

32 땅에 심긴 후에는 모든 풀보다 크게 자라 큰 가지를 내어 공중의 새들이 와서 그 그늘에 깃들일 만큼 된다."

33 예수께서 이 모든 것을 무리에게 많은 비유로 알아듣도록 말씀을 가르치시되

34 비유가 아니면 아무것도 말씀하지 않으셨다. 그리고 혼자 계실 때는 제자들에게 그 비유를 해석해 주셨다.

바람과 바다를 잔잔케 하심2)

35 ● 하루는 날이 저물 때 예수께서 제자들에게 말씀하셨다. "우리가 갈릴리바다 동쪽으로 건너가자."

36 제자들이 무리를 떠나 예수와 함께 배를 타고 가자 다른 배들도 함께 갔다.

37 배가 행선할 때 갈릴리바다에 큰 광풍이 일어나 물결이 배에 부딪혀 배 안으로 물이 들어와 가득차게 되었으나

38 예수께서는 배의 뒷 부분인 고물을 베개 삼아 잠이 드셨다. 이에 제자들이 예수를 깨우며 말했다. "선생님, 살려 주십시오. 우리가 죽게 되었습니다."

39 예수께서 일어나 바람과 바다를 향해 "잠잠하고 고요하라"고 꾸짖으시자 바람이 그치고 갈릴리바다가 아주 잔잔하게 되었다.

40 이에 제자들에게 말씀하셨다. "어찌하여 너희가 이렇게 두려워하느냐? 너희가 믿음이 없느냐?

41 제자들이 이를 보고 크게 놀라며 말했다. "도대체 이분이 어떤 사람이기에 바람과 바다도 그의 말에 복종하는가?"

군대 귀신 들린 사람을 고치심3)

5 ● 마침내 예수께서 갈릴리 맞은 편, 곧 갈릴리바다 동쪽으로 가셔서 배에서 내려 거라사인 지방으로 가셨다.

2 배에서 나오자 그곳에는 무덤 사이를 배회하는 귀신 들린 사람이

1) 마 13:31-35, 눅 13:18-19   2) 마 8:23-27, 눅 8:22-25
3) 마 8:28-34, 눅 8:26-39

있었다. 그들이 예수를 만났다.

3 그 사람은 오랫동안 옷을 입지 않고, 집에 거하지도 않고, 무덤 사이에 지내는데 몹시 사나워 이제는 아무도 그를 쇠사슬로 묶어 둘 수도 없었다.

4 이는 그들을 여러 번 쇠고랑과 쇠사슬로 묶었어도 귀신이 가끔 그를 사로잡음으로써 쇠사슬을 끊고, 쇠고랑을 깨뜨려 아무도 그를 통제할 힘이 없었기 때문이었다.

5 귀신 들린 사람은 무덤 사이와 산에서 밤낮으로 소리 지르며 돌로 자기의 몸을 상하게 하고 있었다.

6 귀신 들린 사람이 멀리서 예수를 보고 달려와 엎드려 절하며

7 예수께 큰 소리로 부르짖으며 말했다. "지극히 높으신 하나님의 아들 예수여, 나와 당신과 무슨 상관이 있습니까? 하나님 앞에 나를 괴롭히지 않도록 맹세하시기 바랍니다. 아직 우리의 때가 되지 않았는데 여기에 오셨습니까?[1]"

8 이렇게 말하는 것은 예수께서 이미 "더러운 귀신아, 그 사람에게서 나오라"고 하셨기 때문이다.

9 이에 예수께서 귀신들에게 물으시되 "네 이름이 무엇이냐?"라고 하시자 "내 이름은 군대니 우리가 많습니다"라고 대답하며

10 자기들을 그 지방에서 쫓아내지 말기를 간구했다.

11 때마침 많은 돼지 떼가 멀리 산 곁에서 먹고 있어

12 귀신들이 예수께 간구하여 말했다. "만일 우리를 쫓아내시려면 돼지들에게 들어가게 해주십시오."

13 예수께서 귀신들에게 "가라"고 허락하시니 귀신들이 그 사람에게서 나와 돼지 떼로 들어갔다. 그러자

14 이를 본 돼지 치던 자들이 마을로 달려 내려가 귀신이 나가고 돼지 떼가 몰살된 일을 알리자 온 마을 사람이 어찌 된 일인지 보러 와서

15 예수께 이르렀다. 그리고 그 군대 귀신 들렸던 자가 옷을 입고 정신이 온전하여 예수의 발아래 앉은 것을 보고 두려워했다.

16 이에 귀신 들렸던 자가 변한 것과 돼지가 몰살당한 일을 본 자들이 사람들에게 말했다.

17 그 말을 들은 거라사인 땅 근방의 모든 사람은 크게 두려워하여 예수께서 그 지방에서 떠나기를 간구했다.

18 이에 예수께서 그곳을 떠나 배에 오르실 때 귀신 들렸던 사람이 예수와 함께 있기를 간구했으나

19 예수께서는 허락하지 않고 그에게 말씀하셨다. "집으로 돌아가 내가 너에게 큰일을 행한 것과 불쌍히 여긴 것을 네 가족에게 알리라."

20 그가 돌아가서 예수께서 자기에게 행한 큰일을 데가볼리 지역에 알리자 모든 사람이 놀랐다.

야이로의 딸과 혈루증을 앓던 여인[2]

21 ● 예수께서 갈릴리바다 서북쪽에서 배를 타시고 바다 동쪽으로 가셨다가 다시 갈릴리로 돌아오시자 예수를 기다렸던 무리가 그를 환영했다. 예수께서는 바닷가에 계셨다.

22 이때 회당장 가운데 한 명인 야이로라고 하는 사람이 예수께 찾아와서 발아래 엎드리며

23 자기 집에 오기를 간청했다. 12세 된

2,000마리쯤 되는 돼지 떼가 비탈로 곤두박질하여 갈릴리바다에 들어가서 물에서 몰살되었다.

"나의 어린 딸이 죽어가고 있으니 오셔서 그 위에 손을 얹어 살게 하십시오."

24 예수께서 그와 함께 가시자 제자들도 함께 가더니 많은 무리가 따라가며 둘러싸고 밀어 댔다.

25 한편 12년 동안이나 혈루증을 앓는 여자가 있었다.

26 그녀는 많은 의사의 치료에도 오히려 심한 고통을 받았고, 가진 재산도 다 허비했으나 아무 효험이 없고 도리어 병이 더 악화되었다.

27 그러던 중 예수의 소문을 듣고 찾아와 회당장의 딸을 고치러 가는 예수의 뒤로 와서 그의 겉옷자락에 달린 옷술을 만졌다.

28 이는 그녀의 마음에 그분의 겉옷자락만 만져도 나을 수 있다고 생각했기 때문이다.

29 이에 그의 혈루의 근원이 되는 피가 곧 멈추었고 병이 나았다는 것을 몸으로 느꼈다.

30 이에 예수께서 그 능력이 자기에게서 나간 줄을 아시고 무리 가운데서 돌아서서 말씀하셨다. "누가 내 겉옷자락을 만졌느냐?"

31 그러자 제자들이 예수께 말했다. "무리가 에워싸서 미는 것을 보지 않으셨습니까. 그런데 누가 내 옷술을 만졌느냐고 물으십니까?"

32 예수께서 자기 옷술에 손을 댄 자가 누구인지 보려고 둘러보시자

33 여자가 자기에게 이루어진 일을 숨기지 못할 줄 알고 두려워하여 떨며 예수 앞에 엎드려 손을 댄 이유와 곧 나은 사실을 모든 사람 앞에서 말했다.

34 그러자 예수께서 돌이켜 그 여자를 보시며 말씀하셨다. "딸아, 안심하라. 네 믿음이 너를 구원했다.

그러니 이제는 평안히 가라. 네가 병에서 나아 건강하게 될 것이다." 그러자 그 즉시 여자의 병이 나았다.

35 아직 예수께서 말씀하실 때 회당장의 집에서 보낸 사람들이 와서 회당장에게 말했다. "당신의 딸이 죽었습니다. 더 이상 선생님을 번거롭게 하지 마십시오."

36 그러자 예수께서 그 말을 들으시고 회당장에게 말했다. "두려워 말고 믿기만 하라. 그러면 딸이 살아날 것이다."

37 그리고 아이의 부모와 베드로와 야고보와 그 형제 요한만 데리고 회당장의 집으로 들어가셨다.

38 회당장의 집에 도착하시자 피리 부는 자들과 떠드는 자들의 소리가 들리고, 사람들은 울며 심히 통곡하고 있었다.

39 예수께서 집에 들어가 그들에게 말씀하셨다. "너희가 왜 떠들며 우느냐? 이 아이는 죽은 것이 아니라 자고 있다."

40 그 말을 들은 사람들은 아이가 죽은 것을 알고 있었기에 예수를 비웃었다. 예수께서 주위의 사람들을 모두 내보내신 후 아이의 부모와 자기와 함께한 제자만을 데리고 아이가 있는 곳으로 들어가셨다.

41 그리고 그 아이의 손을 잡고 "달리다굼"이라고 말씀하시니 이를 번역하면 "내가 네게 말한다. 소녀야 일어나라"는 뜻이다.

42 이에 소녀가 즉시 일어나서 걸으니 나이가 12세였다. 이를 본 사람들이 크게 놀랐다.

43 예수께서 이 일을 아무도 알지 못하게 하라고 그들에게 엄히 경계하시고 이에 소녀에게 먹을 것을 주라고 하셨다.

고향에서 배척 받으심[1]

6 ● 예수께서 비유로 가르치기를 마치신 후 갈릴리 바닷가에 있는 가버나움을 떠나서 48km 떨어져 있는 고향 나사렛으로 돌아가시니 제자들도 함께 따라갔다.

2 안식일이 되어 나사렛 회당에서 가르치시자 많은 사람이 그 가르침에 놀라며 말했다. "이 사람의 이런 지혜와 능력이 어디서 났느냐?

3 그는 목수의 아들이 아니냐? 그 어머니는 마리아이고 그 형제들은 야고보, 요셉, 시몬, 유다이다. 그 누이들은 모두 우리와 함께 있는데, 이 사람의 이 모든 지혜와 능력은 어디서 나왔느냐?" 그들은 예수를 잘 아는 고향 사람들이기 때문에 예수를 믿지 못하고 배척했다.

4 이에 예수께서 그들에게 말씀하셨다. "선지자는 자기 고향과 친척과 자기 집에서는 존경을 받지 못하지만 다른 곳에서는 존경을 받는다."

5·6 예수께서는 그들이 믿지 않는 것을 이상하게 여기시고 그로 인해 그곳에서는 많은 능력을 행하시지 않고 소수의 병자에게만 안수하여 고치셨다.

12명의 제자 파송을 위한 가르치심[2]

7 ● 예수께서 제자 중에서 12명을 부르사 이들에게 더러운 귀신을 쫓아내며, 모든 병과 약한 것을 고치는 능력과 권위를 주셨다.

8 그리고 명령하셨다. "너희는 돈 주머니에 돈도 준비하지 말라. 오직 여행을 위해 지팡이 외에

9 신만 신고 두 벌 옷도 입지 말라. 이는 일꾼이 자기 먹을 것을 받는 것이 마땅하기 때문이다.

10 그러므로 성이나 마을 어떤 곳이든지 들어가 그중 너희 도울 자를 찾아내어 그 집에 들어가거든 그곳을 떠날 때까지 그 집에서 머물라.

11 어느곳에서든지 너희를 영접하지 않고 너희 말을 듣지 않거든 그 집이나 마을에서 나가 너희 발의 먼지를 떨어버려 그들에게 증거를 삼으라.

12명의 제자 파송

12 제자들도 여러 마을에 두루 다니며 회개하라고 외치며 곳곳에서 복음을 전했다.

13 그리고 많은 귀신을 쫓아내며, 많은 병든 자에게 기름을 발라 병을 고쳤다.

세례자 요한의 죽음 사건

14·15 예수의 이름이 모든 사람에게 알려지면서 어떤 이는 예수를 보고 엘리야가 나타났다고 했고, 또 어떤 이는 옛 선지자 중 하나와 같다고 했고, 헤롯 안디바왕은 세례자 요한이 죽었다가 다시 살아났다고 말하기도 했다. 그래서 그런 능력이 그 속에서 일어난다고 했다.

16 그때 갈릴리 지역을 통치하는 분봉 왕 헤롯 안디바가 예수의 소문을 듣고 그 신하들에게 말했다. "내가 세례자 요한의 목을 베어 죽였는데 다시 살아났다고 한 이 사람은 누구인가?" 그래서 분봉 왕 헤롯 안디바는 예수를 한번 만나보려고 했다.

17 이전에 헤롯 대왕의 아들 헤롯 안디바가 자기의 이복 동생인 빌립 1세의 아내였던 헤로디아를 아내로 맞아들인 일로 세례자 요한을 잡아 결박하여 감옥에 가두었다.

18 그것은 세례자 요한이 헤롯 안디바에게 "당신이 동생의 아내였던

여자를 차지한 것이 옳지 않다"라고 말했기 때문이다.

19 그래서 헤롯 안디바는 세례자 요한을 죽이려 했고, 그의 아내 헤로디아도 세례자 요한을 원수로 여겨 죽이려고 했으나 그렇게 못한 것은

20 헤롯 안디바가 세례자 요한을 의롭고 거룩한 사람으로 알고 있었기 때문이다. 또 그의 말을 들을 때 크게 번민하면서도 달갑게 들었기 때문이다. 그래서 세례자 요한 죽이기를 두려워했다.

21 그러던 중 헤롯 안디바는 생일을 맞아 관료들, 천부장들, 갈릴리의 귀빈들과 함께 잔치를 베풀었다.

22-23 그때 헤로디아의 딸이 잔치 자리에서 춤을 추어 헤롯 안디바와 잔치에 참석한 자들을 기쁘게 했다. 그러자 헤롯 안디바가 헤로디아의 딸에게 그가 원하면 나라의 절반이라도 주겠다고 맹세했다.

24 이때 그녀는 자기 어머니에게 물었다. "내가 무엇을 구할까요?" 그의 어머니가 말했다. "세례자 요한의 머리를 달라고 요청하라."

25 이에 그녀는 어머니가 시킨 대로 분봉왕 헤롯 안디바에게 "세례자 요한의 머리를 쟁반에 얹어 자신에게 달라"고 했다.

26 그 말을 들은 헤롯 안디바왕은 고민했다. 그러나 사람들 앞에서 맹세한 것과 그와 함께 앉은 사람들에 대한 체면 때문에 거절하지 못하고

27 그녀가 요청한 대로 시위병 한 사람을 보내어 감옥에서 세례자 요한의 목을 베어

28 그 머리를 쟁반에 얹어 헤로디아의 딸, 소녀에게 주었고, 그 소녀는 그 머리를 자기 어머니에게로 가져갔다.

29 이후 세례자 요한의 제자들이 와서 그의 시체를 가져다가 장사한 후 예수께 그 소식을 알렸다.

사도들의 전도 보고 이후[1]

30 ● 한편 전도하고 돌아온 12명의 사도가 예수께로 와서 자기들이 행한 것과 가르친 것을 자세히 보고하자

31 예수께서 말씀하셨다. "너희는 따로 조용한 곳에 가서 잠시 쉬도록 해라." 이렇게 한 것은 오고 가는 사람이 많아 사도들이 음식 먹을 겨를도 없었기 때문에 예수께서 배려하신 것이다.

32 이에 예수께서 배를 타시고 따로 한적한 곳으로[2] 가려고 하셨다.

33 그러나 무리가 예수의 일행이 어디로 가는지를 알고 각처의 마을에서 도보로 예수의 일행이 가는 곳에 먼저 와 있었다.

34 예수께서는 그곳에서 목자 없는 양같이 방황하는 많은 무리를 보시고 불쌍히 여기셨다. 그리고 그들에게 하나님 나라의 일을 여러 가지로 가르치셨다.

5,000명을 먹이심[3]

35 ● 얼마 지난 후 어느 날, 날이 저물어 저녁이 되자 제자들이 예수께 나아와 말했다. "이곳은 빈 들이며, 날도 이미 저물었으니

36 무리를 보내 마을에 들어가 먹을 것을 사 먹게 하십시오."

37 예수께서 말씀하셨다. "너희는 빵을 사러 갈 필요가 없다. 너희가 먹을 것을 주도록 하라." 또 제자들이 대답했다. "우리가 가서 은전

---

1) 마 14:13-14, 눅 9:10-11　2) 마 14:13에는 빈들, 눅 9:10에는 벳새다　3) 마 14:15-23, 눅 9:12-17, 요 6:5-15

200데나리온의 빵을 사다 먹이도록 할까요?"

38 또 예수께서 말씀하셨다. "너희에게 빵이 몇 개나 있는지 가서 알아보라." 이에 제자들 가운데 하나인 시몬 베드로의 형제 안드레가 예수께 말했다. "여기 한 아이가 보리빵 5개와 물고기 2마리를 갖고 있습니다. 그러나 그것이 이 많은 사람에게 무슨 소용이 있겠습니까?"

39 예수께서 "그것을 나에게로 가져오라"고 말씀하시고 제자들에게 무리를 50명씩 떼를 지어 푸른 잔디 위에 앉히도록 하셨다.

40 제자들이 무리를 앉게 하자 100명 또는 50명씩 앉았다.

41 그러자 예수께서는 빵 5개와 물고기 2마리를 들고 하늘을 우러러보시고 축사하신 후 빵을 떼어 제자들에게 주셨고, 제자들은 무리에게 나누어 주었다.

42 그들이 배부르게 먹은 후

43 예수께서 제자들에게 말씀하셨다. "먹고 남은 조각을 거두고 버리는 것이 없도록 하라." 이에 모두 배불리 먹고 남은 빵 조각과 물고기를 거두니 12바구니에 가득 찼다.

44 먹은 사람은 여자와 어린이 외에 남자만 5,000명이나 되었다.

45 기적으로 빵과 물고기를 먹은 무리는 예수를 억지로 왕으로 삼으려고 했다. 이를 아신 예수께서 즉시 제자들을 재촉하사 자기가 무리를 돌려보내는 동안 배를 타고 먼저 건너편 벳새다 마을로 가게 하셨다.

46 그리고 무리를 보내신 후 기도하시기 위해 따로 산에 올라가셨다.

바다 위를 걸어오심

47 ● 날이 저물자 제자들이 갈릴리바다로 내려가 배를 타고 바다를 건

너 가버나움으로 가고 배는 바다 가운데 있었다. 그러나 예수께서는 날이 어두워 그곳 육지에 혼자 계셨고,

48 제자들이 탄 배는 심한 바람으로 인해 제자들이 힘겹게 노를 저어 십여 리인 4km쯤 갔을 오전 3시에서 6시 사이인 밤 사경쯤에 예수께서 바다 위를 걸어서 제자들에게 와 그냥 지나가시려고 했다.

49 이를 본 제자들이 놀라서 유령이라고 소리를 질렀다.

50 그것은 예수를 보고 놀랐기 때문이다. 이에 예수께서 제자들에게 말씀하셨다. "안심하라. 나니 두려워하지 말라."

51 베드로가 예수와 함께 배에 오르자 제자들이 예수를 배로 영접했고 바람도 그쳤다. 이 일로 제자들이 심히 놀랐는데

52 그것은 그들이 빵과 물고기로 5,000명을 먹이던 일을 깨닫지 못하고 도리어 그 마음이 둔해졌기 때문이다.

게네사렛에서 병자들을 고치심

53 ● 예수의 일행이 배를 타고 갈릴리바다를 건너가 그들이 가려던

📍성경지리   벳새다 들판(막 6:35-44)
           벳새다 마을(막 6:45)

벳새다는 벳새다 마을인 텔 벳새다와 예수께서 오병이어의 기적을 베푼 벳새다 들판이 있다. 텔 벳새다는 가버나움 동쪽 약 4km 지점으로, 고라신과도 인접해 있어 가버나움과 고라신과 벳새다는 3각 위치에 놓여 있다. 벳새다 들판은 예수께서 오병이어로 장정만 5,000명을 먹이신 기적을 행하신 곳이다(마 14:13-23). 지금의 타브가(Tabgha)라고 부르는 곳과 텔 벳새다 동남쪽의 북부 요단 강이 갈릴리바다 북쪽으로 유입되는 곳이 있는데, 후자의 경우가 더 유력시된다. 벳새다는 '고기 잡는 집'이라는 뜻이다. 빌립, 안드레, 베드로가 벳새다 출신이다.

곳인 바다 북쪽 해안의 게네사렛 땅에 이르러

54 배에서 내렸다. 그곳 사람들은 그가 예수이신 줄 알고

55 주위 지역에 두루 알리자 그 말을 듣는 대로 모든 병든 자를 침상째 로 메고 예수께 데려왔다.

56 그리고 예수께서 다니시는 지방이 나 마을에서는 그의 옷자락만이라 도 만지기를 간구했고, 예수의 옷 자락에 손을 대는 자는 모두 나음 을 얻었다.

장로들의 전통[1]

7 ● 그때 바리새인과 율법교사인 서기관 중 몇 명이 예루살렘에서 내려와 예수께 모여들었다.

2 그리고 그의 제자들이 씻지 않은 부정한 손으로 빵 먹는 것을 보았 다.

3 바리새인들과 모든 유대인은 장로 들의 전통에 따라 손을 팔뚝까지 잘 씻지 않으면 음식을 먹지 않고,

4 또 시장에 갔다가 돌아와서도 물 을 뿌리거나 목욕하지 않고는 먹 지 않았다. 그 외에도 여러 가지를 지켜 오는 것이 있으니 잔과 주전 자와 놋 그릇을 씻는 것이었다.

5 그때 바리새인과 서기관들이 예루 살렘에서 내려와 예수께 물었다. " 당신의 제자들은 왜 장로들의 전 통을 지키지 않습니까? 왜 빵을 먹 을 때 씻지 않는 부정한 손으로 먹 습니까?"

6 위선자들아, 이에 이사야가 너희 에 대해 잘 예언했다. 그가 기록하 기를 '이 백성이 입술로는 나를 공 경하지만 마음은 내게서 멀리 떠 나 있다.' 예수께서 말씀하셨다.

7 "사람의 계명을 가지고 교훈을 삼 아 가르치고 있으니 나를 헛되이

경배한다라고 했다."

8 예수께서 대답하셨다. "너희는 하 나님의 계명은 버리고 오히려 사 람의 전통을 지키는구나.

9 왜 너희는 전통을 핑계로 하나님 의 계명을 버리느냐?

10 하나님이 말씀하시기를[2] '네 부모 를 공경하라' 또 '부모를 비방하는 자는 반드시 죽임을 당할 것이다' 라고 하셨다.

11-12 그런데 너희는 말하기를 '누구 든지 내가 부모에게 드려 유익하게 할 것을 고르반, 곧 하나님께 드렸 다고 말만 하면 그 부모를 더 이상 공경하지 않아도 된다라고 한다.

13 너희는 너희의 전통을 핑계로 부 모를 공경하라는 하나님의 말씀을 무시하고 그 같은 일을 많이 행하 고 있다."

사람을 더럽게 하는 것들[3]

14 ● 예수께서 무리를 다시 불러 말 씀하셨다. "너희는 내 말을 듣고 깨달으라.

15-16 사람을 더럽게 하는 것은 입으 로 들어가는 것이 아니라 입에서 나오는 것이다."

17 그리고 무리를 떠나 가버나움 집 으로 들어가시자 제자들이 이 비 유를 설명해 달라고 말했다.

18-19 이에 예수께서 말씀하셨다. "너 희가 아직까지도 깨달음이 없느 냐? 밖에서 들어가는 모든 것은 마 음으로 들어가지 않고 배로 들어 가서 뒤로 나가므로 모든 음식물 은 깨끗하다.

20 반면 사람의 입에서 나오는 것들 은 마음에서 나오는데 이것이 사 람을 더럽게 한다.

21-22 왜냐하면 사람의 마음에서 나

---

1) 마 15:1-9　2) 모세는　3) 마 15:10-20

오는 것은 악한 생각, 살인, 간음과 음란, 탐욕, 악독, 속임, 도둑질, 거짓 증언, 질투, 비방, 교만, 우매함 등이기 때문이다.

23 이런 것들이 사람을 더럽게 하는 것이지 씻지 않은 손으로 먹는 것이 사람을 더럽게 하는 것이 아니다."

수로보니게 족속 여인의 믿음1)

24 ● 예수께서 그곳 갈릴리 지역을 떠나 갈릴리 북쪽 지중해안에 있는 두로와 시돈 지방으로 가셨다. 그리고 그곳에 있는 한 집에 들어가셔서 아무도 모르게 머물려고 하셨으나 숨길 수가 없었다.

25 그때 귀신 들린 어린 딸을 둔 가나안 여자 한 명이 예수의 소문을 듣고 그 지역에서 예수를 찾아와 발 아래 엎드렸다.

26 그 여자는 헬라인이며, 두로와 시돈 지방인 수로보니게 족속이었다. 그녀는 자기 딸에게서 귀신을 쫓아내주도록 큰 소리로 간구했다.

27 예수께서 대답하셨다. "자녀에게 먼저 배불리 먹게 할 것이다. 그러므로 자녀의 빵을 취해 개들에게 던져 주는 것이 옳지 않다."

28 여자가 말했다. "주여, 맞습니다. 그러나 개들도 자기 주인 또는 아이들의 상에서 떨어지는 부스러기를 먹습니다."

29 이에 예수께서 대답하셨다. "여자여, 그렇게 말하는 것을 보니 네 믿음이 크다. 네 소원대로 귀신이 네 딸에게서 나갔다."

30 여자가 집에 돌아가 보니 딸이 침대에 누웠고 예수께서 말씀하신 때부터 귀신이 나갔다.

귀 먹고 말 더듬는 자를 고치심

31 ● 예수께서 이방의 옛 베니게 지역인 두로 지방을 거쳐 시돈 지역을 지나 데가볼리 지역을 통과하여 갈릴리 바닷가로 다시 오셔서 산에 올라가 앉으셨다.

32 이때 사람들이 귀먹고 말을 더듬는 자를 예수께 데려와서 안수해 주기를 간청했다.

33 그러자 예수께서 그 사람을 따로 데리고 무리를 벗어나 손가락을 그의 양쪽 귀에 넣고 침을 뱉어 그의 혀에 손을 대신 후

34 하늘을 우러러 탄식하며 그에게 말씀하기를 '에바다'라고 하셨다. 에바다는 '열리라'라는 뜻이다.

35 이에 그의 귀가 열리고 맺힌 혀가 풀려 말을 하게 되었다.

36 예수께서 그들에게 엄히 경계하여 누구에게도 말하지 말라고 하셨으나 그럴수록 그들이 더욱 소문을 냈다.

37 사람들이 그가 나은 것을 보고 크게 놀라 말했다. "그분이 하는 모든 일은 선한 것이었다. 듣지 못하는 사람도 듣게 하시고, 말 못하는 사람도 말하게 하셨다."

4,000명을 먹이심2)

8 ● 그 무렵 예수께서 큰 무리를 보시고 제자들을 불러 말씀하셨다.

2 "내가 이 많은 무리를 불쌍히 여긴다. 그들이 나와 함께 있은 지 이미 3일이나 지났으나 먹을 것이 없다.

3 그들 중에는 멀리서 온 사람들도 있는데 내가 그들을 굶겨 집으로 보내면 그들이 길에서 기진할 것이다."

4 이에 제자들이 말했다. "이곳은 광야 빈 들인데 우리가 어디서 이 많은 무리가 배부를 만큼 빵을 구할 수 있겠습니까?"

5 예수께서 제자들에게 말씀하셨다. "너희에게 빵이 몇 개나 있느냐?" 제자들이 대답하되 "빵 7개가 있습니다"라고 하자

6-7 예수께서 무리를 땅에 앉도록 하시고 빵 7개와 작은 생선 2마리쯤을 가지고 축사하신 후 떼어 제자들에게 주셨고, 제자들은 무리에게 나누어 주었다.

8 그러자 무리가 모두 배불리 먹고 남은 조각만도 7광주리에 차게 거두었다.

9 이때 먹은 자는 여자와 어린이 외에 남자만 약 4,000명이었다. 예수께서 무리를 흩어 보내신 후

10 바로 제자들과 함께 배에 오르사 바닷가의 달마누다 지역으로 가셨다.

표적을 구하는 세대[1]

11 ● 어느 날 율법교사와 바리새인 중 몇 사람이 예수께 찾아와 시비를 걸며 시험하여 하늘에서 오는 증거를 보여 달라고 했다.

12 예수께서 마음속으로 깊이 탄식하시며 대답하셨다. "너희가 날씨는 분별할 줄 알면서 이 시대의 표적은 분별할 수 없느냐? 어찌하여 이 세대는 표적을 구하느냐? 내가 참으로 너희에게 말하는데 이 세대에 기적을 행하지 않을 것이다."

13 그리고 그들을 떠나 다시 배에 올라 갈릴리바다 동쪽으로 가셨다.

바리새인과 사두개인의 누룩[2]

14 ● 그후 제자들이 갈릴리바다 건너편 벳새다 마을로 갈 때 빵 준비하는 것을 잊었다. 배에는 빵 하나밖에 없었다.

15 그때 예수께서 경고하여 말씀하셨다. "삼가 바리새인들과 사두개인들과 헤롯의 누룩을 주의하라."

16 그 말을 들은 제자들은 서로 상의하며 말했다. "이는 우리가 빵을 준비하지 못했기 때문이다."

17 예수께서 제자들의 생각을 알고 물으셨다. "어찌 빵이 없는 것에 대해 서로 상의하느냐? 아직도 깨닫지 못하느냐? 너희 마음이 둔하냐?

18 너희가 눈이 있어도 보지 못하며, 귀가 있어도 듣지 못하느냐? 또 기억하지 못하느냐?

19 빵 5개로 5,000명에게 떼어 줄 때 남은 조각을 몇 바구니에 거두었느냐?" 그들이 대답하되 "12바구니입니다."

20 또 물으셨다. "빵 7개로 4,000명에게 떼어 줄 때 먹고 남은 것이 몇 광주리였더냐?" 그들이 "7개입니다"라고 말하자

21 예수께서 말씀하셨다. "왜 내가 말한 것이 빵에 대한 것이 아닌 줄 깨닫지 못하느냐? 오직 바리새인과 사두개인들의 누룩을 주의하라."

벳새다에서 눈먼 자를 고치심

22 ● 예수께서 벳새다 마을에 오시자 사람들이 눈먼 한 사람을 예수께 데리고 와서 안수해 주시기를 간구했다.

23 이에 예수께서 그의 손을 붙잡으시고 마을 밖으로 데리고 나가 눈에 침을 뱉으시며 그에게 안수하신 후

Q&A 광주리의 크기는?(막 8:8)

광주리는 갈대, 종려나무 가지, 등으로 엮어 만든 큰 그릇으로, 곡식이나 과실 등의 물건을 보관한다. 손에 들고 다니는 작은 그릇인 '바구니'와는 구분된다(6:43). 바울이 다메섹에서 광주리를 타고 성벽을 내려와 도망한 것은 당시의 광주리가 얼마나 컸는가를 보여준다. 따라서 남은 빵 조각을 일곱 광주리나 거두었다는 것은 상당히 많은 양을 거두었음을 알려준다.

"무엇이 보이느냐"라고 물으셨다.

24 이에 그가 쳐다보며 말했다. "사람들과 나무 같은 것들이 걸어가는 것이 보입니다." 그러자

25 예수께서 다시 그의 눈에 안수하셨고, 그의 눈이 치료되어 모든 것을 밝히 보게 되었다.

26 예수께서 그 사람을 집으로 보내시며 "마을에는 들어가지 말라"고 하셨다.

베드로의 신앙고백1)

27 ● 예수께서 제자들과 함께 벳새다에서 북쪽으로 53km 정도 떨어진 빌립보 가이사랴 지방에 이르러 무리와 떨어져 따로 기도하실 때 제자들에게 물으셨다. "사람들이 나를 누구라고 하느냐?"

28 제자들이 대답하되 "어떤 이는 세례자 요한, 어떤 이는 엘리야, 어떤 이는 예레미야나 선지자 중 한 명이라고 합니다."

29 예수께서 제자들에게 또 물으시기를 "그러면 너희는 나를 누구라고 생각하느냐?" 그때 시몬 베드로가 대답했다. "당신은 그리스도이시며, 살아계신 하나님의 아들입니다."

30 이에 제자들에게 자기가 그리스도라는 것을 아무에게도 말하지 말라고 주의시키셨다.

첫 번째로 죽음과 부활을 예고하심2)

31 ● 이때부터 예수 그리스도께서 자기가 예루살렘에 올라가 장로들과 대제사장들과 율법교사인 서기관들에게 버린 바 되어 많은 고난을 받아 죽임을 당하고 3일 만에 살아날 것을 비로소 제자들에게 드러내놓고 설명하기 시작하셨다.

32 이에 베드로가 예수를 붙들고 말리면서 말했다. "주여, 그렇게 하지 마십시오. 그런 일은 결코 주께

일어나지 않을 것입니다."

33 예수께서 돌아서면서 제자들을 보시며 베드로를 꾸짖어 말씀하셨다. "사탄아, 내 뒤로 물러가라. 너는 나를 넘어지게 하는 자이다. 너는 하나님의 일을 생각하지 않고 오히려 사람의 일만을 생각하고 있다."

34 이에 예수께서 제자들과 무리에게 말씀하셨다. "누구든지 나를 따라오려면 자기를 부정하고 자기에게 주어진 십자가를 지고 나를 따를 것이다.

35 자기 목숨을 건지려고 하면 잃을 것이다. 그러나 나와 복음을 위해 자기 목숨을 잃으면 얻을 것이다.

36 만일 사람이 온 세상을 얻은 후 자기 목숨을 잃으면 세상 것이 무슨 소용이 있겠느냐?

37 사람이 무엇을 주고 자기 목숨과 바꾸겠느냐?

38 그러므로 누구든지 이 음란하고 죄가 많은 이 세대에서 나와 내 말을 부끄럽게 여기면 나도 자기와 아버지와 거룩한 천사와 함께 영광스러운 모습으로 올 때 그 사람을 부끄러워할 것이다.

9 참으로 너희에게 말한다. 여기에 서 있는 사람들 가운데 죽기 전 하나님 나라가 권능으로 임하고 내가 그 왕권을 가지고 오는 것을 볼 자들도 있다."

예수의 변모3)

2 ● 이 말씀을 마치시고 6일이4) 지난 후 예수께서 베드로와 야고보와 그 형제 요한을 따로 데리고 기도하시기 위해 높은 산으로 올라가셨다. 그리고 예수께서 기도하실 때 그들

---

1) 마 16:13~20, 눅 9:18~21　2) 마 16:21~28, 눅 9:22~27
3) 마 17:1~8, 눅 9:28~36　4) 눅 9:28, 8일쯤

앞에서 용모가 변모되시어

3 그 얼굴이 해처럼 빛나고, 옷이 빛과 같이 광채가 나며, 세상에서 빨래하는 자가 그렇게 희게 할 수 없을 만큼 희어졌다.

4 그때 모세와 엘리야가 영광 중에 나타나 예수와 함께 장차 예수께서 예루살렘에서 죽을 것을 말씀하시는 모습이 그들에게 보였다.

5 이에 베드로가 예수께 말했다. "랍비여, 우리가 이곳에 있는 것이 좋으니 만일 주께서 원하시면 우리가 이곳에 주님과 모세와 엘리야를 위해 초막 3개를 짓겠습니다."

6-7 그러나 베드로는 자기가 하는 말을 자기도 알지 못했다. 그것은 홀연히 빛난 구름이 그들을 덮었고 그 속에서 "이는 내 사랑하는 아들, 곧 내 선택을 받은 자며, 내가 기뻐하는 자이다. 그러므로 너희는 그의 말을 들으라"는 말을 듣고 심히 두려워했기 때문이다.

8 그러나 제자들이 둘러보니 예수 외에는 아무도 보이지 않았다. 예수께서 나아와 그들에게 손을 대며 말씀하셨다. "일어나라. 두려워하지 말라."

9 그들이 산에서 내려올 때 예수께서 말씀하셨다. "내가 죽은 자 가운데서 살아나기 전에는 지금 본 것을 누구에게도 알리지 말라."

10 그들이 이 말씀을 마음에 두며 죽은 자 가운데서 살아나는 것이 무엇인지 서로 질문하며

11 제자들이 예수께 물었다. "그러면 왜 율법교사인 서기관들이 엘리야가 먼저 와야 한다고 말합니까?"

12-13 예수께서 대답하셨다. "그들의 말이 맞다. 엘리야가 먼저 와서 모든 일을 회복할 것이다." 내가 너희에게 말한다. "엘리야가 이미 왔으나 사람들이 알지 못하고 함부로 대우했다. 나도 이와 같이 그들에게 고난을 받고 멸시당할 것이다."

귀신 들린 아이를 고치심

14 ● 이튿날 예수와 그 3명의 제자들이 산에서 내려와 무리에게 오자 많은 무리가 산 아래에 남아 있던 제자들을 둘러싸고 율법교사인 서기관들이 그들과 더불어 변론하고 있었다.

15 온 무리가 예수를 보고 매우 놀라며 달려와 인사하자

16 예수께서 그들에게 "너희가 무엇을 그들과 변론하느냐?"라고 물으셨다.

17 무리 중 한 명이 대답하기를 "선생님, 말을 못하게 하는 귀신 들린 내 아들을 선생님께 데려왔습니다. 그는 내 외아들입니다.

18 귀신이 어디서든지 그를 잡으면 갑자기 소리 지르고, 거꾸러져 거품을 흘리며, 이를 갈며 창백해졌습니다. 그래서 내가 선생님의 제자들에게 귀신을 내쫓아 달라고 했으나 그들이 쫓아내지 못했습니다."

19 예수께서 대답하셨다. "믿음이 없고 패역한 세대여, 내가 언제까지 너희와 함께 있으며, 얼마나 너희에게 참아야 하겠느냐? 그 아들을 이리로 데려오라."

20 이에 아이를 데려오니 귀신이 예수를 보고 그 아이로 큰 경련을 일으키게 하여 그가 땅에 엎드러져 구르며 거품을 흘렸다.

21 이에 예수께서 "언제부터 이렇게 되었느냐?"라고 그 아버지에게 묻자 그가 대답했다. "어릴 때부터입니다.

22 귀신이 그를 죽이려고 불과 물에

자주 던졌습니다. 그러나 무엇을 하실 수 있으면 우리를 불쌍히 여기고 도와주십시오."

23 예수께서 말씀하셨다. "할 수 있다는 말이 무슨 말이냐? 믿는 자에게는 모든 것이 가능하다."

24 그러자 그 아버지가 소리를 질러 말했다. "내가 믿습니다. 나의 믿음 없는 것을 도와주십시오."

25 예수께서 무리가 몰려드는 것을 보고 그 더러운 귀신을 꾸짖어 말씀하셨다. "말 못하고 못 듣게 하는 귀신아, 내가 네게 명령한다. 그 아이에게서 나오고 다시는 들어가지 말라."

26 그러자 귀신이 소리 지르며 아이로 심한 경련을 일으키게 하고 나가니 그 아이가 죽은 것처럼 되자 많은 사람이 죽었다고 말했다.

27 이에 예수께서 그 아이의 손을 잡아 일으키시니 아이가 치료되어 일어났다. 그러자 아버지에게 아이를 도로 주셨다.

28 예수께서 집으로 들어가시자 제자들이 예수께 조용히 나아와 물었다. "우리는 왜 귀신을 쫓아내지 못했습니까?"

29 예수께서 말씀하셨다. "기도 외에 다른 것으로는 이런 능력이 나갈 수 없다."

두 번째로 죽음과 부활을 예고하심[1]

30 ● 귀신 들린 아이를 고친 후 그곳을 떠나 갈릴리 중앙 지역으로 지나가실 때 예수께서는 아무에게도 알리지 않고 제자들과 함께하셨다.

31 제자들을 가르치시며, 또 장차 자신이 사람들의 손에 넘겨져 죽임을 당하고 죽은 지 3일 만에 다시 살아나리라고 말씀하셨기 때문이다.

32 그러나 제자들은 그 말씀의 뜻을 이해하지 못했고 묻는 것조차 두려워했다.

누가 큰 자인가[2]

33 ● 예수께서 가버나움에 이르러 집에 계실 때 제자들에게 물었다. "너희가 길에서 서로 토론한 것이 무엇이냐?"

34 그러나 그들은 아무 말없이 조용했다. 길에서 서로 "누가 크냐?"라고 변론했기 때문이다.

35 예수께서 앉아 12제자를 부른 후 말씀하셨다. "누구든지 첫째가 되고자 하면 모든 사람의 끝이 되고, 모든 사람을 섬기는 자가 되어야 한다."

36 그리고 어린 아이 하나를 데려다가 자기 곁에 세우신 후 안으며 그들에게 말씀하셨다. "참으로 너희에게 말한다. 너희가 돌이켜 어린 아이들과 같이 되지 않으면 결코 하나님 나라에 들어갈 수 없다. 그러므로 누구든지 어린 아이와 같이 자기를 낮추는 자가 하나님 나라에서 큰 자이다.

37 누구든지 내 이름으로 이런 어린 아이를 영접하면 곧 나를 영접하는 것이다. 또 누구든지 나를 영접하면 곧 나를 보내신 이를 영접하는 것이다. 너희 모든 사람 중에 가장 작은 그가 바로 큰 자이다.

우리를 위하는 사람

38 ● 요한이 예수께 물었다. "선생님, 우리를 따르지 않는 어떤 사람이 주의 이름을 사용하여 귀신을 쫓아내는 것을 보았습니다. 그래서 우리와 함께 따르지 않는 것을 보고 그 일을 하지 못하도록 했습니다."

39 예수께서 말씀하셨다. "그들이 하는 것을 막지 말라. 내 이름을 사용

---

1) 마 17:22~23, 눅 9:44하~45 2) 마 18:1~5, 눅 9:46~48

하여 능력 있는 일을 행하는 자들이 즉시로 나를 비방할 자가 없다.

40 우리를 반대하지 않는 자는 우리를 위하는 자이다.

41 누구든지 너희를 보고 그리스도에게 속한 자라고 인정하여 물 한 그릇이라도 주면 그런 사소한 것으로도 상을 받을 것이다."

실족케 하지 말라

42 ● 그러므로 누구든지 나를 믿는 이 작은 자 중 하나에게라도 죄를 짓게1) 하면 차라리 연자 맷돌이 그 목에 매달려 깊은 바다에 던져지는 것이 낫다.

43 만일 네 손이 너를 범죄하게 하면 차라리 찍어버리라. 장애인으로 영원한 생명에 들어가는 것이 두 손과 두 발을 가지고 영원히 꺼지지 않는 불에 던져지는 것보다 낫다.

44 (없음)

45 만일 네 발이 너를 범죄하게 하면 차라리 찍어버리라. 다리를 저는 자로 영원한 생명에 들어가는 것이 두 발을 가지고 영원히 꺼지지 않는 지옥 불에 던져지는 것보다 낫다.

46 (없음)

47 만일 네 눈이 너를 범죄하게 하면 차라리 빼버리라. 한 눈으로 하나님 나라에 들어가는 것이 두 눈을 가지고 지옥 불에 던져지는 것보다 낫다.

48 그곳에서는 구더기도 죽지 않고 불도 꺼지지 않는다.

49 그곳에서는 사람마다 소금을 절이는 것처럼 불로 절임을 당할 것이다."

50 경청하여 깨닫는 자는 들으라. 소금이 좋은 것이지만 그 맛을 잃으면 무엇으로 짜게 할 수 있겠느냐? 땅에도, 거름으로도 쓸모가 없어 내버리게 된다. 그러므로 너희 속에 소금을 두고 서로 화목하라."

이혼에 대한 가르침2)

10 ● 예수께서 말씀을 마치신 후 갈릴리를 떠나 요단강 건너편 동쪽과 유대 지역으로 가시자 많은 무리가 다시 모여들었다. 이에 예수께서 다시 이전에 하시던 대로 가르치셨다.

2 예수께서 다시 유대 지역으로 오셨을 때 바리새인들이 예수께 나아와 그를 시험하기 위해 물었다. "사람이 이혼할 이유가 있으면 아내를 버려도 괜찮습니까?"

3 이에 예수께서 되물으셨다. "모세는 너희에게 무엇이라고 명하고 있느냐?

4 이에 그들이 다시 물었다. "그러면 왜 모세는 이혼증서를 써주고 아내를 버리라고 허락했습니까?"

5 예수께서 말씀하셨다. "모세는 그 당시 사람들의 마음이 완악했기 때문에 이 명령을 기록했지만 본래의 뜻은 그렇지 않다.

6 하나님은 창조 때부터 사람을 남자와 여자로 만드셨다.

7 '그러므로 사람이 그 부모를 떠나

8 아내와 연합하여 그 둘이 한 몸이 될 것이다'라는 말을 읽지 못했느냐? 그런즉 이제 둘이 아니라 한 몸이다.

9 그러므로 하나님께서 짝지어 주신 것을 사람이 나누지 못할 것이다."

10 집에서 제자들이 다시 그 말씀에 대해 묻자

11 예수께서 말씀하셨다. "누구든지 아내를 버리고 다른 데로 장가드는

1) 마 18:6, 실족하게 　 2) 마 19:1-12, 눅 16:18

자는 본처에게 간음을 행하는 것이며,

12 또 아내가 남편을 버리고 다른 데로 시집가면 그것도 간음을 행하는 것이다."

어린 아이를 축복하심[1]

13 ● 그때 사람들이 예수께 안수 기도를 받기 위해 어린 아이들을 데려오자 제자들이 꾸짖었다.

14 이를 본 예수께서 화를 내며 말씀하셨다. "어린 아이들을 받아들이고 나에게 오는 것을 막지 말라. 하나님 나라는 이런 어린 아이와 같은 자의 것이다.

15 내가 참으로 너희에게 말한다. 누구든지 하나님의 나라를 어린 아이와 같이 받들지 않는 자는 결단코 하나님 나라에 들어가지 못할 것이다."

16 이어 그 어린 아이들을 안고 그들 위에 안수하고 축복하셨다. 그리고 그곳을 떠나셨다.

부자 청년[2]

17 ● 예수께서 길을 가실 때 어떤 사람이 주께 찾아와 꿇어 앉아 물었다. "선한 선생님이여, 내가 무슨 선한 일을 해야 영원한 생명을 얻을 수 있습니까?"

18 예수께서 말씀하셨다. "왜 선한 일을 나에게 묻느냐? 어찌하여 나를 선하다고 하느냐? 선한 이는 오직 하나님 한 분이시다. 네가 영원한 생명에 들어가려면 계명들을 지켜라." 그가 물었다. "어떤 계명입니까?"

19 예수께서 말씀하셨다. "네가 알고 있는 계명처럼 살인하지 말라, 간음하지 말라, 도둑질하지 말라, 거짓 증언하지 말라, 속여 빼앗지 말라. 네 부모를 공경하라, 이웃을 네 자신과 같이 사랑하라고 하신 것이다."

20 그 청년이 대답했다. "나는 어려서부터 이 모든 계명을 지켰습니다. 아직도 나에게 부족한 것이 있습니까?"

21 예수께서 그를 사랑하는 까닭에 말씀하셨다. "그러나 네가 한 가지 부족한 것이 있다. 그러므로 네가 더욱 온전하기를 원하면 가서 네 소유를 모두 팔아 가난한 자들에게 주라. 그러면 하늘에서 네 보화가 있을 것이다. 그리고 나서 나를 따르라."

22 그러나 그 청년은 재물이 많기 때문에 그 말씀으로 인해 슬픈 기색을 띠고 근심하며 예수를 떠나갔다.

재물과 구원

23 ● 청년이 떠난 후 예수께서 제자들을 둘러보시고 말씀하셨다. "재물이 많은 자는 하나님 나라에 들어가기가 심히 어렵다."

24 제자들이 그 말씀에 놀라자 예수께서 다시 말씀하셨다. "하나님 나라에 들어가기가 얼마나 어려운가.

25 낙타가 쪽문으로 들어가는 것이 부자가 하나님의 나라에 들어가는 것보다 쉽다."

(?)! 난제 낙타가 바늘귀(쪽문)로 들어간다는 말은?(막 10:25)

바늘귀는 가죽끈이나 실로 꿰매는 도구로 고대부터 근세에 이르기까지 근동에서 사용되었음이 발굴 작업을 통해 드러났다. 현재까지 최초로 만든 바늘은 BC 6천경 뼈로 만든 것인데 므깃도에서는 BC 4천년경의 것이 많이 발견되었다. 이후 신약 시대에는 청동으로 만든 바늘이 사용되었으며 상아 바늘도 발견되었다. 바늘귀는 실을 꿰는 구멍난 부분을 가리키나 예수께서 비유로 말씀하신 바늘귀는 누가의 경우 실제 의사가 사용하는 바늘일 수도 있으나 당시 예루살렘 성벽에 있던 작은 성문(바늘귀문)을 염두에 두고 한 말씀으로 생각된다.

26 제자들이 그 말을 듣고 몹시 놀라 말했다. "그러면 누가 구원을 얻을 수 있겠습니까?"

27 예수께서 그들을 보고 말씀하셨다. "사람은 할 수 없지만 하나님은 어떤 것이든 다 하실 수 있다."

28 베드로가 물었다. "우리는 모든것을 버리고 주를 따랐습니다. 그렇다면 우리가 무엇을 얻을 수 있습니까?"

29 예수께서 말씀하셨다. "내가 참으로 너희에게 말한다. 또 내 이름과 복음을 위해 집이나 형제와 자매나 부모와 자식을 희생하고 자기의 토지를 버린 자마다

30 이 세상에서 집과 형제자매와 어머니와 자식과 토지를 100배나 받되 박해를 겸하여 받으며, 내세에도 영원한 생명을 상속받을 것이다.

31 그러나 먼저 된 자로서 나중이 되고, 나중 된 자로서 먼저 될 자가 많다."

세 번째로 죽음과 부활을 예고하심[1]

32 ● 하루는 예수께서 12명의 제자를 따로 데리고 예루살렘으로 올라가시는 길에 자신이 당할 일을 말씀하셨다.

33 "보라, 우리가 예루살렘으로 올라가는데 이제 선지자들을 통해 나에 대해 기록된 모든 것이 이루어질 것이다. 곧 내가 대제사장들과 율법교사인 서기관들에게 넘겨져 그들이 나를 죽이기로 결의하고 이방인들에게 넘길 것이다.

34 그리고 그들은 나를 능욕하고, 침 뱉으며, 채찍질하며, 십자가에 못 박게 하여 죽이지만 나는 3일 만에 살아날 것이다."

야고보와 요한 어머니의 요구[2]

35 ● 그때 세배대의 아들 야고보와 요한이 예수께 와서 절하며 구했다. "선생님, 무엇이든 구하는 것을 주시기를 원합니다."

36 예수께서 그들에게 말씀하셨다. "너희에게 무엇을 해주기를 원하느냐?"

37 "주의 영광의 날이 왔을 때 주의 나라에서 하나는 주의 우편에, 하나는 주의 좌편에 앉게 해주십시오."

38 이에 예수께서 대답하셨다. "너희는 너희가 무엇을 구해야 할지 모른다. 내가 마시려는 잔을 너희가 마실 수 있으며, 내가 받는 세례를 너희가 받을 수 있겠느냐?"

39 그들이 말했다. "할 수 있습니다." 예수께서 말씀하셨다. "너희가 과연 내 고난의 잔을 마시며, 내가 받는 세례는 받을 수 있지만

40 내 좌우편에 앉는 것은 내가 주는 것이 아니라 내 아버지께서 주시려고 준비한 자들이 얻을 것이다."

41 10명의 나머지 제자가 그들이 예수께 구하는 말을 듣고 야고보와 요한 두 형제에 대해 몹시 화가 났다.

42 예수께서 제자들을 불러 말씀하셨다. "이방인의 통치자들이 사람을 마음대로 부리고 고위층들이 다른 사람들에게 권력을 행사하려는 줄을 너희가 알고 있다. 그러나

43 너희는 그렇게 하지 않아야 한다. 너희 중에 누구든지 큰 자가 되기를 원하면 오히려 섬기는 자가 되어야 하고,

44 너희 가운데 누구든지 최고가 되기를 원하면 오히려 너희의 종이 되어야 한다.

45 인자인 내가 이 세상에 온 것은 섬김을 받기 위해서가 아니라 오히려 섬기고 내 목숨을 많은 사람의 대속물로 주기 위해서이다."

1) 마 20:17-19, 눅 18:31-34   2) 마 20:20-28

눈먼 자 2명을 보게 하심[1]

46 ●예수 일행이 여리고에서 이르렀을 때에 많은 무리가 예수를 따랐다. 그때 디매오의 아들인 눈먼 거지 바디매오와 다른 한 눈먼 자가 길가에 앉아 구걸하다가

47 무리가 지나가는 소리를 듣고 "이것이 무슨 일이냐?"라고 묻자 그들이 "나사렛 예수께서 지나가신다"라고 대답했다. 이 말을 듣고 큰 소리로 외쳤다. "다윗의 자손 예수여, 나를 불쌍히 여겨 주십시오."

48 이에 앞서 가던 많은 무리가 그들에게 조용히 하라고 꾸짖자 그들은 더욱 소리를 높여 "다윗의 자손 예수여, 나를 불쌍히 여겨 주십시오"라고 부르짖었다.

49 그 소리를 들은 예수께서 가시던 길을 멈추고 서서 눈먼 자를 데려오라고 하시자 그들이 그 눈먼 자를 부르며 말했다. "안심하고 일어나라. 예수께서 너를 부르신다."

50 그러자 그들이 겉옷을 버리고 뛰어 일어나 예수께로 나왔다.

51 이에 예수께서 말씀하셨다. "내가 너희에게 무엇을 해주기를 원하느냐?" 그들 눈먼 자가 말하되 "주여, 우리의 눈이 떠져 보기를 원합니다."

52 예수께서 그들을 불쌍히 여겨 그들의 눈을 만지며 말씀하셨다. "가라. 네 믿음이 너를 구원했다." 그러자 그들이 즉시 보게 되어 길에서 예수를 따랐다.

예수의 예루살렘 입성[2]

11 ●그들이 예루살렘에 가까이 가서 올리브산이라 불리는 산기슭에 있는 베다니 근처의 벳바게에 이르렀을 때 예수께서 두 제자를 보내며

2 말씀하셨다. "너희가 맞은편 마을로 가면 아직 어떤 사람도 타 보지 않은 매여 있는 나귀 새끼가 있는 것을 보리니 그 나귀를 풀어 나에게로 끌고오라.

3 만일 누가 왜 나귀를 푸느냐고 물으면 '주께서 쓰시겠다'라고 말하라. 그러면 바로 보내 줄 것이다."

4 이에 제자들이 가서 보니 나귀 새끼가 문 앞 거리에 매여 있었다. 제자들이 매여 있는 나귀 새끼의 줄을 푸니

5 그곳에 서 있는 사람들 중에 어떤 사람이 말하기를 "나귀 새끼를 풀어 무엇을 하려고 하느냐?"라고 했다.

6 이에 제자들이 예수께서 일러 준 대로 말하자 그가 허락했다.

7 이에 제자들이 가서 예수께서 명령하신 대로 나귀 새끼를 끌고 와서 자기들의 겉옷을 그 위에 얹었고, 예수께서는 그 위에 타시고 예루살렘성으로 향하셨다.

8 이에 많은 무리가 그들의 겉옷을 길에 깔고, 또 다른 이들은 들에서 자른 나뭇가지를 길에 펴고,

9-10 또 종려나무 가지를 가지고 예수님 앞에서 가고 뒤에서 따르며 "호산나 우리의 조상 다윗의 나라여, 찬양하라. 주의 이름으로 오시는 이, 곧 이스라엘의 왕이시여, 가장 높은 곳에서 호산나"라고 외쳤다.

11 예수께서 예루살렘에 이르러 성전에 들어가 모든 것을 둘러보시고 날이 저물자 12명의 제자를 데리시고 동쪽으로 4.5㎞ 떨어진 베다니로 나가셨다.

12 이튿날 이른 아침에 예수와 그 일행이 베다니에서 나와 다시 예루

살렘성으로 들어온 때 예수께서는 허기진 가운데 계셨다.

13 그래서 길가에서 멀리 있는 한 무화과나무를 보시고 혹시 그 나무에 열매가 있는가 하여 그곳으로 가셨지만 잎사귀밖에 없었다. 3~4월인 그때는 질이 좋은 무화과가 열릴 때가 아니었다.

14 이에 예수께서 나무에게 말하기를 "이제부터 영원토록 네가 열매를 맺지 못할 것이다"라고 하시니 제자들이 그 말을 들었고, 무화과나무는 곧 말라 버렸다.

성전을 두 번째로 정결케 하심[1]

15 ● 예수께서 예루살렘 성전에 들어가사 성전 안에서 물건을 사고파는 모든 사람을 내쫓으시며, 환전상들의 상과 비둘기 파는 사람들의 의자를 둘러 엎으셨다.

16 또 아무나 물건을 가지고 성전 안으로 지나다니는 것을 허락하지 않으셨다.

17 그리고 그들에게 말씀하셨다. "성경에 기록된 대로 '내 집은 만민이 기도하는 집이라'고 칭함을 받으리라고 했는데, 너희는 오히려 강도의 소굴로 만들었다."

18 예수께서 날마다 성전에서 가르치시자 대제사장들과 율법교사인 서기관들과 백성의 지도자들이 그를 죽일 방법을 의논했다. 그것은 무리가 모두 예수의 가르치심을 놀랍게 여기므로 그를 두려워했기 때문이다.

19 그리고 날이 저물자 예수와 그 일행이 예루살렘성 밖으로 나갔다.

마른 무화과나무에 대한 질문[2]

20 ● 제자들이 아침에 예수와 함께 예루살렘성으로 들어갈 때 무화과나무가 뿌리까지 마른 것을 보고 이상히 여겼다.

21 베드로가 예수께서 무화과나무를 저주한 말이 생각나서 예수께 물었다. "저주하신 무화과나무가 왜 말랐습니까?"

22 예수께서 대답하셨다. "하나님을 믿으라.

23 내가 참으로 너희에게 말하노니 만일 너희가 믿음이 있고 의심하지 않으면 이 무화과나무에게 일어난 이런 일뿐 아니라 이 산더러 들려 바다에 던져지라고 해도 그대로 될 것이다.

24 너희가 기도하고 믿고 구하는 것은 받은 줄로 믿으라. 그러면 받을 것이다.

25 너희가 서서 기도할 때 그 누구에게든지 원수진 일이 있다면 그를 용서하라. 그렇게 해야 하늘에 계신 너희 아버지께서도 너희의 잘못을 용서해 주실 것이다."

26 (없음)

예수께서 권위로 말씀하심

27 ● 예수와 그 제자들이 다시 예루살렘성으로 가사 예수께서 성전에서 가르치시며 복음을 전할 때 대제사장들과 율법교사인 서기관들이 백성의 장로들과 함께 나아와

28 물었다. "네가 무슨 권한으로 이런 일을 하느냐? 누가 이런 일을 할 권한을 주었느냐?"

29 예수께서 그들에게 대답하셨다. "나도 한 말을 너희에게 물을 것이니 너희가 대답하면 나도 무슨 권한으로 이런 일을 하는지 대답할 것이다.

30 세례자 요한의 세례가 어디서 왔느냐? 하늘이냐, 사람이냐?"

31 이에 그들이 서로 의논했다. 만일

1) 마 21:12~17, 눅 19:45~48, 요 2:13~22   2) 마 21:20~22

하늘에서 왔다고 하면 왜 그를 믿지 않았느냐고 할 것이며,

32 만일 사람에게서 왔다고 하면 모든 사람이 세례자 요한을 선지자로 여기기 때문에 백성이 자기들을 돌로 칠까 두려워하기에

33 예수께 "우리가 알지 못한다"라고 대답했다. 이에 예수께서 말씀하셨다. "나도 무슨 권한으로 이런 일을 하는지 너희에게 대답하지 않겠다."

포도밭 농부의 비유[1]

12 ● 예수께서 또 다른 비유로 백성들에게 말씀하셨다. "한 사람이 포도밭을 만들었다. 포도밭을 산울타리로 두르고, 그곳에 포도즙을 짜는 틀을 만들고, 망대를 세운 후 농부들에게 빌려주고 오랫동안 다른 나라로 가서 있었다.

2 세월이 지나 열매를 거둘 때가 되자 그 소출의 얼마를 받기 위해 세를 준 농부들에게 자기 종을 보냈다.

3 그러나 농부들이 주인이 보낸 종들을 잡아 심하게 때리고, 거저 보냈다.

4 또다른 종을 보내자 주인이 보낸 종의 머리에 상처를 내고 능욕했다.

5 다시 처음보다 더 많이 다른 종을 보냈으나 이번에는 많은 종을 때리고, 더러는 죽였다.

6 그러자 마지막으로 한 사람 남은 사랑하는 자기 아들을 보내며 말하기를 '그들이 내 아들은 잘 대해 줄 것이다'라고 생각했다.

7 그러나 농부들이 그 아들을 보고 서로 말했다. '이는 상속자니 그를 죽이고 그의 유산을 우리가 차지하자.'

8 그리고는 주인의 아들을 잡아 죽인 후 포도밭 밖으로 던져 버렸다.

9 그러면 포도밭 주인이 돌아와 그 농부들을 어떻게 하겠느냐? 그 악한 자들을 진멸하고 포도밭은 수확 때 열매를 바칠 만한 다른 농부들에게 세로 줄 것이다."

10 예수께서 그들을 보며 말씀하셨다. "너희가 성경에서 '건축업자들이 버린 돌이 모퉁이의 머릿돌이 되었으니

11 이것은 주께로 인해 된 것이며, 우리 눈에 놀라운 것이다'라고 하는 것을 읽어 본 적이 없느냐?

12 예수의 비유를 들은 대제사장들과 바리새인들과 그들 율법교사들은 그 말이 자기들을 가리켜 한 말인 줄 알고 곧바로 예수를 잡으려고 했으나 무리가 예수를 선지자로 알고 있었기 때문에 무리를 두려워하여 예수를 잡지 못하고 떠나갔다.

가이사에게 바치는 세금 문제[2]

13 ● 그들 바리새인들이 어떻게 하면 예수의 말에 트집을 잡을까 상의한 후 바리새인들과 헤롯 당원들 중에 사람을 예수께로 보냈다.

14 그들이 예수께 와서 말했다. "선생님, 우리는 당신이 진실되고, 진리로 하나님의 말씀을 가르치며, 아무에게도 치우치는 일이 없는 것을 알고 있습니다. 이는 사람을 겉모습으로 보지 않기 때문인 것을 알고 있습니다. 그러니 당신의 생각은 어떤 것인지 우리에게 알려 주십시오. 가이사에게 세금을 바치는 것이 옳습니까, 옳지 않습니까?"

15 우리가 바쳐야 합니까? 말아야 합니까? 예수께서는 그들이 위선을 가지고 질문하는 것을 아시고 이렇

1) 마 21:33-46, 눅 20:9-19   2) 마 22:15-22, 눅 20:20-26

게 말씀하셨다. "위선자들아, 왜 나를 함정에 빠뜨리려고 시험하느냐? 세금을 내는 데나리온 하나를 나에게 보이라."

16 이에 그들이 은전 데나리온 1개를 가져오자 예수께서 말씀하셨다. "이 동전에 있는 형상과 글자가 누구의 것이냐?" 그들이 대답했다. "가이사의 것입니다."

17 이에 예수께서 말씀하셨다. "그렇다면 가이사의 것은 가이사에게 바치라. 그리고 하나님의 것은 하나님께 바치라." 그들이 이 말씀을 듣고 예수에 대하여 놀랍게 여기며 예수를 떠났다.

부활에 대한 논쟁1)

18 ● 이날 부활이 없다고 믿는 사두개인들 중 어떤 이들이 예수께 와서 물었다.

19 "선생님, 모세가 말하기를 '어떤 사람의 형이 자식 없이 아내를 두고 죽으면 그 동생이 형의 아내 되었던 여자에게 장가들어 형을 위해 상속자를 세울 것이라'고 했습니다.

20 우리 중에 7명의 형제가 있었는데 맏형이 장가들었다가 상속자가 없이 죽어

21-22 그 아내를 둘째 동생에게 물려주었습니다. 그러나 둘째도 상속자 없이 죽어 셋째에서 일곱째까지 그렇게 하다가 마지막에 그 여자도 죽었습니다.

23 그렇다면 그 7명의 형제가 모두 그 여자를 아내로 취했는데 그 여자는 부활 때 7명 가운데 누구의 아내가 됩니까?"

24 예수께서 대답하셨다. "너희가 성경과 하나님의 능력을 알지 못하기 때문에 크게 오해했다.

25 이 세상의 자녀들은 장가도 가고 시집도 가지만 저 세상과 죽은 자 가운데서 부활한 자들은 장가나 시집도 가지 않고 하늘에 있는 천사들과 같다. 그들은 다시 죽을 수도 없다.

26 이는 천사와 동등하고 부활의 자녀인 동시에 하나님의 자녀이기 때문이다. 죽은 자의 부활에 대해서는 너희가 모세의 책 중 가시나무 떨기에 대한 글에서 하나님께서 모세에게 '나는 아브라함과 이삭과 야곱의 하나님이다'라고 호칭하신 것을 읽어 보지 못했느냐?

27 하나님은 죽은 자의 하나님이 아니라 살아있는 자의 하나님이시다. 하나님 안에서는 모든 사람이 살아있다. 너희가 오해했다."

가장 큰 계명2)

28 ● 바리새인들이 예수께서 사두개인들을 할 말이 없게 만들었다는 소식을 듣고 한곳에 모였다. 그중 한 율법교사인 서기관이 예수를 시험하기 위해 물었다. "선생님, 계명 가운데 가장 큰 계명이 무엇입니까?"

29 예수께서 대답하셨다. "이스라엘아, 들으라. 우리 하나님은 유일한 주인이시다.

30 '네 마음과 목숨과 뜻과 힘을 다하여 주 너의 하나님을 사랑하라'는 것이다. 이것이 가장 크고 첫째 되는 계명이며,

31 두 번째의 계명은 '네 이웃을 네 자신같이 사랑하라'는 것이다. 이보다 더 큰 계명은 없다. 모든 율법과 선지자의 말씀이 바로 이 두 계명에서 나온 것이다."

32 율법교사인 서기관 중 한 명이 말

1) 마 22:23-33, 눅 20:27-40   2) 마 22:34-40, 눅 10:25-28

했다. "선생님의 말씀이 옳습니다. 하나님은 유일한 분이시며 그 외에 다른 신이 없다고 하신 말씀은 진실입니다.

33 또 마음과 지혜와 힘을 다해 하나님을 사랑하는 것과 이웃을 자기 자신과 같이 사랑하는 것이 불로 태워서 드리는 모든 번제물과 어떤 희생제물보다 더 중요합니다."

34 예수께서 그가 지혜 있게 대답하는 것을 보고 말씀하셨다. "너는 하나님 나라에 가깝다." 그러자 감히 더 묻는 자가 없었다.

그리스도와 다윗의 관계1)

35 ● 예수께서 성전에서 가르치실 때 그들에게 물었다. "너희는 그리스도에 대해 어떻게 생각하느냐? 그는 누구의 자손이냐?" 그들이 대답했다. "다윗의 자손입니다." 그러자 예수께서 말씀하셨다. "어찌하여 서기관들은 그리스도를 다윗의 자손이라고 하느냐?

36 그러면 다윗이 성령에 감동되어 왜 그리스도를 주라고 호칭하여 말하기를 '주 여호와께서 내 주께 말하기를 내가 네 원수를 네 발아래에 둘 때까지 내 오른편에 앉아 있으라 하셨도다'라고 했느냐?

37 다윗도 그리스도를 주라고 불렀는데 어떻게 그리스도가 다윗의 자손이 될 수 있겠느냐'라고 하니 많은 사람이 그 말을 기쁘게 받아들였다.

38 많은 백성이 가르치심을 들을 때 예수께서 제자들에게 말씀하셨다. "자신의 경건을 나타내기 위해 긴 옷을 입고 다니는 것과 시장에서 사람들에게 문안 인사를 받는 것과

39 회당의 높은 자리와 잔치의 상석을 좋아하는 서기관들을 조심하라.

40 그들은 과부의 재산을 삼키며, 사람들에게 보이기 위해 외식으로 기도를 길게 하는 자들이다. 그러므로 그들은 더 큰 심판을 받게 될 것이다."

가난한 과부의 헌금2)

41 ● 예수께서 헌금함 맞은편에 앉아 무리가 어떻게 헌금함에 돈을 넣는지 보고 계셨다. 이때 여러 명의 부자가 많은 돈을 넣는 것을 보셨다.

42 또 가난한 한 과부가 와서 헬라 동전 2렙돈에 해당하는 로마 동전인 1고드란트를 넣는 것도 보셨다.

43 이에 예수께서 제자들을 불러 그들에게 말씀하셨다. "내가 참으로 너희에게 말한다. 이 가난한 과부는 헌금함에 돈을 넣은 어떤 사람보다 많이 넣었다.

44 그들은 넉넉한 형편에서 헌금했지만, 이 과부는 가난한 중에서 자기의 생활비 전부를 헌금함에 넣었다."

성전이 무너질 것을 말씀하심

13 ● 예수께서 성전에서 나가실 때 제자들 중 한 명이 예수께 아름다운 돌과 헌물로 꾸며진 성전 건물들을 가리키며 말했다. "선생님, 보십시오. 이 돌들과 건물들이 얼마나 아름답고 웅장합니까?"

2 그러자 예수께서 말씀하셨다. "네가 이 큰 건물들을 보느냐? 내가 참으

📖복습 **회당의 구조와 자리 배치(막 12:39)**

회당의 정문은 솔로몬 성전이 있던 예루살렘으로 향하도록 설계되었다. 그리고 내부는 좌우로 계단이 있어 높은 사람들이 앉았으며 중앙의 넓은 지역은 일반인들이 앉았다. 그리고 정면 제단 옆에는 가장 지위가 높은 사람들이 앉는 모세의 자리가 있었는데 예수 당시 많은 사람들은 서로 이 자리를 앉기를 바랐다.

---

1) 마 22:41-45, 눅 20:41-47   2) 마 24:1-2, 눅 21:5-6

로 너희에게 말한다. 너희가 보는 이것들이 그날이 오면 돌 하나도 돌 위에 남지 않을 정도로 모두 무너질 것이다."

재난의 징조[1]

3 ● 예수께서 올리브산에서 맞은편 기드론 골짜기 너머에 있는 성전을 바라보고 앉으셨을 때 베드로와 야고보와 요한과 안드레가 조용히 물었다.

4 "어느 때 이런 일이 있겠습니까? 또 주께서 임재하시고 이 모든 일이 이루어지려 할 때, 세상의 끝에는 무슨 징조가 있는지 우리에게 알려주십시오."

5 예수께서 말씀하셨다. "너희가 사람의 유혹을 받지 않도록 조심하라.

6 많은 사람이 내 이름을 빙자하여 말하기를 '나는 그리스도라'고 하며 많은 사람을 유혹할 것이다.

7 사방에서 난리의 소문을 들을 것이나 너희는 두려워하지 말라. 이런 일이 먼저 있어야 되지만 아직 끝은 아니다.

8 민족간에, 나라간에 서로 대적하며, 곳곳에서 지진과 기근이 있을 것인데 그럴 때가 재난의 시작이다.

9 너희는 스스로 조심하라. 이 모든 일이 일어나기 전 내 이름으로 인해 사람들이 너희를 환난에 넘겨주고 죽일 것이다. 또 너희를 산헤드린 공의회에 넘겨주겠고, 회당에서 매질하고, 감옥에 가두도록 넘겨줄 것이다. 또한 나로 인해 너희가 권력자들과 왕들 앞에 끌려가게 될 것이다. 이는 그들에게 증거가 되게 하기 위함이다.

10 이 하나님 나라의 복음이 모든 민족에게 증거되기 위해 세상 모든 나라에 전파되리니 그때 세상 끝이 올 것이다.

11 사람들이 너희를 끌어다가 법정에 넘겨줄 때 무슨 말을 할까 미리 염려하지 않도록 명심하라. 그러므로 무엇이든지 그때 너희에게 주시는 말만 하라. 말하는 이는 너희가 아니라 성령이시다.

12 심지어 형제가 형제를, 아버지가 자식을, 자식들이 부모를, 친척과 친구까지 죽는 데 내어주어 죽게 할 것이다.

13 또 너희가 내 이름으로 인해 모든 사람에게 미움을 받을 것이다. 그러나 너희는 머리털 하나도 상하지 않을 것이다. 끝까지 견디는 자는 구원을 얻을 것이다.

14 그러므로 너희가 다니엘 선지자가 말한 대로 멸망하게 하는 가증스러운 것이 서지 못할 곳에 세워진 것을 보고, 예루살렘이 군대들에게 포위된 것을 보면 멸망이 가까운 줄을 읽는 자는 깨달으라. 그때 유대 지역에 있는 자들은 산으로 도망하고, 성 안에 있는 자들은 성밖으로 나가며, 마을에 있는 자들은 성 안으로 들어가지 말라

15 지붕 위에 있는 자는 집 안에 있는 물건을 가지러 내려가지 말며,

16 밭에 있는 자는 겉옷을 가지러 되돌아가지 말라.

17 따라서 그날에는 아이 밴 자들과 젖 먹이는 자들에게 화가 있을 것이다. 이는 땅에 큰 환난과 이 백성에게 진노가 있기 때문이다.

18 너희는 그때 도망하는 일이 겨울이나 안식일이 되지 않도록 기도하라.

19 이는 그날들이 큰 환난의 날이 되기 때문이다. 하나님께서 세상을 창조한 때로부터 지금까지 이런 환

1) 마 24:3-31, 눅 21:7-28

난이 없었고 후에도 없을 것이다.

20 만일 하나님께서 그날들을 짧게 하지 않았으면 모든 육체가 구원을 얻지 못할 것이다. 그러나 하나님께서는 자기가 선택한 자들을 위해 그날들을 감하실 것이다.

21 그때 어떤 사람이 너희에게 말하기를 '보라, 그리스도가 여기 있다. 저기 있다'고 해도 그 말을 믿지 말라.

22 거짓 그리스도들과 거짓 선지자들이 일어나 큰 이적과 기적을 보이면서 할 수만 있으면 하나님께서 선택하신 자들까지도 미혹할 것이다.

23 그러므로 너희는 조심하라. 보라, 내가 너희에게 미리 말했다."

24 마지막 날, 그 때에 환난 후에 바로 태양이 어두워지고, 달이 빛을 잃으며,

25 별들은 하늘에서 떨어지고, 하늘의 권세가 흔들릴 것이다.

26 바로 그때 재림의 징조가 하늘에 나타나며, 세상의 모든 족속이 통곡하며, 그들은 인자인 내가 구름을 타고 큰 권능과 영광 가운데 오는 것을 볼 것이다.

27 또 그때 내가 큰 나팔 소리와 함께 천사들을 보내 땅에서부터 하늘 끝까지 사방에서 주님이 선택한 자들을 모을 것이다.

무화과나무의 비유에 대한 교훈[1]

28 ● 예수께서 말씀하셨다. "무화과나무의 비유를 배우라. 그 가지가 연해지고 잎사귀를 내면 여름이 가까이 온 줄을 아는 것처럼

29 너희도 이 모든 일을 보면 인자가 문 앞 가까이에 이른 줄을 알라.

30 내가 참으로 너희에게 말한다. 이 세대가 지나 가기 전에 이 일이 다 일어날 것이다.

31 천지가 없어진다고 해도 내 말은 그대로 있을 것이다.

32 그러나 정해진 그날과 그때는 아무도 모른다. 하늘에 있는 천사들도 모르고, 아들도 모르며, 오직 아버지만 아신다."

인자의 날과 재림

33 ● 그러므로 너희는 주의하고 깨어 기도하라. 주께서 언제 다시 오실지 너희가 알지 못하기 때문이다.[2]

34 예수께서 말씀하셨다. "인자가 다시 오는 것은 주인이 집을 떠나 다른 나라로 갈 때 그 종들에게 권한을 주어 각각 일을 맡기고 문지기에게는 깨어 지키라고 명령한 것과 같다.

35 그러므로 항상 깨어 있으라. 집주인이 저물 때 올지, 밤중에 올지, 닭이 울 때 올지, 새벽에 올지 너희는 알지 못하기 때문이다.

36 그가 갑자기 돌아왔을 때 너희의 자는 모습을 보지 않도록

37 깨어 있으라. 내가 하는 이 말은 모든 사람에게 하는 말이다.

예수를 죽이려고 논의함

14 ● 예수께서 말씀을 모두 마치신 후 제자들에게 말씀하셨다. "너희가 아는 대로 이틀이 지나면 유월절이라 하는 무교절이다. 이제 나는 십자가에 못 박히기 위해 팔릴 것이다." 그때 대제사장들과 백성의 장로들과 율법교사인 서기관들이 시온산 지역에 있는 대제사장 가야바의 공관에 모여 예수를 잡아 죽이기 위해 은밀히 계획을 세우며

2 말했다. "민중봉기가 일어날 수 있으니 유월절 명절에는 하지 말자." 이렇게 말한 것은 그들이 백성을 두려워했기 때문이다.

1) 마 24:32-36, 눅 21:29-33   2) 마 24:42

예수께 향유를 부은 여인[1]

3 ● 예수께서 예루살렘 동쪽 4.5㎞ 지점에 있는 베다니의 나병환자 시몬의 집에서 식사하실 때 한 여자가 매우 비싼 향유, 곧 값이 싼 유향이 섞이지 않은 순전한 나드 한 옥합을 갖고 나아와 그 옥합을 깨뜨려 식사하는 예수의 머리에 부었다.

4 이를 본 어떤 사람들이 화를 내며 말하기를 "무슨 뜻으로 이것을 허비하느냐?

5 차라리 이 향유를 노동자 1년 품삯이나 되는 은전 300데나리온 이상에 팔아 가난한 자들에게 주었더라면 좋았을 것이다"라고 하며 그 여자를 책망했다.

6 그러나 예수께서 그 제자들의 마음을 아시고 그들에게 말씀하셨다. "그 여자를 가만두어 나의 장례할 날을 위해 그것을 간직하게 하라. 너희가 왜 이 여자를 괴롭게 하느냐? 그는 나에게 좋은 일을 했다.

7 가난한 자들은 항상 너희 주위에 있기 때문에 그들을 도울 마음이 있으면 언제든지 도울 수 있지만 나는 항상 너희와 함께 있지 않는다.

8 이 여자가 내 몸에 정성을 다해 향유를 부은 것은 내 장례를 위한 것이다.

9 참으로 너희에게 말하노니 온 천하에 어디서든지 이 복음이 전파되는 곳에서는 이 여자의 행한 일도 말하여 그를 기억할 것이다."

유다의 배반

10 ● 그때 12명 제자 가운데 한 명인 가룟인이라 부르는 유다에게 사탄이 들어갔다. 이에 가룟 사람 유다가 예수를 넘겨주기 위해 대제사장들과 성전 경비대장들에게 가서 말했다.

11 "내가 너희에게 예수를 넘겨주면 얼마 주겠느냐?" 이에 그들이 듣고 기뻐하여 돈을 주기로 언약했다. 그리고 무리가 없을 때 예수를 그들에게 넘겨주기 위해 기회를 엿보기 시작했다.

마지막 유월절을 지키심[2]

12 ● 무교절 첫날인 유월절 양 잡는 날에 제자들이 예수께 나아와서 "유월절 음식을 잡수시도록 우리가 어디서 준비하기를 원하십니까?"라고 물었다.

13 그러자 예수께서 제자 중 베드로와 요한 2명을 보내시며 말씀하셨다. "성 안으로 들어가라. 그러면 물 한 동이를 지고 가는 사람을 만날 것인데 그를 따라 가서

14 그가 어디든지 들어가는 그 집주인에게 '선생님 말씀이 내 때가 가까이 왔으니 내가 내 제자들과 함께 유월절을 네 집에서 지킬 것이니 유월절 음식을 먹을 내 객실이 어디 있느냐?'라고 말하라.

15 그렇게 말하면 그가 자리를 마련한 큰 이층방을 보일 것이다. 그러면 그곳에서 우리를 위해 유월절을 준비하라."

16 이에 두 제자가 성 안으로 들어가 예수께서 시키신 대로 하여 유월절 음식을 준비했다.

최후의 만찬[3]

17·18 ● 해가 질 때 예수께서 12명의 제자와 함께 앉아 잡수시면서 말씀하셨다. "내가 참으로 너희에게 말한다. 나와 함께 먹는 자들 가운데 한 사람이 나를 팔 것이다.

19 그러자 제자들이 심히 근심하여 한 명씩 "주여, 나는 아니지요?"라고

1) 마 26:6-13, 요 12:1-8　　2) 마 26:17-19, 눅 22:7-13
3) 마 26:20-29, 눅 22:14-23, 요 13:18-21

물었다.

20 예수께서 대답하셨다. "12명 중에 한 명, 곧 나와 함께 음식을 먹는 자가 나를 팔 것이다.

21 인자 된 나는 나에 대해 기록된 곳으로 가지만 나를 파는 그 사람에게는 화가 있을 것이다. 그 사람은 차라리 세상에 태어나지 않았으면 더 좋았을 것이다."

22 그들이 먹을 때 예수께서 빵을 가지고 축복하신 후 제자들에게 떼어 주며 말씀하셨다. "이것을 받아 먹으라. 이것은 너희를 위해 주는 내 몸과 같은 것이다."

23-24 또 저녁 먹은 후 잔을 가지고 감사 기도를 하시고 나서 제자들에게 주시며 말씀하셨다. "너희가 모두 이것을 마셔라. 이것은 죄 용서함을 얻게 하기 위해 많은 사람을 위해 흘리는 내 언약의 피다. 곧 너희를 위해 붓는 것이다." 그리고 그들이 다 마셨다.

25 참으로 너희에게 말한다. 내가 포도나무에서 난 것을 이제부터 내 아버지 하나님 나라에서 새 것으로 너희와 함께 마시는 날까지 다시 마시지 않을 것이다.

26 그리고 예수께서 제자들에게 말씀하셨다. "일어나라, 여기를 떠나자." 이에 그들이 찬양하며 예수와 함께 시온산에서 1.4km 떨어진 올리브산으로 갔다.

27 예수께서 제자들에게 말씀하셨다. "너희가 오늘 밤에 모두 나를 버릴 것이다. 그것은 성경에 '내가 목자를 치리니 양의 무리가 흩어질 것이다'라고 기록된 것이다.

28 그러나 내가 다시 살아난 후 너희보다 먼저 갈릴리로 가 있을 것이다."

베드로의 부인을 예고하심

29 ● 베드로가 말했다. "모두 주님을 버릴지라도 나는 절대로 주님을 떠나지 않겠습니다."

30 예수께서 말씀하셨다. "내가 참으로 너에게 말한다. 오늘 밤 닭이 2번 울기 전에 네가 나를 3번 모른다고 부인할 것이다."

31 베드로가 자신 있게 말했다. "내가 주님과 함께 죽을지라도 주님을 부인하지 않겠습니다." 모든 제자도 그와 같이 말했다.

겟세마네의 기도

32 ● 이에 예수께서 제자들과 함께 올리브산 서쪽 아래 기드론 골짜기 옆에 있는 겟세마네라 하는 곳에 이르러 제자들에게 말씀하셨다. "내가 저기 가서 기도할 동안 너희는 120m 떨어진 이곳 기드론 골짜기에 앉아 있으라" 하시고

33 베드로와 세베대의 두 아들 야고보와 요한을 따로 데리고 가시면서 큰 고민에 빠져 슬퍼하며

34 말씀하셨다. "내 마음이 심히 고민되어 죽을 지경이 되었으니 너희는 이곳에 머물러 유혹에 빠지지 않도록 나와 함께 깨어 있으라."

35-36 그리고 조금 나아가사 무릎을 꿇고 얼굴을 땅에 대시고 엎드려 이렇게 기도하셨다. "내 아빠 아버지여, 아버지는 모든 것이 가능하시오니 만일 할 수 있으면 십자가를 지는 이 잔을 내게서 지나가게 하십시오. 그러나 내가 원하는 대로 하지 마시고 아버지의 뜻대로 하십시오."

37 예수께서 기도하신 후 일어나서 3명의 제자에게 가 보니 그들이 슬픔으로 잠든 것을 보셨다. 이에 베드로에게 말씀하셨다. "시몬 베드

로야, 자느냐? 너희가 나와 함께 한 시간도 깨어 있을 수 없느냐?

38 시험에 빠지지 않도록 깨어 있어 기도하라. 기도할 마음은 있으나 육신이 약하구나."

39 예수께서 다시 두 번째로 나아가 같은 말씀으로 기도하셨다.

40 다시 제자들에게 오시니 그들이 자고 있었다. 이는 그들의 눈이 심히 피곤했기 때문이다. 그들은 예수께 어떻게 대답해야 할지를 몰랐다.

41 또다시 제자들을 두시고 나아가 세 번째 같은 말씀으로 기도하신 후 제자들에게 와서 말씀하셨다. "이제는 자고 쉬라. 보라, 때가 가까이 되어 인자 된 내가 죄인의 손에 팔릴 것이다.

42 일어나라, 함께 가자. 보라, 나를 파는 자가 가까이 왔다."

예수께서 체포되심[1]

43 ● 예수께서 말씀하실 때에 12명 가운데 한 사람인 가룟 사람 유다라 하는 자가 대제사장들과 서기관들과 백성의 장로들이 보낸 무리와 함께 그들의 앞에 서서 예수께로 왔다. 그들은 등과 횃불과 칼과 몽치를 가지고 있었다.

44 예수를 파는 가룟 사람 유다가 미리 그들에게 신호를 정하여 말했다. "내가 입 맞추는 자가 바로 그 사람이니 그를 잡아 단단히 끌고 가라."

45 그리고 곧바로 가룟 사람 유다가 예수께 나아와 "선생님 안녕하십니까?"하고 입을 맞추었다.

46 이에 그들이 나아와 예수를 포박했다.

47 그때 칼을 가지고 곁에 서 있던 시몬 베드로가 칼을 빼어 대제사장의 종을 쳐서 오른쪽 귀를 베어 떨어뜨리니 그 종의 이름은 말고였다.

48 그때 예수께서 자기를 잡으러 온 무리 곧 대제사장들과 성전의 경비대장들과 장로들에게 말씀하셨다. "너희는 어찌 강도를 잡는 것처럼 칼과 몽치를 가지고 나를 잡으러 왔느냐?

49 내가 날마다 너희와 함께 성전에 앉아 가르칠 때는 너희가 나를 잡지 않았다. 그러나 이렇게 된 것은 성경을 이루기 위함이다."

50 이에 제자들이 모두 예수를 버리고 도망했다.

51 이때 한 청년은 벗은 몸에 베 홑이불을 두르고 예수를 따라가다가 무리에게 잡히자

52 베 홑이불을 버리고 벗은 몸으로 도망했다.

가야바의 심문

53 ● 예수를 잡은 자들이 그를 끌고 가야바의 장인 안나스 집에서 같은 지역 내에 있는 대제사장 가야바에게로 끌고 가니 그곳에는 대제사장들과 율법교사인 서기관과 장로들이 모두 모여 있었다.

54 베드로가 멀찌감치 예수를 따라 대제사장의 집 뜰 안까지 들어가서 어떻게 되는지 보려고 했다. 그때 사람들은 정원 한가운데서 불을 피우고 둘러 앉아 있었고, 베드로도 함께 앉아 불을 쬐고 있었다.

예수에 대한 심문과 희롱

55-56 ● 대제사장들과 산헤드린 공의회가 예수를 죽이기 위해 그를 공격할 거짓 증거를 찾으려고 했다. 그러나 거짓 증인은 많이 있었으나 그 증언이 서로 맞지 않아 아무런 증거는 얻지 못했다.

57 이후 어떤 사람이 와서 거짓 증언으로 말했다.

1) 마 26:47-56, 눅 22:47-53, 요 18:2-12

58 "이 사람은 손으로 지은 이 하나님의 성전을 자신이 헐고 손으로 짓지 않은 다른 성전을 3일 동안에 지을 수 있다고 말했다."

59 그러나 그 증언도 서로 일치하지 않았다.

60 이에 대제사장이 일어나 예수께 물었다. "이 말에 당신은 아무 대답도 하지 않겠느냐? 이 사람들이 너를 반박하는 증거에 대해 어떻게 생각하느냐?"

61 그러나 예수께서 아무런 대답도 하시지 않자 대제사장이 다시 물었다. "내가 너로 살아계신 하나님께 맹세하게 한다. 네가 찬양 받을 하나님의 아들 그리스도인지 우리에게 말하라."

62 예수께서 대답하되 "네가 지금 말했다. 내가 바로 그 사람이다. 그러나 내가 너희에게 말한다. 이후 인자 된 내가 전능자의 오른편에 앉아 있는 것과 구름을 타고 오는 것을 너희가 볼 것이다"라고 하자

63 대제사장이 자기 옷을 찢으며 말했다. "그가 신성을 모독하는 말을 했으니 더 이상 증인은 필요 없다.

64 보라, 너희가 지금 신성을 모독하는 말을 들었다. 너희는 이 말을 어떻게 생각하느냐?" 그들이 대답하기를 "그것은 사형에 해당한다"라고 했다.

65 이에 지키는 어떤 사람들이 예수를 희롱하며, 그의 얼굴에 침을 뱉으며, 그의 얼굴을 가리고 주먹으로 치며 선지자 노릇을 하라고 하며, 어떤 하인들은 손바닥으로 때렸다.

베드로의 세번의 부인[1)]

66 ● 베드로가 바깥 뜰에 앉았을 때 대제사장의 한 여종이 나아와

67 베드로가 불빛을 향해 불을 쬐고

있는 것을 주목하여 보고 그를 향해 말했다. "너도 갈릴리 사람 나사렛 예수와 함께 있었다."

68 이에 베드로가 모든 사람 앞에서 예수를 부인하여 말했다. "이 여자야, 나는 네가 무슨 말을 하는지 알지 못하고 깨닫지도 못하겠다." 조금 후에 베드로가 앞뜰까지 나아가자

69 다른 한 여종이 그를 보고 주위에 있는 사람들에게 말했다. "이 사람은 갈릴리 사람이니 나사렛 예수와 함께 있었던 같은 무리이다."

70 이에 베드로가 다시 부인하기를 "나는 그 사람을 알지 못한다"라고 했다. 조금 후에 곁에 섰던 사람들이 다시 말했다. "너도 갈릴리 사람이니 같은 무리이다."

71 그러자 베드로가 저주까지 하며 맹세하고 다시 부인하여 말했다. "나는 너희가 말하는 그 사람을 알지 못한다."

72 아직 말하고 있을 때 닭이 곧 2번 울었다. 주께서 돌아서서 베드로를 보셨고, 이에 베드로가 "닭 울기 전에 네가 나를 3번 부인할 것이다"라고 한 예수님의 말씀이 기억나서 그 일을 생각하고 밖에 나가서 크게 통곡했다.

공의회 앞에 선 예수가 빌라도에게 넘겨짐

15 ● 새벽이 되자마자 백성의 장로인 대제사장들이 장로들과 서기관들과 함께 예수를 죽이기 위해 함께 의논하고 예수를 공의회로 데려와서 무리가 예수를 결박한 후 시온산 지역의 가야바에게서 1.5km 떨어진 양 문 근처의 빌라도의 공관으로 끌고 갔다.

1) 마 26:30~35, 눅 22:31~34, 39, 요 13:36~38

2 예수께서 빌라도 총독 앞에 서자 총독이 물었다. "네가 유대인의 왕이냐?" 예수께서 대답하셨다. "네 말이 맞다."

3 그러나 대제사장들은 여전히 여러 가지로 고발했다. 예수께서는 대제사장들과 장로들이 고발한 말에 대해서는 아무 대답도 하시지 않았다.

4 이에 빌라도가 다시 공관으로 들어가 예수를 불러 말했다. "그들이 너를 고발하는 내용이 얼마나 많은지 듣지 못하느냐?"

5 그러나 예수께서 한 마디도 대답하시지 않자 총독이 놀랍게 여겼다.

빌라도의 죄수 석방 제의와 예수의 십자가형 선고

6 ● 유월절 명절이 되면 총독이 군중의 청원에 따라 죄수 한 명을 석방시켜 주는 전례가 있었다.

7 그때 민란을 조장하고 그 민란 중에 살인하여 체포된 자 중에 '바라바'라 하는 유명한 죄수가 있었다.

8 무리는 전례대로 해주기를 요구했다.

9 그러자 빌라도 총독이 그들에게 물었다. "너희는 내가 누구를 너희에게 풀어주기를 바라느냐? 바라바냐, 그리스도라 하는 유대인의 왕 예수냐?"

10 이렇게 말한 것은 그가 그들의 시기심에 예수를 넘겨준 줄 알고 있었기 때문이다.

11 그러나 대제사장들과 장로들이 군중을 충동하여 그들에게 바라바를 풀어주고 예수를 죽이도록 부추겼다.

12 이에 빌라도 총독이 예수를 풀어주기 위해 다시 그들에게 말했다. "그러면 너희는 유대인의 왕이라 고 하는 예수를 내가 어떻게 하기를 원하느냐?"

13 그들이 하나같이 소리를 질렀다. "십자가에 못 박아야 합니다."

14 이에 빌라도 총독이 세 번째로 말했다. "왜 그렇게 해야 하느냐? 그가 무슨 악한 일을 했느냐? 나는 그에게서 죽일 죄를 찾지 못했으니 때려서 풀어주겠다." 이에 그들이 더욱 큰 소리로 "십자가에 못 박아야 합니다"라고 외쳤다.

15 이에 빌라도가 그들이 요구하는 대로 십자가형을 언도했다. 그리고 무리에게 만족을 주기 위해 민란과 살인으로 인해 옥에 갇힌 바라바는 그들에게 풀어 주고, 예수는 채찍질하고 십자가에 못 박도록 그들에게 넘겨주었다.

예수께서 희롱당하심[1]

16 ● 이에 총독의 군인들이 예수를 끌고 '브라이도리온'이라는 뜰 안으로 들어가서 온 군대를 그에게로 소집시켰다.

17 그리고 빌라도 총독이 예수를 채찍질했다. 이어 군인들은 예수의 옷을 벗기고 자색 옷을 입히며, 가시로 관을 만들어 그의 머리에 씌웠다.

18 그리고 갈대를 쥐어주고 자기들 앞에서 무릎을 꿇게 한 후 경례하면서 희롱하며 말했다. "유대인의 왕이여, 평안하라."

19 또 그에게 침을 뱉고, 갈대를 빼앗아 그의 머리를 치며 손으로 때리고 꿇어 절했다.

20 이에 무리가 예수께 희롱한 후 자색 옷을 벗기고 그가 입었던 옷을 다시 입혀 십자가에 못 박기 위해 끌고 나갔다.

1) 마 27:27-30, 요 19:1-3

십자가를 지심과 처형[1]

21 ● 그들이 예수를 끌고 갈 때 마침 알렉산더와 루포의 아버지인 아프리카 북부에 위치한 구레네 출신의 시몬이 시골에서 예루살렘으로 올라와 그 옆을 지나가고 있었다. 그때 로마 군병이 그를 붙들어 예수의 십자가를 강제로 지게 하여 예수를 따르게 했다.

22 예수를 끌고 600m쯤 가서 '골고다'라고 하는 곳, 번역하면 해골의 곳에 이르렀다.

23 그곳에서 몰약를 넣은 포도주를 예수께 주어 마시게 하려고 했으나 예수께서는 거절하셨다.

24 군인들이 예수를 십자가에 못 박은 후 그의 옷을 취하여 나누어 제비 뽑자

25 오전 9시인 제삼시가 되었을 때 예수를 십자가에 못 박았다

26 빌라도가 '나사렛 예수, 유대인의 왕'이라고 쓴 죄패를 써서 예수의 머리 위에 달았다.

27 행악자 2명도 예수와 함께 십자가에 못 박혔는데 한 명은 예수의 오른쪽에, 다른 한 명은 예수의 왼쪽에 있었다.

28 (없음)

29 십자가 처형장을 지나가는 자들은 자신의 머리를 흔들며 예수를 모욕하며 말했다. "아하, 성전을 헐고 3일 동안에 다시 짓는다고 말한 자여,

30 네가 만일 하나님의 아들이라면 자신을 구원하고 십자가에서 내려오라."

31 대제사장들도 율법교사인 서기관들과 장로들과 함께 희롱하여 말했다. "그가 다른 사람은 구원했지만 자기는 구원하지 못한다."

32 십자가에 못 박힌 행악자도 "네가 이스라엘의 왕, 그리스도라면 지금 십자가에서 내려와 보라. 그러면 우리가 믿겠다."라며 욕했다.

예수의 죽음

33 ● 낮 12시인 제육시부터 해가 빛을 잃고 온 땅에 어둠이 시작되어 오후 3시인 제구시까지 계속되었다.

34 오후 3시인 제구시쯤 예수께서 큰 소리로 외치셨다. "엘리 엘리 라마 사박다니!" 이 말을 번역하면 곧 '나의 하나님, 나의 하나님, 왜 나를 버리셨습니까!'라는 뜻이다.

35 그곳에 서 있던 자들 중에 어떤 이들은 그 말을 듣고 말했다. "이 사람이 엘리야를 부른다."

36 그리고 한 사람은 "그를 가만히 두어라. 엘리야가 와서 그를 내려주나 보자"라고 했다. 그중 한 사람이 곧바로 달려가 해면에 신 포도주를 적셔서 갈대에 매어 예수의 입에 대어 마시게 했다.

37 그리고 큰 소리를 지르시고 머리를 숙이니 영혼이 떠나가셨다.

38 그때 성소의 휘장이 위로부터 아래까지 찢어져 두쪽이 되었다.

예수의 죽음 이후 사건

39 ● 예수를 향해 섰던 백부장과 그와 함께 예수를 지키던 자들이 지진과 그 일어난 일들을 보고 심히 두려워하며 하나님께 영광을 돌리며 말했다. "그는 참으로 하나님의 아들이었다."

40·41 예수를 아는 자들과 그를 섬기며 갈릴리에서부터 따라온 많은 여자가 멀리서 바라보고 있었다. 그들 중에는 막달라 마리아와 작은 야고보와 요세라고도 하는 요셉의 어머니 마리아와 세베대의 아들들의 어머니 살로메도 있었다. 또 이

1) 마 27:32-44, 눅 23:26-43, 요 19:17-27

외에 예수와 함께 예루살렘에서 올라온 여자도 많이 있었다.

예수를 장사 지냄

42 ● 예수께서 운명하신 이 날은 안식일의 예비일, 곧 안식일 전날이었다. 저녁 때

43 아리마대 요셉은 존경 받는 산헤드린 공의회 회원으로 그는 예수를 죽이려는 공의회의 결의와 행사에 찬성하지 않은 하나님 나라를 기다리는 자였다. 날이 저물었을 때 담대히 빌라도 총독을 찾아가 예수의 시신을 달라고 요청했다.

44 이에 빌라도는 예수가 그렇게 일찍 죽었을까 이상히 여겨 백부장을 불러 죽은 지가 오래되었느냐고 물어보았다.

45 그리고 죽은 것을 알아본 후 아리마대 출신의 요셉에게 시신을 내어주라고 명령했다. 빌라도 총독이 예수의 시신을 내어주도록 허락하자

46 아리마대 출신인 요셉이 세마포를 사서 예수의 시신을 가져다가 깨끗한 세마포로 쌌다. 이에 예수의 시신을 바위 속에 판 자기의 새 무덤에 넣어 두고 큰 돌을 굴려 무덤 입구를 막았다.

47 그곳에는 막달라 마리아와 요세, 곧 요셉의 어머니 마리아가 예수의 둔 곳을 보았다.

예수의 부활하심[1]

16 1-2 ● 막달라 마리아와 야고보의 어머니 마리아와 예수의 이모인 살로메가 예수의 시신에 바르기 위해 향품을 사다 두었다가 안식일이 지나고 그 주간의 첫날이 되는 새벽 해가 돋을 때에 예수의 무덤으로 가면서

3 서로 말했다. "누가 우리를 위해 무덤의 돌 문을 굴려 주겠는가?"

4 그런데 막달라 마리아가 눈을 들어 보니 돌이 굴려져 있는데 그 돌이 심히 컸다.

5 이에 무덤 안으로 들어갔으나 예수의 시체는 보이지 않았다. 이때 흰옷을 입은 한 청년이 오른편에 앉은 것을 보자 여자들이 두려워 얼굴을 땅에 대었다.

6 그 청년이 여자들에게 말했다. "너희는 무서워하지 말라. 어찌하여 살아있는 자를 죽은 자 가운데서 찾고 있느냐? 너희가 십자가에 못 박히신 예수의 시신을 찾는 줄 내가 안다. 그는 이곳에 계시지 않고 그가 말씀하신 대로 살아나셨다. 와서 그를 두었던 곳을 보라.

7 이제 빨리 가서 그의 제자들과 베드로에게 '그가 죽은 자 가운데서 살아나셨고, 너희보다 먼저 갈릴리로 가시사 너희에게 말씀하신 대로 그곳에서 너희가 볼 것이다'라고 알려 주어라."

8 그리고 여자들이 몹시 놀라 떨며 무덤에서 도망치듯 나와 무서워하여 누구에게도 아무 말을 하지 못했다.

9 예수께서 안식일이 지난 첫날 이른 아침에 살아나신 후 전에 일곱 귀신을 쫓아내 준 막달라 마리아에게 가장 먼저 나타난 내력은 이렇다.

10 한편 막달라 마리아는 예수와 함께했던 제자들에게 가서 슬퍼하며 울고 있는 그들에게 자신이 부활한 예수를 만난 사실과 예수께서 일러 준 말씀을 알렸다.

11 그러나 그들은 예수께서 살아나신 것과 막달라 마리아에게 나타났다는 것을 듣고도 믿지 못했다.

엠마오로 가는 제자에게 나타나심

1) 마 28:1-10, 눅 24:1-12, 요 20:1-18

12 ● 예수께서는 막달라 마리아에게 나타나신 후에 다른 모습으로 2명의 제자에게 나타나셨다.

13 이 일로 두 사람이 일어나 예루살렘에 돌아가 보니 11명의 제자와 그들과 함께한 자들이 모여 있었다. 그 남은 제자들에게 자기들에게 알려진 것을 말했으나 그들 역시 믿지 못했다.

11명의 제자에게 나타나심

14 ● 그후 11명의 제자가 음식 먹을 때 예수께서 그들에게 나타나 부활한 자신을 믿지 못한 것과 완악한 마음을 책망하셨다. 이는 자기가 살아난 것을 본 자들의 말을 믿지 않았기 때문이다.

15 예수께서 또 말씀하셨다. "너희는 온 세상을 다니며 모든 사람에게 복음을 전하라.

16 믿고 세례를 받는 사람은 구원을 얻겠지만 믿지 않는 사람은 죄의 심판을 받을 것이다.

17·18 믿는 자들에게는 내 이름으로 귀신을 쫓아내며, 새로운 방언을 말하며, 뱀을 잡아 올리며, 어떤 독을 마셔도 해를 받지 않고, 병든 사람에게 손을 얹으면 낫는 증거 등이 나타날 것이다."

19 예수께서 말씀을 마치신 후 축복하실 때 그들이 보는 데서 하늘로 올라가사 하나님 오른편에 앉으셨다.

20 제자들이 사방으로 나가 복음을 전하자 주께서 역사하시므로 보이는 증거가 많이 나타나 말씀을 담대하게 증거했다.

누가복음
Luke

제목	히브리어 성경에는 카타루콘('누가에 의한'), 한글 성경에는 복음이란 말을 추가
기록연대 기원후 60~62년경	**저자** 누가 **중심주제** 인자의 복음이란 별명(예수의 인성과 신성)

내용소개 * 많은 기적(갈릴리) : 32년 1. 세례자 요한과 예수의 탄생 1~3장
2. 예수의 권위와 사역 시작 4~9장   3. 많은 비유(예루살렘으로) 10~18장
* 희생과 기적(예루살렘에서) 4. 예수의 수난과 죽음 부활 19~24장

데오빌로 각하에게

1 ● 우리에게 일어난 일에 대해
2 모든 일의 시작부터 목격한 사람과 복음의 전파자로 말씀의 일꾼 된 자들이 전해준 대로 그 내력을 기록하려고 하는 사람이 많았다.

3 나 누가도 그 모든 일을 처음부터 자세히 조사하여 살폈으며, 데오빌로 각하에게 순서대로 써 보내는 것이 좋은 줄 알았다.

4 이것은 각하가 알고 있는 사실을 더욱 확실하게 하기 위함이다.

세례자 요한의 출생 예고

5 ● 헤롯 대왕이 유대 지역을 통치할 때 아비야 계열에 제사장 한 사람이 있었다. 그는 '사가랴'라고 이름하는 자이며, 그의 아내는 아론의 후손인 엘리사벳이었다.

6 이 두 사람은 주의 모든 계명과 법도대로 행하는, 하나님 앞에 의로운 사람이었다.

7 엘리사벳과 사가랴는 나이가 많았고 임신을 하지 못해 자식이 없었다.

8 마침 사가랴가 그 계열의 순서가

되어 하나님 앞에서 제사장의 직무를 행했다.

9 당시에는 성전 봉사자를 선출하기 위해 제비를 뽑았다. 그래서 사가랴는 제비에 뽑혀 주의 성전에 들어가 분향하고,

10 그가 분향하는 시간에 백성들은 밖에서 기도했다.

11 그때 주의 사자가 사가랴에게 나타나 분향하는 단 우편에 서 있었다.

12 이에 사가랴가 보고 놀라 무서워하자

13 천사가 그에게 말했다. "사가랴야, 무서워하지 말라. 네 기도가 상달되어 네 아내 엘리사벳이 아들을 낳을 것이니 그 이름을 '요한'이라고 지어라.

14 너는 기뻐할 것이며, 많은 사람도 그의 출생을 기뻐할 것이다.

15 그는 주 앞에 큰 자가 되고, 포도주나 독한 술을 마시지 않으며, 모태에 있을 때부터 성령의 충만함을 받아

16 수많은 이스라엘 자손을 그들의 하나님께로 돌아오게 할 것이기 때문이다.

17 또한 그는 엘리야의 기질과 영향력[1]으로 메시아인 주보다 세상에 먼저 올 것이다. 그래서 아버지의 마음을 자식에게 향하게 하고, 불순종하는 자를 의인의 지혜로 돌이키게 할 것이다. 그래서 백성들이 주를 맞이하도록 준비시킬 것이다."

18 이 말을 듣고 사가랴가 천사에게 말했다. "내가 그 같은 사실을 무엇으로 알 수 있겠습니까? 나는 늙었고 아내도 나이가 많습니다."

19 그러자 천사가 대답했다. "나는 하나님 앞에 서 있는 가브리엘이다.

이 기쁜 소식을 너에게 전하려고 보내심을 받았다.

20 그러나 네가 내 말을 믿지 않았기 때문에 이 일이 이루어지는 날까지 너는 벙어리로 지내게 될 것이다. 그리고 때가 되면 내가 한 말이 이루어질 것이다."

21 사가랴가 성전 안에서 오랫동안 나오지 않자 밖에 있는 사람들은 이상하게 생각했다.

22 마침내 사가랴가 성전에서 나왔으나 그들 앞에서 말을 못하자 사람들은 그가 성전 안에서 환상을 보았기 때문에 그렇게 된 줄 알았다. 사가랴가 몸짓으로 자신의 뜻을 표시하고 말을 못하는 상태로 그 직무의 날이 끝날 때까지 지내다가

23 직무의 날을 마치자 성전에서 11km 정도 떨어진 아인카렘의 자기 집으로 돌아갔다.

24 이후 사가랴의 아내 엘리사벳이 임신한 후 5개월 동안 집 밖으로 나오지 않고 조용히 숨어 지내면서 말했다.

25 "주께서 나를 돌보사 아이를 주시므로 사람들 앞에서 내 부끄러움을 없게 하시려고 이렇게 행하셨도다."

예수의 탄생을 예고함

26 ● 엘리사벳이 임신한 지 6개월이 되던 때 가브리엘 천사가 하나님의 보내심을 받아 갈릴리 지역에 있는 나사렛 동네에 와서

27 다윗의 후손인 '요셉'이라고 하는 사람과 정혼한 처녀인 마리아를 찾아왔다.

28 천사가 그에게 들어가 말했다. "은혜를 받은 자여, 너는 평안할지어다. 주께서 너와 함께하신다."

1) 심령과 능력

29 그 말을 들은 처녀 마리아가 놀라 왜 이런 인사를 하는지 생각했다.

30 그때 천사가 다시 말했다. "마리아여, 무서워하지 말라. 너는 하나님께 은혜를 입었다.

31 이제 네가 임신하여 아들을 낳을 것인데 그 이름을 '예수'라고 지어라.

32 그는 큰 자가 되고, 지극히 높으신 자의 아들이라고 일컬음을 받을 것이다. 주 되신 하나님께서 그 조상 다윗의 왕권을 그에게 주실 것이다.

33 그는 영원토록 야곱의 집을 왕권으로 다스리시며, 그의 나라는 영원할 것이다."

34 이에 마리아가 천사에게 말했다. "나는 남자를 모르는 처녀인데 어떻게 이런 일이 있을 수 있습니까?"

35 이에 천사가 대답했다. "성령이 네게 임하시게 되며, 지극히 높으신 분의 능력이 너를 감쌀 것이다. 그러므로 너를 통해 태어날 거룩한 이는 '하나님의 아들'이라고 불릴 것이다.

36 보라, 본래 임신하지 못한다고 알려진 네 친척인 엘리사벳도 늙어서 아들을 임신하여 벌써 6개월이 되었다.

37 이같이 하나님의 모든 말씀은 이루지 못할 일이 없다."

38 이에 마리아가 "주의 여종이오니 말씀한 대로 내게 이루어질 것입니다"라고 말하자 천사가 그를 떠나갔다.

마리아와 엘리사벳의 만남

39 ● 천사로부터 임신할 것이라는 말을 들었을 때 마리아는 서둘러 나사렛에 있는 자기 집을 떠나 사가랴가 살고 있는 예루살렘 서남쪽 11km에 위치한 유대 산골의 한 동네인 아인카렘으로 갔다. 이는 5일 이상 걸리는 거리였다.

40 그곳에서 마리아가 사가랴의 집에 들어가 엘리사벳을 만났다.

41 엘리사벳이 마리아의 문안인사를 받을 때 아기가 뱃속에서 뛰놀았고, 엘리사벳은 성령의 충만함을 받아

42 큰 소리로 말했다. "너는 여자 중에 복이 있으며, 네 태중에 있는 아기도 복이 있도다.

43 내 주의 어머니가 나에게로 왔으니 이것이 어찌 된 일인가!

44 보라, 네 문안하는 소리를 들을 때 내 뱃속에 있는 아이가 기뻐하며 뛰놀았도다.

45 '주께서 하신 말씀이 반드시 이루어질 것이다'라고 믿은 그 여자에게 복이 있도다."

46 이에 마리아가 노래했다. "내 영혼이 주를 찬양하며,

47 내 마음이 내 구세주 되신 하나님을 기뻐한 것은

48 그가 비천한 계집종을 돌아보셨기 때문이다. 보라, 이후로는 모든 세대가 나를 향해 복이 있다고 말할 것이다.

성경인물 누가복음 저자인 누가

누가복음과 사도행전의 저자인 누가(Luke, 골 4:14, 몬 1:24)는 본래 의사였으나 후에 12사도의 한 사람이 되었다. 그는 바울이 로마에서 투옥되었을 때 함께 일했던 동역자였다(몬 4:11). 그는 안드레와 함께 터키 지역의 비두니아나 로마나 베오티아의 테베, 혹은 파트라스 중 한 곳에서 십자가형에 처해졌다고 전해진다. 그러나 누가의 무덤 위치에 대해서는 의견이 갈라져 있으며, 현재 누가의 묘로 전해지는 것이 터키의 에베소에 있다. 전승에 따르면 누가의 죽음은 순교로 인정하고 있다.

49 능력이 많으신 이가 나에게 큰일을 행하셨기 때문에 그의 이름은 거룩하시다.

50 주의 긍휼하심이 그분을 두려워하는 자에게 자손 대대로 미칠 것이다.

51 그의 능력의 팔을 펴서 마음의 생각이 교만한 자들을 흩으셨고,

52 권세 있는 자를 그의 자리에서 끌어내리셨으며, 비천한 자를 높이셨도다.

53 굶주린 자를 좋은 것으로 배부르게 먹이셨으며, 부요한 자는 빈손으로 돌려 보내셨도다.

54 자기의 종 이스라엘을 긍휼히 여기시고 기억하사

55 우리 조상에게 말씀하신 대로 아브라함과 그 자손들을 영원히 도우실 것이로다."

56 마리아는 3개월 정도 엘리사벳과 함께 있다가 나사렛에 있는 자기 집으로 돌아갔다.

세례자 요한의 출생

57 ● 엘리사벳이 해산할 때가 되어 아들을 낳자

58 이웃과 친척들은 주께서 그에게 큰 긍휼을 베푸셨다는 소식을 듣고 함께 즐거워했다.

59 아이가 출생한 지 8일이 되자 아이에게 할례를 행하기 위해 11㎞ 떨어진 성전에 왔을 때 그 아버지의 이름을 따라 '사가랴'라고 부르려고 했으나

60 그 어머니가 "아니다. 요한이라고 할 것이다"라고 대답했다.

61 그러자 그들이 말하기를 "네 친척 중에는 그런 이름으로 지은 이가 없다" 하고

62 말 못하는 그의 아버지께 몸짓으로 "어떤 이름으로 지으려고 하느냐?"라고 물었다.

63 이에 아버지인 사가랴가 글을 기록할 서판을 달라고 하여 그 판에 이름을 '요한'이라고 쓰자 사람들이 놀랍게 여겼다.

64 그 순간 벙어리 된 그의 입이 열리고 혀가 풀리며 하나님을 찬양했다.

65 이 일로 인해 근처에 사는 자들이 모두 두려워하고 그 소문이 온 유대 산골에 두루 퍼져

66 그 소문을 듣는 모든 사람이 그 말을 마음에 두며 말했다. "이 아이가 장차 어떻게 될까?" 이렇게 말한 것은 주의 보호1)와 인도하심이 그와 함께하셨기 때문이다.

사가랴의 예언

67 ● 세례자 요한의 부친 사가랴가 성령 충만함을 받아 이렇게 예언했다.

68 "주 되신 이스라엘의 하나님을 찬양하라. 그분은 자기 백성을 돌보아 구원하셨다.

69 그분은 우리를 위해 그 종 다윗의 집에 구원의 뿔을 일으키셨으니

70 그것은 주께서 예로부터 거룩한 선지자의 입을 통해 말씀하신 것이다.2)

71 그것은 우리를 원수와 미워하는 모든 자의 손에서 구원하시는 일이다.

72 우리 조상에게 자비를 베푸시며 거룩한 언약,

73 곧 우리 조상 아브라함에게 한 맹세를 기억하셨다.

74 우리를 원수의 손에서 건지시고,

75 평생 주 앞에서 거룩하고 의롭게 두려움 없이 섬기게 하셨다.

76 아이여, 너는 가장 높으신 이의 선지자라고 불림을 받고 주보다 앞서 가서 그분이 가는 길을 준비하여

1) 손   2) 사 11:1

77 주의 백성에게 죄 용서함으로 말미암는 구원을 알게 할 것이다.

78 이것은 우리 하나님의 자비로 인하여 떠오르는 해가 위로부터 우리에게 임하여

79 어둠과 죽음의 그늘에 사는[1] 자에게 빛을 비추고 우리 발을 평화의 길로 인도하실 것이다."

80 아이는 자라가면서 심령이 강해지고, 이스라엘 백성들 앞에 나타나는 날까지 광야, 빈 들에서 살았다.

예수 그리스도의 탄생[2]

2 ● 그때 로마 황제[3] 아구스도가 그의 통치 하에 있는 온 나라에 모두 호적 등록을 하도록 칙령을 내렸다.

2 이 호적 명령은 구레뇨가 수리아 지역의 총독으로 있을 때 처음으로 시행한 것이었다.

3 이에 모든 사람이 호적 등록을 위해 자기 출신지 고향으로 돌아갔다.

4 요셉도 다윗 족속의 집에 속했기 때문에 지금 살고 있는 갈릴리 지역의 나사렛 동네에서 유대를 향해 200㎞ 정도 떨어진 '베들레헴'이라고 하는 다윗이 출생한 동네로

5 그 약혼한 마리아와 함께 호적하기 위해 올라갔다. 이때 마리아는 이미 임신한 상태였다.

6 그가 베들레헴에 도착하여 머무를 때 해산할 날이 되어

7 첫아들을 낳아 강보로 싸서 구유에 뉘었다. 이때 묵을 응접실[4]이 없었기 때문이다.

목자들의 예수 경배

8 ● 베들레헴 지역에서 목자들이 밤에 밖에 있는 들판에서 지내며 자기의 양 떼를 지키고 있었다.

9 그때 주의 사자가 곁에 서 있었고 주의 영광이 그들을 두루 비추자

그들이 크게 두려워했다.

10 그러자 천사가 목자들에게 말했다. "두려워 말라. 보라, 내가 모든 백성이 크게 기뻐할 만한 좋은 소식을 너희에게 알린다.

11 오늘 다윗이 출생한 동네에 너희의 구세주인 그리스도 주께서 탄생하셨다.

12 너희는 가서 강보에 싸여 구유에 뉘어 있는 아기를 보게 되며, 그것이 너희에게 증거가 될 것이다."

13 그때 갑자기 수많은 하늘의 군사가 그 천사와 함께 이렇게 하나님을 찬양했다.

14 "가장 높은 곳에서는 하나님께 영광이요, 땅에서는 하나님께서 기뻐하는 사람들에게 평화로다."

15 천사들이 떠나 하늘로 올라간 후 목자들이 서로 말했다. "이제 베들레헴으로 가서 주께서 우리에게 알려주신 사실을 확인해 보자."

16 이에 그들이 서둘러 3㎞ 정도를 가서 마리아와 요셉과 구유에 누인 아기를 찾아갔다. 그리고

17 아기를 보고 천사가 자기들에게 아기에 대해 말한 것을 그 부모에게 전해 주었다.

18 그러자 목자들이 말한 것을 들은 모든 자가 놀랍게 여겼다.

19 그러나 마리아는 그 모든 말을 마음에 깊이 생각했다.

20 목자들은 천사들이 자기들에게 알려준 대로 듣고 본 그 모든 것으로 인하여 하나님께 영광을 돌리고 찬양하며 돌아갔다.

예수의 할례와 시므온의 찬송

21 ● 아기가 출생한 지 8일에 할례할 날이 되자 그 이름을 '예수'라고 하니[5]

---

1) 앉은 2) 마 1:18-25 3) 가이사 4) 여관에 있을 곳
5) 마 1:25하, 눅 1:31

이는 임신하기 전 천사가 마리아에게 한 말이었다.

22 요셉과 마리아는 모세의 규례[1]에 따라 정결 예식의 날이 되자 아기를 데리고 11km 떨어진 예루살렘 성전으로 올라갔다.

23 이는 율법에 기록된 대로[2] 첫 태에 출생한 남자는 주의 거룩한 자라고 한 대로 아기를 하나님께 드리고

24 율법에 기록된 대로[3] 산비둘기 한 쌍이나 어린 집비둘기 2마리로 제사하기 위함이었다.

25 예루살렘에 '시므온'이라고 하는 사람이 있었다. 그는 의롭고 경건하여 하나님께서 이스라엘을 위로해 주실 때까지 기다리고 있던 자로 성령이 그와 함께 계셨다.

26 그는 그리스도를 보기 전에는 죽지 않으리라는 성령의 계시를 받았다.

27 그가 성령의 감동을 받아 성전에 들어가자 마침 요셉과 마리아가 율법의 규례대로 행하기 위해 아기 예수를 데리고 왔다.

28 이에 시므온이 아기를 안고 하나님을 찬양했다.

29 "모든 것을 주관하시는 주여, 이제는 말씀하신 대로 종으로 평안히 세상을 떠날 수 있게 하셨도다.

30 내 눈이 주의 구원을 보았으니

31 이것은 모든 백성 앞에 예비하신 것이며,

32 이방인에게 비추는 계시의 빛이며, 주의 백성인 이스라엘에게는 영광이시로다."

33 이 말을 들은 예수의 부모가 놀랍게 여겼다.

34 시므온이 예수의 부모에게 축복하고 그의 어머니 마리아에게 말했다. "보라, 이 아기는 이스라엘 중 많은 사람을 넘어지게 하고, 일어서게도 할 것이다. 또한 그는 사람들에게 비방을 받는 표적이 될 것이다.

35 이 일로 인해 많은 사람의 마음에 있는 생각들이 드러날 것이다. 그리고 마리아 당신의 마음은 칼로 찌르듯 아플 것이다."

36 또 아셀 지파에 바누엘의 딸 '안나'라고 하는 나이 많은 선지자가 있었다. 그녀는 결혼한 후 7년 동안 남편과 함께 살다가

37 과부가 되어 84세가 되었다. 그녀는 성전을 떠나지 않고 밤낮으로 금식하는 가운데 기도하며 섬기던 중에 아기 예수를 보았다. 그리고

38 하나님께 감사하고 예루살렘의 구원을 기다리는 모든 사람에게 아기 예수에 대해 말했다.

39 마리아는 율법에 따라 아기 예수께 행할 모든 일을 마치고 본래 살았던 동네인 나사렛으로 가서 살았다. 이는 선지자가 말씀한 대로 "나사렛 사람'이라고 칭함을 받을 것이다'라고 한 말을 이루기 위함이었다.

40 아기는 자라면서 점점 강건해지고 지혜가 충만하며 하나님의 은혜가 충만했다.

12세 때의 예수

41 ● 예수의 부모는 해마다 유월절이 되면 예루살렘으로 올라갔다.

42 예수께서 12세 되었을 때 그들이 유월절의 관례를 따라 나사렛에서 134km 떨어진 예루살렘으로 올라갔다가

43 유월절을 마치고 돌아갈 때 소년 예수는 예루살렘에 그대로 머물러 있었다. 그러나 그 부모는 그 사실을

1) 레 12:2-6　2) 출 13:2　3) 레 12:8

44 함께 돌아가는 줄로 생각하고 하룻길을 가다가 예수가 없는 것을 알았다. 이에 친척과 아는 자에게 물어 찾았으나

45 만나지 못하고 예수를 찾으면서 예루살렘까지 올라갔다.

46 그리고 3일이 지난 후에야 성전에서 예수를 만났다. 그때 소년 예수는 선생들 중에 앉아서 그들의 말을 듣고 묻기도 했는데

47 소년 예수의 말을 듣는 자가 모두 그 지혜와 대답하는 것을 보고 놀랐다.

48 그의 부모가 예수를 보고 놀라며 어머니가 말했다. "아이야, 왜 우리와 떨어져 여기에 있느냐? 보라, 아버지와 내가 걱정하며 너를 얼마나 찾았는지 아느냐."

49 이에 소년인 예수가 대답했다. "왜 나를 찾으셨습니까? 내가 성전에 있어야 할 줄을 알지 못하셨습니까?"

50 그러나 그 부모는 아직 소년인 예수가 한 그 말의 뜻을 이해하지 못했다.

51 예수는 부모와 함께 북쪽에 위치한 나사렛으로 내려가 그곳에서 부모에게 순종하며 지냈다. 그 어머니는 소년 예수가 하는 모든 말들을 마음에 간직했다.

52 예수는 지혜와 키가 자라며 하나님과 사람들에게 갈수록 사랑을 받았다.

세례자 요한의 천국 전파[1]

3 ●이후 18년이 흘렀다. 디베료 황제가 로마를 통치한 지 15년이 되던 해, 곧 본디오 빌라도가 유대의 총독으로, 헤롯 대왕의 아들 헤롯 안디바가 갈릴리의 분봉 왕으로, 그 동생 빌립이 갈릴리바다 동북쪽 지역인 이두래와 드라고닛 지방의 분봉 왕으로, 루사니아가 다메섹 서북쪽 지역인 아빌레네의 분봉 왕으로,

2 안나스와 가야바가 대제사장으로 있을 때 하나님의 말씀이 광야, 빈들에서 사가랴의 아들 세례자 요한에게 임했다.

3 그 무렵 세례자 요한은 요단강 부근 각처에서 죄 용서함을 받게 하는 회개의 세례를 외쳤다.

4 이사야 선지자의 글에는 이렇게 기록되었다. "보라, 내가 내 사자를 네 앞에 보내리니 그가 네 길을 준비할 것이다. 광야에서 외치는 자의 소리가 있어 말하기를 너희는 주의 길을 준비하라. 그가 오시는 길을 평탄하게 하라.

5 모든 골짜기가 메워지고, 모든 산이 낮아지며, 굽은 것이 곧게 펴지고, 험한 길이 평탄해지며,

6 모든 육체를 가진 사람들이 하나님의 구원하심을 볼 것이다."

7 세례자 요한이 많은 무리들이 자기에게 세례를 받기 위해 오는 것을 보고 말했다. "독사의 자식들아, 누가 너희에게 다가올 진노의 심판을 피하라고 알려주었느냐?

8 그러므로 회개에 합당한 열매를

풍습 여행의 하룻길(눅 2:44)

요셉 가족은 예수께서 12살 되던 해 유월절을 지키기 위해 예루살렘에 내려갔다. 그런데 돌아오는 길에 하룻길이나 왔음에도 소년 예수가 없는 것을 몰랐다. 이는 당시 여행중에는 첫날에는 잊은 것을 가져올 수 있는 약 2㎞ 정도만 갔기 때문이다. 그후에는 보통 하루에 40㎞를 갔다. 그래서 2㎞ 정도를 갔기 때문에 예수가 함께 있는 것을 몰랐던 것이다.

1) 마 3:1~12, 막 1:1~8, 요 1:19~28

맺고 마음속으로 아브라함이 우리의 조상이라고 말하지 말라. 내가 너희에게 말한다. 하나님께서는 이 돌들을 가지고도 능히 아브라함의 자손이 되게 하실 수 있다.

9 도끼가 이미 나무 뿌리에 놓였으니 좋은 열매를 맺지 못하는 나무들은 찍혀 불에 던져질 것이다.

10 그러자 무리가 물었다. "그러면 우리가 무엇을 해야 합니까?"

11 세례자 요한이 대답했다. "옷이 2벌 있는 자는 옷이 없는 자에게 나눠 주고, 먹을 것이 있는 자도 굶주린 자에게 나누어 주어라."

12 세리들도 세례를 받기 위해 와서 말했다. "선생이여, 우리는 무엇을 해야 합니까?"

13 세례자 요한이 말했다. "부과된 것 외에는 추가로 세금을 거두지 말라."

14 군인들도 물었다. "우리는 무엇을 해야 합니까?" 세례자 요한이 말했다. "사람에게서 억지로 빼앗지 말고, 거짓으로 고발하지 말며, 받는 급료에 만족하라."

15 백성들이 그리스도를 기다리고 있었기 때문에 사람들은 마음속으로 세례자 요한이 혹시 그리스도가 아닌가 생각했다.

16 이를 안 세례자 요한이 말했다. "내 이후에 오시는 분은 나보다 능력이 많기 때문에 나는 그의 신발끈을 풀기도 감당하지 못할 정도이다. 나는 너희가 회개하도록 물로 세례를 주지만 그분은 성령과 불로 너희에게 세례를 주고

17 손에 키를 들고 자기의 타작 마당을 깨끗이 하여 알곡은 모아 창고에 들이고, 쭉정이는 꺼지지 않는 불에 태우실 것이다."

18 또 그 밖에 많은 권면을 하고 백성들에게 좋은 소식을 전했다.

19 갈릴리 지역의 통치자 분봉 왕 헤롯 안디바는 그의 동생 빌립 1세의 아내인 헤로디아를 아내로 삼은 일과 자기가 행한 모든 악한 일로 세례자 요한에게 책망을 받았다.

20 뿐만 아니라 세례자 요한을 감옥에 가두는 한 가지 악을 더 행했다.

예수께서 세례를 받으심[1]

21 ● 세례자 요한에게 나온 백성들이 다 세례를 받을 때 예수께서도 갈릴리 지역의 나사렛에서 여리고 앞의 요단강으로 와서 세례자 요한에게 세례를 받으시고 물에서 올라와 기도하실 때 하늘이 열리고

22 하나님의 성령이 비둘기 같은 형체로 내려 그 위에 임하시는 것을 보았다. 그때 하늘에서 "너는 내 사랑하는 아들이며, 내 기뻐하는 자라"는 소리가 들렸다.

예수 그리스도의 계보[2]

23 예수께서는 30세쯤 되었을 때 가르치는 일을 시작하셨다. 사람들이 아는대로 예수는 요셉의 아들이다. 요셉의 위로 아버지는 헬리이다.

24 헬리의 위는 맛닷이고, 그 위는 레위이다. 레위의 위는 멜기요 그 위는 얀나요 그 위는 요셉이다.

25 요셉의 위는 맛다디아요 그 위는 아모스요 그 위는 나훔이요 그 위는 에슬리요 그 위는 낙개이다.

26 낙개의 위는 마앗이요 그 위는 맛다디아요 그 위는 서머인이요 그 위는 요섹이요 그 위는 요다이다.

27 요다의 위는 요아난이요 그 위는 레사요 그 위는 스룹바벨이요 그 위는 스알디엘이요 그 위는 네리이다.

1) 마 3:15-16, 막 1:9-10　2) 마 1:1-17

28 네리의 위는 멜기요 그 위는 앗디요 그 위는 고삼이요 그 위는 엘마담이요 그 위는 에르이다.

29 에르의 위는 예수요 그 위는 엘리에서요 그 위는 요림이요 그 위는 맛닷이요 그 위는 레위이다.

30 레위의 위는 시므온이요 그 위는 유다요 그 위는 요셉이요 그 위는 요남이요 그 위는 엘리아김이다.

31 엘리아김의 위는 멜레아요 그 위는 멘나요 그 위는 맛다다요 그 위는 나단이요 그 위는 다윗이다.

32 다윗의 위로 아버지는 이새요, 이새의 아버지는 오벳이요, 오벳의 아버지는 보아스요, 보아스의 아버지는 살몬이요, 살몬의 아버지는 나손이다.

33 나손의 위로 아버지는 아미나답이요 그 위는 아니요 그 위는 헤스론이요 그 위는 베레스요 베레스의 아버지는 유다이다.

34 유다의 위로 아버지는 야곱이요, 야곱의 아버지는 이삭이요, 이삭의 아버지는 아브라함이요, 아브라함의 아버지는 데라이다. 데라의 위는 나홀이다.

35 나홀의 위는 스룩이요 그 위는 르우요 그 위는 벨렉이요 그 위는 헤버요 그 위는 살라이다.

36 살라의 위는 가이난이요 그 위는 아박삭이요 그 위는 셈이다. 셈의 위로 아버지는 노아요, 노아의 아버지는 레멕이다.

37 레멕의 아버지는 므두셀라요, 므두셀라의 아버지는 에녹이요, 에녹의 아버지는 야렛이다. 야렛의 위는 마할랄렐이요 그 위는 가이난이다.

38 가이난의 위는 에노스이다. 에노스의 아버지는 셋이요, 셋의 아버지는

아담이요 아담의 위는 하나님이시다. 하나님은 아담을 창조하셨다.

예수께서 시험을 받으심[1]

4 ● 예수께서 세례를 받으신 이후 성령의 충만함을 입어 요단강에서 돌아와 유대광야에서 40일 동안 성령에게 이끌려

2 마귀에게 시험을 받으러 유대광야로 가사 들짐승과 함께 계셨다. 예수께서는 40일을 밤낮으로 금식하신 때였으므로 주린 상태에 계셨다.

3 그때 시험[2]하는 자 마귀가 예수께 나아와 말했다. "네가 하나님의 아들일진대[3] 이 돌들에게 명령하여 빵덩이가 되게 하라."

4 이에 예수께서 대답하셨다. "성경에 기록되기를 '사람이 빵으로만 살 것이 아니라 하나님의 입으로부터 나오는 모든 말씀으로 살 것이다'라고 했다."

5-6 마귀가 다시 예수를 데리고 매우 높은 산으로 올라가서 순식간에 천하의 모든 나라와 그 영광을 보여주며 말했다. "이 모든 것은 나에게 넘겨준 것이기 때문에 내가 원하는 자에게 주는 것이다.

7 그러므로 나에게 엎드려 경배하기만 하면 이 모든 것을 내가 너에게 줄 것이다."

8 이에 예수께서 말씀하셨다. "사탄아, 물러가라. 성경에 기록되기를 '주 너의 하나님께 경배하고 오직 그분만을 섬기라고 했다."

9 이에 마귀가 예수를 거룩한 성 예루살렘으로 데려다가 성전 꼭대기에 세우고 말했다. "네가 하나님의 아들일진대 이곳에서 뛰어내리라.

10-11 성경에 기록되기를 '하나님이 너를 위해 그의 사자들에게 명령

---

1) 마 4:1-17, 막 1:12-15 2) temptation 3) 아들이어든

하여 그들이 손으로 너를 받아 발이 돌에 부딪치지 않게 할 것이다'라고 했다."

12 이에 예수께서 말씀하셨다. "또 성경에 기록되기를 '주 너의 하나님을 시험하지 말라고 했다.'"

13 이에 마귀가 시험을 다한 후에 얼마 동안 예수 곁을 떠나고

14 예수께서 성령의 능력에 힘입어 갈릴리 지역으로 다시 돌아오시자 그 소문이 사방으로 퍼져 나갔다.

15 예수께서는 친히 갈릴리 지역의 여러 회당에서 가르치셨고, 많은 사람에게 영광을 받으셨다.

이사야서의 응함과 고향에서 배척을 받으심1)

16 ● 예수께서 자라신 나사렛에 이르러 안식일에 늘 하시던 대로 회당에 들어가 성경을 읽기 위해 일어서셨다.

17 그리고 이사야 선지자의 책을 받으신 후 펴서 이렇게 기록된 데를 찾으셨는데, 곧 이런 말씀이 있는 곳이었다.

18 "주의 성령이 나에게 임하셨다. 그것은 가난한 자에게 복음을 전하게 하시기 위해 나에게 기름을 부으시고, 나를 보내사 포로 된 자에게는 자유를 주고, 눈먼 자에게는 다시 보게 하는 것을 전파하며, 억압당한 자를 자유롭게 하고,

19 주의 은혜의 해인 희년을 선포하게 하려고 하신 것이다."

20 예수께서 말씀을 읽으신 후에 책을 덮어 본래 맡았던 자, 사환에게 주시고 앉으시자 회당에 있는 자들이 모두 예수를 주목했다.

21 이에 예수께서 그들에게 말씀하셨다. "이 말씀이 오늘 너희 귀에 이루어졌다."

22 그러자 그들이 모두 예수를 향해 한 마디씩 했다. 그리고 예수의 입으로부터 나오는 은혜로운 말씀을 놀랍게 여기며 말했다. "이 사람은 요셉의 아들이 아니냐?"

23 그때 예수께서 그들에게 말씀하셨다. "너희는 '의사야, 네 자신을 고치라'는 속담을 인용하여 나에게 말하기를 우리가 들어 알고 있는 대로 가버나움에서 행한 일을 네 고향인 이곳에서도 한번 행해 보라고 할 것을 나는 알고 있다."

24 또 말씀하셨다. "내가 참으로 너희에게 말한다. 선지자가 고향에서는 존경을 받은 적이 없다.

25 참으로 너희에게 말하는데 엘리야 시대에 하늘이 3년 6개월 동안 닫혀 온 지역에 큰 흉년이 들었을 때 이스라엘에는 많은 과부가 있었다. 그러나

26 엘리야는 이스라엘의 그 누구에게도 보내심을 받지 않고 오직 이방인 지역에 속한 시돈에 있는 사렙다 마을의 한 과부에게만 보내심을 받았다.

27 또한 엘리사 선지자 때 이스라엘에는 많은 나병환자가 있었으나 아무도 깨끗이 치료함을 얻지 못하고 오직 아람, 곧 수리아 사람 나아만 한 사람만 엘리사에 의해 치료함을 받았다."

28 회당에 있는 자들이 예수의 말을 듣고 모두 크게 화가 나서

29 일어나 예수를 마을 밖으로 끌고 갔다. 그리고 그 마을에서 2~3km 떨어져 있는 산 낭떠러지까지 끌고 가 떨어뜨려 죽이려고 했다.

30 그러나 예수께서는 그들 가운데로 지나가셨다.

1) 마 13:53-58, 막 6:1-6

가버나움에서 귀신을 쫓아내심 1)

31 ● 예수께서 갈릴리의 가버나움 마을에 들어가사 안식일에 회당에서 가르치셨고

32 듣는 사람들은 그의 가르치심에 놀랐다. 이는 가르치시는 말씀이 율법교사인 서기관들과 달리 권위 있는 자와 같았기 때문이다.

33 그때 회당에 더러운 귀신 들린 사람이 소리를 질렀다.

34 "나사렛 예수여, 우리가 당신과 무슨 상관이 있습니까? 나는 당신이 하나님의 거룩한 자인 것을 알고 있습니다. 우리를 벌써 멸하려고 왔습니까?"

35 그러자 예수께서 귀신을 꾸짖어 말씀하셨다. "잠잠하고 그 사람에게서 나오라." 그러자 더러운 귀신이 그 사람에게 경련을 일으켜 무리 앞에서 넘어지게 하고 큰 소리를 지르며 나왔으나 그 사람은 다치지 않았다.

36 그 모습을 본 사람들이 모두 놀라 말했다. "이것이 어떻게 된 일이냐? 이는 권위 있는 새로운 교훈이다. 권위와 능력으로 더러운 귀신들에게 명령하니 귀신도 복종하여 나가는도다."

37 이에 예수의 소문이 순식간에 갈릴리 지역 사방으로 퍼져 나갔다. 2)

베드로 장모의 열병을 고치심 2)

38 ● 예수께서 가버나움 회당에서 나와 야고보와 요한과 함께 시몬 베드로와 그 형제 안드레의 집에 들어가시자 시몬 베드로의 장모가 중한 열병으로 누워 있었다. 사람들은 그 여자를 위해 예수께 간구했다.

39 이에 예수께서 그녀의 열병을 꾸짖으신대 열병이 떠나고 여자는 일어나 곧바로 자기 집에 온 사람들을 접대했다.

많은 병자를 고치심

40 ● 날이 저물 때 사람들이 많은 병자와 귀신 들린 자를 데리고 예수께로 왔고 온 동네가 예수께서 머무신 집 문 앞에 모였다. 이에 예수께서 여러 종류의 병에 걸린 사람들에게 일일이 손을 얹어 고쳐 주셨다.

41 그리고 말씀으로 많은 귀신을 쫓아내셨다. 한번은 귀신이 "당신은 하나님의 아들이다"라고 말하는 것을 꾸짖어 그들 귀신이 말하는 것을 허락하지 않으셨다. 이는 자기가 그리스도임을 귀신이 알고 있었기 때문이다.

전도여행을 떠나심

42 ● 날이 밝으매 예수께서 일어나 밖으로 나가 조용한 곳으로 가서 기도하셨다. 무리가 찾다가 만나서 자기들에게서 떠나시지 못하게 만류하려고 했다.

43 그러자 예수께서 말씀하셨다. "우리가 가까운 다른 마을들로 가자. 그곳에서도 하나님 나라의 복음을 전해야 할 것이니 내가 이것을 위해 세상에 보냄을 받았다."

?!
난제　왜 예수를 낭떠러지로 밀치지 못했나?(눅 4:28-30)

예수께서 고향인 나사렛에서 안식일에 회당에 들어가 이사야 선지자의 글이 자신을 통해 응했다는 말을 하자 무리들은 분노하여 예수를 잡아 낭떠러지에 예수를 밀쳐 죽이려고 했다. 그런데 4:29에 보면 밀치려는 순간 예수께서는 무리 가운데로 지나가셨다고 기록하고 있다. 왜 이들은 예수를 죽이려고 낭떠러지까지 끌고와서는 막상 밀쳐 죽이지는 못했는가? 당시 유대인들은 안식일에는 회당을 갖다오는 거리 정도만(약 2000보) 걷고 사적인 일로 인해서 걷는 것은 금지되었다.

---

1) 마 7:28-29, 막 1:21-28　　2) 마 8:14-15, 막 1:29-31

44 예수께서 갈릴리 지역을 두루 다니시면서 여러 회당에서 가르치시고, 하나님 나라의 복음을 전파하셨다.

예수께서 어부를 부르심[1]

5 ● 많은 무리가 예수께로 몰려와 하나님의 말씀을 들었다. 어느 날 예수는 게네사렛 호숫가, 곧 갈릴리 바닷가에 서 계셨다.

2 그리고 호숫가에 배 2척이 있는 것을 보셨는데, 어부들은 배에서 내려 그물을 손질하고 있었다.

3 이에 예수께서 시몬 베드로의 배에 오르시어 육지에서 조금 떨어지게 하기를 청하고 배에 앉으사 무리를 가르치셨다.

4 말씀을 마치신 후 시몬 베드로에게 말씀하셨다. "깊은 곳으로 가서 그물을 내려 고기를 잡으라."

5 베드로가 대답했다. "선생님, 우리가 밤이 새도록 수고했지만 한 마리도 잡지 못했습니다. 그러나 선생님의 말씀을 믿고 내가 그물을 내리겠습니다."

6 그리고 그물을 내리자 심히 많은 고기가 잡혀 그물이 찢어질 정도였다.

7 이에 다른 배에 있는 동료들에게 손짓으로 도움을 요청하고 그들이 와서 잡은 고기를 두 배에 가득 채우자 배가 잠길 정도가 되었다.

8 이를 본 시몬 베드로가 예수의 무릎 아래에 엎드려 말했다. "주여, 나를 떠나십시오. 나는 죄인입니다."

9 이렇게 말한 것은 자기와 함께 있는 모든 사람이 고기 잡힌 것으로 인해 놀라고

10 세베대의 아들로서 시몬 베드로의 동업자인 야고보와 요한도 놀랐기 때문이다. 얼마 후 예수께서 다시 갈릴리 바닷가를 다니시다가 베드로와 그 형제 안드레가 그물 던지는 것을 보시니 그들은 어부였다. 이에 예수께서 "무서워하지 말라. 이후로는 내가 너희를 사람을 취하는 어부가 되게 할 것이다"라고 말씀하셨다.

11 이에 그들은 서둘러 배들을 육지에 정박시키고 모든 것을 버려두고 예수를 따랐다.

나병환자를 고치심[2]

12 ● 예수께서 한 마을에 머물러 계실 때 온몸에 나병이 걸린 한 사람이 예수께 나아와 엎드려 절하며 말했다. "주여, 원하시면 저를 깨끗하게 치료하실 수 있습니다."

13 이에 예수께서 그를 불쌍히 여겨 그에게 손을 얹으시고 말씀하셨다. "내가 원하노니 치료함을 받으라." 그러자 즉시로 그의 나병이 깨끗하게 치료되었다.

14 그리고 예수께서 "누구에게도 말하지 말고 다만 제사장에게 가서 네 몸을 보여주고 모세가 명한 예물을 드려 그들에게 네가 치료된 것을 입증하도록 하라"고 엄하게 말씀하셨다.

15 그러나 그 사람이 나가서 자신의 치료된 사실을 드러내자 예수의 소문이 더욱 널리 퍼져 수많은 무리가 말씀도 듣고 자기 병도 고침을 받기 위해 예수께로 몰려 들었다.

16 그래서 예수께서는 공개적으로 드러나게 마을에 들어가시지 않고 오직 마을 밖 인적이 드문 조용한 곳으로 가서 기도하셨다.

중풍병자를 고치심

17 ● 하루는 예수께서 무리를 가르치실 때 갈릴리 지역에 있는 각 마을과

---

1) 마 4:18-22, 막 1:16-20 2) 마 8:1-4, 막 1:40-45

유대 지역과 예루살렘에서 온 바리새인과 율법교사들이 앉았는데 병을 고치는 능력이 예수와 함께했다.

18-19 이때 4명의 사람들이 침상에 누워 있는 중풍 병자를 메고 예수께로 왔으나 사람이 많아 예수께 가까이 데려 갈 수 없자 밖으로 난 계단을 통해 지붕으로 올라가 예수께서 계신 곳의 지붕에 있는 기와를 뜯어 구멍을 내고 중풍병자를 그가 누운 침상 채 달아 내렸다.

20 이에 예수께서는 그들의 믿음을 보시고 중풍병자에게 말씀하셨다. "이 사람아, 안심하라. 네 죄가 용서함을 받았다."

21 그중 어떤 율법교사인 서기관과 바리새인들이 그곳에 앉아서 '이 사람이 어찌 그런 말을 하는가? 그가 신성을 모독하고 있다. 오직 하나님 한분 외에는 누가 죄를 용서할 수 있겠느냐?'라고 속으로 생각했다.

22 이에 예수께서 그들의 생각을 알고 말씀하셨다. "너희가 왜 마음에 악한 생각을 하고 있느냐?

23 '네 죄가 용서함을 받았다'라고 하는 말과 중풍병자에게 '일어나 걸어가라'고 하는 말 중에서 어느 것이 쉽겠느냐?

24 그러나 내가 땅에서 죄를 용서하는 권세가 있는 줄을 너희에게 알게 하기 위해 이 일을 행한다." 그러고 나서 중풍병자에게 말씀하셨다. "일어나 네 침상을 가지고 집으로 가라."

25 이에 그가 모든 사람 앞에서 일어나 누웠던 침상을 가지고 하나님께 영광을 돌리며 자기 집으로 돌아갔다.

26 이 놀라운 장면을 본 사람들은 두려워했고, 그런 권능을 사람에게 주신 하나님께 영광을 돌리며 말했다. "오늘 우리가 놀라운 일을 보았다."

마태의 잔치와 부름 받음[1]

27 ● 그후 예수께서 갈릴리 바닷가 길을 가시다가 알패오의 아들 마태, 곧 레위라 하는 세리가 가버나움 세관에 앉아 있는 것을 보시고 "나를 따르라"고 말씀하시자

28 그가 모든 것을 버리고 일어나 예수를 따랐다.

29 이후 마태는 예수를 위해 큰 잔치를 베풀었다. 예수께서 그의 집에서 앉아 음식을 잡수실 때 많은 세리와 다른 사람이 와서 예수와 그의 제자들과 함께 앉아 있었다. 그것은 많은 세리와 죄인이 예수를 따랐기 때문이었다.

30 바리새인들과 율법교사인 서기관들이 그 모습을 보고 그의 제자들에게 말했다. "어찌하여 너희 선생은 세리와 죄인들과 식사를 함께하느냐?"

31 예수께서 그 말을 듣고 말씀하셨다. "건강한 사람에게는 의사가 필요 없고 병든 사람에게 필요하다.

32 나는 의인을 부르러 온 것이 아니라 죄인을 불러 회개시키려고 왔다."

금식에 대한 논쟁

33 ● 세례자 요한의 제자들과 바리새인들은 월요일과 목요일에는 금식하고 있었다. 그때 사람들이 예수께 나아와 말했다. "우리와 바리새인의 제자들은 자주 금식하며 기도하는데 왜 당신의 제자들은 금식일에 금식하지 않고 먹고 마시고 있습니까?"

1) 마 9:9~13, 막 2:13~17

34 예수께서 그들에게 대답하셨다. "혼인집에 온 손님들이 신랑과 함께 있을 동안 금식할 수 있겠느냐? 그럴 수 없다.

35 그러나 신랑을 빼앗길 그 날이 되면 그때는 금식할 것이다."

36 이에 비유로 말씀하셨다. "누구든지 새 옷에서 한 조각을 찢어 낡은 옷에 붙이지 않는다. 그 이유는 붙인 것이 낡은 옷을 당겨 더 심하게 해어지기 때문이다. 또 어울리지도 않는다.

37 또 새 포도주를 낡은 가죽 부대에 넣지 않는다. 그렇게 하면 부대가 터져 포도주가 쏟아지고 부대도 못쓰게 되기 때문이다.

38 그래서 새 포도주는 새 부대에 넣어야 둘 다 보전된다.

39 오래된 포도주를 마시고 새 포도주를 원하는 자가 없다. 이는 포도주는 오래된 것이 좋기 때문이다."

안식일에 밀 이삭을 자름1)

6 ● 어느 날 예수께서 안식일에 밀밭 사이로 걸어가실 때 제자들이 배가 고파서 밀 이삭을 잘라 손으로 비벼 먹었다.

2 그것을 본 바리새인들이 예수께 말했다. "당신의 제자들이 안식일에 해서는 안 되는 이삭을 자르는 추수 금지 규정과 이삭을 비비는 탈곡 금지 규정을 어겼습니다."

3 이에 예수께서 대답하셨다. "다윗과 그와 함께한 자들이 굶주렸을 때 한 일을 읽지 못했느냐?

4 그가 아비아달 대제사장 때 하나님의 성전에 들어가 제사장 외에 먹어서는 안 되는 진열된 빵인 진설병을 먹고 함께한 자들에게도 주지 않았느냐?

5 그러므로 나는 안식일의 주인이다."

안식일에 손 마른 사람을 고치심2)

6 ● 그곳을 떠난 후에 또 다른 안식일에 예수께서 회당에서 가르치실 때 그곳에 오른쪽 손이 오그라든 사람이 있었다.

7 율법교사와 바리새인들이 예수를 고발할 증거를 찾기 위해 안식일에 병을 고치는지 주시하고 있다가 예수께 물었다. "안식일에 병을 고치는 것이 옳은 것입니까?"

8 예수께서는 그들의 생각을 아시고 노하심으로 가서 그들을 둘러보시고 오른손이 마른 사람에게 말씀하셨다. "일어나 가운데 서라." 그러자 그가 일어서자

9 예수께서 그들에게 물으셨다. "안식일에 선을 행하는 것과 악을 행하는 것, 생명을 구하는 것과 죽이는 것 중 어느 것이 옳으냐?"라고 하니 그들이 아무 대답도 하지 못하고 잠잠했다.

10 그리고 무리를 둘러보시고 그 사람에게 "손을 내밀라"고 하자 그가 손을 내밀자 다른 손과 같이 온전해졌다.

11 이를 본 율법교사와 바리새인들이 분노가 가득하여 나가 헤롯당과 함께 예수를 어떻게 죽일까 의논했다.

12명의 제자를 선택하심

12 ● 예수께서 갈릴리 지역의 한 산에 올라가사 밤새도록 하나님께 기도하시고

13 날이 밝자 자기가 원하는 제자들을 부르사 12명을 따로 선택한 후 '사도'라고 칭하셨다.

14 그 12명 가운데 시몬에게는 '베드로'라는 이름을 지어 주셨다. 그리고 안드레, 세베대의 아들 야고보와 그 형제 요한에게는 '우레의 아들'이라는

---

1) 마 12:1-5, 막 2:23-26, 28　　2) 마 12:6-14, 막 3:1-6

뜻의 '보아너게'라는 이름을 지어 주셨다. 빌립과 바돌로매와

15 마태, 곧 레위와 도마와 알패오의 아들 야고보와 셀롯이라는 가나나인 시몬이며,

16 야고보의 아들 유다와 장차 예수를 팔 자인 가룟 유다 등이었다.

17 12명의 제자를 선택하신 예수께서 그들과 함께 내려와 평지에 서시자 예수의 말씀도 듣고 병 고침을 받기 위해 많은 제자의 무리와 유대 지역과 예루살렘과 두로와 시돈의 해안으로부터 온 많은 백성이 몰려들었다.

18 그리고 더러운 귀신에게 괴롭힘을 받는 자들도 와서 고침을 받았다.

19 이처럼 찾아온 모든 무리가 예수를 만지기 위해 애썼다. 그것은 예수에게서 능력이 나와 모든 사람을 낫게 하기 때문이었다.

참된 복에 대해 가르치심[1]

20 ●하루는 예수께서 제자의 무리를 보시고 산에 올라가 앉으시자 제자들이 나왔다. 이에 입을 열어 말씀하셨다. "심령이 가난한 사람은 복이 있다. 하나님 나라가 그들의 것이기 때문이다.

21 지금 의에 주리고 목마른 사람은 복이 있다. 그들이 배부를 것이기 때문이다. 지금 울며 애통하는 사람은 복이 있다. 그들은 웃을 것이기 때문이다.

22 나로 인해 사람들이 너희를 미워하고, 멀리하며, 욕하고, 거짓으로 너희를 거슬러 '너희 이름이 악하다'라고 하며, 모든 악한 말을 할 때는 너희에게 복이 있으니

23 오히려 기뻐하고 즐거워하라. 하늘의 상이 크기 때문이다. 그들의 조상들이 너희 이전에 있었던 선지자

들에게도 이같이 박해를 했다.

24 그러나 너희 부요한 자들은 화가 있을 것이다. 왜냐하면 너희는 이미 위로를 받았기 때문이다.

25 지금 배부른 너희들은 화가 있을 것이다. 너희는 주릴 것이기 때문이다. 지금 웃는 너희는 화가 있을 것이다. 너희가 애통하며 울 것이기 때문이다.

26 모든 사람이 너희를 칭찬하면 화가 있을 것이다. 그것은 그들의 조상들이 거짓 선지자들에게 이같이 했기 때문이다."

원수 사랑에 대해[2]

27 ●또 너희가 모세의 율법에서 네 이웃을 사랑하고, 네 원수를 미워하라는 말을 들었다. 그러나 나는 너희에게 말한다. 오히려 너희 원수를 사랑하며, 너희를 미워하는 자를 좋게 대해 주고,

28 너희를 저주하는 자를 위해 축복하라. 너희를 모욕하는 자를 위해 기도하라.

29 네 오른 뺨을 때리면 왼편도 돌려대라. 또 너를 고소하여 네 겉옷을 빼앗는 자에게 속옷도 거절하지 말라.

30 너에게 구하는 자에게 주고, 꾸고자 하는[3] 자에게 다시 달라고 하지 말라.

31 그러므로 무엇이든지 남에게 대접받기를 원하면 너희도 남을 대접하라. 이것이 율법과 예언서의 내용이다.

32 너희가 너희를 사랑하는 자만을 사랑한다면 무슨 칭찬이 있겠느냐? 죄인인 세리들도 그렇게 하지 않느냐?

33 또 너희가 너희를 선대하는 자에게만 선대하면 칭찬 받을 것이 무엇

1) 마 5:1~12 2) 마 5:38~48 3) 가져가는

이냐? 죄인인 이방인들도 그렇게 한다.

34 너희가 받기만을 원하고 사람들에게 꾸어 주면 칭찬받을 이유가 없다. 죄인들도 받고자 하는 만큼은 꾸어 주기 때문이다.

35 그러므로 너희는 원수를 사랑하고, 잘 대해 주며, 아무것도 기대하지 말고 꾸어 주라. 그러면 너희가 받을 상이 크고, 지극히 높으신 하나님의 아들이 될 것이다. 하나님은 은혜를 모르는 자와 악한 자에게도 자비를 베푸시는 분이다.

36 하늘에 계신 너희 아버지의 자비로우심과 같이 너희도 자비로운 자가 되라.”

비판에 대한 교훈[1]

37 ● 너희가 비판을 받지 않으려면 비판하지 말라. 정죄하지 말라. 그러면 너희가 정죄를 받지 않을 것이다. 오히려 용서하라. 그러면 너희도 용서를 받을 것이다.”

38 “주라. 그러면 하나님께서는 너희에게 후히 되어 누르고, 흔들어 넘치도록 너희에게 주실 것이다. 너희가 헤아리는 그 헤아림의 기준으로 헤아림을 받을 것이다.

39 예수께서 비유로 말씀하셨다. “눈먼 자가 눈먼 자를 인도하면 둘 다 구덩이에 빠지지 않겠느냐?

40 또 예수께서 당시 격언을 인용해 비유로 말씀하셨다. “제자가 그 선생보다 높지 못하지만 모든 것을 다 배운 자는 그 선생과 같다.

41 너희는 어찌하여 형제의 눈 속에 있는 작은 티는 보면서 자신의 눈 속에 있는 나무토막 같은 들보는 보지 못하느냐?

42 보라, 네 눈 속에 나무토막이 있는데 어찌 형제에게 말하기를 ‘나에게 네 눈 속에 있는 티를 빼게 하라’고 말할 수 있겠느냐? 위선자여, 먼저 자신의 눈 속에 있는 나무토막 같은 것을 빼고 그후 밝히 보고 형제의 눈 속에서 티를 빼라.”

거짓 선지자와 열매[2]

43 ● 좋은 나무는 아름다운 열매를 맺고, 못된 나무는 좋지 않은 열매를 맺는 것이 당연하다.

44 나무는 그 열매를 보고 좋은 나무인지를 안다. 가시나무에서 무화과를, 엉겅퀴에서 포도를 딸 수 없기 때문이다.

45 선한 사람은 마음에 쌓은 선에서 선을 나타내고, 악한 자는 그 쌓은 악에서 악을 나타낸다. 이는 마음에 가득한 것을 입으로 말하기 때문이다.”

46 너희는 나를 향해 주여, 주여라고 부르면서 어찌하여 내가 말하는 것은 행하지 않느냐?

행하는 자와 반석 위의 집[3]

47-48 ● 내 말을 듣고 행하는 자는 집을 짓되 기초를 깊이 파고 기초를 반석 위에 놓은 지혜로운 사람과 같다. 반석 위에 지은 집은 큰 비가 내리고, 홍수가 나고, 바람이 불어 그 집에 부딪쳐도 무너지지 않기 때문이다.

49 그러나 내 말을 듣고 행하지 않는 자는 집을 짓되 기초 없이 흙 위에 지은 어리석은 사람과 같다. 모래 위에 지은 집은 비가 내리고, 홍수가 나고, 바람이 불어 그 집에 부딪치면 심하게 무너지기 때문이다.”

백부장의 하인을 고치심

7 ● 예수께서 모든 말씀을 백성에게 들려주신 후에 산 아래에서 내려다보이는 갈릴리 바닷가의 가버

1) 마 7:1-5   2) 마 7:16-17   3) 마 7:24-27

나음으로 들어가셨다.

2·3 이때 예수의 소문을 듣고 유대인 장로 몇 명이 백부장의 종을 고쳐 주도록 부탁하기 위해 예수께 찾아왔다.

4 이에 그들이 예수께 나아와 간절히 구했다. "백부장의 사랑하는 종을 치료해 주시는 것이 이 사람에게는 합당합니다.

5 그는 우리 민족을 사랑하고, 우리를 위해 회당도 지어주었기 때문입니다."

6 이에 예수께서 그들과 함께 700m 정도 떨어진 백부장의 집에 가까이 오셨을 때 백부장이 벗들을 보내어 이르되, "주여, 내 하인이 중풍병으로 집에 누워 몹시 괴로워하고 있습니다." 예수께서 말씀하시되 "내가 가서 고쳐 줄 것이다." 그러자 백부장이 대답했다. "주여, 수고하지 마십시오. 당신이 내 집에 들어오는 것을 나는 감당할 수 없습니다.

7 나는 주께 나가는 것초차 감당하기 어렵습니다. 그러니 말씀만 하셔도 내 하인이 나을 것입니다.

8 나에게도 상관이 있고 내 아래에는 군사가 있어 그들에게 '가라' 하면 가고 '오라'고 하면 오며, 내 종에게 '이것을 하라'고 하면 하는 그런 위치에 있습니다."

9 예수께서 그의 말을 들으시고 놀랍게 여겨 자기를 따르는 자들에게 말씀하셨다. "내가 참으로 너희에게 말한다. 이스라엘 중에 누구에게도 이 정도의 믿음을 가진 사람을 보지 못했다."

10 예수께 보냈던 사람들이 집으로 돌아가 보니 종이 이미 치료되어 있었다.

나인성 과부의 아들을 살리심

11 ● 그후 예수께서 가버나움을 떠나 60km 정도 떨어진 나인성으로 가실 때 제자들과 많은 무리가 따랐다.

12 예수께서 나인 성문 가까이 가셨을 때 사람들이 한 죽은 자를 메고 나왔다. 죽은 자는 한 과부의 외동아들로 그 성의 많은 사람이 그 장례에 함께 나왔다.

13 예수께서 그 과부를 보시고 불쌍히 여겨 "울지 말라"고 말씀하신 후

14 가까이 가서 덮개가 없는 들것에 손을 얹으시자 관을 멘 자들이 멈췄다. 이에 예수께서 말씀하셨다. "청년아, 내가 네게 말하니 일어나라." 그러자

15 죽었던 자가 일어나 앉고 말도 했다. 예수께서는 그를 어머니에게 데려다 주셨다.

16 이를 본 모든 사람이 두려워하며 하나님께 영광을 돌리며 말했다. "큰 선지자가 우리 가운데 나타나셨다. 하나님께서 자기 백성을 돌보셨다."

17 이로 인해 예수에 대한 소문이 유대 지역 사방으로 퍼져 나갔다.

세례자 요한의 질문과 예수의 대답[1]

18 ● 세례자 요한이 헤롯의 궁전 요새인 요단강 동편의 마케루스 감옥에서 예수께서 하신 모든 일을 제자들에게 듣고

19 세례자 요한이 제자들 중 2명을 갈릴리 지역에 계신 예수께로 보내 오실 그분이 당신인지 아니면 우리가 다른 사람을 기다려야 하는지 물어보라고 했다.

20 그들이 예수께 나와 물었다. "세례자 요한이 우리를 당신께 보내 장차 오실 그분이 당신인지 아니면

우리가 다른 사람을 기다려야 하는지 물어보라고 했습니다."

21 그때 마침 예수께서는 질병과 고통과 악귀 들린 자를 많이 고치시며 많은 눈먼 자를 보게 하셨다.

22 그런 후에 세례자 요한이 보낸 자들에게 이렇게 대답하셨다. "너희가 가서 듣고 보는 것을 세례자 요한에게 알려주어라. 곧 눈먼 자가 보며, 걷지 못하는 사람이 걸으며, 나병환자가 깨끗이 치료함을 받으며, 못 듣는 자가 들으며, 죽은 자가 살아나며, 가난한 자에게 복음이 전파된다고 하라."

23 그리고 "누구든지 나로 인해 실족하지 않는 자는 복이 있다"라고 말씀하셨다.

24 세례자 요한이 보낸 자가 떠난 후 예수께서는 무리에게 세례자 요한에 대해 말씀하셨다. "너희가 무엇을 보려고 광야에 나갔느냐? 바람에 흔들리는 갈대냐?

25 그러면 너희가 무엇을 보려고 나갔느냐? 부드러운 옷을 입은 사람이냐? 화려한 옷을 입고 사치하게 지내는 자는 왕궁에 있다.

26 아니면 너희가 광야에 왜 나갔느냐? 선지자를 보기 위해서냐? 맞다. 내가 너희에게 말하노니 세례자 요한은 선지자보다 더 훌륭한 자이다.

27 성경에 기록된 대로 '보라, 내가 내 사자를 네 앞에 보내리니 그가 네 앞에서 네 길을 준비할 것이다'라고 한 것이 바로 세례자 요한에 대한 말씀이다."

28 내가 참으로 너희에게 말한다. "여자가 낳은 자 중에 세례자 요한보다 큰 이가 일어난 적이 없다. 그러나 하나님 나라에서는 아주 작은 자라도 그보다 크다.

29 백성들과 세리들은 이미 세례자 요한의 세례를 받았기 때문에 이 말씀을 듣고 하나님을 의롭다고 인정했다.

30 그러나 바리새인과 율법교사들은 그의 세례를 받지 않았기 때문에 자신들을 위한 하나님의 뜻을 거절했다.

31 이에 예수께서 말씀하셨다. "내가 이 시대의 사람들을 무엇으로 비유할 수 있을까?

32 그것은 마치 아이들이 시장터에 앉아 자기 동무를 불러 결혼식과 장례식 놀이를 할 때 '우리가 너희를 향해 피리를 불어도 너희가 춤추지 않고, 우리가 애곡해도 너희가 가슴을 치고 통곡하지 않는다'라고 말하는 것과 같다.

33 세례자 요한이 와서 빵도 먹지 않고 포도주도 마시지도 않자 사람들은 '그가 귀신이 들렸다'라고 말했다.

34 그러나 내가 와서 먹고 마시자 사람들은 이렇게 말했다. '보라, 예수는 먹기를 탐하고 포도주를 즐기는 사람이며, 세리와 죄인의 친구이다.'

35 그러나 지혜는 그 행한 일로 인해 옳다는 것이 증명된다."

예수께 향유를 부은 여자

36 ● 한 바리새인이 예수를 식사에 초청했다. 이에 예수께서는 바리새인의 집에 들어가 앉으셨다.

37 그때 그 마을에 죄를 지은 한 여자가 예수께서 바리새인의 집에 앉아계심을 알고 향유를 담은 옥합병을 가지고 왔다.

38 그리고 예수의 뒤로 가 그 발 곁에 서서 울며 눈물로 예수의 발을 적시고 자기 머리털로 닦고, 그 발에

입을 맞춘 후 향유를 부었다."

39 예수를 초청한 바리새인이 그녀의 행동을 보고 "이분이 정말 선지자라면 자기를 만지는 이 여자가 어떤 자이고, 또 죄인인 줄 알았을 것이다"라고 마음속으로 생각했다.

40 이에 예수께서 옆에 있던 바리새인 시몬에게 말씀하셨다. "시몬아, 내가 네게 할 말이 있다." 그가 대답하되 "선생님, 말씀하십시오."

41 예수께서 말씀하셨다. "채권자에게 각각 1년 반 품삯에 해당하는 은전 500데나리온과 한 달 반 품삯에 해당하는 은전 50데나리온의 돈을 빌린 자 2명이 있었다.

42 그들이 갚을 것이 없자 채권자가 둘 다 탕감하여 주었는데 2명 가운데 누가 더 채권자를 사랑하겠느냐?"

43 시몬이 대답했다. "제 생각에는 많이 탕감을 받은 자입니다." 예수께서 말씀하셨다. "네 생각이 옳다."

44 그리고 예수께서 그 여자를 돌아보시며 시몬에게 다시 말씀하셨다. "네가 이 여자를 보느냐? 내가 네 집에 들어갔을 때 너는 내게 발 씻을 물도 주지 않았으나 이 여자는 눈물로 내 발을 적시고 자신의 머리털로 닦아 주었다.

45 너는 나에게 입을 맞추지 않았지만 이 여자는 내가 들어올 때부터 내 발에 계속해서 입을 맞추었다.

46 너는 내 머리에 올리브 기름도 붓지 않았지만 이 여자는 비싼 향유를 내 발에 부어 주었다.

47 그래서 내가 너에게 말하려는 것은 이 여자의 많은 죄가 용서받게 되었다는 것이다. 이는 그가 나를 더 많이 사랑하기 때문이다. 용서받은 일이 적은 자는 적게 사랑한다."

48 이에 여자에게 말씀하셨다. "네 죄가 용서받았다."

49 이에 함께 앉아 있던 자들이 속으로 말하기를 '이분이 어떤 사람이기에 죄도 용서할 수 있는가?'라고 했다.

50 예수께서 여자에게 말씀하셨다. "네 믿음이 너를 구원했으니 이제 평안히 가라."

여자 몇 명이 예수의 활동을 도움

8 ● 후에 예수께서는 12명 제자와 함께 여러 성과 마을에 두루 다니시면서 하나님 나라를 선포하며 복음을 전하셨다.

2 그리고 악한 영에서 병 고침을 받은 여자 몇 명도 동행했다. 이들은 일곱 귀신이 나간 자 '막달라인'이라 하는 마리아와

3 헤롯 안티파스의 재산관리인인 청지기 구사의 아내 요안나와 수산나 그리고 다른 여러 여자로, 자기들의 소유를 팔아 예수와 그의 제자들을 섬겼다.

4가지 땅에 떨어진 씨의 비유[1)]

4 ● 그러자 여러 마을에서 많은 사람이 모여들었다. 이에 예수께서 배에 올라가 앉으셨고 무리는 갈릴리 바닷가 육지에 서 있었다. 이에 예수께서 비유를 들어 여러 가지를 말씀하셨다.

5 "씨를 뿌리는 자가 밭에 나가서 씨를 뿌렸다. 씨 가운데 어떤 것은 길가에 떨어져 밟히고 공중의 새들이 와서 먹어 버렸다.

6 어떤 씨는 흙이 얕은 바위에 떨어져 흙이 얕아 곧 싹이 나왔으나 해가 돋은 후에는 습기가 없으므로 말라 버렸다.

7 또 어떤 씨는 가시떨기 속에 떨어지자 가시가 함께 자라므로 성장하는 기운을 막았다.

1) 마 13:1-9, 막 4:1-9

8 어떤 씨는 좋은 땅에 떨어져 무성하여 결실했으니 어떤 것은 100배, 어떤 것은 60배, 어떤 것은 30배가 되었다. 경청하여 깨닫는 자는 이 비유를 들으라."

씨의 비유에 대해 설명하심[1]

9 ● 예수께서 혼자 계실 때 함께한 사람들이 12명의 제자와 더불어 예수께 나와 비유의 뜻을 물었다. "어찌하여 그들에게 비유로 말씀하십니까?"

10 예수께서 대답하셨다. "하나님 나라의 비밀을 아는 것이 너희에게는 주어졌으나 그들에게는 그렇지 못하기 때문에 모든 것을 비유로 한다. 내가 그들에게 비유로 말하는 이유는 그들이 보아도 보지 못하고, 들어도 듣지 못하며, 깨닫지 못하게 하여 돌이켜 죄 용서함을 얻지 못하게 하려는 것이다.

11 이 비유의 해석은 이렇다. 씨는 하나님의 말씀을 가리킨다.

12 길가에 떨어졌다는 것은 말씀을 듣지만 깨닫지 못해 말씀을 그 마음에서 마귀에게 빼앗겨 믿어 구원을 얻지 못하는 것을 말한다.

13 바위에 뿌려졌다는 것은 말씀을 듣고 즉시 기쁨으로 받아들이지만 그 속에 뿌리가 없어서 잠시 견디다가 말씀으로 인해 환난이나 박해가 일어날 때는 배반하는 자, 곧 넘어지는 자를 가리킨다.

14 가시떨기에 뿌려졌다는 것은 말씀은 듣지만 세상의 염려와 재물과 향락의 유혹이 말씀을 막아 말씀이 성장하지 못하고 결실하지 못하는 자를 가리킨다.

15 좋은 땅에 뿌려졌다는 것은 착하고 좋은 마음으로 말씀을 듣고 깨달아 말씀을 지키는 자이다. 그는

인내로 결실되는 것을 말한다."

등불은 등잔대 위에[2]

16 ● 예수께서 그들에게 말씀하셨다. "사람이 등불을 켜서 그릇으로 덮거나 됫박이나 침대 아래에 두지 않고 등잔대 위에 둔다. 이는 방 안으로 들어가는 자들로 그 빛을 보도록 하려는 것이다.

17 숨은 것은 장차 모두 드러나며, 감추인 것은 결국 알려지고 나타날 것이다.

18 그러므로 너희는 무엇을 듣고 있는지 스스로 조심하라. 누구든지 있는 자는 더 받으며, 없는 자는 있는 것까지도 빼앗길 것이다."

예수의 어머니와 형제 자매[3]

19 ● 예수께서 무리에게 말씀하실 때 그의 어머니와 동생들이 찾아와 예수께 말하려고 했으나 많은 무리로 인해 가까이 가지 못했다.

20 이에 어떤 이가 예수께 알리되 "당신의 어머니와 동생들과 누이들이 당신을 만나기 위해 밖에 서 있습니다."

21 이에 예수께서 말하던 사람에게 대답했다. "내 어머니와 내 동생들은 하늘에 계신 내 아버지 하나님의 말씀을 듣고 행하는 자이다."

바람과 바다를 잔잔케 하심[4]

22 ● 하루는 예수께서 제자들에게 말씀하셨다. "우리가 호수 저편으로 건너가자." 그리고 배에 오르시자 제자들도 따라나섰다. 제자들이 무리를 떠나 예수와 함께 배를 타고 가자 다른 배들도 함께 갔다.

23 배가 행선할 때 갈릴리바다에 큰 광풍이 일어나 물결이 배에 부딪혀 배 안으로 물이 들어와 가득차게

1) 마 13:10-23, 막 4:10-20   2) 막 4:21-25   3) 마 12:46-50, 막 3:31-35   4) 마 8:23-27, 막 4:35-41

되었으나 예수께서는 배의 뒷 부분
인 고물을 베개 삼아 잠이 드셨다.

24 이에 제자들이 예수를 깨우며 말
했다. "선생님, 살려 주십시오. 우
리가 죽게 되었습니다." 예수께서
일어나 바람과 바다 물결을 향해
"잠잠하고 고요하라"고 꾸짖으시
자 바람이 그치고 갈릴리바다가
아주 잔잔하게 되었다.

25 예수께서 제자들에게 말씀하셨다.
"너희 믿음이 어디 있느냐?" 그들
이 크게 놀라며 말했다. "도대체 이
분이 어떤 사람이기에 바람과 바다
물도 그의 명령에 복종하는가?"

군대 귀신 들린 사람을 고치심[1]

26 ●마침내 예수께서 갈릴리 맞은편,
곧 갈릴리바다 동쪽으로 가셔서 배
에서 내려 거라사인 지방으로 가
셨다.

27 예수께서 육지에 내리니 그곳에는
무덤 사이를 배회하는 귀신 들린
자 하나가 예수를 만났다. 그는 오
랫동안 옷을 입지 않고, 집에 거하
지도 않았으며, 매우 사나웠다.

28 그가 멀리서 예수를 보고 달려와
엎드려 절하며 예수께 큰 소리로
부르짖으며 말했다. "지극히 높으
신 하나님의 아들 예수여, 나와 당
신과 무슨 상관이 있습니까? 하나
님 앞에 나를 괴롭히지 않도록 맹
세하시기 바랍니다."

29 이렇게 말하는 것은 예수께서 이
미 "더러운 귀신아, 그 사람에게서
나오라"고 하셨기 때문이다. 그가
여러 번 쇠고랑과 쇠사슬로 묶였
어도 귀신이 가끔 그를 사로잡음
으로써 쇠사슬을 끊고, 쇠고랑을
깨뜨리고, 귀신에게 이끌려 인적
이 드문 곳, 광야로 나가기도 했다.

30 이에 예수께서 물으시되 "네 이름

이 무엇이냐?"라고 하시자 "내 이
름은 군대입니다"라고 하니 이는
많은 귀신에 들렸기 때문이다.

31 그가 부탁했다. "무저갱, 곧 지하
세계로 들어가라고 하지 마시기를
바랍니다."

32 때마침 많은 돼지 떼가 멀리 산에
서 먹고 있어 귀신들이 예수께 간
구하여 말했다. "만일 우리를 쫓아
내시려면 돼지 떼에게 들어가게
해주십시오." 예수께서 귀신들에
게 "가라"고 허락하시니

33 귀신들이 그 사람에게서 나와 돼지
떼로 들어갔다. 그러자 돼지 떼가
비탈로 곤두박질하여 갈릴리바다
에 들어가서 물에서 몰살되었다.

34 이를 본 돼지 치던 자들이 성내와
마을로 달려내려가 귀신이 나가고
돼지 떼가 몰살된 일을 알리자

35 온 마을 사람이 어찌 된 일인지 보
러 와서 예수께 이르렀다. 그리고
그 군대 귀신 들렸던 자들이 옷을
입고 정신이 온전하여 예수의 발
아래 앉은 것을 보고 두려워했다.

36 이에 귀신 들렸던 자가 어떻게 구
원 받았는지를 본 자들이 사람들
에게 말했다.

37 그 말을 들은 거라사인 땅 근방의
모든 사람은 크게 두려워하여 예
수께서 그 지방에서 떠나기를 간
구했다. 이에 예수께서 그곳을 떠
나 배에 오르실 때

38 귀신 들렸던 사람이 예수와 함께
있기를 간구했으나 예수께서는 허
락하지 않고 그에게 말씀하셨다.

39 "집으로 돌아가 내가 너에게 큰일
을 행한 것과 불쌍히 여긴 것을 네
가족에게 알리라." 그가 돌아가서
예수께서 자기에게 행한 큰일을 온

---

1) 마 8:28-34, 막 5:1-20

성내에 알리자 모든 사람이 놀랐다.

아이로의 딸과 혈루증을 앓던 여인[1]

40 ● 예수께서 배를 타시고 바다 동쪽으로 가셨다가 다시 갈릴리로 돌아오시자 예수를 기다렸던 무리가 그를 환영했다.

41 예수께서는 바닷가에 계셨다. 이때 회당장 가운데 한 명인 아이로라고 하는 사람이 예수께 찾아와서 발아래 엎드리며 자기 집에 오기를 간청했다.

42 이는 12세 된 그의 외동딸이 죽어 가고 있어 예수께서 손을 얹어 치료해 주시기를 원했기 때문이다. 예수께서 그와 함께 가시자 제자들도 함께 가더니 많은 무리가 밀어댔다.

43 한편 12년 동안이나 혈루증을 앓는 여자가 있었다. 그녀는 많은 의사의 치료에도 오히려 심한 고통을 받았고, 가진 재산도 다 허비했으나 아무에게도 고침을 받지 못했다.

44 그러던 중 예수의 소문을 듣고 찾아와 회당장의 딸을 고치러 가는 예수의 뒤로 와서 그의 겉옷 자락에 달린 옷술을 만졌다. 이에 그의 혈루의 근원인 피가 곧 멈추었고 병이 나았다는 것을 몸으로 느꼈다.

45-46 이에 예수께서 그 능력이 자기에게서 나간 줄을 아시고 무리 가운데서 돌아서서 말씀하셨다. "누가 내 옷자락을 만졌느냐?" 모두 아니라고 할 때 베드로가 예수께 말했다. "무리가 에워싸서 미는 것을 보지 않으셨습니까. 그런데 누가 내 옷술을 만졌느냐고 물으십니까?"

47 여자가 자기에게 이루어진 일을 숨기지 못할 줄 알고 두려워하여 떨며 예수 앞에 엎드려 손을 댄 이유와 곧 나은 사실을 모든 사람 앞에서 말했다.

48 그러자 예수께서 돌이켜 그 여자를 보시며 말씀하셨다. "딸아, 안심하라. 네 믿음이 너를 구원했다. 그러니 이제는 평안히 가라."

49 아직 예수께서 말씀하실 때 회당장의 집에서 보낸 사람들이 와서 회당장에게 말했다. "당신의 딸이 죽었습니다. 더 이상 선생님을 번거롭게 하지 마십시오."

50 그러자 예수께서 그 말을 들으시고 회당장에게 말했다. "두려워말고 믿기만 하라. 그러면 딸이 살아날 것이다."

51 그리고 그 집에 도착하여 베드로와 요한과 야고보와 아이의 부모만을 데리고 들어가셨다.

52 그때 사람들은 아이를 위해 울며 심히 통곡하고 있었다. 예수께서 그들에게 말씀하셨다. "울지 말라. 이 아이는 죽은 것이 아니라 자고 있다."

53 그 말을 들은 사람들은 아이가 죽은 것을 알고 있었기에 예수를 비웃었다.

54 예수께서 그 아이의 손을 잡고 "아이야 일어나라"라고 말씀하시니

55-56 그 영이 돌아와 아이가 즉시 일어나서 걸으니 이를 본 부모가 크게 놀랐다. 예수께서 이 일을 아무도 알지 못하게 하라고 그들에게 엄히 경계하시고 소녀에게 먹을 것을 주라고 하셨다.

12명의 제자 파송을 위한 가르침[2]

9 ● 예수께서는 12제자를 부르사 더러운 모든 귀신을 쫓아내며, 모든 병과 약한 것을 고치는 능력과 권위를 주셨다.

2 그리고 하나님 나라를 전파하며,

1) 마 9:18-26, 막 5:21-43　2) 마 10:1, 7-14, 막 6:7-13

병든 자를 고치게 하시려고 각처
로 보내셨다.

3 그리고 말씀하셨다. "여행을 위해
지팡이나 배낭이나 양식이나 돈이
나 두 벌 옷도 가지지 말라. 이는
일꾼이 자기 먹을 것을 받는 것이
마땅하기 때문이다.

4 그러므로 어떤 성읍이나 집에 들
어가면 그중 너희 도울 자를 찾아
내어 너희가 그곳을 떠날 때까지
그 집에서 머물라.

5 누구든지 너희를 영접하지 않고
너희 말을 듣지 않거든 그 집이나
마을이나 성에서 나가 너희 발의
먼지를 떨어 버려 그들에게 증거
를 삼으라.

6 제자들도 여러 마을에 두루 다니
며 회개하라고 외치며 곳곳에서
복음을 전했다. 그리고 많은 귀신
을 쫓아내며, 많은 병든 자에게 기
름을 발라 병을 고쳤다.

헤롯이 듣고 당황함[1]

7-8 분봉 왕 헤롯 안디바가 모든 일을
듣고 심히 당황했다. 그것은 예수
의 이름이 모든 사람에게 알려지면
서 어떤 이는 예수를 보고 세례자
요한이 죽었다가 다시 살아났다고
말하기도 하고, 어떤 이는 엘리야
가 나타났다고 했고, 또 어떤 이는
옛 선지자 중 하나가 다시 살아났
다고 하기도 하기 때문이었다.

9 그때 갈릴리 지역을 통치하는 분봉
왕 헤롯 안디바가 그 신하들에게
말했다. "내가 세례자 요한의 목을
베어 죽였는데 다시 살아났다고 한
이 사람은 누구인가?" 그래서 예수
를 한번 만나 보려고 했다.

사도들의 전도 보고 이후[2]

10 ● 한편 전도하고 돌아온 12명의 사
도가 예수께로 와서 자기들이 행한

것과 가르친 것을 자세히 보고하
자 예수께서 그들을 데리시고 벳
새다 마을로 가셨다.

11 그러나 무리가 예수의 일행이 어
디로 가는지를 알고 각처의 마을
에서 도보로 예수의 일행이 가는
곳에 먼저 와 있었다. 예수께서는
그곳에서 그들을 불쌍히 여기셨
다. 그리고 하나님 나라의 일을 가
르치시며, 병자를 고쳐 주셨다.

5,000명을 먹이심[3]

12 ● 얼마 지난 후 어느 날, 날이 저물
어 저녁이 되자 12제자인 사도가
예수께 나아와 말했다. "이곳은 빈
들이며, 날도 이미 저물었으니 무
리를 보내 마을에 들어가 먹을 것
을 사 먹게 하십시오."

13 예수께서 말씀하셨다. "너희는 빵
을 사러 갈 필요가 없다. 너희가 먹
을 것을 주도록 하라." 이에 시몬
베드로의 형제 안드레가 예수께
말했다. "우리에게 보리빵 5개와
물고기 2마리를 갖고 있습니다. 그
러니 먹을 것을 사지 않고는 어떻
게 할 수 없습니다.

14 이렇게 말한 것은 남자만도 5,000
명쯤 되기 때문이었다. 예수께서 제
자들에게 무리를 50명씩 떼를 지어
푸른 잔디 위에 앉히도록 하셨다.

📍성경지리　　벳새다 들판(눅 9:10-17)

예수께서는 벳새다 들판에서 오병이어의 기적을
베풀었다. 벳새다 들판은 예수께서 오병이어로 장
정만 5천 명을 먹이신 표적을 행하신 곳으로(마
14:13-23), 지금의 타브가(Tabgha)라고 부르는 곳
과 텔 벳새다(마을 벳새다) 동남쪽의 북부 요단강
이 갈릴리 북쪽으로 유입되는 곳이 있는데 후자
의 경우가 더 유력시된다. 벳새다 들판과 벳새다
마을은 약 2-3km 거리에 있다.

1) 마 14:1-2, 막 6:12-16　　2) 마 14:13-14, 막 6:30-34
3) 마 14:13-21, 막 6:30-44, 요 6:1-14

15 제자들이 무리를 앉게 하자

16 예수께서는 빵 5개와 물고기 2마리를 들고 하늘을 우러러보시고 축사하신 후 빵을 떼어 제자들에게 주셨고, 제자들은 무리에게 나누어 주었다.

17 그들이 배부르게 먹은 후 예수께서 제자들에게 말씀하셨다. "먹고 남은 조각을 거두고 버리는 것이 없도록 하라." 이에 모두 배불리 먹고 남은 빵 조각과 물고기를 거두니 12바구니에 가득 찼다.

베드로의 신앙고백1)

18 ● 예수께서 제자들과 함께 벳새다에서 북쪽으로 53㎞ 정도 떨어진 빌립보 가이사랴 지방에 이르러 무리와 떨어져 따로 기도하실 때 함께 있는 제자들에게 물으셨다. "사람들이 나를 누구라고 하느냐?"

19 제자들이 대답하되 "어떤 이는 세례자 요한, 어떤 이는 엘리야, 어떤 이는 예레미야나 선지자 중 한 명이 살아났다고 합니다."

20 예수께서 제자들에게 물으시기를 "그러면 너희는 나를 누구라고 생각하느냐?" 그때 시몬 베드로가 대답했다. "당신2)은 하나님의 그리스도이십니다."

21 이에 제자들에게 자기가 그리스도라는 이 말을 아무에게도 말하지 말라고 주의시키셨다.

첫 번째로 죽음과 부활을 예고하심3)

22 ● 이때부터 예수 그리스도께서 인자 된 자기가 예루살렘에 올라가 장로들과 대제사장들과 율법교사인 서기관들에게 버린 바 되어 많은 고난을 받아 죽임을 당하고 3일 만에 살아날 것을 비로소 제자들에게 드러내 놓고 말씀하셨다.

23 이에 예수께서 제자들과 무리에게 말씀하셨다. "누구든지 나를 따라오려면 자기를 부정하고 날마다 자기에게 주어진 십자가를 지고 나를 따를 것이다.

24 자기 목숨을 건지려고 하면 잃을 것이다. 그러나 나와 복음을 위해 자기 목숨을 잃으면 얻을 것이다.

25 만일 사람이 온 세상을 얻은 후 자기 목숨을 잃으면 세상 것이 무슨 소용이 있겠느냐?

26 그러므로 누구든지 이 음란하고 죄가 많은 이 세대에서 나와 내 말을 부끄럽게 여기면 나도 자기와 아버지와 거룩한 천사와 함께 영광스러운 모습으로 올 때 그 사람을 부끄러워할 것이다.

27 참으로 너희에게 말한다. 여기에 서 있는 사람들 가운데 죽기 전 하나님 나라가 권능으로 임하고 내가 그 왕권을 가지고 오는 것을 볼 자들도 있다."

예수의 변모4)

28 ● 이 말씀을 마치시고 8일쯤5)에 예수께서 베드로와 야고보와 그 형제 요한을 따로 데리고 기도하시기 위해 높은 산으로 올라가셨다.

29 그리고 예수께서 기도하실 때 그들 앞에서 용모가 변모되시어 그 얼굴이 해처럼 빛나고, 옷이 빛과 같이 광채가 나며, 세상에서 빨래하는 자가 그렇게 희게 할 수 없을 만큼 희어졌다.

30-31 그때 모세와 엘리야가 영광 중에 나타나 예수와 함께 장차 예수께서 예루살렘에서 죽을 것을 말씀하실 때

32 졸다가 깨어난 베드로와 그와 함께 있던 자들은 예수의 영광스런

---

1) 마 16:13-16, 20, 막 8:27-30   2) 주   3) 마 16:21-28,
막 8:31-9:1   4) 마 17:1-8, 막 9:2-8   5) 마 17:1, 6일 후

모습과 함께 서있는 모세와 엘리 야를 보았다.

33 그러다가 모세와 엘리야가 사라질 때 베드로가 예수께 말했다. "주여, 우리가 이곳에 있는 것이 좋으니 만일 주께서 원하시면 우리가 이곳에 주님과 모세와 엘리야를 위해 초막 3개를 짓겠습니다." 그러나 베드로는 자기가 하는 말의 뜻을 자기도 알지 못했다.

34 그때 홀연히 빛난 구름이 그들을 덮었고 구름 속으로 들어갈 때 그들이 무서워했다. 그때

35 구름 속에서 "이는 내 사랑하는 아들, 곧 내 선택을 받은 자며, 내가 기뻐하는 자이다. 너희는 그의 말을 들으라"는 말이 들렸다.

36 그 소리가 그치자 예수 외에는 아무도 보이지 않았다. 제자들이 잠잠하여 그 본 것을 그때는 아무에게도 말하지 않았다.

귀신 들린 아이를 고치심[1]

37 ● 이튿날 예수와 그 3명의 제자들이 산에서 내려와 무리에게 오자 많은 무리가 산 아래에 남아 있던 제자들을 둘러싸고

38 무리 중 한 명이 소리를 지르며 말했다. "선생님, 말을 못하게 하는 귀신 들린 내 아들을 선생님께 데려왔습니다. 내 아들을 돌보아 주십시요. 그는 내 외아들입니다.

39 귀신이 어디서든지 그를 잡으면 갑자기 소리 지르고, 거꾸러져 거품을 흘리며, 경련을 일으키고 상하게 하고서야 떠나갑니다.

40 그래서 내가 선생님의 제자들에게 귀신을 내쫓아 달라고 했으나 그들이 쫓아내지 못했습니다."

41 예수께서 대답하셨다. "믿음이 없고 패역한 세대여, 내가 언제까지

너희와 함께 있으며, 얼마나 너희에게 참아야 하겠느냐? 그 아들을 이리로 데려오라."

42 이에 아이를 데려오니 귀신이 예수를 보고 그 아이를 거꾸러뜨리고 큰 경련을 일으키게 하자. 예수께서 더러운 귀신을 꾸짖어 아이를 고쳐 아버지에게 도로 주셨다.

43 이 모습을 본 사람들이 모두 하나님의 위엄에 놀랐다. 사람들이 예수께서 행하시는 모든 일을 놀랍게 여겼다.

두 번째로 죽음과 부활을 예고하심[2]

44 ● 그러자 예수께서 제자들에게 말씀하셨다. "이 말을 귀담아 들으라. 내가 장차 사람들의 손에 넘겨져 죽임을 당하고 죽은 지 3일 만에 다시 살아나리라."

45 그러나 제자들은 그 말씀이 숨긴바 되어 그 말씀의 뜻을 이해하지 못했고 묻는 것조차 두려워했다.

누가 큰 자인가

46 ● 길에서 서로 제자들 중에 "누가 크냐?"라고 변론이 일어났다.

47 예수께서 그 마음에 변론한 것을 아시고 어린 아이 하나를 데려다가 자기 곁에 세우신 후

48 아이를 안으며 그들에게 말씀하셨다. "누구든지 내 이름으로 이런 어린 아이를 영접하면 곧 나를 영접하는 것이다. 또 누구든지 나를 영접하면 곧 나를 보내신 이를 영접하는 것이다. 너희 모든 사람 중에 가장 작은 그가 바로 큰 자이다."

우리를 위하는 사람

49 ● 요한이 예수께 물었다. "주여, 우리를 따르지 않는 어떤 사람이 주의 이름을 사용하여 귀신을 쫓아내는 것을 보았습니다. 그래서

1) 마 17:1-17, 막 9:14-27 2) 마 17:22-23, 막 9:31-32

우리와 함께 따르지 않는 것을 보고 그 일을 하지 못하도록 했습니다."

50 예수께서 말씀하셨다. "그들이 하는 것을 막지 말라. 내 이름을 사용하여 능력 있는 일을 행하는 자들이 즉시로 나를 비방할 자가 없다. 너희를 반대하지 않는 자는 우리를 위하는 자이다."

사마리아인들이 받아들이지 않음

51 ● 예수께서 승천하실 때가 점점 가까이 오자 예루살렘으로 향해 올라가기로 굳게 결심하셨다.

52 이에 앞서 사람을 보내시자 그들이 가서 준비하기 위해 사마리아인의 한 마을에 들어갔다.

53 그러나 예수께서 예루살렘을 향해 가시기 때문에 사마리아인들은 자신들의 마을에 거주하기를 거절했다.

54 그러자 예수의 제자 중 야고보와 요한이 그들을 보며 말했다. "주여, 우리가 하늘에서 불을 내리도록 명령하여 저들을 멸하라고 하기를 원하십니까?"

55 예수께서 그들을 꾸짖으시고

56 함께 다른 마을로 가셨다.

제자의 길[1]

57 ● 길을 가실 때 어떤 한 사람이 예수께 나아와 말했다. "선생님이 어디로 가든지 제가 따라가겠습니다."

58 예수께서 그에게 말씀하셨다. "여우도 굴이 있고 공중의 새도 거처가 있지만 인자 된 나는 머리 둘 곳이 없다."

59 또 다른 사람에게 "나를 따르라"고 하시니 그가 말했다. "주여, 내가 주를 따르기 전에 먼저 가서 내 아버지를 장사하게 허락해 주십시오."

60 예수께서 말씀하셨다. "육체적으로 죽은 사람의 장례는 영적으로 죽은 자들이 장사하게 하고 너는 가서 하나님 나라를 전파하라.

61 또 다른 사람이 말했다. "주여, 내가 주를 따르겠습니다. 그러나 나로 먼저 내 가족과 작별 인사를 한 후 따르게 하십시오."

62 그러자 예수께서 말씀하셨다. "손에 밭을 가는 쟁기를 잡고 뒤를 돌아보는 자는 하나님의 나라에 합당하지 않다."

70인의 파송과 결과 보고[2]

10 ● 그후 예수께서 70인을 따로 세워 친히 가시려는 각 마을과 지역으로 둘씩 짝지어 먼저 보내며

2 말씀하셨다. "추수할 것은 많으나 일꾼이 적다. 그러므로 추수하는 주인에게 요청하여 추수할 일꾼들을 보내 달라고 요청하라.

3 이제 가라. 내가 너희를 보내는 것이 마치 어린 양을 이리 가운데 보내는 것과 같다.

4 너희가 갈 때 돈 주머니인 전대나 배낭이나 추가로 신발을 챙기지 말며, 길을 가다가 아무에게나 문안 인사하지 말라.

5 다만 어느 집에 들어가든지 먼저 '이 집에 평화가 있으라'고 말하라.

6 만일 평화를 받아들이는 사람이 그곳에 있으면 너희가 선포한 평화가 그에게 임할 것이다. 그러나 그렇지 않으면 너희에게로 돌아올 것이다.

7 너희는 평화를 받아들이는 그 집에 거주하며 그가 주는 음식을 먹고 마시라. 일꾼이 그 품삯을 받는 것이 마땅하다. 그리고 이 집 저 집으로 옮기지 말고 한 집에 머물라.

1) 마 8:19-22 2) 마 9:37-38, 11:20-24

8 어느 마을에 들어가든지 너희를 영접하면 너희 앞에 차려 놓는 것을 먹고,

9 그곳에 있는 병자들을 고치고, '하나님의 나라가 너희에게 가까이 왔다'라고 말하라.

10 그러나 어느 마을에 들어갔을 때 너희를 영접하지 않으면 거리로 나와 말하라.

11 '너희 마을에서 우리 발에 묻은 먼지까지도 너희에게 떨어 버리겠다. 그러나 하나님의 나라가 가까이 온 줄을 알라'하라.

12 내가 너희에게 말한다. '그날 소돔이 그 마을보다 견디기 쉬울 것이다.

13 고라신과 벳새다야, 네게 화가 있을 것이다. 너희에게 행한 모든 능력을 이방 지역에 있는 두로와 시돈에서 행했다면 그들은 벌써 베옷을 입고 재에 앉아 회개했을 것이다.

14 심판 날에 두로와 시돈이 너희보다 견디기 쉬울 것이다.

15 가버나움아, 네가 하늘에까지 높아지겠느냐? 음부에까지 낮아질 것이다.

16 너희 말을 듣는 자는 내 말을 듣는 것이다. 너희를 배척하는 자는 나를 배척하는 것과 같다. 또한 나를 배척하는 자는 나를 보내신 자를 배척하는 것과 같다."

17 이에 70인이 전도를 마치고 돌아와 기뻐하며 말했다. "주여, 주의 이름에 귀신들도 우리에게 복종했습니다."

18 그러자 예수께서 말씀하셨다. "사탄이 하늘에서 번개처럼 떨어지는 것을 내가 보았다.

19 그래서 나는 너희에게 뱀과 전갈을 밟으며, 원수의 모든 능력을 물리칠 권세를 주었으니 너희를 해칠 자가 결코 없을 것이다.

20 그러나 귀신들이 너희에게 복종하는 것으로만 기뻐하지 말고, 너희의 이름이 하늘에 기록되는 것으로 기뻐하라."

하나님 아버지의 뜻과 무거운 짐

21 ● 그때 예수께서 성령으로 기뻐하며 말씀하셨다. "천지의 주인이신 아버지여, 이런 일을 세상에서 지혜롭다고 하는 자들에게는 숨기시고, 어린 아이들에게는 나타내신 것을 감사합니다. 그렇습니다. 이것은 아버지의 뜻입니다.

22 내 아버지께서는 모든 것을 내게 주셨으니 아버지 외에는 아들이 누구인지 아는 자가 없고, 아들과 또 아들의 소원대로 알려주고자 하는 계시를 받는 자 외에는 아버지가 누구인지 아는 자가 없습니다."

23 또 예수께서 제자들을 돌아보시며 조용히 말씀하셨다. "나를 메시아로 볼 수 있는 너희의 눈은 복이 있다.

24 내가 너희에게 말한다. 많은 선지자와 왕은 너희가 지금 보는 것을 보고자 했으나 보지 못했으며, 너희가 지금 듣는 것을 듣고자 했으나 듣지 못했다.

📍 성경지리 **벳새다 마을**(눅 10:13)

벳새다(Bethsaida)는 벳새다 마을인 텔 벳새다와 예수께서 오병이어의 기적을 베푼 벳새다 들판이 있다. 텔 벳새다는 갈릴리바다 북쪽 해안에 소재하며 가버나움에서 동쪽으로 약 4㎞ 지점이요, 고라신과도 인접해 있어 가버나움과 고라신과 벳새다는 3각 위치에 놓여 있다. 벳새다란 '고기잡는 집'이란 뜻이 있다. 빌립은 안드레와 베드로와 같이 벳새다 사람이었다(요 1:44). 이 벳새다도 예수께서 자주 다니시면서 복음을 전하고 권능을 행하셨으나 그들의 심령이 완악하여 순종치 않으므로 예수께 저주를 받았다.

선한 사마리아인의 비유

25 ● 어떤 율법교사가 예수를 시험하기 위해 찾아와 물었다. "선생님, 내가 무엇을 해야 영원한 생명을 얻을 수 있습니까?"

26 예수께서 대답하셨다. "율법에는 무엇이라고 기록되었느냐? 그리고 그것을 네가 어떻게 읽었느냐?"

27 그가 대답했다. "네 마음과 목숨과 힘을 다하며 뜻을 다하여 주 너의 하나님을 사랑하고, 네 이웃을 네 자신처럼 사랑하라고 했습니다."

28 이에 예수께서 말씀하셨다. "네 대답이 옳다. 그러므로 읽은 대로 행하라. 그러면 살 것이다."

29 그 사람이 자기가 옳다는 것을 보이기 위해 예수께 다시 물었다. "그러면 내 이웃이 누구입니까?"

30 예수께서 대답하셨다. "어떤 사람이 해발 800m에 위치한 예루살렘에서 32km 떨어진 바다보다 250m 낮은 여리고까지 내려가다가 강도를 만나 옷이 벗겨지고 맞아서 거의 죽을 지경에 이르자 강도는 그를 버리고 갔다.

31 그때 마침 한 제사장이 그 길로 내려가다가 그를 보고도 못 본 체하며 피해 지나갔다.

32 한 레위인도 그곳에 이르러 그를 보고 피해 지나갔다.

33 그러나 사마리아 사람은 여행하는 중에 그곳을 지나가다가 그를 보고 불쌍히 여겨

34 그에게 가서 올리브 기름과 포도주를 상처에 붓고 싸맨 후 자기 짐승에 태워 여관으로 데려가서 보살펴주었다.

35 그리고 그 이튿날 여관 주인에게 노동자 2일 품삯에 해당하는 은전 2데나리온을 주며 부탁했다. '이 사람을 돌보아 주라. 비용이 더 들면 내가 돌아올 때 지불해 줄 것이다.'

36 네 생각에는 이 3명 가운데 누가 강도 만난 자의 이웃이 되겠느냐?"

37 그가 대답하되 "보살펴준 사람입니다"라고 하자 예수께서 말씀하셨다. "너도 그와 같이 행하라."

마르다와 마리아

38 ● 예수의 일행이 올리브산 동쪽 4.5km에 위치한 베다니 마을로 들어가셨다. 그때 '마르다'라고 하는 한 여자가 자기 집으로 예수의 일행을 영접했다.

39 예수께서 그 집에 들어가셨을 때 마르다의 동생인 마리아는 예수의 발아래 앉아 그의 말씀을 듣고 있었다.

40 그러나 마르다는 접대 준비를 하느라 일이 많아서 마음이 분주하여 예수께 나아가 말했다. "주여, 제 동생이 나 혼자 일하게 두는 것을 예수님은 아무렇지도 않게 생각하십니까? 동생에게 저를 도와주라고 말해 주세요."

41 예수께서 대답하셨다. "마르다야, 네가 많은 일로 염려하고 근심하는데

42 몇 가지만 하든지, 아니면 한 가지만이라도 충분하다. 마리아는 내 말을 듣는 이 좋은 편을 택했으니 빼앗기지 않을 것이다."

기도에 대해 가르치심[1]

11 ● 예수께서 한 곳에서 기도를 마치자 제자 중 하나가 물었다. "주여, 세례자 요한이 자기 제자들에게 기도를 가르쳐 준 것처럼 우리에게도 가르쳐 주십시오."

2 이에 예수께서 말씀하셨다. "너희는 기도할 때 이렇게 하라. '하늘에

1) 마 6:9-13

계신 우리 아버지여, 아버지의 이름이 거룩히 여김을 받으십시오. 하나님의 나라가 이루어지게 하시고,

3 우리에게 날마다 필요한 양식을 주십시오.

4 우리가 우리에게 죄를 지은 자들을 용서했으니, 우리 죄도 용서해 주십시오. 우리를 시험에 빠지지 않게 해주시고, 오직 악한 자에게서 구해 주십시오. 하나님의 나라와 권세와 영광은 아버지의 것입니다. 아멘.”

구하고, 찾고, 두드리라[1]

5 ● 예수께서 말씀하셨다. “너희 중에 누가 친구가 있어 밤중에 그에게 가서 '친구여, 빵 3덩이만 꾸어 달라.

6 내 친구가 여행 중에 나에게 왔으나 내가 그에게 줄 양식이 없다' 라고 하면

7 그가 집 안에서 대답하기를 '나를 귀찮게 하지 말라. 문이 이미 닫혔고, 내가 자식들과 잠자리에 누웠으니 일어나 네게 줄 수 없다'라고 거절하지 않겠느냐?'

8 내가 너희에게 말한다. “비록 친구라는 것만으로는 일어나 꾸어 주지 않을지라도 끈질긴 간청함 때문에는 일어나 그 요구대로 줄 것이다.”

9 그러므로 내가 또 너희에게 말한다. “구하라. 그러면 하나님께서는 너희에게 주실 것이다. 찾으라. 그러면 찾을 것이다. 문을 두드리라. 그러면 열릴 것이다.

10 구하는 자마다 받을 것이요, 찾는 자는 찾을 것이요, 두드리는 자에게는 열릴 것이다.

11 너희 중에 아버지 된 자가 있느냐? 또 아들이 생선을 달라고 하는데 생선 대신에 뱀을 주며,

12 알을 달라고 하는데 전갈을 주겠느냐?

13 너희가 악한 자라도 자식에게는 좋은 것으로 주지 않겠느냐? 하물며 하늘에 계신 너희 아버지께서 구하는 자에게 좋은 것인 성령을 주시지 않겠느냐?”

예수와 바알세불[2]

14 예수께서 말 못하게 하는 귀신을 쫓아내시니 귀신이 나가 그가 말하며 보게 되었다. 이를 본 무리가 모두 놀랍게 여겼다.

15 그중에 어떤 사람은 그가 귀신의 왕인 바알세불을 힘입어 귀신을 쫓아낸다고 말하고

16 어떤 사람은 예수를 시험하여 하늘에서 오는 증거를 구하기도 했다.

17 그러자 예수께서 그들의 생각을 아시고 그들을 불러다가 비유로 말씀하셨다. “자기들끼리 싸우는 나라는 망하여 황폐하여지며, 자기들끼리 싸우는 마을이나 집도 무너진다.

18 너희는 내가 바알세불을 힘입어 귀신을 쫓아 내었다고 하는데 그렇다면 그것은 자기들끼리 분쟁하는 것인데, 그러면 어떻게 그들의 나라가 서겠느냐?

19 너희 말대로 내가 바알세불을 힘입어 귀신을 쫓아 내었다면 너희의 아들들은 누구를 힘입어 귀신을 쫓아내느냐? 그러므로 그들이 너희의 재판관이 될 것이다.

20 그러나 내가 하나님의 능력을 힘입어 귀신을 쫓아내는 것이면 하나님의 나라가 이미 너희에게 임한 것이다.

1) 마 7:7-11 2) 마 12:22-30, 43-45, 막 3:22-27

21 강한 자가 무장을 하고 자기 집을 지킬 때 비로소 그 소유가 안전하다.

22 사람이 먼저 더 강한 자가 그를 결박할 때 그의 물건을 빼앗아 나눌 수 있다.

23 나와 함께하지 않는 자는 나를 반대하는 자이며, 나와 함께 모으지 않는 자는 흩어지게 하는 자이다."

24 그리고 예수께서 말씀하셨다. "더러운 귀신이 사람에게서 나갔을 때 물이 없는 곳으로 다니며 쉬기를 구했으나 쉴 곳을 찾지 못하고 말하기를 '내가 나온 내 집으로 다시 돌아가야겠다' 하고

25 와서 보니 그 집이 청소되고 깨끗하게 수리되어 있었다.

26 이에 가서 자기보다 더 악한 귀신 일곱을 데리고 그 사람 속에 들어가 거하니 그 사람의 형편이 이전보다 더욱 나빠지게 되었다. 이 악한 세대가 이렇게 될 것이다."

27 이 말씀을 하실 때 무리 가운데서 한 여자가 큰 소리로 말했다. "당신을 임신한 태와 당신을 먹인 젖이 복이 있습니다."

28 그러자 예수께서 말씀하셨다. "오히려 그보다 하나님의 말씀을 듣고 지키는 자가 더 복이 있다."

표적을 구하는 세대¹⁾

29 무리가 모였을 때 예수께서 말씀하셨다. "이 시대는 악한 세대이다. 악하고 음란한 세대는 증거²⁾를 구하지만 선지자 요나의 증거밖에는 보일 증거가 없다.

30 요나가 니느웨 사람들에게 표적이 된 것처럼 인자도 이 세대에 그렇게 될 것이다.

31 심판 때 남방 여왕이 일어나 이 세대의 사람을 심판할 것이다. 이는 그가 솔로몬의 지혜로운 말을 듣기 위해 땅끝에서 왔기 때문이다. 그러나 솔로몬보다 더 큰 자가 여기 있다.

32 심판 때 오히려 니느웨 사람들이 일어나 이 시대의 사람들을 판단할 것이다. 니느웨 사람들은 요나의 전도를 듣고 회개했기 때문이다. 그러나 요나보다 더 큰 자가 여기 있다."

너희는 소금이요 빛이다³⁾

33 누구든지 등불을 켜서 움 속이나 됫박 아래에 두지 않고 등잔대 위에 두는 것은 그 집에 들어가는 자가 그 빛을 보게 하기 위함이다.

34 눈은 몸의 등불과 같다. 그러므로 네 눈이 온전하면 온몸이 밝을 것이다. 그러나 눈이 나쁘면 온몸도 어두울 것이다.

35 그러므로 네 속에 있는 빛이 어두우면 그 어둠이 얼마나 심하겠느냐?

36 네 온몸이 밝아 조금도 어두운 데가 없으면 등불의 빛이 너를 비출 때와 같이 온전히 밝을 것이다.

바리새인과 율법교사의 위선

37 ● 예수께서 말씀하실 때 한 바리새인이 자기와 함께 점심 잡수시기를 청하자 예수께서 그의 집에 들어가 앉으셨다.

38 그때 바리새인들은 예수께서 식사하시기 전에 장로들의 전통을 따르지 않고 손을 씻지 않는 것을 보고 이상히 여겼다.

39 예수께서 말씀하셨다. "너희 바리새인들은 지금 잔과 대접의 겉은 깨끗이 하지만 너희 속에는 탐욕과 악독이 가득하다.

40 어리석은 자들아, 겉을 만드신 이가 속도 만들지 않았느냐?

41 그러나 그 속에 있는 것으로 깨끗

1) 마 12:38-42, 막 8:12   2) 표적   3) 마 5:15, 6:22-23

하게 하라. 그러면 너희의 겉도 깨끗하게 될 것이다.

42 바리새인들과 율법교사들이여, 너희에게 화가 있을 것이다. 너희가 박하와 운향과 모든 채소의 십일조는 드리지만 율법에서 말하는 더 중요한 공의와 긍휼과 믿음과 하나님께 대한 사랑은 버리고 있다. 그러나 십일조도 행하고 공의와 사랑도 있어야 할 것이다.

43 바리새인들이여, 너희에게 화가 있을 것이다. 너희는 회당의 높은 자리와 시장에서 문안 인사 받는 것을 좋아한다.

44 그런 너희에게 화가 있을 것이다. 너희는 주인이 누구인지 모르는 평토장한 무덤 같아서 그 위를 밟는 사람이 그것이 무덤인지 알지 못한다."

45 한 율법교사가 예수께 말했다. "그렇게 말씀하시는 것은 우리까지 모욕하는 것입니다."

46 예수께서 말씀하셨다. "짊어지기 힘든 짐을 사람에게 지우고 자신은 손가락 하나 까딱하지 않는 너희 율법교사여 화가 있을 것이다.

47 위선하는 율법교사들과 바리새인들은 화가 있을 것이다. 너희는 선지자들의 무덤을 만들고 말한다. '만일 우리가 조상 때 있었다면 선지자를 죽여 피를 흘리는 데 참여하지 않았을 것이다.' 그러나 그들을 죽인 자도 너희 조상들이다.

48 이같이 너희 선조가 선지자들을 죽이고, 너희는 그 무덤을 만들고 있다. 너희가 너희 조상의 행한 일에 증인이 되고 그것에 동조하고 있다.

49 그러므로 지혜로운 하나님께서 말씀하셨다. '내가 선지자와 사도들과 율법교사들을 그들에게 보내리니

그중에 더러는 죽이거나 십자가에 못 박고, 회당에서 채찍질하고, 쫓아다니며 박해할 것이다.'

50 세상이 창조된 이후부터 흘린 모든 선지자의 피를 이 세대가 책임질 것이다.

51 곧 의인인 아벨의 피에서 제단과 성전 사이에서 죽임을 당한 바라가의 아들 사가랴의 피까지 너희에게 말하노니 반드시 이 세대가 책임을 질 것이다."

52 "너희 율법교사인 서기관과 바리새인들아, 너희에게 화가 있을 것이다. 너희는 지식의 열쇠를 가로채어 하나님 나라의 문을 사람들 앞에서 닫고 너희도 들어가지 않고 들어가려고 하는 자도 막았다.

53 예수께서 바리새인 집에서 나오실 때 율법교사인 서기관과 바리새인들이 거칠게 붙잡고 여러 가지 일을 따져 묻고

54 예수의 입에서 나오는 말을 책잡기 위해 노리고 있었다.

바리새인들의 외식을 주의하라[1]

12 ● 그동안 수만 명의 무리가 모여 서로 밟힐 만큼 되었다. 그때 예수께서 먼저 제자들에게 말씀하셨다. "바리새인들의 누룩, 곧 위선을 조심하라.

2 감추인 것이 드러나고, 숨긴 것은 반드시 알려질 것이다.

3 그러므로 너희가 어두운 데서 말한 모든 것이 밝은 데서 들리며, 골방에서 귓속말로 한 것이 지붕 위에서 전파될 것이다."

하나님을 두려워하라

4 ● 나의 친구 된 너희에게 말한다. "몸을 죽이고 그후 영혼은 능히 죽이지 못하는 자들을 두려워하지 말라.

1) 마 10:26-27

5 내가 참으로 너희에게 말하노니 마땅히 두려워할 자는 몸과 영혼을 죽인 후에 능히 지옥에 던져 넣는 권세 있는 자이다.

6 너희가 참새 5마리가 동전 2앗사리온에 팔리는 것을 알지 않느냐? 그러나 너희 하나님께서 허락하시지 않으면 그 한 마리도 땅에 떨어지지 않는다.

7 하나님께서는 너희의 머리카락까지 모두 세고 계신다. 그러므로 너희는 몸만 죽이는 자들을 두려워하지 말라. 너희는 많은 참새보다 더 귀한 자들이다."

8 내가 또 너희에게 말한다. "누구든지 사람들 앞에서 나를 인정하면 인자도 하늘에 계신 내 아버지 하나님의 사자들 앞에서 그를 인정할 것이다.

9 그러나 사람 앞에서 나를 부인하는 자는 하늘에 계신 내 아버지 하나님의 사자들 앞에서 나도 너희를 부인할 것이다.

10 그러므로 내가 너희에게 말한다. "말로 인자 된 나를 거역하면 용서받을 수 있지만 성령을 모독하는 것은 용서받지 못한다.

11 사람들이 너희를 회당이나 위정자나 권세 있는 자 앞으로 끌고 가거든 어떻게 대답하고, 어떤 말을 해야 할지 염려하지 말라.

12 그때 성령께서 마땅히 할 말을 너희에게 가르쳐 주실 것이다."

탐심과 어리석은 부자의 비유

13 ● 무리 가운데 한 사람이 예수께 나와 말했다. "선생님, 제 형에게 말하여 유산을 나에게 나누어 주라고 말씀해 주십시오."

14 예수께서 말씀하셨다. "이 사람아, 누가 나를 유산 분쟁을 해결하는 재판장이나 재물 나누는 자로 세웠느냐?" 그리고

15 그들에게 다시 말했다. "경계심을 가지고 모든 탐심을 물리치라. 사람의 생명이 그 소유가 많은 데 있는 것이 아니다."

16 또 비유로 그들에게 말했다. "한 부자가 그 밭에 수확이 심히 많아

17 마음속으로 생각했다. '내가 곡식을 쌓을 곳이 없을 정도로 많으니 어떻게 할까?'

18 그래서 말했다. '내가 내 창고를 헐고 더 확장하여 내 모든 곡식과 재물을 그곳에 쌓아 두리라.'

19 그리고 자신의 영혼에게 말했다. '내 영혼아, 몇 년 동안 필요한 재물을 많이 쌓아 두었으니 이제는 편안히 쉬면서 먹고 마시고 즐거워하자.'

20 그때 하나님은 말씀하셨다. '어리석은 자야, 오늘 밤에 네 영혼을 도로 찾아가면 죽을 것인데 그러면 네가 준비한 것이 누구의 것이 되겠느냐?

21 자기만을 위해 재물을 쌓아 두고 하나님께 대해 가난한 자가 이와 같다."

염려하지 말라

22 ● 예수께서 제자들에게 말씀하셨다. "그러므로 목숨을 위해 무엇을 먹을까 무엇을 마실까 몸을 위해 무엇을 입을까 염려하지 말라.

23 음식이 목숨보다 중요하지 않고, 의복이 몸보다 중요하지 않다.

24 공중을 나는 까마귀를 생각해 보라. 그것들은 심거나 거두지도 않고, 골방도 없고, 창고에 먹이를 모아 두지도 않지만 하늘에 계신 너희 아버지 하나님께서 기르신다. 하물며 너희는 이것들보다 더욱

귀하지 않느냐?

25 너희 중에 누가 염려한다고 해서 자기 키를 한 치라도 더 크게 할 수 있겠느냐?

26 가장 작은 일도 하지 못하면서 어떻게 다른 일들을 염려하느냐?

27 너희는 왜 의복 때문에 염려하느냐? 들의 백합화가 어떻게 자라는지 생각해 보라. 그것들은 수고도 하지 않고 옷감도 짜지 않는다. 그러나 내가 너희에게 말한다. 솔로몬의 모든 영광도 이 꽃에 비교할 만큼 아름다운 옷을 입어 보지못했다.

28 하나님께서는 오늘 있다가 내일 아궁이에 던져지는 들풀도 이렇게 입히시는데 하물며 그것들보다 더욱 귀한 너희를 입히시지 않겠느냐? 그러므로 믿음이 작은 자들아,

29 무엇을 먹고 마실까 무엇을 입을까 염려하지 말라.

30 그런 것들은 모두 세상 사람들이 구하는 것이다. 하늘에 계신 너희 아버지께서는 그 모든 것이 너희에게 필요한 것인 줄 알고 계신다.

31 그러므로 너희는 먼저 하나님 나라와 그의 의를 구하라. 그러면 이 모든 것을 너희에게 덤으로 주실 것이다.

32 어린 자들아, 무서워 말라. 너희 아버지께서 그의 나라를 너희에게 주시기를 기뻐하신다.

하늘의 재물과 땅의 재물[1]

33 ● 오직 자신을 위해 너희 소유를 팔아 구제를 베풀고 낡아지지 않는 배낭을 만들어라. 그것이 바로 하늘에 재물을 쌓아 두는 것이다. 그곳에는 좀이 먹거나 녹슬지 않으며, 도둑이 훔쳐 가지도 못한다.

34 네 재물[2]이 있는 곳에는 네 마음도 있다.

깨어 준비하라

35 ● 예수께서 다시 말씀하셨다. "허리에 띠를 띠고 등불을 꺼지지 않게 하라.

36 너희는 그 주인이 혼인 집에서 돌아와 문을 두드리면 바로 열어 주기 위해 기다리는 사람처럼 준비하고 깨어 있으라.

37 주인이 와서 준비하고 있는 것을 보면 그 종들은 복이 있을 것이다. 내가 참으로 너희에게 말한다. 주인이 띠를 띠고 그 종들을 식사 자리에 앉히고 나아와 수종들 것이다.

38 혹시 주인이 오후 10시~오전 1시인 이경이나 오전 4시~해뜰 때인 삼경에 와서도 종들이 그같이 준비하고 있는 것을 보면 그 종들은 복이 있을 것이다.

39 너희도 아는 것처럼 만일 집주인이 도둑이 언제 들어올 줄 알았다면 도둑이 그 집을 몰래 들어오지 못하게 했을 것이다.

40 그러므로 너희는 항상 준비하고 있으라. 생각하지 않은 때 인자 된 내가 다시 올 것이다."

41 베드로가 예수께 물었다. "이 비유는 주께서 우리에게 하시는 말씀입니까? 아니면 모든 사람에게 하시는 말씀입니까?"

42 이에 예수께서 말씀하셨다. "지혜 있고 진실한 관리인 청지기는 주인이 신뢰하여 그 종들에게 다른 종들을 맡아 때를 따라 양식을 나누어 주도록 그 일을 맡겨 준 자이다.

43 주인이 돌아왔을 때 그 종이 성실하게 하는 것을 보면 그 종은 복이 있을 것이다.

44 내가 분명히 너희에게 말하노니

---

1) 마 6:20-21　2) 보물

주인이 그 모든 소유를 그에게 맡길 것이다.

45 그러나 그 종이 주인이 늦게 올 것이라고 생각하여 남녀 종들을 때리며 먹고 마시고 취하게 되면

46 생각하지 않은 날, 알지 못하는 시각에 그 종의 주인이 돌아와 그를 심히 때리고 성실하지 않은 자가받는 지옥 형벌에 처할 것이다.

47 그날에는 주인의 뜻을 알고도 준비하지 않고, 주인의 뜻대로 행하지도 않은 종은 많이 맞고,

48 알지 못하여 행하지 못한 종은 적게 맞을 것이다. 무릇 책임을 많이 맡은 자에게는 그에 상응하는 책임을 요구할 것이다."

영적 분쟁과 시대 분별[1]

49 ● "나는 세상을 정결하게 하고 심판하기 위해 불을 놓으려고 왔다. 이 불이 이미 세상에서 일어났으면 내가 무엇을 더 바라겠는가?

50 그러나 나는 받아야 할 세례, 곧 십자가가 있는데 그것이 이루어지기까지 내 답답함이 참으로 크다.

51 내가 세상에 평화를 주기 위해 온 줄로 생각하지 말라. 평화가 아니라 검을 주어 영적인 일에 분쟁을 일으키게 하기 위해 왔다.

52 그러므로 이후로는 한 집에 5명이 있어 셋이 둘과, 둘이 셋과 영적 분쟁을 할 것이다.

53 또 부자 사이에, 모녀 사이에, 시어머니와 며느리 사이에 영적 분쟁이 있을 것이다."

54 예수께서 무리에게 말씀하셨다. "너희가 구름이 서쪽에서 일어나는 것을 보면 '소나기가 올 것이다'라고 말하는 것이 맞다.

55 또 남풍이 부는 것을 보고 '심히 더울 것이다'라고 말하는 것도 맞다.

56 위선자들이여, 너희가 천지의 기상은 분별할 줄 알면서 어찌하여 이 시대가 어떤지는 분별하지 못하느냐?

57 너희는 무엇이 옳은 것인지를 스스로 판단하지 못하느냐?"

58 너희는 자기를 고소하는 자와 함께 재판관에게 갈 때 재판관에게 가기 전 길에서 화해하기를 힘쓰라. 그가 너를 재판관에게 끌고 가서 재판관이 너를 간수에게 넘겨주어 간수가 감옥에 가둘까 염려하라.

59 네게 이르노니 한 푼도 남김 없이 모두 갚기 전에는 결코 그곳에서 나오지 못할 것이다."

회개하지 않음과 열매를 못 맺는 무화과나무의 비유

13 ● 두세 사람이 예수께 찾아와 유대 총독 빌라도가 예루살렘에 온 어떤 갈릴리 사람들을 죽였는데 그 죽은 자의 피가 그들의 제물과 섞여진 일에 대해 물었다.

2 그때 예수께서 대답하셨다. "너희는 이 갈릴리 사람들이 빌라도에게 이같이 고난을 받았다고 해서 다른 모든 갈릴리 사람보다 그들의 죄가 더 크다고 생각하느냐?

3 아니다. 만일 너희도 회개하지 않으면 모두 그와 같이 망할 것이다.

4 또 예루살렘 기드론 골짜기 남쪽에 있는 실로암에서 망대가 무너져 죽은 18명이 예루살렘에 살던 다른 모든 사람보다 죄가 더 많다고 생각하느냐?

5 아니다. 만일 너희도 회개하지 않으면 모두 그와 같이 망할 것이다."

6 이에 예수께서 비유로 말씀하셨다.

1) 마 10:25-26, 34-36, 5:25-26

"한 사람이 포도밭에 무화과나무를 심었으나 열매를 맺지 못했다.

7 주인은 포도밭지기에게 말했다. '내가 3년 동안 이 무화과나무에서 열매를 얻지 못했으니 찍어 버릴 것이다. 어찌 땅만 버리게 하겠느냐?'

8 포도밭지기가 대답했다. '주인님, 올해만 그대로 두십시오. 내가 두루 파고 거름을 주겠습니다.

9 만일 이후에 열매를 맺으면 좋겠지만 그렇지 않으면 그때는 찍어 버리십시오.'"

안식일에 등이 굽은 여자를 고치심

10 ● 하루는 예수께서 안식일에 한 회당에서 가르치실 때

11 18년 동안이나 귀신에 들려 앓으며, 등이 굽어 조금도 펴지 못하는 한 여자가 있었다.

12 예수께서 그녀를 보시고 불러 "여자야, 네가 네 병에서 고침을 받았다"라고 말씀하며

13 안수하시자 여자의 등이 펴졌고, 그 여자는 하나님께 영광을 돌렸다.

14 이에 회당장이 예수께서 안식일에 병 고치시는 것을 보고 화를 내며 무리에게 말했다. "일할 날이 6일이나 있는데 그 기간에 와서 고침을 받으면 될 것이니 안식일에는 하지 말라."

15 그러자 예수께서 대답하셨다. "위선자들아, 너희는 안식일에도 자기의 소나 나귀를 외양간에서 풀어 이끌고 가서 물을 먹이지 않느냐?

16 그렇다면 18년 동안이나 사탄에게 매인 바 된 이 아브라함의 딸을 안식일이라도 그 속박에서 풀어 주어야 하지 않겠느냐?"

17 예수께서 이 말씀을 하시자 반대하던 모든 사람이 부끄러워하고 온 무리는 예수께서 하시는 모든 영광스러운 일을 기뻐했다.

자라는 씨와 겨자씨와 누룩의 비유[1]

18 ● 예수께서 말씀하셨다. "우리가 하나님 나라를 무엇으로 비교하며, 무엇과 같을까?

19 그것은 마치 사람이 자기 채소밭에 갖다 심은 겨자씨 한 알과 같다. 그것이 땅에 심길 때는 땅 위의 모든 씨보다 작지만 땅에 심긴 후에는 모든 풀보다 크게 자라 나무가 되어 공중의 새들이 와서 그 가지[2]에 깃들일 만큼 된다."

20 예수께서 계속해서 비유로 말씀하셨다. "내가 하나님 나라를 무엇으로 비교할 수 있는가?

21 그것은 마치 여자가 가루 3말 속에 갖다 넣어 전부 부풀게 한 누룩과 같다."

좁은 문으로 들어가기를 힘쓰라

22 예수께서 각 성읍과 마을로 다니시며 가르치시면서 예루살렘으로 가실 때

23 어떤 사람이 예수께 나와 물었다. "주여, 구원을 받는 자가 적습니까?" 예수께서 그들에게 말씀하셨다.

24 "좁은 문으로 들어가기를 힘쓰라. 내가 너희에게 말하노니 들어가려고 해도 들어가지 못하는 자가 많다.

Q&A 회당장이란?(눅 13:14)

회당장(ruler of the synagougue)이란 유대인들이 예배나 교육, 집회의 장소로 사용하던 회당의 최고 관리 책임자를 말한다. 그는 회당의 모든 관리 뿐만 아니라 말씀을 가르치거나 강해할 자를 선택하기도 했다(마 4:23). 예수님 당시 야이로는 회당장이었으며 예수께서는 그의 죽은 딸을 살리셨다(막 5:22-43). 그외 그리스보(행 18:8), 소스데네(행 18:17)도 회당장이었다.

1) 마 13:31-33, 막 4:30-32 2) 막 4:32, 그들

25 집주인이 일어나 문을 한번 닫은 후에는 너희가 밖에 서서 문을 두드리며 '주인님, 문을 열어 주십시오'라고 하면 그가 대답하기를 '나는 너희가 어디서 온 자인지 알지 못한다'라고 할 것이다.

26 그때 너희가 말하기를 '우리는 주 앞에서 먹고 마셨으며, 주인은 길거리에서 우리를 가르쳤습니다'라고 할 것이다. 그러나

27 주인은 너희에게 '나는 너희가 어디서 왔는지 알지 못한다. 악을 행하는 모든 자들아, 나에게서 떠나가라'고 대답할 것이다.

28 그러므로 아브라함과 이삭과 야곱과 모든 선지자는 하나님 나라에 있고, 오직 너희는 밖으로 쫓겨난 것을 볼 때 그곳에서 슬피 울며 이를 갈 것이다.

29 사람들이 사방에서 와서 하나님 나라의 잔치에 참여하게 될 것이다.

30 보라, 맨 나중에 된 자로서 첫째가 될 자도 있고, 맨 먼저 된 자로서 맨 나중에 될 자도 있다."

헤롯이 예수를 죽이려고 함

31 ● 그때 바리새인들이 예수를 헤롯 안디바의 통치 지역인 갈릴리에서 쫓아내기 위해 예수께 나아와 말했다. "이곳을 떠나십시오, 헤롯 안디바가 당신을 죽이려고 합니다."

32 그러자 예수께서 말씀하셨다. "너희는 가서 저 여우 같은 헤롯 안디바에게 말하라. '오늘과 내일은 내가 귀신을 쫓아내며 병을 고치다가 죽은 지 3일 만에는 내가 내 일을 온전히 이룰 것이다'라고 하라.

33 그러므로 오늘과 내일과 그다음 날에도 나는 내 갈 길을 갈 것이니 선지자가 예루살렘 밖에서는 죽는 법이 없다."

34 또 예수께서 탄식하셨다. "예루살렘아, 예루살렘아, 선지자들을 죽이고 너에게 보냄 받은 자들을 돌로 치는 자여, 암탉이 자기 새끼를 날개 아래로 모으려고 한 것처럼 내가 몇 번이나 너희 자녀를 모으려고 했느냐? 그러나 너희가 거절했다.

35 그러므로 이제 너희 집이 황폐하여 버려지게 될 것이다." 내가 너희에게 말한다. "이제부터 너희는 찬양하라. '주의 이름으로 오시는 자여'라고 할 때까지 나를 보지 못할 것이다."

수종병 든 사람을 고치심

14 ● 하루는 안식일에 예수께서 음식을 잡수시기 위해 한 바리새인 지도자의 집에 들어가시자 사람들이 지켜보고 있었다.

2 그때 예수 앞에 몸이 붓고 살이 썩는 고창병인 수종병에 걸린 사람이 있었다.

3 이를 본 예수께서 율법교사들과 바리새인들에게 말씀하셨다. "안식일에 병을 고쳐 주는 것이 옳으냐? 그렇지 않으냐?"

4 그들이 아무 대답도 없이 잠잠하자 예수께서 그 사람을 데려다가 고친 후 보내셨다.

5 그리고 다시 그들에게 말씀하셨다. "너희 중에 누가 그 아들이나 소가 우물에 빠졌으면 안식일이라도 바로 끌어내지 않겠느냐?" 그러자

6 그 말에 대해 그들은 아무 대답도 하지 못했다.

초청과 끝자리와 잔치의 비유

7 ● 예수께서 초청을 받은 사람들이 높은 자리를 차지하려는 것을 보고 그들에게 비유로 말씀하셨다.

8 "너희가 누구에게든지 혼인 잔치에

초청을 받았을 때는 처음부터 높은 자리에 앉지 말라. 만일 너보다 더 높은 사람이 초청을 받은 경우

9 너와 그를 초청한 자가 와서 너에게 더 높은 사람에게 자리를 양보하라고 할 것이다. 그러면 너는 부끄러워하며 낮은 자리1)로 가게 될 것이다.

10 그러므로 초청을 받았을 때는 차라리 낮은 자리에 가서 앉으라. 그러면 너를 초청한 자가 와서 너에게 '친구여, 올라와 앉으라'고 할 것이다. 그때 네게는 너와 함께 초청받은 모든 사람 앞에서 영광이 있을 것이다.

11 무릇 자기를 높이면 낮아지고, 자기를 낮추면 높아질 것이다."

12 예수께서 자기를 초청한 자에게도 말씀하셨다. "네가 누구에게든 점심이나 저녁 식사를 대접하려면 친구나 형제나 친척이나 부한 이웃을 초청하지 말라. 그 사람들이 너를 다시 초청하여 네가 대접한 것이 보답이 되기 때문이다.

13 그러므로 잔치를 베풀려면 오히려 가난한 자들과 몸이 불편한 자들과 다리를 저는 자들과 보지 못하는 자들을 초청하라.

14 그러면 그들은 네가 베푼 것에 대해 갚을 것이 없기 때문에 네게 복이 될 것이다. 의인들이 부활할 때 네가 베푼 것에 대해 보상을 받을 것이다."

15 예수와 함께 음식을 먹는 사람들 가운데 한 명이 이 말을 듣고 말했다. "무릇 하나님 나라에서 빵을 먹는 자는 복이 있습니다."

16 이에 예수께서 말씀하셨다. "어떤 사람이 잔치를 크게 베풀고 많은 사람을 초청했다.

17 잔치할 시간이 되자 초청했던 자들에게 종을 보내며 말했다. '이제 오시기 바랍니다. 모든 것이 준비되었습니다.'

18 그러나 초청 받은 사람들이 모두 한결같이 사양했다. 한 사람은 말했다. '나는 밭을 샀기 때문에 나가 보아야 하니 내가 가지 못하는 것을 양해하라.'

19 또 한 사람은 말했다. '나는 소 5겨리인 10마리를 샀기 때문에 그 소의 상태가 어떤지를 시험하러 가야 하니 내가 가지 못하는 것을 양해하라.'

20 또 다른 사람도 말했다. '나는 장가를 갔기 때문에 못 가겠다.'

21 종이 돌아와 주인에게 그대로 고했다. 이에 집주인이 화가 나서 그 종에게 말했다. '속히 마을 거리와 골목으로 나가 가난한 자들, 몸이 불편한 자들, 눈먼 자들, 다리 저는 자들을 데려오라.'

22 종이 주인에게 말했다. '주인이 명령한 대로 했으나 그래도 자리가 남았습니다.'

23 주인이 종에게 다시 말했다. '길과 골목길2)로 나가 사람을 강권하여 데려다가 내 집을 채우라.

24 내가 너희에게 말한다. 이전에 초청했던 그 사람들은 한 명도 나의 천국의 구원 잔치를 맛보지 못할 것이다.'"

제자가 되는 길과 소금의 맛

25 ● 수많은 무리가 예수와 함께 길을 갈 때 예수께서 말씀하셨다.

26 "무릇 나를 따르는 자는 자기 부모와 처자와 형제와 자매, 더 나아가 자기의 목숨까지도 미워하지 않으면 내 제자가 될 수 없다.

1) 끝자리 2) 산울타리 가

27 누구든지 자기에게 주어진 십자가를 지고 나를 따르지 않는 자도 내 제자가 될 수 없다.

28 너희 가운데 누가 망대를 세우려고 계획하면 자기가 가진 재물로 그 망대를 완성할 수 있는지 먼저 그 비용을 계산하지 않겠느냐?

29 그렇게 하지 않고 시작했다가 비용이 모자라서 그 기초만 쌓고 완성하지 못하면 보는 사람들이

30 '이 사람이 공사를 시작했지만 능히 완공하지 못했다'라고 비웃을 것이다.

31 또 어떤 왕이 다른 왕과 싸우러 갈 때 먼저 1만 명의 군사로 2만 명과 싸워 이길 수 있을까 생각하지 않겠느냐?

32 만일 이기지 못할 것 같으면 적군이 아직 멀리 있을 때 사신을 보내 화친을 요청할 것이다.

33 이같이 너희 가운데 누구든지 자기의 모든 소유를 버리지 않으면 능히 내 제자가 될 수 없다.

34-35 경청하여 깨닫는 자는 들으라. 소금이 좋은 것이지만 그 맛을 잃으면 무엇으로 짜게 할 수 있겠느냐? 땅에도, 거름으로도 쓸모가 없어 내버리게 된다. 그러므로 너희 속에 소금을 두고 서로 화목하라."

잃은 양을 찾은 것의 비유[1]

15 ● 많은 세리와 죄인이 예수님의 말씀을 듣기 위해 나왔다.

2 이에 바리새인과 율법교사인 서기관들이 수군거리며 말했다. "이 사람이 죄인을 영접하고 그들과 함께 음식을 먹고 있다."

3 이에 예수께서 그들에게 비유로 말씀하셨다.

4 "너희 생각은 어떠하냐? 만일 너희 중에 어떤 사람에게 양 100마리가

있는데 그중 1마리가 길을 잃었다면 99마리를 들에 두고 그 잃은 1마리를 찾기 위해 찾아다니지 않겠느냐?

5 또 마침내 찾으면 기쁜 마음으로 어깨에 메고

6 집으로 와서 그 친구와 이웃을 초청하여 '나와 함께 즐기자. 내가 잃어버린 양을 찾았다'라고 할 것이다.

7 내가 너희에게 말한다. 작은 자들 가운데 한 명이라도 잃어버리는 것은 하늘에 계신 너희 아버지의 뜻이 아니다. 이같이 죄인 한 사람이 회개하면, 하늘에서는 회개할 필요가 없는 의인 99명으로 인해 기뻐하는 것보다 더 기뻐할 것이다."

잃은 드라크마의 비유

8 ● 예수께서 말씀하셨다. "어떤 여자가 노동자의 10일 품삯에 해당하는 은전 10드라크마를 갖고 있는데, 그중 1개를 잃어버리면 등불을 켜고 그것을 찾기까지 집을 쓸며 부지런히 찾지 않겠느냐?

9 마침내 그것을 찾으면 친구와 이웃을 초청하여 '나와 함께 즐기자. 내가 잃어버린 드라크마를 찾았다'라고 할 것이다.

10 그러므로 내가 너희에게 말한다. 이같이 죄인 한 사람이 회개하면 하나님의 사자인 천사들 앞에서 큰 기쁨이 된다."

잃은 아들을 다시 찾은 아버지의 비유

11 ● 예수께서 말씀하셨다. "어떤 사람에게 아들 둘이 있었다.

12 그중 둘째 작은 아들이 아버지에게 말했다. '아버지의 재산 가운데 내게 돌아올 상속분을 주세요.' 이에 아버지가 그 재산을 각각 나눠 주었다.

1) 마 18:12~14

13 그후 둘째 아들은 며칠도 안 되어 아버지에게 받은 모든 재물을 가지고 먼 나라로 가서 그곳에서 방탕한 생활로 그 재물을 낭비했다.

14 결국 모든 재산을 허비했고, 때마침 그 나라에 큰 흉년이 들어 그가 궁핍하게 되었다.

15 그래서 그는 그 나라 백성 가운데 한 사람에게 붙어 살게 되었고, 그가 시키는 대로 들로 나가 돼지를 쳤다.

16 그러나 그는 너무 허기져 돼지가 먹는 쥐엄 열매로 배를 채우고자 했지만 그나마 주는 자가 없었다.

17 이에 스스로 자신에게 말했다. '내 아버지에게는 먹을 것이 넉넉한 품꾼이 얼마나 많이 있는가. 그러나 나는 이곳에서 굶어 죽게 되었다.

18 이제 내가 아버지께 돌아가서 말할 것이다. '아버지, 내가 하늘과 아버지께 죄를 지었습니다.

19 이제부터는 감히 아버지의 아들이라고 불릴 자격이 없습니다. 나를 품꾼의 하나로 여기십시오.'

20 이에 둘째 아들은 일어나 아버지께로 돌아갔다. 한편 그가 집에 다다르기 전에 아직도 거리가 멀리 떨어져 있었으나 아버지는 둘째 아들을 알아보고 불쌍히 여겨 달려가 목을 안고 입을 맞추었다.

21 이에 둘째 아들이 말했다. '아버지 내가 하늘과 아버지께 죄를 지었습니다. 그러니 이제부터는 아버지의 아들이라고 부르지 마십시오1).'

22 그러나 아버지는 종들에게 말했다. '제일 좋은 옷을 그에게 입히고, 손에 가락지를 끼우고, 발에 신을 신기라.

23 또 살진 송아지를 끌어다가 잡으라. 우리가 먹고 즐거워하자.

24 여기 있는 내 아들은 죽었다가 다시 살아났으며, 내가 잃었다가 다시 얻었다.' 이에 그들이 즐거워했다.

25 한편 맏아들은 밭에 있다가 돌아와 집에 가까이 왔을 때 악기 소리와 춤추는 소리를 듣고

26 한 종을 불러 집에 무슨 일이 있는지 물었다.

27 종이 대답했다. '당신의 동생이 돌아오자 당신의 아버지가 건강하게 돌아온 그의 아들을 다시 맞아들임으로 인해 살진 송아지를 잡아 잔치를 베풀었습니다.'

28 그 소리를 들은 맏아들이 화가 나서 집에 들어가려고 하지 않자 아버지가 나와서 들어오라고 권했다.

29 그러자 맏아들은 아버지께 대답했다. '나는 여러 해 동안 아버지를 섬기며 아버지의 말씀을 어긴 적이 없었으나 나에게는 염소 새끼 한 마리도 나와 내 친구들과 함께 즐기게 한 일이 없었습니다.

30 그러나 아버지의 재산을 창녀들과 함께 탕진한 동생이 돌아오자 살진 송아지를 잡아 잔치까지 베풀었습니다.'

31 아버지가 대답했다. '아들아, 너는 항상 나와 함께 있으니 내 것이 모두 네 것이지 않느냐?

32 그러나 네 동생은 죽었다가 다시 살아난 것과 다름이 없고, 내가 잃었다가 얻었으니 우리가 즐거워하고 기뻐하는 것이 마땅하다.'"

불의한 청지기의 비유

16 ● 예수께서 제자들에게 비유로 말씀하셨다. "어떤 부자에게 재산을 관리하는 청지기가 있었다. 그가 주인의 재산을 낭비한

---

1) 어떤 사본에는 나를 품꾼의 하나로 보소서

다는 말이 그 주인에게 들렸다.

2 이에 주인이 그를 불러 말했다. '내가 너에 대해 들은 이 소문이 어찌 된 일이냐? 네가 관리하던 내 재산을 계산하여 정리하라. 너는 더 이상 재산 관리하는 청지기 직무를 하지 못할 것이다.'

3 그러자 재산 관리인은 속으로 생각했다. '주인이 내 직분을 그만두게 했으니 내가 무엇으로 먹고 살 수 있겠는가? 땅을 파자니 힘이 없고, 빌어먹자니 부끄럽구나.

4 내가 할 일을 알겠다. 내가 이렇게 하면 재산 관리하는 일을 그만두게 되더라도 후에 사람들이 나를 자기 집으로 받아줄 것이다.' 이에

5 주인에게 빚진 자를 하나씩 불러다가 먼저 온 자에게 말했다. '네가 내 주인에게 얼마나 빚졌느냐?'

6 그가 말하기를 '기름 100말입니다' 라고 했다. 재산관리인이 말하되 '여기 네 증서를 가지고 빨리 앉아 50이라고 쓰라' 하고,

7 또 다른 사람에게 '너는 얼마나 빚졌느냐?'라고 묻자 그가 대답하되 '밀 100석입니다'라고 했다. 그러자 재산관리인이 말하되 '여기 네 증서에 80이라고 쓰라'고 했다.

8 주인이 이 불의한 관리인이 자신을 위해 일을 슬기롭게 처리하는 것을 보고 칭찬했다. 이는 이 세대의 아들들이 자기 시대에 있어서 는 빛의 아들들보다 더 슬기롭게 일을 처리하기 때문이다."

9 그러므로 내가 너희에게 말한다. "주인의 재물로 친구를 사귀라. 그러면 그 재물이 없어질 때 그들이 너희가 머무를 처소로 영접할 것이다.

10 지극히 작은 것에 충실한 자는 큰 것에도 충실하고, 지극히 작은 것에 충실하지 못한 불의한 자는 큰 것에도 충실하지 못한다.

11 만일 너희가 자신만을 위해 부정하게 관리한 불의한 재물에도 충실하지 않으면 누가 진실된 선한 재물을 너희에게 맡기겠느냐?

12 만일 너희가 남의 것에 충실하지 않으면 누가 너희가 받을 몫을 너희에게 주겠느냐?

13 집 하인은 두 주인을 섬길 수 없다. 이 사람을 미워하고 저 사람을 사랑하든지, 아니면 이 사람을 중하게 여기고 저 사람을 소홀히 여길 것이다. 이같이 너희는 하나님과 재물을 함께 섬길 수 없다."

율법과 하나님 나라의 복음

14 ● 바리새인들은 돈을 좋아하는 자들이기 때문에 예수님의 청지기 비유에 대한 말씀을 듣고 비웃었다.

15 그래서 예수께서 그들에게 말씀하셨다. "너희는 사람들 앞에서 스스로 옳다고 여기는 자들이다. 그러나 하나님께서는 너희 마음을 알고 계신다. 사람 중에 높임을 받는 것은 하나님 앞에 미움을 받는 것이다.

16 율법과 선지자는 세례자 요한의 때까지며, 그 이후부터는 하나님 나라의 복음이 전파되어 사람마다 그 하나님 나라로 들어간다.

17 그러나 율법에 나오는 작은 글자의

청지기(눅 16:3)

청지기(steward)는 문자적으로 '집 위에 있는 자' 라는 뜻이다. 이는 집안 하인들의 우두머리로 주인의 집안 일 전반을 돌아보고 관리하는 자를 가리킨다. 주인에게 충성하는 청지기의 직분은 그리스도인의 직책을 비유적으로 보여주기도 한다. 딛 1:7에는 감독을 하나님의 청지기로 말하고 있다.

한 획이 떨어져 나가는 것보다 천지가 없어지는 것이 더 쉽다."

이혼에 대한 가르침

18 예수께서 말씀하셨다. "누구든지 아내를 버리고 다른 데로 장가드는 자는 본처에게 간음을 행하는 것이며, 버림당한 여자에게 장가드는 자도 간음하는 것이다.

부자와 거지 나사로의 비유

19 ● 예수께서 말씀하셨다. "비싼 자색 옷과 고운 베옷을 입고 매일같이 호화롭게 살던 한 부자가 있었다.

20 그리고 몸에 부스럼의 종기 투성이인 나사로라는 한 거지가 그 부자집 대문 앞에 버려진 채 있었다.

21 그는 그 부자의 상에서 떨어지는 부스러기로 굶주린 배를 채우려고 했는데, 심지어 개들이 와서 그 종기가 난 곳을 핥았다.

22 얼마 후 거지가 죽자 천사들에게 들려져 아브라함의 품에 들어갔고, 부자도 죽어 장사되었다.

23 부자는 음부에 들어가 그곳에서 고통 중에 눈을 들어 멀리 아브라함과 그의 품에 있는 나사로를 보고

24 큰 소리로 말했다. '아버지 아브라함이여, 나를 불쌍히 생각하여 나사로를 이곳에 보내 그 손가락 끝에 물을 찍어 내 혀를 서늘하게 해주십시오. 내가 이 불꽃 가운데서 심히 괴로워하고 있습니다.'

25 아브라함이 말했다. '너는 세상에서 살 때 좋은 것을 누렸고 나사로는 세상에서 고난 받은 것을 기억하라. 이제 나사로는 이곳에서 위로를 받고 너는 고통을 받는 것이다.

26 그뿐 아니라 너와 우리 사이에는 큰 구덩이가 있기 때문에 이곳에서 그곳으로 건너갈 수가 없고, 그곳에서 우리에게 건너올 수도 없다.'

27 그러자 부자였던 자가 말했다. '그러면 간청합니다. 나사로를 내 아버지의 집으로 보내주십시오.

28 나에게 형제 5명이 아직 세상에 있으니 그들에게 이 사실을 알려 고통 받는 이곳에 오지 않도록 해주십시오.'

29 그러자 아브라함이 말했다. '그들에게 모세와 선지자들이 있으니 그들을 통해 들으면 될 것이다.'

30 그가 대답하되 '그렇지 않습니다. 아버지 아브라함이여, 만일 죽은 자가 다시 살아나 그들에게 가서 말하면 그들이 뉘우칠 것입니다.'

31 아브라함이 대답했다. '모세와 선지자들의 말을 듣지 않는다면 비록 죽은 자가 다시 살아나서 권해도 그들의 말을 듣지 않을 것이다.'"

실족케 하는 것과 용서에 대해

17 ● 예수께서 제자들에게 말씀하셨다. "실족하게 하는 것이 없을 수 없지만 실족하게 하는 자에게는 화가 있을 것이다.

2 그러므로 누구든지 나를 믿는 이 작은 자 중 하나에게라도 죄를 짓게 하면[1] 차라리 연자 맷돌이 그 목에 매달려 깊은 바다에 던져지는 것이 낫다.

3 그러므로 너희는 스스로 조심하라. 만일 네 형제가 죄를 범하면 경고하고 회개하면 용서하라.

4 만일 하루에 네 형제가 7번이라도 네게 죄를 짓고 7번 네게 돌아와 '내가 잘못했으니 나를 용서해 주시오'라고 하거든 너는 용서하라. 7번씩 70번까지라도 용서하라.

5 사도들이 주께 말했다. "우리에게 더 큰 믿음을 주십시오."

6 예수께서 말씀하셨다. "만일 너희

1) 실족하게 할진대

에게 겨자씨 한 알만큼의 믿음만 있어도 이 산을 향해 명령하여 여기서 저기로 옮겨지라고 하면 옮겨지며, 이 뽕나무더러 뿌리가 뽑혀 바다에 심기리라 했어도 그것이 너희에게 그대로 순종했을 것이다.

종의 자세

7 ● 예수께서 말씀하셨다. "너희 중 누가 밭을 갈거나 양을 치는 종이 있어 그들이 밭에서 돌아오면 그에게 수고했으니 곧 와서 먹으라고 말할 자가 있느냐?

8 오히려 그 종에게 띠를 띠고 먹을 것을 준비하고 내가 먹고 마시는 동안 수종 들고 너는 그후에 먹고 마시라고 할 것이다.

9 그리고 그가 주인이 시킨 대로 했다고 해서 종에게 감사하다고 말하겠느냐?

10 이처럼 너희도 주께 명령 받은 것을 모두 행한 후 이렇게 말하라. '우리는 무익한 종입니다. 우리는 마땅히 해야 할 일을 한 것뿐입니다.'"

나병환자 10명이 치료를 받음

11 ● 예수께서 예루살렘으로 올라가실 때 갈릴리와 사마리아로 지나가시게 되었다.

12 그때 한 마을에 들어 가시자 나병환자 10명이 예수를 보고 멀리 서서

13 큰 소리로 외쳤다. "예수 선생님이여, 우리를 불쌍히 여겨 주십시오."

14 예수께서 그들을 보고 말씀하셨다. "가서 제사장들에게 너희 몸을 보여주라." 이에 그들이 가는 도중에 치료되어 깨끗하게 되었다.

15 그중 한 사람이 자기가 나병에서 나은 것을 보고 큰 소리로 하나님께 영광을 돌리며 예수께 돌아와

16 그의 발아래에 엎드려 감사를 올렸다. 그는 사마리아 사람이었다.

17 이에 예수께서 말씀하셨다. "10명이 모두 깨끗히 고침을 받지 않았느냐? 나머지 9명은 어디 있느냐?

18 이 이방인 외에는 하나님께 영광을 돌리러 돌아온 자가 없느냐?"라고 하시더니

19 그에게 말씀하셨다. "일어나 가라. 네 믿음이 너를 구원했다."

하나님의 나라가 임함[1]

20 ● 바리새인들이 "하나님의 나라가 언제 도래합니까?"라고 묻자 예수께서 대답하셨다. "하나님의 나라는 눈으로 볼 수 있도록 오는 것이 아니다.

21 또 여기 있다, 저기 있다고도 말할 수 있는 것이 아니다. 하나님의 나라는 너희 안에 있다."

22 이어 제자들에게 말씀하셨다. "때가 되면 너희가 인자의 날을 하루만이라도 보기를 원하지만 보지 못할 것이다.

23 사람들은 너희에게 '보라, 하나님의 나라가 저기 있다 여기 있다'라고 말할 것이다. 그러나 너희는 따라가지 말라.

24 번개가 하늘 아래 동쪽에서 일어나 서쪽까지 번쩍이는 것처럼 인자도 자기의 날에 그와 같을 것이다.

25 그러나 그 이전에 인자 된 내가 먼저 많은 고난을 받으며, 이 세대에게 버린 바 되어야 할 것이다."

인자의 날과 재림[2]

26 ● 예수께서 말씀하셨다. "인자의 재림은 노아의 때와 같을 것이다.

27 홍수 전 노아가 방주에 들어가던 날까지 사람들이 먹고, 마시고, 결

---

1) 마 24:23, 26~27　2) 마 24:37~39, 41

혼하다가 홍수가 나서 멸망 당할 때까지 깨닫지 못한 것처럼 인자의 재림 때도 이와 같다.

28 또 그날은 롯의 때와 같다. 사람들이 먹고, 마시고, 사고팔고, 심고, 집을 지었으나

29 롯이 소돔에서 빠져나가던 날 하늘에서 불과 유황이 비 오듯 내려 그 모든 것을 멸망시켰다.

30 인자 된 내가 재림하는 날에도 그와 같을 것이다.

31 그날 만일 사람이 지붕 위에 있다면 그 집 안에 있는 물건을 가지러 내려가지 말라. 밭에 있는 자도 그와 같이 돌아가지 말라.

32 롯의 처를 기억하라.

33 무릇 자기 목숨을 지키려고 하는 자는 잃게 되며, 잃는 자는 살 것이다.

34 내가 너희에게 말한다. '그날 밤에 두 사람이 한 자리에 누워 있다가 한 명은 데려감을 얻지만 다른 한 명은 버림을 당할 것이다.

35 두 여자가 함께 맷돌을 갈다가 하나는 데려감을 얻지만, 다른 한 명은 버림을 당할 것이다.'

36 (없음)

37 이에 그들이 물었다. "주여, 어디서 그런 일이 일어나겠습니까?" 예수께서 말씀하셨다. "사체가 있는 곳에는 독수리가 모인다."

과부와 재판장의 비유

18 ● 예수께서 그들에게 항상 기도하고 낙심하지 말아야 할 이유를 비유로 말씀하셨다.

2 "어떤 도시에 하나님을 두려워하지 않고 사람을 무시하는 한 재판장이 있었다.

3 그 도시에 사는 한 과부가 자주 그 재판장에게 가서 자기의 원수에 대한 원한을 풀어 달라고 간청했다.

4 재판장이 한동안 그의 청을 거절하다가 후에 속으로 생각했다. '내가 하나님을 두려워하지 않고 사람을 무시하지만

5 이 과부가 나를 귀찮게 하니 내가 그 원한을 풀어 줄 것이다. 만일 그렇게 해주지 않으면 자주 찾아와 나를 귀찮게 할 것이다.'"

6 예수께서 또 말씀하셨다. "불의한 재판장이 말한 것을 들으라.

7 하물며 하나님께서 그에게 밤낮 부르짖는 선택한 자들의 원한을 풀어 주시지 않겠느냐? 그들에게 오래 기다리지 않고

8 속히 그 원한을 풀어 주실 것이다. 그러나 인자 된 내가 다시 올 때 세상에서 믿음을 보겠느냐?"

바리새인과 세리 기도의 비유

9 ● 또 예수께서 자신을 의롭다고 생각하여 다른 사람을 무시하는 자들에게 비유로 말씀하셨다.

10 "바리새인과 세리 두 사람이 기도하기 위해 성전으로 올라갔다.

11 바리새인은 세리와 떨어져 일어서서 이렇게 기도했다. '하나님, 나는 사기꾼, 불의한 자, 간음하는 자들과 같지 않고 이 세리와도 같지 않은 것을 감사합니다.

12 나는 일주일에 월요일과 목요일 2번씩 금식하고, 소득의 십일조를 드렸습니다.'

13 그러나 세리는 멀리 서서 눈을 들어 하늘을 쳐다 보지도 못한 채 다만 가슴을 치며 기도했다. '하나님이여, 나를 불쌍히 여겨 주십시오, 나는 죄인입니다.'

14 내가 너희에게 말한다. 의롭다함을 받고 집으로 간 사람은 바리새인이 아니고 세리였다. 이렇듯 자기

를 높이는 자는 낮아지고, 자기를 낮추는 자는 높아질 것이다."

어린 아이를 축복하심

15 ● 그때 사람들이 예수께 안수 기도를 받기 위해 어린 아이들을 데려오자 제자들이 꾸짖었다.

16 이를 본 예수께서 어린 아이를 불러 가까이 하시고 말씀하셨다. "어린 아이들을 받아들이고 나에게 오는 것을 막지 말라. 하나님 나라는 이런 어린 아이와 같은 자의 것이다.

17 내가 참으로 너희에게 말한다. 누구든지 하나님의 나라를 어린 아이와 같이 받들지 않는 자는 결단코 하나님 나라에 들어가지 못할 것이다."

부자 관리, 재물과 구원[1)

18 ● 예수께서 길을 가실 때 어떤 관리가 주께 찾아와 꿇어 앉아 물었다. "선한 선생님이여, 내가 무슨 선한 일을 해야 영원한 생명을 얻을 수 있습니까?"

19 예수께서 말씀하셨다. "왜 선한 일을 나에게 묻느냐? 어찌하여 나를 선하다고 하느냐? 선한 이는 오직 하나님 한 분이시다. 네가 영원한 생명에 들어가려면 계명들을 지켜라." 그가 물었다. "어떤 계명입니까?"

20 예수께서 말씀하셨다. "네가 알고 있는 계명처럼 간음하지 말라, 살인하지 말라, 도둑질하지 말라, 거짓 증언하지 말라, 네 부모를 공경하라, 이웃을 네 자신과 같이 사랑하라고 하신 것이다."

21 그 관리가 대답했다. "나는 어려서부터 이 모든 계명을 지켰습니다. 아직도 나에게 부족한 것이 있습니까?"

22 예수께서 들으시고 그를 사랑하는 까닭에 말씀하셨다. "그러나 네가 한 가지 부족한 것이 있다. 그러므로 네가 더욱 온전하기를 원하면 가서 네 소유를 모두 팔아 가난한 자들에게 주라. 그러면 하늘에서 네 보화가 있을 것이다. 그러고 나서 나를 따르라."

23 그러나 그 사람은 재물이 많기 때문에 그 말씀으로 인해 슬픈 기색을 띠고 근심하며 예수를 떠나갔다.

24 청년이 떠난 후 예수께서 제자들을 둘러보시고 말씀하셨다. "재물이 많은 자는 하나님 나라에 들어가기가 심히 어렵다."

25 제자들이 그 말씀에 놀라자 예수께서 다시 말씀하셨다. "낙타가 쪽문으로 들어가는 것이 부자가 하나님의 나라에 들어가는 것보다 쉽다."

26 듣는 자들이 그 말을 듣고 몹시 놀라 말했다. "그러면 누가 구원을 얻을 수 있겠습니까?"

27 예수께서 그들을 보고 말씀하셨다. "사람은 할 수 없지만 하나님은 어떤 것이든 다 하실 수 있다."

28 이에 베드로가 예수께 물었다. "주여, 우리가 모든 것을 버리고 주를 따랐습니다."

29 예수께서 말씀하셨다. "내가 참으로 말한다. 하나님 나라를 위해 집이나 아내나 형제와 자매나 부모와 자식을 희생하고 자기의 토지를 버린 자마다

30 이 세상에서 여러 배를 받고, 토지를 100배나 받되 박해를 겸하여 받으며, 내세에도 영원한 생명을 상속받을 것이다."

세 번째로 죽음과 부활을 예고하심

31 ● 하루는 예수께서 12명의 제자를 따로 데리고 예루살렘으로 올라가

1) 마 19:16-30, 막 10:17-31

시는 길에 말씀하셨다. "보라, 우리가 예루살렘으로 올라가는데 이제 선지자들을 통해 인자 된 나에 대해 기록된 모든 것이 이루어질 것이다.

32 곧 내가 이방인들에게 넘겨져 그들이 나를 죽이기로 결의할 것이다. 그리고 그들은 나를 능욕하고 조롱하며, 침 뱉으며,

33 채찍질하며, 십자가에 못 박게 하여 죽이지만 나는 3일 만에 살아날 것이다."

34 그러나 제자들은 그 말씀을 깨닫지 못했다. 이는 그 말씀이 숨겨져 있어 그들이 그 하신 말씀의 뜻을 알지 못했기 때문이다.

눈먼 자 2명을 보게 하심[1]

● 예수 일행이 여리고에 가까이 가셨을 때 많은 무리가 예수를 따랐다. 한 눈먼 자가[2] 길가에 앉아 구걸하다가

36 무리가 지나가는 소리를 듣고 "이것이 무슨 일이냐?"라고 묻자

37 그들이 "나사렛 예수께서 지나가신다"라고 대답했다.

38 이 말을 들은 맹인이 큰 소리로 외쳤다. "다윗의 자손 예수여, 불쌍히 여겨 주십시오."

39 이에 앞서 가던 많은 무리가 그들[3]에게 조용히 하라고 꾸짖자 그들[3]은 더욱 소리를 높여 "다윗의 자손 예수여, 우리를[4] 불쌍히 여겨 주십시오"라고 부르짖었다.

40 그 소리를 들은 예수께서 가시던 길을 멈추고 서서 눈먼 자들을 데려오라고 하시자 그들이 그 눈먼 자를 부르며 말했다. "안심하고 일어나라. 예수께서 너희를[5] 부르신다." 그러자 그가 겉옷을 버리고 뛰어 일어나 예수께로 나왔다. 이에 예수께서 물으셨다.

41 "내가 너희[5]에게 무엇을 해주기를 원하느냐?" 그들[3]이 말하되 "주여, 우리의 눈이 떠져 보기를 원합니다."

42 예수께서 그들을 불쌍히 여겨 그들[3]의 눈을 만지며 말씀하셨다. "가라. 너희[5] 믿음이 너희를[5] 구원했다."

43 그러자 그들[3]이 즉시 보게 되어 길에서 예수를 따랐다. 무리가 눈먼 자들[6]이 보게 된 것을 보고 하나님을 찬양했다.

삭개오의 뉘우침

19 ● 하루는 예수께서 신약시대의 여리고로 들어가셨다.

2 여리고에는 삭개오라 하는 자가 있었는데, 그는 세리장이고 부자였다.

3 그는 예수가 어떤 사람인지 보려고 했지만 키가 작고 사람이 많기 때문에 볼 수 없었다. 그래서

4 예수께서 지나가시려는 곳의 앞으로 달려가 그를 보기 위해 돌무화과나무에 올라갔다.

5 이를 본 예수께서 삭개오가 올라간 나무로 가서 그를 쳐다보고 말씀하셨다. "삭개오야, 속히 내려오라. 내가 오늘 네 집에 머물러야 하겠다."

6 이에 삭개오가 즐거워하며 예수를 영접했다.

7 이를 본 많은 사람이 "저가 죄인의

> **문화**
>
> ## 로마 때의 채찍(눅 18:33)
>
> 당시 로마인들은 몇 개의 가죽끈으로 된 채찍을 사용했는데 끝부분에는 뼈나 납으로 된 조각들을 매달아 놓았다. 그리고 유대인들은 태형의 형량을 40대 이내로 정해 놓았으나 로마인들은 그러한 제한 규정을 두지 않았다. 예수님은 십자가에 달리시기 전에 실제로 이런 채찍질을 당하셨다.

집에 머물기 위해 들어갔다"라고 하며 수군거렸다.

8 집에 온 삭개오가 일어서서 주께 말했다. "주여, 보십시오. 내 재산 중에서 절반을 가난한 자들에게 나눠 주겠습니다. 그리고 만일 다른 사람의 것을 속여 빼앗은 것이 있으면 4배로 갚겠습니다."

9 그때 예수께서 말씀하셨다. "오늘 이 집에 구원이 이르렀다. 이 사람도 아브라함의 자손이다.

10 내가 세상에 온 것은 잃어버린 자를 찾아 구원하기 위해서이다."

므나의 비유

11 ● 무리가 삭개오의 집에서 말씀을 듣고 있을 때 예수께서 비유를 들어 계속해서 말씀하셨다. 이는 자기가 예루살렘에 가까이 오셨고, 사람들이 하나님의 나라가 당장에 나타날 줄로 생각하고 있었기 때문이다.

12 예수께서 말씀하셨다. "어떤 귀한 사람이 왕의 직위를 받기 위해 먼 나라로 갈 때

13 10명의 종에게 각각 100일 품삯에 해당하는 1므나씩 모두 은화 10므나를 주며 말했다. '내가 돌아올 때까지 이것으로 장사하라.'

14 그런데 그 백성이 그 왕이 될 사람을 미워하여 밀사를 뒤로 보내어 말했다. '우리는 이 사람이 우리의 왕이 되는 것을 원하지 않습니다.'

15 그러나 귀인이 마침내 왕의 직위를 받아 가지고 돌아와 은화를 맡겼던 종들을 불러 어떻게 장사했는지를 알아보기 위해 물었다.

16 그 첫 번째 종이 주인 앞에 나아와서 말했다. '주인님, 당신이 맡겨 준 1므나로 10므나를 남겼습니다.'

17 주인이 말했다. '잘했다. 착한 종아, 네가 지극히 작은 것에 충성했으니 10개 마을을 다스리는 권세를 가지라.'

18 두 번째 종이 와서 말했다. '주인님, 당신이 준 1므나로 5므나를 남겼습니다.'

19 주인이 그에게도 말했다. '잘했다. 착한 종아, 네가 지극히 작은 것에 충성했으니 5개 마을을 다스리는 권세를 가지라.'

20 또 한 종이 와서 말했다. '주인님, 보십시오. 당신이 준 1므나가 여기 그대로 있습니다. 내가 보자기로 싸 두었습니다.

21 이는 당신이 엄격한 사람인 것을 내가 알기 때문에 장사해서 손해를 볼까 두려워하여 1므나를 그대로 가져왔습니다. 주인님은 맡기지 않은 것을 취하고, 심지도 않은 것을 거두어들이기 때문입니다.'

22 이에 주인이 말했다. '악한 종아, 내가 네 말대로 너를 심판하겠다. 너는 내가 맡기지 않은 것을 취하고 심지도 않은 것을 거두는 엄한 사람인 줄로 알았느냐?

23 그렇다면 왜 내 돈을 은행에 맡기지 않았느냐? 그렇게 했다면 내가 와서 그 이자와 함께 너에게 맡겨 둔 돈을 찾았을 것이다.'

24 이에 주인이 곁에 서 있는 자들에게 말했다. '그에게서 1므나를 빼앗아 10므나를 가지고 있는 자에게 주라.'

25 그들이 말하되 '주인님, 그에게는 이미 10므나가 있습니다.'

26 주인이 말했다. '내가 너희에게 말한다. 무릇 있는 자는 더 많이 받고, 없는 자는 그 있는 것까지도 빼앗길 것이다.

27 그리고 내가 왕이 되는 것을 반대했던 원수들을 끌고 와서 내 앞에서 죽이라.'"

28 예수께서 이 말씀을 하신 후 예루살렘을 향해 앞에서 가셨다.

예수의 예루살렘 입성1)

29 ● 그들이 예루살렘 가까이 가서 올리브산이라 불리는 산 동쪽 기슭에 있는 베다니 근처의 벳바게에 이르렀을 때 예수께서 두 제자를 보내며

30 말씀하셨다. "너희가 맞은편 마을로 가면 나귀와 아직 어떤 사람도 타 보지 않은 매여 있는 나귀 새끼가 있는 것을 보리니 그 나귀를 풀어 나에게로 끌고오라.

31 만일 누가 왜 나귀를 푸느냐고 물으면 '주께서 쓰시겠다'라고 말하라. 그러면 바로 보내 줄 것이다."

32 이에 제자들이 가서 보니 나귀 새끼가 문 앞 거리에 매여 있었다.

33 제자들이 매여 있는 나귀 새끼의 줄을 푸니 그곳에 서 있는 사람들 가운데 어떤 사람이 말하기를 "나귀 새끼를 왜 푸느냐?"라고 했다.

34 이에 제자들이 예수께서 일러 준 대로 주께서 쓰시겠다라고 말하자 그가 허락했다.

35 이에 제자들이 가서 예수께서 명령하신 대로 나귀 새끼를 끌고 와서 자기들의 겉옷을 나귀 새끼 위에 얹었고, 예수께서는 그 위에 타시고2)

36 예루살렘성으로 가실 때 많은 무리가 그들의 겉옷을 길에 깔고 따랐다.

37 예수께서 올리브산 서쪽의 내리막 길에 가까이 오시자 모든 제자의 무리가 자기들이 본 대로 예수께서 행하신 모든 능력 있는 일로 인해 기뻐하며 큰 소리로 하나님을 찬양했다.

38 "찬양하라. 주의 이름으로 오시는 왕이여, 하늘에는 평화요 가장 높은 곳에는 영광이로다."

39 반면 무리 가운데 어떤 바리새인들은 "선생님, 당신의 제자들을 책망하십시오"라고 말하기도 했다.

40 그 말을 듣고 예수께서 대답하셨다. "만일 이 사람들이 잠잠하면 돌들이 소리를 지를 것이다."

예루살렘성의 멸망 예고와 탄식

41 ● 예수께서 예루살렘에 가까이 오셨을 때 성을 보시고 큰 소리로 우시며

42 말씀하셨다. "너도 오늘 평화에 대한 일을 알았다면 좋을 뻔했다. 그러나 지금 네 눈에는 그것이 감추어져 있다.

43 그러나 그날이 이르면 네 원수들이 흙무더기인 토둔을 쌓고 너를 사면으로 둘러싸서 가둘 것이다.

44 또 너와 네 자식들을 땅에 메어치며, 돌 하나도 돌 위에 남기지 않을 정도로 철저히 파괴시킬 것이다. 이는 네가 하나님께서 찾아 오시는 심판 때인 보살핌 받는 날을 깨닫지 못했기 때문이다."

성전을 두 번째로 정결케 하심3)

45 ● 예수께서 예루살렘 성전에 들어가사 성전 안에서 물건을 사고파는 모든 사람을 내쫓으시며, 환전상들의 상과 비둘기 파는 사람들의 의자를 둘러 엎으셨다.

46 그리고 그들에게 말씀하셨다. "성경에 기록된 대로 '내 집은 기도하는 집이라'고 칭함을 받으리라고 했는데, 너희는 오히려 강도의 소굴로 만들었다."

47 예수께서 날마다 성전에서 가르치시자 대제사장들과 율법교사인 서기관들과 백성의 지도자들이 그를 죽일 방법을 의논했다.

1) 마 21:1-9, 막 11:1-10, 요 12:13-14   2) 예수를 태우니
3) 마 21:12-13, 막 11:15-18

48 그러나 백성이 예수의 가르치심에 귀를 기울여 듣고 있어서 그를 죽일 방법을 찾지 못했다.

예수께서 권위로 말씀하심[1]

20 ● 예수와 그 제자들이 다시 예루살렘성으로 가사 성전에 들어가 가르치시며 복음을 전할 때 대제사장들과 율법교사인 서기관들이 백성의 장로들과 함께 나아와

2 물었다. "네가 무슨 권한으로 이런 일을 하느냐? 또 누가 이런 일을 할 권한을 주었느냐?"

3 예수께서 그들에게 대답하셨다. "나도 한 말을 너희에게 물을 것이니 너희가 대답하면 나도 무슨 권한으로 이런 일을 하는지 대답할 것이다.

4 세례자 요한의 세례가 어디서 왔느냐? 하늘이냐, 사람이냐?"

5 이에 그들이 서로 의논했다. 만일 하늘에서 왔다고 하면 왜 그를 믿지 않았느냐고 할 것이며,

6 만일 사람에게서 왔다고 하면 모든 사람이 세례자 요한을 선지자로 여기기 때문에 백성이 자기들을 돌로 칠까 두려워하기에

7 예수께 "우리가 알지 못한다"라고 대답했다.

8 이에 예수께서 말씀하셨다. "나도 무슨 권한으로 이런 일을 하는지 너희에게 대답하지 않겠다."

Q&A 포도원과 농부의 상징적 의미는?(눅 20:9-18)

포도원(vineyard)은 구약 성경에서 이스라엘을 *상징하는* *표현으로* 자주 인용되었다. 궁극적으로는 구원받은 성도의 모임인 교회와 하나님 나라를 상징한다. 농부들은 구약 시대 당시, 하나님의 선지자들을 핍박하고 죽이기까지 한 악한 이스라엘 백성들을 염두에 둔 표현이다. 여기서는 예수 당시의 종교 지도자들을 상징한다.

포도밭 농부의 비유[2]

9 ● 예수께서 또 다른 비유로 백성들에게 말씀하셨다. "한 사람이 포도밭을 만들었다. 포도밭을 산울타리로 두르고, 그곳에 포도즙을 짜는 틀을 만들고, 망대를 세운 후 농부들에게 세로 주고 오랫동안 다른 나라로 가서 있었다.

10 세월이 지나 열매를 거둘 때가 되자 그 열매의 얼마를 받기 위해 세를 준 농부들에게 자기 종들[3]을 보냈다. 그러나 농부들이 주인이 보낸 종들[3]을 잡아 하나는 심하게 때리고 거져 보냈다.

11 주인이 다시 다른 종들[3]을 처음보다 더 많이 보냈으나 농부들은 주인이 보낸 종들[3]도 심히 때리고, 능욕하고, 머리에 상처를 내고 거져 보냈다.

12 세 번째로 다른 종들[3]을 보내자 상처를 내고, 더러는 죽이며, 내쫓았다.

13 그러자 마지막으로 한 사람 남은 사랑하는 자기 아들을 보내며 말하기를 '그들이 내 아들은 잘 대해 줄 것이다'라고 생각했다.

14 그러나 농부들이 그 아들을 보고 서로 말했다. '이는 상속자니 그를 죽이고 그의 유산을 우리가 차지하자.'

15 그러고는 주인의 아들을 잡아 죽인 후 포도밭 밖으로 내쫓아 죽였다. 그러면 포도밭 주인이 돌아와 그 농부들을 어떻게 하겠느냐?

16 그 악한 자들을 진멸하고 포도원은 수확 때 열매를 바칠 만한 다른 농부들에게 세로 줄 것이다." 사람들은 이 말을 듣고 "그렇게 되지 말

---

1) 마 21:23-27, 막 11:27-33 2) 마 21:33-46, 막 12:1-12
3) 종(마, 종들)

앉으면 합니다"라고 말했다.

17 예수께서 그들을 보며 말씀하셨다. "그러면 성경에서 기록된 것처럼 '건축업자들이 버린 돌이 모퉁이의 머릿돌이 되었으니 이것은 주께로 인해 된 것이며, 우리 눈에 놀라운 것이다'라고 한 말은 어찐 된 것이냐?

18 이 돌 위에 떨어지는 자들인 유대인과 불신자들은 깨질 것이며, 이 돌이 사람 위에 떨어지면 그를 가루로 만들어 흩을 것이다."

19 예수의 비유를 들은 서기관, 곧 율법교사들과 대제사장들은 그 말이 자기들을 가리켜 한 말인 줄 알고 곧바로 예수를 잡으려고 했으나 무리가 예수를 선지자로 알고 있었기 때문에 무리를 두려워하여 예수를 잡지 못하고 떠나갔다.

가이사에게 바치는 세금 문제1)

20 ● 그들이 예수를 빌라도 총독이 다스리는 권한 아래에 넘기기 위해 몰래 염탐하도록 사람을 보냈다. 그리고 어떻게 하면 예수의 말에 트집을 잡아 올무에 걸리게 할까 상의한 후 자기 수하들을 헤롯당원들과 함께 예수께로 보냈다.

21 그들이 예수께 와서 물었다. "선생님, 우리는 당신이 진실되고, 진리로 하나님의 말씀을 가르치며, 아무에게도 치우치는 일이 없는 것을 알고 있습니다. 이는 사람을 겉모습으로 보지 않기 때문인 것을 알고 있습니다.

22 그러니 당신의 생각은 어떤 것인지 우리에게 알려주십시오. 가이사에게 세금을 바치는 것이 옳습니까, 옳지 않습니까?"

23 예수께서는 그들이 악한 생각을 가지고 질문하는 것을 아시고 이렇게 말씀하셨다. "위선자들아, 왜 나를 함정에 빠뜨리려고 시험하느냐?

24 세금을 내는 돈인 데나리온 1개를 나에게 보이라." 이에 그들이 은전 데나리온 1개를 가져 오자 예수께서 말씀하셨다. "이 동전에 있는 형상과 글자가 누구의 것이냐?" 그들이 대답했다. "가이사의 것입니다."

25 이에 예수께서 말씀하셨다. "그렇다면 가이사의 것은 가이사에게 바치라. 그리고 하나님의 것은 하나님께 바치라."

26 그들이 이 말씀을 듣고 백성들 앞에서 그 말을 트집 잡지 못하고 놀랍게 여기며 아무 말도 못했고 예수를 떠나갔다.

부활에 대한 논쟁2)

27 ● 이날 부활이 없다고 믿는 사두개인들 중 어떤 이들이 예수께 와서

28 물었다. "선생님, 모세가 말하기를 '어떤 사람의 형이 자식 없이 아내를 두고 죽으면 그 동생이 형의 아내 되었던 여자에게 장가들어 형을 위해 상속자를 세울 것이라'고 했습니다.

29 우리 중에 7명의 형제가 있었는데 맏형이 장가들었다가 상속자인 자식이 없이 죽어 그 아내를 둘째 동생에게 물려주었습니다.

30-32 그러나 둘째도 상속자 없이 죽어 셋째에서 일곱째까지 그렇게 하다가 마지막에 그 여자도 죽었습니다.

33 그렇다면 그 7명의 형제가 모두 그 여자를 아내로 취했는데 그 여자는 부활 때 7명 가운데 누구의 아내가 됩니까?"

---

1) 마 22:15-22, 막 12:13-17   2) 마 22:23-33, 막 12:18-27

34 예수께서 대답하셨다. "너희가 성경과 하나님의 능력을 알지 못하기 때문에 크게 오해했다. 이 세상의 자녀들은 장가도 가고 시집도 가지만

35 저 세상과 죽은 자 가운데서 부활함을 얻기에 합당한 자들은 장가나 시집도 가지 않고

36 그들은 다시 죽을 수도 없다. 이는 천사와 동등하고 부활의 자녀인 동시에 하나님의 자녀이기 때문이다.

37 죽은 자의 부활에 대해서는 너희가 모세의 책 중 가시나무 떨기에 대한 글에서 하나님께서 너희에게 '나는 아브라함과 이삭과 야곱의 하나님이다'라고 호칭하셨다.

38 하나님은 죽은 자의 하나님이 아니라 살아있는 자의 하나님이시다. 하나님 안에서는 모든 사람이 살아있다." 이 말씀을 들은 무리는 예수의 가르치심에 놀랐다.

39 율법교사인 서기관 중 한 명이 말했다. "선생님의 말씀이 옳습니다. 하나님은 유일한 분이시며 그 외에 다른 신이 없다고 하신 말씀은 진실입니다."

40 그러자 감히 더 묻는 자가 없었다.

그리스도와 다윗의 관계[1]

41 ● 예수께서 그들에게 말씀하셨다. "어찌하여 사람들은 그리스도를 다윗의 자손이라고 하느냐?

42 그러면 다윗이 시편에 성령에 감동되어 왜 그리스도를 주라고 호칭하여 말하기를 '주 여호와께서 내 주께 말하기를

43 내가 네 원수를 네 발아래에 둘 때까지 내 오른편에 앉아 있으라 하셨도다'라고 했느냐?

44 다윗도 그리스도를 주라고 불렀는데 어떻게 그리스도가 다윗의 자손이 될 수 있겠느냐'라고 하시니라.

율법교사와 바리새인에 대한 경계[2]

45 ● 많은 백성이 가르치심을 들을 때 예수께서 제자들에게 말씀하셨다.

46 "자신의 경건을 나타내기 위해 긴 옷을 입고 다니는 것과 시장에서 사람들에게 문안 인사를 받는 것과 회당의 높은 자리와 잔치의 상석을 좋아하는 율법교사인 서기관들을 조심하라.

47 그들은 과부의 재산을 삼키며, 사람들에게 보이기 위해 외식으로 기도를 길게 하는 자들이다. 그러므로 그들은 더 큰 심판을 받게 될 것이다."

가난한 과부의 헌금[3]

21 ● 예수께서 헌금함 맞은편에 앉아 헌금함에 돈을 넣는지 보고 계셨다. 이때 여러 명의 부자가 많은 돈을 넣는 것을 보셨다.

2 또 가난한 한 과부가 와서 헬라 동전 2렙돈, 곧 로마 동전인 1고드란트를 넣는 것도 보셨다.

3 이에 예수께서 제자들을 불러 그들에게 말씀하셨다. "내가 참으로 너희에게 말한다. 이 가난한 과부는 헌금함에 돈을 넣은 어떤 사람보다 많이 넣었다.

4 그들은 넉넉한 형편에서 헌금했지만, 이 과부는 가난한 중에서 자기의 생활비 전부를 헌금함에 넣었다."

성전이 무너질 것을 말씀하심[4]

5 ● 예수께서 성전에서 나가실 때 어떤 사람들 중 한명이 예수께 아름다운 돌과 헌물로 꾸며진 성전

1) 마 22:41-46, 막 12:35-37 2) 막 12:38-40 3) 막 12:41-44 4) 마 24:1-14, 막 13:1-13

건물들을 가리키며 말했다. "선생님, 보십시오. 이 돌들과 건물들이 얼마나 아름답고 웅장합니까?" 그러자 예수께서 말씀하셨다.

6 "네가 이 큰 건물들을 보느냐? 너희가 보는 이것들이 그날이 오면 돌 하나도 돌 위에 남지 않을 정도로 모두 무너질 것이다."

7 그 때 그들, 곧 베드로와 야고보와 요한과 안드레가 조용히 물었다. "어느 때 이런 일이 있겠습니까? 또 주께서 임재하시고 이런 일이 일어나려고 할 때, 세상의 끝에는 무슨 징조가 있습니까?"

8 예수께서 말씀하셨다. "너희가 사람의 유혹을 받지 않도록 조심하라. 많은 사람이 내 이름을 빙자하여 말하기를 '나는 그리스도다. 때가 가까이 왔다'라고 하겠지만 그들을 따르지 말라.

9 사방에서 난리의 소문을 들을 것이나 너희는 두려워하지 말라. 이런 일이 먼저 있어야 되지만 아직 끝은 아니다.

10 민족 간과 나라 간에 서로 대적하며

11 각처에서 기근과 큰 지진과 전염병이 있을 것이다. 또 두려운 일과 하늘에서 큰 징조들이 있을 것이다.

12 너희는 스스로 조심하라. 이 모든 일이 일어나기 전 내 이름으로 인해 사람들이 너희를 박해하며, 회당에 넘겨 매질하고, 감옥에 가두도록 넘겨줄 것이다. 또한 너희가 권력자들과 왕들 앞에 끌려가게 될 것이다.

13 그러나 그런 일이 오히려 너희와 그들에게 증거가 될 것이다.

14 그러므로 사람들이 너희를 끌어다가 법정에 넘겨줄 때 무슨 말을 할까 미리 염려하지 않도록 명심하라.

15 내가 너희 모든 대적을 능히 대항하도록 하며, 그들이 반박할 수 없는 말주변과 지혜를 너희에게 줄 것이다.

16 심지어 형제와 부모와 친척과 친구까지 너희를 죽는 데 내어주어 몇 명을 죽게 할 것이다.

17 또 너희가 내 이름으로 인해 모든 사람에게 미움을 받을 것이다.

18 그러나 너희는 머리털 하나도 상하지 않을 것이다.

19 너희의 인내로 너희 목숨을 얻으라.

예루살렘의 환난과 인자의 재림[1]

20 ● 그러므로 너희가 다니엘 선지자가 말한 대로 멸망하게 하는 가증스러운 것이 거룩한 곳에 세워진 것을 보고, 예루살렘이 군대들에게 포위된 것을 보면 멸망이 가까운 줄을 읽는 자는 깨달으라.

21 그때 유대 지역에 있는 자들은 산으로 도망하고, 성 안에 있는 자들은 성 밖으로 나가며, 마을에 있는 자들은 그 안으로 들어가지 말라.

22 이 날들은 성경에 기록된 모든 것을 마치는 징벌의 날이다.

23 따라서 그날에는 아이 밴 자들과 젖 먹이는 자들에게 화가 있을 것이다. 이는 땅에 큰 환난과 이 백성에게 진노가 있기 때문이다.

24 그들은 칼날에 죽임을 당하며, 포로가 되어 모든 이방 지역으로 잡혀가겠고, 예루살렘은 이방인의 때, 곧 재림의 때가 차기까지 그들에게 밟힐 것이다.

25 해와 달과 별들에는 표적이 나타

1) 마 24:15~21, 29~31, 막 13:14~19, 24~27

나겠고, 땅에서는 민족들이 바다와 파도의 성난 소리로 인해 당황하고 낙심할 것이다.

26 사람들은 세상에 임할 일을 생각하고 무서워하므로 혼절할 것이다. 이는 하늘의 권세들이 흔들리기 때문이다.

27 마지막 날 환난 후에 바로 태양이 어두워지고, 달이 빛을 잃으며, 별들은 하늘에서 떨어지고, 하늘의 권세가 흔들릴 것이다. 바로 그때 인자 된 내가 구름을 타고 큰 권능과 영광 가운데 오는 것을 볼 것이다.

28 이런 일이 시작되거든 일어나 머리를 들어라. 이는 너희의 구원이 가까이 오고 있기 때문이다.

무화과나무의 비유에 대한 교훈[1]

29 ● 예수께서 비유로 말씀하셨다. "무화과나무와 모든 나무의 비유를 배우라.

30 그 가지가 연해지고 싹를 내면 여름이 가까이 온 줄을 아는 것처럼

31 너희도 이 모든 일을 보면 하나님 나라가 문 앞 가까이에 이른 줄을 알라.

32 내가 참으로 너희에게 말한다. 이 세대가 지나가기 전에 이 일이 다 일어날 것이다.

33 천지가 없어진다고 해도 내 말은 그대로 있을 것이다."

재림을 준비하는 자세

34 ● 또한 너희는 스스로 조심하라. 그렇지 않으면 방탕과 술취함과 생활의 염려로 마음이 둔해지고 생각하지 못한 시각에 그날이 올무와 같이 너희에게 임할 것이다.

35 그날은 온 땅에 사는 모든 사람에게 임할 것이다.

36 그러므로 너희는 앞으로 다가올 이 모든 일을 능히 피하고 인자 된 내 앞에 서도록 항상 기도하며 깨어 있도록 하라."

37 예수께서 낮에는 성전에 들어가 가르치시고, 밤에는 예루살렘성을 나가 올리브산에서 휴식을 취하셨다.

38 이에 모든 백성이 그의 말씀을 듣기 위해 이른 아침부터 성전으로 나왔다.

예수를 죽이려고 논의함[2]

22

● 예수께서 말씀을 모두 마치신 후 제자들에게 말씀하셨다. "너희가 아는 대로 이틀이 지나면 유월절이라 하는 무교절이다.

2 그때 대제사장들과 백성의 장로들과 율법교사인 서기관들이 시온산 지역에 있는 대제사장 가야바의 공관에 모여 예수를 잡아 죽이기 위해 은밀히 계획을 세우며 말했다. "민중봉기가 일어날 수 있으니 유월절 명절에는 하지 말자." 이렇게 말한 것은 그들이 백성을 두려워했기 때문이다.

유다의 배반[3]

3 ● 그때 12명 제자 가운데 한 명인 가룟인이라 부르는 유다에게 사탄이 들어갔다.

4 이에 가룟 사람 유다가 대제사장들과 성전 경비대장들에게 가서 예수를 넘겨 줄 방도를 의논했다.

5 "내가 너희에게 예수를 넘겨주면 얼마 주겠느냐?" 이에 그들이 듣고 기뻐하여 돈을 주기로 언약한지라.

6 가룟인 유다는 그 돈을 받고 성전 경비대장들에게 가서 예수를 넘줄 방법을 의논했다. 그리고 무리가 없을 때 예수를 그들에게 넘겨주

1) 마 24:32~35, 막 13:28~31   2) 마 26:1~5, 막 14:1~2
3) 마 26:14~16, 막 14:10~11

기 위해 기회를 엿보기 시작했다.

마지막 유월절을 지키심[1]

7 ● 무교절 첫날인 유월절 양 잡는 날이 이르렀다.

8 그러자 예수께서 제자 중 베드로와 요한 2명을 보내시며 말씀하셨다. "성 안으로 들어가라. 그래서 우리를 위해 유월절을 준비하여 먹게 하라.

9 제자들이 예수께 나아와서 "유월절 음식을 잡수시도록 우리가 어디서 준비하기를 원하십니까?"라고 물었다. 예수께서 대답하셨다.

10 "성 안으로 들어가면 물 한 동이를 지고 가는 사람을 만날 것인데 그를 따라가서 그가 어디든지 들어가는 그 집으로 따라 들어가

11 그 집주인에게 '선생님 말씀이 내 때가 가까이 왔으니 내가 내 제자들과 함께 유월절을 네 집에서 지킬 것이니 유월절 음식을 먹을 내 객실이 어디 있느냐?'라고 말하라.

12 그렇게 말하면 그가 자리를 마련한 큰 이층 다락방을 보일 것이다. 그러면 그곳에서 우리를 위해 유월절을 준비하라."

13 이에 두 제자가 성 안으로 들어가 예수께서 시키신 대로 하여 유월절 음식을 준비했다.

최후의 만찬[2]

14 ● 때가 되자 예수께서 사도들과 함께 앉은 후

15 말씀하셨다. "내가 고난을 받기 전에 너희와 함께 이 유월절 먹기를 간절히 원했다."

16 내가 참으로 너희에게 말한다. "이 유월절이 내 아버지 하나님의 나라에서 이루기까지 다시 마시지 않을 것이다."

17 또 저녁 먹은 후 잔을 가지고 감사 기도를 하시고 나서 제자들에게 주며 말씀하셨다. "너희가 모두 이것을 나누라.

18 내가 너희에게 말한다. 내가 포도나무에서 난 것을 이제부터 내 아버지 하나님의 나라가 임할 때까지 다시 마시지 않을 것이다."

19 또 예수께서 빵을 가지고 축복하신 후 제자들에게 떼어 주며 말씀하셨다. "이것을 받아 먹으라. 이것은 너희를 위해 주는 내 몸과 같은 것이다. 이것을 행하므로 나를 기념하라."

20 또 저녁 먹은 후 잔을 가지고 감사 기도를 하시고 나서 제자들에게 주며 말씀하셨다. "너희가 모두 이것을 마셔라. 이 잔은 죄 용서함을 얻게 하기 위해 많은 사람을 위해 흘리는 내 피로 세우는 새 언약이다. 곧 너희를 위해 붓는 것이다.

21 그러나 보라, 나를 파는 자의 손이 나와 함께한 식탁에 있다.

22 인자 된 나는 나에 대해 작정된 곳으로 가지만 나를 파는 그 사람에게는 화가 있을 것이다."

23 그들이 서로 우리 가운데서 이 일을 행할 자가 누구인지를 물었다.

큰 자에 대한 가르침

24 ● 제자들 사이에 누가 크냐 하는 다툼이 일어났다.

25 이를 보신 예수께서 말씀하셨다. "이방인의 왕들은 그들을 주관하며, 그 집권자들은 공로자라고 칭함을 받는다. 그러나

26 너희는 그렇지 않아야 한다. 너희 중에 큰 자는 젊은 자와 같고, 다스리는 자는 섬기는 자와 같아야 할 것이다.

---

1) 마 26:17-19, 막 14:12-16　2) 마 26:26-29, 막 14:21-25

27 섬기는 자가 큰 자가 아니라 앉아서 먹는 자가 큰 자이다. 그러나 나는 섬기는 자로 너희 중에 있다.

28 너희는 내가 고난을 당할 때 항상 나와 함께한 자들이기 때문에

29 내 아버지께서 그 나라를 내게 맡기신 것처럼 나도 너희에게 맡긴다.

30 너희가 내 나라에 들어가 내 식탁에서 함께 먹고 마시며 보좌에 앉아 이스라엘 12지파를 다스리게 할 것이다."

베드로의 부인을 예고하심[1]

31 ● 예수께서 말씀하셨다. "시몬 베드로야, 시몬 베드로야, 보라! 사탄이 너를 밀을 체로 까부르듯 하도록 내게 요구했다.

32 그러나 내가 너를 위해 네 믿음이 약해지지 않도록 기도했다. 그러므로 너는 뉘우친 후 네 형제의 믿음을 굳세게 하라."

33 "주여, 나는 주님과 함께 감옥에도 가고, 죽는 자리에도 갈 준비가 되어 있습니다."

34 "베드로야 내가 참으로 너에게 말한다. 오늘 밤 닭이 울기 전에 네가 나를 3번 모른다고 부인할 것이다."

전대와 배낭과 검

35 ● 예수께서 제자들에게 말씀하셨다. "내가 너희를 허리에 차는 돈지갑인 전대와 배낭과 여분의 신발도 없이 보냈을 때 부족한 것이 있었느냐?" 그들이 대답했다. "없었습니다."

36 예수께서 다시 말씀하셨다. "이제는 돈지갑이나 가방이 있는 자는 준비하라. 그리고 영적 무기인 검이 없는 자는 생활 필수품인 겉옷을 팔아 그것을 사라.

37 내가 너희에게 말한다. 성경에 기록된 것처럼 '그는 마치 범법자의 동료처럼 대접받았다'라고 한 말이 나에게 이루어져야 할 것이니 이제 나에 대한 일이 이루어져 간다."

38 제자들이 물었다. "보십시오, 주님. 여기 검이 2자루 있습니다." 예수께서 대답하시기를 "충분하다"라고 하셨다.

겟세마네의 기도[2]

39 ● 그리고 예수께서 평소 하시던 대로 습관을 따라 올리브산으로 가시기 위해 제자들에게 말씀하셨다. "일어나라, 여기를 떠나자." 이에 제자들이 찬양하며 예수와 함께 시온산에서 1.4㎞ 떨어진 올리브산으로 갔다.

40 베드로와 세베대의 두 아들 야고보와 요한을 따로 데리고 가사 그곳 겟세마네 동산에 이르러 그들에게 말씀하셨다. "내 마음이 심히 고민되어 죽을 지경이 되었으니 너희는 이곳에 머물러 유혹에 빠지지 않도록 나와 함께 깨어 기도하라."

41 그리고 그들을 떠나 돌 던질 만큼 떨어져 무릎을 꿇고 얼굴을 땅에 대시고 엎드려 이렇게 기도하셨다.

42 "내 아버지여, 아버지는 모든 것이 가능하시오니 만일 아버지의 뜻이거든 십자가를 지는 이 잔을 내게서 지나가게 하십시오. 그러나 내가 원하는 대로 하지 마시고 아버지의 원하는 뜻대로 하십시오."

43 이에 하늘에서 천사가 나타나 예수께 힘을 더했다.

1) 마 26:34, 요 13:38하　　2) 마 26:30, 36~41, 막 14:26, 32~38, 요 14:31하

44 예수께서 힘쓰고 더욱 간절히 기도하시니 땀이 땅에 떨어지는 핏방울같이 되었다.

45 예수께서 기도하신 후 일어나서 3명의 제자에게 가 보니 그들이 슬픔으로 잠든 것을 보셨다.

46 이에 베드로에게 말씀하셨다. "시몬 베드로야, 자느냐? 너희가 나와 함께 잠시도 깨어 있을 수 없느냐? 시험에 빠지지 않도록 깨어 있어 일어나 기도하라. 기도할 마음은 있으나 육신이 약하구나."

예수께서 체포되심[1]

47 ●예수께서 말씀하실 때에 12명 가운데 한 사람인 가룟 사람 유다라 하는 자가 대제사장들과 백성의 장로들이 보낸 무리와 함께 그들의 앞에 서서 예수께로 왔다.

48 가룟 사람 유다가 예수께 입을 맞추기 위해 가까이 하자 예수께서 말씀하셨다. "네가 입맞춤으로 인자 된 나를 파느냐?" 그리고 예수께 나아와 "선생님 안녕하십니까?"하고 입을 맞추었다.

49 주위 사람들이 그 된 일을 보고 물었다. "주여, 우리가 칼로 저들을 치리이까?"

50 그때 칼을 가지고 곁에 서 있던 한 사람, 베드로가 칼로 대제사장의 종을 쳐서 오른쪽 귀를 베어 떨어뜨리니 그 종의 이름은 말고였다.

51 그때 예수께서 "이것까지 참으라"고 말씀하시고 그 종의 귀를 만져 낫게 하셨다. 그리고

52 그때 예수께서 자기를 잡으러 온 대제사장들과 성전의 경비대장들과 장로들에게 말씀하셨다. "너희는 어찌 강도를 잡는 것처럼 칼과 무기를 가지고 나를 잡으러 왔느냐?

53 내가 날마다 너희와 함께 성전에 앉아 가르칠 때는 너희가 나를 잡지 않았다. 그러나 이제는 너희의 때이며, 어둠의 세력이 되었다.

가야바의 심문[2]

54 ●예수를 잡은 자들이 그를 끌고 가야바의 장인 안나스 집에서 같은 지역 내에 있는 대제사장 가야바의 집으로 끌고 가니 그곳에는 대제사장들과 율법교사와 장로들이 모두 모여 있었다. 베드로가 멀찌감치 예수를 따라 대제사장의 집 뜰 안까지 들어가서 어떻게 되는지 보려고 했다.

55 그때 사람들은 뜰 한가운데서 불을 피우고 둘러 앉아 있었고, 베드로도 함께 앉아 불을 쬐고 있었다.

베드로의 첫 번째 부인[3]

56 ●베드로가 바깥 뜰에 앉았을 때 대제사장의 한 여종이 나아와 베드로가 불빛을 향해 불을 쬐고 있는 것을 주목하여 보고 그를 향해 말했다. "너도 갈릴리 사람 나사렛 예수와 함께 있었다."

57 이에 베드로가 모든 사람 앞에서 예수를 부인하여 말했다. "이 여자야,

📖 **다락방**(눅 22:12)

다락방(upper room)은 보통 2층의 방이나 지붕 위에 있는 방을 가리킨다. 선지자 생도의 아내 중 한 여인이 엘리사를 위해 마련한 다락방은 팔레스틴의 더운 날씨 속에 통풍이 잘되는 좋은 방이었다(왕하 4:10). 그리고 엘리야 역시 사르밧에 있는 한 과부의 다락방에 기거했다(왕상 17:19). 예수께서 최후의 만찬을 베풀고 오순절날 성령 강림이 임했던 마가의 다락방은 120명 정도의 사람이 앉을만한 큰 다락방이었다. 오늘날 시온산 지역에는 옛터 위에 마가의 다락방이 세워져 있다.

---

1) 마 26:47~55, 막 14:43~51, 요 18:3, 10~11   2) 마 26:57~58, 막 14:53~54   3) 마 26:69~70, 막 14:66~68 상, 요 18:17

베드로 두 번째, 세 번째 부인[1]

58 ● 조금 후에 베드로가 앞문까지 나아가자 다른 사람이 그를 보고 주위에 있는 사람들에게 말했다. "이 사람은 갈릴리 사람이니 나사렛 예수와 함께 있었던 같은 무리이다." 이에 베드로가 다시 부인하기를 "나는 그 사람을 알지 못한다"라고 했다.

59 한 시간쯤 지난 후 대제사장의 종들 가운데 한 명은 베드로에게 귀를 잘린 사람의 친척으로 그가 말하기를 "너는 갈릴리 사람이니 참으로 그와 함께 있었다"라고 했다.

60 그러자 베드로가 저주까지 하며 맹세하고 다시 부인하여 말했다. "나는 너희가 말하는 그 사람을 알지 못한다." 아직 말하고 있을 때 닭이 곧 2번 울었다.

61 주께서 돌아서서 베드로를 보셨고, 이에 베드로가 "오늘 닭 울기 전에 네가 나를 3번 부인할 것이다"라고 한 예수님의 말씀이 기억나서 그 일을 생각하고

62 밖에 나가서 크게 통곡했다.

예수에 대한 희롱[2]

63 이에 지키는 사람들이 예수를 희롱하며, 때리며

64 그의 눈을 가리고 주먹으로 치며 말했다. "너를 친 자가 누구인지 선지자 노릇을 해보라."

65 이 외에도 많은 말로 욕을 퍼부었다.

공의회 앞에 선 예수[3]

66 ● 날이 새매 백성의 장로인 대제사장들과 율법교사인 서기관들이 예수를 죽이기 위해 함께 의논하고 예수를 공의회로 데려와서

67 말했다. "네가 그리스도라면 우리에게 대답하라." 이에 예수께서 대답하셨다. "내가 말해도 너희가 믿지 않으며,

68 내가 물어도 너희가 대답하지 않을 것이다.

69 그러나 이제부터는 인자 된 내가 하나님의 권능의 오른편에 앉아 있을 것이다."

70 그러자 모두 한 목소리로 말했다. "그러면 네가 하나님의 아들이냐?" 예수께서 대답하셨다. "너희가 지금 내가 그 사람이라고 말하고 있다."

71 이에 그들이 말했다. "어찌 더 증거가 필요하겠는가? 우리가 친히 그 입에서 들었으니 심문은 이것으로 충분하다."

빌라도의 심문[4]

23 ● 무리가 예수를 결박하여 시온산 지역의 가야바에게서 1.5km 떨어진 양 문 근처의 빌라도의 공관으로 끌고 가니 아직 새벽이었다.

2 그들이 고발하여 이르기를 "우리가 이 사람을 보니 백성을 미혹하고 로마 황제에게 세금 바치는 것을 금할 뿐 아니라 스스로 '왕 그리스도'라고 했습니다."

3 예수께서 빌라도 총독 앞에 서자 총독이 물었다. "네가 유대인의 왕이냐?" 예수께서 대답하셨다. "네 말이 맞다."

4 그리고 빌라도 총독은 대제사장들과 무리에게 말했다. "내가 보니 이 사람에게는 죄가 없다."

5 무리는 더욱 강하게 말했다. "그가 온 유대 지역에서 가르치고 갈릴

1) 마 26:71-75, 막 14:69-72, 요 18:25-27 2) 마 26:67-68, 막 14:65 3) 마 27:1, 막 15:1 4) 마 27:1-2, 11-14, 막 15:1-3, 요 18:28, 33, 38

리에서 시작하여 이곳 예루살렘까지 와서 백성들을 선동했습니다."

6 빌라도가 그 말을 듣고 "그가 갈릴리 사람이냐?"라고 물은 후

7 헤롯 안디바의 관할에 속한 줄을 알고 그때 마침 예루살렘에 머물고 있던 헤롯 안디바에게 예수를 보냈다.

예수께서 헤롯 앞에 서심

8 ● 헤롯 안디바는 예수를 보고 매우 기뻐했다. 그는 예수의 소문을 듣고 그를 보고자 한 지 오래되었으며, 또한 어떤 이적이든지 이적 행하는 것을 보기 원했기 때문이다.

9 이에 여러 말로 물었다. 그러나 예수께서는 아무 말도 대답하지 않으셨다.

10 대제사장들과 율법교사인 서기관들은 서서 강하게 고발했다.

11 그러자 헤롯 안디바가 그 군인들과 함께 예수를 무시하며 희롱한 후 번쩍거리는 옷을 입혀 빌라도 총독에게 돌려보냈다.

12 헤롯 안디바와 빌라도 총독이 이전에는 적대관계였으나 예수 문제로 인해 그날에는 서로 친구가 되었다.

빌라도의 죄수 석방 제의[1]

13 ● 빌라도 총독이 대제사장들과 관리들과 백성을 소집한 후

14 말했다. "너희가 이 사람이 백성을 선동케 하는 자라고 하여 내게로 끌고 왔다. 그러나 내가 너희 앞에서 심문했으나 너희가 고소하는 일에 대해 이 사람에게서 죄를 찾지 못했다.

15 헤롯 안디바 역시 그렇게 하여 그를 우리에게 다시 보냈다. 보라, 그가 행한 일에는 죽일 만한 일이 없다.

16 그러므로 다만 때린 후에 풀어 주겠다."

17 (없음)

18 그러자 그들이 일제히 외쳤다. "예수를 없애고 바라바를 우리에게 풀어 주소서."

19 바라바는 성중에서 일어난 민란과 살인으로 인해 옥에 갇힌 자였다.

20 이에 빌라도 총독이 예수를 풀어 주기 위해 다시 그들에게 말했다.

21 "그러면 너희는 그리스도, 유대인의 왕이라고 하는 예수를 내가 어떻게 하기를 원하느냐?" 그들이 하나같이 소리를 질렀다. "십자가에 못 박아야 합니다."

22 이에 빌라도 총독이 세 번째로 말했다. "왜 그렇게 해야 하느냐? 그가 무슨 악한 일을 했느냐? 나는 그에게서 죽일 죄를 찾지 못했으니 때려서 풀어주겠다."

23 이에 그들이 더욱 큰 소리로 "십자가에 못 박아야 합니다"라고 외쳤다. 그들이 큰 소리로 재촉하여 십자가에 못 박기를 구하니 그들의 소리가 받아들여졌다.

예수에 대한 십자가형 언도[2]

24 ● 이에 빌라도가 그들이 요구하는 대로 십자가형을 언도했다.

25 그리고 그들이 요구하는 자인 민란과 살인으로 인해 옥에 갇힌 바라바는 그들에게 풀어 주고, 예수는 그들의 뜻대로 하도록 넘겨주었다.

십자가를 지심[3]

26 ● 그들이 예수를 끌고 갈 때 마침 알렉산더와 루포의 아버지인 아프리카 북부에 위치한 구레네 출신의

1) 마 27:15-17, 21-23, 막 15:6-9, 12-14, 요 18:40
2) 마 27:26, 막 15:15, 요 19:16 3) 마 27:32, 막 15:21

시몬이 시골에서 예루살렘으로 올라와 그 옆을 지나가고 있었다. 그때 로마 군병이 그를 붙들어 예수의 십자가를 강제로 지게 하여 예수를 따르게 했다.

27 예수께서 십자가를 지고 가는 길에는 백성과 그를 위해 가슴을 치며 슬피 우는 여자의 큰 무리가 따라오고 있었다.

28 이에 예수께서 돌이켜 우는 자들을 향해 말했다. "예루살렘의 딸들아, 나를 위해 울지 말고 너희와 너희 자녀를 위해 울라.

29 이제 때가 되면 사람들은 '잉태하지 못하는 여인과 해산하지 못한 배와 먹이지 못한 젖이 복이 있다'고 말할 것이다.

30 그때는 사람이 산들을 향해 '우리 위에 무너지라'고 하며, 작은 산들을 향해 '우리를 덮어버리라' 그래서 자기들을 죽여 달라고 애원할 것이다.

31 나무가 푸르렀을 때도 이렇게 말했다면 나무가 말랐을 때는 더 큰 고통스러운 일이 일어나지 않겠느냐?"

십자가에 달리심[1]

32 ●이때 또 다른 2명의 행악자도 십자가형의 사형을 받게 되어 예수와 함께 끌려갔다.

33 예수를 끌고 600m쯤 가서 '해골의 곳, 골고다'라고 하는 곳에 이르렀다. 그곳에서 예수를 십자가에 못박고 두 행악자도 예수의 우편과 좌편에 각각 못 박았다.

34 예수께서 말씀하셨다. "아버지, 저들을 용서해 주십시오. 자기들이 무엇을 하는지를 알지 못합니다." 군인들이 그 옷을 차지하기 위해 제비를 뽑았다.

35 이 모습을 백성들이 서서 구경하고 관리들은 "저가 다른 사람은 구원했으니 진정 하나님의 선택하신 그리스도라면 자신도 구원하라"고 비웃었다.

36 군인들도 희롱하면서 나아와 신 포도주를 주며

37 말했다. "네가 유대인의 왕이라면 네 스스로를 구원해 보라."

38 십자가 위에는 '나사렛 예수, 유대인의 왕'이라고 쓴 죄패를 써서 달았다.

39 예수와 함께 십자가에 못 박힌 행악자 중 한 명도 비방하여 말했다. "너는 그리스도가 아니냐? 너와 우리를 구원하라."

40 그러나 다른 한 행악자는 그 사람을 꾸짖어 말했다. "너는 똑같은 벌을 받았는데도 하나님을 두려워하지 않느냐?

41 우리는 우리가 저지른 일에 이 형벌을 받는 것이 마땅하지만 이 사람이 행한 것은 모두 옳은 것이다."

42 그리고 예수께 간구했다. "예수여, 당신의 나라가 올 때 나를 기억해 주십시오."

43 예수께서 말씀하셨다. "내가 참으로 너에게 말한다. 오늘 네가 나와 함께 낙원에 있을 것이다."

예수의 죽음[2]

44 ●낮 12시인 제육시부터 해가 빛을 잃고 온 땅에 어둠이 시작되어 오후 3시인 제구시까지 계속되었다.

45 그때 성소의 휘장이 위로부터 아래까지 한가운데가 찢어져 두쪽이 되었다.

46 예수께서 다시 큰 소리로 외치셨

1) 마 27:33~44, 막 15:22~32, 요 19:19 2) 마 27:45~50, 막 15:33~37, 요 19:30

다. "아버지여, 내 영혼을 아버지 손에 부탁합니다." 그리고 신 포도주를 드신 후에 "다 이루었다"라고 말씀하셨다. 그런 후 머리를 숙이니 영혼이 떠나가셨다.

예수의 죽음 이후 사건[1]

47 ● 예수를 향해 섰던 백부장과 그와 함께 예수를 지키던 자들이 지진과 그 일어난 일들을 보고 심히 두려워하며 하나님께 영광을 돌리며 말했다. "그는 참으로 하나님의 아들, 의인이었다."

48 이를 구경하러 모인 무리도 그 된 일을 보고 모두 가슴을 치며 돌아갔다.

49 예수를 아는 자들과 그를 섬기며 갈릴리에서부터 따라온 많은 여자가 멀리서 바라보고 있었다.

예수를 장사 지냄[2]

50 ● 산헤드린 공의회 회원으로 선하고 의로운 요셉이라는 사람이 있었다.

51 그는 유대 마을인 아리마대 사람으로 예수를 죽이려는 공의회의 결의와 행사에 찬성하지 않은 하나님 나라를 기다리는 자였다.

52 그는 담대히 빌라도 총독을 찾아가 예수의 시신을 달라고 요청했다.

53 빌라도 총독이 허락하자 아리마대 출신인 요셉이 예수의 시신을 가져다가 깨끗한 세마포로 쌌다. 그리고 예수의 시신을 장사한 적이 없는 바위 속에 판 자기의 새 무덤에 넣어 두고 큰 돌을 굴려 무덤 입구를 막았다.

54 이날은 안식일의 준비일이며, 안식일이 거의 되었다. 무덤이 가깝기 때문에 예수의 시신을 그곳에 두었다.

55 갈릴리에서 예수와 함께 왔던 여자들이 두 사람의 뒤를 따라 그 무덤과 예수의 시신을 어떻게 두었는지를 본 후

56 돌아가 향품과 향유를 준비했다. 율법에 따라 안식일에는 쉬었기 때문에 장례를 하지 않았다.

예수의 부활하심[3]

24 막달라 마리아와 야고보의 어머니 마리아와 예수의 이모인 살로메[4]가 예수의 시신에 바르기 위해 사다 준비해 둔 향품을 가지고 안식일이 지난 그 주간의 첫날이 되는 새벽 해가 돋을 때 예수의 무덤으로 가서

2 막달라 마리아가 눈을 들어 보니 돌이 굴려져 있는데 그 돌이 심히 컸다.

3 이에 무덤 안으로 들어갔으나 주 예수의 시체는 보이지 않았다.

4 이로 근심할 때 찬란한 옷을 입은 두 사람이 곁에 서 있었다.

5 여자들이 두려워 얼굴을 땅에 대

성경인물 헤롯(눅 23:7-12[1])

헤롯은 로마 통치하에서 팔레스틴을 지배하던 왕조(BC 37-AD 70년)로 헤롯 가문은 하스몬가의 여왕인 살로메 알렉산드라가 통치하던 시대에 성장했다. 헤롯 가문은 헤롯 대왕으로 불리는 유대 왕에서부터 시작되었는데 그의 아버지는 안티파스였다. 헤롯은 위대한 건축가였다. 오늘날 이스라엘의 관광 명소들 중 마사다, 헤로디움, 가이사랴, 다윗의 망대, 서쪽 벽(통곡의 벽) 등은 헤롯의 작품이다. 특히 그는 성전을 대대적으로 보수개축하였다. 그의 후손 중 헤롯이 앞에 붙여진 사람들로는 헤롯 빌립(눅 3:1), 헤롯 안디바(막 6:14), 헤롯 아그립바 1세(행 12:1), 헤롯 아그립바 2세(행 25:13-26), 헤롯 1세의 아들 아켈라오 등이 있다.

1) 마 27:54-56, 막 15:39-41상   2) 마 27:57-60, 막 15:42-46, 요 19:38-42   3) 마 28:1-10, 막 16:1-8, 요 20:1-10   4) 이 여자들

었다. 두 사람이 이 여자들에게 말했다. "너희는 무서워하지 말라. 어찌하여 살아있는 자를 죽은 자 가운데서 찾고 있느냐?

6 그 분은 이곳에 계시지 않고 살아나셨다. 그분이 갈릴리에 계실 때 너희에게 어떻게 말씀하셨는지를 기억하라.

7 곧 그가 말씀하시기를 '인자가 죄인의 손에 넘겨져 십자가에 못 박히고 3일 만에 다시 살아나야 하리라'고 말씀하셨다."

8 그러자 그들이 예수의 말씀을 기억했다.

9 그리고 무덤에서 돌아가 11명의 사도와 다른 모든 자들에게 알려 주었다.

10 무덤에서 돌아와 알린 여인들은 막달라 마리아, 요안나, 야고보의 어머니 마리아, 또 다른 여인이었다.

11 사도들은 그 여인들의 말을 헛소리로 듣고 그들의 말을 믿으려고 하지 않았다. 그러나

12 베드로와 또 다른 제자는 일어나 둘이 함께 무덤으로 달려갔다. 그 때 다른 제자가 베드로보다 더 빨리 달려가서 먼저 무덤에 이르러

📍 성경지리   라트룬 엠마오(눅 24:13)

엠마오(Emmaus)는 유대 지역의 한 성읍으로 성경에는 눅 24:13에 한 번 나온다. 정확한 위치에 대해서는 예루살렘에서 12km 떨어진 곳이라는 누가복음의 기록 밖에 없어 이에 대한 주장도 여러 가지가 있다.

그중에 예루살렘 서쪽 28km쯤 되는 곳에 아얄론 골짜기가 있고 그 동쪽에 라트룬 마을이 있는데 이곳이 성경에 나오는 엠마오로 추정되는 두 곳 중 하나이다. 이곳 라트룬 엠마오는 로마, 비잔틴, 십자군시대의 주거와 교회당 터가 발굴된 후 순례자들이 점점 늘어나고 있다.

허리를 구부려 들여다보고 들어가지는 않았는데, 그 안에는 세마포만 보였다. 이에 2명의 제자가 그 된 일을 놀랍게 여기며 집으로 돌아갔다.

엠마오로 가는
2명의 제자에게 나타나심[1]

13 그날 제자들 가운데 2명이 예루살렘에서 10km 정도인 25리 되는 엠마오 마을로 걸어서 갈 때

14 예수에 대해 이제까지 일어난 모든 일을 서로 이야기했다.

15 그들이 서로 이야기하며 갈 때 예수께서 그들에게 나타나 그들과 동행하셨다.

16 그러나 그들의 눈이 가리워져서 예수인 줄을 알아보지 못했다.

17 이에 예수께서 말씀하셨다. "너희가 길을 가면서 어떤 말을 서로 주고받았느냐?" 이에 두 사람이 슬픈 빛을 띠고 머물러 섰다.

18 그리고 2명 가운데 한 사람인 글로바라 하는 사람이 대답했다. "당신은 예루살렘에 머물면서도 최근 그곳에서 일어난 일을 혼자만 알지 못하느냐?"

19 그가 물었다. "무슨 일이냐?" 그들이 대답했다. "나사렛 예수에 대한 일이다. 그는 하나님과 모든 백성 앞에서 말과 일에 능력이 많은 선지자였는데

20 대제사장들과 관리들이 그를 사형 판결에 넘겨주어 십자가에 못 박았다.

21 우리는 이 사람이 이스라엘을 구원할 자라고 소망했지만 그분이 죽은 지 3일이나 되었다.

22 그런데 우리 중에 어떤 여자들이 우리를 놀라게 했다. 그것은 그들

1) 막 16:12-13

이 새벽에 그의 무덤에 갔다가

23 그의 시신은 보지 못하고 와서 예수께서 살아나셨다고 말하는 천사들을 보았다고 말했기 때문이다.

24 우리와 함께한 사람 중에 베드로와 또 다른 제자 두어 사람이 무덤에 가서 그 여자들이 말한 것이 맞는지를 확인해 보았더니 그들 역시 예수는 보지 못했다고 했다."

25 이에 동행하던 예수께서 말씀하시기를 "너희는 어리석고 선지자들이 말한 모든 것을 마음에 더디 믿는다.

26 그리스도가 이런 고난을 받고 자기의 영광에 들어가야 할 것이 아니냐"라고 하시고

27 모세와 모든 선지자의 글로 시작하여 자기에 대해 기록된 모든 성경의 말씀을 자세히 설명해 주었다.

28 두 제자가 자기들이 가려고 했던 엠마오 마을에 가까이 왔을 때 예수께서는 그곳보다 더 멀리 가려고 하는 것처럼 하셨다.

29 그러자 그들은 날이 저물고 해도 이미 기울었으니 자신들과 함께 머물자고 간곡히 권했다. 이에 예수께서는 그들과 함께 머물기 위해 엠마오 마을로 들어가셨다.

30 예수께서 그들과 함께 음식을 잡수실 때 빵을 가지고 축복한 후 그들에게 떼어 주셨다.

31 이에 그들의 눈이 밝아져 함께한 사람이 예수인 줄을 알아보았으나 예수는 이미 그들에게 보이지 않았다.

32 이에 그들이 서로 말했다. "길에서 우리에게 말씀하고 성경을 풀어 주실 때 우리의 마음이 뜨겁지 않았는가?"

33 이 일로 두 사람이 일어나 예루살렘에 돌아가 보니 11명의 제자와 그들과 함께한 자들이 모여 있었다.

34 그들이 서로 말했다. "주께서 과연 살아나시고 시몬 베드로에게 보이셨다."

35 이에 엠마오에서 온 두 사람도 길에서 부활한 예수를 만난 사실과 예수께서 빵을 떼심으로 자기들에게 알려진 것을 말했으나 그들 역시 믿지 못했다.

11명의 제자에게 나타나심[1]

36 ● 이때 예수께서 찾아와 친히 그들 가운데 서서 말씀하셨다. "너희에게 평안이 있으라."

37 이 말을 할 때 그들이 놀라 무서워하여 자기들이 실상이 아니라 유령을 보는 줄로 생각했다.

38 그러자 예수께서 다시 말씀하셨다. "왜 두려워하며 마음에 의심이 생기느냐?

39 내 손과 발을 보고 나인 줄 알라. 또 나를 만져 보라. 유령은 살과 뼈가 없지만 너희가 보는 것처럼 나는 있다."

40 이 말씀을 하신 후 손과 발을 보이셨다.

41 이에 그들이 크게 기뻐했지만 그때까지도 믿지 못하고 놀랍게 여길 때 예수께서 말씀하시기를 "여기에 먹을 것이 있느냐?"라고 하자

42 구운 생선 한 토막을 드렸다.

43 예수께서 그것을 받으사 육신으로 부활했음을 보여주기 위해 그들 앞에서 그 생선을 잡수셨다.

44 그리고 계속해서 말씀하셨다. "내가 너희와 함께 있을 때 '모세의 율법과 선지자의 글과 시편에 나를

---

1) 요 20:19-21

가리켜 기록된 모든 것이 이루어져야 할 것이다'라고 한 말이 이것이다."

제자들에게 준 사명[1]

45 ● 이에 예수께서 그들의 마음을 열어 성경 말씀을 깨닫게 하고

46 다시 말씀하셨다. "이같이 그리스도가 고난을 받고 3일 만에 죽은 자 가운데서 다시 살아나실 것과

47 또한 그의 이름으로 죄에 대해 용서함을 받게 하는 회개가 예루살렘에서 시작하여 모든 민족에게 전파될 것이 기록되었으니

48 너희는 이 모든 일의 증인이다.

49 보라, 내가 내 아버지께서 약속한 것인 성령을 너희에게 보낼 것이다. 그러므로 너희는 위에서 능력이 임할 때까지 예루살렘성에 머물러 있으라."

50 예수께서 그들을 데리고 예루살렘 동쪽 4.5km에 있는 베다니 앞까지 나가사 손을 들어 그들에게 축복하셨다.

51 예수께서 말씀을 마치신 후 축복하실 때 그들이 보는 데서 하늘로 올라가시니 구름이 그를 가리워 보이지 않게 했다.

52 그들이 그에게 경배한 후 큰 기쁨 가운데 올리브밭이라고 하는 산에서 예루살렘성 안으로 돌아왔다.

53 올리브산은 예루살렘에서 가까워 안식일에 가기 알맞은 길이다. 그들은 성전에서 항상 하나님을 찬양했다.

1) 막 16:19-20, 행 1:9-12

요한복음 John

제목 히브리어 성경에는 카타요안넨('요한에 의한'), 한글 성경에는 복음이란 말을 추가

기록연대 기원후 80-90년경 **저자** 사도 요한 **중심주제** 하나님의 아들의 복음이란 별명

내용소개 * 너희로 믿게 하려 함이요: (몇 년) 12장 1. 예수의 공생애 시작 1-4장
2. 유대주의자와 충돌 5-8장 * (몇 시간) 너희로 생명을 얻게 하려 함이요, 몇 주간, 13장
3. 예수의 교훈 9-16장 4. 예수의 수난 17-19장 5. 예수의 죽음과 부활 20-21장

서언: 복음의 시작

1 ● 시간이 생기기 전인 태초에 로고스, 곧 말씀이 계셨다. 이 로고스가 하나님과 함께 계셨는데 이 로고스는 바로 하나님이시다.

2 그분은 세상이 창조되기 이전, 곧 태초에 하나님과 함께 계셨고,

3 만물은 그로 인해 창조되었다.

4 그분 안에 생명이 있었는데 그 생명은 바로 사람들의 빛이었다.

5 빛이 어둠을 비췄으나 어둠은 그 빛을 깨닫지 못했다.[1]

6 하나님께로부터 세상에 보냄을 받은 '요한'이라는 사람이 있었다.

7 그는 그 빛에 대해 증언하고 모든 사람이 자기로 인해 그 빛을 믿게 하려고 했다.

8 그러나 그는 그 빛이 아니라 단지 그 빛에 대해 증거하러 온 자였다.

9 와서 모든 사람에게 비추는 참된 빛이 있었다.

1) 이기지 못하더라

10 참 빛 되신 그가 세상에 계셨으며, 세상은 그로 인해 창조되었으나 세상은 그를 알아보지 못했다.

11 뿐만 아니라 그분은 자기가 창조한 땅¹⁾에 왔지만 자기 백성은 그를 받아들이지 않았다.

12 그러나 그의 이름을 믿어 그를 받아들이는 자들에게는 하나님의 자녀가 되는 권세를 주셨다.

13 이것은 조상의 가문²⁾이나 세상적인 욕망, 사람의 계획으로 되는 것이 아니다. 오직 하나님 자신이 그들의 아버지라는 사실로 인해 하나님의 자녀가 되는 것이다.

14 로고스가 육신인 사람이 되어 우리와 함께 사시기 때문에 그분의 영광을 볼 수 있게 되었다. 그것은 하나님 아버지의 독생자만이 가지는 영광이며, 그에게는 은혜와 진리가 충만했다.

15 요한이 그분에 대해 증거하여 이렇게 외쳤다. "내가 이전에 내 뒤에 오시는 이가 나보다 앞선 것은 나보다 먼저 존재했기 때문이라고 말한 것이 바로 이 사람을 가리킨 것이다."

16 우리 모두는 그의 차고 넘치는 충만한 것에서 넘치는 은혜를 받았다.

17 율법은 모세를 통해 주어졌고, 은혜와 진리는 예수 그리스도로 인해 온 것이다.

18 본래 하나님을 본 사람은 아무도 없었다. 그러나 하나님인 동시에 아버지 품속에 있었던 독생자이신 분이 우리에게 하나님이 어떤 분인지를 알려 주셨다.

세례자 요한의 증언

19 ● 유대인 바리새인들이 예루살렘에서 제사장들과 레위인들을 세례자 요한에게 보내 "네가 누구냐?"라고 물었다. 그때

20 세례자 요한이 밝히 드러내어 자기를 찾아온 자들에게 "나는 그리스도가 아니다"라고 말했다.

21 그들이 또 묻기를 "그러면 네가 누구냐? 네가 엘리야냐?" 세례자 요한이 대답했다. "나는 아니다." 그러자 다시 묻기를 "그러면 네가 그 선지자냐?"라고 하자 그가 대답했다. "나는 선지자가 아니다."

22 그들이 계속해서 물었다. "그러면 네가 누구냐? 우리를 보낸 자들에게 대답하도록 하라. 너는 네 스스로를 누구라고 생각하느냐?"

23 세례자 요한이 말했다. "나는 이사야 선지자가 말한 것처럼 주의 길을 평탄하게 하라고 광야에서 외치는 자의 소리이다."

24 그들은 바리새인들이 보낸 자들이었다.

25 그들이 또 물었다. "만일 네가 그리스도도 아니고, 엘리야나 그 선지자도 아니라면 무엇 때문에 세례를 주느냐?"

26 세례자 요한이 대답했다. "나는 물로 세례를 주지만 너희가 알지 못하는 한 사람이 있는데

27 그 사람이 바로 내 뒤에 오시는 분이다. 나는 그분의 신발끈을 풀기도 감당하지 못하는 자이다."

28 이 일은 세례자 요한이 세례를 베풀던 여리고 앞 요단강 동쪽의 베다니 지역에서 일어난 일이다.

29 이튿날 세례자 요한이 예수께서 자기를 향해 오시는 것을 보고 말했다. "보라, 세상의 죄를 짊어지고 가는 하나님의 어린양이다.

30 내가 전에 말하기를 '내 이후에 오

1) 자기 소유에 2) 혈통

요

시는 사람이 있는데 그가 나보다 위대한 이유는 그는 내가 태어나기 전에 존재하셨기 때문이다'라고 말한 것은 바로 이 사람을 가리킨 것이다.

31 나도 그가 누구인지 알지 못했으나 내가 물로 세례를 준 이유는 그분을 이스라엘에게 나타내기 위함이다."

32 세례자 요한이 계속해서 증거했다. "나는 성령이 비둘기 같은 형체로 하늘에서 내려와 그의 위에 머무르는 것을 보았다.

33 나도 그가 누구인지 알지 못했으나 나를 보내 물로 세례를 주라고 하신 그분이 나에게 말씀하시기를 '누구 위에든지 성령이 그 위에 머무는 것을 보면 그 사람이 바로 성령으로 세례를 주는 자인 줄 알라'고 하셨기 때문이다. 그래서

34 내가 그것을 보고 그분이 하나님의 아들임을 증거했다."

세례자 요한의 두 제자

35 ● 이튿날 세례자 요한이 2명의 제자와 함께 서 있을 때

36 예수께서 지나가시는 것을 보고

"보라, 하나님의 어린양이다"라고 말하자

37 2명의 자기 제자가 그 말을 듣고 예수를 따랐다.

38 예수께서 그들이 세례자 요한에게서 떠나 자기를 따르는 것을 보시고 그들에게 물었다. "너희가 무엇을 구하느냐?" 그러자 그들이 대답하기를 "랍비여, 머무시는 곳이 어디입니까?"라고 하니 랍비는 번역하면 '선생'이다.

39 예수께서 "와서 보라"고 말씀하셨다. 그러자 그들이 가서 예수께서 머무신 곳을 보고 그날 함께 그곳에서 머무르니 그때가 오후 4시인 유대 시간으로 밤 10시쯤 되었다.

40 세례자 요한의 말을 듣고 예수를 따르는 2명 가운데 한 명은 시몬 베드로의 형제인 안드레였다.

41 그가 먼저 자기의 형제 시몬 베드로를 찾아가 말했다. "우리가 메시아를 만났다." 메시아는 번역하면 '그리스도'이다.

42 그리고 시몬을 데리고 예수께로 오자 예수께서 그를 보고 말씀하셨다. "네가 요한의 아들 시몬이니 앞으로는 '게바'라고 부를 것이다." 게바는 번역하면 '베드로'이다.

빌립과 나다나엘을 부르심

43 ● 이튿날 예수께서 갈릴리로 향하는 길에서 빌립을 만나 "나를 따르라"고 말씀하셨다.

44 빌립은 안드레와 베드로와 같은 벳새다 마을 사람이었다.

45 또 빌립은 나다나엘을 찾아가 말했다. "모세가 율법에 기록하고 여러 명의 선지자가 기록한 그분을 우리가 만났는데 바로 요셉의 아들 나사렛 예수이다."

46 그 말을 들은 나다나엘이 말했다.

📍성경지리 **두 곳의 베다니(요 1:28,** **(베다니 지역과 베다니 마을)**

● 나사로 고향인 이스라엘 지역의 베다니(막 11:1)는 예루살렘성 밖 동쪽에 있는 감람산 줄기 동남쪽 산기슭에 위치하고 있다. 예루살렘에서 여리고로 갈 때 베다니를 통해 가는데 성전에서 6km 떨어진 거리에 있다. 느 11:32에 나오는 아나냐는 베다니와 동일한 곳으로 여겨진다.
● 예수께서 세례 받으신 요단강 건너편의 요르단 지역의 베다니(요 1:28)는 세례자 요한이 예수께 세례를 베푼 요단강 동쪽을 가리킨다. 이곳이 한 마을이었다는 것은 확인되지 않고 있다. 오리게네스는 요 1:28의 베다니를 요단강 서쪽 벧아라바로 보는데 후기 사본들은 대개 이 견해를 따른다.

"나사렛에서 무슨 좋은[1] 것이 날 수 있겠느냐?" 이에 빌립이 "와서 보라"고 말했다.

47 예수께서 나다나엘이 자기에게 오는 것을 보시고 그에게 말했다. "보라, 이 자는 진실로 이스라엘 사람이다. 그 마음속에 간사한 것이 없다."

48 나다나엘이 말했다. "어떻게 나를 알고 계십니까?" 예수께서 대답하셨다. "빌립이 너를 부르기 전 네가 무화과나무 아래에 있을 때 이미 내가 보았다."

49 나다나엘이 대답했다. "선생님, 당신은 하나님의 아들이시고, 이스라엘의 왕이십니다."

50 이에 예수께서 말씀하셨다. "내가 너를 무화과나무 아래에 있는 것을 보았다고 말한 것 때문에 나를 믿느냐? 그러나 이보다 더 큰일을 볼 것이다."

51 그리고 계속해서 말씀하셨다. "참으로 너에게 말하노니 하늘이 열리고 하나님의 사자인 천사들이 인자 된 내 위에서 오르락내리락하는 것을 볼 것이다."

가나의 결혼식과 첫 번째 기적

2 ● 나다나엘을 만난 지 3일째 되던 날에 갈릴리의 가나 마을에서 결혼식이 있었고 예수의 어머니도 그곳에 있었다.

2 그때 예수와 그의 제자들도 결혼식에 초청을 받았다.

3 결혼식에 포도주가 떨어지자 예수의 어머니가 예수께 말하기를 "저들에게 포도주가 없다"라고 하자

4 예수께서 말씀하셨다. "여자여, 그것이 나와 무슨 상관이 있습니까? 아직은 내가 메시아임을 나타낼 때가 오지 않았습니다."

5 이에 예수의 어머니가 하인들에게 말했다. "그분이 너희에게 무슨 말씀을 하시든지 그대로 따르라."

6 그곳에는 유대인의 정결 예식을 따라 2~3통의 물이 들어가는 크기의 돌로 된 항아리 6개가 놓여 있었다.

7 예수께서 그들에게 말씀하셨다. "항아리에 물을 채우라." 이에 그들은 항아리 아귀까지 물을 가득 채웠다.

8 그러자 예수께서 "이제는 떠다가 연회장에게 갖다 주라"고 말씀하셨고, 그들은 물로 된 포도주를 연회장에게 갖다 주었다.

9 연회장은 물로 된 포도주를 맛보았으나 그것이 어디서 난 것인지 알지 못했다. 그러나 물을 떠 온 하인들은 어떻게 된 것인지 알았다. 이에 연회장이 신랑을 불러

10 말했다. "사람들은 좋은 포도주를 먼저 내놓고 취한 후에는 질이 낮은 포도주를 내놓는데 그대는 오히려 지금까지 좋은 포도주를 남겨 두었다."

11 예수께서 이 첫 번째 기적을 갈릴리의 가나 마을에서 행하므로 그 영광을 나타내시자 제자들이 그를 믿었다.

12 그후 예수께서 어머니와 형제들과 제자들과 함께 가나에서 34km 정도 떨어진 가버나움으로 가셨으나 그곳에서 여러 날 머물지는 않으셨다.

성전을 첫 번째로 정결케 하심

13 ● 유대인의 유월절이 다가오자 예수께서는 예루살렘으로 올라가셨다.

14 그때 성전 안에서 소와 양과 비둘

[1] 선한

기를 파는 사람들과 성전에서 사용하는 돈으로 바꾸어주는 환전상들이 앉아 있는 것을 보시고

15 노끈으로 채찍을 만들어 소와 양을 모두 성전에서 쫓아내시고, 환전상들의 돈과 그 탁상을 엎으셨다.

16 그리고 비둘기 파는 사람들에게는 "이것을 여기서 가지고 나가라. 내 아버지의 집인 성전을 장사하는 집으로 만들지 말라"고 하셨다.

17 이것을 본 제자들은 "주의 성전을 사모하는 열심이 나를 삼키리라[1]"고 한 성경 말씀이 기록된 것을 기억했다.

18 이에 유대인들이 예수께 말했다. "네가 무슨 권한으로 이런 일을 행했는지 우리에게 무슨 표적을 보여줄 수 있겠느냐?"

19 그 말을 들은 예수께서 대답하셨다. "너희가 이 성전을 헐어보라. 그러면 내가 3일만에 다시 세울 것이다."

20 유대인들이 말했다. "이 성전은 46년 동안이나 걸려 지어진 것인데 네가 무슨 능력으로 3일 동안에 세울 수 있겠느냐."

21 그러나 예수께서 그렇게 말씀하신 것은 성전 된 자기의 육체를 가리켜 말씀하신 것이었다.

22 제자들은 죽은 자 가운데서 살아나신 후에야 예수께서 하신 이 말씀을 기억하고 성경과 그분이 하신 말씀을 믿었다.

23 유월절에 예수께서는 예루살렘에 계셨는데 많은 사람이 예수께서 행하시는 기적을 보고 그의 이름을 믿었다.

24 그러나 예수께서는 모든 사람을 알고 있었기 때문에 자신을 그들에게 의지하지 않았다.

25 또한 예수께서는 어떤 사람의 증언도 받으실 필요가 없었다. 그것은 그가 친히 사람의 마음속에 무엇이 들어 있는지를 알고 계셨기 때문이다.

니고데모의 예수 방문

3 ● 바리새인 중에 유대인의 공회원 지도자인 '니고데모'라는 사람이 있었다.

2 그가 밤에 예수께 찾아와 말했다. "선생님, 우리는 당신이 하나님께로부터 온 선생인 줄 알고 있습니다. 하나님께서 함께하시지 않으면 당신이 행하시는 이 표적들을 그 누구도 행할 수 없기 때문입니다."

3 이에 예수께서 대답하셨다. "참으로 너에게 말하는데 사람이 다시 태어나지 않으면 하나님의 나라를 볼 수 없다."

4 이에 니고데모가 물었다. "사람이 늙으면 어떻게 다시 태어날 수 있습니까? 어머니 뱃속에 다시 들어갔다가 태어날 수 있습니까?"

5 예수께서 다시 대답하셨다. "참으로 너에게 말한다. 사람이 물과 성령으로 다시 태어나지 않으면 하나님의 나라에 들어갈 수 없다.

6 육체로부터 태어난 것은 육신이며, 영으로 태어난 것은 영이다.

7 그러므로 내가 너에게 다시 태어나야 한다는 말을 이상하게 생각하지 말라.

8 바람은 제멋대로 불기 때문에 네가 그 소리는 들어도 어디서 와서 어디로 가는지 알지 못하는 것처럼 성령으로 난 사람도 모두 그와 같다."

1) 시 69:9

9 그 말을 들은 니고데모가 말했다. "어떻게 그런 일이 있을 수 있습니까?"

10 예수께서 그에게 대답하셨다. "너는 이스라엘의 지도자인 선생으로서 그런 것들을 알지 못하느냐?

11 참으로 너에게 말한다. 우리는 아는 것을 말하고 본 것을 증언하지만 너희는 우리의 증언을 받아들이지 않는다.

12 내가 땅의 일을 말해도 너희가 믿지 못하는데 하물며 하늘의 일을 말하면 어떻게 믿을 수 있겠느냐?

13 하늘에서 내려온 인자 된 나 외에는 하늘로 올라간 자가 없다.

14 모세가 광야에서 뱀을 높이 들었던 그래서 살았던 것처럼[1] 나도 그렇게 십자가에 들려야[2] 할 것이다.

15 그것은 그를 믿는 자마다 영생을 얻게 하기 위함이다.

16 이와 같이 하나님은 세상을 지극히 사랑하셨기에 독생자를 주셨다. 이는 그를 믿는 자들은 모두 멸망하지 않고 영생을 얻게 하기 위함이다.

17 하나님은 세상을 심판하시기 위해 그 아들을 세상에 보내신 것이 아니라 그로 인해 세상을 구원하기 위함이다.

18 그러므로 그를 믿는 자는 심판을 받지 않으며, 믿지 않는 자는 하나님의 독생자의 이름을 믿지 않았기 때문에 이미 심판을 받은 것이다.

19 그 정죄는 바로 빛이 세상에 왔지만 사람들이 자기 행위가 악하기 때문에 빛보다 어둠을 더 사랑한 것이다.

20 악을 행하는 자들은 모두 빛을 싫어하여 빛으로 나오지 않는다. 그것은 악한 자기의 행위가 빛으로 인해 드러날까 두려워하기 때문이다.

21 그러나 진리를 행하는 자는 빛으로 나온다. 그것은 자신의 행위가 하나님 안에서 행한 것임을 나타내기 위함이다."

예수의 세례와 세례자 요한

22 ● 그 일이 있은 후 예수께서는 제자들과 함께 유대 땅으로 가서 그곳에 머물면서 세례를 주셨다.

23 세례자 요한도 살렘 근처에 있는 애논에서 세례를 주었는데, 그곳에는 물이 많았으므로 사람들이 계속해서 자기에게로 왔기 때문이다.

24 이때까지는 세례자 요한이 감옥에 갇히지 않았다.

25 그때 세례자 요한의 제자가 한 유대인과 더불어 정결 예식에 대해 서로 변론이 있었다.

26 그래서 그들이 세례자 요한에게 가서 말했다. "선생님, 선생님과 함께 요단강 동쪽에서 선생님이 증거하시던 분이 세례를 주자 사람들이 모두 그에게로 몰려가고 있습니다."

27 세례자 요한이 대답했다. "만일 하늘에서 준 것이 아니면 사람은 아무것도 받을 수 없다.

28 내가 이미 말한 것처럼 나는 그리스도가 아니다. 단지 그분 앞에 보냄을 받은 자라고 말한 것을 증거해 줄 사람은 바로 너희이다.

29 신부를 취하는 자는 신랑이지만 서서 신랑이 오는 소리를 듣는 친구들도 크게 기뻐하는 것처럼 나는 그런 기쁨으로 충만해 있다.

1) 민 21:9   2) 달려야

30 그는 더욱 크게 되어야 하겠고, 나는 작아져야 할 것이다.

31 하늘에서 오신 분은 모든 만물 위에 계시고, 땅에서 난 사람은 땅에 속해 있기 때문에 땅의 것을 말한다. 하늘에서 오시는 분은 만물 위에 계시며,

32 그는 보고 들은 것을 증거하지만 그의 증거를 받아들이는 자가 없다.

33 그러므로 그의 증거를 받아들이는 자는 하나님께서 참되시다는 것을 인정한다.

34 하나님께서 보내신 자가 하나님의 말씀을 하는 것은 하나님이 성령을 그에게 한없이 주셨기 때문이다.

35 아버지께서 아들을 사랑하셨기 때문에 그에게 모든 만물을 주셨다.

36 그러므로 하나님의 아들을 믿는 자에게는 영원한 생명이 있다. 그러나 그에게 순종하지 않는 자는 영원한 생명을 보지 못하고 오히려 하나님의 진노가 그에게 임하게 된다.”

생명수와 사마리아 여자

4 ● 예수께서 제자를 삼고 세례를 주시는 것이 세례자 요한보다 많다는 말을 바리새인들이 들은 줄을 예수께서 아셨다.

2 그러나 실제로는 예수께서 직접 세례를 주신 것이 아니라 그의 제자들이 준 것이었다.

3 예수께서 유대 지역을 떠나 다시 갈릴리로 가시게 될 때

4 사마리아 지역을 지나가야 했다.

5 그러나 예수께서는 사마리아로 곧바로 가셨고 마침내 그곳에 있는 ‘수가’라고 하는 마을에 도착하셨다. 그곳은 야곱이 그 아들 요셉에

게 준 땅¹⁾과 가까웠고,

6 야곱의 우물도 있었다. 예수께서는 여행 중에 피곤하여 우물 곁에 앉으셨는데, 그때가 정오, 곧 유대 시간 제6시²⁾쯤 되었다.

7 이때 한 사마리아 여자가 물을 길으러 오자 예수께서는 물을 좀 달라고 하셨다.

8 그 시간 제자들은 먹을 것을 구하기 위해 우물에서 상당히 떨어진 동네로 들어갔다.

9 사마리아 여자가 말했다. “당신은 유대인 남자인데 어찌하여 사마리아 여자인 나에게 물을 달라고 하십니까?” 그녀가 이렇게 말한 것은 유대인은 사마리아인을 배척하여 상종하지 아니하고 말도 건네지 않았기 때문이었다.

10 그러자 예수께서 대답하셨다. “만일 네가 하나님의 선물과 너에게 물 좀 달라고 하는 자가 누구인 줄 알았다면 오히려 네가 그에게 구했을 것이며, 그는 생수를 너에게 주었을 것이다.”

11 그러자 여자가 말했다. “선생이여³⁾, 물을 기를 그릇도 없고, 이 우물은 깊은데 당신은 어디서 그런 생수를 얻을 수 있다고 하십니까?

12 이 우물은 우리 조상 야곱이 우리에게 주었습니다. 그리고 이곳에서 자기 아들들과 짐승도 모두 마셨는데 당신이 야곱보다 더 큰 분입니까?”

13 예수께서 대답하셨다. “이 우물물을 마시는 자는 다시 목이 마르게 되지만

14 내가 주는 물을 마시는 자는 영원히 목마르지 않을 것이다. 내가 주는 물은 그 속에서 영생하도록 솟

---

1) 창 48:22　2) 로마 시간 오후 6시　3) 주여

아나는 샘물이 되기 때문이다."

15 이에 여자가 말했다. "선생님[1], 그런 물이 있다면 나에게도 주어 목마르지 않고, 이곳으로 물을 길으러 오는 수고도 하지 않게 해주세요."

16 이에 예수께서 말씀하셨다. "가서 네 남편을 데려오라."

17 여자가 대답했다. "나는 남편이 없습니다." 예수께서 다시 말씀하셨다. "네가 남편이 없다고 하는 말이 맞다.

18 너에게 남편이 5명이나 있었으나 지금 너와 함께 살고 있는 자도 진정한 네 남편이 아니다. 그러니 방금 네가 남편이 없다고 말한 네 말도 틀린 것은 아니다."

19 여자가 말했다. "선생님, 당신은 선지자가 틀림없습니다.

20 우리 조상들은 이 세겜 남쪽의 그리심산에서 예배했는데 당신 유대인들의 말은 예배할 곳이 예루살렘에 있다고 주장합니다."

21 예수께서 말씀하셨다. "여자여, 내가 하는 말을 믿으라. 이 그리심산이나 예루살렘이 아닌 곳에서 너희가 아버지께 예배할 때가 올 것이다.

22 너희는 알지 못하는 것을 예배하지만 우리는 아는 것을 예배하니 그것은 구원이 유대인에게서 나기 때문이다.

23 아버지께 진실되게 예배하는 자들은 영과 진리로 예배할 때가 올 것인데 바로 지금이다. 아버지께서는 자기에게 영과 진리로 예배하는 자들을 찾으신다.

24 하나님은 영이시므로 예배하는 자는 영과 진리로 예배해야 한다."

25 여자가 말했다. "메시아이신 그리스도라고 하는 이가 오시는 줄을 내가 알고 있습니다. 그분이 오시게 되면 모든 것을 우리에게 알려 주실 것입니다."

26 예수께서 말씀하셨다. "지금 너에게 말하는 내가 바로 그 사람이다."

27 그때 제자들이 마을에서 음식을 구해 돌아와 예수께서 여자와 말씀하시는 것을 보고 이상하게 생각했으나 예수께 무엇을 구하는지, 왜 사마리아 여자와 대화를 하시는지 감히 묻는 자가 없었다.

28 예수의 말씀을 들은 여자는 물동이를 놓고 마을로 들어가서 사람들에게 말했다.

29 "내가 이전에 행한 모든 일을 나에게 말해 준 사람을 와서 보십시오. 그는 바로 그리스도가 아닙니까?"

30 이에 그녀의 말을 들은 사람들이 마을에서 나와 예수께로 나왔다.

31 그 사이에 제자들은 랍비인 예수께 음식 잡수시기를 청했다.

32 이에 예수께서 말씀하셨다. "나에게는 너희가 모르는 양식이 있다."

33 그러자 제자들이 서로 말하기를 "누가 잡수실 것을 갖다 드린 것이 아니냐?"라고 했다.

34 이에 예수께서 말씀하셨다. "내 양식은 세상 음식과는 다른 것이다. 그것은 바로 나를 보내신 분의 뜻과 그분의 일을 온전히 이루는 것이다.

35 너희는 4개월이 지나야 추수할 때가 되었다고 생각하지만 나는 너희에게 말한다. 눈을 들어 밭을 바라보라. 벌써 곡식밭에 있는 잡풀들이 희어져 추수할 때가 되었다.

36 영적인 것을 추수하는 자가 이미

1) 주여

품삯을 받고 영원한 생명에 이르는 열매를 거두는 중이다. 이는 뿌리는 자와 거두는 자가 함께 기뻐하게 하려는 것이다.

37 그러므로 '한 사람이 심고 다른 사람이 거둔다'라고 하는 말이 옳다.

38 내가 너희로 노력하지 않은 것을 거두러 보냈다. 곧 다른 사람들은 노력했고, 너희는 그들이 노력한 수고의 결실을 얻은 것이다."

39 한편 여자는 마을에 들어가 자기의 모든 과거를 말해 준 분에 대해 사람들에게 증언했다. 그러자 그녀의 말을 들은 마을에 있는 많은 사마리아인이 예수를 믿었다.

40 그리고 사마리아인들이 예수께 와서 자기들과 함께 머물기를 간청하자 예수께서는 그곳에서 2일을 더 머무셨다.

41 예수의 말씀으로 인해 믿는 자가 더욱 많아졌다.

42 이에 마을 사람들은 그 여자에게 말했다. "이제 우리가 예수를 믿는 것은 네가 한 말 때문이 아니라 우리가 친히 그분의 말씀을 듣고 그가 참으로 세상의 구세주인 줄 알았기 때문이다."

왕의 신하의 아들을 고치심

43 ● 예수께서 사마리아에서 머무신 지 2일이 지난 후 그곳을 떠나 갈릴리로 가시면서

44 스스로 증언하시기를 "선지자가 고향에서는 존경을 받지 못한다"라고 말씀하셨다.

45 예수께서 갈릴리에 도착하시자 갈릴리 사람들이 그를 영접했다. 이는 자기들도 명절에 예루살렘으로 올라갔다가 예수께서 명절에 그곳에서 하신 모든 일을 보았기 때문이다.

46 예수께서는 이전에 물로 포도주를 만드신 갈릴리의 가나를 다시 방문하셨다. 그곳에는 가버나움에 있던 분봉 왕 아그립바1세 왕의 신하가 있었는데 그의 아들이 병에 걸려 가버나움에 있었다.

47 왕의 신하는 예수께서 유대 지역에서 갈릴리 지역으로 오셨다는 소식을 듣고 찾아가 가버나움으로 와서 아들의 병을 고쳐 달라고 간청했다. 이는 그의 아들이 죽을 지경에 있었기 때문이다.

48 이에 예수께서 말씀하셨다. "너희는 기적과 이적을 보지 못하면 도무지 믿지 못한다."

49 왕의 신하는 "주여, 내 아들이 죽기 전에 내려오십시오"라고 간청했다.

50 그러자 예수께서 말씀하셨다. "가라. 네 아들이 살아있다." 왕의 신하는 그 말씀을 믿고 예수를 떠나

51 가나에서 40km 떨어진 가버나움으로 내려가는 도중에 자기의 종들을 만났고, 종들은 주인에게 아들이 살아있다고 알려주었다.

52 그러자 왕의 신하는 자기 아들이 낫기 시작한 때를 물었고 종은 어제 오후 1시인 유대 시간 7시에 열기가 떨어졌다고 말했다.

53 왕의 신하는 그때가 예수께서 자기의 아들이 살아있다고 말씀하신 바로 그때인 줄 알았다. 그로 인해 그의 모든 집안이 예수를 믿었다.

54 이것은 예수께서 유대에서 갈릴리로 오신 후 행한 두 번째 기적이었다.

38년 된 병자를 고치심

5 ● 그후 예수께서는 유대인의 명절을 맞아 예루살렘으로 올라가셨다.

2 예루살렘의 양 문[1] 근처에는 히브리말로 '베데스다'라는 저수조[2] 못이 있었다. 그곳에는 정자 5개가 있고,

3 정자 안에는 눈먼 자, 다리를 저는 사람, 혈기 마른 사람 등 많은 병자가 누워 물이 움직이는 것을 기다리고 있었다.

4 천사가 가끔 이곳에 내려와 물을 움직이게 하는데, 그때 가장 먼저 들어가는 자는 어떤 병이든지 낫게 되기 때문이었다.

5 이 저수조 옆에는 38년 된 병자가 있었다.

6 예수께서는 그가 오랫동안 병을 앓아 온 사람인 것을 알고 말씀하셨다. "네가 낫고자 하느냐?"

7 병자가 대답했다. "주여, 물이 움직일 때 나를 저수조에 넣어 주는 사람이 없어 저수조로 내려가는 동안 다른 사람이 먼저 내려가곤 했습니다."

8 이에 예수께서 "일어나 네 침상 자리를 들고 걸어가라"고 말씀하셨다.

9 그러자 그 사람이 즉시 치료되어 침상을 들고 걸어갔다. 이날은 안식일이었다.

10 유대인들이 병이 치료된 사람을 보고 말했다. "오늘은 안식일이기 때문에 네가 침상을 들고 가는 것은 옳지 않다."

11 그가 대답했다. "나를 낫게 한 그분이 침상을 들고 걸어가라고 하셨다."

12 그러자 그들이 물었다. "너에게 침상을 들고 걸어가라고 한 사람이 누구냐?"

13 그러나 병 고침을 받은 사람은 그가 누구인지 알지 못했다. 그곳에 많은 사람이 있었고, 예수께서는

이미 그곳을 피하셨기 때문이다.

14 그후 예수께서 성전에서 병 고친 사람을 만나 말씀하셨다. "네가 치료되었으니 더 심한 병에 걸리지 않도록 다시는 죄를 짓지 말라."

15 그 말을 듣고 그가 유대인들에게 가서 자기를 고치신 분이 바로 예수라고 알려주었다.

16 그래서 유대인들은 예수께서 안식일에 병 고치는 일을 행하신다고 하여 예수를 핍박하게 되었다.

17 그러자 예수께서 그들에게 말씀하셨다. "내 아버지께서 지금까지 일하고 계시기 때문에 나도 일한다."

18 유대인들이 그 말을 듣고 더욱 예수를 죽이고자 했다. 이는 안식일을 어겼을 뿐 아니라 하나님을 자기의 친아버지라고 하므로 자기를 하나님과 같이 여겼기 때문이다.

하나님 아들의 권한

19 ● 그러므로 예수께서 그들에게 말씀하셨다. "내가 참으로 너희에게 말한다. 아들은 아버지께서 하시는 일을 보지 않고는 그 어떤 것도 스스로 할 수 없다. 아버지께서 행하시는 것을 아들도 그와같이 행한다.

20 아버지께서는 아들을 사랑하시기 때문에 자기가 행하는 것을 모두 아들에게 보여주실 뿐 아니라 그보다 더 큰일도 보이심으로써 너희를 놀라게 하실 것이다.

21 아버지께서 죽은 자들을 살리시는 것처럼 아들도 자기가 원하는 자들을 살릴 것이다.

22 아버지께서는 누구도 심판하시지 않고 심판을 모두 아들에게 맡기셨다.

23 그 이유는 모든 사람이 아버지를

1) Sheep Gate　2) 못

영광스럽게¹⁾ 하는 것처럼 아들도 영광스럽게 하게 하기 위함이다. 그러므로 아들을 영광스럽게 하지 않는 자는 그를 보낸 아버지도 영광스럽게 하지 않는 것이다.

24 내가 참으로 너희에게 말한다. 내 말을 듣고 나를 보낸 이를 믿는 자는 영원한 생명을 얻었고 심판을 당하지 않을 것이다. 그는 사망에서 생명으로 옮겨졌다.

25 그리고 죽은 자들이 하나님의 아들의 음성을 들을 때가 올 것인데 지금이 바로 그때이다. 그 음성을 듣는 자는 살아날 것이다.

26 아버지께서는 자기 속에 생명이 있는 것처럼 아들에게도 동일한 생명을 있게 하셨다.

27 또한 그 아들이 사람²⁾됨으로 인해 아들에게 심판하는 권한을 주셨다.

28 내가 이런 말을 한다고 놀라지 말라. 무덤 속에 있는 자가 모두 그의 음성을 들을 때가 올 것이다.

29 그때는 선한 일을 행한 사람은 생명을 얻기 위해 부활하며, 악한 일을 행한 사람은 심판을 받기 위해 부활할 것이다."

예수에 대한 증언

30 ● 예수께서 말씀하셨다. "나는 혼자서는 아무것도 할 수 없고 다만 하나님께 듣는 대로만 심판할 것이다. 나는 내 뜻대로 하지 않고 나를 보낸 분의 뜻대로 하려고 하기 때문에 내 심판은 의롭다.

31 만일 내가 나를 위해 증언하면 사람들은 내 증거를 진실된 증거로 여기지 않을 것이다.

32 그러나 나를 위해 증거하시는 분이 있기 때문에 그 증거는 진실된 증거인 줄 안다.

33 너희가 세례자 요한에게 사람을 보냈고 그는 진리에 대해 증언했다.

34 그러나 나는 사람에게서 증언을 받은 것이 아니다. 이 말을 하는 것은 너희가 구원을 받도록 하기 위함이다.

35 세례자 요한은 켜서 비추는 등불과 같았다. 한때 너희는 그 빛 가운데 있기를 원했다.

36 나에게는 세례자 요한의 증거보다 더 큰 증거가 있다. 그것은 아버지 하나님께서 나를 통해 이루시려고 하는 역사, 곧 내가 지금 하고 있는 일들이 아버지께서 나를 보내심을 증거하는 것이다.

37 또한 나를 세상에 보내신 아버지께서 친히 나를 위해 증거하셨다. 너희는 지금까지도 그 음성을 듣지 못했고, 그 모습을 보지 못했으며,

38 그분의 말씀이 너희 속에 머물러 있지도 않았다. 그것은 하나님께서 보내신 자를 믿지 않았기 때문이다.

39 너희는 성경에서 영원한 생명을 얻는 줄 생각하고 성경을 연구하고 있는데, 성경이 바로 나에 대해 증거하고 있다.

40 그런데 너희는 영원한 생명을 얻기 위해 나에게 오기를 원하지 않는다.

41 나는 사람에게 영광을 얻으려고 하지 않는다.

42 단지 너희 속에 하나님을 사랑하는 것이 없다는 것을 알았다.

43 나는 내 아버지의 이름으로 왔으나 너희는 나를 영접하지 않았다. 만일 다른 사람이 자기 이름으로

1) 공경 2) 인자

왔으면 영접했을 것이다.

44 너희는 서로 영광 받는 것을 좋아하지만 유일하신 하나님에게서 오는 영광은 구하지 않기 때문에 나를 믿지 못하는 것이다.

45 내가 너희를 하나님 아버지께 고소할 것이라고 생각하지 말라. 너희를 고소하는 사람은 바로 너희가 소망을 두고 있는 모세이다.

46 모세를 믿었다면 나를 믿었을 것이다. 모세가 나에 대해 기록했기 때문이다.

47 그러나 모세의 글도 믿지 않는데 어떻게 내 말을 믿겠느냐?"

6 그후 예수께서 디베랴바다, 곧 갈릴리바다 동쪽으로 가셨다.

2 많은 무리가 예수를 따랐는데 이는 병자들에게 행하는 기적을 보았기 때문이다.

3 예수께서 산에 올라가사 제자들과 함께 그곳에 앉으셨다.

4 이때는 유대인의 명절인 유월절이 가까이 왔을 때였다.

5,000명을 먹이심[1]

5 ● 그러자 예수께서 많은 무리가 자기에게 오는 것을 보시고 빌립에게 물으셨다. "우리가 어디서 빵을 사서 이 사람들을 먹이겠느냐?"

6 이렇게 물으신 것은 예수께서 친히 어떻게 하실지 아시고 빌립을 시험하시기 위해서였다.

7 빌립이 대답했다. "각 사람에게 조금씩 주어도 은전 200데나리온의 빵이 부족합니다."

8 이에 제자들 가운데 하나인 시몬 베드로의 형제 안드레가 예수께 말했다.

9 "여기 한 소년[2]이 보리빵 5개와 물고기 2마리를 갖고 있습니다. 그러나 그것이 이 많은 사람에게 무슨 소용이 있겠습니까?"

10 예수께서 "그것을 나에게로 가져오라"고 말씀하시고 제자들에게 무리를 50명씩 떼를 지어 푸른 잔디 위에 앉도록 하셨다. 제자들이 무리를 앉게 하자 5,000명쯤 되었다.

11 그러자 예수께서는 빵 5개와 물고기 2마리를 들고 하늘을 우러러보시고 축사하신 후 빵을 떼어 제자들에게 주셨고, 제자들은 앉은 자들에게 물고기도 원하는 대로 나누어 주었다.

12 그들이 배부르게 먹은 후 예수께서 제자들에게 말씀하셨다. "먹고 남은 조각을 거두고 버리는 것이 없도록 하라."

13 이에 모두 배불리 먹고 남은 빵 조각과 물고기를 거두니 12바구니에 가득 찼다.

14 빵과 고기를 먹은 사람들이 예수께서 행하신 이 기적을 보고 말했다. "이는 참으로 세상에 오실 그 선지자가 틀림없다."

15 기적으로 빵과 물고기를 먹은 무리는 예수를 억지로 왕으로 삼으려고 했다. 이를 아신 예수께서 즉시 제자들을 자기가 무리를 돌려

(?)! 난제 **갈릴리바다는 호수인가? 바다인가?(요 6:1)**

갈릴리바다는 호수라고도 하는데 이는 옛날 사람들은 물이 많은 것을 바다라고 불렀기 때문이다. 성전 기구 중 바다(놋바다) 역시 큰 그릇에 물이 많기 때문에 바다라고 붙인 것이다. 갈릴리바다(호수)는 갈릴리 지역에 있기 때문에 붙인 것이며, 디베랴바다(호수)는 호수 옆에 디베랴(티베리우스) 도시에 따라 명명한 것이다. 그리고 긴네렛바다(호수)는 호수 모양이 옛날 기노르 악기 모양으로 되어 있기 때문에 그렇게 부른 것이다.

---

1) 마 14:13-23, 막 6:30-46, 눅 9:10-17 2) 아이

보내는 동안 배를 타고 먼저 건너편 벳새다 마을로 가게 하셨다. 그리고 기도하시기 위해 혼자 산에 올라가셨다.

바다 위를 걸어오심[1]

16 ● 날이 저물자 제자들이 갈릴리바다로 내려가

17 배를 타고 바다를 건너 가버나움으로 가고 있었다. 그러나 날이 어두워졌어도 예수께서는 제자들에게 오시지 않았다.

18 제자들이 탄 배는 이미 육지에서 2∼3㎞[2]나 떨어져 있었다. 그때 심한 바람으로 인해 파도가 일어났다.

19 제자들이 힘겹게 노를 저어 십여 리인 4㎞쯤 갔을 오전 3시에서 6시 사이[3]에 예수께서 바다 위를 걸어서 제자들이 탄 배에 가까이 가자 이를 본 제자들이 두려워하여 유령이라고 소리를 질렀다.

20 이에 예수께서 제자들에게 말씀하셨다. "안심하라. 나니 두려워하지 말라."

21 예수께서 배에 오르자 제자들이 기뻐하며 예수를 배로 영접했고 바람도 그쳤다. 배는 갈릴리바다를 건너가 그들이 가려던 곳인 바다 북쪽 해안의 게네사렛 땅에 이르렀다.

생명의 빵에 대해

22 ● 이튿날 갈릴리바다 건너편에 서 있던 무리가 한 척의 배밖에 없는 것과 또 어제 예수께서 제자들과 함께 그 배에 오르시지 않고 제자들만 떠나가는 것을 보았다.

23 그때 갈릴리바다 서쪽 해안에 있는 디베랴에서 몇 척의 배가 왔는데 디베랴는 예수께서 하나님께 감사 기도를 하신 후 빵의 기적을 베푸신 장소 근처[4]에 있는 마을이다.

24 그래서 사람들은 그곳에 예수와 그의 제자들이 없다는 것을 알고 즉시 배들을 타고 예수를 찾으러 가버나움으로 갔다.

25 그리고 갈릴리바다 건너편에서 예수를 만나 말했다. "선생님, 언제 이곳에 오셨습니까?"

26 이에 예수께서 대답하셨다. "내가 참으로 너희에게 말한다. 너희가 나를 찾는 것은 빵의 기적을 보았기 때문이 아니라 빵을 먹고 배불렀기 때문이다.

27 썩어질 양식을 위해 일하지 말고, 영원한 생명을 위한 양식을 위해 일하라. 이 양식은 내가 너희에게 줄 것이니 나는 아버지 하나님께서 인[5]을 친 자이다."

28 이에 그들이 물었다. "그러면 우리가 어떻게 해야 하나님의 일을 할 수 있습니까?"

29 예수께서 대답하셨다. "하나님께서 보내신 자를 믿는 것이 하나님의 일이다."

30 그들이 다시 물었다. "그러면 우리가 당신을 믿도록 행하는 기적이나 하시는 일이 무엇입니까?

31 기록된 대로 '하늘에서 그들에게 빵을 주어 먹게 했다'함과 같이 우리 조상들은 광야에서 만나를 먹었습니다."

32 이에 예수께서 대답하셨다. "내가 참으로 너희에게 말한다. 모세가 너희에게 하늘의 빵을 준 것이 아니다. 내 아버지께서 너희에게 하늘의 참된 빵을 주신 것이다.

---

1) 마 14:22-27, 32, 막 6:45-51　2) 수리　3) 마 14:25에는 밤 사경, 막 6:48에는 밤 사경쯤　4) 실제로는 22㎞ 또는 12㎞ 떨어져 있음　5) 도장

33 그 빵은 하늘에서 내려 세상에 생명을 주는 것이다."

34 그들이 말했다. "주여, 항상 우리에게 이 빵을 주십시오."

35 예수께서 말씀하셨다. "나는 생명의 빵이다. 그러므로 나에게 오는 자는 결단코 굶주리지 않으며, 나를 믿는 자는 영원히 목마르지 않을 것이다.

36 그러나 나는 너희에게 '너희는 나를 보고도 믿지 않는다'라고 말했다.

37 아버지께서 내게 주신 자는 모두 내게로 오며, 나는 결코 그들을 쫓아내지 않을 것이다.

38 내가 하늘에서 내려온 것은 내 뜻을 이루기 위해서가 아니라 나를 보내신 이의 뜻을 이루기 위함이다.

39 나를 보내신 이의 뜻은 내게 준 자들 가운데 내가 한 명도 잃어버리지 않고 마지막 날에 다시 살리는 것이다.

40 내 아버지의 뜻은 아들을 보고 믿는 자들이 영원한 생명을 얻는 것이다. 나는 마지막 날에 그들을 다시 살릴 것이다."

41 예수께서 자기가 하늘에서 내려온 빵이라고 하신 말씀에 대해 유대인들이 서로 수군거리며

42 말했다. "이 사람은 요셉의 아들 예수가 아니냐? 우리가 그 부모를 알고 있는데 어떻게 지금 자기가 하늘에서 내려왔다고 하느냐?"

43 그들이 수군거리는 것을 보고 예수께서 대답하셨다. "너희는 수군거리지 말라.

44 나를 보낸 아버지께서 이끌지 않으면 그 누구도 내게 올 수 없다. 그리고 내게 오는 자들은 내가 마지막 날에 다시 살릴 것이다.

45 선지자의 글에 '그들이 모두 하나님의 가르침을 받을 것이다'라고 기록되었다. 그러므로 아버지께 듣고 배운 사람마다 나에게로 온다.

46 이는 아버지를 본 자가 있다는 의미가 아니라 오직 하나님에게서 온 자만이 아버지를 보았다는 뜻이다.

47 참으로 너희에게 말한다. 믿는 자는 영원한 생명을 얻었다.

48 내가 바로 생명의 빵이다.

49 너희 조상들은 광야에서 만나를 먹었지만 죽었다.

50 그러나 하늘에서 내려오는 빵이 여기 있다. 누구든지 이 빵을 먹으면 죽지 않을 것이다.

51 나는 하늘에서 내려온 생명을 주는 빵이기 때문에 사람이 이 빵을 먹으면 영원히 죽지 않을 것이다. 내가 줄 빵은 세상의 생명을 위한 내 살을 가리킨다."

52 이 말을 들은 유대인들이 서로 다투며 말했다. "이 사람이 어찌 자기 살을 주어 우리에게 먹게 하겠느냐?"

53 예수께서 말씀하셨다. "내가 참으로 너희에게 말하노니 인자 된 내 살을 먹지 않고 내 피를 마시지 않으면 너희 속에 생명이 없다.

54 내 살을 먹고 내 피를 마시는 자는 영원한 생명을 얻었고 마지막 날에 내가 그를 다시 살릴 것이다.

55 내 살은 참된 음식이며, 내 피는 참된 음료이다.

56 내 살을 먹고 내 피를 마시는 자는 내 안에 있고 나도 그의 안에 있다.

57 살아계신 아버지께서 나를 세상에

1) 사 54:13

보내셨기 때문에 내가 아버지로 인해 사는 것처럼 생명의 빵 된 내 몸을 먹는 사람도 나로 인해 살 것이다.

58 이것은 하늘에서 내려온 빵이니 조상들이 먹고도 죽은 빵과 달라서 이 빵을 먹는 자는 영원히 살 것이다."

59 이는 가버나움 회당에서 가르치실 때 하신 말씀이다.

영원한 생명의 말씀

60 ● 제자들 가운데 여러 명이 이 말을 듣고 말했다. "이 말씀은 어렵다. 누가 그 말뜻을 알 수 있겠느냐?"

61 이에 예수께서 제자들이 자신이 한 말에 대해 수군거리는 줄을 알고 말씀하셨다. "이 말이 너희가 믿는 데 장애물이 되느냐1)?

62 그렇다면 너희는 인자 된 내가 이전에 있던 곳으로 올라가는 것을 본다면 어떻게 하겠느냐?

63 생명을 주는 것은 성령2)이니 육신은 유익이 없다. 내가 너희에게 가르친 말은 영과 생명이다.

64 그러나 너희 중에는 믿지 않는 자들이 있다." 이 말씀을 하신 것은 예수께서 믿지 않는 자들이 누구이며, 훗날 자기를 팔 자가 누구인지 처음부터 알고 계셨기 때문이다.

65 예수께서 다시 말씀하셨다. "그래서 얼마 전 너희에게 내 아버지께서 오게 해주지 않으시면 누구든지 내게 올 수 없다고 말한 것이다."

66 예수께서 이 말씀을 하신 때부터 그의 제자들 가운데서 많은 사람이 떠나가고 이후로는 예수와 함께 다니지 않았다.

67 그러자 예수께서 12명의 제자에게 물으셨다. "너희도 가려고 하느냐?"

68 그때 시몬 베드로가 대답했다. "주여, 영원한 생명의 말씀이 주께 있는데 우리가 주를 떠나 누구에게로 가겠습니까?

69 우리는 주께서 하나님의 거룩하신 자이신 줄 믿고 또 알았습니다."

70 예수께서 대답하셨다. "나는 너희 12명을 선택했다. 그러나 너희 가운데 한 사람은 마귀다."

71 이 말씀은 가룟인 시몬의 아들 유다를 가리키신 것이었다. 그는 12명의 제자 가운데 하나로 장차 예수를 팔 자이다.

7

그후 예수께서 갈릴리 지역을 다니셨으나 유대 지역에는 다니지 않으려고 하셨다. 그것은 유대인들이 죽이려고 했기 때문이다.

형제들이 예수를 믿지 않음

2 ● 유대인의 명절인 9~10월에 지키는 초막절이 가까이 다가왔을 때

3 예수님의 동생들이 예수께 말했다. "형님이 행하는 일을 형님의 제자들도 볼 수 있도록 이곳을 떠나 유대로 가십시오.

4 사람들은 모두 자기가 하는 일이 사람들에게 알려지기를 바랍니다. 그러니 형님이 하고자 하는 일을 이루려면 형님 자신이 어떤 사람인지를 세상에 나타내십시오."

5 이렇게 말하는 것은 그 동생들이 아직 예수를 믿지 않고 있었기 때문이다.

6 이에 예수께서 말씀하셨다. "내 때는 아직 되지 않았으나 너희의 때는 항상 준비되어 있다.

7 세상이 너희를 미워하지 않지만

1) 너희를 실족하게 하느냐 2) 영

나를 미워한다. 그 이유는 내가 세상의 일들을 악하다고 증언하기 때문이다.

8 너희는 이번 초막절 명절에 예루살렘으로 올라가라. 내 때는 아직 더 있어야 하기 때문에 나는 이번 초막절에는 예루살렘으로 너희와 함께 올라가지 않을 것이다."

9 이 말씀을 하시고 예수께서는 갈릴리에 그대로 머물러 계셨다.

명절을 지키기 위해 예루살렘으로 올라가심

10 ● 예수의 동생들이 9～10월에 지키는 초막절 명절에 예루살렘으로 올라간 후 예수께서는 사람들 앞에 나타나시지 않고 예루살렘으로 은밀히 올라가셨다.

11 초막절 절기 중에 유대인들은 "그가 어디 있느냐?" 하며 예수를 찾았다.

12 예수에 대해 어떤 사람은 좋은 사람이라 하고, 어떤 사람은 아니라 하고, 또는 무리를 미혹한다고 말하며 수군거림이 많았다.

13 그러나 예수에 대해 적대 감정을 가진 유대인들을 두려워했기 때문에 사람들에게 드러나도록 예수에 대해 말하는 자가 없었다.

14 초막절 절기의 중간쯤 되었을 때 예수께서 성전에 올라가 가르치셨다.

15 그 가르침을 들은 유대인들이 놀라며 말했다. "이 사람은 율법인 토라를 배우지도 않았는데 어떻게 글을 아느냐?"

16 예수께서 그들의 말을 듣고 대답하셨다. "내 가르침은 내가 터득한 것이 아니요 나를 보내신 분에게서 온 것이다.

17 사람이 하나님의 뜻을 행하려면 내가 말한 교훈이 하나님에게서 왔는지, 내가 스스로 말하는 것인지를 알아야 한다.

18 스스로 말하는 자는 자기의 영광만을 구한다. 그러므로 자기를 보낸 이의 영광을 구하는 자는 진실되니 그 속에는 불의가 없다.

19 모세가 너희에게 율법을 주었으나 너희 중에는 그 율법을 지키는 자가 없다. 너희는 무슨 이유로 나를 죽이려고 하느냐?"

20 무리가 대답했다. "당신은 귀신 들렸다. 누가 당신을 죽이려고 한다고 하느냐?"

21 예수께서 말씀하셨다. "내가 한 가지 일을 행하면 너희가 모두 그 행한 일로 인해 나를 이상하게 여긴다.

22 모세가 너희에게 할례를 행했다. 그러나 할례는 모세에게서 난 것이 아니라 그의 조상 때부터 온 것이다. 그래서 너희가 안식일에도 사람에게 할례를 행하고 있다.

23 모세의 율법을 어기지 않으려고 사람이 안식일에도 할례를 받는 일이 있기에 내가 안식일에 사람의 병을 고친 것 때문에 너희가 내게 분노하지 않느냐?

24 사람을 겉모습만 보고 판단하지 말고 공의롭게 판단하라."

예수를 잡으려고 함

25 ● 예루살렘에 사는 사람들 중에서 어떤 사람이 말했다. "이 사람은 유대인들이 죽이려고 하는 그 사람이 아니냐?

26 그런데 그가 사람들 앞에서 드러나게 말하지만 그를 죽이려고 하는 사람들이 아무 대꾸도 하지 않고 있다. 관리 당국자들은 이 사람을 참으로 그리스도인 줄 아는 것이 아니냐?

27 우리는 이 사람이 어디서 왔는지 알고 있다. 그러나 그리스도께서 오실 때는 그분이 어디서 오는지 아는 자가 없을 것이다."

28 예수께서 성전에서 가르치며 외쳤다. "너희가 나를 알고 내가 어디서 온 것도 알지만 나는 스스로 온 자가 아니다. 나를 보내신 분이 있는데 그는 진실된 분으로 너희는 그분을 알지 못한다.

29 그러나 나는 그분을 알고 있다. 이는 내가 그에게서 났고, 그가 나를 보내셨기 때문이다."

30 이 말을 들은 유대인들이 예수를 잡고자 했지만 손을 대는 자가 없었다. 그것은 아직 그의 때가 되지 않았기 때문이다.

31 무리 가운데 많은 사람이 예수를 믿고 말했다. "만일 그리스도께서 오신다고 해도 그가 행하실 기적이 이 사람이 행한 것보다 더 많지 않을 것이다."

32 예수에 대해 무리의 수군거림이 바리새인들에게 들리자 대제사장들과 바리새인들이 그를 잡기 위해 밑에 있는 사람들을 보냈다.

33 이에 예수께서 말씀하셨다. "나는 너희 곁에 얼마 동안 더 있다가 나를 보내신 분에게로 돌아갈 것이다.

34 그때는 너희가 나를 찾아도 만나지 못하며 내가 있는 곳에도 오지 못할 것이다."

35 이에 유대인들이 서로 물었다. "이 사람이 어디로 가기에 우리가 그를 만나지 못한다고 하는가? 그가 흩어져 사는 헬라인들에게로 가서 그들을 가르치려고 하는가?

36 나를 찾아도 만나지 못하고 내가 있는 곳에 오지도 못할 것이라고 한 말이 무슨 뜻이냐?"

생수의 강1)

37 ●초막절 절기 명절 마지막 날, 곧 큰날에 예수께서 서서 외쳤다. "누구든지 목이 마르면 나에게로 와서 마셔라.

38 나를 믿는 사람은 성경에서 말하고 있는 것처럼 그의 심령2)에서 생수의 강이 흘러나올 것이다."

39 이 말은 그를 믿는 자들이 받을 성령을 가리켜 하신 말씀이었다. 예수께서 아직 영광을 받지 않으셨기 때문에 성령이 그들에게 임재하지 않았다.

40 이 말씀을 들은 무리 중에서는 이 사람이 참으로 그 선지자라고 하는 사람이 있었고,

41 그리스도라고 하는 사람도 있었으며, 그리스도가 어찌 갈릴리에서 나오겠느냐고 말하는 사람도 있었다.

42 또 성경, 곧 율법에서는 "그리스도는 다윗의 씨로 또 다윗이 살던 마을인 베들레헴에서 나올 것이다3)"라고 기록되었다고 하는 사람도 있었다.

43 그러므로 예수로 인해 무리 가운데 논쟁이 일어났다.

44 그중에는 예수를 붙잡으려는 자들도 있었으나 감히 손을 대지는 못했다.

대제사장들과 바리새인들의 불신

45 ●공의회 밑에 있는 아랫사람들이 대제사장들과 바리새인들에게로 오자 공의회 의원들은 "왜 예수를 붙잡아 오지 않았느냐?"라고 물었다.

46 그들이 대답했다. "그 사람처럼 말하는 사람을 우리가 이때까지 본 적이 없습니다."

1) 성령 2) 배 3) 미 5:2

47 바리새인들이 대답했다. "너희도 미혹되었느냐?

48 관리 당국자들이나 바리새인 가운데 그를 믿는 자가 있느냐?

49 율법을 알지 못하는 이 무리는 저주를 받은 자들이다."

50 산헤드린 공의회1)에 속한 한 사람으로 전에 예수를 찾아왔던 니고데모가 그들에게 말했다.

51 "우리가 가진 율법은 사람의 말을 듣고 그 행한 것을 알기도 전에 판단하느냐?"

52 그들이 대답하기를 "너도 갈릴리에서 왔느냐? 갈릴리에서 선지자가 나올 수 있는지 찾아보라"고 했다.

53 그들이 각각 집으로 돌아가고

음행 현장에서 잡혀 온 여자

8 ● 예수께서는 올리브산으로 가셨다.

2 그리고 아침에 다시 예루살렘 성전 뜰로 들어오시자 백성들이 모두 예수께로 나왔다. 이에 예수께서 앉아서 그들을 가르치셨다.

3 이때 율법교사인 서기관들과 바리새인들이 간음하다가 현장에서 잡힌 여자를 끌고 와 가운데 세우고

4 예수께 말했다. "선생이여, 이 여자가 간음하다가 현장에서 잡혔습니다.

5 모세는 율법에서 이런 여자를 돌로 치라2)고 말하고 있는데, 이에 대해 선생은 어떻게 말하겠습니까?"

6 그들이 이렇게 말하는 것은 예수를 시험하여 고소할 핑계를 찾기 위해서였다. 이에 예수께서 몸을 굽혀 땅에 손가락으로 글씨를 쓰시자

7 그들이 더 이상 묻지 못했다. 그러자 예수께서 일어나 말씀하셨다. "너희 중에 죄가 없는 자가 먼저 돌로 이 여자를 치라."

8 그리고 다시 몸을 굽혀 땅에 손가락으로 글씨를 쓰셨다.

9 이에 그들이 이 말씀을 듣고 양심에 가책을 받아 어른에서부터 젊은이까지 하나둘씩 사라지고 오직 예수와 그 앞에 선 여자만 남았다.

10 예수께서 일어나 홀로 남아 있는 여자에게 말씀하셨다. "너를 정죄하여 고소하던 자들이 어디 있느냐?"

11 그녀가 대답하기를 "주여, 없습니다"라고 하자 예수께서 말씀하셨다. "나도 너를 죄가 있다고 하지 않겠다. 그러므로 가서 다시는 죄를 짓지 말라."

예수의 증언

12 ● 예수께서 말씀하셨다. "나는 세상의 빛이다. 그러므로 나를 따르는 자는 어둠에 있지 않고 생명의 빛을 얻을 것이다."

13 이에 바리새인들이 말했다. "네가 네 자신을 위해 증언하니 네 증언은 진실성이 없다."

14 예수께서 대답하셨다. "내가 나를 위해 증언해도 내 증언은 진실된 것이다. 나는 내가 어디서 오며 어디로 가는 것을 알지만, 너희는 내가

성경인물 니고데모(요 7:50)

니고데모(Nicodemus)는 바리새인 출신으로 밤에 예수께 찾아와 영생에 대해 질문한 유대인 공회원(산헤드린)이다(요 3:1, 19:38).
그는 예수에 대해 조심스런 동정심을 갖고 있으며(요 7:50-52), 유대 관원들에게 은밀한 변호를 하기도 했다. 그는 후에 빌라도 총독에게 담대히 예수의 시신을 달라고 한 아리마대 요셉과 함께 예수의 시신 매장을 준비했다.

---

1) 그들 중 2) 레 20:10

어디서 오며 어디로 가는지를 알지 못하기 때문이다.

15 너희는 세상의 기준인 육체를 따라 판단하지만, 나는 아무도 판단하지 않는다.

16 만일 내가 판단한다고 해도 내 판단은 진실된 것이다. 나는 혼자 있는 것이 아니라 나를 보낸 이가 나와 함께 계시기 때문이다.

17 너희가 가지고 있는 율법에도 두 사람의 증언은 진실되다고 기록되었으니¹⁾

18 나는 나를 위해 증언하는 자이고 나를 보낸 아버지도 나를 위해 증언하신다."

19 그러자 그들이 물었다. "네 아버지가 어디 있느냐?" 예수께서 대답하셨다. "너희는 나와 내 아버지를 알지 못한다. 나를 알았다면 내 아버지도 알았을 것이다."

20 이 말씀은 예루살렘 성전에서 가르치실 때 헌금함 앞에서 하셨다. 그럼에도 예수를 잡으려는 사람이 없었는데, 이는 그의 때가 아직 오지 않았기 때문이다.

예수께서 가시는 곳

21 ● 예수께서 다시 말씀하셨다. "내가 세상을 떠나갈 것이니 너희는 나를 찾다가 너희 죄 가운데서 죽으며, 너희는 내가 가는 그곳에 오지 못할 것이다."

22 이에 유대인들이 말했다. "그가 말하기를 '내가 가는 곳에는 너희가 오지 못할 것이다'라고 하니 그가 자결하려고 하는가?"

23 예수께서 말씀하셨다. "너희는 아래서 왔고 나는 위에서 왔다. 너희는 이 세상에 속했으나 나는 이 세상에 속하지 않았다.

24 그래서 나는 '너희가 너희 죄 가운

데서 죽을 것이다'라고 말한 것이다. 그러므로 너희가 내가 이렇게 말하는 사람이라는 것을 믿지 않으면 너희는 너희의 죄 가운데서 죽을 것이다."

25 그들이 말했다. "그렇게 말하는 너는 도대체 어떤 자냐?" 예수께서 말씀하시되 "나는 처음부터 너희에게 말해 온 자이다.

26 나는 너희에 대해 말하고 판단할 것이 많지만 나를 보낸 이가 진실되시기 때문에 나는 단지 그에게 들은 그것을 세상에 말한 것이다."

27 그러나 그들은 그 말이 하나님 아버지를 가리켜 말씀하신 줄을 깨닫지 못했다.

28 이에 예수께서 말씀하셨다. "너희가 인자 된 나를 십자가 형에 죽게 할 때 내가 그 사람인 줄을 알고, 또 내가 스스로는 아무것도 하지 않고 오직 아버지께서 가르치신 대로 말하는 줄도 알게 될 것이다.

29 나를 보내신 분이 나와 함께하신다. 나는 언제나 그분이 기뻐하시는 일을 행하기 때문에 그분은 나를 혼자 두지 않으신다."

30 이 말씀을 하자 많은 사람이 예수를 믿었다.

진리가 자유롭게 함

31 ● 그러므로 예수께서 자기를 믿는 유대인들에게 말씀하셨다. "너희가 내 가르침을 받고 그것을 붙들면 참으로 내 제자가 될 것이다.

32 그때는 너희가 진리를 알게 되고, 그 진리가 너희를 죄와 죽음으로부터 자유롭게 할 것이다."

33 이에 그들이 대답했다. "우리는 아브라함의 자손으로 다른 사람의 종이 된 적이 없는데 어찌하여 우리가

1) 신 17:6, 19:15

자유롭게 될 것이라고 말하느냐?"

34 예수께서 대답하셨다. "참으로 너희에게 말한다. 죄를 범하는 자는 죄가 시키는 대로 하기 때문에 죄의 종이 된 것이다.

35 종은 영원히 집에 거하지 못하지만 아들은 영원히 거한다.

36 그러므로 아들이 너희를 자유롭게 하면 너희가 참으로 자유로워질 것이다.

37 나도 너희가 아브라함의 자손인 줄 안다. 그러나 내 말이 너희 속에 없기 때문에 너희가 나를 죽이려고 한다.

38 나는 내 아버지와 본 것을 말하고 너희는 너희 아비에게 들은 것을 행한다."

39 그러자 그들이 대답했다. "우리 아버지는 아브라함이다." 이에 예수께서 말씀하셨다. "너희가 참으로 아브라함의 자손이라면 아브라함이 행한 일들을 행했을 것이다. 그런데

40 지금 하나님께 들은 진리를 너희에게 말한 나를 죽이려 하고 있다. 아브라함은 이렇게 행하지 않았다.

41 너희는 너희 아버지가 행한 일들을 하고 있다." 그러자 그들이 대답했다. "우리가 음란한 데서 나지 않았고 아버지는 하나님 한 분뿐이시다."

42 예수께서 말씀하셨다. "하나님께서 너희 아버지라면 너희가 나를 사랑했을 것이다. 나는 하나님에게서 왔기 때문이다. 나는 스스로 세상에 온 것이 아니라 아버지께서 나를 보내신 것이다.

43 그런데 너희는 왜 내가 하는 말을 깨닫지 못하느냐? 그것은 내 말을 알아들을 수 없기 때문이다.

44 너희는 너희 아버지 마귀에게서 났기 때문에 너희 아버지의 욕심대로 행하려고 한다. 마귀는 처음부터 살인한 자며, 진리가 그 속에 없기 때문에 진리에 거하지 못하고 거짓을 말할 때마다 자기 것처럼 말한다. 이는 그가 거짓말쟁이며, 거짓의 아버지가 되었기 때문이다.

45 내가 진리를 말해도 너희는 나를 믿지 않는다.

46 너희 중에 누가 나를 죄인이라고 증명할 수 있겠느냐? 내가 진리를 말함에도 왜 나를 믿지 못하느냐?

47 하나님께 속한 사람은 하나님의 말씀을 듣는다. 그러나 그의 말을 너희가 듣지 않는 것은 하나님께 속하지 않았기 때문이다."

48 유대인들이 대답했다. "우리가 너를 사마리아 사람이라고 하며 귀신 들렸다고 하는 말이 옳다."

49 예수께서 말씀하셨다. "나는 귀신 들린 것이 아니라 오직 내 아버지께 영광을 돌리는 것인데 너희가 나를 무시하므로 모욕하고 있다.

50 나는 내 영광을 구하지 않지만 구하고 판단하는 분이 계신다.

51 참으로 너희에게 말하니 사람이 내 말을 지키면 영원히 죽음을 보지 않을 것이다."

52 유대인들이 다시 말했다. "아브라함과 선지자들도 죽었는데 네 말은 사람이 네 말을 지키면 영원히 죽음을 보지 않는다고 하는 것을 보니 지금 네가 귀신 들린 줄을 안다.

53 너는 이미 죽은 아브라함보다 큰 자냐? 또 선지자들도 죽었는데, 너는 자신을 누구라고 생각하느냐?"

54 이에 예수께서 대답하셨다. "내가

나에게 영광을 돌리면 내 영광은 아무것도 아니다. 그러나 내게 영광을 돌리시는 분은 너희가 너희 하나님이라 칭하는 내 아버지이시다.

55 너희는 그분을 알지 못하지만 나는 알고 있다. 만일 내가 알지 못한다고 하면 나도 너희와 같이 거짓말쟁이가 되지만 나는 그분을 알고 또 그의 말씀을 지킨다.

56 너희 조상 아브라함은 지금 일어나는 일을 보기를 즐거워하다가 보고 기뻐했다."

57 이 말을 들은 유대인들이 말했다. "네가 아직 50세도 안 되었는데 아브라함을 보았느냐?"

58 예수께서 말씀하셨다. "참으로 너희에게 말하노니 아브라함이 태어나기 전부터 내가 있었다."

59 이에 그들이 돌로 치려고 하자 예수께서 숨어서 성전에서 나가셨다.

날 때부터 눈먼 자를 고치심

9 ●하루는 예수께서 길을 가실 때 태어날 때부터 눈먼 자가 된 사람을 보았다.

2 이에 제자들이 물었다. "선생님, 이 사람이 눈먼 자로 태어난 것이 부모의 죄 때문입니까, 아니면 자기의 죄 때문입니까?"

3 예수께서 대답하셨다. "이 사람이나 그 부모의 죄 때문이 아니라 그

를 통해 하나님께서 하시고자 하는 일을 나타내기 위함이다.

4 아직 낮이기 때문에 나를 보내신 분의 일을 우리가 해야 할 것이다. 밤이 오면 그때는 아무도 일할 수 없다.

5 내가 세상에 있는 동안에는 세상의 빛이다."

6 이 말씀을 하신 후 땅에 침을 뱉어 그 진흙을 이겨 그의 눈에 바르시고

7 말씀하셨다. "기드론 골짜기 남쪽에 있는 실로암 못에 가서 씻으라." 실로암은 번역하면 '보냄을 받았다'라는 뜻이다. 이에 그가 가서 씻은 후 눈을 떠서 왔다.

8 그러자 이웃 사람들과 그가 걸인이었던 것을 본 사람들이 말했다. "이 사람은 길에서 앉아 구걸하던 자가 아니냐?"

9 어떤 사람은 그 사람이 맞다고 하며, 어떤 사람은 그와 비슷한 사람이라고 말하자 본인은 바로 자기라고 했다.

10 이에 그들이 물었다. "그러면 어떻게 네 눈으로 보게 되었느냐?"

11 그가 대답했다. "예수라고 하는 사람이 자기 침을 뱉어 진흙을 이겨 내 눈에 바르고 나보고 실로암 못에 가서 씻으라고 하여 내가 가서 씻었더니 보게 되었습니다."

12 이에 그들이 "그가 어디 있느냐?"고 묻자 그가 대답했다. "나는 알지 못합니다."

13 그래서 그들은 전에 눈먼 자였던 사람을 데리고 바리새인들에게 갔다.

14 예수께서 진흙을 이겨 눈먼 자의 눈을 뜨게 하신 날은 안식일이었다.

15 이에 바리새인들도 그가 어떻게 보게 되었는지 물었고, 그 사람은 자기 눈에 진흙을 바르고 그분이 시키시는 대로 실로암 못에 가서 씻었더니 보게 되었다고 대답했다.

16 그중 한 바리새인은 "이 사람이 안식일을 지키지 않았으니 그는 하나님에게서 온 자가 아니다"라고 했으며, 어떤 사람은 "죄인이라면 어떻게 이런 기적을 행할 수 있겠느냐"라고 하며 그들 중에 분쟁이 일어났다.

17 이에 눈먼 자였던 자에게 다시 물었다. "그 사람이 네 눈을 뜨게 했으니 너는 그를 어떤 사람이라고 생각하느냐?" 그가 대답했다. "그분은 선지자입니다."

18 그러나 유대인들은 그가 눈먼 자로 있다가 보게 된 것을 믿지 못하고 그 부모를 불러 물었다.

19 "너희 말대로 이 사람이 눈먼 자로 태어난 네 아들이 맞다면 지금은 어떻게 해서 보게 되었느냐?"

20 그 부모가 대답했다. "이 사람은 우리의 아들이 맞습니다. 또 그가 눈먼 자로 태어난 것도 맞습니다.

21 그러나 지금은 어떻게 해서 보게 되었는지, 또 누가 그 눈을 뜨게 했는지 우리는 알지 못합니다. 장성한 사람이니 그에게 물어보면 자기 일을 말할 것입니다."

22 그 부모가 그렇게 말한 것은 이미 유대인들이 누구든지 예수를 그리스도로 인정하는 자는 출교하기로 결의했기 때문에 그로 인해 자기들도 출교당할까 두려워했기 때문이다.

23 그래서 그 부모는 "그가 장성했으니 그에게 물어보라"고 말했다.

24 이에 그들이 눈먼 자였던 사람을

다시 불러 말했다. "너는 하나님께 영광을 돌리라. 우리는 너를 고친 사람이 죄인인 줄을 안다."

25 그가 대답하되 "나를 고쳐 준 이가 죄인인지 아닌지는 내가 알지 못하지만 한가지 확실한 것은 내가 눈먼 자로 있다가 지금 보게 되었다는 것입니다."

26 그들이 다시 물었다. "그 사람이 네게 어떻게 해서 네 눈을 뜨게 했느냐?"

27 눈먼 자였던 자가 대답했다. "내가 이미 말했는데 듣지 않고 왜 다시 듣고자 합니까? 당신들도 그의 제자가 되려고 하십니까?"

28 그러자 그들이 욕하며 말했다. "너는 그의 제자이나 우리는 모세의 제자이다.

29 하나님께서 모세에게 말씀하신 줄을 우리가 알지만 너를 고쳐 준 사람은 어디서 왔는지 우리가 알지 못한다."

30 그 사람이 대답했다. "이상한 일입니다. 이 사람이 내 눈을 뜨게 했으나 당신들은 그가 어디서 왔는지 알지 못한다고 합니다.

31 하나님께서는 죄인의 말을 듣지 않고 경건하여 그의 뜻대로 행하는 자의 말은 들으시는 줄을 우리가 압니다.

32 창조 이후로부터 지금까지 눈먼 자로 태어난 자의 눈을 보게 했다는 것을 듣지 못했습니다.

33 그러므로 이 사람이 하나님께로부터 오지 않았다면 아무 일도 할 수 없었을 것입니다. 그런데 태어날 때부터 눈먼 자였던 나를 고쳤으니 하나님께로부터 온 자임에 틀림이 없습니다."

34 이에 그들이 "네가 죄 때문에 소경

으로 태어나서 우리를 가르치려고 하느냐?"라고 말하더니 그를 쫓아냈다.

35 예수께서 유대인들이 눈먼 자였던 사람을 쫓아냈다는 말을 들으셨다. 그리고 그를 만나 "네가 인자 된 나를 믿느냐?"라고 물었다.

36 그가 대답했다. "주여, 그분이 누구입니까? 내가 믿기를 원합니다."

37 예수께서 말씀하셨다. "바로 지금 너와 말하는 내가 그 사람이다."

38 그가 "주여, 내가 믿습니다"라고 말한 후 절했다.

39 예수께서 말씀하셨다. "나는 세상을 심판하기 위해 이 세상에 왔으니 보지 못하는 자들은 보게 하고, 보는 자들은 눈먼 자가 되게 하기 위함이다."

40 바리새인 중에 예수와 함께 있던 자들이 이 말씀을 듣고 말했다. "우리도 눈먼 자인가?"

41 예수께서 말씀하셨다. "너희가 율법에 대해 눈먼 자처럼 잘 모른다고 했다면 죄가 없지만, 율법을 잘 안다고 하면서 그릇되게 안다고 하니 너희 죄가 그대로 있다."

예수는 선한 목자

10 내가 참으로 너희에게 말한다. "문을 통해 양의 우리에 들어가지 않고 다른 곳으로 넘어가는 자는 도둑이고 강도이다.

2 양의 문을 통해 들어가는 자가 양의 목자이다.

3 양을 지키는 문지기는 그를 위해 문을 열고 양은 그의 음성을 알아듣는다. 그는 자기 양의 이름을 각각 불러내어 인도한다.

4 그리고 자기 양을 모두 우리에서 풀어 놓은 후 앞서 가면 양들은 그의 음성을 알기 때문에 따라온다.

5 그러나 다른 사람의 음성은 알지 못하기 때문에 그를 따라가지 않고 오히려 도망한다."

6 예수께서 이 비유로 그들에게 말씀하셨으나 그들은 그 말씀의 뜻을 알지 못했다.

7 그러므로 예수께서 다시 말씀하셨다. "내가 참으로 너희에게 말한다. 나는 양의 문이다.

8 그러므로 나보다 먼저 온 자는 모두 도둑이고 강도이기 때문에 양들이 그의 말을 듣지 않았다.

9 내가 문이니 누구든지 나를 통해 들어가면 구원을 받고, 또한 들어가고 나오며 좋은 풀을 얻을 것이다.

10 도둑은 도둑질하고 죽이고 파괴시키려고 온다. 그러나 내가 온 것은 양으로 생명을 얻게 하고 더 풍성히 얻게 하려는 것이다.

11 나는 선한 목자다. 선한 목자는 양들을 위해 목숨을 버리지만

12 돈을 받고 일하는 삯꾼은 목자가 아니고 양도 자기 양이 아니기 때문에 이리가 오는 것을 보면 양을 버리고 달아난다. 그래서 이리가 양을 물어 가고 또 해치게 된다.

13 그가 달아나는 것은 돈을 받고 일하는 삯꾼이므로 양을 자기 생명처럼 돌보지 않기 때문이다.

14 그러나 나는 선한 목자다. 나는 내 양을 알고 양도 나를 안다. 그것은

15 아버지께서 나를 알고 내가 아버지를 아는 것과 같다. 그래서 나는 양을 위해 목숨을 버리는 것이다.

16 또 이 양 우리에 들어오지 않은 다른 양들이 내게 있어 내가 인도해야 할 것이다. 그들 또한 내 음성을 듣고 한 무리가 되어 한 목자에게

있을 것이다.

17 내가 내 목숨을 버리는 것은 내 목숨을 다시 얻기 위함이다. 이로 인해 아버지께서 나를 사랑하신다.

18 내 목숨을 나에게서 빼앗는 자가 있는 것이 아니라 내가 스스로 버리는 것이다. 나는 내 생명을 버릴 권세도 있고 다시 얻을 권세도 있는데 이 계명은 내가 내 아버지에게서 받은 것이다."

19 이 말씀 때문에 유대인 중에 다시 분쟁이 일어났다.

20 그중 많은 사람이 말했다. "그가 귀신 들려 미쳤는데 어찌 그의 말을 듣느냐?"

21 어떤 사람은 말하기를 "그의 말은 귀신 들린 자의 말이 아니다. 귀신이 어찌 눈먼 자의 눈을 뜨게 할 수 있느냐?"라고 했다.

유대인들이 예수를 잡으려고 함

22 ● 예루살렘에 성전을 회복한 후 봉헌한 것을 기념하여 11~12월에 지키는 수전절이 다가 왔다. 이때는 겨울이다.

23 예수께서는 성전 동쪽 경내에 있는 솔로몬 행각에서 거닐고 계셨다.

24 이때 유대인들이 예수를 에워싸고 말했다. "당신은 언제까지 우리 마음에 의혹을 갖게 하려고 하는가? 당신이 그리스도라면 분명히 말하라."

25 이에 예수께서 대답하셨다. "내가 너희에게 이미 여러 차례 말했으나 너희가 믿지 않는구나. 내가 내 아버지의 이름으로 행하는 일들이 나를 그리스도라 증거하고 있다.

26 그러나 너희가 내 양이 아니기 때문에 나를 믿지 않는다.

27 내 양은 내 음성을 듣고, 나는 그들을 알며, 그들은 나를 따른다.

28 내가 그들에게 영원한 생명을 주리니 그들은 영원히 멸망하지 않을 것이다. 또한 그들을 내 손에서 빼앗아 갈 자가 없다.

29 그들을 내게 주신 내 아버지는 만물보다 크시므로 아무도 아버지 손에서 그들을 빼앗을 수 없다.

30 나와 아버지는 하나이다."

31 그 말을 들은 유대인들이 다시 돌을 들어 예수를 치려고 했다.

32 이에 예수께서 대답하셨다. "내가 아버지로 인해 선한 일을 너희에게 많이 보였는데 그 일들 중에 어떤 일로 나를 돌로 치려고 하느냐?"

33 유대인들이 대답했다. "선한 일로 너를 돌로 치려는 것이 아니라 신성모독 때문이다. 곧 네가 사람이 되어 스스로 하나님이라고 말하기 때문이다."

34 예수께서 말씀하셨다. "너희가 가진 율법에 '내가 말하기를 너희는 신들이다'라고 기록되지 않았느냐?

35 성경은 파기하지 못하니 하나님의 말씀을 받은 사람들을 신이라고 하셨다면

36 하물며 아버지께서 거룩하게 하사 세상에 보내신 자가 '나는 하나님의 아들이다'라고 말한다고 해서 어찌 그것이 신성모독이라고 할 수 있느냐?

37 만일 내가 내 아버지의 일을 행하지 않는다면 그때는 나를 믿지 말라.

38 그러나 내가 아버지 하나님의 일을 행하거든 나는 믿지 못한다 해도 내가 행하는 일을 믿으라. 그러면 너희가 아버지께서 내 안에 계시고, 내가 아버지 안에 있음을 알게 될 것이다."

1) 시 82:6

39 이에 그들이 다시 예수를 잡고자 했으나 예수께서는 그들을 피해 성전에서 빠져 나가셨다.

40 예수께서 다시 여리고 맞은편에 있는 요단강 동쪽, 세례자 요한이 처음 세례를 베풀던 곳에 가서 머무르셨다.

41 그러자 많은 사람이 와서 말했다. "세례자 요한은 아무런 기적도 행하지 않았으나 세례자 요한이 이 사람을 가리켜 말한 것은 모두 진실이다."

42 그리하여 그곳에서 많은 사람이 예수를 믿었다.

나사로가 죽음

11 1-2 ● 마리아와 그 언니[1] 마르다가 사는 올리브산 동쪽 4.5km에 있는 베다니 마을에 나사로가 병이 들었다. 그는 향유를 예수께 붓고 머리털로 그의 발을 닦았던 마리아의 오빠였다.

3 이에 나사로의 여동생[2]들이 예수께 사람을 보내 말했다. "주여, 주께서 사랑하시는 나사로가 병들었습니다."

4 예수께서 그 말을 듣고 말씀하셨다. "이 병은 죽을 병이 아니라 하나님의 영광을 위한 병이다. 그것은 하나님의 아들이 이로 인해 영광을 받게 하기 위함이다."

5 예수께서는 본래부터 마르다와 그

나사로(요 11:1)

나사로(Lazarus)는 감람산 동편 베다니에 사는 마르다와 마리아의 오라비로 죽은 지 나흘만에 예수님에 의해 살아난 사람이다. 전승에 의하면 죽었다가 다시 살아난 나사로는 구브로(사이프러스)섬으로 와서 전도하다가 죽었다고 전해진다. 오늘날 남사이프러스 라나카에는 그의 두번째 무덤 위에 세워진 기념교회가 있다.

자매[3]와 나사로를 사랑하셨다.

6 그러나 나사로가 병이 들었다는 소식을 듣고 그 계시던 곳에서 의도적으로 2일을 더 머무셨다.

7 그후 제자들에게 "다시 유대로 가자"라고 하자

8 제자들이 말했다. "선생님, 얼마 전까지도 유대인들이 돌로 치려고 했는데 또 그곳으로 가려고 하십니까?"

9 예수께서 대답하셨다. "지금은 낮 12시가 아니냐? 사람이 낮에 다니면 세상의 빛을 보기 때문에 넘어지지 않고,

10 밤에 다니면 빛이 그 사람 안에 없기 때문에 넘어진다."

11 예수께서 이 말씀을 하신 후 다시 말씀하셨다. "우리 친구 나사로가 잠들었다. 그러나 내가 깨우러 간다."

12 이에 제자들이 말했다. "주여, 잠들었으면 나을 것입니다."

13 예수께서는 나사로가 죽은 것을 잠들었다고 말씀하신 것인데, 제자들은 잠들어 쉬는 것으로 생각했다.

14 이에 예수께서 "나사로가 죽었다"라고 분명하게 말씀하셨다. 그리고

15 "내가 그곳에 없는 것이 너희를 위해서는 기쁜 일이다. 그것은 너희로 믿게 하기 위함이다. 그러나 이제 그에게로 가자"라고 말씀하셨다.

16 이에 '디두모'라고 하는 도마가 제자들에게 "우리도 주와 함께 죽으러 가자"라고 말했다.

나는 부활이요 생명이니

17 ● 예수께서 요단 강가를 떠나 40km 정도 떨어진 베다니 마을에 도착하

1) 자매 2) 누이 3) 동생

신 때는 나사로를 무덤에 장사한 지 4일이나 지난 후였다.

18 베다니는 예루살렘에서 동쪽으로 5리인 2㎞¹⁾쯤 되는 가까운 거리에 있다.

19 많은 유대인이 마르다와 마리아에게 오빠의 장례로 위문하러 왔다.

20 마르다는 예수께서 오신다는 말을 듣고 바로 나가 맞이하고 마리아는 집에 앉아 있었다.

21 마르다가 예수께 말했다. "주께서 이곳에 계셨다면 내 오빠가 죽지 않았을 것입니다.

22 그러나 나는 지금이라도 주께서 무엇이든지 하나님께 구하는 것은 하나님께서 주실 줄을 알고 있습니다."

23 이에 예수께서 말씀하셨다. "네 오빠가 다시 살아날 것이다."

24 마르다가 대답했다. "마지막 날 부활 때는 다시 살아날 줄을 내가 믿습니다."²⁾

25 예수께서 다시 말씀하셨다. "나는 부활이요 생명이다. 그러므로 나를 믿는 자는 죽어도 살 것이며,

26 살아서 나를 믿는 자는 영원히 죽지 않을 것이다. 이것을 네가 믿느냐?"

27 마르다가 대답했다. "주여, 내가 믿습니다. 주는 그리스도이시며, 세상에 오시는 하나님의 아들인 줄을 내가 믿습니다."

28 이 말을 하고 돌아가서 조용히 그 자매³⁾ 마리아를 불러 "선생님께서 마을 입구에 도착하여 너를 부르신다"라고 말하자

29 마리아가 그 말을 듣고 서둘러 일어나 예수께로 나아갔다.

30 예수께서는 아직 마을로 들어오시지 않고 마르다가 맞이했던 곳에

그대로 머물러 계셨다.

31 마리아와 함께 그의 집에서 위로하던 유대인들은 마리아가 서둘러 나가는 것을 보고 곡하러 무덤에 가는 줄로 생각하고 그녀를 따라갔다.

32 마리아가 예수께서 계신 곳에 가서 그를 뵙고 그 발 앞에 엎드려 언니와 같은 말을 했다. "주께서 이곳에 계셨다면 내 오빠가 죽지 않았을 것입니다."

33 예수께서 마리아와 그와 함께한 유대인들이 우는 것을 보고 마음이 통분하시고 불쌍히 여겨

34 말씀하셨다. "나사로를 어디에 두었느냐?" 그녀가 대답하되 "주여, 와서 보십시오"라고 하자

35 예수께서 눈물을 흘리셨다.

36 이를 본 유대인들이 말했다. "보라, 그가 나사로를 참으로 사랑하셨다."

37 또 그중 어떤 이는 "눈먼 자의 눈을 뜨게 한 이 사람이 나사로를 죽지 않게 할 수는 없었는가?"라고 말하기도 했다.

38 예수께서 다시 속으로 통분히 여기며 무덤으로 가셨다. 무덤은 굴로 되어 있었고 입구는 돌로 막아 놓았다.

39 예수께서 "돌을 옮겨 놓으라"고 말씀하시자 죽은 나사로의 동생⁴⁾ 마르다가 말했다. "주여, 죽은 지 4일이나 되어 벌써 냄새가 납니다."

40 그러자 예수께서 말씀하셨다. "내 말을 네가 믿으면 하나님의 영광을 볼 것이라고 하지 않았느냐?"

41 이에 돌을 옮겨 놓자 예수께서 눈을 들어 하늘을 우러러보며 말씀하셨다. "아버지여, 내 말을 들으신 것을 감사합니다.

1) 실제로는 4.5㎞   2) 아니다   3) 동생   4) 누이

42 항상 내 말을 들으시는 줄을 내가 압니다. 그러나 이 말씀을 하는 것은 둘러선 무리가 아버지께서 나를 보내신 것을 그들로 믿게 하기 위함입니다."

43 이 말씀을 하시고 큰 소리로 "나사로야, 나오라"고 부르시자

44 죽은 나사로가 손발이 베로 짠 천으로 묶인 채 나오는데 그 얼굴도 천 수건으로 싸여 있었다. 이에 예수께서 말씀하셨다. "풀어 놓아서 다니게 하라."

예수를 죽이려고 모의함

45 ●예수께서 마리아에게 문상을 와서 나사로를 살리신 일을 본 많은 유대인이 그를 믿었다.

46 그러나 어떤 자는 바리새인들에게 가서 예수께서 하신 일을 알려 주었다.

47 이에 대제사장들과 바리새인들이 산헤드린 공의회를 소집하여 의논했다. "이 사람이 많은 기적을 행하고 있는데, 우리가 그를 어떻게 해야 하겠는가?

48 만일 그를 이대로 내버려 두면 모든 사람이 그를 믿을 것이다. 그렇게 되면 로마인들이 와서 우리 땅을 빼앗고 우리 민족을 잡아갈 것이다."

49 이에 그해의 대제사장인 가야바가 그들에게 말했다. "너희가 아무것도 알지 못한다.

50 한 사람이 백성을 위해 죽으므로 모든 민족이 멸망하지 않게 되는 것이 너희에게 유익한 줄을 생각하지 못한다."

51 그가 한 이 말은 자기 스스로 한 것이 아니라 그가 그해의 대제사장이기 때문에 예수께서 그 민족을

52 위할 뿐 아니라 흩어진 하나님의

자녀를 모아 하나 되게 하기 위해 죽을 것을 미리 말한 것이다.

53 이날부터 그들이 예수를 죽이려고 모의하기 시작했다.

54 그러므로 예수께서는 다시 유대인 앞에 공개적으로 다니시지 않고 그곳을 떠나 빈 들1) 가까운 곳인 예루살렘 북쪽 23㎞ 지점에 있는 에브라임 마을로 가서 제자들과 함께 그곳에 머무셨다.

55 유대인의 명절인 유월절이 가까이 오자 많은 사람이 자기를 정결하게 하기 위해 유월절 이전에 시골에서 예루살렘으로 올라갔다.

56 예수를 반대하던 자들도 예수를 찾으며 성전에 서서 서로 말했다. "너희 생각에는 예수께서 이번 명절에 예루살렘으로 오지 않겠느냐?"

57 그들이 이렇게 말하는 것은 대제사장들과 바리새인들이 누구든지 예수가 있는 곳을 알면 서로 알려 주어 잡도록 하라고 명령했기 때문이다.

예수께 향유를 부은 여인2)

12 ●예수께서 유월절 6일 전에 나사로를 살리신 예루살렘 동쪽 4.5㎞ 지점의 베다니에 오셨다.

2 그곳에서 마르다는 예수를 위해 잔치를 베풀고 나사로는 예수와 함께 여러 사람과 앉아 있었다.

3 예수께서 베다니의 나병환자 시몬의 집에서 식사하실 때 마리아3)가 매우 비싼 향유, 곧 값이 싼 유향이 섞이지 않은 순전한 나드 한 근4)을 갖고 나아와 그 옥합을 깨뜨려 식사하는 예수의 발5)에 부었다. 그리고 자기 머리털로 그의 발을 닦으

니 향유 냄새가 온 집에 가득했다.

4 이를 본 제자 중 장차 예수를 잡아 줄 가룟 사람 유다[1]가 화를 내며 말하기를

5 "무슨 뜻으로 이것을 허비하느냐? 차라리 이 향유를 노동자 1년 품삯이나 되는 은전 300데나리온[2]에 팔아 가난한 자들에게 주었더라면 좋았을 것이다"라고 하며 그 여자를 책망했다.

6 그가 이렇게 말하는 것은 가난한 자들을 생각해서가 아니라 그는 도둑이기 때문에 돈궤를 맡아 관리하면서 그곳에 넣는 것을 훔쳐 가기 때문이었다.

7 그러나 예수께서 그 제자들의 마음을 아시고 그들에게 말씀하셨다. "그 여자를 가만두어 나의 장례할 날을 위해 그것을 간직하게 하라. 너희가 왜 이 여자를 괴롭게 하느냐? 그는 나에게 좋은 일을 했다.

8 가난한 자들은 항상 너희 주위에 있기 때문에 그들을 도울 마음이 있으면 언제든지 도울 수 있지만 나는 항상 너희와 함께 있지 않는다.

나사로까지 죽이려고 모의함

9 ●많은 유대인의 무리가 예수께서 베다니에 계신 줄을 알고 찾아왔다. 이는 예수뿐 아니라 죽었다가 다시 살아난 나사로도 보기 위함이었다.

10 그러자 대제사장들이 나사로까지 죽이려고 모의하게 되었다.

11 이는 살아난 나사로 때문에 많은 유대인이 예수를 믿게 되었기 때문이다.

예수의 예루살렘 입성[3]

12 ●이튿날인 일요일에 유월절 명절을 지키기 위해 온 무리가 예수께서 예루살렘으로 들어오신다는 소문을 들었다.

13 이에 많은 무리가 그들의 겉옷을 길에 깔고, 또 다른 이들은 들에서 자른 나뭇가지를 길에 펴고, 또 종려나무 가지를 가지고 예수님 앞에서 가고 뒤에서 따르며 "호산나 우리의 조상 다윗의 자손이여, 찬양하라. 주의 이름으로 오시는 이, 곧 이스라엘의 왕이시여, 가장 높은 곳에서 호산나"라고 외쳤다.

14 이에 제자들이 가서 예수께서 명령하신 대로 나귀와 나귀 새끼를 끌고 와서 자기들의 겉옷을 그 위에 얹었고, 예수께서는 그 위에 타시고 예루살렘성으로 향하셨다.

15 이는 성경에 이렇게 기록되었다. "시온의 딸아, 두려워하지 말라. 보라, 네 왕이 너에게 임할 것이니 그는 겸손하여 멍에 메는 나귀의 새끼를 타고 오신다고 하라[4]."

16 제자들은 처음에 이 말의 뜻을 깨닫지 못하다가 예수께서 부활 승천하신 영광을 얻으신 후에야 이 예언이 예수께 대해 기록된 것과 사람들이 예수께 이같이 한 것이었다는 것이 생각났다.

예수에 대한 증언

17 ●나사로를 죽은 자 가운데서 살리실 때 함께 있던 무리도 예수에 대해 증언했다.

18 그러므로 예수께서 행하신 기적에 대해 들은 많은 무리가 예수를 맞으러 나왔다.

19 그러나 바리새인들은 서로 말했다. "너희가 하는 일은 쓸데없는

1) 마 26:8에는 제자들, 막 14:4에는 어떤 사람들 2) 마 26:9에는 비싼 값, 막 14:5에는 300데나리온 이상 3) 마 21:5-9, 막 11:7-10, 눅 19:35-36 4) 사 62:11, 슥 9:9

것이다. 보라, 온 세상이 예수라는 자를 따르고 있다."

예수 때가 가까이 옴

20 ● 유월절 명절에 예배하기 위해 예루살렘으로 올라온 사람들 중에 헬라인 몇 명이 있었다.

21 그들이 갈릴리 벳새다 출신인 빌립에게 가서 예수 뵙기를 요청했다.

22 이에 빌립이 안드레에게 가서 말하고, 안드레와 빌립이 함께 예수께 가서 그 말을 여쭈니

23 예수께서 말씀하셨다. "이제 내가 영광을 얻을 때가 왔다.

24 내가 참으로 너희에게 말한다. 한 알의 밀이 땅에 떨어져 죽지 않으면 한 알 그대로 있지만 죽으면 많은 열매를 맺는다.

25 자기의 목숨을 사랑하는 자는 잃어버리고, 이 세상에서 자기의 목숨을 미워하는 자는 영원히 목숨을 보전할 것이다."

26 예수께서 계속 말씀하셨다. "사람이 나를 섬기려면 나를 따라야 한다. 내가 있는 곳에는 나를 섬기는 자도 있기 때문이다. 사람이 나를 섬기면 내 아버지께서 그를 귀하게 여기실 것이다.

27 지금 내 마음이 괴로운데 무슨 말을 할 수 있겠느냐? '아버지여, 나를 구원하여 이때를 벗어나게 해 주십시오'라고 하겠느냐? 그러나 나는 이 일을 위해 이때 왔다.

28 아버지, 아버지의 이름을 영화롭게 하십시오." 말씀을 마치시자 하늘에서 소리가 났다. "내가 이미 영화롭게 했고, 또다시 영화롭게 할 것이다."

29 그러나 곁에 서서 들은 무리는 천둥이 울었다고 하며, 천사가 그에게 말했다고도 했다.

30 이에 예수께서 대답하셨다. "이 소리가 난 것은 나를 위해서가 아니라 너희를 위한 것이다.

31 이제 이 세상을 심판할 때가 되었으니 이 세상의 왕이 쫓겨날 것이다.

32 내가 땅에서 올라가면 모든 사람을 내게로 이끌 것이다."

33 예수께서 이렇게 말씀하시는 것은 자기가 어떤 방법으로 죽을 것인지 말씀하신 것이다.

34 이에 무리가 대답했다. "우리는 율법에서 그리스도가 영원히 존재한다는 것을 읽었다. 그런데 너는 왜 인자가 올라가야 한다고 하느냐? 그러면 그 인자는 누구냐?"

35 예수께서 말씀하셨다. "아직 잠깐 동안은 빛된 내가 너희 중에 있다. 그러므로 내가 있을 동안 빛으로 다니며 어둠에 사로잡히지 않도록 하라. 어둠에 다니는 자는 그가 가는 곳을 알지 못한다.

36 그리고 너희는 아직 빛된 내가 있을 동안 나를 믿으라. 그러면 빛된 내 아들이 될 것이다." 예수께서 이 말씀을 하시고 그들을 떠나가서 자신을 드러내지 않으셨다.

예수를 믿지 않음

37 ● 예수께서는 많은 기적을 백성들 앞에서 행하셨으나 그들은 예수를 믿지 않았다.

38 이는 이사야 선지자의 말씀을 이루기 위함이었다. 그곳에는 이렇게 기록되었다. "주여, 우리에게서 들은 것을 누가 믿었으며, 주의 신적 권능1)이 누구에게 나타났습니까?"2)

39 그들이 믿지 못한 이유를 이사야

1) 팔 2) 사 53:1

선지자가 다시 말했다.

40 "주께서 그들의 눈을 멀게 하시고, 마음을 완악하도록 내버려 두셨다. 이는 그들이 눈으로 보고, 마음으로 깨닫고, 돌이킴으로 내게 고침을 받지 못하게 하려는 것이다."[1]

41 이사야가 이렇게 말한 것은 주의 영광을 보고 주를 가리켜 말한 것이다.

42 그러나 관리들 가운데도 예수를 믿는 자가 많았는데 바리새인들 때문에 예수를 믿는다고 말로 표현하지 못했다. 그렇게 하면 출교를 당할까 두려웠기 때문이다.

43 그들은 사람의 영광을 하나님의 영광보다 더 사랑했다.

마지막 날과 심판

44 ● 예수께서 큰 소리로 말씀하셨다. "나를 믿는 자는 나를 믿는 것이 아니라 나를 보내신 자를 믿는 것이다.

45 또 나를 보는 자는 나를 보내신 이를 보는 것과 같다.

46 나는 세상의 빛으로 왔다. 이는 나를 믿는 자가 어둠에 머물러 있지 않도록 하기 위함이다.

47 사람이 내 말을 듣고 지키지 않아도 나는 그를 심판하지 않을 것이다. 내가 세상에 온 것은 세상을 심판하려는 것이 아니라 세상을 구원하기 위해 왔기 때문이다.

48 그러나 나를 저버리고 내 말을 믿지 않는 자를 심판할 자가 있다. 곧 내가 한 이 말이 마지막 날에 그를 심판할 것이다.

49 이 말은 내가 스스로 한 것이 아니라 나를 보내신 아버지께서 내가 말할 것과 이를 것을 친히 명령해 주신 것이다.

50 곧 나는 아버지의 명령이 영원한 생명인 줄 알고 있기 때문에 내가 말하는 것은 내 아버지께서 내게 말씀하신 것이다."

제자들의 발을 씻기심

13 ● 유월절 전날인 목요일에 예수께서 자기가 세상을 떠나 아버지께로 돌아가실 때가 가까이 온 줄 아시고 세상에 있는 자기에게 속한 사람들을 끝까지 사랑하셨다.

2 마귀가 이미 시몬의 아들인 가룟 사람 유다의 마음을 충동하여 예수를 팔려는 생각을 갖게 했다.

3 저녁 먹을 때 예수는 아버지께서 모든 것을 자신의 손에 맡기시고, 또 자기가 하나님께로부터 오셨다가 다시 돌아갈 것을 아셨다.

4 그래서 저녁을 잡수던 자리에서 일어나 겉옷을 벗은 후 수건을 가져다가 허리에 두르셨다.

5 그리고 대야에 물을 떠서 제자들의 발을 씻기신 후 수건으로 닦기를 시작하여

6 시몬 베드로까지 왔다. 이에 베드로가 말했다. "주여, 주께서 어찌 내 발을 씻으려 하십니까?"

7 예수께서 대답하셨다. "내가 하는 이 일을 지금은 네가 이해하지 못하지만 나중에는 깨닫게 될 것이다."

8 그러자 베드로가 대답했다 "내 발을 절대로 씻기지 못합니다." 예수께서 다시 대답하셨다. "내가 너를 씻어 주지 않는다면 너는 나와 아무 상관이 없다."

9 이에 시몬 베드로가 말했다. "주여, 그렇다면 내 발뿐 아니라 손과 머리도 씻어 주십시오."

1) 사 6:10

10 이에 예수께서 말씀하셨다. "이미 목욕한 사람은 발만 씻으면 된다. 온몸은 깨끗하다. 그러나 너희 모두가 깨끗하지는 않다."

11 이런 말씀을 하신 것은 자기를 팔 자가 누구인지 알고 계셨기 때문이다. 그래서 모두가 깨끗한 것은 아니다라고 말씀하신 것이다.

12 예수께서 제자들의 발을 씻기신 후에 겉옷을 입고 다시 앉아 그들에게 말씀하셨다. "내가 오늘 너희에게 행한 것을 너희는 아느냐?

13 너희가 나를 '선생' 또는 '주인'이라고 하는 너희 말이 옳다.

14 내가 선생 또는 주인이 되어 너희 발을 씻겼으니 너희도 서로 발을 씻어 주는 것이 옳다.

15 내가 너희에게 행한 것처럼 너희도 행하게 하기 위해 본을 보였다.

16 내가 참으로 너희에게 말한다. 종이 주인보다 클 수 없고 보냄을 받은 자가 보낸 자보다 클 수 없다.

17 그러므로 너희가 이런 사실을 알고 행하면 복이 있을 것이다."

18 이 말은 내가 너희 모두를 가리켜 말하는 것이 아니다. 나는 내가 선택한 자들이 누구인지 알고 있다. 그러나 '내 빵을 먹는 자가 내게 발꿈치를 들었다'[1]라고 기록한 성경의 말씀을 이루게 하려는 것이다.

19 지금부터 그 일이 일어나기 전에 미리 너희에게 말하는 이유는 그 일이 일어날 때 내가 바로 성경에서 말한 그 사람인 줄 너희로 믿게 하기 위함이다.

20 내가 참으로 너희에게 말한다. 내가 보낸 자를 받아들이는 자는 나를 받아들이는 것이며, 나를 받아들이는 자는 나를 보내신 이를 받아들이는 것이다."

너희 중 하나가 나를 팔리라

21 ● 예수께서 이 말씀을 하신 후 마음이 괴로워 다시 확증하여 말씀하셨다. "내가 참으로 너희에게 말하노니 너희 가운데 한 명이 나를 팔 것이다."

22 그러나 제자들은 서로 바라보며 그 말이 누구를 가리키는 말인지 전혀 알지 못했다.

23 예수의 제자들 가운데 한 명인 예수께서 사랑하는 자 요한이 예수의 품에 기대어 누워 있었다.

24 시몬 베드로가 그 제자에게 예수께서 말씀한 사람이 누구인지 물어보라고 고갯짓을 했다.

25 그러자 예수의 품에 기대어 있던 요한이 "주여, 그 사람이 누구입니까?"라고 물었다.

26 예수께서 대답하시기를 "내가 빵 한 조각을 소스에 찍어다 주는 자가 나를 팔 자이다"라고 하시며 빵 한 조각을 접시에 놓인 소스를 찍어 가룟 사람 시몬의 아들 유다에게 주었다.

27 그러자 빵 조각을 받은 가룟 사람 유다에게 사탄이 즉시 들어갔다. 이에 예수께서 유다에게 말했다. "네가 계획한 일을 속히 행하라."

28 그러나 이 말이 어떤 뜻으로 했는지를 함께 앉은[2] 제자들 가운데 아는 자가 없었다.

29 그래서 어떤 이들은 가룟인 유다가 재정출납[3]을 맡았기 때문에 유월절 명절에 우리가 쓸 물건을 사라고 하시거나 가난한 자들에게 무엇을 주라고 하신 줄로 생각했다.

30 가룟[4] 사람 유다가 그 빵 조각을 받고 바로 나가니 때는 밤이었다.

---

1) 시 41:9   2) 기대어 누워 있는   3) 돈궤   4) 가룟은 이스라엘 남부 지역의 그리옷으로 본다

새 계명을 주심

31 ● 가룟 사람 유다가 나간 후 예수께서 말씀하셨다. "이제 인자 된 내가 영광을 받았고 하나님도 인자로 인해 영광을 받으셨다.

32 만일 하나님께서 나로 인해 영광을 받으셨다면 하나님도 자기로 인해 나에게 영광을 주실 것이다.

33 그러므로 내 제자[1]들아, 내가 아직은 너희와 함께 있을 것이다. 그러나 얼마 후에는 너희가 나를 찾겠으나 내가 이전에 유대인들에게 말한 것[2]처럼 너희도 내가 가는 곳에 올 수 없다고 지금 너희에게도 말하는 것이다.

34 이제 너희에게 새 계명을 준다. 너희는 서로 사랑하라. 내가 너희를 사랑한 것처럼 너희도 그렇게 사랑하라.

35 너희가 서로 사랑하게 되면 그 사랑을 보고 모든 사람이 너희가 내 제자임을 알게 될 것이다."

베드로의 부인을 예고하심[3]

36 ● 시몬 베드로가 "주여, 어디로 가십니까?"라고 묻자 예수께서 대답하셨다. "내가 가는 곳에 지금은 네가 따라올 수 없지만 나중에는 따라올 것이다."

37 이에 베드로가 말했다. "주여, 지금은 왜 따라갈 수 없습니까? 주를 위해 목숨을 버리겠습니다."

38 예수께서 말씀하셨다. "베드로야, 네가 나를 위해 네 목숨을 버리겠느냐? 내가 참으로 너에게 말한다. 오늘 밤 닭이 울기 전[4]에 네가 나를 3번 모른다고 부인할 것이다."

길과 진리와 생명 되신 예수

14 ● 예수께서 말씀하셨다. "너희는 마음에 근심하지 말라. 하나님을 믿으라. 또한 나를 믿으라.

2 내 아버지 집에는 있을 곳이 많다. 그렇지 않았다면 너희에게 미리 알려주었을 것이다. 나는 너희를 위해 거할 곳을 준비하러 간다.

3 가서 너희를 위해 있을 곳이 준비되면 내가 다시 와서 너희를 나에게로 인도하여 내가 있는 곳에 너희도 있게 할 것이다.

4 내가 어디로 가는지 그 길을 너희가 알고 있다."

5 그러자 도마가 물었다. "주여, 주께서 어디로 가시는지 우리가 알지 못하는데 어떻게 그 길을 알고 있다고 하십니까?"

6 예수께서 말씀하셨다. "내가 바로 길이요 진리요 생명이기 때문에 나를 통하지 않고는 아버지께로 올 자가 없다.

7 너희가 나를 알았다면 내 아버지도 알았을 것이다. 이후부터는 너희가 그분을 알았고, 또 보았다."

8 이번에는 빌립이 물었다. "주여, 하나님 아버지를 우리에게 보여주십시오. 그러면 그분을 알기에 충분하겠습니다."

9 예수께서 대답하셨다. "빌립아, 내가

성경인물　사도인 빌립(Philip, 요 14:8)

사도 중 한 사람인 빌립은 아들과 함께 초대 교회 공동체를 이끈 목회자로 여러 지방을 다니며 전도를 하다가 터키의 골로새 근처에 있는 히에라볼리(파묵칼레)에서 순교했다고 전해진다. 이곳에는 빌립의 장지 위에 5세기경에 세워진 빌립교회가 있었으나 지금은 그 유적만이 남아 있다. 전승에 의하면 그의 유골은 로마에 있는 사도교회에 있다. 로마 가톨릭교회에서는 5월 1일을 그에 대한 축일로 삼고 있으며, 그리스정교회에서는 11월 14일을 그의 축일로 지키고 있다.

1) 작은 자　2) 요 7:33-34　3) 마 26:34, 막 14:30, 눅 22:34　4) 막 14:30, 닭이 두번 울기 전

오랫동안 너희와 함께 있었는데 네가 아직도 나를 알지 못하느냐? 나를 본 사람은 아버지를 본 것과 같은데 어찌하여 하나님 아버지를 보여 달라고 하느냐?

10 내가 아버지 안에 있고, 아버지는 내 안에 계신 것을 네가 믿지 못하느냐? 내가 너희에게 하는 말은 내 스스로 하는 것이 아니라 아버지께서 내 안에 있어 그분의 일을 하시는 것이다.

11 내가 아버지 안에 있고, 아버지께서 내 안에 계신 것을 믿으라. 그것이 믿어지지 않는다면 내가 행하는 그 일을 보고 나를 믿으라.

12 내가 참으로 너희에게 말한다. 나를 믿는 자는 내가 하는 일을 그가 할 뿐 아니라 그것보다 더 큰일도 할 것이다. 그것은 내가 아버지께로 가기 때문이다.

13 너희가 내 이름으로 어떤 것이든 구하면 내가 그것을 이루어 줄 것이다. 그것은 아버지께서 아들로 인해 영광을 받으시게 하려는 것이다.

14 그러므로 내 이름으로 어떤 것이든 나에게 구하면 내가 이행할 것이다.

15 너희가 나를 사랑한다면 내 계명을 지켜야 할 것이다.

16 내가 아버지께 구하여 그가 또 다른 보혜사인 성령을 너희에게 주어 영원토록 너희와 함께 있게 하실 것이다.

17 그는 진리의 영이기 때문에 세상이 그를 받아들이지 못하는 것은 그를 보지 못하고 알지도 못하기 때문이다. 그러나 너희는 그를 알고 있다. 그것은 그분이 너희와 함께 거하시며, 또 너희 속에 머물러 계시기 때문이다.

18 내가 너희를 고아처럼 버려두지 않고 너희에게로 다시 올 것이다.

19 조금 있으면 세상은 다시 나를 보지 못할 것이나 너희는 나를 볼 것이니 그것은 내가 살아있고 너희도 살 것이기 때문이다.

20 그날에는 내가 아버지 안에 있으며, 너희가 내 안에, 내가 너희 안에 있는 것을 너희가 알게 될 것이다.

21 내 계명을 지키는 자가 되어야 나를 사랑하는 자이다. 나를 사랑하는 사람은 내 아버지의 사랑을 받으며, 나도 그 사람을 사랑하여 그에게 나를 나타낼 것이다."

22 가룟 출신이 아닌 다른 유다가 말했다. "주여, 왜 주를 우리에게는 나타내시고 세상에는 그렇게 하지 않으려고 하십니까?"

23 예수께서 대답하셨다. "사람이 나를 사랑하면 내 교훈을 지키며, 내 아버지께서 그런 사람을 사랑하실 것이다. 또한 우리가 그에게 가서 함께 거할 것이다.

24 그러나 나를 사랑하지 않는 자는 내 가르치는 말을 행하지 않는다. 너희가 지금 듣는 가르침은 내 가르침이 아니라 나를 보내신 아버지의 말씀이다."

보혜사 성령

25 ● 예수께서 말씀하셨다. "내가 지금은 너희와 함께 있기 때문에 이 말을 너희에게 했다.

26 그러나 아버지께서 내 이름으로 보내실 성령인 보혜사가 오시면 그는 내가 너희에게 가르친 것과 너희에게 말한 모든 것을 생각나게 하실 것이다.

27 너희에게 평안을 준다. 내가 너희

에게 주는 평안은 세상이 주는 것과 다르다. 그러므로 너희는 마음에 근심하거나 두려워하지 말라.

28 내가 떠나갔다가 너희에게 다시 온다고 하는 말을 너희가 들었다. 너희가 나를 사랑했다면 내가 아버지께로 가는 것을 오히려 기뻐했을 것이다. 아버지는 나보다 크신 분이다.

29 그런 일이 생기기 전에 너희에게 미리 말하는 이유는 그 일이 일어났을 때 너희가 믿도록 하기 위함이다.

30 이후에는 내가 너희와 많은 말을 하지 않을 것인데, 이는 이 세상의 왕이 오기 때문이다. 그러나 그는 내게 아무런 상관이 없다.

31 다만 내가 아버지를 사랑하는 것과 아버지께서 명령하신 대로 행하는 것을 세상으로 알게 하려는 것이다." 그리고 예수께서 말씀하셨다. "일어나라, 여기를 떠나자." 이에 그들이 찬양하며 예수와 함께 마지막 만찬이 있었던 시온산에서 1.4km 떨어진 올리브산으로 갔다.[1]

포도나무와 그 가지와 주인

15 ●예수께서 말씀하셨다. "나는 참포도나무요, 내 아버지는 그 농부인 주인이시다.

2 그러므로 내게 붙어 있음에도 열매를 맺지 않는 가지는 아버지께서 그 가지를 잘라내신다. 반면 열매를 맺는 가지는 더 충실한 열매를 맺게 하기 위해 깨끗하게 다듬는다.

3 너희는 내가 들려준 말로 인해 이미 깨끗하여 거룩해졌다.

4 그러므로 내 안에 있으라. 그러면 나도 너희 안에 있을 것이다. 가지가 포도나무에 붙어 있지 않으면

그 스스로 열매를 맺을 수 없는 것처럼 너희도 내 안에 붙어 있지 않으면 열매를 맺을 수 없다.

5 나는 포도나무이고, 너희는 그 가지와 같다. 따라서 사람들이 내 안에 있고, 내가 그 사람들 안에 있으면 사람들이 열매를 많이 맺게 된다. 그러나 나를 떠나서는 너희가 아무 것도 할 수 없다.

6 사람이 내 안에 있지 않으면 잘린 가지처럼 밖에 버려져 말라 버리고 사람들은 그것을 모아 불살라 버린다.

7 그러므로 너희가 내 안에 있고, 내 말이 너희 안에 머물면 어떤 것이든 원하는 대로 구하라. 그러면 그것이 이루어질 것이다.

8 너희가 열매를 많이 맺으면 내 아버지께서 영광을 받으시고, 너희는 내 제자가 될 것이다."

사랑 안에 거하라

9 ●"아버지께서 나를 사랑하신 것처럼 나도 너희를 사랑했다. 그러니 내 사랑 안에서 벗어나지 말라.

10 내가 아버지의 계명을 행하고 그분의 사랑 안에 있는 것처럼 너희도 내 계명을 지켜 행하면 내 사랑 안에 거하게 될 것이다.

11 내가 이 말을 너희에게 하는 것은 내 기쁨이 너희 안에 있으므로 너희의 기쁨을 넘치게 하려고 하는 것이다.

12 내가 너희를 사랑한 것처럼 너희도 서로 사랑하라고 한 것이 바로 내 계명이다.

13 사람이 친구를 위해 자기의 목숨을 희생하면 이것보다 더 큰 사랑이 없다.

14 너희가 내 계명을[2] 행하면 바로 내

1) 마 26:30, 막 14:26, 눅 22:39 2) 명하는 대로

친구가 된다.

15 지금부터는 너희를 종이라고 하지 않을 것이다. 종은 자기 주인이 하는 것을 알지 못하기 때문이다. 이제 너희를 친구라고 했으니 내가 내 아버지에게서 들은 것을 너희에게 모두 알려주었다."

예수님의 선택과 제자들이 당할 핍박

16 ●"내가 너희를 선택하여 세운 것은 너희로 세상에서 열매를 맺게 하고, 너희에게 그 열매가 항상 있게 하기 위함이다. 그래서 내 이름으로 하나님 아버지께 어떤 것이든 구하면 그는 모든 것을 주실 것이다.

17 내가 이 말을 너희에게 명한 것은 너희가 서로 사랑하도록 하려는 것이다.

18 세상이 너희를 미워하면 그것은 너희보다 먼저 나를 미워하는 것인 줄을 알아라.

19 너희가 세상에 속했다면 세상이 너희를 자기의 소유라고 생각하여 너희를 사랑할 것이다. 그러나 너희는 세상에 속하지 않고 오히려 내가 너희를 세상에서 선택했기 때문에 세상이 너희를 미워하는 것이다.

20 내가 너희에게 '종이 주인보다 클 수 없다'라고 한 말을 잊지 말라. 사람들이 나를 핍박했으니 너희도 핍박할 것이며, 내 가르침을 지켰으니 너희가 가르친 것도 지킬 것이다.

21 그러나 사람들이 나를 보내신 분을 알지 못하기 때문에 내 이름으로 이 모든 일, 곧 핍박을 너희에게 행할 것이다.

22 내가 세상에 와서 그들에게 말하지 않았다면 그들에게 죄가 없겠지만 지금은 그들이 지은 죄를 핑계할 수 없게 되었다.

23 나를 미워하는 사람은 내 아버지까지도 미워하신다.

24 내가 누구도 하지 못한 일을 그들에게 행하지 않았다면 그들에게 죄가 없겠지만 지금은 그들이 나와 내 아버지를 보았음에도 미워한다.

25 그러나 그렇게 된 것은 모든 것이 율법에 기록된 대로 '그들이 아무 이유 없이 나를 미워했다'[1)]라고 한 말을 이루게 하기 위함이다.

26 내가 너희에게 보낼 아버지께로부터 나오는 진리의 성령인 보혜사가 오실 때 그가 나에 대해 증언하며,

27 너희도 처음부터 나와 함께 있었기 때문에 증언하는 것이다."

성령이 하시는 일

16

●"내가 이 말을 너희에게 하는 것은 너희로 실족하지 않도록 하기 위함이다.

2 사람들이 너희를 회당에서 쫓아낼[2)] 뿐 아니라 때가 되면 너희를 죽이는 자들이 그렇게 하는 것이 하나님을 섬기는 일이라고 생각할 것이다.

3 그들이 그런 일을 하게 되는 것은 아버지와 나를 알지 못하기 때문이다.

4 내가 너희에게 미리 이 말을 하는 것은 너희가 그런 일을 당할 때 내가 너희에게 한 말을 기억하도록 하기 위함이다. 그리고 처음부터 이 말을 하지 않은 것은 내가 너희와 함께 있었기 때문이다.

5 지금 내가 나를 보내신 분에게 간다고 했지만 너희 가운데 아무도 나에게 어디로 가는지를 묻는 자가 없다.

6 오히려 내가 떠난다고 말한 것 때문에

1) 시 35:19, 69:4   2) 출교할

너희 마음에 근심이 가득하다.

7 그러나 내가 너희에게 진실을 말한다. 내가 떠나가는 것이 너희에게 유익하다. 만일 내가 떠나가지 않으면 성령인 보혜사께서 너희에게로 오시지 않을 것이지만 내가 떠나가면 내가 그를 너희에게로 보낼 것이다. 그러면

8 성령께서 죄와 의와 심판에 대해 세상을 책망하실 것이다.

9 죄에 대한 것은 그들이 나를 믿지 않은 것이다.

10 의에 대한 것은 내가 아버지께로 가기 때문에 너희가 다시 나를 보지 못한다는 것이 하나님의 의라는 것을 알려주신다는 것을 의미한다.

11 심판에 대한 것은 이 세상의 임금이 심판을 받았다는 것을 말한다.

12 내가 아직도 너희에게 할 말이 많지만 지금은 너희가 그 말을 이해하지 못한다.

13 그러나 진리의 성령이 오시면 그가 너희를 모든 진리 가운데로 인도하실 것이다. 그는 스스로 말하지 않고 오직 들은 것을 말하며, 장차 일어날 일을 너희에게 알려줄 것이다.

14 성령께서는 내 영광을 나타내리니 내 것을 가지고 너희에게 알려줄 것이다.

15 아버지께 있는 것은 모두 내 것이다. 그래서 내가 '성령께서 내 것을 가지고 너희에게 알게 할 것이다'라고 말한 것이다.

16 잠시 후면 너희가 나를 볼 수 없으나 또 잠시 후면 나를 볼 것이다."

17 이에 제자들이 서로 말했다. "우리에게 말씀하신 이 말이 무슨 뜻이냐?"

18 또 말하기를 "방금 말씀하신 '잠시 후'는 무슨 뜻이냐? 무슨 말씀인지 알지 못하겠다"라고 하자

19 예수께서 묻고자 하는 의도를 아시고 말씀하셨다. "내 말이 잠시 후면 나를 볼 수 없고, 또 잠시 후면 나를 보리라고 한 것에 대해 서로 묻느냐?

20 내가 참으로 너희에게 말한다. 너희는 애곡하고 애통하겠으나 세상은 오히려 기뻐할 것이다. 너희는 근심하지만 너희 근심이 오히려 기쁨이 될 것이다.

21 여자가 출산할 때가 되면 근심하지만 아기를 낳으면 세상에 사람이 태어난 기쁨이 너무커서 출산할 때의 고통을 잊어 버리게 된다.

22 이와 마찬가지로 지금은 너희가 근심하지만 내가 부활하여 다시 너희를 보게 될 때는 너희 마음이 기쁘며 그 기쁨을 빼앗아 갈 자가 없을 것이다.

23 그날에는 너희가 어떤 질문도 하지 않을 것이다. 내가 참으로[1] 너희에게 말한다. 너희가 어떤 것이든지 하나님 아버지께 구하는 것은 내 이름으로 줄 것이다.

24 지금까지는 너희가 내 이름으로 어떤 것도 구하지 않았으나 이제는 구하라. 그러면 받을 것이며, 너희 기쁨이 충만하게 될 것이다."

세상을 이기신 예수

25 ● "이제까지 비유로 너희에게 말했지만 때가 되면 다시는 너희에게 비유로 말하지 않고 하나님 아버지에 대한 것을 명확하게 말할 것이다.

26 그날에는 너희가 내 이름으로 하나님 아버지께 구하게 될 것이다. 이는 내가 너희를 위해 아버지께

---

1) 진실로 진실로

구하겠다는 말이 아니다.

27 그것은 너희가 나를 사랑하고 내가 하나님께로부터 온 줄을 믿었기 때문에 아버지께서 친히 너희를 사랑하시기 때문이다.

28 내가 아버지로부터 나와서 세상에 왔고, 다시 세상을 떠나 아버지께로 간다."

29 이에 제자들이 말했다. "지금은 명확히 말씀하시고 어떤 비유로도 말씀하지 않으시니

30 이제야 우리가 주께서 모든 것을 아시기에 누구도 주님께 묻지 않을 것입니다. 주께서 하나님께로부터 오셨음을 우리가 믿습니다."

31 이에 예수께서 대답하셨다. "이제는 너희가 믿느냐?

32 보라, 너희가 모두 흩어져 각기 자기 길로 가고 나를 혼자 둘 때가 벌써 왔다. 그러나 나는 혼자 있는 것이 아니라 아버지께서 나와 함께 계신다.

33 이 말을 너희에게 하는 것은 너희가 내 안에서 평안을 누리게 하기 위함이다. 세상에서는 너희가 환난을 당하지만 오히려 담대하라. 내가 세상을 이겼기 때문이다."

예수님의 기도와 간구

17 ● 예수께서 이 말씀을 하신 후 눈을 들어 하늘을 바라보며 기도하셨다. "아버지여, 때가 되었으니

Q&A 세상을 이겼다는 말은?(요 16:33)

여기서 세상은 공중의 권세 잡은 사탄이 지배하는 사악하고 타락한 영적 세계를 말한다. 하늘에서 쫓겨난 사탄은 세상 종말 직전까지 인간 세상을 미혹시킨다. 예수님이 십자가상에서 인류를 위한 구속 사역을 완성하심으로 죄와 사망의 권세를 깨뜨리실 것을 단정적으로 엄숙하게 선포하는 말이다.

아들을 영화롭게 하시고 아들로 아버지를 영화롭게 하도록 하십시오.

2 아버지께서는 아들에게 주신 모든 사람에게 영원한 생명을 주시기 위해 만민을 다스리는 권세를 아들에게 주셨습니다.

3 영원한 생명은 한 분이신 참 하나님과 그분이 보내신 예수 그리스도를 아는[1] 것입니다.

4 나는 아버지께서 나에게 부탁하신 일을 내가 행하므로 이 세상에서 아버지를 영화롭게 했습니다.

5 아버지여, 세상이 있기 전에 내가 아버지와 함께 가졌던 영화로써 지금도 아버지와 함께 나를 영화롭게 하십시오.

6 내가 아버지의 이름을 아버지가 세상 가운데서 내게 선택해 준 사람들에게 나타내었습니다. 그들은 본래 모두 아버지께서 선택하신 자들이었는데 내게 주셨으며 그들은 아버지의 말씀을 지켰습니다.

7 이제 그들은 아버지께서 내게 주신 모든 것이 아버지께로부터 온 것인 줄을 깨달았습니다.

8 나는 아버지께서 내게 주신 말씀들을 그들에게 들려주었고, 그들은 그 말을 받아들였으며, 내가 아버지께로부터 온 줄을 참으로 알았고, 아버지께서 나를 보내신 줄도 믿었습니다.

9 이제 내가 그들을 위해 간구합니다. 내가 간구하는 것은 세상을 위해서가 아니라 내게 주신 자들을 위해서입니다. 그들은 아버지의 것이기 때문입니다.

10 내 것은 모두 아버지의 것이며, 동시에 아버지의 것은 모두 내 것이

1) NIV, know

기에 내가 그들로 인해 영광을 받았습니다.

11 나는 세상에 더 이상 머물러 있지 않지만 그들은 여전히 세상에 있습니다. 나는 아버지께로 갑니다. 그러니 거룩하신 아버지여, 내게 주신 아버지의 이름으로 그들을 지켜주시고 우리와 같이 그들도 하나가 되게 하십시오.

12 내가 그들과 함께 있을 동안 내게 주신 아버지의 이름으로 그들을 지켰고 그들 중 한 명도 멸망하지 않게 했습니다. 다만 멸망의 자식을 잃는 것은 성경 말씀을 이루게 하기 위함이었습니다.

13 이제 나는 아버지께로 갑니다. 내가 세상에서 이 말을 하는 것은 후에 내 기쁨을 그들 안에 넘치게 하기 위함입니다.

14 내가 아버지의 말씀을 그들에게 주었으므로 세상이 그들을 미워했습니다. 그것은 내가 세상에 속하지 않은 것처럼 그들도 세상에 속하지 않았기 때문입니다.

15 이제 내가 간구하는 것은 그들을 세상에서 데려가기 위함이 아니라 다만 악에 빠지지 않게 해주기 위해서입니다.

16 내가 세상에 속하지 않은 것처럼 그들도 세상에 속하지 않았습니다.

17 아버지의 말씀은 진리입니다. 그들을 진리로 거룩하게 하십시오.

18 아버지께서 나를 세상에 보내신 것처럼 나도 그들을 세상에 보냈습니다.

19 그리고 그들을 위해 내 자신을 거룩하게 하는 것은 그들도 진리로 거룩해지도록 하기 위함입니다.

20 내가 간구하는 것은 이 사람들만

이 아니라 그들의 말로 인해 나를 믿는 사람들도 위함입니다.

21 아버지여, 아버지께서 내 안에, 내가 아버지 안에 있는 것처럼 그들도 모두 하나가 되어 우리 안에 있게 하십시오. 그래서 세상이 아버지께서 나를 보내신 것을 믿게 하십시오.

22 하나님 아버지께서 내게 주신 영광을 나도 그들에게 주었습니다. 이는 아버지와 내가[1] 하나 된 것처럼 그들도 하나가 되게 하기 위함입니다.

23 곧 내가 그들 안에 있고 아버지께서 내 안에 계셔서 그들로 완전함을 이루어 하나가 되게 하려고 합니다. 이는 아버지께서 나를 보내시고 나를 사랑하신 것처럼 그들도 아버지께서 사랑하셨다는 것을 세상으로 알게 하려고 하기 때문입니다.

24 아버지여, 내게 주신 자도 내가 있는 곳에 나와 함께 있어 아버지께서 세상이 있기 전부터 나를 사랑하시므로 내게 주신 내 영광을 그들로 보게 하기를 원합니다.

25 의로우신 아버지여, 세상은 아버지를 알지 못했지만 나는 아버지를 알았습니다. 또한 그들도 아버지께서 나를 보내신 줄을 알았습니다.[2]

26 내가 그들에게 아버지의 이름을 알게 했습니다. 이는 나를 사랑하신 사랑이 그들 안에 있고, 나도 그들 안에 있게 하기 위함입니다."

예수께서 체포되심[3]

18 ●예수께서 이 말씀을 하신 후 3명의 제자와 함께 기드론 시내[4] 건너편 120m 정도 떨어진 나머

1) 우리가 2) 요 16:30 3) 마 26:47~52, 막 14:43~47, 눅 22:47~51 4) 골짜기

지 8명의 제자가 있는 그곳에 동산이 있는데 그곳으로 가셨다.

2 예수께서 제자들과 가끔 모이는 이곳을 예수를 파는 가룟 사람 유다도 알고 있었다.

3 예수께서 말씀하실 때에 12명 가운데 한 사람인 가룟 사람 유다라 하는 자가 군대와 대제사장과 바리새인1)들이 보낸 무리2)와 함께 등과 횃불과 칼과 무기3)를 가지고 왔다.

4 예수께서 자신이 당할 일을 아시고 "너희가 누구를 찾느냐?"라고 그들에게 말하자

5 그들이 대답했다. "나사렛 예수라 하는 사람이다."이에 예수께서 말씀하셨다. "내가 바로 그 사람이다." 예수를 파는 가룟 사람 유다도 그들과 함께 서 있었다.

6 예수께서 그들에게 "내가 바로 그 사람이다"라고 말씀하실 때 그들이 뒷걸음질을 치며 땅에 엎드려졌다.

7 이에 다시 예수께서 "누구를 찾느냐?"라고 묻자 그들이 말했다. "나사렛 예수다."그러자

8 예수께서 대답하셨다. "내가 너희에게 바로 그 사람임을 스스로 말했으니 나를 잡고 내 제자4)들이 가는 것은 허락하라."

9 이 말을 한 것은 "아버지께서 내게 주신 자들 가운데서 한 명도 잃어버리지 않았습니다5)"라는 말씀을 이루시기 위함이었다.

10 그때 칼을 가지고 곁에 서 있던 시몬 베드로가 칼을 빼어 대제사장의 종을 쳐서 오른쪽 귀를 베어 떨어뜨리니 그 종의 이름은 말고였다.

11 그때 예수께서 "이것까지 참으라"고 말씀하시고 그 종의 귀를 만져

낮게 하셨다. 그리고 베드로에게 말씀하셨다. "네 칼을 도로 칼집에 꽂으라. 칼을 가지는 자는 모두 칼로 망한다. 아버지께서 주신 십자가를 지는 잔을 내가 마셔야 하지 않겠느냐?"

베드로의 첫 번째 부인과 안나스의 질문6)

12 ● 이에 군대와 천부장과 유대인 대제사장의 아랫사람들이 예수를 잡아 결박하여 겟세마네 동산에서 기드론 골짜기 서쪽 능선을 따라 약 1.4km 거리의 시온산 지역에 있는

13 안나스에게 먼저 끌고 갔다. 안나스는 그 해의 대제사장인 가야바의 장인이었다.

14 가야바는 유대인들에게 "한 사람이 백성을 위해 죽는 것이 유익하다"라고 말하던 자였다.

15 시몬 베드로와 제자 한 사람이 예수를 따라갔다. 이 제자는 대제사장과 아는 사이로 예수와 함께 대제사장의 집 뜰로 들어갔다.

16 그러나 베드로는 들어가지 못하고 대제사장 집의 문 밖에 서 있었다. 그러자 대제사장을 아는 다른 한 제자가 나가서 문 지키는 여자에게 말하여 베드로를 집 안으로 데리고 들어오자

17 베드로가 바깥 뜰에 앉았을 때 문을 지키는 여종이 나아와 베드로가 불빛을 향해 불을 쬐고 있는 것을 주목하여 보고 그에게 말했다. "너도 갈릴리 사람 나사렛 예수의 제자 중 하나가 아니냐?"이에 베드로가 모든 사람 앞에서 예수를 부인하여 말했다. "나는 아니다.

1) 마 26:47, 대제사장들과 백성의 장로 2) 아랫사람 3) 막 14:43, 몽치 4) 이 사람 5) 요 6:39 6) 마 26:57-58, 69-70, 막 14:53-54, 66-68, 눅 22:54-57

네가 무슨 말을 하는지 알지 못하겠다."

18 3~4월인 이때는 날이 추워 종과 아랫 사람들이 불을 피워 놓고 주위에 모여 서서 불을 쬐고 있었다. 베드로도 그들과 함께 불을 쬐고 있었다.

19 대제사장이 예수께 그의 제자들과 그의 가르침에 대해 묻자

20 예수께서 대답하셨다. "나는 모든 유대인이 모이는 회당과 성전에서 매일 공개적으로 가르쳤고 은밀하게는 아무것도 말하지 않았다. 그런데

21 왜 그것을 나에게 묻느냐? 내가 무슨 말을 했는지 내 말을 들은 자들에게 물어보라. 그들은 내가 했던 말을 알고 있다."

22 이 말씀을 하시자 곁에 섰던 수하한 명이 손으로 예수를 치며 말했다. "네가 대제사장에게 어찌 성실하게 대답하지 않느냐?" 그러자

23 예수께서 다시 대답하셨다. "내가 말을 잘못했으면 그 잘못한 것을 말해 보라. 그것이 아니고 바른 말을 했으면 네가 왜 나를 때리느냐?"

24 안나스가 예수를 결박한 채로 대제사장 가야바에게 보냈다.

베드로 두 번째, 세 번째 부인1)

25 ● 조금 후에 베드로가 앞문까지 나아가 서서 불을 쬐고 있을 때 사람들이 그를 보고 물었다. "너도 나사렛 예수의 제자가 아니냐?" 이에 베드로가 다시 부인하기를 "나는 아니다"라고 했다.

26 한 시간쯤 지난 후 대제사장의 종들 가운데 한 명은 베드로에게 귀를 잘린 사람의 친척으로 그가 말하기를 "네가 그 사람과 함께 동산

에 있는 것을 내가 보았다. 네 말씨를 보니 틀림없다"라고 했다.

27 그러자 베드로가 저주까지 하며 맹세하고 다시 부인하여 말했다. "나는 너희가 말하는 그 사람을 알지 못한다." 아직 말하고 있을 때 닭이 곧 2번 울었다.

빌라도에게 넘겨짐2)

28 ● 한편 무리가 예수를 결박하여 시온산 지역의 가야바에게서 1.5km 떨어진 양 문 근처의 빌라도의 공관으로 끌고 가니 아직 새벽이었다. 그러나 그들은 더럽힘을 받지 않고 유월절 잔치 음식을 먹고자 하여 공관에는 들어가지 않았다.

29 그래서 빌라도 총독이 공관 밖으로 나와 그들에게 말했다. "너희가 무슨 일로 이 사람을 고발하느냐?"

30 그들이 대답했다. "이 사람이 행악자가 아니라면 우리가 당신에게 넘기지 않았을 것입니다.

31 빌라도가 말하기를 "너희가 그를 데려다가 너희 법에 따라 재판하라"고 했다. 이에 유대인들이 대답했다. "우리에게는 사형시킬 권한이 없습니다."

32 이는 예수께서 자기가 어떤 죽음으로 죽을 것을 가리켜 하신 말씀을 이루게 하기 위해서였다.

빌라도의 심문3)

33 ● 빌라도 총독이 공관으로 다시 들어가 예수께 물었다. "네가 유대인의 왕이냐?"

34 예수께서 대답하셨다. "그렇게 말하는 것은 당신이다. 이는 네가 스스로 하는 말이냐? 다른 사람들이 나에 대해 네게 한 말이냐?"

35 빌라도가 다시 물었다. "내가 유대

인이냐? 네가 무엇을 했기에 네 나라 사람과 대제사장들이 너를 유대인이 아닌 나에게 넘겼느냐?"

36 예수께서 대답하셨다. "내 나라는 이 세상에 속한 것이 아니다. 내 나라가 이 세상에 속했다면 내 종들이 싸워 내가 유대인들에게 넘겨지지 않도록 했을 것이다. 내 나라는 이 세상에 속한 것이 아니다."

37 이에 빌라도 총독이 물었다. "그러면 네가 왕이 아니냐?" 이에 예수께서 대답하셨다. "네 말과 같이 내가 왕이다. 내가 진리에 대해 증언하기 위해 세상에 왔다. 무릇 진리에 속한 사람은 내 음성을 듣는다."

38 빌라도가 물었다. "진리가 무엇이냐?" 이 말을 한 후 빌라도 총독은 대제사장들과 유대인 무리에게 말했다. "내가 보니 이 사람에게는 죄가 없다."

39 빌라도가 다시 말했다. "유월절 명절이 되면 총독이 군중의 청원에 따라 죄수 한 명을 석방시켜 주는 전례가 있으니 너희는 내가 유대인의 왕을 너희에게 풀어 주기를 바라느냐?"

40 그러자 그들이 일제히 외쳤다. "예수를 없애고 바라바를 우리에게 풀어 주소서." 바라바는 성중에서 일어난 민란과 살인으로 인해 옥에 갇힌 강도였다.[1]

예수께서 희롱당하심[2]

19 ● 이에 빌라도 총독이 예수를 채찍질했다.

2 이어 군인들은 예수의 옷을 벗기고 자색 옷[3]을 입히며, 가시로 관을 만들어 그의 머리에 씌웠다.

3 그리고 자기들 앞에서 무릎을 꿇게 한 후 경례하고 희롱하며 말했다.

"유대인의 왕이여, 평안하라." 또 그에게 침을 뱉고, 갈대를 빼앗아 그의 머리를 치며 손으로 때렸다.

빌라도의 예수 석방 노력

4 ● 빌라도 총독이 다시 관정 뜰 밖으로 나가 말했다. "보라, 이 사람을 데리고 너희에게 나왔다. 이는 내가 그에게서 아무 죄도 찾지 못한 것을 너희에게 알리기 위함이다."

5 이에 예수께서 가시관을 쓰고, 자색 옷을 입고 나오시자 빌라도가 그들에게 말하기를 "보라, 이 사람이다[4]"라고 했다.

6 그러자 대제사장들과 그 아랫사람들이 예수를 보고 소리 질러 외쳤다. "십자가에 못 박아라, 십자가에 못 박아라." 이에 빌라도 총독이 대답했다. "너희가 직접 데려다가 십자가에 못 박으라. 나는 그에게서 아무 죄를 찾지 못했다."

7 유대인들이 대답하기를 "우리 법대로 하면 그는 당연히 죽어야 합니다. 그는 자기를 하나님의 아들이라고 하기 때문입니다"라고 했다.

8 빌라도 총독이 이 말을 듣고 더욱 두려워하여

9 다시 관정 뜰 안으로 들어가 예수께 "너는 어디서 왔느냐?"라고 물었다. 그러나 예수께서는 아무런 대답도 하시지 않았다.

10 그러자 빌라도 총독이 다시 물었다. "너는 왜 내게 말하지 않느냐? 내가 너를 풀어 줄 권한도 있고 십자가에 못 박을 권한도 있는 줄 알지 못하느냐?"

11 그러자 예수께서 대답하셨다. "위에서 그 권세를 주시지 않았다면

나를 해할 권한이 없었을 것이다. 그러므로 나를 당신에게 넘겨준 자들의 죄가 더 크다."

예수에 대한 재판[1]

12 ●예수께서 이렇게 말하자 빌라도 총독은 예수를 풀어 주려고 힘썼다. 그러나 유대인들이 소리를 질렀다. "이 사람을 풀어주면 당신은 로마 황제[2]의 충신이 아닙니다. 무릇 자기를 왕이라고 하는 자는 로마 황제를 반역하는 것입니다."

13 빌라도가 그 소리를 듣고 예수를 끌고 나가서 돌로 포장한 뜰, 히브리 말로 '가바다'에 있는 재판석에 앉았다.

14 이날은 유월절의 예비일이며, 때는 로마 시간으로 오전 6시쯤[3]이 되었다. 빌라도가 유대인들에게 말했다. "보라, 너희의 왕이다."

15 그 소리를 듣자 그들은 "없애버리라. 없애버리라. 그를 십자가에 못 박으라"고 소리쳤다. 빌라도가 말했다. "내가 너희 왕을 십자가에 못 박으면 되겠느냐?" 대제사장들이 대답했다. "가이사[4] 외에는 우리에게 왕이 없습니다."

16 이에 빌라도가 십자가형을 언도했다. 그리고 바라바는 풀어 주고, 예수는 채찍질하고 십자가에 못 박도록 그들에게 넘겨주었다.

십자가를 지심과 십자가에 달리심[5]

17 ●무리가 빌라도에게서 예수를 인도 받으매 예수께서는 십자가를 지시고 해골, 곧 히브리 말로 '골고다'라고 하는 곳으로 나가셨다.

18 오전 9시인 유대 시간 제삼시가 되었을 때 예수를 십자가에 못 박았다. 이어 다른 두 사람도 예수의 좌우편의 십자가에 못 박았다. 예수는 가운데에 있었다.

19 빌라도가 '나사렛 예수, 유대인의 왕'이라고 쓴 죄패를 써서 십자가 위에 달았다.

20 예수께서 못 박히신 곳이 예루살렘성에서 가깝고 히브리와 로마와 헬라 말로 기록되었기 때문에 많은 유대인이 이 패를 읽을 수 있었다.

21 유대인의 대제사장들이 빌라도 총독에게 말했다. "'유대인의 왕'이라고 쓰지 말고 '자칭 유대인의 왕'이라고 쓰십시오." 그러나

22 빌라도가 말하기를 "나는 쓸 것을 썼을 뿐이다"라고 했다.

23 군인들이 예수를 십자가에 못 박은 후 그의 옷을 취하여 4조각으로 나누어 각자 한 조각씩 갖고 속옷도 취했는데, 이 속옷은 이음새 없이 위에서부터 통으로 짠 것이었다.

24 그래서 군인들이 서로 말했다. "이것은 찢지 말고 누가 가질 것인지 그 옷을 제비 뽑아 차지하자." 이렇게 된 것은 성경에 기록된 대로 "그들이 내 옷을 나누고, 내 옷을 제비 뽑나이다"라고 한 것이 이루어지게 하기 위함이었다. 군인들은 이런 일을 했다.

25 예수께서 달린 십자가 옆에는 그 어머니 마리아와 이모 살로메와 글로바의 아내 마리아와 막달라 마리아가 서 있었다.

26 예수께서 자기의 어머니와 사랑하시는 제자인 요한이 곁에 서 있는 것을 보시고 자기 어머니께 말씀하셨다. "여자여, 보십시오. 아들입니다."

1) 마 27:26, 막 15:13-15, 눅 23:24-25 2) 가이사 3) 또는 유대 시간 제육시, 곧 정오 4) 로마 황제 5) 마 27:33-38, 막 15:22-24, 눅 23:333-34

27 또 그 제자인 요한에게 말씀하셨다. "보라, 네 어머니이다." 그때부터 그 제자가 예수의 어머니를 자기 집에 모셨다.

예수의 죽음[1)]

28 ● 그후 예수께서 모든 일이 이미 이루어진 줄을 아시고 성경의 말씀이 이루어지게 하기 위해 "내가 목마르다[2)]"라고 말씀하셨다.

29 마침 그곳에 신 포도주가 가득히 담긴 그릇이 있었다. 그래서 사람들[3)]이 곧바로 달려가 해면에 신 포도주를 적셔서 우슬초[4)]에 매어 예수의 입에 대자

30 예수께서 다시 큰 소리로 외치셨다. "아버지여, 내 영혼을 아버지 손에 부탁합니다." 그리고 신 포도주를 드신 후에 "다 이루었다"라고 말씀하셨다. 그리고 머리를 숙이니 영혼이 떠나가셨다.

예수의 옆구리를 창으로 찌름

31 ● 예수께서 십자가에 죽으신 날은 안식일 전날인 안식일의 준비일이었다. 유대인들에게 안식일은 큰 날이어서 안식일에는 시체들을 십자가에 두지 않기 위해 빌라도 총독에게 그들의 다리를 꺾어 시체를 치워 달라고 했다.

32 이에 군인들이 가서 먼저 예수와 함께 못 박힌 두 사람의 다리를 꺾었다.

33 그러나 예수께 와서는 그가 이미 죽은 것을 보고 다리를 꺾지 않고

34 대신 그중 한 군인이 창으로 예수의 옆구리를 찌르자 피와 물이 나왔다.

35 이 광경을 본 자가 증언한 것이기 때문에 그 증언은 진실이다. 그는 자기가 말하는 것이 진실인 줄 알았다. 그가 그렇게 말한 것은 너희

도 믿게 하기 위함이었다.

36 이렇게 된 것은 "그 뼈가 하나도 꺾이지 않을 것이다[5)]"라고 한 성경의 말씀이 이루어지게 하기 위함이었다.

37 또 다른 성경에는 "그들이 그 찌른 자를 볼 것이다[6)]"라고 기록되었다.

예수를 장사 지냄[7)]

38 ● 날이 저물었을 때 아리마대 출신의 요셉이라고 하는 사람이 있는데 그는 부자로서 예수의 제자였으나 유대인이 두려워 그 사실을 숨겼다. 그는 담대히 빌라도 총독을 찾아가 예수의 시신을 달라고 요청했다. 빌라도 총독이 예수의 시신을 내어주도록 허락하자 요셉이 예수의 시신을 가져다가 깨끗한 세마포로 쌌다.

39 오래전 밤에 예수를 찾아왔던 니고데모도 몰약과 침향을 섞어서 만든 3만 2,700g에 해당하는 100리트라 정도의 향품을 가지고 왔다.

40 이 두 사람은 예수의 시신을 십자가에서 내린 후 가져다가 유대인의 장례법대로 향품과 함께 세마포로 쌌다.

41 예수께서 십자가에 못 박히신 곳에는 동산이 있었는데, 동산 안에는 아직 사람을 장사한 일이 없는 아리마대의 새 무덤이 있었다.

42 이날은 유대인의 안식일의 준비일이며, 무덤이 가깝기 때문에 예수의 시신을 그곳에 두었다.

예수의 부활하심[1)]

20 ● 막달라 마리아와 야고보의 어머니 마리아와 예수의 이모

---

1) 마 27:48–50, 막 15:36–37, 눅 23:46   2) 시 69:21
3) 마 27:48, 한 사람   4) 마 27:48, 갈대   5) 출 12:46,
민 9:12, 시 34:20   6) 슥 12:10   7) 마 27:57–59, 막
15:42하–46, 눅 23:52–54

인 살로메가 예수의 시신에 바르기 위해 향품을 사다 두었다가 안식일이 지나고[2] 첫날이 되는 아직 어둘 때[3]에 예수의 무덤에 왔다. 막달라 마리아가 돌이 무덤에서 굴려져 있는 것을 보고 무덤 안으로 들어갔으나 주 예수의 시체는 보이지 않았다.

2 무덤에서 돌아온 여인들은 막달라 마리아, 요안나, 야고보의 어머니 마리아, 또 다른 여인이었다. 이들은 시몬 베드로와 예수께서 사랑하시던 또 다른 제자에게 달려가서 말했다. "사람들이 주님을 무덤에서 가져다가 어디 두었는지 우리가 알지 못합니다."

3 그러나 그들은 그 여인들의 말을 믿으려고 하지 않았다. 그러나 베드로와 또 다른 제자는 일어나 둘이 함께 무덤으로 달려갔다.

4 그때 다른 제자가 베드로보다 더 빨리 달려가서 먼저 무덤에 이르러

5 허리를 구부려 세마포가 놓인 것을 보았으나 들어가지는 않았다.

6 이어 시몬 베드로가 도착하여 무덤에 들어가 보니 세마포가 놓였고,

7 또 머리를 쌌던 수건은 세마포와 함께 놓이지 않고 다른 곳에 쌌던 대로 놓여 있었다.

8 그제야 무덤에 먼저 갔던 다른 제자도 무덤에 들어가 보고 믿었다.

9 그들은 "그가 죽은 자 가운데서 다시 살아나야 하리라"[4]고 한 성경의 말씀을 아직 기억하지 못했다.

10 이에 2명의 제자가 그 된 일을 놀랍게 여기며 집으로 돌아갔다.[5]

막달라 마리아와 두 여인에게 나타나심[6]

11 ● 막달라 마리아는 예수의 무덤 밖에 서서 울면서 몸을 구부려 무덤 안을 들여다보았다.

12 그 안에는 흰옷을 입은 두 천사가 예수의 시신을 두었던 곳에 하나는 머리 쪽에, 다른 하나는 발 쪽에 앉아 있었다.

13 그때 천사들이 "여자여, 왜 우느냐?"라고 말하자 여자가 대답했다. "사람들이 내 주님을 무덤에서 옮겨다가 어디에 두었는지 내가 알지 못합니다."

14 그녀가 이 말을 하고 뒤돌아 예수께서 서 계신 것을 보았으나 예수인 줄을 알지 못했다.

15 이에 예수께서 말씀하셨다. "여자여, 왜 울며 누구를 찾느냐?" 마리아는 그가 동산을 지키는 사람인 줄 알고 말했다. "만일 예수의 시신을 당신이 옮겼다면 어디에 두었는지 내게 알려주세요. 그러면 내가 그 시신을 가져가겠습니다."

16 예수께서 다시 "마리아야"라고 부르시자 마리아가 돌이켜 예수인 줄 알아보고 히브리 말로 '선생님'이라는 뜻의 '랍비여'라고 대답했다. 그러자

17 예수께서 말씀하셨다. "나를 붙잡지 말라. 내가 아직 아버지께로 올라가지 않았다. 너는 내 형제들에게 가서 내가 내 아버지, 곧 너희 아버지, 내 하나님, 곧 너희 하나님께로 올라간다고 알려주라."

18 이에 막달라 마리아는 예수와 함께했던 제자[7]들에게 가서 슬퍼하며 울고 있는 그들에게 자신이 부활한 예수를 만난 사실과 예수께

1) 마 28:1-10, 막 16:1-8, 눅 24:1-3 2) 그 주간의 3) 마 28:1과 막 16:2과 눅 24:1, 새벽, 해가 돋을 때 4) 시 16:10 참조 5) 눅 24:12하 6) 막 16:9-11 7) 막 16:10, 사람

서 일러 준 말씀을 알렸다.

제자에게 나타나심과 도마의 의심

19 ● 안식일이 지난 후 첫날 저녁때 제자들은 유대인들을 두려워하여 모인 곳의 문들을 닫았다. 이때 예수께서 찾아와 친히 그들 가운데 서서 말씀하셨다. "너희에게 평안이 있으라."

20 이 말씀을 하신 후 손과 옆구리를 보이자 제자들이 주님을 보고 기뻐했다.

21 그러자 예수께서 또 말씀하셨다. "너희에게 평안이 있으라. 아버지께서 나를 보내신 것처럼 나도 너희를 세상으로 보낸다."

22 그리고 계속해서 그들을 향해 숨을 내쉬며 "성령을 받으라.

23 너희가 누구의 죄든지 용서하면 용서받을 것이지만 누구의 죄든지 그대로 두면 그대로 있을 것이다" 라고 말씀하셨다.

24 12명의 제자 가운데 한 명인 '디두모'라고 불리는 도마는 부활한 예수께서 제자들에게 찾아오셨을 때 그 자리에 함께 있지 않았다.

25 다른 제자들이 그에게 "우리가 주님을 보았다"라고 말하자 도마가 말했다. "나는 주님의 손에 있는 못 자국을 보고 내 손가락을 그 못 자국과 그의 옆구리에 넣어 보지 않고는 믿지 못하겠다."

26 그로부터 8일이 지난 후 제자들이 다시 집안에 모여 있을 때 도마도 함께 있었고 문은 닫혀 있었다. 그때 예수께서 다시 찾아와 그들 가운데 서서 "너희에게 평안이 있으라"고 말씀하셨다.¹⁾

27 그리고 도마에게 말씀하셨다. "내 손을 보고 네 손을 내밀어 내 옆구리에 넣어보라. 그리하여 믿는 자

28 도마가 대답했다. "나의 주님이며, 나의 하나님이십니다."

29 이에 예수께서 말씀하셨다. "너는 나를 보았기 때문에 믿느냐? 보지 않고 믿는 자들은 더 복이 있다."

30 예수께서 제자들 앞에서 행하신 표적은 이 책에 기록되지 않은 것도 많다.

31 다만 이것을 기록하는 것은 너희로 예수께서 하나님의 아들 그리스도이심을 믿게 하기 위해서이다. 더 나아가 믿고 그 이름을 힘입어 영원한 생명을 얻게 하기 위함이다.

7명의 제자에게 나타나심

21 ● 이 일이 일어난 후 예수께서 갈릴리 바닷가, 곧 디베랴 호수가에서 다시 제자들에게 부활한 자기의 모습을 나타내신 일은 이렇다.

2 시몬 베드로, '디두모'라고 하는 도마, 갈릴리 가나 사람 나다나엘, 세베대의 아들들인 야고보와 요한 그리고 또 다른 제자 2명 등 7명이 함께 있었다.

3 그때 시몬 베드로가 말했다. "나는 물고기를 잡으러 간다." 그러자 함께 있는 자들도 "우리도 함께 가겠다"라고 말하며 밖으로 나가 배에 올랐다. 그러나 그날 밤에는 한 마리의 고기도 잡지 못했다.

4 날이 밝아 올 때 예수께서 바닷가에 서 계셨으나 제자들은 그가 예수이신 줄을 알지 못했다.

5 이에 예수께서 제자들에게 말씀하셨다. "친구들아, 너희에게 고기가 있느냐?" 그들이 대답했다. "없습니다."

1) 눅 24:36

6 이에 예수께서 다시 말씀하셨다. "배 오른편에 그물을 던지라. 그러면 고기를 잡을 것이다." 이에 그들이 그의 말대로 그물을 던졌더니 많은 물고기가 잡혀 그물을 들 수 없을 정도가 되었다.

7 예수께서 사랑하시는 제자 요한이 베드로에게 "저 분은 주님이시다"라고 외치자 시몬 베드로가 주님이라고 하는 말을 듣고는 벗고 있던 겉옷을 허리에 두른 채 바다로 뛰어내렸다.

8 다른 제자들은 육지에서 90m 되는 50칸쯤 떨어져 있으므로 작은 배를 타고 물고기가 든 그물을 끌고 와서

9 육지에 올라와 보니 숯불이 있는데, 그 위에 생선이 놓였고 빵도 있었다.

10 예수께서 말씀하셨다. "지금 잡은 생선을 조금 가져오라." 이에

11 시몬 베드로가 올라가서 그물을 육지로 끌어올리자 그물에 가득 찬 큰 물고기가 153마리나 되었다. 이같이 많았지만 그물이 찢어지지 않았다.

12 예수께서 "와서 아침을 먹으라"고 말씀하시자 제자들이 주님이신 줄을 알기에 감히 당신이 누구냐고 묻는 자가 없었다.

13 예수께서 빵과 생선을 가져다가 제자들에게 주셨다.

14 이것은 예수께서 죽은 자 가운데서 부활하신 후 세 번째로 제자들에게 나타나신 것이다.

베드로에게 네 양을 먹이라고 하심

15 ● 그들이 아침을 먹은 후 예수께서 시몬 베드로에게 물으셨다. "요한의 아들 시몬아, 네가 이 사람¹⁾들보다 나를 더 사랑하느냐?" 이에 베드로가 "주여, 그렇습니다. 내가 주님을 사랑하는 것을 주께서는 알고 계십니다." 이에 주님은 "내 어린 양을 먹이라"고 말씀하셨다.

16 다시 두 번째로 "요한의 아들 시몬아, 네가 나를 사랑하느냐?"라고 물으셨다. 베드로가 다시 "주여, 그렇습니다. 내가 주님을 사랑하는 것을 주께서는 알고 계십니다"라고 대답했다. 이에 예수께서 "내 양을 치라"고 말씀하셨다.

17 예수께서 세 번째로 다시 물으셨다. "요한의 아들 시몬아, 네가 나를 사랑하느냐?" 주님이 세 번째로 "네가 나를 사랑하느냐"라는 말에 베드로가 근심하여 말했다. "모든 것을 주님이 아십니다. 내가 주님을 사랑하는 것을 주께서 아십니다." 예수께서 말씀하셨다. "내 양을 먹이라."

18 내가 참으로 너에게 말한다. "네가 젊어서는 스스로 띠를 띠고 가고자 하는 곳으로 다녔지만 늙어서는 네 팔을 벌릴 것이니²⁾ 다른 사람이 너에게 띠를 띠우고³⁾ 네가 원하지 않는 곳으로 데려갈 것이다."

19 이 말씀을 하심은 베드로가 어떤 죽음으로 하나님께 영광을 돌릴 것인지를 가리킨 것이다. 이 말씀을 하시고 베드로에게 말씀하셨다. "너는 나를 따르라."

베드로의 질문

20 ● 베드로가 뒤를 돌아보니 예수께서 사랑하는 제자 요한이 따라오고 있었다. 그는 마지막 식사 자리에서 예수의 품에 기대어 "주님을 파는 자가 누구입니까?"라고 묻던 자였다.

1) 이것 2) 십자가의 형벌이 있을 것이니 3) 형틀에 묶을 것이고

21 이에 베드로가 그를 보고 예수께 물었다. "주여, 이 사람 요한은 장차 어떻게 되겠습니까?"

22 예수께서 말씀하셨다. "설사 내가 다시 올 때까지 그를 살아있도록 해도 그것이 네게 무슨 상관이 있느냐? 오직 너는 나를 따르라."

23 이 말씀 때문에 그 제자 요한이 죽지 않으리라는 소문이 믿는 형제들 사이에 퍼졌다. 그러나 예수의 말씀은 그가 죽지 않겠다는 말이 아니라 단지 내가 다시 올 때까지 그를 죽지 않게 하고자 할지라도 너와 무슨 상관이 있느냐고 하신 것이었다.

24 이 일들을 증언하고 기록한 제자가 이 사람 요한이다. 우리는 그의 증언이 진실된 것인 줄 안다.

25 예수께서 행하신 일은 지금까지 기록한 것 외에도 많다. 만일 그것을 모두 기록한다면 이 세상이라도 기록된 책을 두기에 모자랄 것이다.

사도행전　　　　　　　　Acts

제목　　히브리어 성경에는 프락세이스('행적') 혹은 프락세이스 아포스톨론('사도들의 행적')
기록연대　기원후 61~63년경　**저자** 누가　**중심주제** 예수 승천 후 사도들의 행적

내용소개　* 베드로 사역: 예루살렘, 유대, 사마리아(교회 설립과 분산)　1. 교회의 탄생 1~4장
2. 교회의 성장 5~7장　3. 교회의 흩어짐 8~12장　* 바울사역: 땅끝(교회 확장)
4. 교회의 확산과 바울 13~20장　5. 바울의 체포와 재판 21~26장　6. 바울의 로마행 27~28장

성령의 약속

1 ● 데오빌로 각하여, 내가 먼저 쓴 책인 누가복음 글에는 예수께서 행하시며 가르치시기를 시작한 때부터

2 그분이 선택한 사도들에게 성령으로 명령하고 하늘로 올라가신 날까지의 일을 기록했습니다.

3 그가 고난을 받아 죽으신 후 그들에게 분명한 많은 증거로 40일 동안 친히 살아계심을 그들에게 나타내사 하나님 나라의 일을 말씀하셨습니다.

4 어느 날 예수께서는 사람들이 사도와 함께 모여 있을 때 그들에게 이렇게 분부하셨습니다. "예루살렘을 떠나지 말고 내게서 들은 대로 아버지께서 약속하신 것을 기다리라.1) 또

5 세례자 요한은 물로 세례를 주었으나 너희는 며칠이 안 되어 성령으로 세례를 받을 것이다."

예수께서 승천하심2)

6 ● 사도들이 모였을 때 부활하신 예수께 물었다. "주께서 이스라엘 나라를 회복하시는 때가 지금입니까?"

7 예수께서 말씀하셨다. "때와 시기는 오직 아버지께서 자기의 권한 아래에 두셨다. 그러므로 너희가 알려고 할 일이 아니다.

1) 눅 24:36　2) 막 16:19상, 눅 24:50~53

8 다만 성령이 너희에게 임하시면 너희가 능력을 받고 예루살렘과 유대 모든 지역과 사마리아와 땅 끝까지 다니며 내 증인이 될 것이다."

9 예수께서 이 말씀을 마치시고 축복하실 때 그들이 보는 데서 하늘로 올라가시니 구름이 그를 가리워 보이지 않게 했다.

10 예수께서 하늘로 올라가실 때 제자들이 주목하여 하늘을 쳐다보자 흰옷 입은 두 사람이 그들 곁에 서서

11 말했다. "갈릴리 사람들아, 왜 서서 하늘을 쳐다보느냐? 너희 가운데서 하늘로 올라가신 예수는 하늘로 올라 가는 것을 본 그대로 다시 오실 것이다."

12 그들이 그에게 경배한 후 큰 기쁨 가운데 올리브산에서 예루살렘성 안으로 돌아왔다. 올리브산은 예루살렘에서 가까워 안식일에 가기 알맞은 길이다. 그들은 성전에서 항상 하나님을 찬양했다.[1]

가룟 유다 대신 맛디아를 사도로 선출

13 ● 제자들이 예루살렘성으로 들어가 그들이 거주하는 다락방으로 올라가자 그곳에는 베드로, 요한, 야고보, 안드레, 빌립, 도마, 바돌로매, 마태인 레위, 알패오의 아들 야고보, 열심당 셀롯인 시몬, 야고보의 아들 유다가 모두 그곳에 있었다. 그리고

14 여자들과 예수의 어머니 마리아와 예수의 동생들과 더불어 한마음으로 오직 기도에 힘쓰고 있었다.

15 그곳에 모인 사람이 120명 정도가 되었다. 그때 베드로가 그들 가운데 일어서서 말했다.

16 "형제들아, 성령이 다윗의 입을 통해 예수를 잡는 자들의 앞잡이가 된 가룟 사람 유다를 가리켜 미리 말씀하신 성경을 이루게 했으니 당연하다.

17 이 사람은 본래 우리 사도 모임 가운데 참여하여 그 사도의 직무에서 한 부분을 맡았던 자였다.

18 이 사람은 불의의 대가로 받은 돈으로 밭을 샀으나 결국 그 밭에서 몸이 거꾸러져 배가 터져 창자가 다 흘러나왔다.

19 이 일이 예루살렘에 사는 모든 사람에게 퍼져 그들의 말로 그 밭을 '피밭'[2]이라는 뜻의 '아켈다마'라고 했다.

20 이에 대해 시편에는 이렇게 기록되었다. '그의 처소를 황폐하게 하시며 그곳에 거주하는 자가 없게 하십시오[3].' 또 이렇게 기록되었다. '그의 감독의 직분을 다른 사람이 차지하게 하십시오[4]'

21 그러므로 세례자 요한의 세례 때부터 우리 가운데서 하늘로 올라가는 날까지 주 예수께서 우리 가운데 다니시는 동안

22 항상 함께했던 사람 가운데 한 명을 선출하여 우리와 함께 예수의 부활을 증언할 사람이 되게 해야 할 것이다."

23 이에 모인 무리가 2명을 추천했다. 그중 한 명은 별명이 '유스도'인 바사바라고도 하는 요셉이고, 다른 한 명은 맛디아였다.

24 그들이 기도하기를 "모든 사람의 마음을 아시는 주여, 이 두 사람 중에 누가 주께서 선택한 자가 되어

25 봉사와 사도의 직무를 대신할 사람인지 보여주십시오. 가룟 사람 유다는 이 사도의 직무를 버리고

1) 눅 24:53 2) 마 27:8 3) 시 69:25 4) 시 109:8

제 갈 길로 갔습니다"라고 했다. 그리고

26 제비를 뽑아 맛디아를 선출하니 그가 11명과 함께 사도가 되었다.

성령 강림

2 ● 오순절 날이 되자 제자들이 한 곳에 모였다.

2 그때 갑자기 하늘에서부터 세찬 바람 같은 소리가 그들이 앉아 있는 집에 가득했다. 이어

3 마치 혀 모양을 한 불꽃이 갈라지는 것들이 그들에게 보여 각 사람 위에 하나씩 머물렀다.

4 그곳에 있는 사람들은 모두 성령을 충만히 받았고, 성령께서 말하게 하시는 대로 각기 다른 언어로 말하기를 시작했다.

5 그때 예루살렘에는 세계 각국에서 온 경건한 유대인들이 머물고 있었는데

6 그 소리를 듣고 많은 사람이 모여들었다. 그리고 예수의 제자들이 각각 자기 나라의 방언으로 말하는 것을 듣고 놀라

7 신기하게 여겨 말했다. "이 사람들을 보라. 이 말하는 사람들이 모두 갈릴리 사람들인데,

8 우리 각 사람의 지역에서 사용하는 말1)을 듣게 되는 것이 어찌 된 일이냐?

9 우리는 바대인, 메대인, 엘람인과 메소보다미아, 유대, 갑바도기아, 본도, 아시아,

10 브루기아, 밤빌리아, 애굽, 구레네에 가까운 리비야 여러 지방에 사는 사람들과 로마에서 온 나그네 된 유대인과 유대교에 들어온 사람들이며

11 또 지중해 중앙의 섬에 있는 그레데인, 아라비아인들이다. 그런데 우리 나라의 각 언어로 하나님의 큰일을 말하는 것을 듣고 있다." 그리고

12 모두 놀라 당황하여 서로 말하기를 "이 일이 어찌 된 일이냐?"라고 했다.

13 또 어떤 이들은 그들이 새 술에 취했다고 조롱하기도 했다.

베드로의 오순절 설교

14 ● 베드로가 11명의 사도와 함께 일어나 소리를 높여 말했다. "유대인들과 예루살렘에 거주하는 모든 사람아, 이번에 일어난 일을 너희에게 알게 할 것이니 내 말을 잘 듣기 바란다.

15 지금은 오전 9시인 제삼시이니 너희 생각과 같이 이 사람들이 취한 것이 아니다.

16 이는 요엘 선지자의 예언이 이루어진 것이다. 그 예언의 말씀은 이것이다.

17 하나님께서 말씀하시기를 '세상 끝 날에 내가 내 영을 모든 사람2)에게 부어 주리니 너희 자녀들은 예언하고, 젊은이들은 환상을 보고, 노인들은 꿈을 꿀 것이다.

18 그날 내가 내 영을 내 남녀 종들에게 부어 주리니 그들이 예언할 것이다.

19 내가 위로 하늘에서는 놀라운 일을, 아래로 땅에서는 피와 불과 연기로 징조를 베풀 것이다.

20 주의 크고 영화로운 날이 도래하기 전에 해가 변해 어두워지고 달이 변해 피가 될 것이다. 그러나

21 누구든지 주의 이름을 부르는 자는 구원을 받을 것이다'3)라고 했다.

22 이스라엘 백성들은 이 말을 들으라. 너희도 알고 있는 것처럼 하나

---

1) 방언 2) 육체 3) 욜 2:28-32

님께서는 나사렛 예수로 큰 능력과 놀라운 일과 기적을 너희 가운데서 베풀어 너희 앞에서 그에 대해 증언하셨다.

23 예수께서는 하나님께서 미리 세운 계획과 이전에 알고 있는 대로 내어준 바 되었으니 너희가 법을 무시하는 자들의 손을 빌려 그를 십자가에 못 박아 죽였다.

24 그러나 하나님께서 그를 죽음의 고통에서 풀어 살리셨다. 그는 사망에 붙잡혀 있을 수 없었기 때문이다.

25 다윗이 예수를 가리켜 말하기를 '나는 항상 내 앞에 계신 주님을 뵈었습니다. 그분은 내가 흔들리지 않게 하기 위해 오른편에 계십니다.

26 그래서 내 마음이 기뻐했으며 내혀도 즐거워했습니다. 또 내 육체도 희망 가운데 있으니

27 이는 내 영혼을 무덤인 음부에 버리지 않고 주의 거룩한 자로 썩어지지 않도록 하시기 때문입니다.

28 주께서 내게 생명의 길을 보이셨기에 주 앞에서 내게 기쁨을 충만하게 채워 주실 것입니다.'[1]라고 했다.

29 형제들아, 나는 조상 다윗에 대해 자신 있게 말할 수 있다. 그는 죽어 장사되어 그 무덤이 오늘까지 남아 있다.

30 그는 선지자로 일찍이 하나님께서 맹세로 약속한 그 자손 가운데 한 사람을 그 위에 앉게 하리라 하는 것을 알고

31 그리스도의 부활에 대해 이렇게 말했다. '그가 무덤에 그대로 버려 둠을 당하지 않고, 그의 육신 또한 썩어짐을 당하지 않을 것이다.'

32 바로 그 예수를 하나님께서 다시 살리셨고 우리가 모두 이 일에 대한 증인이 되었다.

33 하나님께서는 예수를 높은 곳으로 올리시고 오른편에 앉히셨다. 그는 아버지께서 약속하신 성령을 받아 지금 너희가 보고 듣는 성령을 부어 주신 것이다.

34 다윗은 하늘로 올라가보지 못했으나 스스로 이렇게 말했다. 주 하나님께서 내 주에게 말씀하셨다.

35 '내가 네 원수로 네 발등상이 되게 하기까지 너는 내 오른편에 앉아 있으라.'[2]

36 그러므로 이스라엘 모든 백성[3]은 분명히 알아야 한다. 너희가 십자가에 못 박아 죽인 이 예수를 하나님께서는 주[4]와 그리스도가 되게 하셨다."

37 그곳에 모인 무리가 이 말을 듣고 마음에 가책을 받아 베드로와 다른 사도들에게 묻기를 "형제들이여, 그러면 우리가 어떻게 해야 하겠습니까?"라고 하자

38 베드로가 말했다. "너희가 뉘우쳐 돌이키고, 예수 그리스도의 이름으로 세례를 받고, 죄 용서함을 받으라. 그러면 성령을 선물로 받을 것이다.

39 이 약속은 너희와 너희 자녀뿐 아니라 먼 곳에 사는 사람에게까지 한 것이다. 곧 주 되신 우리 하나님께서 부르시는 모든 자에게 하신 것이다."

40 또 다른 말로 확신을 갖고 말했다. "너희가 이 악한 세대에서 구원을 받으라."

41 이에 그 말을 받아들인 사람들은 세례를 받았는데 그날 3,000명이

1) 시 16:8-11   2) 시 110:1   3) 집   4) 主

나 되는 사람들이 믿는 자가 되었다.

42 그들은 사도의 가르침을 받고, 서로 교제하고, 빵을 떼며, 힘써 기도했다.

43 사도들로 인해 기사와 기적이 많이 나타났고, 사람들은 두려워했다. 또한

44 믿는 사람은 함께 모여 모든 물건을 공동으로 사용했고,

45 재산과 소유를 팔아 사람에게 필요한 대로 나누어 주었다.

46 그리고 매일같이 한마음으로 성전에 힘써 모이고, 집에서는 빵을 떼며, 기쁨과 순수한 마음으로 식사를 했다.

47 이로 인해 하나님을 찬양하고 온 백성에게 칭찬을 받게 되니 주께서 구원 받는 사람을 날마다 늘어나게 하셨다.

베드로와 요한이 앉은뱅이를 고침

3 ●어느 날 기도 시간인 오후 3시, 곧 유대 시간 제구시에 베드로와 요한이 성전에 올라가고 있었다. 그때

2 태어나면서부터 걷지 못하는 사람을 사람들이 메고 왔다. 그것은 성전에 들어가는 사람들에게 구걸하기 위해 날마다 미 문이라는 성전 문에 두기 위함이었다.

3 그가 베드로와 요한이 성전에 들어가는 것을 보고 구걸하자

4 베드로가 요한과 함께 그를 주목하여 말했다. "우리를 보라."

5 이에 그가 그 두 사람에게 무엇을 얻을까 기대하며 바라보았다. 이때

6 베드로가 말했다. "금과 은은 내게 없지만 내게 있는 것을 너에게 주노니 곧 나사렛 예수 그리스도의 이름으로 일어나 걸어가라."

7 그리고 오른손을 잡아 일으키자 발과 발목에 힘이 생겼고

8 즉시 일어나 그들과 함께 성전으로 들어가면서 걷기도 하고 뛰기도 하며 하나님을 찬양했다.

9 주위의 모든 사람이 그가 걷는 것과 하나님을 찬양하는 것을 보고

10 그가 본래 성전 미 문에 앉아 구걸하던 사람인 것을 알고 그가 걷는 것으로 인해 크게 놀랐다.

솔로몬 행각에서의 베드로 설교

11 ● 고침을 받은 사람이 베드로와 요한을 붙잡고 놓아주지 않자 모든 사람이 크게 놀라며 달려가 '솔로몬 행각'이라 부르는 곳으로 몰려들었다.

12 베드로가 이를 보고 사람들에게 말했다. "이스라엘 사람들아, 이 일을 왜 놀랍게 여기느냐? 우리 개인의 능력과 경건함으로 이 사람을 걷게 한 것처럼 왜 우리를 바라보느냐?

13 이 일로 아브라함과 이삭과 야곱의 하나님, 곧 우리 조상의 하나님께서 그분의 종1) 되신 예수를 영화롭게 하셨다. 너희는 그 예수를 십자가에 죽이도록 넘겨주었으나 빌라도 총독이 풀어 주기로 한 것을 오히려 너희가 그 앞에서 그를 풀어 주는 것을 거부했다.2)

미문에 대하여 (행 3:2)

오늘날 미문(Gate called Beautiful)으로 알려진 황금문은 성벽 한가운데 있는 아치형 쌍문을 돌로 막아 놓아 성채 같이 보인다. 그러나 예수 당시의 미문은 이 황금문 안쪽 지하에 있다. 이 황금문이 폐쇄된 후 유대인들은 메시아가 이 문으로 들어오면 맨먼저 부활할 수 있다고 믿고 있기 때문에 문 주변에 묘를 쓰기 시작하였다.

1) 소자 2) 마 27:20-23

14 너희는 거룩하고 의로운 예수 대신에 오히려 살인자인 바라바 풀어 주기를 구했다.

15 너희는 생명의 주님을 죽였으나 하나님은 죽은 자 가운데서 그를 살리셨으니 우리가 바로 그 일에 대한 그의 증인이다.

16 바로 그 예수의 이름을 믿는 믿음 때문에 너희가 보고 알고 있는 이 못 걷는 사람을 온전히 걷게 했다. 예수로 인한 믿음이 너희 모든 사람 앞에서 이와 같이 완전히 고침을 받게 한 것이다.

17 형제들아, 너희와 너희 관리들은 알지 못해서 그렇게 한 줄을 우리가 안다.

18 그러나 하나님은 모든 선지자의 입술을 통해 그리스도께서 고난받을 것을 미리 알게 하신 것을 이같이 이루셨다.

19 그러므로 너희가 회개하고 하나님께로 돌아오라. 너희 죄를 씻음 받으라. 그러면 주께서 너희에게 새롭게 하는 날을 주실 것이다.

20 또한 주께서는 너희를 위해 미리 정하신 예수 그리스도를 다시 보내주실 것이다.

21 하나님께서 거룩한 선지자들의 입을 통해 영원 전부터 말씀하신 것처럼 만물을 본래대로 회복하실 때까지는 하늘에서 머물러 있어야 할 것이다.

22 이에 대해 모세가 이미 말했다. '주 하나님께서 너희를 위해 너희 형제 가운데서 나와 같은 선지자 한 명을 세울 것이니 너희는 무엇이든 그가 하는 모든 말을 들으라.

23 누구든지 그 선지자의 말을 듣지 않는 자는 백성 중에서 끊어질 것이다.'

24 또한 사무엘 때부터 그 뒤를 이어 나온 모든 선지자도 이때를 가리켜 말했다.

25 너희는 바로 그 선지자들의 자손이며, 하나님께서 너희 조상과 세운 언약의 자손들이다. 하나님께서 아브라함에게 '땅 위에 있는 모든 민족이 네 자손으로 인해 복을 받을 것이다1)'라고 말씀하셨기 때문에

26 하나님께서 그 종을 세워 복 주시기 위해 너희에게 먼저 보내셨고, 너희로 죄에서 돌이켜 각각 그 악함을 버리게 하신 것이다.”

공회 앞에 선 베드로와 요한

4

● 베드로와 요한 두 사도가 백성들에게 말할 때 제사장들과 성전을 경비하던 자2)와 사두개인들이 몰려왔다. 그들은

2 백성들에게 죽은 자의 부활이 있다고 가르치고 전하는 것을 싫어하여

3 베드로와 요한을 붙잡았다. 그리고 날이 이미 저물었기에 이튿날까지 가둬 두었다.

4 그러나 말씀을 듣고 믿는 자가 많아 남자만도 5,000명 정도가 되었다.

5 이튿날이 되어 유대 통치자들과 장로들과 율법교사인 서기관들이 예루살렘에 모였다.

6 그곳에는 대제사장이었던 안나스와 가야바 대제사장, 요한과 알렉산더와 대제사장의 가문에 속한 사람들이 모두 모였다.

7 그들은 베드로와 요한 두 사도를 가운데 세우고 물었다. “너희가 무슨 권한과 누구의 이름으로 이런 일을 행했느냐?”

1) 창 12:3　2) 경비대장

8 이에 베드로가 성령이 충만하여 대답했다. "백성의 관리들과 장로들은 들으라.

9 만일 병자에게 행한 선한 일에 대해 이 사람이 어떻게 치료1)를 받았느냐고 오늘 우리에게 묻는다면

10 너희와 모든 이스라엘 백성은 분명히 알라. 너희가 십자가에 못 박았으나 그를 하나님께서 죽은 자 가운데서 살리신 나사렛 예수 그리스도의 이름으로 이 사람이 고침을 받게 된 것을 알게 하기 위해 너희 앞에 선 것이다.

11 그 예수는 너희 건축자들이 버린 돌로 집 모퉁이의 머릿돌이 되었다.

12 예수 외에 누구에게도 구원을 받을 수 없다. 그것은 온 세상 어떤 사람들 중에도 예수 외에 구원을 받을 만한 다른 이름을 우리에게 주신 일이 없기 때문이다."

13 그들은 베드로와 요한이 담대하게 말하는 것을 보고 이상하게 여겼다. 그들은 본래 학식이 없는 평범한 사람으로 알고 있었고, 이전에 예수와 함께 있었던 사람으로 알고 있었기 때문이다.

14 또 그에게 병 고침을 받은 사람이 그들과 함께 서 있는 것을 보고 비난할 말이 없었기 때문이다.

15 이에 그들에게 산헤드린 공의회에서 잠시 나가 있도록 명령한 후 서로 의논하여 말했다.

16 "이 사람들을 우리가 어떻게 하면 좋겠는가? 그들로 인해 놀라운 기적이 나타난 것이 예루살렘에 사는 모든 사람에게 알려졌고, 우리도 그 사실을 부인할 수 없다.

17 그러니 같은 사건들이 사람들에게 더 이상 번져나가지 않도록 그들을 위협하여 이후로는 예수의 이름으로 누구에게도 말하지 못하게 하자." 그래서

18 그들을 다시 불러 경고하며 말했다. "너희는 어떤 말도 예수의 이름으로 말하지 말고 가르치지도 말라."

19 이에 베드로와 요한이 대답했다. "하나님 앞에서 너희 말을 듣는 것이 옳은지, 하나님의 말씀을 듣는 것이 옳은지 스스로 판단해 보라.

20 우리는 보고 들은 것을 말하지 않을 수 없다."

21 이들의 말을 들은 유대의 통치자들은 백성들 때문에 그들을 처벌할 방법을 찾지 못하고 다시 위협만 하고 놓아 주었다. 이는 모든 사람이 그 된 일을 보고 하나님께 영광을 돌렸기 때문이다.

22 이 기적으로 병 고침을 받은 사람의 나이가 40세쯤 되었다.

한마음으로 기도함

23 ● 베드로와 요한 두 사도는 산헤드린 공의회에서 풀려나자 자기의 동료에게 가서 제사장들과 장로들이 한 말을 모두 알렸다.

24 그 말을 들은 동료들은 같은 마음으로 하나님께 큰 소리로 말했다. "하늘과 땅과 바다와 그 가운데 만물을 지으신 전능하신 주여,

25 주께서는 그의 종 우리 조상 다윗의 입술을 통해 성령으로 말씀하셨습니다. '어찌하여 모든 민족이 분노하며, 모든 백성이 헛된 계획을 세우는가?

26 세상의 왕들이 나타나며, 통치자들이 서로 모여 주님과 그의 그리스도를 대적하는도다.'2)

27 실제로 헤롯 안디바와 본디오 빌라도 총독은 이방인과 이스라엘

---

1) 구원 2) 시 2:1-2

백성과 합심하여 하나님께서 기름 부으신 거룩한 종인 예수를 대적하기 위해

28 이 성에 모였습니다. 이전에 주께서 그의 능력과 뜻대로 이루려고 계획한 일을 이 사람들이 행한 것뿐입니다.

29 주여, 이제 그들이 위협하는 것을 살피시고, 종들로 담대하게 하나님의 말씀을 전하게 해주십시오.

30 주의 손을 펼쳐 병을 낫게 하시고, 거룩한 종 예수의 이름으로 기적이 이루어지게 하십시오.”

31 기도하기를 마치자 모인 곳이 진동하며 모인 무리가 모두 성령이 충만하여 담대히 하나님의 말씀을 전했다.

물건 통용,
아나니아와 삽비라의 죽음

32 ● 믿는 무리는 한마음과 한뜻이 되어 모든 물건을 서로 공동으로 사용하고 자기의 재물을 조금이라도 자기 것으로 생각하는 사람이 한 사람도 없었다.

33 사도들이 큰 권능을 받아 예수의 부활을 증거하자 듣는 무리가 큰 은혜를 받았다.

34 그들 중에는 가난한 사람이 없었는데, 이는 밭과 집이 있는 자는 그것을 팔아 그 판 돈을

35 사도들의 발 앞에 가져다 놓았고 사도들은 그것을 각 사람이 필요한 대로 나누어 주었기 때문이다.

36 지중해에 있는 키프로스인 구브로 섬에서 출생한 요셉이라는 레위족 사람이 있었는데, 사도들은 그를 ‘바나바’라고 불렀다. 그 이름의 뜻은 ‘위로의 아들’이다.

37 그는 자기의 밭을 팔아 그 돈을 사도들의 발 앞에 가져다 놓았다.

5 아나니아라는 사람도 그 아내 삽비라와 더불어 자신들의 소유를 팔아 사도들에게 가져다 주기로 했다. 그러나

2 그 판 값에서 얼마를 감추었는데 그 아내도 그 사실을 알았다. 그리고 나머지를 가져다가 사도들 발 앞에 가져왔다.

3 이에 베드로가 말했다. “아나니아야, 어찌 사탄이 네 마음에 가득하여 네가 성령을 속이고 땅 값 얼마를 감추었느냐?

4 땅을 바치기로 마음먹기 전에도 네 땅이었고, 판 후에도 네 마음대로 할 수 있지 않았느냐? 전부를 바치기로 한 후 왜 일부는 숨기고 전부를 드리는 것처럼 네 마음에 두었느냐? 이것은 사람에게 거짓말을 한 것이 아니라 하나님께 한 것이다.”

5 아나니아가 그 말을 듣자 엎드러져 혼이 나가 죽었다. 이에 이 일을 듣는 사람들 모두 크게 두려워했다.

6 젊은이들이 일어나 그 시신을 베로 싸서 메고 나가 장사를 지냈다.

7 3시간쯤 지난 후 그의 아내가 남편에게 일어난 일을 모르고 들어오자

8 베드로가 그에게도 물었다. “그 땅을 판 값이 모두 이것 뿐이냐?” 그가 대답했다. “그렇습니다. 모두 이것뿐입니다.”

9 베드로가 “네가 어찌하여 남편과 함께 모의하여 주님의 성령[1])을 시험하느냐? 보라, 네 남편을 장사지내고 돌아오는 사람들의 발이 문 앞에 이르렀다. 그들이 너도 메어 갈 것이다”라고 말하자

1) 영

10 그가 곧 베드로의 발 앞에 엎드러져 혼이 떠나 죽었다. 젊은이들이 그가 죽은 것을 보고 메어다가 그의 남편 곁에 장사 지냈다.

11 이 일을 듣는 사람들과 온 교회가 크게 두려워했다.

사도들이 표적을 일으키고 능욕을 받음

12 ●사도들의 손을 통해 백성들에게 기적과 놀라운 일이 많이 일어났다. 그러자 믿는 사람이 모두 마음을 같이하여 솔로몬 행각에 모였다.

13 그리고 그 외 사람들은 감히 믿는 사람들의 모임에는 함께하지 못했지만 그들은 믿는 이들을 칭찬했다.

14 그런 가운데 예수를 믿는 자가 더욱 많아져 남녀의 큰 무리가 되었다.

15 그러자 베드로가 지나갈 때 병든 사람을 메고 그 거리 앞에 나가 침대와 자리 위에 누이고 혹시 그의 그림자라도 덮이기를 바랐다.

16 예루살렘 근처에 있는 많은 사람도 병든 사람과 더러운 귀신에게 괴롭힘을 받는 사람을 데려와서 모두 고침을 받았다.

17 그러자 대제사장과 그들과 함께 있는 사두개파 사람들이 사도들로 인해 시기심이 가득해서

18 사도들을 잡아 감옥에 가두었다.

19 그러나 주님의 사자가 밤에 옥문을 열고 그들을 끌어내며 말했다.

20 "이곳에서 나가 성전에 서서 이 생명의 말씀을 온 백성에게 전하라."

21 그들이 듣고 새벽에 성전에 들어가 가르치기를 시작했다. 한편 대제사장과 그들과 함께 있는 사람들이 와서 공의회와 이스라엘 원로인 장로들을 소집하고 감옥으로 사람을 보내 사도들을 끌고 오라고 명령했다.

22 이에 그들의 수하들이 감옥으로 갔으나 사도들을 보지 못하고 돌아와

23 말했다. "우리가 가 보니 감옥 문은 단단히 잠겨 있고, 지키는 사람들이 문에 서 있었으나 문을 열어 보니 그 안에는 아무도 없었습니다."

24 성전을 지키는 자와 제사장들이 감옥에서 일어난 말을 듣고 놀라고 당황하여 이 일이 어떻게 될까 생각했다. 그때

25 어떤 사람이 와서 사도들에 대한 소식을 알렸다. "보십시오, 감옥에 가두었던 그 사람들이 성전에서 백성을 가르치고 있습니다."

26 이에 성전을 지키는 자가 부하들을 데리고 가서 그들을 다시 잡아왔으나 강압적으로 하지 못했다. 이 일로 백성들이 자기들을 돌로 칠까 두려웠기 때문이다.

27 그들이 사도들을 잡아다가 산헤드린 공의회 앞에 세우자 대제사장이

28 물었다. "우리가 예수의 이름으로 사람을 가르치지 말라고 엄히 금하지 않았느냐? 그런데 너희의 가르침을 온 예루살렘에서 행하니 예수를 죽인 피의 대가를 우리에게로 돌리려고 한다."

29 베드로와 사도들이 대답했다. "사람보다 하나님께 순종하는 것이 당연하다.

30 너희가 십자가¹⁾에 매달아 죽인 예수를 우리 조상의 하나님께서 살리셨다.

1) 나무

31 또한 이스라엘에게 회개와 죄 사함을 주시기 위해 하나님께서 예수를 오른손으로 높여 왕과 구세주로 삼으셨다.

32 우리는 이 일에 대한 증인이다. 또한 하나님께서 그에게 순종하는 사람들에게 주신 성령도 그러하다."

33 그들은 사도들의 말을 듣고 크게 화가 나서 그들을 죽이고자 했을 때

34 바리새인 가운데 한 사람이며 율법교사로 모든 백성에게 존경을 받는 가말리엘이 공의회 가운데 일어나 사도들을 잠시 밖으로 나가게 하고 나서

35 말했다. "이스라엘 사람들이여, 너희가 이 사람들에게 행하려고 하는 것을 조심하라.

36 전에 '드다'라는 자가 일어나 스스로 자신을 대단한 자로 나타냄으로써 400명 정도나 그를 따랐다. 그러나 그가 죽자 그를 따랐던 사람들이 모두 흩어져 버렸다.

37 또 그후 호적할 때는 갈릴리 출신의 '유다'라는 자가 일어나 백성을 유혹하여 자신을 따르게 했으나 그 사람이 죽자 그를 따르던 모든 사람이 흩어졌다.

38 그러므로 이제 내가 너희에게 말한다. 이 사람들이 하는 일에 상관하지 말고 그냥 내버려 두라. 그들의 사상과 행하는 것이 사람에게서 왔으면 결국 무너지며,

39 하나님께로부터 왔으면 너희가 그들을 무너뜨릴 수 없으며, 그렇게 되면 너희가 오히려 하나님을 대적하는 자가 될 것이다."

40 그들이 가말리엘의 말을 옳다고 여겨 사도들을 채찍질하며 예수의 이름으로 말하는 것을 엄히 금하고 풀어 주었다.

41 사도들은 예수의 이름 때문에 모욕당하는 것을 오히려 합당히 여겨 기쁨 가운데 산헤드린 공의회를 떠났다.

42 사도들은 매일같이 성전이나 집 어디에 있든지 예수는 그리스도라 가르치고 전도하기를 계속했다.

7명의 일꾼을 선택함

6 ●날이 갈수록 믿는 제자가 더 많아졌고 헬라어를 사용하는 헬라파 유대인들은 자기의 과부들보다 히브리어를 사용하는 본토 유대인 과부에게 더 많은 구제를 하자[1] 히브리어를 사용하는 본토 유대인들인 히브리파 사람을 원망했다.

2 이에 12명의 사도가 모든 제자를 불러 놓고 말했다. "우리가 하나님의 말씀을 가르치는 것보다 음식을 나누어 주는 일에 더 힘쓰는 것은 옳지 않다.

3 그러니 형제들아, 너희 중에서 성령과 지혜가 충만하여 칭찬을 받는 사람 7명을 뽑으라. 구제하는 일은 그들에게 맡기고

4 우리는 오직 기도와 말씀을 가르

가말리엘(Gamaliel, 행 5:34)

가말리엘은 바리새인들의 자유파를 대표하는 힐렌 학파의 창시자인 힐렌의 손자요, 시몬의 아들로 율법학자요, 산헤드린 구성원의 한 사람이다. 그는 사도들을 심문하는 공회에서 논리적이며 합당한 설득력 있는 말로 청중들의 분노를 가라앉혔다(행 5:33~40). 바울은 가말리엘 문하에서 공부한 사람으로 그를 자기의 선생으로 인정했다(행 22:3). 마슈나문서에서는 라반 가말리엘 장로가 죽은 이후에는 더이상 율법에 대한 숭배심이 없어졌다고 기록되어 있다.

1) 매일의 구제에 빠지므로.

5 모든 무리가 그 말을 좋게 여겨 믿음과 성령이 충만한 사람 스데반, 빌립, 브로고로, 니가노르, 디몬, 바메나, 유대교에 입교했던 안디옥 출신 니골라 등 7명을 뽑은 후

6 사도들 앞에 세웠다. 이에 사도들이 기도하고 그들에게 안수했다.

7 하나님의 말씀이 점점 퍼지고, 예루살렘에 있는 제자가 더욱 많아졌으며, 상당수의 제사장 무리도 그 말씀에 복종했다.

스데반이 잡힘

8 ● 7명의 집사 중 스데반이 은혜와 능력이 충만하여 사람들에게 큰 기적과 이적을 행했다.

9 그러나 소위 자유민의 회당 출신 사람들로 구성된 자들, 곧 아프리카 북부 지역에 위치한 구레네 사람, 알렉산드리아 사람, 길리기아와 소아시아 지역에서 온 사람들 중에서 스데반을 반대하는 사람들이 일어나서 스데반과 더불어 논쟁했다. 하지만

10 지혜와 성령으로 말하는 스데반을 능히 당하지 못했다.

11 그러자 그들은 사람들을 매수하여 "이 사람이 모세와 하나님을 모독하는 말을 하는 것을 우리가 들었다"라고 말하게 했다. 그뿐 아니라

12 백성과 장로와 율법교사인 서기관들에게도 그런 식으로 그들을 화나게 만든 후 스데반을 잡아 산헤드린 공의회로 끌고 갔다.

13 그리고 거짓 증인들을 세워 말했다. "이 사람이 이 거룩한 성전과 모세의 율법에 대해 험담하며 거침없이 말하고 있다.

14 또 나사렛 예수가 성전을 헐고 모세가 우리에게 전해 준 생활 규례를

고치겠다고 말하는 것을 우리가 들었다."

15 공의회 가운데 앉아 있는 사람들이 모두 스데반을 주목하여 보니 그 얼굴이 천사의 얼굴과 같았다.

스데반의 설교와 죽음

7 ● 이에 대제사장이 스데반에게 물었다. "이들이 말한 것이 사실이냐?"

2 스데반이 대답했다. "여러분은 내 말을 들으시오. 우리 조상인 아브라함이 하란에 거주하기 전 메소포타미아 지역에 살고 있을 때 영광의 하나님께서 그에게 나타나셔서

3 '네 고향과 친척을 떠나 내가 네게 보여줄 땅으로 가라'[1]고 하자

4 아브라함이 메소포타미아 남부 지역의 갈대아 사람들이 살았던 땅을 떠나 1,135㎞나 떨어진 하란에 도착했다. 상당 기간이 지난 후 그의 아버지가 죽자[2] 하나님은 그를 그곳에서 너희가 지금 살고 있는 이 땅으로 옮기셨다.[3]

5 그러나 이곳에서도 그에게는 손바닥만 한[4] 땅도 유산으로 주지 않고 다만 아직 자식도 없는 그와 그의 후손에게 이 땅을 소유로 주신다고 약속하셨다.

6 하나님께서 또 그에게 이렇게 말씀하셨다. '네 후손이 다른 땅에서 나그네가 될 것인데, 그 땅 사람들이 종으로 삼아 400년 동안을 괴롭게 할 것이다.'

7 또 말씀하시기를 '네 후손을 종으로 삼는 나라를 내가 심판할 것인데, 그후 그들이 그곳에서 나와 이곳 가나안 땅에서 나를 섬길 것이다'[5]라고 하셨다.

1) 창 12:1 2) 죽기 전? 3) 창 12:5 4) 발 붙일 만한
5) 창 15:13~14

8 하나님은 아브라함에게 할례의 계약을 주셨는데 그가 계약한 대로 이삭을 낳아 8일 만에 할례를 행했으며, 이삭은 야곱을 낳았고, 야곱은 우리 12명의 조상을 낳았다.¹⁾

9 이때 여러 형제²⁾가 요셉을 시기하여 그를 애굽에 팔았으나 하나님은

10 요셉을 모든 환난에서 건져내셨다. 뿐만 아니라 애굽 왕, 곧 바로 앞에서 은총과 지혜를 주셨고, 바로는 요셉을 애굽과 자기 온 집의 통치자로 세웠다.³⁾

11 그때 애굽은 물론 가나안 모든 지역에 흉년이 들어 큰 기근⁴⁾이 있었으며 우리 조상들은 양식이 다 떨어졌다.

12 그래서 애굽에 곡식이 있다는 말을 들은 야곱은 먼저 우리 조상 된 자기 아들들을 보내고,

13 두 번째 보냈을 때는 요셉이 자기 형제들에게 친동생임을 알렸으며, 또 그 친족들이 바로에게 알려지게 되었다.

14 이에 요셉이 사람을 보내 아버지 야곱과 친족 75명⁵⁾ 모두 애굽으로 오도록 청했다.

15 이에 야곱은 애굽으로 내려가 살다가 자신과 우리 조상들이 그곳에서 죽어

16 가나안 땅 세겜으로 옮겨져⁶⁾ 아브라함이 세겜 하몰의 자손⁷⁾에게서 은을 주고 구입한 무덤에 장사되었다.

17 이후 하나님께서 아브라함에게 약속하신 때가 가까이 왔고, 이스라엘 백성은 애굽에서 크게 번성하여 그 수가 많아졌다.

18 그때 요셉을 알지 못하는 왕으로 여겨지는 투트모세 1세가 일어나 애굽의 새로운 왕조를 열었다.

19 그 왕은 간사한 술수로 우리 조상들을 고통스럽게 하여 갓난아이들을 나일강에 내버리도록 하여 죽게 했는데,

20 그때 모세가 출생했다. 그는 하나님께서 보시기에 아름다웠으며, 그의 아버지의 집에서 3개월 동안 숨겨져 자랐으나

21 그도 나일강에 버려졌다. 그러나 투트모세 1세의 딸인 핫셉슈트로 여겨지는 바로의 딸이 그를 데려다가 자기의 양아들로 길렀고,

22 모세는 바로의 궁에서 애굽 사람의 모든 학문을 배워 그들이 하는 말과 일들에 능통했다.

23 모세의 나이 40세가 되었을 때 자기의 동족인 이스라엘 자손을 돌아볼 생각이 들었는데,

24 동족 한 사람이 애굽 사람에게 억울한 일을 당하고 있는 것을 보고 그를 보호하기 위해 애굽 사람을 쳐 죽여 원수를 갚아 주었다.

25 그가 그렇게 한 것은 하나님께서 자신을 통해 자기 민족을 구원해 주시는 것을 자기의 형제들이 깨달을 것이라고 생각했기 때문이다. 그러나 그들은 깨닫지 못했다.

26 이튿날 이스라엘 사람이 서로 싸울 때 모세가 와서 화해시키기 위해 '너희는 같은 형제인데 왜 서로 해치느냐?'라고 말하자

27 자기 형제를 해치는 사람이 모세를 밀치며 말했다. '누가 너를 우리의 관리와 재판장으로 세웠느냐?

28 네가 어제는 애굽 사람을 죽인 것 같이 이제는 나를 죽이려고 하느냐?'

1) 창 21:4, 30:1-26   2) 조상   3) 창 37, 39-41장   4) 환난   5) 창 46:27, 70명   6) 실제로는 헤브론 막벨라 굴에   7) 실제로는 헷 족속 에브론, 창 23:13-18

29 그 말을 들은 모세는 애굽에서 도망하여 20일 정도 거리에 있는 미디안 땅으로 가서 나그네로 살며 아들 둘을 낳았다.[1]

30 모세가 도망한 지 40년이 된 어느 날 천사가 시내산 광야에 있는 가시떨기나무 속에서 일어나는 불꽃 가운데 보였다.

31 모세가 그 광경을 보고 이상하게 여겨 어찌 된 일인지 알아보기 위해 가까이 가자

32 '나는 네 조상의 하나님, 곧 아브라함과 이삭과 야곱의 하나님이다'라는 소리가 들렸다. 이에 모세는 두려움에 싸여 감히 바라보지 못했다.

33 그때 주께서 말씀하셨다. '네 발에서 신을 벗으라. 네가 서 있는 곳은 거룩한 땅이다.

34 내 백성이 애굽에서 고통 받는 것을 내가 분명히 보고, 그 탄식 소리를 듣고 그들을 구원하기 위해 내려왔다. 그러니 이제 내가 너를 애굽으로 보낼 것이다.'

35 하나님은 '누가 너를 관리자와 재판장으로 세웠느냐?'라고 하며 이스라엘 백성들이 거절하던 그 모세를 가시떨기나무 가운데서 보이던 천사의 손으로 그들의 관리자와 구속[2]하는 자로서 보내셨다.[3]

36 바로 이 사람 모세로 자기 백성을 인도하여 애굽에서 나오게 했고,

그는 애굽과 홍해와 광야에서 40년간 놀라운 이적과 기적을 행했다.

37 이스라엘 자손에 대해 하나님께서 너희 형제 가운데서 '나와 같은 선지자를 세울 것이다'라고 말씀하신 자가 바로 모세이다.

38 모세는 시내산에서 말하던 그 천사와 우리 조상들과 함께 광야 교회에 있었고, 또 살아있는 말씀을 받아 우리에게 주던 자도 이 사람 모세이다.

39 그러나 우리 조상들은 모세에게 순종하지 않고 그의 말을 거역하여 오히려 그 마음이 애굽으로 향해

40 아론에게 '우리를 인도할 신들을 우리를 위하여 만들라. 애굽 땅에서 우리를 이끌어 광야에서 인도하던 이 모세는 어떻게 되었는지 우리가 알지 못한다'라고 말했다.

41 그때 그들이 송아지 우상을 만들어 그 앞에 제사하며 자기 손으로 만든 것을 기뻐했다.[4]

42 이에 하나님께서는 그들에게서 돌이켜 그들이 그 하늘의 일월 성신[5]을 섬기도록 내버려 두셨다. 이는 선지자의 책에 기록된 것과 같았다. 곧 '이스라엘의 집이여, 너희가 광야에서 40년간 내게 희생제물을 드린 일이 있었느냐?

43 암몬 족속의 국가 신인 몰렉의 장막과 앗수르 사람의 신인 레판의 별을 숭배했다. 이것은 너희가 절하고자 하여 만든 형상이다. 그러므로 이제 내가 너희를 바벨론으로 옮길 것이다.'[6]

44 광야 생활을 하는 동안 우리 조상

---

1) 출 2:11-22   2) 속량   3) 출 3:1-4:20   4) 출 32장
5) 군대   6) 암 5:25-27

들에게는 증거의 장막이 있었는데, 그것은 하나님께서 모세에게 보여주신 양식대로 만들게 한 것이었다.[1]

45 우리 조상들은 그것을 물려받아 하나님께서 그들 앞에서 쫓아내신 가나안 이방인 땅을 점령할 때 여호수아와 함께 가지고 들어가서 다윗 때까지 이르렀다.[2]

46 그때 다윗은 하나님 앞에서 은혜를 받아 야곱의 집을 위해 하나님의 처소를 준비하게 해달라고 기도했고,[3]

47 솔로몬이 하나님을 위해 성전 집을 건축했다.[4]

48 그러나 지극히 높으신 하나님은 사람의 손으로 지은 곳에 계시지 않기 때문에 선지자가 말한 바와 같다.

49 주께서 말씀하셨다. '하늘은 내 보좌이며, 땅은 내 발등상이니 너희가 나를 위해 무슨 집을 짓겠으며, 내 안식처가 어디 있느냐?

50 이 모든 것이 다 내 손으로 지은 것이 아니냐'[5]

51 목이 뻣뻣하고 육체의 할례를 받았으나 마음과 귀에 할례를 받지 못한 사람들아, 너희도 너희 조상처럼 항상 성령을 거스르고 있다.

52 너희 조상들은 선지자들 가운데 누구를 핍박했다. 그들은 의인이 오리라고 예고한 자들을 죽였고, 이제 너희는 그 의인 예수를 잡아 주었고 그를 살인한 자가 되었다.

53 너희는 천사를 통해 전해 준 율법을 받고도 지키지 않았다."

54 그들이 이 말을 듣고 양심에 가책을 받았으나 오히려 스데반을 향해 이를 갈며 크게 분노했다.

55 스데반이 성령 충만하여 하늘을 향해 주목하여 하나님의 영광과 예수께서 하나님 오른편에 서 계신 것을 보고

56 말했다. "보라, 하늘이 열리고 인자 된 예수께서 하나님 오른편에 선 것을 본다."

57 이에 그들이 귀를 막고 큰 소리를 지르며 일제히 그에게 달려들어

58 그를 잡아 예루살렘성 밖으로 내치고, 돌로 치고, 증인들은 자기의 옷을 벗어 사울이라는 청년의 발 앞에 두었다.

59 그들이 돌로 스데반을 치자 스데반이 부르짖었다. "주 예수님, 내 영혼을 받아 주십시오." 그리고

60 다시 무릎을 꿇고 크게 불렀다. "주여, 이 죄를 그들에게 돌리지 마십시오." 이 말을 하고 스데반은 숨을 거두었다.

사울이 교회를 박해함

8 ● 사울[6]은 스데반이 죽는 것을 당연한 것으로 여겼다. 스데반이 죽은 날인 30~33년에 예루살렘 교회에 극심한 박해가 일어났고, 사도 외에는 모두 유대와 사마리아 지역으로 흩어졌다.

2 경건한 사람들은 스데반을 장사지내고 그를 위해 크게 통곡했다.

3 한편 사울은 교회를 없애기 위해 믿는 자의 집을 찾아다니며 남녀를 끌어다가 감옥에 가두었다.

빌립의 사마리아 전도

4 ● 스데반 집사의 사후 박해로 인해 흩어진 사람들이 각처로 다니며 복음을 전했다. 그중

5 빌립 집사는 사마리아성으로 내려가 백성들에게 그리스도에 대해 전했고,

1) 출 25~31, 33~40장 2) 수 4:16 3) 대상 17:1-4 4) 대하 3:1-5:1 5) 사 66:1-2상 6) 바울

6 그의 말을 들은 무리는 그가 행하는 기적을 보고 한 마음으로 그가 하는 말을 따랐다.

7 빌립 집사의 전도로 많은 사람에게 붙었던 더러운 귀신들이 큰 소리를 내며 나가고, 또 많은 중풍병자와 걷지 못하는 사람이 낫는 기적이 일어나자

8 그 성에 큰 기쁨이 있었다.

9 사마리아성에 시몬이라 하는 사람이 있었다. 그는 전부터 마술을 행하여 사마리아 백성을 놀라게 하며 스스로 큰 자라고 자청했다.

10 그러자 낮은 데 있는 사람부터 높은 사람까지 모두 그를 따르며 말했다. "이 사람은 크다고 일컫는 하나님의 능력을 받은 자이다."

11 사람들은 그의 마술에 놀라 오랫동안 그를 따랐다.

12 이런 가운데 빌립 집사가 하나님 나라와 예수 그리스도의 이름에 대해 전하자 그 말을 듣는 사람들이 믿고 남녀가 다 세례를 받았다.

13 그때 마술을 행하던 시몬도 예수를 믿고 세례를 받은 후 전심으로 빌립 집사를 따라다니면서 그 나타나는 기적과 큰 능력을 보고 놀랐다.

14 한편 예루살렘에 있는 사도들은 사마리아에서도 하나님의 말씀을 받아들였다는 소식을 듣고 베드로와 요한을 그곳으로 보냈다.

15 이에 두 사람이 사마리아로 내려가서 그곳 사람들을 위해 성령 받기를 기도했다.

16 이는 사마리아에서는 아직까지 한 사람에게도 성령을 내리신 일이 없고, 오직 주 예수의 이름으로 세례1)만 받았기 때문이다.

17 이에 두 사도가 사마리아성 사람들에게 안수하자 성령이 임했다.

18 이를 본 시몬이 돈을 주며

19 부탁했다. "이 권능을 내게도 주어 누구든지 내가 안수하는 사람은 성령을 받게 해주십시오."

20 그러자 베드로가 그에게 말했다. "네가 하나님의 선물을 돈 주고 살 수 있다고 생각했으니 네 돈2)과 함께 망할 것이다.

21 하나님 앞에서 네 마음이 올바르지 못하기 때문에 이 일에는 네가 관계가 없고, 네게 돌아갈 몫도 없을 것이다.

22 그러니 너는 그런 악한 것을 뉘우치고 주께 기도하라. 그분은 마음에 품은 것을 용서해 주실 것이다.

23 내가 보건대 너는 악한 것3)이 가득하며, 불의에 얽매여 있다."

24 그 말을 들은 시몬이 대답했다. "나를 위해 주께 기도하여 내게 말한 것이 하나도 내게 임하지 않게 해주십시오."

25 베드로와 요한 두 사도는 주의 말씀을 증거한 후 예루살렘으로 돌아가던 중 사마리아인들이 사는 여러 다른 마을에서도 복음을 전했다.

빌립 집사가 내시를 전도함

26 ● 주의 사자가 빌립 집사에게 말하기를 "일어나 남쪽으로 향해 예루살렘에서 서남쪽 70km 지점의 지중해 해안에 있는 가사로 내려가는 길까지 가라"고 하시니 그 길은 광야였다.

27 이에 빌립 집사가 일어나 주의 사자가 말한 대로 가서 보니 아프리카에 있는 에디오피아 여왕 간다게의 모든 국고를 맡아 관리하는 한 내시가 예배하기 위해 예루살렘에 왔다가

1) 침례 2) 은 3) 악독, 쓴 담즙

28 수레를 타고 돌아가는데 이사야 선지자의 글을 읽고 있었다.

29 그때 성령이 빌립 집사에게 말했다. "그 수레로 가까이 가라."

30 이에 빌립이 달려가서 그 내시가 이사야 선지자의 글을 읽는 것을 듣고 물었다. "당신은 읽는 것을 깨달았느냐?"

31 그가 대답했다. "해석해 주는 사람이 없으니 어찌 깨달을 수 있겠느냐?" 그리고 빌립에게 수레에 올라 같이 앉을 것을 청했다.

32 내시가 읽는 성경 구절은 이것이었다. "그는 도살자에게로 가는 양과 같이 끌려갔고, 털 깎는 자 앞에서 잠잠히 있는 어린 양처럼 그의 입을 열지 않았다.

33 그는 낮아져 굴욕을 당했을 때 공정한 판정도 받지 못했으니 누가 감히 그의 후손에 대해 말할 수 있겠느냐. 그의 생명은 이 땅에서 빼앗겼다."[1]

34 그 내시가 빌립 집사에게 물었다. "선지자가 말한 이것이 누구를 가리키는 것이냐? 선지자 자신이냐, 아니면 타인이냐?"

35 이에 빌립 집사가 입을 열어 이 선지자의 글[2]에서 시작하여 그 예언이 가리키는 예수에 대해 가르치고 복음을 전했다.

36 그리고 길을 가다가 물이 있는 곳에 이르자 그 내시가 말했다. "보라, 물이 있으니 내가 세례[3]를 받는 것에 아무런 장애가 없다."

37 (없음)

38 이에 수레를 멈추게 하고 빌립 집사와 내시가 물이 있는 곳으로 내려가 빌립 집사가 내시에게 세례를 주고

39 둘이 물에서 올라왔다. 이때 주의 영이 빌립 집사를 이끌어가자 내시는 기쁨이 충만하여 길을 갔지만 그를 다시 보지 못했다.

40 빌립 집사는 가사에서 북쪽으로 40km 떨어져 있는 구약의 아스돗인 아소도에 나타나 주위의 성을 다니며 복음을 전하고 아스돗 북쪽으로 100km 지점에 있는 가이사랴에 도착했다.

사울의 회심

9 ● 사울[4]이 예수의 제자들에 대해 여전히 믿는 자를 죽이려는 살기가 가득하여 대제사장을 찾아가

2 다메섹에 있는 여러 회당에 가져갈 공문을 요청했다. 그것은 예수가 전한 복음을 따르는 사람을 만나면 남녀 불문하고 결박하여 예루살렘으로 잡아 오기 위함이었

3 이에 사울이 예루살렘을 떠나 233km나 떨어진 다메섹으로 가다가 다메섹 근처에 이르렀을 때 갑자기 하늘에서 빛이 그를 둘러 비추었다.

4 사울은 땅에 엎드러졌고 하늘에서는 "사울아, 사울아, 네가 왜 나를 핍박하느냐?"라는 소리가 들렸다.

5 이에 사울이 "주여, 당신은 누구십니까?"라고 묻자 그가 말했다. "나는 네가 핍박하는 예수이다.

6 너는 일어나 다메섹 시내로 들어가라. 그러면 네가 행할 것을 말해줄 자가 있을 것이다." 그러나

7 함께 가던 사람들은 소리만 들었을 뿐 아무것도 보지 못했으며 말도 못하고 서 있었다.

8 사울이 땅에서 일어나 눈을 떴으나 아무것도 볼 수 없게 되어 사람의 손에 붙잡혀 다메섹으로 들어가서

1) 사 53:7-8 2) 사 53장 3) 침례 4) 바울

9 3일 동안 보지 못하고, 먹거나 마시지도 못했다.[1]

10 그때 다메섹에 아나니아라는 제자가 있었는데 주께서 환상 가운데 그에게 나타나 "아나니아야"라고 부르셨고, 그는 "주여, 내가 여기 있습니다"라고 대답했다.

11 주께서 말씀하셨다. "일어나 '직가'라 하는 거리로 가서 유다의 집에 머물고 있는 다소 출신의 사울이라 하는 사람을 찾아가라. 그가 지금 기도하고 있는 중이다.

12 그는 네가 찾아와서 자기에게 안수하여 다시 보게 하는 것을 환상 중에 보았다."

13 그 말을 들은 아나니아가 대답했다. "주여, 이 사람에 대해서는 내가 여러 사람에게 들은 것이 있습니다. 그가 예루살렘에서 주의 제자들에게 많은 해를 끼쳤다고 했습니다.

14 이곳에서도 주의 이름을 부르는 사람은 모두 잡아갈 권한을 대제사장들에게서 받았습니다."

15 그러자 다시 주께서 말씀하셨다. "그에게 가라. 이 사람은 내 이름을 이방인과 세상 왕들과 이스라엘 자손들에게 전하기 위해 내가 선택한 그릇이다.

16 그가 내 이름을 위하여 얼마나 많은 고난을 받아야 할 것인지 내가 그에게 보여줄 것이다."

17 아나니아는 주의 말씀을 듣고 떠나 사울이 머물고 있는 유다의 집에 들어가서 그에게 안수하며 말했다. "형제 사울아, 네가 다메섹으로 오는 길에서 나타났던 예수께서 나를 너에게 보내어 너로 다시 보게 하시고 성령으로 충만하게 하신다."

18 그러자 즉시 사울의 눈에서 비늘 같은 것이 벗어지면서 다시 보게 되었다. 이에 사울이 일어나 세례를 받고

사울이 다메섹에서 복음을 전함

19 ● 음식을 먹자 강건하게 되었다. 사울이 다메섹에 있는 주의 제자들과 함께 며칠 머무는 동안

20 곧바로 여러 회당에서 예수가 하나님의 아들인 것을 전파했다.

21 이에 듣는 사람들이 모두 놀라며 말했다. "이 사람이 예루살렘에서 주의 이름을 부르는 사람을 죽이려고 했던 자가 아니냐? 이곳에 온 것도 그들을 결박하여 대제사장들에게 끌고 가려고 한 것이 아니냐?"

22 그러나 사울이 힘을 더 얻어 예수께서 그리스도임을 증거하자 다메섹에 사는 유대인들은 크게 당황했다.

23 사울이 돌이킨 지 여러 날이 지난 후 유대인들은 사울을 죽이기 위해 모의했고,

24 그 계획이 사울에게 알려졌다. 유대인들은 사울을 죽이려고 밤낮으로 성문까지 지켰다.

25 이에 주의 제자들이 밤에 사울을 광주리에 담아 성벽에서 달아 내려서 도피시켰다.

사울[2]이 예루살렘에 갔다가 다소로 감

26 ● 사울은 다메섹에서 피해 아라비아에서 3년을 보낸 후[3] 예루살렘으로 가서 주의 제자들과 사귐을 갖기 원했으나 사도들은 그가 진실로 예수의 제자가 되었는지를 믿지 못해 사울 만나기를 다 두려워했다.

27 그러자 바나바가 사울을 데리고

1) 33년 2) 바울 3) 갈 1:17-18

사도들에게 가서 그가 다메섹으로 가는 길에서 어떻게 주를 보았는지와 주께서 그에게 말씀하신 일, 다메섹에서 그가 어떻게 예수의 이름으로 담대히 말했는지를 확증해 주었다.

28 이로 인해 사울은 제자들과 함께 있으면서 예루살렘에 출입했고,

29 또 주 예수의 이름으로 담대히 말하고 헬라어를 사용하는 헬라파 유대인들과 함께 말하며 변론하자 유대인이 사울을 죽이려고 했다.

30 그런 사실을 알고 믿음의 형제들이 35~43년에 사울을 예루살렘에서 150km 떨어진 지중해 해안의 가이사랴로 데려간 후 그곳에서 그의 고향인 다소로 보냈다.

31 그런 가운데 유대와 갈릴리와 사마리아 지역의 교회가 평안하여 든든히 세워지고, 주를 경외하는 것과 성령의 돌보심으로 믿는 자의 수가 갈수록 많아졌다.

베드로가 애니아의 중풍병을 고침

32 ● 그때쯤 베드로가 여러 지방으로 다니다가 욥바에서 20km에 위치한 룻다에 사는 성도들에게로 내려갔다.

33 그는 그곳에서 중풍병으로 침상 위에 누운 지 8년이나 되는 애니아라 하는 사람을 만났다.

34 베드로가 그를 보고 "애니아야, 예수 그리스도께서 너를 고쳐 주시니 일어나 네 자리를 정리하라"고 말하자 그가 즉시 일어났다. 이에

35 룻다와 가이사랴와 욥바 사이의 사론 지역에 사는 사람들이 그가 치료된 것을 보고 모두 주를 믿었다.

베드로가 도르가를 살림

36 ● 욥바에 '다비다'라 하는 여제자가 있었는데 헬라식 이름은 번역하면 '도르가'이다. 그는 선행과 구제하는 일이 심히 많았으나

37 병들어 죽어 그 시체를 씻어 다락방에 두었다.

38 룻다는 욥바에서 20km 떨어진 가까운 곳에 있었다. 이에 제자들이 베드로가 룻다에 있다는 소식을 듣고 두 사람을 보내 속히 욥바로 와 달라고 간청했다.

39 이에 베드로가 일어나 욥바에서 온 자들과 함께 욥바로 갔다. 그들이 베드로를 데리고 다비다의 시체가 있는 다락방에 올라가니 모든 과부가 베드로 옆에 서서 울며 도르가가 생전에 그들과 함께 있을 때 지은 속옷과 겉옷을 전부 내보였다.

40 그러자 베드로가 사람을 다락방에서 모두 내보낸 후 무릎을 꿇고 기도하고 돌아서서 시체를 향해 말했다. "다비다야, 일어나라." 그러자 그가 눈을 떠 베드로를 보고 일어나 앉았다.

41 이에 베드로가 손을 내밀어 그를 일으키고 성도들과 과부들을 들어오게 하여 그가 살아난 것을 보여 주었다.

42 그 같은 사실이 온 욥바 사람에게 알려졌고 그중 많은 사람이 주를 믿었다.

43 이후 베드로는 욥바에 있는 시몬이라 하는 가죽 수선공의 집에서 여러 날 머물렀다.

고넬료와 베드로의 환상

10 ● 가이사랴에 이달리야 부대라 하는 로마 군대의 백부장인 고넬료라 하는 사람이 있었다.

2 그는 경건한 자로 온 집안이 하나님을 경외하고, 많은 백성을 구제하며, 하나님께 항상 기도했다.

3 하루는 오후 3시인 유대 시간 제구 시쯤 되어 환상을 보게 되었다. 그때 하나님의 사자가 들어와 고넬료를 불렀다.

4 고넬료가 그를 주목하여 보고 두려워 말했다. "주여, 무슨 일입니까?" 그러자 천사가 말했다. "네 기도와 구제를 하나님께서 받고 기억하셨다. 그러니

5 지금 사람들을 욥바로 보내 '베드로'라 하는 시몬을 초청하라.

6 그는 가죽 수선공 시몬의 집에 머물러 있으니 그 집은 해변에 있다."

7 말하던 천사가 떠나자 고넬료가 집안 하인 2명과 경건한 부하 1명을 불러

8 베드로를 초청해 데려오도록 그들을 남쪽으로 68㎞ 떨어져 있는 욥바로 보냈다.

9 이튿날 그들이 길을 가다가 욥바 성에 가까이 갔을 때 베드로는 기도하기 위해 지붕에 올라갔는데, 그때는 낮 12시인 유대 시간 제육시였다.

10 그가 허기져 먹을 것을 달라고 하여 사람들이 음식을 준비할 때 황홀한 가운데

11 하늘이 열리며 그릇처럼 생긴 큰 보자기가 네 귀퉁이가 묶여져 땅으로 내려오는 것을 보았다.

12 그 보자기 안에는 땅에 있는 여러 종류의 네 발을 가진 짐승과 기는 것과 공중에 나는 것들이 있었다.

13 바로 그때 "베드로야, 일어나 잡아 먹어라"는 소리가 들렸다.

14 이에 베드로가 말했다. "주여, 그럴 수 없습니다. 나는 부정하고 깨끗하지 않은 것을 결코 먹지 않았습니다."

15 그러자 두 번째 소리가 들렸다. "하나님께서 깨끗하게 한 것, 곧 이방인을 네가 부정하다고 하지 말라."

16 이런 일이 3번 있은 후 그 그릇 같은 보자기가 바로 하늘로 올라갔다.

17 베드로는 자기가 본 환상이 무슨 뜻인지 속으로 궁금해 하던 중 마침 가이사라에서 백부장 고넬료가 보낸 사람들이 시몬의 집을 찾아와 문 밖에 서서

18 사람을 불러 물었다. "베드로라 하는 시몬이 이곳에 숙박하고 있느냐?"

19 베드로가 그 황홀경 가운데 본 것에 대해 생각할 때 성령께서 그에게 말씀하셨다. "두 사람[1]이 너를 찾고 있으니

20 의심하지 말고 그들과 함께 내려가라. 그들은 내가 보낸 자들이다."

21 이에 베드로가 지붕에서 내려가 그 사람들을 보고 말했다. "내가 바로 너희가 찾는 사람인데 너희가 무슨 일로 나를 찾아왔느냐?"

22 그들이 대답했다. "가이사라에 있는 고넬료는 의인이며, 하나님을 경외하는 사람입니다. 그래서 유대 온 사람[2]이 칭찬하더니 그가 거룩한 천사의 지시를 받아 당신을

풍습

가죽 수선공의 거주지(행 10:6)

무두장이(tanner)는 한글개역성경에는 피장으로 번역되었는데 가죽을 무두질하는 사람을 말한다. 탈무드의 기록에 의하면 이런 피장들은 유대인 사이에서 평판이 좋지 않았다. 그들은 작업 성격상 도시에 살지 않고 밖에 사는 것이 관습이었다. 그래서 시몬은 해변에서 살았는데 오늘날 욥바(자파) 해안가에 시몬의 집이 있다.

1) 어떤 사본에는 세 사람 2) 족속

자기 집으로 초청하여 말씀 듣기를 원합니다.”

23 베드로가 그들을 집으로 불러들여 숙박하게 했다. 이튿날 일어나 그들과 함께 갈 때 욥바 시내에서 온 어떤 형제들도 함께 갔다.

베드로가 고넬료 가정에서 설교함

24 ● 이튿날 68㎞를 가서 가이사랴에 도착하자 고넬료가 그의 친척과 가까운 친구들을 모아 놓고 기다리고 있다가

25 마침 베드로가 집으로 들어올 때 고넬료는 그를 반갑게 맞이하며 그 발 앞에 엎드려 절했다.

26 그러자 베드로가 그를 일으키며 말했다. “일어서십시오. 나도 당신과 같은 사람입니다.” 그리고

27 함께 말하며 안으로 들어가 여러 사람이 모여 있는 것을 보고

28 말했다. “유대인으로서 이방인과 교제하며 가까이 하는 것이 유대 법을 어기는 것인 줄은 당신들도 알고 있습니다. 그러나 하나님께서는 나에게 ‘아무도1) 부정하거나 깨끗하지 않다고 하지 말라’고 하셨기 때문에

29 당신들의 초청을 거절하지 않고 왔습니다. 그러니 내가 다시 묻습니다. 무슨 일로 나를 불렀습니까?”

30 베드로의 말을 들은 고넬료가 대답했다. “내가 4일 전 이맘때까지 내 집에서 제구시인 오후 3시에 기도하는데 갑자기 빛난 옷을 입은 한 사람이 내 앞에 서서

31 ‘고넬료야, 하나님께서 네 기도를 들으시고 네 구제를 기억하셨다.

32 그러니 너는 사람을 욥바로 보내 베드로라 하는 시몬을 초청하라. 그는 지중해 바닷가 가죽 수선공

시몬의 집에 숙박하고 있다’라고 하시기에

33 내가 바로 당신에게 사람을 보냈는데 당신이 오셨으니 잘되었습니다. 이제 우리는 주께서 당신에게 명령하신 모든 것을 듣기 위해 모두 하나님 앞에 있습니다.”

34 이에 베드로가 입을 열어 말했다. “내가 진실로 하나님은 겉모습으로 사람을 보지 않으시고

35 각 나라 중에서 하나님을 경외하며 옳은 일을 행하는 사람은 누구든지 다 받아 주시는 분인 줄을 깨달았습니다.

36 모든 만물의 주인이 되시는 예수 그리스도로 인해 화평의 복음을 전하시고 이스라엘 자손들에게 가르치신 말씀,

37 곧 세례자 요한이 그 세례2)를 선포한 후 갈릴리에서 시작하여 유대 지역 사방에 전파된 그것을 당신들도 알고 있습니다.

38 하나님께서 나사렛 출신 예수께 성령과 능력을 기름 붓듯 하셨기에 그분이 사방으로 다니며 선한 일을 행하시고, 마귀에게 눌린 모든 사람을 고치셨으니 그것은 모두 하나님께서 함께하신 것입니다.

39 우리는 유대인이 사는 이 땅과 예루살렘에서 예수께서 행하신 모든 일에 증인입니다. 그 예수를 그들 유대인들이 나무에 매달아 죽였으나

40 하나님은 그를 3일 만에 다시 살리사 사람들에게 나타내셨습니다.

41 그것은 모든 백성에게 하신 것이 아니라 오직 미리 선택하신 증인, 곧 죽은 자 가운데서 부활하신 후 그를 모시고 음식을 먹은 우리에게 하신 것입니다.

1) 이방인들도　2) 침례

42 그분은 우리에게 명령하여 하나님
께서 살아있는 자와 죽은 자의 재
판장으로 정하신 자가 예수인 것
을 백성들에게 증언하도록 부탁하
셨습니다.

43 그리고 그에 대해 모든 선지자도
그를 믿는 사람들이 다 그의 이름
을 힘입어 죄 사함을 받는다고 증
언했습니다."

44 베드로가 이 말을 할 때 말씀을 듣
는 모든 사람에게 성령이 임했다.

45 베드로와 함께 온 할례 받은 신자
들이 이방인들에게도 성령이 임하
심에 놀랐다.

46 이는 그들이 방언을 말하며 하나님
을 높이는 말을 들었기 때문이다.

47 이에 베드로가 말하기를 "이 사람
들이 우리와 같이 성령을 받았으
니 물로 세례 주는 것을 누가 반대
할 수 있겠는가"라고 한 뒤

48 예수 그리스도의 이름으로 세례를
베풀라고 지시했다. 그들은 베드
로에게 며칠 더 가이사랴에 머물
기를 청했다.

고넬료에 대한 베드로의 변호

11 ● 유대 지역에 있는 사도들과
믿음의 형제들이 이방인도 하
나님의 말씀을 전해 들었다는 소
식을 들었다.

2 그리고 베드로가 가이사랴에서 150
km 거리에 있는 예루살렘에 올라갔
을 때 할례 받은 자들이 그를 비난
하여

3 말했다. "네가 할례를 받지 않은
무할례자의 집에 들어가 함께 먹
었다." 그러자

4-14 베드로가 그들에게 이제까지의
일1)을 차례로 설명해 주었다. 그리
고 이어서 말했다.

15 "내가 고넬료와 함께 있던 무할례

자들에게 말을 시작할 때 성령이
그들에게 임하는 것이 처음 우리
에게 임한 것과 같았다.

16 그때 나는 '세례자 요한은 물로 세
례를 베풀었지만 너희는 성령으로
세례를 받을 것이다2)'라는 주의 말
씀이 생각났다.

17 그런즉 하나님께서 우리가 예수
그리스도를 믿을 때 주신 것과 같
은 선물인 성령을 그들에게도 주
셨는데 내가 어떤 자이기에 하나
님의 하시는 일을 능히 막을 수 있
겠느냐?"

18 그들은 이 말을 듣고 더 이상 할말
이 없었고, 하나님께 영광을 돌리
며 말했다. "진실로 하나님께서는
이방인에게도 생명을 얻는 회개를
주셨도다."

수리아 안디옥교회의 설립

19 ● 그때 스데반의 죽음으로 일어난
환난으로 인해 예루살렘에서 흩어
진 자들이 레바논 해안가의 베니
게 지역과 지중해 동쪽의 구브로
섬과 수리아 안디옥까지 이르러
유대인에게만 말씀을 전했다.

20 그중에는 구브로와 아프리카 북부
의 구레네에 있는 몇 사람이 수리
아 안디옥까지 와서 헬라인3)에게
도 주 예수를4) 전파했다.

21 그러자 주의 손이 그들과 함께하셨
고 수많은 사람이 예수를 믿었다.

22 이에 예루살렘교회가 이 사람들의
소문을 듣고 바나바를 수리아 안
디옥까지 보냈다.

23 그가 수리아 안디옥에 도착하여
하나님의 은혜가 소문과 같은 것
을 보고 기뻐하여 모든 사람에게
굳건한 마음으로 더욱 주와 함께

---

1) 행 10:9~23, 30~33　2) 마 3:11, 행 1:5　3) 어떤 사본
에는 헬라파 유대인　4) 복음을

하기를 권면했다.

24 바나바는 선한 사람이며, 성령이 충만하고 큰 믿음이 있는 사람이었다. 그가 수리아 안디옥에 온 후로 큰 무리가 주께로 나왔다.

25 이후 바나바는 사울[1]을 만나기 위해 바닷가를 따라 233km 정도 떨어진 다소로 가서 그를

26 43년경에 만나 수리아 안디옥으로 데려와서 둘이 교회에서 1년간 많은 무리를 가르쳤다. 이때부터 제자들이 수리아 안디옥에서 비로소 세상 사람들로부터 '그리스도인'이라고 일컬음을 받았다.

27 사울과 바나바가 수리아 안디옥에서 말씀을 가르칠 그때에 선지자들이 예루살렘에서 수리아 안디옥으로 찾아왔다.

28 그중 '아가보'라 하는 한 사람이 일어나 성령에 힘입어 "천하에 큰 흉년이 들 것이다"라고 말하자 로마 황제 글라우디오 때인 41~54년에 그대로 이루어졌다.

29 이때 수리아 안디옥에 있는 제자들이 각각 그 힘대로 유대 지역에 사는 형제들에게 헌금을 보내기로 작정하고

30 이를 실행하여 그 헌금을 바나바와 사울 편으로 예루살렘 장로들에게 보냈다.

야고보의 순교와 베드로의 투옥

12 ● 유대 종교지도자들이 예루살렘에 있는 성도들을 핍박하던 때 유대의 분봉 왕인 헤롯 대왕의 손자 헤롯 아그립바 1세가 직접 명령을 내려[2] 교회 중에서 몇 사람을 해치기 위해

2 요한의 형제인 야고보를 칼로 죽였다.

3 유대인들이 이 일을 기뻐하자 베드로도 잡으려고 했는데, 그때는 무교절 기간이었다.

4 그래서 베드로를 잡아 감옥에 가두고 군인 4명씩 4개조에 맡겨 지키도록 하고 유월절이 지난 후 백성 앞에 끌어내고자 했다.

5 결국 베드로는 감옥에 갇혔고, 교회는 그를 위하여 간절히 하나님께 기도했다.

6 헤롯 아그립바 1세가 베드로를 잡아 죽이려고 하는 그 전날 밤 베드로는 두 쇠사슬에 매여 2명의 군인 사이에서 누워 자고 경비병들은 문 밖에서 감옥을 지키고 있었다.

7 그때 갑자기 주의 사자가 나타나자 감옥 안에 환한 빛이 비쳤고 주의 사자는 베드로의 옆구리를 쳐서 깨웠다. 그리고 "속히 일어나라"고 말하자 쇠사슬이 그 손에서 풀렸다.

8 주의 사자가 "띠를 띠고 신을 신으라"고 말하자 베드로가 그대로 하니 주의 사자가 또 말했다. "겉옷을 입고 나를 따라오라."

9 이에 베드로가 감옥에서 나와 그를 따라갔지만 주의 사자가 하는 것이 현실인 줄을 알지 못하고 환상을 보는 것이 아닌가 생각했다.

10 이에 첫째와 둘째 파수를 지나 예루살렘성으로 통하는 철로 만든 문에 이르자 문이 저절로 열렸고, 문을 나와서 한 거리를 지나자 주의 사자가 곧 떠나갔다.

11 그제야 베드로가 정신이 들어 말했다. "내가 이제야 참으로 주께서 그의 사자를 보내어 나를 헤롯 아그립바 1세의 손과 유대 백성의 모든 대적자가 자신을 죽이려는 기대에서 벗어나게 하신 줄 알았다."

1) 바울　2) 손을 들어

12 그런 사실을 깨달은 베드로가 예루살렘에 있는 '마가'라 하는 요한의 어머니 마리아의 집으로 가니 여러 사람이 그곳에 모여 기도하고 있었다.

13 이에 베드로가 대문을 두드리자 '로데'라 하는 여자 아이가 영접하러 나왔다가

14 베드로의 음성인 줄을 알고 너무 기쁜 나머지 미처 문을 열어 주는 것을 잊고 집 안으로 달려 들어가 말했다. "베드로가 대문 밖에 서 있습니다."

15 그 말을 들은 사람들은 말하기를 "네가 미쳤다"라고 했다. 그때 여자 아이가 계속 "정말입니다"라고 말하자 그들이 다시 말했다. "그렇다면 그의 천사다."

16 베드로가 문을 계속해서 두드리자 그들이 문을 열어 베드로를 보고 놀랐다.

17 그러자 베드로가 그들에게 손짓으로 조용히 하도록 하고 주께서 자기를 감옥에서 나오게 한 일을 말했다. 또 야고보와 믿는 형제들에게 이 말을 전하라고 말한 후 그곳을 떠나 다른 곳으로 갔다.

18 날이 밝자 군인들은 베드로가 어떻게 감옥에서 사라졌는지 알지 못해 큰 소동이 일어났다.

19 헤롯 아그립바 1세가 그를 찾아도 보지 못하자 베드로를 지키던 경비병들을 심문하고 죽이라고 명령했다. 그리고 헤롯 아그립바 1세는 유대 지역의 예루살렘을 떠나 가이사랴로 내려가서 그곳에서 머물렀다.

헤롯의 사망

20 ● 그때 유대 지역의 통치자 헤롯 아그립바 1세는 북쪽 해안가 베니게 지역에 사는 두로와 시돈 사람들에 대해 큰 노여움을 갖고 있었다. 그런데 그들이 사는 지방은 헤롯 아그립바 1세의 왕국의 영토에서 나는 식량을 공급받고 있었기 때문에 그곳 사람들은 한뜻으로 헤롯을 찾아왔다. 먼저 헤롯 아그립바 1세의 침소를 맡은 신하인 블라스도를 설득하여 헤롯 아그립바 1세와 화평하기를 청했다.

21 헤롯 아그립바 1세가 날을 정해 왕복을 입고 옥좌에 앉아 백성에게 연설하자

22 백성들이 "이것은 사람의 소리가 아니라 신의 소리다"라고 크게 소리 질렀다.

23 그러나 헤롯 아그립바 1세가 그 영광을 하나님께로 돌리지 않으므로 주의 사자가 그를 내리치자 그가 벌레에게 먹혀 죽었다.

24 이에 하나님의 말씀은 점점 널리 퍼져 나갔다.

25 한편 바나바와 사울¹⁾은 예루살렘교회에 부조하는 일을 마치고 '마가'라 하는 요한을 데리고 예루살렘에서 수리아 안디옥으로 돌아왔다.

바울의 1차 전도여행 출발

13 ● 수리아 지역에 있는 안디옥 교회에는 선지자들과 교사들이 있었다. 그들은 바나바, 니게르라 하는 시므온, 구레네 출신 루기오, 분봉 왕 헤롯의 젖동생 마나엔, 사울 등이었다.

2 주를 섬기며 금식할 때 성령께서 교회에게 말씀하셨다. "바나바와 사울¹⁾을 따로 세워라. 내가 그들에게 맡기기로 정한 일이 있다."

3 이에 교회가 금식하며 기도하고 두 사람에게 안수하여 복음 전도자로 보냈다.

1) 바울

바나바와 사울의 구브로 전도

4 ● 바나바와 사울 두 사람이 성령의 보내심을 받아 수리아 안디옥에서 26㎞ 떨어진 실루기아 항구로 내려갔다. 그리고 그곳에서 배를 타고 220㎞를 항해하여 구브로섬의 동쪽 항구 도시

5 살라미에 도착한 후 하나님의 말씀을 유대인의 여러 회당에서 전했다. 이때 마가 요한은 수행원으로 따라갔다.

6 살라미를 떠나 섬 가운데를 지나서 135㎞ 정도 떨어진 섬 서쪽에 위치한 바보에 이르러 바예수라 하는 유대인 거짓 선지자인 마술사를 만났다.

7 그는 총독 서기오 바울과 함께 있었다. 서기오 바울은 지혜 있는 사람으로 바나바와 사울을 불러 하나님의 말씀을 듣고자 했다.

8 그러나 마술사 엘루마, 이 이름을 번역하면 '마술사'로 그는 바나바와 사울을 대적하여 총독이 믿지 못하도록 방해했다.

9 '바울'이라 부르는 사울이 성령이 충만하여 그를 주의 깊게 살피며

10 말했다. "모든 궤계와 악행이 가득한 자이며, 거짓과 마귀의 자식이며, 모든 나쁜 짓만 골라 하는 악한 자여, 주의 바른 길을 굽게 하기를 멈추지 아니하겠느냐!

11 보라, 이제 주의 심판의 손이 네 위에 있으니 네가 눈이 멀어 얼마 동안 해를 보지 못할 것이다." 그러자 즉시 안개처럼 눈이 흐려지고 어둠이 그를 덮어 자신을 부축해 줄 사람을 찾았다.

12 이에 총독이 그렇게 된 것을 보고 주를 믿고 주의 가르치심을 신기하게 여겼다.

바울과 바나바의 비시디아 안디옥 전도

13 ● 바울과 그 일행이 바보에서 배를 타고 300㎞를 항해하여 밤빌리아 지역에 속한 버가에 도착했다. 이때 마가 요한은 그들을 떠나 예루살렘으로 돌아갔다.

14 바울과 바나바는 버가에서 출발하여 약 200㎞ 떨어진 비시디아 안디옥에 도착하여 안식일에 회당에 들어가 앉았다.

15 낭독자가 율법과 선지자의 글을 낭독한 후 회당 관리자1)들은 바나바와 바울에게 사람을 보내 물었다. "형제들아, 백성에게 권면할 말이 있으면 말하라."

16 이에 바울이 일어나 손짓하며 말했다. "이스라엘 사람들과 하나님을 경외하는 사람들은 들으라.

17 이스라엘 백성의 하나님께서 우리 조상을 선택하시고 애굽 땅에서 나그네 된 그 백성을 강대하게 하셨다. 또 크신 능력으로 그들을 인도하여 내사

18 광야에서 40여 년간 그들의 온갖 불신2)과 불평을 참으시고

19 가나안 지역의 7족속3)을 멸하사 그 땅을 약 450년간 기업으로 주셨다.

20 그후 사무엘 선지자 때까지4) 통치자 겸 재판관으로 사사를 주셨다. 그러나

21 이후 그들이 왕을 구하자 하나님께서 베냐민 지파에 속한 기스의 아들 사울을 왕으로 세우셔서 40년간 통치하도록 했다가

22 폐위시키셨다. 이어 다윗을 왕으로 세운 후 말씀하셨다. '내가 이새의 아들 다윗을 만나니 내 마음에

1) 회당장   2) 소행   3) 수 24:11   4) BC 1390~1050년

드는 사람이다. 그를 통해 내 뜻을 모두 이룰 것이다.'¹⁾

23 하나님께서 약속하신 대로 다윗의 후손에서 이스라엘을 위해 구세주를 보내셨는데, 그가 곧 예수이시다.

24 그가 오시기 전에 세례자 요한이 먼저 회개하게 하는 세례를 이스라엘 모든 백성에게 전파했다.

25 세례자 요한이 자기의 사명을 마쳐 갈 때 말했다. '너희는 나를 누구라고 생각하느냐? 나는 그리스도가 아니라 내 뒤에 오시는 이가 있는데 나는 그분의 신발 끈을 풀기도 감당하지 못한다.'²⁾

26 아브라함의 후손과 하나님을 경외하는 형제들아, 하나님은 이 구원의 말씀을 우리에게 보내셨다. 그런데

27 예루살렘에 사는 자들과 그들의 관리들이 예수와 안식일마다 암송하는 선지자들의 말을 알지 못했기 때문에 예수에게 죄를 덮어씌워 선지자들의 말을 이루게 하셨다.

28 그들은 예수에게서 죽일 죄를 하나도 찾지 못했지만 빌라도에게 사형시키라고 외쳤다. 이는

29 성경에 그를 가리켜 기록한 말씀을 다 이루게 하려고 하신 것이다. 이후 십자가³⁾에서 내려다가 아리마대 출신 요셉의 무덤에 장사했으나

30 하나님께서 그를 죽은 자 가운데서 살리셨다.

31 다시 살아난 예수는 갈릴리에서 예루살렘까지 함께 올라간 사람들에게 여러 날 보이셨는데, 이제 그들이 백성들 앞에서 그의 증인이 되었다.

32 또한 우리도 조상들에게 주신 예수에 대한 약속을 너희에게 전파한다.

33 그것이 바로 하나님께서 예수를 다시 살리시고 우리 자녀들에게 이 약속을 이루게 하신 것이다. 시편 둘째 편⁴⁾에 기록된 것처럼 '너는 내 아들이다. 오늘 너를 낳았다' 라고 하셨다.

34 또한 하나님께서 죽은 자 가운데서 그를 살리사 다시는 썩음을 당하지 않게 하리라고 말씀하셨으니 그것은 '내가 다윗에게 약속한 거룩하고 확실한 복⁵⁾을 너희에게 주리라'고 하신 것이다.

35 또 다른 시편에 기록되기를 "주의 거룩한 자로 썩음을 당하지 않게 하실 것이다⁶⁾"라고 했다.

36 그 당시 다윗은 하나님의 뜻을 따라 섬기다가 죽어 자기 조상들과 함께 장사되어 썩음을 당했다. 그러나

37 하나님께서 살리신 자는 썩음을 당하지 않는다.

38 그러므로 형제들아, 너희는 이 같은 사실을 알아야 한다. 곧 우리는 예수를 힘입어 죄가 용서함 받는 것을 너희에게 전하는 것이며,

39 또한 모세의 율법으로 의롭다고 인정을 받지 못해도 예수를 힘입어 믿는 자는 의롭다 함을 얻게 된다.

40 그러니 너희는 선지자들을 통해 하나님이 하신 일을 믿지 않을 것이라고 말씀하신 것이 너희에게 해당되지 않도록 하라.

41 바로 이 말씀이다. '보라, 비웃는 자들아, 너희는 놀라고 멸망하라. 내가 너희 시대에 큰일을 행할 것이다. 그것을 누군가 너희에게 알려주어도 너희는 결단코 믿지 않을 것이다.'⁷⁾

42 바나바와 바울이 회당에서 나갈

---

1) 삼상 13:14 2) 마 3:11, 요 1:27 3) 나무 4) 시 2:7
5) 미쁜 은사 6) 시 16:10 7) 합 1:5

때 사람들이 다음 안식일에도 말씀을 전해 달라고 요청하자 두 사람은 그렇게 하겠다고 허락했다.

43 회당의 모임이 끝난 후에도 많은 유대인과 유대교에 입교한 경건한 사람이 바울과 바나바를 따르자 두 사도가 그들과 이야기하며 항상 하나님의 은혜 가운데 있으라고 권면했다.

44 그다음 안식일에는 비시디아 안디옥성 안에 있는 대부분의 시민이 하나님의 말씀을 듣기 위해 회당에 모였다.

45 유대인들은 모인 무리를 보고 시기가 가득하여 바울이 말한 것을 반박하고 비방했다.

46 그러자 바울과 바나바가 담대히 말했다. "우리는 하나님의 말씀을 너희에게 먼저 전하지 않을 수 없었으나 너희가 그것을 배척하고 영원한 생명을 얻기에 합당하지 않은 자로 스스로 처신하니 이제 우리는 이방인에게 간다."

47 주께서 이같이 우리에게 명령하셨다. "내가 너를 이방의 빛으로 삼아 너를 통해 땅끝까지 구원의 등불이 되게 할 것이다."[1)]

48 이방인들은 그 말을 듣고 기뻐하여 하나님의 말씀을 찬양했으며, 영원한 생명을 주시기로 작정된 자는 모두 믿었다.

49 주의 말씀이 비시디아 지역의 사방으로 퍼졌다.

50 그러자 유대인들이 경건한 귀부인들과 그 비시디아 안디옥성 내에 있는 영향력을 가진 자들을 선동하여 바울과 바나바를 핍박하도록 하여 그 지역에서 쫓아냈다.

51 이에 두 사람은 그들을 향해 발에서 티끌을 떨어 버리고 80km 지점

에 있는 이고니온으로 갔다.

52 제자들은 기쁨과 성령이 충만했다.

바울과 바나바의 이고니온 전도

14 ● 이고니온에 도착한 바울과 바나바 두 사도는 함께 유대인의 회당에 들어가 말씀을 전했고 유대와 헬라의 상당한 무리가 믿었다.

2 그러나 이곳에서도 말씀에 순종하지 않는 유대인들이 이방인들을 선동하여 믿는 형제들에게 악의를 품게 했다.

3 그러나 주께서 두 사도에게서 기적과 놀라운 일들을 행하게 하시므로 그들이 오랫동안 담대히 은혜의 말씀을 전할 수 있었다.

4 그러자 이고니온성 안에 있는 무리는 유대인을 따르는 자들과 두 사도를 따르는 자들로 나뉘었다.

5 이에 이방인과 유대인과 그들의 관리들이 두 사도를 모욕하며 돌로 치려고 했고,

6 두 사람은 그 사실을 알고 도망하여 루가오니아 지역의 두 성인 루스드라와 더베와 그 주위 지역으로 가서

7 그곳에서 복음을 전했다.

루스드라의 앉은뱅이 치유와 소동

8 ● 바울과 바나바가 루스드라에 도착하자 그곳에는 태어날 때부터 발을 쓰지 못해 한 번도 걸어 본 적

📍성경지리　　**루스드라**(행 14:8)

루스드라(Lystra)는 터키 중앙 이고니온(현재의 꼬냐) 남동쪽 32km 지점, 아나톨리아의 소금 호수 남서쪽에 있었던 평원인 루가오니아 지방에 있는 고대의 유적지이다. 루스드라 주변의 평원은 두 개의 시내가 흐르는 매우 비옥한 지역으로 고대인들은 이 지역에 정착하여 농경으로 생을 영위하였다. 바울은 1차 전도여행 때 이곳을 들렀다.

1) 사 49:6

없는 한 사람이 앉아 있었다.

9 그가 바울이 말하는 것을 경청하자 바울이 그를 주의 깊게 살펴 구원받을 만한 믿음이 있는 것을 보고

10 큰 소리로 "네 발로 일어서라"고 외치자 그 사람이 일어나 걷게 되었다.

11 바울이 앉은뱅이를 고친 것을 본 무리가 루가오니아 방언으로 "신들이 사람의 모습으로 우리 가운데 내려오셨다"라고 소리를 질렀다. 그리고

12 바나바는 '제우스'라 하고, 바울은 그중 말하는 자이므로 '헤르메스'라고 불렀다.

13 성 밖 제우스 신전의 제사장이 소와 꽃으로 만든 화환들을 가지고 두 사람이 있는 대문 앞에 와서 무리와 함께 그들에게 제사를 드리려고 했다.

14 그러자 바나바와 바울 두 사도는 옷을 찢고 무리 가운데 들어가 소리 지르며

15 말했다. "여러분이여, 어찌하여 이런 일을 합니까? 우리도 여러분과 같이 평범한 본성을 가진 사람입니다. 여러분에게 복음을 전하는 것은 이런 헛된 일을 버리고 천지 만물과 바다를 창조하시고 살아계신 하나님께로 돌아오도록 하기 위함입니다.

16 하나님이 알지 못하던 지나간 세대에는 모든 족속으로 자기들의 길을 가도록 그대로 묵인하셨으나

17 그렇다고 자기를 증거하지 않으신 것이 아닙니다. 그 같은 사실은 하늘에서 비를 내리시며 결실기를 주는 선한 일을 하심으로써 음식과 기쁨으로 여러분의 마음을 흡

족하게 하신 것에서 증명됩니다."

18 이런 말로 간신히 무리를 말려 자기들에게 제사를 드리지 않게 했다.

19 한편 유대인들이 비시디아 안디옥에서 115km, 이고니온에서 32km 떨어진 루스드라까지 와서 무리를 충동질하여 그들에게 돌로 바울을 치게 했다. 그들은 바울이 죽은 줄로 알고 성 밖으로 끌어 내쳤다. 율법에는 죄인을 죽일 때 성 밖으로 끌어내어 죽이도록 규정되어 있다.[1]

20 그러나 제자들이 그 옆에 둘러 섰을 때 바울이 깨어나 그 성에 들어갔다가 이튿날 바나바와 함께 동쪽으로 96km 떨어진 더베로 갔다.

21 바울과 바나바는 더베성에서 복음을 전하여 많은 사람을 제자로 삼았다. 그리고 왔던 길로 되돌아가 루스드라와 이고니온과 비시디아 안디옥으로 가서

22 제자들의 마음을 강하게 하여 끝까지 믿음을 지키도록 권면했다. 또 "우리가 하나님의 나라에 들어가기 위해서는 많은 환난을 겪어야 할 것이다"라고 했다.

23 그리고 각 교회에서 장로들을 선택하여 세웠고, 금식 기도를 하며 자신들이 믿는 주께 장로들을 보호해 주시기를 기도한 후 떠나

24 비시디아 지역의 중앙부를 지나 밤빌리아 지역에 이르러

25 버가에서 말씀을 전했다. 그리고 서남쪽 20km 거리에 있는 앗달리아로 내려가서

26 그곳에서 배를 타고 수리아 안디옥에 도착했으니 이곳은 두 사도에게 전도의 일을 맡겨 보낸 곳이다.

27 그들이 안디옥 교회에 도착하여 교회 신도들을 모이도록 한 후 이

제까지 하나님께서 함께 행하신 모든 일과 이방인들에게 구원의 길인 믿음의 문을 여신 것을 보고 했다.

28 두 사람은 제자들과 함께 오랫동안 수리아 안디옥에 머물러 있었다.

예루살렘 공의회 소집과 결의

15 ● 어떤 사람들이 유대 지역에서 수리아 안디옥으로 내려와 믿는 형제들에게 "너희가 모세의 율법대로 할례를 받지 않으면 결코 구원을 받지 못할 것이다"라고 가르쳤다.

2 이로 인해 바울과 바나바와 그들 사이에 상당한 다툼과 논쟁이 일어났다. 그래서 교회의 신자들이 이 할례 문제에 대해 바울과 바나바와 그중 몇 사람을 예루살렘에 있는 사도와 장로들에게 보내기로 결정했다.

3 이에 그들이 교회의 전송을 받고 610km 정도나 떨어진 예루살렘으로 향해 올라가던 중 베니게와 사마리아를 지나가면서 이방인들이 주를 믿게 된 일을 말하여 믿는 형제들을 크게 기쁘게 했다.

4 49년 말 예루살렘에 도착하자 교회와 사도와 장로들은 그들을 기쁘게 영접했고, 그들은 하나님께서 자기들과 함께하시므로 행한 모든 일에 대해 보고했다.

5 이들의 말을 들은 바리새파 중에서 어떤 믿는 사람들이 일어나 말했다. "이방인에게 할례를 행하고 모세의 율법을 지키라고 명령하는 것이 당연하다."

6 그러자 사도와 장로들이 이방인의 할례 문제에 대해 의논하기 위해 모였다.

7 많은 변론이 있은 후 베드로가 일어나 말했다. "형제들아, 너희도 아는 것처럼 하나님께서 이방인들도 내 입에서 나오는 복음의 말씀을 들음으로 믿게 하기 위해 오래 전부터 너희 가운데서 나를 선택하셨다.

8 또한 친히 사람의 마음을 아시는 하나님께서 우리에게 성령을 준 것과 똑같이 그들에게도 성령을 주어 증거하셨다.

9 주께서는 믿음으로 그들의 마음을 깨끗하게 하사 그들이나 우리나 차별하지 않으셨다.

10 그런데 지금 너희가 어찌하여 하나님을 시험하여 우리 조상과 우리도 질 수 없던 짐1)을 이방인 제자들의 목에 지우려고 하느냐?

11 우리는 그들이 우리와 동일하게 예수의 은혜로 구원받는 줄을 믿는다."

12 온 무리가 바나바와 바울이 자기들을 통해 하나님께서 이방인 가운데서 행하신 기적과 놀라운 일에 대해 말하는 것을 조용히 듣다가

13 말을 마치자 주의 형제 야고보가 대답했다. "형제들아, 내 말을 들으라.

14 하나님께서 이방인들을 돌보사 그들 가운데서 처음으로 당신의 백성을 선택하신 경위2)를 베드로3)가 말했다.

15 그런 사실은 선지자들의 말씀과도 일치한다. 그곳에는 이렇게 기록되었다.

16 '이 일 후 내가 돌아와서 무너진 다윗의 장막을 다시 세울 것이다. 또 그 무너진 폐허 위에 다시 지어 일으킬 것이다.

17 이는 그 살아남은 사람들과 내 이

1) 멍에   2) 행 11:1-18   3) 시므온

름을 부르는 모든 이방인들로 주를 찾게 하기 위함이다.

18 이것은 예로부터 알게 하신 주님의 말씀이다.'

19 그러므로 내 의견은 이방인들 가운데서 하나님께로 돌아오는 자들을 더 이상 할례로 괴롭게 하지 말자는 것이다.

20 단지 우상의 더러운 음식을 먹지 말 것과 음행을 저지르지 말고 목매어 죽인 것과 피를 먹지 말라고 편지하는 것이 옳다.

21 이는 예로부터 각 성에서 모세의 율법을 전하는 자가 있어서 안식일마다 회당에서 그 글을 읽어 왔다."

22 그러자 사도와 장로와 온 교회는 믿는 형제 중에 지도자로 있는 '바사바'라 하는 유다와 실라를 선택하여 바울과 바나바와 함께 수리아 안디옥으로 보내기로 결정했다. 그리고

23 그들 편에 이렇게 편지를 써서 보냈다.

24 "사도와 장로가 된 형제들이 수리아 지역과 그 지역 내에 있는 안디옥과 길리기아 지역에 있는 이방인 형제들에게 문안합니다.

25 우리는 우리 가운데 있던 어떤 사람들이 우리의 허락도 없이 나가서 말로 여러분을 괴롭게 하고 마음을 혼란하게 한다는 소문을 들었습니다.

25-26 이에 우리가 사람을 선택하여 예수 그리스도의 이름을 위해 생명까지도 아끼지 않는 사랑하는 바나바와 바울과 함께 여러분에게 보내기를 만장일치로 결정했습니다.

27 그리고 유다와 실라를 함께 보내니 그들도 이 일을 말로 전할 것입니다.

28 성령뿐 아니라 우리 역시 꼭 필요한 것들 외에는 어떤 짐도 이방인 형제들에게 지우지 않는 것이 옳은 줄 알았습니다.

29 단지 우상의 제물과 피와 목매어 죽인 짐승 고기를 먹는 것을 금하고 음행을 멀리하기 바랍니다. 스스로 이런 것들을 삼가면 잘될 것이니 평안함을 원합니다."

30 그들이 예루살렘의 형제들과 작별하고 수리아 안디옥으로 내려가 그 교회의 성도들을 소집한 후 50년경 예루살렘에서 보낸 편지를 전하자

31 그것을 읽고 그 위로한 말로 인해 기뻐했다.

32 함께 온 유다와 실라도 선지자로서 여러 말로 형제를 권면하여 믿음을 굳게 했다.

33 얼마 후 바나바와 바울과 함께 온 자들은 수리아 형제들로부터 "평안히 가라"는 전송을 받고 자기를 보낸 예루살렘의 형제들에게 돌아갔다. 그러나

34 (없음)

35 바울과 바나바는 안디옥에서 거주하며 많은 다른 사람과 함께 주의 말씀을 가르치며 전파했다.

바울과 바나바가 갈라짐

36 ● 여러 날 후 바울이 바나바에게 말했다. "우리가 이전에 주의 말씀을 전한 각 도시와 성으로 다시 가서 믿음의 형제들을 방문하고 그들이 어떻게 지내는지 살펴보자."

37 이에 바나바는 '마가'라 하는 요한도 함께 데려가기를 원했다.

38 그러나 바울은 밤빌리아 지역에 있는 버가에서 도중에 자기들을 떠나 계속 동행하지 않은 자[1]를 다시 데

1) 행 13:13

리고 가는 것이 옳지 않다고 하여 반대했다.

39 이 일로 두 사람은 심하게 다투었고 결국 서로 갈라서고 말았다. 이에 바나바는 '마가'라 하는 요한을 데리고 배를 타고 지중해 동쪽에 있는 자기 고향 키프로스, 곧 구브로섬으로 갔고,

40 바울은 실라를 선택한 후 형제들에게 주의 은혜가 있기를 기도해 주는 안디옥교회의 환송을 받으며 50년 3월 말에 떠나

41 수리아 지역과 길리기아 지역으로 다니며 교회들을 굳게 했다.

바울의 2차 전도여행 출발

16 ● 바울이 1차 전도여행 때 들렀던 더베와 루스드라에 도착하니 그곳에는 '디모데'라 하는 제자가 있었다. 그의 어머니는 믿는 유대 여자이고, 아버지는 헬라인이었다.

2 디모데는 루스드라와 이고니온에 있는 형제들에게 칭찬을 받는 자였다.

3 바울이 그를 데리고 함께 전도여행을 떠나기 위해 그 지역에 있는 유대인들 때문에 그를 데려다가 할례를 행했다. 그 지역 사람들이 디모데의 아버지가 헬라인인 줄을 다 알고 있었기 때문이다. 그래서 유대인들과 할례 문제로 다투지 않기 위해 할례를 베풀었다.

4 이에 바울이 여러 도시와 성으로 다니면서 예루살렘에 있는 사도와 장로들이 믿는 이방인을 위해 예루살렘교회에서 결정한 규정[1]을 그들에게 가르쳐 지키게 했다.

5 이에 여러 교회가 믿음이 더 굳건해지고 믿는 자의 수가 날마다 늘어갔다.

드로아에서 마게도냐인의 환상을 봄

6 ● 성령께서 바울 일행이 소아시아 지역에서 말씀을 전하지 못하게 막으셨기 때문에 그들은 브루기아와 갈라디아 지역을 거쳐

7 무시아 지역 앞까지 이르렀다. 그들은 그곳에서 북동쪽에 위치한 비두니아 지역으로 가려고 했으나 예수의 영인 성령께서 허락하지 않으셨다.

8 그래서 무시아 지역을 통과하여 서남쪽의 에게해 항구인 드로아로 내려갔다.

9 그날 밤 바울은 배로 2일 걸리는 마게도냐 지역의 한 사람이 서서 자신을 향해 "마게도냐로 건너와서 우리를 도와주십시오"라고 간청하는 환상을 보았다.

10 이에 바울은 그 환상이 하나님께서 마게도냐 지역에 있는 사람들에게 복음을 전하도록 부르신 줄로 알고 곧바로 마게도냐로 떠나기로 작정했다.

빌립보에서 루디아가 복음을 받아들임

11 ● 마침내 우리 일행이 드로아에서 배를 타고 떠나 160㎞ 떨어진 에게해 북쪽 지역에 위치한 사모드라게

♀성경지리 무시아 지역(행 16:7)

무시아(Mysia, 행 16:7)는 소아시아 북서쪽 지역을 말하며 그 범위는 약간의 차이가 있으나 대체로 서쪽은 에게해, 북쪽은 헬레스톤토스해, 동쪽은 비두니아와 브루기아, 남쪽은 루디아 지역과 경계하고 있다. 이 지역은 소아시아의 다른 지역처럼 비옥하지도 않았으며 번창하지도 못했다. 다른 지역에도 큰 영향력을 발휘하지 못했다. 신약 시대에 나오는 무시아인들의 성읍에는 알렉산드리아, 드로아, 앗소, 버가모 등이 있다. 바울은 전도여행 때 이 지역에 있는 드로아에서 유럽 선교를 위해 출발했다.

1) 행 15:20, 29

섬으로 직행했고, 이튿날 다시 90㎞를 항해하여 네압볼리에 도착했다.

12 그리고 그곳에서 16㎞ 떨어진 빌립보에 도착하니 그 도시는 마게도냐 지방의 첫째 가는 성이며, 로마의 식민지였다. 우리 일행은 그 성에서 며칠 동안 머물렀다.

13 우리 일행은 안식일에 기도할 적당한 장소가 있는지 알아보기 위해 문 밖 강가에 나갔는데, 그곳에 앉아서 모여 있는 여자들이 있어 그들에게 말씀을 전했다.

14 그들 중¹⁾에 고대 리디아 지역이었던 두아디라 도시에 있는 자색 옷감 장사로서 하나님을 섬기는 '루디아'라 하는 여자도 있었다. 주께서 그녀의 마음을 열어 바울이 전하는 말을 따르게 했다.

15 그리하여 그녀와 그 집에 속한 자들이 모두 세례²⁾를 받았다. 그리고 우리에게 "만일 나를 주를 믿는 자로 안다면 내 집에 들어와 머무르라"고 강권했고, 우리 일행은 그의 집에 머물렀다.

바울과 실라의 투옥

16 ● 하루는 우리가 기도하는 곳으로 가다가 귀신 들려 점치는 여종 하나를 만났는데, 그녀는 점을 치는 일로 그 주인들에게 많은 수입을 안겨 주었다.

17 그가 바울 일행을 따라오면서 소리를 질렀다. "이 사람들은 지극히 높은 하나님의 종으로서 구원의 길을 너희에게 전하는 자들이다."

18 이같이 여러 날 동안 따라다니며 외쳤다. 이에 바울이 심히 괴로워하여 그 귀신에게 명령했다. "예수 그리스도의 이름으로 내가 네게 명령하니 그에게서 나오라." 그러자

귀신이 즉시 그 여종에게서 나왔다.

19 이에 여종의 주인들은 자기들의 수입이 끊어진 것을 보고 바울과 실라를 붙잡아 시장 터에 있는 관리들에게 끌고 갔다.

20 그리고 다시 그들의 상관 앞으로 데려가서 말했다. "이 사람들은 유대인인데 우리 도시³⁾를 심히 문란하게 하여

21 로마 사람인 우리가 받아들이거나 행하지도 못할 풍속을 전하고 있다." 그러자

22 군중이 일제히 일어나 바울과 실라를 고발했고, 상관들은 "바울의 옷을 찢어 벗기고 매로 치라"고 명령했다.

23 이에 바울과 실라를 매로 여러 번 친 후 감옥에 가두고 간수에게 명령하여 단단히 지키라고 했다.

24 이에 간수가 명령에 따라 그들을 깊은 감옥에 가두고 그 발에 쇠고랑⁴⁾을 단단히 채웠다.

25 그러나 한밤중에 바울과 실라는 기도하며 하나님을 찬양했고, 그 소리를 다른 죄수들이 들었다.

26 이에 갑자기 큰 지진이 일어나 감옥 터가 흔들리고, 즉시 모든 문이 열리며, 죄수들의 매인 것이 다 풀어졌다.

27 간수가 자다가 깨어나 감옥 문들이 열린 것을 보고 죄수들이 도망한 줄로 생각하여 칼을 빼 자결하려고 했다.

28 그때 바울이 큰 소리로 외쳤다. "네 몸을 상하게 하지 말라. 우리가 도망가지 않고 모두 여기 있다."

29 간수가 등불을 달라고 하여 뛰어들어가 두려워 떨며 바울과 실라 앞에 엎드린 후

1) 그곳 2) 침례 3) 성 4) 차꼬

30 그들을 데리고 나가 말했다. "선생들이여, 내가 어떻게 해야 구원을 받을 수 있습니까?"

31 바울이 말하기를 "주 예수를 믿으라. 그러면 너와 네 집이 구원을 받을 것이다"라고 하며

32 주의 말씀을 간수와 그 집에 있는 모든 사람에게 전했다.

33 그날 밤 그 시각에 간수가 그들을 데려다가 매 맞은 자리를 씻어 주고 자기와 그에 속한 가족이 세례1)를 받았다.

34 그리고 그들을 자기 집으로 데려가서 음식을 대접했다. 그와 온 집안 사람이 하나님을 믿게 된 것으로 크게 기뻐했다.

35 날이 밝자 상관들이 부하를 간수에게 보내어 바울과 실라를 풀어 주라고 했다.

36 이에 간수는 명령 받은 대로 바울에게 말했다. "상관들이 사람을 보내어 너희를 풀어 주라고 했으니 이제는 나가서 평안히 가라."

37 그러자 바울이 말했다. "로마 시민권2)을 가진 우리를 아무 죄도 확증하지 않고 대중 앞에서 때리고 감옥에 가두었다가 이제는 은밀히 내보내고자 하느냐? 그렇게 할 수 없다. 그들이 친히 와서 우리를 데리고 나가야 할 것이다."

38 신하들이 바울의 말을 상관들에게 보고하자 그들이 로마 시민권을 가진 사람이라는 말을 듣고 두려워하여

39 와서 사정하여 데리고 나가 그 도시에서 떠나기를 청했다.

40 이에 바울과 실라가 감옥에서 나와 루디아의 집으로 가서 믿는 형제들을 만나 그들을 위로한 후 빌립보를 떠났다.

바울의 데살로니가 전도

17 ● 바울과 실라는 빌립보를 떠나 52㎞ 떨어진 암비볼리와 그곳에서 다시 45㎞ 떨어진 아볼로니아를 거쳐 또다시 60㎞를 가서 데살로니가에 도착했다. 그곳에는 유대인의 회당이 있었다.

2 바울은 자신이 평소에 하던 대로 그들에게로 들어가서 3주간 안식일에 성경을 가지고 강론하고,

3 그 뜻을 풀어 그리스도가 고난을 당하고 죽은 자 가운데서 다시 살아나야 할 것을 증언하여 말했다. "내가 너희에게 전하는 이 예수가 바로 그리스도다."

4 이에 그중 경건한 헬라인의 많은 무리와 상당수 귀부인이 권면을 받고 바울과 실라를 따랐다.

5 그러나 유대인들은 시기하여 시장3)에 있는 어떤 불량한 사람들을 데리고 떼를 지어 도시에 소란을 일으키게 했다. 그리고 야손의 집에 침입하여 바울과 그 일행을 백성들 앞으로 끌어내려고 찾았으나

6 발견하지 못했다. 대신에 야손과 몇 명의 형제를 붙잡아 그 도시의 관원4)들 앞으로 끌고 가서 큰 소리로 말했다. "세상을 어지럽게 하던 이 사람들이 이곳에도 이르렀고

7 그들을 야손이 자기 집으로 맞아들였다. 이 사람들이 모두 로마 황제5)의 법을 거역하여 말하기를 '예수라 하는 다른 왕이 있다'라고 했다."

8 그 말을 들은 무리와 도시의 관원들이 당황6)하여

9 야손과 그 나머지 사람들에게 보석금을 받고 풀어 주었다.

바울의 베뢰아 전도

10 ● 그날 밤 믿는 형제들이 몰래 바

1) 침례 2) 사람 3) 저자 4) 읍장 5) 가이사 6) 소동

울과 실라를 데살로니가에서 서쪽으로 75km 떨어진 베뢰아로 보냈고, 바울과 실라는 그곳에 있는 유대인의 회당에 들어갔다.

11 베뢰아에 있는 사람들은 데살로니가에 있는 사람들보다 더 너그러운 성품을 가졌기 때문에 사모하는 마음으로 말씀을 받아들였다. 그리고 그것이 사실인지 알기 위해 날마다 성경을 연구했다.

12 그래서 믿는 사람이 많고, 또 헬라의 귀부인과 남자도 상당수 믿게 되었다.

13 그러나 데살로니가에 있는 유대인들은 바울이 하나님의 말씀을 베뢰아에서도 가르친다는 사실을 알고 베뢰아까지 와서 무리를 선동하여 소란이 일어나게 했다.

14 그러자 믿음의 형제들이 바울을 베뢰아에서 내보내 에게해 바다까지 데려갔으나 실라와 디모데는 베뢰아에 그대로 머물렀다.

15 바울과 함께하던 사람들이 바다에서 그를 데리고 배편을 통해 300km 항해하여 아덴까지 인도했다. 바울은 자기를 인도한 자들에게 실라와 디모데를 속히 아덴의 자기에게로 오도록 부탁했고, 그들은 베뢰아로 다시 돌아갔다.

바울의 아덴 전도

16 ● 바울이 아덴에서 실라와 디모데가 오기를 기다리는 동안 그 성에 우상이 만연해 있는 것을 보고 분한 마음이 일어났다.

17 회당에서는 유대인과 경건한 사람들과 변론하고, 시장에서는 날마다 만나는 사람들과 논쟁을 벌였다.

18 또 어떤 에피쿠로스 철학자들과 스토아 철학자들도 바울과 논쟁을 벌였는데 어떤 사람은 "이 말쟁이가 무슨 말을 하고자 하느냐?"라고 말하기도 하고, 어떤 사람은 "이방 신들을 전파하는 사람인가보다"라고 하기도 했다. 그들이 이렇게 말하는 것은 바울이 예수와 그의 부활을 전했기 때문이다.

19 논쟁하던 자들은 바울을 붙잡아 '아레오바고'라 하는 바위 언덕 위로 가며 말했다. "우리가 네가 말하는 이 새로운 사상이 어떤 것인지 알 수 있겠느냐?

20 네가 무슨 이상한 것을 우리에게 들려주니 그 말이 무슨 뜻인지 알고자 한다."

21 모든 아덴 사람과 그곳에서 나그네처럼 사는 외국인들은 새로운 사상을 서로 토론하는 것으로 대부분의 시간을 보냈다.

22 바울이 아레오바고 바위 언덕 가운데에 서서 말했다. "아덴 사람들아, 내가 너희를 보니 모든 면에서 종교심이 많다.

23 내가 여러 곳을 다니며 너희가 섬기는 것들을 보다가 '알지 못하는 신에게'라고 새긴 제단도 보았다. 그래서 너희가 알지 못하고 섬기는 그것을 내가 너희에게 알게 해 주겠다.

24 우주 만물을 창조하신 하나님께서는 천지의 주인이시므로 사람의 손으로 지은 신전에 계시는 분이 아니다.

25 또 어떤 것이 부족한 것처럼 사람의 손으로 섬김을 받으시는 분도 아니다. 그분은 만민에게 생명과 호흡과 만물을 친히 주시는 분이기 때문이다.

26 그분은 한 사람의 혈통으로부터 인류의 모든 족속을 창조하시고 온 땅에 살게 하셨으며, 그들이 살

아갈 시대를 정하시며, 지역의 경계를 정해 주셨다.

27 그 이유는 사람으로 하나님[1]을 찾아 발견하게 하려고 하신 것이다. 그분은 우리 각 사람에게서 멀리 떨어져 존재하시는 분이 아니다.

28 우리는 그분으로 인해 살며, 움직이고, 존재한다. 너희 시인 가운데 어떤 사람이 말한 것과 같이 '우리가 그분의 소생이라'고 하지 않는가? 바로 그분이 하나님이시다.

29 이와 같이 하나님의 자녀가 되었기 때문에 하나님을 사람의 손으로 만들어 낼 수 있는 기술과 고안으로 금은이나 돌 등에 새긴 우상들과 똑같이 여겨서는 안 된다.

30 하나님을 알지 못하던 시대에는 하나님께서 눈 감아 주셨지만 이제는 어디서나 사람에게 회개하라고 명령하셨다.

31 이것은 정하신 사람, 예수로 세상을 공의로 심판할 날을 작정하시고, 이에 모든 사람에게 믿을 만한 증거로서 그를 죽은 자 가운데서 다시 살리셨다."

32 그들이 바울이 전하는 죽은 자의 부활을 듣고 어떤 사람은 조롱하고, 어떤 사람은 다시 바울의 말을 듣겠다고 하기도 했다.

33 이에 바울이 그들 가운데서 떠났는데

34 바울을 가까이하여 믿은 몇몇 사람이 있었다. 그중에는 아레오바고 관리인 디오누시오와 다마리라 하는 여자, 그 외에 몇 사람이 있었다.

바울의 고린도 초기 사역

18 ● 그후 바울이 아덴을 떠나 남쪽으로 65km 떨어진 고린도에 이르렀다.

2 바울은 고린도에서 아굴라라 하는 본도 지역에서 출생한 유대인 한 사람을 만났는데, 그는 로마 황제 글라우디오[2]가 모든 유대인에게 로마에서 떠나라고 명령하므로 아내 브리스길라와 함께 이달리야를 떠나 고린도에 와서 살고 있었다. 그때 아덴에서 온 바울이 그들에게 가서

3 함께 거주하며 일했는데, 그것은 천막을 만드는 생업이 같았기 때문이다.

4 바울은 안식일마다 회당에서 말씀을 강론하며 유대인과 헬라인들을 권면했다.

5 그러던 중 실라와 디모데가 마게도냐 지역에 속한 베뢰아에서 내려오자 바울은 하나님의 말씀에 사로잡혀 유대인들에게 '예수는 그리스도'이심을 더욱 힘 있게 증거했다.

6 그럼에도 고린도 사람들이 대적하고 비방하자 바울이 자기 옷을 털면서 말했다. "너희가 구원을 받지 못한다면 그것은 너희 책임이다. 말씀을 전했으니 나에게는 잘못이 없다. 이후로는 내가 이방인에게 갈 것이다."

7 그리고 회당에서 나와 회당 옆에 있는 하나님을 경외하는 디도 유스도라 하는 사람의 집에 들어가 그곳에서 머물렀다.

8 그러나 회당장 그리스보는 온 집안과 더불어 주를 믿었고, 수많은 고린도 사람이 듣고 믿어 세례를 받았다.

9 어느 날 밤 주께서 환상 가운데 바울에게 말씀하셨다. "두려워하여 침묵하지 말고 담대히 말하라.

10 내가 너와 함께 있으니 그 누구도 너를 대적하거나 해칠 자가 없으

---

1) 신   2) 41~54년

리니 이 성 가운데에는 믿는 내 백성이 많이 있다."

11 이에 바울은 고린도에서 1년 6개월 동안 머물면서 하나님의 말씀을 가르쳤다.

바울의 고린도 후기 사역

12 ● 갈리오가 52년 그리스 남쪽에 있는 아가야 지역의 로마 총독이 되었을 때 유대인이 일제히 일어나 고린도에 있는 바울을 대적하여 재판정이기도 한 시장에 있는 비마로 끌고 가서

13 말했다. "이 사람이 율법을 어기면서 하나님을 경외하라고 사람들을 유혹하고 있다."

14 이에 바울이 말하고자 할 때 갈리오 총독이 유대인들에게 말했다. "너희 유대인들아, 만일 이것이 무슨 범죄한 일이나 악한 행동이었으면 내가 너희 말을 들어주는 것이 옳다. 그러나

15 만일 그 문제가 언어와 명칭과 너희 종교법에 대한 것이라면 너희가 스스로 처리하라. 나는 이런 일에 재판장이 되지 않겠다." 그리고

16 그들을 재판정에서 쫓아냈다.

17 이에 모든 유대인[1]이 바울 대신 회당장인 소스데네를 붙잡아 재판정 앞에서 때렸으나 갈리오 총독은 그 일에 관여하지 않았다.

바울이 2차 전도여행을 마침

18 ●이 일이 있고 난 후 바울은 고린도에서 여러 날 더 머물다가 형제들과 작별하고 배를 타고 수리아 지역으로 떠나갔다. 이때 브리스길라와 아굴라 부부도 바울과 함께 떠났다. 수리아 지역으로 가는 도중 바울은 일찍이 서원한 대로 고린도 동쪽 10km에 있는 겐그레아에서 머리를 깎았다.

19 바울은 겐그레아를 배로 떠나 400km의 항해 끝에 에베소에 도착했다. 그곳에서 바울은 동행자들을 따로 머물게 하고 자기는 회당에 들어가서 유대인들과 토론했다.

20 이때 여러 사람이 에베소에서 더 오래 머물기를 요청했지만 허락하지 않았다. 다만

21 작별하면서 "만일 하나님의 뜻이 있다면 너희에게 다시 돌아올 것이다"라고 말한 후 배를 타고 에베소를 떠나

22 900km 이상을 항해한 후 이스라엘 해안가에 있는 가이사랴에 상륙했다. 그리고 가이사랴에서 105km 떨어진 예루살렘으로 올라가 교회의 안부를 물은 후 610km의 장거리 여행 후 53년 5월에 파송지인 수리아 안디옥에 도착했다.

아볼로의 아가야 지역 전도

23 ●2차 전도여행을 마친 얼마 후 53년 6월에 바울은 수리아 안디옥을 떠나 갈라디아 지역과 브루기아 땅을 차례로 다니며 모든 제자의 믿음을 굳건하게 했다.

24 한편 이집트 지중해 해안에 있는 알렉산드리아 출신인 아볼로라 하는 유대인이 에베소에 왔다. 이 사람은 말주변이 좋고 성경을 잘 아는 자였다.

25 그가 일찍부터 주 예수에 대한 말씀을 배워 열심으로 예수의 일들을 자세히 가르쳤다. 그러나 그는 세례자 요한의 세례[2]밖에 몰랐다.

26 그가 회당에서 담대히 말하기 시작했고, 브리스길라와 아굴라 부부가 그의 가르침을 듣고 그를 자기 집에 데려다가 하나님의 말씀에 대해 더 자세히 설명해 주었다.

1) 사람　2) 침례

27 이후 아볼로가 에베소에서 그리스 남쪽의 아가야 지역으로 건너가고자 하자 에베소의 믿음의 형제들은 그를 격려해 주었다. 그리고 아가야 지역에 있는 제자들에게 편지를 써서 그를 잘 영접하라고 부탁했다. 아가야 지역에 도착한 아볼로는 그 지역에 있는 믿는 자들에게 많은 유익을 주었다.

28 이는 그가 성경을 사용하여 예수가 그리스도임을 증명함으로 많은 사람 앞에서 힘 있게 유대인의 반대 주장을 물리쳤기 때문이다.

바울의 에베소 사역

19 ● 이후 아볼로가 아가야 지역에 속한 고린도에 머물러 있는 동안 바울은 북부 지역을 다니다가 소아시아 지역의 에베소에 도착하여 어떤 제자들을 만나

2 말했다. "너희가 믿을 때 성령을 받았느냐?" 그들이 대답했다. "아니다. 우리는 성령이 계신 것을 듣지도 못했다."

3 바울이 다시 말했다. "그러면 너희가 무슨 세례를 받았느냐?" 그들이 대답했다. "세례자 요한의 세례를 받았다."

4 바울이 또 말했다. "세례자 요한이 회개하게 하는 세례를 베풀며 백성에게 말하기를 '내 뒤에 오시는 이를 믿으라'고 했는데 그가 곧 예수이시다."

5 그 말을 들은 사람들은 예수의 이름으로 세례를 받았다.

6 그리고 바울이 그들에게 안수하자 성령이 그들에게 임하여 그들이 방언도 하고 예언도 하니

7 모두 남자가 12명쯤 되었다.

8 바울은 회당에 들어가 3개월 동안 담대하게 하나님 나라에 대해 강론하며 권면했다.

9 그러자 마음이 굳은 어떤 사람들은 믿지 않고 무리 앞에서 하나님 나라의 말씀을 비방했다. 이에 바울이 그들을 떠나 믿는 제자들을 따로 세우고 두란노 서원에서 매일 말씀을 가르쳤다.

10 2년 동안 이같이 말씀을 가르치자 소아시아 지역에 사는 자는 유대인이나 헬라인 모두 주의 말씀을 들었다.

11 하나님께서 바울의 손을 통해 놀라운 기적을 행하게 하셨는데,

12 심지어 사람들이 바울의 손수건이나 앞치마를 가져다가 병든 사람에게 얹으면 그 병이 떠나고 악귀가 나가기도 했다.

13 이에 사방으로 돌아다니며 마술을 하는 어떤 유대인들이 시험 삼아 악귀들린 자들에게 주 예수의 이름을 사용하여 "내가 바울이 전파하는 예수를 의지하여 너희에게 명령하노라"고 말하기까지 했다.

14 유대인의 제사장인 스게와의 7명 아들도 그 같은 일을 행하더니

15 악한 귀신이 그에게 말하기를 "내가 예수도 알고 바울도 알지만 너희는 누구냐?"라고 하며

16 악한 귀신 들린 사람이 스게와의 아들들보다 힘이 세어 그들을 때리고 옷을 찢자[1] 그들이 벗은 몸으로 그 집에서 도망했다.

17 이 일이 에베소에 사는 유대인과 헬라인들에게 알려지자 그들이 두려워하며 예수의 이름을 높이고,

18 믿는 사람이 많이 와서 스스로 자신의 행위를 고백했다.

19 또 마술을 행하던 많은 사람은 자신들의 책을 가지고 와서 모든 사람이

1) 상하여

보는 앞에서 불살랐는데, 그 책 값을 계산해 보니 노동자 170년 품삯에 해당하는 은 5만이나 되었다.

20 이와 같이 주의 말씀이 능력이 있어 점점 더 힘 있게 펴져 나갔다.

21 이 일이 있고 나서 바울이 그리스 북부 지역인 마게도냐와 남부 지역인 아가야 지역을 거쳐 예루살렘으로 가기로 작정하고 말했다. "내가 예루살렘으로 갔다가 후에 로마도 가야할 것이다."

22 그리고 자기를 돕는 사람 중에서 디모데와 에라스도 두 사람을 마게도냐 지역으로 보낸 후 자신은 소아시아 지역에서 얼마 동안 더 남아 있었다.

에베소에서 바울과 은세공업자와의 마찰

23 ● 그 무렵 에베소에서는 예수에 대한 도[1]로 인해 적지 않은 소동이 일어났다.

24 당시 데메드리오라 하는 어떤 은세공인이 은으로 아데미의 신상 모형을 만들어 직공인들에게도 많은 돈을 벌게 하고 있었다.

25 그러던 그가 그 직공들과 그 신상을 판매하는 자들을 모아 놓고 말했다. "여러분도 아는 바와 같이 우리가 아데미 신상을 만드는 생업을 통해 풍요로운 생활을 누렸다. 그런데

26 이곳에 온 바울이 에베소뿐 아니라 소아시아 지역에 사는 수많은 사람을 설득하여 말하기를 '사람의 손으로 만든 것들은 신이 아니다'라고 하니 이 같은 사실을 여러분도 보고 들었다.

27 이로 인해 이제 신상을 판매하는 우리의 이 영업이 우습게 여겨질 뿐 아니라 큰 여신 아데미 신전도 무시당하게 되고 온 소아시아 지역과 온 세상 사람이 섬기는 아데미의 위엄도 땅에 떨어질까 염려된다."

28 그들이 이런 데메드리오의 말을 듣고 크게 분노하여 "위대하도다, 에베소 사람의 아데미여"라고 외치자

29 온 에베소 시내가 소란스러워졌다. 이에 성 사람들은 바울과 함께 다니는 마게도냐 지역의 사람 가이오와 아리스다고를 붙잡아 야외극장, 곧 연극장으로 데리고 들어갔다.

30 그러자 바울도 그 군중 가운데로 들어가려고 했으나 제자들이 말렸다.

31 또 소아시아 지역의 관리 중에 바울의 친구 된 어떤 이들은 바울에게 사람을 보내 야외극장에 들어가지 말라고 강권했다.

32 야외극장에 모인 사람들 가운데 어떤 이는 이런 말을, 또 어떤 이는 다른 말로 외치자 군중이 혼란스러워했다. 그중 절반의 사람들은 왜 모였는지도 알지 못했다.

33 이에 유대인들이 무리 가운데서 알렉산더를 권하여 앞으로 밀쳐 내자 알렉산더가 손짓으로 사람들에게 조용히 하라고 말한 후 모인 사람들에게 변명하려고 했다.

34 그때 모인 무리는 그가 유대인인 줄 알고 모두 한 목소리로 "위대하다, 에베소 사람의 아데미여"라고 두 시간 동안이나 외쳤다.

35 그러자 에베소시의 서기장이 군중을 진정시키고 나서 말했다. "에베소 시민들이여, 에베소시가 큰 아데미와 제우스에서 내려온 우상의 신전을 지키는 곳이 된 것을 누가 알지 못하느냐?

36 이것은 모두 부인할 수 없는 사실

1) 道

이다. 그러므로 너희는 경솔한 행동을 하지 말고 가만히 있으라.

37 그들은 신전의 물건을 도둑질하지도 않았고, 우리 여신을 비방하지도 않았는데 너희가 붙잡아 왔다.

38 만일 데메드리오와 그와 함께 있는 직공들이 누구에게 고소할 것이 있으면 재판할 날도 있고 총독들도 이곳에 있으니 피차 고소하면 될 것이다.

39 만일 그 외에 원하는 것이 더 있다면 정식으로 공식적인 모임 기관인 민회에서 결정하면 될 것이다.

40 오늘은 아무 이유도 없는 이 일에 우리가 소요 사건의 책임을 추궁받을 위험이 있고, 이 불법 집회에 대해 보고할 자료도 없다" 그러고 나서

41 그 모임을 해산시켰다.

바울이 마게도냐와 헬라 지역을 다님

20 ● 에베소에서의 소요 사태가 그치자 바울은 제자들을 불러 격려한 후 작별하고 56년 오순절 이후 바다 건너 마게도냐 지역으로 떠났다.

2 바울은 56년에 그리스 북쪽의 마게도냐로 다녀가며 여러 말로 제자들에게 권면하고, 그리스 남쪽의 헬라 지역에 이르러

바울이 3차 귀로 여정을 변경함

3 ● 그곳에서 3개월 동안 머물렀다. 우리는 고린도에서 3개월을 지낸 후 배를 타고 바로 수리아 지역으로 갈 계획을 세웠다. 그러나 그때 유대인들이 나를 해치려고 서로 모의하고 있음을 알고 북쪽의 마게도냐 지역을 거쳐 돌아가기로 계획을 변경했다.

4 이때 소아시아 지역까지 함께 가는 자는 베뢰아 출신 부로의 아들

소바더, 데살로니가 출신 아리스다고와 세군도, 더베 출신 가이오와 디모데, 아시아 사람 두기고와 드로비모 등이었다.

5 그들은 나보다 먼저 출발하여 소아시아 지역에 있는 드로아에서 우리를 기다리고 있었다.

6 우리는 무교절을 보낸 뒤 마게도냐 지역의 빌립보에서 배로 떠나 5일 만에 소아시아 지역의 드로아 항구에 있는 그들에게 가서 7일 동안 머물렀다.

바울이 죽은 유두고를 살림

7 ● 드로아에서 7일이 지난 안식일 다음 날에 우리가 교제의 빵[1]을 떼기 위해 모였다. 그때 바울은 다음 날 출발을 위해 밤중까지 계속 말씀을 강론했다.

8 우리가 모인 위쪽 다락방에는 등불이 많이 켜져 있었는데

9 유두고라는 청년이 창문 틀에 걸터앉아 있었다. 바울의 강론이 오랫동안 계속되자 그가 졸음을 견디지 못하고 3층 다락방에서 떨어졌다. 그를 일으켜 보니 죽었는지라.

10 바울이 위층에서 내려가서 그 청년 위에 엎드려 그 몸을 안고 말했다.

📍 **성경지리 죽은 유두고를 살린 드로아**
(행 20:5~6)

드로아(Troas)는 소아시아 서북 지방 무시아도(道) 내에 있으며, 에게 해안 테네도스(Themedos)섬 맞은 편에 있는 항구 도시로 고대 트로이(일리움) 남쪽 16km 지점에 있다. 드로아의 옛 지명은 시기아였다. 바울은 이곳을 최소한 세 번 방문하였다. 2차 전도여행 때 북쪽 비두니아 지방으로 가려고 하다가 예수의 영이 허락지 않아 이곳에서 기도하는 중에 환상이 나타났고, 마게도냐인의 초청을 보고 하나님의 뜻으로 알고 순종하여 유럽 전도에 오르게 되었다(행 16:6~10).

---

1) 떡

"떠들지 말라. 아직 그에게 생명이 붙어 있다." 그리고

11 다시 위층으로 올라가 빵을 떼어 먹고 날이 새기까지 오랫동안 이 야기를 나눈 후 그곳을 떠났다.

12 사람들은 살아난 청년을 데려가서 많은 위로를 받았다.

드로아에서 밀레도까지 항해한 후 에베소 장로를 만남

13 ●우리는 먼저 배를 타고 출발하여 앗소에서 바울을 태우려고 그리로 내려갔다. 그것은 바울이 드로아에 서 32km 떨어져 있는 앗소까지 걸어 가기를 원했기 때문이다.

14 우리는 앗소에서 바울을 만나 그 를 배에 태우고 20km 거리에 있는 맞은편의 미둘레네섬으로 갔다.

15-16 그리고 미둘레네섬을 떠나 이 튿날 남쪽으로 80km를 항해한 후 기 오섬의 기오 항구에 도착했다. 그 이튿날 기오 항구를 출발하여 남쪽 으로 다시 80km를 항해하여 사모섬 에 도착했다. 그리고 다음 날 사모 섬을 출발했다. 바울은 될 수 있는 대로 오순절 안에 예루살렘에 도 착하기 위해 사모섬에서 35km 떨어 져 있는 에베소를 들르지 않고 바 로 배를 타고 출발하여 밀레도에 도착했다.

17 밀레도에 도착한 바울은 사람을 북 쪽으로 60km 정도 떨어진 에베소로 보내 그 교회의 장로들을 밀레도 로 오도록 불렀다.

18 그들이 오자 바울이 말했다. "소아 시아 지역에 온 첫날부터 지금까 지 3년 동안1) 내가 어떻게 여러분 에게 행했는지를 여러분도 잘 알 고 있다.

19 나는 모든 겸손과 눈물로 주를 섬 겼다. 유대인의 모함으로 당한 시

험을 참으며 주를 섬긴 것과

20 유익하다고 생각한 것은 어떤 것 이든지 대중 앞이나 각 집에서나 주저 없이 여러분에게 가르쳤다.

21 곧 유대인과 헬라인들에게 하나님 께 돌아올 것과 예수 그리스도를 믿으라고 증거했다.

22 보라, 이제 나는 성령에 사로잡혀 예루살렘으로 올라가는데 그곳에 서 어떤 일을 당할지 알지 못한다.

23 오직 내가 아는 것은 내가 어느 성 을 가든지 결박과 환난이 나를 기 다리고 있다는 것을 성령께서 내 게 경고하신다는 사실뿐이다.

24 그러나 나는 내가 달려가야 할 길 과 예수께 받은 사명인 하나님의 은혜의 복음을 전파2)하는 일을 마 치려고 하는 것에는 내 생명조차 도 아끼지 않을 것이다.

25 보라, 내가 여러분과 함께 있는 동 안 하나님의 나라를 전파했으나 이제는 누구든 내 얼굴을 다시는 보지 못할 것이다.

26 그러므로 오늘 여러분에게 확실히 말한다. 나는 구원받지 못한 사람3) 에 대해 책임이 없다.

27 내가 주저하지 않고 하나님의 뜻 을 모두 여러분에게 전했기 때문 이다.

28 그러므로 여러분에게 맡겨진 모든 양 떼를 잘 보살피라. 성령께서는 여러분을 그들의 감독자로 삼고 하나님께서 예수 그리스도의 피로 사신 교회를 돌보도록 하셨다.

29 이제 내가 떠난 후 이리 같은 사나 운 자들이 여러분에게 들어와서 그 양 떼인 성도를 해칠 것이다.

30 또한 여러분 가운데서도 제자들을 유혹하여 자기를 따르게 하기 위해

1) 행 20:31 2) 증언 3) 사람의 피

진리를 왜곡하는 사람들이 일어날 줄을 내가 알고 있다.

31 그러므로 여러분은 항상 경각심을 갖고 있되 내가 3년 동안 밤낮으로 쉬지 않고 눈물로 각 사람을 교훈했던 것을 기억하라.

32 이제 내가 다시 여러분을 주와 그 은혜로운 말씀으로 부탁한다. 그 말씀이 여러분을 굳게 세우고 거룩한 성도들 가운데 유산[1]이 있게 할 것이다.

33 나는 그 누구의 은이나 금이나 의복을 탐내지 않았다.

34 여러분이 아는 것처럼 내 손으로 나와 동행하는 자들에게 필요한 것들을 충당했다.

35 모든 일에 있어 여러분에게 모범을 보여준 것처럼 여러분도 약한 사람들을 돕는 일에 수고하고, 또 예수께서 친히 말씀하신 '주는 것이 받는 것보다 더 복이 있다'라고 하신 말씀을 기억해야 한다."

36 이 말을 한 후 무릎을 꿇고 함께한 모든 사람과 합심하여 기도하니

37 모두 크게 울며 바울의 목을 안고 입을 맞췄다.

38 그리고 다시는 그 얼굴을 보지 못할 것이라는 말 때문에 더욱 근심하며 배까지 따라와 바울을 전송했다.

바울이 예루살렘으로 올라감

21 우리 일행은 에베소 장로들과 작별한 후 밀레도에서 배를 타고 바로 남쪽으로 70km 항해하여 고스섬으로 갔다. 이튿날 고스섬을 떠나 다시 배로 85km를 항해한 후 로도섬 동쪽 해안 남쪽에 도착하고, 또다시 그곳을 출발하여 85km 떨어진 바다라까지 항해했다.

2 그리고 그곳에서 베니게로 건너가는 배를 만나서 타고 출발했다.

3 배는 구브로섬 남쪽으로 항해하여 수리아 지역으로 가다가 600km의 항해 끝에 배의 짐을 풀기 위해 두로에 상륙했다.

4 두로에서 제자들을 만나 7일을 머무르는 동안 그 제자들이 성령의 감동에 이끌려 바울에게 예루살렘으로 올라가지 말라고 부탁했다.

5 두로에서 여러 날을 지낸 후 우리가 떠날 때 두로에 있는 제자들이 그 처자와 함께 모두 성문 밖까지 나와 전송했다. 이에 우리가 바닷가에서 무릎을 꿇은 채 기도하고

6 서로 작별한 후 우리는 배에 올랐고 그들은 자기 집으로 돌아갔다.

7 배편을 이용하여 두로를 떠나 44km의 항해를 다 마치고 옛 악고인 돌레마이에 도착하여 그곳 믿는 형제들에게 안부를 묻고 그들과 함께 하루를 머물렀다.

8 이튿날 돌레마이를 떠나 55km 떨어진 가이사랴에 도착하여 7명의 집사 중 한 명인 전도자 빌립의 집에 들어가서 머물렀다.

9 그에게는 4명의 딸이 있었는데 모두 처녀로 예언하는 자였다.

10 가이사랴에서 여러 날 머무르는 동안 아가보라 하는 선지자가 유대에서 내려와

11 우리 일행을 찾아와 바울의 허리띠를 가져다가 자기 수족에 묶고 이렇게 말했다. "성령께서 예루살렘에서 유대인들이 이같이 이 띠의 주인을 결박하여 이방인의 손에 넘겨줄 것이라고 말씀하셨다."

12 우리가 그의 말을 듣고 함께한 사람들과 바울에게 예루살렘으로 올라가지 말라고 강하게 말렸다.

1) 기업

13 이에 바울이 대답했다. "왜 그렇게 울며 슬퍼해서 내 마음을 아프게 하느냐? 나는 예수의 이름을 위해 결박당할 뿐 아니라 예루살렘에서 죽을 것도 각오했다."

14 바울이 그들의 강청함을 받아들이지 않으므로 우리 일행은 "주의 뜻대로 이루어지기를 원한다"라고 말한 뒤 더 이상 말리지 않았다.

15 결국 가이사랴에서 여러 날을 지낸 후 바울과 그 일행이 짐을 꾸려 예루살렘으로 올라갈 때

16 가이사랴에 있는 몇 명의 제자와 오래전 믿은 구브로섬 출신 나손을 데리고 동행했다. 이는 우리가 예루살렘에 있는 그의 집에 머물기 위해서였다.

바울과 야고보의 만남

17 ●바울과 그 일행이 57년 5월 오순절 전에 예루살렘에 도착하자 믿는 형제들이 우리를 반갑게 영접했다.

18 이튿날 바울이 우리와 함께 예수의 동생 야고보를 찾아가니 장로들도 함께 모여 있었다.

19 바울이 그들에게 문안 인사를 하고 하나님께서 자기의 선교 사역을 통해 이방 가운데서 하신 일을 자세히 보고했다.

20 바울의 보고를 들은 그들은 하나님께 영광을 돌리고 바울에게 말했다. "형제여, 당신이 보는 것처럼 유대인들 가운데 믿는 자가 수만 명이나 있으니 모두 모세의 율법을 열성적으로 지키는 자들이다.

21 당신이 이방에 있는 모든 유대인에게 모세를 배반하고 아들들에게 할례를 행하지 말고, 또 전통을 지키지 말라고 가르친다는 말을 그들이 들었다.

22 그들은 당신이 예루살렘에 온 것을 분명히 들었을 것인데 이제 어떻게 하면 좋겠는가?

23 그러니 우리가 말하는 대로 하라. 하나님께 서원한 4명이 우리에게 있으니

24 모세의 율법과 조상의 전통을 존중한다는 것을 보여주기 위해 그들을 데려가서 함께 정결 의식을 행하라. 그리고 그들의 머리를 깎는 비용을 지불하라. 그렇게 하면 그대에 대해 들은 말이 사실이 아니고 당신도 율법을 지켜 행하는 자로 알 것이다.

25 주를 믿는 이방인에게는 우리가 우상의 제물과 피와 목매어 죽인 것과 음행을 피할 것을 결의하고 편지했었다."[1]

26 이에 이튿날 바울이 하나님께 서약한 이 4명을 데리고 그들과 함께 정결 의식을 행했다. 그런 뒤에 성전 뜰로 가서 정결 의식이 끝나는 날짜와 각 사람이 예물[2]을 올리는 날짜를 신고했다.

바울의 붙잡힘과 변명

27 ●정결 의식 기간인 7일이 끝나 갈 때쯤 소아시아 지역에서 온 유대인들이 성전에서 바울을 보고 모든 무리를 충동질하여 그를 붙들고

28 외쳤다. "이스라엘 사람들아, 이 사람 바울은 각 지역에서 우리 유대인 백성과 율법과 성전을 비방하여 모든 사람을 가르친 그 자다. 또 이방인인 헬라인을 데리고 성전의 이스라엘인 뜰까지 들어가서 이 거룩한 곳을 더럽혔다. 그러니 이 자를 잡도록 우리를 도우라."

29 그들이 그렇게 외치는 것은 예전에 에베소 출신 드로비모가 바울

1) 행 15:20 2) 제사

과 함께 예루살렘 시내에 있는 것을 보고 바울이 헬라인을 성전의 이스라엘인 뜰까지 데리고 들어갔다고 생각했기 때문이다.

30 성에 소란이 일어나 백성들이 바울을 붙잡아 성전 밖으로 끌고 나갔고 성문들은 곧 닫혔다.

31 그들이 바울을 죽이려고 할 때 예루살렘에 큰 소란이 있다는 소문이 군대의 천부장에게 들렸다.

32 그러자 천부장 수하에 있는 백부장이 군인들을 거느리고 바울에게로 달려 내려갔다. 유대인들은 천부장과 그 군인들을 보고 바울 때리기를 멈췄다.

33 이에 천부장이 바울에게 가까이 가서 그를 잡아 두 쇠사슬로 결박하라고 명령하고 그들에게 "그가 누구이며, 무슨 일을 했느냐?"라고 물었다.

34 그러자 무리 중 어떤 이는 이런 말로, 어떤 이는 다른 말로 외쳤다. 이에 천부장이 소란으로 인해 그 진상을 알 수 없게 되자 그를 병영 안으로 데려가라고 명령했다.

35 바울이 병영으로 들어가는 계단에 이를 때 무리가 바울에게 폭행을 가하려고 하자 군사들의 호위를 받아 끌려 들어갔다.

36 그러나 무리가 계속해서 따라가며 바울을 죽이려고 했다.

37 바울을 데리고 병영 안으로 들어갈 때 바울이 천부장에게 말했다. "내가 당신에게 말할 수 있느냐?" 그가 말하기를 "네가 헬라 말을 아느냐?

38 그러면 혹시 네가 이전에 폭동을 일으켜 자객 4,000명을 거느리고 광야로 나간 애굽인이 아니냐?"라고 하자

39 바울이 대답했다. "나는 유대인이다. 길리기아 지역에 있는 큰 도시 다소시1)의 시민이니 내가 백성에게 말할 수 있도록 허락하라."

40 이에 천부장이 허락하자 바울이 계단 위에 서서 백성에게 손짓으로 조용히 시킨 후 히브리 말로 외쳤다.

22 "내 아버지와 형제가 되는 자들아. 내가 지금 여러분 앞에서 해명하는 말을 들으라."

2 무리가 바울이 히브리 말로 말하는 것을 듣고 매우 조용했다. 이어 바울이 말했다.

3 "나는 유대인으로 길리기아 지역의 다소에서 5년경에 태어났고 그 성에서 13세까지 성장했다. 그리고 예루살렘으로 올라와 가말리엘의 문하에서 우리 조상들의 율법에 대해 엄격한 교훈으로 교육을 받았으며, 오늘 너희처럼 하나님에 대해 대단한 열심이 있었다.

4 그래서 내가 예수의 '도'를 핍박하여 그 도를 따르는 자들을 죽이기까지 하고 남녀를 결박하여 감옥에 넘기기도 했다.

5 이런 사실은 대제사장과 모든 장로가 사실이라는 것을 말해 줄 것이다. 또 내가 그들 산헤드린 공의회에서 다메섹에 있는 형제들에게 가는 공문서를 받아 가지고 그곳에 있는 예수를 믿는 자들도 결박하여 예루살렘으로 끌어다가 형벌을 받게 하려고 했다.

6 그런데 내가 다메섹에 가까이 갔을 때 낮 12시쯤 되어 갑자기 하늘에서 큰 빛이 나를 둘러 비치면서 소리가 났는데

7 내가 땅에 엎드려 그 소리를 들

1) 市

으니 '사울아, 사울아, 네가 왜 나를 핍박하느냐?'라고 했다.

8 내가 대답하기를 '주여, 당신은 누구십니까?'하니 그가 말하기를 '나는 네가 핍박하는 나사렛 예수다[1]'라고 했다.

9 나와 동행한 자들은 빛은 보면서도 내게 말씀하시는 자의 소리는 듣지 못했다.

10 그때 내가 대답했다. '주여, 내가 무엇을 해야 합니까?' 주께서는 '일어나 다메섹으로 들어가라. 그러면 네가 무엇을 해야 할지 그곳에서 누군가가 말해 줄 것이다'라고 말씀하셨다.

11 나는 그 빛으로 인해 앞을 볼 수 없게 되어 나와 동행한 자들의 부축을 받아 다메섹으로 갔다.

12 다메섹에는 모세의 율법에 따라 사는 경건한 사람으로 그곳의 모든 유대인에게 칭찬을 듣는 아나니아라 하는 자가 있었다.

13 그가 내게 찾아와서 말했다. '형제 사울아, 다시 눈을 떠 보라.' 그 순간 내 눈이 떠져 그를 쳐다볼 수 있었다.

14 그가 또 나에게 말했다. '우리 조상들의 하나님께서 너를 선택하여 너로 자기의 뜻을 알게 하셨고, 그 의로운 분을 보게 하셨으며, 그의 입에서 나오는 음성을 듣게 하셨다.

15 그리고 너는 그 예수를 위해 모든 사람 앞에서 지금 네가 보고 들은 것을 전하는 증인이 될 것이다.

16 그러므로 이제는 주저하지 말라. 일어나 주의 이름을 부르고 세례를 받으라. 그래서 네 죄를 씻으라.[2]

17 이후 나는 35년경 예루살렘으로 다시 돌아와서 성전에서 기도할 때 환상을 보게 되었다. 그때

18 주께서 내게 말씀하셨다. '서둘러 예루살렘을 빠져나가라. 그들은 나에 대해 증언하는 네 말을 듣지 않을 것이다.'

19 그때 내가 말했다. '주여, 내가 주를 믿는 사람들을 감옥에 가두고, 여러 회당에서 때리고,

20 주를 증거한 스데반이 피를 흘리며 죽어갈 때 내가 그 곁에 서서 그는 죽어 마땅하다고 찬성하고, 그 증인의 표시로 그를 죽이는 사람들의 옷을 지킨 줄 그들도 알고 있습니다.' 그때[3]

21 주께서 내게 말씀하셨다. '이제 가라. 내가 너를 이방인에게 보낼 것이다.'"

22 그들이 이렇게 말하는 것까지 듣고 있다가 소리를 질렀다. "이런 자는 결단코 살려두어서는 안 된다."

23 그들이 고함을 지르며 울분의 표시로 자기들의 옷을 벗어던지며 먼지를 공중에 날렸다.

24 그러자 천부장이 바울을 병영 안으로 데려가라고 명령하고 그들이 무슨 일로 그에 대해 울분하며 소리 지르는지 알아보기 위해 바울을 채찍질하며 심문하도록 했다.

25 이에 로마 군인들이 가죽 줄로 바울을 묶어 매자 바울이 곁에 서 있는 백부장에게 말했다. "너희가 로마 시민 된 나를 죄가 있는지 확정하기도 전에 채찍질할 수 있느냐?"

26 백부장이 그 말을 듣고 천부장에게 가서 말했다. "이자는 로마 시민이니 우리가 어떻게 처리해야 하겠습니까?"

27 천부장이 바울에게 다시 와서 말했다. "네가 로마 시민인지 내게

1) 행 9:1-5 2) 행 9:6-16 3) 행 8:1, 7:58

말하라." 바울이 대답하기를 "내가 그렇다"라고 했다.

28 천부장이 대답했다. "나는 많은 돈을 주고 이 시민권을 얻었다." 바울이 말했다. "나는 태어나면서부터다."

29 심문하려던 사람들이 곧 그에게서 물러가고 천부장도 그가 로마 시민인 줄 알고 그 결박한 것 때문에 두려워했다.

바울의 공의회 증언과 그를 죽이려는 계획

30 ●이튿날 천부장은 유대인들이 무슨 일 때문에 바울을 고소하려고 하는지 그 진상을 알기 위해 그 결박을 풀고 제사장들과 산헤드린 공의회를 소집하도록 명령하고 바울을 데리고 내려가서 공의회 앞에 세웠다.

23 그러자 바울이 공의회를 주목하며 말했다. "형제들아, 오늘까지 나는 모든 일을 양심에 따라 하나님을 섬겼다."

2 그 소리를 들은 아나니아 대제사장이 바울 옆에 서 있는 사람들에게 그 입을 치라고 명령했다.

3 이에 바울이 말했다. "회칠한 담이여, 하나님께서 너를 치실 것이다. 네가 나를 율법대로 심판한다고 앉아서 율법을 어기면서 나를 치라고 하느냐?"

4 곁에 선 사람들이 말하기를 "네가 하나님의 대제사장을 욕하느냐?"라고 하니

5 바울이 대답했다. "형제들아, 나는 그가 대제사장인 줄 몰랐다. 성경에 기록되기를 '네 백성의 관리를 비방하지 말라'[1]고 했다."

6 바울이 모인 회중 가운데 일부가 사두개인이며, 또 일부는 바리새

인인 줄 알고 산헤드린 공의회에서 외쳐 말했다. "형제들아, 나는 바리새인이고, 내 아버지도 바리새인이었다. 죽은 자의 소망인 부활로 인해 내가 심문을 받고 있다."

7 그 말을 하자 바리새인과 사두개인 사이에 다툼이 생겼고 무리가 나뉘었다.

8 사두개인은 부활도 없고 천사도 없고 영도 없다고 믿고 있지만 바리새인은 모두 있다고 믿었기 때문이다.

9 두 무리가 큰 소리로 떠들자 바리새인 편에서 율법교사 몇 명이 일어나 다투어 말했다. "우리가 이 사람을 보니 악한 것이 없다. 혹시 영이나 천사가 그를 통해 말했다면 우리가 어찌하겠느냐?"

10 이에 큰 분쟁이 생기자 천부장은 바울이 그들에게 상하지 않을까 하여 부하에게 명령하여 바울을 모인 무리 가운데서 데리고 나가 병영 안으로 들어가라고 했다.

11 그날 밤 주께서 바울 옆에 서서 말씀하셨다. "용기를 내라. 너는 예루살렘에서 내 일을 증거한 것처럼 로마에서도 증거해야 할 것이다."

12 날이 밝자 유대인들이 무리를 지어 바울을 죽이기 전에는 먹지도

풍습

로마의 시민권(행 22:28)

시민권은 로마 제국에서 주는 자유권을 가리킨다. 이 권리를 가진 자는 행동과 사상과 재산 및 신앙의 자유가 보장되며, 거주하는 영토나 국가의 정치에 참여할 수 있었다. 그리고 인권이 철저히 보장되어 사법적 절차에 의하지 않은 구속은 당하지 않았다. 글라우디오 황제 당시에는 돈을 주고 이 시민권을 살 수도 있었다.

1) 출 22:28

마시지도 않겠다고 맹세했는데,

13 이같이 맹세한 동맹자가 40여 명이나 되었다.

14 그들이 대제사장들과 장로들에게 가서 말했다. "우리는 바울을 죽이기 전에는 아무 것도 먹지 않기로 굳게 맹세했습니다. 그러니

15 이제 당신들과 산헤드린 공의회에서는 천부장에게 찾아가 바울이 한 일에 대해 더 자세히 물어볼 것이 있는 것처럼 하여 그를 당신들 공의회로 데리고 내려오도록 요청하십시오. 그러면 우리는 그가 가까이 오기 전에 죽일 것입니다."

16 바울의 조카가 그들이 바울을 죽이기 위해 매복해 있다는 소식을 듣고 와서 병영 안으로 들어가 바울에게 알렸다.

17 이에 바울이 한 백부장을 불러 말하기를 "이 청년을 천부장에게로 안내하라. 그에게 무슨 할 말이 있다"라고 하자

18 그를 천부장에게 데려가서 말했다. "죄수 바울이 나를 불러 이 청년이 당신께 할 말이 있다고 하여 데려왔습니다."

19 천부장이 그 청년의 손을 잡고 물러가서 조용히 묻기를 "내게 할 말이 무엇이냐?"

20 그가 대답했다. "유대인들은 바울에 대해 더 자세한 것을 묻기 위해 내일 그를 데리고 공의회로 내려오도록 당신께 요청할 것입니다. 그리고 그를 데리고 오는 도중에 죽이려는 공모를 하고 있습니다.

21 그러니 당신은 그들의 요청을 허락하지 마십시오. 그들 중에는 바울을 죽이기 전에는 먹지도 않고 마시지도 않기로 맹세한 자 40여 명이 그를 죽이기 위해 숨어 지금

준비를 다 마치고 당신의 허락만 기다리고 있습니다."

22 이에 천부장이 청년을 보내며 단단히 주의시키며 말했다. "이 일을 나에게 알렸다고 아무에게도 말하지 말라."

23 이에 2명의 백부장을 불러 이렇게 명령했다. "밤 제삼시인 밤 9시에 가이사랴까지 갈 보병 200명과 기마병 70명과 창을 든 병사 200명을 준비시키라.

24 또 바울을 벨릭스 총독에게 안전하게 보내기 위해 그를 태울 짐승도 준비하라."

25 그리고 천부장은 다음과 같이 총독에게 편지했다.

26 "글라우디오 루시아는 벨릭스 총독에게 문안합니다.

27 이 사람 바울이 유대인들에게 잡혀 죽게 되었을 때 그가 로마 시민권을 가진 것을 알고 내가 군대를 동원하여 그를 유대인들에게서 구했습니다.

28 그리고 유대인들이 무슨 일로 그를 고발하는지 알고자 하여 그들의 산헤드린 공의회로 데리고 내려갔습니다.

29 그런데 알고 보니 고소하는 내용이 그들의 율법 문제에 대한 것뿐이고 죽이거나 결박할 사유가 전혀 없는 것을 발견했습니다.

30 그러나 이 사람을 죽이려는 모의가 있다고 누가 내게 알려주기에 곧바로 총독께 이 사람을 보냅니다. 또한 고소한 사람들도 당신 앞에서 그에 대해 말하라고 했습니다."

바울의 가이사랴 감옥 생활

31 ● 보병은 천부장의 명령을 받은 대로 밤 9시경에 바울을 데리고 예루살렘 서북쪽 50km 지점의 옛 아벨

인 안디바드리로 호송했다.

32 이튿날 기마병으로 바울을 가이사
랴로 호송하게 하고 보병은 예루살
렘에 있는 병영 안으로 돌아갔다.

33 기마병들은 가이사랴에 도착하여
예루살렘에 주둔해 있는 천부장이
보낸 편지를 총독에게 드리고 바
울을 그 앞에 세웠다.

34 총독은 편지를 읽은 후 바울에게
어느 지역의 출신인지 물은 후 그
가 길리기아 지역 출신인 줄 알고

35 말했다. "너를 고소하는 사람들이
오면 그때 네 말을 들을 것이다."
그리고 그를 헤롯궁에 가두고 지
키라고 명령했다.

24

바울이 가이사랴로 호송된 지
5일 후 아나니아 대제사장이
장로 몇 명과 변호사인 더둘로와
함께 가이사랴로 내려와 벨릭스
총독 앞에서 바울을 고소했다.

2 이에 바울을 이끌어내자 더둘로가
고소하여 말했다.

3 "벨릭스 각하여, 우리가 당신의 덕
택으로 평안을 누리고 있습니다.
또한 우리 민족이 당신의 공로[1] 덕
분에 여러 가지로 좋게 개선된 것
을 우리가 인정하며 크게 감사하
고 있습니다.

4 이제 당신을 더 이상 귀찮게 하지
않기 위해 우리가 간단히 말씀하
겠습니다. 너그럽게 들어주기를
바랍니다.

5 우리가 보니 이 사람 바울은 전염
병과 같은 자입니다. 그는 온 천지
에 흩어져 사는 유대인들을 선동
하는 자이며, 나사렛 이단의 우두
머리입니다.

6 [2]그가 또 성전을 더럽게 하려고 해
서 우리가 붙잡았습니다.

7 (6절 하반절-8절 상반절 없음)

8 [3]그러므로 총독께서 그를 직접 심
문하시면 우리가 고소하는 모든
내용을 알게 될 것입니다."

9 유대인들도 그 말에 동조하여 그
말이 옳다고 주장했다.

10 벨릭스 총독이 바울에게 머리를
끄덕이며 말하라고 하자 그가 말
했다. "나는 당신이 여러 해 전부
터 우리 민족의 재판장이 된 것을
알고 있기에 나와 관련된 사건에
대해 기쁜 마음으로 해명합니다.

11 내가 지금부터 말하는 것은 당신
도 알 수 있는 사실입니다. 나는 예
루살렘으로 예배하러 올라간 지 12
일밖에 안 되었습니다.

12 그들은 내가 성전에서 누구와 변
론하는 것이나 회당이나 성 안에
서 무리를 선동하는 것을 보지 못
했습니다.

13 그러므로 나를 고발하는 모든 일
에 대해 그들은 능히 당신 앞에 증
거를 내놓지 못합니다.

14 나는 그들이 이단이라고 하는 예수
의 '도'를 따라 내 조상의 하나님을
섬기고 율법과 선지자들의 글에
기록된 것을 모두 믿습니다.

15 또한 그들이 기다리는 바 하나님
을 향한 소망을 나도 가졌습니다.
곧 의인과 악인의 부활이 있으리
라는 것입니다.

Q&A 이단과 이교의 차이는?
(행 24:14)

이단은 자신이 신봉하는 길(학문, 사상 등)과 달
리 별도의 길을 가는 것을 의미한다. 즉 전통이
나 권위에 반하는 사상이나 행동을 뜻한다. 기독
교의 이단은 그리스도의 구속의 진리와 상반된
그릇된 성경 해석을 하는 집단을 가리킨다. 반면
이교는 종교 자체가 전혀 다른 것을 말한다. 즉
기독교, 불교, 회교 등과 같은 것이다.

1) 선견　2) 6절 상반절　3) 8절 하반절

16 이런 이유로 나도 하나님과 사람 앞에서 항상 깨끗한 양심을 지키려고 힘쓰고 있습니다.

17 몇 년 만에 내가 내 민족을 위해 구제할 것과 헌금을 가지고 예루살렘으로 와서

18 가난한 자들에게 그것을 드리는 중에 내가 정결 의식을 행했으며, 주위에는 어떤 모임도 없고 소란도 없이 성전에 있는 것을 그들도 보았습니다. 그 자리에는 소 아시아 지역에서 온 어떤 유대인들도 있었습니다.

19 만일 그들이 나에 대해 고소1)할 내용이 있었다면 마땅히 당신 앞에 와서 고소했을 것입니다.

20 그렇지 않고 내가 산헤드린 공의회 앞에 섰을 때 옳지 않은 것을 보았다면 이 사람들에게 그것을 말하라고 하십시오.

21 오직 내가 그들 가운데 서서 말하기를 '내가 죽은 자의 부활에 대해 오늘 너희 앞에서 심문을 받는다'라고 한 이 소리만 있었을 뿐입니다."

22 벨릭스 총독은 이 예수의 가르침에 대한 것을 자세히 알고 있었기 때문에 고소 사건의 심리를 연기하며 말했다. "천부장 루시아가 내려오거든 너희 일을 처리할 것이다." 그리고

23 백부장에게 "바울을 지키되 자유를 주고 그의 친구들이 그를 보살피는 것을 막지 말라"고 명령했다.

24 며칠 후 벨릭스 총독이 아내 유대인 여자 드루실라와 함께 와서 바울을 불러 그리스도 예수를 믿는 원리에 대해 들었다.

25 이때 바울은 의와 절제와 장차 도래할 심판에 대해 강론했고, 벨릭스는 두려워하여 대답하기를 "지금은 이만하고 가라. 내가 기회가 있으면 다시 너를 부르겠다'라고 했다.

26 동시에 바울에게서 돈을 받을까 하여 더 자주 불러 이같이 이야기했다.

27 2년이 지난 후 보르기오 베스도가 벨릭스의 총독 직무를 이어받았다. 그러나 벨릭스는 유대인의 환심을 사기 위해 바울을 그대로 구류해 둔 채 총독직을 넘겼다.

바울이 로마 황제 가이사에게 상소함

25 ● 베스도가 유대 총독으로 부임한 지 3일 후 가이사랴에서 136km 떨어진 예루살렘으로 올라갔다.

2 그러자 대제사장들과 유대인 중 높은 사람인 장로들이 바울을 다시 고소했다.

3 그리고 베스도 총독에게 호기심을 사가며 바울을 예루살렘으로 이송하도록 요청했다. 이는 예루살렘으로 오는 길에 매복했다가 바울을 죽이고자 했기 때문이다.

4 그럼에도 베스도 총독은 "바울은 가이사랴에 구류되어야 하며, 나도 조만간 총독직을 사임하고 떠나갈 것이다"라고 말했다.

5 또 "너희 중 유력한 자 몇 사람은 나와 함께 가이사랴로 내려가 그 사람에게 불의한 일이 있다면 그를 고소하라"고 했다.

6 베스도 총독이 그들 가운데서 8일 또는 10일을 지낸 후 예루살렘에서 가이사랴로 내려가서 이튿날 재판 자리에 앉아 바울을 데려오도록 명령했다.

7 바울이 재판석으로 나오자 예루살렘에서 내려온 유대인들이 둘러 서서 여러 중대한 사건으로 바울을

1) 반대

고소했지만 증거는 제시하지 못했다.

8 그러자 바울이 변호하여 말했다. "유대인의 율법이나 성전이나 로마 황제[1]에게나 나는 전혀 죄를 범하지 않았습니다."

9 베스도 총독이 유대인의 환심을 사기 위해 바울에게 물었다. "네가 예루살렘에 올라가서 이 사건에 대해 내 재판정에서 심문을 받겠느냐?"

10 바울이 대답하기를 "내가 로마 네로 황제의 재판정 앞에 섰으니 마땅히 그곳에서 심문을 받을 것입니다. 총독도 잘 아시는 것처럼 나는 유대인들에게 불의를 행한 일이 없습니다.

11 만일 내가 불법을 행하여 무슨 죽을 죄를 지었다면 죽기를 마다하지 않을 것입니다. 그러나 이 사람들의 고소가 모두 거짓이라면 누구도 나를 그들에게 넘겨줄 수 없습니다. 나는 로마 네로 황제께 상소합니다"라고 했다.

12 베스도 총독이 배석자들과 상의한 후 말했다. "네가 로마 황제에게 상소했으니 로마 네로 황제에게 보내질 것이다."

바울이 아그립바왕과 버니게 앞에서 변명함

13 ● 며칠 후 갈릴리 북부 지역을 통치하는 아그립바 2세와 그의 누이인 버니게가 베스도 총독에게 문안하기 위해 가이사랴로 내려왔다.

14 여러 날을 지내고 유대 총독 베스도가 바울의 일을 아그립바 2세에게 보고했다. "이전 총독인 벨릭스가 한 사람을 구류해 두었는데,

15 내가 예루살렘에 있을 때 유대인의 대제사장들과 장로들이 그를

고소하여 유죄 판결을 요구했습니다. 그때

16 내가 대답하기를 '무릇 피고가 원고들 앞에서 고소 사건에 대해 변호할 기회를 갖기 전에 넘겨주는 것은 로마법이 아니다'라고 했습니다.

17 그러자 그들이 예루살렘에서 나와 함께 이곳 가이사랴로 왔기에 내가 지체하지 않고 이튿날 재판정에 앉아 명령하여 그 사람을 데려왔습니다.

18 그러나 내가 예상했던 것만큼 악한 혐의는 하나도 제시하지 못했습니다.

19 다만 자기들의 종교와 죽은 예수가 다시 살아 났다고 바울이 주장하는 그 일에 대한 문제로 고소한 것뿐이었습니다.

20 내가 이 사건에 대해 어떻게 심리해야 할지 몰라 바울에게 '네가 예루살렘에 올라가서 이 일에 심문을 받겠느냐?'라고 물었습니다. 그러나

21 바울은 로마 황제의 판결을 받기까지 자기를 지켜 주기를 호소하여 내가 그를 로마 황제에게 보내기까지 감옥에 가두라고 명령했습니다."

22 이에 아그립바 2세가 베스도 총독에게 말했다. "나도 이 사람의 말을 듣기를 기대한다." 베스도 총독이 대답했다. "그러면 내일 들을 수 있습니다."

23 이튿날 아그립바 2세와 그의 누이 버니게가 화려한 행렬로 위엄을 갖추고 와서 천부장들과 성 안에 있는 유지들과 함께 재판정[2]으로 들어오고 베스도 총독의 명령으로 바울을 끌고 왔다.

---

1) 가이사   2) 접견 장소

24 이에 베스도 총독이 말했다. "아그
립바 2세왕과 재판정[1]에 함께 있는
여러분이여, 당신들이 보는 이 사
람에 대해 유대의 모든 무리가 '죽
여야 한다'고 외치면서 예루살렘과
이곳 가이사랴에서도 내게 청원했
습니다.

25 그러나 내가 심문해 보니 죽일 만
한 죄를 범한 일이 없었습니다. 그
런데 그가 로마 네로 황제에게 상
소했기 때문에 내가 황제에게 보
내기로 결정했습니다.

26 나는 그에 대해 황제께 상소할 내
용이 없기 때문에 그를 심문한 후
혹시 상소할 자료가 있을까 하여
당신들과 특히 아그립바 2세왕 당
신 앞에 그를 법정에 세웠습니다.

27 죄목도 밝히지 않은 상태에서 죄
수를 로마 황제 앞으로 이송하는
것이 무리한 일인 줄 압니다."

26 아그립바 2세가 바울에게 말
했다. "너를 위해 나에게 해명
할 기회를 주겠다." 이에 바울이
손을 들어 변호하기를

2 "아그립바왕이여, 유대인이 고소
하는 모든 사건을 오늘 당신 앞에
서 변명하게 된 것을 다행이라고
생각합니다.

3 특히 당신이 유대인의 모든 풍속
과 문제를 알고 있으니 더욱 다행
입니다. 그러므로 내 말을 끝까지,
너그러이 들어주시기를 바랍니다.

4 그 유대인들은 내가 예루살렘에
온 소년 때인 처음부터 내 민족과
함께 예루살렘에서 젊었을 때 생활
한 상황을 자세히 알고 있습니다.

5 그들은 내가 13세 소년 때인 일찍부
터 나를 알고 있었기 때문에 내가
우리 종교의 가장 엄격한 종파를
따라 바리새인의 생활을 했다고

증언할 것입니다.

6 지금도 여기에 서서 심문 받는 내
용은 하나님께서 우리 조상에게
약속하신 것인 메시아를 바라기
때문입니다.

7 그 약속은 바로 우리 조상의 12지
파가 밤낮으로 열심히 하나님을
섬기면서 얻기를 바라는 것입니
다. 아그립바왕이여, 이 소망으로
인해 내가 유대인들에게 고소를
당한 것입니다.

8 당신들은 하나님께서 죽은 사람을
살리시는 분임을 왜 믿지 못할 일
이라고 생각합니까?

9 나도 처음에는 나사렛 예수의 이
름을 대적하는 일에 온 힘을 다해
야 한다고 스스로 생각했습니다.

10 그래서 예루살렘에서 대제사장들
에게서 권한을 받아 예수를 믿는
많은 성도를 감옥에 가두며, 그들
을 죽이는 일에 찬성 투표를 했습
니다.

11 또 예수를 믿는 자들에게 모든 회
당에서 여러 차례 형벌을 주었고,
강제로 예수를 저주하는 말을 하
도록 했으며, 그들에 대해 크게 분
노하여 다른 외국 도시까지 가서
핍박했습니다.

12 그 일로 대제사장들에게 권한을
위임 받아 다메섹으로 갔습니다.[2]

13 아그립바 2세왕이여, 내가 다메섹
으로 가는 도중 한낮이 되어 길에서
보니 하늘에서 해보다 더 밝은 빛이
나와 내 일행을 비추었습니다.

14 그 빛으로 우리가 다 땅에 엎드러
졌는데 그때 나는 히브리 말로 '사
울아, 사울아, 네가 왜 나를 핍박하
느냐? 가축을 앞으로 몰기 위한 끝
이 뾰족한 막대기인 가시채를 뒷

발질해 봐야 너만 고생이다'라는 소리를 들었습니다.

15 그래서 내가 대답했습니다. '주여, 당신은 누구십니까?' 주께서 말씀하시기를 '나는 네가 핍박하는 예수다[1]'라고 하셨습니다.

16 주께서 다시 말씀하셨습니다. '너는 일어나 서라. 내가 네게 나타난 것은 지금 나를 본 일과 앞으로 내가 나타낼 일을 통해 너를 종과 증인으로 삼으려고 한다.

17 곧 내가 너를 이스라엘과 이방인들에게서 구원할 것이다. 그리고 너를 이방인에게 보내

18 그들의 영적 눈을 뜨게 하여 어둠에서 빛으로, 사탄의 세력에서 벗어나 하나님께로 돌아오게 하고, 죄를 용서받는 것과 나를 믿음으로 거룩하게 된 무리와 한자리에 들게 하겠다.[2]

19 그러므로 아그립바 2세왕이여, 하늘로부터 받은 이 환상에서 보이신 것을 내가 복종하지 않을 수 없었습니다.

20 그래서 먼저 다메섹과 예루살렘에 있는 사람들과 유대 온 지역과 이방인에게까지 가서 돌이켜 뉘우치고 하나님께로 돌아와서 그 회개에 합당한 일을 하라고 전했던 것입니다.

21 이 일로 유대인들이 성전에서 나를 잡아 죽이려고 했습니다.[3]

22 그러나 하나님의 도우심으로 내가 오늘까지 이곳에 서서 모든 사람 앞에서 증언하는 것입니다. 나는 선지자들과 모세가 장차 반드시 일어나리라고 예언한 것을 말한 것밖에 없습니다.

23 그것은 바로 그리스도가 고난을 받으실 것과 죽은 자 가운데서 먼저 다시 살아나 이스라엘과 이방인들에게 빛을 전할 것을 예언한 것입니다."

24 바울이 이 같은 말로 변호하자 베스도 총독이 큰 소리로 말했다. "바울아, 네가 미쳤다. 많은 학문이 너를 미치게 했다."

25 이에 바울이 대답했다. "베스도 총독이여, 내가 미친 것이 아니라 나는 지금 진실되고 바른 말을 하는 것입니다.

26 아그립바 2세는 이 일에 대해 모두 알고 있는 줄 믿습니다. 그래서 내가 왕께 분명하게 말합니다. 이 일은 어느 한 구석에서 행한 것이 아닙니다.

27 아그립바 2세왕이여, 선지자를 믿습니까? 나는 왕이 믿는 줄 압니다."

28 아그립바 2세가 바울에게 말했다. "네가 짧은 시간[4]에 나를 설득하여 그리스도인이 되게 하려고 한다."

29 그러자 바울이 대답했다. "시간이 짧으나 기나[5] 당신뿐 아니라 오늘 이 자리에서 내 말을 듣는 모든 사람도 내가 이렇게 결박된 것 외에는 나와 같이 되기를 하나님께 소원합니다."

30 아그립바 2세왕과 그의 누이 버니게, 유대 총독 베스도와 그와 함께 앉은 사람들이 다 일어나서

31 재판정에서 물러가 서로 말하기를 "이 사람은 사형이나 결박을 당할 만한 행위가 없다"라고 했다.

32 이에 아그립바 2세가 유대 총독 베스도에게 말했다. "만일 이 사람이 로마 네로 황제에게 상소하지 않았다면 석방될 뻔했다."

1) 행 9:4-5 2) 기업을 얻게 하리라 3) 행 21:30-31
4) 적은 말 5) 말이 적으나 많으나

바울의 로마 압송과 풍랑을 만남

27 ●바울과 그와 함께하는 자들이 배를 타고 이달리야에 가기로 결정되자 베스도 유대 총독은 바울과 다른 죄수 몇 사람을 로마 황제의 군대 소속인 아구스도대의 백부장 율리오라는 사람에게 로마 이송의 일을 맡겼다.

2 소아시아 해변 각 지역으로 가려고 하는 '아드라뭇데노'라는 상선 배에 우리가 승선하여 항해할 때 마게도냐 지역에 있는 데살로니가 출신 아리스다고도 함께했다.

3 가이사랴를 출발한 배는 이튿날 지중해 해안을 따라 122km 떨어진 시돈 항구에 정박했다. 이때 백부장 율리오는 바울에게 호의를 베풀어 그의 친구들에게 가서 대접을 받도록 허락해 주었다.

4 얼마 후 시돈에서 우리를 태우고 떠난 배는 북서쪽으로 항해하다가 맞바람을 피하기 위해 키프로스, 곧 구브로 해안에 근접해 항해하여

5 길리기아 지역과 구브로 북쪽 230km 떨어진 밤빌리아 지역 앞의 지중해 바다를 지나 그곳에서 다시 140km 떨어진 루기아 지역에 있는 무라 항구 도시에 도착했다.

6 그곳에서 백부장 율리오는 이달리야로 가려는 '알렉산드리아'라는 곡물선 배를 만나 우리를 승선시켰다.

7 무라를 출발한 배는 풍랑으로 인해 천천히 항해하여 여러 날 만에 간신히 208km 떨어진 니도 맞은편에 이르렀다. 그러나 바람이 세게 불어 160km 떨어진 살모네 앞을 지나 그레데 해안을 바람막이로 삼고 섬 남쪽으로 항해하여

8 간신히 그 연안을 지나 라새아 도시에서 8km 떨어진 미항이라는 곳에 도착했다.

9 미항까지 오는 동안 예정보다 항해에 여러 날이 걸렸고, 이미 9~10월 10일부터 시작되는 금식하는 절기가 지나 풍랑이 심해졌기 때문에 계속 항해하기가 위태로웠다. 이에 바울이 그들에게 충고했다.

10 "여러분이여, 내가 보니 이번 항해는 배뿐 아니라 배의 짐도 손해를 끼칠 것입니다. 또한 우리 생명까지 잃을 수 있습니다."

11 그러나 책임을 맡은 백부장 율리오는 선장과 배 주인인 선주의 말을 바울의 말보다 더 믿었다.

12 대부분의 사람이 미항은 겨울을 지내기에 불편하여 미항을 떠나 뵈닉스에 가서 겨울을 지내자고 했다. 뵈닉스는 지중해의 그레데 섬 남쪽에 있는 항구로 한쪽은 서남을, 한쪽은 서북을 향하고 있었다.

13 배가 미항에 있는 동안 남풍이 약하게 불자 선장과 선주들은 자신의 생각이 맞는 줄 알고 닻을 감아 올린 후 그레데섬 남쪽 해안을 끼고 항해했다.

14 그러나 몇 시간도[1] 안 되어 그레데섬 가운데서 '유라굴로'라는 광풍이 크게 일어났다.

15 배는 밀려 바람 부는 대로 그냥 떠밀려 가다가

16 미항에서 55km, 뵈닉스에서 35km 떨어진 가우다라는 작은 섬 아래로 지나갈 때 간신히 줄로 매달아 왔던 구명정인 거룻배를 잡아

17 끌어 올렸다. 그리고 줄을 가지고 선체를 둘러 감고 모래톱인 스르디스에 걸릴까 하여 연장을 내리고

[1] 얼마

그냥 바람에 떠밀려 갔다.

18 우리가 풍랑 때문에 심히 애쓰다가 이튿날에는 사공들이 바다에 짐을 던져 버렸다.

19 3일째 되는 날에는 배의 기구들까지 바다에 던졌다.

20 여러 날 동안 해와 별은 보이지 않았고, 큰 풍랑이 계속해서 불어 살아남을 수 있다는 희망도 사라졌다.

21 여러 사람이 오랫동안 먹지 못했다. 이때 바울이 배 가운데 서서 말했다. "여러분이여, 내 말을 듣고 그레데에서 떠나지 않았어야 했다. 그렇게 했다면 이런 손해도 보지 않고 물건도 잃지 않았을 것입니다.

22 내가 여러분에게 말하니 이제는 안심하십시오. 오직 배만 손상을 입을 뿐 여러분 중 누구도 목숨을 잃지 않을 것입니다.

23 내가 믿고 섬기는 하나님의 사자가 어젯밤 내 곁에 서서 이렇게 말했습니다.

24 '바울아, 두려워하지 말라. 네가 로마 황제 앞에 설 것이고, 또 하나님께서 너와 함께 항해하는 자를 다 너에게 맡겨 주셨다.'

25 그러므로 여러분이여, 안심하십시오. 나는 하나님께서 내게 말씀하신 그대로 될 것이라고 믿습니다.

26 따라서 우리는 반드시 한 섬에 도착할 것입니다."

27 풍랑을 만난 지 14일째 되는 날 밤에 우리가 아드리아 바다에서 이리저리 떠밀려 가다가 자정쯤인 한밤중에 사공들이 어떤 섬1)에 가까워지고 있음을 느끼고

28 바다 물의 깊이를 재어 보니 약 40m, 스무 길이 되었다. 조금 가다가 다시

재니 약 30m, 열다섯 길이었다.

29 암초에 걸릴까 하여 배 뒤편에 고물로 닻 4개를 내린 뒤 날이 밝기를 기다렸다.

30 이때 선원 몇 명이 배에서 빠져나가기 위해 배 앞쪽인 이물에서 닻을 내리는 척하고 구명정인 거룻배를 바다에 내려놓았다.

31 이를 본 바울이 백부장과 군인들에게 말했다. "이 사람들이 배 안에 있지 않으면 너희가 살아남지 못할 것이다."

32 이에 군인들이 구명정을 묶은 거룻줄을 끊어 구명정을 본선에서 떼어 버렸다.

33 날이 밝아 오자 바울이 여러 사람에게 음식을 먹으라고 권하며 말했다. "너희가 오랫동안 기다리며 먹지 못한 지가 오늘까지 벌써 14일이나 되었으니

34 음식을 먹어라. 그래야 너희가 살수 있으며, 너희 가운데 누구도 머리카락 하나도 잃지 않을 것이다."

35 이에 바울이 빵을 가져다가 모든 사람 앞에서 하나님께 감사 축사 기도를 하고 떼어 주자 그들이

36 받아 먹었다.

37 배에 있는 사람의 수는 모두 276명이었다.

38 그들이 배부르게 먹은 후 배에 있던 밀을 바다에 던져 배를 가볍게 했다.

39 날이 밝자 어느 땅인지 알지 못했지만 경사진 해안 밑에 항만이 눈에 보였다. 이에 배를 그곳에 정박시킬 수 있는지 의논한 후

40 닻줄을 끊어 닻을 바다에 버리고 키를 풀어 늦춘 다음 돛을 달았다. 그런 후 바람을 타고 해안을 향해

1) 육지

접근했지만

41 2개의 물살이 만나는 곳을 만나 배가 걸리고 말았다. 뱃머리인 이물은 부딪쳐 움직일 수 없을 정도가 되었고, 배 뒤쪽인 고물은 큰 파도에 부딪혀 깨어져 갔다.

42 이에 군인들은 죄수들이 헤엄쳐 도망갈까 염려하여 그들을 죽이려는 계획을 세웠다.

43 그러자 백부장이 바울을 살리기 위해 군인들의 계획을 막고 헤엄칠 수 있는 사람들에게 명령하여 먼저 물에 뛰어내려 육지로 올라가게 했다. 그리고

44 배에 남아 있는 사람들은 널조각이나 배에 있는 물에 뜰 수 있는 물건을 이용하여 육지로 나가게 하니 마침내 모든 사람이 육지에 상륙하여 구조되었다.

멜리데섬에서의 사건

28 ● 59년 11월 중순 우리가 구조된 후 보니 그 섬은 이탈리아 시실리섬 남쪽 96㎞ 지점에 있는 멜리데였다.

2 이날은 비가 오고 날이 춥자 섬의 원주민들이 특별한 동정을 베풀며 불을 피워 우리 모두를 영접했다.

3 바울이 나무 한 묶음을 모아다가 불에 넣자 뜨거움으로 독사가 그 속에서 나와 바울의 손을 물었다.

4 원주민들이 독사[1]가 바울의 손에 매달려 있는 것을 보고 서로 "이 사람은 참으로 살인한 자다. 바다에서는 구조를 받았지만 정의와 복수의 여신이[2] 그를 살지 못하게 한다"라고 말했다.

5 그러나 바울이 그 독사를 손에서 떼어 불 속에 던져 아무 해도 입지 않았다.

6 원주민들은 그가 붓거나 갑자기 쓰러져 죽을 줄 알고 기다렸으나 시간이 지나도 그에게 아무런 일이 없는 것을 보고 다르게 생각하여 말했다. "그는 사람이 아니라 신이다."

7 이 섬의 가장 높은 사람인 추장 보블리오라 하는 자가 있었는데, 그의 집 근처에는 토지가 있었다. 그가 우리를 영접하여 3일 동안이나 자기 집에 머물도록 친절을 베풀었다.

8 당시 보블리오의 부친이 열병과 이질에 걸려 누워 있었는데, 바울이 그에게로 들어가서 기도하고 안수하여 낫게 했다.

9 이를 본 섬에 있는 다른 병든 사람들도 바울에게 찾아와 고침을 받았다.

10 그들은 후하게 우리를 대접하고 우리가 떠날 때는 우리에게 필요한 것들을 배에 실어 주었다.

바울의 로마 도착과 전도

11 ● 몰타, 곧 멜리데섬에 도착한 지 3개월 후인 2～3월 경 우리가 그 섬에서 겨울을 지낸 또 다른 알렉산드리아 배를 타고 떠나니 그 배의 머리 장식에는 제우스의 쌍둥이 아들 신을 나타내는 '디오스구로'라는 표식이 있었다.

12 멜리데섬을 떠나 144㎞～154㎞ 떨어진 시실리섬의 동쪽에 있는 수라구사 항구에 배를 대고 3일을 정박한 후

13 출항하여 140㎞ 항해 끝에 레기온에 도착했다. 그리고 그곳에서 하루를 머문 후 남풍이 일어나 이튿날 레기온에서 340㎞ 떨어진 보디올에 도착했다.

14 그곳에서 바울은 믿는 형제들을

1) 짐승 2) 공의가

만나 그들의 초청을 받고 7일 동안 그들과 함께 머물렀다. 그리고 우리는 로마로 향했다.

15 로마에 있는 믿는 형제들이 우리가 로마로 온다는 소식을 듣고 로마에서 남쪽으로 69km에 있는 압비오 광장과 '세 여관'이라는 뜻의 트레이스 타베르네까지 마중을 나왔다. 이곳은 로마에서 53km 거리에 있다. 이에 바울이 그들을 보고 하나님께 감사드리고 큰 용기를 얻었다.

16 우리가 보디올에서 220km를 육지로 가서 마침내 60년 봄 로마에 들어갔다. 바울에게는 자기를 지키는 한 군인과 함께 따로 있어도 된다고 허락되었다.

17 로마에 도착한 지 3일 후 바울은 유대인 중 지도층에 있는 사람들을 초청하여 그들에게 말했다. "형제들아, 나는 이스라엘 백성이나 우리 조상의 관습을 거스른 적이 없는데 예루살렘에서 로마인의 손에 죄수로 넘겨졌다.

18 로마인은 나를 심문한 후 사형에 해당하는 죄목이 없어 석방하려고 했지만

19 유대인들이 반대해 내가 마지 못해 로마 네로 황제에게 상소한 것이지 내 민족을 고발하려는 것은 아니었다.

20 그래서 너희를 만나 함께 이야기하려고 초청했다. 나는 이스라엘의 소망 때문에 이 쇠사슬에 매이게 되었다."

21 바울의 말을 들은 유대인 지도자층에 있는 자들이 말했다. "우리는 유대 지역으로부터 너에 대한 편지도 받은 일이 없다. 뿐만 아니라 그 누구도 너에 대해 이야기한 일도 없다.

22 이에 우리는 네가 가진 사상이 어떤 것인지 듣고자 한다. 네가 전한 종파에 대해 어디서든지 반대하는 사람이 많은 줄을 우리가 알기 때문이다."

23 그들이 날짜를 정해 바울이 유숙하는 셋집에 찾아오니 바울이 온종일 하나님 나라에 대해 강론했다. 또한 모세의 율법과 선지자의 글을 통해 예수에 대해 권면했다.

24 이에 그 말을 믿는 사람도 있고 믿지 않는 사람도 있었는데

25 서로 의견이 맞지 않아서 흩어질 때 바울이 말했다. 이는 "성령이 이사야 선지자를 통해 너희 조상들에게 말씀하신 것이었다.

26 성경에 이렇게 기록되었다. '이 백성에게 가서 말하기를 너희가 들어도 깨닫지 못하며, 보아도 알지 못하는도다.

27 이 백성들의 마음이 무감각해져 그 귀로는 둔하게 듣고 그 눈은 감겼다. 이는 눈으로 보고, 귀로 듣고, 마음으로 깨달아 내게 돌아와 고침을 받지 못하게 하려는 것이다.'[1)]

28 그러므로 너희는 하나님의 이 구원이 이방인에게도 전파된 줄을 알라. 그들은 그것을 들을 것이다."

29 (없음)

30 60년 봄에서 62년 봄까지 바울이 꼬박 2년 동안 자기가 유숙하는 셋집에 머물면서 자기를 찾아오는 사람을 모두 영접하고,

31 하나님의 나라를 전파하며, 예수 그리스도에 대한 모든 것을 아무런 방해 없이 담대하게 가르쳤다.

1) 사 6:9-10

로마서

Romans

제목	히브리어 성경에는 프로스로마이우스('로마인들에게'), 수신자에 의하여 정함
기록연대	기원후 57년경 **저자** 사도 바울 **중심주제** 믿음으로 얻는 구원(교리서)

내용소개 * 죄(죄의 종)   1. 정죄의 교리 1~3장   * 구원   2. 칭의의 교리 4~5장
* 성화   3. 성화의 교리 6~8장   * 주권 (구원의 역사)   4. 의에 대한 하나님 계획 9~11장
* 봉사(섬김의 종)   5. 윤리적인 교훈 12~16장

롬

로마에 있는 형제들에게 인사와 로마 방문 계획

1 ●예수 그리스도의 종 된 나 바울은 사도로 부르심을 받아 하나님의 복음을 위해 선택함을 받았다.

2 이 복음은 하나님께서 이미 오래전에 선지자들을 통해 그의 아들 예수 그리스도에 대해 성경에 약속하신 것이다.

3 그 아들은 인간의 족보1)로는 다윗의 혈통에서 나셨고,

4 거룩하게 하는 영으로는 죽은 자들 가운데서 부활하심으로 능력 있는 하나님의 아들로 선포되셨으니 바로 예수 그리스도이시다.

5 그분으로 인해 우리가 은혜와 사도의 직분을 얻어 그의 이름을 위해 모든 이방인이 그를 믿어 순종하게 하는 것이다.

6 너희도 그들 가운데서 예수 그리스도의 사람이 되었다.

7 로마에서 하나님의 사랑을 받고 성도로 부르심을 받은 모든 자에게 하나님 우리 아버지와 주 예수 그리스도께서 은혜와 평안이 내리시기를 기원한다.

8 우선 내가 예수 그리스도로 말미암아 너희 모든 사람에 대해 하나님께 감사한다. 그것은 너희 믿음이 온 세상에 전파되기 때문이다.

9 내가 하나님의 아들의 복음 안에서 전심으로 섬기는 하나님께서 내 증인이 되신다. 나는 기도 중에 빼놓지 않고 너희를 위해 간구하며,

10 어떻게 하든지 하나님의 뜻이 있다면 내가 너희를 만날 수 있는 좋은 길이 열리기를 기도한다.

11 내가 너희를 만나기를 소망하는 것은 어떤 신령한 은사를 너희에게 나누어 주어 너희 믿음을 견고하게 하기 위함이다.

12 그 이유는 너희와 내 믿음으로 인해 서로 위로를 얻기 위함이다.

13 형제들아, 내가 몇 번이나 너희에게 가려고 계획했던 것을 너희가 알기를 바란다. 이는 너희 가운데서도 다른 이방인 가운데서와 마찬가지로 믿는 자들2)을 얻기 위해서였다. 그러나 지금까지는 길이 막혀 있었다.

14 헬라인이나 헬라어를 사용하지 않는 야만인이나 지혜 있는 자나 어리석은 자에게 나는 복음을 전할 의무가3) 있다.

15 그러므로 나는 할 수만 있다면 로마에 있는 너희에게도 복음 전하기를 간절히 바란다.

16 나는 복음 전하는 것을 부끄러워하지 않는다. 이는 복음이 모든 믿는 자에게 구원을 주시는 하나님의 능력이 되기 때문이다. 먼저는 유대인에게, 그다음은 헬라인에게로다.

17 복음에는 하나님의 의로움이 나타나

1) 선포하는

처음 고백된 믿음에서부터 더 성숙한 믿음에 이르게 한다. 이는 성경에 기록되기를 "오직 의인은 믿음으로 인해 살 것이다[1]"라고 한 것과 같다.

불경건, 불의, 심판, 율법, 죄, 의

18 ● 하나님의 진노가 하늘에서 나타나 불의한 행동으로 진리를 거스르는 사람들이 하는 모든 불경건한 것을 치실 것이다.

19 이는 하나님을 알 만한 것들을 그들 속에 주어 그들에게 보이셨기 때문에

20 세상이 창조된 때로부터 하나님의 보이지 않는 성품, 곧 그의 영원하신 능력과 신적 성품은 그가 창조하신 만물을 보고 알 수 있게 하셨기 때문이다. 그러므로 그들은 하나님은 계시지 않는다고 핑계 대지 못할 것이다.

21 그들은 하나님을 알지만 하나님을 영화롭게 하거나 감사하지도 않고 오히려 헛된 것을 생각했으며, 어리석은 마음이 어둠으로 가득 차 있다.

22 그들은 스스로 지혜가 있다고 하지만 어리석게 되어

23 썩지 않는 하나님의 영광을 죽음으로 썩어질 사람과 새와 짐승과 기어다니는 동물 모양의 우상으로 바꾸어 버렸다.

24 그러므로 하나님께서 그들을 마음이 원하는 정욕대로 행동하도록 내버려 두셨다. 사람들은 죄를 짓고 그로 인해 그들의 몸이 더럽혀졌으니

25 이는 그들이 하나님의 진리를 거짓된 것으로 바꾸어 버렸기 때문이다. 그래서 피조물을 창조주보다 더 경배하고 섬겼다. 그러나 주는 영원히 찬양을 받으실 분이다. 아멘.

26 하나님께서는 그들을 자신의 부끄러운 욕망에 사로잡혀 살도록 내버려 두셨다. 곧 그들의 여자들도 순리대로 남자와의 관계가 아닌 여자와의 관계를 갖는 것으로 바꾸어 버렸다.

27 남자들 역시 순리대로 여자와의 관계를 버리고 정욕이 불일 듯하여 남자와 더불어 부끄러운 관계를 행하여 그들의 잘못에 합당한 징벌을 그들 자신이 받았다.

28 또한 그들이 마음에 하나님 믿기를 싫어하자 하나님께서는 그들을 그 상실된 마음대로 내버려 둠으로써 그들이 합당하지 못한 일을 하게 하셨다.

29 곧 그들은 모든 불의와 악행과 탐욕과 악의가 가득한 자요, 시기와 살인과 분쟁과 속임과 악한 의도 등이 가득한 자이며, 남의 말을 하는 자이며,

30 비방하는 자이며, 하나님을[2] 미워하는 자이며, 잔인한 자이며, 교만하고 자랑하는 자이며, 악을 도모하는 자이며, 부모를 거역하는 자이다. 또한

31 양심도 없는 우매한 자이며, 약속을 어기는 배약하는 자이며, 친절하지도 않는 무정한 자요, 동정심도 없는 무자비한 자이다.

32 그들은 그 같은 일을 행하는 자는 사형에 해당한다고 하나님이 정하신 것을 알고 있음에도 스스로 그런 일을 행할 뿐 아니라 그런 일을 행하는 자들을 옳다고도 말한다.

2 그러므로 다른 사람을 판단하는 사람도 변명할 수 없게 되었다.

1) 합 2:4 2) 하나님께서

남을 판단하는 너도 같은 일을 행하고 있기 때문이다. 그것은 이미 자기 자신을 스스로 판단하는 셈이기 때문이다.

2 하나님의 심판은 이런 일을 행하는 자에게 공의로 되는 줄을 우리가 안다.

3 그런 일을 행하는 자를 판단하고도 똑같은 일을 행하는 사람에게 묻는다. "네가 하나님의 심판을 피할 수 있다고 생각하느냐?

4 혹시 네가 하나님의 자비로움이 너희를 회개하도록 이끄심을 알지 못해 그분의 자비와 용납하심과 길이 참으심이 크심을 멸시하는 것이냐?"

5 다만 그것은 네 고집과 회개하지 않는 마음으로 인해 하나님의 의로우신 심판이 나타나는 진노의 날에 임할 진노를 스스로 쌓고 있는 것이다.

6 하나님께서는 사람이 행한 그대로 되갚아 주신다.

7 인내하며 선을 행하여 영광과 존귀와 썩지 않는 것을 구하는 자들에게는 영원한 생명을 주신다.

8 오직 파당을 지어 진리를 따르지 않고 불의를 따르는 자들에게는 진노와 분노를 내리실 것이다.

9 악을 행하는 모든 사람의 영에는 외적 환난과 내적 고통이 있을 것이다. 먼저는 유대인에게, 그다음은 헬라인에게 있다.

10 반면 선을 행하는 각 사람에게는 영광과 존귀와 평안이 있을 것이다. 먼저는 유대인에게, 그다음은 헬라인에게다.

11 이는 하나님께서 겉모습으로 사람을 차별하시지 않기 때문이다.

12 율법을 모르고 범죄한 자는 또한 율법과 상관없이 망할 것이고, 율법을 알고 범죄한 자는 율법에 따라 심판을 받을 것이다.

13 하나님 앞에서 의롭다고 인정을 받는 자는 율법을 듣는 자가 아니라 오직 율법을 지켜 행하는 자이다.

14 율법을 모르는 이방인이 본능에 따라 율법을 행할 때는 이 사람은 율법이 없어도 자기가 자신에게 율법이 된다.

15 이런 자들은 율법에서 요구하는 일이 자신의 마음에 적혀 있음을 드러내 보인다. 그들의 양심도 이 사실에 증거가 된다. 그래서 그들의 생각이 서로 고발하기도 하고 변명하기도 한다.

16 이런 일은 내가 전한 복음대로 하나님께서 예수 그리스도로 인해 사람들이 은밀하게 행한 것을 심판하시는 그날에 드러날 것이다.

유대인의 죄성과 율법과 하나님의 의

17 ● 유대인이라고 칭함 받는 네가 율법을 의지하고, 하나님을 자랑하며,

18 율법의 가르침을 받았기 때문에 하나님의 뜻을 알고, 어느 것이 옳은지를 분별한다고 여긴다.

19 또 너희는 앞을 보지 못하는 자의 길을 인도하는 자이며, 어둠 속에 있는 자의 빛이며,

20 율법에 있는 지식과 진리를 터득한 자라고 생각한다. 그래서 너희는 어리석은 자의 교사이며, 어린아이의 선생이라고 스스로 믿고 있다.

21 그런데 다른 사람을 가르치는 네가 네 자신은 가르치지 않느냐? 도둑질하지 말라고 가르치면서[1] 네가 도둑질하느냐?

---

1) 선포하는

22 간음하지 말라고 가르치는 네가 오히려 간음하느냐? 우상을 혐오하는 네가 신전 물건을 도둑질하느냐?

23 율법을 자랑하는 네가 율법을 지키지 않음으로써 하나님을 불명예스럽게 하느냐?

24 성경에 기록되기를 "너희 때문에 하나님의 이름이 이방인 가운데서 모욕을 받는다"라고 했다.1)

25 네가 율법대로 행하면 할례가 유익하지만, 율법을 어기면 네 할례는 할례를 받지 않는 자처럼 된다.

26 그러므로 할례를 받지 않는 자가 율법의 명령들을 지키면 그 할례받지 않는 것을 할례 받은 것처럼 여기지 않겠느냐?

27 또한 본래 할례 받지 않은 자가 율법을 온전히 지키면 율법 조항과 할례를 가지고 율법을 어기는 너를 오히려 율법을 파괴하는 자라고 판단하지 않겠느냐?

28 그러므로 겉모습만 유대인이라고 다 유대인이 아니며, 몸에만 할례를 받았다고 다 할례가 아니다.

29 오직 내면적인 유대인이 유대인이다. 할례는 율법 조항이 아니라 마음에 해야 진정한 할례이다. 그런 사람은 사람에게서가 아니라 하나님에게서 칭찬을 받는다.

3 그렇다면 유대인이 이방인보다 나은 것이 무엇이며, 할례를 받는 유익이 무엇이냐?

2 모든 면에서 많지만 그중 가장 크고 우선된 것은 그들이 하나님의 말씀을 맡은 것이다.

3 만일 유대인들 가운데 어떤 자들이 하나님을 믿지 않았다면 어떻겠느냐? 믿지 않는다고 해서 하나님의 신실하심을 없애겠느냐?

4 그럴 수 없다. 사람이 다 거짓말을 해도 오직 하나님은 진실되시다고 할 것이다. 성경에 기록되기를 "주께서 주의 말씀에 의롭다 하심을 나타내시고, 심판하실 때 이기려 하심이라2)"고 함과 같다.

5 그러나 우리의 불의로 하나님의 의로움이 드러나게 된다면 무엇이라고 말할 수 있겠는가? 내가 사람의 말하는 대로 말한다. 우리에게 진노를 내리시는 하나님께서 불의하시다고 말하겠는가?

6 결코 그렇지 않다. 만일 그렇다면 하나님께서 어떻게 세상을 심판하시겠는가?

7 그러나 "내 거짓말로 하나님의 진실이 더욱 드러나 그의 영광이 되었다면 왜 내가 죄인처럼 심판을 받아야 하는가?"라고 말하는 사람도 있을 것이다.

8 그러나 그것은 마치 "선을 이루기 위해 악을 행하자"라고 하는 것과 같다. 어떤 이들이 이렇게 우리를 비방하여 우리가 이런 말을 한다고 하는데, 그들은 심판 받는 것이 당연하다.

9 그러면 우리 유대인들은 이방인들보다 나으냐? 결코 아니다. 우리가 이미 유대인이나 헬라인이나 다 죄 아래에 있다고 말했다.

10 성경에 기록되기를 "의로운 자는 없으니 하나도 없으며,

11 깨닫는 자나 하나님을 찾는 자도 없고,

12 모두 곁길로 빠져 무익하게 되고, 선을 행하는 자가 하나도 없다.3)

13 그들의 목구멍은 열린 무덤과 같고, 그 혀로는 속이며, 그 입술에는 독사의 독이 있고,4)

1) 사 52:5 2) 시 51:4 3) 시 14:1, 53:1-3 4) 시 5:9, 시 140:3

14 그 입에는 저주와 독설이 가득하며,1)

15 그 발은 사람을 죽이는 데 빠르게 움직이고,2)

16 그들이 가는 곳은 멸망과 고생이 있어

17 평안의 길을 알지 못했고,3)

18 그들의 눈 앞에는 하나님을 두려워함이 없다4)"라고 함과 같다.

19 우리가 아는 것처럼 무릇 율법이 말하고자 하는 것은 율법을 지켜야 한다는 자들에게 말하는 것이다. 그래서 누구든지 변명을 하지 못하게 하고, 온 세상은 하나님의 심판 아래에 있게 하려는 것이다.

20 그러므로 율법을 지키는 것으로는 하나님 앞에서 의롭다고 인정받을 사람5)이 없다. 율법은 단지 우리가 죄인임을 깨닫게 하기 때문이다.

21 그러나 이제는 율법 외에 하나님의 의가 나타났다. 그것은 율법과 선지자들도 증언한 것이다.

22 곧 예수 그리스도를 믿음으로 말미암아 모든 믿는 자에게 주어지는 하나님의 의로 아무에게나 차별이 없다는 것이다.

23 모든 사람이 죄를 범했기 때문에 하나님의 영광에 도달하지 못했다. 그런데

24 그리스도 예수 안에 있는 속죄를 통해 하나님의 은혜로 아무런 대가 없이 의롭다고 인정함을 받았다.

25 하나님께서는 이 예수를 화목하게 하는 그의 피를 제물로 내어주셨다. 그러므로 누구든지 그의 피를 믿음으로 죄 용서함을 받게 되었다. 하나님께서는 이전에 사람들이 지은 죄에 대해 오래 참으심으로 자기의 의로우심을 보이셨다.

26 곧 그때 자기가 의로우심을 보인 것은 자신도 의로울 뿐 아니라 예수를 믿는 자들도 의롭게 하심을 보이기 위해서였다.

27 그러므로 사람이 자랑할 것은 아무것도 없다. 무슨 법이나 어떤 행위로도 의롭게 될 수 없고, 오직 믿음의 법으로만 의롭게 될 수 있기 때문이다.

28 따라서 사람이 의롭다고 인정을 받는 것은 율법을 지킴으로써 얻는 것이 아니라 믿음으로 되는 줄을 우리가 인정한다.

29 하나님은 유대인만의 하나님이냐? 이방인의 하나님은 아니시냐? 참으로 이방인의 하나님도 되신다.

30 할례를 받은 자나 할례를 받지 않은 자나 모두 믿음으로 인해 의롭다고 하실 분은 하나님 한 분뿐이다.

31 그렇다고 우리가 믿음 때문에 율법을 무효화시키느냐? 그럴 수 없다. 오히려 믿음을 통해 율법을 더 굳게 세운다.

아브라함의 믿음과 그로 말미암은 언약

4 ● 그렇다면 육신으로 우리의 조상인 아브라함이 육으로 무엇을 얻었다고 할 수 있겠느냐?

2 만일 아브라함이 행하는 것으로 의롭다고 인정을 받았다면 자랑할 것이 있겠지만 하나님 앞에서는 자랑할 것이 없다.

3 성경은 "아브라함이 하나님을 믿으니 그것이 그에게 의로 여겨졌다6)"라고 말하고 있다.

4 일하는 자에게는 그 품삯이 은혜로 여겨지지 않고 대가로 여겨진다. 그러나

1) 시 10:7 2) 사 59:7 3) 사 59:8 4) 시 36:1 5) 육체 6) 창 15:6

5 일을 하지 않아도 경건하지 않은 자를 의롭다 하시는 이를 믿는 자에게는 그의 믿음을 의롭다고 여기신 것이 된다.

6 그래서 일한 것이 없는데도 하나님께 의롭다고 여김을 받는 사람의 복에 대해 다윗이 이렇게 말했다.

7 "자기의 죄가 용서함을 받고 그 죄가 가려짐을 받는 사람들은 복이 있고,

8 주께서 죄가 없다고 하는 사람은 복이 있도다."¹⁾

9 그런즉 이런 복이 할례를 받은 자에게냐, 아니면 할례를 받지 않은 자에게도 주어지는 것이냐? 무릇 우리는 앞에서 아브라함에게는 "그 믿음이 의로 여겨졌다"라고 말했다.

10 그러므로 아브라함이 의롭다고 여김을 받은 것이 할례를 받을 때냐, 아니면 할례를 받기 전이냐? 바로 할례를 받기 전이다.

11 그가 할례의 표시를 받은 것은 할례를 받기 전에 믿음으로 의롭다 함을 받은 것이다. 이는 할례를 받지 않은 자로서 믿는 모든 자의 조상이 되어 그들도 할례가 아니라 믿음으로 의롭다고 여김을 받게 하려는 것이다.

12 그러나 동시에 아브라함은 할례받은 자의 조상이 되었다. 곧 할례받을 자뿐 아니라 우리 조상 아브라함이 할례 받기 전에 가졌던 믿음의 자취를 따르는 자들에게도 똑같이 그러하다.

13 아브라함이나 그 후손에게 세상을 물려받을 상속자가 될 것이라고 한 언약은 율법을 통해서가 아니라 오직 믿음으로 얻은 의로 인한 것이다.

14 만일 율법을 지키는 사람들이 상속자이면 믿음은 아무런 소용이 없게 되고 약속도 파기되고 말 것이다.

15 율법은 진노를 일으키니 율법이 없으면 율법을 어기는 죄도 없다.

16 그러므로 상속자가 되는 것은 믿음으로 되는 것이다. 이는 그 약속을 그 모든 후손에게 은혜로 주시기 위해서이다. 율법에 속한 자뿐 아니라 아브라함처럼 그의 믿음을 따라 사는 자에게도 그러하다. 아브라함은 모든 믿는 사람의 조상이다.

17 이는 성경에 기록되기를 "내가 너를 많은 민족의 조상으로 세웠다"라고 한 것과 같다. 아브라함이 믿은 하나님은 죽은 자를 살리시며, 없는 것을 있는 것으로 부르시는 분이다.²⁾

18 아브라함은 소망이 전혀 없는 상태에서 "네 후손이 이와 같이 많아질 것이다³⁾"라고 하는 하나님의 말씀을 믿었다.

19 그는 100세나 되어 자기 몸이 거의 죽은 자와 같고, 사라의 태가 죽은 것 같아 잉태할 수 없음을 알고도 믿음이 약해지지 않았다.

20 그는 하나님의 약속을 의심하지 않고 믿음으로 견고해져 하나님께 영광을 돌렸으며,

의롭다 하심을 얻는 것 (롬 4장)

의롭다 하심을 얻는 것은 신학적으로는 '칭의' 또는 '의인'(義認)이라 한다. 구약에서 최초로 믿음으로 의롭다 함을 받은 자는 아브라함이었다(창 15:6). 신약에서의 칭의는 그리스도를 믿음으로 인간이 하나님께 의롭다 함을 받는 것을 말한다. '의인은 믿음으로 말미암아 살리라'(합 3:24)는 선언은 구원사역에 있어서 하나님의 절대 주권을 확증한다.

1) 시 32:1-2 2) 창 17:5 3) 창 15:5

21 약속한 것을 능히 이루어 주실 줄을 확신했다.

22 그러므로 그것이 그에게 의로움으로 여겨졌다.

23 그에게 의로움으로 여겨졌다고 기록된 것은 아브라함만을 위한 것이 아니라

24 의로 여김을 받은 우리를 위함이기도 하다. 곧 우리 주 되신 예수를 죽은 자 가운데서 살리신 하나님을 믿는 자들도 위한 것이다.

25 예수는 우리가 범죄한 것 때문에 죽음에 내어줌이 되었고, 우리를 의롭다고 하기 위해 다시 살아나셨다.

하나님과의 화평한 삶

5 ● 우리가 믿음으로 말미암아 의롭다고 인정함을 받았으니 우리 주 예수 그리스도로 인해 하나님과 화평을 누리자.

2 또한 예수로 인해 우리는 지금 믿음으로 서 있는 이 은혜의 자리에 있게 되었기 때문에 하나님의 영광을 바라고 즐거워하는 것이다.

3 그것뿐 아니라 우리가 환난을 당해도 기뻐하는 것은 환난은 인내를,

4 인내는 성숙한 인격1)을, 성숙한 인격은 소망을 이루는 줄을 알기 때문이다.

5 이 소망이 우리의 기대를 저버리지 않는 것은 우리에게 주신 성령을 통해 하나님의 사랑을 우리 마음에 부어 주셨기 때문이다.

6 우리가 아직 연약할 때 그리스도께서 약속하신 대로 경건하지 않은 자들을 위해 죽으셨다.

7 의인을 위해 죽는 자가 거의 없고, 선한 사람을 위해 용감히 죽는 자가 간혹 있다. 그러나

8 우리가 아직 죄인인 상태에 있었을 때 그리스도께서 우리를 위해 대신 죽으심으로써 하나님께서는 우리에 대한 자기의 사랑을 나타내 보이셨다.

9 그러므로 우리가 그리스도의 피로 인해 의롭다함을 받았으니 더욱 하나님의 진노에서 구원받을 것이다.

10 곧 우리가 하나님과 원수 되었을 때 그의 아들의 죽으심을 통해 하나님과 화목하게 되었다. 그러므로 하나님과 화목하게 된 자는 더욱 예수 그리스도의 살아나심으로 인해 구원을 받을 것이다.

11 더 나아가 우리는 이제 하나님과 화목하게 하신 예수 그리스도로 인해 하나님 안에서 기뻐한다.

첫째 아담과 둘째 아담의 비교와 성도와의 연합

12 ● 한 사람으로 인해 죄가 세상에 들어오고, 그 죄를 통해 사망이 들어왔다. 이런 경로로 모든 사람이 죄를 지었기 때문에 사망이 모든 사람에게 이르게 되었다.

13 죄가 율법이 있기 전에도 세상에 있었지만 율법이 없었을 때는 죄를 죄로 여기지 않았다.

14 그러나 사망은 아담 때부터 모세까지, 아담의 범죄와 같은 죄를 짓지 않은 자들까지도 사망이 지배2)했다. 아담은 장차 오실 자의 예표이다.

15 그러나 하나님께서 주시는 은혜는 아담이 지은 죄와 같지 않다. 곧 한 사람의 범죄로 인해 많은 사람이 죽었다면 하나님과 또 한 사람 예수 그리스도의 은혜로 인한 선물은 많은 사람에게 더욱 넘쳤다.

16 또 하나님의 선물은 한 사람의 범죄로 인한 것과 같지 않다. 심판은

1) 연단 2) 왕 노릇

한 사람으로 인해 왔지만 은혜는 많은 범죄로 인해 의롭다 하심에 이르렀기 때문이다.

17 한 사람의 범죄로 인하여 사망이 그 한 사람을 통해 그를 지배했듯이, 하나님의 은혜와 의로움의 선물을 넘치게 받는 자들은 한 분 예수 그리스도를 통해 생명 안에서 더욱 왕 노릇을 할 것이다.

18 그러므로 한 사람의 범죄로 인해 많은 사람이 심판에 이른 것처럼 한 의로운 행위로 인해 많은 사람이 생명에 이르게 하는 의롭다 하심을 받았다.

19 한 사람이 불순종하므로 많은 사람이 죄인이 된 것처럼 한 사람이 순종함으로 많은 사람이 의인이 되었다.

20 율법이 들어온 것은 범죄를 더 증가시키기 위해서이다. 그러나 죄가 많아진 곳에 은혜가 더욱 넘쳤다.

21 이는 죄가 사망 안에서 왕 노릇을 한 것처럼 은혜도 의로 인해 왕 노릇을 하여 예수 그리스도를 통해 영원한 생명에 이르게 하기 때문이다.

6 그렇다면 우리가 무슨 말을 할 수 있겠는가? 은혜를 더하게 하려고 죄를 계속 지어야 하겠느냐?

2 결코 그럴 수 없다. 죄에 대해 죽은 우리가 어찌 그 죄 가운데 계속해서 살겠는가?

3 무릇 그리스도 예수와 연합하게 하는 세례를 받은 우리는 그의 죽으심과 연합하여 세례를 받은 줄을 알지 못하느냐?

4 그러므로 우리가 그의 죽으심과 연합하여 세례를 받음으로써 그와 함께 장사되었다. 이는 그리스도께서 아버지의 영광으로 인해 죽은 자

가운데서 살아나신 것처럼 우리도 새 생명 가운데서 살게 하기 위함이다.

5 만일 우리가 예수와 연합하여 그분의 죽으심과 같은 모양으로 연합한 자가 되었다면 그의 부활과 같은 모양으로 연합한 자가 될 것이다.

6 우리가 아는 것처럼 우리의 옛사람이 예수와 함께 십자가에 못 박힌 것은 죄의 몸이 무력하게 되어 다시는 우리가 죄에게 종노릇하지 않게 하려는 것이다.

7 이는 죽은 사람은 죄의 세력에서 벗어나 의롭다 함을 얻었기 때문이다.

8 만일 우리가 그리스도와 함께 죽음에 참여했다면 그와 함께 살 줄을 믿는다.

9 이는 그리스도께서 죽은 자 가운데서 살아나셨기에 다시는 죽는 일이 없고 사망이 또다시 그를 지배하지 못할 줄을 알기 때문이다.

10 예수께서 죽으신 것은 죄에 대해 단번에 죽으신 것이며, 그가 살아나신 것은 하나님께 대해 살아나신 것이다.

11 이처럼 너희도 너희 자신을 죄에 대해서는 죽은 자이며, 그리스도 예수 안에서 하나님께 대해서는 살아있는 자로 생각해야 할 것이다.

12 그러므로 너희 죽을 몸을 죄가 지배하지 못하게 하여 몸의 욕심을 따라 살지 않도록 하라.

13 또한 너희 지체를 불의를 행하는 도구로 죄에게 내어주지 말고 오직 너희 자신을 죽은 자 가운데서 다시 살아난 자처럼 하나님께 드리며, 너희 지체를 의를 행하는 도구로 하나님께 드려야 한다.

14 그러면 죄가 너희를 지배하지 못할 것이다. 그것이 가능한 것은 너희가 율법 아래에 있지 않고 은혜 아래에 있기 때문이다.

의의 종과 율법의 정죄로부터 자유

15 ● 그러면 어떻게 해야 하겠는가? 우리가 율법 아래에 있지 않고 은혜 아래에 있으니 죄를 지어도 된다는 말인가? 아니다. 결코 그럴 수 없다.

16 너희는 너희 자신을 누구에게 종으로 내어주어 그에게 순종하든지, 그의 종이 되는 줄을 알지 못하느냐? 죄의 종으로 사망에 이르든지, 순종의 종으로 의에 이르게 된다.

17 하나님께 감사하는 것은 너희가 본래 죄의 종이었으나 너희에게 전해 준 바¹⁾ 가르침의 본을 마음으로 순종하여

18 죄의 지배로부터 해방되어 의의 종이 되었기 때문이다.

19 너희가 육신이 약하므로 내가 일상적인 사람의 예를 들어 말한다. 믿기 전에는 너희가 너희 지체를 더러운 것과 불법에 내어주어 그 종이 되어 불법을 행한 것처럼 이제는 너희 지체를 의의 종으로 내어주어 거룩함에 이르라.

20 너희가 죄의 종이 되었을 때는 의롭게 행해야 된다는 것에 아무 제약이 없었다.

21 그런데 너희가 그때 어떤 열매를 맺었느냐? 이제는 너희가 그렇게 행한 일을 부끄러워하는 것은 그 마지막이 사망이기 때문이다.

22 그러나 이제는 너희가 죄의 지배 아래서 해방되고 하나님의 종이 되어 거룩함에 이르는 열매를 맺었으니 그 마지막은 영원한 생명이다.

23 죄의 대가는 사망이지만 하나님의 선물인 은사는 그리스도 예수 우리 주 안에 있는 영원한 생명이다.

7 형제들아, 내가 율법을 아는 자들에게 말한다. 너희는 율법이 사람이 사는 동안에만 그를 지배하는 줄 알지 못하느냐?

2 결혼한 여인이 남편이 살아있는 동안에는 법으로 남편에 매여 살지만 남편이 죽으면 남편에 매여 살던 법에서 벗어나게 된다.

3 그러므로 그 남편 생전에 다른 남자와 재혼하면 그는 간음한 여자이다. 그러나 남편이 죽으면 그런 법에서 자유롭게 되어 다른 남자에게 가더라도 간음한 여자가 되지 않는다.

4 그러므로 내 형제들아, 너희도 그리스도의 몸으로 인해 율법에 대해 죽었기 때문에 이제는 다른 분, 곧 죽은 자 가운데서 살아나신 그분에게 속해 하나님을 위해 열매를 맺게 하려는 것이다.

5 우리가 육신에 있어 죄의 성품에 사로잡혀 살았을 때는 율법이 우리 몸에서 죄의 정욕을 일으켜 우리로 사망을 위해 열매를 맺게 했다.

6 그러나 이제는 우리가 사로잡혀 있던 율법에 대해 죽음으로 율법의 제약에서 벗어났기 때문에 우리는 묵은 율법의 조항이 아니라 성령의 새롭게 하시는 것으로 섬길 것이다.

7 그렇다면 우리가 무슨 말을 하겠는가? 율법이 죄인가? 그것은 아니다. 우리는 율법이 있기 때문에 죄를 알게 된다. 다시 말하면 율법이 "탐내지 말라"²⁾고 하지 않았다면 내가 탐내는 것을 알지 못했을

---

1) 너희를 맡은 바   2) 출 20:17

것이다.

8 그러나 죄는 이 율법¹⁾을 이용하여 기회를 엿보다가 내 속에서 온갖 탐심을 일으켰다. 율법이 없으면 죄는 죽은 것이나 다름없다.

9 이전에 율법과 상관이 없었을 때는 나는 살아있었다. 그러나 율법이 들어오자 죄는 살아나고 나는 죽었다.

10 생명에 이르게 할 그 율법이 도리어 나를 사망에 이르게 하는 것이 되었다.

11 죄가 율법을 이용하여 기회를 엿보다가 나를 속이고 그 계명으로 나를 죽였다.

12 이런 사실로 보면 율법은 거룩하고 의롭고 선하다.

13 그렇다면 선한 것이 내게 사망을 가져다 주었느냐? 그것은 아니다. 오직 죄가 죄인 것으로 드러나기 위해서 죄는 선한 율법을 이용하여 나를 죽게 만들었다. 그것은 율법을 통해 죄가 어떤 것인지 그 모습을 드러나게 하려는 것이다.

14 우리가 율법이 신령한 것인 줄을 알지만 나는 육신에 속해 죄의 노예가 되었다.

15 나는 내가 행하는 것을 자신도 알지 못한다. 그것은 바로 내가 원하는 선한 것은 행하지 않고 도리어 내가 미워하는 악을 행하는 그것이다.

16 만일 내가 원하지 않는 악을 행한다면 나는 그것을 통해 율법이 선하다는 것을 인정한다.

17 그러나 이제는 악을 행하는 자가 내가 아니라 내 속에 거하는 죄이다.

18 죄악 된 내 육신에 선한 것이 존재하지 않았음을 알고 있다. 곧 선을 행하려는 능력은 내게 있지만 선을 행하는 능력은 없다.

19 내가 원하는 선은 행하지 않고 오히려 원하지 않는 악을 행한다.

20 만일 내가 원하지 않는 것을 행하면 그것을 행하게 하는 자는 내가 아니라 내 속에 거하는 죄이다.

21 그러므로 내가 한 법칙을 깨달았다. 그것은 선을 행하려고 하는 마음은 있지만 동시에 내게 악이 함께 있다는 사실이다.

22 내 마음의 중심²⁾으로는 하나님의 법을 즐거워하지만,

23 내 지체 속에는 또 다른 법이 있어 내 마음의 법과 싸워 내 지체 속에 있는 죄의 법으로 나를 사로잡는다.

24 아하, 나는 참으로 고난을 많이 겪은 곤고한 사람이다. 이 사망의 몸에서 누가 나를 건져낼 수 있겠는가?

25 예수 그리스도로 인해 하나님께 감사를 드린다. 그러므로 자신이 마음으로는 하나님의 법에 복종하지만, 육신으로는 죄의 법에 복종하고 있다.

생명의 성령의 법에 속한 자들이 사는 삶

8 ● 그러므로 이제 그리스도 예수와 함께 사는 자들은 결코 정죄를 받지 않는다.

2 그것은 그리스도 예수 안에 있는 생명을 주는 성령의 법이 죄와 사망을 가져다주는 법에서 너를³⁾ 해방했기 때문이다.

3 연약한 육신으로는 율법을 행할 수 없었던 그것을 하나님은 행하셨다. 곧 죄를 없애기 위해 자기 아들을 죄가 있는 육신의 모양으로 세상에 보내 육신의 죄에 대해 유죄 판결을 내리셨다.

1) 계명 2) 속사람 3) 어떤 사본에는 나를

4 그래서 더 이상 육신, 곧 죄의 본성을 따라 살지 않고 성령[1]을 따라 행하는 우리에게 율법이 요구하는 것을 이루어지게 하시려는 것이다.

5 육신을 따라 사는 자는 육신의 일을, 성령[1]을 따라 사는 자는 성령이 원하시는 일을 생각한다.

6 육신의 생각은 사망이지만, 성령의 생각은 생명과 평안이다.

7 육신의 생각은 하나님과 원수가 되게 한다. 그것은 하나님의 법에 복종하지 않을 뿐 아니라 그렇게 할 수도 없기 때문이다.

8 육신을 따라 사는 자들은 하나님을 기쁘시게 할 수 없다.

9 만일 너희 속에 하나님의 영인 성령이 계신다면 너희는 육신의 지배를 받지 않고 성령[1]의 지배를 받게 된다. 누구든지 그리스도의 영이 없으면 그는 그리스도께 속한 사람이 아니다.

10 또 그리스도께서 너희 안에 계시면 몸은 죄 때문에 죽은 존재이지만 영은 의로 인해 살아있는 것이다.

11 예수를 죽은 자 가운데서 살리신 하나님의 영이 너희 안에 계시면 그리스도 예수를 죽은 자 가운데서 살리신 하나님께서 너희 안에 계시는 그의 영을 통해 너희의 죽을 몸도 다시 살리실 것이다.

12 그러므로 형제들아, 우리는 죄의 본성에 빚을 진 자이니 더 이상 육신에게 굴복하여 육신에 따라 살아서는 안 된다.

13 너희가 육신에 따라 살면 반드시 죽을 것이다. 그러나 영의 도우심을 받아 몸의 악한 행실을 죽인다면 살 것이다.

14 하나님의 영으로 인도함을 받는 자는 하나님의 아들이다.

15 너희는 다시 두려움에 이르게 하는 종의 영을 받지 않고 하나님의 자녀가 되게 하는 양자의 영을 받았기 때문에 우리가 '아빠 아버지'라고 부를 수 있다.

16 성령께서는 친히 우리의 영과 함께 우리가 하나님의 자녀인 것을 증거하신다.

17 하나님의 자녀이면 하나님의 상속자요, 그리스도와 함께한 상속자가 되는 것이다. 따라서 우리가 그리스도와 함께 영광을 받기 위해 고난도 함께 받아야 할 것이다.

현재의 고난과 장래의 영광, 하나님의 사랑

18 ● 현재 받는 고난은 장차 우리에게 나타날 영광과 비교할 수 없을 정도로 크다.

19 모든 피조물이 하나님의 아들들이 나타나는 것을 간절히 기다리고 있다.

20 피조물이 제 역할을 하지 못하게 하여 허무한 데 굴복하는 것은 피조물이 원해서 된 것이 아니라 오직 굴복하게 하시는 하나님의 뜻으로 된 것이다.

21 그러나 소망이 있다. 그것은 피조물도 썩어지는 것에 종노릇하던 자리에서 해방되어 하나님의 자녀들이 누릴 영광스러운 자유에 참여하게 된다는 소망이다.

Q&A 하나님의 아들이란?
(롬 8:14)

구약 성경에서는 이스라엘 백성을 가리켜 하나님의 장자라고 칭하였다(출 4:22). 그러나 신약에서는 하나님의 은혜로 누구든지 그리스도를 믿는 자마다 하나님의 아들이 된다는 사실을 강조하고 있다. 특히 화평케 하는 자는 하나님의 아들이라 일컬음을 받는다.

1) 영

22 우리는 모든 피조물이 이제까지 함께 탄식하며, 함께 고통을 겪고 있는 것을 알고 있다.

23 뿐만 아니라 하나님의 첫 선물로 성령을 받은 우리까지도 속으로 신음하여 양자될 것, 곧 우리 몸이 구원될 것을 기다리고 있다.

24 우리가 이 소망 안에서 구원을 얻었으니 눈에 보이는 소망이 참된 소망이 아니다. 보이는 것을 누가 소망하겠는가?

25 만일 우리가 보지 못하는 것을 바란다면 인내함으로 기다려야 할 것이다.

26 이처럼 성령께서도 우리의 연약함을 도우신다. 그러므로 우리는 어떻게 기도할지를 알지 못하지만 오직 성령께서는 말할 수 없는 간절한 탄식으로 우리를 위해 친히 간구하신다.

27 마음까지 꿰뚫고 계시는 이가 성령의 생각도 아시기 때문에 성령께서는 하나님의 뜻대로 성도를 위해 간구하시는 것이다.

28 우리가 아는 것처럼 하나님을 사랑하는 자, 곧 그분의 목적대로 부르심을 입은 자들에게는 모든 것이 합력하여 선을 이룬다.

29 하나님은 미리 아신 자들을 그 아들과 같은 형상을 갖게 하기 위해 미리 정하셨다. 그리고 그의 아들을 많은 형제 가운데 맏아들이 되게 하셨다.

30 또 미리 정하신 그들을 부르시고, 부르신 그들을 의롭다고 인정하시고, 의롭다고 인정한 그들을 영화롭게 하셨다.

31 그러므로 이 일에 대해 우리가 무슨 말을 할 수 있겠는가? 만일 하나님께서 우리를 돌보시면 누가 우리를 대적할 수 있겠는가?

32 모든 사람을 위해 자기 아들을 아끼지 않으시고 십자가에 죽도록 내어주신 이가 어찌 그 아들과 함께 모든 좋은 것을 우리에게 주시지 않겠느냐?

33 누가 감히 하나님께서 선택하신 자들을 고발할 수 있겠는가? 의롭게 하시는 분은 하나님이다.

34 누가 우리를 죄가 있다고 정죄하겠는가? 죽으셨을 뿐 아니라 다시 살아나신 이는 그리스도 예수시니 그는 하나님의 우편에 계신 자이며, 우리를 위해 간구하시는 분이다.

35 누가 우리를 이런 그리스도의 사랑에서 끊을 수 있겠는가? 환난이나 극한 어려움이나 박해나 기근이나 헐벗음이나 위험이나 칼로도 결코 끊을 수 없다.

36 성경에 기록되기를 "우리가 온종일 주를 위해 죽임에 직면하고, 도살당할 양처럼 대접을 받았나이다[1]"라고 한 것과 같다.

37 그러나 그런 가운데서도 우리를 사랑하시는 이의 도움으로 넉넉히 이긴다.

38 나는 사망이나 생명이나 천사들이나 권세자들이나 현재 일이나 장래 일이나 능력이나

39 높은 것이나 깊은 것이나 다른 어떤 피조물이라도 우리를 그리스도 예수 안에 있는 하나님의 사랑에서 끊을 수 없다는 것을 확신한다.

약속의 자녀

9 1-2 ● 나는 그리스도 안에서 진실된 말만 하고 거짓말을 하지 않는다. 나에게 큰 근심이 있는 것과 계속되는 마음의 고통이 있는 것을 내 양심이 성령 안에서 나와

1) 시 33:22

더불어 증언한다.

3 언약의 백성인 내 동족, 곧 골육 친척을 위한 것이라면 내 자신이 저주를 받아 그리스도에게서 끊어질지라도 그렇게 되기를 원한다.

4 그들은 이스라엘 백성으로서 하나님의 자녀가 되는 신분을 얻었다. 또한 그들에게는 하나님의 영광과 하나님과 맺은 언약들이 있고, 율법과 예배와 약속들이 있다.

5 그들에게도 조상들이 있고, 그들의 조상이며, 육신적인 혈통으로는 그리스도께서 그들에게서 나셨으니 그분은 만물 위에 계시는 하나님이며, 영원히 찬양을 받으실 분이다. 아멘.

6 그러나 하나님께서 그들에게 하신 말씀이 없어진 것은 아니다. 이스라엘에게서 태어난 사람이라고 해서 다 이스라엘 백성이 아니다.

7 또한 아브라함의 자손이라고 해서 다 그의 자녀가 아니다. 성경은 "오직 약속의 자녀인 이삭에게서 난 자라야 네 자손이라고 불릴 것이다[1]"라고 하셨다.

8 곧 자연적인 출생으로 태어난 육신의 자녀가 하나님의 자녀가 아니라 오직 약속의 자녀가 하나님의 자녀[2]로 여김을 받는다.

9 약속의 말씀은 "내년 이때쯤 내가 오리니 사라에게 아들이 있을 것이다[3]"라고 한 것이다.

10 그뿐 아니라 리브가가 우리 조상 이삭으로 인해 임신했는데

11-12 그 자식들이 아직 태어나지도 않고 어떤 선이나 악을 행하지 않은 때 리브가에게 "큰 자가 어린 자를 섬기리라[4]"고 하셨다. 이렇게 선택함에 따라 되는 하나님의 뜻은 행위가 아닌 오직 부르시는 이의 뜻에 달려 있음을 보여준다.

13 성경에 기록되기를 "내가 야곱은 사랑하고 에서는 미워했다[5]"라고 한 것과 같다.

14 그러므로 우리가 무슨 말을 할 수 있겠느냐? 하나님께 불의가 있느냐? 결코 그렇지 않다.

15 모세에게 이르시되 "내가 긍휼히 여길 자를 긍휼히 여기고, 불쌍히 여길 자를 불쌍히 여기리라[6]"고 하셨다.

16 그러므로 모든 것이 사람의 요구나 노력[7]으로 되는 것이 아니라 오직 긍휼히 여기시는 하나님께 달려 있다.

17 성경은 이런 이유로 하나님께서 일찍이 바로에게 "내가 이 일을 위해 너를 왕으로 세웠으니 곧 너를 통해 내 능력을 보이고 내 이름이 온 천지에 전파되게 하려는 것이다.[8]"라고 말씀하셨다.

18 그런즉 하나님께서는 자신의 뜻대로 어떤 자는 긍휼히 여기시고, 어떤 자에게는 완고하도록 내버려 두기도 하신다.

하나님의 진노와 긍휼

19 ● 그러면 너희 가운데 나에게 이렇게 말할 사람이 있을지도 모른다. "그러면 왜 하나님께서는 임의대로 하시면서 우리의 허물을 책망하시느냐? 누가 하나님의 뜻을 대적할 수 있겠느냐?"

20 그러나 이 사람아, 네가 어떤 자이기에 감히 하나님께 반문하느냐? 만들어진 물건이 그것을 만든 자에게 "왜 나를 이같이 만들었느냐"라고 반문할 수 있느냐?

21 토기장이가 같은 진흙 한 덩어리

1) 창 21:12 2) 씨 3) 창 18:10 4) 창 25:23 5) 말 1:2-3 6) 출 33:19 7) 달음박질 8) 출 9:16

로 하나는 귀하게 사용할 그릇을, 하나는 천하게 사용할 그릇을 만들 권한이 없느냐?

22 만일 하나님께서 그의 진노를 나타내시고 그의 능력을 알게 하기를 원하셨음에도 멸망하기로 준비된 진노의 그릇을 오래 참음으로 관용을 베푸셨다면 어떻게 하겠느냐?

23 반면 하나님께서 그렇게 하신 것이 영광의 자리에 들어가도록 미리 준비한 긍휼의 그릇들에게 그분의 영광의 풍성함을 알게 하기 위해 그렇게 하셨다면 어떻게 하겠느냐?

24 그 그릇은 바로 우리를 가리킨다. 곧 유대인뿐 아니라 이방인 가운데서 부르신 자들을 말한다.

25 호세아 선지자의 글에도 "내가 내 백성 아닌 자를 내 백성이라, 사랑하지 않은 자를 사랑한 자라고 부를 것이다.[1]

26 너희는 내 백성이 아니라고 한 그곳에서 그들이 살아계신 하나님의 아들이라고 일컬음을 받을 것이다[2]"라고 기록된 것과 같다.

27 또 이사야 선지자가 이스라엘에 대해 외치기를 "비록 이스라엘 자손들의 수가 바다의 모래와 같이 많을지라도 남은 자만 구원을 받으리니

28 주께서는 땅 위에서 그 말씀을 신속하게 시행하고 이루실 것이다[3]"라고 했다.

29 또 이사야 선지자가 미리 말하기를 "만일 만군의 주께서 우리에게 후손을 남겨두지 않으셨다면 우리가 소돔과 고모라와 같이 아주 멸망당했을 것이다[4]"라고 함과 같다.

믿음에서 난 의와 하나님의 말씀

30 ● 그러므로 의를 따르지 않던 이방인들이 믿음으로 의를 얻었으니 우리가 무슨 말을 하겠는가?

31 그러나 의의 율법을 추구한 이스라엘은 율법에 도달하지 못했다.

32 왜 그렇게 되었느냐? 그것은 그들이 믿음으로 말미암지 않고 그 의가 행위에서 나온다고 생각하여 그 행위의 걸림돌에 걸려 넘어졌기 때문이다.

33 성경에 기록되기를 "보라, 내가 시온에 걸림돌과 걸려 넘어지게 하는 바위를 두었으나 그를 믿는 자는 부끄러움을 당하지 않을 것이다[5]"라고 함과 같다.

10

형제들아, 내 마음의 소원을 하나님께 간구하는 것은 이스라엘이 구원받게 하기 위함이다.

2 내가 확실히 말할 수 있는 것은 그들이 하나님께 열심은 있지만 그 열심이 올바른 지식을 따른 것은 아니다.

3 그들은 하나님의 의가 무엇인지 모르고 자기 의로움만을 세우려고 노력했기에 하나님의 의에 복종하지 않았다.

4 그리스도께서는 모든 믿는 자에게 의를 이루기 위해 율법의 요구를 충족시키셨다.[6]

5 모세가 기록하기를 "율법을 행하는 사람은 그 율법으로 살리라[7]"고 했지만

6 믿음으로 주어지는 의는 이같이 말한다. "너는 마음속으로 누가 하늘에 올라가겠느냐 하지 말라." 여기서 '올라가겠느냐?'는 '그리스도를 모셔 내리라[8]'는 뜻이다.

7 "또는 누가 지옥인 무저갱에 내려가겠느냐 하지 말라"고 하니 여기

---

1) 호 2:23　2) 호 1:10　3) 사 10:22-23　4) 사 1:9　5) 사 28:16　6) 마침이 되시니라　7) 레 18:5　8) 신 30:12

서 '내려가겠느냐'는 '그리스도를 죽은 자 가운데서 모셔 올리라'는 뜻이다.

8 그러면 무엇을 말하고 있느냐? "말씀이 네 입에 가까이 있으며, 네 마음에 있다[1]"라고 했으니 그것은 바로 우리가 전파하는 믿음의 말씀을 가리킨다.

9 만일 네가 네 입으로 예수를 주라고 고백하고, 하나님께서 예수를 죽은 자 가운데서 살리신 것을 네 마음에 믿으면 구원받을 것이다.

10 사람이 마음으로 믿어 의에 이르고, 입으로 고백하여 구원에 이른다.

11 성경에 이르기를 "누구든지 그를 믿는 자는 부끄러움을 당하지 않을 것이다[2]"라고 했으니

12 그것은 유대인이나 헬라인이나 똑같이 적용된다. 홀로 한 분이신 주께서 모든 사람의 주가 되신다. 그 주는 자신을 부르는 모든 사람에게 큰 부요함이 되신다.

13 "누구든지 주의 이름을 부르는 자는 구원을 받을 것이다.[3]"

14 그러므로 그들이 믿지 않는 이를 어떻게 부를 수 있겠는가? 듣지도 못한 이를 어찌 믿을 수 있겠으며, 전파하는 자가 없는데 어찌 들을 수 있겠는가?

15 보내심을 받지 않았다면 어찌 전파하겠는가? 그것은 성경에 기록된 대로 "아름답도다. 좋은 소식[4]을 전하는 자들의 발이여[5]"라고 말한 것과 같다.

16 그러나 이스라엘이 다 복음을 받아들인 것은 아니다. 이사야 선지자는 "주여, 우리가 전파한 것을 누가 믿었습니까"라고 했다.[6]

17 그러므로 그리스도의 말씀을 들음으로써 믿음이 생기는 것이다.

18 그러나 내가 묻겠다. "이스라엘이 좋은 소식을 듣지 못했느냐?" 그렇지 않다. 그들은 분명히 들었다. "그 소리가 온 땅에 퍼졌고, 그 말씀이 땅끝까지 이르렀도다[7]"라고 성경은 말하고 있다.

19 그러므로 내가 다시 묻는다. "이스라엘이 알지 못했느냐?" 이에 모세가 말했다. "내가 내 백성이 아닌 자를 통해 너희를 시기하게 하며, 미련한 백성을 통해 너희를 노엽게 할 것이다."[8]

20 이사야 선지자는 더욱 담대하게 말했다. "내가 나를 찾지 않던 자들에게 만나 주고, 나에게 묻지 않던 자들에게 나타났다."[9]

21 또 이스라엘에 대해 이르기를 "순종하지 않고 거역하는 백성에게 온종일 내 손을 내밀었다"라고 했다.

이스라엘의 남은 자와 이방인의 구원

11

● 그러므로 내가 다시 말한다. 하나님께서 자기 백성을 버리셨느냐? 그렇지 않다. 나도 이스라엘 사람이며, 아브라함의 후손이며, 베냐민 지파에 속한 자이다.

2 하나님께서 미리 선택하신 자기 백성을 버리시지 않았으니 너희는 성경이 엘리야 선지자를 가리켜 말한 것을 알지 못하느냐? 그가 이스라엘을 하나님께 고발하기를

3 "주여, 그들이 주의 선지자들을 죽이고, 주의 제단들을 헐어 버렸고, 나만 홀로 남았는데 나까지도 죽이려고 합니다"라고 했을 때

4 하나님께서는 그에게 어떤 대답을 하셨느냐? "내가 나를 위해 바알에게 무릎을 꿇지 않은 사람 7,000명을

1) 신 30:14 　 2) 사 28:16 　 3) 욜 2:32 　 4) 복음 　 5) 사 52:7 　 6) 사 53:1 　 7) 시 19:4 　 8) 신 32:21 　 9) 사 65:1

남겨 두었다[1]"라고 하셨다.

5 그러므로 이와 같이 지금도 하나님의 은혜로 선택함을 받은 남은 자가 있다.

6 만일 은혜로 된 것이라면 행위로 말미암은 것이 아니다. 반대로 행위로 말미암은 것이라면 은혜는 더 이상 은혜가 되지 못한다.

7 그러면 무엇인가? 이스라엘은 구하는 것을 얻지 못하고 오직 선택함을 입은 자가 얻었으며, 얻지 못하고 남은 자들은 우둔해졌다.

8 성경에 기록되기를 "하나님께서 지금까지 그들에게 혼미한 심령과 보지 못하는 눈과 듣지 못하는 귀를 주셨다[2]"라고 함과 같다.

9 또 다윗이 말하기를 "이스라엘의 식탁이 올무와 덫이 되고, 걸려 넘어지게 하고, 멸망이 되게 하시고,

10 이스라엘의 눈은 흐려 보지 못하고, 그들의 등은 항상 굽게 하소서[3]"라고 했다.

11 그러므로 내가 묻는다. "이스라엘이 넘어져 완전히 실족했느냐?" 그것은 아니다. 그들의 죄[4] 때문에 구원이 이방인에게 이르게 되었고, 그로 인해 이스라엘은 시기심이 생겼다.

12 이스라엘의 범죄[5]가 오히려 세상에 풍성한 복을 가져다 주었고, 그들의 실패도 이방인에게 풍성한 복이 되었다. 그렇다면 이스라엘 모두가 하나님 앞에 돌아 올 때 그들의 풍성함은 얼마나 크겠느냐?

13 내가 이방인인 너희에게 말한다. 나는 이방인의 사도로서 내가 받은 직분을 영광스럽게 여긴다.

14 이는 아무쪼록 내 동족인 유대인들로 시기심이 생기게 하여 그들 가운데 얼마를 구원하기 위함이다.

15 내 동족 유대인이 하나님께 버림을 받게 되어 세상이 하나님과 화목하게 되었다면 이스라엘을 하나님께서 받아들일 때는 죽은 자 가운데서 살아나는 것과 같을 것이다.

16 제사에 올리는 처음 익은 곡식 가루가 거룩하다면 그 가루로 만든 빵덩이 역시 거룩하다. 뿌리가 거룩하다면 그에 붙은 가지 역시 거룩하다.

17 또한 가지 중 얼마가 꺾였는데 돌올리브나무인 네가 참올리브나무의 가지에 접붙임이 되어 참올리브나무 뿌리의 진액을 함께 공급 받는 자가 되었으니

18 그 참올리브나무 가지들을 향해 자랑하지 말라. 설사 자랑한다고 해도 네가 뿌리를 보전하는 것이 아니라 뿌리가 너를 보전하는 것이다.

19 그러면 너희는 이렇게 말할 수 있다. "가지들이 꺾인 것은 나로 참올리브나무에 접붙임을 받게 하려는 것이다."

20 그 말이 옳다. 그 가지 된 이스라엘은 믿지 않았기 때문에 꺾이고, 너는 믿었기 때문에 참올리브나무에 붙어 있게 되었다. 그러므로 교만한 마음을 품지 말고 도리어 다시 꺾일까 두려워하라.

21 하나님께서 원래 가지 된 이스라엘도 아끼지 않으셨으니 너도 아끼지 않으실 것이다.

22 그러므로 하나님의 자비하심과 엄위하심을 보라. 넘어지는 자들에게는 하나님의 엄위하심이 있다. 만일 너희가 하나님의 자비하심에 머물러 있으면 그 자비하심이 너

1) 왕상 19:18   2) 사 29:10   3) 시 69:22 이하   4) 넘어짐   5) 넘어짐

희에게 있을 것이다. 그렇지 않으면 너도 찍히게 될 것이다.

23 이스라엘도 잘려 나간 가지가 다시 믿게 되면 그들도 참올리브나무에 접붙임을 받을 것이다. 이는 그들을 접붙이실 능력이 하나님께 있기 때문이다.

24 이방인인 너는 본래 돌올리브나무에서 찍힘을 받고 너희가 속한 종자와는 다른[1] 좋은 올리브나무에 접붙임을 받았다. 하물며 원가지인 이 이스라엘 사람들이야말로 얼마나 더 자기 올리브나무에 접붙임을 받겠느냐?

25 형제들아, 너희가 스스로 지혜 있다고 하니 이런 신비스러운 비밀을 너희가 알기 원한다. 이 신비스러운 비밀은 이방인의 충분한 수가 하나님께로 돌아오기까지 이스라엘 가운데 얼마는 완악한 채로 있게 된다는 사실이다.

26 그리하여 온 이스라엘은 구원을 얻을 것이다. 성경에는 "구원자가 시온에서 나오사 야곱의 자손에게서 경건하지 않은 것을 제거할 것이다[2]"라고 기록되었다. 또

27 "내가 그들의 죄를 제거할 때 그들에게 이루어질 내 계약이 이것이다[3]"라고 함과 같다.

28 복음의 관점에서 보면 이스라엘은 너희 때문에 원수 된 자이며, 하나님의 선택의 관점에서 보면 조상들 때문에 하나님의 사랑을 입은 자이다.

29 하나님의 선물인 은사와 부르심에는 후회하심이 없다.

30 너희가 이전에는 하나님께 순종하지 않더니 이스라엘의 불순종으로 인해 이제는 긍휼을 입게 되었다.

31 이같이 이스라엘 사람들이 순종하지 않는 것은 너희에게 베푸시는 하나님의 긍휼로 이제는 이스라엘에게도 긍휼을 얻게 하기 위함이다.

32 하나님께서 모든 사람을 불순종하는 가운데 내버려 두신 것은 모든 사람에게 긍휼을 베풀기 위함이다.

33 참으로 하나님의 지혜와 지식의 풍성함이 깊다. 그분의 판단은 헤아릴 수 없으며, 그분의 길은 아무도 찾을 수가 없다.

34 누가 주의 마음을 알겠느냐? 누가 그의 의논자[4]가 되었느냐?

35 누가 주께 먼저 무엇을 드려 하나님의 답례를 받겠느냐?

36 그것은 만물이 주께로부터 나오고, 주로 인해 주께로 돌아가기 때문이다. 주께 영광을 영원토록 돌려 드립니다. 아멘.

성도의 사회적 의무와 새 생활

12 ●그러므로 형제들아, 내가 하나님의 모든 자비하심으로 너희를 권면한다. 너희 몸을 하나님을 기쁘시게 하는 거룩한 살아 있는 제물로 드리라. 이는 너희가 드려야 할 합당한[5] 예배이다.

2 너희는 이 시대를 따르지 말고 오직 마음[6]을 새롭게함으로 변화를 받으라. 그리고 하나님의 선하시고 기뻐하고 온전하신 뜻이 무엇인지 분별하도록 하라.

3 나는 하나님이 내게 주신 은혜에 힘입어 너희 각 사람에게 말한다. 자신에 대해 마땅히 생각할 것을 생각하고 다른 생각을 품지 말라. 오직 하나님께서 각 사람에게 나누어 주신 새사람 된 자의 영적 능력[7]의 분량대로 지혜롭게 생각하라.

---

1) 본성을 거슬러 2) 사 59:20 이하 3) 사 27:9 4) 모사
5) 영적 6) 전인격 7) 믿음

4 우리가 한 몸에 많은 지체를 가졌으나 모든 지체가 같은 기능을 가진 것이 아닌 것처럼

5 우리도 여럿이지만 그리스도 안에서 한 몸이 되었고, 각 사람이 서로 지체로 연결되었다.

6 하나님께서 우리에게 은혜에 따라 주신 선물인 은사는 각각 다르다. 예를 들어 예언의 은사를 받은 자는 믿음의 분량대로 새롭게 변화된 사람의 영적 능력으로 사용하고,

7 섬기는 은사를 받은 자는 섬기는 일로, 가르치는 은사가 있는 자는 가르치는 일로,

8 위로하는 은사를 받은 자는 위로하는 일로, 구제하는 은사를 받은 자는 성실함으로, 다스리는 은사를 받은 자는 부지런함으로, 긍휼을 베푸는 은사를 받은 자는 즐거움으로 할 것이다.

9 사랑에는 거짓이 없어야 한다. 악을 미워하고 선에 속하라.

10 형제를 사랑하여 서로 우애하고, 먼저 존경하며,

11 부지런하여 열심을 품고 주를 섬기라.

12 소망을 가지고 기뻐하며, 환난 가운데 인내하며, 항상 기도에 힘쓰며,

13 성도들이 필요한 것을 나눠주며, 나그네[1] 대접하기를 힘쓰라.

14 너희를 박해하는 자를 오히려 축복하고 저주하지 말라.

15 기뻐하는 자들과 함께 기뻐하고, 애통하는 자들과 함께 울어 주라.

16 서로 한마음을 갖고 교만한 마음을 갖지 말며, 도리어 낮은 데 처하고 스스로 지혜 있는 체하지 말라.

17 누구에게든지 악을 악으로 갚지 말고, 모든 사람이 보기에 선한 일에 힘쓰라.

18 할 수 있는 대로 너희는 모든 사람과 더불어 화목하게 지내라.

19 내 사랑하는 자들아, 너희 자신이 친히 원수를 갚으려고 하지 말고 하나님의 진노하심에 맡기라. 성경에 기록되기를 "원수 갚는 것이 내게 있으니 내가 갚으리라[2]"고 주께서 말씀하셨다.

20 네 원수가 굶주려 있으면 먹이고, 목마르거든 마시게 하라. 그렇게 하는 것이 네가 숯불을 그 원수의 머리에 쌓아 놓는 것이 된다.[3]

21 악에게 굴복하지 말고 선으로 악을 이기라.

그리스도인과 세상 권세

13 ● 모든 사람은 위에 있는 국가의 권세들에게 복종하라. 국가의 권세는 하나님께로부터 나온 것이니 모든 국가의 권세는 다 하나님으로 말미암은 것이다.

2 그러므로 하나님께서 허락하신 국가의 권세를 반대하는 자는 하나님의 명령을 거스르는 것이니 그들은 심판을 받게 될 것이다.

3 세상을 다스리는 권세자는 의로운 일을 하는 자들에게는 두려움의 대상이 되지 않지만, 악한 일을 행하는 자들에게는 두려움의 대상이 된다. 네가 세상 권세를 두려워하지 않으려면 선을 행하라. 그러면 그에게 칭찬을 받을 것이다.

4 그런 사람은 하나님의 일꾼이 되어 너에게 선을 베푸는 자이다. 그러나 네가 악을 행한다면 스스로 두려워하라. 그가 공연히 칼을 차고 있는 것이 아니다. 곧 그는 하나님의 일꾼이 되어 악을 행하는 자에게 하나님의 진노를 집행하는

1) 손 2) 신 32:35 3) 잠 25:21 이하

자이다.

5 그러므로 세상 권세에 복종하라. 단지 벌을 받는 것 때문이 아니라 양심 때문에 복종해야 한다.

6 너희가 나라에 세금을 바치는 것도 이런 이유 때문이다. 세상 통치자들도 하나님의 일꾼이 되어 바로 이 일에 항상 힘쓰는 것이다.

7 모든 사람에게 해야 할 의무를 다하라. 세금 징수원에게 세금을 바치고, 관세를 받을 자에게 관세를 바치고, 두려워할 자를 두려워하며, 존경할 자를 존경하라.

8 다른 사람에게 사랑하는 빚 외에 누구에게든 그 어떤 빚도 지지 말라. 다른 사람을 사랑하는 자는 율법을 다 이룬 것과 같다.

9 "간음하지 말라, 살인하지 말라, 도둑질하지 말라, 이웃의 것을 탐내지 말라고 한 것과 그 외에 다른 계명이 있을지라도 네 이웃을 네 자신과 같이 사랑하라¹⁾"고 하신 말씀 가운데 모두 포함되어 있다.

10 사랑은 이웃에게 악을 행하지 않는다. 그러므로 사랑은 율법의 완성이 된다.

11 너희가 알고 있는 것처럼 지금이야말로 자다가 깰 때가 되었다. 이제 우리의 구원이 처음 믿을 때보다 가까워졌다.

12 밤이 깊어졌고 낮이 가까웠으므로 어둠의 행실을 벗어 버리고 빛의 갑옷을 입자.

13 낮에 활동하는 사람들처럼 단정히 행하고, 방탕하거나 술 취하지 말며, 음란하거나 퇴폐적인 생활을 하지 말며, 다투거나 시기하지 말고,

14 오직 예수 그리스도의 성품으로 옷 입고 정욕을 위해 육신의 일을 추구하지 말라.

비판 금지에 대한 권고와 선을 이루는 덕

14 ●믿음이 약한 자를 너희가 받아들이고 그들의 의견에 대해 비판하지 말라.

2 어떤 사람은 자신의 믿음에 따라 어떤 음식이든 먹지만, 믿음이 약한 자는 채소만 먹는다.

3 모든 것을 먹는 자는 채소만 먹는 사람을 업신여기지 말고, 채소만 먹는 자는 모든 것을 먹는 자를 비판하지 말라. 하나님께서 그들 모두를 받으셨기 때문이다.

4 남의 가정 노예²⁾를 비판하는 너는 어떤 자냐? 그 가정 노예가 서고 넘어지는 것이 모두 자기 주인의 권한에 있으니 그가 서 있게 된다면 그것은 주께서 그를 세우시기 때문이다.

5 어떤 사람은 이날보다 저날을 더 낫게 여기고, 어떤 사람은 모든 날을 똑같이 생각하니 각각 자기 마음으로 결정하면 된다.

6 어느 날을 중요하게 여기는 자도 주를 위해 중요하게 여기라. 어떤 음식을 먹든지 그는 주를 위해 먹는 것이니 이는 하나님께 감사할 일이다. 채소만 먹는 자도 주를 위해 먹는 것이니 이는 하나님께 감사할 일이다.

7 우리 가운데 누구든지 자신만을 위해 사는 자가 없고, 자기를 위해 죽는 자도 없다.

8 우리는 사나 죽으나 주를 위한 것이며, 주의 것이다.

9 이를 위해 그리스도께서 죽었다가 다시 살아나셨다. 곧 죽은 자와 산 자의 주가 되신 것이다.

10 너는 어찌하여 네 형제를 비판하고

업신여기느냐? 우리는 모두 하나
님의 심판대 앞에 서게 될 것이다.

11 성경에 기록되기를 "주께서 말씀
하시기를 내가 살아있으니 모든
사람1)이 내 앞에서 무릎을 꿇을 것
이며, 모든 혀가 하나님께 자백2)하
리라3)"고 했다.

12 이같이 장차 우리 각 사람이 자기
일을 하나님께 사실대로 자백하게
될 것이다.

13 그러므로 다시는 서로 비판하지
말라. 도리어 형제 앞에 넘어지게
하는 걸림돌이나 장애물을 놓지
않도록 주의하라.

14 나는 예수 안에서 알고 확신한다.
어떤 것이든 자체적으로 부정한
것4)은 없다. 다만 부정하게 여기는
그 사람에게는 그 음식이 부정한
것이 된다.

15 만일 음식 문제로 네 형제가 상처
를 받게 된다면 그것은 네가 사랑
으로 행하지 않았기 때문이다. 그
리스도께서 대신하여 죽으신 형제
를 네 음식 문제로 인해 멸망 당하
지 않게 하라.

16 그러므로 너희의 선한 것이 비방
을 받지 않도록 조심하라.

17 하나님의 나라는 먹고 마시는 것
이 아니라 오직 성령 안에서 누리
는 의와 평안과 기쁨이다.

18 이런 마음으로 그리스도를 섬기는
자는 하나님을 기쁘시게 할 뿐 아
니라 사람에게도 칭찬을 받는다.

19 그러므로 우리가 화평을 조성하는
일과 서로 덕을 세우는 일에 힘쓰
는 것이다.

20 음식 문제로 하나님의 일을 무너뜨
리지 말라. 모든 음식5) 자체는 깨끗
하지만 그 음식이 상황을 무시하고
남용될 때는6) 사람에게 악한 결과

를 가져 온다.

21 그러므로 고기를 먹거나 포도주를
마시거나, 그 무엇으로도 네 형제
를 실족하게 하지 않는 것이 아름
다운 일이다.

22 네가 가지고 있는 믿음을 하나님 앞
에서만 스스로 간직하고 있으라. 자
기가 옳다고 하는 일을 할 때 자기
를 정죄하지 않는 자는 복이 있다.

23 의심하면서 먹는 자는 정죄를 받
은 것이다. 그것은 믿음을 따라 하
지 않았기 때문이다. 믿음을 따라
하지 않는 것은 다 죄가 된다.

15 믿음이 강한 우리는 자기를 기
쁘게 하는 것보다 믿음이 약한
자의 약점을 담당하는 것이 마땅
하다.

2 우리 각 사람은 이웃을 기쁘게 하
되 유익을 주고 선을 이루며 덕을
세우도록 할 것이다.

3 그리스도께서도 자기를 기쁘게 하
지 않으셨다. 성경에 기록되기를
"주를 모욕하는 자들의 모욕이 나
에게 미쳤나이다7)"라고 함과 같다.

4 어떤 것이든 이전에 기록된 것은
우리를 가르치기 위해 기록된 것
이다. 그것은 우리로 인내와 성경
의 위로를 통해 소망을 갖게 하기
위함이다.

?! 난제 롬 14:16의 선한 것은?

선한 것은 히브리로 '토 아가돈'으로 이것이
무엇인지에 대해서는 믿음의 구원(Meyer)을 가
리킨다고 보는 견해와 믿음이 강한 자들이 누리
는 신앙 생활의 자유함(Calvin)을 뜻한다는 두가
지 견해가 있다. 전자의 경우에는 믿음, 하나님
나라, 신앙과 복음 등을 가리킨다고 본다. 일반
적으로는 후자가 더 적합하다고 본다.

1) 무릎 2) 찬양 3) 사 45:23 4) 음식 5) 만물 6)
거리낌으로 먹는 7) 시 69:9

5 이제 인내와 위로를 주시는 하나님께서 너희로 그리스도 예수를 본받아 서로 한뜻이 되게 하사

6 한마음과 한 입으로 우리 주 예수 그리스도의 하나님 아버지께 영광을 돌리게 하려고 하신다.

7 그러므로 그리스도께서 우리를 용납하신 것처럼 너희도 서로 용납하라. 그것이 하나님께 영광을 돌리는 것이다.

8 내가 말한다. 그리스도께서 하나님의 진실하심을 위해 친히 할례를 받음으로 할례 받은 자의 종이 되셨다. 이는 조상들에게 주신 약속들을 더욱 분명하게 하시고,

9 이방인들도 그 긍휼하심으로 인해 하나님께 영광을 돌리게 하기 위함이다. 성경에 기록되기를 "그러므로 내가 세상 나라 가운데서 주께 감사하고 그의 이름을 찬양하리로다[1]"라고 함과 같다.

10 또 이르기를 "세상 나라들이 주의 백성과 함께 즐거워하라[2]"고 했다.

11 또 "모든 세상 나라와 모든 백성은 그를 찬양하라[3]"고 했다.

12 이사야 선지자도 이르기를 "이새의 뿌리, 곧 세상 나라를 다스리기 위해 일어나시는 이가 있을 것이니 세상 나라가 그에게 소망을 두리라[4]"고 했다.

13 소망을 주시는 하나님께서 모든 기쁨과 평안을 믿음 안에서 너희에게 충만하게 주어 성령의 능력으로 소망이 넘치게 하시기를 기원한다.

복음에 대한 제사장 직분

14 ● 내 형제들아, 나는 너희가 스스로 선함이 가득하고 완전한 지식이 있어 서로 권면할 만한 능력이 있다고 믿고 있다.

15 그러나 하나님께서 내게 주신 은혜 때문에 내가 너희로 다시 생각나게 하기 위해 더욱 담대히 너희에게 몇가지 일로 이 편지를 썼다.

16 이 은혜는 나로 이방인을 위해 그리스도 예수의 일꾼이 되어 하나님의 복음을 전하는 제사장의 직분을 담당하게 했다. 그것은 이방인들이 성령을 통해 거룩하게 되고, 그들이 하나님께서 받으실 만한 제물이 되게 하는 것이다.

17 그래서 나도 그리스도 예수 안에서 하나님의 일에 대해 자랑할 만하다. 그러나

18 그리스도께서 내 말과 행동을 통해 이방인들이 하나님께 순종하게 된 것 외에는 내가 감히 말하지 않겠다.

19 이방인이 하나님께 복종하게 된 것은 기적과 놀라운 능력과 성령의 능력으로 이루어졌다. 그리하여 내가 예루살렘에서 아드리아해 동쪽의 일루리곤 지역까지 두루 행하여 그리스도의 복음을 전했다.

20 그리고 나는 이미 복음이 전해져 그리스도의 이름을 부르는 곳에는 복음을 전하지 않기를 힘썼다. 그 이유는 다른 사람이 이미 닦아 놓은 복음의 터 위에 건축하지 않으려고 하기 때문이다.

21 이것은 성경에 기록되기를 "주님에 대한 소식을 받지 못한 자들이 볼 것이며, 듣지 못한 자들이 깨달을 것이다[5]"라고 함과 같다.

바울의 로마 방문 계획과 문안 인사와 찬양

22 ● 그래서 내가 여러 번 너희를 방문하려고 했지만 가지 못한 이유가

---

1) 시 18:49　2) 신 32:43　3) 시 117:1　4) 사 11:10　5) 사 52:15

여기에 있다.

23 그러나 이제는 이곳 그리스 남부의 아가야 지역에서는 더 이상 일할 곳이 없고, 또 몇 년 전부터 서바나⁴⁾로 가게 될 때 잠시 너희에게 가기를 희망했다.

24 그것은 지나가는 길에 너희를 보고 먼저 너희와 교제를 통해 얼마 동안 지내면서 기쁨을 가진 후 너희가 서바나로 나를 보내주기를 바라기 때문이다.

25 그러나 이제는 내가 성도를 섬기는 일, 곧 구제 헌금을 전하기 위해²⁾ 예루살렘으로 간다.

26 이는 마게도냐와 아가야 지역의 사람들이 예루살렘에 있는 성도들 중 가난한 자들을 위해 기쁜 마음으로 얼마의 헌금을 했기 때문이다.

27 그들이 기쁜 마음으로 헌금을 했지만 사실 그들도 예루살렘 성도들에게 복음의 빚을 진 자이다. 만일 이방인들이 예루살렘 성도들이 가진 신령한 것을 나눠 가졌으면 육적인 것, 곧 물질로 그들을 섬기는 것이 마땅하다.

28 그러므로 내가 예루살렘교회에게 이 헌금³⁾을 확실하게 전달한 후 로마에 있는 너희에게 들렀다가 서바나로 갈 것이다.

29 내가 너희를 방문할 때는 그리스도의 넘치는 복을 가지고 갈 줄을 안다.

30 형제들아, 내가 예수 그리스도와 성령의 사랑으로 인해 너희에게 부탁한다. 내가 너희를 위해 기도하듯이 너희도 나를 위해 하나님께 간구하여

31 나로 유대 지역에서 믿지 않는 자들에게서 건져 주시고, 예루살렘에서 내가 섬기는 일, 곧 구제 헌금을

성도들이 기쁘게 받아들이게 하라.

32 그러면 나는 하나님의 뜻을 따라 기쁜 마음으로 너희에게 가서 너희와 함께 편히 쉴 수 있을 것이다.

33 평안의 하나님께서 로마에 있는 너희 모든 사람과 함께하시기를 기도한다. 아멘

16 내가 그리스 남부 아가야 지역에 있는 겐그레아교회의 여성 일꾼⁴⁾인 우리 자매 뵈뵈를 로마에 있는 너희에게 추천한다.

2 너희는 주 안에서 성도들의 사랑⁵⁾으로 그를 영접하고 무엇이든지 그에게 필요한 것을 도와주라. 그는 나뿐 아니라 여러 사람의 보호자가 되었다.

3 너희는 그리스도 예수 안에서 내 동역자들인 브리스가와 아굴라에게 안부를 전하라.

4 그들은 죽음을 무릅쓰고 내 목숨을 구해 주었다. 그래서 나뿐 아니라 이방인의 모든 교회도 그들에게 감사하고 있다.

5 또 브리스가와 아굴라의 집에 있는 교회에도 문안하라. 내가 사랑하는 에배네도에게도 문안하라. 그는 소아시아 지역에서 그리스도를 믿은

⊙ 성경지리   겐그레아 교회(롬 16:1)

겐그레아는 고린도 동남쪽 10km 떨어진 곳의 그리스 남쪽 사론만에 있는 항구였다. 스트라보는 겐그레아가 고린도에서부터 약 10km 떨어진 곳에 소재하는 항구인데 동쪽에 고린도인들의 해군 기지가 있었다고 기록하였다. 바울은 겐그레아에서 유월절을 지키기 위하여 수리아로 행하기 전에 그의 서원대로 머리를 깎았다(행 18:18). 그리고 고린도에서 머무는 동안 겐그레아에 교회를 세웠는데 뵈뵈가 이 교회의 집사였다(롬 16:1). 현대 마을은 폐허지의 근방에 위치해 있는데 케크리아이스(Kechriais)라고 부른다.

1) 스페인 2) 갈 2:10 참조 3) 열매 4) 집사 5) 합당한 예절

첫 번째 사람¹⁾이다.

6 너희를 위해 수고를 많이 한 마리아에게 문안하라.

7 내 친척이며, 나와 함께 감옥에 갇혔던 안드로니고와 유니아에게 문안하라. 이 두 사람은 사도들 사이에서도 존중히 여김을 받고, 나보다 먼저 그리스도를 믿은 사람이다.

8 또 주 안에서 내 사랑하는 암블리아에게 문안하라.

9 그리스도 안에서 우리의 동역자인 우르바노와 내 사랑하는 스다구에게 문안하라.

10 그리스도 안에서 인정함을 받은 아벨레에게 문안하라. 아리스도불로의 집안 사람들에게도 문안하라.

11 내 친척 되는 헤로디온에게 문안하라. 나깃수의 가족 가운데 주를 믿는 자들에게 문안하라.

12 주를 위해 수고한 드루배나와 드루보사에게 문안하라. 주 안에서 많이 수고한 내가 사랑하는 버시에게 문안하라.

13 주의 선택하심을 입은 루포와 그의 어머니에게 문안하라. 그의 어머니는 곧 내 어머니와 같은 분이다.

14 아순그리도, 블레곤, 허메, 바드로바, 허마와 그들과 함께 있는 믿는 형제들에게 문안하라.

15 빌롤로고, 율리아, 네레오와 그의 자매, 올름바와 그들과 함께 있는 모든 성도에게 문안하라.

16 너희는 거룩한 입맞춤으로 서로 문안하라. 그리스도의 교회가 모두 로마에 있는 너희에게 문안한다.

17 형제들아, 내가 너희에게 권면하니 너희가 배운 그 교훈을 거슬러 분쟁을 일으키고 믿음의 장애물을 놓는 자들을 경계하여 그들에게서 떠나라.

18 그 같은 자들은 우리 주 되신 그리스도를 섬기지 않고 오직 자기들의 배만 채운다. 그들은 교활하고 듣기 좋은 말로 순진한 자들의 마음을 미혹한다.

19 너희가 말씀에 순종하는 생활을 한다는 소문이 모든 사람에게 들렸다. 그러므로 내가 너희로 인해 기뻐한다. 너희가 선한 것에는 지혜롭고, 악한 것에는 미련하기를 원한다.

20 평안의 하나님께서는 빠른 시일에 사탄을 너희 발아래에 짓밟히게 하실 것이다. 예수의 은혜가 너희에게 있기를 기원한다.

21 나와 함께 일하는 동역자인 디모데와 내 친척인 누기오와 야손과 소시바더가 너희에게 문안한다.

22 이 편지를 받아 대신 기록하는 나 더디오도 주 안에서 너희에게 문안한다.

23 나와 온 교회를 돌보는 가이오도 너희에게 문안하고, 이 고린도성의 재무관²⁾ 에라스도와 믿는 형제 구아도도 너희에게 문안한다.

24 (없음)

25 내가 전한 복음과 예수 그리스도를 전파하는 것은 아주 오래전부터 숨겨졌다가

26 이제는 나타났으며 이 복음은 영원하신 하나님의 명령을 따라 선지자들의 글을 통해 모든 민족이 믿어 순종하게 되었다. 그렇게 된 것은 신비스러운 계시를 따라 된 것이다. 이 복음으로 너희를 능히 견고하게 하시는

27 지혜로우신 하나님께 예수 그리스도를 통해 영광을 영원히 올려 드립니다. 아멘.

1) 열매 2) 청지기

고린도전서

1 Corinthians

제목	히브리어 성경에는 프로스 코린디우스 알파 ('고린도인들에게 보낸 첫번째 편지')
기록연대 기원후 55년경	**저자** 사도 바울 **중심주제** 고린도 교회에 대한 신앙 권면

내용소개 * 공동: 견책 1. 분쟁 문제 1~4장 2. 우상 문제 5~6장
* 개인: 답변 3. 결혼 문제 7장 4. 우상제물 문제 8~10장 * 공중: 답변 5. 여자수건, 성찬 11장
6. 성령 은사 12~14장 7. 부활, 결론 15~16장

인사와 감사

1 ●하나님의 뜻을 따라 그리스도 예수의 사도로 부르심을 받은 나 바울과 믿음의 형제 된 소스데네는

2 고린도에 있는 하나님의 교회, 곧 그리스도 예수 안에서 거룩해지고 성도로 부르심을 받은 자들과 또 각처에서 우리의 주 되신 예수 그리스도의 이름을 부르는 모든 자에게

3 하나님 우리 아버지와 예수 그리스도로부터 은혜와 평안이 있기를 기원한다.

4 나는 그리스도 예수 안에서 너희에게 주신 하나님의 은혜로 인해 항상 하나님께 감사한다.

5 그것은 너희가 예수 안에서 말하는 것과 모든 지식 등 모든 면에서 풍성하게 되었기 때문이다.

6 또한 그리스도의 증거가 너희 중에 확고하게 된 것과 같다.

7 그래서 너희가 모든 은사를 부족함 없이 받으며, 주 되신 예수 그리스도의 재림을 간절히 기다리고 있다.

8 주께서는 너희를 세상 끝날까지 우리 주 예수 그리스도의 날에 죗값을 받지 않는, 책망할 것이 없는 자로 견고하게 하실 것이다.

9 너희를 불러 그의 아들인 예수 그리스도 우리 주와 더불어 사귐을 갖게 하시는 하나님은 신실하신 분이다.

고린도교회의 분쟁과 하나님의 지혜

10 ●형제들아, 내가 예수 그리스도의 이름으로 너희를 권면한다. 모두가 같은 말, 같은 마음, 같은 뜻으로 너희 가운데 분쟁 없이 온전히 하나가 되라.

11 내 형제들아, 글로에의 집에서 온 사람들을 통해 너희 가운데 분쟁이 있다는 말을 내가 들었다.

12 그 내용은 이렇다. 너희가 저마다 말하기를 "나는 바울에게, 나는 아볼로에게, 나는 베드로[1]에게, 나는 그리스도에게 속한 자다"라고 한다는 것이다.

13 어찌 그리스도께서 나뉠 수 있겠느냐? 어찌 나 바울이 너희를 위하여 십자가에 못 박혔으며, 바울의 이름으로 너희가 세례를 받았느냐?

14 나는 그리스보와 가이오 외에는 너희 중 아무에게도 내가 세례를 베풀지 않은 것을 감사한다.

15 그것은 아무도 내 이름으로 세례를 받았다고 말하지 못하게 하기 위함이다.

16 또한 내가 스데바나 집 사람에게 세례를 베풀었고 그 외에는 다른 누구에게도 세례를 베풀었는지 알지 못한다.

17 그리스도께서 나를 보내신 것은 세례를 베풀게 하려는 것이 아니라 오직 복음을 전파하게 하려는 것이다. 또 내가 복음을 세상 말의 지혜로

1) 게바

하지 않은 것은 그리스도의 십자가가 헛되지 않게 하기 위함이다.

18 십자가에 대한 말씀이 멸망당하는 자들에게는 미련한 것이지만 구원을 받는 우리에게는 하나님의 능력이 된다.

19 성경에는 "내가 지혜가 있다고 하는 자들의 지혜를 없애고, 지식이 있다고 하는 자들의 지식을 없앨 것이다"라고 기록되었다. 그러므로

20 지혜 있는 자가 어디 있느냐? 학자가 어디 있느냐? 이 시대에 변론가가 어디 있느냐? 하나님께서 이 세상의 지혜를 어리석게 하신 것이 아니냐?

21 사람의 지혜로 하나님을 알지 못하게 하신 것이 하나님의 지혜이다. 그러므로 하나님께서는 우리가 전하는 어리석어 보이는 전도를 통해 믿는 자들을 구원하기를 기뻐하셨다.

22 유대인은 기적을 구하고, 헬라인은 지혜를 찾는다. 그러나

23 우리는 십자가에 못 박힌 그리스도를 전파하니 그것은 유대인에게는 걸려 넘어지게 하는 것이고, 이방인에게는 어리석은 것이다.

24 그러나 오직 하나님의 부르심을 받은 자들에게는 유대인이나 헬라인이나 그리스도는 하나님의 능력이며, 하나님의 지혜가 된다.

25 하나님의 어리석은 것이 사람의 지혜보다 지혜롭고, 하나님의 약하신 것이 사람의 강한 것보다 강하다.

26 형제들아, 하나님께서 너희를 부르신 것을 보라. 세상2)의 기준으로 볼 때는 지혜로운 자가 많지 않으며, 권력 있는 자나 가문 좋은 자도 많지 않다.

27 그러나 하나님께서 세상의 지혜 있는 자들을 부끄럽게 하시려고 세상의 미련한 것들을 선택하셨고, 세상의 강한 것들을 부끄럽게 하시려고 세상의 약한 것들을 선택하셨다.

28 하나님께서는 세상에 있는 것들을 폐하기 위해 세상의 비천한 것들과 멸시 받는 것들과 아무것도 아닌 것들을 선택하셨다.

29 그 이유는 어떤 육체도 하나님 앞에서 자랑하지 못하게 하기 위함이다.

30 그러나 너희는 하나님께로부터 나서 그리스도 예수 안에 있게 되었다. 이 예수는 하나님으로부터 와서 우리에게 지혜와 의로움과 거룩함과 구원함이 되셨다.

31 그러므로 성경에 이렇게 기록되었다. "자랑하는 자는 주 안에서 자랑하라."3)

십자가와 성령

2 ● 형제들아, 내가 너희에게 하나님의 비밀4)을 전할 때 말주변과 세상 지혜의 아름다운 것으로 하지 않는 것은

2 예수 그리스도와 그가 십자가에 못 박히신 것 외에는 아무것도 알지 않기로 작정했기 때문이다.

3 내가 너희에게 갔을 때 나는 약하고 심히 두려워 떨었다.

4 내가 전하는 말과 전도가 설득력 있고 지혜의 말로 하지 않고 다만 성령의 나타나심과 능력으로 한 것은

5 너희가 가진 믿음을 사람의 지혜가 아니라 오직 하나님의 능력에 두려고 했기 때문이다.

1) 사 29:14 2) 육체 3) 렘 9:23-24 4) 증거

6 그러나 우리가 성숙한 자들에게는 지혜로 말했다. 이 지혜는 세상의 지혜나 세상에서 없어질 통치자들의 지혜가 아니라

7 오직 비밀한 가운데 계신 하나님의 지혜를 말하는 것이다. 이것은 감춰져 있던 것으로 하나님께서 우리의 영광을 위해 창조 전에 미리 정하신 지혜이다.

8 이 시대의 통치자들은 이 지혜를 한 사람도 알지 못했으니 만일 그 지혜를 알았다면 영광의 주를 십자가에 못 박지 않았을 것이다.

9 이에 대해 성경에는 이렇게 기록되었다. "하나님께서 자기를 사랑하는 자들을 위해 준비해 둔 모든 것을 눈으로 보지 못하고, 귀로 듣지 못하며, 사람의 마음으로 생각하지도 못했다."1)

10 오직 하나님께서 성령을 통해서 이것을 우리에게 보이셨으니 성령은 모든 것을 통달하게 하신다.

11 사람이 생각하고 있는 일을 그 사람의 속에 있는 영 외에는 누가 알 수 있겠는가? 이와 마찬가지로 하나님의 일도 하나님의 영인 성령 외에는 아무도 알지 못한다.

12 우리는 세상의 영이 아니라 하나님의 영을 받았다. 그러므로 우리는 하나님께서 우리에게 은혜로 주신 것들을 알게 되었다.

13 우리가 이것을 말한 것은 사람의 지혜에서 배운 말로 하지 않고 오직 성령께서 가르치신 것으로 말하는 것이다. 영적인 일은 영적인 것으로 분별한다.

14 따라서 육신에 속한 사람은 하나님의 영이 하시는 일들을 받아들이지 않는다. 그것은 그 일들이 육적인 그에게는 어리석게 보이기

때문이다. 또 그는 그것들을 알 수도 없다. 그런 일은 영적으로만 분별되기 때문이다.

15 하나님의 영에 속한 신령한 자는 모든 것을 판단하지만 자기는 아무에게도 판단을 받지 않는다.

16 누가 주의 마음을 알고 주를 가르칠 수 있겠느냐? 그러나 우리는 그리스도의 마음을 가졌다.

육신에 속한 자들과 그리스도의 일꾼

3 ● 형제들아, 내가 신령한 자들을 대하는 것처럼 너희에게 말할 수 없기 때문에 너희를 그리스도 안에서 육신에 속한 어린 아이들을 대하는 것처럼 한다.

2 그래서 내가 너희를 젖으로 먹이고 단단한 음식2)으로 먹이지 않았다. 이는 내가 전하는 것을 너희가 깨닫지 못했고, 지금도 그것을 받아들일 준비가 되어 있지 못하기 때문이다.

3 너희는 아직도 세상의 육신에 속한 자이다. 너희 가운데 여전히 시기와 분쟁이 있으니 그것은 육신에 속한 세상 사람들처럼 행하는 것이다.

4 어떤 이는 말하기를 "나는 바울에게 속했다"라고 하고, 다른 이는 "나는 아볼로에게 속했다"라고 하니 너희가 육신에 속한 사람이 아니냐?

5 도대체 아볼로는 무엇이며, 바울은 무엇이냐? 그들은 주께서 각자에게 주신 대로 너희로 예수를 믿게 하는 섬기는 자3)들일 뿐이다.

6 나는 심었고, 아볼로는 물을 주었으되, 오직 하나님께서 자라게 하셨다.

7 그러므로 심는 이나 물 주는 이는

1) 사 64:4, 65:17 2) 밥 3) 집사

아무것도 아니지만 오직 중요한 것은 자라게 하시는 하나님이다.

8 다만 심는 이와 물 주는 이는 하나의 목적을 위해 일하고, 그들은 각각 자기가 일한 대로 자기의 상을 받을 것이다.

9 이같이 우리는 하나님의 동역자들이며, 너희는 하나님의 밭이며, 하나님의 집이 된다.

10 나는 내게 주신 하나님의 은혜를 따라 지혜로운 건축자와 같이 복음의 터를 닦아두면 다른 사람이 그 터 위에 세우게 된다. 그러나 각 사람은 어떻게 그 기초 위에 세울까 주의해야 할 것이다.

11 이 닦아 둔 복음의 터 외에 다른 터를 닦아 둘 자가 없으니 이 터는 곧 예수 그리스도이시다.

12 만일 누구든지 금과 은과 보석이나 나무나 풀이나 짚 등으로 이 터 위에 세우면

13 각 사람의 성과가 나타날 것인데 그날은 불로 나타나기 때문에 각자의 성과가 밝히 드러날 것이다. 그 불은 각 사람의 성과가 어떠한지 검증할 것이다.

14 만일 누구든지 그 예수의 터 위에 세운 성과가 그대로 있으면 상을 받을 것이고,

15 그 성과가 불타 버리면 그는 해를 받을 것이다. 그러나 자신은 구원을 받지만 불 가운데서 받은 것 같을 것이다.

16 너희는 너희 자신이 하나님의 성전이 되어 성령께서 너희 안에 계시는 것을 알지 못하느냐?

17 누구든지 하나님의 성전을 더럽히면 하나님께서 그 사람을 멸하실 것이다. 하나님의 성전은 거룩하기 때문에 너희도 거룩해야 한다.

18 자신을 스스로 속이지 말라. 너희 중에 누구든지 이 세상에서 지혜가 있다고 생각한다면 오히려 어리석은 자가 되라. 그래야 참 지혜로운 자가 될 수 있다.

19 이 세상의 지혜는 하나님께서 보시기에 어리석은 것이니 그것은 성경에 기록된 것처럼 하나님은 "세상의 지혜 있는 자들로 자기 꾀에 빠지게 하시는 분이다"라고 하셨다.[1]

20 또 "주께서는 지혜 있는 자들의 생각을 헛된 것으로 아신다[2]"라고 하셨다.

21 그러므로 누구든지 사람에 대한 것을 자랑하지 말라. 만물은 모두 너희 것이다.

22 바울이나 아볼로나 베드로, 곧 게바나, 세상이나 생명이나 사망이나, 지금 있는 것이나 장래 것이나 다 너희의 것이다.

23 그리고 너희는 그리스도의 것이며, 그리스도는 하나님의 것이다.

4 너희는 우리를 그리스도의 일꾼이며, 하나님의 비밀을 맡은 자로 여겨야 한다. 이는 당연한 일이다.

2 그리고 맡은 자들에게 요구되는 것은 충성이다.

3 나는 너희나 다른 사람에게나 판단 받는 것이 내게는 큰 문제가 아니다. 나도 나를 판단하지 않는다.

4 나는 조금도 양심에 거리낌이 없다. 그렇다고 내가 흠이 없다는 말이 아니다. 다만 나를 판단하시는 분은 오직 주 뿐이시다.

5 그러므로 주께서 다시 오시기 전까지 아무것도 판단하지 말라. 그분은 어둠에 감추어진 것들을 드러내고, 마음속에 있는 생각까지도 나타내실 것이다. 그때는 각 사람

1) 욥 5:13   2) 시 94:11

에게 하나님으로부터 칭찬이 있을 것이다.

6 형제들아, 나는 이 일에 나와 아볼로의 경우를 들어 너희를 위해 본을 보였다. 이는 너희로 기록된 말씀의 범위 밖으로 넘어가지 말라고 한 말의 의미를 배우게 하기 위함이다. 그러므로 너희는 우리에게서 배운 대로 서로 대적하여 교만한 마음을 가지지 말라.

7 누가 너희를 별다르게 생각하고 있느냐? 너희에게 있는 것 가운데서 받지 않은 것이 무엇이냐? 너희가 모든 것을 하나님께 받았으니 어찌하여 받지 않은 것처럼 자랑하느냐? 바울은 고린도교회의 영적 상태를 정반대로 표현하면서 풍자적으로 이렇게 말한다.

8 "너희가 이미 배부르며, 이미 풍성하며, 우리가 없어도 왕 노릇을 했다. 우리도 너희와 함께 왕 노릇할 수 있도록 차라리 너희가 왕이 되었으면 좋겠다."

9 내가 생각하기에 하나님은 사도인 우리를 죽이기로 작정된 자처럼 맨 끝으로 내놓으신 것 같다. 그래서 우리는 세상과 천사와 사람들에게 구경거리가 되었다.

10 우리는 그리스도를 위해 어리석은 사람이 되었으나 너희는 그리스도 안에서 지혜로운 사람이 되었다. 우리는 약하지만 너희는 강하고, 너희는 존경을 받지만 우리는 멸시를 당한다.

11 그래서 지금 이 시각까지 우리가 주리고 목마르며 헐벗고 매 맞으며 정처 없이 떠돌아다니고,

12 수고하여 손수 일하며 지내고 있다. 뿐만 아니라 저주를 받지만 축복하고, 박해를 받지만 인내하고,

13 비방을 받지만 오히려 권면하니 우리는 지금까지 세상의 쓰레기와 만물의 찌꺼기처럼 되었다.

14 나는 너희를 부끄럽게 하려고 이 편지를 쓰는 것이 아니다. 오직 너희를 내 사랑하는 자녀처럼 훈계하기 위해 쓰는 것이다.

15 그리스도 안에서 너희에게 1만 스승이 있다 해도 아버지는 한 명밖에 없다. 바로 나는 그리스도 예수 안에서 복음 때문에 너희 아버지가 되었다.

16 그러므로 내가 너희에게 권면하니 너희는 나를 본받으라.

17 이런 이유로 내가 주 안에서 내 사랑하고 신실한 아들이 된 디모데를 너희에게 보냈다. 그는 너희에게 그리스도 예수 안에서 내가 여러 교회에서 가르치는 것을 생각나게 해줄 것이다.

18 너희 중 어떤 이들은 내가 너희에게 다시 가지 않을 줄로 생각하여 스스로 교만해졌다.

19 그러나 주께서 허락하시면 내가 빠른 시일에 너희를 방문하여 그 교만한 자들의 말이 아니라 오직 그들에게 능력이 있는지를 알아볼 것이다.

20 하나님의 나라는 말에 있는 것이 아니라 오직 능력에 있다.

21 너희가 무엇을 더 원하느냐, 내가 너희에게 갈 때 채찍을 가지고 나가기를 원하느냐, 아니면 사랑과 온유한 마음1)으로 나가기를 원하느냐?

음행, 세상 법정, 결혼
과부, 우상 숭배

5 ●너희 가운데 음행이 있다는 소문까지 들린다. 어떤 사람은 아버지의 아내2)를 데리고 사는 사람도

1) 영 2) 여자

있다고 하는데, 그런 음행은 이방인 가운데서도 없는 것이다.

2 그런 사실을 알면서도 너희가 오히려 자만해져 그런 행위를 통분히 여기지 않고 그런 음행을 행하는 자를 너희 중에서 쫓아내지 않았다.

3 내가 몸으로는 너희와 떨어져 있지만 영으로는 너희와 함께 있어 그곳에 있는 것처럼 이런 음행을 행한 자를 이미 판단했다.

4 너희가 예수의 이름으로 내 영과 함께 모여서 예수의 능력으로

5 이런 자의 육신을 사탄에게 내어 주었다. 이는 육신, 곧 죄의 본성은 멸망당하더라도 영은 예수의 날에 구원을 받게 하려는 것이다.

6 너희가 자랑하는 내용은 옳지 않다. 너희는 적은 누룩이 반죽 덩어리 전체에 퍼지는 것을 알지 못하느냐?

7 너희는 누룩, 곧 죄가 없는 자이니 새 반죽 덩어리가 되기 위해 묵은 누룩, 곧 묵은 죄를 버리라. 이를 위해 그리스도께서 유월절 어린양으로 희생하셨다.

8 그러므로 우리가 유월절 명절을 지키되 묵은 누룩, 곧 묵은 죄나 악독과 악의에 찬 누룩으로 하지 말고, 오직 누룩 없이 순전하고 진실한 빵으로 하자.

9 나는 이미 너희에게 쓴 편지에서 음행하는 자들을 사귀지 말라고 했다.

10 이 말은 이 세상의 음행하는 자들이나 탐욕을 가진 자들이나 남을 속여 빼앗는 자들이나 우상 숭배하는 자들과 절대 어울리지 말라는 뜻이 아니다. 만일 그렇게 하려면 너희는 세상 밖으로 나가야 할 것이다.

11 지금 내가 너희에게 쓰는 것은 이런 뜻이다. 만일 그리스도인 형제라고 말하는 자가 음행하거나 탐욕을 부리거나 우상 숭배를 하거나 욕설이나 비방을 하거나 술에 취하거나 남을 속여 빼앗거든 어울리지 말고 그런 자와는 함께 음식도 먹지 말라는 뜻이지 그런 자가 사는 땅에서 떠나라는 뜻이 아니다.

12 교회 밖에 있는 사람들을 판단하는 문제는 내가 상관할 일이 아니다. 너희가 심판해야 할 사람들은 교회 안에서 죄를 짓는 사람들이다.

13 교회 밖에 있는 사람들은 하나님께서 심판하실 것이니 이 악한 사람들은 너희 중에서 내쫓으라.

6 너희 중에 다른 사람과 다툼이 있을 때 성도 앞에서 해결해 달라고 하지 않고 세상 법정의 불의한 자들에게 고소하는 자가 누구냐?

2 너희는 성도가 장차 세상을 판단하게 될 것을 알지 못하느냐? 너희가 세상을 판단할 것인데 지극히 작은 문제도 직접 판단할 능력이 없느냐?

3 우리가 장차 천사를 판단할 것을 너희가 알지 못하느냐? 하물며 세상의 일을 판단할 능력이 없느냐?

4 그런데 너희는 세상에서 일상적인 다툼 문제[1]가 있을 때 교회에서 세상 사람들, 곧 경히 여김을 받는 자를 재판관으로 세우느냐?

5 나는 너희를 부끄럽게 하기 위해 이 말을 한다. 너희 가운데 믿는 형제 간에 다투는 일을 판단해 줄 만한 지혜 있는 자가 이같이 한 명도 없느냐?

1) 세상 사건

6 너희가 믿음의 형제끼리 고소하는 것도 부족해서 하나님을 믿지 않는 자들 앞에서 재판을 받게 하느냐?

7 너희가 서로 고소하는 일이 있다는 것은 너희 가운데 이미 뚜렷한 허물이 있다는 것이다. 그러니 차라리 고소하는 것보다는 악한 일을 당하거나 속는 것이 낫지 않겠느냐?

8 너희는 불의를 행하며 믿는 형제끼리 서로 속이고 있다.

9 불의를 행하는 자는 하나님의 나라를 유산으로 받지 못할 줄을 알지 못하느냐? 그러므로 그런 자들에게 유혹을 받지 말라. 음행과 우상 숭배와 간음하는 자, 남자로 몸을 파는 자, 남색하는 동성애자,

10 도적이나 탐욕을 부리는 자, 술 취하는 자, 모욕하는 자, 남을 속여 빼앗는 자 등은 하나님의 나라를 유산으로 받지 못할 것이다.

11 너희 중에는 이와 같은 자들이 있었다. 그러나 너희는 예수 그리스도의 이름과 하나님의 성령 안에서 죄를 씻음 받았고 또한 거룩함과 의롭다 함을 받았다.

12 내가 모든 것을 할 자유가 있다고 해서 다 유익한 것은 아니다. 또 모든 것이 허용되지만[1] 나는 어떤 일에도 얽매이지 않는다.

13 음식은 배를 채우기 위해 있고, 배는 음식을 위해 있지만 언젠가는 하나님께서 이것들을 필요 없게 만드실 것이다. 몸은 음행을 위해 있는 것이 아니라 오직 주를 위해 있으며, 주는 몸을 위해 계신다.

14 하나님께서는 주님을 다시 살리셨고, 그의 능력으로 우리를 다시 살리실 것이다.

15 너희 몸이 그리스도의 지체인 줄을 알지 못하느냐? 내가 그리스도의 지체를 떼어 창녀와 한 몸을 만들겠느냐? 결코 그럴 수 없다.

16 창녀와 결합하는 자는 그와 한 몸인 줄을 알지 못하느냐? 성경에 "둘이 한 몸이 될 것이다[2]"라고 기록되었으니

17 주와 연합하는 자는 영적으로 하나가 된다.

18 음행을 피하라. 사람이 범하는 죄들은 몸 밖에서 일어나지만 음행하는 자는 자기 몸에 죄를 짓는 것이다.

19 너희 몸은 너희가 하나님께로부터 받은 것이다. 그러므로 너희는 너희 가운데 계신 성령이 거하시는 성전인 줄을 알아야 한다. 너희는 너희 자신의 것이 아니다.

20 그것은 하나님께서 독생자를 희생시키는 값을 치르고 산 몸이 되었기 때문이다. 그러므로 너희 몸으로 하나님께 영광을 돌려야 한다.

7 너희가 내게 글로 써서 보낸 내용, 곧 "결혼하지 않는 것이 좋다"라는 문제에 대해 말한다.

2 만연된 음행을 피하기 위해 남자마다 자기 아내를 두고, 여자도 자기 남편을 두라.

3 남편은 아내에 대한 의무를 다하고, 아내도 그 남편에게 의무를 다하라.

4 아내는 자기 몸인 동시에 남편의 것이기도 하며, 남편도 그와 같이 자기 몸인 동시에 그 아내의 것이기도 하다.

5 그러므로 서로 방을 따로 쓰지 말라. 다만 기도에 전념하기 위해 서로 합의하여 얼마 동안은 방을 따로 쓰되 다시 한 방을 쓰라. 이는

1) 자유가 있다고 하지만 2) 창 2:24

너희가 정욕에 약함으로 인해 사탄이 너희를 유혹하지 못하게 하기 위함이다.

6 그러나 내가 하는 이 말은 충고이지 명령은 아니다.

7 나는 모든 사람이 나처럼 독신으로 지내기를 원한다. 그러나 각자 하나님께 받은 은사가 다르니 어떤 사람은 결혼하고, 어떤 사람은 독신으로 살기도 한다.

8 내가 결혼하지 않은 자들과 과부들에게 말한다. "나처럼 그냥 독신으로 지내는 것이 좋다.

9 그러나 정욕을 절제할 수 없다면 결혼하라. 욕정이 불처럼 타는 것보다 결혼하는 것이 낫다."

10 결혼한 자들에게 내가 명령한다. 이것은 내 명령이 아니라 주의 명령이다. "여자는 남편과 헤어지지 말라.

11 만일 헤어졌다면 그대로 지내든지 다시 그 남편과 화합하든지 하라. 남편 역시 아내를 버리지 말라."

12 그 나머지 사람들에게 내가 말한다. 이는 주의 명령이 아니라 내 생각이다. "만일 어떤 믿는 남자 형제에게 믿지 않는 아내가 있어 믿는 남편과 함께 살고 싶어 한다면 그를 버리지 말라.

13 또 어떤 믿는 여자에게 믿지 않는 남편이 있어 아내와 함께 살고 싶어 한다면 그 남편을 버리지 말라.

14 믿지 않는 남편이 믿는 아내를 통해 거룩하게 되고, 믿지 않는 아내가 믿는 남편[1]을 통해 거룩해지기 때문이다. 그렇지 못하면 너희 자녀도 깨끗하지 못할 것이다. 그러나 너희가 알다시피 믿는 너희의 자녀는 거룩하다."

15 혹시 믿지 않는 자가 헤어지기를 원하면 헤어지라. 믿는 형제자매는 이런 일에 얽매일 필요가 없다. 그러나 하나님은 화평 중에서 너희를 부르셨기 때문에 될 수 있는 대로 헤어지지 않도록 하라.

16 아내 된 자여, 네가 남편을 구원할 것인지 어찌 알 수 있으며, 남편 된 자여, 네가 네 아내를 구원할 것인지 어찌 알 수 있느냐?

17 오직 주께서 각 사람에게 나눠 주시고, 하나님께서 부르신 그대로 행하라. 이는 내가 모든 교회에게 제시해 준 기준이다.

18 주께로부터 부르심을 받을 때 이미 할례 받은 자가 있느냐? 그의 할례 받은 것을 무효화시켜 무할례자가 되지 말라. 또 주께로부터 부르심을 받을 때 할례를 받지 않는 자가 있느냐? 구태여 할례를 받으려고 하지 말라.

19 할례를 받는 것이나 받지 않는 것이나 그것은 그렇게 중요한 것이 아니다. 오직 하나님의 계명을 지키는 것이 중요하다.

20 그러므로 각 사람은 주의 부르심을 받은 그 부르심 그대로 살아가라.

21 네가 종으로 있을 때 주께로부터 부르심을 받았을 때 종으로 있던 것으로 인해 염려하지 말라. 그러나 네가 자유롭게 될 수 있는 기회가 있다면 그것을 잘 활용하라[2]

?!난제 할례를 받지 말라? (고전 7:18)

바울은 할례자(유대인)이든 무할례자(이방인)이든 부르심을 받은 상황에서는 하나님만을 열정으로 섬기도록 촉구하고 있다. 여기에는 할례자나 무할례자나 문제가 되지 않는다. 즉 하나님의 부르심에 의해 새로운 피조물이 된 자는 할례가 문제가 되지 않는다. 왜냐하면 구원 여부는 할례나 무할례에 있지 않기 때문이다.

1) 형제 2) 자유할 수 있어도 그대로 지내라

22 주 안에서 부르심을 받은 자는 종이라도 주께 속한 자유인이며, 반면 자유인으로 있을 때 부르심을 받은 자는 그리스도의 종이다.

23 너희는 하나님께서 값을 치르고 산 것이 되었으니 이후로는 사람들의 종이 되지 말라.

24 믿음의 형제들아, 너희는 각자 하나님께 부르심을 받은 그 위치에서 벗어나지 말고 하나님께 책임을 다하라.

25 처녀에 대해서는 내가 주께로부터 받은 말씀이 없지만 주의 자비하심을 힘입어 충성스러운 자가 된 내가 의견을 말한다.

26 내 생각에는 곧 다가올 환난을 생각한다면 사람이 그냥 독신으로 지내는 것이 좋다.

27 아내가 있는 사람이 있느냐? 그와 헤어지려고 하지 말라. 아내가 없는 사람이 있느냐? 아내를 얻으려고 하지 말라.

28 그러나 장가를 가거나 처녀가 시집을 가도 죄를 짓는 것이 아니다. 단지 결혼한 사람들은 육신에 고난이 있을 것이다. 나는 너희를 아끼기 때문에 이런 말을 한다.

29 형제들아, 내가 말하고 싶은 것은 이것이다. 주의 재림이 얼마 남지 않았기 때문에 이후부터 아내가 있는 자들은 아내가 없는 자처럼 주의 일에 더욱 힘쓰며 살라.

30 우는 자들은 울지 않는 자처럼 살며, 기쁜 자들은 기쁘지 않은 자처럼 살라. 물건을 사는 자들은 자기가 산 물건이 없는 자처럼 살라.

31 세상 물건을 쓰는 자들은 다 쓰지 못하는 자처럼 살라. 이 세상의 보이는 외형은 모두 지나가는 것이기 때문이다.

32 너희가 염려 없이 살아가기를 원한다. 장가가지 않은 자는 어떻게 해야 주를 기쁘시게 할까 염려하라.

33 장가간 자는 어떻게 해야 아내를 기쁘게 할까 염려하기 때문에

34 마음이 나뉘게 된다. 시집가지 않은 처녀는 세상 일보다 주의 일을 염려하여 몸과 영을 다 거룩하게 하려고 애쓴다. 그러나 시집간 자는 세상 일을 염려하여 어떻게 해야 남편을 기쁘게 할까 생각한다.

35 내가 이런 말을 하는 것은 너희에게 유익을 주기 위한 것이지 너희를 속박하려는 것이 아니다. 곧 너희로 이치에 합당하게 하여 흐트러짐이 없이 바르게 주를 섬기게 하기 위함이다.

36 그러므로 만일 누가 자기의 약혼녀1)에게 부적절한 행동을 하지 않을까 하는 염려를 하게 된다면, 그 약혼녀가 혼기가 지날 만큼 나이가 들어 결혼해야 한다고 판단되면 원하는 대로 결혼하게 하십시오. 그것은 죄를 짓는 것이 아니니 두 사람은 결혼하게 하십시오.

37 그러나 그가 마음을 정하고, 부득이한 일도 없고 자기 뜻대로 할 권리2)가 있어서 그 약혼녀3)와 결혼하지 않아도 잘하는 것이다.

38 그러므로 결혼하는 자도 잘하는 것이고, 결혼하지 않는 자는 더 잘하는 것이다.

39 아내는 그 남편이 생존해 있을 때는 남편에게 매여 있다가 남편이 죽으면 자기가 원하는 대로 시집을 갈 수 있으나 주를 믿는 사람이어야 할 것이다.

40 그러나 내 생각에는 결혼하지 않고 그대로 지내는 것이 더욱 행복

고전

하다. 나 또한 하나님의 영인 성령을 받은 줄로 생각한다.

8 우상에게 제물로 바친 음식에 대해 우리가 다 잘 알고 있다고 하는 것은 사람을 교만하게 만든다. 그러나 사랑은 덕을 세운다.

2 누구든지 어떤 것이든 안다고 생각하면 아직도 마땅히 알아야 할 것을 알지 못하는 자이다.

3 또 누구든지 하나님을 사랑한다면 하나님께서도 그런 사람을 알아주신다.

4 그러므로 우상에게 바친 제물을 먹는 일에 대해서는 우리가 우상은 세상에서 아무것도 아니며, 오직 하나님은 한 분밖에 없는 줄을 안다.

5 비록 하늘과 땅에서든 신이라고 불리는 존재1)가 있고, 실제로 많은 신과 많은 주인이 있다.

6 그러나 우리에게는 오직 하늘에 계신 하나님 아버지 한 분만이 계신다. 모든 만물이 그분으로 인해 창조되었고 우리도 그분을 위해 있다. 또한 한 주2) 되신 예수 그리스도께서 계시니 만물이 그로 인해 창조되었고 우리도 그로 인해 존재한다.

7 그러나 모든 사람이 이런 진리3)를 아는 것은 아니다. 그러므로 믿는 자들조차 어떤 이들은 지금까지도 우상에 대한 습관이 남아 있어 우상에게 제물로 바친 음식이라고 생각하고 먹기 때문에 그들의 양심은 약해지고 더러워졌다.

8 음식은 우리를 하나님 앞으로 가까이 가게 하지 못한다. 그러므로 우리가 음식을 먹지 않는다고 해서 더 못사는 것4)도 아니고, 음식을 먹는다고 해서 더 잘사는 것5)도 아니다.

9 그러므로 너희가 가진 자유가 믿음이 약한 자들에게 걸림돌이 되지 않도록 조심하라.

10 우상과 그 제물에 대해 지식이 있다는 네가 우상의 신전6)에서 앉아 먹는 것을 믿음이 약한 자가 보게 되면 자신들도 우상 제물을 먹는 것에 대해 거침이 있음에도 불구하고 잘못된 양심의 담력을 얻어 우상의 제물을 먹게 되지 않겠느냐?

11 그렇게 되면 우상 제물에 대해 알고 있는 네 지식으로 인해 믿음이 약한 자가 멸망하게 될 것이다. 그는 그리스도께 죄를 짓는 것이 된다.

12 이같이 너희가 형제에게 죄를 짓게 하므로 그의 약한 양심을 상하게 하여 실족하게 하는 것은 그리스도께 죄를 짓는 것이다.

13 그러므로 만일 음식 때문에 내 형제를 실족하게 한다면 내 형제를 실족하지 않게 하기 위해 나는 영원히 고기를 먹지 않을 것이다.

사도의 권리와 하나님의 영광

9 ● 내가 자유인이 아니냐? 사도가 아니냐? 내가 주를 보지 못했느냐? 너희 자신은 주 안에서 행한 내 수고의 결과가 아니냐?

2 다른 사람들에게는 내가 사도가 아닐지 몰라도 너희에게는 내가 사도이다. 그것은 나의 사도 됨을 주 안에서 너희가 인정해 주었기 때문이다.

3 내가 사도가 아니라고 비판하는 자들에게 내 변명은 이것이다.

4 우리가 먹고 마실 권리가 없겠느냐?

5 우리가 다른 사도들과 주의 형제들과 베드로, 곧 게바처럼 믿음으로 신자7)가 된 아내를 데리고 다닐 권리가 없겠느냐?

1) 자 2) 主 3) 지식 4) 손해 5) 이익 6) 집 7) 자매

6 왜 나와 바나바만 아내를 두지 않고 일해야 하느냐?

7 누가 자기 비용을 내면서까지 군복무를 하겠느냐? 누가 포도 농사를 지으면서 그 열매를 따 먹지 않겠느냐? 누가 양 떼를 기르면서 그 양에서 나는 젖을 먹지 않겠느냐?

8 내가 사람의 경우대로만 이것을 말하는 것이 아니라 율법에서도 이것을 말하고 있다.

9 모세의 율법에 "곡식을 밟아 떠는 소에게 망을 씌우지 말라"고 기록되었다. 이는 하나님께서 소들을 염려하신 것이 아니라

10 바로 우리를 위해 하신 말씀이 아니냐? 과연 율법은 우리를 위해 기록된 것이니 밭을 가는 자는 수확을 기대하면서 밭을 갈며, 곡식을 타작하는 자는 노력에 대한 대가를 함께 기대하며 일하는 것이 당연하다.

11 우리가 너희에게 영적인 신령한 것을 뿌렸으니 우리가 너희에게 있는 물질적, 육적인 것을 받는다고 해서 지나치다고 하겠느냐?

12 다른 사람들도 너희에게 이런 권리를 가졌다면 우리 역시 그런 권리가 있지 않겠느냐? 그러나 우리가 이 권리를 주장하지 않고 모든 일에 참는 것은 그리스도의 복음을 전하는데 아무런 방해가 되지 않게 하기 위함이다.

13 성전의 일을 하는 이들은 성전에서 나오는 음식을 먹으며, 제단에서 섬기는 이들은 제단에 바쳐진 음식을 함께 나누는 것을 너희가 알고 있다.

14 이와 같이 주께서도 복음 전하는 자들이 복음을 전하는 일로 생활하라고 정해 주셨다.[2]

15 그럼에도 나는 이런 권리를 하나도 행사하지 않았고, 또 이 편지를 쓰는 것은 너희가 내게 이같이 물질로 도와 달라는 것도 아니다. 나는 내가 차라리 죽을지라도 누구든지 내 이런 자부심[3]을 빼앗지 못하게 할 것이다.

16 내가 복음을 전한다고 해도 자랑할 것이 없는 것은 그것은 내가 당연히 해야 할 일이기 때문이다. 만일 내가 복음을 전하지 않으면 내게 화가 있을 것이다.

17 내가 자원해서 이것을 행한다면 보상을 받게 될 것이다. 그러나 내가 자원해서 하는 일이 아니라면 그것은 내게 맡겨진 사명을 다하는 일일 뿐이다.

18 그런즉 내가 받을 보상이 무엇이냐? 내가 복음을 전할 때 아무런 대가 없이 전하고 복음으로 인해 내게 있는 권리를 다 사용하지 않는 이유가 바로 이것이다.

19 내가 모든 사람에 대해서 자유롭지만 스스로 모든 사람에게 종과 같이 된 것은 더 많은 믿음의 사람을 얻기 위함이다.

20 내가 유대인들에게 유대인과 같이 된 것은 유대인들을 믿게 하기 위함이고, 율법 아래에 있는 자들을 대할 때 내가 율법 아래에 있지 않지만 율법 아래에 있는 자와 같이 된 것은 율법 아래에 있는 자들을 믿게 하기 위함이다.

21 율법 없는 자에 대해서는 내가 하나님께는 율법 없는 자가 아니라 도리어 그리스도의 율법 아래에 있는 자이다. 그러나 율법 없는 자처럼 된 것은 율법 없는 자들을 믿게 하기 위함이다.

1) 신 25:4 2) 마 10:10 참조 3) 자랑

22 약한 자들을 대할 때 내가 약한 자처럼 된 것은 약한 자들이 믿어 구원을 얻게 하기 위함이다. 내가 여러 사람에게 여러 방법으로 대한 것은 어떻게 하든지 그들 중 몇 명이라도 구원하고자 한 것이다.

23 내가 복음을 위해 어떤 것이든 행하는 것은 그 복음이 주는 축복에 참여하기 위해서이다.

24 운동장에서 경주하는 자들이 다 달린다고 해도 오직 상을 받는 사람은 한 사람인 것을 너희가 알고 있다. 너희도 상을 받도록 이와 같이 달음질하라.

25 경기에서 이기기를 힘쓰는 자마다 모든 일에 절제하지만 그들은 썩어질 승리자의 면류관을 얻고자 한다. 그러나 우리는 썩지 않는 면류관을 얻고자 한다.

26 그러므로 나는 목표 없이 달음질하지 않고, 허공을 치는 것처럼 싸우지 않는다.

27 내가 내 몸을 쳐서 굴복시키는 것은 내가 다른 사람에게 복음을 전했으나 정작 나 자신은 버림을 당할까 두려워하기 때문이다.

우상 숭배에 대한 경고와 하나님께만 영광

10
● 형제들아, 나는 너희가 모두 이 같은 사실을 알기 바란다.

운동장(고전 9:24)

운동장(race)에 해당되는 헬라어 '스타디온'은 본래 200m의 거리를 나타내는 단위였다. 이것이 후에 200m의 규격화된 운동장(경기장)을 만들면서 점차 경기장(stadium)을 뜻하는 말로 굳어졌다. 바울 당시 이미 그리스에서는 달리기를 비롯한 운동 경기가 경기장에서 행해지고 있었다. 그래서 바울은 그것을 보고 그리스도인의 삶을 운동장에서 달음박질 하는 것으로 비유했다(고전 9:24).

곧 우리 조상들이 다 구름 아래에 있었고, 바다 가운데로 지나며[1],

2 모세와 함께 다 구름과 바다에서 세례[2]를 받고,

3 다 같은 신령한 음식을 먹으며[3]

4 다 같은 신령한 음료를 마셨다. 이는 그들을 따르는 신령한 반석으로부터 마신 것[4]으로 그 반석은 궁극적으로 그리스도를 가리킨다.

5 그러나 그들 중 얼마는 하나님께서 기뻐하시지 않았으며, 그들은 광야에서 죽임을 당했다.

6 이런 일은 우리에게 본보기가 되어 그들이 악을 행한 것처럼 우리도 악을 행하는 자가 되지 않게 하려는 것이다.

7 그러므로 너희는 그들처럼 우상 숭배하는 자가 되지 말라. 이에 대해 성경은 "백성이 앉아서 먹고 마시며 일어나서 뛰놀았다[5]"라고 기록하고 있다.

8 그들 가운데 어떤 사람들은 간음하다가 하루에 2만 3,000명이나 죽었으니[6] 우리는 그들처럼 음행하지 말자.

9 그들 가운데 어떤 사람들이 주 하나님을 시험하다가 뱀에 물려 죽음을 당했으니[7] 우리는 그들처럼 하나님을 시험하지 말자.

10 그들 가운데 어떤 사람들은 악한 말로 원망하다가 멸망시키는 자에게 멸망당했으니 너희는 그들처럼 원망하지 말라.

11 그들에게 일어난 이런 일은 우리에게 본보기가 되고, 세상 종말이 다가오는 시대에 살고 있는 우리를 깨우치기 위해 기록되었다.

12 그러므로 굳게 서 있다고 생각하는

1) 출 13:21, 14:21-29 2) 침례 3) 출 16:4-35 4) 출 20:7-11 5) 출 32:6 6) 민 25:1-9 7) 민 21:4-9

자는 넘어질까 조심하라.

13 이제까지 너희는 사람이 감당할 수 있는 시험밖에는 너희가 당한 것이 없다. 또 하나님은 신실하시기에 너희가 이기지 못할 시험은 허락하지 않으신다. 뿐만 아니라 시험 당할 때쯤 피할 길을 주시어 너희로 능히 빠져나오게 하신다.

14 그러므로 내 사랑하는 자들아, 우상 숭배하는 일을 피하라.

15 내가 이 말을 하는 것은 너희가 지혜 있는 자라고 생각하기 때문이다. 그러므로 너희는 내가 하는 이 말에 대해 스스로 판단하라.

16 우리가 축복하는 잔은 그리스도의 피에 참여하는 것이 아니란 말이냐? 우리가 떼는 빵은 그리스도의 몸에 참여하는 것이 아니란 말이냐?

17 빵이 하나이니 그 한 빵에 참여하는 우리 역시 한 몸이다.

18 육신을 따라 난 이스라엘 백성들을 생각해 보라. 제물을 먹는 자들은 제단에 참여하는 자들이다.

19 그런즉 내가 무엇을 말하고 있느냐? 우상의 제물과 그 우상은 무엇이냐?

20 무릇 이방인이 제사하는 것은 귀신에게 하는 것이지, 하나님께 제사하는 것이 아니다. 그러므로 나는 너희가 귀신과 사귀는 자가 되지 않기를 바란다.

21 너희는 주의 잔과 귀신의 잔을 동시에 마시지 못하고, 주의 식탁과 귀신의 식탁에 동시에 참여하지 못한다.

22 그렇다면 우리가 두 식탁에 참예하므로 주를 질투하게 하겠느냐? 과연 우리가 주보다 강한 자란 말이냐? 그렇지 않다.

23 모든 것이 허용되었다고 모든 것이 유익하지 않으며, 모든 것이 허용되었다고 그 모든 것이 덕을 세우는 것은 아니다.

24 그러므로 누구든지 자기의 유익을 구하기보다 다른 사람의 유익을 구하라.

25 시장에서 파는 것은 그것이 우상 제물로 사용된 것인지 아닌지를 양심을 위해 묻지 말고 사서 먹으라.

26 이는 땅과 그 위에 있는 모든 것이 주의 것이기 때문이다.

27 불신자 가운데서 누가 너희를 식사에 초청할 때 너희가 오기를 원하거든 너희 앞에 차려 놓은 음식이 무엇이든지 양심을 위해 우상 제물이냐고 묻지 말고 먹으라.

28 그러나 누가 너희에게 이것이 우상 제물이라고 말하면 그렇게 말한 자와 믿음이 약한 자의 신앙 양심을 위해 먹지 말라.

29 여기서 내가 말한 양심은 너희 자신의 양심을 말하는 것이 아니라 다른 사람, 특히 믿음이 약한 자의 양심을 말하는 것이다. 어찌하여 내 자유가 다른 사람의 양심 때문에 판단을 받겠느냐?

30 만일 내가 감사한 마음으로 음식을 먹으면서 어찌하여 내가 감사하며 먹은 음식에 대해 비난을 받겠느냐?

31 그런즉 너희는 먹든지 마시든지 무엇을 하든지 모든 것을 하나님의 영광을 위해 하라.

32 따라서 유대인과 헬라인에게나, 하나님의 교회에나 걸림돌 같은 거치는 자가 되지 말라. 오히려

33 나와 같이 자신의 유익을 구하지 않고 많은 사람의 유익을 구하는 생활을 통해 그들이 구원을 받게 하라.

예배 때 여자의 두건 착용과
성만찬 제정에 대해

11 ● 내가 그리스도를 본받아 그를 따르는 자가 된 것처럼 너희는 나를 본받는 자가 되라.

2 너희가 모든 일에 나를 기억하고, 또 내가 너희에게 교회와 편지를 통해 가르친 대로 그 전통을 너희가 지키므로 너희를 칭찬한다.

3 그러나 나는 너희가 여자의 머리는 남자이며, 각 남자의 머리는 그리스도이시며, 그리스도의 머리는 하나님이신 것을 알기 원한다.

4 그러므로 남자로서 머리에 무엇을 쓰고 기도나 예언을 하는 자는 그 머리를 욕되게 하는 것이다.

5 반면 여자로서 머리에 쓴 것을 벗고 기도나 예언을 하는 자는 그 머리를 욕되게 하는 것이니 이는 머리를 민 것과 다름이 없다.

6 만일 여자가 머리를 가리지 않으려면 깎아야 하고, 만일 깎거나 미는 것이 여자에게 부끄러움이 된다고 생각하면 어떤 것으로든지 머리를 가릴 것이다.

7 이렇게 말하는 이유는 남자는 하나님의 형상과 영광이 되기 때문에 그 머리를 마땅히 가리지 않지만 여자는 남자의 영광이 되기 때문에 가리는 것이다.

8 남자가 여자에게서 태어난 것이 아니라 여자가 남자에게서 태어났다.

9 또한 남자가 여자를 위해 지음을 받은 것이 아니라 여자가 남자를 위해 지음을 받은 것이다.

10 그러므로 여자는 하나님과 함께 일하는 천사들로 인해 권세 아래에 있는 상징을 그 머리 위에 써야 한다.

11 그러나 주 안에는 남자나 여자나 독자적으로 존재하지 않는다.

12 이는 여자가 남자에게서 태어난 것처럼, 남자도 여자로 인해 태어났기 때문이다. 그리고 남녀 모두는 하나님에게서 생겨났다.

13 너희는 스스로 판단해 보라. 여자가 머리를 가리지 않고 하나님께 기도하는 것이 옳은 일이냐?

14 만일 남자에게 긴 머리가 있으면 자기에게 부끄러움이 된다는 생각이 너희에게는 자연적인 본능이 아니냐?

15 그러나 여자가 긴 머리를 하는 것은 오히려 자기에게 영광이 되니 그것은 긴 머리가 여자에게 가리는 것을 대신하기 때문이다.

16 이 문제에 논쟁하려는 생각을 가진 자가 있다고 해도 믿는 우리와 하나님의 모든 교회에는 그런 풍습을 받아들이지 않는 것이 관례이다.

17 내가 명령하는 이 일에 대해 너희를 칭찬하지 않는 것은 너희 모임이 유익하지 않고 오히려 해가 되기 때문이다.

18 먼저 너희가 교회에 모일 때 너희 가운데 파벌 분쟁이 있다는 소리를 듣는데, 그것이 어느 정도 사실이라고 믿고 있다.

19 너희 가운데 누가 하나님께 옳다고 인정받는 사람인지 분명하게 드러내기 위해서는 다른 점이 있어야 한다.

20 그러므로 너희가 함께 모여서 하는 공동 식사는 주의 만찬을 먹는 것이 아니다.

21 그 이유는 너희가 먹을 때 각자 자기의 음식을 먼저 갖다 먹기 때문에 가난하여 음식을 준비하지 못한 사람은 굶주리고 어떤 사람은 술에 취하기까지 하기 때문이다.

22 너희가 먹고 마실 집이 없느냐? 그 래서 너희가 교회에서 음식을 먹음으로 하나님의 교회를 업신여기고 가난한 자들을 부끄럽게 하느냐? 내가 너희에게 무슨 말로 칭찬하겠느냐? 이것으로는 결코 칭찬하지 않겠다.

23 내가 너희에게 전해 준 것은 주께 받은 것이다. 곧 주 예수께서 잡히시던 밤에 빵을 가지고

24 축사하신 후 떼어 주면서 말씀하셨다. "이것은 너희를 위하는 내 몸이다. 그러므로 이것을 행하여 나를 기념하라."

25 식사 후 같은 방법으로 잔을 가지시고 말씀하셨다. "이 잔은 내가 흘린 피로 세운 새 언약이다. 그러므로 이것을 행하여 마실 때마다 나를 기념하라."[1)]

26 그러므로 너희는 예수께서 제정하신 빵을 먹으며, 그 잔을 마실 때마다 주의 죽으심을 그분이 다시 오실 때까지 전해야 한다.

27 그러므로 누구든지 주의 빵과 주의 잔을 합당하지 않은 태도로 먹고 마시는 자는 주의 몸과 피에 대해 죄를 짓는 것이다.

28 따라서 사람이 자기를 살핀 후에야 빵을 먹고 잔을 마셔야 한다.

29 주의 몸이라는 인식을 하지 못하고 먹고 마시는 자는 자기의 죄를 먹고 마시는 것과 같다.

30 이런 까닭에 너희 가운데 약한 자와 병든 자가 많고 죽은 자도 상당히 있다.

31 우리가 자신을 분별했으면 심판을 받지 않게 된다. 그러나

32 우리가 지금 주께 심판을 받는 것은 그로 인해 회개하므로 장차 우리가 세상과 함께 심판을 받지 않게

하려는 것이다.

33 그러므로 내 형제들아, 교회에서 함께 먹으려고 모일 때는 음식을 준비했다고 먼저 먹지 말고 그렇지 못한 자와 함께 먹도록 서로 기다리라.

34 만일 누구든지 배가 고프거든 집에서 먹으라. 그것이 너희의 식사 모임이 심판 받는 모임이 되지 않게 하는 것이다. 그 외의 일들은 내가 언제가 될지 모르지만 너희에게 갈 때 바로 잡을 것이다.

성령과 사랑과 방언과 예언의 은사

12

1 ● 형제들아, 영적인 신령한 것에 대해 나는 너희가 알기를 원한다.

2 너희도 알고 있는 것처럼 너희가 믿기 전 이방인으로 있을 때 말 못하는 우상에게 빠져 그것들에게 이끌려 갔다.

3 그러므로 내가 너희에게 알려 주는 사실은 하나님의 영인 성령으로 말하는 자는 누구든지 "예수는 저주 받은 자다"라고 하지 않는다. 또 성령을 통하지 않고는 누구든지 "예수를 주님이시다"라고 말할 수 없다는 것이다.

4 하나님의 선물로 주어지는 은사는 여러 가지가 있지만 성령은 같은 성령이시다.

5 주를 섬기는 직분도 여러 가지가 있지만 주님은 같은 주님이시다.

6 또 주를 위한 일은 다양하지만 모든 사람 가운데서 모든 일을 하게 하시는 하나님은 같은 하나님이시다.

7 성령께서 각 사람에게 나타나시는 것은 모든 사람을 유익하게 하시려는 것이다.

8 어떤 사람에게는 성령으로 지혜의

1) 마 26:26-28

말씀을, 어떤 사람에게는 지식의 말씀을,

9 어떤 사람에게는 믿음을, 어떤 사람에게는 병 고치는 은사를,

10 어떤 사람에게는 능력 행함을, 어떤 사람에게는 예언함을, 어떤 사람에게는 영들 분별하는 능력을, 어떤 사람에게는 각종 다른 언어, 곧 방언으로 말하는 것을, 어떤 사람에게는 그 언어를 통역하는 능력을 주신다.

11 이 모든 일은 한 성령께서 그분의 뜻대로 각 사람에게 나누어 주시는 것이다.

12 몸은 하나이지만 여러 지체가 있고, 몸의 지체는 많지만 한 몸인 것처럼 그리스도도 그와 같다.

13 우리는 유대인이나 헬라인이나 종이나 자유인이나 모두 동일한 한 성령으로 세례를 받아 한 몸이 되었다. 또 동일한 한 성령을 모시게 되었다.

14 몸에는 여러 지체가 있으니

15 만일 발이 말하기를 "나는 손이 아니니 몸에 붙어 있지 않겠다"라고 해도 몸의 일부분이 아니라고 할 수 없다.

16 또 귀가 말하기를 "나는 눈이 아니니 몸에 붙어 있지 않겠다"라고 해도 몸의 일부분이 아니라고 할 수 없다.

17 만일 온몸이 눈이면 듣는 곳은 어디인가? 온몸이 듣는 곳이면 냄새 맡는 곳은 어디인가?

18 그러나 이제 하나님께서 그 원하시는 뜻대로 각각의 지체를 몸에 두셨다.

19 만일 지체가 모두 한 지체뿐이면 지체나 몸이나 같을진대 그렇다면 몸은 어디냐?

20 그러나 지금 우리의 몸처럼 지체는 많지만 몸은 하나이다.

21 눈이 손에게 "나는 네가 필요없다"라고 하거나 머리가 발에게 "나는 네가 필요없다"라고 하지 못한다.

22 그뿐 아니라 상대적으로 더 약하게 보이는 몸의 지체가 오히려 더 요긴하다.

23 우리 몸의 지체 가운데 덜 귀히 여기는 그것들은 더욱 귀한 것들로 입혀 주며, 아름답지 못한 지체는 더욱 볼품 있게 꾸민다. 그러나

24 우리의 아름다운 지체는 그럴 필요가 없다. 오직 하나님께서 몸의 지체들을 함께 모아 부족한 지체에게 귀중함을 더해 주셨다.

25 그래서 몸의 여러 지체가 분리되지 않고 오직 여러 지체가 서로 같이 돌보도록 하셨다.

26 만일 한 지체가 고통을 받으면 모든 지체가 함께 고통을 받고, 한 지체가 영광을 얻으면 모든 지체가 함께 기뻐한다.

27 너희는 그리스도의 몸이며, 동시에 한 사람 한 사람은 지체의 각 부분이다.

28 하나님은 교회 가운데서 몇 명을 섬기는 자로 세우셨다. 첫째는 사도이며, 다음은 선지자요, 그다음은 교사이며, 그다음은 능력을 행하는 자이며, 그다음은 병 고치는

은사(고전 12:4~11)

은사(gift, 恩賜)는 친절, 은혜라는 뜻을 가진 헬라어 '카리스'에서 파생한 말로 선물이란 뜻이다. 이는 성령의 은사가 하나님의 거저 주시는 은혜에서 비롯되었음을 시사한다. 은사 중 성령의 은사에는 지혜의 말씀, 지식의 말씀, 믿음, 병고침, 능력 행함, 예언, 영들 분별함, 각종 방언 말함, 방언들 통역함 등의 은사가 있다.

능력[1])과 서로 돕는 것과 다스리는 것과 여러 방언을 말하는 것이다.

29 다 사도겠느냐? 다 선지자나 교사겠느냐? 다 능력을 행하는 자겠느냐?

30 다 병 고치는 능력[1])을 가진 자겠느냐? 다 방언을 말하는 자겠느냐? 다 통역하는 자겠느냐?

31 그러므로 너희는 선물로 주어지는 더 큰 은사를 사모하라. 내가 가장 좋은 길을 너희에게 보여줄 것이다.

13 내가 사람이 하는 방언과 천사와 같은 말을 할지라도 사랑이 없다면 그것은 구리로 만든 소리 나는 악기와 시끄러운 소리를 내는 꽹과리에 불과하다.

2 내가 예언하는 능력이 있어 모든 비밀과 지식을 알고, 또 산을 옮길 만한 믿음이 있다고 해도 사랑이 없다면 나는 아무것도 아니다.

3 내가 가진 모든 재물로 구제를 베풀고, 내 몸을 불사르게 내어줄지라도 사랑이 없으면 그것은 내게 아무런 유익이 없다.

4 사랑은 오래 참고, 온유하며, 시기하지 않고, 자랑하지 않고, 교만하거나

5 무례하게 행하지 않고, 자기의 유익을 구하지 않고, 성내지 않고, 악한 것을 생각하지 않으며,

6 불의를 기뻐하지 않는다. 오히려 진리와 함께 기뻐하고,

7 모든 것을 참고 믿으며, 모든 것을 소망하며 견디게 한다.

8 예언은 있다가 사라지고, 방언도 있다가 그치며, 지식도 결국은 없어지지만 사랑은 영원하다.

9 우리가 아는 것은 부분적인 것이며, 예언도 부분적인 것이기 때문에

10 온전한 것이 올 때는 부분적으로

하던 것이 사라지게 된다.

11 내가 어렸을 때는 말하고 깨닫고 생각하는 것이 모두 어린 아이와 같다가 성인이 되어서는 그런 유치한 것들을 버렸다.

12 우리가 지금은 거울로 보는 것처럼 희미하게 보지만 그때는 얼굴과 얼굴을 마주 대해 보는 것처럼 분명하게 볼 것이다. 지금은 내가 부분적으로 알지만 그때는 주께서 나를 아신 것처럼 내가 온전히 알게 될 것이다.

13 그러므로 믿음, 소망, 사랑, 이 세 가지는 항상 있어야 하는데 그중 가장 위대한 것[2])은 사랑이다.

14 형제들아, 사랑을 추구하고, 영적인 신령한 것들을 간절히 바라며, 무엇보다 예언을 하려고 하라.

2 그 이유는 방언은 사람들에게 말하지 않고 하나님께 말하는 것이기 때문이다. 방언은 영으로 비밀을 말하므로 알아듣는 사람이 없다.

3 반면 예언하는 자는 사람에게 말하는 것이다. 그는 사람에게 덕을 세우며, 용기[3])와 위로를 주는 말을 한다.

4 따라서 방언하는 자는 자기의 덕을 세우고, 예언하는 자는 교회의 덕을 세운다.

5 나는 너희가 모두 방언으로 말하기를 원하지만 무엇보다 예언하기를 더 바란다. 만일 방언으로 말 하는 자가 그 방언을 통역하여 교회의 덕을 세우지 않으면 예언하는 자만 못하다.

6 그러므로 형제들아, 내가 너희에게 방언으로 말하고 지식이나 예언이나 가르치는 것으로 말하지

1) 은사 2) 제일, 더 큰 것 3) 권면하며

않는다면 알아듣지 못하는 방언으로 말하는 것이 너희에게 무슨 유익이 되겠느냐?

7 마찬가지로 피리나 거문고와 같이 생명 없는 악기가 소리를 낼 때 구별되는 소리를 나타내지 않으면 피리를 부는 것인지, 거문고를 타는 것인지 어떻게 알 수 있겠느냐?

8 만일 나팔이 분명하지 않는 소리를 내면 누가 싸움을 준비할 수 있겠느냐?

9 이와 같이 너희도 혀로써 알아듣기 쉬운 말을 하지 않으면 그 말하는 것을 어떻게 알 수 있겠느냐? 그것은 허공에 말하는 것에 불과하다.

10 이와 같이 세상에는 여러 종류의 소리가 있으니 의미 없는 소리는 없다.

11 그러므로 그 소리의 의미를 알지 못하면 나는 그 사람에게 말을 알아듣지 못하여 외국인이 되고, 말하는 자도 나에게 말을 알아듣지 못하는 외국인이 된다.

12 그러므로 너희가 영적인 것을 사모하는 자라면 교회의 덕을 세우기 위해 그런 은사가 풍성하기를 구하라.

13 또한 방언을 말하는 자는 통역하기를 기도하라.

14 만일 내가 방언으로 기도하면 내 영은 기도하는 것이지만 내 마음은 아무런 열매가 없다.

15 그러면 어떻게 해야 하는가? 영과 마음으로 기도하며, 내가 영과 마음으로 찬양해야 한다.

16 그렇지 않고 영으로만 하나님께 감사의 기도를 한다면 그 뜻을 알지 못하는 상황에 있는 자[1]는 네가 무슨 말을 하는지 알지 못하고 네가 하는 감사의 기도에 어찌 "아멘"이라고 말하겠느냐?

17 너희는 감사한 것 자체는 잘했으나 다른 사람에게는 덕을 세우지 못할 것이다.

18 내가 너희 모든 사람보다 방언을 더 말하는 것에 대해 하나님께 감사한다.

19 그러나 교회에서 네가 남을 가르치기 위해 1만 마디 방언으로 말하는 것보다 깨달은 마음으로 5마디 말을 하는 것이 낫다.

20 형제들아, 지혜에는 아이가 되지 말고 장성한 사람이 되라. 반면 악에는 어린 아이가 되라.

21 율법에 기록되기를 "주께서 이르시기를 내가 다른 방언과 다른 입술로 이 백성에게 말할지라도 그들이 여전히 듣지 않을 것이다[2]"라고 했다.

22 그러므로 방언은 믿는 자들보다 믿지 않는 자들을 위하는 기적이지만, 예언은 믿지 않는 자들보다 믿는 자들을 위한 것이다.

23 그러므로 온 교회가 함께 모여 다 방언으로 말하면 방언 은사를 받지 못한 자들이나 믿지 않는 자들이 들어와서 그 소리를 듣고 너희를 미쳤다고 말할 것이다.

24 그러나 모든 사람이 예언하고 있는데 믿지 않는 자들이나 예언 은사를 받지 못한 자들이 들어와서 예언하는 사람들에게 책망과 판단을 받고,

25 그 마음속에 있는 비밀들이 드러나면 그것 때문에 그들이 엎드려 하나님께 경배하며 하나님께서 참으로 너희 가운데 계신다고 전파할 것이다.

1) 은사를 받지 못한 자 2) 사 28:11-13

26 그러므로 형제들아, 너희가 어떻게 해야 하는가? 너희가 모일 때 찬양시와 가르치는 말씀과 계시와 방언과 방언 통역함도 있으니 그 모든 것은 덕을 세우기 위해 해야 한다.

27 만일 누가 방언으로 기도하면 두 사람이나 많아야 세 사람이 차례대로 하고 한 사람은 통역할 것이다.

28 만일 통역하는 자가 없으면 교회에서는 방언을 하지 말고 자기와 하나님께만 조용히 기도할 것이다.

29 예언하는 자는 2~3명이 말하고 다른 사람들은 그것을 분별할 것이며,

30 만일 곁에 앉아 있는 다른 이에게 계시가 있으면 먼저 하던 자는 예언을 멈추라.

31 너희는 모든 사람이 배우고 권면을 받게 하기 위해 한 명씩 돌아가며 예언할 수 있다.

32 예언하는 자들의 영은 예언하는 자들에게 통제를 받는다.

33 하나님은 무질서의 하나님이 아니시며, 오직 화평의 하나님이시기 때문이다. 모든 성도가 교회에서 하는 것처럼 모든 성도의 교회에서 그러하다.

34 여자는 교회에서 조용히 있으라. 그들에게는 말하는 것을 교회에서 허락한 적이 없으니 율법에서 말한 것[1]과 같이 여자들은 오직 복종할 것이다.

35 만일 여자가 무엇을 배우기 원하면 집에서 자기 남편에게 물을 것인데, 여자가 교회의 공적인 모임에서 말하는 것은 부끄러운 일이다.

36 하나님의 말씀이 너희에게서 나왔느냐, 아니면 너희에게만 임한 것이냐?

37 만일 누구든지 자기를 선지자나 영적인 신령한 사람으로 생각한다면 내가 너희에게 보내는 이 편지가 주의 명령인 줄 알라.

38 만일 누구든지 이런 사실을 인정하지 않으면 자신도 인정받지 못할 것이다.[2]

39 그러므로 내 형제들아, 예언하기를 사모하며 방언으로 말하는 것을 금하지 말라.

40 다만 모든 것을 절제 가운데서 조화롭게 하고 질서대로 하라.

그리스도의 부활과 죽은 자의 부활

15 ● 형제들아, 내가 너희에게 전한 복음을 너희에게 다시 알게 하려고 한다. 그것은 너희가 이미 받은 것이며, 또 그 안에 굳게 선 복음이다.

2 만일 너희가 내가 전한 복음을 굳게 지키고 목적이나 계획성 없이 믿지 않았으면 그로 인해 구원을 받을 것이다.

3 나는 내가 받은 복음을 먼저 너희에게 전했다. 이는 성경에 기록된 대로 그리스도께서 우리 죄를 위해 죽고

4 장사 지낸 바 되었다가 성경대로 3일 만에 다시 살아나사

5 베드로[3]에게 나타내시고, 12명의 제자와[4]

6 그후 500여 명의 형제에게 한순간에 나타나신 것이다. 그중 어떤 사람은 죽었으나 대다수의 사람은 지금까지 살아있다.

7 또 그후 야고보와 모든 사도에게와

8 맨 나중에 해산 달을 채우지 못하고 태어난 자 같은 나에게도 나타나셨다.[5]

---

1) 창 3:16 2) 어떤 사본에는 알지 못하는 대로 두라
3) 게바 4) 요 21:15~22, 20:26 5) 행 9:3~5

9 그러므로 나는 사도 가운데 가장 작은 자이다. 나는 과거에 하나님의 교회를 핍박했기 때문에 사도라고 불릴 자격이 없는 자이다.

10 그러나 지금 내가 복음의 전파자[1]가 된 것은 하나님의 은혜로 된 것이다. 내게 주신 그분의 은혜가 결코 헛되지 않았기에 내가 모든 사도보다 더 많이 수고했으나 그것은 내가 한 것이 아니라 오직 나와 함께하신 하나님의 은혜로 된 것이다.

11 그러므로 내가 전하든지 다른 사도들이 전하든지 전파한 것을 너희도 믿었다.

12 그리스도께서 죽은 자 가운데서 다시 살아나셨다는 것이 이미 전파되었는데, 너희 가운데 어떤 사람들은 죽은 자의 부활이 없다고 말한다.

13 만일 죽은 자의 부활이 없다면 그리스도께서도 다시 살아나지 못하셨을 것이다.

14 만일 그리스도께서 다시 살아나지 못하셨다면 우리가 전파하는 것도 헛되고, 너희가 믿는 것도 헛되다.

15 또 그렇게 되면 우리는 하나님의 거짓 증인이 될 것인데, 그것은 우리가 하나님께서 그리스도를 다시 살리셨다고 증언했기 때문이다. 만일 죽은 자가 다시 살아나는 일이 없다면 하나님께서는 그리스도를 다시 살리지 않으셨을 것이다.

16 만일 죽은 자가 다시 살아나는 일이 없다면 그리스도도 다시 살아나신 일이 없었으며,

17 그렇게 되었다면 너희 믿음도 헛되고 너희가 여전히 죄 가운데 있을 것이다.

18 뿐만 아니라 그리스도 안에서 죽은 자도 멸망했을 것이다.

19 만일 우리의 소망이 그리스도 안에서 오직 이 세상의 삶뿐이라면 우리는 모든 사람 중에 가장 불쌍한 자이다.

20 그러나 이제는 그리스도께서 죽은 자 가운데서 다시 살아나셔서 죽은 자들의 부활의 첫 열매가 되셨다.

21 사망이 아담 한 사람으로 왔으니 죽은 자의 부활도 예수 그리스도 한 사람으로 말미암는다.

22 아담으로 인해 모든 사람이 죽은 것처럼 그리스도로 인해 모든 사람이 부활하게 될 것이다.

23 그러나 순서대로 될 것이다. 첫 번째는 부활의 첫 열매인 그리스도이시며, 그다음에는 그가 세상에 다시 오실 때 그에게 속한 자들이며,

24 마지막으로는 그가 세상의 모든 통치와 권세와 능력을 멸하시고 그의 나라를 아버지 하나님께 바칠 때이다.

25 예수께서 모든 원수를 그 발아래에 둘 때까지 그분은 당연히 왕 노릇을 하시리니

26 맨 나중에 그리스도에게서 멸망받을 원수는 사망이다.

27 성경에서 "만물을 그의 발아래에 두셨다[2]"라고 기록되었는데, 여기서 '만물을 그 발아래에 둔다'라고 할 때 하나님은 그 안에 포함되지 않는 것이 분명하다.

28 하나님께서 만물을 그의 아들에게 복종하게 하실 때는 아들 자신도 만물을 자기에게 복종하게 하신 하나님께 복종하게 될 것이다. 이는 하나님은 모든 만물의 주인으로 모든 만물 안에 계시기 때문이다.

1) 나 2) 시 8:6

29 만일 죽은 자들이 다시 살아날 가능성이 없다면 죽은 자들을 위해 대신하여 세례¹⁾를 받는 자들은 무엇 때문에 그들을 위해 세례를 받겠느냐?

30 또한 무엇 때문에 우리가 그리스도를 위해 때마다 위험을 감당하겠느냐?

31 형제들아, 내가 그리스도 예수 우리 주 안에서 가지고 있는 너희에 대한 내 자랑을 두고 분명히 말하는데 나는 날마다 죽는다.

32 내가 인간적인 방법으로 에베소에서 맹수와 싸웠다면 그것이 내게 무슨 유익이 되겠는가? 죽은 자가 다시 살아나지 못한다면 내일 죽을 것이니 오늘은 먹고 마시자고 할 것이다.

33 이런 일에 속지 말라. 악한 친구들을 사귀면 좋은 습관²⁾도 나쁘게 된다.

34 그러므로 깨어 옳은 일을 행하고 죄를 짓지 말라. 너희 중에 하나님을 모르는 자가 있어 내가 너희를 부끄럽게 하기 위해 말하는 것이다.

35 어떤 자들은 "죽은 자들이 어떻게 다시 살아나며 어떤 몸으로 부활하느냐?"라고 물을 것이다.

36 그러나 어리석은 자여, 네가 뿌리는 씨가 죽어야 다시 살아나고,

37 또 네가 뿌리는 것은 다 자란 것³⁾이 아니라 다만 밀이나 다른 곡식의 씨일 뿐이다.

38 하나님께서는 그분의 계획대로 뿌린 씨에게 형체를 주시되 각 종자에게 그 형체를 주신다.

39 모든 육체는 다 같은 것이 아니다. 하나는 사람의 육체이고, 그 외에는 짐승의 육체, 새의 육체, 물고기의 육체 등이 있다.

40 하늘에 속한 형체도 있고, 땅에 속한 형체도 있다. 영광 역시 하늘에 속한 것의 영광이 있고, 땅에 속한 것의 영광이 있다.

41 해와 달과 별의 영광이 각각 다르니 별과 별 사이의 영광도 다르다.

42 죽은 자의 부활도 이와 같아서 썩을 것으로 심지만 썩지 않을 것으로 다시 살아나게 되고,

43 비천한 것으로 심고 영광스러운 것으로 다시 살아나게 되며, 약한 것으로 심고 강한 것으로 다시 살아나게 될 것이다.

44 육체로 심고 영적인 신령한 몸으로 다시 살아나게 되리니 육의 몸이 있는 것처럼 영의 몸도 있다.

45 성경의 기록처럼 "첫 사람 아담은 살아있는 사람⁴⁾이 되었다⁵⁾" 함과 같이 마지막 아담은 살려주는 영이 되었다.

46 그러나 영적인 몸이 먼저 있었던 것이 아니라 자연적인 육의 몸⁶⁾이 먼저 있었던 것이며, 그다음에 신령한 몸을 가진 사람이다.

47 첫 사람 아담은 흙에서 났으니 흙에 속한 자이지만, 둘째 사람 예수는 하늘에서 오셨다.

48 무릇 흙에 속한 자들은 저 흙에 속한 아담의 후손과 같고, 무릇 하늘에 속한 그의 백성들은 저 하늘에 속한 예수 그리스도와 같다.

49 따라서 우리가 흙에 속한 자의 형상을 입은 것처럼 또한 하늘에 속한 자의 형상을 입을 것이다.

50 형제들아, 내가 이것을 말한다. 육체와 피⁷⁾는 하나님 나라를 상속 받을 수 없다. 또한 썩는 것은 썩지 않는 것을 유산으로 받지 못한다.

1) 침례 2) 선한 행실 3) 장래의 형체 4) 생령 5) 창 2:7 6) 사람 7) 혈과 육

51 보라, 내가 너희에게 비밀을 말한다. 우리가 모두 잠을 잘 것이 아니라 마지막 재림의 나팔이 불 때는 순식간에 모두 변화될 것이다.

52 재림 나팔 소리가 나면 죽은 자들이 다시는 썩지 않을 것으로 다시 부활하고 우리도 그렇게 변화될 것이다.

53 지금 있는 이 썩어질 몸이 반드시 썩지 않는 몸으로 덧입어야 하겠고, 이 죽을 몸이 다시는 죽지 않는 몸으로 덧입을 것이다.

54 그때는 "사망을 삼키고 이겼다"[1]라고 기록된 말씀이 이루어질 것이다.

55 사망아, 너의 승리가 어디 있느냐? 사망아, 네가 찌르는 가시채[2]가 어디 있느냐?

56 사망이 찌르는 것은 죄이며, 죄는 율법을 통해 힘을 발휘한다.

57 우리는 예수 그리스도로 인해 우리에게 승리를 주시는 하나님께 감사한다.

58 그러므로 내 사랑하는 형제들아, 믿음에 굳게 서서 흔들리지 말고 항상 주의 일에 더욱 힘쓰는 자들이 되라. 너희 수고가 주 안에서 헛되지 않은 것임을 기억하라.

연보와 권면과 끝마침 인사[4]

16 ● 성도를 돕기 위한 헌금에 대해서는 내가 갈라디아교회들에게 명령한 것처럼 너희도 그렇게 하라.

2 매주 첫날에 너희 각자의 수입에 따라 미리 모아두어 내가 방문할 때 헌금 때문에 부담을 갖지 않도록 하라.

3 내가 너희를 방문할 때 너희가 믿을 만한 사람에게 편지를 주어 너희가 모은 은혜로운 헌금을 예루살렘으로 가지고 가게 할 것이다.

4 만일 나도 가는 것이 더 좋다면 그들이 나와 함께 갈 수 있을 것이다.

5 내가 그리스 북부 지역인 마게도냐를 지나갈 계획인데 이 지역을 통과한 후 너희에게 가서

6 혹시 너희와 함께 머물며 겨울을 지낼 수도 있다. 그런 뒤에는 너희가 나를 내가 가고자 하는 곳으로 보내주기를 바란다.

7 지금은 지나가는 길에 너희를 보지 않을 것이다. 이는 만일 주께서 허락하시면 상당 기간 너희와 함께 머물기를 바라기 때문이다.

8-9 에베소에는 나를 대적하는 자가 많지만 내가 오순절까지 그곳에 머물려고 하는 것은 그곳은 많은 일을 할 수 있는 큰 문이 열려 있기 때문이다.

10 디모데가 고린도에 있는 너희에게 오거든 너희는 그가 두려움 없이 너희 가운데 있도록 하라. 그도 나와 같이 주의 일에 힘쓰는 자이기 때문이다.

11 그러므로 누구든지 그를 무시하지 말고 내게 평안한 마음으로 오게 하라. 나는 그가 형제들과 함께 에베소로 오기를 기다리고 있다.

12 형제 아볼로에게는 형제들과 함께 너희에게 가라고 내가 많이 권했으나 지금은 갈 계획이 전혀 없음을 알았다. 그러나 기회가 되면 아볼로도 너희에게 갈 것이다.

13 너희는 깨어 있어 믿음에 굳게 서서 남자답게 강건하라.

14 너희는 모든 일을 사랑으로 행하라.

15 형제들아, 나는 너희에게 스데바나의 집안 사람을 추천한다. 그 이유는 그가 그리스 남쪽 지역인 아가야에서 가장 먼저 그리스도를

1) 사 25:8 2) 독침 3) 호 13:14 4) 고전 16:1~24

믿은 집안¹⁾이며, 성도 섬기기로 작정한 줄을 너희가 알고 있기 때문이다.

16 너희는 이 같은 사람들과 함께 일하며 수고하는 모든 사람에게 순종하라.

17 내가 스데바나와 브드나도와 아가이고가 온 것을 기뻐하는 것은 그들이 너희의 부족한 것을 채워 주었기 때문이다.

18 그들이 나와 너희 마음을 만족하게 해주었다. 그러므로 너희는 이런 사람들을 인정해 주라.

19 소아시아 지역에 있는 교회들이 너희에게 문안하고, 아굴라와 브리스가 부부와 그 집에서 모이는 교회가 주 안에서 너희에게 진심으로 문안한다.

20 모든 형제도 너희에게 문안하니 너희는 거룩한 입맞춤으로 서로 문안하라.

21 나 바울은 친필로 너희에게 문안한다.

22 만일 누구든지 주를 사랑하지 않으면 저주를 받을 것이다. 우리 주여, 오시옵소서. ²⁾

23 주 예수 그리스도의 은혜가 너희와 함께하고

24 내 사랑이 그리스도 예수 안에서 너희 모든 무리와 함께하기를 기원한다.

1) 첫 열매 2) 아람어로는 마라나타, 계 22:20하

고린도후서　2 Corinthians

제목 히브리어 성경에는 프로스 코린디우스 베타('고린도인들에게 보낸 두번째 편지')

기록연대 기원후 56년경　**저자** 사도 바울　**중심주제** 고린도 교회에 대한 권면과 사도직 변호

내용소개 * 위로 1. 사도직의 영광 1-5장　* 헌금 2. 바울의 호소(화해와 헌금) 6-9장　* 입증 3. 사도직의 권위 10-13장

고린도와 아가야의 교회에게 감사 인사

1 ● 하나님의 뜻을 따라 그리스도 예수의 사도로 부르심을 받은 바울과 형제 된 디모데는 그리스 남쪽의 고린도에 있는 교회와 아가야 지역에 있는 모든 성도에게 편지한다.

2 하나님 우리 아버지와 주 예수 그리스도로부터 은혜와 평안이 있기를 기원한다.

3 우리 주 예수 그리스도의 하나님을 찬양한다. 그분은 자비와 모든 위로의 하나님이시며,

4 우리가 당한 여러 환난 가운데서 우리를 위로하시고 우리가 받은 그 위로로 모든 환난 가운데 있는 자들을 위로하게 하시는 분이다.

5 그리스도의 고난이 우리에게 넘친 것처럼 그리스도로 말미암아 받은 위로가 우리에게 넘치게 되었다.

6 우리가 환난을 당한다면 그것은 너희를 위로하고 구원받게 하기 위함이다. 반면 우리가 위로를 받는다면 너희로 위로를 받게 하려는 것이다. 이 위로는 우리가 받는 것 같은 고난을 너희도 능히 참고 견디게 하는 힘이 있다.

7 너희를 향한 우리의 소망은 확고하다. 그것은 너희가 우리가 당하는

고난에 동참한 것처럼 위로에도 그러할 줄을 알기 때문이다.

8 형제들아, 우리가 소아시아 지역에서 당한 환난을 너희가 알기를 원한다. 그때 우리는 힘에 부치도록 험한 고난을 당해 살 소망까지 끊어지고,

9 심적으로는 사형 선고를 받았다는 느낌까지 들었다. 이렇게 된 것은 우리로 자신을 의지하지 말고 오직 죽은 자를 다시 살리는 하나님만을 의지하게 하신 것이다.

10 예수께서는 이같이 두려운 사망에서 우리를 건지셨고, 이후에도 계속해서 건져 주시리라는 소망을 갖고 있다.

11 그러므로 너희도 우리를 위해 기도로 도우라. 이는 우리가 여러 사람의 기도로 얻은 은사로 인해 많은 사람이 하나님께 감사하게 될 것이다.

바울이 고린도교회 방문을 연기함

12 ● 우리가 하나님에게서 오는 거룩함과 진실함으로 세상에서 특별히 너희에 대해 행할 때 세상 육체의 지혜로 하지 않고 하나님의 은혜로 행한 것은 우리의 자랑이 되었다. 이 같은 사실은 우리의 양심이 증거하고 있다.

13 우리는 오로지 너희가 읽고 이해할 수 있는 것 외에는 쓰지 않는다. 너희가 온전히 알기를 내가 바라는 것은 이것이다.

14 곧 너희는 우리를 부분적으로 알았으나 우리 주 예수께서 다시 오시는 날에는 우리가 너희를 자랑스럽게 생각한 것처럼 너희도 우리를 자랑스럽게 여길 수 있다는 것을 알게 되리라는 것이다.

15 나는 이런 확신이 있기 때문에 너

희로 갑절의 은혜를 얻게 하기 위해 먼저 너희를 방문할 계획을 세운 것이다.

16 나는 마게도냐 지역으로 가는 길에 너희를 방문하고 마게도냐 지역에서 돌아오는 길에 다시 방문하여 너희의 도움을 받아 유대 지역으로 갈 계획을 세웠다.

17 이런 계획이 경솔히 세워졌다고 생각하느냐?, 아니면 인간적인 동기로 계획을 세워 마음으로는 "아니다"라고 하면서 말로는 "그렇다"라고 한 것 같으냐?

18 하나님께서 신실하신 것처럼 우리가 너희에게 한 말은 "예"하면서 동시에 "아니요"라고 한 적이 없다.

19 나와 실라[1]와 디모데를 통해 너희 가운데 전파된 하나님의 아들인 예수 그리스도는 "예"하고 동시에 "아니오"가 되시는 분이 아니다. 그분에게는 오직 "예"만 있으셨다.

20 하나님의 모든 약속은 그리스도 안에서 "예"가 되었기 때문에 우리는 그로 인해 "아멘"하면서 하나님께 영광을 돌리게 되었다.

21 하나님께서는 우리를 너희와 함께 그리스도 안에서 굳게 세우시고 우리에게 기름을 부으셨다.

22 또한 우리가 그분의 소유라는 표시로 도장을 찍고 그 보증으로 우리 심령에 성령을 주셨다.

23 나는 내 목숨을 걸고 하나님을 내 증인으로 모시고 말하는 것이다. 내가 다시 고린도에 가지 않은 것은 너희를 아끼는 마음 때문이다.

24 우리가 너희 믿음을 우리 마음대로 하려는 것이 아니다. 오직 너희가 믿음에 굳게 서 있으므로 너희 기쁨을 돕는 자가 되려고 하는 것이다.

1) 실루아노

2 나는 다시 너희 마음을 아프게 하지 않기 위해 다시는 방문하지 않겠다고 스스로 결심했다.

2 내가 다시 너희 마음을 아프게 한다면 내가 근심하게 한 너희 외에 누가 나를 기쁘게 할 수 있겠느냐?

3 내가 지난번 편지에 이같이 쓴 것은 내가 너희에게 갈 때 마땅히 나를 기쁘게 해 줄 사람에 대해 오히려 근심할까 염려했기 때문이다. 또 너희 모두에 대한 내 기쁨이 동시에 너희 모두의 기쁨이라는 것을 확신했기 때문이다.

4 지난번에는 내가 심적인 고통과 걱정으로 인해 너희에게 많은 눈물로 편지를 썼다. 그것은 오직 내가 너희를 얼마나 사랑하는지 너희에게 알게 하기 위해서였지 결코 너희로 근심하게 하려고 쓴 것이 아니다.

용서, 일꾼, 보배

5 ● 나를 가슴 아프게 한 자가 있었다고 해도 그것은 나를 가슴 아프게 한 것이라기보다 어느 정도는 너희 모두를 근심하게 한 것이다. 내가 어느 정도라고 한 것은 내가 너무 심하게 말하지 않았다는 뜻이다.

6 나를 가슴 아프게 한 사람은 많은 사람에게서 비난 받는 것이 마땅하다.

7 그러므로 너희는 오히려 그런 자를 용서하고 위로하라. 그가 너무 많은 근심에 잠길까 염려된다.

8 그러므로 권하니 그런 자들에게 너희의 사랑을 보여주라.

9 너희가 모든 일에 순종하는지 그것을 시험하기 위해 내가 이 편지를 너희에게 썼다.

10 너희가 어떤 일에든지 그를 용서하면 나도 그렇게 하고, 내가 용서한 일이 있으면 그것은 너희를 위해 그리스도 앞에서 한 것이다.

11 이는 우리가 용서와 자비를 베풀어 사탄에게 속지 않게 하려는 것이다. 우리는 사탄의 여러 궤계를 잘 알고 있다.

12 내가 이전에 그리스도의 복음을 전하던 중 드로아에 갔을 때 주 안에서 복음을 전할 수 있는 문을 내게 열어 주셨다.

13 그때 내가 내 형제 디도를 만나지 못함으로 내 마음이 편치 못해 그들과 작별하고 마게도냐 지역으로 갔었다.

14 하나님께서는 항상 우리를 그리스도 안에서 승리의 발걸음이 되게 하시고, 우리로 인해 다니는 곳마다 그리스도를 아는 지식의 향기를 나게 하신다. 나는 그런 하나님께 감사를 올린다.

15 우리는 구원받는 자들과 망하는 자들 모두에게 하나님 앞에서 그리스도의 향기이다.

16 망하는 자들에게는 사망에 이르게 하는 사망의 냄새가 되고, 구원받는 자들에게는 생명에 이르게 하는 생명의 향기가 된다. 그러면 누가 이런 일을 담당하겠는가?

17 우리는 많은 사람과 달리 돈을 벌기 위해 하나님의 말씀을 전하지 않고 하나님의 보내심을 받은 사람답게 하나님 앞과 그리스도 안에서 진실되게 말한다.

3 우리가 다시 스스로 칭찬하기를 시작했다고 생각하느냐? 우리가 어찌 일반 사람처럼 추천장을 너희에게 보내거나 너희에게 받거나 할 필요가 있겠느냐?

2 너희는 우리의 편지와 같다. 그것은 너희 자신이 우리의 마음속에

쓴 것으로, 이는 모든 사람이 알고 읽고 있는 우리의 편지이다.

3 너희는 우리로 인해 나타난 그리스도의 편지이다. 그 편지는 먹으로 쓴 것이 아니라 오직 살아계신 하나님의 영인 성령으로 쓴 것이다. 또 돌판에 쓴 것이 아니요, 오직 육의 마음판에 쓴 것이다.

4 우리는 그리스도로 인해 하나님을 향해 이 같은 확신이 있으니

5 우리는 무슨 일이든지 그 일을 할 수 있는 자격이 있다고 스스로 만족할 것이 아니다. 우리의 자격1)은 오직 하나님에게서 나온 것이다.

6 하나님께서는 우리를 문자로 된 율법 조문으로 하지 않고, 오직 성령으로 새 언약의 일꾼에 합당한 자격을 주셨다. 율법 조문은 죽이는 것이고, 성령은 살리는 것이다.

7 돌에 새긴 죽음에 이르게 하는 율법 조문의 직분도 영광스럽다. 그래서 이스라엘 자손들은 비록 사라질 영광의 광채이긴 하지만 모세의 얼굴에 나타난 광채 때문에 그 얼굴을 똑바로 쳐다보지 못했다.2)

8 그렇다면 성령의 사역3)은 그 영광이 얼마나 더 크겠느냐?

9 사람들에게 죄의 유무를 판정하는 직분도 영광이 있다면 의를 가져다 주는 직분의 영광은 더욱 크지 않겠느냐?

10 이전의 영광되었던 것이 더 큰 영광으로 인해 이전의 것은 더 이상 영광될 것이 없다.

11 결국에는 사라질 것도 영광스럽다면 영원한 것은 더욱 영광스러울 것이다.

12 우리에게는 이 같은 소망이 있기에 담대히 말한다.

13 우리는 모세가 이스라엘 자손들에게 얼굴의 광채가 결국에는 사라져 가는 것을 주목하지 못하게 하려고 자기 얼굴에 수건을 쓴 것과 같은 일을 하지 않는다.

14 그러나 그들은 고집이 세어 오늘까지도 구약 성경을 읽을 때 그 마음을 가리는 수건이 벗겨지지 않고 있으니 그 수건은 바로 그리스도 안에서 없어질 것이다.

15 그들은 오늘까지도 모세의 글을 읽을 때 마음속에 수건이 덮여 있다.

16 그러나 언제든지 주께로 돌아가기만 하면 그 수건은 벗겨질 것이다.

17 주는 영이시므로 그의 성령이 계신 곳에는 자유가 있다.

18 우리는 모두 수건을 벗은 얼굴로 주의 영광을 본다. 이렇게 해서 우리는 주의 영, 성령으로 주와 같은 형상으로 변화하여 점점 더 큰 영광에 이르게 된다.

4 그러므로 우리는 하나님의 긍휼하심을 힘입어 직분을 감당하기 때문에 낙심하지 않는다.

2 이에 드러내지 못하는 부끄러운 일들을 끊어 버리고, 속임수를 쓰지 않고, 하나님의 말씀을 왜곡시키지 않는다. 우리는 오직 진리만을 밝히 드러냄으로 하나님 앞에서 각 사람의 양심을 향해 스스로를 내세운다.

3 우리가 전하는 복음이 가려졌다면 그것은 멸망하는 자들에게 가려진 것이다.

4 이 세상의 신이 믿지 않는 자들의 마음을 어둡게하여 그리스도의 영광의 복음의 광채가 비치지 못하게 하는 것이다. 그리스도는 하나님의 형상이다.

5 우리는 우리 자신을 전파하는 것이 아니라 오직 그리스도 예수께서 주가 되시는 것과 예수를 위한 일로 인해 우리가 너희의 종이 된 것을 전파하는 것이다.

6 "어둔 곳에 빛이 비치라"고 말씀하셨던 그 하나님께서 우리 마음에 예수 그리스도의 얼굴에 있는 하나님의 영광을 아는 빛을 비추셨다.

7 우리가 이런 복음의 보배를 질그릇과 같은 육체에 가졌으니 이것은 심히 큰 능력이 우리에게 있는 것이 아니라 하나님께 있다는 것을 알게 하기 위함이다.

8 우리는 사방에서 압박을 당해도 아직은 궁지에 몰린 상태가 아니니 빠져나가지 못한 답답한 일을 당해도 낙심하지 않고,

9 핍박을 받아도 버림을 받지 않으며, 매를 맞아 넘어져도 망하지 않는다.

10 우리가 항상 예수의 죽음을 우리 몸에 짊어지는 이유는 예수의 생명이 우리 몸에 나타나게 하기 위해서이다.

11 우리는 살아있지만 예수를 위해 항상 우리 몸을 죽음에 내맡기고 있는 것은 예수의 생명이 죽을 우리의 육체에 나타나게 하기 위함이다.

12 그러므로 사망은 우리 안에서 활동하고 있지만 생명은 너희 안에서 활동하고 있다.

13 성경에 기록되기를 "내가 믿었기에 내가 말했다"라고 한 것처럼 우리가 동일한 믿음의 마음을 가졌고, 또한 성경의 말씀대로 믿었기 때문에 말한다.

14 주 되신 예수를 다시 살리신 하나님께서 예수와 함께 우리도 다시 살리시고 너희와 함께 그 앞에 서게 하실 줄을 알고 있다.

15 이 모든 것이 너희를 위한 것이니 많은 사람의 감사로 인해 은혜가 더욱 넘침으로써 하나님께 영광을 돌리게 하기 위함이다.

속사람과 화목

16 ● 그러므로 우리가 낙심하지 않는 것은 결국 죽을 우리의 겉사람은 낡아지지만 새로운 피조물이 된 우리의 속사람은 날마다 새로워지기 때문이다.

17 우리가 지금 잠시 받는 가벼운 환난은 장차 주어질 지극히 크고 귀한 영원한 영광을 우리에게 가져다준다.

18 그러므로 우리의 시선은 보이는 것이 아니라 보이지 않는 것에 있다. 보이는 것은 순간이지만 보이지 않는 것은 영원하다.

5 만일 땅에 있는 우리의 천막 집이 무너지면 하나님께서 지으신 하늘에 있는 영원한 집이 우리에게 있는 줄을 우리가 알고 있다. 그 집은 손으로 지은 것이 아니다.

2 그래서 우리는 땅에 있는 이 천막 집에 살면서 탄식하지만 하늘에 있는 우리의 집으로 덧입기를 간절히 사모한다.

3 이렇게 덧입게 됨으로 우리가 벗은 자의 부끄러운 모습으로 보여지지 않을 것이다.

4 우리가 이 세상의 천막 집에 사는 동안 무거운 짐에 눌려 탄식하는 것은 세상의 집을 벗어 버리려고 하는 것이 아니라 오히려 그 위에 하늘의 집을 덧입고자 하는 것이다. 곧 죽을 것이 생명에게 삼킴을

1) 창 1:3 2) 시 116:10

당하게 하려고 하는 것이다.

5 하나님은 이것을 우리에게 준비해 주시고 그 보증으로 성령을 우리에게 주셨다.

6 그러므로 우리의 마음이 늘 강하다. 몸으로 있을 때는 주와 떨어져 있는 줄을 알고 있다.

7 이는 우리가 믿음으로 행하고 보는 것에 따라 행하지 않기 때문이다.

8 우리는 죽음을 두려워하지 않는다. 그러므로 담대하지만 차라리 몸을 떠나 주와 함께 있는 그것을 원한다.

9 그래서 우리는 살든지 죽든지 주를 기쁘시게 하는 자가 되기를 힘쓴다.

10 우리는 모두 반드시 그리스도의 심판대 앞에서 각자 행한 것에 따라 선악 간에 보응을 받게 될 것이기 때문이다.

11 우리는 주께서 두려우신 분임을 알기 때문에 심판대에 있는 심정으로 사람들에게 권면한다. 하나님께서는 우리가 어떤 사람인지 아시기 때문에 너희의 양심에도 우리가 어떤 사람인지 알았으면 하는 것이다.

12 우리가 다시 너희에게 스스로 칭찬하는 것이 아니라 오직 우리로 인해 자랑할 기회를 너희에게 주어 마음이 아니라 외모로 자랑하는 자들에게 대답하게 하려는 것이다.

13 만일 우리가 미쳤어도 하나님을 위한 것이며, 정신이 온전해도 너희를 위한 것이다.

14 그리스도의 사랑이 우리를 사로잡고 있다. 우리는 한 사람이 모든 사람을 대신하여 죽었기 때문에 모든 사람이 죽은 것이라고 확신한다.

15 예수께서 모든 사람을 대신하여

죽으신 것은 살아있는 자들로 다시는 자신을 위해 살지 않고 오직 자기를 위해 대신 죽었다가 다시 살아나신 자를 위해 살게 하려는 것이다.

16 그러므로 우리는 그리스도께서 죽고 부활하신 사실을 깨달은 때부터 어떤 사람도 인간적이고 육신적인 지식에 따라 알지 않을 것이다. 비록 우리가 그리스도도 육신을 따라 알았으나 이제부터는 그 같은 세상의 관점으로는 알지 않겠다.

17 그러므로 누구든지 그리스도 안에 있으면 새로운 피조물이 된다. 이전 것은 지나갔으니 이제는 새 것이 되었다.

18 이 모든 것이 하나님께로부터 왔으니 하나님께서는 그리스도를 통해 우리를 자기와 화목하게 하셨다. 뿐만 아니라 우리에게 화목하게 하는 직분도 주셨다.

19 곧 하나님께서는 그리스도 안에서 세상을 자기와 화목하게 하셨다. 그리고 사람의 죄를 그들에게 묻지 않으시고 오히려 화목하게 하는 말씀을 우리에게 부탁하셨다.

20 그러므로 이제 우리는 그리스도를 대신하여 그분의 일을 하는 사신이 되어 하나님께서 우리를 통해 너희에게 권면하시는 것처럼 그리스도를 대신하여 간청한다. 너희는 하나님과 화목하라.

21 하나님께서 죄를 알지도 못하신 그 아들 그리스도를 우리를 위해 죄가 있게 하신 것은 우리로 그 안에서 하나님의 의가 되게 하시려는 것이다.

6 우리는 하나님과 함께 일하는 자로서 너희에게 권면한다. 하나님의 은혜를 헛되이 받지 말라.

2 하나님께서 말씀하시기를 "내가 은혜 베풀 만한 때에 네게 듣고, 구원의 날에 너를 도왔다[1]"라고 하셨다. 보라, 예수께서 재림하실 때까지는[2] 은혜를 받을 만한 때이며, 구원의 날이다.

3 우리가 주를 위해 하는 이 사역의 직분이 비난을 받지 않게 하려고 그 누구에게도 흠이 되지 않기를 힘썼다.

4 그래서 오직 모든 일에 하나님의 일꾼답게 인내했으며, 환난과 역경과 고난과

5 매 맞음과 감옥에 갇힘과 난폭에 따른 위험과 복음 전파의 수고로움과 먹지 못하고 잠을 자지 못하는 가운데서도

6 정결함과 지식과 인내와 자비함과 성령의 능력 받음과 순수한 사랑과

7 진리의 말씀과 하나님의 능력으로 의의 무기를 양손에 가지고 다녔다.

8 우리는 영광과 모욕도 함께 받았으며, 악한 이름과 아름다운 이름[3]도 함께 받았다. 우리는 속이는 자로 취급받았으나 진실했다.

9 무명인 취급을 받았으나 실제는 유명한 자이며, 죽은 자처럼 여겨졌으나 실제로 우리는 살아있고, 매를 맞았으나 죽지 않았다.

10 근심하는 자처럼 취급을 받았으나 항상 기뻐했고, 가난한 자 같았으나 많은 사람을 부요하게 했으며, 아무것도 없는 자 같으나 모든 것을 가진 자이다.

11 고린도 성도들아, 우리가 모든 것을 말했고, 우리의 마음도 열어 놓았다.

12 그러나 너희를 향한 우리의 마음이 닫힌 것이 아니라 너희가 마음을 닫아 놓은 것이다.

13 이제 내가 자녀에게 하는 것처럼 말하니 너희도 보답하는 마음으로 너희의 마음을 열라.

하나님의 성전과 고린도교회의 회개

14 ● 너희는 믿지 않는 자와 멍에를 함께 메지 말라. 의로움과 불법이 어찌 함께 하며, 빛과 어둠이 어찌 사귈 수 있겠는가?

15 그리스도와 악마의 왕 벨리알이 어찌 조화되며, 그리스도 안에 있는 믿는 자와 그렇지 않는 자가 어찌 같은 것을 나눌 수 있겠으며[4],

16 하나님의 성전과 우상이 어찌 어울릴 수 있겠는가? 우리는 살아계신 하나님의 성전이니 그것은 하나님께서 이같이 말씀하신 바와 같다. "내가 그들 가운데 함께 살며 두루 행하여 나는 그들의 하나님이 되고 그들은 내 백성이 될 것이다."[5]

17-18 또 전능하신 주께서 말씀하셨다. "너희는 그들 가운데서 나와 구별되게 하여 부정한 것은 손도 대지 말라. 그러면 내가 너희를 받아들일 것이다. 나는 너희 아버지가 되고, 너희는 내 자녀가 될 것이다."

7 그러므로 사랑하는 자들아, 이런 약속이 우리에게 있으니 하나님을 두려워하므로 그 거룩함을 온전히 이루어 몸과 영혼을 더럽히는 온갖 것에서 자신을 깨끗하게 하라.

2 너희는 마음을 열고 우리를 영접하라. 우리는 누구에게도 불의를 행하거나 해롭게 하지 않고, 속여 빼앗은 일이 없다.

1) 사 49:8 2) 지금은 3) 비난과 칭찬 4) 상관하며
5) 레 26:12, 출 29:45, 겔 37:27, 렘 31:1

3 내가 이런 말을 하는 것은 너희를 책망⁴⁾하기 위해서가 아니다. 내가 이전에 말한 것처럼 너희가 우리 마음속에 있어 함께 죽고 함께 살게도 하기 위함이다.

4 나는 너희를 향한 큰 확신이 있어 너희를 자랑스럽게 여긴다. 나는 모든 환난 가운데서도 많은 위로와 기쁨이 넘치고 있다.

5 우리가 마게도냐 지역에 도착했을 때도 쉴 여유가 없었고 사방으로 환난을 당했다. 밖으로는 다툼이 있었고, 안으로는 두려움이 있었다.

6 그러나 낙심한 자들을 위로하는 하나님은 디도가 찾아옴으로써 우리를 위로하셨다.

7 디도가 우리에게 온 것만 위로가 된 것이 아니라 너희가 디도를 위로해 주었다는 말을 들음으로 우리는 더 큰 위로를 받았다. 곧 너희가 나를 사모한다는 것과 나에게 잘못한 것에 대해 애통해한다는 것과 나를 위해 열심 있는 것을 우리에게 보고함으로 나를 더욱 기쁘게 했다.

8 그러므로 내가 지난번 편지로 인해 너희를 가슴 아프게 한 것을 후회했으나 지금은 그렇지 않다. 나는 지난번 편지가 너희로 잠시 동안만 가슴 아프게 한 줄을 알고 있다.

9 이제 내가 기뻐하는 것은 너희를 가슴 아프게 한 것 때문이 아니라 도리어 너희가 그런 근심함으로 회개하게 되었기 때문이다. 너희가 하나님께서 원하시는 뜻대로 근심하게 되었으므로 우리 때문에 아무런 상처도 받지 않았다.

10 하나님께서 원하시는 뜻대로 하는

근심은 회개하여 구원에 이르기 하기 때문에 후회할 것이 없다. 그러나 세상 근심은 사망을 가져온다.

11 보라, 하나님께서 원하시는 뜻대로 하게 된 이 근심이 너희에게 어떤 결과를 주었는가? 너희가 더욱 진지하게 되었고, 더 이상 죄가 없음을 변증하게 했고, 어떤 것에는 더욱 분노하고 더 두렵게 했다. 또 어떤 것을 더 사모하고, 더 열심 있게 하고, 많은 경각심²⁾을 갖게 되었다. 너희는 이 모든 일에 대해 너희 자신의 죄가 없다는 *깨끗함*을 보여 주었다.

12 그러므로 내가 이전에 너희에게 보낸 편지는 그런 불의를 행하거나 그 불의를 당한 자를 위해 쓴 것이 아니다. 그것은 오직 우리를 향한 너희 마음이 얼마나 간절한지를 하나님 앞에서 너희에게 나타내기 위함이었다.

13 이로 인해 우리가 위로를 받았고 더욱이 너희에 대해 디도를 통해 전해 준 기쁨으로 우리가 더 크게 기뻐한 것은 그의 마음³⁾이 너희 무리로 인해 안정을 되찾았기 때문이다.

14 내가 디도에게 너희에 대해 자랑했지만 너희는 나를 *부끄럽게* 하지 않았다. 우리가 너희에게 이른 말이 모두 참된 말을 한 것처럼 디도 앞에서 우리가 너희를 자랑한 것도 진실이었음이 밝혀졌다.

15 나는 너희 모든 사람이 두렵고 떨리는 마음으로 디도를 맞아 준 것을 기억하고 너희를 향한 내 심정이 더욱 깊어졌다.

16 이제 나는 모든 일에 너희를 신뢰하게 된 것을 기뻐한다.

1) 정죄 2) 벌 3) 영

풍성한 헌금, 디도와 그의 동역자

8 ● 형제들아, 하나님께서 마게도냐 지역에 있는 교회들에게 주신 은혜를 우리가 너희에게 알려주고자 한다.

2 그들은 많은 환난과 시련 가운데서도 기쁨이 넘쳤으며, 극심한 가난 속에서도 풍성한 헌금을 했다.

3 내가 확실하게 말할 수 있는 것은 그들은 자원하여 힘에 넘치도록 헌금을 드렸다.

4 곧 마게도냐 지역의 교회는 우리에게 이런 은혜와 성도 섬기는 일에 자기들도 참여하게 해달라고 간절히 구했다.

5 이는 우리가 바라던 것 이상으로 그들이 먼저 자신을 주께 드린 후 하나님의 뜻을 따라 우리에게도 주었다.

6 그러므로 우리는 디도에게 이미 너희 가운데서 시작한 이 은혜로운 일을 그대로 완수하도록 권했다.

7 오직 너희는 믿음뿐 아니라 말과 지식과 모든 사모함과 우리를 사랑하는 이 모든 일에 뛰어난 것처럼 이 은혜의 헌금에도 풍성하기를 기원한다.

8 이것은 내가 명령으로 하는 말이 아니라 다른 사람들의 간절한 마음을 통해 너희 사랑이 얼마나 진실한지를 알아보려는 것 뿐이다.

9 너희가 예수 그리스도의 은혜를 아는 것처럼 그가 부요하신 분이지만 너희를 위해 가난하게 되신 것은 그분 자신이 가난하게 됨으로 인해 너희를 부요하게 하려는 것이다.

10 이 일에 대해 내 의견을 알리는 것은 너희에게 유익한 일이다. 너희

가 1년 전에 헌금을 먼저 시작했을 때부터 지금까지 스스로 자원하기도 했다.

11 그런즉 이제는 마음에 원하던 대로 마무리하되 이제까지 하던 대로 간절한 마음으로 하라.

12 마음이 원하는 대로 바치면 하나님께서 받으시지만 너희가 마음에도 없는 것을 바치면 받지 않으실 것이다.

13 이 말은 다른 사람들에게 부담을 주지 않고[1] 너희만 어렵게 하려는 것이 아니라 오직 공평하게 하려는 것이다.

14 이제 너희가 가진 풍성한 것으로 그들의 부족한 것을 채워 주는 것은 후에 그들이 풍성할 때 그 풍성한 것으로 너희의 부족한 것을 보충하여 서로 공평하게 될 수 있기 때문이다.

15 이것은 성경에 "많이 거둔 자도 남지 않았고, 적게 거둔 자도 모자라지 않았다"라고 기록된 것과 같다.

16 내가 너희에게 가졌던 간절함을 디도의 마음에도 주신 하나님께 감사한다.

17 디도는 우리의 부탁을 받고 더욱

📍성경지리   **마게도냐 지역(고후 8:1)**

마게도냐(Macedonia)는 오늘날 그리스 북부 지역의 아드리아 해와 에게해 사이에 펼쳐져 있다. 마게도냐 왕국은 페르디카스 1세(Perdikkas 1)에 의해 BC 7세기경 설립되었다. 그후 BC 359년 필립 2세가 왕위에 오르면서 마게도냐를 크고 강한 왕국으로 만들었고 뒤를 이은 그 아들 알렉산더 3세는 그의 고향으로부터 나일강과 인더스강에 이르기까지 대제국을 이루었다. 마게도냐는 아시아와 서양 사이의 주요 통로 역할을 했다.

마게도냐 경내에는 데살로니가, 암비볼리, 빌립보, 네압볼리 등이 있다. 특히 빌립보에는 바실리카(초기 교회)의 유적이 두 곳이나 남아있다.

1) 평안하고   2) 출 16:18

간절한 마음으로 자원하여 너희를 찾아갔다.

18 또 그와 함께 복음으로써 모든 교회에서 칭찬 받는 다른 믿음의 형제도 보냈다.

19 그뿐 아니라 디도는 동일한 주의 영광과 우리의 간절한 마음을 담은 헌금을 전달하는 일을 나타내기 위해 여러 교회에서 선택함을 받은 우리와 동행하는 자들이 되었다.

20 우리는 우리가 맡은 이 거액의 헌금에 대해 아무도 우리를 비방하지 못하게 하려고 이 좋은 일에도 매우 조심했다.

21 이는 우리가 주 앞에서 뿐 아니라 사람들 앞에서도 선한 일을 바르게 하려고 조심하려는 것이다.

22 또 마게도냐 지역의 여러 교회에서 칭찬을 받는 그들과 함께 고린도교회에 대해 열심을 가진 우리의 한 형제를 보냈으니 우리는 그가 여러 가지 일에 열심을 내는 자임을 여러 번 확인했다. 더욱이 그는 너희에게 큰 신뢰를 받고 있기 때문에 더욱 열심을 낼 것이다.

23 디도는 내 동료이며, 너희를 위해 일하는 내 동역자이다. 우리 형제들로 말하면 여러 교회의 대표자인 사자들이며, 그리스도의 영광이 되는 자들이다.

24 그러므로 너희는 이들에게 너희의 사랑과 우리가 너희를 자랑한다는 표시를 그들에게 보여주라.

9 성도를 섬기는 일에 대해서는 내가 너희에게 쓸 필요가 없을 정도이다.

2 이는 너희가 돕고자 하는 마음이 있다는 것을 내가 알기 때문이다. 내가 너희를 위해 마게도냐 지역의 사람들에게 그리스 남쪽 아가야 지역에서는 1년 전부터 헌금을 준비했다는 것을 자랑했는데, 너희 열심이 많은 사람을 분발하게 만들었다.

3 따라서 마게도냐에서 사절단으로 파견된 디도와 이 형제들을 고린도에 있는 너희에게 보낸 것은 헌금하는 일에 너희를 자랑한 우리의 자랑이 헛되지 않고, 내가 이미 말한 것처럼 헌금을 준비하게 하려는 것이다.

4 혹시 마게도냐 지역의 사람들이 나와 함께 가서 너희가 헌금을 준비하지 않은 것을 보면 너희는 물론이고 우리가 너희를 믿었던 것까지 부끄러움을 당할 것이다.

5 그래서 나는 마게도냐의 믿는 형제들이 먼저 너희에게 가서 너희가 1년 전에 약속한 헌금을 미리 준비하도록 권면하는 것이 필요한 줄로 생각했다. 이렇게 준비해야 참 헌금답고 억지로 하는 헌금이 아니다.

6 이것이 바로 적게 심는 자는 적게 거두고, 많이 심는 자는 넘치게 거둔다고 하는 말이다.

7 각자 그 마음이 결정한 대로 할 것이지 인색하거나 억지로는 하지 말라. 하나님은 즐거운 마음으로 바치는 자를 사랑하시기 때문이다.

8 하나님은 너희에게 모든 은혜를 넘치게 주시는 분이다. 이는 너희로 모든 일에 항상 모든 것이 넉넉해서 그것으로 착한 일을 넘치도록 하게 하려는 것이다.

9 성경에 "그가 가난한 자들에게 후하게 주었으니 그의 의가 영원토록 있느니라"고 기록된 것과 같다.

10 씨를 뿌리는 자에게 씨앗을 주시

1) 시 112:9

고, 먹을 양식을 주시는 하나님께서는 너희에게 심을 것을 주어 그것을 자라나게 하시고, 너희 의의 열매를 많아지게 하신다.

11 너희는 이 모든 일에 부유하여 넉넉하게 헌금을 하게 되며, 헌금을 받는 자들은 우리로 인해 하나님께 감사하게 될 것이다.

12 이런 봉사는 성도들에게 필요한 것을 채워 줄 뿐 아니라 사람들이 하나님께 많은 감사를 드리게 할 것이다.

13 너희가 행한 이 구제 헌금의 직무는 너희가 그리스도의 복음을 진실히 믿고 순종하는 것과 너희의 후한 헌금으로 인해 그들이 하나님께 영광을 돌리게 되는 것이다.

14 또 그들은 너희를 위해 기도하며, 하나님께서 너희에게 주신 지극한 은혜로 인해 너희에게 깊은 애정을 갖게 될 것이다.

15 나는 하나님께서 주신 말할 수 없는 봉사[1]로 인해 하나님께 감사하노라.

바울의 사도직과 거짓 사도들

10 ● 나는 너희를 보면 유순하고, 떠나 멀리 있으면 너희에 대해 담대해진다. 그래서 이제 그리스도의 온유와 넓은 아량으로 친히 너희를 권면한다.

2 또한 우리를 세상 사는 방식으로 행하는 자로 여기는 자들에 대해 내가 강하게 대하고, 너희와 함께 있을 때 나로 우리를 그렇게 힐뜯는 자들을 대하는 것처럼 너희를 그런 태도로 대하지 않게 되기를 구한다.

3 우리는 육신으로 행하지만 세상의 육신적인 방식대로 싸우지 않는다.

4 우리가 싸우는 무기는 육신적인 세상의 것이 아니라 오직 어떤 견고한 요새도 무너뜨리는 하나님의 능력이다. 이 무기는 모든 세상 이론을 파기하고,

5 하나님을 아는 지식에 대적하는 교만한 것들을 다 허물며, 모든 생각을 사로잡아 그리스도께 복종시킨다.

6 너희가 온전히 복종하게 될 때 우리는 하나님께 복종하지 않는 모든 자를 벌하기 위해 준비가 되어 있을 것이다.

7 너희는 겉모습만 보고 있다. 누구든지 자기가 그리스도께 속한 사람이라고 믿는다면 자기가 그리스도께 속한 자처럼 우리도 그리스도께 속한 자인 줄을 다시 한 번 생각해 보아야 할 것이다.

8 주께서 주신 능력은 너희를 넘어뜨리려고 하신 것이 아니라 도리어 너희를 세우려고 하신 것이다. 그러므로 내가 이것에 대해 지나치게 자랑해도 부끄럽지 않을 것이다.

9 이는 내가 편지를 보내 너희를 놀라게 한다고 생각하지 않도록 하기 위함이다.

10 나는 너희 가운데서 "그 바울의 편지들은 무게가 있고 힘이 있지만 막상 그의 모습을 직접 보면 약하고 말주변도 없다"라고 말하는 자들이 있다고 들었다.

11 그러나 이런 사람들은 우리가 떨어져 있을 때 편지들로 말하는 것과 함께 있을 때 행하는 일과는 아무런 차이가 없음을 알아야 한다.

12 우리는 스스로 자기를 칭찬하는 어떤 자들처럼 비춰지거나 그들과 비교당할 생각은 전혀 없다. 그러

---

1) 은사

나 그들이 자신의 기준으로 자기를 재거나 비교하니 그들은 지혜가 없는 자들이다.

13 반면 우리는 정도를 넘어 자랑하지 않는다. 오직 하나님께서 우리에게 주신 그 범위 안에서 자랑하는 것이니 이 범위는 너희에게까지 미쳤다.

14 우리는 하나님께서 정해 주신 범위를 넘어 너희에게 간 것이 아니라 그리스도의 복음으로 너희에게까지 간 것이다.

15 우리는 남이 수고한 것을 가지고 정도를 넘어 자랑하는 것이 아니다. 그것은 오직 너희 믿음이 커질수록 우리의 사역 범위도 너희 가운데서 더욱 확장되기를 바랄 뿐이다.

16 이는 다른 사람이 자기 지역에서 이미 이루어 놓은 규범을 가지고 자랑하지 않고 다만 너희 지역을 넘어 복음을 전하기 위함이다.

17 "자랑하는 자는 주 안에서 자랑할 것이다."[1)]

18 '옳다'라고 인정을 받는 자는 스스로 자기를 칭찬하는 자가 아니라 오직 주께서 칭찬하시는 자이다.

11 너희는 내가 조금 어리석어 보이더라도 나에 대해 참고 내 말을 들어주기 바란다.[2)]

2 나는 하나님의 열심으로 너희를 위해 열심을 내고 있다. 내가 너희를 순결한 처녀로 한 남편 된 그리스도께 드리기 위해 중매했다. 그러나 나는

3 뱀이 간사한 속임수로 하와를 미혹한 것[3)]처럼 그리스도를 향하는 너희 마음이 진실하고 순수함에서 떠나 변질될까 염려하고 있다.

4 그런데 너희는 우리가 전파하지 않은 다른 예수를 전파하거나, 너희가 이전에 받은 영과 다른 영을 받게 한다거나, 너희가 받지 않은 다른 복음을 듣게 될 때는 잘 받아들인다.

5 나는 사도들보다 결코 부족하지 않다고 생각한다.

6 비록 내가 말주변은 없지만 지식에 있어서는 그렇지 않다. 이 같은 사실은 이미 내가 가진 모든 지식을 너희에게 나타내 보인 바와 같다.

7 내가 너희를 높이기 위해 나를 낮추어 하나님의 복음을 아무런 대가 없이 너희에게 전한 것이 죄가 되느냐?

8 마게도냐 교인들은 헌신적인 헌금을 했다. 나는 그런 헌금을 받을 수 없는 심정이기에 "내가 마게도냐의 다른 여러 교회에서 탈취한 비용으로 너희를 도움셈이다"라는 표현으로 말한다.

9 또 내가 너희와 함께 있을 때 비용이 부족했지만 누구에게도 폐를 끼치지 않은 것은 마게도냐 지역에서 온 형제들이 내 부족한 것을 보충해 주었기 때문이다. 내가 모든 일에 너희에게 폐를 끼치지 않기 위해 스스로 조심했고, 앞으로도 그렇게 할 것이다.

10 그리스도의 진리가 내 속에 있으니 그리스 남쪽 지역인 아가야에서 내 이런 자랑을 막지 못할 것이다.

11 내가 무엇 때문에 그렇게 했겠느냐? 너희를 사랑하지 않았기 때문에 그렇게 했겠느냐? 그렇지 않다는 것을 하나님은 아신다.

12 나는 내가 이제까지 해 온 그대로

1) 렘 9:24   2) 너희가 과연 나를 용납하느니라   3) 창 3:1-5

앞으로도 그렇게 할 것이다. 그것은 나와 같은 일을 한다고 자랑하는 자들이 그 자랑할 기회를 주지 않기 위함이다.

13 그런 자들은 거짓 사도이며, 자기를 그리스도의 사도로 가장하는 속이는 일꾼이다.

14 이것은 이상하게 여길 일이 아니다. 사탄도 자기를 광명의 천사로 가장하기 때문이다.

15 그러므로 사탄의 일꾼들도 자기를 의의 일꾼으로 가장하는 것 역시 대단한 일이 아니다. 그러나 그들의 최후 운명은 그 행한 대로 결정될 것이다.

16 내가 다시 말한다. 누구든지 나를 어리석은 자로 여기지 말라. 만일 그렇다고 해도 내가 조금 자랑할 수 있도록 어리석은 자로 받아 주라.

17 내가 말하는 것은 주의 권위를 가지고 하는 말이 아니라 오직 어리석은 자와 같이 기탄 없이 자랑하는 것이다.

18 여러 사람이 세상¹⁾ 것으로 자랑하니 나도 세상 것으로 자랑하겠다.

19 너희가 지혜로운 자라고 하니 어리석은 자들을 기쁘게 봐주라.

20 누가 너희를 종으로 삼거나, 너희를 이용하거나, 스스로 높이거나, 뺨을 쳐도 너희가 잘 참고 있다.

21 나는 부끄러움을 감수하며 말하는데 우리가 약하다는 사실을 인정한다. 만일 누가 무슨 일에 자랑할 것이 있다면 어리석은 말 같으나 나도 자랑할 것이다.

22 그들이 히브리인이냐? 나도 그렇다. 그들이 이스라엘인이냐? 나도 그렇다. 그들이 아브라함의 후손이냐? 나도 그렇다.

23 그들이 그리스도의 일꾼이냐? 내가 정신 없는 말을 하는 것 같으나 나는 더욱 그런 사람이다. 내가 수고를 힘에 부치도록 하고, 감옥에 더 많이 갇히고²⁾, 매도 수없이 맞고, 여러 번 죽을 뻔했다.

24 유대인들에게 40에서 하나 모자란 매를 5번이나 맞았으며,

25 3번 몽둥이로 맞고, 한 번은 돌로 맞고, 3번이나 파선하고, 밤낮 7일 동안 깊은 바다에서 표류했다.³⁾

26 또 많은 여행 중에 강물로 인한 위험과 강도들에게 당한 위험과 동족에게 받은 위험과 이방인에게 당한 위험과 도시에서 당한 위험과 광야의 위험과 바다의 위험과 거짓 형제로 인한 위험을 당했다.⁴⁾

27 뿐만 아니라 수고하며 애쓰고 여러 번 자지 못하고 목마르고 여러 번 굶고 춥고 헐벗었다.

28 이상의 고초와 위험은 고사하고 아직 나는 매일같이 내 속에 눌리는 일이 있다. 바로 모든 교회에 대한 염려이다.

29 누가 약해지면 나도 약해지지 않았느냐? 누가 실족하게 되면 내 마음이 애타지 않더냐?

(?)! 난제　**바울이 바다의 위험을 만난 곳은 어디인가?**(고후 11:27)

본절에서 바울은 전도여행 중 당한 고난을 말하는 가운데 바다의 위험을 말하고 있다. 그러나 바다의 위험을 어디에서 당했는지에 대해서는 성경에서 언급하고 있지 않다. 그러나 행 20:6에 보면 빌립보에서 드로아까지 배로 5일을 걸렸다. 그런데 2차 전도여행 때는 드로아에서 배를 타고 사모드라게까지 가서 이튿날 네압볼리로 갔다는 기록을 보면(행 16:11) 드로아에서 네압볼리까지는 2일이 걸린 셈이다. 곧 당시 배로 2일이면 갈 수 있는 거리를 3차 전도여행 때 5일이 걸린 것을 보면 이때 바다의 위험을 당했다고 볼 수 있다.

---

1) 육신　2) 행 16:24　3) 행 16:22~23, 14:19　4) 행 9:23, 29, 14:5, 16:19~39, 19:27, 20:23

30 내가 부득이 자랑한다면 내 약한 것을 자랑하겠다.

31 주 예수의 아버지, 영원히 찬양 받으실 하나님은 내 말이 진실된 것임을 알고 계신다.

32 다메섹에서 헤롯 안디바의 장인된 아레다왕의 고관인 방백이 나를 잡기 위해 시리아의 수도 다메섹성을 지켰으나

33 나는 들창문을 통해 광주리를 타고 성벽을 내려가 그 방백의 손에서 벗어났다.[1]

바울이 본 환상과 계시

12 ● 유익하지 않지만 내가 부득이 자랑하니 주의 환상과 계시를 말하겠다.

2 나는 14년 전 셋째 하늘에 이끌려 간 한 사람을 알고 있다. 그는 그리스도 안에 있는 사람이었다. 그가 몸 안에 있었는지 몸 밖에 있었는지 나는 모르지만 하나님은 아신다.

3 또 내가 이런 사람을 알고 있는데 그가 몸 안에 있었는지 몸 밖에 있었는지 나는 모르지만 하나님은 아신다.

4 그는 낙원으로 이끌려 가서 말로는 표현할 수 없는 말을 들었는데, 그것은 사람이 말해서도 안 되는 그런 말이었다.

5 내가 이런 사람에 대해서는 자랑하겠다. 그러나 나 자신을 위해서는 약한 것들 외에는 자랑하지 않을 것이다.

6 만일 내가 자랑하고자 해도 어리석은 자가 되지 않는 이유는 진실을 말하기 때문이다. 그러나 어떤 사람이 나를 보고 내게 들은 것 이상으로 나에 대해 생각할까봐 두려워하여 더 이상 말하지 않겠다.

7 여러 계시를 받은 것이 지극히 크기 때문에 나로 너무 교만하지 않게 하시기 위해 내 육체에 사탄의 사자인 고통스러운 가시를 주셨다.

8 이것이 내게서 떠나가게 하기 위해 주께 3번 간절히 기도했다.

9 그때 주께서 내게 이렇게 말씀하셨다. "내가 너에게 준 은혜가 네게 충분하다. 그 이유는 내 능력은 약한 데서 오히려 온전해지기 때문이다." 이에 내가 도리어 크게 기뻐하는 가운데 여러 약한 것에 대해 자랑하는 것이다. 내가 그렇게 하는 것은 그리스도의 능력이 계속해서 내게 머물도록 하려는 것이다.

10 그러므로 내가 그리스도를 위해 약한 것들과 능욕과 궁핍과 박해와 어려움을 오히려 기뻐하는 것은 내가 약한 그때 강하게 되기 때문이다.

교회에 대한 염려와 끝마침 인사

11 ● 너희는 나를 억지로 어리석은 자처럼 되게 했다. 사실 나는 너희에게 칭찬을 받는 것이 당연하다. 나 자신은 아무것도 아니지만 지극히 크다는 사도들보다 조금도 뒤지지는 않는다.

12 내가 너희 가운데서 모든 것을 참고 기적과 놀라운 일과 능력을 행한 것은 바로 내가 사도임을 보여 준다.

13 내 자신이 너희에게 부담을 주지 않은 것 외에 다른 교회에 비해 너희에게 하지 못한 것이 무엇이냐? 만일 너희에게 부담을 주지 않게 한 것이 공평하지 못한 것이라면 나를 용서하라.

14 내가 이제 세 번째 너희를 방문할 계획을 했으나 너희에게 부담을

---

1) 행 9:23-25

주지 않을 작정이다. 내가 너희에게 구하는 것은 너희 재물이 아니라 오직 마음이다. 어린 아이가 부모를 위해 재물을 모으는 것이 아니라 부모가 어린 아이를 위해 재물을 모은다.

15 내가 너희 영혼을 위해 크게 기뻐하기 때문에 내가 가진 것뿐 아니라 내 자신까지도 내어줄 것이다. 너희를 더욱 사랑할수록 나는 너희에게 더 사랑을 받아야 하지 않겠느냐?

16 어쨌든 어떤 이들은 내가 너희에게 부담을 지우지 않았더라도 교활한 자가 되어 속임수로 너희를 사로잡았다고 말한다.

17 내가 너희에게 보낸 사람들 가운데 누구를 시켜 너희를 속여 재물을 취했느냐?

18 내가 디도를 권하여 그와 함께한 형제를 보냈는데, 그가 너희의 재물을 취했느냐? 우리가 같은 심정 1)으로 행하지 않았더냐? 우리가 같은 길을 걸어오지2) 않았느냐?

19 너희는 지금까지도 우리가 자기 변명을 하는 줄로 생각하고 있다. 우리는 그리스도 안에서 하나님 앞에 말한다. 사랑하는 형제들아, 우리가 행하는 모든 것은 너희의 덕을 세우기 위함이다.

20 내가 다시 갈 때 너희를 내가 기대했던 것과 같이 보지 못하고, 또 내가 너희가 원하지 않는 것과 같이 보여질까 두렵다. 또 다툼과 시기와 분냄과 당파를 만드는 것과 비방과 남의 말을 하는 것과 거만함과 무질서가 있을까 두렵다.

21 또 내가 다시 갈 때 하나님께서 나를 너희 앞에서 낮추실까 두렵고, 그뿐 아니라 내가 전에 죄를 지은

여러 사람이 행한 추하고 음란함과 방탕한 생활을 회개하지 않은 것 때문에 슬퍼할까 두렵다.

13 이번에 가면 내가 세 번째로 너희를 방문하는 것인데, 모든 사건은 율법에 따라 2~3명 증인으로 말마다 확증할 것이다.3)

2 내가 이미 두 번째 방문했을 때 말했던 것처럼 이전에 죄 지은 자들과 그 남은 모든 사람에게 미리 말한다. 내가 이번에 가면 그들을 용서하지 않을 것이다.

3 그것은 그리스도께서 내 안에서 말씀하시는 증거를 너희가 요구하고 있기 때문이다. 그리스도께서는 너희를 대할 때 약하지 않고 오히려 너희 안에서 능력을 나타내신다.

4 그리스도께서는 약하심으로 십자가에 못 박히셨으나 하나님의 능력으로 살아계신다. 그러므로 우리도 그리스도 안에서 약하지만 너희를 위해 하나님의 능력으로 그리스도와 함께 살 것이다.

5 너희는 너희 자신을 점점하여 믿음 안에 있는지 너희 자신을 시험하라. 너희는 예수 그리스도께서 너희 안에 계신 줄을 스스로 알지 못하느냐? 그렇지 않다면 너희는 버림 받은 자이다.

6 우리가 버림 받은 자가 되지 않은 것을 너희가 알기를 바란다.

7 우리는 하나님께서 너희로 작은 악이라도 행하지 않게 하시기를 기도한다. 이는 우리가 옳은 자라는 것을 드러내기 위함이 아니다. 그것은 오직 우리는 비록 버림 받은 자와 같을지라도 너희는 선을 행하게 하기 위함이다.

1) 성령 2) 동일한 보조로 하지 3) 신 19:15

8 우리가 진리를 대적하면서까지 할 수 있는 것은 아무것도 없고 오직 진리를 위할 뿐이다.

9 우리가 연약한 가운데서도 오히려 너희 강한 것을 기뻐하고, 너희가 온전하게 되기를 기도한다.

10 그러므로 내가 너희를 떠나 있을 때 이렇게 쓰는 것은 너희를 만날 때 주께서 내게 주신 권한으로 너희를 엄하게 대하지 않기 위함이다. 이 권한은 너희를 세우기 위함이다.

11 이제 마지막으로 말한다. 형제들아, 기뻐하라. 온전하게 되며 위로를 받으며 한마음이 되도록 힘쓰며 평안하기를 기도한다. 또 사랑과 평안의 하나님께서 너희와 함께하시기를 바란다. 거룩한 입맞춤으로 서로 문안하라.

12 모든 성도가 너희에게 문안한다.

13 예수 그리스도의 은혜와 하나님의 사랑과 성령의 친밀하심이 너희 무리와 함께 있기를 기원한다.

갈라디아서
Galatians

제목 히브리어 성경에는 프로스갈라타스 ('갈라디아인들에게'), 수신자의 거주지를 고려

기록연대 기원후 56년경 **저자** 사도 바울 **중심주제** 믿음으로 의롭다함을 받음(이신칭의)

내용소개 * 수고, 자서전, 변호 / 복음의 기원 1. 사도직의 기원과 인정 1~2장
* 자유, 논증과 해설 / 복음의 본질 2. 율법과 믿음과 약속 3장 3. 율법의 무능력 4장
* 생명, 적용과 권고 / 복음의 생활 4. 자유와 영적 생활 5장 5. 성도의 교제 6장

갈라디아 교인들에게 인사와 변질된 신앙을 책망함

1 ● 나 바울은 사람들에게서 난 것도 아니요, 사람으로 말미암은 것도 아니라 오직 예수 그리스도와 죽은 자 가운데서 그를 살리신 하나님 아버지로 인해 사도가 되었다. 나는

2 모든 형제와 함께 갈라디아 지역에 속한 여러 교회에게

3 우리 하나님 아버지와 주 예수 그리스도의 은혜와 평안이 있기를 기원한다.

4 그리스도께서는 하나님 우리 아버지의 뜻에 따라 우리 죄를 대신 담당하셨다. 그분은 이 악한 세대에서 우리를 건지시기 위해 자기 몸을 주셨다.

5 그러므로 하나님께 영광을 영원히 올려 드린다. 아멘.

6 하나님께서는 그리스도의 은혜로 너희를 부르셨으나 너희가 이같이 그 하나님을 속히 떠나 다른 복음을 좇는 것을 내가 이상하게 여겼다.

7 만일 우리가 전한 복음 외에 다른 복음이 있다면 그것은 어떤 사람들이 너희를 혼란하게 하여 그리스도의 복음을 변질시키기 위한 것이다.

8 그러나 우리나 하늘에서 온 천사라고 할지라도 우리가 너희에게 전한 복음 외에 다른 복음을 전하면 저주를 받을 것이다.

9 우리가 이전에 말했던 것처럼 내가 지금 다시 말한다. 만일 누구든지

너희가 본래 받은 것 외에 다른 복음을 전하면 저주를 받을 것이다.

10 이제 내가 사람들에게 비위를 맞출 것이냐, 아니면 하나님을 좋게 할 것이냐? 만일 내가 지금까지 사람에게 기쁨을 구했다면 더 이상 그리스도의 종이 아니다.

바울이 사도가 된 내력

11 ● 형제들아, 내가 전한 복음은 사람의 뜻에 따라 된 것이 아니라는 사실을 알기 바란다.

12 그것은 사람에게서 받거나, 배운 것이 아니라 오직 예수 그리스도의 계시로 된 것이다.

13-14 내가 이전에 유대교에 있을 때 행한 일을 너희가 들은 것처럼 나는 내 동족 가운데 나이가 비슷한 어떤 자보다도 유대교에 깊게 빠져 있어 내 조상의 전통을 지키려는 열정이 대단했다. 그래서 하나님의 교회를 심히 핍박했다.

15 그러나 내가 모태에서 나오기도 전에 나를 선택하시고 그의 은혜로 나를 부르신 이가

16 당신의 아들 예수 그리스도를 이방 지역에 전하게 하기 위해 내게 그의 아들을 기꺼이 나타내셨다. 그때 나는 인간적인 판단에 따라 행동하지 않고[1)

17 또 나보다 먼저 사도 된 자들을 만나기 위해 예루살렘으로 가지 않고 다메섹과 인접한 아라비아 사막 지역으로 갔다가 다시 다메섹으로 돌아갔다.

18 그후 3년 만에 나는 베드로, 곧 게바를 만나기 위해 예루살렘으로 올라가서 그와 함께 15일을 머물렀다. 그때

19 주의 형제 야고보 외에는 다른 사도들을 만나보지 못했다.

20 이제 내가 너희에게 이 편지를 쓰는 것은 하나님 앞에서 거짓말이 아님을 분명하게 밝히기 위함이다.

21 그후 나는 수리아와 길리기아 지역으로 갔다. 그러나 그 지역 내에 있는

22 유대인 교회들이 나를 예수 믿는 사람으로 알아보지 못했다.

23 단지 우리를 박해하던 자가 전에 진멸하려던 그 믿음을 지금 전한다는 소식을 듣고

24 나로 인해 하나님께 영광을 돌렸다.

예루살렘교회와 이방인 사도

2 1-2 ● 1차 전도여행 후 예루살렘을 방문한 지 14년 후 나는 바나바와 함께 디도를 데리고 하나님의 계시를 따라 다시 예루살렘에 올라가 내가 이방 지역에서 전하는 복음을 그들 유대인들에게도 설명했다. 특히 유명한 자들에게 개인적으로 설명한 것은 내가 하는 일[2)이나 한 일이 헛된 것이 되지 않게 하기 위함이었다.

3 그러나 나와 함께 있는 헬라인 디도까지 할례를 받도록 강요하지 않은 것은

4 은밀히 들어온 거짓 형제들 때문이다. 그들이 은밀히 들어온 것은 그리스도 예수 안에서 우리가 누리는 자유를 엿보고 우리를 다시 율법에 얽매이게 하는 종으로 삼기 위해서였다.

5 우리는 그들에게 한순간도 굴복하지 않았으니 그것은 복음의 진리가 항상 너희 가운데 있게 하려고 한 것이다.

6 유명하다는 어떤 사람들도 새로운 사실을 알려주지 못했다. 그들은

1) 혈육과 의논하지 아니하고 2) 달음질

나와 상관이 없다. 하나님은 사람을 겉모습으로 판단하지 않으신다.

7 오히려 베드로에게 할례를 받은 자들에게까지 복음 전하는 일이 맡겨진 것처럼 나에게도 할례를 받지 않은 무할례자에게 복음 전하는 일이 맡겨진 것을 알았다.

8 베드로에게 역사하사 그를 할례받은 자의 사도로 삼으신 이가 또한 나에게 역사하사 나를 이방인의 사도로 삼으셨다.

9 또 기둥같이 중요하게 여기는 야고보와 베드로, 곧 게바와 요한도 주께서 내게 주신 은혜를 알고 있었기 때문에 나와 바나바에게 친교의 악수를 청했다. 이는 우리는 이방인에게로, 그들은 할례자에게로 가게 하기 위함이다.

10 다만 그들은 우리에게 가난한 자들을 생각하도록 부탁했으니 이것은 나도 처음부터 힘써 행해 온 것이다.

　　믿음으로 의롭게 되는 원리

11 ● 베드로, 곧 게바가 수리아의 안디옥에 왔을 때 책망 받을 일이 있어 내가 그를 면전에서 책망했다. 그 내용은 이렇다.

12 야고보가 보낸 어떤 이들이 도착하기 전에 베드로가 이방인과 함께 음식을 먹다가 그들이 오자 그가 할례를 주장하는 자들을 두려워하여 슬그머니 식사 자리에서 물러났다.

13 이로 인해 남아 있던 유대인들도 베드로와 같이 형식적인 신앙에 빠졌고 바나바도 그런 신앙에 빠졌다.

14 그래서 나는 그들이 형식에 빠져 복음의 진리를 바르게 행하지 않음을 보고 모든 자 앞에서 베드로에게 말했다. "당신은 유대인으로서 이방인을 따르고 유대인답게 살지 않으면서 어찌하여 억지로 이방인을 유대인처럼 살도록 강요할 수 있습니까?"

15 본래 유대인으로 태어난 우리는 이방 죄인이 아니다. 그러나

16 사람이 의롭게 되는 것은 유대인으로서 율법을 지켰기 때문이 아니라 오로지 예수 그리스도를 믿음으로 가능한 것인 줄을 알기에 우리도 예수 그리스도를 믿는 것이다. 이는 우리가 율법을 지키는 것으로가 아니라 그리스도를 믿음으로 의롭다 함을 얻으려고 함이다. 율법을 지킴으로 의롭게 되는 사람1)은 없다.

17 만일 우리가 그리스도 안에서 의롭게 되려고 힘쓰다가 죄인이라는 사실이 나타난다면 그것이 그리스도께서 죄를 짓게 하는 분이 되는 것이냐? 결코 아니다.

18 만일 내가 헐어버린 율법을 다시 가르친다면 나를 스스로 죄 짓는 자로 만드는 것이다.

19 나는 이미 율법을 통해 율법에 따라 사는 것을 포기했다. 그것은 하나님을 위해 살려고 했기 때문이다.

20 나는 그리스도와 함께 십자가에 못 박혔다. 그러므로 이제부터는 내가 사는 것이 아니라 오직 내 안에 계신 그리스도께서 사시는 것이다. 이후로 내가 육신 가운데 사는 것은 나를 사랑하시고, 나를 위해 자기 자신을 십자가에 버리신 하나님의 아들을 믿는 믿음 안에서 사는 것이다.

21 나는 이런 은혜를 헛되게 하지 않을 것이다. 만일 의롭게 되는 것이 율법으로 가능하다면 그리스도의

1) 육체

율법에 속한 자와 믿음에 속한 자

3 ● 어리석은 갈라디아 사람들아, 예수 그리스도께서 너희를 위해 십자가에 못 박히신 것이 너희 눈앞에 생생하게 보이는데 누가 너희를 율법적인 사상으로 타락시키더냐?

2 나는 너희에게서 오로지 이것을 알기 원한다. 너희가 성령을 받은 것이 율법을 지켰기 때문이냐, 아니면 듣고 믿음으로써 그 말씀을 받아들였기 때문이냐[1]?

3 너희가 성령으로 시작한 일을 이제는 육신의 일로 마치겠느냐? 너희는 이같이 어리석으냐?

4 너희가 이같이 복음 때문에 당한 괴로움이 헛된 일이었느냐?

5 너희에게 성령을 주시고 너희 가운데서 능력을 행하시는 이의 일이 율법을 지켰기 때문이냐, 아니면 믿음으로 말씀을 들었기 때문이냐?

6 아브라함은 하나님을 믿었고 그것으로 그는 의롭다고 인정함을 받았다.[2]

7 그러므로 믿음으로 사는 자들은 자신이 아브라함의 자손인 줄 알아야 한다.

8 또 하나님께서는 이방인 족속들을 믿음으로 인해 의롭다고 인정하실 것을 성경이 미리 예견하고 먼저 아브라함에게 복음을 전하기를 "모든 이방인이 너로 인해 복을 받으리라[3]"고 하셨다.

9 그러므로 믿음으로 사는 자는 믿음이 있는 아브라함과 함께 복을 받는다.

10 무릇 율법을 행함으로 의에 이른다고 하는 자들은 저주 아래에 있으니 그것은 "누구든지 율법책에 기록된 대로 모든 일을 항상 행하지 않는 자는 저주 아래에 있는 자[4]"라고 기록된 것과 같다.

11 또 하나님 앞에서는 아무도 율법을 행함으로 의롭게 되지 못하는 것이 확실하다. "의인은 믿음으로 살리라[5]"고 말씀했기 때문이다.

12 율법은 믿음에서 온 것이 아니기 때문에 "율법을 행하는 자는 그 가운데서 살리라[6]"고 했다.

13 그리스도께서 우리를 위해 저주를 받음으로 우리를 율법대로 행하지 않으면 죽는다는 율법의 저주에서 건져 주셨다. 성경에 기록되기를 "나무에 달린 자마다 저주 아래에 있는 자[7]"라고 했다.

14 이는 그리스도 예수 안에서 아브라함의 복이 이방인에게 미치게 하고, 우리도 믿음으로 인해 성령의 약속을 받게 하기 위함이다.

15 형제들아, 내가 세상 사람의 경우를 들어 말한다. 사람이 맺은 약속이라도 한번 맺은 후에는 누구도 무효로 하거나 추가하지 못한다.

16 하물며 이 약속들은 하나님께서 아브라함과 그 자손에게 말씀하신

📍**성경지리**   갈라디아 지역(갈 3:1)

갈라디아(Galatia)는 지리적으로 소아시아의 중앙 고원 북부에 위치한 지역을 말한다. 이곳을 기준으로 북쪽으로는 비두니아(Bithynia), 서남쪽으로는 브루기아(Pyrygia), 남동쪽과 동쪽은 갑바도기아(Cappadocia) 지역과 접해 있다. 그러나 정치적으로는 본도 일부와 브루기아, 비시디아, 루가오니아, 이사우리아 등이 포함된다. 사도 바울은 이 지역에 있는 이고니온과 루스드라와 더베 등에 복음이 전해였다(행 16:1). 갈라디아 지역에는 켈족속의 수도였던 핫투사가 있다.

---

1) 믿음으로 들음에서냐   2) 창 15:6   3) 창 12:3   4) 신 27:26   5) 합 2:4   6) 레 18:5   7) 신 21:23

것인데 여러 사람을 가리킨 말인 '그 자손들에게'라는 말을 사용하지 않고 오직 한 사람을 가리켜 '네 자손에게'라고 하셨으니 바로 그리스도이시다.

17 나는 지금 이것을 말하고 있다. 곧 하나님께서 아브라함에게 미리 정하신 약속을 430년 후에 생긴 율법이 무효화하지 못하고 그 약속을 헛되게 하지도 못한다는 것이다.

18 만일 율법을 통해 그 유산을 받는 것이라면 그것은 약속에서 난 것이 아니다. 그러나 하나님은 약속을 따라 아브라함에게 유산을 주셨다.

19 그러면 율법을 주신 목적은 무엇인가? 그것은 죄가 어떤 것인지 깨닫게 하기 위해 주어졌다. 따라서 천사들이 전해 준 것을 한 중재자의 손을 통해 공표된 것인데, 율법은 약속하신 자손인 메시아가 오실 때까지만 필요하다.

20 그 중보자는 한 편만 위한 자가 아니다. 그런데 약속의 당사자인 하나님은 한 분이시다.[1]

21 그렇다면 율법이 하나님의 약속들과 상반되느냐? 결코 그럴 수 없다. 만일 능히 살게 하는 율법을 주셨다면 의로움을 얻는 것은 반드시 율법으로 가능했을 것이다.

22 그러나 율법[2]은 모든 것을 죄 가운데 매이게 했다. 이는 예수 그리스도를 믿는 믿음을 통해 약속된 것을 믿는 자들에게 주시기 위한 것이다.

하나님의 아들과 율법의 제한성

23 ● 이런 믿음이 오기 전에 우리는 율법에 매여 있어 계시될 믿음의 때까지 갇혀 있었다.

24 이같이 율법은 우리를 그리스도께로 인도하는 후견인[3]이 되어 우리가 믿음으로 인해 의롭다 함을 얻게 했다.

25 이제 믿음이 왔기 때문에 이후로는 우리에게 후견인이 필요 없게 되었다.

26 너희가 다 믿음으로 인해 그리스도 예수 안에서 하나님의 아들이 되었으므로

27 누구든지 그리스도와 연합하기 위하여 세례를 받은 자는 그리스도의 삶을 사는 자가 된 것이다.[4]

28 너희는 유대인이나 헬라인이나 종이나 자유인이나 남자나 여자나 모두 그리스도 예수 안에서 하나이다.

29 너희가 그리스도의 것이면 곧 아브라함의 자손이며, 약속에 따라 유산을 상속 받을 자가 되는 것이다.

4 내가 다시 말하니 유산을 상속 받을 자가 모든 것의 주인이지만 어렸을 때는 종과 다름이 없기 때문에

2 그 아버지가 상속을 해줄 때까지 후견인과 재산을 관리하는 청지기의 지시를 받는다.

3 이와 같이 우리도 어렸을 때는 이 세상의 초등학문[5] 아래에 있어서 그것들을 숭배했다.

4 그러나 이제는 때가 되어 하나님께서 그 아들을 여자에게서와 율법 아래에서 나게 하셨다. 이는

5 율법 아래에 있는 자들을 대속하시고 우리로 그의 아들의 명분을 얻게 하려는 것이다.

6 너희가 아들이므로 하나님께서 그 아들의 영을 우리 마음 가운데 보내사 '아빠 아버지'라고 부르게 하셨다.

7 그러므로 네가 이후로는 종이 아니라 아들이기 때문에 하나님으로

---

1) 구원의 복음은 하나님께서 직접 주신 것이다　2) 성경
3) 초등교사　4) 그리스도로 옷 입었느니라　5) 전체 숭배

인해 유산을 받을 상속자가 된 것이다.

갈라디아교회에 대한 바울의 애정

8 ● 너희가 어렸을¹⁾ 때는 하나님을 알지 못하여 본질상 하나님이 아닌 자들에게 종노릇했다. 그러나

9 이제는 너희가 하나님을 알고 하나님께서 너희를 아시게 되었다. 그런데 어찌하여 다시 약하고 헛된 초등학문으로 돌아가서 다시 그것들에게 종노릇하려고 하느냐?

10 너희가 날과 달과 절기와 해를 엄격히 섬기니

11 내가 너희를 위해 수고한 것이 헛된 일이 될까 심히 염려된다.

12 형제들아, 내가 너희와 같이 된 것처럼 너희도 나와 같이 되기를 구한다. 너희는 나를 해롭게 대하지 않았고 잘 대해 주었다.

13 내가 처음에는 육체의 약함 때문에 복음을 전하게 되었다는 것을 너희는 잘 알고 있다.

14 내 육체적 질병 때문에 너희에게 시험거리²⁾가 되었다. 그럼에도 내 질병으로 너희가 나를 업신여기지 않았고, 나를 버리지도 않았으며, 오직 나를 하나님의 천사와 그리스도 예수와 같이 영접했다.

15 그런데 율법의 속박에서 벗어나 복음을 영접했을 때의 기쁨³⁾이 지금 어디 있느냐? 내가 너희에게 증언하는데 너희가 할 수만 있었더라면 너희의 눈이라도 빼어 나에게 주었을 것이다.

16 그런즉 내가 너희에게 바른 말을 하므로 원수가 되었느냐?

17 율법주의자들은 너희에 대해 처음에는 열심을 내지만 그것은 좋은 뜻이 아니라 오직 너희를 설득⁴⁾시켜 결국 너희가 자기들에게 열심

을 내게 하기 위함이다.

18 좋은 일에 대해 열심으로 사모함을 받는 것은 내가 너희를 대면했을 때뿐 아니라 언제든지 좋다.

19 나의 믿음의 자녀들아, 나는 너희 속에 그리스도의 형상을 이루기까지 다시 너희를 위해 해산하는 수고를 해야 한다.

20 내가 지금이라도 너희와 함께 있어 내 음성을 높이려고 하는 것은 너희의 신앙적 상태를 잘 알지 못하기 때문이다.

21 율법으로 살고자 하는 자들은 나에게 말하라. 너희는 율법이 말한 것을 읽지 못했느냐?

22 성경에 이렇게 기록되었다. "아브라함에게 두 아들이 있으니 하나는 여종에게서, 하나는 자유한 여자에게서 났다."⁵⁾

23 여종에게서는 육체를 따라 났고, 자유한 여자에게서는 약속으로 인해 낳았다.⁶⁾

24 이것은 비유로 이 여자들은 두 언약을 상징한다. 하나는 시내산에서 종을 낳은 자로 곧 하갈이다.

25 이 하갈은 페르시아만에서 홍해까지의 아라비아에 있는 시내산으로서 지금 있는 예루살렘과 같은 곳이니 그가 그 자녀들과 더불어 종노릇했다.

26 그러나 오직 하늘에 있는 예루살렘은 자유자니, 곧 우리 어머니이다.

27 성경에 기록되었다. "잉태하지 못한 자여, 즐거워하라. 출산의 고통을 모르는 자여, 소리 질러 외치라. 이는 홀로 사는 자의 자녀⁷⁾가 남편 있는 자의 자녀보다 많기 때문이다."

1) 초등학문 2) 짐 3) 복 4) 이간 5) 창 16:15 6) 창 21:2 7) 광야의 자녀

28 형제들아, 너희는 이삭과 같은 약속의 자녀이다.

29 그러나 그때 육체의 자연 출산을 따라 난 자가 성령을 따라 난 자를 핍박한 것처럼 지금도 그러하다.

30 그러나 성경은 어떻게 말하고 있느냐? "여종과 그 아들을 내어 쫓으라. 여종의 아들이 자유한 여자의 아들과 더불어 유산을 받지 못할 것이다[1]"라고 했다.

31 형제들아, 우리는 여종의 자녀가 아니라 자유한 여자의 자녀이다.

그리스도인의 자유와 사랑

5 ● 그리스도께서 우리를 자유하게 하려고 자유를 주셨다. 그러므로 굳세게 서서 다시는 율법[2]의 멍에를 메지 말라.

2 나 바울의 말을 들어라. 너희가 만일 할례를 받고 율법으로 다시 돌아간다면 그리스도는 너희에게 아무 도움이 되지 못할 것이다.

3 내가 할례를 받는 각 사람에게 다시 증언하니 그는 율법 전체를 행할 의무를 가진 자가 되는 것이다.

4 율법 안에서 의롭다 함을 얻으려고 한다면 너희는 그리스도에게서 끊어지고 은혜에서 멀어진 자이다.

5 그러나 우리는 성령을 힘입어 믿음을 따라 의롭다 함을 받는 이 소망을 기다린다.

6 그리스도 예수 안에서는 할례나 할례 받지 않은 무할례나 그것이

중요하지 않다. 오직 사랑으로써 나타나는 믿음이 중요하다.

7 너희가 이제까지 믿음[3]을 잘 지켜 오더니 누가 너희를 막아 진리를 따르지 않게 하느냐?

8 그런 권면은 너희를 부르신 이에게서 온 것이 아니다.

9 그러므로 적은 누룩이 온 덩어리에 퍼져 부풀게 하는 것임을 조심하라.

10 나는 너희가 그런 다른 마음을 품지 않을 줄을 주 안에서 확신한다. 그러나 너희를 거짓 교훈으로 혼란하게 하는 자는 누구든지 심판을 받을 것이다.

11 형제들아, 내가 지금까지 할례를 받아야 구원을 받는다고 전했다면 왜 지금까지 박해를 받았느냐? 아마 그렇게 했다면 십자가를 전하는 어려움도 사라졌을 것이다.

12 너희를 혼란스럽게 하는 자들은 차라리 스스로 고자가 되기를[4] 원한다.

13 형제들아, 너희는 자유인으로 부름을 받았다. 그러므로 그 자유를 육체의 욕망을 채우기 위한 기회로 삼지 말고 오직 사랑으로 서로 섬기는 종이 되라.

14 모든 율법은 "네 이웃 사랑하기를 네 자신처럼 하라[5]"고 하신 말씀에 모두 포함되어 있다.

15 만일 서로 해치고 비방한다면 피차 멸망할까 조심하라.

16 나는 너희에게 말한다. 너희는 성령을 따라 행하라. 그러면 육체의 욕심을 따라 살지 않을 것이다.

17 육체의 욕망은 성령을 거스르고, 성령은 육체의 욕망을 거스르기

누룩(갈 5:9)

누룩(yeast)은 오늘날 이스트와 같은 것으로 밀을 굵게 갈아 반죽하여 띄운 발효제이다. 이것은 빵이나 술을 만들 때 사용하는데 부풀게 하는 성격 때문에 율법에서는 부패를 상징하는 단어로 사용되었다(출 29:21). 그래서 화제의 제물로 드려지는 것에는 누룩을 넣지 않도록 율법에 규정하고 있다.

1) 창 21:10, 12   2) 종   3) 달음질   4) 베어 버리기를
5) 레 19:18

때문에 이 둘이 서로 대적함으로 너희가 원하는 것을 하지 못하게 하려고 한다.

18 만일 너희가 성령께서 인도하시는 대로 살면 율법 아래에 있지 않게 될 것이다.

19 육체가 하는 일은 분명하다. 음행, 더러운 것, 음란1),

20 우상 숭배와 술수, 원수가 되게 하는 것, 분쟁과 시기, 분냄, 편을 가르고 분열시키는 것, 이단,

21 투기, 술 취함, 방탕함과 또 그와 같은 것들이다. 이전에 너희에게 경고한 것같이 경고하니 이런 일을 하는 자들은 하나님의 나라를 유산2)으로 받지 못할 것이다.

22 그러므로 오직 성령의 열매는 사랑, 희락, 화평, 오래 참음, 자비, 양선, 충성,

23 온유, 절제이니 이 같은 것을 하지 못하게 하는 율법은 없다.

24 그리스도 예수께 속한 사람들은 육체와 함께 그 정욕과 욕심을 십자가에 못 박았다.

25 만일 우리가 성령을 따라 살면 또한 성령으로 행할 것이다.

26 헛된 영광을 구하여 서로 다투거나 노엽게 하거나 서로 투기하지 말라.

성도의 실천적 생활

6 ● 형제들아, 너희 가운데 범죄한 사람이 있다면 신령한 너희는 부드러운 마음으로 그러한 자를 바로잡아 주고 자신도 스스로 살펴서 시험에 들지 않도록 조심하라.

2 너희는 무거운 짐을 서로 지라. 그것은 그리스도의 법을 이루는 것이다.

3 만일 아무것도 아닌 자가 무엇이나 된 줄로 생각하면 그것은 스스로를 속이는 것이다.

4 각자 자기 일을 살피고 비교하지 말라. 그러면 자랑할 일이 남에게는 있지 않고 오직 자기에게만 있을 것이다.

5 각자 자기의 책임3)은 자기가 질 것이다.

6 하나님의 가르침을 배우는 사람은 말씀을 가르치는 자와 모든 좋은 것을 나누기 바란다.

7 스스로 속이지 말라. 하나님을 속일 수는 없다. 사람이 무엇으로 심든지 그대로 거둔다.

8 자기 육체를 위해 사는 자4)는 결국 육체로부터 썩어질 것을 거두고, 성령을 위해 사는 자4)는 마침내 성령으로부터 영원한 생명을 거둔다.

9 우리가 선을 행할 때는 낙심하지 말라. 끝까지 선을 행하면 때가 되면 거둘 것이다.

10 그러므로 우리는 기회 있는 대로 모든 이에게 착한 일을 하되, 특히 믿음의 가정들에게 하라.

할례와 그리스도의 십자가

11 ● 내가 친필로 너희에게 이렇게 큰 글자로 쓴 것을 보라.

12 억지로 너희에게 할례를 받게 하려고 하는 자들은 육체의 모양을 내어 꾸미기를 좋아한다. 그들은 그리스도의 십자가의 원리를 따르게 되면 박해를 받을까 두려워한다.

13 할례를 받은 그들이라도 스스로 율법은 지키지 않고 너희에게 할례를 받게 하려는 것은 그들이 너희에게 행한 일5)로 자랑하기 위함이다.

14 그러나 나에게는 우리 주 예수 그리스도의 십자가밖에는 결코 자랑할 것이 없다. 이는 세상이 그리스도의 십자가로 인해 나에 대해 죽었고, 나 또한 세상에 대해 죽었기

1) 호색 2) 유업 3) 짐 4) 심는자 5) 육체

때문이다.

15 할례를 받았느냐 받지 않았느냐 하는 것은 중요한 것이 아니다. 그보다 더 중요한 것은 하나님의 자녀로 새로 지으심을 받는 것이다.

16 무릇 이 규례를 행하는 자와 하나님의 백성 된 이스라엘에게 평안

과 긍휼이 있기를 바란다.

17 이후로는 누구든지 나를 괴롭게 하지 말라. 나는 내 몸에 예수의 흔적을 지니고 있다.

18 형제들아, 우리 주 예수 그리스도의 은혜가 너희 심령에 있기를 바란다. 아멘.

에베소서 — Ephesians

제목 히브리어 성경에는 프헬로스 에페시우스('에베소인들에게'), 수신자의 거주지를 고려

기록연대 기원후 62~63년경 **저자** 사도 바울 **중심주제** 그리스도 안에서 하나된 교회

내용소개 * 그리스도의 교회, 옥중 서신(로마 감옥 : 62~63년경)
1. 교리적인 교훈 / 하나님의 사역 1~3장   2. 윤리적인 교훈 / 그리스도인의 행함 4~6장

인사와 찬양과 기도

1 ● 하나님의 뜻에 따라 그리스도 예수의 사도가 된 바울은 소아시아 지역의 에베소에 있는 성도들과 그리스도 예수를 믿는 신실한 자들에게 편지한다.

2 하나님 우리 아버지와 예수 그리스도의 은혜와 평안이 너희에게 있기를 기원한다.

3 하나님을 찬양한다. 우리 주 예수 그리스도의 아버지께서는 우리에게 그리스도 안에서 하늘에 속한 모든 신령한 복을 주셨다.

4 그것은 세상이 창조되기 전 우리로 그리스도의 사랑 안에서 그분 앞에 거룩하고 흠 없게 하시기 위해 우리를 선택하신 것이다.

5 하나님은 그 기쁘신 뜻에 따라 우리를 예정하여 예수 그리스도로 인해 자기의 아들들이 되도록 하셨다.

6 그렇게 한 것은 하나님께서 사랑하시는 그리스도 안에서 우리에게 아무 대가 없이 그의 은혜의 영광을 찬양하게 하기 위함이다.

7 우리는 그리스도 안에서 그의 풍성한 은혜를 따라 그의 피로 인해 죄를 용서받았다.

8 이는 예수께서 모든 지혜와 지식을 우리에게 넘치게 하시므로

9 그 뜻의 비밀을 우리에게 알게 하셨기 때문이다. 그것은 하나님께서 그리스도를 통해 우리를 구원하시려는 뜻1)을 갖고 계신다는 것이었다.

📍 **성경지리 에베소 (엡 1:1)**

에베소(Ephesus)는 에게해안에서 5㎞ 들어간 카이스터 강구에 위치해 있다. 당시 정치적으로 로마 제국이 소아시아를 지배할 때의 수도로 로마, 알렉산드리아, 안디옥과 더불어 로마 제국의 4대 도시 중의 하나였다.

에베소는 알렉산드리아, 고린도와 함께 지중해에 인접한 3대 도시의 하나로 각지의 물산이 집합이 산되는 무역 항구요, 교통상으로 동서양을 연결시키는 요지이다. 신약시대에 에베소는 자유도시로서 민회와 의원을 가지고 있었다. 바울은 제2차 전도여행시 이곳에서 잠시 동안 전도하였고(행 18:19), 제3차 전도여행 때에는 마술객들은 마술책을 불사르고 예수를 믿는 역사가 일어났다(행 19:1~10).

1) 때가 찬 경륜

10 하나님께서는 하늘과 땅에 있는 것이 모두 그리스도 안에서 하나 되게 하려 하심이다.

11 모든 일을 자신이 결정하신 대로 일하시는 하나님은 그의 계획을 따라 우리를 오래 전에 예정해 놓으셨다.

12 이는 그리스도 안에서 오래전부터 바라던 소망을 가진 우리를 통해 하나님께서 영광과 찬양 받기를 원하시기 때문이다.

13 너희가 예수 그리스도 안에서 진리의 말씀인 구원의 복음을 듣고 그것을 믿었을 때 그 표징으로 약속한 성령을 보내주셨다.

14 성령께서는 하나님께서 약속하신 것을 우리가 받을 것이라고 보증해 주셨다. 그리고 그의 백성이 구원을 받음으로 하나님의 영광을 찬양하게 하려는 것이다.

15 이로 인해 예수 안에서 너희 믿음과 모든 성도를 향한 너희 사랑을 나도 전해들었다. 그래서

16 내가 기도할 때 너희를 기억하며 하나님께 넘치는 감사를 하고 있다.

17 예수 그리스도의 영광의 하나님 아버지께서 지혜와 계시의 영을 너희에게 주어 하나님을 알게 하셨다.

18 또한 너희 마음을 밝혀 그가 우리를 부르신 소망이 무엇이며, 성도 안에서 그 유산의 영광이 얼마나 풍성한지,

19 믿는 우리에게 베푸신 지극히 큰 능력이 어떤 것인지를 너희에게 알게 하시기를 간구한다.

20 그분의 능력은 그리스도를 죽은 자들 가운데서 다시 살리시고, 그를 하늘에서 자기의 오른편에 앉게 하신 것이다. 또한

21 세상의 모든 통치와 권세와 능력과 주권뿐 아니라 앞으로 오게 될 세상에서도 모든 이름 위에 뛰어나게 하셨다.

22 또 만물로 그의 발아래에 복종하게 하시고, 그리스도를 교회의 머리로 삼으셨다.

23 교회는 그리스도의 몸이니 모든 것 안에서 만물을 채워 주시는 분이 계신 곳이다.

그리스도 안에서의 새 생명과 십자가의 화목

2 ● 그리스도는 불순종과 죄 때문에 죽었던 너희를 살리셨다.

2 그때 너희는 세상 사람들과 같이 행하여 세상 풍속을 따르고, 땅 위 공중의 권세 잡은 사탄의 세력에 순종했다. 그들은 바로 지금도 하나님께 불순종하는 자들의 마음속에서 활동하는 영이다.

3 전에는 우리도 다 그들과 같이 우리 육체의 욕심대로 살았다. 또한 육체와 마음의 원하는 대로 하여 다른 세상 사람들과 같이 본래부터 진노를 받을 수밖에 없는 자녀였다.

4 그러나 긍휼이 풍성하신 하나님께서 우리를 지극히 사랑하셨기 때문에

5 불순종의 죄로 인해 죽은 우리를 그리스도와 함께 살리셨다. 너희는 은혜로 구원을 받은 것이다.

6 또 그와 함께 다시 살리사 하늘에 계신 그리스도 예수 옆에 우리를 앉혀 주셨다.

7 그렇게 하신 것은 그리스도 예수 안에 있는 우리에게 자비를 베푸심으로 그분의 은혜가 지극히 풍성함을 다가오는 모든 세대에 보여주시기 위함이다.

엡

8 너희는 그런 은혜를 통해 믿음으로 구원을 받았다. 그러므로 구원은 너희 스스로가 얻은 것이 아니라 하나님의 선물이다.

9 그것은 선한 행위에서 얻은 것이 아니기 때문에 아무도 자랑할 수 없다.

10 우리는 하나님께서 창조하셨다. 곧 그리스도 예수 안에서 선한 일을 위해 지으심을 받은 자이다. 이 일은 하나님께서 오래전부터 계획해 놓으신 것으로 우리로 선한 삶을 살도록 하기 위함이다.

11 그러므로 너희는 그때 육체로는 이방인으로 태어났으며 손으로 육체에 행한 할례를 받은 무리라 칭하는 자, 곧 유대인들로부터 할례를 받지 않은 무리, 곧 무할례자라고 칭함을 받는 자들이었음을 생각하라.

12 그때 너희는 그리스도와 아무런 상관이 없었고, 이스라엘 백성도 아니었다. 너희는 약속의 계약들에서 제외되었고, 세상에서는 소망이 없고, 하나님도 없는 자였다.

13 그러나 이제는 전에 하나님과 떨어져 있던 너희가 그리스도 예수 안에서 그리스도께서 흘린 피로 인해 하나님과 가까워졌다.

14-15 예수 그리스도는 둘을 하나로 만드사 원수 된 것, 곧 하나님과의 중간에 막힌 담을 자기 육체를 내어줌으로 헐어 버리셨다. 또한 그분은 법조문으로 된 율법의 계명을 폐기하셨다. 그것은 유대인과 이방인 둘을 갈라놓았던 율법을 없애므로 이 둘이 그리스도 안에서 하나 되어 새사람이 되게 하신 것이다. 그래서 예수는 우리의 화평이 되셨다.

16 또 예수 그리스도께서는 십자가의 죽으심으로 유대인과 이방인 이 둘을 한 몸으로 하나 되게 함으로 하나님과 화목하게 하셨다. 그분은 하나님과 원수가 된 것을 십자가로 소멸하셨다.

17 또 그분은 먼 데 있는 너희에게 찾아와 평안을 전하시고, 하나님을 믿는 유대인, 곧 가까운 데 있는 자들에게도 찾아와 평안을 주셨다.

18 이는 우리 모두가 그리스도를 통해 한 성령 안에서 아버지 하나님께 나아감을 얻게 하려는 것이다.

19 그러므로 이제부터 너희는 낯선 사람이 아니며, 나그네도 아니다. 오직 하나님의 거룩한 백성들과 동일한 하늘의 시민이며, 하나님께 속한 가족이다.

20 너희는 사도들과 선지자들이 닦아 놓은 기초 위에 세워진 하나님의 집이다. 그리스도 예수께서는 친히 그 집의 모퉁잇돌이 되셨다.

21 그러므로 모퉁잇돌이 되시는 예수 안에서 건물마다 서로 연결되어 주 안에서 성전으로 지어져 가고,

22 너희도 성령 안에서 하나님께서 거하실 처소가 되기 위해 그리스도 예수 안에서 함께 지어져 가는 것이다.

복음을 위해 헌신한 바울

3 ●그리스도 예수의 일로 너희 이방인을 위해 감옥에 갇힌 나 바울이 말한다.

2 하나님께서는 그 은혜를 너희에게 나타내시기 위해 내게 그 일을 맡긴 것인 은혜의 경륜을 너희가 들어 알고 있다.

3 곧 계시를 통해 내게 그 비밀스러운 계획을 알게 하신 것은 내가 이전에 보낸 편지에서도 간단히 기

록한 것과 같다.

4 그 편지를 읽으면 내가 그리스도의 비밀을 깨달았음을 너희가 알 수 있을 것이다.

5 이제 그의 거룩한 사도들과 선지자들에게 성령으로 나타내셨으나 그 이전 세대에서는 불순종의 아들들에게 알리지 않으셨다.

6 이는 이방인들도 복음으로 인해 그리스도 예수 안에서 유대인과 함께 상속자가 되고, 그들과 함께 지체가 되고, 함께 약속에 참여하는 자가 되었기 때문이다.

7 나는 하나님의 능력과 은혜의 선물을 따라 복음을 전하는 일꾼이 되었다.

8 모든 성도 가운데 지극히 작고 보잘것없는 내게 이런 은혜를 주신 것은 말로 표현할 수 없는 그리스도의 부요함을 이방인에게 전하게 하기 위함이다.

9 또 모든 사람에게 영원부터 만물을 창조하신 하나님 속에 감춰졌던 이방인과 유대인 모두에게 구원에 동참하게 된 비밀의 경륜이 어떤 것인지 전하도록 하려는 것이다.

10 뿐만 아니라 이제 교회로 인해 하늘에 있는 통치자들과 권세자들에게 하나님의 각종 지혜를 알게 하기 위함이다.

11 그것은 영원부터 우리 주 그리스도 예수 안에서 예정하신 계획에 따라 하신 것이다.

12 우리는 예수 안에서 그를 믿음으로 인해 담대함과 확신을 가지고 하나님께 나아갈 수 있다.

13 그러므로 나는 너희를 위해 당하는 내 여러 환난 때문에 낙심하지 않기를 바란다. 그것은 오히려 너희에게 영광이 된다.

14 그러므로 내가 하늘과 땅에 있는 각 족속에게

15 참 생명의 이름을 주신 하나님 아버지 앞에 무릎을 꿇고 간구한다.

16 그분의 풍성한 영광을 따라 그의 성령을 통해 너희 속사람을 능력으로 강하게 해주시기를 기도한다.

17 곧 믿음으로 인해 그리스도께서 너희 마음에 항상 머물게 하시고, 너희가 사랑의 뿌리를 내리고 기반이 다져져

18 능히 모든 성도와 함께 그리스도의 사랑이 얼마나 큰지 깨닫기를 바란다.

19 그래서 그 사랑의 너비와 길이와 높이와 깊이가 어느 정도인지 깨달아 하나님의 모든 충만함이 너희 마음속에 넘치기를 간구한다.

20 우리 가운데서 일하시는 하나님께서는 우리가 구하고 생각하는 모든 것보다 더 넘치도록 채워주시는 능력 있는 분이다.

21 교회와 그리스도 예수를 통해 구원을 이루시는 하나님께 영광이 영원무궁하기를 기원한다. 아멘

하나 되게 하시는 성령과 새사람의 생활

4 ●그러므로 주의 일을 위해 감옥에 갇힌 나 바울이 너희에게 권면한다. 너희가 하나님의 백성으로 부르심을 받았으니 하나님의 백성답게 살아가라.

2 항상 겸손하고, 온유와 오래 참음으로 사랑 가운데서 서로 용납하고,

3 성령을 통해 평안의 매는 줄로 하나가 되었으니 그대로 살아가기를 힘쓰라.

4 몸이 하나이며, 성령도 한 분이시니 이와 같이 너희가 한 소망 안에서 하나님의 백성으로 부르심을

받았다.

5 주도 한 분이시며, 믿음과 세례도 하나이다.

6 하나님도 만물의 주인이신 한 분뿐인 아버지이시다. 그분은 만물 위에 계시고, 만물을 통일하시고, 만물 가운데 계신다.

7 하나님께서는 각 사람에게 그리스도의 선물의 분량대로 은혜를 주셨다.

8 그러므로 성경에 기록되기를 "그가 하늘로 올라가실 때 사로잡혔던 자들을 이끌고 자기의 사람들에게 선물을 주셨다"라고 함과 같다.

9 '올라가셨다'라는 말은 그리스도께서 먼저 이 땅에 오셨다는 뜻이다.

10 땅 아래로 내려오셨던 그가 하늘 위로 오르신 분이니 이는 만물을 그의 것으로 완성시키려는 것이다.

11 그 예수께서 어떤 사람은 사도로, 어떤 사람은 선지자로, 어떤 사람은 복음 전하는 자로, 어떤 사람은 목사와 교사로 삼으셨다.

12 이는 성도를 준비시켜 온전하게 봉사의 일을 하게 하며, 그리스도의 몸인 교회를 더욱 강하게 세우기 위함이다.

13 우리가 하나님의 아들을 믿는 것과 그를 아는 일에 모두 하나가 되고 성숙한 사람이 되어 그리스도의 장성한 분량까지 이를 것이다.

14 이는 우리가 이제부터는 어린 아이가 되지 않고 속임수와 간사한 유혹에 빠지게 하는 온갖 새로운 가르침에 넘어가 흔들리지 않게 하기 위함이다.

15 그러므로 너희는 오직 사랑 안에서 참된 생활을 하여 모든 일에 그리스도에게까지 성숙해야 할 것이다. 그리스도는 모든 일에 머리가

되시는 분이다.

16 그에게서 온몸이 각 마디를 통해 도움을 받아 서로 연결되고 결합되어 각 지체의 분량대로 역사하여 그 몸을 자라게 하라. 그러면 사랑 안에서 스스로 세워 갈 것이다.

17 그러므로 내가 주 안에서 강하게 권면한다. 이제부터 너희는 이방인처럼 허무한 생각에 따라 생활하지 말라.

18 그들은 하나님을 아는 총명한 지식은 어두워지고, 그들 가운데 있는 무지함과 그들의 마음이 완악해져 하나님의 생명에서 떠나 있다.

19 그들은 부끄러운 일에 무감각한 자가 되어 자신을 방탕하도록 방치하여 더러운 욕심대로 행한다.

20 그러나 너희는 그리스도를 그렇게 배우지 않았다.

21 진리가 예수 안에 거하는 것처럼 너희가 그에게서 듣고, 그 안에서 가르침을 받았다면

22 너희는 끝이 없는 욕심의 유혹에 빠져 스스로를 파괴시키는 옛 행실을 따르는 옛사람대로 살지 말라.

23 오직 너희의 마음을 새롭게 하여

24 하나님의 성품처럼 의로움과 진리의 거룩함으로 창조된 새사람으로 살아가라.

25 너희는 거짓말을 하지 말고, 진실만을 말하라. 우리는 서로 지체가 되었기 때문이다.

26 화를 내도 죄를 짓는 데까지 가지 말며, 해가 지도록 화를 품어

27 마귀에게 기회를 주지 말라.

28 도둑질하는 자는 다시 도둑질하지 말고 돌이켜 자기 손으로 수고하여 가난한 자를 도와주는 선한 일

1) 시 68:18 2) 땅 아래 낮은 곳으로 내리셨던 것이 아니면 무엇이냐? 3) 교훈의 풍조 4) 썩어져 가는

을 하라.

29 무릇 험담하는 더러운 말은 입 밖에도 내지 말고, 오직 덕을 세우는 데 유익한 선한 말을 하라. 그래서 듣는 자들에게 은혜를 끼치게 하라.

30 성령을 슬프게 하지 말라. 성령께서는 마지막 구원의 날까지 너희가 하나님의 자녀임을 보증해 주셨다.

31 너희는 악독한 원한을 품거나 화내거나 떠들고 비방하는 말을 하지 말라.

32 오히려 서로 친절히 대하고, 불쌍히 여기며, 하나님께서 그리스도 안에서 너희를 용서하신 것처럼 서로 용서하라.

5 그러므로 하나님의 사랑을 받는 자녀답게 너희는 하나님을 본받으라.

2 그리스도께서 너희를 사랑하신 것처럼 너희도 사랑으로 행하라. 그는 우리를 위해 자신을 향기로운 제물과 희생제물로 하나님께 드리셨다.

3 그러므로 음행과 온갖 더러운 것과 탐욕은 너희 가운데서 그 이름조차도 부르지 말라. 그것은 성도가 마땅히 행해야 할 것이다.

4 더러운 말1)이나 추한 농담인 어리석은 말이나 희롱의 말을 하지 말고 오히려 감사하는 말을 하라.

5 너희도 음행하는 자나 더러운 자나 욕심이 가득한 자, 곧 우상 숭배자는 모두 그리스도와 하나님의 나라를 유산으로 받지 못함을 알고 있다.

6 누구든지 그런 거짓된 헛된 말로 너희를 속이지 못하게 하라. 그로 인해 하나님의 진노가 불순종하는 자들에게 임한다.

7 그러므로 그런 사람들과는 사귀지 말라.

8 너희가 이전에는 어둠 가운데 행했다. 그러나 이제는 주 안에서 빛이 되었으니 빛의 자녀들처럼 행하라.

9 빛은 모든 착함과 의로움과 진실함의 열매를 맺게 한다.

10 어떻게 해야 주를 기쁘시게 할 수 있는지를 생각하라.

11 너희는 열매 없는 어둠의 일에 속한 자처럼 행동하지 말고 그 일을 배격하라.

12 어둠에 있는 자들이 은밀히 행하는 것들은 입에 담기도 부끄러운 것들이다.

13 그러나 빛이 오면 책망을 받는 모든 것이 밝히 드러나게 될 것이다.

14 그러므로 성경에서도 이르기를 "잠자는 자여, 깨어서 죽은 자들 가운데서 일어나라. 그리스도께서 네게 비추실 것이다"라고 했다.

15 그러므로 너희는 어떻게 행동해야 할지 주의 깊게 살펴보고 오직 지혜 있는 자처럼 하여

16 기회를 놓치지 말라2). 때가 악하다.

17 너희는 어리석은 자가 되지 말라. 오직 주의 뜻이 무엇인지 이해하기 위해 배우도록 하라.

18 술 취하지 말라. 그것은 사람으로 방탕하게 만든다. 오직 성령으로 충만해지도록 하라.

19 시와 찬양과 영적인 신령한 노래들로 서로 대화하며, 마음으로 주께 노래하며 찬양하라.

20 모든 일에 예수 그리스도의 이름으로 아버지 하나님께 항상 감사하며,

21 그리스도를 경외함으로 서로 복종하라.

1) 누추함 2) 세월을 아끼라, 기회를 사라. 골 4:5하

아내와 남편, 자녀와 부모, 종과 상전에 대한 권면

22 ● 아내들이여, 자기 남편에게 복종하기를 주께 하는 것처럼 하라.

23 남편이 아내의 머리가 되는 것처럼 그리스도께서는 교회의 머리 됨과 같기 때문이다. 그리스도는 교회[1]의 구세주가 되셨다.

24 그러므로 교회가 그리스도에게 하듯 아내들도 모든 일에 자기 남편에게 순종하라.

25 남편들아, 아내를 사랑하되 그리스도께서 교회를 사랑하시고 그 교회를 위해 자신을 주신 것처럼 하라.

26 그리스도께서는 교회를 물로 씻고, 말씀으로 깨끗하게 하여 거룩하게 하셨다. 그것은

27 자기 앞에 영광스러운 교회로 세우사 얼룩이나 주름 잡힌 것 없이 거룩하고 흠이 없게 하시기 위함이다.

28 이와 같이 남편들도 자기 아내를 자기 몸과 같이 사랑하라. 자기 아내를 사랑하는 자는 자기를 사랑하는 것이다.

29 자기 몸을 미워하는 자는 한 사람도 없다. 사람들은 그리스도께서 교회를 양육하고 보호하시는 것처럼 자기 몸을 그렇게 한다.

30 우리는 그리스도의 몸인 교회의 지체들이다.

31 성경에서도 "그러므로 사람이 부모를 떠나 그 아내와 연합하여 그 둘이 한 몸을 이룰 것이니[2]"라고 했다.

32 이것은 큰 비밀이다. 그래서 나는 그리스도와 교회에 대해 말한다.

33 너희는 각자 자기의 아내를 자신 같이 사랑하고, 아내도 자기 남편을 존경하라.

6 자녀들아, 주를 믿는 사람으로서 너희 부모에게 순종하라. 그것은 당연하고 옳은 일이다.

2 성경에도 "네 부모를 공경하라[3]"고 말한다. 이것은 약속이 있는 첫 계명이다.

3 그렇게 하면 네가 잘되고 땅에서 장수할 것이다.

4 아비들아, 너희 자녀를 노엽게 하지 말고 오직 주의 가르침과 훈계로 양육하라.

5 종들아, 두려워하고 떨며 성실한 마음으로 그리스도께 하는 것처럼 너희 상전에게 순종하라.

6 사람을 기쁘게 하는 자처럼 주인이 볼 때만 잘하지 말고, 그리스도의 종들처럼 마음[4]으로 하나님의 뜻을 행하라.

7 기쁜 마음으로 섬기기를 주께 하듯 하고 사람들에게 하는 것처럼 하지 말라.

8 너희는 각 사람이 무슨 선한 일을 행하든지 종이나 자유인이나 주님은 그가 행한 대로 보답해 주시는 분임을 알고 있다.

9 상전된 주인들아, 너희도 똑같이 종들에게 잘해 주고 위협하지 말라. 이는 너희의 종들인 동시에 그들의 상전이 하늘에 계시기 때문이다. 그분은 사람을 겉모습만 보고 판단하지 않는 줄을 너희가 알고 있다.

마귀의 대적과 끝마침 인사

10 ● 끝으로 너희가 주의 능력으로 강건해지기를 바란다.

11 마귀의 간교한 속임수에 빠지지 않기 위해 하나님의 무기, 곧 전신 갑주로 무장하라.

12 우리의 싸움[5]은 이 땅에 있는 사람들, 곧 혈과 육을 상대하는 것이 아니라 세상의 어두운 세력을 가진 통치

1) 몸 2) 창 2:24 3) 출 20:12, 신 5:16 4) 목숨 5) 씨름

자과 땅 위에 권세 잡은 자들과 이 어둠의 세상 주관자들과 하늘에 있는 악한 영들을 상대하는 것이다.

13 그러므로 하나님의 무기로 무장하라. 이는 마귀가 유혹하는 악한 날에 너희가 마귀를 대적하고 하나님의 영적 무기로 무장한 후에 굳게 서기 위해서이다.

14 그러므로 굳게 서서 진리로 너희 허리띠를 띠고, 가슴에 의의 흉배인 호심경을 붙이고,

15 발에는 평안의 복음을 전할 신발을 신으라.

16 그리고 이 모든 것 위에 능히 악한 자의 모든 불화살을 막을 믿음의 방패를 가지라.

17 머리에는 구원의 투구를 쓰고, 다른 한손에는 성령의 검인 하나님의 말씀을 가지라.

18 항상 성령 안에서 기도와 간구를 하라. 이를 위해 깨어 간구하기를 항상 힘쓰며, 여러 성도를 위해 간구하라.

19 또 나를 위해서는 "내게 말씀을 주사 나로 입을 열어 복음의 비밀을 담대히 전파하게 하옵소서"라고 기도하라.

20 이 일을 위해 내가 쇠사슬에 매인 전권대사가 되었다. 나로 하여금 이 일에 마땅히 해야 할 말을 담대히 말하도록 기도하라.

21 내가 무엇을 하는지 너희에게도 내 사정을 알리려고 한다. 내 사랑하는 형제이며, 주 안에서 진실한 일꾼인 두기고가 모든 일을 너희에게 알릴 것이다.

22 그는 우리 사정을 에베소에 있는 너희에게 알리고, 또 너희 마음을 위로하기 위해 내가 특별히 그를 너희에게 보내는 것이다.

23 아버지 하나님과 주 예수 그리스도의 평안과 믿음 안에서 형제들에게 사랑이 있기를 기원한다.

24 하나님의 은혜가 예수 그리스도를 변함 없이 사랑하는 모든 자에게 있기를 기원한다.

빌립보서 Philippians

제목	히브리어 성경에는 프로스 필립페시우스('빌립보인들에게'), 수신자의 거주지를 고려
기록연대	기원후 62~63년경 **저자** 사도 바울 **중심주제** 고난 중에도 기뻐하라

내용소개 * 환난 중의 기쁨, 옥중 서신 (로마 감옥 : 62~63년경)
1. 간증과 권면 / 생명과 마음 1-2장   2. 교훈과 감사 / 기쁨과 평안 3-4장

인사와 간구, 바울의 갇힘과 복음 전파

1 ● 그리스도 예수의 종 된 바울과 디모데는 로마에서 배편으로 1,270km 떨어진 그리스도 예수를 믿는 빌립보에 사는 모든 성도와 지도자인 감독과 집사에게 편지한다.

2 하나님 우리 아버지와 예수 그리스도의 은혜와 평안이 너희에게 있기를 기원한다.

3 나는 너희를 생각할 때마다 내 하나님께 감사하며,

4 기도할 때마다 너희 무리를 위해 기쁨으로 항상 간구한다. 그것은

5 너희가 복음을 받아들인 첫날부터 지금까지 내가 전하는 복음을 위해 도움을 주었기 때문이다.

6 우리는 너희 안에서 선한 일을 시작하신 이가 그리스도 예수께서 다시 오시는 날까지 그 선한 일을 완성할 것을 확신한다.

7 그러므로 내가 너희 무리를 위해 이와 같이 생각하는 것이 당연하다. 그것은 너희가 내 마음에 항상 있기 때문이다. 너희는 내가 감옥에 갇혀 있을 때도 내가 복음을 지키고 말씀을 전파하는 일¹⁾에 너희 모두가 나와 함께해 주었다.

8 내가 예수 그리스도의 심정으로 너희 무리를 얼마나 사모하는지 하나님께서는 알고 계신다.

9 그러므로 나는 너희의 사랑으로 더욱 풍성한 지식과 통찰력을 갖게 되기를 기도한다.

10 또한 너희가 지극히 선한 것과 악한 것을 분별할 줄 알며, 또 그리스도께서 다시 오실 날까지 진실하여 흠 없는 모습으로 서게 되기를 기도한다.

11 예수 그리스도로 인해 의로운 열매가 풍성하여 하나님께 영광과 찬양을 올려드리기를 기원한다.

12 형제들아, 내가 감옥에 갇힌 일이 도리어 복음 전파에 더 많은 도움이 된 줄을 너희가 알기를 원한다.

13 그러므로 내가 그리스도를 믿었다는 것 때문에 감옥에 갇혔다는 사실이 내 감금과 관련된 시위대에 있는 사람들과 다른 모든 사람에게 나타났다.

14 그래서 믿는 형제 가운데 상당수는 내 갇힘으로 인해 주를 믿는 확고한 신앙으로 겁 없이 하나님의 말씀을 더욱 담대히 전하게 되었다.

15 어떤 이들은 나를 투기하고 시기하는 마음 때문에 복음을 전하고, 어떤 이들은 나를 돕고자 하는 선한 뜻으로 그리스도를 전파하고 있다.

16 순수한 마음으로 나를 돕는 자들은 내가 복음을 지키기 위해 세우심을 받은 줄 알고 사랑으로 복음을 전한다.

17 그러나 그렇지 않은 사람들은 내가 감옥에 갇힌 괴로움을 더 갖게 할 생각으로 시기와 질투하는 순수하지 못한 마음으로 그리스도를 전파한다.

18 그러면 이 둘은 무엇이냐? 겉치레한 질투심으로 하든 진실함으로 하든 어떤 방편으로 하든 간에 전파되는 것은 그리스도니 나는 이로 인해 기뻐하고 계속 기뻐할 것이다.

19 나는 너희의 기도와 예수 그리스도의 성령의 도우심으로 내가 감옥에서 풀려 나올 줄 확신한다. 그러므로

20 내 간절한 소망을 따라 어떤 일에도 부끄러워하지 않고 지금처럼 언제나 용기를 갖고 살든지 죽든지 내 몸에서 그리스도가 존귀하게 되기를 힘쓴다.

21 그것은 내가 그리스도를 위해 살고, 그를 위해 죽는 것도 유익하기 때문이다.

22 그러나 죽지 않고 육신으로 사는 동안 사람들을 그리스도께 인도할 수 있다면¹⁾ 나는 사는 것과 죽는 것 중에 무엇을 선택해야 할지 잘 알지 못하겠다.

23 내가 살고 죽는 것, 그 둘 중에 어

1) 변명함과 확정함

느 것을 선택해야 할지 나는 결정하기 어렵다. 나 자신은 차라리 세상을 떠나 그리스도와 함께 있는 것이 더 좋기에 그렇게 하고 싶기 때문이다. 그러나

24 내가 살아서 육신으로 있는 것이 너희를 위해 더 유익하다.

25 나는 아직 내가 살아서 너희의 믿음이 자라고 기쁨을 누리도록 여러분과 함께 계속 머물러야 할 줄을 안다.

26 내가 감옥에서 나와 다시 너희와 함께 있기를 바라는 것은 그리스도 예수를 믿는 너희 자랑이 나로 인해 더 풍성하게 하려는 것이다.

27 그러므로 오직 너희는 그리스도의 복음을 받아들인 자로서 그에 합당한 생활을 하라. 나는 내가 너희와 함께 있으나 떠나 있으나 너희가 한마음과 한뜻으로 복음의 신앙을 위해 서로 돕는다는 소식을 듣기 원한다.

28 또 무슨 일에든지 너희를 대적하는 자들 때문에 두려워하지 말라. 반대하는 사람이 있다는 것은 믿지 않는 자들에게는 멸망의 증거가 되고, 너희에게는 구원의 증거가 되니 이 모든 것은 하나님께로부터 말미암은 것이다.

29 그리스도를 위해 너희에게 믿는 특권[1]을 주신 것은 다만 그를 믿을 뿐 아니라 그를 위해 고난도 받게 하려는 것이다.

30 너희는 내가 당하는 고난을 보았고 이제도 그 고난을 들었으니 그와 같은 고난[2]이 너희에게도 있다.

그리스도의 겸손과 하나님의 자녀 된 삶

2 ● 너희는 그리스도를 믿는 믿음 안에 서로 권면하고 있느냐? 사랑으로 위로하며, 성령 안에서 교제나 긍휼이나 자비가 있다고 믿는다면

2 한마음과 같은 사랑을 가지고 뜻을 합하며 같은 마음을 품으라. 그리하여

3 무슨 일에든지 다툼이나 교만한 마음으로 하지 말라. 오히려 겸손한 마음으로 각각 자기보다 남을 더욱 존중히 여기라.

4 각자 자기 일을 돌볼 뿐 아니라 각각 다른 사람들의 일도 보살핌으로 내 마음에 기쁨이 충만하게 하라.

5 너희 안에 그리스도 예수의 마음을 가지라.

6 그는 본래 하나님과 같은 분이시나 하나님과 같은 자리에 있기를 원하지 않으셨다.

7 오히려 자기를 비워 종의 형체를 가져 사람들과 같이 되셨다.

8 곧 사람의 모양으로 나타나사 자기를 낮추시고 십자가에 죽기까지 복종하셨다.

9 그러므로 하나님께서는 예수 그리스도를 지극히 높여 모든 이름 위에 뛰어난 이름을 주셨다. 그래서

10 하늘과 땅과 땅 아래에 있는 자들까지 모든 무릎을 예수의 이름 앞에 꿇게 하셨다.

11 또한 모든 입으로 예수 그리스도를 주라고 시인하여 하나님 아버지께 영광을 돌리게 하셨다.

12 내 사랑하는 자들아, 항상 순종하는 마음을 가지라. 너희는 나와 함께 있을 때나 떨어져 있을 때도 두렵고 떨리는 마음으로 너희 구원의 완성을 위해 계속 나아가라.

13 하나님은 너희 안에서 일하시는 분이다. 그분은 너희 안에서 자기의

1) 은혜   2) 싸움

기쁘신 일을 위해 너희에게 뜻을 품게 하시고 행하게 하신다.

14 그러므로 모든 일에 원망과 불평이 없도록 하라.

15 그렇게 하면 흠이 없고 순전하여 악한 성향을 가진[1] 이 세대에 너희가 흠이 없는 하나님의 자녀로 세상에서 그들 가운데 빛처럼 빛날 것이다.

16 너희가 생명의 말씀을 세상에 전하게 되면, 복음을 위한 내 달음질한 수고가 헛되지 않을 것이다. 그러면 내게는 그리스도가 다시 오시는 날에 자랑이 될 것이다.

17 만일 너희가 믿음으로 드리는 제물과 섬김 위에 내 피를 전제로 드릴지라도 나는 기뻐하고 너희 무리와 함께 기뻐할 것이다.

18 이와 같이 너희도 기뻐하고 나와 함께 기뻐하게 되기를 원한다.

디모데와 에바브로 디도

19 ● 내가 주의 뜻 안에서 디모데를 속히 너희에게 보내기를 바라는 것은 너희의 사정을 듣고 위로를 받기 위함이다.

20 이는 뜻을 같이하여 너희 사정을 걱정하고 염려해 줄 자가 내게 디모데밖에 없기 때문이다.

21 다른 사람들은 다 자기 일에만 열중하고 그리스도 예수의 일에는 관심을 갖지 않는다.

22 디모데의 연단된 인품을 너희가 알고 있는 것처럼 그는 자식이 아버지에게 하는 것같이 나와 함께 복음을 위해 수고한 자이다.

23 그러므로 내가 내 일이 결정되는 대로 디모데를 너희에게 보낼 것이다.

24 나 역시 속히 가게 되리라고 주 안에서 확신한다.

25 그러나 에바브로 디도 역시 너희에게 보내는 것이 필요한 줄로 생각한다. 그는 내 믿음의 형제이며, 함께 수고한 동역자이며, 함께 복음을 위해 군사 된 자이며, 내가 필요한 것을 돕도록 너희가 보낸 사자이다.

26 그가 너희를 간절히 사모하고 자신이 병든 사실을 너희가 들은 줄을 알고 심히 걱정했다.

27 그가 병들어 죽게 되었으나 하나님께서 그와 나를 긍휼히 여기사 나와 에바브로 디도에 대한 근심을 덜게 해주셨다.

28 그러므로 에바브로 디도를 더욱 급히 너희에게 보낸 것은 너희가 그를 다시 보고 기뻐하게 하며 내 근심도 덜기 위함이다.

29 그러므로 너희가 주 안에서 그를 기쁘게 영접하고 또 그와 같은 자들을 존귀히 여기라.

30 그가 죽을 지경에 이르렀어도 자기 목숨을 돌보지 않고 그리스도의 일을 위해 일한 것은 나를 섬기는 너희의 일에 부족함이 없게 하기 위해서이다.

하나님으로 말미암은 의와 하늘의 시민권

3 ● 내 형제들아, 주 안에서 기뻐하라. 너희에게 같은 말을 여러 번 쓰는 것이 내게는 귀찮은 일이 아니다. 그것은 너희를 위한 것이기 때문이다.

2 할례를 받아야 구원을 얻는다고 하는 개 같은 자들을 조심하고, 행악하는 자들을 삼가며, 자기 몸을 스스로 자해하는 일을 하지 말라.

3 하나님의 성령으로 예배[2]하며, 그리스도 예수 안에서 예수로 자랑

1) 어그러지고 거스르는 2) 봉사

하고, 육체를 믿지 않는 우리가 곧 진정한 할례파이다.

4 그러나 나도 육체로만 보면 스스로 신뢰할 만하다. 만일 누구든지 인간적인 조건을 완벽하게 갖춘 줄로 생각하면 나는 그들보다 더욱 인간적인 조건을 갖춘 자이다.

5 나는 8일 만에 할례를 받고, 이스라엘 족속으로 베냐민 지파에 속한 자이며, 히브리인 중의 히브리인이며, 율법에 대해서는 바리새인만큼 박식하다.

6 또 율법을 지키는 열심으로는 교회를 핍박하기까지 했으며, 율법을 지키고 따르는 점에서는 흠잡을 것이 없는 자이다.

7 그러나 무엇이든지 이전에 내게 유익하던 세상적인 것들을 내가 그리스도를 위해 모두 해로운 것으로 여겼다.

8 그 이유는 내 주 그리스도 예수를 아는 지식이 가장 가치가 있기 때문이다. 나는 그리스도를 위해 세상적인 것들을 모두 잃어버리고 배설물같이 여긴다. 그 이유는 그로 인해 그리스도께서 주시는 기쁨을 얻고,

9 그의 재림 때 그 안에서 자신이 발견되기 위함이다. 내가 가진 의로움은 율법을 지킴으로 얻어진 것이 아니라 오직 그리스도를 믿음으로만 가능한 것이다. 곧 믿음으로 하나님께로부터 난 의로움이다.

10 내가 소망하는 것은 그리스도를 알고, 그의 부활의 능력을 체험하고, 그의 고난에 동참하고, 그와 함께 죽음으로 인해

11 어떻게 해서든지 죽은 자 가운데서 나도 부활하는 것이다.

12 내가 이미 하나님께서 원하시는 것을 얻었다는 것도 아니며, 그것을 완전히 이루었다는 것도 아니다. 오직 그리스도 예수께 잡힌 바 된 그것을 잡기 위해 좇아가고 있다.

13 형제들아, 나는 아직 그것을 잡은 줄로 여기지 않고, 오로지 과거의 뒤에 있는 것은 잊어버리고 앞에 있는 목표를 향해 달려가고 있다.

14 나는 목적지, 곧 푯대를 향해 그리스도 예수 안에서 하나님께서 위에서 부르신 부름의 상을 위해 달려간다.

15 그러므로 성숙한 사람으로서 우리 모두는 좀 더 신중하게 생각해야 한다. 만일 너희가 어떤 일에 있어나와 다르게 생각하면 하나님께서 그 부분을 너희에게 가르쳐 주실 것이다.

16 그러니 우리가 영적인 성숙 단계에 이른 만큼 그 단계에 맞춰 행할 것이다.

17 형제들아, 너희는 나를 본받는 자가 되라. 그리고 너희가 우리를 본받은 것처럼 그와 같이 행하는 자들을 살펴보라.

18 내가 여러 번 너희에게 말한 것처럼 지금도 눈물을 흘리며 말하는 것은 여러 사람이 그리스도의 십자가의 원수가 되어 살아가기 때문이다.

19 그들은 결국 멸망을 당하게 될 것이다. 그들이 섬기는 신은 육체의 욕망¹⁾이며, 그 영광은 그들의 수치이다. 그들은 오직 땅에 있는 세상일만 생각하는 자들이다.

20 그러나 우리의 시민권은 하늘에 있기에 거기에서 구원자인 예수 그리스도를 기다린다.

1) 배

21 예수께서는 만물을 자기에게 복종시키실 수 있는 자의 능력으로 우리의 낮은 몸을 자기 영광의 몸의 형체처럼 변화시키실 것이다.

삶에 대한 권면과
바울의 감사와 끝마침 인사

4 ● 그러므로 내가 사랑하고 보고 싶은 믿음의 형제들아, 너희는 내 기쁨이며, 면류관인 사랑하는 자들이니 내가 말한 대로 주 안에서 굳게 있으라.

2 내가 유오디아와 순두게를 권면하니 주 안에서 같은 마음을 품어 서로 화해하라.

3 또 나와 함께 일하는 동역자, 곧 나와 멍에를 같이 한 너희에게 부탁한다. 나와 함께 복음 전파에 수고한 여인들을 도와주고, 글레멘드와 그 외에 나와 함께 일한 동역자들을 도우라. 그 이름들이 생명책에 기록되어 있다.

4 주 안에서 항상 기뻐하라. 내가 다시 말하니 기뻐하라.

5 너희의 선함과 친절한 것을 모든 사람이 알게 하라. 주께서 다시 오실 날이 가까워졌다.

6 아무것도 염려하지 말고 오직 모든 일에 기도와 간구로 너희가 구할 것을 감사하는 마음으로 하나님께 말씀을 드리라.

7 그러면 측량할 수 없는 지각에 뛰어난 하나님의 평안이 그리스도 예수 안에서 너희 마음과 생각을 지켜 주실 것이다.

8 형제들아, 마지막으로 말한다. 무엇이든지 진실되고 경건하며 바르며 정결하며 사랑과 칭찬을 받을 만하고, 거기에 미덕이나 칭찬할 만 한 것이 있다면 앞서 말한 모든 것을 생각하라.

9 너희는 내게 배우고 받고 듣고 내 안에서 본 그대로 행동으로 옮기라. 그러면 평안의 하나님께서 너희와 함께 하실 것이다.

10 내가 주 안에서 크게 기뻐하는 것은 너희가 나를 기억하고 도왔던 것들이 이제 다시 관심¹⁾을 갖게 되었기 때문이다. 또한 너희가 이를 위해 생각은 있었지만 그것을 표현할 기회가 없었다.

11 이렇게 말하는 것은 내가 궁핍하기 때문에 도와 달라고 하는 것이 아니다. 나는 어떤 형편에든지 스스로 만족하는 것을 배웠다.

12 나는 가난을 이겨낼 줄도 알고, 풍요로움을 누릴 줄도 알았기에 배부름과 배고픔과 풍부와 궁핍에도 그 모든 것을 극복하는 일체의 비결을 배웠다.

13 나는 내게 능력을 주시는 그리스도 안에서 모든 것을 할 수 있다.

14 그런데 너희가 내 괴로움에 함께 참여했으니 잘했다.

15 빌립보 사람들아, 너희는 내가 처음 그곳에 복음을 전할 때를 기억하고 있을 것이다. 내가 너희가 있는 마게도냐 지역을 떠날 때 서로 도움을 주고 받은 교회는 너희밖에 없었다.

16 너희보다 서쪽으로 205km나 떨어져 있는 데살로니가에 있을 때도 너희는 두 차례나 내게 필요한 것을 보내주었다.

17 내가 이 말을 하는 것은 너희에게 또다시 선물을 바라기 때문이 아니다. 그것은 오직 내게 베푸는 큰 기쁨이 너희에게 풍성하기를 바라기 때문이다.

18 내게는 부족한 것이 없다. 에바브로

1) 싹

디도 편에 너희가 준 선물은 이미 받았다. 그러므로 지금은 내가 풍족하니 그것은 하나님께서 받으실 만한 향기로운 제물이며, 하나님을 기쁘시게 한 것이다.

19 내 하나님께서는 너희에게 모든 필요한 것들을 풍성히 채워 주실 것이다.

20 하나님 우리 아버지께 영원무궁토록 영광을 돌립니다. 아멘.

21 그리스도 예수 안에 있는 빌립보 성도들에게 각각 문안한다. 나와 함께 있는 믿는 형제들이 너희에게 문안하고,

22 모든 성도가 너희에게 문안 인사를 한다. 특히 로마 황실에 있는 가이사의 집 사람들 중 몇 명의 성도가 너희에게 문안한다.

23 예수 그리스도의 은혜가 너희 마음에 있기를 기원한다.

> **♀성경지리   빌립보 (골 4:15)**
>
> 빌립보(Philippi)는 마게도냐 왕 필립 2세(재위 BC 359-336년)가 이 지역을 크게 확장하고 자기 이름을 따서 빌립보라고 바꾸었다. 빌립보 교인들은 바울에게 받은 신앙의 유산을 잘 간직하여 바울이 마게도냐를 떠날 때와 데살로니가에 있을 때에 여러 번 도왔고(빌 4:15-16), 로마 옥중에 있을 때에도 에바브로 디도편에 위문품을 보냈다(빌 4:18). 이에 바울은 빌립보서를 써서 그들을 위로했다.

골로새서
Colossians

제목	히브리어 성경에는 프로스 콜로싸에이스('골로새인들에게'), 수신자의 거주지를 고려
기록연대	기원후 62~63년경 **저자** 사도 바울 **중심주제** 그리스도의 우월성과 순종의 삶

내용소개   * 그리스도론, 옥중 서신 (로마 감옥: 62~63년경)
1. 교리편 / 주권과 부요 1-2장   2. 생활편 / 그리스도의 기준 3-4장

골

골로새 교인에게
인사와 하나님께 감사

1 ● 하나님의 뜻을 따라 그리스도 예수의 사도로 부르심을 받은 바울과 믿음의 형제 된 디모데는

2 소아시아 지역의 골로새에 있는 그리스도 안에서 신실한 형제 된 성도들에게 편지한다. 우리 아버지 하나님의 은혜와 평안이 너희에게 있기를 기원한다.

3 우리가 너희를 위해 기도할 때마다 예수 그리스도의 하나님 아버지께 감사한다.

4 그 이유는 그리스도 예수 안에 있는 너희의 믿음이 크고, 모든 성도를 향한 사랑이 풍성하다는 것을 들었기 때문이다.

5 또 그것은 너희를 위해 하늘에 쌓아 둔 소망 때문이기도 하다. 너희는 이전에 참된 복음의 말씀을 들었다.

6 이 복음이 이미 너희에게 전해질 때 너희가 듣고 하나님의 은혜를

> **♀성경지리   골로새(골 1:1)**
>
> 골로새(Colosse)는 라오디게아에서부터 리쿠스 계곡을 따라 약 16㎞ 올라간 곳으로 고대 브루기아의 남서쪽에 있었다. 이곳은 로마의 아시아 영토에 속하는 한 도시로서 헬라화한 지역이지만 본래 골로새란 이름은 브루기아 지명인 듯하다. 바울은 로마 옥중에서 이곳에 있는 성도들에게 편지를 보냈다.

깨달은 날부터 너희뿐 아니라 복음이 전해지는 곳마다 믿음과 사랑의 열매가 맺어지고 자랐다.

7 이와 같이 너희는 우리와 함께 종이 된 사랑하는 에바브라에게 배웠다. 그는 너희를 위한 그리스도의 신실한 일꾼이다.

8 그는 바로 성령 안에서 너희의 사랑을 우리에게 전해 준 자이다.

9 이로써 우리도 에바브라를 통해 너희의 신앙을 들었던 날부터 너희가 모든 신령한 지혜와 총명으로 하나님의 뜻을 분별하게 되기를 계속 기도했다.

10 그리하여 주께 합당하게 행하여 모든 일에 그를 기쁘시게 하고, 모든 선한 일에 좋은 결과가 오게 하시며, 하나님에 대해 더 많이 알아가게 하시고,

11 그의 영광의 능력으로 더욱 강하게 붙들어 주시고, 어떤 어려움 속에서도 기쁨으로 오래 참고 견딜 수 있게 하시기를 기도했다.

12 우리로 빛 가운데서 살아가는 성도를 위해 유산을 준비해 두신 아버지 하나님께 감사의 고백을 드리기 원한다.

13 그분은 우리를 어둠의 권세에서 건져내시고 그의 사랑하는 아들의 나라로 옮겨 주셨다.

14 바로 그 아들의 피로 우리의 모든 죄에 대해 대신 값을 치르셨으며, 이로 인해 우리가 죄 사함을 얻었다.

15 예수 그리스도는 보이지 않는 하나님의 형상이며, 모든 피조물보다 먼저 존재하신 분이다.

16 만물이 그 안에서 창조되었고, 하늘과 땅의 보이는 것들과 보이지 않는 것들이 창조되었으며, 모든 세상의 권세와 주권은 모두 예수 그리스도로 인해 창조되었으며, 동시에 그를 위해 창조되었다.

17 또한 그리스도는 만물보다 먼저 존재하셨고, 만물이 그분을 통해 보존되고 있다.

18 그는 자신의 몸인 교회의 머리가 되신다. 그분에게서 모든 것이 시작되었으며, 죽은 자들 가운데서 가장 먼저 살아 나셨다. 이는 친히 만물의 으뜸이 됨을 보여주신 것이다.

19 하나님 아버지께서는 자신에게 속한 모든 것이 예수 안에서 살아가도록 하신다.

20 하나님께서는 예수의 십자가의 피로 원수 된 우리와 화평을 이루었다. 곧 하나님은 땅과 하늘에 있는 것들이나 만물이 모두 그로 인해 자기와 화목하게 되기를 기뻐하신다.

21 이전에는 악한 행실로 인해 하나님과 멀리 떠나 마음으로 예수와 원수가 되었다.

22 그러나 이제 예수께서 자신의 육체의 죽음을 통해 너희를 하나님과 화목하게 하심으로 거룩하고 흠 없고 책망할 것이 없는 자로 그 앞에 세우고자 하셨다.

23 만일 너희가 믿음에 거하고 그 믿음의 바탕 위에 굳게 서서 너희가 들은 복음의 소망에서 흔들리지 않게 되면 그렇게 될 것이다. 이 복음은 모든 창조물 된 천하 만민에게 전파되었으며, 나 바울은 이 복음을 전하는 일꾼이 되었다.

교회를 위한 바울의 사역, 그리스도 안에서 행함

24 ● 나는 이제 너희를 위해 받는 고난을 오히려 기뻐한다. 그리스도께서 겪어야 할 고난의 남은 부분을

그의 몸 된 교회를 위해 나는 기쁜 마음으로 견딜 것이다.

25 내가 교회의 일꾼이 된 것은 하나님께서 너희를 위해 내게 주신 직분을 따라 하나님의 말씀을 전파하기 위함이다.

26 이 비밀은 세상이 창조된 처음부터 감춰졌던 것인데, 이제는 그의 성도들에게 나타난 바 되었다.

27 하나님은 성도들로 이방인이 구원을 받게 되는 이 비밀스러운 영광이 이방인들 가운데 얼마나 풍성하게 나타났는지를 알게 하셨다. 이 진리의 비밀은 바로 너희 안에 계신 그리스도이다. 그는 영광스러운 소망이 되신다.

28 우리가 그리스도를 전파하여 각 사람에게 권면하고 모든 지혜로 각 사람을 가르치는 것은 그들을 그리스도 안에서 성숙한 자로 하나님 앞에 서게 하기 위함이다.

29 이를 위해 나도 내 속에서 능력으로 역사하시는 그리스도를 의지함으로 힘을 다해 애쓰고 있다.

2 내가 너희와 소아시아 지역의 라오디게아에 있는 자들과 무릇 내 얼굴을 보지 못한 자들을 위해 얼마나 애쓰는지 너희가 알기를 원한다.

2 이는 그들이 마음에 위로를 얻고, 사랑으로 하나가 되고, 하나님의 비밀스러운 진리인 그리스도를 더욱 확실히 깨닫게 하는 것이다.

3 그리스도 안에는 모든 지혜와 지식의 보화가 감춰져 있다.

4 내가 이것을 말하는 것은 누구도 그럴듯한 말로 너희를 속이지 못하게 하기 위함이다.

5 비록 내가 육신으로는 너희를 떠나 있지만 마음으로는 너희와 항상 함께 있어 너희가 질서 있는 생활을 하고 그리스도를 믿는 너희 믿음이 굳게 선 것을 들으니 매우 기쁘다.

6 너희가 그리스도 예수를 주로 믿었으니 그분 안에서 살아가라.

7 그분 안에 뿌리를 깊이 내리고 그 위에서 살아가기를 바란다. 그분의 가르침을 받은 대로 믿음에 굳게 서서 더욱 감사하는 생활을 하라.

8 누가 헛된 속임수인 철학으로 너희를 사로잡지 않도록 주의하라. 그것은 사람의 교훈[1]과 낮은 세상의 초등 학문을 따르는 것이지 그리스도를 따르는 것이 아니다.

9 하나님의 거룩한 성품은 이 땅에 육체로 거하신 예수 그리스도 안에서 완전히 나타났다.

10 그리고 너희도 그 예수 안에서만 완전한 삶을 누릴 수 있다. 왜냐하면 그분은 모든 세상의 통치자와 권세자의 머리가 되시기 때문이다.

11 또 그 예수 안에서 너희가 손으로 베풀지 않는 할례를 받았다. 그것은 육체적인 죄의 몸을 벗는 그리스도의 할례이다.

12 너희가 세례를 통해 그리스도와 함께 죽었고, 그 믿음을 통해 죽은 자들 가운데서 그를 다시 살리신 하나님의 역사를 믿는 것이다.

13 또한 범죄와 할례를 받지 않은 죽었던 너희의 육체를 하나님께서 예수와 함께 살리시고 우리의 모든 죄를 용서하셨다.

14 예수 그리스도께서는 우리가 대적하고 따르지 않은 율법의 법조문에 기록된 것들을 지우고 없애버리사 십자가에 못 박으셨다.

1) 전통

15 반면 세상의 통치자들과 권세들을 꺾어 버리시고 구경거리로 삼으사 그들에게 십자가로 승리함을 보여 주셨다.

16 그러므로 먹고 마시는 것과 절기 나 매월 첫날이나 안식일을 지키 는 문제로 누구든지 너희를 비판 하지 못하게 하라.

17 그것들은 장차 오실 그리스도를 보 여주기 위한 그림자에 불과하다.

18 아무도 일부러 겸손한 체하는 것 과 천사를 숭배하는 것으로 너희 에게 죄가 있다고 말하지 못하게 하라. 그들은 자신이 그 본 것에 근 거하여 육신의 생각을 따라 헛되 이 과장하여 말한다.

19 온몸은 머리로 인해 마디와 힘줄 로 공급함을 받고 연합하여 하나 님께서 자라게 하시는 것이다. 그 러나 그들은 머리 되신 그리스도 를 따르지 않는다.

20 너희가 낮고 거짓된 세상의 초등 학문에서 그리스도와 함께 죽었으 면서 어찌하여 세상에 사는 사람 들처럼 행동하느냐?

21 그런 것들은 붙잡거나 맛보지도 말고, 만지지도 말라고 하는 규칙 들이다.

22 그런 규칙들은 한때 적용되다가 사라진다. 그럼에도 사람의 명령 과 가르침을 따라 살아가느냐?

23 이런 것들은 사람들이 만들어낸 종교적인 숭배 관습이다. 이것은 겸손과 몸을 괴롭게 하므로 죄를 이기게 하는데 지혜롭게 보일지 모르지만 오직 마음속으로 오는 악한 욕망과 죄를 이기게 하는 데 는 조금도 유익이 되지 못한다.

3 그러므로 너희가 그리스도와 함께 다시 살리심을 받았다면 하늘의 것에 마음을 두라. 그곳에는 그리 스도께서 하나님의 우편에 앉아 계신다.

2 하늘의 것을 마음에 두고 땅의 것 에 집착하지 말라.

3 이는 너희 옛사람은 죽었고 너희 생명이 그리스도와 함께 하나님 안에 감춰졌기 때문이다.

4 우리의 생명 되신 그리스도께서 다시 강림하실 그때 너희도 그와 함께 영광 중에 나타날 것이다.

5 그러므로 땅에 있는 죄악 된 지체 들을 죽이라. 그것은 곧 성적인 음 란 죄, 부정, 사욕, 악한 생각[1], 탐 심 등이다. 탐심은 우상 숭배이다.

6 이것들로 인해 하나님의 진노가 임한다.

7 너희도 이전에는 그런 악행을 행 했을지 모른다.

8 그러나 이제 너희는 그 모든 것을 몰아내라. 곧 분한 생각, 노여움, 악한 계획, 중상모략, 너희 입의 부 끄러운 말 등이다.

9 거짓말을 하지 말라. 너희는 옛사 람과 그 행위를 벗어 버리고

10 새사람이 되었다. 이는 자기를 창 조하신 자의 형상을 따라 하나님 을 아는 참된 지식에까지 새롭게 하심을 입은 자가 된 것이다.

11 새롭게 함을 입는 것은 헬라인이 나 유대인이나 할례를 받아야 구 원을 받는다고 하는 할례파나 그 렇지 않은 무할례파나 야만인이나 흑해 주변의 유목민인 스구디아인이 나 종이나 자유인에게 차이가 없 다. 오직 그리스도는 만물의 근원 이시며, 만물 안에 계신다.

12 너희는 하나님의 선택을 받았다. 그러므로 거룩하고 사랑을 받는

1) 정욕

자처럼 긍휼과 자비와 겸손과 온유와 오래 참음으로 다른 사람을 대하라.

13 너희가 누구에게든 불만이 있다면 서로 용납하고 용서하기를 주께서 너희를 용서하신 것처럼 하라.

14 그리고 이 모든 일을 하되 사랑하는 것이 더욱 중요하다. 사랑은 모든 것을 온전하게 묶어 주는 띠와 같기 때문이다.

15 너희는 평화를 위해 한 몸으로 부르심을 받았다. 그러므로 그리스도의 평화가 너희 마음을 다스리게 하라. 또한 너희는 항상 감사하는 생활을 하라.

16 그리스도의 말씀으로 너희 생활을 풍성하게 하고, 모든 지혜로 서로 가르치고 권면하며, 시와 찬양과 신령한 노래를 부르며, 감사하는 마음으로 하나님을 찬양하라.

17 또 말에나 일에나 무엇을 하든지 다 예수의 이름으로 하고, 그분으로 인하여 하나님 아버지께 감사하라.

각 계층의 사람에 대한 권면과 끝마침 인사

18 ● 아내들이여, 남편에게 복종하라. 그것은 주를 믿는 자에게 당연한 일이다.

19 남편들이여, 아내를 사랑하며 부드럽게 대하라.

20 자녀들아, 모든 일에 부모에게 순종하라. 그것은 곧 주를 기쁘시게 하는 것이다.

21 부모들아, 너희 자녀를 엄하게 책망하지 말라. 그 엄한 책망 때문에 낙심할까 염려된다.

22 종들아, 모든 일에 육신의 상전 된 주인들에게 순종하되 사람을 기쁘게 하는 자와 같이 주인이 볼 때만 열심히 하는 척하지 말고 오직 주를 두려워하듯 성실한 마음으로 하라.

23 무슨 일을 하든지 사람에게 하듯 하지 말고 성심으로 주께 하듯 하라.

24 이는 주님이 그의 백성에게 약속한 유산을 상으로 주실 것을 알기 때문이다. 너희는 주 되신 그리스도를 섬기는 자이다.[1]

25 불의를 행하는 자는 불의의 대가를 받을 것이다. 주님은 사람을 겉모습으로 대하시는 분이 아니다.

4 상전 된 주인들아, 너희는 종들을 바르고 공정하게 대하라. 너희에게도 하늘에 상전이 있다는 것을 명심하라.

2 기도를 멈추지 말고, 깨어 기도할 때마다 감사하라.

3 또한 우리를 위해 기도하되 하나님께서 우리에게 전도할 수 있는 기회[2]를 열어 주셔서 그리스도의 비밀을 말할 수 있도록 기도하라. 나는 이 일 때문에 로마 감옥에 갇혀 있다.

4 내가 이 비밀을 명확하게 전하도록 기도하라.

5 믿지 않는 자들을 대할 때는 지혜롭게 행동하고 기회를 잘 활용하라[3]

6 너희 말을 항상 감사하는[4] 가운데 소금으로 맛을 내는 것처럼 하라. 그러면 그 사람에게 맞는 대답을 하게 될 것이다.

7 이 편지를 전달하는 두기고가 내 모든 사정을 너희에게 알려줄 것이다. 그는 내가 사랑하는 믿는 형제이며, 신실한 일꾼이며, 주 안에서 나와 함께 그리스도의 종이 된 자이다.

1) 그리스도께 종노릇한다 2) 말씀의 문 3) 세월을 아끼라. 기회를 사라 4) 은혜

8 내가 두기고를 특별히 너희에게 보내는 것은 감옥에 갇힌 우리 사정을 너희에게 알게 하고, 너희 마음을 위로하려는 것이다.

9 또한 신실하고 우리의 사랑을 받는 믿음의 형제 오네시모를 함께 보낸다. 그 역시 너희에게 사랑받는 믿음의 형제이다. 그들이 이곳의 상황을 모두 너희에게 알려줄 것이다.

10 나와 함께 감옥에 갇힌 아리스다고와 바나바의 조카 마가 요한, 이 마가에 대해서는 너희가 명령을 받았으니 그가 너희에게 도착하면 그를 영접하라.

11 유스도라는 별명을 가진 예수도 너희에게 문안한다. 그들은 할례를 받아야 구원을 받는다고 주장하는 할례파이지만 이들만은 하나님 나라를 위해 함께 일하는 자들이니 이런 사람들이 내게 위로가 되었다.

12 그리스도 예수의 종이 된 너희에게서 온 에바브라가 너희에게 문안한다. 그는 너희가 하나님의 모든 뜻 가운데서 신앙이 성숙해지기를 계속 기도하고 있다.

13 그가 너희와 소아시아 지역의 라오디게아에 있는 자들과 히에라볼리에 있는 자들을 위해 많이 수고한 것을 내가 확실히 알고 있다.

14 사랑을 받는 의사 누가와 데마가 너희에게 문안한다.

15 라오디게아에 있는 믿는 형제들과 눔바와 그 여자의 집에 있는 교회에 문안한다.

16 너희가 이 편지를 읽은 후 15㎞ 떨어진 라오디게아인의 교회에서도 읽게 하고, 라오디게아에서 오는 편지를 너희도 읽으라.

17 빌레몬의 아들로 여겨지는 아킵보에게 "주 안에서 받은 직분을 잘 감당하라"고 이르라.

18 나 바울은 친필로 문안 인사를 하니 내가 로마 감옥에 갇힌 것을 생각하라. 은혜가 너희에게 있기를 기원한다.

데살로니가전서

1 Thessalonians

제목 히브리어 성경에는 프로스 데살로니케이스 알파('데살로니가인에게 보낸 첫번째 편지')

기록연대 기원후 51년경 **저자** 사도 바울 **중심주제** 데살로니가 교회에 대한 첫번째 교훈

내용소개 *믿음 1. 구원 1장 *사랑 2. 봉사 2장 3. 성화 3장
*소망 4. 슬픔 4장 5. 근심 5장

데살로니가 교인들에 대한 인사와 그들의 믿음

1 바울과 실라, 곧 실루아노와 디모데는 하나님 아버지와 예수 그리스도 안에 있는 데살로니가교회에 편지한다. 은혜와 평안이 너희에게 있기를 기원한다.

2 우리가 너희 무리로 인해 항상 하나님께 감사하며 기도할 때 너희를 기억한다.

3 그것은 너희가 믿음으로 행한 일들과 사랑의 수고와 예수 그리스도 안에서 소망을 가지고 끝까지 인내한 일들을 보며, 하나님 아버지 앞에서 항상 기억하고 있기 때문이다.

4 하나님의 사랑을 받은 형제들아, 우리는 하나님께서 너희를 선택하셨다는 것을 알고 있다.

5 그것은 우리의 복음이 너희에게 말로만 전해진 것이 아니라 성령과 능력과 큰 확신으로 된 것이기 때문이다. 우리가 너희와 함께 있을 때 우리의 생활이 어떠했는지는 너희가 잘 알고 있다.

6 또 너희는 많은 환난 가운데서도 성령이 주시는 기쁨으로 말씀을 받아들이고 우리와 주를 본받은 자가 되었다.

7 그러므로 너희는 마게도냐와 아가야 지역에 있는 모든 믿는 자에게 본이 되었다.

8 주의 말씀이 너희를 통해 마게도냐와 아가야 지역에만 들릴 뿐 아니라 너희의 믿음이 각처에 퍼졌다. 그래서 우리는 너희의 믿음에 대해 더 이상 할 말이 없다.

9 마게도냐와 아가야 사람들은 우리가 어떻게 너희를 방문했는지, 너희가 섬기던 우상을 버리고 어떻게 살아계시고 참되신 하나님을 섬기는지,

10 죽은 자들 가운데서 다시 살리신 하나님의 아들이 하늘에서 다시 재림하실 것에 대해 너희가 어떻게 기다리고 있는지를 말해 주고 있다. 그분은 바로 장래에 있을 심판¹⁾에서 우리를 건지는 예수이시다.

고난 가운데서 복음을 전파함

2 ● 형제들아, 우리가 너희를 방문한 것이 결코 헛되지 않았음을 너희가 친히 알고 있다.

2 너희가 아는 것처럼 우리가 이전에 빌립보에서 고난과 멸시를 당했으나 우리 하나님의 도우심에 힘입어 많은 대적 중에도 하나님의 복음을 너희에게 담대히 전했다.

3 우리가 전하는 말은 간사한 것이나 악한 부정한 생각에서 나온 것이 아니며, 결코 너희에게 속임수로 하는 것도 아니다.

4 그것은 오직 우리를 하나님께서 입증하시고 우리에게 복음을 전하라고 위탁하신 것이다. 우리가 이와 같이 말하는 것은 오직 우리 마음을 살피시는 하나님을 기쁘시게 하려는 것이다.

5 너희도 아는 것처럼 하나님은 우리가 어떤 때도 아첨하는 말이나 탐심의 탈을 쓰지 않았다는 것을 알고 계신다.

6 또한 우리는 너희에게나 다른 사람에게나 사람에게서는 영광을 구하지 않았다.

7 우리는 그리스도의 사도로서 마땅히 권위를 주장할 수 있지만 오히려 너희를 온유하게 대해 유모가 자기 자녀를 양육하는 것처럼 했다.

8 우리가 이같이 너희를 사모하여 우리의 목숨까지 너희에게 주기를 기뻐하는 것은 하나님의 복음 때문만이 아니라 우리가 너희를 심히 사랑하기 때문이기도 하다.

9 형제들아, 너희는 우리의 수고를 기억할 것이다. 너희 중 누구에게도 짐이 되지 않도록 하기 위해 밤낮으로 일하면서 너희에게 하나님의 복음을 전했다.

10 우리가 너희 믿는 자들을 향해 거룩하고 흠 없이 바르게 살고자 했는지 너희가 잘 알고 있으며 하나님도 그 일에 증인이시다.

11 너희도 아는 것처럼 우리는 너희 각 사람에게 아버지가 자기 자녀에게 하듯 권면하고 위로하고 바

1) 노하심

른 길로 증거했다.

12 이는 하나님께서 자기의 영광스러운 나라로 너희를 불러 주셨기 때문이다.

13 우리가 하나님께 언제나 감사하는 것은 너희가 우리에게 들은 대로 하나님의 말씀을 들을 때 사람의 말이 아니라 하나님의 말씀으로 받아들이기 때문이다. 또한 이 하나님의 말씀은 너희 믿는 자 가운데서 힘 있게 살아 움직이고 있다.

14 형제들아, 너희가 그리스도 예수 안에서 유대 지역에 있는 하나님의 교회들을 본받은 자가 되었다. 그래서 그들이 유대인들에게 고난을 받은 것처럼 너희도 너희 동족에게서 같은 고난을 받았다.

15 유대인은 예수와 선지자들을 죽이고, 우리를 쫓아내고, 하나님을 기쁘시게 하지도 않고, 모든 사람에게 원수가 되었다.

16 그들은 우리가 이방인에게 말씀을 전해 구원을 받게 하는 것을 방해함으로써 자기 죄를 더 크게 했기 때문에 하나님의 진노가 끝까지 그들에게 임했다.

17 형제들아, 우리가 잠시 너희를 떠난 것은 얼굴이지 마음은 아니다. 우리는 너희 얼굴 보기를 간절히 소원했다.

18 그래서 나 바울은 한두 번 너희에게 가고자 힘썼지만 사탄이 우리가 너희에게 가고자 하는 것을 막았다.

19 우리가 가진 소망이나 기쁨이나 자랑의 면류관이 무엇이냐? 바로 주의 재림하실 때 우리 주 예수 앞에 서게 될 바로 너희가 아니냐?

20 그러므로 너희는 우리의 영광이며, 기쁨이다.

환난 가운데 교제와 위로

3 ● 그래서 우리가 너희를 만날 때까지 기다리는 것을 참지 못해 우선 우리만 아덴에 머물기를 좋게 생각하고

2 대신에 우리의 형제이며, 그리스도의 복음을 전하는 하나님의 일꾼인 디모데를 먼저 너희에게 보낸다. 이는 그가 너희 믿음을 굳세게 하고 너희 믿음 안에서 너희를 위로해 줄 것이기 때문이다.

3 또한 아무도 지금 당하는 여러 환난 중에 흔들리지 않게 하기 위함이다. 우리가 이것을 위해 세움 받은 줄을 너희가 친히 알 것이다.

4 우리가 너희와 함께 있을 때 장차 받을 환난을 너희에게 미리 말했는데, 실제로 그렇게 된 것을 너희가 알고 있다.

5 그러므로 나도 견디다 못해 너희의 믿음을 알기 위해 디모데를 보내 혹시 시험[1]하는 자가 너희를 유혹하여 우리가 너희를 위해 한 복음의 수고를 헛되게 하지 못하도록 하는 것이다.

6 지금은 디모데가 너희에게로부터 와서 너희 믿음과 사랑에 대해 좋은 소식을 우리에게 전해 주었다. 또 너희가 언제나 우리를 좋게 생각하여 우리가 너희를 보고 싶어 하는 것처럼 너희도 우리를 보고 싶어 한다는 소식을 들었다.

7 그런 소식을 듣고 우리가 너희의 굳센 믿음으로 인해 모든 궁핍과 환난 가운데서도 너희를 통해 위로를 받았다.

8 너희가 주 안에서 굳게 서 있기만 하면 이제 우리가 살 것 같다.

9 이로 인해 우리가 우리 하나님 앞

1) temptation

에서 크게 기뻐하게 되었으니 너희를 위하여 어떤 감사로 하나님께 보답할 수 있을까?

10 그래서 너희의 얼굴을 보고 너희의 믿음이 부족한 것을 채우기 위해 밤낮으로 간절히 간구한다.

11 하나님 우리 아버지와 우리 주 예수께서 우리가 너희에게로 갈 수 있도록 인도하실 것이다.

12 또 주께서는 우리가 너희를 사랑한 것처럼 너희끼리만 아니라 모든 사람에 대한 사랑이 더욱 넘치게 하신다.

13 또한 너희 마음을 굳세게 하시고, 우리 주 예수께서 그의 모든 성도와 함께 재림하실 때 하나님 우리 아버지 앞에서 거룩하고 흠이 없게 하실 것이다.

정결한 생활을 권면함

4 ● 형제들아, 우리가 마지막으로 예수 안에서 너희에게 부탁하고 권면한다. 너희가 어떻게 행해야 하며, 어떻게 하는 것이 하나님을 기쁘시게 할 수 있는지 우리에게 배웠다. 그것은 바로 너희가 행하는 것이니 이제 더욱 힘써 행하라.

2 너희는 우리가 주 예수의 이름으로 명령한 것을 잘 알고 있을 것이다.

3 하나님의 뜻은 너희가 성결하게 사는 것이다. 그것은 음란한 일을 버리고,

4 각자가 거룩함과 존귀함으로 자기의 아내를 대하며[1],

5 하나님을 모르는 이방인과 같이 육체의 정욕을 따르지 말고,

6 이런 죄[2]를 넘어서 형제를 해하지 말라는 것이다. 이것은 우리가 너희에게 미리 말하고 경고[3]한 것처럼 이 모든 일을 주께서 심판하실 것이다.

7 하나님께서 우리를 부르신 것은 부정하게 살도록 하신 것이 아니라 거룩하게 살도록 하신 것이다.

8 그러므로 그런 가르침을 거부하는 자는 사람의 가르침을 저버리는 것이 아니라 너희에게 성령을 주신 하나님을 저버리는 것이다.

9 형제 사랑에 대해서는 너희에게 더 이상 쓸 것이 없다. 너희 자신이 이미 하나님의 가르침을 따라 서로 사랑하고 있기 때문이다.

10 너희가 마게도냐 전 지역에 있는 모든 형제에 대해 과연 그렇게 행하고 있다. 형제들아, 내가 권면하니 계속해서 더욱 그렇게 행하라.

11 또 너희에게 명령한 것처럼 조용히 자기 일을 하고 너희 손으로 일하기를 힘쓰라.

12 이는 믿지 않는 자[4] 앞에서 단정히 행하고, 또한 아무 부족함이 없게 하기 위함이다.

주의 재림과 부활

13 ● 형제들아, 죽은 자들에 대해서는 너희가 알기를 원한다. 이는 부활의 소망이 없는 믿지 않는 이들과 같이 죽음을 슬퍼하지 않게 하기 위함이다.

14 우리가 예수께서 죽었다가 다시 살아나신 것을 믿는 것처럼 예수 안에서 죽은 자들도 하나님께서 예수와 함께 다시 살리실 것이다.

15 우리가 주의 말씀으로 너희에게 이것을 말한다. 주께서 재림하실 때까지 지금까지 살아남아 있는 우리도 이미 죽은 자보다 결코 먼저 주를 만나지 못할 것이다.

16 주께서는 천사장의 소리와 하나님의 나팔 소리가 울리는 가운데 친히 하늘에서 재림하실 것이다. 그

1) 자기 몸을 절제할 줄 알고   2) 분수   3) 증거   4) 외인

러나 그리스도를 믿다가 죽은 자들이 먼저 일어나고

17 그후 살아있던 남은 자들도 그들과 함께 구름 속으로 끌어 올려져 공중에서 주를 영접하게 될 것이다. 그리하여 우리는 모두가 영원히 주와 함께 있게 될 것이다.

18 그러므로 너희는 이런 여러 말로 서로 위로하라.

5 형제들아, 때와 재림의 정확한 시기에 대해서는 너희에게 더 이상 쓸 필요가 없다.

2 주의 재림의 날이 도둑이 밤에 오는 것처럼 올 줄을 너희 자신이 잘 알고 있기 때문이다.

3 믿지 않는 자들이 "평안하다, 안전하다"라고 할 그때 임신한 여자에게 해산의 고통이 갑작스럽게 찾아오는 것처럼 멸망도 갑자기 그들에게 이를 것이기 때문이다. 그들은 결코 멸망을 피하지 못할 것이다.

4 그러므로 형제들아, 너희는 어둠 가운데 있지 않기 때문에 그날이 도둑같이 너희에게 임하지 못할 것이다.

5 주를 믿는 너희는 다 빛의 아들이며, 낮의 아들이다. 우리가 밤이나 어둠에 속하지 않았다.

6 그러므로 다른 이들과 같이 잠들어 있지 말고 정신을 차려 깨어 있

Q&A 때와 시기는 언제를 가리키는가?
(데전 5:1)

본절에서 때와 시기는 예수 그리스도의 재림의 때를 가리킨다. 초대 교회의 교인들은 대개 주님의 재림 시기에 대해 자신들의 세대에 그것도 속히 오리라고 생각했다. 그러나 주님의 재림의 때를 결정하는 것은 오직 하나님의 권한에 속한 일이다. 따라서 성도들은 언제라도 부끄럽지 않게 그 때를 맞이할 수 있는 최선의 준비를 하며 사는 것이 도리일 뿐이다(행 1:6,7).

어야 한다.

7 자는 자들은 밤에 자고, 취하는 자들은 밤에 취한다. 그러나

8 우리는 낮에 속했으니 정신을 차리고 믿음과 사랑의 갑옷을 입고[1] 구원에 대한 소망의 투구를 쓰자.

9 하나님께서 우리를 선택하신 것은 벌을 주기 위해서가 아니라 오직 우리 주 예수 그리스도로 인해 구원을 받게 하시기 위함이다.

10 예수께서 우리를 위해 죽으심으로써 우리가 깨어 있든지 자든지 그분과 함께 살게 하셨다.

11 그러므로 서로 권면하고 덕 세우기를 지금 너희가 하는 것처럼 하라.

권면과 끝인사

12 형제들아, 너희 가운데서 수고하고, 주 안에서 너희에게 말씀을 가르치며 지도하는 자들을 너희가 존경하라.

13 그리고 너희를 위해 수고하는 일로 인해 사랑 안에서 그들을 존귀하게 여기며 서로 화목하라.

14 또 형제들아, 너희를 권면하니 게으른 자들을 훈계하며 마음이 약한 자들을 격려하고 힘이 없는 자들을 붙들어 주며 모든 사람을 오래 참음으로 대하라.

15 누구에게든지 악으로 악을 갚지 말고 모든 사람에게 서로 선을 베풀도록 하라.

16 항상 기뻐하라.

17 쉬지 말고 기도하라.

18 모든 일에 감사하라. 이는 그리스도 예수 안에서 너희를 향하신 하나님의 뜻이다.

19 성령을 소멸하거나

20 예언을 멸시하지 말고,

21 모든 일을 살펴 좋은 것을 붙잡고,

1) 호심경을 붙이고

22 악한 것은 어떤 모양이라도 버리라.

23 평안의 하나님께서 친히 너희를 온전히 거룩하게 하신다. 그러므로 너희의 온 영과 혼1)과 몸이 우리 주 예수 그리스도께서 재림하실 때 아무런 흠 없이 지켜 주시기를 원한다.

24 너희를 부르시는 이는 신실하시니, 그가 그 일을 이루실 것이다.

25 형제들아, 우리를 위해 기도하라.

26 거룩한 입맞춤으로 모든 형제에게 문안하라.

27 내가 주를 힘입어 너희에게 부탁하니 모든 형제에게 이 편지를 읽어 주라.

28 우리 주 예수 그리스도의 은혜가 너희에게 있기를 기도한다.

1) 목숨

데살로니가후서 2 Thessalonians

제목 히브리어 성경에는 프로스 데살로니케이스베파('데살로니가인에게 보낸 두번째 편지')

기록연대 기원후 51년경 **저자** 사도 바울 **중심주제** 주의 재림의 교리와 바른 생활

내용소개 * 감사와 격려 / 핍박 1. 장래 사건의 선언 1장 * 설명과 훈계 / 예언
2. 혼란한 문제의 선언 2장 * 권고 / 실천 3. 게으른 성도의 수치 3장

인사와 격려

1 ● 바울과 실라, 곧 실루아노와 디모데는 하나님 우리 아버지와 예수 그리스도 안에 있는 데살로니가의 교회에 편지한다.

2 하나님 아버지와 주 되신 예수 그리스도로부터 은혜와 평안이 너희에게 있기를 기원한다.

3 형제들아, 우리가 너희를 위해 항상 하나님께 감사드리는 것이 당연하다. 너희의 믿음이 계속 자라고, 너희가 서로 사랑하는 것이 갈수록 넘치기 때문이다.

4 그러므로 우리는 모든 박해와 환난 가운데서도 믿음으로 인내하는 것으로 인해 하나님의 여러 교회에서 우리가 친히 너희를 자랑하고 있다.

5 이 모든 것이 하나님의 공의로운 심판의 증거이며, 너희로 하나님 나라에 합당한 자로 여김을 받게 하려는

것이다. 그래서 하나님 나라를 위해 너희가 고난을 받는 것이다.

6 그러나 너희에게 괴로움과 고통을 준 자들에게는 그대로 갚으신다.

7 반면 환난을 받는 너희에게는 우리와 함께 평안으로 보장해 주시는 것이 하나님의 공의이다. 그러므로

♥ 성경지리 데살로니가(Thessalonica, 살후 1:1)

데살로니가는 마게도냐 지방의 항구 도시로 오늘날 데살로니키라고 불리운다. 이곳은 마게도냐 왕인 칸산더(Cassander)가 BC 315년에 주위 26개 촌의 주민을 모아 새로운 도시를 만든 후 알렉산더의 이복 누이이자 자신의 아내인 테살로니카의 이름을 따서 데살로니가로 명명했다. BC 146년 이 도시가 로마에 편입될 때 로마 제국의 마게도냐 속주의 수도가 되었다. BC 42년에는 시이저의 암살로 로마 정국이 혼란스러울 때 옥타비아누스를 도운 공로로 로마의 자유시가 되었으며, 로마의 주요 간선도로인 에그나티아 도로(Via Egnatia)가 이곳을 지나가는 무역의 중심 항구로써 발전하였다. 바울은 제2차 전도여행 때 이곳을 들렀으며 당시의 인구는 12만 정도로 추정된다.

예수께서 능력 있는 천사들과 함께 하늘에서 불꽃 가운데 내려오실 때

8 하나님을 알려고 하지 않는 자들과 우리 주 예수의 복음에 순종하지 않는 자들에게는 형벌을 내리실 것이다.

9 이런 자들은 주의 얼굴과 그의 크신 힘의 영광을 볼 수 없고 영원한 형벌을 받을 것이다.

10 주께서 재림하시는 날에 그를 찬양하는 성도들에게서 주님은 영광을 받으실 것이다. 이는 우리가 전하는 복음의 증거를 너희가 믿었기 때문이다.

11 그러므로 우리도 하나님께서 너희를 그 부르심에 합당한 자로 여기시고 믿음 안에서 그분의 능력으로 모든 선한 일을 더욱 힘쓰도록 항상 기도한다.

12 우리 하나님과 주 되신 예수 그리스도의 은혜에 따라 예수의 이름이 너희를 통해 영광을 받으시고, 너희도 예수 그리스도 안에서 영광을 누리게 하기 위함이다.

멸망하는 자들과 재림의 소망

2 ● 형제들아, 우리 주 예수 그리스도께서 다시 오심과 우리가 그분 앞에서 함께 모이게 될 것에 대해 말하고자 한다.

2 예언하는 영이나 말씀으로나 우리에게서 받았다고 배교하는 편지로나 주의 재림의 날이 이르렀다고 해서 쉽게 마음이 흔들리거나 두려워하거나 하지 말아야 한다.

3 누가 무슨 말을 해도 속지 말라. 먼저 하나님을 배반하는 일이 있고, 지옥1)에 속한 멸망의 아들인 적그리스도가 나타날 때 비로소 주의 재림의 날이 임할 것이다.

4 그리스도를 대적하는 자는 신이라고 불리는 모든 것과 숭배를 받는 것에 대항하여 그 모든 것을 없애고 그 위에 자기가 올라가 하나님의 성전에 앉아 자기를 하나님이라고 내세운다.

5 이전에 내가 너희와 함께 있을 때 이 일을 너희에게 말한 것을 기억하라.

6 너희는 지금 악의 자녀가 어떤 힘에 사로잡혀 있지만 적절한 때가 되면 풀려나게 될 것을 알고 있다.

7 사탄의 세력, 곧 불법의 비밀이 이미 활동하고 있으나 지금은 그것을 막는 힘이 있는 자가 있어 그 막는 힘이 다른 곳으로 옮겨질 때까지는 그 세력을 막을 것이다.

8 그때가 되면 불법한 악한 자가 나타날 것이나 주 예수께서 세상에 다시 오심으로 그 입의 기운으로 그를 죽일 것이다.2)

9 악한 자가 나타나면 그는 사탄의 힘을 빌어 큰 능력과 기적과 거짓 기적과

10 불의의 꾐으로 행할 것이다. 이는 그들이 진리를 사랑하거나 따르기를 거부하므로 구원함을 받지 못하기 때문이다.

11 그러므로 하나님은 진리를 떠나 헛된 것을 믿도록 내버려 두셨다.

12 결국 진리를 믿지 않고 불의를 좋아하여 죄를 짓는 모든 자는 심판을 받게 될 것이다.

13 주의 사랑을 받는 형제들아, 우리는 하나님께서 처음부터 너희를 선택하여 구원을 받게 하셨기 때문에 마땅히 하나님께 감사해야 한다. 그것은 성령의 거룩하게 하심과 진리를 믿음으로 된 것이다.

1) 불법 2) 사 11:4

14 하나님께서는 우리가 전한 복음을 통해 예수 그리스도의 영광을 얻게 하시려고 너희를 부르셨다.

15 그러므로 형제들아, 믿음에 굳게 서서 우리가 한 말이나 우리가 보낸 편지로 전했던 복음을 계속해서 간직하라.

16 우리를 사랑하시는 주 되신 예수 그리스도와 영원한 위로와 좋은 소망을 주신 하나님 아버지께서

17 너희 마음을 위로하시고, 모든 선한 일과 너희가 하는 모든 말에 더욱 힘이 되어 주시기를 기원한다.

기도와 게으름에 대한 권면과 축도

3 ● 형제들아, 마지막으로 부탁한다. 너희는 우리를 위해 이렇게 기도하라. "주의 말씀이 너희 가운데서 널리 퍼진 것처럼 다른 사람에게도 널리 퍼져 주를 높여 드리고

2 또한 우리를 악한 사람들에게서 건지시옵소서." 주를 믿는 믿음은 모든 사람의 것이 아니다.

3 주는 신실하시기 때문에 너희를 굳세게 하시고, 악한 자에게서 보호해 주실 것이다.

4 우리는 우리가 명령한 것을 너희가 행할 줄을 주 안에서 의심하지 않는다.

5 주께서 너희 마음을 인도하여 하나님의 사랑과 그리스도의 인내를 잘 깨닫게 하시기를 기도한다.

6 형제들아, 우리 주 예수 그리스도의 이름으로 너희에게 명령한다. 게을러 일하기를 싫어하는 사람들에게서 떠나라. 그들은 우리가 전한 명령[1]을 지키지 않는 자들이다.

7 너희는 어떻게 우리를 본받아야 할지 너희 스스로 잘 알게 되었다. 우리는 너희 가운데 있을 때 게으르지 않았다.

8 우리는 누구에게도 음식을 공짜로 먹지 않고 값을 치렀으며, 오직 수고하고 힘써 밤낮으로 일한 것은 너희 중 누구에게도 짐을 지우지 않으려고 한 것이다.

9 물론 우리가 너희에게 도와 달라고 할 수도 있었다. 그러나 그렇게 하지 않은 것은 오직 우리 스스로가 너희에게 본을 보여 우리를 본받게 하기 위함이었다.

10 우리가 너희와 함께 있었을 때도 너희에게 "누구든지 일하기 싫어하거든 먹지도 말게 하라"고 명령했다.

11 그럼에도 너희 가운데 게을러 도무지 일하지 않고 일에 간섭만 하는 자들이 있다는 소식을 우리가 들었다.

12 우리는 이런 자들에게 권면한다. "주 예수 그리스도 안에서 조용히 일하며 자기가 수고한 양식을 먹으라."

13 형제들아, 너희는 바르게 살고 선한 일을 행하는 동안 낙심하지 말라.

14 누가 이 편지에서 한 우리 말을 순종하지 않거든 그 사람이 누구인지 기억하여 그와 사귀지 말고 그가 스스로 부끄러움을 느끼게 하라.

15 그러나 원수와 같이 생각하지 말고 형제에게 권면하듯 하라.

16 평안의 주께서는 언제 어디서나 너희에게 평안을 주시고, 그분이 너희 모든 사람과 함께하기를 원하신다.

17 나 바울은 친필로 문안 인사를 한다. 이는 편지마다 이 글씨체를 보고 내가 쓴 것임을 알 수 있을 것이다.

18 우리 주 예수 그리스도의 은혜가 너희 무리에게 있기를 기도한다.

1) 전통

디모데전서

제목 히브리어 성경에는 프로스 티모데온알파('디모데에게 보낸 첫번째 편지')

기록연대 기원후 63–65년경 **저자** 사도 바울 **중심주제** 디모데에게 보낸 목회 지침서

내용소개 * 목회자의 임무(권면) 1. 교리와 예배에 관한 교훈 1–2장 * 교회의 규칙(교훈)
2. 제직과 목회자에 관한 교훈 3–4장 * 목회사역(교훈) 3. 평신도에 관한 교훈 5–6장

인사와 가르침에 대한 권면

1 ●우리의 구세주이신 하나님과 소
망 되신 그리스도 예수의 명령에
따라 그리스도 예수의 사도 된 바
울은

2 믿음 안에서 영적 아들이 된 디모
데에게 편지한다. 하나님 아버지
와 그리스도 예수 우리 주의 은혜
와 긍휼과 평안이 네게 있기를 기
원한다.

3 63년 이후 내가 로마에서 석방이
된 후 에베소를 떠나 마게도냐 지
역으로 갈 때 네게 일러준 대로 에
베소에 머물라고 한 것은 그곳에
있는 몇 사람이 내가 전한 것과 다
른 교훈을 가르치지 못하도록 하
기 위해서였다.

4 신화와 끝없는 족보 이야기에 집
착하지 않도록 하라. 그런 것들은
믿음 안에 있는 하나님의 일을 이
루기보다 도리어 논쟁거리로 만든
다.

5 내가 이렇게 말하는 것은 청결한
마음과 선한 양심과 거짓 없는 믿
음을 가질 때 나오는 사랑을 갖게
하기 위함이다.

6 어떤 사람들은 이런 것들을 생각
하지 않고 헛된 말에 빠져

7 율법의 선생이 되려고 하지만 그
들은 자기가 무슨 말을 하는지, 무
엇을 주장하는지도 깨닫지 못한
다.

8 그러나 우리는 사람이 율법을 바

르게 사용하기만 하면 그것이 선
한 것임을 알고 있다.

9 바로 우리가 알아야 할 것은 이것
이다. 곧 율법은 바르게 사는 사람
을 위해 주어진 것이 아니다. 그것
은 오직 율법을 지키지 않는 자와
그것에 복종하지 않는 자, 경건하
지 않은 자, 죄인과 거룩하지 않은
자, 하나님을 모독하는 자, 부모를
죽이는 자, 살인하는 자,

10 음행하는 자, 남색하는 동성애자,
인신매매하는 자, 거짓말하고 거
짓 맹세하는 자, 기타 바른 가르침
을 거스르는 자 등을 위해 있는 것
이다.

11 이런 율법에 대한 가르침은 복되
신 하나님에게서 나온 것이다. 주
는 내게 이런 영광의 복음을 전하
도록 맡기셨다.

바울의 간증과 기도에 대한 가르침

12 ● 나는 나를 충성되이 여겨 내게
직분을 맡기고 능력을 주신 그리
스도 예수 우리 주께 감사한다.

13 내가 전에는 예수를 비방하고 박
해하고 믿는 자를 폭행했던 자였
으나 지금 오히려 그분에게 긍휼
을 입은 것은 그때 내가 믿지 못해
알지 못하고 행했기 때문이다.

14 우리 주의 은혜가 그리스도 예수
안에 있는 믿음과 사랑과 함께 내
마음속에 풍성히 넘쳤다.

15 신실하도다. 이 말이여, 모든 사람
이 받을 만한 말이다. 그리스도 예

수께서 죄인을 구원하시기 위해 이 세상에 오셨다. 나는 죄인 중에 괴수이다.

16 그러나 내가 긍휼을 입은 이유는 예수께서 내게 먼저 오래 참으시고, 후에 나로 주를 믿게 하여 영원한 생명을 얻는 자들에게 본이 되도록 하려고 하신 것이다.

17 썩지 않고, 보이지도 않고, 홀로 하나이신 영원한 하나님께 존귀와 영광을 영원무궁토록 올려 드립니다. 아멘.

18 믿음으로 낳은 아들 디모데야, 내가 네게 이 교훈으로써 명령한다. 이전에 네게 말했던 예언과 같은 명령을 따라 그것으로 선한 싸움을 싸우며,

19 믿음과 착한 양심을 가지라. 어떤 이들은 이 양심을 버렸고 그 믿음을 잃어버렸다.

20 그런 사람 중에 후메내오와 알렉산더가 있다. 내가 그들을 내버려 뒤 사탄에게 내준 것은 그들이 하나님에 대한 신성을 모독하지 못하게 하려는 것이었다.

2 그러므로 너희는 모든 사람을 위해 간구와 기도와 중보기도와 감사를 하라. 이것은 내가 우선적으로 권면하는 것이다.

2 특히 왕들과 높은 지위에 있는 모든 사람을 위해서 하라. 이는 우리가 하나님을 예배하고 경외하며1), 조용하고 평안한 생활을 하려는 것이다.

3 이것은 우리 구주 하나님께서 선하고 기쁘게 받으실 만한 것이다.

4 하나님은 모든 사람이 구원을 받고 진리를 알기 원하신다.

5 하나님은 한 분이며, 하나님과 사람 사이에 중재자 역할을 하는 분

도 한 분이니, 곧 사람이신 예수 그리스도이시다.

6 예수 그리스도께서는 모든 사람을 위해 자기를 속제제물로 대신 주셨다. 그것은 정하신 때가 되어 주신 증거이다.

7 이를 위해 내가 그것을 전파하는 자와 사도의 직분을 받은 것은 사실이다. 나는 믿음과 진리 안에서 이방인의 스승이 되었다.

8 나는 교회의 공적 모임 각처에서 남자들이 분노와 다툼 없이 손을 들어 경건하게 기도하기를 원한다.

9 마찬가지로 여자들도 단정하게 옷을 입고 땋은 머리와 금이나 진주나 값진 옷이 아니라 정숙한 몸가짐으로 자기를 단장하라.

10 오직 선한 일을 힘쓰라. 이것은 하나님을 경외하는 자들에게 마땅한 것이다.

11 여자는 순종하는 가운데 조용히 배우라.

12 여자에게는 가르치는 것과 남자를 지배하는 것을 허락하지 않았으니 오직 조용히 있어야 한다.

13 이는 아담이 먼저 지음을 받고 하와가 그후 지음을 받았기 때문이다. 또

14 아담이 속은 것이 아니고 여자가 뱀에게 속아 죄에 빠졌기 때문이다.

15 그러나 여자들이 정숙함으로써 믿음과 사랑과 거룩함 가운데 행하면 그는 자녀를 낳고 기르는 가운데2) 구원을 얻을 것이다.

감독과 집사의 자격과 경건의 비밀

3 누구든지 감독의 직분을 얻기를 원하는 자마다 선한 일을 사모

1) 경건과 단정함으로   2) 해산함으로

해야 한다는 말은 신실하다.

2 그러므로 감독의 자격은 비난 받는 일이 없으며, 오직 성실한 한 아내의 남편이 되며, 절제하며, 모든 일을 깊이 생각하며, 단정하며, 나그네를 대접하며, 가르치기를 잘해야 한다.

3 또 술을 즐기지 않고, 싸우거나 때리지 않고, 오직 너그러우며, 돈을 사랑하지 말아야 한다.

4 그리고 자기 집을 잘 다스려 자녀들이 아버지를 공경하고 복종하도록 훈계하는 자라야 한다.

5 사람이 자기 집을 잘 다스리지 못하면서 어떻게 하나님의 교회를 돌볼 수 있겠느냐?

6 교회에 등록한 지 얼마 되지 않은 입교한 자는 감독이 될 수 없다. 그런 사람은 교만해지기 쉬워 마귀가 받은 것과 같은 심판에 빠지기 쉽기 때문이다.

7 또한 감독은 교회 밖의 외인은 될 수 없고, 교회 밖의 사람에게서 존경을 받는 선한 증거를 하는 자라야 한다. 그렇지 않으면 비방과 마귀의 올무에 빠지기 쉽다.

8 집사의 자격도 신중하게 행동하고, 한 입으로 두 말을 하지 않고, 술을 즐기지 않고, 남을 속여 자신의 이익을 챙기지 않아야 한다.

감독 (딤전 3:2)

성경에서 감독은 교회 또는 국가나 군대의 감독, 조사 등 다양한 의미로 사용되었다. 애굽의 감독자들은 이스라엘의 고역을 감독하였고, 느헤미야는 자신을 도울 감독자를 거느렸다(느 11:9). 신약에서 감독은 장로의 별칭으로, 그 직무의 성격을 강조한 이름이다. 이들은 교회를 치리하고 감독하며, 설교하는 일을 맡았다. 특히 이 말은 그리스도 자신에게 적용되기도 했다(벧전 2:25).

9 그는 깨끗한 양심에 믿음을 통해 옳다고 판단하는 것을 행하는 자라야 한다.

10 이런 이유로 이 사람들을 먼저 시험해 본 후 책망 받을 것이 없으면 그때 집사의 직분을 맡게 할 것이다.

11 마찬가지로 여자들도 정숙하고 모함하지 않고 절제하며 모든 일에 충성된 자라야 할 것이다.

12 집사들은 오직 성실한 한 아내의 남편이 되어 자녀와 자기 집을 잘 다스리는 자라야 한다.

13 집사의 직분을 잘 감당한 자들은 자랑스러운 지위와 그리스도 예수 안에 있는 믿음에 큰 담대함을 얻는다.

14 내가 하루 빨리 네게 가기를 바라지만 우선 이것을 너에게 쓰는 것은

15 만일 내가 늦게 가게 되면 네가 하나님의 집에서 어떻게 행해야 할지를 먼저 알게 하기 위함이다. 이 집은 바로 살아계신 하나님의 교회이며, 진리의 기둥과 토대이다.

16 예배하는 경건한 삶의 비밀은 크고 놀라운 것이다. 이것에 대해 이의를 제기하는 자는 없다. 주는 육신의 몸으로 이 세상에 오셨고, 영으로 의롭다 함을 받으셨다. 그분은 천사들에게 나타나시고 만국에 전파되셨으며, 세상 사람들이 그를 믿었다. 그리고 마침내 영광 가운데서 하늘로 올라가셨다.

참 교사에 대한 가르침

4 ● 성령께서 분명히 말씀하셨다. "장차 어떤 사람들은 믿음에서 떠나 미혹하게 하는 거짓 영을 따르고 귀신의 가르침을 따를 것이다."

2 그러나 그들은 자기 양심에 불도

장을 맞아서 위선으로 거짓말하는 자들이다. 그들은

3 혼인을 금하고 어떤 음식물은 먹지 말라고 말한다. 그러나 모든 음식물은 하나님께서 만드신 것이므로 믿는 자들과 진리를 아는 자들이 감사한 마음으로 먹으면 된다.

4 하나님께서 만드신 모든 것은 선한 것이니 감사한 마음으로 받으면 버릴 것이 하나도 없다.

5 이는 하나님의 말씀과 기도로 거룩해지기 때문이다.

6 네가 이 모든 말로 형제를 깨닫게 하면 그들은 그리스도 예수의 좋은 일꾼이 되어 믿음의 말씀과 네가 어려서부터 따르는 선한 가르침으로 양육을 받을 것이다.

7 경건하지 않은 무가치한[1] 신화를 버리고 하나님을 경배하게 하는 경건에 이르도록 네 자신을 단련시키라.

8 육체의 단련은 약간의 유익이 있지만, 하나님을 경배하게 하는 경건은 모든 일에 유익하니 그것은 이 세상과 다가올 세상에서의 복도 약속해 준다.

9 이 말은 모든 사람이 받아들일 만한 것이다.

10 이를 위해 우리가 수고하고 애쓰는 것은 우리의 소망을 살아계신 하나님께 두기 때문이다. 그분은 모든 사람, 특히 믿는 자들의 구세주가 되신다.

11 너는 이것들을 명령하고 가르치라.

12 누구든지 네가 젊다고 사람들이 너를 업신여기지 못하게 하라. 너는 오직 말과 행실과 사랑과 믿음과 순결하고 깨끗한 삶을 통해 믿는 자에게 본이 되라.

13 내가 갈 때까지 성경을 읽는 것과 권면하는 것과 가르치는 일에 전념하라.

14 또한 장로의 회에서 안수 받을 때 네 속에 임했던 예언을 통해 받은 것을 가볍게 여기지 말라.

15 그리고 이 모든 일에 온 마음과 힘을 다해 네가 성숙하다는 것을 모든 사람에게 보여주라.

16 너는 네 자신의 삶과 가르침에 주의하면서 항상 이 일을 계속하라. 그런 행함을 통해 네 삶과 네 말을 듣는 자는 구원을 받을 것이다.

성도를 대하는 자세

5 ● 나이 많은 사람에게 화를 내지 말고 아버지에게 하듯 권면하며, 젊은이에게는 형제를 대하듯 하고,

2 늙은 여자에게는 어머니를 대하듯 하며, 젊은 여자에게는 온전히 깨끗함으로 자매를 대하듯 하라.

3 참으로 의지할 데 없는 믿는 과부를 잘 대해 주라.

4 만일 어떤 과부에게 자녀나 손자들이 있다면 그들이 먼저 자기 집에서부터 효를 행함으로써 부모에게 보답하는 것을 배우게 하라. 이것은 하나님께서 기뻐하시는 것이다.

5 믿는 참 과부로서 홀로 사는 자는 하나님께 소망을 두고 밤낮으로 항상 기도와 간구를 한다. 그러나

6 향락을 좋아하는 자는 몸은 살아 있지만 실상은 죽은 것과 다름이 없다.

7 너는 이 모든 것을 가르쳐서 그들로 책망 받을 것이 없도록 하라.

8 누구든지 자기 친척과 가족을 돌보지 않으면 믿음을 저버린 자요,

1) 망령되고 허탄한

믿지 않는 자보다 더 악한 자다.

9 과부의 명부에 올릴 자는 60세가 넘고, 한 남편의 아내였던 자로서

10 자녀를 양육하거나, 나그네를 대접하거나, 성도들의 발을 씻어 주거나, 환난당한 자들을 구제하거나, 선한 행실의 증거가 있는 자여야 한다.

11 젊어서 과부가 된 자는 과부의 명단에 올리지 말라. 그 이유는 정욕으로 재혼하기 위해 그리스도를 떠나 배반할 때가 있기 때문이다.

12 그렇게 되면 처음에 가졌던 믿음을 저버렸으므로 사람들에게 비난을 받게 될 것이다.

13 또 그들은 점점 게을러져서 이 집저 집으로 돌아다니면서 쓸데없는 말을 하고, 다른 사람의 일에 간섭하며, 하지 말아야 할 말을 하고 다니며 시간을 보낸다.

14 그러므로 젊어서 과부가 된 사람은 재혼해서 아이를 낳고, 집을 다스리므로 사람들로 비방할 기회를 조금도 주지 않도록 하라.

15 어떤 과부들은 이미 사탄을 따르는 자도 있다.

16 만일 믿는 여자에게 과부가 된 친척이 있거든 자기가 직접 과부를 도와주고 교회가 부담을 지지 않게 하라. 이는 믿음의 참 과부를 도와주게 하려는 것이다.

17 교회를 잘 다스리는 장로들을 배나 존경하고, 말씀과 가르침에 수고하는 이들도 더욱 존경하라.

18 성경에는 "곡식을 밟아 떠는 소의 입에 망을 씌우지 말라"고 기록되었다. 또 "일꾼이 그 품삯을 받는 것은 당연하다[1]"라고 했다.

19 장로에 대한 고소는 2~3명의 증인이 없으면 그 고소하는 말을 듣지 말라.

20 범죄자들을 모든 사람 앞에서 책망해 나머지 사람들에게 경고가 되게 하라.

21 하나님과 그리스도 예수와 선택을 받은 천사들 앞에서 내가 엄숙히 명령한다. 너는 누구에게든지 편견을 갖지 말고, 어떤 일에도 공평하게 하라.

22 누구에게나 함부로 손을 얹고 안수하지 말고, 다른 사람의 죄에 함께 빠지지 말며, 네 자신을 거룩하게 지키라.

23 이제부터는 물만 마시지 말고 네 위장병과 자주 발생하는 병을 위해서는 포도주를 조금씩 마시라.

24 어떤 사람들의 죄는 분명하게 드러나 먼저 심판에 서게 되고, 어떤 사람들의 죄는 드러나지 않는 경우도 있다.

25 선행 역시 밝히 드러나기도 하고, 그렇지 않고 숨겨지는 경우도 있지만 결국에는 다 알게 된다.

6 무릇 멍에 아래에 있는 종의 신분을 가진 자들은 자기 상전들을 모든 일에서 마땅히 존경할 자로 알아야 한다. 이는 하나님의 이름과 우리의 가르침으로 비방을 받지 않게 하려는 것이다.

2 믿는 상전을 모시고 있는 자들은 상전을 믿음 안에서 한 형제라고 생각하여 가볍게 여기지 말고 더 잘 섬기도록 하라. 종에게 섬김을 받는 주인이 믿는 자이며, 사랑을 받는 자이기 때문이다. 너는 이런 내용들을 가르치고 권면하라.

말씀과 경건에 대한 교훈과 믿음의 선한 싸움

3 ●누구든지 그리스도에 대해 다른

1) 신 25:4, 마 10:10

가르침을 하거나 예수 그리스도의 말씀과 경건에 대한 가르침을 따르지 않으면

4 그는 교만하여 아무것도 알지 못하고 변론과 말 다툼만을 좋아하는 자이다. 이런 일은 시기와 분쟁과 훼방과 악한 생각을 가져온다.

5 다툼은 마음이 부패해지고 진리를 잃어버려 하나님 섬기는 경건한 일을 돈 버는 수단으로 생각하는 자들에게서 일어난다.

6 그러나 지금 있는 것에서 만족하는 마음이 있으면 그 경건은 큰 도움이 된다.

7 우리가 세상에 아무것도 가지고 온 것이 없으니 세상을 떠날 때 아무것도 가지고 가지 못할 것이다.

8 그러므로 우리는 먹고 입을 것이 있으면 그것으로 만족해야 한다.

9 부자가 되려고 하는 자들은 유혹과 덫, 여러 가지 재물에 대한 해를 끼치는 욕심에 빠져 죽음과 멸망에 빠지게 된다.

10 돈을 사랑하는 것은 수많은 악의 근본이 되기 때문에 이것을 탐내는 자들은 미혹을 받아 믿음에서 떠나 많은 근심과 고통을 당하게 된다.

11 너는 하나님의 사람이다. 그러므로 이런 것들을 피하고 의와 하나님 섬김는 경건과 믿음과 사랑과 인내와 온유함을 가지라.

12 믿음의 선한 싸움을 싸워 영원한 생명을 차지하라. 이를 위해 네가 부르심을 받았고 많은 증인 앞에서 네 신앙을 고백[1]했다.

13 만물에게 생명을 주시는 하나님 앞과 본디오 빌라도 총독을 향해 선한 증거를 하신 그리스도 예수 앞에서 내가 네게 명령한다.

14 예수 그리스도께서 다시 오실 때까지 흠이나 책망 받을 것이 없도록 이 명령을 잘 지키라.

15 때가 되면 하나님께서 예수 그리스도를 다시 보내실 것이니 하나님은 복의 근원이시며, 유일한 통치자로서 만왕의 왕이시며, 모든 만물 가운데서 주인이시다.

16 오직 하나님께만 생명이 있고, 접근하지 못할 강한 빛에 거하시며, 어떤 사람도 그분을 보지 못했으며, 또 볼 수도 없는 분이다. 그러므로 그 영광과 권능이 영원히 하나님께 있으시다. 아멘.

17 너는 이 세상의 부자들에게 이 말을 전하라. 교만하지 말고, 재물에 소망을 두지 말며, 오직 우리에게 모든 것을 후히 주어 누리게 하시는 하나님께만 소망을 두라.

18 선을 행하고 선한 사업에 힘쓰고 베풀기를 좋아하며 너그러운 자가 되게 하라.

19 이것이 장차 자기를 위해 좋은 터를 쌓아 영원한 참된 생명을 취하는 것이다.

20 디모데야, 네게 부탁한 것을 지키기 위해 망령되고 헛된 말과 거짓된 지식에서 나오는 변론을 피하라.

21 그와 같은 것을 따르는 사람들은 믿음에서 벗어난 자들이다. 하나님의 은혜가 너희와 함께하기를 기원한다.

1) 선한 증언

제목 히브리어 성경에는 프로스 티모테온알파('디모데에게 보낸 두번째 편지')

기록연대 기원후 65~67년경 **저자** 사도 바울 **중심주제** 목회 지침과 자신의 죽음에 대해

내용소개 * 복음과 함께 고난을 받으라(감사와 권면) 1. 전도자의 소명 1장 2. 전도자의 자세 2장
* 복음을 보호하고 전파하라(경고와 부탁) 3. 말세에 나타날 현상 3장 4. 전도에 대한 권면 4장

인사와 복음과 함께한 고난

1 ● 그리스도 예수 안에 있는 생명의 약속을 전하라는 하나님의 뜻에 따라 그리스도 예수의 사도 된 바울은

2 사랑하는 믿음의 아들 디모데에게 이 편지를 쓴다. 하나님 아버지와 그리스도 예수 우리 주의 은혜와 긍휼과 평안이 네게 있기를 기원한다.

3 내가 밤낮으로 기도하는 가운데 계속해서 너를 기억하여 깨끗한 양심으로 조상 때부터 섬겨 오는 하나님께 감사드린다.

4 네가 떠날 때 흘렸던 눈물이 기억나서 너를 보기 원한다. 너를 만날 때는 내 기쁨이 얼마나 크겠느냐?

5 이는 네 속에 순수한 믿음이 있다는 것을 생각하기 때문이다. 그 믿음은 먼저 네 외조모 로이스와 어머니 유니게에게 있었던 것인데 네 속에도 있는 줄을 내가 확신한다.

6 그러므로 내가 네게 안수할 때 네

성경인물 로이스와 유니게(딤후 1:5)

로이스(Lois)는 디모데의 외조모이며 유니게의 모친이다. 바울은 디모데에게 거짓없는 믿음이 외조모인 로이스에게서 비롯된 것이라고 칭찬했다. 유니게(Eunice)는 루스드라에 거하던 로이스가 헬라인 남편과 결혼하여 낳은 딸로 디모데의 어머니이기도 하다. 그녀는 거짓없는 믿음의 소유자로 바울로부터 칭찬을 받았으며 디모데를 신앙으로 잘 양육하였다.

속에 있는 하나님의 은사가 다시 불타오르기를 바란다.

7 하나님께서 우리에게 주신 것은 두려워하는 마음이 아니라 오직 능력과 사랑과 절제하는 마음이다.

8 그러므로 너는 내가 우리 주를 전파하고 주를 위해 감옥에 갇힌 나를 부끄럽게 생각하지 말라. 오히려 하나님의 능력에 힘입어 복음과 함께 고난을 받으라.

9 하나님께서 우리를 구원하실 뿐 아니라 거룩한 소명으로 부르신 것은 우리의 행위 때문이 아니라 오직 자기의 목적과 은혜대로 하신 것이다. 그 은혜는 영원 전부터 그리스도 예수 안에서 우리에게 주신 것이다.

10 이 같은 사실은 우리 구주 그리스도 예수께서 세상에 오신 후에야 비로소 우리에게 보여졌다. 그분은 죽음의 권세를 깨뜨리고 복음으로써 생명과 썩지 아니할 것을 보여주셨다.

11 나는 이 복음을 위해 선포자와 사도와 교사로 세움을 받았다.

12 이로 인해 내가 다시 이 고난을 받고 있지만 부끄러워하지 않는 것은 내가 믿는 예수 그리스도를 내가 알고, 또한 내게 맡기신 것을 세상 끝날까지 예수께서 능히 지켜주실 것이라고 확신하기 때문이다.

13 그러므로 너는 내게 들은 그리스

도 예수 안에 있는 믿음과 사랑으로써 바른 말을 본받아 지키라.

14 우리 안에 계시는 성령의 도우심으로 네게 부탁한 아름다운 것, 복음을 지키라.

15 소아시아 지역에 있는 대다수의 사람이 나를 버린 일을 네가 알고 있다. 그중에는 부겔로와 허모게네도 있다.

16 나는 주께서 오네시보로의 집에 긍휼 베푸시기를 기원한다. 그는 자주 나를 격려해 주었고, 내가 사슬에 매인 것을 부끄러워하지 않았으며,

17 내가 로마에 있을 때도 자주 나를 찾아와 주었다.

18 또 그가 에베소에서 많이 봉사한 것을 너도 잘 알고 있다. 원컨대 주께서 다시 오시는 날 그에게 주의 긍휼을 입게 하옵소서.

예수 그리스도의 좋은 군사와 인정받는 일꾼

2 ● 그러므로 내 믿음의 아들아, 너는 그리스도 예수 안에 있는 은혜에 힘입어 강하라.

2 또 네가 많은 증인 앞에서 내게 들은 것을 신실한 사람들에게 부탁하라. 그들은 또 다른 사람들을 가르칠 수 있을 것이다.

3 너는 그리스도 예수의 좋은 군사답게 나와 함께 고난을 받으라.

4 군사로 복무하는 자는 개인적인 생활에 얽매이지 않는다. 그것은 군사로 모집한 자를 기쁘게 해야 하기 때문이다.

5 경기하는 자가 경기 규칙대로 경기하지 않으면 승리자의 관을 쓰지 못하며,

6 수고하는 농부가 추수한 곡식을 가장 먼저 얻는 것은 당연하다.

7 내가 말하는 것을 생각해 보라. 주께서 모든 일에 네게 깨닫는 지혜를 주실 것이다.

8 내가 전한 복음대로 다윗의 후손으로 태어나 죽은 자 가운데서 다시 살아나신 예수 그리스도를 기억하라.

9 복음으로 인해 내가 죄인과 같이 쇠사슬에 매이는 데까지 고난을 받았다. 그러나 하나님의 말씀은 결코 어떤 것에도 매이지 않는다.

10 그러므로 내가 선택 받은 자들을 위해 모든 것을 참는 것은 그들도 그리스도 예수 안에 있는 구원을 영원한 영광과 함께 받도록 하기 위함이다.

11 이 말은 참으로 그러하다. 우리가 주와 함께 죽었다면 또한 그와 함께 살 것이다.

12 우리가 끝까지 참으면 또한 주와 함께 왕 노릇을 할 것이다. 그러나 우리가 주를 부인하면 주께서도 우리를 모른다고 부인하실 것이다.

13 우리는 신실하지 못해도 주께서는 언제나 우리를 신실하게 대해 주신다. 주는 자신이 신실하심을 부인하실 수 없기 때문이다.

14 디모데야, 너는 성도들로 이 중요한 사실을 기억하게 하여 깨우치라. 그리고 말다툼을 하지 말라고 하나님 앞에서 엄하게 명령하라. 말다툼은 누구에게도 도움이 되지 못하고 오히려 그것을 듣는 자들을 망하게 한다.

15 너는 진리의 말씀을 바르게 판단하여 부끄러울 것이 없는 일꾼으로 하나님께 인정 받도록 자신을 하나님 앞에 드리는데 힘을 다하라.

16 하나님을 훼방하는 헛된 말을 버리라. 그런 말을 하는 자들은 하나

님을 섬기는 일인 경건에 더 멀어져 갈 뿐이다.

17 그들의 말은 암의 일종인 악성 종양이 퍼져 나가는 것과 같다. 그런데 그중 후메내오와 빌레도가 있다.

18 그들은 진리의 말씀에서 떠났기에 "부활은 이미 옛날에 일어난 일에 불과하다"라고 말하면서 사람들의 믿음을 무너뜨리고 있다.

19 그럼에도 하나님의 견고한 터인 교회는 무너지지 않는다. 그 위에는 이런 말이 성경에 기록되어 있다. "주께서 자기 백성을 아신다[1]" 또 "주의 이름을 부르는 자마다 불의에서 떠날지어다[2]"라고 했다.

20 큰집에는 금과 은 그릇뿐 아니라 나무와 질그릇도 있어 귀하게 쓰는 것도 있고 천하게 쓰는 것도 있다.

21 그러므로 누구든지 자기를 깨끗하게 하면 귀하게 쓰는 그릇이 되어 주인의 쓰심에 합당하며, 모든 선한 일에 쓰일 수 있는 준비된 사람이 된다.

22 너는 청년의 정욕을 피하고 깨끗한 마음으로 주를 부르는 자들과 함께 의와 믿음과 사랑과 화평을 추구하라.

23 어리석고 무식한 논쟁을 버리라. 그런 것에서 다툼이 일어난다.

24 주의 종은 다투지 않고, 모든 사람에 대해 친절하며, 가르치기를 잘하며, 참으며,

25 진리를 거역하는 자들에게 온유함으로 가르치라. 그러면 하나님께서도 그들을 회개하도록 해서 진리를 깨닫게 해주실 것이다.

26 또 그들이 깨어 마귀의 덫에서 벗어나 하나님께 사로잡혀 그 뜻을 따라 살게 하실 것이다.

마지막 날에 대한 가르침과 끝마침 인사

3 ● 너는 마지막 날에 고통하는 때가 있다는 것을 알라.

2 그때는 사람들이 자기 자신과 돈을 사랑하며, 자기를 자랑하며, 교만하며, 하나님을 모독하고, 부모를 거역하며, 감사하지 않으며, 거룩하지 않으며,

3 사랑도 없고, 원한을 풀지 않고, 모함하며, 절제하지 못하고 잔인하며, 선한 것을 좋아하지 않으며,

4 가까운 자를 배신하며, 조급하게 행동하며, 스스로 교만하며, 하나님보다 쾌락을 더 사랑한다.

5 겉으로는 하나님을 섬기는 것 같으나 실상은 그렇지 않으니 너는 이런 자들을 멀리하라.

6 그들 중에는 남의 집에 몰래 들어가 어리석은 여자를 유인하는 자들이 있다. 유인 당하는 여자는 여러 가지 욕심에 끌려 죄에 빠져 있다.

7 그들은 항상 말씀을 배우지만 끝내는 진리의 지식을 깨닫지 못한다.

8 얀네와 얌브레가 모세를 대적한 것처럼[3] 그들도 진리를 거역하니 그런 자들은 그 마음이 부패하고 믿음에서 떠난 자들이다.

9 그러므로 그들의 행위는 얼마 가지 못한다. 그 두 사람 얀네와 얌브레처럼 결국에는 그들의 어리석음이 드러날 것이기 때문이다.

10 내 가르침과 행실과 삶의 목적과 믿음과 오래 참음과 사랑과 인내와

11 박해를 받은 것과 고난당한 것, 비시디아 안디옥과 이고니온과 루스드라에서 당한 일[4], 그 외에 박해받은 것을 네가 보고 알고 있다. 이

---

1) 민 16:5   2) 사 26:13   3) 출 7:11, 22:8-7, 18   4) 행 13:50-51, 14:2-6, 8-19

처럼 주께서는 이 모든 고난과 환난 가운데서 나를 건지셨다.

12 무릇 그리스도 예수 안에서 경건하게 살려고 하는 자는 박해를 받을 것이다.

13 악한 사람들과 남을 속이는 자들은 더욱 악해져 속이기도 하고 자신이 속기도 한다.

14 그러나 너는 배우고 확신하고 있는 진리에 따라 행하라. 너는 자신이 누구에게서 배웠는지를 알고 있다.

15 또 너는 어려서부터 성경을 알았다. 성경은 그리스도 예수를 믿는 믿음으로 인해 구원에 이르게 하는 지혜가 있다.

16 모든 성경은 하나님의 영감으로 기록된 것이다. 그것은 가르침과 책망과 바르게 하는 것과 의로 교육하기에 유익한 책이다.

17 말씀은 하나님의 사람으로 완전케 하며 모든 선한 일을 행할 능력을 갖게 한다.

4 나는 하나님 앞과 살아있는 자와 죽은 자를 심판하실 그리스도 예수 앞에서 엄숙히 명령한다. 예수께서는 다시 재림하여 그의 나라를 세우실 것이다.

2 너는 좋은 때든지 그렇지 않든지 말씀 전파에 항상 힘쓰라. 모든 일에 인내함으로 가르치며, 잘못된 것을 바로잡아 주고 책망하며 격려하라.

3 때가 이르면 사람들이 바른 교훈인 예수의 복음을 받지 않고 귀가 가려워서 자기의 사적인 욕심을 채워 줄 스승을 많이 둔다.

4 또 진리에서 벗어나 허탄한 이야기를 따르는 데 귀를 기울인다.

5 그러나 너는 모든 일에 자신을 돌아보고, 고난을 받으며, 네게 맡겨진 전도자의 직무를 다하라.

6 제물 위에 술을 붓는 전제1) 제사처럼 내 삶이 바쳐졌고, 내가 이 세상을 떠날 시각이 가까이 왔다.

7 나는 생명을 위한 선한 싸움을 싸우고 나의 달려갈 길을 다 마치고 믿음을 지켰다.

8 그러므로 이후에는 나를 위해 의의 면류관이 예비되었다. 그것은 의로우신 재판장인 주께서 마지막 날에 내게 주시며, 내게만 아니라 주의 재림을 사모하는 모든 자에게도 주실 것이다.

9 너는 에베소에서 어서 서둘러 내게로 오라.

10 데마는 세상을 사랑하여 나를 버리고 마게도냐 지역의 데살로니가로 갔고, 그레스게는 갈라디아 지역으로, 디도는 마게도냐 북서쪽의 달마디아 지역으로 갔으며,

11 누가만 나와 함께 있다. 네가 올 때 마가를 데려오라. 그는 내 일에 유익한 자이다.

12 두기고는 내가 에베소로 보냈다.

13 네가 올 때 내가 드로아 가보의 집에 둔 겉옷을 가져오라. 또 특별히 가죽 종이에 쓴 구약성경 책을 가져오라.

14 구리 세공업자인 알렉산더가 나를 많이 해롭게 했으니 주께서는 그가 행한 대로 그에게 갚으실 것이다.

15 너도 그 자를 경계하라. 그는 우리가 하는 말에 대해 강하게 대적했다.

16 내가 처음 법정에 끌려가 변명할 때 나와 함께한 자가 한 명도 없고 모두 나를 버렸다. 그러나 나는 하나님께서 그들에게 허물을 돌리지

1) 관제

17 주께서 내 곁에 서서 내게 힘을 주신 것은 나를 통해 선포된 말씀이 모든 이방인까지 듣기를 바라셨기 때문이다. 또한 나는 사자의 입 같은 상황에서도 건짐을 받았다.

18 주께서는 나를 모든 고난과 어려움[1]에서 건져내셨다. 또 그의 나라, 천국에 들어가도록 구원하실 것이니 그분께 영원무궁토록 영광을 올린다. 아멘.

19 브리스가, 아굴라 부부와 감옥에 있을 때 나를 도운 오네시보로의

20 집에 문안한다.

20 에라스도는 고린도에 머물러 있고, 드로비모는 병들어서 밀레도에 두었다.

21 그러니 디모데야, 너는 겨울 전에 서둘러 내게 오라. 으불로와 부데와 리노와 글라우디아와 모든 믿음의 형제가 다 네게 문안한다.

22 나는 주께서 네 심령에 함께 계시기를 바란다. 하나님의 은혜가 너희와 함께 있기를 기원한다.

1) 악한 일

디도서
Titus

제목	히브리어 성경에는 프로스 티톤, 수신자의 이름을 반영하여 결정
기록연대 기원후 65년 말경	**저자** 사도 바울 **중심주제** 기원후 65년 말경

내용소개 1. 장로 자격, 거짓 교사 경고 1장 2. 각종 교인 생활 2장 3. 선행 권면: 사회 생활 3장

인사와 그레데에서의 디도의 사역

1 ● 하나님의 종이며, 예수 그리스도의 사도가 된 나 바울은 하나님께서 선택하신 자들의 믿음과 경건함에 속한 진리의 지식과

2 영원한 생명의 소망을 위해 사도가 되었다. 이 영원한 생명은 거짓이 없으신 하나님께서 영원 전부터 약속하신 것인데

3 하나님께서 정하신 때 전도를 통해 자기의 말씀을 나타내셨다. 이 전도는 우리의 구세주이신 하나님께서 명령하신 대로 내게 맡기신 것이다.

4 나는 같은 믿음 안에서 신앙의 아들이 된 디도에게 편지한다. 하나님 아버지와 그리스도 예수 우리 구세주께서 은혜와 평안을 네게

베푸시기를 기원한다.

5 내가 너를 지중해 가운데 있는 그레데섬에 남겨 둔 이유는 부족했던 일을 바로잡고, 내가 명령한 대로 각 성에 장로들을 세우게 하기 위함이다.

6 장로의 자격은 책망할 것이 없고, 한 아내의 남편이며, 방탕하거나 불순종하는 일이 없는 믿는 자녀를 둔 자여야 한다.

7 감독의 자격은 하나님의 청지기로서 책망할 것이 없고, 자기 고집대로 하지 않으며, 성급하게 화를 내지 않고, 술을 즐기지 않고, 싸우지 않으며, 남을 속여 더러운 이익을 채우지 않는 자여야 한다.

8 오히려 나그네를 대접하고, 선행을 좋아하며, 모든 일에 깊이 생각하

며, 의로우며 거룩하며 절제하며,

9 믿음으로 우리가 가르치는 말씀대로 행하는 자여야 한다. 또한 능히 바른 가르침으로 권면하고, 진리를 거슬러 말하는 자들을 책망하고, 바르게 잡아줄 줄도 알아야 한다.

10 불순종하고 터무니 없는 말을 하며 속이는 자는 할례를 받아야 구원을 받는다고 주장하는 할례파에 많다.

11 그러므로 너는 그들의 입을 막아 그런 말을 하지 못하도록 하라. 그런 자들이 더러운 이득을 얻기 위해 거짓된 것을 가르쳐서 온 가정들을 온통 망가뜨린다.

12 그레데섬에 사는 사람들 중 어떤 선지자가 말했다. "그레데인들은 언제나 거짓말을 하는 자들이며, 악한 짐승과 같으며, 자기 배만 채우는 게으름뱅이다."

13 그 말은 사실이다. 그러므로 네가 그들을 엄하게 꾸짖으라. 그래서 그들이 바른 믿음을 갖도록 하고,

14 신화와 같은 유대인이 지어낸 이야기와 진리를 거부하는 사람들의 명령을 따르지 않도록 하라.

15 깨끗한 자들에게는 모든 것이 깨끗하지만, 죄에 빠져 더럽고 믿지 않는 자들에게는 깨끗한 것이 전혀 없고 오직 그들의 마음과 양심이 더러울 뿐이다.

16 그들은 말로는 하나님을 시인하지만 행동으로는 부인한다. 그들은 가증스러운 자이며, 진리에 순종하지 않는 자이며, 모든 선한 일을 포기한 자들이다.

가르침에 합당한 말

2 ●너는 바른 교훈에 맞는 것을 말하라.

2 나이 많은 남자에게는 절제하게

하며, 존경할 만하게 하며, 깊이 생각하게 하며, 믿음과 사랑과 인내로 굳게 서도록 하라.

3 나이 많은 여자에게는 경건한 생활을 하게 하며, 남을 모함하지 말게 하며, 술을 좋아해 술에 빠지지 않게 하고, 선한 것을 가르치는 자들이 되게 하라.

4 그래서 그들의 행함을 통해 젊은 여자들이 교훈을 받아 남편과 자녀를 사랑하며,

5 순결하고 근신하여 집안 일의 도리를 다하며, 친절[1]하며, 자기 남편에게 순종하는 자가 되게 하라. 그렇게 하므로 하나님의 말씀이 비방을 받지 않게 하라.

6 너는 이와 같이 젊은 남자들에게도 절제하도록 권면하라.

7 모든 일에 네 자신이 선한 일의 본을 보임으로써 네 가르침이 변질되지 않음과 단정함과

8 책망할 것이 없는 바른 말을 하게 하라. 그러면 우리를 반대하려는 사람들이 우리를 악하다고 할 것이 없어서 그들 스스로가 부끄러워할 것이다.

9 종들은 자기 상전들에게 모든 일에 순종하여 주인을 기쁘게 하고, 주인과 말다툼을 하지 말라.

10 주인의 것을 훔치지 말고 오히려 자신이 참되고 신실한 사람임을 보여주게 하라. 그것은 모든 일에 우리의 구세주 되신 하나님의 가르침을 빛나게 하려는 것이다.

11 모든 사람에게 구원을 베푸시는 하나님의 은혜가 우리에게 나타났다.

12 그러므로 그런 은혜를 받은 우리는 경건하지 않은 불신앙과 이 세상 정욕을 다 버리고 대신 절제하

1) 선

고 바르고 경건하게 이 세상을 살아가야 한다.

13 우리의 위대하신 하나님과 구주 예수 그리스도께서는 영광 가운데서 나타나실 재림을 기다리게 하셨다.

14 예수 그리스도께서 우리를 대신하여 자신의 생명을 주신 것은 우리를 모든 악에서 구해 주시고, 우리를 깨끗하게 하사 선한 일을 열심히 하는 자기 백성이 되게 하기 위함이다.

15 너는 이 같은 사실을 널리 전하고 권면하며, 그런 권위를 가지고 책망하여 아무도 너를 업신여기지 못하게 하라.

성도의 대인관계와 끝마침 인사

3 ● 너는 성도들이 권세 잡은 통치자들에게 복종하며, 모든 선한 일을 행하도록 준비하게 하라.

2 또한 누구도 비방하거나 싸우지 말며, 오히려 너그럽게 대하며, 친절하게 대하도록 가르치라.

3 우리도 이전에는 어리석고 하나님을 거역하던 자이며, 거짓에 속은 자이며, 여러 가지 정욕과 육체의 즐거움에 종노릇한 자이며, 악독과 시기를 일삼은 자이며, 가증스러운 자이며, 서로 미워한 자였기 때문이다.

4 그러나 우리 구주 하나님의 자비와 사랑이 우리에게 나타나

5 우리를 구원하셨다. 곧 우리가 행한 의로움으로 구원받지 않고 오직 그의 긍휼하심을 따라 다시 태어나는 중생 씻음과 성령의 새롭게 하심으로 구원하셨다.

6 하나님께서는 우리 구주 예수 그리스도를 통해 우리에게 그의 성령을 풍성히 부어 주셨다.

7 우리로 그분의 은혜를 힘입어 의롭다 함을 얻어 우리가 소망하던 영원한 생명을 상속 받는 자가 되게 하셨다.

8 이 모든 말은 신실되다. 너는 하나님의 사랑, 은사, 영생의 소망 등 여러 것에 대해 확신있게 말하라. 이는 하나님을 믿는 자들이 깊이 생각하여 선한 일에 앞장서도록 하려는 것이다. 그것은 아름다우며 사람들에게 유익한 것이다.

9 그러나 어리석은 논쟁과 족보 이야기와 분쟁과 율법에 대한 다툼은 피하라. 그것은 무익하고 헛된 것이다.

10 바른 교훈을 거역하고 자신이 만든 교리로 분파를 만드는 이단에 속한 사람을 한두 번 훈계한 후에는 그와의 관계를 끊어라.

11 네가 아는 것처럼 이런 사람은 부패하여 스스로 잘못된 것을 알면서도 계속해서 죄를 짓는다.

12 내가 아데마나 두기고를 그레데섬에 있는 네게 보내니 그들이 도착하면 너는 서둘러 니고볼리로 오라. 이곳은 바로 650km 이상 떨어진 그리스 서쪽 해안에 있다. 내가 거기서 겨울을 보내기로 작정했다.

13 그러나 율법교사 세나와 아볼로를 먼저 보내라. 이는 그들로 부족한 것이 없도록 하기 위함이다.

14 또한 우리 모두는 주의 일에 수고하는 사람이 필요한 것을 준비하는 좋은 일에 힘쓰기를 배워야 한다. 그러면 열매 맺는 생활이 될 것이다.

15 나와 함께 있는 자가 다 네게 문안 인사를 한다. 그러니 너도 믿음 안에서 우리를 사랑하는 자들에게 문안하라. 하나님의 은혜가 너희 무리에게 있기를 기원한다.

딛

빌레몬서　Philemon

제목 히브리어 성경에는 프로스 필레모나, 수신자의 이름을 반영하여 결정
기록연대 기원후 61~63년경　**저자** 사도 바울　**중심주제** 용서에 대한 교훈

내용소개 1. 오네시모를 위한 부탁, 바울의 애정, 용서와 사랑 1장

빌레몬 교인에게 보낸 바울의 편지

1 ● 그리스도 예수를 위해 감옥에 갇힌 바울과 형제 디모데는 함께 일하는 동역자인 우리의 사랑하는 빌레몬과

2 자매 압비아와 우리와 함께 군사가 된 아킵보와 그대 빌레몬의 집에 있는 교회에 편지를 쓴다.

3 하나님 우리 아버지와 예수 그리스도의 은혜와 평안이 너희에게 있기를 기원한다.

4 내가 항상 하나님께 감사하고 기도할 때마다 너에 대해서도 기도하는 것은

5 예수와 모든 성도에 대한 네 사랑과 믿음을 들었기 때문이다.

6 이로써 네 믿음의 교제가 그리스도 안에서 우리가 누리는 복을 그대도 알고 누리기를 기도한다.

7 내 믿음의 형제여, 네가 성도들에게 베푼 사랑으로 성도들의 마음이 평안을 얻었다. 나 또한 많은 기쁨과 위로를 받았다.

8 그러므로 내가 그리스도 안에서 너에게 마땅한 일로 당당하게 명령할 수도 있지만

9 그렇게 하지 않고 사랑으로써 부탁한다. 이제 나이가 많은 나 바울은 지금 다시 예수 그리스도를 위해 로마 감옥에 갇힌 자가 되었다.

10 그러나 감옥에 갇힌 가운데서 믿음으로 낳은 아들 오네시모를 위해 네게 부탁한다.

11 그가 전에는 너에게 쓸모없는 종이었지만 이제는 나와 네게 유익한 사람이 되었다.

12 내 분신1)과도 같은 그를 네게 다시 돌려보낸다.

13 그를 내 곁에 계속 머물도록 하여 내가 복음을 위해 감옥에 갇혀 있는 동안 너 대신에 나를 섬기게 하기를 원했다.

14 그러나 네 허락 없이 내가 그에 대해 아무것도 하기를 원하지 않는다. 그렇게 하는 이유는 네 선한 일이 억지로 하는 것처럼 되지 않고 스스로 하기를 바라는 마음 때문이다.

15 오네시모가 잠시 너를 떠나게 된 것은 아마 그를 네 곁에 영원히 두게 하기 위함인지도 모른다.

16 그러니 이후로는 그를 종과 같이 취급하지 말고 사랑받는 믿는 형제로 네 곁에 두라. 나는 그를 소중하게 여기지만 너는 주 안에서 그를 더욱 소중하게 여길 것으로 믿는다.

17 그러니 네가 나를 함께 일하는 동역자로 안다면 그를 영접하기를 내게 하듯 하라.

18 만일 그가 네게 불의를 행했거나 네게 빚진 것이 있다면 그것은 내가 갚을 것이다.

19 나 바울은 친필로 이 편지를 쓰니 내가 반드시 갚을 것이다. 그 외에 네 자신이 내게 은혜로 빚진 것은 내가 아무 말도 하지 않겠다.

1) 심복

20 믿음의 형제여, 나로 주 안에서 내 부탁을 들어줌으로 너로 인해 기쁨을 얻게 하고 내 마음이 그리스도 안에서 평안하도록 협조해 주라.

21 나는 네가 내 부탁을 들어줄 것을 확신하기 때문에 네게 이 편지를 썼지만 너는 내가 말한 것보다 더 잘할 줄을 알고 있다.

22 오직 너는 나를 위해 숙소를 마련해 두라. 너희 기도로 내가 너희를 만날 수 있기를 원한다.

23 그리스도 예수를 위해 나와 함께 감옥에 갇힌 에바브라와

24 내 동역자 마가, 요한, 아리스다고, 데마, 누가가 문안한다.

25 예수 그리스도의 은혜가 너희 심령과 함께 있기를 기원한다.

히브리서 Hebrews

제목 히브리어 성경에는 프로스 에브라이우스('히브리인들에게'), 수신자의 이름을 반영

기록연대 기원후 60년대 후반 **저자** 미상 **중심주제** 예수 그리스도의 대제사장직

내용소개 *우월하신 그리스도(우월성 강조) 1. 천사보다 1-2장 2. 선지자(모세)보다 3-4장
*우월하신 제사장(참된 희생) 3. 제사장보다 5-7장 4. 율법보다 8-10장
*우월하신 삶(완전함) 5. 본이 되신 그리스도 11-13장

하나님께서 아들을 통해 말씀하심

1 ● 옛날에는 하나님께서 선지자들을 통해 여러 방편으로 우리 조상들에게 말씀하셨다.

2 그러나 이제 마지막 때는 그의 아들을 통해 우리에게 말씀하셨다. 하나님께서는 그의 아들을 만물의 상속자로 세우시고, 그로 인해 모든 세계를 지으셨다.

3 그 아들은 하나님의 영광의 광채이며, 그 근본 성품의 형상이시다. 그의 능력의 말씀으로 만물을 유지하시고, 죄를 깨끗하게 하시며, 지극히 높은 곳에 계신 하나님의 우편에 앉으셨다.

4 그분은 천사보다 월등히 뛰어나고 더욱 아름다운 이름을 유산으로 받으셨다.

5 하나님께서는 어느 때, 어느 천사에게도 다음과 같은 말씀을 하신 적이 없다. 성경에 기록되기를 "너는 내 아들이다. 오늘 내가 너를 낳았다"라고 하셨다. 또다시 "나는 그에게 아버지가 되고, 그는 내게 아들이 되리라"고 하셨다.

6 또 그분이 맏아들을 세상에 다시 재림하도록 하실 때 "하나님의 모든 천사는 그에게 경배할지어다"라고 말씀하셨다.

7 또 천사들에 대해서는 성경에 기록되기를 "그는 그의 천사들을 바람으로, 그의 사역자들을 불꽃으로 삼으셨다"라고 하셨다.

8 아들에 대해서는 성경에 기록되기를 "하나님이여, 주의 보좌는 영원하며, 주의 나라의 왕권을 상징하는 규는 공평한 주권입니다.

9 주께서는 의를 사랑하고 불법을 미워하셨습니다. 그러므로 주의 하나님께서 기쁨을 주는 기름을

1) 시 2:7 2) 삼하 7:14 3) 시 97:7, 벧전 3:22 4) 시 104:4 5) 규

주께 부어 주를 그 누구¹⁾보다도 뛰어나게 하셨도다²⁾라고 하셨다.

10 또 "주여, 태초에 주께서 땅의 기초를 두셨으며 하늘도 주의 손으로 지으셨도다.³⁾

11 천지 만물은 사라지지만 오직 주는 영원히 존재하신다. 그것들은 다 옷처럼 낡아지기 때문에

12 의복처럼 갈아입게 될 것이다. 그것들은 옷과 같이 변하지만 주는 여전하여 그의 날은 끝이 없을 것이다"라고 하셨다.

13 또 어떤 때, 어느 천사에게 "내가 네 원수를 네게 굴복시킬 때까지⁴⁾ 너는 내 우편에 앉아 있으라⁵⁾고 하셨느냐?

14 그것은 모든 천사는 섬기는 영으로서 구원받을 상속자들을 위해 섬기라고 보내신 것이 아니냐?

불순종하는 자에 대한
심판과 성육신하신 예수

2 ● 그러므로 우리는 들은 말씀을 더욱 마음속 깊이 간직하여 진리에서 벗어나지 않도록 하는 것이 마땅하다.

2 천사들을 통해 하신 말씀이 확고하게 되어 그 말씀을 범하고 순종하지 않은 사람은 공정한 벌을 받게 될 것이다.

3 우리가 이같이 큰 구원을 소홀히 여기면 어찌 그 벌을 피할 수 있겠는가? 이 구원은 처음에 주께서 말씀하신 것이며, 그것을 들은 자들이 우리에게 확실히 증거한 것이다.

4 하나님도 기적들과 놀라운 일들과 여러 가지 능력과 자기의 뜻을 따라 성령이 나누어 주신 것으로써 그들의 증거를 뒷받침해 주었다.

5 하나님께서는 우리가 말하는 장차 도래할 세상을 천사들에게 다스리도록 하시지 않았다.

6 그러나 성경에서 누군가가 이렇게 증거했다. "사람이 무엇이기에 주께서 이렇게 생각하시며, 사람의 아들⁶⁾이 무엇이기에 주께서 그렇게 돌보십니까?⁷⁾

7 그를 잠시 동안 천사보다 못하게 하셨으나 영광과 존귀로 관을 씌우셨고,

8 만물을 그 발아래 복종하게 하셨습니다" 만물로 그에게 복종하게 하셨으니 복종하지 않은 것이 하나도 없어야 할 것이다. 그러나 지금 우리가 만물이 아직 그리스도에게 복종하고 있는 것을 보지 못한다.

9 오직 우리가 천사들보다 잠시 동안 낮아지셨으나 죽음의 고난을 받은 것으로 인해 영광과 존귀로 면류관을 쓰신 예수를 본다. 이를 행하시는 것은 하나님의 은혜로 말미암아 모든 사람을 위해 죽음을 맛보게 하려는 것임을 깨닫게 된다.

10 그러므로 만물을 창조하고 주관하시는 하나님께서 많은 믿음의 자녀들을 이끌어 영광에 들어가게 하시기 위해 예수의 고난을 통해 그를 완전한 구원의 창시자로 하신 것은 당연한 일이다.

11 거룩하게 하시는 예수와 거룩하게 함을 입은 사람들이 모두 한 근원에서 나왔기에 예수께서는 우리를 형제라고 부르기를 부끄러워하지 않으시고

12 말씀하셨다. "내가 주의 이름을 내 형제들에게 선포하고 내가 주를 교회 중에서 찬양하리라"고 하셨다.

---

1) 동류 2) 시 45:6-7 3) 시 102:25 4) 발등상이 되게 하기까지 5) 시 110:1 6) 인자 7) 시 8:4

또다시 말씀하기를 "내가 그를 의지하리라[1]고 하셨다. 또다시 "볼지어다. 나와 하나님께서 내게 주신 자녀를 보라[2]고 하셨다.

13 이 자녀들은 피와 살을 가졌으니 예수께서도 같은 모양으로 피와 살을 함께 지니신 것은 죽음을 통해 죽음의 세력을 잡은 마귀를 멸하시기 위해서이다.

14 또 죽음을 두려워하여 한평생 사탄에 매여 그에게 종노릇하는 모든 자를 해방시키려고 하신 것이다.

15 이는 천사들을 붙들어 주려고 하신 것이 아니라 오직 아브라함의 후손[3]을 붙들어 주려고 하신 것이다.

16 그러므로 예수께서 모든 일에 육신을 가진 자기 형제들과 같이 된 것이 마땅하다. 그것은 하나님의 일에 자비하고 신실한 대제사장이 되어 백성의 죄를 대신 갚아 주시기 위함이다.

17 예수께서 시험[4]을 받아 고난을 당하셨기 때문에 그는 능히 시험 받는 자들을 도우실 수 있다.

하나님께서 약속하신 안식

3 ● 그러므로 함께 하나님의 부르심을 받은 거룩한 형제들아, 우리가 신앙의 믿는 도리의 사도이시며 대제사장이신 예수를 깊이 생각하자.

2 그는 모세가 하나님의 온 집에서 충성한 것과 같이 자기를 세우신 하나님께 신실하게 충성하셨다.

3 마치 집을 건축한 자가 그 집보다 더욱 존귀함과 같이 예수께서는 모세보다 더 큰 영광을 받으실 만하다.

4 집마다 건축한 자가 있으니 만물을 창조하신 이는 하나님이시다.

5 또 모세는 하나님께서 장래에 말씀하실 것을 증거하기 위해 하나님의 온 집에서 종으로서 신실하게 충성했다.

6 그리스도는 하나님의 집을 맡은 아들로서 그와 같이 충성하셨다. 그러므로 우리가 가진 소망과 자랑을 끝까지 굳게 잡고 있으면 우리도 그의 집이다.

7 그러므로 성령이 말한 것처럼 성경에 이르기를 "오늘 너희가 그의 음성을 듣거든

8 광야에서 시험하던 때 거역하던 것처럼 너희 마음을 강퍅하게 하지 말라.

9 거기서 너희 조상이 나를 시험하여 떠 보고 40년 동안 내가 행한 일을 보았다.

10 그러므로 내가 그 세대에게 분노하여 이르기를 '그들이 항상 마음이 미혹되어 내 길을 알지 못하는도다'라고 했다. 또

11 내가 분노하여 맹세한 것과 같이 '그들은 내 안식에 들어오지 못하리라[5]고 했다."

12 형제들아, 너희는 혹시라도 믿지 않는 악한 마음을 품지 말라. 그것은 살아계신 하나님에게서 멀리 떨어지게 만든다.

13 오직 오늘이라는 이 시간에 매일매일 피차 권면하여 너희 중에 누구든지 죄의 유혹으로 너희 마음이 강퍅하게 되지 않도록 하라.

14 우리가 시작할 때 가졌던 믿음을 끝까지 지키라. 그러면 그리스도와 함께 모든 것을 누리는 자가 될 것이다.

15 성경에는 "오늘 너희가 그의 음성을 듣거든 분노케 하던 것처럼 너

---

1) 사 8:17 2) 사 8:18 3) 자손, 씨 4) temptation
5) 시 95:7~11

희 마음을 강퍅하게 하지 말라[1]”고 기록되었으니

16 듣고도 하나님을 분노케 하던 자가 누구였느냐? 모세를 따라 애굽에서 나온 모든 사람이었다.

17 또 하나님께서 40년 동안 누구에게 분노하셨느냐? 범죄하여 그 시체가 광야에 엎드려진 자들에게가 아니냐?

18 또 하나님께서 누구에게 그의 안식에 들어오지 못하리라고 맹세하셨느냐? 곧 순종하지 않던 자들에게가 아니냐?

19 이런 사실로 보면 그들이 하나님께서 약속하신 안식처에 들어가지 못한 것은 믿지 않았기 때문이다.

4 그러므로 우리가 두려워해야 할 것이 있다. 바로 그의 안식처에 들어갈 약속이 있어도 그곳에 들어가지 못할 자가 있을까 하는 것이다.

2 그들과 같이 우리도 복음 전파의 사명을 받은 자들이다. 그러나 그 전한 말씀을 들은 그들에게 유익하지 못한 것은 듣는 자가 믿음으로 받아들이지 않았기 때문이다.

3 이미 믿는 우리가 저 안식처에 들어가는 것은 하나님께서 말씀하신 것과 같다. “내가 분노하여 맹세한 것과 같이 그들이 내 안식처에 들어오지 못하리라 하셨다”라고 했다. 그러나 이 일은 세상을 창조할 때부터 이루어졌다.

4 제7일에 대해서는 성경 어딘가에 이렇게 기록되었다. “하나님은 제7일에 그의 모든 일을 마치고 쉬셨다[3].”

5 또 성경에 기록되기를 “그들이 내 안식에 들어오지 못하리라[4]”고 했다.

6 그럼에도 안식처에 들어갈 자들이 아직 남아 있는 것은 복음 전함을 먼저 받은 이스라엘 자손들이 불순종함으로 들어가지 못했기 때문이다.

7 모세 이후로 약 500년이 지난 오랜 후에 다윗의 글에 다시 어느 한 날을 정하여 ‘오늘’이라고 미리 이같이 일렀다. “오늘 너희가 그의 음성을 듣거든 너희 마음을 강퍅하게 하지 말라[5].”

8 만일 여호수아가 그들에게 참된 안식처를 주었다면 그후 하나님은 다른 날을 말씀하시지 않았을 것이다.

9 이런 사실을 통해 아직 하나님의 백성을 위한 안식의 때가 남아 있음을 알 수 있다.

10 한편 이미 그의 안식처에 들어간 사람들은 하나님께서 자기의 일을 마치고 쉬심과 같이 그들도 자기의 일을 마치고 쉬고 있는 것이다.

11 그러므로 우리는 저 안식처에 들어가기를 힘쓸 것이다. 이는 누구든지 저 불순종하는 본에 빠지지 않게 하려는 것이다.

12 하나님의 말씀은 살아있고 힘이 있어 좌우에 날카로운 어떤 검보다도 예리하기 때문에 혼과 영과 관절과 골수를 찔러 쪼개기까지 한다. 또 하나님의 말씀은 사람의 마음의 생각과 뜻이 무엇인지를 파악한다.

13 지음 받은 것은 모두 그 앞에 나타나고, 만물은 우리의 모든 것에 대한 결과를 판단하실 분의 눈앞에 벌거벗은 것처럼 드러나게 될 것이다.

---

1) 시 95:7　2) 시 95:11　3) 창 2:2　4) 시 95:11　5) 히 3:7~8

대제사장 되신 예수와 멜기세덱

14 ● 그러므로 우리에게 큰 대제사장이 계신다. 그분은 승천하신 하나님의 아들 예수이시다. 우리는 교회가 공적으로 고백한 구원의 원리, 곧 믿는 도리를 굳게 잡아야 한다.

15 우리에게 있는 대제사장은 우리의 연약함을 아시는 분이며, 모든 일에 우리와 똑같이 유혹을 받으신 분이지만 죄는 없으시다.

16 그러므로 우리는 자비함을 받고 때를 따라 도우시는 은혜를 얻기 위해 하나님의 은혜의 보좌 앞에 담대히 나아가야 한다.

5 대제사장은 사람 가운데 뽑힌 자이므로 하나님께 속한 일에 사람을 대표하여 예물과 속죄하는 제사를 드리게 한다.

2 대제사장 역시 약한 존재이기에 무식하고 미혹에 빠진 자를 너그럽게 대할 수 있는 것이다.

3 그러므로 백성을 위해 속죄제를 드리는 것과 같이 자신을 위해서도 속죄제를 드리는 것이 마땅하다.

4 이런 대제사장이 되는 존귀한 직책은 그 누구도 자기 마음대로 되는 것이 아니라 오직 아론과 같이 하나님의 부르심을 받은 자라야 할 것이다.

5 또한 그와 같이 그리스도께서 대제사장이 되신 것도 스스로의 영광을 취하신 것이 아니다. 오직 말씀하신 하나님께서 그에게 이르시기를 "너는 내 아들이니 내가 오늘 너를 낳았다[1]"라고 하셨다.

6 또한 이와 같이 성경의 또 다른 곳에 기록되기를 "네가 영원히 멜기세덱의 계열을 따르는 제사장이라[2]"고 했다.

7 그는 사람의 몸을 입고 육체로 계실 때 자기를 죽음에서 능히 구원하실 하나님께 심한 통곡과 눈물로 기도와 소원을 올렸다. 그의 경건하심으로 인해 그 기도와 소원이 이루어졌다.

8 그는 하나님의 아들임에도 고난을 통해 순종함을 배워서

9 완전하게 되셨다. 이로 인해 자기에게 순종하는 모든 자에게 영원한 구원의 근원이 되셨다.

10 또한 하나님에게서 멜기세덱 계열에 속한 대제사장이라는 호칭을 받으셨다.

성숙한 신앙의 권고, 소망 가운데 인내

11 ● 멜기세덱에 대해서는 우리가 할 말이 많다. 그러나 너희가 영적으로 깨닫는 것이 둔하기 때문에 설명하기가 어렵다.

12 너희는 믿은 지 오래되었기 때문에 마땅히 선생이 되어야 한다. 그러나 아직도 다시 하나님의 말씀의 기초적 원리에 대해 가르침을 받아야 할 형편이다. 너희는 단단한 음식을 먹지 못하고 젖을 먹어야 할 처지가 되었다.

13 젖을 먹는 자는 어린 아이다. 그는 그리스도의 말씀을 경험하지 못한 자이다.

14 그러나 장성한 사람은 단단한 음식을 먹을 수 있으니 그들은 깨닫는 능력이 있어 계속 훈련을 받아 선악을 분별하는 자들이다.

6 그러므로 너희는 그리스도의 말씀의 도의 기초를 넘어 영적으로 성숙한 어른이 되라. 곧 죽은 행실을 회개하고 하나님께 대한 신앙과

2 세례와 안수와 죽은 자의 부활과 영원한 심판에 대한 가르침의 기

1) 시 2:7 2) 시 110:4

초를 다시 닦지 말고 성숙한 단계로 나아가라.

3 하나님께서 허락하시면 우리는 이런 영적 어른이 될 수 있다.

4 한때 하나님의 빛 가운데서 살고, 하늘의 은사를 맛보고, 성령을 체험하고,

5 하나님의 선한 말씀과 내세의 능력을 경험했음에도

6 타락한 자들은 다시 새롭게 하여 회개하게 할 수 없다. 그들은 하나님의 아들을 다시 십자가에 못 박아 공공연히 수치를 당하게 했기 때문이다.

7 땅이 자주 내리는 비를 흡수하여 밭을 가는 자들에게 채소를 내면 하나님께 복을 받고,

8 가시와 엉겅퀴를 내면 버림을 당하고 마침내는 불사름이 될 것이다.

9 사랑하는 자들아, 우리가 말은 이같이 하지만 너희에게는 우리가 말하는 것보다 구원에 속한 더 좋은 것이 있음을 확신한다.

10 하나님은 공평하신 분이므로 너희가 그의 사랑으로 이미 성도를 섬긴 것과 지금까지도 섬기고 있는 것을 결코 잊지 않으신다.

11 우리는 너희 각 사람이 부지런히 그 일을 끝까지 잘해 나가기 때문에 너희가 소망하던 것을 풍성하게 얻게 될 것을 간절히 소원한다.

12 게으르지 않고 믿음과 인내를 가지고 나가면 하나님께서 약속한 것들을 유산으로 받게 될 것이다.

13 하나님께서는 아브라함에게 약속하실 때 자기보다 더 큰 이가 없기 때문에 자기 이름으로 맹세하셨다.

14 그에 대해 성경에서 이르기를 “내가 반드시 네게 복을 주며 계속해서 번성하게 하리라[1]”고 하셨더니

15 아브라함이 이같이 오래 참음으로 약속을 받았다.

16 사람들은 맹세할 때 자기보다 더 큰 자의 이름으로 맹세한다. 그러므로 맹세는 그들이 다투는 모든 일을 더 이상 다투지 않게 한다.

17 하나님은 약속을 유산으로 받는 자들에게는 자신의 계획을 결코 변경하지 않는다는 것을 보여주시기 위해 그 일을 맹세로 보증하셨다.

18 하나님은 거짓 맹세나 거짓말을 하실 수 없는 분이다. 그러므로 변하지 않는 이 두 가지 사실 때문에 하나님께 피난처를 찾는 우리에게는 큰 위로와 소망을 갖게 하는 힘을 주신다.

19 우리의 이 소망은 마치 영혼의 닻처럼 튼튼하고 견고하여 그 소망을 통해 하늘에 있는 지성소의 커튼[2] 안으로 들어갈 수 있게 한다.

멜기세덱의 계열과 예수

20 예수께서는 대제사장인 멜기세덱의 계열을 따라 영원한 대제사장이 되어 우리를 위해 먼저 휘장 안으로 들어가셨다.

7 여기서 말한 멜기세덱은 살렘 왕이며, 지극히 높으신 하나님의 제사장이다. 그는 여러 왕을 쳐서 죽이고 돌아오는 아브라함을 만나서 복을 빈 자이다.

2 아브라함은 모든 전리품에서 10분

멜기세덱 (히 7:1)

멜기세덱(Melchizedek)은 아브라함 당시 살렘(예루살렘)의 제사장겸 왕이었다. 그는 조카 롯을 구해 돌아오는 아브라함을 영접했으며 아브라함으로부터 전리품의 십일조를 받았다. 신약에서 그리스도는 멜기세덱의 반차를 따른 대제사장으로 묘사되었다(히 5:5~10).

1) 창 22:16　2) 휘장

의 1을 멜기세덱에게 나누어 주었다. 멜기세덱의 이름을 해석하면 먼저는 '의의 왕'이고, 그다음은 '살렘 왕'이니 곧 '평안의 왕'이다.[1]

3 그는 부모도 없고, 족보도 없고, 태어난 날이나 죽는 날도 없어 하나님의 아들 예수 그리스도와 닮아서 영원한 제사장으로 있게 된다.

4 이 멜기세덱이 얼마나 높은지를 생각해 보라. 조상 아브라함조차도 전리품에서 10분의 1을 그에게 주었다.

5 야곱이 낳은 12명의 아들 중 레위의 아들들 가운데 제사장의 직분을 받은 자들은 율법에 따라 아브라함의 후손이라도 자기 형제인 백성에게서 10분의 1을 받도록 명령을 받았다.[2]

6 그런데 레위 족보에도 들지 않은 멜기세덱은 아브라함에게서 그의 전리품 가운데 10분의 1을 받고 약속을 받은 그를 위해 복을 빌었다.

7 이는 일반적으로 논란의 여지 없이 축복은 낮은 자가 높은 자에게서 받는 것이다.

8 또 결국은 죽을 세상에 있는 제사장들도 10분의 1을 받지만 성경에서 말한 대로 영원히 살았다는 증거를 얻은 멜기세덱도 10분의 1을 받았다.

9 또한 10분의 1을 받는 레위도 아브라함으로 인해 10분의 1을 바쳤다고 할 수 있다.

10 이는 멜기세덱이 아브라함을 만날 때 레위는 아직 태어나지 않았기[3] 때문이다.

11 이스라엘 백성들은 레위 계통의 제사장 직분을 통해 율법을 받았다. 그렇다면 어찌하여 아론의 계열을 따르지 않고 멜기세덱의 계열을 따르는 또 다른 한 제사장을 세울 필요가 있겠느냐?

12 그러나 제사 직분이 바뀌었으니 율법도 반드시 바뀌어야 한다.

13 이것은 그리스도는 레위 지파가 아닌 다른 유다 지파 사람이었다는 사실에서 이루어졌다. 그런데 그 지파에서 나온 사람들 중 한 사람도 제사장으로 섬긴 사람은 없다.

14 우리 주께서는 유다 지파에서 태어나신 것이 사실이다. 그런데 모세는 이 유다 지파에 대해 말할 때 제사장들에 대해 말한 것이 하나도 없다.

15 멜기세덱과 같은 특별한 제사장인 예수 그리스도께서 일어난 것을 보면 그런 사실은 더욱 분명하다.

16 예수께서는 육신에 속한 한 계명의 법에 따라 대제사장이 되신 것이 아니라 오직 결코 없어지지 않는 생명의 능력을 따라 대제사장이 되셨다.

17 그래서 성경에서 증언하기를 "네가 영원히 멜기세덱의 계열을 따르는 제사장이다[4]"라고 했다.

18 이전에 있던 옛 계명은 연약하고 무익하여 쓸모없어 폐지되었다.

19 율법은 아무것도 완전하게 못한다. 그래서 우리는 율법보다 더 좋은 소망을 갖게 되고 이것으로 우리가 하나님께 가까이 가게 된다.

20 또 하나님께서는 예수를 대제사장으로 세울 때 맹세하셨지만

21 다른 사람들이 제사장이 될 때는 맹세없이 되었다. 그러나 오직 예수는 자기에게 말씀하신 하나님으로 인해 맹세로 되신 것이다. 성경에 기록되기를 "주께서 네가 영원히 제사

1) 창 14:17-20　2) 민 18:21　3) 이미 자기 조상의 허리에 있었음이라　4) 시 110:4

장이라고 맹세하시고 그 마음을 바꾸지 않으실 것이다¹'라고 하셨다.

22 이와 같이 예수는 더 좋은 계약의 보증이 되셨다.

23 예수 이전에 제사장 된 자가 많은 것은 제사장이 죽으면 또 다른 제사장이 있어야 했기 때문이다.

24 예수께서는 영원히 계시므로 그 제사장 직분도 바뀌지 않는다.

25 그러므로 예수는 자기를 힘입어 하나님께 나아가는 자들을 완전히 구원하실 수 있으니 이는 그가 영원히 살아계심으로써 그들을 위해 중보기도를 하시기 때문이다.

26 이런 대제사장은 우리에게 없어서는 안 될 분이다. 그는 거룩하고, 악이나 더러움이 없고, 죄인에게서 떠나 하늘보다 높은 곳에 계신 분이다.

27 예수 그리스도는 세상의 대제사장들이 먼저 자기 죄를 위해 희생제사를 드리고 난 다음에는 백성의 죄를 위해 날마다 희생제사를 드리는 것처럼 하실 필요가 없다. 그는 단 한 번에 자기를 희생제물로 드려 그 일을 끝내셨기 때문이다.

28 율법은 약점을 가진 사람들을 제사장으로 세웠다. 그러나 율법 후에 하나님의 아들 예수께서는 하나님께서 맹세하신 말씀을 통해 영원토록 완전한 대제사장이 되셨다.

8 지금 우리가 하는 말의 핵심은 그런 대제사장이 우리에게 계신다는 사실이다. 예수 그리스도는 바로 하늘에서 지극히 크신 하나님의 보좌 우편에 앉으신 분이며,

2 하나님의 참된 장막과 성소에서 섬기시는 분이다. 이 장막은 주께서 세우신 것으로, 사람이 세운 것이 아니다.

3 모든 대제사장은 예물과 제사를 드리기 위해 세운 자이기 때문에 대제사장 되신 예수께서도 무엇인가 하나님께 드릴 것이 있어야 한다.

4 만일 예수께서 땅에 계셨다면 제사장이 되지 않으셨을 것이다. 율법을 따라 예물을 드리는 제사장이 따로 있기 때문이다.

5 땅에 있는 제사장들의 섬김은 하늘에 있는 것의 모형과 그림자다. 그것은 모세가 장막을 지으려 할 때 지시하심을 받은 것과 같다. 성경에 이르기를 "삼가 모든 것을 산에서 네게 보이던 양식을 따라 지으라²"고 함과 같다.

6 그러나 이제 그는 더 우월한 아름다운 직분을 얻으셨다. 곧 그는 더 좋은 약속으로 세우신 더 좋은 계약의 중재자이시다.

7 저 첫 번째 계약이 흠이 없었다면 두 번째 것을 요구할 일이 없었을 것이다.

8 따라서 그들의 잘못을 아시고 성경에 기록되기를 "주께서 이르시되 '보라, 때가 되면 내가 이스라엘과 유다 집과 더불어 새로운 계약을 맺을 것이다.'

9 또 이르시되 '이 계약은 내가 그들의 조상의 손을 잡고 애굽 땅에서 이끌어내던 날에 그들과 맺은 계약과 같지 않다. 그들은 내 계약을 지키지 않았기 때문에 내가 그들을 돌보지 않았다.'

10 또 주께서 이르시기를 '장차 도래할 메시아 시대 이후 내가 이스라엘 집과 맺을 계약은 이것이다. 곧 내 법을 그들의 생각에 두고 그들의 마음판에 이것을 기록할 것이다. 나는 그들에게 하나님이 되고,

그들은 내 백성이 될 것이다.'

11 또 각자 자기 나라 사람과 각자 자기 형제에게 주를 알라고 말할 필요가 없는 것은 그들이 작은 자에서 큰 자까지 이미 다 나를 알기 때문이다.

12 내가 그들의 죄에 대해 자비를 베풀고 그들의 죄를 다시 기억하지 않을 것이다'라고 했다.

13 새 계약이라고 말씀하셨으니 첫 번째 계약은 낡은 것으로 여긴 것이다. 그리고 낡아지고 오래된 것은 결국 없어져 가는 것이다.

새 언약의 모형과 옛 언약

9 ● 첫 번째 계약에도 섬기는 예법과 세상에 속한 성소가 있었다.

2 예비한 첫 장막이 있고 '성소'라고 일컫는 첫째 칸 안에 등잔대와 진설병상과 진설병이 있었다.

3 또 둘째 칸 휘장 뒤에 있는 장막을 '지성소'라고 일컬었다. 그 속에는

4 금으로 만든 향로와 사면을 금으로 싼 언약궤가 있고, 언약궤 안에 만나를 담은 금 항아리와 아론의 싹난 지팡이와 십계명을 새긴 언약의 두 돌판이 있었다.

5 그 언약궤 위에는 속죄소를 덮는 영광의 그룹들이 있으니 이것들에 대해서는 이제 자세히 말하기가 어렵다.

6 이 모든 것을 이같이 예비했으니 제사장들이 매일같이 첫째 칸 장막인 성소에 들어가 섬기는 예식을 행했다.

7 오직 둘째 칸 장막인 지성소에는 대제사장이 혼자 1년에 한 번 대속죄일에 들어가되 자기와 백성의 허물을 위해 드리는 피 없이는 결코 그곳에 들어갈 수 없었다.

8 이로써 성령이 보이신 것은 첫째 칸 장막인 성소에 서 있을 동안에는 지성소에 들어가는 길이 아직 나타나지 않은 것이다.

9 이 장막은 현재까지의 비유이다. 이에 따라 드리는 예물과 제사는 섬기는 자를 그 양심상 완전하게 할 수 없다.

10 이런 것은 다만 먹고 마시는 것과 여러 가지 씻는 것과 함께 외적인 의식인 육체의 예법일 뿐이며, 하나님의 새 예법이 올 때까지 임시로 사용한 것이다.

11 그러나 그리스도께서는 장래 좋은 일의 대제사장으로 오셨다. 그래서 손으로 짓지 않고 이 세상에 속하지 않은 더 크고 완전한 장막으로 인해

12 염소와 송아지의 피가 아닌 오로지 자기의 피로 단번에 지성소, 곧 하늘 성소에 들어가셔서 영원한 속죄를 이루셨다.

13 염소와 황소의 피와 암송아지의 재를 깨끗하지 못한 자에게 뿌려 그 육체를 깨끗하게 하여 거룩하게 한다면,

14 하물며 영원하신 성령으로 인해 흠 없는 자신을 하나님께 드린 그리스도의 피는 너희 양심을 죽게 하는 행실에서 깨끗하게 하고 살아계신 하나님을 더욱 섬기게 하지 않겠느냐?

15 이로 인해 그리스도는 새 언약의 중재자가 되신다. 이는 첫 언약 때 범한 죄에서 구원하기 위해 죽으심으로 하나님의 부르심을 입은 자가 영원한 유산의 약속을 받게 하기 위함이다.

16-17 유언은 그 사람이 죽은 후에야 효력이 있다. 따라서 유언한 자가 살아있는 동안에는 효력이 없다.

18 그러므로 첫 언약도 피로써 효력을 갖게 되었다.

19 모세가 율법대로 모든 계명을 온 백성에게 선포한 후 송아지와 염소의 피를 물과 붉은 양털과 우슬초를 취하여 자신의 두루마리와 온 백성에게 뿌리며

20 이르기를 "이는 하나님께서 너희에게 명령한 언약의 피[1]"라고 했다.

21 또한 이와 같이 그 피를 성막과 섬기는 일에 쓰는 모든 그릇에 뿌렸다.

22 율법을 따라 대부분의 물건이 피로써 깨끗하게 되니 피흘림이 없으면 죄 사함도 없다.

그리스도의 희생으로 완성된
속죄와 믿음의 소망

23 ●모세의 성막이나 제사제도 같은 하늘에 있는 것들의 모형은 짐승의 피로써 깨끗하게 할 필요가 있었다. 그러나 하늘에 있는 그런 것들은 짐승의 피보다 더 좋은 제물이 필요하다.

24 그리스도께서는 참 성소의 모형[2]인 사람의 손으로 만든 성소에 들어가지 않고 곧바로 그 하늘에 들어가 이제 우리를 위해 하나님 앞에 나타나셨다.

25 그리스도는 대제사장이 해마다 다른 짐승의 피로써 성소에 들어가는 것처럼 때마다 자기를 드리기 위해 하늘로 올라가신 것이 아니다.

26 만일 그렇다면 그가 세상을 창조한 때부터 때때로 고난을 받았어야 했을 것이다. 그러나 이제는 자기를 단 한 번의 희생제물로 드려 죄를 없게 하기 위해 세상 마지막 날에 나타나셨다.

27 한 번 죽는 것은 사람에게 정해진 운명이며, 죽은 후에는 심판이 있을 것이다.

28 이와 같이 그리스도도 많은 사람의 죄를 담당하기 위해 단 한 번에 드리셨다. 그리고 자기를 기다리는 자들을 구원에 이르게 하기 위해 죄와 상관 없이 두 번째로 세상에 오실 것이다.

10 율법은 장차 올 좋은 일의 그림자에 불과하고 참 실체가 아니기 때문에 해마다 늘 드리는 같은 제사로는 제사를 드리러 나아오는 자들을 항상 완전하게 할 수 없다.

2 만일 그렇게 할 수 있다면 섬기는 자들이 한 번으로 깨끗하게 되어 다시는 죄를 깨닫는 죄의식이 없으며, 다시 제물을 드리는 일도 그쳤을 것이다.

3 그러나 짐승의 제물로 드리는 제사들에는 해마다 죄를 기억하게 하는 것이 있다.

4 그것은 황소와 염소의 피가 결코 죄를 없게 하지 못하기 때문이다.

5 그러므로 주께서 세상에 오셨을 때 이렇게 말씀하셨다. "하나님께서 제사와 예물을 원하지 않으시고 오직 나를 위해 한 몸을 예비하셨도다.

6 하나님께서는 번제와 속죄제를 기뻐하지 아니하신다.

7 이에 내가 말했다. '하나님이여, 보십시오 두루마리 책에 나를 가리켜 기록된 것처럼 하나님의 뜻을 행하러 왔나이다.'"[3]

8 이 말씀에서 "주께서는 제사와 예물과 번제와 속죄제는 원하지 않고 기뻐하지도 않습니다"라고 하셨다.

1) 출 24:8 2) 그림자 3) 시 40:6-8

9 그후 말씀하기를 "보십시오, 내가 하나님의 계획을 행하러 왔습니다"라고 하셨다. 그 첫 번째 것을 폐한 것은 두 번째 것을 세우시기 위함이다.

10 이 계획을 따라 예수 그리스도께서 자신의 몸을 단 한 번에 드리심으로써 우리가 거룩함을 얻었다.

11 모든 제사장은 날마다 서서 섬기며 자주 반복되는 동일한 제사를 드렸다. 이런 제사는 결코 죄를 근본적으로 없애지 못한다.

12 그러나 그리스도는 죄를 위해 한 영원한 제사를 드리시고 하나님 우편에 앉으셨다.

13 그후에는 자기 원수들이 자기 발등상 아래에 무릎을 꿇을 때까지 기다리신다.

14 그는 거룩하게 된 자들을 단 한 번의 제사로 영원히 또 완전하게 하셨다.

15 또한 성령이 우리에게 증거하셨다.

16 주께서 이르시기를 "그날 후로는 그들과 맺을 계약은 이것이라 하시고 내 법을 그들의 마음에 새기고 그들의 생각에 기록하리라1)"고 하신 후

17 "그들의 죄와 불법을 내가 다시 기억하지 않을 것이다2)"라고 하셨다.

18 그러므로 이것들을 용서했으니 다시 죄를 용서받기 위해 또 다른 제사를 드릴 필요가 없는 것이다

19 그러므로 형제들아, 우리가 예수의 피를 힘입어 당당하게 하늘의 성소에 들어갈 용기를 얻었다.

20 지성소로 들어가는 길은 우리를 위해 커튼3) 가운데로 열어 놓으신 새로운 생명의 길이며, 휘장은 그리스도의 육체이다.

21 또 하나님의 집을 다스리는 큰 제사장이 계신다.

22 우리가 마음이 깨끗하게 되고 악한 양심으로부터 벗어나고, 몸이 깨끗한 물로 씻음을 받았으니 참 마음과 완전한 믿음으로 하나님께 나아가자.

23 또 약속하신 분은 신실하시다. 그러므로 우리는 구원의 믿는 도리의 소망을 굳게 잡고,

24 서로 돌아보아 사랑과 선행을 격려해야 한다.

25 교회의 모임에 빠지는 어떤 사람들의 습관처럼 하지 말라. 오직 권면하여 예수의 재림 날이 가까이 옴을 볼수록 더욱 그렇게 하자.

26 우리가 구원의 진리를 아는 지식을 받은 후 고의로 죄를 범하면 다시 속죄하는 제사가 없다.

27 그곳에는 오직 무서운 마음으로 심판을 기다리는 것과 대적하는 자를 소멸시킬 맹렬히 타는 불만 있을 뿐이다.

28 모세의 율법을 어긴 자도 2~3명의 증인이 있으면 불쌍히 여김을 받지 못하고 사형을 당했다.

29 하물며 하나님의 아들을 짓밟고 자기를 거룩하게 한 계약의 피를 부정한 것으로 생각하여 은혜의 성령을 하찮게 여기고 모독하는 자가 받을 형벌은 얼마나 무겁겠느냐? 이것을 너희는 생각하라.

30 "원수 갚는 것은 내게 속한 일이니 내가 갚을 것이다4)"라고 하신 뒤 또다시 주께서는 "그의 백성을 심판하리라5)고 말씀하신 것을 우리가 알고 있으니

31 살아계신 하나님의 심판의 손에 들어가는 것이 얼마나 무서운 일인가.

1) 렘 31:33 2) 렘 31:34 3) 휘장 4) 신 32:35 5) 신 32:36

32 너희가 진리의 말씀을 받은 후 고난의 큰 싸움을 견딘 것을 생각하라.

33 그때 너희는 조롱과 환난을 받아 사람에게 구경거리가 되고, 이런 형편에 있는 자들과 사귀는 자가 되었다.

34 너희가 감옥에 있는 자를 동정하고, 너희 재산을 빼앗기는 것도 기쁘게 당한 것은 더 낫고 영원한 유산이 있는 줄을 알기 때문이다.

35 그러므로 그때 가졌던 너희의 담대함을 버리지 말라. 이것이 큰 상을 얻게 한다.

36 너희에게 인내가 필요한 것은 너희가 하나님의 뜻을 행한 후 약속하신 것을 받기 위함이다.

37 성경에 기록되기를 "잠깐 후면 다시 오겠다고 약속하신 이가 속히 오실 것이다.

38 의인은 믿음으로 인해 살리라. 또한 다시 죄악의 자리로 돌아가면 내 마음이 그를 기뻐하지 않을 것이다[1]"라고 했다.

39 우리는 뒤로 물러가 다시 죄악에 빠져 멸망 받을 자가 아니며, 오직 영혼을 구원으로 이끄는 믿음을 가진 자이다.

믿음의 조상들

11 믿음은 우리가 바라는 것들에 대해 확신하는 것[2]이며, 보이지 않는 것들이지만 그것이 있다는 사실을 아는 것이다.

2 믿음의 조상들은 이런 믿음으로써 인정을 받았다.

3 믿음을 통해 우리는 모든 세계가 하나님의 말씀으로 창조된 줄을 알 수 있다. 우리가 보고 있는 것은 보이는 것으로 만들어진 것이 아니다.

4 아벨은 믿음으로 가인보다 온전한 제사를 하나님께 드림으로써[3] 의로운 자라는 인정을 받았으니 하나님께서 그 제사 예물에 대해 증언해 주셨다. 아벨은 죽었지만 그의 믿음으로써 지금도 말하고 있다.

5 에녹은 믿음으로 죽지 않고 하늘로 올라갔으니[4] 하나님께서 그를 하늘로 옮기심으로써 다시 보이지 않았다. 그는 하늘로 올라가기 전 하나님을 기쁘시게 하는 자라는 인정을 받았다.

6 믿음이 없이는 하나님을 기쁘시게 하지 못하기 때문에 하나님께 나아가는 자는 반드시 그가 계신 것과 그가 자기를 찾는 자들에게 상 주시는 분임을 믿어야 한다.

7 믿음으로 노아는 아직 보이지 않는 일, 곧 세상을 멸하겠다는 일에 경고하심을 받아[5] 두려운 마음으로 방주를 준비하여 그 가족을 구원했다. 그로 인해 노아는 세상에 죄가 있음을 선언하고 믿음을 따르는 의의 상속자가 되었다.

8 믿음으로 아브라함은 고향을 떠나라는 부르심을 받았을 때 순종함으로 장래의 유산으로 받을 땅에 나아감에 있어 어디로 가야 할지 알지 못하고 나아갔다.

9 그는 믿음으로 자기가 이방인의 땅에 있는 것처럼 약속의 땅에 살면서 같은 약속을 유산으로 함께 받은 이삭과 그 아들 야곱과 더불어 장막에서 살았다.

10 그가 그렇게 한 것은 하나님께서 친히 계획하시고 세운 하늘의 터가 있는 성을 바라고 있었기 때문이다.

11 믿음으로 아브라함의 아내 사라도

나이가 많아 자식을 낳을 수 없었으나 잉태할 수 있는 힘을 얻었다. 이는 약속하신 하나님께서 신실하신 분임을 알았기 때문이다.

12 그러므로 죽은 자와 같은 늙은 아브라함 한 사람으로 인해 헤아릴 수 없는 하늘의 별과 셀 수 없는 해변의 모래와 같이 많은 후손이 나왔다.

13 이 사람들은 모두 믿음을 따라 죽었으며, 약속을 받지 못했지만 그 약속들을 멀리서 보고 환영했다. 또 땅에서는 외국인과 나그네에 불과하다는 것을 고백했다.

14 그들이 이같이 말하는 것은 자기들이 본향을 찾는 자임을 보여준다.

15 그들이 떠나온 고향을 생각했다면 돌아갈 기회가 있었겠지만

16 이제는 더 좋은 고향을 사모하니 그것은 하늘에 있는 것[1]이다. 그래서 하나님께서는 "그런 자들의 하나님"이라고 일컬음 받는 것을 부끄러워하시지 않고 그들을 위해 영원히 거할 한 성을 준비하셨다.

17 아브라함은 시험[2]을 받을 때 믿음으로 이삭을 드렸다. 그는 이삭이 하나님의 약속을 통해 낳은 아들임에도 그 외아들을 드렸다.

18 하나님은 그에게 이미 말씀하시기를 "네 자손이라고 부를 자는 이삭으로 말미암으리라[3]"고 하셨다.

19 아브라함은 하나님께서 능히 이삭을 죽은 자 가운데서 다시 살리실 줄로 생각했다. 비유로 말하면 아브라함은 이삭을 죽은 자 가운데서 도로 받은 것이다.

20 믿음으로 이삭은 장차 있을 일에 대해 야곱과 에서에게 축복했다[4]

21 또한 야곱은 죽을 때 믿음으로 요셉의 두 아들 에브라임과 므낫세에게 축복하고[5] 그 지팡이를 짚고 하나님을 경배했다.

22 믿음으로 요셉은 죽을 때 이스라엘 자손들이 애굽에서 떠날 것을 말하고, 자기 유골을 약속의 땅으로 가져가도록 유언했다.[6]

23 모세가 출생했을 때 그 부모가 아름다운 아이임을 보고 믿음으로 3개월 동안 숨겼으나[7] 남자 아이를 죽이라는 왕의 명령을 무서워하지 않았다.

24 모세는 믿음으로 성장하여 바로의 공주의 양아들로 자라기를 거절하고

25 하나님의 백성과 함께 고난받는 것을 잠깐 동안 죄의 쾌락을 누리는 것보다 더 좋아했다.

26 그는 장차 오실 메시아를 위해 받는 고난을 애굽의 모든 보화보다 더 귀한 것으로 여겼다. 그것은 하나님께서 주실 상을 바라보았기 때문이다.

27 그는 애굽 왕의 분노를 무서워하지 않고 믿음으로 애굽을 떠나 보이지 않는 하나님을 보는 것처럼 바라보며 인내했다.

28 그는 믿음으로 유월절과 피 뿌리는 예식을 행했다. 이는 장자를 죽

?!난제 하나님은 시험하시는가?(히 11:17)

성경에 보면 하나님은 아브라함을 시험하셨다고 했다. 그리고 사탄은 예수를 시험했다. 한국어로 번역된 시험은 영역본에는 시험(test)과 유혹(temptation)으로 번역했다. 즉 하나님은 테스트(test)하시지만 유혹(temptation)하지는 않으신다. 그러나 마귀(사탄)는 유혹하여 넘어뜨리기 위해 시험(temptation)한다. 그러므로 사람이 시험(temptation) 받는 것은 욕심 때문이다.

1) 본향 2) NIV, test 3) 창 21:12 4) 창 27:27-29, 39-40 5) 창 48:15-20 6) 창 50:24-25 7) 출 2:2

이는 자가 이스라엘 백성의 장자들을 죽이지 않게 하려고 한 것이다.1)

29 믿음으로 이스라엘 백성들은 홍해를 육지처럼 건넜지만 애굽 사람들은 자기들도 건널 수 있다는 것을 시험하다가 빠져 죽었다.2)

30 이스라엘 백성들이 믿음으로 7일간 여리고성을 돌자 성이 무너졌으며3)

31 믿음으로 기생 라합은 정탐꾼을 평안히 영접했기 때문에 순종하지 않은 여리고 백성들과 함께 멸망당하지 않았다.4)

32 내가 무슨 말을 더 할 필요가 있겠느냐? 기드온, 바락, 삼손, 입다, 다윗, 사무엘과 선지자들의 일을 말하려면 시간이 부족할 정도이다.

33 그들은 모두 믿음으로 이방 나라들과 싸워 이겼고, 바른 일을 행했으며, 약속을 받기도 하며, 사자들의 입을 막기도 했다.5)

34 또 불 가운데 건짐을 받고, 칼날을 피하기도 하며, 연약하지만 강하게 되었으며, 전쟁에 나가 용감히 싸워 이방 사람들의 진영을 물리치기도 했다.

35 여자들은 자기의 죽은 가족들을 다시 살아난 상태로 맞이했으며, 어떤 이들은 더 좋은 영원한 부활을 소망하여 견딜 수 없는 고문을 받았지만 형을 면하기 위해 구차한 모습을 보이지 않았다.

36 어떤 이들은 조롱과 채찍질뿐 아니라 결박 당하고 감옥에 갇히는 시련도 받았으며,

37 돌에 맞고 톱으로 몸이 잘려 죽고, 시험을 당하며 칼로 죽임을 당하고, 양과 염소의 가죽을 입고 방랑하며, 궁핍과 환난과 학대를 받았다.

38 이런 사람들에게 세상은 아무런 가치가 없었다. 그들은 광야와 산과 동굴과 토굴에서 살았다.

39 이 사람들은 모두 그 믿음을 인정받았지만 아직 약속된 것을 받지는 못했다.

40 그 이유는 하나님께서 우리를 위해 더 좋은 것을 예비하셨기 때문이다. 즉 우리와 더불어 그들이 완전해지도록 하셨기 때문이다.

신앙의 경주와 주의 징계

12 ● 그러므로 우리에게는 구름처럼 둘러싼 수많은 믿음의 증인이 있으니 모든 무거운 것과 얽매이기 쉬운 죄를 벗어 버리고 인내를 가지고 우리 앞에 놓여진 믿음의 경주를 하자.

2 믿음의 시작이 되며, 또 완전하게 하시는 예수를 바라보자. 그는 자기 앞에 있는 기쁨을 위해 십자가의 고통을 참으셨다. 그리고 그 부끄러움을 아무것도 아닌 것처럼 여기시더니 마침내 하나님 보좌 우편에 앉으셨다.

3 너희가 피곤함 때문에 낙심하지 않도록 하기 위해 예수께서 죄인들이 자기에게 거역한 일에 대해 참으신 것을 생각하라.

4 너희가 죄와 싸웠지만 아직 피 흘리기까지 대항하여 싸우지는 않았다.

5 또 아들들에게 권면하는 것처럼 너희에게 권면하신 말씀도 잊었다. 그래서 성경에서 이르기를 "내 아들아, 주의 징계를 가볍게 여기지 말며, 그에게 책망을 받을 때 낙심하지 말라.

6 주께서는 그 사랑하는 자를 징계

---

1) 출 12장　2) 출 14:21-30　3) 수 6:6-21　4) 수 6:25
5) 단 6:22

하시고, 아들로 받아들이는 자를 채찍질하신다"라고 했다.

7 하나님께서는 너희를 아들과 같이 대우하시니 어찌 아버지가 징계하지 않는 아들이 있겠느냐? 따라서 너희가 받는 징계를 아버지의 훈계로 알고 참으라.

8 징계는 다 받는 것이다. 만일 아버지의 징계가 없으면 너희는 사생자이며, 친아들이 아니다.

9 또 우리 육신의 아버지가 우리를 징계해도 공경했는데 하물며 모든 영의 아버지가 되시는 하나님께 더욱 복종하며 살아야 되지 않겠느냐?

10 부모들은 생존해 있는 동안 자기의 뜻대로 우리를 잠시 징계했다. 그러나 하나님은 우리의 유익을 위해 그의 거룩하심에 참여하게 하신다.

11 징계를 받을 그때는 고통스럽고 슬픔이 있지만 그 징계로 인해 단련 받은 자들은 의와 평안의 열매를 맺게 된다.

12 그러므로 힘이 없는 손과 약한 무릎을 강하게 하여 일어나라.

13 너희 발이 바른 길로 가도록 평탄한 길을 만들어 저는 다리가 절뚝거리지 않고 고침을 받게 하라.

14 모든 사람과 더불어 화평하고 거룩하게 살라. 이런 생활 없이는 아무도 주를 만나지 못할 것이다.

15 너희 가운데 하나님의 은혜를 받지 못하는 자가 없도록 하라. 또 너희 가운데 쓴 뿌리와 같은 사람이 생기지 않도록 하라. 그런 사람은 다른 사람을 괴롭게 할 뿐 아니라 많은 사람이 그로 인해 더럽게 된다.

16 음행하는 자 또는 한 그릇 음식으로 장자의 특권²'을 판 에서와 같이 망령된 자가 생기지 않도록 자신을 살피라.

17 너희가 아는 것처럼 에서는 그후 축복을 받기 위해 눈물을 흘리며 간청했지만 거절당해 축복 받을³' 기회를 얻지 못했다.⁴'

18 너희가 믿음으로 이른 곳은 손으로 만질 수 있고 불이 붙는 산과 검은 구름과 흑암과 폭풍과

19 나팔 소리와 말씀하시는 소리가 들리는 곳인 시내산과 같은 곳이 아니다. 그 소리를 듣는 자들은 하나님께서 더 이상 직접 말씀하지 말아 달라고 간구했다.⁵'

20 이는 성경에 "짐승이라도 그 산에 들어가면 돌로 쳐 죽이라⁶'"고 한 명령을 그들이 견디지 못했기 때문이었다.

21 그 보이는 것이 이렇듯 무서워서 모세도 "심히 두렵고 떨린다⁷'"라고 말했다.

22 그러나 너희가 믿음으로 이른 곳은 시온산과 살아계신 하나님의 도성인 하늘의 예루살렘과 1천만 천사와

23 하늘에 등록된 장자들의 모임과 교회, 모든 백성의 심판자이신 하나님과 완전하게 된 의인의 영들과

24 새 언약의 중재자이신 예수와 아벨의 피보다 더 나은 것을 말하는 그리스도께서 흘린 피에 가까이 나온 것이다.

25 너희는 말씀하신 분을 거역하지 말라. 땅에서 경고하신 이를 거역한 그들이 멸망을 피하지 못했다면, 하물며 하늘에서 경고하신 이를 배반하는 우리가 어떻게 피하겠느냐?

1) 잠 3:11~12 2) 명분 3) 회개함 4) 창 27:34~38
5) 출 20:19 6) 출 19:12 7) 신 9:19

26 그때는 그분의 소리가 땅을 진동시켰지만, 이제는 이런 약속을 하셨다. "내가 또 한 번 땅과 하늘을 진동시킬 것이다."1)

27 '한 번'이라고 한 것은 흔들리지 않는 것들을 영원히 존재하게 하기 위해 흔들릴 수 있는 것들, 곧 창조하신 만물을 없애겠다는 뜻이기도 하다.

28 그러므로 우리는 요동하지 않는 영원한 하나님 나라를 받았으니 감사하자. 이로 인해 경건함과 두려움으로 하나님을 기쁘시게 섬겨야 할 것이다.

29 우리 하나님은 모든 것을 소멸시키는 불과 같으신 분이다.

경건한 생활의 권고와 끝마침 인사

13 ● 형제를 계속해서 사랑하고,
2 나그네2)를 대접하는 것을 잊지 말라. 그래서 알지 못하는 가운데 천사들을 대접한 이들이 있었다.3)

3 너희도 감옥에 갇힌 자를 생각하되 내가 감옥에 갇힌 것처럼 그들을 생각하라. 너희도 육체를 가졌으니 학대 받는 자를 생각하라.

4 모든 사람은 결혼을 소중하게 여기고 그 잠자리를 더럽히지 않게 하라. 하나님은 음행하는 자들과 간음하는 자들을 심판하신다.

5 돈을 사랑하지 말고 있는 것으로 만족하라. 주께서 친히 말씀하시기를 "내가 절대로 너희를 버리거나 떠나지 않을 것이다4)"라고 하셨다.

6 그러므로 우리가 성경에 기록된 대로 담대히 말한다. "주는 나를 도우시는 분이니 내가 사람을 무서워하지 않겠노라."5)

7 하나님의 말씀을 너희에게 전해 주고 너희를 인도하던 자들을 생각하라. 그들의 마지막을 세심하게 살펴보고 그들의 믿음을 본받으라.

8 예수 그리스도는 어제나 오늘이나 영원토록 같으신 분이다.

9 여러 가지 잘못된 가르침들에 미혹되지 말라. 마음은 은혜로 강하게 하는 것이지 음식의 규정을 지키는 것으로써 하는 것이 아니다. 음식으로 마음을 강하게 하는 자는 유익을 얻지 못한다.

10 우리에게 제단이 있지만 성막에서 섬기는 제사장들이 제단에 드린 것을 먹을 권한은 없다.

11 속죄를 위한 짐승의 피는 대제사장이 가지고 성소에 들어가고, 그 동물의 죽은 고기는 성문6) 밖에서 불사르기 때문이다.

12 그러므로 예수께서도 자기 피로써 백성을 거룩하게 하기 위해 예루살렘 성문 밖에서 고난을 받으신 것이다.

13 그런즉 우리도 예수께서 당하신 수치와 모욕을 짊어지고 성문 밖에 있는 그에게 나아가자.

14 우리가 사는 이 땅에는 영원한 도성이 없기 때문에 우리는 장차 올 것을 찾는다.

15 그러므로 우리는 예수로 인해 항상 하나님께 찬양의 제사를 드리자. 찬양의 제사는 그의 이름을 증거하는 입술의 열매를 말한다.

16 너희는 오직 선을 행하고 서로 베푸는 것을 잊지 말라. 하나님은 그 같은 행동7)을 기뻐하신다.

17 너희를 인도하는 영적 지도자들에게 순종하고 복종하라. 그들은 너희 영혼을 위해 영적으로 깨어 있

1) 학 2:6 2) 손님 3) 창 18:3, 19:2, 삿 13:16 4) 신 31:6 5) 시 118:6 6) 영문 7) 제사

기를 자신들이 하나님 앞에서 계 산할 자인 것처럼 한다. 그러므로 그들이 즐거움으로 깨어 기도하고 근심으로 하게 하지 말라. 그렇게 해야 너희에게 유익이 있다.

18 우리를 위해 기도하라. 우리가 모든 일에 선하게 행하려는 것을 보면 우리에게 선한 양심이 있는 줄을 확신할 것이다.

19 내가 하루 속히 너희에게 가기 위해 우리를 위해 기도하기를 더욱 바란다.

20 양들의 큰 목자가 되신 우리 주 예수를 영원한 언약의 피로 죽은 자가운데서 다시 살리신 분은 평안의 하나님이시다. 그분은

21 모든 선한 일에 너희를 완전하게

하여 자기 뜻을 행하게 하시고, 그 앞에 놓인 즐거운 것을 예수 그리스도로 인해 우리 속에 이루시기를 원한다. 그분께 영광을 영원무궁토록 돌려 드립니다. 아멘.

22 형제들아, 내가 너희에게 권면하는 말을 잘 받아들이라. 내가 간단히 너희에게 썼다.

23 믿는 형제 디모데가 감옥에서 풀려 나온 것을 너희에게 알린다. 그가 속히 오면 내가 그와 함께 가서 너희를 만날 것이다.

24 너희의 영적 지도자들과 성도들에게 문안하라. 이달리야에서 온 자들도 너희에게 문안한다.

25 하나님의 은혜가 너희 모든 자에게 있기를 기원한다.

야고보서 · James

제목 히브리어 성경에는 이아코브 에피스톨레('야고보의 서신'), 저자의 이름을 반영

기록연대 기원후 60-62년경 **저자** 주의 형제 야고보 **중심주제** 행함이 따르는 믿음

내용소개 *인내하는 믿음 1. 시험에 대한 자세 1장 *역사하는 믿음 2. 믿음과 행함 2장
*행하는 믿음 3. 말조심과 참지혜 3장 4. 정욕을 제어하라 4장
*기다리는 믿음 5. 재물, 재림, 기도 5장

인사와 믿음의 간구, 행함과 경건

1 ● 하나님과 예수 그리스도의 종 야고보는 세계 각처에 흩어져 있는 12지파에게 문안한다.

2 내 믿음의 형제들아, 너희가 여러 가지 시험1)을 당하더라도 오히려 기뻐하라.

3 너희 믿음의 시련을 통해 인내의 사람이 되는 줄을 너희가 알기 때문이다.

4 너희가 참고 견디면 조금도 부족함이 없고 완전하고 성숙한 사람

이 된다.

5 너희 중에 누구든지 지혜가 부족하다고 생각하면 모든 사람에게 넉넉하게 주시고 꾸짖지 않으시는 하나님께 구하라. 그러면 그가 주실 것이다.

6 오직 믿음으로 구하고 조금도 의심하지 말라. 의심하는 자는 바람에 밀려 요동치는 바다 물결 같기 때문에

7 이런 사람은 주께 얻기를 기대하

1) test

지 말라.

8 그는 두 마음을 품었기 때문에 모든 일에 흔들리는 사람이다.

9 물질적으로나 사회적으로 비천한 성도, 곧 낮은 형제는 오히려 영적으로 부요함[1]을 자랑하라.

10 반면 세상 것으로 부요한 성도는 오히려 믿음 때문에 겸손해진 것을 자랑하라. 세상의 것은 풀의 꽃처럼 결국 사라질 것이기 때문이다.

11 해가 돋고 뜨거운 바람이 불면 풀은 마르고 꽃은 떨어져 그 모양의 아름다움이 없어지는 것처럼 세상의 부요한 자도 그 가진 재물을 관리하다가 죽는 것이다.

12 시련을 견디는 자는 복이 있다. 주께서 시련을 견딘 자에게 약속하신 생명의 면류관을 주시기 때문이다.

13 사람이 유혹[2]을 받을 때 "내가 하나님께 유혹을 받는다"라고 말하지 말라. 하나님은 악에게 유혹을 받지 않으시고 친히 아무도 유혹하지 않으신다.

14 오직 사람이 유혹을 받는 것은 자기 욕심에 끌려 미혹되기 때문이다.

15 욕심이 생기면[3] 죄를 짓게 되고[4], 죄가 커지면 사망을 가져온다.

16 그러므로 내 사랑하는 형제들아, 속지 말라.

17 여러 가지 좋은 은사와 완전한 선물은 모두 위로부터 빛들을 창조하신 아버지에게서 내려온다. 그분은 회전하는 그림자처럼 변하는 일이 없으시다.

18 그분은 자기의 뜻을 따라 진리의 말씀으로 그 피조물 가운데서 우리로 첫 열매가 되게 하셨다.

19 내 사랑하는 형제들아, 너희는 이것을 알라. 사람마다 듣는 것은 빨리하고, 말은 천천히 하며, 쉽게 화를 내지 말라.

20 사람이 쉽게 화를 내면 하나님의 의로움을 이루지 못한다.

21 그러므로 모든 더러운 것과 마음속에 있는 잠재된 악을 내버리라. 너희 영혼을 능히 구원할 수 있는 마음에 심어진 하나님의 말씀을 온유함으로 받아들이라.

22 너희는 말씀을 듣기만 하고 행하지 않음으로써 자신을 속이는 자가 되지 말라.

23 누구든지 말씀을 듣고 행하지 않으면 그는 자기의 생긴 얼굴을 거울로 보는 사람과 같아서

24 자기 자신을 보고 가서 그 모습이 어떠했는지를 바로 잊어버린다.

25 그러나 자유롭게 하는 하나님의 온전한 율법을 살피는 자는 듣고 잊어버리는 자가 아니라 행하는 자이다. 그런 사람은 그 행하는 일로 복을 받는다.

26 누구든지 자신이 스스로 경건하다고 생각하여 자기 혀에 재갈을 물리지 않고 함부로 말하면 그것은 자기 마음을 속이는 것이며, 그 사람의 신앙[5]은 헛된 것이다.

27 하나님 아버지 앞에서 깨끗하고 순수한 신앙은 바로 환난 중에 있는 고아와 과부를 돌보고 세속에 물들지 않도록 자기를 지키는 것이다.

형제 차별의 부당성

2 ● 내 형제들아, 영광스러운 예수 그리스도에 대한 믿음을 너희가 가졌으니 사람의 겉 모습만 보고 차별하지 말라.

2 만일 너희 회당에 금반지를 끼고 좋은 옷을 입은 사람과 허름한 옷

1) 높음 2) temptation 3) 잉태한즉 4) 낳고 5) 경건

을 입은 가난한 사람이 들어올 때

3 너희가 좋은 옷을 입은 자를 세심히 살펴보고 말하기를 "여기 좋은 자리에 앉으라"하고, 또 가난한 자에게는 "너는 거기에 서 있든지 내 발등상 아래에 앉으라"고 말한다면

4 그것은 너희끼리 서로 악한 생각으로 차별하는 자가 되는 것이다.

5 내 사랑하는 형제들아, 내 말을 들으라. 하나님께서는 세상에서 가난한 자를 선택하사 오히려 믿음에 있어서는 부요하게 하신다. 또한 자기를 사랑하는 자들에게 약속하신 나라를 유산으로 받게 하셨다.

6 그런데 너희는 반대로 가난한 자를 무례히 여겼다. 실제로 너희를 억압하며 법정으로 끌고 간 자는 가난한 자가 아니라 부요한 자들이었다.

7 그들은 너희가 믿는 예수의 아름다운 이름을 비방하는 자들이다.

8 만일 너희가 성경에서 기록한 대로 "네 이웃 사랑하기를 네 몸과 같이 하라"고 한 상위의 법을 지키면 잘하는 것이다. 그렇지만

9 너희가 사람을 차별하면 죄를 짓는 것이므로 율법은 너희를 범법자로 취급할 것이다.

10 누구든지 모든 율법을 지키다가 그 한 조항이라도 범하면 그는 모두를 범한 자가 된다.

11 예를 들어 "간음하지 말라"고 하신 이가 또한 "살인하지 말라²"고 하셨다. 비록 네가 간음하지 않았어도 살인을 하면 율법을 범한 자가 되는 것이다.

12 너희는 자유를 주는 율법대로 심판 받을 각오로 말도 하고, 행동도 그렇게 하라.

13 자비를 베풀지 않는 자에게는 자비 없는 준엄한 심판이 있을 것이다. 자비는 심판을 이긴다.

행함 없는 믿음은 죽은 믿음

14 ● 내 형제들아, 만일 사람이 믿음이 있다고 하면서 그에 따른 행함이 없다면 그 믿음은 무슨 소용이 있겠느냐? 그 믿음이 그를 구원할 수 있겠느냐?

15 만일 형제자매가 제대로 입지 못하고 하루 먹을 양식도 없는데

16 너희 중에 누구든지 그에게 "평안히 가라, 따뜻하게 하라, 배부르게 하라"고 말만 하고 그에게 필요한 것을 주지 않으면 그 말은 그에게 아무런 도움이 되지 못한다.

17 이와 같이 행함이 따르지 않는 믿음은 죽은 것이다.

18 어떤 사람은 "너는 믿음이 있고 나는 행함이 있으니 행함 없는 네 믿음을 내게 보이라. 나는 행함으로 믿음을 네게 보이겠다"라고 말했다.

19 너희가 하나님은 한 분이신 줄을 믿느냐? 옳은 일이다. 그러나 귀신들도 하나님을 믿고 두려워하며 떤다.

20 아아, 어리석은 허탄한 사람아, 행함이 따르지 않는 믿음이 아무 쓸모가 없는 것인 줄을 알지 못하느냐?

21 우리 조상 아브라함은 아들 이삭을 제단에 바칠 때 행함으로 의롭다 하심을 받았다.

22 너희가 알고 있듯이 믿음에는 그에 따른 행함이 있고, 행함으로 인해 믿음은 완전하게 된다.

23 이에 성경에 기록되기를 "아브라함이 하나님을 믿으니 이것을 그의 의로 인정하셨다"라는 말씀이

1) 레 19:18 2) 신 5:17

이루어졌고, 그는 하나님의 친구¹⁾라는 칭함을 받았다.

24 이런 사실로 보면 사람이 행함으로 의롭다고 인정을 받고 반드시 믿음으로만은 아닌 것을 알 수 있다.

25 마찬가지로 여리고성의 기생 라합이 이스라엘의 정탐꾼²⁾들을 자기 집으로 숨겨 주었다가 다른 길로 나가게 할 때 행함으로³⁾ 의롭다 하심을 받았다.

26 그러므로 영혼 없는 몸이 죽은 것처럼 행함이 따르지 않는 믿음은 죽은 것이다.

말과 지혜, 다툼, 비방,
허탄한 생각 등에 대해

3 ● 내 형제들아, 너희는 선생된 우리가 더 엄격한 심판을 받을 줄을 알고 다 선생이 되지 말라.

2 왜냐하면 우리가 예외없이 다 실수가 많기 때문이다. 만일 말에 실수가 없는 자라면 그는 완전한 사람이다. 그런 사람은 모든 행동까지도 복종시킬 수 있다.⁴⁾

3 우리가 말⁵⁾들의 입에 재갈을 물리는 것은 우리에게 복종하도록 하여 그 말들을 다스리게 하려는 것이다.

4 또 배를 생각해 보라. 그렇게 큰 배가 광풍에 밀려갈 때 지극히 작은 키로써 사공의 뜻대로 방향을 잡아 항해한다.

5 이와 같이 혀도 작은 지체지만 큰 일을 담당함으로 자랑한다. 보라 작은 불씨가 얼마나 많은 나무를 태우는가?

6 혀는 불과 같고, 악의 세계라고 할 수 있다. 왜냐하면 혀는 우리 지체 중 하나이지만 온 몸을 더럽히고 삶의 수레바퀴인 생명까지도 불살라 버리는 불씨가 되기 때문이다.

그 불씨⁶⁾는 지옥불에서 나온 것이다.

7 온갖 종류의 짐승과 새와 벌레와 바다의 생물은 모두 사람이 길들일 수 있고, 또 길들여 왔다. 그러나

8 혀는 능히 길들일 사람이 없다. 그것은 멈출 줄 모르는 악이며, 죽이는 독이 가득한 것이다.

9 그런데 그런 혀로 우리는 주 되신 아버지 하나님을 찬양하고, 동시에 그것으로 하나님의 형상대로 지음을 받은 사람을 저주하고 있다.

10 한 입에서 찬송과 저주가 나온다. 내 형제들아, 이것은 마땅치 않다.

11 어찌 한 샘에서 단물과 쓴물을 동시에 내겠느냐?

12 내 형제들아, 어찌 무화과나무가 올리브 열매를, 포도나무가 무화과 열매를 맺겠느냐? 이와 같이 짠물이 나는 샘에서 단물을 마시지 못한다.

13 너희 중에 참된 지혜와 총명이 있는 자가 있느냐? 그런 자가 있다면 착한 행실을 통해 그 행함을 보여야 한다.

14 그러나 너희 마음속에 악한 시기와 당파를 지어 다툼이 있다면 자랑하지 말라. 그런 자랑은 진리를 숨기고 거짓말하는 것이 된다.

15 이런 지혜는 하늘에서 내려온 것이 아니라 땅의 것이다. 그것은 정욕적이고, 마귀의 것이다.

16 시기와 다툼이 있는 곳에는 무질서와 모든 악한 일이 있다.

17 오직 하늘에서 온 지혜는 먼저 순결하고, 다음에 화평하고, 너그러

1) 사 41:8 2) 사자 3) 수 2:1-21 4) 능히 온몸도 굴레 씌우리라 5) horse 6) 사르는 것

우며, 순종하며, 자비와 선한 열매가 가득하고, 편견과 위선이 없다.

18 화평을 조성하는 자들은 화평을 통해 의의 열매를 맺는다.

4 너희 중에 싸움과 다툼이 일어나는 원인이 무엇인지 아느냐? 너희 지체 속에서 싸우는 정욕 때문이다.

2 너희는 욕심을 내어도 얻지 못하기 때문에 살인하며, 시기해도 능히 취하지 못하기 때문에 서로 다투고 싸운다. 너희가 얻지 못하는 것은 하나님께 구하지 않기 때문이며,

3 구해도 받지 못하는 것은 정욕으로 쓰려고 잘못 구하기 때문이다.

4 간음하는 여인1)들아, 세상적인 것과 친구 된 것이 하나님과는 원수가 되는 것임을 알지 못하느냐? 그러므로 누구든지 세상적인 것과 친구가 되고자 하는 자는 스스로 하나님과 원수가 되는 것이다.

5 하나님께서 우리 속에 거하게 하신 성령께서는 우리를 질투하기까지 사랑하신다는 말씀을 하찮은 말로 생각하느냐?

6 그러나 하나님은 더 큰 은혜를 우리에게 주셨다. 그래서 성경에서 이르기를 "하나님은 교만한 자를 대적하시고, 겸손한 자에게 은혜를 주신다2)"라고 했다.

7 그러므로 너희는 하나님께 복종하

고 마귀를 대적하라. 그러면 마귀가 너희를 피할 것이다.

8 하나님을 가까이하라. 그러면 하나님은 너희를 가까이하실 것이다. 죄인들아, 행실3)을 깨끗이 하라. 두 마음을 품은 자들아, 깨끗한 마음을 가지라.

9 슬퍼 애통하며 울어라. 너희 웃음을 애통으로, 즐거움을 근심으로 바꾸라.

10 주 앞에서 스스로를 낮추라. 그러면 주께서 너희를 높여 주실 것이다.

11 형제들아, 서로 대적하는 말을 하지 말라. 형제를 대적하거나 판단하는 자는 율법을 대적하고 판단한다. 만일 네가 율법을 판단하면 율법을 행하는 자가 아니라 율법의 재판장이 되는 것이다.

12 입법자와 재판장은 오직 한 분뿐이다. 그분은 능히 구원하기도 하시며, 멸하기도 하신다. 그런데 네가 어떤 자이기에 이웃을 판단하느냐?

13 너희 가운데 "오늘이나 내일이나 어느 도시에 가서 1년간 머물면서 장사하여 돈을 벌겠다"라고 말하는 자들은 내 말을 들으라.

14 너희는 내일 무슨 일이 일어날지 모른다. 너희 생명이 무엇이냐? 너희는 잠깐 보이다가 없어지는 안개에 불과하다.

15 그러므로 너희는 이렇게 말해야 한다. "주의 뜻이면 우리가 살기도 하고, 이것저것을 할 것이다."

16 그런데 지금도 너희는 허영에 사로잡혀 자랑하고 있다. 그러한 자랑은 다 악한 것이다.

17 따라서 사람이 선을 행할 줄 알면

Q&A 싸우는 정욕이란?(약 4:1)

'싸움을 즐기는 악행'이란 뜻. 여기서는 단순히 성적 욕구를 뜻하지 않고, 하나님의 뜻과 상반되는 인간의 뜻과 욕심을 말한다. 즉 교회 안의 분쟁이 개개인의 마음속에 내재된 다툼을 일으키려는 욕망과, 싸움을 좋아하는 악한 기질 때문이라는 것이다.

1) 사람 2) 잠 3:34 3) 손

서도 그것을 행하지 않으면 죄가 된다.

부요한 자에 대한 경고

5 ●부요한 자들은 들으라. 너희에게 닥칠 고난으로 인해 울고 통곡하라.

2 너희의 재물은 썩었고, 너희 옷은 좀먹었다.

3 너희의 금과 은은 녹슬었으니 이 녹이 너희에게 쓸모없게 된 재물에 대한 증거가 되어 그것이 불처럼 너희 살을 먹을 것이다. 너희는 세상의 마지막 때 재물을 쌓고 있다.

4 보라, 너희 밭에서 추수한 품꾼에게 지불하지 않은 품삯이 소리 지르며, 그 추수한 품꾼의 울부짖는 소리가 만군 되신 주의 귀에 들렸다.

5 너희는 땅에서 사치하고 방탕한 생활로 마치 도살장에 끌려가기 전, 살륙의 날의 짐승처럼 자기 배만 채웠다.[1]

6 너희는 의인에게 죄를 뒤집어씌워 죽였으나 그는 너희에게 대항하지 않았다.

참음과 기도

7 ● 그러므로 형제들아, 주께서 재림하시기까지 참으라. 보라, 농부가 땅에서 나는 귀한 열매를 기대하며 이른 비와 늦은 비를 인내하며 기다리는 것처럼

8 너희도 끝까지 참고 마음을 강하게 하라. 주의 재림이 가까워졌다.

9 형제들아, 서로 원망하지 말라. 그래야 심판을 면할 것이다. 보라, 심판자가 문 밖 가까이 계신다.

10 형제들아, 주의 말씀[2]을 전하던 선지자들이 당한 고난과 오래 참은 것을 본받으라.

11 보라, 우리는 인내하는 자를 행복한 자라고 말한다. 너희가 욥의 인내를 들었고, 주께서 고난 받으신 후 그에게 주신 좋은 마지막을 알고 있다. 이처럼 주는 크신 자비와 긍휼을 베푸시는 분이다.

12 내 형제들아, 맹세하지 말라. 하늘과 땅, 그 어떤 것으로도 맹세하지 말라. 오직 너희는 그렇다고 생각하는 것은 "그렇다"라고 하고, 아니라고 생각하는 것은 "아니다"라고 하여 정죄함을 받지 말라.

13 너희 가운데 고난당하는 자가 있다면 기도하라. 즐거워하는 자가 있다면 찬양하라.

14 너희 가운데 병든 자가 있느냐? 그는 교회의 장로들을 초청하라. 그들은 주의 이름으로 기름을 바르며, 그를 위해 기도할 것이다.

15 믿음으로 하는 기도는 병든 자를 능히 낫게 하리니 주께서 그를 고쳐 주실 것이다. 혹시 그가 죄를 범했을지라도 용서함을 받을 것이다.

16 그러므로 너희 죄를 서로 고백하며 병이 치료되기를 위해 서로 기도하라. 의인의 기도는 능력이 있다.

17 엘리야 선지자는 우리와 인간적인 본성이 같은 사람이다. 그럼에도 그가 비가 오지 않기를 간절히 기도하자 3년 6개월 동안 땅에 비가 오지 않았고[3]

18 그가 다시 기도하자 하늘이 비를 주고 땅의 식물이 열매를 맺었다.[4]

19 내 형제들아, 너희 가운데 누가 미혹에 빠져 진리에서 떠난 자를 돌아서게 하면

20 그는 그의 영혼을 사망에서 건져내며 수많은 죄가 용서함을 받을 것이다.

---

1) 너희 마음을 살찌게 하였도다   2) 이름   3) 왕상 17:1
4) 왕상 18:42-45

제목 히브리어 성경에는 페트루 알파('베드로의 첫번째 편지'), 저자의 이름을 반영

기록연대 기원후 64~66년경 **저자** 베드로 **중심주제** 박해와 고난 동참의 영광

내용소개 1. 고난 중의 기쁨 1장 2. 순종하라 2장 3. 두려워 말라 3~4장 4. 본이 되라 5장

인사와 산 소망

1 ●예수 그리스도의 사도인 베드로는 본도, 갈라디아, 갑바도기아, 소아시아와 비두니아에 흩어져 사는 나그네 된 자들에게

2 편지한다. 하나님 아버지께서는 너희를 미리 아신 대로 선택하셨고 성령을 통해 거룩하게 하셨다. 그래서 너희로 예수 그리스도께 순종하고 그의 피로 구원을 얻게 하셨다. 은혜와 평안이 너희에게 더욱 넘치기를 기원한다.

3 예수 그리스도의 아버지 하나님께 찬양을 올린다. 그분은 자비가 많으사 죽은 자 가운데서 부활하신 예수 그리스도를 통해 우리를 거듭나게 하시고 새생명의 소망이 있게 하셨다.

4 이는 썩거나 더럽혀지지 않고, 변하거나 시들지 않는 유산을 상속받게 하신 것이다. 그것은 너희를 위해 하늘에 간직한 것이다.

5 너희는 세상 끝날에 예비하신 구원을 얻기 위해 믿음으로 하나님의 능력을 통해 보호를 받았다.

6 그러므로 너희가 여러 가지 시련 때문에 잠시 근심하게 되지만 오히려 크게 기뻐할 것이다.

7 너희의 확실한 믿음은 불로 연단해도 사라질 금보다 더 귀하여 예수 그리스도께서 재림하실 때 칭찬과 영광과 존귀를 받게 될 것이다.

8 예수를 너희가 보지 못했지만 사랑한다. 지금도 그를 보지 못하지만 믿고 있다. 더 나아가 말로 표현할 수 없는 영광스러운 즐거움으로 기뻐하고 있다.

9 그것은 믿음을 통해 영혼의 구원을 받기 때문이다.

10 이 구원은 너희에게 내려주실 은혜에 대해 예언하던 선지자들이 연구하고 부지런히 찾던 것이다.

11 그리고 자기 속에 계신 그리스도의 영인 성령께서 우리가 받을 고난과 그 후에 얻을 영광을 미리 예언하여 그 일이 누구를, 언제, 어떻게 일어날지를 알기 위해 애쓴 것이다.

12 너희는 예수께서 섬긴 것이 자신을 위한 것이 아니라 너희를 위한 것임을 계시를 통해 알게 되었다. 이것은 하늘에서 보내신 성령을 힘입어 복음을 전하는 자들을 통해 이제 너희에게 알리고 천사들도 알기를 원하는 것이다.

성도의 거룩한 행실과 천국 시민

13 ● 그러므로 너희는 마음을 가다듬고[1] 정신을 차려 예수 그리스도께서 재림하실 때 너희에게 주실 은혜에 소망을 두기 바란다.

14 이전에는 알지 못해 너희 사욕을 따라 살았지만 이제는 순종하는 자녀답게 하나님께 복종하라.

15 오직 너희를 부르신 거룩하신 분처럼 너희도 모든 행실에서 거룩한 자가 되라.

1) 허리를 동이고

16 성경에 기록되기를 "내가 거룩하니 너희도 거룩하라[1]"고 하셨다.

17 겉모습으로만 판단하지 않고 각 사람이 행한 대로 심판하시는 이를 너희가 아버지라고 부르니 너희가 나그네와 같은 이 세상에서 살 동안 두려운 마음으로 지내라.

18 너희가 아는 것처럼 너희 조상이 물려준 가치 없는 생활방식에서 벗어나 구속함을 받은 것은 은이나 금같이 없어질 것으로 된 것이 아니다.

19 그것은 오직 죄와 흠도 없는 어린 양 같은 그리스도의 보배로운 피로 된 것이다.

20 그분은 세상이 있기 전부터 미리 존재하신 분이지만 세상 끝날에 너희의 구원을 위해 세상에 오셨다.

21 너희는 하나님께서 그리스도를 죽은 자 가운데서 살리시고 영광스럽게 하신 그리스도를 통해 믿게 되었다. 그래서 너희의 믿음과 소망이 하나님께 있게 되었다.

22 너희가 그 하나님의 진리에 순종함으로 너희 영혼을 정결하게 했고 진심으로 형제를 사랑하게 되었으니 마음으로 서로 뜨겁게 사랑하라.

23 너희가 다시 태어난 것은 썩어질 씨가 아니라 썩지 않는 씨로 된 것이다. 그것은 바로 영원히 살아있는 하나님의 말씀으로 된 것이다.

24 그러므로 성경에 기록되기를 "모든 육체는 풀과 같고, 그 모든 영광은 풀의 꽃과 같다. 풀은 마르고 꽃은 떨어지지만

25 오직 주의 말씀은 영원히 있도다[2]"라고 했으니 너희에게 전한 복음이 바로 이 말씀이다.

2 너희는 모든 악한 마음과 거짓과 위선과 시기와 온갖 비난하는 말을 버리고

2 갓난아기들처럼 순수하고 신령한 젖인 말씀을 사모하라. 이는 그로 인해 너희의 믿음이 구원에 이르기까지 자라게 하려는 것이다.

3 너희가 주의 자비하심을 경험했으면 그렇게 하라.

4 사람에게는 버림 받았지만 하나님께는 선택하심을 입은 보배로운 산 돌이신 예수 앞에 나아가라. 그래서

5 또한 너희도 산 돌처럼 영적인 신령한 집으로 건축되기를 바란다. 또 예수 그리스도로 인해 하나님께서 기쁘게 받으실 영적 제사를 드릴 거룩한 제사장이 되기를 바란다.

6 성경에 기록되기를 "보라 내가 선택한 보배와 같은 모퉁잇돌을 시온[3]에 두니 그를 믿는 자는 수치를 당하지 않을 것이다[4]"라고 했다.

7 그러므로 믿는 너희에게 예수 그리스도는 보배이지만 믿지 않는 자에게는 "건축자들이 버린 그 돌이 모퉁이의 머릿돌이 되고[5]"

8 또한 "부딪치는 돌과 걸려 넘어지게 하는 바위가 되었다[6]"라고 했다. 그들이 이 말씀을 순종하지 않으므로 넘어지게 된 것은 하나님의 계획에 따른 것이다.

9 그러나 너희는 선택 받은 족속이며, 왕과 같은 제사장들이며, 거룩한 나라이며, 그의 소유가 된 백성이다. 이는 너희를 어둔데서 불러내어 그의 놀라운 빛에 들어가게 하신 하나님을 찬양[7]하기 위함이다.

1) 레 11:44, 20:7 2) 사 40:6-8 3) 예루살렘 4) 사 28:16 5) 시 118:22 6) 사 8:14 7) 아름다운 덕을 선포

10 너희가 이전에는 하나님의 백성이 아니었지만 이제는 그의 백성이 되었다. 이전에는 자비를 얻지 못했지만 이제는 자비를 얻은 자가 되었다.

하나님의 종 같은 생활과
그리스도의 고난에 대한 모본

11 ● 그러므로 사랑하는 자들아, 나그네와 행인 같은 너희에게 권면한다. 영혼을 대적하여 싸우는 육체의 정욕을 멀리하라.

12 너희는 이방인 앞에서 선한 행실을 보여 너희가 악행을 저지른다고 비방하는 자들로 너희의 착한 일을 보고 예수께서 재림하시는 날에 하나님께 영광을 돌리게 하라.

13 주를 위해 인간의 모든 제도에 순종하라. 다만 위에 있는 왕이나

14 왕이 악행하는 자를 징벌하고 선행하는 자를 포상하기 위해 보낸 총독에게 그렇게 하라.

15 이는 선행으로 어리석은 사람들이 하는 무식한 말을 하지 못하게 하는 것이다.

16 너희는 자유자이다. 그러나 그 주어진 자유를 악을 행하는 데 이용하지 말고 오직 하나님의 종과 같이 하라.

17 그래서 모든 사람을 존경하며, 형제를 사랑하라. 하나님을 두려워하며, 왕을 존귀하게 여기라.

18 종들아, 모든 일에 두려워함으로 주인들에게 복종하라. 선하고 너그러운 주인뿐 아니라 완고하고 까다로운 주인들에게도 그렇게 하라.

19 아무런 이유 없이 부당하게 고난을 받아도 하나님을 생각하면서 슬픔을 참으면 그것은 아름다운 것이다.

20 그러나 죄가 있어 매를 맞고 참는다면 무슨 칭찬이 있겠는가? 그러므로 선을 행함으로 고난을 받아도 참는다. 그것은 하나님 앞에 아름다운 것이다.

21 이것을 위해 너희가 하나님의 부르심을 받았다. 그리스도께서도 너희를 위해 고난을 받으사 너희에게 모본을 보여 그 자취를 따라오게 하셨다.

22 예수께서는 죄를 범하지 않고 그 입에서 거짓을 말하지도 않으셨다.

23 그분은 모욕을 당해도 같이 대항하여 욕하지 않으셨으며, 고난을 당했지만 위협하지 않으시고, 오직 공정하게 심판하시는 하나님께 그 보응을 부탁하셨다.

24 그는 친히 나무에 달려 자기 몸으로 우리가 받아야 할 죄의 대가를 대신 담당하셨다. 이는 우리로 죄에 대해 죽고, 의에 대해 살게 하려고 하신 것이다. 그가 채찍에 맞음으로써 너희는 나음을 받았다.[1]

25 너희가 이전에는 양같이 길을 잃고 헤맸으나 이제는 너희 영혼의 목자와 감독되신 예수께로 돌아왔다.

아내와 남편에 대한 가르침

3 ● 아내들아, 자기 남편에게 순종하라. 그러면 믿지 않아 말씀을 순종하지 않는 남편이라도 말이 아니라 그 아내의 행실로 인해 믿게 될 것이다.

2 그것은 너희가 하나님을 두려워하는 가운데 행하는 정결한 행실을 보기 때문이다.

3 너희는 머리를 꾸미고, 금으로 치장하고, 화려한 옷을 입는 겉모습으로 단장하지 말라.

1) 사 53:5

4 오직 진정한 아름다움은 내면의 아름다움을 가진 사람이다. 그런 사람은 남편에게 온유하고 평화로움을 나타낸다. 이는 하나님 앞에 귀한 것이다.

5 이전에 하나님께 소망을 두었던 거룩한 부녀들도 이와 같이 자기 남편에게 순종함으로 자기를 단장했다.

6 사라가 아브라함을 주[1]라고 부르며 순종한 것처럼 너희도 선을 행하고 어떤 두려운 일에도 놀라지 말라. 그러면 사라처럼 아름다운 그녀의 딸이 된 것이다.

7 남편들도 이와 같이 아내를 자기보다 더 연약한 그릇같이 여겨 지식을 따라 생명의 은혜를 함께 이어받을 자로 알아 귀하게 여기라. 이는 너희 기도가 방해를 받지 않게 하려는 것이다.

선을 위한 고난과 선한 양심

8 ● 마지막으로 부탁한다. 너희가 한마음으로 이해하며, 형제를 사랑하며, 불쌍히 여기며, 겸손하며,

9 악을 악으로, 욕을 욕으로 갚지 말고 오히려 복을 빌어 주라. 이를 위해 너희가 하나님의 부르심을 받았다. 이는 너희로 복을 누리게 하려는 것이다.

10 그러므로 성경은 "생명을 사랑하고 즐겁게 살기를 원하는 자는 혀를 함부로 놀리지 말라. 악한 말을 그치고, 그 입술로 거짓을 말하지 말며,

11 악에서 떠나 선을 행하고, 화평을 추구하라.

12 주의 눈은 의인을 향하고, 그의 귀는 의인의 간구를 경청하며, 주의 얼굴은 악행하는 자들을 멀리하신다[2]"라고 했다.

13 또 너희가 힘을 다해 선을 행하면 누가 너희를 해치겠느냐?

14 그러나 옳은 일을 위해 고난을 받으면 복이 있는 자니 그들이 두려워하는 것을 두려워하거나 근심도 하지 말라.

15 너희 마음에 주 되신 그리스도를 거룩하게 모시라. 또 너희가 가진 소망에 대해 이유를 묻는 자에게는 항상 온유와 두려움으로 대답할 것을 준비하라.

16 선한 양심을 품고 살아라. 이는 그리스도 안에 있는 너희의 착한 행실을 욕하고 헐뜯는 자들로 오히려 그 일에 부끄러움을 당하게 하기 위함이다.

17 선을 행함으로 고난을 받는다면 그것은 하나님의 뜻이니, 악을 행하다가 고난받는 것보다 낫다.

18 그리스도께서는 우리를 위해 단 한 번 죽으심으로 우리의 죄를 담당하셨다. 그는 죄 없는 의인으로서 죄인을 대신하여 돌아가셨다. 이는 우리를 하나님 앞으로 인도하기 위함이다. 그는 육체로는 죽임을 당했으나 영으로는 살리심을 받았다.

19 그는 옥에 갇혀 있는 영들에게 영으로 찾아가 말씀을 선포하셨다.

20 그들은 오래전 노아가 방주를 준비할 동안 하나님께서 오랫동안 참고 기다리실 때 복종하지 않았던 자들이다. 물로 멸망 받을 때 방주에 들어가 구원을 얻은 자는 8명 뿐이었다.

21 노아 때의 홍수는 예수 그리스도께서 부활하심으로 인해 이제 너희를 구원하는 세례[3]의 표징이 되었다. 이는 육체의 더러운 것을 깨

---

1) NIV, master　2) 시 34:12-16　3) 침례

끗하게 씻는 것이 아니라 오히려 선한 양심을 갖고 하나님께 자신의 삶을 정결하게 드리겠다는 약속이다.

22 그리스도는 하늘로 올라가 하나님의 우편에 계시니 천사들과 권세들과 능력들이 그에게 복종한다.

하나님의 선한 청지기와 고난에 대해

4 ● 그리스도께서 이미 육체의 고통을 겪으셨으니 너희도 같은 마음가짐으로 무장하라[1]. 이는 육체의 고난을 받은 자는 죄와 단절했기 때문에

2 이후로는 다시 사람의 정욕에 따라 살지 않고 하나님의 뜻을 따라 남은 생애를 살게 하려는 것이다.

3 너희가 불신자 이방인들의 뜻에 따라 음란과 정욕과 술취함과 방탕과 향락과 우상 숭배를 한 것은 지나간 때로 충분하다.

4 이제 불신자들은 너희가 자신들과 방탕한 일에 함께 어울리지 않는 것을 이상히 여겨 비방한다. 그러나

5 그들은 살아있는 자와 죽은 자를 심판하기로 예비하신 하나님 앞에서 자신들의 행위에 대해 사실대로 말하게 될 것이다.

6 이를 위해 죽은 자들에게도 복음이 전파되었다. 그 이유는 육체로는 모든 사람처럼 심판을 받지만, 영으로는 하나님의 뜻에 따라 살

은사(벧전 4:10)

은사(gift)는 헬라어 카리스마를 번역한 것으로 값없이 은혜를 준다는 카리조마라는 동사에서 파생된 말이다. 이 말은 성령께서 그리스도인들에게 주어지는 특별한 선물들을 표현할 때 사용되었다. 이러한 은사에는 사도와 같은 직분과 예언, 가르침, 방언 등이 있으며, 행정적인 은사들로 제시되었다.

게 하기 위함이다.

7 세상 만물의 마지막 때가 가까이 왔으니 그러므로 너희는 정신을 차리고 근신하여 기도하라.

8 무엇보다도 뜨거운 사랑을 나누라. 사랑은 허다한 죄를 덮어 준다.

9 서로 불평하지 말고 대접하며,

10 각자 받은 은사가 무엇이든지 하나님의 여러 가지 은혜를 맡은 선한 관리인인 청지기처럼 서로 봉사하라.

11 만일 누가 말을 하려고 하면 하나님의 말씀을 하는 것처럼 하고, 누가 봉사하려면 하나님께서 주시는 힘으로 하는 것처럼 하라. 이는 모든 일에 예수 그리스도로 인해 하나님께서 영광을 받으시게 하려는 것이다. 그에게 영광과 권능을 영원무궁토록 올려 드립니다. 아멘.

12 사랑하는 자들아, 너희를 연단시키려고 찾아오는 불 같은 시련을 이상한 일을 당하는 것처럼 놀라지 말라.

13 오히려 너희가 그리스도의 고난에 동참하는 것으로 기뻐하라. 그 이유는 그리스도께서 영광 가운데 재림하실 때 너희로 기뻐하게 하기 위함이다.

14 너희가 그리스도의 이름 때문에 모욕을 당한다면 복이 있는 자이다. 그것은 하나님의 영광의 영인 성령이 너희 위에 계시기 때문이다.

15 너희는 누구든지 살인이나 도둑질이나 악행이나 남의 일을 간섭하는 것으로는 어려움을 당하지 않게 하라.

16 그러나 그리스도인이기 때문에 고난을 받으면 부끄러워하지 말고

1) 갑옷을 삼으라

오히려 그 이름으로 하나님께 영광을 돌리라.

17 하나님의 심판은 먼저 하나님의 집에서 시작된다. 만일 하나님의 심판이 우리에게 먼저 있다면 하나님의 복음을 순종하지 않는 자들의 그 마지막 심판은 얼마나 크겠는가?

18 또 의인이 간신히 구원을 받으면 하나님을 믿지 않는 자와 죄인이 설 자리는 어디에 있겠는가?

19 그러므로 하나님의 뜻에 따라 고난을 받는 자들은 선을 행하는 가운데 그 영혼을 신실하신 창조주께 맡기라.

하나님의 양 무리의 본과 끝마침 인사

5 ● 너희 중 장로들에게 권면한다. 나는 너희처럼 장로 된 자이며, 그리스도의 고난에 대한 증인이며, 장차 나타날 그리스도의 영광에 동참할 자이다.

2 너희는 하나님의 양 무리를 치되 억지로나 더러운 이득을 위해 하지 말고 하나님의 뜻에 따라 기쁜 마음으로 하라.

3 여러분에게 맡겨 준 양 떼인 성도들에게 지배하려는 자세로 하지 말고 성도1)의 본이 되라.

4 그러면 목자장 되신 예수께서 재림하실 때 시들지 않는 영광스러운 면류관을 받을 것이다.

5 젊은 자들아, 장로들에게 순종하고 겸손한 마음으로 서로 섬기라2). 하나님은 교만한 자를 대적하시지만 겸손한 자들에게는 은혜를 주신다.

6 그러므로 하나님의 전능하신 손 아래서 겸손하라. 때가 되면 하나님께서 너희를 높여 주실 것이다.

7 너희 모든 염려를 주께 맡기라. 그분은 너희를 돌봐 주신다.

8 경계심을 갖고 깨어 있으라. 너희 대적 마귀가 울부짖는 사자처럼 두루 다니며 삼킬 자를 찾고 있으니 마음을 강하게 하라.

9 너희는 믿음에 굳게 서서 마귀를 대적하라. 이런 말을 하는 것은 세상에 있는 너희 형제들도 너희와 같은 고난을 당하는 줄을 내가 알고 있기 때문이다.

10 모든 은혜를 주시는 하나님, 곧 그리스도 안에서 너희를 부르사 자기의 영원한 영광에 들어가게 하신 하나님께서 잠시 동안 고난당한 너희를 친히 온전하고 굳건하게 하며, 강하게 하실 것이다.

11 권능을 영원무궁토록 그분께 올려드립니다. 아멘.

12 내가 신실한 믿음의 형제로 알고 있는 실라3) 통해 너희에게 간단히 써서 권면한다. 이것이 하나님의 참된 은혜임을 증언하니 너희는 이 은혜에 굳게 서라.

13 너희와 함께 선택함을 받은 로마로 상징되는 바벨론에 있는 교회가 너희에게 문안하고, 내 믿음의 아들 마가 요한도 문안한다.

14 너희는 사랑의 입맞춤으로 서로 문안하라. 그리스도 안에 있는 너희 모든 이에게 평안이 있기를 기원한다.

1) 양 무리 2) 허리를 동이라 3) 실루아노

제목 히브리어 성경에는 페트루 알파('베드로의 두번째 편지'), 저자의 이름을 반영

기록연대 기원후 68년경 **저자** 베드로 **중심주제** 거짓 가르침에 대한 경계와 재림의 소망

내용소개 1. 믿음의 성장 1장 2. 미혹되지 말라 2장 3. 주의 날을 사모하라 3장

인사와 부르심과 선택과 재림 준비

1 ● 예수 그리스도의 종이며, 사도인 시몬 베드로는 우리 하나님과 구주 예수 그리스도의 의를 통해 보배 같은 믿음을 우리와 함께 받은 자들에게 편지한다.

2 하나님과 우리 주 예수를 아는 지식으로 그의 은혜와 평안이 너희에게 더욱 넘치기를 기원한다.

3 그리스도께서는 하나님의 능력으로 생명과 그 열매인 경건에 속한 모든 것을 우리에게 주셨다. 그것은 자기의 영광과 선[1]으로써 우리를 부르신 자를 알았기 때문이다.

4 이로써 그리스도께서는 가장 소중하고 중요한 약속을 우리에게 주셨고 그 약속으로 인해 너희가 세상에서 썩어질 것을 피하여 거룩한 성품에 참여하는 자가 되게 하셨다.

5 그러므로 너희는 너희의 믿음에 덕을, 덕에 지식을,

6 지식에 절제를, 절제에 인내를, 인내에 경건을,

7 경건에 형제 우애를, 형제 우애에 사랑을 더하는 데 더욱 힘쓰라.

8 이런 모든 것이 너희의 삶 가운데 넘쳐난다면 너희는 예수 그리스도를 알기에 게으르지 않고 더욱 풍성한 삶을 사는 자가 된다.

9 그러나 이런 것들이 없는 자는 앞 못 보는 자처럼 멀리 보지 못하고, 과거에 지은 자기 죄가 깨끗하게 된 것을 잊어버린다.

10 그러므로 형제들아, 하나님께서 너희를 부르신 것과 선택하심을 견고하게 하라. 너희가 이것을 행하면 언제든지 실족하지 않을 것이다.

11 그러면 큰 환영 속에서 우리 주 되신 구세주 예수 그리스도의 영원한 나라에 들어갈 것이다.

12 그러므로 너희가 이런 사실을 알고 이미 진리에 서 있지만 한 번 더 내가 너희에게 이 진리를 생각나게 하려고 한다.

13 내가 이 세상 장막에서 살아있는 동안 너희에게 이렇게 생각나게 하는 것이 옳은 줄로 여긴다.

14 이는 예수 그리스도께서 내게 미리 말씀하신 것처럼 나도 세상을 떠날 때가 가까이 온 줄을 알고 있기 때문이다.

15 나는 너희가 내가 죽은 후에라도 어느 때나 이런 것을 생각나게 하려고 한다.

16 예수 그리스도의 능력과 재림을 너희에게 알게 한 것은 그럴듯하게 지어낸 이야기를 따른 것이 아니다. 우리는 예수 그리스도의 크신 위엄의 모습을 친히 본 자이다.

17 이전에 지극히 큰 영광 중에서 이런 소리가 예수에게서 났다. "이는 내 사랑하는 아들이며, 내 기뻐하는 자라[2]" 그때 그가 하나님 아버지께 영광과 존귀를 받으셨다.

18 이 소리는 우리가 그와 함께 거룩

1) 덕 2) 마 17:5, 눅 9:35

한 산⁾에 있을 때 하늘에서 난 것을 들은 것이다.

19 또 우리에게는 더 분명한 예언이 있다. 그것은 어둔 데를 비추는 등불과 같으니 너희 마음에 날이 밝아 샛별 되는 그리스도께서 떠오르기까지 그 말씀에 주목하는 것이 좋다.

20 그러므로 먼저 알아야 할 것은 성경의 모든 예언은 마음대로 해석할 것이 아니다.

21 예언은 사람의 뜻으로 기록해 놓은 것이 아니라 오직 성령의 감동을 받은 사람들이 하나님께 받아 기록한 것이다.

거짓 선지자와 거짓 선생의 출현에 대해

2 ● 그러나 백성 가운데 거짓 선지자들이 일어난 것처럼 너희 중에도 거짓 선생들이 나타날 것이다. 그들은 멸망하게 할 이단을 은밀히 끌어들여 살아계신 주를 부인하고 스스로 임박한 멸망의 길을 자초해서 가는 자들이다.

2 여러 사람이 그들의 악한 길²⁾을 따를 것이다. 이로 인해 구원의 길인 진리의 도가 비방을 받을 것이며,

3 그들이 욕심을 채우기 위해 지은 말을 가지고 너희에게서 이득을 취하려고 한다. 그러므로 하나님의 심판은 옛적부터 지체되지 않으시고, 결국 그들의 멸망은 이루어질 것이다.

4 하나님은 범죄한 천사들을 용서하지 않으시고 지옥에 던져 캄캄한 구덩이에 두어 심판 때까지 지키게 하셨다.

5 하나님은 노아 당시 자신을 거역했던 사람³⁾들을 용서하지 않고 홍수로 심판하셨다. 오직 의를 전파

하는 노아와 그 7명의 식구를 보존하고 경건하지 않은 자들의 세상에 홍수를 내리셨다.⁴⁾

6 또 소돔과 고모라성을 멸망시켜 잿더미가 되게 하사⁵⁾ 훗날 믿지 아니할 자들에게 본보기로 삼으셨다.

7 그때 법을 거역하는 자들의 음란한 행실로 인해 어려움을 겪는 믿음을 가진 의로운 롯을 건지셨다.

8 이는 롯이 그들 중에 거하면서 날마다 성 사람들이 저지르는 불법한 행실을 보고 들음으로 그 믿는 심령이 괴로웠기 때문이다.

9 하나님께서는 그를 믿는 경건한 자를 시련에서 건지시지만, 불의한 자는 심판 날까지 계속 형벌을 받게 하는 방법을 알고 계신다.

10 특히 육체의 더러운 정욕에 이끌려 행하며, 만물을 주관하시는 하나님을 멸시하는 자들에게는 형벌을 내리실 것이다. 이들은 자기 마음대로 당돌하게 행동하고, 교만하며, 두려워 떨지 않고, 영광 가운데 있는 자들을 비방한다.

11 사람들보다 더 큰 능력을 가진 천사들도 주 앞에서는 그들을 헐뜯거나 비방하는 말을 하지 않는다.

12 그러나 이 사람들은 처음부터 잡혀 죽기 위해 태어난 이성 없는 짐승 같아서 알지도 못하면서 비방한다. 결국 이들은 멸망을 당하며,

13 불의의 대가로 자신들이 불의를 당하며, 낮에 즐기고 노는 것을 기쁘게 여기는 자들이다. 이들은 너희 가운데 끼어 있는 점과 티 같은 자들이다. 그래서 너희와 함께 먹을 때 자신들의 속임수로 즐기고 논다.

---

1) 마 17:1, 높은 산 2) 호색하는 것 3) 옛 세상 4) 창 7:6~24 5) 창 19:24~25

14 그들은 음란한 마음이 가득한 눈을 가지고 계속 범죄하며 약한 영혼들을 유혹하는 탐욕이 습관화된 마음을 가진 저주의 자식이다.

15 그들은 미혹에 빠져 바른 길을 떠나 브올의 아들 발람의 길을 그대로 따른다. 발람은 불의의 방법으로 얻은 재물에 눈이 멀었다.

16 그래서 자기의 불법으로 인해 책망을 받았지만 말하지 못하는 나귀가 사람의 소리로 말하여 이 거짓 선지자 발람의 미친 행동을 가로막았다. 1)

17 그러므로 이런 저주의 사람들은 물 없는 샘이며, 광풍에 밀려 가는 안개와 같다. 그들에게는 칠흑 같은 어둠이 예비되어 있다.

18 그들은 헛된 말로 자랑하며 잘못된 길로 가는 사람에게서 간신히 빠져나온 자들을 다시 음란으로 꾀어 육체의 정욕으로 끌고 가려고 유혹하기 때문이다.

19 그들은 자유를 주겠다고 말하지만 자신들도 자유하지 못하는 멸망의 종들이다. 누구든지 정복당한 자는 정복자의 종이 되는 것이다.

20 만일 그들이 우리 주 되신 구주 예수 그리스도를 아는 지식으로 세상의 더러움에서 피한 후에 다시 그 악한 생활에 얽매여 지내게 되면 그 나중의 형편이 처음보다 더 심하게 된다. 2)

21 바른 의의 원리인 복음을 알고 난 후 받은 영적인 명령을 저버리는 것보다 처음부터 알지 못하는 것이 차라리 낫다.

22 속담에 이르기를 "개는 그 토했던 것을 다시 먹고, 돼지는 씻은 후 다시 더러운 구덩이에 눕는다 3)"라고 하는 말이 그들에게 딱 맞는다.

주의 날

3 ● 사랑하는 자들아, 내가 이제 이 두 번째 편지를 너희에게 쓴다. 이 두 편지로 너희의 진실된 마음이 다시 일깨워지기를 바란다.

2 곧 거룩한 선지자들이 예언한 말씀과 주 되신 구주께서 너희의 사도들을 통해 명령하신 것을 기억하게 되기를 바란다.

3 먼저는 세상 끝날에는 정욕대로 조롱하며 사는 사람들이 일어나 너희를 비웃을 것임을 알라.

4 그들은 "주께서 재림한다는 약속이 어디 있느냐? 조상들이 죽은 후부터 지금까지 만물은 처음 창조될 때와 같이 그대로 있다"라고 한다.

5-6 또한 그들은 하나님의 말씀으로 하늘이 옛날부터 있는 것과 땅이 물에서 나와 물로 창조된 사실과 그후 하나님이 홍수로 세상을 멸망시키신 것을 일부러 잊으려고 한다.

7 이제 그 동일한 하나님의 말씀으로 하늘과 땅을 불사를 것이다. 다만 믿지 않는 사람들의 심판과 멸망의 마지막 날까지 보존해 두시다가 불에 탈 것이다

8 사랑하는 자들아, 주께는 하루가 천년 같고, 천년이 하루 같다는 이 한 가지 사실을 기억하라.

9 주의 약속은 어떤 자들이 생각하는 것처럼 더딘 것이 아니다. 오직 주께서는 너희를 위해 오래 참으사 아무도 멸망하지 않고 모두 회개하기를 원하신다.

10 그러나 주의 마지막 심판의 날은 도둑처럼 올 것이다. 그날에는 하늘이 큰 소리를 내며 사라지고, 하

벧후

1) 민 22–24장   2) 마 12:45 참조   3) 잠 26:11

늘에 있는 것1)들은 뜨거운 불에 녹아질 것이다. 또한 땅과 그중에 있는 모든 것은 불타버리게 될 것이다.2)

11 이 모든 것이 불타버릴 것인데 너희가 어떤 사람이 되어야 하겠느냐? 오직 거룩한 행실과 경건함으로

12 하나님의 날이 속히 오기를 간절히 사모하라. 그날에 하늘이 불에 타서 없어지고, 구성 원소3)들도 뜨거운 불에 녹아질 것이다.

13 우리는 그의 약속대로 정의만 있는 새 하늘과 새 땅을 바라본다.

14 그러므로 사랑하는 자들아, 너희가 이것을 바라본다면 주 앞에서 점과 티도 없이 평안 가운데 살아가기를 힘쓰라.

15 또 우리 주께서 오래 참으신 것은 너희를 구원하기 위한 것임을 알라. 우리가 사랑하는 형제 바울도

16 또 그 모든 편지에도 이런 일에 대해 말했다. 그러나 그중에는 이해하기 어려운 것이 더러 있으니 무식한 자들과 굳세지 못한 자들이 다른 성경과 같이 그것도 억지로4) 해석하다가 스스로 멸망에 이르렀다.

17 그러므로 사랑하는 자들아, 너희는 이것을 미리 알았으니 거짓 교사5)들의 잘못된 가르침에 이끌려 너희가 믿음의 굳센 데서 떨어질까 조심하라.

18 오직 우리 주 되신 구주 예수 그리스도의 은혜와 그를 아는 지식에서 믿음을 키우라. 이제와 영원한 날까지 주께 영광이 있기를 기원한다.

1) 물질 2) 드러나리로다 3) 물질 4) 교묘하게
5) 무법한 자

요한 1서   1 John

제목   히브리어 성경에는 이오안누 알파('요한의 첫번째 편지'), 저자의 이름을 반영

기록연대   기원후 90~95년경   **저자** 사도 요한   **중심주제** 하나님과의 사귐과 하나님은 사랑

내용소개   1. 생명의 말씀: 하나님은 빛 1장   2. 계명과 하나님의 자녀의 빛된 생활 2~3장
3. 하나님은 사랑, 세상을 이기는 믿음 4~5장

생명의 말씀과 빛 되신 하나님과 대언자 예수 그리스도

1 ● 세상이 시작되기 이전인 태초부터 있는 생명의 말씀, 로고스에 대해서는 우리가 듣고 눈으로 보았으며 우리 손으로 만져 본 것이 되었다.

2 이 생명을 준 분이 우리에게 나타나셨다. 이 영원한 생명을 우리가 보았고 증언하여 너희에게 전한다. 이는 아버지 하나님과 함께 계시다가 우리에게 나타나신 분이다.

3 우리가 보고 들은 것을 너희에게도 전하는 것은 너희와 우리가 서로 교제가 있게 하기 위함이다. 우리의 교제는 아버지와 그의 아들 예수 그리스도와 함께 누리는 것이다.

4 우리가 이 편지를 쓰는 것은 우리의 기쁨이 넘치게 하려는 것이다.

5 우리가 그리스도에게서 듣고 너희에게 전하는 소식은 이것이다. 곧 하나님은 빛이시며, 그에게는 어둠이 조금도 없으시다는 사실이다.

6 만일 우리가 하나님과 교제가 있다고 하면서 어둠 가운데 행하면 거짓말을 하고 진리를 행하지 않는 것이다.

7 그리스도께서 빛 가운데 계신 것처럼 우리도 빛 가운데 살면 우리는 하나님과 교제를 갖게 된다. 그 아들 예수의 피는 우리를 모든 죄에서 깨끗하게 하실 것이다.

8 만일 우리가 죄가 없다고 말하면 그것은 우리가 스스로 속이고 진리가 우리 속에 없는 것이다.

9 우리가 우리 죄를 고백하면 하나님은 신실하시고 의로우신 분이므로 우리 죄를 용서하시고 우리를 모든 악에서 깨끗하게 하실 것이다.

10 우리가 죄를 짓지 않았다면 이는 하나님을 거짓말하는 자로 만드는 것이다. 그렇게 되면 그의 말씀이 우리 속에 머물지 않을 것이다.

2 내 믿음의 자녀들아, 내가 이 편지를 너희에게 쓰는 것은 너희로 죄를 짓지 않게 하려는 것이다. 만일 누가 죄를 범했어도 하나님 아버지 앞에서 우리를 위해 대신 증언해 줄 자, 보혜사가 있다. 바로 의로우신 예수 그리스도이시다.

2 그는 우리 죄를 속죄하기 위해 드려진 화목제물이 되신다. 그것은 우리만 위해서가 아니라 온 세상의 죄를 위한 것이다.

3 우리가 그의 계명을 지키면 그것

을 통해 우리가 그를 아는 줄로 알 것이다.

4 반면 그를 안다고 하면서 그의 계명을 지키지 않는 자는 거짓말하는 자이며, 그 속에 진리가 없는 자이다.

5 누구든지 그의 말씀을 지키는 자는 하나님의 사랑이 그 속에서 완전하게 된 것이다. 이로써 우리가 그의 안에 거한 줄을 알게 된다.

6 하나님 안에 사는 자는 그가 행하시는 것을 자기도 행할 것이다.

옛 계명과 새 계명

7 ● 사랑하는 자들아, 내가 새로운 계명을 너희에게 쓰는 것이 아니다. 이는 너희가 처음부터 가지고 있던 것과 똑같은 옛 계명이니 이 옛 계명은 너희가 이미 들은 말씀이다.

8 이제 다시 내가 너희에게 새 계명을 쓴다. 이 진리는 예수와 너희 안에서도 진실된 것이다. 어둠이 지나가고 참 빛이 벌써 비치고 있다.

9 빛 가운데 산다고 하면서 그 형제를 미워하는 자는 지금까지 어둠에 있는 자이다.

10 그의 형제를 사랑하는 자는 빛 가운데 거하기 때문에 자기 속에 잘못되게 하는 일이 없다. 그러나

11 그의 형제를 미워하는 자는 어둠에 있고 그 속에서 행하기 때문에 갈 곳을 알지 못한다. 그 어둠이 그의 눈을 멀게 하기 때문이다.

12 자녀들아, 내가 너희에게 이 편지를 쓰는 것은 너희 죄가 예수의 이름으로 인해 용서함을 받았기 때문이다.

13 아비들아, 내가 너희에게 쓰는 것은 너희가 세상에 있기 전인 태초부터 존재하신 자를 알았기 때문

이다. 청년들아, 내가 너희에게 쓰는 것은 너희가 강하고 하나님의 말씀이 너희 안에 거하며 너희가 악한 자를 이겼기 때문이다.

14 아이들아, 내가 너희에게 쓰는 것은 너희가 아버지를 알았기 때문이다.

15 이 세상이나 세상에 속한 것들을 사랑하지 말라. 누구든지 세상을 사랑하면 아버지의 사랑이 그 안에 있지 않다.

16 세상에 있는 모든 것은 육신의 정욕과 안목의 정욕과 육신의 삶, 곧 이생의 자랑이다. 이것은 모두 하나님 아버지께로부터 온 것이 아니라 세상에서 온 것이다.

17 이 세상이나 정욕은 지나가지만 오직 하나님의 뜻을 행하는 자는 영원히 살 것이다.

그리스도를 대적하는 자와 그리스도의 재림

18 ● 자녀1)들아, 지금은 마지막 때이다. 그리스도를 대적하는 자, 적그리스도가 올 것이라는 말을 너희가 들은 것처럼 지금도 그리스도를 대적하는 자가 많이 일어난 것을 보고 우리가 마지막 때인 줄을 안다.

19 그들이 우리에게서 나갔으니 우리에게 속하지 않은 것이다. 만일 그들이 우리에게 속했다면 우리와 함께 거했을 것이다. 그러므로 그들이 우리에게서 떠나간 것은 다 우리에게 속하지 않았음을 보여준다.

20 너희는 거룩하신 자에게서 성령으로 기름 부음을 받았으므로 이 모든 것을 안다.

21 내가 너희에게 이 편지를 쓰는 것은 너희가 진리를 알기 때문이며,

모든 거짓은 진리에서 나지 않기 때문이다.

22 거짓말하는 자는 예수께서 그리스도임을 부인하는 자이다. 하나님 아버지와 그 아들을 부인하는 자가 바로 그리스도를 대적하는 자이다.

23 하나님의 아들을 부인하는 자에게는 아버지가 없듯이, 그 아들을 시인하는 자에게는 하나님 아버지도 있다.

24 너희는 처음 믿기를 시작한 때부터 들은 것을 너희 안에 머무르게 하라. 처음부터 들은 것이 너희 안에 거하면 너희가 아들과 하나님 아버지 안에 거할 것이다.

25 예수께서 우리에게 약속하신 것은 바로 영원한 생명이다.

26 너희를 미혹하는 자들에 대해 내가 너희에게 이것을 썼다.

27 너희는 주에게서 받은 성령의 기름 부음이 너희 안에 있으니 아무도 너희를 가르칠 필요가 없다. 오직 그의 성령께서 모든 것을 너희에게 가르치실 것이다. 그 가르침은 진실되고 거짓이 없으니 그 가르치심대로 주 안에서 생활하라.

28 자녀들아, 이제 예수 안에서 생활하라. 이는 주께서 재림하실 때 우리로 부끄럽지 않은 모습으로 자신 있게 서도록 하기 위함이다.

29 너희는 예수께서 의로우신 분임을 알았다. 의를 행하는 자마다 그의 자녀인 줄을 알 것이다.

3 보라, 하나님 아버지께서 우리에게 얼마나 큰 사랑을 베푸셨는가? 우리는 그 사랑으로 하나님의 자녀라고 일컬음을 받게 되었다. 그러므로 세상이 우리를 알지 못

1) 아이

하는 것은 곧 하나님을 알지 못하는 것이다.

2 사랑하는 자들아, 우리가 지금은 하나님의 자녀이다. 장래의 일은 아직 나타나지 않았다. 그러나 예수께서 재림하시면 우리도 그와 같은 존재가 되는 것이다. 그의 참모습 그대로 볼 것이기 때문이다.

3 주를 향해 이 소망을 가진 자는 모두 그의 깨끗하심과 같이 자기를 깨끗하게 한다.

4 죄를 짓는 자마다 불법을 행하는 것은 죄가 불법이기 때문이다.

5 예수께서 우리의 죄를 없애려고 나타나신 것을 너희가 알고 있으니 그에게는 죄가 없으시다.

6 예수 안에 거하는 자마다 죄를 짓지 않는다. 죄를 짓는 자마다 그를 보지 못하고 알지도 못한다.

7 자녀들아, 아무도 너희를 미혹하지 못하게 하라. 의를 행하는 자는 그의 의로우심과 같이 의롭고,

8 죄를 짓는 자는 마귀에게 속하게 되니 마귀는 처음부터 범죄한 자이다. 하나님의 아들이 나타나신 것은 마귀의 일을 멸하기 위해서이다.

9 하나님께로부터 난 자는 죄를 짓지 않는다. 하나님께서 주신 새로운 삶의 씨가 그의 속에 머물기 때문이며, 그도 죄를 짓지 못하는 것은 하나님께로부터 났기 때문이다.

10 그러므로 하나님의 자녀들과 마귀의 자녀들이 밖으로 드러나기 때문에 그들의 정체를 알게 된다. 무릇 의를 행하지 않는 자나 그 형제를 사랑하지 않는 자는 하나님께 속하지 않는다.

11 우리는 서로 사랑해야 한다. 이것은 너희가 처음 믿을 때부터 들은 말이다.

12 가인같이 행하지 말라. 그는 악한 자에게 속하여 그 동생 아벨을 죽였으니 왜 죽였느냐? 자기의 행위는 악하고 그 동생의 행위는 의로웠기 때문이다.

행함과 진실함과 이단 경계에 대해

13 ● 형제들아, 세상이 너희를 미워한다고 이상하게 생각하지 말라.

14 우리는 형제를 사랑함으로 사망에서 생명의 자리로 옮겨진 줄을 알고 있다. 사랑하지 않는 자는 사망에 머물러 있다.

15 그 형제를 미워하는 자는 살인하는 자니 살인하는 자는 영원한 생명이 없다는 것을 너희가 알고 있다.

16 예수께서 우리를 위해 목숨을 버리셨으니 그 같은 사실로 그의 사랑이 어떤지를 알기 때문에 우리도 형제들을 위해 목숨을 버릴 수 있어야 한다.

17 누가 세상의 많은 재물을 갖고 있으면서 가난한 형제를 도와주지 않는다면 하나님의 사랑이 그에게 있다고 할 수 있겠느냐?

18 자녀들아, 우리가 말과 혀로만 사랑하지 말고 행함과 진실함으로 하자.

19 이로써 우리가 진리이신 예수께 속한 줄을 알고, 우리 마음을 주 앞에서 강하게 할 것이다.

20 이는 우리 마음도 우리를 책망할 경우가 있는데, 하나님은 우리 마음보다 크시고 모든 것을 아시기 때문이다.

21 사랑하는 자들아, 우리 마음이 우리를 책망할 것이 없으면 하나님 앞에서 담대함을 얻는다. 그래서

22 무엇이든지 구하는 것을 그에게서

받을 수 있다. 이는 우리가 그의 계명을 지키고 그 앞에서 기뻐하시는 것을 행하기 때문이다.

23 그의 계명은 그 아들 예수 그리스도의 이름을 믿고 그가 우리에게 주신 계명대로 서로 사랑하는 것이다.

24 그의 계명을 지키는 자는 주 안에 거하고, 주는 그의 안에 거하신다. 우리는 이 같은 사실을 우리에게 주신 성령을 통해 알게 된다.

4 사랑하는 자들아, 영을 받았다는 사람들을 다 믿지 말고 그들이 말하는 영들이 하나님께 속했는지 시험¹⁾해 보라. 세상에 많은 거짓 선지자가 나타났기 때문이다.

2 예수 그리스도께서 육체로 오신 것을 시인하는 영마다 하나님께 속한 것이다. 그러므로 너희는 이것으로 하나님의 영인지 분별하라.

3 예수를 시인하지 않는 영은 하나님께 속한 것이 아니며, 이것이 곧 그리스도를 대적하는 자의 영이다. 너희가 "그리스도를 대적하는 자가 올 것이다"라는 말을 들었을 것이다. 그러나 벌써 세상에 와 있다.

4 자녀들아, 너희는 하나님께 속했고, 그리스도를 대적하는 자들을 이겼다. 이는 너희 안에 계신 이가 세상에 있는 자보다 크시기 때문이다.

5 그들은 세상에 속했기 때문에 세상에 속한 말을 하고, 세상은 그들의 말을 듣는다.

6 우리는 하나님께 속했기 때문에 하나님을 아는 자는 우리의 말을 듣고, 하나님께 속하지 않는 자는 우리의 말을 듣지 않는다. 이로써 진리의 영과 미혹의 영을 구분할 수 있다.

사랑의 본체이신 하나님

7 ● 사랑하는 자들아, 우리가 서로 사랑하자. 사랑은 하나님에게서 왔기 때문에 사랑하는 자는 하나님의 자녀이다. 그는 하나님을 알고

8 사랑하지 않는 자는 하나님을 알지 못한다. 하나님은 사랑이시기 때문이다.

9 하나님은 자기의 독생자를 세상에 보내심으로 자기의 사랑을 우리에게 보여 주셨다. 그것은 그를 통해 우리에게 생명을 주신 것이다.

10 우리가 하나님을 사랑한 것이 아니라 하나님께서 우리를 먼저 사랑하여 우리 죄를 위해 그 아들을 화목제물로 보내셨다. 바로 여기에 사랑이 있다.

11 사랑하는 자들아, 하나님께서 이같이 우리를 사랑하셨으니 우리도 서로 사랑하자.

12 지금까지 하나님을 본 사람이 없지만 우리가 서로 사랑하면 하나님께서 우리 안에 거하시고 그의 사랑이 우리 안에서 완성될 것이다.

13 하나님께서 그의 성령을 우리에게 주시므로 우리가 하나님 안에서 살고, 하나님께서 우리 안에 머무시는 줄을 안다.

14 하나님 아버지가 그 아들을 세상의 구세주로 보내신 것을 우리가 보았고, 또 그것을 증언한다.

15 누구든지 예수를 하나님의 아들이라고 고백하면 하나님께서 그의 안에 거하시고 그도 하나님 안에서 살게 된다.

16 우리를 향한 하나님의 사랑을 우리가 알고 믿었으니 하나님은 사랑이시다. 하나님의 사랑 안에 거

1) test

하는 자는 그분 안에서 살고, 하나님도 그의 안에 거하신다.

17 이로써 사랑이 우리에게서 완성되어 우리로 심판 날에 두려움 없이 서게 한다. 곧 우리가 세상에서 주님처럼 두려움 없이 서게 되는 것이다.

18 사랑 안에는 두려움이 없기 때문에 완전한 사랑은 두려움을 내쫓는다. 두려움에는 형벌이 있으니 두려워하는 자는 사랑을 이루지 못한다.

19 우리가 하나님을 사랑하는 것은 그가 먼저 우리를 사랑하셨기 때문이다.

20 하나님을 사랑한다고 하면서 그 형제를 미워하면 그는 거짓말하는 자이다. 보이는 형제를 사랑하지 않는 자는 보이지 않는 하나님을 사랑할 수 없다.

21 우리가 이런 계명을 주께 받았으니 하나님을 사랑하는 자는 그 형제도 사랑해야 한다.

세상을 이기는 믿음과 영원한 생명을 알게 함

5 ● 예수께서 그리스도가 되심을 믿는 자는 하나님의 자녀이다. 또한 아버지 되신 하나님을 사랑하는 자는 그의 자녀들을 사랑한다.

2 우리가 하나님을 사랑하고 그의 계명들을 지키면 비로소 우리가 하나님의 자녀를 사랑하는 줄을

Q&A 계명 (요1, 5:2)

계명(commandment, 誡命)은 구약에서 율법과 십계명을 가리켰다. 그러나 신약에서는 보다 광범위하게 하나님께서 예수 그리스도를 통해 성도에게 주신 모든 명령으로 봄이 좋다. 이 계명의 근본 정신은 위로 하나님을 사랑하고 아래로 이웃 형제를 사랑하는 것이다.

알게 된다.

3 우리가 하나님을 사랑한다는 것은 그의 계명들을 지키는 것이다. 그의 계명들은 지키기 어려운 것이 아니다.

4 무릇 하나님의 자녀는 세상을 이길 수 있다. 세상을 이기는 것은 우리가 가진 믿음이다.

5 예수께서 하나님의 아들임을 믿지 못하면 세상을 이길 수 없다.

6 예수 그리스도는 물과 피로 세상에 오신 분이다. 그는 물로만 아니라 물, 곧 세례받음과 피, 곧 십자가상의 피로 오셨으니 그것을 증거하는 이는 진리 되신 성령이다.

7 이상의 사실을 증거하는 이는

8 성령과 물과 피 셋이다. 또한 이 셋의 증거는 합하여 하나이다.

9 만일 우리가 사람들의 증거를 믿는다면 하나님의 증거는 더욱 크고 중요하다. 하나님의 증거는 바로 그의 아들에 대해 증언하신 것이다.

10 하나님의 아들을 믿는 자는 자기 안에 증거가 있고, 하나님을 믿지 않는 자는 하나님을 거짓말하는 자로 만든다. 그는 하나님께서 그 아들에 대해 증언하신 증거를 믿지 않기 때문이다.

11 또 다른 증거는 하나님께서 우리에게 영원한 생명을 주신 것과 이 생명이 그의 아들 안에 있다는 사실이다.

12 하나님의 아들을 받아들인 자에게는 생명이 있고, 하나님의 아들을 거부하는 자에게는 생명이 없다.

13 내가 하나님의 아들의 이름을 믿는 너희에게 이 편지를 쓰는 것은 너희에게 영원한 생명이 있다는 사실을 알게 하기 위함이다.

14 우리가 하나님을 향해 아무런 의심 없이 나아갈 수 있는 것은 그의 뜻대로 무엇을 구하면 들어주시기 때문이다.

15 우리가 무엇이든지 구하는 것을 하나님께서 들으시는 줄을 알기 때문에 우리가 그에게 구한 것을 또한 얻은 줄을 안다.

16 누구든지 형제가 사망에 이를 만한 죄를 짓는 것이 아니라면 그를 위해 기도하라. 그러면 사망에 이르지 않는 범죄자들을 위해 그에게 생명을 주실 것이다. 그러나 사망에 이르는 죄도 있는데, 이에 대해 나는 구하라고 하지 않겠다.

17 모든 불의가 죄이지만 사망에 이르지 않는 죄도 있다.

18 우리는 하나님의 자녀가 다 죄를 짓지 않는 줄을 안다. 하나님에게서 나신 그리스도께서 그를 지키시니 악한 자가 그를 만지지도 못한다.

19 또 우리는 우리가 하나님 안에 살고, 온 세상은 악한 자가 지배하고 있다는 사실을 알고 있다.

20 또 한 가지는 하나님의 아들이 세상에 오사 우리에게 깨닫는 능력을 주심으로 우리로 진리이신 하나님을 알게 하신 것과 우리가 그의 아들 예수 그리스도 안에 있다는 사실이다. 예수 그리스도는 참 하나님이시며, 영원한 생명이시다.

21 그러므로 자녀들아, 너희 자신을 우상에게서 지키라.

요한 2서

2 John

제목　히브리어 성경에는 이오안 누베타('요한의 두번째 편지'), 저자의 이름을 반영

기록연대　기원후 90-95년경　**저자** 사도 요한　**중심주제** 거짓 교사를 경계와 사랑으로 행함

내용소개　1. 원수들과의 교제 / 진리에 행하라 1장

소아시아 교회에게 보낸 요한의 두 번째 편지

1 ● 장로인 나 요한은 하나님의 선택함을 받은 부녀와 그의 자녀들에게 편지한다. 내가 진실로 사랑하는 자이며, 나뿐 아니라 진리를 아는 모든 사람도 사랑한다. 이는

2 우리 안에 거하여 영원히 우리와 함께할 진리 때문이다.

3 하나님 아버지와 그 아들 예수 그리스도의 은혜와 자비와 평안이 진리와 사랑 가운데서 우리와 함께 있기를 기원한다.

4 네 자녀들 가운데 우리가 하나님 아버지께 받은 계명대로 진리 안에서 사는 자를 보니 내가 심히 기쁘다.

5 여인¹⁾이여, 내가 이제 네게 간구하니 서로 사랑하자. 이는 새로운 계명처럼 네게 쓰는 것이 아니라 처음부터 우리가 받은 말씀이다.

6 또 사랑은 우리가 그 계명을 따라 행하는 것이다. 그리고 그 계명은 너희가 처음 믿을 때부터 들은 대로 그 사랑 가운데서 행하라고 하신 것이다.

1) 부녀

7 유혹하는 자가 세상에 많이 나왔다. 그들은 예수 그리스도께서 육체로 오신 것을 부인한다. 이런 자가 미혹하는 자이며, 그리스도를 대적하는 자이다.

8 너희는 스스로 조심하여 우리가 일한 것을 잃지 말고 오직 그에 따른 풍성한 상을 받도록 하라.

9 그리스도께서 가르친 교훈을 따르지 않는 자는 모두 하나님을 모시지 못한다. 오직 그의 가르침을 따르는 사람만이 하나님 아버지와 그 아들을 모신다.

10 누구든지 그리스도의 가르침을 따르지 않고 너희에게 접근해 오면 그를 집에 들이지 말고 인사도 하지 말라.

11 그런 자에게 인사하는 자는 그 악한 일에 참여하게 된다.

12 내가 너희에게 쓸 것이 많지만 종이와 먹으로 쓰는 것보다 오히려 너희를 방문하여 대면해 말하려고 한다. 이는 너희의 기쁨을 넘치게 하기 위해서이다.

13 하나님의 선택함을 받은 네 자매의 자녀들이 네게 문안한다.

요한 3서 3 John

제목	히브리어 성경에는 이오안 누베타('요한의 세번째 편지'), 저자의 이름을 반영
기록연대	기원후 90~95년경 **저자** 사도 요한 **중심주제** 가이오를 격려(신실한 일을 계속)
내용소개	1. 형제들과의 교제 / 진리를 돕는 자가 되라 1장

가이오에게 보낸
요한의 세 번째 편지

1 ●장로인 나 요한은 내가 진심으로 사랑하는 가이오에게 편지한다.

2 사랑하는 자여, 내가 네 영혼이 건강한[1] 것처럼 네가 모든 일에 잘되고 몸도 강건하기를 기도한다.

3 형제들이 내게 와서 너희가 진리를 따라 살고 있다는 소식을 전해 듣고 내가 심히 기뻐했다.

4 이런 소식을 듣는 것보다 더 기쁜 일은 없다.

5 사랑하는 자여, 네[2]가 나그네 된 순회 전도자들을 잘 대접해 주는 것은 신실한 일이다.

6 그들이 교회 앞에서 네가 베푼 호의를 칭찬했다. 네가 모르는 사람까지도 하나님께 합당하게 그들을 대접[3]한 일은 좋은 일이다.

7 그들은 주의 이름을 위해 전도여행을 할 때 믿지 않는 자, 이방인에게 어떤 도움이나 대가도 받지 않았다.

8 그러므로 우리가 그 같은 자들을 영접하는 것은 당연히 할 일이다. 이는 우리로 진리를 위해 함께 일하는 자가 되게 하려는 것이다.

9 내가 몇 글자를 교회에 썼으나 그들 중에 으뜸이 되기를 좋아하는 디오드레베가 우리를 영접하지 않았다.

10 그러므로 내가 가면 그가 한 일을 드러낼 것이다. 그가 악한 말로 우리를 비방하고도 오히려 부족하여 형제들을 영접하지 않고 영접하려

1) 잘됨 2) 가이오 3) 전송

는 자까지도 영접하지 못하도록 교회에서 쫓아냈다.

11 사랑하는 자여, 악한 것을 멀리하고 선한 것을 본받으라. 선을 행하는 자는 하나님께 속하고, 악을 행하는 자는 하나님을 알지 못한다.

12 반면 데메드리오는 진리를 따르는 데 있어 모든 사람에게서 칭찬을 받는 자이니 우리도 그러하다. 너 역시 우리의 말이 진실되다는 것

을 알고 있다.

13 나는 네게 쓸 것이 많이 있지만 먹과 붓으로 쓰는 것보다

14 빠른 시일 내에 너를 보기 바라니 그때는 우리가 얼굴을 마주보며 말할 것이다.

15 평안이 네게 있기를 기원한다. 여러 친구가 네게 문안한다. 너는 친구들의 이름을 들어 일일이 문안하라.

유다서　　　　Jude

제목　히브리어 성경에는 이우다('유다의'), 저자의 이름을 반영

기록연대　기원후 70~80년경　　**저자** 유다　　**중심주제** 거짓교사와 그들의 가르침을 경계

내용소개　1. 거짓 교사에 대한 질책 / 진리를 지켜라 1장

이단들에 대처하라는 유다의 편지

1 ●예수 그리스도의 종이며, 하나님의 부르심을 받은 야고보의 형제인 유다는 하나님 아버지의 사랑을 얻고 예수 그리스도의 보호하심을 받은 자들에게 편지한다.

2 자비와 평안과 사랑이 너희에게 더욱 넘치기를 기원한다.

3 사랑하는 자들아, 우리는 모든 사람이 누리는 구원에 대해 내가 너희에게 편지를 쓰려는 생각이 간절했다. 그러던 차에 편지를 써야 할 이유가 생겼다. 그것은 성도에게 한번에 주신 믿음의 원리를 지키기 위해 힘써 싸워야 할 필요성이 생긴 것이다.

4 그것은 바로 너희 가운데 은밀히 들어온 몇 사람이 있기 때문이다. 그들은 하나님을 대적하고 우리 하나님의 은혜를 죄 짓는 방탕한 것으로 바꾸고, 홀로 한 분이신 통

치자 예수 그리스도를 부인하는 자들이다. 이들은 옛적부터 벌을 받기로 판결된 자이다.

5 너희가 처음부터 이 모든 사실을 알고 있었으나 내가 너희로 다시 생각나게 하려고 한다. 주께서 자기 백성을 애굽에서 구출해 내시고 그후에는 믿지 않는 자들을 멸하셨다.

6 또 자기 지위를 지키지 않고 자기 위치를 이탈한 천사들을 최후[1]의 심판 날까지 영원한 결박으로 흑암에 가두셨다.

7 소돔과 고모라와 그 주위 도시들도 그들과 같이 음란하여 다른 육체[2]를 따라가다가 영원한 불의 형벌을 받음으로써 멸망의 본보기[3]가 되었다.[4]

8 이는 여러분 가운데 몰래 들어온 자들도 마찬가지다. 그들은 꿈으로 인도함을 받고 있으며, 소돔과 고

---

1) 큰날　2) 동성과 수간　3) 거울　4) 창 19:1-25

모라처럼 육체를 더럽히고, 하나님의 권위를 업신여기며, 하나님의 영광을 비방하고 있다.

9 천사의 우두머리인 미가엘조차도 모세의 시체를 가져가려고 마귀와 다투어 논쟁할 때 감히 훼방하는 판결을 내리지 않고 다만 말하기를 "주께서 너를 책망하시기를 바란다"라고 했다.

10 그런데 하나님의 영광을 훼방하는 이 사람들은 무엇이든지 그 알지 못하는 영의 일을 훼방한다. 또 그들은 이성 없는 짐승같이 본능으로 아는 그것 때문에 멸망당할 것이다.

11 이들에게는 화가 있을 것이다. 이들은 동생을 살인한 가인의 길로 행했고, 자신의 삶을 위해 발람의 어그러진 길로 몰려갔으며, 모세를 반역한 고라의 패역을 따라가다가 멸망을 받았다.¹⁾

12 그들은 아무런 거리낌 없이 하나님의 사랑 가운데 함께 나누는 애찬에 끼어든 너희의 암초다. 또 자기의 욕심²⁾만 채우는 목자이며, 바람에 밀려가는 물 없는 구름이며, 계속 죽어 뿌리까지 뽑힌 열매 없는 가을 나무이다.

13 그들은 자기의 부끄러움을 거품처럼 뿜어 내는 바다의 거친 물결이며, 영원히 예비된 칠흑 같은 흑암 속을 방황하는 별들과 같은 자들이다.

14 아담의 7대손인 에녹이 이 사람들에 대해서도 예언했다. "보라, 주께서 그 수만의 거룩한 자와 함께 임하셨다.

15 이는 모든 경건하지 않은 자가 행한 모든 일과 경건하지 않은 죄인들이 주를 거슬러 한 모든 완악한 말에 대해 그들을 심판하기 위함이다."

16 이런 불경건한 사람들은 원망과 불만을 토하는 자들이며, 자기의 정욕대로 행하는 자들이다. 그들은 자랑하는 말을 하며, 자기 이익을 위해 아첨한다.

17 사랑하는 자들아, 너희는 예수 그리스도의 사도들이 미리 한 말을 기억하라.

18 그들이 너희에게 말하기를 "마지막 때는 경건하지 않은 정욕에 이끌려 살며, 조롱하는 자들이 있을 것이다³⁾"라고 했다.

19 이 사람들은 분열을 조장하는 자로, 육에 속하며, 성령이 없는 자들이다.

20 그러므로 사랑하는 자들아, 너희는 너희가 가진 지극히 거룩한 믿음 위에 자신을 굳게 세우며 성령으로 기도하라.

21 하나님의 사랑 안에서 자신을 지키며, 영원한 생명에 이르도록 예수 그리스도의 자비를 기다리라.

22 그리고 믿음을 굳게 하지 못하고 의심하는 자들을 불쌍히 여기라.

23 또 불 속에 있는 자들을 끌어내어 구원하라. 또 그 육신의 정욕으로 인해 더럽혀진 자들은 그들의 옷까지도 미워하되 동시에 두려운 마음으로 그를 불쌍히 여기라.

24 하나님께서는 능히 너희를 보호하여 걸려 넘어지지 않게 하시고, 너희로 그 영광 앞에 흠 없이 기쁨으로 세계 하실 분이다.

25 곧 우리 구세주가 되시고 유일하신 하나님께 우리 주 예수 그리스도로 인해 영광과 위엄과 권력과 권세를 영원 전부터 이제까지 영원토록 돌려 드립니다. 아멘.

1) 민 16:1-35, 31:16   2) 몸   3) 벧후 3:2-3

제목	히브리어 성경에는 아포칼룹시스 이오안누('요한의 계시'), 저자의 이름을 반영
기록연대	기원후 95~96년경 **저자** 사도 요한 **중심주제** 장래에 이루어질 것에 대한 계시

내용소개 * 하늘의 환상 1. 일곱 교회 1~3장 * 땅의 환난(심판) 2. 일곱 인 재앙 4~6장
3. 일곱 나팔 재앙 7~9장 4. 일곱 징조 10~13장 5. 일곱 대접 재앙 14~16장 6. 일곱 멸망 17~19장
* 새하늘과 새땅 7. 일곱 가지 새것 20~22장

계시록 표제와 인사, 그리스도의 명령

1 ●이것은 예수 그리스도께서 계시한 것을 기록한 것이다. 이는 하나님께서 속히 일어날 일들을 그의 종들에게 보이시기 위해 사도 요한에게 주신 것이다. 그리스도는 그의 천사를 그 종 사도 요한에게 보내 알게 하셨다.

2 사도 요한은 하나님의 말씀과 예수 그리스도에 대해 자기가 본 것을 모두 증거했다.

3 이 예언의 말씀을 읽고, 듣고 그 가운데 기록한 것을 지키는 자는 복이 있다. 그 기록된 말씀이 이루어질 때가 가까이 왔기 때문이다.

4 사도 요한은 소아시아에 있는 7개 교회에게 편지한다. 지금도 계시고 전에도 계셨고, 장차 오실 이와 그의 보좌 앞에 있는 일곱 영과

5 또 충성된 증인으로 죽은 자들 가운데서 가장 먼저 부활하고 땅 위의 왕들의 머리가 되신 예수 그리스도의 은혜와 평안이 너희에게 임하기를 기원한다. 우리를 사랑하사 자신의 피로 우리를 죄에서 해방시키시고,

6 그의 아버지 하나님을 위해 우리를 왕국의 제사장으로 삼으신 그분께 영광과 능력을 영원무궁토록 올려 드립니다. 아멘.

7 보라, 예수께서 구름을 타고 다시 오시리니 모든 사람의 눈이 그를 보겠고, 그를 찌른 자들도 볼 것이며[1], 땅에 있는 모든 족속이 그로 인해 애곡하리니 반드시 그렇게 될 것이다. 아멘.

8 하나님께서 말씀하셨다. "나는 알파와 오메가이다. 지금도 있고 전에도 있었고 장차 올 자이며 전능한 자이다."

9 나 요한은 너희의 믿는 형제이며, 예수의 환난과 그의 나라와 인내에 동참하는 자로 하나님의 말씀과 예수에 대해 증거한 이유로 에게해의 밧모섬에 유배되어 있었다.

10 나는 주의 날에 성령에 감동되어 내 뒤에서 나는 나팔 소리 같은 큰 음성을 들었다.

11 "네가 보는 것을 두루마리 책에 기록하여 에베소, 서머나, 버가모, 두아디라, 사데, 빌라델비아, 라오디게아 등 7개 교회로 보내라."

12 그 소리를 듣고 내게 말한 음성을 알아보기 위해 몸을 돌이키려고 할 때 7개의 금 촛대를 보았다.

13 촛대 사이에는 사람의 아들, 인자 같은 자가 발까지 끌리는 긴 옷을 입고 가슴에는 금띠를 띠었다.

14 그의 머리와 털은 흰 양털처럼 희고 눈과 같았다. 그의 눈은 불꽃 같고,

15 그의 발은 풀무불에 단련한 빛난

는 물 소리와 같았다.

16 그의 오른손에는 7개 별이 있고, 그의 입에서 좌우로 날카로운 검이 나오고, 그 얼굴은 해가 강렬하게 비치는 것 같았다.

17 그 모습을 볼 때 나는 그의 발 앞에 엎드려져 죽은 자처럼 되었다. 그때 그가 내게 오른손을 얹고 말씀하셨다. "두려워하지 말라. 나는 처음이며 마지막이니

18 곧 살아있는 자다. 나는 전에 죽었었다. 그러나 보라, 이제 영원토록 살아있어 사망과 지옥, 곧 음부의 열쇠를 가지고 있다.

19 그러므로 너는 네가 본 것과 지금 일어나고 있는 일과 장차 일어날 일을 기록하라.

20 네가 지금 본 것은 내 오른손에 7개 별의 비밀과 7개 금 촛대이다. 7개 별은 7개 교회의 사자이며, 7개 촛대는 7개 교회니라."

에베소교회에 보내는 말씀

2 ● 에베소교회의 사자인 천사에게 편지를 써보내라. 오른 손에 있는 7개 별을 잡고, 7개 금 촛대 사이를 걸어다니시는 이가 말씀하신다.

2 내가 네 행위와 수고와 인내를 알고 있다. 또 악한 자들을 용납하지 않고 스스로 사도라고 하지만 아닌

자들을 시험1)하여 그들의 거짓을 밝혀 낸 것과

3 네가 내 이름을 위해 견디고 부지런한 것을 알고 있다.

4 그러나 너를 책망할 것이 있으니 너는 처음 받은 사랑을 버렸다.

5 그러므로 네가 나를 어떻게 사랑했는지를 생각하고 돌이켜 처음에 행한 일을 하라. 만일 그렇게 하지 않으면 내가 네 촛대 자리를 다른 곳으로 옮길 것이다.

6 오직 너는 믿은 후에는 어떤 행동도 죄가 되지 않는다고 주장하는 니골라당의 행위를 미워하는데, 나도 그것을 미워한다.

7 들을 수 있는 귀가 있는 자는 성령이 교회들에게 하시는 말씀을 들으라. 승리하는 자에게는 내가 하나님의 낙원에 있는 생명나무의 열매를 먹게 할 것이다.

서머나교회에 보내는 말씀

8 ● 서머나교회의 사자인 천사에게 편지를 써보내라. 처음이며 마지막이고, 죽었다가 다시 살아나신 이가 말씀하신다.

9 나는 네가 당한 환난과 가난함을 알고 있다. 그러나 실상은 네가 부요한 자다. 스스로 유대인이라고 하는 자들에게 당한 모욕도 알고 있다. 그러나 그들은 유대인이 아니라 실상은 사탄의 집단이다.

10 너는 앞으로 받을 고난을 두려워하지 말라. 보라, 마귀가 장차 너희 중 몇 명을 감옥에 던져 시험을 받게 하리니 너희가 10일 동안 환난을 받을 것이다. 그러나 너는 끝까지 믿음을 지키라2). 그러면 내가 생명의 면류관을 네게 줄 것이다.

11 들을 수 있는 귀가 있는 자는 성령

니골라(계 2:6)

니골라(Nicolaus)는 수리아 안디옥 출신의 이방인으로 유대교로 개종했다가 다시 예수를 믿고 예루살렘교회의 초대 7집사 중 한 사람이 된 자이다(행 6:1~6). 그러나 본절에 나오는 니골라당을 만들었던 니골라와 동일 인물인지는 알 수 없다. 에베소교회는 니골라당의 행위를 미워한 것에 칭찬을 받았다.

---

1) test   2) 충성하라

이 교회들에게 하시는 말씀을 들으라. 승리하는 자는 두 번째 죽음을 당하지 않을 것이다.

버가모교회에 보내는 말씀

12 ● 버가모교회의 사자인 천사에게 편지를 써보내라. 좌우에 날카로운 검을 가진 이가 말씀하신다.

13 네가 어디에 사는지 내가 알고 있는데, 그곳은 사탄의 왕좌가 있는 곳이다. 너희는 내 이름을 굳게 잡고 내 충성된 증인인 안디바가 사탄이 사는 곳에서 죽임을 당할 때도 나를 향한 믿음을 굳게 지켰다.

14 그러나 네게 두어 가지 책망할 것이 있다. 너희 가운데는 발람의 가르침을 따르는 자들이 있다. 발람은 발락을 가르쳐 이스라엘 자손 앞에 올무1)를 놓아 우상의 제물을 먹게 했고 음행하게 했다.

15 이와 같이 네게도 니골라당의 가르침을 따르는 자들이 있다.

16 그러므로 그것에서 돌이키라. 그렇지 않으면 내가 네게 속히 가서 내 입의 검으로 그들과 싸울 것이다.

17 들을 수 있는 귀가 있는 자는 성령이 교회들에게 하시는 말씀을 들으라. 승리하는 자에게는 내가 감췄던 만나와 흰 돌을 줄 것인데, 그 돌 위에 새 이름을 기록한 것이 있으니 받는 자밖에는 그 이름을 알 사람이 없다.

두아디라교회에 보내는 말씀

18 ● 두아디라교회의 사자인 천사에게 편지를 써보내라. 그 눈이 불꽃 같고, 그 발이 빛나는 주석과 같은 하나님의 아들이 말씀하신다.

19 나는 네 사업과 사랑과 믿음과 섬김과 인내를 알고 있으니 네가 처음보다 지금 더 많은 일을 하고 있다.

20 그러나 네게 책망할 일이 있다. 스스로 선지자라 하는 여자 이세벨을 네가 용납한 것이다. 그는 내 종들을 유혹하여 행음하게 하고 우상의 제물을 먹게 했다.

21 또 내가 그에게 돌이킬 기회를 주었지만 자기의 음행에서 떠나려고 하지 않았다.

22 보라, 내가 그를 침대에 던질 것이다. 그와 더불어 간음하는 자들도 돌이키지 않으면 내가 큰 환난 가운데 던질 것이다.

23 또 내가 영원한 사망으로 그의 자녀를 죽일 것이다. 이로 인해 모든 교회는 내가 사람의 뜻과 마음까지도 살피는 자인 줄을 알 것이다. 나는 너희 각 사람이 행한 대로 갚아 줄 것이다.

24 두아디라교회 안에 이 가르침을 따르지 않고 소위 사탄의 깊은 비밀을 알지 못하는 자들에게는 내가 다른 짐으로 지우지 않을 것이다.

25 단지 이세벨의 가르침을 따르지 않는 것을 내가 올 때까지 지키라.

26 승리하는 자와 끝까지 내 일을 지키는 자에게는 천하를 다스리는 권세를 줄 것이다.

27 그가 쇠창으로 그들을 다스려 질그릇을 깨뜨리는 것처럼 할 것이다. 나도 내 아버지께 받은 것이 그러한 것이다.

28 내가 또 그에게 새벽별을 줄 것이다.

29 들을 수 있는 귀가 있는 자는 성령이 교회들에게 하시는 말씀을 들으라.

사데교회에 보내는 말씀

3 ●사데교회의 사자인 천사에게 편지를 써보내라. 하나님의 일곱 영과 7개 별을 가진 이가 말씀하신다.

1) 걸림돌

내가 네 행위를 알고 있다. 네가 겉으로는 살았다고 하는 이름은 가졌지만 실상은 영적으로 죽은 자이다.

2 그러므로 너는 깨어나 아직 조금이라도 힘이 남아 있을 때 자신을 굳게 세워라[1]. 네 행위가 하나님 앞에서 완전하지 못하다.

3 그러므로 네가 어떻게 받고, 어떻게 들었는지 기억하고 그것을 돌이켜 지키라. 만일 그렇지 않으면 내가 도둑처럼 오리니 어느 때 오는지 네가 알지 못할 것이다.

4 그러나 사데교회에 그 행실[2]을 더럽히지 않은 자 몇 명이 있어 흰 옷을 입고 나와 함께 다닐 것이다. 그들은 그럴 만한 자격이 있다.

5 승리하는 자는 이처럼 흰 옷을 입으며, 내가 그 이름을 생명책에서 결코 지우지 않고 내 아버지와 그의 천사들 앞에서 시인할 것이다.

6 들을 수 있는 귀가 있는 자는 성령이 교회들에게 하시는 말씀을 들으라.

빌라델비아교회에 보내는 말씀

7 ● 빌라델비아교회의 사자인 천사에게 편지를 써보내라. 거룩하고 진실하며 다윗의 열쇠를 가지고 열면 닫을 사람이 없고 닫으면 열 사람이 없는 이가 말씀하신다.

8 보라, 내가 네 앞에 열린 문을 두었으니 능히 닫을 사람이 없을 것이다. 나는 네가 작은 능력에도 내 말을 지키며, 내 이름을 배반하지 않은 것을 알고 있다.

9 보라, 내가 사탄의 집단[3], 곧 스스로 유대인이라고 하지만 그렇지 않은 거짓말하는 자들 중에서 몇 명을 나오게 하여 네게 줄 것이다. 그들을 네 발 앞에 절하게 하므로

내가 너를 사랑하는 줄을 알게 할 것이다.

10 네가 인내하라는 내 말씀을 지켰으니 내가 또한 너를 지켜 장차 온 땅에 거하는 자들을 시험[4]할 때 그 시험을 당하지 않게 할 것이다.

11 내가 속히 오리니 네가 가진 것을 굳게 잡아 아무도 네게 주어진 면류관을 빼앗아 가지 못하게 하라.

12 승리하는 자에게는 내 하나님 성전의 기둥이 되게 하리니 그가 다시는 성전을 떠나지 않을 것이다. 내가 하나님의 이름과 하늘에서 내 하나님께로부터 내려오는 하나님의 성 새 예루살렘의 이름과 내 새 이름을 그에게 기록할 것이다.

13 들을 수 있는 귀가 있는 자는 성령이 교회들에게 하시는 말씀을 들으라.

라오디게아교회에 보내는 말씀

14 ● 라오디게아교회의 사자인 천사에게 편지를 써보내라. 아멘이시며, 충성되고 진실된 증인이시며, 하나님의 창조의 시작이 된 근본이신 이가 말씀하신다.

15 나는 네가 차거나 뜨겁지도 않은 신앙 상태에 있음을 잘 알고 있다. 네가 차든지 뜨겁든지 열정적인 신앙을 갖기를 원한다.

16 네가 이같이 미지근하여 뜨겁지도 않고 차지도 않으니 내 입에서 너를 토해 버릴 것이다.

17 너는 "나는 부자이기 때문에 부족한 것이 없다"라고 말한다. 그러나 너는 자신의 영적 상태가 비참하고 가련하고 가난하고 눈이 멀고 벌거벗었음을 깨닫지 못하고 있다.

---

1) 그 남은 바 죽게 된 것을 굳건하게 하라   2) 옷
3) 회당   4) test

18 그러므로 너는 내게 불로 연단된 순금을 사서 부요하게 하고, 흰 옷을 사서 입어 벌거벗은 수치를 보이지 않게 하며, 안약을 사서 눈에 발라 보게 하라.

19 나는 내가 사랑하는 자를 책망하여 징계한다. 그러므로 너는 열심을 내고 미지근하고 수치스러운 신앙의 자리에서 돌이키라.

20 보라, 내가 문 밖에 서서 문을 두드리고 있다. 누구든지 내 음성을 듣고 문을 열면 내가 그에게로 들어가 그와 함께 먹고, 그는 나와 함께 먹을 것이다.

21 승리하는 자에게는 내가 이기고 아버지 보좌에 함께 앉은 것과 같이 내 보좌에 함께 앉도록 해줄 것이다.

22 들을 수 있는 귀가 있는 자는 성령이 교회들에게 하시는 말씀을 들으라.

하늘 보좌에 앉으신 주께 예배함

4 ● 이후 내가 보니 하늘에 열린 문이 있었다. 그리고 내가 처음에 들었던 나팔 소리 같은 그 음성이 들렸다. "이리로 올라오라. 이후 마땅히 일어날 일들을 내가 네게 보일 것이다." 이에

2 내가 성령의 감동을 받고 바라보니 하늘 보좌 위에 앉으신 이가 있었다.

3 앉으신 이의 모양은 벽옥과 홍보석 같고, 무지개가 보좌를 둘러쌌는데 그 모양이 녹보석 같았다.

4 또 보좌를 중심으로 24보좌가 둘러 있고, 그 각 보좌 위에는 24명의 흰 옷을 입은 장로들이 머리에 금 면류관을 쓰고 앉아 있었다.

5 보좌에서 번개와 큰 소리와 천둥소리가 나고 보좌 앞에 7개 등불이 켜져 있었다. 그것은 하나님의 일곱 영이다.

6 보좌 앞에는 수정 같은 유리 바다가 있고, 보좌 중앙과 보좌 주위에 네 생물이 있는데 앞뒤로 눈이 가득했다.

7 그 첫째 생물은 사자 같고, 둘째 생물은 송아지 같고, 셋째 생물은 얼굴이 사람 같고, 넷째 생물은 날아가는 독수리와 같았다.

8 네 생물은 각각 6개 날개를 가졌고 날개 안과 주위에는 눈이 가득했다. 그들이 밤낮으로 쉬지 않고 "거룩하다. 거룩하다. 거룩하다. 주 전능하신 하나님이여, 전에도 계셨고 지금도 계시고 장차 오실 이시라"고 외치고

9 영광과 존귀와 감사를 보좌에 앉아 영원토록 살아계시는 이에게 돌릴 때

10 24명 장로가 보좌에 앉으신 이 앞에 엎드려 영원토록 살아계시는 이에게 경배하고 자기의 금 면류관을 보좌 앞에 드리며 이렇게 외쳤다.

11 "하나님이여, 영광과 존귀와 권능을 받으시기에 당연한 것은 주께서 만물을 지으셨기 때문입니다. 만물이 주의 뜻대로 있었고, 또 지으심을 받았습니다."

두루마리 책과 어린양

5 ● 나는 보좌에 앉으신 자의 오른손에 두루마리 책이 있는 것을 보았다. 그 책은 안팎으로 글이 써 있고 7개 도장으로 봉해졌다.

2 내가 또 보니 힘 있는 천사가 큰 음성으로 외치기를 "누가 그 두루마리 책을 펴며 그 도장 찍힌 것을 뗄 수 있겠는가?"라고 했다.

3 그러나 하늘 위에나 땅 위에나 땅

아래에 능히 그 두루마리 책을 펼쳐 볼 자가 없었다.

4 그 두루마리 책을 펼쳐 볼 자가 보이지 않기에 내가 크게 울었더니

5 장로 가운데 한 사람이 내게 말했다. "울지 말라. 유다 지파의 사자인 다윗의 뿌리, 곧 그의 자손이 이겼으니 그 두루마리 책과 도장을 찍어 봉한 7개 인을 뗄 것이다."

6 나는 보좌와 네 생물과 장로들 사이에 한 어린양이 서 있는 것을 보았다. 그 어린양은 일찍이 죽임을 당한 것 같았다. 그에게 각각 7개 뿔과 눈이 있었다. 그 눈들은 온 땅에 보냄을 받은 하나님의 7영이었다.

7 그 어린양이 나오더니 보좌에 앉으신 이의 오른손에서 두루마리 책을 취했다.

8 그 두루마리 책을 취하자 네 생물과 24명 장로가 각각 거문고와 향이 가득한 금 대접을 가지고 그 어린양 앞에 엎드렸다. 이 향은 성도의 기도들이다.

9 그들은 새 노래로 이렇게 불렀다. "두루마리 책을 가지시고 그 도장을 찍어 봉한 것을 뗄 수 있도다. 일찍이 죽임을 당해 각 족속과 방언과 백성과 나라 가운데서 자신의 피로 사람들을 사서 하나님께 드리셨다.

10 그들로 우리 하나님 앞에서 나라와 제사장들을 삼으셨으니 그들이 땅에서 왕 노릇을 하리로다."

11 나는 보좌와 생물들과 장로들을 둘러선 많은 천사의 음성을 들었는데, 그 천사의 수가 헤아릴 수 없을 정도로 많았다.

12 그들이 큰 음성으로 이렇게 외쳤다. "죽임을 당하신 어린양은 능력과 부와 지혜와 힘과 존귀와 영광과 찬양을 받으시기에 충분하도다."

13 나는 또 하늘 위와 땅 위와 땅 아래와 바다 위와 또 그 속에 있는 모든 피조물이 이렇게 외치는 것을 들었다. "보좌에 앉으신 이와 어린양에게 찬양과 존귀와 영광과 권능을 영원토록 돌릴지어다." 그때

14 네 생물이 이르기를 "아멘"하고, 장로들은 엎드려 그 어린양에게 경배했다.

일곱 인의 재앙과 14만 4,000명

6 ● 나는 어린양 되신 예수께서 7개 도장을 찍어 봉인한 것 중 첫 번째 봉인한 것을 떼어 내는 것을 보았다. 그때 나는 네 생물 가운데 하나가 천둥소리같이 "오라"고 하는 말을 들었다.

2 그때 나는 활을 갖고 흰 말을 탄 자를 보았다. 그는 면류관을 받고 나아가서 이기고 또 이기려고 했다.

3 두 번째 도장을 찍어 봉한 것을 떼실 때 나는 둘째 생물이 "오라"고 하는 말을 들었다. 그때 나는

4 다른 붉은 말이 나오는 것을 보았다. 그 말을 탄 자는 땅에서 화평을 없애고 서로 죽이게 하는 권한을 받았고 큰 칼도 받았다.

5 세 번째 도장을 찍어 봉한 것을 뗄 때 나는 셋째 생물이 "오라"고 하는 말을 들었다. 그때 나는 검은 말이 나오는데, 그 말 탄 자가 손에 저울을 가진 것을 보았다.

6 내가 네 생물 사이에서 나는 듯한 이런 음성을 들었는데 "하루 품삯에 해당하는 은전 1데나리온에 밀 1되이고, 1데나리온에 보리 3되로다. 또 올리브 기름과 포도주는 해치지 말라"고 했다.

7 네 번째 도장을 찍어 봉한 것을 뗄 때 나는 넷째 생물이 "오라"고 하는 말을 들었다.

8 그때 나는 청황색 말이 나오는데 그 말을 탄 자의 이름은 '사망'이니 지하 세계로 표현되는 무덤, 곧 음부가 그 뒤를 따르는 것을 보았다. 그들이 땅 4분의 1을 해할 권한을 얻어 전쟁을 나타내는 검과 기근과 사망과 땅의 짐승 등을 가지고 세상 사람들을 죽였다.

9 다섯 번째 도장을 찍어 봉한 것을 뗄 때 나는 하나님의 말씀과 저희가 가진 증거로 인해 죽임을 당한 영혼들이 제단 아래서

10 큰 소리로 이렇게 말하는 것을 들었다. "거룩하고 진실된 위대하신 주여, 땅에 거하는 자들을 심판하여 우리 피를 언제 갚아 주시겠습니까?" 그러자

11 각각 그들에게 흰 두루마기 옷을 주며 말씀하기를 "아직 잠시 동안 쉬되 그들의 동료 종들과 형제들도 자기처럼 죽임을 당하여 그 수가 차기까지 하라"고 하셨다.

12 여섯 번째 도장을 찍어 봉한 것을 뗄 때 나는 큰 지진이 일어나며, 해가 검은 털로 짠 상복처럼 검어지고, 달은 온통 피처럼 되며,

13 하늘의 별들이 무화과나무가 큰 바람에 흔들려 덜 익은 열매가 떨어지는 것처럼 땅에 떨어지며,

14 하늘은 두루마리 책이 말리는 것처럼 떠나가고, 각 산과 섬이 제자리에서 옮겨지는 것을 보았다. 그때

15 땅의 왕들과 왕족들, 장군들, 부자들과 강한 자들, 모든 종과 자유인이 굴과 산들의 바위 사이에 숨어

16 산들과 바위에게 말했다. "산들과 바위야, 우리 위에 무너져 보좌에

앉으신 이의 얼굴과 그 어린양의 진노에서 우리를 가리라.

17 그들에게 진노의 큰 날이 이르렀으니 누가 능히 그 앞에 설 수 있겠는가?"

7 이 일 후 내가 천사 4명이 땅 네 모퉁이에 선 것을 보았다. 천사들은 땅의 사방에 있는 바람을 붙잡아 땅과 바다와 각종 나무에 바람이 불지 못하게 했다.

2 내가 또 보니 다른 천사가 살아계신 하나님의 도장을 가지고 해 뜨는 데로부터 올라와서 땅과 바다를 해할 권한을 받은 4명 천사를 향해 큰 소리로 이렇게 외쳤다.

3 "우리가 우리 하나님의 종들의 이마에 도장을 찍기까지 땅이나 바다나 나무들을 해치지 말라"

4 내가 도장이 찍힌 자의 수를 들으니 이스라엘 자손의 각 지파 가운데 모두 14만 4,000명이었다.

5 곧 유다 지파, 르우벤 지파, 갓 지파,

6 아셀 지파, 납달리 지파, 므낫세 지파,

7 시므온 지파, 레위 지파, 잇사갈 지파,

8 스불론 지파, 요셉 지파, 베냐민 지파 등 도장이 찍힌 자가 지파별로 각 1만 2,000명이었다.

9 이 일 후 내가 보니 각 나라와 족속

(?)! 난제 십사만 사천은 누구를 말하는가?
(계 7:4)

구원받은 모든 영적 이스라엘 백성들을 가리킨다. 한편 144,000이란 숫자는 하나님의 완전수 3과 세상의 완전수 4를 곱하여 12를 2회 반복 곱한 수인 144에 다시 충만의 수인 1,000을 곱한 수이다. 따라서 14만 4천이란 하나님이 택하여 부르신 구원받은 성도가 한 사람도 빠지지 않을 것과 그 수가 많을 것임을 암시한다.

과 백성과 방언에서 그 누구도 셀 수 없는 수많은 무리가 나와 흰 옷을 입고, 손에 종려나무 가지를 들고, 보좌 앞과 어린양 앞에 서서

10 큰 소리로 외쳤다. "구원이 보좌에 앉으신 우리 하나님과 어린양께 있도다."

11 모든 천사가 보좌와 장로들과 네 생물 주위에서 서 있다가 보좌 앞에 엎드려 얼굴을 대고 하나님께 경배했다.

12 "아멘, 찬양과 영광과 지혜와 감사와 존귀와 권능과 능력이 우리 하나님께 영원토록 있을지어다. 아멘."

13 장로 가운데 한 명이 응답하여 내게 물었다. "이 흰 옷을 입은 자들이 누구이며, 또 어디서 왔느냐"

14 내가 대답하기를 "내 주여, 당신이 아십니다"라고 하니 그가 내게 말했다. "이는 큰 환난에서 나온 자들인데 어린양의 피에 그 옷을 씻어 희게 한 자들이다.

15 그래서 그들은 하나님의 보좌 앞에 있고, 그의 성전에서 밤낮으로 하나님을 섬긴다. 그리고 보좌에 앉으신 이는 그들 위에 장막을 치실 것이다.

16 그들이 다시는 주리거나 목마르지 않으며, 해함이나 어떤 뜨거운 기운에도 상함을 받지 않을 것이다.

17 보좌 가운데에 계신 어린양이 친히 그들의 목자가 되어 생명수가 솟는 샘으로 그들을 인도하시기 때문이다. 또 하나님께서는 그들의 모든 눈물을 씻어 주실 것이기 때문이다."

8 일곱 번째 도장을 찍어 봉한 것을 뗄 때 하늘이 반 시간쯤 조용했다.

2 나는 하나님 앞에 7명 천사가 서서 7개 나팔을 받는 모습을 보았다.

3 또 다른 천사가 와서 제단 곁에 서서 금 향로를 가지고 많은 향을 받았다. 그것은 모든 성도의 기도와 합하여 보좌 앞에 있는 금 제단에 드리고자 한 것이다.

4 향의 연기가 성도의 기도와 함께 천사의 손에 들려져 하나님 앞으로 올라갔다.

5 이어 천사가 향로를 가지고 제단에 있는 불을 담아다가 땅에 쏟자 천둥과 음성과 번개와 지진이 일어났다.

일곱 나팔 재앙과 작은 책

6 ● 7개 나팔을 가진 7명의 천사가 나팔 불 준비를 마쳤다.

7 첫째 천사가 나팔을 불자 피 섞인 우박과 불이 땅에 쏟아졌다. 이로 인해 땅의 3분의 1이 타 버리고 모든 나무와 푸른 풀의 3분의 1도 불타 버렸다.

8 둘째 천사가 나팔을 불자 불 붙는 큰 산과 같은 것이 바다에 던져졌다. 이로 인해 바다의 3분의 1이 피가 되어

9 바다 가운데 생명을 가진 피조물들의 3분의 1이 죽고, 배들의 3분의 1도 파손되었다.

10 셋째 천사가 나팔을 불자 횃불같이 타는 큰 별이 하늘에서 강들의 3분의 1과 여러 물샘에 떨어졌다.

11 이 별의 이름은 '쓴 쑥'으로 물의 3분의 1이 쓴 쑥이 되어 그 물이 쓴 물이 되므로 많은 사람이 죽었다.

12 넷째 천사가 나팔을 불자 해와 달과 별들의 3분의 1이 타격을 받아 낮과 밤 3분의 1은 비추임이 없고 어두워졌다.

13 내가 또 공중에 날아가는 독수리

를 보았는데 그 독수리가 "땅에 사는 자들에게 큰 화가 있으리니 이는 3명의 천사가 불어야 할 나팔 소리가 남아 있기 때문이다"라고 하는 큰소리를 들었다.

9 나는 다섯째 천사가 나팔을 불 때 하늘에서 땅에 떨어진 별 하나가 끝이 없는 깊은 곳인 무저갱의 열쇠를 받는 것을 보았다.

2 그가 열쇠로 무저갱을 열자 그 구멍을 통해 큰 화덕에서 나는 연기 같은 것이 올라오자 그 연기로 인해 해와 공기가 어두워졌다.

3 또 메뚜기 떼 일종인 황충이 연기 가운데서 나오자 그들이 땅에 있는 전갈과 같은 권세를 받았다.

4 그들은 "땅에 있는 풀이나 푸른 것이나 각종 나무는 해치지 말고 오직 이마에 하나님의 도장이 찍히지 않은 사람들만 해치라"는 명령을 받았다.

5 그러나 그들을 죽이지는 못하게 하고 5개월 동안 고통만 겪도록 하셨다. 그 고통은 전갈이 사람을 쏠 때의 고통과 같았다.

6 그날에는 사람들이 너무 고통스러워 죽기를 구하지만 죽지 못하고, 죽고 싶으나 죽음이 그들을 피할 것이다.

7 황충들, 곧 메뚜기 떼의 모양은 전쟁을 위해 준비한 말들 같고, 그 머리에 금으로 만든 관과 비슷한 것을 썼으며, 그 얼굴은 사람의 얼굴 같고,

8 머리에는 여자의 머리털 같은 머리털이 있고, 이빨은 사자의 이빨 같으며,

9 가슴에는 철로 만든 방패막이인 호심경 같은 것이 있었다. 그리고 그 날개 소리는 병거와 많은 말이 전쟁터로 달려 들어가는 소리와 같았다.

10 또 전갈과 같은 꼬리와 쏘는 가시가 있어 그 꼬리에는 5개월 동안 사람들을 해칠 권세가 있었다.

11 황충들에게는 끝도 없이 깊은 곳인 무저갱의 사자라는 왕이 있었다. 그 이름은 히브리어로 '아바돈'이며, 헬라어로 '아볼루온'이다.

12 첫째 화는 지나갔다. 그러나 이후 아직도 2개의 화가 더 있을 것이다.

13 나는 여섯째 천사가 나팔을 불 때 하나님 앞 금 제단에 있는 4개 뿔에서 나오는

14 나팔 가진 여섯째 천사에게 이렇게 말하는 것을 들었다. "큰 강인 유프라테스에 결박한 4명의 천사를 놓아 주라." 이에

15 4명의 천사가 풀려났는데 그들은 정해진 때인 그 년, 월, 일, 시에 3분의 1의 사람을 죽이기로 준비된 자들이었다.

16 마병대의 수는 헤아릴 수 없을 만큼 많으니[1] 나는 그들의 수가 얼마나 되는지를 들었다.

17 나는 환상 가운데 그 말들과 그 기마병들의 모습을 보았다. 그들에게는 불빛과 자줏빛과 유황빛 방패막이인 호심경이 가슴에 있고, 또 말들의 머리는 사자 머리와 같고 그 입에서는 불과 연기와 유황이 나왔다.

18 말들의 입에서 나오는 불과 연기와 유황 3가지 재앙으로 인해 3분의 1의 사람이 죽임을 당했다.

19 이 말들은 입과 꼬리에 힘이 있었다. 그 꼬리는 뱀과 같고, 꼬리에 머리가 있어 그것으로 사람들을 죽였다.

---

1) 이만 만, 이억

20 이 재앙에서 살아남은 사람들은 자신들이 행한 악한 일을 뉘우치지 않고 오히려 여러 귀신과 보거나 듣거나 다니거나 하지 못하는 금, 은, 동과 나무와 돌로 만든 우상에게 절했다.

21 또 그 살인과 요술과 음행과 도둑질을 뉘우치지 않았다.

10

나는 힘센 다른 천사가 구름을 입고 하늘에서 내려오는 것을 보았다. 그 천사의 머리 위에는 무지개가 있고, 그 얼굴은 해와 같고, 그 발은 불 기둥 같았다.

2 그 손에는 펼쳐진 작은 두루마리 책을 들고, 그 오른쪽 발은 바다를 밟고 왼쪽 발은 땅을 밟고,

3 사자처럼 큰 소리로 외쳤다. 그가 외칠 때 일곱 천둥이 소리를 내어 말했다.

4 일곱 천둥이 발할 때 내가 그것을 기록하려고 하는데 하늘에서 소리가 났다. "일곱 천둥이 말한 것을 도장으로 찍어 봉하고 기록하지 말라."

5 내가 본 바다와 땅을 밟고 서 있던 천사가 하늘을 향해 오른손을 들고

6 하늘과 땅과 바다와 그 가운데에 있는 것들을 창조한 영원토록 살아계신 분을 가리켜 맹세하여 말했다. "지체하지 않을 것이니

7 일곱째 천사가 그의 나팔을 불려고 할 때 하나님의 비밀이 그의 종 선지자들에게 전한 복음과 같이 이루어질 것이다."

8 하늘에서 소리가 나서 내게 들리던 음성이 또 말했다. "너는 가서 바다와 땅을 밟고 서 있는 천사의 손에 펼쳐진 두루마리 책을 가지라."

9 내가 천사에게 나아가 작은 두루마리 책을 달라고 하자 천사가 이르기를 "갖다 먹으라. 네 뱃속에서는 쓰지만 네 입에서는 꿀처럼 달 것이다"라고 했다.

10 이에 내가 천사의 손에서 작은 두루마리 책을 갖다가 먹자 내 입에는 꿀처럼 달지만 먹은 후 내 뱃속에서는 쓰게 되었다.

11 그가 내게 말했다. "네가 많은 백성과 나라와 방언과 왕에게 다시 예언해야 할 것이다."

두 증인과 일곱째 나팔 소리

11

또 내게 갈대로 만든 지팡이 잣대를 주며 말했다. "너는 일어나 하나님의 성전과 제단과 그 안에서 경배하는 자들을 측량하되

2 성전 바깥 마당은 측량하지 말라. 그것은 이방인에게 주었으니 그들이 거룩한 성을 42개월 동안 짓밟을 것이다.

3 내가 나의 두 증인에게 권세를 주리니 그들이 굵은 베로 짠 옷을 입고 3년 반인 1,260일을 예언할 것이다.

4 그들은 이 땅에서 주 앞에 서 있는 두 올리브나무와 두 촛대이다.

5 만일 누구든지 그들을 죽이려고 하면 그들의 입에서 불이 나와 그들의 원수를 삼켜 버리고, 반드시 그와 같이 죽임을 당할 것이다.

6 그들은 받은 권세를 가지고 하늘을 닫아 그 예언을 하는 날 동안 비가 내리지 못하게 하고, 물을 피로 변하게 할 것이다. 언제든지 자기가 하고자 하는 대로 여러 가지 재앙으로 땅을 칠 것이다.

7 그들 두 증인이 그 증거하는 일을 마칠 때 끝이 없는 깊은 곳인 무저갱에서 올라오는 짐승이 그들과

더불어 전쟁을 일으켜 그들을 이기고 그들을 죽일 것인데

8 그들 두 증인의 시체가 큰 성의 길에 있을 것이다. 그 성은 영적 의미로는 소돔 또는 애굽이라고도 한다. 그것은 바로 그들의 주께서 십자가에 못 박히신 곳이다.

9 백성들과 족속과 방언과 나라 중에서 사람들이 그 시체를 3일 반 동안 바라보며 무덤에 장사하지 못하게 할 것이다.

10 믿지 않는 땅에 사는 세상 사람들은 그들 두 증인의 죽음을 기뻐하여 서로 예물을 보낼 것이다. 이는 이 두 증인인 선지자가 땅에 사는 자들을 괴롭혔기 때문이다.

11 3일 반이 지난 후 생명의 기운이 하나님께로부터 죽은 자들 속에 들어가 그들이 발로 일어서자 구경하는 자들이 크게 두려워했다.

12 그때 하늘에서 "이리로 올라오라"고 하는 큰 음성을 그들이 듣고 구름을 타고 하늘로 올라가니 그들의 원수들도 그 모습을 구경했다.

13 그때 큰 지진이 일어나 성의 10분의 1이 무너지고 지진으로 7,000명이나 죽었다. 그 살아남은 자들은 두려워하여 영광을 하늘의 하나님께 돌렸다.

14 두 번째 화는 지나갔다. 그러나 보라, 세 번째 화가 속히 올 것이다.

15 일곱째 천사가 나팔을 불 때 하늘에서 큰 음성이 들렸다. "세상 나라가 우리 하나님과 그리스도의 나라가 되어 그가 영원토록 왕 노릇을 하실 것이다."

16 그러자 하나님 앞에서 자기 보좌에 앉아 있던 24명의 장로가 엎드려 얼굴을 땅에 대고 하나님께 경배하여

17 이르기를 "감사합니다. 이전에도 계셨고, 지금도 계신 전능하신 주 하나님이여, 친히 큰 권능을 잡으시고 왕 노릇을 하십니다.

18 이방들이 분노하자 주의 진노가 내려 죽은 자를 심판하십니다. 당신의 종인 선지자들과 성도들과 작은 자든지 큰 자든지 주의 이름을 경외하는 자들에게 상을 주십니다. 이때는 땅을 망하게 하는 자들을 멸망시키실 때입니다"라고 했다.

19 그러자 하늘에 있는 하나님의 성전이 열리고, 성전 안에 있는 하나님의 언약궤가 보이며, 번개와 음성들과 천둥과 지진과 큰 우박이 내렸다.

여자와 용과 두 짐승

12 ● 하늘에서 큰 신기한 광경이 보이니 해를 옷처럼 입은 한 여자가 있었다. 그 발아래에는 달이 있고, 그 머리에는 12개 별로 된 관을 썼다.

2 이 여자가 임신하여 해산하게 되자 고통 가운데 애를 쓰며 부르짖었다.

3 하늘에 또 다른 신기한 광경이 보였다. 보라, 머리가 7개이고 뿔이 10개인 한 큰 붉은 용이 있었다. 그 여러 머리에 7개 왕관이 있는데

4 그 꼬리로 하늘의 별 3분의 1을 끌어다가 땅에 던졌다. 또 용이 여자가 해산하면 그 아이를 삼키기 위해 그 앞에 있었다.

5 마침내 여자가 아들을 낳았으니 그는 장차 쇠로 된 창으로 세상 모든 나라를 다스릴 남자이다. 그 아이는 하나님 앞과 그 보좌 앞으로 들려 올라갔다.

6 그리고 여자는 하나님께서 예비한

광야로 도망하여 그곳에서 3년 반인 1,260일 동안 보호를 받으며 지냈다.

7 하늘에서 천사장 미가엘과 그의 사자인 천사들이 용과 그의 사자인 부하들과 전쟁이 있었다.

8 그러나 용과 그 부하들이 패했다.

9 결국 큰 용이 하늘에서 쫓겨났다. 용은 온 천하를 유혹하는 자로 '옛 뱀' 또는 '마귀'라고도 하고 '사탄'이라고도 한다. 그가 땅으로 쫓겨나자 그의 부하들도 그와 함께 내쫓겼다.

10 나는 하늘에서 나는 이런 큰 소리를 들었다. "이제 우리 하나님의 구원과 능력과 나라와 그리스도의 권세가 나타났으니 우리 믿는 형제들을 우리 하나님 앞에서 밤낮으로 고소하던 자가 쫓겨났다.

11 또 우리 형제들이 어린양 되신 예수 그리스도의 피와 자기들이 증언하는 말씀으로써 그를 이겼으니 그들은 죽기까지 자기들의 생명을 아끼지 않았다.

12 그러므로 하늘과 그 가운데에 거하는 자들은 기뻐하라. 그러나 땅과 바다는 화가 있을 것이다. 이는 마귀가 자기의 마지막이 얼마 남지 않은 줄을 알기에 크게 분노하며 너희에게로 내려갔기 때문이다."

13 용이 땅으로 쫓겨나자 남자를 낳은 여자를 핍박했다.

14 이에 그 여자가 큰 독수리의 두 날개를 받아 자기가 출산한 후 피했던 광야로 날아가 그곳에서 그 용의 낯을 피해 3년 반 동안 보호를 받았다.

15 용이 여자의 뒤에서 그 입으로 물을 강같이 토하여 여자를 물에 떠내려가게 하려고 했다.

16 그러나 땅이 그 입을 벌려 용의 입에서 토한 강물을 흡수해 버려 여자를 도왔다. 그러자

17 용이 여자에게 분노하여 돌아가서 하나님의 계명을 지키며, 예수 믿는 증거를 가진 그 여자의 남은 자손들과 싸우려고 바닷가 모래 위에 서 있었다.

13 나는 바다에서 한 짐승이 나오는 것을 보았다. 그 짐승은 뿔이 10개이고 머리가 7개인데, 그 뿔에는 10개 왕관이 있고 그 머리들에는 신성을 모독하는 이름들이 쓰여 있었다.

2 내가 본 짐승은 표범과 비슷했는데, 그 발은 곰의 발과 같고 그 입은 사자의 입 같았다. 용이 자기의 능력과 보좌와 큰 권세를 그 짐승에게 주었다.

3 그의 머리 하나가 치명적인 상처를 입어 거의 죽게 되었다. 그러나 그 죽게 되었던 상처가 낫자 온 땅이 놀랍게 여겨 그 짐승을 따랐다.

4 용이 그 짐승에게 능력을 주자 짐승이 용에게 경배하며 말했다. "누가 이 짐승과 같으냐? 누가 능히 이와 더불어 싸울 수 있겠느냐?"

5 또 용은 짐승에게 교만한 말과 하나님의 신성을 모독하는 말을 하도록 하고, 3년 반, 곧 42개월 동안 일할 권세를 주었다.

6 이에 짐승이 입을 벌려 하나님을 향해 그의 이름과 그의 장막과 하늘에 사는 자들을 비방했다.

7 또 용에게 권세를 받아 성도들과 싸워 이기고, 각 족속과 백성과 방언과 나라를 다스리는 권세를 받았다.

8 그러자 죽임을 당한 어린양의 생명책에 세상이 창조된 이후로 이

름이 기록되지 못하고 이 땅에 사는 자들은 모두 그 짐승에게 경배했다.

9 누구든지 귀가 있는 자는 들으라.

10 잡혀갈 자는 잡혀가고, 칼에 죽을 자는 칼로 죽임을 당할 것이다. 그래서 성도들의 인내와 믿음이 여기에 있다.

11 나는 또 다른 짐승이 땅에서 올라오는 것을 보았다. 그 짐승은 어린양처럼 2개 뿔이 있고 용처럼 말했다.

12 그 짐승이 먼저 나온 짐승의 모든 권세를 그 앞에서 행하고 땅에 사는 자들로 처음 짐승에게 경배하게 했다. 그 짐승은 상처로 죽게 되었다가 나은 자이다.

13 그 두 번째 나온 짐승은 심지어 사람들 앞에서 불이 하늘에서 땅으로 내려오게 하는 기적을 행했다.

14 짐승은 그런 큰 기적을 행함으로 땅에 거하는 자들을 미혹하며 그들에게 말했다. "칼에 상처를 입었다가 살아난 짐승을 위해 우상을 만들라."

15 그가 능력을 받아 두 번째 나온 짐승의 우상에게 생명의 기운을 주어 그 짐승의 우상으로 말하게 하고, 짐승의 우상에게 경배하지 않는 자는 몇 명이든지 모두 죽이도록 했다.

16 또 그 짐승은 작은 자나 큰 자나, 부자나 가난한 자나, 자유인이나 종들에게 그 오른손과 이마에 짐승이 새긴 표를 받게 했다.

17 누구든지 이 표를 가진 자 외에는 매매하지 못하게 했다. 이 표는 짐승의 이름 또는 그 이름을 뜻하는 숫자이다.

18 총명한 자는 그 짐승의 숫자를 알

수 있다. 그것은 사람의 수이며 그의 수는 666이다.

나팔 재앙과 대접 재앙 사이의 사건

14 ● 또 나는 어린양이 시온산에 섰고 그와 함께한 14만 4,000명이 서 있는 모습을 보았다. 그들의 이마에는 어린양과 그 아버지의 이름을 쓴 것이 있었다.

2 나는 하늘에서 나는 소리를 들었다. 그 소리는 많은 물이 흐르는 소리와도 같고, 큰 천둥소리와도 같았다. 또 그 소리는 거문고 타는 자들이 거문고를 타는 것 같았다.

3 그들이 하나님의 보좌 앞과 네 생물과 장로들 앞에서 새 노래를 부르는데, 땅에서 구원을 받은 14만 4,000명 밖에는 능히 이 노래를 배울 자가 없었다.

4 이 사람들은 여자로 인해 더럽히지 않은 순결을 지킨 자들이다. 그들은 어린양 되신 예수께서 어디로 인도하든지 따라가는 자이며, 구원을 받아 하나님과 어린양에게 처음 익은 열매로 바쳐진 자들이며,

5 그 입에 거짓말이 없고, 흠이 없는 자들이다.

6 나는 또 다른 천사가 공중에 날아가는 모습을 보았다. 그 천사는 땅에 거주하는 모든 민족과 종족과 방언과 세상 모든 백성에게 전할 영원한 복음을 가졌다.

7 그가 큰 음성으로 외쳤다. "하나님을 두려워하며 그분께 영광을 돌리라. 하나님의 심판의 때가 왔으니 하늘과 땅과 바다와 물들의 근원을 만드신 분을 경배하라."

8 두 번째 천사가 그 뒤를 이어 말했다. "큰 성 바벨론이 무너졌도다. 모든 나라에게 그의 음란으로 인

해 진노의 포도주를 먹이던 바벨론이 무너졌도다."

9 세 번째 천사가 그 뒤를 이어 큰 음성으로 외쳤다. "만일 누구든지 짐승과 그의 우상에게 경배하고 이마와 손에 짐승이 주는 표를 새기면

10 그런 자도 하나님의 진노의 독주[1]를 마실 것이다. 그것은 그 진노의 잔에 섞인 것이 없이 본래 독한 그대로의 독주이다. 또한 그들은 거룩한 천사들과 어린양 앞에서 불과 유황으로 고난을 받을 것이다.

11 불과 유황으로 피어오르는 그 고난의 연기가 영원토록 올라올 것이다. 짐승과 그의 우상에게 경배하고 그의 이름 표를 받는 자는 밤낮으로 쉬지 못할 것이다'라고 했다.

12 그래서 하나님의 계명과 예수에 대한 믿음을 지키는 자들은 이럴 때 인내가 필요하다.

13 나는 이런 음성을 하늘에서 들었다. "기록하라. 지금 이후로 주 안에서 죽는 자들은 복이 있다." 그러자 성령께서 말씀하셨다. "그렇다. 그들이 수고를 그치고 쉬게 될 것이다. 이는 그들의 행한 일이 영원히 남아 있기 때문이다."

14 나는 또 흰 구름이 있고 구름 위에 사람의 아들 같은 이가 앉아 있는 것을 보았다. 그의 머리에는 금 면류관이 있고, 손에는 날카로운 낫을 가졌다.

15 또 다른 천사가 성전에서 나와 구름 위에 앉은 이를 향해 큰 음성으로 외쳤다. "당신의 낫을 휘둘러 곡식을 거두소서. 땅의 곡식이 다 익어 거둘 때가 이르렀습니다." 그러자

16 구름 위에 앉으신 이가 땅에 낫을 휘둘러 곡식을 거두었다.

17 또 다른 천사가 하늘에 있는 성전에서 나오는데 역시 날카로운 낫을 가졌다.

18 또 불을 관리하는 다른 천사가 제단에서 나와 날카로운 낫을 가진 자를 향해 큰 음성으로 불러 이르기를 "포도가 익었으니 네 날카로운 낫을 휘둘러 땅의 포도를 거두라"고 했다.

19 천사가 땅에 낫을 휘둘러 포도를 거두어 하나님의 심판의 큰 포도즙 틀에 던졌다. 그러자

20 새 예루살렘성 밖에서 그 틀이 밟히니 틀에서 피가 나와 말 굴레까지 높이 닿았고 300km 되는 1,600스타디온 밖에까지 퍼졌다.

15

또 하늘에 크고 이상한 다른 기적을 보니 7명의 천사가 7개 재앙을 가진 것이다. 그것은 마지막 재앙이다. 하나님의 진노가 이것으로 마칠 것이다.

2 또 내가 보니 불이 섞인 유리 바다 같은 것이 있고, 짐승과 그의 우상과 그의 이름을 상징하는 숫자와 싸워 이긴 자들을 보았다. 그들은 유리 바닷가에 서서 하나님의 거문고를 가지고

3 하나님의 종 모세와 어린양의 노

유황(계 14:10)

유황(Brimstone)은 결정체로 얻어지는 노랑색의 비금속 원소이다. 유황은 부드럽고 섭씨 113도에서 녹으며 연소될 때는 푸른 불꽃을 내며 유독성의 아황산가스를 형성한다. 성경에 나오는 히에라볼리에는 유황 온천이 있다. 성경에는 유황으로 타는 못(계 21:8), 유황 개천(사 30:33), 유황으로 태우는 바람(시 11:6) 등과 같은 귀절이 나온다. 마지막 형벌 때는 유황으로 고난을 받을 것을 성경은 말하고 있다(계 14:10).

---

1) 포도주

래를 불렀다. "전능하신 하나님이
시여, 하시는 일이 크고 놀랍습니
다. 세상 모든 나라의1) 왕이시여,
주의 길이 의롭고 진실됩니다.

4 누가 주의 이름을 두려워하지 않
겠으며 영화롭게 하지 않겠습니
까? 오직 주만이 거룩하십니다. 주
의 의로운 일이 나타났으니 세상
모든 나라가 와서 주께 경배할 것
입니다.2)"

5 또 이 일 후 나는 하늘의 성전인 언
약, 곧 증거의 장막이 열리며

6 7개 재앙을 가진 7명의 천사가 성
전에서 나와 맑고 빛난 세마포 옷
을 입고, 가슴에 금띠를 띤 광경을
보았다.

7 그때 네 생물 중 하나가 영원토록
살아계신 하나님의 진노를 가득
담은 7개 금 대접을 그 7명의 천사
에게 주었고

8 하나님의 영광과 능력으로 인해
성전에 연기가 가득 차자 7명의 천
사가 행하는 7개 재앙이 끝날 때까
지는 성전에 들어갈 자가 아무도
없었다.

일곱 대접 재앙

16 ● 나는 성전에서 큰 음성이 나
서 7명의 천사에게 말하는 것
을 들었다. 그 음성은 이러했다.
"너희는 가서 하나님의 진노가 담
긴 7개 대접을 땅에 부으라."

2 첫 번째 천사가 가서 그 대접을 땅
에 붓자 짐승의 표를 받은 사람들
과 그 짐승의 우상에게 경배하는
자들에게 악하고 독한 종기가 났
다.

3 두 번째 천사가 그 대접을 바다에
붓자 바다가 즉시 죽은 자의 피같
이 되니 바다 가운데 모든 생물이
죽었다.

4 세 번째 천사가 그 대접을 강과 물
근원에 붓자 물이 피가 되었다.

5 나는 물을 관리하는 천사가 하는
말을 들었다. "전에도 계셨고 지금
도 계신 거룩하신 이여, 이렇게 심
판하니 의로우십니다.

6 그들이 성도들과 선지자들의 피를
흘렸으니 그들에게 피를 마시게
하신 것은 당연합니다."

7 또 나는 제단이 이렇게 말하는 것
을 들었다. "그렇습니다. 전능하신
하나님이시여, 심판하는 것이 진
실되고 의로우십니다."

8 네 번째 천사가 그 대접을 해에 붓
자 해가 권세를 받아 불로 사람들
을 태우니

9 사람들은 불에 태워지면서도 이런
재앙들을 행하는 능력을 가진 하나
님의 이름을 비방하며, 뉘우치지
않고 주께 영광을 돌리지 않았다.

10 다섯 번째 천사가 그 대접을 짐승
의 왕좌에 붓자 그 나라가 즉시 어
두워지며, 사람들이 아픔을 이기
지 못하여 자기 혀를 깨물고,

11 아픈 것과 종기로 인해 하늘의 하
나님을 비방했고, 자신의 행위를
뉘우치지 않았다.

12 여섯 번째 천사가 그 대접을 큰 강
인 유프라테스에 붓자 강물이 말
라 동방에서 오는 왕들의 길이 열
렸다.

13 그때 나는 개구리 같은 더러운 세
영이 용과 짐승과 거짓 선지자의
입에서 나오는 것을 보았다.

14 그들은 귀신의 영이다. 그들은 기
적을 행하여 온 천하 왕들에게 가
서 전능하신 하나님의 심판의 큰
날에 있을 전쟁을 위해 그들을 모
았다.

---

1) 어떤 사본에는 만 대에   2) 렘 10:7

15 보라, 내가 도둑처럼 올 것이다. 그러므로 누구든지 깨어 있어 자기 옷을 지켜 벌거벗고 다니지 않으며, 자기의 부끄러움을 드러내지 않는 자는 복이 있다.

16 세 영은 히브리어로 '아마겟돈'이라 하는 곳으로 왕들을 불러 모았다.

17 일곱 번째 천사가 그 대접을 공중에 붓자 큰 음성이 성전에서 보좌로부터 나서 이르기를 "이제 되었다"라고 하니

18 곧이어 번개와 음성들과 천둥소리가 났다. 또 큰 지진이 일어났는데, 사람이 땅에서 살아온 이래로 이런 큰 지진은 없었다.

19 큰 성이 세 지역으로 갈라지고 세상 모든 나라의 성도 무너졌다. 하나님께서는 큰 성 바벨론의 죄악을 기억하고 그의 맹렬한 진노의 포도주 잔을 마시게 했다.

20 각 섬과 산악도 사라졌다.

21 또 무게가 약 34kg 되는 1달란트[1]나 되는 큰 우박이 하늘에서 사람들에게 내리니 사람들이 그 우박의 재앙이 심히 커서 하나님을 비방했다.

큰 음녀에게 내릴 심판과
바벨론의 패망

17 ●7개 대접을 가진 7명의 천사 중 하나가 와서 내게 말했다. "이리로 오라. 온 세상과 거민들[2] 위에 앉은 큰 음녀인 바벨론이 받을 심판을 네게 보일 것이다.

2 땅의 왕들도 그와 더불어 음란을 행했고, 땅에 사는 자들도 그가 주는 음행의 포도주에 취했다."

3 이어 곧바로 성령에 사로잡힌 나를 광야로 데리고 갔다. 그곳에서 나는 한 여자가 붉은빛 짐승을 탄 것을 보았다. 그 짐승의 몸에는 하나님을 모독하는 이름들이 가득하고 7개 머리와 10개 뿔이 있었다.

4 그 여자는 자줏빛과 붉은빛 옷을 입고, 금과 보석과 진주로 꾸미고, 손에는 가증한 물건과 그의 음행의 더러운 것들이 가득 찬 금잔을 가졌다.

5 그의 이마에는 '비밀', '큰 바벨론', '땅의 음녀들과 가증한 것들의 어미'라는 이름이 기록되었다.

6 나는 또 이 여자가 성도와 예수의 증인들의 피에 취한 것을 보았다. 내가 그 여자를 보고 놀랍게 여기자

7 천사가 말했다. "왜 놀랍게 여기느냐? 내가 여자와 그가 탄 7개 머리와 10개 뿔을 가진 짐승의 비밀을 네게 알려주겠다.

8 네가 본 짐승은 전에 있었다가 지금은 없으나, 장차 끝이 없는 깊은 웅덩이인 무저갱에서 올라와 멸망으로 들어갈 자이다. 세상이 창조된 이후로 땅에 사는 자들로서 그 이름이 생명책에 기록되지 못한 자들은 이 짐승을 보고 놀랍게 여길 것이다.

9 이제는 지혜가 필요하다. 그 7개 머리는 여자가 앉은 7개 산이며,

10 7명의 왕이다. 애굽, 앗수르, 바벨론, 페르시아, 헬라 등 다섯은 망했고, 지금 있는 하나인 로마는 있고, 다른 하나는 아직 오지 않았지만 마지막 때가 되면 잠시 세상을 다스리게 될 것이다.

11 전에 있었다가 지금 없어진 짐승은 여덟 번째 왕이니 7명의 왕들과 같은 무리 중에 속한 자이다. 그도 멸망할 것이다.

12 네가 본 10개 뿔은 10명의 왕으로 아직 나라를 얻지 못했지만 짐승

---

1) 혹은 로마 때 기준 60kg 2) 많은 물

과 함께 왕처럼 한동안 권세를 받을 것이다.

13 그들이 한뜻을 가지고 자기의 능력과 권세를 짐승에게 주었다.

14 그들은 어린양 되신 예수와 더불어 싸우지만 어린양은 만물의 주인 중의 주인이며, 모든 왕의 왕이시기에 그들을 이기실 것이다. 또 그와 함께 있는 하나님의 부르심을 받고 선택하심을 받은 진실한 자들도 그들을 이길 것이다."

15 또 천사가 내게 말했다. "네가 본 음녀가 앉아 있는 물은 백성과 무리와 세상 나라와 방언들이다.

16 그리고 이 10개 뿔과 짐승은 음녀를 미워하여 그를 망하게 하고, 벌거벗게 하며, 그의 살을 먹고 불태워 버릴 것이다.

17 하나님께서 그들에게 자기들의 나라를 그 짐승에게 주어 하나님의 뜻을 이룰 마음을 갖게 하셨다. 이는 하나님의 말씀이 이루어질 때까지 하시는 것이다.

18 또 네가 본 그 여자는 땅의 왕들을 다스리는 큰 성이다."

18 이후 나는 다른 천사가 하늘에서 내려오는 것을 보았다. 그는 큰 권세를 가졌는데 그의 영광으로 인해 땅이 밝아졌다.

2 그 천사가 우렁찬 음성으로 외쳤다. "큰 성 바벨론이여, 네가 무너졌다. 네가 있던 곳은 귀신들과 각종 더러운 영이 모이는 곳과 각종 더럽고 가증한 새가 모이는 곳이 되었다.

3 그 음란한 진노의 독주인 포도주로 인해 세상 모든 나라가 멸망했다. 또 땅의 왕들이 그와 더불어 음란한 관계를 가졌으며, 땅의 상인들도 그 사치의 세력으로 부자가

되었도다."

4 또 나는 하늘로부터 다른 음성을 들었다. "내 백성아, 그곳에서 나와 음녀의 죄에 빠지지 말고 그가 받을 재앙들을 받지 말라.

5 그의 죄는 하늘에까지 이르렀고, 하나님은 그의 죄악을 기억하고 계신다.

6 너희는 그녀가 준 만큼 그에게 되갚아 주고, 그의 행위에 갑절을 갚아 주고, 그가 섞은 잔에도 갑절이나 섞어 그에게 주라.

7 그녀가 사치와 영화를 누린 그만큼 고통과 슬픔으로 갚아 줄 것이다. 그가 마음으로 말하기를 '나는 여왕으로 과부가 아니니 결코 슬픔을 당하지 않을 것이다'라고 했다.

8 그러므로 하루 동안 그녀에게 사망과 슬픔과 흉년의 재앙들이 임할 것이다. 그녀가 또한 불태워질 것이니 그를 심판하시는 하나님은 강하신 분이다.

9 그녀와 함께 음행하고 사치하던 땅의 왕들은 그녀가 불타는 연기를 보고 그를 생각하며 울고 가슴을 칠 것이다.

10 그녀가 당하는 고통을 무서워하여 멀리 서서 이렇게 말할 것이다. '크고 견고한 바벨론성이여, 화가 있

Q&A 바벨론성의 상징적인 의미는?
(계 18:2)

역사적으로 바벨론은 당시 전 세계를 지배했던 강한 나라였다. 본서에서는 사탄의 현혹이 있는 곳에서는 어느 시대, 어느 장소를 막론하고 바벨론이라는 용어를 사용하고 있다. 곧 여기서 바벨론은 하나님을 대적하는 풍조와 비윤리적인 사조를 조장하는 각 시대의 영향력 있는 도시들을 상징하는 것으로 이해되어야 한다. 궁극적으로는 종말에 나타나 세상을 미혹할 영향력 있는 악한 도시들을 중심으로 하는 악한 문명을 총칭한다.

도다. 한 시간만에 네 심판이 이르렀다.”

11 땅의 상인들이 그녀를 위해 울고 슬퍼하는 것은 다시 그들의 상품을 사는 자가 없기 때문이다.

12 그 상품은 금, 은, 보석, 진주, 세마포, 자주 옷감, 비단, 붉은 옷감, 각종 향목, 각종 상아 그릇, 값비싼 나무, 구리, 철, 대리석으로 만든 각종 그릇,

13 계피, 향료와 향, 향유, 유향, 포도주, 올리브 기름, 고운 밀가루, 밀, 소, 양, 말, 수레, 종들과 사람의 영혼들이다.

14 바벨론아, 네 영혼이 탐내던 물질과 부요함[1]이 네게서 떠났으며, 호화스러운 것들이 다 없어졌으니 사람들이 다시는 이것들을 보지 못할 것이다.

15 바벨론으로 인해 부자가 되게 한 이 상품의 상인들이 그의 고통을 두려워하여 멀리 서서 울고 애통하여

16 이렇게 말했다. “큰 성 바벨론이여, 화가 있도다. 세마포 옷과 자주색 옷과 붉은색 옷을 입고 금과 보석과 진주로 꾸미더니

17 그런 부가 한 시간만에 망했도다.” 모든 선장과 여러 곳을 다니는 승객들과 선원들과 바다에서 일하는 자들이 멀리 서서

18 그가 불타는 연기를 보고 외쳤다. “이 큰 성과 같은 성이 어디 있겠느냐?”

19 또 티끌을 자기 머리에 뿌리고 슬피 울며 외쳤다. “큰 성 바벨론이여, 화가 있도다. 바다에서 배를 운항하는 모든 자가 너의 보배로운 상품으로 부자가 되었더니 한 시간 만에 망했도다.

20 하늘과 성도들과 사도들과 선지자들아, 그로 인해 즐거워하라. 하나님께서 너희를 위해 그에게 심판을 행하셨다.”

21 그때 힘센 천사 하나가 큰 맷돌 같은 돌을 들어 바다에 던지며 말했다. “큰 성 바벨론이 이처럼 비참하게 던져져 다시는 나타나지 않을 것이다.

22 또 네 안에서 거문고를 타는 자와 노래하는 자와 통소와 나팔을 부는 자들의 소리가 결코 다시 네 안에서 들리지 않고, 어떤 세공업자든지 다시는 네 안에서 보이지 않을 것이다. 또 곡식을 빻는 맷돌 소리가 다시는 네 안에서 들리지 않고

23 일상적인 생활이 없어 등불 빛이 다시는 네 안에서 비치지 않고, 신랑과 신부의 혼인 잔치 음성이 다시는 들리지 않을 것이다. 땅의 왕족인 네 상인들은 네 술수로 인해 세상의 모든 나라가 미혹되었다.

24 선지자들과 성도들과 땅 위에서 죽임을 당한 모든 자의 피가 그 바벨론성에서 발견되었다.”

어린양의 혼인 잔치와 흰 말을 탄 자

19 ●이후 나는 하늘에 허다한 무리의 큰 음성 같은 소리를 들었다. 그 소리는 이렇게 말했다. “할렐루야, 구원과 영광과 능력이 우리 하나님께 있도다.

2 그의 심판은 진실되고 의롭다. 음란한 행위로 땅을 더럽게 한 큰 음녀를 심판하여 자기 종들의 피를 그 음녀의 손에 갚으셨도다.”

3 두 번째로 “할렐루야”라고 하자 그 심판의 연기가 계속해서 올라갔다.

4 또 24명의 장로와 네 생물이 엎드려 보좌에 앉으신 하나님을 경배

1) 과일

하여 이르기를 "아멘, 할렐루야"라고 하자

5 보좌에서 음성이 났다. "하나님께 경외하는 너희 종들아, 작은 자나 큰 자나 모두 우리 하나님을 찬양하라."

6 또 나는 수많은 무리의 음성과도 같고, 많은 물이 흐르는 소리와도 같으며, 큰 천둥소리와도 같은 소리로 이렇게 말하는 것을 들었다. "할렐루야, 전능하신 우리 하나님께서 통치하신다.

7 우리가 크게 기뻐하며 그에게 영광을 돌리자. 어린양의 혼인 날이 가까이 왔고 그의 신부1)가 단장을 마쳤으니

8 그에게 빛나고 깨끗한 세마포 옷을 입도록 허락하셨다. 이 세마포 옷은 성도들의 옳은 행실이다."

9 천사가 내게 말했다. "기록하라. 어린양의 혼인 잔치에 초청을 받은 자들은 복이 있다." 또다시 말했다. "이것은 하나님의 진실된 말씀이다."

10 이에 내가 그 발 앞에 엎드려 경배하려고 하자 그가 내게 말했다. "나는 너와 예수를 증거하는 네 형제들과 마찬가지로 된 종이다. 그러므로 내게 경배하지 말고 오직 하나님만 경배하라. 예수를 증거하는 것은 그의 예언의 영을 받아서 하는 것이다."

11 또 나는 하늘이 열린 것을 보았다. 보라, 흰 말과 그것을 탄 자가 있으니 그 이름은 '충신과 진실'이다. 그가 공의로 심판하며 싸우고 있었다.

12 그 눈은 불꽃과 같고, 그 머리에는 많은 면류관이 있고, 또 자기만 아는 이름 하나가 쓰여 있었다.

13 또 그는 피가 뿌려진 옷을 입었는데, 그 이름을 '하나님의 말씀2)'이라고 불렀다.

14 하늘에 있는 군대들이 희고 깨끗한 세마포 옷을 입고 흰 말을 타고 그를 따랐다.

15 그의 입에서 날카로운 검이 나왔는데, 그 검으로 세상 모든 나라를 공격하며, 쇠로 만든 창으로 그들을 다스릴 것이다. 또 친히 전능하신 하나님의 맹렬한 진노의 포도즙 틀을 밟을 것이다.

16 또 그 옷과 그 다리에 '모든 왕 중의 왕'이며, '만물의 주인 중의 주인'이라고 이름을 쓴 것이 있었다.

17 또 나는 한 천사가 태양 안에 서서 공중에 나는 모든 새를 향해 큰 음성으로 외치는 것을 보았다. 그 외침은 이런 것이었다. "와서 하나님의 큰 잔치에 모여

18 왕과 장군들과 장사들의 살과 말들과 그것을 탄 자들의 살과 자유인들이나 종들이나, 작은 자나 큰 자나 모든 자의 살을 먹으라."

19 또 나는 그 짐승과 땅의 왕들과 그들의 군대들이 모여 그 말을 탄 자와 그의 군대와 더불어 전쟁을 일으키다가

20 짐승이 잡히고 그 앞에서 기적을 행하던 거짓 선지자도 함께 잡히는 것을 보았다. 그들이 그렇게 된 것은 짐승이 새긴 표를 받고 그의 우상에게 경배하던 자들에게 기적을 일으켜 미혹했기 때문이다. 이 짐승과 거짓 선지자 둘은 산 채로 유황불 붙는 못에 던져지고

21 그 나머지는 말을 탄 자의 입에서 나오는 검에 죽임을 당했다. 그러자 모든 새가 그들의 살로 배불리 먹었다.

1) 아내 2) 로고스

천년왕국과 흰 보좌 심판

20 ● 또 나는 천사가 끝이 없는 깊은 웅덩이인 무저갱의 열쇠와 큰 쇠사슬을 그의 손에 잡고 하늘에서 내려오는 것을 보았다.

2 그가 용을 잡으니 그는 옛 뱀이며 마귀이고 사탄이다. 그를 잡아 결박하여 1천 년 동안

3 무저갱에 던져 넣고 잠근 후 그 위에 도장을 찍어 봉하여 1천 년이 차기까지 다시는 세상의 모든 나라를 미혹하지 못하게 한 후에 잠깐 풀어 줄 것이다.

4 또 나는 보좌들을 보았는데 그곳에 앉은 자들이 있어 심판하는 권세를 받았다. 그리고 예수를 증거하고 하나님의 말씀 때문에 목 베임을 당한 자들의 영혼들, 또 짐승과 그의 우상에게 경배하지 않고 그들의 이마와 손에 그의 표를 받지 않는 자들이 다시 살아나 그리스도와 더불어 1천 년 동안 왕 노릇하는 것을 보았다.

5 그 나머지 죽은 자들은 그 1천 년이 지나기까지 살지 못했다. 이때 살아난 것이 첫째 부활이다.

6 이 첫째 부활에 참여하는 자들은 복이 있고 거룩하다. 두 번째 죽음이 그들을 더 이상 지배하지 못하고 오히려 그들이 하나님과 그리스도의 제사장이 되어 1천 년 동안 그리스도와 더불어 왕 노릇을 할 것이다.

7 사탄이 깊은 웅덩이인 무저갱에 갇힌 지 1천 년이 지나자 그곳에서 풀려

8 나와 땅의 사방 백성인 곡과 마곡을 유혹하여 그들을 모아 싸우기 위해 모였는데, 그 수가 바다의 모래처럼 많았다.

9 그들이 사방으로 퍼져 성도들의 진영과 하나님께서 사랑하시는 성을 포위하자 하늘에서 불이 내려와 그들을 태워 버렸다.

10 또 그들을 유혹하는 마귀는 불과 유황 못에 던져졌다. 그곳은 그 짐승과 거짓 선지자도 있어 영원토록 밤낮으로 고통을 받을 것이다.

11 또 나는 흰 보좌와 그 위에 앉으신 분을 보았다. 그때 땅과 하늘은 그 앞에서 피하여 순식간에 사라졌다.

12 또 나는 큰 자나 작은 자나 죽은 자들이 하나님의 보좌 앞에 서 있는 것을 보았다. 그 앞에는 책들이 펼쳐 있고, 또 다른 책인 생명책이 있었다. 죽은 자들은 그 앞에서 자기의 행위에 따라 책들에 기록된 대로 심판을 받았다.

13 바다와 사망과 무저갱, 곧 음부도 그 가운데서 죽은 자들을 토해내어 각 사람이 자기가 행한 대로 심판을 받게 했다.

14 사망과 무저갱도 타는 불못에 던져지니 이것이 둘째 사망, 곧 타는 불못이다.

15 누구든지 생명책에 기록되지 못한 자는 타는 불못에 던져졌다.

새 하늘과 새 땅과 새 예루살렘

21 ● 또 나는 새 하늘과 새 땅을 보았다. 처음 하늘과 처음 땅이 없어졌고 바다도 더 이상 존재하지 않았다.

2 또 나는 거룩한 새 예루살렘성이 하나님께로부터 하늘에서 내려 오는 것을 보았다. 그 성은 준비한 것이 신부가 신랑을 위해 단장한 것과 같았다.

3 그때 나는 보좌에서 큰 음성이 나서 이렇게 말하는 것을 들었다.

"보라, 하나님의 장막이 사람들과 함께 있으니 하나님께서 그들과 함께 거하시고 그들은 하나님의 백성이 되고, 하나님은 친히 그들과 함께 계셔

4 모든 눈물을 닦아 주셨다. 그러므로 다시는 죽음이 없고, 애통과 곡하는 것이나 아픈 것이 영원히 없을 것이다. 이는 처음 것들이 다 사라졌기 때문이다."

5 보좌에 앉으신 이가 말씀하시기를 "보라, 내가 만물을 새롭게 한다"라고 하시고, 또 말씀하셨다. "이 말은 신실하고 참되니 기록하라."

6 또다시 내게 말씀하셨다. "다 이루었다. 나는 알파와 오메가요, 처음과 마지막이다. 내가 생명수 샘물을 목마른 자에게 아무런 대가 없이 주리니

7 승리하는 자는 이것들을 유산으로 받을 것이다. 나는 그들의 하나님이 되고, 그들은 내 아들이 될 것이다.

8 그러나 두려워하는 자들과 믿지 않는 자들과 가증스러운 흉악한 자들과 살인자들과 음란을 행하는 자들과 점을 치는 자들과 우상 숭배자들과 거짓 선지자[1]들은 불과 유황으로 타는 못에 던져지리니 이것이 둘째 사망이다."

9 마지막 7개 재앙을 담은 7개 대접을 가진 7명의 천사 중 하나가 나아와서 내게 말했다. "이리 오라. 내가 어린양의 신부, 곧 아내를 네게 보일 것이다." 그리고

10 성령에 사로잡힌 나를 크고 높은 산으로 데리고 올라가 하나님께로부터 하늘에서 내려오는 거룩한 예루살렘성을 보여주었다.

11 그곳에는 하나님의 영광이 있어 그 성의 빛이 지극히 귀한 보석 같았고 수정같이 맑은 벽옥과 같았다.

12 크고 높은 성벽이 있고 12개 문이 있었다. 문에는 12명의 천사가 있고, 그 문들 위에는 이스라엘 자손 12지파의 이름이 써 있었다.

13 동서남북에 각각 3개 문이 있었다.

14 그 성의 성벽에는 12개의 주춧돌이 있고, 그 위에는 어린양 예수를 따르던 12명의 사도 이름이 있었다.

15 내게 말하는 자가 그 성과 성문들과 성벽을 측량하려고 금으로 만든 측량자[2]를 가졌다.

16 그 성은 네모반듯하여 길이와 너비가 같았다. 그 측량자로 그 성을 측량하니 한 변의 길이가 2,220km나 되는 1만 2,000스타디온인데 길이와 너비와 높이가 같았다.

17 그 성벽의 폭을 측량하니 약 65.6m나 되는 140규빗이니 사람이 사용하는 측량에 따라 천사가 측량한 것이다.

18 그 성벽은 벽옥으로 쌓였고, 그 성은 맑은 유리와 같은 정금으로 되었다.

19 그 성벽의 주춧돌은 여러 가지 색을 띤 보석으로 꾸몄다. 첫째 주춧돌은 벽옥이고, 둘째는 남보석, 셋째는 옥수, 넷째는 녹보석,

20 다섯째는 홍마노, 여섯째는 홍보석, 일곱째는 황옥, 여덟째는 녹옥, 아홉째는 담황옥, 열째는 녹옥수 곧 비취옥, 열한째는 청옥, 열두째는 자수정이다.

21 그 12개 문은 각 문마다 한 개의 진주로 되어 있고, 성의 길은 맑은 유리 같은 정금이었다.

22 나는 새 예루살렘성 안에서 성전

1) 거짓말 하는 모든 자　2) 길대자

을 보지 못했다. 그 이유는 전능하신 하나님과 어린양이 그 성전이 되시기 때문이다.

23 그 성은 해와 달의 빛이 필요 없었다. 하나님의 영광이 비치고 어린양이 그 등불이 되시기 때문이다.

24 세상의 모든 나라가 그 빛 가운데로 다니며 세상 왕들이 영광스러운 모습으로 그곳에 들어갈 것이다.

25 그곳에는 밤이 없기 때문에 성문들은 항상 열려 있을 것이다.

26 사람들이 세상 모든 나라의 영광과 존귀를 가지고 그 성 안으로 들어갈 것이다.

27 그러나 어떤 것이든지 더럽고, 가증하고, 거짓말하는 자는 결코 성 안으로 들어가지 못하고 오직 어린양의 생명책에 기록된 자들만 들어갈 것이다.

아멘, 주 예수여 오시옵소서

22

1 ● 또 그가 수정같이 맑은 생명수의 강을 내게 보여주었다. 그 강물은 하나님과 어린양의 보좌에서 나와서

2 길 가운데로 흘렀다. 강 좌우에는 생명나무가 있어 12가지 종류의 열매를 달마다 맺고 그 나무 잎사귀들은 세상의 모든 나라를 치료하기 위해 있었다.[1]

3 다시는 그 성에 저주가 없을 것이다. 하나님과 그 어린양의 보좌가 그 성 중앙에 있으리니 그의 종들이 그를 섬기며,

4 그의 얼굴을 보고, 그의 이름도 그들의 이마에 있을 것이다.

5 그 성에는 다시는 밤이 없겠고 등불과 햇빛이 필요 없으니 하나님께서 그들을 친히 비추시기 때문이다. 그들은 영원토록 왕 노릇을

할 것이다.

6 또 그가 내게 말했다. "이 말은 신실하고 진실되다. 선지자들의 영의 하나님께서 그의 종들에게 속히 되어질 일을 보이기 위해 그의 천사를 보내셨다.

7 보라, 내가 속히 오리니 이 두루마리 책에 있는 예언의 말씀을 지키는 자는 복이 있을 것이다"라고 했다.

8 이것들을 보고 듣고 있던 나 요한이 이 일을 내게 보이던 천사의 발 앞에 경배하려고 엎드렸다. 그러자

9 그가 내게 말했다. "나는 너와 네 형제 선지자들과 또 이 두루마리 책에 기록된 말을 지키는 자들과 함께 된 종이니 그렇게 하지 말고 오직 하나님만 경배하라."

10 그가 또 내게 말했다. "이 두루마리 책에 있는 예언의 말씀을 도장을 찍어 봉하지 말라. 마지막 때가 가까이 왔기 때문이다.

11 불의를 행하는 자는 계속해서 불의를 행하고, 더러운 자는 그대로 더럽고, 의로운 자는 계속 의를 행하고, 거룩한 자도 계속 거룩하게 하라.

12 보라, 내가 속히 오리니 내가 줄 상이 내게 있어 각 사람에게 그가 행한 대로 갚아 줄 것이다.

13 나는 알파와 오메가요, 처음과 마지막이며, 시작과 마침이다.

14 자기 두루마기를 빠는 자들은 복이 있다. 그들은 생명나무에 나아가며 문들을 통해 새 예루살렘성에 들어갈 자격[2]을 받기 때문이다.

15 그러나 개 같은 자들과 점을 치는 자들과 음란을 행하는 자들과 살

1) 겔 47:12 2) 권세

인자들과 우상 숭배자들과 거짓말을 만들어내는 자들은 모두 새 예루살렘성 밖에 있게 될 것이다.

16 나 예수는 교회들을 위해 내 사자를 보내 이것들을 너희에게 증거하게 했다. 나는 다윗의 뿌리, 곧 그의 자손이며, 빛나는 새벽별이다."

17 성령과 신부가 말씀하셨다. "듣는 자와 목마른 자는 오라. 또 원하는 자는 아무런 대가 없이 생명수를 마시라."[1]

18 내가 이 두루마리 책에 있는 예언의 말씀을 듣는 모든 사람에게 증거한다. 만일 누구든지 이 책에 기록된 것들 외에 추가하면 하나님께서 이 두루마리 책에 기록된 재앙들을 그에게 추가할 것이다.

19 만일 누구든지 이 두루마리 책에 있는 예언의 말씀에서 없애버리면 하나님께서 이 두루마리 책에 기록된 생명나무와 거룩한 새 예루살렘성에 참여하지 못할 것이다.

20 이 모든 것을 증거하신 이가 말씀하셨다. "내가 반드시 속히 올 것이다." "아멘. 주 예수여, 어서 오십시오."

21 주 예수의 은혜가 모든 믿는 자들에게 있기를 기원합니다. 아멘.

1) 사 55:1

새우리성경(New Woori Bibie)

◆ ──────────────────────────────── ◆

1쇄 인쇄 2024년 1월 1일
1쇄 발행 2024년 1월 31일

편찬인 : 이원희

펴낸이 : 김동욱
펴낸곳 : 조이하우스

등 록 : 2020. 3. 31.(No : 883-94014-03 호)
주 소 : 서울특별시 마포구 서강로9길 45
전 화 : 02-336-8868

◆ ──────────────────────────────── ◆

팔레스틴 지역의 지도

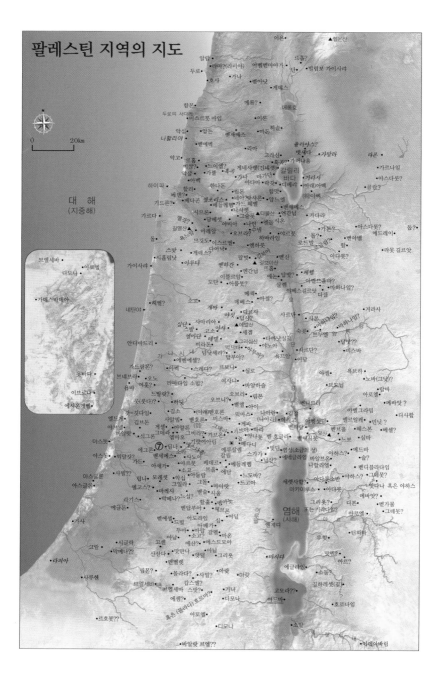

팔레스틴의 지형

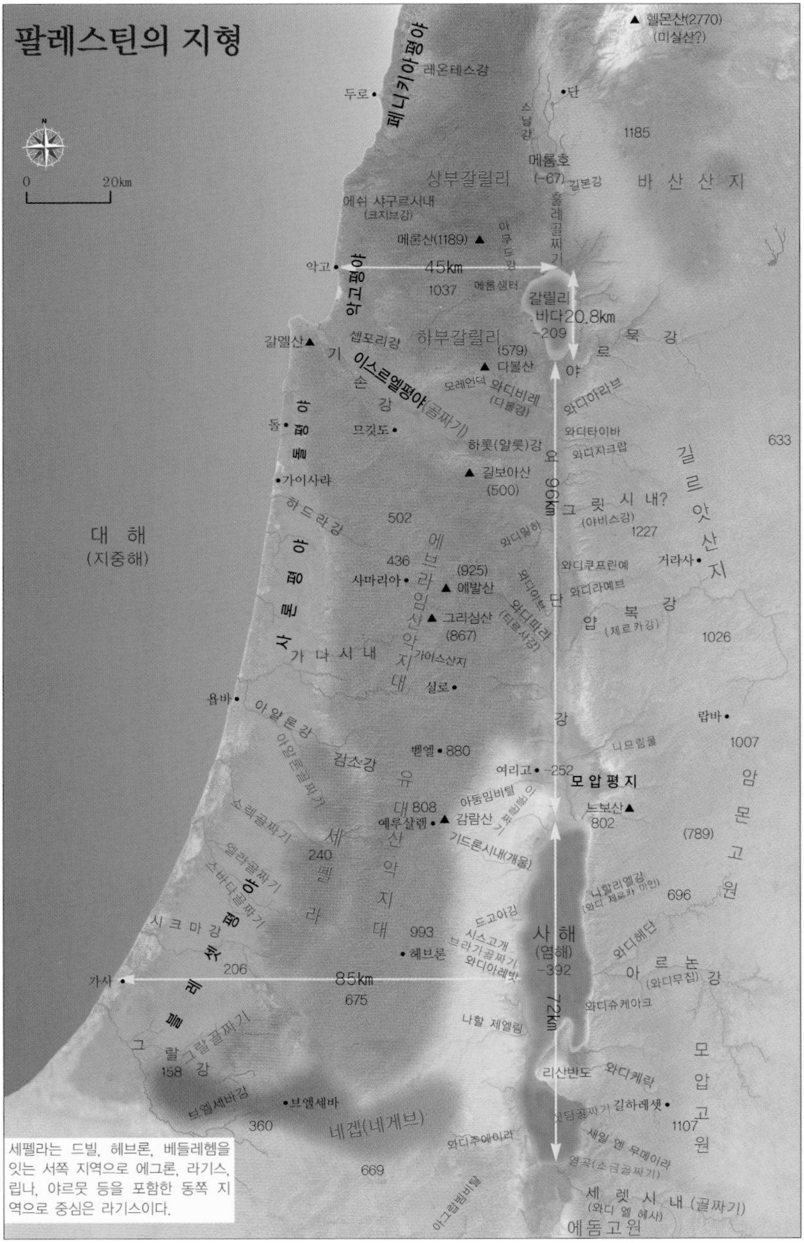

헬몬산(2770)
(미실산?)
페니키아평야
레온테스강
두로
단
1185
메롬호
(-67)
상부갈릴리
길본강
바 산 산 지
훌레골짜기
에쉬 샤구르시내
(크지브강)
메론산(1189)
악고
악고평야
45km
1037
갈릴리
바다
20.8km
-209
갈멜산
셉포리강
하부갈릴리
묵 강
(579)
다볼산
이스르엘평야(골짜기)
기손강
모레언덕
와디비레
(다볼강)
와디아라브
돌
샤론평야
므깃도
와디타이바
와디지크랍
633
하롯(알룻)강
길보아산
(500)
가이사라
96km
요단강
그릿 시 내?
(야비스강)
길르앗산지
하드라강
502
1227
대 해
(지중해)
에브라임산악지대
436
(925)
사마리아
에발산
와디쿠프린예
거라사
와디라예트
그리심산
(867)
와디파리
(티르사강)
얍 복 강
(제르카강)
1026
가나시내
가이스산지
실로
욥바
아얄론강
아얄론골짜기
랍바
벧엘 880
니므림물
1007
김소강
여리고
-252
모압평지
암몬고원
유대산악지대
808
아둠밈비탈
느보산
802
예루살렘
감람산
(789)
소렉골짜기
세펠라
240
기드론시내(개울)
엘라골짜기
스바다골짜기
블레셋평야
나할리엘강
(와디 제르카 마인)
696
시크마강
드고아강
993
시스고개
브라가골짜기
와디아레밧
사 해
(염해)
-392
와디헤단
아르논강
(와디무집)
헤브론
206
가사
85km
675
72km
와디슈케아크
나할 제엘림
그랄골짜기
그랄강
158
리산반도
와디케락
모압고원
브엘세바강
브엘세바
세렛골짜기
길하레셋
360
네겝(네게브)
1107
와디주에이라
세일 엔 무메이라
669
염곡(소금골짜기)
아그랍빔비탈
세렛시내(골짜기)
(와디 엘 헤사)
에돔고원
0 20km
N

세펠라는 드빌, 헤브론, 베들레헴을 잇는 서쪽 지역으로 에그론, 라기스, 립나, 야르뭇 등을 포함한 동쪽 지역으로 중심은 라기스이다.

노아의 후손들

아스그나스

이들은 그 백성들의 족보에 따르면 노아 자신의 족속들이요 홍수 후에 이들에게서 그 땅의 백성들이 나뉘었더라(창10:32).

메섹

도갈마

고멜
▲아라랏산

야완

달시스

두발

룻

엘리사
(깃딤)

앗수르

갑돌림

사마라

시날 평지

아르박삿

대 해 (지중해)

아람

바벨론
악갓

엘람

가나안

에렉
우르

붓

드단

카스피해

마대

미스라임

이에 그들이 동방으로 옮기다가 시날 평지를
만나 거기 거류하며(창11:2) 여호와께서 거기
서 그들을 온 지면에 흩으셨더라(창11:9하).

구스

0   230km

N

● 셈   ■ 함   ● 야벳

페르시아만

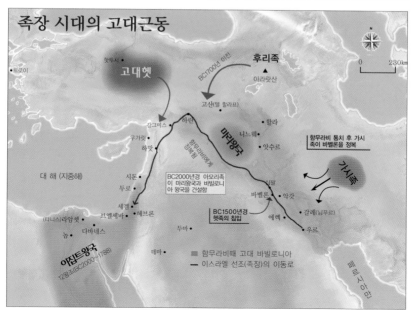

족장 시대의 고대근동

N

0   230km

드로이

핫두시

고대헷

후리족
BC1700년 이전

아라랏산

고산(텔 할라프)

갈그미스

하란

하란

니느웨

할라

우가릿

마리왕국

앗수르

함무라비 통치 후 가시
족이 바벨론을 정복

하맛

가시족

대 해 (지중해)

시돈

두로

BC2000년경 아모리족
이 마리왕국과 바빌로니
아 왕국을 건설함

시팔

바벨론
악갓

세겜

브엘세바
헤브론

BC1500년경
헷족의 침입

에렉

갈레(닙무르)

(타니스)라암셋

눔   다바네스

두마

우르

애굽왕국
12왕조(BC2000~1788)

데마

■ 함무라비때 고대 바빌로니아

─ 이스라엘 선조(족장)의 이동로

페르시아만

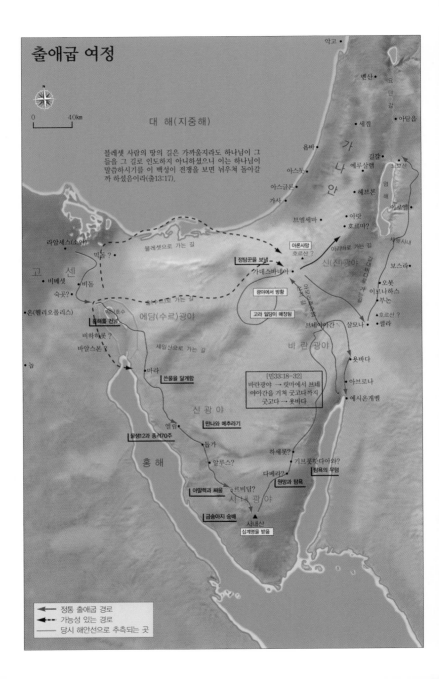

출애굽 여정

대 해(지중해)

블래셋 사람의 땅의 길은 가까울지라도 하나님이 그들을 그 길로 인도하지 아니하셨으니 이는 하나님이 말씀하시기를 이 백성이 전쟁을 보면 뉘우쳐 돌아갈까 하셨음이라(출13:17).

0   40km

악고
벤산
요단강
세겜 · 아담읍
욥바
길갈 · 예루살렘 느보산
아스돗 · 가나안
아스글론 · 헤브론 염해 아로엘
가사 · 브엘세바 · 아랏
· 호르마?
블레셋으로 가는 길 아론사망 새팰시내 아라바로 가는 길
호르산? 보스라
라암세스(소안) · 정탐꾼을 보냄
믹돌? 가데스바네아 신(진)광야 오봇 이르나하스
고 센 · 비돔 광야에서 방황 부논
비베셋 애담(수로)광야 호르산?
숙곳? 고라 일당이 매장됨 살모나 셀라
온(헬리오폴리스) · 홍해를 건넘 브네야아간
비하히롯? 바란광야
눕 · 바알스본 웃바다
세일산으로 가는 길 아브로나
· 마라 에시온게벨
쓴물을 달게함 [민33:18-32]
신 광 야 바란광야 → 릿마에서 브네
야아간을 거쳐 굿고다까지
· 엘림 굿고다 → 웃바다
만나와 메추라기
물샘12과 종려70주 하세롯?
· 돕가 기브롯핫다아와?
홍 해 · 알루스? 탐욕의 무덤
다베라? 원망과 탐욕
아말렉과 싸움 · 르비딤? 시 내 광 야
금송아지 숭배 시내산
십계명을 받음

◀━━ 정통 출애굽 경로
◀--- 가능성 있는 경로
──── 당시 해안선으로 추측되는 곳

십계명
The Ten Commandments

하나님이 이 모든 말씀으로 말씀하여 이르시되 나는 너를 애굽
땅 종 되었던 집에서 인도하여 낸 네 하나님 여호와니라

제일은   너는 나 외에는 다른 신들을 네게 두지 말라

제이는   너를 위하여 새긴 우상을 만들지 말고 또 위로 하늘에
           있는 것이나 아래로 땅에 있는 것이나 땅 아래 물속에
           있는 것의 어떤 형상도 만들지 말며 그것들에게 절하지
           말며 그것들을 섬기지 말라
           나 네 하나님 여호와는 질투하는 하나님인즉 나를 미워하는 자의 죄를
           갚되 아버지로부터 아들에게로 삼사 대까지 이르게 하거니와 나를
           사랑하고 내 계명을 지키는 자에게는 천 대까지 은혜를 베푸느니라

제삼은   너는 네 하나님 여호와의 이름을 망령되게 부르지 말라
           여호와는 그의 이름을 망령되게 부르는 자를 죄 없다 하지 아니하리라

제사는   안식일을 기억하여 거룩하게 지키라
           엿새 동안은 힘써 네 모든 일을 행할 것이나 일곱째 날은 네 하나님
           여호와의 안식일인즉 너나 네 아들이나 네 딸이나 네 남종이나 네 여종이나
           네 가축이나 네 문안에 머무는 객이라도 아무 일도 하지 말라
           이는 엿새 동안에 나 여호와가 하늘과 땅과 바다와 그 가운데 모든 것을
           만들고 일곱째 날에 쉬었음이라 그러므로 나 여호와가 안식일을 복되게 하여
           그 날을 거룩하게 하였느니라